Geschichte der Stadt Augsburg

Geschichte der Stadt AUGSBURG

von der Römerzeit bis zur Gegenwart

Herausgegeben von
Gunther Gottlieb, Wolfram Baer, Josef Becker,
Josef Bellot, Karl Filser, Pankraz Fried,
Wolfgang Reinhard und Bernhard Schimmelpfennig

Konrad Theiss Verlag Stuttgart

Gedruckt mit Unterstützung
der Stadt Augsburg,
des Augsburger Clubs,
der Bayerischen Hypotheken- und Wechselbank
    Augsburg,
der Bayerischen Vereinsbank Augsburg,
des Bezirks Schwaben,
der Fürst Fugger-Bank Augsburg,
der Gesellschaft der Freunde der Universität
    Augsburg,
der Gesellschaft zur Erhaltung Alt-Augsburger
    Kulturdenkmäler,
der Kreissparkasse Augsburg,
der Raiffeisenbank Augsburg
und der Stadtsparkasse Augsburg

CIP-Kurztitelaufnahme der Deutschen Bibliothek

*Geschichte der Stadt Augsburg von der Römerzeit
bis zur Gegenwart* / hrsg. von Gunther Gottlieb
. . . – Stuttgart : Theiss, 1984.
    ISBN 3-8062-0283-4

NE: Gottlieb, Gunther [Hrsg.]

Schutzumschlag: Michael Kasack
unter Verwendung eines kolorierten Stichs
von F. D. Werner Siles

© Konrad Theiss Verlag GmbH, Stuttgart 1984
Alle Rechte vorbehalten
Satz: Hieronymus Mühlberger KG, Augsburg
Druck: Grafische Betriebe Süddeutscher Zeitungs-
dienst, Aalen
Printed in Germany
ISBN 3-8062-0283-4

Vorwort

Augsburg, Kempten, Köln, Mainz, Neuss, Trier können sich mit Recht unter den ältesten Städten Deutschlands nennen. Trier hält in diesem Jahr eine 2000-Jahr-Feier, ebenso Neuß. Augsburg ist 1985 an der Reihe. Andere Städte haben schon gefeiert oder verzichten, wie zum Beispiel Kempten oder Köln, auf ein großes Fest. Dabei ist eines sicher: Keine der Städte kann ein Gründungsdatum vorzeigen, welches aufs Jahr genau das Alter nachweisen könnte. Aber Stadtjubiläen sind eine Sache für sich, und es gehört zur Aufgabe der Geschichtswissenschaft, sich einerseits kritisch mit ihnen auseinanderzusetzen und andererseits an ihnen mitfeiernd teilzunehmen. Jedenfalls fordern sie zum Schreiben heraus.

Die Stadt Augsburg hatte im Januar 1978 eine Reihe von Fachwissenschaftlern zusammengerufen, welche sich zur Frage einer Jubiläumsfeier im Jahre 1985 äußern sollten. Das Ergebnis war eindeutig: Das Jahr 15 v. Chr. brachte die Eroberung des Alpenvorlandes durch die Römer, welche die Einbeziehung großer Teile des heutigen Süddeutschland in das römische Weltreich einleitete. Der Beginn der dauerhaften römischen Besiedlung im Gebiet des heutigen Augsburg läßt sich dagegen nicht mit der erwünschten Genauigkeit bestimmen. Trotzdem eignet sich, ausgehend vom Jahre 15 v. Chr., das Jahr 1985 am ehesten für eine Jubiläumsfeier, auf der zwar nicht die Stadtgründung, aber der Ablauf von 2000 Jahren Geschichte gefeiert werden kann. Der Anlaß des Festes, das ins Haus steht, sind also die Römer. Sie haben die Geschichte Augsburgs ins Leben gerufen, indem sie zunächst eine militärische, dann eine zivile Niederlassung auf der Hochterrasse zwischen Lech und Wertach einrichteten und diese Stadt noch im ersten Jahrhundert n. Chr. zur Hauptstadt der Provinz Raetia erhoben. Damit waren die Voraussetzungen geschaffen für eine erste Phase städtischer Entwicklung, für die Siedlungskontinuität und für die stets erneuerte geistige Auseinandersetzung dieser Stadt mit ihrer römischen Vergangenheit.

Augsburg hat, wenige Unterbrechungen ausgenommen, immer überregionale und immer wieder internationale Bedeutung und Ausstrahlung gehabt. Bis heute hat sich daran nichts geändert. Das heißt zugleich, daß die Geschichte dieser Stadt der besonderen Aufmerksamkeit und Zuwendung nicht nur des augsburgischen und schwäbischen, sondern eines weltweit angesiedelten Publikums sicher sein darf. Dieser außerordentliche Befund hat die Herausgeber angeregt, eine ausführliche und umfassende, wissenschaftlich erarbeitete Stadtgeschichte vorzulegen. Sie hatten dabei von Anfang an das Ziel, unter Mitwirkung einer Vielzahl von Fachgelehrten eine Gesamtdarstellung der Geschichte Augsburgs zu schaffen, die in dieser Form bis heute fehlt. Auf der Grundlage des derzeitigen Wissensstandes und neuer Forschungsergebnisse wird die Geschichte Augsburgs in ihrer ganzen thematischen Breite behandelt. Dabei sollte eine mehr oder weniger unverbundene Reihung von Einzelbeiträgen vermieden werden. Vielmehr wird versucht, inhaltliche Geschlossenheit zu erreichen. Das Buch will eine Gesamtschau ermöglichen, Rechenschaft legen über das wissenschaftlich Erreichte und Erreichbare (was natürlich eine kritische Einstellung gegen das, was populär und erwünscht ist, einschließt) und Anstoß geben für weiterführende Forschungsarbeiten. Zugleich wird es zu Augsburgs Einordnung in die Geschichte der deutschen und europäischen Städtelandschaft beitragen und das Verständnis für dessen Gegenwart fördern.

Das Bemühen um eine geschlossen wirkende Gesamtdarstellung verhindert natürlich nicht, daß die einzelnen Beiträge je individuelle Eigenarten aufweisen. Das kann sich in der Akzentuierung bestimmter

Vorgänge und in der Art und Weise, wie Schwerpunkte gesetzt werden, äußern. Denn das Buch vermag nicht – weder in Hinsicht auf die Ausführlichkeit noch auf die inhaltliche Ausschöpfung der Themen – sämtliche Bereiche gleichmäßig zu erfassen, auch wenn es insgesamt den Charakter eines Handbuches hat.

Das Buch ist nach Epochen gegliedert. Die einzelnen Teile sind ungefähr gleich lang. Herausgehoben ist mit einem größeren Anteil nur dic frühe Neuzeit, die allerdings auch auf Augsburg wie auf kaum eine andere deutsche Stadt ungeahnten Aufstieg und leidvollen Niedergang verteilt hat. Innerhalb einer jeden Epoche bestimmen chronologische und thematische Gesichtspunkte die Reihenfolge der Beiträge. Der Grundsatz der Epocheneinteilung gilt für alle Sachgebiete einschließlich Kunst und Stadtbild sowie Musik.

Beigegeben sind *Tafeln* (in Farbe), *Abbildungen* (schwarzweiß) und *Textabbildungen* (graphische Darstellungen, Strichzeichnungen und Karten). Auf Tafeln und Abbildungen wird nur in den Beiträgen über Kunst und Stadtbild verwiesen, weil die abgebildeten Motive dort ihren unmittelbarsten Bezug zum Text haben. Die Anmerkungen stehen am Ende eines jeden Beitrags. Zum Thema Kunst und Stadtbild findet sich am Ende des letzten Abschnittes eine ausführliche Literaturliste. Die Anmerkungen enthalten Quellenbelege und Literaturhinweise, wobei vor allem auch die neueste Literatur geboten werden soll. Sie dienen in der Regel nicht der ausführlichen Erörterung kontroverser Fragen.

Die Herausgeber haben die angenehme Pflicht, vielseitige materielle und ideelle Hilfeleistungen zu würdigen: Die Stadt Augsburg, repräsentiert durch Herrn Oberbürgermeister Hans Breuer und die Herren Arthur Vierbacher und Dr. Ludwig Kotter als ehemaligen und derzeitigen Kulturreferenten, hat einen namhaften Druckkostenzuschuß gegeben, ohne den das Buch kaum im vorliegenden Umfang hätte herausgebracht werden können. Durch großzügige Spenden haben sich um die Ausstattung des Buches, insbesondere die Aufnahme von Farbtafeln, verdient gemacht: die Bayerische Vereinsbank, Bayerische Hypotheken- und Wechselbank, Fürst Fugger-Bank, Kreissparkasse, Raiffeisenbank, Stadtsparkasse, der Augsburger Club, die Alt-Augsburg-Gesellschaft, die Gesellschaft der Freunde der Universität Augsburg und der Bezirk Schwaben. Das Stadtarchiv, die Staats- und Stadtbibliothek, die Städtischen Kunstsammlungen, das Stadtplanungsamt und eine Reihe auswärtiger Archive, Bibliotheken und Sammlungen haben Vorlagen für Tafeln und Abbildungen sowie Kartenmaterial zur Verfügung gestellt. Seitens der Universität Augsburg wurden Personal- und Sachmittel bewilligt. Für die Karten und Zeichnungen sorgten außer der Graphikerin Astrid Heiß Mitarbeiter des Lehrstuhls für Sozial- und Wirtschaftsgeographie unter Leitung von Professor Dr. Franz Schaffer und die Photostelle der Universität Augsburg. Unsere Mitarbeiter, Assistenten, Sekretärinnen und Studenten, haben uns bei allen Schreib- und Redaktionsarbeiten, beim Lesen der Korrekturen und Erstellen von Abkürzungsverzeichnis und Register mit Rat und unermüdlichem Einsatz unterstützt. Stellvertretend seien erwähnt Herr Dr. Wolfgang Kuhoff und Frau Gabriele Paschek, die dem geschäftsführenden Herausgeber zusätzlich bei den organisatorischen Aufgaben geholfen haben.

Alle diese Personen und Institutionen haben dazu beigetragen, das Buch in die angestrebte Form zu bringen. Ihnen gilt der herzliche Dank der Herausgeber. Schließlich sei dem Verleger des Konrad Theiss Verlags, Herrn Hans Schleuning, und seinen Mitarbeitern, insbesondere der Lektorin Frau Ingrid Lebe, gedankt für die aufgeschlossene und erfolgreiche Zusammenarbeit.

Im Namen der Herausgeber
Augsburg, im Mai 1984   Gunther Gottlieb

Die Autoren

Dr. Wolfram Baer, Direktor des Stadtarchivs Augsburg

Dr. Helmut Baier, Archivdirektor, Leiter des Landeskirchlichen Archivs der Evangelischen Kirche Bayerns in Nürnberg

Dr. Lothar Bakker, Stadtarchäologe, Römisches Museum Augsburg

Dr. Ingrid Bátori, Wissenschaftliche Mitarbeiterin, Universität Tübingen

Professor Dr. Dr. h. c. Josef Becker, Lehrstuhl für Neuere und Neueste Geschichte, Universität Augsburg

Dr. Josef Bellot, Direktor der Staats- und Stadtbibliothek Augsburg

Professor Dr. Volker Bierbrauer, Institut für Vor- und Frühgeschichte, Universität Bonn

Dr. Friedrich Blendinger, ehem. Direktor des Stadtarchivs Augsburg

Professor Dr. Dr. h. c. Bruno Bushart, ehem. Direktor der Städtischen Kunstsammlungen Augsburg

Professor Dr. Claus-Peter Clasen, Department of History, University of California, Los Angeles

Dr. Volker Dotterweich, Akademischer Oberrat am Lehrstuhl für Neuere und Neueste Geschichte, Universität Augsburg

Dr. Elisabeth Emmerich, Redakteurin, Augsburger Allgemeine Zeitung

Peter Fassl M.A., Wissenschaftlicher Mitarbeiter, Haus der Bayerischen Geschichte, München

Professor Dr. Karl Filser, Lehrstuhl für Didaktik der Geschichte, Universität Augsburg

Dr. Etienne François, Max-Planck-Institut für Geschichte, Göttingen

Professor Dr. Pankraz Fried, Lehrstuhl für Bayerische Landesgeschichte, Universität Augsburg

Elvira Glaser M.A., Wissenschaftliche Angestellte am Lehrstuhl für deutsche Sprache und Literatur des Mittelalters, Universität Augsburg

Professor Dr. Gunther Gottlieb, Lehrstuhl für Alte Geschichte, Universität Augsburg

Dr. Gerhard Hetzer, Archivrat, Staatsarchiv Neuburg a. d. Donau

Leonhard Hillenbrand, Rechtsanwalt, Augsburg

Dr. Norbert Hörberg, Akademischer Rat am Lehrstuhl für Didaktik des katholischen Religionsunterrichts, Universität Augsburg

Professor Dr. Herbert Immenkötter, Professor für Kirchengeschichte des Mittelalters und der Neuzeit, Universität Augsburg

Dr. Joachim Jahn, Kulturreferent, Memmingen

Professor em. Dr. Hermann Kellenbenz, Direktor des Fugger-Archivs Dillingen

Dr. Rolf Kießling, Oberstudienrat, Augsburg

Professor Dr. Franz Krautwurst, Lehrstuhl für Musikwissenschaft, Universität Augsburg

Dr. Georg Kreuzer, Privatdozent für Geschichte des Mittelalters, Universität Augsburg

Dr. Wolfgang Kuhoff, Akademischer Rat am Lehrstuhl für Alte Geschichte, Universität Augsburg

Peter Lengle, Studienrat, Augsburg

Dr. Wilhelm Liebhart, Bibliotheksrat, Universitätsbibliothek Augsburg

Professor Dr. Heinrich Lutz, Historisches Institut der Universität Wien

Dr. Olaf Mörke, Wissenschaftlicher Mitarbeiter, Universität Tübingen

Barbara Rajkay M.A., Mitarbeiterin am Lehrstuhl für Geschichte der Frühen Neuzeit, Universität Augsburg

Professor Dr. Wolfgang Reinhard, Lehrstuhl für Geschichte der Frühen Neuzeit, Universität Augsburg

Dr. Bernd Roeck, Akademischer Rat, Institut für Neuere Geschichte, Ludwig-Maximilians-Universität München

Professor Dr. Peter Rummel, Kirchenhistoriker der Diözese Augsburg

Professor Dr. Walter Sage, Lehrstuhl für Archäologie des Mittelalters und der Neuzeit, Universität Bamberg

Professor Dr. Franz Schaffer, Lehrstuhl für Sozial- und Wirtschaftsgeographie, Universität Augsburg

Professor Dr. Bernhard Schimmelpfennig, Lehrstuhl für Mittelalterliche Geschichte, Universität Augsburg

Dr. Rolf Schmidt, Richter am Landgericht Augsburg

Professor Dr. Karl Schnith, Institut für Mittlere und Neuere Geschichte, Ludwig-Maximilians-Universität München

Professor Dr. Winfried Schulze, Lehrstuhl Neuere Geschichte I, Ruhr-Universität Bochum

Karl-Heinz Sieber, Oberstudienrat, Augsburg

Katarina Sieh-Burens M.A., ehem. Mitarbeiterin am Lehrstuhl für Geschichte der Frühen Neuzeit, Universität Augsburg

Dr. Peter L. Sobczyk, ehem. Wissenschaftlicher Mitarbeiter am Lehrstuhl für Neuere und Neueste Geschichte, Universität Augsburg

Dr. Hans Thieme, ehem. Akademischer Rat am Lehrstuhl für Didaktik der Geschichte, Universität Augsburg

Dr. Hans Peter Uenze, Hauptkonservator, Prähistorische Staatssammlung München

Professor Dr. Albrecht Weber, Lehrstuhl für Didaktik der deutschen Sprache und Literatur, Universität Augsburg

Inhalt

Teil I
Frühgeschichte Augsburgs – Vorrömische Zeit – Römisches Augsburg – Augsburg im Übergang zum Mittelalter

Teil II
Augsburg im Mittelalter

Teil III
Augsburg in der frühen Neuzeit. Von der Blüte zur Krise 1490–1648

Teil IV
Augsburg in der frühen Neuzeit. Die paritätische Reichsstadt 1649–1806

Teil V
Augsburg im 19. und 20. Jahrhundert

Anhang

Teil I

Frühgeschichte Augsburgs

Vorrömische Zeit – Römisches Augsburg –
Augsburg im Übergang zum Mittelalter

Herausgegeben
von Gunther Gottlieb

Teil I

Frühgeschichte Augsburgs

Vorrömische Zeit – Römisches Augsburg –
Augsburg im Übergang zum Mittelalter

Herausgegeben
von Gunther Gottlieb

Die vorrömische Zeit – Augsburg und Umgebung

von Hans Peter Uenze

Der Augsburger Raum stellt, ganz gleich ob man darunter das Gebiet des heutigen Landkreises, einen Kartenausschnitt mit Augsburg in der Mitte oder eine anders eingegrenzte Fläche versteht, in keinem Falle eine naturräumliche Einheit dar. Er setzt sich vielmehr aus Landschaften höchst unterschiedlichen Charakters zusammen. Den *westlichen* Teil nehmen die altpleistozänen Schotterplatten (Staudenplatte und Zusamplatte) ein. Heute stellen sich diese einst ebenen Schotterfluren, durch zahlreiche von Süden nach Norden entwässernde Täler gegliedert, als reich reliefierte Landschaft dar. Zwar werden die Täler der Schwarzach, Schmutter, Neufnach und Zusam, um nur einige Flüsse zu nennen, auch landwirtschaftlich genutzt, doch finden sich auf den Rücken und Hängen mit ihrer entkalkten Lehmdecke heute überwiegend Waldungen (»Naturpark Augsburg Westliche Wälder«). Die Wertachleite am Ostrand jener Landschaft mit ihrem rund 50 m hohen Steilabfall bildet die Grenze zum *östlichen* Bereich, der Lech–Wertach-Ebene.

Im Gebiet *südlich* Augsburgs beginnt die Lech–Wertach-Ebene im Westen mit der heute vorwiegend als Dauergrünland und nur stellenweise als Ackerland genutzten Wertachau. Ihr schließt sich eine Hochterrasse an, das »Augsburger Hochfeld«, mit der östlich angrenzenden Niederterrasse, dem »Lechfeld«. Die rißeiszeitliche Hochterrasse ist wegen ihrer Lößauflage seit der Jungsteinzeit für die Landwirtschaft von

größter Bedeutung. Die 4 bis 6 m tiefer liegende Niederterrasse trägt nur abschnittsweise eine dünne Lößlehmauflage, überwiegend jedoch nur eine schmale Humusschicht über der wasserdurchlässigen Kiesschicht. Sie ist wegen der Gefahr der Austrocknung für die Landwirtschaft nur bedingt geeignet und wird erst seit dem vorigen Jahrhundert als Ackerland gebraucht. Den *östlichen* Abschluß bilden schließlich die breite Lechau und das aus dieser steil aufsteigende Tertiäre Hügelland.

Nördlich der Stadt findet sich eine ähnliche Geländesituation: Auf die bewaldete Zone der gegliederten Schwäbischen Deckenschotter-Platte folgt zwischen Schmutter und Lech ebenfalls eine Terrasse, deren Bodenqualität freilich nicht an die des Augsburger Hochfeldes heranreicht. Daran schließt sich die Lechau an und auf deren Ostseite das Tertiäre Hügelland.

Die besten Böden der Augsburger Region liegen einerseits südlich der Stadt im Augsburger Hochfeld, andererseits am Nordrand des Landkreises Augsburg, wo sich sowohl im Bereich der Schwäbischen Schotterplatte als auch im Tertiären Hügelland eine Lößauflage gebildet hat.

Wegen ihrer unterschiedlichen Bodenqualität werden die genannten Landschaften seit der Vorzeit nicht in gleicher Weise genutzt. Wenn sie ein sehr ungleichmäßiges Verbreitungsbild der vorgeschichtlichen Kulturen zeigen, so zum einen, weil sie schon in der

Vorzeit sehr unterschiedlich besiedelt wurden. Zum anderen ist darauf hinzuweisen, daß lediglich die Ackerbaugebiete der Ebene sowie die Bereiche mit Bautätigkeit und anderen Bodenaufschlüssen dem Archäologen sehr gute Beobachtungsmöglichkeiten gewähren. Allerdings sind in den Ebenen die obertägigen Geländedenkmäler wie etwa die Grabhügel durch den seit Jahrtausenden betriebenen Ackerbau häufig beseitigt worden, während sie in den Wäldern erhalten geblieben sind. Ein weiterer Faktor, der zu einer Verzerrung des Fundbildes führen kann, nämlich die sehr unterschiedlich intensive archäologische Betreuung einer Region, ist auch hier wohl nicht auszuscheiden. Diese Vermutung erscheint auf den ersten Blick verwunderlich, wird doch die Außenstelle Augsburg des Bayerischen Landesamtes für Denkmalpflege (als zuständige Behörde) unterstützt durch zahlreiche freiwillige Mitarbeiter, durch einen sehr rührigen Arbeitskreis für Vor- und Frühgeschichte innerhalb des »Heimatvereins für den Landkreis Augsburg« und schließlich durch eine selbständige Arbeitsgruppe im Landkreis Aichach-Friedberg. Bei der Größe des Landkreises Augsburg erfolgt jedoch notwendigerweise eine Konzentration der Kräfte auf die nähere Umgebung der Stadt und hier vor allem auf das südlich gelegene Gebiet. Die nördlichen und westlichen Randzonen des Landkreises können daher nicht in gleichem Maße berücksichtigt werden. Hier sind also bei einer verstärkten Betreuung noch zahlreiche Veränderungen des bisherigen Bildes zu erwarten[1].

Der Beginn der Besiedlung im Landkreis Augsburg liegt noch im Dunkel. Man glaubt zwar, mit einem Stein von Adelsried sowie mit je einem weiteren von Schäfstoß (Gemeinde Zusmarshausen) und Ustersbach[2] Werkzeuge der *Altsteinzeit* zu besitzen, doch handelt es sich bei diesen sogenannten Geröllgeräten lediglich um geröllgerätähnliche natürliche Gebilde. Somit fehlen paläolithische Funde südlich der Donauregion in Bayerisch-Schwaben weiterhin gänzlich. Entsprechend den Verhältnissen in den östlich und südlich anschließenden Landkreisen Landsberg, Aichach-Friedberg, Fürstenfeldbruck, Starnberg und München können wegen der Ungunst der Lage in diesem durch die Eiszeiten stark umgestalteten Raum keine altsteinzeitlichen Funde erwartet wer-

den. Im Vorfeld der Gletscher war hier während der Eiszeit die Vegetation äußerst gering, so daß für das Wild und den von ihm abhängigen Menschen keine Lebensgrundlage gegeben war. Solange keine »klassichen« paläolithischen Geräte in Mittel- und Südschwaben zum Vorschein kommen, wird man dieses Gebiet in der Altsteinzeit weiterhin für unbesiedelt halten müssen.

Seit dem *Mesolithikum*[3] (Mittlere Steinzeit, etwa ab 8000 v. Chr.) ist dagegen unser Raum zumindest zeitweise von den Menschen jener Zeit aufgesucht worden, die sich immer noch auf der Wirtschaftsstufe der Jäger und Sammler befanden. Ihre Spuren – Werkzeuge aus Feuerstein, Radiolarit und Quarzit – wurden an verschiedenen Stellen am Westrand der Augsburger Hochterrasse und am Westrand der Wertach von A. Schorer[4] und anderen aufgelesen.

Vorläufig ist nicht zu entscheiden, wie man die auffällige Erscheinung zu deuten hat, daß in den letzten 15 Jahren keine neuen mesolithischen Fundstellen und Funde im Gebiet des Landkreises Augsburg bekannt wurden und auch in der östlich anschließenden Region des Landkreises Aichach-Friedberg nur zwei Fundplätze festgestellt werden konnten. Sei es, weil es auch in alter Zeit dort nur wenige Wohnplätze gab und das Gebiet nur locker oder nicht sehr lange dauernd besiedelt war, sei es, daß hier seit längerer Zeit nicht mehr wirksam genug nach mesolithischem Material gesucht worden ist. Wenngleich die Intensität der Bodenbeobachtung bei der Beurteilung archäologischer Phänomene nicht unterschätzt werden darf, ist wohl doch die Vermutung erlaubt, daß Besiedlungsdauer und -dichte für das Mesolithikum in der Umgebung Augsburgs nicht sehr hoch angesetzt werden können. Bei der gründlichen Betreuung der Fundlandschaft durch das Landesamt für Denkmalpflege und die genannten Arbeitskreise hätte sich sonst mehr mesolithisches Material einstellen müssen.

Gegenüber einem weiterhin unbefriedigenden Forschungsstand für das Mesolithikum in unserem Raum haben sich die Kenntnisse für das *Neolithikum*[5] (Jungsteinzeit; etwa ab 4500 v. Chr.) etwas erweitert, eine Epoche, die unter anderem durch Seßhaftigkeit (in Dörfern aus festen Häusern), produzierende anstelle der aneignenden Wirtschaftsweise (Ackerbau

Abb. 1 (oben) Keramische Beigaben eines hallstattzeit-
lichen Grabes bei Wehringen

Abb. 2 (links) Beigaben eines latènezeitlichen Frauengra-
bes von Bobingen: Zwei Bronzearmringe, Fingerring und
kleiner Becher aus Ton

Abb. 3 (rechts) Beigaben eines frühbronzezeitlichen Män-
nergrabes von Königsbrunn: Dolch, Armring und zwei
Spiraldrahtanhänger (sämtlich aus Bronze)

Abb. 4 Metallfunde vom frühkaiserzeitlichen Militärplatz Augsburg-Oberhausen (1913): Schlüssel aus Bronze und Eisen, eiserne Ketten und Trensenmittelteile

Abb. 5 Das 1980 aus der Luft entdeckte frühkaiserzeitliche Militärlager bei Friedberg-Rederzhausen von Norden. Deutlich sind die Tordurchlässe der Längsseiten zu erkennen

und Viehhaltung) und Keramikherstellung charakterisiert ist. Mußte man vor einem Dutzend Jahren noch davon ausgehen, der Prozeß der Neolithisierung habe sich in diesem Gebiet erst sehr spät vollzogen[6], so konnte 1977 erstmals eine Siedlung der frühneolithischen Kultur der Linearbandkeramik (5. Jahrtausend v. Chr.) im Großraum Augsburg bei Inningen (Stadt Augsburg) in der Flur »Steinrinne« festgestellt werden. Eine weitere linearbandkeramische Siedlung kam 1981 am Nordrand des Landkreises Augsburg bei Unterbaar (Gemeinde Thierhaupten) hinzu. Während man den Fundplatz von Unterbaar auf rund 450 m Höhe in einer Lößzone am Nordrand des Tertiären Hügellandes im Zusammenhang mit der Besiedlung des Donautals sehen darf, beweist die Inninger Fundstelle, daß hier die Vorstöße der jungsteinzeitlichen Kolonisten vom Donaugebiet aus zumindest noch den Augsburger Raum erreichten. So isoliert, wie das bandkeramische Dorf bei Inningen jetzt erscheint, kann es einst aber nicht gewesen sein. Im Bereich der Augsburger Hochterrasse müssen einst weitere Siedlungen gelegen haben, vielleicht auch auf der Terrasse zwischen Augsburg und Langweid am Lech.

Insgesamt hat man sich diese frühneolithische Besiedlung des 5. Jahrtausends aber wohl nicht so intensiv vorzustellen wie die der nachfolgenden Jahrhunderte. Aus dem Mittelneolithikum (4. Jahrtausend) mit seinen verschiedenen Kulturgruppen – Stichbandkeramik, Münchshöfener Gruppe, Bayerisch-Rössen – liegt nämlich eine wesentlich größere Anzahl von Fundplätzen vor. So sind aus unserem Stadt- und Landkreis zu nennen: Hirblingen (Stadt Gersthofen), Göggingen, Inningen (Stadt Augsburg) und Schwabmünchen, dazu von der Ostseite des Lechtals: Todtenweis, Friedberg und Ottmaring (Stadt Friedberg).

Daß aber auch der Bereich der Staudenplatte und des Schmuttertals während der Jungsteinzeit zumindest begangen wurde, wenn er schon nicht ständig besiedelt war, bezeugen die Steinbeileinzelfunde von Gessertshausen und Reinhartshofen sowie die Scheibenkeule von Konradshofen, ein als Jagd- oder Kriegswaffe dienendes Steingerät von 11,7 cm Durchmesser.

Eine weitere Vermehrung der Fundstellen, welche auf eine größere Besiedlungsdichte schließen läßt, ist für das Jungneolithikum (3. Jahrtausend) festzustellen. Kennzeichnend für den südlichen Augsburger Raum ist die nach einem Fundplatz bei Weilheim benannte Pollinger Gruppe[7]. Bei Inningen (Stadt Augsburg) wurde eine recht große Pollinger Siedlung an der Abbruchkante der lößbedeckten Hochterrasse oberhalb der Talaue von Singold und Wertach ergraben, deren West-Ost-Ausdehnung rund 150 bis 200 m betrug bei mindestens 30 m in Nord-Süd-Richtung. Rund 400 m südlich befand sich die nächste Siedlung der Pollinger Gruppe, bereits auf Bobinger Flur. Weitere 3 km südlich folgte eine dritte (im Ortszentrum von Bobingen), bei Großaitingen schließlich eine vierte Station.

Zu keiner dieser meist nur in geringen Teilen erforschten Siedlungen wurde bisher ein Bestattungsplatz bekannt. Dies stellt in Bayern leider die Regel dar. Immerhin liegt von dem bereits mehrfach genannten Inningen eine Katakombenbestattung vor, eine siloartige Grube, in der mehrere menschliche Skelette, aber auch Tierknochen gefunden wurden[8]. Derartige »Massengräber«, bei denen ungeklärt ist, ob sie bei einem einmaligen Bestattungsvorgang oder bei mehreren Beisetzungen in unbekannten Zeitabständen entstanden sind, kennt man sonst aus Pollinger Zusammenhang nicht, wohl aber aus dem Milieu der gleichzeitigen Altheimer und Michelsberger Kultur. Eine Erklärung hierfür könnte die Grenzlage unseres Raumes zwischen dem Verbreitungsgebiet der Pollinger und dem der Altheimer Gruppe[9] darstellen. Die letztere ist östlich des Lechs in den beiden Siedlungen von Merching[10] (Landkreis Aichach-Friedberg) und Pestenacker (Landkreis Landsberg) vertreten. Beide sind auffälligerweise als Feuchtbodensiedlungen im Talbereich angelegt, während die Pollinger Siedler in der Umgebung Augsburgs die trockene Hochterrasse bevorzugten. Diese Unterschiede im Siedlungsverhalten und bei der Keramik, die keinerlei Entsprechung zeigen, könnten vermuten lassen, daß die Träger dieser beiden räumlich benachbarten und gleichzeitigen Kulturgruppen nicht demselben Stamm angehörten.

Aus dem Endneolithikum, der Zeit um 2000 v. Chr., stammt als einziger sicherer Fundkomplex westlich des Lechs im Augsburger Raum der Grabfund von

Hirblingen (Stadt Gersthofen), zu dessen Beigaben ein verzierter Becher, ein kleines Steinbeil und ein Silexklingenfragment zählen. Jenseits des Lechs wurden bei Todtenweis und Wulfertshausen zwei Siedlungen der endneolithischen Chamer Gruppe[11] festgestellt, und zwar in der für Siedlungen jener Gruppe charakteristischen, von Natur geschützten Lage, worin offensichtlich das Schutzbedürfnis der damaligen Bevölkerung in einer kriegerisch-unruhigen Epoche zum Ausdruck kommt. Entsprechende Siedlungsplätze sind aus Gründen der Bodengestalt zwar nicht im Bereich der Hochterrasse zu erwarten, wohl aber von der Wertachleite.

Die *Bronzezeit*[12] (18.–13. Jahrhundert v. Chr.) stellt im Augsburger Raum eine Blütezeit innerhalb der vorgeschichtlichen Epochen dar, und zwar auffallenderweise von ihrem Anfang, der frühen Bronzezeit, an. Im Gegensatz zum Neolithikum liegen nun auch zahlreiche Grabfunde vor. Durch den aufwendigen Grabbau oder die Qualität der Beigaben erlauben einzelne frühbronzezeitliche Gräber den Schluß auf einen besonderen Wohlstand der Bevölkerung im Gebiet zwischen Augsburg und Buchloe, für den es vorerst noch keine Erklärung gibt. Große, reichverzierte Schmuckscheiben neben zahlreichem weiterem Trachtzubehör aus Bronze in den Frauengräbern von Göggingen (Stadt Augsburg) und Lager Lechfeld[13] lassen eine Freude an Prunk und Schau erkennen, die in etwa an die neuzeitliche Goldhaubentracht des Straubinger Gäus erinnert. Dagegen zeigt das Männergrab von Königsbrunn den Reichtum des Verstorbenen und seiner Familie nicht so sehr in den Beigaben, wohl aber im Grabbau. Anstelle des während der Frühbronzezeit üblichen Erdgrabs war hier eine Grabkammer aus Tuffsteinplatten errichtet worden, von denen die größte bei 0,25 m Dicke 2,3 x 1,2 m maß. Die Herstellung der Tuffsteinplatten und ihr Transport zum Bestattungsplatz stellen für die damalige Zeit und ihre Hilfsmittel einen ganz außerordentlichen Aufwand dar.

Für die frühe Bronzezeit (18. und 17. Jahrhundert v. Chr.) läßt sich im Umland Augsburgs aus der Lage der Siedlungen und Friedhöfe eine Ausdehnung des Siedlungsareals von der lößbedeckten Hochterrasse bis auf die Niederterrasse des Lechfeldes erkennen. Erstaunlich an diesem Landesausbau ist die Tatsache, daß es sich bei den frühbronzezeitlichen Kolonisten des Lechfeldes im Gegensatz zu jenen des 19. Jahrhunderts n. Chr.[14] nicht um Leute handelte, die kaum ihr Überleben sichern konnten, sondern gerade um solche mit besonderem Wohlstand. Das Frauengrab von Lager Lechfeld liegt ebenso in dieser von Oberflächengewässern fernen Landschaft wie das Männergrab von Königsbrunn oder der mit 34 Gräbern bisher größte frühbronzezeitliche Friedhof Bayerisch-Schwabens am Ortsrand von Kleinaitingen[15]. Die Feststellung, daß ein Großteil der Kleinaitinger Gräber mit kurzem zeitlichem Abstand zwischen Grablegung und Beraubung in alter Zeit geplündert worden ist, könnte ein Zeichen dafür sein, daß der im 16. Jahrhundert v. Chr. zu beobachtende Wandel im Bestattungsritual nicht als modische Erscheinung, sondern im Sinne einer schweren Erschütterung der bestehenden Verhältnisse zu deuten ist.

Seit der mittleren Bronzezeit, ab dem 16. Jahrhundert v. Chr., traten an die Stelle der unterirdischen Gräber Grabhügel von 5 bis 10 m Durchmesser und 0,5 bis 1,0 m Höhe, welche die Erinnerung an die Verstorbenen wachhalten sollten. Diese Grabhügel, die sich in den Wäldern der Schwäbischen Deckenschotter-Platte gut erhalten haben, während sie im Bereich der Hochterrasse offensichtlich dem Ackerbau vollständig zum Opfer gefallen sind, bezeugen als weitere Phase des vorgeschichtlichen Landesausbaus ein Ausgreifen der Besiedlung auf den Westteil des Augsburger Raums. Sie liegen nicht nur am Westrand des Wertachtals, einem Gebiet, aus dem in jüngster Zeit die bronzezeitliche Siedlung von Leitershofen bekannt wurde, sondern auch am Ostrand des Rauhen Forstes und schließlich auch innerhalb dieses Gebiets.

Die Intensität der bronzezeitlichen Besiedlung im Bereich der Westlichen Wälder geht weiterhin aus vier in den letzten Jahren dort entdeckten bronzezeitlichen Höhensiedlungen hervor: »Schneeburg« bei Welden, »Buschelberg« bei Aretsried (Gemeinde Fischach), »Wannenberg« im Staatsforst Burgholz und schließlich eine weitere im Rauhen Forst, nordwestlich von Straßberg (Gemeinde Bobingen), östlich des Anhauser Baches. Zwar stehen genauere Untersuchungen noch aus, doch läßt sich aus Analogien mit großer Wahrscheinlichkeit vermuten, daß es kein Zufall ist, wenn diese bronzezeitlichen Siedlungen an denselben Plätzen entdeckt wurden, an denen auch Befestigungsanlagen des Mittelalters errichtet worden sind. Vielmehr darf man davon ausgehen, daß die Motive für die Platzwahl in der Bronzezeit und im Mittelalter identisch waren und auch in der ersten Nutzungsperiode jener Berge bereits Umwehrungen bestanden.

In den genannten Waldregionen verbergen sich, wie die Beispiele jener erst in jüngster Zeit bekannt gewordenen bronzezeitlichen Siedlungsstellen deutlich machen, zweifellos zahlreiche weitere Fundplätze dieser Epoche. Hier muß also in Zukunft mit weiteren Entdeckungen gerechnet werden.

Im Tertiären Hügelland östlich des Lechs sind in den letzten Jahren ebenfalls zahlreiche bronzezeitliche Siedlungszeugnisse zum Vorschein gekommen, wofür hier nur an die Siedlungen von Friedberg, auf dem plateauförmigen Gelände über dem Steinbach bei Hofhegnenberg (Gemeinde Steindorf), von Kissing, Mergenthau (Gemeinde Kissing), Mühlhausen (Gemeinde Affing) und Ottmaring (Stadt Friedberg) erinnert sei. Allerdings sind die mittlere und späte Bronzezeit, die Epoche also, während der in Grabhügeln bestattet wurde, im Gegensatz zur frühen Bronzezeit auf dem Lechfeld bisher nicht vertreten.

In der nach der Form ihrer Friedhöfe benannten *Urnenfelderzeit*[16] (etwa 1200–730 v. Chr.) haben sich die religiösen Vorstellungen, soweit sie sich aus dem Bestattungsritual erschließen lassen, erneut gewandelt. Die Verstorbenen wurden jetzt in der Regel verbrannt und anschließend nicht mehr in die Erinnerung wachhaltenden Grabhügeln, sondern in Erdgräbern beigesetzt, die dann friedhofartig beieinander lagen. Die Verbrennung der Verstorbenen scheint man als Zerstörung des Leichnams empfunden zu haben. Anders ist es wohl nicht zu verstehen, daß man die Schwerter in den wenigen Fällen, wo sie überhaupt in die Gräber gelangten, vorher in mehrere Stücke zerbrochen hat. Dagegen sind die während der späten Bronze- und der Urnenfelderzeit besonders häufig in Seen, Flüssen und Mooren versenkten Waffen immer unversehrt[17]. Als Beispiele sei nur an die Lanzenspitze aus dem Moor der »Goldenen Weide« bei Gennach oder an das Riegseeschwert von Gablingen erinnert.

Es fällt auf, daß die Zahl der seit 1970, dem Beginn einer intensiveren Geländebeobachtung, bekannt gewordenen urnenfelderzeitlichen Fundstellen im Augsburger Raum deutlich unter der der bronzezeitlichen liegt. Bemerkenswert ist weiterhin, daß sie nahezu ausschließlich auf der Hochterrasse südlich von Augsburg angetroffen wurden: Augsburg-Oberhausen, ferner zwei Siedlungsplätze und ein Grab bei Göggingen sowie zwei weitere Fundpunkte bei Inningen. Bei Bobingen wurden an zwei rund 250 m voneinander entfernten Stellen urnenfelderzeitliche Siedlungsscherben aufgelesen. Nur rund 150 m beträgt schließlich die Distanz der Fundplätze von Wehringen zueinander. Hier wie bei den Bobinger Stellen ist unklar, ob es sich um die Abfallgruben von jeweils einer ausgedehnten Siedlung oder um die von zwei benachbarten Höfen oder Weilern handelt. Im Gegensatz zu der recht dichten urnenfelderzeitlichen Besiedlung des Augsburger Hochfeldes ist ein 1959 bei Neubauarbeiten in Untermeitingen zerstörtes Grab bis jetzt der einzige Fundpunkt auf dem Lechfeld geblieben. Hiermit scheint sich wie schon in der mittleren und späten Bronzezeit eine Aussparung dieses in der Frühbronzezeit genutzten Siedlungsareals anzudeuten. Aus dem Bereich des westlichen Tertiären Hügellandes ist nur von Friedberg, Kissing, Steindorf und Unterbaar (Gemeinde Thierhaupten) urnenfelderzeitliches Siedlungsmaterial bekannt geworden.

Für eine genauere Beurteilung der urnenfelderzeitlichen Besiedlung des Augsburger Raums müssen künftige Forschungsergebnisse und detaillierte Publikationen des in den Fundchroniken angezeigten Materials abgewartet werden. Dies betrifft nicht zuletzt auch den »Buschelberg« bei Aretsried (Gemeinde Fischach) als Forschungsobjekt. Von dort erhielt das Römische Museum in Augsburg in den letzten Jahren fünf kleine Bronzegußkuchenstücke, die auch der Urnenfelderzeit angehören können. Sollte an diesem Platz im Anschluß an eine bronzezeitliche Nutzung ein urnenfelderzeitlicher Bronzeschmied tätig gewesen sein, so wäre dies für unsere Kenntnis von der urnenfelderzeitlichen Besiedlung des westlichen Augsburger Umlandes von größter Bedeutung. Dann dürften aus dem Bereich der Westlichen Wälder weitere Besiedlungszeugnisse erwartet werden, nachdem schon von Horgauergreut (Gemeinde Zusmarshausen) ein Hortfund jener Kulturperiode vorliegt[18].

Mit der *Hallstattzeit*[19] (ca. 730–500 v. Chr.) erreichte der Augsburger Raum den Höhepunkt seiner Entwicklung in der vorrömischen Zeit. Kulturell unterscheidet sich die nach einem Fundplatz in Oberösterreich benannte Epoche, die man auch nach dem neuen Werkstoff als ältere Eisenzeit bezeichnet, sehr deutlich von der vorangegangenen Urnenfelderzeit. Statt der unauffälligen Erdgräber mit ihrem recht gleichförmigen Beigabeninventar errichtete man nun wieder Grabhügel. In ihren Dimensionen stellen sie die bronzezeitlichen Hügel zum Teil weit in den Schatten. Der vermehrte Aufwand bei den Leichenbegängnissen zeigt sich außerdem in großen hölzernen Grabkammern (Seitenlänge in der Regel mehr als 3 m) und umfangreichen Geschirrsätzen. Angehörige der Oberschicht wurden zudem mit Pferdegeschirr und vierrädrigen Wagen beigesetzt. Die mit roter und schwarzer Farbe bemalte und zusätzlich mit weißen Einlagen versehene bunte Keramik (im Gegensatz dazu einfarbige Gefäße in der Kulturperiode vorher und nachher) läßt die Hallstattzeit geradezu als eine Epoche des Luxus erscheinen.

Für die Einschätzung der Hallstattzeit als vorgeschichtliche Blütezeit in unserem Raum sprechen zwei Gründe. Zunächst erweist sich das Land in weiten Teilen als dicht besiedelt. So finden sich zwischen Zusam und Schmutter zwei Nekropolen, Horgauergreut mit 75 Grabhügeln und Rommelsried (Gemeinde Kutzenhausen) mit 17 Hügeln. Am Rand der westlichen Wertachniederung zwischen Wellenburg und Kriegshaber liegen gereiht wie an einem Weg mehrere Grabhügelgruppen, darunter eine Nekropole von ehemals über 120 Hügeln zwischen Leitershofen und Stadtbergen. Dagegen entdeckte man nur in zweien der zahlreichen bronzezeitlichen Grabhügel im Rauhen Forst bei Straßberg (Gemeinde Bobingen) hallstattzeitliche Nachbestattungen. Östlich der Wertach befanden sich bei Bobingen und Wehringen in der Wertachniederung beiderseits der Singold weitere hallstattzeitliche Hügel (die in den letzten Jahrzehnten Werksbauten weichen mußten), unter denen einige besonders reiche Gräber waren. Die Hochterrasse hat kaum Grabfunde erbracht, sei es, daß man nur sehr selten auf der Hochterrasse bestattet hat, sei

es, daß die Hügel dort schon längst dem Ackerbau zum Opfer gefallen sind. Lediglich von Göggingen (Stadt Augsburg) und Schwabmünchen sind Gräber auf der Hochterrasse bekannt geworden. Dagegen wurden zahlreiche Einzelhügel und Grabhügelgruppen in lockerer, annähernd nord-süd-orientierter Reihung auf der Lechniederterrasse angelegt. Nördlich Augsburgs gibt es dann sowohl in der breiten östlichen Lechaue bei Sand (Gemeinde Todtenweis) rund 150 Hügel sowie mehrere kleine Gruppen von etwa ein bis zwei Dutzend Hügeln bei Au, Oberach und Unterach (sämtlich Gemeinde Rehling). Weitere Hügelgruppen finden sich im Tertiären Hügelland, so etwa 58 Hügel zwischen Kissing und Bachern (»Hailachwald«).

Für eine Blütezeit sprechen aber nicht nur die Verbreitung der hallstattzeitlichen Fundstellen über nahezu den gesamten Augsburger Raum und die häufig große Anzahl der Hügel, vielmehr lassen nicht wenige Bestattungen einen für bayerische Verhältnisse ungewöhnlichen Reichtum erkennen, und dies wiederum in allen Teillandschaften. Aus den unsystematischen Grabungen in Horgauergreut stammen Reste eines in Bayern ohne Parallele gebliebenen Bronzekessels, der mit Bronzetüllen besetzt war, die in Stierköpfe ausliefen. In einem Grabhügel bei Schloß Wellenburg fanden sich zahlreiche Eisenteile, die zu einem vierrädrigen Wagen gehörten, der das Grab des hier Bestatteten als das eines Vornehmen kennzeichnet. Die reichsten Hügelgräber südlich Augsburgs liegen zwischen Bobingen und Wehringen. Hier stieß man in einem 1961 untersuchten Hügel von 46 m Durchmesser bei 1,1 m Höhe auf die Reste einer hölzernen Grabkammer von 5,2 x 4,5 m Ausmaß. In ihr wurden ein Bronzeschwert mit Ortband sowie aus Bronze gefertigte Radnaben und Felgenziernägel eines vierrädrigen Wagens, 21 Tongefäße und ein reichverziertes Schälchen aus dünnem Goldblech geborgen. In einem weiteren Hügel derselben Nekropole war bereits 1888 ein Bronzeschwert mit Ortband gefunden worden, das den dort Beigesetzten ebenfalls als Angehörigen der Oberschicht ausweist. Ein dritter Hügel jener im Volksmund »Hexenbergle« genannten Nekropole enthielt zwar keine Wagenreste, wohl aber Pferdegeschirr aus Eisen und Bronze und dazu 20 Gefäße und ist daher ebenfalls als Grablege eines Mitgliedes der Oberschicht zu interpretieren. In rund 1 km Entfernung, doch auf der anderen Seite der Singold, wurde schließlich 1969 ein weiterer großer Hügel von 30 m Durchmesser und nur noch 0,5 m Höhe untersucht, der wiederum Metallbeschläge eines Wagens sowie Bronze- und Tongefäße enthielt.

Dagegen fehlen in den Hügeln des Lechfeldes derartige Gräber einer hervorgehobenen Personengruppe. Es handelt sich bei ihnen lediglich um Hügel normalen Ausmaßes, das heißt von 10 bis 15 m Durchmesser. Die Verstorbenen waren nicht mit Wagen, Schwertern oder Bronzegefäßen ausgestattet. Als einzige auffällige Beigabe lag in einem Grab auf dem Lechfeld einfaches Pferdegeschirr. Auch die Geschirrsätze in den Gräbern des Lechfeldes gingen nicht über die gewöhnliche Anzahl von sechs bis acht Gefäßen hinaus. Dagegen enthielt ein Hügel östlich des Bahnhofs Kissing, also östlich des Lechs, wieder eine Bestattung mit Bronzeschwert und reichem Pferdegeschirr aus Bronze.

Betrachtet man jedoch die Hallstattzeit nicht, wie vorstehend geschehen, als Einheit, sondern gliedert sie nach ihren archäologischen Merkmalen in zwei jeweils rund 100 Jahre während Abschnitte, so erkennt man eine historische Entwicklung: Der größte Wohlstand während des älteren Abschnittes der Hallstattzeit ist im Raum südlich Augsburgs bei der Bevölkerung der lößbedeckten Hochterrasse zu beobachten, die ihre Verstorbenen in der Wertachau zu bestatten pflegte. Auffälligerweise bricht die Besiedlung in dieser Region am Ende des 7. Jahrhunderts v. Chr. weitgehend ab. Funde des 6. Jahrhunderts fehlen auf der Hochterrasse und der ihr vorgelagerten östlichen Wertachniederung völlig und gehen auf dem Lechfeld sehr stark zurück. Hier ist als Ausnahme ein ganz ungewöhnlicher Grabbezirk der späten Hallstattzeit von Königsbrunn anzuführen[20]. Es handelt sich dabei um eine große Kreisgrabenanlage von 54 m Durchmesser, die der Einfassung von 13 schlichten Brandgräbern gedient hatte.

Im Gegensatz zu den Verhältnissen auf der Hoch- und Niederterrasse zwischen Wertach und Lech setzte sich die Besiedlung im Bereich der westlichen Wertachniederung in der Umgebung von Schloß Wellenburg und ebenso in der Siedlungskammer in-

nerhalb des Rauhen Forstes bei Horgauergreut im 6. Jahrhundert fort, zumindest in der letzteren Kleinlandschaft nach Ausweis des bereits erwähnten Stierkopfkessels sogar auf gehobenem wirtschaftlichem Niveau. Nordöstlich Augsburgs (östlich des Lechs) scheint die Besiedlung sogar erst im 6. Jahrhundert begonnen zu haben. Auch dort lassen sich mehrere Bestattungen des gehobenen Milieus nennen, die mit Bronzegefäßen, Pferdegeschirr und Wagen oder einem Dolch, anstelle des früher als Statussymbol dienenden Schwertes, ausgestattet waren.

Zusammenfassend ist festzuhalten, daß die Zone der größten wirtschaftlichen Bedeutung im ausgehenden 8. und während des 7. Jahrhunderts sich im Südteil des Landkreises Augsburg befand. Im 6. Jahrhundert verlagerte sich, offensichtlich unter Aufgabe des früheren Besiedlungsgebiets, der wirtschaftliche Schwerpunkt in das westlich und nordöstlich gelegene Umland Augsburgs. Die Ursache dieser Verschiebung ist uns ebenso unbekannt wie die Grundlage des Wohlstandes selbst. Da im Augsburger Raum während der Hallstattzeit keine Bodenschätze ausgebeutet wurden, darf man am ehesten an die Nutznießung von Handelswegen denken.

Für die nach einem Fundplatz in der Schweiz (am Neuenburger See) benannte, durch einen gegenüber der Hallstattzeit gänzlich veränderten Zierstil gekennzeichnete *Latènezeit*[21] (ca. 500–15 v. Chr.) rechnet man in Bayern wie schon für die Hallstattzeit mit einer keltischen Bevölkerung. Während der Frühlatènezeit (5. Jahrhundert v. Chr.) dienten, wie in der Epoche zuvor, Grabhügel der Beisetzung. Seit dem 4. Jahrhundert ändert sich die Bestattungsweise wieder: Die Verstorbenen wurden jetzt in einfachen Erdgräbern beigesetzt, und zwar in einer gegenüber der Hallstattzeit geänderten Orientierung. Dieser Wechsel in der Orientierung spricht dafür, die veränderte Grabform nicht als modische Erscheinung, sondern als sehr bedeutsame Veränderung in den kultisch-religiösen Vorstellungen deuten zu dürfen. Weitere Unterschiede zwischen Hallstatt- und Latènezeit liefern eine Bestätigung für diese Vermutung. Die reichhaltige Keramikbeigabe für die Gelage der Verstorbenen im Jenseits zusammen mit ihren Kumpanen wurde abgelöst von einem oder zwei Gefäßen als persönlicher Ausstattung. Die Mitgabe von Wagen,

Pferdegeschirr und Bronzegefäßen als Kennzeichen einer Oberschicht ist in Bayern jetzt nicht mehr üblich. Die Epoche des Luxus, des »goldenen Zeitalters«, als welche die Hallstattzeit erscheint, wird abgelöst vom »ehernen Zeitalter« der Latènezeit. Das 5. und 4. Jahrhundert v. Chr. wirken gegenüber der Hallstattzeit als Unruheperiode und Epoche eines wirtschaftlichen Niedergangs, beides wohl Ursachen keltischer Wanderungen.

Im Augsburger Raum sind Besiedlungszeugnisse aus dem 5. Jahrhundert außerordentlich selten. So wurden erst jüngst Bestattungen dieses Jahrhunderts in einem oder zwei Hügeln der Leitershofener Nekropole[22] festgestellt. Bei Inningen konnte ebenfalls in jüngster Zeit eine größere Siedlung zum Teil untersucht werden[23], weitere Siedlungen sind von Kissing und Ottmaring bekannt. Erst im 4. Jahrhundert v. Chr., der Epoche, aus der die keltischen Wanderungszüge durch antike Schriftsteller überliefert sind, scheint sich die Besiedlung etwas verdichtet zu haben. Gräber des 4. Jahrhunderts wurden in Bobingen an zwei Stellen, in Großaitingen und offensichtlich auch in Schwabstadl (Gemeinde Obermeitingen, Landkreis Landsberg) entdeckt. Grabfunde des 3. Jahrhunderts liegen von Oberottmarshausen und Stätzling (Stadt Friedberg) vor.

Das 2. Jahrhundert fehlt vorläufig völlig im Augsburger Raum. Erst die Spätlatènezeit, das letzte Jahrhundert v. Chr., mit ihrer städtischen Zivilisation ist wieder vertreten, allerdings ohne eine jener von Caesar als *oppidum* bezeichneten umwehrten Stadtanlagen. Die wenigen Fundstellen im Augsburger Umland bezeugen lediglich kleine Siedlungen (Dörfer, Weiler oder Einzelhöfe): Inningen und Wehringen, dazu östlich des Lechs: Friedberg, Kissing, Mering, Mühlhausen (Gemeinde Affing), Rederzhausen, Unterbaar (Gemeinde Thierhaupten) und Wulfertshausen (Stadt Friedberg).

Als indirekte Besiedlungszeugnisse sind schließlich noch die sogenannten Viereckschanzen[24] zu nennen. Diese Tempelheiligtümer der Spätlatènezeit zeichnen sich durch einen fast quadratischen Grundriß mit 80 bis 100 m langen Wällen aus, denen auf der Außenseite ein Graben vorgelagert war. Grabungen von K. Schwarz in einer entsprechenden Anlage von Holzhausen (Landkreis München) lieferten den Nach-

weis, daß sich in dem Tempelbezirk ein mehrfach erneuerter Holztempel nebst ein paar unterschiedlich tiefen Opferschächten befunden hat[25]. Ähnliche Befunde wird man für die Anlagen im Augsburger Umland vermuten dürfen, die sich vorwiegend in den Westlichen Wäldern erhalten haben: »Buschelgraben« bei Schwabegg, »Brennburg« bei Wilmatshofen (Gemeinde Fischach), »Viereckenburg« bei Reutern (Gemeinde Welden) und »Burg« bei Peterhof (Gemeinde Gersthofen).

Die Latènezeit erweist sich im Vergleich mit den anderen vorgeschichtlichen Kulturperioden im Augsburger Raum als eine eher unbedeutende Epoche, und dies während ihrer ganzen Dauer von rund einem halben Jahrtausend. Für die Errichtung des römischen Lagers in Augsburg bestand von der keltischen Vorbesiedlung des Augsburger Umlandes her keinerlei Veranlassung.

1 Für den Südteil des heutigen Landkreises Augsburg eine Zusammenstellung der archäologischen Fundplätze bei Hans Peter Uenze: Vor- und Frühgeschichte im Landkreis Schwabmünchen, Kallmünz 1971 (Kataloge der Prähistorischen Staatssammlung 14). Über die Neufunde seit 1972 unterrichtet in jährlichem Abstand die Zusammenstellung: Ausgrabungen und Funde in Bayerisch-Schwaben. In: ZHVS (ab 70, 1976).

2 Otto Schneider: Steinzeitfund bei Kruichen/Adelsried. In: Jahresbericht 1976 des Heimatvereines für den Landkreis Augsburg, S. 36 f. mit Abb. S. 35.

3 Gisela Freund: Die ältere und die mittlere Steinzeit in Bayern. In: Jahresber. Bayer. Bodendenkmalpflege 4 (1964), S. 118–164.

4 Eine Zusammenstellung der durch August Schorer entdeckten Plätze in der Fundchronik der Jahre 1954–1956 in: BVBl 22 (1957), S. 102–110.

5 Rudolf Albert Maier: Die jüngere Steinzeit in Bayern. In: Jahresber. Bayer. Bodendenkmalpflege 5 (1965), S. 9–197.

6 Uenze, Schwabmünchen, S. 26 f.

7 Hermann Müller-Karpe: Die spätneolithische Siedlung von Polling, Kallmünz 1961 (MzbV 17).

8 Rudolf Albert Maier: »Michelsberg-Altheimer«-Skelettgruben von Inningen bei Augsburg in Bayerisch-Schwaben. In: Germania 43 (1965), S. 8–16.

9 Jürgen Driehaus: Die Altheimer Gruppe und das Jungneolithikum in Mitteleuropa, Mainz 1960.

10 Otto Schneider: Eine neue Altheimer Siedlungsstelle in Merching, Lkr. Friedberg. In: BVBl 33 (1968), S. 1–18.

11 Ingrid Burger: Das Fundmaterial von Dobl im Rahmen der

Chamer Gruppe. Diss. phil. München 1977 (wird zum Druck vorbereitet).

12 Walter Torbrügge: Die Bronzezeit in Bayern. Stand der Forschungen zur relativen Chronologie. In BRGK 40 (1959), S. 1–78; Harald Koschik: Die Bronzezeit im südwestlichen Oberbayern, Kallmünz 1981 (MzbV A 50).

13 Wolfgang Hübener: Frühbronzezeitliche Grabfunde auf dem Lechfeld (Bayerisch-Schwaben). In: Germania 35 (1957), S. 337–347.

14 Wilhelm Neu und Rudolf Vogel: Zur Geschichte der Gemeinden. In: Landkreis Schwabmünchen, Augsburg 1974, S. 410–412.

15 Wolfgang Czysz: Frühbronzezeitliche Grabfunde von Kleinaitingen, Landkreis Augsburg, Schwaben. In: Das archäologische Jahr in Bayern 1980, Stuttgart 1981, S. 68 f.; ders., Der frühbronzezeitliche Friedhof von Kleinaitingen, Landkreis Augsburg, Schwaben. In: Das archäologische Jahr in Bayern 1981, Stuttgart 1982, S. 80 f.

16 Eine zusammenfassende Übersicht über die Urnenfelderzeit in Bayern fehlt noch. Für Bayerisch-Schwaben vgl. Karte 5 mit Erklärung in Wolfgang Zorn (Hrsg.): Historischer Atlas von Bayerisch-Schwaben, Augsburg 1955, S. 8 f.

17 Walter Torbrügge: Vor- und frühgeschichtliche Flußfunde. Zur Ordnung und Bestimmung einer Denkmälergruppe. In: BRGK 51/52 (1970/71), S. 1–146.

18 Friedrich Holste: Zwei Sammelfunde der Urnenfelderzeit aus Bayerisch-Schwaben. In: Germania 21 (1937), S. 10–17.

19 Georg Kossack: Südbayern während der Hallstattzeit, Berlin 1959 (RGF 24).

20 Günther Krahe: Späthallstattzeitliche Kreisgräben ohne Hügel von Königsbrunn und Oberpeiching, Schwaben. In: Das archäologische Jahr in Bayern 1980, Stuttgart 1981, S. 96 f.

21 Hans-Jörg Kellner: Latènezeit. In: Archäologie in Bayern. Vor- und Frühgeschichte, Ausgrabungen und Funde, Pfaffenhofen 1982, S. 116–153.

22 Otto Schneider: Rettungsgrabung hallstatt- bis frühlatènezeitlicher Grabhügel in Leitershofen, Flur im Anger. In: Jahresbericht 1976 des Heimatvereines für den Landkreis Augsburg, S. 16–27.

23 Plan der keltischen Siedlung bei Otto Schneider: Neue vorgeschichtliche Ausgrabungen im Land um Augsburg 1968–1978. In: Neue Funde aus Augsburg, Augsburg 1978 (Städtische Kunstsammlungen Augsburg, Römisches Museum 5), S. 17, Abb. 2.

24 Klaus Schwarz: Atlas der spätkeltischen Viereckschanzen Bayerns, München 1959.

25 Zusammenfassend mit weiterer Literatur Klaus Schwarz: Die Geschichte eines keltischen Temenos im nördlichen Alpenvorland. In: Ausgrabungen in Deutschland. Gefördert von der Deutschen Forschungsgemeinschaft 1950–1975, Mainz 1975 (Monographien des RGZM. Forschungsinstitut für Vor- und Frühgeschichte 1,1), S. 324–358.

Augsburg in römischer Zeit
Quellenlage und Forschungsstand

von Wolfgang Kuhoff

Die Geschichte des römischen Augsburg zu schreiben, ist noch heute, trotz jahrhundertelangen Bemühens, ein schwieriges Unterfangen. Zahlreiche Forscher haben von der Renaissance bis zur Gegenwart versucht, Zusammenhänge und Einzelheiten zu erhellen, beginnend mit der Eroberung des Alpenvorlandes durch römische Truppen unter Führung der Stiefsöhne des Kaisers Augustus, Ti. Claudius Nero und Nero Claudius Drusus, im Jahre 15 v. Chr.[1]. Die hier später begründete Provinz Raetia erhielt ihre Hauptstadt in einer Ansiedlung am Zusammenfluß von Lech und Wertach, die vermutlich seit Kaiser Hadrian (117–138 n. Chr.) den Namen municipium Aelium Augustum besaß[2]. Gestalt und Entwicklung des römischen Augsburg lassen sich aber nur in groben Zügen beschreiben, weil die Quellen teils spärlich fließen, teils ganze Fundkomplexe noch nicht ausgewertet sind. Hinzu kommt die Randlage der

Provinz Rätien, welche dieses Gebiet nur in Krisenzeiten ins Licht der Geschichte treten ließ[3].

Die Quellen zur Geschichte des römischen Augsburg

Alle Zeugnisse, die über das römische Augsburg berichten, sind wie Mosaiksteine, die zu einem möglichst vollständigen Bild zusammengefügt werden müssen. Da es sich um sachlich und inhaltlich verschiedenartige Dokumente handelt, die nur Einzelkenntnisse, aber keine lückenlose Stadtgeschichte vermitteln, müssen sie von den Fachwissenschaften gegliedert, gewichtet und zur Klärung der offenen Fragen benutzt werden. Zu den Quellen zählen a) die in Metall, Stein, Ton, Holz, Glas und ähnlichen Stoffen erhaltenen Zeugnisse nichtschriftlicher Art, b) die Werke literarischer Natur und die in ihrer ursprünglichen Gestalt erhaltenen Inschriften und Münzen, also die gesamte schriftliche Hinterlassenschaft[4].

Unter den nichtschriftlichen Quellen sind zuerst die von der archäologischen Wissenschaft erforschten Sachüberreste zu nennen. Sie lassen sich nach Größe und Gestalt in mehrere Rubriken einteilen. Am umfassendsten ist die Gesamtheit aller Bauwerke, die eine Siedlung formen und den Stadtplan gestalten. Das Aussehen des municipium Aelium Augustum, und wenn nur in Umrissen und Grundzügen, zu klären, ist mühevoll. Die Stadtarchäologie versucht ungeachtet des knappen Personalbestandes, mit der umfangreichen Bautätigkeit Schritt zu halten, um den Verlust unwiederbringlicher Bodenfunde möglichst klein zu halten. Noch weist der Stadtplan des römischen Augsburg allerdings trotz der anerkennenswerten Leistungen früherer und heutiger Archäologen große Lücken auf[5]. Viele der sicherlich vorhandenen öffentlichen Bauwerke konnten noch nicht nachgewiesen werden, nämlich Forum, Haupttempel (Kapitol), Amtsgebäude für den Stadtrat (Kurie), Theater, Residenz des Provinzstatthalters (Prätorium) und Amphitheater. Dagegen sind Badegebäude (Thermen), Straßen und vereinzelte Wohnhäuser sowie stellenweise die Stadtmauer aufgedeckt worden. All das vermittelt jedoch nur einen unvollständigen Eindruck von der Gestalt der Stadt, und im Vergleich zu Köln, Trier und Mainz, den anderen Provinzhauptstädten auf deutschem Boden, muß von einem offenkundigen Kenntnisrückstand gesprochen werden[6].

Die zumeist in einen Bauzusammenhang eingebundenen Mosaiken und Malereien sind gleichfalls nur in geringem Umfang erhalten. Dies ist nicht verwunderlich, weil die zugehörigen Gebäude nicht vorhanden sind. Die wenigen Bruchstücke vermögen kaum auszudrücken, wie die Innenräume römischer Privathäuser und öffentlicher Gebäude ausgestattet waren. In welch verschwenderischer Form Kunstwerke dieser Art verwendet wurden, lehrt ein Blick auf die bekannte süditalienische Römerstadt Pompeji[7]. Augsburg steht auch mit Statuen, Bildnissen und Reliefs hinter den Metropolen des römischen Germanien zurück. Zwar sind einige Grabreliefs, Sarkophage, das Pfeilergrabmal von Oberhausen, zwei Merkurreliefs, vereinzelte andere Götterbilder und Porträtköpfe und der bronzene Pferdekopf eines Reiterstandbildes erhalten, doch sind diese Kunstwerke nicht zahlreich genug, um die künstlerische Reichhaltigkeit des römischen Augsburg zu repräsentieren[8]. Gebrauchsgegenstände und Erzeugnisse des Kunsthandwerks, also Hausrat, Werkzeuge, Geschirr aus Metall oder Ton, Glaswaren, Schmuck und Waffen, gehören ebenfalls zu den Sachüberresten. Außerdem kann man hier die Tierknochen und Gebeine Verstorbener einordnen: Sie geben Kenntnis über Körperbau, Geschlecht und Alter[9].

In Augsburg sind bisher 114 Inschriften gefunden worden, die teilweise von erheblichem historischem Interesse sind; zu berücksichtigen sind außerdem einige auswärts erhaltene Inschriften, die Bürger der Stadt nennen. Diese Quellenzeugnisse gehören inhaltlich zu verschiedenen Gruppen: Die Weiheinschriften für Gottheiten des römischen und einheimischen Götterhimmels sind durch 30, die Bauinschriften durch sechs Beispiele repräsentiert. Bekannt sind weiterhin fünf Ehreninschriften für Kaiser oder Mitglieder des Kaiserhauses und eine für einen Angehörigen des Senatorenstandes. Am zahlreichsten sind mit 53 Exemplaren die Grabinschriften. Schließlich sind eine mehrteilige Inschrift in einem Mosaik und 18 Bruchstücke von beschriebenen Steinen zu erwähnen. Als Sondergruppe gelten Stempel auf Tongeschirr und Ziegeln sowie Graffitti oder Ritzinschriften, deren markantestes Beispiel die auf einem Amphorenbruchstück verzeichnete Erwähnung südspanischer Fischsauce und ihres Produzenten ist[10]. Die Inschriften enthalten vielfältige Aussagen über das öffentliche und private Leben der römischen Bewohner Augsburgs[11].

Die in Augsburg, das keine eigene Münzstätte besaß, gefundenen insgesamt rund 1700 Münzen können ohne Mühe in die dichte Reihe chronologisch fixierter Typen eingeordnet werden, die aus der römischen Geschichte bekannt sind. Aus Gold *(aurei)*, Silber *(denarii)* und unedlem Metall *(sestertii, dupondii, asses)* geprägt, dienten sie als kleinstes, aber wirkungsvollstes Mittel der staatlichen Selbstdarstellung. In der Kaiserzeit mit Bildnis und Titulatur der Herrscher auf den Vorderseiten und Propagandabildern mit Erläuterungen auf der Rückseite versehen, waren sie nicht nur Zahlungsmittel, sondern auch Medium der Ideologie: In dieser Bedeutung tragen sie kaum etwas zur Kenntnis des römischen Augsburg bei; nur Denare des Augustus mit einer Ehrung für die Eroberer des Alpenvorlandes, Tiberius und Drusus, Münzen Hadrians mit der Rückseitenumschrift *exercitus Raeticus*, die einen Kaiserbesuch in der Provinz nahelegen, und Antoniniane des Gallienus, welche die Regensburger *legio III Italica* nennen, sind in dieser Hinsicht von Interesse. Wichtiger ist die Datierung historischer Ereignisse und archäologischer Sachüberreste durch im Boden gefundene Münzen, die als Weihe-, Siedlungs-, Schatz-, Grab- oder Streufunde geborgen werden können. Unabsichtlich verlorene oder absichtlich vergrabene Geldstücke helfen etwa dem Ausgräber, die Entstehungszeit von Gebäuden, Straßen und Gräbern zu bestimmen. Umfangreiche Schatzfunde weisen andererseits häufig auf Einflüsse äußerer Feinde wie der Alamannen im 3. Jahrhundert und zuvor der Markomannen und anderer Germanen unter Kaiser Marcus Aurelius zwischen 170 und 180 hin: In diese Zeitspanne gehört der am 6. September 1978 bei St. Stephan entdeckte Hort von 52 Goldmünzen, der wie ähnliche Funde im Umland Augsburgs auf die Gefährdung der Provinz Rätien hinweist. In dieser Hinsicht zeigen Münzen die Zusammenhänge der Reichsgeschichte auf, die auch in den Werken behandelt ist, die zur Gruppe der literarischen Quellen zählen[12].

Zur Geschichte Rätiens und seiner Hauptstadt gibt es eine ganze Reihe Einzelbemerkungen in verschiedensten Werken, die aber keine zusammenfassende Darstellung ermöglichen. Es handelt sich um historiographische Zeugnisse, Biographien, geographische und naturwissenschaftliche Werke, Gedichte, Reden und staatskundliche Schriften. Älteste Quelle sind zwei Gedichte des Q. Horatius Flaccus, der unter Augustus schrieb. Die Eroberung Rätiens und Vindelikiens durch Tiberius und Drusus wird in *carmen* IV 4,17–28 und IV 14,1–40 geschildert. Im zweiten Gedicht findet sich die einzige antike Datierung dieses Ereignisses (Verse 34–40): Die Worte *nam tibi quo die portus Alexandrea supplex et vacuam patefecit aulam fortuna lustro prospera tertio bello secundos reddidit exitus* . . . (Denn dir gewährte am selben Tag, an dem einst der Hafen Alexandria schutzflehend den leeren Palast geöffnet hatte, ein günstiges Schicksal am dritten Lustrum danach im Kriege ein glückliches Ende) weisen auf das Jahr 15 v. Chr. hin. Diese Zeitangabe hatte auch ein unbekannter spätrömischer Kommentator im Sinn, als er zum Vers 17 des *carmen* IV 4 anmerkte: *his (Raetis) devictis facta est civitas Augusta Vindelica apud Raetos (Pseudacronis Scholia in Horatium Vetustiora)*. Daß nach der Niederwerfung der Räter und Vindeliker das römische Augsburg entstand, ist zwar richtig, doch nennt der Autor keine konkrete Jahreszahl, so daß eine Gründung Augsburgs 15 v. Chr. hiermit nicht bewiesen werden kann[13]. Ein anderer Zeitgenosse des Kaisers Augustus, der Grieche Strabo, verfaßte um 20 n. Chr. seine *Geographika*, in denen er ausführlich auf die Eroberungsgeschichte und die Landeskunde Süddeutschlands in der keltisch-römischen Übergangszeit eingeht. Seine Beschreibung der Volksstämme und ihrer Wohnsitze schließt die Erwähnung dreier vindelicischer Siedlungen im Voralpengebiet mit Namen Brigantium (Bregenz), Cambodunum (Kempten) und Damasia ein (IV 6,8). Eine frühe Quelle ist schließlich auch die *Historia Romana* des C. Velleius Paterculus, der unter Kaiser Tiberius schrieb und dessen Taten bei der Eroberung des Alpenvorlandes schildert (II 39,3. 95). In der *Naturalis Historia* des im Jahre 79 umgekommenen C. Plinius Secundus endlich findet sich der volle Wortlaut der heute unvollständigen Inschrift am *Tropaeum Al-*

pium bei Monaco, dem für Augustus errichteten Siegesdenkmal, in der alle unterworfenen Alpenstämme aufgezählt sind; die Deutung hinsichtlich der Vindeliker ist aber ungeklärt (III 20, 133–137)[14].

Von den vier Erwähnungen des Räternamens in den Annalen und Historien des P. Cornelius Tacitus (um das Jahr 100) beziehen sich zwei auf die Frühzeit der Römerherrschaft (*Annales* I 44, 4; II 17, 4), doch bieten sie für Augsburg keinerlei Informationen. Von hohem Interesse ist die Notiz des Tacitus in seiner *Germania* 41,1, in der er eine *splendidissima Raetiae provinciae colonia* anspricht, die in der Forschung allgemein mit Augsburg identifiziert wird; diese Formulierung wirft zugleich Fragen zur Rechtsstellung der Stadt im 1. Jahrhundert auf[15]. Demgegenüber behandelt der Zeitgenosse des Tacitus, C. Suetonius Tranquillus, in seinem biographischen Werk *De vita Caesarum* (um 120) an verschiedenen Stellen wiederum die Eroberung des Alpenvorlandes (Augustus 21,1; Tiberius 9; Claudius 1,1); die knappen Ausführungen erbringen für Augsburg allerdings keine Hinweise. Auch eine kurze Beschreibung des Feldzuges von 15 v. Chr. bei L. Annaeus Florus, *Epitoma* II 22 (Mitte des 2. Jahrhunderts), ist unergiebig. Etwa zur gleichen Zeit entstanden, bietet die *Geographia* des Claudius Ptolemaeus, in der Rätiens Hauptstadt als Αὐγούστα Οὐινδελικῶν (Augusta Vindelikon) benannt ist (II 12,3; VIII 7,4), die früheste namentliche Erwähnung Augsburgs in einer literarischen Quelle. Als *Augusta Vindelicum* erscheint die Stadt in einem Straßenverzeichnis aus dem frühen 3. Jahrhundert, dem *Itinerarium Antonini* (232; 236; 241; 258; 274), und auf der spätantiken Weltkarte *Tabula Peutingeriana*, deren einziges erhaltenes Exemplar einst dem Augsburger Gelehrten Conrad Peutinger gehörte.

Fast alle weiteren Zeugnisse berichten, ohne Nennung Augsburgs, Ereignisse der rätischen Geschichte, von denen einige (wie etwa Kriege mit den Alamannen) auch die Provinzhauptstadt berührt haben werden. Diese Quellen im einzelnen aufzuzählen, erübrigt sich hier.

Daß die Stadt in späterer Zeit nach der Zweiteilung der Provinz Rätien durch Diokletian Sitz des Zivilstatthalters von *Raetia II* war, erfährt man aus dem Staatshandbuch der *Notitia Dignitatum* (Anfang 5. Jahrhundert). Nach dieser Quelle amtierte hier außerdem der Vorsteher des kaiserlichen Schatzamtes (*praepositus thesaurorum*) für Rätien (Occ. XI 30); hier lag auch eine Abteilung der Reiterei, die *equites stablesiani seniores*, in Garnison, die dem Militärbefehlshaber beider Rätien unterstand, der gleichfalls wohl in Augsburg (*Augusta Vindelicensis* bzw. nur *Augusta* genannt) residierte (Occ. XXXV 14). An das Ende der römischen Epoche führt zum Schluß die um 565 niedergeschriebene Aussage des Venantius Honorius Clementianus Fortunatus über die Verehrung der Märtyrerin Afra in *Augusta*, am Zusammenfluß von Lech und Wertach (*Vita Sancti Martini* 640–646)[16].

Die Forschung zur Geschichte des römischen Augsburg[17]

Der römischen Vergangenheit begann man sich in der freien Reichsstadt Augsburg umfassend im späten 15. Jahrhundert zu erinnern, zu einer Zeit, als in Italien die Wiedergeburt der Antike von den führenden Wissenschaftlern und Künstlern als hohes Ziel ihres Schaffens angestrebt wurde. In Augsburg bedeutete diese in ganz Europa aufkeimende Geistesströmung, die Überreste der Römerzeit zu sammeln, zu bewahren und zu beschreiben und die schriftlichen Zeugnisse zusammenzustellen und zu interpretieren. Darüber hinaus fanden bekannte und neugefundene antike Kunstwerke Eingang in private Sammlungen, von denen diejenigen Conrad Peutingers, Jakob Fuggers und Markus Welsers erwähnt werden müssen. Daß römerzeitliche Kunsterzeugnisse Vorbild für verschiedenartigste Schöpfungen der Architektur, Malerei und Skulptur in der anbrechenden Epoche der Renaissance wurden, kann hier nur kurz angesprochen werden. Bereits der bedeutende Humanist Conrad Peutinger veröffentlichte die ihm bekannten Denkmäler (1505/1520) und schrieb außerdem eine Geschichte der römischen Kaiser. Ein anderes wichtiges Werk der frühen Forschung sind die 1594 in Venedig gedruckten *Rerum Augustanarum Vindelicarum Libri Octo* des Markus Welser. Dieses stattliche Kompendium umfaßt nicht nur die Geschichte Augsburgs und Rätiens, sondern berücksichtigt auch alle Quellenzeugnisse. Besonders die Zusammenstellung und Deutung der seinerzeit in Augsburg erhaltenen und auswärts auf die Stadtgeschichte hinweisenden Sachüberreste und Inschriften sind hervorzuheben. Vor allem überlieferte Welser einige Originalzeugnisse, die heute verschollen sind, und bewahrte sie auf diese Weise für moderne Untersuchungen. Die großen Antikensammlungen sind zwar zerstreut – so verkaufte Hans Jakob Fugger einen Großteil der auch Münzen umfassenden Fuggerschen Besitztümer an Antiken 1571 an den Herzog von Bayern –, doch war ihre Wirkung auf die Zeitgenossen zweifellos bedeutend[18].

Bildende Kunst und Buchdruck sorgten in Augsburg auch in den folgenden Jahrzehnten für die Verbreitung antiken Gedankenguts und die Bekanntgabe neuer Funde: Beispielsweise wurde der erste große Schatzfund keltischer Münzen in Bayern 1751 durch ein hier gedrucktes Flugblatt publiziert. Eine intensive wissenschaftliche Beschäftigung mit den Dokumenten des Altertums setzte dann im frühen 19. Jahrhundert ein. Die Namen Johann Nepomuk von Raiser und Moritz Mezger stehen an erster Stelle unter jenen Forschern, die Neufunde verzeichneten und in Einzelbeiträgen und Sammelpublikationen der Öffentlichkeit vorstellten. Das verstärkte Interesse zeitigte vor allem die Einrichtung eines Museums, das 1822 als Römisches Antiquarium ins Leben gerufen wurde und später als Maximilian-Museum weiterbestand; heute sind die Funde aus der Antike im Römischen Museum ausgestellt. Die Inschriften veröffentlichte zuerst Theodor Mommsen nach den noch heute gültigen Editionskriterien (Band III des *Corpus Inscriptionum Latinarum* von 1873, mit Nachträgen ergänzt 1902). Zusammen mit der Neubearbeitung durch Friedrich Vollmer in den *Inscriptiones Baivariae Romanae* von 1915 und zwei Nachträgen von 1957 und 1977 bildet dieses Werk die Grundlage jeder Arbeit. Neufunde epigraphischer und archäologischer Forschung werden in verschiedenen wissenschaftlichen Zeitschriften, darunter der Zeitschrift des Historischen Vereins für Schwaben, bekanntgemacht[19].

Mehrere Forscher, darunter Otto Roger, Friedrich Wagner, Paul Reinecke und Friedrich Koepp, versuchten in der Zeit um und kurz nach 1900, die Ausgrabungstätigkeit zu beleben. Besondere Verdienste kommen Ludwig Ohlenroth zu, der jahrzehntelang

(1918–1959) an leitender Stelle die örtlichen Ausgrabungen durchführte und beaufsichtigte. Seine zahlreichen Funde, oft nur mit Schwierigkeiten ans Tageslicht gebracht, bilden heute den Grundstock der Magazinbestände im Römischen Museum. Tausende von Tongeschirresten harren noch der sachgemäßen Aufarbeitung, doch sind in letzter Zeit erfolgversprechende Arbeiten unternommen worden. Systematische Schlußfolgerungen aus seinen Funden konnte Ohlenroth nur in einer Hinsicht vorlegen: Sein Stadtplan des römischen Augsburg berücksichtigte alle ihm bekannten Straßen- und Gebäudereste, ergibt aber doch ein nur lückenhaftes Bild[20].

Weitere Ausgrabungsergebnisse auf Augsburger Boden wurden von den anderen am Maximilian-Museum tätigen Wissenschaftlern, Norbert Lieb, Hans Eberlein, Hans Bott, Wolfgang Hübener und Aladar Radnóti, publiziert. Vor allem die beiden letztgenannten Forscher erwarben sich Anerkennung durch interpretierende Deutungen der vielfältigen Funde, die Hübener zu einer vorläufigen Synthese verarbeitete, der bis heute keine weiterführende folgte. Radnóti andererseits war nicht nur erfolgreicher Ausgräber, sondern stellte außerdem durch eingehende Analysen die Bedeutung einiger neuentdeckter Steininschriften dar[21]. Die vergleichbaren Untersuchungen auf numismatischem Gebiet sind mit dem Namen Konrad Kraft verbunden, dem es gelang, die Münzfunde vom Ort des augustischen Waffenplatzes in Oberhausen in eine chronologische Systematik einzufügen. Die gesamten auf Augsburger Gebiet entdeckten Münzen wurden 1962 im siebten Teilband der »Fundmünzen der römischen Zeit in Deutschland« als Materialsammlung vorgelegt, dem sich 1984 ein Nachtrag angeschlossen hat. Die Fundmünzen von St. Ulrich und Afra bearbeitete Bernhard Overbeck (1977), den aufsehenerregenden Goldmünzenfund von 1978 veröffentlichte 1982 Leo J. Weber[22]. Die Sachüberreste wurden in jüngerer Zeit vor allem von Wilhelm Schleiermacher, Joachim Werner, Günter Ulbert, Hans-Jörg Kellner und Colin M. Wells mitgeteilt und zum Teil gedeutet. Diese Einzelforschungen und die ausstehenden Probleme berücksichtigte H.-J. Kellner vor einigen Jahren in einem zusammenfassenden Bericht, der eine klare Standortbestimmung des Erreichten und des Notwendigen beinhaltet, aber andererseits keine interpretierende Gesamtdarstellung ist. In knapper Form wies schließlich auch Gunther Gottlieb auf die offenen Fragestellungen hin, die einer Klärung der antiken Geschichte Augsburgs entgegenstehen[23].

In den letzten Jahren nahm die Ausgrabungstätigkeit erfreulich zu. Die Auffindung, Sicherung und Auswertung der Bodendenkmäler war und ist allerdings mit Hemmnissen finanzieller, personeller und organisatorischer Art verbunden. Mit kaum hinreichenden Geldmitteln und einem kleinen Mitarbeiterkreis fast nur Notgrabungen durchzuführen, ist zur Zeit die schwierige Aufgabe des hauptamtlichen Stadtarchäologen. Systematische Untersuchungen bleiben dagegen wohl auf längere Sicht hin in der Regel ein schier unmögliches Unterfangen. Alle hier erwähnten wissenschaftlichen Disziplinen sind aufgerufen, die zahlreichen offenen Fragen zu erörtern und, soweit das möglich ist, einer Lösung zuzuführen, um auf diese Weise eine umfassende Synthese vorzubereiten. Die am Anfang aufgezählten Diskussionspunkte harren noch einer abschließenden Behandlung, wenn man zu tatsächlich oder wenigstens annähernd gesicherten wissenschaftlichen Erkenntnissen gelangen will.

1 Die Literatur zum antiken Augsburg ist jetzt zusammengestellt bei Gerd Rupprecht: Bibliographie zum römischen Augsburg. In: Gunther Gottlieb: Das römische Augsburg, München 1981, S. 41–67.

2 Zur Geschichte der Provinz Rätien siehe u. a. Ferdinand Haug. In: RE I A,1 (1914), Sp. 46–62 s. v. Raetia; Friedrich Wagner: Die Römer in Bayern, 4. Aufl., München 1978; Richard Heuberger: Rätien im Altertum und Frühmittelalter, Innsbruck 1932 (Schlern-Schriften 20); Hans-Jörg Kellner: Die Zeit der römischen Herrschaft. In: HdbBayG I, München 1968, S. 45–70; ders., Die Römer in Bayern, 4. Aufl., München 1978; Bernhard Overbeck: Raetien zur Prinzipatszeit. In: ANRW II 5.2, Berlin und New York 1976, S. 658–689; ders., Geschichte des Alpenrheintals in römischer Zeit auf Grund der archäologischen Zeugnisse. Teil 1, München 1982 (MBV 20).

3 Die antiken Nachrichten über die Alamannen sind gesammelt bei Camilla Dirlmeier und Gunther Gottlieb: Quellen zur Geschichte der Alamannen von Cassius Dio bis Ammianus Marcellinus, Sigmaringen 1976 (Quellen zur Geschichte der Alamannen Bd. 1); dies., Quellen zur Geschichte der Alamannen von Libanios bis Gregor von Tours, Sigmaringen 1978 (ebd. Bd. 2); Wolfgang Kuhoff: Inschriften und Münzen, Sigmaringen 1984 (ebd. Bd. 6).

4 Zur Quellensystematik vgl. Karl Christ: Römische Geschichte. Einführung, Quellenkunde, Bibliographie, 3. Aufl., Darmstadt 1980, S. 153–179.

5 Ludwig Ohlenroth: Zum Stadtplan der Augusta Vindelicum – Zusammenfassender Vorbericht. In: Germania 32 (1954), S. 76–85; Leo J. Weber: Revidierter Stadtplan des römischen Augsburg. In: Neue Funde aus Augsburg, Augsburg 1978, S. 25–28.

6 Über Funde von Gebäuderesten siehe zuletzt Leo J. Weber: Die Ausgrabungen von St. Ulrich und Afra in Augsburg. In: Ausgrabungen in Deutschland. Gefördert von der Deutschen Forschungsgemeinschaft 1950–1975, Mainz 1975 (Monographien des RGZM. Forschungsinstitut für Vor- und Frühgeschichte 1,2), S. 113–128; Jörg Heiligmann: Neue archäologische Untersuchungen im römischen Augsburg. In: ZHVS 74 (1980), S. 88–103.

7 Zu Malereien und Mosaiken vgl. Klaus Parlasca: Römische Wandmalereien in Augsburg, Kallmünz 1956 (MzbV 7); ders., Die römischen Mosaiken in Deutschland, Berlin 1959 (RGF 23), S. 101–103; Maria Radnóti-Alföldi: Spätrömische Doppelkirche und Fresken in Augsburg. In: Neue Funde aus Augsburg, Augsburg 1978, S. 46–49.

8 Otto Roger: Der bronzene Pferdekopf unserer Sammlung. In: ZHVS 41 (1915), S. 143 f.; Friedrich Wagner: Neue römische Skulpturen aus Augsburg: Ein Pfeilergrabmal (Lap. 4). In: Das Schwäbische Museum 1926, S. 135–138; Ludwig Ohlenroth: Grabmäler römischer Ehepaare aus Augsburg. In: Germania 31 (1953), S. 32–38; Corpus signorum Imperii Romani. Deutschland 1,1, Bonn 1973, S. 14 f., 19–51; Werner Gauer: Die rätischen Pfeilergrabmäler und ihre moselländischen Vorbilder. In: BVBl 43 (1978), S. 57–100.

9 Zu Gebrauchsgegenständen und Kleinkunstwerken vgl. Otto Roger: Bildertypen von Augsburger Sigillaten. In: ZHVS 40 (1914), S. 94–112; Klaus Parlasca: Italische Terrakottafragmente aus Augsburg. In: Germania 32 (1954), S. 76–85; Wolfgang Hübener: Römische Bronzegefäße im Maximilian-Museum Augsburg. In: SJ 17 (1958), S. 66–73; Aladar Radnóti: Eine Bronzekanne aus Augsburg. In: BVBl 25 (1960), S. 99–124; Hans Klumbach (Hrsg.): Spätrömische Gardehelme, München 1973 (MBV), S. 95–105.

10 Zu neueren Inschriftenfunden vgl. Aladar Radnóti: C. Iulius Avitus Alexianus. In: Germania 39 (1961), S. 383–412; Gunther Gottlieb: Römische Inschriften aus Augsburg. In: ZHVS 73 (1979), S. 87–95; Wolfgang Czysz und Günther Krahe (Hrsg.): Ausgrabungen und Funde in Bayerisch-Schwaben 1979. In: ZHVS 74 (1980), S. 43–46.

11 Zum Handel im römischen Augsburg vgl. Wolfgang Kuhoff: Der Handel im römischen Süddeutschland. In: Münstersche Beiträge zur antiken Handelsgeschichte III 1 (1984), im Druck.

12 Zur kaiserzeitlichen römischen Numismatik und den genannten Münztypen vgl.: The Roman Imperial Coinage (RIC), London 1923–1981; Coins of the Roman Empire in the British Museum (= British Museum Coinage. Roman Empire, BMC), London 1923–1962 (noch nicht abgeschlossen). – Für

wichtige Hinweise danke ich Herrn Dr. Bernhard Overbeck, München.

13 Friedrich Vollmer: Das älteste Zeugnis für die Gründung der Civitas Augusta Vindelicorum. In: ZHVS 37 (1911), S. 140; Karl Christ: Zur augusteischen Germanenpolitik. In: Ders., Römische Geschichte und Wissenschaftsgeschichte Bd. 1, Darmstadt 1982, S. 183–239, hier: S. 205–208 (zum Feldzug des Jahres 15 v. Chr. ausführlich S. 204–214); Gottlieb, Römisches Augsburg, S. 22 f.

14 Zur Frühgeschichte der Provinz Rätien vgl. Bernhard Overbeck: Rätien zur Prinzipatszeit. In: ANRW II 5.2, Berlin und New York 1976, S. 658–689, hier S. 668–672; Gottlieb, S. 15–17.

15 Zur Rechtsstellung Augsburgs vgl. Francesco Grelle: L'autonomia cittadina fra Traiano e Adriano, Neapel 1972, S. 171, 174, 201 f.; Hartmut Wolff: Civitas und Colonia Treverorum. In: Historia 26 (1977), S. 204–242, hier: S. 228–232; Gottlieb, S. 21 f.

16 Zu Rätien und Augsburg in der Spätantike vgl. Wagner, Römer in Bayern, S. 29–34; Heuberger, Rätien, S. 231–233, 238 f., 249 f., 254–263; Kellner, Römer in Bayern, S. 156–194.

17 Eine Zusammenfassung der neueren Forschungen zu den verschiedenen Aspekten der Geschichte und Gestalt des römischen Augsburg findet sich in den folgenden Beiträgen dieses Buches.

18 Conrad Peutinger: Romanae vetustatis fragmenta in Augusta Vindelicorum et eius dioecesi, Augsburg 1505; ders., Inscriptiones vetustae Romanae et earum fragmenta in Augusta Vindelicorum et eius dioecesi, Mainz 1520. Zur Wiederbelebung der antiken Kunst im Augsburg der Renaissance siehe Bruno Bushart: Die junge Heidenschaft oder die Rezeption der Antike in der Augsburger Kunst. In: Nachrichtenblatt der Societas Annensis 25 (1977), S. 3–19.

19 Johann Nepomuk von Raiser: Die römischen Alterthümer zu Augsburg und andere Denkwürdigkeiten des Ober-Donau-Kreises, Augsburg 1820; Moritz Mezger: Die römischen Steindenkmäler, Inschriften und Gefäßstempel im Maximilian-Museum zu Augsburg, Beigabe zu JHVS 27/28, Augsburg 1862. Inschriftennachträge bei Friedrich Wagner: Neue Inschriften aus Raetien. In: BRGK 37/38 (1956/1957), S. 215–264; Ute Schillinger-Häfele, Vierter Nachtrag zu CIL XIII und zweiter Nachtrag zur Fr. Vollmer, Inscriptiones Baivariae Romanae. In: BRGK 58 (1977), S. 447–603.

20 Otto Roger: Die Terrasigillatareste von Augsburg. In: ZHVS 33 (1907), S. 1–36; Wagner, Römer in Bayern, S. 55–58, 85, 90–105; Friedrich Koepp: Vom römischen Augsburg. In: ZHVS 44 (1918–1919), S. 2–19; Paul Reinecke: Das augusteische Legionslager von Augsburg-Oberhausen, ebd. S. 19–29.

21 Norbert Lieb: Der Aufbau des Augsburger Maximilian-Museums. In: ZHVS 51 (1934/1935), S. 157–193; Hans Eberlein: Augsburg, Berlin 1939; Hans Bott: Frühchristliche Denkmäler aus Schwaben? In: ZHVS 57 (1950), S. 1–25; Wolfgang Hübener: Zum römischen und frühmittelalterlichen Augsburg. In: JRGZM 5 (1958), S. 154–238; ders., Die römischen Metallfunde von Augsburg-Oberhausen – Ein Katalog, Kallmünz 1973 (MzbV 28); Aladar Radnóti: Römische Inschriften als Dokumente der Siedlungsgeschichte. In: Jahresber. der bayer. Bodendenkmalpflege 1961, S. 16–33.

22 Konrad Kraft: Zu den Schlagmarken des Tiberius und Germanicus – Ein Beitrag zur Datierung der Legionslager Vindonissa und Oberhausen. In: Ders., Gesammelte Aufsätze zur antiken Geldgeschichte und Numismatik, hrsg. von Helmut Castritius und Dietmar Kienast. Bd. 1. Darmstadt 1979, S. 1–17; ders., Zum Legionslager Augsburg-Oberhausen. In: Ders., Gesammelte Aufsätze zur antiken Geschichte und Militärgeschichte, hrsg. von Helmut Castritius und Dietmar Kienast, Darmstadt 1973, S. 216–233; Bernhard Overbeck und Peter Robert Franke: Bemerkungen zur Münzliste. Katalog der römischen Fundmünzen. In: Joachim Werner (Hrsg.), Die Ausgrabungen in St. Ulrich und Afra in Augsburg 1961–1968, München 1977 (MBV 23), S. 449–452; Leo J. Weber: Ein Schatzfund römischer Aurei in Augsburg. In: JRGZM 28 (1981), S. 133–171.

23 Joachim Werner: Die Bronzekanne aus Kelheim. In: BVBl 20 (1954), S. 43–73; ders. (Hrsg.), Die Ausgrabungen in St. Ulrich und Afra; Wilhelm Schleiermacher: Augusta Vindelicum. In: Germania Romana – 1. Römerstädte in Deutschland, Heidelberg 1960, S. 78–89; Günter Ulbert: Die römische Keramik aus dem Legionslager Augsburg-Oberhausen, Kallmünz 1960 (MzbV 14); Colin M. Wells: The German Policy of Augustus – An Examination of the Archaeological Evidence, Oxford 1972; Hans-Jörg Kellner: Die Zeit der römischen Herrschaft. In: HdbBayG I, S. 45–70; ders., Augsburg, Provinzhauptstadt Raetiens. In: ANRW II 5.2, Berlin und New York 1976, S. 690–717. Neue Funde in Augsburg und seinem Umland werden regelmäßig jedes Jahr in der Fundchronik in den Bänden der ZHVS veröffentlicht.

Die Eroberung des Alpenvorlandes und die Ausdehnung der römischen Herrschaft

von Gunther Gottlieb

Die Geschichte Augsburgs im weiteren Sinne beginnt mit der Eroberung des Alpenvorlandes durch die Römer im Jahre 15 v. Chr.: noch nicht die Geschichte der militärischen oder zivilen Ansiedlung auf der Hochterrasse zwischen Lech und Wertach. Deren genaue Anfänge werden weder urkundlich (also durch eine Inschrift) noch in anderer schriftlicher Form überliefert und sind archäologisch nur ungenau und ungefähr bestimmbar. Keinesfalls ist Augsburg im Jahre 15 v. Chr. gegründet worden. Es hat auch in jenem Jahr keine irgendwie gearteten Anfänge einer Siedlung gegeben. Trotzdem ist das Jahr 15 v. Chr. ein Schlüsseljahr für die Geschichte des Alpenvorlandes und Augsburgs, weil es der Anfang einer Herrschaft war, welche mehr als 500 Jahre die Entwicklung unmittelbar beeinflußt hat und in deren Verlauf Augsburg erst militärischer, dann ziviler Siedlungsplatz und Hauptstadt der Provinz Raetia geworden ist. Das Jahr 15 v. Chr. hat den Alpen und dem Alpenvorland einen Eroberungskrieg gebracht, von dem die nachfolgenden Ereignisse abhängen[1].

Damit sind wir beim Thema. Was in diesem Buch über das römische Augsburg steht, ist von Anlage und Zielsetzung her ein Rechenschaftsbericht unter der Fragestellung: 1. Was wissen wir über das römische und frühchristliche Augsburg auf der Grundlage der schriftlichen und sachlichen Überlieferung? 2. Wo sind die Kenntnisse unsicher und lückenhaft? 3. Welche Themen können mit einiger Aussicht auf neuen Ertrag behandelt werden? Einerseits geht es also um die Wiedergabe bekannten und vertrauten Wissens, andererseits um die Darlegung neuer Forschungsergebnisse und die Formulierung von Vorbehalten und Ausblicken[2]. Dabei ist es wichtig, Augsburg nicht aus den größeren militär- und verwaltungsgeschichtlichen, siedlungskundlichen und kultu-rellen Zusammenhängen herauszulösen und nur für sich zu betrachten. Es kommt vielmehr darauf an, das römische Augsburg als Teil Rätiens und, weiterführend, im Vergleich mit den Gegebenheiten in den Nachbarprovinzen Obergermanien (vor allem dessen rechtsrheinischen Gebieten) und Noricum darzustellen[3].

Zunächst ist es mehr die Geschichte des Landes, dessen Mittelpunkt Augsburg dann geworden ist, der wir uns zuwenden. So wird man auch das Jubiläum, das der Anlaß für dieses Buch ist, stärker von Augsburgs zentraler Funktion als späterem Verwaltungsmittelpunkt einer ganzen Landschaft her verstehen müssen als von einer nicht aufs Jahr nachweisbaren und erst in das erste *nach*christliche Jahrhundert gehörenden Stadtwerdung. Augustus ließ die Alpen und, in uns unbekanntem Umfang, das Alpenvorland erobern. Der Eroberung folgte nicht sofort die zivile Erschließung des Landes. Bis gegen Ende der augusteischen Herrschaft hatte die römische Germanenpolitik ohnehin noch eine eher dynamische als statische Tendenz und eine eher militärische als zivile Ausprägung, was sich auch auf die Art der römischen Präsenz in Süddeutschland ausgewirkt hat[4].

Erst in spättiberisch-frühclaudischer Zeit beginnen die umfangreicheren, nunmehr zivilen Fundserien aus dem Stadtkern von Augsburg. Große Bedeutung haben in diesem Zusammenhang die beiden neu entdeckten tiberischen Militäranlagen von Rederzhausen (Stadt Friedberg) im Paartal, die Siegmar von Schnurbein im Sommer 1982 in einer ersten Testgrabung untersucht hat[5]. Danach passen die Anlagen in die Fundlücke zwischen dem Ende von Augsburg-»Oberhausen« (spätestens 17 n. Chr.) und dem Einsetzen der spättiberisch-frühclaudischen Befunde[6]. Kaiser Claudius (41–54 n. Chr.) schuf eine dauerhaf-

Rätien und die Provinzen an Rhein und Donau

Provinzgrenzen

Limes

0   50   100   150   200 km

Oder

Albis (Elbe)

Amisia (Ems)

Visurgis (Weser)

Rhenus (Rhein)

Col. Ulpia Traiana (Xanten)

Lupia (Lippe)

Colonia Agrippinensis (Köln)

Moenus (Main)

Germania Inferior

Mosa (Maas)

Belgica

Mosella (Mosel)

Mogontiacum (Mainz)

Augusta Treverorum (Trier)

Durocortorum (Reims)

Matrona (Marne)

Divodurum (Metz)

Castra Regina (Regensburg)

Castra Batava (Passau)

Vindobona (Wien)

Argentorate (Straßburg)

Augusta Vindelicum (Augsburg)

Carnuntum

Gallia Lugdunensis

Sequana (Seine)

Liger (Loire)

Germania Superior

Rhenus

Nicer (Neckar)

Danuvius (Donau)

Aquincum

Danuvius

Mosella Mons

Cambodunum (Kempten)

Iuvavum (Salzburg)

Pannonia

Iller

Brigantium (Bregenz)

Augustodunum (Autun)

Basilia (Basel)

Vindonissa (Windisch)

Iura Mons

Augusta Raurica (Augst)

Raetia

Noricum

Superior

Colonia Iulia Equestris (Nyon)

Aventicum (Avenches)

Chur

Dravus (Drau)

Mursa (Osijek)

Aquileia

Emona (Ljubljana)

Savus (Save)

Pannonia

Genave (Genf)

Alpes Graiae et Poeninae

Altinum (Quinto d'Altino)

Gradus (Grado)

Siscia (Sisak)

Inferior

Lugdunum (Lyon)

Augusta Praetoria (Aosta)

Pola (Pula)

Dalmatia

Aquitania

Vienna (Vienne)

Mediolanum (Mailand)

Padus (Po)

Rhodanus (Rhone)

Alpes Cottiae

Drinus (Drina)

Cebenna Mons

Gallia Narbonensis

Alpes Maritimae

Apenninus Mons

Bononia (Bologna)

Salonae (Solin)

Massilia (Marseille)

Narbo Martius (Narbonne)

Tiber

Alpes Montes

Italia

Roma (Rom)

Grafik: A. Heiß

1   Rätien und die Provinzen an Rhein und Donau.

te zivile Organisation 1. durch die territoriale Erweiterung des Provinziallandes bis zur Donau, 2. durch die endgültige Einrichtung der Provinz Raetia, die Festlegung ihrer Grenzen, ihrer Hauptstadt und ihrer Administration. Die Anfänge der Römerherrschaft in Süddeutschland waren von der Struktur der Kommandostellen her über etwa 50 Jahre eine Abfolge verschiedener Provisoria zunächst vornehmlich militärischen Charakters unter Einschluß ziviler Kompetenzen[7]. Deshalb wird man die Zeit von der Okkupation bis auf Kaiser Claudius als Einheit betrachten müssen. Die Forschungsprobleme und in mancher Hinsicht noch offenen Fragen sind etwa die folgenden:

1. Die vorrömischen Siedlungs- und Bevölkerungsverhältnisse im Alpenvorland.

2. Der Alpenfeldzug des Jahres 15 v. Chr.: Verlauf und geographische Ausdehnung.

3. Beginn und Fortgang der militärischen und zivilen Erschließung und Sicherung der Alpenübergänge, des Gebietes zwischen Basel und Bodensee und des Alpenvorlandes, also im einzelnen: das Verhältnis von Grenzsicherung und Expansion; Funktion und Zeitstellung a) der rein militärischen Anlagen von Dangstetten, Epfach, Augsburg und Friedberg-Rederzhausen[8] und b) der mit kleinen Garnisonen versehenen frühen zivilen Siedlungen Bregenz, Kempten, Auerberg und Gauting[9]; die zivilen Anfänge von Augsburg; Lebens- und Siedlungsverhältnisse der unterworfenen einheimischen Bevölkerung[10].

4. Die Entwicklung der Militär- und Zivilverwaltung bis zur Einrichtung der Provinz Raetia unter Kaiser Claudius.

Was können wir nun an Erkenntnissen vorweisen? 16 v. Chr. eroberten die Römer unter P. Silius Nerva das Land zwischen Garda- und Comer See und machten das Königreich Noricum zu einem abhängigen Klientelstaat. Der Feldzug des Jahres 15 v. Chr. galt den übrigen Teilen der Alpen und dem Alpenvorland. Ihn leiteten die beiden Stiefsöhne des Augustus, Tiberius Claudius Nero und Nero Claudius Drusus. Zwei Heere waren aufgestellt. Drusus zog über Brenner- oder Reschenpaß ins Inntal und Alpenvorland. Welchen Weg Tiberius nahm, ist umstritten: entweder von Gallien her oder über die westlich gelegenen Alpenpässe (Septimer oder Julier) und das Alpenrheintal zum Bodensee[11]. Nach Horaz hat Drusus die Vindelici (Genauni und Breuni), Tiberius die Raeti in einer schweren Schlacht besiegt[12]. Bei Strabo und Velleius Paterculus ist Tiberius der große Held auf dem ganzen Schauplatz und Drusus nur der ihm beigegebene Helfer[13]. Das sind tendenziöse Verzerrungen, in denen wir die Verherrlichung des regierenden Kaisers, inzwischen nämlich Tiberius, im Sinne der vom Herrscher erhofften Propaganda erkennen. Für die Geschichte unseres Landes gewinnen wir mehr aus den *geographischen* Details bei Strabo, welche zum Teil offenkundig die Feldzugsberichte wiedergeben[14]. Der Feldzug dauerte einen Sommer, war im August beendet und hatte anscheinend keinen großen Widerstand der angegriffenen Völker und Stämme zu überwinden: Der quellenkritische Vergleich zwischen Horaz und Strabo legt es nahe (abgesehen von der Eroberung einzelner befestigter Plätze in den Alpen), nur *eine* größere Schlacht anzunehmen. Wenn die wortreiche Ausgestaltung bei Horaz und Velleius ein anderes Bild vermittelt, so sind auch das panegyrische Übertreibungen. Eine in Lugdunum geprägte Münze zeigt auf der Rückseite, wie Drusus und Tiberius dem auf einem Podium sitzenden Kaiser Lorbeerzweige (die äußeren Zeichen des Sieges) überreichen. Sie bezieht sich auf das Jahr 15 v. Chr. und feiert die Unterwerfung der Alpenvölker als Sieg des Kaisers[15]. Aber als Äußerung kaiserlicher Propaganda ist natürlich dieses Münzbild nicht geeignet, verläßliche Auskunft über das Ausmaß und die Beschaffenheit des Krieges zu geben.

Mit der römischen Eroberung verbindet sich die Frage nach keltischen Siedlungen im Alpenvorland: ob

2   *Denar des Augustus. Vorderseite: Kopf des Kaisers und Umschrift. Rückseite: Drusus und Tiberius überreichen Augustus zwei Palmzweige.*

Abb. 6 Luftaufnahme der Via Claudia Augusta zwischen Graben und Untermeitingen südlich von Augsburg. Diese Straße führte von Altinum (bei Venedig) über die Alpen in das Lechtal bis zur Donau

Abb. 7 Augsburg, Maria-Ward-Institut (1979). Fundamentreste eines Steingebäudes des 2. Jh. mit Fachwerk-Innenwänden und einer aus Ziegeln gebauten Herdplatte

*Abb. 8 (oben)   Augsburg, Müllerstraße (1913). Kalkstein-
relief eines Grabdenkmals: Vier Arbeiter beim Verschnüren
eines Wollballens (Textilien?) und Aufseher mit Schreibtäfel-
chen; oben Handwerksgeräte als Symbole im Totenkult
(Br. 1,35 m)*

Abb. 9 (links)   Weiheinschrift für den Gott Merkur, gestiftet

*vom Statthalter der Provinz Rätien, Appius Claudius Latera-
nus, der Ende des 2. Jh. die Provinz verwaltete*

*Abb. 10 (rechts)   Bauinschrift für einen Tempel (des Ianus
oder Mercurius Matutinus), den ein Mitglied des Stadtrats
von Augsburg, von Beruf Händler mit Schweinefleisch, auf
eigene Kosten vollständig erneuern ließ*

die Römer solche vorfanden, in welcher Zahl und Größe. Dazu gibt es eine viel diskutierte Stelle bei Strabo[16]. Er nennt dort als Städte der Brigantii, Estiones und Licatii die Siedlungen Brigantium (Bregenz), Cambodunum (Kempten) und Damasia[17]. Waren das nachweislich keltische Siedlungen, welche bereits bestanden, als die Römer das Land eroberten? Dann überrascht der archäologische Befund in Bregenz, Kempten und auf dem Auerberg, wo bis heute keltische Wohnsitze nicht nachgewiesen werden konnten. Keltische Großsiedlungen (*oppida*) gab es in Manching (bei Ingolstadt) und in der Nähe von Kelheim. Weitere spätlatènezeitliche Siedlungsplätze sind bekannt. Aber allzu groß war nach unserem Wissensstand ihre Zahl nicht. Keiner von ihnen liegt im heutigen Bayerisch-Schwaben. Manching war nach dem neuesten Forschungsstand bereits zerstört, bevor die Römer ins Land kamen. Dasselbe gilt für Berching-Pollanten[18]. Die archäologischen Befunde besagen, wenn man sie verallgemeinert, daß keltische *oppida*, falls es weitere gegeben hat, 15 v. Chr. schon zerstört gewesen sein müssen, also nicht ein Opfer der römischen Eroberung geworden sind. Dazu paßt das münzkundliche Ergebnis, wonach es um Christi Geburt in Süddeutschland keine keltische Münzprägung mehr gegeben hat[19]. Oder waren unsere drei Orte (Brigantium, Cambodunum und Damasia) römische Gründungen mit vorwiegend einheimischer Bevölkerung?

Für Strabos Kenntnis von Städten läßt sich keine Regel aufstellen[20]. In den Alpen und im Alpenvorland gab es nach Strabo vier Städte[21]: die römische Gründung Augusta (Aosta), Brigantium, Cambodunum und Damasia[22]. Strabo kennt fünf Stämme der Vindelici; aber nur bei dreien von ihnen ein zugehöriges *oppidum*. Die anderen vindelikischen und die rätischen und norischen Stämme hatten, wenn wir Strabo ernst nehmen, entweder keine *oppida*, oder er hat nichts darüber erfahren. Strabo hat jedenfalls nachweislich nicht alle damals bereits bestehenden und in die literarische Tradition eingegangenen oder durch Gründungsakte namhaft gewordenen Städte erwähnt. Auch der Hinweis, daß Tiberius und sein Bruder dem ungehinderten Eindringen der Alpenvölker in römisches Gebiet ein Ende gesetzt hätten und diese nun im dreiunddreißigsten Jahr (vom Jahre

15 v. Chr. ausgehend also im Jahre 18 n. Chr.) Ruhe hielten und Abgaben zahlten[23], ist keine Aussage über die Städte. Schließlich hat Strabo dort, wo er wichtige Einzelheiten über den Krieg des Tiberius mit den Vindelikern mitteilt – Einzelheiten, die offenkundig aus dem Feldzugsbericht stammen –, überhaupt keine Stammesgliederungen und Städte bezeugt[24]. Aufgrund der Eigenarten in Strabos Berichterstattung waren Brigantium, Cambodunum und Damasia nicht notwendigerweise schon keltische Siedlungen. Genausogut kann es sich um Siedlungen handeln, die unter römischem Einfluß *nach* der Eroberung entstanden sind; nicht als Stadtgründungen wie zum Beispiel Lugdunum (Lyon) oder Augusta (Aosta), sondern als Ansiedlungen sowohl einheimischer als vielleicht auch (aber in geringerer Zahl) romanisierter Bevölkerung, zusätzlich ausgestattet mit einem Lager und einer kleineren militärischen Einheit[25], welcher der Schutz der Siedlung und der Verkehrswege oblag.

Die zivile Erschließung des Alpenvorlandes begann am Ende der augusteischen Regierungszeit. Tiberius hat sie anscheinend tatkräftig fortgesetzt. Die rühmende Hervorhebung des Tiberius bei Strabo und der archäologische Befund deuten darauf hin. Die historische und archäologische Erkundung der frühen Verhältnisse macht zugleich deutlich, daß die Römer im Alpenvorland offenkundig nicht auf eine sehr zahlreiche bodenständige Bevölkerung stießen und die Besitznahme im wesentlichen friedlich abgelaufen ist.

Die weitere Ausdehnung der römischen Herrschaft vollzog sich in folgenden Etappen: 1. Unter Kaiser Claudius entstanden erstmals am südlichen Donauufer Kastelle (Hüfingen, Tuttlingen, Emerkingen, Rißtissen, Unterkirchberg [alle Baden-Württemberg], Aislingen, Burghöfe und Oberstimm); das Land bis zur Donau erhielt den Status einer kaiserlichen Provinz mit einem *procurator* als Statthalter; die via Claudia wurde erneuert und reichte jetzt von Altinum bis zur Donau. Allgemein gilt, daß auch seit dieser Zeit Augsburg Provinzhauptstadt gewesen ist. 2. Am Ende der flavischen Zeit (um 90 n. Chr.) war die Linie Heidenheim – Oberdorf – Nördlingen (?) – Munningen – Unterschwaningen – Gnotzheim – Weißenburg – Pfünz – Kösching erreicht. Außerdem waren inzwischen von Oberstimm/Kösching aus donauabwärts Kastelle entstanden (Eining, Regensburg-Kumpfmühl, Straubing)[26]. 3. Unter Kaiser Hadrian (117–138 n. Chr.) endete die Ausdehnung nach Norden, die jetzt ihren äußersten Punkt im heutigen Gunzenhausen hatte. Dieser territoriale Bestand blieb bis um 260 n. Chr. unverändert bestehen. Dann wichen die römischen Heeresverbände dem Druck der Alamannen. Militär und Verwaltung zogen sich zurück. Die Donau war wieder die Grenze, die im Laufe des nächsten Jahrhunderts zum Donau–Iller–Rhein-Limes ausgebaut wurde.

1 Zur Geschichte Rätiens: Hans-Jörg Kellner: Die Römer in Bayern, 4. Aufl., München 1978; Bernhard Overbeck: Raetien zur Prinzipatszeit. In: ANRW II 5.2, Berlin und New York 1976, S. 658–689; ders., Geschichte des Alpenrheintals in römischer Zeit auf Grund der archäologischen Zeugnisse. Teil I: Topographie, Fundvorlage und historische Auswertung, München 1982 (Münchner Beiträge zur Vor- und Frühgeschichte 20); Franz Schön: Die Anfänge des römischen Rätien, Diss. phil. Regensburg, Landshut 1982. Dort werden ausführlich die Rolle Rätiens in der augusteischen Außenpolitik, der Feldzug des Jahres 15 v. Chr. und die Okkupationsgeschichte des unterworfenen Gebietes behandelt. Ich danke Franz Schön für die Möglichkeit, auch Einsicht zu nehmen in Teile der überarbeiteten Fassung, welche derzeit zur Drucklegung vorbereitet wird.

2 Meine eigenen Beiträge sind in diesem Sinne eine Weiterführung dessen, was ich in meiner Abhandlung über methodische und historische Probleme der Frühgeschichte Augsburgs vorgelegt habe (Gunther Gottlieb: Das römische Augsburg, München 1981 [Schriften der Philosophischen Fakultäten der Universität Augsburg 21]). Lothar Bakker, Wolfgang Czysz, Jörg Heiligmann, Wolfgang Kuhoff, Bernhard Overbeck, Günter Ulbert und Gerhard Weber danke ich für die Bereitschaft zur gemeinsamen Erörterung der zahlreichen Augsburg-Probleme und für Ratschläge bei der Konzipierung und inhaltlichen Gestaltung von Teil I dieses Buches.

3 Herbert Nesselhauf: Die Besiedlung der Oberrheinlande in römischer Zeit. In: Badische Fundberichte 19 (1951), S. 72.

4 Außer der in Anm. 1 genannten Literatur vgl. Colin M. Wells: The German Policy of Augustus, Oxford 1972.

5 Zu Rederzhausen: Wolfgang Czysz: Ein neues römisches Kastell bei Augsburg. In: Das archäologische Jahr in Bayern 1980, Stuttgart 1981, S. 112 f.; Siegmar von Schnurbein: Neu entdeckte frühkaiserzeitliche Militäranlagen bei Friedberg in Bayern. In: Germania 61 (1983), S. 529–550; hier vor allem auch S. 546–550. Zu den römischen Siedlungen und Militär-

6 Schnurbein, Militäranlagen, S. 547.

7 Gerhard Winkler: Die Statthalter der römischen Provinz Raetien unter dem Prinzipat. In: BVBl 36 (1971), S. 50–101; Heinrich Chantraine: Zu den Fasten der raetischen Statthalter. In: BVBl 38 (1973), S. 111–115. Hans-Jörg Kellner: Zur römischen Verwaltung in den Zentralalpen. In: BVBl 39 (1974), S. 92–104; Umberto Laffi: Zur Geschichte Vindeliciens unmittelbar nach der römischen Eroberung. In: BVBl 43 (1978), S. 19–24; Overbeck, Geschichte des Alpenrheintals, S. 188 f.

8 Schnurbein, Militäranlagen, S. 529–550.

9 Ebd. S. 547 und die sonstige in den Anmerkungen 1 und 5 zitierte Literatur.

10 Overbeck, Geschichte des Alpenrheintals, S. 169–178, 185–193.

11 Die Erörterung der unterschiedlichen Ansichten und die Diskussion der Frage, welchen Gebieten der Feldzug des P. Silius Nerva galt, ebd. S. 186–188, und ders., Raetien zur Prinzipatszeit, S. 664–668.

12 Horaz, *Carmina* IV 4,17 f.; IV 14,7–15. Horaz schrieb IV 4 als an Rom gerichtete Ode und feierte dort die Erfolge des Drusus gegen die Vindeliker; IV 14 verfaßte er als Siegeslied auf den Kaiser Augustus und stellt dabei die Taten des Tiberius besonders heraus. Beide Gedichte entstanden 15 v. Chr.

13 Strabo, *Geographika* IV 6,9, VII 1,5; Velleius Paterculus, *Historia Romana* II 39,2 f., 95,1 f.

14 Strabo, ebd. IV 6,8 und vor allem VII 1,5 (über den Herkynischen Wald, in diesem Falle der Schwarzwald, und die Exkursion des Tiberius zu den Donauquellen).

15 Roman Imperial Coinage I, 2. Aufl., London 1984, Nr. 164a und b (Aureus), 165a und b (Denar); British Museum Coinage. Roman Empire I, London 1923, Nr. 443.

16 Strabo, IV 6,8.

17 Erstmals wurde Ende 19. Jahrhundert die Vermutung geäußert, Damasia habe auf dem 1055 m hohen Auerberg (Landkreis Weilheim-Schongau, Gemeinde Bernbeuren) gelegen. Die Grabungen Günter Ulberts haben allerdings nur römische Siedlungsreste und keinerlei Beweise für eine keltische Siedlung zutage gefördert (Günter Ulbert, Der Auerberg, S. 411–415).

18 Zu Bregenz, wo man keltische Siedlungsspuren in der Oberstadt vermutet, Bernhard Overbeck: Geschichte des Alpenrheintals, Teil I, S. 33. Zur keltischen Besiedlung im heutigen Bayern: Joachim Werner: Spätes Keltentum zwischen Rom und Germanien, hrsg. von Ludwig Pauli, München 1979 (Münchner Beiträge zur Vor- und Frühgeschichte, Ergän-

plätzen im Alpenvorland in der Zeit von Augustus bis Claudius außerdem: Günter Ulbert: Die römischen Donaukastelle Aislingen und Burghöfe, Berlin 1959, S. 81–84 (Limesforschungen 1); ders., Der Lorenzberg bei Epfach. Die frührömische Militärstation, München 1965 (Münchner Beiträge zur Vor- und Frühgeschichte 9); ders., Der Auerberg. In: Ausgrabungen in Deutschland. Gefördert von der Deutschen Forschungsgemeinschaft 1950–1975, Mainz 1975 (RGZM. Forschungsinstitut für Vor- und Frühgeschichte Monographien 1,1), S. 409–433.

zungsband 2); Bernd Rüdiger Goetze. In: Das archäologische Jahr in Bayern 1980, Stuttgart 1981, S. 104; Thomas Fischer und Konrad Spindler, ebd. 1981, S. 128; Rainer Christlein: Zu den jüngsten keltischen Funden Südbayerns. In: BVBl 47 (1982), S. 275–292.

19 Im Gegensatz zur älteren Forschungsmeinung Bernhard Overbeck in seiner Augsburger Habilitationsschrift, welche unter anderem den keltischen Schatzfund von Neuses, Gemeinde Eggolsheim, Landkreis Forchheim, auswertet. Die Arbeit wird derzeit zum Druck vorbereitet.

20 Diese Erkenntnis stützt sich zum Teil auf Untersuchungen, die Joseph Walsh, Austin (Texas, USA) begonnen hat. Zugrunde liegen Beobachtungen zur Arbeitsweise Strabos und zu Aufbau und Inhalt von Buch IV.

21 Zu Gallien vgl. Strabo, *Geographika* IV 3,1–5.

22 Ebd. IV 6,1–8 (insbesondere 6,6 und 8).

23 Ebd. IV 6,9.

24 Ebd. VII 1,5.

25 Zum Vergleich könnte man den Befund für die Anfänge Triers heranziehen. Vgl. Heinz Heinen: Die Anfänge des römischen Trier, Trier 1983 (Trier-Texte 2).

26 Dazu nur einige wichtige Arbeiten: Günter Ulbert: Die römischen Donaukastelle Aislingen und Burghöfe; Hans Schönberger: The Roman Frontier in Germany: An Archaeological Survey. In: JRS 59 (1969), S. 144–197; Wolfgang Czysz: Die Römer im Ries. In: Archäologische Wanderungen im Ries, Stuttgart 1979, S. 73–87 (Führer zu archäologischen Denkmälern in Bayern, Schwaben 2); Günter Ulbert und Thomas Fischer: Der Limes in Bayern, Stuttgart 1983 (mit einem Verzeichnis allgemeiner und weiterführender Literatur).

Das frühkaiserzeitliche Militärlager Augsburg-Oberhausen

von Lothar Bakker

Der militärische Fundplatz von Augsburg-Oberhausen, seit seiner Entdeckung als ein zentraler Punkt der Besetzungsgeschichte des Alpenvorlandes durch die Römer von der Altertumsforschung erkannt, verdient nach wie vor die höchste Aufmerksamkeit der provinzialrömischen Archäologie, stammen doch von hier die bisher frühesten datierbaren römischen Funde Bayerns. Dem hohen wissenschaftlichen Rang, der dieser Fundstelle damit zukommt, steht jedoch bedauerlicherweise eine eher bescheidene und unbefriedigende Forschungssituation gegenüber.

Im ersten und zweiten Jahrzehnt dieses Jahrhunderts wurden in einer Kiesgrube in Augsburg-Oberhausen, nahe des westlichen Wertachufers, zahlreiche Altertümer, insbesondere Eisenfunde, gehoben und angeblich »wagenweise« abtransportiert, teilweise aber auch von interessierten Privatleuten gesammelt. Nachdem Friedrich Drexel 1912 diese Funde als Überreste eines augusteischen Kastells gedeutet hat-

te, führte das Königliche Generalkonservatorium München im August 1913 eine zehntägige Ausgrabung durch[1]. Einmessungen, Planunterlagen oder Tagebücher dieser Untersuchung sind heute nicht mehr vorhanden; Paul Reinecke publizierte einen Bericht[2]. Das geborgene Fundgut, laut damaligen Angaben ca. 400 kg Eisen sowie etwa 100 kg Keramik, wurde während des Ersten Weltkrieges in München konserviert. Weitere Ausgrabungen an diesem Fundplatz, die für 1914 vorgesehen waren, mußten infolge des Kriegsausbruchs unterbleiben. Seitdem haben bedauerlicherweise keine nennenswerten archäologischen Untersuchungen dieser Fundstelle mehr stattgefunden; das Gelände ist heute weitgehend von Wohn- und Fabrikbauten überbaut. Die 1913 ausgegrabenen Funde sind inzwischen von Konrad Kraft, Günter Ulbert und Wolfgang Hübener umfassend vorgelegt worden. Dabei kommt den Veröffentlichungen der Münzen und der Gefäßkeramik

Fundstelle Augsburg - Oberhausen

Gebiet der späteren Provinzhauptstadt
Augusta Vindelicum

0   1 km

1   Die Lage des militärischen Fundplatzes Augsburg-Oberhausen und der römischen Provinzhauptstadt. 1 Funde in der Bürgermeister-Bunk-Straße; 2 Terra-sigillata-Funde beim Bau des Wertachdükers; 3 Fundstelle des Münzschatzes »Fronfeste« in der Karmelitengasse.

aufgrund ihrer ziemlich präzisen Datierungsmöglichkeiten die wesentlichere Bedeutung zu[3].

Die Fundstelle in der ehemaligen Kiesgrube befindet sich auf dem linken Ufer der Wertach, unmittelbar nördlich der Einmündung des Hettenbachs (Textabb. 1). Damit ist noch nichts ausgesagt über die ursprüngliche Lage des Fundplatzes. Nach dem Ausgrabungsergebnis von 1913 sollen sie auf der Sohle eines ehemaligen Hochwasserbettes der Wertach, ca. 27 m breit, in drei bis vier Meter Tiefe zutage gekommen sein. Das »Flußbett« war mit Kies und in geringerem Maß mit Holz- bzw. Pflanzenresten gefüllt, in dem sich vereinzelt ebenfalls römische, aber auch jüngere Fundstücke fanden. Das nordwestliche Ufer dieses Hochwasserarms scheint mit zwei Reihen eichener Pfähle und einem Geflecht aus Weidenruten befestigt gewesen zu sein[4]. Liegt die Fundstelle heute dicht am westlichen Uferrand der Wertach, können zu ihrer Lage in römischer Zeit jedoch keine sicheren Aussagen getroffen werden: Aufgetragen auf Karten des 19. und frühen 20. Jahrhunderts ergibt sich, daß sich die Fundstelle je nach Karte in »Insellage« im seinerzeit noch nicht regulierten Flußbett der Wertach oder gar auf dem rechten Ufer der Wertach befindet[5]. Zahlreiche Flußverlagerungen der Wertach seit römischer Zeit müssen in diesem Bereich angenommen werden.

Die Ausdehnung des frührömischen Fundplatzes läßt sich bisher nicht angeben[6]. Beim Bau einer Dükerleitung durch das Wertachbett sollen 1910/11 ca. 200 m nördlich der Kiesgrube römische Terra-sigillata-Gefäßbruchstücke geborgen worden sein, deren zeitliche Bestimmung und Verbleib jedoch unbekannt sind. In der Bürgermeister-Bunk-Straße konnten 1963 auf dem Baugrubenaushub drei augusteische Terra-sigillata-Fragmente, aber auch südgallische Terra sigillata des 1. Jahrhunderts, aufgelesen werden; diese Stelle liegt knapp 600 m westlich des Fundplatzes von 1913[7]. Bei Neubauten im Bereich der ehemaligen Kiesgrube selbst war Anfang der siebziger Jahre die fundführende Schicht angetroffen worden; leider nutzte man die Gelegenheit nicht zu großflächigen Untersuchungen, nur ein Baugrubenprofil wurde von privater Seite skizziert[8].

Das 1913 geborgene Fundmaterial läßt eindeutig den Schluß auf eine große militärische Anlage zu. Tausende von Waffen, Ausrüstungsteilen und Werkzeugen aus Eisen und Bronze sind vorhanden (eine Auswahl Textabb. 2–4)[9]. Von den Waffen und militärischen Ausrüstungsgegenständen seien hier Wurfspieße, Lanzen- und Speerspitzen, Pfeilspitzen, Dolche, Schilde und Helmfragmente erwähnt. Zur persönlichen Ausrüstung der Soldaten und Offiziere gehörten neben Trachtbestandteilen, wie Fibeln, Fingerringen und Gürtelschnallen, auch verzierte Metallbeschläge und Scharniere des Panzers, ferner *strigiles* (Hautschaber), medizinische Geräte wie Spatel, Sonden und Pinzetten, ja sogar eine so gedeutete Zahnarztzange fehlt ebensowenig wie eine stattliche Anzahl eiserner Schreibgriffel (davon allein 231 Exemplare) und Schlüssel. Unter den Werkzeugen sind Pionieräxte, Spaten, Hämmer, Beile, Meißel, Messer und Werkzeuge für Holz- und Lederbearbeitung ebenso vorhanden wie landwirtschaftliches Gerät, so unter anderem eine Sense und gezinkte Rechen. Besondere Erwähnung verdient ein Lötkolben. Ein Teil der Werkzeuge und Geräte sowie mehrere Bronzegefäße dienten für die Versorgung mit Nahrungsmitteln; selbst Angelhaken und Fischspieße liegen vor. Eisen-, Bronze- und Bleiabfälle bzw. -bruch weisen nach, daß innerhalb des Lagers Werkstätten eingerichtet waren. Über 40 Zelthäringe belegen die Ausstattung der hier stationierten Truppen mit Lederzelten. Zahllose Nägel und Krampen aus Eisen gehören neben Zwingen und Haken zu den Bauteilen. Ein größerer Bestand an Pferdegeschirrteilen wie Hufeisen, Trensen, Kandaren, Riemenverteiler und Zierbeschläge ist in dem Fundbestand ebenso enthalten wie Teile von Wagen, so zum Beispiel »Reibnägel« der beweglichen Vorderachse von vierrädrigen Wagen und »Nabenstecker«[10].

Für die zeitliche Einordnung dieses militärischen Fundplatzes müssen die ca. 380 Münzen und die in der frühen Kaiserzeit relativ gut datierbare Gefäßkeramik, insbesondere die Terra sigillata, herangezogen werden. Die Münzreihe, beginnend mit spätrepublikanischen Denaren ab der Mitte des 2. Jahrhunderts v. Chr., endet mit dem Datum der Schlußmünze Sommer 15/Sommer 16 n. Chr.[11] Die Aufgabe des Militärplatzes scheint demnach in den ersten Jahren der Regierung des Tiberius erfolgt zu sein; möglicherweise stand sie in Zusammenhang mit der Been-

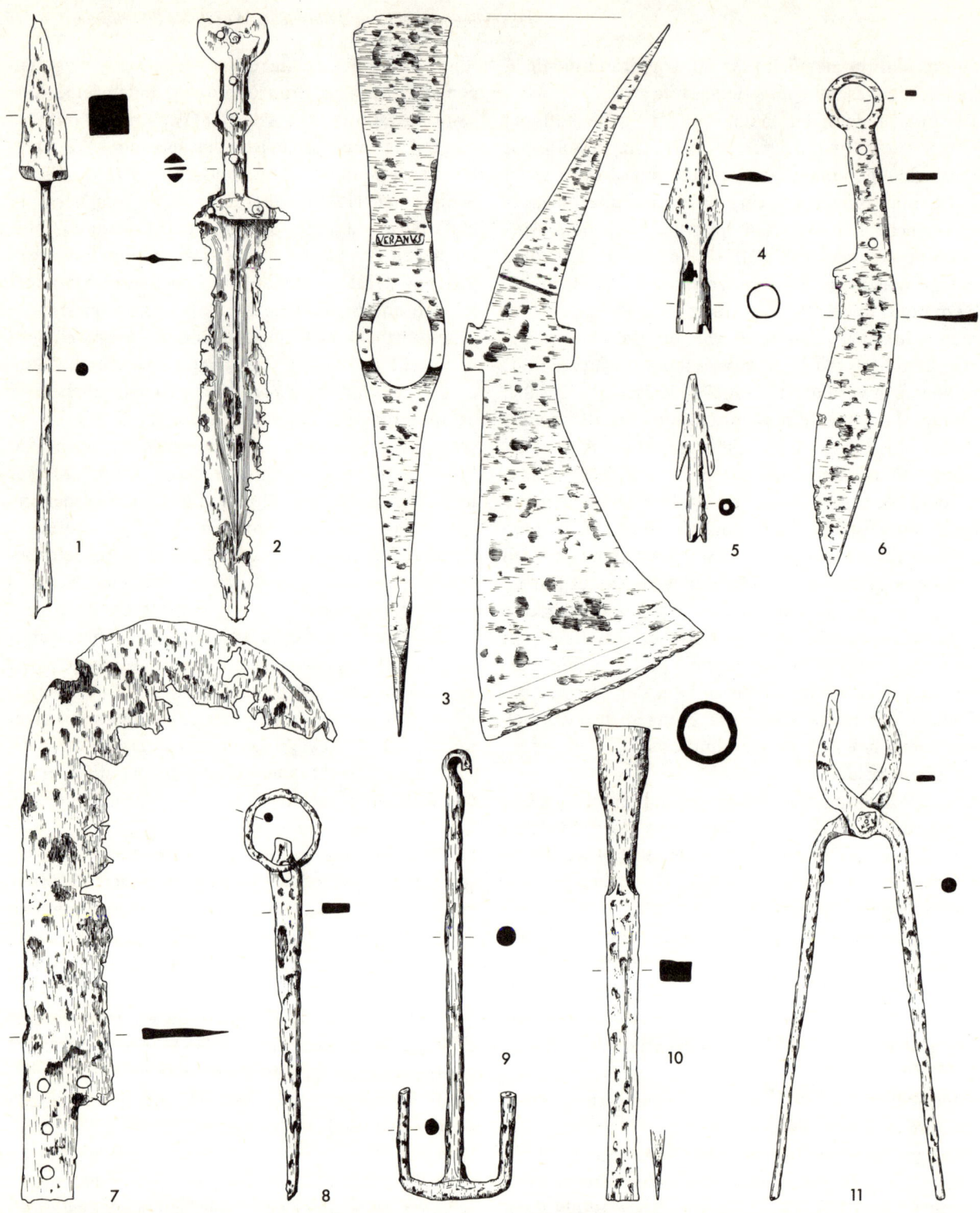

2   *Eiserne Waffen, Geräte und Werkzeuge aus Augsburg-Oberhausen. 1 Spitze eines* pilum *(Wurfspieß); 2* pugio
(Legionärsdolch); 3 dolabra *(Pionieraxt) mit Herstellerstempel VERANUS; 4–5 Lanzen- und Pfeilspitzen; 6 Messer mit
Ringknauf; 7 Hiebmesser; 8 Zelthäring; 9 Schlüssel; 10 Stechbeitel; 11 Zange (Maßstab 1:3).*

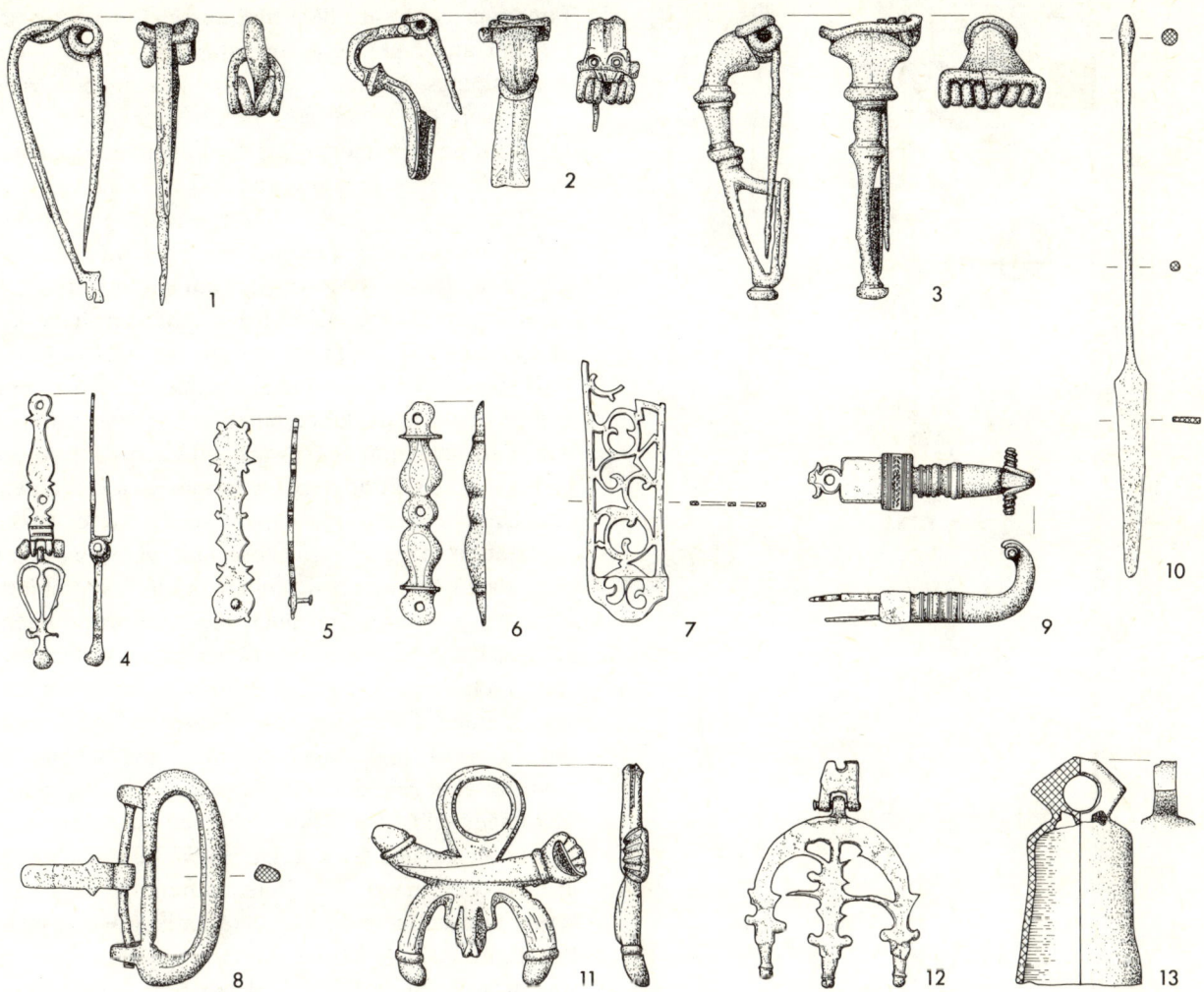

3   *Bronzene Ausrüstungsteile von Augsburg-Oberhausen. 1–3 Fibeln; 4–8 Zierbeschläge und Schnallen; 9 Stierkopfgürtel-haken; 10 medizinische Sonde; 11–12 Phallusamulett und Anhänger vom Pferdegeschirr; 13 Glocke (Maßstab 1:2).*

digung der Germanienoffensive des Germanicus. Brandspuren an einer Vielzahl der Münzen könnten anzeigen, daß der Lagerplatz durch einen Brand – unbekannter Ursache – zerstört worden ist[12]. Haben wir hier aufgrund der Fundmünzen einen Terminus für das Ende dieses Militärplatzes erhalten, erbrachte die Bearbeitung der Gefäßkeramik Aufschlüsse über den zeitlichen Beginn. Die Terra sigillata (eine Auswahl der wichtigsten Gefäßtypen auf Textabb. 5) ist vergleichbar mit dem Fundbestand aus den Lagern von Haltern an der Lippe, deren Belegungsbeginn

etwa 7/5 v. Chr. anzusetzen ist[13]. Gleichzeitig zu datierendes Material stammt auch vom Lorenzberg bei Epfach, wo jedoch noch bis um 40 n. Chr. ein kleinerer Militärposten (vermutlich als Sicherung der Straßenverbindung an der später ausgebauten Via Claudia) stationiert blieb[14]. Bruchstücke mehrerer südgallischer Terra-sigillata-Gefäße aus dem Oberhausener Fundbestand scheinen neben einigen Münzen des 1. bis 4. Jahrhunderts nicht in Verbindung zu dem augusteischen Lagerplatz zu stehen[15].

Zusammengefaßt ergibt sich für vorliegenden Fund-

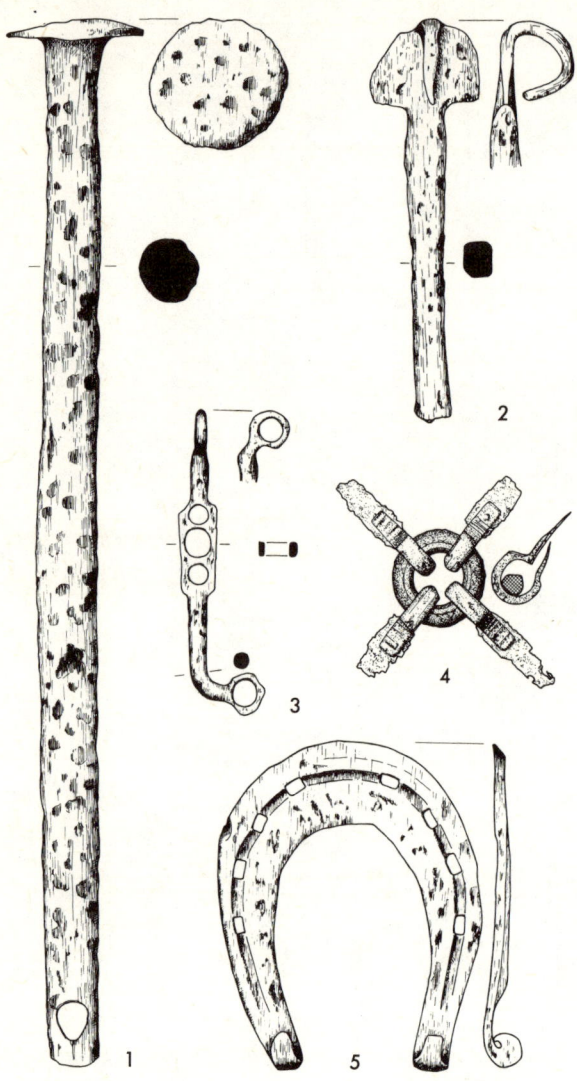

*4   Augsburg-Oberhausen. Wagen- und Pferdegeschirrteile.
1–2 »Reibnagel« und Nabenstecker vom Wagen;
3 Trensenhebel; 4 Riemenverteiler; 5 Hufeisen. 1–3,5 Eisen;
4 Bronze (Maßstab 1:3).*

Fundquerschnitt aus dem hier anzunehmenden Militärlager angeben, steht vorläufig noch dahin. Neue Ausgrabungsergebnisse wären daher äußerst wünschenswert[16].

Die enorme Fundmenge auf dem doch recht kleinen Areal der Untersuchung von 1913 erweist, daß es sich um eine recht große Militäransiedlung gehandelt haben muß. In der älteren Forschung war man der Meinung, daß es sich zweifellos um ein Legionslager, ja sogar ein Doppellegionslager gehandelt habe; als hier stationierte Truppen wurden die XXI. und die XIII. (oder die XVI.) Legion genannt[17]. Nach einigen in den letzten Jahrzehnten erhobenen Einwänden wird man zum gegenwärtigen Zeitpunkt ob der vielen mit dem Fundplatz Oberhausen zu verbindenden Unsicherheiten nicht mehr so konkrete Aussagen treffen mögen[18]. Mit Sicherheit waren hier eine oder zwei Legionen bzw. Teile von ihnen stationiert, zu denen offensichtlich auch Hilfstruppen, Bogenschützen und Schleuderer, vielleicht auch Auxiliarreiter gehörten, wie wir dem Fundmaterial entnehmen können. Die »gemischte« Belegung von Lagern mit Legions- und Auxiliarformationen scheint in augusteischer Zeit durchaus üblich gewesen zu sein[19]. Ein Lager selbst ist bisher archäologisch nicht nachgewiesen, es gibt noch keine Hinweise auf Kastellgräben, Wehrmauer oder Innenbauten. Das Fundmaterial, insbesondere die Gefäßkeramik, erweckt nicht den Eindruck, als hätten Wertach oder gar Lech es weit transportiert: Die Überzüge der augusteischen Terra-sigillata-Fragmente sind in vielen Fällen intakt, die Bruchkanten nur bei einzelnen Stücken abgeschliffen[20]. Die Militäransiedlung müßte demnach in unmittelbarer Nähe der Fundstelle zu lokalisieren sein. Daß es sich um ein großes, auch von Legionstruppen besetztes Lager handelte, steht wohl fest; jedenfalls handelt es sich nicht um einen kleineren Militärposten an einem Wertach- und Lechübergang, wie 1970 von Colin M. Wells vorgeschlagen[21]. Da sich die Fundstelle in damaliger Zeit in Flußnähe, wenn nicht gar direkt am Ufer befunden hat, könnte sie auch als eine größere Nachschubbasis oder gar ein Versorgungslager mit hafenartiger Anlegestelle interpretiert werden; dafür würde die bei den Untersuchungen von 1913 erkannte »Uferbefestigung« sprechen, sofern diese tatsächlich römischen Ursprungs

bestand von Augsburg-Oberhausen eine Datierung in die Zeit von ca. 8/5 v. Chr. bis 15/16, spätestens 17 n. Chr. Bei dieser Zeitaussage müssen wir uns jedoch der Unsicherheit bewußt sein, daß die vorliegenden Funde nicht mehr in stratigraphisch gesicherte und überprüfbare Schichten eingeordnet werden können. Ob die im »Hochwasserbett« der Wertach eingelagerten Funde wirklich den repräsentativen

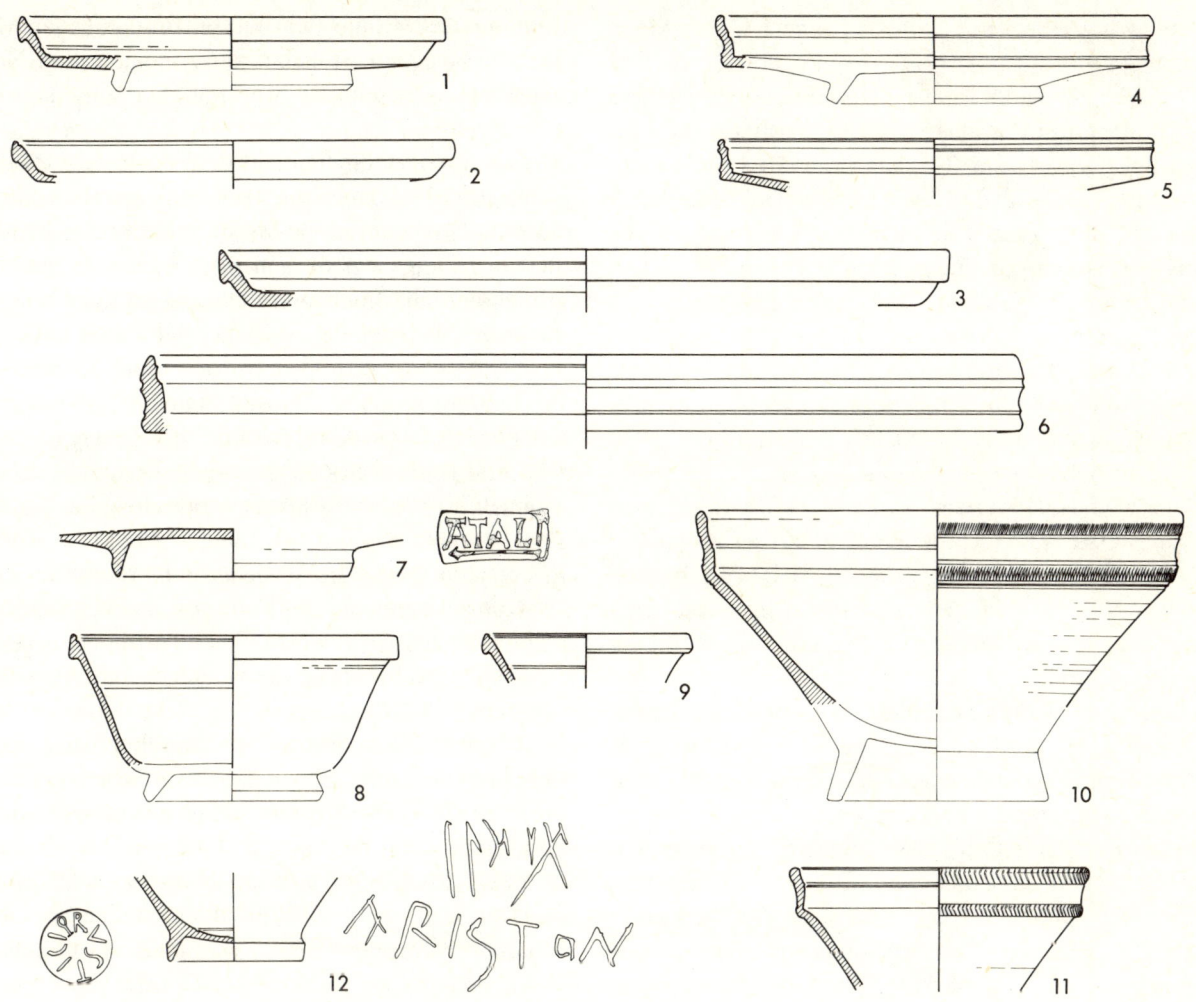

5 *Augsburg-Oberhausen. Italische und Lyoner Terra sigillata. 1–7 Teller und Platten; 8–12 Näpfe (Maßstab 1:3; Stempel und Graffito 1:1).*

war[22]. Doch auch dieser Interpretationsvorschlag bleibt Vermutung, solange nicht neue archäologische Aufschlüsse uns den Militärplatz selbst erbringen. Im Bereich der Hochterrassenspitze zwischen Lech und Wertach, dem hochwassergefährdeten Gebiet der Wertach- und Lechauen gegenüber taktisch wesentlich günstiger für eine Militäranlage gelegen, sind bisher keine augusteischen Funde erkannt worden. Gerade aber das nach Norden, zum Zusammenfluß von Lech und Wertach geneigte Terrassenende (unter der Nordhälfte der späteren römischen Provinzhauptstadt) böte aber, nach der heutigen Geländesituation

zu urteilen, einen idealen Standplatz für ein frühkaiserzeitliches Militärkastell. Die archäologische Denkmalpflege muß deshalb in dieser wichtigen Fragestellung nach den Militäranlagen der augusteischen Zeit in Augsburg diesem Gelände ebenfalls höchste Beachtung schenken.

Die Bedeutung der augusteischen Militäranlagen von Augsburg läßt sich aufgrund der vielen noch offenen Fragen nur grob umreißen. Ihre feste Errichtung bildete an diesem zentralen Platz, militärisch gesehen, den demonstrativen Abschluß der in den beiden letzten Jahrzehnten des 1. vorchristlichen Jahrhunderts massiv betriebenen Politik zur Eroberung der Alpen und des nördlich davorliegenden Gebietes bis zur Donau[23]. Ein militärischer Zusammenhang bestand wohl auch mit der augusteischen Germanienoffensive des Drusus und Tiberius (den Stiefsöhnen des Augustus), die ab 13/12 v. Chr. das Ziel hatte, Germanien östlich des Rheins bis zur Elbe und südlich bis zur Donau zu unterwerfen[24]. Die militärischen Anlagen von Augsburg-Oberhausen besaßen in dieser Konzeption jedoch wohl eher die Rolle des Flankenschutzes als offensiven Charakter: Die Stoßrichtungen der Germanienfeldzüge führten im wesentlichen lippeaufwärts oder durch die Wetterau in Richtung mittlere Weser[25]. Ob eine Verbindung zwischen dem wohl 15/13 v. Chr. erbauten Militärlager von Dangstetten am Hochrhein und dem Augsburger Militärplatz in der Form besteht, daß Oberhausen »Nachfolge«-Anlage des ca. 10/8 v. Chr. aufgelassenen Lagers von Dangstetten sein könnte, ist bislang nicht nachweisbar[26]. Auffällig ist, daß momentan nur von *einem* weiteren Fundplatz im bayerischen Alpenvorland als gleichzeitiger militärischer Anlage zu Augsburg-Oberhausen zu sprechen ist: dem oben schon genannten Lorenzberg bei Epfach. In den zum Ende der Herrschaft des Augustus einsetzenden Siedlungsplätzen Brigantium (Bregenz), Cambodunum (Kempten), auf dem Auerberg (= Damasia?) und in Gauting, wo spätaugusteisch-tiberisches Fundmaterial vorhanden ist, treten ebenfalls Gegenstände militärischer Herkunft auf: Eine sichere Interpretation dieser Militaria in den hier vornehmlich als zivile Ansiedlungen anzusprechenden Plätzen kann derzeit noch nicht gegeben werden; möglicherweise waren hier ebenfalls kleinere Militäreinheiten oder Posten stationiert[27]. Zwei dicht nebeneinanderliegende Militärlager bei Friedberg-Rederzhausen gehören in die spätaugusteische bis mitteltiberische Zeit. Die nur schwach umwehrten, mit regelmäßigem viereckigem Grundriß angelegten Kastelle sind nach dem Ausgrabungsergebnis von 1982 offenkundig nur kurzfristig, eventuell auch mehrfach kurz hintereinander, besetzt worden. Vermutlich lassen sie sich mit der vom Militär vorgenommenen Erkundung bzw. Erschließung des eroberten Gebiets oder mit dem Ausbau des Straßennetzes (sie liegen am Ausgangspunkt einer im Paartal anzunehmenden Straße in

Richtung Oberstimm/Donau) in Verbindung bringen[28]. Insgesamt betrachtet ist erstaunlich, daß wir bisher nur so wenige frührömische Militärplätze in Süddeutschland nachweisen können: Der in einem einzigen Sommer im Jahre 15 v. Chr. erfolgreich abgeschlossene Eroberungsfeldzug scheint tatsächlich in ein siedlungsarmes, ehemals keltisches Gebiet geführt zu haben, in dem man dann in den folgenden Jahrzehnten mit einer relativ dünn gestreuten Sicherung durch Militäranlagen auskommen konnte[29].

Die Auflassung des Militärlagers von Augsburg-Oberhausen zwischen Herbst 15 und spätestens dem Jahr 17 n. Chr. wurde vielfach mit der Verlegung der *legio XIII* in das etwa zu diesem Zeitpunkt erbaute Legionslager von Vindonissa (Windisch an der Aare) in der späteren Provinz Germania superior erklärt[30]. Da sich jedoch noch keine sicheren Hinweise auf die Besatzungstruppe und die Funktion der Militäranlage von Oberhausen ergeben haben, wird man gegenwärtig auch auf die Frage des Nachfolgestandorts der Augsburger Militäreinheit keine feste Antwort wagen können. Nach Abzug der mutmaßlichen Legionstruppen von Augsburg diente als Statthalter des eroberten Gebiets spätestens ca. 16/17 n. Chr. Sextus Pedius, *primipilus* der *legio XXI*, bezeugt als *praefectus Raetis Vindolicis vallis Poeninae et levis armaturae*, in letzterer Funktion als Befehlshaber der leichten Hilfstruppen[31]. Die Kastelle und Posten dieser Auxiliartruppen sind, bis auf Epfach, jedoch unbekannt[32].

Nach der weithin noch gängigen Forschungsmeinung bestände zwischen der Auflösung der Oberhausener Militäranlage und dem Siedlungsbeginn im Areal der späteren Provinzhauptstadt Augusta Vindelicum in spättiberischer Zeit für Augsburg eine Fundlücke von ca. 15 bis 20 Jahren. Es wäre jedoch äußerst unwahrscheinlich, wenn ein in frührömischer Zeit so bedeutender Platz wie das Oberhausener Militärlager keine direkte Fortsetzung – ob als Militäranlage oder zivile Siedlung, sei hier dahingestellt – am gleichen Ort gefunden hätte, zumal schon bei der ersten Wahl dieses Standortes die günstige Lage am Zusammenfluß von Lech und Wertach und am Kreuzungspunkt wichtiger, zum Teil schon bestehender Straßenverbindungen ausschlaggebend berücksichtigt worden sein dürfte. Daß die angesprochene Siedlungslücke tatsächlich nicht existierte, wird im folgenden Beitrag ausführlicher dargestellt werden.

Für den Fundplatz Augsburg-Oberhausen bleibt abschließend festzustellen, daß auf die vielen offenen Fragen, von denen die wichtigsten in diesem Beitrag kurz angesprochen wurden, nur durch äußerst intensive archäologische Beobachtung aller im Umkreis der Fundstelle in Zukunft vorzunehmenden Baumaßnahmen weiterführende Antworten zu erhoffen sind. Die Fundstelle von 1913 selbst sollte möglichst bald in einer Nachuntersuchung »wiederentdeckt« werden, um wenigstens eine verläßliche Stratigraphie der Fundschichten und gesicherte Angaben zur Fundsituation in dem so gedeuteten Hochwasserbett der Wertach zu erlangen. Die Lokalisierung und anschließende Erforschung des Lagers selbst steht auch 70 Jahre nach der Auffindung der Funde im Bereich der Hettenbachmündung in die Wertach aus; sie muß primäre Aufgabe der provinzialrömischen Archäologie in Augsburg sein und gewänne überaus große Bedeutung für die weitere Erforschung der Besetzung Süddeutschlands durch die Römer.

1 Die Forschungsgeschichte wird ausführlich dargestellt von Wolfgang Hübener: Die römischen Metallfunde von Augsburg-Oberhausen, Kallmünz 1973 (MzbV 28), S. 17–25.

2 Paul Reinecke. In: Der Sammler. Beilage zur München-Augsburger Abendzeitung 86 (1917), Nr. 92 und 93 (2. und 4. August). Neuabdruck in Paul Reinecke: Kleine Schriften zur vor- und frühgeschichtlichen Topographie Bayerns, München 1951, S. 57–64.

3 Im Überblick zu Oberhausen Wolfgang Hübener: Zum römischen und frühmittelalterlichen Augsburg. In: JRGZM 5 (1958), S. 155–158; Hans-Jörg Kellner: Die Römer in Bayern, 4. Aufl., München 1978, S. 27–30; ders., Augsburg, Provinzhauptstadt Raetiens. In: ANRW II 5.2, S. 697–699; Bernhard Overbeck: Raetien zur Prinzipatszeit. In: ANRW II 5.2, S. 669–672.

4 Verschiedene Beschreibungen dieses Befundes aus der älteren Literatur bei Colin M. Wells: The Supposed Augustan Base at Augsburg-Oberhausen: A New Look at Evidence. In: SJ 27 (1970), S. 63 f.

5 Ebd. S. 66 f.; Hübener, Metallfunde, S. 25, Taf. 2–3.

6 Nach den 1912/1913 gemachten Beobachtungen sollen die Funde in einer Breite des Hochwasserbettes von 27–30 m zutage gekommen sein; untersucht wurde 1913 auf dieser Breite ein Streifen von nur 3 m Länge. Nach einem Plan bei Hübener, Metallfunde, S. 19 f., Taf. 37,2, dürfte sich die Fundschicht

7 sowohl in nördlicher wie südlicher Richtung fortgesetzt haben.

7 Es handelt sich um Lesefunde aus einer Baugrubenausschachtung: Römisches Museum Augsburg Inv. Nr. 1963, 2 (je 1 Fragment der Gefäßtypen Haltern 1, 2 und 7). Nicht völlig auszuschließen bleibt, daß diese Funde mit Auffüllmaterial im Bereich eines ehemaligen Sportplatzes an diese Fundstelle gelangten. Die Stücke werden veröffentlicht von Siegmar von Schnurbein in einem Aufsatz zur römischen Besetzung des Voralpenlandes, zum Druck vorgesehen in: Forschungen zur provinzialrömischen Archäologie in Bayerisch-Schwaben (Schwäbische Geschichtsquellen und Forschungen 14).

8 Freundliche Mitteilung von Otto Schneider und Hans Dasch. Bei dieser Baubeobachtung wurden eine Bronzeglocke und ein eiserner Zelthäring geborgen. Angetroffene Holzbalken und Pfostengruben des »römischen Uferschutzes« blieben unbeobachtet. Dies ist um so bedauerlicher, als schon in den Jahrzehnten zuvor bei Fabrikneubauten ein großer Teil des 1913 als »fundführend« bezeichneten Areals an der Hettenbacheinmündung ohne archäologische Untersuchungen überbaut worden war.

9 Insgesamt besteht der Fund aus etwa 6000 Metallgegenständen. Sie wurden detailliert in dem Katalog von Hübener, Metallfunde, veröffentlicht. Ältere Studien zu einzelnen Funden sind ebd., S. 24, aufgelistet.

10 Als jüngste Einzelveröffentlichung zu den Metallfunden Wolfgang M. Werner: Ein dakischer Trensenhebel aus Augsburg-Oberhausen. In: Arch. Korrbl. 13 (1982), S. 235–240.

11 Konrad Kraft: Zum Legionslager Augsburg-Oberhausen. In: Aus Bayerns Frühzeit. Festschrift Friedrich Wagner zum 75. Geburtstag, hrsg. von J. Werner, München 1962, S. 139–156; Neuabdruck in ders.: Gesammelte Aufsätze zur antiken Geschichte und Militärgeschichte, hrsg. von Helmut Castritius und Dietmar Kienast, Darmstadt 1973, S. 216–233; ders. in: Maria R.-Alföldi, Peter Robert Franke, Hans-Jörg Kellner, Konrad Kraft und Harald Küthmann: Die Fundmünzen der römischen Zeit in Deutschland I, 7. Schwaben, Berlin 1962, S. 77–90 Nr. 7011.

12 So Kraft, ebd. S. 80. Die Gefäßkeramik weist kaum sekundäre Brandspuren auf; nur vereinzelte Metallfunde, so der Riemenverteiler bei Hübener, Metallfunde, Taf. 13, 1, lassen sich als verbrannt bezeichnen. Durch starke Reinigung und offensichtlich sehr scharfe Konservierungsmittel läßt sich aber bei mehreren Bronzegegenständen kein sicheres Urteil hinsichtlich Brandspuren gewinnen.

13 Günter Ulbert: Die römische Keramik aus dem Legionslager Augsburg-Oberhausen, Kallmünz 1960 (MzbV 14), zur Datierung S. 29–35. Zu Haltern Siegmar von Schnurbein: Die römischen Militäranlagen bei Haltern, 2. Aufl., Münster 1981 (Bodenaltertümer Westfalens 14); ders., Untersuchungen zur Geschichte der römischen Militärlager an der Lippe. In: BRGK 62 (1981), S. 7–101, zur Datierung Halterns S. 39–44; ders., Die unverzierte Terra sigillata aus Haltern, Münster 1982 (Bodenaltertümer Westfalens 19). In einem Aufsatz zur römischen Besetzungsgeschichte des Voralpenlandes beschäftigt sich auch Schnurbein mit der Herkunft der Oberhausener

Terra-sigillata-Gefäße (aus italischen Töpfereien bzw. aus Lyon), vgl. Anm. 7.

14 Günter Ulbert: Der Lorenzberg bei Epfach. Die frührömische Militärstation, München 1965 (MBV 9), zur Datierung S. 83 f.

15 Ulbert, Keramik Augsburg-Oberhausen, Taf. 12–13; Kraft, in: Fundmünzen der römischen Zeit I. 7, S. 89 f. Nr. 7011, 371–378. Ulbert, ebd. S. 35, nimmt an, daß aufgrund der südgallischen Terra sigillata »Oberhausen in irgendeiner Weise weiterbestanden haben muß zu einer Zeit, als Haltern bereits aufgegeben war [9 n. Chr.]«. Die südgallische Terra sigillata reicht m. E. jedoch nicht bis in die frühtiberische Zeit zurück, sondern gehört in die tiberisch-claudische Zeit; wie die Münzen des 1. bis frühen 4. Jahrhunderts kann die südgallische Terra sigillata aus höheren Schichten des »Hochwasserbetts« stammen.

16 Vgl. Kellner, ANRW II 5.2, S. 699.

17 So z. B. Ernst Stein: Die kaiserlichen Beamten und Truppenkörper im römischen Deutschland unter dem Prinzipat, Wien 1932, S. 90; Kraft, in: Fundmünzen der römischen Zeit I. 7, S. 79 f.; Ulbert, Epfach, S. 100 f.; Wolfgang Hübener: Römische Wehranlagen an Rhein und Donau als militärgeschichtliche Quelle. In: Militärgeschichtliche Mitteilungen 2 (1968), S. 13–16, nannte als eine Erklärungsmöglichkeit für die Fundmenge einen »Platz eines Opfers keltischer Stämme, wobei ein römisches Kontingent dann der passive Teil gewesen sein müßte«. In den Lagern Inchtuthil (Schottland) und Haltern wurden bei der Aufgabe der Legionslager größere Eisenhorte zurückgelassen, vgl. Schnurbein, Untersuchungen der Militärlager, S. 76 f. Die große Fundmenge gerade an Metallgegenständen könnte auch für Oberhausen an einen ähnlichen Vorgang bei der Räumung des Lagers durch die Besatzung denken lassen.

18 Ein Legionslager wird von Wells, Supposed Base, S. 72, abgelehnt mit dem Argument, daß es aus Erwägungen zur Topographie unter der späteren Provinzhauptstadt Augusta Vindelicum auf der Hochterrasse zwischen Lech und Wertach gelegen haben würde, wo jedoch entsprechendes augusteisches Fundmaterial fehle. Vorbehalte zur Truppendislokation der in Oberhausen vermuteten Legionen auch bei Kellner, ANRW II 5. 2, S. 698. Ob die beiden in Oberhausen vermuteten Legionen schon 9 oder 14 n. Chr. ihren Standplatz in Richtung Niedergermanien verlassen haben, steht ebensowenig fest wie die Annahme, daß die von Germanicus von Köln nach Rätien abkommandierten Veteranen (Tacitus, *Annales* 1,44) dieses Lager besetzt hätten.

19 Auch im Hauptlager von Haltern war eine aus Legionssoldaten und Auxiliareinheiten gemischte Besatzung untergebracht; vgl. Schnurbein, Untersuchungen der Militärlager, S. 48 (darunter ebenfalls Bogenschützen und Schleuderer). Reiterei und Bogenschützen sind auch im Legionslager von Dangstetten nachgewiesen; vgl. Gerhard Fingerlin: Dangstetten, ein augusteisches Legionslager am Hochrhein. In: BRGK 51–52 (1970–1971), S. 211 f. In den niedergermanischen Legionslagern Novaesium (Neuß), Bonna (Bonn) und möglicherweise Vetera (Fürstenberg bei Xanten) haben noch in claudisch-neronischer Zeit Auxiliartruppen mit im Lager gestanden; vgl.

Géza Alföldy: Die Hilfstruppen in der römischen Provinz Germania inferior, Düsseldorf 1968 (Epigraphische Studien 6), S. 144. Eine Hilfstruppe ist im Bonner Legionslager räumlich unterzubringen, wie eine Studie zum Lagergrundriß ergab (freundliche Mitteilung von Michael Gechter, Bonn).

20 Wie Siegmar von Schnurbein feststellt, ist die augusteische Terra sigillata aus Oberhausen nicht schlechter erhalten als die Terra-sigillata-Funde aus den Lagern von Haltern. Die südgallische Terra sigillata aus Oberhausen zeigt dagegen vielfach stärker abgeschliffene Bruchkanten und abgeriebene Oberflächen: Diese Stücke könnten eher als vom Fluß verlagerte Funde angesehen werden; vgl. zur Datierung des südgallischen Terra-sigillata-Materials Anm. 15.

21 Wells, Supposed Base, S. 70–72, möchte in dem Fundplatz von Oberhausen einen kleineren Stützpunkt oder Posten erkennen, ähnlich der Anlage Epfach-Lorenzberg, der zur Kontrolle eines wichtigen Wertach–Lech-Übergangs errichtet worden sei; möglicherweise besaß diese Anlage ein befestigtes Anlegeufer und diente gleichfalls als Versorgungsstützpunkt. Die Fundmenge könnte nach Wells von verlorengegangenen Wagen- oder Schiffsladungen stammen. Vgl. ders., The German Policy of Augustus, Oxford 1972, S. 87–89. Diese Meinung wurde u. a. von Overbeck, ANRW II 5.2, S. 670 f., als zu hypothetisch zurückgewiesen.

22 Eine Wiederaufdeckung dieser Uferlände aus Eichenpfählen böte die Möglichkeit dendrochronologischer Untersuchung und damit relativ genauer absoluter Datierung. In Haltern wurden neben dem »Feldlager« und dem »Hauptlager« mehrere augusteische Anlagen, »Wiegel« und »Hofestatt«, in Ufernähe der Lippe aufgedeckt, die als »Anlegeplätze« bzw. »Uferkastelle« interpretiert wurden; vgl. dazu Schnurbein, Untersuchungen der Militärlager, S. 33–39 mit Abb. 11, S. 45. Sollte diese topographische Situation auf Oberhausen übertragbar sein, müßten weitere Militäranlagen der frühen Kaiserzeit in der Nähe des bekannten Fundplatzes an der Wertach vermutet werden. Daß sich dazu das Gelände des »Pfannenstiel« geeignet hätte, ist im folgenden dargelegt. Zur Möglichkeit eines Lagers auf dem »Pfannenstiel« bereits Wells, Supposed Base, S. 68, 72. Ein »Depot-Lager« wurde in der Wetterau ausgegraben; vgl. Hans Schönberger: Das augusteische Römerlager Rödgen. In: Ders. und Hans-G. Simon: Römerlager Rödgen, Berlin 1976 (Limesforschungen 15).

23 Eine Zusammenfassung der römischen Besetzung Süddeutschlands bei Günter Ulbert: Die römischen Donau-Kastelle Aislingen und Burghöfe, Berlin 1959 (Limesforschungen 1), S. 78–88; ders., Lorenzberg Epfach, S. 92–102. Zu den verschiedenen Phasen der römischen Alpeneroberung im 1. Jahrhundert v. Chr. im Überblick Overbeck, ANRW II 5.2, S. 661–668; Kellner, Römer in Bayern, S. 21 f.; Bernhard Overbeck: Geschichte des Alpenrheintals in römischer Zeit auf Grund der archäologischen Zeugnisse, Teil I, München 1982 (MBV 20), S. 185–188.

24 Von Kraft und Ulbert wurde die »ausgesprochene offensive Position [...] der Aufmarschbasis« Oberhausen herausgestellt; vgl. Konrad Kraft: Die Rolle der Colonia Julia Equestris und

die römische Auxiliar-Rekrutierung. In: JRGZM 4 (1957), S. 90 f., Neuabdruck in ders., Gesammelte Aufsätze, S. 181–208; Ulbert, Lorenzberg Epfach, S. 99 f.

25 Die südöstliche Stoßrichtung der zangenartigen Offensive ging von Carnuntum (Deutsch-Altenburg) als Ausgangsbasis gegen das Markomannenreich Marbods in Böhmen aus (z. B. Feldzug 5/6 n. Chr.).

26 Fingerlin, Dangstetten, S. 197–232; ders. in: Philipp Filtzinger, Dieter Planck und Bernhard Cämmerer: Die Römer in Baden-Württemberg, Stuttgart und Aalen 1976, S. 253–257; ders., Eberzahnanhänger aus Dangstetten. In: Fundberichte aus Baden-Württemberg 6 (1981), S. 417–432.

27 Zu diesen Fundplätzen Ulbert, Aislingen und Burghöfe, S. 81 f.; ders., Der Auerberg. In: Ausgrabungen in Deutschland. Gefördert von der Deutschen Forschungsgemeinschaft 1950–1975, Mainz 1975 (Monographien des RGZM. Forschungsinstitut für Vor- und Frühgeschichte 1,1), S. 400–433, zu den Militaria S. 430 f.; Michael Mackensen: Das römische Gräberfeld auf der Keckwiese in Kempten, Kallmünz 1978 (MzbV A 34 = Cambodunumforschungen 4), S. 180 f. Die Funde aus Bregenz und insbesondere Gauting reichen m. E. nicht als sichere Nachweise einer Militäranlage aus; die Funde aus Gauting entstammen einer einzigen Grube. Overbeck, Alpenrheintal, S. 189–192, geht von einem Kastell tiberischer Zeit in Bregenz aus. Die für die tiberische Zeit vielfach angegebene Kastellkette Bregenz – Kempten – Auerberg – Lorenzberg–Gauting ist noch nicht ausreichend als militärische Linie gesichert.

28 Siegmar von Schnurbein: Neu entdeckte frühkaiserzeitliche Militäranlagen bei Friedberg in Bayern. In: Germania 61 (1983), S. 529–550; ders., Die neuen römischen Kastelle bei Friedberg, Landkreis Aichach-Friedberg, Schwaben. In: Das archäologische Jahr in Bayern 1982, Stuttgart 1983, S. 99–101.

29 Dazu Ulbert, Lorenzberg Epfach, S. 102–107, mit Ausführungen zum Ende der Latènezeit und zur Zerstörung des großen keltischen Oppidums von Manching. Rainer Christlein: Zu

den jüngsten keltischen Funden Südbayerns. In: BVBl 47 (1982), S. 275–292. Christlein nimmt für den südwestdeutschen Raum, insbesondere auch für Bayerisch-Schwaben, eine Siedlungslücke zwischen dem Auszug der Helvetier 58 v. Chr. und der römischen Besetzung und anschließenden Aufsiedlung an; die Zerstörung bzw. Aufgabe Manchings wird jetzt schon in den Horizont 58 v. Chr. gesetzt: Christlein, ebd. S. 277, S. 292. Ob diese angenommene Siedlungslücke tatsächlich existiert, müßte weiter untersucht werden: Zum einen sind Truppenaushebungen infolge der römischen Okkupation bezeugt (Vindelikerkohorten), zum anderen scheinen in der römischen Gefäßkeramik des Voralpengebiets, insbesondere im 1. Jahrhundert, noch relativ starke »keltische« Elemente vorhanden zu sein.

30 Vgl. Ulbert, Lorenzberg Epfach, S. 100 f.

31 CIL IX 3044. Zur Inschrift vgl. Ernst Ritterling: Fasti des römischen Deutschland unter dem Prinzipat, Wien 1932, S. 108 Nr. 2; Wilhelm Schleiermacher: Praefectus Raetis, Vindolicis, vallis Poeninae et levis armaturae. In: Germania 31 (1953), S. 200 f.; zuletzt Umberto Laffi: Zur Geschichte Vindeliciens unmittelbar nach der römischen Eroberung. In: BVBl 43 (1978), S. 22 f. Einer der ersten kaiserlichen Statthalter des neu eroberten Gebietes war vermutlich C. Vibius Pansa: CIL V 4910. Zur Inschrift vgl. Ritterling, Fasti, S. 108; Walter Wagner: Zur ala Pansiana, eine epigraphische Nachlese. In: Germania 41 (1963), S. 317–327; Gerhard Winkler: Die Statthalter der römischen Provinz Raetien unter dem Prinzipat. In: BVBl 36 (1971), S. 50 f.; Heinrich Chantraine: Zu den neuen Fasten der raetischen Statthalter. In: BVBl 38 (1973), S. 111 f.; Laffi, Geschichte Vindeliciens, S. 19–22. Zu beiden Inschriften auch Overbeck, Alpenrheintal, S. 188 f.

32 So auch Schnurbein, Militäranlagen Friedberg, S. 547. Ob einige Gefäßbruchstücke spätaugusteischer-frühtiberischer Zeit aus den spättiberisch-claudischen Donaukastellen Aislingen und Burghöfe schon eine Besetzung in früh- bis mitteltiberischer Zeit andeuten, ist fraglich. Einstweilen scheinen diese Stücke für eine solche Annahme nicht auszureichen.

Die Anfänge der Zivilsiedlung Augusta Vindelicum

von Lothar Bakker

Die römische Niederlassung auf dem Gelände der Hochterrasse zwischen Wertach und Lech stieg im Laufe des 1. nachchristlichen Jahrhunderts zur Provinzhauptstadt Rätiens auf. Ihr Beginn ist aber bisher noch nicht endgültig geklärt. Dabei stehen gegenwärtig zwei Forschungsaspekte im Vordergrund: 1. der Anfang der Besiedlung, der durch Sachüberreste zeitlich bestimmt werden muß, und die Ausdehnung der frühen Siedlungsspuren; 2. die Auswertung der Befunde und Funde im Hinblick auf die Frage, ob sie als zivile Siedlungsfunde gedeutet werden können oder als Überreste von Militäranlagen mit zugehörigem Lagerdorf anzusehen sind. Im Anschluß daran wird man Überlegungen anstellen, wann und aus welchen Gründen diese Siedlung als Hauptstadt und Statthaltersitz der Provinz Raetia eingerichtet wurde. Insgesamt also Fragen nach der römischen Stadtgründung, die gerade in Hinsicht auf das Stadtjubiläum 1985 aus dem kleinen Kreis der sich damit beschäftigenden Wissenschaftler und fachkundigen Laien herausgehoben sein sollen und für die breite Öffentlichkeit von größerem Interesse sein dürften.

Die Gründung der Römerstadt Augusta Vindelicum erfolgte nach den Forschungsergebnissen Ludwig Ohlenroths auf »jungfräulichem Boden«, der seiner Meinung nach frisch gerodet war und in dem sich keine Vorgängersiedlungen haben nachweisen lassen[1]. Auffällig ist insbesondere, daß sich bislang keine spätkeltischen Siedlungsspuren oder Funde unter dem Areal der Römerstadt aufdecken ließen, eignete sich doch das Gelände auf der Hochterrassenspitze zwischen Lech und Wertach aufgrund seiner günstigen topographischen Lage für jede Kulturepoche als Siedlungsplatz. Hinweise auf vorgeschichtliche Besiedlung dieses Geländes gibt es inzwischen für die Bronzezeit und vermutlich für die Hallstattzeit[2]. Die bei Strabo genannte Siedlung Damasia der Licatii könnte theoretisch auch hier in Augsburg lokalisierbar sein, wird aber, insbesondere wegen des Fehlens spätkeltischer Funde im Bereich der Augusta Vindelicum, nunmehr ziemlich einmütig auf dem Auerberg angenommen[3].

Als Zeitpunkt für die Stadtgründung wurde von der Forschung die spättiberische Zeit, also das vierte Jahrzehnt des 1. Jahrhunderts, weitgehend akzeptiert. Nach Aussagen Ludwig Ohlenroths fehlt spätaugusteisch-frühtiberisches Fundmaterial aus dem Gelände der Augusta Vindelicum völlig[4]. Es bestehe damit eine Siedlungslücke in Augsburg von ca. 15 bis 20 Jahren nach der Auflassung des militärisch besiedelten Platzes bei Oberhausen[5]. Vorsichtige Vermutungen wurden dagegen geäußert, in denen doch eine Kontinuität in der Besiedlung Augsburgs möglich erscheint[6]. Da bis vor kurzem eine systematische Bearbeitung der Kleinfunde und Gefäßkeramik in Augsburg noch nicht begonnen worden war, ließ sich in dieser Frage nach dem Siedlungsbeginn keine Klarheit gewinnen. Die Auswertung eines Hortfundes von ehemals mindestens 51 Kupfermünzen schien jedenfalls kaum mit einer Stadtgründung in spättiberischer Zeit in Verbindung zu bringen sein. Dieser Schatzfund, 1856 an der Fronfeste, dem heutigen Untersuchungsgefängnis in der Karmelitengasse, geborgen, besteht mit seinen heute noch vorhandenen 33 Stücken aus Münzmeisterprägungen (Serien I und II) des Augustus: Der Fund scheint in frühtiberischer Zeit verborgen worden zu sein[7]. Erste Hinweise auf tiberische Gefäßkeramik brachten die 1983 durchgeführten Ausgrabungen an der Jesuitengasse (Kolpingbildungswerk): Mehrere Stücke italischer Auflagen-Terra-sigillata wurden inzwischen in dem Bestand von über 2700 Fundkomplexen (fast ausnahmslos Kartons und Kisten mit Gefäßscherben) identifiziert[8]. Die daraufhin begonnene Durchsicht und Bestimmung aller römischen Funde im Römischen Museum Augsburg, die aus Augusta Vindeli-

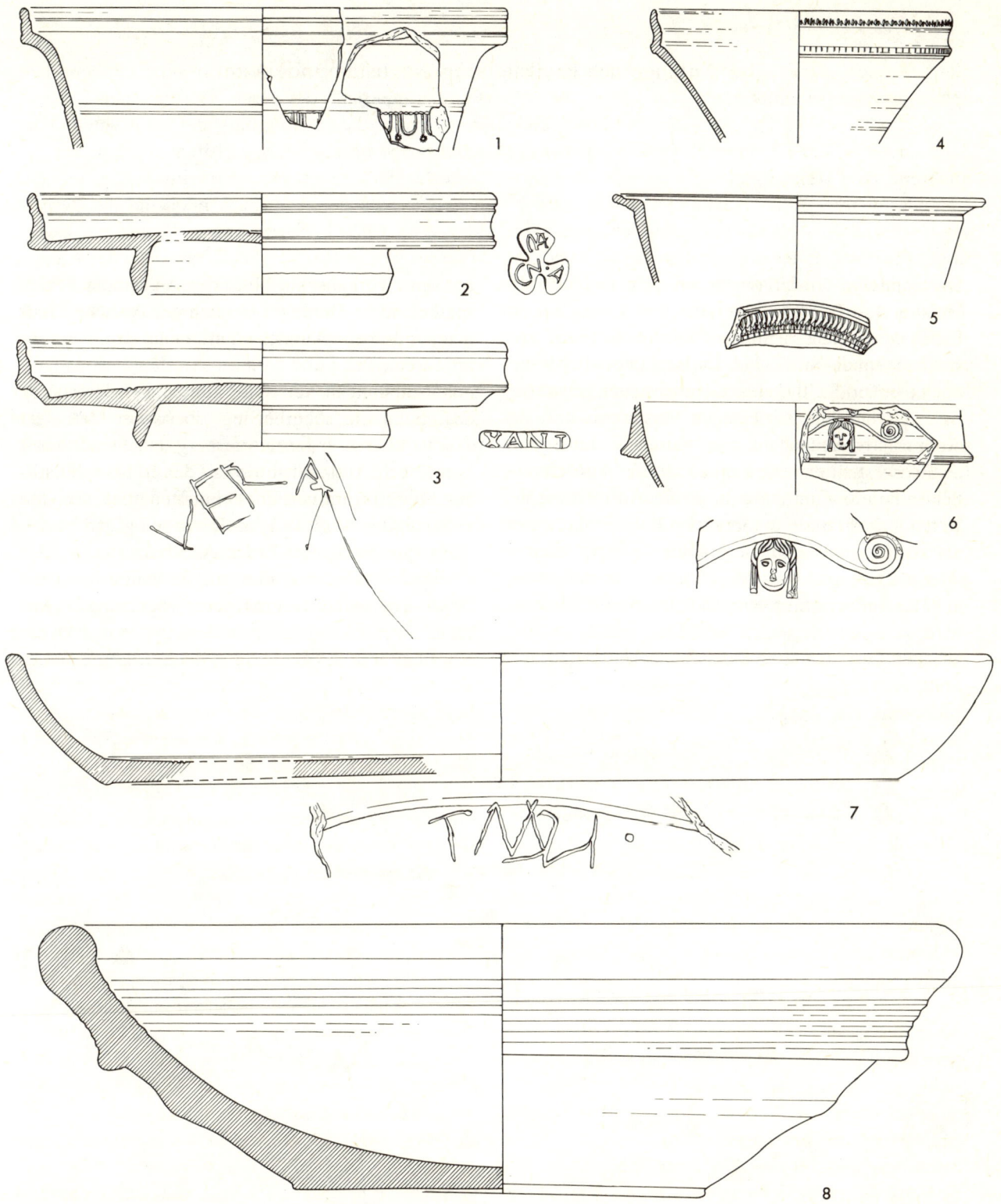

1 *Gefäßkeramik tiberischer Zeit aus Augusta Vindelicum. 1–5 Teller und Näpfe aus italischer Terra sigillata; 6 Napf italischer Auflagensigillata; 7 pompejanisch-rote Backplatte mit Herstellergraffito T MARI; 8 Reibschüssel (Maßstab 1:2; Stempel, Applike und Graffiti 1:1).*

cum stammen, hat nun doch eine ansehnliche Zahl spätaugusteisch-frühtiberischer Keramikgefäße erbracht. Neben einem Campana-Tellerbruchstück (1. Jahrhundert v. Chr.; Pfannenstielstraße) sind unter anderem zwei Terra-sigillata-Teller mit Kleeblattstempel, mehrere Terra-sigillata-Gefäße mit Fußsohlenstempel, italische Auflagensigillata und pompejanisch-rote Backplatten mit vor dem Brand eingeritzten Hersteller-Graffiti zu nennen (eine Auswahl Textabb. 1)[9]. Fundkonzentrationen früh- bis mitteltiberischer Gefäßkeramik ergeben sich für die Bereiche St. Stephan–St. Gallus, Karmelitengasse, Maria-Ward-Institut, St. Barbara, Kornhausgasse, Jesuitengasse, Dombereich mit Fronhof[10]. Eine Auswertung dieser Fundverteilung auf den Ostteil und den Süden der Römerstadt kann nur mit äußerster Vorsicht versucht werden: Zum einen liegen hier die Bereiche, die am weitesten archäologisch beobachtet sind, zum anderen ist unbekannt, ob bei den übrigen Ausgrabungsplätzen und Baubeobachtungen die untersten und ältesten Schichten erreicht worden sind. Eine si-

chere Abgrenzung von Arealen mit frühtiberischen Funden innerhalb des gesamten römischen Stadtgebiets kann daher aufgrund der schlechten Forschungslage bislang nicht getroffen werden. Festzuhalten ist bei dem jetzigen Bearbeitungsstand jedoch, daß innerhalb der Augusta Vindelicum die Besiedlung etwa 15/20 n. Chr. einsetzt: Damit gibt es für Augsburg keine Siedlungslücke zwischen der Auflassung des Oberhausener Militärplatzes und dem Siedlungsbeginn im Bereich der späteren römischen Provinzhauptstadt[11]. Aussagen zur Intensität der tiberischen Besiedlung und zu ihrer Ausdehnung sind augenblicklich noch verfrüht. Die in der Forschung gängige lineare Abgrenzung tiberischer Zeit von Bregenz über Kempten, Auerberg und Epfach nach Gauting erfährt damit sowie mit den frühkaiserzeitlichen Militärlagern von Friedberg-Rederzhausen eine deutliche Durchbrechung nach Norden (Textabb. 2). Völlig offen ist meines Erachtens die Zuweisung der in tiberischer Zeit beginnenden Siedlungsspuren zur Zivilsiedlung Augusta Vindelicum oder zu einem Mi-

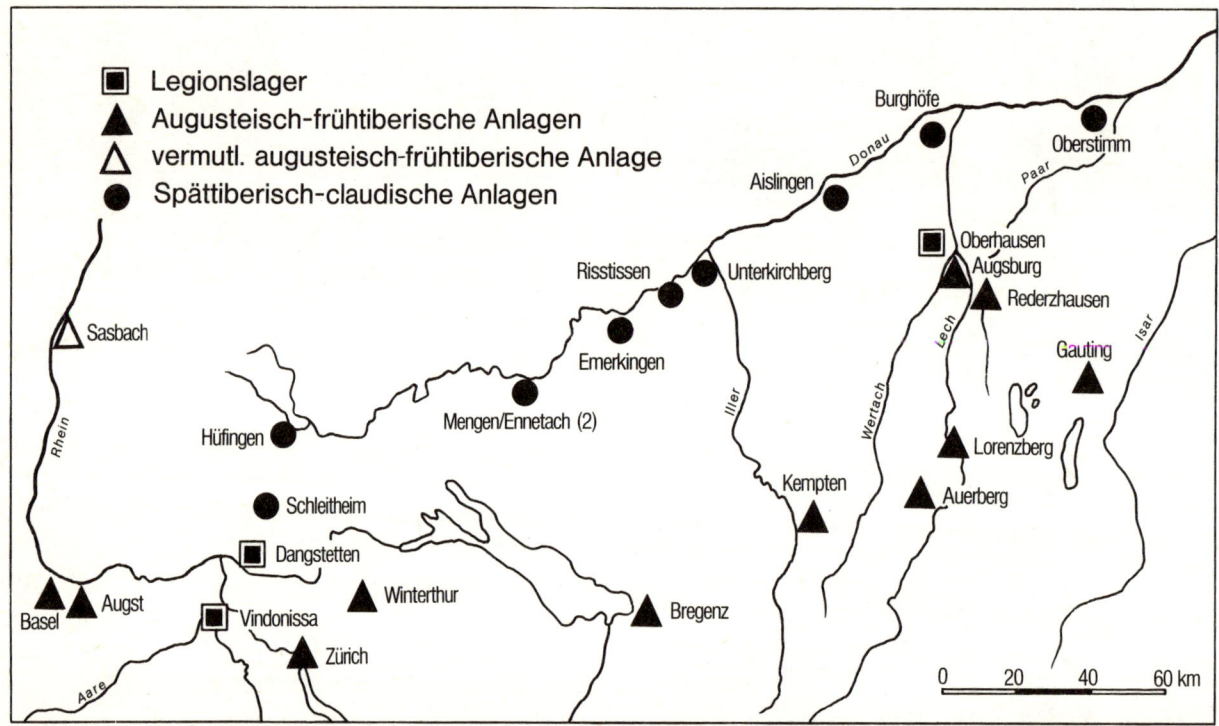

2   Die frühkaiserzeitlichen Militäranlagen und Siedlungen im westlichen Voralpenland (nach G. Ulbert und S. v. Schnurbein mit Ergänzungen).

*Abb. 11 Augsburg, Vorderer Lech
(1973). Inschrift auf der Vorderseite
eines Grabsteins, den Pompeianius
Silvinus zu seinen Lebzeiten für sich
und seinen kurz zuvor im Alter von
30 Jahren verstorbenen Bruder Pompeianius Victor aufstellen ließ*

Abb. 12

*a) Linke Seite des Pompeianius-Silvinus-Grabsteins: Wein-
verkauf in einer Taberne. Der Wirt gießt den Wein in eine
Meßkanne über dem Trichter der Theke; ein Knabe im
gallischen Kapuzenmantel hält seinen Krug darunter bereit.
Im Hintergrund Kannen, Weinamphoren und Fässer
(Br. 0,74 m)*

*b) Rechte Seite des Kalksteinreliefs: Zahlungsszene im Wirts-
haus. Zwei Männer, in Stühlen mit delphinartigen Armleh-
nen sitzend, vor dem Geldberg auf dem Tisch; eine Dame
(Wirtin?) schaut interessiert zu*

Abb. 13 Augsburg, Maria-Ward-Institut (1979). Bronze-kanne mit Medusa-Maske am unteren Henkelansatz und Ad-lerprotome, gefunden vor dem Plattenherd eines Hauses aus dem 2. Jh. (H. 25,5 cm)

Abb. 14 Augsburg, Am Pfärrle (1980). Minervastatuette aus Bronze, vermutlich Aufsatz eines Möbelstückes (H. 11 cm)

litärkastell des 1. Jahrhunderts. Wie in Cambodunum (Kempten) finden sich auch im römischen Augsburg Waffen und militärische Ausrüstungsteile in Schichten des 1. Jahrhunderts, ohne daß bisher ein Kastell selbst archäologisch nachweisbar wäre. Panzer- und Gürtelbeschläge, ein eiserner Schildbuckel sowie ein Schuppenpanzer seien hier erwähnt; Teile einer Paraderüstung, Knieschutz und Beinschiene (Textabb. 3) wurden 1979 beim Maria-Ward-Institut gefunden[12]. Die vorgesehene Kartierung aller Militaria und ihre Datierung, soweit diese möglich ist, wird vielleicht Hinweise auf ein militärisches Areal innerhalb des Geländes der Augusta Vindelicum ergeben; daß mit der Stadtgründung hier eine Truppe stationiert wurde, wird seit langem von der Forschung vermutet[13]. Zur Kartierung der militärischen Kleinfunde gehört auch die Erfassung aller Graffiti auf Gefäßkeramik: Namen- und Zeichengraffiti auf Terra-sigillata-Gefäßen finden sich in Militäranlagen des 1. Jahrhunderts ungleich häufiger als in zivilen Niederlassungen[14]. Die Ergebnisse dieser Kartierungen lassen sich dann möglicherweise mit einigen archäologisch gesicherten Befunden verbinden, die, allein betrachtet, bis jetzt ebenfalls keine sicheren Hinweise auf Militäranlagen im 1. Jahrhundert brachten. Es handelt sich insbesondere um die Reste mehrerer römischer Spitzgräben, die an verschiedenen Stellen des Stadtgebiets beobachtet wurden. Der ost-westlich verlaufende Wehrgraben dicht nördlich der Georgenstraße, südlich von St. Georg angeschnitten, könnte möglicherweise als ältere Nordbegrenzung der römischen Zivilsiedlung anzusprechen sein: Südlich erstrecken sich mehrere Holzbauphasen des 1. Jahrhunderts, während nördlich die Besiedlung, nach einer größeren Ausgrabung zwischen Thomm- und Georgenstraße 1982 zu urteilen, erst in den letzten Jahrzehnten des 1. Jahrhunderts zu beginnen scheint[15]. Ein sich in Nord-Süd-Richtung erstreckender Spitzgraben (Jesuitengasse 14), parallel zur Südwestmauer der Römerstadt liegend, war in den dreißiger Jahren zeitweise als Umwehrung eines »bis in hadrianische Zeit besetzten Lagers« angesehen worden[16].

Da weitere Aufschlüsse dazu fehlen, bleibt auch dieser Befund sehr zweifelhaft. Untersuchungen Aladar Radnótis erbrachten 1960/61 Hinweise auf einen

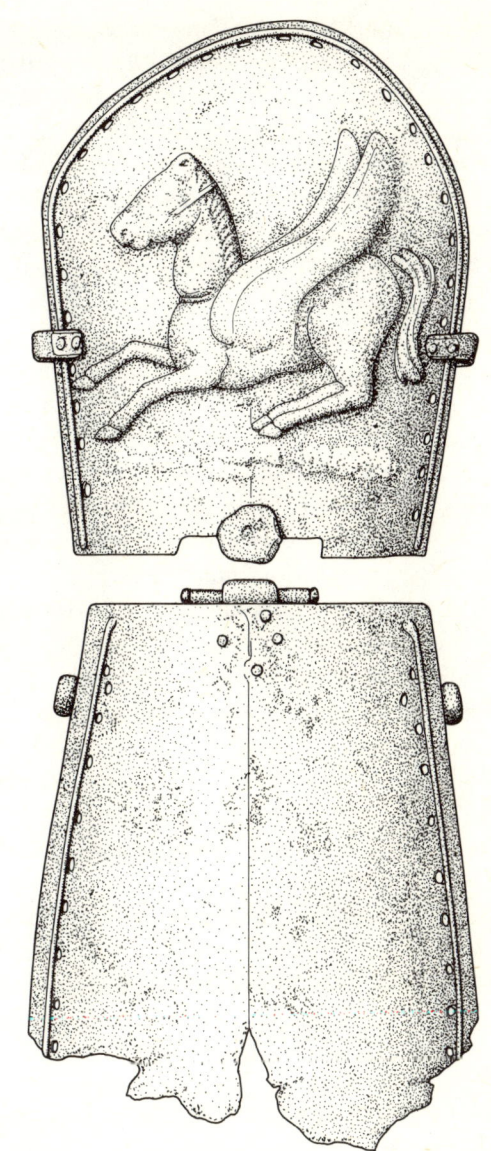

3 Augsburg, Maria-Ward-Institut. Knieschutz und Beinschiene einer Paraderüstung aus Bronze (Maßstab 1 : 2).

Wehrgraben mit Holzerdemauer im Bereich des Gymnasiums St. Stephan[17]; ein Spitzgraben wurde dort bei Ausgrabungen durch Gerd Rupprecht und Jörg Heiligmann 1978–1980 erneut angeschnitten[18]. Dieser Befund dürfte am ehesten als Überrest einer Militäranlage des 1. Jahrhunderts zu werten sein, sofern der Graben nicht mit dem bei St. Georg entdeckten Ost-West-Spitzgraben als ältere nördliche

Stadtbegrenzung in Verbindung steht. Eine kleine Gruppe von Reitergrabsteinen des 1. Jahrhunderts, nahe dem Hauptbahnhof beim Bau der Unterführung nach Pfersee gefunden, läßt sich nicht als direkter Beleg eines Auxiliarkastells anführen: Es könnte sich hier auch um Angehörige der Begleittruppe und Leibwache des Provinzstatthalters, *equites singulares*, oder um Veteranen handeln[19]. Die Frage nach einer Militäranlage des 1. Jahrhunderts im Areal der römischen Provinzhauptstadt kann derzeit also noch nicht konkret beantwortet werden, auch wenn sich mehrere Anzeichen und Überlegungen für das Vorhandensein eines Auxiliarkastells anführen ließen. Der sichere Nachweis eines Hilfstruppenlagers des 1. Jahrhunderts (am ehesten käme dafür die tiberische bis neronische Zeit in Betracht) wäre von besonderer Bedeutung für die Erforschung der frühkaiserzeitlichen Augusta Vindelicum und ihrer Entwicklung zur Hauptstadt Rätiens[20].

Die in der schlechten Forschungslage begründete Unsicherheit hinsichtlich einer Militäranlage innerhalb der Stadtmauern der Augusta Vindelicum wirkt sich auch auf die Festlegung des zivilen Siedlungsbeginns als Provinzhauptstadt aus. Allgemein geht man davon aus, daß nach dem Abzug der Militärtruppe von ihrem Standplatz Oberhausen das Voralpenland vom obergermanischen Heer, insbesondere von dem ca. 14/17 n. Chr. errichteten Legionslager Vindonissa (Windisch) aus, militärisch verwaltet wurde. Vermutlich zu Beginn der Herrschaft des Claudius, vielleicht schon unter Caius (Caligula), wurde das Wallis von dem okkupierten Gebiet abgetrennt und das Gebiet der Räter und Vindeliker als eigenständige kaiserliche Provinz Raetia unter der Statthalterschaft eines *procurator provinciae Raetiae* eingerichtet[21]. Dem Prokurator ducenarischer Gehaltsklasse, der dem römischen Ritterstand angehörte, unterstanden als Leiter der Finanzverwaltung auch die politische und militärische Verwaltung der Provinz; er befehligte die in der legionslosen Provinz stationierten Auxiliartruppen. Von der Forschung wird Augusta Vindelicum als Sitz des rätischen Statthalters schon ab claudischer Zeit angenommen, ein Rang, der ab dem 2. Jahrhundert unbestreitbar ist. Für das 1. Jahrhundert bestehen jedoch meines Erachtens noch einige Unsicherheiten, besonders wenn man die archäologische

Quellenlage von Augsburg und Cambodunum-Kempten miteinander vergleicht. Die überaus großen öffentlichen Bauten von Cambodunum, genannt seien insbesondere das Forum mit Basilica und Curia sowie die Thermen, sind nach dem Baubefund schon ab der Mitte des 1. Jahrhunderts in Stein ausgebaut worden; in vespasianischer Zeit wurden sie größer und prachtvoller neu errichtet[22]. Forum, Basilica und Curia scheinen in Größe und Ausstattung mit Pompeji vergleichbar. Dies und die Größe der Curia (für ca. 70 Dekurionen) führten zu Überlegungen, ob Cambodunum im 1. Jahrhundert als Civitas-Vorort der Estionen zum *municipium* erhoben worden sei; der große Heilige Bezirk mit einem Altar (für den Kaiserkult?) wurde mit Arae Flaviae (Rottweil), der Ara Ubiorum in Köln oder gar mit dem Roma-et-Augusta-Tempel in Lugdunum (Lyon) verglichen, Orte, an denen auch der Provinziallandtag abgehalten wurde[23]. Läßt sich die Verleihung des Munizipalrechtes im 1. Jahrhundert auch bis jetzt nicht weiter belegen, kann daran doch ermessen werden, welch große Bedeutung man Cambodunum im 1. Jahrhundert zuzuweisen vermag. Die Größe der öffentlichen Bauten, aber auch das höchst qualitätvolle Fundspektrum überliefern uns die Blüte Kemptens für das 1. Jahrhundert; im 2. und 3. Jahrhundert scheint dieser Ort bei weitem nicht mehr den Rang einzunehmen, den Cambodunum in tiberisch-claudischer und flavischer Zeit innehatte. In Augsburg sind die öffentlichen Bauten dagegen archäologisch weitgehend unbekannt, ja sogar nicht einmal sicher lokalisierbar. Nach allem, was wir bisher wissen, besitzt Augsburg während des 1. Jahrhunderts Holzbauten, einzig das Westtor der Stadtmauer scheint, den bisher vorliegenden Ausgrabungsbefunden nach, in vespasianischer Zeit in Stein ausgebaut worden zu sein[24]. Die inschriftliche Überlieferung setzt für Augsburg erst im 2. Jahrhundert voll ein: Statthalterinschriften des 1. Jahrhunderts, die auf Augsburg zu beziehen wären, fehlen. Solange unsere schlechte Quellenlage für das 1. Jahrhundert in Augusta Vindelicum nicht verbessert werden kann, bleibt es theoretisch möglich, daß Cambodunum (Kempten) anfangs als Provinzhauptstadt vorgesehen oder als solche sogar für gewisse Zeit im 1. Jahrhundert eingerichtet war. Auch wenn dies nicht allzu wahrscheinlich ist, kann dies gegenwärtig nicht mit allerletzter Sicherheit ausgeschlossen werden: Dem Aufschwung, den Augusta Vindelicum mit der wohl hadrianischen Erhebung zum Municipium Aelium Augustum erfährt, steht ein Bedeutungsrückgang in Cambodunum ab der ersten Hälfte des 2. Jahrhunderts gegenüber[25]. Ausschlaggebend für die Anlage des Statthaltersitzes in Augusta Vindelicum dürfte neben der Nähe der Reichsgrenze zu den »Barbaren« nördlich der Donau der Standort an der Via Claudia Augusta, der wichtigsten Verbindungsstraße von Italien nach Süddeutschland, gewesen sein, die von Altinum über Meran, den Reschen- und Fernpaß nach Augsburg führte und deren Ausbau 46 n. Chr. fertiggestellt wurde[26]. Die Wahl einer möglichst zentralen Lage im süddeutschen Alpenvorland sowie die günstige verkehrsgeographische Situation besaßen hier schon Tradition, wie der Standplatz des wohl wichtigsten Militärplatzes der Eroberungsphase in Augsburg verdeutlicht.

Faßt man die Kenntnisse über den Beginn der zivilen Niederlassung Augusta Vindelicum zusammen, ergibt sich folgendes Bild: Die Besiedlung im Bereich der römischen Stadtmauern beginnt in frühtiberischer Zeit, eine größere Siedlungslücke zu dem spätestens 17. n. Chr. aufgelassenen Militärplatz (Oberhausen) hat es, entgegen der älteren Forschungsmeinung, nicht gegeben. In spättiberisch-claudischer Zeit setzt allerdings eine stärkere Besiedlung ein, was an der Häufung des Fundmaterials dieser Zeit ablesbar ist[27]. Unsicher bleibt vorläufig, ob hier ein Auxiliarkastell (tiberisch-claudischer Zeit?) bestanden hat: Den Hinweisen darauf muß in der künftigen Forschung besondere Aufmerksamkeit geschenkt werden. Nicht völlig geklärt scheint auch der Zeitpunkt, wann Augusta Vindelicum vom Civitas-Hauptort der Licatii zur Provinzhauptstadt erhoben wurde; ob dies schon gleich mit der Einrichtung der Provinz Raetia unter Claudius geschah, was am nächsten läge, sollte durch eine intensive und umfassende Vergleichsstudie mit Cambodunum (Kempten) überprüft werden. Das Aussehen der Stadt im 1. Jahrhundert ist archäologisch weitgehend unbekannt; zu verschiedenen Holzbauphasen und Brandschichten des 1. Jahrhunderts wird im folgenden Beitrag über die Topographie der Stadt ausführlicher berichtet. Daß die Siedlung gegen Ende des 1. Jahrhunderts überre-

gionale Bedeutung besaß, geht aus der wohl 98 n. Chr. von Tacitus in der *Germania* überlieferten Notiz über die *splendidissima Raetiae provinciae colonia* hervor[28], die ziemlich sicher auf Augsburg zu beziehen sein wird (nur Cambodunum könnte sonst in diesem Textzusammenhang gemeint sein). Die rechtliche Stellung der Stadt ist für diese Zeit jedoch nicht bestimmbar[29]. Eine regelrechte Stadtgründung, in der Umwehrung, Straßen und öffentliche Gebäude sozusagen in einem Zug geplant und errichtet wurden, scheint in Augsburg nicht vorzuliegen[30]. Mit der Verleihung des Munizipalrechtes durch Kaiser Hadrian, spätestens unter Antoninus Pius, erhielt die Stadt als Municipium Aelium Augustum den ihrer Funktion als Provinzhauptstadt adäquaten Rang[31].

1 Ludwig Ohlenroth: Zum Stadtplan der Augusta Vindelicum. In: Germania 32 (1954), S. 80. Ihm folgt in einem Überblick zum römischen Augsburg Wilhelm Schleiermacher: Augusta Vindelicum. In: Germania Romana I. Römerstädte in Deutschland, Heidelberg 1960 (Gymnasium Beiheft 1), S. 79.

2 Neben einigen vorgeschichtlichen Streufunden, deren genauer Fundort mitunter nicht mehr feststellbar ist, sowie einigen hallstattzeitlichen Gefäßen vom Stephansplatz 9 (verschollen, daher Bestimmung nicht mehr überprüfbar) wird ein bronzezeitliches Kupferflachbeil von der Rugendasstraße verzeichnet: Wolfgang Hübener: Zum römischen und frühmittelalterlichen Augsburg. In: JRGZM 5 (1958), S. 159–162. Bei Ausgrabungen zwischen der Thommstraße und der Georgenstraße wurde 1982 östlich von St. Georg eine Siedlungsgrube der frühen Bronzezeit aufgedeckt (5 Gefäße, ein Webgewicht); hinzu kommen als Streufunde zwei bronzezeitliche Spangenbarren: Lothar Bakker. In: ZHVS 77 (1983), S. 23.

3 Ein zusammenfassender Bericht zu den Ausgrabungen der Bergsiedlung, deren Besiedlung in spätaugusteischer Zeit beginnt: Günter Ulbert: Der Auerberg. In: Ausgrabungen in Deutschland, Gefördert von der Deutschen Forschungsgemeinschaft 1950–1975, Mainz 1975 (Monographien des RGZM Forschungsinstitut für Vor- und Frühgeschichte 1,1), S. 400–433; zur Identifizierung mit Damasia S. 411–414, 431.

4 Ohlenroth, Stadtplan, S. 80 f.: »Es ist [. . .] nicht möglich, den Anfang der römischen Siedlung früher als an das Ende der Regierungszeit des Tiberius zu setzen.« Hübener, Augsburg, S. 210, betont: »Die Masse der frühen Funde in Augsburg beginnt erst in claudischer Zeit.«

5 Vgl. Hans-Jörg Kellner: Augsburg, Provinzhauptstadt Raetiens. In: ANRW II 5.2, S. 697 f. mit Erörterung der Frage, ob der Name Augusta Vindelicum mit Kaiser Augustus in Verbindung zu bringen ist. Siehe dazu auch Gunther Gottlieb in seinem Beitrag über Rechtsstellung und Verwaltung in diesem Buch. Auf die Fundlücke machte jüngst noch Siegmar von

Schnurbein im Zusammenhang mit den spätaugusteisch-früh-
tiberischen Kastellen von Friedberg-Rederzhausen aufmerksam: Neu entdeckte frühkaiserzeitliche Militäranlagen bei
Friedberg in Bayern. In: Germania 61 (1983), S. 547.

6 Günter Ulbert: Der Lorenzberg bei Epfach. Die frührömische
Militärstation, München 1965 (MBV 9), S. 101, Anm. 134;
Bernhard Overbeck: Raetien zur Prinzipatszeit. In: ANRW II
5.2, S. 673.

7 Konrad Kraft u. a.: Bemerkungen zur kritischen Neuaufnahme
der Fundmünzen der römischen Zeit in Deutschland. In: JNG
7 (1956), S. 50; ders., in: Maria R.-Alföldi, Peter Robert Franke, Hans-Jörg Kellner, Konrad Kraft und Harald Küthmann:
Die Fundmünzen der römischen Zeit in Deutschland I. 7
Schwaben, Berlin 1962, S. 72–74 Nr. 7003. Die Datierung in
frühtiberische Zeit wird durch einen Vergleich mit den Münz-
reihen von Kempten, Aislingen, Burghöfe und Oberstimm be-
kräftigt: Kellner, ANRW II 5.2, S. 701 f. Vgl. hier den Beitrag
zu Augsburg-Oberhausen mit Textabb. 1.

8 Ludwig Ohlenroth: Italische Sigillata mit Auflagen aus Rätien
und dem römischen Germanien. In: BRGK 24–25 (1934–
1935), S. 234–254. In dem dort gegebenen Fundortkatalog ist
Augsburg nicht vertreten. Zur Datierung dieser Keramiksorte
mit Schwergewicht in mittel- und spättiberische Zeit Michael
Mackensen: Das römische Gräberfeld auf der Keckwiese in
Kempten, Kallmünz 1978 (MzbV A 34 = Cambodunumforschungen 4), S. 74–81.

9 Das keramische Fundmaterial wird vom Verf. vorgelegt wer-
den in: Forschungen zur provinzialrömischen Archäologie in
Bayerisch-Schwaben (Schwäbische Geschichtsquellen und
Forschungen 14).

10 Von der Karmelitengasse 12–16 (Untersuchungsgefängnis)
u. a. ein italischer Terra-sigillata-Napf mit Rechteckstempel
ATEIVS (Ausgrabung Leo J. Weber 1968); von dort ja auch
der frühtiberische Münzschatz.

11 Dadurch stehen die frühkaiserzeitlichen Funde von der römischen Villa Stadtbergen nicht mehr so isoliert, wie es zunächst
schien: ZHVS 76 (1982), 43 f., Abb. 15.

12 Bei der Ausgrabung Jörg Heiligmanns beim Maria-Ward-Institut 1979 kamen militärische Kleinfunde und Waffenteile in
den Schichten der Holzbauperioden 2 und 3 (ca. 70–100
n. Chr.) zutage. Siehe Jörg Heiligmann: Neue archäologische
Untersuchungen im römischen Augsburg. Vorbericht über die
Grabung im Garten des Maria-Ward-Instituts 1979. In: ZHVS
74 (1980), S. 101 f. mit Abb. 7. Knieschutz und Beinschiene
vorgelegt von Lothar Bakker: Zwei herausragende Metallfunde aus AUGUSTA VINDELICUM-Augsburg, Schwaben. In:
Das archäologische Jahr in Bayern 1981, Stuttgart 1982,
S. 134, Abb. 115.

13 Vgl. Kellner, ANRW II 5.2, S. 700–702.

14 Für das starke Überwiegen von Graffiti aus Militärlagern im
Vergleich zu entsprechenden Funden aus Zivilsiedlungen sei
verwiesen auf Lothar Bakker und Brigitte Galsterer-Kröll:
Graffiti auf römischer Keramik im Rheinischen Landesmu-
seum Bonn, Köln 1973 (Epigraphische Studien 10), S. 7 f., 56 f.

15 Ohlenroth, Stadtplan, S. 82 mit Beilage 2 Nr. 15; ders. in sei-

nem Fundbericht von 1946–1953 in: BVBl 21 (1956),
S. 265 f. (Georgenstr. 16). Ausgrabung 1982 kurz angeführt
in: Wolfgang Czysz und Günther Krahe: Ausgrabungen und
Funde in Bayerisch-Schwaben 1982. In: ZHVS 77 (1983),
S. 42. Vgl. dazu den Beitrag zur Topographie der Provinz-
hauptstadt in diesem Buch.

16 Hübener, Augsburg, S. 165; Ohlenroth, Stadtplan, S. 83. Hingewiesen sei hier auf einen möglicherweise römischen Spitzgraben in der Ludwigstraße 36: Ohlenroth, Fundbericht 1946–
1953, S. 272 f., Abb. 65.

17 Aladar Radnóti, in: Handbuch der historischen Stätten
Deutschlands 7, Bayern, 2. Aufl., Stuttgart 1965, S. 44, mit
der Annahme, daß hier im Laufe des 1. Jahrhunderts die *ala I
Augusta Thracum* stationiert gewesen sei. Vorbehalte gegen
die Truppenzuweisung bei Kellner, ANRW II 5.2, S. 701,
Anm. 42. Die Zuweisung des oben erwähnten, noch unpubli-
zierten Schuppenpanzers (Fundort: Kornhausgasse) als »Panzer eines thrakischen Fürsten, der in der Mitte des 1. Jahrhunderts n. Chr. in Augsburg eine thrakische Einheit befehligte«,
geht m. E. etwas zu weit; vgl. Heinz Menzel: Römische Bronzen aus Bayern, Augsburg 1969, S. 47 Nr. 99.

18 Unveröffentlicht; erwähnt bei Heiligmann, Maria-Ward-Institut, S. 103, Anm. 3.

19 Hübener, Augsburg, S. 188, 212. Corpus Signorum Imperii
Romani. Corpus der Skulpturen der römischen Welt. Deutschland Bd. I. 1 Raetia und Noricum, bearbeitet aus dem Nachlaß
von Friedrich Wagner von Gustav Gamer und Alfred Rüsch,
Bonn 1973, S. 20 f., Taf. 2 Nr. 6–8.

20 Nach dem Überschreiten der Donau als Reichsgrenze in flavischer Zeit und der Anlage von Militärkastellen nördlich der
Donau dürfte in Augsburg wohl auf keinen Fall mehr ein Au-
xiliarlager bestanden haben. Daß danach noch viele Militäran-
gehörige hier ihren Dienst am Statthaltersitz ableisteten, z. B.
als *pedites* oder *equites singulares* oder als Bürogehilfen und
Schreiber, versteht sich von selbst. Ein Inschriftenbruchstück
aus Marmor (Fundort: Fuchswinkel 1979) nennt die *stratores*;
vgl. Jörg Heiligmann. In: ZHVS 74 (1980), S. 44–46. Auf
dem bekannten Pfeilergrabmal von Augsburg-Oberhausen ist
ein *exactus consularis* genannt; vgl. Vollmer Nr. 123.

21 In der claudischen Inschrift des Q. Caicilius Cisiacus Septicius
Pica Caicilianus (CIL V 3936) zählt das Wallis neben Vindeli-
kien und Rätien zum seinerzeitigen Aufgabengebiet dieses
Prokurators. Dazu auch Umberto Laffi: Zur Geschichte Vin-
deliciens unmittelbar nach der römischen Eroberung. In:
BVBl 43 (1978), 24; Overbeck, ANRW II 5.2, S. 684.

22 Vgl. Wilhelm Schleiermacher: Cambodunum-Kempten. Eine
Römerstadt im Allgäu, Bonn 1972, S. 13 f., 18–40; Wolfram
Kleiss: Die öffentlichen Bauten von Cambodunum, Kallmünz
1962 (MzbV 18). Vgl. die kurze Beschreibung bei Kellner,
ANRW II 5.2, S. 702 f.; Mackensen, Gräberfeld Keckwiese,
S. 182, hält eine schon in tiberischer Zeit beginnende Stein-
bauphase für erwägenswert.

23 Kellner, ebd. S. 703, hält es »für jedoch kaum denkbar, daß
Kempten vor der Provinzhauptstadt das Stadtrecht erlangt
hätte«. Zum Temenos mit dem Altarfundament Schleierma-

cher, Cambodunum, S. 27–29. Zu Provinziallandtagen allgemein Jürgen Deininger: Die Provinziallandtage der römischen Kaiserzeit, München 1965 (Vestigia 6), zu Rätien S. 23 f., 113. Vgl. auch Mackensen, Gräberfeld Keckwiese, S. 181 f., zur quasimunizipalen Stellung Kemptens.

24 Ohlenroth, Fundbericht 1946–1953, S. 263 f.

25 Vgl. Schleiermacher, Cambodunum, S. 145. Die Stadt dürfte auch von der zunehmenden wirtschaftlichen Bedeutung der Via Claudia und der an ihr liegenden Siedlungen verkehrstopographisch etwas ins Abseits gerückt worden sein; dies insbesondere nach der Eroberung des Dekumatlandes, als von der Via Claudia aus Direktverbindungen über die Donau nach Obergermanien und der dortigen Provinzhauptstadt Mogontiacum (Mainz) geschaffen wurden.

26 CIL V 8002, 8003 = Vollmer Nr. 465, 469 von Rabland und Feltre. Der Text beider Meilensteine überliefert, daß Claudius 46 bzw. 46/47 n. Chr. die Via Claudia Augusta nach erster Anlage durch seinen Vater Drusus, Bezwinger der Alpenvölker, ausbauen ließ. Ein östlicher Zweig dieser Straße, wohl ebenfalls im 1. Jahrhundert ausgebaut, führte über den Brennerpaß; vgl. Ulbert, Lorenzberg Epfach, S. 94 f. Ein sehr guter Überblick über die Alpenstraßen bei Ludwig Pauli: Die Alpen in Frühzeit und Mittelalter. Die archäologische Entdeckung einer Kulturlandschaft, München 1980, S. 235–254; zur Via Claudia S. 235–239.

27 Ob dies mit der Aufgabe der Siedlung auf dem Auerberg und einer Ansiedlung eines Teils der dortigen Bewohner in Augsburg in Verbindung steht, läßt sich vermuten, jedoch nicht nachweisen, vgl. Ulbert, Auerberg, S. 431.

28 Tacitus, *Germania* 41. Siehe auch Gunther Gottlieb in seinem Beitrag zu Rechtsstellung und Verwaltung in diesem Buch.

29 Hübener, Augsburg, S. 211 f., denkt an eine Gründung in claudischer Zeit als Forum. Auch er nimmt Augsburg als Civitas-Vorort der Licatii an und zieht einen Wechsel des Stammeshauptorts von Damasia (Auerberg) nach Augsburg in Erwägung.

30 Die in Augusta Vindelicum feststellbaren Wechsel der Straßensysteme sowie die unregelmäßige Orientierung der Baufluchten heben sich deutlich ab von Stadt-Neugründungen, insbesondere den Veteranenkolonien, der frühen und beginnenden mittleren Kaiserzeit wie z. B. die Römerstädte Augusta Raurica (Augst bei Basel), Aventicum (Avenches), Augusta Treverorum (Trier), Colonia Claudia Ara Agrippinensium (Köln) oder Colonia Ulpia Traiana (Xanten).

31 Ausführlicher dazu Gunther Gottlieb in seinem Beitrag zu Rechtsstellung und Verwaltung in diesem Buch.

Zur Topographie der Provinzhauptstadt Augusta Vindelicum

von Lothar Bakker

Die Topographie von Augusta Vindelicum, insbesondere Verteilung und Aussehen der einzelnen Gebäude, ist bisher nur in groben Umrissen bekannt geworden; dabei stehen wir in vielen Bereichen hinter den Ergebnissen aus anderen Städten zurück. Die Ursache dafür liegt nicht allein in der starken Überbauung des antiken Stadtareals, sondern auch darin, daß eine systematische archäologische Forschung vergleichsweise spät, erst in den zwanziger Jahren dieses Jahrhunderts, einsetzte. Außerdem fehlte es bis in die jüngste Zeit an einer angemessenen personellen und materiellen Ausstattung. So wurde zum Beispiel der grundlegende Ausbau des innerstädtischen Kanalnetzes Anfang dieses Jahrhunderts nicht archäologisch überwacht, und nur selten konnten richtige Forschungsgrabungen durchgeführt werden. Zumeist beschränkte sich die archäologische Tätigkeit auf Notgrabungen und Beobachtungen bei Baumaßnahmen. Bei vielen Neubauten unterblieb, selbst bis in die siebziger Jahre, eine ausreichende Dokumentation der bei den Bauarbeiten zerstörten archäologischen Befunde. Die meisten und wertvollsten Beobachtun-

1   *Topographische Lage der Römerstadt Augusta Vindelicum innerhalb des mittelalterlichen Stadtgrundrisses; mit Eintragung der Gräberfelder (Schraffur) und Fernstraßen (Maßstab 1:20 000).*

gen und Ausgrabungsergebnisse verdanken wir Ludwig Ohlenroth, der von 1922 bis 1933 und von 1945 bis zu seinem Tode 1959 an der planmäßigen Erforschung des römischen Augsburg mit all seinen Kräften gearbeitet hat. Ist der von ihm hinterlassene Fundus auch weitgehend unpubliziert, lassen sich doch seinen Vorberichten überaus gewinnbringende Angaben zur römischen Stadttopographie entnehmen[1]. Eine detaillierte Übersicht lieferte 1958 Wolfgang

Hübener[2]. Eine Zusammenfassung, ergänzt um einige neue Beobachtungen, soll im folgenden versucht werden.

Geographisch gesehen befindet sich die römische Provinzhauptstadt auf der Nordspitze der aus der Ebene aufragenden Hochterrasse, die sich als langgestreckter flacher Höhenrücken zwischen Lech und Wertach erstreckt. Der topographisch gesehen äußerst günstige Siedlungsplatz im Zusammenfluß von

Lech und Wertach dürfte zu allen Kulturstufen Siedler angezogen haben. Bis auf frühbronzezeitliche Siedlungsfunde, geborgen 1982, haben sich bis jetzt jedoch keine weiteren vorgeschichtlichen Siedlungsüberreste im Bereich des späteren römischen Stadtgebietes feststellen lassen[3]. Für eine in der älteren Forschung lange angenommene keltische Vorgängersiedlung fehlt bis jetzt jeglicher Nachweis. Naturräumliche Gegebenheiten lassen vermuten, daß sich schon in vorgeschichtlicher Zeit wichtige Verkehrswege am Zusammenfluß von Lech und Wertach kreuzten; eindeutige Hinweise dazu sind jedoch noch nicht erbracht worden. In römischer Zeit wurde Augsburg zum Mittelpunkt des Straßennetzes in Rätien ausgebaut[4]. Ob auf dem Nordabhang der Terrasse bzw. im späteren römischen Stadtgebiet augusteische Militäranlagen bestanden, ist bisher nicht nachweisbar[5]. Dagegen gibt es Hinweise auf Militäranlagen nachaugusteischer Zeit im Bereich der späteren Provinzhauptstadt[6].

Die Ausdehnung der römischen Stadt war mit ca. 65 ha Fläche schon im 19. Jahrhundert weitgehend erkannt worden (Textabb. 1 und 2). Am Regierungsforstamt wurde 1949/50 das westliche Stadttor entdeckt. Nach Ohlenroth bestand in tiberischer Zeit eine Holzumwehrung[7]. Etwa um 70 n. Chr. soll der erste Torbau mit zwei Türmen in Stein ausgebaut worden sein. Wohl erst in hadrianischer Zeit wurde die Holz-Erde-Mauer durch eine Steinmauer ersetzt. Datierung und Gleichzeitigkeit des vorgelagerten doppelten Spitzgrabens sind unsicher[8]. Der antike Mauerring ist auf der Westseite einigermaßen vollständig gesichert (zwischen Heilig-Kreuz-Straße/ Katzenstadel und Alte Gasse/Lange Gasse), auf der Südseite, unter der mittelalterlichen Stadtmauer gelegen, durch Aufschlüsse am Mauerberg und am Hafnerberg bekannt[9]. Vermutlich sind auf der Ostseite die Stadtmauer und ein Streifen besiedelten Areals in nachrömischer Zeit beim Abrutschen des Hanges abgestürzt. Auf der Nordseite fehlen bisher jegliche Hinweise auf den Verlauf der Stadtmauer. Sie wurde bisher im Zuge der Rugendasstraße und weiter entlang der Terrassenkante im Pfannenstielgelände angenommen. Jüngste Untersuchungen 1983/ 84 erbrachten in der Parzelle Rugendasstraße 4 neben Siedlungsspuren des 2. und 3. Jahrhunderts einige Brandgräber des 1. Jahrhunderts, die zu jenem Zeitpunkt sicherlich außerhalb der Stadtumwehrung lagen. Möglicherweise sind sie ein Hinweis darauf, daß das Gelände nördlich von St. Georg erst später, vielleicht zu Ende des 1. oder zu Beginn des 2. Jahrhunderts, in das Stadtgebiet einbezogen wurde. Ein Graben mit Holz-Erde-Wall direkt südlich von St. Georg[10] könnte die Nordbegrenzung der Siedlung des 1. Jahrhunderts angeben. Gebäude außerhalb der Stadtmauern ließen sich vor dem Westtor im Bereich der Frölichstraße und beim Stadttheater feststellen; auch entlang der Via Claudia ist vor dem Südtor mit römischer Bebauung zu rechnen[11].

Ein regelmäßig ausgerichtetes Straßensystem, wie beispielsweise in Köln, Trier, Augst oder Kempten, gab es in Augsburg offensichtlich nicht: Die innerstädtischen Straßen zeigten zwei divergierende Hauptrichtungen[12]. In der östlichen Stadthälfte liegen die Straßen etwa in Nord-Süd-Richtung, im westlichen Teil folgen sie der Westtorstraße *(decumanus?)* und einer aus Nordwesten kommenden, am Fischertor beobachteten Straße *(cardo?)*. Nach Ohlenroth waren beide Systeme schon im 1. Jahrhundert ausgebildet; eine zeitliche Abfolge scheint demnach nicht die Ursache für die wechselnde Ausrichtung der Straßen zu sein. Ob sich daraus Hinweise auf eine Militäranlage des 1. Jahrhunderts ergeben, steht noch aus[13]. Grundlage weiterer Arbeiten muß eine neue Auftragung aller Straßenbefunde sein[14].

Die Wasserversorgung der Stadt ist noch weitgehend unklar. Zisternen für das Auffangen von Oberflächenwasser wurden verschiedentlich beobachtet[15]. Sie konnten jedoch die Versorgung nur zu einem sehr kleinen Teil sichern. Eine, möglicherweise zwei Wasserleitungen aus südlicher Richtung werden den Wasserbedarf gedeckt haben: Die Leitung am westlichen Terrassenrand scheint an mehreren Stellen bei Göggingen als Graben (Ausbruchsgraben einer in Stein gebauten Leitung?) beobachtet worden zu sein[16]. Brunnen, die das in über 15 m Tiefe anstehende Grundwasser erreichen konnten, wurden bisher nicht beobachtet[17]. Holzversteifte Kanäle, die mehrfach in oder neben römischen Straßenkörpern angetroffen wurden, müssen nicht unbedingt Frischwasserleitungen gewesen sein, sondern könnten auch als Abwasserkanäle interpretiert werden[18].

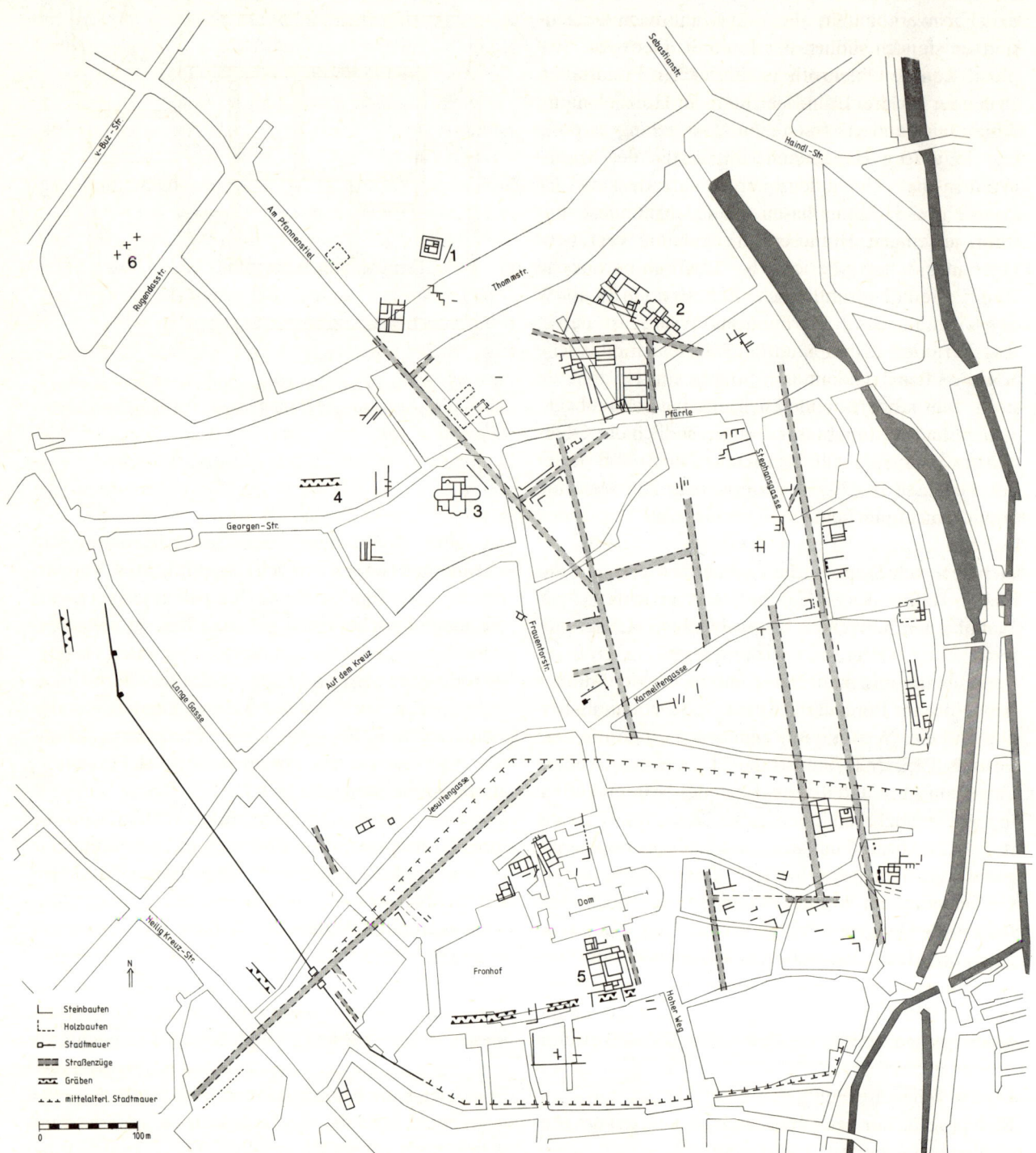

2   *Vorläufiger Stadtplan der Augusta Vindelicum (nach L. Ohlenroth; Stand 1953). 1 Gebäude Thommstraße 23 a;*
2 Thermenbau Pettenkoferstraße/Mülichstraße; 3 Thermenbau Georgenstraße; 4 Spitzgraben südlich St. Georg;
5 Peristylhaus am Fronhof; 6 Körpergräber nördlich der Rugendasstraße.

Die Bebauung im 1. Jahrhundert bestand aus Holz- und Fachwerkbauten; allem Anschein nach konzentrierten sie sich südlich der Linie St. Georg/St. Stephan. Konnte Ohlenroth an zahlreichen Fundstellen zwei oder gar drei Brandschichten der Holzbebauung des 1. Jahrhunderts feststellen[19], so gelang es doch erst 1979 Jörg Heiligmann, im Garten des Maria-Ward-Instituts Gebäudegrundrisse aufzudecken[20]. Er konnte drei Holzbauphasen des 1. Jahrhunderts mit ihrer jeweiligen Brandschicht eindeutig ergraben: (vorläufig datiert) Periode 1 – tiberisch-neronische Zeit, Periode 2 – frühflavische Zeit, Periode 3 – ab 79/81 bis Anfang des 2. Jahrhunderts. Wichtig ist, daß in den Perioden 2 und 3 auffallend viele militärische Kleinfunde zutage kamen[21]. Spuren von Holzbauten des 1. Jahrhunderts fanden sich auch bei Baubeobachtungen und Rettungsausgrabungen südlich der Georgenstraße (1983), Auf dem Kreuz (1982) und in der Jesuitengasse 10 (1983); verschiedene Perioden und Brandschichten scheinen jedoch hier nicht vorhanden zu sein.

Gebäude aus Stein wurden vermutlich erst seit der ersten Hälfte des 2. Jahrhunderts errichtet[22]. Bei Wohnbauten herrschten langrechteckige Hausgrundrisse vor[23]. Weiter sind nachgewiesen ein größeres Peristylhaus mit mehreren Umbauperioden südlich des Doms im Bereich der späteren St.-Johannis-Kirche und ein Gebäude mit annähernd quadratischem Grundriß an der Thommstraße 23 a mit einer Außenlänge von 14 m und diagonal symmetrischem Aufbau der vier beheizbaren Innenräume (Textabb. 3)[24]. Eine in 2,70 m Abstand umlaufende Mauer dürfte als Portikusfundament anzusehen sein. Ob es sich bei diesem Gebäude um ein Wohnhaus handelt, ist jedoch nicht sicher; die Datierung steht noch aus. Teile von Steingebäuden des 2. Jahrhunderts wurden 1979 im Garten des Maria-Ward-Instituts freigelegt: Bemerkenswert ist, daß hier die Innenwände teils in Holz-Lehm-Konstruktion, teils in Fachwerktechnik mit Tuffsteinfüllung gebaut waren[25]. Erwähnenswert sind der aus Dielen genagelte Fußboden eines Hauses sowie ein Plattenherd. Vor dem Herd fand sich eine gut erhaltene Bronzekanne mit Adlerprotome[26].

Spuren öffentlicher Gebäude sind bisher nahezu völlig unbekannt. Daß es ein Forum mit Basilica und Curia, den Gebäuden für Rechtsprechung und Stadt-

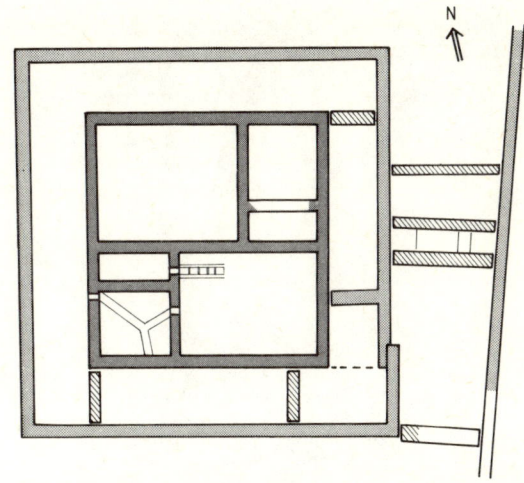

3 *Grundriß des Gebäudes Thommstraße 23 a mit vier heizbaren Innenräumen und umlaufendem Portikusfundament (Maßstab 1 : 400).*

rat (*ordo decurionum*), den Statthalterpalast, ein Theater und (wahrscheinlich) Amphitheater, Vorratshäuser sowie repräsentative Tempelbauten (etwa für die kapitolinische Trias) gegeben hat, ist selbstverständlich, doch lassen sich diese Großbauten bis jetzt im römischen Stadtplan nicht einmal annähernd lokalisieren. Ein korinthisches Marmorkapitell aus der Frauentorstraße 20 sowie einige Pfeilerbasen könnten Hinweise auf das Forum im Winkel Frauentorstraße/Karmelitengasse sein[27].

Lediglich von zwei Thermenbauten kennen wir Teile ihres Grundrisses, doch sind auch diese Befunde nur in Vorberichten publiziert[28]. Das Badegebäude an der Georgenstraße zählt zum Zentraltyp (in der Mitte *tepidarium* [Warmbad], seitlich zwei *frigidaria* [Kaltbäder] und nach Süden gerichtet das *caldarium* [Heißbad]); mit über 42 m Breite gehört der Bau zu den größten bisher bekannten Gebäudekomplexen im römischen Augsburg (Textabb. 5). Ein noch größerer mehrperiodiger Thermenkomplex wurde 1936/38 an der Ecke Mülichstraße/Pettenkoferstraße ausgegraben (Textabb. 4): Hypokausten und Becken waren noch vorzüglich erhalten. Die Periodisierung der Bauphasen scheint unklar und ist wohl nicht mehr rekonstruierbar[29]. Gebäudereste an der Ostseite der Römerstadt (z. B. Stephansplatz 4 und 6, Karme-

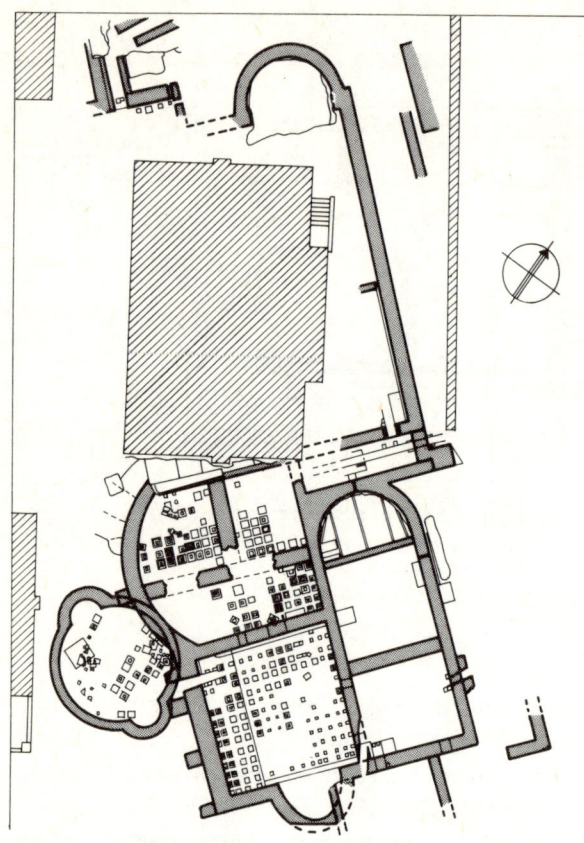

4   *Thermengebäude an der Pettenkoferstraße/Mülichstraße mit verschiedenen Umbauphasen (Maßstab 1:400).*

litermauer 5/7 und Pfaffenkeller 3 und 2/4) dürften als kleinere kultische Versammlungsräume anzusehen sein; in ihrer Nähe gefundene Denkmäler des Merkur könnten Hinweise zu ihrer Zweckbestimmung geben, wenn auch die in Mittelalter und Neuzeit erfolgte Verschleppung antiker Denkmäler im gesamten Stadtgebiet dabei zur Vorsicht mahnt[30].

Archäologisch eindeutige Spuren von Gewerbebetrieben sind im römischen Stadtgebiet bisher nicht zu verzeichnen. Eisenschlacken und ein Schmelztiegel, gefunden bei Untersuchungen 1983 und 1984, sind vielleicht Hinweise auf metallverarbeitende Werkstätten an der Rugendasstraße 4 im Nordwesten sowie am Gallusbergle 5 im Osten. Häuser von Handwerkern und Händlern, Geschäfte, Wirts- und Rast-

häuser, wie wir sie aus zahlreichen anderen römerzeitlichen Siedlungen der Rheinzone und der Schweiz kennen, sind ebenfalls noch nicht erfaßt worden. Ein größerer Gebäudekomplex südlich des Thermenbaus an der Mülichstraße kann als Speicherbau interpretiert werden.

Die starke Überbauung des antiken Stadtareals in Mittelalter und Neuzeit und der durch Steinraub stark beeinträchtigte Erhaltungszustand der Gebäude lassen gegenwärtig nur ein sehr lückenhaftes Bild des Stadtplanes erkennen. Im Vergleich mit Cambodunum (Kempten), wo weite Teile der damals noch freiliegenden römischen Stadt vor ihrer Überbauung erforscht werden konnten, fällt dies besonders hinsichtlich der dort nahezu vollständig ergrabenen öffentlichen Gebäude wie Forum mit Basilica und Curia, »Unterkunftshaus«, Thermen und Tempelbezirk, alle schon um die Mitte des 1. Jahrhunderts in Stein errichtet, auf[31].

Mosaikfunde und Wandmalereien belegen die gute Ausstattung der römischen Steingebäude in Augsburg. Zwar erscheinen die uns überkommenen Mosaikreste im Vergleich zu den Römerstädten Trier, Köln und Iuvavum (Salzburg) sehr gering (bisher ist kein nennenswerter Mosaikboden erhalten geblieben), doch dürfte dies allein mit den schlechten Fundbedingungen zusammenhängen. Ein 1571 entdecktes Mosaik im Garten von St. Stephan zeigte Circus- und Gladiatorenszenen (Zeichnung von Marcus Welser), das Schicksal und der Verbleib dieses Bodens sind unklar[32]. Ein weiteres Mosaik wurde zweifach in einem Steingebäude am Fronhof 6 aufgedeckt, aber nicht gehoben[33]. 1982 kamen südlich der Thommstraße bei St. Georg unzählige Mosaiksteinchen eines völlig zerschlagenen Bodens, von einem Hypokaustum beheizt, zutage. Die bisher geborgenen Wandmalereien zeigen relativ hohes Niveau. Als Beispiele sei nur auf die Wandreste vom Pfaffenkeller 2/3 (von dort u. a. ein Eckblock mit Ansatz einer Gewölberippe) und aus dem Haus Thommstraße 23 a hingewiesen (ein Wandgemälde zeigte die sterbenden Niobiden)[34]. Größere Teile von Wandmalereien wurden inzwischen noch bei St. Stephan (mit Resten figürlicher Darstellungen) und beim Maria-Ward-Institut geborgen[35], spätrömische Fresken bei St. Gallus aufgedeckt[36].

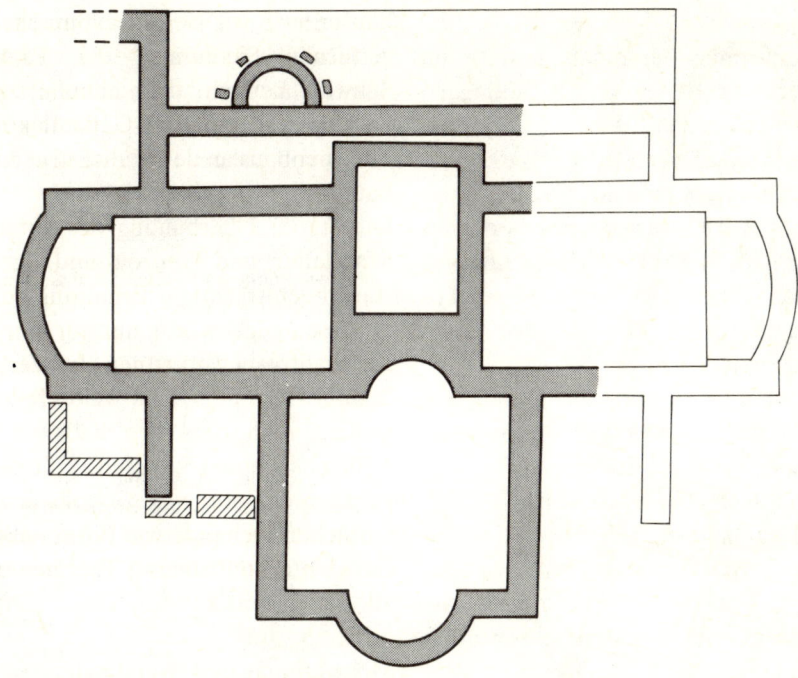

5   *Badegebäude vom Zentraltyp südlich der Georgenstraße (Maßstab 1:400).*

Weist die Siedlung des 1. Jahrhunderts zwei, stellenweise drei Brandschichten auf, so gibt es weitere Hinweise auf Zerstörungsschichten und Kriegszeiten aus archäologischen Befunden zu den Markomannenkriegen unter Marcus Aurelius (161–180)[37] und den Alamannen-/Juthungeneinfällen des 3. und 4. Jahrhunderts. Die Germaneneinfälle in spätrömischer Zeit trafen die Stadt wohl mehrfach, führten aber offensichtlich nicht zu einer Verkleinerung des Stadtareals im 4. Jahrhundert[38].

Drei größere Gräberfelder des römischen Augsburg sind uns neben Einzelgräbern archäologisch bekannt[39]: Der ausgedehnte Friedhof Rosenauberg/Hauptbahnhof (1844–1845 beim Eisenbahnbau zerstört) scheint aufgrund der noch erhaltenen Beigaben seit tiberischer Zeit belegt worden zu sein (zumeist Brandgräber); spätrömische Körperbestattungen (nur teilweise mit Beigaben) wurden ab 1925 beim Diakonissenkrankenhaus an der Frölichstraße untersucht[40]. Ein größeres Gräberfeld auf der Nordseite der Stadt lag am Abhang des Pfannenstiels und nördlich der Rugendasstraße (Brandgräber, vereinzelt

beigabenlose, undatierbare Körpergräber). Eine Notgrabung in der Rugendasstraße 4 (Winter 1983/84) erbrachte südlich dieser Straße (in ihrem Verlauf wurde die Nord-Stadtmauer angenommen) Brandbestattungen des 1. Jahrhunderts. Umfangreiche Ausgrabungen der Bayerischen Akademie der Wissenschaften galten dem spätrömisch/frühmittelalterlichen Gräberfeld um St. Ulrich und Afra[41]; Untersuchungen von 1982 bis 1984 haben im Bereich des Kath. Pfarrhofes um St. Jakob einen weiteren Ausschnitt dieses Friedhofes aufdecken können[42]. Hier scheint während der ersten Hälfte des 4. Jahrhunderts ein christlicher Friedhof entstanden zu sein (wohl durchgehend bis in das 8./9. Jahrhundert belegt), in dem das später verehrte Grab der Märtyrerin Afra den Ausgangspunkt der hier im Mittelalter erwachsenden Kirchenfamilie bildete. Ein südliches Gräberfeld entlang der Via Claudia ist noch kaum erschlossen (Einzelfunde Predigerberg/Bäckergasse). Größere Grabbauten, von denen das Pfeilergrabmal von Augsburg-Oberhausen das beste Zeugnis bietet, fanden sich an den Fernstraßen noch in größerer Entfernung vor den Stadttoren[43]. Das quadratische Fundament eines Grabmals konnte im Frühjahr 1983 südlich von St. Ulrich am Baumgärtleingäßchen beobachtet werden[44]. Für den ursprünglichen Aufstellungsort mehrerer Kalksteinsarkophage des frühen 3. Jahrhunderts, sekundär im spätrömischen Friedhof bei St. Ulrich benutzt, liegen derzeit keine Anhaltspunkte vor[45]. Ein zu dem frühkaiserzeitlichen Militärplatz Augsburg-Oberhausen gehörender Friedhof augusteischer Zeit ist noch unbekannt.

Fassen wir zusammen: Zwar liegen viele Details zur römischen Stadttopographie vor, jedoch sehr wesentliche Kenntnisse (z. B. zu den öffentlichen Bauten) und ein Gesamtbild fehlen. Dieser Zustand läßt sich nur ändern, wenn die zum größten Teil noch der Untersuchung harrenden Befunde und Funde der archäologischen Tätigkeiten seit 1920/30 endlich wissenschaftlich bearbeitet und veröffentlicht werden und ein neuer Stadtplan erstellt wird. Dem besonders seit den letzten Jahrzehnten fortschreitenden Zerstörungsprozeß der archäologischen Denkmäler muß wenigstens durch Rettungsgrabungen in allen von Baumaßnahmen betroffenen Bereichen begegnet werden; zusätzlich sollten in den nächsten Jahren Forschungsgrabungen gezielt Fragestellungen der römischen Stadttopographie klären helfen. Dies ist notwendig, da durch zunehmende Bebauung in nur wenigen Jahrzehnten der Totalverlust des Denkmals AUGUSTA VINDELICUM droht (so ist das Grüngelände Am Pfannenstiel, rund ein Achtel des römischen Stadtareals mit intakten Fundschichten des 1. bis 4. Jahrhunderts, durch vorgesehene Wohnbebauung gefährdet). Eine Erhöhung der Mittel und die Vermehrung des Personals werden es der Stadtarchäologie ermöglichen, durch vorherige Ausgrabungen mit den Baumaßnahmen wenigstens Schritt zu halten und die Ergebnisse wissenschaftlich aufzuarbeiten. Das Hauptaugenmerk muß auf die Untersuchung der Siedlung des 1. Jahrhunderts (Ausdehnung, Lokalisierung möglicher Militäranlagen), auf die Datierung des Beginns der Provinzhauptstadt, auf die Erforschung der öffentlichen Bauten und der Friedhöfe sowie auf die spätrömischen Fundschichten (Frage nach hier stationiertem Militär) gerichtet werden. Einen Forschungsschwerpunkt wird das

Weiterleben der Stadt vom ausgehenden 4. zum 6. Jahrhundert bilden; die Frage nach der Siedlungskontinuität von der Spätantike zum Frühmittelalter, bislang archäologisch nicht nachgewiesen, wird zweifellos von hohem Interesse sein[46].

1 Ludwig Ohlenroth: Zum Stadtplan der Augusta Vindelicum. Zusammenfassender Vorbericht. In: Germania 32 (1954), S. 76–85; ders. in: BVBl 18–19 (1951–1952), S. 276–281 (Fundbericht 1945–1949); BVBl 21 (1956), S. 256–283 (Fundbericht 1949–1953); BVBl 22 (1957), S. 179–211 (Fundbericht 1954–1956). Zwei kleinere Ergänzungen des Stadtplans bietet Leo Weber: Revidierter Stadtplan des römischen Augsburg. In: Neue Funde aus Augsburg, Augsburg 1978 (Städt. Kunstsammlungen Augsburg, Römisches Museum 5), S. 25–28. Eine Vielzahl von Fundnachrichten bei Walter Groos: Berichte zum frühen Augsburg. In: Aus den Augsburger Blättern, Augsburg 1979; ders., Materialien zum römischen und nachrömischen Augsburg. In: Bericht der Naturforschenden Gesellschaft Augsburg 33 (1978), S. 1–117. Hilfreich auch die Bibliographie (bis 1979) von Gerd Rupprecht. In: Gunther Gottlieb: Das römische Augsburg, München 1981 (Schriften der Philosophischen Fakultäten der Universität Augsburg 21), S. 33–69.
2 Wolfgang Hübener: Zum römischen und frühmittelalterlichen Augsburg. In: JRGZM 5 (1958), S. 154–238, zur Topographie besonders S. 162–193; zusammenfassend auch Hans-Jörg Kellner: Augsburg, Provinzhauptstadt Raetiens. In: ANRW II 5.2., S. 713–715.
3 Vgl. zu den vorgeschichtlichen Kulturstufen den Beitrag von Hans Peter Uenze sowie den Beitrag zu den Anfängen der Zivilsiedlung Augusta Vindelicum in diesem Buch.
4 Zu den Verkehrsverbindungen vgl. den Beitrag über das wirtschaftliche Leben in diesem Buch.
5 Vgl. dazu den Beitrag zum frühkaiserzeitlichen Militärlager Augsburg-Oberhausen in diesem Buch.
6 Ausführlicher dargestellt im Beitrag zu den Anfängen der Zivilsiedlung Augusta Vindelicum.
7 Ohlenroth. In: BVBl 21 (1956), S. 263 f. mit Abb. 61.
8 Ohlenroth, Stadtplan, S. 79; zusammenfassend auch Hübener, Augsburg, S. 162–165.
9 Vgl. Hübener, Augsburg, S. 164.
10 Ohlenroth. In: BVBl 21 (1956), S. 264–266 (zu Georgenstraße 12 und 16). Eine Grabung nördlich dieses Grabens, östlich von St. Georg, erbrachte erst in spätflavischer Zeit einsetzendes Fundmaterial. Ob der Spitzgraben mit einem bei St. Stephan gefundenen Graben in Verbindung steht, ist noch unklar.
11 Ohlenroth. In: BVBl 22 (1957), S. 183: *vicus extra muros* (Frölichstraße, Ottmarsgäßchen, Kreuzstraße). Vgl. Hübener, Augsburg, S. 167, Abb. 9; S. 168 zum vermuteten Südtor (könnte die Via Claudia kurz vor dem Westtor mit der von Kempten herführenden Straße zusammentreffen?). – Zahlrei-

che Spolien, Bausteine und Ziegel könnten eine Besiedlung der Anhöhe bei St. Ulrich und Afra andeuten.

12 Ohlenroth, Stadtplan, S. 77–79; ausführlich Hübener, Augsburg, S. 166–169.

13 Vgl. Kellner, Augsburg, S. 700 f., 713, sowie den Beitrag zu den Anfängen der Zivilsiedlung Augusta Vindelicum in diesem Buch.

14 In den Ausgrabungen am Inneren Pfaffengäßchen 3 (1982) und in der Jesuitengasse 10 (1983) waren die laut dem Stadtplan Ohlenroths in die betreffenden Parzellen ziehenden Straßen nicht vorhanden (statt dessen Steingebäude).

15 Vgl. Hübener, Augsburg, S. 181–184.

16 Neue Luftbildbeobachtungen eines Grabens entlang der östlichen Terrassenkante machte Otto Braasch (Landshut), noch unveröffentlicht (Grabensystem bei Hurlach, Ober- und Untermeitingen und Kleinaitingen).

17 Möglicherweise handelte es sich bei einem in der Rugendasstraße 4 im Frühjahr 1984 beobachteten Befund um einen holzverschalten viereckigen Brunnen, 1,20 × 1,40 m, der bis zu einer Tiefe von ca. 3,5 m ausgegraben werden konnte (die tiefere Freilegung mußte wegen der Neubaumaßnahme unterbleiben).

18 Als Wasserleitungen angesehen bei Hübener, Augsburg, S. 182 f.

19 Eine Fundstellenkarte mit den Brandschichten des 1. Jahrhunderts bei Hübener, Augsburg, S. 167, Abb. 9.

20 Jörg Heiligmann: Neue archäologische Untersuchungen im römischen Augsburg. Vorbericht über die Grabung im Garten des Maria-Ward-Instituts. 1979. In: ZHVS 74 (1980), S. 88–103.

21 Bei dem Gebäude der Periode 3 könnte es sich statt um ein Wohnhaus auch um einen barackenähnlichen Bau einer Militäranlage mit vor den einzelnen Räumen liegenden Herdstellen und Öfen handeln. – Zu einer Beinschiene mit Knieschutz aus Bronze, Teil einer Paraderüstung, Lothar Bakker: Zwei herausragende Metallfunde aus Augusta Vindelicum-Augsburg, Schwaben. In: Das archäologische Jahr in Bayern 1981, Stuttgart 1982, S. 134.

22 Grund für den vergleichsweise späten Ausbau der Siedlung in Stein dürfte in erster Linie das mangelnde Bausteinvorkommen in der unmittelbaren Umgebung der Stadt gewesen sein; vgl. dazu den Beitrag zum wirtschaftlichen Leben im römischen Augsburg in diesem Buch. Die Erhebung Augsburgs zum *municipium* wird die bauliche Entwicklung stark gefördert haben.

23 Vgl. Hübener, Augsburg, S. 185. Bei den Ausgrabungen 1983 an der Jesuitengasse 10 wurden ebenfalls Reste mehrerer langgestreckter Wohnhäuser aufgedeckt. Eine erste Fundnotiz dazu: Lothar Bakker: Ausgrabungen in der römischen Provinzhauptstadt Augusta Vindelicum-Augsburg, Schwaben. In: Das archäologische Jahr in Bayern 1983, Stuttgart 1984.

24 Ohlenroth, in: BVBl 21 (1956), S. 283 mit Abb. a.

25 Heiligmann, Maria-Ward-Institut, S. 96 f.

26 Ein weiterer Ziegelplattenofen in einem Holzgebäude wurde in der Karmelitengasse 21/13 beobachtet. Ohlenroth. In:

BVBl 21 (1956), S. 268. – Zur Bronzekanne Bakker, Herausragende Metallfunde, S. 134 f.

27 Leo Weber: Befunde aus dem römischen Augsburg. In: Neue Funde aus Augsburg, Augsburg 1978 (Städt. Kunstsammlungen Augsburg, Römisches Museum 5), S. 33 mit Abb. 8 und Taf. 28. Vgl. schon Ohlenroth. In: BVBl 21 (1956), S. 258 f.

28 Ohlenroth. In: BVBl 21 (1956), S. 264 f.; zusammengefaßt bei Hübener, Augsburg, S. 171 f. mit Detailangaben zu dem Thermenbau Georgenstraße (u. a. Mosaikboden).

29 Das zeitliche Verhältnis des runden Baukörpers mit zwei kleinen gegenüberliegenden Konchen zu der Doppelthermenanlage bleibt offen.

30 Ausführlich zu den Tempeln und Weihesteinen Hübener, Augsburg, S. 172–180. Vgl. Kellner, Augsburg, S. 714. Zu den meist verschleppten Steindenkmälern Aladár Radnóti: Römische Inschriften in Augsburg als Dokumente der Siedlungsgeschichte. In: Jahresber. Bayer. Bodendenkmalpflege (1961), S. 16–33.

31 Zu Kempten Wilhelm Schleiermacher: Cambodunum – Kempten. Eine Römerstadt im Allgäu, Bonn 1972; Wolfram Kleiss: Die öffentlichen Bauten von Cambodunum. Baubeschreibung und Rekonstruktion, Kallmünz 1962 (MzbV 18).

32 Abgebildet u. a. bei Vollmer, Nr. 147. Ein 1510 entdecktes Mosaik im Äußeren Pfaffengäßchen ist ebenfalls verschollen, es zeigte Schlacht- und Triumphwagen: Hübener, Augsburg, S. 209, Anm. 249. Zu den Mosaiken aus Augsburg Klaus Parlasca: Die römischen Mosaiken in Deutschland, Berlin 1959 (Römisch-Germanische Forschungen 23), S. 101–103.

33 Ohlenroth. In: BVBl 21 (1956), S. 260 (das Mosaik bildete möglicherweise Meerestiere ab).

34 Klaus Parlasca: Römische Wandmalereien in Augsburg, Kallmünz 1956 (MzbV 7).

35 Vgl. Heiligmann, Maria-Ward-Institut, S. 96.

36 Maria R.-Alföldi: Spätrömische Doppelkirche und Fresken in Augsburg. In: Neue Funde aus Augsburg, Augsburg 1978 (Städt. Kunstsammlungen Augsburg, Römisches Museum 5), S. 57–61. Ob hier Szenen christlichen Inhalts (Heilung des Jünglings von Kapernaum?) abgebildet waren, ist unsicher.

37 Möglicherweise steht der Fund von 52 Aurei (Stephansgasse, 1978) mit den Markomanneneinfällen in Verbindung (jüngste Prägung 163–164); Leo Weber: Ein Schatzfund römischer Aurei in Augsburg. In: JRGZM 28 (1981), S. 133–170. Zur Zerstörung eines Hauses etwa um die gleiche Zeit (mit gleicher Ursache?) vgl. Heiligmann, Maria-Ward-Institut, S. 103.

38 Vgl. dazu den Beitrag über Augsburg in spätrömischer Zeit in diesem Buch.

39 Siehe Hübener, Augsburg, S. 185–193 mit detaillierter Zusammenstellung. Als wichtiges Einzelgrab der Zeit 245/250 n. Chr. kommt eine mit kostbaren Beigaben versehene Bestattung von der Blauen Kappe hinzu: Aladár Radnóti: Ein Römergrab – gefunden im Schulhof des Realgymnasiums. Jahresbericht des Realgymnasiums Augsburg (1961–1962), S. 49–50.

40 Vgl. Erwin Keller: Die spätrömischen Grabfunde in Südbayern, München 1971 (MBV 14), S. 164–169, 225–228. Unter-

suchungen von 1975: Weber, Befunde, S. 35 f.

41 Joachim Werner (Hrsg.): Die Ausgrabungen in St. Ulrich und Afra in Augsburg 1961–1968, München 1977 (MBV 23).

42 Ein erster Überblick von Lothar Bakker: Ausgrabungen bei St. Ulrich und Afra, Augsburg, Schwaben. In: Das archäologische Jahr in Bayern 1983, Stuttgart 1984.

43 Vollmer, Nr. 123 (CIL III 5812); Corpus Signorum Imperii Romani. Corpus der Skulpturen der römischen Welt. Deutschland Band I.1 Raetia und Noricum, bearbeitet aus dem Nachlaß von Friedrich Wagner von Gustav Gamer und Alfred Rüsch, Bonn 1973, S. 26 f. Nr. 29. Vgl. Werner Gauer: Die raetischen Pfeilergrabmäler und ihre moselländischen Vorbilder. In: BVBl 43 (1978), S. 57–100, zu den Augsburger Denkmälern S. 74–86. – Neufunde von 1981 liegen von Ober-

hausen, Zollernstraße vor (Bekrönungskapitell und Reliefblockfragment).

44 Auf einem Luftbild konnte Otto Braasch (Landshut) einen quadratischen Grundriß bei Göggingen entdecken, der zu einem Pfeilergrabmal gehören könnte.

45 Hans Ulrich Nuber: Römische Steindenkmäler aus St. Ulrich und Afra in Augsburg. In: Werner, St. Ulrich und Afra, S. 229–238, 245–261; die Veröffentlichung der Sarkophaginschriften ist von Nuber vorgesehen für: Forschungen zur provinzialrömischen Archäologie in Bayerisch-Schwaben (Schwäbische Geschichtsquellen und Forschungen 14).

46 Vgl. dazu die Beiträge von Walter Sage zum frühen Christentum und von Volker Bierbrauer zur alamannischen Besiedlung Augsburgs.

Rechtsstellung und Verwaltung

von Gunther Gottlieb

Wir sind gewohnt, von römischen Städten zu sprechen. Wir haben verschiedene Möglichkeiten, die Städte und stadtartigen Siedlungen einzuordnen. Bei der Verwendung des Begriffes Stadt wird man zunächst unterscheiden zwischen Stadt im Rechtssinne und stadtartiger oder stadtähnlicher Ansiedlung ohne Rechtstitel. Es gibt in der römischen Terminologie a) konstitutionelle und b) siedlungskundliche Ordnungsbegriffe. Mit den konstitutionellen Ordnungsbegriffen meinen wir die Benennungen, welche 1. die Ausstattung einer neu gegründeten oder schon bestehenden Zivilsiedlung mit einer bestimmten Rechtsqualität römischer Herkunft *(colonia* und *municipium)* oder 2. eine aus einem Stammesverband erwachsene Gebietskörperschaft *(civitas)* bezeichnen. Siedlungskundliche Ordnungsbegriffe sind dagegen solche, welche die Siedlung selbst, den Wohnplatz, umschreiben: *oppidum, colonia* im untechnischen Gebrauch (im Sinne von römisch gearteter Stadt, Stadt mit römischem Gepräge) und *vicus.*

Wir können die römischen Städte aber auch nach ganz anderen Merkmalen einteilen und erklären, nämlich 1. nach dem Gesichtspunkt der funktionalen Gleichstellung oder Gleichheit und 2. nach dem Gesichtspunkt einer faktischen Rangordnung. Daraus ergeben sich methodische Anhaltspunkte für einen Vergleich. Die funktionale Gleichheit bedeutet: Grundsätzliche strukturelle Gleichheit der Sozialordnung, Gleichheit des Siedlungstypus, der wirtschaftlichen Gegebenheiten, des Stadtregiments und der städtebaulichen Grundzüge (Forum mit Basilika, Verwaltungsgebäude, Theater, Thermen, Tempel, Vorratshäuser etc.). Die faktische Rangordnung schuf, bildlich gesehen, eine Art Städtepyramide: eine hierarchische Rangfolge mit einer breiten Basis ländlicher Kleinstädte unten und den Weltstädten, allen voran Rom, an der Spitze.

Diese Bemerkungen haben nicht den Sinn, Augsburg einen Platz zuzuweisen, sie sind vielmehr als Einführung in das Thema gedacht. Nun zu Augsburg! Me-

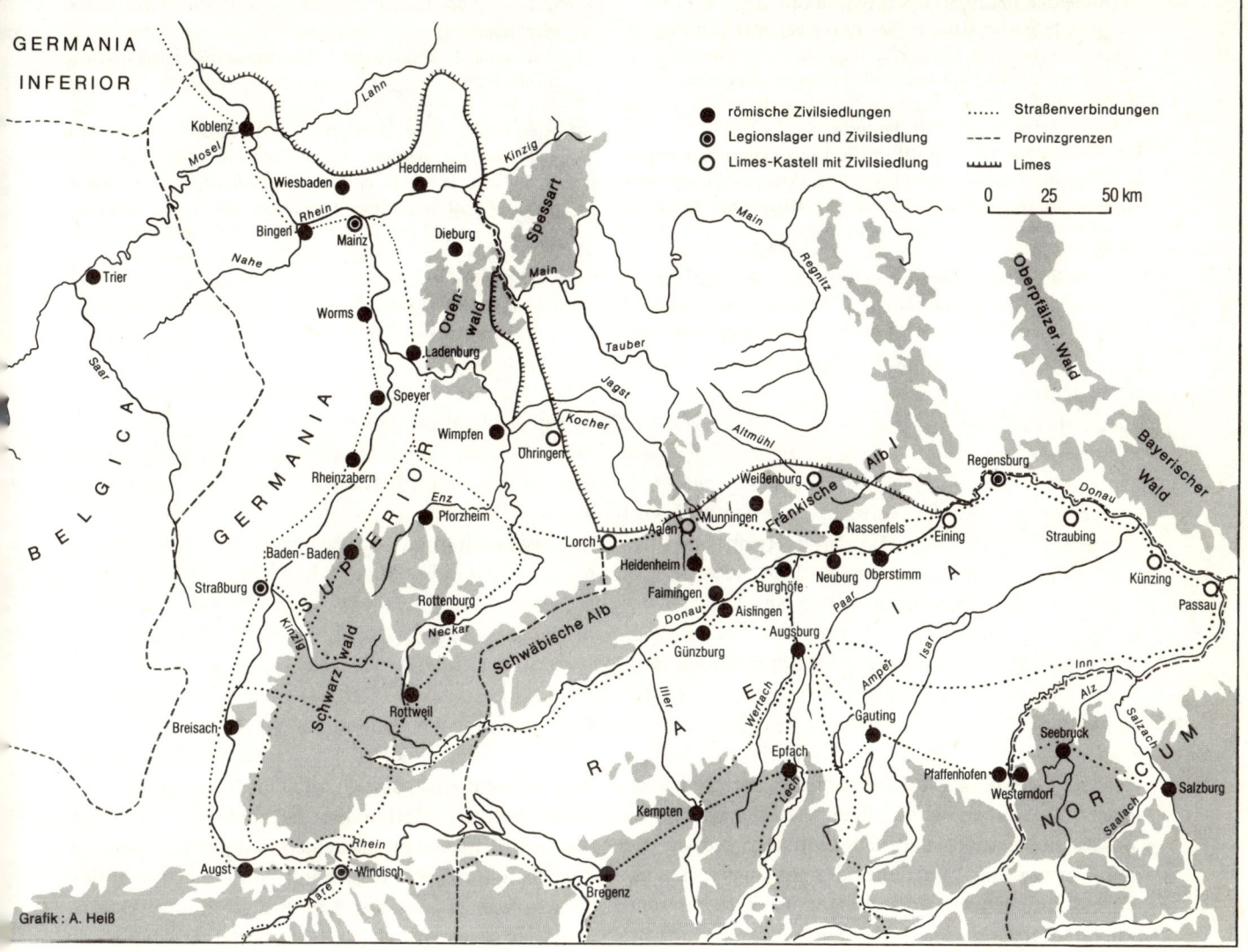

1   Süddeutschland in der mittleren Kaiserzeit.

thodisch gesehen gilt es, eine Grenze zu ziehen zwischen dem unbewiesenen Wissensstoff, der sich seit dem 19. Jahrhundert in gänzlicher oder weitgehender Übereinstimmung entwickelt hat, und dem aus den Quellen belegbaren Befund. Ich will das an Beispielen erläutern: So ist man zwar allgemein, eigentlich fast ausnahmslos, der Ansicht, daß Kaiser Claudius (41 bis 54 n. Chr.) Augsburg zur Provinzhauptstadt für Rätien erhoben hat, Tacitus im Jahre 98 mit der überaus blühenden *colonia* der Provinz Rätien

die Provinzhauptstadt Augsburg meinte, und Kaiser Hadrian (117–138 n. Chr.) während seiner ersten Regierungsjahre (etwa 120/1) Augsburg den Rang eines *municipium* verliehen hat; aber ausdrücklich überliefert ist keine der drei Aussagen. Wir haben nur jeweils Anhaltspunkte aus der schriftlichen und nichtschriftlichen Hinterlassenschaft[1]. Fest steht allerdings, daß die Kaiser Hadrian *oder* Antoninus Pius (138–161 n. Chr.) Augsburg den Rang eines *municipium* verliehen haben (wir kommen auf das Strittige daran noch zurück). Vorher kann die zweifellos längst vorhandene Siedlung keine Rechtsstellung römischer Art gehabt haben, wie dies zum Beispiel während der ganzen Kaiserzeit für Mainz gilt, das zwar Sitz des Statthalters von Obergermanien und Garnisonstadt mindestens jeweils einer Legion gewesen ist, aber weder eine Rechtsstellung im Sinne des römischen Stadtrechts noch die ehrende Bezeichnung *colonia* erhalten hat. Keinesfalls war Augsburg *colonia* in der rechtlichen Ausprägung einer Bürgerkolonie. Wir kämen sonst in Schwierigkeiten, wie wir die Umwandlung Augsburgs in ein *municipium* verstehen sollten. Die Rangfolge bei den Städten römischen Rechts ist immer: *municipium – colonia*, nicht umgekehrt[2].

Bleiben wir zunächst noch einen Augenblick bei der Frage, ob Tacitus wirklich Augsburg als *splendidissima Raetiae provinciae colonia* beschrieben hat[3]. Übrigens käme (um an die Vorläufigkeit unseres Wissens zu erinnern) außer Augsburg nur Kempten in Frage, für das im 1. Jahrhundert ein ansehnlicher Bestand an öffentlichen Bauten nachgewiesen ist[4]. Weitere Siedlungen, die als *splendidissima Raetiae provinciae colonia* hätten gerühmt werden können, gab es nicht. Für Augsburg sprechen zwei Argumente: 1. die verhältnismäßig nahe Lage zur römisch-germanischen Grenze und 2. die anscheinend bald nach diesem Zeugnis erfolgte Erhebung zum *municipium*. Tacitus schreibt von den Hermunduren, daß sie ein den Römern treu ergebener Stamm an der Donau seien. Nur ihnen sei es als einzigen unter den Germanen erlaubt, nicht nur am Donauufer mit den Römern Handel zu treiben, sondern auch weiter im Landesinnern in der überaus blühenden *colonia* der Provinz Rätien. Dieser Text setzt die Donau als Grenzfluß voraus. Wenn Tacitus die *Germania* 98 n. Chr. veröffentlicht hat und die Grenzverhältnisse der domitianischen Zeit vor Augen hat, bedeutet das etwa folgendes: Seit Kaiser Titus (79–81 n. Chr.) wurden Kastelle nördlich der Donau angelegt. Unter Kaiser Domitian (81–96 n. Chr.) war bereits das Nördlinger Ries römisches Herrschaftsgebiet. Die Grenze erreichte die Donau, von Weißenburg, Pfünz, Kösching kommend, erst zwischen Pförring und Eining[5]. Unter diesen Voraussetzungen kann nur Augsburg der von Tacitus erwähnte Handelsplatz gewesen sein. Wenn Tacitus die

konkreten territorialen Gegebenheiten unberücksichtigt gelassen hätte und generell von der Donau als Grenze ausgegangen wäre, ist es von der Entfernung her noch naheliegender, an Augsburg zu denken. Und wenn Hadrian Augsburg zu Beginn seiner Regierung zum *municipium* gemacht hat, dürfte dort bereits eine Siedlung von Rang bestanden haben, die auch zwanzig Jahre vorher schon ein ansehnlicher Wohnplatz gewesen sein mag.

Kehren wir zurück zu unserem Thema! Was bedeutet dann *splendidissima colonia* bei Tacitus? Der Gebrauch von *colonia* ist bei Tacitus nicht einheitlich: Natürlich werden, wie nicht anders zu erwarten, Städte mit dem Rechtstitel *colonia* so genannt. Daneben bezeichnet er aber auch Städte als *coloniae*, die keinesfalls im Sinne des römischen Stadtrechts und der Gründungsformalitäten *coloniae* gewesen sein können. Wir müssen also unterscheiden zwischen der technischen und untechnischen Verwendung des Begriffs. Technische Verwendung liegt strenggenommen nur dann vor, wenn es sich um die Ansiedlung römischer Bürger (Angehörige der stadtrömischen Unterschicht oder Veteranen), also die Deduzierung (Gründung) einer Kolonie auf der Grundlage eines Rechtsaktes nach römischem Recht handelt. Eine andere Situation aber liegt vor, wenn die Römer eine Stadt durch Ansiedlung Einheimischer gründeten, wie das häufig vorgekommen ist. Auf diese Weise hat zum Beispiel der spätere Kaiser Augustus nach seinem Sieg bei Actium die Stadt Nikopolis (Stadt des Sieges) geschaffen. Sie war eine freie, autonome, durch Ansiedlung der umwohnenden Bevölkerung geschaffene *griechische* Stadt, die Tacitus aber *colonia Romana* nennt[6]. Sicher darf gelten, daß römische Gründungen unabhängig von der ethnischen Zusammensetzung der Bevölkerung und von der rechtlichen und administrativen Ausstattung *coloniae* heißen. Aber das ist schon untechnische Verwendung. *Colonia* bedeutet dann »durch die Römer . . . erbaute und organisierte Stadt«, »römisch-italisch geprägte Stadt«[7]. Wir gehen davon aus, daß diese Deutung auch für Augsburg in vorhadrianischer Zeit zutrifft. Ziehen wir Zwischenbilanz: Die Stelle bei Tacitus bezieht sich vermutlich auf Augsburg und ist unter dieser Voraussetzung die erste Erwähnung in den Schriftquellen; *colonia* bezieht sich auf die römische

Abb. 15 Augsburg, Am Pfannenstiel. Vorderteil eines jugendlichen Genius, Bronze vergoldet (H. 45 cm)

Abb. 16 Augsburg, bei St. Ulrich und Afra (um 1500). Weiherelief aus Kalkstein: Merkur mit Flügelhut, Caduceus in seiner Linken und Geldbörse in der Rechten; ihm zu Füßen seine Begleiter, Ziegenbock und Hahn (H. 1,54 m)

Abb. 17   Ehreninschrift für den Kaiser C. Aurelius Valerius Diocletianus (284–305 n. Chr.), aufgestellt durch den im Jahre 291 amtierenden Statthalter der Provinz Rätien, Septimius Valentio

Herkunft und das Stadtbild, nicht auf den rechtlichen Status.

Bevor wir uns dem Namen der Stadt zuwenden, gewissermaßen noch einmal rückwärts wenden, befassen wir uns mit dem *municipium*, also der städtischen Administration, wie sie für das 2. Jahrhundert überliefert ist. Ich wiederhole, was allgemein gilt: Kaiser Hadrian erhob Augsburg, wahrscheinlich anläßlich seiner Reise durch die Provinz Rätien (etwa 120/1 n. Chr.), zum *municipium*. Der offizielle Name war von da an municipium Aelium Augustum (auch Aelia Augusta). Der Besuch Hadrians in Rätien wird aus indirekten Zeugnissen erschlossen: Zum erstenmal erscheint unter Hadrian das rätische Heer *(exercitus Raeticus)*, gemeint sind die Grenztruppen, auf Münzen dieses Kaisers[8]. Wie das üblich war, erhielt Augsburg eine *tribus* für die Einschreibung der römischen Bürger, die hadrianische *tribus Sergia*. Wir haben allerdings nur einen einzigen Hinweis und bewegen uns auch in diesem Falle auf nicht allzu festem Boden[9]. Hier muß gelten, was auch sonst zu beachten ist: daß man sich bis zum Beweis der Richtigkeit oder des Gegenteils auf die Wiedergabe des jeweils gültigen Konsenses beschränken muß. Dasselbe trifft zu für die Frage nach dem Bürgerrecht: Ausgehend von der Nachricht, Hadrian habe vielen Städten das *ius Latii* verliehen, nimmt man an, daß mit der Erhebung zum *municipium* die Vergabe des *ius Latii* verbunden war. Nach dem *ius Latii* erlangten gewesene Gemeindebeamte das römische Bürgerrecht[10]. Da nur Angehörige der lokalen Oberschicht in die Ämter gelangen konnten, schuf es eine horizontale, auf eine bestimmte soziale Schicht beschränkte personenrechtliche Gleichheit. Es handelt sich dabei, im Unterschied zum Stadtrecht, um eine personenrechtliche Kategorie, die mit dem Status der Zivilsiedlung nichts zu tun hat[11]. Zum Beispiel blieben in den Alpenprovinzen die Hauptorte der Stämme ohne herausgehobene Stellung; aber die Bewohner hatten schon im 1. Jahrhundert n. Chr. das *ius Latii* erhalten[12]. So ist es rein hypothetisch denkbar, daß auch den Augsburgern bereits im 1. Jahrhundert n. Chr. das *ius Latii* verliehen wurde. Nur wird man nicht aus dem Befund in den Alpenprovinzen voreilig einen Parallelfall konstruieren dürfen. Dafür sind die Entwicklungen in den einzelnen Provinzen, ob nun der regionalen Organisation oder des Personenrechts, zu unterschiedlich.

Jede Stadt hatte, unabhängig von ihrem Status, ihre Selbstverwaltung. Diese war in den Grundzügen überall gleich und bestand aus dem Rat, welcher die Stadt leitete, und den Beamten, welche für die laufenden Geschäfte in den einzelnen Bereichen der kommunalen Selbstverwaltung verantwortlich waren. Auch für die Selbstverwaltung dürfen wir sicher eine Phase der Entwicklung annehmen. Die Einführung einer Administration römisch-italischer Prägung zog natürlich Fortschritte in der Romanisierung nach sich. Wie das anfangs in Augsburg war, wissen wir nicht; ebenfalls ist gänzlich unbekannt, in welchem Anteil einheimische Siedler und mediterrane Zuwanderer zueinander standen. Unsere Kenntnisse über die Selbstverwaltung kommen fast ausschließlich aus den Inschriften. Bezogen auf die Gesamtheit der Städte, wissen wir viel über die lokale Administration, bezogen auf Augsburg recht wenig. Das trifft insbesondere auf die Ämter zu. Hier fehlt uns aus Mangel an Quellen der Einblick in die Rangfolge der Ämter, überhaupt die Benennung der Ämter außer dem Oberamt und die Verteilung der Kompetenzen. An der Spitze der Selbstverwaltung standen *quattuorviri* (ein Viermänner-Kollegium); so viel wissen wir aus einer einzigen Inschrift, einer Grabinschrift für C. Iulianus Iulius, der eben diesem Beamtenkollegium angehört hatte[13].

Der Stadtrat (die Mitglieder heißen *decuriones*) ist mehrmals bezeugt[14]; aber mit einer Ausnahme nur durch Inschriften für einzelne Ratsherren, einmal bisher auf einem Grabstein für einen Ratsherrn durch einen Ratsbeschluß mit der Formel *d.d. (decreto decurionum* [auf Beschluß des Rates])[15]. Überhaupt betreffen die Aussagen dieser Inschriften insbesondere die einzelnen Ratsherren, also die Personenkunde und Sozialordnung des römischen Augsburg, nicht dagegen den Rat in seiner Funktion als regierende Körperschaft. Wir erfahren auch nichts über die Zahl der Ratsmitglieder und die Höhe des Augsburger Zensus, der zum Eintritt in den Rat berechtigte. Das ist eben die Schwierigkeit mit dem römischen Augsburg, daß man den allgemeinen Wissensstand über das römische Städtewesen zwar zum Vergleich und zur Veranschaulichung heranziehen, aber mangels Quellen die konkreten Augsburger Verhältnisse nur unzureichend beschreiben kann. Dieses Verfahren, nämlich der Analogieschluß als methodischer Behelf, ist sicher zulässig; aber es hat letztlich doch nur einen bedingten und eingeschränkten Aussagewert[16].

Die Stellung Augsburgs als Provinzhauptstadt hatte keine Auswirkungen auf seine Rolle als Mittelpunkt einer regionalen Einheit und seine lokale Selbstverwaltung, aber sie hat den Baubestand des Ortes, die Bevölkerungszahl und die Sozialordnung beeinflußt. Seit Kaiser Claudius verwaltete ein *procurator*, ein Statthalter ritterlichen Standes, die Provinz Rätien. Unter Kaiser Marcus Aurelius (161–180 n. Chr.) trat an dessen Stelle ein Statthalter senatorischen Standes, ein *legatus Augusti pro praetore*, der zugleich Befehlshaber der jetzt in Rätien – kurze Zeit in Eining, seit 179 in Regensburg – stationierten Legion (der *legio III Italica*) war[17]. Vorher hatten, von den Anfängen der Okkupation abgesehen, in Rätien nur Hilfstruppen, Alen (Reitereinheiten) und Kohorten (Infanterieeinheiten oder gemischte Verbände) ihre Standquartiere, und zwar am jeweils erreichten Grenzverlauf, endgültig am sogenannten rätischen Limes zwischen Lorch (Württemberg), Gunzenhausen, Weißenburg/Ellingen und Eining[18]. Die Besetzung der Statthalterstelle änderte sich noch einmal nach der Mitte des 3. Jahrhunderts, als es zur Regel wurde, das militärische und zivile Oberkommando zu trennen. Chef der zivilen Administration waren von da an in der Provinz Rätien zunächst ein, nach der Teilung Rätiens zwei *praesides*[19], Inhaber der Heeresleitung war in spätrömischer Zeit ein *dux*. In Augsburg befanden sich alle Einrichtungen der Provinzialbehörde. Da Augsburg auch nach 179 Provinzhauptstadt blieb, änderte sich daran nichts, außer daß das militärische Hauptquartier seinen Sitz in Regensburg hatte. Die Anwesenheit des Statthalters und des ihm unterstellten militärischen Hilfspersonals nach 179 in Augsburg beweisen sieben Inschriften: drei Inschriften von *legati Augusti pro praetore*, drei Inschriften von *viri perfectissimi praesides provinciae Raetiae* und ein Inschriftfragment, das die *stratores*, die Botenreiter des Hauptquartiers, nennt[20]. Dem Prokurator, später dem Legaten unterstanden im zivilen Bereich a) allgemeine Verwaltung

und Gerichtswesen, b) Finanz- und Steuerwesen. Zum Personal des Amtes gehörten zum Beispiel Schreiber, Gerichts- und Finanzbeamte, Kultbeamte, Boten und die Dienerschaft. Aber auch in diesem Falle können wir nur vom allgemeinen Befund auf den besonderen schließen, weshalb wir auch auf Kombinationen über die Zahl des Personalstandes verzichten sollten[21].

Von den Fragen, die wir uns gestellt hatten, ist die nach dem Namen der Stadt noch unerörtert. In den Texten finden wir: Augusta Vindelikon, Augusta Vindelicum, Augusta Vindelicensis, Augusta, municipium Aelium Augustum und Aelia Augusta[22]. Auch hier sind methodische Voraussetzungen festzuhalten: 1. Wir unterscheiden die a) literarisch, b) inschriftlich und c) administrativ überlieferten Benennungen[23]. 2. Kein Text der literarischen Überlieferung ist älter als das 2. Jahrhundert; genaugenommen ist auch der älteste Text, der des Geographen Ptolemaeus, seiner Entstehungszeit nach jünger als die Erhebung zum *municipium*, welche den offiziellen Namen municipium Aelium Augustum oder Aelia Augusta nach sich zog. Alle Verbindungen mit *Aelia* (in den Inschriften in der Form Aelia Augusta) sind selbstverständlich ebenfalls hadrianisch oder nachhadrianisch. 3. Dieser Name ergab sich aus der Rechtsstellung der Stadt. Natürlich hatte die Siedlung auch vor Hadrian einen Namen. Die Frage ist, inwieweit dieser ältere Name, wie das sonst nachweislich geschah, in den neuen Namen aufgenommen worden ist. 4. Die administrative Überlieferung gehört in den Anfang des 3. Jahrhunderts (*Itinerarium Antonini*) und in die Zeit nach 395 (*Notitia Dignitatum*). 5. In den literarischen und administrativen Quellen fehlen Verbindungen mit *municipium* und *Aelium/Aelia*; aber sie haben fast immer eine Verbindung mit einer aus *Vindelici* abgeleiteten Form; *municipium* und *Aelium/Aelia* kommen nur in Inschriften vor; *municipium* steht nur in Inschriften aus Augsburg selbst und nicht etwa in Herkunftsangaben auswärts lebender römischer Augsburger. 6. Der Genitiv Plur. *Vindelicum* steht (wenn der Text richtig gelesen ist) nur einmal in einer Inschrift, sonst nur in der literarischen Überlieferung. Er steht im Widerspruch zur lateinischen Form *Vindelicorum*, die bei Horaz, im Tropaeum Alpium, Velleius Paterculus und stets bei

Truppeneinheiten bezeugt ist und auch mit Rücksicht auf die griechische Form Οὐινδελικοί (das entspricht lat. Vindelici) die wahrscheinliche ist[24].

Was läßt sich angesichts so vieler Unsicherheiten überhaupt aussagen? Ziehen wir die Städtenamen nur der nach Osten benachbarten Provinzen Noricum und Pannonia heran, so zeigt sich, daß Siedlungen aus vorrömischer Zeit ihren vorrömischen Namen, wenn auch in romanisierter Form, behielten. Wurden jene Städte zum *municipium* oder zur *colonia* erhoben (was in einigen Fällen schon unter Kaiser Claudius geschehen ist), wurde der angestammte Name in die neue amtliche Benennung eingefügt. Einige Beispiele: municipium Claudium Aguntum, municipium Claudium Teurnia, municipium Aelium Carnuntum, colonia Aelia Mursa[25]. So gesehen, ist im Falle von Augsburg *Augustum* (oder *Augusta*) das überkommene Element der neuen Namensbildung. Dann kann Augsburg seit seiner Entstehung im 1. Jahrhundert n. Chr. Augusta Vindelicum (oder Vindelicorum) oder Colonia Augusta Vindelic(or)um geheißen haben, wobei (das sei noch einmal eingeschärft) *colonia* nichts weiter bedeutet als »römische Stadt« und kein Rechtstitel gewesen ist. Eines jedenfalls ist klar: Augsburg hat im Namen *keinen* vorrömischen, das heißt keltischen, Bestandteil; ein Befund, welcher die Erkenntnisse der Bodenforschung, die eine Siedlungskontinuität zwischen vorrömischer und römischer Zeit im Augsburger Stadtgebiet bisher nicht nachweisen konnte, durchaus bestätigen sollte. Schließlich hätte man zu bedenken, daß in der vom 2. bis 4. Jahrhundert immer wieder nachweisbaren Form Augusta Vindelic(or)um gleichzeitig der alte und erste Name vorliegt.

Am Ende dieses Abschnitts über Verwaltung und Rechtsstellung kehren wir noch einmal zur Erhebung zum *municipium* zurück. Es geht um eine jüngst vorgetragene Ansicht. Danach ist es keineswegs sicher, daß Augsburg unter Kaiser Hadrian *municipium* wurde. Vielmehr könnte ebensogut Kaiser Antoninus Pius (138–161 n. Chr.) Augsburg diesen Rang verliehen haben, da der kaiserliche Familienname *Aelia* seit der Adoption auch der Name des Kaisers Antoninus Pius gewesen sei[26]. Das ist grundsätzlich richtig, und es gilt als in vielen Fällen unmöglich, allein nach den Beinamen Gründungen Hadrians von

denen des Antoninus Pius zu unterscheiden[27]. Untersuchungen zu den Beinamen provinzialrömischer Städte haben ergeben, daß nur Hadrian den Beinamen Aelia allein vergeben hat, während weitere Titel (Hadriana, Augusta oder bei Antoninus Pius auch Antoniniana und Pia), als Zusätze zu Aelia, von beiden Kaisern verliehen wurden[28]. Demnach müßte Aelia ohne Zusatz mit einiger Wahrscheinlichkeit auf eine hadrianische Gründung hinweisen. Ist im Falle von Augsburg *Augusta* der übernommene, weil bereits vorhandene Namensteil, dann hat die Stadt nur den Beinamen *Aelia* erhalten, was für Hadrian spräche. Die Stadt Tipasa in der afrikanischen Provinz Mauretania zum Beispiel behielt ihren eigenen Namen und hieß dann colonia Aelia Augusta Tipasa[29]. Dasselbe gilt für Lares in der Africa Proconsularis, das sich, nach Antoninus Pius, colonia Aelia Augusta Lares nannte[30]. Hier sind *Aelia Augusta* die vom Kaisernamen abgeleiteten Beinamen, Tipasa oder Lares ist der angestammte Ortsname. Nähme man an (und jetzt sprechen wir wieder von Augsburg), Aelia Augusta sei eine Einheit und gehörte zum neuen Namen, dann wäre vom ursprünglichen Ortsnamen nichts übriggeblieben. Das wäre zumindest eigenartig! Andrerseits gehören alle datierbaren Belege für Augsburg als Aelia Augusta in die Zeit des Kaisers Antoninus und danach. Natürlich kann das leicht Zufälligkeit des epigraphischen Befundes sein. Mir scheint, daß wir uns von neuem mit dem unsicheren Boden abfinden und auf neue Erkenntnisse warten müssen.

1 Es erübrigt sich, dies im einzelnen zu belegen. Stellvertretend sei verwiesen auf den umfangreichen Forschungsbericht von Hans-Jörg Kellner: Augsburg. Provinzhauptstadt Raetiens. In: ANRW II 5,2, Berlin und New York 1976, S. 690–717.

2 Hartmut Wolff: Civitas und Colonia Treverorum. In: Historia 26 (1977), S. 204–242, hier: S. 228–232; vgl. Gabriele Seitz: Militärdiplomfragmente aus Rainau-Buch und Aalen. In: Fundberichte aus Baden-Württemberg 7 (1982), S. 317–341, hier besonders S. 330 f.

3 Tacitus, *Germania* 41.

4 Römische Sammlung Cambodunum, 2. Aufl., Kempten 1982 (dort ist die wichtigste Literatur zum römischen Kempten zusammengestellt); Die Römer nördlich der Alpen. Mit Hinweisen zu neuen archäologischen Unternehmen im römischen

Cambodunum-Kempten, Kempten 1983; Kellner, ANRW II 5, S. 703.

5 Darstellung im Überblick bei Günter Ulbert und Thomas Fischer: Der Limes in Bayern, Stuttgart 1983, S. 16–20.

6 Tacitus, *Annales* V 10,3.

7 Hartmut Wolff: Civitas und Colonia Treverorum, S. 230.

8 Bernhard Overbeck: Rätien. In: ANRW II 5,2, S. 677. Genau belegt ist das Ereignis allerdings nicht. Es wird aus dem Zusammenhang erschlossen, wonach Hadrian spätestens 121 zu seiner ersten großen Reise aufbrach und zunächst Gallien und Germanien aufsuchte.

9 Wagner Nr. 34; Kellner, ANRW II 5,2, S. 704.

10 Brigitte Galsterer-Kröll: Zum *ius Latii* in den keltischen Provinzen des Imperium Romanum. In: Chiron 3 (1973), S. 277–306.

11 Ebd. S. 305.

12 Ebd. S. 284–289.

13 Vollmer Nr. 136. Zur Entwicklung römisch-italischer Formen der Selbstverwaltung und zur Frage der Romanisierung Heinz Heinen: Die Anfänge des römischen Trier, Trier 1983 (Trier-Texte 2), S. 10.

14 Ein indirektes Zeugnis ist auch die Inschrift Vollmer Nr. 173, welche einen Beschluß des *res publica civitatis Aeliae Augustae* bezeugt. Das Beschlußorgan der Gemeinde war der Stadtrat.

15 Vollmer Nr. 139.

16 Ein Beispiel für falsche Einschätzung der wirklichen Verhältnisse finden wir bei Wilhelm Schleiermacher: Augusta Vindelicum. Die Hauptstadt der römischen Provinz Raetien. In: Forschungen und Studien zur Kultur- und Wirtschaftsgeschichte Augsburgs, München und Augsburg 1955, S. 12. Schleiermacher überträgt sonst erworbene Vorstellungen über die Organisation der Provinzialverwaltung und die Größe des Stabes auf Augsburg. Aber von 1000 Personen auszugehen, ist einfach weit übertrieben. Die Zahl war viel geringer!

17 Wilhelm Schleiermacher: Ebd. S. 12 f.; Gerhard Winkler: Die Statthalter der römischen Provinz Raetien unter dem Prinzipat. In: BVBl 36 (1971), S. 50–101; Bernhard Overbeck: ANRW II 5,2, S. 684 f. (kurz gefaßte Übersicht).

18 Günter Ulbert und Thomas Fischer, Der Limes in Bayern, S. 20.

19 Winkler, Statthalter, S. 87–89.

20 *Legati Augusti:* Vollmer Nr. 104; Wagner Nr. 42; Schillinger-Häfele Nr. 227; *praesides:* Vollmer Nr. 95, 98, 127; *stratores:* ZHVS 74 (1980), S. 44–46.

21 Vgl. Anm. 16.

22 Zuletzt ausführlicher Kellner, ANRW II 5,2, S. 695–697.

23 Dazu folgende Belege: a) literarische Überlieferung – Αὐγούστα Οὐινδελικῶν ([Augusta Vindelikon] Ptolemaios, *Geographika* II 12,3 und VIII 7,4); Augusta Vindelica (Scholia des Pseudacron zu Horaz, *Carmina* IV 4,17); Augusta Vindelicum (Festus, *Breviarium* 8); Augusta (Venantius Fortunatus, MG AA 4,1, S. 368 [vita S. Martini 4,643]). b) Inschriftliche Überlieferung (Grabinschriften, Weihinschriften, Bauinschriften, Meilensteine) – 1. aus Augsburg: municipium Aelium Augustum (Vollmer Nr. 111; Gunther Gottlieb: Römische Inschrif-

ten aus Augsburg. In: ZHVS 73 [1979], S. 89); *municipium* (Vollmer Nr. 136, 137, 139); *res publica civitatis* Aeliae Augustae (Vollmer Nr. 173) – 2. auf Meilensteinen (also in der näheren und weiteren Umgebung von Augsburg mit Meilenangaben von Augsburg aus): Augusta (Vollmer Nr. 454, 456, 457, 461, 471, 472, 476, 488) – 3. außerhalb Augsburgs; Inschriften verschiedener Art (außer Meilensteinen) an verschiedenen Orten des Reiches gefunden (die Fundstellen sind in den nachstehend aufgeführten Arbeiten aufgelistet): Aelia Augusta, Augusta Vindelicum, Aug. Vin (...) bei Legionssoldaten; Aelia Augusta (bei Gardereitern); AV, AVG, AVGVS, AVGVST bei Prätorianern, wobei es fraglich ist, ob sich diese Herkunftsangaben der Prätorianer unbedingt alle auf Augsburg beziehen. c) Administrative Überlieferung – Augusta Vindelica (Itinerarium Antonini 232,1; 236,5; 241,4; 250,5; 258,2; 274,8); Augusta Vindelicensis (Not.Dig.Occ. XI 30). Zu den außerhalb Augsburgs gefundenen Texten Michael Speidel: Rätien als Herkunftsgebiet der kaiserlichen Gardereiter. In: BVBl 46 (1981), S. 105–120 (hier auch die Liste S. 108); Gabriele Seitz: Militärdiplomfragmente. In: Fundberichte aus Baden-Württemberg 7 (1982), S. 332–335.

24 Horaz, *Carmina* IV 4,18; 14,8; *Tropaeum Alpium* (Text der Inschrift überliefert bei Plinius, *Naturalis Historia* III 136 f.; Velleius Paterculus, *Historia Romana* II 39,3; 95,2. Truppeneinheiten: CIL XIII 6821 und weitere Beispiele bei Konrad Kraft: Gesammelte Aufsätze zur antiken Geschichte und Militärgeschichte, hrsg. von Helmut Castritius und Dietmar Kienast, Darmstadt 1973, S. 203. Augusta Vindelicum nur CIL VI 3353.

25 Brigitte Galsterer-Kröll: Untersuchungen zu den Beinamen der Städte des Imperium Romanum. In: Epigraphische Studien 9 (1972), S. 44–145, hier: S. 122 (Noricum), 124 f. (Pannonia).

26 Seitz, Militärdiplomfragmente, S. 330–338.

27 Galsterer-Kröll, Untersuchungen, S. 77–79.

28 Ebd. S. 77.

29 Ebd. S. 106.

30 Ebd. S. 101.

Konkordanzliste

Vollmer	CIL III	Vollmer	CIL III
95	5 785	454	5 981
98	5 788		11 979
104	5 793	456	5 983
111	5 800	457	5 982
127	5 816	461	5 985
136	5 825		11 981
137	5 826	471	5 992
139	5 828	472	5 993
173	11 889	476	5 990
		488	5 997

Stadt und Territorium

von Gunther Gottlieb

Das Thema betrifft die regionale Gliederung. Ausgangspunkt des Nachdenkens ist die Tatsache, daß es in den Provinzen des Römischen Reiches 1. verschiedene Formen der regionalen Gliederung gab: Städte im Rechtssinn *(coloniae, municipia)*, Städte ohne herausgehobene Rechtsqualität, Stammesverbände mit einem städtischen Mittelpunkt *(civitates)*, kaiserliche Domänen oder kaiserlichen Patrimonialbesitz *(saltus* oder *patrimonia)*; 2. zu jeder regionalen Einheit ein kleineres oder größeres Landgebiet *(territorium)* gehörte und 3. die so entstandenen administrativen Einheiten in den verschiedenen Reichsteilen die Grundformen der Selbstverwaltung gewesen sind. Natürlich waren die Städte, stadtartigen Siedlungen oder Stammesverbände mit städtischem Mittelpunkt bei weitem in der Mehrzahl – wenn wir einmal die Verhältnisse des 2. Jahrhunderts zum Maßstab nehmen. Andererseits ist es unerläßlich, zu bedenken, daß die ganze Regionalgliederung nicht auf einmal ihre fertige Gestalt besaß. Und schon gar nicht war sie von gleichmäßiger Ausprägung. Nehmen wir nur einige Beispiele aus unserem geographischen Umkreis: vorwiegend Stammesgemeinden *(civitates)* in den gallischen Provinzen – in Obergermanien im linksrheinischen Teil schon im 1. Jahrhundert n. Chr. *civitates*; im rechtsrheinischen im 1. Jahrhundert ein *municipium* (Stadtgemeinde [Rottweil]), sonst seit dem 2. Jahrhundert *civitates*; Mainz als Standort einer oder zweier Legionen mit Sitz der Provinzialbehörde und als Zivilsiedlung, die nicht in irgendeinen Rang erhoben wurde – im süddeutschen Teil Rätiens bis jetzt nur ein *municipium* (Augsburg seit Anfang des 2. Jahrhunderts) und keine *civitates* – fast nur *municipia* (Stadtgemeinden) in Noricum, daneben kaiserlicher Patrimonialbesitz.

Die Forschung bemüht sich, überall den Urbanisationsprozessen nachzugehen. Sie sind jedenfalls bemerkenswerte Elemente der römischen Herrschaft gewesen, weil sie eine wesentliche Voraussetzung für die innere Integration auf der Grundlage gemeinsamer administrativer, sozialer und kultureller Lebensformen gewesen sind. Für das zugehörige Umland war die Stadt der politische und wirtschaftliche Mittelpunkt, der Platz, an dem alle wichtigen Funktionen des städtischen Lebens ausgeübt wurden: Regierung, Verwaltung, Markt, Binnen- und Fernhandel, Bankgeschäfte, Kultwesen, Theater und Spiele[1].

Soweit es nur um die Stadt als Siedlung und städtischen Mittelpunkt geht, ist die Sachlage in gewisser Weise einfach und eindeutig. Schwieriger wird es, wenn das einer Stadt zugeordnete Territorium nach Größe, Lage und Ausdehnung und in Hinsicht auf seine siedlungsstrukturelle Beschaffenheit beschrieben werden soll oder überhaupt die regionalen Einheiten ermittelt werden sollen. Was nützt es (um das Beispiel auf Bayern anzuwenden), wenn der Archäologe die Summe aller Beobachtungen und Befunde aus dem Land zwischen Alpen und Limes zusammenstellt und andererseits niemand in der Lage ist, auch nur eine einzige regionale Abgrenzung aktenkundig zu machen? Dann müßte man sich darauf beschränken, von der Siedlungsstruktur im Süddeutschland der Römerzeit jedenfalls nur unter *geographischen* Gesichtspunkten zu sprechen. Die einzigen Grenzen, die wir kennen, sind der Limes und die Provinzgrenzen zu Noricum (der Inn bis Passau) und (ungefähr) Obergermanien (Karte S. 51). Die konkreten, Augsburg betreffenden Probleme, beginnen mit der Einstufung der anderen größeren Orte im süddeutschen Teil Rätiens: Epfach, Kempten, Günzburg, Faimingen, Weißenburg, Nassenfels, später Regensburg. Waren sie, was die Stellung als Verwaltungs- und Marktmittelpunkte betrifft, gleichrangig mit Augsburg? Hatten sie also eigene, ihnen zugehörige *territoria*? Gab es überhaupt eine durchgehende Einteilung Rätiens in städtische Bezirke oder (neutraler formuliert) Gebietskörperschaften? Gab es nicht auch Gebiete außerhalb städtischer Territorien, so wie es etwa im benachbarten Noricum Gebiete gab, die nicht zu städtischen Territorien gehörten[2]? Wie fast immer, ist alles eine Frage der Quellen, die uns womöglich gänzlich oder doch fast gänzlich im Stich lassen: Grenzsteine und Denkmäler von Grenz-regulierungen fehlen jedenfalls bis jetzt überhaupt. Meilensteine und Meilenzählungen können nicht verwendet werden, weil ein Meilenstein nicht not-wendigerweise auf dem Gebiet der Stadt gestanden haben muß, von der aus die Entfernungen gerechnet sind. Es bleiben einige indirekte Angaben, die aber noch längst keine Konkretisierung herbeiführen kön-nen: Entlang des Limes lagen militärische Territo-rien. Nicht nur die Legionslager hatten solche eige-nen, in das Umland reichenden regionalen Zustän-digkeitsbereiche, sondern auch die Auxiliarkastelle[3]. Sicher hatten diese Militärterritorien keine allzu gro-ße Ausdehnung, aber sie schließen wohl ein Heran-reichen zivilstädtischen Gebiets an den Limes regel-mäßig aus – Inschriften von munizipalen Beamten und Gemeinderäten darf man in erster Linie auf städtischen Territorien erwarten. Andererseits kön-nen etwa Inschriften für Ratsmitglieder *(decuriones)* nicht unbedenklich für die territoriale Zugehörigkeit des Fundorts verwendet werden. Denn diese Leute hielten sich nachweislich nicht nur auf dem Gebiet ihrer Stadt auf, vor allem aber konnten sie in Nach-bargemeinden Grund und Boden erwerben und die-sen für die Anlage eines Heiligtums verwenden, auf ihm Weihesteine setzen, ihn als Ackerland oder wie auch immer nutzen. Wir haben Beispiele für diese Gegebenheiten aus dem rechtsrheinischen Oberger-manien und aus Noricum[4]. Bei uns in Rätien sind wir in der mißlichen Lage, nicht beweisen zu können, ob die weiter entfernt von Augsburg (zum Beispiel in Leutstetten[5] am Starnberger See, Epfach[6], Biberbach[7] und Gundremmingen[8]) durch Grabinschriften be-zeugten Ratsherren auf Augsburger Territorium (dann hätte es eine weite Ausdehnung gehabt) oder auf ihrem Landgut im Territorium einer anderen Verwaltungseinheit bestattet worden waren. Wir ha-ben aber bis heute weder einen Anhaltspunkt, zu welcher regionalen Einheit die Fundorte dieser In-schriften gehört haben könnten, noch haben wir ei-

nen Text, der Ratsherren für eine andere Gemeinde als Augsburg nachwiese. Die Epfacher Inschrift ist umstritten, weil lediglich *[dec]urio municipi* im Text steht, der Name der Stadt also fehlt; allerdings ist in den wissenschaftlichen Beiträgen der letzten Jahre nicht mehr die Rede von einem *municipium* Abodia-cum, für dessen Bestehen niemals überzeugende Ar-gumente beigebracht werden konnten.

Strittig ist, ob die Fundorte der Dekuroneninschrif-ten grundsätzlich keine Rückschlüsse auf die Aus-dehnung eines städtischen Territoriums zulassen[9], wenn wir sonst keinerlei Anhaltspunkte haben, oder ob man mit Géza Alföldy erwägen darf, zumindest die Konzentration derartiger Inschriften mit Beam-ten oder Ratsherren einer Stadt könne einen Hinweis geben, wie weit sich ein Territorium möglicherweise erstreckt hat[10]. Natürlich hielten sich Beamte oder Ratsherren regelmäßig in den *vici* auf, die auf dem Gebiet der zugehörigen Stadt lagen, oder sie waren Grundbesitzer außerhalb des engeren Stadtbezirks, aber noch auf dem Land derselben regionalen Ein-heit. Niemand hat bisher bezweifelt, daß das Land westlich der Salzach bis zum Chiemsee (wahrschein-lich bis zum Inn) zum *municipium* Iuvavum (Salz-burg) gehörte. Andererseits war dort natürlich kein Territorium des *municipium* Teurnia im Drautal, aus dem zwei am Chiemsee inschriftlich bezeugte städti-sche Beamte stammten. Die von Karlheinz Dietz und Gerhard Weber (mit Verweis auf Wilhelm Schleier-macher[11]) herangezogenen Beispiele für ländlichen Besitz von Stadträten außerhalb ihrer Gebietskör-perschaft sind nur zum Teil beweiskräftig, denn die dort erwähnten *decuriones* etwa von Virunum (Zoll-feld, Lavanttal; Österreich) hatten weiteren Landbe-sitz zwar außerhalb des städtischen Mittelpunktes, aber noch in der Region von Virunum, deren Ab-grenzungen wir recht gut kennen. Anders gesagt: Diese Inschriften stammen aus Orten, die zum Terri-torium von Virunum gehörten. Sie können lediglich erläutern, daß die Bestimmung, wonach Dekurionen in der Stadt (im Sinne des Siedlungsmittelpunktes) oder im Umkreis von einer Meile einen Wohnsitz haben müssen, Besitz, geschweige denn Aufenthalte im weiteren Umkreis nicht ausschließt. Ob dieser Be-sitz oder die inschriftlich nachgewiesenen Aufenthal-te dann innerhalb (wie im Falle von Virunum) oder außerhalb der betreffenden Gebietskörperschaft lagen, ist eine neue Frage, für die je eine neue Beantwortung gesucht werden muß! Man hat den Eindruck, daß es keine Sache des Zufalls ist, ob ein Territorium größer oder kleiner war und welche Formen der regionalen Gliederung vorherrschten, sondern der historischen und territorialen Gegebenheiten.

Die jüngsten Anstöße zur Erörterung des Problems von Stadt und Territorium, bezogen auf Rätien und besonders Augsburg, haben Karlheinz Dietz und Gerhard Weber[12] sowie Gabriele Seitz[13] gegeben. Vor allem die Thesen von Seitz werden die Diskussion anregen, weil die Verfasserin, ausgehend von der Interpretation eines Militärdiploms, Neuigkeiten zur territorialen Gliederung vorträgt. Grundlage der Thesenbildung ist die Lesung LICATI als Herkunftsangabe, die nach Seitz besagt, »daß der Empfänger des vorliegenden Diploms dem [vindelikischen] Stamm der Licates angehörte«. Daraus ergebe sich, daß entweder eine bereits bestehende *civitas* Licatium bei der Erhebung Augsburgs zum *municipium* nicht in dessen Territorium eingegliedert worden sei und folglich zwei Gebietskörperschaften bestanden hätten oder daß Augsburg zur Zeit der Ausstellung des Militärdiploms (nach Seitz 137/141 n. Chr.) noch nicht mit einer Rangerhöhung ausgezeichnet gewesen sei. Diese Thesen bedürfen der Erörterung, welche sich sowohl der Datierung des Diploms als auch den Herkunftsangaben auf Militärdiplomen allgemein zuwenden müßte. Gerade letztere lassen anscheinend auch andere Ausdeutungen zu. Diese wenigen Hinweise müssen im Augenblick genügen, bis eine umfassende Diskussion des Themas, der Anhaltspunkte und Thesen einen klärenden Einblick ermöglicht. Die Einteilung des römischen Rätien in Gebietskörperschaften ist eine offene Frage!

1 Géza Alföldy: Römische Sozialgeschichte, 3. Aufl., Wiesbaden 1984 (allgemein und einführend); Herbert Nesselhauf: Die Besiedlung der Oberrheinlande in römischer Zeit. In: Badische Fundberichte 19 (1951), S. 71–85; Géza Alföldy: Patrimonium Regni Norici. Ein Beitrag zur Territorialgeschichte der römischen Provinz Noricum. In: Bonner Jahrbücher 170 (1970), S. 163–177; Dieter Planck: Die Zivilisation der Römer in Baden-Württemberg. In: Die Römer in Baden-Württemberg, Stuttgart 1976, S. 121–129; Hans Jörg Kellner: Die Römer in Bayern, 4. Aufl., München 1978.
2 Alföldy, Patrimonium Regni Norici.
3 Ebd. S. 166.
4 Ebd. S. 166 f.; Karlheinz Dietz und Gerhard Weber: Fremde in Rätien. In: Chiron 12 (1982), S. 418–420.
5 Schillinger-Häfele, Nr. 226.
6 Vollmer Nr. 90 (CIL III 5780, 11887).
7 Vollmer Nr. 136 (CIL III 5825).
8 Dietz und Weber, S. 410–418.
9 Ebd. S. 418.
10 Alföldy, Patrimonium Regni Norici, S. 166.
11 Wilhelm Schleiermacher. In: Germania 43 (1965), S. 424.
12 Vgl. Anm. 4.
13 Gabriele Seitz: Militärdiplomfragmente aus Rainau-Buch und Aalen. In: Fundberichte aus Baden-Württemberg 7 (1982), S. 317–341.

Bevölkerung und Sozialordnung

von Gunther Gottlieb

Wer sich mit Städten beschäftigt, fragt auch nach ihrer *Bevölkerung.* Wer wüßte nicht gern, wie viele Einwohner das römische Augsburg hatte und wie seine Sozialordnung und berufliche Schichtung beschaffen waren. Ein Bevölkerungsschema ließe sich leicht erstellen, wenn es nur darauf ankäme, die soziale Schichtung in Umrissen und Grundgegebenheiten zu beschreiben. Geht es um Augsburg, stoßen wir rasch an die Grenzen des Wissens. Daher fehlen auch zahlenmäßig ergiebige, verläßliche, methodisch und inhaltlich brauchbare Anhaltspunkte für eine Gesamtschau. Alles, was wir haben, sind Einzelfälle, die nur fragmentarischen Einblick gewähren. Trotzdem ist einiges erwähnenswert: Die ratsfähigen Familien bildeten die Oberschicht; eine engere Ranggruppe waren die Mitglieder des Rates, die *decuriones,* die wir in sozialer und gesellschaftlicher Hinsicht als Stand bezeichnen können. Der Dekurionenstand war in jeder Stadt oder Selbstverwaltungseinheit (unabhängig von deren Rechtsstatus) eine selbständige Körperschaft. Die soziale Stellung der Ratsmitglieder war abhängig von der Bevölkerungszahl und Bedeutung ihrer Stadt und daher von Stadt zu Stadt recht unterschiedlich[1].

Bis jetzt sind elf Augsburger Ratsherren bekannt[2], davon neun namentlich. Aber nur in fünf Fällen erfahren wir Einzelheiten über Herkunft, Aufstieg, wirtschaftliche Tätigkeit oder sozialen Rang: 1. Ein Händler mit Bekleidung und Stoffen; 2. P. Paternius C. Antonius Aelianus, Sohn des Vorigen, römischer Ritter, also zugleich Mitglied des zweiten Standes im Reich; 3. ein Händler mit Schweinefleisch, wahrscheinlich gleichzeitig Gutsherr (*porcarius* oder *negotiator porcarius*); 4. Iulius Pintamus aus Augusta Bracara in Hispania citerior, im Heer aufgestiegen, das er als *decurio* einer Reitereinheit verließ; 5. M. Titius Patruelis aus dem Sequanerland in Gallien (mit dem Vorort Vesontio [Besançon]); vielleicht als Händler nach Augsburg gekommen[3].

Soweit die Ratsherren. Blicken wir auf die Bevölkerung insgesamt, soweit die Inschriften Auskünfte geben! An Herkunftsangaben sind außer den eben erwähnten einige weitere bekannt: Savaria (Steinamanger, an der Westgrenze Ungarns), das Biturigerland in Gallien (mit dem Mittelpunkt Avaricum [heute Bourges]), Trier und Lugdunum (Lyon)[4]. Völlig ausgeschlossen ist es natürlich, eine Bevölkerungsstatistik anzulegen oder statistisch verwertbare und irgendwie repräsentative Aussagen hinsichtlich der Bevölkerung aufzustellen. Die erhaltenen Inschriften, unsere einzige Quelle für personen- und namenkundliche Erkenntnisse überhaupt, sind nur eine gänzlich unvollständige Wiedergabe dessen, was einmal gewesen ist. Überlegen wir: Aus einer Stadt, die über zwei Jahrhunderte vielleicht 5000 bis 10 000 Einwohner hatte, sind nur insgesamt 156 namentlich bekannt. Wenn ich trotzdem einige den Inschriftensteinen entnommene namenkundliche Beobachtungen anfüge, so in der Absicht, über das spärliche Material soweit als möglich und vertretbar Auskunft zu geben und zugleich wieder die dem Erkenntnisstreben gesetzten Grenzen zu verdeutlichen. Das Augsburger Material wird derzeit von Manfred Glück ausgewertet, aus dessen Vorarbeiten ich hier berichten darf.

Die methodischen Bedenken gegenüber jeder Art von bevölkerungsstatistischer Aussage ergeben sich aus unterschiedlichen Sachverhalten[5]: 1. Wir sind ganz auf die Inschriften angewiesen; aber es ist eine Frage des Zufalls, wie viele Inschriften erhalten sind. 2. In welcher Weise die erfaßbaren Personen ihre jeweilige Gesellschaft repräsentieren, kann nicht ermittelt werden. Ärmere Bevölkerungsschichten erscheinen nur selten oder gar nicht auf Inschriftsteinen, da ihnen die Mittel fehlten, um eine Inschrift (gleich welcher Art) anfertigen zu lassen. Jede auf Inschriften aufgebaute *Statistik* ergäbe also von vornherein nur ein gänzlich verzerrtes Bevölkerungsbild.

3. Für einzelne Siedlungen oder Regionen westlicher Provinzen haben wir fast keine Inschriften aus dem 1. Jahrhundert n. Chr.; das gilt auch für Augsburg. So hat die nachfolgende Auflistung der römischen Augsburger (erfaßt sind die Augsburger Inschriften; von den im näheren oder weiteren Umland gefundenen nur die für Augsburger Ratsherren) einen statistischen und demographischen Wert nur in Hinsicht auf das auszuwertende Material, nicht aber in Hinsicht auf die Gesamtheit der Bevölkerung. Ein Befund von schmaler und lückenhafter Aussagekraft, stets dem Vorbehalt unterworfen, daß er nicht zu Verallgemeinerungen hergenommen werden darf und schon gar nicht eine Vorstellung von der sozialen Beschaffenheit Augsburgs liefert.

Die namenkundlich auswertbaren Inschriften sind in mehr als der Hälfte der Fälle Grabinschriften, in geringerer Menge Weihinschriften. Die anderen Inschriftgattungen fallen kaum ins Gewicht. Überliefert sind – wir nannten die Zahl schon – 156 Namen. Nicht berücksichtigt sind dabei die aus Augsburg stammenden Leute, allerdings bis jetzt nur Angehörige des Militärs: *equites singulares* (Gardereiter), Prätorianer und Legionäre mit Inschriften aus Rom, York, Mainz und Olenhausen (bei Jagsthausen).

Die besondere Aufmerksamkeit gilt den Gentilnamen, deren Verteilung der nachstehenden Tabelle entnommen werden kann:

Die Kaisergentilizien – ohnehin mit etwa 40 Prozent in der Mehrzahl – verteilen sich wie folgt: 28 Iulii, 14 Claudii, 10 Flavii, 1 Ulpius, 5 Aelii, 4 Aurelii und 4 Septimii. Aussondern lassen sich 30 Familien mit 83 Angehörigen (darunter 1 Freigelassener), wobei *Familie* (abgesehen von dem Freigelassenen) im engsten Sinn des Begriffs angewendet wird und sich jeweils nur auf Eltern oder ein Elternteil und Kinder bezieht. Werden Ehemann und Ehefrau genannt, lassen sich Genealogien aufstellen. Das ist in 19 Fällen möglich. Solche Genealogien erlauben Einsichten in die Praxis der Namengebung innerhalb einer Familie und den Vergleich mit anderen Befunden.

Wie gliedern sich die namentlich bekannten Augsburger nach Ständen und Rängen? 16 *honestiores*, also Angehörige der Oberschichten; 7 Soldaten der *legio III Italica*, 4 Veteranen (davon einer aus der *legio III Italica*), 10 sonstige Soldaten; 5 Kaufleute. Das ist eine Aussage zur sozialen Schichtung in 42 Fällen. Aber in 70 Fällen sind vergleichbare Informationen verlorengegangen (weil die Inschriften in beschädigtem Zustand auf uns gekommen sind) oder fehlen überhaupt. Die verbleibenden Namen verteilen sich auf 38 Frauen, drei Freigelassene und drei Fälle mit unbekannter Zuordnung.

Mehr als eine statistische Erhebung ist das nicht. Jedenfalls haben diese Angaben keine demographische oder sozialgeschichtliche Aussagekraft, die größere Zusammenhänge erschlösse.

Namen	männl.	weibl.	unklar	ges.	männl. *	weibl.*
Kaisergentilicia	44	16	1	61	5	–
Valerius	2	2	–	4	1	–
Röm. Gentilicia	12	3	–	15	–	–
-ius-Gentilicia	21	5	–	26	–	1
nicht zugeordnete Gentilicia	5	2	–	7	1	–
Fragmentarische Namen	13	2	2	17	–	–
unklar: römisch peregrin	2	1	–	3	–	–
Peregrini	9	5	–	14	–	–
Lesung unklar	1	–	–	1	–	–
	109	36	3	148	7	1

* Gesondert ausgewiesen sind die wenigen Augsburger mit Herkunftsangabe.

1 Géza Alföldy: Römische Sozialgeschichte, 3. Aufl., Wiesbaden 1984, S. 94–98; 109–112.
2 Vollmer Nr. 90; 97; 111; 136; 137; 139; 140 = Wagner 36; Wagner 33; Schillinger-Häfele 226; Karlheinz Dietz und Gerhard Weber: Fremde in Rätien. In: Chiron 12 (1982), S. 409–443.
3 Händler mit Bekleidung und Stoffen, und Antonius Aelianus: Vollmer Nr. 111. *Porcarius:* Vollmer Nr. 175. Pintamus: Schillinger-Häfele 226. Titius Patruelis: Dietz und Weber, Fremde, S. 409–443.
4 Savaria: Vollmer Nr. 176. Biturigerland: Vollmer Nr. 142. Trier: Vollmer Nr. 108. Lugdunum: Vollmer Nr. 143 = Wagner Nr. 37.
5 Vgl. Hartmut Wolff: Zum Erkenntniswert von Namenstatistiken für die römische Bürgerrechtspolitik der Kaiserzeit. In: Studien zur antiken Sozialgeschichte, Festschrift Friedrich Vittinghoff. Hrsg. von Werner Eck, Hartmut Galsterer und Hartmut Wolff, Köln und Wien 1980, S. 229–255.

Das wirtschaftliche Leben im römischen Augsburg*

von Lothar Bakker

Die Quellenlage zur Wirtschaft in der römischen Provinzhauptstadt Augusta Vindelicum und ihres unmittelbaren Umlandes erscheint auf den ersten Blick sehr dürftig. Die einzige Nachricht eines antiken Autors zu diesem Thema, sofern sie auf Augsburg zu beziehen ist, bildet die Notiz in der *Germania* des Tacitus um 98 n. Chr., daß es den Hermunduren als einzigen der Germanen erlaubt sei, nicht nur am Donauufer, sondern auch in der *splendidissima Raetiae provinciae colonia* im Landesinneren Handel zu treiben[1]. Einige wenige Steininschriften nennen uns Berufsbezeichnungen und vor allem Händler, zum Teil mit der Angabe ihres Handelsprodukts. Mehr können wir den schriftlichen Quellen für Augsburg nicht abgewinnen; immerhin ist dies im Vergleich zum weiteren Umland der Provinzhauptstadt wenigstens einiges, denn dort fehlt die inschriftliche Überlieferung ja nahezu vollständig. Die Quellengruppe, die daher höchsten Rang für die Behandlung des Themas Wirtschaftsleben einnehmen muß, wird durch die archäologische Erforschung erschlossen: Es handelt sich einerseits um archäologische Befunde als direkte Zeugnisse gewerblicher Tätigkeit wie beispielsweise bestimmte Gebäudegrundrisse, Töpferöfen, Spuren von Metallerzeugung und -verarbeitung, andererseits um die Bodenfunde selbst, nämlich die Produkte der gewerblichen Erzeugung, die zu den Konsumenten in der Hauptstadt Rätiens gelangten. Wie bei allen übrigen Sachfragen zu den archäologischen Quellen in Augsburg muß auch hier wieder der im Vergleich zu den anderen römischen Provinzhauptstädten Deutschlands für Augsburg zur Zeit noch geltende schlechte Forschungsstand berücksichtigt werden. Hinzu kommt, daß die Erhaltungsbedingungen für die archäologischen Befunde und vor allem die Sachüberreste sehr unterschiedlich sind: Die

Spuren von römischen Holzbauten, und bei gewerblichen Anlagen handelt es sich oft um Holzgebäude, sind in einer dicht besiedelten modernen Großstadt archäologisch nur sehr schwer zu erfassen; Funde aus organischen Substanzen wie Holz, Leder und Textilien sind in der Regel vergangen und können meist nur aus luftabgeschlossenen, stets feuchten Fundschichten geborgen werden. Dadurch geben uns die Sachüberreste nur für einen Teil der römischen Gewerbe und Handelsgüter Auskunft; Hinweise auf zweifellos vorhandene Handwerksbereiche wie Lederverarbeitung, Textilgewinnung und -verarbeitung und auch Holzbearbeitung (beispielsweise das Küferhandwerk) lassen sich bis jetzt nicht durch entsprechendes Fundmaterial geben. Hier können Parallelen aus anderen römischen Siedlungen für das äußerst vielschichtige wirtschaftliche Leben in der Augusta Vindelicum herangezogen werden.

Voraussetzung des wirtschaftlichen Lebens in Augsburg bildeten die Verkehrswege zu der Siedlung auf der Terrassenspitze zwischen Lech und Wertach. Beide Flüsse scheinen in römischer Zeit, zumindest zeitweise, schiffbar für Kähne und Flöße gewesen zu sein. Dies dürfte insbesondere für den Transport von Baumaterialien Bedeutung gehabt haben. Der endgültige Ausbau der *via Claudia Augusta* um 46/47 n. Chr., schon unter Augustus in der Zeit der Eroberung der Alpen und des Alpenvorlandes angelegt, schuf die für Augsburg wichtigste Straßenroute von Norditalien und der Adria zur Donau[2]; zwei Äste dieser Straße führten über Reschen- und Fernpaß bzw. über den Brennerpaß. Eine zweite Verbindung nach Oberitalien bildete die Straße von Augsburg über Schwabmünchen nach Cambodunum (Kempten) und Brigantium (Bregenz) und weiter durch die Westschweiz. Diese Straße besaß Anschlüsse vom

* Vgl. zu diesem Beitrag Textabb. 1, S. 51.

Bodensee nach Westen, so zum Beispiel durch die Burgundische Pforte nach Lugdunum (Lyon), einer der wichtigsten Handelsmetropolen Galliens, und von dort rhoneabwärts zum Mittelmeer. Die wichtigste Straße in Richtung Osten verband Augsburg über Bratananium (Gauting) und Pons Aeni (Pfaffenhofen) mit Iuvavum (Salzburg); weitere Straßen führten zur Donau, etwa über Burghöfe zu den Militäranlagen von Oberstimm und Abusina (Eining) nach Regensburg, ebenso über die Donau in das Limesgebiet wie zum Beispiel ins Nördlinger Ries und nach Nassenfels. Eine durch das Paartal nach Oberstimm zur Donau ziehende Straße wird, nicht zuletzt durch die neuentdeckten tiberischen Militäranlagen von Friedberg-Rederzhausen, angenommen[3]. Seit der Besetzung des obergermanisch-rätischen Limesgebiets in flavischer Zeit erlangte die von Augsburg über Guntia (Günzburg) nach Westen ziehende Straße großes Gewicht: Sie verband Augsburg mit der Provinz Germania superior und deren Hauptstadt Mogontiacum (Mainz) sowie dem Legionslager Argentorate (Straßburg). Augusta Vindelicum lag sozusagen im Mittelpunkt eines Spinnennetzes römischer Kunststraßen in Rätien: Dies war sowohl für die zentrale Verwaltungsfunktion und die von Augsburg aus geführte Militärorganisation der Provinz Raetia von entscheidender Bedeutung als auch für die Entwicklung Augsburgs zum wirtschaftlichen Zentrum im Alpenvorland von grundlegendem Wert[4].

Das Wirtschaftsleben in der Augusta Vindelicum und ihrem Umland setzte sich im wesentlichen aus drei Faktoren zusammen: Landwirtschaft, Gewerbe und Handel[5]. Grundlage für die Versorgung der Bevölkerung mit Nahrungsmitteln bildete die landwirtschaftliche Produktion sowie die Veredelung der erzeugten Grundnahrungsmittel. Ackerbau und Viehzucht, seit den vorgeschichtlichen Kulturstufen im Alpenvorland ständig intensiviert, wurden in römischer Zeit in großem Maße ausgebaut, wie dies für die Versorgung der neu gegründeten Städte und Kleinsiedlungen sowie der Militärkastelle notwendig war[6]. Die Ansiedlung von Veteranen des römischen Militärs in Augsburg mit Zuweisung von Ackerland in der Umgebung der Stadt läßt sich bis jetzt nicht nachweisen, wohl aber, wie im Falle der Provinzhauptstädte Köln und Mainz gesichert, vermuten[7].

Das agrarisch strukturierte Umland der Stadt war von zahlreichen *villae rusticae* sehr unterschiedlicher Größe in Streulage besiedelt; besonders kennzeichnend sind die Wohnhäuser vom sogenannten Risalit-Villentyp. Wirtschaftliche Basis der Landwirtschaft bildete der Großgrundbesitz; einige dieser Herrschaftsvillen, *villae suburbanae*, sind aus der Umgebung Augsburgs bekannt. Das nächstgelegene Beispiel stellt die Villa von Stadtbergen dar: Das Herrenhaus besaß im 3. Jahrhundert runde vorspringende Eckrisalite (Textabb. 1)[8]. Die zu diesem Wohngebäude gehörenden Wirtschaftsbauten sind noch weitgehend unbekannt[9]. Überaus kostbare Grabfunde und aufwendige Grabbauten von Wehringen, 1961 und 1962 ausgegraben, deuten ebenfalls auf die sehr wohlhabenden Besitzer einer *villa rustica* hin; hier konnten die Nebengebäude des Gutshofes zwar archäologisch untersucht werden, doch das Hauptgebäude fiel dem Straßenbau unbeobachtet zum Opfer[10]. Als weitere Fundplätze von ausgegrabenen *villae rusticae* in der unmittelbaren Umgebung Augsburgs seien die Villen von Königsbrunn (Nebengebäude) und Friedberg »Fladerlach« genannt[11]. Neben den landwirtschaftlichen Gütern der Großgrundbesitzer finden sich häufiger recht kleine landwirtschaftliche Anwesen, mitunter gar primitiv erscheinend. Ob sie als Pächterbetriebe den *villae suburbanae* der Großgrundbesitzer zugeordnet werden können, ist vom archäologischen Befund her allein kaum zu entscheiden[12]. Weilerartige Kleinsiedlungen auf agrarischer Wirtschaftsgrundlage, den späteren Bauerndörfern vergleichbar, sind in der Umgebung Augsburgs bislang archäologisch nicht bekannt. Auf den ersten Blick erstaunlich scheint, daß auf der Hochterrassenfläche in den Augsburger Stadtteilen Haunstetten, Göggingen und Inningen trotz der dort anstehenden ertragreichen Lößböden bisher keine römischen *villae rusticae* näher bekannt sind; auch die Luftbildarchäologie hat dieses Bild noch nicht geändert. Dennoch müssen wir davon ausgehen, daß es sich hier um Forschungslücken handelt und diese heute landwirtschaftlich intensiv bearbeiteten Flächen, insbesondere für den Ackerbau, selbstverständlich auch in römischer Zeit für die Erzeugung von Nahrungsmitteln genutzt wurden.

Die landwirtschaftlichen Betriebe, die Augusta Vin-

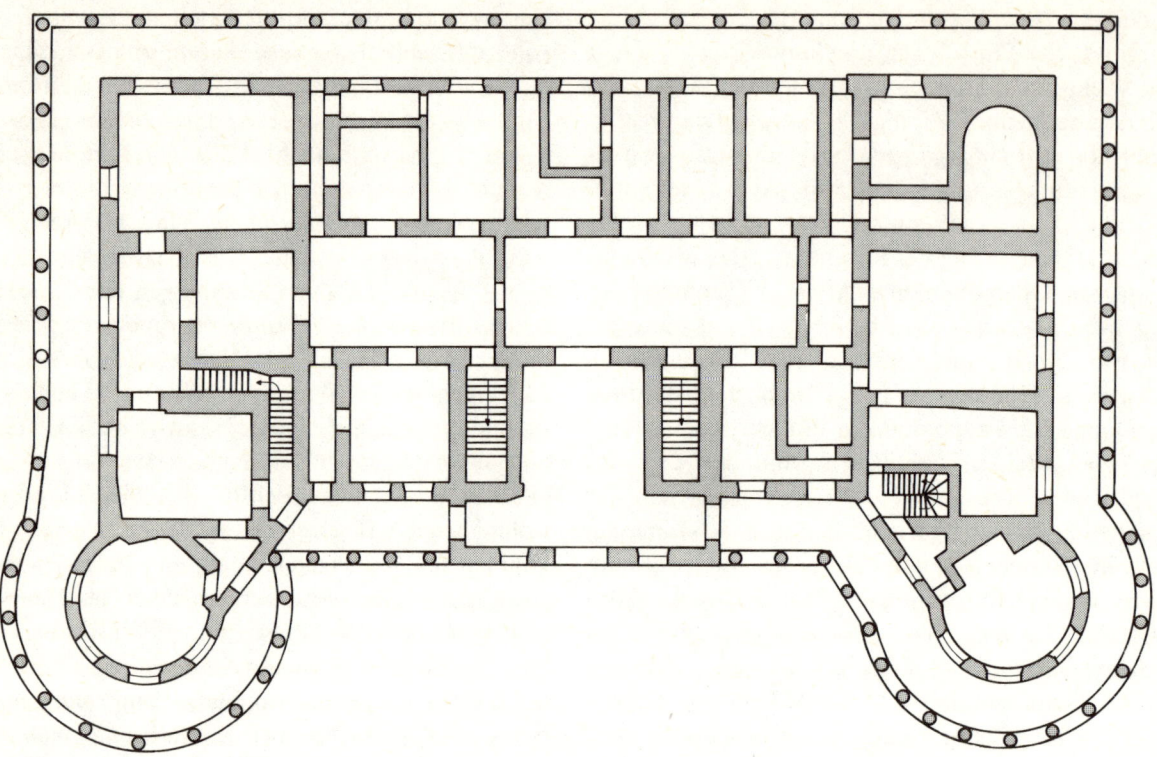

1   **Stadtbergen,** villa suburbana. *Grundriß des Herrenhauses (nach F. Reutti; Maßstab 1 : 400).*

delicum versorgten, arbeiteten als bäuerliche Mischbetriebe mit den Zweigen Ackerbau und Viehzucht. Dabei spielten Getreideanbau, die Erzeugung von Obst und Gemüse sowie die Fleischgewinnung und die Produktion von Milcherzeugnissen die Hauptrolle. Felle, Häute und Schafwolle wurden für die gewerbliche Leder- und Textilherstellung und -verarbeitung genutzt (siehe unten). Daß die Fleischerzeugung beachtlich gewesen sein muß, zeigt die Augsburger Inschrift eines *(negotiator) porcarius,* eines Schweinefleischhändlers des späten 2./der ersten Hälfte des 3. Jahrhunderts[13]. Immerhin gehörte dieser Mann dem *ordo decurionum,* dem Stadtrat, der Provinzhauptstadt an und konnte aus seinen Mitteln den Wiederaufbau eines Heiligtums oder gar Tempels für *Ianus* oder *Mercurius Matutinus* finanzieren; wahrscheinlich war er als Fleischgroßhändler tätig. Die Neptun-Weiheinschrift der *molinarii* (Gemeinschaft der Müller oder Mühlenarbeiter) von Guntia (Günzburg) zeigt, daß dort größere Mühlenbetriebe bestan

den haben[14]. Getreidemühlen werden auch in der unmittelbaren Nähe Augsburgs an Lech und Wertach anzunehmen sein. Direkte archäologische Funde, die auf die Landwirtschaft hinweisen, sind aus der Provinzhauptstadt nicht bekannt; eine wissenschaftliche Bearbeitung aller Tierknochen aus den Ausgrabungen im römischen Stadtgebiet Augsburgs steht noch aus[15]. Untersuchungen von römischen Gruben- und Brunneninhalten auf Körner- und Pflanzenreste hin sind für Augsburg ebenfalls noch Desiderat: Sie könnten recht guten Aufschluß über die als Nahrung verwendeten Pflanzen-, Gemüse- und Getreidearten und ihre Anteile am »Speiseplan« geben[16]. Neben den in der näheren Umgebung Augsburgs von Landwirtschaft und Gartenbau produzierten Lebensmitteln wurden zahlreiche Nahrungs- und Genußmittel durch Fernhandel in die Stadt eingeführt, darunter viele Gewürze, Wein, Olivenöl, Fischsauce, Austern und Muscheln; auf den Handel mit Nahrungsmitteln sei weiter unten gesondert eingegangen.

Das örtliche Handwerk und das Gewerbe besaßen für die Versorgung Augsburgs mit ihren Erzeugnissen und Dienstleistungen gewiß große Bedeutung, auch wenn wir bis jetzt dazu nur wenige Steindenkmäler und archäologische Nachweise römischer Handwerksbetriebe kennen. Schon mit der Eroberung der Alpen und Süddeutschlands war das äußerst stark spezialisierte römische Militärhandwerk zivilisatorisches Vorbild für die einheimische Bevölkerung geworden, ein wichtiger Faktor bei der Romanisierung[17]. Eine sehr große Rolle spielten, insbesondere bei der Einrichtung der Augusta Vindelicum als Provinzhauptstadt, die verschiedenen Bauhandwerker. Der Antransport der Baumaterialien – Kies, Sand, Lehm, Kalk, Bausteinmaterial und Holz – stellte hohe Anforderungen an das Transportgewerbe, auch wenn die Anfuhr zum Teil von der römischen Truppe übernommen worden sein mag. Vor allem die Steingewinnung und der Transport der Bausteine nach Augsburg dürfte mit erheblichen Schwierigkeiten und Kosten verbunden gewesen sein: Das am häufigsten für Steingebäude verwendete Baumaterial, Tuffstein, mußte bis aus dem Gebiet von Weilheim/Ammersee herangebracht werden; kleinere Vorkommen wurden südlich von Augsburg ausgebeutet (etwa bei Königsbrunn und bei Hurlach, Kreis Landsberg). Jura-Kalkstein wurde im Brenztal und im Bereich nördlich von Donauwörth bis in die Gegend von Treuchtlingen für Augusta Vindelicum gebrochen[18]. Für die umfangreiche Bautätigkeit im römischen Augsburg waren alle Sparten des Bauhandwerks notwendig; dazu gehörten auch hier ansässige Werkstätten von Mosaizisten *(tesselarii)*, Malern *(pictores)* für die Wandbemalung, Stukkateuren *(tectores)* und Steinmetzen *(lapidarii, sculptores)*[19]. Weihesteine und Grabdenkmäler, besonders deutlich ablesbar an den Ehepaargrabmälern und den figürlich verzierten Kalkstein-Sarkophagen, wurden am Verbrauchsort von Steinmetzen und Künstlern fertiggestellt, die für Rätien künstlerisch vergleichsweise anspruchsvolle Arbeiten vollbrachten[20].

Auch das Metallhandwerk wird, zumindest für die Herstellung von Werkzeugen und Geräten, in der Provinzhauptstadt einen bestimmten Rang eingenommen haben. Ob in römischer Zeit in der Umgebung der Augusta Vindelicum Raseneisenerz abge-

baut und verhüttet worden ist, scheint bis jetzt unsicher: Die umfangreichen Trichtergrubenfelder vornehmlich im Westen Augsburgs, deren Datierung in vorgeschichtliche Zeit nicht durchgängig nachweisbar ist, könnten darauf hinweisen. P. Frontinius Decoratus, genannt in der Inschrift eines 1963 im Gräberfeld von St. Ulrich und Afra in sekundärer Verwendung aufgefundenen Sarkophags, war während seiner Ämterlaufbahn als *manceps* im staatlichen Bergbauwesen der Provinzen Rätien und Noricum tätig; zur Beurteilung der äußerst interessanten Fragen, ob er seine Funktion von Augsburg aus führte und in welcher Art des Bergbauwesens er in Raetia eingesetzt war, muß jedoch die vollständige Veröffentlichung der Grabinschrift abgewartet werden[21]. Große Mengen von Eisenschlacken, 1983 bei einer Untersuchung am Gallusbergle im Osten der römischen Stadt geborgen, dürften für das 1. Jahrhundert hier Schmiede belegen. Weitere metallverarbeitende Gewerbebetriebe scheinen im Nordwesten der Römerstadt angesiedelt gewesen zu sein, wie jüngste Ausgrabungen an der Rugendasstraße aufzeigen; dort wurde unter anderem ein tönerner Schmelztiegel gefunden. Großplastiken, wie etwa der vergoldete Bronzepferdekopf eines Reiterstandbildes aus der Wertach, wurden vermutlich nicht in Augsburg angefertigt; ob die zahlreichen aus Augsburg vorliegenden Götterstatuetten aus Bronze hier hergestellt wurden, scheint möglich, ist aber bisher nicht nachweisbar.

Wenn auch für Augsburg keine Handwerker aus der Holz- und Lederbearbeitung inschriftlich bekannt sind, ist es selbstverständlich, daß diese ebenfalls weit spezialisierten Handwerksbereiche in Augusta Vindelicum entsprechend dem Bedarf an ihren Erzeugnissen stark vertreten waren. Neben Zimmermännern, Tischlern, Möbelschreinern, Stellmachern, Küfern sollen hier nur Gerber, Schuster, Sattler und Kürschner genannt sein. Hervorgehoben sei, daß, wie in anderen Städten des Römischen Reiches, wohl auch in Augsburg die Berufsgemeinschaft der Zimmerleute, das *collegium fabrum tignariorum*, die Aufgabe der örtlichen Feuerwehr zu übernehmen hatte[22]. Textilherstellung durch Weber, Walker, Färber und Schneider und vor allem Textilhandel (siehe dazu weiter unten) sind für Augusta Vindelicum mehrfach durch Steindenkmäler zu belegen: Der Reliefblock eines Grabdenkmals aus dem späten 2./ersten Drittel des 3. Jahrhunderts zeigt die Verschnürung eines Warenballens (Stoffe oder Wolle?) durch vier Arbeiter unter der Aufsicht eines Schreibers[23]. Unser Kenntnisstand zur Versorgung Augsburgs mit lokalen Töpferei- und Ziegeleierzeugnissen hat sich in den letzten Jahren erfreulicherweise stark erweitert. Die in der Forschung schon länger bekannte Töpferei von Westheim, 1851/52 beim Eisenbahnbau weitgehend zerstört, produzierte im 2. und in der ersten Hälfte des 3. Jahrhunderts gewöhnliche Gefäßkeramik (unter anderem Reibschüsseln [*mortaria*]), aber auch aufwendige, aus Modeln geformte Gefäße und Tabletts, zum Teil für kultische Zwecke vorgesehen (beispielsweise »Neujahrsplatten« mit Darstellungen von Isis und Osiris)[24]. Eine mit Punzen verzierte Tonmaske sowie Tabletts, mit ihrer grünlichen Glasur Metallgefäße imitierend, seien als Erzeugnisse dieser »Spezialtöpferei« eigens erwähnt. Mehrere Model von Lampen belegen die Ausformung von Öllampen, darunter auch sogenannte Firmalampen des späten 1. und des 2. Jahrhunderts. Von außerordentlicher Bedeutung ist die in den letzten Jahren erfolgte Entdeckung einer Terra-sigillata-Töpferei in Schwabmünchen-Schwabegg, von der inzwischen ein Töpferofen ausgegraben werden konnte[25]. Der Beginn der dortigen Terra-sigillata-Herstellung dürfte etwa, wie bei den übrigen rätischen Terra-sigillata-Manufakturen, um 170/180 n. Chr. liegen; die bei den Bilderschüsseln verwendeten Punzen und einige Töpfernamen weisen Verbindungen zu den Werkstätten von Rheinzabern in Germania superior auf, die während des 2. und 3. Jahrhunderts für Rätien wichtigster Lieferant dieses Tafelgeschirrs gewesen sind. Als wichtigster Absatzmarkt der Terra-sigillata-Gefäße von Schwabmünchen-Schwabegg ist zweifellos die Provinzhauptstadt Augusta Vindelicum anzusehen; Untersuchungen zum weiteren Verbreitungsgebiet dieser Ware stehen noch aus. Während die bekanntesten rätischen Terra-sigillata-Manufakturen von Pfaffenhofen und Westerndorf am Inn hauptsächlich Osträtien, Noricum und Pannonien belieferten, scheint sich das Absatzgebiet der Töpfereien von Schwabmünchen-Schwabegg auf das westliche Rätien zu konzentrieren[26]. Nördlich von Schwabmünchen gelegene Töpfereien, zu einem römischen *vicus* gehörig, produzierten im 2. und 3. Jahrhundert gewöhnliche Gebrauchskeramik; ein namentlich bezeugter Töpfer Severus stellte Reibschüsseln her, wie uns seine Töpferstempel angeben[27]. In den spätrömischen Töpfereien von Friedberg-Stätzling und Rohrbach wurden die für das 4. Jahrhundert charakteristischen Reibschüsseln mit Innenglasur hergestellt[28]. Römische Ziegeleien sind inzwischen von Traunried, Rohrbach, Stätzling und möglicherweise von Westheim bekannt: Als mittelkaiserzeitliche Fabrikantenmarken begegnen COS und FCN[29]. Die Töpfer und Ziegler dieser bis jetzt bekannt gewordenen Werkstätten belieferten natürlich in erster Linie die Abnehmer in der nahe gelegenen Provinzhauptstadt Augusta Vindelicum, darüber hinaus aber auch die *villae rusticae* in ihrem Umland, sofern letztere ihren Eigenbedarf an Keramik und Ziegeln nicht selbst deckten. Töpfereien in Augsburg selbst oder in unmittelbarer Nähe der Provinzhauptstadt waren sicherlich vorhanden, konnten jedoch bisher nicht lokalisiert werden[30].

Besonders wichtig für das tägliche Leben im römischen Augsburg waren die Tätigkeiten der zahlreichen Spezialhandwerker, denen die Zubereitung von Nahrungsmitteln und ihre Verteilung oblag: Müller (*molinarii*), Bäcker und Konditoren (*pistores*), Metzger (*lanii*) und nicht zuletzt Köche (*coctores*); auch diese Berufe sind, im Gegensatz etwa zur niedergermanischen Provinzhauptstadt Colonia Claudia Ara Agrippinensium (Köln), epigraphisch noch nicht in Augsburg bezeugt[31]. Die seitlichen Reliefs vom Grabmal des Pompeianius Silvinus zeigen uns in hervorragender Weise Darstellungen seines Berufs als Wirt (*caupo*) und Inhaber eines öffentlichen Ausschanks, einer *taberna*[32]. Viele Bereiche des römischen Alltagslebens in Augusta Vindelicum können in diesem knappen und aufgrund der Quellenlage auch unausgewogenen Überblick nur angedeutet werden: die Geldwirtschaft mit voll entwickeltem Bankwesen (beispielsweise aus Köln Inschriften eines *argentarius* und zweier *nummularii*[33]), die Körperpflege und Hygiene (zum Beispiel Ärzte, Hersteller von Haarnadeln, Seifen, Körperölen und Salben und die Friseure) sowie nicht zuletzt das Bestattungswesen. Hierzu sind uns, wie zu vielen anderen in unserer Stadt sicher ansässigen, hoch spezialisierten Handwerkern (wie Metallgefäßherstellung und -reparatur, Kunstschmiede, Herstellung von Schmuck durch Gold- und Silberschmiede), bislang keine direkten inschriftlichen oder archäologischen Belege aus Augsburg überliefert.

Überregionale Bedeutung besaß Augusta Vindelicum als Zentrum des Handels: Dies gilt sowohl für den regionalen Handel als auch für den Fernhandel mit zum Teil weit entlegenen Provinzen des Römischen Reiches[34]. Mit acht Inschriften von Händlern, den *negotiatores*, aus der zweiten Hälfte des 2. und der ersten Hälfte des 3. Jahrhunderts, sowie einigen weiteren schriftlichen Zeugnissen, die mit Kaufleuten zu verbinden sind, ist die Quellenlage dazu vergleichsweise etwas besser als zu den zuvor behandelten Abschnitten des römischen Wirtschaftslebens in Augsburg. Im regionalen Handel spielte die Versorgung mit Lebensmitteln und anderen Gütern des täglichen Bedarfs die Hauptrolle. Das inschriftliche Zeugnis eines *(negotiator) porcarius*, eines Schweinefleischhändlers, wurde bereits erwähnt; aus Germania superior seien hier zum Vergleich die Mainzer Inschriften eines *pecunarius* und eines *frumentarius*, Vieh- und Getreidehändler, angeführt[35]. Drei Händlerinschriften bezeugen den Handel mit Textilien. Die interessanteste von ihnen, die Bauinschrift eines Grabtempels, nennt einen *negotiator artis vestiariae et lintiariae*, einen Kleider- und Leinenhändler, der möglicherweise dem *ordo decurionum*, dem Stadtrat der Augusta Vindelicum, angehörte[36]. Besonders wichtig erscheint, daß der in dieser Inschrift ebenfalls erwähnte P. Pat(ernius) C. Antonius Aelianus als *decurio* des municipium Aelium Augustum in den Ritterstand, die zweithöchste Stufe der römischen Gesellschaftsordnung, aufstieg. Als *negotiator vestiarius* ist uns ferner Iulius Victor durch seine Augsburger Grabinschrift bekannt[37]. Einen eindeutigen Nachweis für den Fernhandel mit Textilien aus dem Mittelmeerraum bietet das epigraphische Zeugnis des Ti. Claudius Euphrates, *negotiator artis purpurariae*, eines Händlers mit Purpurfarben und den entsprechenden Stoffen[38].

Victorius Victorianus ist uns als Händler mit Keramik, darunter wohl auch Terrakotten, und gegossenen Statuetten aus Kupferlegierungen belegt: Er war

negotiator artis cretariae et flaturariae si(gillariae?)[39]. Ein weiterer rätischer Geschirrhändler, ein *negotiator artis cretariae*, ist aus Lorch an der Grenze zur Germania superior inschriftlich bezeugt[40], mehrfach ist diese Handelssparte aus den beiden germanischen Provinzen bekannt (beispielsweise mit Handelsbeziehungen zu den Provinzen Britanniens). Warenlager von Keramikgeschirrhändlern sind in den römischen Provinzen recht häufig archäologisch erkannt worden; als Beispiele aus Rätien seien die Geschirrdepots von Gauting (dabei auch Terrakotten) und Cambodunum (Kempten) genannt[41]. Zwei weitere Inschriften von *negotiatores* erwähnen den betreffenden Handelszweig nicht: Zum einen handelt es sich um eine Vereinigung von *negotiatores municipi*, die einen Tempel errichteten oder wiederherstellten[42], zum anderen um die Grabinschrift zweier Brüder[43]. Die Inschrift eines Aurelius *negotiator artis [. . .]* auf einem Sarkophag ist bis jetzt unveröffentlicht, ihre Lesung offensichtlich unsicher[44]. Die Vereinigung der Kaufleute des municipium Aelium Augustum findet als örtliche Berufsgemeinschaft Parallelen in Händlerinschriften aus Bregenz und Wiesbaden[45].

Viele der nach Augsburg eingeführten Handelsgüter sind uns nur durch das entsprechende Fundmaterial überkommen. Die Funde von zahllosen Wein-, Öl- und Saucenamphoren zeigen den intensiven Nahrungsmittelhandel mit diesen Erzeugnissen aus Italien und vor allem aus Südspanien, der Provinz Baetica, an; durch eine Pinselaufschrift auf einer Amphore des 1. Jahrhunderts, gefunden in der Langen Gasse, wird uns die hervorragende Fischsauce, *liquamen scombri excellens*, eines M. Valerius Maxumus empfohlen (Textabb. 2)[46]. Öl, außer als Lebensmittel auch für die besonders in den ersten beiden nachchristlichen Jahrhunderten beliebten Öllämpchen benötigt, und Wein dürften besonders wichtige Güter des Lebensmittel-Fernhandels gewesen sein; die einzige bis jetzt aufgefundene Weinhändlerinschrift Süddeutschlands stammt aus Batavis (Passau) im Grenzgebiet von Rätien zu Noricum[47]. Beim Transport von Öl, Wein und Fischsaucen nach Augsburg haben offensichtlich die *utriclarii*, die recht häufig in Südgallien inschriftlich überliefert sind, eine wichtige Rolle gespielt[48]; auf die Augsburger Darstellung eines Faßwagens sei hier am Rande hingewiesen[49]. Be-

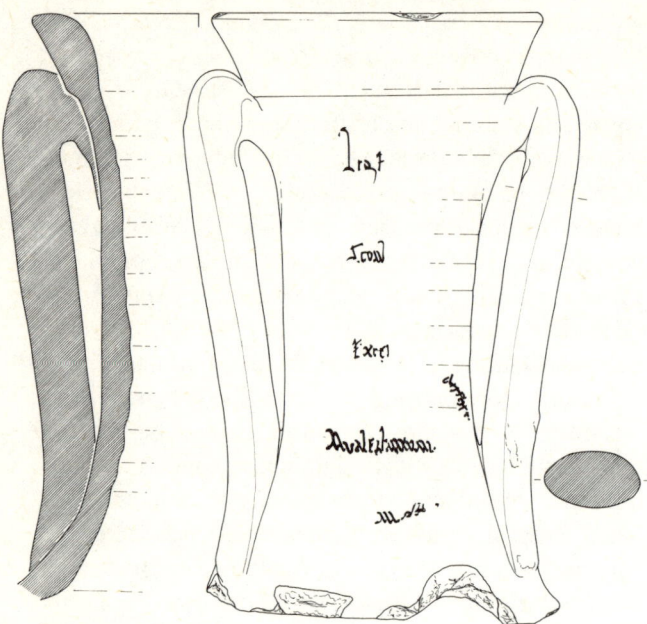

2   Augsburg, Lange Gasse. Amphore mit Pinselaufschrift des M. Valerius Maxumus (Maßstab 1:4).

sonders augenfällig wird der Handel nach Augsburg mit Gefäßen aus Keramik, Glas und Lavez (Speckstein)[50]. Stammte die Feinkeramik, insbesondere die Terra sigillata, in augusteischer Zeit aus Töpfereien Mittel- und Oberitaliens, so dominieren schon ab tiberischer Zeit die Produkte der südgallischen Werkstätten. Im Laufe des 2. und während der ersten Hälfte des 3. Jahrhunderts beherrschten die Terra-sigillata-Gefäße aus Rheinzabern den Augsburger Markt, auch wenn die erwähnte Werkstatt von Schwabegg etwa ab 170/180 n. Chr. hier Konkurrenz bieten wollte. Wichtig ist, daß auch in spätrömischer Zeit noch Feinkeramik in größerer Menge aus weit entfernten Töpfereien nach Augusta Vindelicum verhandelt worden ist: Terra-sigillata-Gefäße aus den Werkstätten in den Argonnen zwischen Maas und Seine sowie aus nordafrikanischen, im heutigen Tunesien gelegenen Manufakturen[51]. Die Herkunft der zahlreichen Glasgefäße ist bis jetzt nicht bestimmt worden, sicher ist aber, daß sie wohl kaum aus Werkstätten in der Umgebung Augsburgs kamen. Während der gesamten Kaiserzeit wurden Gefäße aus Lavez, angefertigt in Graubünden und im Wallis, nach Augsburg geliefert; im 4. Jahrhundert stellten diese

Gefäße auch hier eine beliebte Grabbeigabe dar. Über die Herkunft der Metallgefäße liegen keine Untersuchungen vor.

Fassen wir einige Aspekte zum römischen Handel nach Augsburg und mit Augsburg zusammen. Durch die inschriftlichen Zeugnisse sowie durch die massenhaften archäologischen Fundgegenstände des Alltagslebens, von denen hier nur einige herausgegriffen wurden, zeigt sich ein Gemeinwesen mit weitreichenden Handelsbeziehungen in die westlichen, vereinzelt nachweisbar auch in die östlichen Provinzen des Römischen Reiches. Dabei stellten die günstigen Verkehrsbedingungen, allen voran die *via Claudia Augusta*, eine wichtige Voraussetzung. Insbesondere Gallien mit seinem wichtigsten Handelszentrum Lugdunum (Lyon) scheint für die Versorgung der Augusta Vindelicum mit Fernhandelsgütern von Bedeutung gewesen zu sein[52]. Wenn auch die Händlervereinigung der *negotiatores cisalpini et transalpini* bisher in Augsburg nicht epigraphisch bezeugt ist (jedoch in Lyon, Köln und Budapest), müssen wir für diese Händlerorganisation sehr wohl auch in Augusta Vindelicum mit einer Niederlassung rechnen[53]. Die Provinzhauptstadt scheint, abgesehen von der großen hier siedelnden Käuferschar, zentrale Verteilungsfunktion für Handelsgüter in ganz Rätien besessen zu haben; dabei weisen die Handelsbeziehungen eindeutig nach Spanien, Gallien und Germanien sowie nach Italien selbst. Die Verteilung aller Händlerinschriften in Rätien mag die führende Rolle Augsburgs aufzeigen: Von zwölf Zeugnissen stammen acht aus Augsburg, zwei aus Castra Regina (Regensburg) und je eine aus Lorch und Passau. Kaufmännische Verbindungen mit den Donauprovinzen lassen sich für Augusta Vindelicum kaum erkennen: Dabei war gewiß auch die Zugehörigkeit zum Zollbezirk der *quadragesima Galliarum* (dazu zählten Rätien, alle gallischen und die beiden germanischen Provinzen) ausschlaggebend. Berufs- und Handelsvereinigungen, *collegia*, die oft auch kultische Gemeinschaften darstellten, sind bis auf die Gemeinschaft der *negotiatores municipi* aus Augsburg nicht durch Inschriften überliefert, aber es wird sie zweifellos gegeben haben. Interessant ist in diesem Zusammenhang die Interpretation eines größeren Gebäudekomplexes am Forum in Cambodunum (Kempten), das als »Un-

Tafel I   Schatzfund von 52 Aurei, geborgen am 6. 9. 1978 in Augsburg, Stephansgasse. Die Goldprägungen der Kaiser Nero bis Marcus Aurelius und Lucius Verus wurden nach 164 n. Chr. vergraben, möglicherweise im Zusammenhang mit Chatten- und Markomannenkriegen um 170 n. Chr. oder mit Alamanneneinfällen des 3. Jahrhunderts.

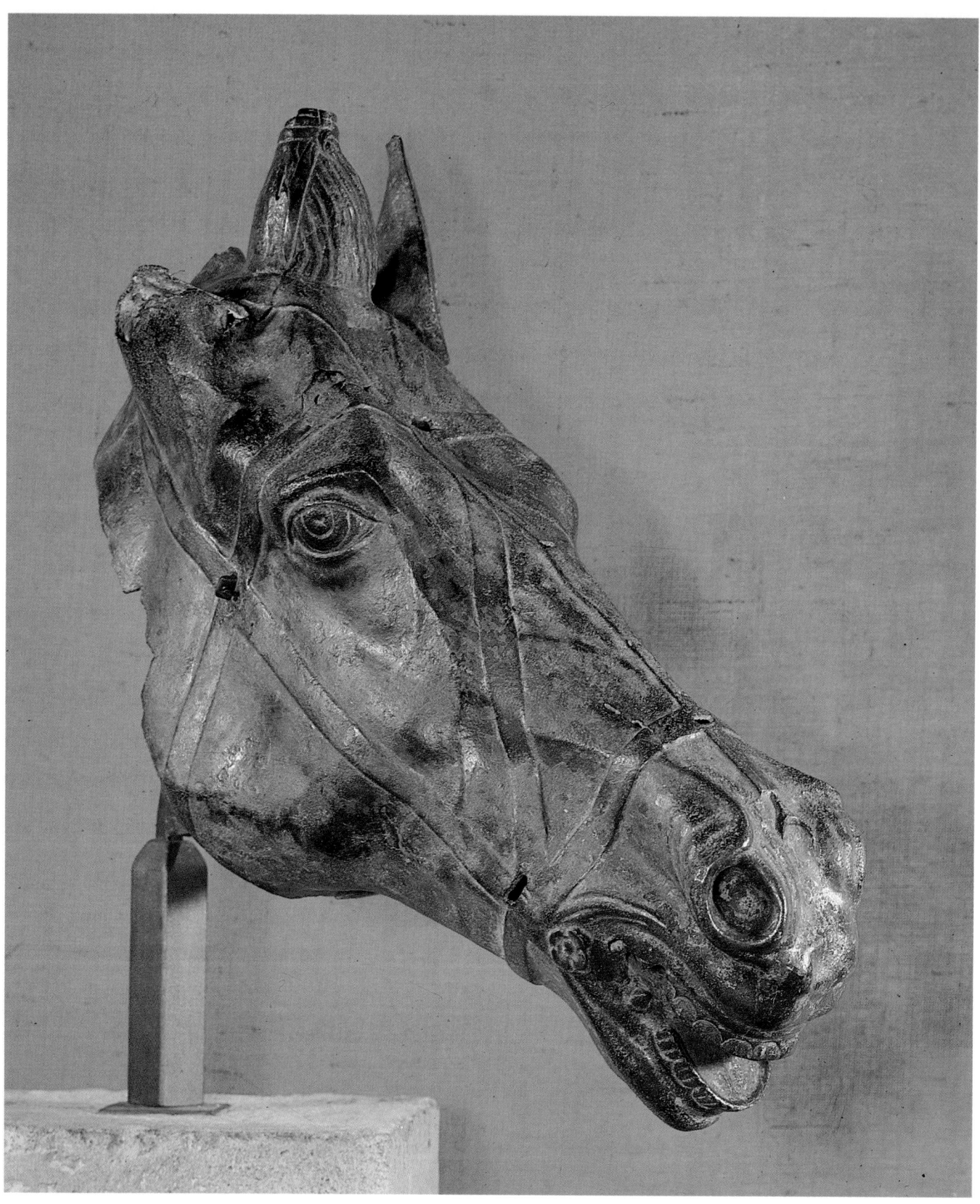

Tafel II Bronzener Pferdekopf mit Vergoldung, 1769 in Augsburg-Pfersee in der Wertach gefunden. Der lebensgroße Kopf ist Teil der Reiterstatue eines römischen Kaisers; eine nähere Datierung innerhalb der mittleren Kaiserzeit scheint jedoch nicht möglich.

terkunftshaus« für Händler und Handelsvereinigungen angesprochen wurde[54]. Daß vermutlich in Augsburg auch mit Germanen, insbesondere den bei Tacitus in seiner *Germania* genannten Hermunduren, Handel getrieben wurde, sei nochmals in Erinnerung gerufen[55]; einige germanische Fibeln aus Augusta Vindelicum könnten hierzu als Belege herangezogen werden (Textabb. 3). Mehrere der aus Augsburg durch epigraphische Zeugnisse bekannten Kaufleute gelangten in den *ordo decurionum*, dem in der Stadt führenden gesellschaftlichen Stand; ein weiterer ist als *VIvir Augustalis*, im Kult zur Verehrung des herrschenden Kaisers, bezeugt[56]. Dies sowie die Bauangaben zu Tempeln, von denen die Augsburger Händlerinschriften berichten, mögen aufzeigen, daß die Kaufleute Augsburgs nicht nur wirtschaftlich, sondern auch gesellschaftlich eine führende Rolle in der Provinzhauptstadt Augusta Vindelicum spielten.

Die Betrachtung des wirtschaftlichen Lebens im römischen Augsburg, so bruchstückhaft dies hier, nicht zuletzt aufgrund der sehr unterschiedlichen Quellenlage, sein mußte, ergibt doch das Bild einer ab dem 1. Jahrhundert überaus prosperierenden Stadt; der starke wirtschaftliche Aufschwung war bedingt durch die Einrichtung dieser Siedlung als Provinzhauptstadt Rätiens mit allen Vorzügen einer Zentrale der Militär- und Zivilverwaltung, die auch heute in ähnlichen Fällen zum wirtschaftlichen Vorteil ausschlagen, und dürfte durch die Verleihung des Municipalrechtes wohl unter Hadrian noch zusätzliche Schubkraft erhalten haben. Die Unruhen und die möglicherweise in Augusta Vindelicum zu verzeichnenden Zerstö-

rungen infolge der Markomannenkriege der sechziger und siebziger Jahre des 2. Jahrhunderts scheinen kaum deutlichere und länger bemerkbare Spuren im Wirtschaftsleben und im Wohlstand der Bewohner dieser Siedlung hinterlassen zu haben. Auch für die erste Hälfte des 3. Jahrhunderts lassen sich noch keine Krisenanzeichen im wirtschaftlichen Leben Augsburgs, auch nicht in der Versorgung mit Luxusgütern, erkennen; erst um die Mitte des 3. Jahrhunderts, insbesondere in der zweiten Jahrhunderthälfte, haben sowohl die räuberischen Einfälle der Alamannen als auch die im gesamten Römischen Reich herrschende politische Instabilität sowie die nahezu beständige Finanz- und Wirtschaftskrise die Provinzhauptstadt schwer getroffen[57]. Erst ab diokletianisch-konstantinischer Zeit dürfte sich die wirtschaftliche Lage in Augsburg wieder stabilisiert haben, dies jedoch nur für wenige Jahrzehnte im 4. nachchristlichen Jahrhundert[58].

1 Tacitus, *Germania* 41.

2 Vgl. den Beitrag über die Anfänge der Zivilsiedlung Augusta Vindelicum in diesem Buch.

3 Siegmar von Schnurbein: Neu entdeckte frühkaiserzeitliche Militäranlagen bei Friedberg in Bayern. In: Germania 61 (1983), S. 529–550, insbesondere S. 548 f.; ders., Die neuen römischen Kastelle bei Friedberg, Landkreis Aichach-Friedberg, Schwaben. In: Das archäologische Jahr in Bayern 1982, Stuttgart 1983, S. 99–101.

4 Umfassende Beschreibungen der von Augsburg ausgehenden Straßen wurden von Barthel Eberl veröffentlicht: Die Römerstraße Augsburg–Günzburg. In: Schwäbisches Museum (1927), S. 137–148; ders., Die römische Straßenverbindung Augsburg–Partenkirchen–Innsbruck (Brenner). In: Schwäbisches Museum (1928), S. 62–88; ders., Die römische Straßenverbindung Augsburg–Isarübergang–(Salzburg). In: Ebd. S. 89–97; ders., Die Römerstraße Augsburg–Füssen, Via Claudia Augusta. In: Schwäbisches Museum (1931), S. 1–34. – Das Straßennetz Südbayerns auf der Kartenbeilage »Das römische Kunststraßennetz in Rätien« bei Paul Reinecke: Kleine Schriften zur vor- und frühgeschichtlichen Topographie Bayerns, München 1951, Neudruck München 1962. Vgl. auch Hans-Jörg Kellner: Die Römer in Bayern, 4. Aufl., München 1978, S. 55–58, besonders S. 57 f.; Gerold Walser: Die römischen Straßen und Meilensteine in Rätien, Stuttgart 1983 (Kleine Schriften zur Kenntnis der römischen Besetzungsgeschichte Südwestdeutschlands 29).

5 Als grundlegendes Werk zur römischen Sozial- und Wirtschaftsgeschichte sei genannt Michail Rostovtzeff: The Social

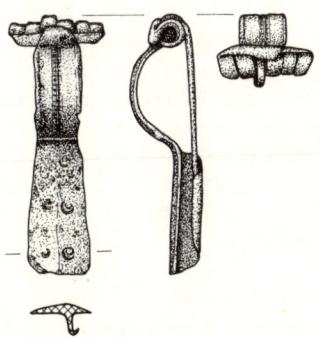

3 Augsburg, Jesuitengasse. »Preußische« Augenfibel der zweiten Hälfte des 1. Jahrhunderts. Bronze (Maßstab 1 : 2).

and Economic History of the Roman Empire, 2. Aufl., Oxford 1957, Neudruck 1971. Einführungen geben Géza Alföldy: Römische Sozialgeschichte, 3. Aufl., Wiesbaden 1984; Thomas Pekáry: Die Wirtschaft der griechisch-römischen Antike, 2. Aufl., Wiesbaden 1979. Zur Wirtschaft in den germanischen Provinzen Harald von Petrikovits: Die Rheinlande in römischer Zeit, Düsseldorf 1980, S. 126–146, 245–251 (zur spätrömischen Zeit) mit umfangreichen Literaturangaben. Zum Moselgebiet Heinz Heinen: Grundzüge der wirtschaftlichen Entwicklung des Moselraumes zur Römerzeit. In: Trierer Zeitschr. 39 (1976), S. 75–118; Edith Mary Wightman: Roman Trier and the Treveri, London 1970, S. 183–207. Zu Baden-Württemberg Philipp Filtzinger, Dieter Planck und Bernhard Cämmerer (Hrsg.): Die Römer in Baden-Württemberg, Stuttgart und Aalen 1976, S. 146–161. Zur Wirtschaft im bayerischen Teil Rätiens Kellner, Römer in Bayern, S. 80–99. Für Augsburg zusammenfassend Wolfgang Hübener: Zum römischen und frühmittelalterlichen Augsburg. In: JRGZM 5 (1958), S. 193–208; Hans-Jörg Kellner: Augsburg, Provinzhauptstadt Raetiens. In: ANRW II 5.2, S. 709–711. Zu Handwerk, Handel und Gewerbe in Regensburg Karlheinz Dietz, Udo Osterhaus, Sabine Rieckhoff-Pauli und Konrad Spindler: Regensburg zur Römerzeit, Regensburg 1979, S. 308–323.

6 Einen Überblick über die römische Landwirtschaft bieten, außer in den zuvor angeführten Arbeiten, Edith Ennen und Walter Janssen: Deutsche Agrargeschichte. Vom Neolithikum bis zur Schwelle des Industriezeitalters, Wiesbaden 1979, S. 72–86. Vgl. auch Walter Janssen und Dietrich Lohrmann (Hrsg.): Villa – Curtis – Grangia. Landwirtschaft zwischen Loire und Rhein von der Römerzeit zum Hochmittelalter, München 1983 (Francia Beiheft 11); darin u. a. Harald von Petrikovits: L'économie rurale à l'époque romaine en Germanie inférieure et dans la région de Trèves, S. 1–16. Michael Müller-Wille: Die landwirtschaftliche Grundlage der Villae rusticae. In: Germania Romana III. Römisches Leben auf germanischem Boden, hrsg. von Hermann Hinz, Heidelberg 1970 (Gymnasium Beiheft 7), S. 26–42.

7 Zu Köln liegt jetzt eine zusammenfassende Arbeit vor: Matthias Riedel: Köln – ein römisches Wirtschaftszentrum, Köln 1982; zur Landwirtschaft S. 22.

8 Fridolin Reutti: Eine römische Villa suburbana bei Stadtbergen, Lkr. Augsburg. In: BVBl 39 (1974), S. 104–126.

9 Siehe ZHVS 76 (1982), S. 42–45.

10 Hans Ulrich Nuber und Aladár Radnóti: Römische Brand- und Körpergräber aus Wehringen, Lkr. Schwabmünchen. In: Jahresber. Bayer. Bodendenkmalpflege 10 (1969), S. 27–49. Zu den Bronzegefäßen Aladár Radnóti in dem Ausstellungskatalog Römische Bronzen aus Bayern. Röm. Museum Augsburg, Augsburg 1969, S. 54–63. Die umfassende Publikation der Grabfunde wird von Hans Ulrich Nuber (Freiburg) vorbereitet.

11 Ausgrabungen des Bayer. Landesamtes für Denkmalpflege, Außenstelle Augsburg, noch weitgehend unpubliziert. Zur Villa Friedberg: Wolfgang Czysz und Günther Krahe. In: ZHVS 72 (1978), S. 40–42 mit Plan. Auf einige weitere Fundstellen an der Friedberger Lechleite, wohl ebenfalls Villenanlagen, Hinweise bei Hübener, Augsburg, S. 225–227 Abb. 30. Ein spätrömischer Münzschatz aus der Villa Königsbrunn wird von Bernhard Overbeck vorgelegt werden in: Forschungen zur provinzialrömischen Archäologie in Bayerisch-Schwaben (Schwäbische Geschichtsquellen und Forschungen 14).

12 Bewirtschaftung mit Sklaven, wie im Mittelmeerraum weit verbreitet, war wohl in den nordwestlichen Provinzen des Römischen Reiches kaum gebräuchlich: Hier scheint das Pachtsystem (abhängige »Kolonen«) vorzuherrschen. Kleinere Villenstellen standen offensichtlich in Beziehung zum *fundus* großer Landgüter. Vgl. dazu Hermann Hinz: Zur römischen Besiedlung in der Kölner Bucht. In: Germania Romana III. Römisches Leben auf germanischem Boden, hrsg. von H. Hinz, Heidelberg 1970 (Gymnasium Beiheft 7), S. 62–69; ders., Kreis Bergheim, Düsseldorf 1969 (Archäologische Funde und Denkmäler des Rheinlandes 2), S. 53–71. Auch zu der Palastvilla von Echternach (Luxemburg) scheinen kleinere Höfe gehört zu haben; Jeannot Metzler, Johny Zimmer und Lothar Bakker: Ausgrabungen in Echternach, Luxemburg 1981, S. 23, 367 f. und Beilage 1.

13 Vollmer, Nr. 175 (CIL III 14370).

14 Vollmer, Nr. 198 (CIL III 5866). Zum Vergleich ein archäologischer Befund: Adolf Neyses: Die Getreidemühlen beim römischen Land- und Weingut von Lösnich. In: Trierer Zeitschrift 46 (1983), S. 209–221.

15 Vgl. z. B. die Ergebnisse aus Kempten, der colonia Ulpia Traiana (Xanten) und vom Magdalensberg. Joachim Boessneck in: Werner Krämer: Cambodunumforschungen 1953–I. Die Ausgrabungen von Holzhäusern zwischen der 1. und 2. Querstraße, Kallmünz 1957 (MzbV 9), S. 103–116; Kurt Waldmann: Die Knochenfunde aus der Colonia Ulpia Traiana, einer römischen Stadt bei Xanten am Niederrhein, Köln und Graz 1967 (Archaeo-Physika 3). Martin Hornberger: Gesamtbeurteilung der Tierknochenfunde aus der Stadt auf dem Magdalensberg in Kärnten (1948–1966), Klagenfurt 1970 (Kärntner Museumsschriften 49).

16 Als Beispiele der Untersuchung botanischer Überreste sei verwiesen auf Karl-Heinz Knörzer: Römerzeitliche Pflanzenfunde aus Neuss. Novaesium IV, Berlin 1970 (Limesforschungen 10); ders., Römerzeitliche Pflanzenfunde aus Xanten, Köln 1981 (Archaeo-Physika 11); Udelgard Körber-Grohne: Nutzpflanzen und Umwelt im römischen Germanien, Stuttgart 1979 (Kleine Schriften zur Kenntnis der römischen Besetzungsgeschichte Südwestdeutschlands 21).

17 Eine Zusammenfassung der Arbeiten der römischen Truppenhandwerker gibt Harald von Petrikovits: Römisches Militärhandwerk. Archäologische Forschungen der letzten Jahre. In: Anzeiger der österreichischen Akademie der Wissenschaften, Phil.-Hist. Klasse 111 (1974), Nr. 1, S. 1–21 = ders., Beiträge zur römischen Geschichte und Archäologie 1931–1974, Bonn 1976 (Bonner Jahrbücher Beiheft 36), S. 598–611.

18 Eine wissenschaftliche Analyse und petrographische Bestimmung des in Augsburg verwendeten Bausteinmaterials, auch

der Inschriften und Steindenkmäler, ist bisher noch nicht vorgenommen worden. Vgl. dazu Hübener, Augsburg, S. 203 f.

19 Einen vollständigen Überblick zum römischen Handwerk anhand der schriftlichen Quellen bietet Harald von Petrikovits: Die Spezialisierung des römischen Handwerks. In: Das Handwerk in vor- und frühgeschichtlicher Zeit, Teil I, hrsg. von Herbert Jankuhn, Walter Janssen, Ruth Schmidt-Wiegand und Heinrich Tiefenbach, Göttingen 1981 (Abhandlungen der Akademie der Wissenschaften Göttingen, Phil.-Hist. Klasse); ders., Die Spezialisierung des römischen Handwerks II (Spätantike). In: Zeitschrift für Papyrologie und Epigraphik 43 (1981), S. 285–306. Zu den epigraphischen Zeugnissen von Berufen Peter Kneißl: Die Berufsangaben auf den Inschriften der gallischen und germanischen Provinzen. Beitr. zur Wirtschafts- und Sozialgeschichte der römischen Kaiserzeit (im Druck). Zur Augsburger Wandmalerei Klaus Parlasca: Römische Wandmalereien in Augsburg, Kallmünz 1956 (MzbV 7). Einen *pictor* der 3. italischen Legion ergab die Neulesung einer Augsburger Inschrift (freundl. Mitteilung von Karlheinz Dietz, München). Eine Einführung zum römischen Handwerksgerät: Wolfgang Gaitzsch: Römische Werkzeuge, Waiblingen 1978 (Kleine Schriften zur Kenntnis der römischen Besetzungsgeschichte Südwestdeutschlands 19).

20 Zu den Augsburger Steinmetzwerkstätten und Bildhauern Hans Ulrich Nuber: Römische Steindenkmäler aus St. Ulrich und Afra in Augsburg. In: Joachim Werner (Hrsg.): Die Ausgrabungen in St. Ulrich und Afra in Augsburg 1961–1968, München 1977 (MBV 23), S. 231 f.; Ludwig Ohlenroth: Grabmäler römischer Ehepaare aus Augsburg. In: Germania 31 (1953), S. 32–38. Die Augsburger Steindenkmäler sind veröffentlicht in: Corpus Signorum Imperii Romani. Corpus der Skulpturen der römischen Welt. Deutschland Bd. I. 1 Raetia und Noricum, bearbeitet aus dem Nachlaß von Friedrich Wagner von Gustav Gamer und Alfred Rüsch, Bonn 1973, S. 14 f., 19–51 (= CSIR).

21 Nuber, Steindenkmäler, S. 254 f. Die Gruppe der zwischen 1961 und 1963 gefundenen Sarkophaginschriften von St. Ulrich wird voraussichtlich von Hans Ulrich Nuber vorgelegt werden in: Forschungen zur provinzialrömischen Archäologie in Bayerisch-Schwaben (Schwäbische Geschichtsquellen und Forschungen 14).

22 Z. B. aus Köln die Grabinschrift CIL XIII 8344 mit Nennung der *centuria III* dieses Kollegiums; Brigitte und Hartmut Galsterer: Die römischen Steininschriften aus Köln, Köln 1975, S. 76 Nr. 314 und Taf. 69. Eine weitere, in Hundertschaften gegliederte Handwerkervereinigung: ebd. S. 76 Nr. 315 (*collegium tectorum*).

23 CSIR I. 1, S. 34 Nr. 61. Vgl. Margot Baltzer: Die Alltagsdarstellungen der treverischen Grabdenkmäler. In: Trierer Zeitschrift 46 (1983), S. 73 f. mit Abb. 112–114 (Parallelen aus Igel, Trier und Arles). Zur Herstellung und Trageweise von Textilien John Peter Wild: Textile Manufacture in Northern Roman Provinces, Cambridge 1970; ders., Clothing in the North-West Provinces of the Roman Empire. In: Bonner Jahrbücher 168 (1968), S. 166–240.

24 Jahresber. Hist. Ver. Schwaben 17–18 (1851–1852), S. 6 ff.; Hübener, Augsburg, S. 197 f., 229 mit Abb. 31. Eine ausführliche Vorlage der Westheimer Töpfereifunde bereitet Wolfgang Czysz vor. In: Forschungen zur provinzialrömischen Archäologie in Bayerisch-Schwaben (Schwäbische Geschichtsquellen und Forschungen 14).

25 Wolfgang Czysz: Eine neue raetische Sigillata-Manufaktur bei Schwabmünchen, Lkr. Augsburg. In: Jahresber. Bayer. Bodendenkmalpflege 21 (1980), S. 155–174.

26 Formschüsselfragmente aus Cambodunum (Kempten) belegen dort ebenfalls eine Terra-sigillata-Manufaktur. Zu den rätischen Sigillata-Töpfereien Hans-Jörg Kellner: Die raetischen Sigillata-Töpfereien und ihr Verhältnis zu Westerndorf. In: BVBl 27 (1962), S. 115–129; ders., Die Sigillatatöpfereien von Westerndorf und Pfaffenhofen, Stuttgart 1973 (Kleine Schriften zur Kenntnis der römischen Besetzungsgeschichte Südwestdeutschlands 9). Schwabegger Ware in Kempten: Czysz, Schwabmünchen, S. 172 f.

27 Czysz, Schwabmünchen, S. 173. Ausführlich jetzt Wolfgang Czysz und Sebastian Sommer: Römische Keramik aus der Töpfersiedlung von Schwabmünchen im Landkreis Augsburg, Kallmünz 1983 (Kataloge der Prähistorischen Staatssammlung 22).

28 Noch unveröffentlicht. Zu Stätzling Günther Krahe. In: ZHVS 71 (1977), S. 51 f.

29 Vgl. die Karte bei Czysz, Schwabmünchen, S. 155, Abb. 1. Ein Ziegelofen wurde im Frühjahr 1983 in Rohrbach von der Außenstelle Augsburg des Bayer. Landesamtes für Denkmalpflege ausgegraben. Zu Rohrbach Günther Krahe: Ausgrabungen und Funde in Bayerisch Schwaben 1972–1975. In: ZHVS 70 (1976), S. 53.

30 Vgl. dazu Hübener, Augsburg, S. 197–202.

31 Siehe Riedel, Köln, S. 87 f. u. S. 131 Nr. 9–12; Galsterer, Steininschriften Köln, S. 41 Nr. 155 und S. 74 Nr. 307 (*collegium pisstricorum; negotiator pistoricius*), S. 77 Nr. 324 (*negotiator lanio*), S. 18 Nr. 30 (*collegium focariorum* = Küchendiener) = CIL XIII Nr. 8255, 8338, 8351, 8183.

32 Leo J. Weber: Die Ausgrabungen von St. Ulrich und Afra in Augsburg. In: Ausgrabungen in Deutschland. Gefördert von der Deutschen Forschungsgemeinschaft 1950–1975, Mainz 1975 (Monographien des RGZM. Forschungsinstitut für Vor- und Frühgeschichte 1,2), S. 128 und Abb. 13–15. Dazu Baltzer, Alltagsdarstellungen, S. 57 f., 101, Nr. 49.

33 Galsterer, Steininschriften Köln, S. 42 f. Nr. 163 (*coactor argentarius* = vermutlich Geldeintreiber, Geldwechsler); S. 78 f. Nr. 327 und Nr. 330. Dazu Riedel, Köln, S. 114–116, 132 f. Nr. 17–19.

34 Vgl. Hübener, Augsburg, S. 204–208; Kellner, ANRW II 5.2, S. 710 f. mit Betonung der Bedeutung des römischen Handels für Augsburg. Zum Handel allgemein Otto Schlippschuh: Die Händler im römischen Kaiserreich in Gallien, Germanien und den Donauprovinzen Rätien, Noricum und Pannonien, Amsterdam 1974. Einen guten Überblick über den Handel in Rätien und Obergermanien, vornehmlich anhand der epigraphischen Zeugnisse, jetzt bei Wolfgang Kuhoff: Der Handel im

römischen Süddeutschland. In: Münstersche Beiträge zur antiken Handelsgeschichte III/1 (1984), im Druck. Für Einsicht in das Manuskript danke ich Wolfgang Kuhoff.

35 CIL XIII 7070 und 11810. Erwähnt seien auch die *negotiatores salsari, leguminari cives Romani* (Händler mit Eingesalzenem und Gemüse), die aus Vindonissa (Windisch) inschriftlich bekannt sind.

36 Vollmer, Nr. 111 (CIL III 5800). Eine Neulesung der Inschrift bei Kuhoff, Handel. – Zum *ordo decurionum* Gerd Rupprecht: Untersuchungen zum Dekurionenstand in den nordwestlichen Provinzen des römischen Reiches, Kallmünz 1975 (Frankfurter Althistorische Studien 8); dazu Besprechung von Hartmut Wolff. In: Bonner Jahrbücher 182 (1982), S. 665–678. Die *decuriones* aus Augsburg zusammengestellt bei Karlheinz Dietz und Gerhard Weber: Fremde in Rätien. In: Chiron 12 (1982), S. 440f.; zu den Händlern in Rätien S. 423–425, 432–435.

37 Vollmer, Nr. 127 (CIL III 5816).

38 Vollmer, Nr. 135 (CIL III 5824). Ein *purpurarius* aus Narbonne: CIL XII 4507–4508; aus Reims ein *negotiator Durocortoro purpurarius:* Gallia 40 (1982) S. 144–148.

39 Vollmer, Nr. 144 (CIL III 5833).

40 Vollmer, Nr. 293 (CIL XIII 6524). Ein Keramik- und Metallhändler, *negotiator artis cretariae* und *negotiator paenularius,* aus Rottenburg: CIL XIII 6366 vom Jahr 225 n. Chr.; er bekleidete auch das Amt *VIvir Augustalis* in Sumelocenna.

41 Gauting s. Norbert und Irmingard Walke: Reliefsigillata von Gauting, mit einem Beitrag von Günter Ulbert. In: BRGK 46–47 (1965–1966), S. 83f., 86f., 110–132; dazu Kellner, Römer in Bayern, S. 53 mit Abb. 17, 49. Kempten s. Wolfgang Czysz: Der Sigillata-Geschirrfund von Cambodunum-Kempten. Ein Beitrag zur Technologie und Handelskunde mittelkaiserzeitlicher Keramik. In: BRGK 63 (1982), S. 281–348.

42 Wagner, S. 223 Nr. 58.

43 Vollmer, Nr. 141 (CIL III 5830) mit Nennung des *negotiator* Flavius Acutianius Serenus, wohl ein Einheimischer.

44 Vollmer, Nr. 170 (CIL III 5858) »Sintpert-Sarkophag«; dazu Nuber, Steindenkmäler, S. 235, 246f.

45 Bregenz: Vollmer Nr. 74 (CIL III 13542) *(negotiatores Brigantienses)*; Wiesbaden: CIL XIII 7587 *(negotiatores cives Mattiaci)*. Ein *negotiator C·C·A·A* (Salz-, Wein- oder Keramikhändler) gibt uns Köln als Ort seiner Geschäfte an; vgl. Brigitte und Hartmut Galsterer: Neue Inschriften aus Köln II. Funde der Jahre 1980–1982. In: Epigraphische Studien 13, Köln 1983, S. 187–189 und Abb. 15. In einem *conventus* der aus Italien und anderen Provinzen stammenden römischen Bürger in Rätien, inschriftlich für 155/156 n. Chr. bezeugt, waren sicherlich die Kaufleute sehr stark vertreten: CIL III 5212 (Ehreninschrift für den rätischen Statthalter T. Varius Clemens); zur Inschrift zuletzt Dietz und Weber, Fremde in Rätien, S. 434f. und Kuhoff, Handel.

46 Vollmer, Nr. 175 (CIL III 12010 Nr. 48). Dazu auch Hübener, Augsburg, S. 207 mit weiterer Literatur und Kellner, Römer in Bayern, S. 97, Abb. 52.

47 Hartmut Wolff: Inschriftenfunde aus Passau. In: Ostbairische

Grenzmarken 23 (1981), S. 5–9; ders., Der Grabstein des Tridentiner Weinhändlers P. Tenatius Essimnus aus Passau, Niederbayern. In: Das archäologische Jahr in Bayern 1981, Stuttgart 1982, S. 148f. Der Weinhändler, *negotians vinarius,* stammte aus Iulia Tridentum (Trient) und gibt mit seiner Inschrift einen Beleg für den Handel auf der *Via Claudia Augusta* und dem Inn. – Zum Weinbau s. Heinz Cüppers: Wein und Weinbau zur Römerzeit im Rheinland. In: Germania Romana III. Römisches Leben auf germanischem Boden, hrsg. von Hermann Hinz, Heidelberg 1970 (Gymnasium Beiheft 7), S. 138–145. Zum Weinbau an Mosel und Rhein zuletzt Peter Kneißl: Die utriclarii. Ihre Rolle im gallo-römischen Transportwesen und Weinhandel. In: Bonner Jahrbücher 181 (1981), S. 192–196 (Weinbau nördlich von Lyon wohl erst im Laufe des 3. Jahrhunderts).

48 Kneißl, ebd. S. 169–204; zum Weinhandel nach Augsburg S. 187–189.

49 CSIR I.1, S. 34f. Nr. 63; abgebildet auch bei Kneißl, Utriclarii, S. 187, Abb. 6. Es handelt sich offensichtlich um den Transport eines Weinfasses. Ein Weinlager, in dem die Fässer gerollt werden, ist auf einem verschollenen Grabrelief aus Augsburg dargestellt: CSIR I.1, S. 35 Nr. 64. Ein weiterer Transportwagen mit Verladeszene aus Augsburg: CSIR I.1, S. 39 Nr. 80; ein Lastenträger ist abgebildet auf dem Stein CSIR I.1, S. 35 Nr. 65. Vgl. Günter Ulbert: Römische Holzfässer aus Regensburg. In: BVBl 24 (1959), S. 6–29.

50 Dazu Hübener, Augsburg, S. 204–207. Aus der inzwischen umfangreichen Literatur zum Handel mit Keramik sei nur angegeben D. P. S. Peacock (Hrsg.): Pottery and Early Commerce. Characterization and Trade in Roman and Later Ceramics, London, New York und San Francisco 1977; Joan du Plat Taylor und Henry Cleere (Hrsg.): Roman Shipping and Trade: Britain and the Rhine Provinces, London 1978 (The Council for British Archaeology. Research Report 24).

51 Eine Zusammenstellung der spätrömischen Feinkeramik aus Augusta Vindelicum ist vom Verfasser vorgesehen für: Forschungen zur provinzialrömischen Archäologie in Bayerisch-Schwaben (Schwäbische Geschichtsquellen und Forschungen 14).

52 Kneißl, Utriclarii, S. 186–189, nimmt eine enge Verbindung von Wein- und Textilienhandel für Augsburg an: Weintransport aus Südgallien nach Augsburg, auf dem Rückweg Mitnahme von Textilien. Zur Rolle von Lugdunum als Handelszentrum: Rostovtzeff, Social and Economic History, S. 166f. Interessant dazu die Herkunft einiger Augsburger Familien aus der Gegend von Lyon und dem Sequanergebiet: Dietz und Weber, Fremde in Rätien, S. 429–435. Möglicherweise war der Augsburger *decurio* M. Titius Patruelis aus der civitas Sequanorum als Händler in die Provinzhauptstadt gelangt (zur Inschrift ebd. S. 410–419).

53 CIL V 5911 (Lyon). Andreas Alföldi. In: Ur-Schweiz 16 (1963), S. 3f. Zu diesem Kollegium von Fernhändlern Schlippschuh, Händler, S. 112; Heinz Schulz-Falkenthal: Handwerkerkollegien und andere Berufsgenossenschaften in den römischen Rhein- und Oberdonauprovinzen. In: Das Al-

tertum 20 (1974), S. 31; Wolff, Inschriftenfunde, S. 14, Anm. 34. Eine Inschrift aus Aventicum (Avenches) nennt nicht *negotiatores Noricorum et Vindelicorum*, sondern nach neuer Lesung *nautae Araricorum Rhodanicorum:* Dietz und Weber, Fremde in Rätien, S. 423 Anm. 79.

54 So Wolfram Kleiss: Die öffentlichen Bauten von Cambodunum. Baubeschreibung und Rekonstruktion, Kallmünz 1962 (MzbV 18), S. 55–64, besonders 63 f. Für eine etwas vorsichtigere Deutung als Herberge spricht sich Wilhelm Schleiermacher aus: Cambodunum-Kempten. Eine Römerstadt im Allgäu, Bonn 1972, S. 36–41; die dort genannten *scholae* können nicht nur als »Kontore«, sondern allgemein als Versammlungsräume von Vereinigungen angesehen werden. Vgl. zu *mansiones* (Rasthäusern) Helmut Bender: Römische Straßen und Straßenstationen, Stuttgart 1975 (Kleine Schriften zur Kenntnis der römischen Besetzungsgeschichte Südwestdeutschlands 13). Der Kemptener Anlage vergleichbar ist auch der Rasthaus-Komplex von Augusta Raurica; s. Helmut Bender: Archäologische Untersuchungen zur Ausgrabung Augst-Kurzenbettli, Frauenfeld 1975.

55 Zum Handel mit den Germanen zusammenfassend Jürgen Kunow: Negotiator et Vectura. Händler und Transport im freien Germanien, Marburg 1980 (Kleine Schriften des vorgeschichtl. Seminars Marburg 6) mit älterer Literatur. Grundlegend Hans Jürgen Eggers: Der römische Import im freien Germanien, Hamburg 1951. Eingeführte Handelsware aus Germanien: z. B. Sklaven, Felle, Tierhäute, Seifen und Bernstein von der Ostseeküste. Ein vermutlicher Sklavenhändler aus Köln: CIL XIII 8348; Galsterer, Steininschriften Köln, S. 77 Nr. 321. Zum Fernhandel außerhalb des Reiches Mortimer Wheeler: Rome beyond the Imperial Frontiers, London 1955, dt.: Der Fernhandel des römischen Reiches in Europa, Afrika, Asien, München 1965; vgl. ebenfalls Ursula Heimberg: Gewürze, Weihrauch, Seide. Welthandel in der Antike, Waiblingen 1981 (Kleine Schriften zur Kenntnis der römischen Besetzungsgeschichte Südwestdeutschlands 27). Aus dem Frauengrab 3 von Wehringen konnten Reste von Seide bestimmt werden.

56 Der oben angeführte *purpurarius* Ti. Claudius Euphrates, Vollmer, Nr. 135 (CIL III 5824).

57 Für Augsburg siehe Kellner, ANRW II 5.2, S. 705 f. An allgemeiner Literatur dazu sei hier nur auf die Arbeiten von Andreas Alföldi verwiesen: Studien zur Geschichte der Weltkrise des 3. Jahrhunderts nach Christus, Darmstadt 1967. Vgl. Wolfgang Kuhoff: Herrschertum und Reichskrise. Die Regierungszeit der römischen Kaiser Valerianus und Gallienus (253–268 n. Chr.), Bochum 1979 (Kleine Hefte der Münzsammlung an der Ruhr-Universität Bochum 4–5).

58 Vgl. zu wirtschaftlichen Aspekten auch den Beitrag über die spätrömische Zeit in diesem Buch.

Religion und Kultwesen

von Gunther Gottlieb

Jede Stadt hatte ihr religiöses Leben, das sich in der Anlage und Pflege von Heiligtümern, in den Kultorganisationen, in privaten und öffentlichen Kulthandlungen und in der Verehrung einer Vielzahl von Gottheiten äußerte. Einzelne Götter wurden reichsweit verehrt, wie zum Beispiel die mit dem römischen Staatswesen in Verbindung gebrachten Götter. Reichsweit war auch der Kaiserkult. Es gab römische oder griechische Gottheiten, deren Verehrung sich in vielen Provinzen, oft in Verbindung mit einheimischen Göttern, durchsetzte. Andere Götter und Kulte waren regionale oder lokale Besonderheiten.

Eine Erörterung des Kultwesens kann in folgende Themen gegliedert werden: 1. die Gottheiten, 2. Kaiserkult, 3. die Stifter von Weihungen, 4. Arten und Anlässe von Weihungen, 5. Kultorganisationen, 6. Topographie der Tempelbezirke, 7. Bauweise der Tempel, 8. öffentliche und private Götterverehrung. Natürlich können, bezogen auf Augsburg, nicht alle Themen gleichmäßig bearbeitet werden. Das liegt auch in diesem Falle am Zustand und an der Zufälligkeit der Überlieferungen.

Unsere Kenntnis über das Augsburger Kultwesen kommt fast ganz aus Weihinschriften (die zugleich Bauinschriften sind, wenn sie den Neubau oder die Restaurierung eines Heiligtums bezeugen) und bildlichen Darstellungen (Reliefs, Statuetten, geschnittene Steine [Gemmen und Amulette])[2]. Die in Augsburg gefundenen geschnittenen Steine mit religiösen Motiven sind noch nicht bearbeitet und werden daher nicht berücksichtigt[3]. Eine andere Gruppe sachlicher Überlieferung, die Architekturreste, ist zwar in größerer Zahl vorhanden; aber sowohl die Zuweisung von Architekturresten zu Tempelbauten als auch die Lokalisierung von Tempeln bereiten dem Archäologen größte Schwierigkeiten. Nicht einmal über die Lage des Forum, in dessen Umgebung sich regelmäßig Tempel befanden, besteht Gewißheit[4]!

Aus den 23 Weiheinschriften, die bis jetzt bekannt geworden sind (einschließlich derer, die zugleich Bauinschriften sind), kennen wir zwölf Gottheiten (in alphabetischer Folge; die Zahlen beziehen sich auf die Weihesteine): Hercules (1), Isis (1), Iupiter (5), Mars (4), Mercurius (7)[5], die Parcen (1), Pluto (1), Proserpina (1), Silvanus (1), Sol Elagabal (1), Victoria (3) und Vulcanus (1)[6]. Einige dieser Götter sind zusätzlich in Reliefs, Statuetten oder sonstigen bildlichen Überresten überliefert. Nur aus bildlicher Darstellung (Statuetten) sind folgende Gottheiten bekannt: Amor, Bacchus, Diana, Fortuna, Genien, Minerva, Priapus, Serapis und Venus[7]. Statuetten und Büsten können aus Privathäusern stammen. Sie repräsentieren eher die Götterverehrung im häuslichen Bezirk. Oder sie waren Weihestücke, die der Stifter im Tempel oder Tempelchen der betreffenden Gottheiten aufgestellt hatte. Oft waren diese Weihestätten nur kapellenartige oder noch kleinere Häuschen, in denen ein Kultbild stand. Die Eigenart solcher Örtlichkeiten zeigt sehr schön ein Kultbezirk in Kempten, welcher derzeit freigelegt, restauriert und teilrekonstruiert wird[8].

In 18 Fällen kennen wir den oder die Stifter: vier

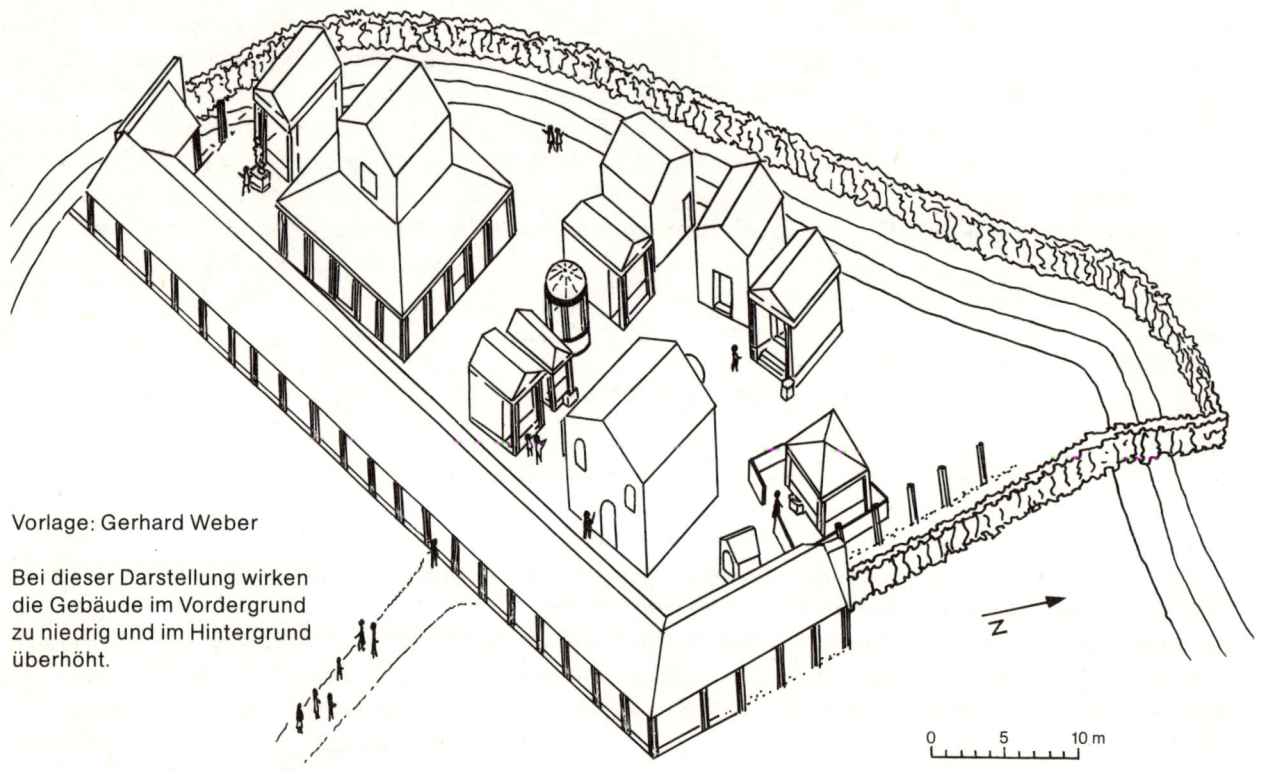

Vorlage: Gerhard Weber

Bei dieser Darstellung wirken die Gebäude im Vordergrund zu niedrig und im Hintergrund überhöht.

1   *Rekonstruktionsversuch des Tempelbezirks in Kempten.*

Statthalter (zwei *legati Augusti pro praetore*[9] und zwei *praesides provinciae*[10]); zwei Ratsherren (*decuriones municipii*)[11], einmal die Gemeinde selbst (*res publica civitatis* Aeliae Augustae)[12]; einmal die Kultgenossenschaft der Marsverehrer (*contubernium Marticultorum*)[13]; einmal ein Funktionär des Kaiserkults (*sevir Augustalis*), von dem wir gleichzeitig wissen, daß er aus Trier stammte[14]; einmal die *negotiatores municipii* (die Augsburger Händler)[15] und acht nur namentlich genannte Stifter, die aber nicht ihren Beruf oder ihre Rangstellung zu erkennen geben[16].

Nicht immer sind die Arten und Anlässe der Weihungen überliefert. Folgende Arten von Weihungen (und Stiftungen aus eigenem Vermögen) sind bezeugt: 1. Altäre[17], 2. Inschriftenpostamente für Statuen[18], 3. wiederhergestellte oder neu errichtete Tempel[19]. Anlässe waren: 1. Gelübde, die a) nach dem glücklichen Ausgang eines Ereignisses, durch das der Weihende persönlich betroffen war, und b) für das eigene Wohlergehen oder das anderer eingelöst wurden (ausgedrückt durch *ex voto*, *votum solvit* und *pro salute*)[20], 2. Erscheinungen des Gottes (*ex visu*)[21], 3. Baufälligkeit von Tempeln[22]. Gelübde sind am häufigsten bezeugt. Was sich hinter den Gelübden und deren Einlösung an historischen Ereignissen, Absichten und Lebensschicksalen verbirgt, bleibt fast immer ungesagt. Das gilt ganz allgemein und ist keine Augsburger Besonderheit. Am ehesten erfährt man noch bei Tempeln, ob Baufälligkeit oder Zerstörung durch Feuer der Grund für die Wiederherstellung waren: Fünfmal nennen die Augsburger Inschriften einen Tempel als Gegenstand der Weihung, davon dreimal im Zusammenhang mit Baufälligkeit[23]. Ganz selten erfahren wir überhaupt mehr, etwa von einer glücklichen Heimkehr oder von der Genesung nach schwerer Krankheit; aber keines dieser Beispiele stammt aus Augsburg[24]. Erhalten wir bezüglich der Anlässe keine genaue Auskunft, sind wir auf Vermutungen angewiesen. Dasselbe gilt für die Frage nach inneren Zusammenhängen zwischen Stiftern und Gottheiten. Bei allen methodischen Vorbehalten gibt es doch gelegentlich erwägenswerte Anhaltspunkte, um Anlässe und Zusammenhänge solcher Art auszusondern. Diese Zusammenhänge wiederum wird man in Einzelfällen nach sozialen (das heißt berufs-, standes- oder rangtypischen) und lokalen Gegebenheiten ein-

teilen können. Dazu einige Beispiele aus Augsburg und anderen Orten in Süddeutschland: 1. Fortuna, Mars und Victoria waren militärische, kriegerische, dem Soldatenleben gemäße Gottheiten, beliebt bei aktiven und ehemaligen Soldaten und im Umkreis militärischer Unternehmungen. Weihungen für diese Götter lassen vielleicht auf Kriegsereignisse, militärische Erfolge und glückliche Rückkehr schließen. Oder sie wurden von aktiven oder ehemaligen Soldaten eben ihren Lieblingsgottheiten (gleich aus welchem Anlaß) gestiftet. Das *contubernium Marticultorum*, das in Augsburg bestand und eine Weihung für Mars und Victoria aufgrund eines Gelübdes mit einer Verehrung für das Kaiserhaus verband (*in honorem domus divinae*)[25], oder der Beschluß der Gemeinde (des Rates), einen Mars- und Victoria-Tempel zu erneuern[26], könnten auf solche Zusammenhänge hinweisen. Anderseits fehlen in Augsburg bis jetzt Soldaten als Stifter – im Unterschied etwa zu Regensburg, wo unter 13 Stiftern siebenmal Soldaten vorkommen; oder zu Eining und Untersaal, wo alle fünf überlieferten Stifter Soldaten waren[27]; oder (um einen Blick über die Grenzen Rätiens zu werfen) zu Mainz und Umgebung, wo die Soldaten und Offiziere der dort stationierten Legion gleich scharenweise als Stifter überliefert sind. Ich meine schon, es schlage sich im Befund nieder, daß Augsburg vor dem 4. Jahrhundert niemals eine Garnisonstadt gewesen ist. Wir haben allerdings andere Inschriften, beispielsweise Grabinschriften, in denen Soldaten (etwa der in Regensburg stationierten Legion) und Veteranen genannt sind. 2. Mercurius war der Schutzgott der Händler und Kaufleute. Es ist also nicht verwunderlich, wenn er vielerorts, auch gerade in den Städten, verehrt wurde und regelmäßig Kaufleute als Stifter bezeugt sind[28]. Auf dem Ziegetsberg in Regensburg lag nahe der Fernstraße nach Augsburg ein Merkurheiligtum, aus dem neun Weihesteine erhalten geblieben sind[29]. Aber so glückliche Fundumstände kann Augsburg nicht vorweisen. 3. Eine berufstypische Weihung – allerdings auch nicht aus Augsburg – ist die der Mühlenbesitzer (*molinarii*) in Günzburg für Neptunus, den Gott der Gewässer[30]. 4. Lokale oder regionale Eigenarten rätischer, vindelikischer, allgemein keltischer oder rein örtlicher Prägung fehlen anscheinend in Augsburg bisher ebenfalls. Die inschriftlich und bildlich überlieferten Götter sind mit wenigen Ausnahmen nur römischer Herkunft. Nichtrömisch sind nur zwei: Sol Elagabal, der Sonnengott und Stadtgott von Emesa in Syrien, den der Provinzstatthalter C. Iulius Avitus Alexianus verehrte, weil er aus Emesa stammte[31], und die ägyptische Gottheit Isis, deren in Augsburg bezeugter Kultgenosse Eudiapractus selbst einen östlichen, griechischen, Namen trug[32]. Aber Gottheiten, die man mit dem Lokalgott Bedaius in Bedaium am Chiemsee, den Personifikationen von Donau (Danuvius) und Günz (Gontia), dem gallo-römischen Heilgott Apollo Grannus (mit einem Heiligtum in Faimingen) und den keltischen Gottheiten in Obergermanien vergleichen könnte[33], alle in Göttern und Götterbeinamen überlieferten ethnischen oder örtlichen Eigenarten, fehlen bis heute in Augsburg. Das kann, aber muß nicht Zufall sein!

Zur Religion gehört auch das Nachdenken über den Tod. Totenkult und Grabsitten waren daher ebenfalls Äußerungsformen religiösen und kultbezogenen Brauchtums. Von Unterwelt- und Totengöttern war schon im Zusammenhang mit den Weihesteinen die Rede. Noch nicht erwähnt haben wir die Totengeister, die Manen *(Di Manes)*, weil sie nicht auf Weihesteinen (denen bisher unsere Aufmerksamkeit galt), sondern auf Grabsteinen genannt werden. Die Weiheformel, mit der sie gnädig gestimmt werden sollten, lautete *Dis Manibus* (abgekürzt D M) und steht auch in Augsburg auf zahlreichen Grabsteinen als Eingangsformel vor dem Namen des oder der Verstorbenen.

Wir haben schon mehrmals verdeutlicht, daß Augsburg eine römische Stadt wie alle unter dem Einfluß römischer Gesittung und Kultur entstandenen Städte des Reiches gewesen ist. So nimmt es nicht wunder, daß es auch in Augsburg den Kaiserkult auf Gemeindeebene gab. Das ist die andere Seite des Lebens im römischen Reich: die Bezogenheit vieler öffentlicher und privater Lebensformen und Lebensäußerungen auf den Kaiser. Der Kaiserkult war aus den Wohltäter- und Retter-Kulten und den hellenistischen Königskulten entstanden. Auf Provinzialebene waren die Provinziallandtage für den Kaiserkult zuständig. Leider wissen wir nichts über einen Landtag der Provinz Rätien, so daß wir – wie in vielen anderen Fällen

– abwarten müssen, ob Neufunde neue Einsichten erbringen[34]. In den Städten betreuten und leiteten die *seviri augustales* (ein Sechsmännerkollegium) den auf den Kaiser bezogenen örtlichen Kultbetrieb. *Seviri augustales* werden in Augsburg zweimal genannt[35]. Daneben haben wir nur private Äußerungen der Herrscherverehrung in der Formel *in honorem domus divinae* (zu Ehren des göttlichen Hauses, also des Kaiserhauses).

Wir haben das Thema Religion und Kultwesen in großen Linien nachgezeichnet. Verschlossen bleiben uns viele Einzelheiten; die wirkliche Anschauung über das Nebeneinander so vieler Kulte, die Priesterschaften, Kultorganisationen, Feste und Bräuche. So viel, was wir wissen möchten, und so wenig, was die Überlieferung uns erhalten hat!

1 Eine sehr schöne Einführung in einzelne Bereiche des Kultwesens mit Bezügen auf die Provinzialländer an Rhein und Donau gibt Bernhard Cämmerer: Römische Religion. In: Die Römer in Baden-Württemberg, hrsg. von Philipp Filtzinger u. a., 2. Aufl., Stuttgart 1976, S. 163–198.

2 Zu Religion und Kultwesen in Augsburg: Wolfgang Hübener, Zum römischen und frühmittelalterlichen Augsburg. In: JRGZM 5 (1958), S. 176–181.

3 Ihre Zahl ist im übrigen nicht allzu groß (Hinweis von Lothar Bakker).

4 Vgl. den Beitrag von Lothar Bakker zur Stadttopographie in diesem Buch.

5 Vollmer Nr. 103 (Gersthofen). Auf der Inschrift Vollmer Nr. 175 ist nur der Beiname Matutinus zu lesen; anscheinend ein Beiname des Mercurius (den man dann als Gott des Frühlichts verstehen müßte), wie ein Fund aus Baden/Zürich nahelegt (Gerold Walser: Römische Inschriften in der Schweiz, 2. Teil, Bern 1980, S. 160 [Nr. 188]).

6 Hercules (Vollmer Nr. 95); Isis (Wagner Nr. 21; richtige Lesung bei Gunther Gottlieb: Neue Inschriften aus Augsburg. In: ZHVS 73 [1979], S. 91–95); Iupiter (Vollmer Nr. 96, 97, 98, 99; Wagner Nr. 22); Mars (Vollmer Nr. 100, 101, 113, 173); Mercurius (Vollmer Nr. 102, 104, 105, 113, 175; Wagner Nr. 23, 24); Parcae (Vollmer Nr. 106); Pluto und Proserpina (Vollmer Nr. 107); Silvanus (Vollmer Nr. 108); Sol Elagabal (Schillinger-Häfele Nr. 227); Victoria (Vollmer Nr. 101, 113, 173); Vulcanus (Vollmer Nr. 110). Sol Elagabal wird weiter unten erklärt.

7 Hübener, Augsburg, S. 176–181. Neufunde in den Fundberichten aus Bayerisch Schwaben, die in der ZVHS erscheinen.

8 Für die Erlaubnis zum Abdruck des Rekonstruktionsvorschlags danke ich Gerhard Weber (Kempten).

9 Vollmer Nr. 104; Schillinger-Häfele Nr. 227.

10 Vollmer Nr. 95, 98.

11 Ebd. Nr. 97, 175.

12 Ebd. Nr. 173.

13 Ebd. Nr. 101.

14 Ebd. Nr. 108.

15 Wagner Nr. 25.

16 Vollmer Nr. 96, 100, 105, 106, 107, 110; Wagner Nr. 21, 23.

17 Vollmer Nr. 104; Wagner Nr. 22, 24; Schillinger-Häfele Nr. 227.

18 Vollmer Nr. 95; Wagner Nr. 23.

19 Vollmer Nr. 107, 108, 173, 175; Wagner Nr. 25.

20 Vollmer Nr. 97, 100, 101, 104, 105, 106, 110; Wagner Nr. 21, 22 *(pro salute sua suorumque votum)*, 23.

21 Ebd. Nr. 107.

22 Ebd. Nr. 108, 173, 175.

23 Ebd. Nr. 108, 173, 175. Zerstörung durch Feuer bekannt aus Regensburg-Ziegetsdorf (Wagner Nr. 103).

24 Genesung von schwerer Krankheit: Vollmer Nr. 191 (Zwiefalten); glückliche Heimkehr eines Soldaten: Ebd. 353 (Untersaal bei Kelheim).

25 Ebd. Nr. 101.

26 Ebd. Nr. 173.

27 Regensburg (einschließlich Ziegetsdorf): Ebd. Nr. 358, 359; Wagner Nr. 101, 103, 104, 107.

28 Augsburg: Vollmer Nr. 175; Wagner Nr. 25 (unsicher); Regensburg: Vollmer Nr. 360; Wagner Nr. 106.

29 Karlheinz Dietz und andere: Regensburg zur Römerzeit, Regensburg 1979, S. 265–271; Castra Regina. Regensburg zur Römerzeit (Ausstellungskatalog), Regensburg 1979, S. 149–153.

30 Vollmer Nr. 198.

31 Schillinger-Häfele, Kommentar zu Nr. 227.

32 Vgl. Anm. 5.

33 Bedaius: Vollmer Nr. 12, 13, 14, 15, 26; Donau (Donauries):

Ebd. Nr. 183; Günz (Gontia): Wagner Nr. 51. Die keltische Pferdegöttin Epona ist in Kempten bezeugt (Wagner Nr. 11). Übersicht mit Beispielen bei Bernhard Cämmerer, Römische Religion, S. 194–197; Gerhard Weber u. a.: Neue Ausgrabungen am »Apollo-Grannus-Heiligtum« in Faimingen. Zwischenbericht. In: BRGK 62 (1981), S. 103–217.

34 Jürgen Deininger: Die Provinziallandtage der römischen Kaiserzeit, München 1965 (Vestigia 6), S. 113 f. (vor allem zu den methodischen Schwierigkeiten).

35 Vollmer Nr. 108, 135 (die Inschrift Nr. 135 ist eine Grabinschrift).

Konkordanzliste

Vollmer	CIL III	Vollmer	CIL III
12	5572	105	5794
13	5574	106	5795
	11772	107	5796
14	11777	108	5797
15	11778	110	5799
26	5581	113	5802
95	5785	135	5824
96	5786	173	11889
97	5787	175	14370
98	5788	183	11894
99	5788ᵃ	191	5862
100	5789	198	5866
101	5790	353	5937
	11888ᵃ	358	5942
102	5791	359	14370
103	5792	360	5943
104	5793		

Augsburg in spätrömischer Zeit

von Lothar Bakker

Für die Beschäftigung mit Augsburg in spätrömischer Zeit, das heißt von der zweiten Hälfte des 3. bis in die erste Hälfte des 5. Jahrhunderts, stehen zwar, im Vergleich zu den ersten drei Jahrhunderten der Römerherrschaft in Süddeutschland, mehr schriftliche Quellen zur Verfügung, doch sind dagegen die archäologischen Befunde und Funde aus Augusta Vindelicum insgesamt weitaus spärlicher. Insbesondere die spätrömischen und frühmittelalterlichen Gebäudespuren und Fundschichten sind in der Römerstadt weitgehend durch die mittelalterlichen und neuzeitlichen Bodeneingriffe infolge von Bautätigkeit zerstört, in verschiedenen Bereichen der römischen Stadt scheinen sie vollkommen abgetragen zu sein. Die inschriftliche Überlieferung zur Spätantike in Augsburg setzt, bis auf einige wenige, jedoch um so bedeutendere Steindenkmäler, für das späte 3. und das 4. Jahrhundert fast völlig aus. Erschwerend kommt auch bei den spätantiken Schriftstellernotizen, die sich auf Vorgänge in Rätien und Augsburg beziehen, hinzu, daß in ihnen oft Kaiserverherrlichung, mitunter sogar starke Propaganda, tendenziös hineinspielt und wir diese Quellen nicht immer als wirkliche historische Nachricht zu beurteilen vermögen.

Die sehr wechselvolle Geschichte der Rhein- und Donauprovinzen während des 3. und 4. Jahrhunderts, geprägt von langen Zeiten starker innenpolitischer Wirren durch Usurpationen und Thronkämpfe sowie durch die Angriffe der Reichsfeinde, der Barbaren östlich des Rheins und nördlich der Donau, hat auch das Schicksal der rätischen Provinzhauptstadt bestimmt[1]. Bedrohten an Mittel- und Niederrhein die Franken die römische Rheingrenze, so ging die Gefahr in Süddeutschland von der Stammesvereinigung der Alamannen sowie von ihrem Teilstamm, den Juthungen, aus[2]. Die Markomannenkriege der sechziger und siebziger Jahre des 2. Jahrhunderts, die 179 n. Chr. zur Stationierung der *legio III Italica* im Standlager Castra Regina (Regensburg) führten, waren sozusagen Vorboten der Ereignisse des 3. und 4. Jahrhunderts[3].

Der nach dem Alamannenfeldzug Caracallas, 213 n. Chr. vom rätischen Limesgebiet aus geführt, erste schwere Alamannenvorstoß nach Rätien 233 n. Chr. hat, unseren gegenwärtigen Erkenntnissen zufolge, Augsburg und sein Umland ebenso wie auch Regensburg wohl kaum betroffen; mehrere Münzschätze im Gebiet von Cambodunum (Kempten) bis nach Brigantium (Bregenz) scheinen jedoch diesen Alamanneneinfall zu bezeugen[4]. Von einem weiteren Alamanneneinbruch, zwischen 242 und 245 n. Chr., scheint der östliche Teil Rätiens schwer getroffen worden zu sein: Das Legionslager Regensburg wurde allem Anschein nach überrannt. In Augsburg haben sich bis jetzt keine Zerstörungsschichten der dreißiger und vierziger Jahre des 3. Jahrhunderts feststellen lassen. Ein mit kostbaren Beigaben ausgestattetes Grab von der Blauen Kappe, auf 245/250 n. Chr. münzdatiert, scheint für diese Zeit noch ungefährdetes Leben in Augsburg anzudeuten[5]. Die innenpolitische Dauerkrise des 3. Jahrhunderts spiegelt sich zum Beispiel in den Vorgängen des Jahres 253 n. Chr.: Bei Kriegsvorbereitungen gegen den Usurpator Aemilianus wurde P. Licinius Valerianus von den in Rätien versammelten Truppen zum Herrscher proklamiert (in Regensburg?), wie uns Aurelius Victor überliefert.

Erst die verheerenden Alamanneneinbrüche von 260/275 n. Chr., in deren Verlauf das nördlich der Donau gelegene rätische Limesgebiet dem Römischen Reich verlorenging, haben, den archäologischen Befunden nach zu urteilen, zu weitflächigen Zerstörungen in Augusta Vindelicum geführt[6]. Im Vergleich zu den germanischen (auch dort gelangte das rechtsrheinisch gelegene Dekumatland der Pro-

vinz Germania superior unter alamannische Herrschaft) und den gallischen Provinzen, die von dem in Köln 260 n. Chr. ausgerufenen Gegenkaiser Postumus zum »Gallischen Sonderreich« vereinigt wurden, scheint Raetia in dieser Zeit wesentlich schwerer gelitten zu haben. Ein Panegyriker spricht einige Jahrzehnte danach vom Verlust Rätiens und der Verwüstung Noricums und Pannoniens unter dem Kaiser Gallienus[7]. Siege von Claudius II. 268 n. Chr. am Gardasee über bis nach Oberitalien eingedrungene Alamannen und von Aurelian 270 oder 271 n. Chr. am Fluß Ticinus in Oberitalien über Juthungen sind eindeutige Zeugnisse der schweren Kriegszeiten in Rätien. Kaiser Aurelian selbst scheint mit seinen Truppen 275 n. Chr. die Vindeliker von der Belagerung durch Barbaren befreit zu haben; daß diese Nachricht der *Historia Augusta* auf die Provinzhauptstadt zu beziehen ist und Aurelian mit einem Entsatzheer die Stadt von den andrängenden Germanen (Burgundern?) befreite, ist zu vermuten, jedoch den Quellen nicht zweifelsfrei zu entnehmen[8]. Unter Kaiser Probus scheint, nach einem vermutlich am Lech 278/279 n. Chr. errungenen Sieg über Burgunder und Vandalen, das rätische Gebiet südlich der Donau für kurze Zeit befriedet worden zu sein. Eine Ehreninschrift aus Augsburg, vom stellvertretenden rätischen Statthalter 281 n. Chr. dem Probus gesetzt, wird auf diesen Sieg bezogen: *[restitutori pr]ovinciarum et operum [publicorum providen]tissimo ac super omnes [retro principes for]tissimo* (dem Wiederhersteller der Provinzen und öffentlichen Gebäude, dem überaus vorsorgenden und alle vorherigen Herrscher an Tapferkeit sehr übertreffenden Kaiser)[9]. Unter Probus wurde vermutlich begonnen, die neue Nordwestgrenze Rätiens, den Bodensee–Iller–Donau-Limes, mit Kastellen und Wachttürmen zu befestigen[10]. Auch die Straßen im Hinterland, insbesondere die Verbindungsstraßen nach Augsburg, wurden durch Burgi und Befestigungen gesichert[11].
Erneute Germaneneinbrüche um 288 n. Chr. führten Kaiser Diokletian an die gefährdete Nordgrenze Rätiens; sein Feldzug von 288/289 vom Bodensee an die Quellen der Donau scheint Rätien nun etwas dauerhafter gesichert zu haben. Das Befestigungsprogramm zur Sicherung der Nordgrenze wurde unter ihm fortgesetzt und verstärkt[12]. Die in Augusta

Vindelicum gefundene Inschrift des Jahres 290 n. Chr. verehrt Diokletian als *fundator pacis aeternae*, Begründer ewigen Friedens; aufgestellt wurde die Inschrift von dem rätischen Statthalter Septimius Valentio, *vir perfectissimus praeses provinciae Raetiae*[13].
Neben der militärischen Reorganisation der zu verteidigenden Reichsgrenzen, in Rätien außer an dem Befestigungsprogramm durch Wehranlagen auch an den zahlreichen von Diokletian und seinem Mitregenten Maximianus Herculius neu aufgestellten Truppeneinheiten sichtbar, war die Zeit Diokletians und seines Nachfolgers Konstantin des Großen von zahlreichen innenpolitischen Reformen erfüllt. Waren schon seit Gallienus zunehmend Ritter in die höchsten Stellen der römischen Militär- und Zivilverwaltung gelangt, so trifft dies in den letzten Jahrzehnten des 3. Jahrhunderts auch für Rätien zu. Der Statthalter führte jetzt den offiziellen Titel *praeses*. Entsprechend dem Herrschaftsprinzip der Tetrarchie wurde das Reich unter Diokletian in vier Teile gegliedert; Rätien gehörte später zur Präfektur (Verwaltungsgebiet) *Italia, Illyricum et Africa,* mit dem Sitz des höchsten Beamten, des *praefectus praetorio,* in Mediolanum (Mailand). Die Provinzen wurden aufgeteilt (ihre Zahl verdoppelte sich annähernd auf rund 100) und zu Diözesen (kleinere Verwaltungsbezirke) zusammengefaßt: Raetia zählte mit den Alpenprovinzen (außerdem auch Venetien-Istrien) zur Diözese *Italia annonaria.* Auch die rätische Provinz wurde aufgeteilt in *Raetia prima* mit der Hauptstadt Curia (Chur) und *Raetia secunda* mit der Hauptstadt Augusta Vindelicum. Wann diese Teilung stattfand, ist jedoch noch nicht genau faßbar, jedenfalls nach 297 n. Chr. Die Verwaltung wurde unter Diokletian streng in militärische und zivile Aufgabenbereiche getrennt. Der im 4. Jahrhundert wohl noch in Augsburg residierende *praeses* der *Raetia secunda* besaß zivile Aufgaben; die militärische Befehlsgewalt über die zur Grenzverteidigung fest stationierten Truppen an der Grenze sowie im Hinterland führte für beide rätische Provinzen jetzt ein *dux*, dessen Hauptquartier in Castra Regina (Regensburg) oder eher ebenfalls in Augusta Vindelicum anzunehmen ist[14]. Möglicherweise wurden sowohl Provinzteilung als auch Verwaltungsteilung in Rätien erst zu Beginn des

4. Jahrhunderts vorgenommen. Wichtig ist, daß unter Konstantin dem Großen zusätzlich zu den Grenztruppen ein mobiles Heer geschaffen wurde, ein Feld- oder Bewegungsheer, von dem wohl in beiden rätischen Provinzen Truppen stationiert waren; sie unterstanden jedoch nicht dem Befehl des *dux*, sondern vermutlich dem direkten Kommando des *magister peditum* (Fußtruppen) bzw. des *magister equitum* (Reiterei), den höchsten Heermeistern des Reiches[15]. Auf die unter Diokletian erfolgten Reformen bzw. Zwangsmaßnahmen im wirtschaftlichen Bereich sei weiter unten eingegangen.

Daß in der Zeit Konstantins des Großen Militär in Augsburg gestanden hat, belegen einige sehr wichtige Fundstücke. An erster Stelle stehen die beiden 1897 an der Leitershofer Straße in Augsburg-Pfersee in einer Kiesgrube geborgenen Gardehelme, angefertigt aus eisernen Kalotten mit Kamm, von dünnem vergoldetem Silberblech überzogen. Einen solchen Helm können in Rätien wohl nur der militärische Befehlshaber, der *dux*, oder Offiziere von Gardetruppen getragen haben[16]. Das silberne Dosenortband einer Spatha (Langschwert), mit Nielloeinlagen verziert, wurde in der Stadt selbst, am Pfärrle, gefunden: Auch dieses Stück dürfte zur Ausrüstung eines Offiziers gehören[17]. Ein goldener Ring mit der Aufschrift FIDEM CONSTANTINO scheint ebenfalls auf einen höheren Militärangehörigen als Träger hinzuweisen, dem dieses Stück vielleicht als Treuebeweis oder als Auszeichnung verliehen worden war[18]. Ob in der ersten Hälfte des 4. Jahrhunderts zusätzlich zu der Begleitgruppe des *dux* weitere spätrömische Truppeneinheiten in Augsburg stationiert waren, ist ebenso unbekannt wie überhaupt der Nachweis spätrömischer Bauten, beispielsweise Kasernen und Speicherbauten, in unserer Stadt, die mit Militär in Verbindung zu bringen wären.

Infolge der Erhebung des Magnentius und der Ermordung des im westlichen Reichsgebiet herrschenden Kaisers Constans 350 n. Chr. war Rätien im sechsten Jahrzehnt des 4. Jahrhunderts von mehreren Alamannen- und Juthungenvorstößen verwüstet worden. Nach der Schlacht von Mursa 351, die mit dem Sieg des Constantius II. über Magnentius endete, war die römische Militärkraft entscheidend geschwächt: Verheerende Vorstöße von Alamannen und Franken 352/353 n. Chr. trafen insbesondere die beiden germanischen Provinzen *Germania prima* und *secunda*, die *Maxima Sequanorum* wie auch die beiden rätischen Provinzen, vornehmlich in ihrem südwestlichen Gebiet. Ein Einfall von Sueben 356/357 und insbesondere der Angriff der Juthungen 357 n. Chr. hat zu sehr weiträumigen Zerstörungen in der *Raetia secunda* geführt[19]. Während es in Regensburg möglicherweise Hinweise auf Zerstörungshorizonte dieser Zeit gibt (eindeutig nachweisbar für das Jahr 357 n. Chr. jedoch nicht), fehlen in Augusta Vindelicum bis jetzt entsprechende Schichten aus dem sechsten Jahrzehnt des 4. Jahrhunderts. Zerstörungsschichten in Befestigungen auf dem Lorenzberg bei Epfach sowie auf dem Goldberg bei Türkheim lassen jedoch den Schluß zu, daß damals auch Augsburg hart in Bedrängnis geraten sein dürfte[20]. Erst 361 n. Chr. wurde die Ruhe an der rätischen Nordgrenze durch den inzwischen zum Kaiser ausgerufenen Julian wiederhergestellt[21]. Erneute Alamanneneinfälle in Rätien 365 und um 370 n. Chr. wurden von Valentinian I. energisch zurückgeschlagen; durch sein umfassendes Befestigungsprogramm an Rhein und Donau wurde dieser sehr gefährdete Teil der Reichsgrenze mit neuen Wehranlagen verstärkt[22]. Weitere Vorstöße von Alamannen und Juthungen nach Rätien sind für 383/384 n. Chr. bezeugt: Sie konnten nur mit Hilfe von angeworbenen Söldnertruppen, Hunnen und Alanen, noch einmal zurückgeschlagen werden[23]. Ein »Staatshandbuch«, die *Notitia Dignitatum*, abgefaßt nach 400, nennt uns für Augsburg die Einheit der *equites Stablesiani seniores*, die hier wohl in den letzten Jahrzehnten des 4. Jahrhunderts stationiert war[24].

Kennen wir somit die wechselvolle politische und militärische Geschichte der rätischen Provinzen im 4. Jahrhundert recht gut, sind wir, was Augusta Vindelicum betrifft, doch recht schlecht unterrichtet: Auch die archäologische Erforschung dieser Stadt kann bisher nur einzelne Fragmente zum Geschichtsbild Augsburgs in spätrömischer Zeit beisteuern. Dem Fundmaterial zufolge war das gesamte römische Stadtgebiet in spätrömischer Zeit besiedelt: Münzen, Argonnen-Terra-sigillata, nordafrikanische Terra sigillata sowie innen glasierte Reibschüsseln (Textabb. 1) verteilen sich ohne erkennbare Schwer-

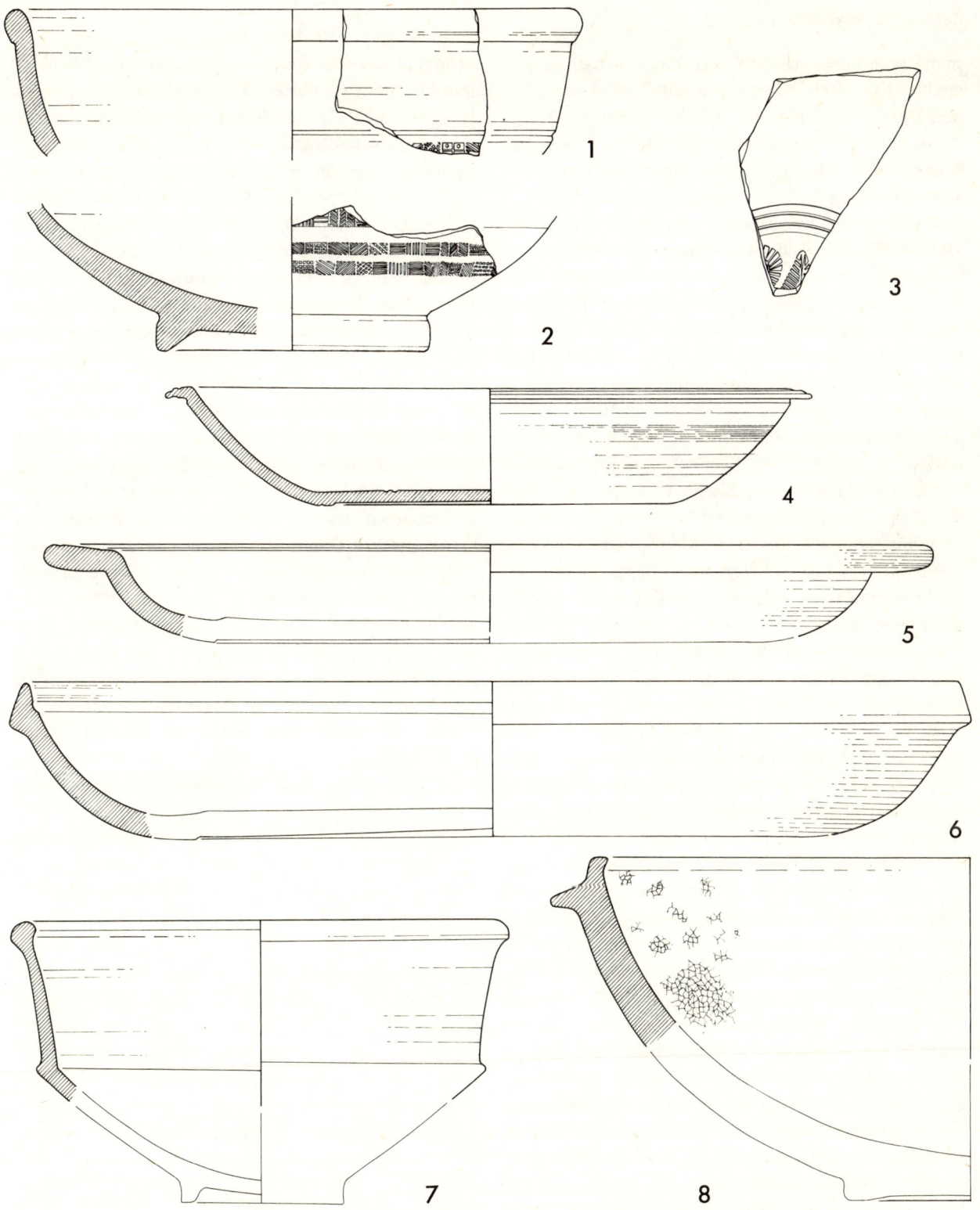

1   *Auswahl spätrömischer Gefäßkeramik aus Augsburg. 1–2 rädchenverzierte Argonnen-Terra-sigillata;*
3–6 nordafrikanische Terra sigillata; 7 »rehbraune« Knickwandschüssel; 8 innen glasierte Reibschüssel (Maßstab 1:2).

punkte auf das gesamte Areal der Provinzhaupt-stadt[25]. Eine Reduktion der römischen Siedlung auf den Bereich der späteren »Bischofsstadt« ist für das 4. und frühe 5. Jahrhundert jedenfalls bisher nicht feststellbar[26]. Ein Graben, der die Nordgrenze der späteren »Bischofsstadt« begleitet und im Süden im Bereich der Peutingerstraße liegt, konnte 1981 am Hohen Weg 14 wiederum untersucht werden: Vermutlich handelt es sich um eine Wehranlage des 8. bis 10. Jahrhunderts, bestehend aus Graben und Erd-wall[27]. Die Errichtung dieser Befestigung setzt auf der Südseite allem Anschein nach die vorzeitige Zerstörung oder den Abbruch der nicht weit davon entfernt parallel liegenden römischen Stadtmauer voraus. Spätrömische Bauspuren innerhalb der Stadt sind unter anderem am Fronhof, bei St. Johannes südlich des Doms, in der Kornhausgasse, im Garten des Maria-Ward-Instituts, bei St. Gallus und in der Thommstraße aufgedeckt worden[28]; einige Fundamentspuren bei St. Georg und an der Jesuitengasse 10 (Ausgrabungen 1982 und 1983) dürften ebenfalls spätrömischer Zeit angehören.

Einige herausragende Fundstücke belegen die intensive Besiedlung sowie auch, trotz der vielen Bedrängnisse durch die Germanenbedrohung und die wirtschaftlichen Krisen, den Wohlstand eines Teils ihrer Bewohner. Erwähnt seien neben den durch Fernhandel nach Augsburg gelangten Erzeugnisse der Töpfereien aus dem Argonnerwald zwischen Maas und Seine sowie aus den tunesischen Töpfereimanufakturen auch zahlreiche Lavezgefäße (Speckstein) aus Graubünden und dem Wallis. Innen glasierte Reibschüsseln, sozusagen ebenfalls ein »Leitfossil« spätrömischer Fundplätze Rätiens, dürften größtenteils in Werkstätten der näheren Umgebung Augsburgs getöpfert worden sein: Bis jetzt bekannte Töpfereien dieser Gefäße befanden sich in Stätzling und Rohr-bach[29]. Ein stempelverziertes Gefäß der grauen »Terre-sigillée-paléochrétienne« Südfrankreichs, in größerer Zahl in Genava (Genf) und Vindonissa (Windisch/Aare) vorhanden, stellt das erste bekannte Stück dieser Keramiksorte in der *Raetia secunda* dar: Das Gefäß läßt sich kaum als Handelsgut bezeichnen, sondern dürfte als Einzelstück (»Mitbringsel«) nach Augsburg gelangt sein. Im Gegensatz zur frühen und mittleren Kaiserzeit fehlen uns weit-

gehend Hinweise auf die Versorgung mit Wein, Öl und Fischsaucen; nur einige wenige Gefäßbruchstücke geben sich als mittelmeerische Amphoren zu erkennen. Zwei kostbare Glasgefäße des 4. Jahrhunderts seien hier eigens herausgestellt (Textabb. 2 und 3): Ein Becher aus dem Gräberfeld an der Frölichstraße (Diakonissenkrankenhaus) zeigt (ursprünglich wohl in Emailbemalung) bacchische Szenen, die Ernte von Weintrauben; eine kalottenförmige Schale, 1983 an der Jesuitengasse gefunden, trägt die eingeschliffene Darstellung von Bellerophon, reitend auf Pegasus, mit der getöteten Chimaira[30]. Diese Glasschliffschale stammt sicherlich aus ostmediterranen Werkstätten; ob die mythologische Szene christlichen Symbolgehalt besitzt (Bellerophon mit Nimbus), kann erst die noch ausstehende ikonographische Bearbeitung erbringen.

Besitzen wir für das spätrömische Augsburg auch keine inschriftlichen Zeugnisse über Handel und Wirtschaft, so belegen die hier nur kurz angesprochenen Funde weitreichende Handels- und Wirtschaftsbeziehungen der Stadt in der Spätantike. Die insbesondere von Diokletian vorgenommenen dirigistischen Eingriffe in das Wirtschaftsgefüge – erinnert sei nur an das Lohn- und Preisedikt vom Jahre 301 n. Chr., an die Steuerreformen, die Eingriffe in die

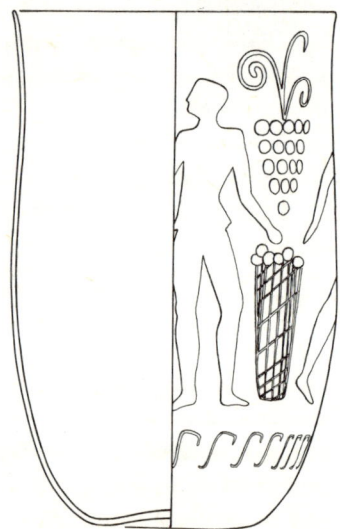

2 *Augsburg, Gräberfeld Frölichstraße. Glasbecher mit figürlichen Szenen (Darstellung einer Traubenernte), ehemals Emailbemalung (Maßstab 1:2).*

3 Augsburg, Jesuitengasse. Glasschliffschale mit Darstellung des Bellerophon auf Pegasus und der Chimaira (Maßstab 1:3).

freie Berufswahl und an die *annona militaris* (Versorgung des Militärs mit Naturalien), die jetzt wohl im gesamten Reich üblich wurde – konnten jedoch insgesamt den wirtschaftlichen Niedergang während der Spätantike nicht aufhalten. Besonders die unteren und mittleren sozialen Schichten der Bevölkerung hatten unter den wirtschaftlichen Zwangsmaßnahmen während des 4. Jahrhunderts zu leiden; die Landwirtschaft wurde zunehmend von Großgrundbesitzern beherrscht. 294 und 346 n. Chr. erfolgte Münzreformen und das unter Konstantin dem Großen eingeführte neue Goldnominal, der *Solidus*, sind Zeugen der von Inflation gekennnzeichneten wirtschaftlichen Krise. Hinzu kamen auch soziale Schwierigkeiten, insbesondere eine zunehmende Landflucht. Gerade in den von den Reichsfeinden bedrohten Grenzprovinzen strömte die ländliche Bevölkerung in die Städte und befestigten Siedlungen; dadurch ging die landwirtschaftliche Produktion weiter zurück[31]. Diese Tendenzen mögen dazu beigetragen haben, daß das Stadtgebiet der Augusta Vindeli-

cum im 4. Jahrhundert vollständig besiedelt war: Die Stadt besaß in diesen unruhigen Zeiten Schutzfunktion für die gesamte Bevölkerung der näheren Umgebung.

Zwei größere spätrömische Gräberfelder vor den Mauern der Provinzhauptstadt sind bisher bekannt: das Gräberfeld Frölichstraße/Hauptbahnhof (und Rosenauberg?) und der ausgedehnte Friedhof um St. Ulrich und Afra[32]. Stammen aus den Gräbern Frölichstraße/Diakonissenkrankenhaus noch relativ gut mit Beigaben versehene Grabinventare (darunter aus Grab 10 der erwähnte figürlich verzierte Glasbecher), so sind die spätrömischen Körpergräber im Bereich von St. Ulrich und Afra sehr ärmlich ausgestattet, in der Regel sogar beigabenlos. Die stark vorherrschende Ost-West-Ausrichtung der Bestattungen (Kopf im Westen) sowie die Beigabenlosigkeit scheinen hier auf ein christliches Gräberfeld schließen zu lassen, das im Bereich des Grabes der Märtyrerin Afra angelegt worden war. Dürfte das Martyrium der hl. Afra wohl vermutlich unter Diokletian 303/305 n. Chr. erfolgt sein, wird uns die Verehrung ihres Grabes erst durch Venantius Fortunatus um 565 n. Chr. überliefert. Frühchristliche Kirchenanlagen des 4. und frühen 5. Jahrhunderts sind aus Augsburg bisher unbekannt: Das Afragrab und eine zu vermutende Memorienkapelle des 4. Jahrhunderts sind im Bereich von St. Ulrich und Afra archäologisch noch nicht nachweisbar[33]; die von Aladár Radnóti erschlossene Doppelkirchenanlage bei St. Stephan/St. Gallus ist, zumal die Befunde noch weitgehend unveröffentlicht sind, einstweilen überaus unsicher[34]. Wahrscheinlich dürfte jedoch sein, daß im 4. Jahrhundert in der Provinzhauptstadt Augusta Vindelicum Bischöfe residiert haben, auch wenn dazu die Überlieferung fehlt. Eine christliche Bronzelampe des 4./5. Jahrhunderts[35], insbesondere aber zwei 1929 bei St. Johannes (südlich des Doms) geborgene Fragmente eines christlichen Grabsteins, das späteste inschriftliche Denkmal Rätiens, aus der Zeit um 400 n. Chr. belegen eine christliche Gemeinde eindeutig[36]. Der Grabinschrift kommt darüber hinaus für Augsburg und die *Raetia secunda* sehr hohe Bedeutung zu, werden doch in ihr mehrere spätrömische Truppeneinheiten des Bewegungsheeres genannt, die aus der *Notitia Dignitatum* bekannt sind[37].

Über das nähere Umland der Provinzhauptstadt in spätrömischer Zeit wissen wir, insgesamt betrachtet, wenig. Auf die Töpfereien und Ziegeleien von Rohrbach und Stätzling wurde schon hingewiesen; sie produzierten während des 4. Jahrhunderts glasierte Gefäßkeramik und Ziegel (aus Stätzling ein spätrömischer Lampenmodel). Aus einem Nebengebäude der Villa von Königsbrunn liegt ein Münzschatz der Zeit kurz nach der Mitte des 4. Jahrhunderts vor; spätrömische Münzen zeigen die spätantike Benutzung der *villa suburbana* von Stadtbergen an[38]. Das Hauptgebäude der Villa von Friedberg »Fladerlach« scheint möglicherweise erst im 4. Jahrhundert errichtet worden zu sein; vermutlich war es bis zum Jahrhundertende bewohnt[39]. Spätrömische Gräber fanden sich beispielsweise in Augsburg-Göggingen, Inningen, zwischen Inningen und Bobingen, in Königsbrunn sowie in Westendorf[40].

Dem Ende der römischen Provinzhauptstadt in den ersten Jahrzehnten des 5. Jahrhunderts gehört ein Münzschatz an, der 1981 bei Ausgrabungen am Springergäßchen gehoben wurde: ca. 260 Kleinbronzen, darunter Münzen von Theodosius, Magnus Maximus, Eugenius, Arcadius und Honorius. Das genaue Schlußdatum der Prägungen muß noch ermittelt werden; die Vergrabungszeit dieses Fundes könnte in den ersten Jahrzehnten des 5. Jahrhunderts liegen. Ein dreieckförmiger Kamm aus Bein, mit Kreisaugen und stilisierten Pferdeköpfchen verziert, wurde 1983 bei Ausgrabungen an der Jesuitengasse gefunden: Das Stück läßt sich an das Ende des 4. bzw. in den Beginn des 5. Jahrhunderts datieren und dürfte als germanische Arbeit anzusprechen sein (Textabb. 4)[41]. Germanische Gefäßkeramik des 5. Jahrhunderts, wie in größerer Menge aus Regensburg bekannt, scheint bislang aus Augsburg nicht vorhanden zu sein[42]. Wie lange Militär- und Zivilverwaltung im 5. Jahrhundert noch in Rätien und damit auch in Augsburg römische Machtbefugnisse ausübten, ist nicht genau bekannt[43]; dabei wurde der politische Machtanspruch auf das Voralpenland bis zur Donau zur politischen Fiktion, da er im Laufe der ersten Hälfte des 5. Jahrhunderts faktisch nicht mehr durchsetzbar war.

Forschungsschwerpunkte bei der Bearbeitung des spätrömischen Augsburg müssen in der Zukunft hin-

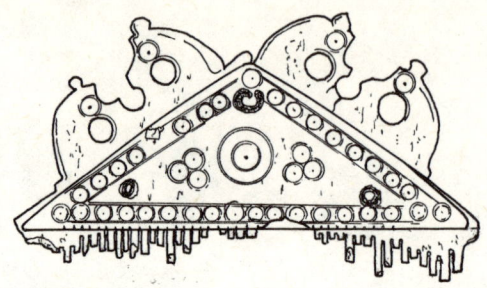

4   *Augsburg, Jesuitengasse. Spätrömischer Dreilagenkamm aus Bein mit Kreisaugenverzierung und stilisierten Pferdeköpfchen (Maßstab 1:1).*

sichtlich der Erfassung spätrömischer Siedlungsspuren, der Untersuchung von Fundverteilungen in den verschiedenen Bereichen der Römerstadt sowie besonders hinsichtlich der Frage der Kontinuität der Siedlung von spätrömischer zu frühmittelalterlicher Zeit gesetzt werden. Gerade letzteres ist von entscheidender Bedeutung: Zwar deuten die Tradition der Verehrung des Märtyrergrabes der hl. Afra sowie die Befunde im Gräberfeld von St. Ulrich und Afra das Weiterbestehen einer »romanischen« Bevölkerung in Augsburg an, doch fehlen bis jetzt Siedlungsspuren des 5. Jahrhunderts im Bereich der Augusta Vindelicum ebenso wie entsprechendes Fundgut[44]. Damit besteht ein deutlicher Unterschied zu Regensburg und Passau, wo die Siedlungskontinuität in das frühe Mittelalter auch mit Fundmaterial eindeutig nachweisbar ist.

1 Vgl. zur spätrömischen Geschichte Rätiens Hans-Jörg Kellner: Die Römer in Bayern, 4. Aufl., München 1978, S. 136–188; ders., Augsburg, Provinzhauptstadt Raetiens. In: ANRW II 5.2, S. 705–709; Bernhard Overbeck: Raetien zur Prinzipatszeit. In: ANRW II 5.2, S. 679–683; Karlheinz Dietz, Udo Osterhaus, Sabine Rieckhoff-Pauli und Konrad Spindler: Regensburg zur Römerzeit, Regensburg 1979, S. 113–163; Bernhard Overbeck: Geschichte des Alpenrheintales in römischer Zeit auf Grund der archäologischen Zeugnisse, Teil I, München 1982 (MBV 20), S. 197–221; Robert Roeren: Zur Archäologie und Geschichte Südwestdeutschlands im 3. bis 5. Jahrhundert n. Chr. In: JRGZM 7 (1960), S. 214–294. Harald von Petrikovits: Die römischen Provinzen am Rhein und an der oberen und mittleren Donau im 5. Jahrhundert n. Chr. Ein Vergleich, Heidelberg 1983 (Sitzungsberichte der

Abb. 18 Augsburg-Pfersee (1897). Spätrömischer Offiziershelm aus Eisen, mit vergoldetem Silberblech überzogen (Nackenseite)

Abb. 19 Augsburg, Am Pfärrle/Lueginslandgäßchen. Silbernes Dosenortband einer Schwertscheide mit Niello-Einlagen und Vergoldung aus der 1. Hälfte des 4. Jh. (Durchmesser 9,9 cm)

Abb. 20 Augsburg, St. Ulrich und Afra (1961/63). Truhen-sarkophag mit eradiertem oder nicht ausgefertigtem Inschriftenfeld; auf der linken Schmalseite Herrin und Dienerin, auf der rechten Familienmahl. Der nicht zugehörige Deckel zeigt das Bildnis der Verstorbenen, mit einem Pfau neckend (L. 2,12 m)

Abb. 21 Augsburg, St. Ulrich und Afra (1983). Kalkstein-sarkophag der 1. Hälfte des 3. Jh.; auf dem Deckel die Verstorbene und ein Erot. Die Grabinschrift war nur unvollständig eingemeißelt; zugesetzte Öffnungen in der Längsseite und am Fußende weisen auf sekundäre Benutzungen und Beraubungen in spätrömisch/frühmittelalterlicher Zeit hin (L. 2,10 m)

Heidelberger Akademie der Wissenschaften. Phil.-hist. Klasse, Jahrgang 1983, Bericht 3), S. 19–21.

2 Zu den Franken Erich Zöllner: Geschichte der Franken bis zur Mitte des sechsten Jahrhunderts, München 1970. Zu den Alamannen Ludwig Schmidt: Die Westgermanen, München 1938 und 1940, Nachdruck München 1970, S. 223–314; Rainer Christlein: Die Alamannen. Archäologie eines lebendigen Volkes, 2. Aufl., Stuttgart und Aalen 1979; Camilla Dirlmeier und Gunther Gottlieb: Quellen zur Geschichte der Alamannen, Bd. 1: Von Cassius Dio bis Ammianus Marcellinus, Sigmaringen 1976 (Schriften der Kommission für alamannische Altertumskunde der Heidelberger Akademie der Wissenschaften 1); dies., Quellen zur Geschichte der Alamannen, Bd. 2; Von Libanios bis Gregor von Tours, Sigmaringen 1978 (ebd. 3); Wolfgang Kuhoff: Quellen zur Geschichte der Alamannen, Bd. 6: Inschriften und Münzen, Sigmaringen 1984 (ebd. 9).

3 Dazu Hans-Jörg Kellner: Raetien und die Markomannenkriege. In: BVBl 30 (1965), S. 154–175; Horst Wolfgang Böhme: Archäologische Zeugnisse zur Geschichte der Markomannenkriege (166–180 n. Chr.). In: JRGZM 22 (1975), S. 153–217.

4 Hans-Jörg Kellner: Der Schatzfund 1958 von Cambodunum. In: Germania 38 (1960), S. 386–392. Vgl. dazu die Karten bei Kellner, Römer in Bayern, S. 140, und Overbeck, Raetien, S. 679, Abb. 6. Das Gebiet südlich von Augsburg war von diesem Alamanneneinfall offensichtlich betroffen, wie die Schatzfunde von Haltenberg und Jagstberg andeuten.

5 Aladár Radnóti: Ein Römergrab – gefunden im Schulhof des Realgymnasiums. In: Jahresbericht des Realgymnasiums Augsburg 97 (1961–1962), S. 49–50.

6 Ludwig Ohlenroth, In: BVBl 21 (1956), S. 283 (Gallienus-Münze im Zerstörungsschutt eines Gebäudes Thommstr. 23a). Jörg Heiligmann: Neue archäologische Untersuchungen im römischen Augsburg. Vorbericht über die Grabung im Garten des Maria-Ward-Instituts 1979. In: ZHVS 74 (1980), S. 103, nimmt eine Zerstörung seiner Steinbauphase 5 um 259/260 n. Chr. an. Zu Münzschätzen der Jahre 259/260 n. Chr.: Kellner, Römer in Bayern, S. 148 f. mit Karte.

7 Pan. Lat. (II) VIII 10: *sub principe Gallieno . . . Raetia amissa, Noricum Pannoniaeque vastatae.*

8 Script. Hist. August. 26 (vita Aureliani) 35,4; 41,8. Zu Münzschätzen aus der Zeit des Aurelian und Diokletian vgl. Bernhard Overbeck: Alamanneneinfälle in Raetien 270 und 288 n. Chr. In: JNG 20 (1970), S. 81–150.

9 Zosimos I, 67–68. Zur Inschrift Wagner, S. 224 Nr. 30 vgl. auch Kellner, Augsburg, S. 706.

10 Vgl. Jochen Garbsch: Der spätrömische Donau–Iller–Rhein-Limes. Stuttgart 1970 (Kleine Schriften zur Kenntnis der römischen Besetzungsgeschichte Südwestdeutschlands 6); Kellner, Römer in Bayern, S. 153 f. Als sicheres Kastell der Zeit des Probus gilt Vemania (Isny), vgl. Jochen Garbsch: Grabungen im spätrömischen Kastell Vemania. Vorbericht über die Kampagnen 1966–1968. In: Fundber. aus Schwaben N.F. 19 (1971), S. 207–229. Ob auch die Befestigung »Bürgle« bei Gundremmingen in der Zeit des Probus erbaut wurde, ist unsicher, vgl. Gerhard Bersu: Die spätrömische Befestigung »Bürgle« bei Gundremmingen, München 1964 (MBV 10), S. 49.

11 Von den Befestigungen, die in der zweiten Hälfte des 3. Jahrhunderts errichtet wurden, seien nur die Wachttürme von Baisweil und Schlingen und die Anlage auf dem Goldberg bei Türkheim an der Römerstraße Augsburg–Kempten genannt: Ludwig Ohlenroth: Römische Burgi an der Straße Augsburg–Kempten–Bregenz. In: BRGK 29 (1939), S. 122–146; Irmingard Moosdorf-Ottinger: Der Goldberg bei Türkheim. Bericht über die Grabungen in den Jahren 1942–1944 und 1958–1961, München 1981 (MBV 24), bes. S. 128–130 (in der Grabenverfüllung der ersten Bauphase ein Münzschatz der Zeit um 283 n. Chr.). Als weitere Befestigung im Hinterland der Reichsgrenze, ebenfalls schon in der zweiten Hälfte des 3. Jahrhunderts angelegt, vgl. Jochen Garbsch (Hrsg.): Der Moosberg bei Murnau, München 1966 (MBV 12).

12 Als nächst gelegenes Beispiel: Joachim Werner (Hrsg.): Der Lorenzberg bei Epfach. Die spätrömischen und frühmittelalterlichen Anlagen, München 1969 (MBV 8); zur Datierung der Wehrmauer in die Zeit der Probus, eher aber unter Diokletian vgl. S. 249 f. Zu spätrömischen Befestigungen zusammenfassend Harald von Petrikovits: Fortifications in the North-Western Roman Empire from the third to the fifth Centuries A. D. In: Journal of Roman Studies 61 (1971), S. 178–218.

13 Vollmer, Nr. 121 (CIL III 5810). Vgl. zu den Alamannenfeldzügen Maximians und Diokletians Schmidt, Westgermanen, S. 244–247. Weitere Alamanneneinfälle von 298 und 301/302 n. Chr. scheinen das Ober- und Hochrheingebiet betroffen zu haben. Zu Schatzfunden der Zeit um 302 aus Isny Jochen Garbsch: Spätrömische Schatzfunde aus Vemania. In: Germania 49 (1971), S. 137–154.

14 Vgl. zu den gallischen und germanischen Provinzen Herbert Nesselhauf: Die spätrömische Verwaltung der gallisch-germanischen Länder, Berlin 1938 (Abhandlungen der Preußischen Akademie der Wissenschaften 1938 Nr. 2). Zu den Verwaltungsänderungen in Rätien unter Diokletian und Konstantin d. Gr. Dietz, Osterhaus, Rieckhoff-Pauli und Spindler, Regensburg, S. 127–132. Zur Provinzteilung: A. H. M. Jones: The Date and Value of the Verona List. In: Journal of Roman Studies 44 (1954), S. 21–29 (Datierung um 312/314 n. Chr.; in der Liste Rätien noch ungeteilt aufgeführt).

15 Zum spätrömischen Militär grundlegend Dietrich Hoffmann: Das spätrömische Bewegungsheer und die Notitia Dignitatum, Düsseldorf 1969 (Epigraphische Studien 7); zum Schutz der Rheingrenze ders., Die Gallienarmee und der Grenzschutz am Rhein in der Spätantike. In: Nassauische Annalen 84 (1973), S. 1–18. Hoffmann zählt jedoch die rätischen Truppen zum illyrischen Heer: Bewegungsheer, Anmerkungsband, S. 5 (1. Kap.), Anm. 150; S. 170 (8. Kap.), Anm. 740.

16 Zu den beiden Augsburger Gardehelmen (Röm. Mus. Augsburg und Germanisches Nationalmuseum Nürnberg) Hans Klumbach (Hrsg.): Spätrömische Gardehelme, München 1973 (MBV 15), S. 95–101.

17 Hans Bott: Eine spätrömische Bronzefibel aus dem Lechkies. In: Das schöne Allgäu 14 (1950–1951), S. 205–208; abgebil-

det auch bei Wilhelm Grünhagen: Der Schatzfund von Groß Bodungen, Berlin 1954 (Römisch-Germanische Forschungen 21), S. 6. Zwei Parallelen verzierter Dosenortbänder aus Köln und Augst seien erwähnt, vgl. Harald von Petrikovits: Die römischen Streitkräfte am Niederrhein, Düsseldorf 1967 (Kunst und Altertum am Rhein 13), S. 23 und 58 mit älterer Literatur und Bild 15; der Neufund von Augst wird von Frau Stefanie Martin-Kilcher bearbeitet (für freundliche Mitteilung sei ihr gedankt).

18 Kellner, Römer in Bayern, S. 160 und Abb. 160.

19 Zu den Ereignissen von 357 Amm. Marc. XVII 6,1–2. Vgl. Overbeck, Alpenrheintal, S. 214 f.; Dietz, Osterhaus, Rieckhoff-Pauli und Spindler, Regensburg, S. 140 (Regensburg möglicherweise 357 zerstört).

20 Werner, Lorenzberg, S. 251–253, und Moosdorf-Ottinger, Goldberg, S. 129.

21 Amm. Marc. XXI 3,1 und 4,7. Dazu Schmidt, Westgermanen, S. 263 f.

22 Vgl. zu den Alamanneneinfällen unter Valentinian I. Overbeck, Alpenrheintal, S. 217 f. Zum Befestigungsprogramm Jochen Garbsch: Die Burgi von Meckatz und Untersaal und die valentinianische Grenzbefestigung zwischen Basel und Passau. In: BVBl 32 (1967), S. 51–82.

23 Overbeck, Alpenrheintal, S. 218 f.; Schmidt, Westgermanen, S. 271. Auf dem Lorenzberg bei Epfach wurden etwa ab 383 n. Chr. Truppen stationiert: Werner, Lorenzberg, S. 264–270, während das »Bürgle« bei Gundremmingen möglicherweise ab diesem Zeitpunkt aufgelassen worden ist.

24 Vgl. Hoffmann, Bewegungsheer, S. 251 f.

25 Die spätrömischen Fundmünzen sind vorgelegt in Maria R.-Alföldi, Peter Robert Franke, Hans-Jörg Kellner, Konrad Kraft und Harald Küthmann: Die Fundmünzen der römischen Zeit in Deutschland I, 7. Schwaben, Berlin 1962, S. 44–64 Nr. 7001. Zur Verteilung der Münzen, Argonnen-TS und glasierten Reibschalen Walter Groos: Materialien zum römischen und nachrömischen Augsburg. In: Bericht der Naturforschenden Gesellschaft Augsburg 33 (1978), S. 23–25. Detailliert zum spätrömischen Augsburg Wolfgang Hübener: Zum römischen und frühmittelalterlichen Augsburg. In: JRGZM 5 (1958), S. 214–220, zur Fundstreuung S. 216 f. Die spätrömische Feinkeramik aus Augsburg wird zur Zeit vom Verf. bearbeitet und ist zum Druck vorgesehen in: Forschungen zur provinzialrömischen Archäologie in Bayerisch-Schwaben (Schwäbische Geschichtsquellen und Forschungen 14).

26 Vgl. dazu Kellner, Augsburg, S. 707 f.; Ludwig Ohlenroth: Zum Stadtplan der Augusta Vindelicum. Zusammenfassender Vorbericht. In: Germania 32 (1954), S. 81.

27 Kellner, Augsburg, S. 708; Hübener, Augsburg, S. 221 f.

28 Vgl. zusammenfassend Hübener, Augsburg, S. 216; Heiligmann, Maria-Ward-Institut, S. 103; Maria R.-Alföldi: Spätrömische Doppelkirche und Fresken in Augsburg. In: Neue Funde aus Augsburg, Augsburg 1978 (Städt. Kunstsammlungen Augsburg, Römisches Museum 5), S. 46–61.

29 Zu Stätzling Günther Krahe: Ausgrabungen und Funde in Bayerisch Schwaben 1976. In: ZHVS 71 (1977), S. 51 f.; zu

Rohrbach ders., Ausgrabungen und Funde in Bayerisch Schwaben 1972–1975 (1976), S. 53. Vgl. auch den Beitrag zum Wirtschaftsleben im römischen Augsburg in diesem Buch.

30 Erwin Keller: Die spätrömischen Grabfunde in Südbayern, München 1971 (MBV 14), S. 137 mit Abb. 38,7 (Becher dort datiert etwa um 300 n. Chr.) und S. 229 Grab 10 mit Taf. 5,5 und 6,5. Lothar Bakker: Ausgrabungen in der römischen Provinzhauptstadt Augusta Vindelicum-Augsburg, Schwaben. In: Das archäologische Jahr in Bayern 1983, Stuttgart 1984.

31 Vgl. einführend zur Wirtschaft in spätrömischer Zeit Thomas Pekáry: Die Wirtschaft der griechisch-römischen Antike, 2. Aufl., Wiesbaden 1979, S. 124–131. Zum Wirtschaftsleben in spätrömischer Zeit im Rheinland Harald von Petrikovits: Die Rheinlande in römischer Zeit, Düsseldorf 1980, S. 245–251 mit weiterführender Literatur.

32 Zu den Grabfunden des Friedhofs Frölichstraße/Hauptbahnhof/Rosenauberg sowie einzelner Körperbestattungen des Gräberfeldes Am Pfannenstiel: Keller, Grabfunde, S. 164–169, 225–229. Untersuchungen von 1975 kurz erwähnt bei Leo J. Weber: Befunde aus dem römischen Augsburg. In: Neue Funde aus Augsburg, Augsburg 1978 (Städt. Kunstsammlungen Augsburg, Römisches Museum 5), S. 35 f. mit Taf. 11, 13 und 15. Gräberfeld bei St. Ulrich und Afra: Joachim Werner (Hrsg.): Die Ausgrabungen in St. Ulrich und Afra in Augsburg 1961–1968, München 1977 (MBV 23); darin Joachim Werner: Die Gräber aus der Kryptagrabung, S. 141 f., und Gerhard Pohl zu den Gräbern aus dem Klosterbezirk und Pfarrgarten 1963–1968, S. 401–445. Vgl. auch den Beitrag Stadttopographie in diesem Buch.

33 Bei den Ausgrabungen von 1982 bis 1984 im Bereich des Kath. Pfarrgartens und des Pfarrhauses wurden neben rund 150 Körperbestattungen des 4.–8./9. Jahrhunderts auch die Kapelle St. Jakob mit *cella trichora* als Chorabschluß untersucht. Die früheste Bauphase dieser Kapelle scheint, nach vorläufiger Betrachtung, in karolingischer Zeit zu liegen; ob ein gemauertes Grab über einem in spätrömischer Zeit sekundär benutzten Frauensarkophag im Frühmittelalter Verehrung fand, steht noch offen. Dazu Lothar Bakker: Ausgrabungen bei St. Ulrich und Afra, Augsburg, Schwaben. In: Das archäologische Jahr in Bayern 1983, Stuttgart 1984.

34 Die in einem kurzen Vorbericht von M. R.-Alföldi, Spätrömische Doppelkirche, S. 46–61, erschlossene Anlage bleibt ohne Vorlage der Ausgrabungsbefunde noch hypothetisch.

35 Kellner, Römer in Bayern, S. 196 und Abb. 179.

36 Wagner, S. 228 Nr. 46. Ein Marmorplattenfragment mit eingeritzter Darstellung einer Taube befindet sich im Römischen Museum Augsburg, ist jedoch ohne Fundortangabe. Ob dieses wohl christliche Grabsteinbruchstück aus Augsburg stammt, bleibt daher unsicher.

37 In der Inschrift werden die *Pannoniciani (seniores?)* und vermutlich die *Angrivarii* und *Honoriani* genannt; letztere wurden erst 394/395 n. Chr. aufgestellt. Auf die Schwierigkeiten der Interpretation und zeitlichen Erfassung dieses Denkmals wies Hoffmann, Bewegungsheer, S. 323 mit Anm. 112 hin. Vgl. dazu Kellner, Augsburg, S. 709.

38 Der Münzschatz wird von Bernhard Overbeck in: Forschungen zur provinzialrömischen Archäologie in Bayerisch-Schwaben (Schwäbische Geschichtsquellen und Forschungen 14) vorgelegt. Friedolin Reutti: Eine römische Villa suburbana bei Stadtbergen, Lkr. Augsburg. In: BVBl 39 (1974), S. 104–126.

39 Günther Krahe: Ausgrabungen und Funde in Bayerisch Schwaben 1977. In: ZHVS 72 (1978), S. 40–42.

40 Vgl. Hübener, Augsburg, S. 227, zu Göggingen und Königsbrunn. Funde vorgelegt von Keller, Grabfunde, S. 230–233, 238. Zu Inningen: Neue Funde aus Augsburg, Augsburg 1978 (Städt. Kunstsammlungen Augsburg, Römisches Museum 5), S. 11, 79–81. Zu Westendorf Otto Schneider: Weitere Grabfunde vom spätrömischen Gräberfeld Westendorf, Flur »Fuchsäcker«. In: Jahresbericht des Heimatvereins für den Landkreis Augsburg 1982, S. 24–30.

41 Vgl. Bakker, Ausgrabungen Provinzhauptstadt 1983.

42 Vgl. zuletzt Thomas Fischer und Sabine Rieckhoff-Pauli: Von den Römern zu den Bajuwaren. Stadtarchäologie in Regensburg. In: Bavaria Antiqua, hrsg. von der Bayer. Vereinsbank, München 1982, S. 63–68.

43 Offiziell blieb die *Raetia secunda* bis 476 n. Chr. römische Provinz. Ob 401/402 n. Chr. auch Grenztruppen von Stilicho aus Rätien abgezogen wurden, wie lange Zeit angenommen, bleibt unsicher: vgl. Dietz, Osterhaus, Rieckhoff-Pauli und Spindler, Regensburg, S. 155 f. Einen planmäßigen Abzug aller römischen Militäreinheiten aus Rätien wird es ebensowenig wie an der Rheingrenze unter Stilicho gegeben haben, zumal gerade die Grenztruppen schon bodenständig ansässig und stark von germanischen Kontingenten durchsetzt waren. 409 n. Chr. wird ein Generidus als Befehlshaber rätischer, norischer und oberpannonischer Truppen überliefert (Zosimos V 46,2); möglicherweise führte er aber das Kommando in Illyrien über diese Truppen (im Bewegungsheer?). Als letzter Heermeister bekämpfte Aetius um 430 n. Chr. die Juthungen in Rätien, vgl. Friedrich Wagner: Das Ende der römischen Herrschaft in Raetien. In: BVBl 18–19 (1951–1952), S. 41; Dietz, Osterhaus, Rieckhoff-Pauli und Spindler, Regensburg, S. 160 f.

44 Zwei Münzen der zweiten Hälfte des 5. (Glycerius) und der ersten Hälfte des 6. Jahrhunderts (Justinian I.) reichen als Zeugnisse römisch-frühmittelalterlicher Siedlungskontinuität nicht aus: FMRD I. 7, 1962, S. 64 Nr. 7001, 916–917 (Fundort Frauentorstraße und Domplatz). Vgl. auch die Aufsätze zum frühen Christentum von Walter Sage und zur alamannischen Besiedlung von Volker Bierbrauer in diesem Band.

Alamannische Besiedlung Augsburgs und seines näheren Umlandes

*von Volker Bierbrauer**

Über das vorgegebene Thema zu handeln, heißt zunächst, sich jener Ausgangssituation bewußt werden, auf die die ersten »landnehmenden« germanischen Bevölkerungsgruppen im bayerischen Alpenvorland im 5. und 6. Jahrhundert, westlich des Lechs alamannische und östlich des Flusses jene spätestens seit der Mitte des 6. Jahrhunderts sich Bajuwarii nennenden und benannten, trafen. Dies bedeutet, die seit Alfons Dopschs grundlegendem und richtungweisendem Werk[1] in der historischen Forschung lange Zeit kontrovers beurteilte Kontinuitätsproblematik von der Antike zum Mittelalter – wenigstens knapp – anzusprechen, jenen Fragenkomplex also, den die archäologische Frühgeschichtsforschung auf dem Hintergrund intensiver, konsequent zielführender Untersuchungen nicht nur in Bayern eigentlich erst in den

* Unter Verwendung von Aufzeichnungen und Materialien von cand. phil. Thomas Vogt, der als Bonner Dissertationsthema die frühmittelalterliche Besiedlung des unteren und mittleren Lechtals bearbeitet.

letzten 15 Jahren, also wesentlich später als die historische Forschung, aufgegriffen hat. Ist insgesamt gesehen – historisch wie mit ersten gesicherten Ergebnissen nun auch archäologisch – zumindest an einer »gebrochenen« Kontinuität nicht mehr zu zweifeln, so sind freilich nicht nur die einzelnen Bewertungsstränge in der Ausformung der Kontinuität[2] nicht einheitlich mit übereinstimmenden Wertigkeiten zu beurteilen, sondern auch und vor allem regional aufdifferenziert in kleinräumigen Untersuchungsfeldern anzugehen; eine diachronische Betrachtungsweise ist unumgänglich[3]. Für die Raetia II steht eine solche zusammenfassende oder schwerpunktorientierte Untersuchung von seiten der Archäologie noch aus, von jener historischen Teildisziplin also, die durch den ständigen Zuwachs an Quellen im Unterschied zur alten und mittelalterlichen Geschichte als einzige künftig in der Lage sein wird, das heute auch durch die Geschichtsforschung kaum mehr angezweifelte, aber von ihr auch wohl nicht mehr entscheidend schärfer konturierbare Bild einer »gebrochenen« Kontinuität konkret und Schritt für Schritt genauer herauszuarbeiten[4]. Neue Grabungsergebnisse im bayerischen Voralpenland (Raetia I und II, westlicher Zipfel von Noricum ripense) in den letzten Jahren haben hier erfolgversprechende Ansätze, erste wirklich verwertbare Facetten zu einem Mosaik geliefert, das erst nach weiteren Jahren gezielter Ausgrabungstätigkeit vollständig vorliegen und zusammenfassend interpretiert werden kann. Diese ersten vorliegenden Einsichten beziehen sich vor allem auf römische Städte und Militäranlagen als Zentren römischer Zivilisation, so zum Beispiel auf Passau (Innstadt und Niedernburg: Boiotro und Batavis)[5], auf Regensburg[6] und Künzing (Quintanis)[7] mit einem schon nicht unbeträchtlichen Netz an Informationen, aber auch auf Augsburg, hier jedoch leider bislang nur sehr rudimentär. Sind es in Regensburg für das 5. Jahrhundert vorwiegend germanische, nun nicht mehr wie in der zweiten Hälfte des 4. Jahrhunderts auf germanische Söldner beziehbare Funde (Grabungen im Niedermünster und Grasgasse) bei bislang nur wenigen Anhaltspunkten für nach 401[8] im Lande verbliebene provinzialrömisch-romanische, in der Regel wohl nicht mehr der Oberschicht zuzurechnende Bevölkerungsgruppen, so ist dies zum Beispiel in

Passau umgekehrt[9]. Diese knappen Bemerkungen mögen andeuten, daß die Archäologie dank der Ausgrabungen des letzten Jahrzehnts für das bayerische Alpenvorland zwar lokal voneinander abweichende, aber dennoch in Grundzügen erkennbare Formen von Kontinuität unterschiedlicher Wertigkeit für das 5. Jahrhundert nachzuweisen vermag: eben weiterlebende restromanische Bevölkerung *und* »landnehmende« germanische, vor allem elbgermanisch-böhmisch und alamannisch bestimmte Gruppen; für sie ist nicht nur ein Gegeneinander (zum Beispiel Alamannen Gibulds), sondern auch ein teilweises Miteinander beider Bevölkerungen zu unterstellen, wie Rainer Christlein zu Recht annahm[10].

Wie läßt sich nun die skizzierte Problematik für Augusta Vindelicorum und sein Umland im 5. und 6. Jahrhundert erkennen und darstellen? Gibt es archäologische Zeugnisse für eine romanische Restbevölkerung (Restromanitas), und wann lassen sich erstmals germanische Neuankömmlinge nachweisen? Lassen sich Anhaltspunkte für einen Bezug beider ethnischer Gruppen aufeinander finden? Leider ist – wie bekannt – die Quellenlage im Augsburger Raum für diese spätrömisch-spätantike Zeit (wobei »spätantik« im umfassenden Sinn die Zeit des Übergangs ins frühe Mittelalter meint) immer noch alles andere als befriedigend zu nennen; das wenige, was derzeit zusammengetragen werden kann, erlaubt nur vorsichtige und sicher auch nur vorläufige Schlüsse, nur eine Art von Zwischenbilanz, die zu gegebener Zeit erweitert und korrigiert werden muß[11].

Innerhalb der Mauern der spätantiken Stadt bzw. in deren Umfeld im 5. und 6. Jahrhundert verbliebene Romanen sind durch den von Venantius Fortunatus für die Jahre zwischen 565 und 571 überlieferten Afra-Kult gesichert; er kann sich – auch mit Blick auf die zweifelsohne in das 4. Jahrhundert zurückreichende Tradition – nur auf eine christliche »Gemeinde« beziehen. Weiteres ist jedoch unbekannt und wäre daher nur mit Hilfe archäologischer Quellen darstellbar. Zu der bereits erwähnten unbefriedigenden Quellenlage im Bereich der Stadt Augsburg kommt nun ein im Charakter der Quellenüberlieferung selbst begründeter, zum Nachweis von Romanen im 5. und 6. Jahrhundert weiter erschwerender Umstand hinzu: die seit dem 4. Jahrhundert zunehmende und dann regelhafte Beigabenlosigkeit römisch-romanischer Bestattungen; nur noch in Ausnahmefällen wird in Tracht und/oder reduzierter Beigabensitte (Schmuck, Kamm-, Speise- und Trankbeigabe) beigesetzt. Folglich benötigt man zum archäologischen Nachweis romanischer Bestattungen möglichst große Gräberfeldausschnitte oder vollständig ausgegrabene Friedhöfe, um zum einen jene seltenen Ausnahmen von der Regel der beigabenlosen Bestattung zu erfassen und zum anderen, um über eine möglichst breite Materialgrundlage zur Analyse von Bestattungssitten zu verfügen, die mit bestimmten Merkmalen und unter bestimmten Voraussetzungen für das Romanentum aussagekräftig sind. Die einzige bislang für diese Fragestellung auswertbare Nekropole ist nun jene aus spätrömischer *und* frühmittelalterlicher Zeit in und bei St. Ulrich und Afra (Kat. Nr. 10)[12], in der sich auch das Grab der hl. Afra (gest. vermutlich 304) und die Memoria des 4. bis 6. Jahrhunderts befunden haben müssen, beides bislang noch nicht aufgefunden. Für die hier angesprochene Fragestellung – Möglichkeit des archäologischen Nachweises romanischer Bestattungen – ist die Feststellung Joachim Werners, dem die Publikation über St. Ulrich und Afra zu danken ist, eindeutig: »Das Aussetzen der Beigaben am Ende des 4. Jahrhunderts verhindert bis in die zweite Hälfte des 6. Jahrhunderts, wo nun auch Alamannen beim Afra-Grab bestattet wurden, den archäologischen Nachweis jener Kontinuität, die mit dem Kult am Märtyrergrab vorauszusetzen ist«[13]. Obgleich dieser Festlegung mit gesicherten Argumenten nicht widersprochen werden kann, lassen sich für das eine oder andere der der spätrömischen Zeit zugeordneten Gräber doch Bedenken anmelden: Aufgrund der langen Benützung bestimmter Gegenstände kann eine Datierung in das 5. Jahrhundert nicht mit Sicherheit ausgeschlossen werden[14]. Für eine Datierung in das 5. oder 6. Jahrhundert sprechen vor allem zwei Gräber, in denen der Tote mit einer Kopfauflage beigesetzt wurde[15], ein Brauch ausschließlich in romanischen Gräbern ab dem späten 4. Jahrhundert, vorwiegend jedoch in den beiden folgenden Jahrhunderten[16]. Betrachtet man die hohe Zahl beigabenloser, also dem romanischen Bestattungsbrauch prinzipiell entsprechender, jedoch nicht datierbarer Gräber, so ist aus dieser Sicht die Vermu-

tung naheliegend, nicht alle Gräber dem 4. bzw. der zweiten Hälfte des 6. und dem 7. Jahrhundert zuzuweisen; gleiches gilt für die steinumfaßten Gräber[17]. Wenn nun eines der steinumfaßten Gräber aufgrund eines Riemenbesatzes in die erste Hälfte des 7. Jahrhunderts datiert werden kann, in eine Zeit also, in der diese Grabzurichtung im alamannischen Bestattungsbrauch noch unüblich ist, Steinumfassungen aber häufig mit zunehmender Tendenz ab dem späten 4. Jahrhundert in der romanischen Welt üblich sind, so ist auch mit diesem Befund – zusammen mit den anderen Hinweisen – eine Kontinuität des Bestattungsplatzes unter und bei St. Ulrich und Afra nicht auszuschließen, ja sogar wahrscheinlich; erst der Fortgang der Grabungen, vielleicht einmal auch in St. Ulrich und Afra selbst, und die Auswertung der Ergebnisse der Jahre 1982/83[18] werden hier jedoch spekulationsfrei bzw. zweifelsfrei weiterführen können.

Ähnlich unsicher ist die Befundlage zur romanischen Bevölkerung innerhalb der Mauern von Augusta Vindelicorum: Einziger, aber zweifelsohne bedeutsamer Anhaltspunkt ist jener von Walter Sage erst kürzlich ergrabene Befund unter dem Dom, auch hier freilich nur auf der Grundlage eines sehr kleinen Grabungsausschnittes (Kat. Nr. 1). Die Mauerreste, die sich stratigraphisch zwischen die Bebauung des 4. Jahrhunderts und des ersten gesicherten karolingischen Kirchenbaues wohl aus der Zeit Bischof Simperts (778–807) schieben und durch Keramik des 7. Jahrhunderts in Superposition als *terminus ante quem* datieren lassen, sind in Blockbauweise errichtet (Trockenmauersockel mit aufgehenden Holzwänden); da diese Bauweise sich immer wieder – wie jüngste Untersuchungen des Verfassers zeigen[19] – ab dem späten 4. Jahrhundert bis in das 6. Jahrhundert in der romanischen Welt im circumalpinen Raum bis auf die Balkanhalbinsel in der *Profan*architektur nachweisen läßt, ist bei dem derzeitigen Ausgrabungsbefund nicht nur an eine frühe Bischofskirche, sondern auch an die Möglichkeit von romanischen Siedlungsresten der zweiten (?) Hälfte des 4. Jahrhunderts bis zum 7. Jahrhundert zu denken. Vielleicht liegen hier erste Anhaltspunkte romanischer Siedlungtätigkeit im 5./6. Jahrhundert vor, die sich auf die romanischen Gräber der Zeit nach 400 in und bei St. Ulrich und Afra beziehen lassen.

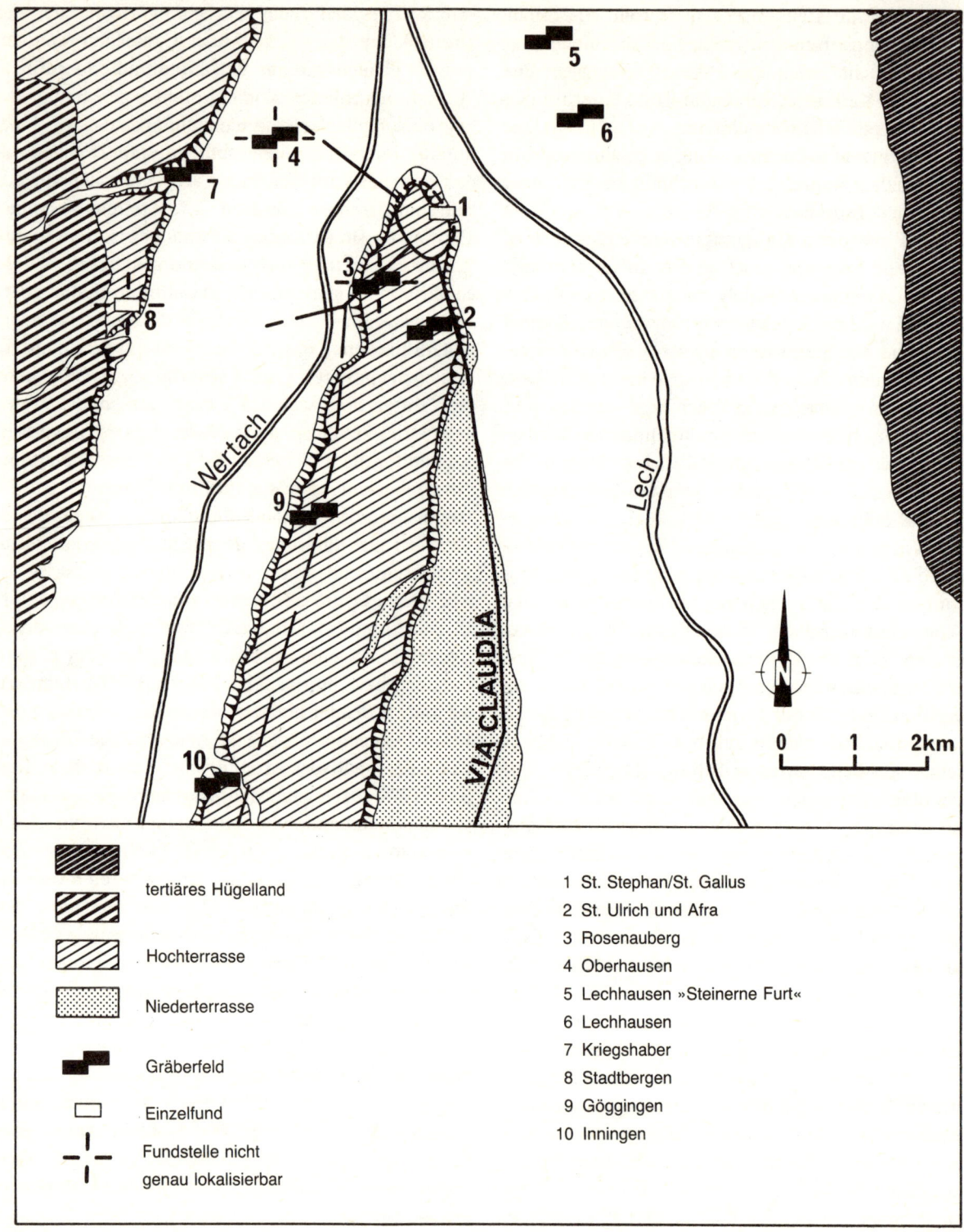

tertiäres Hügelland

Hochterrasse

Niederterrasse

Gräberfeld

Einzelfund

Fundstelle nicht genau lokalisierbar

1 St. Stephan/St. Gallus
2 St. Ulrich und Afra
3 Rosenauberg
4 Oberhausen
5 Lechhausen »Steinerne Furt«
6 Lechhausen
7 Kriegshaber
8 Stadtbergen
9 Göggingen
10 Inningen

1   *Frühmittelalterliche Fundstellen des 5. bis Anfang des 8. Jahrhunderts im Stadtgebiet von Augsburg.*

Nimmt man alles zusammen, so spricht das bislang durch Bodenaufschlüsse, leider jedoch noch fragmentarisch und auch nur vage Erkennbare dafür, künftig bei weiteren Grabungen Reste jener romanischen Gemeinschaft in und um Augusta Vindelicorum zu finden, die auch Venantius Fortunatus Mitte der sechziger Jahre des 6. Jahrhunderts auf seiner Reise nach Tours hier vorfand.

Ist diese Interpretation richtig, so wäre dies auch zugleich jene Situation, auf die die ersten »landnehmenden« Germanen, wohl Alamannen, trafen: eben auf eine (kleine ?) christlich-romanische Gemeinschaft, die wohl nur innerhalb der Stadtmauern und kaum auf dem flachen Lande im Augsburger Raum siedelte. In welche Zeit gehören nun – immer unter dem Vorbehalt der so unbefriedigenden Quellenlage im Augsburger Stadtgebiet und seiner näheren Umgebung gestellt – die derzeit faßbaren germanischen Siedlungsspuren?

Die frühesten merowingerzeitlich-alamannischen Funde aus dem heutigen Stadtgebiet von Augsburg stammen in einem Falle bezeichnenderweise aus dem schon angesprochenen Gräberfeld von St. Ulrich und Afra und sodann aus Kriegshaber (Textabb. 1, Nr. 2 und 7), bei ersterem zugleich der derzeit sicher datierbare, älteste Fund germanischer Prägung in diesem Gräberfeld: eine Vogelfibel (Textabb. 2,11) etwa aus der Mitte bzw. dem dritten Viertel des 6. Jahrhunderts[20]. Die nächst jüngeren alamannischen Gräber – nach der Analyse Joachim Werners einheimischen Adelsfamilien entstammend – gehören erst in das zweite Viertel des 7. Jahrhunderts: Sie wurden in einer vielleicht schon bestehenden, eher aber in einer am Anfang des 7. Jahrhunderts erbauten Afra-Kirche unweit des Afra-Grabes *ad sanctos* (bei den Märtyrern) beigesetzt (Gräber 11 und 30), also ebenso an privilegierter Stelle wie die beiden nicht der einheimischen Führungsschicht zuzurechnenden Toten aus den Gräbern 4 (Nordschweiz/Elsaß/Burgund: Mitte und zweite Hälfte des 7. Jahrhunderts) und 9 (mit beinerner Jonas-Schnalle; Südfrankreich: zweites Viertel des 7. Jahrhunderts), ebenso wie die beiden, vielleicht als Äbte oder Bischöfe anzusprechenden Personen in den Gräbern 1 und 8, vermutlich romanischer Herkunft (Gallien und Burgund: 640 bis 660 bzw. 620–640)[21]. Alamannische Grabfunde aus

dem letzten Drittel des 6. Jahrhunderts und der Zeit um 600, die die zeitliche Lücke zwischen dem zerstörten Frauengrab mit Vogelfibel und den Gräbern 11 bzw. 30 schließen könnten, fehlen; doch mag dies mit der Quellenlage zusammenhängen.

In Augsburg-Kriegshaber, einem Fundort am Rande der donaueiszeitlichen Platte, an einem kleinen Taleinschnitt gelegen (Textabb. 1,7; Kat. Nr. 4), wurde ein für die Besiedlungsgeschichte Augsburgs wichtiges Gräberfeld zerstört, dessen ursprüngliche Größe leider völlig unbekannt ist; die ältesten Funde gehören sehr wahrscheinlich noch in die erste Hälfte des 6. Jahrhunderts, nämlich eine Lanzenspitze mit eingezogenem Blattoberteil (Textabb. 3,5)[22], die jüngsten unter dem wenigen Erhaltenen in die zweite Hälfte des 7. Jahrhunderts (Textabb. 3,8). Besonders wichtig für die Beurteilung der hier Siedelnden ist ein Bronzebecken mit Standfußring (Textabb. 3,1–2), das als exquisites mobiles Gut in der Regel nur in Gräbern der Führungsschicht zu finden ist[23]; aufgrund seines etwas verdickten, gerade abgeschnittenen Randes gehört es in die zweite Hälfte des 6. und in das frühe 7. Jahrhundert[24]. Ist die Lokalisierung der Siedlung jener bereits in der Mitte des 6. Jahrhunderts bzw. im zweiten Viertel des 7. Jahrhunderts *ad sanctos* bei der hl. Afra bestatteten, bereits christlichen Alamannen völlig offen – die besondere Art des Bestattungsplatzes bei der hl. Afra schließt auch eine entfernt gelegene Siedlung nicht aus –, so siedelten die Alamannen von Kriegshaber etwa drei Kilometer westlich des spätrömischen Mauerrings von Augusta Vindelicorum; ein unmittelbarer Bezug auf das alte Stadtareal entfällt. Hier wie dort – und dies verbindet beide Fundorte gewichtig miteinander – wurden im 6./7. Jahrhundert Angehörige der alamannischen Führungsschicht bestattet.

Etwa in gleicher Entfernung zur spätrömischen Stadt wie die Alamannen von Kriegshaber war eine kleine Alamannengruppe nordöstlich in der Lechebene ansässig: in Lechhausen, an der »Steinernen Furt« (Textabb. 1,5; Taf. 1; Kat. Nr. 5), ebenfalls zweifelsohne Angehörige der Oberschicht; sie siedelte hier bereits in der Zeit um 500; diese kleine Alamannengruppe gehört somit – neben Nordendorf und Schwabmünchen (beide Landkreis Augsburg) – zu den gesicherten archäologischen Belegen einer er-

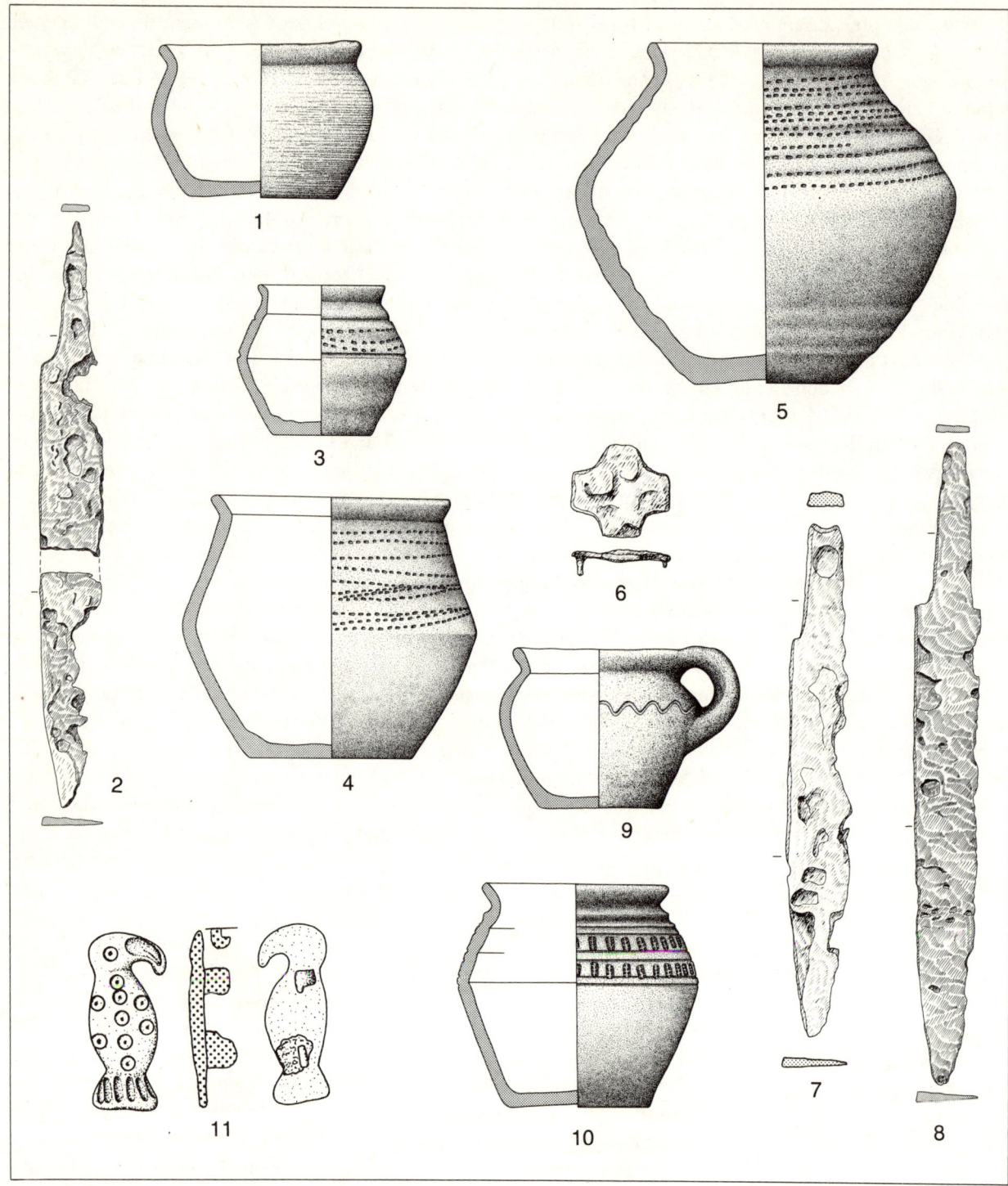

2   *Beigaben aus größtenteils zerstörten alamannischen Gräbern bzw. Friedhöfen des 6. und 7. Jahrhunderts im Augsburger Stadtgebiet: 1 St. Stephan/St. Gallus, 2–4 Rosenauberg, 5–8 Oberhausen, 9 Lechhausen-»Steinerne Furt«, 10 Stadtbergen, 11 St. Ulrich und Afra. 2.6–8 Eisen, 11 Bronze (11 Maßstab 1:1; 6–7 M. 1:2; 1.3–5.9.10 M. 1:3; 2.8 M. 1:4).*

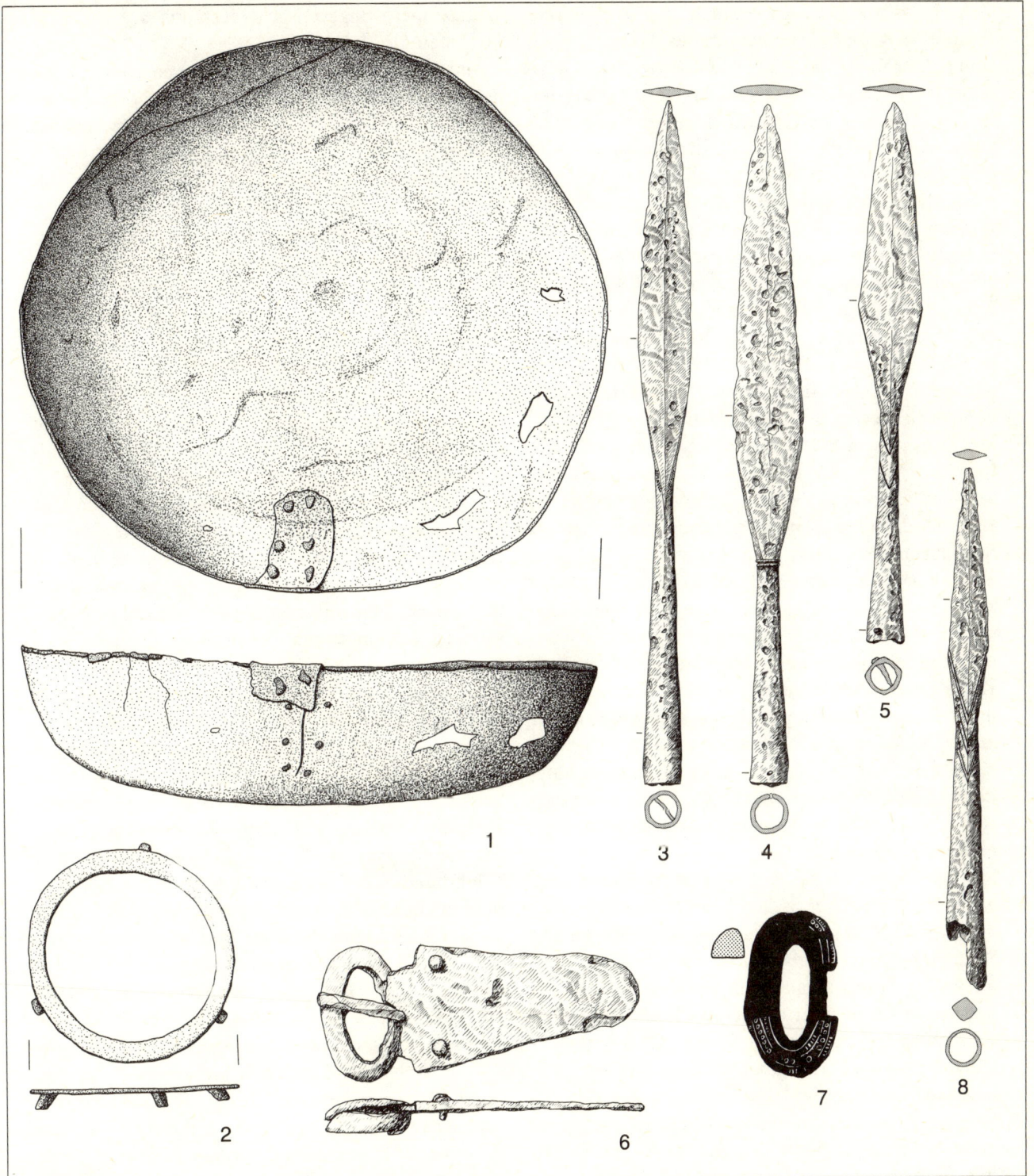

3 Kriegshaber: Beigaben aus zerstörten alamannischen Gräbern des 6. und 7. Jahrhunderts. 1–2 Bronze, 3–6.8 Eisen, 7 Eisen, silbertauschiert (6–7 Maßstab 1:2; 1–2 M. 1:3; 3–5.8 M. 1:4).

sten alamannischen Aufsiedlung des Augsburger Raumes und seines Umlandes an der Wende vom 5. zum 6. Jahrhundert und im ersten Drittel des 6. Jahrhunderts. Es handelt sich hierbei um jenen Zeitraum, in dem Teile des bayerischen Alpenvorlandes zwar weder nominell noch de facto, dennoch aber unter einer allerdings kaum näher umschreibbaren ostgotischen Schutzherrschaft zur Zeit Theoderichs des Großen standen; sie kann mit den genannten Alamannengruppen unmittelbar zusammenhängen, die sich durch ihr Überwechseln in den Raum südlich der Donau dem Zugriff des Frankenkönigs Chlodwig zu entziehen versuchten (497/507)[25]; freilich endete diese Schutzherrschaft bereits 536/537, als das Voralpenland dann doch unter fränkische Oberherrschaft geriet. Zu diesem Bestattungsplatz an der »Steinernen Furt«, wie auch zu einem weiteren (Textabb. 1,6; Kat. Nr. 5), in der Literatur fälschlicherweise als »Ortsgräberfeld« von Lechhausen bezeichnet, ist die Lage der dicht beieinander gelegenen, abgegangenen Siedlungen (Wüstungen) unbekannt.

Von allen alamannischen Fundstellen am nächsten zum spätrömisch-spätantiken Mauerring von Augusta Vindelicorum liegt der Rosenauberg, ein zur Wertach hin leicht abfallendes Gelände, leider – wie bei Kriegshaber – wiederum nur mit Einzelfunden, darunter Keramik, aus der Zeit um 600 bzw. aus der ersten Hälfte des 7. Jahrhunderts belegt (Textabb. 1,3; 2,2–4; Kat. Nr. 7); die dazugehörige Siedlung, deren Lage unbekannt ist, dürfte dennoch deutlich weniger als 1000 m vom südwestlichen Mauerring entfernt gewesen sein.

Mit Blick etwa auf die Regensburger Befunde wäre es nicht völlig überraschend, auch innerhalb der Mauern des spätantiken Augsburg auf germanische Siedlungsspuren zu stoßen; in diesem Sinne eindeutig interpretierbare Befunde fehlen jedoch bislang, was mit der schon mehrfach angesprochenen schlechten Quellenlage im Augsburger Stadtgebiet zusammenhängen kann; die bislang bekannten spärlichen keramischen Funde reichen für eine schlüssige Beweisführung nicht aus: ein Topf vielleicht schon des 6., eher aber des 7. Jahrhunderts, der bei Ausgrabungen der als frühchristliche Doppelbasilika angesprochenen Anlage bei St. Stephan/St. Gallus (Textabb. 1,1; 2,1; Kat. Nr. 9) gefunden wurde, und die bereits er-

wähnte merowingerzeitliche Keramik aus der Grabung unter dem Dom.

Ebenfalls noch im Weichbild der ummauerten Stadt gelegen, tragen die Fundstellen in Oberhausen mit Beigaben aus wenigen zerstörten Gräbern erst des 7. Jahrhunderts (Textabb. 1,4; 2,5–8; Kat. Nr. 6) und in Stadtbergen (Textabb. 1,8; 2,10; Kat. Nr. 8), gleichfalls aus dem 7. Jahrhundert, nur wenig zur weiteren Aufhellung des alamannischen Siedlungsbildes im Augsburger Raum bei; hierzu wäre vor allem die Kenntnis ihres Belegungsbeginns wichtig. Sie sind jedoch geeignet, den Eindruck zu verstärken, der sich auch mit den zuvor behandelten Fundstellen (Textabb. 1,2.5.7) schon aufdrängte: Alamannische Siedlungen legten sich wie ein Kranz um das spätantike ummauerte Areal der Stadt, in der – wenn die obige Annahme richtig ist – kleine (?) restromanische Gruppen im 5. und 6. Jahrhundert siedelten.

Als einziges Gräberfeld im Augsburger Raum läßt sich das von Göggingen (Textabb. 1,9; Kat. Nr. 2) siedlungsgeschichtlich – wenn auch nicht optimal, so doch mit einigen nicht unwichtigen Aspekten – auswerten; auf der westlichen Wertachterrasse gelegen – wie auch die Fundstellen Nr. 3 und 9 (Textabb. 1) –, handelt es sich ohne Zweifel um das »Ortsgräberfeld« des alten -ingen-Ortes Göggingen (969 noch »Geginga«; Textabb. 4,1). Der bis zum Jahre 1974 bekannte Friedhofausschnitt mit mindestens 186 Gräbern sichert eine Ortsgründung noch im 6. Jahrhundert; da immer noch nicht vollständig ergraben, kann die Siedlung auch älter sein. Die Ausstattung der Gräber vermittelt das Bild einer im 6. und 7. Jahrhundert durchschnittlich bäuerlichen Bevölkerung bis hin zur Aufgabe der Nekropole zu Beginn des 8. Jahrhunderts und ihrer Verlegung zur Ortskirche; nur Grab 28 aus dem Anfang des 8. Jahrhunderts, das eines Berittenen mit Sporenpaar, Spatha (zweischneidiges Langschwert), Lanze und Schild hebt sich von seinen spätmerowingischen Zeitgenossen ab, was auch durch den grabfreien Raum um Grab 28 zum Ausdruck kommt. Diese Hervorhebung einer Bestattung trifft sehr wahrscheinlich auch auf die etwa jeweils eine Generation älteren Gräber 118 und 107 zu, so daß man für die älteste Siedlungsgemeinschaft von Göggingen eine dominierende Familie annehmen kann. Soziologisch gesehen deutlich

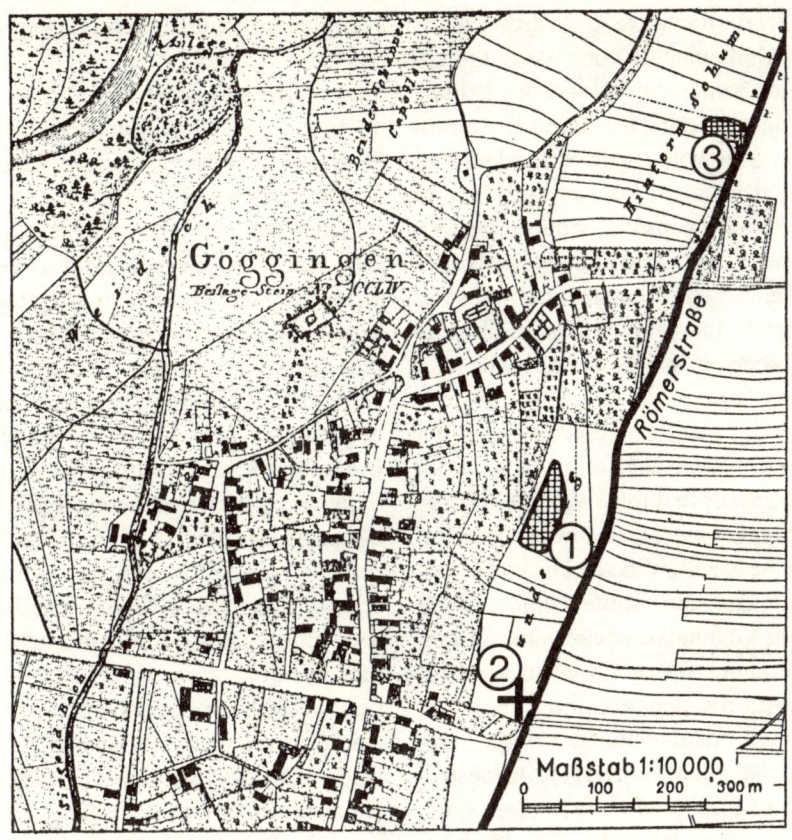

4   *Lage der beiden alamannischen Bestattungsplätze von Göggingen (1–2) in ihrem Verhältnis zum alten Ortskern; 3 spätrömische Gräber.*

höher ist – soweit der Archäologe dies mit den Erkenntnismöglichkeiten seines Faches beurteilen kann – die kleine Familiensepultur etwa 200 m südlich des »Ortsgräberfeldes« einzustufen (Textabb. 4,2): Dies geht aus den erhaltenen Beigaben von Spatha, Sax, Lanzenspitze, Schildbuckel und Goldohrring ebenso hervor wie vor allem aus der Tatsache, daß die hier Bestatteten separiert vom *populus*, also nicht mehr in einer Gräbergemeinschaft mit dem zugehörigen Stammesvolk bestattet wurden. Nicht unwichtig für beide Bestattungsplätze ist ferner, daß hier vergleichsweise lange an der in ihren Wurzeln heidnischen Beigabensitte, also bis in den Anfang des 8. Jahrhunderts, festgehalten wurde, konservative, beharrende Züge in den Jenseitsvorstellungen somit feststellbar sind.

Auch wenn auf dem heutigen Territorium der Stadt Augsburg immerhin zehn alamannische Fundstellen benannt werden konnten (Textabb. 1), darf dieses nur auf den ersten Blick befriedigende Bild nicht täuschen; entscheidend für eine tragfähige, die einzelnen Fundstellen in einen vergleichenden Bezug miteinander bringende siedlungsgeschichtliche Aussage ist nun einmal die Qualität der Quellenüberlieferung, und gerade diese fehlt. Immerhin kann – noch im Bereich des gesicherten Ergebnisses liegend – von einer ersten alamannischen Besiedlung im Augsburger Raum spätestens in der Zeit um 500 ausgegangen werden, deren mögliche äußeren Anstöße auch in den oben angesprochenen politischen Rahmenbedingungen dieser Zeit gelegen haben können. Daß diese frühmerowingerzeitlichen Augsburger Befunde (gesichert: Kat. Nr. 5, wahrscheinlich: Nr. 4 und 10) nicht isoliert und daher als zufällig nur begrenzt in diesem Sinne interpretierbar wären, wird durch die ebenfalls in dieser Zeit entstandenen Alamannensiedlungen von Nordendorf[26] im Norden sowie Schwabmünchen[27] und Salgen (Landkreis Unterallgäu)[28] im Süden bzw. Südwesten Augsburgs deutlich. In allen drei Fällen stimmt mit Augsburg nicht nur der erwähnte frühe Zeithorizont überein, sondern auch, daß hier – wie in Lechhausen (»Steinerne Furt«) – überdurchschnittlich wohlhabende und wohl auch politisch führende Familien in diesen ältesten »landnehmenden« alamannischen Siedelverbänden nachweisbar sind.

Gesichert ist ferner der deutliche Bezug eines beträchtlichen Teils der alamannischen Siedlungen auf das römische Straßennetz (Textabb. 1), ebensowenig zufällig wie ihre in vielen Fällen nachweisbare Bindung an in spätrömischer Zeit noch intakte kleine Wirtschaftsräume. Beides sind zweifelsohne lenkende Elemente für die »frühalamannische« Aufsiedlung, da sich gleiches auch für das Augsburger Umland nachweisen läßt; für den Landkreis Schwabmünchen zum Beispiel hat dies zuletzt Hans Peter Uenze klar und beispielhaft aufzeigen können[29]. Übereinstimmung zwischen dem Augsburger Raum und seinem nördlichen und südlichen Umland besteht auch hinsichtlich des topographischen Lagebefundes der Siedlungen: Sie liegen vornehmlich an dem westlichen Rand der lößbedeckten Hochterrassen zwischen Wertach und Lech, im Süden Augsburgs besonders deutlich zu sehen: Bobingen, Wehringen, Großaitingen, Schwabmünchen. Augsburg und sein Umland stimmen in den entscheidenden, die Zeit ab der Wende vom 5. zum 6. Jahrhundert bis in die Zeit um 700 betreffenden Grundzügen alamannischer Aufsiedlung weitgehend überein; während der Quellenzuwachs im Augsburger Umland detaillierte Einblicke in siedlungsgeschichtliche Fragen somit schon jetzt erkennen läßt, von denen hier im Rahmen einer Augsburger Stadtgeschichte freilich nur am Rande die Rede sein konnte[30], läßt sich ein Gleiches für Augsburg selbst künftig nur erhoffen, vor allem, was die wohl nur im ummauerten spätantiken Augsburger Stadtareal, nicht auf dem flachen Lande in nennenswerter Zahl siedelnden Romanen des 5. und 6. Jahrhunderts betrifft.

Katalog der Fundstellen im Augsburger Stadtgebiet

1. Augsburg-Dom

1979 und 1980 wurden durch Walter Sage Ausgrabungen in der Krypta des Domes durchgeführt. Die Vorberichte von ihm lassen – trotz aller noch vorhandenen Unsicherheiten – dennoch schon jetzt erkennen, daß im späten 4., wohl eher aber bereits im 5. Jahrhundert die hier im Kryptabereich nachgewiesene früh-mittel- und spätrömische Bebauung durch eine neue, in anderer Bautechnik (Trockenmauerwerk mit aufgehenden Holzwänden; Blockbauten) ausgeführte und in der Orientierung abweichende Bebauung ersetzt wurde; diese muß aufgrund von Superpositionen merowingerzeitlicher Keramik der ersten Hälfte des 7. Jahrhunderts (noch nicht publiziert) – jedenfalls im vorliegenden Grabungsausschnitt – bereits zu dieser Zeit demontiert worden sein. Die Zugehörigkeit dieser Baureste zu Profanbauten oder zu einer ersten frühen Kirche ist derzeit noch völlig offen, ersteres scheint Verf. wahrscheinlicher zu sein. Der erste gesicherte Kirchenbau ist mit Blick auf eine qualitätvolle Stuckausstattung und ein Chorschrankenfragment für die Karolingerzeit (Bischof Simpert?; 778–807) nachgewiesen mit nachfolgender Kirchenkontinuität.

Lit.: Walter Sage: Ausgrabungen in der Krypta des Domes zu Augsburg. In: Arch. Korrespondenzbl. 9 (1979), S. 435–441; ders., Die Ausgrabungen in der Krypta des Augsburger Domes. In: JVAB 15 (1981), S. 115–139; ders., Die Ausgrabungen in der Krypta des Augsburger Domes. In: Kunstchronik 34 (1981), S. 177–189.

2. Augsburg-Göggingen (Textabb. 1,9)

a) 1887 wurde auf einem Ziegeleigebäude (Kempten) westlich oder östlich des Römerweges ein Adelsgrab aus dem Anfang des 8. Jahrhunderts entdeckt; die genaue Lage der Fundstelle ist nicht ganz gesichert (Textabb. 4,2); gleichfalls unklar ist die Lokalisierung der in der Literatur gewöhnlich auf diese Fundstelle bezogenen drei Plattengräber.

b) In den Jahren 1927–1929 wurden 170 Reihengräber etwa 250 m südöstlich des alten Ortskerns (Gerhart-Hauptmann-Straße) planmäßig ausgegraben (Textabb. 4,1), 1964 eine unbekannte Zahl zerstört

(Graf-Seyssel-Straße; erhalten: zwei Spathaobertei-le); die letztgenannte Fundstelle liegt etwa 10–12 m südlich der bislang bekannten Südgrenze der Nekro-pole. 1965 konnte ihre nordöstliche Fortsetzung wei-terverfolgt werden (drei Gräber mit Tuffstein- und Steinplatten am Römerweg 12): Eines der Gräber mit Lanze war vermutlich alt beraubt, die beiden an-deren waren modern gestört. Nachgrabungen, wie-derum an der Gerhart-Hauptmann-Straße 13–15, erbrachten 1972 neun alt beraubte Gräber, 1974 am Römerweg 8 nochmals vier beigabenlose, zum Teil steinumfaßte Gräber. Die Gesamtausdehnung des mindestens vom Ende des 6. bis zum Beginn des 8. Jahrhunderts kontinuierlich belegten Gräberfeldes dürfte damit immer noch nicht erfaßt sein. Es ist ein-deutig auf die 969 mit »Geginga« bezeichnete Sied-lung unter dem alten Ortskern von Göggingen be-ziehbar, an der zur Wertach abfallenden Terrassen-kante gelegen. Eine Zusammengehörigkeit von a und b zu einem einzigen Bestattungsplatz, gelegentlich vermutet (W. Hübener), ist nicht gesichert, ja un-wahrscheinlich.

Lit.: Frauke Stein: Das alamannische Gräberfeld von Göggingen. In: BVBl 26 (1961), S. 75–107; dies., Adelsgräber des achten Jahrhunderts in Deutsch-land, Berlin 1967 (Germanische Denkmäler der Völ-kerwanderungszeit 9), S. 154f., 230f.; Wolfgang Hübener: Zum römischen und frühmittelalterlichen Augsburg. In: JRGZM 5 (1958), S. 233; BVBl 37 (1972), S. 204f.; ZHVS 70 (1976), S. 58f.; Leo We-ber (Hrsg.): Neue Funde aus Augsburg. In: Städti-sche Kunstsammlungen Augsburgs. Römisches Mu-seum 5, Augsburg 1978, S. 42.

3. Augsburg-Inningen (Textabb. 1,10)
a) 1954 wurden am Westrand der Hochterrasse, zur Singold abfallend, beim Kiesabbau der Firma Egger (Göggingen) eine unbekannte Zahl von Reihengrä-bern und, etwa 60–70 m weiter nördlich, zwei weite-re Reihengräber zerstört; die wenigen erhaltenen Beigaben lassen sich im 6./7. Jahrhundert nicht näher datieren. Beide Fundstellen gehören sicher zu einem einzigen Reihengräberfeld. Da etwa 700–800 m vom alten Ortskern gelegen, scheidet ein Bezug zu diesem aus.
b) Südlich der zuerst genannten Kiesgrube fanden

sich weitere Gräber, deren Zahl ebenso unbekannt ist wie bei a; der topographische Bezug zu a ist un-klar.
c) Wiederum südlich von b, jedoch ohne gesicherte Lagebeziehung, wurden 1963 und 1973 in den Hoch-terrassenschotter eingetiefte Hüttengrundrisse auf-gedeckt, deren Keramik in nachmerowingische Zeit gehört (9./10. Jahrhundert?); ob hier auch ältere Siedlungsreste anzunehmen sind und sich siedlungs-geschichtliche Bezüge zu a und b eröffnen, ist derzeit nicht bekannt.

Lit.: BVBl 22 (1957), S. 237; Jahresbericht des Ar-beitskreises für Vor- und Frühgeschichte im Heimat-verein des Ldkr. Augsburg 1973, S. 12; Hübener, Augsburg S. 233.

4. Augsburg-Kriegshaber (Textabb. 1,7)
Vermutlich 1931 wurden an der Ulmer Straße 246–248 etwa sechs Reihengräber zerstört, unter denen sich folgende Beigaben – ohne Kenntnis der Grab-zusammenhänge – fanden: ein Bronzebecken mit Standring (Textabb. 3,1–2), drei Lanzenspitzen (Textabb. 3,4–5,8), eine Gürtelschnalle mit Beschläg-platte aus Eisen (Textabb. 3,6), ein eiserner, silber-tauschierter Schnallenbügel (Textabb. 3,7); 1936 wurde hier ein weiteres Grab, aus dem eine Lanzen-spitze erhalten blieb (Textabb. 3,3), und 1953 ein weiteres Grab, vermutlich beigabenlos, zerstört. Es handelt sich hierbei um den Rest eines Reihengräber-feldes, dessen erhaltene Funde sich auf das 6. und 7. Jahrhundert verteilen. Der Fundort liegt am Rande der donaueiszeitlichen Platte an einem Taleinschnitt.
Lit.: Marlies Franken: Die Alamannen zwischen Iller und Lech, Berlin 1944 (Germanische Denkmäler der Völkerwanderungszeit 4), S. 32; Hübener, Augs-burg, S. 233f.

5. Augsburg-Lechhausen (Textabb. 1,5–6)
a) 500 m nordöstlich der St.-Pankratius-Kirche liegt ein Bestattungsplatz (Ecke Derchingerstraße–Klee-straße), von dem 1925 jedoch nur einige wenige Grä-ber bekannt wurden; von den Funden ist nur noch eine Spatha erhalten; 1968 kamen weitere Gräber hinzu, so daß eine Ausdehnung der Nekropole vom Holzplatz Heindl bis Mitte Kleestraße gesichert ist. Ein Bezug auf den Ortskern von Lechhausen ist auf-

grund der großen Entfernung und des Ortsnamens mehr als fraglich, die Lage der somit vorauszusetzenden Wüstung unbekannt.

Lit.: Ursula Koch: Alamannische Gräber der ersten Hälfte des 6. Jahrhunderts in Südbayern. In: BVBl 34 (1969), S. 178 mit Abb. 7; Weber (Hrsg.), Neue Funde aus Augsburg, S. 39.

b) Ungefähr 1,4 km nördlich der St.-Pankratius-Kirche wurden während des Zweiten Weltkriegs angeblich 18 Gräber an der »Steinernen Furt« aufgedeckt; ein Teil des Fundstoffes ging verloren, der Rest, der in die Zeit um 500 und in die erste Hälfte des 6. Jahrhunderts gehört, ist ohne Grabinventare überliefert. 1968 wurden weitere 5 bis 6 Gräber freigelegt (erhalten ein Henkelgefäß: Textabb. 2,9); die derzeit im Museum von Augsburg auffindbaren Beigaben – wie die älteren Gräber ohne Grabzusammenhang – gehören in die Zeit um 600 und in das 7. Jahrhundert. Die ursprüngliche Größe des Friedhofs ist unbekannt. Beide Fundstellen (1–2) liegen in der Lechebene, die dazugehörigen Wüstungen sind nicht lokalisiert.

Lit.: Ursula Koch, Alamannische Gräber, S. 162–193 (eine Auswahl der Beigaben: Abb. 22, 23).

6. Augsburg-Oberhausen (Textabb. 1,4)

1843 wurde in der Nähe der Ausweichstelle der Bahnlinie ein Tuffsteinplattengrab mit einer Doppelbestattung, darin ein kreuzförmiges Beschläg (Textabb. 2,6), entdeckt, desgleichen weitere Gräber angeblich bereits 1774; zwischen den Bahnprofilen 31 und 34 weitere Gräber, in denen sich ein Sax, ein Messer und eine Lanzenspitze befunden haben sollen. Hinzu kommt ein beigabenloses Steinplattengrab in der Nähe des Bahnhofs (1885). Alle genannten Fundstellen dürften zu einem einzigen Bestattungsplatz gehört haben. Im Museum Augsburg befinden sich ferner noch zwei Saxe, ein Messer und ein Gefäß mit schmalrechteckigem Stempeldekor mit der Fundortbezeichnung Oberhausen (Textabb. 2,5–8), die wohl aus demselben Gräberfeld stammen dürften, ob aus den genannten Bestattungen oder anderen zerstörten ist unklar.

Lit.: Franken, Alamannen zwischen Iller und Lech, S. 32.

7. Augsburg-Rosenauberg (Textabb. 1,3)

Vom Gebiet um den Bahnhof bzw. dem Rosenauberg, einem zur Wertach hin abfallenden Gelände, stammen mehrere Funde aus zerstörten Reihengräbern, darunter zwei Gefäße mit schmalrechteckigem Rollrädchendekor (Textabb. 2,3–4), ein beutelförmiges stempelverziertes Gefäß sowie eine Pfeilspitze und ein Sax (Textabb. 2,2); weiteres ist unbekannt, so auch die Lage der dazugehörigen Siedlung.

Lit.: Franken, Alamannen zwischen Iller und Lech, S. 32 f.

8. Stadtbergen (Textabb. 1,8)

Aus dem Ortszentrum stammt ohne Kenntnis der Fundumstände ein Tongefäß mit Stempeldekor (Textabb. 2,10); der Fundort liegt an der Ostkante des tertiären Hügellandes. Unpubliziert.

9. Augsburg-St. Stephan/St. Gallus (Textabb. 1,1)

Bei Ausgrabungen in den Jahren 1958, 1960 und 1962 im Bereich der als frühchristliche Doppelbasilika angesprochenen Anlage fand man ein handgefertigtes, unverziertes Tongefäß (Textabb. 2,1); die Fundumstände sind noch unpubliziert.

Lit.: Maria Radnóti-Alföldi: Neue Funde aus Augsburg. In: Städtische Kunstsammlungen Augsburg. Römisches Museum Bd. 5, Augsburg 1978, S. 50–61.

10. Augsburg-St. Ulrich und Afra (Textabb. 1,2)

Ausgrabungen in und bei St. Ulrich und Afra 1961–1968 und 1982–1983 mit dem Nachweis eines ausgedehnten, nicht vollständig ergrabenen spätrömischen Gräberfeldes (Krypta und Klosterbereich; Pfarrgarten; Godehard-Kapelle); die genaue Zahl der in spätrömische Zeit datierbaren Gräber läßt sich nicht ermitteln (über 200). Aufgrund datierbarer Beigaben ist eine Belegungskontinuität zu den nächst jüngeren datierbaren Gräbern aus der Mitte des 6. Jahrhunderts nicht zu erweisen, wegen bestimmter Grabzurüstungen und des hohen Anteils beigabenloser Gräber jedoch möglich. Diese Problematik ist aufs engste mit dem archäologischen Nachweis einer christlich-romanischen Gemeinschaft, die sich *ad sanctos* (bei den Märtyrern) beim Afra-Grab bestatten ließ, verbunden. Die ältesten Gräber christlichorthodoxer, weil ebenfalls *ad sanctos* beigesetzter adeliger Alamannen gehören vermutlich schon in die Mitte des 6. und dann in die erste Hälfte des 7. Jahrhunderts, dazu zwei Klerikergräber dieser Zeit. Gesichert, wenn auch im Grundriß nicht bekannt, ist eine Steinkirche wohl vom Anfang des 7. Jahrhunderts, in der diese zuletzt genannten Gräber nahe beim (noch) nicht nachgewiesenen Afra-Grab eingebracht waren; gleichfalls (noch) nicht nachgewiesen ist die Afra-Memoria des 4.–6. Jahrhunderts.

Lit.: Joachim Werner (Hrsg.): Die Ausgrabungen in St. Ulrich und Afra in Augsburg 1961–1968, mit Beiträgen von Aladar Radnóti u. a., München 1977 (Münchner Beiträge zur Vor- und Frühgeschichte 23).

1 Alfons Dopsch: Wirtschaftliche und soziale Grundlagen der europäischen Kulturentwicklung aus der Zeit von Cäsar bis auf Karl d. Gr., Bd. 1, Wien 1918, Bd. 2, Wien 1920; ders., Vom Altertum zum Mittelalter. Das Kontinuitätsproblem. In: Archiv für Kulturgeschichte 16 (1926), S. 159–182, zuletzt wieder abgedruckt in Paul Egon Hübinger (Hrsg.): Kulturbruch oder Kulturkontinuität im Übergang von der Antike zum Mittelalter, Darmstadt 1968 (Wege der Forschung 201), S. 78–103.

2 Etwa Wirtschaft, Kunst, Siedlungswesen, Verwaltung, Recht, Sprache, Namengebung, Tracht, Eß- und Trinksitten und vor allem Christentum und kirchliche Organisationsformen.

3 Vgl. zuletzt in diesem Sinne: Harald von Petrikovits: Der diachorische Aspekt der Kontinuität von der Spätantike zum frühen Mittelalter. Nachrichten der Akademie der Wissenschaften in Göttingen, Philologisch-historische Klasse, 1982, 5, Göttingen 1982, S. 211–224; für Noricum, Raetia I, Germania I und Maxima Sequanorum: Joachim Werner (Hrsg.): Von der Spätantike zum frühen Mittelalter. Aktuelle Probleme in historischer und archäologischer Sicht, Sigmaringen 1979 (Vorträge und Forschungen 25); für den Alpenraum: Volker Bierbrauer: Kontinuitätsproblem im Mittel- und Ostalpenraum zwischen dem 4. und 7. Jahrhundert aus archäologischer Sicht. In: Berichte zur deutschen Landeskunde 53 (1979), S. 343–370; ders., Invillino-Ibligo. Untersuchungen zum Kontinuitätsproblem im östlichen und mittleren Alpenraum. Bd. 1: Die Ausgrabungen im langobardenzeitlichen castrum von Invillino-Ibligo, München 1984 (Münchner Beiträge zur Vor- und Frühgeschichte 34; im Druck).

4 Zum Forschungsstand am Ausgang der sechziger Jahre: Erwin Keller: Die spätrömischen Grabfunde in Südbayern, München 1971 (Münchner Beiträge zur Vor- und Frühgeschichte 14) S. 187–191.

5 Rainer Christlein: Ausgrabungen im spätrömischen Kastell Boiotro zu Passau-Innstadt. In: Ostbairische Grenzmarken 18 (1976), S. 28–40; ders., Romanische und germanische Funde des fünften Jahrhunderts aus den Passauer Kastellen Batavis und Boiotro, ebd. S. 106–118; ders., Das spätrömische Kastell Boiotro zu Passau-Innstadt. Formen der Kontinuität am Donaulimes im raetisch-norischen Grenzbereich. In: Joachim Werner und Eugen Ewig (Hrsg.): Von der Spätantike zum frühen Mittelalter. Aktuelle Probleme in historischer und archäologischer Sicht, Sigmaringen 1979 (Vorträge und Forschungen 25), S. 91–124; ders., Die rätischen Städte Severins. Quintanis, Batavis und Boiotro und ihr Umland im 5. Jahrhundert aus archäologischer Sicht. In: Severin zwischen Römerzeit und Völkerwanderung. Ausstellungskatalog, Enns 1982, S. 217–253.

6 Klaus Schwarz: Das spätmerowingerzeitliche Grab des heiligen Bischofs Erhard im Niedermünster. In: Ausgrabungen in Deutschland. Gefördert von der Deutschen Forschungsgemeinschaft 1950/1975, Mainz 1975 (Monographien 1,2), des RGZM. Forschungsinstitut für Vor- und Frühgeschichte, S. 129–164; ders., Regensburg während des ersten Jahrtausends im Spiegel der Ausgrabungen im Niedermünster. In: Jahresber. Bayer. Bodendenkmalpflege 13/14 (1972/73), S. 20–98. Zur Grasgasse: Thomas Fischer und Sabine Rieckhoff-Pauli: Von den Römern zu den Bajuwaren. Stadtarchäologie in Regensburg, München 1982, passim und S. 52–68.

7 Christlein, Rätische Städte, S. 237–244, 252.

8 Rückzug der Truppen von Rhein und Donau durch Stilicho.

9 Zuletzt Christlein, Rätische Städte, S. 249, 226–237.

10 Christlein, Rätische Städte, S. 250f.

11 Um den Text zu entlasten und auch für den Nichtfachmann lesbar zu gestalten, wird – auch im Sinne einer Zwischenbilanz – ein kommentierter Fundkatalog angefügt, auf dessen Nummern im Text Bezug genommen wird.

12 Joachim Werner (Hrsg.): Die Ausgrabungen in St. Ulrich und Afra in Augsburg 1961–1968, München 1977 (Münchner Beiträge zur Vor- und Frühgeschichte 23); vgl. auch den Beitrag von Walter Sage in diesem Buch.

13 Werner, St. Ulrich und Afra, S. 463.

14 Z. B. Grab 2 (Krypta): Werner, St. Ulrich und Afra, S. 7, und Grab 5 (Pfarrgarten), S. 442.

15 Wiederum Grab 2 (Krypta): vgl. Anm. 14, und Grab 123 (Klostergarten): Werner, St. Ulrich und Afra, S. 435 mit Abb. 14.

16 Bierbrauer, Invillino-Ibligo.

17 Gräber 16, 123 (vgl. Anm. 15), A und B im Klostergarten: Werner, St. Ulrich und Afra, S. 434f. mit Abb. 14.

18 Grabung von Lothar Bakker (vgl. den Beitrag von Walter Sage in diesem Buch).

19 Bierbrauer, Invillino-Ibligo.

20 Werner, St. Ulrich und Afra, S. 459 und 463, Abb. 2,22 und Taf. 126,1.

21 Werner, St. Ulrich und Afra, S. 182–184, 186–189 (Gräber 11 und 30), S. 153–158, 173–182 (Gräber 4 und 9) und S. 142–152, 159–173 (Gräber 1 und 8).

22 Vgl. z. B. zuletzt Ursula Koch: Das Reihengräberfeld von Schretzheim, Berlin 1977 (Germanische Denkmäler der Völkerwanderungszeit A 23), S. 110 f.

23 Rainer Christlein: Besitzabstufungen zur Merowingerzeit im Spiegel reicher Grabfunde aus West- und Süddeutschland. In: JRGZM 20 (1973), S. 147–180.

24 Zuletzt: Koch, Schretzheim, S. 154 f.

25 Zuletzt ausführlich mit älterer Literatur: Volker Bierbrauer: Zu den Vorkommen ostgotischer Bügelfibeln in Raetia II. In: BVBl 36 (1971), S. 131–165, bes. S. 160–165; ders., Alamannische Funde der frühen Ostgotenzeit aus Oberitalien. In: Studien zur vor- und frühgeschichtlichen Archäologie. Festschrift für Joachim Werner, hrsg. von Georg Kossack und Günter Ulbert, München 1974, S. 559–578.

26 Marlies Franken: Die Alamannen zwischen Iller und Lech, Berlin 1944 (Germanische Denkmäler der Völkerwanderungszeit 5), S. 37–50.

27 Hans Peter Uenze: Vor- und Frühgeschichte im Landkreis Schwabmünchen, Kallmünz 1971 (Kataloge der Prähistorischen Staatssammlung München, 14), S. 56–59.

28 Franken, Alamannen zwischen Iller und Lech, S. 59–61.

29 Uenze, Schwabmünchen, S. 54, 60 f. mit Kartenbeilage.

30 In diesem Zusammenhang sei noch einmal auf die eingangs als Bonner Dissertationsthema aufgeführte, sich aber erst in einem Anfangsstadium befindende Arbeit von Thomas Vogt verwiesen.

Frühes Christentum und Kirchen aus der Zeit des Übergangs

von Walter Sage

Rätien und insbesondere das nach der diokletianischen Reichsreform als eigene Provinz abgespaltene Flachland-Rätien (Raetia II) zwischen Alpen, Iller, Donau und Inn gehören leider zu den überlieferungsarmen römischen Provinzen, so daß es im Grunde nicht verwundern muß, daß es hier mit Ausnahme eines einzigen bis jetzt aus Regensburg bekanntgewordenen frühchristlichen Grabsteins[1] keinerlei direkte schriftliche Zeugnisse für die Verbreitung des Christentums in der Antike gibt. Die einzige zu Fragen des frühen Christentums wirklich ergiebige Quelle in unseren Landen, die Vita des hl. Severin aus der Feder des Eugipp, erfaßt ja nur eben noch den Nordostzipfel Rätiens im Bereich um Künzing und Passau[2].

Und so wäre man in Augsburg bei allen Überlegungen hinsichtlich der Anfänge und frühen Entwicklung des christlichen Glaubens ähnlich wie an so manchen anderen Orten allein auf eine in der überlieferten Form erst im Mittelalter entstandene Heiligenlegende angewiesen[3], käme uns nicht hier ausnahmsweise einmal ein Glücksfall zu Hilfe. Es sind die oft zitierten Zeilen des spätrömischen Dichters Venantius Fortunatus, die für die Jahre um 565 bestätigen, daß tatsächlich in Augsburg das Andenken an eine christliche Märtyrerin namens Afra in hohen Ehren gehalten wurde[4].

Wer nun freilich im Hinblick auf die ungewöhnlich günstige Überlieferungslage in diesem Einzelfall zu der Ansicht neigt, es dürfe nicht schwer sein, Anfänge und Entwicklung der christlichen Gemeinde in Augsburg während des Altertums und des Frühmittelalters auch im wissenschaftlichen Sinn exakt zu erforschen und darzustellen, der irrt sich leider sehr. Um die einem solchen Unterfangen entgegenstehenden Schwierigkeiten besser verstehen zu können, müssen wir uns vor Augen führen, auf welche Art von Funden und Befunden sich der Archäologe stützen kann, wenn schon – wie bereits dargelegt – aussagefähige schriftliche Quellen nicht verfügbar sind. Die ersten drei nachchristlichen Jahrhunderte werden wir in unseren Breiten aus der Betrachtung aus-

Abb. 22   Lechhausen-»Steinerne Furt«. Silberlöffel mit Mo-
nogramm, ein Importstück aus dem ostgotischen Italien

Abb.   23   Lechhausen-»Steinerne   Furt«.   Alamannisches
Bügelfibelpaar der Frauentracht der Zeit um 500 bzw. des
frühen 6. Jh. (silbervergoldet)

Abb. 24 Augsburg, Dom 1980. Spätrömisches Trocken-
fundament aus großformatigen Spolien unter dem Ostteil der
Krypta, von Süden gesehen

Abb. 25 Augsburg, Dom 1979. Im Fundament der heutigen
Ostkrypta sekundär verbautes Fragment einer karolingischen
Chorschrankenplatte

schließen müssen. Selbst im Mittelmeerraum war es vor der Befreiung der Kirche von Unterdrückung und Verfolgung in den Toleranzedikten von 311 und 313 noch nicht zur Entwicklung regelrechter christlicher Kultbauten gekommen, die man bei Ausgrabungen als charakteristische Typen erkennen könnte[5]. Solange ständig die Gefahr von Unterdrückung und Verfolgung drohte, wird man sich auch gehütet haben, die Bewohner und Benutzer derartiger Räume durch eine auffällige Ausgestaltung oder gar durch die Anbringung dauerhafter einwandfrei christlicher Symbole einer Gefahr auszusetzen. Deshalb wird es sich auch bei großflächigen Ausgrabungen innerhalb noch nicht allzu stark gestörter Teile der antiken Stadt Augsburg nur schwerlich nachweisen lassen, ob es schon sehr früh zur Niederlassung von Christen gekommen ist, was bei den weiterreichenden Verbindungen der Provinzhauptstadt durchaus nicht verwunderlich wäre[6].

Nach der Befreiung des Christentums aus den Schranken staatlicher Verbote und dank der nun einsetzenden Förderung durch das Kaiserhaus kam es bekanntlich sehr schnell zu einer ersten Blütezeit des Kirchenbaus in Rom, in den Provinzen rund um das Mittelmeer, aber auch in Gallien, wo insbesondere die zeitweilige Residenz Trier mit ihren gewaltigen Kirchenbauten zu nennen wäre[7]. Das führte zu einer Ausbildung bestimmter charakteristischer Grundtypen, und auch in den alpenländischen Provinzen des Imperiums entstanden im 4. und vor allem 5. Jahrhundert zahlreiche typische christliche Kultgebäude. So manche dieser frühen Kirchen wurde beispielsweise im östlich benachbarten Noricum[8] und in der heutigen Schweiz durch Ausgrabungen wiederentdeckt[9], in beiden Gebieten nicht nur in sogenannten Refugien auf hohen Bergen, den letzten Zufluchtsorten der antiken Bevölkerung, sondern auch in Siedlungen unmittelbar an der Rhein- bzw. Donaugrenze. In der gleiche Zeitspanne, das heißt frühestens ab Konstantin dem Großen, könnten auch in Augsburg Kirchengebäude entstanden sein, deren Fundamente sich im Boden erhalten haben müßten. Ebenso wäre mit Resten von charakteristischen Ausstattungsstücken der Kirchen wie beispielsweise Altarplatten zu rechnen[10], und schließlich könnten einwandfrei christliche Begräbnisse auf den spätantiken Friedhöfen außerhalb der Siedlungen uns einen sicheren Anhalt liefern. Derartige Gräber sind freilich auch nur schwer zu identifizieren. Unbestreitbare Merkmale sind im Grunde nur Grabsteine mit christlichen Inschriften oder Grabmäler sowie Sarkophage mit christlichen Darstellungen und Symbolen. Wir müssen ferner damit rechnen, daß von der zweiten Hälfte des 5. Jahrhunderts an, unabhängig von den Friedhöfen der im Land verbliebenen Romanen, die charakteristischen Bestattungsplätze der neuen Herren im Lande entstanden, die sogenannten Reihengräberfelder, welche Franken, Alamannen, Bajuwaren und andere germanische Stämme in ziemlich einheitlicher Manier bis in die Zeit um 700 anlegten. Die Auswertung dieser auch in der Umgebung von Augsburg reichlich vertretenen Gräberfelder mit ihrem umfangreichen, nach Rang und Besitz der Verstorbenen gestaffelten Beigabengut ist für die Aufhellung der nahezu schriftlosen Periode zwischen dem Ende der Römerherrschaft und dem Beginn des Karolingerreiches von unschätzbarem Wert[11]. Auch im Hinblick auf unsere Fragestellung sind die Reihengräberfelder des beginnenden Mittelalters durchaus von Interesse, da im Lauf einiger Generationen offenbar ein Wandel im Verständnis der Beigabensitte vor sich gegangen ist. War die Ausstattung der Verstorbenen mit Waffen, Schmuck und Gebrauchsgerät ursprünglich sicher von heidnischen Vorstellungen über ein Weiterleben im Jenseits geprägt, so treten spätestens vom frühen 7. Jahrhundert an unter den sogenannten Beigaben auch Stücke auf, die ohne jeden Zweifel die christliche Überzeugung ihrer einstigen Träger zum Ausdruck bringen sollten. Dazu gehören die bekannten Goldblattkreuze oder als Reliquienbehälter verwendbare Gürtelschließen und Riemenzungen[12]. Wir sind sogar im Augenblick noch weitgehend auf derartige Grabfunde angewiesen, wenn wir die Auswirkungen der seit dem frühen 7. Jahrhundert verstärkten Bemühungen um eine Christianisierung der Bevölkerung im Voralpenland fassen wollen. Erst vereinzelt treten dazu auch Fälle, in denen ein unbezweifelbarer Zusammenhang zwischen einem beigabenführenden Reihengräberfeld und einer frühen Kirche, meist einem schlichten Holzpfostenbau, besteht[13].

Die Gewißheit, Augsburg sei seit dem späten Altertum ein christlicher Platz gewesen, stützte sich selbstverständlich auf den eingangs geschilderten Umstand, daß in verschiedenen Versionen das Martyrium der *hl. Afra* überliefert sei. Um kurz zu rekapitulieren: Die wohl älteste und knappste Erwähnung findet sich in dem sogenannten *Martyrologium Hieronymianum*, das in die Zeit um 600 oder kurz danach datiert wird. Die ältere *Passio S. Afrae* ist wahrscheinlich im 7. Jahrhundert (also in der Merowingerzeit) entstanden. Sie liegt in einer um 800 geschriebenen Textfassung vor. Als Ort des Leidens wird in beiden Quellen die *civitas agusta (in provincia Raetia) apud provintiam vitiam* genannt. Könnte diese Ortsangabe noch Zweifel zulassen, ob unser Augsburg gemeint ist, so werden diese durch die schon früher genannte Nachricht des Venantius Fortunatus zum Jahr 565 behoben. Vom Bau einer Kirche zu Ehren der Märtyrerin erfahren wir allerdings erst in der Zeit des Bischofs Simpert und dann wieder nach den Ungarnzerstörungen durch den hl. Ulrich[14].

Man durfte also annehmen, daß irgendwo in dem während des Mittelalters durch Kirchen- und Klosterbauten beachtlich angewachsenen Komplex von *St. Ulrich und Afra* der Kern der ganzen Entwicklung in Form des Grabes und vielleicht einer kleinen Gedächtniskapelle für die Heilige zu finden sei. Bis zum Zweiten Weltkrieg haben allerdings gezielte Forschungen zur Frühgeschichte von St. Ulrich und Afra nicht stattgefunden, so daß es durchaus verständlich scheint, wenn Ludwig Ohlenroth aufgrund der ihm ab 1956 möglichen Beobachtungen während verschiedener Baumaßnahmen zunächst die *Godehardskapelle* südöstlich der Hauptkirche als Nachfolger der ursprünglichen Aframemorie ansah. Hier nämlich war er zuerst auf spätrömische Gräber gestoßen. Als er auch im Bereich des Pfarrhofs nördlich der Kirche, also in der Umgebung der ehemaligen *Jakobskapelle*, spätrömische Bestattungen und vor allen Dingen einen Bau auf kleeblattförmigem Grundriß fand, den er mit gewissem Vorbehalt ebenfalls als Überrest einer vielleicht frühchristlichen Memorie deutete, war zumindest klar, daß sich in diesem Gelände ein größerer spätrömischer Friedhof verbergen mußte. Der enge Zusammenhang zwischen diesem Gräberfeld und der kirchlichen Entwicklung wurde jedoch erst durch die seit 1961 angelaufenen umfang

reichen Forschungen zur Gewißheit, die zunächst 1968 abgeschlossen, dann aber 1982/83 im Bereich des katholischen Pfarrhofs fortgesetzt wurden. Es ist sattsam bekannt, daß diese Erforschung mit einer Notuntersuchung begann, die gerade eben noch verheerende Verluste innerhalb der St. Ulrichs- und Afrakirche vermeiden konnte, als dort 1961 der Einbau der jetzigen Krypta in Angriff genommen wurde. Dank des unermüdlichen Einsatzes der Ausgräber konnte das auf eng begrenztem Raum noch erhaltene vorzügliche Fundmaterial planmäßig geborgen werden, und dank des Eingreifens der Kommission zur Erforschung des spätrömischen Rätien bei der Bayerischen Akademie der Wissenschaften unter Joachim Werner wurden die anschließenden umfangreichen Grabungen vor allem im Bereich des ehemaligen Klosters an der Südseite der Kirche ermöglicht, nicht zuletzt aber erfolgte in angemessener Zeit eine vorzügliche und umfassende Publikation aller bis 1968 in und um St. Ulrich und Afra bekanntgewordenen archäologischen Befunde.

Damit hat St. Ulrich und Afra nun auch in der Forschung einen für Augsburg einmaligen Rang eingenommen, da alle anderen einschlägigen Ausgrabungen bis heute nicht in vergleichbarer Weise vorgelegt worden sind. Die Untersuchungen von Lothar Bakker aus den Jahren 1982/83 tragen dazu bei, diese Vorrangstellung noch weiter auszubauen, so daß zur endgültigen Abrundung der Ergebnisse nur noch auf eine spätere vollständige Ausgrabung innerhalb der Kirche selbst zu hoffen ist.

Nun aber zu den für unsere Probleme wichtigsten Ergebnissen: Wie unter den gegebenen Voraussetzungen kaum anders zu erwarten, führten die Grabungen ab 1961 nicht zur Aufdeckung eines Gebäudes, das man als ersten Memorialbau für die hl. Afra ansprechen könnte, und ebensowenig wurde unter den recht zahlreichen spätantiken Gräbern eines gefunden, das mit Sicherheit als die ursprüngliche Grablege der Märtyrerin zu identifizieren wäre.

Abgesehen von dem eben geschilderten bedauerlichen Mangel nämlich hat sich im Bereich von St. Ulrich und Afra so ziemlich alles eingestellt, was wir als archäologischen Beweis einer ungebrochenen Verehrung der Märtyrerin Afra seit der spätrömischen Zeit verlangen können. Die heutige Kirche entstand innerhalb eines spätrömischen Gräberfeldes, dessen Nordgrenze etwa mit der heutigen Nordmauer im Bereich des Pfarrhofs zusammenfällt, während es sich im Süden bis weit in den Bereich des ehemaligen Klosterkreuzgangs erstreckte. Es lag wie alle antiken Gräberfelder außerhalb der Stadtmauern in der Nähe einer Ausfallstraße und nahm offensichtlich die Fläche einer leichten Erhebung ein, die noch heute hier am südlichen Ende der Augsburger Altstadt trotz aller Überbauung spürbar ist. Nur auf solchen Bestattungsplätzen konnten auch die Opfer der Christenverfolgungen beigesetzt werden, da es nach römischem Recht streng verboten war, Tote innerhalb einer bewohnten Siedlung zu beerdigen. Ob freilich das Gräberfeld im Bereich von St. Ulrich und Afra wie so viele andere römische Friedhöfe, die später wegen ihrer Märtyrerkirchen berühmt wurden[15], anfänglich ein heidnischer Begräbnisplatz war, ist nicht sicher festzustellen. Die auffallende Beigabenarmut aller bisher angetroffenen und in das 4. Jahrhundert datierbaren Gräber könnte im Vergleich mit dem aus der gleichen Zeit stammenden und noch reichlich mit Beigaben versehenen Gräberfeld in der Nähe des Hauptbahnhofs eher dafür sprechen, daß hier im Süden von Augusta Vindelicorum tatsächlich schon ein von Anfang an (überwiegend) christlicher Friedhof entstanden war[16].

Während die Errichtung von Totenhäusern oder zumindest Grabdenkmälern und die Versammlung der Hinterbliebenen zu gemeinsamen Totengedächtnisfeiern keinesfalls auf die Christen beschränkt, sondern allgemeiner Brauch waren, schätzte man es bei den Gemeinden des neuen Glaubens besonders, für die Bestattung der verstorbenen Gemeindemitglieder die engste Umgebung von Heiligengräbern zu benutzen, und das waren in der Frühzeit in aller Regel die Märtyrergräber. Man versprach sich von der leiblichen Nähe eines solchen Bekenners dessen besonderen Schutz auch noch im Jenseits, so wie nach damaliger Meinung schon die bloße Berührung eines Heiligengrabes dem Lebenden Hilfe und Heilung bringen konnte.

Dieser Glaube an die heilbringende Kraft des Märtyrergrabes hielt sich bis weit in das Mittelalter hinein lebendig. Und nur deshalb sind die Grabungsbefunde aus St. Ulrich und Afra auch so aufschlußreich, denn

aus den nur ärmlich oder gar nicht mit Beigaben ausgestatteten antiken Gräbern könnte man keinen ähnlich sicheren Schluß ziehen wie aus den hier ebenfalls konzentrierten Gräbern der nachfolgenden Merowingerzeit. Sie fanden sich mit deutlichem Schwerpunkt unter der heutigen Kirche und reichten bei weitem nicht so weit nach Süden wie die einwandfrei spätrömischen Bestattungen. Da, wie eingangs erwähnt, Art und Reichtum der Beigaben in den Reihengräbern einigermaßen sichere Schlüsse auf die wirtschaftliche und soziale Stellung der Verstorbenen zulassen, können wir schließen, daß in den teils allgemein in das 7. Jahrhundert, teils genauer in dessen erste beiden Viertel zu datierenden Gräbern unter St. Ulrich und Afra Angehörige hohen Standes beigesetzt worden sein müssen. Besonders das Grab 9, das unter anderem einen Sax mit einer von mehr als 100 Silbernieten besetzten Scheide, eine Streitaxt von bisher einmaliger Form sowie eine aus Bein geschnitzte sogenannte Jonasschnalle enthielt[17], verdeutlicht diesen hohen Rang, wobei die Gürtelschließe mit ihrer aus der biblischen Welt entnommenen Darstellung ein sicheres Zeichen für das christliche Bekenntnis ihres Trägers ist; überdies konnte sie ganz ähnlich wie die Bronzeschließe aus Grab 8 auch als Reliquienbehältnis dienen. Zwei der hier bestatteten männlichen Personen waren überdies nach Aussage der erhaltenen Grabausstattung mit Sicherheit Kleriker. Dies trifft zu für den Toten aus Grab 1, dem man einen hölzernen Krummstab ins Grab mitgegeben hatte, der ebenso wie die bei ihm gefundene charakteristische Form von Lederstiefeln auf einen Geistlichen deutet. Auch in Grab 8 hatte sich der Rest eines Holzstabes erhalten, doch nicht mehr mit der charakteristischen Krümmung eines sogenannten Hirtenstabes; dennoch sprechen auch hier wiederum die Reste der Kleidung, darunter ein halblanger Mantel aus Fischotterpelz, dafür, daß ihr Träger einst dem geistlichen Stand angehört hatte. Dieser Tote hatte außerdem wiederum eine Reliquienschnalle, diesmal freilich aus Messing bestehend, zusammen mit einem sehr kunstvoll gearbeiteten und mit weiteren Messingbeschlägen versehenen Ledergürtel ins Grab mitbekommen.

Fassen wir zusammen: Vertreter begüterter und hochgestellter Familien – des Adels, wie man mit gewissem Vorbehalt sagen kann – und Geistliche vielleicht ebenfalls höheren Ranges, die zweifellos den gleichen vornehmen Kreisen entstammten, bestattet auf engem Raum unter jenem Teil der Kirche, der bis zur Vereinigung in einem einzigen Langhaus der Verehrung der hl. Afra vorbehalten war: Das ist genau der Befund, den wir im Hinblick auf die Vorstellungswelt der spätrömischen und frühmittelalterlichen Christen in unmittelbarer Nähe eines Heiligengrabes erwarten dürfen. Und zwar gilt dies nicht nur hinsichtlich der Kleriker, sondern auch für die weltlichen Angehörigen mächtiger Familien; denn nur sie konnten – nachdem sie sich einmal zum neuen Glauben und seinen Schutzmächten bekannt hatten – die zum Bau und Unterhalt einer Kirche notwendigen Mittel aufbringen und sich so den besonderen Schutz des verehrten Heiligen auch für ihren Begräbnisplatz sichern – wir würden heute sagen: erkaufen, doch wäre das wohl für die Vorstellungen im frühen Mittelalter viel zu einseitig kommerziell gedacht.

Nur wenige Jahrzehnte trennen die Entstehung dieser gut datierbaren reichen Gräber aus der ersten Hälfte des 7. Jahrhunderts von dem Vermerk des Venantius Fortunatus über den Augsburger Afrakult zum Jahr 565. Auf der anderen Seite aber stehen die reichen Gräber des 7. Jahrhunderts offensichtlich in Zusammenhang mit einer jetzt auch unmittelbar aus dem Befund nachweisbaren Bautradition, die ununterbrochen bis zur heutigen Ulrichs- und Afrakirche führt.

Es war zuerst aufgefallen, daß die Einfüllung der merowingerzeitlichen Plattengräber merkliche Unterschiede aufwies. Aladar Radnóti und Joachim Werner deuteten diese Differenz zweifellos richtig, wenn sie sie dem Umstand zuschrieben, daß ein Teil der Bestattungen unter freiem Himmel erfolgte, die anderen Gräber dagegen innerhalb eines Gebäudes angelegt worden seien[18]. Gerade die letzteren lagen im Nordteil der Grabungsfläche von 1961, dort also, wo sich nachmals die mittelalterliche Afrakirche erhob. Entsprechend dürfte der älteste bei den Grabungen identifizierte Mauerzug, der in seiner Orientierung etwa den merowingerzeitlichen Gräbern folgt und damit merklich von den späteren Kirchenbauten abweicht, zur Südwand eines Sakralbaus gehört haben, in dem eben jene aufsehenerregenden Gräber ihren

Platz finden konnten. Dies aber kann nur die frühmittelalterliche Afrakirche sein.

Mit den weiteren Bauresten kommen wir dann allmählich in Zeiten, über die uns zunehmend auch schriftliche Dokumente Aufschluß geben. Abgesehen von den schon früher erwähnten Baunachrichten aus dem späten 8. und dem 10. Jahrhundert erfahren wir ja, daß sich die Augsburger Bischöfe bis zum Ende des 10. Jahrhunderts nicht in oder bei ihrer Kathedrale, sondern bei St. Afra bestatten ließen. Das spricht natürlich für die hohe Bedeutung des Heiligtums, ist aber an und für sich nichts Ungewöhnliches[19]. Auch diese historische Überlieferung hat sich im Grabungsbefund bestätigt, denn in der sogenannten Ulrichskrypta fanden sich sekundär eingebaut Bruchstücke mehrerer Grabsteine für Bischöfe aus der karolingischen Epoche[20]. Mit diesen Funden ist der direkte Anschluß an die weitere bauliche Entwicklung gewonnen, die uns an dieser Stelle nicht weiter beschäftigen muß.

Wenden wir uns noch einmal der Frühphase der Entwicklung und der Frage nach möglichen ältesten Kultbauten zu. Die geschilderten Befunde unter der heutigen Kirche haben zweifellos die These zur Gewißheit erhärtet, daß die ursprüngliche Grabstätte der Märtyrerin Afra innerhalb der heute stehenden Kirche, genauer gesagt: unter ihrem Nordteil, gelegen haben dürfte. Weder die ehemalige Godehardskapelle noch den Trikonchos unter dem Pfarrhof auf der Nordseite von St. Ulrich und Afra wird man beim heutigen Wissensstand noch für die Lokalisierung gerade dieser Memorie heranziehen wollen. Allerdings sind nun im Bereich des einstigen Pfarrhofs Befunde zutage getreten, welche das Bild von der Entwicklung um St. Ulrich und Afra weiter abzurunden helfen[21].

Zunächst ist zu wiederholen, daß sich der spätrömische Friedhof offenbar bis etwa an die Nordgrenze des Pfarrhofs, nicht aber darüber hinaus erstreckt hat. Gerade hier gab es eine gewisse Anzahl (noch) nord-südlich ausgerichteter Gräber, die vermutlich zu den ältesten am Platz gehören. Beigabenlos oder zumindest ärmlich waren auch hier alle Bestattungen, merowingerzeitliche Gräber wie unter der Kirche selbst scheinen allerdings zu fehlen. Unmittelbar südöstlich der ehemaligen Jakobskapelle stellte sich ein ganz eigentümlicher Befund ein: Hier stieß man auf einen Sarkophag, dessen Deckel auf der Schauseite figürlich verziert ist. Auf diesen Sarkophag bezogen und halb darüber gebaut, fand sich ein gemauertes Grab, das nach seiner Herstellungsweise ebenfalls noch der spätrömischen Zeit angehören muß[22]. Allerdings hat sich gezeigt, daß der Bau mit dem Chor auf Kleeblattgrundriß einwandfrei – das war für Ludwig Ohlenroth seinerzeit nicht zu erkennen – mit dem nach Westen anschließenden Langhaus zusammengehört. Damit wird unwahrscheinlich, daß er jemals eine Memorie im frühchristlichen Sinn gewesen ist. Er ist andererseits offensichtlich im angetroffenen Befund zweiperiodig, wobei die unteren Teile, eindeutig vorromanische, aufgehende jüngere Mauerpartien, aber im heutigen Pfarrhof erhalten sind. Dieser Bau ist wohl in die Hoch- oder allenfalls Spätromanik einzuordnen.

Nach den bis zur Abfassung dieses Berichtes vorliegenden Beobachtungen ist mit einem noch älteren (spätrömischen) Vorgängerbau nicht mehr zu rechnen, jedenfalls nicht mit einem auf dem gleichen kleeblattförmigen Chorgrundriß. Immerhin aber scheint es möglich, daß sich über der eigenartigen Begräbnisstelle mit Sarkophag und überlagerndem gemauertem Grab anfänglich eine leicht gebaute einfache Memorie erhob, an die man im frühen Mittelalter anschließen konnte. Auch an dieser Stelle mag also eine inzwischen verschollene Tradition für erhöhtes Ansehen des Platzes gesorgt haben. Es könnte unter diesen Umständen sogar sein, daß die mittelalterlichen Formen der Afralegende recht haben, wenn sie vom Tod mehrerer Gläubiger während der letzten Christenverfolgungen erzählen; ihre Namen mögen freilich schon bald vergessen, ihre Verehrung mag hinter jener der hl. Afra zurückgetreten sein[23]. Es wäre nachzutragen, daß einige Funde aus der Pfarrhofgrabung darauf hindeuten, daß in diesem Bereich in karolingisch-ottonischer Zeit noch oder wieder Tote bestattet wurden. Dies rundet das Bild einer seit dem 4. Jahrhundert ununterbrochenen Schätzung und Nutzung des ganzen Bezirkes um St. Ulrich und Afra in erfreulicher Weise ab.

Erinnern wir uns noch einmal an die reichen Gräber des 7. Jahrhunderts unter der Ulrichs- und Afrakirche. Wie Joachim Werner ausführlich belegt, drückt

sich in ihrem Beigabengut ein starker westfränkisch-burgundischer Einschlag aus[24]. Friedrich Prinz konnte in seinem Beitrag aufzeigen, wie gut derartige Beziehungen in die politische Situation des Frankenreiches während der ersten Hälfte des 7. Jahrhunderts passen[25]. Denn gerade damals wurde, besonders unter König Dagobert I., die Missionierung der östlichen Reichsteile intensiviert, wobei insbesondere dem Kloster Luxeuil in Burgund eine führende Rolle zufiel. Sicherlich setzte sich erst damals das christliche Bekenntnis im Voralpenland endgültig durch.

Wenn es andererseits aber in Augsburg selbst eine christliche Gemeinde gegeben hat, die nach Ausweis des Afrakults den Machtwechsel im Land überdauert haben muß, dann stellt sich wiederum die Frage nach der Organisation und dem Charakter dieser Gemeinde[26].

Welche der Augsburger Kirchen innerhalb der spätrömischen Stadtmauern aber überhaupt für eine Gemeinde- oder gar für eine Bischofskirche in Frage kommt, dafür fehlt es an jeder historischen Nachricht, die den Ansatzpunkt für eine gezielte Forschung hätte abgeben können. Nur für den heutigen Dom läßt sich ein wiederum indirektes Argument anführen, das auf besonders hohes, im Kern also jedenfalls frühchristliches Alter deuten könnte: Der Dom bildete im Mittelalter den Mittelpunkt eines eigenständigen bischöflichen Bezirks, der sich durch seine teilweise erhaltene Ummauerung noch heute deutlich aus dem Stadtbild Augsburgs abhebt[27]. Dieser Bezirk aber entwickelte sich in einem Randbereich der antiken Stadt innerhalb der Umwehrung, also dort, wo frühchristliche Gemeindekirchen verhältnismäßig häufig anzutreffen sind[28], und er bildete in der Folge den einen der beiden Kristallisationspunkte der Stadtentwicklung im Norden, während im Süden der Kultplatz der hl. Afra zur zweiten und im wahrsten Sinne richtungweisenden Dominante wurde. Die Existenz dieser offenbar schon sehr früh mit einfachen Mitteln neu befestigten nachmaligen bischöflichen Immunität innerhalb der spätrömischen Stadt[29], die im übrigen während des frühen und hohen Mittelalters weithin wüst liegenblieb bzw. als Steinbruch ausgeplündert und erst relativ spät wieder teilweise überbaut wurde[30], könnte für sich allein schon auf eine noch in geordnete Zeiten vor dem Mittelalter zurückreichende kirchliche Tradition im Dombereich hinweisen. Zumindest möchte man Bedenken anmelden gegen Überlegungen, nach denen hier erstmals im 7. Jahrhundert oder gar erst gegen 700 ein christlicher Kultbau und dann sogleich ein Dom erbaut worden wäre[31].

Innerhalb des *Dombezirks* hatten sich wiederholt Gelegenheiten zu archäologischen Forschungen ergeben, unter anderem im Bereich der 1808 abgebrochenen Johanniskirche südlich des Doms. Schon das Patrozinium läßt vermuten, daß dieses Gotteshaus ursprünglich als Taufkapelle für den Dom diente, und Ludwig Ohlenroth hat die seit etwa 1860 an dieser Stelle unternommenen und von ihm abgeschlossenen, jedoch nie umfassend publizierten archäologischen Beobachtungen bekanntlich entsprechend interpretiert: Aus einem profanen Gebäude, vermutlich einem Wohnhaus, entstand hier in der Spätzeit des römischen Augsburg ein christlicher Kultraum mit Taufbrunnen. Dieser wurde von einer kleinen Kirche mit eingestellter Priesterbank abgelöst, bis schließlich unter dem hl. Ulrich die auch historisch bezeugte dreischiffige Basilika an seine Stelle trat, die bis zur Säkularisation erhalten geblieben ist[32].

So ansprechend diese Interpretation auf den ersten Blick wirkt, sie ist keineswegs unwidersprochen geblieben. Insbesondere Wolfgang Hübener führte ins Feld, daß der vermeintlich frühchristliche Taufbrunnen wegen der in seiner Füllung eingeschlossenen Kleinfunde nur schwerlich spätrömischen Ursprungs sein könne und vielmehr in die Zeit zwischen etwa 600 und dem 9. Jahrhundert zu datieren sei. Davon abgesehen, wirkt auch von den topographischen Verhältnissen her die Interpretation des »Brunnens« als Taufanlage nicht recht überzeugend. Zunächst wäre die Veröffentlichung aller Grabungsunterlagen notwendig, um sicher entscheiden zu können, ob es sich bei der Annahme spätrömischer Entstehung wirklich um die Piscina eines Baptisteriums und nicht nur um eines der in größeren Wohnkomplexen allgemein üblichen Wasserbecken handelt. Zum anderen ist eine Veränderung der Baufluchten gegenüber der nachfolgenden »Kirche mit Priesterbank« und der hochmittelalterlichen Basilika nicht zu übersehen; auch das wirkt bei der Annahme einer ungebrochenen Kontinuität zumindest befremdlich. Ferner scheint

auch die Kirche mit eingestellter Priesterbank als solche keineswegs über jeden Zweifel erhaben; die vermeintliche Priesterbank könnte durchaus auch das Fundament der Konche eines Saals sein, dessen Zweckbestimmung als christlicher Kultraum dann erst wieder zu beweisen wäre[33].

Leider hat die »Konservierung« der Befunde vor dem Zweiten Weltkrieg jede unmittelbare Überprüfung an Ort und Stelle wohl für immer ausgeschlossen, worauf schon Hans-Jörg Kellner mit Bedauern hinwies[34], so daß man die Existenz eines frühchristlichen Baptisteriums an der Stelle von St. Johannis bestenfalls als eine Möglichkeit, nicht aber als gesicherte Tatsache in die künftigen Überlegungen aufnehmen sollte, zumal Beobachtungen bei der Ausgrabung unter der Westkrypta des Doms vielleicht in eine andere Richtung weisen.

Innerhalb des *Doms* hatten sich 1970 bei der Umgestaltung des Ostchors und dann beim anschließenden Einbau von Heizkanälen in das Lang- und Querhaus Gelegenheiten zu archäologischen Untersuchungen ergeben[35]. Dabei wurde in keinem Fall sicher spätrömische Substanz erreicht oder festgestellt; von systematisch durchgeführten Ausgrabungen kann in diesem gesamten Bereich nicht die Rede sein. Solche erfolgten erst 1979/80 innerhalb der heutigen Westkrypta des Doms[36]. Die an dieser Stelle und in einem einzigen kleinen Suchschnitt außerhalb der Krypta im nördlichen Querhausflügel gewonnenen stratigraphischen Erkenntnisse erlauben aber bis zu einem gewissen Grad auch eine neue Beurteilung der während der voraufgegangenen Notbeobachtungen festgestellten Befunde. So wird die sogenannte Nischenmauer am Ansatz des heutigen Ostchors von Leo Weber zu Recht als Ostabschluß des karolingischen Doms angesprochen worden sein; die etwas weiter östlich von ihm festgestellte mächtige Apside dagegen wird mit Sicherheit nicht der Kathedrale des 11. Jahrhunderts, sondern einem erst bei unserer Untersuchung erkannten zweiten vorromanisch-frühmittelalterlichen Dombau zugehören (Textabb. 1)[37]. Nach den bisher gesammelten Beobachtungen wird das Aussehen des Doms bis heute wesentlich durch einen frühromanischen Neubau bestimmt, dessen Vollendung mit der zum Jahr 1065 überlieferten Weihe in Zusammenhang gebracht werden darf. Die

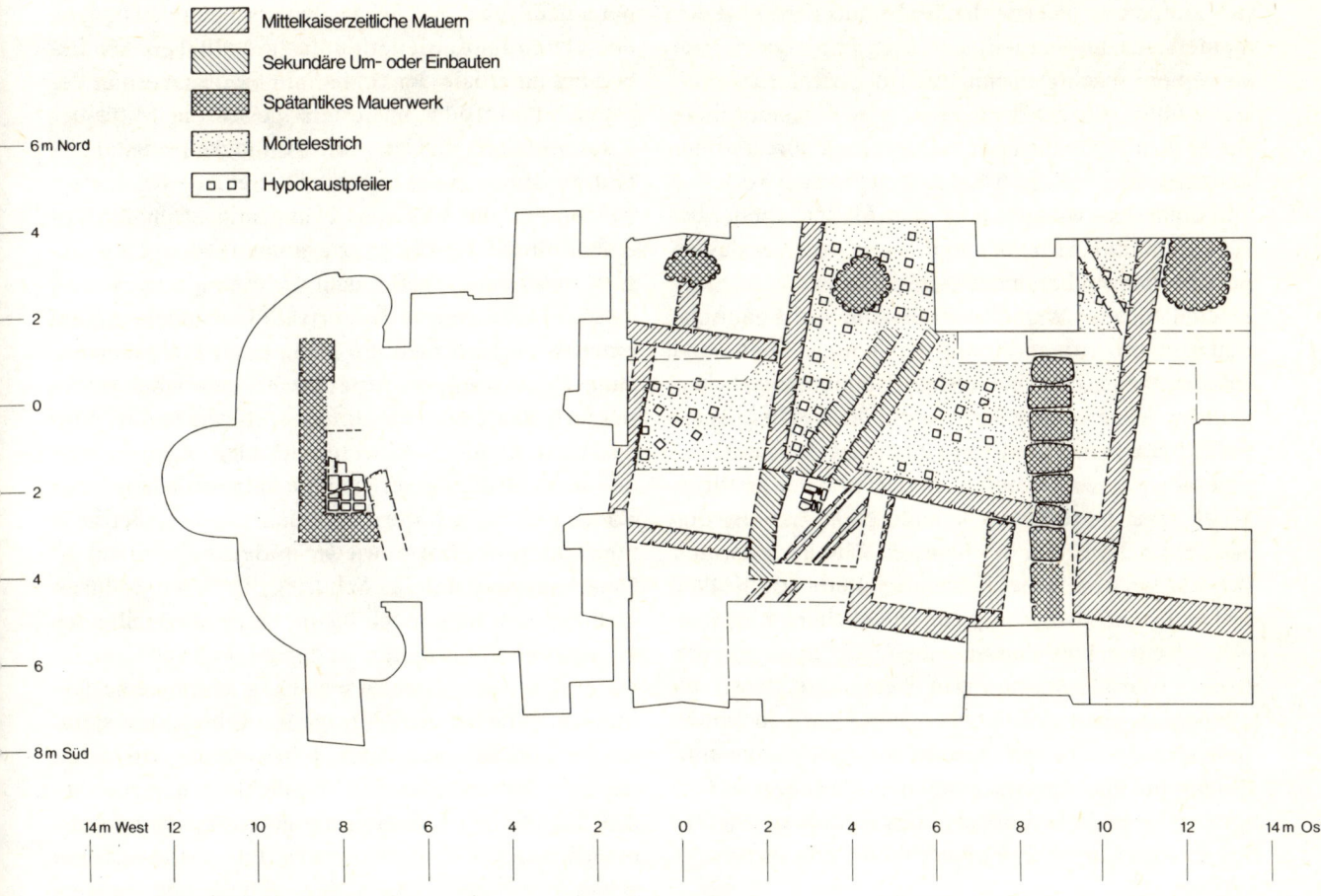

Mittelkaiserzeitliche Mauern

Sekundäre Um- oder Einbauten

Spätantikes Mauerwerk

Mörtelstrich

Hypokaustpfeiler

6 m Nord

— 4

— 2

— 0

— 2

— 4

— 6

— 8 m Süd

14 m West   12   10   8   6   4   2   0   2   4   6   8   10   12   14 m Ost

1   *Plan der neuen Ausgrabungen in der Krypta des Augsburger Doms.*

dıesem Dom sicher zuzuweisenden Bauteile sind deshalb die Ausgangsbasis für die Beurteilung aller älteren hier angetroffenen Bausubstanz. Außer der jetzt wieder für gottesdienstliche Zwecke gewonnenen Westkrypta (ohne den erst im 12. Jahrhundert entstandenen vierschiffigen Teil unter der Vierung) gehören dazu beide Flügel des Querhauses, teilweise mit aufgehender Mauersubstanz, das Mittelschiff wohl bis an die Dachtraufe, die von Leo Weber beobachteten Fundamente der Seitenschiffwände und die beiden wiederum in größerer Höhe im Aufgehenden erhaltenen Osttürme.

Wie schon erwähnt, ließ sich während der Ausgra-

bung unter der Krypta das Vorhandensein von zwei vorromanischen frühmittelalterlichen Gebäuden nachweisen. Freilich dokumentierten sich diese beiden Dome vor allem durch die von ihnen übriggebliebenen, über spätrömische Baureste ziehenden Fußböden, so daß im Augenblick nur wenig über ihre Grundrißgestalt und Größe zu sagen ist. Der jüngere von beiden war breiter als das heutige Mittelschiff, seine nördliche Begrenzung fanden wir in unserem Suchschnitt im nördlichen Querhausflügel. An diesen Bau läßt sich die unter dem Ostchor angetroffene Apsis schon wegen der Breite recht gut anschließen. Überdies kann diese Apsis im Osten auch wegen ihrer Bautechnik nicht zu den Teilen aus dem 11. Jahrhundert gezählt werden; sie entspricht vielmehr genau einem mächtigen nordsüdlich gerichteten Mauerzug unter der heutigen Westapsis, der hier einem der beiden vorromanischen Dome angehört und mit seinem kleinformatigen Kalktuffsteinmauerwerk eng mit dem Trikonchos unter der Jakobskapelle bei St. Ulrich und Afra verwandt ist, worauf bei dessen Beschreibung schon hingewiesen wurde.

Zweifellos aber war dieser jüngere vorromanische Bau genauso orientiert wie der heutige Dom, und dies trifft auch für den ersten frühmittelalterlichen Dom zu, insbesondere dann, wenn die Nischenmauer am Ostchoransatz tatsächlich zu diesem Gebäude gehört hat, wie wir vermuten. Im Bereich der heutigen Westkrypta hatte dieser ältere Vorläuferdom nur noch etwa die Breite des heutigen Mittelschiffs.

Der Hauptchor beider frühmittelalterlicher Kathedralen lag im Westen. Wahrscheinlich handelte es sich in beiden Perioden um eine mächtige Apsis, die etwa die Größe der heutigen Westkrypta, bzw. des frühromanischen Westchors gehabt haben muß. Spätestens in der zweiten Bauphase dürfte dazu eine Ringkrypta getreten sein, da schon vor längerer Zeit außerhalb des Westchors ein entsprechendes ringförmiges konzentrisches Mauerfundament gefunden worden ist[38].

So geringfügig sich die wenigen Relikte der beiden vorromanischen Dome ausnehmen mögen, so könnte doch insbesondere die Übereinstimmung ihrer Orientierung auch in der Frage nach möglichen noch älteren Vorgängern weiterführen. Zunächst aber noch ein Wort zur Datierung der frühmittelalterlichen Bauzustände! Da sich Reste der Ausstattung des älteren der beiden Gebäude in Form eines Chorschrankenfragments und zahlreicher Trümmer einer Ausstuckierung gefunden haben, die beide charakteristische Flechtbandornamente der karolingischen Zeit zeigen, können wir diesen Bau mit einiger Sicherheit in Beziehung zu den Baunachrichten aus der Zeit des Bischofs Simpert setzen. Zumindest die charakteristische Ausstattung, vielleicht aber der ganze ältere der beiden vorromanischen Dome dürfte also gegen oder um 800 entstanden sein.

Zum besseren Verständnis ist es notwendig, jetzt die zeitliche Skala gewissermaßen vom anderen Ende

her aufzurollen. Wie bei systematischen Forschungen der letzten Jahre wiederholt festgestellt, setzt die Bebauung innerhalb der römischen Stadtmauern in der ersten Hälfte oder spätestens gegen die Mitte des 1. Jahrhunderts n. Chr. ein. Anfänglich entstanden Holzgebäude, später massive Häuser, die sich in dem von uns erfaßten kleinen Ausschnitt schließlich zu einem offenbar größeren zusammengehörigen Komplex mit relativ großzügiger Raumfolge entwickelt hatten. Dieser vermutlich private Gebäudekomplex, innerhalb dessen mehrere Räume mit Fußbodenheizung *(hypocaustum)* versehen waren, nahm offensichtlich während der Alamannenstürme in der Mitte des 3. Jahrhunderts schweren Schaden. Aber er wurde wieder instand gesetzt, und im größeren heizbaren Raum wurde auch die Fußbodenheizung, allerdings in vereinfachter Form, wieder in Betrieb genommen. Nach Ausweis der im Schutt gefundenen Münzen muß der Bau dann noch bis in die zweite Hälfte des 4. Jahrhunderts in Benutzung geblieben sein.

Dann aber kam es zu einem Eingriff, der eine wesentlich umfassendere Veränderung bedeuten sollte als die Zerstörungen des 3. Jahrhunderts. Bis dahin nämlich hatten sich die Baulichkeiten bei etwa gleichbleibender Orientierung gewissermaßen kontinuierlich entwickelt; und für alle Bauphasen war eine gewisse Kleinteiligkeit der Gliederung unverkennbar.

Nunmehr aber wurden nicht nur Baufluchten geändert, so daß die Orientierung der Neubauten ab Ende des 4. Jahrhunderts auffallenderweise mit der noch heute vom Dom beibehaltenen Ausrichtung übereinzustimmen scheint, vielmehr wurde das ganze Areal offenbar mit einer viel großzügigeren oder großflächigen Einteilung überbaut. Was wir von dieser neuen Überbauung besitzen, ist freilich im Moment wenig genug: eine nordsüdlich, also senkrecht zur Domachse gerichtete Mauer unter dem vierschiffigen Ostteil der heutigen Krypta und einige wiederum senkrecht zu dieser Mauer, das heißt parallel zur Domachse angeordnete einzelne Fundamentsockel unter dem Nordteil des gleichen Kryptateiles. Sowohl die mächtige Mauer als auch die Einzelgründungen bestehen überwiegend aus wiederverwendetem Steinmaterial, insbesondere aus großen Quadern, die ohne Mörtelverband aufgeschichtet wurden.

Diese wenigen Architekturreste reichen natürlich bei weitem nicht hin, um aus ihnen einen bestimmten Bautyp abzulesen. Doch eröffnen sie zumindest wieder die Möglichkeit, daß sich an der Stelle des mittelalterlich-neuzeitlichen Doms bereits am Ausgang des Altertums eine Kathedralkirche befunden hat. Die vormittelalterliche Datierung der Mauerreste ist dadurch gesichert, daß auf der Abbruchkrone der Nordsüdmauer Keramik angetroffen wurde, die typisch für die merowingische Zeit ist; spätestens im 7. Jahrhundert muß die auf diesem Fundament einst errichtete Wand bereits wieder abgetragen gewesen sein.

Wenn es vorderhand auch müßig scheint, Überlegungen darüber anzustellen, ob der von uns gefundene Mauerzug und die Fundamentsockel möglicherweise zu einer dreischiffigen Anlage mit ebensolchem Vorhof gehörten[39], so bestärkt uns vor allem das auffallende Einschwenken der Orientierung auf die spätere Domachse in der Vermutung, daß wir hier tatsächlich Teile einer frühchristlichen Kultanlage erfaßt haben. Daß die Achsenschwenkung dagegen mit einer großflächigen Umorientierung der gesamten Bebauung im Südosten der spätrömischen Stadt in Zusammenhang zu bringen wäre, scheint nach neuesten Beobachtungen von Lothar Bakker an anderen Stellen weniger wahrscheinlich.

Im übrigen hatten wir unter der heutigen Westapsis des Doms und damit unter dem älteren Teil der Krypta den Rest eines römischen Kaltwasserbeckens mit Ziegelauskleidung erfaßt, dessen Mauern zwar nicht aus ungemörtelten großen Blöcken bestanden wie die bereits erwähnte Nord-Süd-Mauer und die Einzelfundamente etwas weiter östlich, das aber der gleichen Orientierung folgte wie diese und mit einiger Sicherheit sogar auf der Mittelachse des Doms lag. Da die Auswertung der Einzelfunde aus der Grabung gegenüber der Abfassung der ersten Vorberichte noch nicht wesentlich vorangeschritten ist, können wir nur nochmals auf folgende Möglichkeit hinweisen, ohne sie vorerst auch beweisen zu können: Vielleicht war dieses Wasserbecken die Piscina des ersten Baptisteriums in Augsburg, das dann gleichzeitig mit einer ersten Kathedralkirche in der zweiten Hälfte oder am Ende des 4. Jahrhunderts errichtet wurde. Die Verlegung der Taufanlage an die Südseite des Doms, in den Bereich der Johanniskirche, könnte notwendig geworden sein, als man den ersten frühmittelalterlich-karolingischen Dom baute, dessen Westchor ja bereits den Bereich des mutmaßlichen Baptisteriums überdeckte.

Um es nochmals zu betonen, nur großflächige Ausgrabungen im Dom und in seiner engeren Umgebung können noch Gewißheit in den hier angeschnittenen Fragen bringen. Immerhin machen die topographische Situation des Dombezirks und die soeben geschilderten Grabungsbefunde deutlich, daß innerhalb der spätrömischen Mauern von Augsburg wohl am ehesten hier mit einer christlichen Kultkontinuität zu rechnen sein wird. Dies allein ist angesichts der bisher skeptischen Haltung der Forschung ein positives Ergebnis. Sollten sich die hier vorgetragenen Überlegungen einmal bestätigen, dann müßte dies mit ziemlicher Sicherheit auch bedeuten, daß die vormittelalterlichen Vorgänger des Domes zugleich jeweils die Hauptkirche der Stadt Augsburg, möglicherweise also die Kathedrale des Bischofs waren. Die Verlegung der Bischofskirche von einem Platz an einen anderen innerhalb einer bestehenden Siedlung ist zwar nicht völlig ungewöhnlich[40], bildet aber gegenüber den Fällen lokaler Konstanz doch die Ausnahme.

Dagegen wäre es kein Wunder, wenn es auch außerhalb des späteren Dombezirks weitere frühchristliche Kirchen in der spätrömischen Stadt gegeben hätte, darunter auch solche von einer gewissen Größe. Eine solche großzügige Kirchenanlage glaubt man ja im Bereich von St. Stephan und der ehemaligen St. Galluskapelle entdeckt zu haben[41]. Nach Meinung des Ausgräbers gab es hier eine Doppelbasilika, die durch Wandmalereien mit biblischen Szenen einwandfrei als christlicher Kultbau ausgewiesen sei. Anhand des bisher publizierten Vorberichts mit einem einzigen, wenig instruktiven und in viel zu kleinem Maßstab gehaltenen Übersichtsplan kann man freilich nur schwer ergründen, auf welche Fakten sich die sehr weitreichende Interpretation des architektonischen Befundes stützt, während auf der anderen Seite auch die erhaltenen Reste der bildlichen Szenen wohl keineswegs ausschließlich nur als Darstellungen biblisch-christlichen Inhalts gedeutet werden können.

Angesichts solcher Ungewißheit über den Befund

scheint es sinnlos, die weitreichenden Spekulationen, hier im Bereich von St. Gallus am Nordostrand der antiken Stadt habe die erste Augsburger Bischofskirche gestanden, weiterzuverfolgen. Es bleibt abzuwarten, ob unsere Zweifel an der hier geschilderten Interpretation durch eine vollständige Publikation der Grabungsbefunde behoben werden können[42]. Andererseits würde die Bestätigung der Existenz einer christlichen Kultanlage im Osten der Stadt das Zurückgehen der heutigen Domkirche auf eine frühchristliche Wurzel keineswegs in Frage stellen. Selbst an kleineren Orten wie Passau-Batavis und Passau-Innstadt-Boiotro gab es zur Zeit des hl. Severin offenbar schon mehr als eine Kirche, ganz zu schweigen von bedeutenderen Plätzen weiter im »Hinterland« oder beispielsweise auch am Rhein[43], um nur einige allgemein bekannte Parallelen aufzuzählen.

Damit sind wir schon am Ende der bescheidenen Liste jener Plätze angelangt, an denen man innerhalb der römischen Stadt oder vor ihren Toren nach dem augenblicklichen Wissensstand am ehesten mit frühchristlichen Kultanlagen rechnen kann. Wirkliche Gewißheit aber haben bislang nur die Ausgrabungen in und um St. Ulrich und Afra gebracht. Deshalb müssen wir noch einmal kurz auf die reich ausgestatteten Gräber der Merowingerzeit im dortigen Friedhof zurückkommen. Sie zeigen uns, daß zumindest seit dem Beginn des 7. Jahrhunderts die neue Führungsschicht im Augsburger Land sich zum Christentum bekannte. Ob diese germanischen Herren aber nun ihren Wohnsitz innerhalb der römischen Stadtmauern genommen hatten, oder ob sie nicht vielmehr im Umkreis der römischen Stadt wohnten, das ist im Augenblick noch kaum zu entscheiden. Zwar sind sowohl bei der Ausgrabung unter der Domkrypta als auch bei gelegentlichen älteren Forschungen vor allem im Fronhofbereich[44] immer wieder auch Keramikfunde aus der Merowingerzeit verzeichnet worden. Beigabenführende Reihengräber fanden sich dagegen innerhalb der Stadtmauern von Augusta Vindelicum nicht, was durchaus als Hinweis auf das Weiterleben der römischen Stadt und bestimmter römischer Rechtsvorstellungen verstanden werden könnte, und sie sind auch noch nicht aus einem Bereich so dicht außerhalb der Stadtmauern bekannt geworden, daß man sie zu einzelnen germanischen

Wohnplätzen innerhalb der römischen Niederlassung rechnen könnte – eben allenfalls mit der Ausnahme des Friedhofes bei St. Ulrich und Afra, der aber auf keinen Fall zu den landesüblichen normalen Reihengräberfeldern gerechnet werden darf.

Zieht man den Radius etwas weiter um die römische Stadt, so ändert sich das Bild. Reihengräberfelder sind im weiteren Umland von Augsburg durchaus keine Seltenheit; wie üblich, wurden sie freilich in aller Regel zufällig bei Bauarbeiten erfaßt und fast stets nur in mehr oder weniger willkürlich begrenzten Ausschnitten untersucht. So sind die ihnen abzugewinnenden Aussagen grundsätzlich eingeschränkt, ganz besonders aber gilt dies für ein so diffiziles Thema wie die Frage nach dem christlichen Bekenntnis der auf diesen Gräberfeldern bestatteten Personen. Wie eingangs erwähnt, gibt es durchaus für Christen charakteristische Beigabenstücke in Reihengräbern des 7. nachchristlichen Jahrhunderts. Zu ihnen zählen die sogenannten Goldblattkreuze, von denen in der weiteren Umgebung Augsburgs mehrere gefunden wurden, zum Teil schon vor längerer Zeit. Je ein solches Goldblattkreuz ist aus Schwabmünchen und aus Langerringen, jeweils Landkreis Augsburg, und Walda, Landkreis Neuburg-Schrobenhausen, bekannt[45]. Zwei derartige Stücke sind auch in dem vor wenigen Jahren in Landsberg/Spötting ausgegrabenen Gräberfeld geborgen worden[46]. Bei aller Vorsicht wird man also sagen können, daß im 7. Jahrhundert zumindest die Führungsschicht der germanischen Bevölkerung auch im weiteren Umkreis um die ehemalige römische Zentrale Augsburg für den christlichen Glauben gewonnen war. Dabei darf dahingestellt bleiben, wieweit dieser Glaube strengen theologischen Maßstäben hätte standhalten können; die langwierigen Bemühungen bedeutender Kirchenleute wie des hl. Bonifatius oder des hl. Willibald von Eichstätt noch um die Mitte des 8. Jahrhunderts dürften zur Genüge beweisen, daß der Übergang von heidnischen Vorstellungen zum unverfälschten christlichen Glauben nur langsam und nicht ohne Irrungen vor sich gegangen sein wird.

1 Grabstein der Sarmannina. Dazu zuletzt: Karlheinz Dietz, Ulrich Osterhaus, Sabine Rieckhoff-Pauli und Konrad Spindler: Regensburg zur Römerzeit, Regensburg 1979, bes. S. 138 f.

2 Rudolf Noll: Das Leben des heiligen Severin, Neudruck Passau 1981.

3 Zoepfl 2, S. 3–5; Walter Berschin: Die Anfänge der lateinischen Literatur unter den Alemannen. In: Die Alemannen in der Frühzeit, hrsg. von Wolfgang Hübener, Bühl/Baden 1974 (Veröffentl. d. Alemannischen Inst. Freiburg 34), S. 123–128.

4 MG Auct. ant. IV S. 368.

5 Dies gilt auch für Provinzen, in denen das Christentum schon früh zu Einfluß gekommen war; vgl. Wilhelm Gessel: Monumentale Spuren des Christentums im römischen Nordafrika. In: Antike Welt 12 (1981), Sondernummer.

6 Hans-Jörg Kellner: Augsburg, Provinzhauptstadt Raetiens. In: ANRW II 5.2, hrsg. von Hildegard Temporini und Wolfgang Haase, Berlin und New York 1976, S. 690–717.

7 Theodor K. Kempf: Grundrißentwicklung und Baugeschichte des Trierer Domes. In: Das Münster 21 (1968), S. 1–32.

8 Rudolf Noll: Frühes Christentum in Österreich, Wien 1954; ders., Neuere Forschungen und Funde zum frühen Christentum in Österreich. In: Mitt. Österr. Arbeitsgem. Ur- u. Frühgesch. 25 (1974/75), S. 195–216.

9 Adolf Reinle: Kunstgeschichte der Schweiz I, 2. Aufl., Frauenfeld 1968, S. 61–99; Hans Rudolf Sennhauser: Kirchen und Klöster. In: Ur- und frühgeschichtliche Archäologie der Schweiz. Bd. 4, Basel 1979, S. 133–142.

10 Otto Nußbaum: Zum Problem der runden und sigmaförmigen Altarplatten. In: JbAC 4 (1961), S. 18–43.

11 Zur Bedeutung der Reihengräber vgl. den Beitrag von Volker Bierbrauer in diesem Band.

12 Auf Funde dieser Art kommen wir vor allem bei St. Ulrich und Afra zu sprechen.

13 Besonders eindrucksvoll in Staubing, Lkr. Kelheim; Rainer Christlein. In: Archäol. Korrespondenzbl. 1 (1971), S. 51–55.

14 In der Folge stützen wir uns vor allem auf die bei Joachim Werner (Hrsg.): Die Ausgrabungen in St. Ulrich und Afra in Augsburg 1961–1968, München 1977 (Münchner Beitr. z. Vor- und Frühgesch. 23), publizierten Befunde. Zu den baugeschichtlichen Fakten und Nachrichten sind vor allem zu berücksichtigen: Walter Haas: Die Vorgängerbauten der Klosterkirche St. Ulrich und Afra, ebd. S. 51–90; Wilhelm Volkert: Schriftquellen zur Baugeschichte von St. Ulrich und Afra vom 8. Jahrhundert bis zum Jahr 1467, ebd. S. 91–139. Zur Überlieferung über die Passion der hl. Afra und zur Afra-Frage siehe zuletzt Walter Berschin: Die älteste erreichbare Textgestaltung der Passio S. Afrae. In: BVBl 46 (1981), S. 217–224; Friedrich Prinz: Die heilige Afra, ebd. S. 211–215.

15 Zum Beispiel Bonn und Xanten vgl. Hans Lehner und Walter Bader: Baugeschichtliche Untersuchungen am Bonner Münster. In: BJ 136/137 (1932), S. 1–216. – Hugo Borger und Friedrich Wilhelm Oediger: Beiträge zur Frühgeschichte des Xantener Viktorstiftes, Düsseldorf 1969 (Rheinische Ausgrabungen 6).

16 Vgl. den Beitrag von Lothar Bakker in diesem Band.

17 Zu den folgenden Gräbern vgl. Werner, St. Ulrich und Afra S. 141–189, 275–351; Albert France-Lanord, ebd. S. 191–199.

18 Werner, St. Ulrich und Afra, bes. S. 221–225; Aladar Radnóti, ebd. S. 1–49; auch Haas, ebd. S. 71 f., schließt sich dieser Interpretation an.

19 Vgl. dazu Haas, ebd. S. 73 mit Anm. 71.

20 Volkert, Schriftquellen, S. 98 f.; Bernhard Bischoff: Die karolingischen Inschriftsteine aus der Kryptagrabung 1961/1962. In: Werner, St. Ulrich und Afra, S. 263–267.

21 Der Verfasser ist dem Ausgräber, Dr. Lothar Bakker, für die Erlaubnis, auch über die Ergebnisse der neuesten Untersuchungen zu berichten, zu großem Dank verpflichtet.

22 Die Grabwände sind aus wechselnden Lagen von Tuff- und Ziegelsteinen gemauert und innen mit ziegelsplittversetztem Mörtel abgeglättet.

23 Unsicherheit hinsichtlich der Wahl der »richtigen« Memorie scheint sich auch im Xantener Befund auszudrücken: Borger und Oediger, Frühgeschichte, bes. S. 42–47.

24 Werner, St. Ulrich und Afra, S. 275–351.

25 Friedrich Prinz: Augsburg im Frankenreich. In: Werner, St. Ulrich und Afra, S. 375–398; zur Frage der Bistumsgründung bes. S. 383 f., 390.

26 Friedrich Prinz (vgl. Anm. 25) und andere Historiker waren skeptisch hinsichtlich der Existenz eines antiken Bistums Augsburg. Andererseits wäre eine Bischofskirche dem Rang Augsburgs als Provinzhauptstadt angemessen. Dieses Argument wurde auch hinsichtlich der uns später noch berührenden Befunde bei St. Gallus-St. Stephan für gewichtig gehalten, vgl. Maria Radnóti-Alföldi: Spätrömische Doppelkirche und Fresken in Augsburg. In: Leo Weber, Neue Funde aus Augsburg, Augsburg 1978, S. 46–61.

27 Ludwig Ohlenroth: Zum Stadtplan der Augusta Vindelicum. Zusammenfassender Vorbericht. In: Germania 32 (1954), S. 76–85.

28 Radnóti-Alföldi, Doppelbasilika, S. 50–54.

29 Ohlenroth, Stadtplan, S. 81.

30 Noch für die Dombauten des 11.–12. Jahrhunderts griff man in großem Umfang auf römisches Abbruchmaterial zurück, wie aus den unten genannten Berichten über die Kryptagrabung zu entnehmen ist.

31 Sowohl ein Wiederaufbau nach längerer Verfallsperiode als auch eine rasche Wiederbenutzung schadhafter römischer Profanbauten und ihre Umwandlung in eine Kirche, wie sie z. B. für Boppard nachgewiesen werden konnte, ist nach unseren Beobachtungen für den Dom auszuschließen. – Hans Eiden: Militärbad und frühchristliche Kirche in Boppard. In: Ausgrabungen in Deutschland. Gefördert von der Deutschen Forschungsgemeinschaft 1950–1975, Mainz 1975 (Monographien des RGZM. Forschungsinstitut für Vor- und Frühgeschichte 1,2), S. 80–98.

32 Ohlenroth, Stadtplan, S. 83. – Konträr dazu Wolfgang Hübener: Zur Zeitstellung des frühchristlichen Taufbrunnens bei St. Johann in Augsburg. In: Germania 34 (1956), S. 158–160; ders., Zum römischen und frühmittelalterlichen Augsburg. In:

JRGZM 5 (1958), S. 154–238, bes. S. 214 ff.

33 Die einschlägigen Funde aus Noricum haben offensichtlich dazu geführt, daß man auch im rätischen Flachland zeitweilig etwas voreilig frühchristliche Saalbauten mit eingestellter Priesterbank zu erkennen glaubte, so für St. Moritz in Augsburg, Ohlenroth: Fundbericht für die Jahre 1950–1953. Römische Kaiserzeit (Augsburg). In: BVBl 21 (1956), S. 274; oder Epolding-Mühltal bei München, für das Vladimir Milojčić: Zu Form und Zeitstellung des Oratoriums in Mühltal, Landkreis Wolfratshausen, Oberbayern. In: JRGZM 15 (1968), S. 200 ff., an einer solchen Interpretation festhielt, obwohl Hermann Dannheimer durch eine Nachgrabung einen ganz anderen Befund nachgewiesen hatte: Epolding-Mühltal. Siedlung, Friedhöfe und Kirche des frühen Mittelalters, München 1968 (Münchner Beitr. z. Vor- und Frühgeschichte 13), bes. S. 53–74.

34 Kellner, ANRW II 5.2, S. 716.

35 Leo Weber: Die Ausgrabungen im Dom zu Augsburg 1970/71, Augsburg 1972.

36 Walter Sage: Die Ausgrabungen in der Krypta des Augsburger Domes. In: JVAB 15 (1981), S. 115–139; ders., Die Ausgrabungen in der Krypta des Augsburger Domes in den Jahren 1979/80. In: Ars Bavarica 23/24 (1981), S. 13–40.

37 Weber, Ausgrabungen, S. 12–15. – Für die Zuweisung der großen Apsis zu einem vorromanischen Bau spricht neben ih-rem Radius auch die noch zu besprechende Bauweise.

38 Weber, Ausgrabungen, S. 18 mit Abb. 5.

39 Etwa nach dem Vorbild von Trier; Kempf, Baugeschichte, Abb. 12.

40 Man denke an Rom, Lateran und Vatikan.

41 Radnóti-Alföldi, Doppelbasilika, S. 46–61.

42 Die Grabungsunterlagen scheinen derzeit unauffindbar.

43 Zu Batavis und Boiotro vgl. Eugipp, Vita Severini, Kap. XIX, 1; XXII, 1; zum »Hinterland«, beispielsweise Genf oder Chur, vgl. Sennhauser, Kirchen und Klöster, S. 133 f.; am Rhein etwa Köln, vgl. Hugo Borger: Die Abbilder des Himmels in Köln. Kölner Kirchenbauten als Quellen zur Siedlungsgeschichte des Mittelalters 1, Köln 1979.

44 Ohlenroth, BVBl 21 (1956), S. 260 f.

45 Goldblattkreuze von Langerringen und Schwabmünchen, vgl. Marlies Franken: Die Alamannen zwischen Iller und Lech. In: German. Denkm. d. Völkerwanderungszeit 5, Berlin 1944 (1949), Taf. 14, 2–3. – Goldblattkreuz und Riemenzunge als Eulogienbehälter (Fund aus Walda, Kreis Neuburg-Schrobenhausen), vgl. Hermann Dannheimer. In: Germania 44 (1966), S. 338–354.

46 Rainer Christlein: Die Alamannen. Archäologie eines lebendigen Volkes, 2. Auflage, Stuttgart-Aalen 1979, Taf. 89, Abb. 95, Mitte.

Teil II

Augsburg im Mittelalter

Herausgegeben
von Wolfram Baer, Pankraz Fried
und Bernhard Schimmelpfennig

Augsburg in fränkischer und ottonischer Zeit (ca. 550–1024).
Bischof Ulrich von Augsburg

von Georg Kreuzer

Augsburg nach der Völkerwanderungszeit

Augsburg war in der Spätantike Hauptstadt der römischen Provinz Raetia II. Deshalb wurde angenommen, daß es wie Chur (Hauptstadt der Raetia I) Bischofssitz gewesen sei. Niemand konnte bis jetzt den Nachweis erbringen, daß die *civitas* am Lech ihre wichtige Rolle als weltlicher Verwaltungsmittelpunkt über die Völkerwanderungszeit hinaus beibehielt. Für das Bistum Augsburg hingegen versuchten einige Gelehrte eine Kontinuität von der Spätantike ins Frühmittelalter zu retten, indem sie behaupteten, die Augsburger Oberhirten hätten um die Mitte des 5. Jahrhunderts ihren Sitz ins sichere Säben (oberhalb Klausen/Südtirol) verlegt[1]. Zur Zeit des Frankenkönigs Dagobert I. (623/629–639) sei dann wieder mit einem geordneten kirchlichen Leben, das heißt auch wieder mit einem Amtieren eines Bischofs in Augsburg zu rechnen gewesen[2].

Gegen die Annahme, daß Augsburg als Verwaltungssitz der Raetia II in der Spätantike auch Bischofssitz war, wurden allerdings Bedenken erhoben[3]. Die Behauptung, Dagobert habe das Bistum Augsburg wiederbegründet, kann sich auf keine zeitgenössische Quelle stützen. In einer Urkunde Friedrichs I. Barbarossa (1152–1190), die am 27. 11. 1155 für den Konstanzer Bischof Hermann ausgestellt wurde, bestätigte der Kaiser die Grenzen zwischen dem Konstanzer und dem Augsburger Bistum gemäß einer Verfügung des Merowingerkönigs[4]. Lassen sich für das Bistum Konstanz wesentlich ältere Zeugnisse nachweisen, die Beziehungen zwischen diesem Sprengel und Dagobert belegen[5], so fehlen diese für Augsburg völlig. Die ältesten in Augsburg selbst entstandenen Traditionen, die eine Verbindung zwischen der Lechstadt und dem Merowingerkönig aufzeigen, wurden – wohl unter Benutzung älterer Vorlagen – im Kloster St. Ulrich und Afra erst zu Beginn des 13. Jahrhunderts sowie gegen Ende des 15. und am Anfang des 16. Jahrhunderts verfaßt[6].

Im Jahre 1977 wurden die Ergebnisse der von 1961 bis 1968 in St. Ulrich und Afra in Augsburg durchgeführten Grabungen publiziert[7]. Sie haben nicht nur eine Kontinuität der Afraverehrung von der Spätantike bis ins Frühmittelalter nachgewiesen, sondern auch aufgezeigt, daß aus dem burgundischen Bereich stammende romanische Geistliche etwa zur Regierungszeit Dagoberts I. am Afragrab bestattet wurden[8]. Grabbeigaben, die bei zwei dieser Geistlichen gefunden wurden, veranlaßten Joachim Werner zu der vorsichtigen Vermutung, daß die beiden Toten Augsburger Äbte oder Bischöfe gewesen sein könnten[9]. Spätere Interpreten dieser Grabbeigaben waren weniger behutsam. Sie meinten, der Geistliche, der

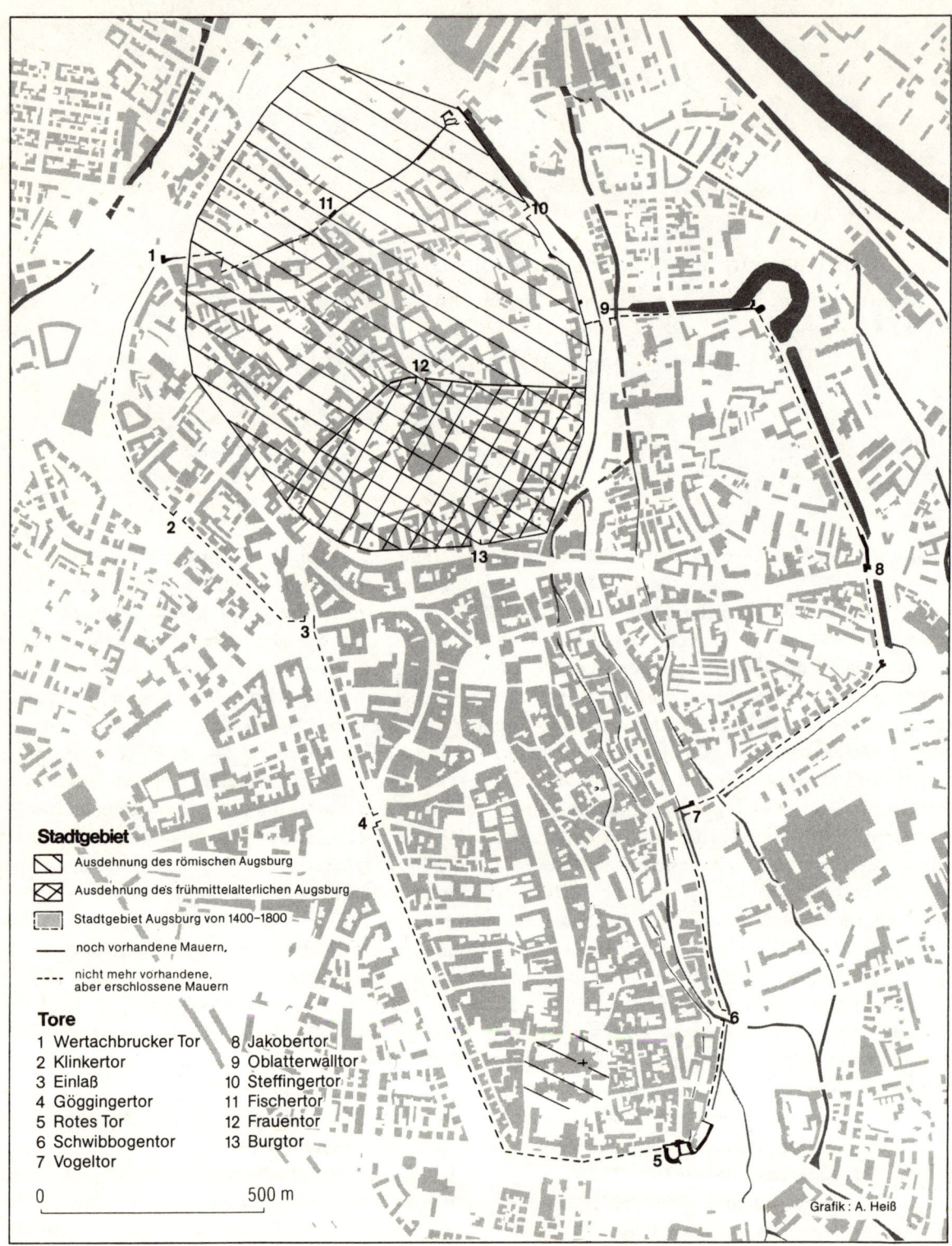

Stadtgebiet

- Ausdehnung des römischen Augsburg
- Ausdehnung des frühmittelalterlichen Augsburg
- Stadtgebiet Augsburg von 1400–1800
- noch vorhandene Mauern,
- nicht mehr vorhandene, aber erschlossene Mauern

Tore

1	Wertachbrucker Tor	8	Jakobertor
2	Klinkertor	9	Oblatterwalltor
3	Einlaß	10	Steffingertor
4	Göggingertor	11	Fischertor
5	Rotes Tor	12	Frauentor
6	Schwibbogentor	13	Burgtor
7	Vogeltor		

0   500 m

Grafik : A. Heiß

mit Krummstab bestattet wurde, sei ein Augsburger Bischof gewesen[10]. Ernst Klebels Versuch, durch einen Vergleich der Augsburger Bischofslisten[11] den Neubeginn des Augsburger Bistums auf 632–639 anzusetzen und in dem Tagepertus (Tagabertus) der Bischofsliste[12] gar einen Verwandten Dagoberts zu sehen[13], muß als Hypothese angesehen werden, da diese Kataloge nicht vor der Mitte des 11. Jahrhunderts entstanden sind.

Weil die älteste Redaktion der Augsburger Bischofsliste auf eine heute verlorene Handschrift des 11. Jahrhunderts aus St. Afra in Augsburg zurückgeht und die etwa gleichzeitigen Vorlagen der kurzen Chronik der Augsburger Bischöfe und Äbte von St. Afra wie auch die schon oben erwähnten Dagobert-Traditionen aus dem gleichen Kloster stammen[14], könnte die Augsburger Dagobert-Tradition dort ihren Ursprung haben.

Die Existenz eines spätantiken Bistums Augsburg läßt sich also bislang nicht nachweisen, aber auch nicht eindeutig widerlegen. Die durch Ausgrabungen nachgewiesene Existenz einer frühchristlichen Basilika (bei St. Gallus) spricht eher dafür. Daß der Merowinger Dagobert I. der Lechmetropole (wieder) zu einer intakten kirchlichen Struktur verholfen habe, ist zwar möglich, kann aber durch zeitgenössische Zeugnisse nicht belegt werden. Die Kontinuität der Afraverehrung und damit wohl auch des Christentums in Augsburg von der Spätantike ins Frühmittelalter, was schon der Reisebericht des Venantius Fortunatus (ca. 565) nahelegte[15], konnten die jüngst publizierten Grabungsergebnisse eindrucksvoll bestätigen.

Bistum und Bischöfe vom 8. bis zum Beginn des 11. Jahrhunderts

Die Bischöfe Zosimus/Dionysius (4. Jahrhundert) bis Marcianus (7./8. Jahrhundert), die in den erwähnten Bischofslisten angeführt werden, sind legendär. Durch Quellen einigermaßen gesichert ist erst Bischof Wikterp (ca. 738; gest. vor 772?)[16]. Er ist wohl mit Uiggo gleichzusetzen, der um 738 in einem Brief Papst Gregors III. (731–741) an Bonifatius erwähnt wird[17]. Im gleichen Papstschreiben wurde Augsburg als Ort bezeichnet, der von Bonifatius als Tagungsort

für eine Synode ausersehen wurde. Allerdings ist nichts darüber bekannt, daß in Augsburg zu dieser Zeit eine Synode stattfand. Wikterp hielt sich meist im südlichen Teil seiner Diözese auf, vor allem an seinem mutmaßlichen Geburtsort Epfach am Lech, wo er auch begraben wurde. Während seines Episkopats soll die Domkirche St. Maria von König Pippin (751–768) mit Landschenkungen bedacht worden sein, die Karl der Große (768–814) bestätigt und noch ergänzt habe. Mit überzeugenden Argumenten wurde jüngst[18] die Glaubwürdigkeit einer Schilderung von Bischofskatalog und kurzer Chronik[19] zu Wikterp bestritten, in der unter anderem erwähnt wird, der Augsburger Oberhirte sei zugleich Vorsteher von St. Afra und die Kanoniker dieses Stifts seien mit dem Domklerus identisch gewesen[20]. Die Chronisten des Benediktinerklosters von St. Afra, die in den siebziger Jahren des 12. Jahrhunderts schrieben, verfolgten dabei die Tendenz, die ursprünglich angeblich gleichartige Stellung ihrer Institution gegenüber der Domkirche und dem Bischof herauszustellen und für ihre eigene Zeit zu beanspruchen.

Während der Regierungszeit Wikterps schrumpfte das Bistum Augsburg. Dem 742/43 gegründeten Bistum Eichstätt wurde der Sualafeldgau (etwa der Bereich zwischen Wörnitz, mittlerer Altmühl und Donau) zugeteilt[21]. Es ist möglich, daß zur gleichen Zeit die Diözese Neuburg-Staffelsee gebildet wurde und deshalb der Sprengel Augsburg alle ostlechischen Gebiete verlor[22]. Vielleicht wurde damals auch die Iller in ihrem ganzen Lauf als Westgrenze Augsburgs gegenüber der Diözese Konstanz festgelegt[23].

Der zweite Nachfolger Wikterps, Sintpert (778?–807?)[24], der möglicherweise Karl dem Großen seine Ernennung verdankte und zeitweise Abt des elsässischen Klosters Murbach war, konnte 801/07 das Bistum Augsburg endgültig im Bereich östlich des Lechs verankern. Dieser Gebietszuwachs entstand durch die Einverleibung des Bistums Neuburg-Staffelsee, dessen Sitz wohl eher Neuburg/Donau als Neuburg im Staffelsee war[25]. Sintpert ließ über dem Grab der hl. Afra eine neue Kirche bauen und errichtete den Dom, den ersten Bau dieser Art an der heutigen Stelle. Wahrscheinlich im Zusammenhang mit der Errichtung dieser Kathedrale veranlaßte er den Zusammenschluß der Domkanoniker zur *vita communis* (zu einer gemeinsamen Lebensform) und leitete damit die Loslösung von der Klerikergemeinschaft bei St. Afra ein, die endgültig um die Mitte des 10. Jahrhunderts ihren Abschluß fand. Allerdings blieb St. Afra bis Ende des 10. Jahrhunderts Bischofsgrablege. Nach vier relativ unbedeutenden Bischöfen bestieg mit Witgar (861?–887)[26] ein ehemaliger Kanzler König Ludwigs des Deutschen (833–876) den Augsburger Bischofsstuhl. Er war zeitweise auch Abt von Ottobeuren und theologisch interessiert. Mehrere Jahre diente er König Karl III. dem Dicken (876–887) als Erzkaplan, das heißt als Kanzleileiter.

Ebenfalls in der Reichspolitik engagierte sich Witgars Nachfolger Adalbero (887–909), welcher, aus einem vornehmen Geschlecht stammend, Berater Kaiser Arnulfs (887–899) und Erzieher von dessen Sohn und Nachfolger Ludwig IV. dem Kind (900–911) war. Die Abtei Lorsch, die ihm verliehen war, reformierte er. Der Förderer von St. Gallen war hochgebildet und ein bedeutender Musiker. Regino von Prüm widmete Adalbero, der auch unter Ludwig IV. entscheidenden Einfluß auf die Reichspolitik hatte, seine Weltchronik.

Bischof Ulrich (923–973)[27] entstammte der schwäbischen Hochadelssippe der Hupaldinger und wurde wohl in Augsburg geboren. Seine Ausbildung erhielt er in St. Gallen. Schon nach dem Tode Adalberos, der ihn förderte, machte er sich wahrscheinlich Hoffnungen auf dessen Nachfolge. Als aber ein Mann geringerer Herkunft als der schwäbische Grafensohn, nämlich Hiltine (909–923), Bischof wurde, zog sich Ulrich grollend auf die elterlichen Güter zurück. Nach dem Tode Hiltines war dann Ulrich endlich am Ziel seiner Wünsche. Auf Bitten Herzog Burchards von Schwaben, eines Verwandten, wurde er zum Bischof ernannt. Ulrichs Biograph, Dompropst Gerhard von Augsburg, zeichnet das Bild einer kantigen Persönlichkeit, die nicht frei war von persönlichen Schwächen. So wollte der greise Bischof seinen hochfahrenden Neffen Adalbero entgegen der damaligen Rechtsauffassung zu seinen Lebzeiten schon als Bischof amtieren lassen. Auch seine grenzenlose Begeisterung für Reliquien und die Art, wie er in ihren Besitz gelangte, fand nicht den ungeteilten Beifall seines Biographen. Freilich treten diese Schattenseiten im Persönlichkeitsbild des Bischofs gegenüber seinen Leistungen für die ihm anvertraute Diözese, seiner unbedingten Treue zum König und seinem unerschrockenen Widerstand gegen die anstürmenden Ungarn in den Hintergrund. Die Stadt Augsburg verdankte ihm einen schützenden Mauerring, den künftig die Magyaren vergeblich berannten. Nach dem Einsturz des Domes ließ er eine neue Kathedrale errichten. Außerhalb der damaligen Stadtmauern gründete er bei der Kirche St. Stephan ein Kanonissenstift und ein Spital Hl. Kreuz. Die Kirche der hl. Afra, die 955 von den Ungarn zerstört worden war, ließ er wieder aufbauen. Zeitlebens dem Mönchtum verbunden, war Ulrich wenige Jahre auch Abt von Ottobeuren. Während des letzten großen Aufstandes (953–955) gegen Otto I. (936–973) stand der Augsburger Bischof, obwohl die Bischofsstadt darunter sehr zu leiden hatte, unerschütterlich auf der Seite des Königs. An dem epochalen Sieg Ottos über die Ungarn auf dem Lechfeld (8.–10. 8. 955) hatte Ulrich wegen seiner umsichtigen Verteidigung Augsburgs, die gegnerische Kräfte band, entscheidenden Anteil.

Gegenüber der überragenden Gestalt Ulrichs, der am 3. 2. 993 in Rom im ersten bekannten Heiligsprechungsverfahren zur Ehre der Altäre erhoben wurde, wirken seine nächsten Nachfolger blaß. Für die Hochschätzung des hl. Ulrich durch deutsche Könige spricht, daß Herzog Heinrich von Bayern, der spätere deutsche König (1002–1024), die Eingeweide Ottos III. (983–1002) beim Ulrichsgrab beisetzen ließ. Bischof Bruno (1006–1029), ein Bruder König Heinrichs II., war, ehe er dem Augsburger Bistum vorstand, Leiter der königlichen Kanzlei. Weil sich Bruno mit seinem königlichen Bruder nicht gut verstand[28], genossen Stadt und Bistum Augsburg kaum königliche Förderung. Bisher wurde angenommen, das Kanonikerstift St. Afra in Augsburg sei wahrscheinlich auf Anregung Bischof Brunos (1013?) in ein Benediktinerkloster umgewandelt worden[29]. Mit guten Gründen wurde dieser Datierungsvorschlag jüngst in Frage gestellt und statt dessen ein schrittweiser Übergang vom Kanonikerstift zum Benediktinerkloster um das Jahr 1000 angenommen[30]. Ohne Zweifel hat Bischof Bruno (1020?) in Augsburg ein dem hl. Moritz geweihtes Kollegiatstift gegründet, das auch seine Grablege wurde[31].

Augsburg als Ort der königlichen
Herrschaftsausübung[32]

Die Augsburger lokalhistorische Forschung versuchte schon für das frühmittelalterliche Augsburg nachzuweisen, daß es in und um Augsburg Königsgut gegeben habe. Diese Behauptung wurde häufig durch die schon erwähnte Pippinsche Schenkung zu untermauern versucht. Selbst wenn diese äußerst fragwürdige Tradition zuträfe, würden Schenkungen an Bischofskirche (*ad sanctam Mariam*) und an St. Afra (*ad sanctam Afram*) nicht bedeuten, daß diese notwendig *bei* den beschenkten Institutionen lagen.

Da das Zentrum eines Königsgutbezirks in der Regel eine Königspfalz oder ein Königshof ist, wurde eine solche Einrichtung auch in Augsburg gesucht und angeblich auch gefunden, nämlich südlich des Dombereichs am Südtor der das Gebiet der *civitas* von Norden nach Süden durchquerenden Straße. Zum Nachweis dieses Königshofs wurde von einigen Hausstellen ausgegangen, die noch um 1800 an das Reich zinsten. Diesem Königshof sei zur Versorgung ein Wirtschaftshof zugeordnet gewesen, den man ebenfalls lokalisieren zu können meinte, nämlich um die sogenannte Pfladermühle im Bereich des Vorderen Lech. Um Königshof und Wirtschaftshof hätten sich die königlichen Gebiete im Augsburger Raum gruppiert. Gegen Ende des 10. Jahrhunderts könne der Königshof in bischöfliche Hand gekommen sein. Im Bereich des späteren St. Moritz sei aber zu dieser Zeit noch mit Königsgut zu rechnen.

Dieses Vorgehen der lokalhistorischen Forschung, die von Rechtsverhältnissen um die Zeit von 1800 ausging und durch Anhäufung von Wahrscheinlichkeiten und partieller Verknüpfung von gesicherten Ergebnissen mit Wunschvorstellungen meinte, die Geschichte Augsburgs im Früh- und Hochmittelalter angemessen darstellen zu können, muß bis jetzt als unbewiesen angesehen werden. Der Dombereich in der Stadt und St. Afra im südlichen Vorfeld der Stadt sind als frühe Siedlungskerne zu betrachten. Für einen Königsgutbereich im Raum Augsburg fehlen bis ins Hochmittelalter sowohl eindeutige archäologische wie auch literarische Zeugnisse. Eine vielfach in diesem Zusammenhang zitierte Urkunde Ottos des Großen vom 21. 2. 962[33], die sich auf einen Augsbur-

ger Hoftag vom August 952 bezieht, wird kaum so zu interpretieren sein, daß mit dem *palacium Augustburc* eine Königspfalz gemeint ist, sondern ein Personenverband, das heißt ein Hoftag oder eine Hofversammlung. Eine weitere Urkunde des gleichen Herrschers[34] ist eine um 1122–1152 entstandene Fälschung. Gegen einen Königshof oder eine Königspfalz im 10. und frühen 11. Jahrhundert dürfte auch sprechen, daß sowohl Otto I. als auch Heinrich II. beim Bischof Unterkunft finden.

Gegen Königsgut und auch gegen ein königliches Domizil in Augsburg spricht vor allem die geringe königliche Präsenz während der Karolingerzeit. Insgesamt nur fünf nachweisbare Herrscheraufenthalte (787, 832, 874, 889, 910), davon vier im Zusammenhang mit militärischen Unternehmungen, zeugen zunächst für die »Königsferne« Augsburgs. Daß diese Tatsache durch die mangelhafte Überlieferung bedingt sein kann, beweist aber die »Königsnähe« der Bischöfe Witgar und Adalbero von Augsburg. Erst unter den sächsischen Herrschern wird Augsburg häufiger aufgesucht, wobei die Lage Augsburgs als wichtiger Ausgangspunkt für Italienzüge, die über den Brenner führten, bestimmend war.

Zur Topographie bis zum Anfang des
11. Jahrhunderts

Im Falle Augsburgs ist eine topographische Kontinuität von der Spätantike ins Frühmittelalter ebenso unsicher wie die Fortdauer als Verwaltungs- und Bischofssitz. Gesichert ist jedoch der Fortbestand des Afrakults über die Stürme der Völkerwanderung hinweg. Nachgewiesen wurde, daß der Siedlungsbereich des frühmittelalterlichen Augsburg wesentlich kleiner war als das Areal der antiken *civitas* (Stadt)[35]. Innerhalb dieses mit einer Grabenumwehrung begrenzten Bereichs lag im Norden der spätere Dombezirk, wo ab dem 7. Jahrhundert wieder mit Besiedlung zu rechnen ist. Unter Bischof Ulrich wird der von Sintpert errichtete, wohl von den Ungarn zerstörte Dom wieder aufgebaut. Als dieser Neubau eingestürzt war, ließ Ulrich mit größter Sorgfalt an gleicher Stelle einen neuen Dom errichten. Ulrich ließ auch die von unzureichenden Wällen und morschen Holzzäunen umgebene Stadt durch einen Mau-

erring schützen, der einen Komplex von ca. 300 ×
620 m umschloß. Der gleiche Bischof ließ auch die
Kirche der hl. Afra, die außerhalb der Stadtmauern
lag, nach ihrer Zerstörung durch die Ungarn neu errichten[36]. Neben dem Dombereich bildete der Bereich um St. Afra den zweiten Siedlungskern Augsburgs, vor allem als hier um 1000 ein Benediktinerkloster entstand. Außerhalb des Mauerrings (im
Nordosten) errichtete Ulrich das Damenstift St. Stephan. Zur Zeit des Bischofs Bruno wurde das Stift St.
Moritz errichtet, wodurch sich die Besiedlung südlich
der Stadt weiter verdichtete. Eine die Stadt von Norden nach Süden durchquerende Straße kreuzte sicher
eine Straße, die über die von Bischof Heinrich (973–
982) erbaute Lechbrücke zur Kirche von St. Afra
führte. Daß Augsburg schon zu Beginn des 11. Jahrhunderts einen freilich nicht näher zu lokalisierenden
Marktbereich hatte, läßt sich aus einer Urkunde
Konrads II. vom 17. Januar 1030 erschließen[37].
Gleichfalls nicht feststellen läßt sich die Lage der Bischofspfalz, wo wohl auch die Könige Unterkunft
fanden.

1 Vgl. dazu neben Richard Heuberger: Rätien im Altertum und
 Frühmittelalter. Forschungen und Darstellung 1, Innsbruck
 1932 (Schlern-Schriften 20), S. 298 f., S. 323 f. (Nachträge
 und Berichtigungen zu S. 178–81) vor allem Ernst Klebel:
 Zur Geschichte der christlichen Mission im schwäbischen Stam-
 mesgebiet. In: ZWürttLG 17 (1958), S. 159–162.
2 Friedrich Prinz: Augsburg im Frankenreich. In: Joachim Werner (Hrsg.): Die Ausgrabungen in St. Ulrich und Afra in Augsburg 1961–1968. Text, München 1977 (Münchner Beiträge
 zur Vor- und Frühgeschichte 23), S. 375–398; ders., Die heilige Afra. In: BVBl 46 (1981), S. 213 f. Neuerdings auch Christoph Wehrli: Mittelalterliche Überlieferungen von Dagobert
 I., Bern und Frankfurt a. M. 1982 (Geist und Werk der Zeiten
 62), S. 256, 273; Immo Eberl: Dagobert I. und Alemannien.
 Studien zu den Dagobertüberlieferungen im alemannischen
 Raum. In: ZWürttLG 42 (1983), S. 23–27.
3 Vgl. vor allem Kurt Reindel: Die Bistumsorganisation im Al-
 pen-Donau-Raum in der Spätantike und im Frühmittelalter.
 In: MIÖG 72 (1964), S. 294 f.; ders., in: Spindler I², S. 133.
4 MG DDF I 128.
5 Wehrli, Dagobert I., S. 268–278; Eberl, Dagobert I., S. 17–21.
6 Es sind dies die dem Prior Adilbert zugeschriebene und bis
 1216 reichende Klosterchronik. In: AdBA Hs. 80, fol. 11ʳ–
 11ᵛ; Sigismund Meisterlin: Chronicon ecclesiasticum Augustanum c. 8. In: Burchard A. Struve und Johannes Pistorius
 (Hrsg.), Rerum Germanicarum Scriptores. Bd. 3, Regensburg

1726, S. 666; ders., Index monasterii SS. Udalrici et Afrae Teil
 II c. 4. In: StStBA Hs. Aug. 2° 320, fol. 154ʳ; Wittwer, S. 52 f.;
 Necrologium monasterii s. Udalrici Augustensis civitatis. In:
 MG Necr I, S. 120 (zum 19. Januar). Zu diesen Quellen, ihrer
 Abfassungszeit und zur Abhängigkeit Wittwers von Meisterlin
 vgl. neuerdings Norbert Hörberg: Libri sanctae Afrae. St. Ulrich und Afra zu Augsburg im 11. und 12. Jahrhundert, Göttingen 1983 (VMPIG 74 = Studien zur Germania Sacra 15),
 S. 17–19, 173–184 229.
7 S. Anm. 2.
8 Vgl. vor allem die Beiträge von Joachim Werner: Die Gräber
 aus der Kryptagrabung. In: Ders., Ausgrabungen I, S. 141–
 189; ders., Zu den Knochenschnallen und Reliquiarschnallen
 des 6. Jahrhunderts, ebd. S. 275–351; ders., Die merowingi-
 schen Gräber und karolingischen Streufunde, ebd. S. 457–
 463.
9 Vorsichtig Werner, Kryptagrabung, S. 152 (Kommentar zu
 Grab 1); bestimmter ders., ebd. S. 173; eher zurückhaltend
 ders., Knochenschnallen, S. 329.
10 So vor allem Schröder, Stadt Augsburg, S. 41; etwas vorsichti-
 ger, aber in der Tendenz gleich, Walter Berschin: Am Grab der
 heiligen Afra. Alter, Bedeutung und Wahrheit der Passio S.
 Afrae. In: JVAB 16 (1982), S. 116 mit Anm. 24.
11 Vgl. dazu Reg. Augsb. Nr. 1.
12 S. MG SS XIII, S. 334; MG SS XV, S. 1308. Vgl. auch noch
 das Chronicon breve episcoporum Augustensium et Abbatum
 sanctae Afrae. In: MG SS XIV, S. 557.
13 Vgl. Klebel, Christliche Mission, S. 168–186.
14 Vgl. Reg. Augsb. Nr. 1.
15 Venantius Fortunatus, Vita S. Martini lib. IV. In: MG Auct ant
 IV, S. 368.
16 Zu ihm grundlegend Karl Schmid: Bischof Wikterp in Epfach.
 Eine Studie über Bischof und Bischofssitz im 8. Jahrhundert.
 In: Joachim Werner (Hrsg.), Studien zu Abodiacum-Epfach,
 München 1964 (Veröffentlichungen der Kommission zur archäologischen Erforschung des spätrömischen Rätien 1 =
 Münchener Beiträge zur Vor- und Frühgeschichte 7), S. 99–
 139; Nachdruck in ders., Gebetsgedenken und adliges Selbstverständnis im Mittelalter. Ausgewählte Beiträge zu seinem
 sechzigsten Geburtstag, Sigmaringen 1983, S. 18–58.
17 Vgl. Reg. Augsb. Nr. 2.
18 Vgl. Hörberg, Libri Sanctae Afrae, S. 163–165, 177.
19 S. dazu oben Anm. 12.
20 Rudolf Schieffer: Die Entstehung von Domkapiteln in
 Deutschland, Bonn 1976 (BHF 43), S. 167 f., hielt diesen Bericht für durchaus vertrauenswürdig.
21 Reg. Augsb. Nr. 6.
22 Vgl. dazu zuletzt Pankraz Fried: Bischof Simpert und das Bistum Neuburg-Staffelsee. In: JVAB 12 (1978), S. 18.
23 Vgl. Reg. Augsb. Nr. 6.
24 S. zu ihm neuerdings mehrere Aufsätze im JVAB 12 (1978).
 Zur angeblichen Herkunft Sintperts aus der Adelssippe der
 Huosi wenig überzeugend Prinz, Augsburg, S. 391–395; ders.,
 Einige genealogische Anmerkungen zu Bischof Sintpert von
 Augsburg. In: JVAB 12 (1978), S. 15–21.

25 Vgl. dazu neben Fried, Bischof Simpert, S. 181–185, auch Josef Heider: Bischof Simpert und das Problem Neuburg. In: JVAB 12 (1978), S. 168–180.

26 S. zu ihm zuletzt Wilfried Hartmann: Das Konzil von Worms 868. Überlieferung und Bedeutung, Göttingen 1977 (Abhandlungen der Akademie der Wissenschaften Göttingen, Phil.-hist. Klasse 3. Folge 105), S. 94 f., 106; Wolfgang Dieter Lebek: Das Versepitaph des Augsburger Bischofs und königlichen Kanzlers Witgar (gest. 887). In: ZHVS 75 (1981), S. 73–85.

27 Vgl. zu ihm neben Manfred Weitlauff: Der heilige Bischof Ulrich von Augsburg (890–4. Juli 973). In: JVAB 7 (1973), S. 1–48, die beiden biographischen Versuche von Friedrich Prinz: Gestalten und Wege bayerischer Geschichte, München 1982, S. 35–48, und Werner Goez: Gestalten des Hochmittelalters. Personengeschichtliche Essays im allgemeinhistorischen Kontext, Darmstadt 1983, S. 25–40.

28 Vgl. dazu besonders Reg. Augsb. Nr. 217d, 222, 241.

29 Reg. Augsb. Nr. 225.

30 Vgl. Hörberg, Libri Sanctae Afrae, S. 185–212.

31 Reg. Augsb. Nr. 233.

32 Zum folgenden s. Georg Kreuzer: Die Hoftage der Könige in Augsburg im Früh- und Hochmittelalter. In: Bayerisch-schwäbische Landesgeschichte an der Universität Augsburg 1975–1977. Vorträge, Aufsätze, Berichte, Bd. 1, Sigmaringen 1979 (ABLG Schw 1 = SchwFG Reihe 7,1), S. 83–120, mit Kritik an Schröder, Stadt Augsburg, vor allem S. 46–53, 102–124.

33 MG DD OI 236.

34 MG DD OI 453.

35 So schon Ludwig Ohlenroth: Zum Stadtplan der Augusta Vindelicum. Zusammenfassender Vorbericht. In: Germania 32 (1954), S. 76–85, und ähnlich später auch Schröder, Stadt Augsburg, S. 31 ff.

36 Vgl. dazu neuerdings Wolfgang Giese: Zur Bautätigkeit von Bischöfen und Äbten des 10. bis 12. Jahrhunderts. In: DA 38 (1982), S. 391 ff.; Erich Herzog: Die ottonische Stadt. Die Anfänge der mittelalterlichen Stadtbaukunst in Deutschland, Berlin 1964 (Frankfurter Forschungen zur Architekturgeschichte 2), S. 182–196.

37 MG DD K II 144.

Augsburg als Bischofsstadt unter den Saliern und Lothar III. (1024–1133)

von Georg Kreuzer

Die Bedeutung Augsburgs für die salischen Herrscher

Bischof Bruno (1006–1029) hatte sich mit dem Nachfolger seines Bruders Heinrich, Konrad II. (1024–1039), dem ersten Herrscher aus dem Haus der Salier, von Anfang an gut verstanden. Schon gleich nach Wahl und Krönung Konrads Anfang September des Jahres 1024 hatte der Augsburger Bischof bei der Besetzung der königlichen Hofämter entscheidend mitgewirkt[1]. Möglicherweise hielt sich Bruno bis Ostern 1025 in der Umgebung Konrads auf[2].

Nicht zuletzt den guten Beziehungen zwischen Augsburger Bischof und erstem salischem König dürfte es zuzuschreiben sein, daß dieser Herrscher und seine Nachfolger sich wesentlich häufiger in der Stadt am Lech und in deren nächster Umgebung aufhielten als die Sachsenkönige[3]. Schon kurz vor Beendigung seines Königsumritts feierte hier Konrad im April 1025 das Osterfest. Als besonderer Vertrauensbeweis gegenüber Bruno muß gewertet werden, daß Konrad seinen kleinen Sohn und späteren Nachfolger Heinrich im Februar 1026 während seiner Abwesenheit aus Deutschland der Obhut des Augsburger Bischofs anvertraute. Anschließend hatte der König von Augsburg aus, wo er zuvor einen Hoftag abgehalten hatte, seinen ersten Italienzug angetreten. Der Aufenthalt des kleinen Königssohnes in Augsburg verlief jedoch nicht ganz ungestört. Graf Welf II. (gest.

1030), der offensichtlich mit dem Stiefsohn Konrads, Herzog Ernst von Schwaben, im Bunde war, nutzte die Abwesenheit des Augsburger Bischofs auf der Provinzialsynode von Seligenstadt im September 1026[4] und eroberte die Lechmetropole. Die plündernden und brandschatzenden Scharen des Welfen machten auch vor dem bischöflichen Schatzhaus nicht halt. Ein erheblicher Teil der bischöflichen Archivalien und Handschriften wird dabei verlorengegangen sein. Graf Welf hat wahrscheinlich deshalb Augsburg erobert, weil er den designierten Thronfolger in seine Gewalt bringen wollte. Dies gelang ihm jedoch nicht[5]. Bruno wollte allerdings die Zerstörungen, die sein Bischofssitz erlitten hatte, nicht einfach hinnehmen. Ein Anfang Juli 1027 nach Augsburg anberaumter Hoftag beriet vor allem auf Veranlassung des Bischofs Maßnahmen gegen Welf II. und Herzog Ernst. Der schwäbische Graf, welcher sich wie der Herzog auf einem nur wenig später veranstalteten Hoftag in Ulm unterwarf, mußte eine nicht näher auszumachende Entschädigung an die Augsburger Bischofskirche leisten[6].

Da in der Lechmetropole die Spuren der Eroberung vom Herbst 1026 sicherlich nicht so schnell beseitigt werden konnten, wollte ihr wahrscheinlich Konrad eine Erholungsphase gönnen. Während der Regierungszeit Brunos hat der König sie deshalb nur noch einmal um die Jahreswende 1028/29 mit einem königlichen Aufenthalt belastet. Die Versorgung eines nicht selten mehrere hundert Personen umfassenden königlichen Gefolges erforderte nämlich selbst für ein intaktes Gemeinwesen zur damaligen Zeit erhebliche und manchmal kaum zu leistende Aufwendungen. Als Bruno am 24. April 1029 in Regensburg gestorben war, ließen es sich Kaiserin Gisela und ihr Sohn Heinrich, der frühere Schützling des letzten Liudolfingers, nicht nehmen, den Leichnam des Bischofs nach Augsburg zu geleiten, wo er im Stift St. Moritz beigesetzt wurde.

Erst nach etwas mehr als sieben Jahren kam Konrad II. wieder nach Augsburg, wo mittlerweile der in der königlichen Hofkapelle ausgebildete Eberhard (1029–1047) als Bischof amtierte. Während der ersten Februarhälfte des Jahres 1036 hatte der König hier die Großen der umliegenden Gebiete zu einem Hoftag um sich versammelt. Die wichtigste Entschei-

dung, die hier fiel, war die Verleihung des Herzogtums Kärnten an den Vetter des Herrschers, Herzog Konrad den Jüngeren.

Heinrich III. (1039–1056) kam schon ein halbes Jahr nach seinem Amtsantritt in das ihm vertraute Augsburg. Bei insgesamt fünf Aufenthalten[7] beging er drei Hoftage in der Bischofsstadt am Lech. Alle diese drei Versammlungen mit Fürsten beschäftigten sich mit italienischen Angelegenheiten, wobei die letzte (2. bis 10. Februar 1051) eine Synode war, die unter Vorsitz Papst Leos IX. (1049–1054) und Heinrichs III. tagte. Beim Tode Eberhards Ende Mai des Jahres 1047 weilte Heinrich in Augsburg. Er nahm an dessen Exequien am 27. Mai teil und ernannte schon einen Tag später, am Fest Christi Himmelfahrt, seinen Kapellan Heinrich zum Bischof von Augsburg.

Heinrich II. (1047–1063) war, ehe er Bischof wurde, 1046/47 Kanzler der italienischen Kanzlei Heinrichs III.[8]. Nach dem Tode des Kaisers war der Augsburger Bischof ab 1057 bis 1062 der einflußreichste Berater der Kaiserinwitwe Agnes, die für ihren unmündigen Sohn Heinrich IV. (1056–1106) die Regentschaft führte. Es ist deshalb nicht verwunderlich, daß die Regentin an dem Bischofssitz ihres Vertrauten wichtige Angelegenheiten des Reiches und der Kirche beraten und entscheiden ließ. Am Pfingstfest des Jahres 1058 designierte ein Augsburger Hoftag den Bischof Gerhard von Florenz (Nikolaus II., 1058–1061) zum Nachfolger des verstorbenen Papstes Stephan IX. (1057–1058) gegen den schon am 5. April 1058 erhobenen Benedikt X. (Johann von Velletri) und schloß Frieden mit den Ungarn.

Nachdem sich Erzbischof Anno II. von Köln (1056 bis 1075) im April des Jahres 1062 auf dem Rhein bei Kaiserswerth des jungen Königs samt der Kroninsignien bemächtigt hatte, konnte Bischof Heinrich keinen Einfluß mehr auf die Reichsregierung ausüben. Die Kaiserin, der vorgeworfen worden war, daß sie sich vom Augsburger Bischof zu sehr habe beeinflussen lassen, hatte sich nämlich nach Annos Gewaltstreich völlig aus der Öffentlichkeit zurückgezogen und lebte seither nur mehr für die eigene Selbstheiligung. Während ihr ehemaliger Berater sich fortan, offensichtlich aus Verärgerung, nicht mehr an Reichsangelegenheiten interessiert zeigte[9], blieb die Bedeutung seiner Bischofsstadt als Ort der königlichen Herrschaftsausübung ungeschmälert. Schon im Oktober 1062 beschäftigte sich ein Augsburger Hoftag wieder mit einer für Kirche und Reich wichtigen Frage. Das nach dem Tode Nikolaus' II. entstandene Schisma zwischen Alexander II. (1061–1073) und Honorius II. (1061–1064) sollte beigelegt werden. Wenngleich dies auf der Augsburger Versammlung nicht gelang, wurden hier doch die entscheidenden Weichen für die Anerkennung Alexanders gestellt[10]. Heinrich IV. hat sich insgesamt vierzehnmal in Augsburg aufgehalten[11]. Er weilte damit häufiger als jeder andere Herrscher bis zum Ende der Staufer in der Bischofsstadt am Lech. Dies mag mit der Königstreue der Augsburger Bischöfe zusammenhängen. Sicherlich lassen sich diese häufigen Aufenthalte zum Teil auch mit Augsburgs wichtiger Funktion als Sammelplatz und Ausgangspunkt für Italienzüge erklären. Freilich muß auch beachtet werden, daß Heinrich IV. Augsburg mehrmals am Fest Mariä Reinigung (2. Februar) aufsuchte, das in der Lechstadt besonders feierlich begangen wurde. Bisher nicht in diesem Zusammenhang wurde eine naheliegende Begründung genannt, die allerdings aus gelegentlichen Hinweisen[12] hätte erschlossen werden können. Heinrich IV. war ein besonderer Verehrer der hl. Afra[13]. Dies ist vor allem daraus zu ersehen, daß er im Dom zu Speyer eine Afrakapelle errichten ließ, wo sein Leichnam fünf Jahre lang (1106–1111) eine vorläufige Ruhestätte fand. Durchaus denkbar ist, daß der Kaiser – wovon allerdings erst eine spätere Überlieferung weiß – sich für die Speyerer Afrakapelle eine Reliquie erbeten und auch erhalten hat. Nicht zufällig wird die zeitgenössische Überlieferung als Todestag Heinrichs IV. den 7. August bezeichnet haben, das Fest der hl. Afra. Eine auch für die Reichsgeschichte bedeutsame, in Augsburg entstandene Quelle berichtet zum Jahr 1084, daß wie durch ein Wunder in der Nacht vom 6. auf den 7. August das von Feinden (unter Führung Welfs IV.) besetzte Augsburg geräumt wurde. Unter dem Jubel von Klerus und Volk konnte Heinrich IV. am 7. August kampflos in Augsburg einziehen[14]. Daß Heinrich sich am Begräbnisort seiner Lieblingsheiligen häufig aufhielt, dürfte demnach nicht verwunderlich sein. Auffällig ist die zeitliche Dichte der Mehrzahl von Heinrichs Augsburg-Aufenthalten. Allein neun lassen

sich für die Regierungszeit des Bischofs Embriko (1063–1077) feststellen[15], der nicht wie seine drei Vorgänger der Hofkapelle angehört hatte, sondern vor seiner Ernennung Dompropst von Mainz gewesen war[16]. Zur Zeit von Embrikos Nachfolgern Siegfried II. (1077–1096) und Hermann (1096–1133) kam der König nur mehr zweimal nach Augsburg. Das eine Mal, um nach dem Tod Embrikos am 8. September 1077 seinen Kapellan Siegfried als Nachfolger einzusetzen[17], das andere Mal, um Anfang August 1084 die Lechmetropole von Herzog Welf zu befreien[18]. Vielleicht wollte Heinrich die Bischofsstadt am Lech, die zwischen 1081 und 1093 durch vier Überfälle Welfs IV. stark gelitten hatte[19], nicht mit königlichen Aufenthalten und schon gar nicht mit Hoftagen belasten.

Nachdem der Sohn und Nachfolger Heinrichs IV., Heinrich V. (1106–1125), Augsburg nur dreimal kurz aufgesucht hatte[20], brachte der einzige Aufenthalt Lothars III. (1125–1137) einen schweren Rückschlag in Augsburgs Stadtentwicklung[21]. Eigentlich hatte alles ganz harmlos begonnen. Augsburger Bürger hatten den päpstlichen Legaten Azo von Acqui kurz vor der Ankunft des Königs überfallen und beraubt. Nachdem Bischof Hermann den König gebührend empfangen hatte, erhob er vor dem Herrscher und den anwesenden Fürsten Klage gegen die Räuber. Während der König über diese Angelegenheit mit den Fürsten beriet, entstand in der Vorstadt zwischen Händlern durch königliche Bewaffnete ein Streit. Als vor dem Dom eine bischöfliche Wache aufzog, vermutete der König, daß ein Aufstand gegen ihn in Gang komme, zumal auch die Bürger sich nach dem Läuten der Marktglocke zusammenrotteten. Am Sonntag, dem 28.8.1132, wurde vor und im Dom zwischen königlichen und bischöflichen Bewaffneten heftig gekämpft. Vergeblich versuchte Bischof Hermann unter Einsatz seines Lebens die Kämpfenden zu trennen. Schließlich setzten sich die Königsleute durch. Am nächsten Tag verließ der König unter Mitnahme der Gefangenen die Stadt und errichtete in der Lechebene ein Lager. Einen Tag später kehrte er mit seiner bewaffneten Truppe zurück und ließ sämtliche Befestigungen der Stadt schleifen. Als Lothar am 31. August 1132 abzog, war Augsburg total zerstört. Hermann selbst hat den

Wiederaufbau seiner Bischofsstadt nicht mehr erlebt, da er am 19. 3. 1133 starb. Fragt man nach den Ursachen für das unangemessen harte Vorgehen Lothars III., so wird dafür nur die wahrscheinlich prostaufische Haltung der Augsburger Bürgerschaft angeführt werden können. Bischof Hermann hatte nämlich für das künftige Herrschergeschlecht nie Partei ergriffen. Mehr läßt sich aus dieser einzigen einschlägigen Quelle nicht erschließen.

Die Auseinandersetzungen in und um Augsburg während des Investiturstreits

Wird die Dauer des Investiturstreits in Deutschland auf die Zeit zwischen dem 24. Januar 1076 (Reichssynode zu Worms: Gregor VII. wird von 26 Bischöfen die Anerkennung entzogen) und dem 23. September 1122 (Wormser Konkordat) eingegrenzt[22], so wurden die Regierungszeiten von drei Augsburger Bischöfen davon betroffen.

Embriko hatte am Wormser Reichstag nicht teilgenommen, war aber mit Heinrich IV. nach Canossa gezogen[23]. Mit dem Papst unversöhnt war er nach Augsburg zurückgekehrt. Als der Gegenkönig Rudolf von Rheinfelden Ostern 1077 mit gregorianisch gesinnten Bischöfen und zwei päpstlichen Legaten nach Augsburg kam, weigerte sich Embriko, ihn wie einen König zu empfangen. Als er den päpstlichen Legaten bekannte, er habe wegen des Umgangs mit Heinrich IV. Schuld auf sich geladen, wurde er von diesen abgesetzt und mit Kirchenstrafen belegt. Auf Bitten Rudolfs wurde Embriko allerdings dann doch die vorläufige Ausübung des Bischofsamtes gestattet[24]. Sicherlich erzwungen wird der Treueid gewesen sein, den der Augsburger Bischof dem Gegenkönig Rudolf zu leisten hatte, denn schon Ende Mai zog er dem aus Italien heimkehrenden Heinrich IV. entgegen[25] und nahm auch am nur wenig später zusammentretenden Hoftag von Nürnberg (11. Juni 1077) teil[26].

Als Embriko am 30. Juli 1077 gestorben war, erhob, wie es scheint, ein Teil der Domkanoniker kurz darauf den aus ihren eigenen Reihen stammenden Wigolt zu seinem Nachfolger[27]. Heinrich IV., der sich auch nach Canossa noch als Herr der Reichskirche betrachtete, demonstrierte am 8. September 1077 in Augsburg, daß er mit dieser Entscheidung nicht einverstanden war. Er berief seinen Kapellan Siegfried auf den verwaisten Bischofsstuhl[28]. Am gleichen Tag erhob der König den Augsburger Kanoniker Heinrich zum Patriarchen von Aquileja, ebenfalls ohne sich um eine vorausgegangene Wahl der Aquilejenser zu kümmern[29]. Mit seinem entschiedenen Handeln konnte Heinrich zwei für den Alpenübergang wichtige Bistümer mit loyalen Klerikern besetzen. Der salische Herrscher wird vor allem deshalb an der Sicherung dieser strategisch wichtigen Routen über die Mitte und den Osten der Alpen interessiert gewesen sein, weil er im Winter 1076/77 eine recht beschwerliche Reise über Burgund nach Italien unternehmen mußte. Die süddeutschen Herzöge, Rudolf von Rheinfelden und Welf IV. von Bayern, hatten nämlich die Straßen über die westlichen und mittleren Alpen blockiert. Was nun noch fehlte, war die Sicherung der westlichen Alpenübergänge. Deshalb berief Heinrich IV., als nur wenig später der Bischofsstuhl von Chur verwaist war, auch darauf einen Kleriker, dessen Treue er sich sicher war, nämlich den Augsburger Dompropst Nortpert (1079–1087)[30]. Nimmt man noch den Domkanoniker Adalbero von Augsburg hinzu, der 1084 Bischof von Trient wurde, und den ebenfalls dem Domkapitel der Lechstadt entstammenden Wido (ab 1095/96 Bischof von Chur)[31], so dürfte die Vermutung nicht zu gewagt sein, daß Augsburg während der Amtszeit Bischof Siegfrieds II. (1077–1096) eine Ausbildungsstätte für künftige königstreu gesinnte Bischöfe des Alpenraums war.

Siegfried konnte sich gegen seinen zeitweiligen Kontrahenten Wigolt (1077–1088) vor allem deswegen durchsetzen, weil dieser unter den Domkanonikern kaum Anhänger hatte[32] und wohl auch bei der Bevölkerung wenig Anklang fand. Sein Einflußbereich war lediglich das Ostallgäu, wo auch eines der Herrschaftszentren Welfs IV. lag[33]. Nur im Gefolge von dessen Streitmacht kam Wigolt gelegentlich nach Augsburg, allerdings ohne dort Fuß fassen zu können. Als Wigolt am 11. Mai 1088 in Füssen starb, saß Siegfried als Gefangener Welfs IV. auf dessen Burg Ravensburg. In dieser günstigen Situation wollten die drei antikaiserlichen süddeutschen Herzöge (Welf IV., Berthold von Schwaben und Berthold II. von Zähringen) einen päpstlich eingestellten Bischof für Augsburg erheben. Zwei dazu ausersehene und auch bereite Reichenauer Mönche starben allerdings schon nach kurzer Zeit[34]. Auch der zur welfischen Partei zählende Abt Eberhard von Kempten starb, ehe ihm – wie er erwartete – das Bistum Augsburg übertragen werden konnte[35].

Nach Siegfrieds Tod am 4.12.1096 bestieg mit Hermann (1096–1133), der aus dem Geschlecht der Grafen von Cham stammte, eine äußerst farbige Persönlichkeit den Augsburger Bischofsstuhl. Einen Großteil seiner Amtszeit (bis 1123) war er damit beschäftigt, sich gegen Vorwürfe zu verteidigen, die ihm unterstellten, er sei durch unlautere Machenschaften ins Amt gekommen[36]. Hermanns heftigste und ausdauerndste Gegner waren seine eigenen Domkanoniker, die sich offensichtlich lange Zeit einmütig gegen ihn stellten. Papst Paschalis II. (1099–1118) hatte den äußerst geschickt taktierenden Augsburger Bischof zwar von seinem Amt suspendiert, aber nicht für abgesetzt erklärt. Er hatte vielmehr den Churer Bischof Wido mit der Untersuchung der gegen Hermann vorgebrachten Anklagen (falsche Wahl und Konsekration, Schmälerung des Kirchenguts, schlechte Lebensführung) beauftragt[37]. Der Nachfolger dieses Papstes, Gelasius II. (1118–1119), bannte schließlich Hermann 1118/19, ohne das Ende der Untersuchung Widos von Chur abzuwarten[38]. Nach dem Abschluß des Wormser Konkordats wurde der Augsburger Bischof wieder in aller Form restituiert[39]. Wohl zu Unrecht wurde bisher Hermann weitgehend negativ beurteilt[40]. Erst jüngst wurde darauf hingewiesen, daß er durchaus ein Anhänger der Klosterreform war und in seiner Diözese die Gründung von Klöstern, allerdings in Übereinstimmung mit seinen Machtinteressen, förderte[41]. Ein ganz und gar unwürdiger Bischof war der noch von Heinrich IV. ernannte Hermann sicherlich nicht, wie einer seiner erbittertsten Gegner, Abt Egino von St. Ulrich und Afra, behauptete[42].

Die Anfänge der Bürgerstadt

Augsburg war zur Zeit der salischen Herrscher zweifellos eine Bischofsstadt. Allerdings lassen sich auch schon einige Hinweise finden, die auf eine allmähliche Entwicklung zur Bürgerstadt hindeuten. Sicher

hatte die Stadt am Lech schon vor dem Jahre 1030 das Marktrecht, wie eine Urkunde Konrads II. bestätigt[43]. Wo jedoch dieser Markt zu lokalisieren ist, läßt sich nicht feststellen[44]. In einer Urkunde aus dem Jahre 1046 wird ein *quaestor* Tuco aufgeführt, der allerdings ein bischöflicher Funktionsträger im Rang eines Burggrafen gewesen sein dürfte[45]. Ebenfalls um einen bischöflichen »Beamten« dürfte es sich bei einem Hillibrant *urbis praefectus*[46] gehandelt haben, der in einer von Bischof Embriko am 29. Juni 1067 beurkundeten Schenkung als Zeuge genannt wird. Am 13. Juni 1080 verwüsteten und brandschatzten Feinde König Heinrichs IV., wie die Augsburger Annalen berichten, die *suburbana* (Vorstadt) und ließen die Kirche des Chorherrenstifts St. Peter in Flammen aufgehen[47]. Nur ein Jahr später gelang es Welf IV., mit Verbündeten in die Stadt einzudringen, die er drei Wochen besetzt hielt. Er zündete die Vorstadt an, verheerte die Umgebung und brannte das Kollegiatstift St. Moritz nieder[48]. Es hat den Anschein, als ob diese gewalttätigen Aktionen von 1080 und 1081 gerade darauf abzielten, die vor der Stadt entstandenen neuen Siedlungskerne um St. Moritz und das nur kurz vorher gegründete Stift St. Peter (1067) zu zerstören und der dort wohnenden Bevölkerung – vermutlich auch Kaufleuten und Händlern – das Leben zu verleiden.

Während der Regierungszeit Bischof Siegfrieds dürfte nicht nur die Mehrheit der Domkanoniker, sondern auch der Augsburger Bürgerschaft auf seiner und des Königs Seite gestanden haben[49]. Dafür sprechen zwei Begebenheiten. Als der Kontrahent Siegfrieds, Wigolt, Ostern (8. April) 1078 am Hofe des Gegenkönigs Rudolf von Rheinfelden die Weihe erhalten hatte[50], forderte der zuständige Konsekrator, der Erzbischof von Mainz, unter Androhung des Anathems Kanoniker und Volk der Lechstadt auf, diesen als rechtmäßigen Bischof anzunehmen[51]. Dieser Aufforderung Erzbischof Siegfrieds scheint wohl nur eine Minderheit gefolgt zu sein. Auf jeden Fall wurde Heinrich IV., der ja seinen Kapellan zum Augsburger Bischof ernannt hatte, am 7. August 1084 von Klerus und Volk freudig empfangen, nachdem feindliche Scharen, die die Lechmetropole mehrere Wochen besetzt hielten, abgezogen waren[52]. Ein Großteil der Augsburger Bürger stand freilich

nicht nur verbal hinter dem König und seinem Bischof, sondern war auch bereit, die Stadt gegen deren
Gegner zu verteidigen. Den *cives* (Bürgern) war es zu
verdanken, daß wohl welfische Bewaffnete 1087 aus
der Stadt vertrieben wurden und sechs Jahre später
(1093) bayerische Angreifer Augsburg unter großen
Verlusten wieder verlassen mußten[53]. Der Überfall
von Truppen Welfs IV. Mitte April 1088 wirkte sich
für Augsburg deshalb so verhängnisvoll aus, weil er
zur Nachtzeit erfolgte, wobei unzuverlässige Verteidiger der Stadtmauern die Feinde gewähren ließen.
Die schwerwiegendsten Folgen dieser Eroberung waren die Gefangennahme Bischof Siegfrieds und die
Zerstörung des Mauerrings[54].

Die Augsburger Bürger verhielten sich während der
ersten zwei Jahrzehnte des Investiturstreits auf jeden
Fall anders als die Bewohner der nächstgelegenen
schwäbischen Bischofsstadt Konstanz. Dort konnte
sich der vom König eingesetzte Bischof nicht durchsetzen[55]. In der Lechstadt dürfte sich die Mehrheit
der Bewohner auch nicht gegen Siegfrieds Nachfolger Hermann gestellt haben, obwohl dies eine freilich
recht parteiische Quelle andeutet[56]. Von einem Aufstand gegen den vom Kaiser eingesetzten bayerischen Grafensohn ist jedenfalls nie die Rede. Erst
gegen Ende von Hermanns Amtszeit dürfte es
Schwierigkeiten zwischen ihm und einem Großteil
der Augsburger Bewohner gegeben haben. Während
der Augsburger Bischof sich in den Auseinandersetzungen zwischen Lothar III. und den Staufern wohl
neutral verhielt, neigte die Bevölkerung der Lechmetropole wahrscheinlich mehr den Staufern zu, wie die
schon oben[57] geschilderten Ereignisse Ende August
1132 nahelegen dürften. Mit Hermanns Nachfolger
Walther I. (1133–1152) aus dem Hause der Grafen
von Dillingen[58] begann eine neue Phase der Augsburger Geschichte. Er, der kanonisch Gewählte, hatte sich nicht nur mit den ehemaligen bistumsinternen
Gegnern seines Vorgängers, sondern auch – wie die
Augsburger Bürger – mit der künftigen Herrscherfa-
milie arrangiert.

1 Reg. Augsb. Nr. 240.
2 Vgl. ebd. Nr. 243.
3 Zum folgenden Georg Kreuzer: Die Hoftage der Könige im

Früh- und Hochmittelalter. In: Bayerisch-schwäbische Landesgeschichte an der Universität Augsburg 1975–1977. Vorträge, Aufsätze, Berichte, Bd. 1, Sigmaringen 1979
(ABLGSchw 1, SchwFG Reihe 7, 1, S. 98–106).
4 Reg. Augsb. Nr. 248.
5 Ebd. Nr. 247.
6 Ebd. Nr. 253.
7 Vgl. die Belege bei Kreuzer, Hoftage, S. 100, Anm. 13.
8 Vgl. Reg. Augsb. Nr. 276.
9 Ebd. Nr. 297, 298.
10 Vgl. Kreuzer, Hoftage, S. 104 f.
11 Ebd. S. 103, Anm. 148.
12 Vgl. Reg. Augsb. Nr. 326, 404.
13 In diesem Zusammenhang sind besonders die weitgehend unbeachtet gebliebenen Ausführungen von Hermann Maschek:
Kaiser Heinrich IV. und die Gründung des Chorherrenstiftes
Klosterneuburg. In: MIÖG 47 (1933), S. 197–201, (mit Belegen) heranzuziehen.
14 Annales Augustani a. 1084. In: MG SS III, S. 131. Vgl. dazu
auch Reg. Augsb. Nr. 350.
15 Darauf hat schon Raymund Kottje: Zur Bedeutung der Bischofsstädte für Heinrich IV. In: HJb 97/98 (1978), S. 148,
aufmerksam gemacht.
16 Vgl. Reg. Augsb. Nr. 304.
17 Ebd. Nr. 342.
18 Vgl. Anm. 14.
19 Vgl. Annales Augustani a. 1081, 1084, 1088, 1093. In: MG SS
III, S. 130 f., 133 f.
20 Vgl. Kreuzer, Hoftage, S. 106, Anm. 176.
21 Die einzige Quelle, die darüber berichtet, ist ein Brief des
Augsburger Bischofs Hermann (geschrieben nach dem
31. 8. 1132) an den Bamberger Bischof Otto (1102–1139), der
bei Philipp Jaffé (Hrsg.): Monumenta Bambergensia, Berlin
1869 (Bibliotheca Rerum Germanicarum 5), S. 444–447 (Nr.
260), abgedruckt ist. Vgl. dazu neben Reg. Augsb. Nr. 475
auch Kreuzer, Hoftage, S. 107 sowie Marie-Luise Crone: Untersuchungen zur Reichskirchenpolitik Lothars III. zwischen
reichskirchlicher Tradition und Reformkurie, Frankfurt a. M.
und Bern 1982 (Europäische Hochschulschriften, Reihe III:
Geschichte und ihre Hilfswissenschaften 170), S. 170 f.
22 Vgl. Rudolf Schieffer: Die Entstehung des päpstlichen Investi-
turverbots für den deutschen König, Stuttgart 1981 (Schriften
der MG 28), S. 1.
23 Reg. Augsb. Nr. 335.
24 Ebd. Nr. 336 und neuerdings auch Jörgen Vogel: Gregor VII.
und Heinrich IV. nach Canossa. Zeugnisse ihres Selbstverständnisses, Berlin und New York 1983 (Arbeiten zur Früh-
mittelalterforschung 9), S. 55–57.
25 Reg. Augsb. Nr. 337.
26 Ebd. Nr. 338, 339.
27 Ebd. Nr. 341.
28 Ebd. Nr. 342.
29 Vgl. zu diesem Augsburger Kanoniker Heinrich Reg. Augsb.
Nr. 305, 342.
30 Vgl. zu ihm vor allem Reg. Augsb. Nr. 343.

31 Ebd.

32 Es ist lediglich von dem Domscholaster Heinrich (gest. 1083) bekannt, daß er sich Wigolt angeschlossen hatte. Vgl. Reg. Augsb. Nr. 343.

33 Vgl. dazu Kottje, Bischofsstädte, S. 149.

34 Reg. Augsb. Nr. 358, 359.

35 Ebd. Nr. 364.

36 Eine wichtige, wenn auch recht einseitige Quelle für Hermanns Amtszeit ist die über den Abt Egino von St. Ulrich und Afra (1109–1120) handelnde Biographie De Eginone et Herimanno. In: MG SS XII, S. 429–448, des Abtes Udalschalk (1127–1151), eines Nachfolgers Eginos. Zum Verfasser und der Tendenz des Werkes vgl. Norbert Hörberg: Libri Sanctae Afrae. St. Ulrich und Afra zu Augsburg im 11. und 12. Jahrhundert, Göttingen 1983 (VMPIG = Studien zur Germania Sacra 15), S. 237 f. Vgl. weiter auch die bisher fast unbekannt gebliebene Studie von Ottorino Bertolini: Una lettera a Pasquale II di Eginone, abate del monastero dei SS. Ulrico ed Afra di Augusta, sui suoi rapporti con il vescovo Ermanno. In: Storiografia e Storia. Studi in onore di Eugenio Dupré-Theseider, Bd. 2, Rom 1974, S. 617–626.

37 Reg. Augsb. Nr. 419.

38 Ebd. Nr. 423.

39 Ebd. Nr. 446, 447.

40 So zuletzt von Karl Bosl: Adel, Bistum, Kloster Bayerns im Investiturstreit. In: Festschrift für Hermann Heimpel, Bd. 2,

Göttingen 1972 (VMPIG 36/II), S. 1140.

41 Siehe dazu Wolfgang Peters: Die Gründung des Prämonstratenserstifts Ursberg. Zur Klosterpolitik der Augsburger Bischöfe im beginnenden 12. Jahrhundert. In: ZBLG 43 (1980), S. 575–587.

42 Vgl. Bertolini, Una lettera, S. 624 f.

43 MG DD K II 144 vom 17. Januar 1030. S. dazu auch Reg. Augsb. Nr. 267.

44 Vgl. dazu zuletzt Schröder, Augsburg, S. 51.

45 Reg. Augsb. Nr. 274.

46 MB 33a, S. 6 (Nr. 10). S. dazu auch Reg. Augsb. Nr. 314.

47 Annales Augustani a. 1080. In: MG SS III, S. 130.

48 Annales Augustani a. 1081. In: MG SS III, S. 130.

49 Vgl. dazu besonders Kottje, Bischofsstädte, S. 149.

50 Zur Bedeutung der Einsetzung Wigolts in das Bischofsamt für die künftige Investiturpraxis vgl. Schieffer, Investiturverbot, S. 170 f.

51 Reg. Augsb. Nr. 346.

52 Annales Augustani a. 1084. In: MG SS III, S. 131.

53 Annales Augustani a. 1087, 1093. In: MG SS III, S. 132, 134.

54 Annales Augustani a. 1088. In: MG SS III, S. 133. Vgl. dazu Reg. Augsb. Nr. 356.

55 Vgl. Kottje, Bischofsstädte, S. 147 f.

56 Vgl. Reg. Augsb. Nr. 387.

57 Vgl. S. 123 f.

58 Zu ihm am besten Zoepfl, Bischöfe 1, S. 126–133.

Augsburg unter den Staufern (1132–1268)

von Pankraz Fried

War das östliche Schwaben und vor allem Augsburg in der Reichspolitik der sächsischen und salischen Kaiser wiederholt in den Mittelpunkt des Geschehens getreten, so hatte es innerhalb des Verbandes des schwäbischen Herzogtums mehr eine Außenseiterrolle gespielt[1]. Dies änderte sich, als 1079 die aus Schwaben selbst stammenden Staufer das Herzogtum Schwaben erhielten. Für sie mußte es naheliegen, die politisch-geographischen Möglichkeiten Ostschwabens als eines Verbindungslandes zwischen Schwaben

und Bayern einerseits und als Nord-Süd-Verkehrsachse andererseits für die Reichspolitik zu nutzen. Augsburg fiel dabei die bedeutsame strategische Position eines »deutschen Tors zum Süden« vor dem Brenner- und Fernpaß bzw. Reschen-Scheideck-Paß zu, die seit dem 11. Jahrhundert für die Italienzüge der deutschen Könige immer mehr an Bedeutung gewannen. Als treue Parteigänger Heinrichs IV. wurden die Staufer bereits im Investiturstreit zu erbitterten Gegnern der Welfen, die seit 1070 das Herzogtum Bayern und ganz Oberschwaben innehatten[2]. Die Kämpfe entzündeten sich am heftigsten um den Besitz der Bischofsstadt Augsburg, die auch nach dem Investiturstreit durch den welfisch-staufischen Gegensatz seit 1125 in stärkste Mitleidenschaft gezogen wurde. Nach dem Tode des letzten Salierkaisers Heinrich V. wurde von der salierfeindlichen und kirchenfreundlichen Fürstenpartei der Sachsenherzog Lothar von Supplinburg zum deutschen König gewählt, der seinen ärgsten Rivalen, den Welfen Heinrich den Stolzen, durch Vermählung mit seiner Erbtochter Gertrud für seine Gefolgschaft zu gewinnen wußte. Der Ort der Heirat, die 1127 festlich mit schwäbischen und bayerischen Großen gefeiert wurde, war der berühmte »Gunzenlee« (bei Kissing), eine uralte Gerichts- und Heeressammelstätte der deutschen Könige vor ihrem Aufbruch nach Italien, insbesondere seit salischer und staufischer Zeit[3]. Der Anhang der restlichen Salierpartei wählte jedoch noch im gleichen Jahr den Staufer Konrad, einen Bruder des Schwabenherzogs und Enkel Heinrichs IV., zum Gegenkönig. Als der Staufer sich weigerte, das von ihm verwaltete salische Königsgut herauszugeben, erklärte ihn Lothar für geächtet. Es setzten Fehden und Rachezüge der beiden verfeindeten Parteien ein, die vor allem das nord- und mittelschwäbische Gebiet verwüsteten. Als König Lothar auf seinem Romzug 1132 in Augsburg eintraf, entstand in dieser kriegerischen Atmosphäre aus nichtigem und irrigem Anlaß am 28. 8. 1132 im *suburbium* (Kaufmannsvorstadt), in der Stadt und auf dem Fronhof ein verheerender Kampf zwischen den königlichen und bischöflichen Rittern, den der dabei schwer verwundete Bischof Hermann vergebens zu schlichten versuchte[4]. Nach Verwüstung der gesamten *civitas* Augsburg, in der er das Zentrum der Staufermacht erblickte, zog der König tags darauf in Richtung Süden nach Italien ab. Der Kampf zwischen der welfischen und staufischen Partei tobte indes weiter; noch 1132 ging das welfische Memmingen und 1134 das staufische Ulm in Flammen auf. Die Fehden flackerten erneut auf, als nach dem Tode Lothars 1138 der Staufer Konrad III. zum König gewählt wurde, und nicht sein mächtiger Rivale Heinrich der Stolze, der aber bereits 1139 starb. Für seinen unmündigen Sohn Heinrich (den Löwen) führte

zunächst sein Oheim Welf VI. den Krieg gegen die Staufer weiter, wobei er allerdings nach einem Treffen bei Bopfingen 1150 eine empfindliche Niederlage einstecken mußte. Erst Friedrich I. Barbarossa schuf den endgültigen Ausgleich zwischen den bis dahin verfeindeten Sippen, indem er Heinrich dem Löwen das Herzogtum Bayern (1156) und seinem Oheim Welf VI. die Reichslehen Tuszien und Spoleto in Italien sowie die sogenannten Mathildischen Güter überließ.

Kaiser Lothar hatte sich 1132 getäuscht, als er glaubte, das zumindest seiner Gesinnung nach staufische Augsburg ein für allemal ausgelöscht zu haben. Bischof und Kaufleute hatten schon wenige Jahre danach in einer bewundernswerten Aufbauleistung die schlimmsten Schäden beseitigt und die Befestigungen wiederhergestellt. Der Dom wurde erweitert und prachtvoller ausgestattet (Steinbaldachin an der Südwand des Westchors, Prophetenfenster, Bau eines neuen, vierflügeligen Kreuzgangs, Erhöhung der Türme und Giebelaufbauten). Neues Leben regte sich auch bei St. Ulrich unter dem tatkräftigen Abt Udalschalk von Maisach, der beim Kloster eine Laienbruderschaft begründete und es zu einem kulturellen Mittelpunkt ausgestaltete[5].

Die Zeit nach der Zerstörung ist auch die Epoche der Begründung von neuen Klöstern und Stiften im Geiste der Kirchenreform (St. Georg, Hl. Kreuz usw.)[6]. Der ungemein rasche Aufstieg Augsburgs aus der Asche der Zerstörung von 1132 hatte letztlich seinen Grund in der neuen politischen Lage, die mit dem Königtum der Staufer einsetzte, dessen Abglanz nun auch auf dem staufertreuen Augsburg lag. Noch im Jahr seiner Wahl zog der Staufer König Konrad III. 1138 als Freund Augsburgs in die Stadt. In einem Strafgericht ächtete er den welfischen Bayernherzog Heinrich den Stolzen, dem dabei das Herzogtum Bayern entzogen wurde, so daß der Lechrain wieder zu einer ruhigen Grenze wurde[7]. Es erfolgte eine Neuummauerung der Stadt, zu der vielleicht die Tatsache in Beziehung steht, daß seit der Mitte des 12. Jahrhunderts das Münzbild der bischöflichen Silberblechpfennige eine Stadtmauer mit offenem Mauertor enthält. In einer Urkunde Bischof Walthers sind 1143 unter den bischöflichen Ministerialen außer dem Burggrafen, dem Kämmerer, dem Kastner, dem

Truchseß und Hofmeister auch die Leute aufgeführt, welche die Haupttore zu verwalten hatten: *Ebo de meridionali porta civitatis* (vom südlichen Stadttor), *Marquart de porta aquilonari* (vom Nordtor)[8].

Im Jahre 1152 betrat als zweiter Staufer der Neffe König Konrads, der Schwabenherzog Friedrich, der im gleichen Jahr zum König gewählt worden war, die Stadt Augsburg. Barbarossa, wie er später von den Italienern genannt wurde, ließ sich während seines Aufenthaltes von Bischof Konrad, der Geistlichkeit und den Bewohnern der Kaufleutestadt in Anwesenheit des Hochvogtes Adelgoz I. von Schwabegg und des Burggrafen Klagen über Übergriffe der Vögte und die allgemeine Unsicherheit der Rechtszustände in der Stadt vortragen. Der König befahl, man möge alles gemeinsam feststellen, was in Augsburg nach altem und gesetzlichem Herkommen Recht sei, um es dann bestätigen zu können[9].

Noch mehr als vorher leitete die Regierungszeit Barbarossas (1152–1190) für Augsburgs Geltung im Reich einen ungeahnten Aufschwung ein[10]. Sie wird faßbar durch zahlreiche Aufenthalte des Kaisers und seiner Nachfolger in Augsburg anläßlich von Heerfahrten nach Italien (Romzüge), Gerichtstagen und Familienfesten, die meist um Pfingsten auf dem Gunzenlee vor Augsburg festlich begangen wurden. So wurde der Föhringer Schied und damit die Begründung des Marktes München auf einem Hoftag zu Augsburg am 14. Juni 1158 verkündet. Wohl um die für die Italienzüge strategisch wichtige Stadt noch enger an sich zu binden, erwarb Barbarossa 1167 die Hochstiftsvogtei und damit auch die Vogteigewalt über die Bürgerstadt Augsburg. »Scit 1168 hat Augsburg als staufischer Hauptplatz zu gelten« (W. Zorn). Auch die persönlichen Bindungen Barbarossas zu Augsburg gestalteten sich zusehends enger. 1182 ließ er sich in die Gebetsbruderschaft der Benediktinerabtei St. Ulrich und Afra aufnehmen. Mit seinen Söhnen Heinrich, Otto und Philipp wohnte er 1187 mit zahlreichem Gefolge der Weihe des neuerbauten Ulrichsmünsters bei.

Einige Jahre zuvor, 1184, war in der Bischofspfalz der Ehevertrag zwischen der normannischen Prinzessin Konstanze, der Erbin Siziliens, beschworen worden. »Oberschwaben ist also bereits unter Friedrich Barbarossa eine der königlichen Kernlandschaften

geworden, Augsburg steht mit acht Aufenthalten des Hofes unter den Bischofsstädten nach Würzburg, Regensburg und Worms bereits an vierter Stelle« (Tellenbach). Auch unter den Nachfolgern Barbarossas setzte sich die hervorragende Stellung Augsburgs im Stauferreich fort. Noch 1190 begab sich der seinerzeit in Augsburg verlobte König Heinrich VI. dorthin, um von hier aus seinen Romzug anzutreten. 1191 zum Kaiser in Rom, 1194 zum König von Sizilien gekrönt, kehrte er im gleichen Jahre mit seinem Heer wieder nach Augsburg zurück. Hier fand auf dem nahen Gunzenlee die Vermählung des jüngeren Kaiserbruders Philipp mit der byzantinischen Kaisertochter Irene, der Witwe König Rogers (III.) von Sizilien, statt. Philipp war als König in den Monaten Juli und August 1205 in Augsburg, 1207 hielt er hier eine große Hofversammlung ab, während des Philipps Tochter Kunigunde mit Wenzel, dem Sohn des Böhmenkönigs Ottokar, verlobt wurde. Im Jahr nach der Ermordung Philipps von Schwaben in Bamberg 1208 durch den Pfalzgrafen Otto von Wittelsbach weilte dessen ehemaliger Gegenspieler und nunmehriger König, der Welfe Otto IV., in Augsburg. Nach seiner Vermählung mit Beatrix, der Tochter Philipps, bot er wie seine Vorgänger vom Gunzenlee aus sein Heer zur Romfahrt auf. Augsburg blieb jedoch staufisch gesinnt: Als der Sohn Heinrichs VI., Friedrich II., 1212 von Sizilien aus über die Bündner Pässe von Konstanz kommend dem Welfenkönig Otto entgegentrat, öffnete dem jungen Staufer 1213 die Stadt Augsburg ihre Tore. Von einer Ausnahme abgesehen, verweilte Kaiser Friedrich II. bei allen seinen Deutschland-Aufenthalten in Augsburg; Er feierte hier zum Beispiel 1219 Weihnacht und versammelte 1220 sein Heer für die Romfahrt und Kaiserkrönung. Für die nun folgende längere Abwesenheit setzte der Kaiser den Wittelsbacher Ludwig I. von Bayern als Reichsverweser ein. Nach dessen Ermordung 1231 trieb des Kaisers Sohn Heinrich (VII.) in dieser Funktion eine wenig glückliche Politik in Deutschland. Immerhin wird in einer seiner 1231 für St. Ulrich ausgestellten Urkunden Augsburg als *urbs regia*, als Königsstadt bezeichnet, in der er innerhalb von zehn Jahren mehr als zehnmal weilte. Als Heinrich (VII.) sich schließlich gegen seinen Vater erhob, zog Friedrich II. 1235 ein letztes Mal über die Alpen nach Deutschland, um seinem rebellierenden Sohn entgegenzutreten. Ende Oktober 1235 hielt sich der Kaiser wieder in Augsburg auf. In den Monaten Juni/Juli 1236 fand nochmals ein glänzender Hoftag zu Augsburg statt, dem dann der Aufbruch nach Italien und Sizilien folgte. König Konrad IV., des Kaisers anderer Sohn, brach 1238 von Augsburg aus mit einem Heer zu seinem Vater nach Italien auf. Nach seiner Hochzeit mit Elisabeth von Bayern 1246 verweilte König Konrad IV. in *Palacio domini episcopi* (Bischofspfalz) zu Augsburg, wo er seiner Gemahlin sein Erbgut Mering mit dem ganzen »Heibisch«, einem Königsgutbezirk, als Morgengabe schenkte. 1251, ein Jahr nach dem Tode Friedrichs II., hielt König Konrad IV. als Hochvogt der Kirche von Augsburg einen Hoftag zu Augsburg in Anwesenheit seines Schwagers, des Bayernherzogs Otto II., ab, um vor seinem Aufbruch nach Italien die deutschen Verhältnisse zu regeln. Der 1254 verstorbene König, mit dem die Stauferherrlichkeit zu Ende ging, sollte Augsburg nicht mehr wiedersehen. Sein unmündiger, am bayerischen Hof erzogener Sohn Konradin kam erstmals 1262 nach Augsburg, wo er sich seit 1264 mehr oder weniger ständig aufhielt, meist in Begleitung seines Erziehers, des schwäbischen Reichsministerialen Volkmar von Kemnath. Er weilte auch öfters auf der Burg Friedberg, die sein Oheim Herzog Ludwig von Bayern um 1247 zur Durchsetzung staufischer Rechte gegen den Bischof von Augsburg hatte erbauen lassen. Von Augsburg aus gelang es Konradin, in seine Rechte als Hochvogt und schwäbischer Herzog eingesetzt zu werden, und von Augsburg aus bereitete er seit 1267 seinen Italienzug vor, um sein angestammtes Königreich Sizilien in Besitz zu nehmen. Das Unternehmen endete 1268 mit der Gefangennahme und Enthauptung Konradins zu Neapel.

Trotz des Niedergangs der Staufer konnte Augsburg seine Stellung als Kaiserstadt in Deutschland und als Reichsstadt, wie sie 1235 einmal von italienischer Seite bezeichnet wird[11], behaupten. Die Grundlagen hierfür waren im Jahrhundert der stärksten staufischen Machtentfaltung (ca. 1150–1250) gelegt worden. Das Bürgertum hatte sich de facto von der bischöflichen Stadtherrschaft emanzipiert und vom Königtum zahlreiche Freiheiten erworben. Sie galt es

künftig zu sichern, wie dies dann 1276 und 1316 erfolgt ist.

Der politische Aufstieg Augsburgs zur Bürgerstadt in der späten Salier- und in der Stauferzeit schlug sich auch in der Erweiterung des Stadtgebiets nieder[12]. Im 11. und 12. Jahrhundert verdichtete sich allmählich der Siedlungsraum zwischen der alten Bischofsstadt *(civitas)* und dem Kloster St. Ulrich und Afra. Zum 969 gegründeten adeligen Damenstift St. Stephan kam um 1019 das Stift St. Moritz hinzu, dessen Errichtung auf Bischof Brun zurückgeht, der auch Ulrich und Afra um 1012 als Benediktinerkloster neu begründete. Zur Zeit Bischof Embrikos (1063–1077) entstanden St. Martin am Kesselmarkt als Kanonikerstift sowie die Chorherrenstifte St. Peter am Perlach (um 1067) und St. Gertrud (1071). Die Reformklöster St. Georg und Hl. Kreuz deuten das Wachstum der Stadt nach Norden und Westen an. Neben diesen klösterlichen Siedlungszentren sind vor allem die Siedlungskerne der Kaufleute und Handwerker zu nennen, die bis ins 12. Jahrhundert hinein als *suburbia* (Vorstädte) ohne Mauerschutz südlich und nördlich von der Bischofsstadt entstanden waren. Das südliche *suburbium* war bereits bis 1100 bis zum Perlach, wo vermutlich die alte Vogtdingstätte lag, und zum Moritzstift gewachsen; 1172 liegt der alte Siedlungskern von St. Ulrich und Afra *in civitate* (in der Stadt) bzw. 1187 *infra muros* (innerhalb der Mauern).

Die Kaufleutestadt scheint sich damals in das Gebiet zwischen St. Moritz und St. Ulrich ausgedehnt zu haben. Mit einem gemeinsamen Graben und Mauer umschloß man den außerordentlich gewachsenen Stadtbezirk vom Nordende der Bischofsstadt bis zum Südrand der Abtei. Durch eine am Fuße der Hochterrasse verlaufende Mauer mit Graben wurde er von Osten geschützt. In das angehende 13. Jahrhundert sind die Anfänge der Jakobervorstadt zu legen, die vermutlich aus einem älteren Siedlungskern herausgewachsen ist. Insgesamt ist festzustellen, daß, von der Jakobervorstadt abgesehen, bis zum Ende des 12. Jahrhunderts der ganze Siedlungsraum der Stadt Augsburg schon erfaßt, wenn auch noch nicht mit einem umfassenden Mauerring abgegrenzt war, wie er dann bis zum Ende des 18. Jahrhunderts bestand. Die damals noch bestehenden Lücken füllte das

Wachstum der unteren und mittleren Schichten der Stadtbevölkerung auf, wofür die Tätigkeit der Bettelorden- und Beginenklöster Zeugnis ist.

Gegen Ende des 13. Jahrhunderts ist 1295 die »vorstat vor unser frawen tor« erwähnt, die vor dem nördlichen Tor der alten Bischofsstadt die Stifte Hl. Kreuz, St. Georg und St. Stephan zwar noch nicht in die Ringmauer, aber in die Stadtumgrenzung einbezog, dann aber in der ersten Hälfte des 14. Jahrhunderts fest ummauert wurde. Nach der Abriegelung der Bischofsstadt durch die Frauenvorstadt schritt die Stadtgemeinde etwa gleichzeitig zur Stadterweiterung nach Osten in Richtung auf das bischöfliche Lechhausen. Die noch locker und überwiegend agrarisch besiedelte Vorstadt vor dem Barfüßertor wurde damals mit Mauerring und Graben umgeben und mit einer *nova porta* (1346 erstmals erwähnt), dem späteren Jakobertor, versehen. Die Einbeziehung der später nach dem dort 1358 gestifteten Jakobsspital sogenannten Jakobervorstadt vergrößerte die Stadtfläche auf 168 ha, die nun die zehnfache Größe der Fläche der alten Bischofsstadt hatte. Mit diesem Umfang bestand die ummauerte Stadt bis zum Beginn des 19. Jahrhunderts.

1 Vgl. Pankraz Fried und Raimund Kottje: Die Staufer in Augsburg, Schwaben und im Reich. Hrsg. v. d. Stadt Augsburg, 1977; Zorn, Augsburg, S. 81 ff.; Die Zeit der Staufer (Ausstellungskatalog Stuttgart), 1977 (bs. Klaus Schreiner); HdbBayG III, S. 848 ff.

2 Beitrag Kreuzer (Bischofsstadt).

3 Barthel Eberl: Die Ungarnschlacht auf dem Lechfeld (Gunzenlee) im Jahre 955, Augsburg 1955 (Abh. z. Gesch. d. Stadt Augsburg/Schriftenreihe des Stadtarchivs H. 7); Werner Goez: Augsburg und Italien im Mittelalter. In: Zeitschr. f. Stadtgeschichte, Stadtsoziologie u. Denkmalpflege 1974, S. 196 bis 220.

4 Reg. Augsb. Nr. 475, Brief Bischof Hermanns an Bischof Otto v. Bamberg; E. E. Gebele: Das Leben und Wirken des Bischofs Hermann von Augsburg vom Jahre 1096–1153, Augsburg 1870; s. Beitrag Kreuzer (Bischofsstadt).

5 Norbert Hörberg: Libri Sanctae Afrae, Göttingen 1983 (Studien zur Germania Sacra 15); Wilhelm Liebhart: Die Reichsabtei St. Ulrich und Afra zu Augsburg (1006–1803), 1983 (Historischer Atlas von Bayern, Teil Schwaben, Reihe 2, Heft 2).

6 Siehe Beitrag Liebhart (Klöster).

7 Pankraz Fried: Zur Entstehung und frühen Geschichte der alamannisch-baierischen Stammesgrenze am Lech. In: ABLG Schw I (1979), S. 47–67; Helmut Maurer: Confinium Alamanorum. Über Wesen und Bedeutung hochmittelalterlicher »Stammesgrenzen«. In: Historische Forschungen für Walter Schlesinger, hrsg. v. Helmut Beumann, Köln 1974, S. 150 bis 161.

8 Zorn, Augsburg, S. 85.

9 Siehe Beitrag W. Baer (Stadtrecht).

10 Gerd Tellenbach: Augsburgs Stellung zu Schwaben und im deutschen Reich während des Mittelalters. In: Augusta S. 61 bis 69.

11 Vgl. Zorn, Augsburg, S. 93.

12 Zur mittelalterlichen Topographie Augsburgs s. Schröder, Augsburg. Schröder stützt sich wesentlich auf die engagierten Arbeiten von Walter Groos, die im Atlas zitiert sind. Zu ergänzen wäre: Walter Groos: Beobachtungen zum römischen Augsburg. In: ABLG Schw I (1977), S. 68–82; s. weiter ders. in: Augsburger Blätter, 1.–5. Jahrg. (1975–1979); Erich Herzog: Werden und Form der mittelalterlichen Stadt. In: Augusta, S. 83–105; ders., Die ottonische Stadt. Die Anfänge der mittelalterlichen Stadtbaukunst in Deutschland, Berlin 1964 (Frankfurter Forschungen zur Architekturgeschichte 2), S. 182–196.

Das Stadtrecht vom Jahre 1156

von Wolfram Baer

Am 21. Juni 1156 stellte Kaiser Friedrich Barbarossa in Nürnberg der Stadt Augsburg, die er in einer durch die Vögte verursachten völligen Rechtsverwirrung – wie es in der Narratio heißt – vorfand, eine Urkunde aus, mit der er die Rechte der Stadt, des Bischofs, des Vogts und des Burggrafen regelte[1]. Die Tatsache, daß in dieses Stadtrecht im ersten Teil ein Vogteiweistum aus dem Jahre 1104 Aufnahme fand[2], veranlaßte die Forschung lange Zeit, die Entstehung des Stadtrechts in das Jahr 1104 zu legen. Heute ist man sich jedoch darüber einig, daß die eigentliche Stadtrechtsurkunde ein in den Jahren 1152–1156 – Friedrich Barbarossa weilte 1152 in Augsburg – abgefaßtes Weistum für Kirche und Stadt ist, dessen Entstehung man sich so vorzustellen hat, daß die Rechtshandlung am 21. Juni 1156 in Nürnberg, die Beurkundung jedoch erst etwa ein Jahr später erfolgt ist[3].

Die Rechte der Stadt wurden durch Strafbestimmungen für Friedensbrecher eingeleitet. Wenn es heißt, die Buße in Geld- oder Leibesstrafe stehe dem Bischof zu, ist hier bereits eindeutig ausgedrückt, daß der Bischof die eigentliche Obrigkeit in der Stadt darstellt, auch wenn später ausgeführt wird, daß dies nicht für Fälle gilt, die mit dem Tod bestraft werden; denn als Geistlicher konnte der Bischof nicht den Blutbann haben. Die Einsetzung des Burggrafen und des Münzmeisters erfolgte auf Bitten der Ministerialen, der Bürger *(urbani)* und des gesamten sonstigen Volkes. Der Bischof hatte in diesem Falle die Wünsche der gesamten Stadtbevölkerung zu berücksichtigen, deren rechtliche Gliederung hier erstmals deutlich wird. Dieses Mitspracherecht galt übrigens auch bei der im Einvernehmen mit dem Domkapitel aus dessen Mitte erfolgenden Ernennung des Dompfarrers durch den bischöflichen Stadtherrn. Unangetastet war das Münzregal des Bischofs, welcher dem Münzmeister gegen eine Abgabe von zehn Talenten

jährlich zehn Gewichtsmark Silber aushändigte[4]. Nur Kaufleute *(institores)*, die als Fernhändler nach Köln reisten, durften bis zur Höhe von zehn Mark Silber einwechseln. Ansonsten war der Silberwechsel verboten[5]. Der Bischof besaß auch die Zollhoheit. Ob er oberster Grundherr der Stadt gewesen ist, weil ihm von allen Anwesen der Michaelizins zustand, oder ob es sich bei dieser Abgabe um eine Art Grundsteuer handelte, die auch auf freiem Eigen ruhte, ist nicht restlos zu klären. Vielleicht hatten die Grundbesitzer einfach für den bischöflichen Schutz des Stadtrechts zu zahlen[6]. Da der Bischof das Geleitrecht hatte, mußte er selbstverständlich auch die Wehrhoheit über die Stadttore besitzen. Bei Heerfahrten mit dem Reichsheer bzw. bei Fahrten nach Rom zu seiner Konsekration stand ihm eine Abgabe der Stadtbewohner zu, deren Höhe jedoch von diesen bestimmt wurde. Daneben hatte der Bischof die Aufsicht über die Maße und Gewichte in der Stadt. Ein Zeichen seiner umfassenden Machtfülle war das Recht, den Vogt und den Burggrafen absetzen und damit wohl, auch wenn das nicht ausdrücklich gesagt wird, einsetzen zu können[7].

Der Vogt *(advocatus)* als Vertreter des Bischofs in der hohen Gerichtsbarkeit hatte nach der *iustitia urbanorum* zu richten und durfte nur zu den sogenannten »drei echten Dingen« *(tria placita legitima)* im Jahr in die Stadt kommen, wenn er nicht ausdrücklich gerufen wurde. Da die Gerichtstage nicht genau festgelegt waren, ist man auf Rückschlüsse angewiesen. Vielleicht waren es dieselben wie im zweiten Stadtrecht von 1276, in dem jeweils der erste Montag nach Mariä Lichtmeß, nach Walburgis und nach Michaeli Gerichtstermine waren[8]. Auch wird nicht gesagt, wo der Vogt Gericht hielt. Nach Aussage des zweiten Stadtrechts saß der Vogt teils in der bischöflichen Pfalz, teils im Dinghaus zu Gericht. Da das Dinghaus erst im Jahre 1260 erwähnt wird und au-

Tafel III   Evangeliar des Bischofs Hanto (807–814/15): Die Anbetung der Könige, frühes 9. Jahrhundert

Tafel IV   Sigismund Meisterlin, Augsburger Chronik: Text-anfang mit der Initiale W, dahinter Silhouette Augsburgs, um 1457

ßerdem zur Zeit des ersten Stadtrechts der Bischof noch unumschränkter Herr der Stadt war, darf wohl angenommen werden, daß die Gerichtstage nur in der Bischofspfalz abgehalten wurden[9]. Bei den Straffällen, über die der Vogt zu richten hatte, handelte es sich um Verbrechen, die mit Todes- oder Leibesstrafe zu belegen waren. Ihm standen somit alle bedeutenden Straffälle mit Ausnahme des Urteils über unrechte Maße und Gewichte zu. Im Gegensatz zum Burggrafen aber reichte sein Gerichtssprengel über die Grenzen der Stadt, nämlich über das ganze Hochstift hinaus.

Völlig andere Kompetenzen enthielt das Burggrafenamt[10], das im Gegensatz zum Vogtamt zunächst fast immer ein Ministerialenamt war, während die Vögte ausnahmslos hochadeligen Familien entstammten. Erst in der zweiten Hälfte des 13. Jahrhunderts traten auch bürgerliche Burggrafen auf, die allerdings aus den besten Familien der Stadt kamen. Der Burggraf als Beamter des Bischofs wird auch von diesem eingesetzt und – wenn nötig – abgesetzt. Da es ausdrücklich heißt, daß nur ein Burggraf unter einem gewissen Mitspracherecht der Stadtbevölkerung ernannt wird, läßt dies darauf schließen, daß es ursprünglich mehrere Burggrafen gab. Der Burggraf war der eigentliche Stadtrichter, der täglich zu Gericht saß. Er hatte die niedere Gerichtsbarkeit und war auch für kleinere Übertretungen, die an »Haut und Haar« gingen, zuständig. So hatte er die Bäcker nach dreimaligem Verstoß gegen ordentliches Bakken – ihre Brote mußten das richtige Gewicht haben und gegenüber der Kaltwasserprobe bestehen – zu bestrafen. Dieselbe Maßnahme galt auch für Schankwirte, die mehrmals schlechtes Bier brauten und schlecht einschenkten. Ihr Bier sollte vernichtet oder den Armen – wohl umsonst – ausgeschenkt werden. Daß der Burggraf zwei Metzgern und ganz allgemein den Wurstlern *(salsuciarii)* besondere Zuwendungen machte, hing mit deren besonderer Aufgabenstellung zusammen. Die Wurstler hatten die Gefangenen in der Stadt zu bewachen, und zweifellos hatten auch die beiden Metzger Aufgaben im öffentlichen Interesse der Stadt zu erledigen, auch wenn diese nicht eigens genannt waren[11].

Nicht nur die Gewerbegerichtsbarkeit allein war Aufgabe des Burggrafen, sondern ganz allgemein die Lebensmittelpolizei, also die Aufsicht über alle Gewerbe, die den Markt mit Lebensmitteln versorgten. Wenn bei jemand ein Verstoß gegen diese Bestimmungen festgestellt wurde, zog ihn der Burggraf zur Rechenschaft und bestrafte ihn[12]. Der Burggraf war also letztlich der Vertreter des Bischofs in seiner Eigenschaft als Stadtherr. Er war der anstelle des Bischofs zu Gericht sitzende Beamte, der ursprünglich wohl auch die Spitze der städtischen Verwaltung darstellte, ähnlich wie der Schultheiß oder Stadtammann in den oberschwäbischen Reichsstädten. Erst Mitte des 13. Jahrhunderts trat dann der Vogt als Leiter der Stadtverwaltung und Vorsitzender des Rates in Erscheinung.

Es gab zur Zeit des ersten Stadtrechts noch keinen Rat. Dies schließt jedoch nicht aus, daß es eine Art Bürgerausschuß bzw. eine Organisation gab, die gelegentlich auch gefragt werden mußte. Das bereits erwähnte Petitionsrecht der gesamten Stadtbevölkerung bei der Einsetzung des Burggrafen, des Münzmeisters und des Dompfarrers spricht dafür ebenso wie das Steuerbewilligungsrecht bei Heerfahrten und Romreisen des Bischofs[13]. Lassen wir es dahingestellt sein, ob ein solches Organ aus Fernhändlern oder den Ministerialen des Bischofs bestand, sicherlich lag hier die Keimzelle des Augsburger Patriziats. Aber davon soll in anderem Rahmen die Rede sein. Dasselbe gilt auch für das Problem der Zensualität als Vorstufe der bürgerlichen Freiheit[14].

Jemand, so heißt es weiter im Stadtrecht von 1156, der ein Gut ein Jahr lang ohne Widerspruch in der Stadt besessen hat, untersteht allein dem Stadtgericht, war also vom Gericht eines früheren Herrn befreit[15]. In der Stadt Augsburg war allein gültiges Recht die *urbana iustitia*. Weder Eigen- noch Lehenrecht kam als Rechtsgrundlage zum Zuge. Wenn ein Zensuale, ein Zinser, an den drei gebotenen Gerichtstagen des Hochstifts erschien und seinen Jahreszins bezahlte, wurde er in seiner Rechtsstellung auch dann nicht behelligt, wenn er eine Frau niederen Standes, zum Beispiel eine Leibeigene, heiratete, deren Kinder nach geltendem Recht der »ärgeren Hand«, das heißt dem Rechtsstand der Mutter, folgten[16]. Der bürgerliche Rechtsstand des Vaters wurde also nicht beeinträchtigt. Im Falle des Todes des Mannes fiel jedoch das »Besthaupt« an den Hof des

Stadtherrn, des Bischofs (Fronhof), und sein Arbeits-
gewand an dessen Gerichtsbüttel. Dafür garantierte
ihm der Bischof auch sein Recht. An welche Augsburger Kirche der Zensuale seinen Zins auch entrichtete, sein Gut unterstand auf jeden Fall der Gewalt
des Bischofs.

Zusammenfassend läßt sich sagen, daß um die Mitte
des 12. Jahrhunderts in Augsburg ein mehr oder weniger in sich geschlossener »Bürgerstand« festzustellen ist, eine Art bürgerlicher Rechtsgemeinschaft als
Gesamtheit einzelner Gruppen der *urbani*. Allerdings waren die Rechte dieser *urbani*, die ein Tätig-
werden ihrer führenden Persönlichkeiten erfordert
hätten, noch ziemlich gering. Aber immerhin konnten die Bürger ihrem Willen gegenüber dem Bischof
wenigstens Ausdruck verleihen und – mit Einschränkungen freilich – Geltung verschaffen. Die Bürgerschaft stellte noch keine selbständige Rechtsgemeinschaft gegenüber dem bischöflichen Stadtherrn dar.
Es existierte auch keine ständige Bürgervertretung.
Aber um Rechte wahrnehmen zu können, bedurfte
es eines Vertretungsorgans, das die Wünsche der Gesamtheit vertrat.

Sicherlich gab es aber zur Zeit des ersten Stadtrechts
in Augsburg bereits eine Gerichtsgemeinde. Dem
täglich zu Gericht sitzenden Stadtrichter, dem Burggrafen, standen dabei die angesehensten Bürger zur
Seite, wenn er nach der *iustitia urbanorum*, nämlich
nach Gewohnheitsrecht, Recht sprach. Dieser Ge-
richtsbeisitz der führenden Bürger war ein erster
Schritt auf dem Weg zur Emanzipation der Stadt gegenüber dem Bischof. Bei diesen täglichen Gerichts-
handlungen bildete sich allmählich eine Art Stadtbe-
hörde heraus, die auch für die innere Verwaltung verantwortlich zeichnete[17]. Das Stadtrecht vom Jahre
1156 weist dennoch den Augsburger Bischof als un-
umschränkten Herrn der Stadt aus. Dies gilt jedoch
mit der Einschränkung, daß wegen der engen Bindung zwischen Königtum und Reichskirche bis ins
12. Jahrhundert hinein die Stadt zwar unter der unmittelbaren Herrschaft des Bischofs, jedoch auch unter der mehr oder weniger mittelbaren Herrschaft
des Königs stand.

1 MG DD F I, Nr. 147, S. 246–250; Regest: Vock, Nr. 30.

2 MG DD H IV, Nr. 484, S. 659; Regest: Vock, Nr. 16; vgl.
dazu besonders Hermann Krause: Königtum und Rechtsordnung in der Zeit der sächsischen und salischen Herrscher. In:
ZRG GA 82 (1965), S. 1–98, bes. S. 37 f.

3 Vorbemerkung zu dem Druck der Urkunde; dazu Ernst Ber-
ner: Zur Verfassungsgeschichte der Stadt Augsburg vom Ende
der römischen Herrschaft bis zur Kodifikation des Zweiten
Stadtrechts im Jahre 1276, Breslau 1879, S. 72–79; Karl
Krieg: Beiträge zur Verfassungsgeschichte Augsburgs bis zur
Einsetzung des Rates, Diss. phil. Leipzig 1913, S. 19–23; Gisela Möncke: Bischofsstadt und Reichsstadt. Ein Beitrag zur
mittelalterlichen Stadtverfassung von Augsburg, Konstanz und
Basel, Diss. phil. Berlin 1971, S. 28–36; kritisch dazu Klaus
Hefele: Studien zum hochmittelalterlichen Stadttypus der Bischofsstadt in Oberdeutschland (Augsburg, Freising, Kon-
stanz, Regensburg), Diss. phil. München 1970, S. 57 f.

4 Zorn, Augsburg, S. 86.

5 Offenbar sollte ein Abfluß des Edelmetalls aus der Stadt verhindert werden; vgl. Hefele, S. 59.

6 Hefele, S. 60; Möncke, S. 29.

7 Joseph Zeller: Das Augsburger Burggrafenamt und seine Inhaber von ihrem ersten Auftreten bis zum Untergang des alten
Reiches. In: AGHA, Bd. 5, S. 321–410, hier S. 326.

8 Stadtbuch, Art. 70, S. 134.

9 Zeller, S. 327.

10 Darüber besonders Zeller, S. 328–351.

11 Berner, S. 104 f.

12 Zeller, S. 336; mit Recht bezweifelt Zeller, ob der Burggraf
damals schon mit den genannten Handwerkern eine Art ge-
werbegerichtliche Sitzung durchgeführt habe, weshalb man
vom Beginn der Autonomie der Zünfte sprechen könne. Aber
erste Ansätze von Zünften überhaupt sind hier vielleicht doch
schon zu sehen; vgl. auch Hefele, S. 66.

13 Ernst Schumann: Verfassung und Verwaltung des Rates in
Augsburg von 1276 bis 1368, Diss. phil. Kiel 1905, S. 3;
Hefele, S. 66.

14 Bosl, Augsburger Bürgertum, S. 12; neuerdings Knut Schulz:
Zensualität und Stadtentwicklung im 11./12. Jahrhundert. In:
Beiträge zum hochmittelalterlichen Städtewesen, hrsg. von
Bernhard Diestelkamp, Köln und Wien 1982 (Städtefor-
schung, Reihe A, Bd. 11), S. 73–93.

15 Bosl, S. 15; Möncke, S. 31.

16 Bosl, S. 15; Hefele, S. 67.

17 So im Ergebnis Zeller, S. 356 f.; Krieg, S. 70–85; Karlheinz
Sieber: Die Anfänge des Augsburger Patriziats bis zum Stolzhirsch-Aufstand 1303, Zulassungsarbeit Masch. München
1968, S. 21 f.; Möncke, S. 32 f.; einzelne wertvolle Hinweise
verdanke ich Herrn Peter Geffcken, München. Vgl. auch Eugen
Liedl: Gerichtsverfassung und Zivilprozeß der freien Reichsstadt Augsburg (Abh. z. Gesch. d. Stadt Augsburg 12), 1958.

Der Weg zur königlichen Bürgerstadt (1156–1276)

von Wolfram Baer

Bis zum Ende des 12. Jahrhunderts dürfte die Bevölkerungszahl der Stadt Augsburg stark gestiegen sein. Zu den bereits in der ersten Hälfte des 12. Jahrhunderts gegründeten Pfarreien St. Ulrich und St. Moritz im Südteil der frühen Bürgerstadt kamen in der zweiten Hälfte des 12. Jahrhunderts die von St. Stephan und St. Georg im Norden sowie von Hl. Kreuz im Westen der Bischofsstadt. Einziger Vorläufer dieser Pfarreien war die Dompfarrei, nur in St. Ulrich hat wohl seit längerer Zeit auch eine Zweitpfarrei bestanden. Die drei Pfarreien Zu Unserer Lieben Frau (Dom), St. Ulrich und St. Moritz lagen im Entstehungsbereich der Bürgerstadt zwischen dem Dom und dem Stift St. Ulrich und Afra und wurden parallel zum Anwachsen der städtischen Bevölkerung gebildet[1]. Die hochmittelalterliche Bürgerstadt reichte vom Frauentor bis zum Roten Tor. Offenbar wurde dabei zunächst der Raum zwischen St. Moritz und der alten *civitas*, der Domburg, besiedelt, der einen gewachsenen und keinen geplanten Eindruck macht[2]. Davon unterscheidet sich wesentlich die gleichmäßige Stadtanlage südlich davon zwischen St. Moritz und St. Ulrich. Im westlichen Teil der Bürgersiedlung an der Maximilian- und Karolinenstraße, am Markt und den Nebenmärkten hatten sich die Augsburger Kaufleute niedergelassen. Dagegen bewohnten die Handwerker den Osten der Siedlung an den eigens zu Gewerbezwecken abgeleiteten Lechkanälen. Bis in die zweite Hälfte des 12. Jahrhunderts wurde die Bürgerstadt als *suburbium*, also als Vorstadt vor der bischöflichen *civitas*, bezeichnet. Aber auch im Norden der Domburg, in der sogenannten »Unteren Stadt«, auf dem Boden der alten Römerstadt, siedelten sich im Bereich der neugegründeten Pfarreien St. Georg und St. Stephan Bewohner an. Eine weitere Vorstadt entstand auf dem Boden der Lechebene unterhalb des Perlach, allerdings erst im Laufe des 13. Jahrhunderts. Es handelt sich um die Jakobervorstadt, die

allerdings erst wesentlich später – nach 1339 – in die Stadtbefestigung mit einbezogen wurde[3].

Mitte des 13. Jahrhunderts fand in den oberdeutschen Reichsland- und Reichsstädten die Institution des Konsulats Eingang und wurde sehr bald zur bestimmenden Verfassungsform[4]. *Consules* (Ratgeben) – das ist der Rat einer Stadt –, die als Wahrzeichen bürgerlicher Freiheit galten, finden wir in Augsburg erstmals in einer Urkunde vom Jahre 1257 als Repräsentanten der Bürgergemeinde[5]. Freilich wird der Rat hier zunächst recht beiläufig erwähnt, er fungiert nur bei einer Schadensregulierung. Bemerkenswert ist jedoch, daß schon vor dieser Zeit in den Zeugenreihen von Augsburger Urkunden wiederholt dieselben Namensnennungen auftreten, was auf die bevorzugte Stellung der Namensträger schließen läßt.

Die Bürgerschaft versuchte, ihre Interessen auch sehr bald korporativ zu vertreten. Für das Jahr 1234 wird erstmals ein eigenes Stadtsiegel erwähnt[6]. Im Zusammenhang mit einer Streitsache zwischen dem Chorherrenstift St. Peter am Perlach und der Augsburger Bürgergemeinde im Jahre 1260, in der der Augsburger Bischof Hartmann als Schlichter aufgerufen wurde und dabei für die Stadt entschied, ist erstmals von einem *domus civium*, einem Rathaus, die Rede[7]. In einem Privileg vom 23. Oktober 1266 von König Konradin für das Benediktinerstift St. Ulrich und Afra wird erstmals ein Bürgermeister *(magister civium)* erwähnt[8], und eine Urkunde vom August 1268 nennt in der Zeugenliste einen Siegelbewahrer und einen Stadtnotar[9]. So war es nur folgerichtig, daß im Jahre 1231 die Stadt Augsburg bereits zur Reichssteuer herangezogen wurde[10]. Freilich sieht diese Urkunde zunächst eher wie ein Privileg Heinrichs (VII.) aus, denn dieser gestand dem Augsburger Bischof die Hälfte der königlichen Einnahmen aus der Augsburger Bürgerschaft zu.

In der Chronik des Italieners Rolandinus von Padua[11] wird Augsburg als *civitas scilicet imperatoris in Alemannia et semper imperii propria mansio*, also als ein ständiger Sitz des Reiches, bezeichnet. Vielleicht war der Chronist im Gefolge des Kaisers auf dem damals in Augsburg stattfindenden Hoftag anwesend[12].

Nach der Reichssteuermatrikel der königlichen Kammer aus dem Jahre 1241 wurden die Bürger der Stadt Augsburg neben vielen anderen Städten zur Reichssteuer veranlagt – wiederum ein Indiz dafür, daß die Stadt näher an das Reich gerückt und dem Bischof mehr entfremdet wurde[13].

Auf Bischof Siboto, der zu Beginn des Jahres 1248 resignierte, um im Kloster Kaisheim seinen Lebensabend zu verbringen[14], folgte mit Bischof Hartmann aus dem Geschlecht der Grafen von Dillingen ein kraftvoller Vertreter seines Amtes auf dem Stuhl des hl. Ulrich. Dennoch fielen gerade in seine Regierungszeit (1249–1286) die entscheidenden Jahre der Emanzipation der Bürgerschaft von ihrem alten Stadtherrn, dem Bischof. Gleich nach der Wahl Hartmanns kam es zum entscheidenden Kampf zwischen Bürgerschaft und Bischof, was sicherlich nicht allein darin begründet lag, daß der neue Bischof im Gegensatz zu seinem Vorgänger entschieden eine antistaufische Position einnahm. Zwar ist eine regelrechte Schlacht zwischen Bürgerschaft und Bischof quellenmäßig nicht belegt[15], doch wurde auf jeden Fall am 9. Mai 1251 auf dem Gunzenlee ein Vergleich zwischen Stadt und Bischof geschlossen[16], nach dem der Bischof seinen Bürgern das Besteuerungsrecht und die militärische Gewalt über die Stadttore zusichern mußte. Gleichzeitig wurde in einem weiteren Vertrag zwischen Domkapitel und Bürgerschaft vereinbart, daß die Bürger den dem Domkapitel im Zuge dieser Streitigkeiten mit dem Bischof entstandenen Schaden nicht zu ersetzen brauchten. Die Wiedergutmachung übernahm vielmehr der Augsburger Bischof[17]. Aus diesen Auseinandersetzungen, bei denen der chronische Geldmangel Bischof Hartmanns der getreueste Bundesgenosse der Augsburger Bürgerschaft war[18], ging die Stadt ganz offensichtlich überaus erfolgreich hervor. Das Hochstift selbst wurde durch das väterliche Erbe Bischof Hartmanns, bestehend aus Burg und Stadt Dillingen, 1258 gestärkt. In den beiden zuletzt genannten Urkunden tauchen

in den Zeugenreihen erstmals Franziskaner und Dominikaner auf. Die barfüßigen Minoriten, die um das Jahr 1221 in Augsburg erstmals faßbar sind – am 12. Oktober 1221 fand das erste Ordenskapitel der Franziskaner in Augsburg statt[19] –, ließen sich unterhalb des Perlachberges »bei den Barfüßern« unter Führung des Caesarius von Speyer nieder. Damit wurde Augsburg auch Ausgangspunkt der franziskanischen Bewegung und zur Wiege des franziskanischen Schrifttums in Deutschland überhaupt[20]. Die Dominikaner oder Predigerbrüder, die ab 1225 in Augsburg nachweisbar sind, wurden aller Wahrscheinlichkeit nach von den Templern nach Augsburg geholt und ganz in deren Nähe zwischen Dominikanergasse und Vorderem Lech angesiedelt[21]. Die Auseinandersetzungen zwischen Bischof und Stadt boten beiden Orden die Möglichkeit, eine vermittelnde Position einzunehmen. Die enge Verbindung des franziskanischen Schrifttums mit Augsburg, die Pflege der Rechtstradition sowie die Predigttätigkeit Davids von Augsburg zeigen das intensive Verhältnis zum Augsburger Bürgertum.

Weitere Unstimmigkeiten zwischen Bürgerschaft und Bischof mußten in einem Vertrag vom 4. Mai 1254 ausgeräumt werden. Während der Schiedsspruch vom 9. Mai 1251 bestätigt wurde, wurde den Bürgern zusätzlich erlaubt, eine Abgabe – vermutlich auf Wein – zu erheben[22].

Diese weitgehende städtische Unabhängigkeit setzte nicht unbedingt die Anerkennung eines Rates voraus. Es mag sein, daß dem Bischof die Zugeständnisse an die Stadt dadurch erleichtert wurden, daß die führenden Leute auf eine Anerkennung als *consules* verzichteten[23]. Die Stadtherrschaft des Bischofs jedenfalls war durch die Verträge von 1251 und 1254 schwer erschüttert worden. Im Jahre 1251 mußte er alle Stadttore der Gewalt und Obhut seiner Bürger überlassen und durfte froh sein, daß diese sich verpflichteten, Bischof und Geistlichkeit ungehindert aus- und einzulassen. Außerdem durften von nun an die Bürger selbständig Steuern erheben. Wenn auch der Besitz von Bischof, Domkapitel, Stiften und Klöstern grundsätzlich abgabenfrei war, hatte die Stadt jetzt ein Recht darauf, bei Handelsgeschäften der Geistlichen und deren Dienstboten eine Steuer zu erheben[24]. Im Jahre 1254 kam nun zu dieser allgemeinen Stadtsteuer eine weitere, nämlich die Ungelderhebung, und damit das Recht, Verbrauchssteuern zu erheben[25].

Die ersten Ansätze bürgerlicher Eigenständigkeit durchzusetzen, wurde möglich, als im Jahre 1167 die über Jahre hinweg amtierenden Augsburger Hochstiftsvögte, die Herren von Schwabegg, ausstarben. Als der letzte Namensträger, Adalgoz, vermutlich am 26. Juli 1167[26] ohne Nachkommen gestorben war, zog Friedrich Barbarossa aufgrund kaiserlichen Erb- und Heimfallrechts die Hochstiftsvogtei ein. Kaiser Friedrich I., der seine Hausgüter unter den verschiedensten Rechtstiteln zu vermehren verstand[27], erwarb dabei nicht nur den Landbesitz der Schwabegger, sondern ließ sich und seinen Söhnen die Hochstiftsvogtei als Lehen übertragen[28]. Es ist heute herrschende Meinung, daß die Vogtei mit Zustimmung des Bischofs, die Güter der Herren von Schwabegg jedoch kraft königlichen Rechts an die Staufer fielen. Dieser Vorgang stellt in der Stadtgeschichte Augsburgs eine Wende dar. Die *urbani* der Stadt erhielten die Möglichkeit, sich allmählich vom bisherigen Stadtherrn, dem Bischof, zu emanzipieren, indem sie sich nun an den königlichen Vogt anlehnten.

Die Augsburger Stadtvogtei war mit Sicherheit seit 1116 in Händen der Herren von Schwabegg[29]. Friedrich Barbarossa jedenfalls, nach den Ereignissen von 1167 Inhaber der Vogtei des Hochstiftes Augsburg, übertrug diese Vogtei seinem Sohn, dem noch unmündigen Friedrich V. von Schwaben, und dieser forderte in seiner Eigenschaft als Vogt alsbald die *dilecti urbani sui in Augusta* auf, den Besitzstand des Klosters St. Georg zu achten[30]. Nicht umsonst ist in einer Urkunde vom 9. August 1231[31] von einem Privileg König Heinrichs (VII.) für das Stift St. Ulrich und Afra *apud Augustam urbem regiam* die Rede. Im Jahre 1257 erhob sich der Stadtvogt Konrad Spannagel, der in einer Urkunde vom 18. März 1246 als bischöflicher Ministeriale ausgewiesen ist[32], gegen den Bischof, und die Bürger unterstützten ihn dabei. Diese Vergleichsurkunde zeigt den ministerialischen Stadtvogt Konrad Spannagel zusammen mit der Bürgerschaft als Sieger über den Bischof. Hartmann mußte sich verpflichten, den für ihn eingetretenen Kämmerer, Heinrich von Wellenburg, gefangen an

die Bürger auszuliefern und für den Schaden, den der Wellenburger dem Vogt und der Stadt zugefügt hatte, aufzukommen[33]. Die Allianz zwischen Stadtvogt und Bürgern wird ganz deutlich in einer Urkunde vom 23. Oktober 1263, in der an der Spitze der Zeugenliste ein Augsburger Bürger, nämlich der Stadtvogt Siboto Stolzhirsch, steht[34].

In den Wirren des Interregnums (1255–1273) versuchte Bischof Hartmann, sich wieder der Vogtei zu bemächtigen. Dies ist der Hintergrund einer Urkunde vom 6. Februar 1264[35], in der König Konradin und Herzog Ludwig II. von Bayern für die Augsburger Bürgergemeinde einen Schutzbrief ausstellten. Nach dem Tod König Konrads IV. im Jahre 1254 hatte Bischof Hartmann die Vogtei offenbar an sich gezogen und nicht mehr ordnungsgemäß vergeben. Da Konradin erbrechtliche Ansprüche auf die Vogtei geltend machen konnte, erwog er sogar, ein Fürstengericht anzurufen, da ihm der Bischof die Übertragung verweigerte. In diesem Bemühen kamen ihm die Streitigkeiten der Augsburger Bürgerschaft mit dem Bischof zugute. Daß Herzog Ludwig II. von Bayern ihn beim Erwerb der Vogtei unterstützte, hing damit zusammen, daß ihm Konradin die Erbfolge zusicherte[36]. Bischof Hartmann erkannte jedoch die Ansprüche Konradins zunächst keineswegs an, sondern schloß am 3. Oktober 1266 mit ihm einen Vergleich, in dem er zwar den Ansprüchen Konradins nachgab, aber den bischöflichen Charakter der Vogtei zu wahren wußte. So wurde Konradin zwar mit der Hochstiftsvogtei belehnt, aber nur für seine Person, nicht in seiner Eigenschaft als König. Außerdem sollte die Vogtei nur an leibliche rechtmäßige Söhne Konradins fallen[37]. Als Konradin am 10. Januar 1268 die Augsburger Vogtei seinem Onkel Herzog Ludwig II. von Bayern zur Erstattung von dessen Ausgaben für die Begleitung auf seinem Italienzug verpfändete[38], verstieß er eindeutig gegen die Bestimmungen bei seiner Belehnung am 3. Oktober 1266.

In der Urkunde vom 10. Januar 1268 wird erstmals die Straßvogtei erwähnt; sie erscheint als Anhängsel der Burg Schwabegg und in Beziehung zur Vogtei der Stadt Augsburg[39]. Hier, wie in der bereits erwähnten Urkunde vom 3. Oktober 1266, wird deutlich, daß die ursprünglich einheitliche Hochstiftsvogtei, wie sie etwa die Herren von Schwabegg innehatten, inzwischen aufgesplittert ist[40]. Denn nach dem Aussterben der Schwabegger hatten sich die Staufer offenbar nur die Hochstiftsvogtei vorbehalten, für die Stadt aber jeweils einen Untervogt eingesetzt. Dafür spricht auch die Tatsache, daß seit 1253 Augsburger Bürger als Stadtvögte auftreten[41]. Im 13. Jahrhundert jedenfalls sind eigene Augsburger Stadtvögte nachweisbar, die zunächst in erster Linie bischöfliche Ministerialen sind und erst in der zweiten Hälfte des 13. Jahrhunderts Augsburger Bürger. Diese Untervögte waren, zumindest solange die Staufer die Hochstiftsvogtei besaßen, nur Stellvertreter in der Vogtei[42].

Als Konradin 1268 die gesamte Vogtei an den Bayernherzog Ludwig II. verpfändet hatte, bestand die Gefahr, daß der Bayernherzog zu starken Einfluß auf die Hochstiftsvogtei nehmen würde. Konradin wurde am 29. Oktober 1268 in Neapel hingerichtet, womit der Erbfall eintrat und das Konradinische Erbe dahingehend geteilt werden sollte, daß die Vogtei über Hochstift und Stadt Augsburg den beiden bayerischen Herzögen Ludwig und Heinrich verfallen sollte. Damit ergab sich von selbst eine Annäherung der Augsburger Bürger an den Bischof. Am 24. Oktober 1269 erklärte Bischof Hartmann, daß er die Vogtei über seine Kirche und über die Stadt Augsburg ohne die Zustimmung des Domkapitels, der Ministerialen und der *cives pociores* weder verkaufen, verpfänden noch sonstwie auf irgend jemand anderen als auf den römischen König übertragen werde[43]. Dabei erkannten die Augsburger Bürger zumindest nominell noch einmal die Stadtherrschaft des Bischofs an. Auch in der Urkunde vom 28. Februar 1272, in der Bischof Hartmann der Augsburger Bürgerschaft auf drei Jahre das Münzrecht überließ, ist der bischöfliche Charakter der Vogtei sichtbar[44]. In dieser Situation, als die Oberhoheit des bayerischen Herzogs drohte, rückte also die Bürgerschaft von ihrer bisherigen Politik gegenüber dem Bischof ab. Der Wunsch nach endgültiger Befreiung von der bischöflichen Stadtherrschaft war geringer als die Furcht, unter bayerische Herrschaft zu kommen. Schon am 19. Oktober 1267 hatten der Augsburger Bischof, das Domkapitel und die Stadt ein Schutzbündnis zur Wahrung ihrer Rechte gegenüber dem bayerischen Herzog abgeschlossen[45]. Der bayerische Herzog

konnte die verbündeten bischöflichen und städtischen Augsburger nicht bezwingen. Ein Treffen bei Hammel ging mit einer Niederlage des Bayernherzogs Ludwig aus, der in einer Urkunde vom 31. 3. 1270 auf seine Vogteirechte ausdrücklich verzichten mußte[46].

Lange konnte sich Bischof Hartmann des Rechts auf die Vogtei nicht erfreuen, denn wenige Jahre später gelang es König Rudolf von Habsburg, die Hochstiftsvogtei als angebliches Reichsgut einzuziehen und zur Reichsvogtei zu machen. Der Vogt wird im Stadtbuch vom Jahre 1276 nun offiziell als des »chunges vogt« bezeichnet[47]. Die Einzelheiten, ob Rudolf von Habsburg mit der Vogtei belehnt wurde oder ob er sie als Zubehör des staufischen Erbes an sich zog, kennen wir nicht. Die Augsburger Stadtvogtei wurde nun Bestandteil einer neuen Reichslandvogtei[48]. Als am 9. März 1276 König Rudolf von Habsburg seinen Augsburger Bürgern gestattete, ein Stadtrechtsbuch anzulegen[49], in dem die bisher erworbenen Rechte festgehalten wurden, fand eine jahrzehntelange Entwicklung der Loslösung der Augsburger Bürgerschaft von ihrem angestammten Stadtherrn ihren sichtbaren Abschluß. Die bischöfliche Stadtherrschaft war beinahe abgeschüttelt, auch wenn die formelhafte konventionelle Urkundensprache den Bischof noch längere Zeit als Stadtherrn erscheinen ließ[50].

1　Dazu im einzelnen Kießling, S. 100 f.

2　Erich Herzog: Werden und Form der mittelalterlichen Stadt. Ihre Bauten und Kunstwerke. In: Augusta, S. 83–106, bes. S. 93; vgl. dazu auch Zeller: Das Augsburger Burggrafenamt und seine Inhaber von ihrem ersten Auftreten bis zum Untergang des alten Reiches. In: AGHA, Bd. 5, S. 321–410, bes. S. 141 f.; Bosl, S. 11.

3　Herzog, S. 96.

4　Horst Rabe: Frühe Stadien der Ratsverfassung der Reichsland- bzw. Reichsstädte Oberdeutschlands. In: Beiträge zum spätmittelalterlichen Städtewesen, hrsg. v. Bernhard Diestelkamp, Städteforschung, Reihe A, Bd. 12, Köln und Wien 1982, S. 1–17, mit der ganzen einschlägigen Literatur; Rabe stellt lediglich für Zürich eine frühere Nennung des Rates fest.

5　AUB I, Nr. 15, S. 15–17.

6　BayHStA, KU Steingaden 41 (1234 März 17). Interessanterweise haben hier nicht nur der Vogt, sondern auch die »burgenses« Verfügungsrechte über das Stadtsiegel; vgl. Peter

Geffcken: Soziale Schichtung in Augsburg 1396–1521. Beitrag zu einer Strukturanalyse Augsburgs im Spätmittelalter, Diss. phil. (Masch.) München 1983, S. 354 f. Das älteste noch erhaltene Stadtsiegel an einer Urkunde aus dem Jahre 1237 (BayHStA, KU Steingaden 44) zeigt in der Siegelumschrift *sigillum civium Augustensium* ein offenes Stadttor mit zwei Zinnentürmen, darüber einen Stern als Zeichen des Bischofs und zwischen den geöffneten Torflügeln einen pinienzapfenförmig aus einem Dreiberg wachsenden Lebensbaum. Seit 1260 wird dieses Stadtzeichen – geringfügig geändert – als stilisierte Weintraube auf geschwungenem Fuß wiedergegeben.

7 AUB I, Nr. 21, S. 19 f.

8 Hipper, Nr. 40.

9 AUB I, Nr. 37, S. 29.

10 MB 30 a, S. 180 f., Urk. vom 22. November 1231; Vock, Nr. 59.

11 Rolandini Patavini Chronica, lib. III, 9, MG SS XIX, S. 60.

12 Georg Kreuzer: Die Hoftage der Könige in Augsburg im Früh- und Hochmittelalter. In: ABLG Schw 1, S. 83–120, bes. S. 113.

13 MG Const. III, 1, S. 4; getrennt von den Augsburger Bürgern werden in diesem Verzeichnis die Augsburger Juden erwähnt. Beide werden zu diesem Zeitpunkt gerade von der Steuerzahlung befreit, weil sie anscheinend eine Brandkatastrophe hinter sich hatten.

14 Zoepfl, Bischöfe 1, S. 181 f.

15 Zorn, Augsburg, S. 100; Zoepfl, Bischöfe 1, S. 198.

16 AUB I, Nr. 9, S. 9–11; der Friedensvertrag zwischen Bischof und Stadt wurde am 31. Juli 1251 erneuert.

17 MB 30 a, S. 79 f.

18 Ernst Berner: Zur Verfassungsgeschichte der Stadt Augsburg vom Ende der römischen Herrschaft bis zur Kodifikation des zweiten Stadtrechts im Jahre 1276, Breslau 1879, S. 124, gibt eine Zusammenstellung der Schulden bzw. Verpfändungen des Bischofs.

19 Über die Franziskaner in Augsburg Karl Haupt: Ehemalige franziskanische Niederlassungen in Augsburg. Kurze Geschichte dieser Klöster. In: Bavaria Franciscana Antiqua, Bd. 5, München 1961, S. 324–525.

20 Kurt Ruh: David von Augsburg und die Entstehung des franziskanischen Schrifttums in deutscher Sprache. In: Augusta, S. 71–81; Bosl, S. 24.

21 Über die Dominikaner Polykarp Siemer: Geschichte des Dominikanerklosters St. Magdalena in Augsburg (1225–1808), Vechta 1936 (Quellen und Forschungen zur Geschichte des Dominikanerordens in Deutschland 33); zu beiden Orden auch Kießling, S. 36.

22 AUB I, Nr. 13, S. 12–14; Vock, Nr. 67.

23 Gisela Möncke: Bischofsstadt und Reichsstadt. Ein Beitrag zur mittelalterlichen Stadtverfassung von Augsburg, Konstanz und Basel, Diss. phil. Berlin 1971, S. 122 f.

24 AUB I, Nr. 9, S. 10: ..., adeo ut nec *collectam* nec *stiuram* ulla persolvant, ...; vgl. auch Möncke, S. 123.

25 AUB I, Nr. 13 ... quod volgariter *ungelt* dicitur, ...

26 Zoepfl, Bischöfe 1, S. 143.

27 Ottonis de S. Blasio Chronica, ed. A. Hofmeister, MG SS. rer. Germ. (1912), S. 29 f.

28 *Iisdem quoque temporibus mortuo Adelgozo de Swabegge sine herede, qui fuit advocatus Auguste, ipse imperator tam advocatiam quam alia predia ipsius sibi vendicavit sive ex concessione episcopi qui tunc erat, sive successione fiscali aut hereditaria.* Burchardi praepositi Urspergensis chronicon, ed. O. Holder-Egger et B. v. Simson, MG SS rer. Germ. (1916²), S. 49 f.; vgl. auch Berner, S. 94; Siegfried Rietschel: Das Burggrafenamt und die hohe Gerichtsbarkeit in den deutschen Bischofsstädten während des frühen Mittelalters, Leipzig 1905, S. 33.

29 Ein Vogt namens Werner aus dem Hause der Schwabegger wird erstmals in einer Urkunde vom 14. 2. 1116 erwähnt, MB 29 a, S. 236 f.

30 AUB I, Nr. 2, S. 1.

31 MB 22, S. 206 f.; Hipper, Nr. 22.

32 Belege bei Berner, S. 132. Konrad Spannagel wird allerdings in einer Urkunde vom 9. 10. 1256 (BayHStA, KU Rottenbuch o. Nr.) unter den Reichsministerialen genannt (frdl. Hinweis von Peter Geffcken).

33 AUB I, Nr. 15, S. 15–17.

34 AUB I, Nr. 24, S. 22. Das Domkapitel veräußert einen Platz neben der Martinskapelle an die Geschwister Noteisen, wohl zur Gründung des Klosters.

35 MB 30 a, S. 337–340.

36 Am 16. April 1263 nämlich hatte Konradin seinen Onkel, Herzog Ludwig II., zum Gesamterben eingesetzt, was für Bischof Hartmann neben seinem Bestreben, eine Landeshoheit aufzubauen, ein weiterer Grund war, die Vogtei nicht wie bisher auszugeben.

37 MB 30 a, S. 344–348.

38 MB 30 a, S. 366 f.

39 MB 30 a, S. 366 f.; die Straße wird erstmals in einer Urkunde für St. Ulrich und Afra vom 1. Juni 1156 erwähnt (MB 22, S. 176: [...] *via, que straza dicitur*).

40 Konradin erhält am 3. Oktober 1266 *advocatiam civitatis et villarum tam in civitate quam extra* von Bischof Hartmann zu Lehen und sollte die Vogtei innerhalb und außerhalb der Stadt wieder zusammenbringen und als Ganzes in seiner Hand behalten.

41 Eine Zusammenstellung dieser Augsburger Stadtvögte findet sich bei Berner, S. 134, Anm. 13, wobei jedoch erst Siboto Stolzhirsch als Augsburger Stadtvogt im Jahre 1263 als gesichert erscheint. So im Ergebnis auch Zeller, S. 352 f.

42 Zoepfl, Bischöfe 1, S. 191; bischöflicher Ministeriale als Stadtvogt ist z. B. Heinrich Frazz, der freilich abberufen wird, als der antistaufisch gesinnte Hartmann Augsburger Bischof wird (Hinweis von Peter Geffcken).

43 MB 33 a, S. 116–118; Regest: Vock, Nr. 91.

44 MB 33 a, S. 126; seither konnte die Stadt Augsburg in der bischöflichen Münze selbst Münzen prägen, was zur Folge hatte, daß auf dem bischöflichen Pfennig als zusätzliches Zeichen der Stadtpyr erschien.

45 MB 33 a, S. 112 f.; s. auch Zoepfl, Bischöfe 1, S. 191; Möncke, S. 66.

46 Zorn, Augsburg, S. 106; Friedensvertrag vom 31.3.1270 zwischen Bischof Hartmann und Herzog Ludwig II., abgedruckt in: MB 33 a, S. 118–121.

47 Stadtbuch, z. B. Art. 131, § 5, S. 216.

48 Zeller, S. 355; Möncke, S. 67; Zorn, Augsburg, S. 115. Die Ausbildung einer besonderen Reichslandvogtei erfolgte wahrscheinlich erst in den Jahren 1285 bis 1287, als die Versuche König Rudolfs, das Herzogtum Schwaben neu zu errichten, am Widerstand des Hochadels gescheitert waren. Als Landvögte werden erst Ende der 1280er Jahre die ministerialischen Ramswager genannt, während die Vogtei ab 1275 an Edelfreie übertragen worden war (frdl. Hinweis von Peter Geffcken). Vgl. auch Hans-Georg Hofacker: Die schwäbischen Reichslandvogteien im späten Mittelalter, Stuttgart 1980.

49 AUB I, Nr. 51, S. 37 f.

50 Bosl, Augsburger Bürgertum, S. 21; Kießling, S. 26.

Das Stadtbuch von 1276

von Rolf Schmidt

Augsburg ließ 1276 als eine der ersten deutschen Städte sein Recht in einem amtlichen deutschen Rechtsbuch aufzeichnen. Diese umfassende Kodifikation im Augsburger Stadtbuch wurde bis zum 16. Jahrhundert durch Zusätze erneuert. Sie prägte die städtische Rechtsgemeinschaft und ist zugleich deren vornehmster Ausdruck.

Nach König Rudolfs Privileg vom 9. März 1276 baten Augsburger Bürger um Erlaubnis, *ut cum ipsi quasdam sentencias sive iura pro communi utilitate omnium in unum collegerint ac scripturarum memorie commendaverint et adhuc ampliora et utilia cum prioribus velint reponere et exinde codicem conficere . . .* Der König bestätigte darauf *iura sive sentencias scriptas et scribendas sub debito iuramenti*[1]. Der Prolog des Stadtbuchs verdeutlicht, daß der Rat für die Stadt handelte. Er übertrug die Arbeit vier »Weisen« (vermutlich Ratsmitgliedern), welche die Richtigkeit und Vollständigkeit ihrer Redaktion beschworen. Der Rat bestätigte das Ergebnis kraft eigener Autorität: *vnde ist daz bewært, daz ez dem armen vnde dem richen stæte sol beliben swes man irre wirt daz man daz an disem buche vinden sol daz daz danne reht ist.* Im Privileg lag ein begehrtes Zugeständnis autonomer Gesetzgebung, die der Rat sogleich ausübte. Das Stadtbuch ist von Anfang an so angelegt, daß es Zusätze aufnehmen konnte, die schon der erste Schreiber eintrug.

Da sich in Augsburg Bischof und König seit der staufischen Übernahme der Kirchenvogtei die Stadtherrschaft teilten, bedurfte es zur Rechtsfeststellung, die zugleich eine Kompetenzbeschreibung der herrschaftlichen Amtsträger in der Stadt enthielt, auch der Zustimmung des Bischofs und seines Kapitels, die der Prolog erwähnt. Dem König könnten am 9. März 1276 schon Teile des Stadtbuchs vorgelegen haben, da er *sentencias scriptas* von *scribendas* (Geschriebenes von noch zu Schreibendem) unterscheidet; wie der Bischof und sein Kapitel mitwirkten, wissen wir nicht. Unbekannt ist, wann das Stadtbuch abgeschlossen war. Die Niederschrift zeigt, daß man eilig arbeitete. Jedenfalls war das Buch 1281 vollendet, denn ein Gerichtsbrief dieses Jahres zitiert es[2]. Die Arbeitsweise der vier »Weisen«, ihr Material und ihre Berater lassen sich nur teilweise erraten. Weil das Kapitelverzeichnis nicht überall mit dem Text übereinstimmt und zuweilen Überschriften fehlen, muß das Rubrikenverzeichnis (vielleicht als Themenkatalog) vorweg angelegt worden sein; spätere Teile verweisen manchmal auf frühere, nicht umgekehrt,

*Abb. 26 Augsburger Dom. Gotischer Ostchor mit Kapel-
lenkranz (an der Stelle des früheren Stiftes St. Gertrud),
2. Hälfte des 14. Jh.*

Abb. 27 Augsburger Dom. Teilansicht der Krypta aus der Zeit Bischof Embrikos, um 1065

Abb. 28 St. Ulrich und Afra. Tympanon mit Relief der Fußwaschung Petri, Ende des 12. Jh.

Abb. 29 Augsburger Dom, Ostchor. Detail des bronzenen Grabmals Bischof Wolfhards von Roth (gest. 1302), Anfang des 14. Jh.

Abb. 30 St. Ulrich und Afra. Zingulum (= liturgischer Gürtel). Geschenk der Königin Hemma an Bischof Witgar von Augsburg, zwischen 860 und 876

Abb. 31   St. Ulrich und Afra. Kupferne Deckplatte des Sarkophags des hl. Ulrich (gest. 973), 1187

was den Fortschritt der Redaktionsarbeit zeigt (Wolfgang Leiser). Ausgangspunkt war das Stadtrecht von 1156, das noch die Ordnung des Stadtbuchs prägte. Verwendet wurden auch spätere Privilegien, Verträge, Landfrieden und frühe städtische Verordnungen, die aus dem Stadtbuch zu erschließen sind. Vor allem schöpfte man aus ungeschriebenem Gewohnheitsrecht, das, wie altertümliche Institutionen zeigen, weit zurückreicht. Das Stadtbuch ist unmittelbar nach dem in Augsburg wohl nach 1275 abgeschlossenen Urschwabenspiegel entstanden, der aus dem Deutschenspiegel, einer überarbeiteten Augsburger Sachsenspiegelübersetzung, hervorging. Dieser Urschwabenspiegel hat die Redaktion des Stadtbuchs stark beeinflußt; das zeigen mehrere Anleihen daraus[3], die schon mit der für ein Stadtrecht seltsamen Überschrift *hie hebt sich an daz lantrehtbuch* beginnen. Zuweilen verweist das Stadtbuch auf Landrecht, worunter wohl das Recht des Schwabenspiegels begriffen wird. Der unter den Augsburger Minoriten zu suchende Verfasser des Schwabenspiegels könnte auch bei der Stadtbuchredaktion mitgearbeitet haben. Im Schwabenspiegel zeigt er sich mit Augsburger Recht sehr vertraut. Der Gerichtsbrief des Stadtvogts vom 15. Juni 1290[4] erwähnt, daß zur Lösung schwieriger Rechtsfragen *gelerte liute vnd gaistliche liute den vmb reht wol chvnt was* hinzugezogen wurden, ein Verfahren, das auch bei der Stadtbuchredaktion in Betracht kam[5].

Das Stadtbuch zerfällt in drei große *capitel*:

1. Einen allgemeinen Teil, der vor allem die Rechte des Königs und Bischofs, des Vogts und Burggrafen in der Stadt und Gewerberecht enthält. Umfangreiche Kapitel sind der Münze (Art. 9) und den Hirten (Art. 11) gewidmet. Das Recht der bischöflichen Zöllner ist mit allen Taxen niedergelegt (Art. 10). Breiten Raum nehmen Gesetze für Handwerker ein (Art. 14–18), worunter auch Kaufleute begriffen werden; Art. 14 §16 erwähnt dabei die Venedigfahrer. Auch den Juden ist ein umfangreicher Artikel gewidmet (Art. 19), der später noch durch Verfahrensvorschriften ergänzt wird (Art. 57 und 135). Dieses alte Judenrecht, das noch eine Autonomie der Judengemeinde kennt, war 1315 für München und 1331 für Nördlingen vorbildlich[6]. Die öffentlichen Rechte der Bürger haben nur eine sporadische Rege-

lung erfahren. Hervorzuheben ist, daß der Rechtssatz »Stadtluft macht frei« in Augsburg nicht in vollem Umfang galt (Art. 20, 21, 24, 102)[7].

2. Das Vogtgerichtsbuch. Die Kompetenz[8] des Hochgerichts war in Augsburg nicht beschränkt auf Klagen um Eigen etc., die vor das »echte Ding« (Hochgericht) gehörten (Art. 70 ff.), sondern umfaßte das gesamte Strafrecht. Wir finden deshalb im zweiten Teil vor allem straf-, zivil- und verfahrensrechtliche Normen, wobei die ersteren dominieren. Einige der Strafbestimmungen, so die altertümliche des Art. 31, der auch die Frau bei einer Notzuchtsklage zum gerichtlichen Zweikampf zwingt, fanden Eingang in das Freisinger Rechtsbuch von 1328[9].

3. Das Burggrafengerichtsbuch. Dem Niedergericht des Burggrafen verblieb fast nur die niedere Zivilgerichtsbarkeit, das heißt die Zuständigkeit für Klagen um Schuld (Art. 125 ff.). Nur in Lebensmittelsachen hatte er noch Geldbußen einzuziehen (Reste einer ursprünglichen niederen Strafgerichtsbarkeit); hier ergänzen die Normen das Gewerberecht des ersten Teils. Wichtige, freilich rudimentäre Bestimmungen enthält dieses Buch zum Schuldrecht, so zum Kauf (Art. 125), zu Zahlungsverpflichtungen (*gulte*, Art. 126) und zum Pfand (Art. 127); große prozessuale Bedeutung gewann die Regelung über die *dincfluht* (Säumnis) in Art. 149 und 150.

Ein Mangel des systematischen Aufbaus anhand der Gerichtskompetenzen war, daß Zusammengehöriges auseinandergerissen wurde. Dem suchte im 14. Jahrhundert ein nachgetragenes neues Register, das nach vier *distinctiones* unterschied, zu steuern[10]. Teilweise trug ein Stadtschreiber auch Querverweise ein. Stadtbuchabschriften des späten 14. Jahrhunderts versuchten, den Stoff umzuordnen, was nicht zufriedenstellend gelang.

Das Stadtbuch enthält weithin Verwaltungsrecht, vor allem Gewerberecht, und Strafrecht. Zivilrechtliche Bestimmungen treten demgegenüber zurück; den städtischen Verhältnissen ist noch kaum Rechnung getragen. Handelsrechtliche Normen fehlen fast ganz, obwohl der Fernhandel erwähnt wird. Auch das Prozeßrecht wurde anhand teilweise altertümlicher Institutionen so rudimentär geregelt, daß bis 1290 schon eine neue Rats- und Gerichtsordnung erlassen und in das Stadtbuch nachgetragen werden mußte.

Die klare mittelhochdeutsche Sprache des ursprünglichen Stadtbuchtextes, Ergebnis einer beachtlichen Sprachkultur, war schon 100 Jahre später so veraltet, daß in den spätmittelalterlichen Abschriften zahlreiche Mißverständnisse entstanden. Umständliche Einleitungen, wie *welt ir wizzen waz* oder *man sol auh wizzen* hat es mit den Rechtsspiegeln gemein. Sie erklären sich wohl auch daraus, daß es vorrangig nicht um Rechtssetzung, sondern um Rechtsfeststellung ging. Bei der Beschreibung der Rechte des Königs, Bischofs und ihrer Amtsträger ist oft eine negative Formulierung gewählt; so schon in Art. 1: *Ez ist daz reht, daz chein künch noch chein bischof, noh chein vogt, noch chein burggrafe, noch niemen decheinen man [. . .].*

Das Stadtbuch sollte ähnlich den Rechtsspiegeln das gesamte in der Stadt geltende Recht aufnehmen; dieser Zug zur Vollständigkeit, zu einer Rechts-Summe, lag in der Zeit. Bewußt gebraucht der Prolog die aus gleichzeitigen lateinischen Urkunden übernommene Formel: [. . .] *swaz man wirbet daz man daz güter gehvgnvsse enphælhe mit der schrift daz ez stæte belibe.* Das Stadtbuch hat Urkundencharakter nicht nur, weil bewußt nur ein authentisches Exemplar geschaffen wurde, sondern auch, weil eine Festschreibung beabsichtigt war, hinter der ein politisches Motiv stand: die Beschränkung der Rechte der städtischen Amtsträger, die rechtlich immer noch Repräsentanten der Stadtherrschaft des Königs und des Bischofs waren. Den durch die Beschränkung gewonnenen Freiraum beanspruchte der Rat, ohne daß dies gesagt wird. Andererseits vermied das patrizische Ratsregiment Freiräume im Gewerberecht. Es übernahm hier die umfangreiche stadtherrliche Regelung und baute sie wohl noch aus.

Von den Organisationsformen der Ratsherrschaft ist im Stadtbuch nur beiläufig die Rede. Es fehlen zum Beispiel Normen über das Ratswahlverfahren, über den Ausschluß von Amtsträgern, über das Beschlußverfahren; nicht einmal die Größe des Rats liegt fest (Art. 2), obwohl die Norm von zwölf Mitgliedern nicht unterschritten werden sollte (Art. 2, Satz 2). Das Bürgermeisteramt, das zeitweise mit dem des Vogts und Burggrafen in Personalunion verwaltet wurde, wird nicht erwähnt. Vielleicht war die innere Verfassung zu labil, um sie schon festschreiben zu

können; vielleicht waren Gebräuche noch nicht zu Rechten gewachsen, die man eintragen durfte. Das Bestreben, nur geltendes Recht aufzuzeichnen, führte zuweilen zur Übernahme von Rechtsinstituten, die kaum mehr praktikabel waren. Bei zivilrechtlichen Bestimmungen sind vielfach agrarische Verhältnisse vorausgesetzt, wie sie der Rechtswirklichkeit einer aufstrebenden Stadt nicht mehr voll entsprachen. Die Redaktoren waren zwar bemüht, das geltende Recht vollständig aufzuzeichnen; doch hielten sie dieses nicht für abgeschlossen, denn im Stadtbuch war von Anfang an Raum für Nachträge vorgesehen.

Die Kodifikation brachte dem Rat einen beachtlichen Machtgewinn, denn er konnte den von den alten Amtsträgern gewonnenen Freiraum voll ausfüllen. Mit dem Stadtbuch setzt in Augsburg eine kontinuierliche Rechtsentwicklung ein. Da es nur ein authentisches Exemplar gab, in welches die wichtigsten Novellen eingetragen wurden, blieb das Stadtrecht überschaubar. Zeitweilig war der Eintrag oder das Einlegen einer Urkunde in das Buch der konstituierende Akt für die Verbindlicherklärung des entsprechenden Gesetzes: *vnd dez haben wir ze vrkünde diz zedel in vnserr stat püch heizzen gelegt*[11]. Daneben gab es zumal im 15. Jahrhundert eine umfangreiche Gesetzgebung auch außerhalb des Stadtbuchs.

Das Stadtbuch veränderte die Rechtsprechung, wie aus den spärlich überlieferten Gerichtsbriefen und aus den Novellen, denen oft Rechtsfälle zugrunde lagen, erkennbar wird. Nicht mehr die Urteiler werden nach dem Recht befragt, sondern zuerst das Buch. Das ist schon in den Vogtgerichtsbriefen von 1281[12] und vom 5. Dezember 1298[13] bezeugt, die beide Art. 71 des Stadtbuchs zitieren. Im Vogtgerichtsbrief vom 23. August 1300[14], dem ein Nachbarstreit wegen Überbaus zugrunde lag, wird das Entstehen einer Novelle greifbar[15]. Das Stadtbuch wurde früh Maßstab für politisches Handeln. Am 23. Juni 1303[16] wurden Mitglieder der Familie Stolzhirsch verklagt, *daz sie heten gebrochen diu gesetzte, als an dem buch geschriben stat*, wogegen sie sich erfolgreich verteidigten. Da das bestehende Recht nicht ausreichte, verschärfte der Rat damals das Gesetz, daß ein Bürger weder Vogt noch Burggraf werden dürfe[17].

Das Stadtbuch überlebte dank seiner organisationsrechtlichen Zurückhaltung und Neutralität nicht nur alle Verfassungsänderungen der Stadt. Es wurde selbst zu einem Hoheitszeichen. Die Teilnehmer der Zunftrevolution von 1368 forderten vom alten Rat unter anderem auch die Übergabe des Siegels und des Stadtbuchs.

Eigenartig berührt, daß das Stadtbuch im Spätmittelalter sehr oft abgeschrieben wurde, obgleich sein Recht nur in einer einzigen Stadt galt. Dies läßt erkennen, daß das Rechtsbuch allenthalben angewandt wurde. Man wollte dieses Recht nicht nur lesen, sondern war stolz darauf, es auch zu besitzen. Nicht selten sind in solchen Abschriften mit dem Stadtbuchtext Chroniknotizen, »Quaternionentexte«, in denen Augsburg zusammen mit Metz, Aachen und Lübeck die Ordnung der Städte im Reich repräsentierte, oder auch ein Gedicht auf die Stadt Augsburg, das auf deren Geschichte anspielt, vereinigt.

Anders als andere frühe Stadtrechte wurde das Augsburger Stadtbuch nirgends rezipiert. Sein Geltungsbereich blieb auf die Reichsstadt Augsburg beschränkt. Die Gründe hierfür liegen wohl nicht nur in der Eigenart der Augsburger Verhältnisse, sondern vor allem darin, daß seine beschreibende Art mit teilweise überalterten Rechtsinstituten der Rechtsanwendung nicht förderlich war. Mit der knappen Art des ihm verwandten *Schwabenspiegel* konnte es nicht konkurrieren. Trotzdem spielte es wohl auch außerhalb der Stadt eine Rolle. Sowohl das Reichsstift St. Ulrich und Afra[18] als auch die hochstiftische Verwaltung besaßen mehrere spätmittelalterliche Abschriften, die sie möglicherweise für ihre auswärtigen Besitzungen verwendeten. Eine Stadtbuchabschrift der zweiten Hälfte des 15. Jahrhunderts befindet sich seit unbestimmter Zeit im Öttingen-Spielbergischen Archiv zu Öttingen; auch sie könnte darauf hindeuten, daß das Augsburger Stadtbuch für die dortige Herrschaft nutzbar gemacht wurde[19]. Ähnliche Überlegungen gelten für die ebenfalls aus dem 15. Jahrhundert stammende Stadtbuchabschrift aus dem Fürstl. Waldburg-Zeilschen Gesamtarchiv Schloß Zeil in Leutkirch.

Das Stadtbuch galt in Augsburg unbestritten bis zu Conrad Peutingers Zeiten, der die letzten Novellen eintrug[20]. Nach seinem Rückzug aus der Stadtpolitik 1534 scheint das Buch zeitweilig verschollen gewesen

zu sein[21], was zeigt, daß jedenfalls das Original nur noch selten konsultiert wurde. Die Ablösung der Stadt von ihrem alten Recht hatte schon zuvor mit der von Conrad Peutinger verfaßten Gerichtsordnung von 1507 begonnen, die dem römischen Recht zur Geltung verhalf. Formell wurde das Stadtbuch nie außer Kraft gesetzt.

Schon im 17. Jahrhundert wurde das Stadtbuch in die rechtsgeschichtliche Literatur eingeführt[22]. Editionspläne im frühen 18. Jahrhundert scheiterten. Die Erstveröffentlichung von 1774 richtete sich nach spätmittelalterlichen Abschriften; eine weitere Ausgabe von 1828 beschränkte sich auf den Abdruck des Textes des ersten Schreibers. Erst Christian Meyer gab 1872 das Stadtbuch annähernd vollständig mit den Novellen heraus. Die Wissenschaft beschäftigte sich seither mit ihm fast nur, um es der Schwabenspiegelforschung nutzbar zu machen.

Quellen und Literatur

Originalhandschrift: BayHStARStA Lit. 32 (liegt im StAA). Über Abschriften in Augsburg vgl. Rolf Schmidt: Zum Augsburger Stadtbuch von 1276. In ZHVS 70 (1976), S. 80–179. Weitere Abschriften: Augsburg, Bischöfliche Ordinariatsbibliothek Ms 47; Dillingen/Donau, Studienbibliothek Ms 72; Heidelberg, Universitätsbibliothek pal. germ. 160, 161, 162, 166, 175, 180; Leutkirch, Fürstlich Waldburg-Zeilsches Gesamtarchiv Schloß Zeil 2 Ms 27; BayHStA RStA Lit. 33; Hochstift Augsburg Lit. 514b und 514c; BayStB cgm 253, 277, 322, 336, 559, 560, 2023, 4964; München, Universitätsbibliothek 2° Cod ms 487, 2° Cod ms 488; Öttingen, Oettingen-Spielbergisches Archiv Ms ohne Signatur. Diese und weitere Stadtbuchabschriften sollen in der von Ulrich D. Oppitz besorgten Neuauflage von Carl Gustav Homeyer, Die deutschen Rechtsbücher des Mittelalters und ihre Handschriften (letzte, 3. Auflage, bearb. v. Conrad Borchling, Karl A. Eckhardt und Julius von Gierke, Weimar (1931–1934) verzeichnet werden. Zu den Editionen vgl. Rolf Schmidt, in: ZHVS 70 (1976), S. 90–96. Zur Literatur: Friedrich Blendinger und Wolfram Baer: 700 Jahre Augsburger Stadtbuch 1276–1976 (Ausstellungskatalog), Augsburg 1976 mit weiteren Nachweisen; Wolfgang Leiser: Die Bedeutung des Augsburger Stadtrechts, Sonderdruck aus dem Amtsblatt der Stadt Augsburg, 1976.

1 AUB I 52, offizielle deutsche Übersetzung des 15. Jahrhunderts im Stadtbuch: »[...] als si ettlich vrtail vnd recht von gemains nucz wegen ir aller in ains gesampnet vnd die in schrifft geseczt hetten vnd nochmals grössere vnd nuczbere ding czu den vordren seczen vnd ain buch dauon machen wol-

ten . . . vnd haben in die selben recht vnd vrtail die da geschrieben sind oder nochmals by dem aide geschriben werden bestattiget [. . .]«; vgl. fol. 139^r des Originals, in der Edition des Stadtbuchs S. 233.

2 MB 33 I 138 = VOCK 117.

3 Vgl. Karl A. Eckhardt: Rechtsbücherstudien, 1. Heft (Abhandlungen Göttingen, Philologisch-historische Klasse, NF 20,2) Berlin 1927, S. 109 f.: Konkordanz zwischen Deutschenspiegel, Schwabenspiegel und Stadtbuch.

4 AUB I 119.

5 Einer der weltlichen Berater könnte der 1253 bis 1290 nachweisbare und oft in Augsburg weilende Ritter Winhardt von Rohrbach gewesen sein, ein Vertrauter sowohl des bayerischen Herzogs als auch des Königs. Dafür spricht die Überlieferung des »Rohrbacher Weistums« über das Verfahren gegen »schädliche Leute« und anderes, das auf ihn zurückgeht, nur in Abschriften des Augsburger Stadtbuchs oder des Deutschenspiegels. Edition bei Karl A. Eckhardt: Studia iuris Teutonici, Deutschenspiegel, Aalen 1971, S. 104 nach Universitätsbibliothek Gießen Ms 972 (= Homeyer 390). Weitere Handschriften mit diesem Text: StStBA 2° Cod Aug 154; vgl. Rolf Schmidt, in: ZHVS 70 (1976), S. 142–148 mit Nachweisen über Winhardt von Rohrbach, und Philadelphia, Free Library, Ms De Ricci 163 (= Lewis 69); vgl. Hans-Jürgen Becker: Eine unbekannte Handschrift des Schwaben- und Augsburger Sachsenspiegels. In: ZRG GA 88 (1971), S. 190–197.

6 Vgl. Rolf Schmidt: Judeneide in Augsburg und Regensburg. In: ZRG GA 93 (1976), S. 322–339, hier S. 322–327, 332–335.

7 Zu Art. 21 vgl. auch Karl A. Eckhardt, in: DA 15 (1959), S. 457.

8 Zur Entwicklung der Kompetenzen beider Gerichte vgl. Karl A. Eckhardt, in: ZRG GA 45 (1925), S. 13–49.

9 Vgl. Hans-Kurt Claussen: Freisinger Rechtsbuch, Weimar 1941, S. XXXII–XXXVI. Über Abb. eines Zweikampfes zwischen Mann und Frau von 1467 vgl. Hans Fehr: Das Recht im Bilde, Erlenbach-Zürich 1923, S. 54 f. u. Abb. 43–51.

10 fol. 3–5 des Originals, nicht in der Stadtbuch-Edition von Christian Meyer abgedruckt.

11 fol. 152^r des Originals, nicht in der Stadtbuch-Edition von Christian Meyer abgedruckt.

12 MB 33 I 138 = Vock 117.

13 AUB I 169.

14 AUB I 180.

15 Stadtbuch, S. 137, 2. Abs.

16 AUB I 190.

17 Die Novelle Stadtbuch S. 14 f., 3. Abs., wurde wohl schon vor 1303 eingetragen.

18 Augsburg, Bischöfliche Ordinariatsbibliothek Ms 47; StStBA 2° Cod Aug 157, 2° Cod Aug 159, 2° Cod Aug 161; BayStB Cgm 560.

19 Dillingen/Donau, Studienbibliothek Ms 72; BayHStA Hochstift Augsburg Lit. 514b und 514c.

20 Von Conrad Peutinger stammen die Einträge auf fol. 45^r und 157^v (beide nicht in der Edition von Christian Meyer abgedruckt). Ein sich auf den ersten Eintrag beziehendes Gutachten Peutingers ist abgedruckt und kommentiert bei Alexander Thoneick: Conrad Peutinger. Leben und Werk des Augsburger Juristen. Untersuchungen zu einer bisher unbekannten strafrechtlichen Abhandlung, Diss. jur. Münster 1970. Auf den zweiten Eintrag bezieht sich Peutingers bislang unveröffentlichtes Gutachten in StStBA 2° Cod Aug 406 fol. 50^r–52^r.

21 Vgl. den Vermerk auf dem ersten ungezählten Blatt der Stadtbuchabschrift StAA ad Schätze 71/9; Vorlage dieser Handschrift war das Handexemplar Conrad Peutingers BayStBM Cgm 559.

22 Zuerst in einer literarischen Fehde über den Ursprung der Reichsvogteien zwischen dem Lindauer Juristen Daniel Heider und den Augsburg Hochstiftischen Juristen Johann Jakob Speidel in dessen anonym erschienener »Beständige vnd Wolgegründte Widerlegung eines vber den Reichs Stätten von Alters herkomne Reichs Vogteyen . . .«, 1642.

Augsburg in nachstaufischer Zeit (1276–1368)

von Pankraz Fried

Nachdem es dem Bündnis zwischen Bischof und Bürgerstadt gelungen war, 1270 den Zugriff des Bayernherzogs auf die ihm von Konradin verpfändete Hochstifts- und Stadtvogtei abzuwehren, setzte unter König Rudolf von Habsburg die endgültige Konsolidierung der Bürger- und Reichsfreiheit ein[1]. Rudolf kam im Mai 1275 nach Augsburg, um dort den ersten Reichstag seit 1251 abzuhalten, wobei die Bürger die Gelegenheit benützten, eine erweiterte Stadtrechtsaufzeichnung durchzusetzen. Kaum war diese 1276 fertiggestellt, als sich der König vom Bischof mit der Augsburger Hochstiftsvogtei belehnen ließ. Rudolfs Rückkehr zu einem zweiten Reichstag in Augsburg 1282 diente nochmals der Stärkung der Königsgewalt: Die Königssöhne wurden damals mit den Herzogtümern Österreich, Steiermark und Krain belehnt, womit die habsburgische Hausmacht in Südostdeutschland begründet wurde. Beim Thronstreit zwischen dem Bayernherzog Ludwig und dem Habsburger Herzog Friedrich dem Schönen von Österreich schloß sich der Bischof der Partei des Österreichers an, während die Bürgerschaft auf den Bayern setzte[2]. Der Bischof wich auf seine Burg Dillingen aus, während die Stadt durch die Auseinandersetzungen arg in Mitleidenschaft gezogen wurde. Für die aufopferungsvolle Unterstützung in seinem Kampf gegen den Habsburger gewährte König Ludwig 1315 den Bürgern Steuerfreiheit auf vier Jahre und bestimmte 1316 die Unveräußerlichkeit der Stadt vom Reich. Nach der Entscheidungsschlacht von Mühldorf 1322 war diese endgültig besiegelt. In der Abwehr von Überfällen habsburgtreuer schwäbischer Adeliger konnte die Stadt fortan auf die Hilfe Ludwigs des Bayern rechnen. Die durch den gemeinsamen Kampf entstandene Bindung schlug sich nicht nur in zahlreichen kaiserlichen Privilegien für die Stadt nieder, sondern zeigte sich auch darin, daß Ludwig sich in keiner Stadt, nicht einmal in München, so häufig aufhielt wie in Augsburg: Es können über 20 längere Aufenthalte Ludwigs nachgewiesen werden. Ebenso bestanden enge Beziehungen zwischen dem Kaiser und Augsburger Bürgern wie zum Beispiel zu Johann Langenmantel und Ulrich Hofmaier, der sein oberster Ratgeber und Hofschreiber war.

Die Früchte der prokaiserlichen Politik ernteten vor allem die Augsburger Kaufleute, die sich von nun an nachweislich an den Hauptorten des europäischen Handels finden, wie beispielsweise im Fondaco dei Tedeschi zu Venedig, wo die Augsburger bald eine Hauptrolle spielen. Die reichen Bürger erwarben dank königlicher Privilegien mehr und mehr adelige Lehensgüter in der Umgebung Augsburgs. Die Spannung zum Bischof wuchs, als die landadelig werdenden Kaufmannsbürger diesem die Abgaben vieler bischofshöriger Grunduntertanen streitig machten. Die Aufnahme von Pfahlbürgern verschärfte den Streit dann so sehr, daß die Bürger Bischof Heinrich 1339 gewaltsam aus der Stadt vertrieben. Kaiser Ludwig, der 1336 wohl zum Ausgleich die untere Straßvogtei dem Hochstift verpfändet hatte, verhalf dem Bischof wieder zur Rückkehr und bestätigte seine Rechte in Augsburg[3]. Nicht mehr rückgängig gemacht werden konnte, daß die Bürger an der Reichsstraße in der Bischofsstadt sitzen blieben und die alte Bischofsstadt umklammert hielten, wie dies umgekehrt allerdings der Bischof mit seinem großen Grundbesitz vor den Toren Augsburgs tat. Nach dem Tode Kaiser Ludwigs 1347 hielt der Augsburger Rat am längsten zur wittelsbachischen Partei und huldigte als eine der letzten schwäbischen Städte nach der endgültigen Entscheidung im Januar 1348 dem Luxemburger Karl IV. Als neuer Bischof wurde der Bamberger Dompropst Marquart von Randegg, der spätere Patriarch von Aquileja, eingesetzt. Die reichspolitische Vorzugsstellung des Bischofs von Augsburg wurde dadurch sichtbar, daß Kaiser Karl ihn 1356 zum kaiserlichen Statthalter und Generalkapitän für ganz Reichsitalien ernannte. Die offensichtliche Begünstigung des Bischofs führte zu außergewöhnlichen Anstrengungen in der Verstärkung der städtischen Wehrkraft, die das Selbstbewußtsein der unteren Schicht stärkte und schließlich auch zur Zunfterhebung von 1368 beitrug.

1 Siehe, auch für das Folgende, bei den einschlägigen Sachkapiteln.
2 Zorn, Augsburg; Heinz Angermeier: Bayern in der Regierungszeit Kaiser Ludwigs IV. In: HdbBay G II, S. 144–181; Theodor Herberger: Kaiser Ludwig der Bayer und die treue Stadt Augsburg, Augsburg 1850.
3 Friedrich Zoepfl: Die Augsburger Bischöfe im Kampf Ludwigs d. B. gegen die Kurie (Zs. f. bayer. Kirchengeschichte 18), 1948.

Die Entwicklung der Stadtverfassung 1276–1368

von Wolfram Baer

Mit dem Jahre 1276 hat sich in der Verfassungsgeschichte der Stadt Augsburg einiges geändert. Die Stadt war nunmehr in ein engeres, unmittelbares Verhältnis zu König und Reich getreten: Augsburg war nicht mehr Bischofsstadt, sondern war vor allem kraft königlicher Vogtei Königsstadt geworden[1].

Die Kompetenz des Vogtes hatte sich mit dem Stadtrecht auf Kosten des Burggrafen wesentlich erweitert. Es standen ihm nun die Handels- und Gewerbegerichtsbarkeit, die gesamte Strafgerichtsbarkeit und noch ein Teil der Zivilgerichtsbarkeit, die zivile Hochgerichtsbarkeit, zu. Außerdem verlieh der Vogt das Bürgerrecht. Damit ist er der eigentliche Leiter der Stadtverwaltung geworden. In der Bestimmung, der Vogt solle den Bürgern zu ihrem Recht verhelfen, falls der Burggraf seine Pflichten ihnen gegenüber nicht erfülle, ohne von seinem Herrn, dem Bischof, zur Verantwortung gezogen zu werden, kam die übergeordnete Stellung des Vogts zum Ausdruck[2].

Der Jurisdiktion des bischöflichen Burggrafen unterlagen nur noch Kauf-, Pfand- und Schuldsachen[3]. Zusätzlich geschmälert wurden seine Rechte durch den Rat, der sich ausgerechnet in das ureigenste Gebiet des Burggrafen einmischte, nämlich den Lebensmittelverkehr[4]. So erließ der Rat am 29. März 1283

eigenmächtig eine Bäckerordnung, wobei freilich vorher in irgendeiner Form eine Übereinkunft mit dem Burggrafen stattgefunden hatte[5]. Der Burggraf war also zwar nach wie vor Gewerberichter – ohne die niedere Strafjustiz –, jedoch mit der Organisierung der Handwerker hin zu Einungen und Zünften verschwand sein Einfluß auf die Gewerbeangelegenheiten mehr und mehr.

Die Kompetenzen von Stadtvogt und Burggraf, zwei herrschaftlichen Beamten in der Stadt, waren dem Rat der selbstbewußten Stadt Augsburg sehr bald ein Dorn im Auge. So mußte es zu einer strengen, institutionellen Trennung zwischen stadtherrschaftlichen Ämtern und kollegial geführtem Rat kommen[6].

Eine der ersten Bestimmungen des Stadtbuches galt der Institution des Rates[7], der aus den zwölf besten und weisesten Männern bestehen sollte. Diese »Ratgeben« gehörten dem Patrizierstand an, den sogenannten Bürgern, und waren seit jeher streng von den Handwerkern getrennt[8]. Sie bildeten den Kleinen Rat, der nicht gewählt wurde, sondern sich jeweils durch Zuwahl ergänzte. Dies hatte zur Folge, daß die bereits im Rat sitzenden Familien sich auch weiterhin dort halten konnten. Um 1324 wurde festgelegt, daß die Ratsmitglieder unabhängig sein sollten, und 1342 wurde verboten, daß zwei Brüder oder Vater und Sohn gleichzeitig im Rat sitzen durften[9]. Der Rat trat jährlich an Mariä Lichtmeß ab, mußte aber dafür Sorge tragen, daß immer wieder ein neuer Rat vorhanden war. Mit der Zeit erweiterte sich die Anzahl der Ratsmitglieder über die ursprünglichen zwölf hinaus[10]. Neben den »zwelfen«, dem alten Rat, gab es nun die »vierundzwaintzehen«, das Plenum des Kleinen Rats, mit 24 Personen[11].

Neben dem Kleinen Rat gab es den Großen Rat, der ursprünglich wohl überwiegend aus Patriziern bestand, spätestens nach der Rats- und Gerichtsordnung von 1360 auch Handwerker enthielt[12]. Dieser Große Rat ist erstmals faßbar in einer Urkunde vom 5. Dezember 1290, in der den Juden der Stadt Augsburg gestattet wurde, ein eigenes Badehaus zu errichten[13]. Seit 1291 bestand also bei Ratsentscheidungen der Instanzenzug Zwölferrat, Vierundzwanzigerrat und Großer Rat[14].

Spätestens seit der Rats- und Gerichtsordnung aus der Zeit um 1340–1368 gab es noch einen besonderen Ratsausschuß, die sogenannten »Viere«, die zusammen mit den Stadtpflegern an der Spitze der Verwaltung standen[15]. Diese »Viere« sind allerdings spätestens mit der Zunftverfassung 1368 wieder verschwunden.

An der Spitze des Rates stand zunächst ein Bürgermeister, der seit dem Jahre 1266 nachweisbar ist[16]. Dieser *magister civium* findet sich nur kurze Zeit in den Quellen, im Stadtrecht von 1276 ist er schon nicht mehr erwähnt[17]. Der einzige namentlich bekannte Inhaber dieses Bürgermeisteramts, nämlich Heinrich Schongauer, war seit 1262 aufgrund einer Verpfändung Bischof Hartmanns auch Inhaber des Burggrafenamts[18]. Unter Heinrich Schongauer kam dieses Geschlecht durch zahlreiche weitere Verpfändungen des ständig in Geldnot schwebenden Bischofs Hartmann zu höchster Machtfülle[19]. So kann man vielleicht annehmen, daß das Bürgermeisteramt damals auf die Person des Heinrich Schongauer zugeschnitten und keine ständige Verfassungseinrichtung gewesen ist[20]. Als nämlich Heinrich Schongauer im Jahre 1280 Stadtvogt wurde, war das Bürgermeisteramt für ihn auch gar nicht mehr interessant[21].

Im Jahre 1288 erscheinen in den Quellen erstmals, wohl aus Furcht vor zu großer Machtkonzentration in

einer Person, nach römischem Vorbild zwei vom Kleinen Rat gewählte Stadtpfleger an der Spitze der Stadt, die sich gegenseitig kontrollieren und damit eine Diktatur verhindern sollten[22]. Bereits 1281 war aus ähnlichen Gründen Augsburger Bürgern der Aufstieg in das Stadtvogt- und Burggrafenamt grundsätzlich versperrt worden[23], und gleichzeitig wurde ihnen unter Strafandrohung verboten, sich um die beiden Ämter zu bemühen[24]. Trotz dieser Vorsichtsmaßnahme kam es im Jahre 1303 zum Versuch der Stolzhirsch, eine Stadtdiktatur nach dem Vorbild der italienischen Signorie zu errichten. Der Putsch wurde jedoch vom Rat rechtzeitig aufgedeckt, die Verschwörer wurden angeklagt bzw. mußten die Stadt verlassen. Nunmehr wurde festgelegt, daß künftig niemals mehr nur ein Bürgermeister, sondern jeweils zwei an der Spitze des Stadtregiments stehen sollten. Verschiedene Mitglieder der Familien Stolzhirsch, Schröter und auch Schongauer mußten sich unterwerfen, jeglichem Streben nach städtischen Ämtern entsagen und sich verpflichten, kein Gesinde und keine »Muntmannen« in der Stadt zu halten[25]. Daß es sich bei dem sogenannten Stolzhirsch-Aufstand um eine Auseinandersetzung zwischen dem alten Patriziat und der inzwischen zu Reichtum gekommenen Gruppe der Fernhändler und Geldhändler handelte, weil mit Konrad Lang[26] 1303 ein bedeutender Geldhändler einer der beiden Stadtpfleger war, ist eine sicherlich ernst zu nehmende Hypothese[27]; daß zünftische Umtriebe bei den Ereignissen von 1303 mit im Spiel waren, ist jedoch keinesfalls erwiesen[28]. Andererseits ist schon vor 1276 eine gelegentliche Beteiligung von Nichtbürgern, das heißt Nichtangehörigen des Patriziats, an Verwaltung und Gesetzgebung zu beobachten[29]. Die Formel »reich und arm«, was soviel wie jedermann bedeutet, die uns erstmals in der Präambel des Stadtrechts von 1276 begegnet[30], kann wohl für eine Mitwirkung auch der Handwerker, die damals noch nicht Bürger waren, in Anspruch genommen werden. Dies kommt deutlich in der bereits zitierten Urkunde vom 23. Juni 1303 zum Ausdruck, in der von »armer und richer rat« die Rede ist, zum Ausdruck[31]. Es ist eben ganz natürlich, daß die Gemeinde der Handwerker, vor allem die, die die öffentlichen Lasten genauso mitzutragen hatten wie die ratsfähigen Bürger, allmählich Lust verspürte, am

Stadtregiment beteiligt zu werden. So zeigten sich erste Versuche gewerblicher Korporationen, obgleich im Stadtbuch von 1276, zumindest was die Bäcker betrifft, eindeutig ein Einungs- bzw. Zunftverbot ausgesprochen ist[32]. In einer Entscheidung des Burggrafen Heinrich Schellhas ist von einer »Gemeinde« der Lederer mit vier Meistern an der Spitze die Rede[33], und ähnlich organisiert finden wir bereits die Weber[34].

Am ehesten war es der Gemeinde möglich, in der Steuer- und Finanzpolitik den Hebel für ein größeres Mitspracherecht anzusetzen. Öfters kam es wegen der Unregelmäßigkeit und des Wechsels bei der Einbeziehung des Ungelds, einer Art Verbrauchssteuer, die meist bei Getränken erhoben wurde, zur Unzufriedenheit in der Stadtbevölkerung. Da der Rat auf diese Einnahmen angewiesen war, mußte er mit der Zeit der zu Steuern herangezogenen Gemeinde auch Zugeständnisse machen[35]. Im Jahre 1340 wurden die Steuermeister und Baumeister, die Verwalter der städtischen Gelder[36], verpflichtet, jedes Jahr vor einer aus sechs Ratsmitgliedern und sechs Vertretern der Gemeinde bestehenden Kommission über Einnahmen und Ausgaben Rechenschaft abzulegen. Bei allen Ausgaben über fünf Pfund Pfennige mußte der Kleine Rat die Zustimmung des Großen Rats und der Gemeinde einholen[37]. Dasselbe galt auch für die Erhebung des Ungelds. Je mehr also die nichtpatrizische Bürgerschaft erstarkte – sei es durch wirtschaftlichen Aufschwung oder sei es durch gewecktes Verantwortungsbewußtsein für das Gemeinwesen[38] –, um so mehr wurde sie sich auch ihrer Bedeutung bewußt.

Inzwischen hatte ja auch die Augsburger Bevölkerung rapide zugenommen. Deshalb ließ der Rat seit dem Jahre 1288 die Neuaufnahmen in das Bürgerrecht, welches in der Regel an bestimmte Voraussetzungen, wie Bürgereid, Nachweis von Vermögen oder Bürgschaft gebunden war, in ein eigenes Bürgerbuch eintragen. Das Pendant dazu bildete eine seit 1302 geführte Liste der wegen Verbrechen aus der städtischen Gemeinschaft Ausgestoßenen, die in einem eigenen Achtbuch festgehalten wurden[39]. Leider sind die allgemeinen Vermögensverhältnisse der Augsburger Bevölkerung erst vom Jahre 1346 an faßbar, als Steuerbücher angelegt wurden. Nach

Auskunft des ältesten Steuerbuches zahlten in rund 43 Steuerbezirken 2750 Personen Steuer, 91 waren Pfahlbürger, das heißt außerhalb der Stadt Wohnende, die jedoch das Bürgerrecht besaßen. Feste Steuerbeträge sind im Steuerbuch allerdings noch nicht eingetragen. Festgehalten wird jedoch auch das steuerpflichtige Gut der Geistlichen, der Juden, der Pfarrzechen und Stiftungen[40]. Ein Zeichen für den allgemeinen Aufschwung nicht nur im Handel, sondern wohl bei den Handwerkern allgemein, waren zahlreiche Handelsprivilegien Ludwigs des Bayern[41]. Auch wenn der patrizische Rat immer wieder das Rad der Geschichte zurückzudrehen versuchte und Bestimmungen gegen Einungen aller Art, geheime Verbindungen, wie die Jakobergesellschaft[42], erließ, oder Stadtbewohner wie den Marktmesser Heinrich Orgler noch am 29. Mai 1365 – also nur drei Jahre vor Errichtung des Zunftregiments – aus der Stadt verbannte[43], konnte er doch die Entwicklung, die eindeutig zu mehr Mitspracherecht der Handwerker tendierte, nicht aufhalten.

Insgesamt läßt sich für die Zeit ab 1276 festhalten: Verfassungsgeschichtlich von eminenter Bedeutung für die Stadt Augsburg war das Privileg König Rudolfs von Habsburg vom 9. März 1276, ein Stadtbuch anlegen zu dürfen. Aber ebenso bedeutungsvoll war, daß Ludwig der Bayer am 9. Januar 1316 die Unveräußerlichkeit der Stadt vom Reich weder durch Verkauf, Tausch, Lehensgebung oder eine andere Art der Entfremdung, die Gleichstellung der Geschlechter mit den Ministerialen des Reichs in Gerichtsbesitz und Rechtsprechung sowie den Schutz bürgerlichen Eigentums garantierte[44]. Denn damit war nun auch offiziell die Unabhängigkeit der Stadt von ihrem alten Stadtherrn, dem Bischof, sanktioniert und eine verbesserte Rechtsstellung gegenüber dem Reich erlangt worden. Die feste Bindung an das Reich kostete die Stadt Augsburg allerdings auch eine jährlich fällige Reichssteuer von 400 Augsburger Pfennigen. Bereits im Jahre 1294 hatte Adolf von Nassau den Augsburger Bürgern das Recht eingeräumt, daß sie bei Streit mit Fremden in Gerichtshändeln, die außerhalb der Stadt Augsburg anhängig waren, nicht vor ein anderes Gericht als vor den Stadtvogt gerufen werden konnten[45]. Diese Bestimmung wurde von Ludwig dem Bayern 1329 bestätigt und zum Teil er-

Abb. 32   St. Peter am Perlach. Thronender Christus (ehe-mals am Ostgiebel), Terrakotta, Ende des 12. Jh.

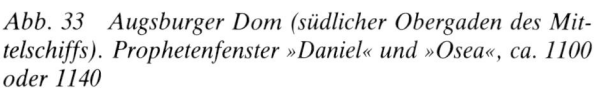

Abb. 33   Augsburger Dom (südlicher Obergaden des Mittelschiffs). Prophetenfenster »Daniel« und »Osea«, ca. 1100 oder 1140

weitert[46]. Um die Stadt Augsburg vor Unterwerfung unter eine landesherrliche Gewalt zu bewahren – Bestrebungen vor allem der bayerischen Herzöge finden sich immer wieder –, sagte ihr Karl IV. am 25. Juni 1358 zu, daß er die Vogtei über die Stadt weder verpfänden, veräußern noch versetzen und sie immer beim Reich belassen wolle[47]. Trotz dieser Schutzbestimmungen wissen wir, daß die Reichsvogtei immer wieder einmal verpfändet wurde. So hatte Ludwig der Bayer am 13. Juli 1336 bereits einen Teil der Reichsvogtei, die sogenannte Straßvogtei, an den Augsburger Bischof und das Hochstift[48] versetzt, wodurch das Hochstift wieder in den Besitz eines großen Teils der alten Kirchenvogtei, nämlich des Teils, der unter Konradin von der Vogtei der Stadt geschieden worden war, gelangte. Die Straßvogtei mit den Dörfern Schwabmünchen, Wehringen, Bobingen, Göggingen, Inningen, Oberhausen und andere zur Landvogtei Augsburg gehörige Güter blieben von da ab im Besitz des Hochstifts Augsburg, die Reichslandvogtei Augsburg erstreckte sich nun nur noch auf die Stadtvogtei und die Oberherrschaft über Gersthofen, Stettenhofen und Langweid[49].

1 Kießling, S. 26.
2 Joseph Zeller: Das Augsburger Burggrafenamt und seine Inhaber von ihrem ersten Auftreten bis zum Untergang des alten Reiches. In: AGHA, Bd. 5, S. 341–410, hier S. 374; Ernst Schumann: Verfassung und Verwaltung des Rates in Augsburg von 1276 bis 1368, Diss. phil. Kiel 1905, S. 181.
3 Gisela Möncke: Bischofsstadt und Reichsstadt. Ein Beitrag zur mittelalterlichen Stadtverfassung von Augsburg, Konstanz und Basel, Diss. phil. Berlin 1971, S. 147.
4 Zeller, S. 175f.
5 AUB I, Nr. 76, S. 57f.; Möncke, S. 148.
6 Stadtbuch, S. 72, letzter Absatz; Möncke, S. 132.
7 Stadtbuch, Art. II, S. 11; Schumann, S. 7ff.
8 Dirr, S. 149f.
9 Stadtbuch, Art. II, Abs. 2 und 3, S. 11; Schumann, S. 13.
10 Stadtbuch (Rats- und Gerichtssatzung aus der Zeit um 1291), S. 235–239.
11 Stadtbuch, S. 128, § 8–10, S. 328–330; Schumann, S. 13f.
12 Schumann, S. 17–19; Handwerker als Mitglieder des Großen Rats sind durch die Steuerbücher und Steuermeisterrechnungen belegt; im Steuerbuch von 1355 (StAA, Steuerbücher), S. 1a, werden z.B. als Steuermeister genannt: Chůnrad von Vůgen, Vager Ledrer und Hans Witzig textor de maiori consilio (frdl. Hinweis von Peter Geffcken).

13 Stadtbuch, S. 58; der Nachweis von Juden war bekanntlich ein Zeichen florierender Wirtschaft und charakteristisch für eine Königsstadt, denn die Könige waren auf die Kapitalkraft der Juden angewiesen. Die Juden waren seit dem hohen Mittelalter gegen Abgaben, die sogenannte Judensteuer, dem Königsschutz unterstellt (Königliche Kammerknechte).
14 Stadtbuch, S. 238, § 8; Zorn, Augsburg, S. 116.
15 Stadtbuch, S. 237, § 4; Schumann, S. 15, Anm. 41.
16 Hipper, Nr. 40.
17 Zeller, S. 361 mit den entsprechenden Belegen.
18 Vock, Nr. 77.
19 Bosl, S. 27.
20 Möncke, S. 131.
21 Zeller, S. 379; Möncke, S. 131; Heinrich Schongauer war Untervogt des edelfreien Berchtold von Mühlhausen, eines Verwandten der Gattin König Rudolfs von Habsburg (frdl. Hinweis von P. Geffcken).
22 Die Stadtpfleger, die u. a. den Vogt in seiner Funktion als Ratsvorsitzenden ablösten, sind erstmals faßbar in einer Urkunde vom 3. Februar 1288 (BayHStA, KU Augsburg Maria Stern 10; frdl. Hinweis von P. Geffcken).
23 AUB I, Nr. 68, S. 50.
24 Stadtbuch, S. 14f.
25 AUB I, Nr. 190, S. 153–155; vgl. Zorn, Augsburg, S. 119.
26 Karlheinz Sieber: Die Anfänge des Augsburger Patriziats bis zum Stolzhirschaufstand 1303, Zulassungsarbeit Universität München, Masch., 1968, S. 77 ff.
27 Bosl, S. 30f.
28 Dirr, S. 154; Zeller, S. 363f.; den Begriff Bürgermeister in den Quellen mit den Zünften in Verbindung zu bringen, wie umgekehrt den Begriff Stadtpfleger mit dem Patriziat, halte ich nicht für gerechtfertigt, da die Quellen hier keinen Unterschied machen.
29 Zeller, S. 363: z.B. *Liupoldus sartor* wohnt *inter sartores* (Schneider in der Schneidergasse); Klaus Hefele: Studium zum hochmittelalterlichen Stadttypus der Bischofsstadt in Oberdeutschland (Augsburg, Freising, Konstanz, Regensburg), Diss. phil. München 1970, S. 66, 172, sieht bereits zur Zeit des ersten Stadtrechts Ansätze von Zünften, was m. E. etwas zu weit geht. Bei ihm finden sich auch weitere Belege, wobei er besonders auf den Traditionskodex von St. Ulrich hinweist (MB 22), in dem vorwiegend Handwerker genannt werden.
30 Stadtbuch, S. 1.
31 AUB I, Nr. 190, S. 150.
32 Stadtbuch, Art. 118, § 11, S. 197; auf ein Zunftverbot durch Ratsentscheid, das nur in Stadtbuchabschriften überliefert ist, weist Rolf Schmidt hin in seinem Beitrag, Zum Augsburger Stadtbuch von 1276. In: ZHVSch 70 (1976), S. 80–179, bes. S. 107.
33 Stadtbuch, S. 334.
34 Stadtbuch, S. 315; vgl. Dirr, S. 153.
35 Dirr, S. 156f.; vgl. zum Ganzen auch Friedrich Blendinger: Die Zunfterhebung von 1368 in der Reichsstadt Augsburg. Ihre Voraussetzungen, Durchführung und Auswirkung. In: Stadtverfassung – Verfassungsstaat – Pressepolitik. Festschrift

für Eberhard Naujoks zum 65. Geburtstag, hrsg. von Franz Quarthal und Wilfried Setzler, Sigmaringen 1980, S. 72–90; zur Rechtmäßigkeit der Ungelderhebung vgl. Kießling, S. 64 ff.

36 Baumeister finden sich erstmals 1296, Steuermeister erstmals 1299; vgl. Zorn, Augsburg, S. 116 f.

37 Dirr, S. 157.

38 In der mittelalterlichen Stadt Augsburg war z. B. die Wehrorganisation auf Handwerkerverbänden aufgebaut und einzelne Handwerkszweige hatten seit jeher bestimmte Aufgaben in der Stadt; vgl. hierzu das Stadtrecht von 1156 (s. o.).

39 Bürgerbuch von 1288–1496: StAA, Schätze Nr. 74; Reichsachtbuch: StAA, Schätze Nr. 81.

40 StAA, Reichsstadt, Steuerbücher. Exakte Vermögensverhältnisse der Bürgerschaft werden erst in den Steuerbüchern ab 1396 faßbar. Eine Ausnahme bildet das Steuerbuch von 1389, in dem der städtische Grundbesitz wertmäßig erfaßt wurde.

41 Dirr, S. 158.

42 Stadtbuch, S. 249.

43 StAA, Reichsachtbuch: Schätze Nr. 81, fol. 90d; vgl. auch Adolf Buff: Verbrechen und Verbrecher zu Augsburg in der zweiten Hälfte des 14. Jahrhunderts. In: ZHVS 4 (1877), S. 160–231.

44 AUB I, Nr. 235, S. 196–198.

45 AUB I, Nr. 140, S. 108; es handelt sich hier um das sogenannte »ius de non evocando«.

46 AUB I, Nr. 291, S. 225.

47 AUB II, Nr. 519, S. 72; die Stadtvogtei bildete bekanntlich seit dem zweiten Stadtrecht einen Bestandteil der ostschwäbischen Reichslandvogtei.

48 Vock, Nr. 289.

49 Alfred Schröder: Die Straße und die hochstiftische Straßvogtei. In: AGHA, Bd. 5, S. 563–606; Hans-Georg Hofacker: Die schwäbischen Reichslandvogteien im späten Mittelalter, Stuttgart 1980.

Die Zunfterhebung von 1368

von Friedrich Blendinger

Das jahrzehntelange Streben[1] der Handwerker, vor allem der Kaufleute und Kramer, um politische Mitbestimmung und Aufnahme in den Kleinen Rat war bei wachsendem wirtschaftlichem und militärischem Einfluß trotz geringer Fortschritte nicht von Erfolg gekrönt[2]. Der deshalb aufgestaute Unmut entlud sich am 22./23. 10. 1368, als sich am Vorabend von St. Severin bewaffnete Handwerker zusammenrotteten, sämtliche Stadttore, das Rathaus und den Perlachplatz besetzten und nachts durch die Straßen streiften, ohne auf Widerstand zu stoßen. Am nächsten Tage zogen sie mit 24 Bannern zum Perlachturm, besetzten die Türen der Ratsstuben und sandten fünf aus ihrer Mitte, den Kellermeister der Weber Hans Weiß, den Bäcker Sünzenbach, den Kürschner Witzig, den Salzverleger Wessisprunner, den Bierschen-

ken Sieghart und den Fleischhäckel Hans Erringer, zu den Ratgeben, an deren Spitze die Stadtpfleger Heinrich Herwart bei St. Martin und Konrad Bitschlin, um ihre Forderungen vorzutragen[3].

Ihr Sprecher, Hans Weiß, erklärte beruhigend, niemand brauche sich um Leib und Gut zu fürchten. Seine Freunde wollten einen »guten Frieden« und der Stadt zur Ehre und zum Nutzen eine »Zunft« haben. Die Ratgeben waren gezwungen, den Handwerkern die geforderten Schlüssel zu den Stadttoren, zum Perlachturm mit der Sturmglocke, zum Gewölbe, das heißt zum Archiv der Stadt, das Stadtbuch und die Stadtsiegel durch die Baumeister und die Siegler zu übergeben. Dann zogen die 87 Ratgeben des Kleinen und Großen Rates zum Perlach, wo die Handwerker versammelt waren, und schworen mit ihnen gemeinsam, daß sie »100 Jahre und einen Tag eine Zunft« haben sollten. Aller Neid und Haß solle abgetan sein und künftig Freundschaft herrschen[4]. Die Zunft solle ein großer Schwurverband aller Handwerker und Geschlechter sein mit dem Ziel, die Stadt gemeinsam zu regieren[5]. Die ohne jedes Blutvergießen zur Macht gekommenen Handwerker erstrebten eine für sie möglichst günstige und dauerhafte Verfassung und entsandten deshalb Boten in die rheinischen Bischofsstädte, Ulrich Reghart nach Speyer, Worms und Mainz, Hans Panzer nach Konstanz, Basel und Straßburg und den Stadtschreiber in die nahe Reichsstadt Ulm[6]. Die Meldungen der zurückgekehrten Boten wurden bei der Abfassung des zweiten Zunftbriefes vom 16. 12. 1368 berücksichtigt[7]. Man darf ihn als Grundgesetz der zünftischen Verfassung bezeichnen. Der Rat beschloß, nach dem Vorbild von Speyer, Mainz und Worms auch in Augsburg je einen Bürgermeister von den Bürgern und einen von den Zünften alljährlich zu wählen[8]. Wie in Ulm hatten die Zünfte in Augsburg eine stattliche Mehrheit im Kleinen Rat, doch kürten die Zünfte dort einen patrizischen Bürgermeister[9]. Zur Beseitigung der großen Schulden der Stadt und der Feindschaften sollte eine Zunft, bestehend aus 18 Zünften mit je einem Zunftmeister, gegründet werden. Die Handwerker bildeten zunächst 17 Zünfte, um die 18. den Geschlechtern vorzubehalten, die in Augsburg nicht zustande kam[10], während in Memmingen, Kaufbeuren und anderen oberdeutschen Reichsstädten eine Geschlechterzunft gebildet wurde[11]. Von den 51 Geschlechtern in Augsburg traten nur wenige der Kaufleutezunft bei, während die Mehrheit im alten Stande blieb, von ihren Einkünften aus Haus- und Grundbesitz lebte und nach kurzer Unterbrechung ihre Handelsgeschäfte fortführte. Sie schlossen sich 1383 ab und nahmen niemand mehr auf[12].

Die 17 Zünfte entsandten ihre Zunftmeister in den Kleinen Rat; zusätzlich durften zwölf große und ehrbare Zünfte einen zweiten Vertreter in den Rat abordnen. Kleinere Zünfte sollten sich mit einer anderen Zunft zusammenschließen. So vereinigten sich die Weinschenken mit den Salzfertigern[13]. Den Schneidern schlossen sich die Tuchhändler und Gewandschneider, den Lodwebern die Geschlachtgewander, Färber, Walker und Manger, den Zimmer-

leuten die Kistler, Maurer und andere Bauhandwerker, den Lederern die Pergamenter, den Huckern die Gärtner, Obstler und Seiler, den Schmieden die Schlosser, Schleifer, Glaser, Maler, Bildschnitzer und Goldschläger und den Wagnern die Schäffler und Drechsler an[14].

Die 29 Vertreter der Zünfte im Kleinen Rat hatten das Recht, im Anschluß an ihre Wahl 15 der »besten und witzigsten« Bürger (Geschlechter) in den Kleinen Rat hinzuzuwählen, der damit 44 Mitglieder umfaßte. Diese 29 wählten aus ihren Reihen und aus den Bürgern im Rat die beiden Bürgermeister anstelle der bisherigen beiden Stadtpfleger und entsprechend vier Baumeister, zwei Siegler und sechs Steuermeister, je zur Hälfte von den Zünften und den Geschlechtern. Alle Amtsträger sollten alljährlich an Unser Frauen Lichtmeß gewählt werden, ausgenommen die Steuermeister an St. Michael. An Maria Lichtmeß mußte auch die Hälfte der 44 Ratgeben durch Los oder Spielentscheid ausscheiden, und die verbliebene Hälfte sollte sich dann in gleicher Zahl und Zusammensetzung erneuern. Im folgenden Jahr hatten dann die Verbliebenen zurückzutreten. Jedem Zunftmeister sollten zwölf der »erbarsten« Männer aus seiner Zunft, die »Zwölfer«, zur Seite stehen. Alle wichtigen Fragen sollten die Zunftmeister mit ihnen einen Tag vor dem Großen Rat besprechen. Konnten sie sich in grundlegenden Fragen nicht entscheiden, sollte der Zunftmeister sein gesamtes Handwerk zum Vortrag, zur Beratung und zur Beschlußfassung zusammenrufen. Die ausgeschiedenen Räte sollten in den nächsten beiden Jahren nicht gewählt werden, es sei denn, ein Zunftmeister sei so beliebt und sie seien damit einverstanden.

Nach diesen Wahlbestimmungen beriet der Rat, wie die errungene Macht zu erhalten sei, und beschloß deshalb, daß die »Gemeinde von den Zünften« (die Gesamtheit der Zünfte) auch künftig die Schlüssel zu allen Stadttoren, zum Perlachturm mit der Sturmglocke, die Stadtsiegel, das Stadtbuch, die Urkunden, das Dinghaus und das Gewölbe innehaben solle. Im Gewölbe solle niemand etwas zu tun haben außer dem, den der zünftische Rat damit beauftragt habe. Besonders wichtig waren die Steuerbestimmungen des zweiten Zunftbriefes: Jeder Mann und jede Frau, ob reich oder arm, sollten allen Besitz – er sei Eigentum, Lehen, liegendes oder fahrendes Gut, besuchtes und unbesuchtes, innerhalb oder außerhalb der Stadt – gleichmäßig versteuern, wie er seinen Besitz einschätze. Hausgeschirr, Bettzeug, Trinkgeschirr, zerschnittenes Gewand, Speise auf ein Jahr, zwei Milchkühe mit ihrem Futter[15], ein bis zwei Meiden[16] ebenfalls mit Futter sollten für den ehrbaren Mann steuerfrei bleiben, wie von alters her. Mit dem Meiden dürfe der Besitzer keinen Lohn verdienen oder ihn um eines Gewinnes willen gekauft haben. Besitze und bewohne ein ehrbarer Mann oder eine Frau ein Haus oder Eigentum, Lehen oder Leibding, solle man es um den Zins versteuern, in dem es stand. Sei es nicht im Zins gestanden, solle man es nach seiner eidlichen Wertschätzung versteuern, wie wenn es Zins bringen würde, ein Pfund für zehn Pfund trockene[17] Pfennige. Besitze ein ehrbarer Mann ein oder mehrere Häuser, in denen er nicht wohne, so solle er sie zu dem Preis versteuern, den sie ihm wert seien. Jeder solle ein Pfund Leibding trockenen Geldes für sechs Pfund trockene Pfennige und ein Pfund Leibding an Korngült oder an anderen Sachen nach Selbsteinschätzung versteuern. Besitze ein Mann oder eine Frau mehr Bettzeug, das für Gastgeben oder Ausleihen gegen Zins genutzt werde, so solle es auch nach eigener Schätzung versteuert werden. Für den Besitz in anderen Städten, der dort und nicht hier versteuert werde, brauche keine Steuer bezahlt zu werden, doch sei die Stadt im Streit- oder Kriegsfall auch zu keiner Hilfe gegenüber dem Besitzer verpflichtet.

Die 44 gegenwärtigen und künftigen Ratgeben des Kleinen Rates und ihre Nachfolger sollten Verfügungsgewalt bis fünf Pfund »Pfennige« haben, darüber jedoch nur mit »armer und richer« Einwilligung. Wie 1340 beschlossen, sollte der Rat »rich und arm« alle Jahre wissen lassen, wohin ihre Steuern, Gülten und Zinsen gekommen seien, was die Stadt schuldig geblieben sei und was ihr mit Gottes Hilfe bevorstünde. Zum Schluß beriet der Rat, wie es Kraft und Bestand habe, daß weder die Ratgeben noch andere in der Stadt ein Ungelt[18] festsetzen oder nehmen sollten, mit Ausnahme des von Kaiser Karl IV. bewilligten Getränkeungeltes, das nur bis St. Peter und Paul kommenden Jahres währen sollte. Allen, die diesen im zweiten Zunftbrief beschlossenen Gesetzen und Artikeln mit Worten oder mit Werken heimlich oder öf-

fentlich nachstellten, ihnen Schaden zufügten oder jemand ihretwegen kränkten, sollten bei Überführung durch sieben Ratgeben oder durch eine Mehrheit vom Rat anerkannter Männer an Leib und Gut geächtet sein. Wenn er geächtet werde, solle man ihn an seinem Leibe richten, sein Besitz in der Stadt und auf dem Lande sei der Stadt verfallen. Habe er Frau und Kinder, sollten sie auf ewig aus der Stadt ziehen[19].

Der Rat beschwor diese Gesetze und Artikel mit erhobenen Fingern und behielt sich Änderungen nach den Vorschlägen der Zunftmeister vor. Der zweite Zunftbrief erhielt nach Anhängung des Stadtsiegels und der Siegel von 31 Ratgeben, davon 16 Bürger mit dem Prädikat »Herr«, Rechtskraft. Ihre Namen seien in Kürze aufgeführt: Johannes Vögelin und Hans Wessisprunner, die beiden Stadtpfleger, Heinrich Vögelin, Berchtold Riederer, Pfettner, Heinrich Herwart, Hangenor, Gossembrot, Ilsung, Bartholomäus Riederer, Bitschlin, Aunsorg, Ulrich Langenmantel, Bach und Golnhofer von den Geschlechtern und von seiten der Zünfte Goppolt, Burtenbach, Lorenz, Schreiber, Fideler, Walkircher, Witzig, Schuster, Hug, Vogel, Hünrer, Meister Hans der Schmied, der Steinlin, Heinrich der Drechsel, Conrad der Segmüller. Alle Zünfte gaben sich eigene Ordnungen, unter anderem zur Wahl der Zunftmeister und Zwölfer[20]. Für diese vom Rat, den Zünften und der Gemeinde frei abgefaßte neue Verfassung war noch die Zustimmung des Kaisers als Stadtherr der Reichsstadt erforderlich. Nachdem Karl IV. 1349 das Zunftregiment in Nürnberg und 1366 in Frankfurt am Main abgelehnt hatte, kehrte auch die erste Abordnung der Stadt Augsburg ergebnislos aus Prag zurück. Karl IV. verlangte zunächst von den Reichsstädten eine Schatzung wegen ihres Krieges gegen Württemberg in Höhe von 200 000 Gulden, die er für den Ankauf der Mark Brandenburg für 500 000 Gulden benötigte. Augsburg sollte dazu 36 000 Gulden[21] und für seine Juden zusätzlich 10 000 Gulden beitragen[22]. Am 9. 1. 1374[23] und am 11. 12. 1374[24], nach Bezahlung und Anerkennung dieser Schulden, stimmte der Kaiser am 26. 12. 1374 der neuen Zunftverfassung zu[25]. Mit Hilfe dieser Verfassung konnten der Rat und die Gesamtheit aller Bürger ihre Reichsstadt wirtschaftlich, politisch und kulturell zu einer der führenden Städte Europas entwickeln.

1 Ferdinand Frensdorff: Die Einführung der Zunftverfassung in Augsburg. In: DStChr 4, Augsburg 1, S. 129–149; Dirr, S. 144–243; Josef Koch: Beiträge zur Geschichte Augsburgs von 1368–1389. Die Augsburger Zunftrevolution von 1368 und ihre Folgen. Diss. phil. Tübingen 1935; Zorn, Augsburg, S. 131–135; Friedrich Blendinger: Die Zunfterhebung von 1368 in der Reichsstadt Augsburg. In: Stadtverfassung – Verfassungsstaat – Pressepolitik. Festschrift für Eberhard Naujoks zum 65. Geburtstag, hrsg. von Franz Quarthal und Wilfried Setzler, Sigmaringen 1980, S. 72–90.

2 Blendinger, S. 77 f.

3 DStChr 4, Augsburg 1, S. 21, 222, 309 f.; ebd. 5, Augsburg 2, S. 1, 3, 5–7; ebd. 12, Augsburg 3, S. 6; Erich Maschke: Verfassung und soziale Kräfte in der deutschen Stadt des späten Mittelalters. In: VSWG 46, 1959, S. 318 f.; Zorn, Augsburg, S. 131–135.

4 StStBA, cod. Aug. 436 und cod. Aug. 755.

5 StAA, US. Erstausf. mit den Siegeln der Stadt und der 31 Ratgeben von den Geschlechtern; BayHStA, Augsburg RU 143. Zweitausfertigung mit den Siegeln der 17 Zunftmeister; AUB II, S. 146–148, Nr. 611; Zorn, Augsburg, S. 132.

6 StAA, Baumeisterbuch 1368–1379, fol. 9 b; DStChr 4, Augsburg 1, S. 134.

7 BayHStA, Augsburg RU 144; AUB II, S. 148–152, Nr. 612; David Langenmantel: Historie des Regiments in des Heil. Röm. Reichs Stadt Augspurg, Frankfurt und Leipzig 1725, S. 43–47.

8 Maschke, S. 309, 311.

9 Hans Eugen Specker; Ulm. Stadtgeschichte, Ulm 1977,

S. 47 f.; Eberhard Naujoks: Obrigkeitsgedanke, Zunftverfassung und Reformation, Stuttgart 1958 (Veröffentlichungen der Kommission für geschichtliche Landeskunde in Baden-Württemberg, Reihe B 3), S. 11–17.

10 Blendinger, S. 79, Anm. 42; Zorn, Augsburg, S. 134.

11 Peter Eitel: Die oberschwäbischen Reichsstädte im Zeitalter der Zunftherrschaft, Stuttgart 1970 (Schriften zur Südwestdeutschen Landeskunde B 8), S. 37–50.

12 Dirr, S. 193; Zorn, Augsburg, S. 134.

13 StAA, Reichsstadt, Zünfte Nr. 222 (1397); Dirr, S. 174; Zorn, Augsburg, S. 134.

14 StAA, Ratsbuch 1403 n; Zorn, Augsburg, S. 133 f.

15 Im Zunftbrief »fuor« von »fuoren« = füttern.

16 »Meiden« = Wallach, Hengst.

17 »trockene« = Münzgeld, keine Naturalien.

18 Ungelt = Sondersteuer auf Getränke und Waren zur Schuldentilgung der Stadt.

19 Wie in der Poenformel des ersten Zunftbriefes.

20 StAA Augsburg, Reichsstadt, Zunftbücher Nr. 130, 147, 158, 160, 208, 223, 232, 245, 256, 267, 276.

21 Reg. Imp. VIII, Reichssachen Nr. 566 a; DStChr, Augsburg 1, S. 36, 311; Zorn, Augsburg, S. 135.

22 BayHStA, Augsburg RU 153, 160; AUB II, S. 189, Nr. 657.

23 BayHStA, Augsburg RU 154; AUB II, S. 174 f., Nr. 644; Friedrich Blendinger und Wolfram Baer: 700 Jahre Augsburger Stadtrecht (Ausstellungskatalog), Augsburg 1976, S. 153 f., Nr. 221.

24 RI VIII, Nr. 5444; AUB II, S. 187 f., Nr. 656.

25 AUB II, S. 189, Nr. 658; Langenmantel, S. 47 f.

Die Reichsstadt Augsburg im Spätmittelaltcr (1368–1493)

von Karl Schnith

Situation und Institutionen

Die Rolle der *civitates imperii* im ausgehenden Mittelalter wurde und wird unterschiedlich beurteilt. Während Johannes Haller vor einem halben Jahrhundert meinte, der angebliche Reichspatriotismus der deutschen Bürgerschaften habe nur als Feigenblatt für den allerschnödesten Partikularismus ge-

dient, sprach jüngst Heinrich Koller davon, um 1400 und etwas später habe es den Anschein gehabt, als ob die Bürger und Städte die Führung der Gesellschaft übernehmen wollten, und es seien schon damals jene Vorgänge zu erwarten gewesen, die später in der Französischen Revolution eintraten[1]. Oft wird ein prinzipieller und unüberbrückbarer Gegensatz zwischen Städten und Fürsten hervorgehoben[2]. Doch betonte Otto Brunner, daß die Stadtgemeinde in der Welt des Feudalismus heranwuchs als eine seiner Sonderformen und daß für die ältere Zeit keineswegs ein dauerndes Streben des Bürgertums nach Überwindung der Feudalordnung unterstellt werden darf[3]. Manche patrizischen Familien stammten aus den Reihen des Adels, und die bürgerliche Oberschicht als Ganzes suchte sich in Lebensstil und Ethos der Aristokratie anzunähern.

Die Forschung ist sich heute einig darüber, daß der Kreis der Reichsstädte eine erhebliche Vielfalt der Erscheinungsformen aufwies und jede Bürgerschaft ihr eigenes Gesicht zeigte. Die Reichsstadt war von ihren Anfängen her die vom König bevogtete Stadt. Man sollte nicht daran zweifeln, daß das Herrenrecht des Reichsoberhauptes auch im Spätmittelalter theoretisch unbegrenzt Bestand hatte. Auf der königlichen Vogtei beruhte »ein unmittelbares Treueverhältnis zwischen König und Reichsstadt, das durch die städtische Huldigung und das Treuegelöbnis zum Ausdruck kam und den König zum Schutz der Stadt und ihrer Bürger verpflichtete«[4]. Bei alldem konnten sich die Beziehungen zwischen dem Reichsoberhaupt und der einzelnen Gemeinde aber durchaus unterschiedlich gestalten, eng oder weniger eng sein, gegenseitiges Vertrauen oder Mißtrauen widerspiegeln. Die Stadt Augsburg löste sich nicht von der Reichsvogtei und stand hinsichtlich der Blutgerichtsbarkeit in einer gewissen Abhängigkeit[5]. Die Bürger legten großen Wert auf ihre Reichsbindung. Trotzdem machte sich jedoch im Verhältnis zu Kaiser und Reich mitunter eine kühle Distanziertheit geltend. Die schwäbischen Reichsstädte insgesamt erreichten nicht den Grad an Königsnähe, der die Politik Nürnbergs oft auszeichnete[6]. Doch wußte Augsburg seine besonderen Interessen wahrzunehmen, und die Stadt knüpfte beharrlich Kontakte zum Königtum, wenn sie sich Vorteile davon erwartete.

Für die politisch-militärische Situation Augsburgs war von großer Bedeutung, daß die Stadt – obwohl eine *hauptstat in Swaben*[7] – durch mächtige Nachbarn, nämlich das wittelsbachische Bayern, das Hochstift Augsburg und auch die Markgrafschaft Burgau, in ihrer Entfaltungsmöglichkeit eingeschränkt wurde. Der Augsburger Bischof nahm zwar seinen Aufenthalt mit Vorliebe in Dillingen, betrachtete aber die Bürger bis in das 15. Jahrhundert als *cives nostri.* Dieser Sprachgebrauch änderte nichts an der reichsunmittelbaren Stellung der Stadt. Wohl aber boten die gegeneinander gerichteten Rechtsansprüche von Bischof und Domkapitel einerseits, der Stadt andererseits, immer wieder Anlaß zu Streitigkeiten. Der Versuch der Bürgerschaft, namentlich in der südlich von Augsburg gelegenen Straßvogtei grundherrliche Rechte zu erwerben und zu Lasten des Hochstifts einen Landfriedensverband aufzubauen, aus dem ein städtisches Territorium entstehen konnte[8], verschärfte die Spannungen. Manche bürgerlichen Familien griffen noch weiter in das umliegende Gebiet aus, kauften Herrensitze und näherten sich dem Landadel an – jener Schicht, aus der sich die Augsburger im Kriegsfall mit Vorliebe ihre Hauptleute holten.

Die Institutionen der Stadt im Zeitalter der Zunftverfassung – bis 1548 – setzten die älteren administrativen Einrichtungen fort. Das Jahr 1368 hatte einen gewissen Ausgleich im gesellschaftlichen Gefüge gebracht. Fortan wurde jeweils einer der beiden Bürgermeister von den Zünften, der andere von den Patriziern gestellt. Der Kleine Rat, dem in erster Linie die Leitung der Politik zufiel, setzte sich aus 29 Zünftlern – darunter 18 Zunftmeister – und 15 Patriziern zusammen, insgesamt also aus 44 Mitgliedern. Im Großen Rat, dem nur geringe Bedeutung zukam, saßen bis zu 260 Personen, von denen die meisten den Handwerkerkreisen entstammten. Ein Alter Rat ist erst zu Anfang des 15. Jahrhunderts bezeugt. Der Anteil der Geschlechter am Stadtregiment war größer, als diese Zahlen erkennen lassen, weil manche patrizischen Familien in eine Zunft eintraten und über diese sodann Ratsherren oder auch den Zunftbürgermeister stellten. So darf man von einer »maßvollen Einführung des ständischen Prinzips in die Augsburger Verfassung« sprechen[9]. Die Gruppe der Kaufleute – ob nun dem Patriziat angehörend oder in den Handelszünften beheimatet – übte entscheidenden Einfluß aus. Die Einheitlichkeit der Interessen in dieser Schicht bewirkte ein hohes Maß an Stabilität, wenngleich das politisch-geistige Klima Augsburgs nicht nur durch die im Spätmittelalter heranwachsende Konservativität[10] der Stadt geprägt wurde. Von den städtischen Beamten seien die (jeweils vier)

Baumeister genannt, denen neben der Aufsicht über das Bauwesen die Finanzverwaltung oblag, und die Steuermeister, welche die direkten Steuern einhoben. Der Stadtschreiber war als Vorstand der Kanzlei für das Schriftwesen verantwortlich, wirkte aber auch als Rechtsberater und übernahm diplomatische Missionen. Intensive juristische Kenntnisse waren für dieses Amt unerläßlich.

Die Bürgerschaft baute ihren Anteil am Gerichtswesen weiter aus. Zwar blieb der Vogt als Vertreter des Königs die oberste Rechtsinstanz in Straf- und Zivilsachen. Doch begegnen neben Adligen im Lauf des 14. Jahrhunderts mehrfach auch Angehörige von Augsburger Patrizierfamilien als Stadtvögte. Der Rat nahm Einfluß auf die Besetzung der Vogtei. Der Burggraf blieb bischöflicher Beamter, mußte aber eine Beschneidung seiner alten Rechte im Bereich der Gewerbepolizei hinnehmen. Die Entscheidungsgewalt im Vogt- und Burggrafengericht ging immer mehr auf die aus dem Bürgertum stammenden Beisitzer über. Im 15. Jahrhundert erließ der Rat mehrfach Gerichtsordnungen, ohne Vogt und Burggraf überhaupt zu erwähnen[11]. Mit dem Eingreifen des Reichsoberhauptes mußte allerdings auch in dieser Zeit noch gerechnet werden – besonders dann, wenn eine Appellation erfolgte.

Landfriedensprobleme, Schwäbischer Städtebund, Krieg zwischen Städten und Fürsten: 1368–1410

Augsburg bedurfte in geringerem Maße als andere schwäbische Bürgerschaften des Rückhalts an einem großen Bündnis. Eine Verpfändung durch den König war kaum zu befürchten. Die Geldmittel der Stadt reichten aus, um in Notfällen die Hilfe des Reiches zu sichern. Doch durfte der Rat den Kontakt zu den anderen Mächten im süddeutschen Raum nicht vernachlässigen. Absprachen und Koalitionen gehörten zum politischen System des Spätmittelalters. Augsburg knüpfte vielfältige Verbindungen zu den Städten und Fürsten im schwäbisch-bayerisch-fränkischen Raum, zeigte jedoch gegenüber den im Südwesten starken Tendenzen zur Bildung einer weitgespannten städtischen Einung spürbare Zurückhaltung. Unter »Einung« ist hier »die Vereinigung mehrerer an sich gleichberechtigter politischer Machtein-

heiten zu einem bestimmten Zweck«[12] zu verstehen. Solche Bündnisse benötigten zum Funktionieren eine feste Organisation und eine oberste, mit weitreichenden Befugnissen ausgestattete Leitungsgewalt. Die hiermit verbundene Majorisierung des einzelnen Mitglieds wollte das mächtige Augsburg nicht als Normalfall akzeptieren. Gegen Ende der Regierung Kaiser Karls IV. zeichnete sich aber eine Verschärfung der politischen Situation ab, die bei den Reichsstädten erhebliche Unruhe auslöste und Konsequenzen erforderlich machte.

Der Luxemburger benötigte 1373 riesige Summen, um die Mark Brandenburg für sein Haus zu erwerben. Von den schwäbischen Städten wurde erwartet, daß sie sich an der Aufbringung der Gelder beteiligten. Aus Augsburg hören wir, daß der Kaiser 45 000 Goldgulden verlangte, dann aber gnädig auf 37 000 Goldgulden herunterging[13]. Im Gegenzug war Karl IV. wenigstens bereit, die Augsburger Zunftverfassung – mit Verspätung – anzuerkennen. Aber von einem guten Verhältnis der Stadt zu ihrem Herrn konnte keine Rede sein. Die Augsburger *Chronik von 1368 bis 1406* nennt den Kaiser zu 1374 mit außergewöhnlicher Schärfe einen *durchächter der cristenhait*[14]. Die Schwaben mußten weitere ungerechte Beschatzung und die Verpfändung kleinerer Städte an die Fürsten befürchten. Tatsächlich überließ Karl IV. 1376, als die Königswahl seines Sohnes Wenzel große Aufwendungen erforderte, die Stadt Donauwörth als Pfand den bayerischen Herzögen. In dieser Situation taten sich 14 schwäbische Städte zu gemeinsamem Handeln zusammen. Unter der Führung Ulms entstand ein Schwäbischer Städtebund auf zunächst vier Jahre. Augsburg verfolgte diesen Vorgang mit Aufmerksamkeit, hielt sich aber anfangs abseits.

Die Bildung städtischer Bünde war in der Goldenen Bulle Karls IV. aus dem Jahre 1356 ausdrücklich verboten worden. Ständische Einungen liefen dem Bestreben des Königtums zuwider, regionale Landfriedensbündnisse aufzurichten, in denen sowohl Fürsten wie auch andere Herren und Städte zur Wahrung von Recht und Ordnung zusammenwirken sollten. Gerade die schwäbischen Bürgerschaften hatten indes mit diesen Friedensorganisationen[15] schlechte Erfahrungen gemacht, weil die Interessen der Mitglieder weit auseinandergingen. Hierfür nur ein Bei-

spiel: 1370 hatte Karl IV. in Schwaben einen Landfrieden auf fünf Jahre errichtet, an dem neben weltlichen und geistlichen Herren 31 Städte beteiligt wurden, darunter auch Augsburg. Die Verpflichtungen
der Mitglieder wurden genau festgelegt, ein Graf von
Helfenstein als kaiserlicher Hauptmann über den
Bund gesetzt. Er sollte Klagen wegen Friedbruches
entgegennehmen und überall nach dem Rechten sehen. Wenn möglich, wollte man die Friedebrecher
auf frischer Tat stellen. Eine solche Landfriedensab-
sprache berührte indes vielerlei Empfindlichkeiten
im Adel. Die schwäbischen Ritter fühlten sich in ihrem alten Recht der Fehdeführung verletzt. Sie
schlossen 1372 einen Abwehrbund, die Gesellschaft
von der Krone. Kurz darauf nahmen einige Herren
den Grafen von Helfenstein gefangen. Die Städter
waren überzeugt, dahinter stecke der Graf Eberhard II. (der Greiner) von Württemberg, den sie als
ihren Erbfeind betrachteten. Sie zogen zu Felde.
Doch bevor die Augsburger sich mit dem Kontingent
der anderen Städte, das nördlich von Ulm stand, ver-
einigen konnten, waren die Württemberger heran.
Das Bürgerheer erlitt bei Altheim eine schwere Niederlage. Der gefangene Landfriedenshauptmann aber
wurde in seinem Kerker umgebracht. Die Tat blieb
ungesühnt. Karl IV. beschränkte sich darauf, einen
äußerlichen Vergleich zwischen Württemberg und
den Städten herbeizuführen, der zu Lasten der Bürgerschaften ging. Der vom Kaiser unternommene
Landfriedensversuch hatte also nicht den Frieden sicherer gemacht, sondern war in einen Krieg von beachtlichen Ausmaßen gemündet.

Die Bürgerschaften zogen aus solchen Vorgängen die
Konsequenz, es sei besser, den Friedensschutz selbst
in die Hand zu nehmen und Übergriffe des Adels
gemeinsam abzuwehren. Hinter dem Städtebund von
1376 stand zwar zunächst die Zielsetzung, *daz wir
unbescheczit, unverseczit, unverkauft, unheingegebin
und by unsern gewonlichin sturre an dem riche blibin
mogen*[16]. Aber im März 1379 dachte man in Ulm viel
weiter, nämlich an einen großen Krieg gegen die Fürsten. In einem Schreiben der Stadt Ulm wird gesagt,
wenn die Städte unterlägen, *daz wär ain sach daz wir
und unser nachkomen eweklich verderben müsten.
doch so gehöret nitz darzu denne keker mut und daz wir
uns manlich weren und uns klain gut nicht ze lieb lassen*

*sin. wellen wir denn ainander alz bigestendig sin als wir
noh bisher gewesen sien, so sullen wir dem almehtigen
got wol getrwen, daz wir alle unser sach also erobern
daz wir mechtiger werden denn wir ye wurden [. . .]*[17].
Im Sommer desselben Jahres trat Augsburg dem
Städtebund bei[18]. Die Stadt verschrieb sich damit aber
nicht bedingungslos einer reichsstädtischen Machtpo-
litik.

Augsburg hatte zusammen mit Nürnberg und den
bayerischen Herzögen zwischen dem Schwäbischen
Bund und dem Kaiser, der die Vereinigung nicht anerkannte und sogar mit Heeresmacht gegen Ulm vorging, zu vermitteln gesucht. Diese politische Linie
wurde auch weiterhin eingehalten, soweit die Umstände es zuließen. Das Verhältnis der Augsburger zu
Bayern war teils freundschaftlich, teils durch Spannungen oder gar – so 1372 – durch kriegerische Ver-
wicklungen getrübt. Die Stadt hielt es für angebracht,
ihre Befestigungsanlagen zu verstärken, und bediente
sich hierzu auch der modernen Waffe der Steinbüch-
sen. Die Beziehungen zu dem Augsburger Bischof,
Burkhard von Ellerbach (1373–1404), gestalteten
sich wenig erfreulich. Dieser zählte als Herr des Hochstifts zum Kreis der Reichsfürsten und »stand sozusagen von Natur gegen die Reichsstädte«[19]. Er beklagte
sich 1377 bei Karl IV., der Augsburger Rat greife in
die verbrieften Rechte des Klerus ein. Der Kaiser
gebot daraufhin der Stadt bei seiner und des Reiches
schwerer Ungnade, die Rechte der Geistlichkeit zu
achten und geschehenes Unrecht gutzumachen. Die
Bürger unterwarfen sich wohl diesem Spruch, das
Verhältnis zu Bischof und Domkapitel blieb aber belastet.

Der Entschluß, Mitglied des Städtebundes zu werden,
hing mit der unsteten Reichspolitik des Königs Wenzel (1378–1400) zusammen. Dieser anerkannte 1379
zunächst den Herzog Friedrich von Bayern im Besitz
der einträglichen Landvogteien Ober- und Nieder-
schwaben, verpfändete diese aber kurz darauf zusammen mit der Vogtei über Augsburg dem Herzog Leopold III. von Österreich[20]. Damit war ein Streit zwischen den Häusern Wittelsbach und Habsburg in die
Wege geleitet. Die bayerischen Herzöge suchten Bundesgenossen und trafen mit den schwäbischen Städten
eine Absprache zu gegenseitiger Hilfe gegen jedermann, der einen der Partner angreife oder schädige.

Die erste Frucht dieser Vereinbarung war, daß Augsburg dem Schwäbischen Bund beitrat. Die Gefahr eines bayerischen Angriffes bestand nun nicht mehr. Aber hatte nur der Druck des großen Nachbarn die Stadt so lange zögern lassen? Es ist zu bedenken, daß auch die Handelsstädte Nürnberg und Regensburg sich vorerst fernhielten. Gerade diejenigen Bürgerschaften, die es gewohnt waren, ihrer eigenen Kraft zu vertrauen, warteten ab. Erst die besondere Situation des Sommers 1379 ließ für Augsburg den Anschluß ratsam erscheinen. Der herausragenden Bedeutung der Lechstadt wurde unter anderem dadurch Rechnung getragen, daß sie jeweils zwei Delegierte zu den Bundestagen entsandte, während den meisten Bürgerschaften nur ein Vertreter zustand. Augsburg wurde auch als Tagungsort gewählt und hatte das Recht, wichtige Geschäfte der Vereinigung mitzubesiegeln.

Der Schwäbische Städtebund wuchs in den frühen achtziger Jahren, als die Spannungen im Reich sich weiter verstärkten, auf etwa 40 Mitglieder an. Auch Nürnberg und Regensburg traten nun bei. 1381/82 kam es zu einer kriegerischen Auseinandersetzung zwischen den Städten und verschiedenen Rittervereinigungen. Augsburg geriet in heftige Konflikte mit Bischof Burkhard, der als Mitglied der »Gesellschaft der Löwenritter« die Stadt befehdete. Die Bürger ihrerseits fügten den Geistlichen innerhalb der Stadtmauern schweren Schaden zu, zwangen sie ins Bürgerrecht und forderten ihnen Steuern ab. Herzog Leopold von Österreich vermittelte schließlich einen Waffenstillstand; der Schwäbische Bund fällte einen Schiedsspruch im Streit zwischen den Augsburgern und ihrem Klerus.

Die Schwabenstädte versuchten sich mehr und mehr in der großen Politik. Sie schlossen Allianzen mit einem am Rhein entstandenen Städtebund, mit den Schweizer Eidgenossen, dem Bischof von Eichstätt und sogar dem Erzbischof von Salzburg, von dem sie wußten, daß er in scharfem Gegensatz zu den bayerischen Herzögen stand. König Wenzel näherte sich mitunter den Städten und bot ihnen Zusammenarbeit an, ohne jedoch ihre Vereinigung reichsrechtlich wirklich anzuerkennen. Die Wittelsbacher fühlten sich durch die aggressive Politik des Städtebundes zunehmend bedroht. Im November 1387 ließ sich

Herzog Friedrich zu einer beispiellosen Gewalttat hinreißen. Er lud den Erzbischof Pilgrim von Salzburg zu Verhandlungen nach Raitenhaslach (bei Burghausen) und nahm ihn dort gefangen, um ihn zur Preisgabe seines Bündnisses mit den Bürgerschaften zu zwingen. Gleichzeitig wurde das gesamte in Bayern befindliche Gut der Bundesstädte beschlagnahmt. Der Augsburger Handel mußte schwere Einbußen hinnehmen. Im Dezember 1387 richtete der Schwäbische Bund eine Kriegserklärung an Bayern[21]. Augsburg wurde als Ausgangspunkt einer Militäraktion gewählt, deren Ziel es war, die Stadt Regensburg vor einem bayerischen Angriff zu schützen. Die schon genannte Chronik berichtet anschaulich: *Darnach in dem 88. jar an sant Angnesen aubend und darnach vier gantz tag do chomen des richs stett gen Auspurg von Schwaben, von Franken, von Regenspurg, von Nürenberg, von Elsauß, von dem Podemse und gemainclich von dem Rinstrangen mit dem allergrösten folk rittend und gaund, all gewauppend, und der was als vil daz man vor nie gehört hett, daz in Auspurg nie als vil folks komen wer*[22]. Die Städter vollführten eine Machtdemonstration und verwüsteten das Land des Gegners, ohne diesen militärisch zu schwächen. Im April 1388 kam es zu Friedensverhandlungen in Heidelberg unter dem Vorsitz des Pfalzgrafen Ruprecht I. Dabei zeigte sich, daß die Bürgerschaften keineswegs eine einheitliche Politik verfolgten. Während Ulm, Rottweil und Nördlingen mit der Fortsetzung des Krieges drohten, wenn nicht alle ihre Forderungen erfüllt würden, strebten die Boten von Nürnberg, Augsburg, Regensburg und auch die Vertreter der rheinischen Städte einen Kompromiß an. Augsburg zählte also nicht zur »Kriegspartei« innerhalb des Bundes. Diese aber setzte sich durch.

Die radikalen Kräfte im Städtelager ließen den Heidelberger Tag scheitern. Die Kämpfe brachen von neuem aus. Burkhard von Ellerbach sandte den Augsburgern einen Absagebrief und nahm ihnen mehrere Wagenladungen mit Kaufmannsgütern weg, die von Italien her in das zum Hochstift gehörende Füssen gelangt waren. Für die Stadtchronik ist der Bischof *ain rehter böswicht*; [...] *er ward mainaid, triwlos und erlos*[23], denn er hatte vorher zugesagt, die Waren unbehelligt zu lassen. Die Bürger zerstörten im Gegenzug die bischöfliche Münze am Perlach und verschiedene Gebäude der Bischofspfalz. Augsburg wurde in einen verlustreichen Kleinkrieg mit Bayern und dem Hochstift verwickelt. Dies bedeutete, daß man feindliche Befestigungen brach, Städte und Dörfer verwüstete, das Vieh wegführte und vielleicht sogar auf den Feldern des Gegners ein wucherndes Unkraut aussäte. Die Wittelsbacher konnten jetzt auf die Hilfe von Fürsten und Herren aus dem ganzen süddeutschen Raum zählen. Eine Fürstenpartei trat also den schwäbischen und rheinischen Städten entgegen. Augsburg erfüllte getreulich seine Bündnispflicht und war dabei, als ein großes Heer aufgeboten wurde, um den Grafen von Württemberg anzugreifen. Ein augsburgisches Söldnerkontingent vereinigte sich mit den Truppen der anderen Städte. Das Kriegsglück war aber den Bürgerschaften nicht hold. Als es im August 1388 bei Döffingen (nahe Stuttgart) zur Schlacht kam, blieb das von Eberhard von Württemberg und anderen Herren aufgestellte Heer siegreich. Die Städte hatten schwere Verluste zu beklagen. Die beiden Anführer der Augsburger, Heinrich von Apsperg und der Patrizier Johann Langenmantel vom Sparren, gerieten nach tapferer Gegenwehr in Gefangenschaft. Der Krieg war mit dieser Niederlage noch nicht zu Ende. Augsburg hatte noch manches Scharmützel mit den Bayern zu bestehen. Aber an einen Sieg der Städtepartei war nicht mehr zu denken. Im Frühjahr 1389 befahl schließlich König Wenzel auf einem Reichstag zu Eger den Bürgerschaften die Auflösung ihrer Bündnisse und verkündete einen umfassenden Landfrieden, in den aber die Städte erst aufgenommen werden sollten, wenn sie einen Ausgleich mit ihren Gegnern erreicht hatten. Diesem Begehren gemäß trat Augsburg in Verhandlungen sowohl mit den bayerischen Herzögen wie mit Bischof Burkhard ein. Um zum Abschluß zu kommen, mußte die Stadt den Bayern 10 000 Goldgulden zugestehen. Dem Bischof wurden 7000 Goldgulden zugesagt und die Wahrung seiner alten Rechte in der Stadt. Auf zehn Jahre sollte kein Kleriker mehr ins Bürgerrecht aufgenommen werden[24].

Im November 1389 war das Friedenswerk vollendet. Es fiel den Augsburgern schwer, die von ihnen verlangten großen Beträge aufzubringen, und man wird nicht bezweifeln, daß die Stadt in ihrem politischen Aufstieg den ersten empfindlichen Rückschlag erlitten hatte[25]. Die Niederlage wurde aber, wie die Augsburger Chroniken erkennen lassen, nicht als epochaler Sieg der Fürsten über die Städte aufgefaßt. Die Politik der Lechstadt war eben nicht starr auf ständische Einung festgelegt, sondern durchaus flexibel und bereit, auch Bündnisse mit einzelnen Fürsten einzugehen. So wurde 1391 eine gegenseitige Einung mit Bischof Burkhard geschlossen, der später auch die bayerischen Herzöge Stephan und Johann beitraten[26]. Streitigkeiten sollten künftig auf friedlichem Weg beigelegt werden. Vielleicht erkannte man in Augsburg, daß die Bildung umfassender Städtebünde lediglich auf der Gegenseite Einungen der Fürsten und Herren hervorrief, wodurch ein Machtpotential zusammenkam, dem man nicht gewachsen war[27]. Als der Schwäbische Städtebund schon 1390 auf Betreiben von Ulm wieder auflebte, schloß sich Augsburg nicht an. König Wenzel begnadigte 1392 die Stadt wegen aller Vorgänge im Fürstenkrieg und bestätigte ihre alten Privilegien und Freiheiten[28]. Die Bürger kamen aber nicht zur Ruhe. Jahrelang führte Augsburg Fehde gegen einen seiner Patrizier, Hartmann Onsorg, dem das Raubrittertum vorgeworfen wurde[29]. Erst 1396 ging diese Auseinandersetzung mit der Einnahme und Zerstörung der Onsorgschen Feste Wellenburg zu Ende, wobei augsburgische und bayerische Werkleute zusammenarbeiteten. Auch die Wittelsbacher lagen mit Onsorg in Streit. Neue Schwierigkeiten ergaben sich, als der Rat auf die Steuerwünsche des Königs nicht einging, der daraufhin die Reichsacht verhängte. Diese wurde erst 1401 – nach der Absetzung Wenzels – von König Ruprecht von der Pfalz aufgehoben[30]. Im selben Jahr wurde Augsburg zum Schauplatz reichspolitischer Ereignisse, als König Ruprecht von hier aus seinen Italienzug antrat, der freilich mit einem Mißerfolg endete.

Trotz der unruhigen Zeitläufte konnte die Bürgerschaft ihre Rechtsposition weiter verbessern. Zu 1399 ist bezeugt, daß die Stadt bei der Einsetzung des Vogtes ein Mitspracherecht besaß und dieser – es war Rudolf von Mörningen – sein Amt antrat unter der Bedingung, *daz ich die egenanten von Augspurg reich und arme pei allen iren rehten frihaiten und guten gewonhaiten trüwlichen beliben lazzen sol und in darinne dehain invälle noch tzugriff tun noch schaffet getaun werden getriuwlichen und aun alle gevärde*[31]. Verschiedene von Karl IV. getroffene Maßnahmen wirkten nach. Er hatte die Stadtsteuer an die Herzöge von Teck verpfändet, und dabei blieb es offenbar bis zum Jahre 1440[32]. Mehrere Privilegien Karls IV. kamen den Interessen der Bürger entgegen. So beurkundete er 1356, die Augsburger sollten bei ihren Handelsgeschäften in Prag dieselben Rechte und Freiheiten haben wie die – hoch in seiner Gunst stehenden – Nürnberger[33]. Und 1359 erlaubte der Kaiser dem Rat und den Bürgern zu Augsburg, daß sie *in unser und des reichs dienste und von des reichs wegen, ez sei mit dem lantfride der in zeiten ist oder sust friede und gnade zu machen wie daz geschiht*, die Bauern aus der Umgebung der Stadt zu bestimmten Leistungen heranziehen durften. Fürsten und Herren wurde untersagt, hiergegen etwas zu unternehmen. Damit war der Stadt eine Möglichkeit gegeben, auf dem Weg über die Landfriedenswahrung an der Schaffung eines Territoriums zu arbeiten[34].

Bischofsstreit, Avancen des Königtums: 1410–1437

Augsburg hatte wie die anderen Städte unter den Auswirkungen des Papstschismas zu leiden, das zu Anfang des 15. Jahrhunderts auch die deutsche Kirche zu spalten drohte. Und zusätzlich sah sich die Stadt von 1413 bis 1423 in einen heftigen Streit um den Augsburger Bischofsstuhl verwickelt[35]. Das Domkapitel wählte den Domkustos Anselm von Nenningen zum Bischof. Der 1410 auf den Königsthron erhobene Sigmund von Luxemburg favorisierte aber den Benediktinerabt Friedrich von Grafeneck. Es mag offenbleiben, ob sich die Bürgerschaft von Anfang an aus eigenem Antrieb gegen den »Nenninger« wandte, mit dem sie schlechte Erfahrungen gemacht hatte, oder ob zunächst die Haltung des Königs für die Stadt bestimmend war. Im Verlauf der Auseinandersetzung blieb jedenfalls Augsburg trotzig bei der Ablehnung des Elekten, obwohl der Erzbischof von Mainz, die Herzöge von Bayern, der Graf von Württemberg und Herzog Friedrich von Österreich auf dessen Seite traten. Der König befahl der Stadt Ulm und ihren Verbündeten, den Augsburgern zu Hilfe zu kommen, wenn diese angegriffen würden. Als Papst Johannes XXIII. überraschend

Anselm von Nenningen das Bistum zuerkannte, appellierte der Grafenecker an das eben – 1414 – in Konstanz zusammengetretene Konzil. Auch der Augsburger Rat schickte eine Delegation in die Bodenseestadt. In der Folge kam es zu einer offenen Fehde zwischen dem Nenninger und der Bürgerschaft. Papst Martin V., der 1417 in Konstanz gewählt wurde, entschied sich für Bischof Anselm. Dieser ging nun mit Kirchenstrafen gegen die Augsburger vor. Die meisten Kleriker in der Stadt versahen ihren Dienst nicht mehr; die bayerischen Herzöge verhängten eine Handelssperre. Die Bürger beharrten nicht auf dem Grafenecker, wollten aber Anselm um keinen Preis anerkennen. Nun zeigte sich, daß in Rom mit Geld vieles zu erreichen war. Der Hinweis, die Stadt werde sich eine Regelung in ihrem Sinne schon etwas kosten lassen, führte zu neuerlicher Untersuchung des Falles, diesmal durch einen päpstlichen Legaten. 1419 gebot Martin V., die Augsburger nicht weiter mit Strafen zu belegen, und lud beide Streitparteien nach Rom vor. Zweifellos spielte hierbei auch der Umstand eine Rolle, daß Papst und König angesichts der von Böhmen ausgehenden Hussitengefahr große Geldmittel benötigten. Die Bürger nutzten ihre Chance und errangen schließlich einen teuer erkauften Erfolg. Eine anonyme Chronik sagt zu 1423: *da satzt der bapst den Nenninger ab von dem bistum und nam im die kirch [...] also half got am lesten den von Augspurg des Nenningers ab*[36]. Gott war auf der Seite der aufsteigenden Wirtschaftsmacht. Den Bischofsstuhl bestieg der Würzburger Domherr Peter von Schaumberg (1424 bis 1469). Damit setzte eine friedlichere Phase im Verhältnis von Stadt und Hochstift ein.

König Sigmund hielt sich mehrfach in Augsburg auf. Der Luxemburger gab sich leutselig und nahm an Tanzveranstaltungen der Patrizier teil. Die Chronisten haben ihm ein gutes Andenken bewahrt[37]. Nicht nur während des Bischofsstreites, sondern auch in späteren Jahren stand die Stadt in engem Kontakt zu Sigmund. Der König – seit 1433 Kaiser – erteilte den Augsburgern wichtige Privilegien, die ihre Selbstbestimmung untermauerten und die Position gegenüber Bayern stärkten. So wurde den Bürgern unter anderem erlaubt, gegen Sperren des Lechs und Behinderungen des Warentransportes auf dem Fluß vorzugehen[38]. Sigmund anerkannte auch, daß sie den Land- und Stadtvogt selber vorschlagen durften[39]. Damit ist der Stadtvogt de facto zum Beauftragten der Bürgerschaft geworden. Der König nahm die Finanzkraft der Stadt für seine Politik in Anspruch, und als es darum ging, den Hussiten mit Heeresmacht entgegenzutreten, rückten auch die Augsburger für Reich und Kirche ins Feld. Sie zogen sich jedoch viel Kritik zu, weil ihr Kontingent 1431 bei der »Flucht von Taus« (im Böhmerwald), die den fünften Hussitenzug zum Scheitern brachte, sehr frühzeitig von dem »aufbruch« wußte und mit ihm begann. Die Augsburger kamen auf diese Weise ungeschoren davon und brachten ihr Kriegsgerät nach Hause. Der Chronist Burkard Zink kommentiert: *Und ist ze wißen, daß der merer tail aller wegen der herrn und stett die muesten dahinden pleiben, und die wagenknecht und die fueßknecht [. . .] die wurden all verloren. der von Augspurg zeug aller, wagen, büchsen, gezelt [. . .] das kam alles wol her wider haim, gott sei gedankt[40]*. Zink lobt die Umsicht der Augsburger Anführer. Der Viztum von Amberg sah die Sache allerdings anders. Er verlangte Schadenersatz, weil die Augsburger bei ihrer Flucht seine Wagen mit Gewalt aus dem Weg geschlagen hätten und ihm hierdurch schwere Verluste entstanden seien.

Obwohl der Rat auf Zusammenarbeit mit König Sigmund setzte, hieß er nicht alle politischen Pläne und Aktionen des Luxemburgers gut. Dieser wollte sich den Fürsten gegenüber auf die Reichsstädte und die Reichsritterschaft stützen und förderte den Schwäbischen Städtebund, der von Ulm am Leben erhalten wurde, aber das meiste von seinem alten Glanz verloren hatte. Augsburg gehörte dem Bund nur wenige Jahre, von 1417 bis 1421, an. Die Stadt leistete Hilfe, wenn einer Bürgerschaft die Verpfändung oder Mediatisierung drohte. Augsburg nahm zum Beispiel an städtischen Sonderbünden teil, um Weinsberg vor Ansprüchen des Reichserbkämmerers Konrad von Weinsberg und Donauwörth vor den Ambitionen der bayerischen Herzöge zu schützen[41]. Augsburg war aber nicht bereit, auf die wiederholt vorgebrachten Avancen des Königs einzugehen, der im Rahmen seiner Landfriedenspolitik die Bürger- und Ritterschaften des schwäbischen Raumes zu bündischem Zusammenschluß aufforderte. Während die Rittergesellschaft vom St. Jörgenschild sich für die Konzeption des Königs erwärmte, blieben die Städte – und namentlich die kleineren unter ihnen – überaus mißtrauisch. Augsburg verfolgte eine hinhaltende Taktik. Als Sigmund 1430 *ußrichtig antwurt* verlangte, erklärte die Stadt, sie sei mit der Materie noch zu wenig vertraut – obwohl die Verhandlungen schon fünf Jahre lang liefen[42]! Es mag sein, daß später »Ulm und Augsburg auf der Seite Nürnbergs und Sigmunds« standen, »also die Großen«, welche »die lokalen Gegensätze über dem größeren Ziel vergessen konnten«[43]. Trotzdem scheiterten die Gespräche mit den Rittern 1434 wegen des Widerstrebens der Städte endgültig, und dieses Ergebnis kam jener Tendenz der Augsburger Politik entgegen, die seit jeher auf einen selbständigen Kurs bedacht war.

Man hat gemeint, die Städte seien ihres beschränkten Gesichtskreises wegen nicht in der Lage gewesen, die weitgespannten Pläne des Königs zu würdigen. Deshalb sei ein zukunftweisendes Reichsreformprojekt nicht zum Zuge gekommen. Aber hatte Sigmund überhaupt eine realistische Lösung anzubieten? Ein echtes Gemeininteresse von Bürgern und Rittern war kaum vorhanden. Der König kam nur vorübergehend ins Reich. Die Macht der Fürsten aber stellte eine Konstante dar. So verwundert es nicht, daß Augsburg sich vorsichtig zurückhielt.

Im Verhältnis zum Hochstift ergaben sich bald wieder Spannungen, weil das städtische Territorialstreben im Bereich der Straßvogtei mit der bischöflichen Administration zusammenstieß. Kaiser Sigmund trug keine Bedenken, in dieser Frage beide Seiten durch Ausstellung der von ihnen gewünschten Privilegien zu unterstützen[44]. Im Hinblick auf Bayern bot die Stadt ihre guten Dienste an, wenn die oft untereinander zerstrittenen wittelsbachischen Linien in München, Landshut und Ingolstadt einen Vermittler benötigten. Der Friede im bayerischen Land war für die handeltreibenden Augsburger ein hohes Gut. Als der Münchener Herzog Ernst 1435 die Augsburgerin Agnes Bernauer hinrichten ließ, die an der Seite seines Sohnes in Straubing wie eine Herzogin Hof gehalten hatte, belastete dies kaum die politischen Beziehungen. Weder die Kirche noch der Kaiser hatte etwas gegen die aus dynastischen Erwägungen geschehene Mordtat einzuwenden.

Selbstbehauptung im politischen Kräftespiel:
1438–1493

Nach dem Tode Sigmunds von Luxemburg ging die Krone an das Haus Habsburg über. König Albrecht II. (1438–1439) zeigte sich städtefreundlich und forderte die Bürgerschaften auf, ihre Reformwünsche darzulegen[45]. Friedrich III. (1440–1493) dagegen agierte als ein Fürst unter Fürsten und ließ zeitweise die Reichspolitik in der habsburgischen Hausmachtpolitik aufgehen. Dabei legte aber gerade dieser Herrscher großen Wert darauf, die alten Kaiserrechte zu wahren oder wiederherzustellen. Augsburg mußte sich auf die neue Situation einstellen. Albrecht II. genehmigte wohl – zumindest mündlich – die Austreibung der Juden aus der Stadt (1439/40). Sein Nachfolger aber wollte die Verfügungsgewalt des Königs über die Juden demonstrieren und zog Augsburg zur Rechenschaft. Weil eine Erlaubnis Albrechts II. nicht nachgewiesen werden konnte, mußte die Stadt 1456 dem Kaiser eine hohe Strafsumme entrichten. Gleichzeitig wurde eine Urkunde erworben, derzufolge künftig Juden aufgenommen und auch wieder ausgetrieben werden durften[46]. Die Stadt erlangte noch weitere kaiserliche Privilegien, die teils die von Sigmund gewährten Vergünstigungen erneuerten, teils aber auch zusätzliche Rechte beinhalteten. Nur einige Beispiele: 1468 bestätigte Friedrich III. ausdrücklich, der von ihm im Vorjahr verkündete Reichslandfriede hindere Augsburg nicht daran, gegen schädliche Leute vorzugehen und sie abzuurteilen[47]. 1482 erhielt Augsburg die Freiheit, seine Reichssteuer solle jeweils direkt an die kaiserliche Kammer entrichtet werden[48]. Jegliche Verpfändung der Steuer wurde also ausgeschlossen, die Stadt vor der Einwirkung von Pfandnehmern geschützt, ihre Bindung an das Reich verstärkt. 1485 folgte das Privileg, auch bei schweren Verbrechen sei die Augsburger Gerichtsbarkeit allein zuständig und keine Appellation an das Hofgericht zulässig[49]. Von einem besonders engen Verhältnis der Stadt zu Friedrich III. kann man nicht sprechen. Unter seinen »Hofbeamten« sind Augsburger kaum nachweisbar. Der Kaiser tat zwar zu Anfang seiner Regierung einiges für die Reichsreform und berücksichtigte dabei die Wünsche der Bürger[50], doch spätestens in den fünfziger Jahren

erlahmte diese Aktivität. So konnte es geschehen, daß die Städte mehr und mehr in die Auseinandersetzungen zwischen den Fürsten hineingezogen wurden.

Welches Ansehen einzelne Augsburger weit über Schwaben hinaus besaßen, zeigt sich etwa darin, daß 1446 der Altbürgermeister Peter Egen (von Argon) mit der Vermittlung in einem Streit zwischen den Eidgenossen und der Stadt Zürich betraut wurde[51]. Als Friedrich III. gegen die Schweizer militärisch vorging und die Reichsstädte aufforderte, ihm Zuzug zu leisten, trat Augsburg von neuem dem Schwäbischen Städtebund bei. Gemeinsam mit Ulm und dessen Trabanten hoffte man wohl, das Ansinnen zurückweisen zu können. Der Augsburger Rat konnte sich aber, wie es scheint, für die von Ulm immer wieder geforderte »durchgehende Einung« aller Reichsstädte nicht recht erwärmen. Es ist fraglich, ob Augsburg in seiner Haltung zum Städtebund eine konsequente Linie verfolgte. Mitunter zeigte sich der Rat am Zustandekommen eines größeren Bundes interessiert. Der Beitritt aber erfolgte erst in einer Ausnahmesituation, die noch dadurch verschärft wurde, daß sich um die Mitte der vierziger Jahre der Druck der Fürsten auf die Städte verstärkte.

Die Ereignisse nahmen einen ähnlichen Lauf wie einst in der Zeit des Königs Wenzel. Als der Schwäbische Städtebund 1445 auf mehr als 30 Mitglieder angewachsen war, trat ihm ein Fürstenbund unter Führung des Ansbacher Markgrafen Albrecht Achilles aus dem Hause Hohenzollern entgegen[52]. Der »Zweite Städtekrieg« 1449/50, der aus einem Streit zwischen Albrecht Achilles und der Stadt Nürnberg erwuchs und sich zu einer Auseinandersetzung zwischen zahlreichen Fürsten und Städten – darunter Augsburg – ausweitete, verlief zuungunsten des Bürgertums. Die Folge war, daß der Schwäbische Bund auseinanderfiel. An seine Stelle traten regionale Friedens- und Hilfsabsprachen, an denen sowohl Städte wie Fürsten beteiligt waren. Die vorhandenen Spannungen wurden dadurch aber nicht beseitigt. In den Jahren 1461–1463 sah sich Augsburg in einen »Reichskrieg« des Ansbacher Markgrafen gegen Herzog Ludwig den Reichen von Bayern-Landshut hineingezogen. Der Wittelsbacher hatte die Reichsstadt Donauwörth besetzt. Der Kaiser verhängte die

Acht über ihn und betraute den Hohenzollern als »Reichshauptmann« mit der Ausführung des Spruches. Unter dem Druck Friedrichs III. beteiligten sich die Augsburger widerwillig an dem Reichskrieg, den der Markgraf für seine territorialen Ziele zu nützen gedachte. Die Stadt mußte hierfür einen hohen Preis entrichten, denn die Bayern verwüsteten den auswärtigen Besitz der Augsburger. Zwei Versuche, die Stadt selbst anzugreifen, schlugen fehl. Immerhin konnten es die Bürger als Erfolg betrachten, daß 1463 Donauwörth wieder ans Reich kam. In den folgenden Jahren finden wir Augsburg zusammen mit anderen Städten in einem großen, von Bayern-Landshut initiierten Landfriedensbund, der dem Kaiser die Friedensgewalt in Schwaben entreißen sollte. Bald aber wurde das gesamte politische Kräftespiel überschattet durch die vom Südosten heraufziehende Türkengefahr, welche die Reichsreform zu einem drängenden Thema werden ließ.

Wie in der großen Fürstenpolitik, so fehlte es auch im engeren Umkreis der Stadt nicht an Gegensätzen. Der Sieg über Anshelm von Nenningen hatte das Selbstbewußtsein der Bürgerschaft beträchtlich gehoben. In der Folge versuchte der Rat, die Rechte und Besitzungen von Bischof, Domkapitel und sonstigen Klerikern in der Stadt durch Kauf zu erwerben[53]. Bischof Peter von Schaumberg ging zum Gegenangriff über und suchte diejenigen Bauern der Straßvogtei, die durch das Landfriedensverhältnis an die Stadt gebunden waren, hieraus zu lösen und einem Schutzverband unter seiner Leitung anzugliedern. Die Streitigkeiten über alle diese Fragen zogen sich jahrelang hin. Doch gab es auch enge Zusammenarbeit zwischen der Stadt und ihrem Bischof, der sich 1447 dem Schwäbischen Städtebund anschloß und 1450, bei Antritt einer Romreise, das Hochstift dem Schutz des Augsburger Rates empfahl. Am päpstlichen Hof führte Peter von Schaumberg allerdings Klage wegen verschiedener Übergriffe der Bürger in die Rechte des Hochstifts und leitete damit eine mehrjährige Auseinandersetzung ein. 1451 übersandte er der Stadt eine umfangreiche Anklageschrift in 45 Artikeln[54]. Der Bischof stützte sich dabei auf das längst obsolet gewordene Stadtrecht von 1156, welches die einstige geistliche Stadtherrschaft widerspiegelte. Peter von Schaumberg stellte offen-

bar möglichst hohe Forderungen, um im Fall eines Kompromisses Spielraum für Konzessionen zu haben. Er betonte, das Amt des Vogtes rühre vom Hochstift her, und die Gewalt in der Stadt stehe dem Bischof zu. Daran schlossen sich zahlreiche einzelne Beschwerden. Der Rat erwiderte in einer Verteidigungsschrift, die Vogtei sei seit langem beim Reich und jetzt in den Händen der Bürgerschaft. Der Bischof habe in der Stadt keine Befehlsgewalt. Eine kriegerische Stimmung erfaßte die Augsburger: *sie wolten all ee sterben und verlieren leib und guet und mit im kriegen und ain stain uff dem andern nit beheben, und wolten mit im auch nit rechten umb das ir, umb ir freihait, die sie hetten von künigen (und) kaisern herpracht* [. . .][55]. Es kam aber nicht bis zum Äußersten. Der Bischof strebte ein Verfahren vor einem geistlichen Gericht an. Das Augsburger Geld indes bewirkte, daß der Kaiser die Angelegenheit als Reichssache an sich zog. Schließlich setzte er ein Schiedsgericht ein, welches 1456 eine für beide Seiten akzeptable Lösung fand. Der Bischof erreichte, daß einige Übergriffe der Bürgerschaft unterbunden und die noch verbliebenen Rechte des Hochstifts in Augsburg gesichert wurden. Die Stadt wahrte ihre in den letzten zwei Jahrhunderten herangewachsene Rechtsposition und Freiheit. Von einer Rückkehr zu den Verhältnissen des Jahres 1156 konnte keine Rede sein. Die Beziehungen zu Peter von Schaumberg waren fortan so gut, daß der Bischof sich 1468 bereit erklärte, in einem Streit zwischen Augsburg und Herzog Ludwig dem Reichen die schwierige Rolle des Vermittlers zu übernehmen.

Um eben diese Zeit zeichnete sich in der Stadt eine Auseinandersetzung ab, die erkennen läßt, welch große Spannungen zwischen den Handwerkerzünften einerseits, den Patriziern und Handelszünften auf der anderen Seite bestanden. Der aus kleinen Verhältnissen kommende Zunftbürgermeister Ulrich Schwarz erstrebte eine Ratsveränderung zugunsten der niederen Zünfte. Schwarz machte sich unzweifelhaft um Augsburg verdient, indem er in Verhandlungen mit Friedrich III. eine erträgliche Besteuerung der Stadt erreichte – die Leistung wurde 1473 auf jährlich 400 Goldgulden festgelegt – und das Verhältnis zu den bayerischen Herzögen verbesserte. Aber er zog sich durch seine Reformpolitik die Feindschaft des Patriziats und der höheren Zünfte zu und verärgerte zudem manche seiner Anhänger, die von ihm einen radikaleren Kurs gegen die Besitzenden erwarteten. 1476 wurde die Ratsveränderung durchgeführt, die offenbar darin bestand, daß an die Stelle des sogenannten »Geheimen Rates«, eines Dreizehnerausschusses zur Behandlung bedeutsamer Fragen, ein Kollegium der Zunftmeister trat. Die Geschlechter wurden also aus einem wichtigen Organ ausgeschlossen. Die niederen Zünfte sollten den höheren dadurch gleichberechtigt an die Seite gestellt werden, daß alle Zünfte gleichermaßen zwei Mitglieder in den Kleinen Rat entsandten. Als der Altbürgermeister Hans Vittel aus der Kramerzunft 1477 in städtischen Angelegenheiten an den Kaiserhof nach Wien ging, äußerte er dort seinen Unmut über Ulrich Schwarz. Es mögen heftige Worte gefallen sein. Nach der Rückkehr wurde Vittel vor Gericht gestellt, weil er gegen die Interessen der Stadt gehandelt habe, *von stoltzer wort wegen*[56] zum Tode verurteilt und hingerichtet. Sein Bruder Leonhard erlitt das gleiche Schicksal wegen Schmähung der städtischen Amtsträger. Angesichts dieser außerordentlichen Verschärfung der Auseinandersetzung griff Friedrich III. ein. Das Erscheinen des Reichslandvogtes Heinrich von Pappenheim in Augsburg stärkte die Opposition gegen den Zunftbürgermeister. Auf Weisung Pappenheims drang im April 1478 der Stadtvogt in eine Ratssitzung ein und nahm Ulrich Schwarz fest. Zahlreiche Anklagen wurden gegen den Mann erhoben, der *so gewaltig* gewesen war wie kein anderer zuvor[57]. Schon nach wenigen Tagen fällte man das Todesurteil gegen ihn. Ulrich Schwarz endete am Galgen. Die von ihm eingeführten verfassungsmäßigen Neuerungen wurden zurückgenommen. Die Urteile der Literatur über Schwarz schwanken zwischen dem Vorwurf, er habe das aristokratische Element in Staat und Gesellschaft vernichten wollen[58], und der Annahme, hinter seinem Kampf um die Gleichberechtigung der geringeren Zünfte sei eine Art antikapitalistische Sehnsucht in der Morgenfrühe des Kapitalismus gestanden[59]. Viele Fragen lassen sich nicht klären, weil die Akten über alle diese Vorgänge nicht auf uns gekommen sind. Man muß annehmen, daß sie planmäßig vernichtet wurden. Soweit die Gefahr einer Zunftdiktatur bestanden hatte, war sie mit dem Sturz des Ulrich Schwarz gebannt. Der Verfassungsstreit hat sich in der Folgezeit nicht wiederholt.

Von den späten sechziger Jahren an gab es wieder so etwas wie eine Reichspolitik des Kaiserhofes. 1473 und 1474 hielt der Kaiser Reichstage in Augsburg ab. Wohl bei dem zweiten Aufenthalt geschah es, daß er, weil er die angefallenen Kosten nicht bezahlen konnte, von seinen Gläubigern an der Abreise gehindert wurde. Eine Kölner Gesandtschaft löste den Kaiser aus. Bei den Verhandlungen dieser Jahre auf Reichs- und Städteebene trat das Problem der Türkenhilfe immer mehr in den Vordergrund. Die Städte wurden allerdings zu den Reichstagen nur unregelmäßig und in beschränkter Zahl geladen. Vielfach blieben ihre Boten über die wahren Absichten des Kaisers und der Fürsten im unklaren. So nimmt es nicht wunder, daß die städtischen Delegationen auf »Hintersichbringen« der Probleme eingestellt waren. Dies gilt auch für Augsburg und seine Klientel-Gemeinden wie Donauwörth oder Kaufbeuren, die sich gewöhnlich durch die Lechstadt mitvertreten ließen. Wenn es um Reichshilfe für den Türkenkrieg oder ähnliche Forderungen ging, zogen die Städte sich gerne auf opportunistische Selbstbescheidung zurück und warteten ab, ob die Fürsten als die edlen Glieder des Reiches vorangehen würden. 1473 hat Augsburg auf einem Städtetag jede Reichshilfe abgelehnt. Bei anderer Gelegenheit trat die Stadt dafür ein, die Höhe von Abgaben an den Kaiser solle nur auf dem Wege der Selbstveranschlagung festgelegt werden, wie dies altes Recht sei[60]. Die Wünsche von Kaiser und Reich ganz unberücksichtigt zu lassen, war unmöglich. 1475 wurde eine Zuschlagsteuer zur Unterstützung Friedrichs III. erhoben, und 1481 waren die Augsburger bereit, zusammen mit den anderen Städten ein Drittel des vom Reichstag verhängten Türkenanschlags zu leisten.

Der weitere politische Aufstieg Augsburgs in der zweiten Hälfte des 15. Jahrhunderts hing mit den unmittelbaren Kontakten der heimischen Wirtschaftskräfte zu Kaiser und Papst, weltlichen und geistlichen Fürstengewalten zusammen. Schon seit 1456 gab es Silber- und Kupferverträge mit Herzog Sigmund von Tirol. 1473 bahnten sich engere Beziehungen zum Hause Habsburg an, als der tief verschuldete Kaiser erstmals ein Darlehen von den Fuggern entgegennahm und ihnen ein Wappen verlieh. Der Erzherzog (und spätere Kaiser) Maximilian erhielt in Augsburg sowohl Geld wie eine patrizische Eskorte für seine Brautfahrt nach Burgund. Papst Pius II. meinte – auf einen Besuch in Augsburg zurückblickend –, die Stadt werde kaum von einer anderen übertroffen, ob man nun an das schmucke Äußere denke, an den Reichtum von Bürgerschaft und Klerus oder an die Verfassung des Gemeinwesens. Die Tatsache, daß das adlige Domkapitel 1474 durch Statut die Aufnahme von Augsburger Bürgern und deren Söhnen ausschloß, belegt im Grunde, welche Furcht vor Unterwanderung der Aufstieg der Stadt bei den Domherren hervorgerufen hatte. Die Bürgerschaft konnte in einem mit großem Einsatz geführten Rechtsstreit die Rücknahme des Statuts nicht erreichen[61]. Auch sonst fehlte es nicht an Rückschlägen. Der Aufbau eines bedeutenden städtischen Territoriums blieb ein Wunschtraum. Aber im Reich erfreute sich das »goldene Augsburg« beim Eintritt in die Neuzeit eines Ansehens, das die Bürgerschaft gleichrangig neben das Fürstentum stellte. Friedrich Heer hat sogar formuliert, Augsburg sei mit den Habsburgern in deren Weltmachtstellung eingetreten[62].

Die Zielsetzungen und Methoden des Augsburger Rates und seiner Diplomaten werden in den Quellen nicht immer so deutlich faßbar, wie man es sich wünschte. Wir fragen trotzdem, worin das Besondere der augsburgischen Politik besteht. Die Forscher des 19. Jahrhunderts neigten zu der Annahme, im ausgehenden Mittelalter habe sich, als die Verbindung zwischen den Reichsgliedern immer lockerer wurde, hauptsächlich bei den Reichsstädten »das Bewußtsein von der Einheit des Reiches und seiner Zusammengehörigkeit unter einem Oberhaupt« erhalten[63]. Die Handlungsweise der Augsburger läßt sich aber schwerlich auf ein solch übergreifendes Prinzip zurückführen. Die Stadt folgte ihrem Lebensgesetz, welches forderte, alles Erdenkliche für das Gedeihen der Wirtschaft und den Unterhalt der Bürger zu tun, und sie wollte ihre »äußeren Angelegenheiten« möglichst selbständig gestalten. Die Reichsbindung war hierbei eine unverzichtbare Rechtsgrundlage. Aber Augsburg identifizierte sich nicht im selben Maß mit der Königspolitik, wie dies Nürnberg zumindest im Zeitalter der Luxemburger tat. Die *civitas Augusta*

ging ihren eigenen Weg, vermied allzu starre Festlegungen in Einungen und Allianzen, suchte aus dem vielschichtigen politischen Kräftespiel für sich das Beste zu machen. Ein Weg, der den Freiheitsraum der Bürger sicherte und ihnen die Teilnahme an der Fülle des Lebens im Renaissance-Zeitalter eröffnete.

1 Johannes Haller: Die Epochen der deutschen Geschichte. Neudruck, Stuttgart 1931, bes. S. 123; Heinrich Koller: Die Aufgaben der Städte in der Reformatio Friderici (1442). In: HJb 100 (1980), S. 198 f.

2 Vgl. etwa Adolf Laufs: Reichsstädte und Reichsreform. In: ZRG GA 84 (1967), bes. S. 185; Harro Blezinger: Der Schwäbische Städtebund in den Jahren 1438–1445, Stuttgart 1954, passim.

3 Otto Brunner: Stadt und Bürgertum in der europäischen Geschichte. In: Neue Wege der Sozialgeschichte, Göttingen 1956, bes. S. 93.

4 Eberhard Isenmann: Reichsstadt und Reich an der Wende vom späten Mittelalter zur frühen Neuzeit. In: Mittel und Wege früher Verfassungspolitik, hrsg. v. Josef Engel, Stuttgart 1979, S. 19.

5 Dies betont Peter Michael Lipburger: Beiträge zur Geschichte der Epoche Kaiser Friedrichs III. und der Reichsstadt Augsburg..., Diss. phil. Salzburg 1980. Auch an dieser Stelle sei Herrn Kollegen Heinrich Koller (Salzburg) herzlich gedankt für die Überlassung der noch ungedruckten Arbeit seines Schülers Lipburger. Gelegentlich wird Augsburg in der Literatur zu den (dem Reich weniger verpflichteten) »Freistädten« gerechnet; die Bürger selbst zählten ihr Gemeinwesen aber zu *des riches stett*. Götz Landwehr: Die Verpfändung der deutschen Reichsstädte im Mittelalter, Köln 1967, S. 134, nennt Augsburg eine »Reichsvogteistadt«. Nach Abfassung des Beitrags erschien die Arbeit von Paul-Joachim Heinig: Reichsstädte, Freie Städte und Königtum 1389–1450, Wiesbaden 1983.

6 Hermann Heimpel: Nürnberg und das Reich des Mittelalters. In: ZBLG 16 (1951/52), S. 231 ff. Vgl. zum Problem der Königsnähe auch Peter Moraw: Reichsstadt, Reich und Königtum im späten Mittelalter. In: Zeitschrift für hist. Forschung 6 (1979); Ernst Schubert: König und Reich, Göttingen 1979.

7 MG Const 8, Nr. 287.

8 Kießling, S. 204 ff. Vgl. auch ders., Augusta e le altre città della Svevia orientale nel tardo Medioevo... In: La città in Italia e Germania nel Medioevo, hrsg. v. R. Elze und G. Fasoli, 1981, S. 175–223.

9 So Josef Koch: Beiträge zur Geschichte Augsburgs von 1368 bis 1389, Diss. phil. Tübingen 1935, S. 21; Friedrich Blendinger: Die Zunfterhebung von 1368 in der Reichsstadt Augsburg. In: Stadtverfassung, Verfassungsstaat, Pressepolitik. Festschrift für Eberhard Naujoks, hrsg. von Franz Quarthal und Wilfried Setzler, Sigmaringen 1980, S. 71–90 betont den Gesichtspunkt »einer Demokratisierung, der Anteilnahme einer breiteren Masse«. Zur Rolle der Zünfte vgl. nunmehr Jo-

Abb. 34   Hl. Kreuz. Ostensorium für das »Wunderbarliche Gut«, von Konrad von Lindau, um 1205

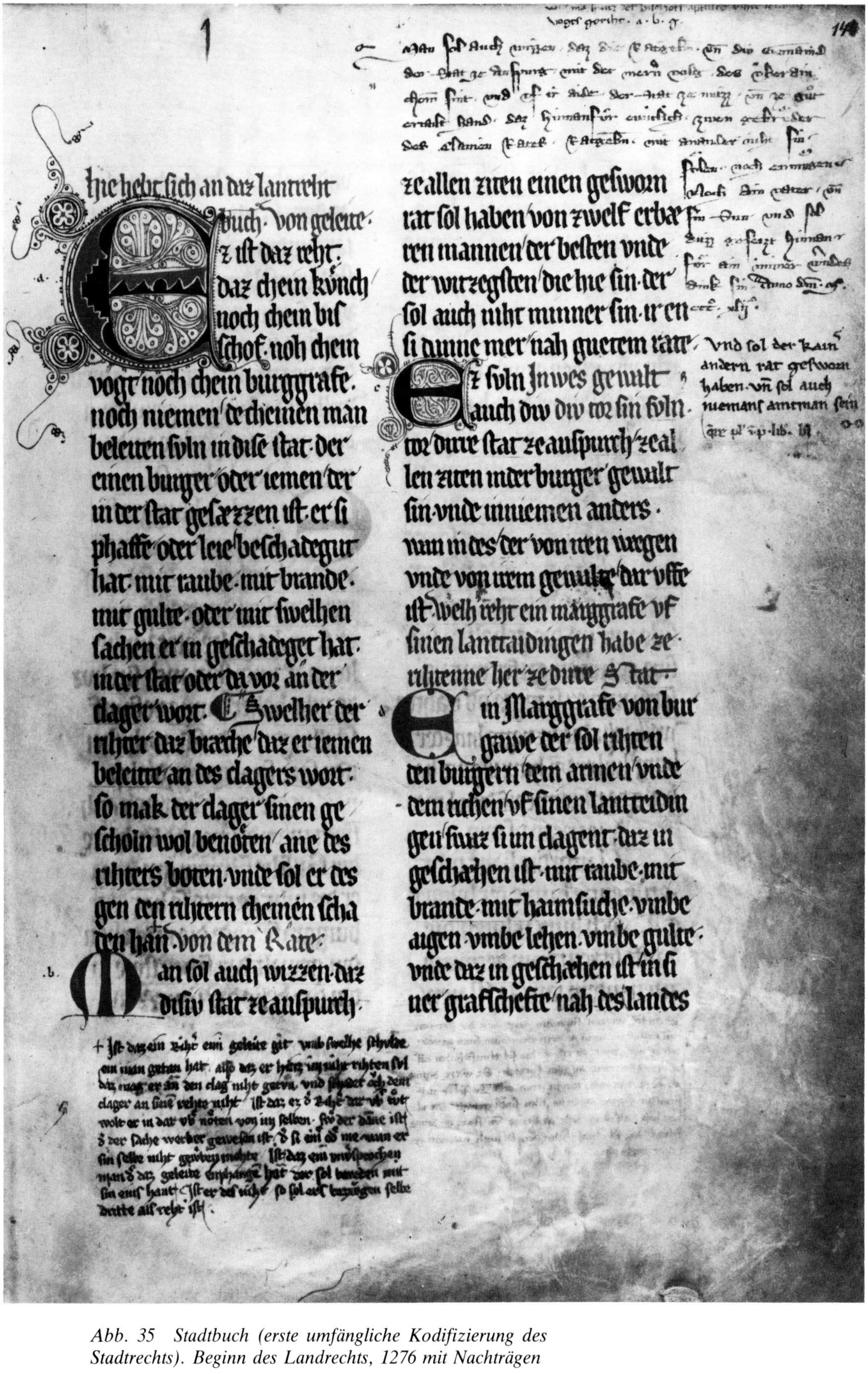

1

Abb. 35 Stadtbuch (erste umfängliche Kodifizierung des Stadtrechts). Beginn des Landrechts, 1276 mit Nachträgen

Abb. 36   Anonyme Chronik aus St. Ulrich und Afra. Zunft-erhebung von 1368, Federzeichnung aus dem späten 15. Jh.

Abb. 37–39 Älteste Augsburger Siegel als sichtbarer Ausdruck der Rechtspersönlichkeit. 37 (links): Judengemeinde, Urkunde vom 23. August 1298 (der Adler symbolisiert den Rechtsschutz durch den König); 38 und 39: Stadtgemeinde, Siegel vor 1260, Siegel nach 1260. (Der Stern über dem offenen Stadttor mit zwei Zinnentürmen verweist auf das Marienpatronat des Bistums und damit auf die Stadtherrschaft des Bischofs.)

hannes Wilhelm: Augsburger Wandmalerei 1368–1530, Augsburg 1983.

10 Über diese handelt Friedrich Heer. In: Augusta, bes. S. 111 f.

11 Vgl. Kießling, S. 59. Einen Überblick bietet Eugen Liedl: Gerichtsverfassung und Zivilprozeß der Freien Reichsstadt Augsburg, Augsburg 1958, S. 2 ff.

12 Ernst Bock: Monarchie, Einung und Territorium im späteren Mittelalter. In: Historische Vierteljahresschrift 24 (1929), S. 557–572.

13 Vgl. Wilhelm Vischer: Geschichte des schwäbischen Städtebundes der Jahre 1376–1389. In: Forschungen zur Deutschen Geschichte 2 (1862), S. 21.

14 Anonymus II, S. 42; *durchächter* = Verfolger.

15 Eine Gesamtdarstellung bietet Heinz Angermeier: Königtum und Landfriede im deutschen Spätmittelalter, München 1966.

16 Frankfurts Reichscorrespondenz, hrsg. v. J. Janssen, Bd. 1, 1863, S. 1.

17 Brief an Nördlingen. In: RTA Bd. 1, 1868, S. 251 f.

18 Hierzu und zum folgenden s. Karl Schnith: Reichsgewalt – Schwäbischer Städtebund – Augsburg. In: ZHVS 74 (1980), S. 104–119.

19 Zoepfl, Bischöfe 1, S. 332; ebd. S. 332–341 über die weitere Entwicklung des Verhältnisses zwischen Bischof und Stadt.

20 Über die Inhaber der Augsburger Vogtei und sonstige adlige Schirmer der Stadt s. Hans-Georg Hofacker: Die schwäbischen Reichslandvogteien im späten Mittelalter, Stuttgart 1980, S. 269, 276–282.

21 Zu Vorgeschichte, Ausbruch und Verlauf der Kämpfe s. Theodor Lindner: Geschichte des deutschen Reiches unter König Wenzel. Bd. 2, Braunschweig 1880, S. 1–57.

22 Anonymus II, S. 81.

23 Anonymus II, S. 84.

24 Einzelheiten bei Koch, Augsburg, S. 115; Zoepfl, Bischöfe 1, S. 337 f.

25 Vgl. die Wertung bei Zorn, Augsburg, S. 137.

26 Sigmund Riezler: Geschichte Baierns. Bd. 3. Gotha 1889, S. 177 f.; Zoepfl, Bischöfe 1, S. 338.

27 Dies betont Ingomar Bog: Betrachtungen zur korporativen Politik der Reichsstädte. In: Ulm und Oberschwaben 34 (1955), S. 87–101.

28 AUB Bd. 2, 1878, Nr. DCCLXXVIII.

29 Vgl. Karl Schindelwick: Die Politik der Reichsstädte des früheren Schwäbischen Städtebundes seit dem Egerer Landfrieden bis zur Anerkennung König Ruprechts. Diss. phil. Breslau 1888, S. 37. Die Stadt handelte in diesem Fall gegen ein Urteil des Landfriedensgerichts, welches Onsorg erlaubt hatte, sich am Gut der Augsburger schadlos zu halten.

30 Schindelwick, Reichsstädte, S. 50, 58, 72.

31 AUB Bd. 2, Nr. DCCCXI.

32 Lipburger, Friedrich III., S. 66.

33 AUB Bd. 2, Nr. DXIII.

34 AUB Bd. 2, Nr. DXXII. Dazu Kießling, S. 204 ff.; vgl. auch ders., Bürgerlicher Besitz auf dem Land . . . In: ABLGSchw I, S. 121–140, zu Augsburg bes. S. 121 f., 131.

35 Hierüber ausführlich Zoepfl, Bischöfe 1, S. 361 ff.

36 DStChr 22, S. 475.

37 Vgl. etwa Zink, S. 78: *und on zweifl der hochgeporn fürst und her der römisch künig, unser allergnedigister her ist dieser erwirdigen stat günstig und hold.*

38 RI XI, Nr. 3640, vom 8. 10. 1418. Zu weiteren Vergünstigungen s. Kießling, S. 66.

39 StAA US, 14. 3. 1426. Zur Bedeutung dieser Ämter s. Kießling, S. 55.

40 Zink, S. 96.

41 Blezinger, Städtebund, S. 7, 28.

42 Vgl. Hermann Mau: Die Rittergesellschaften mit St. Jörgenschild in Schwaben, Stuttgart 1941, S. 99 f.

43 Heimpel, Nürnberg, S. 252.

44 Über die Bemühungen der Stadt am Kaiserhof s. Anton Uhl: Peter von Schaumberg. Diss. phil. München 1940, S. 150–154.

45 Günther Hödl: Albrecht II., Wien 1978, S. 56.

46 Lipburger, S. 97–99, hält die Genehmigung Albrechts II. für unwahrscheinlich. Mehrere Augsburger Chronisten beteuern aber, die Zustimmung des Königs sei eingeholt worden oder die Tat sogar diesem *ze gefallen* geschehen; vgl. etwa Chronik von der Gründung bis 1469, DStChr 4, S. 326; Zink, S. 163; Mülich, S. 79, 121. – Urkunde Friedrichs III.: BayHStA, RU Augsburg, Nr. 335.

47 BayHStA, RU Augsburg, Nr. 38 b. Zu den Privilegierungen insgesamt vgl. Lipburger, S. 106–125.

48 BayHStA, RU Augsburg, Nr. 430.

49 BayHStA, RU Augsburg, Nr. 443.

50 Koller, Städte, S. 210 ff.

51 Hierzu Ferdinand Frensdorff. In: DStChr 4, S. 395–420, auch über das spätere schwere Zerwürfnis Egens mit seiner Vaterstadt, das ihn zum Eintritt in die Rittergesellschaft vom St. Jörgenschild veranlaßte.

52 Blezinger, S. 118–121.

53 Zum Verhältnis von Stadt und Hochstift vgl. Uhl, Peter von Schaumberg, S. 137–180; Zoepfl, Bischöfe 1, S. 422 f.

54 Einzelheiten bei Uhl, S. 158–168.

55 Zink, S. 210.

56 Mülich, S. 257.

57 So Mülich, S. 260. Schwarz war mehrmals hintereinander zum Bürgermeister aus den Zünften gewählt worden.

58 Christian Meyer: Geschichte der Stadt Augsburg, Tübingen 1907, S. 51.

59 Ernst Deuerlein: Ulrich Schwarz. In: Lebensbilder Schw. 2, 1953, S. 94–121 (dort weitere Literatur).

60 Über die Höhe der Augsburg im Zeitraum von 1389 bis in das 16. Jahrhundert auferlegten Reichsanschläge s. Peter Eitel: Die oberschwäbischen Reichsstädte im Zeitalter der Zunftherrschaft, Stuttgart 1970, S. 10–16.

61 Einzelheiten über die Auseinandersetzung, die bis 1492 währte, bei Zoepfl, Bischöfe 1, S. 479, 507 f.; Kießling, S. 323–352. Die Augsburger Bischöfe Johannes von Werdenberg (1469 bis 1486) und Friedrich von Zollern (1486–1505) unterstützten das Domkapitel.

62 Heer, in: Augusta, S. 108.

63 Vgl. z. B. Vischer, Städtebund, S. 9.

Handel und Gewerbe bis zum Ende des 13. Jahrhunderts

von Peter Lengle

Das etwa 738 als *civitas* bezeichnete Augsburg war mit Sicherheit zu Beginn des 9. Jahrhunderts der Sitz eines Bischofs und seiner *familia*. Die damals vorherrschende Naturalwirtschaft basierte auf dem geschlossenen System der Grundherrschaft, in der fast alle Produkte des täglichen Lebens hergestellt wurden. Nach der Aussage der *Brevium Exempla*, einem Güterverzeichnis des Augsburger Bischofs aus dieser Zeit, wurden Tuche und Chorhemden von den abhängigen Bauern produziert[1]. Kunstgegenstände, die dort nicht fabriziert werden konnten, wurden wahrscheinlich von Wanderhandwerkern, die bei der vor kurzem ausgegrabenen Glashütte aus dem 8./9. Jahrhundert oder bei den späteren Kirchenbauten beschäftigt waren, gefertigt, oder sie kamen wie die Meßgewänder aus ulrikanischer Zeit als Geschenke nach Augsburg[2]. In den folgenden Jahrhunderten gewann die Stadt allmählich an Bedeutung, was sich an der Anzahl der Herrscheraufenthalte nachweisen läßt[3], deren Zahl aber insgesamt zu niedrig war, als daß von ihnen ein tatsächlicher wirtschaftlicher Impuls hätte ausgehen können. In die erste Hälfte des 10. Jahrhunderts fällt die Verleihung des Münzrechts, wie dies die Auswertung schwedischer Münzfunde aus der Zeit zwischen 950 und 1125 ergab. Neben den dort entdeckten 328 Münzen Augsburger Prägung sind noch vereinzelte Münzen im osteuropäischen Raum nachzuweisen[4]. Diese Funde sind allerdings kein schlüssiger Beweis für ein direktes geschäftliches Engagement von Augsburger Kaufleuten in Nord- und Osteuropa, da der Prägeort einer Münze nicht mit dem Herkunftsgebiet eines Händlers gleichzusetzen ist. Der Wert einer Münze bestand in ihrem Edelmetallgehalt, der von den Händlern – beispielsweise im Feuer – geprüft wurde. So könnten die Augsburger Denare, die bis 1061 den gleichen Feingehalt wie die Regensburger – die Leitwährung in

Osteuropa – aufwiesen, im Anschlußhandel über mehrere Stationen dorthin gelangt sein[5]. Fernhändler führten vielfach auch ungeprägtes Silber mit sich, das sie erst am Handelsort in die dortige Währung umtauschten. Das Stadtrecht von 1156 erlaubte den von Augsburg nach Köln ziehenden Kaufleuten den Erwerb von 10 Mark Silber bei der bischöflichen Münze[6].

Die Existenz eines Marktes im Augsburg des 10. Jahrhunderts ist durch eine 1030 von Kaiser Konrad II. ausgestellte Urkunde gesichert, in der den Störern des Donauwörther Wochen- bzw. Jahrmarkts die gleichen Sanktionen angedroht wurden wie in Augsburg und Regensburg. Möglicherweise ist einer der erst 1276 erwähnten Jahrmärkte der Stadt schon in dieser Zeit entstanden[7]. In einer Urkunde, die zwischen 1166 und 1180 datiert werden kann, tauchen unter den Zeugen neben Diepoldus *urbis prefectus* auch ein Pernoldus und ein Liudfridus als *mercatores*, also Kaufleute, auf. Diese in der Literatur nicht beachtete Urkunde legt den Schluß nahe, daß die Augsburger Kaufleute wohl der bischöflichen Ministerialität entwachsen waren, aber noch unter der Aufsicht des Bischofs standen[8]. Für eine Schwurgemeinschaft nach italienischem Vorbild gibt es allerdings keinen Beleg.

Im oben erwähnten Stadtrecht werden neben den Kaufleuten noch vier weitere Handwerke, die Metzger, die Bäcker, die Wurstmacher und die Wirte, aufgeführt. An den Bischof zu leistende Abgaben wie Gürtel, Hüte und Handschuhe deuten auf eine Leder- und Wollfilzproduktion hin. Die festgesetzten Qualitätsnormen im Lebensmittelgewerbe zeugen von dessen Bedeutung für das Leben einer Stadt. Eine Beteiligung von Laien an wichtigen Problemen ist 1156 in Augsburg, das noch eindeutig vom Bischof beherrscht wurde, erst in Ansätzen zu erkennen[9].

Handel und Gewerbe dienten bis zum Ende des 12. Jahrhunderts fast ausschließlich der Bedarfsdeckung des Augsburger Marktes. Ein Handel über weitere Distanzen ist in geringem Umfang anzunehmen, der aber für das wirtschaftliche Gefüge der Stadt wohl eine untergeordnete Rolle spielte.

Neben der Gründung von fünf neuen Pfarreien im 12. Jahrhundert ist das Entstehen der Jakobervorstadt ein weiteres Indiz für das Anwachsen der Bevölkerung in dieser Zeit, was auch für die Wirtschaft der Stadt nicht ohne Bedeutung bleiben konnte. Neben den Urkunden ist das Stadtrechtsbuch von 1276, in dem sich auch frühere Verhältnisse widerspiegeln, eine zentrale Quelle für die Gewerbegeschichte, also auch die Geschichte des Handwerks. In dieser Kodifikation wurden für das Lebensmittelgewerbe ausführlichere Qualitätsnormen als 1156 festgelegt. Die Bäcker, die ihre Waren auf den seit 1248 nachweisbaren Brottischen verkauften, stellten sechserlei Brotsorten her, die auf ihre Güte geprüft wurden und für die ein einheitlicher Preis galt. Das Verbot einer *einung*, eines Zusammenschlusses, für dieses Handwerk sollte Preiserhöhungen vorbeugen[10]. Die 1283 vom Rat erlassene Bäckerordnung, die nach der Besetzung des oberen Brothauses durch die Bäcker, die sich gegen auswärtige Konkurrenz zur Wehr setzten, erging, bezeugt nicht nur die Kompetenz des Rates in einer burggräflichen Angelegenheit, sondern belegt auch die tatsächliche Macht dieser Interessengruppe[11].

Den *fleishaeckeln*, den Metzgern, war es untersagt, finniges Fleisch ohne Wissen des Kunden zu verkaufen sowie das Gewicht der Ware durch Zusätze zu verändern. Geschlachtet wurde ausschließlich im Schlachthaus, der Verkauf fand auf den Fleischbänken statt[12]. Wildbret, Geflügel und Milchprodukte lieferten die *huenraer*; *obszer* sorgten für die Zufuhr von Obst[13]. Die Fischer mußten ihren frischen Fang auf dem seit 1260 belegbaren Fischmarkt verkaufen und durften weder Klöster noch Privathaushalte beliefern[14].

Das Bekleidungsgewerbe wies vor allem auf dem Sektor der Lederverarbeitung bereits eine gewisse Differenzierung auf. Die Ledrer gerbten Häute, die von den *rintschustern* zu grobem Schuhwerk und von den *wizmalern* zu feinerer, weißer Fußbekleidung

verarbeitet wurden[15]. Einfaches Wolltuch stellten die Lodrer her, hochwertigere Qualitäten wurden von den *gwandschneidern*, den Tuchhändlern, vertrieben. Daneben ist noch die Kürschnerei und die Handschuhherstellung nachweisbar[16]. Im Bereich der Metallverarbeitung werden die Goldschmiede, die an der Münze beteiligt waren, und die Messerschmiede erwähnt. Auf die Produktion von Metallgeschirr läßt eine Urkunde von 1296 schließen[17]. Transporte wurden von den Flößern durchgeführt, die auf dem Lech und der Wertach Holz sowie auf dem Lech von Füssen aus auch Handelswaren beförderten. In der Stadt waren acht Träger zu festgelegten Tarifen für Transportdienste zuständig[18].

Das Stadtrecht führt nicht alle tatsächlich vorhandenen Handwerke auf, so fehlt zum Beispiel das Baugewerbe, das nach den Zolltarifen existiert haben muß[19]. Die Herstellung von Leinwand in größerem Umfang ist für das 13. Jahrhundert anzunehmen, da eine Bleicherordnung und eine Zusammenstellung der Rechte der Weber aus dieser Zeit erhalten sind[20]. Inwieweit eine vorzünftische korporative Organisation bei den einzelnen Handwerken vorlag, ist nach der Quellenlage nicht eindeutig zu beantworten, die Bäcker und die Ledrer scheinen aber eine gewisse Machtposition innegehabt zu haben.

Der Wochenmarkt wurde jeweils am Freitag abgehalten; hinzu kamen noch zwei Jahrmärkte an Ostern und St. Michael (29. 9.), die sich über 14 Tage erstreckten und eine Lockerung der sonst strengen Marktzulassung mit sich brachten. Diese Beschränkungen bezogen sich nur in kleinerem Umfang auf Augsburger Bürger. So durfte kein Lodrer oder ein sonstiger Tuchproduzent die Tuche ellenweise, das heißt im Einzelverkauf, anbieten, außer zum Zeitpunkt des Ostermarktes. Das Verkaufsrecht für Tuche, insbesondere für die feineren Qualitäten aus Nordwesteuropa, hatten die *gwandschneider*, die Tuchhändler, inne[21]. Ohne Beschränkung, außer der Anmeldung beim Burggrafen, durften die Bürger Öl, Wein, Feigen, Aale, Störe sowie zu Lichtmeß Wachs verkaufen[22]. Da jeder Bürger Krämer, also Einzelhändler, werden konnte, richteten sich die Zulassungsbeschränkungen in erster Linie gegen die *gäste*, die Nichtbürger. So war es beispielsweise den Bäckern aus dem Umland nur am Vormittag gestattet, ihre Erzeugnisse von Karren herab zu verkaufen, fremde Weinhändler sollten ihren Wein nur auf der Straße ausschenken[23]. Ansonsten mußten fremde Händler ihre Waren en gros im sogenannten *samptkauf* den Augsburgern überlassen, die dann den lukrativen Einzelverkauf selbst übernahmen. Besonders streng waren die Vorschriften im Salzhandel, die vorsahen, daß weder ein Bürger – außer er war im Besitz eines eigenen Fuhrwerks – noch ein Fremder Salz durch die Stadt führen sollte. Hierfür wurde sogar der Freitagstermin des Marktes aufgehoben, da ein Bürger von Donnerstag bis Samstag, ein Auswärtiger jeden Tag Salz verkaufen konnte[24]. Zur Überwachung und Abwicklung des Einzelhandels waren zwölf gewählte Vertreter der Bürgerschaft, die *underkeuffel*, eingesetzt. Von ihnen waren vier für wollenes und seidenes Tuch, welsche Waren, Metalle, Öl, Wachs und Kleidung, sechs für Wein, Honig, Salz und Pferde sowie zwei für Garn- und Leinwandgeschäfte zuständig[25].

Um die Versorgung des Augsburger Marktes sicherzustellen, war es allen Händlern verboten, Fürkauf zu betreiben, das heißt in der Stadt Ware zu erwerben, um diese gegen Aufpreis wiederzuverkaufen. Das Fürkaufverbot galt vor allem für Lebensmittel, Salz und Viehfutter und erstreckte sich auf die Stadt und das Umland im Umkreis einer Meile[26].

Aus den Brückenzolltarifen der Jahre 1276 und 1282 erhält man einen Katalog von Waren, die nach Augsburg geliefert wurden, leider aber keine Angaben über die Menge der Handelsgüter. Neben Vieh, Lebensmitteln und Garnen wurden Rohstoffe wie Kupfer, Zinn, Blei, Eisen, Häute, Flachs und Wolle verzollt, die teilweise in der Stadt verarbeitet wurden. An Fertigwaren sind Polster, Kissen, Geschirr und Leinwand verzeichnet. Die an der Hochzoller-, Barfüßer- und Wertachbrücke erhobenen Abgaben waren Weg- und Brückenzölle, die die Bürger mit einer jährlichen Zahlung von einem halben Pfund Pfeffer für Vieh und ausländische Waren ablösen konnten. Die *gäste* hatten den Marktzoll, der sich auf 1,66 Prozent des Verkaufspreises belief oder nach Sondersätzen berechnet wurde, zu entrichten[27].

Der Augsburger Markt dürfte eine regionale Bedeutung über die Grenzen der Stadt hinaus besessen haben, da einerseits die Augsburger *Hucker*, Lebens-

mittelkleinhändler, im Umland Geschäfte trieben, andererseits auch Landkrämer städtische Handwerker aufsuchten, um sich mit Waren einzudecken[28].

Einzelne Handelsgüter wie Metalle, Gewürze, Öl, Fisch- und Obstsorten kamen aus dem Süden und Osten, doch ist eine Beteiligung von Augsburger Kaufleuten am Fernhandel nur für wenige Räume nachweisbar.

Die benachbarten bayerischen Herzöge waren für die Stadt offenbar ein wichtiger Handelspartner, wie aus erhaltenen Abrechnungen zwischen 1291 und 1294 hervorgeht. An den herzoglichen Hof wurden Wein, Medizin, Tuch, Gewürze und Wachs geliefert[29]. Einen größeren Raum nahmen Geldtransaktionen ein, die den Fürsten zur Finanzierung ihres Hofes dienten. So erhielten im Jahre 1291 die Augsburger Bürger Langenmantel, Lang, Ulm, Muenchnarius und die Juden der Stadt 287 Pfund Augsburger und 670 Pfund Münchner Währung als Schuldrückzahlung. Im Jahr 1293 wurden über 3000 Pfund in beiden Währungen zurückbezahlt, wovon den Langenmantel, K. Lang und H. de Ulma die gesamte Stadtsteuer von München in Höhe von 1200 Pfund übergeben wurde. Unklar bleibt, ob die Herzöge für diese Summen auch Waren erhalten haben; eher scheint eine Analogie zur bürgerlichen Finanzhilfe für den Augsburger Bischof Hartmann vorzuliegen, der den Bürgern Zoll- und Münzeinnahmen verpfänden mußte, um seinen Geldbedarf zu decken[30]. Geschäftliche Beziehungen nach Bayern boten sich an, da wichtige Straßen durch das Herzogtum führten und das lebenswichtige Salz, das in Friedberg gelagert wurde, aus Bayern kam. Davon zeugen mehrere Urkunden des 13. Jahrhunderts, in denen die bayerischen Herzöge den Augsburgern Schutz auf ihren Straßen und Zugang zur Salzniederlage in Friedberg zusicherten. Der 1314 von den Augsburger Juden Laemblin und Juedlin gewährte Kredit über 3600 Pfund Pfennig, für den die Herzöge über sechs Jahre die Münchner Stadtsteuer verpfändeten, wurde für die wittelsbachische Thronkandidatur verwendet. Die Rechte, die der siegreiche König Ludwig der Stadt Augsburg gewährte, sind die Folge langjähriger wirtschaftlicher Zusammenarbeit[31].

Für den im Stadtrecht von 1276 erwähnten Handel nach Venedig gibt es nach der bisherigen Quellenlage keine genaueren Aufschlüsse. Aus Venedig kamen Luxuswaren und vor allem Gewürze; der Umfang des Handels ist unbekannt[32]. Dagegen ergeben Notariatsregister von 1237, 1242 und 1295 aus Bozen und die Rechnungsbücher der Herzöge ein ungefähres Bild des Warenaustauschs mit Tirol. In Südtirol waren neben dem seit spätestens 982 begüterten Bischof mehrere Augsburger Klöster mit Besitz an Weinbergen ausgestattet; St. Ulrich und Afra verfügte über eine grundherrschaftliche Transportkette von seinem Amtshof in Bozen bis nach Augsburg[33]. Das bürgerliche Ausgreifen in diesen Raum lehnte sich also an bestehende kirchliche Wirtschaftsbeziehungen an. 1237 erhielt ein Marquard de Augusta eine Schuldverschreibung für an Bozener Schildermacher geliefertes Leder; im gleichen Jahr taucht er noch einmal als Händler auf. Hermann Rossarcetus aus Augsburg brachte ebenfalls 1237 Kramwaren, Gürtel und Leinwand nach Bozen[34].

Möglicherweise sind diese Handelswaren in Augsburg gefertigt worden, da die Lederverarbeitung nach dem Stadtrecht bereits differenziert war. Die Augsburger lieferten neben Tuchen unbekannter Qualität auch hochwertige Textilien, die im nordwesteuropäischen Tuchbezirk produziert wurden, an die Tiroler Fürsten[35]. Der Vertrieb dieser Tuche, seit 1242 belegt, weist darauf hin, daß Augsburger Kaufleute zum Erwerb dieser Ware die Champagner Messen, die üblicherweise von italienischen Kaufleuten auf dem Weg über die westlichen Alpen nach Flandern besucht wurden, oder zumindest den Kölner Markt aufgesucht haben müssen. Auf Handelsverbindungen nach Frankreich deuten das Stadtbuch und der Wertachbrückenzoll von 1282, jedoch dürften die dort getätigten Geschäfte und die Zahl der Augsburger Händler nicht bedeutend gewesen sein, da von diesen keine bisher bekannte französische Quelle berichtet[36]. Neben Kramwaren, Leder und Tuchen lieferten die Augsburger in geringem Umfang Pelze und Heringe nach Tirol[37]. Einzelne Goldgeschäfte der Augsburger Eisenmann, Polan und Minner dienten der Tiroler Kammer als Edelmetallreserve, da Gold nicht ausgemünzt wurde; die Händler verwendeten das Metall, um die Landeswährung, die Veroneser Pfennige, für ihre Geschäfte zu erhalten[38]. Ebenso wie den bayerischen Fürsten stellten

die Augsburger Kaufleute den Tiroler Herzögen Kredite zur Verfügung. So waren städtische Handelsherren mit Darlehen beim Aufkauf der Herren von Enns im Jahre 1295 und beim Erwerb von Rattenberg durch die Tiroler beteiligt. Die oben erwähnten Juden Laemblin und Juedlin steuerten 247 Mark zu dem hauptsächlich von H. Schongauer finanzierten Kredit von 1200 Mark Silber bei[39]. Die Rückfracht in diesem Handelsverkehr bestand fast ausschließlich aus Wein, den nun die Bürger neben den Klöstern nach Augsburg brachten[40]. Als Hauptbeteiligte am Tiroler Geschäft erwähnen die Quellen die Familien Lang, Langenmantel, Schongauer und Lauginger, die 1282 über Zolleinnahmen bei Sterzing verfügten, und nach 1300 die Minner und deren *socius* Rembot[41]. Der Umfang des Augsburger Handels erreichte aber nicht die Ausmaße der von Münchner und Regensburger Kaufleuten abgewickelten Geschäfte. Insgesamt betrachtet, entwickelten sich in Augsburg seit der Mitte des 12. Jahrhunderts verschiedene Gewerbe, die in der Hauptsache für den städtischen Markt arbeiteten. Ansätze einer exportorientierten Produktion waren möglicherweise bei dem lederverarbeitenden Handwerk und im Textilsektor vorhanden. Der Handel war nach der Aussage der Quellen in erster Linie auf Nahräume wie Bayern und Tirol ausgerichtet und entwickelte sich in Tirol in Anlehnung an vorhandene kirchliche Wirtschaftsbeziehungen. Diese Geschäfte und ein geringfügiger Fernhandel nach Süden und Westen waren in der Hand von wenigen Familien. Das oft bedauerte Fehlen von Quellenbelegen für die Augsburger Handelsbeziehungen kann nicht durch die Zerstörungen der Stadt erklärt werden; vielmehr war das Ausmaß des Handels noch zu gering, als daß es im Gegensatz zu Regensburg in anderen Quellenbeständen Erwähnung hätte finden können.

1 MG Capit I, S. 250–256. Als Dienstleistungen sind u. a. Brotbacken und Weinfuhren erwähnt.

2 Dazu Joachim Werner: Fernhandel und Naturalwirtschaft im östlichen Merowingerreich. In: BRGK 42 (1962), S. 307–346; Gerhard Pohl u. a.: Frühmittelalterliche Glaswerkstatt bei St. Ulrich und Afra zu Augsburg. In: BVBl 37 (1972), S. 60–72; Sigrid Müller-Christensen: Liturgische Gewänder mit dem

Namen des hl. Ulrich. In: Augusta, S. 53–60; Thorsten Droste: Die Bronzetür des Augsburger Domes. In: JVAB 15 (1980), S. 180–185.

3 Vgl. Georg Kreuzer: Die Hoftage der Könige in Augsburg im Früh- und Hochmittelalter. In: Augsburger Beiträge zur Landesgeschichte Bayerisch-Schwabens Bd. 1, Sigmaringen 1979, S. 862 107.

4 Gert Hatz: Handel und Verkehr zwischen dem Deutschen Reich und Schweden in der späten Wikingerzeit. Stockholm 1974, S. 42 f.; Dirk Steinhilber: Geld- und Münzgeschichte Augsburgs im Mittelalter. In: JbNG 5/6 (1954/55), S. 6–150, besonders die Fundliste S. 59–75.

5 Steinhilber, S. 15; vgl. WUB 3, S. 472 f. (vor 1156 Febr. 21): ». . . pro triginta marcarum argenti, more mercatorum igne examinati . . .« MG DD H IV, S. 93 f. (1061 März 7): König Heinrich IV. gestattet dem Bischof, 30 Denare mehr aus dem Pfund Silber zu prägen als bei der Regensburger Münze. Zur Bedeutung vgl. AReg, S. 172, und Norbert Kamp: Probleme des Münzrechts und der Münzprägung. In: Beiträge zum hochmittelalterlichen Städtewesen, Köln und Wien 1982 (Städteforschung Reihe A, Bd. 11), S. 107 f.

6 MG DD F I, S. 248 (1156 Juni 21) ». . . preter institutores civitatis qui coloniam vadunt, quibus tantum ad decem marcas cambire est concessum . . .«

7 MG DD IV, S. 195 (1030 Jan. 17): Konrad II. bestätigt einen Wochenmarkt, der von Otto III. eingerichtet worden war, und verleiht einen Jahrmarkt. Die Sanktionsandrohungen beziehen sich auf »illud merkatum«, womit beide Märkte oder nur der Jahrmarkt gemeint sein können.

8 Bay HStA, KU Augsburg-St. Georg 4. Daneben treten noch Ministerialen des Bischofs und ein Liupoldus monetarius auf (freundlicher Hinweis von Peter Geffcken). Datierung nach Zeller, S. 378–382; Zorn, S. 75, sieht neben der Schwurgemeinschaft auch die herrschaftliche Organisation unter dem Bischof.

9 MG DD F I, S. 247 f. (1156 Juni 21); vgl. auch Uta Lindgren: Stadtrecht als Ursache und Wirkung der Verwaltung. In: HJb 99 (1979), S. 146 f.

10 Stadtbuch, 194–198; AUB I, S. 7 f. (1248 Okt. 11): Der Propst von St. Peter verleiht einen Brottisch; dazu auch AUB I, S. 19 f. (1260). Dort sind ebenfalls Brottische bei St. Peter erwähnt.

11 AUB I, S. 57 f. (1283 März 29); vgl. Lindgren, S. 153.

12 Stadtbuch, S. 198–200; Anteile an Fleischbänken verkaufte K. Langenmantel 1295 Jan. 5 (AUB I, S. 109).

13 Stadtbuch, S. 49 (huenraer) und S. 203 (obszer).

14 Stadtbuch, S. 48. 1260 (AUB I, S. 20) ». . . tectum, quod ipsi scamnis piscium superedificarunt.«

15 Stadtbuch, S. 45 (laedrer); ebd. S. 44 f. Rechte der wizmaler, hueter und rintschuster; vgl. AUB I, S. 23 von 1264 Okt. 7 ». . . inter calceatores, qui vulgariter dicuntur wizemaler . . .«

16 Stadtbuch, S. 42 (gwandschneider, lodweber, handschuer); Vock, Nr. 33 (1162 März 23): Als Zeuge Anshalm pellifex.

17 Stadtbuch, S. 15 (Goldschmiede), S. 42 (Messerschmiede); AUB I, S. 124 (1296 Juli 22): Otto der chezzelsmid.

18 Stadtbuch, S. 46 (Flozman), S. 49 f. (trager); Zur Wertachflößerei AUB I, S. 156 (1304 Febr. 1).

19 Zolltarif an der Wertachbrücke 1282 Juli ca. 28, MB 33a, S. 159.

20 Stadtbuch, S. 315 f. nach Abschrift 1324, die Zeugen weisen ins 13. Jahrhundert, zwischen 1283 und 1288.

21 Stadtbuch, S. 40–42: Der Ostermarkt, der »vaht an ze uzgender osterwochen an dem maentage unde waert von dannen vierzaehen tage«, scheint ein Schwerpunkt des Textilumschlags gewesen zu sein.

22 Stadtbuch, S. 39 f. Diese Waren, bis auf Aale, sollten Nichtbürger im Großhandel verkaufen.

23 Stadtbuch, S. 43: »Swaer ein man ist, der kramer sin wil der mak daz wol sin ane schaden«, S. 195 (bekken), S. 193 (litgeben).

24 Stadtbuch, S. 45 f.; vgl. Salzfertigerakten StAA 1275 Jan. 22.

25 Stadtbuch, S. 69.

26 Stadtbuch, S. 130 f., daneben gilt das Fürkaufverbot für Fischer (S. 48), Kornmesser (S. 51 f.) und die Hucker (S. 202).

27 Stadtbuch, S. 24–34; Wertachbrücke vgl. Anm. 19.

28 Stadtbuch, S. 200 f., Landkrämer S. 42.

29 Oefele, S. 283 (Wein von Langenmantel, 1295), S. 293 (pro medicinis . . . in Augusta, 1295), S. 299 (Tuch bei Marquard von Laugingen, 1291 und 1293, S. 311), S. 292 (»pro cera, croco et pipere et specibus emptis Augustae«).

30 Auswertung Oefele, S. 281–317; Zusammenstellung der Geldzahlungen an den Bischof bei Lindgren, S. 150–152.

31 Urkunden der Herzöge für die Stadt, z. B. 1264 Febr. 6 (MB 30a, S. 337–340), 1270 März 31 (Vock Nr. 92), 1272 Okt. 17 (AUB I, S. 32–34), 1292 Febr. 8 (AUB I, S. 98 f.), 1314 Mai 17 (MB 35b, S. 34 f.), 1316 Jan. 9 (AUB I, S. 192–194), 1317 Jan. 22 (AUB I, S. 203 f.).

32 Stadtbuch, S. 16, S. 43; Zorn, S. 112.

33 AReg Nr. 177, S. 101 zu 982/988; Weinbergbesitz St. Gertrud, vgl. MB 33a, S. 8–10; Transport vgl. Wilhelm Liebhart: Die Reichsabtei St. Ulrich und Afra zu Augsburg (Historischer Atlas von Bayern, Schwaben, Reihe II, 2), S. 250 f.

34 A.T. 2 /1, S. 286 (1237 Juli 5), S. 371 f. (1237 Okt. 9), S. 462 (1237 Nov. 29).

35 Bastian, Kaufleute, S. 127 (1295 Dez. 2): Geschenk der Augsburger »pannis 3 de Ypra«, S. 130 (1299 Nov. 11) Weitolf und Minner (vgl. S. 79): Tücher de Ypra und stamiforto; erster Beleg A.T. 2/2, S. 275 (1242 Nov. 27): »pro panno coloris«.

36 Dazu Ammann, Tuchindustrie, S. 55–136; Ammann, Messen, S. 51–95; Stadtbuch, S. 16 f.; MB 33a, S. 161.

37 Bastian, Kaufleute, S. 128 (1298 Ch. Klokker: Heringe), S. 130 (1299 H. Bechererius: Felle), S. 82 (1303 B. Stoer: Felle).

38 Z. B. Bastian, Kaufleute, S. 83, S. 122–124.

39 Bastian, Kaufleute, S. 126 (1294), S. 130 f. (1300).

40 A.T. 2/2, S. 225 (1242 Okt. 8); H. Lang kauft Wein und liefert Tuch (A.T. 2/2, S. 275 von 1242 Nov. 27).

41 Vgl. Bastian, Kaufleute, Zoll bei Sterzing, der bischöfliches Lehen ist; vgl. MB 33a, S. 153 (1282 März 8).

Augsburgs Wirtschaft im 14. und 15. Jahrhundert

von Rolf Kießling

Um 1300 war Augsburg eine Stadt mit nicht unbeträchtlichem wirtschaftlichem Gewicht, einem differenzierten Gewerbe und einem auch über die eigene Region ausgreifenden Fernhandel – doch gegenüber anderen süddeutschen Zentren noch keineswegs überragend.

Die Reichweite des Augsburger Handels ist zwar für das 14. Jahrhundert noch ungenügend erforscht, läßt sich aber an verschiedenen Einzelnachrichten in Umrissen festmachen. Die traditionellen Beziehungen nach Bayern setzten sich ins 14. Jahrhundert fort, wobei nicht zuletzt das Salz und als Gegenfracht der Wein ihre Bedeutung behielten. Seit dem ausgehenden 13. Jahrhundert zentrierte sich der Salzhandel in einem eigenen Salzstadel mit Stapelrecht, und für die Jahre 1410/20 weisen die Baumeisterrechnungen mit Ungeldbeträgen für 30 000 bis 40 000 Scheiben pro Jahr einen umfangreichen Markt aus[1]. Neckarwein und »welscher« Wein, 1317 in Bayern belegt – später auch Weine aus einer Reihe weiterer Herkunftsbereiche[2] –, gehörten zu den bevorzugten Waren, doch griff der Handel damit auch weiter aus; ein Gossembrot verband ihn 1361 eventuell mit Eisen- oder Bleihandel aus Kärnten bzw. der Steiermark[3]. Eine dichte Abfolge bayerischer Privilegien sicherte im 14. Jahrhundert diesen wichtigen regionalen Handel ab[4].

Johannes Apothecarius, der schon im Tiroler Handel tätig war und dort an der Erlangung von Freiheiten für Augsburger Kaufleute 1320 beteiligt war[5], begegnet als erster namentlich genannter Kaufmann im sogenannten Fondaco dei Tedeschi, der Niederlassung der deutschen Kaufleute in Venedig; ihm folgten bald weitere[6]. Zielpunkt der Waren aus Venedig – Seidenstoffe, Brokate, Gewürze etc. – war vor allem Frankfurt, auf dessen Messen die Augsburger seit 1333 nachzuweisen sind[7]. In Brabant und Flandern dürften sie 1327 Tuche eingekauft haben, 1360 sind die Il-

sung dort anzutreffen, doch bleiben die Beziehungen dorthin noch relativ sporadisch[8]. Für den Weg zu den wichtigen Frankfurter Messen und an den Niederrhein ist zudem das Geleit der Grafen von Württemberg 1322 erstmals überliefert[9]. Das Privileg Karls IV. von 1356, in dem die Augsburger Kaufleute die gleichen Rechte wie die Nürnberger in Prag erhielten und das 1361 auf Böhmen, Mähren und Polen ausgedehnt wurde, zeigt immerhin bereits einen ersten Aufholprozeß im Osthandel[10]. 1360 gestattete dann Herzog Rudolf von Österreich den schwäbischen Städten insgesamt freien Handel[11], nachdem bereits 1337 Augsburger in Wien und 1345 in Oberösterreich begegnen. Im Südwesten dagegen tauchen sie erst in der zweiten Hälfte des 14. Jahrhunderts auf, seit 1370/80, aber nur sehr vereinzelt, in Mailand, seit 1383 in Freiburg im Üechtland, besuchten dann auch die Zurzacher, Genfer und später die Lyoner Messen[12], die die im Niedergang begriffenen Champagner Messen des 13. Jahrhunderts ersetzten.

Freilich halten sich diese Nachrichten noch im Rahmen eines allgemein expandierenden Handels der süddeutschen Städte, eine Ausnahmestellung deutete sich hierin noch keineswegs an. Denn Nürnberg übernahm die Führung, als es 1326/27 zusammen mit Augsburg und Regensburg die Handelsstraßen am Rhein und in Brabant politisch abzusichern galt[13]. Diese Rolle Nürnbergs im oberdeutschen Handel und in den Finanzgeschäften war auch weiterhin noch unbestritten, während etwa Regensburg seine Dominanz im Transithandel nach Osten einzubüßen begann. Am Ende des 15. Jahrhunderts hatte sich das Bild gewandelt: Die Wirtschaftsmetropole Augsburg begann gegenüber den Konkurrenten deutlich gleichzuziehen bzw. hatte sie schon überflügelt, seine Kaufleutegesellschaften beherrschten bald die Märkte und Börsen Europas. Welche Antriebskräfte hatten diesen Aufstieg ermöglicht?

Ein entscheidender Faktor für den wirtschaftlichen Aufschwung war die Verkehrslage[14]. Gegenüber dem noch im Hochmittelalter wichtigen Ost-West-Handel, der Regensburg begünstigte, werteten die Verkehrsströme im Spätmittelalter zwischen Italien und Flandern–Brabant auch die alte Via Claudia mit ihren beiden Routen über Füssen-Fernpaß bzw. Mittenwald-Scharnitz über den Brenner zu einer der wichtigsten Handelsstraßen Mitteleuropas auf und verschafften damit Augsburg eine zentrale Ausgangsposition für den oberdeutschen Handel, der weiter über Ulm und Nürnberg nach Frankfurt bzw. Osteuropa verlief. Wichtige Ergänzungen boten die Straßen nach Mindelheim-Memmingen bzw. Kaufbeuren-Kempten in den Bodenseeraum und die Schweiz sowie die alte Salzstraße nach München und weiter nach Salzburg und Österreich.

Neben dem Straßennetz spielte auch die Flößerei eine wesentliche Rolle[15]. Für die Lechflößerei war in der Regel Füssen der Ausgangspunkt, Haunstetten fungierte offenbar als Zwischenstation, da unterhalb die Lechkanäle an die Stadt herangeführt wurden[16]. Als sie 1418 von Sigismund das Recht erhielt, Kanäle und Lechverbauungen anzulegen, war sie auch in den ständigen Auseinandersetzungen mit Bayern abgesichert. Die Wertachflößerei, seit Anfang des 14. Jahrhunderts nachweisbar, wurde 1345/46 systematisch ausgebaut. In einigen Verträgen ließ sich die Stadt mittels eigener Wuhren die Durchfahrtsrechte verschreiben und 1346 von Ludwig dem Bayern privilegieren[17]. Die Flößerei reichte lech- und donauabwärts bis Regensburg[18] und diente nicht nur der Holz- und Kalkversorgung vom Allgäu, sondern auch Wein und Kaufmannsware kamen so in die Stadt.

Als Marktort konnte Augsburg dagegen keine herausragende Stellung gewinnen. Neben dem Wochenmarkt am Freitag, der sich im Laufe der Zeit auf den Donnerstagnachmittag ausdehnte, erreichte der Ostermarkt im 14. Jahrhundert als Tuchmesse ein gewisses regionales Gewicht[19]. Im 15. Jahrhundert erfüllten zusätzlich die Kirchweihfeste zunächst als informelle Märkte, der Weihnachtsmarkt sowie ein zweitägiger Tuchmarkt in der Fastenzeit im Anschluß an den Sandauer Markt (bei Landsberg) wohl lokale Versorgungsfunktionen[20]. Aus diesen vielfältigen Terminen schälten sich bis zum Beginn des 16. Jahr-

hunderts drei als festes Gerüst heraus: die Kirchweih von St. Ulrich (der alte Ostermarkt, Sonntag nach Ostern), dann Michaeli (29. September) und der Ulrichstag (4. Juli). Sie wurden jetzt vor allem für gewerbliche Waren interessant: Neben den Tuchen war auch das holz- und metallverarbeitende Gewerbe in größerer Zahl vertreten[21]. Wenngleich der parallele Rückgang der Nördlinger Pfingstmesse die Augsburger Jahrmärkte im 16. Jahrhundert indirekt aufwertete, kamen sie über eine dem Gewicht der Stadt ohnehin entsprechende Bedeutung nicht hinaus. Auch ein eigenes Kaufhaus, das sonst in Süddeutschland häufiger die frühe Marktbedeutung belegt[22], läßt sich nicht feststellen. Vielmehr blieb es hier bei den aufgestellten Ständen auf der Straße, wobei sich die heute noch zum Teil in den Straßennamen erhaltenen Spezialmärkte herausbildeten, ansonsten dienten die Läden und Kellergewölbe und zuweilen die Zunfthäuser als Verkaufsstellen[23].

Einen nicht unbeträchtlichen Anteil an größeren und kleineren Kredit- und Finanzierungsgeschäften um und nach 1300 hatten noch die Juden[24]. Als Gläubiger der Tiroler und bayerischen Herzöge konnten sie ihre wirtschaftliche Position auch in der Stadt selbst im Laufe der ersten Hälfte des 14. Jahrhunderts weiter ausbauen: 1308 bezahlten sie 500 Pfund Pfennig Schutzgeld an die Stadt, die mehrmals selbst Darlehen bei ihnen aufnahm. Doch schon 1337 gerieten sie in erste Repressionsmaßnahmen, als einige Juden arrestiert wurden, um ihrer Schuldurkunden habhaft zu werden[25]. Ende 1348 entlud sich wie in anderen Städten der durch die Pestzüge und die politische Instabilität ins Absurde gesteigerte Judenhaß in einem ersten Pogrom, in dem die 18 steuerpflichtigen Judenfamilien fast vollständig vernichtet wurden; die Judenschulden waren damit natürlich gestrichen. Bereits 1359 erhielt die Stadt von Karl IV. wieder das Aufnahmerecht bewilligt[26]; einzelne Bürgerrechtsverleihungen Ende des 14. Jahrhunderts korrespondierten freilich mit einer Reihe von Judenschatzungen[27], während das Gebot des Rates von 1391, die Pfandschulden bei den Juden abzulösen, deren Geldverleih noch nicht antastete[28]. Doch 1425 führte der Unwille gegen die Juden bereits wieder zu Marktbeschränkungen[29], und die Restriktionen der folgenden Jahre kumulierten 1438/39 in einer erneuten und endgültigen Austreibung, so daß sie sich in den benachbarten Dörfern niederlassen mußten. Im wirtschaftlichen Leben spielten sie um diese Zeit jedoch keine wesentliche Rolle mehr.

Einer der zukunftsträchtigen Faktoren lag dagegen in der Entwicklung des Gewerbes. In Augsburg übernahmen der Textilsektor und das Ledergewerbe die Vorreiterposition: Sie bildeten um 1300 erste Ansätze zu Zusammenschlüssen und organisierter Produktion aus, die auf die späteren Zünfte hindeuten. Für das Textilgewerbe, seit dem späten 13. Jahrhundert in eine Leinen- und Wollweberei differenziert, schrieb das Stadtrecht bestimmte Fertigungs- und Verkaufsvorschriften fest, während die Klage der »gemain der ledrer« 1324 vor dem Burggrafengericht gegenüber einem Handwerksmitglied darüber hinaus bezeugt, daß das Gewerbe die Abgabepflicht vom Handwerks-»gezeug« allgemein durchsetzen konnte; wohl nicht zufällig tauchten in den dreißiger Jahren die ersten Sozialstiftungen der Lederer auf[30].

Als mit der Verfassungsänderung von 1368 sich die Zünfte als grundlegendes Organisationsprinzip durchsetzten, um möglichst alle Bürger zu integrieren, erhielten sie auch das Recht, Gewerbebräuche festzulegen. Zunftrecht und Bürgerrecht bedingten einander zwar schon im 15. Jahrhundert nicht mehr, vielmehr galt das wohl nur noch für die Meister im produzierenden Handwerk bzw. die Kaufleute im Handel – abgesehen von den weiter bevorrechtigten alten Geschlechtern, soweit sie nicht in die Zünfte übertraten[31]. Doch war die Mehrzahl der entscheidenden Mitglieder der Mittel- und Oberschicht und damit die wirtschaftlich maßgebende Gruppe erfaßt. Die Zünfte standen von Anfang an im Spannungsfeld von Kaufleuten und Handwerkern, da sich beide lediglich nach den vorherrschenden Wirtschaftssektoren zusammenschlossen und damit auch der Übergang von der Warenherstellung zum Vertrieb ohne weiteres möglich war. Dieses dynamische Element löste vielfach interne Auseinandersetzungen aus, begünstigte aber auch den wirtschaftlichen Aufstieg, war doch wie in anderen schwäbischen Städten der Handel mit Kaufmannsware, vor allem Textilien, wohl auch Wein und Salz, allen Bürgern erlaubt[32]. Freilich sind es vor allem die Mitglieder der Handelszünfte – Kaufleute, Krämer, Salzfertiger und Weinschenken, Kürschner, vereinzelt auch Hucker (Lebensmittelhändler) –, daneben aber besonders die Weber und Gewandschneider, die überdurchschnittlich hohe Vermögen erzielten[33]. Trotzdem lag ein entscheidendes Motiv für die wirtschaftlichen Inhalte vieler Satzungen darin, die Gewerbeproduktion und die Marktsituation im handwerklichen Bereich zu regeln[34]. Die Vorstellung vom »gemeinen Nutzen« wurde dabei in den Gewerbezünften auch von einem gewissen Kartelldenken ergänzt, indem sie eine Art kollektives Monopol in der Marktstellung anstrebten, um damit eine marktbeherrschende Rolle einzelner zu verhindern[35].

Ein typischer Zug lag in der Beschränkung der Arbeitskräfte. Schon die Aufnahme in die Zunft erforderte für Auswärtige bei unterschiedlicher Gebühr zwischen drei und 20 fl die Zustimmung der Zunft; die Regelung der Lehrzeit und im verarbeitenden Gewerbe auch vereinzelt die Meisterstücke – für die Weber wurde bezeichnenderweise erst Mitte des 16. Jahrhunderts das Meisterstück, eine Barchentwepfe, eingeführt[36] – wirkten als Steuerungsinstrumente. Doch kann als Zeichen für die relativ günstige Entwicklung der Augsburger Wirtschaft gewertet werden, daß vor dem 16. Jahrhundert keine deutlich restriktiven Maßnahmen zur Eindämmung der Aufnahmen wegen einer »Übersetzung« des Handwerks überliefert sind. Dagegen wurde die Zahl der Mitarbeiter eines Meisters im 15. Jahrhundert mehrfach eingeschränkt; so waren bei den Seilern 1455, den Schustern 1478 und Wagnern 1470 nur zwei bzw. drei Lehrlinge oder Knechte gestattet. Häufiger wurde beim Rohstoffeinkauf die Zunft eingeschaltet, sei es über das »Anliegenlassen« – das heißt, die Zunftgenossen durften bei größeren Mengen Teile aufkaufen (Wagner 1470, Seiler 1497) –, sei es durch das »Umsagen« bei einem Warenangebot eines Auswärtigen (Glaser 1490) oder durch regelrechte Zunftkäufe (Schuster 1478). In die gleiche Richtung zielten die vielfältigen Fürkaufverbote, die der Rat selbst seit 1276 verfolgte[37]. Diese Grundtendenz der städtischen Marktaufsicht lief darauf hinaus, den städtischen Markt mit dem Mittel des Marktbannes als Punktmarkt für das umgebende Land herauszuheben. Der Kampf gegen den als preistreibend empfundenen Zwischenhandel im Vorfeld des eigentlichen städtischen Marktes und die unkontrollierten »Winkelkäufe« in Ecken und Wirtshäusern berücksichtigte auch die Interessen der Handwerker selbst. So wurden 1481 auch von seiten des Rates eigene Aufsichtspersonen bestimmt, die derartige Verstöße dem Bürgermeister anzeigen sollten[38]. Die Bevorrechtigung der einheimischen Gewerbetreibenden gegenüber Auswärtigen mündete in die Abwehr außerstädtischer Konkurrenz, wie sie etwa bei den Schmieden, Schäfflern und Hafnern überliefert ist[39]. Ein Mittel, um diese Konkurrenz zu binden und zugleich die Zentralität der Stadt zu stärken, war die Qualitätsprüfung durch die Schau; sie war entstanden, wo Exportgewerbe wie die Leinenherstellung eine Normierung der Ware verlangten, griff dann aber auf andere Handwerke über, so bei den Seilern, Schäfflern und Schustern[40]. Trotz der Vielzahl der sich gegen Ende des 15. Jahrhunderts verdichtenden Bestimmungen – der häufige Kampf gegen Außenseiter der Zunft zeigt auch eine Erfindungskraft, die Beschränkungen zu umgehen, um sich von der Masse der kleinen Handwerker abzusetzen. Was die Stärke der einzelnen Gewerbe betrifft, so bietet die Mitgliederzählung der Zünfte durch den Rat von 1475 brauchbare Anhaltspunkte[41]:

Weber	550
Zimmerleute	
(+ Maurer, Hafner, Kistler, Müller)	200
Krämer (+ Nestler, Säckler, Gürtler etc.)	163
Schmiede	
(+ Sattler 21, Maler, Goldschlager 29)	140
Metzger	140
Brauer	124
Schuster	117
Bäcker	109
Kaufleute	99
Schneider	96
Salzfertiger (+ Weinschenken)	90
Kürschner	86
Hucker (+ Ostler, Seiler)	80
Loder (+ Tucher)	70
Fischer (+ Floßleute 14)	64
Lederer	42
Schäffler (+ Wagner, Drechsler)	38
(Bader	31)
	Sa. 2239

Deutlich ragte also im produzierenden Gewerbe die Lederherstellung und -verarbeitung heraus; mit zusammen ca. 280 bis 300 Mitgliedern stand sie an zweiter Stelle. Hatte das Kürschnergewerbe ohnehin eine starke Affinität zum Pelzhandel, so wird eine gewisse Exporttendenz im 15. Jahrhundert bei den Schustern greifbar. Unter Einbeziehung des Ledermarktes der Nördlinger Messe[42] versprach die Ausfuhr ins »gepirg«, nach Tirol, größere Absatzchancen. Die Zunftordnung von 1478, die den Ledereinkauf und die Produktion im Sinne der üblichen Vorschriften des Auskommens regelte, »das der arm bey dem Reichen mug beliben«, war das Ergebnis eines wohl seit geraumer Zeit intern geführten Streits um die Steigerung der Produktionsquoten bei den »bürgschuestern«. Peter Hertzel umging diese Ordnung, indem er zusätzliche Werkstätten in Lechhausen unterhielt und offenbar zusammen mit seinen Verwandten eine Großproduktion mit jeweils sechs, acht oder zehn Knechten aufbot. Erst 1499 erreichte die Zunft beim Rat gegen die »Birgfarer« die Beschränkung, daß ihnen zwar vier Knechte gestattet, dafür aber der Vertrieb in der Stadt untersagt wurde[43].

Das Metallgewerbe gewann demgegenüber offenbar zunächst lediglich lokale Bedeutung; hier war die Dominanz der Nürnberger Metallwaren im süddeutschen Bereich wohl zu ausgeprägt. Immerhin richtete der Rat 1460 eine Sensenschau ein, und 1462 wird eine Schmelzhütte mit Eisenhammer erwähnt. 1464 verzeichnet die Zunft zwei Schleifer, 1490 acht Schwertfeger und 30 Messerschmide; in der zweiten Hälfte des 15. Jahrhunderts begann auch das Plattnergewerbe zu florieren[44]. Die Entwicklungsmöglichkeiten waren jedoch zunächst begrenzt: Zum einen lag Augsburg abseits der großen Wege des Eisenhandels über Regensburg und Nördlingen[45], zum anderen mußte der Aufkauf von Holzkohle Ende des 15. Jahrhunderts beschränkt werden, soweit er sich auf »schwebisch kol« innerhalb von sechs Meilen bezog; 1490 wurde der Bau von Schmelzhütten im gleichen Umkreis für Bürger aus den gleichen Gründen verboten[46].

Auch das Holz für Brennmaterial, für die Ziegeleien und zu Bauzwecken sowie für das holzverarbeitende Gewerbe mußte zunächst aus den benachbarten Dörfern gedeckt werden. Die grundherrschaftlichen Besitzungen der Klöster und des Spitals stellten zwar wichtige Reservoire dar – in Fischach amtierte dafür ein städtischer Holzwart –, doch mit dem steigenden Bedarf wurde das Allgäu zunehmend wichtiger Lieferant vor allem von Bauholz[47]. Die Regelung des Holzmarktes seit der zweiten Hälfte des 15. Jahrhunderts – Holzmesser, ein Holzungeld, erste Bannbestimmungen[48] – und ein Bewußtsein für eine geordnete Forstwirtschaft und Vorratshaltung[49] sollten nicht zuletzt dem Holzhandwerk zugute kommen. Zwar war durch den alten Weinmarkt die Holzverarbeitung der Schäffler, dazu von Drechslern und Wagnern sowie Schreinern (Kistlern) als lokales Gewerbe ausgebildet, erreichte jedoch erst in der ersten Hälfte des 16. Jahrhunderts eine größere Bedeutung, wobei sich nicht zuletzt auch in den Vororten Lechhausen, Pfersee, Bobingen und anderen eine größer angelegte Serienfertigung von Schreinerarbeiten herauskristallisierte[50].

Trotz dieser Ansätze lag der entscheidende Motor der wirtschaftlichen Gesamtentwicklung zweifellos auf dem Textilsektor. Daß Augsburg über eine ausgeprägte frühe Wollweberei[51] verfügte – als Lodenweberei aus einheimischer Wolle, zur Herstellung feinerer Tuche mit Importwolle in der Regel aus Nordwesteuropa –, belegt nicht zuletzt die Bildung der Zünfte. Doch spielten beide gegenüber der Leinenweberei eine zunehmend bescheidenere Rolle, auch wenn noch später entsprechende Schauordnungen den Exportcharakter ausweisen[52]. Bei der Leinwandherstellung wurde um 1300 als Exportgewerbe die städtische Produktion durch das Land ergänzt, da für beide eine gemeinsame Schau als normierte Qualitätsprüfung galt[53]. Augsburg lag im Randbereich des oberschwäbischen Leinwandgebietes mit Zentrum um den Bodensee. Die Verbindung von Venedig – Handel und Textilherstellung auf der ländlich-regionalen Rohstoffbasis des Flachsgarns bot dann in der zweiten Hälfte des 14. Jahrhunderts günstige Voraussetzungen für die Innovationswelle der Barchentweberei: Baumwolle aus dem östlichen Mittelmeerraum, vor allem aus Syrien, wurde über Venedig importiert und mit dem Leinengarn zum Mischgewebe des Barchent nach oberitalienischem Vorbild verarbeitet. Diese »Industrielle Revolution des Spätmittelalters«[54] hat Augsburg an führender Stelle mitvoll-

zogen. Zwar ist der erste Baumwollimport des Hans Rem für 1357 nicht gesichert, und auch die vom Weberchronisten Clemens Jäger auf 1372 datierte Einführung einer Barchentschau, fünf Jahre darauf eines eigenen Ungelds lassen sich aus den städtischen Quellen nicht exakt bestätigen, doch spricht vieles dafür, daß sich in den siebziger Jahren das neue Gewebe durchgesetzt hatte[55].

Der enorme Produktionsausstoß erbrachte bereits 1385 einen Ungeldbetrag von 402 Augsburger und 98 Regensburger Pfund Pfennig, was einer Herstellung von knapp 12 000 Stück entsprechen dürfte; 1410 verzeichnet das Rechnungsbuch bereits Einnahmen von ca. 2430 fl für ca. 87 000 Stück[56]. Baumwollbeschauer hatten die eingeführte Rohbaumwolle zu prüfen, Ungelter nahmen die »Steuer« ein, Geschaumeister überprüften die Fertigware; die Bleicher wurden in einer Reihe von Ordnungen unter die Aufsicht des Rates gestellt[57] – alles Merkmale eines lukrativen, durchorganisierten Exportgewerbes, dessen Produkte aufgrund der schwankenden Preise auch zum Spekulationsobjekt wurden, an dem sich selbst kleine Leute beteiligten[58]. Äußeres Zeichen für den neuen Boom war nicht zuletzt der Erwerb eines Zunfthauses für die Weber zum stattlichen Preis von gut 700 fl[59]. Andererseits bildete sich als Kehrseite der Entwicklung ein nicht beträchtliches Widerstandspotential unter den armen verlagsabhängigen Webern aus, die in den Unruhen von 1397/98 gegen die Belastung durch das Ungeld Widerstand leisteten[60]. Den Vertrieb der Barchente besorgten Augsburger Kaufleute seit 1395 auf den Frankfurter Messen, dann in Köln und über Nürnberg auch nach Prag, Breslau, Krakau und Wien[61].

Dieser Augsburger Barchent stammte jedoch nur teilweise aus der Stadt selbst. Augsburger Verleger beherrschten seit 1392 neben Nürnberger, Lauinger und Ulmer Kaufleuten die Nördlinger Produktion und waren auch in Memmingen und im dortigen Umland tätig; dazu kamen enge Beziehungen nach Lauingen[62]. War die Einbeziehung der Landweber[63] anfänglich ein entscheidender Vorteil für die schnelle Ausweitung der Produktion, so entstand daraus eine unliebsame Konkurrenz für die städtischen Weber, als erste konjunkturelle Schwierigkeiten auftraten. Mehrmals im Laufe der ersten Hälfte des 15. Jahrhunderts untersagte der Rat auf Drängen der Weberzunft Verlagsgeschäfte mit auswärtigen Webern im Umkreis von drei Meilen um die Stadt – praktisch ein Landweberverbot, das auch verschärft beobachtet wurde. Diese zeitweisen Krisenlagen hingen damit zusammen, daß Kaiser Sigismund in seinem Streit mit Venedig 1412, dann verstärkt 1418–1428 und erneut 1431–1433 Handelssperren für die oberdeutschen Städte verfügte. Augsburg verpflichtete 1419 seine Venedig-Fahrer auf Eid, das Gebot zu halten, doch gehörten gerade die schwäbischen Barchentorte auch zu den Blockadebrechern[64]. Die allgemeine wirtschaftliche Depression nach dem Zweiten Städtekrieg von 1449/50 und dem Reichskrieg gegen Ludwig von Bayern 1462, der gerade Augsburg empfindlich traf und einen Rückschlag der gesamten Vermögensentwicklung auslöste, von der es sich erst um 1480 wieder erholt hatte, ließ die Barchentproduktion stark zurückgehen[65]. Doch überstand Augsburg diese Krisen anscheinend mit am besten, während in den zunächst an der Innovation mitbeteiligten Nachbarstädten Nördlingen, Lauingen und Memmingen die Produktion ganz oder teilweise auf andere Gewebesorten, vor allem den Golschen (eine grobe Leinwandsorte) und den Loden umgestellt wurde. Auch in Augsburg wurde die Palette reicher: Verschiedene Leinwandarten kamen wieder stärker zum Tragen, neue Mischgewebe traten neben die traditionellen Sorten – vor allem aber setzte man verstärkt auf die schwarz und rot gefärbten Barchente[66]; gerade diese begründeten den steilen Aufstieg des 16. Jahrhunderts, so daß die Färberei als wichtiges Ergänzungsgewerbe Augsburg von den übrigen schwäbischen Städten unterschied.

Der Zustrom an Webern in die Stadt – zum Teil wohl die Kehrseite der Restriktionen gegen die Landweberschaft – ließ die Zunft anschwellen: Für 1466 vermittelt Jäger eine Zahl von 749 Meistern, 1475 waren es nur mehr etwa 550, um die Wende zum 16. Jahrhundert werden wieder ca. 900 bis 1000 genannt. Im letzten Viertel des 15. Jahrhunderts schwankte die Jahresproduktion in der Regel wieder um ca. 50 000 bis 70 000 Stück[67]. Die Augsburger Unternehmer scheinen insgesamt die Absatzchancen und Marktbedingungen besser eingeschätzt zu haben als ihre Nachbarn; zudem gelang es ihnen wohl auch

wegen der günstigen Beziehungen zu Venedig – im Fondaco stiegen sie zu einer gewichtigen Gruppe auf; Burkhard Zink berichtet, er sei in den dreißiger Jahren ein- bis zweimal pro Jahr im Auftrag seiner Herren dorthin gereist[68] – und mit der inzwischen erreichten Kapitalkraft, den Barchentmarkt Ostschwabens bis gegen die Wende zum 16. Jahrhundert in starkem Maße auf sich zu ziehen und damit die Augsburger Zentralität zu stärken.

Die Wandlungen im Wirtschaftsgefüge der Stadt setzten sich auf dem Land fort. Zum einen mußte der erhöhte Bedarf an Flachsgarn[69] den Einzugsbereich wesentlich ausdehnen: Für 1436 ist belegt, daß Augsburger Garnaufkäufer bereits bis ins Allgäu unterwegs waren; sie beherrschten die Garnmärkte der Umgebung in Bayern und Mittelschwaben, wobei sich eine ländliche Zwischenhändlerschicht etablierte. Zum anderen vollzog sich ein entscheidender Strukturwandel. War die traditionelle Arbeit des Garnspinnens neben dem Flachsanbau seit langem eine weitverbreitete ländliche Arbeit, so forcierte die Abwehr der Landweber eine neue Stufe der Arbeitsteilung zwischen Stadt und Land: die Herstellung der sogenannten Wepfen[70]; die leinenen Kettfäden kamen bereits nach Stärke, Zahl und Länge vorgefertigt auf den Markt, so daß die Weber lediglich den Baumwolldurchschuß als Webvorgang zu leisten hatten. Eine 1443 im Rathaus eingerichtete Wepfenschau sollte besonders solche auswärtiger Provenienz einer verschärften Prüfung unterziehen. Trotz eines baldigen Verbots – man fürchtete offenbar um die Qualität der Ware – dürften sich die Wepfen jedoch bald wieder durchgesetzt haben, auch wenn die Auseinandersetzungen im 16. Jahrhundert noch weiterliefen.

Zünftische Interessen kamen auch dadurch zum Tragen, daß das Handwerk 1467 gegen Bestrebungen der reicheren Meister eine Beschränkung auf vier Webstühle pro Meister vom Rat bestätigt erhielt[71]. Man wird wohl nicht fehlgehen, gerade diesen Streit als Symptom für sich verstärkende Spannungen zu sehen; er stand vermutlich in engem Zusammenhang mit dem Konjunktureinbruch, und nicht zufällig datieren neue Ungeldunruhen 1457 und 1466 zur gleichen Zeit[72]. Auch die Einfuhr des sogenannten »langen Garns« aus Ostdeutschland wurde nach einer langen zunftinternen Auseinandersetzung 1495–1501 nur beschränkt zugelassen, weil die kleinen Weber sich mit dem Argument durchsetzten, damit würde die beherrschende Rolle der Kaufleute-Verleger noch mehr gesteigert[73]. Die starke Polarisierung innerhalb der Weberschaft war das Ergebnis von Marktveränderungen und spiegelte besonders scharf die allgemeine Vermögenskonzentration in der Stadt wider[74].

Die Barchentweberei mit ihren Hilfsgewerben als Leitsektor der wirtschaftlichen Entwicklung hatte neuen Führungskräften zum Durchbruch verholfen, was die Zusammensetzung der bürgerlichen Oberschicht wesentlich veränderte[75]. Zu den großen Verlegern um 1400 gehörten aus dem Patriziat und der Kaufleutezunft die Gesellschaft der Prun-Egen mit dem Erbe der Dachs, die Tierhaupter, Ulrich Tott, Hans und Paul Lang, Hans Rapold, Hans und Jörg Rem, Peter Bach und Hermann Nördlinger – um nur einige wichtige zu nennen. Auffällig ist die Zahl der »Emporkömmlinge« aus der Weberzunft; von ihnen sind die Arzt, Jakob Hämmerlin, Jos Kramer und Hans Zimmermann in der ersten Hälfte des 15. Jahrhunderts zu großem Vermögen gekommen. Auch die im Patriziat verankerten Kaufleute Ulrich Rehlinger – mit ihm verbunden Klaus Winter –, Leonhard Pfister, Jakob Herwart, Bartholomäus Welser und die Warauß, wahrscheinlich auch die Gossembrot stärkten über dieses Geschäft ihre wirtschaftliche Position[76]. Ein besonders anschauliches Bild für die Aufstiegsmöglichkeiten auch für kleinere Leute bietet Burkhard Zink, der Handlungsdiener des Jos Kramer und Peter Egen[77]. Die neue Anziehungskraft Augsburgs wirkte auch auf die Nachbarstädte; so manche Abwanderung aus Lauingen (Imhof), Donauwörth (Walther), Nördlingen (Frickinger, Lauginger) läßt sich gerade mit der ersten großen Barchentkonjunktur verbinden.

Die Kapitalbildung der Kaufleute-Unternehmer läßt aufgrund von verstreuten Nachrichten auch bereits in der ersten Hälfte des 15. Jahrhunderts eine Teilhabe an der oberdeutschen Hochfinanz erkennen[78]. Schon um 1400 werden Augsburger Kaufleute zusammen mit altbayerischen als Beauftragte Herzog Ludwigs von Bayern in großangelegten Finanztransaktionen mit dem französischen Hof greifbar. Die Ilsung-

Karg-Gesellschaft gehörte zu den wenigen Augsburgern, die vermutlich im Handel mit Mailand standen und kurz nach 1400 Servitiengelder aus Deutschland an die Kurie transferierten. Eine Reihe von Firmen – die Arzt, Herwart, Rem, Welser – stand in Wechselgeschäften mit Nürnberger Unternehmen, und zu den Geldgebern des Nürnberger Großfinanziers Peter Steinberger zählten Hans Prun und Georg Ilsung. Noch ist Nürnberg Zentrum der oberdeutschen Hochfinanz, an dem sich die Augsburger beteiligen, doch sind seine Kaufleute schon auf dem Sprung in die internationale Wirtschaft.

Die Risiken des Barchentgeschäftes, besonders aber die Depression um und nach der Jahrhundertmitte, trafen jedoch offenbar auch viele Familien an ihrem Nerv[79]. Die Mangmeister schieden frühzeitig aus der Spitze der Vermögenden aus, Hans von Hoy fallierte um 1455 wegen einer Baumwollspekulation, auch die Nördlinger erlitten offenbar Einbußen, so daß die Vermögensliste der Reichsten von 1461 bereits eine Reihe von anderen Namen an der Spitze nennt: die Meuting, Öheim, Walther, Grander, 1467 die Welser, Sulzer, Fugger und Höchstetter[80]. Während viele sich weiter in traditionellen Bahnen bewegten, zeichnete sich mit den aus der Weber- in die Kaufleutezunft übergetretenen Meuting und dem Gewandschneider Höchstetter ein neuer Aufstieg Augsburgs ab[81]. Hans Meuting, der Dauerbeziehungen nach Venedig, Genua und Brügge unterhielt, hatte 1436 einen ersten belegten Gesellschaftsvertrag geschlossen. Nachdem Franz Bäsinger, der Münzmeister und Schwiegervater Jakob Fuggers, erste geschäftliche Verbindungen mit Herzog Sigmund von Tirol geknüpft hatte, wurde mit einem Darlehen von 35 000 fl gegen die Silberausbeute der dortigen Gewerke durch Ludwig Meuting mit seiner Gesellschaft 1456 der Weg eingeleitet zum »Mischgeschäft aus Metallkontrakt und Kredit, das auf Jahrzehnte hinaus die eigentlich typische Form der Augsburger großkapitalistischen Abschlüsse darstellen sollte«[82]. Georg Gossembrot, seit 1470 in Diensten Sigmunds von Tirol, stellte die Geschäftsbeziehungen zu den Augsburger Handelshäusern im großen Stil her. Die Höchstetter hatten bald wie die Meuting ihre Vertreter auch in Antwerpen sitzen. Die Welsergesellschaft, familiär mit den Meuting verknüpft, engagierte sich um 1480 im Bergbau im Erzgebirge, seit 1490 ebenfalls in Tirol.

Auch der Aufstieg der Fugger[83] vollzog sich, trotz der Ausnahmestellung, die sie später erreichten, zunächst ganz in diesen vorgezeichneten Bahnen. 1367 war Hans Fugger aus Graben auf dem Lechfeld als dem Handwerk verpflichteter Weber in Augsburg eingewandert. In der Weberzunft dürfte er bald in den Barchentverlag eingestiegen sein, auch wenn erst in der zweiten Hälfte des Jahrhunderts eindeutige Nachrichten darüber vorliegen, so daß Hans bereits bei seinem Tod 1408/9 das ansehnliche Vermögen von 1388 fl hinterließ. Die Söhne Andreas (seit 1462 die Linie vom Reh) und Jakob d. Ä. (seit 1473 die Linie von der Lilie), bis 1454 noch gemeinsam wirtschaftend, hatten 1461 bereits die finanzielle Spitzengruppe erreicht. Die Linie des Andreas schien zunächst die erfolgreichere: Über Lukas liefen die Verbindungen an den Innsbrucker Hof, nach Venedig, Mailand, Antwerpen, ja sogar London, ehe er in den neunziger Jahren in Schwierigkeiten geriet und absank. Die Linie Jakobs hatte ihn jedoch zu dieser Zeit bereits überholt; neben verschiedenen Handelswaren wurden über den Kleriker Markus seit 1471 Fäden zur Kurie geknüpft, im Salzburger Land stiegen die Brüder Ulrich, Georg und Jakob d. J. in das Bergbaugeschäft ein, ehe sie in den späten achtziger Jahren in die Rolle der »Hofbankiers« der Habsburger eintraten und die Edelmetallausbeute in Tirol unter ihre Kontrolle brachten.

Inzwischen hatte sich auch die Struktur des Handels gewandelt[84]. Schon im 14. Jahrhundert waren neben den Einzelkaufleuten Handelsgesellschaften aufgetreten, in denen sich zunächst vor allem enge Verwandte zusammenschlossen – häufig unter Einbeziehung von Angeheirateten; zudem ist an stille Einleger aus dem engeren und weiteren familiären Umkreis zu denken. Mit der Ausdehnung des Barchentverlages steigerte auch eine sekundäre Stadt-Stadt-Wanderung die mannigfaltigen Verflechtungen zwischen den Oberschichten der oberdeutschen Städte. Häufig waren es Familienmitglieder, die in den großen Nachbarstädten Nürnberg, Ulm und Memmingen die Interessen der Firmen vertraten und zu einem dichten Netz ausbauten, so daß gerade hierin eine aufschlußreiche Spiegelung des Wirtschaftsraumes einer Stadt wie Augsburg sichtbar wird. Im 15. Jahrhundert drang der Typus der Faktorei in den Vordergrund, ständigen Vertretern der Firmen in den Brennpunkten der europäischen Wirtschaft, die damit Augsburgs Rang als Zentrale hoben, mit ihrem Waren- und Geldverkehr aber vielfach gar nicht mehr berührten.

Freilich blieb die Stadt von ihrem Umland weiter abhängig[85], von ihm mußte sie ja auch vorwiegend mit agrarischen Rohstoffen und mit Lebensmitteln für die steigende Bevölkerung versorgt werden. Der Kern dieses Versorgungsbereichs war der Getreidemarkt in der Kornschranne bei St. Moritz. Zusätzlich zum Verkauf der Gülten der Augsburger geistlichen Institutionen und der Wirtschaftshöfe auswärtiger Stifte und Klöster sowie der bäuerlichen Überschüsse dürften die zahlreichen Landbesitzungen, auch speziell erworbene Zehnten und Getreidegülten der Bürger im 14. Jahrhundert den eigenen Bedarf zum Teil gesichert haben. Der ohnehin üblichen Marktaufsicht galt gerade in den Zeiten der Knappheit die besondere Aufmerksamkeit des Rates. Zum einen nützte er die herrschaftlichen und bürgerrechtlichen Bindungen, um die Marktbeschickung möglichst günstig zu gestalten: So verpflichtete er 1437 alle Bürger und die Augsburger Klöster und Stifte, ihre Gülteinnahmen in der Stadt aufzuschütten oder zu verkaufen, gestand 1444 die Zoll- und Steuerfreiheit für Einfuhrkorn zu und überließ einzelnen geistlichen Institutionen wie Bürgern geeichte Maße zur Einnahme der Gült. Andererseits wurde im Bedarfsfall die Ausfuhr beschränkt oder ganz verboten, zumindest »in die weytt, ins gepirg« nach Tirol. Reichte dies nicht mehr aus, sprang er unterstützend mit einer eigenen Vorratswirtschaft ein; zunächst war sie den Zünften anheimgestellt, wurde aber bald durch städtische Aufkäufe im gesamten süddeutschen Bereich ergänzt, um den Markt mit subventioniertem Getreide zu stützen. Eine Registrierung der Getreidevorräte der Stadt im Jahre 1479 erbrachte 3142 Schaff – das entsprach immerhin dem Jahresbedarf von etwa 2000 Personen[86].

Die Tendenzen, die sich im Laufe des 15. Jahrhunderts auf dem Getreidemarkt abzeichneten, nämlich eine stärkere Überwachung und Reglementierung, galten im Prinzip auch für die übrigen Lebensmittel:

für Obst, Kraut etc., die die »obser« feilboten, für die Hucker, die den Lebensmittelverkauf im kleinen betrieben. Mehrmals geriet allerdings die Zulieferung von agrarischen Produkten aus dem Hinterland auch dadurch ins Stocken, daß die benachbarten Herzöge von Bayern aus politischen Gründen die Grenze sperrten, so daß die Stadt um so mehr auf ihr westliches Umland bzw. den überregionalen Handel angewiesen war.

Auch der Fleischbedarf wurde zunächst regional gedeckt, wobei freilich schon im 14. Jahrhundert der Viehhandel für Rinder, Schweine und Schafe weit ausgriff: nach Bayern und Schwaben, auf die Alb bis ins Hohenlohische, Anfang des 15. Jahrhunderts bis zum Bodensee, an den Oberrhein und nach Österreich[87]. War der Auftrieb normalerweise so groß, daß auch Viehexport möglich wurde, so regulierte der Rat in Notzeiten den Markt, indem er den Export auch hier einschränkte. Anläßlich des Fleischmangels 1434/35 wurde den Metzgern unter Eid abverlangt, mindestens die Hälfte ihres Rinderbestandes auf dem Augsburger Markt zu belassen. Eine gleichzeitige Aufstellung führt 42 Metzger auf, die über insgesamt ca. 2000 Rinder verfügten; Herden von 100 bis 200 Stück, vielfach in Gemeinschaftsbesitz, sind mehrfach festzustellen. Die Weiden der Stadt in den Lechauen sowie eigene Güter der Metzger in der Reischenau und bis nach Landsberg dienten der Aufmast[88]. Um die Fleischversorgung zu sichern, durchbrach der Rat 1439 sogar das zünftische Schlachtmonopol und ließ an zwei Tagen in der Woche fremde Metzger auf dem Markt zu[89], während ansonsten wie beim Brot amtlich festgesetzte Taxen, also Höchstpreise, ein allzu ausgeprägtes Gewinnstreben verhindern sollten. Am Ende des 15. Jahrhunderts begann der großangelegte Auftrieb von Ochsen aus den osteuropäischen Ländern von Ungarn und Polen bis Litauen, da die einheimische Viehhaltung zugunsten des Getreideanbaus zurückging und andererseits der Bevölkerungsanstieg den Bedarf erhöhte. Um 1530 erreichte die Importquote 5000 bis 7000 Stück im Jahr, die vor allem in Niederbayern, Nürnberg und dem Ries aufgekauft wurden[90].

So hatte Augsburg am Ende des 15. Jahrhunderts großstädtische Züge angenommen. Innerhalb eines vielfältigen Gewerbes hatte der Leitsektor der Textil-

herstellung den Aufstieg zur ostschwäbischen Metropole ausgelöst und, trotz der Depression der fünfziger und sechziger Jahre, mit einer neuen Aufschwungphase in den siebziger Jahren den Sprung in die Internationalität vorbereitet. Die Zuordnung eines ausgedehnten Umlandes sicherte die Versorgung mit Flachs und Holz, Getreide, Fleisch und anderen Lebensmitteln in einer zonal gegliederten, Kleinstädte und Märkte umfassenden Marktstruktur[91]. Darüber lagerte sich ein Fernhandel und ein durch Vermischung von Kapitalvergabe und Bergbau gekennzeichneter Einstieg in die europäische Hochfinanz, die sich in den folgenden Jahrzehnten voll entfaltete und Nürnbergs Stellung in Oberdeutschland ablöste.

1 Max Förderreuther: Die Augsburger Kaufmannschaft in den bayerischen Herzogtümern während der ersten Hälfte des 15. Jahrhunderts, Kempten 1892, S. 12–16; StAA Baumeisterbücher 1410–20; RP I, fol. 24 (1401), Ungeld.

2 AUB I, S. 203 (1317); StAA RP I, fol. 10: Ungeldordnung 1396, Elsaß, Franken, Neckar, »Landwein«, Welschwein.

3 Bastian, Runtingerbuch 1, S. 156 f.

4 Geleitszusagen und Handelsprivilegien z. B. AUB I, S. 237 (1324 Sept. 16), S. 254 (1329 Juli 15), S. 287, 289 (1332 März 23), S. 350 (1340 Febr. 1), AUB II, S. 14 (1348 Juli 31), S. 100, 102 (1361 Mai 12, 14).

5 Bastian, Kaufleute, S. 16, 171.

6 Henry Simonsfeld: Der Fondaco dei Tedeschi in Venedig und die deutsch-venezianischen Handelsbeziehungen. Bd. 2, Stuttgart 1887, S. 58.

7 Bastian, Runtingerbuch 1, S. 157 f.; Zorn, S. 122.

8 MB 53, S. 539; Ammann, Messen, S. 93; zu Ilsung vgl. Bastian, Runtingerbuch 1, S. 107, 3, S. 176 f.

9 AUB I, S. 228 f. (1322 Sept. 20).

10 AUB II, S. 67 f. (1356 Okt. 16), S. 97 (1361 Febr. 1).

11 AUB II, S. 82 f. (1360 Sept. 24).

12 Ammann, Anfänge, S. 269; Aloys Schulte: Geschichte des mittelalterlichen Handels und Verkehrs zwischen Westdeutschland und Italien mit Ausschluß von Venedig. Bd. 1, Leipzig 1900, S. 571 f.

13 Wolfgang von Stromer: Oberdeutsche Hochfinanz 1350–1450, Wiesbaden 1970 (VSWG Beihefte 55–57), S. 23 f.

14 Simonsfeld, S. 90–102; Schulte, Handel 1, S. 357–484; zu Schwaben vgl. Wolfgang Zorn: Historischer Atlas von Bayerisch-Schwaben, Augsburg 1955, S. 24; Förderreuther, S. 5–17.

15 Ernst Neweklowsky: Die Schiffahrt und Flößerei im Raum der oberen Donau. Bd. 1, Linz 1952, S. 548–552.

16 Walter Groos: Beiträge zur Topographie von Alt-Augsburg. In: 21. Bericht der Naturforschenden Gesellschaft, Augsburg 1967, S. 26–66.

17 AUB I, S. 147 (1301 Nov. 29); S. 156 (1304 Febr. 1); S. 390 f. (1345 Aug. 23); S. 394 (1346 April 26), u. a.; das Privileg Ludwigs ebd., S. 395 (1346 Mai 8).

18 StAA RP II, fol. 115 (1446); Förderreuther, S. 8 f.

19 StAA Baumeisterbücher 1372 ff., jährliche Ausrufung und Bewachung des Ostermarktes.

20 Kirchweihen: StAA RP I, fol. 31 (1415); Fastenmarkt: RP V, fol. 30 f. (1458); RP X, fol. 116 (1484); Weihnachten: RP XIIb, S. 64 (1498), »von aller herkommen«.

21 So z. B. StAA RP XIII, S. 272 (1520); RP XIV, fol. 19 (1522).

22 Schulte, Handel 1, S. 520–528.

23 StAA Kürschnerzunftbuch, fol. 8 (1368), »kürschner gaden«; RP XII, S. 187 (1491), Kürschnerhaus; Schusterzunftbuch, fol. 44 (1478); vgl. DStChr 33, S. 150–158.

24 Zorn, Augsburg, S. 117, 120, 127 f., 142 f.; Stadtbuch, S. 337 f.

25 AUB I, S. 318 f. (1337 Jan. 8 und 10).

26 AUB II, S. 75 (1359 Juni 3).

27 Aufnahmen: StAA Missivbuch Ia, Nr. 191 (1396), 208 (1390); Schatzungen für die Jahre 1374, 1381, 1384: DStChr 22, S. 14–16, 25, 27.

28 StAA RB 270, fol. 29 (1391); DStChr 22, S. 39.

29 StAA RP I, fol. 90 (1425).

30 Stadtbuch, S. 315 f. (Leinwand); aufgrund der auftretenden Personen datierbar auf Ende des 13. Jahrhunderts (frdl. Hinweis von Peter Geffcken); ebd., S. 334 f. (Lederer); Kießling, S. 221 f.; Dirr, S. 152 f.

31 Dirr, S. 173–179; dort noch die Zunftpflicht für die gesamte Zeit bis 1548.

32 Dieser Schluß ergibt sich aus den vielfältigen Quellen zur Geschichte dieses Warenhandels.

33 Peter Geffcken: Soziale Schichtung in Augsburg 1396 bis 1521. Beitrag zu einer Strukturanalyse Augsburgs im Spätmittelalter. Diss. phil. (Masch.) München 1983, S. 288 f.

34 Der Auswertung liegen folgende Ordnungen zugrunde: StAA Kürschner 1368, Seiler 1455 ff.; Schäffler 1467, Wagner 1470, Schlosser 1453, Schuster 1478, Glaser 1490; die Überlieferung ist lückenhaft.

35 Dirr, S. 186–188.

36 Claus Peter Clasen: Die Augsburger Weber. Leistungen und Krisen des Textilgewerbes um 1600, Augsburg 1981 (Abh. z. Gesch. d. Stadt Augsburg 27), S. 93.

37 Stadtbuch, S. 130 f. Art. LXIII § 3, zunächst für Lebensmittel, vielfach wiederholt.

38 StAA RP IX, fol. 74 (1481); schon vorher 1391 für Korn und Fische RB 270, fol. 30.

39 Schmiede: StAA RP V, fol. 136 (1460), fol. 178 (1461); Schäffler RP I, fol. 157 (1431); Hafner ebd., fol. 235 (1440);

40 Seiler: StAA RB 277, fol. 7 (1431); RP VIII, fol. 103 (1478); Schusterordnung 1478, Schäfflerordnung 1467.

41 StAA RP VIII, fol. 31–34; dazu 42 + 4 Witwen »von den herren«; vgl. DStChr 33, S. 150–158 (Zünfte).

42 StAA Missivbuch Ib, Nr. 256 (1414); RP III, fol. 102 (1456).

43 StAA Schusterzunftbuch, fol. 44 f. (1478, Zitate), fol. 54 f. (1499); RP IX, fol. 25 (1479); DStChr 34, S. 316–318.

44 StAA RP V, fol. 146 (1460); Eisenhammer, Zorn, Augsburg, S. 147; Schlosserordnung 1464; Messerschmiedeakten 1490. Alexander Frh. von Reitzenstein: Die Plattner von Augsburg. In: Augusta, S. 265–272.

45 Rudolf Endres: Die Nürnberg–Nördlinger Wirtschaftsbeziehungen im Mittelalter bis zur Schlacht bei Nördlingen, Neustadt/Aisch o. J. (Schriften des Instituts f. fränk. Landesforschung 11), S. 122–134.

46 StAA RP X, fol. 30 (1482); Zunftbuch Schmiede, fol. 5 f. (1487, 1495); RP XII, S. 114 (1490).

47 Laufende Hinweise dafür in StAA Baumeisterbücher 1320 ff. und 1370 ff.

48 StAA Lit. 1464: Ungeldordnung für Floßholz; RP VIII, fol. 105 (1478), Holzmesser; zum Marktbann Zünfte 1, fol. 67 (1496), Holzordnung; RP XIII, S. 183 (1515), Dreimeilenzone.

49 Z. B. StAA RP X, fol. 35 (1482); Lit. 1489.

50 StAA Zünfte 1, fol. 65 (1514); RP XV, fol. 83 (1553); Handwerksordnung 1549: Zusätze von 1558 ff.

51 Adam Kaiser: Die Wollweberei in Schwaben bis zur Wende des 15. Jahrhunderts, Diss. phil. Freiburg 1914.

52 StAA RB 277, fol. 15 (1407), Geschlachtgewander-Geschauer-Eid; Tuchmacherakten 1521: Ordnung.

53 Stadtbuch, S. 315 f.; vgl. Anm. 30.

54 Wolfgang von Stromer: Die Gründung der Baumwollindustrie in Mitteleuropa, Stuttgart 1978, S. 5–18.

55 Ebd. S. 31 f.; DStChr 34 (Weberchronik), S. 219–223.

56 StAA Leibgedingbuch 1379–1392, fol. 74 f. (freundlicher Hinweis von Peter Geffcken); Ungeldordnung RB 270, fol. 2 (1390), 26 (1391), 4 Pfg. Regensb. pro gebleichtem Barchent; Baumeisterbuch 1410.

57 StAA RB 272, fol. 36 (1413) usw.; RB 274, fol. 12, 51 (1417, 1418); Bleichordnung RB 272, fol. 110 (1416).

58 Dies ergibt sich nicht zuletzt aus der Versteuerung des Barchent und den Ungeldverzeichnissen von [1458] und 1475; Geffcken, S. 121 f.

59 StAA US 1389 (s. d.); vgl. Zorn, Augsburg, S. 138, 145.

60 DStChr 4, S. 109 f., mit Beilage III, S. 157–163; DStChr 5 (Zink), S. 52 f.; Ungeldordnungen StAA RP I, fol. 10 (1396), 15 (1398), 24 (1401).

61 Bastian, Runtingerbuch 1, S. 174–178; Stromer, Baumwollindustrie, S. 36 f.

62 Stromer, Baumwollindustrie, S. 30, 32, 38, 44, 169 f.

63 Rolf Kießling: Stadt und Land im Textilgewerbe Ostschwabens. In: Neidhart Bulst, Jochen Hoock, Franz Irsigler (Hrsg.): Bevölkerung, Wirtschaft und Gesellschaft, Trier 1983, S. 115–137.

64 Simonsfeld, S. 44–46; Stromer, Baumwollindustrie, S. 79, 82; Stromer, Hochfinanz, S. 235–244; StAA RB 274, fol. 84 (1419), Eid der Venedig-Fahrer.

65 Zur Depression Stromer, Hochfinanz, S. 459; Geffcken, S. 220–228; die Ungeldentwicklung nach den Baumeisterbüchern bzw. Einnehmerbüchern (StAA).

66 DStChr 34, S. 226 (1423), Farbtücher, S. 228 f. (1443), seither getrennt verungelt; Clasen, S. 339–341.

*Abb. 40 St. Anna, Goldschmiedekapelle. Zug der Heiligen
Drei Könige (Ausschnitt), um 1420*

*Abb. 41   Tonmadonna. Muttergottes mit Kind, bemalte
Tonskulptur, Augsburg um 1420*

67 Clasen, S. 19; StAA Barchentungeld 1475: 43 407 Stück Bleichware; ansonsten errechnet aus den Ungeldbeträgen.

68 Simonsfeld, S. 58–62; DStChr 5 (Zink), S. 133.

69 Zum Garnmarkt Rolf Kießling: Herrschaft – Markt – Landbesitz. In: Zentralität als Problem der mittelalterlichen Stadtgeschichtsforschung, hrsg. von Emil Meynen, Köln und Wien 1979, S. 180–218, hier S. 198f.

70 Kießling, Textilgewerbe, S. 124–127; Clasen, S. 181–210.

71 DStChr 34, S. 233 f.; Clasen, S. 237–244.

72 DStChr 5, S. 118–121; DStChr 22, S. 208–210 (1466); DStChr 34, S. 231 f.; StAA RP III, fol. 137 (1457).

73 StAA Weberzunft 1610 (Kopialbuch); DStChr 34, S. 238–240; Clasen, S. 174–280.

74 Geffcken, S. 237–241.

75 Zum folgenden Blendinger, Führungsschichten, S. 57–60; Simonsfeld, S. 58–62; Strieder, Genesis; Stromer, Baumwollindustrie, S. 32; Endres, Wirtschaftsbeziehungen, S. 134–142. StA Nördlingen Pfandbuch I.

76 StAA RB 274, fol. 84 (1419), Liste der Venedig-Fahrer.

77 Erich Maschke: Der wirtschaftliche Aufstieg des Burkhard Zink (1396–1474/5) in Augsburg. In: Festschrift Hermann Aubin, zum 80. Geburtstag, Wiesbaden 1965, S. 420–446.

78 Zum folgenden Stromer, Hochfinanz, S. 131, 151, 394 f., 406, 408, 447.

79 Vgl. die Vermögensentwicklung bei Geffcken, S. 229–237.

80 Strieder, Genesis, S. 11 f., 15 f. (Tabellen).

81 Ebd. S. 94–99, 123–129; Stromer, Hochfinanz, S. 378, 380; Richard Ehrenberg: Das Zeitalter der Fugger I., Bd. 1, Jena 1896, S. 187–194.

82 Götz Frh. von Pölnitz: Der Kaiser und seine Augsburger Bankiers. In: Bartholomäus Welser und seine Zeit, Augsburg 1962, S. 29–58, Zitat S. 39.

83 Für die Fuggerforschung Götz Frh. von Pölnitz: Die Fugger, 4. Aufl., Tübingen 1981, S. 25–69.

84 Götz Frh. von Pölnitz: Augsburger Kaufleute und Bankherren der Renaissance. In: Augusta, S. 187–218, hier S. 196–199; Elmar Lutz: Die rechtliche Struktur süddeutscher Handelsgesellschaften in der Zeit der Fugger. 2 Bde., Tübingen 1976.

85 Zum folgenden vgl. Kießling, Herrschaft, S. 193–196.

86 StAA RP X, fol. 17–21.

87 AUB II, S. 158f. (1369 Sept. 24); StAA Missivbuch Ib, Nr. 270, 271, 274 (1414); Förderreuther, S. 16 f.

88 StAA RP I, fol. 202, 221 (1434, 1435); RB 276, fol. 51: Verzeichnis; DStChr 5, S. 168.

89 StAA RP I, fol. 236; vgl. Stadtbuch, S. 261, Art. XXVIII.

90 StAA RP XIIa, S. 81 (1493).

91 Vgl. den Beitrag »Augsburg zwischen Mittelalter und Neuzeit« in Teil III.

Die Entwicklung der Augsburger Gesellschaft bis zum Jahre 1368[1]

von Karl-Heinz Sieber

Die Ausgrabungen der letzten Jahrzehnte bei St. Ulrich und Afra haben die Annahme einer Besiedlungs- und Kultkontinuität dieses Ortes bestätigt[2]. Nichts deutet jedoch auf einen in die Spätantike zurückreichenden Fortbestand einer Bürgerschaft der römischen Augusta Vindelicum hin. Durch Grabfunde nachgewiesen ist lediglich das Vorhandensein einer adeligen Schicht mit Verbindungen zum fränkisch-merowingischen Raum seit der Zeit König Dagoberts (629–639).

Einen ersten Einblick in die Zusammensetzung der Bevölkerung Augsburgs erhalten wir durch die *Vita* des heiligen Ulrich, die sein Vertrauter, Propst Gerhard, zwischen 983 und 993 verfaßte[3]. Als Gruppen nennt er die Kleriker, die Laien, die der Herrschaft des Bischofs unterworfen sind, Vasallen, Ritter (*milites*) des Bischofs, dessen *familia* und »Bürger« (*cives*). Diese Gruppen lassen sich nach der *Vita* zum Teil noch untergliedern, aber nicht immer scharf gegeneinander abgrenzen. An der Spitze der Kleriker steht das Domkapitel, zwei weitere Rangabstufungen unter den Geistlichen lassen sich erkennen.

Zur *familia* gehören Lehensleute, Zensualen (Zinser) und am zahlreichsten wohl schollegebundene Leibeigene. Bei den Vasallen unterscheidet die *Vita* bischöfliche und königliche. Die Laien unter der Herrschaft des Bischofs gehören anscheinend nicht zur *familia* und unterstehen dem Bischof nur aufgrund seiner Grafenrechte. Die *milites* waren sicher Unfreie, die zum Kriegsdienst verpflichtet waren. Die zwei Nennungen von »Bürgern« *(cives)* lassen keinen Schluß auf eine rechtlich oder wirtschaftlich einheitliche Gruppe zu. Das Wort *cives* bedeutet hier wohl nicht mehr als Einwohner, da damit auch die Bewohner der umliegenden Ortschaften bezeichnet werden. Die Sozialstruktur von Stadt und Umland zur Zeit von Bischof Ulrich stellt sich demnach als eine Pyramide dar. An der Spitze steht der hochadelige Bischof, es folgen eine mehrfach sozial abgestufte Klerikerschaft, adelige Vasallen des Königs und des Bischofs und schließlich die weltlichen Angehörigen der *familia* von sehr differenzierter Unfreiheit. Fragt man sich, aus welcher der genannten Gruppen eine Schicht, begabt mit bürgerlichen Freiheitsrechten, hervorgehen konnte, die sich von der feudal-agrarischen Umwelt abhob, so muß die Antwort lauten: aus den vom Bischof zur Verwaltung der Stadt herangezogenen Vasallen und *milites*, den späteren Ministerialen, und den Zensualen, die aus der Leibeigenschaft aufgestiegen waren.

Die Zeit des 11. und 12. Jahrhunderts ist geprägt von starker Bevölkerungszunahme. Vorstädte entstehen nördlich der Domburg gegen St. Stephan und St. Georg zu, vor allem aber südlich um St. Martin (am Kesselmarkt), um St. Moritz, am Perlach, östlich vom Perlach bis in den Bereich der Jakobervorstadt und südlich von St. Moritz bis St. Ulrich und Afra. Bis 1172 wird der Bereich zwischen Domburg und St. Ulrich und Afra in die Stadtbefestigung einbezogen und ummauert. Mit der räumlichen Trennung zwischen Domburg und Vorstadt *(civitas* und *suburbium)* fällt auch die soziale Scheidung der Bewohner, wie der Begriff *concivis* (Mitbewohner) zeigt, der auch für Ministerialen verwendet wird[4].

Die zahlreichste Schicht unter den »Neubürgern« der Stadt war sicher die der Zinser (Zensualen). Sie kamen meist aus der »unfreien Unfreiheit«[5]. Ihr alter Leibherr übergab sie an eine Kirche; deren Heiliger wurde ihr fiktiver Leibherr. Sie blieben rechtlich Leibeigene, doch waren sie gegen Zinszahlung von den Auswirkungen der Leibeigenschaft (ungemessener Knechtsdienst und Schollegebundenheit) befreit. Die Rechtsqualität eines Zinsers war auch für arme Freie und entlaufene Leibeigene interessant, übernahm doch der neue Leibherr – die Kirche, der Bischof – die Garantie und den Schutz für den erworbenen Status. Entlaufene Leibeigene konnten bereits nach Jahr und Tag in ihrer neuen Stellung nicht mehr behelligt werden, wenn sie bestimmte Auflagen erfüllten, die das erste Stadtrecht festlegte. Die Zensualen hatten die Schollegebundenheit abgestreift und das freie Verfügungsrecht über ihre Arbeitskraft erreicht. Darin steckten große wirtschaftliche Möglichkeiten, die zugleich ein starkes Motiv für persönliche Anstrengungen waren. Die Zinser waren zur »freien Unfreiheit«[6] aufgestiegen. Es war auch möglich, etwa für Freie, sich zu Dienstmannenrecht zu übergeben[7] und damit Anschluß zu finden an die »adelige Unfreiheit«[8] der Ministerialen, die durch Heranziehung zu besonderen Aufgaben im Heeres- und Verwaltungsdienst an der Spitze der weltlichen Gesellschaft in der Stadt standen.

Die erste Stadtrechtsurkunde aus dem Jahre 1156 zeigt folgende Sozialstruktur: An der Spitze steht als Stadtherr unbestritten der Bischof mit seinen Klerikern. An erster Stelle der Laien stehen die Ministerialen, nach ihnen kommen die *urbani*, die wohl im wesentlichen aus den ebenfalls genannten Zensualen bestehen. Nicht genannt werden wohl auch in der Stadt wohnende Freie und die zahlreichen Leibeigenen des Bischofs und der Klöster. Zu den *urbani* gehören auch die Berufsgruppen der Händler, Bäcker, Metzger, Wurstmacher und Schankwirte. Vielleicht sind diese *urbani* die Bewohner des *suburbium*, der Vorstädte außerhalb der Domburg, und die *civitatenses* die Bewohner der Domburg *(civitas)*. Doch liefert das Stadtrecht selbst dafür ebensowenig Hinweise wie für ihre gesellschaftlich-rechtliche Zuordnung zu den Ministerialen oder Zensualen.

Die Zeit zwischen dem ersten und dem zweiten Stadtrecht, zwischen 1156 und 1276, ist die Phase des großen Aufschwungs der Bewohner von Augsburg zu einer selbständig handlungsfähigen Bürgergemeinde. Dies hatte zum einen Ursachen, die für viele Orte des Reiches eine ähnliche Entwicklung brachten: die städtefreundliche Politik der Staufer, die starke Bevölkerungszunahme im Hochmittelalter, die einen guten Markt schuf für städtische Produkte, die Wirtschaft und Handel begünstigenden Kreuzzüge und die nicht zuletzt durch diese gelockerten grund- und leibherrlichen Bindungen. Für Augsburg kam noch hinzu, daß es nach dem Aussterben der Herren von Schwabegg 1167 Kaiser Friedrich I. gelang, die Vogtei über die Stadt ans Reich zu ziehen. Neben dem bischöflichen Burggrafen residierte nun auch ein königlicher Stadtvogt in Augsburg. Diese beiden konkurrierenden Amtsträger eröffneten den führenden Köpfen der Stadt vielfältige Möglichkeiten geschickten Taktierens. Hinzu kam im 13. Jahrhundert die große Geldnot Bischof Hartmanns (1248–1286), die der vermögenden Bürgerschaft Möglichkeiten der Einflußnahme durch Kreditgewährung und Pfandnahme gab.

In den 120 Jahren zwischen den Stadtrechten lassen sich an der Spitze der städtischen Gesellschaft entscheidende Wandlungen beobachten. Kann man 1156 das Vorhandensein einer Oberschicht nur aus wenigen Anhaltspunkten erahnen, so tritt uns eine solche Oberschicht, die sich seit den vierziger Jahren des 13. Jahrhunderts bereits durch die immer gleichen Namen in den Zeugenlisten der Urkunden greifen läßt, 1276 in institutionalisierter Form im Rat als selbstverständlich entgegen. Aus den Gerichtsbeisitzern des Burggrafen und des Stadtvogtes und dem Gerichtsumstand wird sich ein Kreis von Leuten herausgebildet haben, deren wirtschaftliche Situation ihnen diese gerichtliche und politische Betätigung ermöglichte, ohne daß ihre Geschäfte Schaden litten. Es werden dies von Lehen oder ihnen überlassenen Einkünften des Bischofs lebende Leute gewesen sein, die in der Stadt wohnten. Diese werden die nötige Verwaltungserfahrung erworben haben, um dem Bischof als Berater zu dienen und in seinem Gericht als Zeugen aufzutreten. Geschieden von diesen *cives* waren die Ministerialen, deren Namen auf Landsässigkeit hinweisen (. . . de [von] . . .). Diesen Zustand zeigt eine Urkunde von 1162, in der der Ritter Pillung von Katericheshusen seine unberechtigten Ansprüche auf den Zinser Hunold von St. Maria in Günzburg aufgibt. In der Zeugenliste sind die Kano-

niker des Domkapitels, die Ministerialen und die Bürger deutlich geschieden. Unter den 16 Bürgern befinden sich der Münzmeister, drei Heuhändler, ein Kürschner, der Waibel (Gerichtsbote) und ein Diener des Kämmerers. Die beiden letzten waren sicherlich unfrei und gehörten zur *familia* des Bischofs, wurden aber wegen der Dienste, die sie leisteten, zu den *cives* gerechnet und zur Zeugenschaft herangezogen. Der rechtliche und soziale Status der genannten Bürger wird der von Zensualen gewesen sein, vielleicht war der eine oder andere auch zu Ministerialenrecht an eine geistliche Einrichtung übergeben worden. Die genannten Ministerialen gehören alle dem älteren Typ dieses Standes an. Es sind dies der Kämmerer, sein Sohn, der Burggraf und Konrad von Hurnenloch, ein in der Nähe Augsburgs sitzender Ministeriale des Bischofs[9]. Bei der Schwäche der Reichsgewalt, dem Rückhalt des Stadtvogtes, schob sich nach 1200 auch an seiner Seite eine bürgerliche Führungsgruppe immer mehr in den Vordergrund. 1239 beurkunden der Vogt, alle Bürger *(burgenses)* und das anwesende Augsburger Volk die Übergabe eines Ackers an das Kloster St. Stephan[10]. Die auch in anderen Vogturkunden nachweisbaren *burgenses* bilden offenbar eine besonders qualifizierte Personengruppe. Vielleicht stellen sie eine Vorform des Rates dar, denn mit dessen Auftreten in den Quellen verschwinden die Belege für die *burgenses*. In der Urkunde von 1239 treten unter den Zeugen im Patriziat später bedeutsame Namen auf, die sich von nun an in den Zeugenlisten immer wieder finden. Bis sich für diesen Kreis die Bezeichnung *consules* festsetzt[11], wird ihre bevorzugte Stellung verschieden zum Ausdruck gebracht. 1251 heißt es am Ende einer Reihe namentlich genannter Bürger »und andere ehrbare Männer . . . mehr«. 1254 ist von »diesen fünf vorausschauenden und weisen Männern« die Rede, von denen zwei von seiten der Bürger kommen. 1264 wirken »weise und kluge Männer« bei einer Erbschaftsangelegenheit mit. 1269 treten neben den *consules* noch »unsere vorzüglicheren *(pociores)* Bürger« auf[12]. Näheren Einblick in die Sozialstruktur Augsburgs gewährt eine Urkunde von 1251[13]. Sie beinhaltet einen Vertrag Bischof Hartmanns »zwischen ihm und seinen Augsburger Bürgern«. Letztere hatten in einem Streit den Bischof zum Nachgeben gezwungen. Die Bürgerschaft erhält dabei die Verfügungsgewalt über die Tore und alle Bauwerke. Weiter werden die Leistungen der Bürger umrissen, die uns dabei in ihren sozialen Abstufungen greifbar werden. An der Spitze der bürgerlichen Hierarchie stehen die »Ministerialen und freien Personen«. Sie leisten dieselben Steuern wie die übrigen Angehörigen der Bürgergemeinde. Todesfallbestimmungen binden die Ministerialen noch an ihre alten Leibherren, die für den Fall erbenlosen Todes eines Ministerialen Ersatzerben bleiben. Die zweite Gruppe unter den Bürgern bilden die Zensualen. Ihre Stellung hat sich gegenüber 1156 verbessert. Die Erben leisten beim Todesfall des Zinsers nur das Bestkleid, der übrige Besitz bleibt unangetastet, solange erbberechtigte Nachkommen oder eine Witwe da sind. Die dritte und unterste Gruppe bilden die Leibeigenen *(cives servilis conditionis)* und die zum Dienst übergebenen Leibeigenen *(servi in feodum dati)*. Sie waren aufgrund ihrer Zinszahlung vom Knechtsdienst befreit. Die ersteren bezahlten zwölf Augsburger Denare pro Jahr, die letzteren leisteten vier Maß Met.

Die erste Gruppe stellt das frühest faßbare Patriziat dar. Zu ihr gehören sicher auch die als Zeugen der Urkunde genannten Bürger. Nicht zur Bürgerschaft gehören die in der Stadt wohnenden ritterlichen Vasallen sowie die Amtleute und das Gesinde des Bischofs, des Domkapitels und der Klöster. Aber nur soweit sie kein Gewerbe und keinen Handel treiben, unterliegen sie auch nicht dem Besteuerungsrecht der Bürgergemeinde. Dieses Besteuerungsrecht wird damit indirekt festgestellt.

Die Hauptperiode im Prozeß der Loslösung der Stadt und ihrer Bewohner vom Bischof, der zugleich Raum schuf für die Betätigung einer städtischen Oberschicht, fällt in das Pontifikat Bischof Hartmanns von Dillingen. Von den Auswirkungen des Vertrages von 1251 war eben die Rede. Die chronische Finanznot des Bischofs eröffnete den Bürgern ständig neue Möglichkeiten. 1253 verpfändete er die bischöfliche Mühle an den Bürger Heinrich Schongauer, an denselben 1259 den Lechbrückenzoll und einen Meierhof, an dessen Söhne im gleichen Jahre den bischöflichen Anteil am Marktzoll und an Heinrich Schongauer und Söhne 1262 das Burggrafenamt auf zwölf Jahre. 1254 ging das Ungeld, eine Art Verbrauchs-

steuer, für zehn Jahre in Gemeindebesitz über, wo es verblieb. Auch das Amt des Stadtvogts kam in bürgerliche Hände, und 1272 gelangte die Münze auf drei Jahre an die Stadt[14]. 1268 traten erstmals ein städtischer Notar und ein Siegelbewahrer für das schon seit 1235 belegte Stadtsiegel auf[15]. 1260 wird erstmals ein Rathaus *(domus civium)* erwähnt, 1266 ein Bürgermeister *(magister civium)*[16].

Bereits vor der Abfassung und königlichen Anerkennung des zweiten Stadtrechts 1276 waren alle wesentlichen Rechte und Ämter unter den Einfluß oder in den Besitz einer sozial deutlich abgestuften städtischen Bürgergemeinde gekommen. Entscheidenden Anteil daran hatte eine zahlenmäßig geringe Schicht einflußreicher und vermögender Bürger, das Amts- oder Verwaltungspatriziat. Dieses stammte, soweit man es bei einzelnen Familien nachweisen kann, aus der Ministerialität sowohl des Bischofs als auch des Reiches. Faßbar wird diese Schicht durch ständiges Auftreten in den Zeugenlisten von Urkunden, häufig an hervorragender Stelle, durch Tätigkeit in dem 1276 im Stadtrecht wie selbstverständlich genannten Stadtrat, erkennbar an den Bezeichnungen *consul* oder *ratgebe*, und an der Übernahme sämtlicher höherer Ämter der Bürgerschaft. Es waren dies die Ämter des Bürgermeisters bzw. seit 1288 der beiden Stadtpfleger, der Spitals- und Zechpfleger und der Baumeister. Oft tragen sie auch den Titel *dominus* oder *her*. Was dieses noch keineswegs geschlossene Patriziat – seine rechtliche Abschließung durch Ratssatzung erfolgte erst 1383 – einte, war vor allem das Konnubium, das Recht und die Gewohnheit, untereinander zu heiraten. Bei der Untersuchung der einzelnen Familien ist es vielfach nachweisbar[17] (siehe Graphik). Daneben war eine patrizische Heirat ein wesentlicher Weg sozialen Aufstiegs, doch wird er meist nur für zumindest wirtschaftlich gleichrangige Bürger gangbar gewesen sein.

Das Stadtrecht von 1276, über das an anderer Stelle ausführlicher gehandelt wird, zeigt die bürgerliche Oberschicht im alleinigen Besitz der städtischen Selbstverwaltungsrechte. Indem jedoch die Rechte der Gewerbetreibenden, nämlich der Kaufleute, der Gewandschneider, Kramer, Weißgerber, Rindschuster, Lederer, Salzleute, Lodweber, Huter (Hutmacher), Floßleute, Fischer und Müller, beschrieben

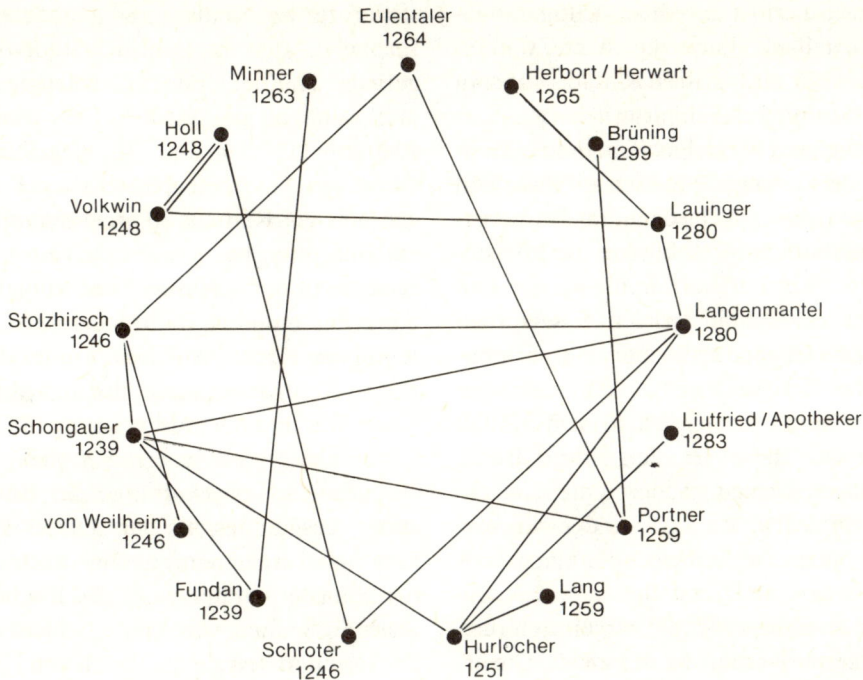

Eheliche Verbindungen der bis zum Stolzhirsch-Aufstand 1303 auftretenden Patriziatsfamilien. Die Jahreszahl beim Namen signalisiert das erste nachweisliche Auftreten der Familie unter diesem Namen in Augsburg. Jede Verbindungslinie bezeichnet eine Eheschließung.
Nach Sieber, ergänzt nach Geffcken, s. Anm. 1

werden, können wir damit wohl erstmals auch gewisse Organisationen von Handwerkern fassen, vor allem da andere Handwerke noch ausdrücklich in Abhängigkeit des bischöflichen Burggrafen sind (Bäcker, Metzger, Schankwirte, Hucker [Kleinkrämer]). Die Beschreibung und Begrenzung der erlaubten Tätigkeiten weisen schon auf Vorformen der Zünfte hin. Solche selbständigen Handwerkerzusammenschlüsse gibt es aber 1276 noch nicht, ja sie werden den Bäckern ausdrücklich verboten. Insgesamt vermittelt das Stadtrecht Einblick in eine beruflich schon stark differenzierte Einwohnerschaft von sicher beträchtlicher Wirtschaftskraft. Daß es in Augsburg schon lange viel einfaches Volk gab, zeigt auch das Engagement der sich besonders der Unterschichtenseelsorge widmenden Barfüßer (Franziskaner), die seit 1221, dem Jahr ihres ersten Auftretens in Deutschland, schon in der Stadt nachweisbar sind und ihr Kloster mitten im Gewerbebezirk an den Lechkanälen errichteten (bis 1265). Bürgerrecht, im Stadtrecht *burcreht* genannt, besaßen im Vollsinne nur die Angehörigen des Patriziats und die selbständig Handel- oder Gewerbetreibenden. Es war speziell auch an den Besitz eines eigenen Hausstandes gebunden. Beruflich Unselbständige, die keinen eigenen Haushalt hatten und deshalb auch keine Steuer zahlten, besaßen es in der Regel nicht. Um einen Überblick zu gewinnen, wer dieses Bürgerrecht besaß und vor allem wer es erwarb, wurde ab 1288 das Bürgerbuch geführt. Dem entsprach auf der Gegenseite das Achtbuch, das seit 1302 die aus der bürgerlichen Rechtsgemeinschaft Ausgeschlossenen verzeichnet.

Nachdem die Stadt 1276 die Rechte der Bürgerschaft von dem bischöflichen Stadtherrn endgültig bestätigt erhalten hatte, änderte dies für den nichtpatrizischen Teil der Stadtbewohner wenig. Erst die folgende Epoche bis 1368 ist davon gekennzeichnet, daß weitere Schichten, geführt von zu Vermögen gelangten

Handwerkern, nach politischer Mitsprache strebten und es ihnen auch gelingt, sie zu erreichen. Ermutigt wurden sie dazu wohl auch dadurch, daß seit etwa 1250 neben den Familien des ministerialischen Verwaltungspatriziats immer mehr Familien eine hervorragende Stellung einnehmen, bei denen Geld- und Warenhandelsgeschäfte nachweisbar sind. Diese verdanken ihre Beiziehung zu öffentlichen Angelegenheiten wohl in erster Linie ihrem Vermögen, wuchsen dadurch in das Patriziat hinein und waren dann ratsfähig. Daß bereits diese erste Erweiterung der politisch Mitspracheberechtigten nicht ohne Spannungen abging, zeigt der Stolzhirsch-Aufstand von 1303[18]. Die Nachrichten über dieses Ereignis sind spärlich, werfen aber doch interessante Schlaglichter auf die gesellschaftliche Situation. Angehörige der der ältesten Führungsschicht zugehörigen Familien der Stolzhirsch, der Schongauer und der Schroter verbanden sich zu dem Zweck, Siboto Stolzhirsch dem Älteren das Bürgermeisteramt zu verschaffen, worunter wohl eine Alleinherrschaft nach dem Vorbild italienischer Stadtdiktaturen zu verstehen ist. Das Unternehmen schlug fehl. Die Hauptbeteiligten wurden aus der Stadt verbannt. Die übrigen Beteiligten unterwarfen sich dem Rat und der Stadt[19]. Sie versprachen für sich und ihre Leute, in der Stadt keinen Harnisch mehr zu tragen. Es war also wohl zu bewaffneten Auseinandersetzungen gekommen. Auf das Jahr 1303 zu datieren ist vermutlich ein Nachtrag im Stadtbuch, der das Kaufen sogenannter Muntleute verbietet. Offensichtlich hatten die Angehörigen der mächtigen Geschlechter wie Adelige Eigenleute besessen, die als wohl bewaffnete Gefolgschaften zu einer Störung des inneren Friedens der Stadt geworden waren. Interessant ist, daß diese Ereignisse stattfinden, als Konrad Lang, der damals bedeutendste Geldhändler Augsburgs, und Heinrich Prior, ein bis dahin unbekannter »Neuling«, Stadtpfleger waren. Die Entschiedenheit, mit der die Mächtigen der Stadt gegen diesen Versuch der gewaltsamen Verfassungsänderung vorgingen, ließ es für andere Gruppen wohl geraten erscheinen, vorsichtig zu sein[20], und das, zumal die Patrizier 1316[21] von König Ludwig dem Bayern das Recht erhalten hatten, wie Landadelige und Reichsministerialen zu Gericht zu sitzen und Recht zu sprechen. Doch wie die führenden Ge-

schlechter der Stadt unter Bischof Hartmann durch finanzielle Leistungen Einfluß gewonnen hatten, so gelang dies auch den Handwerkern in der ersten Hälfte des 14. Jahrhunderts.

Zuerst wohl mußten die Ratsgeschlechter gegen den Geist des Stadtrechts verstoßende Gilden dulden, wie eine solche 1324 für die Lederer belegt ist[22]. Im Rahmen einer Neugestaltung der Ratsherrenauswahl erlangte die Gemeinde der Bürger ein wichtiges Recht[23]. Von nun an mußten die Baumeister jährlich Rechnung legen vor einem Ausschuß von zwölf Mitgliedern, der zu gleichen Teilen aus dem kleinen Rat (Patrizier) und der Gemeinde der Stadt besetzt war. 1348 wollte noch einmal ein altes Geschlecht, die Portner, die Herrschaft über die Stadt an sich reißen durch Ausnutzung der Unruhe in der Stadt, durch Pest und Judenpogrom. Der Aufstand wurde aber rasch niedergeschlagen, sie selbst wurden aus der Stadt verbannt[24]. Als sich 1352 Unzufriedene zu einer Bruderschaft bei St. Jakob zusammentaten, konnte der Rat noch einmal durchgreifen und sie kurzerhand auflösen[25]. Als Steuererhöhungen in den sechziger Jahren erneut Unruhe stifteten, ließ sich eine Verfassungsreform nicht mehr aufhalten. Die sogenannte Zunftrevolution, die an anderer Stelle behandelt wird, brach aus.

Eine Sonderrolle in der städtischen Gesellschaft spielten die seit 1266 nachweisbaren Juden. Sie unterstanden dem König, der den Judenschutz übte und diesen in dem genannten Jahr in Augsburg an den Patrizier Konrad Hurlocher als Judenpfleger übertrug[26]. Im Stadtrecht von 1276 wurden ihre Rechte genau geregelt und von denen der Christen abgehoben. Sie hatten eine eigene Schule, ein eigenes Bad- und Tanzhaus und einen eigenen Friedhof. Ohne Bürgerrecht, aber von großer wirtschaftlicher Bedeutung, lebten 18 steuerpflichtige jüdische Familien in Augsburg, bis sie im Zusammenhang mit der ersten Pest 1348 einem Pogrom zum Opfer fielen[27].

---

1 Neuere Arbeiten zum Gesamtkomplex dieses Themas liegen nur in schwer zugänglicher Form vor:
Karl-Heinz Sieber: Die Anfänge des Augsburger Patriziats bis zum Stolzhirsch-Aufstand 1303. Ungedruckte Zulassungsarbeit zur Prüfung für das Lehramt an Gymnasien, München

1968; Peter Geffcken: Soziale Schichtung in Augsburg 1396–1521. Diss. phil. (Masch.), München 1983; Hans Brütting: Anfänge des Bürgertums in Augsburg. Ungedruckte Zulassungsarbeit zur Prüfung für das Lehramt an Gymnasien, München 1982.

2 Joachim Werner (Hrsg.): Die Ausgrabungen in St. Ulrich und Afra in Augsburg 1961–1968, München 1977.

3 Gerhardi Vita St. Oudalrici Episcopi, MG SS IV, S. 377–422.

4 MB 22, S. 107, Urkunden zwischen 1126 und 1179.

5 Karl Bosl: Die wirtschaftliche und gesellschaftliche Entwicklung des Augsburger Bürgertums vom 10. bis zum 14. Jahrhundert (Sitzungsberichte d. Bayerischen Akademie d. Wissenschaften, Phil.-hist. Klasse 1969/3).

6 Ebd. S. 13.

7 Beide Formen sind belegt in einer Urkunde des Jahres 1157 (Vock, Nr. 31). Darin übergibt ein nicht näher bezeichneter Heinrich seine Eigenfrau Hiltigundis an den Altar zu St. Maria in Augsburg, damit sie die Freiheit genieße, die die Bessergestellten dieser Kirche haben, und erwirbt für sich selbst Dienstmannenrecht (ius ministerialium).

8 Bosl, S. 13.

9 Vock, Nr. 33 (1162 März 23).

10 AUB I, S. 2 (1239 Februar).

11 Erstmals 1257 (AUB I, S. 15–17).

12 MB 33a, S. 79 (1251 Mai 9); AUB I, S. 12–14 (1254 Mai 4); Vock, Nr. 80 (1264 Juli 24); Vock, Nr. 91 (1269 Oktober 24).

13 AUB I, S. 9–11 (1251 Mai 9).

14 MB 33a, S. 81 (1253 August); Vock, Nr. 73 (1259 Januar 2); Vock, Nr. 77 (1262 Juli 26); AUB I, S. 12–14 (1254 Mai 4); BayHStA KU St. Moritz 15, (1260); Stadtbuch, S. 325 (1265); Hipper, Nr. 45 (1280 Dezember 9).

15 AUB I, S. 29 (1268 August).

16 AUB I, S. 19 (1260); Hipper, Nr. 40 (1266 Oktober 23).

17 Sieber, S. 30–109.

18 AUB I, S. 150–152 (1303 Juni 23).

19 AUB I, S. 153–155 (1303 September 9).

20 Stadtbuch, S. 73 f.

21 AUB I, S. 196–198 (1316 Januar 1).

22 Stadtbuch, S. 334 f. (1324 Juli 4).

23 AUB I, S. 354–356 (1340 August 23).

24 AUB II, S. 21 f. (1349 Januar 24).

25 Stadtbuch, S. 249.

26 MB 30a, S. 358 (1266 November 30), zusammen mit Ulrich Claindienst.

27 Zorn, Augsburg, S. 127.

Die Augsburger Sozialstruktur im 15. Jahrhundert

von Joachim Jahn

Quellengrundlage der Untersuchung sozialer Schichtung sind in erster Linie Steuerbücher, da vergleichbare Einkommensverhältnisse in mittelalterlichen Städten nur schwer zu ermitteln sind[1]. Vom Jahr 1396 an verzeichnen die Augsburger Steuerbücher die Höhe der Steuerleistung[2], Berufsangaben der Besteuerten fehlen dagegen meist. In Augsburg wurde – vor allem seit 1455 – die erwachsene Einwohnerschaft, soweit sie nicht in einen Haushalt eingegliedert war (Ehefrauen, Bedienstete), fiskalisch praktisch vollständig erfaßt. Gäste mußten in öffentlichen Wirtshäusern wohnen, andere Nichtbürger mußten als Dienstboten oder Gesellen tätig sein, um in Augsburg wohnen zu dürfen. Trotz des komplizierten Steuersystems erlauben die Steuerbücher eine wirtschaftliche Differenzierung der Bevölkerung. Als Vergleichsmaßstab dient dabei das von den Steuereinnehmern veranschlagte Gesamtvermögen, das Anschlagvermögen[3]. Die Eigenart der Steuerbücher verhindert aber die Zuordnung der ökonomischen Statuslagen zu Berufsgruppen. Personengeschichtliche Einzelanalysen lassen sich am ehesten bei der hauchdünnen Oberschicht vornehmen; bei den Unter- und Mittelschichten ergeben sich aufgrund der spärlichen Quellenlage erhebliche Identifizierungsprobleme.

Die Einwohnerzahl dürfte erst nach dem ersten Drittel des 16. Jahrhunderts gelegentlich die 30 000-Marke erreicht haben[4]. Von 1396 bis 1492 wuchs die Bevölkerung von rund 12 000 auf etwa 19 000 an[5]. Anläßlich der Erhebung der Hussitensteuer im Jahre 1428 erfaßte man fast alle Erwachsenen über 15 Jahre (10 664)[6], von denen 48,1 Prozent männlich waren. Das zahlenmäßige Verhältnis zwischen den Geschlechtern war recht ausgeglichen. Von einem gewaltigen Frauenüberschuß kann nicht gesprochen werden. Es gab lediglich einen leichten Überhang lediger Frauen. In der ersten Hälfte des 15. Jahrhunderts (bis etwa 1440) wuchs die Augsburger Bevölkerung überdurchschnittlich. Ein Zusammenhang mit dem Konjunkturverlauf ist unverkennbar. Während die letzten Jahre des 14. Jahrhunderts von Krisen gekennzeichnet waren, kam es anschließend zu einem wirtschaftlichen Aufschwung, der schon den zeitgenössischen Chronisten nicht verborgen blieb. 1387/88 tobte der Städtekrieg um Augsburg[7], 1398/99 reichte das Steueraufkommen nicht mehr zur Deckung des städtischen Etats aus[8]. Das deswegen erhobene neue Ungeld löste Unruhen aus, besonders unter den Webern, Bäckern, Schustern, Schäfflern und Schmieden[9]. Während der zwanziger und dreißiger Jahre des 15. Jahrhunderts blieb Augsburg von Kriegen weitgehend verschont. Es war eine Zeit des wirtschaftlichen Aufstiegs, wie sich beispielsweise an der Biographie Burkhard Zinks zeigen läßt[10]. Die Chroniken berichten in diesen Jahren von zahlreichen städtischen Neubauten (Tanzhaus, Metzg, Brothaus, Zwinger, Ummauerung der Jakobervorstadt, Röhrbrunnen, Straßenpflasterung) und dem florierenden Handel und Gewerbe. Im Jahre 1396 wurde die Witwe des patrizischen Kaufmanns Johann Dachs mit 21 630 fl Vermögen zur Steuer herangezogen – in dieser Zeit eine absolute Ausnahmeerscheinung; Bürgermeister Johann Mangmeister aus der Kaufleutezunft, der ein Vermögen von 13 440 fl versteuerte, folgte bereits mit deutlichem Abstand[11]. Bezeichnenderweise war er ein Barchentverleger. Ulrich Arzt, Mitglied der Weberzunft, ist um 1420 in einer »gesellschaft« mit Hans Hörwart faßbar, die man dem Hörensagen nach auf ein Kapital von 40 000 fl schätzte[12]. In diese Zeit der wirtschaftlichen Blüte fällt auch die Gründung der Meuting-Gesellschaft,

die bereits mit Edelmetallen handelte[13]. Ebenso traten die Rehlinger- und die Welsergesellschaft – an der auch Hans von Hoy beteiligt war – in Erscheinung. Letztere ging aus einer Gruppe um die Egen und Prun hervor[14].

Motor dieser ersten Konjunkturphase des 15. Jahrhunderts dürfte die Barchentproduktion gewesen sein, von der »sich ein unzalbere volk hie bei uns nerend«[15]. Von diesem Aufschwung profitierten breitere Schichten, wie nicht nur dieses Quellenzitat zeigt, sondern auch die sozialstatistischen Daten erkennen lassen. Aufstiegschancen boten sich auch den Emporkömmlingen aus den Zünften, vor allem Webern, die zu Verlegern und in einer zweiten Phase zu Fernhandelskaufleuten aufstiegen.

Ende der dreißiger Jahre und in den vierziger Jahren häufen sich allerdings Nachrichten über Diebstähle, Raub, Seuchen, Kriege, Inflation und Teuerung, Brot-, Mehl- und Fleischmangel[16]. 1444 brach, ein Vorzeichen der Krise, die »groß hantierung und gewerb mit allerlai kaufmanschaft« des Münzmeisters und Goldschmieds Franz Bäsinger zusammen[17]. 1456 suchten 76 arme Gesellen ihr Glück beim Kreuzzug[18], ein Jahr später mußten angeblich 4200 Arme von der Stadt verpflegt werden[19], obwohl gleichzeitig die bayerischen Handelssperren die Lebensmittelversorgung erheblich behinderten. Sogar Patrizier verarmten[20]; sozial absinkende kleine Kaufleute suchten ihren Lebensunterhalt als Straßenräuber zu fristen[21], und verarmte Zunftmeister vergriffen sich an städtischen Geldern[22]. Der »arm man« arbeite den ganzen Tag für einen Lohn von zehn bis zwölf Pfennigen und könne sich davon doch kein Brot kaufen, notierte Burkhard Zink[23]. Die Krise erreichte ihren Höhepunkt 1462–1466 in den kriegerischen Auseinandersetzungen mit dem Herzogtum Bayern, als die um Augsburg gelegenen Ortschaften, die Bleichhäuser, mehrere Mühlen und die Schmelzhütte zerstört wurden. Die Flucht armer, durch den Krieg geschädigter Landbewohner in die Stadt ließ die Lebensmittelpreise übermäßig ansteigen. Der Handelskrieg legte einen großen Teil der Augsburger Wirtschaft lahm. Der Unmut der Unterschichten äußerte sich 1466 in neuen Ungeldunruhen, wobei sich besonders Bäcker, Bierschenken, Weber, Gürtler, Hucker (Kleinkrämer), Maurer, Zimmerleute, Fischer und einige Kramer unter den Oppositionellen hervortaten[24]. Der Rat, der sich mit seinen Kreditgesuchen bis an das ferne Frankfurt wenden mußte, bekam zu hören, seine Regierung »sey ain bös unerbers und unredlichs regiment hie und sey kain frommer man hie er sy dann im spital. Es sy och kainer hie der sein gůt recht gewonen hab sonder nur mit wůchern«[25].

Kleine Handwerker und Taglöhner, die praktisch von der Hand in den Mund lebten, waren von den konjunkturellen Einbrüchen und Rückschlägen am härtesten betroffen. Wegen der Finanzierungslücken mußte der Rat 1458, 1462 und 1466 den Steuersatz anheben. 1459 sah er sich gezwungen, eine ausführliche und verschärfte Bettelordnung zu erlassen[26].

Bis zu dieser Krise hatten auch die Unterschichten in bescheidenem Rahmen an der wirtschaftlichen Aufwärtsentwicklung teilgenommen. Der Aufschwung war vor allem den zahlreichen Beschäftigten im Barchentgewerbe zugute gekommen; in diesem Sektor hatten sich auch Aufstiegschancen eröffnet. In der Aufschwungphase waren 35 bis 45 Prozent der steuerlich Veranlagten vermögenslos, mußten sich also mit Lohnarbeit fortbringen, während ihr Anteil in der Krise auf über 60 Prozent anstieg. 1408 lag der Anteil der Vermögenslosen mit 33,7 Prozent auf dem niedrigsten Niveau des gesamten 15. Jahrhunderts, während er 1472 mit 60,5 Prozent (= 3033 Personen) sein Maximum erreichte. Diese Zahl der absolut Armen stimmt mit den chronikalischen Berichten über die Zahl der Bettler bzw. der Empfänger städtischer Getreideversorgungen überein[27]. Zur wirtschaftlichen Unterschicht gehörten in Augsburg wie in anderen Städten Handelsgehilfen, Handwerksgesellen, Dienstboten, Taglöhner, alleinstehende Frauen, Bettler und die sogenannten Unehrlichen (Henker, Abdecker, Totengräber, Geächtete, Spielleute, mit Einschränkungen auch unehelich Geborene), die freilich zahlenmäßig nicht oder kaum ins Gewicht fielen[28]. Diese Gruppen verfügten über ein geringes Einkommen, teilweise auch über Vermögen, das aber in Krisenzeiten rasch aufgebraucht war. Peter Geffken sieht – im Anschluß an Ulf Dirlmeier – die Grenze zwischen wirtschaftlichen Unter- und Mittelschichtspositionen bei einem Vermögen von 100 fl. Zur Unterschicht mit einem Anschlagvermögen zwischen null und 99 fl zählten 1408 78,2 Prozent (niedrigster Stand des Jahrhunderts), 1462 aber 85,2 Prozent (Maximum) der Bevölkerung. 1408 verfügten die 2902 Unterschichtsangehörigen noch über 10,3 Prozent des gesamten veranschlagten Vermögens, während es 1462 gerade noch 6,4 Prozent sind. 1492 besaßen 82,5 Prozent der Steuerzahler nur 2,9 Prozent des Vermögens. Diese Werte sind eindeutige Indizien für die hohe Krisenanfälligkeit der Unterschicht, andererseits ein Kennzeichen der extremen Vermögenskonzentration in Augsburg. Sozialpolitische Maßnahmen wie Stiftungen oder städtische Lebensmittelversorgung konnten bei einer derartigen Sozialstruktur nur vereinzelt oder vorübergehend Abhilfe schaffen.

Die Abgrenzung der Mittelschicht gegenüber der Oberschicht im langfristigen Vergleich ist in der ökonomischen Ebene dagegen ungleich problematischer, da hier auch relative Komponenten eine Rolle spielen. Die älteren, meist auf Julius Hartung[29] zurückgreifenden Analysen legen eine zu geringe Datenmenge zugrunde, als daß sich daraus zutreffende Schlüsse auf die Strukturveränderungen der Mittelschicht im 15. Jahrhundert ziehen ließen. Peter Geffcken sieht als Mindestvoraussetzung für die Zugehörigkeit zur Mittelschicht ein Anschlagvermögen zwischen 100 und 999 fl an. Mit Einschränkung ergibt sich daraus eine Grenze – bei der Gliederung nach Steuerklassen – zwischen Mittel- und Oberschicht bei einem Anschlagvermögen von 1000 fl. Für diese nach oben nur formal abgegrenzte Mittelschicht ergibt sich eine Schwankungsbreite zwischen 18,2 Prozent im Jahr 1408 (675 Personen) und 11,1 Prozent im Jahr 1462 (538 Personen). Ihr Anteil an den Steuerzahlern stieg erst nach der Jahrhundertwende (1504) wieder auf über 15 Prozent. Ihr Anteil am Gesamtvermögen ging während des gesamten 15. Jahrhunderts zurück. Die wesentliche Veränderung bestand offensichtlich darin, daß sich die sozialen Aufstiegsmöglichkeiten nach der Krise der Jahrhundertmitte auf wenige Ausnahmen beschränkten, die soziale Mobilität mithin quantitativ abnahm. Wechselbeziehungen zwischen der durch das Anschlagvermögen bestimmten Mittelschicht und einschlägigen Berufsgruppen lassen sich zumeist kaum bestimmen[30], zumal es keine prosopographischen

Untersuchungen gibt, die aufgrund der Quellenlage vielleicht auch gar nicht geleistet werden können. Man kann annehmen, daß die Mittelschicht sich über die ganze Bandbreite der zunftmäßigen Berufe erstreckte. Der prozentuale Anteil der Mittelschicht an der Augsburger Gesellschaft des Spätmittelalters ist jedenfalls bisher überschätzt worden. Von einer breiten Vermögensbildung bei einer ausgedehnten Mittelschicht kann kaum die Rede sein.

Als Mindestvoraussetzung für wirtschaftliche Oberschichtpositionen sieht Peter Geffcken ein Anschlagvermögen von 1000 fl an, wobei diese Grenze gegen Ende des 15. Jahrhunderts nur noch beschränkte Bedeutung besaß. 1396 erreichten 2,4 Prozent der Steuerzahler diese Grenze; sie besaßen zusammen 48,9 Prozent des gesamten veranschlagten Vermögens der Stadt. 1492 hatte sich der Anteil dieser Gruppe auf 4,7 Prozent erhöht, in deren Händen sich nun aber 80,9 Prozent des Gesamtvermögens konzentrierten. Differenziert man die Oberschicht genauer, so läßt sich die extreme Vermögenskonzentration im Augsburg der zweiten Hälfte des 15. Jahrhunderts noch deutlicher aufzeigen: 1492 vertraten 22 Personen (= 0,42 Prozent) die höchste Steuerklasse – mit einem Anschlagvermögen über 10 000 fl –, und sie besaßen über 30 Prozent des Gesamtvermögens. Parallel zur starken Vermögenskonzentration engagierten sich große Augsburger Handelsgesellschaften in außerordentlicher Weise im Bunt- und Edelmetallhandel, im Bergbau, in Kredit- und Bankgeschäften (Fugger, Welser, Höchstetter), wobei die Abhängigkeit beider Phänomene voneinander noch nicht hinreichend untersucht zu sein scheint. Nach der wirtschaftlichen Krise nahm die Zahl der reichsten Augsburger absolut und relativ zu, während die Mittelschicht abnahm. An eine zahlenmäßig begrenzte Ergänzung der Reichsten aus den mittleren und unteren Bereichen der Oberschicht, zum Teil aber auch aus der Mittelschicht, kann man durchaus denken[31]. Die Oberschicht war zwar auch von der Krise betroffen, doch bei weitem nicht in dem Ausmaß, wie dies bei den Unter- und Mittelschichten der Fall war.

Die Folge dieser Entwicklung war, daß die Kluft zwischen den wenigen Reichen und den vielen Armen immer größer wurde. Greift man – um absolute Vermögensgrenzen zu umgehen – auf relative Abgren-

zungen zurück und untersucht den Anteil der reichsten drei Prozent der Steuerzahler am gesamten veranschlagten Vermögen, so wird die Tendenz zur Vermögenskonzentration noch deutlicher. 1396 verfügte diese ökonomische Elite über 50 Prozent des gesamten veranschlagten Vermögens; bis 1516 stieg deren Anteil kontinuierlich – auch durch die Krise nicht unterbrochen – auf über 80 Prozent. Zwischen 1396 und 1521 lassen sich rund 1200 Personen mit einem Anschlagvermögen über 1000 fl nachweisen; 868 Steuerkonten zählten zur Gruppe der reichsten drei Prozent, die sich auf 580 Familien verteilten[32]. Zur engeren reichsten Schicht gehörten aber nur 112 Familien, darunter fast alle Patrizierfamilien. Die nichtpatrizischen Angehörigen der Oberschicht stammten zumeist aus den Zünften der Kaufleute, Salzfertiger, Weber, Gewandschneider, Kürschner oder Hucker (Kleinkrämer).

Politisch, im Rat wie in den wichtigsten Ämtern, waren die Patrizier aufgrund der Verfassung von 1368 – gemessen an ihrem Anteil an der Gesamtbevölkerung – überrepräsentiert. Elf der 17 Zünfte entsandten im 15. Jahrhundert in den kleinen Rat je zwei Vertreter. Die politisch bevorzugten Zünfte waren die der Kaufleute, Weber, Kramer, Salzfertiger, Bäcker, Metzger, Schuhmacher, Schneider, Brauer und Lederer. Die ersten sechs hatten zusätzlich je zwei Sitze im alten Rat. Alter und kleiner Rat, die sogenannten inneren Räte, besetzten die städtischen Ämter. Die Vorrangstellung der genannten Zünfte erklärt sich zum Teil durch ihr Alter und ihr hohes Ansehen, vor allem aber durch ein wirtschaftlich-gesellschaftliches Moment: In ihnen konzentrierten sich die im Regional und Fernhandel tätigen Bürger[33]. Als angesehenste Zunft galt die der Kaufleute, in der sich die meisten nichtpatrizischen Groß- und Fernhändler organisierten[34]. Die Zünfte waren zunächst und vor allem politische Organisationen, die in sich als Berufsorganisationen aufgebaut waren. Bei den kleineren Zünften war der berufskorporative Aspekt stärker ausgeprägt. Das politische Gewicht einer Zunft hing vom wirtschaftlichen, gesellschaftlichen und politischen Rang ihrer führenden Persönlichkeiten ab. Zugehörigkeit zu einer bestimmten Zunft läßt aber umgekehrt nicht auf den gesellschaftlichen Rang einer Person schließen. Dies gilt beispielsweise für die Weber, die überwiegend zu den Unter- und Mittelschichten zu rechnen sind, in deren Zunft aber auch Angehörige der wirtschaftlichen Elite organisiert waren[35].

Die verfassungsrechtliche Stellung des Patriziats bot trotz des Umbruchs von 1368 die Gewähr für eine gewisse Kontinuität. Durch die neue Verfassung erlangten weitere Kreise Zugang zur politischen Macht, doch begann sich schon wenige Jahre nach 1368 die politische Führungsschicht wieder zu verengen. Wesentliche Teile der Verfassung von 1368 wurden faktisch außer Kraft gesetzt. Peter Geffcken hat errechnet, daß 94 Prozent aller Inhaber der zentralen Ratsämter (Bürgermeister, Siegler, Baumeister, Einnehmer) aus der drei Prozent starken Gruppe der wirtschaftlich potentesten Augsburger kamen (1396–1516). Der hohen Vermögenskonzentration entsprach demzufolge die Zentralisierung der politischen Macht in nur wenigen Händen. Die wirtschaftliche Betätigung der Patrizier unterlag zwar Beschränkungen – so durften sie keinen zünftisch organisierten Beruf ausüben –, doch wahrten und mehrten sie ihren Besitz durch Fernhandel und Kapitalgeschäfte. Allerdings lassen sich Patrizier vereinzelt auch als Handwerker, so als Goldschmiede, nachweisen[36]. Im 15. Jahrhundert gehörten zu den 30 wirtschaftlich bedeutendsten Augsburger Familien immerhin zehn Patrizierfamilien (Rehlinger, Herwart, Welser, Langenmantel beider Linien, Gossembrot, Ilsung, Lang, Vögelin und Hofmaier). Die übrigen Patrizier erscheinen fast alle unter den 100 führenden Familien der Stadt, wenn auch einzelne verarmten (Hartmann und Wiguleus Langenmantel vom Sparren, Stephan Bach, Georg Hangenor). Das Patriziat war zwar 1368 bzw. 1383 zu einem Verfassungsstand geworden, bei dem sich das Recht auf Zugehörigkeit ausschließlich in männlicher Linie vererbte. Es schloß sich jedoch gesellschaftlich nicht gegen reiche Zünftler ab. Heiraten zwischen Angehörigen der beiden Verfassungsstände waren nicht ungewöhnlich[37]. In der Herrenstubengesellschaft, die das gesellschaftliche Zentrum Augsburgs war, überwogen sogar eindeutig die Zunftmitglieder, bei denen es sich jedoch zumeist um Angehörige von Familien handelte, die 1368 vom Patriziat in die Zünfte übergetreten waren, oder um Personen, deren Vor-

fahren bzw. Ehegatten Patrizier waren. Von einigen patrizischen Familien lassen sich noch im 15. Jahrhundert zünftische Zweige nachweisen (Welser, Gossembrot, Ravensburger).

Der gesellschaftliche Mittelpunkt der wirtschaftlichen und politischen Oberschicht von Zunftgenossen und Patriziern war die Herrentrinkstube[38], die 1416 erstmals erwähnt wird[39]. Die Mitglieder der Herrentrinkstube heißen während der Zeit des sogenannten Zunftregiments »Mehrer der Gesellschaft«; nach 1548 verengt sich dieser Begriff auf die Nichtpatrizier. Die Kennzeichnung der »Mehrer« als »soziale Zwischenschicht« zwischen Zunftbürgern und Patriziat[40] ist zumindest mißverständlich, denn die Zugehörigkeit zur exklusiven Herrentrinkstube war geradezu das Signum der gesellschaftlichen Anerkennung. Die oberste gesellschaftliche Schicht Augsburgs läßt sich »faktisch durch das Kriterium der Stubenfähigkeit definieren«[41]. Erst 1491 wurde der Zutritt zur Trinkstube durch eine neue Stubenordnung schärfer reglementiert. Die wirtschaftliche und politische Führungsschicht organisierte sich in der Stubengesellschaft gewissermaßen neben der Verfassung und schuf sich mit ihr ein vorparlamentarisches Entscheidungsgremium.

Das Regiment des während der Krise nach der Jahrhundertmitte an die Macht gekommenen Zunftbürgermeisters Ulrich Schwarz[42] ist unter solchen Aspekten als der Versuch anzusehen, denjenigen Gruppen, die nicht zum Umfeld der Stubengesellschaft zählten, stärkeres politisches Gewicht zu verschaffen. Soweit Schwarz dabei die Wiederherstellung der im Zunftbrief von 1368 festgelegten Verfassungsorgane im Auge hatte, ist dies gelungen. Schwarz scheiterte aber mit dem Versuch, das politische Entscheidungsgremium der Dreizehner – das sich zum größten Teil aus den Inhabern der zentralen Ratsämter zusammensetzte – durch einen Ausschuß aller Zunftmeister (Achtzehner) zu ersetzen. Als die wirtschaftliche Krise überwunden war, setzte man den Bemühungen von Ulrich Schwarz, das Regiment auf eine breitere Basis zu stellen, rasch ein Ende. Zusammenfassend läßt sich festhalten:

1. Im 15. Jahrhundert lassen sich in Augsburg drei Phasen der wirtschaftlichen Entwicklung voneinander abheben:

a) Ein starker wirtschaftlicher Aufschwung in der ersten Hälfte des Jahrhunderts, der wahrscheinlich mit der Ausweitung der Barchentproduktion zusammenhängt. Auch breitere Schichten haben daran Anteil. Unter- und Mittelschichten zeichnen sich gegenüber der zweiten Jahrhunderthälfte durch eine höhere soziale Mobilität aus. Es werden erste Handelsgesellschaften gegründet.

b) Die Krise der Jahrhundertmitte erreicht ihren Höhepunkt um 1466. Teile der Unter- und Mittelschichten sinken unter das Existenzminimum ab. Der Rat muß sozialpolitische Maßnahmen gegen die Bettlerplage einleiten. Unter- und Oberschicht treten durch den Rückgang der Mittelschicht weiter auseinander.

c) Zweite konjunkturelle Phase auf der Basis des Edel- und Buntmetallhandels, des Fernhandels, der Bank- und Kreditgeschäfte, die aber im wesentlichen nur der Oberschicht zugute kommt. Die Ungleichheit der Vermögensverteilung nimmt zu.

2. Rund 80 Prozent der Bevölkerung zählen während des gesamten Jahrhunderts zur wirtschaftlichen Unterschicht. Die Bedeutung der Mittelschicht ist wesentlich geringer zu veranschlagen, als bisher angenommen wurde. Der außerordentliche wirtschaftliche Erfolg der führenden Augsburger Familien im frühen 16. Jahrhundert hat seine Wurzeln in dieser Entwicklung.

3. Ökonomische und politische Machtpositionen sind weitgehend identisch. Nur 112 Familien zählen zur wirtschaftlichen Oberschicht, deren Angehörige auch in den zentralen Ratsämtern dominieren. Ihr gesellschaftliches Zentrum ist die Herrentrinkstube, in der wichtige politische Vorentscheidungen außerhalb der dafür zuständigen Verfassungsorgane gefällt werden.

1 Entscheidende Daten und Hinweise dieses Aufsatzes sind der noch ungedruckten Dissertation von Peter Geffcken: Soziale Schichtung in Augsburg 1396 bis 1521. Beitrag zu einer Strukturanalyse Augsburgs im Spätmittelalter, München 1983, entnommen. Für die freundliche Überlassung der Arbeit und viele Hinweise danke ich Peter Geffcken hier nochmals herzlichst. Zu den Einkommen: Ulf Dirlmeier: Untersuchungen zu Einkommensverhältnissen und Lebenshaltungskosten in oberdeutschen Städten des Spätmittelalters, Heidelberg 1978.

2 Blendinger, Führungsschichten, S. 51–86.

3 Das Anschlagvermögen ist das aus der Steuerleistung und dem Steuerfuß berechenbare Vermögen. Es diente bereits den Steuereinnehmern als Rechengrundlage. Auf den Modus der Steuererhebung und andere Details kann an dieser Stelle nicht eingegangen werden. Reiche Informationen dazu bietet die Arbeit von Geffcken.

4 Joachim Jahn. Augsburgs Einwohnerzahl im 16. Jahrhundert – ein statistischer Versuch. In: ZBLG 39 (1976), S. 379–396.

5 Die Berechnung kann hier nicht im einzelnen dargelegt werden.

6 166 Personen sind nicht identifizierbar.

7 DStChr 5, S. 36 f.

8 DStChr 22, S. 48.

9 DStChr 5, S. 52 f.

10 DStChr 5, S. 124–143.

11 Vgl. Zorn, Augsburg, S. 139 f.

12 DStChr 5, S. 72–74.

13 DStChr 22, S. 68.

14 Freundlicher Hinweis von Peter Geffcken.

15 1429 VII 29: StAA Briefbuch III Nr. 155, zitiert nach DStChr 22, S. 70 f., Anm. 6.

16 DStChr 22, S. 78–104; 5, S. 164–190.

17 DStChr 5, S. 99; DStChr 22, S. 491.

18 DStChr 22, S. 119.

19 Ebd., S. 127.

20 Ebd., S. 122 (Hans Welser).

21 DStChr 5, S. 215 f.

22 Ebd., S. 239.

23 Ebd., S. 111 f.

24 Ebd., S. 118–121.

25 StAA RB VI, fol. 225ᵛ (1462 März 3).

26 Kießling, S. 217.

27 Kießling, S. 216 f., 234. Die sogenannte Habnitsteuer eignet sich für Schichtungsanalysen wenig. Bis 1471 war sie von Personen zu leisten, deren Vermögen zwischen null und 60 kleinen Augsburger Pfund Pfennig veranschlagt wurde. Diese fiktive Mindestvermögenssteuer wurde 1472 in eine allgemeine Kopfsteuer umgewandelt, die von allen Steuerpflichtigen erlegt werden mußte; von nun an heißt sie in den Quellen auch »Voraus«.

28 Vgl. Erich Maschke: Die Unterschichten der mittelalterlichen Städte Deutschlands. In: Carl Haase (Hrsg.): Die Stadt des Mittelalters, Bd. 3, Darmstadt 1976, S. 345–454.

29 Julius Hartung: Die Augsburger Zuschlagsteuer von 1475 (Schmollers Jahrbuch 19), 1895, S. 95–136; ders., Die Augsburger Vermögenssteuer und die Entwicklung der Besitzverhältnisse im 16. Jahrhundert (Schmollers Jahrbuch 19), 1895, S. 867–883.

30 Auch Blendinger, Mittelschicht, gibt nur einzelne Hinweise, aber keine Definition der Mittelschicht außer nach Vermögenslagen.

31 Genaue Daten bei Geffcken.

32 Die große Zahl von Familien ist dadurch bedingt, daß viele nur mit einem einzigen Vertreter in dieser Gruppe erscheinen.

33 Erich Maschke: Verfassung und soziale Kräfte in der deutschen Stadt des Mittelalters, vornehmlich in Oberdeutschland. In: VSWG 46, 1959, S. 289–349, 433–476, hier S. 301.

34 Dirr, S. 177.

35 Auch Angehörige der Stubengesellschaft lassen sich bei der Weberzunft finden, so der mit einer Langenmantel verheiratete Ulrich Arzt.

36 Zum Beispiel Heinrich Vögelin oder Heinrich Herwart.

37 Vgl. Ingrid Bátori: Das Patriziat der deutschen Stadt. In: Zeitschrift für Stadtgeschichte, Stadtsoziologie und Denkmalpflege 1, 1975, S. 1–30.

38 Pius Dirr: Kaufleutezunft und Kaufleutestube in Augsburg in der Zeit des Zunftregiments (1368 –1549). In: ZHVS 35 (1909), S. 131–151, hier S. 137.

39 DStChr 5, S. 145.

40 Dirr, S. 195.

41 Formulierung von Peter Geffcken.

42 Georg Panzer: Ulrich Schwarz, der Zunftbürgermeister von Augsburg 1422–1478, Diss. phil. Bamberg 1912.

Stifte, Klöster und Konvente in Augsburg

von Wilhelm Liebhart

Das »geistliche Augsburg«, die *ecclesia Augustana*, mit seinen Stiften, Klöstern, Konventen, Pfarreien, Spitälern, Kirchen, Stiftungen und Bruderschaften erreichte bis 1300 seine Vielfalt und Ausprägung: Zu den alten, frühmittelalterlichen Stiften St. Afra (ab ca. 1006: Benediktinerkloster), St. Maria (Domkapitel) und St. Stephan hatten sich im 11. Jahrhundert die kleinen Kollegiatstifte St. Moritz, St. Peter, St. Gertrud und im 12. Jahrhundert die Augustinerchorherrenstifte St. Georg und Hl. Kreuz gesellt. Die religiöse Aufbruchsbewegung des Bürgertums, insbesondere der Frauen, mündete im 13. Jahrhundert in die Gründung von acht Bettelordensklöstern (St. Katharina, St. Ursula, Barfüßer, Maria Stern, St. Margareth, St. Klara, St. Martin, St. Magdalena und St. Anna) und des Benediktinerinnenklosters St. Nikolaus ein. Ältester Zeuge für das Bestehen einer christlichen Gemeinde in Augsburg ist der Kult der legendären Märtyrerin Afra. Mit guten Gründen darf eine Siedlungs- und Kultkontinuität von der Spätantike bis ins Frühmittelalter bei St. Ulrich und Afra angenommen werden[1], in einem Gebiet, das bis 1150 noch außerhalb der mittelalterlichen Stadtmauern lag. Ein spätantiker und frühmittelalterlicher Bischofssitz unmittelbar am Grab der hl. Afra selbst und nicht etwa in der alten römischen *civitas* bleibt jedoch trotz einiger Bischofsgräber umstritten (Wikterp, Tozzo, Simpert, Nidker, Witgar und Adalbero), eine Priester- und Klerikergemeinschaft gilt dagegen seit Bischof Wikterp (ca. 738 – ca. 772)[2] als bezeugt. Sie betreute wohl die Wallfahrt zum Afragrab und dürfte spätestens seit 816 das regulierte Kanonikerstift St. Afra gebildet haben. Nach späten Überlieferungen des Klosters St. Ulrich und Afra soll Bischof Wikterp die beiden Kanonikergemeinschaften St. Afra und St. Maria am Dom gleichzeitig eingerichtet haben[3]. Domkapitel und Domstift mit eigenem, von der bischöflichen Mensa getrenntem Vermögen lassen sich unter Bischof Ulrich (923–973) fassen[4]. Die Kanoniker bei St. Afra verloren nach Ulrichs Tod rasch an Bedeutung. Ihr Stift wurde frühestens 1006 von Bischof Bruno aufgehoben und mit dem Domkapitel vereinigt. Das Erbe bei St. Ulrich und Afra traten die Benediktiner an.

Zu den beiden alten Stiften St. Afra und St. Maria trat noch im 10. Jahrhundert das Kanonissenstift

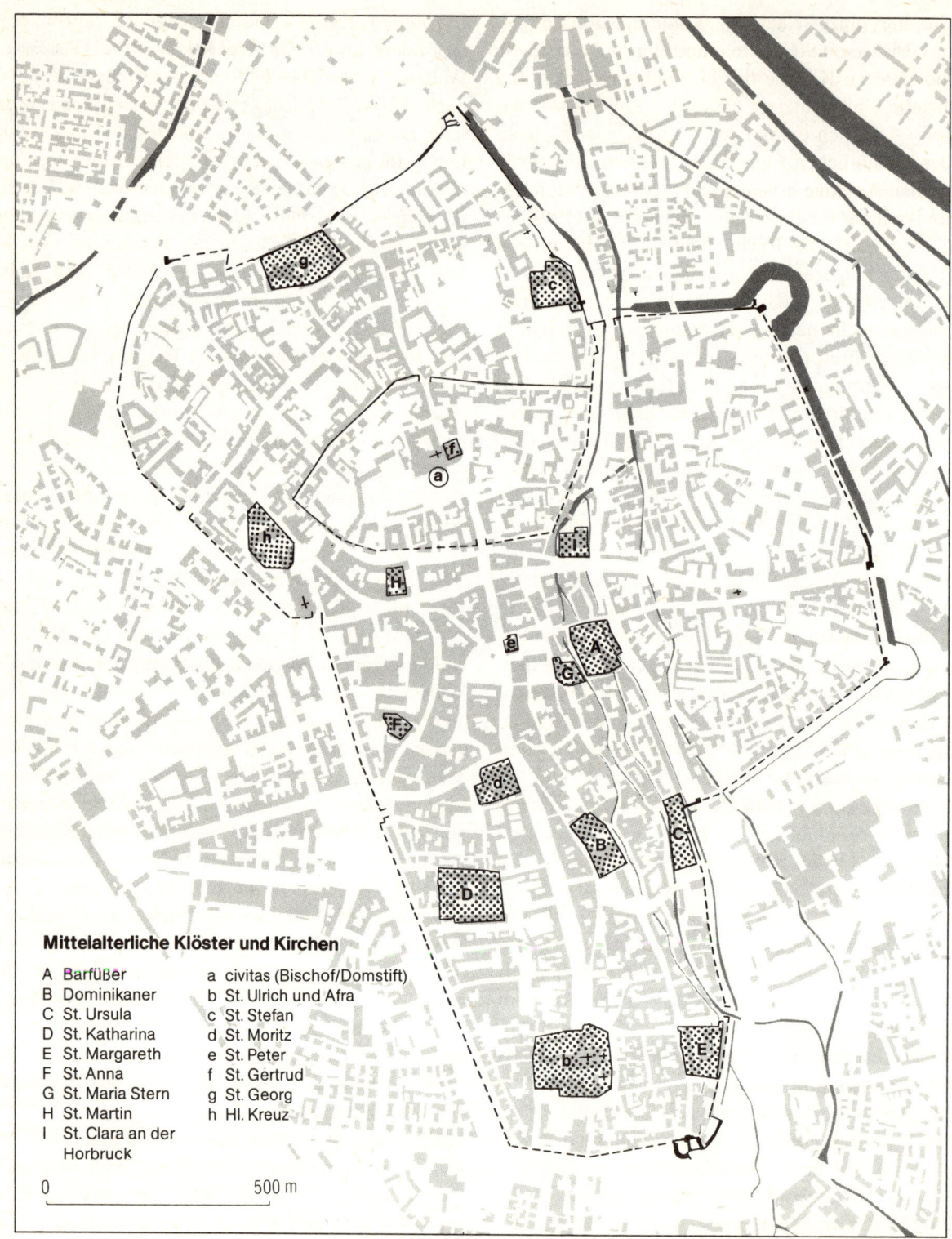

Mittelalterliche Klöster und Kirchen

A Barfüßer
B Dominikaner
C St. Ursula
D St. Katharina
E St. Margareth
F St. Anna
G St. Maria Stern
H St. Martin
I St. Clara an der
   Horbruck

a civitas (Bischof/Domstift)
b St. Ulrich und Afra
c St. Stefan
d St. Moritz
e St. Peter
f St. Gertrud
g St. Georg
h Hl. Kreuz

0   500 m

St. Stephan hinzu. Nach der Gründungsurkunde Bischof Ulrichs von 969 hatte eine Ellensind eine Zelle bei der älteren Kapelle des hl. Gallus errichtet und finanzielle Unterstützung von der Familie des Archidiakons Amalrich empfangen[5]. Ulrich, ein Verfechter des bischöflichen Eigenkirchenwesens, lenkte die spontanen Anfänge in seinem Sinne und gründete ein Kanonissenstift für Jungfrauen zu Ehren des Erzmärtyrers Stephan. Die Rechte von St. Gallus gingen wohl in der Folgezeit auf die neue Kirche St. Stephan über, um dort bis 1803 zu verbleiben. Die Kanonissen lebten nicht nach einer festen Regel, sondern nach Vorschriften *(canones)* der Kirche. Sie durften eigenes Vermögen besitzen, einen individuellen Haushalt führen, waren nicht auf Dauer an das Stift gebunden, sondern konnten jederzeit austreten. Diese lockere nichtklösterliche, aber geistliche Lebensform entsprach vornehmlich den Interessen des Adels. Seit dem 13. Jahrhundert brachte der schwäbische Niederadel auf den zwölf Pfründen seine Töchter unter, deren Pflicht es war, die sieben kirchlichen Tagzeiten zu beten oder zu singen und bei allen Gottesdiensten im Chor anwesend zu sein. Bestrebungen, die Kanonissen der Regel des hl. Augustinus zu unterwerfen und sie zu Regularkanonissen oder Augustinerinnen zu machen, setzten sich nicht durch. Das Stift schloß sich gegenüber den Bürgern standespolitisch ab und führte später bis zur Aufhebung den Titel »frei weltlich und adeliges Damenstift«.

Mehrere kirchliche Reformbewegungen berührten im Hochmittelalter auch die Augsburger Kirche. Im Mittelpunkt standen das Benediktinerkloster St. Ulrich und Afra und die im 12. Jahrhundert gegründeten Augustinerchorherrenstifte St. Georg und Hl. Kreuz. Der Versorgung von Kanonikern, die dem Domkapitel angehörten oder Aufgaben im Bistum, im Hochstift und in der Seelsorge zu erfüllen hatten, diente die Gründung der Kollegiatstifte St. Moritz, St. Peter und St. Gertrud im 11. Jahrhundert.

Nach der Aufhebung des alten Kanonikerstifts St. Afra berief Bischof Bruno, Bruder Kaiser Heinrichs II., frühestens 1006 zwölf Reformbenediktiner unter Leitung Abt Reginbalds wohl aus Tegernsee[6]. Die schmale Gründungsausstattung vermehrten im 11. Jahrhundert Kaiser Heinrich II., die Ratpotonen-

Diepoldinger im Donautal und im 12. Jahrhundert, besonders unter Abt Udalschalk (1127–1152), die Welfen, außerdem zahlreiche westbayerische wie auch schwäbische Edelfreie oder bischöfliche, welfische, andechsische und wittelsbachische Ministeriale. Die Öffnung des Klosters für adelige Konversen und Oblaten im Sinne der Klosterreform von St. Blasien im Schwarzwald hatte diese Schenkungswelle möglich gemacht. Sie lockerte die Bindungen zum Bischof, ohne zur Exemtion zu führen. Abt Egino (1109–1120) verfocht im Investiturstreit die päpstliche Sache und die Eigenständigkeit des Klosters gegen Bischof Hermann[7], zum Teil mit bürgerlicher Unterstützung. Dennoch galt St. Ulrich bis 1577 als bischöfliches Kloster, erst 1643 erkannte der Bischof Exemtion, Reichsunmittelbarkeit[8] und Reichsstandschaft an. Der Blütezeit des 12. Jahrhunderts folgten im Spätmittelalter Krisen, aber auch kurze Höhepunkte, bis Abt Melchior Stamham (1458–1474) das »Goldene Zeitalter« der Melker Klosterreform und des Klosterhumanismus herbeiführte[9]. Von 1460 bis 1520 blühten Frömmigkeit, Geschichtsschreibung (S. Meisterlin, J. Frank, W. Wittwer, C. Sender), Kalligraphie (L. Wagner), Buchdruck, aber auch das Wirtschaftswesen. Letzteres ermöglichte seit 1467 den Neubau der Kloster- und Pfarrkirche unter großer Anteilnahme der Bürgerschaft. Geschäfte und Stiftungen verbanden die Abtei mit den Familien Langenmantel, Hangenor, Repphun, Fugger, Stammler, Hämmerlin, Ridler, Gossembrot, Herwart, Ilsung, Rehlinger und anderen, die teilweise der Klosterpfarrei angehörten. Im Pfarrbezirk, wozu auch das Gebiet des Hl.-Geist-Spitals gehörte, besaß St. Ulrich umfangreichen Haus- und Grundbesitz (etwa 90 Häuser). Als die Reichsstadt vor 1385 die Vorstädte abbrach, schuf St. Ulrich neue Hausstellen im ehemaligen großen Baumgarten zwischen den Straßen Peter-Kötzer-Gasse und Zwerchgasse. Den Anforderungen der Seelsorge kamen die Benediktiner, welche die Pfarrei durch einen Vikar betreuen ließen, 1458 mit dem Bau eines Predigthauses – der späteren evangelischen Ulrichs-Kirche – entgegen. 1526 wurden sie erstmals mit lutherischen Neigungen der Pfarrei konfrontiert. 1537 zerbrach der Konvent schließlich an der Bürgerrechtsfrage: Die Reichsstadt übte seit 1417 im königlichen Auftrag den Afterschutz aus und hatte 1443 dem Kloster das Bürgerrecht gewährt. Doch infolge der Reformation litt seit 1537 das Verhältnis des Klosters zur Reichsstadt unter der Bikonfessionalität.

Im Spätmittelalter beherbergte die Reichsstadt neben elf Klöstern vier Kollegiat- oder Säkularkanonikerstifte und zwei Augustinerchorherren- oder Regularkanonikerstifte. Unter einem Kollegiatstift versteht die Kirche ein Kollegium von Kanonikern, die sich zur gemeinsamen Feier des Gottesdienstes in einer Bischofskirche oder in einer eigenen Kirche zusammengefunden haben. Sie standen unter Leitung eines Propstes und Dekans und pflegten Chordienst und Chorgebet. Bischof Bruno (1006–1029) führte nicht nur die Benediktiner nach Augsburg, sondern gründete, wohl 1021, auch das Kollegiatstift St. Moritz[10]. St. Moritz und nicht etwa St. Ulrich war das persönliche Vermächtnis des Bischofs für die Nachwelt. Dafür spricht auch das Patrozinium des hl. Mauritius, eines Märtyrers der Thebaischen Legion, dessen Kult seit Kaiser Otto I., dem Großvater Brunos, die sächsische Kaiserdynastie besonders förderte. In St. Moritz fand der Bischof auch seine letzte Ruhe. Obwohl die Pfarrei St. Moritz erst 1129 bezeugt ist, stehen Stifts- und Pfarreigründung in einem ursächlichen Zusammenhang, denn zwischen St. Ulrich, Perlach und Dom entstand seit dem 11. Jahrhundert ein neues Siedlungsgebiet[11], das einer pfarrlichen Betreuung bedurfte. Daß St. Moritz auch der Versorgung von Domkapitularen diente, zeigt 1077 die Wahl Wigolts zum Bischof[12], der vorher zugleich Domkanoniker und Propst von St. Moritz gewesen war. Trotz der engen Bindung zum Bistum setzten die Stiftsherren 1178 die freie Vorsteherwahl bei Kaiser und Papst durch[13]. Bischöfliche Eingriffe retteten aber im Spätmittelalter St. Moritz mehrmals aus geistlichen und wirtschaftlichen Krisen. Die Zahl der Stiftsherren[14] schwankte ebenso wie die Zahl der sogenannten Vikarier[15], also der Kleriker, welche die Stiftskanoniker in persona vertraten und dafür bezahlt wurden. St. Moritz stand allmählich dem Patriziat offen, das sich unter anderem durch ein gelehrtes Studium Zugang verschaffte. In den Totenbüchern des Stifts erscheinen als Chorherren Mitglieder der Patrizierfamilien Herwart, Ulentaler, Winkler, Portner, Rembot, Riederer, Höchstetter, Stolzhirsch,

Ilsung, Hofmair, Onsorg, Arzt, Rem, Welser und Gossembrot neben schwäbischen Niederadeligen wie Roth, Randeck, Eisenberg, Ellerbach, Erringen, Freyberg oder Hellenstein[16]. Aus dem Charakter der Stiftskirche als Pfarrkirche ergaben sich weitere Beziehungen zum Bürgertum und seinen Zechpflegern. Sie führten etwa 1466 zur besseren Dotierung der Trivialschule oder zum Bau eines Predigthauses. Das Bürgerrecht bekam St. Moritz 1429. Nach harten Auseinandersetzungen erwarb der in der Pfarrei ansässige Jakob Fugger der Reiche 1518 das Präsentationsrecht auf die wichtige Predigerstelle und die Pfarrei[17]. Der von ihm präsentierte Prediger Dr. Johannes Speiser neigte 1522 zur evangelischen Bewegung. 1537 schließlich, als die Reichsstadt die Reformation einführte, flohen die Kanoniker nach Bayern. Der Förderer von St. Moritz, Bischof Embrico, gründete die Kollegiatstifte St. Peter am Perlach und St. Gertrud am Dom.

1067 übergaben die Edelfreien Swigger und Peretha von Balzhausen für ihr Seelenheil Besitz und Leibeigene an die Kirche St. Peter und die dortigen Kleriker[18]. Die eigentliche Gründung von Kirche und Klerikergemeinschaft dürfte kurz zuvor erfolgt sein. Der Bischof nominierte im Mittelalter den Propst und vergab die vier (ab 1300: sechs) Pfründen. Die Abhängigkeit vom Bischof und die geringe Dotation sicherten letztlich das Überleben während der Reformation. St. Peter lag inmitten der bürgerlichen Siedlung, die sich seit dem 10. Jahrhundert unweit der Domstadt entwickelt hatte. Das Rathaus war schon 1260 dem Stift benachbart[19]. Die Stiftsgründung sollte offensichtlich die Seelsorge am Perlach unterstützen. Pfarrechte wie etwa St. Moritz besaß St. Peter allerdings nicht. Und die Möglichkeit für Patrizier, eine Pfründe zu erhalten, war wesentlich eingeschränkter als in St. Moritz. Erst im 15. Jahrhundert gehörten zu den Kanonikern Angehörige der Familien Arzt, Mülich, Fugger oder Rehlinger. Das Bürgerrecht empfing das kleine Stift 1429.

Liegen die Anfänge St. Peters im dunkeln, so ist für St. Gertrud eine Gründungs- und Stiftungsurkunde Bischof Embricos vom 23. November 1071 erhalten geblieben[20]. Danach hatte der Oberhirte zu Ehren Mariens, der hl. Gertrud und aller heiligen Jungfrauen ein sogenanntes *oratorium* mit wenigen Pfründen (bis 1288 drei, dann vier) für Priester ausgestattet. Es sollte unter Leitung eines Provisors (Propst) dem Schutz und Einfluß des Domkapitels anvertraut sein, aus dessen Besitz wohl auch die Besitzausstattung in 18 Orten Schwabens und Tirols stammte. Die heilige Äbtissin Gertrud von Nivelles (626–653/659), Tochter des fränkischen Hausmeiers Pippin I., war die Hauptpatronin. St. Gertrud, eine Kirche ohne Pfarrrechte, stand an der Stelle des heutigen gotischen Domostchors, dem es im späten 14. Jahrhundert weichen mußte. Seitdem trafen sich die vier Kanoniker, die überwiegend dem Adel entstammten, in der im Chorumgang des Doms gelegenen Gertrudkapelle.

Von Italien und Frankreich gingen im späten 11. Jahrhundert Bestrebungen aus, den Klerus zu bessern, indem man seinen Bildungsstand, seine Moral und religiöse Zucht hob. Da die Reform in erster Linie der Seelsorge zugute kam, war sie auch im Interesse der Diözesanbischöfe. Die Bischöfe verbanden die Aufgabe der Seelsorge mit den Vorzügen klosterähnlichen Gemeinschaftslebens und gründeten Kleriker- bzw. Regularkanonikerstifte, die entweder der Regel des hl. Augustinus (Augustinerchorherren) oder der des hl. Norbert (Prämonstratenser) folgten. Neben den bekannten Reformkreisen Passau und Salzburg gab es von 1130 bis 1160 auch einen Augsburger Kanonikerreformkreis, der die Augustinusregel favorisierte. Daß im Bistum Augsburg der Zustand des Pfarrklerus im argen lag, zeigte die große Visitation von 1151[21]. Daher gründete Bischof Walther (1133–1152), der auch die Neugründungen Ursberg, Roggenburg, Weihenberg (Augustinerinnen) und Kaisheim förderte, St. Georg und begann bei Hl. Kreuz ein weiteres Augustinerchorherrenstift vorzubereiten.

Nach lokaler, keineswegs gesicherter Überlieferung soll schon Bischof Embrico 1070 außerhalb der damaligen Stadt bei einer St.-Georgs-Kapelle für zwei Domkanoniker, die nach alter Sitte zusammenbleiben und nicht – wie die meisten Domherren – das gemeinsame Leben aufgeben wollten, ein *oratorium* errichtet haben; 1135 sei daraus das Augustinerchorherrenstift St. Georg entstanden. Am 12. März 1135 beurkundete Bischof Walther, daß er und das Domkapitel eine apostolische Lebensgemeinschaft nach der Regel des hl. Augustinus in der Kirche des Märtyrers Georg begründet hätten[22]. Die Freiheit der Propst- und Kanonikerwahl wurde garantiert und gleichzeitig die neue Pfarrei St. Georg geschaffen. Der Pfarrsprengel wurde jedoch erst 1183 genau festgelegt. Offensichtlich hatte sich nordwestlich der alten Domstadt eine Vorstadt entwickelt, die eine eigene Seelsorge benötigte. Im 14. Jahrhundert bezog die Stadt St. Georg in den Bering ein. Schon wenige Jahre nach der Gründung lebten in St. Georg acht Priester, drei Diakone, vier Subdiakone, ein Akolyth, ein Scholar und fünf Fratres. In der spätmittelalterlichen Krisenzeit sank der Konvent bis auf vier Mitglieder ab. 1398 begann die erste Reformperiode unter Propst Johannes II. Reicher, der während des Augsburger Schismas 1419 auch das Bistum verwaltete. 1477 schließlich reformierte das altbayerische Stift Indersdorf St. Georg, das sich rasch erholte und wie St. Ulrich und Afra eine humanistische Blüte erlebte. Seit 1475 führte das Stift auch große Baumaßnahmen durch. Mit Hilfe der Pfarrei und ihrer Zechpfleger entstand 1490–1515 ein Kirchenneubau. Die Einführung der Reformation trieb die Chorherren von 1537 bis 1547 ins Exil.

Die Anfänge von Hl. Kreuz als Chorherrenstift werden mit der Gründung eines Augustinerchorherrenstifts bei Muttershofen durch den Edelfreien Otto Marschalk von Biberbach um 1150 in Verbindung gebracht[23]. Erstmals 1154 erscheint ein Propst von Muttershofen als Vorsteher eines Stiftes in einer Steingadener Urkunde[24]. Bischof Konrad von Hirscheck (1152–1167) überführte die Biberbacher Stiftung zunächst auf den Hammelberg und schließlich in das bisherige Hl.-Kreuz-Spital[25], das noch bis zum 15. Jahrhundert von der Stadtmauer nicht umschlossen war. Das Hl.-Kreuz-Spital[26] geht auf eine fromme Stiftung für zwölf Arme aus der Zeit Bischof Ulrichs zurück; 1143 hatte Bischof Walther das im nördlichen Perlachbereich gelegene Spital in das *suburbium* südwestlich der Domstadt verlegt, an eine der großen Ausfallstraßen der späteren Reichsstadt, zur Labsal für Reisende oder Arme, und 1150 das Spital nochmals großzügig mit Grundbesitz ausgestattet. Vermutlich plante er schon ein Augustinerchorherrenstift bei Hl. Kreuz, denn die Augustiner nahmen sich zu dieser Zeit besonders der Seelsorge in Hospitälern und Wallfahrtskirchen an. Doch erst

Bischof Konrad berief Regularkanoniker nach Hl. Kreuz. 1199 wurde schließlich die Pfarrei eingerichtet. In dieses Jahr fällt auch das Bluthostienwunder des sogenannten »wunderbarlichen Gutes«, das eine bedeutende Wallfahrt auslöste[27]. Das Wunder wurde schon im Mittelalter angezweifelt, wogegen sich das Stift auch aus finanziellen Gründen heftigst und mit theologischen Gutachten wehrte. Das alte Spital hingegen verlor rasch an Bedeutung und konnte nicht mehr weitergeführt werden, weshalb es in den Bereich des Ulrichsklosters verlegt wurde. Fortan sahen die Chorherren in der Seelsorge für Pfarrei und Wallfahrt ihre Hauptaufgabe. Ihr diente auch die 1445 zum Predigthaus umgebaute Othmarskapelle (seit 1561 evangelisch). In den Jahren 1256 bis 1261 verhinderte das Domkapitel die Auflösung des Stifts und die beabsichtigte Einführung des Deutschen Ordens. Im 14. Jahrhundert ging es unter den aus dem Patriziat stammenden Pröpsten Heinrich Lauginger und Arnold Portner wirtschaftlich aufwärts. Um 1400 stellte sich wie in St. Georg, mit dem man zeitweise um den Vorrang stritt, erneut die Krise ein. Erst der vom Bischof aufgedrängte Propst Johannes II. Fuchs (1474–1488) brachte 1475 mit den Indersdorfer Reformstatuten den Wiederaufstieg. Doch gerade die Reform führte unter diesem Propst zu einem Zehntstreit, der das Verhältnis zur Pfarrei und ihren Zechpflegern belastete. Die Wahl der Zechpfleger und ihre Aufgaben – wie die Sorge für die bürgerlichen Jahrtage, für das Siechenhaus St. Wolfgang und das Kirchenlicht – wurden daraufhin 1501 vertraglich geregelt. Von 1502 bis 1508 schuf der Baumeister Burckart Engelberg eine neue Stiftskirche, für die Kaiser Maximilian I. 1504 Kirchenfenster stiftete. Wie St. Georg krönte also auch Hl. Kreuz den wirtschaftlichen und geistlichen Aufschwung mit einem Kirchenbau. Infolge der Reformation gingen 1537 die Chorherren nach Landsberg ins Exil.

Die Reformbewegung des 12. Jahrhunderts, die zur Gründung von St. Georg, Hl. Kreuz und zur Blüte St. Ulrichs geführt hatte, beschränkte sich nicht allein auf die Klöster und Kleriker. Auch die Laien nahmen spürbaren Anteil am kirchlichen und religiösen Geschehen. Der wirtschaftliche und politische Aufstieg der Bischofsstadt während der Stauferzeit trug zu einem neuen religiösen Selbstverständnis bei. Für die zeitgenössische Idee der evangelischen Armut mag der rasche wirtschaftliche und soziale Aufstieg ein guter Nährboden gewesen sein. Aus den Reformbewegungen entsprang gleichfalls die Vorstellung vom apostolischen Leben für den einzelnen, das auch außerhalb der kirchlichen Ordnungsvorstellungen möglich sein sollte.

Keuschheit, Armut, Gebet, Fasten und ein gemeinsames Leben führten um 1250 Augsburger Jungfrauen, Witwen und Frauen bei St. Katharina und St. Nikolaus in der Vorstadt auf dem Gries, zu Maria Stern und an der Horbruck, im Handwerkerviertel unterhalb des Perlachs an der Stadtmauer sowie in der Oberstadt bei St. Martin zusammen. Diese fünf Frauengemeinschaften waren sogenannte Beginen[28]. Sie standen zwischen dem geistlichen Stand und der Laienwelt, da sie zwar nach gewissen Statuten gemeinsam in lockerer Klausur lebten, aber jederzeit unter Vermögensverlust wieder austreten durften. Die Mitgift und die eigene Handarbeit, wie Spinnen, sicherten den »Frauenkommunen« ihren Lebensunterhalt. Zunächst vom Pfarrklerus seelsorgerisch betreut, kamen sie schon bald unter den Einfluß der jungen Bettelorden des hl. Dominikus und des hl. Franziskus. Mit Ausnahme von St. Nikolaus wurden St. Katharina, Maria Stern, St. Klara und St. Martin dem Dominikaner- oder Franziskanerorden eingegliedert. Obwohl die Beginenbewegung in die Bettelorden einmündete, lebte sie bis ins 16. Jahrhundert weiter. Im frühen 14. Jahrhundert fanden sich noch »Schwestern der willigen Armut« am Schwall bei St. Ursula zusammen.

Zwei Mönchsklöster, das dominikanische St. Magdalena[29] und die franziskanischen Barfüßer, betreuten die ursprünglichen Beginengemeinschaften und späteren Dominikanerinnen- und Franziskanerinnenklöster. 1215 hatte der spanische Stiftsgeistliche Dominikus in Toulouse den sogenannten Prediger- oder Dominikanerorden begründet. Sein Nachfolger Jordan von Sachsen dürfte 1225 die ersten Brüder nach Augsburg entsandt haben, die sich an einer Tempelherrenniederlassung zwischen Brunnenlech und Schwall niederließen (Konvent der hl. Magdalena). Die Familie der Lauginger scheint neben anderen die Grundlage hierfür geschaffen zu haben. 1251 werden erstmals Konventualen mit Prior und Sub-prior genannt[30], die niederadeligen Familien entstammten. Sechs Jahre später hielt Albertus Magnus in Augsburg ein Provinzialkapitel ab. Die zunächst provisorische Unterbringung beendete 1313 Bischof Friedrich I. Spät von Faimingen durch Überlassung von Kirche und Haus des im Vorjahr aufgehobenen Templerordens.

Die Massenpredigt und das Abnehmen der Beichte unabhängig von pfarrlichen Grenzen machten die spezifische Form der Seelsorge aus. Der hl. Dominikus hatte dazu erstmals ein wissenschaftliches Studium gefordert, das im Kloster begann und an den Universitäten fortgesetzt wurde. Auch in Augsburg scheint ein kleines Generalstudium bestanden zu haben. Bekannt sind als Dozenten und Gelehrte der Scholastiker Hermann von Augsburg, Dr. Narcissus Pfister und Dr. Johannes Faber. Eine Konventsliste von 1481 führt 13 Fratres, fünf Gastfratres und 16 Patres an, von denen fünf Lektoren und Dozenten waren. Obwohl die Armutsforderung eine Wirtschaftstätigkeit und Besitzbildung verbot, lebten die Mönche nicht nur von Bettel, gestifteten Messen, Jahrtagen, Ablaßhandel und bürgerlichen Stiftungen, sondern auch von Grundrenten. Diese Interessen bewirkten, daß im 15. Jahrhundert Konvent und Stadtrat gemeinsam eine Reform (Observanz) verhinderten. Der Neubau des Klosters von 1496 bis 1523 und einer zweischiffigen, spätgotischen Hallenkirche von 1513 bis 1515[31] erforderten Finanzaktionen, welche die eigene Kraft überstiegen. Familien wie die Fugger, Welser, Lauginger, Meutting, Stetten, Adler, Imhof und Stuntz stifteten über 5300 Gulden, der Ablaßhandel soll zur Bauzeit gar 10 000 Gulden eingebracht haben. Die beginnende Reformation störte aber das enge Verhältnis zum Bürgertum, zumal der Prior Dr. Faber seit 1521 gegen Luther ankämpfte. Faber wurde 1525 ausgewiesen, der Konvent ging von 1534 bis 1548 ins Exil, nachdem schon eine Plünderung durch fanatisierte Massen zwei Jahre zuvor nichts Gutes hatte erwarten lassen. Drei Dominikanerinnenklöster standen im Spätmittelalter unter geistlicher Aufsicht und Leitung St. Magdalenas. Die Mönche verschafften den Frauen Anteil an den Ordens- und Ablaßprivilegien, spendeten Sakramente, predigten, hielten Messen und visitierten.

In der Vorstadt auf dem Gries in Richtung Friedberg fanden sich um 1230 Beginenschwestern bei St. Katharina zusammen[32], denen Bischof Siboto den Erwerb von Grundbesitz gestattete[33]. 1245 schrieb Papst Innozenz IV. die Beachtung der Augustinerregel vor, wie sie die Dominikaner gebrauchten. Ein Jahr darauf wurde das Kloster dem Orden förmlich inkorporiert. In der Anfangszeit erhielt das Kloster starke Unterstützung seitens des schwäbischen Adels (Fronhofen, Starkenburg, Schöneck, Pappenheim), der sich längere Zeit mit dem Patriziat (Portner, Riederer, Argon, Dachs, Langenmantel, Harscher, Ilsung, Walter, Welser) die zwölf Pfründen teilte. Die Verlegung in die Stadt, in den Pfarrbezirk von St. Moritz (1251), die Schirmherrschaft der Stadt seit 1349, die Aufnahme in das Bürgerrecht (1381) und die Klosterpflegschaft banden St. Katharina eng an die Reichsstadt mit allen Vor- und Nachteilen: Als sich die Nonnen 1441 gewaltsam einer Reform widersetzten, suchten Rat und Bischof einen Kompromiß[34]. Zwischen 1498–1503 und 1516–1517 entstanden eine neue Konventsanlage und eine neue Kirche mit finanzieller Unterstützung der Bürger. 1534 sperrte der Rat die Kirche und spaltete den Konvent, der drei Jahre später die Stadt aber nicht verlassen mußte und die Reformation überstand.

Anders erging es St. Margareth, dessen Anfänge bis 1241 im dunkeln liegen. Eben in diesem Jahr stiftete der Augsburger Archidiakon Ulrich mit Zustimmung Bischof Sibotos frommen Frauen zu Meinharteshofen (abgegangen bei Günzburg) das bei Klimmach gelegene Dorf Leuthau[35]. Als Bedingung stellte er den Umzug nach Leuthau, die Annahme der Augustinerregel und des Ordo der Dominikanerinnen von St. Sixtus zu Rom. 1261 finden wir das Kloster im Pfarrbezirk von St. Ulrich angesiedelt. Erst 1280 scheint es wie St. Katharina dem Dominikanerorden inkorporiert worden zu sein. Die engen Beziehungen zur Stadt dokumentiert neben den rechtlichen Bindungen das Totenbuch[36], das so bekannte Familien wie die Langenmantel, Rem, Vetter, Ilsung und andere nicht nur mit Jahrtagen, sondern auch mit Nonnen verzeichnet. Nach ersten Störungen schloß der Rat 1534 die Kirche und hob 1538 das Kloster mit seinen geringen Jahreseinkünften von 400 Gulden auf.

Eine Sonderstellung nahm der Beginen- und Dominikanerinnenkonvent St. Ursula[37] ein. Um 1300 schlossen sich Beginenschwestern »der willigen Armut«, wie sie sich nannten, am Schwall in der Pfarrei St. Ulrich zu einem gemeinsamen Leben zusammen. Sie nahmen zwar 1394 die Augustinerregel des Dominikanerordens an, der sie seelsorgerisch betreute, aber eine Inkorporation wie bei St. Katharina und St. Margareth fand nicht statt[38]. Die Beginen, sogenannte Dominikanerterziarinnen, unterstanden weiterhin dem Bischof, was ihr Überleben während der Reformation sicherte.

Noch zu Lebzeiten des hl. Franz von Assisi kamen 1221 aus Italien die ersten Franziskaner nach Augsburg, um von hier die Armutsidee in Deutschland zu verbreiten[39]. Ein Augsburger Konvent erscheint urkundlich 1251[40]. Der erste Kloster- und Kirchenbau im Handwerkerviertel unterhalb des Perlachs begann 1265. Trotz der zunächst notdürftigen Unterbringung entfalteten die Barfüßer in der Frühzeit eine gewaltige Aktivität auch bei den bürgerlichen Mittel- und Unterschichten. Hierfür stehen einmal der Volksprediger David von Augsburg (gest. 1272), dann die Rechtssammlungen Deutschenspiegel, Schwabenspiegel und wohl auch das Augsburger Stadtrechtsbuch von 1276, die alle im Kloster entstanden sein dürften. Laut Totenbuch[41] förderten besonders die Ridler, Langenmantel und Egen die Minderbrüder. Sie setzten sich Denkmäler in der 1407–1411 neuerbauten Basilika mit dem überlangen Mönchsostchor, der den Bombenangriffen des Zweiten Weltkrieges standhielt. 1524 begann der Dominikaner Johann Schilling reformatorisch zu predigen. Zwei Jahre später löste sich der Konvent auf, der letzte Guardian wurde Weltgeistlicher, einige Mitbrüder heirateten. Karl V. restituierte den Konvent 1530 vergebens. Der Rat hob ihn 1535 zugunsten der St. Jakobspfründe auf.

In der Barfüßerkirche nutzten die drei Franziskanerterziarinnenklöster Maria Stern[42] unterhalb des Rathauses, St. Klara zur Horbruck[43] und St. Martin[44] am alten Kesselmarkt eigene Gebetsräume, ein äußeres Zeichen für die geistliche Abhängigkeit. Alle drei Klöster waren ursprünglich Beginengemeinschaften und zwischen 1258 und 1279 entstanden. Maria Stern und St. Martin nahmen 1315 die Regel des Dritten Ordens des hl. Franziskus an. Während Maria Stern trotz Abhängigkeit von der Stadt die Reformation überstand und bis heute als einziges weiterlebt, gingen das unbedeutende St. Klara und das 1263 bei St. Martin gegründete Beginenhaus der Familie Noteisen 1533 und 1538 nicht zuletzt durch Austritte ein.

Ein weiteres Bettelordenkloster, das Karmeliterkloster St. Anna[45], überdauerte gleichfalls die dreißiger Jahre des 16. Jahrhunderts nicht. Die Brüder des Ordens der Jungfrau Maria vom Berg Karmel oder auch Liebfrauenbrüder, eine Vereinigung von Einsiedlern, empfingen 1209 ihre erste Regel. Sie paßten sich daraufhin den Bettelorden an. 1270 nahm Bischof Hartmann von Dillingen den Orden für das Bistum in Schutz, 1275 bestätigte er ihnen den Kauf des bisherigen Saccitenhauses und das Recht, eine Kirche mit Begräbnisstätte zu unterhalten, predigen und Beichte hören zu dürfen[46]. Die Kirche barg die schönsten bürgerlichen Grabdenkmäler der Spätgotik: 1501 stiftete die Familie Haug ihre Grabkapelle, 1507 folgten Ulrich und Jakob Fugger und 1508 die Regells mit der Heiliggrabkapelle nach. Schon 1420 hatten Konrad und Afra Hirn die berühmte Goldschmiedekapelle dotiert. Prior Dr. Johannes Frosch, der Luther 1518 beherbergt hatte, bekannte sich in den zwanziger Jahren zum Luthertum und trat 1523 freiwillig zurück, um zwei Jahre darauf zu heiraten. Ähnlich wie in St. Klara verringerte sich der Konvent durch Austritte. Nach dem Gottesdienstverbot (1531) erfolgte schließlich 1534 die Aufhebung zugunsten des Hl.-Geist-Spitals.

Nicht alle Beginenkonvente fanden Anschluß bei den Bettelorden. Abt Gebwin von St. Ulrich überließ 1262 Schwestern, die der Regel des hl. Benedikt folgten, Haus und Hofstatt bei der Kapelle St. Nikolaus im Gries[47]. Die Umwandlung in ein Benediktinerinnenpriorat dürfte kurze Zeit zuvor erfolgen und auf eine Initiative St. Ulrichs zurückzuführen sein. Mit diesem Konvent reformierte St. Ulrich im Auftrag des Bischofs die Frauenklöster Bergen (1456), Kühbach (1467) und Holzen (1469). St. Nikolaus befreite sich aber 1487 und 1499 von der alten Abhängigkeit, was 1537 der Reichsstadt die Aufhebung erleichterte.

Die Augsburger Reformationsjahre von 1534 bis

1537 veränderten die Struktur des »geistlichen Augsburg«, wie sie sich bis 1300 in seiner Vielfalt ausgeprägt hatte. Es traf vornehmlich die aus der Beginen- und religiösen Laienbewegung kommenden Bettelordenklöster. Erst im 17. Jahrhundert, im Zeitalter der Katholischen Reform, erreichte Augsburg wieder den Stand des Spätmittelalters.

1 Joachim Werner (Hrsg.): Die Ausgrabungen in St. Ulrich und Afra in Augsburg 1961–1968, 2 Bde., München 1977 (Münchner Beiträge zur Vor- und Frühgeschichte 21).

2 MG SS 14, S. 557.

3 Ebd. Dagegen Reg.Augsb. I 1, S. 23 für die Zeit Bischof Simperts.

4 Reg.Augsb., Nr. 103, 125.

5 Alfred Schröder: Alt-St. Stephan in Augsburg. Gründung, Verfassung, älteste Quelle, Augsburg 1928.

6 Dazu und weiterhin Wilhelm Liebhart: Die Reichsabtei St. Ulrich und Afra zu Augsburg. Studien zu Besitz und Herrschaft (1006–1803), München 1982 (Historischer Atlas von Bayern, Teil Schwaben, II 2); Norbert Hörberg: Libri Sanctae Afrae. St. Ulrich und Afra zu Augsburg im 11. und 12. Jahrhundert nach Zeugnissen der Klosterbibliothek, Göttingen 1983 (Studien zur Germania Sacra 15).

7 MG SS 12, S. 429–448.

8 Liebhart, Reichsabtei, S. 104–106.

9 Josef Bellot: Das Benediktinerstift St. Ulrich und Afra in Augsburg und der Humanismus. In: StMBO 84 (1973), S. 394–406.

10 Reg.Augsb., Nr. 233; Norbert Backmund: Die Kollegiat- und Kanonissenstifte in Bayern, Windberg 1973, S. 40–43.

11 Schröder, Augsburg, S. 53 f.

12 Zoepfl, Bischöfe 1, S. 102.

13 MB 29, S. 451–453.

14 Alfred Haemmerle: Die Kanoniker der Chorherrenstifte St. Moritz, St. Peter und St. Gertrud bis zur Säkularisation, München 1938.

15 Alfred Schröder: Die Vikarierbruderschaft bei St. Moritz, ihre Gründung, Verfassung und ihr ältestes Anniversarienbuch. In: ZHVS 19 (1892), S. 88–109.

16 Zum gesellschaftlichen Hintergrund Kießling, S. 277–284.

17 Zoepfl, Bischöfe 2, S. 158–161.

18 Alfred Schröder: Die älteste Urkunde für St. Peter in Augsburg. In: ZHVS 50 (1932), S. 9–28; Backmund, Kollegiatstifte, S. 43–45.

19 AUB 1, S. 19 Nr. XXI.

20 MB 33/1, S. 8–11; Reg.Augsb., Nr. 320; Backmund, Kollegiatstifte, S. 39–40.

21 Zoepfl, Bischöfe 1, S. 132.

22 Michael Hörmann: Die Augustiner-Chorherren in Augsburg im Mittelalter. Diss. phil. München, Druck Bottrop 1932, S. 98–99.

23 Ebd. S. 24; Norbert Backmund: Die Chorherrenorden und ihre Stifte in Bayern, Passau 1966, S. 49–52.

24 MB 6, S. 484.

25 Wilhelm Schratz: Urkunde von 1194 betr. das Kloster zum heiligen Kreuz in Augsburg. In: ZHVS 11 (1884), S. 72 f.

26 Leonhard Hörmann: Zur Geschichte des Hl.-Geist-Hospitals in Augsburg. In: ZHVS 6 (1879), S. 146–150.

27 Ludwig Riedmüller: Geschichte des wunderbarlichen Gutes und der Hl.-Kreuz-Kirche in Augsburg, 2. Aufl., Augsburg 1907.

28 Definition in LThK 2, Freiburg 1958, Sp. 115 f.

29 Polykarp M. Siemer: Geschichte des Dominikanerklosters Sankt Magdalena in Augsburg (1225–1808), Vechta 1936 (Quellen u. Forschungen zur Geschichte des Dominikanerordens in Deutschland 33).

30 MB 33/1, S. 80.

31 Pius Dirr: Eine Gedächtnisschrift von Johannes Faber über die Erbauung der Augsburger Dominikanerkirche. In: ZHVS 34 (1908), S. 164–178.

32 Leonhard Hörmann: Erinnerungen an das ehemalige Frauenkloster St. Katharina in Augsburg. In: ZHVS 9 (1882), S. 357–386; 10 (1883), S. 301–354; 11 (1884), S. 1–10; Leo Juhnke: Bausteine zur Geschichte des Dominikanerinnenklosters St. Katharina in Augsburg mit Berücksichtigung von Patriziat, Reform und Geistesleben. In: Jahresbericht der Oberrealschule Augsburg 1957/1958, Augsburg 1958, S. 60–110.

33 Zoepfl, Bischöfe 1, S. 178 f.

34 Ebd. S. 440.

35 MB 33/1, S. 67 f., Siemer, Dominikanerkloster, S. 58 f.

36 Albert Haemmerle: Das Necrologium des Dominikanerinnenklosters St. Margareth in Augsburg, München 1955.

37 Siemer, Dominikanerkloster, S. 59–61.

38 Vock, Nr. 588.

39 Karl Haupt: Ehemalige franziskanische Niederlassungen in Augsburg. In: Bavaria Franciscana Antiqua 5 (1961), S. 341 bis 525.

40 MB 33/1, S. 80.

41 Haupt, Niederlassungen, S. 446–491.

42 Irmengard Baumann: Maria Stern in Augsburg 1258–1828. In: Bavaria Franciscana Antiqua 4 (1958), S. 515–658.

43 Haupt, Niederlassungen, S. 432–437. Zur Entstehungszeit vgl. aber Kießling, S. 37, Anm. 30.

44 Haupt, Niederlassungen, S. 422–431.

45 Eberhard Schott: Beiträge zur Geschichte des Carmeliterklosters und der Kirche von St. Anna in Augsburg. In: ZHVS 5 (1878), S. 259–327; 6 (1879), S. 89–141 u. 177–280; 7 (1880), S. 164–232; 9 (1882), S. 221–284.

46 Schott, ZHVS 5 (1878), S. 291–293.

47 AUB 1, S. 21, Nr. XXII.

Spitäler, Stiftungen und Bruderschaften

von Peter Lengle

Das mittelalterliche Spital hatte zwei Aufgaben zu erfüllen: Zum einen sollten Arme, die wegen ihres Alters nicht mehr betteln konnten, Unterkunft und Pflege erhalten, zum anderen sollte Reisenden eine Übernachtungsmöglichkeit geboten werden. Als Träger dieser Einrichtungen waren im Rahmen der karolingischen Gesetzgebung des 9. Jahrhunderts Klöster und Stiftskirchen vorgesehen[1]. Das frühe Augsburger Spital zum Hl. Kreuz, dessen Gründung in die Zeit des Bischofs Ulrich fällt, war eine domstiftische Einrichtung, wenn auch dessen Erstausstattung auf die Privatinitiative einer Person namens Walger zurückging. Dieser stiftete den Ort Margertshausen zum Unterhalt für zwölf arme Menschen, denen der Bischof um 955 ein Gebäude unterhalb der Stadtmauer zuwies[2]. Die mit der Zahl der Apostel übereinstimmende Anzahl der Aufgenommenen und die von Bischof Ulrich an ihnen eigenhändig vorgenommene liturgische Fußwaschung, die an einem Gründonnerstag erfolgte[3], weisen auf die praktizierte Nachfolge Christi als einen Grundgedanken der Stiftung hin. Bald nach der Verlegung der Anstalt (1143 bzw. 1150)[4] übernahmen Augustiner-Chorherren den Spitaldienst, den sie aber nach der Zuweisung einer Pfarrei und nach dem Auftreten eines Bluthostienwunders im Jahr 1199[5] offenbar vernachlässigten. Daneben war wohl auch das Bedürfnis nach einer größeren Anstalt ausschlaggebend für die zwischen 1239 und 1245 erfolgte Neugründung des Heilig-Geist-Spitals in der Nähe des Ulrichsklosters[6]. Dort entwickelte sich das Spital in der Folgezeit zur größten karitativen Anstalt der Stadt. Den Pflegedienst verrichteten im 13. und im 14. Jahrhundert Spitalbrüder, die sich an den Vorschriften der Augustinerregel orientierten, ohne in einem Orden organisiert zu sein. Sie waren somit Laien, die sich quasiklösterlichen Lebensbedingungen unterwarfen, eine Eingliederung in eine feste, von der Kirche kontrollierte Institution jedoch ablehnten. Diese Form eines bürgerlichen Engagements in einem traditionell kirchlichen Bereich war nicht auf Augsburg beschränkt, was durch die Vielzahl gleichzeitiger Bruderschaftsgründungen im sozialen Bereich in anderen Städten belegt wird[7].

Etwa hundert Jahre später, im Jahr 1348, wurde in der sich entwickelnden Vorstadt vor dem Sträfinger Tor vom Rat der Stadt Augsburg das Jakobsspital eingerichtet, das armen Pilgern auf der Wallfahrt nach Santiago de Compostela in Spanien Obdach gewähren sollte. Darüber hinaus diente es als Altersheim für ehrbare Bürger, insbesondere für verarmte Ratsmitglieder. Das Stiftungsvermögen wurde vom Magistrat verwaltet, der auch über die Aufnahme Bedürftiger in das Spital entschied[8].

Auf die alleinige Initiative der Familie Egen/Argon geht das 1445 gegründete Antonsspital zurück, in das zwölf alte und arme Männer aus der Handwerkerschicht als Brüder aufgenommen wurden. Gleichzeitig behielten sich die Stifter für den Fall, daß die eigene Familie in finanzielle Bedrängnis geriet, eine besonders reichhaltig ausgestattete Pfründe vor. Voraussetzung für die Aufnahme in diese Anstalt waren die Mittellosigkeit der betreffenden Person, eine Empfehlung von ehrbaren Leuten und die nachzuweisende Kenntnis der geläufigen Gebete[9].

Eine nur den Frauen vorbehaltene Versorgungsmöglichkeit stellten die seit dem 14. Jahrhundert eingerichteten Seelhäuser dar. So bestimmte Mechtild Ruf ihr Steinhaus bei St. Martin im Jahr 1353 zu einem »rehten selhous« für »zehen guot erber unversprochen arm frouwen, die got mit gantzem ernst dienen«, und stiftete für den Unterhalt desselben einige Liegenschaften[10]. Daneben gab es noch mindestens fünf gleichartige Institutionen, in denen etwa 70 Frauen untergebracht werden konnten[11]. Diese Frauengemeinschaften standen außerhalb eines Ordens und sind im Zusammenhang mit den in Augsburg niedergelassenen Beginen zu sehen.

Neben den Anstalten, die hauptsächlich der Altersversorgung dienten, benötigte eine Stadt wie Augsburg Einrichtungen zur Aufnahme von Menschen, die von ansteckenden Krankheiten befallen waren. Während im Mittelalter die Pest kaum stationär behandelt wurde, versuchte man, die weitverbreitete Lepra in den Sondersiechenhäusern durch Isolierung der Kranken unter Kontrolle zu bekommen. Die erstmals 1264 erwähnten Leprosen lebten 1272 als Gemeinschaft vor den Toren der Stadt Augsburg bei der Kirche des hl. Servatius im Gries und verfügten anfangs offenbar noch über kein festes Gebäude[12]. Ein Domizil mit einer Kapazität von acht Betten erhielten sie erst im Jahr 1288 durch die Stiftung des Ehepaars Langenmantel[13]. Zwei weitere Siechenhäuser bei St. Sebastian und an der Wertachbrücke sind wahrscheinlich in der ersten Hälfte des 15. Jahrhunderts vom Rat erbaut worden, wobei nähere Angaben über ihre Gründung nicht überliefert sind[14]. Auf das Aufkommen der sogenannten Franzosenkrankheit oder Syphilis reagierte der Rat mit der Einrichtung des »Blatterhauses« im Jahr 1495, das in den folgenden Jahren zwischen 100 und 125 Kranken Platz bieten mußte[15]. Typisch für die Siechenhäuser war die Lage der Gebäude am Rande oder außerhalb der Stadt, möglichst an einem Wasserlauf, um die Gefahr der Ansteckung zu verringern.

Die Beherbergung von Reisenden, die in einer Stadt keinen Gastfreund hatten, gehörte zum Aufgabenbereich der Klöster. So könnte auch bei dem am Grab der hl. Afra lebenden Klerikerverband ein Hospiz bestanden haben; das zu Beginn des 11. Jahrhunderts gegründete Kloster St. Ulrich und Afra besaß eine Unterbringungsmöglichkeit[16].

Anläßlich seiner päpstlichen Bestätigung im Jahr 1245 wurden dem Heilig-Geist-Spital drei Hospize in der Stadt zur Versorgung übergeben[17]. Auch bei der Gewährung eines vierzigtägigen Ablasses im Jahr 1298 für wohltätige Spenden an dieses Spital wurde deutlich darauf verwiesen, daß die Beherbergung armer Reisender zu den ursprünglichen Aufgaben der Anstalt gehöre[18]. Neben dem Jakobsspital existierte seit 1440 das vom Ehepaar Hirn errichtete Pilgerhaus, das in vier Betten Pilgern für eine Nacht Unterkunft gewähren sollte[19]. Der Personenkreis, der in diesen Einrichtungen Unterschlupf fand, gehörte größtenteils zu den ärmeren Schichten. Bemitteltere Reisende fanden ihre Herberge bei den reichen Klöstern, beim Bischof, bei den Handelspartnern oder in Wirtshäusern.

Den laufenden Unterhalt der Insassen und des Dienstpersonals, die Erhaltung des Spitalgebäudes und etwaige Rücklagen für Notzeiten mußten die Anstalten aus dem Stiftungsvermögen finanzieren. Die wirtschaftliche Basis aller Einrichtungen bildeten ihr Grundbesitz und ihre Rechte aus Liegenschaften. Deshalb versuchten die Geschäftsbevollmächtigten, Überschüsse und Zustiftungen im Erwerb neuer Besitzungen anzulegen, was sich am Beispiel des Heilig-Geist-Spitals gut dokumentieren läßt. Zum Zeitpunkt seiner Gründung 1239/1245 verfügte das Spital über drei Höfe, während es gegen Ende des Jahrhunderts bereits Einnahmen aus 20 Höfen bezog. Im Jahr 1417 hatte die Anstalt Eigentums- und Nutzungsrechte an über 117 Höfen mit landwirtschaftlichen Flächen und an 41 Kleinbauernstellen im Umland sowie an 80 Gebäuden und vielen Gärten in Augsburg[20]. Der Zukauf wurde nicht planlos abgewickelt; man versuchte vielmehr, Besitzkomplexe herauszubilden oder ganze Dörfer zu erwerben[21], um so in geschlossenen Gebieten die eigenen Interessen nachdrücklicher vertreten zu können.

Eine große Anstalt wie das Heilig-Geist-Spital verfügte auch über einen eigenen Wirtschaftshof bei Augsburg, der den größten Teil des Vesens, einer weizenähnlichen Getreideart, selbst produzierte.

Eine weitere Möglichkeit der finanziellen Absicherung bot sich in der Anlage von überschüssigem Kapital auf den Geldmärkten in Augsburg und in den Nachbarstädten, wobei sich der durchschnittliche Zinssatz auf fünf Prozent belief. So gehörten zur Grundausstattung des Antonsspitals 350 Gulden Ewiggeld, was einer Kapitalsumme von 7000 Gulden entsprach, die in Augsburg und Kempten angelegt worden waren. Auch das Heilig-Geist-Spital war im 15. Jahrhundert an den Zinsgeschäften beteiligt und verlieh mehrmals Beträge zwischen 800 und 1300 Gulden an die Stadt Augsburg[22]. Eine Bilanz der Anstalt aus dem Jahre 1495 soll beispielhaft die Art der Finanzierung in diesen Einrichtungen verdeutlichen.

Die Einnahmen von über 2200 rheinischen Gulden setzten sich zusammen aus Geldzahlungen aus ländlichem Grundbesitz (23 Prozent), dem Verkauf von überschüssigen Naturalien in der Stadt (26,1 Prozent), den Zinsen von städtischen Liegenschaften und angelegten Kapitalien (27 Prozent) und aus verschiedensten Kleingeschäften (23,9 Prozent). Die Ausgaben in der Höhe von etwa 2020 rheinischen Gulden verteilten sich auf den Einkauf von Nahrung (59 Prozent), Lohnzahlungen (20 Prozent) und Kosten für die Erhaltung des Wirtschaftsbetriebes und andere, nicht systematisierbare Zahlungen (21 Prozent)[23].

Die Bedeutung des Grundbesitzes für die Existenz der Anstalt war mit über 79 Prozent der Einnahmen enorm. Die relativ hohen Ausgaben für Nahrung resultierten aus dem Zukauf von Wein, Bier, Milch, Fisch, Salz, Schmalz und Fleisch, Produkte, die vom Spital in nicht genügender Menge oder gar nicht erwirtschaftet wurden. Im Gegensatz zu den Klostergrundherrschaften konnten die Spitäler in Augsburg nur relativ geringe Überschüsse aus ihrem Besitz erzielen, da die Zahl der zu versorgenden Personen – im Heilig-Geist-Spital gegen Ende des 15. Jahrhunderts etwa 250 – wesentlich höher als in den Klosterkonventen war.

Die Lebensqualität in den Anstalten hing von der Ausstattung der Stiftung und von der Art der jeweiligen Pfründe eines Insassen ab. Schon im 13. Jahrhundert finden wir neben der unentgeltlichen Aufnahme auch Pfründverträge, in denen sich die Käufer für das Alter eine Pflegestelle sichern wollten. Da der »Einkauf« sich schlecht mit der Zielsetzung einer karitativen Einrichtung vereinbaren ließ, wurde im Jahr 1462 für das Jakobsspital festgelegt, daß die Pfründe nicht mehr verkauft, »sunder um gotz willen« verliehen werden sollte, was aber Pfründkäufe nicht abstellen konnte[24].

Für eine Pflegestelle mußte im voraus ein bestimmter Geldbetrag bezahlt werden; fast immer wurde jedoch Grundbesitz übereignet, so daß sich die Pfründpreise nicht zuverlässig rekonstruieren lassen. Im Jakobsspital kostete im Jahr 1353 ein Bett 30 Pfund Pfennige[25]; für eine äußere Pfründe, eine Unterkunft ohne besondere Pflege, waren im 15. Jahrhundert etwa 30 Gulden zu entrichten[26]. Das Fehlen von Belegen für

Pfründkäufe gegen Barzahlung ist möglicherweise in der Tatsache zu suchen, daß die Pfründner zwar dem Spital bei ihrem Eintritt ein anwartschaftliches Eigentum an ihrem jetzigen und zukünftigen Besitz einräumen mußten, ihnen die Nutznießung aus ihrem Gut aber lebenslang gewährt wurde[27].

Die reicheren Pfründner im Heilig-Geist-Spital besaßen ein eigenes Gemach[28], außerdem bezogen sie noch Naturalien neben der gewöhnlichen Spitalskost[29]. Die Mittelschicht bildeten die Personen, die sich zu zweit in ein Gemach teilten und ihr Essen am Tisch des Dienstpersonals einnehmen durften[30]. Die übrigen Insassen waren auf große Stuben verteilt und erhielten ein einheitliches Essen. »Reiche Pfründen«, wie sie in vielen Spitälern anderer Städte genannt wurden, gab es im Heilig-Geist-Spital wohl nicht; die verarmten Ratsmitglieder hatten im Jakobsspital eine eigene Bleibe.

Die Regeln des Zusammenlebens in den Anstalten waren streng. Im allgemeinen mußten täglich zwei Gottesdienste besucht werden. Die Insassen des Antonsspitals hatten morgens wie abends je 15 Pater Noster und 15 Ave Maria für die Stifterfamilie zu beten; ihnen war zudem das Tragen einer schwarzen Einheitskleidung vorgeschrieben[31]. Darüber hinaus wurden weitere Verhaltensmaßregeln aufgestellt, deren Übertretung mit mehrtägigem Kostentzug bis hin zur Verweisung aus der Anstalt geahndet wurden. So war es den Pfründnern im Heilig-Geist-Spital untersagt, im Haus gereichte Speisen in der Stadt weiterzuverkaufen oder beim geregelten Stadtgang ein »offen weinhaus« zu besuchen; auch sollten sie sich »mit vleis hueten vor trunkenhait, spil und ander unbeschaidenheit«. War es manchen Einheitspfründnern noch möglich, als Ehepaar in einer Stube zu leben, so war dies den anderen Insassen nicht gestattet. Sobald zwei Unverheiratete »hureray treiben« oder »sich etlich miteinander vergnügen und der ehe halber verbunden haben«, erfolgte die Ausweisung aus dem Spital[32]. Das Verbot einer sexuellen Betätigung ist einerseits aus dem klosterähnlichen Lebensstil der Gemeinschaften zu erklären; andererseits bedeutete die Geburt eines Kindes eine zusätzliche Belastung für den Spitalshaushalt.

Die Verpflegung in den Anstalten war von unterschiedlicher Qualität. Während der Speiseplan im

Antonsspital mit Ausnahme der Fastenzeit fünf Fleischtage[33] in der Woche vorsah, was sich aus der sozialen Stellung des Stifters ableiten läßt, waren in den anderen Anstalten drei Fleischtage üblich. Die Grundlage der Ernährung bildete das Mus – eine mit verschiedenen Getreidearten angereicherte Milch- oder Wassersuppe. Die Festtagskost bestand im allgemeinen aus Frischfleisch, Weißbrot und Wein. Die hier angeführte Beköstigung in den Spitälern darf jedoch nicht als repräsentativ für das 15. Jahrhundert angesehen werden, da bei den häufigen Erntekrisen und Teuerungen jener Zeit dieser Speiseplan nicht immer einzuhalten war.

Neben den bereits angeführten Stiftungen, die zur Gründung selbständiger Anstalten führten, finden sich in den Quellen noch die Termini »selgerät«, »gotberat« und »jartag«. Diese drei Formen der Stiftung stimmen in ihrer religiösen Motivation überein. Zugrunde lag die Erkenntnis, daß der Mensch zwar sterblich sei, seine guten Werke ihn aber überdauern konnten. Rechtlich betrachtet waren die Seelgeräte selbständige Stiftungen, die nicht an eine Anstalt gebunden waren.

Im Jahr 1364 legte Ulrich Ilsung eine vierteljährliche Verteilung von je zehn Pfund Pfennigen Zinsertrag an arme Bedürftige fest, von denen jeder einen Pfennig erhalten sollte, wodurch jeweils 600 Menschen bedacht werden konnten. Weitere Geldspenden dieser Art schlossen sich im 15. Jahrhundert an. Die Effizienz solcher monetärer Gaben war wohl nicht sehr groß, da die Verwendung des erhaltenen Geldbetrags nicht zu überwachen war. Parallel dazu wurde versucht, durch die Austeilung von Nahrungsmitteln die Not der Empfänger zu lindern, die bei dem seit 1433 nachweisbaren »Almosen der Schüsseln« Brot, Schmalz, Fleisch und etwas Geld erhielten. Auch für die Bekleidung Bedürftiger existierten mehrere Stiftungen, die eine Ausgabe von Lodentuch an arme Mitmenschen vorsahen. Eine Art Fürsorgeversicherung stellten die Aussteuerlegate dar, die »armer leut kind in die hailig eh« verhelfen sollten[34].

Das Haustettersche Seelgerät in seiner Fassung von 1496 mit einem jährlichen Zinsertrag von 607 Gulden, was einer Kapitalsumme von über 12 000 Gulden entsprach, beinhaltete alle hier angesprochenen Versorgungsmöglichkeiten[35] und zeugt von einer ge-

wissen Sensibilität des Bürgertums gegenüber sozialen Problemen. Eine Lösung dieser drängenden Probleme konnten diese Einzelinitiativen nicht herbeiführen, wohl aber eine gewisse Linderung in Notzeiten.

Unter »gotberat« verstehen die Quellen eine Stiftung, die zur Verbesserung der in einer Anstalt gebotenen Kost diente, wie dies zum Beispiel das Gottberat der Familie Hirn zeigt. Jeder Insasse des Heilig-Geist-Spitals erhielt »ain Pfennigwert Brot und ain halbs maß weins des ungevarlich gut gemainer wein sey und ain gut suppfleisch, yeder ain stuck, ain gut krawt mit guttem frischem schweinenfleisch«[36]. Das Anniversar dieser Anstalt weist für das 14. und 15. Jahrhundert über 150 solcher Stiftungen auf. Der Stifter eines Gottberats wollte, wie sich aus dem Begriff ergibt, durch eine gute Tat eine Empfehlung für den Eintritt in das ewige Leben erwirken.

Der Jahrtag, der an den Todestag des Stifters erinnern sollte, wurde in Kirchen und Spitalskapellen abgehalten und stellte für die Anstalten wie auch für den niederen Klerus eine Einnahmequelle dar. Als durchgängig kann folgender Ablauf einer Jahrtagsfeier angesehen werden: Am Vorabend des Todestages begaben sich mehrere Priester und der Schreiber des Spitals in die Kapelle, um zum Gedenken des Stifters eine lange Vigil und ein Placebo zu singen; am Morgen des Jahrtages folgten noch einige gesprochene Seelmessen. Die Priester, der Schreiber und die Spitalmeistcrin, die von ihrem Geld die Kerzen kaufen mußte, wurden dafür entlohnt[37]. Die Spitalsinsassen nahmen am Jahrtag im Rahmen ihrer Gottesdienstverpflichtung teil. Häufig wurden Jahrtage und Gottberate kombiniert, um der Empfehlung durch die gute Tat noch die Fürbitten der am Jahrtag teilnehmenden Spitalsbewohner hinzuzufügen.

Die Abhaltung der mit Grundbesitz oder Kapital ausgestatteten Jahrtage und Gottberate wurde durch eingesetzte Vertreter genau überwacht. Wurden die angesetzten Termine überschritten oder die Stiftungsauflagen nicht eingehalten, mußten die Verantwortlichen die doppelte Summe austeilen – zum Nachteil des Gesamthaushalts. Nach mehrmaligen Verstößen konnte das jeweilige Stiftungsvermögen entzogen werden[38].

Spitäler und Stiftungen galten im Mittelalter als *pia*

causa und durften weder in ihrem Vermögensbestand angegriffen noch ihrem Stiftungszweck entfremdet werden. Das Bürgertum, das beträchtliche Summen zur Gründung und zum Unterhalt der Anstalten beitrug, versuchte, Einfluß auf die Verwaltung der vom Ausgangspunkt eigentlich geistlichen Institutionen zu erlangen. Das Jakobsspital und die Siechenhäuser waren rein bürgerliche Einrichtungen, die allein vom Rat der Stadt verwaltet wurden. Im Heilig-Geist-Spital wurden am Ende des 13. Jahrhunderts dem von der Gemeinschaft gewählten Meister zwei weltliche Pfleger aus dem Rat und ein geistlicher Pfleger in der Person des Domdekans zur Seite gestellt. Diese waren bei größeren geschäftlichen Transaktionen anwesend und kontrollierten die Abrechnungen des Spitalmeisters. Später griff der Rat über seine Beauftragten mit Verordnungen in das innere Leben des Spitals ein, so daß man – wie bei vergleichbaren Anstalten in anderen Städten – von einer bürgerlichen Herrschaft über die Spitäler oder von der »Kommunalisierung« der ehemals geistlichen Einrichtungen sprechen kann[39]. Der herrschaftliche Aspekt sollte jedoch im vorliegenden Fall nicht überbetont werden, da einiges auch eine Arbeitsteilung zwischen Bürgertum und Geistlichkeit wahrscheinlich macht[40]. In anderen schwäbischen Reichsstädten wurde der Grundbesitz der Spitäler zum Aufbau eines städtischen Territoriums benutzt. In Augsburg war dies wegen der anders gelagerten wirtschaftlichen Interessen des Bürgertums und der Nähe einflußreicher Grundherren – wie des Bischofs, der bayerischen Herzöge und der Markgrafschaft Burgau – in diesem Ausmaß nicht möglich[41].

Neben der Frauenbewegung der Beginen, die in ihren Anfängen noch in keinem Orden integriert war und in deren Sog die Seelhäuser entstanden, war in Augsburg kurz vor 1245 die bruderschaftliche Spitalsbewegung heimisch geworden. Eine Zugehörigkeit zu diesen Organisationen erforderte allerdings die Aufgabe des normalen bürgerlichen Lebens.

Daneben existierten im 14. und 15. Jahrhundert noch Bruderschaften, die Bürgern, die weiterhin ihrem Beruf nachgehen wollten, die Möglichkeit zur Partizipation am sakralen Leben boten.

Neben den Vikarier-Bruderschaften St. Moritz und St. Mang, die in erster Linie eine Verbesserung der Einkünfte des niederen Klerus bedeuteten, gab es noch bei St. Anna, St. Georg und St. Ulrich und Afra Gemeinschaften, die auf der Zusammenarbeit von Bürgern und Geistlichen beruhten. Die Laien spendeten Geld für die Erhaltung des Kultus oder für Kirchenneubauten, und die Geistlichen schlossen sie dafür in ihre Gebete und Fürbitten ein. Aus diesem traditionellen Rahmen fallen die Bruderschaft des Heiligen Leibes und Blutes bei Hl. Kreuz, wegen ihres »laikalen genossenschaftlichen Charakters«[42], und die 1352 verbotene sozialrevolutionäre Bruderschaft der Jakober. Betrachtet man die Mitgliederzahl der Gemeinschaften – die Ulrichbruderschaft zählte über 5000 Mitglieder –, so wird deutlich, welches Bedürfnis bei den Laien an einer Beteiligung am kirchlichen Leben vorhanden war.

Der Begriff der Fürsorge erstreckte sich im Mittelalter also nicht nur auf die Wechselfälle des Lebens, gegen die man sich in gehobeneren Schichten einigermaßen absichern konnte, sondern über das irdische Leben hinaus. Durch die Unterstützung der Armen, durch Jahrtage, Spenden für Kirchen und Teilnahme an sakralen Veranstaltungen versuchte man, eine Multiplikation von Fürbitten und Empfehlungen zur Erlangung des eigenen Seelenheils zu erreichen. Diese religiöse Motivation ist von der sozialen Funktion der Stiftungen nicht zu trennen. Ein dichtes »soziales Netz« konnte mit den wenigen Anstalten, die am Ende des 15. Jahrhunderts insgesamt etwa 500 Personen Platz boten, nicht geknüpft werden. Auch Nahrungs- und Geldverteilungen durch die Stiftungen reicher Bürger konnten wegen ihres sporadischen Charakters nur die schlimmste Not lindern, aber keine dauernde Abhilfe schaffen. Auch der Stadtrat griff mit Getreidekäufen und Preisfestsetzungen bei Teuerungen nur in akuten Krisen ein. Als im Winter 1437/38 der Preis für ein Schaff Roggen auf 20 Pfund Pfennige gestiegen war, beschaffte der Rat über Mittelsmänner 2000 Schaff Getreide und 30 Schaff Erbsen aus Österreich. Die Stadt bezahlte pro Schaff 12 Pfund und verkaufte es für neun Pfund an die Bürger[43]. Im Jahr 1517 konnte eine Krise nur durch das Einschreiten des Bürgers Rem überwunden werden, der aus seinem Getreidevorrat elfmal Brot für jeweils 3000 Menschen backen ließ[44]. In Notzeiten konnten demnach etwa zehn Prozent der städtischen Bevölkerung nicht aus eigener Kraft überleben. Eine generelle Abhilfe war folglich nur durch die Einrichtung einer systematischen Armenfürsorge zu erreichen, die zu einer der vordringlichsten Aufgaben des 16. Jahrhunderts wurde.

1 MG Capit I, S. 343 (Capitulare monasticum); MG Conc II, 1, S. 416 (Institutio canonicorum).

2 MB 33a, S. 30 vom 4. 9. 1150. Zur Aussage der Urkunde vgl. Reg. Augsb. I 1, S. 76 f.

3 MG SS IV, S. 391.

4 MB 33a, S. 31.

5 Dazu Michael Hörmann: Die Augustiner-Chorherren in Augsburg im Mittelalter. Diss. phil. München, Druck Bottrop 1932, S. 28 f.; Urkunde BayHStA UK Hl. Kreuz 3b vom 15. 5. 1199.

6 AUB I, S. 2 vom Februar 1239; AUB I, S. 3–5 vom 27. 6. 1245.

7 Siegfried Reicke: Das deutsche Spital und sein Recht im Mittelalter, Bd. 1, Stuttgart 1932, Ndr. Amsterdam 1970, S. 54.

8 Spitalordnung im StAA Herwart III vom 19. 3. 1462. Dazu auch Herberger: Die St. Jakobs-Pfründe in Augsburg, Augsburg 1848.

9 StAA US 15. 10. 1445. Zur Person des Stifters vgl. Zink, S. 196 f.

10 AUB II, S. 53–56 von 1353.

11 Dazu Herberger: Die Seelhäuser und die Seelgeräthe in Augsburg. In: ZHVS 3 (1876), S. 283–296; Kießling, S. 225–227.

12 AUB I, S. 23 f. vom 7. 10. 1264; AUB I, S. 31 f. vom 17. 8. 1272, als das Siechenhaus dem Heilig-Geist-Spital einen halben Hof überließ.

13 AUB I, S. 83–85 vom 20. 1. 1288. Davon waren zwei Betten zur Aufnahme von Auswärtigen bestimmt.

14 Dazu Kießling, S. 169–173.

15 DStChr 23, S. 421 f. Bezeichnet wird diese Krankheit als »große Plattern«, deren Behandlung noch unbekannt war. Dazu auch Kießling, S. 232; Reicke, I, S. 308–310.

16 Nachweise bei Wilhelm Liebhart: Die Reichsabtei St. Ulrich und Afra zu Augsburg, München 1982 (Historischer Atlas von Bayern, Teil Schwaben, Reihe II, Heft 2), S. 94.

17 AUB I, S. 4 vom 27. 6. 1245.

18 AUB I, S. 133 von 1298: »Ad pristine sospitatis restaurationem (. . .) peregrinis quoque et advenis clericis et laicis ordinis (. . .) noctis requiem poscentibus.«

19 StAA Schätze 146.

20 Auswertung des Salbuches von 1417 (StAA HA VII, 7, Nr. 1).

21 Als Beispiel die Erwerbspolitik in Mittelneufnach: Es kamen an das Heilig-Geist-Spital 1,5 Huben am 14. 11. 1309 (AUB I, S. 177 f.), ein Holzgrund am 19. 7. 1312 (AUB I, S. 184), eine Mühle und ein Meierhof zu Nyffnach (nicht Aichach, wie im Regest zu AUB I, S. 210 behauptet wird) und am 8. 2. 1410

22 StAA US vom 15. 10. 1445. Davon waren 250 Gulden in Augsburg und 100 Gulden in Kempten angelegt. Für die Kapitalgeschäfte des Heilig-Geist-Spitals vgl. StAA US vom 22. 4. 1456 und vom 5. 12. 1467; A. Haemmerle: Die Leibgedingbücher der freien Reichsstadt Augsburg 1330–1500, München 1958, S. 207, 223, 232.

23 Auswertung nach StAA HA Rechnungsbücher von 1495.

24 StAA Herwart III vom 19. 3. 1462. Dazu Kießling, S. 174; Herberger, Jakobspfründe, S. 6.

25 AUB II, S. 69 vom 24. 7. 1357.

26 StAA RP XIII, f. 57 von 1506. Der bisherige Preis von 30 Gulden wurde auf 60 Gulden erhöht.

27 So z. B. der Pfründvertrag des Ehepaars Küffnaig vom 28. 1. 1430 (StAA HA III, 259, 210).

28 AUB I, S. 41 vom 10. 5. 1277. Heinrich der Baier und seine Ehefrau erhalten ein »Hus bi dem spital« – also eine abgesonderte Unterkunft. AUB I, S. 121 f. vom 12. 3. 1296, in der Hermann von Bannacker, der Meister des Spitals, einem Pfründerehepaar ein eigenes Gemach verspricht, »swan wir bowende werden ouf die hofstat«.

29 So der Vertrag des Spitalmeisters Konrad Schwarz und seiner Ehefrau von 1410 (StAA HA III, 113, 1).

30 Dies war dem Schuster Ulrich Kraus erlaubt (StAA US vom 17. 10. 1421).

31 StAA US vom 15. 10. 1445.

32 Spitalordnung aus dem beginnenden 16. Jahrhundert (StAA HA III, 16, Nr. 5).

33 StAA US 15. 10. 1445. Dazu den Versuch der Auswertung bei Ulf Dirlmeier: Untersuchungen zu Einkommensverhältnissen und Lebenshaltungskosten in oberdeutschen Städten des Spätmittelalters, Heidelberg 1978 (Abhandlungen der Heidelberger Akademie der Wissenschaften, Phil.-hist. Klasse 1978–1), S. 331, der feststellt, daß die Kost im Antonsspital mindestens dem kleinbürgerlichen Lebensstandard der damaligen Zeit entsprach.

34 Statt vieler Einzelbelege: Herberger, Seelgeräte, S. 283–296, Anton Werner: Die örtlichen Stiftungen für die Zwecke des Unterrichts und der Wohltätigkeit in der Stadt Augsburg, 2 Bde., Augsburg 1899/1912; Fr. J. v. Seida: Historisch-statistische Beschreibung aller Kirchen, Schulen, Erziehungs- und Wohltätigkeitsanstalten in Augsburg, 2 Bde., Augsburg und Leipzig 1813; Kießling, S. 219–230.

35 StAA Schätze 76; StAA KWA F 76[1].

36 Diese Stiftung ist im Anniversar des Heilig-Geist-Spitals verzeichnet (StAA HA I, 3, Nr. 1, fol. 4a).

37 Ebd. fol. 5a. Weitere Belegstellen bei Peter Lengle: Das Gottberatbuch des Heilig-Geist-Spitals in Augsburg, Sigmaringen 1979 (Augsburger Beiträge zur Landesgeschichte Bayerisch-Schwabens 1), S. 153–162.

38 Ebd. S. 160.

39 Dieser Begriff wurde von Reicke, II, S. 53–96, geprägt. Kießling, S. 160–167, arbeitet den herrschaftlichen Aspekt der Pflegschaft heraus.

40 Jürgen Sydow: Spital und Stadt in der Kanonistik und Verfassungsgeschichte des 14. Jahrhunderts, Stuttgart 1966 (Vorträge und Forschungen 13), S. 175–195, betont die Unantastbarkeit des Stiftungsgutes. Diesem Ansatz folgt Uta Lindgren: Stadtrecht als Ursache und Wirkung der Verwaltung. In: HJb 99 (1979), S. 133–142. Auch die Ergebnisse bei Peter Lengle: Die Besitzgeschichte des Heilig-Geist-Spitals in Augsburg von

1245–1806 (Masch. Zulassungsarbeit), Augsburg 1978, sprechen für diesen Ansatz.
41 Zur Entwicklung in Memmingen Heinrich Gürsching: Evangelische Hospitäler, Memmingen 1930.
42 Kießling, S. 293.
43 Zink, S. 159 f.
44 DStChr 23, S. 73 f.

Bürgertum und Kirche im Spätmittelalter

von Rolf Kießling

Nach ihrem Selbstverständnis war die Stadt für die Bürgerschaft nicht nur ein Ort von Handel und Gewerbe, von Zünften und Patriziern, sondern auch ein sakraler Raum, der die Kirchen, Klöster und Geistlichen einbezog[1]. So wie der Rat die vielfältigen Prozessionen und kirchlichen Feiern mittrug, so sah er sich auch dazu berechtigt, als Obrigkeit dafür zu sorgen, daß Unheil – verstanden als Strafe Gottes – von der Stadt abgewendet wurde. So erließ der Rat 1432 eine Verordnung gegen das Schwören und Fluchen, wobei eigens aufgestellte »rueger« Verstöße anzuzeigen hatten[2]. Von dieser idellen Vorstellung einer geistig-kirchlichen Einheit der Stadt wichen jedoch die Realitäten sehr stark ab, denn die Geistlichkeit war in mancher Beziehung ein Fremdkörper. Während die Bürgergemeinde sich darum bemühte, ihren Lebensbereich umfassend und selbständig zu regeln, zumal sie seit dem 14. Jahrhundert die verschiedenen Immunitäten auch topographisch umschloß, entzogen sich der Klerus, die Klöster und Stifte einer Assimilation: Die Freiheit vom weltlichen Gericht, von Steuern und Abgaben waren die zentralen Privilegien, auf die sie sich beriefen[3].
Die Zahl der Geistlichen in Augsburg war beträchtlich. In der zweiten Hälfte des 15. Jahrhunderts wird man mit mindestens 350 Mitgliedern allein in den 18

kirchlichen Institutionen rechnen müssen: etwa 40 Domherren, 40 Chorherren und Regularkanonikern, 65 Vikaren und Kaplänen, 100 Mönchen und 150 Nonnen; dazu kamen noch eine Reihe von Benefiziaten in den in der Stadt verstreuten Kapellen, verschiedene Kleriker als Notare, Schreiber etc. Angesichts einer Bevölkerung von etwa 18000 Einwohnern schlugen sie zwar lediglich mit 2 bis 2,5 Prozent zu Buche, doch waren auch die vielen Bediensteten in den Klöstern und Klerikerhäusern dazuzurechnen[4].
Die einfachste und vollständigste Lösung, nämlich die Sonderstellung der Geistlichkeit durch ihre Einbürgerung zu überwinden, konnte seit Anfang des 14. Jahrhunderts nur vereinzelte Erfolge verzeichnen[5]. In der politisch günstigen Phase des Städtekrieges versuchte deshalb der Rat, diesen Weg gewaltsam zu gehen: »und alle die pfaffen, bröbst und äbt und alle nunnen die muosten burger werden, die in der stat beliben wollten, und muosten mit der stat stiuren«[6]. Allerdings nicht lange; denn nach der Niederlage der Städte von 1388 konnten die Geistlichen wieder aus dem Bürgerrecht austreten, wenn sie wollten[7]. Obwohl im 15. Jahrhundert einzelne Kleriker und auch Klöster und Stifte als Korporationen Bürger wurden, war die Politik einer generellen Ein-

beziehung gescheitert. So blieben nur mehr die Wege übrig, auf denen der Rat schon seit längerer Zeit im Detail diese Ziele verfolgt hatte.

Das Interesse der Stadtgemeinde, die Steuerbarkeit aller Stadtbewohner durchzusetzen, hatte sich zunächst darauf gerichtet, jene Wege zu verriegeln, in denen der bürgerliche Grund und Boden in der Stadt durch Schenkung oder Verkauf an die Kirche, die sogenannte »Tote Hand«, fiel und damit aus der Steuerbarkeit kam. Waren königliche Privilegien noch zurückhaltend formuliert[8], so verbot der Rat 1315 durch seine drastische Amortisationsgesetzgebung die Übertragung jeglichen Grundbesitzes an die Geistlichen und ging schließlich dazu über, den gesamten Güterverkehr über die städtische Kanzlei zu kontrollieren[9].

Quelle ständiger Auseinandersetzungen blieben die Besteuerung der wirtschaftlichen Aktivitäten sowie die indirekten Steuern, das sogenannte Ungeld und die Verkehrszölle. Bereits in der zweiten Hälfte des 13. Jahrhunderts war es dem Rat gelungen, alle diejenigen zur Steuer heranzuziehen, die aktiven Handel oder ein Handwerk betrieben[10]. Da die Stadt aber als Sammelstelle der Naturalgülten und Ort ihrer Vermarktung fungierte, war ein sauberer Trennungsstrich zwischen bürgerlichem Gewerbe und einfacher Selbstversorgung nicht immer zu ziehen. Zudem argumentierte der Rat im 15. Jahrhundert mehrfach damit, die Ungelder, die Pflasterzölle und das Wachgeld dienten der Finanzierung von Dienstleistungen, in deren Genuß auch die Geistlichen kamen. Das Hin und Her pendelte sich schließlich 1456 im Vertrag zwischen Bischof Peter und der Stadt auf einen Modus vivendi ein: Der Eigenbedarf sowie der Gültbezug sollten abgabenfrei sein; was Bischof und Domkapitel für sich durchsetzten, dürfte freilich gegenüber den städtischen Klöstern nur bedingt Gültigkeit besessen haben[11].

Weniger erfolgreich verlief das Ringen um die Freiheit der Geistlichen vom weltlichen Gericht. Für die Friedewahrung hatte das städtische Gericht im 14. Jahrhundert mehrfach das Instrument der Achterklärung gegen die personelle Exemtion angewandt. Im 15. Jahrhundert nahmen die Bürgermeister das Recht der Friedewahrung in ähnlicher Weise in Anspruch[12]; doch über die Festnahme von Friedens-

brechern kam man nicht mehr hinaus. Vielmehr mußten diese der geistlichen Gerichtsinstanz ausgeliefert werden, auch wenn der Rat das Stadtgericht dadurch ins Spiel zu bringen suchte, daß er auf eine Aufhebung der Weihe drängte, um damit die Autorität des Rats und Reichsvogts innerhalb der Mauern gegenüber »vil vnd mangerlay volks« aufrechtzuerhalten[13].

Auch das Asylrecht der Kirchen, Klöster und – wenn auch in beschränkterem Maße – der Domherrenhöfe beeinträchtigte die Strafverfolgung empfindlich, denn mehrfach leisteten Kanoniker Widerstand gegen die Auslieferung von Delinquenten, die in ihre Höfe geflüchtet waren. Wenn der Vogt Straftäter in den Kirchen aushungerte oder gar das Asylrecht mit Gewalt brach, zog das scharfe Proteste nach sich. Bei den Fällen, die zum geistlichen Gericht gehörten, vor allem der Ehe und den Seelgeräten, versuchte der Rat, die Bürger von der Inanspruchnahme des geistlichen Gerichtes abzuhalten, das im 14. Jahrhundert ein großes Ansehen genoß; der andere Weg ging im 15. Jahrhundert dahin, die güterrechtlichen Konsequenzen abzutrennen und vor das eigene Gericht zu ziehen[14].

Das Zusammenleben in verschiedenen Rechtssphären auf engem Raum belastete die alltägliche Begegnung von Bürgern und Klerus erheblich. Doch das Drängen des selbstbewußt gewordenen Bürgertums zielte auch auf eine aktive Teilnahme am kirchlichen Leben selbst. Wenn die Pfarreien gegenüber anderen Städten auch nur sehr bedingt die Grundlage für die bürgerliche Verwaltung und Organisation abgaben, so gewann doch die Pfarrkirche eine Art Öffentlichkeit, in der auch städtische Ordnungen verkündet wurden. Seit dem ausgehenden 13. Jahrhundert tauchten bei den einzelnen Pfarreien sogenannte Zechen auf, denen man bürgerliche Stiftungen für ewige Lichter vor dem Leutpriesteraltar übertrug. Zweck dieser Treuhänderschaften war, das Stiftungsvermögen für die Gemeindegottesdienste und die Ausstattung der Altäre von den Kircheninhabern zu trennen, um die sachgemäße Verwendung der Gelder sicherzustellen. Sie verstanden sich als Vertretung der Pfarrgemeinde[15] und führten seit der Mitte des 14. Jahrhunderts eigene Siegel als Zeichen der Rechtskörperschaft.

Als Ansatzpunkte einer laikalen Mitwirkung der Pfarrgemeinde waren die Zechpflegen aber auch ausbaufähig für weitere Bereiche, was sich besonders gut am Beispiel von St. Moritz verfolgen läßt. 1412 hatte die Zeche die Initiative zur Erweiterung des Friedhofs ergriffen[16], für den sie auch weiterhin aufkam; dazu übernahm sie Arbeiten für Reparaturen an der Kirchenausstattung – Türen, Fenster, Bänke – und einen Anteil für die Reinigung der Kirche[17]. Gegen einen eigenen Beitrag zur besseren Besoldung sicherte sie sich 1466 auch ein Mitspracherecht bei der Aufnahme des Schulmeisters der Stiftsschule[18].

Das Kapitel mochte den wachsenden Einfluß der Zeche nicht ohne Mißtrauen beobachtet haben. Konnten 1490/91 Auseinandersetzungen um die Reparatur des Kirchturms noch durch einen Kompromiß in Form einer Aufteilung der Kosten gelöst werden[19], so steigerten sie sich ins Grundsätzliche, als sich das Kapitel 1511 weigerte, dem von der Zeche ernannten Mesner die Kirchenschlüssel auszuhändigen. Das Kapitel wollte nicht nachgeben, weil es einen Eingriff in den eigenen Kompetenzbereich »außerhalb recht« sah; die Gemeindevertreter, unter ihnen Bürgermeister Ulrich Arzt und Jakob Fugger, warfen den Kapitelherren vor, die Zeche ausschalten zu wollen, um die Einkünfte unter sich aufzuteilen zum »schiessen, lauffen, jagen, Im schliten faren, gesprenglet korröck tragen«. Die Unzufriedenheit der Gemeinde mit ihrem Pfarrer trug das ihre dazu bei, so daß sie an Opfergeldern und Kerzen sparte[20]. Das Ergebnis war ein Vertrag, der peinlich genau die Kompetenzbereiche abgrenzte: Jede Seite erhielt nun einen eigenen Mesner, der der Zeche war ausschließlich für die Obliegenheiten der Pfarrei zuständig, der andere für die des Stiftes; die Gefälle wurden genau aufgeteilt. Bereits vorher hatte eine umfangreiche Ordnung den Streit mit dem Pfarrer um seine willkürlichen Stolgebühren entschärft[21].

Dieser Konflikt war typisch und spielte sich früher oder später auch in anderen Pfarreien so ab, wobei insgesamt die Laiengemeinden sich gegenüber den Stiften recht gut zu behaupten wußten. Doch während die Zechpflegschaften in der Regel aus den Pfarrgemeinden selbst hervorgingen, ergab sich beim Dom eine Variante: Der besonders ausgeprägte Widerstand des Domkapitels führte wohl dazu, daß eine

direkte Verbindung von Zeche und Rat hergestellt wurde. Die Pfleger mußten neben den Repräsentanten der Pfarrei vor zwei Ratsverordneten Rechnung legen und anschließend dem Rat die Schlüssel für die Zechgüter aushändigen, »bis das ain rat ander pfleger setzt«[22].

Die Predigthäuser in der Nachbarschaft der Stiftskirchen wurden im Laufe des 15. Jahrhunderts zu Zentren der Gemeinden. Für die Othmarskapelle bei Hl. Kreuz konnte die Zeche bereits 1445 in einem Vertrag ein Mitspracherecht durchsetzen, St. Ulrichs Zechpfleger beteiligten sich vermutlich schon beim Neubau des Predigthauses 1457, leisteten jedenfalls später Beiträge zur Ausstattung, bei St. Moritz ist ähnliches um 1500 belegt; bei der Dompfarrei lag diese Funktion in der dem Dom benachbarten Johanniskirche, für St. Georg diente dazu die Michaelskapelle auf dem Friedhof[23].

Der entscheidende Punkt war freilich die Einsetzung des Pfarrers selbst. Schon der Streit bei St. Moritz hatte gezeigt, daß die Spannungen nicht zuletzt personell bedingt waren; doch dem Ziel, das andere Städte noch im 15. Jahrhundert erreichten, den Patronat oder zumindest das Präsentationsrecht zu erlangen, waren in Augsburg stärkere institutionelle Schranken gesetzt, weil alle Pfarreien den Stiften oder Klöstern angegliedert, teilweise sogar inkorporiert waren[24]. Obwohl noch das Stadtrecht von 1156 eine Mitwirkung bei der Wahl des Leutpriesters gekannt hatte[25], dürfte eine Einflußnahme des Bürgertums in späterer Zeit weggefallen sein. Daß dieses Ziel aber erneut anvisiert wurde, zeigt das stufenweise Eindringen des Rats in das Besetzungsrecht der Kaplaneien, die aus bürgerlichen Stiftungen kamen. Bei St. Jakob mußte der Rat 1352 noch zugestehen, daß der Dompfarrer, in dessen Sprengel die Kapelle lag, in die entsprechenden Rechte eintrat[26], das gleiche war bei einer Reihe von Stiftungen am Dom, bei St. Moritz und im Heilig-Geist-Spital der Fall. Gelang es bei St. Leonhard vor dem Gögginger Tor 1412 erstmals, wenigstens das Nominationsrecht in der Nachfolge der Stifter zu bekommen, so war eine Beeinträchtigung der pfarrlichen Ansprüche – gemeint waren vor allem die Gefälle – ausdrücklich ausgeschlossen[27]. Bei der 1478 an St. Stephan gestifteten Frühmesse rang der Rat dem dortigen Pfarrer und dem Domkapitel dann den Kompromiß eines alternierenden Besetzungsrechtes ab – ein zweites Lösungsmodell, das auch anderweitig realisiert wurde[28].

Was bei den Neugründungen durch ein hartnäckiges Ringen gewisse Erfolge zeitigte, mußte bei den Pfarreien auf nicht zu überwindende Grenzen stoßen. Die schrittweise Ausdehnung der bürgerlichen Einflußnahme auf die bestehende kirchliche Ordnung wurde vom Rat mit dem Instrument der Pflegschaft koordiniert, das er parallel zu den Pfarrzechen auch bei den Spitälern, seit dem 14. Jahrhundert auch bei den Klöstern der Bettelorden als Hebel einsetzte. Ihre Kompetenzen wiesen zwar faktisch unterschiedliche Intensität auf, reichten jedoch tendenziell von der Rechtsvertretung nach außen bis zur Mitsprache bei der inneren Ordnung der Konvente[29].

So konnte der Rat das Bedürfnis nach Predigt immerhin dadurch befriedigen, daß er über die Pflegschaft der Mendikantenkonvente für eine Versorgung mit guten Lesmeistern eintrat. So beklagte er 1419 in einem Brief an den Provinzial des Dominikanerordens das Fehlen von guten Mönchen, »dardurch großer gotzdinste der von Richen vnd armen vnser Stat mit Messe vnd predigen dasselbs zu hoeren versumet wird«. Dieses frühe Beispiel – weitere sind bei St. Magdalena und den Barfüßern in der ersten Hälfte des 15. Jahrhunderts überliefert – fiel wohl nicht zufällig in die Zeit des Bischofsstreites von 1413 bis 1423: Als der Weltklerus zeitweise die Stadt verließ, stellten sich die Bettelorden auf die Seite der Bürger, durchbrachen das 1418 verhängte Interdikt und festigten damit ihre Verbindung mit der Bürgerschaft gegenüber dem Weltklerus erheblich[30]. Eigene Prädikaturen kamen freilich erst kurz vor der Reformation zustande.

Die strukturellen Belastungen für das Verhältnis von Bürgertum und Kirche waren nicht zu übersehen. Trotzdem wurde es noch immer getragen von einer Vielzahl von Stiftungen. Die vielbeschworene gesteigerte spätmittelalterliche Frömmigkeit hatte Burkhard Zink um die Mitte des 15. Jahrhunderts auf die prägnante Formel gebracht: »dann iederman wolt gen himl«[31]. Erhebliche Beiträge wurden zum Kirchenneubau geleistet; das Verzeichnis der Spender für den Neubau der Dominikanerkirche 1513/15 umfaßte zum Beispiel weite Kreise der kaufmännischen Oberschicht der Stadt mit einem Betrag von 5360 Gulden[32]. Die Tradition, Kapellen als Begräbnisstätten einzurichten, zieht sich von den ersten Stiftungen des 14. Jahrhunderts beim Dom, St. Moritz und St. Georg bis zur Goldschmiedekapelle des Ehepaars Hirn von 1420 und zur Fuggerkapelle von 1509/12 bei St. Anna[33].

Neben religiösen Motiven trat dabei das Repräsentationsbedürfnis der finanzkräftigen Familien zutage, das auch in die vielen sozialen Stiftungen hinüberreichte, die davon nur schwer zu trennen sind. Die großen Kaufleutegesellschaften hatten dafür im Anschluß an italienische Vorbilder eigene Konten eingerichtet, in denen wohl auch ein gewisses Kompensationsbedürfnis für die kapitalistischen Praktiken verborgen lag[34]. Für die einfachen Bürger war der Jahrtag noch am ehesten erschwinglich; er wurde zur festen Einrichtung – und für die Bettelorden zu einer wichtigen Einnahmequelle. So kostete er beispielsweise bei den Barfüßern noch gegen Ende des 14. Jahrhunderts sechs Pfund Pfennig, bessere Ausstattungen erforderten im 15. Jahrhundert schon wieder 20 bis 25 Gulden und damit immerhin etwa den Jahresverdienst eines kleineren Handwerkers[35]. Die Zahl der Jahrtagsstiftungen erreichte bei den Franziskanern vor der Reformation mehr als 200, viele kamen aus dem einfacheren und mittleren Bürgertum des Gewerbeviertels, in dem der Konvent lag, daneben aber auch von bedeutenden Geschlechtern wie den Egen, Ridler, Gossembrot und Langenmantel. Solche engen Bindungen einzelner Familien an bestimmte Klöster und Stifte gab es mehrfach. Eine genauere sozialgeschichtliche Analyse läßt erkennen[36], daß die alten Patriziergeschlechter bis ins 14. Jahrhundert vor allem bei den frühen Hauptkirchen der Stadt – dem Dom und St. Moritz – ihre Jahrtage begehen ließen, während im 15. Jahrhundert die Barfüßer, Karmeliter, Dominikaner und St. Ulrich und Afra stärker in den Vordergrund traten. Dorthin orientierten sich vor allem die jüngeren Aufsteiger, die älteren Geschlechter blieben demgegenüber noch am ehesten St. Moritz zugewandt. St. Stephan und St. Georg, wohl auch Hl. Kreuz, fielen dagegen deutlich ab, was die Zahl der Stiftungen und ihr soziales Profil betraf. Als adeliges Damenstift war St. Stephan von vornherein an die Peripherie des bürgerlichen Bewußtseins gedrängt, während die Augustinerchorherren ihre ursprüngliche Dynamik in dieser Zeit bereits zugunsten einer grundherrschaftlichen Orientierung auf das Land aufgegeben hatten; freilich waren ihre Pfarreien auch klein und umfaßten weitgehend kleinbürgerliche Bezirke.

Die unterschiedliche Zuwendung des Bürgertums zu den Kirchen der Stadt spiegelt sich auch in der personellen Verflechtung. Die Dominikanerinnen von St. Katharina waren der mit Abstand am stärksten und über das gesamte Spätmittelalter vom Patriziat zur standesgemäßen Versorgung beschickte Nonnenkonvent. Erst dann folgten Maria Stern und St. Margareth sowie St. Nikolaus. Auch für St. Martin lassen sich noch Mitglieder aus dem Patriziat und den »Mehrern der Gesellschaft« finden, während St. Clara und St. Ursula offensichtlich vor allem von den mittleren und unteren Schichten getragen wurden.

Aus Bürgerfamilien stammende Kleriker fanden ihre Pfründen zumindest teilweise in den Chorherrenstiften der Stadt. St. Moritz war ein Beispiel für die besonders enge Verflechtung von Geistlichkeit und Bürgertum, lassen sich doch im Zeitraum von 1380 bis 1520 etwa 45 Kleriker mit Bürgerfamilien in Verbindung bringen, darunter eine ganze Reihe von Patriziern und Mehrern[37] – trotz der Spannungen innerhalb der Pfarrei ein nicht zu unterschätzender Integrationsfaktor. Das Domkapitel aber versagte seit 1322 schrittweise dem Bürgertum der Stadt den Zugang, verstand es sich doch als Pfründe des schwäbischen Adels. Doch gerade darauf richtete sich der Blick der Oberschicht im ausgehenden 15. Jahrhundert – freilich vergeblich; sie konnte die ständische Exklusivität nicht mehr sprengen[38].

Das sehr differenzierte und vielschichtige Strukturbild des Verhältnisses von Bürgertum und Kirche verträgt im Spätmittelalter keine Simplifizierung, in welcher Richtung auch immer. Auch das ideelle Bewußtsein von der sakralen Einheit von Stadt und Kirche ist nur die eine Seite. Die Bruchlinien durchkreuzten sich mehrfach: Sie verliefen zwischen Bürgergemeinde und kirchenrechtlicher Privilegierung, zwischen Pfarrgemeinde mit ihren Seelsorgebedürfnissen und Herrschaftskirche, zwischen bürgerlichem Selbstbewußtsein und ständischem Vorbehalt, aber auch zwischen voller und eingeschränkter Teilhabe an der Absicherung des Seelenheils in Stiftungen aufgrund ihrer materiellen Voraussetzungen. Eine Integration war bei dieser Struktur kaum möglich.

Das dynamische Element war auf seiten der bürgerlichen Führungsschicht, die sich um eine Revision der gegebenen Grenzen bemühte. Daß diese sich weitgehend als starr erwiesen, lag nicht zuletzt daran, daß die Bischofsstadt ein enges räumliches und funktionales Ineinander der verschiedenen Institutionen und Interessen bedingte, das manches verhärtete, was anderswo leichter veränderbar erschien.

1 Heinrich Schmidt: Die deutschen Städtechroniken als Spiegel des bürgerlichen Selbstverständnisses im Spätmittelalter, Göttingen 1958 (Schriftenreihe d. Hist. Komm. b. d. Bayer. Akad. d. Wiss. 3), S. 89–97.

2 StAA RP II fol. 13; mehrfach wiederholt.

3 Die folgende Darstellung beruht weitgehend auf der Arbeit Kießling, Bürgerliche Gesellschaft; dort auch weitere Belege und die ältere Literatur.

4 Vgl. Friedrich Blendinger: Versuch einer Bestimmung der Mittelschicht in der Reichsstadt Augsburg vom Ende des 14. bis zum Anfang des 18. Jahrhunderts. In: Erich Maschke und Jürgen Sydow (Hrsg.), Städtische Mittelschichten, Stuttgart 1972, S. 32–78, hier S. 40.

5 StAA Bürgerbuch 1288 ff.: Beispiele ab 1303.

6 Anonymus II, S. 70; vgl. StAA Steuerbuch 1381.

7 MB 34a, S. 82; Vock Nr. 564: 1389 Nov. 17.

8 AUB I, S. 82: 1287 Dez. 2, Privileg Rudolfs; ebd. S. 166: 1306 März 17, Privileg Albrechts.

9 AUB I, S. 194; StAA RP I fol. 12 (und öfter).

10 AUB I, S. 9: 1251 Mai 9; ebd. S. 36: 1276 März 9; Stadtbuch Art. XXIV mit Nachträgen S. 68, 76, 314.

11 MB 34a, S. 189; vgl. Anton Uhl: Peter von Schaumberg 1424–1469, Augsburg 1940, S. 160–176.

12 StAA Achtbuch: Fälle ab 1338; besonders spektakuläre Beispiele in den Chroniken: z. B. 1419 Mülich, S. 64.

13 So in einem Fall StAA Lit 1488 Febr. 21.

14 Stadtbuch Art. XXII, S. 63 f.

15 Vgl. z. B. StAA Schätze 94 (Zechpflegbuch St. Georg) fol. 33: 1309 April 24, Vertrag zwischen dem Stift und »vnnsern erbern pfarrluten«.

16 StAA KWA B 4³: 1412 Aug. 19.

17 StAA Zechpflegbuch St. Moritz I: Ausgaben 1430/31.

18 StAA US 1466 Dez. 24.

19 BayHStA KU St. Moritz 655: 1490 Okt. 6; die darauffolgenden Verhandlungen StAA KWA B 9ᴵ.

20 StAA KWA B 8⁹; ebd. St. Moritz 10/2 Nr. 7, 11.

21 StAA St. Moritz 10: 1511 Dez. 19; ad 1[5]: 1511 Okt. 12.

22 StAA Schätze 142b (Zechpflegbuch Dom) fol. 1: Ordnung der Zeche von 1469.

23 Zu Hl. Kreuz: StAA EWA Uk 172; St. Ulrich: Frank, S. 315; StAA EWA 929 (Zechpflegbuch); zu St. Moritz: StAA St. Moritz 27; StAA KWA B 11[1]; zum Dom: StAA EWA 945; zu St. Georg: Walter Pötzl: Augusta Sacra. In: JVAB 9 (1975), S. 19–75, hier S. 50.

24 Rudolf Hohl: Die Inkorporation im Bistum Augsburg während des Mittelalters, Diss. phil. Freiburg i. Br. 1960, S. 124, 146, 232 f.

25 MB 29a, S. 327; Vock Nr. 30: 1156 Juni 21.

26 StAA US 1352 Juli 12, Vertrag.

27 BayHStA RstA UK 1412 Mai 19.

28 StAA RP VIII fol. 99: 1478, Ratsbeschluß; BayHStA HochstA NA 5487 fol. 187: Domkapitelrezeß 1487 Dez. 15; der Vergleich StAA KWA C 9 I[1]: 1494 Nov. 21.

29 Vgl. dazu ausführlich Kießling, S. 131–150.

30 StAA Missivbuch Ib fol. 267 Nr. 1215: 1419 Mai 29; Uhl, Peter von Schaumberg, S. 1–9; Zoepfl, Bischöfe 1, S. 360–374.

31 Zink, S. 45; vgl. Joseph Schairer: Das religiöse Volksleben am Ausgang des Mittelalters nach Augsburger Quellen, Leipzig und Berlin 1914, Ndr. Hildesheim 1972 (Beitr. z. Kulturgesch. d. Mittelalters u. d. Renaissance 13), S. 126–133.

32 Pius Dirr: Eine Gedächtnisschrift von Johannes Faber über die Erbauung der Augsburger Dominikanerkirche. In: ZHVS 34 (1908), S. 164–178.

33 Pötzl, Augusta Sacra, S. 37, 43, 50; zu den Kapellen der Hirn und Fugger vgl. Eberhard Schott: Beiträge zur Geschichte des Karmeliterklosters und der Kirche von St. Anna in Augsburg. In: ZHVS 6 (1879), S. 89–100, 205–215; dort auch weitere Beispiele.

34 Götz Frh. v. Pölnitz: Augsburger Kaufleute und Bankherren der Renaissance. In: Augusta, S. 187–218, hier S. 208 f.; Elmar Lutz: Die rechtliche Struktur süddeutscher Handelsgesellschaften in der Zeit der Fugger, Tübingen 1976 (Studien zur Fuggergeschichte 25), S. 184–187.

35 Das Anniversar bei Karl Haupt: Ehemalige franziskanische Niederlassungen in Augsburg. In: Bavaria Franciscana Antiqua 5, München 1961, S. 446–494. Die Angaben zum Verdienst bei Johannes Hartung: Die Augsburger Zuschlagsteuer von 1475. In: Schmollers Jahrbuch 19 (1895), S. 95–136, hier S. 120.

36 Vgl. Kießling, S. 245–287.

37 Albert Haemmerle: Die Kanoniker der Chorherrenstifte St. Moritz, St. Peter und St. Gertrud bis zur Säkularisation, München 1938.

38 Ilse Schöntag: Untersuchungen über die persönliche Zusammensetzung des Augsburger Domkapitels im Mittelalter, Zeulenroda 1938, S. 21–41; Kießling, S. 323–352.

Das Geistesleben

von Norbert Hörberg* und Karl Schnith

Im frühen und hohen Mittelalter wurde in Augsburg wie in anderen Städten geistiges Leben im wesentlichen von den geistlichen Institutionen getragen und gestaltet. Allerdings fehlen Nachrichten über die ersten Jahrhunderte des Mittelalters. Daher entbehren oft erhobene Behauptungen über das Augsburger Schulwesen in der Karolingerzeit seit Bischof Sintpert jeglicher Fundierung. Die uns erhaltenen Nachrichten geben lediglich darüber Aufschluß, daß einzelne Augsburger Bischöfe im 9. Jahrhundert persönlich Schüler unterrichtet haben[1]. Die *scola* beim Dom ist erstmals in der Ulrichsvita Gerhards und damit im 10. Jahrhundert erwähnt. Abt Gozbert von Tegernsee (982–1001) erzählt, daß er vom Knabenalter an »im Schoße der Augsburger Kirche erzogen« worden sei[2]. Die Sorge für Schüler ist schließ-

---

* Der Beitrag von Norbert Hörberg reicht bis zur literarischen Tätigkeit der Minoriten des 13. Jahrhunderts (S. 215 und Anm. 21).

lich in das Testament Bischof Brunos (gest. 1029) aufgenommen[3]. Sehr wahrscheinlich wurde auch Hermann der Lahme, später berühmter Mönchsgelehrter auf der Reichenau, in den zwanziger Jahren des 11. Jahrhunderts in Augsburg ausgebildet, und Ascelinus Teutonicus *civis Augustae civitatis* war sein Lehrer vor allem in der Astronomie[4].

Das geistige Leben scheint in dieser Zeit einen erfreulichen Aufschwung genommen zu haben. Froumund von Tegernsee rühmte kurz vor dem Jahre 1000 von Feuchtwangen aus in einem Brief an den Augsburger Bischof Liutold, daß in des Bischofs Stadt alle freien Künste in höchstem Maße gelehrt würden, und preist den »unerschöpflichen Reichtum« der bischöflichen Bibliothek[5]. Der Verfasser der Augsburger Annalen (um 1100) notierte unter dem Jahre 1041, daß viele in jeglicher Art von Bildung, in den Wissenschaften, in der Baukunst sowie im Bücherschreiben sich auszeichneten und die Studien überall hervorragend gediehen. Grammatiker wie Priscian, römisch-heidnische und christliche Dichter, aber auch Schriften zur Arithmetik, Geometrie und Musik gehörten zum Lehrprogramm.

Beim Überfall Herzog Welfs II. 1026 wurden wahrscheinlich wichtige Bestände der bischöflichen Bibliothek und des Archivs vernichtet. Danach mußte die Rechtspraxis wieder auf sichere Grundlagen gestellt werden. So erklären sich vielleicht die beiden bedeutenden Rechtssammlungen, die im 11. Jahrhundert am Augsburger Bischofssitz nachweislich benutzt wurden[6]. Sie enthalten Bußbücher, Kapitularien, eine bischöfliche Sendordnung und die wichtigsten Volksrechte. Eingetragene Urkunden, Zins-, Schatz- und Servitienverzeichnisse legen nahe, daß diese Bücher in der Praxis verwendet wurden.

Erste literarische Spuren sind schwer auszumachen. In später aufgeschriebenen lateinischen Dichtungen wurde vielleicht im 7. Jahrhundert beim Grab der hl. Afra die Geschichte ihres Martyriums erzählt[7]. Das *Augsburger Gebet* und ein jüngst entdecktes romanisches Passionslied sind in Augsburger Handschriften überliefert, aber schwerlich hier entstanden[8]. Der Lehrer an der Domschule, Heinrich von Augsburg (gest. 1083), dichtete den *Planctus Evae*, ein Epos über die Schöpfungsgeschichte bis zur Vertreibung der ersten Menschen aus dem Paradies[9].

Wenige Domscholaster (Kleriker, die für die Schule verantwortlich waren) kennen wir namentlich[10]. Unter ihnen ragt in den Jahren 1116–1120 und 1122–1124 der berühmte Gerhoh, der spätere Chorherrenpropst von Reichersberg, hervor. Übrigens bezeugt Gerhoh als erster, daß in Augsburg Theater gespielt wurde, wenn er an seinen Mitkanonikern bemängelt, daß sie sich nur noch zu Spielen und Theaterdarbietungen gemeinschaftlich versammelten[11]. Das Benediktinerkloster St. Ulrich und Afra hatte wohl von Anfang an Lehrer für die Ausbildung seiner künftigen Mönche. So wissen wir etwa von Abt Egino (1109–1120), daß er als Knabe ins Kloster gebracht und dort erzogen wurde. Scholaster begegnen auch in den Zeugenreihen der Stifte St. Moritz, St. Georg und Heilig Kreuz[12]. Bei den Kanonikern von St. Moritz ist das Schulmeisteramt im 13. Jahrhundert beinahe lückenlos zu belegen. Diese Stiftsschule muß auf das Bildungswesen in der Stadt stärker ausgestrahlt haben; sie wurde von Schülern auch außerhalb der Pfarrgrenzen von St. Moritz besucht.

Im 11. Jahrhundert setzt auch die eigentliche Geschichtsschreibung ein. Das historische Interesse in den Klöstern und Stiften der älteren Zeit hatte sich hauptsächlich auf die religiös motivierten und legendär eingefärbten Lebensgeschichten der Heiligen und Patrone gerichtet. Auch Gerhard wollte in seiner Lebensbeschreibung des hl. Ulrich sicherlich in erster Linie den Bischof verherrlichen, wenngleich ihm eine Biographie mit historisch wertvollen Nachrichten zu Zeit und Umwelt daraus geriet. Vielleicht waren es die Auseinandersetzungen zwischen dem königstreuen Bischof Hermann (1096–1133) und dem päpstlich gesinnten Abt Egino im Zusammenhang mit dem sogenannten Investiturstreit, die verstärkt nach dem Sinn der Geschichte fragen ließen. Wir kennen Handschriften aus dem Dom und aus dem Kloster St. Ulrich und Afra, in denen auf ursprünglich freien Seiten Abschriften von Briefen und Dokumenten zu den kirchenpolitischen Vorgängen sorgfältig gesammelt sind[13]. Der gelehrte Udalschalk (Abt von 1127 bis 1151) schrieb über Abt Egino eine »politische Biographie«, in der er die darstellerischen Elemente einer Heiligenvita mit historischer Dokumentation verband. Die große Weltchronik Ottos von Freising erfüllte den Anspruch, einen Sinn im

Lauf der Geschichte aufzuzeigen: Otto schrieb auf Bitten des ulrikanischen Mönchs Isengrim, der 1145 Abt von Ottobeuren wurde. Im 11. und beginnenden 12. Jahrhundert legten die Historiker unter den Domherren eine Art »Hauschronik«[14] an. Mit der dort eingetragenen *Chronica* des Isidor von Sevilla ist ein Stück theologisch-spekulativer Geschichtsbetrachtung belegt. In den *Annales Augustani* hingegen wird versucht, den aktuellen Geschichtsverlauf darzustellen und die Geschichte selbständig zu bearbeiten. Vor allem im dritten Teil (1075–1104) verraten sich am stärksten Gesinnung und Stellungnahme der Verfasser. Sie machen aus ihrer königsfreundlichen Gesinnung während des Investiturstreits kein Hehl, ohne jedoch gegen die päpstliche Seite allzu ausfällig zu werden. Die Autoren zeigen auch Interesse an Musik und Kenntnisse in der Astronomie. Die andernorts nur gering verbreitete und bis 1135 reichende Chronik des Heimo von Bamberg verlängerten die Domhistoriker bis 1322 durch die sogenannten *Annales Augustani minores*. Beachtung in der Hauschronik verdient vor allem das *Excerptum ex Gallica historia*, das um 1100 eingetragen wurde. Es ist jenes viel besprochene Bruchstück mönchisch-gelehrter Dichtung[15], das von der in Augsburg verehrten Göttin Zisa berichtet sowie von der angeblichen Schlacht zwischen den Sueben und Römern, kurz bevor die Stadt gegründet wurde. Diese erdichteten Angaben wurden Elemente in der späteren städtischen Chronistik. Das Ulrichskloster brachte es gegen Ende des 12. Jahrhunderts zu einer hauseigenen Geschichte, dem *Chronicon breve*. Dies ist im wesentlichen ein Katalog der Augsburger Bischöfe und Äbte, vermehrt allerdings durch geschichtliche Nachrichten aus älteren, wenn auch meist legendären Quellen. Um 1200 befaßte sich vor allem Prior Adilbert mit historischen Stoffen. Ihm wird ein umfänglicherer Abtkatalog (bis 1216) zugeschrieben. Als Klosterlehrer und geistlicher Schriftsteller bearbeitete Adilbert die Lebensgeschichte der hl. Afra, und er ist vermutlich mit jenem »Albert von Augsburg« identisch, der die von Abt Berno auf der Reichenau (gest. 1148) verfaßte lateinische Vita des hl. Ulrich in deutsche Reime übertragen hat[16]. Mit den beiden Mönchsbrüdern Ulrich und Konrad Welling fand die mittelalterliche Annalistik in Augsburg ihren Abschluß. Sie schrieben in der ersten Hälfte des 14. Jahrhunderts die *Annales ss. Udalrici et Afrae Augustenses*, welche die Jahre 1106 bis 1334 umfassen. Sie schöpften aus verschiedenen mittelalterlichen Chroniken, vor allem aus den Altaicher Annalen, und verknüpften damit Mitteilungen zur Klostergeschichte. Konrad Welling schließlich lieferte einen reichlich dürftigen Abtkatalog seines Klosters von der Ankunft der Benediktiner bis zu Abt Marquard (1316–1334)[17].

An Literarischem hat Abt Udalschalk einige lateinische Gedichte und Lieder hinterlassen. Herausragendes Beispiel mittelhochdeutscher Poesie aber wurden die *Drei Lieder von der Magd* (1172), ein Versepos auf Maria, wobei der Verfasser, Priester Wernher, eher im Augsburger Weltklerus oder unter den Kanonikern zu suchen sein wird als im Kloster St. Ulrich und Afra. Augsburger Franziskaner verfaßten für die Seelsorge und für des Lateins unkundige Nonnen zwei Regelverdeutschungen, deutsche Traktate, Gebete und Predigten. Einige dieser Schöpfungen deutscher Prosa laufen unter den Namen David von Augsburg oder Berthold von Regensburg (der vermutlich mehrere Jahre in Augsburg weilte); es ist jedoch im einzelnen schwer zu entscheiden, was nun original von diesen Autoren selbst stammt[18]. Bedeutende Rechtssammlungen (Augsburger Sachsenspiegel, Deutschenspiegel und Schwabenspiegel) sind von Augsburger Minoriten redigiert worden, und das Stadtrechtsbuch von 1276 war vermutlich ihr Werk[19]. Als Vertreterin der Mystik steht neben den Minoriten und wohl stellvertretend für einen größeren Kreis Gleichgesinnter die Klausnerin Engelbirn, der das innige Lied *Von der Seele Würdigkeit* zugeschrieben wird[20]. Der höfische Dichter Ulrich von Türheim (ca. 1220–1286), unweit von Augsburg beheimatet, hatte den Burggrafen Konrad von Erringen (gest. 1231) und den Bürger Otto den Bogner zu seinen Gönnern. Er lebte zeitweilig in der Stadt[21]. Im 13. Jahrhundert werden somit erstmals literarische Neigungen bei Augsburger Laien und Bürgern deutlich. Auch hatte die Rechtsgelehrsamkeit ebenso wie die Volkspredigt der Minoriten den Prozeß begleitet, der zur Formulierung des Stadtrechts von 1276 und damit zu einer Stärkung des bürgerlichen Elements führte. Die darin erkennbare Aufgeschlossenheit bürgerlicher Kreise für Bildung und Literatur verstärkte sich noch im Spätmittelalter, allerdings mit veränderten Akzenten. Die herkömmliche Bindung der Laien an die geistlichen Institutionen in der Stadt wirkte zweifellos weiter. Aber der Nährboden für die Neuansätze, welche die kulturelle Blüte des ausgehenden Mittelalters heraufführten, lag weitgehend im Bürgertum selbst.

Das einheimische Schulwesen vermittelte den Grundbestand des Wissens. Neben der Domschule, deren *summus scolasticus* die Jurisdiktion über alle Lehrer und Scholaren in Stadt und Diözese Augsburg ausübte, nahmen auch verschiedene Kloster- und Stiftsschulen – etwa diejenige von St. Moritz – weltliche Schüler auf. Im 15. Jahrhundert kam offenbar eine städtische Lateinschule hinzu. Den deutschen Elementarunterricht überließ man dagegen Privatlehrern. Schon seit dem 13. Jahrhundert sind Augsburger an den Hohen Schulen nachweisbar – zunächst vereinzelt in Paris, zahlreicher in Bologna und anderen Städten des Südens[22]. Zu den Studenten zählten vor allem Domherren, daneben in gewisser Zahl auch Patriziersöhne, seltener Studierende aus anderen Schichten. Später bevorzugten viele Augsburger näher gelegene Studienorte wie Heidelberg oder – ab 1472 – Ingolstadt, aber auch Wien, Leipzig und Erfurt.

Die Vertrautheit mit literarischen Stoffen förderte die Ausbildung einer städtischen Prosa-Chronistik in deutscher Sprache[23]. Auf diesem Weg fand die Reichsstadt zu klarer Umschreibung ihres Selbstverständnisses[24]. Es erscheint signifikant, daß das erste bedeutsame Werk, die anonyme *Chronik von 1368 bis 1406*[25], mit der Errichtung der Zunftverfassung einsetzt. Wichtige Zäsuren der Stadtgeschichte bilden die Orientierungspunkte dieser bürgerlichen Historiographie, welche die Vorgänge meist in annalistischer Weise verfolgt und »Neuigkeiten« sowie Sensationen aus Politik, Kriegführung, Verbrechensgeschichte und Rechtspflege aneinanderreiht und auch über Alltagsleben und Wettergeschehen berichtet, ohne der persönlichen Reflexion des Autors viel Raum zu gewähren. Als der wohlhabende Kaufherr Erhard Wahraus[26] um 1440 daranging, »von mengerley sach, die auß anderen püchern gezogen und gemacht sind«, Kunde zu geben, lagen ihm unter ande-

rem fränkisch-bayerische Klosterannalen vor und wohl auch eine in Augsburg angefertigte deutsche Übersetzung der Weltchronik Martins von Troppau. Wahraus bietet stadtgeschichtliche Notizen für den Zeitraum von 1126 bis 1445. Daneben zeigt er Interesse für die Chronologie der biblischen Geschichte. Die bürgerliche Chronistik beginnt also, universalhistorische Dimensionen miteinzubeziehen.

Das lebensvollste Werk, die in vier Büchern vorliegende Chronik des kleinen Kaufmanns Burkard Zink[27], griff allerdings auf den Anonymus zurück und beschränkte sich auf den Zeitraum von 1368 bis 1468. Zink hat verschiedene Länder Europas gesehen und schreibt Augsburger Stadtgeschichte in einem weiten geographischen Rahmen. Sein politisches Urteilsvermögen ist aber begrenzt. Er kennt die tieferen Zusammenhänge nicht und lebt in der dumpfen Angst, die Reichsstädte seien uneins, im Niedergang begriffen, bald ein Opfer der Fürsten. Zink betritt literarisches Neuland, indem er als drittes Buch einen Bericht darüber einfügt, »wie ich . . . von meinen kintlichen tagen gelept und wes ich mich genietet han und wie es mir gangen ist«. Hier wird – erstmals im deutschen Bürgertum – nicht nur eine Familienchronik, sondern ganz bewußt eine nuancenreiche Selbstbiographie geboten. Der Autor hat Freude am treuherzigen Erzählen seiner Schicksale um ihrer selbst willen. Die Chronik enthält aber auch anschauliche Schilderungen zu innerstädtischen Auseinandersetzungen und Angaben über den Augsburger Handel, die Lebensmittelversorgung, die Warenpreise und ähnliches mehr. Viel nüchterner wirkt die von 1348 bis 1487 reichende Darstellung, welche der zu den ständisch gehobenen »Mehrern der Gesellschaft« gehörende Ratsherr und Kaufmann Hektor Mülich verfaßte[28]. Er legt das Hauptgewicht auf die miterlebte Zeitgeschichte von etwa 1430 an und will nicht nur von Augsburger Ereignissen erzählen, sondern bezieht auch viele Vorgänge der Reichs- und Fürstengeschichte mit ein. Mülich ist von der »Fürstenangst« Zinks kaum berührt. Augsburg erscheint hier als ein in aller Regel selbständig handelndes und gleichberechtigt mit den Fürstengewalten am politischen Kräftespiel teilnehmendes Gemeinwesen. Das Werk Mülichs spiegelt den politischen Aufstieg der Stadt in der zweiten Hälfte des 15. Jahrhunderts.

Gelegentlich wurde die These vertreten, das bürgerliche Selbstverständnis habe keine Entwicklungen in der Zeit wahrgenommen und den eigenen Erlebnisbereich als die Welt schlechthin aufgefaßt[29]. Die Augsburger Chronikliteratur läßt aber ausgeprägte Varianten der Auffassung erkennen. Bei Wahraus und Mülich zeigt sich ein gewisses Interesse für die Gründungsgeschichte Augsburgs. Das Anliegen, über die Anfänge der Stadt und die Begründung ihrer Rechtsstellung im Reich besser Bescheid zu wissen, verband sich mit einer Hinneigung zu Reise- und Abenteuerliteratur. Aus dem Besitz der Augsburger Familie Egen ist eine Handschrift auf uns gekommen, die unter anderem Historien über Alexander den Großen und Karl den Großen enthält sowie den Trojanerkrieg Guidos de Columnis in einer deutschen Übersetzung, dazu einen von Lorenz Egen verfaßten Bericht über seine Reise ins Heilige Land 1385[30]. Als dessen Sohn, der Bürgermeister Peter Egen (von Argon), sein neuerbautes Haus ausschmücken wollte, gab er bei dem Maler Jörg Amman einen Bilderzyklus in Auftrag, der die Gründungsgeschichte zeigen sollte. Der Kleriker Küchlin schuf eine literarische Grundlage hierfür, indem er den Prolog Adilberts zum Leben der hl. Afra ins Deutsche übertrug und versifizierte. Küchlin legte in seiner Reimchronik[31] dar, eine Schar von Trojanern sei nach Gallien gelangt, und von diesen vorbildhaften Streitern stammten die »edeln Swab und German« ab, denen die Gründung Augsburgs zu verdanken sei. Sie erfolgte zu einer Zeit, als Rom noch nicht bestand. Küchlin schuf ein plastisches, von Stolz auf die Vorfahren erfülltes Bild. Bald aber wurde sein Gedicht als nicht ausreichend betrachtet und die Verknüpfung mit den Trojanern als falsch zurückgewiesen.

Zu dieser Kritik kam es, als der Frühhumanismus auf Augsburg übergriff. Bischof Peter von Schaumberg, seit 1424 Augsburger Oberhirte, hatte in Italien die neue Geistesrichtung kennengelernt. Er wies sich sowohl in seinen an Cicero geschulten Reden wie auch im eifrigen Büchersammeln als Humanist aus. Schaumberg umgab sich mit gelehrten Männern, von denen zumindest einige, wie der Generalvikar Leonhard Gessel oder der Koadjutor Johann von Werdenberg, sein Interesse für die *studia humanitatis* teil-

ten[32]. Um 1450 entstand in der Augsburger Bürgerschaft eine humanistische Sodalität, deren Mittelpunkt der Patrizier Sigismund Gossembrot war[33]. Der Stadtarzt Hermann Schedel[34] und der Stadtschreiber Valentin Eber zählten zu den Mitgliedern. Die Briefe dieser Männer zeigen, daß das Studium antik-römischer und neuerer italienischer Literatur mit dem herkömmlichen Wissenschaftsbetrieb des Mittelalters verbunden werden sollte. Für Gossembrot stehen die *poetae* Petrarca und Enea Silvio in der gleichen Reihe wie Augustinus, Beda Venerabilis oder Gerson. Man hat deshalb von »scholastischem Humanismus« gesprochen. Gossembrot beauftragte Sigismund Meisterlin, einen Benediktiner der Abtei St. Ulrich und Afra, eine humanistische Geschichte der Stadt Augsburg zu verfassen. Das Ulrichskloster war jüngst unter Abt Melchior von Stamheim in eine ungemein schöpferische Phase eingetreten. Die Hintergründe sind sowohl in der Einführung der Melker Reform wie in Anregungen von seiten des Frühhumanismus zu suchen[35]. Gossembrot wollte die benediktinische Wissenschaftspflege für die eigenen Ziele nützen. Meisterlin machte sich an die Aufgabe, die Fabeleien Küchlins zu überwinden und legte 1456 eine *Chronographia Augustensium* vor. Sie führte in drei Büchern von der Gründung bis auf Kaiser Konstantin; ein viertes Buch bis zur Gegenwart wurde später hinzugefügt[36]. Auch Meisterlin, für den Augsburg eine Gründung der Amazonen ist, bleibt vielfach in Fabulösem stecken. Aber er versucht wenigstens, im Exzerpieren aller ihm zur Verfügung stehenden Quellen zur Wahrheit durchzudringen. Hier kündigt sich eine neuartige, forscherliche Methode an. Der Autor verfolgt das Ziel, »das Augsburg seiner Tage aus der Geschichte zu erklären, der Endpunkt der Betrachtung ist nicht mehr der Himmel, sondern die Erde«[37]. Modern ist Meisterlin auch darin, daß für ihn hinter der Stadtgeschichte das Ziel einer deutschen Volksgeschichte wenigstens umrißhaft sichtbar wird. Gossembrot machte Kardinal Peter von Schaumberg seine Aufwartung, um ihm ein Exemplar der *Chronographia* zu überreichen, und er sorgte auch für deren Übersetzung ins Deutsche. Der frühhumanistische Kreis scheint das Ziel der Volksbildung im Auge gehabt zu haben. Die *congregatio* verlor aber an Wirkungskraft, als Gossembrot 1461 in das Straßburger Johanniterkloster eintrat, um dort einem frommen *otium cum litteris* zu leben.

Nach der Mitte des 15. Jahrhunderts brachte Augsburg sowohl in der kirchlichen wie in der profanen Buchillustration eigenständige Leistungen hervor[38]. Es entstanden Prachthandschriften wie das *Catholicon*, welches Heinrich Molitor für das Kloster Scheyern schrieb und ausmalte. Unter den Klöstern der Stadt ragt St. Ulrich und Afra hervor, wo Johannes Frank, Heinrich Pittinger und andere Konventualen eine rege Abschreibtätigkeit entfalteten, die zwar in erster Linie theologischen Texten galt, aber auch andere Interessengebiete einbezog. Mit den Handschriften Leonhard Wagners, der unter anderem für Kaiser Maximilian tätig war, erreichte nach 1480 die Kalligraphie im Ulrichskloster einen Höhepunkt[39]. Im Bürgertum fanden verschiedene Gattungen volkstümlicher Literatur starken Widerhall: Fabeln und Märlein, Minnereden und -lieder, Spruchgedichte, Gebetstexte, aber auch Trink- und Freßlieder. Vieles hiervon wurde in das *Liederbuch* aufgenommen, welches die Augsburger Schreiberin Klara Hätzlerin[40] 1471 im Auftrag eines Bürgers zusammenstellte. Um diese Zeit hatte der Inkunabeldruck in der Stadt bereits begonnen[41]. 1468 legte der aus Straßburg zugewanderte Günter Zainer das erste in Augsburg gedruckte Buch vor, lateinische »Meditationen über das Leben Christi« in italienischer Schriftart. 1472 ließ Melchior von Stamheim im Ulrichskloster eine Druckerei einrichten, die freilich nur zwei Jahre Bestand hatte. Aber die Betriebe von Johann Bämler (seit 1472), Anton Sorg (seit 1475), Johann Schönsperger (seit 1481) und Erhard Ratdolt[42] (seit 1486, vorher in Venedig tätig) brachten bald eine umfangreiche typographische Produktion hervor. Bei Ratdolt lag der Schwerpunkt auf liturgischen, mathematisch-astronomischen und historischen Werken in lateinischer Sprache. Andere Drucker nahmen auch deutsche Historien- und Volksbücher sowie Kalender und sonstige Gebrauchsliteratur in ihr Programm auf.

Es mag sein, daß die Augsburger Obrigkeit dazu neigte, die Lösung schwieriger Probleme der Privatinitiative einzelner zu überlassen. Vielleicht ging aber die Bürgerschaft mit der Einrichtung einer Meistersingerschule den anderen schwäbischen Städten vor-

an[43]. Die Frage, ob und in welcher Weise das Augsburger Geistesleben zur Auflösung überkommener Traditionen beitrug, kann hier nur gestreift werden. Sicherlich war es aber kein Zufall, daß der für Neuerungen aller Art aufgeschlossene Kaiser Maximilian sich gerade von der geistigen Regsamkeit der civitas Augusta fesseln ließ und die Gründung einer Universität in ihr plante. Lateinische, griechische und hebräische Vorlesungen waren vorgesehen. Der Tod des Habsburgers 1519 ließ indes das Vorhaben nicht zur Ausführung gelangen.

1 Vgl. Reg. Augsb., Nr. 50, 54, 72, 73, 76, 92, 93, S. 43–58.
2 Die Tegernseer Briefsammlung (Froumund). MG Epistolae selectae 3, Nr. 32, S. 34 f.
3 Reg. Augsb., Nr. 261, 263, S. 149–152.
4 Norbert Hörberg: Libri sanctae Afrae. St. Ulrich und Afra zu Augsburg im 11. und 12. Jahrhundert nach Zeugnissen der Klosterbibliothek, Göttingen 1983, S. 216–224. Im einzelnen nicht belegte Angaben nach dieser Arbeit.
5 Tegernseer Briefsammlung, Nr. 8, S. 10 f.
6 Clm 3851; Wolfenbüttel, Herzog-August-Bibliothek, Hs. 130 Blankenburg.
7 Walter Berschin: Am Grab der heiligen Afra. In: JVAB 16 (1982), S. 108–121.
8 Clm 3851; mit Abb. auch LitBaySchw, Nr. 2, S. 1; Helmut Berschin u. a.: Augsburger Passionslied. In: Lateinische Dichtungen des 10. und 11. Jahrhunderts. Festgabe für Walther Bulst zum 80. Geburtstag, Heidelberg 1981, S. 251–279.
9 LitBaySchw, Nr. 8, S. 3; Reg. Augsb., Nr. 343, S. 207 f.
10 Vock, passim; Reg. Augsb., Nr. 367, S. 226.
11 MG Libelli de lite 3, S. 498.
12 Vgl. Placidus Braun: Geschichte des Stiftes St. Moritz (Ms. d. 19. Jh. in AdBA); Michael Hörmann: Die Augustiner-Chorherren in Augsburg im Mittelalter, Diss. phil. München, Druck Bottrop 1932, S. 17, S. 19; Vock, Nr. 71, S. 33 f.
13 Dom: Clm 3739. Kloster: Hörberg, Libri sanctae Afrae, S. 88–95.
14 Clm 2; Hans Loewe: Die Annales Augustani, München 1903.
15 DStChr 4, S. 270.
16 Nonnosus Bühler: Die Schriftsteller und Schreiber des Benediktinerstiftes St. Ulrich und Afra in Augsburg während des Mittelalters, Leipzig 1916, S. 29–34.
17 MG SS 17, S. 428–436; Hörberg, Libri sanctae Afrae, S. 294–297.
18 Vgl. Kurt Ruh: David von Augsburg und die Entstehung eines franziskanischen Schrifttums in deutscher Sprache. In: Augusta, S. 71–82.
19 700 Jahre Augsburger Stadtrecht 1276–1976. Ausstellung des StAA, S. 50.

20 LitBaySchw, Nr. 36, S. 16 f.

21 LitBaySchw, Nr. 22, 23, S. 8–10.

22 Werner Goez: Augsburg und Italien im Mittelalter. In: Zeitschrift für Stadtgeschichte, Stadtsoziologie und Denkmalpflege 1 (1974), S. 196–220. Zum Bildungswesen vgl. Hans Ockel: Geschichte des höheren Schulwesens in Bayerisch-Schwaben während der vorbayerischen Zeit, Berlin 1931, bes. S. 4–7, 13 f.; Eduard Gebele: Augsburger auf Hohen Schulen, Augsburg 1938.

23 Hrsg. in: DStChr.

24 Karl Schnith: Reichsstädtisches Bewußtsein in der Augsburger Chronistik des Spätmittelalters. In: Festschrift für Andreas Kraus zum 60. Geburtstag, Kallmünz 1982, S. 79–93. Zum Hintergrund vgl. auch Peter Friedrich Haberkorn: Städtisches Alltagsleben und bürgerliche Chronistik im Spätmittelalter (1300–1518), am Beispiel der Reichsstadt Augsburg, Magisterarbeit München 1981.

25 Anonymus II.

26 Wahraus.

27 Zink.

28 Mülich.

29 Heinrich Schmidt: Die deutschen Städtechroniken als Spiegel des bürgerlichen Selbstverständnisses im Spätmittelalter, Göttingen 1958, passim.

30 Cgm. 267; vgl. DStChr 5, S. 395, Anm. 5. Zur Troja-Literatur s. Karin Schneider: Der »Trojanische Krieg« im späten Mittelalter, München 1968; Hans-Josef Dreckmann: Das »Buch von Troja« von Hans Mair, München 1970.

31 DStChr 4, S. 333–356.

32 Anton Uhl: Peter von Schaumberg, Diss. phil. München 1940; Friedrich Zoepfl: Der Humanismus am Hof der Fürstbischöfe von Augsburg. In: HJb 62/69 (1949), S. 671–708. Über die Kontakte des Juristen und Humanisten Blumenau zu Augsburg s. Hartmut Boockmann: Laurentius Blumenau, Göttingen 1965, S. 226–236.

33 Karl Schädle: Sigmund Gossenbrot, Diss. phil. München 1938;

Franz Josef Worstbrock: Gossembrot, Sigismund. In: Verfasserlexikon [2]III (1981), Sp. 105–108 (mit Lit.).

34 Heinz Schwamm: Hermann Schedel, Magisterarbeit München 1981 (mit Lit.).

35 Josef Bellot: Das Benediktinerstift St. Ulrich und Afra in Augsburg und der Humanismus. In: StMBO 84 (1973), S. 394–406.

36 Zu Meisterlin vgl. Paul Joachimsohn: Die humanistische Geschichtschreibung in Deutschland I, Bonn 1895. Zu Überlieferung und Druck der Chronik vgl. Richard Newald: Meisterlin, Sigismund. In: Verfasserlexikon III (1943), Sp. 345–349 (mit Lit.).

37 Joachimsohn, S. 60.

38 Erich Steingräber: Die Augsburger Buchmalerei in ihrer Blütezeit. In: Augusta, S. 173–178.

39 Nonnosus Bühler: Die Schriftsteller und Schreiber des Benediktinerstiftes St. Ulrich und Afra in Augsburg während des Mittelalters, Diss. phil. München 1916; Carl Wehmer (s. Anm. 41, mit Lit.); Bellot (s. Anm. 35), bes. S. 397–400. – Auch die Historiographie wurde gepflegt; so verfaßte Johannes Frank stadtgeschichtliche Annalen für den Zeitraum 1430–1462; vgl. Frank.

40 Vgl. Ingeborg Glier: Hätzlerin, Klara. In: Verfasserlexikon [2]III (1981), Sp. 547–549 (mit Lit.). Allgemein: LitBaySchw.

41 Carl Wehmer: Ne Italo cedere videamur. Augsburger Buchdrucker und Schreiber um 1500. In: Augusta, S. 145–172.

42 Paul Geissler: Erhard Ratdolt. In: LBS 9, 1966, S. 97–141.

43 Bert Nagel: Meistersang, 2. Aufl., Stuttgart 1970, bes. S. 27–30 (mit Lit.). Hier findet sich die These, der Augsburger Meistersang bekunde eine antiklerikale Tendenz, die als Ausdruck laientheologischen Selbstbewußtseins anzusehen sei und der Reformation vorgearbeitet habe. Verschiedentlich wurde aber die Existenz einer Singschule im Sinn einer gesellschaftlichen Institution für das 15. Jahrhundert bezweifelt; vgl. zuletzt Ursula Peters: Literatur in der Stadt, Tübingen 1983, S. 207 f.

Religiöses Leben im späten Mittelalter

von Bernhard Schimmelpfennig

Gerade die im vorausgehenden Kapitel vorgestellten Chronisten liefern uns Auskünfte über den religiösen Alltag[1], wie sie uns für frühere Epochen nicht zur Verfügung stehen. Allerdings mahnen sie auch zur Vorsicht: Abgesehen von Burkard Zink, der über sein eigenes Leben berichtete, notierten die Chronisten vorwiegend Skandale, also Abweichungen von der kirchlichen Norm, positive Fakten hingegen nur selten[2]; sie geben uns daher meist nur einen geringen Einblick in das Leben der »normalen« Christen. Doch hat diese Einseitigkeit auch Vorteile, denn sie macht deutlich, wie weit schon im 15. Jahrhundert die Entfremdung zwischen Klerus und vor allem Laien aus der Oberschicht gediehen war – eine wichtige Vorbedingung für die Reformation! Einige Berichte deuten außerdem an, daß die Laienbevölkerung auch religiös in verschiedene Gruppen geschieden war.

Dem heutigen katholischen Brauch entsprach noch am ehesten die Praxis der Sakramentenspendung, doch selbst dieser Bereich wies Unterschiede zur Gegenwart auf. Beginnen wir mit dem Eintritt in die kirchliche Gemeinschaft durch die Taufe. Zumindest bis zum Beginn des 15. Jahrhunderts wurde der Täufling gänzlich in das Taufwasser getaucht[3]. Und weil die Taufe zugleich ein großes familiäres Ereignis war, das zur persönlichen Selbstdarstellung genutzt wurde, damit jedoch die Familie finanziell belastete, suchte der Stadtrat schon seit etwa 1300 den Aufwand einzuschränken[4]. Bedeutsam für jeden Christen war die jährliche Beichte und Kommunion, wie sie 1215 das Vierte Laterankonzil geboten hatte. Schon anfangs wohl auch als Kontrolle der Zahlung des Kirchenzehnten dienend, wurde 1458 einem Laien die Beichte, also die Absolution verweigert, weil er den Zehnten nicht gezahlt hatte. Am liebsten beichteten die Gläubigen anscheinend Weltgeistlichen und Bettelmönchen; daher murrten viele 1494 im Predigthaus von St. Ulrich, als die Pfarrei dem Kloster inkorporiert wurde, denn sie lehnten dessen Mönche als Beichtväter ab. Und weil jeder Mensch ein potentieller Todsünder war, wurde keiner kirchlich bestattet, der ohne Beichte gestorben war. Doch trotz der großen Geltung der Beichte selbst scheint die Wahrung des Beichtgeheimnisses noch nicht völlig anerkannt gewesen zu sein, wie eine Version zur Verehrung des »wunderbarlichen Gutes« zeigt: Der Propst von Hl. Kreuz habe 1199 dem Bischof berichtet, was ihm die Frau, welche die später verehrte Hostie versteckt hatte, gebeichtet hatte[5].

Zur Erstkommunion wie auch zur Firmung ging man schon als Kind; allerdings gab es Schwierigkeiten, wenn dieses geistige Mängel aufwies. Und ebenso wie die Beichte war auch die Kommunion unerläßliche Bedingung für ein kirchliches Begräbnis; demzufolge wurden auch Mordopfer eiligst versehen. 1478 vermachte der ehemalige Pfarrer von St. Ulrich, Johannes Ruch, testamentarisch je zehn Gulden für zwei Scholaren des Klosters, die dessen Priester auf Versehgängen begleiten sollten. Und wie Burkard Zink berichtet, wurde Kranken auch die Letzte Ölung gespendet. Wie Sterbende empfingen Verbrecher die Sterbesakramente. Dies konnte sich für sie auch auf ihr irdisches Heil günstig auswirken: Nach einem Bericht Zinks zum Jahre 1446 sollten fünf Handwerker wegen Körperverletzung geblendet werden, sofern sie nicht »gott und das hailig sacrament unsers herrn Jesu Christi wolten empfahen«. Ein Weber und ein Maurer weigerten sich, denn sie »bedörften sein auch nit«; daraufhin wurde der Weber als minder schuldig aus der Stadt getrieben, der Maurer geblendet. Die drei anderen empfingen die Kommunion und wurden drei Tage später auf Bitten der Herzogin von Bayern-München begnadigt – für Zink ein »wunderzaichen«, für uns aber auch ein Anzeichen, daß nicht mehr alle Augsburger an die Wirksamkeit der Sakramente glaubten[6].

Bestattet wurden die Toten gewöhnlich auf dem Friedhof der Pfarrei, in deren Gebiet sie gewohnt hatten. Wechselte eine Familie – wie die Burkard Zinks – öfter ihren Wohnsitz, wurden ihre verstorbenen Mitglieder auf verschiedenen Friedhöfen begraben. Probleme gab es bei den relativ zahlreichen Seuchen und während eines Interdikts: Bei einer Seuche wurden viele Tote nicht versehen und daher nicht kirchlich bestattet; ein Interdikt verhinderte die Sakramentenspendung, so daß die Toten wochenlang in ihren Häusern aufgebahrt blieben – mißlich vor allem im Sommer. Die wachsende Bevölkerungszahl trug gleichfalls zu Mißständen bei, denn vor allem die Friedhöfe beim Dom und bei St. Moritz reichten nicht mehr aus. Daher wurde seit 1494 vornehmlich für Pestkranke außerhalb der Stadt vor St. Stephan eine Art »Zentralfriedhof« eingerichtet – auf Initiative des Rates und der Kirchen, doch fast gänzlich zu Lasten des städtischen Budgets. Gleichzeitig wurde von Domkapitel und Stadtrat die bessere Versorgung der Kranken mit den Sterbesakramenten geregelt[7].

Wichtige Einblicke in die kirchliche Praxis bieten die Nachrichten über Hochzeit und Ehe. Noch mehr als die Taufe war die Hochzeit zumindest in den gehobenen Schichten ein großes Ereignis, verbunden mit hohem Aufwand. Daher suchte der Stadtrat auch derartige Ausgaben einzuschränken[8]. Allerdings waren vor der Reformation das Eingehen einer Ehe und die dafür nötigen Kriterien noch keineswegs festgelegt, obwohl schon das Vierte Laterankonzil 1215 bestimmt hatte, daß eine Ehe im Beisein von Zeugen und vor einem Priester nach einem dreimaligen Aufgebot zu schließen sei.

Gerade ein Register des bischöflichen Gerichts für die Jahre 1348 bis 1352 – das älteste in Europa erhaltene Offizialatsregister überhaupt – macht die Diskrepanz zwischen Norm und Praxis deutlich[9]. Häufig verlobten die Eltern ihre noch minderjährigen Kinder. Doch konnten auch derartige Ehen nur geschlossen werden, wenn die nun Erwachsenen der Ehe zustimmten; daher wurden relativ zahlreiche Prozesse um die Auflösung derartiger Verlöbnisse geführt. Allerdings gab es schon damals reine Liebesheiraten, wie es Burkard Zink besonders schön bei der Heirat mit seiner zweiten Frau beschreibt. Anklänge daran zeigen auch manche Prozeßprotokolle,

wonach sich die zu Verheiratenden gelobten, den Partner nicht zugunsten eines »besseren, schöneren oder reicheren« Gatten zu verlassen. Geschlossen wurde die Ehe anscheinend gewöhnlich zu Hause durch einen der Väter oder einen anderen Anwesenden. Nur selten wird berichtet, daß das junge Paar vor dem Kirchenportal auf einen Thron gesetzt wurde; dies läßt vermuten, daß sie auch kirchlich getraut worden sind. Und noch seltener wurde notiert, daß die Ehe »im Angesicht der Kirche« geschlossen worden war. Demzufolge scheint häufig unsicher gewesen zu sein, ob ein Paar verheiratet war oder nicht. Daher mußte das Gericht in vielen Fällen die Existenz einer Ehe feststellen und anschließend dem jeweiligen Pfarrer mitteilen, damit dieser das Paar zu den Sakramenten zulasse. Einmal wurde dabei sogar die Ehe eines Kastraten anerkannt.

Widersprach schon diese Entscheidung der kirchlichen Lehre, die die Fortpflanzung als Hauptzweck der Ehe ansah und ansieht, so zeigen auch andere Entscheidungen, daß die kirchlichen Richter nicht immer dem geltenden Recht folgten, vor allem nicht bei der Anerkennung klandestiner, also nicht öffentlich geschlossener Ehen, von denen der Fall der Augsburgerin Agnes Bernauer der tragischste war. Wie weit verbreitet diese Art der Eheschließung war, zeigte sich gerade in Augsburg, wo zum Beispiel 1350 von 228 Eheverfahren hundert um die Anerkennung einer derartigen Ehe geführt wurden. Gewöhnlich (76 Fälle) waren Frauen die Klägerinnen, meist (80 Prozent) ohne Erfolg, weil sich das Ehegelöbnis nicht beweisen ließ. Doch selbst wenn die klandestine Ehe und ihr Vollzug bewiesen waren, wurde sie dann nicht anerkannt, wenn einer der Partner anschließend öffentlich geheiratet hatte, obwohl dies dem Kirchenrecht widersprach. Einsichtiger war es schon, wenn eine klandestine Ehe nicht anerkannt wurde, weil einer der Gatten zuvor öffentlich verheiratet gewesen war. Verständlich, daß damals die Chancen, bigamistisch zu leben, vornehmlich für Männer groß waren. In den Chroniken vermerkt wurden derartige Fälle allerdings nur, wenn es sich um bekannte Personen handelte, wie 1457 im Fall des Hans Welser, der deshalb sogar aus der Stadt verbannt wurde. Noch mehr Aufsehen erregte 1450 der Streit zwischen Peter von Argon und der Familie

Langenmantel, weil ein Langenmantel eine Pflege-
tochter Peters klandestin geheiratet, dieser sie aber
einem Ulmer Bürger versprochen hatte. Dieser Konflikt war eine der Ursachen, weshalb Peter – von
Zink dramatisch beschrieben – Augsburg verließ.

Nur etwa zehn Prozent der Eheprozesse hatten die
Nichtigerklärung zum Ziel. Während im Kirchenrecht als Gründe für diesen Akt vor allem Bluts- und
geistliche Verwandtschaft sowie Schwägerschaft behandelt waren, spielten diese in der Augsburger Praxis eine relativ geringe Rolle; weitaus am wichtigsten
war vielmehr die Impotenz – allein 1350 zehn Verfahren. Um diesen Mangel festzustellen, beauftragte
das Gericht Matronen, Hebammen oder Ärzte mit
der Prüfung der sexuellen Unfähigkeit, während in
Frankreich und vor allem England nach heutigen
moralischen Vorstellungen weitaus »anrüchigere«
Methoden angewandt wurden. Daß diese auch in
Augsburg manchmal sinnvoll gewesen wären, zeigt
der Fall eines Mannes, der – wegen Impotenz geschieden – in einer neuen Ehe fünf Kinder zeugte
und deshalb wieder zu seiner ersten Frau zurückkehren mußte. Bei Ehetrennungsverfahren wurde als
Grund häufig der Ehebruch – gewöhnlich der Frau –
angeführt (1350: 14 Fälle), fast ebenso oft auch der
Wunsch beider Partner, fortan in Keuschheit zu leben, seltener jedoch die Brutalität *(saevitia)* des
Mannes – im Gegensatz etwa zu Frankreich; ob dies
daran lag, daß Augsburger Ehemänner rücksichts-
voller waren oder französische Frauen eher als deutsche das Gericht anriefen, muß offen bleiben.

Wie wurden nun die Laien im christlichen Glauben
unterwiesen? Die rechtlichen und moralischen Normen wurden ihnen vielleicht von den Beichtvätern
kundgetan; allerdings scheint auch deren Wissen lange gering gewesen zu sein, denn erst 1452 verordnete
Bischof Peter von Schaumberg auf einer Synode, daß
jeder Priester zumindest die primitivsten Seelsorge-
Handbücher besitzen solle[10]. Reichere Bürger konnten sich wenig später in Augsburg gedruckte deutschsprachige Erbauungsbücher kaufen[11]. Doch für den
weniger begüterten Laien dürften außer der Beichte
vor allem die Predigten in den Pfarrkirchen, in den
Predigthäusern des 15. Jahrhunderts und auf öffentlichen Plätzen bedeutend gewesen sein[12]. Über die
Wirkung der als Prediger spezialisierten Dominika-

ner und anderer Bettelmönche in Augsburg wissen
wir nicht viel; die am Ende der Epoche angestellten
Prädikanten dürften vor allem die humanistisch interessierten Mitglieder der Oberschicht angesprochen haben. Um so stärker war die Wirkung von
Volkspredigern wie Geiler von Kaysersberg 1488
und mehr noch die des Italieners Johannes von Capistrano 1454. Jeder Chronist berichtete von seinem
Auftreten: Bis zu 20000 Personen sollen ihm auf
dem Fronhof gelauscht und, von ihm hingerissen,
Brettspiele, Würfel und Kartenspiele zum Verbrennen abgeliefert haben. Doch gerade das Betonen seiner Predigt deutet an, daß ähnliche Impulse von den
normalen Sonntagspredigten nicht ausgingen.

Eine weniger rühmliche Folge von Massenpredigten
war jedoch die gerade auch durch sie gesteigerte
Aversion gegen die Juden; Johannes von Capistrano
ist dafür ein berühmtes Beispiel. Allerdings kam er in
Augsburg zu spät, denn schon 1438 bis 1440 hatte
der Rat die Juden aus der Stadt vertrieben[13]. Ähnlich
wie andere Städte in derselben Zeit hatte wohl auch
der Augsburger Rat vorwiegend aus innenpolitischem und fiskalischem Kalkül gehandelt. Doch läßt
sich gerade in Augsburg geistlicher Einfluß nicht
leugnen: 1436 hatte nämlich der Rat die Trennung
von Juden und Christen angeordnet, weil gegen derartige Kontakte – vor allem in der Judenschule – »in
der peychte« geredet worden sei; auch der Vertrei-
bungsbeschluß von 1438 war von der Geistlichkeit
mitbeeinflußt. Allerdings gab es auch noch später
vereinzelt Juden in Augsburg, die sich taufen ließen
oder angeblich Ritualmorde verübten. Doch eine Judengemeinde wie bis zum 14. Jahrhundert konnte in
der Stadt nicht mehr bestehen.

Sehen wir von der Teilnahme an Bußpredigten sowie
von den in früheren Kapiteln behandelten Stiftungen
und Bruderschaften ab, so erfahren wir nur relativ
wenig über private Frömmigkeit. 1471 stiftete der
Patrizier Sebastian Ilsung – wohl zur Abwendung der
Pest – im Stift St. Peter das *Salve regina*, das samstags
und an den Vigilien von Heiligenfesten gesungen
werden sollte; der Abt von St. Ulrich, Heinrich
Frieß, soll wenig später zahlreiche Laien beiderlei
Geschlechts zur stärkeren Verehrung Mariens bewo-
gen haben. Doch am attraktivsten scheinen Prozessionen, Ablaß und – damit zusammenhängend – Pil-

gerreisen gewesen zu sein[14]. Seuchen und Türkengefahr waren gewöhnlich die Anlässe für Prozessionen, aber auch für die Gewährung von Ablässen; letztere motivierten jedoch auch in den Heiligen Jahren von 1390 und 1450 ebenso wie beim Bayerischen Jubelablaß von 1392 Augsburger Geistliche und Laien, nach Rom oder Andechs und München zu pilgern. Doch zumindest die Reise nach Rom war vielen unmöglich; daher stieß Peter von Schaumberg anfangs auf allgemeine Zufriedenheit, als er 1451 aus Rom die Vergünstigung des Papstes mitbrachte, den römischen Ablaß in Augsburg erwerben zu können. Doch gerade wegen der dafür zu zahlenden Gelder setzte schon Kritik am Ablaßwesen ein, besonders deutlich in der Chronik des Hektor Mülich.

Trotz mancher frommer Neigungen dürfte der Alltag vieler Augsburger nicht den kirchlichen Vorstellungen entsprochen haben, wie schon aus der Ehepraxis hervorgeht. Mag man den Glauben an Teufel und Zauberer noch als kirchenkonform ansehen, so doch nicht die Vorliebe für Glücksspiele, häufiges Lästern und Fluchen oder den Besuch von Bordellen[15]. Und so verwundern auch nicht Nachrichten über Schandtaten in Kirchen – Sexualvergehen und Reliquiendiebstahl – oder Morde an Klerikern[16].

Doch auch die Geistlichen selbst boten nicht immer das beste Vorbild, von den Konsequenzen von Interdikten und den Verfassungskämpfen zwischen Bürgertum und Klerus ganz zu schweigen. Zwar mochte es – trotz der Ablehnung des Tanzes durch die Kirche – wenige gestört haben, als 1470 bei der Amtseinführung Bischof Johanns von Werdenberg neben diesem selbst der Bischof von Eichstätt und der Augsburger Dompropst im Reigen mittanzten; doch der »aufflauff unter den pfaffen« des Domstiftes im Jahre 1419 fand schon mehr Beachtung, weil das Stadtregiment den Frieden wiederherstellen mußte. Ebenso wurde der Selbstmord eines Chorherrn von St. Moritz im Jahre 1423 beachtet. Daß zumindest bei den Äbten von St. Ulrich die Keuschheit gewöhnlich gering galt, machte Wilhelm Wittwer deutlich, wenn er diese für ihn wichtigste Tugend nur bei Heinrich Frieß lobend erwähnte. Dazu paßt es, daß 1474 der Propst von Hl. Kreuz »in ainer nunnen zell« gestorben sein, drei Jahre später der Pfarrer von St. Ulrich ein Beichtkind verführt haben soll, ohne vom Abt

oder Bischof verurteilt zu werden; auch an Geistlichen als Diebe oder gar Mörder mangelte es nicht. Doch am häufigsten überliefert wurde ein Vorfall von 1409: Vier Geistliche wurden wegen Sodomie – sie galt als Ketzerei – am Perlachturm in Vogelkäfigen aufgehängt und verhungerten; dabei ist fraglich, ob sich der Stadtrat mit dem Bischof abgestimmt hatte. Wie schnell Mißstände Spott herausforderten, zeigen die Berichte über die handgreifliche Abwehr einer Klosterreform durch die Nonnen von St. Katharina im Jahre 1441[17]. Und schon vor der Reformation bestand auch in Augsburg die Chance, mangelnder Seelsorge oder kirchlichen Mißständen dadurch zu begegnen, daß man sich außerkirchlichen Gruppen anschloß, also »Ketzer« wurde[18]. Wurden im 14. Jahrhundert vor allem angebliche Beginen und Begarden ausgewiesen oder bestraft, so gab es spätestens seit dem Ende des Jahrhunderts eine relativ zahlreiche Waldensergemeinde in Augsburg, wie ein Inquisitionsverfahren von 1393 zeigte. Auch in den folgenden Jahrzehnten scheint es noch Waldenser sowie religiöse Simulanten gegeben zu haben. Wichtig dabei ist, daß – soweit erkennbar – alle Ketzer den niederen Bevölkerungsgruppen angehörten, die keinen Anteil an den materiell fixierten religiösen Übungen der Oberschicht haben konnten. Und wie schnell man in den Ruch der Ketzerei geriet, zeigt der Fall eines Geistlichen, der sich 1451 – im Gegensatz zur üblichen Praxis (höchstens viermal im Jahr) – für die tägliche Kommunion einsetzte und daraufhin als »Hussit« galt. Ähnliches widerfuhr um 1480 dem Pfarrer von St. Moritz[19]. Die hierin latente Kritik an kirchlichen Zuständen zeigt sich auch an gegenseitigen Ressentiments zwischen Geistlichen und Laien: 1489 wurden in St. Ulrich die Körper der Bischöfe Wikterp, Nidgar und Simpert in die Sakristei überführt, weil sie bis dahin unter den Bänken der Frauen geruht hatten, was – laut Wittwer – zur »Indignation« Gottes und der Heiligen geführt hätte; Wittwer lobte den Sieg des Domkapitels über die Stadt hinsichtlich der adligen Exklusivität des Domstiftes als Sieg Mariens, bürgerliche Chronisten kritisierten wiederum Bischöfe und Geistliche[20]. Somit wird deutlich, daß am Vorabend der Reformation reale Mißstände in der Seelsorge und Kompetenzkämpfe zwischen Klerus und Stadtrat, aber auch gegenseitige Vorurteile bei vielen Laien den Weg zu einer Abkehr von der bisherigen Kirche geebnet hatten.

1 Zum Thema vgl. außer Kießling (bes. S. 289–321) auch Joseph Schairer: Das religiöse Volksleben am Ausgang des Mittelalters nach Augsburger Quellen, Leipzig und Berlin 1914, Ndr. Hildesheim 1972 (Beiträge zur Kulturgeschichte des Mittelalters und der Renaissance 13).

2 Folgende Chroniken wurden benutzt: Anonymus I, Anonymus II, Anonymus III, Anonymus IV, Anonymus V, Frank, Mülich, Wahraus, Wittwer und Zink.

3 Placidus Braun: Geschichte der Bischöfe von Augsburg, Bd. 2, Augsburg 1814, S. 423; Bd. 3, Augsburg 1814, S. 26; Zoepfl, Bischöfe 1, S. 262 f.

4 Stadtbuch, S. 244, 259.

5 Beichte: Anonymus I, S. 139 f., 144 f.; Anonymus IV, S. 477; Zink, S. 68 f.; Mülich, S. 131 f.; Frank, S. 318; Wittwer, S. 380.

6 Kommunion, Firmung und die Sterbesakramente: Zink, S. 136, 137, 184–186; Frank, S. 318; Wittwer, S. 299, 323 f.; Lucas Rem, Tagebuch zu 1492 (10 Jahre alt, Erstkommunion am Palmsonntag). In: JHVS 26 (1861), S. 5; Zoepfl, Bischöfe 1, S. 518.

7 Seuchen, Interdikte und Begräbnis: Anonymus I, S. 141, 144 f.; Anonymus II, S. 66 f.; Anonymus III, S. 319, 327; Anonymus V, fol. 207v–209r; Wahraus, S. 228, 232, 233; Zink, S. 58–61, 68 f., 75–87, 129 f., 148, 149 f., 293 ff., Beilage S. 339–371; Mülich, S. 24, 57 f., 62–64, 197 f.; Wittwer, S. 389 ff.; Zoepfl, Bischöfe 1, S. 366–369; Kießling, bes. S. 128–130.

8 Stadtbuch, S. 240–244, 257–260; Anonymus V, fol. 259r.

9 Donaueschingen, Fürstlich-Fürstenbergische Bibliothek, cod. 772; teilweise ausgewertet von Ferdinand Frensdorff: Ein Urtheilsbuch des geistlichen Gerichts zu Augsburg aus dem 14. Jahrhundert. In: ZKR 10 (1871), S. 1–37 (Fälle bes. des Jahres 1349); Richard Maschke: Aus dem Urteilsbuch des geistlichen Gerichts Augsburg. In: Festgabe der Kieler Juristen-Fakultät. Kiel 1907, S. 215–251 (Prozeßwesen); Rudolf Weigand: Zur mittelalterlichen kirchlichen Ehegerichtsbarkeit. In: ZRGKA 67 (1981), S. 213–247 (Fälle bes. des Jahres 1350 im europäischen Vergleich). – Spätere Augsburger Offizialatsregister gibt es erst seit 1511. Zum folgenden vgl. auch Zink, S.137–142; Mülich, S. 122 f.; Wittwer, S. 370.

10 Zoepfl, Bischöfe 1, S. 443.

11 Schairer, Volksleben, S. 84–106.

12 Predigthäuser: Frank, S. 315; Wittwer, S. 299; Kießling, S. 110, 115 f. 119, 127, 176, 301, 320, 356, 359. Predigten: Anonymus I, S. 150; Anonymus III, S. 325; Zink, S. 324; Mülich, S. 112; Frank; S. 303–305; Wittwer, S. 359–363, 380; Anonymus V, fol. 191v–192r; Schairer, Volksleben, S. 115–117; Zoepfl, Bischöfe 1, S. 523 f.; Kießling, bes. S. 147–150, 301–305; Johannes Hofer: Johannes Kapistran. Neue, bearbeitete Ausgabe, Heidelberg 1965, bes. Bd. 2, S. 305–307.

13 Juden: Stadtbuch, Art. XIX, LVII, CXXXV, S. 52–58, 126 f., 218, S. 260 f., 335–338; RTA, Bd. 14 (1935), S. 211, 236–242, Nr. 121, 264, Nr. 143, 266 f., Nr. 146; Bd. 15 (1914), S. 16 f., 41 f., Nr. 8, 50–52, Nr. 19, 265 f., Anm. 5; Anonymus II, S. 34 f., 74 f., 77, 93 f., 166–172; Anonymus III, S. 307, 308, 311, 313 f., 322, 323, 326; Zink, S. 7 f., 13, 26 f., 30, 31 f., 44, 162 f., 186, 372–381 (Beilage); Mülich, S. 76, 79, 121; Wittwer, S. 389; Anonymus V, fol. 220v, 284r/v; Schairer, Volksleben, S. 135 f.; Kießling, S. 17, 75, 242; Hofer, Kapistran, S. 227 f.

14 Marienverehrung: Anonymus IV, S. 520; Wittwer, S. 279 f. Prozessionen: Anonymus I, S. 140; Anonymus II, S. 63, 66 f.; Anonymus III, S. 313; Anonymus IV, S. 489; Wahraus, S. 222 (Fasten); Mülich, S. 24, 121 (»creutzweg«); Frank, S. 307, 314 f., 316; Wittwer, S. 396 f.; Zoepfl, Bischöfe 1, S. 521. Ablaß: Anonymus III, S. 323, 326; Anonymus IV, S. 498; Mülich, S. 76, 105–108, 121, 266; Wittwer, S. 309; Zoepfl, Bischöfe 1, S. 410 f., 430. Pilger: Stadtbuch, Art. VIII, S. 17 f.; Anonymus II, S. 95; Anonymus III, S. 315; Anonymus IV, S. 498; Anonymus V, fol. 192r; Wahraus, S. 228; Zink, S. 45; 195 f., 395 Anm.; Mülich, S. 100, 105; Wittwer, S. 71 f. Vgl. auch Schairer, Volksleben, S. 45–48, 68 f., 113–115, 122–124; Kießling, Sachregister (Ablaß, Pilger, Prozessionen).

15 Vgl. Anonymus II, S. 37 f., 63 (Teufel); Stadtbuch, Art. XXXIX, S. 108 f.; Anonymus IV, S. 517 (Zauberei); Stadtbuch, Art. LVI, CXXXV–CXL, S. 126, 218–221; Frank, S. 296 f. (Spiele, vgl. auch Anm. 12); Stadtbuch, Art. LIII f., CVI, S. 123 f., 184; Frank, S. 296 f. (Meineid, Verleumdung, Fluchen); Stadtbuch, Art. CXIII Nachtrag, S. 190 f.; Mülich, S. 232 (Bordelle).

16 Schandtaten: Mülich, S. 113 f., 198; Frank, S. 307; Wittwer, S. 367. Morde an Klerikern: Anonymus I, S. 150; Anonymus III, S. 321, 328; Wahraus, S. 233 f.; Zink, S. 70 f.; Mülich, S. 69, 147; Frank, S. 318.

17 Tanz: Mülich, S. 230; Zoepfl, Bischöfe 1, S. 456. Aufruhr im Domstift: Anonymus III, S. 320; Mülich, S. 64; Anonymus V, fol. 209r. Selbstmord: Anonymus I, S. 147; Anonymus III, S. 320. Keuschheit: Wittwer, S. 276. Vergehen von Klerikern: Zink, S. 301 f., 303; Mülich, S. 244, 256 f.; Frank, S. 297; vgl. auch Schairer, Volksleben, S. 24, 32–35, 36–50. Sodomiten: Anonymus II, S. 111; Anonymus III, S. 317 f.; Wahraus, S. 230 f.; Zink, S. 67; Mülich, S. 54; Anonymus V, fol. 204r/v. Verhinderte Klosterreform: Anonymus IV, S. 489 f.; Zink, S. 103 f.; Mülich, S. 79; vgl. auch Kießling, S. 296–300.

18 Vgl. Stadtbuch, Art. XXXVI und XCII, S. 106 f., 174 f.; Anonymus II, S. 68, 96 f.; Anonymus III, S. 313, 315; Wahraus, S. 228; Zink, S. 26 f., 45 f.; Mülich, S. 73, 76, 346–348 (Zusätze); Anonymus V, fol. 191r–192v; Schairer, Volksleben, S. 30–32, 134 f.; Kießling, bes. S. 316–320.

19 Albert M. Koeniger: Ein Inquisitionsprozeß in Sachen der täglichen Kommunion. In: Festschrift für Sebastian Merkle, Düsseldorf 1922, S. 170–182; Zoepfl, Bischöfe 1, S. 478.

20 Zu Ressentiments und Kritik vgl. Anonymus II, S. 34; Zink, S. 208–215, 327 f.; Mülich, S. 31, 69, 71, 78, 104, 224–226, 249; Wittwer, S. 330, 346, 406.

Kunst und Stadtbild*

von Bruno Bushart

Vorbemerkung

Es gibt wenige Städte in Deutschland, deren Name enger verbunden ist mit der Kunst als Augsburg. Für mehr als drei Jahrhunderte gehörte die Reichsstadt zu den Zentren künstlerischen Schaffens in Europa. Nicht nach der Bedeutung der Stadt für die Kunstgeschichte indessen ist hier zu fragen, sondern nach der Bedeutung der Kunst für die Stadtgeschichte. Die Antwort leidet unter Schwierigkeiten. Die Quellen sind ungleich ergiebig, der zur Verfügung stehende Platz zu knapp für die Fülle des Materials, die Aufteilung des Textes auf die Kapitel des Buches zwingt zu Wiederholungen oder Kürzungen. Sollte sich der Beitrag nicht in statistischen Listen erschöpfen, so blieb nur der Weg einer selektiven Beschränkung auf die Höhe- und Tiefpunkte der Kunst, soweit sie sich auf Gestalt und Geschichte der Stadt ausgewirkt haben. Für die eingehendere Beschäftigung mit dem Thema sei auf die im Anhang zitierte Literatur verwiesen.

Stadtgestalt (800–1490)

Den Kern der mittelalterlichen Stadtanlage bildete der Dombereich mit der Kathedralkirche Mariä Heimsuchung, der Taufkirche St. Johannes, dem Domkloster, dem Friedhof und der bischöflichen Burg. Diese »Bischofsstadt« nahm den südlichen Zipfel der Römerstadt ein und war vielleicht zunächst durch einen Graben mit Palisadenzaun gesichert. Unter dem hl. Ulrich wurde sie von Mauern umgeben und mit Toren versehen. Der 1948 eingestürzte »Königsturm« am Südrand des Stadtgebietes

mag mit dem vermutlichen Königshof oder dem Sitz des Gaugrafen in Verbindung gebracht werden. Im nordöstlichen Viertel entstanden in lockerer Bebauung die Häuser der Geistlichkeit, im südöstlichen die Sitze adeliger Familien.

Ein zweiter Siedlungskern, ebenfalls römischen Ursprungs, bildete sich um die Grabes- und Wallfahrtskirche der hl. Afra auf dem Gelände eines der römischen Friedhöfe südlich der Stadt, wo sich eine kleine Gemeinschaft von Geistlichen zu einem Kloster oder Stift zusammengeschlossen hatte. Auch nordöstlich der Bischofsstadt, um St. Gallus und St. Stephan, scheint die Kontinuität der Besiedlung seit der Römerzeit streckenweise gewahrt geblieben zu sein. Unsicher ist der Beginn der bürgerlichen Siedlung in der Senke zwischen der Bischofsstadt und dem Perlachhügel.

Die Gründungsdaten für St. Stephan (968), St. Peter am Perlach (1067), St. Moritz (um 1019/20), St. Martin am Kesselmarkt (vor 1077), St. Gertrud (1071) östlich und die Zelle St. Georg (Ende des 11. Jahrhunderts) nördlich des Domes sprechen für das rasche Wachstum der Stadt nach dem Ende der Ungarneinfälle. Kirchlicher Besitz waren auch die Güter und Mühlen, die um dieselbe Zeit in den tiefer gelegenen Lechauen entstanden.

Gegen Ende des 11. Jahrhunderts bot Augsburg das typische Bild einer geistlichen Stadt mit der beherrschenden Bischofskirche inmitten des ummauerten Berings, umgeben von umfriedeten Klöstern, Kapellen und Stiften. Die Wohnbauten der südlich anschließenden bürgerlichen Siedlung waren zumeist aus Holz oder Lehm. Stein war den herrschaftlichen und kirchlichen Bauten vorbehalten. Eine durchge-

---

* Ein detailliertes Literaturverzeichnis zur Kunstgeschichte Augsburgs findet sich am Ende des letzten Beitrags von Bruno Bushart in Teil V (S. 679 ff.).

hende Prozessionsstraße, die Entwicklungsachse der künftigen Kaufleutesiedlung, verband den Dom mit dem 1012 gegründeten Benediktinerkloster St. Ulrich und Afra. Die gleichmäßige Ostwestorientierung der Kirchen und ihre Aufreihung nahe des Uferabhangs gegen den Lech ergab bereits jene vieltürmige Stadtsilhouette, an deren Bereicherung die kommenden Jahrhunderte konsequent weiterarbeiteten.

Eine Verdichtung der Besiedlung, zugleich eine Differenzierung der bisher überwiegend von der geistlichen und weltlichen Aristokratie geprägten Stadtgestalt brachten das 12. und 13. Jahrhundert. Zwischen 1135 und 1142 errichteten die Augustiner-Chorherren die Stiftskirche St. Georg, zwischen 1159 und 1167 anstelle des Spitals zum Hl. Kreuz eine zweite, durch ein Hostienwunder von 1199 als Wallfahrtsstätte vielbesuchte Kirche, beide damals außerhalb der Mauern in der Vorstadt nördlich und westlich des Domes gelegen. Die Markt- und Stiftskirche St. Peter am Perlach erhielt 1182, St. Ulrich und Afra 1187 einen größeren Neubau. 1221 kamen die Franziskaner, 1225 die Dominikaner nach Augsburg. Ihre Klöster lagen, wie üblich, am Rande der Stadt, in den von den ärmeren Bevölkerungsschichten bewohnten Vierteln unmittelbar unterhalb bzw. nahe des Ostabfalls der Hochterrasse gegen die von den Lechkanälen durchzogene Unterstadt. In ihrer Nachbarschaft ließen sich 1235 die Dominikanerinnen von St. Ursula, 1251 die von St. Katharina und 1261 die von St. Margareth nieder. Die Franziskanerinnen hatten Konvente in St. Martin am Kesselmarkt, St. Clara an der Horbruck und – als einziger heute noch bestehend – in Maria Stern unterhalb des Rathauses. Wohl noch vor 1239 wurde das bruderschaftlich betriebene Spital zum Hl. Geist östlich unterhalb von St. Ulrich und Afra gegründet. Die zerstreuten, in sich geschlossenen Siedlungskerne wuchsen zusammen und wurden, vielleicht schon zu Ende des 12. Jahrhunderts, von einer gemeinsamen Mauer beschützt. 1260 wird von einem Rathaus der Bürgergemeinde berichtet, das als Nachfolger eines älteren *Praetorium* bereits an der Stelle des heutigen Gebäudes stand.

Nachdem im frühen 14. Jahrhundert die nördliche und bis zur Jahrhundertmitte die tiefer gelegene östliche Vorstadt um St. Jakob in den Mauerbering aufgenommen und durch Türme und Tore bewehrt worden war, hatte die Stadt ihren bis zum 19. Jahrhundert unverändert bewahrten Flächenumfang erreicht. Außerhalb des Berings liegende Vorstädte wie die Siedlungen »am Wagenhals« oder »auf dem Gries« wurden aus Sicherheitsgründen abgebrochen, die Bewohner in der Stadt untergebracht. Die ummauerte Fläche, die weite Gärten und Felder einschloß, betrug das Zehnfache der frühmittelalterlichen Bischofsstadt. Ihr langgestreckter Umriß, der stufenweise Anstieg über die Lechebene, die hochgelegenen Zentren von Dom und St. Ulrich und Afra, die dichte Kette kleinerer und größerer Türme boten dem von draußen Kommenden den Anblick eines breit gelagerten, geschlossenen und dennoch reich differenzierten Architekturgebildes, in dem sich der Wille zur Wehrhaftigkeit und Selbstbehauptung ebenso dokumentierte wie die Begründung dieser Gemeinschaft im Glauben an die Botschaft der Kirche.

Im Inneren schieden sich die einzelnen Bereiche deutlich voneinander. Die ländlichen Anwesen lagen nahe dem Umland in den nördlichen und östlichen Vorstädten, die Betriebe der Handwerker drängten sich an den vier Lechkanälen der Unterstadt zusammen. Die Stein- und Fachwerkhäuser der Kaufleute säumten die breiten Straßen der Oberstadt. Ihre Fronten und Ecken waren mit Erkern geschmückt. Schmale Verbindungsbauten, »Abseiten« genannt, führten zu den Rückgebäuden der Innenhöfe. Die Straßenplätze dienten als Märkte für die wichtigsten Waren, während die raumaufwendigeren Märkte für die Rösser, Säue oder das Holz in die Vorstädte verlegt wurden. Die Amtshäuser und der Perlachturm neben dem Rathaus in der Mitte der Stadt bezeugten bürgerliches Selbstbewußtsein. Zwischen die Reichsabtei St. Ulrich und Afra und den bischöflichen Dom, die sich noch immer als eigenherrliche Bezirke und als die Kristallisationskerne der Stadt zu erkennen gaben, schoben sich die der Bürgerstadt integrierten Kirchen und Klöster, zu denen 1321 der schlichte Bau der Karmeliten von St. Anna hinzukam. Der Bischof ließ Ende des 14. Jahrhunderts die Mauern der alten Bischofsstadt verstärken, während das Rathaus der Bürgerstadt noch aus einem Konglomerat ungleichmäßiger Giebelhäuser bestand.

Das 15. Jahrhundert brachte mit dem Aufschwung

von Handel und Gewerbe nicht nur neue Aufgaben und Probleme für das Zusammenleben der rasch anwachsenden Bevölkerung, sondern auch Glanz und Schmuck für das Stadtbild. An die 200 spitze und stumpfe Türme, manche mehr prächtig als zweckmäßig, weisen die Stadtmauern auf Jörg Selds Vogelschauplan 1521 auf. Die äußeren Tore demonstrierten durch skulptierte Wappensteine und bunte Bemalung den Rang der dem Kaiser treu ergebenen Reichsstadt. Die zur Verteidigung nutzlos gewordenen inneren Tore, das Frauen-, Heiligkreuzer- und Barfüßertor, blieben als Wachtürme und Wohnungen erhalten. Die innere Stadtmauer, die jetzt unter dem Schutz der östlichen Vorstadt stand, konnte als »Schlossermauer« und »Schmiedgasse« bebaut werden. Öffentliche Brunnen und Wasserleitungen dienten der Versorgung. Die Zunfthäuser der Weber, Bäcker und Metzger wetteiferten mit den patrizischen Bauten der Herrentrinkstube oder des Tanzhauses. Das Rathaus wurde um die Jahrhundertmitte von Grund auf umgebaut, wobei die Grabsteine des Friedhofs der vertriebenen Juden Verwendung fanden. Giebel- und Traufhäuser mit den charakteristischen Eckaufbauten der »Ausschüsse« schlossen sich zu langgezogenen Straßen-, Gassen- und Platzzeilen zusammen.

Auch der Kirchenbau setzte neue Akzente. Nachdem 1431 der Hochchor des Domes fertiggestellt war, wurde 1488/89 der Südturm (der Nordturm 1546) erhöht. Seit 1467 stiegen die Mauern des »Reichsgotteshauses« St. Ulrich und Afra über die Dächer der Bürgerstadt empor. Pfründenhäuser mit Kapellen und die Predigthäuser der Klöster trugen zur Verbesserung der karitativen und seelsorgerischen Situation bei. Insgesamt wurde das Bild der Stadt, wie die frühesten Ansichten in den Chroniken und noch Selds Vogelschauplan beweisen, nach wie vor von den kirchlichen Bauwerken bestimmt, für deren Ausstattung auch die meisten Kunstwerke geschaffen wurden.

Kunst im Dienste der Kirche (800–1250)

Die wichtigsten Auftraggeber der Kunst zwischen dem 9. und 13. Jahrhundert waren die Bischöfe in ihrer Eigenschaft als Fürsten des Reiches und der Kirche wie als Herren der Stadt. Besonders für den hl. Ulrich ist ein enges Verhältnis zur Kunst bezeugt. Er ließ den Dom und die Grabeskirche der hl. Afra erneuern und auszieren, die Johanneskirche erbauen und gründete das Kanonissenstift zu St. Stephan. Großen Wert legte er auf die würdige Gestaltung der Liturgie. Bezeugt und teilweise erhalten ist sein reicher Besitz an kostbaren Meßgewändern. Er stiftete um 958 einen Schrein aus Gold und Silber für die Reliquien des hl. Mauritius und führte die Sitte ein, für die Prozession am Palmsonntag einen geschnitzten Esel zu verwenden.

Mit den Bischöfen wetteiferten die Äbte von St. Ulrich und Afra, deren Kirche und Kloster früh durch ihre Kunstschätze berühmt wurden. Die Nachrichten sprechen von umfangreichen Wandmalereien, bemalten Decken und Glasmalereien, goldenen Altartafeln und Kreuzen mit Edelsteinen, Zyklen von Wandteppichen, prächtigen Rauchmänteln, Evangeliaren, Ampeln, Schreinen und Reliquiaren. Wertvolle Stiftungen machten auch die Großen des Reiches. Königin Hemma schenkte zwischen 867 und 876 Bischof Witgar ein mit Goldfäden durchschossenes und mit Perlen geschmücktes Zingulum (Abb. 30), das später als »Gürtel unserer Lieben Frauen« verehrt wurde. Die Kaiserinwitwe Adelheid beteiligte sich an den Kosten für die Wiederherstellung des 994 eingestürzten Domes und stiftete wohl 993 eine goldene, edelsteinbesetzte Tafel für das Grab des hl. Ulrich. Einen goldenen Reliquienschrein für die Hostie des »Wunderbarlichen Gutes von Heilig Kreuz« ließ 1205 der Reichsmarschall Ulrich von Rechberg anfertigen (Abb. 34).

Die Frage nach den ausführenden Künstlern und Werkstätten ist für die Frühzeit so selten zu beantworten wie die Frage nach den kunstgeographischen Zusammenhängen. Die zweiteilige Krypta des Domes, deren ältere unter der Westapsis an eine Vierkonchenanlage erinnert, während die westlich anschließende jüngere vier niedrige Schiffe aufweist (Abb. 27), läßt an die ähnlich ungewöhnliche Anlage im Dom zu Eichstätt denken. Ihre Entstehungszeit ist unsicher, möglicherweise liegt sie erst nach der Mitte des 11. Jahrhunderts. Vom karolingischen Dom des Bischofs Simpert kamen bisher nur spärliche Mauerreste und einige Fragmente von Flechtwerksteinen im Boden der Ostkrypta (Abb. 25) zum Vorschein. Der Kernbau des bestehenden Domes wurde wahrscheinlich nach 994 unter Bischof Luitold und seinen Nachfolgern errichtet und 1065 von Bischof Embriko geweiht. Der Grundrißtypus weist auffallende Ähnlichkeit mit dem 1012 geweihten Heinrichsbau des Bamberger Doms auf. Wie in den ottonischen Domen von Köln, Mainz oder Regensburg nahmen Westchor und Westquerschiff Bezug auf das Vorbild der ebenfalls nach Westen gerichteten Peterskirche in Rom. Der keineswegs kleine Augsburger Dom darf zu den edelsten Baudenkmälern seiner Zeit östlich des Rheins gezählt werden.

Die eigentümliche Bauform der 1187 geweihten Doppelkirche St. Ulrich und Afra erklärt sich aus ihrer Bestimmung als Grabes- und Wallfahrtskirche ihrer beiden Patrone. Die dreischiffige Hallenkirche St. Peter am Perlach von 1182 wird mit einer ostbayerischen Gruppe romanischer Gewölbehallen in Verbindung gebracht. Ein Zentralbau mit Umgang war die 1611 abgebrochene Heiliggrabkirche nahe des Weinmarkts. Die übrigen Kirchenbauten der Frühzeit folgten, soweit Nachrichten oder Reste darüber Auskunft geben, mehr oder weniger dem schlichten Typus der querschifflosen Basiliken Schwabens. Der Ostgiebel der Johanneskirche am Fronhof war nach Ausweis alter Stiche mit mehreren Reihen kleiner Nischen verziert, vielleicht in Anlehnung an oberitalienische Vorbilder.

Unter den erhaltenen Skulpturen in Stein und Holz nimmt das Tympanon der um 1190/1200 errichteten Brunnenkapelle im Kreuzgang von St. Ulrich und Afra mit der »Fußwaschung Petri« (Abb. 28) den höchsten Rang ein. Der um 1100 datierte steinerne Bischofsthron im Dom – der Legende nach der Stuhl des römischen Richters, der die hl. Afra zum Tode verurteilte – hat ein Gegenstück in St. Emmeram in Regensburg. Die kleine Tonfigur eines thronenden Christus als Weltenrichter, die im Ostgiebel von St. Peter am Perlach eingemauert war (Abb. 32), geht auf schwäbisch-fränkische Vorbilder zurück. Dem Material zufolge dürfte sie eine einheimische Arbeit um 1180 sein, desgleichen die – freilich primitiveren – Tonstatuetten am Turm von Hl. Kreuz.

Die beiden Türflügel aus Bronze, die in veränderter Zusammensetzung und teilweise ergänzt seit 1863 für das Brautportal am südlichen Seitenschiff des Domes verwendet wurden, stammen wahrscheinlich von einem der einstigen Ostportale des Baues von 1065. Datierung, Lokalisierung und Deutung der 35 gegossenen Relieftafeln samt den ornamentalen Teilen und den Löwenmasken der Türklopfer sind noch immer schwierig. Technik, Typus und Themen weisen auf italienische Bronzetüren. Dennoch gilt es als ausgemacht, daß die Werkstätte nördlich der Alpen, vielleicht in Augsburg selbst ihren Sitz hatte und daß sich zwei Meister in die Ausführung des in der ersten Hälfte des 11. Jahrhunderts entstandenen Werkes teilen. Einer schwäbischen Werkstatt gegen Ende des 12. Jahrhunderts werden die Türringe aus Bronze am südlichen Chorportal des Domes zugeteilt.

Die fünf Prophetenfenster im südlichen Obergaden des Mittelschiffs (Abb. 33) sind Reste einer durchgehenden Domverglasung mit elf Gestalten des Alten Testaments und vielleicht ebenso vielen Aposteln der Gegenseite. Sie werden zwischen das Ende des 11. und die Wende vom 12. zum 13. Jahrhundert datiert. Ihr feierlich ernster Stil entspricht am nächsten Hirsauer Buchmalereien des frühen 12. Jahrhunderts. Als die ältesten und bedeutendsten Zeugnisse europäischer Glasmalerei großen Formats gehören sie zu den Spitzenleistungen deutscher Kunst der Hochromanik.

Obgleich für den Dom wie auch für St. Ulrich und Afra die Existenz einer bedeutenden Bibliothek samt Skriptorium bezeugt ist, lassen sich bisher nur wenige Handschriften damit in Verbindung bringen. Die wichtigste ist ein Evangeliar des Bischofs Hanto (um 809 bis 814) in der Münchner Staatsbibliothek (Taf. 3), das unter Verwendung von Gold und Silber auf Purpur geschrieben und mit christologischen und liturgischen Darstellungen im antikisierenden Stil der Karolingerzeit geschmückt ist. Im Dom blieben, zum Teil oberhalb der Gewölbe, Reste ornamentaler und figürlicher Wandmalerei des 11. Jahrhunderts erhalten. Aus dem frühen 13. Jahrhundert stammen die qualitätvollen Wandmalereien in St. Peter am Perlach.

Für die teils dem Grab des Heiligen entnommenen, teils von alters her pietätvoll aufbewahrten liturgischen Ulrichsgewänder wurden hauptsächlich importierte Stoffe byzantinischer, vorderasiatischer oder sizilianischer Herkunft verarbeitet. Der Entstehungsort von Stola und Manipel des hl. Ulrich konnte noch nicht bestimmt werden, vielleicht wurden sie in einem Augsburger Frauenstift gewoben. Auch die zwölf großen bestickten Behänge, die Abt Udalschalk (1174–1179) zusammen mit vier großen Fastentüchern für St. Ulrich und Afra hatte anfertigen lassen, scheinen Augsburger Arbeiten gewesen zu sein. Eine Inschrift nannte den Klosterbruder Beretha als Maler und Sticker. Auf einem anderen Tuch waren Scuiger, Cunrat, Christina und Gerunc dargestellt, wie sie dem Abt Leinwand anbieten.

In Augsburg geschaffen ist ferner der Großteil der erhaltenen Goldschmiedewerke dieser Zeit. Zwar handelt es sich beim Vergleich mit den großartigen Leistungen anderer deutscher Kunstlandschaften um bescheidene und späte Arbeiten, dafür lassen sie erstmalig einen gemeinsamen Stil erkennen. Die auf der Brust des hl. Ulrich in seinem Grab gefundene silberne Schale wurde 1183 in einen großen, teilweise vergoldeten Silberkelch mit Edelsteinen, Bergkristallnodus und gravierten Silberplättchen eingefügt. Der Zeichenstil der figürlichen Gravuren ist mit dem Bild des hl. Ulrich auf der Deckplatte seines Kupfersarges von 1187 in St. Ulrich und Afra (Abb. 31) verwandt. Die strenge Frontalität, der feierliche Gesichtsausdruck und die knappe Liniensprache dieser Heiligengestalt erinnern an die Prophetenfenster und die Malereireste des Domes und weisen voraus auf den Stil der drei kupfervergoldeten »Matres-Plättchen« des frühen 13. Jahrhunderts, die wohl als Beschläge eines Reliquienkästchens in der Westkrypta des Domes gedient hatten. Ihre Figurenauffassung spiegelt sich in den ähnlich zeichnerischen Wandmalereien von St. Peter am Perlach wider oder – in vergröberter Form – in Augsburger Buchmalereien des frühen 13. Jahrhunderts wie dem Ursberger Psalter der Augsburger Staats- und Stadtbibliothek oder den Reliefs des »Wunderbarlichen Gutes von Heilig Kreuz« (Abb. 34). Die Inschriften auf diesem leider beschädigten Kästchen von 1205 nennen nicht nur die Namen der Stifter und des Propstes von Hl. Kreuz, sondern erstmalig auch den des Künstlers, des wohl in Augsburg ansässigen Goldschmiedes Konrad von Lindau.

Insgesamt zeichnet sich die Kunsttätigkeit in Augsburg zwischen 800 und 1250 mehr durch breite Vielfalt und unbefangene Offenheit für Einflüsse von auswärts aus als durch eine konsequente Eigentradition. Gemeinsam ist den überkommenen Werken eine unpathetische und undramatische, nichtsdestoweniger ernste Feierlichkeit. Ein »Augsburger Stil« kann allenfalls zu Ende des 12. und für das frühe 13. Jahrhundert in einigen Kleinkunstwerken und Malereien vermutet werden. Alle Werke dienten kirchlichem Gebrauch, die meisten verdanken ihre Erhaltung dem Ansehen als Reliquien der Heiligen oder als Zeugen der Frühzeit der Augsburger Kirche. Über die Existenz und die Bedeutung einer profanen oder gar bürgerlichen Kunst in diesen Jahrhunderten geben sie keine Auskunft.

Kunst zwischen Kirche und Bürgertum (1250–1490)

Nicht der Bischof, sondern der tatkräftige Kustos Konrad von Randeck unternahm es, ab etwa 1320 den Dom unter erheblicher finanzieller Selbstbeteiligung im Stil der Gotik umzubauen und auf fast das Doppelte seines Umfangs zu erweitern. Der östlich anschließende Neubau des geräumigen Hochchors ab 1356 unterstand dem Domkapitel. Den Bürgern wurde (bis 1821) das Recht auf ungehinderten Durchgang durch den Dom eingeräumt, da die bisherige Reichsstraße im weiten Bogen um den Ostchor herum verlegt werden mußte. Die Geschlechter der Öfelin, Ilsung, Dachs, Schweingen steuerten zur Finanzierung des Südportals und der Chorkapellen bei, später beteiligten sich die Zünfte an den Kosten. Die in der Stadt zum Dombau gesammelten Gelder wurden von einer Kommission mit Vertretern des Kapitels und des Rats verwaltet. 1329 errichtete die Patrizierfamilie Langenmantel die Christophskapelle auf dem Fronhof als Erbbegräbnis, der Patrizier Konrad Mimmer stiftete 1357 dort die Dreikönigskapelle.

Stadt und Bürgerschaft hatten sich zuvor schon in steigendem Maße an den kirchlichen Bauunternehmungen beteiligt. Besonders die Kirchen und Klöster der Bettel- und Predigerorden erfreuten sich seit dem 13. Jahrhundert der finanziellen Unterstützung der Reichsstädter. Die Predigthäuser von St. Ulrich und Afra, St. Georg und Hl. Kreuz wurden von bürgerlichen Zechpflegen unterhalten, die auch für die

Altäre und die liturgische Ausstattung aufzukommen hatten. 1324–1333 ließ der Bürger Berthold Bitschlin die Allerheiligenkapelle nördlich von St. Ulrich und Afra errichten. Die um 1350 erneuerte Leonhardskapelle im Ilsunghaus (heute im Senioratsgebäude der Fugger) diente ursprünglich vielleicht als Gerichtslaube. Der Kramer und Goldschmied Konrad Hirn erbaute 1420 für sich und seine Frau ein Grabhaus an der St.-Anna-Kirche, das 1485 den Goldschmieden als Kapelle überlassen wurde. Am größten Bauunternehmen des späten Mittelalters in Augsburg, der Kloster- und Wallfahrtskirche St. Ulrich und Afra (begonnen 1467), beteiligten sich bereits die Fugger durch den Erwerb von drei Grabkapellen auf der Südseite des Seitenschiffs. Großzügige Spenden für Gewölbe, Fenster, Gitter, Grabmäler, Kirchenstühle, Ornate und vor allem Altäre zeugen von dem Wunsch nach familieneigenen Kapellen mit Begräbnisrecht.

Die Bautätigkeit der Reichsstadt konzentrierte sich auf die Befestigungsanlagen der Mauern, Tore und Türme. 1385 erst gab sie sich ein Rathaus aus Stein, das 1449 zur Dreigiebelgruppe mit Glockentürmchen aus zierlichem Maßwerk erweitert wurde (Abb. 36). Wenngleich wenig von dem damals Geschaffenen erhalten blieb, so zeugen die Nachrichten doch von einem steigenden Anteil der Kunst am öffentlichen Leben. Auswärtige Bestellungen erweiterten die Absatzmöglichkeiten, doch bedurfte es für Arbeiten außerhalb der Stadt der Genehmigung des Rates.

Den mehr als hundert Jahre dauernden Umbau des Domes haben wahrscheinlich wandernde Hüttenverbände vom Oberrhein und aus dem westlichen Schwaben ausgeführt, die auch für den Figurenschmuck der beiden Portale und die Steinmetzarbeiten im Inneren des Ostchors verantwortlich waren. 1382 erhält der Meister Hans als »Parlier zu Unser Frauen« und Augsburger Bürger ein Haus verliehen. Die Zuweisung der Westchor- und Mittelschiffgewölbe oder der Seitenschiffhallen an Heinrich Parler d. Ä. aus Schwäbisch Gmünd läßt sich so wenig belegen wie die Abhängigkeit des östlichen Hochchors von Peter Parlers Chorbau des Prager Doms. Die Vorbilder dürften eher in der südwestdeutschen Zisterzienserarchitektur (Salem, Kaisheim) und in den schwäbisch-oberrheinischen Stadtkirchen des 14. Jahrhunderts (Schwäbisch Gmünd, Freiburg, Ulm) zu suchen sein.

Der Ostchor (Abb. 26), dessen verputzter Ziegelbau mit Hausteingliederung an Kaisheim erinnert, wurde nach mehrfachem Planwechsel als reduzierter Kathedralchor 1431 vollendet. Das Ergebnis des gotischen Dombaus ist trotzdem wenig überzeugend ausgefallen, nicht nur aus Mangel an Einheitlichkeit, sondern auch wegen der derben Ausführung zahlreicher Detailformen. »Offenbar fehlte es in Augsburg [...] an einer straffen Bauleitung (sei es von seiten der Werkleute, sei es von seiten der Bauherren), die den von den Dimensionen her gegebenen Ansprüchen entsprochen hätte« (Reinhard Wortmann).

Das Südquerschiff erhielt um die Mitte des 14. Jahrhunderts ein riesiges Maßwerkfenster mit der Darstellung Mariä als Thron Salomonis nach oberrheinisch-elsässischen Vorbildern. Dasselbe Thema erscheint als Skulpturengruppe noch einmal in der Nische über dem nördlichen Chorportal. Auch die wenigen erhaltenen Glasmalereien des 15. Jahrhunderts werden auswärtigen Meistern, dem »Meister der Münchner Frauenkirche« oder Peter Hemel von Andlau, zugeschrieben.

Namentlich bekannt, doch nicht lokalisierbar sind die beiden Meister Otto und Konrad, die inschriftlich die Platte des einstigen Hochgrabes für den 1302 gestorbenen Bischof Wolfhart von Roth in Wachs modelliert und in Erz gegossen haben (Abb. 29). Die Einzelfiguren wie auch die Tympanonreliefs der Domportale von 1343 und 1356 sind von der Skulptur oberrheinischer oder Gmünder Bauhütten abzuleiten. Die majestätische Muttergottes des Südportals, Vorbild eines bis ins Altbayerische und Ostschwäbische verbreiteten Madonnentypus, »dürfte französische Voraussetzungen haben« (Alfred Schädler).

Böhmische Importe waren das verschollene silberne Brustbild des hl. Dionysius, das 1351 für St. Ulrich und Afra in Prag angefertigt wurde, und das stark beschädigte Muttergottesbild aus dem frühen 15. Jahrhundert im Dom. Auch das Wandbild mit den drei Frauen am Grabe Christi im Dom verrät böhmische Einflüsse um 1430. Das verlorene Hochaltarretabel in St. Ulrich und Afra ist als eine niederländische Arbeit bezeugt und war 1455 für 200 Gulden erworben worden. Ein niederländischer Künstler, der sich wohl in Augsburg niedergelassen hatte, malte um 1450 die beiden querformatigen Tafeln mit Szenen aus der Ulrichslegende in St. Ulrich und Afra. Seine Hand wird auch in der Widmungsminiatur einer der Meisterlin-Handschriften von 1457 (Taf. 4) vermutet. Das früheste Beispiel einer spätmittelalterlichen Landschaftsdarstellung in Augsburg, der um 1420 zu datierende »Zug der Heiligen Drei König« (Abb. 40) in der Grabkapelle des Ehepaars Hirn bei St. Anna, ist mit den anderen Wandmalereien zusammen einer in Südtirol geschulten Werkstatt zuzuschreiben. Italienische Einflüsse mögen in den porträthaften Gesichtern auf den Tafeln des »Meisters der Landsberger Stadtansicht« um 1455/60 aus St. Moritz nachgewirkt haben. Ein österreichischer Wandermaler, der »Meister von Schloß Lichtenstein«, schuf um 1440 einen teilweise erhaltenen Altar für St. Moritz. Der Ulmer Bildschnitzer Hans Multscher lieferte 1456 einen Palmesel für St. Ulrich und Afra. Aus Ulm übersiedelte von 1486 bis 1491 der Maler Ludwig Schongauer, Sohn eines aus Augsburg nach Colmar ausgewanderten Goldschmieds, ehe er nach dem Tode seines berühmten Bruders Martin dessen Werkstätte übernahm.

Die gewandelte Situation der Augsburger Kunst in der Spätgotik kennzeichnet am besten der Neubau von St. Ulrich und Afra. Der Plan wird dem Steinmetzmeister und Bürger Hans von Hildesheim zugeschrieben, der auch für den Dom tätig war. Die 1467 begonnene, von Valentin Kindlin schon nahezu fertiggestellte Kirche stürzte 1475 großenteils ein und wurde nach dem ursprünglichen Plan zunächst von diesem weitergeführt. 1477 übernahm Burkhard Engelberg als Werkmeister der Stadt und Nachfolger des Hans von Hildesheim die Bauleitung. Ungeachtet der damals in Süddeutschland führenden Bauform der Hallenkirche und unbekümmert um die Sonderform des romanischen Vorgängerbaus entschieden sich die Auftraggeber für den traditionsreichen Typus der dreischiffigen Basilika mit Querschiff, ausgeschiedener Vierung, tiefem Presbyterium, polygonal schließendem Ostchor und (nicht ausgebautem) östlichem Turmpaar, dessen Untergeschoß in Art von Nebenchören gegen die Querschiffe geöffnet ist. Das Äußere erinnert nur durch die Par-

allelstellung der zweigeschossigen Sakristei und des Chores an die Doppelkirche von 1187. Die beiden Querschiffe nahmen die Altargräber der Kirchenpatrone auf, die südlichen Seitenschiffkapellen bezeichnen den Ort, wo die Leiber von vier weiteren Heiligen gefunden bzw. beigesetzt waren. Diese eigenwillige Verquickung von Lokal- und Ordenstradition mit der rationalen, spröden Formensprache der späten Gotik bestimmt den Eindruck geheimnisloser Nüchternheit und Großheit, trotz der geistvollen Gewölbefigurationen und der sprießenden, wuchernden Bewegtheit des Simpertusbogens, der die emporenartige Kapelle des Abtes trug.

Die Rolle der Äbte und des Konvents von St. Ulrich und Afra als Wegbereiter neuer künstlerischer Aufgaben ist nicht hoch genug anzuschlagen. Sie gehörten zu jenen Kreisen in der Stadt, die sich lange vor der Reformation um die Reform des religiösen, sittlichen und geistigen Lebens mit Hilfe der Kunst bemühten. Die rasch aufeinanderfolgenden Abschriften der *Chronographia Augustensium* des Mönches Sigmund Meisterlin von 1456 wurden von den besten Zeichnern, dem Meister der Ulrichstafeln (Taf. 4), von Georg Mülich und seinem Bruder illustriert. Sie bemühen sich um wirklichkeitsgerechte Interpretation der historischen oder legendären Ereignisse, um getreue Stadtansichten des damaligen Augsburg oder um die Wiedergabe von Landschaftsräumen, die »zu den kühnsten und bedeutendsten Landschaftsinkunabeln der deutschen Bildkunst überhaupt« (Erich Steingräber) gehören. Im Skriptorium des Klosters gelangte die kirchliche Buchmalerei zu einem der letzten Höhepunkte ihrer vielhundertjährigen Geschichte. Während die Mönche vor allem für Inhalt und Schrift der Bücher zuständig waren, wurden für die Malereien offenbar nichtzünftige Kräfte aus der Stadt herangezogen.

Das Mitspracherecht der Geschichte in der Kunst äußerte sich auch in der Aufstellung des 1466 bei den Fundamentierungsarbeiten gefundenen großen steinernen Pyrs, des angeblichen antiken Wahrzeichens der Stadt, in einer Mauernische neben dem Nordportal der Kirche oder in der Anbringung des römischen Medusenhauptes unterhalb eines Marienbildes an der Fassade des Predigthauses um 1458. Ein römisches Denkmal wie der bei denselben Bauarbeiten freigelegte »Merkur von St. Ulrich« wurde nicht mehr zur Kalkgewinnung zerstört, sondern als Zeugnis des Altertums pietätvoll aufbewahrt. Der Initiator des Neubaus, Abt Melchior von Stammheim, rief um 1467 den Reutlinger Buchdrucker Günther Zainer nach Augsburg, um ihm eine Druckerei im Kloster einzurichten. In der Auswahl der von ihm beschäftigten Künstler scheint das reichsunmittelbare Kloster ebenso unabhängig wie sicher verfahren zu sein. Vielleicht stand sogar Hans Holbein d. Ä. in seinem Dienst und Schutz, ehe er 1496 als Meister in Augsburg zugelassen wurde.

Neben den Ordensangehörigen gehörten Patrizier wie der gelehrte Bürgermeister Sigmund Gossembrot, Bischöfe wie Kardinal Peter von Schaumberg oder die Vorsteher der großen Zünfte zu den Förderern dieser frühen und noch zielunsicheren humanistischen Bestrebungen. In der Amtsstube der Weberzunft bemalte Peter Kaltenhofer 1457 Wände und gewölbte Holzdecke mit kritisch kommentierten Szenen aus dem Alten Testament – *da adam hackt vnd eva spann, wer warn ein Edellman* – und Geschichten aus dem Leben Alexanders des Großen. Neben jüdischen Philosophen waren heidnische, neben jüdischen, griechischen und römischen Feldherren und Fürsten, darunter Hektor von Troja als sagenhafter Ahnherr Augsburgs, die christlichen Kaiser und Kurfürsten dargestellt. Um 1460 ließ der Kaufmann Peter Egen durch Jörg Amman die Varusschlacht an sein Haus malen, dazu das Bildnis der angeblich vorrömischen Stadtgöttin Cisa mit entblößter Brust. Reste von historischen, legendären, allegorischen oder dekorativen Darstellungen in und an alten Häusern zeugen noch von der einstigen Themenvielfalt der Wandmalerei. Die Stadttore wurden mit dem Pyr geschmückt, römische Inschriftensteine in die gewölbten Durchfahrten eingemauert. Um dieselbe Zeit ließ der Rat über dem Rathausportal ein Steinrelief einsetzen, das zwei wilde Männer zu Seiten des Stadtpyrs zeigt. Zwei Engel entrollen das Spruchband *Christe tibi gloria in Augusta Retia Urbe vere Regia*.

Bei der Zunfterhebung 1368 waren die Maler noch in so geringer Zahl vertreten, daß sie zusammen mit den Bildhauern, Goldschlägern und Glasern der Großzunft der Schmiede inkorporiert wurden. Aus den Steuerbüchern lassen sich für 1346 sieben Maler,

1348–1368 bereits 20, 1409–1418 zehn, 1479 sogar 29 Maler in Augsburg nachweisen. Seit 1467 stellten sie zwei der Zwölfer der Schmiedezunft für den Großen Rat. 1472/73 kauften sie sich ein Haus am Heiligkreuzertor, 1479 verfaßten sie eigene Statuten innerhalb der Schmiedezunft, die in dem fortan geführten »Malerbuch« festgehalten wurden. Ihre finanzielle Lage entwickelte sich überaus günstig. Ähnlich wie die Bischöfe ab 1488 ihre Bildnisse einschließlich ihrer Vorgänger malen ließen, legte Thoman Burgkmair eine Bildnisreihe bedeutender Zeitgenossen an, darunter auch Porträts von Malern. Etwa 50 Maler waren um 1490 bereits in Augsburg zugelassen, doch können wenige der überlieferten Namen mit erhaltenen Werken verbunden werden.

Reichhaltiger und besser ist der Bestand an Skulpturen. Wahrscheinlich in Augsburg ist der Sitz der Werkstätten zu suchen, die im ersten Drittel des 15. Jahrhunderts Schwaben mit bemalten Tonfiguren teilweise großen Formats versorgten. Ihr Material war nicht nur leichter zu beschaffen – Ton steht in der Umgebung Augsburgs an – und billiger als Stein, sondern ermöglichte eine fast serienmäßige Produktion. Wenn trotzdem verhältnismäßig wenige Beispiele dieser Technik in Augsburg (Abb. 41), Buxheim und einigen Museen überdauert haben, so hängt das sicherlich mit der Zerbrechlichkeit des Materials zusammen. Einen florierenden Werkstattbetrieb, besonders für Grabsteine, scheint der zwischen 1422 und 1467/68 nachweisbare Maler und Bildhauer Ulrich Wolfartshauser geleitet zu haben. Ihm werden das Hochgrab für die Eheleute Hirn (nach 1420, jetzt im Dom), die Grabplatte für »claus hofmair den man nennt Apoteker« von 1427 in St. Moritz und das Hochgrab für Herzog Ulrich von Teck und seine Gemahlin in Mindelheim (um 1430) zugeschrieben. 1456 schuf er eine nicht erhaltene Büste aus Silber für das Haupt der hl. Digna in St. Ulrich und Afra. Sein vermutlicher Werkstattnachfolger Hans Baierlein führte den feierlich zeremoniellen Stil der Augsburger Spätgotik in seinen Grabmälern bis zum Beginn des 16. Jahrhunderts fort.

Der einträglichste Erwerbszweig war die Goldschmiedekunst. Schon im Stadtbuch von 1276 werden die Goldschmiede dem Münzmeister zugeordnet erwähnt. 1368 schließen sie sich zu einer eigenen Gesellschaft außerhalb der Zünfte zusammen, frei von Rats- und Gerichtspflichten. Sie nahm auch angesehene Leute auf, die weder zu den Geschlechtern noch zu den Zünften gehörten. 1396 bereits stand ein Goldschmied an fünfter Stelle unter den Reichen der Stadt. 1447 erhielt die Gesellschaft eine eigene Stube auf dem Weinmarkt im Herzen der Stadt.

Ob die beiden vergoldeten Tafeln für Altäre in St. Ulrich und Afra, die die Bürger Ulrich Arzt und Johannes Schütter 1465 gestiftet hatten, Augsburger Arbeiten waren, ist unbekannt. Das früheste nachweisbare Goldschmiedestück der Augsburger Spätgotik ist die Silbermonstranz von Hans Miller von 1470 in St. Moritz. Ein weitberühmtes Meisterwerk Augsburger Goldschmiedekunst war das Silberretabel mit Szenen aus der Passion Christi, das Peter Rempfing, zuletzt Jörg Seld ab 1482 in 26 Jahren für den erzenen Hochaltar von 1447 im Ostchor des Doms geschaffen hatten und das 330 Mark Silber, das sind etwa eineinhalb Zentner, wog. 1482 schuf Heinrich Hufnagel ein Silberreliquiar mit einer Muttergottesstatuette für Kaisheim, deren Modell wahrscheinlich Michel Erhart in Ulm geschnitzt hatte.

Grundlage der steigenden künstlerischen Produktion bildeten die immer mehr verfeinerten und speziali-

sierten Arbeitsmethoden der straff organisierten Werkstätten, die Jahrhunderte überdauernde Ehe zwischen Kunst, Handwerk und Unternehmergeist. Die großen Flügelaltäre entstanden in der Gemeinschaft der Maler, Bildhauer, Kistler, Vergolder und Schmiede. Die Goldschmiede bedurften der Zeichner für den Entwurf, der Schnitzer und Drechsler für das Holzmodell, der Steinschneider für die Pretiosen, der Tapezierer für das Futteral. An den Tonskulpturen waren Entwerfer, Modelleure, Brenner und Maler beteiligt. Der Buchdruck setzte das reibungslose Zusammenspiel von Tischlern für den Pressenbau, Goldschmieden für den Stempelschnitt und das Justieren der Matrizen, Zeichnern für Schrift und Illustration, Formschneidern für die Bilder mit kapitalfähigen Unternehmen für die Vorfinanzierung voraus. Verwandtschaftliche Beziehungen zwischen den Handwerkern förderten die Zusammenarbeit und sicherten den Fortbestand der Werkstätten im Familienverbund. Immer mehr wurde die Kunst zu einem weit ausgreifenden, wirtschaftlich ernstzunehmenden Faktor im Leben der Reichsstadt. Immer mehr Künstler traten aus der Anonymität heraus, wenngleich sich ihre Werke erst vom letzten Jahrzehnt des 15. Jahrhunderts an deutlicher fassen lassen.

Musik im Mittelalter

von Franz Krautwurst

Im Gegensatz etwa zu Trier oder Köln sind in Augsburg bis jetzt keine musikgeschichtlich auswertbaren Dokumente aus römischer Zeit ans Licht gekommen. Bei dem kranzartigen Attribut des als »Gongschläger« bezeichneten tanzenden Satyrs auf dem Seitenrelief eines 1927 bei St. Georg gefundenen Grabmals des 2. Jahrhunderts n. Chr.[1] handelt es sich wohl

nicht um ein Schlaginstrument. Lediglich der Griff einer bronzenen Kasserolle des 2./3. Jahrhunderts aus einem Gräberfeld am Rosenauberg[2] bildet eine sechs- oder siebensaitige Leier mit auswärtsgebogenen Jocharmen ab, wie sie damals in allen Gesellschaftsschichten verbreitet war und sowohl im Kultus als auch im Theater und in privater Musikpflege, kaum aber im Militärwesen, als Solo-, Begleit- oder Orchesterinstrument Verwendung finden konnte[3]. Nichts wissen wir über eine christlich-liturgische Musikpflege, die um das Märtyrergrab der hl. Afra (gest. evtl. 304) entstanden sein könnte.

Festeren Grund erhält Augsburgs Musikgeschichte erst mit dem 8. Jahrhundert. Der erste für Augsburg gesicherte Bischof, Wikterp (gest. 771), soll seine Domkirche bereits mit einer »zierlichen« Orgel ausgestattet haben[4]. Falls diese durch keine Quelle bezeugte Nachricht zutrifft, diente dieses *organum* lediglich zur feierlichen Ausgestaltung von Repräsentationszeremonien wie Empfang des Herrschers oder Bischofs[5]. Unter Wikterps Nachfolgern ragen Adalbero (gest. 909) und der hl. Ulrich (gest. 973) als bedeutende Kenner und Förderer der Musik, insbesondere des liturgischen Gesangs, hervor[6]. Beide standen in enger Verbindung mit dem Benediktinerkloster St. Gallen; Ulrich war dort erzogen worden, als diese Kulturstätte in ihrer höchsten wissenschaftlichen und künstlerischen Blüte stand. Die Ausstrahlung dieses wichtigen frühmittelalterlichen deutschen Musikzentrums auf Augsburg dokumentiert eine Handschrift, die der erste Abt von St. Ulrich und Afra, Reginbald (1012–1015), seinem Kloster besorgte und die neben dem Musiktraktat des Boethius und der *Musica enchiriadis* auch einen Abschnitt über Orgelpfeifen-Mensurierung aus den althochdeutschen Schriften des St. Galler Klosterlehrers Notker Labeo enthält[7]. Ein zweiter Orgelbautraktat von St. Ulrich aus dem 11./12. Jahrhundert in der Fassung des Aribo[8] sowie der Umstand, daß im Kloster unter Abt Adalbero (1050–1065) eine Orgel errichtet wurde und der Dom im 11. Jahrhundert ebenfalls bereits mehrere solcher Werke besaß, weisen auf eine frühe Führerrolle Augsburgs im süddeutschen Orgelbau hin[9]. Weitere Neubauten von Instrumenten in St. Ulrich unter Abt Konrad Winkler (1334 bis 1355), in der Barfüßerkirche (vor 1426), wo der als *bonus cantor* berühmte Franziskaner Ulrich Rächel Organist war, und 1490 durch den zu den besten und freizügigsten Orgelbauern der Gotik zählenden Breslauer Meister Stephan Kaschendorff, ebenfalls für St. Ulrich, bestätigen die Stadt noch im ausgehenden Mittelalter als Brennpunkt der Orgelkunst. Einen Musiktraktat hinterließ ferner der Kanonikus

und Lehrer an der Domschule Heinrich von Augsburg (gest. nach 1083 im Exil zu St. Mang in Füssen); seine als Prosadialog zwischen Lehrer und Schüler angelegte und trotz einiger bemerkenswerter Eigenheiten im wesentlichen auf Boethius fußende *Musica* wie auch eine von ihm verfaßte mnemotechnische Formel zur Erlernung der wichtigsten psalmodischen Differenzen haben auf die kompilatorischen Schriften des Frutolf von Michelsberg in Bamberg eingewirkt. Von den in der Offizium- und Meßpsalmodie gebräuchlichen Differenzen wie überhaupt von den Kirchentonarten handelt im folgenden Jahrhundert das möglicherweise von Wilhelm von Hirsau (gest. 1091) beeinflußte *Registrum tonorum* des gelehrten Abtes von St. Ulrich und Afra, Udalschalk von Maisach (gest. 1151)[10]; er dichtete und komponierte auch ein Ulrichs-Offizium und einen Afra-Hymnus. Selbst das Hauptwerk *De exterioris et interioris hominis compositione* des Mystikers David von Augsburg (gest. 1272), welcher der ersten schriftstellerisch tätigen Franziskanergeneration Süddeutschlands angehörte, enthält eine auch musikalische Fragen aufgreifende Abhandlung *De missa et officio*. Indessen stand zu keiner Zeit die Praxis hinter der Theorie zurück; davon legen zahlreiche liturgische Gebrauchs- und Prachthandschriften in verschiedenen Bibliotheken Zeugnis ab. Musikgeschichtlich bedeutsam sind neben dem Augsburger Perikopenbuch aus der Domsakristei (11./12. Jahrhundert)[11] ein Graduale des 13. Jahrhunderts mit linienlosen Neumen[12] und dasjenige des Frater Jakob Wegelin aus dem Augustinerchorherrenstift Hl. Kreuz von 1497[13]. Als Schreiber von Choralhandschriften an St. Ulrich und Afra erlangten der nachmalige Abt Johannes von Fischach (gest. 1366) und der in der Nachfolge der Melker Reform im Kloster wirkende größte Augsburger Schreibkünstler seiner Zeit, Leonhard Wagner (1457 bis 1522), Bedeutung. In engem Zusammenhang mit der Choralpflege stand die reiche Tradition der Augsburger liturgischen Dramen, die sich von der Zeit des hl. Ulrich bis ins 17. Jahrhundert erstreckte[14] und deren Kern die verschiedenen Osterspiele[15] darstellten. Die Stadt war im 13. bis 15. Jahrhundert, zur Zeit der wandernden Meister, auch ein Mittelpunkt der Glockengießkunst. Aber schon vorher ist hier Überragendes geleistet worden: Im Nordturm des Domes hängen noch heute als Reste eines Geläuts aus dem 11. Jahrhundert zwei Glocken in der seltenen Bienenkorbform; St. Ulrich besitzt eine solche in der ausgeprägten Zuckerhutform des späten 12. Jahrhunderts[16]. Lassen sich – vornehmlich für die Liturgie – musikalische Aktivitäten im Mittelalter bei allen Kirchen und Klöstern Augsburgs nachweisen, so bildeten doch bis über die Schwelle zur Neuzeit hinaus der Dom und die Benediktinerabtei St. Ulrich und Afra die wichtigsten Zentren geistlicher Musikpflege. Daß sich die Abtei seit ihrer Reform im späten 15. Jahrhundert auch um die pastoral-liturgische Erbauung von Gläubigen kümmerte, zeigt das damals verfaßte »Augsburger Passionsspiel«.

Mit dem Erstarken des Bürgertums ging vom 14. Jahrhundert an ein beachtenswerter Aufschwung profaner Musikübung einher, der sich sowohl in den musikalischen Repräsentationsbedürfnissen des Stadtregiments als auch im privaten Bereich bürgerlicher Haus- und Straßenmusik manifestierte. Die wirtschaftlichen Grundlagen und Voraussetzungen für diese Entfaltung weltlicher Musik hatte das Aufblühen von Gewerbe, Kunstgewerbe und Handel, namentlich Fernhandel mit Italien, geschaffen. Schon die ersten erhaltenen Stadtrechnungen (1320 und später) überliefern neben »freien« Spielleuten auch die Namen bediensteter Stadtmusiker. 1383 etwa waren im Gemeinwesen drei Geiger, fünf Pfeifer und ein Orgler (Spieler eines Portativs) tätig[17]. Dazu traten im 15. Jahrhundert als Vertreter der »stillen Musica« einige Lautenisten wie Hans Weisinger genannt Ritter (um 1475) und Cunz Käß (1488) oder der älteste hier nachweisbare Lautenmacher Peter Lamenit (1460). Nach Basel (Ende 14. Jahrhundert) und Konstanz (1417) erhielt Augsburg als dritte deutsche Stadt 1426 durch König Sigismund das Privileg zur Haltung von Trompetern[18]. Aufgrund ihrer geographisch begünstigten Lage am Schnittpunkt wichtiger Handelsstraßen und infolge ihrer zunehmenden politischen und wirtschaftlichen Bedeutung wurde die Stadt seit dem 15. Jahrhundert zu einem Ort des Erfahrungsaustausches und zu dem neben Nürnberg und Nördlingen wichtigsten süddeutschen Treffpunkt fahrender Musiker verschiedener Stände und Professionen.

Ein erstes umfassendes Kristallisationsfeld bürgerlicher Musikkultur Augsburgs erwuchs im Meistergesang. Seit spätestens 1449 bestand hier als zunftmäßig gegliederte, geschlossene Gesellschaft die überhaupt älteste verbürgte städtische Singschule des Reiches; in ihr – deren Lieder sich schon um 1450 gegen Adel und Klerus richteten – wirkte damals Ulrich Wiest als erster in der Stadt nachweisbarer Dichter von Meisterliedern. Die Augsburger Schule sollte bald zu den angesehensten Deutschlands zählen, deren Töne auch anderwärts, selbst in Nürnberg, gesungen wurden. Verschiedentlich gehörten ihr auch akademisch gebildete Mitglieder an wie der kaiserliche Notar und erste deutsche Homer-Übersetzer Johannes Spreng (1524–1601) oder der Prokurator und Schöpfer der weitverbreiteten »süßen Klagweis« Georg Dannbeck (gest. 1605), und sie scheint im Gegensatz etwa zu Nürnberg lange Zeit eine besondere Anziehungskraft auf Schulmeister ausgeübt zu haben. Nach krisenbedingter erstmaliger Neuorganisation 1534 geriet der Augsburger Meistergesang im letzten Drittel des 16. Jahrhunderts mit dem stärkeren Aufkommen des Komödienspiels abermals in Schwierigkeiten, erlitt namentlich im Dreißigjährigen Krieg schwere Einbußen und versandete im 18. Jahrhundert ganz im Theaterspielen, um schließlich 1776 in der »Agentencompagnie« eines Johann Friedrich Sartor aufzugehen[19]. Immerhin ist bemerkenswert, daß die Passion von 1566 des einheimischen Meistersingers Sebastian Wild (gest. 1583), der nicht weniger als 13 Meistertöne geschaffen hat, neben dem schon genannten »Augsburger Passionsspiel« des 15. Jahrhunderts aus St. Ulrich und Afra zur Grundlage des 1634 gelobten, ältesten Oberammergauer Passionsspiels wurde.

Zeugnisse früher bürgerlicher Musikpflege sind aber auch mehrere Liederbücher, die aus privaten Neigungen häuslicher Musiziergemeinschaften erwachsen sind. Das von einem unbekannten Sammler angelegte und in seinem lyrischen Hauptteil 1454 abgeschlossene »Augsburger Liederbuch« bildet, obgleich Melodieaufzeichnungen fehlen, eine Art Gegenstück zu dem im Nürnberger Konrad-Paumann-Kreis entstandenen, fast gleichaltrigen Lochamer Liederbuch, zu dem es sieben Konkordanzen aufweist. Unter den 97 weltlichen Liedern finden sich solche des Mönchs von Salzburg und des 1401, 1428 und 1434 selbst in der Stadt weilenden Oswald von Wolkenstein wie auch zwei Sangsprüche Muskatblüts[20]. Gedichte derselben Autoren, aber ebenfalls keine Melodien, enthält das nach der Augsburger Lohnschreiberin Klara Hätzler benannte, von ihr 1471 kopierte »Liederbuch«, das der in der Stadt ansässige Kaufmann Jörg Roggenburg für sich bestellte[21]. In diesem Zusammenhang sei auf ein 1463 von Ulrich Fugger d. Ä. (1441–1510) für den eigenen Gebrauch zusammengestelltes, *Commentarius de notis* betiteltes musikalisches Elementarbüchlein[22] hingewiesen. Wichtigstes Dokument in der Reihe handschriftlicher Liederbücher ist ein aus der Patrizierfamilie Herwart überkommener, allerdings nicht schon 1458, wie oft irrtümlich angenommen, sondern erst nach 1499 begonnener, in der Augsburger Staats- und Stadtbibliothek aufbewahrter Codex eines noch unbekannten Sammlers, der in Chorbuchnotierung und meist vierstimmigem Tonsatz neben deutschen Liedern auch Motetten und Chansons von verschiedenen Schreiberhänden enthält[23]. Lassen zahlreiche in dieser Handschrift enthaltene Kompositionen der Niederländer Josquin Desprez und Alexander Agricola auf Italienbeziehungen schließen, so weisen andererseits mehrere hier erstmals überlieferte Liedsätze des jungen Ludwig Senfl, des bedeutendsten deutschen Musikers der Generation Luthers, wie auch Werke Heinrich Isaacs und Paul Hofhaimers auf Entstehung des 1513 abgeschlossenen Bandes im Umkreis der häufig in Augsburg weilenden Hofkapelle Kaiser Maximilians I. Der Codex schlägt die Brücke zu den ersten im Typendruckverfahren hergestellten deutschen Liederbüchern, unter denen zwei auf das engste mit der schwäbischen Reichsstadt zusammenhängen: Der um 1510, nicht erst 1519, durch Arnt von Aich in Köln gedruckte Stimmbuchsatz verzeichnet als letzte der 75 vierstimmigen Kompositionen das von dem Augsburger Bischof Friedrich von Zollern (gest. 1505) gedichtete Sterbelied »Fried gieb mir, Herr auf Erden« und enthält wahrscheinlich das weltliche Kammermusikrepertoire der bischöflichen Hofkantorei. Hingegen scheint das 1512 erschienene, mit Holzschnitten Hans Burgkmairs geschmückte Liederbuch des seit 1502 in der Stadt ansässigen Druckers Erhard Oeglin das Musiziergut der kaiserlichen Hofkapelle widerzuspiegeln. Ausgeprägt humanistischen Geist atmet Oeglins erster bekannter Musikdruck, der erste deutsche Mensuralnotendruck mit beweglichen Typen überhaupt, die als *Melopoeiae* 1507 erschienenen vierstimmig-homophonen Vertonungen von Horaz-Oden des Petrus Tritonius, denen der Drucker im Verein mit Jeorius Nadler dann 1508 den Musiktraktat *Stella musica* des Mönchs bei St. Ulrich und Afra und angesehenen Humanisten Veit Bild folgen ließ. Auch der Domvikar M. Michael Rautenweiler gab 1526 humanistische Odenkompositionen heraus, die aber verschollen sind[24]. Der allmähliche Aufstieg Augsburgs zum neben Nürnberg bedeutendsten Zentrum des süddeutschen Musikdruckes und -verlags in der ersten Hälfte des 16. Jahrhunderts setzte indessen schon früher ein. Nachdem bereits um 1473 der aus Straßburg 1468 zugezogene Buchdrucker Günther Zainer mit dem *Graduale Constantiense* den ältesten Notendruck in der schwäbischen Reichsstadt geschaffen hatte, wurden von 1486 an die prachtvoll ausgestatteten, zunächst im Blockdruck, seit 1491 im Typendruckverfahren hergestellten *Liturgica* des aus Venedig zurückgerufenen gebürtigen Augsburgers Erhard Ratdolt bahnbrechend für den Choralnotendruck. Ratdolt lieferte seine berühmt gewordenen Inkunabeln, vorwiegend Ritualien, Missalien und Gradualien in gotischer Choralnotation, nicht nur für Kirchen der Stadt und Diözese Augsburg, sondern auch nach Aquileja, Brixen, Chur, Freising, Melk, Passau, Regensburg, Salzburg und in andere geistliche Metropolen.

---

1 Römisches Museum, Lap. Nr. 27.

2 Ebd., Inv.-Nr. 53/44.

3 Ernst Fritz Schmid: Augsburg. In: MGG 1, Sp. 825–840; Hans Schmidt: Musik. In: HdbBayG III, S. 1236–1248; Adolf Layer: Augsburg. In: The New Grove 1, S. 692–695.

4 [Leonhard Bayrer:] Kurzgefaßte Geschichte von Augsburg, Augsburg 1785, S. 65.

5 Dietrich Schuberth: Kaiserliche Liturgie. Die Einbeziehung von Musikinstrumenten, insbesondere der Orgel, in den frühmittelalterlichen Gottesdienst, Göttingen 1968, bes. S. 126 ff.

6 Zu Adalbero vgl. Reg. Augsb. Nr. 52; zu Ulrich die Vita Ouldarici: MG SS 4, S. 391–393.

7 Wolfenbüttel, Herzog-August-Bibliothek, Cod. 72 Gud. Lat. 2°; vgl. Klaus-Jürgen Sachs: Mensura fistularum. Bd. 1, Stutt-

gart 1970 (Schriftenreihe der Walcker-Stiftung 1), S. 41, 98; Norbert Hörberg: Libri sanctae Afrae. St. Ulrich und Afra zu Augsburg im 11. und 12. Jahrhundert, Göttingen 1983 (Veröffentlichungen des Max-Planck-Instituts für Geschichte 74 = Studien zur Germania sacra 15), S. 53–55, 138 u. ö.

8 Wolfenbüttel, Herzog-August-Bibliothek, Cod. 334 Gud. Lat. 8°; vgl. Sachs, S. 41, 84, 90 f., 126; Hörberg, S. 131–141 u. ö.

9 Adolf Layer: Orgeln, Orgelbauer und Organisten im Bistum Augsburg vor der Reformation. In: JVAB 7 (1973), S. 11–22.

10 Heinrich Hüschen: Udalschalk von Maisach. In: MGG 13, Sp. 1017 f.

11 Benedikt Kraft: Die Handschriften der Bischöfl. Ordinariatsbibliothek in Augsburg, Augsburg 1934, S. 70–72.

12 Clm 3919.

13 Clm 4101; vgl. MGG 9, Sp. 157; Lothar Hoffmann-Erbrecht: Henricus Finck – musicus excellentissimus, Köln 1982, S. 91 f.

14 Karl Young: The Drama of the Medieval Church. 2 Bde., Oxford 1933; vgl. besonders Register Bd. 2, S. 566.

15 Mehrmals zu Augsburg Walther Lipphardt (Hrsg.): Lateinische Osterfeiern und Osterspiele. 6 Bde., Berlin 1975–1981.

16 Deutscher Glockenatlas. Bayerisch-Schwaben. Bearb. von Sigrid Thurm, München und Berlin 1967, S. 6 f.

17 Adolf Layer: Augsburger Musikpflege im Mittelalter. In: Lud-

wig Wegele (Hrsg.): Musik in der Reichsstadt Augsburg, Augsburg 1965, S. 11–26.

18 Manfred Schuler: Die Musik in Konstanz während des Konzils 1414–1418. In: Acta Musicologica 38 (1966), S. 150–168, besonders S. 168, Anm. 145; Sabine Žak: Musik als »Ehr und Zier« im mittelalterlichen Reich. Studien zur Musik im höfischen Leben, Recht und Zeremoniell, Neuß 1979, S. 149 f.

19 Fritz Schnell: Zur Geschichte der Augsburger Meistersingerschule, Augsburg 1956; ders., Die Augsburger Meistersinger. In: Wegele, Musik, S. 27–42.

20 Michael Curschmann: Augsburger Liederbuch. In: Die deutsche Literatur des Mittelalters. Verfasserlexikon. Bd. 1, Sp. 521–523.

21 Ingeborg Glier: Hätzlerin, Klara. Ebd. Bd. 3, Sp. 547–549.

22 Layer, Musikpflege, S. 26.

23 Cim. 43 (= 2° Cod. 142a). Martin Bente: Neue Wege der Quellenkritik und die Biographie Ludwig Senfls. Diss. phil. Tübingen 1966, Wiesbaden 1968, S. 229–242; Luise Jonas: Das Augsburger Liederbuch. Die Musikhandschrift 2° Codex 142a der Staats- und Stadtbibliothek Augsburg. 2 Bde., München 1983 (Berliner musikwissenschaftliche Arbeiten 21).

24 Adolf Layer: Musik und Musiker der Fuggerzeit, Augsburg 1959, S. 30, 54 f.

Teil III

Augsburg in der frühen Neuzeit

Von der Blüte zur Krise
1490–1648

Herausgegeben
von Wolfgang Reinhard

Augsburg zwischen Mittelalter und Neuzeit

von Rolf Kießling

Manches spricht dafür, in der Augsburger Geschichte um 1490 einen Einschnitt zu setzen[1]. Am Ende des 15. Jahrhunderts hatte sich die Stadt gegenüber ihren Nachbarn in der oberdeutschen Städtelandschaft ähnlich Nürnberg endgültig als Finanz- und Wirtschaftsmetropole herausgehoben und begann im »Zeitalter der Fugger« in europäische Dimensionen hineinzuwachsen[2]. Die enge Verbindung mit dem Haus Habsburg ließ die Stadt unter Maximilian I. zu einem bevorzugten Zentrum werden, in dem sich der Kaiser häufig aufhielt.

Der Rechtsstatus Augsburgs war durch den aus der Reichsvogtei erwachsenen »Reichsstadt«-Charakter geprägt. Er hatte sich nach innen zu einer weitestgehenden Autonomie verdichtet, verpflichtete sie zwar zu Steuer- und Matrikularbeiträgen an das Reich, doch konnte andererseits der Kaiser auch als Garant der Rechtssituation bei Bedarf angerufen werden[3].

Die Stellung gegenüber dem Bischof als zweitem Bezugspunkt der ehemaligen geteilten Stadtherrschaft[4] hatte sich nach der großen Auseinandersetzung von 1450 bis 1456 insofern stabilisiert[5], als der Bischof zwar noch nominell einen Restbestand von Rechten behaupten konnte – ihm blieben das Burggrafenamt, die Münz- und Zollrechte –, doch beschränkten sich diese weitgehend auf finanzielle Einkünfte, während die entscheidenden qualitativen Inhalte für die Gerichts- und Finanzhoheit an die Bürgerstadt übergegangen waren. Der Status der Reichsstadt ließ sich insgesamt nicht mehr bestreiten, auch wenn noch Bischof Johann von Werdenberg sich erst nach längerer Zeit statt eines einseitigen Treugelöbnisses der Stadt mit der gegenseitigen Bestätigung der Freiheiten begnügte. Eine Konsequenz dieser Entwicklung zeigte sich auch darin, daß seit Friedrich von Zollern 1486 die bevorzugte Residenz nach Dillingen verlegt wurde[6].

Die Verfassungswirklichkeit im Innern und die gesellschaftliche Situation wurden am Ende des Mittelalters von unterschiedlichen Tendenzen bestimmt[7]. Zum einen war das Nebeneinander von patrizischen und zünftischen Elementen nach der Kompromißverfassung von 1368 auch um 1490 noch gegeben[8], denn die alte Ratsverfassung war nach dem Zwischenspiel der »Zunftherrschaft« des Ulrich Schwarz von 1476 bis 1478 modifiziert wiederhergestellt worden. Auch die kleineren Zünfte hatten seither ihre zwei Vertreter, den alten und neuen Zunftmeister, im Kleinen Rat, dem zentralen Verfassungsorgan, behalten, während der ergänzende Kleine Ratszusatz, der ehemalige Alte Rat, den Vorrang der sieben großen Zünfte durch eine doppelte Vertreterschaft gegenüber den elf kleinen Zünften neu fundierte. Der Kleine Rat konnte so den Druck der einfachen Handwerker in das Entscheidungsgremium lenken, während der aus den Zwölfern der 17 Zünfte und zwölf Patriziern zusammengesetzte Große Rat als »Forum der öffentlichen Meinung« fungierte[9], aber nur mehr selten einberufen wurde. Schon seit Anfang des 15. Jahrhunderts wurden dagegen in der Regel nur noch acht Patrizier in den Kleinen und vier in den Alten Rat gewählt.

Der Ausbau der städtischen Verwaltung hatte bis zur Jahrhundertwende etwa 40 Ämter hervorgebracht[10]: von den Bürgermeistern und den Baumeistern über die zahlreichen Pflegschaften bis zu den Schaumeistern für die einzelnen Gewerbe und den Hochzeits- und Bußmeistern. Sie alle wurden mit Mitgliedern des Rates besetzt und gegen eine geringe Aufwandsentschädigung versehen, wobei sich eine gewisse Hierarchie einstellte. Bei der Besetzung des Stadtgerichts[11] vollzog sich allerdings am Ende des 15. Jahrhunderts ein organisatorischer Wandel. In mehreren Ordnungen seit 1485 wurde die Zusammensetzung des Richterkollegiums aus Patriziern und Zünftlern neu geregelt, wobei sich um 1500 die Personalunion zwischen Rat und Richterschaft aufzulösen begann; trotzdem blieb schon aufgrund des Wahlmodus die Verbindung zum Rat bestehen, der auch als Appellationsinstanz fungierte.

Dem Eindruck eines ausgeprägten »Zunftregiments«, der sich zunächst aus der Zusammensetzung der Gremien ergeben mag, muß jedoch das Gewicht des Dreizehnerausschusses gegenübergestellt werden[12]. Er setzte sich seit 1478/79 wieder aus den zehn Trägern der Spitzenämter – den beiden Bürgermeistern, den drei Baumeistern, den beiden Sieglern und den drei Einnehmern – zusammen, die weitgehend paritätisch aus Zünften und Geschlechtern beschickt wurden; dazu kamen ein Patrizier und zwei weitere Zünftler aus dem Kleinen Rat. Dieses Gremium, das sich seit dem Beginn des 15. Jahrhunderts als geschäftsführender Ausschuß »der statt ding« entwickelt hatte[13] und die eigentliche Führungsspitze des Stadtregiments stellte, gestattete, das Verfassungsprinzip der Annuität, d. h. der jährlichen Neuwahl der Amtsträger, durch internen Wechsel zu umgehen, und verbürgte eine starke personelle Kontinuität. In den zwölf Jahren von 1489 bis 1500, für die neun Listen erhalten sind[14], besetzten lediglich 16 Personen aus 15 Familien die zehn Führungsämter, für die zusätzlichen drei Mitglieder kamen insgesamt elf Personen zum Zuge. Dabei war das Übergewicht der finanziellen Oberschicht gar nicht so eindeutig:

1498 verfügten lediglich Sigmund Gossembrot und Ulrich Walther über Spitzenvermögen, zur Oberschicht zählten insgesamt fünf, zur oberen Mittelschicht weitere fünf, während die restlichen drei aus der Mittelschicht kamen[15], darunter der Patrizier Lukas Ravensburger.

Doch ist die Dominanz der Kaufleute nicht zu übersehen. Zu ihnen zählten neben den schon genannten Hans Bimmel aus der Weberzunft, Ludwig Hoser und Jakob Gaßner von den Salzfertigern, die erst am Beginn des Aufstiegs ihrer Familien standen, Hiltpold Ridler aus einer auf dem traditionellen Warenhandel basierenden Familie und der Krämer Jörg Westermair. Hieronymus Welser, der seinen Onkel Lukas abgelöst hatte, vertrat die große Unternehmerfamilie[16]. Leonhard Rehlinger, seinerseits mit den Meuting, Gossembrot und Baumgartner verwandt[17], stellte den Übergang zu dem nichtkaufmännischen Patriziat her, dessen herausragende Figur Hans Langenmantel war, langjähriger Hauptmann des Schwäbischen Bundes und wiederum verwandt mit den Hoser und Ehem[18]. Lukas Ravensburger und Jörg Konzelmann dürften als Repräsentanten eines grundbesitzenden Stadtadels anzusprechen sein, dessen Stern bereits im Sinken war[19].

Was sich seit längerem für die Besetzung des zünftischen Bürgermeisteramtes abgezeichnet hatte[20], wird um 1500 generalisierbar: Die kaufmännische Oberschicht beherrschte weitgehend die Spitzenämter der Stadt – seltener direkt, vielfach indirekt über entsprechende Mitglieder aus dem engeren oder weiteren Familienverband. Man gewinnt den Eindruck, daß eine stärker auf die Ausübung politischer Ämter konzentrierte Gruppe mit Zügen von Berufspolitikern sich herauszuschälen begann, wie das Anfang des 16. Jahrhunderts bei Ulrich Arzt noch deutlicher wird[21]. Die langjährige Ausübung von zeitaufwendigen Ämtern ließ sich mit einer intensiven Unternehmertätigkeit kaum verbinden. Schon Peter Egen hatte 1450 darüber geklagt und um zeitweise Nichtberücksichtigung gebeten[22]; 1506 suchte man durch eine Verordnung die Übernahme von städtischen Ämtern zu erzwingen[23].

Das Problem der »Abkömmlichkeit«[24] stellte sich hier ebenso wie bei den zünftischen Handwerkern, die sich eine dauernde Abwesenheit von der Werk-

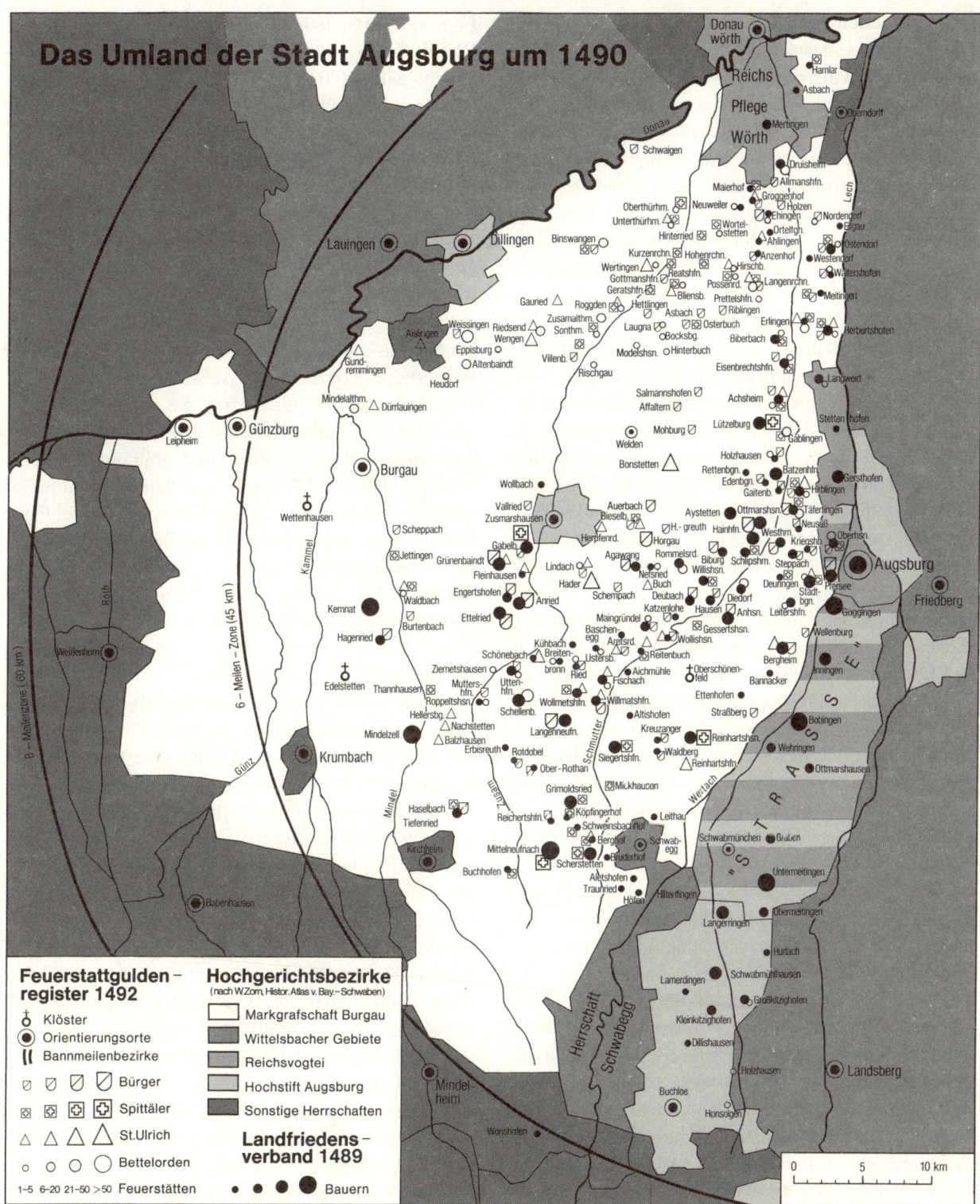

Das Umland der Stadt Augsburg um 1490.

statt nicht leisten konnten. Die Tendenz zur »Zunftaristokratie«[25] etablierte in den repräsentativen Gremien und den Ämtern die gleichen Züge einer personellen Kontinuität. Diesmal waren es diejenigen, die durch einen gewissen Handel herausragten und zumindest in die Mittelschicht gehörten; trotzdem sorgte auch eine Reihe von weniger vermögenden Handwerkern vor allem bei den niederen Zünften im Rat, daß eine Verbreiterung der sozialen Basis gegeben war.

Das Eindringen des Römischen Rechts und die komplizierter werdende Materie, die sich aus der Verflechtung der Stadt mit dem Hochstift/Domkapitel, den Nachbarterritorien im Rahmen des Schwäbischen Bundes und nicht zuletzt der Reichspolitik ergab, begünstigten jedoch die Verlagerung des Entscheidungszentrums zum Regierungsausschuß und zur städtischen Kanzlei. Der Aspekt der »Obrigkeit« nahm damit im Selbstverständnis der politischen Führung zu[26]. Dieser Vorgang schlug sich nicht zuletzt darin nieder, daß sich im Verhältnis Rat–Zünfte eine Verschiebung abzeichnete: War die Autonomie der Zünfte zunächst im Bereich wirtschaftspolitischer Maßnahmen und in der Strafgewalt kleinerer Delikte und Ordnungsverstöße gegeben[27], so begannen sich nun die Fälle zu häufen, in denen der Rat, der die Handwerksordnungen ohnehin bestätigte, bei zünftischen Auseinandersetzungen eingriff und die Entscheidung an sich zog. Er konnte dabei allerdings die kaufmännischen Interessen nicht immer gegen den Druck der kleinen Handwerker durchsetzen, mußte vielmehr wiederholt einen Ausgleich ansteuern, wie zum Beispiel der Konflikt um die Zulassung des sogenannten langen Garns aus Mitteldeutschland zwischen 1495 und 1501 zeigt, in dem die Textilkaufleute gegen die Weber standen[28].

Trotz dieser Herrschaft einer merkantilen Oberschicht bildeten sich im Gegensatz zu anderen Städten keine tiefgreifenden gesellschaftlichen Gegensätze zwischen Patriziat und Kaufleuten aus. Die vielfältige familiäre Verflechtung[29] institutionalisierte sich vielmehr gesellschaftlich in der »Herrentrinkstube«[30]. Sie schlug die Brücke zwischen dem zur Exklusivität eines geschlossenen Kreises erstarrten Patriziat und den Kaufleuten, seit 1478 besondere Statuten die Mitgliedschaft bei den »Mehrern der Gesellschaft« fixiert hatten. In dieser Konstruktion lag auch eine Chance zur Selbstregeneration als Führungsschicht, denn das Konnubium mit dem alten Patriziat war nicht nur ein entscheidendes Merkmal der gesellschaftlichen Anerkennung, sondern realisierte auch ein Strukturprinzip der wirtschaftlichen Organisation in der Familienhandelsgesellschaft[31]. Die Attraktivität der Stubengesellschaft spiegelt sich in den erheblichen Auseinandersetzungen um die Aufnahme: 1474/1476, 1495/1496, 1505, 1513/1516 prozessierten Bürger darum, gestützt nicht zuletzt auf königliche Befürwortungen und Mandate, weil sie die geforderten Merkmale nicht eindeutig genug nachweisen konnten[32].

Die ständische Abschließung des Patriziats seit 1383 darf also nicht überbewertet werden. Denn noch 1478 hatten die Rem, Nördlinger, Sulzer, Ridler die Aufnahme abgelehnt[33] – die Dezimierung der Zahl der Familien von 53 auf 13 hatte eine Ergänzung notwendig erscheinen lassen, um die in der Verfassung verankerten Funktionen ausfüllen zu können. Für die Reserviertheit wird dabei auch mitgespielt haben, daß der Detailhandel als zünftisches Gewerbe dem Patriziat verschlossen war[34], während die Herrentrinkstube die gesellschaftliche Anerkennung praktisch schon beinhaltete; auch ihre Funktion als wirtschaftliches Kommunikationszentrum konnte genutzt werden – die Trinkstube als eine Art »Börse«[35]. Die Scheidung in Patriziat und Zünfte wurde also gegenüber einem »Großbürgertum« faktisch zweitrangig, das sich gegenüber der Masse der zünftischen Handwerker und Kleinhändler abgrenzte[36]. Es trug die wirtschaftliche Expansion: Am Kupfersyndikat von 1498 partizipierten die altpatrizischen Sigmund Gossembrot und Jörg Herwart ebenso wie Ulrich Fugger und Franz Baumgartner aus den Zünften; ähnlich setzte sich die erste Beteiligung an der Indienfahrt von 1504 zusammen[37].

Die gesellschaftliche Differenzierung ergibt sich weniger aus Standesunterschieden als aus Funktionen für die städtische Gesellschaft. So wie sich eine politische Führungsgruppe abzuzeichnen begann, so wird auch zunehmend eine Gruppe akademisch Gebildeter greifbar, seit sich das Bürgertum in der zweiten Hälfte des 15. Jahrhunderts in zunehmender Breite dem akademischen Studium öffnete[38]. Allein im letz-

Abb. 42 Die Fuggerkapelle in St. Anna, 1509 gestiftet, 1518 geweiht, eine der letzten großen mittelalterlichen Kapellenstiftungen des Bürgertums. Die Fronleichnamgruppe wird Hans Daucher zugeschrieben. Die beiden mittleren Epitaphien entstanden nach Zeichnungen Albrecht Dürers, die Flügelmalereien der kleinen und großen Orgel stammen von Jörg Breu d. Ä.

*Abb. 43   Die Fuggerei, 1516–1523 von Jakob Fugger als
Sozialsiedlung für verarmte Bürger und Einwohner der Stadt
erbaut. Nach der Zerstörung 1944 wurde sie, um ein Drittel
erweitert, wieder aufgebaut*

ten Jahrzehnt sind knapp 200 Universitätsbesuche von Augsburger Studenten nachweisbar; vor allem Familien von den »Mehrern der Gesellschaft« schickten ihre Söhne auf die Universitäten, und zwar nicht nur, um die geistliche Laufbahn einzuschlagen, wie es bislang üblich war.

Ein deutliches Eindringen von Akademikern in den Rat läßt sich freilich noch nicht feststellen. Eine Figur wie der Humanist, Kaufmann und Bürgermeister Sigmund Gossembrot d. Ä., der in den dreißiger Jahren in Wien studiert hatte, war singulär, auch wenn noch einige Studenten mit Ratsmitgliedern verbunden werden können – vielfach sind es erst die Söhne, die auf die Universitäten gehen, eine Abfolge, die sich auch in anderen Städten mehrfach beobachten läßt.

Dagegen wird dieser Zug klar faßbar in der städtischen Kanzlei, wo Valentin Eber als Lizentiat der Rechte seit den fünfziger Jahren Stadtschreiber war, gefolgt von dem hochgelehrten Dr. Conrad Peutinger, der in Italien promoviert hatte; ihm trat Anfang des 16. Jahrhunderts Dr. Johann Rehlinger als Stadtsyndikus an die Seite. Mit den Juristen begannen die Ärzte und Apotheker zu einer neuen funktionalen Honoratiorengruppe zu verschmelzen und Gelehrtendynastien herauszubilden, deren gesellschaftliche Anerkennung durch entsprechende Ehen häufig in die Reihe der »Mehrer der Gesellschaft« führten. Seit den neunziger Jahren praktizierten etwa der Leibarzt Maximilians, Dr. Hans Jung, und seine Söhne Ulrich und Ambrosius in Augsburg. Adolph Occo I., Gräzist und Latinist, seit 1474 mit Unterbrechungen als Arzt in der Stadt tätig, sollte zu einer der tragenden Figuren des Humanismus werden, der akademisch gebildete Kaufmann und Apotheker Marx Wirsung sich 1517 im Buchdruck engagieren; die Apothekerfamilie Schellenberg gehörte in den Kreis der bürgerlichen Oberschicht. So wie der erste Humanistenkreis um Sigmund Gossembrot d. Ä. umfaßte auch die *sodalitas* um Conrad Peutinger Persönlichkeiten aus Bürgertum und Geistlichkeit.

Sie alle stärkten auch die Zentralität der Stadt – und profitierten von ihr. Peutinger und Rehlinger wurden vielfach von den benachbarten Reichsstädten in schwierigen Rechtsfragen konsultiert, die Augsburger Spitäler und Ärzte genossen regionales Ansehen.

Der frühe Buchdruck, der ebenfalls eine gewisse Affinität zur Gelehrsamkeit entwickelte, ließ die Stadt zu einem süddeutschen Druckerzentrum aufsteigen, wobei auch St. Ulrich und das Hochstift beteiligt waren.

Freilich bot Augsburg nur ein begrenztes Maß an entsprechenden Funktionen, so daß es zu einer Tätigkeit in benachbarten Territorien mit der Folge personeller Verklammerung kam. Die Liste der bayerischen Räte[39] enthält um 1500 eine ganze Reihe von Augsburgern: Dr. Paul Koler von St. Moritz und zeitweise Prokurator der Stadt an der Kurie, Dr. Bernhard Arzt, Inhaber einer Reihe von Pfründen und seit 1480 Propst von St. Moritz, dann Augustin Lösch und Dr. Gabriel Ridler.

Auf einer langen Tradition basierte demgegenüber die Tendenz zur Aristokratisierung der bürgerlichen Oberschicht. Die aus den ministerialischen Ämtern herausgewachsene frühe Führungsschicht der Stadt war von Anfang an mit dem Merkmal des grundherrschaftlichen Besitzes auf dem Lande verknüpft gewesen[40], doch erfaßte dieser Zug bald auch die übrigen bürgerlichen Familien, ja die Aufkaufswelle strebte erst im 15. Jahrhundert ihrem Höhepunkt zu und lief nahezu ungebrochen ins 16. Jahrhundert weiter. Aus den vielfältigen Formen und Motivzusammenhängen seien einige für das ausgehende 15. Jahrhundert typische Beispiele angeführt. Die Langenmantel hatten ihren umfangreichen Landbesitz als Lebensgrundlage – Höhepunkt war zweifellos der Besitz von Wertingen zwischen 1348 und 1469 gewesen – noch zum Teil bis um 1500 erhalten können. Er konzentrierte sich in der Nachbarschaft der Stadt in Westheim, Hainhofen und Göggingen-Radau, dann im Raum Wertingen und in der Donauniederung um Schwenningen und Gremheim, umfaßte auch Teile des alten Reichsbesitzes in Hiltenfingen und Schwabegg, wozu Hans 1504 noch Igling dazu erwarb.[41] In dieser Familie lebte der Typus des alten Verwaltungspatriziats weiter[42], der Besitz und Ämtertätigkeit in der Stadt miteinander verknüpfte. Zu ihm gehörten auch die Lang von Wellenburg und die Augsburger Linie der Vetter von Donauwörth, die vor allem im Donauraum begütert waren[43]. Andere Familien waren der Stadt entwachsen, wie etwa die Egen/von Argon[44]. Um die Wende zum 15. Jahrhundert noch als Kaufleute im Barchentverlag aktiv, stiegen sie mit Peter Egen in städtischen Ämtern und im diplomatischen Dienst auf, was diesem von Friedrich III. den Adelstitel einbrachte. Nach dem Bruch mit der Stadt zog er sich 1450 auf seine Landgüter im Raum Burgau zurück und war zu dieser Zeit bereits Mitglied der Rittergesellschaft von St. Jörgenschild; seine Erben hatten sich mit dem Landadel verheiratet und bis zum Ende des 15. Jahrhunderts selbst zu Landadeligen entwickelt.

Wenn auch nicht immer so extrem, so läßt sich doch diese Aristokratisierungstendenz von Kaufleuten vielfältig beobachten[45]. Die Schmucker hatten umfangreichen Besitz in der »Reischenau«, die Güter der Honold lagen zwischen Kaufbeuren und Augsburg, nachdem beide Städte als Wohnsitze für die Familie eine Rolle spielten. Auch die Rehlinger hatten sich in einigen Linien wieder stärker dem Landbesitz zugewandt, nachdem sie aus dem Landadel in die Stadt abgewandert waren. Selbst die dynamischen Unternehmer investierten in dieser Form: Die Meuting[46] zum Beispiel hatten sich parallel zu ihrem ökonomischen Aufstieg in Igling und Amberg bei Buchloe, dann in Hurlach und im Raum Welden eingekauft; Teile der Familie begannen sich vom Handel abzuwenden, nicht wenige studierten und traten Ämterlaufbahnen an. Die Ehem waren vor allem im Gebiet von Ettringen und Langenneufnach, dazu in Mönstetten bei Burgau begütert, blieben aber auch weiterhin stärker ökonomisch orientiert. Der Sogwirkung der adeligen Lebensweise auf die nachfolgenden Generationen der Unternehmerpersönlichkeiten werden dann im 16. Jahrhundert die Welser, Fugger und Baumgartner im größeren Stil folgen, nachdem sie noch bis zur Jahrhundertwende kaum an diesem Aufkauftrend teilgenommen hatten, während die Gossembrot ihm schon früher nachgaben. Das Konnubium mit dem Landadel jedenfalls ist Ende des 15. Jahrhunderts bereits in vielen Kaufmannsfamilien üblich; allein in der Zeit zwischen 1484 und 1520 sind in Augsburg mindestens zehn Ehen von Bürgerstöchtern mit Adeligen geschlossen worden[47]. Repräsentative Stadtpalais und ländliche Ansitze, ja Schlösser im Umkreis[48] spiegeln dieses Selbstverständnis ebenso wie die – wenn auch nicht immer unbestrittene – Teilnahme zumindest von Patriziern

am Turnier als spezifisch adelige Form der Geselligkeit. Die Standeserhöhungen des 16. und 17. Jahrhunderts[49] sind auch hier lediglich die Fortsetzung der eingeschlagenen Richtung.

Der glanzvolle Aufstieg der Kaufleute hatte freilich eine Kehrseite. Die Forschung hat bereits früh darauf verwiesen[50], daß die Zahl der Hausbesitzer in der Stadt abnahm und die Wohndichte bei einer wachsenden Bevölkerung anstieg. Die Schicht der »Habnits«, die kein versteuerbares Vermögen besaßen, war zwar gegen Ende des Jahrhunderts zunächst etwas gesunken, die Verschiebung zwischen der unteren Mittelschicht und der Unterschicht in der Vermögensklassifizierung nach 1498 zeigt jedoch eine ausgeprägte Labilität im unteren sozialen Bereich. Die Ausgabe von billigem Brot und Getreide durch den Rat in den Versorgungskrisen der Jahrhundertwende belegt, daß die Grenze zum Existenzminimum in solchen Fällen schnell überschritten war und man wohl mit einer Größenordnung von etwa 3000 Einwohnern rechnen muß, die von der Hand in den Mund lebten[51]. Vor allem den Webern wurde eine große Anfälligkeit für Armut und Aufruhr zugeschrieben: Wäre die Durchführung der Spende von 1517 gegen den Widerstand der Bäcker nicht gelungen, »so weren die weber über die becken geloffen und hetten sie zu tod geschlagen«, vermerkt der Chronist Wilhelm Rem[52].

Auf den Zustrom von Armen reagierte der Rat zunehmend hart. 1491 wurde das Betteln ausdrücklich an eine Lizenz gebunden, indem »ain weis plaichens stat pörlin« (Stadtwappen) auf der Kleidung angebracht werden mußte – überwacht von den Bettelmeistern. Das Domkapitel sollte seinerseits die notleidende Bevölkerung auf dem Land versorgen, um den Druck auf die Stadt zu mildern[53]. Soziale Fürsorge blieb normalerweise an die Stiftungen der Einzelbürger gebunden, deren Charakter immerhin um diese Zeit deutlicher an konkreten Armutsfällen orientiert war[54].

Die zunehmende Polarisierung der Bevölkerung in arm und reich, bei aller Schwierigkeit der Definition und Abgrenzung, ließ sich in der gesellschaftlichen Wirklichkeit um 1500 nicht mehr übersehen[55].

Die bürgerliche Oberschicht verband nicht selten in Stiftungen soziale und kirchliche Motive. In Stiftung und Pfründe hatten sich Leitvorstellungen mittelalterlicher Frömmigkeit in der personellen Verbindung zur Kirche auch auf das Bürgertum übertragen. Dies steigerte den Integrationsgrad erheblich, so daß die meisten Stifte und Klöster der Stadt als Bürgerkirchen angesprochen werden dürfen. Trotzdem war die Geistlichkeit weiterhin eine eigenständige Gruppe geblieben[56]. Während die rechtliche Assimilation sich nur in beschränktem Maße realisieren ließ, war die politische Durchdringung der geistlichen Institutionen erfolgreicher verlaufen: Die Bettelordenskonvente, insbesondere die Frauenklöster, unterlagen der Ratspflegschaft, in den Pfarreien hatte sich die laikale Mitwirkung etabliert, die auf eine vorreformatorische Gemeindebildung hinauslief. Die Predigthäuser und die Vermögensverwaltung der Zechen samt ihrem weiteren Wirkungsbereich in den Schulen, der Friedhofsverwaltung etc. konnten in der Reformation zu Ansatzpunkten für einige evangelische Gemeinden ausgebaut werden.

Versuche zur Einrichtung von Prädikaturen stießen freilich auf Widerstände. Bezeichnenderweise scheiterte eine erste Initiative von seiten Bischof Friedrichs 1485 zunächst am Vorbehalt des Domkapitels, weil »durch ain houchgelerten die subtilitäten vnd spitzikaiten der hailigen geschrifft gepredigt« werden könnten, so daß die Stiftung erst 1505 zu vollziehen war[57]. Wohl wegen der zu erwartenden Schwierigkeiten bei einer bürgerlichen Stiftung wurde erst nach einem Streit zwischen Stift und Pfarrgemeinde bei St. Moritz von 1511 auch die Bürgerschaft selbst aktiv[58]. Über Jakob Fugger als Aushängeschild nach Rom gedieh seit 1515 der Plan einer Prädikatur in Verbindung mit einer Kanonikatsstelle bis zum Erlaß von päpstlichen Bullen, ehe sie in die frühreformatorischen Auseinandersetzungen geriet[59]. Wie es in der Begründung hieß, sollte sie zu einer besseren Seelsorge der hier wohnenden vornehmen Bürger dienen, doch der Protest des Kapitels gegen den Eingriff in die Statuten und gegen die »Zechenherrschaft« sah hierin eine Fortsetzung der Laienbewegung in der Pfarrei. Diese strukturelle Schwäche des alten Kirchensystems motivierte zwar keineswegs revolutionäre Antikirchlichkeit, ließ aber auch die neue Gemeindeauffassung der Reformation attraktiv erscheinen. Auch der langwierige Streit um die Besetzung der Domkapitel-Pfründen legte Ende des 15. Jahrhunderts das Konfliktpotential offen[60]. Als 1482 Dr. Bernhard Arzt trotz des Statuts von 1475 gegen die Aufnahme von Augsburger Bürgersöhnen ein Kanonikat zugesprochen bekam, machte die Stadt den Fall in einem Prozeß bei der Rota in Rom und vor Kaiser und Schwäbischem Bund zu ihrer Prestigeangelegenheit. Die Bürger empfanden die Abwehr des Domkapitels als Brüskierung ihres Selbstbewußtseins; sie sahen sich dem Angriff des vereinigten schwäbischen Adels gegenüber, der sich seine Pfründen offenhalten wollte und alle inzwischen erkämpften institutionellen und rechtlichen Einflußnahmen des Rates auf die Kirche als Kirchenfeindschaft auslegte. Die Stadt hob dagegen Stiftungsfreundlichkeit und nützliche Verwaltungshilfe heraus und stellte naturrechtliche Argumente von der Gleichheit aller Menschen der ständischen Abgrenzung gegenüber. Doch trotz vieler Mühe und Kosten konnte das Statut nicht beseitigt werden. Gegensätze, die sich in feindlicher Aggressivität gegen den Klerus äußern konnten, waren also nicht nur von Antiklerikalismus bestimmt, sondern auch ein Problem des ständischen Vorbehalts.

Dabei hatte das adelige Domkapitel sicher nicht unrecht, wenn es seine Abwehr unter anderem damit begründete, die Bürgerschaft könnte über ein Eindringen ins Domkapitel die eigenen Herrschaftsansprüche in Stadt und Land unterlaufen. Denn ein eigenes Territorium aufzubauen, wie es etwa Ulm oder Nürnberg so eindrücklich vorgeführt hatten, war der Stadt Augsburg nicht gelungen. Dabei verfügte sie noch über eine Reihe von wichtigen Beziehungen auf das flache Land. Gerade die Pflegschaft über Spitäler und Klöster, die Bürgerrechts- und Schutzverträge von St. Ulrich bis zur Mitte des 16. Jahrhunderts, waren Instrumente einer Einflußnahme auf das Umland der Stadt[61]. Dazu kam der Besitz der einzelnen Bürger; auch er begründete zwar keine unmittelbare Herrschaft, war jedoch aufgrund des Bürgereids der Inhaber intensiv auf die Stadt bezogen.

Für den Umfang dieser indirekten Herrschaft bieten zwei Verzeichnisse um 1490 einen guten Einblick. Als 1492 die Markgrafschaft Burgau aus der Hand Herzog Georgs des Reichen für Habsburg zurückerworben wurde, um die territorialpolitischen Bestrebungen Bayerns in Schwaben einzudämmen[62], wies das sogenannte Feuerstattguldenregister[63] – die Insassen leisteten eine Sondersteuer für den Kauf – für die Augsburger Spitäler und Bettelordenskonvente 554 Feuerstätten, für St. Ulrich 189, für den Bürgerbesitz 573, zusammen einen Anteil von gut 15 Prozent aus. Der Besitz massierte sich vor allem im Westen und Südwesten der Stadt in der »Reischenau« und in den »Stauden« sowie im Raum um Wertingen. Damit ist ein wesentlicher Teil des auf die Bürgerstadt bezogenen Besitzes erfaßt; er überschritt das Donau- und Mindeltal nur in Einzelfällen[64], doch kamen besonders dichte Besitzungen im Gebiet der »Straße« im Süden der Stadt bis in den Raum Schongau-Kaufbeuren dazu.

Im Zuge der Landfriedenssicherung konnte die Stadt, aufbauend auf einem Privileg Karls IV. von 1359, auch die benachbarten Dörfer in den städtischen Verband einbeziehen[65]. Als 1489 im Zusammenhang mit der Gründung des Schwäbischen Bundes der Schwur erneuert wurde, bot sie insgesamt 1640 Bauern aus 132 Dörfern und Einöden auf, davon allein 490 aus 26 Orten der sogenannten Straßvogtei[66]. Wie anläßlich einer Auseinandersetzung mit Bischof Peter 1429 definiert wurde, waren es nun Bauern »die hinder Iren [der Stadt] burgern und auch dem Spital und den Clöstern, die in [ihnen] zu versprechen stand, sitzend«[67] – also eben jener indirekten Herrschaft zugehörten. Doch während die Klöster, Spitäler und Bürger als Insassen der Markgrafschaft Burgau seit der Einlösung in einem lockeren *territorium non clausum* über weitgehende Freiheiten verfügten[68], hatte im Gebiet der Straßvogtei ein intensives Ringen um die Landeshoheit eingesetzt[69]. Es gelang der Stadt aber nicht, diesen seit der ersten Hälfte des 14. Jahrhunderts an den Bischof verpfändeten Teil der ostschwäbischen Landvogtei an sich zu ziehen, vielmehr verursachte das Pochen auf die Realisierung des Landfriedensverbandes nur eine Reihe von Konflikten mit dem Bischof, die 1490 in Schwabmünchen in eine bewaffnete Auseinandersetzung überzugehen drohte.

Ein Ausbau im Sinne einer Landeshoheit vollzog sich lediglich in der sogenannten Unteren Landvogtei, die mit der Stadtvogtei faktisch verknüpft war[70], allerdings nur das Gebiet um Gersthofen-Langweid um-

faßte und ihrerseits gegen die Dorfherrschaft des Domkapitels verteidigt werden mußte. Sicher ist ein Grund für das dürftige Ergebnis auch darin zu sehen, daß der alte Besitz von Hochstift/Domkapitel und den anderen Augsburger Stiften sich zwischen die Bereiche schob, die den bürgerlichen Aufkäufern zur Verfügung standen. So war es eine wichtige Ergänzung, daß das Kloster Oberschönenfeld 1439 mittels Bürgerrecht enger an die Stadt gebunden werden konnte. Freilich lief dies spätestens 1485 aus, als das Hochstift die Vogtei übernahm, und auch der Komtur des Deutschen Ordens von Donauwörth trat für seinen südlich der Donau gelegenen Besitz 1446 nur kurzfristig für einige Jahre in das Bürgerrecht ein. Eine derartige zielgerichtete Klosterpolitik[71] erfuhr erst 1546 einen neuen Impuls, als im Schmalkaldischen Krieg – in deutlicher Raumaufteilung mit Ulm – Wettenhausen, Edelstetten und Oberschönenfeld besetzt wurden, auch hier allerdings ohne langfristiges Ergebnis[72].

Als eigener städtischer Besitz gelangte auch die Herrschaft Schwabegg lediglich 1494–1500 und 1504–1528 von Herzog Albrecht von Bayern in die Pfandschaft der Stadt und ergänzte den vielfältigen Bürgerbesitz in dieser wichtigen Straßenlandschaft im Süden[73]. Und die Versuche zur Einlösung der Reichspflege Wörth in entsprechender Lage im Norden mußten in den dreißiger Jahren des 16. Jahrhunderts schließlich den Fuggern überlassen werden[74], die bereits seit 1507 ihre Vorposten in Schwaben erwarben[75].

Das Scheitern einer städtischen Territorialpolitik traf Augsburg um diese Zeit jedoch nicht am Nerv seiner Entwicklungsmöglichkeiten. So sehr sie eine Absicherung auch fördern konnte, solange das Umland zumindest im westlichen Halbkreis auf die Stadt zentriert blieb und die fremden Herrschaftsträger keine entscheidenden Initiativen unternahmen, das Land von der Stadt abzuschneiden, so lange genügten die Mittel informeller Einflußnahme. Denn die wirtschaftliche Zentralität Augsburgs griff bereits Ende des 15. Jahrhunderts weit über diesen Raum hinaus, verursacht durch den rapiden Bevölkerungsanstieg in der Stadt und den allgemein enger werdenden Nahrungsspielraum, wie sich aus den Marktgeboten ablesen läßt[76], die sich gegen den Fürkauf, also den preistreibenden Zwischenhandel, richteten. Die Bannmeilenbezirke für Naturalien – Getreide, Gemüse, Obst, Honig – pendelten sich in der ersten Hälfte des 16. Jahrhunderts auf sechs Meilen, also etwa 45 km, ein, nachdem noch im 15. Jahrhundert entweder keine oder nur geringe Abgrenzungen verordnet worden waren. Die Fleischversorgung aus den schwäbischen und bayerischen Märkten bedurfte ohnehin bald der Ergänzung durch Importochsen aus Ungarn, und der Getreidemarkt reichte bereits von Niederbayern bis ins Allgäu, so daß die Stadt 1491 zusammen mit den oberschwäbischen Städten eine gemeinsame Ordnung ins Auge faßte. Für den Rohstoffbedarf ergab sich ähnliches. Während Holz und Kalk seit langem über die Flößerei auf Lech und Wertach aus dem Oberland herbeigeschafft wurden, legte man nun die Fürkaufverbote für Schafwolle und Holzkohle auf ebenfalls sechs Meilen fest. Für Flachsgarn und Wepfen betrug es 1513 acht Meilen[77], umfaßte also einen Umkreis von 60 km und damit das gesamte ostschwäbische Gebiet bis vor die Tore Nördlingens, Ulms, Memmingens und Kaufbeurens, ohne daß damit bereits das gesamte Einzugsgebiet erfaßt war, das Augsburger Aufkäufer beherrschten. Gegenüber einer gesamtschwäbischen Garnordnung baute die Stadt aber hier auf die Kraft des eigenen Marktes. Dabei wurden die kleineren Städte und Märkte im Umkreis weitgehend zu subzentralen Orten mit Zulieferfunktion nach Augsburg. Ehe die Fugger in Weißenhorn ab 1517 die Barchentproduktion wieder ankurbelten und auch den Babenhauser Markt an Augsburg orientierten, war bereits um 1500 Mindelheim in den Sog Augsburgs geraten[78].

Problematischer waren die Umlandbeziehungen zum benachbarten Bayern. Seit der Frühzeit ohnehin nur wesentlich schwächer ausgeprägt und politisch mehrfach belastet, war hier den zeitweisen Einfuhrsperren für Naturalien aufgrund fehlender herrschaftlicher Einflußmöglichkeiten nur schwer Paroli zu bieten. Trotzdem war Ende des 15. Jahrhunderts offensichtlich geworden, daß das auf die Stadt bezogene Wirtschaftsgebiet den Rahmen des engeren Umlands entschieden gesprengt hatte.

Ein deutliches Indiz für die Anbindung des weiteren Hinterlandes waren die zwischenstädtischen Wanderungen und die familiären Verflechtungen des Patriziats und der Kaufleutefamilien[79]. Verbindungen zu der oberschwäbischen Städtegruppe, vor allem nach Kaufbeuren und Memmingen, in die Reihe der Donaustädte von Donauwörth bis Ulm, dann nach Nördlingen, aber auch nach München, sind seit dem 14. Jahrhundert vorhanden. Im ausgehenden 15. Jahrhundert verdichtete sich der Zug nach Augsburg aus wirtschaftlichen Motiven. Was früher den Sog auf die Donaustädte ausgelöst hatte, beeinflußte nun auch die Abwanderung von Nördlingen nach Augsburg, die den vorher stärkeren Zug nach Nürnberg ersetzte. Memmingens enge Bindungen an Ulm wurden von denen nach Augsburg abgelöst; dem bekanntesten Beispiel der Vöhlin, die 1498 auf der Basis von Eheschlüssen ihre Gesellschaft mit den Welsern vereinigten und den Sitz nach Augsburg verlegten, folgte eine Reihe weiterer Familien[80], und auch die Familienverbindungen mit Ulm zeigen eher ein Gefälle nach Augsburg.

Als einer der Vororte des Schwäbischen Bundes koordinierte die Stadt ihre politischen Außenbeziehungen im Spannungsfeld von Bayern und Habsburg[81] auf dieser regionalen Ebene, behauptete aber dabei eine deutliche Eigenständigkeit, wie sie auch in ihrer regionalen Wirtschaftspolitik immer auf sehr selbständige Weise ihr Interesse in die Waagschale geworfen hatte. Darüber lagerte sich als weiterer Ring die Reichspolitik unter Maximilian I. und Karl V., deren Verhältnis zu Augsburg, abgestützt durch eine intensive Kapitalverflechtung, die Stadtgeschichte der näheren Zukunft prägen sollte.

1 Vgl. Zorn, Augsburg; Friedrich Blendinger und Wolfgang Zorn: Augsburg. Geschichte in Bilddokumenten, München 1976.

2 Richard Ehrenberg: Das Zeitalter der Fugger, 2 Bde., Jena 1896, Neudruck Hildesheim 1963.

3 Vgl. Eberhard Isenmann: Reichsstadt und Reich an der Wende vom späten Mittelalter zur frühen Neuzeit. In: Josef Engel (Hrsg.): Mittel und Wege früher Verfassungspolitik, Stuttgart 1979 (Spätmittelalter und Frühe Neuzeit 9), S. 9–223, hier S. 16–47, 62–89.

4 Gisela Möncke: Bischofsstadt und Reichsstadt. Ein Beitrag zur mittelalterlichen Stadtverfassung von Augsburg, Konstanz und Basel, Diss. phil. Berlin 1971, S. 205–242, bes. S. 217.

5 Kießling, S. 53–70.

6 Zoepfl, Bischöfe 1, S. 482.

7 Vgl. dazu Friedrich Heer: Augsburger Bürgertum im Aufstieg Augsburgs zur Weltmacht (1275–1530). In: Augusta, S. 107–136.

8 Vgl. Dirr; StAA RP.

9 Katarina Sieh: Die Augsburger Stadtverfassung um 1500. In: ZHVS 77 (1983), S. 125–149, hier S. 135.

10 Ebd. S. 138.

11 Neben Sieh, Stadtverfassung, S. 144 ff.; Eugen Liedl: Gerichtsverfassung und Zivilprozeß der freien Reichsstadt Augsburg, Augsburg 1958 (Abhandlungen zur Geschichte der Stadt Augsburg 11), S. 55–57.

12 Sieh, Stadtverfassung, S. 136; Dirr berücksichtigt diese wichtige Institution nicht.

13 StAA RB 271 fol. 11r: 1403 April 19, 7 Mann; RP I fol. 26r: 1412, Zehnerausschuß (Zitat), dann pendelt er sich auf 13 Mitglieder ein.

14 Die folgende Auswertung nach den Listen StAA RP XII: 1489, 1490, 1491; RP XIIa: 1492, 1493, 1494, 1495, RP XIIb: 1498, 1500. Dann folgt eine Lücke bis 1520.

15 StAA Steuerbuch 1498; die Einordnung erfolgt nach Blendinger, Mittelschichten, hier S. 47; vgl. auch Strieder, Genesis, S. 17 f.

16 Zu den einzelnen Familien vgl. vor allem Strieder, Genesis (Register); Götz Frh. v. Pölnitz: Augsburger Kaufleute und Bankherren der Renaissance. In: Augusta, S. 187–218, bes. S. 193–196; Blendinger, Führungsschichten, hier vor allem S. 57–66.

17 Katarina Sieh: Bürgermeisteramt, soziale Verflechtung und Reformation in der freien Reichsstadt Augsburg 1518–1539, Magisterarbeit Augsburg 1981 (Masch.), S. 94.

18 Sieh, Bürgermeisteramt, S. 78; Stetten, Augspurg Bd. I, S. 259.

19 Stetten, Geschlechter, S. 113 f., 122 f.

20 Johannes Hartung: Die Augsburger Zuschlagsteuer von 1475. In: Schmollers Jahrbuch 19 (1895), S. 95–136, hier S. 134 f.; Dirr, S. 198 f.

21 Friedrich Blendinger: Ulrich Artzt. In: Lebensbilder Schw. 6, S. 88–130, bes. S. 97.

22 Ferdinand Frensdorff: Zur Geschichte Peters von Argon. In: DStChr 5, S. 395–420, hier S. 405.

23 Stetten, Augspurg I, S. 261.

24 Dieser Begriff von Max Weber wurde vor allem wiederaufgegriffen von Erich Maschke: Verfassung und soziale Kräfte in der deutschen Stadt des Spätmittelalters. In: VSWG 46 (1959), S. 289–349, 433–476, hier S. 328–335.

25 Hartung, Zuschlagsteuer, S. 135–137; übernommen von Dirr, S. 199.

26 Vgl. allgemein Eberhard Naujoks: Obrigkeitsgedanke, Zunftverfassung und Reformation, Stuttgart 1958 (Veröff. d. Komm. f. gesch. Landeskunde in Baden-Wttbg. Reihe B Bd. 3). Die dort entwickelten Aspekte lassen sich auch auf Augsburg anwenden.

27 Dirr, S. 186–188.

28 Clemens Jägers Weberchronik (DStChr 34), S. 238–240; vgl. auch Claus Peter Clasen: Die Augsburger Weber, Augsburg 1981 (Abhandlungen zur Geschichte der Stadt Augsburg 27), S. 174–180.

29 Besonders aufschlußreich Sieh, Bürgermeisteramt.

30 Dirr, S. 194–201; Sieh, Stadtverfassung, S. 132.

31 Neben Pölnitz, Kaufleute, S. 196 f., vor allem Elmar Lutz: Die rechtliche Struktur süddeutscher Handelsgesellschaften in der Zeit der Fugger, 2 Bände, Tübingen 1976 (Studien zur Fuggergeschichte 25).

32 Vgl. dazu auch die Berichte in DStChr 23, S. 422–424; 25, S. 57–63.

33 Stetten, Geschlechter, S. 153 f.

34 Sieh, Stadtverfassung S. 131.

35 So Pölnitz, Kaufleute, S. 191.

36 Dirr hebt diesen Begriff S. 195 heraus.

37 Zorn, Augsburg, S. 156 f. Zum Kupfersyndikat der Vertrag bei Ehrenberg, Zeitalter, S. 417–420.

38 Zum folgenden vgl. Rolf Kießling: Das gebildete Bürgertum und die kulturelle Zentralität Augsburgs im Spätmittelalter. In: Bernd Moeller, Hans Patze und Karl Stackmann (Hrsg.): Studien zum städtischen Bildungswesen des späten Mittelalters und der frühen Neuzeit, Göttingen 1983 (Abhandlg. d. Akad. d. Wiss. Göttingen, phil.-hist. Klasse, 3. Folge, Nr. 137), S. 553–585.

39 Heinz Lieberich: Die gelehrten Räte. Staat und Juristen in Bayern in der Frühzeit der Rezeption. In: ZBLG 27 (1964), S. 120–189, hier S. 154, 162, 175, 181.

40 Vgl. Rolf Kießling: Bürgerlicher Besitz auf dem Land – ein Schlüssel zu den Stadt–Land–Beziehungen im Spätmittelalter, aufgezeigt am Beispiel Augsburgs und anderer ostschwäbischer Städte. In: Pankraz Fried (Hrsg.): Augsburger Beiträge zur Landesgeschichte Bayerisch-Schwabens 1, Sigmaringen 1979, S. 121–140.

41 Materialgrundlage für dieses und die anderen Beispiele Steichele-Schröder; dazu die entsprechenden Bände des Historischen Atlas von Bayern, Teil Schwaben Heft 1–3, 7; Teil Altbayern Heft 2, 22/23; Historisches Ortsnamenbuch von Bayern, Band 1–3. Wegen des beschränkten Umfangs muß auf eine Einzelaufstellung verzichtet werden.

42 Vgl. Karl Bosl: Die wirtschaftliche und gesellschaftliche Entwicklung des Augsburger Bürgertums vom 10. bis zum 14. Jahrhundert, München 1969 (Sitzungsber. d. Bayer. Akad. d. Wiss., phil.-hist. Klasse 3), S. 28.

43 Vgl. Maria Zelzer: Donauwörth. Geschichte der Stadt, Bd. I, Donauwörth 1979, S. 343–346.

44 Vgl. Frensdorff, Argon; die Besitznachweise wie Anm. 41.

45 Vgl. Anm. 41.

46 Vgl. Robert Steiner: Die Meuting in Augsburg, München 1978 (Genealogia Boica 3/I).

47 Albert Haemmerle: Die Hochzeitsbücher der Augsburger Bürgerstube und Kaufleutestube bis zum Ende der Reichsfreiheit, München 1936.

48 Vgl. Albrecht Rieber: Von der Burg zum Schloß. In: Hellmuth Rößler (Hrsg.): Deutscher Adel 1430–1555, Darmstadt 1965

(Deutsche Führungsschichten in der Neuzeit 1), S. 24–38; Heinrich Kramm: Formen des Patriziats in den oberdeutschen Städten um 1500, Diss. phil. Berlin 1932.

49 Erwin Riedenauer: Kaiserliche Standeserhebungen für reichsstädtische Bürger 1519–1740. In: Hellmuth Rößler (Hrsg.): Deutsches Patriziat 1430–1740 (Deutsche Führungsschichten in der Neuzeit 3), Limburg 1968, S. 27–98, hier S. 48 f.

50 Adolf Buff: Augsburg in der Renaissancezeit, Bamberg 1893, S. 3–5, 127; Johannes Hartung: Die Augsburger Vermögenssteuer und die Entwicklung der Besitzverhältnisse im 16. Jahrhundert. In: Schmollers Jahrbuch 19 (1895), S. 867–883; Blendinger, Mittelschichten, S. 34 f., 43–47.

51 Kießling, S. 217, 234.

52 DStChr 25, S. 73 f.

53 StAA RP XII fol. 13: 1491; ediert bei Max Bisle: Die öffentliche Armenpflege der Reichsstadt Augsburg mit Berücksichtigung der einschlägigen Verhältnisse in anderen Reichsstädten Süddeutschlands, Paderborn 1904, Beilage II.

54 Kießling, S. 217, 219–230; vgl. auch Teil II (Lengle).

55 Vgl. Marita Panzer: Sozialer Protest in süddeutschen Reichsstädten 1485–1525, München 1982 (Miscellanea Bavarica Monacensia 104), S. 153–191.

56 Zum folgenden vgl. Teil II (Kießling).

57 Kießling, S. 301–305; HStAM HochStA NA 5488 fol. 99: Domkapitel-Rezeß zu 1490 Dez. 28.

58 Zum Streit bei St. Moritz vgl. Teil II (Kießling); dazu Alfred Schröder: Die Erwerbung des Patronatsrechts auf die Pfarrei St. Moriz durch Jacob Fugger (1511–1518). In: Diözesanarchiv von Schwaben 9 (1892), S. 33–35, 37–39, 41 f.

59 Roth 1, S. 45 ff.

60 Dazu ausführlich Kießling, S. 323–349.

61 Ebd. S. 131–179.

62 Vgl. Franz Quarthal: Landstände und landständisches Steuerwesen in Schwäbisch-Österreich, Stuttgart 1980 (Schriften z. südwestdt. Landeskunde 16), S. 26–37.

63 Gerhard Nebinger und Norbert Schuster: Das Burgauer Feuerstattguldenregister. In: Das obere Schwaben 7 (1963), S. 77–124.

64 Vgl. Kießling, Bürgerlicher Besitz, S. 130–132.

65 AUB II, S. 74: 1359 Juni 3; vgl. Kießling, S. 204–206, mit Abb. 6.

66 StAA Lit. 1489 März 15.

67 StAA RP I fol. 141; im 14. Jahrhundert waren noch weit mehr Dörfer davon betroffen.

68 Quarthal, Landstände, S. 31 f.

69 Neben Kießling, S. 206–212, Pius Dirr: Zur Geschichte der Vogtei an der Straße und des Schwabmünchner Dorfrechts. In: ZHVS 34 (1908), S. 186–201; Alfred Schröder: Die »Straße« und die hochstiftische Straßvogtei. In: AGHA V, S. 563–606.

70 Kießling, S. 54–57, 211–214.

71 Vgl. Rolf Kießling: Herrschaft – Markt – Landbesitz. Aspekte der Zentralität und der Stadt–Land-Beziehungen spätmittelalterlicher Städte an ostschwäbischen Beispielen. In: Emil Meynen (Hrsg.): Zentralität als Problem der mittelalterlichen Stadtgeschichtsforschung, Köln und Wien 1979 (Städteforschung A/8), S. 180–218, hier S. 190 f.

72 Roth 3, S. 398 ff.

73 Rudolf Vogel: Mindelheim, München 1970 (Historischer Atlas von Bayern, Teil Schwaben 7), S. 17 f.

74 Joseph Wöhrl: Die Reichspflege Donauwörth. In: ZHVS 48 (1928/29), S. 166–284, hier S. 239–242.

75 Vgl. den Überblick bei Adolf Layer: Die Besitzungen der gräflichen und fürstlichen Familien Fugger. In: HdbBayG III/1, München 1971, S. 994–998, mit weiterer Literatur.

76 Zum folgenden Kießling, Herrschaft, S. 194–196, 214 f.

77 StAA Zünfte 1 fol. 61: Ordnung von 1513 August 25; vgl. Clasen, Weber, S. 140–155.

78 Götz Frh. v. Pölnitz: Die Anfänge der Weißenhorner Barchentweberei unter Jacob Fugger dem Reichen. In: Festschrift für Hans Liermann, Erlangen 1964 (Erlanger Forschungen Reihe A Bd. 16), S. 196–220; Rolf Kießling: Stadt und Land im Textilgewerbe Ostschwabens (14.–16. Jahrhundert). In: Neidhart Bulst, Jochen Hoock und Franz Irsigler (Hrsg.): Bevölkerung, Wirtschaft und Gesellschaft, Trier 1983, S. 115–137.

79 Vgl. neben Stetten, Geschlechter, vor allem Albrecht Rieber: Das Patriziat von Ulm, Augsburg, Ravensburg, Memmingen, Biberach. In: Deutsches Patriziat (wie Anm. 48), S. 299–351, hier S. 308–310; Sieh, Bürgermeisteramt, S. 51–110.

80 Vgl. Raimund Eirich: Memmingens Wirtschaft und Patriziat 1347–1551, Weißenhorn 1971, S. 138–142 (Vöhlin) und passim.

81 Vgl. Volker Press: Schwaben zwischen Bayern, Österreich und dem Reich 1486–1805. In: Pankraz Fried (Hrsg.): Augsburger Beiträge zur Landesgeschichte Bayerisch-Schwabens 2, Sigmaringen 1982, S. 17–78.

Die Bevölkerungsentwicklung von 1500 bis 1648

von Barbara Rajkay

In den Jahren 1635 und 1645 ließ der Rat der Stadt Augsburg Volkszählungen durchführen. Von den Gassenhauptleuten wurden, getrennt nach der Konfession, alle Bürger und Einwohner samt deren Frauen, Kindern und Dienstboten erfaßt. Die erste Zählung ergab 12017 Protestanten und 4415 Katholiken, insgesamt also 16432 Einwohner[1]. Zehn Jahre später ermittelte man eine Bevölkerungszahl von 21018, die sich aus 13790 Protestanten, 6170 Katholiken und 1058 Soldaten zusammensetzte[2].

Auf die Einwohnerzahlen des 16. und frühen 17. Jahrhunderts kann dagegen nur indirekt geschlossen werden. Ältere Untersuchungen stützen sich dabei vor allem auf das *Geburts-, Hochzeits- und Sterbensregister*, eine Tabelle mit den jährlichen Summen der drei Bevölkerungsfaktoren, die von 1501 bis in die Mitte des 18. Jahrhunderts geführt wurde. Dieses Register, in der Literatur auch Bevölkerungstafel genannt, liegt mehrfach als Kupferstichdruck in der Staatsbibliothek sowie auch als handgeschriebene Liste in einem der Hochzeitsbücher des Stadtarchivs vor[3]. Da es in der Frühen Neuzeit nicht üblich war, neben den Kirchenbüchern vitalstatistische Daten zu sammeln, hat diese Augsburger Rarität schon im 18. Jahrhundert als Grundlage demographischer Forschungen gedient. Bereits 1740 berechnete Johann Peter Süssmilch anhand der Bevölkerungstafel das Verhältnis zwischen Geburten, Eheschließungen und Sterbefällen. Das Ergebnis waren die sogenannten Reduktionsfaktoren, die zum Beispiel für den von uns behandelten Zeitraum zwischen 3,1 und 4,2 Taufen pro Ehe liegen. Mit Hilfe der so gewonnenen Faktoren errechnete Süssmilch für das Jahr 1500 eine Einwohnerzahl von 50400, für das Jahr 1600 von 44800 und für 1640 von 19600 Personen[4].

Zu einem ganz anderen Wert für den Beginn des 16. Jahrhunderts gelangte der ehemalige Stadtarchivar Adolf Buff, indem er die Anzahl der Steuerpflichtigen mit dem Faktor 3,5 multiplizierte und auf diese Weise eine Bevölkerungszahl von knapp 20000 ermittelte[5].

Die Schätzung Buffs wurde in der Forschung lange Zeit als viel zu niedrig angesehen, da man sich die wirtschaftliche und politische Bedeutung der Stadt nicht ohne eine entsprechende Einwohnerzahl vorstellen konnte[6]. Deshalb blieb die Methode Süssmilchs, wenn auch in verfeinerter Form, bis in die Gegenwart hinein Grundlage aller Berechnungen. Bei Hans Rost und Aloys Schreiber liegen die Größenangaben zwischen 55000 Einwohnern zu Beginn und circa 46000 gegen Ende des 16. Jahrhunderts[7].

Neuere Arbeiten zu diesem Thema gehen dagegen von einer sehr viel geringeren Bevölkerungszahl zu jener Zeit aus. Joachim Jahn hat darauf hingewiesen, daß die Stadt ihren ökonomischen Aufstieg hauptsächlich den Kapitalgesellschaften verdankte und nicht so sehr dem Warenhandel, wie Nürnberg oder die Hansestädte. Einige wenige große Vermögen trugen zum Anstieg des Steuereinkommens bei, nicht viele kleine. Auch die Methode, mit Reduktionsfaktoren zu arbeiten, hält er für falsch, da die Bevölkerungsentwicklung mathematisch gesehen eine Funktion von Geburten, Hochzeiten und Todesfällen mit exponentiellem Charakter ist und daher nicht durch einfache Multiplikation errechnet werden kann. Sehr viel realistischer scheinen Jahn die Berechnungen bei Erich Woehlkens, der von einer mittleren jährlichen Zuwachsrate von einem Prozent ausgeht und die Einwohnerzahl um das Jahr 1500 bei etwa 30000 ansetzt[8].

Bernd Roeck beschritt einen völlig neuen Weg, indem er über den Getreideverbrauch Rückschlüsse auf die Bevölkerungsgröße zog. Danach zählte Augsburg vor den Seuchen von 1627/28 ungefähr 40000 Einwohner. Dieser Wert widerspricht nicht den An-

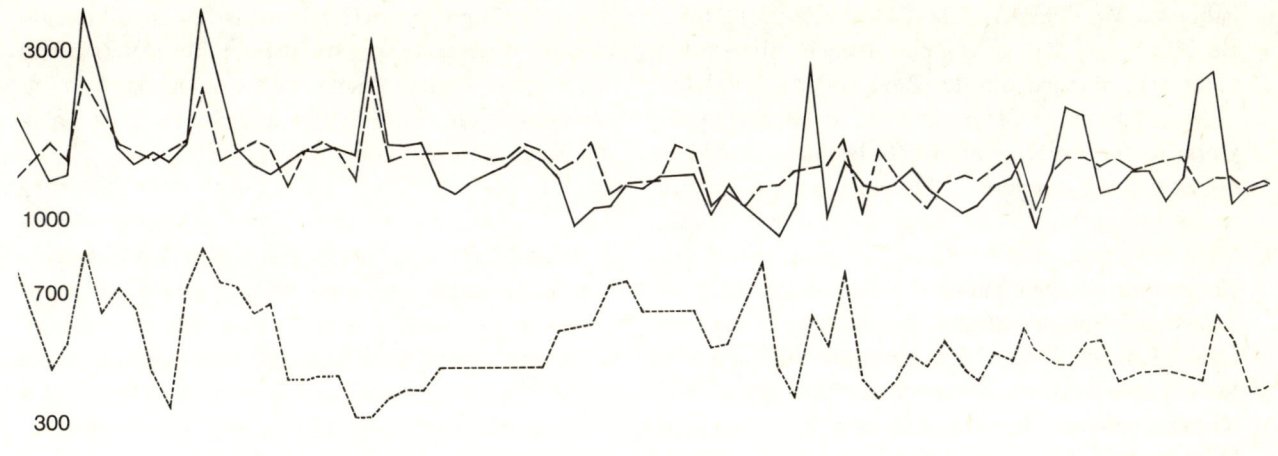

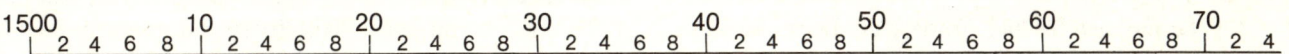

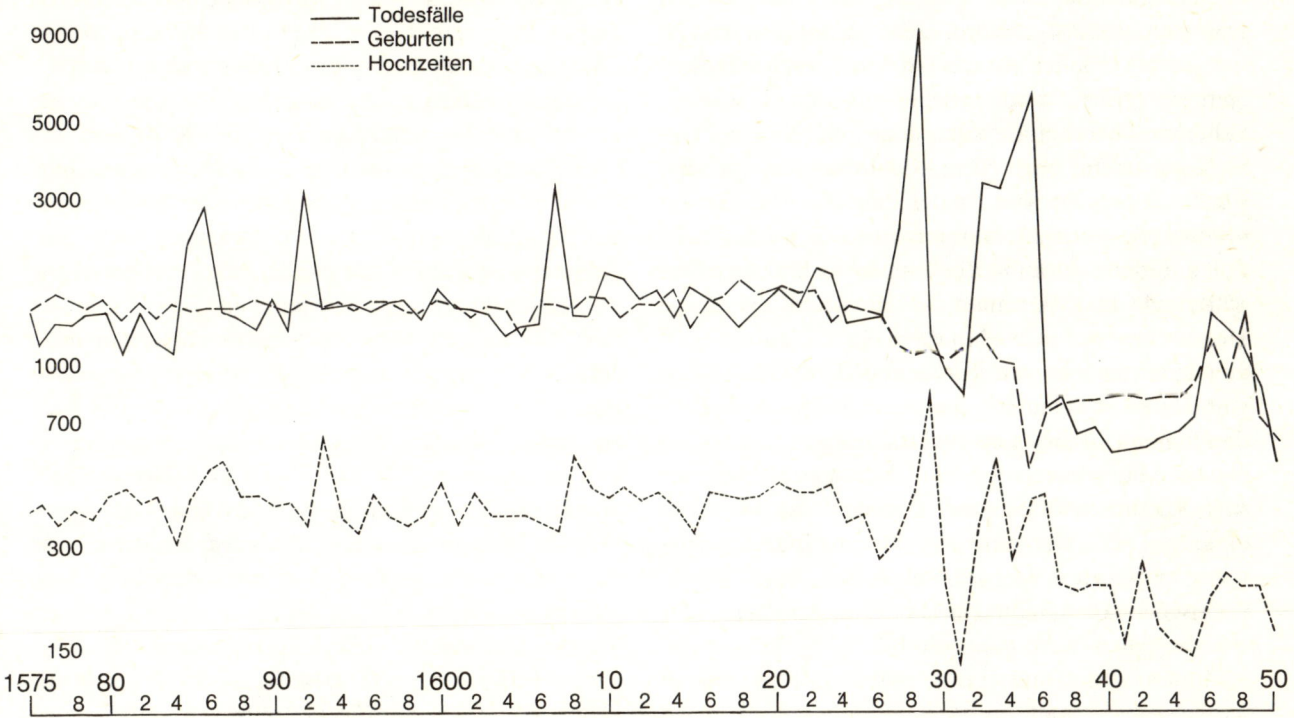

Graphische Darstellung der Bevölkerungsentwicklung von 1500 bis 1648.

gaben bei Woehlkens und läßt sich auch mit Hilfe der Bevölkerungstafel im Hochzeitsbuch überprüfen. Geht man nämlich von der Zahl 40 000 für das Jahr 1626 aus, addiert sodann aus dem Hochzeitsbuch alle Geburten und subtrahiert die Todesfälle bis 1635, so ergibt sich die nur geringe Differenz von 16 700 Einwohnern gegenüber 16 432 bei der ersten Volkszählung[9].

Nach dem jetzigen Stand der Forschung stieg die Einwohnerzahl der Stadt von circa 30 000 um das Jahr 1500 auf 40 000 bis zum Jahre 1626 an. Die Bevölkerungsverluste während des Dreißigjährigen Krieges betrugen in zehn Jahren über 50 Prozent. Der erneute Anstieg zwischen 1635 und 1645 auf ungefähr 21 000 Einwohner läßt sich nur durch Zuwanderung erklären.

Als Grundlage für die graphische Darstellung der Bevölkerungsbewegung diente das bereits erwähnte *Geburts-, Hochzeits- und Sterbensregister* aus der Staatsbibliothek[10].

Der Verlauf der Sterbekurve im 16. Jahrhundert ist typisch für das demographische System der Frühen Neuzeit. Die mehr oder weniger regelmäßig wiederkehrenden Mortalitätskrisen heben den leichten Geburtenüberschuß der Normaljahre wieder auf. Bei Paul von Stetten wird fast immer die Pest für die erhöhte Sterblichkeit verantwortlich gemacht[11]. Es fällt auf, daß parallel zu den ersten drei Sterbespitzen 1504, 1511 und 1521 auch die Geburtenkurve in die Höhe schnellt. Einen ähnlichen Verlauf nimmt 1504 und 1511 die Hochzeitskurve. Für dieses Phänomen wurde bisher keine Erklärung gefunden. Zwischen den hohen Geburts- und Heiratszahlen in den beiden ersten Jahrzehnten des 16. Jahrhunderts und der wirtschaftlichen Blüte jener Zeit sieht Joachim Jahn einen engen Zusammenhang. Die niedrige Heiratsquote in den zwanziger Jahren führt er auf die sozialpolitischen Umstände zurück. Die Anhänger der evangelischen Bewegung wollten sich nicht mehr nach dem alten Ritus trauen lassen. Die allgemeine wirtschaftliche und politische Unsicherheit wirkte sich ihrerseits hemmend auf das Heiratsverhalten aus[12]. Entsprechend könnte der kontinuierliche Anstieg der Hochzeiten 1530 bis 1537 mit der Verfestigung der neuen religiösen und gesellschaftlichen Verhältnisse in Beziehung stehen. Im übrigen läßt sich

mit Ausnahme von 1621 während oder nach Mortalitätskrisen ein gewisser Heiratsboom feststellen, denn die freigewordenen gesellschaftlichen Vollstellen, etwa diejenigen von Handwerksmeistern, wurden in der Regel sofort neu besetzt.

Die klassische Abfolge Sterbekrise – Heiratsanstieg – Geburtenzuwachs läßt sich 1586–1589, 1607–1609 und 1628–1632 nachweisen. Bei den Geburten ist die allgemeine Tendenz spätestens ab 1570 rückläufig und pendelt sich bis zum Ende des Jahrhunderts bei einem Wert um 1600 pro Jahr ein. Im 17. Jahrhundert verläuft die Bevölkerungsbewegung bis zu den Krisenjahren im Dreißigjährigen Krieg relativ ruhig.

Die Pestwelle, die von 1603 bis 1613 über ganz Europa hinzog, erfaßte 1607 auch Augsburg. Das Jahr 1628 brachte mit über 9000 Toten die größten Bevölkerungsverluste in der Geschichte der Stadt. Durch die anhaltende Getreideteuerung in den zwanziger Jahren waren breite Schichten der Bevölkerung verarmt. Die Einquartierung kaiserlicher Truppen verschlechterte die Situation weiter. Zudem war 1627 die Pest erneut ausgebrochen und grassierte mit einer kurzen Pause zwischen März und Juli noch bis zum Ende des Jahres 1628. Die anschließende Heiratsfreudigkeit währte nicht lange, denn das Restitutionsedikt zwang die evangelischen Bürger, sich von katholischen Geistlichen trauen zu lassen. Erst während der Schwedenzeit wurden wieder mehr Ehen geschlossen, doch die Geburtenzahl blieb rückläufig und erreichte 1635 ihren absoluten Tiefststand. Gleichzeitig wütete 1634/35 erneut eine Pestepidemie. Weitere Todesopfer forderte eine furchtbare Hungersnot, die infolge der Belagerung durch bayerische Truppen zu Beginn des Jahres 1635 ausbrach. Die schweren Bevölkerungsverluste konnte auch der Geburtenüberschuß zwischen 1637 und 1646 nicht ausgleichen. In der Endphase des Krieges trieben noch einmal Getreidemangel und die schwedische Belagerung von 1646 die Todeszahlen in die Höhe. Der Blick auf die Graphik verdeutlicht, daß der Bevölkerungszuwachs in Augsburg hauptsächlich auf Zuwanderung beruht haben muß. Die Geburtenrate war zu niedrig, um die Lücken der vielen Mortalitätskrisen wieder zu füllen. Diese Beobachtung trifft auf die meisten europäischen Städte jener Zeit zu, denn durch die beengten Wohnverhältnisse verbreiteten sich Epidemien sehr viel schneller als in den dünner besiedelten Gebieten[13].

Die bisher vorgestellten Untersuchungen zur Bevölkerungsgeschichte der Stadt Augsburg geben nur einen sehr allgemeinen Einblick in die demographischen Grundstrukturen der Frühen Neuzeit. Mit Hilfe der Familienrekonstitutionsmethode auf der Basis von Kirchenbüchern ist es möglich, weitergehende Fragen, etwa nach dem Heiratsalter, den vorehelichen Beziehungen oder der Ehe- und Witwer(n)schaftsdauer zu beantworten. Da diese Methode, bei der jede einzelne Taufe, Trauung oder Beerdigung einer Familie zugeordnet wird, sehr arbeitsintensiv ist, beschränken sich die meisten Studien bisher entweder auf kleine ländliche Gemeinden oder kurze Zeitabschnitte in den Städten[14].

Die ältesten Kirchenbücher Augsburgs stammen aus dem frühen 17. Jahrhundert, so daß sich als Untersuchungszeitraum die Jahre von ca. 1600 bis 1650 anboten. Um dem bikonfessionellen Charakter der Stadt gerecht zu werden und auch die Frage zu klären, inwieweit eventuell schon unterschiedliche religiöse Wertprägungen das Fortpflanzungsverhalten mit beeinflußt haben, wurde je eine katholische und eine protestantische Pfarrei ausgewählt. Mit Rücksicht auf die sozialtopographischen Verhältnisse fiel die Wahl auf die Pfarreien im Zentrum der Stadt, St. Moritz und St. Anna[15].

Wie die anderen katholischen Pfarreien war St. Moritz eine Territorialpfarrei. Die ungefähren Grenzen zu den Nachbargemeinden Dom und St. Ulrich bildeten im Norden der Eisen-, im Süden der Predigerberg. Die östliche Grenze scheint entlang dem Oberen Graben verlaufen zu sein, denn die gesamte Jakobervorstadt wurde von der Dompfarrei betreut. Im Westen gehörten die Zwingerhäuser der Stadtgardesoldaten auf dem Wall zwischen Rotem Tor und Gögginger Tor zumindest teilweise auch zur Pfarrei St. Moritz[16].

Die schriftlichen Aufzeichnungen über Taufen, Hochzeiten und Begräbnisse in St. Moritz beginnen mit dem September 1613. Im Gegensatz zu den Kirchenbüchern von St. Anna sind die Eintragungen meist sehr ausführlich. Angaben zu Beruf und Herkunft der Eltern, Taufpaten und Trauzeugen sind

häufig zu finden. Über das Alter der Toten gibt das Sterbebuch in den wenigsten Fällen Auskunft, auch Hinweise auf die Todesursache sind selten. Nachdem im August 1629 auf kaiserlichen Befehl den evangelischen Einwohnern die Ausübung ihres Glaubens untersagt worden war, mußten die Mitglieder der Pfarrei St. Anna ihre kirchlichen Amtshandlungen bei St. Moritz durchführen lassen. Die Trauungen und Taufen von Protestanten versah der Pfarrer mit einem besonderen Vermerk. Mit dem Einzug Gustav Adolfs kehrte sich die Situation um. Da die katholischen Geistlichen sich geweigert hatten, den Treueid auf die schwedische Krone zu schwören, mußten sie am 19. Mai 1633 die Stadt verlassen. Bis 1635 fehlen alle Angaben über Trauungen und Begräbnisse, die wenigen eingetragenen Taufen wurden durch die Benediktiner von St. Ulrich durchgeführt, die als einzige den Eid geleistet hatten. Insgesamt konnten zwischen 1613 und 1650 aufgrund der Kirchenbücher 2166 Taufen, 418 Hochzeiten und 935 Begräbnisse erfaßt werden. Die erwähnten evangelischen Ehepaare und Täuflinge wurden dabei nicht mitgerechnet. Nur sechs Taufeinträge weisen auf uneheliche Geburten hin. Daneben dient auch der Abstand zwischen Heirat und erster Geburt (protogenetisches Intervall) in der historischen Demographie als Anhaltspunkt für voreheliche Beziehungen. In der Pfarrei St. Moritz konnte bei 137 Ehen dieses Intervall berechnet werden. Nur in zehn Familien (7,3 Prozent) kam das erste Kind weniger als acht Monate nach der Hochzeit zur Welt. Unter den 418 Heiraten wurden vier Mischehen festgestellt. In all diesen Fällen war der Mann katholisch, die Frau protestantisch. Die im Vergleich zu den Geburten geringe Anzahl von Begräbnissen ist wahrscheinlich in Zusammenhang mit der lückenhaften Erfassung der Säuglingssterblichkeit zu sehen. Im Laufe der Familienrekonstitution zeigte sich nämlich, daß die meisten Aufzeichnungen von Kinderbestattungen bei wohlhabenden Familien wie den Fuggern zu finden waren. Da die Mortalität in den unteren sozialen Schichten vermutlich mindestens genauso hoch war, deutet dies darauf hin, daß nicht bei allen Begräbnissen von Kleinkindern ein schriftlicher Eintrag erfolgte.

In die Untersuchung wurden alle Familien einbezogen, bei denen entweder Heiratsdatum und eine Geburt oder wenigstens zwei Kinder vorhanden waren. Auf diese Weise konnten von den 2166 Taufen 1348 Kinder insgesamt 410 Ehen zugeordnet werden. Das entspricht durchschnittlich 3,29 Geburten pro Familie. Einschränkend muß jedoch gesagt werden, daß durch die innerstädtische Mobilität die Anzahl der Taufen bei anderen Pfarreien innerhalb einer Familie nicht ermittelt werden konnte. Bei seinen Forschungen über die Augsburger Weber um 1600 ist Claus Peter Clasen auch der Frage der Kinderzahl in den Weberfamilien nachgegangen. Dabei stellte er fest, daß 44 Prozent aller Weberfamilien nur ein oder zwei Kinder hatten. Vermögende Weber besaßen in der Regel mehr Kinder als ihre ärmeren Berufskollegen[17]. Ein ähnliches Bild ergab sich auch für St. Moritz. Von den ausgewerteten Familien hatten 49 Prozent ein oder zwei Kinder. Der Anteil kinderreicher Familien ist in den oberen sozialen Schichten auffallend hoch. Unter den sieben rekonstituierten Familien mit zehn und mehr Kindern waren zum Beispiel die Familie des Gerichtsschreibers Heinrich Baumgartner, des Stadtadvokaten Georg May sowie die des Johann Fugger und des Hortensius Brocco, eines der reichsten Kaufleute der Stadt.

Um möglichst viele Daten für die Berechnung der Ehedauer zu erhalten, wurden auch kinderlose Ehepaare miteinbezogen. Damit standen 57 Paare zur Verfügung. Im Durchschnitt endete eine Ehe nach ungefähr sieben Jahren durch den Tod eines Partners. Leider war aus den Aufzeichnungen der Kirchenbücher der Familienstand bei der Eheschließung nicht immer klar ersichtlich. Die vergleichsweise kurze Ehedauer läßt aber auf eine hohe Anzahl von Wiederverheiratungen schließen. In St. Moritz konnte bei 81 Männern und 62 Frauen eine Wiederheirat festgestellt werden. Im allgemeinen erfolgte bei den Männern bereits 5,7 Monate nach dem Tod der Partnerin eine neue Heirat. Für die Dauer der Witwenschaften gestatten die wenigen Daten keine vergleichbare Aussage.

Auf die große Bedeutung der Mobilität für die Städte wurde bereits hingewiesen. Wenn auch die Heiraten nur einen Teil der Gesamtmobilität ausmachen, liefern sie doch wichtige Hinweise über die Zuwanderung. Zusammen mit den 35 evangelischen Paaren wurden 453 Ehen geschlossen. Davon stammten in 28,5 Prozent der Fälle beide Partner nicht aus Augsburg, in 31,8 Prozent war ein auswärtiger Partner beteiligt. Eine besonders starke Zuwanderung wiesen die Jahre zwischen 1629 und 1649 auf. Eine Auswertung nach geographischen Gesichtspunkten wurde bisher nicht durchgeführt.

Die demographische Studie über die Pfarrei St. Moritz deckt einen Zeitraum von 38 Jahren ab. Das reicht nicht aus, um das Heiratsalter der Frau zu errechnen und die eheliche Fruchtbarkeit zu untersuchen. Die Frage, ob gerade die ärmeren Schichten der Bevölkerung durch Geburtenkontrolle bewußt die Kinderzahl begrenzten, kann daher nicht beantwortet werden.

Ein direkter Vergleich der in St. Moritz gewonnenen Ergebnisse mit St. Anna ist schwierig, da die evangelischen Pfarreien in Augsburg Personalgemeinden der Prediger ohne räumliche Begrenzung waren[18].

Inwieweit sich die Gläubigen selbst an die eine oder andere Pfarrei gebunden fühlten, konnte im Rahmen der Untersuchung nicht festgestellt werden. Der Augsburger Stadtbaumeister Elias Holl ließ zum Beispiel von seinen dreizehn Kindern aus zweiter Ehe neun in St. Anna und vier in St. Ulrich taufen.

Die schriftlichen Aufzeichnungen der Hochzeiten beginnen in St. Anna im Jahre 1596, die der Taufen im Juli 1607. Sterbebücher liegen für das 17. Jahrhundert aus keiner der evangelischen Pfarreien vor. Nur ganz vereinzelt wurden Angaben zu Beruf und Herkunft der Ehepaare und Taufpaten gemacht. Während der Zeit des Restitutionsedikts 1629–1632 notierte der Pfarrer von St. Anna diejenigen Taufen und Trauungen aus seiner Gemeinde, die in St. Moritz abgehalten wurden. Mit dem Abzug der Schweden aus der Stadt enden alle Einträge und setzen erst nach dem Dreißigjährigen Krieg wieder ein.

Bei den meisten demographischen Untersuchungen stellt sich das Problem der Erfassung von Nottaufen und Totgeburten. Einige der Taufeinträge in St. Anna sind ausdrücklich als Nottaufe durch die Hebamme vermerkt. Andererseits zeigt der Vergleich mit der Geschlechterbeschreibung des Melchior Langenmantel, daß hier keine einheitliche Regelung vorhanden war[19].

Insgesamt standen für die Auswertung in der Pfarrei St. Anna 2594 Hochzeiten und 9238 Taufen zur Verfügung. Bei 919 Familien konnte das protogenetische Intervall errechnet werden. In 20 Fällen, beziehungsweise bei 2,2 Prozent, lag es dabei unter der Grenze von acht Monaten. Voreheliche Beziehungen scheinen zu jener Zeit die Ausnahme gewesen zu sein. In dieses Bild passen auch die zehn ermittelten außerehelichen Geburten.

Die Rekonstitution der Familien erfolgte nach dem bereits erläuterten Schema. Auf diese Weise wurden 6452 Taufen 2113 Familien zugeordnet. Das ergibt einen Durchschnitt von 3,07 Geburten pro Familie. Über die Hälfte der Paare haben weniger als drei Kinder. Die kinderreichen Familien sind vor allem in den vermögenderen Schichten anzutreffen. Unter den 35 Familien mit zehn und mehr Kindern in St. Anna finden wir bekannte Augsburger Namen: neben Elias Holl den Kupferstecher Wolfgang Kilian, den Landschaftsmaler Anton Mozart, die Goldschmiede Samuel Hamman, Abraham Rieder und Jeremias Siebenbürg; ferner sind darunter zahlreiche Kaufmannsgeschlechter wie die Christl, Ulstätt, Hochaicher, Pfeiffelmann sowie der Münzmeister Balthasar Waldtreich und der Arzt Philipp Höchstetter. Da keine Sterbebücher existieren, entfallen alle weiteren Untersuchungsmöglichkeiten für St. Anna. Eine direkte Gegenüberstellung der beiden Pfarreien ist also nur in bezug auf die protogenetischen Intervalle und die Geburtenzahl der einzelnen Familien möglich.

Der höhere Anteil der vorehelichen Konzeptionen in St. Moritz könnte in Zusammenhang mit den vielen Stadtgardesoldaten in der Pfarrei stehen. Beim Vergleich der durchschnittlichen Geburtenzahl zeigt sich zwischen St. Moritz und St. Anna eine Differenz von 0,3 Prozent. Inwieweit die Ergebnisse von den unterschiedlichen Organisationsformen der katholischen und evangelischen Pfarreien beeinflußt sind, läßt sich nicht sagen. Trotz der vergleichsweise schlechten Quellenlage können immerhin folgende Ergebnisse festgehalten werden: Die meisten Ehen brachten es im Durchschnitt nur auf ein bis zwei Kinder. Die kinderreichen Familien finden sich vor allem in den wohlhabenden Schichten der Bevölkerung. Wegen der kurzen Ehedauer wurden viele Zweit- und Drittehen geschlossen. Die verwitweten Männer warteten in den meisten Fällen mit der Wiederverheiratung

weniger als ein halbes Jahr. Vor- und außereheliche Kontakte konnten nur selten nachgewiesen werden. Vergleichbare Untersuchungen zur Bevölkerungsweise Englands und Frankreichs im 17. Jahrhundert weisen ähnliche Ergebnisse auf. Damit unterscheidet sich Augsburg in den aufgeführten Punkten nicht von der Bevölkerungsweise des übrigen Westeuropa.

1 Summarischer Extract der in Augsburg vorhandenen Personen, leeren Gemächern, ganzen Häusern und frembde Personen, wie sie im Monat Oktober Anno 1635 sind befunden worden, StAA EWA 448 T II.

2 Beschreibung der Stadt Augsburg Anno 1645, StAA Schätze 37.

3 Geburts-, Hochzeits- und Sterbensregister oder ordentliches Verzeichnis der Personen so in dieser löblichen deß heiligen, Römischen Reichs Stadt Augsburg nach Christi Gepurt 1501 bis auf jetzt lauffendes Jahr gebohren – Hochzeiten gehalten und gestorben seynd. Mit beigesetztem † wann ein Sterbend gewesen, StStBA Einblattdruck Nr. 142.

4 Johann Peter Süssmilch: Die göttliche Ordnung in den Veränderungen des menschlichen Geschlechts, 4. Aufl., Berlin 1775, S. 37, 475.

5 Adolf Buff: Einwohnerzahl Augsburgs und Vermögensverhältnisse der Bürger im Zeitalter Kaiser Maximilians des Ersten. In: Der Sammler, Belletristische Beilage zur Augsburger Abendzeitung 107, 1893, S. 3–5.

6 Aloys Schreiber: Die Entwicklung der Augsburger Bevölkerung vom Ende des 14. Jahrhunderts bis zum Beginn des 19. Jahrhunderts. In: Archiv für Hygiene und Bakteriologie, Bd. 123, München 1940, S. 140.

7 Ebd. S. 149; Hans Rost: Die Bevölkerungszahl der Stadt Augsburg bis zum Jahre 1900. In: Die Feierstunde. Unterhaltungsblatt zur Augsburger Postzeitung, Augsburg 1905, S. 686.

8 Joachim Jahn: Augsburgs Einwohnerzahl im 16. Jahrhundert. Ein statistischer Versuch. In: ZBLG 39 (1976), S. 380–384.

9 Bernd Roeck: Getreide, Bäcker, Brot in Augsburg 1560–1650. Studien zur Versorgungspolitik der Reichsstadt im Zeitalter des 30jährigen Krieges (erscheint demnächst in der Schriftenreihe des StAA).

10 Geändert wurde lediglich die Zahl von 13 000 Sterbefällen für das Jahr 1635. Vergleiche mit der Tabelle im Hochzeitsbuch und zeitgenössischen Chroniken lassen den Schluß zu, daß es sich hier um einen Schreibfehler handeln muß. Daher wurden statt 13 000 Sterbefälle 1300 angenommen.

11 Stetten, Augspurg, Bd. I, S. 288, 338, 554, 559, 563, 599, 603, 614, 692, 698, 700, 726, 790, 858, 865, Bd. 2, S. 429.

12 Jahn, S. 392.

13 E. A. Wrigley: Bevölkerungsstruktur im Wandel. Methoden und Ergebnisse der Demographie, München 1968, S. 96.

14 In Deutschland sind die Arbeiten von Arthur E. Imhof maßgeblich: Historische Demographie als Sozialgeschichte. Gießen und Umgebung vom 17. zum 19. Jahrhundert, Darmstadt
und Marburg 1975; ders., Die gewonnenen Jahre, München
1981.

15 In Augsburg war die soziale Segregation besonders ausge-
prägt. Vergleiche hierzu: Ernst Piper: Der Stadtplan als
Grundriß der Gesellschaft. Topographie und Sozialstruktur in
Augsburg und Florenz um 1500, Frankfurt/Main und New
York 1982, S. 157.

16 Einteilung der Pfarrsprengel, StAA KWA B 8, 15.

17 Claus Peter Clasen: Die Augsburger Weber. Leistungen und
Krisen des Textilgewerbes um 1600, Augsburg 1981, S. 44–
46.

18 Matthias Simon: Die Evangelische Kirche, München 1960
(Historischer Atlas von Bayern. Kirchliche Organisation),
S. 195.

19 Melchior Langenmantels Geschlechtsbeschreibung. (1569–
1644), StStBA 2°Cod S. 96. Das am 13. 12. 1612 notgetaufte
Kind Rosina wurde nicht ins Kirchenbuch eingetragen.

Wirtschaftsleben der Blütezeit

von Hermann Kellenbenz

Geographisch-territorialpolitische Verhältnisse und städtische Wirtschaftspolitik

Augsburgs wirtschaftliche Stellung wurde nicht nur durch den unternehmerischen Geist und die Arbeitskraft der Menschen bestimmt, die in der Stadt lebten, sondern auch durch die geographischen und territorialpolitischen Verhältnisse, in die die Stadt hineingestellt war. Auf dem Rücken zwischen zwei Flußniederungen gelegen, die sich nach Norden zu einem Sporn zuspitzen, konnte die Stadt die Vorzüge ausnützen, die zwei Wasserläufe boten: der Lech, der im Osten der Stadt vorbeifließt, und die Wertach, die in den Lech von Südwesten her einmündet. Am Modell, das der Goldschmied Jörg Seld von der Stadt im Jahre 1521 anfertigte, sehen wir, wie sich diese Lage auswirkte. Vom Lech her wurden Kanäle in die Stadt geleitet. Sie und die Wertach lieferten die Wasserkraft, die Mühlen und damit verbunden gewerbliche Apparaturen bewegen konnte. Die Territorialgeschichte weist allerdings auch auf die Nachteile hin, mit denen sich die Stadt abfinden mußte. Im Gegensatz zu den Reichsstädten Ulm und Nürnberg, die über ein umfangreiches Territorium verfügten, das

land- und forstwirtschaftlich nutzbare Ländereien, Rohstoffe wie Steine und Erden und Gelände für gewerbliche Anlagen bereitstellte, fehlte das bei Augsburg weitgehend.

Wenn man von der Landvogtei im Norden der Stadt mit den Dörfern Gersthofen und Langweid absieht, reichte das Augsburger Territorium nur wenig über die Mauern der Stadt hinaus. Jenseits des Lechs lag bereits das Herzogtum Bayern, und im Norden, Westen und Süden wurde die Stadt vom Territorium des Augsburger Bischofs und kleineren Herrschaften umgeben. Die Raumenge war derart, daß die Angehörigen der Augsburger Fischerzunft vorwiegend in den Wassern fischten, die dem Bischof als Regal gehörten. Die Metzger mußten froh sein, daß ihnen beispielsweise der Herzog von Bayern 1525 für ihre Ochsen die »Möhringer Au« als Weide zur Verfügung stellte. Diese Mängel wurden allerdings vielfach wettgemacht durch die Politik des Stadtregiments und durch die gewerbliche Aktivität der Bürger und sonstigen Einwohner, zum Beispiel der Geistlichkeit, deren Besitzungen draußen im Umland zur Versorgung der in Augsburg lebenden Mitglieder dienten. Abgesehen von einigen kritischen Situationen verfügte das Stadtregiment in der hier behandelten Zeit über das nötige Geschick, um im Rahmen der politischen Kontakte auch die erforderlichen wirtschaftlichen Beziehungen zu den Nachbarherrschaften zu pflegen, und die zahlreiche Kaufmannschaft bemühte sich in ihrem eigenen Interesse um die hinreichende Versorgung der Stadt.

Augsburg hatte das Glück, daß es Kraftzentrum eines kaufmännischen Unternehmertums war, das die naturgegebenen Nachteile weitgehend aufwog. Hatte Nürnberg es in einer generationenlangen systematischen Abfolge verstanden, sich Privilegien für die fernhändlerische Betätigung seiner Bürger zu verschaffen, so holten das die Augsburger Kaufmannsunternehmen in kurzer Zeit in gewissem Umfang nach. Bestimmte Privilegien waren gemeinsames deutsches bzw. oberdeutsches Gut, so diejenigen des Fondaco dei Tedeschi in Venedig und die Provisiones Januae, die den oberdeutschen Kaufleuten den Weg durch die Lombardei nach Genua ebneten. Dazu kamen nun aber neue Vergünstigungen. Sie ergaben sich dank der besonderen Beziehungen, die die Augsburger zum Haus Habsburg knüpften, zunächst zu Sigmund von Tirol und dann zu Kaiser Maximilian sowie zu dessen Nachfolger im Kaisertum Karl und zu dessen Bruder Ferdinand als Herrn der mitteleuropäischen Habsburger Gebiete. Dahinter aber öffneten sich dank der Früchte, die die Habsburger Heiratspolitik gerade in dieser Zeit trug, einmalige Möglichkeiten, die mutiges Zupacken verlangten, und dazu waren die Augsburger in der Lage. Daß die Bodenschätze in Tirol, der Steiermark und Kärnten sowie (mit Unterbrechungen) in der Slowakei in den Händen der Habsburger lagen, daß Antwerpen und die anderen niederländischen Seehäfen Besitz der Habsburger waren und sich über Sevilla und Cádiz die Handelsmöglichkeiten der neueroberten amerikanischen und sonstigen überseeischen Besitzungen sowie über Lissabon die Verbindungen zu den atlantischen Inseln, zu Afrika und Ostindien eröffneten, das waren Chancen, die von keinem damaligen europäischen Handelszentrum so intensiv wahrgenommen wurden wie von Augsburg.

Wir werden es im Folgenden vornehmlich mit der privaten Wirtschaft zu tun haben. Fragen der öffentlichen Wirtschaft müssen wir, schon aus Raumgrün-

den, knapp behandeln. Doch muß hier darauf verwiesen werden, daß es mehrere Bereiche gab, wo das Eingreifen der städtischen Regierung sich besonders deutlich äußerte. Die Stadt betrieb ihre eigene Wirtschaftspolitik und ergriff damit Maßnahmen, die verschiedene Sektoren der Wirtschaft immer wieder beeinflußten. Umfangreich ist der Katalog der Ordnungen, durch die der Rat die Verhältnisse in den einzelnen Sparten der städtischen Wirtschaft regelte. Insbesondere galt dies für die Ernährung, die Verteidigung, den Bereich von Handwerk, Handel und Verkehr, das Münz- und Geldwesen sowie für die öffentlichen Finanzen. Die städtische Versorgungspolitik äußerte sich etwa in der Errichtung von Kornhäusern. 1505 wurde ein solches bei St. Moritz gebaut, 1519 ein weiteres beim »Alten Einlaß«. 1556 kaufte der Rat ein großes baufälliges Gebäude zwischen Frauentor und St. Stephan und baute es zu einem Kornstadel um. In der Nähe wurde 1570 ein Kornhaus errichtet. Mit der Verlegung des Zeughauses vom »Katzenstadel« in das ehemalige Kornhaus hinter dem Fuggeranwesen bei St. Moritz wurde ein Neubau in der Gegend des ehemaligen Zeughauses erforderlich.

Eine Vorstellung von den Vorräten, die aufbewahrt werden konnten, vermittelt eine Aufstellung vom 15. August 1621. Damals waren 36 131 Schaff eingelagert, wohl vorwiegend Roggen[1]. Während der Teuerung dieser Monate wurden noch 13 139 Schaff Roggen hinzugekauft. Die Vorräte an »Kern«[2], die sich auf 4182 Schaff beliefen, wurden um 5582 Schaff ergänzt. Bis August 1623 konnte man die gespeicherte Roggenmenge auf 23 198 Schaff halten, dazu noch 4500 Schaff Kern und anderes Getreide. Gleichzeitig wurden die Vorräte der Privatleute kontrolliert, die insgesamt auf ziemlich unter 10 000 Schaff geschätzt wurden. Die reichen Familien hatten dabei die größten Vorräte, so die Fugger 578 Schaff Roggen, 100 Schaff Haber und 4 Schaff Kern, während die Rehlinger über 300 Schaff hatten. Der städtische Getreidevorrat dürfte 1621 die Versorgung der Bevölkerung für etwa acht Monate gesichert haben. Ein Vergleich: Die Stadt Nürnberg lagerte 1628 35 878 Summer Brotgetreide[3], was etwa einem Jahresbedarf entsprach. Die städtischen Getreidevorräte waren ein wichtiges Element zur Preisstabilisierung.

Wenn Teuerung herrschte, so 1614/15, wurde Getreide an die Bäcker und an die Schranne abgegeben. Die Vorratspolitik wurde allerdings nicht gleichmäßig fortgeführt, so hatte man 1627 nur noch einen Vorrat von 2202 Schaff Getreide.

Hinzu kam die Marktkontrolle. Sie erfaßte Getreidehandel, Brotherstellung und Brotverkauf gleichermaßen. Preistaxen und Brotanschläge, das heißt die Bindung des Brotgewichts an die Getreidepreisentwicklung, erwiesen sich im allgemeinen als untauglich; sie bewirkten eher, daß die betreffende Ware vom Markt verschwand. Gewöhnlich blieben die Taxpreise unter den Marktpreisen. In Teuerungsperioden wurden für die Ausfuhr von Getreide und andere Lebensmittel eigene »Politen« ausgestellt. Im übrigen wurde die Tätigkeit der Bäcker durch die Ordnung von 1549 und ihre reformierte Brotwägeordnung reguliert. Dazu gab es Brotgewichtstabellen. Eine weitere Möglichkeit, die Bäcker zu zwingen, war das Backen im Auftrag des Rats in stadteigenen Backöfen, von denen zwei 1520 bei St. Moritz neu errichtet wurden.

Zu den Einrichtungen, die der Sicherung der Ernährung dienten, gehörte ferner die Kornschranne als zentraler Handelsplatz; dann gab es zwei Stadtmetzgen, außerdem muß man an die verschiedenen Lebensmittelmärkte in der Stadt und die Fischkästen im Stadtgraben und beim Chor der Barfüßerkirche denken.

Nachdem die Unruhen des Schmalkaldischen Kriegs und des Fürstenaufstands vorüber waren, wurde die Wasserversorgung durch die Errichtung eines Wasserturms am Heilig-Geist-Spital verbessert. Ab 1558 erhielten die Bürger für einen jährlichen Zins von 10 fl frisches Wasser zu ihren Häusern geleitet. Durch neue Wassertürme an den Stadtmauern wurde dieses Versorgungssystem weiter ausgebaut.

Des weiteren ist die Bautätigkeit zum Zweck der Befestigung zu nennen. In der Zeit vor dem Schmalkaldischen Krieg wurden die Befestigungsanlagen weitgehend erneuert. In diesem Zusammenhang erweiterte man das Bauamt 1545 um sechs Personen. Insbesondere ging es darum, diese Anlagen den aus Italien und wohl auch aus den Niederlanden kommenden neuen Erkenntnissen der Festungstechnik anzupassen. So heißt es 1605, das Wertachbrucker Tor sei um zwei Geschosse erhöht und zum Geschütz brauchbar gemacht worden. Schon 1532 hat man den hohen Luginslandturm abgetragen und dann auch andere spitze Türme der Stadtmauer beseitigt. Man erneuerte und erhöhte die Mauern, vertiefte die Gräben und verdoppelte zum Teil die Mauern. Die wichtigste Leistung zu Beginn des 17. Jahrhunderts war der Neubau eines Zeughauses, wozu weitere Veränderungen an den Befestigungsanlagen und Stadttoren kamen. Mittelalterlicher Tradition entsprach es, daß jeder Bürger mit Harnisch und Waffe zur Verteidigung bereit war. Namentlich während des Schmalkaldischen Kriegs und des Fürstenaufstands und später während des Dreißigjährigen Kriegs bildete der Unterhalt von Söldnern eine zusätzliche Sicherung, die allerdings die städtische Kasse schwer belastete. Der Gewerbeförderung diente der Bau einer neuen Schleifmühle vor der Luginsland-Bastei. An der infolge der Einbeziehung der Jakobervorstadt funktionslos gewordenen alten Stadtmauer wurden 1560 48 kleine Zinshäuser mit Werkstätten errichtet. Den Kupferschmieden wurde eine Reihe von Gewölben zur Verfügung gestellt. Vor der Jahrhundertwende entstanden zwei neue Manghäuser[4], eine neue Heuwaage sowie ein neues Bäckerzunfthaus am Perlachberg. Zu Beginn des 17. Jahrhunderts errichtete man die neue Stadtmetzg, ferner das Siegelhaus, das zur Kontrolle des Weins und anderer Importe diente, dann das Kaufhaus mit seinen Kramläden. Weitere Krambuden wurden bei der Barfüßerkirche, bei St. Moritz, dem Tanzhaus und am Perlachplatz neu angelegt oder erneuert. Außerhalb der Stadtmauer wurden die untere Papiermühle, die Rote Mühle, dazu Säge-, Polier-, Schleif-, Walk- und Lohmühlen errichtet. Auch die Münze im Lechviertel, das Gießhaus am Katzenstadel müssen in diesem Zusammenhang erwähnt werden.

Da Augsburg nur ein kleines Territorium hatte, kamen für die eigene agrarische Erzeugung, wenn man von den Gärten innerhalb der Stadt und vor den Mauern absieht, nur die Dörfer der Landvogtei in Frage. Doch muß hier beachtet werden, daß die geistlichen Institutionen sowie die großen Familien außerhalb des städtischen Territoriums ausgedehnten Landbesitz hatten, der nicht nur zur Versorgung der Menschen diente, die den betreffenden Haushalten

Abb. 44   Inneres der Dominikanerinnen-Kirche St. Katharina in Augsburg (vollendet 1517) mit Gleichnis vom Pharisäer und Zöllner. Federzeichnung von Hieronymus Hopfer

Abb. 45 *Votivbild des Weinhändlers Ulrich Schwarz d. J. von Hans Holbein d. Ä., 1508. Der Stifter, Sohn des gescheiterten Verfassungsreformers, ist mit seiner Familie unter dem Jüngsten Gericht dargestellt, die vorreformatorische Auffassung vom Erlösungswerk durch Fürbitte*

angehörten, sondern auch dem städtischen Markt allgemein zugute kam.

Handwerk*

Augsburgs handwerklich-industrielle Leistung erfolgte in der hier behandelten Zeit wohl in erster Linie auf dem Textilsektor, aber auch die anderen Sektoren der Verarbeitung dürfen nicht übersehen werden. Sie werden schon ersichtlich aus der großen Zahl der zunächst in 17 Zünfte zusammengefaßten Gewerbe.

Eine Stadt, die um 1500 an die 35 000 und vor dem Dreißigjährigen Krieg wohl über 40 000 Einwohner zählte, hatte einen entsprechend großen Bedarf an Lebensmitteln. Dem dienten, abgesehen von den Kramern, Huckern, Kaufleuten und Gastwirten, von denen später die Rede sein wird, die Bäcker, Metzger, Fischer und Brauer. Die Zunft der Bäcker hatte 1536 142 Mitglieder, doch besaß nicht jeder Bäcker seinen eigenen Backofen. Bei der neuen Innungsbildung, die damals erfolgte, wurde zwischen »Sauer«- und »Süßbäcken« unterschieden. 1590 war die Zahl der Bäckereien auf 113 gestiegen, in der Folgezeit nahm sie weiter zu, 1615 betrug sie 135. Bis 1646 ging sie auf 89 zurück. Das Bäckerhandwerk, nach F. Blendinger mit dem Nahrungsmittelgewerbe überhaupt eine tragende Gruppe der Mittelschicht, überstand die Katastrophenzeit des Dreißigjährigen Krieges offenbar besser als die übrige Bevölkerung. Während die allgemeine Bevölkerung um mehr als 50 Prozent abnahm, waren es bei den Bäckern nur 34 Prozent. Der Aufschwung des Handwerks kam in der Errichtung eines neuen Zunfthauses durch Elias Holl (1602) zum Ausdruck. Unter den Bäckern wurde unterschieden zwischen Vorbäckern, die volles Meisterrecht hatten, und »Nachbäcken«, die verschiedenen Einschränkungen unterlagen, so daß sie praktisch nur halb soviel produzieren durften wie die Inhaber der vollen Gerechtigkeit. Unter den letzteren gab es solche mit einem, zwei und drei Knechten. Insgesamt waren die Bäcker durchschnittlich wohlhabend, aber wenige reich, nur drei zahlten mehr als 10 fl Steuern.

Nicht weniger wichtig als die Versorgung mit Brot war die Anlieferung von Fleisch. Die Zahl der Metzger erreichte nicht ganz diejenige der Bäcker. 1536 zählte ihre Zunft 120 Mitglieder. Vermögensstand und Organisationsgabe werden ersichtlich aus ihren Einkaufsgenossenschaften, die für den Auftrieb von ungarischen, böhmischen, ja auch polnischen »Ochsen« sorgten, und aus ihrer Rolle im Nachrichtenwesen.

Die Fischer wohnten in der vor dem Fischertor gelegenen Fischervorstadt. 1536 zählte die Zunft 83 Mitglieder. Bei der Neuordnung 1549 beließ man sie als selbständiges Gewerbe. Während des Dreißigjährigen Kriegs wurden ihre Häuser zerstört, aber 1635 zählte man immer noch 40 Fischer. Es gehörte mit zu den Auswirkungen der Reformation, daß die Fischer nicht nur ihre rechtliche, sondern auch ihre wirtschaftliche Stellung gegenüber dem Bischof und der Domdechanei, die die wichtigsten Teile der Fischrechte besaßen, ausbauen konnten. 1526 sicherte sich die Fischerzunft das dem Bischof zustehende Fergenamt und 1535 das dem Domdekan gehörige sogenannte Viertellehen in erblicher Weise.

Auffallend groß war die Zahl der Bierbrauer. 1536 zählten sie 135 Mitglieder. Dabei unterschied man 1549 solche, die Sauerbier, und solche, die Süßbier herstellten. Letztere faßte man damals mit den Gastwirten und Bierschenken in eine Innung zusammen. Die Weinschenken tat man zu den Salzfertigern, Salzladern und Unterkäufeln, die Obser dagegen mit den Huckern und Sailern zusammen.

Der Aufschwung Augsburgs als Wirtschaftszentrum kam in besonderem Maße dem Baugewerbe zugute, den Maurern, Steinmetzen, Dachdeckern, Zimmerleuten. Die stärkste Gruppe unter ihnen waren die Zimmerer. Ihre Zunft zählte 1536 203 Mitglieder, doch nicht alle von ihnen waren tatsächlich Zimmerer. Bei der Neuordnung von 1549 verfuhr man etwas willkürlich. Die Bildhauer und Maler wurden so mit den Goldschlägern, Glasern und Sattlern zu einer Innung zusammengeschlossen, während die Maurer mit den Zimmerleuten dem holzverarbeitenden Gewerbe zugeordnet wurden, das die Kistler anführten

---

* Erläuterungen zu unbekannten Berufsbezeichnungen finden sich am Ende des Anmerkungsteils S. 298.

und zu dem ferner Bogner, Büchsenschifter, Orgel-, Positiv- und Instrumentenmacher gehörten. Eine weitere Zunft bildeten Schäffler, Wagner und Drechsler.

Das metallverarbeitende Gewerbe war in Augsburg wohl nicht so stark vertreten wie etwa in Nürnberg, doch zählte die Zunft der Schmiede 1536 341 Mitglieder. Nach der Innungsordnung von 1549 gab es außer den Schmieden und Schlossern noch die Büchsenmacher, Uhrmacher, Windenmacher, Feilenhauer, Kannengießer, Nagelschmiede, Sporer, Messer-, Kupfer- und Kesselschmiede, Schleifer, Haubenschmiede, Schwertfeger, Plattner und andere Handwerker, »so mit dem Hammer arbeiten«.

Die Goldschmiede blieben davon abgesondert, sie wurden bezeichnenderweise mit den Silberkramern in eine Zunft zusammengefaßt. Die überragende Rolle Augsburgs als Zentrum des Fernhandels und der hohen Finanz äußerte sich besonders im Bereich der Goldschmiedekunst. Nach den Handwerksbestimmungen sollte jeder Goldschmied nur drei Gesellen und einen Lehrling halten dürfen. Die Bestimmungen wurden aber umgangen durch den Silberhandel. Man ließ zum Beispiel Halbfertigprodukte in kleineren Werkstätten anfertigen und übergab sie dann angesehenen Meistern zur endgültigen Herstellung umfangreicher Werke. Also Arbeitsteilung auf dem Weg des Verlags, wie sie ja von den Nürnberger Stückwerkern auch bekannt war. Setzte sich der Stadtschreiber Peutinger für eine freiheitliche Wirtschaftsverfassung ein, so konnte er offiziell hinsichtlich der Zunftbestimmungen nichts erreichen. Aber dieser Nachteil wurde dadurch ausgeglichen, daß besonders kostspielige große Aufträge an die führenden Kaufleute gingen, die daraus sich ergebende Einzelaufträge an die einzelnen Werkstätten verteilten. Bereits in der zweiten Hälfte des 16. Jahrhunderts treten hier die aus dem Goldschmiedegewerbe hervorgegangenen Silberhändler als Konkurrenten der großen Kaufleute hervor. Ihre Zahl betrug damals an die 30. Bei der Verteilung der Aufträge kam es zu einer vielfältigen Zusammenarbeit mit Spezialisten aus den verschiedensten Bereichen des Handwerks und Kunsthandwerks.

Die Zahl der Goldschmiede erfuhr eine laufende Zunahme. 1529 gab es deren 56, 1555 waren es 63,

1573 bereits 130 und 1594 gar 200. Im letzten Jahr waren 100 einheimische Gesellen und etwa 100 Lehrlinge in den Werkstätten tätig, dazu noch 24 auswärtige Gesellen. Dabei hieß es, daß sich etwa 300 Augsburger Gesellen auf der Wanderschaft befanden. Ein Register von 1615 nennt 199 Goldschmiede- und Juweliermeister mit 164 Gesellen. Zu den angesehensten gehörten die Drentwett. Das Goldschmiedegewerbe hatte für den Export eine ganz überragende Bedeutung erlangt. Augsburg hatte jetzt Nürnberg weit überflügelt. Modetrend und verstärkte Silberzufuhr begünstigten die Spezialisierung der Silberschmiede. Ging die Zahl von Gold- und Silberschmieden während des großen Krieges beträchtlich zurück, so brachten doch die Besatzungen der Schweden und dann der Kaiserlichen gerade ihnen beachtliche Aufträge ein.

Daß die Habsburger im 16. Jahrhundert in der Geschützgießerei führend waren, kam bei den guten Beziehungen von Maximilian und Karl V. zu Augsburg der Augsburger Geschützgießerei zugute. Als Kaiser Maximilian in der Stadt weilte, wurde 1501/02 ein Gießhaus errichtet. Die ersten Geschütze goß Niklas Oberacker von Konstanz. Gregor Löffler, der bedeutendste Geschützgießer seiner Zeit, kam von seiner Hauptarbeitsstätte Innsbruck mehrfach nach Augsburg. So finden wir ihn 1535/36 hier, um Bronzegeschütze für Spanien zu gießen. Ein weiterer großer Auftrag Karls V. fällt in das Jahr 1541. Löffler sollte 24 Kanonen gießen, die Kugeln zu 40 Pfund verschießen konnten. Jedes Geschütz sollte mit 18 Kugeln zu 40 Pfund versehen sein. Dazu kamen 24 halbe Kanonen mit Kugeln zu 24 Pfund, jedes Geschütz mit 20 Kugeln, 18 Viertelkanonen mit 26 Kugeln zu 21 Pfund, 8 »Culebrinas« mit 34 Kugeln zu 12 Pfund, 18 Stück »gewöhnlicher Artillerie« mit 28 Kugeln zu 6 Pfund und weitere 12 Stück dieses Kalibers, für jedes Stück 34 Kugeln. Der Guß mußte spätestens innerhalb der nächsten 20 Monate abgeschlossen sein. Die Herzöge von Bayern wurden ersucht, die erforderliche Kohle und anderen Bedarf durch Löffler gegen Bezahlung aus ihrem Land ausführen zu lassen. Nach einer Notiz von 1543 waren 152 Stück verschiedenen Kalibers, die von Löffler gegossen wurden, nach Spanien zu schicken. Löfflers Tätigkeit im Augsburger Gießhaus ist bis 1544 belegt. Für dieses Jahr ist der Guß von 36 Feldgeschützen nachgewiesen. Löffler befand sich damals in Innsbruck, mußte sich dann aber wegen dieses Auftrags »ungesäumt« nach Augsburg begeben. Es ging um die Rüstung für den bevorstehenden Feldzug gegen Frankreich. 1544 wurde Büchsenmeister Schlintz Löfflers Nachfolger im Gießhaus.

Unter den Plattnern glänzte der Name des Colman Helmschmied. Der junge Karl V. war von seiner Kunstfertigkeit so fasziniert, daß er ihn ganz an seinen Hof binden wollte: 1521, 1526 und 1529 weilte Colman in Spanien. Verschiedene der von ihm geschaffenen Rüstungen bewahrt heute die Armeria in Madrid. Nach Colmans Tod (1532) übernahm das Erbe der Sohn Desiderius Helmschmied. Auch der Plattner Hans Lutzenberger arbeitete für die Spanier. Besonders während des Reichstages von 1548 ließen verschiedene spanische Adlige Harnische anfertigen. Mit der Bezahlung haperte es manchmal, und Anton Fugger, der die Bestellungen übernehmen und für ihre Ausführung sorgen mußte, stieß manchen Stoßseufzer aus, solange er solcher Kommissionen nicht enthoben war.

In der Zeit Philipps II. konnte sich die Landshuter Konkurrenz gegenüber den Augsburger Meistern durchsetzen. So fertigte der Landshuter Franz Großschedel für den unglücklichen Infanten Carlos einen vergoldeten Harnisch. Den Transport zusammen mit zwei Augsburger Schreibtischen über Mailand nach Genua übernahm die Firma Fugger. Der Prunkharnisch kostete 375 fl. Harnische, wie sie die Landsknechte im Kampf benutzten, kosteten um die Wende zum 17. Jahrhundert zwischen fünf und acht fl, ein Reiterharnisch oder »Küriß« 35 fl; sein Preis konnte auch bis 150 fl ansteigen. Berücksichtigen wir die Preissteigerung, die insbesondere seit Mitte des 16. Jahrhunderts herrschte, dann sind 375 fl trotzdem ein sehr hoher Preis. Hier handelte es sich um einen ausgesprochenen Luxusartikel, und es war die Frage, wie lange die Augsburger Plattner sich mit solchen hochspezialisierten Produkten behaupten konnten. Sie mußten sich überlegen, ob es nicht vorteilhafter war, daneben billigere Massenware herzustellen. Wir wissen, wie kritisch es damals um die Augsburger Plattnerei stand. Die Umstellung auf Massenerzeugnisse gelang vornehmlich Anton Pfef-

fenhauser, der zwar auf die »subtile« Arbeit nicht ganz verzichtete, aber mit der Herstellung von Massenware ein vermögender Mann wurde.

Die Rotschmiede, die nicht so zahlreich vertreten waren, wurden 1549 mit den Kramern, Säcklern, Nestlern, Gürtlern, Spindlern, Bürstenbindern, Ringlern, Nadlern, Hutern, Beinsiedern zu einer Innung zusammengeschlossen.

Zur Innung der lederverarbeitenden Gewerbe gehörten die Lederer mit den Weißgerbern und Pirmentern, während die Kürschner eine eigene Innung bildeten, ferner Schuster, Schneider, dann Müller, Floßleute und Sägmüller, Bader und Balbierer.

Wesentlich größeres Gewicht hinsichtlich der Menge produzierter Ware und des Einsatzes von Arbeitskräften hatte das Textilgewerbe. Im Jahre 1536 zählte die Zunft der Weber 1451 Mitglieder, die der Lodweber 62. Bei der Neuordnung 1548 wurden die Weber mit den Garnsiedern, Kartern, Blättersetzern und anderen Hilfsarbeitern zu einer Innung zusammengefaßt. Eine eigene Innung bildeten die Tuchscherer, ebenso die Geschlachtgewander (Tuchmacher). Die Lodweber hatten jetzt etwa 40 Mitglieder. Daneben gab es Seidenverarbeitung, insbesondere aber die Herstellung von Leinen und Barchent. Dank neuer Forschung sind wir über die Weberei ab der Mitte des 16. Jahrhunderts bis zum Dreißigjährigen Krieg informiert. Im Jahr 1601 gab es in der Stadt 2927 Meister mit 3677 Webstühlen. 1612 betrug die Zahl der Meister 3024, von denen 2199 selbständig arbeiteten. 1595 kamen etwa 410 000, 1612 gar 430 636 Barchenttuche zur Schau aufs Weberhaus.

Diese starke Betonung eines Artikels barg die Gefahr der Überproduktion in sich. Verglichen mit den Nürnbergern waren die Schwaben und so auch die Augsburger weniger wendig in der Anpassung an den neuen modischen Markt, auf dem nicht nur die ostmitteldeutschen Leinensorten, sondern auch die niederländischen und englischen Erzeugnisse der »nouvelles draperies« sich einen wachsenden Anteil sichern konnten. Die verstärkten Absatzschwierigkeiten sollten sich erst im Dreißigjährigen Krieg voll auswirken.

Konnte es Augsburg mit Nürnberg in der Färberei auch nicht aufnehmen, so erlangte diese doch mit dem Aufstieg der Weberei verstärktes Gewicht. Es gab zwei Hauptzweige, Schwarz- und Blaufärber, die zunächst zur Zunft der Weber zählten, aber später ein eigenes Handwerk bildeten. Wegen der starken Zunahme wurde die Zulassung zu den Meisterrechten 1602 erschwert. Vor dem Dreißigjährigen Krieg gab es verschiedene Färberhäuser in der Stadt und noch mehr vor den Stadtmauern.

Einen wichtigen Anteil an den kunstvollen Gemeinschaftsarbeiten hatten die Kistler, deren Schreibtische und andere Erzeugnisse weit über Augsburg hinaus und ins Ausland bis nach Spanien versandt wurden. Dazu kamen Stein-, Diamant- und Rubinschneider, Uhr- und Instrumentenmacher, Kunstschmiede, Kunstschlosser und Kunstschreiner.

Einheimische und fremde Künstler schufen Tafelbilder, Kupferstichwerke, arbeiteten an den verschiedenen Brunnen, die neben den Bauten von Elias Holl wesentlich dazu beitragen sollten, daß Augsburg im Urteil der Fremden als schönste Stadt Deutschlands galt. Diese Bauwerke kosteten viel, aber sie gaben auch der Handwerkerschaft der Stadt Arbeit und Gelegenheit zu besonderen Leistungen.

Großgewerbe

Die gewerbliche Produktion der Stadt beruhte im wesentlichen auf der Basis des Handwerks. Großgewerbe gab es unter anderem in der Form des Verlags, der, in der Stadt verboten, vielfach aufs Umland ausgriff. Für großgewerbliche Betätigung im Bereich der Stadt waren entsprechende Mühlenwerke erforderlich, wozu noch die Beschaffung von Rohstoffen kam. Zwar zählte man 1588 am Unterlauf der Singold 38 Mühlräder, doch blieben die Möglichkeiten insgesamt eher begrenzt; abgesehen von der nicht durchgängig betriebenen Geschützgießerei gab es wenig eigentliche Großbetriebe. Die Zuckerraffinerie, die Konrad Rott in den sechziger Jahren errichtete, hatte auch nur kurzen Bestand. Textilproduktion und Fernhandel begünstigten das Aufkommen der Papiererzeugung, doch konnte sich neben den beiden Papiermühlen, die es zu Ausgang des 15. Jahrhunderts an der Singold gab, eine 1503 angelegte dritte nicht behaupten, es blieb dann bei zweien. Die obere Mühle hatte zu Beginn des 17. Jahrhunderts 15 Stampflöcher und beschäftigte neun, später 13 Ge-

sellen. Im zweiten Jahrzehnt kam wieder eine dritte hinzu (am Klingelbach), sie allein entging während der Belagerung durch die Schweden der Zerstörung. Augsburg erlebte bis in die zwanziger Jahre des 16. Jahrhunderts eine erste Blüte des Buchdrucks mit Erhard Ratdolt, Johann Schönperger (seit 1508 Hofbuchdrucker Kaiser Maximilians) und der Presse des Sigmund Grimm und des Max Wirsung als Hauptrepräsentanten. In der Folgezeit ragt aus den ein halbes Dutzend und mehr zählenden Werkstätten diejenige von Heinrich Steiner (bis 1547) hervor. Bedeutendes leisteten ab 1594 der mit vier Druckern arbeitende Verlag von Markus Welser und David Höschel, dann das von Dominikus Custos und seinen Stiefsöhnen Lukas und Wolfgang Kilian betriebene Geschäft mit dem illustrierten Buch.

Auswärtige gewerbliche Unternehmungen

Augsburgs Rolle als Mittelpunkt handwerklicher Tätigkeit und gewerblichen Unternehmertums wird nur zum Teil erfaßt, wenn man den Blick lediglich auf den mauerumsäumten Komplex der Stadt und das Hinterland im Lechbereich konzentriert. In Verbindung mit dem Fernhandel und Bankgeschäft griff frühindustrielle Betätigung weit hinaus. Ab 1509 errichteten die Brüder Hoechstetter in Pflach bei Reutte ein Messingwerk. Georg Mager, der den Betrieb nach dem Hoechstetterschen Konkurs übernahm, stammte wahrscheinlich auch aus Augsburg. Später führte ein Neffe des Ambrosius, Sebastian Hoechstetter, die Glashütte in Hall in Tirol. Während das Pflacher Messing meist nach Süden exportiert wurde, gelangte Haller Glas auch nach Augsburg. Beim Unternehmen der Fugger bildeten das Metallgeschäft, Bergbau und Verhüttung einen Hauptpart dieser Firma. Das Kupferunternehmen hatte seinen Schwerpunkt zunächst im Tirolischen. Es erstreckte sich von Jenbach und Schwaz bis Kitzbühel und nach Südtirol. Dazu kamen Investitionen in Kärnten, wo die Fuggerau bei Villach mit einem Schmelz- und Messingwerk das Zentrum bildete.

Jakob Fugger schuf in Verbindung mit dem Bergbauspezialisten Johann Thurzo ab 1494 ein Unternehmen im Raum von Neusohl (Banská Bystrica), des weiteren eine Hütte in Myslice bei Krakau, eine Hütte in Hohenkirchen im Thüringischen, die wegen des günstigen Standorts hierher verlegt wurde. Zeitweise gab es eine Geschützgießerei in Zengg (Senj) an der dalmatinischen Küste. Betriebe zur Goldgewinnung wurden in Kremnitz (Kremnice, Slowakei) und Reichenstein (Schlesien) geschaffen, ein Werk zur Kupferverarbeitung wurde zeitweise auch in den Niederlanden unterhalten. Anton Fugger gab die »ungarische« Pacht 1546 auf, um sich nun verstärkt ab 1548 auf den »Tiroler und Kärntner Handel« zu konzentrieren, der aus dem »Gemeinen Handel« ausgelöst wurde. Er umfaßte Anlagen in Nord- und Südtirol sowie in Kärnten, unter anderen ein Hüttenwerk in Lützelfelden und ein Hammerwerk.

Zu Ausgang des 15. Jahrhunderts waren die Gossembrot, Baumgartner und Herwart, später die Hoechstetter die wichtigsten Konkurrenten der Fugger im Tiroler Berggeschäft. Im Jahre 1548 waren neben den Fuggern noch Hans Baumgartner von Baumgarten, Anton Haug, Sebastian Neidhart und Mitverwandte, dann die Gebrüder Hans Paul und Hans Heinrich Herwart, Matthias und Christoph Manlich Mitgewerken. Die Welser investierten in Mitteldeutschland und Böhmen; hier war Konrad Mair am Zinn interessiert.

Ab 1565 beteiligten sich David Haug, Hans Langnauer und Melchior Linck in England an der königlichen Bergwerksgesellschaft, die die Kupfervorkommen bei Keswik in der Grafschaft Cumberland und die Bleivorkommen zu Kolbeck ausbeutete. Daran war unter anderen auch Daniel Hoechstetter beteiligt. Die Quecksilbergruben von Idria, die nach den Hoechstettern in den Händen der Baumgartner und Herwart lagen, wurden ab 1566 von Haug, Langnauer und Linck übernommen. In Kärnten waren neben den Fuggern mit ihrem Villacher Bleiunternehmen in der zweiten Hälfte des 16. Jahrhunderts die Putz tätig, während in der Steiermark Aloys Prantmayr im Bergbau investierte. Nachdem Matthäus Manlich die slowakische Kupferpacht aufgegeben hatte, übernahm die Gesellschaft Haug-Langnauer-Linck den Verlag, anschließend Melchior Manlich mit Abraham Katzbeck und ab 1569 Wolf Paller d. Ä. Sein gleichnamiger Sohn mußte dann 1605 den Zipser Lazarus Henckel von Donnersmarck beteiligen. Hinzu kamen noch die Rehlinger. Die Fugger schließlich behielten

mit der Maestrazgopacht die Quecksilberausbeute in Almadén bis ans Ende des Dreißigjährigen Krieges bei. Schließlich sollten wir nicht das Weißenhorner Barchentunternehmen übersehen, das Anton Fugger in den dreißiger Jahren aufbaute, zwei Jahrzehnte später allerdings wegen der Ulmer Konkurrenz aufgeben mußte.

Transportwesen

Augsburg verdankte seinen wirtschaftlichen Aufstieg, abgesehen von der Tatkraft, dem Fleiß und dem Einfallsreichtum seiner Bewohner, der günstigen Verkehrslage. Der Lech, dessen Wasser in Augsburg selbst durch die zufließende Wertach verstärkt wurde, bildete eine wichtige Verkehrsachse von den Alpen zur Donau, insbesondere für den Transport von Massengütern wie Holz, Steinen, Metallen, Wein. Auch auf der Wertach wurde geflößt. Dazu kamen die Landverkehrsverbindungen. Auf der Westseite des Lechs verlief eine der wichtigsten Fernrouten, die Oberdeutschland mit den Gebieten südlich der Alpen verband. Ein Strang kam von Nürnberg her. In ihn mündete in Donauwörth ein zweiter Strang ein, der beim Main in verschiedenen Ästen ansetzte: einer in der Messestadt Frankfurt, der andere in dem verkehrsgünstig gelegenen Würzburg, dazwischen ein weiterer in Miltenberg. Im Nürnberger Ast sammelte sich der Verkehr, der aus dem gewerbereichen Mitteldeutschland über Erfurt und Bamberg, aus dem Messezentrum Leipzig und aus Schlesien sowie aus den Handelsgebieten in Böhmen kam. Nach Süden führte eine Hauptroute zunächst am Lech entlang, um sich dann in Schongau in die »obere« und die »untere« Straße zu gabeln. Die untere Straße führte nach Oberammergau, Partenkirchen, Mittenwald, um über Seefeld und Zirl Innsbruck zu erreichen. Die obere Straße, die etwas höher und länger war, ging von Schongau nach Füssen, dann über Reutte und die Ehrenberger Klause, nahm schließlich die Richtung Imst und Landeck. Vom Inntal aus gelangte man über den Reschenpaß oder den Brenner nach Italien. Dazu kam, in östlicher Richtung von Augsburg, die Salzburger Straße, die man über München erreichte.

Des weiteren gab es eine Linie, die über Memmingen

nach Lindau führte. Von hier ging es das Rheintal aufwärts über einen der Graubündner Pässe, von denen der Septimer, wie Bestimmungen von 1498 und 1499 zeigen, deutlich günstiger war. Über Chiavenna und Como war dann der Weg in die Lombardei mit Mailand als Hauptanziehungspunkt offen. In südwestlicher Richtung gelangte man von Konstanz aus nach Zürich, von da über Bern und Freiburg an den Genfer See und von Genf über Chambéry nach Lyon bzw. das Isèretal abwärts weiter südlich ins Rhonetal nach Südfrankreich und Spanien. Schließlich sind noch die Routen über Ulm ins Rheintal zu beachten, die verschiedene Möglichkeiten offenließen, um nach Lothringen, Nordfrankreich sowie in die südlichen und nördlichen Niederlande zu kommen. Und nicht zu übersehen die Verbindung zur Donau über Aichach, Schrobenhausen nach Ingolstadt oder über München und Landshut nach Regensburg.

In Augsburg selbst dienten dem Transportwesen Ballenbinder und Lader (oder Aufleger). Ihnen standen ein Aufgeber und ein Gastgeber (oder Hauswirt) vor. Eine Neuerung war der Gutbestätter, der die Ankunft der Fuhrleute aufschreiben und sie wieder abfertigen mußte. Für die Flöße gab es die »Lände« unterhalb Haunstetten; zum Teil luden die Floßleute auch eine Meile oberhalb Haunstetten ab, wodurch den Kaufleuten zusätzliche Kosten für den Transport in die Stadt erwuchsen.

Besonders ausgeprägt war die Organisation des Transports auf den Alpenrouten in der Form des Rottfuhrwesens, das heißt die Beförderung von Gütern durch die in einer bestimmten Reihenfolge eingesetzten Fuhrleute von einer Rottstation zur anderen. In der Schweiz bildeten einzelne Gemeinden eine Rott, in Bayern und Tirol dagegen nur eine beschränkte Zahl von Gemeindegenossen, die sich auf bestimmte Stationen mit Lehnsverleihungen stützten. An den einzelnen Stationen gab es, bereits seit der Wende zum 16. Jahrhundert deutlicher ausgeprägt, sogenannte Pallhäuser zum Lagern der Waren. Aus den Rottbestimmungen wissen wir, daß ein Wagen mit einem Joch, das heißt mit dem Gespann von zwei Pferden oder Ochsen, zwei bis zweieinhalb Säume oder acht bis zehn Zentner geladen hatte.

Neben der Landrott gab es die Wasserrott, wobei für Augsburg vornehmlich diejenige auf dem Lech von

Füssen bzw. Schongau flußabwärts wichtig war. In Füssen wie in Schongau hatte eine eigene Flößerzunft den Transport in den Händen. Dabei hatten die Floßmeister wieder eine herausragende Stellung, da ihnen im besonderen die Beförderung der Kaufmannswaren übertragen war. Der Lohn des Floßmeisters wurde von den Augsburger Kaufleuten auf anfangs fünf, später zehn Jahre festgesetzt. Er wiederum entlohnte von sich aus die für ihn arbeitenden Flößer.

Die Transportdauer hing von den Bestimmungen der Rottordnungen ab. Von Schongau nach Ammergau sollte ein Wagen in einem Tag fahren, von Ammergau nach Partenkirchen in einem halben Tag, von Partenkirchen nach Mittenwald und von Mittenwald nach Zirl in je einem halben Tag. Die Wasserrottordnungen enthielten keine so genauen Bestimmungen. Das ließen die unterschiedliche Wasserführung des Lechs und im Winter die häufigen Eisgänge nicht zu. Neben dem Rottfuhrwesen organisierten Rottbauern und andere Fuhrwerksbesitzer einzelner Rottorte für Gewürze und andere Spezereien sowie sonstige eilige Kaufmannswaren den Transport auf »Eigenachs«-, »Aditura«- oder »Strackwägen«. Man nannte das auch Nebenfuhren. Die auf diese Weise beförderten Güter wurden nicht ab- oder umgeladen, die Fuhrleute verrichteten ihren Dienst auch an Feiertagen sowie nachts. Besonders im Sommer blühte dieses Geschäft. Bauern der Murnauer und Weilheimer Gegend fuhren mit Heu und Getreide nach Nordtirol und luden für die Rückfahrt in Innsbruck Kaufmannsgüter, die mit »Tarviswägen« von Venedig nach der Tiroler Hauptstadt kamen. Bauern aus Bayern oder Nordtirol, die leer nach Bozen fuhren, um Südtiroler Wein zu laden, brachten auf der Hinfahrt Eigenachsgüter der Augsburger Kaufleute nach Bozen oder Lienz. Gegen solche Eigenachsfuhren wehrten sich die Rottfuhrleute zeitweilig durch Repressalien. Über dieses Verhalten beschwerten sich die Augsburger Kaufleute, so im Jahre 1530. Die Augsburger Kaufleute durften »von alters her« ihre Güter »auf einer Achse« nach Bozen schaffen lassen. Wenn sie in Schongau abgeladen wurden, konnten Fuhrleute der Schongauer Gegend oder von Mittenwald, Partenkirchen, Ammergau und Füssen sie auf einer Achse nach Bozen bringen. Die Eigenachsfuhren mußten an den Rottorten höhere Niederlagsgelder zahlen, auf der unteren Straße doppelt soviel wie auf der oberen, was sicher damit zusammenhing, daß der Verkehr auf der Brennerstraße größer war.

Ergaben sich Schwierigkeiten zwischen den Kaufleuten und den Rottfuhrleuten, dann griff die betreffende Landesherrschaft ein, bei der damaligen territorialen Zersplitterung die Regierung des Herzogtums Bayern, des Bistums Augsburg, des Bistums Freising (für das Werdenfelser Land), der Grafschaft Tirol und die Signorie von Venedig. Die Stadt Augsburg setzte im Jahr 1594 als ständiges Aufsichtsorgan Rottdeputierte ein, die alle zehn Jahre für die Erneuerung oder Bestätigung der alten Rottverträge sorgten und die Rottstätten von Augsburg bis »zum Seefeld« visitieren mußten.

Die Einrichtung von besonderen Spediteuren, in der Sprache der Zeit Gutfertiger oder Ballenführer, die die Fertigung der Güter von und nach Venedig gewerbsmäßig betrieben, war in den zwanziger Jahren des 16. Jahrhunderts durchaus schon eingebürgert. In Bayern und Tirol treten solche Gutfertiger zum erstenmal um die Wende vom 15. zum 16. Jahrhundert auf. Den Rottleuten war diese Neuerung nicht angenehm, und sie suchten sich dagegen zu wehren. Ganz allgemein setzten sich seit Ausgang des 16. Jahrhunderts gegenüber dem Rottwesen die Gutfertiger verstärkt durch. Nach den Wünschen, die die Augsburger Kaufmannschaft dem Rat vortrug, sollten die Gutfertiger allerdings nicht mehr als 24 bis 27 Wagen zu einer »Condutta« annehmen, die Condutta sollten sie selbst begleiten und nicht, wie bisher, die Wagen durch wechselnde Knechte führen lassen.

In Augsburg waren zu dieser Zeit drei Gutfertiger mit dem Venedig-Transport befaßt. Um das Rottwesen besser überwachen zu können, wurden ständige Deputierte eingesetzt, außerdem 1597 eine eigene Gutfertigerordnung erlassen. Nach ihr sollte die für eine Condutta zulässige Zahl auf der unteren Straße 30, auf der oberen Straße 35 Wagen betragen. 1611 wurde die Zahl der zulässigen Wagen auf 20 bzw. 25 herabgesetzt, da inzwischen der Baumwollbezug von Venedig nachgelassen hatte. Die Augsburger erhielten jetzt auch Baumwolle aus Frankreich und den Niederlanden. Dem Beispiel Nürnbergs folgend, das 1587 eine Güterbestetterordnung erlassen hatte, erließ Augsburg eine solche Ordnung im Jahre 1612.

Bezeichnend für die Entwicklung in der hier behandelten Periode ist die konstant fortschreitende Lohnsteigerung. Gegenüber dem Beginn des 16. Jahrhunderts hatten sich die Rottlöhne am Ende verdoppelt. Am Anfang des Jahrhunderts betrug der Rottlohn für den Transport eines Saums von Venedig nach Augsburg 8 fl, um 1565 12 fl, am Ende des Jahrhunderts aber 16 fl und 1611 16½ fl. Ein halbes Jahrhundert später kostete die Fracht 22 fl 15 kr. Daneben war bezeichnend der Rückgang der Zahl der Rottführer zugunsten der Eigenachsführer. Die Rottleute, die ja auch Landwirtschaft betrieben, kamen dem wachsenden Güterverkehr nicht mehr nach. Nach einem Bericht der Augsburger Rottdeputierten von 1611 wurde damals ebensoviel Wolle durch die Wollhändler selbst wie durch die Rottfuhrleute von Venedig nach Augsburg befördert, was bewirkte, daß den Augsburger Gutfertigern eine wachsende Bedeutung zukam. Gleichzeitig war die Landesherrschaft bestrebt, das Transportwesen mehr und mehr zu reglementieren.

Im Gegensatz zum Rottwesen in den Alpen- und Voralpengebieten war das Transportwesen auf den anderen großen Routen (Richtung Lindau, Ulm, Donauwörth, München) nicht so gut organisiert. Hier lag die Organisation stärker in den Händen der Kaufleute und der Gutfertiger. Ein gutes Beispiel bieten die Fugger, die ihren Barchent von Weißenhorn gutenteils durch Frammersbacher Fuhrleute nach Antwerpen befördern ließen.

Nachrichtenwesen und Post

Im Nachrichtenwesen stellte die Einrichtung der Post die bedeutendste Errungenschaft der Zeit dar. Nach dem Vorbild Ludwigs XI. von Frankreich und italienischen Mustern baute die aus dem Bergamasker Gebiet stammende Familie Taxis seit Ausgang der achtziger Jahre des 15. Jahrhunderts ein Postsystem auf, das sich den Machtverhältnissen anpaßte und so die für die Augsburger Kaufleute wichtigen Routen von Innsbruck bzw. Augsburg in die Niederlande und nach Rom bediente. Der entscheidende Fortschritt lag im regelmäßigen Wechsel von Boten und Pferden in bestimmten Meilenabständen und dem Betrieb bei Nacht, wobei die einzelnen Stationen (posta) auch

Übernachtungsmöglichkeiten boten. Gewöhnlich betrug der Abstand fünf deutsche Meilen[5]. Maximilians Aufenthalte kamen der Post in Augsburg zugute. 1515 wird hier Anton von Taxis als Postmeister erwähnt. Unter Karl V. gab es zeitweilig neben einem kaiserlich-spanischen auch einen Postmeister der österreichischen Hofpost und damit verbundene Rivalitäten. Das Postamt ging dann in der Folgezeit als erbliches Lehen jeweils an einen Taxis über. Das Augsburger Amt wurde das wichtigste auf dem niederländisch-italienischen Postzug. Anfang des 17. Jahrhunderts beförderte man im Jahr an die 12 000 Briefe. Die Gebühr war nach Entfernung und Gewicht gestaffelt. Die Geschwindigkeit der Postboten betrug dem Gelände entsprechend zwischen sechs und zehn Kilometer in der Stunde. Nach Mailand brauchte die Post sechs Tage, nach Venedig acht, ebensoviel nach Antwerpen, wobei in Köln ein Tag Liegezeit eingeschaltet wurde. Nach einer kurzen Unterbrechung durch eine schwedische Post unter Daniel Stenglin konnte sich die Taxissche Post endgültig durchsetzen und den städtischen Botendienst zum Aufgeben zwingen. »Wegscheiben« und Reisebüchlein halfen dem Reisenden. Vom Reisebüchlein des Georg Mayr (1597) wurden in kurzer Zeit 16 000 Stück abgesetzt. Das Postnetz der Taxis wurde da benutzt, wo es sich als vorteilhaft erwies. Lukas Rem und Christoph von Stetten berichten uns, wie sie die »Posten« von Augsburg nach den Niederlanden und umgekehrt benutzten. Im übrigen verließ man sich auf die eigenen Nachrichtenverbindungen und Transportmöglichkeiten und arbeitete dabei mit befreundeten Kaufleuten zusammen. Der persönliche Nachrichtendienst, den Jakob Fugger nach der Frankfurter Wahl Karls V. unterhielt, wird ersichtlich aus den erhaltenen Briefen an die Wettiner Fürsten. Anton Fugger und dessen Neffen führten dieses System fort. Aber nicht nur die Fugger pflegten solche Nachrichtenverbindungen, sondern auch die anderen großen Kaufleute. Von Conrad Peutinger wissen wir, daß seine Korrespondenz unter anderem der Nachrichtenvermittlung in überseeischen Angelegenheiten insbesondere über Lissabon diente. Zu diesem Nachrichtendienst der Kaufleute kam das Botenwesen der Städte, das ebenfalls den Kaufleuten zur Verfügung stand.

Einige Daten mögen die Geschwindigkeit der Nachrichtenübertragung illustrieren. Aufgrund des Taxisschen Vertrags von 1505 sollten Briefe von Brüssel nach Innsbruck im Sommer in fünfeinhalb Tagen, im Winter in sechseinhalb Tagen befördert werden. Wenn ein Kaufmann mit seinem eigenen Pferd von Augsburg nach Antwerpen ritt, brauchte er 13 bis 14 Tage. Mit der Post ging es wesentlich schneller. Lukas Rem gelangte im Oktober 1515 mit der Post in sechs Tagen nach Antwerpen. Auf dem Landweg durch Frankreich konnte man mit Postpferden in 15 Tagen nach Spanien gelangen. Die Strecke von Barcelona nach Sevilla konnte ein schneller Bote in fünf, ja viereinhalb Tagen bewältigen. Anderthalb Jahre und mehr brauchte es, wenn der Fuggerfaktor in Sevilla einen Auftrag in Neuspanien erledigt haben wollte, zwei Jahre, bis man in Sevilla Nachricht aus Peru hatte. In Lissabon wartete man im günstigsten Fall anderthalb Jahre auf Bescheid aus Ostindien.

Die Postgebühren waren hoch. Mit der gewöhnlichen Post kostete ein Brief von Augsburg nach Antwerpen und umgekehrt einen Gulden. Besonders teuer waren Extraposten. Der Fuggersche Faktor Bernhard Stecher zahlte 1518 für zehn »eigene« Posten, die er von Antwerpen nach Augsburg schickte, und für drei weitere eigene Posten von Augsburg nach Antwerpen 130 Gulden, für eine Post zehn Gulden. Die Kosten für Reise und Postgebühren wogen für die Augsburger Unternehmer allerdings weniger schwer als der Zeitverlust. Weil manche Sendung verlorenging, vor allem in Kriegszeiten, schickte man Briefe gleichen Inhalts oft in zwei- oder dreifacher Ausfertigung auf zwei oder drei verschiedenen Routen.

Im Lauf des 16. Jahrhunderts wurde das private wie das öffentliche Nachrichtenwesen weiter ausgebaut. In der zweiten Hälfte des Jahrhunderts bildeten die »Fuggerzeitungen« den bedeutendsten Komplex handgeschriebener Nachrichtenübermittlung. Von Mitgliedern der Familie organisiert, trugen sie Neuigkeiten nicht nur aus den verschiedenen Ländern Europas, sondern auch aus dem Orient bis Indien und aus Südamerika zusammen. Einer der zahlreichen Korrespondenten, die dafür arbeiteten, war der Kassierer Hans Merer, der von 1585 bis 1595 jede Woche aus den Zeitungen der Fugger eine Auslese zusammenstellte und diese seinem Schwager, dem

Regensburger Stadtkämmerer Stephan Fugger, sandte.

In dieser Zeit (ab 1573) unterhielten Jeremias Krasser und Jeremias Schiffle bereits ein gewerbsmäßiges Nachrichtenbüro. Auch die Postmeister machten aus der Nachrichtenübermittlung einen Nebenverdienst. 1615 zählte man in Augsburg sieben »Zeitungsschreiber«. Inzwischen ermöglichte der Buchdruck auch die Veröffentlichung gedruckter Zeitungen, die ähnlich wie die Flugblätter oft recht sensationell aufgemacht waren. Als ältester Druck, der den Titel »Newe Zeytung« trägt, gilt die »Newe Zeytung von Orient vnd Auffgange«, die 1502 erschien. Am bekanntesten wurde die um 1514 von dem aus Reutlingen stammenden Erhart Oeglin veröffentlichte »Copia der Newen Zeytung auss Presillg Landt«. Während des Dreißigjährigen Krieges veröffentlichte Andreas Aperger (geb. 1598) zahlreiche »Newe Zeytungen« über die Geschehnisse seiner unruhigen Epoche.

Der Augsburger Drucker Michael Manger begann 1593 seine »Newen Zeytungen« nach Nummern zu zählen. Um 1600 begann man Wochenblätter, meist politischen Inhalts, zu drucken. Das älteste dieser Wochenblätter, der »Aviso« aus dem Jahre 1609, ist allerdings, wie eine lange Diskussion ergeben hat, nicht in Augsburg, sondern in Norddeutschland gedruckt worden, wobei sich Helmstedt und Bremen den Rang streitig machen.

Lokalhandel und Regionalhandel

Man kann drei Kreise unterscheiden, innerhalb derer sich das Handelsleben abspielte, zunächst den Lokalhandel innerhalb der Mauern und des Etters (das heißt innerhalb des Bannmeilenbezirks). Zum Lokalhandel gehörten der Umsatz von Getreide an der Schranne bei St. Moritz, bei den geistlichen und bürgerlichen Getreidekästen, der Verkauf von Backwaren in den Brothäusern, im Bäckerhaus und bei den Bäckern selbst, die Versorgung mit Fleisch bei den Metzgern, mit Fisch bei den Fischern und mit Holz auf dem Holzmarkt. Zum Bereich des lokalen Handels kann man auch noch die nahe gelegenen Ortschaften (Oberhausen, Haunstetten, Inningen, Hainhofen, Pfersee, Kriegshaber und Lechhausen) zäh-

len, deren Versorgung und sonstiger Warenaustausch eng mit dem der Stadt verflochten waren.

Der Regionalhandel umfaßte den Umsatz mit dem schwäbischen und bayerischen Hinterland. Hier ging es um die zusätzliche Versorgung der städtischen Bevölkerung mit Getreide, Brot, Fleisch und anderen Lebensmitteln, mit Branntwein, Holz als Brenn- und Baumaterial, Steinen und Erden zum Hausbau und für die Befestigungsanlagen. Augsburgs bescheidenes Territorium vornehmlich im Süden bestand wohl meist aus Wald, doch war man auf Zufuhren vom oberen Lechgebiet und aus Bayern angewiesen. Die Versorgung mit Getreide verlangte die Einbeziehung des Hochstifts, der Besitzungen von Klöstern, Stiftungen und weltlichen Grundherren im Schwäbischen; ferner lieferten Bayern sowie die pfälzischen Gebiete nördlich der Donau und das Stift Eichstätt Getreide. Einige Beispiele mögen die verschiedenen Bezugsmöglichkeiten für Getreide illustrieren. Im Jahre 1640 kamen 32 Karren mit Getreide in die Stadt, 17 aus Bayern und 15 aus Schwaben. Ein Karren faßte dabei drei Schaff. Eine Übersicht über das von den Proviantherren zwischen Februar 1622 und Sommer 1623 gekaufte Getreide zeigt, daß 2235 Schaff von verschiedenen Beauftragten des Bischofs stammten, das Spital zum Heiligen Kreuz lieferte 1881 Schaff, die St.-Jakobs-Pfründe 1070, das Reichsstift St. Ulrich 508, Hl. Kreuz 385, St. Moritz 344 und St. Georg 350 Schaff. Dazu kamen vom Kaufmann Balthasar Lorenz 490 Schaff. Die bayerischen und pfälzischen »Pässe« waren allerdings seit Januar 1622 einige Monate lang gesperrt; die dortigen Lieferanten fielen damals aus. Weitere Lieferungen stammten von den Liegenschaften wohlhabender Bürger, so des Stadtpflegers Imhof, des Johann Baptist Hainzel, des Marx Conrad Rehlinger, des Wolfgang Paller, des Hans und des Christoph Rehlinger von Haltenberg und des Wolfgang Langenmantel. Zusätzliche kleinere Einkäufe wurden in der Dillinger und Donauwörther Gegend sowie im Raum um Mindelheim getätigt. In normalen Zeiten kam das meiste Getreide aus dem Bayerischen. Die wichtigsten Versorgungsplätze waren die Schrannen in Schrobenhausen und Aichach, dazu noch Landsberg und Friedberg. Auch Lechhausen gehörte zu den Orten, die die Stadt belieferten. Der mögliche Radius für die Versorgung mit Getreide war verhältnismäßig begrenzt, sofern der Wasserweg nicht zur Verfügung stand. Man hat errechnet, daß bei einer Entfernung von 250 Kilometern bereits die Hälfte einer Getreidefahrt für Futter gebraucht wurde. 200 Kilometer war die Grenze für Getreidefrachten. Im Jahre 1600 wurden für 800 Schaff Getreide aus dem Pfalz-Neuburgischen 24 000 fl gezahlt, 10 000 fl kostete der Fuhrlohn. 1622 beschaffte man Getreide über Regensburg. Balthasar Lorenz übernahm die Besorgung im Auftrag der Proviantherren. Der Transport erfolgte auf der Donau. Über Marxheim kam die Fracht dann nach Augsburg. Der Flußkilometer kostete 3,7 kr pro Schaff, während der Transport auf dem Land über 10 kr ausmachte. In normalen Zeiten waren die fürstbischöflich-eichstättische und die Kaufbeurer Gegend die äußerste Grenze. Gelegentlich gab es (in der Kipperzeit) Einkäufe im Ansbacher Gebiet (bei Dinkelsbühl) und im Ries, einmal auch in der Nähe von Heilbronn.

Einen wichtigen Bereich des Regionalhandels machte der Bezug von Flachs und Garn für die Augsburger Weberei aus. Der Einzugsbereich erstreckte sich im Schwäbischen bis in die Gegend von Lauingen, im Bayerischen bis in die Gegend von Ansbach, Schrobenhausen und Landsberg. Auch Papierlieferungen aus Kempten und Ravensburg können hier einbezogen werden.

Fernhandel und Überseegeschäft (Textabb. 1 u. 2)

Der dritte Bereich des Augsburger Handels war der Fernhandel. Er umfaßte alle jene Austauschbeziehungen, die einen Radius von ca. 200 Kilometern überschritten. Eine eingehende Würdigung der Fernhandelsbeziehungen Augsburgs muß alle vier Himmelsrichtungen im Auge behalten. Das stärkste Gewicht hatten die Routen, die nach Italien vermittelten. Lechaufwärts über Füssen und Reutte gelangte man ins Inntal, wo der habsburgische Hof zur Zeit Sigmunds und dann unter Maximilian zu zahlreichen geschäftlichen Verbindungen lockte. Gleich in der Nähe lag Hall, wichtig als Handelsplatz am Inn und interessant für die Metallhändler Augsburgs, seitdem die Tiroler Münze von Meran hierherverlegt war, wichtig besonders für die Fugger, die hier eine Faktorei unterhielten, aber auch bemerkenswert wegen des guten Glases, das die dortige Glashütte lieferte. In der Nähe, innabwärts, lag der große Bergwerksort Schwaz, der zahlreiche Absatzmöglichkeiten besonders an Hausratartikeln und Baumaterial für die Bergleute bot. Wenn man über den Brenner stieg, kam man ins Eisacktal abwärts zu den Bergwerksorten Gossensaß und Sterzing, mit denen namentlich die Fugger als Metallhändler zu tun hatten. In Brixen gab es Kontakte zu Bischof und Domkapitel, namentlich in der Zeit, als Melchior von Meckau das Bistum innehatte. Das erste wichtige Handelszentrum war dann Bozen mit seinen Märkten. Schon hier traf man sich mit italienischen Kaufleuten. Die Überlieferung über die Bozener Märkte setzt verstärkt allerdings erst für die Zeit nach dem Dreißigjährigen Krieg ein. Aber wir haben auch frühere Hinweise auf Geschäfte von Augsburger Kaufleuten an diesem Platz. Eine der bedeutendsten Firmen des Textilgeschäfts seit dem ausgehenden 16. Jahrhundert, Daniel Böcklein und Mitverwandte, hatte seit 1585 die »großen Gewölbe« auf dem Bozener Rathaus gepachtet und besaß dort ihr eigenes Haus. Dieselbe Firma unterhielt auch Verbindungen mit Verona. Auf dem Weg nach Verona lag Trient. Es erlangte namentlich während des Tridentinums Bedeutung für die Augsburger Kaufleute. Das galt auch für die Fugger, die durch ihre verwandtschaftlichen Beziehungen zu den Madrutz (Madruzzo) immer wieder mit der Stadt zu tun hatten.

Der Platz, den die Deutschen seit alters am stärksten besuchten, war Venedig. Die Einrichtung des Fondaco dei Tedeschi gab den Kaufleuten aus Deutschland einen festen Standort, von dem aus sie ihren Handelsgeschäften nachgehen konnten, durch Privilegien geschützt, aber auch unter Kontrolle der Venezianer. Ab und zu gelang es deutschen Kaufleuten auch, sich dort in das Überseegeschäft einzuschalten. Ein Beispiel liefert der Augsburger Jakob Rehlinger, der zusammen mit einem Venezianer Handelsbeziehungen zu Konstantinopel anknüpfte. Am besten sind wir über die Venedig-Geschäfte des Fuggerschen Unternehmens orientiert. Von Venedig bezog die Handelsgesellschaft der drei Brüder Ulrich, Georg und Jakob Fugger Gewürze und andere Südwaren sowie feine Textilien. Venedig war ein wichtiger Markt für ihr

Kupfer und ihr Silber, das sie sich in Tirol beschafften. Dazu kam nach der Vereinbarung mit Johann Thurzo das slowakische Kupfer, das durch Ungarn und Kroatien bzw. über die östlichen Alpenpässe an die Adria geschafft wurde. Seitdem sich die Firma in Fuggerau einen Stützpunkt im Bleibergbau des Villacher Raums geschaffen hatte, wurden Kärntner Blei und Messing nach Venedig exportiert.

Die geschäftlichen Verbindungen Jakob Fuggers zu Venedig übernahm der Neffe Anton. Als durch den verstärkten Gegensatz zwischen den imperialen Bestrebungen Karls V. und der päpstlichen Politik der Medici 1527 die Fuggersche Filiale in Rom aufgelöst wurde, fiel der Vertretung in Venedig die Aufgabe zu, einen großen Teil der Geschäfte auch mit dem übrigen Italien wahrzunehmen. Einen wichtigen Platz nahmen seit den dreißiger Jahren die Baumwollsendungen für die Weißenhorner Barchentweberei ein. Jahrelang war der Hauptvertreter Christoph Mülich, der zunächst in Rom gewesen war und dann die Faktorei in Neapel geleitet hatte. Venedig bot auch die besten Möglichkeiten, Handschriften und Bücher zu erwerben. Hanns Jakob, der Sohn Raymund Fuggers, trat hier als Käufer auf, in stärkerem Maße noch sein jüngerer Bruder Ulrich und später der Kunstsammler Hans Fugger, ein Sohn Antons. Augsburg selbst beschaffte aus Venedig griechische Handschriften für die neugegründete Stadtbibliothek.

Ähnlich wie die Fugger hatten die anderen großen Handelshäuser Augsburgs in der Lagunenstadt Stützpunkte ihres Italien- und Levantehandels. Das gilt, wie schon angedeutet, für die Metallhändler Gossembrot, Herwart, Paumgartner, dann für die Welser und Hoechstetter sowie die Rehlinger. Später, besonders in der zweiten Hälfte des 16. und zu Beginn des 17. Jahrhunderts, waren die »Otti«, die Brüder Hieronymus und Christoph Ott, mit die wichtigsten Vertreter der Augsburger Interessen. Unter den großen Augsburger Handelshäusern, die zur selben Zeit Handelsbeziehungen mit Venedig unterhielten, kann man die Ulstätt, die Oesterreicher und die Hopfer erwähnen.

Außer den Textil-, Gewürz- und Drogenhändlern gab es eine Gruppe, die sich auf den Baumwollhandel für das Barchentgewerbe spezialisiert hatte. Im Jahre 1611 waren die fünf größten Firmen dieses Zweigs: Franz Murauer, Balthasar Lorenz, Jakob Nepperschmid, Lukas Fischer und Zacharias Scheffler. Daneben gab es noch eine Reihe »kleiner« Baumwollhändler. Um diese Zeit war der Baumwollexport Venedigs nach Augsburg so groß, daß man eine fünfmal größere Transportkapazität als für die Lieferungen aus Norden nach Venedig brauchte. Auch während des langen Kriegs hielt der Venedig-Handel an. Die von F. Blendinger ausgewerteten »Fedi di Sanità« für die exportierenden Firmen geben ein eindrucksvolles Bild vom reichen Angebot der Augsburger gewerblichen Produktion. Die Zahl der Augsburger auf der Liste des Fondaco war 1646/ 47 allerdings nur noch klein.

Von Venedig aus gab es Seeverbindungen zum päpstlichen Hafen Ancona und zu den Häfen in Apulien. Über Pesaro gelangte man zum wichtigsten Safranmarkt Aquila in den Abruzzen, der die Augsburger Gewürzhändler interessierte. Gläser kaufte man nicht nur in Venedig, sondern auch in Mantua. Im Dreißigjährigen Krieg bezogen die Mantuaner Gebrüder Arigoni schwarzen und grauen Barchent von der Augsburger Gesellschaft des Gabriel und Hans Jakob Miller d. Ä.

Die Kraffter belieferten um die Mitte des 16. Jahrhunderts die päpstliche Münze in Bologna. Verschiedene Oberdeutsche ließen hier Seidenwaren herstellen, unter ihnen die Augsburger Zobel. In Bologna, Lucca und Florenz kaufte man kostbare Samt- und sonstige Seidenwaren. Auch hier waren die Kraffter eingeführt. Sie wie die Rucellai, Bernardo Vecchietti und Abraham Hörl in Florenz standen mit den Fuggern in Verbindung. Majolika aus Faenza gelangte wohl nicht nur an den Wittelsbacher Hof in München, sondern auch nach Augsburg, wo sich ein »Faentino« nachweisen läßt, der Lapislazuli in seine Heimatstadt schickte. Des weiteren brauchte man für das in Faenza und an anderen Plätzen blühende keramische Gewerbe Zinn und Blei, die man über Venedig aus Augsburger Hand beziehen konnte. Wenn man von den Studenten in Perugia absieht, sind weiter südlich vor allem Rom und Neapel interessant. Die Fugger hatten bis 1527 eine bedeutende Niederlassung in der Papststadt, die nicht nur Bankgeschäften diente. Eine Zeitlang belieferten sie die päpstliche

Münze in Rom. Auch die Welser hatten ihre Verbindungen hierher. Nach dem Sacco von 1527 ließen die Fugger ihre geschäftlichen Beziehungen nach Rom nicht einschlafen. 1536 schloß Christoph Mülich mit Kaiser Karl V. dort einen Asiento ab[6]. Später arbeitete man vor allem mit Baldasar Olgiato und seinen Erben.

Weiter südlich übte Neapel seine Anziehungskraft aus: als Residenz der spanischen Vizekönige, als großes städtisches Zentrum mit einem umfangreichen Verwaltungsapparat und zahlreichen Adligen, allerdings auch mit seiner starken italienischen Konkurrenz namentlich von seiten der Genuesen. Die Fugger hoben hier eine Zeitlang Renten ein, die Karls Bruder Ferdinand und Cosimo Medici ihnen verpfändet hatten. In diesem Zusammenhang ergaben sich auch Warenhandelsgeschäfte mit Neapel.

Über Lindau und die Graubündner Pässe öffnete sich der Zugang zur gewerbereichen Lombardei. In Como führte Lucas Pflaum eine Zeitlang die Rechnung der Welser. Hier verkaufte man Wolle, übrigens auch nach Vercelli. Im Geschäft mit Mailand fanden Welser und Vöhlin einen bewährten Verbündeten in Bartolome May von Bern. Wie für die Gesellschaft des Anton Welser blieb Mailand auch für das Unternehmen seines Nachfolgers Bartholomäus ein wichtiger Stützpunkt. Die Faktorei leitete jahrelang Bernhard Meuting. In Mailand wurde vor allem Unzgold gekauft, das beispielsweise nach Brünn in Böhmen und Antwerpen und Leipzig weitergeleitet wurde. Auch Stametten werden erwähnt[7], während man Mailand unter anderem mit Gold, Silber, Zinn, Freiburger Tuchen und Röte (Schirwitz) belieferte.

Seit 1493 läßt sich eine Reihe Fuggerscher Faktoren in Mailand nachweisen. Nicht nur Silber, sondern auch Kupfer aus Tirol wurde teils über Lindau, teils über Bozen herangeschafft. Dazu kamen Waffengeschäfte. In der Zeit Maximilians und seiner Verheiratung mit Bianca Maria Sforza (1493) verdichteten sich diese Beziehungen. Die Liga gegen Venedig von 1508 gab der Mailänder Faktorei verstärkten Auftrieb. Der Handel mit Venedig vollzog sich jetzt zum Teil über Mailand und die Schweiz. Die Kämpfe um Mailand und der Sacco di Roma veranlaßten Jakob Fuggers Nachfolger, Anton Fugger, 1528 zu neuen Dispositionen. Hauptstützpunkte seiner italienischen Geschäfte wurden Venedig und Neapel, während die Linie Mailand–Genua Geschäftsfreunden überlassen wurde, deren Mitarbeit man von Fall zu Fall in Anspruch nahm.

Die Gesellschaft von Hans Paumgartner aus Kufstein, zu der sich im Dezember 1493 die Augsburger Franz und Hans Paumgartner sowie Michael von Stetten zusammenschlossen, hatte in Mailand eine Niederlage für den Verkauf von Tiroler Kupfer. Im Safrangeschäft von Casalmaggiore erscheinen neben den Welsern auch die Augsburger Rehlinger und Grander.

Die Verbindungen der Augsburger zu Mailand dienten in mannigfacher Weise dem Transit nach Genua und den von hier ausstrahlenden Verbindungen nach Süditalien und in den westlichen Mittelmeerraum, insbesondere nach Spanien. Die Transitprivilegien wurden allerdings 1492 für den Handel mit Spanien abgeschafft, aber für Deutschland hatten sie weiterhin Gültigkeit.

Unter den bekannten Augsburger Firmen, die um 1500 Verbindungen nach Genua hatten, standen die Rehlinger, Gossembrot, Welser und Fugger voran. 1500 kaufte die Ravensburger Gesellschaft Seide in Kalabrien und Messina für die Rehlinger, die sicher ihren Weg über Genua nahm. Im Februar 1507 erwähnt der Faktor der Ravensburger Gesellschaft den Transport von einer Kiste mit genuesischem Samt, einer Kiste mit Korallen, einem Ballen Kamelotten und fünf Ballen Seide, der den Rehlinger gehörte. In diesem Jahr hatte die Gesellschaft des Wilhelm Rehlinger an die Ravensburger eine Forderung von über 10 000 Pfund.

Um 1500 und später war auch die Gesellschaft des Sigmund Gossembrot Gläubiger der Ravensburger. Sigmund selbst starb im Jahre 1500, aber die Firma wurde unter seinem Namen weitergeführt. Die Gossembrot verkauften Seide, die ihnen die Ravensburger aus Genua sandten, oder leiteten diejenige weiter, die die Faktoren der Augsburger aus Süditalien gekauft hatten. Wahrscheinlich schickten die Gossembrot Silber und Kupfer nach Genua und spekulierten mit den in Antwerpen gekauften überseeischen Drogen auf den Märkten von Genua und Mailand.

Nicht so rege Kontakte zu Genua wie die Gossem-

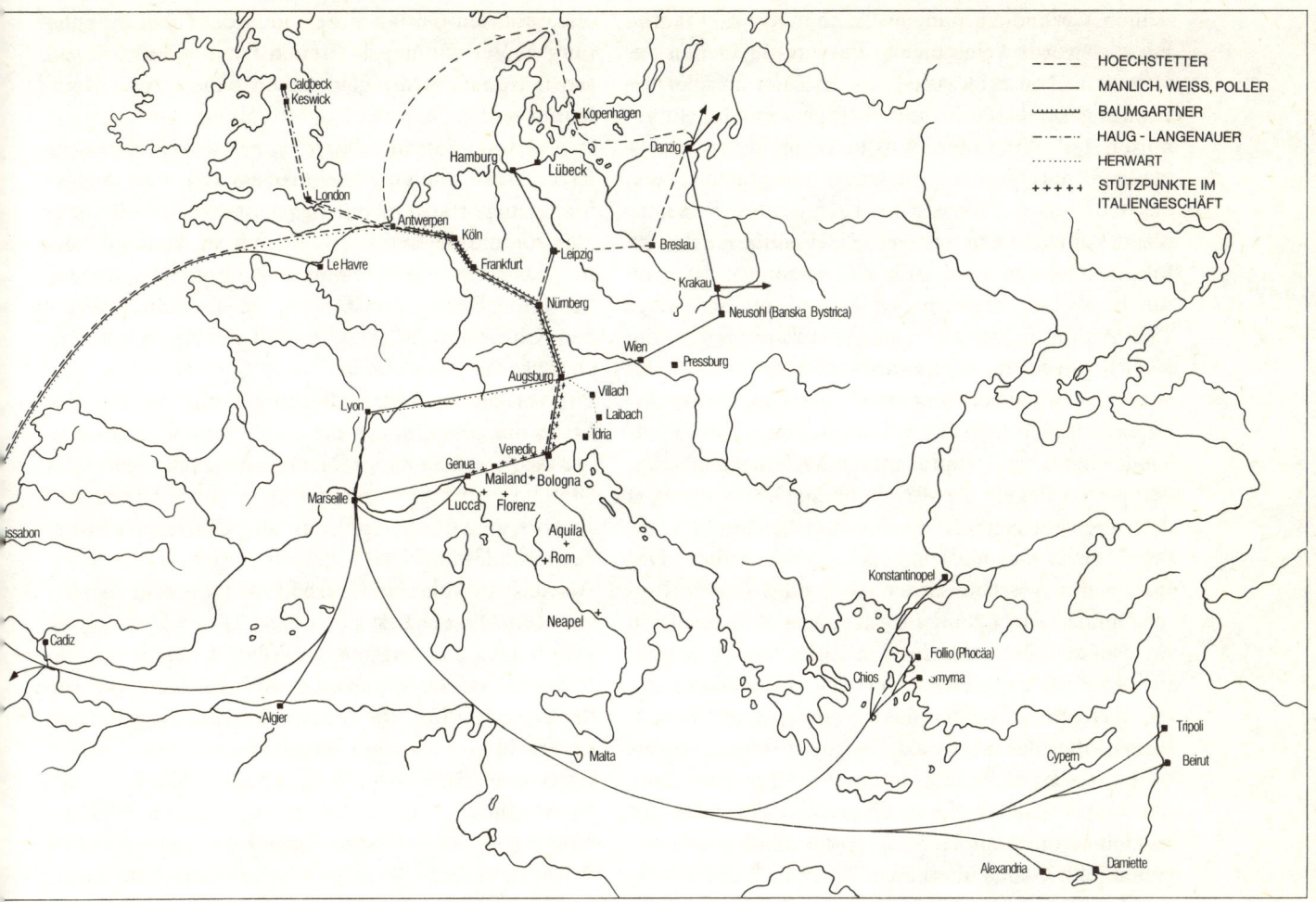

1 Handelsverbindungen bedeutender Augsburger Firmen.

brot hatten die Welser. Doch kauften sie zum Beispiel Wolle aus Tortosa beim genuesischen Faktor der Ravensburger. Während vieler Jahre vertrat Christoph Rem die Gesellschaft des Hans Welser, beendete aber seine Tätigkeit mit Schulden. Wie Bartholomäus Welser unterhielten auch seine Nachfolger Beziehungen zur ligurischen Metropole. 1560 bezog die Gesellschaft Calabreser Seide aus Cosenza über Genua. Um 1603 wurde die Gesellschaft des Matthäus Welser in Genua von Zacharias Jenisch aus einer angesehenen Augsburger Familie vertreten.
Die Brüder Ulrich, Georg und Jakob Fugger exportierten ihr Tiroler Kupfer durch die Vermittlung

der Öhler in Lindau und des Ravensburger Geliegers in Genua. Bezeichnend für den Mut der Brüder zu neuen gefährlichen Wegen ist, daß sie zu einer Gruppe von Kaufleuten gehörten, die während des Krieges der Venezianer mit den Osmanen im Jahre 1500 an die Errichtung einer Niederlassung dachten, um Pfeffer und andere orientalische Drogen nach Genua zu leiten und gegen ihre Exportprodukte, vor allem Kupfer, einzuhandeln. Der Plan wurde nicht verwirklicht, und wenige Jahre später nahmen sie dann Gewürzgeschäfte über Lissabon auf. Soweit ihre Gewürztransporte ins Mittelmeer kamen, bevorzugten sie aber offenbar Marseille, wo sie mit den Albertinelli in Verbindung standen. Auch in der Zeit Anton Fuggers wurde keine eigene Faktorei in Genua unterhalten. Kontakte wurden unter anderem über bekannte genuesische Firmen wahrgenommen. So gehörten 1527 Giovanni Battista Grimaldi und Tommaso Fornari zu den Abnehmern des Quecksilbers, das in der ersten Fuggerschen Pachtperiode im spanischen Almadén erzeugt wurde. Kupfergeschäfte erfolgten über Christoph Preinlin (Breunlin), der auch für die Welser arbeitete. Als Karl V. im November 1536 Anton Fugger in Genua die Erlaubnis gab, die »Reichspflege« in Donauwörth zu kaufen, vertrat ihn wohl eine wichtigere Person als Preinlin, der später unter den schlechten Schuldnern der Firma erscheint. Vielleicht war es der sprachgewandte Sebastian Kurz, den Anton Fugger inzwischen für solche schwierigen Aufgaben einsetzte. In der Inventur für den September 1537 erscheint dann Genua als Faktorei. Der Platz war inzwischen für den Absatz des Tiroler Kupfers immer wichtiger geworden, was sich auch am wachsenden Gewicht des Umschlagplatzes Lindau für den Absatz nach Italien erkennen läßt. Das Kupfer, das von Tirol oder über Antwerpen ins Mittelmeer kam, übernahm jetzt Christoph Rem, der Vertreter von Hans Welser. In der Inventur vom Ende des Jahres 1546 erscheint Genua auf der Seite der Einnahmen nur mit 22 390 fl. Auf der Seite der Ausgaben fehlt Genua überhaupt. Aber auch in der letzten Zeit Anton Fuggers blieb Genua eine der möglichen Stationen, über die man spanisches Silber nach Italien und Mitteleuropa brachte.

Für die Zeit nach Anton Fugger werden die Nachrichten über Beziehungen zu Genua spärlicher, abgesehen vom Kupfer- und Silbergeschäft. Über den Export von Tiroler Kupfer gibt es Nachrichten aus den Jahren 1588 bis 1604/05. Die zweite Ware der Fugger, die über Genua ging, war das spanische Silber, das gegen Ausgang des 16. Jahrhunderts für die Münze in Hall wichtiger war als das Tiroler Silber selbst. Die uns hier interessierende Hauptgestalt im Transportwesen war der aus Feldkirch stammende Christoph Furtenbach, der seit 1577 in Genua nachweisbar ist und dort jahrelang die Interessen der Fugger wahrnahm. Dessen Schwager Sigmund Hinderofen aus Wangen (Allgäu) saß seit 1595 als Vertreter der Fugger in Madrid. Christoph Furtenbach stand

auch mit den Oesterreicher und den Zobel in Augsburg in Verbindung. L. Beutin hat aus den genuesischen Zollakten die Namen von Augsburger Kaufleuten erschlossen, die Kupfer und Leinenwaren einführten und Safran, »porcellane« (wohl keramische Erzeugnisse italienischer Provenienz) und andere Waren exportierten. Für das Jahr 1577 erwähnte er »Hieronimus Clafeter« (Krafter) bzw. dessen Erben, für das Jahr 1583 Johann Oesterreicher, Johann Scob und Friedrich »Crafter«, für das Jahr 1593 neben Christoph Furtenbach und Johann Oesterreichers Erben auch Johann Jacob Oser (Hoser).

Für das Jahr 1611 vermittelt Beutin eine quantitative Vorstellung wenigstens des Leineimports. Die Firma Jacob und Samuel »Oser« stand an der Spitze mit 89 892 Libre[8], es folgen Oesterreichers Erben und Jacob Kuntz mit 54 604 Libre und Christoph Furtenbach mit 23 632 Libre.

Als das spekulative Geschäft des Getreideexports von den Ostseehäfen nach dem Mittelmeer blühte, waren auch die Augsburger Zobel dabei. So schickten Peter van der Strassen in Köln, Johann von Bodeck in Frankfurt und Martin Zobel in Augsburg eine Fracht von Danzig nach Genua.

Die von F. Blendinger ausgewerteten »Fedi di Sanità« vermitteln uns besonders für die Zeit des Dreißigjährigen Kriegs eine Vorstellung von den Handelsbeziehungen Augsburgs zu Como, Bergamo, Cremona, Turin, vor allem zu Mailand und Genua und von da weiter nach Neapel und Spanien. Eine Reihe bekannter Augsburger Firmen befindet sich unter den Exporteuren von Textilien, Arbeiten der Metall- und Holzverarbeitung. Aus Raumgründen können wir leider nicht auf Einzelheiten eingehen.

Die Messen in Genf verloren ihre Anziehungskraft seit ihrem Niedergang im Zusammenhang mit der Reformation. Auch die Verbindungen zu den übrigen Schweizer Handelsplätzen büßten vor allem für die katholischen Augsburger an Gewicht ein. Lyon dagegen, die große südfranzösische Messestadt, blieb ein guter Absatzmarkt für Erzeugnisse des Textil- und Metallgewerbes und lag günstig als Stützpunkt für jene Firmen, die mit dem südfranzösischen Blaufarbstoff »Pastell«, der für die Färberei wichtig war, und mit Safran aus dem Languedoc sowie aus Katalonien und Aragón handelten. Handelsverbindungen zu

Lyon unterhielten vor allem diejenigen Firmen, die mit der französischen Krone Bankgeschäfte trieben, während beispielsweise die Fugger wegen ihrer engen Zusammenarbeit mit dem Haus Habsburg in der Zeit der kriegerischen Auseinandersetzungen zwischen Karl V. und den Valois in Lyon keine offizielle Niederlassung hatten. Notfalls halfen andere Firmen, so die Nürnberger und die Augsburger Welser, aus. Dank der Privilegien, die die Oberdeutschen in Lyon genossen, waren die Augsburger trotz der Bankrotte 1579 mit 35 Firmen die stärkste Gruppe, stärker als die Nürnberger, von denen 26 hier saßen. Alte Namen sind darunter, wie die Hoechstetter, Incuria (Imhof), Herwart, Rem, Renz und Welser, neben aufsteigenden Firmen wie den Oesterreicher, denen später andere, wie die Hoser, folgten.

In östlicher Richtung gab es Geschäfte in München mit der herzoglichen, später kurfürstlichen Residenz. München hatte ein leistungsfähiges Handwerk, das auf den Bedarf des Hofes eingestellt war und gelegentlich – so bei der Büchsenmacherei – von Anton Fugger herangezogen wurde. Augsburger besuchten hier die Auer Dult. In Landshut gab es eine tüchtige Harnischmacherei, die sogar einen Philipp von Spanien interessierte. In Rosenheim und Wasserburg wurden Güter umgeschlagen, die innabwärts von Tirol kommend nach Bayern und Schwaben weitergingen, etwa Kupfer nach Lindau.

Zu Salzburg, Rauris und Gastein hatten vor allem die im Metallgeschäft tätigen Firmen Beziehungen. In Kärnten, wo Gold- und Bleibergbau betrieben wurde, war Villach ein zentraler Anziehungspunkt, so für die Fugger, die in der Nähe die Industrieanlage von Fuggerau errichteten, während die Hoechstetter mit den dortigen Neumann versippt waren. Jenseits der Alpen gab es als Alternative zu Venedig Verbindungen mit Triest, die für die Kontakte nach Unteritalien nützlich waren, während die Fugger in Zengg (Senj) eine Zeitlang einen Verschiffungs- und Verarbeitungsplatz für ihr slowakisches Kupfer hatten. Auch Kontakte zu Ragusa werden gelegentlich erwähnt.

Ein weiterer Weg nach Osten erschloß sich über die Donau, nicht zuletzt mit der Flößerei lechabwärts. Die Universitätsstadt Ingolstadt bot wohl weniger Gelegenheit zu Geschäften. Augsburger Kaufleute bedienten sich vor allem der Regensburger Schiff-

meister für ihren Handel donauabwärts. O. Pickl hat anhand der Mautregister von Linz, Aschach und Emmersdorf aus den Jahren 1627, 1628 und 1631 gezeigt, daß eine Reihe von Augsburger Firmen an diesem Donauhandel teilnahmen. Regensburg war auch wichtig als zeitweiliger Tagungsort der Reichstage, als Getreidehandelsplatz und als Speditionszentrum für Geschäfte in Richtung Leipzig und Böhmen, die Märkte in Linz und Krems, ganz besonders aber in der habsburgischen Residenzstadt Wien. Fugger und Welser hatten hier lange wichtige Faktoreien. Die Zahl der Augsburger Kaufleute, die hierher Verbindungen unterhielten, ist heute noch nicht zu überschauen. Dazu kamen noch die Metzger, die sich auf den Viehmärkten im Raum Mähren, Wien und Preßburg Schlachtvieh beschafften. Auch in Ofen, der ungarischen Königsresidenz, hatten die Fugger eine Zeitlang eine Faktorei. Von hier reichten ihre Kontakte zu den ungarischen Bergstädten wie nach Siebenbürgen, wo sie eine Zeitlang am Salzgeschäft beteiligt waren. Die ungarische Tiefebene schließlich war ein wichtiger Lieferant für Schlachtvieh.

In Böhmen besorgte man sich nicht nur Metalle (Kupfer, Zinn), sondern auch Schlachtvieh, Schmalz und Getreide. Prag, zeitweilige kaiserliche Residenz mit ihrem Gefolge von Adeligen, bot ähnlich wie Wien Absatzmöglichkeiten für das hochspezialisierte Augsburger Handwerk und Kunstgewerbe.

In nördlicher Richtung über Donauwörth erreichte man Nördlingen mit seinen Märkten und vor allem die fränkische Metropole Nürnberg. Die wichtige Rolle Nürnbergs im Handelsnetz der Augsburger läßt sich bei den großen Unternehmungen der Welser und Fugger am deutlichsten ablesen. Der Aufstieg der Augsburger Firma der Welser erfolgte mit dem großen Zusammenschluß, den noch vor der Jahrhundertwende die Völhin in Memmingen und die Thumer in der Pegnitzstadt vereinbarten. Nürnberger Verbindungen halfen den Welsern beim Vordringen in den böhmischen und mitteldeutschen Metallhandel.

Den Fuggern waren die Nürnberger Verbindungen zur Slowakei und nach Schlesien ein Sprungbrett für ihre Investitionen in den Karpaten und im Bereich des schlesischen Goldes wie auch im thüringischen Georgenthal. War doch der Sohn Georg des bekannten Bergbauingenieurs und Unternehmers Johann Thurzo seit 1489 Nürnberger Bürger. Von der Nürnberger Filiale aus baute Georg, einer der drei Brüder der großen Generation Jakobs, die Breslauer Filiale auf. Später unter Anton Fugger diente die Nürnberger Filiale als Ausweichplatz, wenn die Augsburger Zentrale durch Kriegseinwirkungen gestört war. Neben dem Kupfer- und Silberhandel, insbesondere auch in Verbindung mit dem Joachimsthaler Silber und dem Schlackenwalter Zinn, bei dem sich der Augsburger Konrad Mair übernahm, betrieb man in Nürnberg hauptsächlich Rüstungskäufe und besorgte sich Erzeugnisse des reichhaltigen Nürnberger Handwerks. Wie die Nürnberger den Augsburgern im Karpatengeschäft vorangingen, so auch im Handel mit Polen. Über die Breslauer Filiale hinaus verdichten sich die dortigen Fuggerschen Geschäfte seit den neunziger Jahren des 15. Jahrhunderts. Bereits 1491 ist Tuchhandel der Fugger in Polen belegt. In der Kombination der baltischen Rohstoffgebiete mit den niederländischen Märkten sahen sie eine ihrer großen Möglichkeiten. Nach dem Zusammenschluß mit Johann Thurzo, der es ermöglichen sollte, dem slowakischen Kupfer zu einer führenden Position auf dem Antwerpener Markt zu verhelfen, sollte der Aufbau eines Faktoreisystems zwischen der Slowakei und den Ostseehäfen diesem Zweck dienen. Krakau, Danzig und Breslau kamen dabei wesentliche Vermittlerfunktionen zu, Stettin und Lübeck wurden ebenfalls einbezogen. In Polen beschaffte man sich das für das Saigerverfahren wichtige Blei. Einen Markt für Silber bildete das Baltikum, voran Livland, wo man Wachs dagegen eintauschen, sich in den Handel mit kostbaren russischen Zobeln einschalten und von Riga aus trotz hansischer Sperrversuche Waren nach Narva weiterleiten konnte. Um den von Lübeck bereiteten Schwierigkeiten auszuweichen, baute man die Kupferproduktion in Hohenkirchen auf und leitete sie, soweit sie nicht nach Leipzig, Nürnberg oder Frankfurt ging, über Erfurt nach Lüneburg und Hamburg weiter, um sie von dort aus über die Nordsee zu verschiffen.

Als Anton Fugger die ungarische Kupferpacht aufgab, wurden auch die nordeuropäischen Positionen abgebaut. Andere Augsburger rückten in die Lücke. Während die Hoechstetter, die in Posen und Danzig zu Rivalen der Fugger geworden waren, nach ihrem Konkurs ausfielen, übernahmen die Manlich die ungarische Kupferpacht, und später rückten die Weiß, die Paller und die Rehlinger nach.

Ein letztes Ausgreifen nach dem fernen Rußland wagten die Goldschmiede Georg »Beuerle«, Andreas Nathan und Matthäus Bernhard Manlich anläßlich der Hochzeit des Zaren Dimitri Ivanovič, um in Moskau Geschäfte mit Gold- und Silberwaren zu machen, die allerdings mit Verlusten endeten.

In Mittel- und Norddeutschland blieben Leipzig, Erfurt und Hamburg die wichtigsten Stützpunkte des Augsburger Fernhandels. Die Beziehungen zu Leipzig liefen häufig über Mittelsleute, etwa Spediteure in Regensburg oder Nürnberg. Leipzig war der wichtigste Platz in diesem Raum, nicht nur weil es für den Metallhandel zentral gelegen war, sondern auch weil seine drei Messen lockten. Welser, Fugger, in ihrer Blütezeit auch die Hoechstetter, hatten hier Niederlassungen, später die Metallhändler Matthias und Melchior Manlich und ihre Gesellschafter Langnauer und Linck, ferner Paller und Weiß. Ähnlich wie der Tuchhändler Magnus Lotter, der sich 1598 in Leipzig niederließ, machten es in der Ausgangsphase des Dreißigjährigen Kriegs verschiedene Seiden- und Metallwarenhändler. Regelmäßige Besucher der Messen waren in der zweiten Hälfte des 16. Jahrhunderts Hieronymus Rehlinger, der auf Bartholomäus folgende Christoph Welser und seine Gesellschaft, Hieronymus Kraffter und seine Erben, Martin Zobel und Mitgesellschafter, Joachim Hoechstetter und sein Gesellschafter Philipp Krug, die Gebrüder Daniel, Georg und David Hopfer, Matthias Stenglin und Leonhard Christel. Als es schon in den Dreißigjährigen Krieg hineinging, finden wir Hieronymus, Marx und Hans Burauer, die Gesellschaft Jakob Most und Leonhard Vogt sowie Immanuel Garb und Gesellschafter auf den Messen.

Die Naumburger Messe, Zwickau, Chemnitz, der Hof Georgs von Sachsen waren andere Anziehungspunkte. Auch die kursächsischen Höfe, zuerst der Ernestiner, dann der Albertiner und der erzbischöfliche Sitz Magdeburg, die brandenburgische Hohenzollernresidenz Berlin, müssen mit einbezogen werden. Anton Herwart war um die Wende zum 16. Jahrhundert Mitgesellschafter der Saigerhütte

Schwarza. Die bedeutendste Augsburger Firma, die im ostmitteldeutschen Leinengebiet tätig war, war die des Hans Oesterreicher, die von seinen Söhnen und seinem Schwiegersohn Hans Steininger fortgeführt wurde. Die Ulstatt hatten einen Faktor in Chemnitz (um 1564) und verlegten das dortige Leinenweberhandwerk. Jacob und Anton Garb sel. Söhne verlegten Leisniger Weber (1618). Matthias Koch wurde im selben Jahr Teilhaber des Memminger Unternehmens der Koch, das ebenfalls mit ostmitteldeutschem Leinen handelte.

Frankfurt, das Messezentrum am unteren Main, nahm begreiflicherweise im Netz der Augsburger Fernhandelsbeziehungen einen besonders markanten Platz ein. Jakob Neuhaus war Faktor von Anton Welser, Philipp Adler an der Gesellschaft der Blüm beteiligt. In ihrer Korrespondenz werden unter anderen Ulrich Fugger und seine Brüder, Sigmund Gossembrot, Georg und Hans Herwart, Georg Hoechstetter, Ludwig Meuting, die Brüder Gotthard und Heinrich Stamler sowie Ulrich Welser und Sabine Wolf genannt. Die Fugger schickten meist Leute ihres Stabs wie Hieronymus Reihing zu den Messen. Später arbeitete der reiche Dominicus Bocher mit der Augsburger Gesellschaft des Jakob Herbrot zusammen. Im 17. Jahrhundert bezog Otto Lauginger Weine über die de Briers in Frankfurt. Augsburger Seidenhändler, Goldschmiede und Barchenthändler besuchten die Messen.

Gehen wir ins Rheintal, so ist hier vor allem Straßburg zu nennen. Die Prechter standen mit den Fuggern in Verbindung, auch die anderen großen Straßburger Handelshäuser hatten besonders wegen ihrer Beziehungen zu Lyon Kontakte zu Augsburgern, so die Obrecht und Ingold. Über Straßburg gab es ferner Kontakte zu Paris. Faktoren der Fugger saßen, wenn auch nicht ständig, in Speyer und Worms. Mainz am Zusammenfluß von Main und Oberrhein diente als Umschlagplatz für Transporte zu Wasser und Land, so daß die Fugger sich auch hier vertreten ließen. In Köln gab es wenigstens zeitweise Faktoren der Fugger und Welser, Hoechstetter und Bimmel. Die Firma von Anton Haug d. Ä., Hans Langnauer und Ulrich Linck vertrieb hier Seidenwaren. In der zweiten Jahrhunderthälfte stand der Spediteur Arnold Freialdenhoven mit den Augsburger Welsern

und der Gesellschaft des Leonhard Christel in Verbindung. Die Fuggerschen Interessen vertraten eine Zeitlang Johann Heinrich Muntprat, Hans Fritz und schließlich Hans Adelgais. Auch Hans Gering und Jakob von Stetten pflegten in ihrer Kölner Zeit Fuggersche Verbindungen.

Erfurt, Zentrum des Waidhandels und wichtiger Umschlagplatz im mitteldeutschen Verkehrsnetz, ist vor allem bemerkenswert wegen der Fuggerschen Faktorei, die lange Zeit bei dem aus Oberdeutschland stammenden Veit Widemann lag. Die geschäftlichen Beziehungen zum Welfenhof in Wolfenbüttel wie zu den pommerschen Herzögen sind durch die Kunstagententätigkeit Philipp Hainhofers bekanntgeworden.

An der Küste war Hamburg weit wichtiger als Bremen, wo die Zobel nachzuweisen sind, und der eine Zeitlang für die Nordniederländer so wichtige Ausweichplatz Emden. Hamburg diente dem Fuggerschen Unternehmen als Alternative, wenn die Lübecker Schwierigkeiten bereiteten. Als die Niederlande durch die »Rebellion« der nördlichen Provinzen in eine Krise gerieten, wichen viele dort ansässige Kaufleute an die Elbe aus, so die Merchants Adventurers, die zunächst ab 1567 bis 1580 hier blieben, um dann ab 1611 endgültig ihren Hof (Court) hier einzurichten. In ihrer ersten Zeit gehörte Elias Weiss von der Augsburger Familie zu ihren Tuchkunden. Weiss war mit einer Tochter des Leonhard Welser, das heißt einer Base des Christoph, verheiratet, ihre Schwester mit dem Augsburger Kupferhändler Wolfgang Paller, der ebenfalls Verbindungen zu Hamburg hatte. Christoph Welser und seine Gesellschaft führte über Hamburg Zucker und Pfeffer und wohl noch andere Waren ein, wobei die Nürnberger Filiale vermittelte. Auch mit dem Pfefferhandel des Augsburgers Konrad Rott, den dieser teilweise über Hamburg leitete, dürften die Welser, wie die weitere Entwicklung nach dem Konkurs Rotts erkennen läßt, zu tun gehabt haben. 1586 übernahm die Gesellschaft des Marx und Matthäus Welser Anteile des portugiesischen Europakontrakts, wobei sie wiederum einen Teil den Brüdern Philipp Eduard und Oktavian Secundus Fugger überließen. Während einerseits Pfeffer an die Otti in Venedig ging, waren weitere Abnehmer Hans Hunger in Amsterdam, Jeremias Jenisch und Kaspar Tradel in Middelburg, der Niederländer Cornelius de Hertoghe nebst dem Oberdeutschen Martin Enzensperger in Hamburg und in Lübeck Hans Tunemann sowie Heinrich Kersten. In London vertraten das Unternehmen die aus Ulm stammenden Sebastian Speidel und Bartholomäus Schorer. Die Brüder Fugger der Georgslinie, die 1591 vorübergehend am sogenannten »Europakontrakt« des portugiesischen Pfefferhandels beteiligt waren, hatten wieder ihre eigenen Verbindungsleute, so in Hamburg die de Greve. In den Jahren vor dem Konkurs des Matthäus Welser vertrat ihn dort der ebenfalls aus Oberdeutschland stammende Philipp Hensler. Ein Zweig der Augsburger Jenisch war inzwischen selbst nach Hamburg gezogen: Elieser und Emanuel Jenisch; sie waren in mehrfacher Weise verschwägert mit den Oesterreicher, Welser, Weiss und Paller und hatten von daher ihre Geschäftsverbindungen zu Augsburg und zum slowakischen Kupfergeschäft. Eine weitere Firma Augsburger Herkunft, die von den Niederlanden her den Weg nach Hamburg gemacht hatte, war die von Paulus Putz und Zimpert Jenisch.

Jahrelang dienten die Occo den Fuggern als Faktoren in Amsterdam. Wichtiger waren jedoch ihre Verbindungen zu Antwerpen, wo sie von Nicolaus van Rechterghem, mit dem sie anfänglich zusammenarbeiteten, ein Haus erwarben. Antwerpen war als überlegener Rivale des niedergehenden Brügge im 16. Jahrhundert der große nordwesteuropäische Warenmarkt. Es war wichtig besonders für Pfeffer und andere Gewürze sowie für Zucker von Madeira und São Tomé, später aus Brasilien. Es war ebenso Stapelmarkt für Güter aus Spanien und dem spanischen Amerika, für englische Tuche, anziehend als Markt für Leinenwaren und Barchent, für Silber, Kupfer, Messing und daraus hergestellte Artikel sowie für andere Güter der oberdeutschen gewerblichen Produktion. Die Fugger, die Welser, die Hoechstetter, Herwart, Rehlinger, Pimel, Rem, später die Haug-Linck-Langnauer, die Manlich, sind nur die bekanntesten und größten Firmen, die hier ihren Handel trieben. Die von J. Strieder und R. Doehard erschlossenen Notariatsprotokolle und Schöffenregister geben eine gewisse Vorstellung von der Zahl dieser Augsburger in Antwerpen in der ersten Hälfte des 16. Jahrhunderts. Als Antwerpen durch den niederländischen Aufstand in eine Krise geriet, verlagerte sich ein Teil der Augsburger Geschäfte nach andern Plätzen, nach Köln, Hamburg, vor allem nach den nördlichen Niederlanden und England. Als Antwerpen sich seit dem Ausgang des 16. Jahrhunderts wieder erholte, gab es aber auch Augsburger Verbindungen zum Scheldeplatz, insbesondere über die Erben des Lazarus Renz und die ebenfalls aus Oberdeutschland stammende Speditionsfirma Lang. Die Welser allerdings verkauften ihren Antwerpener Grundbesitz im Jahre 1580.

Die Augsburger Englandgeschäfte sind noch wenig erforscht. Am bekanntesten sind bislang die Beziehungen der Fugger (Kupfer, Barchent) und der Hoechstetter. Von Antwerpen aus wurden Verbindungen vor allem nach Portugal und Spanien unterhalten. Es ging hier um Lieferungen von Silber, Kupfer, Messingartikeln und Zinn, daneben um oberdeutsche Textilien. Nach Lissabon begaben sich einige Augsburger, um von der aufblühenden Indienfahrt zu profitieren und sich ins Zuckergeschäft und den Farbholzhandel einzuschalten. Am bekanntesten wurden die Beteiligung der Fugger und Welser am Ostindiengeschäft (um 1505) und die Tagebuchaufzeichnungen des Lukas Rem über seine Tätigkeit am unteren Tejo und von seiner Madeira-Reise, wo er die Welserschen Zuckerplantagen besichtigte. Die erste Welle Augsburger Investitionen am Tejo reichte etwa bis zum Beginn des dritten Jahrzehnts.

Auch danach lockte Lissabon immer noch, sei es wegen der Afrika- und Brasilienverbindungen, vor allem aber wegen der Juwelen, die hier aus Ostindien auf den Markt gebracht wurden. Jorge Hervart, illegitimer Sproß der Augsburger Familie, war ein bekannter Juwelenspezialist. Die Fuggersche Firma ließ Juwelen einkaufen, lieferte Kupfer und, wie ein Vertrag mit dem portugiesischen Faktor Rebelo von 1548 zeigt, Messingwaren, die für den afrikanischen Markt bestimmt waren.

Mit der Zeit wurden die Geschäfte mit der spanischen Krone immer wichtiger. Die alten Verbindungen zu den ostspanischen Märkten wie Barcelona und Valencia verloren dabei an Gewicht, lediglich Saragossa behauptete sich als Stützpunkt insbesondere der Welser. Augsburger Kaufleute lieferten Harnische und andere Waffen an den Hof. Auf den

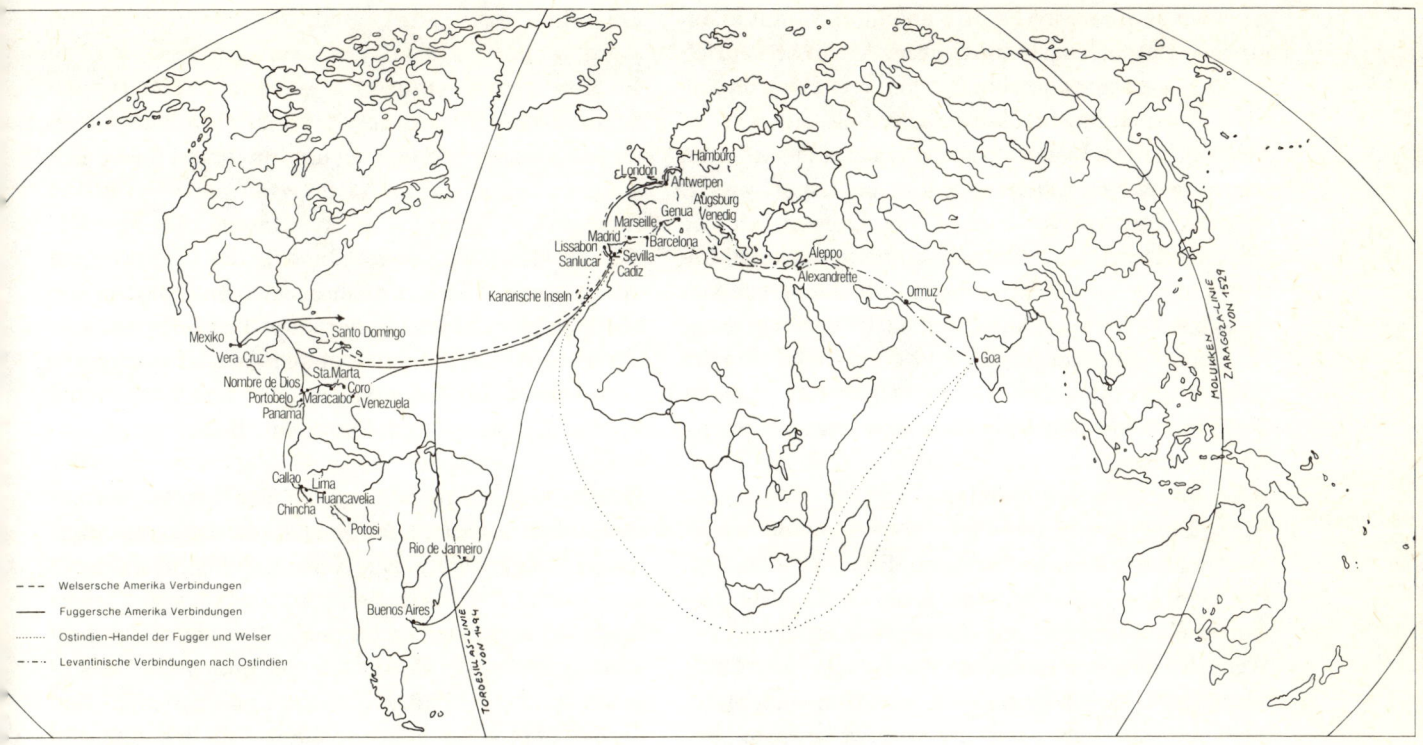

2   *Überseeische Verbindungen der Fugger und Welser.*

kastilischen Messen wurden oberdeutsche Textilien, vor allem Barchent der Augsburger und Weißenhorner Produktion, abgesetzt. Zeitweilig hatten die Fugger, in einer kurzen Phase auch die Welser, die Maestrazgopacht[9]. Die Produkte, die hier eingebracht wurden, so das Getreide, kamen wohl weitgehend auf den einheimischen Markt, wurden aber teilweise über Malaga u. a. nach Portugal exportiert. Über Sevilla und Cádiz verschickte man neben den deutschen Waren (Kupfer, Zinn, Barchent) Quecksilber und Zinnober aus Almadén nach Italien und Frankreich, Lissabon und den Niederlanden. In den Jahren vor ihrem Konkurs war die Handelsgesellschaft von Johann und Marquard Rosenberger unter anderem am Stahlexport nach Spanien beteiligt, auch betrieb sie Juwelenhandel in Lissabon. Der Adel Spaniens und der Hof waren wichtige Kunden des Augsburger Waffen- und Schreinerhandwerks, wie überhaupt der reichen oberdeutschen gewerblichen Produktion von Gütern des gehobenen Bedarfs. Aus den »Fedi«

während des Dreißigjährigen Kriegs ist zu ersehen, daß Textil-, Metall- und Schreinerwaren über Genua nach Madrid exportiert wurden.

Über die Häfen Andalusiens öffneten sich die Wege nach Übersee. Die Welser betrieben ab 1526 eine Faktorei in Santo Domingo und versuchten ab 1528 Venezuela zu erschließen und zu kolonisieren. Doch übernahmen sie sich mit diesem Vorhaben. Es war bei den damaligen Verkehrsverhältnissen zu schwierig, das Unternehmen über die weiten Entfernungen hinreichend zu kontrollieren und zu dirigieren, zumal die verantwortlichen Leiter der »Conquista« sich mehr für weitere Entdeckungen und das sagenhafte Gold des Landesinneren als für die Kolonisationsarbeit interessierten. Schließlich wurde die Welsersche Gesellschaft aufgrund der Fremdenfeindlichkeit von spanischer Seite in einen langwierigen Prozeß verwickelt, durch den ihr Venezuela entzogen wurde. Eine Zeitlang war Anton Fugger an der Erschließung des Gebiets interessiert, das sich südlich an die »Conquista« von Francisco Pizarro anschloß, womit er auf etwaige Entdeckungen in Richtung Molukken abzielte. Der Vertrag, den sein Faktor Veit Hörl im Juli 1531 zustande brachte, wurde allerdings von Karl V. nicht ratifiziert. Fugger zog es vor, sich angesichts der durch die weiten Entfernungen bedingten Schwierigkeiten auf die Möglichkeiten zu beschränken, die sich seiner Faktorei in Sevilla und ihrer Vertretung in Cádiz boten, um nach Neuspanien, der Landenge von Panama, Peru und dem Rio de la Plata Verbindung zu halten. Am Rio de la Plata korrespondierte Johann Prunberger, der aus Mainz stammte, mit der Sevillaner Faktorei, und auch der Straubinger Johann Schmidel, der Kinder am Rio de la Plata hatte, stand mit ihr in Verbindung.

Einen Beleg für die damalige Weltgeltung der Augsburger Plattner-Kunst stellen die Funeralwaffen dar, die 1559 für den »Tumulo« des im Jahr zuvor verstorbenen Karl V. in Mexico geliefert wurden.

Wenn Nürnberger Kaufleute von Sevilla oder Cádiz aus nach Nordafrika gelangten, so darf man dies wohl auch von einzelnen Augsburgern erwarten. Im übrigen gab es Möglichkeiten zu Verbindungen nach afrikanischen und levantinischen Häfen über Italien und Südfrankreich. Bekannt sind die levantinischen Handelsbeziehungen, die die Manlich mit eigenen Schiffen unter französischer Flagge von Marseille aus unterhielten, durch das Tagebuch ihres Faktors Ulrich Krafft. Der Krieg zwischen Venedig und der Pforte (1570) begünstigte dieses Unternehmen vorübergehend, so daß sich auch Leute der Herwart, Hoechstetter, Langnauer, Haug und anderer Häuser einstellten.

Durch die Rottschen Investitionen im Pfeffer- und Zuckergeschäft gewann Lissabon noch einmal erhöhte Bedeutung. Mit den Forderungen Rotts und seiner Hintermänner an den spanischen König, der seit 1580 auch Herr über das portugiesische Reich war, hängt es zusammen, daß die Welser und die Brüder Philipp Eduard und Octavian Secundus ab 1586 den mit den ehemals Rottschen Partnern abgeschlossenen europäischen Pfefferhandelskontrakt übernahmen und dann auch in den asiatischen Kontrakt »einstiegen«. Das Ausgreifen der Augsburger in den ostindischen Raum in dieser Zeit illustriert die Rolle, die Ferdinand Cron in Goa spielte.

Quantitative Aspekte

Es gibt keine Stadt in Mitteleuropa, die im 16. und beginnenden 17. Jahrhundert einen so vielfältigen und weitgreifenden Handel unterhielt und über einen so großen Bestand an leistungsfähigen Firmen verfügte wie Augsburg. Um so wünschenswerter wäre es, das Gewicht dieses Handels im Rahmen der Augsburger Wirtschaft, aber auch im Rahmen des europäischen Handels überhaupt festzustellen. Leider ist das Augsburger Quellenmaterial noch nicht hinreichend aufgearbeitet, um uns eine klare Vorstellung in Zahlen zu vermitteln. Nur beim Textilsektor sehen wir deutlicher. 1492 bis 1494 wurden 86 667 Stück weißer Barchent und 69 139,5 Stück gefärbter und roher Barchent umgesetzt, im Jahr also etwa 51 935 Stück. Trotz der Krise des Schmalkaldener Kriegs und des Fürstenaufstands setzte sich auch in dieser Zeit der Aufwärtstrend fort, um im Jahrfünft 1565–1569 rund 233 378 weiße und 1 314 748 gefärbte und rohe Stück Barchent zu erreichen. Der zweite Gipfel lag in den Jahren 1600 bis 1609 mit 5 173 780 Stück. Erst ab 1625 setzt ein drastischer Rückgang ein. Im Jahrzehnt ab 1640 lag, als Folge des Krieges, der Umsatz noch bei 85 081 weißen und 678 654 gefärbten und rohen Tuchen (Textabb. 3). Die Zahlen beruhen auf dem entrichteten Ungeld. Dabei bleibt freilich offen, wieweit vom gebleichten Tuch, wenn es gefärbt wurde, noch einmal Ungeld bezahlt wurde.

Bei Leinen (Schetter und Gugler) schätzt C.-P. Clasen, der diese Ziffern errechnet hat, den Umsatz in den Jahren 1504 bis 1532 auf vielleicht 600 000 Tuche, die Zahlen für Ziechen, Mittler, Spinet und Zwillich sind allerdings nicht bekannt. Im weiteren Verlauf nahm der Leinenumsatz zugunsten des Barchentverkaufs ab. Für die namentlich in den siebziger und achtziger Jahren gefertigten Seidentüchlein fehlen Zahlen.

In Ulm wurden im 16. Jahrhundert maximal 100 000 Stück (Barchent und Leinen) umgesetzt, in Nürnberg in der Mitte des Jahrhunderts gut über 31 000 Stück Leinen gefärbt. Bis 1610/11 stieg die Zahl mit Schwankungen auf 173 880 Stück. Vor 1630 wurden noch 104 400 Stück im Jahr gefärbt. Dann sank die Zahl bis zum Ende des Kriegs rasch auf 24 000.

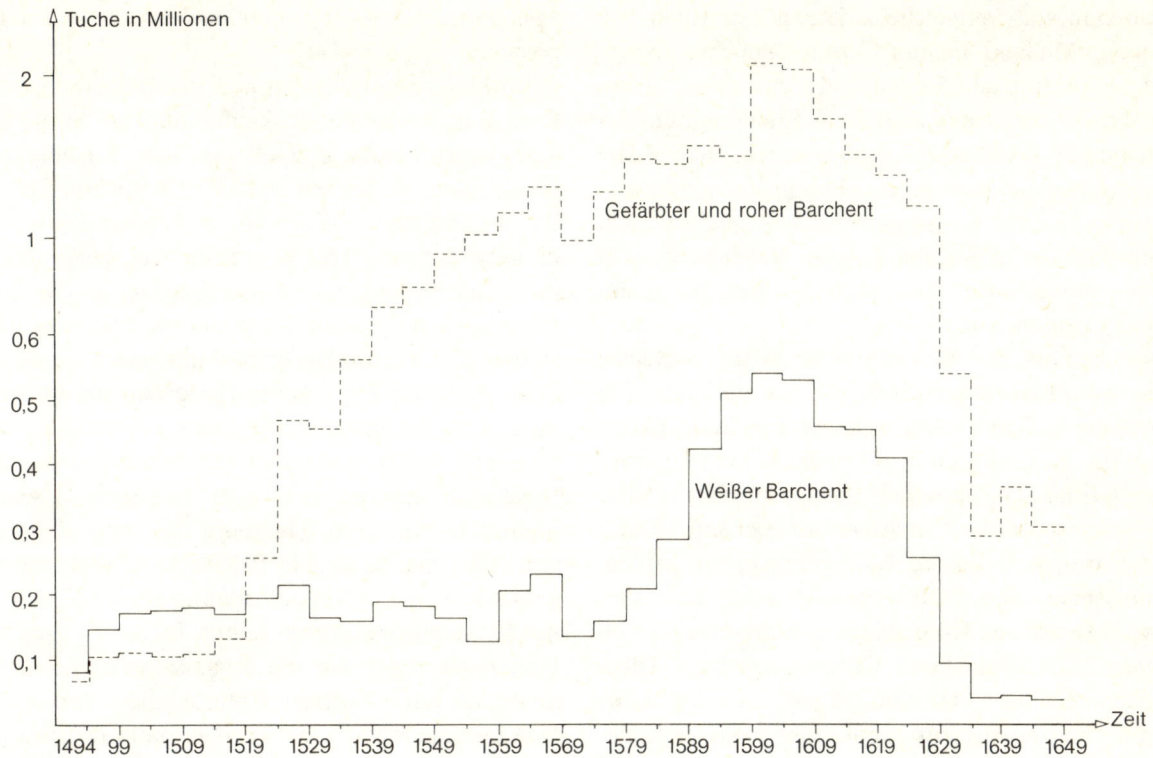

3 Die Entwicklung der Augsburger Barchentproduktion 1494–1649.

Ziehen wir noch einige andere vergleichbare Zahlen heran: 1550 exportierten die Engländer 132767 Laken nach Antwerpen, zwischen 1575 und 1595 lagen die Exportziffern bei 100000 bzw. 98000. Das bedeutendste südniederländische Textilzentrum Hondschoote kam im Jahr 1577 auf über 84000 Stück, dann erfuhr es durch die Krise Antwerpens einen Rückgang auf 13000 Stück, um sich dann später auf einem Stand von 20000 Stück zu halten. Leyden, der größte nordniederländische Textilproduzent, erreichte zu Beginn des 17. Jahrhunderts eine Gesamtproduktion von etwa 85000 Stück. Florenz erzeugte gegen Ende des 16. Jahrhunderts noch über 13000 Tuche, Como 8000 bis 10000, Mailand (1620) etwa 15000. Natürlich müßte man die übrige Lombardei noch hinzunehmen. Bei Venedig schwanken die Zahlen zwischen etwa 10000 und 20000. Der Vergleich läßt die starke Position Augsburgs deutlich hervortreten.

Zur Organisation des Handels

Neben dem Münzwesen bildete die Kenntnis von Maßen und Gewichten eine Voraussetzung für den möglichst reibungslosen Ablauf des kaufmännischen Geschäfts. Zu den wichtigsten Augsburger Maßen gehörten diejenigen, die an der Westseite des Rathauses angebracht waren: der Holzklafter in seiner halben Länge, die Leinwandelle, die Barchentelle und der Stadtwerkschuh. Für Augsburg als Zentrum der Textilproduktion war die Elle von besonderer Wichtigkeit. Es gab, wie ein ungenannter Kaufmann des frühen 16. Jahrhunderts vermerkt, ähnlich wie in Venedig zwei Ellen. Mit der langen maß man Leinwand, weshalb man sie Leinwandelle nannte, mit der kurzen dagegen Barchent, wollenes, seidenes sowie baumwollenes Gewand. Die eine Elle war um einen Daumen länger als die andere. In Nürnberg und Frankfurt hatte man dagegen nur eine Elle. Der

Kaufmann zog Vergleiche zwischen den Ellen von Venedig, Mailand, Genua, Bozen, München, Nürnberg, Frankfurt und Brabant, also mit den Plätzen, die damals zu den wichtigsten Kundschaften des Augsburger Textilhandels gehörten. Um ein Beispiel zu nennen; zehn der langen Ellen in Venedig machten in Augsburg sechseinhalb Leinwandellen, acht Ellen dagegen in Augsburg neun Wollenellen; acht kurze venezianische Ellen ergaben in Augsburg achteinhalb Wollenellen.

Woll-, Leinen- und Barchenttuche hatten ungleiche Längen und wurden nach dem Stück verkauft. Ein Stück »lindischen« Tuchs rechnete man in Frankfurt zu 40 Ellen, das waren in Nürnberg 32, in Augsburg aber 36 Ellen. Die beste Sorte Mechelner Tuchs hatte in Frankfurt 45 Ellen, in Augsburg aber nur 40½.

Der Nürnberger Lorenz Meder brachte in seinem Handelsbuch von 1558 ebenfalls Ellenvergleiche, ohne aber auf den Unterschied zwischen langer und kurzer Elle einzugehen. 108½ Augsburger Ellen machten demnach 100 Nürnberger, neun Frankfurter waren zehn Augsburger, 40½ Augsburger machten 36 Antwerpener, 45 Augsburger waren 40 Frankfurter, und zwölf Nürnberger ergaben 13 Augsburger Ellen.

Wichtigstes Verpackungsmittel waren das Faß und der Ballen oder das Bellein. Die Ware, über die Meder in seiner »Augsburger Handlung« schreibt, war der Barchent, der in Bellein zu 25 Tuchen verpackt wurde. Zwei Bellein ergaben gewöhnlich ein Fardel.

Augsburg hatte kein zentrales Kaufhaus, Hauptplatz für den Garnkauf und den Barchenthandel war das Weberhaus. Der übrige Warenumsatz erfolgte auf den verschiedenen Plätzen und Märkten und sonstigen Verkaufseinrichtungen (Schranne, Bäckerhaus, Metzgen, Läden).

Ein zu Beginn des 17. Jahrhunderts errichtetes Kaufhaus diente lediglich für die Geschäfte der Krämer. Zusammenkünfte der Kaufleute im Sinne der im 16. Jahrhundert von Antwerpen übernommenen Börse (am frühesten für Köln, Hamburg und Frankfurt belegt) mag es am Perlach gegeben haben, doch fehlen einstweilen genauere Hinweise. Jedenfalls bestand die Einrichtung des Unterkeufels als Vermittler bei Verkäufen von Barchent, Edelmetallen, Grundstücken und Leibzinsen sowie (gut belegt in den fünf-

ziger Jahren des 16. Jahrhunderts) Wechseln und Depositen.

Obwohl Augsburg ein so bedeutendes Handelszentrum war, hat es für die kaufmännische Ausbildung keine solche Rolle gespielt wie etwa Nürnberg mit seinen Rechenmeistern und Veröffentlichungen über das Buchhalten oder Venedig und später Antwerpen und Amsterdam. Das wichtigste Augsburger Lehrbuch, die venezianische Musterbuchhaltung des Matthäus Schwarz, blieb für den internen Gebrauch bestimmt und wurde erst im 20. Jahrhundert veröffentlicht. Auch hinsichtlich des Handelsrechts ist Augsburg nicht so maßgebend gewesen wie etwa Nürnberg mit seiner Stadtrechtsreformation und seiner Bancoordnung von 1647 oder Lübeck mit seinem Stadtrecht von 1586, Hamburg mit seinen Statuten von 1603, die das Bankrott-, Wechsel- und Seerecht behandeln, seiner Maklerordnung von 1642 und seiner Fallitenordnung vom selben Jahr.

Um so wichtiger war die organisatorische Leistung innerhalb der einzelnen Unternehmen, für die die Handelsgesellschaft auf Familienbasis die bezeichnendste Form des Zusammenschlusses war. Dabei gab es aber Unterschiede. Betont »monarchischen« Charakter hatte die 1494 geschlossene Gesellschaft der Brüder Ulrich, Georg und Jakob Fugger. Ihr gehörten nur männliche Mitglieder der Familie an. Nach dem Tod Jakobs übernahm der Neffe Anton die Leitung der Gesellschaft und führte sie mit gleichem Alleinregiment, wie der Oheim sie hinterlassen hatte, bis zu seinem Tod 1560. 1546 erreichte das Gesellschaftsvermögen mit fünf Millionen fl den absoluten Höhepunkt unter den Gesellschaften der Epoche, nicht nur in Augsburg, sondern im damaligen europäischen Umkreis überhaupt. Nach einer Übergangzeit unter Antons Neffen Hans Jakob führte Antons ältester Sohn Markus die Firma. Seinen Namen trug das Unternehmen bis ins 17. Jahrhundert hinein.

Das zweite große Unternehmen, das der Welser, trat durch die Gründung Antons des Älteren und seiner Brüder Lukas und Jakob von 1498 in ein entscheidendes Entwicklungsstadium. Durch eine geschickte Familienpolitik wurden ihm Augsburger, Memminger, Nürnberger und Ulmer Kapitalien zugeführt. Der verhältnismäßig weite Kreis der Teilhaber wird durch die Mitgliedschaft des Faktors Lukas Rem angedeutet. Der monarchische Charakter verstärkte sich dann unter Antons Nachfolger Bartholomäus. Eine verhältnismäßig weite Öffnung der Teilhaberzahl zeigt das Unternehmen, das 1531 Anton Haug d. Ä., Hans Langnauer, Ulrich Linck und einige andere zusammenfaßte. 1549 bestand ihre Gesellschaft aus 22 Teilhabern. Der Eintritt in den Metallhandel und die damit verbundene Bergwerkspacht veranlaßte Sondergründungen, so bei den Fuggern den »Ungarischen Handel« mit Johann Thurzo. Hier handelte es sich um einen erweiterten Verlagsvertrag. Im Rahmen des Fuggerschen Gesamtunternehmens (»Gemeiner Handel«) wurde der »Ungarische Handel« wohl gesondert geführt, aber es fehlten ihm dennoch eigenes Gesellschaftskapital und Firma. Als Anton Fugger 1546 die ungarische Bergwerkspacht aufgab, schuf er zwei Jahre später für den Bergbau, Hüttenbesitz und Vertrieb in Tirol und Kärnten eine ähnliche Konstruktion mit Einbezug des Pfennwerthandels als »klare Ausgründung« (Cl. Bauer). Verhüttung, Verlag zum Vertrieb der bergbaulichen Produktion und Betrieb eines Pfennwerthandels[10] bezweckte die Jenbacher Gesellschaft, die 1565 die drei Familiengesellschaften der Fugger, Haug-Langnauer-Linck und Manlich-Katzbeck schlossen. Eine solche Unternehmungsform rückte in die Nähe der mitteldeutschen Saigerhandelsgesellschaften, bei denen die Nürnberger lange eine führende Rolle spielten. Als »Gelegenheitsgesellschaft« zum Vertrieb von Bergbauprodukten ist das Unternehmen bezeichnet worden, das 1566 Haug und Mitverwandte mit den Katzbeck und Manlich schlossen, um sich am Verkauf der Idrianer Bergwerksproduktion zu beteiligen.

Die dank der technischen Verbesserungen möglich gewordene Steigerung der Kupferrohproduktion, zumal das Kuppelprodukt Silber noch stärker lockte als das Kupfer, führte zu einer zeitweiligen Überproduktion an Kupfer, weshalb die Kupferproduzenten sich veranlaßt sahen, Kupfermenge und Kupferpreis gemeinsam festzulegen, gelegentlich auch eine gemeinsame Absatzorganisation zu schaffen. Eine erste Vereinbarung in diesem Sinn, also eine Kartellabsprache mit der Festlegung von Quoten und dem Verkauf durch »ain handt« (Fugger), erfolgte 1498 unter den Augsburger Gesellschaften der Gossembrot, Fugger, Herwart und der Kufsteiner Firma Baumgartner-Knoll. Eine weitere Kartellvereinbarung trafen Fugger und Hoechstetter 1515 im Zusammenhang mit einem 1520 beginnenden Silber- und Kupferkauf, den sie mit Kaiser Maximilian auf vier Jahre abschlossen. Der Vertrag legte dabei die Absatzgebiete der beiden Parteien fest. Eine ähnliche Vereinbarung enthält ein Kartellvertrag von 1548, den Anton Fugger mit seinem Nachfolger Manlich in der ungarischen Bergwerkspacht abschloß.

Die beherrschende Stellung der Augsburger und Nürnberger Handelsgesellschaften im mitteleuropäischen Gewürzhandel brachte sie in den Verruf des Monopolismus und führte zu einem Verfahren des Reichsfiskals gegen sie, was hier nur angedeutet sei. Ambrosius Hoechstetter strebte auf dem Quecksilbermarkt eine Monopolstellung an, indem er die Bergwerksproduktion von Idria pachtete und dazu auch diejenige von Almadén zu erlangen suchte, erlag aber der Konkurrenz der Fugger. Der spätere Monopolversuch des Konrad Rott im europäischen Gewürzgeschäft scheiterte schließlich an den Schwierigkeiten der Kapitalbeschaffung.

Für die Kapitalbeschaffung war wichtiger als die Kommanditeinlage auf Gewinn und Verlust, die durch den Charakter der Familiengesellschaft begrenzt war, das Depositum gegen jährliche Verzinsung. Das berühmteste Beispiel ist das des Brixener Bischofs und späteren Kardinals Melchior von Mekkau in dem von Jakob Fugger geleiteten Unternehmen. Auch Anton Fugger arbeitete stark mit Depositen, wobei nicht nur Augsburger Kapital, sondern auch solches des schwäbischen Hinterlandes sowie solches von Nürnberg und Antwerpen herangezogen wurde. Selbst kleinere Beträge von Dienstmädchen wies man nicht zurück, wie das Beispiel Hoechstetter zeigt.

Hinsichtlich der betrieblichen Organisation sind die Technik der Buchhaltung und das Faktorsystem die wichtigsten Elemente. Daß man dabei die Anregungen, die die von den Italienern entwickelte doppelte Buchhaltung lieferte, voll ausnutzte, lag bei den regen Italienbeziehungen der Augsburger Kaufleute nahe. Dabei wurde, wie das Beispiel Fugger zeigt, kein starres System angewandt, wie es Luca Pacioli vorgetragen hatte. Vielmehr blieb die buchhalterische Registrierung der Geschäftsvorgänge weiter im Fluß der Veränderung, Verbesserung und Anpassung an die gegebenen Verhältnisse, insbesondere an die Erfordernisse des Faktoreinetzes, auf das sich das Unternehmen stützte. Dieses Faktoreinetz ist typisch für die oberdeutschen und damit besonders für die Augsburger Gesellschaften und unterschied sich vom italienischen System der Filialgesellschaften. Es entsprach besser der strafferen Leitung der Unternehmen, wie sie Fugger und Welser aufgebaut hatten. Der internationale Charakter des Faktoreinetzes erleichterte es (ähnlich wie es die italienischen Gesellschaften schon im 14. und 15. Jahrhundert getan hatten), das Wechselgeschäft zum Teil durch das einfachere Kontokorrentsystem zu ersetzen und ersteres nur einzuschalten, wo eine entsprechende Hilfe eines Faktors nicht ausreichte.

Bei den großen Handelsgesellschaften war die Kombination von Warenhandel, Wechsel- und Bankgeschäft am weitesten entwickelt. Dabei herrschte die Tendenz, den Warenhandel auf das Metallgeschäft und einige Luxusartikel (Juwelen) zu begrenzen. Eine Zeitlang investierte aber selbst ein Anton Fugger in der Barchentproduktion und ihrem Absatz (Weißenhorn).

Neben den Handelsgesellschaften haben wir Einzelfirmen, bei denen der Eigenhandel mit dem Kommissions- und Speditionsgeschäft kombiniert werden konnte. Es gab im übrigen auch Händler, die sich auf einzelne Waren spezialisierten, erwähnt seien die Baumwoll-, Gold- und Silberwarenhändler.

Bei der Zunftmeisterwahl 1536 zählte die Kaufleutezunft 75 Mitglieder, die Kramerzunft 235, die Huckerzunft 110, die Salzfertigerzunft 235 Mitglieder. Sie alle hatten mit dem Handel zu tun. Die Kramer waren Einzelhändler. Mit Fernhandel befaßten sich in erster Linie die Angehörigen der Kaufleutezunft, zum Teil auch die Salzfertiger. Fernhandel schließlich trieben auch die Metzger, wenn sie als Viehhändler Ochsen aus Ungarn, Böhmen und Polen heranschafften.

Münzwesen

Augsburg spielt in der frühen deutschen Münzgeschichte keine solche Rolle wie etwa Köln, Lübeck oder Nürnberg. Doch hat es eine alte Tradition der bischöflichen Münzprägung. Im 15. Jahrhundert war das Selbstbewußtsein der Bürger so angestiegen, daß sie sich in die Pfennigprägung mit dem Bischof teilen konnten. Eine neue Phase brach an, als 1509 die Reichsmünze von Basel nach Augsburg verlegt wurde. Bis 1535 war sie im Pfandbesitz des Grafen Eberhard von Königstein, dann der Grafen Stolberg. Von 1515 bis 1521 und 1560 wurden Goldgulden geprägt, von 1544 bis 1555 Taler und Teilstücke, von 1559 bis 1562 Reichsguldiner, 1554 Zwanziger, ferner Batzen und Halbbatzen. Die Stadt selbst erhielt erst am 21. Mai 1521 von Karl V. ein Münzprivileg, doch sollte sie dabei den Bischof und den Grafen von Königstein nicht in ihrer Münzfreiheit behindern. Inzwischen war die wirtschaftliche Machtstellung der Stadt so gestiegen, daß sich dies auch in der Münzgeschichte äußerte und Augsburg neben Nürnberg eine führende Stellung in den korrespondierenden Kreisen Bayern, Franken und Schwaben einnahm. Seit 1573 fanden die Probationstage dieser Kreise im Wechsel mit Nürnberg und Regensburg in Augsburg statt. Wichtige Beschlüsse der Reichsmünzpolitik wurden auf Augsburger Reichstagen gefaßt, so die Reichsmünzordnung von 1559 und der Münzabschied von 1566. Nach einem Beschluß der drei Kreise hatte Augsburg seit 1624 in Schwaben neben Stuttgart, Baden und Tettnang das alleinige Recht, Münzen zu prägen.

Bank- und Kreditgeschäfte

Die Kombination des Warenhandels mit dem Wechselgeschäft war bei den großen Kaufleuten Oberdeutschlands mit ihren Fernhandelsbeziehungen etwas Übliches. Sie hatten diese Kombination von den Italienern gelernt. Daß sich daraus ein richtiges Bankgeschäft entwickelte, dazu bedurfte es besonderer Umstände, die um diese Zeit in Augsburg und Nürnberg anzutreffen waren. Sie ergaben sich einerseits aus der Teilhabe an der internationalen Abgabenorganisation der römischen Kurie, zum anderen aus dem Metallgeschäft. Die Beteiligung der Fugger an den römischen Geldüberweisungen wurde von der Nürnberger Filiale aufgebaut. Aus dem Handel mit Tiroler Kupfer und Silber entwickelten sich die Kreditgeschäfte mit dem Hause Habsburg. Bei den ersten großen Darlehen, die mit dem Habsburger Sigmund zu Ausgang der achtziger Jahre des 15. Jahrhunderts vereinbart wurden, handelte es sich bereits um Investitionen, die das Eigenkapital der Firmen weit überstiegen, und es ist zu vermuten, daß schon seit dieser Zeit das Geld des Melchior von Meckau, der seit 1482 Fürstbischof von Brixen war, in der Form von Depositen im Fuggerschen Unternehmen investiert war. Daß nach der Abdankung des hochverschuldeten Sigmund Kaiser Friedrichs Sohn Maximilian das tirolische Herrschaftsgebiet und damit auch die Schätze aus den dortigen Bergwerken übernahm und daß Maximilian, als Erbe Karls des Kühnen von Jugend auf Herr der Niederlande, nach dem Tod seines Vaters 1493 die Herrschaft über das Reich erhielt, brachte den Fuggern die einmalige Gelegenheit, Kreditgeber Maximilians zu werden, der mit seinem Luxus und dem, verglichen mit der Rationalität der großen Handelsgesellschaften, noch schlecht aufgebauten Rechnungs- und Finanzwesen seiner Lande laufend auf Barkredit angewiesen war. Daß Meckau inzwischen bei der Innsbrucker Regierung zur wichtigsten Persönlichkeit aufgestiegen war, kam der Fuggerschen Bankpolitik entgegen. Es ist im Rahmen dieser Darstellung unmöglich, auf die einzelnen Darlehen näher einzugehen. Nur die wichtigsten Fakten können hier aufgeführt werden.

Zunächst erfolgten die mit der Beschaffung der Gelder erforderlichen Silberkäufe in Zusammenarbeit mit der Augsburger Konkurrenz, den ebenfalls am Tiroler Metallhandel beteiligten Sigismund Gossembrot, Georg Herwart und Hans Paumgartner (von Kufstein). Die Kombination mit dem ungarischen Kupferhandel ermöglichte es der Firma Fugger, diese Augsburger Konkurrenz, zu der dann auch die Hoechstetter kamen, wenigstens zeitweise zu verdrängen. Schon jetzt, das heißt um die Wende zum 16. Jahrhundert, waren die Beziehungen zur römischen Kurie so ausgebaut, daß sie bei der Überweisung von Gebühren für Pfründen und sonstige Abga-

ben aus den Diözesen nördlich der Alpen einen führenden Platz einnahm. In Rom ließ sich Jakob Fugger, der inzwischen zum Haupt des Unternehmens geworden war, durch den Augsburger Johann Zink vertreten. Die Überweisung kirchlicher Gebühren weitete sich über Deutschland nach Frankreich, Skandinavien, Polen und Südosteuropa bis zur Walachei aus. Seit 1500 Alexander VI. mit der Verkündung des Jubeljahres einen Ablaß verband, kam auch dieses Geschäft hinzu, das sich mit all seinen Schattenseiten am stärksten in Deutschland entwickelte. In diese Zeit fällt der Verkauf kostbarer Juwelen, die die Eidgenossen von Karl dem Kühnen erbeutet hatten, durch die Stadt Basel an Fugger, der dabei die Begleichung von Basler Schulden bei Straßburg und Privaten übernahm. Ein Geschäft in Höhe von 50 000 Gulden im Jahre 1507, als Maximilian seinen Italienzug vorbereitete, führte zum Erwerb des Gebiets in der Ulmer Gegend, das sich Maximilian im bayerischen Erbfolgekrieg sichern konnte und dessen Hauptteil die Grafschaft Kirchberg war, zunächst als Pfandbesitz, ein Vorgang, der die Erhebung in den Adelsstand (1511) und in den Grafenrang (1514) nach sich zog. Eine Krise brachte der Tod des inzwischen zum Kardinal erhobenen Meckau im Jahre 1509. Es lief das Gerücht um, Meckau habe bei den Fuggern 200 000 Dukaten deponiert. Waren es offenbar auch nur 152 931 fl, so hätte die von der Kirche geforderte Rückzahlung dieser Summe genügt, um das Fuggersche Unternehmen bankrott zu machen, betrug doch das Fuggersche Eigenvermögen, von dem das meiste in laufenden Geschäften investiert war, nur 198 915 fl. Durch geschicktes Taktieren gelang es Jakob Fugger, den Bankrott zu verhindern. Kreditgeschäfte größeren Umfangs wurden in dieser Zeit vermieden, aber man begann mit dem Bau der Grabkapelle in St. Anna, mit der die italienische Renaissance in Augsburg ihren Einzug hielt. Inzwischen konnte Ambrosius Hoechstetter, künftig der große Konkurrent, verstärkt ins Tiroler Metallgeschäft eindringen.

Das größte Bankgeschäft Jakob Fuggers wurde in der Folgezeit die Finanzierung der Wahl von Maximilians Enkel Karl zum römischen König und Kaiser, deren Vorbereitung Maximilian allerdings nur zum Teil erlebte. Die Gesamtsumme, die für die 1519 erfolgte

Wahl von Fugger bereitgestellt wurde, machte rund 852 000 fl aus. Davon brachte Jakob Fugger allein 543 585 fl 34 kr auf. Nachdem die Kaiserkrönung und der Erwerb des Herzogtums Württemberg mitfinanziert worden waren, betrugen die Kredite Fuggers mit Zinsen an die 600 000 fl. Einkünfte aus Tirol und Spanien (hier insbesondere aus der Maestrazgopacht) mußten helfen, diese Finanzlast abzutragen. Weitere Kredite Fuggers an Karls Bruder Ferdinand sollten aus einer Rente getilgt werden, die Ferdinand von Aragon seinem Enkel im Königreich Neapel vermacht hatte.

In der Zeit, als Jakob Fugger die Augsburger Hochfinanz bestimmte, mußten Gossembrot, Herwart, Baumgartner und andere zurücktreten. Früh verschwanden die Adler, die 1507 zu den sieben großen Handelsgesellschaften gehörten, welche sich an einem Darlehen für Kaiser Maximilian in Höhe von 150 000 fl beteiligen konnten. Am ehesten glaubte es Ambrosius Hoechstetter auch im Kreditgeschäft mit den Fuggern aufnehmen zu können. Eine erste bedeutendere Anleihe hängt mit der Befreiung des in Brügge gefangengesetzten Maximilian zusammen. Um 1505 erfolgten verschiedene Silberkäufe. Seit etwa 1508 erschienen die Hoechstetter deutlicher als Abnehmer von Tiroler Kupfer und Silber, was mit entsprechenden Kreditgeschäften verbunden war. In diesem Jahr erfolgte eine Konsortialanleihe für Maximilian in Höhe von 150 000 fl, an der außer den Hoechstettern auch Fugger, Welser, Gossembrot, Adler, Paumgartner und Herwart beteiligt waren. Wenn aber 1520 die Schwazer Kupferausbeute, die wichtigste in Tirol, neben den Fuggern in ihren Händen lag, so hängt dies ebenso mit Krediten an Habsburg zusammen, wie der 1524 für 300 000 fl vereinbarte Quecksilber- und Zinnoberkauf zu Idria. Mit zum Verhängnis wurde dann eine Anleihe Ambrosius Hoechstetters von 1528 in Höhe von 200 000 Pfund zur Auszahlung des Solds an die kaiserlichen Truppen in den Niederlanden.

Nach dem Hoechstetterschen Konkurs waren die Finanzkraft des Fuggerschen Unternehmens, nun unter dem Neffen Jakobs, Anton Fugger, und seine Augsburger Führungsposition erneut gesichert. Kreditgeschäfte mit Habsburg, in erster Linie mit Karl V., dann mit seinem Bruder Ferdinand, standen im Vordergrund. Nach einer gewissen Übergangzeit bildeten die Finanzgeschäfte Anton Fuggers mit Karl V. bis zu dessen Abdankung im Jahre 1556 eine lange Kette von Transaktionen, vor allem in der Form von Asientos, vertraglichen Vereinbarungen, in denen die Rückzahlung gewöhnlich auf spanische Einkünfte, ab den fünfziger Jahren in verstärktem Maße auf amerikanische Edelmetalle festgelegt wurde. Einen der größten solcher Asientos schlossen Anton Fugger und Bartholomäus Welser gemeinsam im Februar 1530 in einer Höhe von anderthalb Millionen Dukaten ab. Eine spätere bedeutende Aktion, die Anton Fugger allein, ohne Mitwirkung seiner Neffen durchführte, war der Villacher Asiento vom Mai 1552 in Höhe von rund 400 000 Dukaten, mit dem er wesentlich dazu beitrug, daß Karl V. aus der Klemme, in die ihn der Fürstenaufstand gebracht hatte, wieder herausfand. Dabei konnte Fugger allerdings nicht alles gleich bereitstellen, sondern mußte 250 000 Dukaten, nachdem Hoffnungen auf Genua sich zerschlagen hatten, in Antwerpen auftreiben. Zu den Asientos kam die Maestrazgopacht in den Jahren 1538 bis 1542 und 1547 bis 1550, außerdem sogenannte Jurogeschäfte, das heißt der Kauf von Renten der spanischen Krone, die dann meist wieder verkauft werden mußten, schließlich »Rentmeisterbriefe«, für die in den Niederlanden die Rentmeister der einzelnen Provinzen die Garantie übernahmen. Neben der sogenannten Hoffaktorei in Spanien und den Kastilischen Messen gewann mit der Zeit die Antwerpener Faktorei unter Matthäus Örtel ein wachsendes Gewicht. Dieses verstärkte sich noch mit der englischen Heiratspolitik und nach der Abdankung Karls unter dessen Nachfolger Philipp.

Kreditgeschäfte Anton Fuggers mit dem Herzog der Toskana hängen mit dem Gegensatz zwischen Karl V. und König Franz I. bzw. Heinrich II. von Frankreich zusammen. Es lag nahe, daß Anton Fugger dem Medici-Herzog, der die Politik des Kaisers von seiner Position in der Toskana aus unterstützte, mit Darlehen entgegenkam. Der Sieg Karls über die Schmalkaldener und der gute Stand der kaiserlichen Sache in Italien begünstigten das Zusammenspiel zwischen Fugger und Medici. Die geschäftlichen Abmachungen erfolgten im wesentlichen in Venedig, wo Cosimos Beauftragter Vecchietti die Verhandlungen führte. Neben der Firma Fugger liehen auch die Gesellschaft des Bartholomäus Welser dem Kaiser ihren Kredit, ferner Sebastian Neidhart, der Schwiegersohn von Christoph Herwart, dann Johann Welser und seine Brüder, zum Teil in Zusammenarbeit mit Hugo »Angelo« (Engele) und Konrad Meuting. Matthias und Christoph Manlich, Hans Paumgartner und Alexius Grimel sowie Hans Rosenberger erscheinen nur in Deutschland bzw. in den Niederlanden als Bankiers. Insgesamt dürfte das Unternehmen der Fugger der spanischen Krone im Lauf von rund vier Jahrzehnten fast zehn Millionen Dukaten zur Verfügung gestellt haben. Nach der Zusammenstellung von R. Carande gaben die Deutschen, und das waren vor allem die Augsburger, von rund 28,9 Millionen Dukaten 10,3 Millionen, die Genuesen 11,6 Millionen, die Spanier lediglich 4,5 Millionen und die Niederländer 2,4 Millionen. Das »Zeitalter der Fugger« muß also unter Mitberücksichtigung der starken Konkurrenz der Genuesen betrachtet werden. Von seiner überschwer gewordenen Schuldenlast suchte sich Philipp II. 1557 dadurch zu befreien, daß er sie in eine langfristige Jurobasis umwandelte. Die Forderungen der Fugger betrugen jetzt rund zwei Millionen Dukaten.

Zu den Augsburger Firmen, denen die spanischen Geschäfte zum Verhängnis wurden, gehörten die Rosenberger, deren Haupttätigkeit allerdings beim Warenhandel lag. Über die Auswirkungen der portugiesischen Zahlungseinstellung, die sich der spanischen anschloß, sind wir leider zu wenig informiert. Zu den dortigen Gläubigern zählten unter anderen die Neidhart. Sie befanden sich auch unter den Augsburger Gläubigern der französischen Krone, zusammen mit den Welser, Herwart, Zangmeister und Fleckhammer. Zum großen Verhängnis wurde der sogenannte »grand parti« von 1555, denn im Herbst 1557, einige Monate nach dem spanischen König, stellte auch der französische die Zahlungen ein. Allerdings wissen wir über den Verlust nichts Genaues. Lediglich bei den Neidhart und Manlich sehen wir klarer. Christoph, der Sohn von Sebastian Neidhart, war 1553 neben dem Florentiner Salviati der Hauptbeteiligte an den Anleihen der französischen Krone. Er und seine Brüder setzten auch nach 1557 das Bankgeschäft fort, ohne ihre französischen Forderungen her-

einzubekommen, schließlich wurden sie in den Bankrott der Manlich verwickelt. Karl, der älteste der Neidhartsöhne, war Schwiegersohn und Teilhaber des älteren Melchior Manlich.

Matthias Manlich, der Nachfolger Anton Fuggers in der Neusohler Kupferpacht, wurde einer der Hauptgeldgeber Kaiser Ferdinands. Lukas Rem d. J., der ebenfalls an den Lyoner Krediten beteiligt war, mußte bereits um 1562 die Zahlungen einstellen. Damals kam auch Jakob Herbrot in Schwierigkeiten. Er hatte dem König von Polen und Kaiser Ferdinand Geld geliehen und starb 1564 in Schuldhaft. Zur gleichen Zeit gerieten die Kraffter und Zangmeister, die Ligsaltz und Fleckhammer in Zahlungsnot. Der Zusammenbruch von Herbrot riß auch seinen größten Gläubiger David Paumgartner mit sich. Die drei Söhne Hans Paumgartners, die schlechte Kaufleute waren, hatten schon 1553 ihre Tiroler Bergwerksanteile abgegeben und das Geschäft auf eigene Rechnung aufgelöst. David, der als Freiherr Schloß Hohenschwangau besaß, mußte dieses 1565 abgeben. Er schloß sich dann dem fränkischen Verschwörer Ritter Wilhelm von Grumbach an und wurde 1567 in Gotha enthauptet. Sein Bruder Georg saß jahrelang in Augsburger Schuldhaft.

Eine zweite Welle der Zahlungsschwierigkeiten fällt in die siebziger Jahre. 1574 mußten die Manlich, deren Unternehmen Melchior leitete, die Zahlungen einstellen. In diesen Konkurs wurde die Firma, die als David Haug, Hans Langnauer, Melchior Linck und »Mitverwandte« die Nachfolge der Bimmel angetreten und seit 1562 noch Haug, Langnauer und Linck als Teilhaber hatte, hineingerissen. Sie mußte 1574 ebenfalls ihren Bankrott erklären. Zu den Opfern der damaligen Krise gehörte auch Hans Paul Herwart. Der letzte der großen Konkurse dieser Jahre war der des Konrad Rott. Er schloß 1570 mit portugiesischen und italienischen Firmen einen Pfefferhandelsvertrag ab und gründete dann mit dem Kurfürsten von Sachsen eine »Thüringische Pfefferhandelsgesellschaft«, während er in Augsburg eine Zukkerraffinerie errichtete. Bei seiner Pfefferspekulation, die auf ein Monopol abzielte, übernahm er sich und wurde 1580 bankrott. Er verschwand aus Augsburg, tauchte aber später in Lissabon auf, wo er das Konsulat der deutschen Nation übernahm.

Von den alten Häusern behaupteten sich in dieser Krisenphase nur wenige, wie die Fugger, Welser und Rehlinger. Doch muß beachtet werden, daß neue Generationen nachwuchsen, die zwar nicht mehr Spitzenleistungen wie bisher erbrachten, aber dafür der Augsburger Wirtschaft eine um so breitere Basis gaben. Das galt in erster Linie für den Warenhandel. Doch gibt es auch in dieser Spätphase noch einige bemerkenswerte Finanzbeziehungen. Während sich die Brüder Philipp Eduard und Octavian Secundus Fugger gegenüber Darlehenswünschen des Münchener Hofes und des immer geldbedürftigen Erzherzogs Ferdinand von Tirol stark zurückhielten, investierten sie in spanischen Jurorenten. Markus Fugger, der den »Gemeinen Handel« fortführte, nahm ab 1562 über die Maestrazgopacht die spanischen Kreditbeziehungen wieder auf und beteiligte sich an den Asientos für die Niederlande und an spanischen Zahlungen ins Reich. Seine Erben führten diese Geschäfte fort. Zwar hatten sie bei der erneuten Zahlungseinstellung 1607 ein Guthaben von 3,5 Millionen Dukaten, aber mit weiteren Darlehen und der Fortführung der Maestrazgopacht hoffte man auch über diese Schwierigkeiten hinwegzukommen. Über Prager Beziehungen kamen die Welser, die seit 1580 mit Marx und Matthäus firmierten, ins große Geschäft mit dem Kaiserhof. Matthäus Welser sollte als Reichspfennigmeister an einer seine Kräfte übersteigenden Aufgabe scheitern und schließlich 1614 den Konkurs des Unternehmens herbeiführen.

Der städtische Haushalt

Die Geschichte der öffentlichen Finanzen Augsburgs in dem hier behandelten Zeitraum ist trotz des gut erhaltenen Quellenmaterials noch weithin unbearbeitet. Wir können deshalb nur einige Querschnitte bringen. Baumeister- und Einnehmerrechnungen geben uns dabei die besten Einblicke. Die Baumeister verwalteten die Gelder, die zu den Ausgaben der Stadt gebraucht wurden. Dabei konnten sie über die Mittel verfügen, die ihnen von den Einnehmern übergeben wurden. Baumeister und Einnehmer waren Mitglieder des Rats und gehörten Kaufmannskreisen an. Zu Beginn des Jahres 1495, das wir für den Anfang unseres Zeitraums herausgreifen, bekamen die neuen Einnehmer von ihren Vorgängern 53 183 rheinische Goldgulden und 60 058 Pfund 2 Schilling in Münze übergeben. Die Baumeister des Jahres 1494 lieferten dazu noch 6025 Goldgulden und 15 Schilling an Hellern ab. Das machte die Gesamtsumme von 59 107 Goldgulden und 60 058 Pfund sowie 17 Schilling in Münze. Aus der Tatsache, daß die Herren Goldgulden und Pfund Münze getrennt aufführten, sind die Schwierigkeiten zu ersehen, die sich aus dem Nebeneinander zweier Münzfüße ergaben.

Aus den Einnahmen des laufenden Jahres heben wir die interessantesten hervor. Die Steuermeister des Jahres, die die Vermögenssteuer einhoben, übergaben 69 341 Goldgulden und 70 366 Pfund Münze. Der Ertrag aus den indirekten Steuern der Ungelder war wesentlich geringer. Das »große« Weinungeld (6533 Goldgulden und rund 711 Pfund Münze) sowie das Salzungeld (14 436 Goldgulden und rund 4136 Pfund Münze) ergaben die höchsten Beiträge, während die Einnahmen aus dem Textilsektor (voran weiße Barchente mit 637 Goldgulden und rund 353 Pfund Münze, schwarze und rote Barchente mit 175 Goldgulden und rund 2830 Pfund Münze, Gschlachtgewander mit rund 89 Pfund, Loderer mit rund 44 Pfund) bescheidener waren. Dazu kamen Gelder aus Zinsen für die Benutzung städtischer Einrichtungen, von gerichtlichen Instanzen, das Wachgeld (von den acht Vierteln der Stadt zu Verteidigungszwecken erhoben), Einkünfte aus der von 1494 bis 1528 an Augsburg verpfändeten bayerischen Herrschaft Schwabegg und das »gemeine« Einnehmen. Die Summe allen Einnehmens ergab 86 283 Goldgulden und 79 081 Pfund 14 Schilling. Davon übergaben die Einnehmer ihren Kollegen vom nächsten Jahr insgesamt 53 182 Goldgulden und 58 430 Pfund 6 Schilling 11 Pfennig.

Unter den Ausgaben der Baumeister erwähnen wir diejenigen für »schanck«, für Reitgeld, Botenlohn und »vff kundtschafft«, die »costung des pronnenbachs von newem hereinzebringen«, die »costung der funden kind«, die Besoldungen für Bürgermeister, Baumeister, Richter, Amtleute, Werkleute, bestellte Hauptleute, Diener und Söldner, Scharwachter, Hebammen, Kornrührer, Gefangene in den »eysen« und ihre Wachleute, Stadtfischer, »costung der statt mal«, »costung der schanck und letz den räten«, »berlachturner«, Pfändtner, Büchsenstadel, »costung« des Schwäbischen Bunds, Zinsgeld auf Ablösung und Leibgedingszinsen. Die Gesamtausgaben machten so 23 249 Goldgulden 17 339 Pfund 10 Schilling 2 Pfennig und einen ungarischen Gulden. Die Stadt stand mit ihren Finanzen am Ende des 15. Jahrhunderts also verhältnismäßig günstig da.

Besondere Ausgaben entstanden in der Folgezeit durch den Schweizerkrieg von 1499 (über 12 000 fl), die 1500 festgesetzte und als Kopfsteuer erhobene Türkensteuer (von Reichen bei 400 fl einen fl, von den Armen und Dienstboten 1 kr), dann die Entsendung einer Türkenhilfe in Form von Fußvolk und Reitern (zum erstenmal 1529), den Unterhalt von Fußknechten anläßlich des Reichstags von 1530 sowie Geschenke an die Fürstlichkeiten, die der Stadt Besuche machten, vor allem die Vertreter des Hauses Habsburg. So erhielt, um ein Beispiel herauszugreifen, Karl V. 1530 drei vergoldete Gefäße, in denen sich 2000 fl befanden, ferner Weiß- und Rotwein, Fische und Haber. Die Veränderung des Glaubens brachte säkularisiertes Kloster- und Kirchengut ein, das meist zu Pfründen und Stiftungen verwendet wurde, verpflichtete aber die Stadt zur Besoldung der evangelischen Geistlichen.

Eine neue Phase der Ausgaben für Verteidigungszwecke begann mit der Wiedereinsetzung Herzog Ulrichs von Württemberg in sein Land (1534) und mit dem Eintritt Augsburgs in den Schmalkaldischen Bund (1536). Die Folgen, die sich daraus ergaben (Ausgaben für Befestigungszwecke, Truppenstellungen, Darlehen), führten mit dem für die Schmalkaldener unglücklich verlaufenen Krieg zur schwersten Finanzkrise der Stadt. Schon 1545 wurde verordnet, daß in den nächsten drei Jahren die Steuer doppelt erhoben würde, im nächsten Jahr wurde diese Verordnung für weitere drei Jahre verlängert. Der Bittgang der Augsburger zu Karl V. in Ulm im Januar 1547 und die Buße, die sie dem Kaiser entrichten mußten, betrug 150 000 fl und 12 Stück Geschütz. Nach von Stetten kosteten die Verehrungen, die in diesem Zusammenhang ausgeteilt werden mußten, wohl ebensoviel, wenn nicht noch mehr. Und der ganze Krieg mit der darauf erfolgten Aussöhnung (eingeschlossen die Schadenersatzforderungen der

verschiedenen Stände und Personen an die Stadt) kostete 1 200 000 fl, ja nach der Ansicht anderer wohl drei Millionen. »Die Stadt sei dadurch so erschöpft worden, daß sie sich seit dieser Zeit nicht mehr erholen können.«[11] Dies stimmt allerdings nicht, denn gegen Ausgang des Jahrhunderts befanden sich die Finanzen wieder in einem Zustand, der es gestattete, die großen repräsentativen Bauten auszuführen, die mit der Eindachung des Hollschen Rathauses im Jahre 1618 einen gewissen Abschluß fanden.

Während der zweiten Hälfte des Jahrhunderts erhöhten sich die Einnahmen der Stadt nicht wesentlich. 1566 wurde mit rund 260 000 fl eine Spitze erreicht, ein neues Maximum erbrachte das Jahr 1615 mit rund 300 000 fl, wobei allerdings die stetige Inflation beachtet werden muß. Während des Krieges (1635–1640) konnten die Einnahmen wohl auf dem beachtlichen Niveau von 170 000 bis 200 000 fl gehalten werden, die direkten Steuern gingen allerdings bis 1640 auf 10 000 fl zurück. Um so mehr mußten erhöhte indirekte Steuern und besondere Umlagen herhalten, während der Kipperzeit fielen auch die Münzgewinne stärker ins Gewicht. Schon im 16. Jahrhundert übertraf das Ungeld die direkten Steuern um manchmal das Doppelte, während etwa Zölle und Grundbesitz nur geringe Einnahmen brachten.

Zu schweren Belastungen mit Summen, die zum Teil über 500 000 fl lagen, kam es während der schwedischen und kaiserlichen Besatzung. Die aus dem Schmalkaldischen Krieg stammenden Schulden konnten im Lauf der zweiten Hälfte des 16. Jahrhunderts abgetragen werden. In den neunziger Jahren gingen die jährlichen Zinsleistungen auf etwas über 11 000 fl zurück, um 1610 sanken sie unter 10 000 fl. Wenn man von einem Zinssatz von vier und fünf Prozent ausgeht, konnten also die Schulden von über 500 000 fl auf etwa 200 000 gesenkt werden, die Barreserven erreichten dabei um 1615 nahezu 600 000 fl. Die Ausgaben für den Sektor »Polizey« (im damaligen weiteren Sinn), das heißt für Wohlfahrtspflege, Ärzte, Hebammen u. a., waren etwa doppelt so hoch wie die Verteidigungskosten. Der lange Krieg mit seinen schweren Belastungen (Verteidigungsmaßnahmen, Kontributionen, Darlehen) führte schließlich zum Zusammenbruch der öffentlichen Finanzen. Ab

1623 schwanden die Barmittel schnell dahin, dementsprechend mußten auch die Almosenvergabe und die Getreidekäufe eingeschränkt werden. Die am 27. Mai 1649 erstellte »Bilanz« zeigt ein Gesamtvolumen von 2 031 490 fl Münz und 3 922 Goldgulden. Die letzteren und 1 817 fl Münz bildeten den Kassenbestand. Die Forderungen aus Darlehen, die schon seit Jahren hätten zurückbezahlt werden sollen, machten über 472 000 fl aus. Auf der anderen Seite standen im Zinsbuch rund 1 557 341 fl, abgesehen von verschiedenen anderen Gläubigern, denen man über 42 000 fl schuldig war.

Die Vermögenssteuer

Wie in anderen Reichsstädten und den Fürstenterritorien beruhte das Steuerwesen auf der Erhebung von direkten und indirekten Steuern. Die indirekten hatten dabei das Übergewicht, das heißt die Einnahmen aus Zöllen und den sogenannten Ungeldern.

An direkten Steuern wurden die Vermögenssteuer und die Kopfsteuer erhoben. Die Vermögenssteuer wurde nur von den Vermögenden eingefordert und zwar aufgrund einer eidlichen Selbsteinschätzung von »mobilem« und »immobilem« Kapital. Die Kopfsteuer entrichteten alle Haushaltungsvorstände, auch diejenigen, die steuerfrei waren, die »Habnitse«. Sie schwankte zwischen 15 und 60 Pfennig, meist proportional dem jeweiligen Steuerfuß der Vermögenssteuer.

Nach der Feststellung von J. Hartung betrug die Zahl der Steuerpflichtigen am Anfang der hier geschilderten Periode (1498) 5351. In der Mitte des 16. Jahrhunderts waren es 8242, also eine starke Vermehrung (54 Prozent des Anfangsbestandes), ein Zeichen für den wirtschaftlichen Aufschwung. An direkten Steuern wurden 1498 rund 13 500 fl, im Jahre 1554 aber mindestens 43 300 fl entrichtet, was einer Steigerung um wenigstens 214 Prozent entsprach. Diese direkten Einkünfte machten um die Mitte des 16. Jahrhunderts indessen nur ein Sechstel der gesamten Einnahmen aus, die damals rund 300 000 fl betrugen. Hinsichtlich der Steuerkraft der Vermögenden ist zu beachten, daß diese ja vielfach Grundbesitz und Kapital außerhalb Augsburgs hatten, das weitgehend der Besteuerung entging; die 12 889 fl

Steuern der Vermögenden 1498 und 42 323 fl 1554 beziehen sich also nur auf einen Teil der Vermögen. Die »stuira minor« war demgegenüber bescheiden, sie brachte jährlich zwischen 650 und 1000 fl ein. Das gesamte Steuervermögen belief sich (auf Grundlage des mobilen Steuerfußes von 0,5 Prozent) 1498 auf 2,58 bis 5,16 Millionen fl, um 1554 lag es zwischen 8,46 und 16,9 Millionen. Der Anteil der sogenannten Besitzlosen, der 1471 über 65 Prozent der Steuergemeinde ausmachte, betrug 1554 noch 53 Prozent. Allerdings erfolgte im Zeitraum 1498 bis 1554 trotzdem eine überproportionale Vermehrung dieser Leute um 88 Prozent. Die Zahl derjenigen, die unter 10 fl steuerten, also ein Vermögen von 2000 bis 4000 fl hatten, nahm nur um 17,3 Prozent zu. Die Zahl der Reichen dagegen, die mehr als 100 fl steuerten, stieg in dem halben Jahrhundert um 94 Prozent. Seit Hartung gilt aufgrund der Vermögensentwicklung der beiden unteren Schichten der Satz: »Das Proletariat vermehrte sich also schneller als die Gesamtgemeinde, die für das ökonomische und soziale Wohlbefinden eines Volksorganismus so wichtige Klasse der kleinen Besitzer vermochte dagegen mit derselben nicht Schritt zu halten, sondern blieb weit hinter allen übrigen zurück. So scheint in dem Augsburg des 16. Jahrhunderts mit dem bedeutenden auf der Entwicklung des Großkapitals beruhenden wirtschaftlichen Aufschwung eine langsam fortschreitende Proletarisierung der Bürgerschaft Hand in Hand gegangen zu sein, die dahin führte, daß um die Mitte des Jahrhunderts Besitzlose schon wieder mehr als die Hälfte der letzteren ausmachten, während sie zu Beginn dieser Periode nur 42,6 Prozent derselben gebildet hatten. Die Hebung des allgemeinen Wohlstands war demnach mehr das Ergebnis der Entwicklung, die in den letzten Jahrzehnten des 15. Jahrhunderts Platz griff; die weitere Gestaltung der wirtschaftlichen Verhältnisse im 16. Jahrhundert war dagegen anscheinend nur dem großen Besitz günstig«[12].

Sieht Hartung diese Entwicklung im engen Rahmen der Augsburger Verhältnisse, so verlangt eine Würdigung der Gesamtbedeutung des Aufstiegs des Großkapitals einen über den engen Augsburger Horizont hinausgreifenden größeren Rahmen, nämlich der Volkswirtschaft, innerhalb deren sich Augsburgs

Wirtschaftskraft am stärksten entfaltete, im mitteleuropäischen und mittelosteuropäischen Bergbau, in der Weiterverarbeitung der gewonnenen Metalle und im Fernhandel, der seine Einkommensströme – um mit Conrad Peutinger und Clemens Bauer zu reden – nicht nur nach Augsburg, sondern nach ganz Mitteleuropa, insbesondere in den Machtbereich des Römischen Reiches hineinlenkte.

Die hier für Augsburg angedeutete Entwicklung ging im wesentlichen bis ins 17. Jahrhundert hinein weiter, wenn auch in langsamerem Tempo. Bis zu Beginn des 17. Jahrhunderts (1604) wuchs die Steuergemeinde um weitere 26 Prozent und bestand jetzt aus 10 388 Steuerzahlern. Auch die Zahl der wohlhabenden und reichen Bürger nahm zu. Im Jahr 1554 zahlten 189 Personen eine Steuer von über 50 fl. 1604 waren es 222 Gemeindeangehörige, die 60 fl und mehr entrichteten, und unter ihnen befanden sich elf, die mehr als 600 fl zahlten, weitere 90 zahlten zwischen 120 und 600 fl. Daß die »Proletarisierung« der Bürgerschaft dementsprechende Fortschritte machte, möchte Hartung annehmen, wenn auch nicht mit voller Sicherheit. Aus Stettens Aufzeichnung schließt er auf die zunehmende Zahl der Armen und Bettler. Andererseits spricht er von einem »allmählichen Durchsickern des Wohlstands der oberen Klassen nach unten hin«, wodurch »die allgemeine Entwicklung des städtischen Wirtschaftskörpers gegen Ende des Jahrhunderts« mehr beeinflußt wurde als vorher. Das würde eine entsprechende günstige Wirkung auf Besteuerungsverhältnisse und öffentliche Finanzen mit einschließen[13].

Angesichts der Tendenz zur Verbreiterung der unteren Schichten, die durch Abnahme des Hausbesitzerstandes unterstrichen wird, andererseits angesichts der zunehmenden Konzentration des mobilen und immobilen Vermögens an der Spitze, belastete die städtische Vermögenssteuer mit ihrem Grundsatz der Proportionalität der Steuerleistungen die unteren Schichten stärker als die oberen, zumal noch die indirekte Besteuerung hinzukam, die um die Mitte des Jahrhunderts vier Fünftel bis fünf Sechstel des gesamten Steueraufkommens ausmachte. Denn sie traf wiederum die niederen Schichten ebenso wie die oberen. Um so auffallender die Tatsache, daß sich 1548 die Vertreter der oberen Familien an den Kai-

ser wandten, um Abhilfe zu erlangen wegen der »harten und unbilligen Besteuerung«, durch die sie vom Zunftregiment bedrückt wurden. Nun ist, wie die Tagebuchaufzeichnungen des Lukas Rem zeigen, der gesetzliche Steuerfuß für das Mobiliarvermögen nur in seltenen Fällen voll erhoben worden, so bei Rem selbst nur einmal (1516), in den übrigen Jahren (bis 1539), als sein Vermögen von 7500 auf 50 000 fl anstieg, sank der bei ihm tatsächlich angewandte Steuerfuß bis auf 0,25 bzw. 0,27 Prozent. Wenn man die Abzüge berücksichtigt, die Rem machte, betrug der Steuerfuß im Durchschnitt 4,1 Prozent seines Mobiliarvermögens. Ein Grund für den Steuernachlaß, dessen er sich erfreute und der 18 Prozent der gesetzlichen Anforderungen ausmachte, lag darin, daß die Einschätzung immer nur alle sechs Jahre erfolgte, während inzwischen Rems Vermögen anstieg. Um so stärker wurden diejenigen belastet, deren Vermögensentwicklung sich auf einer absteigenden Linie bewegte. Beim Grundbesitz, dessen Ertrag sich längere Zeit auf derselben Höhe hielt, war die Belastung (5,1 Prozent) im Vergleich zum Mobiliarvermögen hoch. Vermögen, die im Großhandel und Bankgeschäft eingesetzt wurden, wo die jährlichen Gewinne zum Teil weit über zehn Prozent lagen und eine verhältnismäßig rasche Vermögensvermehrung erfolgte, waren also hinsichtlich der Besteuerung aufgrund der sechsjährigen Steuerperiode wesentlich stärker begünstigt als mittlere und kleinere Vermögen. Die Fugger waren aufgrund des kaiserlichen Privilegs vom 14. November 1530 von der üblichen Besteuerung insofern befreit, als sie »nur das gewöhnliche Ungelt, und die gewöhnlich Steuer allein, und nicht weiter, dann für die liegenden Güter« entrichten mußten. Eine als Konsequenz dieses Privilegs erfolgende Regelung mit der Stadt Augsburg erzielten Anton, Raymund und Hieronymus im Jahre 1535, als sie wegen ihrer »weitschichtigen Handlung« und ihres fast in der halben Welt zerstreuten Kapitals und Vermögens sich erboten, anstelle der üblichen, alle sechs Jahre erfolgenden eidlichen Erklärung jährlich eine ein für allemal festgesetzte Summe zu zahlen. Diese Summe betrug für die beiden Brüder und ihren Vetter Hieronymus je 800 fl, also insgesamt 2400 fl. Eine neue Regelung, die im Jahre 1545 erfolgte, setzte die vereinbarte Summe der Goldgulden nun, nachdem Raymund und Hieronymus gestorben waren, für Anton Fugger, seine Söhne und seine Neffen fest. Im selben Jahr noch wurden auch Antons Enkel in diese »reiche Steuer« mit einbezogen. Auch die Angehörigen anderer reicher Familien suchten sich ähnliche Vergünstigungen zu verschaffen. Dies gelang dem »kaiserlichen Rat« Paumgartner im Jahre 1536, indem er sich zu einer jährlichen Zahlung von 800 fl verpflichtete. Ein entsprechendes Gesuch des Georg von Stetten und des Sebastian Neidhart wurde indessen vom Augsburger Rat abgelehnt. Nach der Abschaffung des Zunftregiments als Folge des kaiserlichen Siegs über die Opposition der Schmalkaldener erfolgte eine Neuordnung zugunsten der großen Kaufleute. Nach einem Beschluß vom Frühjahr 1549 sollte jeder, der sich jährlich zur Zahlung von 600 fl bereit erklärte, nicht mehr zur eidlichen Selbsteinschätzung herangezogen werden. Außer den Fuggern und Paumgartnern zahlten künftig noch acht Personen je 600 fl, so daß die Gesamtsteuerleistung dieser Gruppe 8000 fl betrug. Nach einem Ratsdekret von 1564 mußten die nachträglich von den Fuggern erworbenen liegenden Güter im Stadtbereich noch gesondert versteuert werden, und überhaupt sollten alle liegenden Güter, die steuerpflichtig waren, es auch weiterhin bleiben. In den letzten Jahren Antons betrug die Fuggersche Steuerleistung 2000 fl, nach seinem Tod 1560 stieg sie wieder auf 2400 fl. Ab 1598 zahlten die Erben Georg Fuggers 1200, diejenigen Antons 2400 fl. Der bis 1545 und dann wieder ab 1549 geltende niedrige Steuerfuß (0,25 Prozent der Immobilien und 0,5 Prozent vom Kapital) entsprach, wie das Fuggersche Beispiel zeigt, lange nicht den tatsächlichen Vermögensverhältnissen. Ein Vergleich der zu versteuernden Summen mit dem tatsächlichen Vermögen belegt dies. Den 2400 fl der Jahre ab 1535 entsprach ein Vermögen von 480 000 bis 960 000 fl. Nach der Inventur von Ende 1546 betrug es aber mehr als sechs Millionen, womit der höchste Stand in der Fuggerschen Vermögensentwicklung erreicht wurde. Für die Zeit um 1550 schätzte der venezianische Diplomat Alvise Mocenigo das Vermögen der Welser, Paumgartner und Fugger auf zusammen etwa sieben Millionen fl, wobei den Fuggern etwa vier Millionen, der Rest den beiden anderen Familien zugerechnet wurden.

Trotz der Finanzkrise 1557 übertraf der Steuerertrag im Jahr 1558 mit 42 799 fl den von 1554. Einen ersten Einbruch brachte das Jahr 1576 (also am Ende der Jahre der Bankrotte) mit 38 868 fl. Dann 1590 wieder ein mäßiger Anstieg auf 46 401 fl. 1604 ein weiterer Anstieg auf 52 181 fl (in Münze 65 227) und 1618 ein Gipfel mit 57 076 fl (in Münze 71 356). In diesen Jahren von 1558 bis 1618 stieg die steuernde Bürgerschaft nur um 8,7 Prozent von 8770 auf 9528, der Steuerertrag aber um mehr als 35 Prozent. Während des großen Krieges bis 1640 ging die Zahl der Steuerbürger um 48,4 Prozent zurück auf 4393 und erbrachte nur noch 18 000 fl, was einem Rückgang um fast 75 Prozent entsprach. Die sogenannte »Krisis« von 1557 bis 1574 traf offenbar nur die obersten Steuerzahler, während die untere und mittlere Schicht von 4466 (1558) auf 4720 (1576) anstieg und ihre Steuerleistung von 17 629 auf 18 063 fl steigerte. Die Erholung bis 1590 ist deutlich, denn die Steuerzahler mit über 70 fl, deren Zahl vor der Krisis 143 betragen hatte, belief sich jetzt immerhin auf 140, und die obere Schicht, die 1558 25 000 Goldgulden zahlte, brachte 1618 36 000 auf. Die Zahl der Habnitse ging in der Zeit der Krise von 4161 auf 3871 zurück. Eine doppelte Erklärung ist möglich: Einmal erfuhr die letzte Vermögensschicht mit einer Steuerleistung von 3 fl eine Steigerung von 3536 auf 3771, während andererseits diejenigen, die durch den Zusammenbruch mehrerer großer Firmen brotlos wurden, abwanderten. Insgesamt ging der Prozentsatz der Habnitse von 47,4 Prozent (1558) auf 43,2 Prozent (1618) zurück. Um ebensoviel nahm der Anteil der vermögenden Schichten an der Gesamtbürgerschaft zu. Bis 1590 stieg die Zahl der Wohlhabenden und Reichen mit einer Steuerbelastung von 50 fl an aufwärts nur langsam an. Mit Beginn des 17. Jahrhunderts erfolgte dann sowohl hinsichtlich der Zahl der Steuerzahler als auch hinsichtlich der Leistungen eine schnellere Entwicklung gerade dieser Schicht. Besonders deutlich wird dies bei den Großsteuerzahlern von mehr als 500 fl. Die Folge war, daß sowohl 1604 als auch 1618 die größere Hälfte des gesamten Vermögenssteuerertrags von der ersten Steuerschicht aufgebracht wurde, was früher nie der Fall war. Gleichzeitig wuchs wieder die Zahl der Habnitse, während die Inhaber der kleineren

Vermögen mit einer Steuerleistung bis 10 fl zurückgingen. Das Anwachsen des »Proletariats« hing offenbar zusammen mit der Ausdehnung der großgewerblichen Betriebe. Erst die Jahre des Dreißigjährigen Kriegs haben diese zweite Blüte gebrochen. Die Einbußen werden ersichtlich am Rückgang der Steuererträge 1632 und 1646. 1632 betrug er noch 37 449 fl, 1646 lag er, wie schon erwähnt, bei 18 819 fl. Hartung schätzte den Verlust an Steuervermögen auf 10 bis 20 Millionen fl und war geneigt, eine noch größere Schädigung anzunehmen. Man muß dabei bedenken, daß aus Mangel an barem Geld auch goldene und silberne Schmuckgegenstände, ja kupfernes und zinnernes Gerät entsprechend einer amtlich festgesetzten Taxe abgeliefert wurden.

Auffallend machte sich der Rückgang der obersten Schicht geltend. Am Ende des Kriegs gab es überhaupt keinen Steuerzahler mehr, der über 500 fl entrichtete. Die nächste, die erste Schicht, ging von 147 auf 23 zurück, die zweite von 159 auf ebenfalls 23. Besser hielten sich die mittleren Schichten. Verschiedene Vermögende wanderten ab, so die zwei Hauptlinien der Fugger und andere katholische Patrizier, als sich 1632 die schwedische Armee näherte, dann die protestantische Familie Oesterreicher, die 1604 insgesamt 2448 fl Steuern entrichtete. Sie erzwang 1638 die Entlassung aus der Bürgerschaft mit Hilfe des Kaisers. Die Schorer verlegten ihren Wohnsitz nach Venedig, die Manlich hielten sich im Elsaß und in Schlesien auf, die Krauß in Schweden. Auffallend ist schließlich auch der Rückgang der Habnitsc von 4120 auf 1573. Die Vernichtung zahlreicher kaufmännischer, großgewerblicher und handwerklicher Betriebe machte viele von ihnen brotlos und andere erst zu Habnitsen. Sie zogen weg, wurden Soldaten oder von Seuchen hinweggerafft.

Preise

Die europäische Preisentwicklung ist durch einen Wiederanstieg seit dem ausgehenden Mittelalter gekennzeichnet. Nachdem erste Impulse vom neuen Aufschwung des Buntmetallbergbaus ausgegangen waren, kam eine Reihe von Faktoren hinzu, die den langfristigen Aufwärtstrend beeinflußten, so die Zunahme der Bevölkerung, die Marktausweitung durch die überseeische Expansion, die Steigerung der Produktion, die Erweiterung und Verdichtung der Marktverflechtung in Europa selbst, die Ausweitung der Schiffahrt von der Nordsee nach der Ostsee, von den Niederlanden nach der Iberischen Halbinsel. Ab etwa 1510 gerieten die Getreidepreise verstärkt in Bewegung. Eine zweite Welle setzte um die Jahrhundertmitte ein. Doch hat diese Preisbewegung nicht alle Teile Europas gleichmäßig erfaßt. Besonders deutlich läßt sie sich in den edelmetallproduzierenden Gebieten Mitteleuropas und im Zusammenhang mit dem Gold und Silber, das aus Amerika nach Spanien einströmte, feststellen. Auf das ganze Jahrhundert gesehen, ergibt sich bei einfacher Mittelung ein Jahresdurchschnitt von 4,3 Prozent, bei Zinseszinsrechnung sogar nur von 1,52 Prozent. Der Ausdruck »Preisrevolution« übertreibt also stark, wenn man mit der heutigen Preissteigerung vergleicht.

Die Geschichte der Augsburger Preise ist vorerst vor allem aus den Reihen der Hospitalrechnungen bekannt. Wenn wir mit dem Brotgetreide beginnen, so zeigen die drei wichtigsten Arten, Roggen, Gerste und Kern, in der hier behandelten Periode, nach einer gewissen Dämpfung, ab 1510 den bekannten steil aufsteigenden Trend, auf den nach dem Beginn des Dreißigjährigen Kriegs eine weitere Aufschwungphase aufsetzt, die bis über die Jahrhundertmitte anhält. In der Aufstiegsphase des 16. Jahrhunderts zeigt die Gerste eine etwas steilere Kurve, was man mit der verstärkten Bierbereitung in Verbindung gebracht hat. Weizen wurde im Süden und Westen noch wenig verwendet, an seine Stelle trat der »Kern« bzw. der Fesen, das heißt der geschälte Kern. Der vornehmlich als Pferdefutter verwendete Hafer fügt sich dem hier angedeuteten Verlauf ein. Die als Nahrungsmittel wichtigen Erbsen zeigten in der Anlaufperiode eine geringere Steigerung und fielen in der Abschwungphase nicht so steil zurück.

Die Preise für Rindfleisch und Schmalz folgten im wesentlichen dem Trend der Getreidepreise. Nach der Aufschwungphase war die Senkung bei Fleisch geringer als bei Schmalz. Bei der Milch war der Aufwärtstrend in der Anstiegsphase schwächer, hielt aber auch danach, allerdings mit verminderter Kraft, weiter an. Auffallend ist, daß der Preis für Karpfen (in der Hospitalrechnung erst ab 1539 geführt) sich im Vergleich zu Getreide und Fleisch nur mäßig erhöhte. Wurde die Nachfrage nach der Einführung der Reformation geringer? Das Salz wurde im allgemeinen von der bayerischen Salzniederlage in Friedberg beschafft. Es folgte bis in den Dreißigjährigen Krieg dem Aufwärtstrend, um dann ebenfalls zurückzugehen. Den stärksten Preisanstieg zeigt das Bier. Nach der Mitte des 16. Jahrhunderts begann man untergäriges Bier zu brauen, das haltbarer war als das bisher gebraute. Der auffallende Preisanstieg hielt so beim Bier bis über die Mitte des 17. Jahrhunderts an. Bei den gewerblichen Produkten war die Steigerung in der langen Aufstiegsphase bis 1621 geringer als bei den Nahrungsmitteln, in der Aufschwungphase gingen wohl die Preise für Flachs, Zwilch und Kuhhäute zurück, Kalk, Ziegel und Schreibpapier stiegen dagegen.

Wir wissen heute, daß man von der langfristigen Bewegung vor allem die durch den sogenannten Erntezyklus bedingten zyklischen Schwankungen und die saisonalen Preisunterschiede trennen muß. Auch obrigkeitliche Maßnahmen konnten die Preisgestaltung beeinflussen. Wenn zum Beispiel im Dezember 1500 die Getreidepreise besonders niedrig waren, so hing dies mit den Versorgungsmaßnahmen zusammen, die während des Reichstages getroffen wurden. Im Jahre 1501 führte Teuerung durch Dauerregen und Hochwasser zur Rationierung und zum Erlaß von Festpreisen, wobei die Stadt zur Stützung der Preise Getreide in Regensburg und Passau einkaufen ließ. Der trockene Sommer im Jahre 1502 brachte eine Steigerung der Preise, die drei Jahre anhielt. Wieder wirkte sich der nasse Sommer 1508 mit seinen Schäden preistreibend aus. Wegen der Teuerung 1517 wurde im Spitalbackofen und in den städtischen Backöfen für die Bürgerschaft Brot gebacken und verkauft. 1522 lagen die Preise wieder hoch. Die Teuerung von 1529 in Bayern und Schwaben wirkte sich besonders für Getreide, Wein, Schmalz, Salz und Holz aus. Die preistreibende Tendenz wurde noch durch Hochwasser im Juni und Dezember begünstigt. Das Jahr 1531 mit seinem Hochwasser im April brachte eine Teuerung der meisten Lebensmittel bis zur Hungersnot. Auch in den nächsten drei Jahren herrschten Teuerung und Versorgungsschwierigkeiten. Ende Oktober 1551 gab es wieder solchen Getreidemangel, daß die Stadt in den städtischen Backöfen Brot backen und verkaufen ließ. Auch im Mai 1562 ließ sie wegen Getreidemangels in ihren Öfen backen. Nach der Teuerung von 1567 folgte 1569 eine weitere in den ersten Monaten. Die Zahl der Bettler war auffallend groß, der Rat ließ Brot backen, und 1700 Personen erhielten Almosen. Im nächsten Jahr herrschte erneut Getreidemangel, die Stadt ließ Brot backen, 4000 Leute erhielten Almosen, jede Woche wurden 36 Zentner Schmalz, das Pfund um drei Pfennig verbilligt abgegeben. Im Januar 1571 hinderte starker Schneefall die Zufuhr nach Augsburg, der Preis für ein Schaff Kern stieg auf 9 bis 10 Goldgulden, Roggen kostete 8½, Gerste 6, Hafer 3 Goldgulden. Im nächsten Jahr herrschte erneut Teuerung, die dann mit der guten Ernte im Juli nachließ. Die Teuerung im Herbst 1573 wurde, trotz guter Ernte, verursacht durch ein bayerisches Ausfuhrverbot. Im Juni 1575 wurde das teuere Getreide durch Abgaben aus dem städtischen Kornkasten um 2 fl verbilligt. Bei der Teuerung im April 1580 erhielten die Handwerksmeister aus dem Getreidevorrat den Metzen Roggen[14] verbilligt. Im Mai 1586 sperrte Bayern die Getreidezufuhr; da das Getreide in Schwaben schlecht geraten war, war die Folge wiederum ein hoher Preis. Im April 1587 trieb großer Mangel auf dem Land viele Bettler in die Stadt. Im September war der Getreidemangel derart, daß die Bäcker zu backen aufhörten und am Donnerstag, Freitag und Samstag fremde Bäcker in die Stadt hereingelassen wurden. Im Mai 1590 veranlaßte der hohe Getreidepreis die Stadt zur Abgabe von Getreide aus den städtischen Kornkästen. Darauf folgte eine reiche Ernte in Bayern und Schwaben. Im Winter 1595 legte die große Kälte die Mühlen still, so daß dadurch Brotmangel eintrat. Im Mai nächsten Jahres verursachte der hohe Getreidepreis ein Verbot des »Getreidefürkaufs«. Die Getreideteuerung im Januar 1601 veranlaßte die Vorgeher der Weber, den 2208 Webermeistern je ein halbes Schaff Roggen zu 2 fl und den 713 ärmeren Webern zu je einem fl zu geben. Kälte und Schnee in den drei ersten Monaten 1605 brachten Lebensmittelmangel. Eine neue Preisspitze folgte Anfang 1615. Die nächste fiel mit der Kipperzeit zusammen. Im September dieses Jahres zahlte man für das Schaff Kern 55 fl, für den Roggen 45. Der Preisauftrieb wurde verstärkt durch die bayerische Landessperre gegen Augsburg, die Stadt suchte durch Getreideaufkäufe zu mildern. Als Folge der Abwertung vom 5. April 1623 und der guten Getreideernte setzte ab Juli 1623 eine Beruhigung ein. Politische Umstände (vor allem bayerische Landessperren) verhinderten jedoch ein Absinken des Getreidepreises und der Brottaxe. 1631 und 1632 sank sie noch einmal unter den Vorkriegsstand, hauptsächlich infolge der Pest, die 1627/28 rund 12 000 Menschenleben kostete. Der Krieg mit seinen Truppendurchzügen, Flüchtlingen und Einquartierungen und die damit erschwerte Getreideversorgung führten zu einer neuen Erhöhung der Taxpreise. Da der für sie festgesetzte Preis von 7 fl für ein Schaff Roggen und 9 fl für ein Schaff Kern zu niedrig sei, weigerten sich die Bäcker zu backen. Das Proviantamt ließ daraufhin selbst Brot backen. Die schwerste Krise brachte die kaiserliche und bayerische Belagerung im Winter 1634 und in den ersten Monaten 1635. Damals wurden überhaupt keine Preise notiert. Die Versorgung befand sich auf einem Tiefpunkt. Diese Phase fällt zusammen mit der durch Hunger und Seuchen bewirkten demographischen Katastrophe von 1632 bis 1635, die einen Rückgang der Bevölkerung auf 16 000 brachte. Wegen der täglich überhandnehmenden Teuerung im Januar 1634 wurde der Getreidepreis für Bäcker bei Roggen auf 11 fl, bei Kern auf 14 fl, und zwar für drei Monate, festgesetzt. Die schwedische Besatzung mußte in zehn Tagen mit 24 000 Pfund Brot versorgt werden. Wegen Proviantmangels gab es im Juni einen Auflauf unter den schwedischen Soldaten. Kurz darauf kam die Hornsche Armee in die Stadt und verlangte ebenfalls Versorgung mit Getreide. Als die Schweden Anfang August erneut in die Stadt einrückten, mußten innerhalb von drei Tagen 10 000 Pfund Brot geliefert werden.

Löhne

Unterlagen über die Lohnbewegung haben wir vor allem aus den Rechnungen der Stadtverwaltung und der Hospitäler. Man findet da insbesondere solche für die ungelernte Arbeiterschicht, so für die Landarbeiter, Steinbrecher, Wegmacher, Lastträger, während sich die Löhne der Zunfthandwerker in den Rechnungen der Meister verbergen. Bei Bauarbeiten für ein Spital wurden Löhne für Maurer, Zimmerleute und Handlanger aufgeführt. Dabei ist aber schwer festzustellen, was vom Taglohn eines Maurers der Geselle selbst bekam und was der Meister für sich beanspruchte, etwa für die Bereitstellung des Arbeitsgeräts. Im allgemeinen bestand die Tendenz zur Barentlohnung der Taglöhner, während der Zunftarbeiter zum Haushalt des Meisters gehörte und bei diesem Verpflegung und Wohnung erhielt. Im Bauhandwerk hatten Maurer und Zimmerleute oft ihren eigenen Haushalt, so daß hier festgestellt werden müßte, wie weit ihr Geldlohn nur Teillohn war. Übrigens muß auch Frauen- und Kinderarbeit beachtet werden, so beim Tragen von Lasten, beim Wegräumen von Schutt. Wurden diese Arbeiten gewöhnlich mit Taglohn bezahlt, so ist zu beachten, daß viele Arbeiten saisonbedingt waren, so daß es im Winter längere oder kürzere Pausen gab. Des weiteren hatte man an einem Haus eben nur so lange Arbeit, bis es fertig gebaut oder repariert war. Schließlich ermöglichte der Sommer einen längeren Arbeitstag als der Winter. Bezeichnend ist, daß es in derselben Quelle bis zu vier verschiedene Saisonlöhne gab. Später war ein Sommer- und ein Winterlohn üblich. Gelegentlich wurden bei Maurern und Mörtelrührern auch Überstunden bezahlt und zwar mit einem besseren Stundenlohn als beim gewöhnlichen Tagwerk. Wichtiger als Trinkgelder oder Biergeld war die Verpflegung, über die aber nur spärliche Angaben überliefert sind. Vielfach ist man auf Analogieschlüsse angewiesen, etwa wenn in Münchener Rechnungen ab 1492 für Brot noch eine besondere Zahlung erfolgte, oder wenn nach der Münchener Tagwerkordnung von 1622 gemeine Tagwerker mit Kost 7 kr, ohne Kost aber 10 bis 12 kr bekamen. In Augsburg war der Unterschied zwischen ausschließlichem Barlohn und solchem mit Kost ziemlich groß. 1570 betrug er 60 Prozent, 1583 70 Prozent und 1587 gar 75 Prozent.

Beim Augsburger Hospital haben wir folgende Löhne:

Tätigkeit	Jahr	Barlohn in Kreuzern	
		Kost extra	Kost im Lohn enthalten
Recher	1505	7	12
allgemeine	1570	10,5–14	28
Tagelöhne	1583	10,5–14	35
	1587	10,5–14	42

Während der Kipperjahre, als auch ein erhöhter Lohn mit der Preissteigerung nicht mehr Schritt halten konnte, gab man vielfach die ausschließliche Barentlohnung wieder auf und reichte dem Arbeitenden neben dem Lohn auch Naturalien, insbesondere verbilligten Roggen.

Nach J. M. Elsas ergeben die höchsten »kontinuierlichen« Löhne folgendes Bild (in kr):

	1493–1529	1530–1552	1553–1616	1617–1651
Recher	6–7[15]	7–10,5[15]	10,5–14[15]	10,5–17,5[15]
Schnitter	16–17,5[16]	17,5–21[16]	21–24,5[16]	24,5–42[15]
Drescher	6–7[15]	7–10,5[15]	10,5–14[15]	14–17,5[15]
Binder	24	24	24–35	–
Strohschneider ab 1512:	10,5[16]	10,5–14[16]	14[16]	–
Taglöhner ohne näh. Bezeichng.	10–14[16]	10,5–14[16]	14[16]	–
Mörtelrührer	16–17	18–24,5	24,5–35	28–56
Maurergesel.	28	28–35	35–52	70–84
Zimmergesellen (Winterlöhne)	24–28	–	31–52,5	52–63[16]

Aus der Tabelle ist zu ersehen, daß Schnitter, Binder und Mäher höhere Löhne erhielten als Recher und Drescher. Im Lauf der Zeit hatten die niederen Löhne die Tendenz, sich den höheren anzunähern. Das war insbesondere in der Zeit des Arbeitermangels während des Dreißigjährigen Kriegs der Fall. Ganz allgemein läßt sich sagen, daß sich die Löhne der einzelnen Berufsgruppen im Lauf der Zeit immer mehr und fast durchweg dem höheren Lohn anglichen. Fast bei allen Löhnen trat in den zwanziger oder dreißiger Jahren des 16. Jahrhunderts eine deutliche Lohnerhöhung ein, eine weitere erfolgte im letzten Viertel des Jahrhunderts und dann wieder eine mit Beginn des Dreißigjährigen Kriegs.

Zwischen den Preis- und Lohnbewegungen bestanden erhebliche Unterschiede. Im ganzen 16. und beginnenden 17. Jahrhundert hinkten die Löhne nach, erst ab 1623 holten sie auf. Elsas machte folgende Zusammenstellung:

	(1460 = 100) 1505	(1505 = 100) 1622	(1622 = 100) 1672
Recher	100	200	125
Schnitter	135	175	150
Drescher	100	175	165
Binder	100 (1616)	145	–
Taglöhner ohne nähere Bezeichng.		100	–
Mörtelrührer		220	180
Maurergesellen		215	145
Zimmergesellen (Winterlohn)		220	120

Zum Nachhinken der Löhne hinter der Preisbewegung hat Elsas zu bedenken gegeben, daß es sich bei den Arbeiten häufig um Gelegenheitsarbeiten handelte. »Froner«, die nur einen Bruchteil des Jahres beschäftigt waren, hatten Grund und Boden (sei es als Lehen oder Privatbesitz), die sie für ihre eigenen Zwecke bewirtschafteten, so daß sie Selbstversorger waren. Auch bei den übrigen Arbeitnehmern müsse man sich fragen, ob sie nicht ganz oder wenigstens teilweise sich selbst versorgten und nur einen Teil des Jahres gegen Lohn arbeiteten, während sie sich die restliche Zeit ihrer eigenen Wirtschaft widmeten. »Trifft dies aber zu, so ist es völlig problematisch, ob der Lohn überhaupt und gegebenenfalls welcher Lohnanteil für die Ernährung gedient hat, geschweige, daß es möglich wäre, die Frage zu entscheiden, in welchem Grad das Divergieren von Löhnen und Preisen ihren Lebensstandard betroffen hat.«[17]

Aus diesen Ausführungen läßt sich erkennen, wie schwierig es ist, klar zwischen Nominal- und Reallöhnen zu trennen. W. Abel hat anhand von Elsas' ermittelten Daten festgestellt, daß in Augsburg ab 1491/1510 die Geldlöhne bei den Schnittern in Roggenäquivalenten um mehr als die Hälfte des anfänglichen Stands sank. Sein Schüler D. Saalfeld hat errechnet, daß die Reallöhne der Bauarbeiter sich im Lauf des Jahrhunderts gegenüber den steigenden

Preisen so verschlechterten, daß die Lebensmittel im ersten Jahrzehnt des Jahrhunderts 78 Prozent des Haushalts, im letzten Jahrzehnt dagegen 86 Prozent ausmachten. Dabei ging allerdings der Wertanteil der Gewerbeerzeugnisse von 19 auf 11 Prozent zurück. Aber es bleibt der von Elsas gemachte Einwand, daß man nicht genau weiß, was neben den Geldlöhnen noch zum Lebensunterhalt beitrug. Bestand bei den ungelernten Arbeitern die Möglichkeit, daß sie neben ihrem Lohn noch Einkommen aus Gartenland oder Feldern hatten, so kann man bei Angestellten oder Beamten der städtischen Verwaltung an Deputate, bei anderen an zusätzliche Renten denken.

Wie schon David Ricardo feststellte, muß man in der starken Bevölkerungsvermehrung einen Hauptgrund für das Sinken der Reallöhne sehen. Mit der Zunahme der Bevölkerung, und dafür liefert Augsburg ein gutes Beispiel, stiegen die Preise für die Lebensbedürfnisse, weil man zu ihrer Produktion mehr Arbeit brauchte. Zwar stieg auch der Geldlohn, aber nicht genügend, um den Lohnempfänger in die Lage zu versetzen, so viele Güter zu kaufen wie vor dem Anstieg der Preise. Deshalb auch die große Zahl der Bettler. Es wurde wohl mehr produziert, aber nicht genügend, um das angewachsene Arbeiterpotential hinreichend zu beschäftigen. Der Verbrauch, namentlich in den Kreisen, die nicht vom Geldlohn oder Geldlohn allein lebten, stieg beträchtlich. Aber dieser Verbrauch begrenzte auch die Möglichkeiten für Investitionen, die neue Arbeitsgelegenheiten geschaffen hätten.

Bei den Webern, um das wichtige Beispiel aus dem Bereich des Handwerks herauszugreifen, war die Gewinnspanne nach Clasen gering. Doch fehlen vorerst noch klare Vergleichsmöglichkeiten. Wenn ein Weber nicht eines oder zwei, sondern drei Tuche in der Woche herstellte, so erzielte er damit im Jahr etwa 1560 fl brutto. Gelegentlich heißt es, daß er dabei das dritte Tuch frei habe. Allerdings muß beachtet werden, daß nur 19 Prozent der Weber zu den Besitzenden gehörten. Die Hausknappen, die verheiratet waren und außerhalb des Meisterhaushalts wohnten, hatten ein wöchentliches Einkommen von 24 bis 44 kr. Wenn die Frau mitarbeitete, kamen noch 20 bis 24 kr hinzu. Außerdem war es üblich, daß die Kinder in den Dienst gingen. Die Gesellen, die im Haushalt

wohnten, erhielten Stücklohn. Der einzelne kam dabei in der Woche auf 24 bis 28 kr. In der zweiten Hälfte des 16. Jahrhunderts stiegen die Löhne auch hier an, und ein weiterer Anstieg erfolgte während des Dreißigjährigen Kriegs.

Aus den städtischen Löhnen und Gehältern greifen wir diejenigen von 1547/48 heraus. Der wohlhabende, mit den Welsern versippte Stadtschreiber Conrad Peutinger (gest. Ende 1547) erhielt im Jahr 240 fl. Sein als Jurist bestallter Sohn Claudius Pius bekam 330 fl, wurde aber wie die anderen, die mit diplomatischen Missionen beauftragt wurden, für diese noch eigens entlohnt. Der Ratsschreiber brachte es auf 220 fl, der Gerichtsschreiber auf 160, der Steuerschreiber auf 150, der Stadtvogt auf 100, der Ratsdiener auf 84,4, die Stadtpfeifer auf 40 (bzw. 60) bis 100 fl. Die zwei »Berlachturner« Bläser bekamen jährlich 25 fl und einen Goldgulden zum neuen Jahr, der Stadtschmied erhielt 102 fl Münz, wurde aber zum Beispiel für die vier Gefäße, acht Räder und vier Achsen, die er zu den vier Geschützen lieferte, welche Gregor Löffler für den Herzog von Alba goß, extra bezahlt. Die sechs Stadtärzte bezogen zwischen 40 und 100 fl, die Prädikanten 200 fl und die Helfer 150, der Schulmeister Sixt Birck schließlich 130 fl. Den bestallten Edelleuten und Reisigen gab man täglich 30 kr, womit sie, falls der Dienst sich über ein Jahr erstreckte, auf 182 fl kamen. Ihr Oberst, Herr Sebastian Schertlin, ist vermerkt mit 200 Goldgulden und 600 fl Münz. Ihm brachte seine Laufbahn als Söldnerführer ein Millionenvermögen ein. Nehmen wir noch ein Beispiel aus der Wirtschaft. Sie bezahlte im allgemeinen besser als die öffentliche Verwaltung. Die Fuggerschen Faktoren erhielten das Zwei- bis Dreifache des durchschnittlichen Gehalts eines Professors der Universität Ingolstadt. In der ersten Hälfte des 16. Jahrhunderts bezog ein solcher Faktor, der im Rang eines leitenden Angestellten stand, im Durchschnitt über 600 fl.

1 1 Schaff = 1494 in Göggingen 8 Metzen Roggen oder Kern, dagegen 8½ Metzen Haber, sonst 6 (Münchener) Metzen Roggen, vgl. Anm. 14.
2 »Kern« = in der Mühle enthülster Dinkel.

3 1 Summer Getreide (Nürnberg) = 328 Liter.

4 »Manghaus« = Gebäude mit Einrichtung zum Glätten der Tuche.

5 1 deutsche Meile = 7,5 km.

6 »Asiento« = Bezeichnung für Verträge mit der spanischen Krone, meistens Kredit- oder Monopolverträge mit Kaufleuten, bis zum 18. Jahrhundert verengt sich der Begriff auf die Lieferung von Negersklaven.

7 »Stametten« = Mischgewebe, Kette aus Leinen oder Hanfgarn, Schuß aus Wolle.

8 Libre von Libra (Singular) = Pfund; heute Lire bzw. Lira.

9 »Maestrazgopacht« = Pacht der Landgüter der Hochmeister der spanischen Ritterorden von Santiago, Calatrava und Alcantara, die in den Besitz der Krone übergegangen waren, durch Handelshäuser.

10 »Pfennwerthandel« = Handel mit Lebensmitteln und sonstigem Bedarf der Bergleute.

11 Stetten, Augspurg, S. 405.

12 Julius Hartung: Die augsburgische Vermögenssteuer und die Entwicklung der Besitzverhältnisse im 16. Jahrhundert. In: Schmollers Jahrbuch 1895, S. 178.

13 Ebd. S. 179.

14 1 Metzen Roggen = ⅙ Schaff = 37,0596 Liter.

15 Mit Kost.

16 Vermutlich mit Kost.

17 Moritz J. Elsas: Umriß einer Geschichte der Preise und Löhne in Deutschland. Bd. 1, Leiden 1936, S. 75.

Erläuterungen zu unbekannten Berufsbezeichnungen

Aufgeber	Auftragserteiler
Beinsieder	Leimsieder, Leimkocher
Blättersetzer	Vorarbeit für Weberei
Fergenamt	Fährmann
Hucker	Kleinkrämer, Viktualienhändler
Karner	Karrer, Fuhrknecht
Kistler	Kistenhersteller, Schreiner
Kornrührer	niederes Schrannenknechtamt
Nestler	Taschner, Taschenhersteller
Obser	Obsthändler
Pirmenter	Pergamentmacher
Plattner	Harnischmacher
Positivmacher	Orgelbauer
Recher	wer mit dem Rechen arbeitet
Rentmeister	oberster Rentbeamter (Verwalter der Einkünfte aus einem Gut oder Unternehmen)
Ringler	Kettenmacher, eine Art Schlosser
Rotschmied	Grobschmied
Salzfertiger	Salzspediteur
Säckler	Sackhersteller
Schäffler	Hersteller von Fässern
Unterkäufel	Kaufvermittler, Makler

Quellen und Literatur (Abgesehen von Standardwerken kann aus Platzgründen nur wichtige Literatur nach 1945 genannt werden)

Allgemeines:
Stetten, Augspurg, S. 230 ff.; Die Chroniken der schwäbischen Städte, Bd. 4–9 (DStChr), Leipzig 1896–1929; Zorn, Augsburg; Wolfgang Zorn und Leonhard Hillenbrand: Sechs Jahrhunderte schwäbischer Wirtschaft, Beiträge zur Wirtschaft im bayerischen Regierungsbezirk Schwaben, Augsburg 1969, S. 19 ff.; Friedrich Blendinger: Augsburg. In: Deutsches Städtebuch Bd. V, Bayern, Teil 2, Stuttgart 1974, S. 61–78; Eckart Schremmer: Die Wirtschaftsmetropole Augsburg. In: HdbBayG III, 2, S. 1080 ff.; ders., Handel und Gewerbe bis zum Beginn des Merkantilismus; ebd. S. 1096, 1118.

Geographisch-territorialpolitische Verhältnisse.
Städtische Wirtschaftspolitik:
Wolfgang Zorn (Hrsg.): Historischer Atlas von Schwaben, Augsburg 1955; Jürgen Zimmer: Die Veränderungen im Augsburger Stadtbild zwischen 1530 und 1630. In: Welt im Umbruch, Bd. III, Augsburg 1981, S. 25–65; Bernd Roeck: Getreide, Bäcker, Brot in Augsburg (Manuskript, vom Verfasser zur Verfügung gestellt).

Handwerk:
Claus-Peter Clasen: Die Augsburger Weber. Leistungen und Krisen des Textilgewerbes um 1600, Augsburg 1981; Bernd Roeck: Getreide, Bäcker, Brot in Augsburg (Ms.); Jürgen Zimmer: Die Veränderungen im Augsburger Stadtbild. In: Welt im Umbruch Bd. III, S. 26 ff.; Alexander Frhr. v. Reitzenstein: Die Plattner von Augsburg. In: Augusta, S. 363 ff.; Hermann Kellenbenz: Oberdeutsche Geschütze und Harnische für Spanien (Festschrift Zwanowetz, im Druck); Ulla Stöver: Goldschmiedekunst in Augsburg. In: Augusta, S. 363 ff.; Helmut W. Seling: Silberhandel und Goldschmiedekunst in Augsburg im 16. Jahrhundert. In: Welt im Umbruch III, S. 161–170; ders., Die Kunst der Augsburger Goldschmiede 1529–1868. Meister, Marken, Werke. Bd. 1–3, München 1980; August Fink: Das Augsburger Kunsthandwerk und der Dreißigjährige Krieg. In: Augusta, S. 323–342; Maximilian Bobinger: Christoph Schüssler der Ältere und der Jüngere, Augsburg 1954; ders., Alt-Augsburger Kompaßmacher, Augsburg 1966; ders., Kunst-Uhrmacher in Alt-Augsburg, Augsburg 1969; ders., Georg Roll. In: Lebensbilder Schw. 10, München 1977, S. 114 ff.

Großgewerbe:
Jakob Strieder: Studien zur Geschichte kapitalistischer Organisationsformen. Monopole, Kartelle, Aktiengesellschaften im Mittelalter und zu Beginn der Neuzeit, München und Leipzig 1925; Friedrich Hassler: Die Augsburger Textil-, Metall- und Papierindustrie. In: Augusta, S. 403 ff.; Carl Wehmer: Ne italo cedere videamur, Augsburger Buchdrucker und Schreiber um 1500, ebd. S. 145–172; Karl d'Ester: Augsburg und die deutsche Presse, ebd. S. 393 ff.; Maria Gfn. Lanckoronska: Die Augsburger Druckgraphik des 17. und 18. Jahrhunderts, ebd. S. 347 ff.; Josef Bellot: Augsburger Buchdruck und Buchillustrationen im Zeitalter der Glaubenskämpfe. In: Welt im Umbruch I, S. 89–93; Theodor Gu-

stav Werner: Die Anfänge der deutschen Zuckerindustrie und die Augsburger Zuckerraffinerie von 1573. In: Scripta Mercaturae 1972, S. 176–188; 1973, S. 89–98.

Auswärtige gewerbliche Unternehmungen:
Ludwig Scheuermann: Die Fugger als Montanindustrielle in Tirol und Kärnten, München und Leipzig 1929 (Studien zur Fuggergeschichte 8); Götz Frhr. von Pölnitz: Jakob Fugger. Kaiser, Kirche und Kapital in der Renaissance. 2 Bde., Tübingen 1949/52; ders., Anton Fugger. 4 Bde., Tübingen 1958–1967; ders., Die Anfänge der Weißenhorner Barchentweberei unter Jakob Fugger dem Reichen. In: Festschrift für Hans Liermann, Erlangen 1964, S. 196 ff.; Ferdinand Tremel: Der Frühkapitalismus in Innerösterreich, Graz 1954, S. 79 ff.; Josef Janaček: Die Fugger in Joachimsthal. In: Historica VI, Prag 1963, S. 109 ff.; Josef Vlachović: Slovenska med v 16. a 17. storoci, Bratislava 1964; ders., Die Kupfererzeugung und der Kupferhandel in der Slovakei von Ende des 15. bis zur Mitte des 17. Jahrhunderts. In: H. Kellenbenz (Hrsg.): Schwerpunkte der Kupferproduktion und des Kupferhandels in Europa 1500–1650, Köln und Wien 1977, S. 148 ff.; Georg Mutschlechner und Rudolf Palme: Das Messingwerk in Pflach bei Reutte. Ein bedeutsames Industrieunternehmen zu Beginn der Neuzeit, Reutte und Innsbruck 1976; Friedrich Blendinger: Die Messinghütte in Pflach. In: Erzeugung, Verkehr und Handel in der Geschichte der Alpenländer. In: Herbert Hassinger-Festschrift. Tiroler Wirtschaftsstudien 33, Innsbruck 1977; Heinrich Heimer: Die Glashütte zu Hall in Tirol und die Augsburger Kaufmannsfamilie der Hoechstetter, München 1959; Donald Maxwell Bruce: Elizabethan Copper, London 1955; George Hammersley: Technique or Economy? The Rise and Decline of the Early English Copper Industry. In: Hermann Kellenbenz (Hrsg.): Schwerpunkte der Kupferproduktion und des Kupferhandels, S. 1 ff.; Hermann Kellenbenz: Die Fuggersche Maestrazgopacht (1525–1542), Tübingen 1967 (Studien zur Fuggergeschichte 18); ders., The Fustian Industry of the Ulm Region in the Fifteenth and Early Sixteenth Centuries. In: Cloth and Clothing in Medieval Europe. Essays in Memory of Professor E. M. Carus-Wilson. Ed. by N. B. Harte and K. G. Ponting, London 1983 (Pasold Studies in Textile Industry 2), S. 259–276.

Transportwesen:
Aloys Schulte: Geschichte des mittelalterlichen Handels und Verkehrs zwischen Westdeutschland und Italien mit Ausschluß von Venedig. 2 Bde., Leipzig 1900, S. 169 ff., 357 ff.; ders., Geschichte der Großen Ravensburger Handelsgesellschaft, 3 Bde., Stuttgart und Berlin 1928, Neudruck Wiesbaden 1964 (Deutsche Handelsakten 3); Johannes Müller: Das Rodwesen Bayerns und Tirols. In: VSWG 3 (1905), S. 361–420; Wilfrid Brulez: Les routes commerciales d'Angleterre en Italie au XVIe siècle. In: Studi in onore di Amintore Fanfani, Mailand 1962, S. 131 ff.; Hermann Kellenbenz: Landverkehr, Fluß- und Seeschiffahrt. In: Les grandes voies maritimes dans le monde (XVe–XIXe siècles). Rapports présentés au XIIe Congrès International des Sciences Historiques par la Commission Internationale d'Histoire Maritime, Paris 1965, S. 89 ff.; ders., Lindau und die Alpenpässe. In: Herbert Hassinger

Festschrift, S. 199 ff.; Herbert Hassinger: Zur Verkehrsgeschichte der Alpenpässe in der vorindustriellen Zeit. In: VSWG 66 (1979), S. 441–465 (mit weiterer Lit.); P. Hildebrand Dussler: Geschichte der Ettaler Bergstraße. 3. Aufl., Ettaler Mandl 51/24, 1971/72, S. 73–170; ders., Reisen und Reisende in Bayerisch-Schwaben. 2 Bde., Weißenhorn 1974, 1980; A. Wilhelm Lang: The Augsburg Travel Guide of 1673 and the Erlinger Road Map of 1524. In: Imago Mundi VII, 1950, Stockholm 1951, S. 84–88; Herbert Krüger: Raißbüchlin, Augsburg 1969.

Nachrichtenwesen und Post:
Otto Lankes: Zur Postgeschichte der Reichsstadt Augsburg. In: Archiv für Postgeschichte in Bayern 3 (1926), S. 39–49, 68–81; 4 (1927), S. 45–56, 112–125; M. A. Hedwig Fitzler: Die Entstehung der sog. Fuggerzeitungen in der Wiener Nationalbibliothek. Wien 1937 (Veröffentlichungen des Wiener Hofkammerarchivs II); Hermann Kellenbenz: Le front hispano-portugais contre l'Inde et le rôle d'une agence de renseignements au service de marchands allemands et flamands, Lissabon, 1963 (Studia 11).

Lokalhandel und Regionalhandel:
Bernd Roeck: Getreide, Bäcker, Brot in Augsburg.

Fernhandel:
Konrad Häbler: Geschichte der Fuggerschen Handlung in Spanien, Weimar 1897; ders., Die überseeischen Unternehmungen der Welser, Leipzig 1903; Karl Heinz Panhorst: Deutschland und Amerika. Ein Rückblick auf das Zeitalter der Entdeckungen und die ersten deutsch-amerikanischen Verbindungen mit besonderer Beachtung der Unternehmungen der Fugger und Welser, München 1928; Jakob Strieder: Studien zur Geschichte kapitalistischer Organisationsformen; ders., Aus Antwerpener Notariatsarchiven. Stuttgart und Berlin 1930, Neudruck Wiesbaden 1962 (Deutsche Handelsakten 4); Hans Friedrich Deininger (Hrsg.): Das reiche Augsburg. Ausgewählte Aufsätze von Jakob Strieder, München 1938; Richard Ehrenberg: Das Zeitalter der Fugger. 2 Bde., 3. Aufl., Jena 1922, dazu die gekürzte französische Ausgabe: Le siècle des Fugger, Paris 1955 (Ecole Pratique des Hautes Etudes, VIe Section, Œuvres Etrangères II, mit besserem Register und ergänzter Bibliographie); die oben erwähnten Werke von Götz Frhr. von Pölnitz, dazu ders., Fugger und Hanse. Ein hundertjähriges Ringen um Ostsee und Nordsee, Tübingen 1953 (Studien zur Fuggergeschichte 11); Léon Schick: Jacob Fugger. Un grand homme d'affaires au début du XVIe siècle, Paris 1957 (Ecole Pratique des Hautes Etudes, VIe Section, Affaires et Gens d'Affaires); Pierre Jeannin: Le cuivre. Les Fugger et la Hanse. In: Annales E. S. C. 10 (1955); Fernand Braudel: La Méditerranée et le monde méditerranéen à l'époque de Philippe II, Paris 1966; Eike Eberhard Unger: Die Faktorei Hall in Tirol, Tübingen 1967 (Studien zur Fuggergeschichte 19); Otto Nübel: Pompejus Occo, 1483–1537, Fuggerfaktor in Amsterdam, Tübingen 1972 (Studien zur Fuggergeschichte 24); Reinhard Hildebrand: Die »Georg Fuggerschen Erben«. Kaufmännische Tätigkeit und sozialer Status, Berlin 1966; ders., Augsburger und Nürnberger Kupferhandel 1500–1650. In: Hermann Kellenbenz (Hrsg.): Schwerpunkte der Kup-

ferproduktion und des Kupferhandels, Köln und Wien 1977, S. 190 ff.; Gerhard Pfeiffer: Die Bemühungen der oberdeutschen Kaufleute um die Privilegierung ihres Handels in Lyon. In: Beiträge zur Wirtschaftsgeschichte Nürnbergs I, Nürnberg 1967, S. 407–455; Richard Gascon: Grand commerce et vie urbaine au XVIe siècle. Lyon et ses marchands, Paris 1971; Renée Doehard: Etudes anversoises. Documents sur le commerce international à Anvers 1488–1514. 3 Bde., Paris 1963; Valentin Vázquez de Prada: Lettres marchandes d'Anvers I, Paris o. J.; Othmar Pickl: Handel an Inn und Donau um 1630. In: J. Schneider (Hrsg.): Wirtschaftskräfte und Wirtschaftswege II, Stuttgart 1978, S. 205 ff.; Friedrich Blendinger: Augsburger Handel im Dreißigjährigen Krieg, ebd. S. 287 ff.; Danuta Molenda: Investments in Ore Mining in Poland from the 13th to the 17th Centuries. In: The Journal of European Economic History 5, Rom 1976, S. 151 ff.; Hubert Frhr. von Welser: Bartholomäus (V) Welser. In: Lebensbilder Schw. 4; Juan Friede: Los Welser en la conquista de Venezuela, Caracas und Madrid 1961; Enrique Otte: Die Welser in Santo Domingo. Homenanja a Johannes Vincke, Madrid 1962/63; ders., Cedularios de la Monarquia española relativos a la provincia de Venezuela (1529–1552). 2 Bde., Caracas 1959; Theodor Gustav Werner: Bartholomäus Welser: Werden und Wirken eines königlichen Kaufmanns der Renaissance. In: Scripta Mercaturae 1 (1967) S. 71–87; 1 (1968) S. 89–109; 2 (1968) S. 75–101; ders., Die Beteiligung der Nürnberger Welser und der Augsburger Fugger an der Erwerbung des Rio de la Plata. In: Beiträge zur Wirtschaftsgeschichte Nürnbergs I, Nürnberg 1967, S. 494–592; Iuicios de Residencia en la provincia de Venezuela, I Los Welser, Caracas 1977 (Biblioteca de la Academia Nacional de la Historia 130); Hermann Kellenbenz: Augsburger Wirtschaft 1530–1620. In: Welt im Umbruch I, Augsburg 1980, S. 50–91 (dort weitere Literaturangaben); ders., Oberdeutschland und Mailand zur Zeit der Sforza. In: Gli Sforza a Milano e in Lombardia e i loro rapporti con gli stati italiani et europei (1450–1530); ders., Augsburg, Nürnberg und Mailand zur Zeit von Ludovico il Moro. In: Milano nell'età di Ludovico il Moro, Mailand 1983, S. 67–78; ders., Las relaciones económicas y culturales entre España y Alemania Meridional alrededor de 1500. In: Annuario de Estudios Medievales 10, Barcelona 1980, S. 545–554; ders.: Relazioni commerciali tra il Levante ed i Paesi d'Oltralpe. In: R. Ragosta (Hrsg.): Navigazioni mediterranee e connessioni continentali (secoli XI–XVI), Neapel 1982, S. 301–314; Karl Otto Müller: Quellen zur Handelsgeschichte der Paumgartner von Augsburg (1480–1570), Wiesbaden 1955 (Deutsche Handelsakten des Mittelalters und der Neuzeit IX); vgl. dazu Theodor Gustav Werner: Die Repräsentanten der Augsburger Fugger und Nürnberger Imhoff als Urheber der wichtigsten Handschriften des Paumgartner-Archivs über Welthandels-Bräuche im Spätmittelalter und am Beginn der Neuzeit. In: VSWG 52 (1965), S. 1–41; Norbert Lieb: Octavian Secundus Fugger (1549–1600) und die Kunst, Tübingen 1980 (Studien zur Fuggergeschichte 27); Wolfgang Reinhard: Geschichte der europäischen Expansion. Bd. I: Die Alte Welt bis 1818, Stuttgart 1983.

Zur Organisation des Handels:

Clemens Bauer: Unternehmung und Unternehmungsformen im Spätmittelalter und in der beginnenden Neuzeit, Jena 1936, S. 40 ff.; M. Ricker: Beiträge zur älteren Geschichte der Buchhaltung in Deutschland, Berlin 1967 (Nürnberger Abhandlungen 25); Hans Schiele: Betriebswirtschaftliche Aufschlüsse aus den Fugger-Veröffentlichungen von Götz Frhrn. von Pölnitz, ebd.; Elmar Lutz: Die rechtliche Struktur der deutschen Handelsgesellschaft in der Zeit der Fugger. 2 Bde., Tübingen 1976 (Studien zur Fuggergeschichte 25); Hermann Kellenbenz: Die Buchhaltung im Unternehmen Anton Fuggers. In: Archiv und Wirtschaft 8 (1975), S. 37 ff.; ders., Handelsbräuche des 16. Jahrhunderts. In: Das Medersche Handelsbuch und die Welserschen Nachträge, Wiesbaden 1974 (Deutsche Handelsakten XV); ders., Ellenlängen und Tuchsorten in einer Augsburger Handschrift. In: Travaux du 1er Congrès International de la Métrologie Zagreb, 28–30 octobre 1975, S. 397–414; ders., Das Konto Neapel in der Augsburger Rechnung der Fugger. In: Mut zur Kritik. Hanns Linhardt zum 80. Geburtstag, hrsg. von O. Hahn und L. Schuster, Bern 1981, S. 361–387.

Münzwesen:

A. von Forster und R. Schmidt: Die Münzen der freien Reichsstadt Augsburg 1521–1805. 1897; Dirk Steinhilber: Geld- und Münzgeschichte Augsburgs im Mittelalter. In: JbNG 1954/55, S. 5 ff.

Bank- und Kreditgeschäfte:

Außer den oben erwähnten Titeln noch: Götz Frhr. von Pölnitz: Cosimo I. Medici und die europäische Anleihepolitik der Fugger. In: Quellen und Forschungen aus italienischen Archiven und Bibliotheken 31, 1941; ders., Fugger und Medici. In: HZ 166 (1942); ders., Die Fuggersche Generalrechnung von 1563. Kyklos 1967, S. 30 ff.; Ramón Carande: Carlos V y sus banqueros. Bd. III, Madrid 1967; Modesto Ulloa: La hacienda real de Castilla en el reinado de Felipe II, Rom 1963; Hermann Kellenbenz: Geldtransfer für Graf Oñate. In: Mélanges en l'honneur de Fernand Braudel I, Toulouse 1973, S. 277–298; ders., Los Fugger en España en la época de Felipe II. Fue un buen negocio el arrendamiento de los maestrazgos despues de 1562? In: Alonso Otazu (ed.): Dinero y crédito (siglos XVI al XIX), Madrid 1977, S. 19 ff.; ders., Die Finanzierung der spanischen Entdeckungen. In: VSWG 69 (1982), S. 153 ff.

Der städtische Haushalt:

Quellen: StAA, Einnehmerbücher 1495, 1547/48, 1617/18, 1647/48; Baumeisterbücher 1495, 1547/48, 1617/18, 1647/48; Bernd Roeck: Der Haushalt der Stadt Augsburg. In: ZBLG (im Druck).

Die Vermögenssteuer:

Julius Hartung: Die augsburgische Vermögenssteuer und die Entwicklung der Besitzverhältnisse im 16. Jahrhundert. In: Schmollers Jahrbuch 19, 1895, S. 867–883; ders., Die Belastung des augsburgischen Großkapitals durch die Vermögenssteuer des 16. Jahrhunderts, ebd.; ders., Die direkten Steuern und die Vermögensentwicklung in Augsburg von der Mitte des 16. bis zum 18. Jahrhundert, ebd. 22, 1898, S. 1255–1297; Strieder, Genesis, S. 1 ff; Josef Hagl: Die Entwicklung des Augsburger Großkapitals von der Mitte des 16. Jahrhunderts bis zu Beginn des Dreißigjährigen Krieges (1540–1618). Diss. phil. München 1924; A. Mayr: Die großen Augsburger Vermögen in der Zeit von 1618 bis 1717. Augsburg 1931; Eckart Schremmer: Die Wirtschaftsmetropole Augsburg. In: HdbBayG III,2, S. 1080 ff.; Claus-Peter Clasen: Die Augsburger Steuerbücher um 1600. Augsburg 1976. Dazu Wolfgang Zorn in VSWG 1980; ders., Die Augsburger Weber; Bernd Roeck: »Arme« in Augsburg zu Beginn des Dreißigjährigen Kriegs. In: ZBLG 1983 (im Druck); Peter Geffcken: Soziale Schichtung in Augsburg 1396–1521 (im Druck).

Preise und Löhne:
Moritz John Elsas: Umriß einer Geschichte der Preise und Löhne in Deutschland vom ausgehenden Mittelalter bis zum Beginn des 19. Jahrhunderts. Bd. 1, Leiden 1936, S. 37 ff., 360 ff., 593 ff.; Wilhelm Abel: Agrarkrisen und Agrarkonjunktur. Hamburg und Berlin 1966, S. 513 f.; ders., Massenarmut und Hungerkrisen im vorindustriellen Europa. Versuch einer Synopsis. Hamburg und Berlin 1974; Dietrich Saalfeld: Die Wandlungen der Preis- und Lohnstruktur während des 16. Jahrhunderts in Deutschland. In: Schriften des Vereins für Socialpolitik 63 (1974), S. 9 ff.; Clasen: Die Augsburger Weber; Roeck: »Arme« in Augsburg; Ulf Dirlmeier: Untersuchungen zu Einkommensverhältnissen und Lebenshaltungskosten in oberdeutschen Städten des Spätmittelalters. Heidelberg 1978.

Gesellschaftliche Führungsgruppen

von Olaf Mörke und Katarina Sieh

Städtische Führungsgruppe läßt sich definieren als innerer Zirkel der politischen Führungsschicht oder Elite, als die eigentlichen Entscheidungsträger in den Organen der Stadtpolitik[1]. Wollen wir jedoch die Vertreter jener Gruppe in das Spektrum der Augsburger Bevölkerung zwischen 1490 und 1648 einordnen, so ist es notwendig, die Fixierung auf das Institutionell-Politische zu verlassen. Es ist zusätzlich zu berücksichtigen, wer im Selbstverständnis der Zeit in der Skala gesellschaftlichen Prestiges an der Spitze der städtischen Hierarchie steht und wer die Spitzenpositionen im Wirtschaftsleben innehat[2].

Personelle Deckungsgleichheit oder -ungleichheit dieser drei Hauptebenen der Elitebildung im zeitlichen Wandel sind wichtige Indikatoren gesellschaftlicher Statik und Dynamik, die das Problem *Führungsgruppen* in den übergeordneten Zusammenhang städtischer Gesellschaftsentwicklung stellen.

Soziale, wirtschaftliche und politische Indikatoren – Sozialstatus der Familie, Vermögen und Besitz sowie Zugang zu politischen Entscheidungsinstanzen – sind allein als Identifikationsfaktoren für die Gruppenzugehörigkeit unzureichend. Sie sind möglichst zu ergänzen durch die Integration der Beziehungen von Gruppen und Individuen untereinander; sozialer Interaktionen also, die als bedeutsam für die Art der Rekrutierung der Führungsgruppe zu gelten haben[3]. Führungsgruppen werden als soziale Gebilde verstanden, in denen vielfältige Beziehungstypen wie Verwandtschaft, Freundschaft und Patronage ein dichtes Netz sozialer Bindungen schaffen, die häufig die Grundlage oligarchischer Herrschaft bilden[4].

Wie sind Augsburgs Führungsgruppen im Zenit der politischen und wirtschaftlichen Bedeutung der Stadt beschaffen? Trotz kenntnisreicher Untersuchungen zu den Augsburger Eliten im 16. und 17. Jahrhundert ist die Frage nach Rolle und Entwicklung der Führungsgruppen in diesem Zeitalter weitgehend unbeantwortet[5]. Es ist noch zu klären, inwiefern die politische Spitzenstellung in der Bürgerschaft von sozialer

Determinierung, wirtschaftlicher Leistungsfähigkeit und religiöser Bindung beeinflußt wird bzw. inwiefern diese Faktoren einander bedingen. Es wird auch abschließend gefragt werden müssen, was Blüte und Krise in diesem Zusammenhang bedeuten.

Gesellschaft, Wirtschaft, Politik

Fugger und Welser, zwei Familien, die beiden bedeutendsten Bank- und Handelshäuser nicht nur Augsburgs, sondern der europäischen Welt zu Beginn des 16. Jahrhunderts, prägen unser Wissen von dem, was wir im ersten Zugriff als Kern der sozialen und ökonomischen Elite der Lechstadt verstehen wollen. Vom Ende des 15. bis in die zwanziger Jahre des 16. Jahrhunderts stoßen sie an die Spitze der städtischen Vermögenshierarchie und des wirtschaftlichen Einflusses vor. Ihr Reichtum und ihre Wirtschaftskraft ermöglichen die Kaiserwahl Karls V. und führen gerade die Fugger zu engster Verbindung mit dem Haus Habsburg – Voraussetzung für die Behauptung und den Ausbau der Position im internationalen Finanzgeschäft und Warenhandel. Das »Fuggern« wird damals zur gesamteuropäischen Chiffre für ein Wirtschaftsgebaren, dessen Erfolg keine Schranken gesetzt zu sein scheinen.

Dennoch, zur sozialen Elite Augsburgs um 1500 bis 1530 gehören die Fugger nur mit Einschränkung. Sie sind zwar durch familiäre Beziehungen mit politischen Entscheidungsträgern der Stadt verbunden, selbst jedoch nicht in den Spitzenämtern des Rates vertreten. Sie gehören noch nicht zu dem Kreis der Familien, die als *Geschlechter* oder *Herren* zum geburtsständischen Patriziat zählen. Einem Zirkel, dem die Welser von alters her zuzurechnen sind und der sie auch an den wichtigen Funktionen der politischen Verfassung teilnehmen läßt.

Beide auf den ersten Blick so ähnlichen Familienverbände repräsentieren so um 1520 soziale Gruppen, die bei vergleichbarem wirtschaftlichem Standard unterschiedlichen ständisch-sozialen Prestigesphären angehören[6]. Die Fugger aus dem aufstrebenden, neureichen Kaufmanns- und Bankiertum, das seinen Platz in der Spitzengruppe der Standeshierarchie erst noch finden muß, wofür ökonomische Potenz ein geeignetes Vehikel ist. Die Welser aus den traditionell an der Spitze der sozialen Rangskala stehenden Geschlechtern, die ihren Einfluß auf Politik und gesellschaftliches Leben primär aus der Qualität des überlieferten Ansehens beziehen.

An diesen Beispielen konkretisieren sich die sozialen Organisationsformen, mit denen sich die politischen, ständisch-sozialen und ökonomischen Eliten Augsburgs zwischen 1490 und 1540 einerseits voneinander abgrenzen, andererseits gemeinsam von der gewöhnlichen Zunftbürgerschaft abheben wollen.

Wesentliches Prinzip dieser Organisationsform sind die Stubengesellschaften der *Herren* und der *Kaufleute* sowie die Gesellschaft der *Mehrer*. Eine Differenzierung, die sich zwischen 1470 und 1540 ausbildet, in der Zeit, in der sich auch das Wirtschaftspotential Augsburgs rapide entwickelt. Die vor der Regimentsänderung von 1368 ratsfähigen Geschlechter – das Patriziat – schlossen sich 1383 zu einer eigenen Gesellschaft, der Herren- oder Bürgerstube, zusammen, um so nach der politischen Teilentmachtung wenigstens die soziale Exklusivität zu wahren. Von der ursprünglich weit größeren Zahl sind 1538 nur noch sieben der alten Geschlechter übrig, die Familien Herwart, Hofmaier, Ilsung, Langenmantel, Ravensburger, Rehlinger und Welser[7]. Eine nennenswerte Rolle unter den städtischen Großvermögen spielen um 1500 bis 1520 aber nur noch die Herwart, Rehlinger und Welser[8]. Für die Stadtpolitik sind bis zum Ende der Zunftverfassung 1548 nur noch die Herwart, Langenmantel, Rehlinger und Welser von Bedeutung[9]. Die Ebenen sozial-ständischer, wirtschaftlicher und politischer Eliten haben sich verschoben. Sie sind längst nicht mehr deckungsgleich. Die durch Exklusivität selbstverschuldete Dezimierung der Geschlechter der Herrenstube gefährdet die Möglichkeit zur Wahrung des politischen Gruppeneinflusses in den entscheidenden Stadtämtern.

Mit der Einrichtung der Gesellschaft der Mehrer wird 1478 ein soziales Bindeglied zwischen Geschlechtern und reichen Kaufmannsfamilien geschaffen, die durch Heirat mit den ersteren verbunden sind[10]. Da jedoch die Mehrer vorrangig eine Vereinigung zur Hebung des Prestiges der ihnen zugehörigen Personen sind, die, anders als die Gewerbeorganisationen der Zünfte, keinerlei institutionalisierten politischen Einfluß genießt, bedeutet ihre Existenz keine Erneuerung im Organisationsgefüge der politischen Führungsgruppe Augsburgs. Die rein ständische Privilegierung der mit den Geschlechtern versippten zünftischen Familien führt nicht zur Erweiterung des personellen Reservoirs der Geschlechter und kann die wachsende Diskrepanz zwischen ihnen und der ökonomischen Elite, die sich zunehmend aus Aufsteigern rekrutiert, für die die Fugger nur das spektakulärste Beispiel sind, nur bedingt überbrücken. Die traditionelle Organisation der ständisch-sozialen Spitzengruppe erweist sich als zunehmend unzweckmäßig. So ist es lediglich eine Frage der Zeit, bis es zur Anpassung an die neuen Gegebenheiten kommen muß, soll die politische und soziale Bedeutung gehalten werden. 1538 werden 38 neue Familien aus dem Kreis der reichen Kaufleute in das Patriziat aufgenommen, um dessen Bestand quantitativ zu sichern[11]. Neben den inzwischen in den Grafenstand erhobenen Anton und Hieronymus Fugger gehören dazu die Arzt, Baumgartner, Lauginger, Rem und von Stetten, die in Wirtschaft und Politik eine wichtige Rolle spielen oder in der Zukunft spielen werden. Das quantitative Erstarken der traditionellen Eliteformation der Geschlechter führt im Gegenzug zum ständischen Zusammenschluß der immer wichtiger werdenden Kaufmannschaft[12], die nicht in den Genuß der Standeserhebung gekommen ist. Die *Gesellschaft von der Kaufleutestube* wird gegründet, mit Beschränkung des Zugangs durch Geburt und Heirat, wie in der Herrenstube. Abschlußtendenzen also auch in dieser Formation, in der sich ein wesentlicher Teil der ökonomischen Elite findet. Ebenso Abschlußtendenzen in der Kaufleute*zunft*. 1540 führen einige Aufnahmebegehren, darunter solche von auswärts, zu einem Streit zwischen Zunft und Rat. Wollen die Vertreter der Zunft den Zugang auf Erbschaft oder Einheirat beschränkt wissen, so ist dem Stadtregiment im allgemeinen Interesse daran gelegen, die nicht zuletzt durch die Standeserhebung dezimierte Zunft – 1463 zählte sie um die 105 Mitglieder, 1539 nur noch 36 – funktionstüchtig zu erhalten und sie weiter in die Lage zu versetzen, ihre Sitze im Rat einzunehmen. Der Rat setzt sich mit seinem Standpunkt durch, daß sich die Kaufleute nicht von den anderen Zünften unterschieden und folglich die Antragsteller aufzunehmen hätten[13].

Zwei konkurrierende Prinzipien stehen sich hier gegenüber: die Orientierung des Stadtregiments am gesamtstädtischen Interesse, das Funktionieren des politischen Apparates zu gewährleisten und damit den institutionellen Rahmen des Zunftregiments zu bewahren. Zum anderen das Interesse der Kaufleute, ebenfalls unter Berufung auf das *alte Herkommen*, eine soziale Sonderstellung auszubauen und sich damit gegen von ihnen als negativ empfundene Auswirkungen sozialer Mobilität zu sichern. Der Konflikt mit dem Rat offenbart die zunehmende Kluft zwischen den ökonomischen, sozialen und politischen Spitzengruppen[14] auf der einen und der Gesamtheit der politischen Mandatsträger aus den Zünften auf der anderen Seite. Eine Kluft, die sich in den vierziger Jahren des 16. Jahrhunderts weiter vertieft, als der Kürschner und Zunftbürgermeister Jacob Herbrot, ein Mann, der durch den Handel mit Luxuswaren und durch Kreditgeschäfte zu Reichtum gelangt ist, eine engagierte Politik gegen die Geschlechter und führende Kaufleute betreibt[15].

Herbrot verkörpert eine auch anderwärts festgestellte Tendenz. Handeltreibende Angehörige von Handwerkskorporationen dringen in die wirtschaftliche Spitzengruppe der Bürgerschaft vor, erlangen bedeutenden politischen Einfluß, ihr sozialer Status schließt sie jedoch von der Spitze der Prestigehierarchie aus und führt so zur Identifikation mit den politischen Anliegen des gemeinen Mannes, was von entscheidendem Einfluß auf die Stadtpolitik bis 1548 ist. Sowohl innen- wie außenpolitisch, vor allem bedingt durch den Beitritt zum Schmalkaldischen Bund, wird ein Konfrontationskurs verfolgt, den der Protestant Herbrot maßgeblich bestimmt.

Die militärische und politische Niederlage des Bundes führt für Augsburg zu weitreichenden verfassungspolitischen Konsequenzen, die nicht nur das Stadtregiment, sondern auch die Formation der städtischen Eliten verändern. Die zünftische Verfassung wird durch ein in seiner maßgeblichen Spitze rein patrizisches Regiment ersetzt. An die Stelle der bisher von Zünften wie Geschlechtern besetzten Ratsgremien mit einem Dreizehnerausschuß und einem paritätisch von beiden Gruppen getragenen Bürgermeisteramt als verfassungsrechtlich legitimiertem Führungskollektiv treten einseitig patrizisch orientierte Leitungsorgane mit den ausschließlich den Geschlechtern vorbehaltenen Ämtern der beiden Stadtpfleger und des Geheimen Rates als des »Raths Häupter und Vorgeher«[16].

Aus der von Kaiser und Geschlechtern einvernehmlich gestalteten politischen Neuordnung ergeben sich verschiedene Folgen für die Führungsgruppen. Der Kreis der wesentlichen Träger der Stadtpolitik im Kleinen Rat, besonders jedoch die Stadtpfleger und die Geheimen Räte, werden auf einen überschaubaren, sozial weitgehend homogenen und damit kalkulierbaren Personalkörper reduziert. Die politische Führung rekrutiert sich in Zukunft ausschließlich aus der ständisch-sozialen Spitzengruppe, den Geschlechterfamilien, die jetzt zum großen Teil auch zur wirtschaftlichen Elite gehören, obwohl diese sich nicht auf die Geschlechter beschränken läßt, sondern darüber hinaus weitere Kaufmanns- und Bankiersfamilien umfaßt. Aber die zu Zeiten der Zunftverfassung mögliche Deckungsungleichheit der politischen, sozialen und ökonomischen Eliten ist weitgehend aufgehoben. Politische und sozial-ständische Führung bilden erneut eine Einheit. Die Oligarchie eines geschlossenen Sozialverbandes wird zum politisch-organisatorischen Prinzip. Erst die 1548/49 gefundene Form des Regiments macht es einer Familie wie den Fuggern möglich, in der Stadt zur vollen politischen Geltung zu kommen, ja läßt ihnen dies erst erstrebenswert erscheinen. Zuvor ohne große institutionalisierte Bedeutung im Rat, werden Angehörige des Hauses Fugger nach 1548 zu wesentlichen Gestalten des politischen Lebens, Anton und Hans Jakob als Mitglieder des Geheimen Rates, vor allem aber Marx sowie Octavian Secundus Fugger als Stadtpfleger.

Bis in den Dreißigjährigen Krieg bleibt die 1538 mit dem Schub neuer Geschlechter und 1548/49 mit der Regimentsänderung auf die Bedürfnisse der sozialen Elite der alten und neuen Geschlechter zugeschnittene Organisation der Stadtpolitik stabil. Erst der Krieg trägt von außen ein destabilisierendes Element hinein, nachdem die personelle Zusammensetzung der ökonomischen Elite durch die zahlreichen Bankrotte namhafter Handels- und Bankhäuser in der zweiten Hälfte des 16. Jahrhunderts einem gründlichen Wandel unterworfen gewesen ist. Durch die

eigenmächtigen Standeserhebungen Kaiser Ferdinands II. 1628 und des Schwedenkönigs Gustav Adolf 1632 wird neuerlich Bewegung in die Zusammensetzung der sozialen Elite gebracht. Beide Eingriffe verändern deren Erscheinungsbild nicht unerheblich. So gehören zu den schwedischen Geschlechtern die Österreicher und Zobel: Sie zählen 1618 zu den acht Steuerzahlern, die die Reichensteuer von 750 Gulden entrichten[17]. Sie sind jedoch nur von befristeter Bedeutung, da diese Standeserhebungen später zum großen Teil widerrufen werden.

Nach dem Ende des Krieges wird mit der Einführung der konfessionellen Parität 1648 für die Rekrutierung der politischen Führung und die Standesorganisation der sozialen Spitzengruppe ein Rahmen geschaffen, der Konsolidierung ermöglicht. Eine Konsolidierung, die sich vom Niveau der Jahre unmittelbar vor Kriegsbeginn 1618 jedoch gründlich unterscheidet. Nicht nur, daß Bevölkerungsverlust und Niedergang der Wirtschaftskraft der Gesamtbürgerschaft[18] wenig vom Glanz des 16. Jahrhunderts übriggelassen haben. Nach 1648 vollendet sich eine Entwicklung, die spätestens mit dem spektakulären Bankrott der Welser-Gesellschaft von 1614 offensichtlich geworden ist. Der Kern der sozialständischen Spitze der Lechstadt, der sich bei den Geschlechtern zusammenfindet, und die Spitze der wirtschaftlichen Führung entfernen sich wieder voneinander. »In den Listen der großen Augsburger Vermögen . . . erscheinen 1618 noch zehn Geschlechternamen (mit 19 Vermögen), 1702 und 1717 aber nur noch je vier Namen mit sechs Vermögen«[19]. Schon zu Beginn des 16. Jahrhunderts herrschte ein vergleichbarer Zustand. Mit dem Schub von Standeserhöhungen 1538 wurde jedoch eine vorübergehende Annäherung beider Gruppen eingeleitet. Die neue Kluft zwischen der politisch-sozialen und der wirtschaftlichen Spitzengruppe bleibt bis zum Ende der reichsstädtischen Zeit bestehen. Nur noch in wenigen Fällen besteht Kongruenz. Die Konzentration der politischen Macht bei wenigen Geschlechterfamilien nimmt nach 1648 weiter zu, so sind 1718 auf katholischer Seite die Langenmantel, auf evangelischer die Amman, Sulzer und vor allem die von Stetten dominant[20]. Das eigentliche Wirtschaftspotential liegt aber immer mehr bei der Kaufmannschaft, den Mitgliedern der Kaufleutestube, dem zweiten Stand der städtischen Gesellschaftshierarchie.

Doch wie sieht die Verbindung zwischen der Gesamtheit der städtischen Bevölkerung auf der einen und den eben beschriebenen Gruppen auf der anderen Seite aus? Die beherrschende Stellung der Geschlechter im politischen Leben ab 1548/49 mag als Nachweis dafür gelten, daß die Distanz zwischen Regierenden und Regierten größer geworden ist, daß der gemeine Bürger zunehmend als Untertan gesehen wird. Die Bürgergemeinde als *Genossenschaft*, wie sie zu Zeiten des Zunftregiments immerhin noch als Idee hat bestehen können, wird auf politischer Ebene durch die Regimentsordnung Karls V. beseitigt. Mit ihr wird eine Distanz *politisch* konsolidiert, die im Alltag durch die Isolation der Geschlechter gegenüber dem größten Teil der Bürgerschaft seit der Konzentration von Reichtum und Einfluß im Stadtraum *sozial* längst bestanden hat[21].

Die unmittelbare Nähe von Herrenstube und Kaufleutestube zum Rathaus führt dem Zeitgenossen die Bedeutung der beiden Stubengesellschaften für das wirtschaftliche und politische Leben Augsburgs auch topographisch unmißverständlich vor Augen. Aber nicht nur das politische Zentrum des Rathauses und die Zentren der Geselligkeitspflege der sozialen Spitzengruppen liegen so nahe beisammen. Auch die Wohnquartiere der führenden Familien konzentrieren sich im beginnenden 16. Jahrhundert auf ein abgrenzbares Gebiet, das vom Rathaus entlang der Maximilianstraße nach Süden reicht. Im 15. Jahrhundert werden die weniger Wohlhabenden und Armen aus diesem Quartier immer mehr verdrängt. Die Reichen schaffen sich das für sie reservierte Wohngebiet. »Wir können von einem Prozeß der sozialen Entmischung sprechen«[22].

Soziale Entmischung belegt auch der Versuch, über Kleiderordnungen Standesgrenzen jedem optisch zu verdeutlichen und sie zugleich festzuschreiben. 1568 wird eine solche Ordnung erlassen, die zum einen zwar die Funktion hat, übermäßigen Prunk in Kleidung und Schmuck zu unterbinden, andererseits aber eindeutig auf die Einhaltung ständischer Grenzen zielt. Sie legt fest, »was einem jeden, seinem Stand nach, von Kleydung vnnd anderm, anzutragen gepürt vnd zugelassen ist«[23].

Dies und anderes mehr deutet darauf hin, daß sich die Spitze der sozialen und ständischen Hierarchie, voran die Geschlechter, als geschlossene Gesellschaft zu präsentieren wünscht, die, in langer Tradition gewachsen, eine ungebrochene Zukunft vor sich hat. Ein Kontinuitätsanspruch, der angesichts der die Zeit beherrschenden religiösen und konfessionellen Konflikte und ihrer Auswirkungen auf die Führungsgruppen zum Integrations- und Stabilisationsfaktor werden soll, der ungebrochenen Machtanspruch dokumentiert. Doch die Entwicklung der städtischen Wirtschaft und die Auswirkungen kontinentaler Politik im Dreißigjährigen Krieg erweisen diese Kontinuität als Illusion. Lediglich dort ist sie gewahrt, wo sich die soziale und politische Führung der Stadt als ein Verband von Familien und Personen zeigt, der zunehmend die Gestalt einer fest umrissenen Formation annimmt und sich dabei von der Masse der Bürgerschaft distanziert.

Religion und Konfession

Mit der Kirchenspaltung des 16. Jahrhunderts wird ein neues religiöses und politisches Moment in die reichsstädtische Gesellschaft getragen. Das Verhalten der Augsburger Führungsgruppen in der *causa Lutheri* und im Streit zwischen den Angehörigen der katholischen und Augsburgischen Konfession ist maßgebend für die Entwicklung bis zur Einführung der Parität 1648.

Deutlich grenzen sich vier Phasen voneinander ab[24]. Auf eine seit 1518 bis zur Verfassungsänderung 1548 zunehmend von reformatorisch gesinnten Ratsherren bestimmte Politik unter weitgehender Ausschaltung altkirchlicher Beteiligung folgt eine allmählich verstärkt gegenreformatorisch geprägte Richtung. Die Wiedereinführung der Zunftverfassung im Zuge des Fürstenaufstandes 1552 bedeutet nur ein kurzes, folgenloses Intermezzo[25]. Zu Beginn der neunziger Jahre, nach dem Kalenderstreit, wird die gegenreformatorische Partei durch eine gemäßigte, aber konfessionell ebenfalls entschieden katholisch orientierte Führungsgruppe im Rat abgelöst. Bedingt durch die Auswirkungen des Dreißigjährigen Krieges findet diese Machtkonstellation 1619 ihr Ende. Verschiedene konfessionell einseitige, die religionspolitischen Gegner ausschaltende Faktionen übernehmen abwechselnd bis zum Westfälischen Frieden die Führung.

Die Übereinstimmung zwischen der Glaubenshaltung der politischen Führung und der Bevölkerungsmehrheit charakterisiert den Zeitraum von 1518 bis 1548, während von 1548 bis 1648, von kurzen Unterbrechungen abgesehen, die politische Vorherrschaft einer kleinen katholischen Ratsgruppe der überwiegend protestantischen Bevölkerung gegenübersteht.

Kennzeichnend für die Entstehung der reformatorischen Bewegung in Augsburg ist von Beginn an ihre Unterstützung durch Mitglieder der Führungsgruppen[26]. Luthers Kontakte zu verschiedenen Ratsherren während seines Aufenthalts in der Stadt 1518 setzen ein erstes Zeichen[27]. In der folgenden Zeit zählen zu seinen vorrangigen Verbindungsleuten prominente Ratsmitglieder wie die Patrizier Christoph und Konrad Herwart, Konrad Rehlinger, die Kaufmannsfamilien Honold und von Stetten. Ein großzügiges Legat im Testament des Hans Honold 1540 an Luther[28] und sein »bey Martiny Lutter im Haus studierendt« Verwandter sind anschauliche Hinweise auf die engen persönlichen Beziehungen zu Wittenberg[29].

Rasch setzt sich aber in der Führungsgruppe wie in der Bevölkerung in den zwanziger Jahren die zwinglisch-bucerische Reformationsrichtung durch. Neben religiös-politischen Faktoren scheinen dabei auch familiäre Beziehungen zum oberdeutschen Raum, wie sie der Bürgermeister Ulrich Rehlinger zu Straßburg unterhält, zum Tragen zu kommen[30]. Eine geschickte Personalpolitik zu Beginn der dreißiger Jahre, die zur nahezu ausschließlichen Bestallung von Prädikanten aus dem Umfeld Bucers führt, stellt die Weichen für die offizielle Einführung der Reformation 1534 und die völlige Verdrängung des altgläubigen Klerus.

Der machtpolitische Nutzen eines freundschaftlichen Verhältnisses zu den geistigen Führern der neuen Bewegung wird frühzeitig erkannt. Die Teilnahme verschiedener Ratsherren an der Trauung des ehemaligen Dompredigers Urbanus Rhegius 1525 wird geschickt als demonstrative Geste genutzt[31]. Es entwickeln sich patronageähnliche Beziehungen zwischen einzelnen Bürgern und reformatorischen Geistli-

chen[32]. Ratsherren fördern ihre Anstellung als städtisch besoldete Prädikanten, laden sie zu sich ein, gewähren Schutz bei Verfolgung und Beistand in Konflikten.

Besonders enge Verbindungen zur Ratsführung knüpft der Zwinglianer Michael Keller, der bald zur wichtigsten Prädikantengestalt wird. Zu seinen Anhängern zählt die Mehrzahl der reformatorisch gesinnten Bürgermeister, so Anton Bimmel, Georg Herwart, Ulrich Rehlinger und Hans Welser. Sein Einfluß trägt maßgeblich zur Verdrängung der lutherischen Lehre bei.

Diese informellen Verflechtungen, verbunden mit intensiver politischer Kooperation, sichern der politischen Führung in der Reformationszeit zwischen Bauernkrieg und Schmalkaldischem Krieg den politischen Rückhalt in der Bürgerschaft. Die Prädikanten erweisen sich überwiegend als loyal und wirken auf die Meinungsbildung vor den Zunft- und Ratswahlen im Sinne der Führungsgruppe ein. Ihr Einfluß ermöglicht es aber auch, daß unter dem Druck der reformatorischen Bewegung neue Männer, wie der einfache Weber Mang Seitz, ins Bürgermeisteramt gewählt werden. Darüber hinaus bedient sich die politische Führung ihrer, um mit wichtigen Reformatoren wie Ambrosius und Thomas Blarer, Bucer, Luther, Vadian und Zwingli in ständigem Kontakt zu bleiben[33]. In der sich zuspitzenden politischen Kontroverse um die Religionsfrage sind die Prädikanten als Informanten und Verbindungsleute von großem Wert.

Für die Bildung unterschiedlicher Religionsparteien ist die Anknüpfung an bestehende soziale Beziehungsnetze charakteristisch. Gerade in der Führungsspitze zeigen verschiedene, durch vielfache Verschwägerungen und Blutsverwandtschaften verknüpfte Familienverbände, daß ein Zusammenhang zwischen sozialem Umfeld und individueller Glaubenshaltung besteht[34]. Beispielhaft seien angeführt die Verwandtschaftsbeziehungen des Bürgermeisters Ulrich Rehlinger zu den reformationsfreundlichen Familien Ehem und Gaßner sowie diejenigen seines Amtskollegen Anton Bimmel zu den Ehem, Honold und Manlich. Auch der Teilhaberkreis der Welsergesellschaft erweist sich überwiegend als proreformatorisch. Ein ähnliches Bild bieten Familien, die der alten Kirche treu bleiben. So sind die Arzt, Baumgartner und Fugger als die führenden Vertreter einer katholischen Ratsgruppe ebenfalls untereinander verwandt.

Angesichts dieser Bedingungen gewinnt der Faktor Glaubenshaltung in der politischen Führungsgruppe bei neuen Eheschließungen Bedeutung. Einige in diesen Zeitraum fallende Heiraten belegen, daß die Einstellung zu einem Eheprojekt durch Übereinstimmung in der Glaubensfrage gefördert werden kann. So verschwägert sich die katholische Familie des kaiserlichen Rates Hans Rehlinger mit Anton Fugger, Christoph Turso, Karl Villinger, während der neugläubige Ulrich Rehlinger seine Kinder mit Mitgliedern der Familien Ehem, Lauginger, Rem und Walter verheiratet. Diese konfessionell einseitig ausgerichteten Familienverbände bilden allerdings nur einen kleinen Kreis innerhalb der sozialen Elite, der jedoch für das geistige Klima von Bedeutung ist. Für die Mehrzahl der Familien ist der Religionsfaktor aber noch von untergeordnetem Stellenwert. Für alle gilt letztendlich, daß wirtschaftlicher Vorteil und Prestigedenken die Religionsfrage zugunsten einer Mischehe relativieren können. Dieses Kalkül führt schließlich dazu, daß 1538 neben 28 protestantischen Familien verschiedene Katholiken, darunter die Arzt, Baumgartner und Fugger, ins Patriziat aufgenommen werden[35].

Die konfessionelle Entwicklung in der Führungsgruppe setzt sich auch nach der Verfassungsänderung von 1548 und dem damit verbundenen weitgehenden personellen Austausch der Spitzenämter zugunsten der Katholiken fort. Die Tatsache, daß das neugeschaffene Stadtpflegeramt in den ersten Jahren auch noch von Protestanten bekleidet wird, kann als Zeichen dafür gewertet werden, daß man sich in der Führungsspitze an ein Zusammenleben beider Konfessionen zu gewöhnen beginnt. Diesen Eindruck verstärkt 1552, bedingt durch reichspolitische Entwicklungen, der vorübergehend wiedererrichtete protestantisch geprägte zünftische Kleine Rat, in dem sich mit Jakob Fugger und Jakob Rembold auch zwei renommierte Katholiken finden.

Doch allmählich zeichnet sich der Weg zu fest umrissenen Konfessionsblöcken in der Führung der Stadt ab. Weitgehende Kontinuität der einzelnen Familien in ihrem Konfessionsstand verstärkt diese Tendenz[36].

Als wichtige Vertreter der Augsburgischen Konfession treten die Ehem, Hopfer, Lauginger, Pfister, Rem, Stamler, Stenglin, von Stetten und Walter hervor. Als prominente Führer der katholischen Bürgerschaft gelten die Fugger, Ilsung, Imhof, Rembold und Schellenberg. Einzelne Familien spalten sich in Zweige mit unterschiedlicher Konfession auf. Hierzu zählen vor allem die Haintzel, Herwart, Langenmantel, Rehlinger und Welser. In den Linien wird die einmal angenommene Glaubensrichtung vom Vater auf die Söhne vererbt.

Der Konfessionalisierungsprozeß beginnt sich in der Führungsgruppe vor allem in Hinblick auf eine genauere gegenseitige Abgrenzung zu entwickeln. Dies führt zu einer exakten Regelung des kirchlichen Trauungsmodus in den Heiratsbriefen und der Bestattungsweise in den Testamenten. So findet man etwa auffallend häufig in den Heiratsverträgen der Fugger die ausdrückliche Festsetzung, daß der Kirchgang »nach altem catholischen christlichen brauch vnd ordnung« erfolgen soll[37]. Auch das Problem der Mischehen, allein unter den 35 Geheimen Räten von 1548 bis 1591 lassen sich sechs nachweisen, wird nun rechtlich im Hinblick auf das Erbe und die Erziehung der Kinder festgelegt. Die glaubensverschiedene Ehe wird geduldet, aber beide Konfessionen achten streng darauf, daß ihr Besitzstand gesichert bleibt[38]. Der Einfluß der beginnenden Gegenreformation ist es auch, der im Rat die Entwicklung vom anfänglichen Gleichgewicht der Konfessionen hin zu einem krassen Übergewicht der Katholiken auf der Grundlage der karolinischen Verfassung begünstigt. Seit 1553 bekleiden nur noch Katholiken das Stadtpflegeramt, mit 1560 beginnt sich ein Konfessionsverhältnis von sechs zu eins unter den Geheimen einzuspielen und 1583 stehen im Kleinen Rat 26 Katholiken 19 Protestanten gegenüber[39]. Eine dynamische Verschiebung des Konfessionsproporzes zugunsten der katholischen Partei ist offensichtlich.

Andere Momente verstärken den Eindruck eines Bedeutungsgewinns des Konfessionsfaktors in der Führungsgruppe. Dazu zählt vor allem die verstärkte Stiftertätigkeit bei Katholiken wie Protestanten[40]. Damit verbunden ist der weiterhin festzustellende Einfluß bestimmter Geistlicher auf ihre Glaubensbrüder in der politischen Führung.

Auf katholischer Seite sind dies vorrangig die seit Ende der fünfziger Jahre in Augsburg tätigen Jesuiten, insbesondere Petrus Canisius[41]. Sie gewinnen in den Familien Fugger, Ilsung und Rehlinger wichtige, engagierte Gönner und Interessenvertreter, die kraft ihres politischen Gewichts den Weg zur Gründung des Jesuitenkollegs ebnen. Persönliche Kontakte, finanzielle Unterstützung und umfangreiche Legate prägen diese Beziehungen. Insbesondere die jesuitischen Aktivitäten stärken die alte Kirche, geben ihren Anhängern neues Selbstvertrauen, forcieren aber auch weitere konfessionelle Abgrenzung und antiprotestantische Stimmung in bestimmten Kreisen des Rats.

Auch bei den Protestanten begünstigen einige Prädikanten, besonders Superintendent Georg Mylius, ein konfessionell geprägtes geistiges Klima. Über die Intensität der Beziehungen zu einzelnen Ratsfamilien geben ebenfalls umfängliche testamentarische Schenkungen Auskunft[42].

Auf beiden konfessionellen Seiten formieren sich innerhalb der eigentlichen Führungsgruppe extremistische Fraktionen, was schließlich 1583 zum Ausbruch eines offenen Konflikts anläßlich des Kalenderstreits und der damit verbundenen Auseinandersetzung um das Berufungsrecht evangelischer Prädikanten führt[43]. Dabei zeigt sich, daß sich die politische Spitze jeweils in gemäßigte und kompromißlose Untergruppen gliedert. Der Konflikt endet – bedingt durch das Übergewicht der Katholiken im Rat, die Unterstützung kaiserlicher Unterhändler und die Kooperationsbereitschaft der gemäßigten Protestanten – mit dem Ausscheiden der »orthodoxen« Protestanten aus der politischen Führung. Die Ausweisung mehrerer Ratsherren, darunter Patrizier wie Johann Heinrich Haintzel und Christoph Welser, markiert diese Zäsur. Daß sich in dem Konflikt auch allgemeine Unzufriedenheit der handwerktreibenden Bürger mit der politischen Führung artikuliert, verweist auf den Gegensatz zwischen Ratsoligarchie und Bevölkerungsmehrheit[44].

Der Kalenderstreit begünstigt die weitere Konfessionsbildung, mit verändertem Sozialverhalten als Folge. In der Führungsgruppe nimmt die Zahl der Mischehen deutlich ab[45]. Verstärkt werden sie als »ein Rechter Mischmasch« und »für kain rechts

ding« angesehen[46]. Zu dem zunehmend konfessionell geprägten Gesellschaftsbild nach 1591 zählt auch der weitere gesellschaftliche Prestigegewinn der Geistlichkeit. Man zieht sie vermehrt als Rechtsbeistände, Fürbitter und Zeugen bei Rechtsgeschäften hinzu[47]. Ihre Bedeutung als eigener Führungsfaktor innerhalb der reichsstädtischen Gesellschaft wird immer offensichtlicher. Auf die enge Verflechtung mit der politischen Machtzentrale folgt zusätzliche soziale Privilegierung.

Obwohl sich nun endgültig der politische Führungsanspruch der Katholiken durchsetzt, kann bis 1619 aber keine Radikalisierung der altgläubigen Führungsgruppe festgestellt werden. Politisch wird ein konfessionell unabhängiger Kurs verfolgt. Das harmonische Zusammenleben zweier religiöser Bekenntnisse spielt sich ein. Dies liegt vor allem daran, daß die streng katholischen Ratsherren um den Stadtpfleger Anton Christoph Rehlinger aus Altersgründen ausscheiden[48]. Statt ihrer wird eine neue Gruppe gemäßigter Katholiken gewählt, unter ihnen Quirin Rehlinger und die Brüder Marx und Paul Welser. Die deutliche politische Unterrepräsentation konfessionell radikaler Männer auf beiden Seiten begünstigt den weiteren Ausbau der bikonfessionellen Tendenzen in der Führungsspitze. Daß es trotz des quantitativen Übergewichts der Katholiken im Rat zu einer weitgehend ausgewogenen Politik kommt, dazu trägt sicher auch die deutliche Vorrangstellung der Protestanten auf wirtschaftlichem Sektor bei[49]. Mit Beginn des Dreißigjährigen Krieges stehen sich allgemein geschlossene Konfessionsgruppen gegenüber, die in der Führungsspitze allerdings de jure über sehr unterschiedliche politische Einflußmöglichkeiten verfügen.

Die letzte Phase in der Entwicklung des Verhältnisses von Konfession und Führungsgruppe in Augsburg wird durch exogene reichspolitische Kräfte bestimmt, wobei die konfessionelle Zweiteilung in einer Zeit der politischen Krise zum Vehikel auswärtiger Einflußnahme auf die Stadtpolitik wird. Weitgehend gegen den Willen der bisherigen Führungsgruppe erfolgt 1629 die Durchführung des Restitutionsedikts mit seiner ausschließlichen Beteiligung von Katholiken am Stadtregiment, der Ausweisung der Prädikanten und der empfindlichen Einschränkung der

Tafel V   Wappentafel des Kleinen (oberes Drittel) und des
Großen Rates (untere zwei Drittel) der Stadt Augsburg nach
der Verfassungsänderung durch Kaiser Karl V. 1548/49. Der
oligarchische Charakter des Regimes ist durch die Wiederkehr desselben Wappens vor allem im maßgebenden Kleinen
Rat besonders augenfällig.

*Tafel VI   Jakob Fugger »der Reiche« (1459–1525), der ei-
gentliche Begründer der Weltfirma Fugger, gemalt von Albrecht Dürer, um 1520*

protestantischen Religionsausübung. Wie sehr die Führungsspitze der Reichsstadt mittlerweile mit dem Nebeneinander zweier Konfessionen vertraut ist, dokumentieren ihre Bemühungen, die durchgreifenden kaiserlichen Beschlüsse abzuwenden[50]. Ein ähnliches Bild bietet sich 1632, als die Schweden das katholische Regiment auflösen[51]. Auch die vom Kaiser 1628 und von Gustav Adolf 1632 vorgenommenen einseitig konfessionell orientierten Standeserhebungen ins Patriziat ohne Mitwirkung des Rates dürften ein Hinweis darauf sein, daß die Führungsspitze an Konfrontation nicht interessiert ist. Bei der Wiedereinsetzung des katholischen Regiments nach Einnahme durch die Kaiserlichen im Jahre 1635 kann deshalb davon ausgegangen werden, daß diese Ausschließung der Protestanten von der Besetzung der verfassungsrechtlichen Führungsorgane nicht notwendigerweise mit der Auffassung der Augsburger Führungsgruppe übereinstimmt. Die Einberufung eines evangelischen Ausschusses 1637 als Interessenvertretung der Protestanten zur organisatorischen Regelung ihrer Mitsprache in der Stadtpolitik[52] zeigt, daß die Parität von 1648 trotz der Schwierigkeit ihrer Durchsetzung als die lang erwartete und angestrebte rechtliche Fixierung einer bestehenden bikonfessionellen politischen Führungsgruppe zu werten ist.

Die Fähigkeit, das destabilisierende Moment der religiösen Auseinandersetzungen im dritten bis fünften Jahrzehnt des 16. Jahrhunderts in den Zustand organisierter konfessioneller Zweigleisigkeit zu überführen, schafft eine relativ ausgeprägte Stabilität im Verhältnis von Konfession und politischer wie sozialer Führung, die aus dem Zusammenspiel verschiedener Faktoren resultiert: der weitgehenden Kontinuität im Führungsanspruch privilegierter Familien, der Kontinuität der religionspolitischen Haltung in der Mehrzahl der Familien, der unvollständigen sozialen Abgeschlossenheit der Religionsgruppen, der engen politischen Kooperation und sozialen Verflechtung mit den jeweiligen theologischen Führern, dem spezifischen Verhältnis zur religiös konträren Gruppe innerhalb der Führungsspitze und der Anerkennung des Primats wirtschaftlicher Erwägungen.

Die seit den fünfziger Jahren des 16. Jahrhunderts zunehmende Dominanz der Katholiken in den politischen Entscheidungsinstanzen scheint, abgesehen

vom Kalenderstreit ab 1583, zu keinem nachhaltigen Konflikt zwischen katholischen und protestantischen Geschlechtern zu führen. Der Konsens des gleichgesinnten ständisch-sozialen Interesses bleibt unter den führenden Familien beider Bekenntnisse gewahrt. Man ist sich einig in dem Willen, das Regiment der Geschlechter und die Exklusivität des sozialen Zirkels der Herrenstube zu erhalten.

Kontinuität und Krise

Trotz politischer, religiöser und gesellschaftlicher Krisensymptome prägen Stabilität und Kontinuität das Erscheinungsbild der Führungsgruppen Augsburgs im Zeitalter von Reformation und Gegenreformation.

Kontinuität im Bereich der ständischen Zuordnung der Führungsgruppen heißt Selbstbehauptung der Geschlechter in der politischen Führung und an der Spitze der sozialen Hierarchie, wobei sich die Kaufmannschaft langfristig als potentielles Rekrutierungsreservoir erweist. Mehr noch: Es gelingt der Ausbau dieser Stellung im Bereich der Stadtpolitik mit wachsender Tendenz zur Oligarchisierung des Regiments und zunehmender sozialer Distanz gegenüber der gemeinen Bürgerschaft.

Die karolinische Verfassungsordnung schafft für beides die politischen Rahmenbedingungen. Sie darf nicht nur als kaiserlicher Oktroi gesehen werden. Vielmehr ist ihre Gestalt durch die Interessengemeinschaft des habsburgischen Kaiserhauses und der Augsburger Geschlechter bestimmt. Einerseits ermöglicht sie eine bessere Kontrolle des politischen Lebens durch Ausschaltung des Konfliktfaktors Zünfte, gerade weil sie andererseits die Geschicke der Stadt in die Hände einer Oligarchie legt, deren ökonomische, soziale und politische Interessen denen Habsburgs nicht entgegengesetzt sind. Es sind zwar schon vor 1548 die Geschlechter und die reiche Kaufmannschaft, die die Spitzenpositionen der Ratshierarchie innehaben, die seit 1548 verstärkte oligarchische Tendenz bedeutet also soziale *Kontinuität*. Das Jahr 1548 markiert aber auch einen entscheidenden *Bruch*. Die unter dem Zunftregiment mögliche Interpretation des Rates als Repräsentant einer genossenschaftlich organisierten Bürgergemeinde mit von »unten« nach »oben« verlaufenden Entscheidungslinien, verstärkt durch das politische Ordnungsverständnis der Reformation, wird nunmehr endgültig fallen gelassen. Die Entscheidungslinien kehren sich um, ohne daß der Versuch gemacht wird, dies zu verschleiern. Die überwiegend katholische politische Führungsgruppe repräsentiert nach 1548 nicht mehr die überwiegend protestantische Bürgerschaft. Vielmehr präsentiert sie sich als herrschende über einen Bürgerverband, der mehr und mehr zum Untertanenverband gerät. So ist die Ordnung von 1548/49 auch Indiz für den Beginn eines Wandels im stadtbürgerlichen Bewußtsein.

Reformation und Gegenreformation als Faktoren der Reichspolitik beeinflussen nicht nur die konkrete Gestalt des Stadtregiments, sondern auch die Stellung seiner Träger im Sozialgefüge der Stadt und ebenso deren Rekrutierungsmuster. Konfessionelle Abgrenzung verstärkt alte und fördert neue Beziehungsnetze.

Die Häufung der Bankrotte großer Augsburger Handelsgesellschaften ab der Mitte des 16. Jahrhunderts ist eindeutig eine ökonomische Krisenerscheinung. Neue Familien und Firmen steigen auf, die sich strukturell jedoch nicht von den Bankrotteuren unterscheiden, überdies oft familiär mit ihnen verflochten sind. Im 17. Jahrhundert werden die Handels- und Bankgesellschaften durch Krieg und Verlagerung der Wirtschaftszentren in den atlantischen Raum empfindlich getroffen. Aber die politische und ständische Führung der Lechstadt bleibt stabil. Die Kontinuität der politischen Führungsgruppe der Geschlechter verselbständigt sich gegenüber der wirtschaftlichen Entwicklung. Ihre ständische Qualität genießt Vorrang gegenüber der ökonomischen. Die Selbstrekrutierung des Führungszirkels garantiert die Aufrechterhaltung des Status quo. Über konfessionelle Grenzen hinweg bewahrt man weitgehende Interessenidentität. Im Kalenderstreit und im Dreißigjährigen Krieg aktivierte religiöse Gegensätze werden durch außerstädtische Mächte angestoßen und sind nicht von Dauer. Die Einführung der Parität nach dem Ende des Krieges verleiht dieser Stabilität endgültig den rechtlichen Rahmen.

Wollen wir *Krise* ganz allgemein als Störung des Gleichgewichts einer gesellschaftlichen Situation definieren[53], so zeichnen sich bezüglich der politischen Führungsgruppe zwei Perioden ab, in denen jenes Gleichgewicht in Gefahr gerät: um 1548/49 und im Dreißigjährigen Krieg. Im ersten Fall erfolgt seine Wiederherstellung auf dem neuen Niveau einer veränderten Stadtverfassung. Im zweiten Fall im Rahmen der sich bis 1619 einspielenden Ordnung, deren einzig anfällige Stelle, die konfessionelle Spaltung der Führungsgruppe, durch die Regelung der Parität entschärft wird.

1 Hierzu vor allem die Begriffsklärung in: Ingrid Bátori und Erdmann Weyrauch: Die bürgerliche Elite der Stadt Kitzingen, Stuttgart 1982 (Spätmittelalter und Frühe Neuzeit 11), S. 206–215, mit zahlreichen Literaturhinweisen.

2 Erdmann Weyrauch: Über soziale Schichtung. In: Ingrid Bátori (Hrsg.): Städtische Gesellschaft und Reformation, Stuttgart 1980 (Spätmittelalter und Frühe Neuzeit 12), S. 46–48.

3 Grundlegend Volker Press: Führungsgruppen in der deutschen Gesellschaft im Übergang zur Neuzeit (um 1500). In: Hanns Hubert Hofmann und Günther Franz (Hrsg.): Deutsche Führungsschichten in der Neuzeit. Eine Zwischenbilanz, Boppard 1980 (Deutsche Führungsschichten in der Neuzeit 12), S. 29–77; methodisch Wolfgang Reinhard: Freunde und Kreaturen. »Verflechtung« als Konzept zur Erforschung historischer Führungsgruppen. Römische Oligarchie um 1600, München 1979 (Schriften der Philosophischen Fakultät der Universität Augsburg 14).

4 Ausführlich Reinhard, Freunde, S. 35–41.

5 Vor allem zu nennen Albert Rieber: Das Patriziat von Ulm, Augsburg, Ravensburg, Memmingen, Biberach. In: Hellmuth Rößler: Deutsches Patriziat 1430–1740, Limburg/Lahn 1968 (Deutsche Führungsschichten in der Neuzeit 3), S. 299–351; Blendinger, Führungsschichten. Zu Führungsschichten um 1600 allgemein Rudolf Endres: Die deutschen Führungsschichten um 1600. In: Hofmann und Franz, Deutsche Führungsschichten, S. 79–109.

6 Olaf Mörke: Die Fugger im 16. Jahrhundert. Städtische Elite oder Sonderstruktur? In: ARG 127 (1983), S. 141–162.

7 StAA Patrizier und Geschlechter Nr. 47, fol. 47v.

8 Auswertung nach Steuerrängen: StAA Steuerbuch 1500, 1512.

9 StAA Ratsämterbuch 1520–1548.

10 Zu den Mehrern vgl. Dirr, S. 194.

11 StAA Lit 1538 (Abschrift der Urkunde über die Patriziervermehrung 1538); StAA Patrizier und Geschlechter Nr. 41, Nr. 47.

12 Bis 1540 steigt die Zahl der Großvermögen rapide an.

13 StAA Reichsstadt Zünfte Nr. 148 (Zunftbuch der Kaufleute von 1537–1552, S. 163–281).

14 Unter den Zunftbürgermeistern sind Kaufleute weit überproportional vertreten. Dazu Pius Dirr: Kaufleutezunft und Kaufleutestube in Augsburg zur Zeit des Zunftregiments 1368–1548. In: ZHVS 35 (1909), S. 138.

15 Paul Hecker: Der Augsburger Bürgermeister Jacob Herbrot und der Sturz des zünftischen Regiments in Augsburg. In: ZHVS 1 (1874), S. 34–98.

16 StAA Stadtrecht, Wahlordnung 1548.

17 Anton Mayr: Die großen Augsburger Vermögen in der Zeit von 1618 bis 1717, Augsburg 1931 (Abhandlungen zur Geschichte der Stadt Augsburg 4), S. 57–61, 98–103.

18 Zorn, Augsburg, S. 219.

19 Ingrid Bátori: Die Reichsstadt Augsburg im 18. Jahrhundert. Verfassung, Finanzen und Reformversuche, Göttingen 1969 (Veröffentlichungen des Max-Planck-Instituts für Geschichte 22), S. 20 f.

20 Bátori, Reichsstadt, S. 35.

21 Dazu Ernst Piper: Der Stadtplan als Grundriß der Gesellschaft. Topographie und Sozialstruktur in Augsburg und Florenz um 1500, Frankfurt a. M. 1982, S. 105–134.

22 Piper, Stadtplan, S. 120 f.

23 StStBA 4° S. 426, Nr. 4.

24 Grundlegend zur Kirchengeschichte Augsburgs bis 1648 Roth 1–4; Dietrich Blaufuß: Das Verhältnis der Konfessionen in Augsburg 1555–1648. In: Jb d. Vereins für Augsburger Bistumsgeschichte 10 (1974), S. 27–56; Paul Warmbrunn: Zwei Konfessionen in einer Stadt, Diss. phil. Freiburg i. Br. 1981.

25 Roth 4, S. 414–538.

26 Ausführlich bei Roth 1–4, passim.

27 Vgl. Luther an Spalatin am 11. Okt. 1518. In: WA Br I, S. 209, Nr. 97.

28 StAA Steuerbuch 1540, fol. 61 a, Eintrag vom 7. Juni 1541. Dazu Roth 1, S. 143.

29 Albert Haemmerle (Hrsg.): Deren von Stetten Geschlechterbuch, Privatdruck 1948, S. 85.

30 Er ist weitläufig mit der Familie des Jakob Sturm verwandt. Vgl. Thomas A. Brady: Ruling Class, Regime and Reformation at Strasbourg 1520–1555, Leiden 1978, S. 85, Anm. 111 Ferner tritt ein Verwandter seiner Ehefrau, der Humanist und Bürgermeister Sigmund Gossembrot, in das Straßburger Johanneskloster ein.

31 Vgl. Martin Liebmann: Urbanus Rhegius und die Anfänge der Reformation, Münster 1980, S. 194 f.

32 Ausführlich Roth 1–4, passim.

33 Dies geht aus den edierten Korrespondenzen der Reformatoren hervor.

34 Darstellung dieses Zusammenhangs bei Katarina Sieh: Bürgermeisteramt, soziale Verflechtung und Reformation in der Reichsstadt Augsburg 1518–1538, Magisterarbeit (Masch.) Augsburg 1981.

35 Vgl. Anton Werner: Das Augsburger Patriziat. In: Der Sammler. Belletristische Beilage zur Augsburger Abendzeitung 1909, Nr. 78, S. 6.

36 Konfessionsstand ermittelt nach David Langenmantel: Historie des Regiments in des Heil. Röm. Reichs Stadt Augsburg . . . bis auf unsere Zeit, Frankfurt und Leipzig 1725; StAA Ämterbesetzung Nr. 38.

37 Z. B. Fuggerarchiv Dillingen Nr. 10.2, 11.2.

38 Warmbrunn, Zwei Konfessionen, S. 386 f.

39 StAA Ratsämterbücher 1548–1648; dazu Warmbrunn, Zwei Konfessionen, S. 193 f.

40 Ebd. S. 442 f.

41 Dazu Placidus Braun: Geschichte des Kollegiums der Jesuiten in Augsburg, München 1822; neuerdings Wolfram Baer und Hans Joachim Hecker (Hrsg.): Die Jesuiten und ihre Schule St. Salvator in Augsburg 1582, Augsburg 1982.

42 Im StAA Notariatsarchiv Spreng befinden sich verschiedene Testamente prominenter Protestanten.

43 Zum Kalenderstreit Ferdinand Kaltenbrunner: Der Augsburger Kalenderstreit. In: MIÖG 1 (1880), S. 497–540; Warmbrunn, Zwei Konfessionen, S. 511–533.

44 Dazu Eberhard Naujoks: Vorstufen der Parität in der Verfassungsgeschichte der schwäbischen Reichsstädte (1555–1648). Das Beispiel Augsburg. In: Jürgen Sydow (Hrsg.): Bürgerschaft und Kirche, Sigmaringen 1980 (Stadt in der Geschichte 7), S. 38–66; Warmbrunn, Zwei Konfessionen, S. 524–526.

45 Ebd. S. 453.

46 StStBA Kölderer-Chronik, 2° cod S. 44, fol. 81 v.

47 Dies geht aus Testamenten und Bürgerschaftsaufnahmen des StAA hervor.

48 Zu Anton Christoph Rehlinger Lotte Schiller: Das gegenseitige Verhältnis der Konfessionen im Zeitalter der Gegenreformation, unveröff. Examensarbeit 1954, S. 29, S. 45.

49 Vermögensstatistiken bei Mayr, Augsburger Vermögen, S. 115–120.

50 Blaufuß, Verhältnis, S. 35 f.

51 Warmbrunn, Zwei Konfessionen, S. 242.

52 Ebd. S. 252 f.

53 Zum Krisenbegriff Miroslav Hroch und Josef Petrán: Das 17. Jahrhundert. Krise der Feudalgesellschaft? Hamburg 1981 (Historische Perspektiven 17), S. 49–60.

Arm und Reich in Augsburg vor dem Dreißigjährigen Krieg

von Claus-Peter Clasen

Augsburg war im 16. Jahrhundert der Mittelpunkt des süddeutschen Großhandels, Tagungsort bedeutender Reichstage und Wirkungsstätte berühmter Künstler von Holbein d. Ä. und Burgkmaier bis zu Elias Holl. Gründete sich das Ansehen der Stadt auch auf einen soliden und behäbigen Wohlstand? Die statistische Untersuchung bietet den kürzesten Weg, die sozialen Verhältnisse einer so großen Stadt, wie Augsburg es im 16. Jahrhundert war, zu untersuchen.

Wir wählen für unsere Analyse die Zeit um 1600, weil das Zahlenmaterial für diese Jahre reichhaltiger ist als für die vorhergehende oder nachfolgende Zeit. Die wichtigste Quelle bilden die Steuerbücher, in denen jedoch Angaben über Berufe nicht enthalten sind. Berufsangaben für die meisten Augsburger finden sich hingegen in den Musterregistern der Jahre 1610, 1615 und 1619. Da die Musterregister ähnlich wie die Steuerbücher nach Straßenzügen angelegt sind, können wir durch Namensvergleich die Berufe* der meisten Steuerzahler in diesen Jahren feststellen[1].

Zahlen bieten eine feste Grundlage, an der sich der Historiker orientieren kann. Und doch enthält die Auswertung der Zahlen spekulative Züge. Der zahlenmäßige Befund läßt eben verschiedene Auslegungen zu. Weiterhin wirft eine quantitative Untersuchung Fragen auf, die nur mit Hilfe ganz anderen Materials, wie der Zunftakten, zu beantworten sind. Das Zahlenmaterial sagt uns nichts über die Vielfalt der wirtschaftlichen und sozialen Probleme, die das tägliche Leben der Bevölkerung beherrschten. Genausowenig vermittelt es einen Eindruck von den Machtkämpfen rivalisierender Gruppen. Eine Analyse der Sozialstruktur steckt nur den Rahmen ab,

innerhalb dessen sich das wirtschaftliche, soziale und politische Leben in Augsburg bewegte.

Wir wählten für unsere Untersuchung das Jahr 1610. Wir verfolgen also nicht die Entwicklung der sozialen Verhältnisse über einen längeren Zeitraum, sondern untersuchen einen momentanen Zustand. Es ist, als ob ein Film stehenbliebe. So wie die einzelne Aufnahme den Augenblick festhält, so ermöglicht es die Beschränkung auf ein einziges Jahr, die soziale Gliederung in den Einzelheiten zu fassen.

Verteilung der Bevölkerung

Im Jahre 1610 wurden insgesamt 10 285 Steuerzahler im Steuerbuch aufgeführt[2]. Drei Gruppen von Steuerzahlern lassen sich unterscheiden:

1. 7480 männliche Steuerzahler, die 73 Prozent aller Steuerzahler bildeten.
2. 2120 weibliche Steuerzahler, die einen eigenen Haushalt hatten. Sie machten 20 Prozent aller Steuerzahler aus.
3. 685 Pflegschaften mit insgesamt 1167 Personen. Sie stellten sieben Prozent der Steuerzahler.

Wie groß war dann die Bevölkerung Augsburgs? Eine genaue Angabe läßt sich nicht machen, weil die Steuerbücher nur die Haushaltsvorstände und nicht die einzelnen Personen aufführen. Wenn wir aber annehmen, daß die durchschnittliche Familie ebenso groß war wie die Weberfamilien, über die wir genaue Angaben haben, dann müssen wir mit einer Bevölkerung von 36 207 Personen rechnen[3]. In Wirklichkeit war aber die Bevölkerung größer, weil in vielen Familien noch Lernknechte, Gesellen und Mägde lebten. Die Zahl dieser Ehehalten ist aber nicht be-

---

* Erläuterungen zu unbekannten Berufsbezeichnungen finden sich am Ende des Anmerkungsteils S. 336.

kannt. Nur für die Weber haben wir genaue Angaben. Wenn der durchschnittliche Bürger ebenso viele Ehehalten beschäftigte wie die Webermeister, dann hätten wir mit einer Gesamtbevölkerung von 51 136 Personen zu rechnen. Wegen dieses unsicheren Problems der Gesamtbevölkerung wird sich unsere Untersuchung auf Steuerzahler, also nicht auf die Bevölkerung, beziehen.

Wie verteilten sich nun die Steuerzahler und damit die Bevölkerung auf die Stadt? Für Steuerzwecke war die Stadt in 95 Steuerbezirke eingeteilt, die in den Steuerbüchern so angeordnet sind, daß sich vier größere Stadtteile ergeben: die Frauenvorstadt, die Jakobervorstadt, das Lechviertel und die Oberstadt[4]. Das Lechviertel war mit 33 Prozent der Bevölkerung der größte Stadtteil. In der Jakobervorstadt wohnten 28 Prozent der Bevölkerung, in der Frauenvorstadt 25 Prozent. In der Oberstadt lebten nur zwölf Prozent der Augsburger.

Tab. 1: Verteilung der Steuerzahler

	Steuerzahler	%
Frauenvorstadt	2 539	24,68
Jakobervorstadt	2 933	28,51
Lechviertel	3 427	33,32
Oberstadt	1 199	11,64
dienen innerhalb und außerhalb[5]	106	1,03
im Zwinger[5]	81	0,78
insgesamt	10 285[6]	

Vermögensschichtung

Wir kennen die Vermögensverhältnisse von 9599 Steuerzahlern. Bei 686 weiteren Personen fehlen die Einträge. Als natürliche Einteilung bietet sich die Unterscheidung von arm, mittelvermögend und reich an:

1. Die unterste Schicht bildeten die Vermögenslosen oder Habnits, die kein steuerbares Vermögen hatten. Nicht weniger als 3743 Steuerzahler oder 39 Prozent

aller Steuerzahler waren ohne Vermögen. Die große Menge der Gesellen, Mägde und anderen Ehehalten ist nicht einmal in diese Zahl mit eingeschlossen.

2. Die Mittelschicht besteht nach unserer Einteilung aus Steuerzahlern, die von 1 kr bis 10 fl zahlten. Da es sich hier um eine Schicht mit sehr unterschiedlichen Besitzgrößen handelt, teilen wir die Mittelschicht in drei Gruppen:

a) Die arme Mittelschicht, deren Steuer 1–15 kr betrug. 1816 Steuerzahler oder 19 Prozent gehörten der armen Mittelschicht an. Die Höchstgrenzen der Vermögen lagen bei 100 fl, wenn das Vermögen aus Grundbesitz bestand, bei 50 fl, wenn es aus Bargeld bestand[7]. Die meisten Leute hatten wahrscheinlich nicht mehr als 50 fl Besitz. Ihr Besitz hob sie von den Habnits ab. Aber er war so minimal, daß ihr Leben wahrscheinlich genauso mühselig wie das der Habnits war. Wenn wir die Gruppen der Habnits und dieser armen Mittelschicht zusammennehmen, bekommen wir ein genaueres Bild, wie viele Leute in Augsburg in Armut lebten. Insgesamt 5559 Steuerzahler oder 58 Prozent aller Steuerzahler gehörten zu den zwei untersten Schichten der Stadt.

b) Die Mittelschicht mit einem mittelgroßen Besitz zahlte eine Steuer von 16 kr bis 60 kr. Die 1539 Personen dieser Schicht machten 16 Prozent aller Steuerzahler aus. Wenn diese Leute nur Bargeld versteuerten, belief sich ihr Besitz von etwas mehr als 50 bis 200 fl. Wenn sie nur Grundbesitz hatten, lagen die Vermögensgrenzen zwischen 100 und 400 fl. In Wirklichkeit lagen die meisten Vermögenswerte irgendwo zwischen 50 und 400 fl!

c) Die Mittelschicht mit größerem Besitz, die eine Steuer von 1 bis 10 fl zahlte. 1782 Steuerzahler oder 18,5 Prozent gehörten dieser Vermögensgruppe an. Der Besitz der wohlhabenden Mittelschicht lag zwischen 200 und 4000 fl.

3. Die Reichen zahlten eine Steuer zwischen 10 fl 1 kr und 100 fl. 600 Steuerzahler dieser Gruppe lassen sich feststellen. Ihre Vermögen konnten einen Wert zwischen 2000 und 40 000 fl haben. In den meisten Städten wären sie als die reichsten Männer angesehen worden. In Augsburg gab es aber noch eine Schicht außergewöhnlich reicher Bürger.

Diese steinreichen Bürger zahlten eine Steuer von mehr als 100 fl. 119 solcher steinreichen Steuerzahler lassen sich feststellen, deren Vermögen sich auf über 20 000 fl beliefen. Die Mitglieder der Familie Fugger, die eine pauschale Steuer zahlten, sind hier nicht mitgerechnet. Zusammenfassend ist also zu sagen, daß 719 Steuerzahler oder 7,5 Prozent aller Steuerzahler reich waren. Dies ist ein erstaunlich hoher Prozentsatz.

Wenn wir eine strikte Einteilung vornehmen, war also die Mittelschicht mit 53,5 Prozent die umfangreichste Bevölkerungsgruppe. Die Vermögenslosen bildeten 39 Prozent, während die Reichen immerhin 7,5 Prozent ausmachten. Wir haben aber schon angedeutet, daß man die ganz Vermögenslosen wie die arme Mittelschicht (Steuer 1–15 kr) als die Unterschichten ansehen sollte, die somit 58 Prozent der Bevölkerung ausmachten.

Wie zu erwarten, verteilten sich die verschiedenen Vermögensgruppen durchaus nicht gleichmäßig über die Stadt. Von den 3743 Besitzlosen wohnten nicht weniger als 39 Prozent in der Jakobervorstadt, 28 Prozent im Lechviertel und 27 Prozent in der Frau-

envorstadt. Nur drei Prozent wohnten in der Oberstadt. In der Jakobervorstadt wohnte also ein besonders großer Teil der Besitzlosen. Ja, mehr als die Hälfte der Bevölkerung der Jakobervorstadt, 53 Prozent, hatte keinen Besitz. In der Frauenvorstadt waren es 42 Prozent und im Lechviertel 34 Prozent. Die schlimmsten Verhältnisse herrschten also in den engen Gassen der Jakobervorstadt.

Die Verteilung der armen Mittelschicht (Steuer 1–15 kr) war schon etwas anders. Diese armen Kleinbürger drängten sich nicht wie die Besitzlosen in der Jakobervorstadt zusammen. Nur 27 Prozent von ihnen wohnten in der Jakobervorstadt, 30 Prozent in der Frauenvorstadt und 36 Prozent im Lechviertel. Wenn wir diese ärmeren Kleinbürger und die Vermögenslosen als eine Gruppe zusammenfassen, so zeigt sich, daß in der Jakobervorstadt 70 Prozent der Bevölkerung zu den zwei untersten Schichten gehörten, in der Frauenvorstadt 65 Prozent, im Lechviertel nur 55 Prozent und in der Oberstadt sogar nur 19 Prozent.

Tab. 2: Vermögensschichtung der Augsburger Bevölkerung 1610

	Habnits	arme 1–15 kr	Mittelschicht mittlere 16–60 kr	vermögende > 1–10 fl	Reiche > 10–100 fl	Steinreiche über 100 fl
Frauenvorstadt	1010	549	378	356	97	12
	26,98 %	30,23 %	24,56 %	19,97 %	16,16 %	10,08 %
Jakobervorstadt	1459	486	374	397	50	4
	38,97 %	26,76 %	24,30 %	22,27 %	8,33 %	3,36 %
Lechviertel	1062	659	601	673	122	9
	28,37 %	36,28 %	39,05 %	37,76 %	20,33 %	7,56 %
Oberstadt	123	96	162	348	326	94
	3,28 %	5,28 %	10,52 %	19,52 %	54,33 %	78,99 %
dienen außer- und innerhalb	54	4	11	7	5	
	1,44 %	0,22 %	0,71 %	0,39 %	0,83 %	
im Zwinger	35	22	13 ˙	1		
	0,93 %	1,21 %	0,84 %	0,05 %		
insgesamt Personen	3743	1816	1539	1782	600	119
	38,99 %	18,91 %	16,03 %	18,56 %	6,25 %	1,23 %

Ganz anders war die Verteilung der 3321 Augsburger, die mittelgroße Vermögen (Steuer 16–60 kr und > 1–10 fl) versteuerten. In der Oberstadt machten diese Mittelschichten 44 Prozent der Bevölkerung aus, im Lechviertel 41 Prozent, in der Frauenvorstadt 31 Prozent und in der Jakobervorstadt nur 28 Prozent. Die Verteilung der begüterten Mittelschichten war also umgekehrt wie die der unteren Schichten: Ihr Prozentsatz war am größten in der Oberstadt und am niedrigsten in der Jakobervorstadt.

Wir sahen, daß im Jahre 1610 719 Augsburger große Vermögen besaßen. Von der ersten Gruppe, den 600 reichen Bürgern, wohnten 54 Prozent in der Oberstadt und 20 Prozent im Lechviertel. Aber erstaunlicherweise wurden nicht weniger als 97 große Vermögen in der Frauenvorstadt und 50 in der Jakobervorstadt versteuert. Die beiden Vorstädte beherbergten also nicht bloß Arme. Von den 119 außergewöhnlich großen Vermögen wurden 79 Prozent in der Oberstadt versteuert, die restlichen in den anderen Stadtteilen. Die vermögenden Augsburger, ob reich oder steinreich, waren also in der Oberstadt am stärksten vertreten. 420 vermögende Familien oder 58 Prozent aller vermögenden Familien lebten in diesem Teil Augsburgs. Keine andere soziale Gruppe konzentrierte sich dermaßen in einem Stadtteil. In der Oberstadt waren 36,5 Prozent der Steuerzahler vermögend. Dies ist, verglichen mit dem Anteil der Reichen in den anderen Teilen Augsburgs, ein erstaunlich hoher Prozentsatz: Im Lechviertel und der Frauenvorstadt waren nur vier Prozent und in der Jakobervorstadt bloß zwei Prozent reich. Die Oberstadt war also eindeutig der wohlhabende Stadtteil Augsburgs.

Kurzum, die sozialen Verhältnisse waren bei weitem am besten in der Oberstadt und eindeutig am schlechtesten in der Jakobervorstadt. In der Frauenvorstadt waren sie fast so schlecht wie in der Jakobervorstadt, im Lechviertel waren sie besser als in den beiden Vorstädten.

Wir können die armen und reichen Bezirke der Stadt noch genauer bestimmen. Wir wollen annehmen, daß die sozialen Verhältnisse dort wirklich schlimm waren, wo mindestens 50 Prozent der Steuerzahler überhaupt kein Vermögen hatten. In insgesamt 17 Steuerbezirken machten die Vermögenslosen im Jah-

re 1610 die Mehrheit der Bevölkerung aus. Nicht weniger als zehn dieser Bezirke lagen in der Jakobervorstadt, fünf im Lechviertel und zwei in der Frauenvorstadt. Den weitaus größten Prozentsatz mit rund 70 Prozent der Bevölkerung machten die Vermögenslosen in einigen Bezirken der Jakobervorstadt aus, wie in den Bezirken »Platterhaus«, »Brielbrugg gegen Vogeltor«, »Bletzlin hinhinder«, »Anfang Fuggers Häuser« und »Kapfenzipfel«. Hier herrschte also wirklich Armut.

Hing die große Zahl armer Bürger in diesen Straßen vielleicht mit der Verbreitung der Weberei zusammen? Ein solcher Zusammenhang drängt sich allerdings auf. In dem Bezirk »Michel Mair« zum Beispiel, in dem 57 Prozent der Bevölkerung kein Vermögen besaßen, machten die Weber 66 Prozent aller Steuerzahler aus, mehr als in irgendeinem anderen Bezirk. In insgesamt elf Bezirken, in denen Armut vorherrschte, war das wirtschaftliche Leben von der Weberei bestimmt.

Wir beobachten auch, daß in manchen Bezirken, in denen die Vermögenslosen mehr als die Hälfte der Bevölkerung ausmachten, viele alleinstehende Frauen wohnten. In einem Bezirk, »Unten am Lauterlech«, machten diese Witwen und ledigen Frauen sogar 39 Prozent der Steuerzahler aus, in zwei anderen rund ein Drittel. Aber weshalb drängten so viele Weber und alleinstehende Frauen in diese Viertel? Wahrscheinlich, weil die Mieten für Wohnungen und Zimmer niedrig waren: Waren die Häuser hier schlecht gebaut? Oder waren die Wohnungen wegen der vielen Kanäle besonders feucht? Oder war der Gestank groß?

Die größten Ballungen reicher Leute finden sich in der Oberstadt, wie zu erwarten ist. In den Bezirken »Ulrich Arzt«, »Layen Priester« und »Rappoldt« zahlten mehr als 70 Prozent der Bevölkerung eine Steuer von über 10 fl. In den Bezirken »Frauen Bruder«, »Grottenau« und »Rathaus« gehörten mehr als 50 Prozent der Steuerzahler zur Schicht der Reichen. In fast jedem Hause dieser Bezirke wohnten wohlhabende Bürger.

Eine andere Perspektive der Besitzverteilung erhalten wir, wenn wir von der Summe der gezahlten Steuer ausgehen. Die 9599 Steuerzahler zahlten insgesamt 54 180 fl 52 kr[8]. Wie verteilte sich diese Summe auf die einzelnen Vermögensgruppen? Anders gesagt, wie verteilte sich das steuerbare Vermögen auf die Bevölkerung? Wir sahen, daß 39 Prozent der Bevölkerung keinen einzigen Pfennig Vermögenssteuer zahlten, also keinen Besitz hatten. Weitere 19 Prozent der Steuerzahler, die in der Steuerstufe 1 bis 15 kr lagen, zahlten nur 0,66 Prozent der gesamten Steuersumme, sie besaßen also nur 0,66 Prozent des gesamten Vermögens. Hier zeigt sich, daß die Angehörigen dieser Steuerstufe wirklich zur unteren Bevölkerungsschicht gehörten. Im Durchschnitt zahlten diese armen Kleinbürger eine Steuer von 12 kr, was einem Vermögen von 40 bis 80 fl entspricht.

16 Prozent der Steuerzahler zahlten eine Steuer von 16 bis 60 kr, waren also Bürger mit mittlerem Besitz. Auch der Anteil dieser Bürger am Steueraufkommen war mit 1,93 Prozent verschwindend klein. Die durchschnittliche Steuerleistung belief sich auf 41 kr. Diese beiden Schichten von Bürgern mit mittlerem und kleinem Besitz (Steuer 1–15 kr und 16–60 kr) machten insgesamt 35 Prozent aller Steuerzahler aus. Aber ihr Anteil an der gesamten Steuersumme belief sich auf bloß 2,59 Prozent. Wenn wir die ganz Vermögenslosen hinzuzählen, so ergibt sich, daß 74 Prozent der Bevölkerung weniger als drei Prozent des Gesamtvermögens besaßen. Die Stärke dieser Bevölkerungsgruppen und ihr lächerlich kleiner Anteil am Gesamtvermögen klafften weit auseinander.

Wir bezeichneten Bürger, die eine Steuer von 1 bis 10 fl zahlten, als vermögende Mittelschicht. Diese 18 Prozent der Steuerzahler zahlten insgesamt 11 Prozent der Gesamtsteuer. Der Anteil am Gesamtvermögen entsprach also auch hier nicht der zahlenmäßigen Stärke. Dennoch war die Diskrepanz nicht so groß wie bei den ärmeren Schichten. Die durchschnittliche Steuerleistung belief sich auf 205 kr, was einem Vermögensstand von 683 bis 1356 fl entsprach.

Die 719 reichen Steuerzahler Augsburgs (Steuer über 10 fl) machten 7,5 Prozent der Bevölkerung aus. Aber ihr Anteil an der Vermögenssteuer belief sich auf 86 Prozent! Wieder bietet sich eine Diskrepanz, aber diesmal im umgekehrten Sinne. Das Mißverhältnis ist noch frappanter, wenn wir die 119 steinreichen Steuerzahler (Steuer über 100 fl) herausnehmen. Sie machten nur 1,2 Prozent der Bevöl-

kerung aus, aber in ihren Händen lagen 49 Prozent des Gesamtvermögens. Ein Prozent der Bevölkerung kontrollierte also fast die Hälfte des Gesamtbesitzes. Der Reichtum der Fuggerfamilie ist hier noch nicht einmal mitgerechnet.

Wenn es ein Kennzeichen des mittleren Bürgertums ist, daß sein Anteil am Gesamtvermögen ungefähr seinem zahlenmäßigen Anteil an der Gesamtbevölkerung entspricht, dann dominierte also in Augsburg das mittlere Bürgertum durchaus nicht. Nur 18 Prozent der Bevölkerung fallen in diese Kategorie. Ganz im Gegenteil herrschte ein krasses Mißverhältnis in der Vermögensverteilung: 74 Prozent der Bevölkerung mußten sich mit weniger als drei Prozent des Vermögens zufriedengeben, während bloße 7,5 Prozent der Bürger 86 Prozent des Besitzes in Händen hielten.

Tab. 3: Steuersumme und Vermögensgruppen 1610 (in Kreuzern)

Steuersatz	Steuerleistung (kr)	Steuerzahler (Personen)
0	–	3 743 (38,99 %)
1–15 kr	21 744,72 (0,66 %)	1 816 (18,91 %)
16–60 kr	62 980,90 (1,93 %)	1 539 (16,03 %)
> 1–10 fl	365 719,80 (11,24 %)	1 782 (18,56 %)
>10–100 fl	1 218 715,50 (37,48 %)	600 (6,25 %)
über 100 fl	1 581 691,80 (48,65 %)	119 (1,23 %)
insgesamt	3 250 852,70	9 599

Berufliche Schichtung

Wer waren nun die Reichen und die Armen Augsburgs? Bevor wir diese Frage beantworten können, müssen wir einen Blick auf die berufliche Schichtung der Bevölkerung werfen. Von den 10 285 Steuerzahlern gehörten 1,2 Prozent der obersten Schicht, den Patriziern, an. 3,4 Prozent werden als Kaufleute, Handelsleute und Handelsdiener bezeichnet. 52 Prozent der 10 285 Steuerzahler, also etwas mehr als die Hälfte, waren Handwerker, Kleinhändler und Tagwerker. Diese Gruppe machte also das Gros der Bevölkerung aus. Weitere vier Prozent übten freie oder jedenfalls nicht handwerklich organisierte Tätigkeiten als Ärzte, Bader, Juristen oder Lehrer aus, und knappe 2,7 Prozent hatten Ämter in der Verwaltung.

Von 30 Prozent der 10 285 Steuerzahler läßt sich leider das Gewerbe nicht ermitteln. Viele von ihnen werden wohl als Handwerker und Tagwerker gearbeitet haben.

Tab. 4: Berufliche Gliederung der Augsburger Steuerzahler 1610

	Frauen-vorstadt	Jakober-vorstadt	Lech-viertel	Ober-stadt	dienen auswärts	Zwinger	insgesamt
Patrizier	23	3	21	80	2		129
Großhandel	30	37	77	208			352
Barchent- und Leinenweber	1 005	529	419	94			2 047
Textil außer Weber	96	171	305	49			621
Feinmechanik	62	58	123	42	1		286
Metall	33	50	123	10			216
Leder	34	64	186	23			307
Holz	68	164	153	16			401
Stein und Glas	12	15	92	6			125
Baugewerbe	11	70	49	4			134
Buchdruck	16	12	12	3			43
Lebensmittel	66	150	178	10			404
Kleinhandel	45	53	70	28			196
Gastgewerbe	21	20	39	16			96
Güterbeförderung	11	67	65	2			145
ländliche Arbeit	38	51	43	17	1		150
Tagwerker	18	78	38	2			136
vereinzelte Handwerker		2	4	1			7
Gewerbe nicht festzustellen		11	11	1			23
freie, nicht handwerkliche Berufe	84	104	124	65	5		382
Verwaltung	51	87	89	48	7		282
Frauen ohne Berufs- und Standesangabe	385	667	661	147	39		1 899
Männer ohne Berufs- und Standesangabe	262	337	300	190	50	80	1 219
Pflegschaften	168	133	245	137	1	1	685
insgesamt Steuerzahler	2 539	2 933	3 427	1 199	106	81	10 285

Tab. 5: Vermögensstruktur der Berufsgruppen 1610[9]

	0	1–15 kr	16–60 kr	>1–10 fl	>10–1000 fl	insgesamt
Patrizier	1		1	23	104	129
	0,77%		0,77%	17,82%	80,62%	
Großhandel	12	7	17	102	201	339
	3,53%	2,06%	5,01%	30,08%	59,29%	
Handwerker u. Kleinhandel	1819	1121	881	901	134	4856
	37,45%	23,08%	18,14%	18,55%	2,75%	
ländliche Arbeit	34	19	30	16	1	100
	34,00%	19,00%	30,00%	16,00%	1,00%	
Tagwerker	95	21	8	4		128
	74,21%	16,40%	6,25%	3,12%		
freie Berufe	47	39	50	57	29	222
	21,17%	17,56%	22,52%	25,67%	13,06%	
Verwaltung	55	27	28	45	11	166
	33,13%	16,26%	16,86%	27,10%	6,62%	
Frauen ohne Berufsangabe	1146	125	172	238	64	1745
	65,67%	7,16%	9,85%	13,63%	3,66%	
Männer ohne Berufsangabe	437	157	149	224	130	1097
	39,83%	14,31%	13,58%	20,41%	11,85%	
vereinzelte Gewerbe	51	7	4	6	2	70
	72,85%	10,00%	5,71%	8,57%	2,85%	
im Zwinger	35	24	11	1		71
	49,29%	33,80%	15,49%	1,40%		
Pflegschaften	11	269	188	165	43	676
	1,62%	39,79%	27,81%	24,40%	6,36%	
insgesamt Steuerzahler	3743	1816	1539	1782	719	9599

Patrizier

Die Patrizier waren die angesehenste Schicht Augsburgs. Es handelte sich um einen kleinen Kreis vermögender Familien, deren Reichtum sich auf Grundbesitz und größere Handelsunternehmen stützte[10]. Die Patrizier waren natürlich auf den Großhandel beschränkt und durften keine »Cramerey« treiben, also »pfundweiss auswegen, Dutzet weiss ausszelen, Elnweiss hinmessen oder einen offenen Laden« führen[11]. Da die Zahl der patrizischen Familien Anfang des 16. Jahrhunderts auf acht zurückgegangen war, wurden im Jahre 1538 insgesamt 37 Familien in den

Stand des Patriziats erhoben. Ihren gesellschaftlichen Mittelpunkt hatten die Patrizier in der Herrenstube. Die Patrizier waren von 1368 bis 1548 durch das Zunftregiment politisch entmachtet worden. Die von Kaiser Karl V. oktroyierte Verfassung brachte sie dann wieder an die Macht. Gemäß der 1548 von Karl V. erlassenen Wahlordnung waren 31 der 41 Sitze im Kleinen Rat den Patriziern vorbehalten. Die beiden Stadtpfleger und die »fünff Zusätz«, die zusammen den Geheimen Rat bildeten und die Geschicke der Stadt lenkten, mußten von nun an Patrizier sein. So mußten auch die sechs Bürgermeister, die drei Baumeister, die die Ausgaben der Stadt kontrollierten,

Tab. 6: Verteilung der Oberschichten 1610[13]

	Frauen-vorstadt	Jakober-vorstadt	Lech-viertel	Ober-stadt	dienen außerhalb	insgesamt
Patrizier	23	3	21	80	2	129
Kaufleute	13	12	19	132		176
Handelsleute	7	14	30	45		96
Handelsdiener	10	11	28	31		80

und die drei Einnehmer ebenfalls aus dem Patriziat genommen werden.

In dem Stubenzettel von 1603 werden die »Alte von Herren« und die »Neugemachte von Herren« aufgeführt. Es handelt sich um folgende Familien:

Besserer	Lauginger	Roth
Ehem	Neithart	Schlisselfelder
Endorffer	Paumgartner	Stammler
Fugger	Pfister	von Stetten
Haintzel	Rehlinger	Ulstett
Hörwart	Rehm	Vöhlin
Ilsung	Reihing	Walther
Imhof	Remboldt	Welser[12].
Langenmantel		

Außer den Pfister erscheinen diese Familien auch im Steuerbuch von 1610. Und zwar lassen sich in diesem Jahre insgesamt 129 Steuerzahler aus dem Patriziat feststellen. 62 Prozent von ihnen wohnten in der Oberstadt. Doch finden sich patrizische Familien auch in anderen Teilen der Stadt. So wohnten nicht weniger als 23 Familien in der Frauenvorstadt, vor allem im Bezirk »Frauengraben«. Im Lechviertel finden sich 21, in der Jakobervorstadt dagegen nur drei.

Wie zu erwarten, waren diese Leute aus der Oberschicht sehr vermögend. 104 Patrizier oder 81 Prozent der Patrizier zahlten eine Vermögenssteuer von mehr als 10 fl. Weitere 23 Patrizier hatten einen größeren Mittelbesitz (Steuer 1–10 fl). Mit anderen Worten, 98 Prozent der Patrizier hatten ansehnliche oder sehr große Vermögen. Dem Steuerbuch nach waren unter den Welsern, den Haintzel und den Imhof im Jahre 1610 die reichsten Patrizier zu finden[14].

Die reichsten Steuerzahler des Patriziats:

Witwe des älteren Hans Friedrich Welser	500 fl in Gold
Hans Matheus Welser	492 fl 42 kr
Witwe des alten Raimund Imhof	406 fl 7 kr

Tab. 7: Steuergruppen der Patrizier:

Steuersatz	Steuerzahler
0	1
1–15 kr	
16–60 kr	1
1–10 fl	23
10–100 fl	69
über 100 fl	35
insgesamt	129

Großhandel

Neben den Patriziern bildeten die Kaufleute die Oberschicht der Stadt. Wir werden Kaufleute zusammen mit den anderen im Großhandel tätigen Personen behandeln. Im Steuerbuch von 1610 lassen sich 352 Personen feststellen, die im Großhandel tätig waren, und zwar 176 Kaufleute, 96 Handelsleute und 80 Handelsdiener.

Wie die Patrizier waren die Kaufleute eine exklusive soziale Schicht, die ihren gesellschaftlichen Mittelpunkt in der Kaufleutestube hatte. Auch die Kaufleute konzentrierten sich in der Oberstadt: 75 Prozent der Kaufleute wohnten in der Oberstadt, elf Prozent im Lechviertel und je sieben Prozent in den beiden Vorstädten. Zusammen mit den Patriziern gaben die Kaufleute der Oberstadt das Gesicht. In fast jedem Steuerbezirk der Oberstadt wohnten Kaufleute, vor allem in den Bezirken »Rathaus«, »Schusterhaus« und »Weberhaus«.

Wir hören auch von Handelsleuten, die nicht Mitglieder der Kaufleutestube gewesen zu sein scheinen. Diese Handelsleute waren nicht in demselben Maße wie die Kaufleute auf die Oberstadt konzentriert: Nur knapp die Hälfte von ihnen, 47 Prozent, wohnte in der Oberstadt, und nicht 75 Prozent. Weitere 31 Prozent wohnten im Lechviertel, verglichen mit elf Prozent der Kaufleute. Auch die 80 Handelsdiener, die sich im Jahre 1610 feststellen lassen, wohnten überwiegend in diesen Vierteln: 37 Prozent in der Oberstadt und 35 Prozent im Lechviertel.

Wie zu erwarten, lebten die Angehörigen des Großhandels in sehr guten finanziellen Verhältnissen. 81 Prozent der Kaufleute gehörten zur reichen Oberschicht (Steuer über 10 fl) und weitere 15 Prozent zur vermögenden Mittelschicht (Steuer 1–10 fl). Die reichsten Kaufleute waren ein Hans Steininger und Mitglieder der Familie Oesterreicher. Auch die Handelsleute waren vermögend, wenn auch nicht ganz so reich wie die Kaufleute. Nur 55 Prozent der Handelsleute, und nicht 81 Prozent, gehörten zu den Reichen (Steuer über 10 fl). Weitere 37 Prozent gehörten zur vermögenden Mittelschicht (Steuer 1–10 fl). Sowohl den Kaufleuten wie den Handelsleuten ging es also vor dem Dreißigjährigen Krieg noch sehr gut.

Tab. 8: Vermögenslage der Kaufleute, Handelsleute und Handelsdiener:

Steuersatz	Kaufl.	Handelsl.	Handelsdiener
0	4		8
1–15 kr	1	2	4
16–60 kr	2	5	10
1–10 fl	25	35	42
über 10 fl	137	52	12
insgesamt	169	94	76

Steuerleistung der reichsten Kaufleute:

Hans Staininger	750 fl
Hans Jacob Oesterreicher	662 fl 30 kr
Witwe des Hans Georg Oesterreicher	597 fl 30 kr
Hieremias Oesterreicher	562 fl 30 kr

Die 76 Handelsdiener, Fuggerischen Diener oder wie es auch einfach hieß »Diener«, waren Geschäftsführer der großen Handelshäuser. Auch sie standen sich im allgemeinen gut. Nur 16 Prozent waren kleinere Leute (Steuer 0–15 kr). Die Mehrheit, 68 Prozent, hatte ein mittleres Vermögen. Und zwar war es gerade die vermögende Mittelschicht (Steuer 1–10 fl), der viele Handelsdiener angehörten.

Die eigentliche Führungsschicht der Stadt waren aber die Patrizier. Sie waren nicht bloß politisch machtvoller, sondern vielleicht auch vermögender als die Kaufleute. Nicht weniger als 74 Prozent der Patrizier zahlten eine Vermögenssteuer von mehr als 20 fl. Bei den Kaufleuten waren es dagegen nur 68 Prozent. Die durchschnittliche Steuerleistung der Patrizier scheint über der der Kaufleute gelegen zu haben. Durchschnittliche Steuerleistung:

Patrizier	76 fl 19 kr
Kaufleute	74 fl 6 kr

Andererseits war die Gesamtsumme der Steuerleistung der 169 Kaufleute größer als die der 129 Patrizier. Die Zahl der Kaufleute war eben größer. Gesamte Steuerleistung:

Patrizier	9 846 fl 25 kr
Kaufleute	12 523 fl 37 kr

Auf alle Fälle finden wir sowohl unter den Patriziern wie unter den Kaufleuten gewaltige Vermögensballungen, die sie weit über die Masse der Augsburger Bevölkerung hinaushoben.

Handwerker, Kleinhändler und Tagwerker

Im Steuerbuch von 1610 lassen sich 5337 Steuerzahler oder 52 Prozent aller Steuerzahler als Handwerker, Kleinhändler oder Tagwerker identifizieren[15]. Waren die verschiedenen Gewerbe ungefähr gleich stark oder nahmen ein oder zwei Gewerbe eine dominierende Stellung im Wirtschaftsleben der Stadt ein?

50 Prozent der 5337 Gewerbetreibenden waren in den Textilgewerben tätig. Augsburg war eindeutig ei-

ne Textilstadt. Alle anderen Gewerbe beschäftigten viel weniger Meister. Nach den Textilgewerben waren die Lebensmittelbranche und die holzverarbeitenden Gewerbe die zweitstärksten Gruppen. Aber sie beschäftigten jeweils nur 7,5 Prozent der Gewerbetreibenden. Rund fünf bis sechs Prozent kamen jeweils auf die lederverarbeitenden und die feinmechanischen Gewerbe. In den metallverarbeitenden Gewerben und im Kleinhandel arbeiteten jeweils nur vier Prozent. Auf die übrigen Gewerbe kamen nur zwei bis drei Prozent der Gewerbetreibenden oder noch weniger. In Augsburg wurde zwar eine Vielzahl von Gewerben betrieben, aber keines dieser Gewerbe konnte den Vergleich mit den Textilgewerben aushalten.

Mindestens 2047 Barchent- und Leinenweber hatten im Jahre 1610 Werkstätten in Augsburg[16]. Eine derartig riesige Zahl von Meistern und Werkstätten fand sich in keinem anderen Gewerbe und wahrscheinlich auch in keiner anderen Stadt des Reiches. Die Weber machten 20 Prozent aller Steuerzahler aus. Die Verteilung der Weber über die Stadt war ungleichmäßig. So wohnten 49 Prozent, die Hälfte aller Weber, in der Frauenvorstadt, obwohl hier nur 25 Prozent der Bevölkerung lebten. In der Jakobervorstadt wohnten 25 Prozent der Weber, im Lechviertel 20 Prozent, in der Oberstadt aber nur fünf Prozent aller Weber.

In der Frauenvorstadt machten die 1005 Webermeister 39 Prozent aller Steuerzahler aus. Hier befanden sich die Bezirke mit der größten Dichte von Weberwerkstätten, so der Bezirk »St. Georgengäßlc«, wo nicht weniger als 178 Webermeister wohnten. Ein Weberhaus stand hier neben dem anderen. Das wirtschaftliche Leben in der Frauenvorstadt drehte sich weitgehend um die Barchentherstellung. In der Jakobervorstadt bildeten die 529 Weber zwar nur 18 Prozent der Bevölkerung. Aber in einigen Bezirken wie »Untern Weschen«, »Platterhaus« und »Kapfenzipfel« machten die Weber 35 bis 41 Prozent der Bevölkerung aus. Auch dies waren Weberviertel. Im Lechviertel finden wir 419 Weberfamilien. Obwohl es also auch hier eine Menge von Webern gab, spielte die Weberei nicht dieselbe Rolle wie in den beiden Vorstädten. In der Oberstadt stellten die Weber sogar nur sieben Prozent der Bevölkerung. Aber in einem Bezirk, »Am Kitzenmarkt«, drängten sich die Weber: Sie machten hier 44 Prozent der Bevölkerung aus.

Außer den Webern arbeiteten noch 621 Meister in den verschiedenen Textilgewerben. Die stärksten Gewerbe waren die 182 Schneider, 81 Färber, 80 Tuchscherer, 49 Bortenmacher und 47 Lodweber. Die meisten von ihnen wohnten nicht in der Frauenvorstadt, sondern im Lechviertel, so 67 Prozent der Tuchscherer, 62 Prozent der Schneider und 58 Prozent der Huter. Die Garnsieder waren ebenfalls fast alle im Lechviertel zu finden. Die Färber und Seiler verteilten sich auf die beiden Vorstädte und das Lechviertel. Die Lodweber wiederum waren fast alle auf die Jakobervorstadt beschränkt. Es ist nicht klar, welche Faktoren diese Verteilung der Gewerbe bestimmt haben.

286 Meister waren im Jahre 1610 mit feiner Präzisionsarbeit beschäftigt. Unter ihnen finden wir 180 Goldschmiede, 40 Uhrmacher und 35 Büchsenmacher. Die Goldschmiede lassen sich in allen vier Stadtteilen finden: 65 wohnten im Lechviertel, 50 in der Frauenvorstadt, 35 in der Jakobervorstadt und 30 in der Oberstadt. Die meisten anderen Feinmechaniker dagegen, wie Uhrmacher und Büchsenmacher, wohnten im Lechviertel.

Von den metallverarbeitenden Handwerkern lassen sich 216 Meister im Steuerbuch von 1610 identifizieren. Unter ihnen befanden sich 56 Schlosser und 80 Schmiede verschiedener Art. Auch diese Handwerker wohnten überwiegend im Lechviertel, so 75 Prozent der Schlosser. Diese Schlosser waren besonders zahlreich in den Bezirken »Am Hindern Lech« und »Parfüßer Tor extra«, wo auch viele Uhrmacher und Büchsenmacher wohnten.

Unter den rund 300 lederverarbeitenden Handwerkern finden wir 105 Schuster, 81 Kürschner und 56 Rot- und Weißgerber. Die Schuster, Sattler und Kürschner waren überwiegend im Lechviertel zu Hause, die Gerber praktisch alle. Die Rot- und Weißgerber waren vor allem in den Bezirken »Am Pilgerhaus« und »Salta zum Schlechten Bad« zahlreich, die Kürschner im Bezirk »Pfefferlin«. Manche Gewerbe konzentrierten sich also eindeutig in bestimmten Straßen.

Unter den 401 Handwerkern der holzverarbeitenden Gewerbe finden sich 124 Zimmerleute, 116 Kistler und 43 Schäffler. 79 Prozent dieser Meister wohnten im Lechviertel und in der Jakobervorstadt. Unter den 125 Meistern der stein- und glasverarbeitenden Gewerbe waren die 57 Ziegler und Ziegelknechte die größte Gruppe, gefolgt von 26 Glasern und 21 Haffnern. Auch diese Handwerker wohnten überwiegend, zu 74 Prozent, im Lechviertel. Die Ziegler vor allem in der »Engen Kirchgasse« und im Bezirk »ad S. Margretham«.

Im Baugewerbe finden sich 134 Meister, unter ihnen 88 Maurer und 25 Pflasterer. Mehr als die Hälfte dieser Meister wohnte in der Jakobervorstadt, weitere 35 Prozent im Lechviertel. Nur wenige dieser Handwerker lassen sich in der Frauenvorstadt und in der Oberstadt feststellen.

Mindestens 43 Personen arbeiteten im Buchgewerbe, unter ihnen 23 Buchdrucker und Buchbinder, die überwiegend in der Jakobervorstadt wohnten. Die Papierer befanden sich dagegen in der Frauenvorstadt, vor allem im Bezirk »Untern Fischern«. Lagen die Papiermühlen vielleicht außerhalb der Stadt?

Die Lebensmittelgewerbe waren in einer so volkreichen Stadt wie Augsburg natürlich stark besetzt. So zählen wir 131 Metzger, 123 Bäcker, 49 Bierbrauer und 23 Müller. Auch diese Gewerbe konzentrierten sich weitgehend auf die Jakobervorstadt und das Lechviertel: 81 Prozent der Meister in der Lebensmittelbranche wohnten in diesen beiden Stadtteilen, nur 17 Prozent in der Frauenvorstadt und bloße zwei Prozent in der Oberstadt. Nicht weniger als 53 Metzger wohnten in sechs aneinanderliegenden Bezirken der Jakobervorstadt, 21 Metzger sogar in dem einen Bezirk »Jakober Tor extra«. Kommt die Konzentration der Metzger in diesem Bezirk vielleicht daher, daß das Schlachtvieh außerhalb der Stadt gehalten wurde? Auch die Stadtmetzg befand sich ja unten bei der Jakobervorstadt. In der Frauenvorstadt gab es nur zwei Metzger, in der Oberstadt überhaupt keinen. Wer Fleisch kaufen wollte, mußte wohl in die Jakobervorstadt gehen.

Von den Bäckern dagegen wohnte fast die Hälfte im Lechviertel, nur je ein Viertel in den beiden Vorstädten. In einem Bezirk des Lechviertels, »St. Margretha«, hatten nicht weniger als zwölf Bäcker ihre Läden. In diesem Bezirk wohnten auch neun Bierbrauer. Überhaupt wohnte mehr als die Hälfte der Bier-

brauer im Lechviertel. Auch von den 23 Müllern war mehr als die Hälfte hier zu Hause. Kurzum, die Metzger konzentrierten sich auf die Jakobervorstadt, die meisten Bierbrauer und Müller wohnten im Lechviertel, die Bäcker sowohl im Lechviertel wie in den zwei Vorstädten.

In Augsburg verkauften rund 200 Kleinhändler ihre Waren, unter ihnen 77 Hucker und 71 Kramer. Da Kleinhändler überall benötigt wurden, entsprach ihre Verteilung der Streuung der Bevölkerung: 25 Prozent der Hucker und Kramer saßen in der Frauenvorstadt, 28 Prozent in der Jakobervorstadt, 37 Prozent im Lechviertel und zehn Prozent in der Oberstadt.

Bei den 96 Angehörigen des Gastgewerbes wird zwischen Bierschenken und Gastgebern unterschieden. Die 25 Bierschenken waren auf das Lechviertel und die Vorstädte verteilt. Es handelt sich hier wohl um Wirtschaften. Die Gastgeber befanden sich alle in der Oberstadt. Sie dienten vielleicht den Fremden, die in Augsburg übernachteten. Unter den 145 Personen, die im Handelsverkehr und der Güterbeförderung tätig waren, befanden sich 61 Karrer und 42 Boten. Diese Leute wohnten fast alle im Lechviertel und der Jakobervorstadt.

Rund 150 Augsburger erwarben ihren Unterhalt mit ländlicher Arbeit und mit Fischen. Wie zu erwarten, wohnte mehr als die Hälfte der 59 Gärtner außerhalb der Stadtmauern. Die 32 Kräutler dagegen fanden sich überwiegend in der Jakobervorstadt oder dem Lechviertel. Viele der 35 Fischer wohnten bezeichnenderweise im Bezirk »Untern Fischern«. 136 Personen werden als Tagwerker bezeichnet. Mehr als die Hälfte von ihnen, 57 Prozent, wohnte in der Jakobervorstadt, dem ärmsten Stadtteil. Die übrigen verteilten sich auf die Frauenvorstadt und das Lechviertel. Wenn wir jeden der vier Stadtteile für sich betrachten, läßt sich die Verteilung der Gewerbe noch deutlicher erkennen. In der Frauenvorstadt arbeiteten insgesamt 1520 Handwerksmeister. 1005 von ihnen, oder 66 Prozent, waren Weber. Die Weberei stand in diesem Stadtteil also eindeutig im Mittelpunkt. Außerdem arbeiteten hier noch weitere 100 Meister in den Textilgewerben, unter ihnen rund 50 Färber und 25 Schneider. Mit anderen Worten, 72 Prozent der Gewerbetreibenden in der Frauenvorstadt verdienten ihren Unterhalt mit Textilarbeit. Die vielen Wollstreicherinnen, Spinnerinnen, Spulerinnen, Mägde, Lernknechte und Gesellen der Weber sind hier nicht einmal mitgerechnet.

Mit etwa 50 Meistern waren die Goldschmiede in der Frauenvorstadt relativ stark vertreten. Dazu kamen 34 Kistler, 36 Bäcker und 26 Hucker. Aber nur wenige Meister der metall-, leder-, stein-, glas- und holzverarbeitenden Gewerbe (außer den Kistlern) oder der Baugewerbe lassen sich in diesem Teil Augsburgs feststellen. Die Frauenvorstadt hatte also keine große Vielfalt von Gewerben. Es gab zwar 50 Hucker, Kramer und Briechler, aber der Kleinhandel scheint nicht so lebhaft gewesen zu sein wie in den anderen Stadtteilen. Das Übergewicht der Weberei mag diesem Stadtteil schon um 1600 die etwas strenge und trübe Atmosphäre verliehen haben, die ihn noch heute kennzeichnet.

Die stärksten Gewerbe in der Frauenvorstadt:

Barchent- und Leinenweber	1005 Meister
Goldschmiede	50
Färber	50
Bäcker	36

In der Jakobervorstadt lassen sich einschließlich der Tagwerker 1565 Gewerbetreibende feststellen. 529 von ihnen, oder 34 Prozent, waren Weber. Zusammen mit 172 weiteren Handwerkern der Textilgewerbe bildeten sie 45 Prozent der Gewerbetreibenden, also das Rückgrat des Wirtschaftslebens auch in diesem Stadtteil. In weitem Abstand von den Webern waren die Metzger, Zimmerleute, Lodweber und Maurer mit 40 bis 100 Meistern die stärksten Gewerbe. Die Goldschmiede, Bäcker und Kistler zählten nur 30 bis 40 Meister, die Schuster, Boten und Karrer rund 30. Die Präzisionsgewerbe, die metall-, stein- und glasverarbeitenden Gewerbe und die Kleinhändler (außer den Metzgern) waren hier nur schwach vertreten. Die Zahl der Tagwerker war dagegen groß.

Die stärksten Gewerbe in der Jakobervorstadt:

Barchent- und Leinenweber	529 Meister
Metzger	91
Tagwerker	78
Zimmermann	74
Lodweber	46

Im Lechviertel wohnten 1910 Gewerbetreibende, also mehr als in jeder der beiden Vorstädte. 419 von

ihnen, oder 23 Prozent, waren Weber. Die Weber waren also auch hier das stärkste Handwerk. Weitere 300 Meister arbeiteten in anderen Textilgewerben. Insgesamt waren also hier 39 Prozent aller Handwerker in der Textilbranche tätig, verglichen mit 72 Prozent in der Frauenvorstadt und 45 Prozent in der Jakobervorstadt. Die meisten Handwerker des Lechviertels, 61 Prozent, arbeiteten in anderen Gewerben. Einzelne Gewerbe waren hier stärker vertreten als in den Vorstädten, so die leder-, holz- und metallverarbeitenden Gewerbe, die feinmechanischen Gewerbe und die Lebensmittelgewerbe. Jeweils 100 bis 200 Meister arbeiteten in diesen Gewerbegruppen. Unter den Goldschmieden, Bäckern, Gerbern und Schustern finden wir jeweils mehr als 50 Meister. 30 bis 50 Meister finden sich unter den Kistlern, Schlossern, Zimmerleuten, Metzgern und Maurern. Das Lechviertel beherbergte also eine große Vielfalt stark besetzter Gewerbe. Weniger stark vertreten waren im Lechviertel die stein- und glasverarbeitenden Gewerbe, die Baugewerbe, die Güterbeförderung und die ländlichen Gewerbe – alles Berufe ärmlicher Leute, wie wir sehen werden. Auch die Zahl der Taglöhner war hier halb so groß wie in der Jakobervorstadt.

Die stärksten Gewerbe im Lechviertel:

Barchent- und Leinenweber	419 Meister
Schneider	114
Tuchscherer	74
Goldschmiede	65
Bäcker	61

In der Oberstadt trieben 313 Personen ein Gewerbe. Fast die Hälfte, 143 Meister, arbeiteten in den Textilgewerben. Auch in diesem Stadtteil bildeten die Weber mit 94 Meistern bei weitem das stärkste Gewerbe. Nach den Webern kamen die Goldschmiede mit 30 Meistern. Alle anderen Handwerke waren sehr viel schwächer. Die Oberstadt war eben kein Handwerksviertel.

Vermögensstruktur der Gewerbe

Wie stand es nun um die finanzielle Lage dieser Gewerbetreibenden? Wir vermögen die Besitzverhältnisse von insgesamt 4856 Gewerbetreibenden festzustellen (ohne die 128 Tagwerker). 1819 von ihnen,

Tab. 9: Vermögensstruktur der Gewerbe

	0	1–15 kr	16–60 kr	>1–10 fl	>10–1000 fl	insgesamt
Baugewerbe	75	29	16	9		129
	58,13%	22,48%	12,40%	6,97%		
Barchent- und	1143	502	253	133	9	2040
Leinenweber	56,02%	24,60%	12,40%	6,51%	0,44%	
Textil außer	128	161	150	143	16	598
Weber	21,40%	26,92%	25,08%	23,91%	2,67%	
holzverarbeitend	141	113	88	42	2	386
	36,52%	29,27%	22,79%	10,88%	0,51%	
Güterbeförderung	53	32	24	16	2	127
	41,73%	25,19%	18,89%	12,59%	1,57%	
Buchdruck	12	6	7	9		34
	35,29%	17,64%	20,58%	26,47%		
lederverarbeitend	67	87	80	66	4	304
	22,03%	28,61%	26,31%	21,71%	1,31%	
glas- und stein-	17	17	13	20	2	69
verarbeitend	24,63%	24,63%	18,84%	28,98%	2,89%	
metallverarbeitend	36	54	49	52	7	198
	18,18%	27,27%	24,74%	26,26%	3,53%	
Lebensmittel	77	43	82	168	19	389
	19,79%	11,05%	21,07%	43,18%	4,88%	
Kleinhändler	24	30	54	62	21	191
	12,56%	15,70%	28,27%	32,46%	10,99%	
Feinmechanik	23	37	52	122	39	273
	8,42%	13,55%	19,04%	44,68%	14,28%	
Gastgewerbe	11	6	10	54	13	94
	11,70%	6,38%	10,63%	57,44%	13,82%	
vereinzelte	12	4	3	5		24
Gewerbe	50,00%	16,66%	12,50%	20,83%		
alle Gewerbe	1819	1121	881	901	134	4856
	37,45%	23,08%	18,14%	18,55%	2,75%	

oder 37 Prozent, hatten überhaupt keinen Besitz. Mehr als ein Drittel der Handwerker lebte also bestimmt in Armut. 1121 Meister, oder 23 Prozent, besaßen einen so geringen Besitz (Steuer 1–15 kr), daß auch sie wahrscheinlich zu den ärmeren Schichten gehörten. Mit anderen Worten, mehr als 60 Prozent der Gewerbetreibenden lebten schon vor dem Dreißigjährigen Krieg in gedrückten Verhältnissen.

1782 Meister oder 36 Prozent aller Handwerker gehörten zum Bürgertum mit mittelgroßem Besitz (Steuer 16 kr – 10 fl). Die Vermögensunterschiede unter diesen Handwerkern waren aber groß. 881 Meister hatten einen Besitz zwischen 50 und 400 fl, weitere 901 zwischen 400 und 4000 fl. Nur 134 Handwerker, oder drei Prozent, gehörten zu den Reichen (Steuer über 10 fl).

Tafel VII   Der Lebensbrunnen, gestiftet von Georg Königs-
berger und Regina Arzt in Augsburg. Gemalt von Hans Hol-
bein d. Ä., 1519

Tafel VIII   Maria im Rosenhag.
Gemalt von Hans Burgkmair d. Ä., 1509

Selbstverständlich war die Vermögensverteilung nicht in allen Gewerben gleich. So waren die Baugewerbe ausgesprochen arm. Von den 129 Meistern der Baugewerbe hatten 58 Prozent überhaupt keinen Besitz, weitere 22 Prozent nur einen sehr geringen (1–15 kr). So waren beispielsweise 50 der 85 Maurer besitzlos. Den Pflasterern ging es noch schlechter. Auch die Brunnenmacher, Mörtelrührer und Kaminkehrer waren meist arme Leute (Steuer 0 oder 1–15 kr).

Den Meistern der Textilgewerbe ging es nur wenig besser. 48 Prozent von ihnen, also fast die Hälfte der 2638 Meister, deren Steuer wir kennen, waren ohne Vermögen, weitere 25 Prozent hatten einen sehr geringen Besitz (Steuer 1–15 kr). Wirtschaftliche Unsicherheit und Sorge um das tägliche Brot finden wir also bei 73 Prozent der Meister in den Textilgewerben. Nur 26 Prozent der Textilhandwerker können als mittleres Bürgertum mit gesicherten wirtschaftlichen Verhältnissen bezeichnet werden (Steuer 16 kr – 10 fl). Knapp ein Prozent war vermögend.

Die Sozialstruktur der Textilgewerbe wurde weitgehend von den Webern bestimmt. Wir kennen die Vermögensverhältnisse von 2040 Webern, also 99,6 Prozent der Weber. 56 Prozent der Weber besaßen gar nichts. Der Prozentsatz besitzloser Weber lag damit weit über dem Anteil der anderen besitzlosen Augsburger, der sich nur auf 34 Prozent belief. 24 Prozent der Weber zahlten eine Steuer von 1 bis 15 kr und verfügten also über geringfügigen Besitz. Wenn wir diese beiden Schichten der Besitzlosen und Kleinbesitzer zusammenzählen, gehörten 80 Prozent der Weber zu den ärmlichen Schichten. Die Weber waren also überwiegend arme Leute. Nur 19 Prozent der Weber gehörten zur begüterten Mittelschicht.

Die Vermögensverhältnisse der anderen größeren Textilgewerbe waren besser. So gehörten 70 Prozent der Lodweber und 67 Prozent der Färber zum mittleren Bürgertum (Steuer 16 kr – 10 fl). Auch die Mehrheit der Huter und Bortenmacher hatte einen mittelgroßen Besitz. Bei den Tuchscherern und Schneidern hatten zwar nur 47 bzw. 43 Prozent einen mittleren Besitz, aber unter den Webern waren es eben bloß 19 Prozent. Natürlich gab es in allen Textilgewerben arme Meister. Aber während 56 Prozent der Barchent- und Leinenweber keinen Besitz hat-

ten, waren es nur sechs Prozent der Lodweber, 15 Prozent der Färber und 25 Prozent der Tuchscherer. Unter den Barettmachern, Garnsiedern, Kartern und Seidenstickern waren die sozialen Verhältnisse nicht eindeutig. Dagegen waren fast alle Handschuhstrikker, Schleierwirker, Strumpfstricker und Wollkämmer arm. Die Tuchmacher wiederum hatten fast alle größeren Besitz.

Die 386 Handwerker in den holzverarbeitenden Gewerben waren ebenfalls ein bescheidenes Volk. Mehr als ein Drittel war ohne Vermögen, weitere 29 Prozent hatten einen sehr kleinen Besitz (Steuer 1–15 kr). Nur 34 Prozent gehörten zum mittleren Bürgertum (Steuer 16 kr – 10 fl). Die größte Gruppe, die 122 Zimmerleute, war überwiegend arm: Mehr als die Hälfte hatte kein Vermögen, weitere 27 Prozent nur einen sehr kleinen Besitz. Günstiger war die Lage der Kistler und Schäffler. So gehörten mehr als 40 Prozent zum mittleren Bürgertum, aber reiche Kistler gab es nicht. Die Schäffler hatten vielleicht deshalb gute Einnahmen, weil die Weinanbaugebiete Südwestdeutschlands und der Handel mit Italien guten Absatz für Weinfässer bot. Mehr als die Hälfte von ihnen hatte ein mittleres Vermögen. Aber auch unter den Schäfflern gab es keine reichen Leute. Unter den holzverarbeitenden Handwerkern finden sich auch Bogner, Bolzdreher, Löffelmacher, Vogelhausmacher, Spindeldreher und Strelmacher. Sie waren fast alle ärmere Leute (Steuer 0–15 kr). Die Korbmacher, Büchsenschiffter und Eichschäffler standen sich etwas besser. Die Drechsler, Dockenmacher, Holzmacher, Holzschneider, Sägmüller, Wagner, Bürstenbinder und Blättersetzer schließlich waren über die ganze Skala der Vermögensgruppen verstreut.

Bescheidene Verhältnisse charakterisieren auch die 127 Personen, die im Güterverkehr arbeiteten. 42 Prozent von ihnen waren vermögenslos, 25 Prozent hatten einen ganz kleinen Besitz. Nur 31 Prozent hatten ein mittleres Vermögen. Die 40 Boten und 50 Karrer dominierten in diesen Gewerben. Fast die Hälfte von ihnen war ohne Besitz. Ärmliche Leute (Steuer 0–15 kr) waren auch die Pferdbereiter, Gutaufgeber, Ballenbinder und Sackträger. Dagegen scheinen Fuhrleute und Bachkarrer kleinen und mittleren Besitz gehabt zu haben (Steuer 1–60 kr). Die

Floßleute wiederum hatten schönen Besitz (Steuer über 1 fl).

Unter den 34 Meistern, die mit der Buchherstellung zu tun hatten, war die Lage geteilt: Die Buchdrucker selbst waren meist arme Leute, die Buchbinder dagegen hatten zur Hälfte mittlere Vermögen.

Die 304 Meister in den lederverarbeitenden Gewerben standen sich besser als die bisher behandelten Handwerker. Rund die Hälfte hatte mittelgroßen Besitz (Steuer über 15 kr). Allerdings gab es Unterschiede. Von den 104 Schustern hatten nur 33 Prozent einen mittleren Besitz, von den Kürschnern 58 Prozent, von den Rot- und Weißgerbern sogar 71 Prozent. Und zwar waren die Rotgerber vermögender als die Weißgerber. Von den Gürtlern dagegen hatten 75 Prozent keinen oder nur sehr kleinen Besitz, von den Sattlern und Secklern beinahe die Hälfte einen mittleren. Die Haarbeutelmacher und die Lederer waren ärmliche Leute.

In den glas- und steinverarbeitenden Gewerben war die Vermögenslage ähnlich. Von den Haffnern und Glasern beispielsweise war rund die Hälfte ärmlich (Steuer 0–15 kr), die andere Hälfte hatte mittlere Vermögen.

Etwas besser waren die metallverarbeitenden Handwerker dran. Nur knapp die Hälfte muß als ärmlich bezeichnet werden. Etwas mehr als die Hälfte hatte mittleren oder sogar größeren Besitz. Allerdings gab es in den mannigfaltigen metallverarbeitenden Gewerben Unterschiede. So hatte die Hälfte der Schlosser keinen oder sehr geringen Besitz. Von den Messerschmieden lebten sogar 84 Prozent in ärmlichen Verhältnissen (Steuer 0–15 kr). Von den Hufschmieden dagegen hatten 81 Prozent mittlere Vermögen. Es gab zwar in Augsburg viele metallverarbeitende Gewerbe. Aber in den einzelnen Zweigen finden wir meist weniger als zehn Meister. Die Kesselschmiede, Nagler und Sägenfeiler waren meist ärmere Leute. Dagegen hatten die Klingenschmiede, Kupferschmiede, Rotschmiede, Hammerschmiede, Kantengießer, Plattner, Schwertfeger, Siebmacher und Windenmacher überwiegend mittlere Vermögen. Aber die Zahl dieser Handwerker war zu klein, als daß man die Ergebnisse verallgemeinern könnte.

Von den 389 Meistern in den Lebensmittelgewerben, deren Vermögenslage wir kennen, gehörten 64 Prozent zum mittleren Bürgertum, und fünf Prozent waren reich. In der Lebensmittelbranche war also Geld. Doch auch hier gab es Unterschiede. So gehörten seltsamerweise nicht alle Metzger zum besitzenden Bürgertum. Von den 131 Metzgern hatten 57, also fast die Hälfte, keinen oder nur sehr geringen Besitz (Steuer 0–15 kr). Immerhin besaßen 72 mittlere Vermögen. Die 133 Bäcker waren besser dran. Nur 19 Prozent waren ärmlich (Steuer 0–15 kr), 77 Prozent hatten mittlere Vermögen, und einige waren sogar reich. Die Bäcker wurden nur von den Bierbrauern übertroffen: Von den 49 Bierbrauern hatten 45 ein umfangreiches oder größeres Vermögen (Steuer über 1 fl).

Auch die 191 Kleinhändler nagten nicht am Hungertuch. Die Mehrheit, 61 Prozent, hatte mittelgroßen Besitz (Steuer 16 kr – 10 fl), und elf Prozent waren sogar reich. Von den 74 Huckern gehörten drei Viertel, von den 71 Kramern die Hälfte zum mittleren Bürgertum. Die Opser dagegen waren meist kleinere Leute. Die Gewürzkrämer, Käsehändler, Hühnerkäufel, Fischkäufel, Buchhändler, Silberhändler, Eisenhändler und Eisenkrämer hatten im allgemeinen mittlere Vermögen. Die Spezialisierung im Handel führte also zu Besitz.

Noch besser als den bisher behandelten Gewerben ging es den Meistern, die Präzisionsarbeiten anfertigten. Von den 273 Meistern dieser Gewerbe hatten 64 Prozent mittelgroße Vermögen (Steuer 16 kr – 10 fl), und 14 Prozent waren reich. Überraschenderweise ging es aber den Büchsenmachern und Uhrmachern durchaus nicht blendend: Von den 40 Uhrmachern waren 45 Prozent ärmlich und nur 55 Prozent hatten mittleren Besitz. Diese bescheidene Vermögenslage ist um so erstaunlicher, als die Augsburger Uhrmacher einen guten Ruf hatten. Gut dagegen war die Lage der Goldschmiede. Von den 176 Goldschmieden hatten 119 mittlere (Steuer 16 kr – 10 fl) und 35 sogar größere Vermögen (Steuer über 10 fl). In keinem Handwerk befanden sich so viele reiche Meister. Aber selbst unter den Goldschmieden gab es ein paar arme Leute: 22 hatten keinen oder sehr geringen Besitz. Unter den übrigen Handwerkern, die Präzisionsarbeiten anfertigten, wie den Rubinschneidern, Diamantschneidern, Juwelieren, Goldschlagern, Kompaßmachern, Instrumentenmachern, Gewichteichern und Lautenmachern finden wir meist mittlere Vermögen.

Auch dem Gastgewerbe ging es im allgemeinen gut. 64 der 83 Wirte, Gastgeber, Bier- und Weinschenken, also 77 Prozent, gehörten der vermögenden Mittelschicht oder dem reichen Bürgertum an (Steuer über 1 fl). Weitere zehn Prozent hatten bescheidenere, mittlere Vermögen. Den Köchen ging es allerdings nicht so gut: Die Hälfte von ihnen waren ärmere Leute.

Es bleibt noch, auf zwei Berufsgruppen hinzuweisen, deren Arbeit außerhalb der gewerblichen Tätigkeit lag: die ländlich orientierten Berufe und die Tagwerker. Unter den 100 Augsburgern, die ländliche Arbeiten verrichteten, machten die ärmeren Leute (Steuer 0–15 kr) 53 Prozent, also mehr als die Hälfte aus. Allerdings handelt es sich um disparate Berufe. Die 32 Kräutler, die Heilkräuter für Apotheker und Ärzte züchteten und also für die Heilkunst unentbehrlich waren, lebten meist in ganz guten Verhältnissen: 25 von ihnen hatten mittelgroßen Besitz (Steuer 16 kr – 10 fl). Die Gärtner waren dagegen meist arme Burschen ohne Besitz. Auch von den 35 Fischern waren mehr als die Hälfte ohne Besitz. Immerhin hatten 34 Prozent mittlere Vermögen. Die 20 Futtermacher, Hirten, Heuwäger, Vogler, Waidmänner und Obsthüter hatten meist keinen oder nur sehr kleinen Besitz.

Die Arbeit der Tagwerker ist nicht ganz klar. Wurden sie von der Stadt etwa beim Bau von Gebäuden und Festungsarbeiten oder vom Heilig-Geist-Spital während der Ernte oder von Kaufleuten bei Gelegenheitsarbeiten angestellt? Auf jeden Fall waren sie meist arme Teufel: 74 Prozent hatten überhaupt keinen, weitere 16 Prozent nur sehr kleinen Besitz.

Diese Aufzählung deutet auf gewisse Gemeinsamkeiten unter den ärmeren Gewerben. Bei den mehr als 2000 Webern war die maßlos große Zahl von Meistern ohne Zweifel eine der wichtigsten Ursachen der schlechten Vermögenslage. Auch Maurer, Zimmerleute, Schuster und Karrer waren stark besetzte Gewerbe mit einer großen Zahl armer Meister. Die großzügige Zulassung neuer Meister mag in der Tat ein Kennzeichen armer Gewerbe gewesen sein. Vielleicht war auch die Anfertigung relativ einfacher Produkte kennzeichnend für die ärmeren Handwerker.

Man möchte auch meinen, daß die Meister in den ärmeren Gewerben kein Kapital zu besitzen brauchten. Aber ausgerechnet die Weber mußten ja erhebliche Summen in Webstuhl, Geschirr, Garn und Baumwolle investieren. Spielte die Abhängigkeit vom Export eine Rolle? Die Weber waren ganz vom Export abhängig und deshalb den Schwankungen auf den internationalen Märkten besonders ausgesetzt. Aber der Faktor der Exportabhängigkeit trifft auf das Baugewerbe oder die holz- und lederverarbeitenden Gewerbe nicht zu.

Auch die reicheren Gewerbe hatten einige Gemeinsamkeiten. Einmal beobachten wir, daß diese Gewerbe, wie etwa die Goldschmiede, eine ungewöhnliche technische Fertigkeit, künstlerische Begabung und hohe Spezialisierung voraussetzten. Vielleicht war auch der Besitz eines größeren Kapitals unerläßlich. Vermögend waren auch Gewerbe, die, wie die Bäcker, für den Lebensunterhalt unentbehrlich waren. Drittens scheinen Leute in den verschiedenen Zweigen des Kleinhandels häufig zu Geld gekommen zu sein.

Öffentlicher Dienst

Im Jahre 1610 lassen sich 282 Personen feststellen, die im Dienst der Stadt standen. Die meisten von ihnen hatten nur untergeordnete Aufgaben als Torwarte, Gassenkehrer, Totengräber oder Kotschäufler. Mehrere versahen aber verantwortungsvolle Aufgaben als Spitalmeister, Brunnenmeister oder Zeugwart. Die größte Gruppe bildeten die 56 Schreiber. Viele von ihnen waren einfache »Copisten«. Einige mögen an der Abfassung der amtlichen Korrespondenz der Stadt beteiligt gewesen sein. Andere leiteten als Steuerschreiber, Gerichtsschreiber oder Bauschreiber ganze Ämter. Eine weitere starke Gruppe waren die 34 Söldner, die auch als Trabanten oder Soldaten bezeichnet werden[17].

Die Leute im öffentlichen Dienst waren natürlich über die ganze Stadt verstreut. Aber relativ viele wohnten in der Jakobervorstadt und im Lechviertel. Wir kennen die Vermögensverhältnisse von 166 dieser Personen. 33 Prozent hatten keinen Besitz, 16 Prozent nur einen sehr kleinen (Steuer 1–15 kr). 44 Prozent hatten einen mittleren Besitz (Steuer 16 kr –

10 fl), und sieben Prozent waren reich. Rund der Hälfte ging es also durchaus nicht schlecht. Natürlich, Leute in untergeordneten Stellen wie Almosenknechte, Turmwächter oder Scharwächter hatten meist keinen Besitz. Die Verwalter von Pfründen und Krankenhäusern wie Pfründmeister, Pilgervater oder Siechenvater hatten einen größeren, mittleren Besitz (Steuer 1–10 fl). Auch die Inhaber höherer Verwaltungsstellen wie Bauschreiber, Holzschreiber, Provisioner, Weinschreiber, Brunnenmeister, Steuerschreiber oder Lechmeister hatten ansehnliche mittlere Vermögen (Steuer 1–10 fl). Ratsdiener, Sekretäre und Gerichtsschreiber waren im allgemeinen vermögend (Steuer 1–10 fl und über 10 fl).

Freie Berufe

Eine ganze Menge Leute arbeitete in freien, handwerklich nicht organisierten Berufen. Es handelt sich um 382 Personen oder knapp vier Prozent aller Steuerzahler. 130 Personen hatten mit Heilkunde zu tun. Unter ihnen waren fünf Ärzte, vier Wundärzte, 52 Kindbettkellnerinnen, 34 Bader und 26 Balbierer. Diese Leute wohnten überwiegend (71 Prozent) im Lechviertel und in der Jakobervorstadt, wo ja auch die Mehrheit der Bevölkerung (62 Prozent) lebte. Unter den 101 Angehörigen künstlerischer Berufe befanden sich 34 Maler, 20 Briefmaler, 15 Spielleute und einige Organisten, Sänger und Choralisten. Auch diese Leute waren meist im Jakoberviertel und im Lechviertel zu Hause. Die Briefmaler waren auffallend zahlreich in den Bezirken »Barfüßer Tor Extra« und »St. Jakobs Stadel«. Die 43 Schulmeister finden wir meist im Lechviertel und in der Oberstadt. 29 Personen waren mit Sicherheit im Rechtswesen tätig, unter ihnen 17 Notare und neun Advokaten. Außerdem werden im Steuerbuch 36 Doktoren und sieben Magister aufgeführt. Bei den Doktoren handelt es sich wohl um Juristen. Viele dieser Juristen wohnten in den wohlhabenden Teilen der Stadt wie der Oberstadt oder dem Bezirk »Frauen Graben« in der Frauenvorstadt.

Welches war nun die finanzielle Lage dieser freien Berufe? Hat man das besondere Können dieser Leute zu schätzen gewußt und dementsprechend gut belohnt? Oder legte man mehr Wert auf die Leistungen der Handarbeiter? Mit Überraschung stellen wir fest, daß es den freien Berufen im großen und ganzen besser ging als den Gewerbetreibenden. Während 60 Prozent der Gewerbetreibenden überhaupt kein oder nur ein sehr kleines Vermögen hatten (Steuer 0–15 kr), gehörten nur 39 Prozent der nicht-handwerklichen Berufe zu den ärmeren Schichten. 48 Prozent der freien Berufe hatten ein mittleres Vermögen, verglichen mit 36 Prozent der Gewerbetreibenden. Und nicht weniger als 13 Prozent waren reich, verglichen mit drei Prozent der gewerblichen Berufe. Die freien Berufe hatten also eine bessere Vermögenslage als die meisten Handwerker.

Von den 96 Künstlern und Musikern, deren Vermögen wir kennen, hatten 51 Prozent ein mittleres Vermögen (Steuer 16 kr – 10 fl). Die Hälfte lebte also in sicheren Verhältnissen, die anderen waren ärmlich. So ging es den 33 Malern ganz gut: Zwei Drittel hatten einen mittelgroßen Besitz (Steuer 16 kr – 10 fl). Auch im protestantischen Augsburg fanden also Maler vor dem Dreißigjährigen Krieg einen Unterhalt. Bildhauer, Kupferstecher und Organisten hatten ebenfalls meist mittelgroße Vermögen. Von den 20 Briefmalern hatten dagegen die meisten überhaupt keinen oder nur einen sehr kleinen Besitz (Steuer 0–15 kr). Auch die Sänger, Choralisten, Spielleute, Illuministen und Kunstdrucker lebten meistens in gedrückten Verhältnissen.

Die 41 Schulmeister und Präzeptoren hatten ähnliche Vermögensverhältnisse wie die Künstler und Musiker. Etwas weniger als die Hälfte hatte entweder keinen oder nur geringfügigen Besitz. Knapp die Mehrheit hatte mittelgroße Vermögen. Die Schulmeister als Gruppe lebten also durchaus nicht in Armut. Ja, wir stellen mit Erstaunen fest, daß es ihnen besser ging als den meisten Handwerkern. Man hat also in Augsburg schon vor dem Dreißigjährigen Krieg die Bedeutung der Schule erkannt und die Lehrer dementsprechend besoldet.

Die Juristen Augsburgs – es handelt sich um 22 Advokaten, Notare und Prokuratoren und 30 Doktoren und Magister – hatten erwartungsgemäß eine viel bessere Vermögenslage als die Schulmeister. 38 Prozent von ihnen hatten ein mittleres (Steuer 16 kr – 10 fl) und 44 Prozent sogar ein größeres Vermögen (Steuer über 10 fl). Leider ist die Vermögenslage von nur 15 Personen bekannt, die in der Heilkunst tätig waren. So läßt sich über die Lage der vielen Hebammen nichts sagen, weil sie von der Vermögenssteuer befreit waren. Auf jeden Fall waren die Apotheker reich (Steuer über 10 fl), die Ärzte hatten mittelgroßen Besitz (Steuer 1–10 fl) und die Wundärzte bescheideneren (Steuer 16–60 kr). Die 63 Balbierer und Bader, die auch mit der Heilkunst zu tun hatten, waren dagegen meist ärmere Leute (Steuer 0–15 kr). Nur 40 Prozent hatten mittleren Besitz.

Es zeigt sich also, daß gewisse freie Berufe gut bezahlt wurden und sogar den Weg zu Besitz eröffneten. Künstler, Juristen, Ärzte und Lehrer scheint man in Augsburg geachtet zu haben.

Männer ohne Berufsangabe

Im Steuerbuch von 1610 werden 1219 Männer aufgeführt, deren Beruf sich nicht feststellen läßt. Es handelt sich um 12 Prozent aller Steuerzahler. 145 dieser Männer könnten ihrem Namen nach aus Familien von Patriziern und Kaufleuten stammen. Wir haben aber keine Ahnung, wie die übrigen 1074 Männer ihren Unterhalt verdienten. Da diese Leute in der Jakobervorstadt und der Frauenvorstadt besonders zahlreich waren, mögen viele von ihnen einfach Tagelöhner gewesen sein. Dahin deutet, daß 40 Prozent der Männer ohne Berufsangabe kein Vermögen hatten. Weitere 14 Prozent hatten nur einen sehr kleinen Besitz (Steuer 1–15 kr). Aber bei weitem nicht alle diese Männer waren arm. 34 Prozent hatten ein mittelgroßes Vermögen (Steuer 16 kr – 10 fl). Vielleicht handelt es sich um Handwerker, deren Gewerbe wir nicht kennen. Unter den Personen, die aufgrund ihrer Namen vielleicht dem Stand der Patrizier und Kaufleute zuzurechnen sind, waren die Besitzverhältnisse besser: 33 Prozent von ihnen hatten mittlere und 45 Prozent sogar größere Vermögen.

Selbständige Frauen

Im Steuerbuch von 1610 erscheinen 2120 Frauen als selbständige Steuerzahler, die ihren eigenen Haushalt hatten[18]. Mit 20,6 Prozent aller Steuerzahler bildeten diese Frauen eine zahlenmäßig sehr starke Gruppe in dieser Gesellschaft, die nach unseren Vor-

stellungen von Männern beherrscht war. Wer waren diese Frauen? 1582 Frauen oder 75 Prozent waren Witwen. Sieben Prozent werden als Ehefrauen bezeichnet, die vielleicht von ihren Männern verlassen worden waren oder jedenfalls getrennt lebten. Acht Prozent waren ledige Frauen. Von zehn Prozent kennen wir den Zivilstand nicht.

Mehr als ein Drittel der selbständigen Frauen, also auffallend viele, wohnten in der Jakobervorstadt, wo Wohnungen und Zimmer wohl billiger waren als in den anderen Stadtteilen. So machten die selbständigen Frauen 24 Prozent der Bevölkerung in der Jakobervorstadt aus, im Lechviertel 21 Prozent, in der Oberstadt 19 Prozent und in der Frauenvorstadt nur 17 Prozent. In sechs Steuerbezirken stellten die selbständigen Frauen sogar 30 bis 40 Prozent der Steuerzahler[19].

Mindestens 64 Frauen stammten aus Familien der Patrizier und Kaufleute. Wahrscheinlich kamen aber noch mehr selbständige Frauen aus diesen Kreisen. Wir wissen, daß 52 Frauen Kindbettkellnerinnen waren. So manche Frau führte auch die Werkstätte ihres verstorbenen Mannes fort. Aber von 1899 Frauen ist weder der soziale Stand noch die Tätigkeit bekannt. Manche mögen als Wollstreicherinnen und Spinnerinnen gearbeitet haben. Viele haben wohl in den Häusern anderer Leute als Mägde gedient, obwohl sie ihren eigenen Haushalt führten.

Wir vermögen die Steuerleistung von 1811 selbständigen Frauen festzustellen. Es überrascht nicht, daß 95 Prozent der Frauen aus dem Stande der Patrizier und Kaufleute größeren Besitz hatten (Steuer über 1 fl). Aber diese günstigen Verhältnisse waren ganz untypisch. 63 Prozent der selbständigen Frauen waren ohne jedes Vermögen. Weitere sieben Prozent hatten einen minimalen Besitz (Steuer 1–15 kr). Das heißt, 70 Prozent der selbständigen Frauen gehörten zu den ärmeren Schichten. Sie hatten also nichts als ihren Verdienst und lebten von der Hand in den Mund. Die Besitzverhältnisse der selbständigen Frauen waren also sehr viel schlechter als die der männlichen Steuerzahler. Während 36 Prozent der Männer zu den Besitzlosen gehörten, waren es bei den Frauen 63 Prozent. Knapp 24 Prozent der selbständigen Frauen hatten einen mittleren Besitz, während es bei den Männern 35 Prozent waren.

Tab. 10: Vermögensstruktur der selbständigen Frauen

	0	1–15 kr	16–60 kr	>1–10 fl	>10–100 fl	100–500 fl	insgesamt
Witwen	912	86	119	212	85	17	1431
Ehefrauen	89	11	5	6	1		112
ledige Frauen	79	16	18	24	6		143
Zivilstand unbekannt	66	13	31	14	1		125
insgesamt Frauen	1146	126	173	256	93	17	1811

Auch unter den einzelnen Gruppen der selbständigen Frauen lassen sich Vermögensunterschiede beobachten. Von den Witwen gehörten 64 Prozent zu den Besitzlosen, von den getrennt lebenden Frauen dagegen 79 Prozent. Seltsamerweise standen sich die ledigen Frauen besser: Nur 55 Prozent hatten keinen Besitz.

Fremde in Augsburg

Die Einwohner oder Beisitzer waren Personen von auswärts, die mit Erlaubnis des Rates in der Stadt wohnen und arbeiten durften, ohne Bürger zu werden. Die vermögenden Einwohner erhielten einen »Pactbrief«, in dem die Dauer des Aufenthalts festgelegt war. Sie zahlten jedes Jahr die »Pactsteuer« oder das »Gdinggeld«. Die Masse der fremden Einwohner war jedoch von der Steuerpflicht befreit. Dafür hatten sie auch keinen Anspruch auf Hilfe aus dem Almosen oder auf Aufnahme in das Spital und konnten jederzeit ausgewiesen werden. Im Jahre 1610 wurden 530 solcher Einwohner im Steuerbuch aufgeführt, und zwar 356 Männer und 174 Frauen. Sie bildeten also fünf Prozent der im Steuerbuch genannten Personen. Selbstverständlich waren die Gesellen, Mägde und anderen Ehehalten, die von auswärts nach Augsburg gekommen waren, in diese Zahl nicht eingeschlossen. Nicht weniger als ein Drittel der Einwohner waren selbständige Frauen. Viele Einwohner wohnten in Steuerbezirken, die zum Teil oder ganz außerhalb der Stadtmauern lagen, so vor allem im ersten Steuerbezirk, der das Gebiet vor dem Roten Tor umfaßte. Eine ganze Menge wohnte aber auch in den Bezirken »Eng Kirchgaß«, »Salta ad St. Margretham« und »St. Antonino«.

Wie verdienten die Einwohner ihren Unterhalt? Die Gewerbe waren ihnen verschlossen, da das Bürgerrecht Voraussetzung für den Erwerb der Handwerksgerechtigkeit war. Im allgemeinen finden wir Einwohner in solchen Berufen, die früher keine Zunft gebildet hatten. Zum Beispiel waren alle Ziegelknechte Auswärtige. Fast alle Kindbettkellnerinnen und Gärtner kamen ebenfalls von auswärts. Unter den Söldnern, Garnsiedern, Bleichknechten, Müllern und Spitaldienern finden wir ebenfalls eine Menge Auswärtiger. So auch unter den Fuggerischen Dienern, den Advokaten und den Stuhlbrüdern. Einwohner finden sich auch unter den Tagwerkern, Badern, Sackträgern und Nachtarbeitern. Die Papierer waren meist Auswärtige. Die Fremden wurden auch von der Stadt als Stadtpfeifer, Wassermeister oder Büchsenmeister angestellt. Andere standen im Dienst des Bischofs oder Domkapitels als Rentmeister, Kornmesser oder Sekretäre. Viele Einwohner verdienten also ihren Unterhalt mit Arbeiten, die außerhalb der herkömmlichen Gewerbe lagen oder besondere Fertigkeiten verlangten.

Aber weshalb arbeiteten so viele Auswärtige als Tagwerker, Ziegelknechte oder Badknechte? Diese einfachen Arbeiten hätten doch von Augsburgern verrichtet werden können. Der Grund war, wie die Steuerherren 1590 erklärten, daß die Augsburger schwere Arbeiten wie die Ziegelarbeit, das Wassertragen oder Garnsieden mieden. Man brauchte die Arbeitskraft der Fremden. Viele Fremde gaben sich auch mit Unterkünften zufrieden, die die Augsburger ablehnten. Die fremden Hebammen und Krankenwärterinnen beispielsweise durften »keine eigene Wohnung oder Gemach« haben und waren genötigt, sich »allein in Eggen ohne eigenen rauch aufzuhalten«. Die Steuerherren berichteten, daß sich diese Frauen »in den Eggen so elendiglich und bekümmerlichen behelffen müssen, da kein Weber oder anderer armer Mitbürger sich mit seiner haushaltung, weib und kindern nit behelfen kann«.

Über die Vermögensverhältnisse der Einwohner läßt sich wenig sagen, da mindestens 373 von ihnen steuerfrei waren und bei weiterer 85 jeder Steuereintrag fehlt. Es ist aber anzunehmen, daß die meisten der 458 Beisitzer, die keinen Pfennig zahlten, arme Leute waren.

Pflegschaften

Im Steuerbuch von 1610 werden auch 685 Pflegschaften mit insgesamt 1167 Mündeln aufgeführt. Die meisten dieser Mündel waren Kinder und Jugendliche, nur in einzelnen Fällen Erwachsene. Durchaus nicht alle der »verpflegten« Kinder waren Vollwaisen. Viele mögen nur Vater oder Mutter verloren haben. Nach dem Tode eines der beiden Eltern wurden zwei Pfleger ernannt, die für die Verwaltung des Vermögens der Mündel verantwortlich waren. Natürlich waren diese Pflegschaften über die ganze Stadt verstreut. Dennoch gab es in der Oberstadt verhältnismäßig viele Pflegschaften: So kam in der Oberstadt eine Pflegschaft auf acht Steuerzahler, in der Jakobervorstadt dagegen auf 21 Steuerzahler. Man zog wohl vermögendere Bürger als Pfleger heran, weil sie mit Geld umzugehen wußten. Den Pflegern war es übrigens untersagt, das Geld ihrer Mündel mit oder ohne Verzinsung bei sich zu behalten. Sie mußten es »an ander Ort« unterbringen und »um die gewohnte Nutzung anlegen«.

Das Seltsame ist, daß sich die Vermögenslage dieser Pflegschaften von der Vermögenslage der Augsburger Bevölkerung erheblich unterschied. Knapp zwei Prozent der Pflegschaften waren ohne steuerbares Vermögen, während es unter der übrigen Bevölkerung 42 Prozent waren! Andererseits hatten 40 Prozent der Pflegschaften einen kleinen Besitz (Steuer 1–15 kr), aber nur 17 Prozent der übrigen Bevölke-

rung. Mehr als die Hälfte der Pflegschaften versteuerte einen mittelgroßen Besitz (Steuer 16 kr – 10 fl), unter den übrigen Augsburgern waren es nur 33 Prozent. Die Kinder vieler Eltern, die als vermögenslos gegolten hatten, besaßen also steuerbare Vermögen. Wie sich dieses Paradox erklärt, ist nicht klar. Vielleicht handelt es sich um eine steuerrechtliche Frage.

Die Gesellen

Die Gesellen erscheinen zwar nicht in den Steuerbüchern, bildeten aber zahlenmäßig einen erheblichen Teil der Bevölkerung. Die Zahl der Gesellen in den einzelnen Gewerben hing davon ab, ob die Meister es für ratsam hielten, die Zahl künftiger Werkstätten zu vermehren, zu vermindern oder etwa die bestehende Zahl beizubehalten. Die Menge der Gesellen ist deshalb auch ein Indiz für die Lage des Handwerks vor dem Dreißigjährigen Krieg. Im Jahre 1615[20] werden insgesamt 3051 Gesellen und Söhne aufgeführt, die in handwerklichen Gewerben arbeiteten[21]. 1597 Ge-

Tab. 11: Gesellen und Söhne in den einzelnen Gewerbegruppen 1615

Barchent- u. Leinenweber	1152
Textil außer Weber	445
Lebensmittel	266
Feinmechanik	263
Metall	209
Holz	193
Leder	192
Gastgewerbe	89
Papier, Glas	47
Buchgewerbe	38
künstlerische Berufe	37
Kleinhandel	32
Güterbeförderung	32
Baugewerbe	21
ländliche Berufe	18
Tagwerker	13
unbekannte Gewerbe	4
insgesamt	3051

sellen und Söhne oder 52 Prozent arbeiteten in den Textilgewerben. Jeder zweite Geselle war also in den Textilgewerben tätig.

Die Barchent- und Leinenweber beschäftigten nicht weniger als 1152 Gesellen und Söhne, also viel mehr als irgendein anderes Gewerbe. Wieder sehen wir, wie die Weber alle anderen Gewerbe überschatteten. Immerhin arbeiteten 166 Gesellen und Söhne in den Goldschmiedewerkstätten. Auch die Schneider und Bäcker hatten mehr als 100 Gesellen. 50 bis 90 Gesellen finden wir bei den Kistlern, den Wirten, Schustern, Lodwebern, Schlossern und Müllern. Die drei Bleicher stellten insgesamt 83 »Gesellen« an, aber die Bleichknechte waren eigentlich Arbeiter. Es gab auch recht populäre Gewerbe, die nur wenige Gesellen hatten. So beschäftigten die 78 Maurer, die ja ohnehin recht arm waren, im Jahre 1615 nur zehn Gesellen und die 122 Zimmerleute nur 22. Im Baugewerbe sah man also keine große Zukunft. Aber auch unter den 89 Tuchscherern finden sich nur 13 Gesellen. 20 bis 29 Gesellen lassen sich unter den Papierern, Hammerschmieden, Kupferschmieden und Kramern feststellen. Alle anderen Augsburger Gewerbe hatten jedenfalls im Jahre 1615 weniger als 20 Gesellen.

Wie viele Gesellen kamen dann auf den einzelnen Meister? In drei Typen von Gewerben war das Verhältnis von Gesellen pro Meister am höchsten:

1. In Gewerben, in denen viele Arbeitskräfte benötigt wurden, wie bei den Hammerschmieden oder Müllern, wo wir zwei bis drei Gesellen pro Meister finden. Bei den Sägmüllern, Gastgebern und Wirten arbeiteten fast zwei Gesellen pro Meister.

2. In Gewerben, die wie die Papierer weit gefragte, neue Produkte herstellten. So kamen fast fünf Gesellen auf den einzelnen Papierer.

3. In Gewerben, die wie die Feinmechanik oder die Metallverarbeitung technische Fertigkeiten verlangten und einen weiten Markt hatten. So beschäftigten die Büchsenmacher und Uhrmacher, Schlosser und Kupferschmiede jeweils einen bis zwei Gesellen pro Meister.

Auch bei den Sattlern und Hufschmieden finden wir mehr als einen Gesellen in der Werkstatt. In allen anderen Gewerben arbeitete im Durchschnitt weniger als ein Geselle pro Meister.

65 Prozent der 3759 Meister stellten im Jahr 1615 überhaupt keinen Gesellen an. Wieder sehen wir, daß es um das Augsburger Gewerbe vor dem Dreißigjährigen Krieg nicht gerade rosig stand, wenn sich fast zwei Drittel der Meister keinen Gesellen leisten konnten. 23 Prozent der Meister stellten einen einzigen Gesellen an, weitere neun Prozent beschäftigten zwei. Immerhin handelt es sich bei diesen Meistern, die einen oder zwei Gesellen hatten, um fast 2000 Handwerker. Aber sie machten knapp ein Drittel aller Handwerker aus. Nur 128 Meister oder zwei Prozent stellten drei Gesellen an, und ganze 34 Meister oder 0,6 Prozent aller Meister beschäftigten vier oder mehr Gesellen. Diese 0,6 Prozent aller Werkstätten hatten also im Jahr 1615 einen etwas größeren Umfang, obwohl sie sicher nicht sehr groß waren. 99,4 Prozent aller Werkstätten waren klein, wie sie es auch im Mittelalter gewesen waren.

Arme, mittlere und reiche Bürger: Ihre berufliche Stellung

Es bleibt uns noch die Frage zu beantworten, wer eigentlich die armen, mittleren und reichen Bürger Augsburgs waren. Nach unseren Angaben hatten 3732 Steuerzahler kein steuerbares Vermögen (ohne Pflegschaften). Wer waren diese Leute? Fast die Hälfte, 49 Prozent, waren Gewerbetreibende. Die Weber nahmen unter den besitzlosen Handwerkern einen gehörigen Platz ein: 31 Prozent aller vermögenslosen Augsburger waren Weber. Wir finden unter den Vermögenslosen auch andere Meister, wie 66 Zimmerleute, 50 Maurer und 44 Schneider. Aber die Zahl dieser besitzlosen Meister ist im Vergleich mit den 1143 Webern recht unbedeutend. Steuerzahler, die ausdrücklich als Tagwerker bezeichnet werden, bildeten nur 2,5 Prozent der Vermögenslosen. Wir sahen allerdings, daß der Beruf von 437 Männern, oder 12 Prozent der Vermögenslosen, nicht angegeben ist. Es läßt sich deshalb nicht sagen, wie viele von ihnen im Tagelohn und wie viele in Gewerben arbeiteten.

31 Prozent der Vermögenslosen waren Frauen, zumeist Witwen. Also ein erschreckend hoher Prozentsatz. Das Fehlen von Frauenberufen wirkte sich also für Witwen, verlassene und ledige Frauen verheerend

Nach criſtÿ gepurt · 1500 · iar was diſe claidüng zü dügſpurg das iſt war ·

Abb. 46   Der Perlachplatz im Winter, um 1531. Replik aus einem Zyklus der Vier Jahreszeiten aus der Werkstatt Jörg Breus d. Ä.

Abb. 47   Augsburger Geschlechtertanz, 1500. Die Darstellung des festlichen Tanzes zeigt Mitglieder des Augsburger Patriziats und der »Mehrer der Gesellschaft«, die zusammen in der »Herrentrinkstube« verkehrten.

Abb. 48 Turnier auf dem Fronhof, Radierung von Wilhelm Peter Zimmermann nach einer Vorlage von 1542

Abb. 49 Das Welserhaus, Ecke Karolinen-/Karlstraße, Kupferstich von Karl Remshart, um 1720. Das Haus am linken Bildrand, eines der repräsentativen Stadtpalais des Bürgertums, wurde 1422 von den Welsern gekauft und 1539 von Bartholomäus V. umgebaut

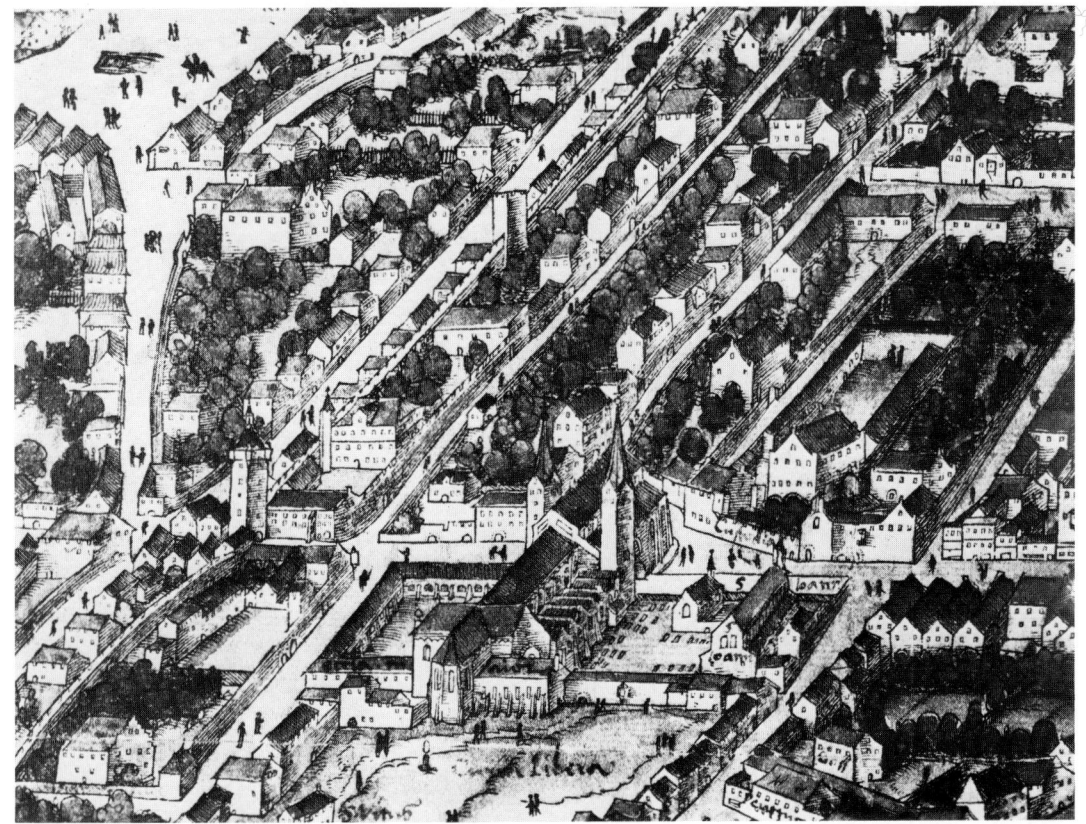

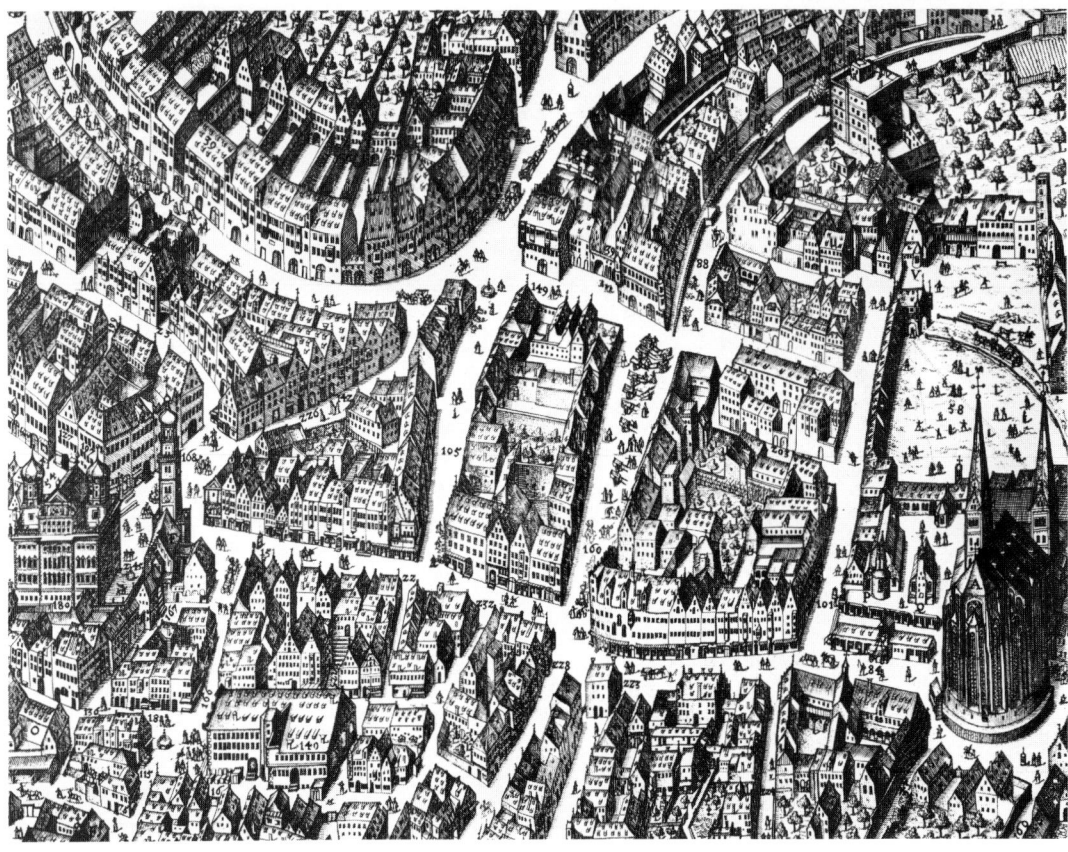

Abb. 50 Vogelschauplan der Stadt Augsburg von Westen (Ausschnitt: Domviertel). Vom Goldschmied Jörg Seld wohl nach italienischen Vorbildern vermessen, in Holz geschnitten wahrscheinlich vom Petrarca-Meister, gedruckt von Sigmund Grimm und Max Wirsung, 1521

Abb. 51 Vogelschauplan der Stadt Augsburg von Osten (Ausschnitt: Rathaus und Dom). Kupferstich von Wolfgang Kilian, 1626

Abb. 52 (oben links)   Conrad Peutinger (1465 – 1547), Kaiserlicher Rat, Stadtschreiber und Humanist. Bronzemedaille
von Hans Schwartz, 1517

Abb. 53 (oben rechts)   Marcus Welser (1558 – 1614). Der
Kaufmann, Historiker und Altertumsforscher war von 1600
bis 1614 Stadtpfleger. Kupferstich von Lukas Kilian, um 1600

Abb. 54 (unten links)   Hieronymus Wolf (1516 – 1580).
Der Gräzist und Byzantinist war von 1556 bis 1580 Rektor
der Lateinschule bei St. Anna und Stadtbibliothekar. Kupferstich von Dominicus Custos, 1580

aus. Die restlichen Vermögenslosen verteilten sich auf ländliche Arbeiter, nicht-zünftische Handwerker und Leute im Dienste der Stadt.

Die stärksten Berufsgruppen unter den Vermögenslosen:

Weber	1143
Frauen ohne Berufsangabe	1146
Männer ohne Berufsangabe	437
Tagwerker	95
Zimmerleute	66
dienen innerhalb und außerhalb	51
Maurer	50

Rund 1550 Augsburger hatten einen kleinen, dürftigen Besitz (Steuer 1–15 kr; ohne Pflegschaften). Fast drei Viertel von ihnen, 72 Prozent, arbeiteten im Handwerk und im Kleinhandel. Die Gewerbetreibenden dominierten also eindeutig unter diesen Kleinbürgern. Die Weber waren natürlich die stärkste Gruppe: 32 Prozent dieser Kleinbürger waren Weber. Von 18 Prozent dieser Leute mit kleinstem Besitz läßt sich der Beruf nicht ermitteln. Auch sie werden wohl zum großen Teil in den Gewerben gearbeitet haben. Die übrigen zehn Prozent verteilten sich wieder auf ländliche Beschäftigung, nichtorganisierte Berufe und den öffentlichen Dienst.

Die stärksten Berufsgruppen unter Bürgern mit minimalem Besitz (Steuer 1–15 kr):

Weber	502
Frauen ohne Berufsangabe	125
Männer ohne Berufsangabe	157
Schneider	104
Zimmerleute	99
Schuster	70
Maurer	70
Kistler	65
Metzger (einschließlich Kuttler)	65

Man sollte meinen, daß unter den 5279 Augsburgern, die überhaupt keinen oder nur sehr kleinen Besitz hatten (Steuer 0–15 kr) ohne Pflegschaften), die Tagwerker und ungelernten Lohnarbeiter dominieren würden. In Wirklichkeit machten die Handwerker und Kleinhändler 56 Prozent, also die Mehrheit, der beiden untersten Schichten aus. Immerhin handelt es sich um 2940 Meister. Wir können daraus folgern, daß es dem Augsburger Handwerk um 1600 nicht gerade gut ging. Es fragt sich allerdings, ob es

ihm früher besser gegangen war. Der wirkliche Anteil der Tagwerker und Lohnarbeiter an den untersten Schichten bleibt leider unklar. Sicher lag der Prozentsatz über zwei Prozent. Wir wissen eben nicht, wie viele der 1271 Frauen und 594 Männer, deren Tätigkeit nicht bekannt ist, um Lohn arbeiteten.

Von den 2968 Augsburgern, die ein mittelgroßes Vermögen (Steuer 16 kr – 10 fl; ohne Pflegschaften) versteuerten, trieben 60 Prozent mit Sicherheit ein Gewerbe. Handwerker bildeten also, wie zu erwarten, das Rückgrat des mittleren Bürgertums. Die sonst so zahlreichen Weber stellten aber nur 13 Prozent dieser besitzenden Mittelschicht. Verhältnismäßig viele Bürger mit mittelgroßem Besitz fanden sich unter den Goldschmieden, Bäckern, Metzgern, Schneidern, Wirten, Gastschenken, Huckern und Färbern. Alle übrigen Berufsgruppen waren im mittleren Bürgertum viel schwächer vertreten. Allerdings bilden Frauen und Männer ohne Berufsangabe wieder einen Unsicherheitsfaktor.

Die stärksten Berufe unter Bürgern mit mittlerem Besitz (Steuer 16 kr – 10 fl):

Weber	386
Goldschmiede	119
Bäcker	102
Metzger	72
Schneider	71
Wirte, Schenken	58
Hucker	53
Färber	51
Kistler	46
Kürschner	44
Frauen, Beruf unbekannt	410
Männer, Beruf unbekannt	373

Wer waren dann die 676 reichen Augsburger (Steuer über 10 fl; ohne Pflegschaften)? Die Patrizier stellten 15 Prozent der Reichen, die Mitglieder der Kaufleutestube 20 Prozent. Zusammen stellten diese beiden Gruppen also 35 Prozent der Vermögenden, obwohl sie nur drei Prozent aller Steuerzahler bildeten. Und die anderen Reichen? Neun Prozent waren Handelsleute, die nicht zur Kaufleutestube gehörten, und Handelsdiener. 20 Prozent waren Gewerbetreibende.

Es überrascht ja nicht, daß viele der Vermögenden

aus den Reihen der Patrizier, der Kaufleute und Handelsleute kamen. Erstaunlich ist aber, daß nicht weniger als 20 Prozent der Reichen Handwerker waren. An der Spitze dieser Handwerker standen die Goldschmiede mit 35 Meistern. Wir finden reiche Meister aber auch in den Textilgewerben (25 Meister), in der Lebensmittelbranche (21 Personen), im Kleinhandel (20 Personen) und im Gastgewerbe (13 Personen). Von 194 vermögenden Männern und Frauen läßt sich der Beruf oder der soziale Stand nicht ermitteln.

Wir stellten eine Schicht steinreicher Augsburger fest, die Vermögen bis zu 400 000 fl versteuerten. Diese Gruppe der Superreichen setzte sich überwiegend aus Patriziern, Kaufleuten und Handelsleuten zusammen.

Die stärksten Gruppen unter den Reichen (Steuer über 10 fl):

Patrizier	104
Kaufleute	137
Handelsleute	52
Goldschmiede	35
Frauen, Beruf unbekannt	64
Männer, Beruf unbekannt	130

Ergebnis

Wir sahen, daß die Handwerker das soziale Gefüge der Stadt bestimmten, wie ja zu erwarten war. Es überrascht aber, daß das Textilgewerbe und vor allem die Weber eine so beherrschende Stellung in der Wirtschaft einnahmen. Augsburg war nicht so sehr die Stadt der Fugger und Welser wie eine Stadt der Weber. Vor dem Dreißigjährigen Krieg war Augsburg sicherlich eine der großen Textilstädte Europas. Es gab ausgesprochen wohlhabende Gewerbe, wie die Goldschmiede oder die Bäcker, und arme, wie das Weberhandwerk oder die Maurer. Aber es war niemals so, daß ein Gewerbe ausschließlich aus vermögenden oder nur aus armen Meistern bestand. In den einzelnen Gewerben war die soziale Streuung groß.

Weiterhin beobachteten wir, daß die meisten Handwerker durchaus nicht Bürger mit mittelgroßem, solidem Besitz waren. Die Masse der Handwerker lebte in sehr ärmlichen Verhältnissen. Vor allem die Weber

waren überwiegend arme Leute. Nur eine Minderheit der Handwerker zählte zur besitzenden Mittelschicht.

In Augsburg konzentrierte sich zwar ein ungeheurer Reichtum. Aber dieser Reichtum war sehr ungleichmäßig unter der Bevölkerung verteilt. Es bestand eine erstaunliche Diskrepanz zwischen der zahlenmäßigen Stärke der einzelnen sozialen Schichten und ihrem Anteil am Reichtum der Stadt. Wie man auch immer die einzelnen Schichten einteilen mag, die Ungleichheit in der Vermögensverteilung hätte kaum noch höher getrieben werden können, wenn drei Viertel der Bevölkerung sich mit weniger als drei Prozent des Gesamtvermögens zufrieden geben mußten und ein Prozent der Bürger praktisch die Hälfte allen Reichtums in Händen hielt.

Man fragt sich natürlich, weshalb die Masse der besitzlosen Augsburger eine solche Ungleichheit in der Vermögensverteilung hinnahm. Weshalb haben die Habnits nicht ihren Unmut über die riesigen Reichtümer der Patrizier und Großkaufleute geäußert oder sogar die Besitzverteilung gewaltsam zu ändern versucht? Augsburg gehörte nicht zu den Städten, die Anfang des 16. Jahrhunderts oder während des Bauernkrieges von Revolutionen erschüttert worden waren. Es hatte keine revolutionäre Tradition. Die Wiedertäufer fanden zwar um 1526–1528 an die 300 Anhänger, aber diese Leute wurden von religiösen, nicht von sozialen oder politischen Ideen bewegt. Nach den religiösen Wirren haben sowohl die protestantische wie die katholische Kirche den Gehorsam gegenüber der Obrigkeit betont und revolutionäre Ideen, wie sie die Calvinisten vertraten, verurteilt. Wer sich mit den Akten Augsburgs im 16. Jahrhundert beschäftigt, weiß, mit welchem Respekt der Bürger der Obrigkeit gegenübertreten mußte. Bürger, die heimlich »Famosschriften« veröffentlichten, wurden schwer bestraft. Die Zünfte, die Mittelpunkte revolutionärer Bewegungen hätten werden können, waren nicht ohne Grund von Karl V. aufgehoben worden. Es fehlten also schon die äußeren, politischen Vorbedingungen für Sozialkritik, ganz zu schweigen von revolutionären Bewegungen.

Wichtiger als die politischen Faktoren waren wahrscheinlich die sozialen Verhältnisse in Augsburg. Und hier kommen wir wieder auf das Problem der

Auswertung der Steuerbücher zurück. Es ist nämlich nicht sicher, daß die Besitzlosen wirklich ganz besitzlos waren. Seit mindestens 1581 brauchten die Bürger Ersparnisse bis zu 500 fl nicht zu versteuern. Ein Bürger, der im Steuerbuch als besitzlos erscheint, konnte also in Wirklichkeit ein »Schatz- oder Sparhafengeld« bis zu 500 fl. besitzen. Es ist also denkbar, daß so mancher der besitzlosen Augsburger in Wirklichkeit einen finanziellen Rückhalt hatte. Aber wir haben keine Ahnung, wie viele Bürger ein solches Schatzgeld hatten, vermutlich nur wenige.

Aber auch wenn die Masse der Habnits wirklich besitzlos war, so litten sie doch nicht dieselbe brutale Not wie etwa das großstädtische Proletariat des 19. Jahrhunderts. Wir haben gesehen, daß die unteren Schichten weitgehend aus Handwerkern bestanden. Wer ein Handwerk gelernt hatte, konnte aber immer von Glück reden. Denn die einzelnen Gewerbe sorgten schon meist dafür, daß auch die vermögenslosen Meister genügend Verdienst für Essen, Wohnung und Kleider hatten. Oder die Stadt griff ein, wie im Falle der Weber: Jahrelang kaufte das sogenannte Pfandgewölbe mit finanzieller Hilfe der Stadt den Webern die Tuche zum Marktpreis ab, wenn sie sie auf dem freien Markt nicht verkaufen konnten. Die ärmeren Bürger führten sicher ein hartes und mühseliges Dasein, aber sie hungerten nicht. Wenn in Krisenjahren die Lebensmittelpreise unerschwinglich wurden, griff der Rat auf seine Vorräte zurück und verkaufte Getreide und Schmalz zu niedrigeren Preisen. Wenn Familien durch Krankheit, Unfall oder Todesfälle in Not gerieten, wurden sie vom Almosen unterstützt. Das Pilgerhaus nahm kranke Bürger auf, Waisenhaus und Findelhaus nahmen sich der Waisen an. Ein gewisses Existenzminimum war also in Augsburg durch die sozialen Einrichtungen gesichert. Diese Art von sozialer Sicherung könnte das Aufkommen sozialkritischer oder revolutionärer Bestrebungen gehemmt oder verhindert haben.

Es ist ja ohnehin fraglich, ob sich die wirtschaftliche und soziale Lage der Bevölkerung durch Kritik oder Revolution gebessert hätte. Die Massen der Weber etwa arbeiteten für den Export auf die großen Textilmärkte Westeuropas. Ein politischer Umsturz in Augsburg hätte die Absatzchancen des Augsburger Barchents auf diesen Märkten bestimmt nicht verbessert. Es ist ganz unwahrscheinlich, daß revolutionäre Ideen überhaupt in Augsburg diskutiert wurden. Die Weber und anderen Handwerker wußten, daß es Torheit und Blindheit gewesen wäre, die wirtschaftlichen Gegebenheiten durch soziale Revolution ändern zu wollen.

Wir sahen, daß sich Augsburg vor dem Dreißigjährigen Krieg durch eine erstaunliche Vielfalt von Gewerben auszeichnete. Die Stadt war sicherlich eines der großen Zentren gewerblicher Tätigkeit, berühmt für ihre Barchenttuche, Goldschmiedearbeiten und mathematischen Instrumente. An technischer Fertigkeit und künstlerischer Begabung waren die Augsburger Handwerker nicht leicht zu übertreffen. Aber wir beobachteten auch, daß die Wirtschaftsweise recht traditionell war. Die Werkstätten waren ausgesprochen klein: 65 Prozent der Meister arbeiteten allein, und 96 Prozent hatten entweder keinen oder nur einen oder zwei Gesellen. Obwohl Augsburg eine riesige Textilproduktion hatte, ist von neuen Produktionsverfahren vor dem Dreißigjährigen Krieg wenig zu spüren. Fasziniert von der Vielzahl kapitalistischer Handelsunternehmen Augsburgs, neigen wir dazu, das Wirtschaftsleben der Stadt viel moderner zu sehen, als es in Wirklichkeit war. Für die überwiegende Masse der Bevölkerung verlief die tägliche Arbeit wahrscheinlich in denselben Bahnen wie im Mittelalter.

1 Quellen: StAA Steuerbuch 1610; StAA Musster Register Unndt Beschreibung allgemeiner Bürgerschaft Allhie zu Augspurg. 1610.

2 Außerdem werden 103 juristische Personen aufgeführt, die Vermögenssteuer zahlten.

3 Claus-Peter Clasen: Die Augsburger Weber. Leistungen und Krisen des Textilgewerbes um 1600, Augsburg 1981, S. 44–46, 50–51.

4 Claus-Peter Clasen: Die Augsburger Steuerbücher um 1600, Augsburg 1976, S. 15–16.

5 Diese beiden Personenkreise werden am Ende des Steuerbuches getrennt aufgeführt.

6 Die kleinen Unterschiede zu den Zahlen in meinem Buch über die Weber ergeben sich daraus, daß ich hier als Grundlage der Berechnung die Berufe nehme, nicht die Verteilung der Steuerzahler.

7 Da Grundbesitz in Augsburg mit 0,25 Prozent, Barvermögen mit 0,5 Prozent besteuert wurde, im Steuerbuch aber nur die Summe der gesamten Steuerleistung aufgeführt wurde, läßt sich der Grenzwert des gesamten Vermögens nicht errechnen. Wir können zwar angeben, wie groß das Vermögen war, wenn es nur aus Grundbesitz oder nur aus Bargeld bestand. Aber meist bestand es ja sowohl aus Grundbesitz wie Barvermögen. Clasen: Augsburger Steuerbücher, S. 7–8.

8 Die 103 juristischen Personen sind nicht mitgezählt.

9 Nicht berücksichtigt werden die juristischen Personen, von denen auch Vermögenssteuer erhoben wurde, also Gruppen von Personen oder verwaltete Vermögenswerte, wie »gemeine Erben«, Stiftungen, Legate, Pflege von Pfarrzechen, Fideikommisse, Fraternitäten, Geschäfte, Pfründhäuser und Stiftshäuser. Der Vollständigkeit halber soll die Steuerleistung der juristischen Personen hier aufgeführt werden.

Steuersatz	Steuerzahler
0	3
1–15 kr	
16–60 kr	12
>1–10 fl	43
über 10 fl	25
insgesamt	83

10 Namen der Patrizier Anfang des 17. Jahrhunderts in »Stubenzettel wie der den 30. Mai 1603 nach der Herrenmeister Wahl verordnet worden«. StAA Patrizier und Geschlechter. Neue Zählung Nr. 1. Ich habe die sogenannten Mehrer nicht als besondere Gruppe untersucht, da ihre berufliche Stellung noch unklar ist. So waren viele Mehrer Kaufleute, die in patrizische Familien geheiratet hatten.

11 Forma Erweiterung der Geschlechter. StAA Patrizier und Geschlechter Nr. 47.

12 Unter den Familien, die nach Stetten im Jahre 1538 in den Stand der Geschlechter aufgenommen wurden, befanden sich noch folgende Namen:

Rudolf	Arzt	Funck	Dettigkofer
Schmucker	Meitting	Eckenberger	Regel
Sultzer	Honold	Haller	Sättelin
Breyschuch	Hörnlin	Hel	Mair
Schöner	Vittel	Jung	Vogel

(Stetten, Augspurg Bd. I, S. 352). Keiner dieser Familiennamen erscheint aber 1603 in dem Stubenverzeichnis unter den ersten zwei Kategorien »Die Alten von Herren« und die »Neugemachte von Herren«. Der Stubenzettel von 1603 führt noch eine weitere Gruppe von Personen auf: »Volgen weiter alle die, so der Ehrlichen Gesellschaft und unser Stuben fehig

13 Witwen, Ehewirtinnen und ledige Frauen sind mitgerechnet. Pflegschaften und juristische Personen sind nicht eingeschlossen.

14 Im Steuerbuch werden die Namen von zehn Fuggern aufgeführt, die alle in der Oberstadt wohnten. Da aber eine Steuerleistung nicht genannt wird, berücksichtigen wir sie nicht.

15 Im Musterregister von 1610 werden in den meisten Gewerben ein paar Personen mehr aufgeführt, als sich in dem Steuerbuch feststellen lassen. Gelegentlich wird aber die Tätigkeit von Personen im Steuerbuch erwähnt, die im Musterregister nicht aufgeführt werden.

16 Im Musterregister von 1610 werden zwar 2114 Weber aufgeführt, aber nur 97 Prozent von ihnen lassen sich im Steuerbuch feststellen.

17 81 Personen werden im Steuerbuch von 1610 als im Zwinger wohnend aufgeführt. Vielleicht handelt es sich um Soldaten. Da aber ihre Lage nicht klar ist, führen wir sie getrennt auf.

18 Die Zahlen in diesem Abschnitt schließen alle selbständigen Frauen ein, also auch Patrizierinnen, Witwen von Kaufleuten und Frauen, die ein Gewerbe trieben. Die Zahlen im Abschnitt »Berufliche Gliederung« hingegen beziehen sich nur auf selbständige Frauen ohne Standes- oder Berufsangabe.

19 Ohne »Barfüßer Pfründ« und ohne »St. Antonino«, wo viele alte Frauen in Pfründen und Seelhäusern ihre letzten Jahre verbrachten.

20 Da das Musterregister von 1610 keine Angaben über Gesellen enthält, verwende ich das Musterregister von 1615.

21 158 Gesellen und Söhne, die in der Heilkunst, im Großhandel, im Schuldienst, in der Justiz und Verwaltung tätig waren, sind nicht mitgezählt.

Erläuterungen zu unbekannten Berufsbezeichnungen

Blättersetzer	Vorarbeit für Weberei
Briechler	Kleinhändler für Leinwand
Büchsenschiffter	Gewehrschäfter
Ehehalten	Diener, Dienstboten
Goldschlager	Goldblechmacher
Illuministen	Buchmaler
Karter	vermutl. Wollkämmer
Lechmeister	zuständig für Fischerei und Wasserläufe
Obser	Obsthändler
Plattner	Harnischmacher
Schäffler	Hersteller von Fässern
Seckler	Beutelmacher
Strelmacher	vermutl. Hersteller von Strehlern (Werkzeugen zur Anfertigung von Gewinden)
Stuhlbrüder	Laienbrüder eines Ordens, die niedere Kirchendienste verrichten

Armenfürsorge im 16. Jahrhundert[1]

von Claus-Peter Clasen

In jeder Gemeinschaft finden sich Menschen, die nicht für sich sorgen können, mittellose Kranke, alte, hilflose Leute oder Waisen. Im allgemeinen nehmen sich die religiösen Gemeinschaften dieser Unglücklichen an. So hat auch die mittelalterliche Kirche diesen Ärmsten der Armen geholfen. Aber ihre Hilfe erfaßte nur einen Teil der Armen und war auch recht sporadisch. Es bedeutete einen großen Fortschritt, als die politische Gemeinschaft, der Staat, die Verpflichtung anerkannte, für arme und hilflose Menschen zu sorgen. Die Armenfürsorge wurde nun gesetzlich geregelt und entwickelte sich zu einem festen Bestandteil der Verwaltung. In gewissem Sinne bildet die Armenfürsorge den Beginn moderner Sozialfürsorge. Dieser Prozeß von der freiwilligen Liebestätigkeit zu einer geordneten, regelmäßigen Armenfürsorge vollzog sich in Augsburg im Laufe des 16. Jahrhunderts.

Bereits vor 1459 waren Bettelordnungen erlassen worden, aber eine Organisation des Armenwesens gab es zu dieser Zeit noch nicht. Im Jahre 1459 verbot man den Armen, in Häusern und Kirchen zu betteln und Feuer in den Kirchen zu machen. Der Rat erneuerte eine ältere Bestimmung, nach der Bürger, deren Frauen und Kinder bettelten, an Feiertagen neben ihren Familien vor den Kirchen stehen mußten, damit man sehen könne, »wer das almusen ynneme und wie daz angelegt werde«. Vielleicht ernannte der Rat schon damals ein paar Knechte, die sich um die Armen kümmern sollten. Wir hören, daß gegen 1500 »an vil orten und enden diser Statt alle tag« das Almosen gespendet wurde. Aber die stete Zunahme der Bettler machte dann doch Kontrollen nötig. In der Bettelordnung von 1491, die 1512 und 1519 erneuert wurde, hat man das ungehinderte Betteln in der Stadt verboten. Nur mit Erlaubnis der vom Rat ernannten Bettelherren durften die Bettler um Gaben bitten. Die Bettler mußten auch ein besonderes

Zeichen tragen, »ain weyß plächens Statberlin«, das der Identifizierung und wohl auch der Demütigung der Bettler dienen sollte.

Im Jahre 1522 hat der Rat das Armenwesen neu geordnet. Er ernannte sechs Almosenherren, die von vier bis sechs »underknechten« unterstützt wurden. Die Almosenherren und Knechte sollten an Sonn- und Feiertagen das Almosen in den Pfarreien und Klöstern oder auch von Haus zu Haus sammeln und dann unter die Armen verteilen. Außerdem sollten die Almosenherren die Häuser der Armen jede Woche visitieren. Trotz der Sammlungen durften die Armen mit Erlaubnis der Almosenherren auch weiterhin betteln, aber nur vor den Kirchen und »sunst an offen orten«. Um diese Zeit haben ja auch die Fugger mit der Gründung der Fuggerei der privaten Armenfürsorge völlig neue Wege gewiesen.

Die Ordnung von 1522 muß sich bewährt haben, da sie immerhin 20 Jahre lang in Kraft blieb. Mit Genugtuung erklärte der Rat 1541, daß »ein merckliche große und mehrere Anzahl Arms Volks in diser Stat weder in einiger anderen Commun in Teutschland durch den gemeinen Allmusen Seckel mit Darreichung des baaren gelds bißher unterhalten worden«. Aber gerade die große Zahl der Almosenempfänger veranlaßte den Rat 1541 zu einer völligen Neuordnung der Armenfürsorge. Zwei wichtige Neuerungen wurden eingeführt. Erstens wurde unter dem Eindruck der Ideen Luthers das Betteln verboten. Nach Luther sollte jede christliche Gemeinde durch eine geregelte Armenfürsorge das Betteln der eigenen Bürger überflüssig machen. Zweitens machte man Schluß mit der Verteilung von Geld, die sich nicht bewährt hatte. Die Armen erhielten von nun an Naturalien. Die Stadt wurde in drei Bezirke oder Drittel geteilt, die nach den Kirchen von St. Ulrich, St. Jakob und St. Georg genannt wurden. Jeden Samstag wurde an drei Orten, im Predigthaus von St. Ulrich, in St. Jakob und in St. Georg oder auch in St. Stephan das Almosen verteilt. Nur solche Leute sollten vom Almosen unterstützt werden, die wegen Alters, Krankheit und »dergleichen Zuefähl« ihren Unterhalt nicht selbst verdienen konnten. Ebenso Leute, »die treulich arbeiten und sich doch ir lohn so weit nit, daß sie iren uffenthalt gehaben möchten, erstrecken will«. Nach wie vor wurde das Almosenwesen von sechs Almosenherren verwaltet, die ihr Amt zwei Jahre versahen. Die Almosenherren mußten Mitglieder der Herren- oder Kaufleutestube sein. Man wollte vielleicht schon deshalb Kaufleute, weil die Verwaltung des Almosens kaufmännische Fähigkeiten und Kenntnisse der Buchführung verlangte. Jeweils zwei Almosenherren verwalteten das Almosen in einem der drei Bezirke. Daneben hatten sie gewisse Aufgaben für das ganze Almosenwesen. So waren die Almosenherren im St.-Georgs-Drittel für den Kauf und die Lagerung von Mehl und das Backen des Brotes verantwortlich. Die im St.-Ulrichs-Drittel sorgten für den Einkauf von Schmalz, Lodentuchen, Holz und Spänen. Das St.-Jakobs-Drittel hatte die allgemeine Buchführung.

Für die Almosenherren war es durchaus nicht leicht, Speicher für das Getreide und geeignete Räume für die Lagerung von Schmalz zu finden. Das größte Problem war aber die zu große Zahl der Almosenempfänger. Immer wieder suchte man den Kreis der Unterstützten einzuschränken. So ermahnte man vor allem die Witwen und Witwer, das Almosen nicht um Hilfe zu bitten, solange sie ihr Brot selbst verdienen konnten. Um sicher zu sein, daß nur wirklich Bedürftige unterstützt würden, wurde bestimmt, daß die Aufnahme in das Almosen nur auf Empfehlung der Gassenhauptleute geschehen solle.

Außer dem regelmäßigen Almosen gab es noch die sogenannten drei Hilfen. In der Stadt lebten eben viele ärmere Leute mit Kindern, die sich mit ihrer Arbeit nicht »behelffen« konnten. Um zu verhindern, daß sie dem Almosen ganz zur Last fallen würden, gab man ihnen aus dem Almosen ein- oder zweimal im Jahr drei Wochen lang ein Pfund Schmalz, zwei Laib Brot und ein Viertel Mehl, im Winter Brennholz und ein paar Ellen Lodentuche. Diese Leute brauchten das Almosenzeichen nicht zu tragen.

Wegen der schweren Belastung des Almosens befahl der Rat 1563 kurzerhand, rund 1000 Personen von der Liste der Almosenempfänger zu streichen. Eine neue Armenordnung von 1563 schränkte den Kreis der Almosenempfänger auf die »gar Alten, gar Jungen, Waisen und Kranckhen, unvermögenden Personen« ein. Als die Zahl der Almosenempfänger dennoch wieder zunahm, wurde den Gassenhauptleuten 1568 befohlen, den Almosenherren hinter verschlossenen Türen darzulegen, »was des Armen Handwerk, Tuen, Wandel, Haußhalten, Kinder, wie lang er gehaust und was gestalt er in Armut geraten«. Die Gassenhauptleute sollten also ihre Meinung frei sagen können, ohne durch die Anwesenheit des Armen eingeschüchtert zu werden. Man merkte aber auch später, daß es den Gassenhauptleuten unangenehm war, sich über die privaten Verhältnisse ihrer Nachbarn erkundigen zu müssen.

Während der großen Hungersnot von 1571 soll es den ärmeren Schichten schlimmer denn je gegangen sein. Die Almosenherren ließen in ihren Berichten keinen Zweifel über den Umfang des Elends. Als sie »kürzlich in St. Ulrichs drittel mit allem fleyß visitiert, [hätten sie] einen solchen Jamer bey armen und kranken leuthen befunden, deßgleichen zuvor niemals erhört noch gesehen worden«. Der Rat hat in dieser schweren Zeit, wie auch in anderen Teuerungsjahren, Lebensmittel an ärmere Bürger verteilen oder zu billigen Preisen verkaufen lassen. Diese Maßnahmen hatten an sich nichts mit dem Almosen zu tun. Die Kosten wurden auch von der Stadt und nicht vom Almosen getragen. Allerdings baten in solchen Notjahren dann auch besonders viele Bürger um Hilfe aus dem Almosen. Die Almosenherren waren sich über die Ursachen solcher Krisen klar: Sooft die Handwerker und vor allem die Weber ihre Erzeugnisse nicht verkaufen konnten und sooft »sterbende leuff, theure Zeit und auswendige Krieg eingefallen, so ist desto mer Arm volck dem Almusseckel zugeloffen«. Sie bescheinigten dem Rat aber auch, daß er in solchen Zeiten das Almosen stets unterstützt habe, »zweifelsohne aus Christenlichen mitleiden und dadurch ergers zu verhietten, so zu Zeiten aus großer not erfolget«. Hatte das Almosen also auch einen politischen Zweck? Wollte man verhindern, daß hungernde Bürger zu Gewalttaten griffen?

Die Almosenherren rechtfertigten jedenfalls die hohen Ausgaben der Jahre 1571–72 auch damit, daß man durch die Unterstützung »vil unrat unter dem gemeinen Mann und liderlichen Hauffen verhiet«. Unter den Armen seien »vil gewesen, die etwann böß Reden getriben, und dz Korn lieber auf die pöden und das gelt inn den Schreibstuben geholet, dann da sy in die Almußkapellen kommen und die Spangen tragen müssen«. Die Almosenherren fürchteten wohl, daß aus den bösen Worten böse Taten geworden wären, wenn man diesen Leuten nicht geholfen hätte.

Als sich die wirtschaftliche Lage der Reichsstadt Anfang des 17. Jahrhunderts verschlechterte und mehr und mehr Leute um Hilfe baten, verlangte der Rat wieder strengere Maßstäbe bei Aufnahme in das Almosen. Die Almosenherren sollten »nit gar zu mildt sein, nit einem jeden, der sich auf vil Kinder außgibt, gleich alles, was er begert, geben, sondern mit gueter vernünfftiger Discretion barmherzig und wohltätig sein«.

Das Almosen hat zweifellos viele Familien vor bitterer Not bewahrt. Die Hilfe war zwar knapp bemessen. Und das Tragen der Armenspange bedeutete eine Demütigung. Aber immerhin, die Stadt sorgte für die Unglücklichsten. Niemand verhungerte in Augsburg vor dem Dreißigjährigen Krieg. Die Armen waren nicht mehr gezwungen, ihren Unterhalt durch Bettel zu gewinnen. Die Verantwortung der Gemeinschaft für ihre in Not geratenen Mitbürger und das Verschwinden des Bettelns waren Errungenschaften, die in die Zukunft wiesen.

Zahl der Almosenempfänger

Wie viele Leute wurden vom Almosen unterstützt? In den 25 Jahren von 1550 bis 1574 waren es durchschnittlich jedes Jahr 1260 Personen in 420 Häusern. Wenn Augsburg zu dieser Zeit eine Bevölkerung von 36 000 Personen hatte, machten die Almosenempfänger 3,5 Prozent der Bevölkerung aus. Besonders groß war die Zahl der Almosenempfänger im Jahre 1563, als 1732 Personen in 589 Häusern unterstützt wurden. Bis 1566 wurde die Zahl drastisch auf 698 Personen reduziert. Aber im Jahre 1571 stieg sie wieder auf 3361 Personen.

Und wer waren diese Armen? In den Jahren 1544, 1558 und 1568, für die wir genauere Angaben haben, bildeten Ehepaare 21 bis 24 Prozent der Almosenempfänger. Witwen waren immer zahlreich vertreten. So stellten Witwen in den genannten Jahren 19 Prozent, im Jahre 1576 sogar 30 Prozent der Unterstützten. Mehr als die Hälfte der versorgten Personen waren aber Kinder, vor allem Kinder der genannten Ehepaare und Witwen. Im Jahre 1568 zum Beispiel erhielten 918 Personen das Almosen, und zwar 89 Ehepaare, 173 Witwen, 475 Kinder der Ehepaare und Witwen sowie 72 Waisen. Man unterstützte bei weitem nicht alle Armen, sondern nur die wirklich Notleidenden. So bildeten die Almosenempfänger 1544 rund zehn Prozent der im Steuerbuch als besitzlos aufgeführten Steuerzahler, 1558 nur rund acht Prozent und 1576 sogar nur fünf Prozent (ohne Ziechkinder). In den oben genannten Jahren fielen im Durchschnitt 49,5 Prozent aller Almosenempfänger auf das Jakobsdrittel, das bekanntlich die ungünstigsten sozialen Verhältnisse hatte. Auf das St.-Georgs-Drittel kamen 27 Prozent und auf das St. Ulrichs-Drittel 24 Prozent. Eine berufliche Gliederung der Almosenempfänger ist leider nicht möglich. Es fehlen eben genauere Nachrichten über diese Leute. Wir wissen nicht, in welchen Wohnverhältnissen sie lebten, ob sie nebenbei noch arbeiteten und ob sie für Alkoholismus und andere Krankheiten besonders anfällig waren. Man fragt sich, welche Hoffnungen diese Leute hatten, die stets am Abgrund lebten. Die Almosenempfänger bleiben für uns ein anonymer Personenkreis. Wir kennen nicht einmal ihre Namen.

Tab. 1: Die Almosenempfänger in den Jahren 1544, 1558, 1568 und 1576

	1544	1558	1568	1576
Ehepaare	284	256	198	90
Witwen u. Witwer	251	195	173	180
Kinder der Ehepaare u. Witwen	674	464	475	304
Ziechkinder	95	102	72	19
insgesamt Personen	1304	1017	918	593

Tab. 2: Verteilung der Almosenempfänger auf die drei Bezirke

	St. Jakob	St. Georg	St. Ulrich
1544	554	412	338
1558	559	201	257
1568	431	268	219
1576	319	155	119
insges. Personen	1863	1036	933

Die Finanzierung des Almosens

Obwohl das Almosen eine städtische Einrichtung war, wurde es mit privaten Mitteln, nicht mit Steuergeldern finanziert. Allerdings half der Rat gelegentlich mit Darlehen aus. In den Jahren 1616 bis 1628 wurden dann auch drei Viertel des Barchentungeldes, also einer Verkaufssteuer, sofort dem Almosen zugeleitet, weil so viele Barchentweber vom Almosen unterstützt werden mußten.

Die laufenden Einnahmen des Almosens setzten sich aus Zinszahlungen des Grundkapitals und aus Spenden zusammen. Das sogenannte Grundkapital belief sich im Jahr 1610 auf 106 621 fl 49 kr 3 h. Dieses Grundkapital wiederum bestand aus Grundbesitz und Bargeld. Auch im protestantischen Augsburg wurde für barmherzige Zwecke gestiftet. So vermachten einige Bürger dem Almosen in der zweiten Hälfte des 16. Jahrhunderts Grundbesitz, der im Jahre 1608 einen Wert von nicht weniger als 21 417 fl hatte. Sehr viel mehr Bürger vermachten dem Almosen in ihren Testamenten Geld. In den Rechnungsbüchern des Almosens werden diese »unablößliche und ablößliche Geschäfte, und jährliche Grundt wie auch ander Zinss Posten« einzeln aufgeführt. Eine weitere Quelle des Almosens waren Sammlungen, die während der Gottesdienste, Hochzeiten, Taufen und Beerdigungen gehalten wurden.

Die verschiedenen Einnahmen des Almosens gehen aus der Jahresrechnung hervor, die am 18. Januar 1611 vorgelegt wurde:

Tab. 3: Conto des Einnemens

	fl	kr	h
Kirchensammlungen in den 3/3	5 471	7	6
Hochzeit, Touff, Leucht Sammlung	1 008	27	6
Inn Kirchen und Allmuesen Stockh	1 854	4	6
Testamentgeschäft	2 607		
Gottes Gaben aus gutem Willen	1 370		
Alte Stiftungen	761	43	
Jährlich grunt Zinss	33	18	
Gellt Zinss Possten	3 197	48	4
Haus und Annger Zinss	463		
Gemein Einnemen	3 373	5	
Summa	20 139	35	1

Das Grundkapital des Almosens scheint im Jahre 1604 mit 124 129 fl seinen höchsten Stand erreicht zu haben. Da die Ausgaben von 1604 bis 1617 fast jedes Jahr größer waren als die Einnahmen, verringerte es sich auf 68 397 fl 50 kr 1 h im Jahre 1617. Niemand ahnte damals, daß die Zeiten noch viel schwerer werden würden.

Ausgaben

Während der 25 Jahre von 1550 bis 1574 hat das Almosen insgesamt 257 500 fl ausgegeben oder im Durchschnitt 10 300 fl pro Jahr. Im allgemeinen beobachten wir eine langsame Erhöhung der Ausgaben. Wie verteilten sich nun die Ausgaben auf die einzelnen Posten? Nehmen wir die Abrechnung für die Zeit um 1610, die uns wegen der obigen Sozialanalyse besonders interessiert. Den größten Teil der Aufwendungen nahm der Posten »Baargeld und vorräth in drei Capellen« mit 31 Prozent aller Ausgaben ein. Es folgten das Waisenhaus mit 18 Prozent und das Pilgerhaus, also das Krankenhaus des Almosens, mit 16 Prozent aller Ausgaben. Insgesamt fielen 90 Prozent der Ausgaben auf Versorgung und Pflege der Armen. Zehn Prozent kamen auf Löhne und andere finanzielle Verpflichtungen des Almosens.

Abb. 55 Der hl. Simpertus. Platte vom Hochgrab des Heiligen in St. Ulrich und Afra. Von Michael Erhart, um 1492

Abb. 56 Christus als Salvator. Ehemalige Mittelfigur des zerstörten Steinaltars der Hörwarthkapelle in St. Georg. Loy Hering zugeschrieben, um 1511/12

Abb. 57   Kaiser Maximilian I. im Kreise seiner Musiker.
Holzschnitt von Hans Burgkmair aus dem »Weißkunig«,
um 1516

Tab. 4: Jährlicher Durchschnitt der Ausgaben des Almosens 1600–1620

	fl	kr
In den drei Capellen neben der Speiß	1605	46
Dienstleut besoldungen	1119	8
Apotheker Conto	1499	58
Badlon Conto	205	16
Zuebueß Conto	517	50
Zinsgeld	292	49
Baargeld und vorräth in drei Capellen	5886	58
Almuesenhauss ausgegeben	3099	53
Waisenhaus ausgaben	3534	57
Gemain ausgaben	1280	45

Von besonderem Interesse ist der Posten für Getreide, Backgeld und andere Naturalien:

Tab. 5: Baargeld und vorräth in drei Capellen

	fl	kr	h
747 Schaff Roggen	3624	43	
91 Schaff 1 Metze Kern	663	14	
Backgeld	571	40	
338 ½ Klafter Holz	1047	9	
353 Holzzeichen	152	58	
80 Faß Schmalz	1790	29	6
40 Stück Loden: 1862 Ellen	462	4	
95 Stück Leinwand: 1150 ¾ Ellen	176	52	
2 Stück Rupfen: 166 Ellen	4	33	
331 Paar Gestrickte Strümpfe	53	57	
2 Paar Handschuhe		9	
191 Stück Pelzhauben	38	4	
4 Stück Kalbsfelle	2	16	
insgesamt	8588	8	

Nahrungsmittel machten also mit 71 Prozent den Löwenanteil der Ausgaben aus. Und zwar fielen auf Roggen 42 Prozent, auf Kern sieben Prozent und auf Schmalz 21 Prozent. Auf Brennholz kamen 14 Prozent. Auf Loden, Leinwand und Rupfen zum Schneidern von Kleidung kamen 7,5 Prozent. Die Strümp-

fe, Pelzhauben und Kalbsfelle machten dagegen nur ein Prozent der Ausgaben aus.

Nicht für diese Zeit, wohl aber für die Jahre 1550 bis 1574 läßt sich errechnen, daß der einzelne Almosenempfänger durchschnittlich im Jahr 8 fl 10 kr an Naturalien und Bargeld bekam: und zwar 55 bis 56 Laib Brot von je vier Pfund, rund 29 Liter Kern, knapp 10 kg Schmalz und etwas weniger als drei Kubikmeter Brennholz. Wenn wirklich auch Geld verteilt wurde, bekam der einzelne 2 fl 2 kr im Laufe eines Jahres. In der Woche erhielt der einzelne dann einen Laib Brot und 183 Gramm Schmalz. Außerdem bekam er 0,56 l Kern, aus dem vielleicht warme Mahlzeiten wie Mus bereitet wurden, und vielleicht noch 2,3 kr Bargeld. Der Almosenempfänger ist also nicht verhungert, aber die Mengen waren minimal, ganz zu schweigen von der erschreckenden Einseitigkeit der Kost. Die Ausgaben des Almosens erreichten 1610 einen ersten Höhepunkt, als 26 721 fl für die Armen ausgegeben wurden. Nach 1620 stiegen sie dann noch viel mehr an. In den Jahren 1625–1629 waren sie 167 Prozent höher als in den Jahren 1600–1606. Not und Verarmung müssen also um sich gegriffen haben, wenn so viele Menschen um Hilfe baten. Von 1630 bis 1634 fielen die Ausgaben dann wieder unter den Stand von 1603–04, weil das Almosen kaum noch Geld hatte. Das Kapital des Almosens soll bereits 1627 weitgehend aufgebraucht worden sein.

Bettler von auswärts

Das Almosen erfaßte nur notleidende Bürger. Es gab sich nicht mit den Scharen hungernder Bettler ab, die von auswärts in die Stadt kamen. Unter diesen Bettlern waren sicher auch Landstreicher und asoziale Elemente, die vom Bettel lebten. Kaum eine Gruppe ist so schwer zu fassen wie diese umherziehenden Bettler. Die Bettelordnungen von 1459, 1491 und 1522 hatten bestimmt, daß die auswärtigen Bettler und Pilger drei Tage vor den Kirchen und auf öffentlichen Plätzen betteln durften, dann aber die Stadt verlassen mußten. Die Reformation führte zu einer anderen Haltung gegenüber den auswärtigen Bettlern. Wir sahen, daß nach Luther jede Gemeinde für ihre eigenen Armen sorgen sollte. Bettler von auswärts sollten nicht mehr in die Stadt eingelassen werden. Genau denselben Standpunkt nahm der Rat in der Armenordnung von 1541 ein: Auswärtigen Bettlern wurde das Betreten der Stadt verboten. Obwohl ausgerechnet die evangelischen Prädikanten gegen diese Härte protestierten, erklärte der Rat 1544 noch einmal klipp und klar, daß er weder fähig noch schuldig sei, die »fremden Bettler und Streicher« zu versorgen. Aber diese Verbote und Strafandrohungen hielten die Bettler nicht davon ab, in die Stadt zu kommen. Nachts hielten sie sich im Spital, bei den Badern oder in Wirtshäusern auf oder auch außerhalb der Stadt bei den Ziegelstadeln oder in Lechhausen. Auch so mancher Bürger hatte mit den fremden Bettlern Mitleid. Handwerksgesellen und »ander gemaine personen« drohten den Bettelknechten, wenn sie die Bettler festnehmen wollten. Wenn die Amtsknechte schwangere Bettlerinnen aus der Stadt führen wollten, warfen sich diese auf die Erde und schrien, bis die Bürger zusammenliefen. In der Verwirrung entkamen sie dann in die »gastgeben und wirtshäuser«, wo sie wieder die Gäste belästigten.

1576 berichteten die Almosenherren, daß sich die meisten fremden Bettler in umliegenden Dörfern, vor allem in Oberhausen, aufhielten. Alle Monate würden an die 400 bis 500 fremde Bettler aus der Stadt geführt, aber die meisten kämen doch wieder zurück. Wohin hätten sie auch gehen sollen? Man faßte nun alle möglichen Pläne ins Auge, um die Bettelplage loszuwerden. Man dachte daran, den Bettlern ein Zeichen auf die Stirn zu brennen oder sie mit »harter Arbeit« in den Stadtgräben zu beschäftigen. Seit 1589 mußten täglich vier Gassenknechte und ein Torwart um die Stadt gehen und die fremden Bettler wegschaffen. Eine Kommission, die 1591 das Problem beriet, konnte auch nichts weiter vorschlagen, als daß die Bettler schon an den Toren abgefangen werden müßten. Unter den vielen Bauern, Tagwerkern und Spinnern, die täglich aus den umliegenden Dörfern in die Stadt kamen, schlüpften eben auch Bettler mit herein. Man beschloß, acht weitere Gassen- und Bettelknechte aufzustellen, um die Suche nach den Bettlern an den Toren und rings um die Stadtmauern zu verstärken. Anfang des 17. Jahrhunderts verschärfte man die Strafen. Kamen Bettler trotz Ausweisung wieder in die Stadt, sollten sie bei Wasser und Brot eine Woche in die Fronfeste gelegt

werden. Wurden sie wieder gefaßt, sollten jüngere Männer »in den Halsring zu gemeiner Stadt arbeitt auf ein, zwei, drei offt sechs und mehr monate« verurteilt werden. Aber alle Strafandrohungen hielten die hungernden Menschen nicht davon ab, in der Stadt zu betteln. Manche Augsburger sahen sowieso nicht ein, weshalb diese armen Leute unbedingt in Gefängnisse gesteckt werden mußten. Auf alle Fälle hatten auch die verschärften Strafen wenig Wirkung. Manche fremden Bettler wurden sieben- oder achtmal in den finsteren Turm oder das neue Bettelgefängnis geworfen. Dennoch kamen sie wieder in die Stadt.

Während die Organisation des Almosens für notleidende Bürger recht eindrucksvoll ist, erscheinen die Maßnahmen des Rates gegen die fremden Bettler kleinlich und unbefriedigend. Aber was hätte der Rat tun können? Hätte er die Plage der fremden Bettler dadurch beseitigen können, daß er ihnen Arbeit außerhalb der organisierten Gewerbe verschafft hätte? Ganz abgesehen von den rechtlichen Schwierigkeiten, machten die Verhältnisse auf dem Arbeitsmarkt eine solche Lösung unmöglich. In der ersten Hälfte des 16. Jahrhunderts hat die Augsburger Wirtschaft immer neue Einwanderer absorbieren können. Aber diese Zeiten waren längst vorbei. In den Jahrzehnten vor dem Dreißigjährigen Krieg gab es nicht mehr genügend Arbeit. Dem größten Gewerbe, den Webern, mußten ja Produktionsbeschränkungen auferlegt werden. Und dennoch griff die Verarmung um sich. Es war also gar nicht möglich, die vielen auswärtigen Bettler zu beschäftigen, selbst wenn sie Arbeit gesucht hätten. Die Stadt stand um 1600 vor einem Problem, das sie selbständig nicht lösen konnte. Erst 200 Jahre später, als die Textilherstellung wieder einen kräftigen Aufschwung nahm, war es möglich, Menschen aus der Umgebung Arbeit zu verschaffen. Die wirtschaftliche Entwicklung Augsburgs und des schwäbisch-bayerischen Raumes mußte sich grundlegend ändern, bevor die verarmten Massen auf dem Lande in der Stadt Arbeit finden konnten.

---

1 Nur die allgemeine Fürsorge für notleidende Personen soll hier behandelt werden, nicht einzelne Institutionen wie das Pilgerhaus, das Nothaus oder das Waisenhaus. Quellen: Das Ältere Heilige Almosen betreffend: a) Ordnungen anno 1539–1637; b) Varia von anno 1542–1778. Generalia das Augsburger Almosenamt betreffend ca. 1543–1786, StAA.

Humanismus – Bildungswesen – Buchdruck und Verlagsgeschichte

von Josef Bellot

Die Augsburger Kulturgeschichte der Jahrzehnte 1490 bis 1520 führt zu Recht die Bezeichnung Aetas Maximilianea. Es gibt keine Stadt, die dem Kaiser unmittelbar und mittelbar soviel verdankt. Ohne seine Anregungen wäre die Entwicklung von Kunst und Wissenschaft hier nicht denkbar. So lobenswert die ersten Schritte der Frühhumanisten aus dem Mittelalter heraus auch sein mögen, so gut man an sie anknüpfen konnte und so nahtlos sich ihr Erbe durch den Stadtschreiber Valentin Eber auf seinen Nachfolger Conrad Peutinger übertrug, einen wirklichen Anschluß an alle geistigen Bewegungen der Zeit brachte erst das enge Verhältnis Kaiser Maximilians zu Augsburg mit sich. Seine häufige Anwesenheit, sein prunkvolles Auftreten mit großem Gefolge, die öfter stattfindenden Dichterkrönungen und Turniere gaben der Stadt einen höfischen Glanz[1].

Die beherrschende Position im geistigen Leben Augsburgs während dieser Zeit nimmt der Stadtschreiber Conrad Peutinger (1465–1547) ein[2]. Als Berater und Sonderbotschafter des Kaisers, als führender, in Italien ausgebildeter Jurist für die innen- und außenpolitischen Geschäfte der Stadt konnte er zwar keine große schriftstellerische Tätigkeit entfalten, aber seine Beziehungen zu gebildeten Hofbeamten, zu Gelehrten und Humanisten außerhalb Augsburgs, sein Briefwechsel mit ihnen und seine Bemühungen, neben der Einrichtung einer eigenen Bibliothek planmäßig Urkunden und Chroniken abschreiben zu lassen, römische Münzen und Steindokumente zu sammeln, bedeuten für die kaum dem Mittelalter entwachsene Stadt einen Anschluß an den deutschen Humanismus. Nach dem Vorbild des ihm bekannten Gelehrten und Dichters Conrad Celtis gründete Peutinger aus Bürgern der Stadt, Mitgliedern des Domkapitels und Hofbeamten eine Sodalitas litterarum, eine Gesellschaft von etwa zwölf Personen, die wenigstens einige Jahre bestand und sich durch

die Publikation von Geschichtsquellen der bildungsbeflissenen Geschäftigkeit ihrer Zeit anschloß. Die von der Sodalitas besorgten Erstausgaben der Gotengeschichte des Jordanes, der Historie der Langobarden des Paulus Diaconus, des Ligurinus, einer Versgeschichte über die Taten Friedrich Barbarossas, und die erste vollständige Edition der Chronik des Burchard von Ursberg stehen am Anfang der deutschen Historiographie. Diese Editionen haben wie die Sammlungen Peutingers deutlich einen nationalhistorischen Charakter. Er entspricht ganz den Bestrebungen der Elsässer Humanisten, zu denen Peutinger besonders enge Beziehungen pflegte. Vor allem deckt er sich mit seiner eigenen Auffassung vom deutschen Kaisertum als einer legitimen Fortsetzung des römischen.

Am wirkungsvollsten waren Peutingers Bemühungen, die von Maximilian geplanten literarisch-künstlerischen Werke zur Verherrlichung seiner Person, seines Amtes und seiner Ahnen in Augsburg herstellen zu lassen. Damit hat er Zeichnern und Formschneidern Entfaltungsmöglichkeiten verschafft, wie sie keine andere Stadt bieten konnte. Von den Projekten des Kaisers ist nur der *Theuerdank* wirklich vollendet worden. Ihn und den Text des Gebetbuchs mit den berühmten Randzeichnungen hat Hans Schönsperger gedruckt. Beides sind Ausnahmewerke in einer typographisch neuartigen Gestalt, die wieder an gotische Buchstabenformen anknüpft und einen Vorläufer der später entwickelten Fraktur darstellt. Für alle anderen Werke – *Genealogie, Weißkunig, Triumphzug* und *Heilige* aus der Vorfahrenschaft Maximilians – gab es noch keine authentischen Texte, aber unter dem Protektorat Peutingers entstanden bereits nach den vorläufigen Entwürfen Hunderte von Rissen und Probedrucken[3].

Neben Peutinger bemühte sich vor allem der Benediktiner Veit Bild um eine universale wissenschaftliche Weiterführung seiner an der Universität Ingolstadt erworbenen Kenntnisse. Er nutzte seine mathematische Begabung für die Erstellung von Horoskopen und die bei ihm häufig angeforderten Entwürfe für Sonnenuhren. Trotz vielfältiger brieflicher Verbindungen und allgemeiner Anerkennung brachte er es jedoch zu keinem größeren Werk, außer einer musiktheoretischen Schrift und der ihm zugeschriebenen ersten Publikation der Viten der Heiligen Afra, Simpert und Ulrich[4]. Sein Schüler Johann Vögelin wirkte an der Domschule, bevor er als Mathematiker an die Universität Wien berufen wurde. Zwischen 1513 und 1518 weilte der Hebraist und Rechenmeister Johann Böschenstein in Augsburg. Wie weit sein Einfluß reichte, ist zwar nicht bekannt, aber das erste Lehrbuch der hebräischen Sprache und das erste Werk für den Anfangsunterricht im Rechnen brachte er hier heraus[5].

Der Lateinlehrer Johann Pinicianus (Kening, um 1478–1542) verfaßte für Lateinschüler eine Grammatik, ein Wörterbuch und Sentenzensammlungen aus klassischen Schriftstellern[6]. Sie waren wohl für den eigenen Unterricht als Privatlehrer, aber auch zum Gebrauch an den Schulen gedacht. Nichts ist bekannt über die Lehrmethode und die Schülerzahl an den kirchlichen »Höheren Schulen« beim Dom, bei St. Ulrich und Afra und bei St. Moritz oder an den unbedeutenderen Anstalten bei Hl. Kreuz und St. Georg. Daß es daneben noch deutsche Schullehrer gab, die im Lesen und Schreiben unterrichteten, vielleicht auch noch die einfachsten Rechenarten vermittelten, ist aus der späteren Bedeutung dieses Standes zumindest zu erschließen. Im ganzen hatte jedoch der humanistische Ehrgeiz das Schulwesen noch nicht erfaßt[7].

Für eine ernsthafte Beschäftigung mit klassischer lateinischer Philologie fehlte indes manche Voraussetzung, ganz zu schweigen von einem Umgang mit dem Griechischen. Dies blieb noch einige Zeit die Domäne der Universitäten und konnte in einer Reichsstadt nur schwer Fuß fassen. Erst der 1524–1528 in der Stadt ansässige Straßburger Kleriker Otmar Luscinius (Nachtigall, 1487–1537) beherrschte die griechische Sprache, studierte die Reden des Isokrates und publizierte hier eine von ihnen in der Originalsprache zusammen mit einer lateinischen Version[8].

Die Tätigkeit der Druckoffizinen zeigt vielleicht am deutlichsten, was unter Augsburger Humanismus zu verstehen ist. Das verdienstvolle und überzeugende Programm der Drucker des 15. Jahrhunderts, neben den üblichen theologischen Werken in Latein auch volkssprachliche Erbauungs- und Unterhaltungsliteratur herauszugeben, war schon vor der Jahrhundertwende nicht mehr so ausgeprägt und hatte, weil es seinen Stil nicht wechseln konnte, an Originalität eingebüßt. Es kam hinzu, daß mit Erhard Ratdolt schon 1488 ein Meister aus Venedig in seine Heimatstadt zurückgekommen war, der vor allem in seinen liturgischen Schriften eine vorbildliche neue Form und eine künstlerisch weiterentwickelte Gestaltung mitgebracht hatte. Bis ungefähr 1515 versorgte er viele süddeutsche Bistümer mit exemplarisch schönen Liturgica und blieb auch bei anderen Werken an Sorgfalt und ästhetischem Formgefühl weit überlegen[9].

Die sich nach 1500 niederlassenden Drucker hatten den Ehrgeiz, eigene Wege zu gehen, sich der Tradition der volkstümlichen Werke zu entziehen und sich stärker zeitgenössischem Schrifttum zu widmen. Hans Otmar druckte zum Beispiel alle Predigten des Straßburger Domprädikanten Johann Gailer von Kaisersberg oder den lange als deutsches Rechtsbuch gültigen Laienspiegel des Ulrich Tengler. Erhard Öglin und Hans Miller ließen sich als erste Titelblätter mit Renaissance-Bordüren schneiden. Bei ihnen erschienen vor allem die Publikationen der Peutingerschen Sodalitas. Die 1517 gegründete Offizin von Sigmund Grimm und Marx Wirsung nahm sich neuentdeckter Texte von lateinischen Kirchenvätern an, druckte erstmals zwei Komödien des Plautus in deutscher Übersetzung, widmete sich einigen lateinischen Dichtungen des Ulrich von Hutten und gab sogar das berühmt gewordene spanische Lesedrama *Celestina* in deutscher Übertragung heraus. Die Offizin bereitete auch eine deutsche Ausgabe von Ciceros *De officiis* vor und das Trostbuch *Von der Arznei beider Glück* des Francesco Petrarca. Die Anstöße, bestimmte Werke zu drucken, kamen häufig durch Verbindungen zu Humanisten außerhalb Augsburgs zustande, etwa zu dem Straßburger Stadtschreiber Sebastian Brant oder zu Conrad Celtis, der Peutinger die bekannte römische Straßenkarte, die *Tabula Peutingeriana*, zur Veröffentlichung überlassen hatte.

Auf Celtis geht wohl auch der erste deutsche Druck von Mensuralnoten in Öglins Werkstatt zurück: Es sind von dem Südtiroler Petrus Tritonius vertonte Horaz-Oden. Auch die Wiedergabe der Inschriften auf den von Peutinger gesammelten römischen Steindenkmalen in der Anordnung der Originale ist typographisch der Nachschnitt einer römischen Capitalis aus der Werkstatt Ratdolts und als wissenschaftliche Dokumentation ohne Vorbild[10].

Gleichzeitig ist das Skriptorium bei St. Ulrich und Afra weiterhin mit der Neufassung liturgischer Texte in der altgewohnten mittelalterlichen Form am Werke, an seiner Spitze bis zu seinem Tode 1522 Leonhard Wagner, dem das erste, für Kaiser Maximilian zusammengestellte deutsche Schriftmusterbuch, die *Proba Centum Scripturarum* zu verdanken ist, ein Dokument humanistisch-historischen Interesses an Schriftformen von der römischen Zeit bis zur Gegenwart[11]. Bezeichnend für den Umbruch in die Neuzeit ist, daß bei der Illustration der Handschriften höchste Ansprüche gestellt und Aufträge an Künstler in der Stadt vergeben wurden. Das gilt auch für die Druckoffizine, denen die Formschneiderarbeiten nicht mehr genügten und die sich weitgehend des fortentwickelten Holzschnitts nach Entwürfen der besten Augsburger Künstler bedienten. Der ältere Illustrationsstil mit Betonung der Umrißzeichnung blieb kleineren Werkstätten für ihre kurzen, volkstümlichen Drucke vorbehalten. Ganz konnte man sich von der eingebürgerten Vorliebe für diese Literatur doch nicht lösen. Auch dies ist aus heutiger Sicht verdienstvoll. So ist zum Beispiel die erste selbständige deutsche Romandichtung, der *Fortunatus*, mit großer Wahrscheinlichkeit in Augsburg entstanden, jedenfalls 1509 hier bei Hans Otmar gedruckt worden. Zu den sieben deutschen Bibeln aus dem 15. Jahrhundert traten noch zwei weitere, so daß von den 14 oberdeutschen Ausgaben vor Luther allein neun aus Augsburg stammen.

Die für Augsburg so fruchtbare Verbindung zum kaiserlichen Hof brach mit dem Tod Maximilians 1519 jäh ab. Der neue Kaiser, Karl V., stand als in den Niederlanden erzogener Spanier dem Leben einer Reichsstadt fern. Seine weltpolitischen Aufgaben führten ihn zu ganz anderen Schauplätzen. Im Verlagswesen gab es um 1520 einen Generationswech-

sel, nachdem Erhard Ratdolt, Hans Schönsperger und Hans Otmar am Ende ihres Lebens standen; um dieselbe Zeit starb Erhard Öglin, und mit dem Tod Leonhard Wagners 1522 erlosch auch der Schreibeifer bei den Benediktinern. Vor allem stellten aber das Auftreten Luthers und der Ausbruch der Reformationswirren die Bevölkerung vor ganz andere Fragen. Die theologische Auseinandersetzung unter den Geistlichen flammte sofort auf, und das lutherische Schrifttum lenkte die Aufmerksamkeit der Drucker auf sich. So begierig die intelligenteren Bürger auf die Ideen des Reformators waren, so schnell fanden sich die Drucker bereit, Schriften gegen die alte Kirche herauszugeben. Sie mußten sich vom Rat ermahnen lassen und durch Unterschrift verpflichten, nichts ohne Namensnennung zu publizieren. Aber die Flut an polemischem Schrifttum konnten sie nicht unbeachtet an sich vorbeigehen lassen. Sie nahmen diese neue Aufgabe bedenkenlos an und stellten größere Pläne zurück. Hans Miller gab jedoch schon 1524 auf, und die Offizin Grimm und Wirsung führte große Werke nicht mehr aus. Sie konnte sich nur noch mühsam bis 1527 halten. Das Feld beherrschten Simpert Ruff, Heinrich Steiner, Jörg Nadler, Melchior Ramminger, Philipp Ulhart, der jüngere Hans Schönsperger und Silvan Otmar mit Kleindrukken, die nicht viel Sorgfalt erforderten. Die Bordüren für Titelblätter konnten wiederholt werden, notfalls ließen sie von einem auswärtigen Druck das Titelblatt mit Umrahmung nachschneiden. Die lutherische Übersetzung des Neuen Testaments kam nach wenigen Monaten bereits in typographisch und illustrativ guten Nachdrucken bei Silvan Otmar und dem jüngeren Schönsperger heraus. Ihnen schloß sich bald auch Heinrich Steiner an. Für die Leistungsfähigkeit der Augsburger Werkstätten spricht die hohe Zahl der Nachdrucke von Schriften des Reformators. Sie übertrifft alle anderen süddeutschen Städte. Den Ausschlag für die lebhafte Produktion an aktuellem Schrifttum hat sicher nicht zuletzt der florierende und gut organisierte Handel gegeben[12]. Doch insgesamt ist das Jahrzehnt zwischen 1520 und 1530 unbefriedigend. Die Buchillustration entwickelte sich nicht weiter, nachdem sie kaum benötigt wurde, und größere wissenschaftliche Werke griff man nicht auf. Peutinger konnte sich nur noch dem

Ausgleich der Meinungen und der Erhaltung der bürgerlichen Ruhe widmen. Seine Geschichte der römischen Kaiser von der Antike bis zur Gegenwart blieb unvollendet liegen, obwohl Holzschnitte für ihre Illustration schon fertig waren.

Der einzige Drucker, der sich seit Ende der zwanziger Jahre größere Aufgaben vornahm, war Heinrich Steiner[13]. Er hat sich der nicht ausgeführten Werke der Offizin Grimm und Wirsung angenommen, nachdem er deren Typen und die Holzstöcke für die Illustrationen aufgekauft hatte. Nun kam bei ihm die vorbereitete deutsche Ausgabe von Ciceros *De officiis* in einer Bearbeitung durch den fränkischen Edelmann Johann von Schwarzenberg heraus. Steiner vermehrte später die Cicero-Ausgabe durch andere kurze Werke des römischen Rhetors und fügte moralisch-belehrende Schriften Schwarzenbergs hinzu, eine merkwürdige Gleichsetzung so ungleicher Autoren in der Absicht, eine humanistisch geprägte Pflichtenlehre vorzustellen. Auch das Trostbuch des Petrarca über die Ambivalenz von Glück und Unglück, ein Werk, an dessen deutscher Form der Nürnberger Peter Stahel, der sächsische Hofkaplan Georg Spalatin und Sebastian Brant beteiligt waren, konnte mit über 300 Illustrationen eines mit Namen nicht eindeutig belegten Meisters schließlich vollendet werden. Die musterhafte drucktechnische Gestalt und die Holzschnitte beider Werke sind die besten Beispiele für eine »volksnahe« Vermittlung humanistischen Gedankenguts. Es sind Schriften, die einerseits die Augsburger Vorliebe für volkssprachliche Literatur wieder aufgreifen und andererseits die feste Verwurzelung aller Einflüsse einer auf die Antike zurückgehenden Denkweise aufzeigen.

Zwei Jahrzehnte lang widmete sich Steiner einer deutschsprachigen Rezeption von Werken des Altertums. Der Colmarer Ratsherr Hieronymus Boner lieferte ihm Übertragungen von Schriften des Herodianus, Justinus, Thukydides, Plutarch, Demosthenes und Xenophon. Andere Autoren, teils aus der Münchner Poetenschule, teils Lehrer an der Augsburger Lateinschule bei St. Anna, verfaßten deutsche Übertragungen aus Aristoteles und Platon, eine Kompilation über den Trojanischen Krieg, aber dann auch aus Boccaccio und anderen älteren italienischen Schriftstellern. Die Ständebücher des Juan Luis Vives, eine Darstellung der Pflichten von Mann und Frau, die Biographie des albanischen Volkshelden Skanderbeg und eine Art Enzyklopädie des Vergilius Polydorus sind Beispiele für die Verdeutschung von zeitgenössischen Autoren. Stets geht es um freie Übertragungen, nicht etwa um philologisch exakte Übersetzungen. Bei fast allen Werken handelt es sich um Erstausgaben, also um ein verlegerisches Wagnis und um ein kulturhistorisches Verdienst. Für die Illustration schöpfte Steiner zwar aus dem reichen Vorrat an Holzschnitten des Petrarcaschen Trostbuchs, denn noch war es üblich, die typisierenden Abbildungen zu wiederholen, aber er vergab auch Aufträge an Hans Schäufelein und Jörg Breu d. Ä. oder d. J. Wirtschaftliches Fundament der Offizin war allerdings auch der Druck von volkstümlicher Unterhaltungsliteratur, von Kräuterbüchern und Gesundheitsratschlägen, Anweisungen für Küche und Haus sowie Nachdrucke der erprobten Erfolgswerke, etwa des *Theuerdank*, der Chronik des Konstanzer Konzils, der Novellenübersetzung des Nikolaus von Wyle und lutherischer Bibeln. Ihr guter Ruf verschaffte ihr andererseits aber auch den Erstdruck der *Wundarznei* des Paracelsus und der *Goldnen Arche* von Sebastian Franck.

Die seit Anfang der dreißiger Jahre unangefochtene Überlegenheit der protestantischen Bevölkerungsschicht, das Bekenntnis des Magistrats zur neuen Lehre und das Abklingen der heftigsten Polemik der Religionsparteien in der Stadt waren der Entwicklung der Offizin wohl förderlich gewesen. Aber in den vierziger Jahren setzte doch ein deutlicher Rückgang ein, obwohl viele Werke mehrere Auflagen erzielten. Daß Steiner gleichzeitig mit der für Augsburg demütigenden Niederlage im Schmalkaldischen Krieg 1547 fallierte, ist wohl Zufall.

Nur der Drucker Alexander Weißenhorn konnte dem Steinerschen Programm gleichzeitig noch die deutsche Erstausgabe der *Odyssee* des Homer und des *Goldenen Esel* von Apuleius hinzufügen[14]. Er stand allerdings im katholischen Lager und hat sich dort vor allem der scholastischen Werke von Johann Eck angenommen. Diese Gegenposition in den dreißiger Jahren hat dann dazu geführt, daß er nach Ingolstadt übersiedelte. Der Verlust war für Augsburg um so schmerzlicher, als 1537 der Bischof seine Nebenresidenz in Dillingen bezog und dort für weiteres katholisches Schrifttum eine eigene Druckerei errichtete, die bis ins nächste Jahrhundert bestand. So war nach dem Bankrott Steiners keine ehrgeizige oder finanzstarke Werkstatt mehr in Augsburg, die sein Erbe hätte antreten können. Die Materialien seiner Offizin gingen zu Egenolff nach Frankfurt und wurden noch mehrere Jahrzehnte in Neuauflagen verwendet.

Ein Anstoß zu humanistischer Bildung war auch von der 1531 gegründeten Lateinschule bei St. Anna und durch die Berufung von tüchtigen, in ihren Wissenschaftsfächern weit bekannten Lehrern ausgegangen[15]. Die Schule war nach den Vorbildern in anderen Städten die erste Anstalt unter der Aufsicht des Magistrats, die auf das Studium an einer Universität vorbereiten konnte. Sie war zunächst nur in drei Klassen gegliedert, in denen Latein, Musik und Religion gelehrt wurde. Das Absolvieren einer Klasse dauerte allerdings eineinhalb bis zwei Jahre. Erst nach einiger Zeit scheint sich der Unterrichtsstoff auf Mathematik, Rhetorik, Poesie und Griechisch ausgedehnt zu haben, wobei den Schülern die Wahl dieser Fächer vermutlich freigestellt wurde. Erst seit 1570 gab es eine Einteilung in neun Klassen, von denen die ersten beiden als Vorstufe zu werten sind. Für die letzten galt Griechisch als Pflichtfach, vornehmlich mit der Übersetzung biblischer Texte. Für die Lektüre in Latein war man auf Werke mit einem ethisch-religiösen Gehalt bedacht. Die Fähigkeit, am Ende der Schulzeit eine öffentliche Disputation in Latein zu halten, war zwar ein Ziel, aber es wurde sicher nur von wenigen Schülern erreicht. Wirkung und Erfolg der Schule waren, nach den Klagen der Lehrer zu schließen, wie in anderen Städten auch nicht sonderlich groß. Das lag vor allem daran, daß ein vernünftiges didaktisches System fehlte. Man begann vielmehr schon im Anfangsunterricht gleich mit Sentenzen und lernte an ihnen Wörter oder grammatikalische Formen. Erschwerend wirkte der sozial und wirtschaftlich niedrige Status der Lehrer, der in einem krassen Gegensatz zu ihren wissenschaftlichen Fähigkeiten stand.

Rektor war zunächst der aus Nijmegen stammende Humanist und Theologe Gerhard Geldenhauer, Grundlage des Unterrichts wahrscheinlich die Wittenberger Schulordnung Melanchthons. Nach erheblichen Anfangsschwierigkeiten und einer nur zögernden Förderung durch den Magistrat übernahm 1536 der aus Augsburg stammende Sixt Birk (Xystus Betuleius, 1501–1552) die Schule[16]. Er hatte sich in Basel durch biblische Schauspiele in deutscher Sprache einen Namen gemacht. In Augsburg übersetzte er sie ins Latein und fügte ihnen einige neue hinzu. Diese theologisch-didaktischen lateinischen Schulspiele waren nach den sicher bisher nicht sehr häufigen, jedenfalls nur spärlich belegten Theateraufführungen zumindest für die geistige Oberschicht der Stadt eine neue Attraktion. Auch die übrigen Lehrer bemühten sich, solche Schauspiele zu schreiben, vor allem Andreas Dither. Mit ihm zusammen hat Birk auch einen Teil der Berichte des Ferdinand Cortez über die Eroberung Mexicos übersetzt. Stefan Wächter (Vigilius) und Hieronymus Ziegler übertrugen für den Verlag Heinrich Steiners andere lateinische Werke ins Deutsche, sicher nicht zuletzt, um die spärliche Bezahlung aufzubessern. Dem Unterrichtsbetrieb kam es vielleicht nicht zustatten, daß Birk und seine Kollegen philologischen Ehrgeiz hatten, aber die Stadt legte Wert auf einen guten wissenschaftlichen Ruf ihrer Lehrer. Von Birk stammen immerhin Kommentare zu einigen Schriften Ciceros. Er hat in Augsburg auch die griechische Philologie durch die Erstausgabe der Sibyllinischen Weissagungen und eine Konkordanz zum Neuen Testament eingeführt.

Im Zusammenhang mit der Lateinschule steht die 1537 erfolgte Gründung der Stadtbibliothek aus den Resten der von den Mönchen verlassenen klösterlichen Sammlungen[17]. Sie wurde in Personalunion vom Leiter der Schule mitverwaltet und blieb so bis ins 19. Jahrhundert St. Anna verbunden. Birk hat sicher für einen Grundbestand an wichtigster Forschungsliteratur gesorgt. Ihm ist wahrscheinlich auch der Ankauf von 126 griechischen Handschriften eines von Korfu nach Venedig geflüchteten Kaufmanns und Sammlers, Antonius Eparchus, zu verdanken. Es waren Texte von Kirchenvätern und Quellen zur Geschichte des Oströmischen Reiches, die sehr schnell der Bibliothek ein großes Ansehen verschafft haben. Die damit noch stärker in den Vordergrund gerückte griechische Philologie war erst recht die Domäne von Hieronymus Wolf aus Oettingen (1516–1580), der zunächst nach unsteten Wanderjahren 1551 als Sekretär und Bibliothekar bei Hans Jacob Fugger angestellt wurde[18]. Er hatte sich bereits durch lateinische Übersetzungen der Reden des Demosthenes und des Isokrates einen Namen verschafft. In seiner neuen Position bearbeitete er Quellenwerke zur byzantinischen Geschichte, Handschriften, die Anton Fugger von seinem Faktor Hans Dernschwam erworben hatte. Diese Chroniken des Ioannes Zonaras, des Niketas Choniates, des Nikephoros Gregoras, samt einer Ergänzung durch die Türkenchronik des Laonikos Chalkokondyles umfassen den ganzen Zeitraum der Geschichte des Byzantinischen Reiches und sind in dieser Form griechisch und lateinisch als historiographisches Corpus bis ins 19. Jahrhundert gültig geblieben. Wolf ist damit zum Begründer der Byzantinistik in Deutschland geworden. Seine Editionen verlegte Johann Oporinus in Basel, nachdem es zwischen 1540 und 1580 in Augsburg keinen Drucker gab, der philologischen Ansprüchen genügt hätte.

Von 1557 bis 1580 leitete Wolf die Lateinschule bei St. Anna und gab ihr eine dringend notwendige neue Unterrichtsordnung. Neuausgaben von Werken des Epiktet und Cicero mit ausführlichen Kommentaren sollten neben ihrem wissenschaftlichen Zweck auch der Verwendung an Gymnasien dienen. Ihm ist der 1575 erschienene Katalog der griechischen Handschriften der Bibliothek zu verdanken, das erste gedruckte Verzeichnis dieser Art[19]. Der Stadtbibliothek sicherte Wolf wenigstens für einige Jahrzehnte einen festen Etat zur Vermehrung ihres Bücherbestands. Seiner Autorität ist es wohl auch zuzuschreiben, daß die Sammlung 1562 neben dem Gymnasium bei St. Anna ein eigenes, neuerrichtetes Gebäude erhielt, auch dies im deutschen Bereich bis dahin ohne Beispiel[20].

Der Bedeutung dieser wissenschaftlich-philologischen Regsamkeit entsprach in Augsburg nur noch die Sammeltätigkeit von Mitgliedern der Familie Fugger[21]. Sie bemühten sich fast ausnahmslos um eine universale Bildung, nahmen alle neuen wissenschaftlichen Erkenntnisse ihrer Zeit in ihren Lebensbereich auf und hielten an den Verbindungen fest, die sie durch ihre Studienreisen und international weitverzweigten Geschäftsbeziehungen geknüpft hatten. Mehrere Mitglieder legten große Büchersammlungen an, kauften Handschriften auf, ließen ihre Schätze im

französischen und italienischen Stil binden; sie erwarben antike oder imitierte Statuen, Medaillen, Gemmen und Kameen, richteten sich Kunstkammern und Bibliotheken ein oder lebten mit diesen Kunstobjekten in ihren nach dem Geschmack der Zeit aufs beste eingerichteten Stadtwohnungen. Ihr Interesse galt außerdem der wissenschaftlichen Numismatik, der Astronomie und Mathematik mit den dazugehörigen Instrumenten und nicht zuletzt der Musik.

Eng damit verbunden ist die Förderung von Publikationen in allen bedeutenden Druckerstädten Europas. Die zahlreichen Widmungen von Autoren zeigen, welche Unterstützung sie durch Mitglieder der Familie Fugger erfahren hatten. Der Pariser Drucker Heinrich Stephanus hat zum Beispiel viele Jahre mit einer festen Rente Ulrich Fuggers seine wissenschaftlichen Editionen herausgeben können, Oporinus in Basel konnte mit der Unterstützung von Anton Fugger die von Hieronymus Wolf übersetzten und kommentierten Texte publizieren, in Venedig erschienen musikalische Werke der zeitgenössischen Komponisten durch Finanzierung der Fugger, in Ingolstadt haben Apianus und Amantius ihre Inschriftensammlungen der Unterstützung aus Augsburg zu verdanken, der einheimische Arzt Occo III. konnte seine Geschichte der römischen Münzen nur durch den Einblick in die Fuggerschen Sammlungen und durch Zugang zu fremden Kollektionen mit Hilfe der Fugger zu einem guten Ende und zu einer Publikation bringen. Gewiß hat sich hier das meiste hinter verschlossenen Türen abgespielt, und das städtische Leben ist nicht unmittelbar davon berührt worden, aber den Philologen bei St. Anna und später bei den Jesuiten standen diese Türen offen. Man suchte ihren Rat und machte sie mit durchreisenden fremden Gelehrten bekannt. Agenten in Venedig, Antwerpen und Paris besorgten nach Aufforderung oder aufgrund eigener Vorschläge, was für Kunstkammer und Bibliothek erworben werden konnte. Vielleicht lenkten die nachgeborenen Söhne des großen Hauses ihr Interesse zu sehr auf Kunst und Wissenschaft. Häufig entnahmen sie dem Geschäft mehr Kapital, als ihm zuträglich war, oder sie setzten ihr eigenes Vermögen aufs Spiel. Hans Jacob Fugger mußte jedenfalls wegen völliger Verschuldung 1571 seine 12 000 Bände umfassende Bibliothek an den Herzog von Bayern verkaufen und in dessen Dienste treten. Nicht anders war es Ulrich Fugger schon 1567 ergangen. Damals hatte der Kurfürst von der Pfalz ihn durch Ankauf der Bibliothek von seinen Schulden befreit. Die Beschäftigung mit humanistischer Wissenschaft führte Marx Fugger dazu, sich selbst an Übersetzungen zu wagen. Er übertrug die Kirchengeschichte des Italieners Cäsar Baronius ins Deutsche[22], gab jesuitische Betrachtungsbücher heraus und schrieb über Pferdezucht, ein Gebiet, auf dem er praktische Erfahrung hatte. Der Einfluß der Fugger auf das geistige Leben der Stadt äußerte sich vor allem durch persönliche Förderung und die Stipendien, wie sie begabten, aber unbemittelten Bürgern zuflossen. Ärzte, Philologen, Juristen und Musiker verdankten ihre Ausbildung den Fuggern. Lange konnte sich mit dieser Familie keine andere messen, aber ihr Beispiel hat doch Schule gemacht. Soweit wie möglich versuchten auch die Kaufleute und Patrizier, diesen Lebensstil nachzuahmen und im Umkreis von Wissenschaft und Kunst Bildung und feinere Lebensart zu pflegen. Die Humanisierung lag ihnen wohl gerade nach den konfessionellen Auseinandersetzungen besonders am Herzen. Dies gilt für beide Konfessionen. Allen voran sind hier die Familien Rehlinger und Hainzel zu nennen und gegen Ende des Jahrhunderts die Welser. Bei der stetig wachsenden Bevölkerung wurde es notwendig, dem Medizinalwesen eine festere Ordnung zu geben. Neue wissenschaftliche Erkenntnisse durchzusetzen, war dabei allerdings, wie überall, nicht ganz leicht. Immerhin erschien bereits 1564 die erste Rezept- und Arzneiliste. Sie wurde Vorbild und Muster für viele andere Städte. 1582 kam die erste Medizinalordnung heraus, die Quacksalber aus der Stadt fernhalten sollte. Die Ärzte schlossen sich zu einem Collegium Medicum zusammen und gaben sich damit eine Art Selbstverwaltung[23].

Seit 1534 ist der bürgerliche Meistergesang sicher nachweisbar[24]. Ob es ihn schon seit der Mitte des 15. Jahrhunderts gegeben hat, ist nach den wenigen Quellen für seine Anfänge sehr zweifelhaft. Eher ist wohl anzunehmen, er sei eine Folge der Reformation, eine weitere Form bürgerlichen Selbstverständnisses und religiösen Eifers. Tatsächlich sind die ersten Jahrzehnte im wesentlichen von Texten und Me-

lodien biblischen und moraltheologischen Inhalts geprägt. Die 262 Mitglieder der Vereinigung während der Jahre 1535 bis 1614 gehörten insgesamt 60 verschiedenen Handwerksberufen an. Es fanden sich unter ihnen allerdings auch Schulmeister, Notare und Schreiber, die mit mehr Geschick den engen Vorschriften für Artistik in Wort und Gesang gerecht werden konnten und die Ansehen und Leistung der Sängerschule steigerten. Noch bevor sich die bis 1550 konfessionell einheitliche Gesellschaft stabilisiert hatte, brachen auch schon durch Wahl und Gebrauch von Liedern religiösen Inhalts wieder Streitigkeiten aus, die nur langsam beigelegt wurden. Hinzu kam stets der Versuch einzelner Mitglieder, die Aufführung von Schauspielen in den Vordergrund zu stellen, zumal sich mit Sebastian Wild und Abraham Schädlin begabte Autoren in den eigenen Reihen befanden. Trotz der anhaltenden Mißhelligkeiten zählten die Meistersinger um 1700 etwa 100 Mitglieder, sind einzelne über Augsburg hinaus durch ihre Lieder bekannt geworden, wie der deutsche Schulmeister Hans Rogel, haben andere in den unteren Rängen der deutschen Literatur einen ehrenvollen Platz, Onopherus Schwarzenberg etwa und die obengenannten Dramenschreiber. Immerhin ist aus dem Kreis der Meistersänger die erste deutsche Ilias-Übersetzung des Notars Jacob Spreng hervorgegangen[25].

In die geistige Nachbarschaft des Meistergesangs gehört das literarische Wirken der deutschen Schulmeister, ein Stand, der in Augsburg wohl sein Auskommen fand, wie man aus der Zahl der Schulen, aber auch den überlieferten Nachrichten über die Menge der Schüler schließen kann[26]. Die beachtlich vielen Schriftsteller unter ihnen beweisen, wie ehrgeizig und findig die Schulmeister waren, wie sie über den eigentlichen Schulbetrieb hinaus Talente zur Geltung brachten, um sich zusätzliche Einnahmen zu verschaffen. Der erwähnte Hans Rogel tat sich auch als Formschneider hervor. Viele hatten die Ambition, mit ihren Schülern Stücke aufzuführen, deren Stoffe der biblischen Geschichte oder spätmittelalterlichen Erzählungen entnommen waren. Von Sebastian Wild sind zwölf Dramen gesammelt herausgegeben worden. Das Interesse an der Vergangenheit bekundet sich in Versifikationen von Chroniken, etwa der Ulmer des Georg Braun, oder der allgemeinen Historie des Abraham Schieß. Spruchbücher und Liedersammlungen hat Georg Mair herausgegeben. Am eindrucksvollsten ist wohl das Werk des Abraham Schädlin, der seinen Übertritt zum katholischen Glauben in vielen Schriften rechtfertigte und in seinen Dichtungen ein eifriger Verfechter der altkirchlichen Lehre und ihrer hagiographischen Traditionen wurde. Begünstigend wirkte sich auf das geistige Leben dieser Art die seit 1550 zunehmende wirtschaftliche Prosperität aus. Diese Zeugnisse einer lebendigen Volkskultur sind nicht ohne den Hintergrund einer tiefen Frömmigkeit denkbar, aber sie sind auch immer noch Folgen heftiger religiöser Auseinandersetzungen, Spannungen und eines Bekenntniswillens. Die Augsburger Kleindrucker lebten von diesen bescheidenen literarischen Versuchen, wenn man einmal davon absieht, daß Schädlin sich nach dem gegenreformatorischen München hin orientierte und dort in Adam Berg seinen Verleger fand.

Insgesamt war mit dem Augsburger Verlagswesen nach 1550 nicht viel Staat zu machen[27]. Was herausgegeben wurde, kann den Umkreis der Stadt nicht sehr weit überschritten haben und konnte sich auf den großen Messen kaum sehen lassen. Ulhart und Schönigk haben ansehnliche Drucke herausgebracht, aber den deutschen Markt beherrschten Baseler und Straßburger Erzeugnisse, zunehmend auch Frankfurter Werke im Stil Heinrich Steiners, sogar mit dessen früheren Titeln. Der Holzschnitt spielte als Buchillustration in Augsburg kaum noch eine Rolle. Die Formschneider hatten Mühe, sich über Wasser zu halten, und versuchten, sich mit Flugblättern über politische Ereignisse, Himmelserscheinungen, Darstellungen von Verbrechen, kuriosen Naturereignissen und Mißwuchs durchzubringen. Das Nachrichtenwesen, die Verbreitung von politischen Meldungen, von militärischen Ereignissen in »Neuen Zeitungen« wurde zur vorherrschenden Form verlegerischer Tätigkeit. Immer noch konnten die weltweiten Beziehungen der Augsburger Kaufleute für Neuigkeiten sorgen. Sicher haben auch hier deutsche Schullehrer bei der Formulierung von Texten ihre Fähigkeiten beweisen können. Es gab genügend Händler, die in der näheren und weiteren Umgebung die Novitäten verbreiteten. Abgeschnitten von der Welt brauchte

man sich nicht zu fühlen, auch wenn man die Editionen der wissenschaftlichen Philologie anderen Städten überließ und die dickleibigen Erfolgsbücher der Zeit nicht in Augsburg erschienen. Der Buchhandel selbst lag sicher nicht brach, sonst wäre es nicht denkbar, daß der Augsburger Georg Willer in der zweiten Hälfte des 16. Jahrhunderts zu einem führenden Geschäftsmann werden konnte. Er hat als erster seit 1567 Kataloge der Frankfurter Messe veröffentlicht, in denen Saison für Saison die Neuerscheinungen bekanntgegeben und angeboten wurden, Kataloge, die heute unschätzbare Quellen für die Entwicklung des Buchhandels sind[28].

Ein Charakteristikum Augsburgs bleibt die seit der Mitte des 15. Jahrhunderts sich entfaltende Chronistik[29]. Auf den Grundlagen der Chroniken von Sigmund Meisterlin und Hektor Mülich haben viele fleißige Historiker längst Bekanntes aus anderen Quellen abgeschrieben, Ergänzendes hinzugefügt und eigene Erlebnisse und Erfahrungen in annalistischer Folge angehängt: Jörg Demer, dessen Chronik bis 1512 reicht, Matthäus Manlich, der bis 1545 berichtet, Wilhelm Rehm, der sich stärker auf die Geschichte des Patriziats und einzelner Familien konzentriert. Bis 1536 war der Benediktiner Clemens Sender als Chronist tätig. Den Ratsdienern Clemens Jäger und Paul Hektor Mair standen Urkunden und sonstige archivalische Quellen offen, so daß ihre Darstellungen einen authentischen Charakter haben. Jäger hat besonders durch sein Konsulatsbuch, das Vogtbuch und das Zunftehrenbuch eine respektable Darstellung der inneren Verhältnisse des Stadtregiments gegeben. Auch einige Familiengeschichten sind ihm zu verdanken. Sie sind – ein Zeichen der Hochschätzung der Vorfahren und ihrer Leistung, aber auch ein Beweis für die Überzeugung von der eigenen Tüchtigkeit und Bedeutung – mit viel Bildschmuck versehen worden. Unübertroffen in dieser Hinsicht sind Jägers *Österreichisches Ehrenwerk* und die Familienchronik der Fugger. Mair schrieb zwei Chroniken, die von 1547 bis 1565 sehr genau berichten, sammelte alle erreichbaren Dokumente oder Nachrichten und verfaßte ein Tagebuch. Es waren Vorarbeiten für eine geplante Stadtgeschichte, die nie zustande kam. Verdienstvoll sind seine Aufträge, Turniere mit den Ausrüstungen der Teilnehmer oder die Uniformen des städtischen Wachpersonals in Aquarellen festzuhalten. Auf ihn geht auch ein weitverbreitetes Holzschnittbuch mit der Darstellung von Rittern als Repräsentanten Augsburger Geschlechter und Ratspersonen zurück. Das großbürgerliche Selbstbewußtsein fand gerade in der Führung eines Wappens seine Bestätigung, denn das heraldische Sinnbild galt als erste Stufe zur Nobilitierung. Gegen Ende des Jahrhunderts findet man solche Wappen in Freundschaftsbüchern. Sie sind Stilisierungen der Selbsteinschätzung und eine Bestätigung des eigenen Wertes durch die Eintragungen von Freunden, durch deren Wünsche, Lobpreisungen oder sinnreiche, gelehrte Sentenzen[30].

Alle Bemühungen um eine Darstellung der Geschichte Augsburgs münden schließlich in dem großen annalistischen Werk des Mediziners Achilles Pirminus Gasser (1507–1577), das unter Mithilfe anderer Chronisten, vor allem Jägers, zusammengestellt wurde und bis 1576 reicht[31]. Da seine Tendenz eindeutig proreformatorisch war und sich am Ende gar noch gegen Maßnahmen der Stadt richtete, konnte es allerdings nicht in Augsburg selbst erscheinen. Es ist im übrigen die einzige Augsburger Chronik, die in dieser Ausführlichkeit im 16. Jahrhundert gedruckt wurde. Gasser war auch Mitarbeiter bei Sebastian Münsters *Cosmographia*. Seine übrigen literarischen Arbeiten reichten von der Medizin über die Astronomie und Theologie bis zur Druckvorbereitung der Evangelienharmonie des Otfried von Weißenburg, also eines althochdeutschen Textes.

Die Beschäftigung mit der Astronomie begleitete, seit Ratdolt die ersten Drucke spätrömischer und arabischer Gelehrter herausgegeben hatte, das ganze Jahrhundert. Sie gehörte ganz selbstverständlich zu dem Umgang mit den Sieben Freien Künsten, die zu beherrschen nach wie vor Ziel aller Gelehrsamkeit war[32]. Auch Wolf hat sich zum Beispiel in der Astronomie so gründlich ausgekannt, daß er mit dem berühmten dänischen Gelehrten Tycho Brahe korrespondieren konnte. Seine Neigung, die Kenntnisse ins Astrologische weiterzuführen und bestimmte Sternkonstellationen für Vorgänge in seinem Leben verantwortlich zu machen, kommt in seinen autobiographischen Aufzeichnungen häufig zum Ausdruck[33]. Der Bürgermeister Paul Hainzel, ein eifriger

Förderer aller Augsburger Gelehrten, beobachtete mit den neuesten Instrumenten die Gestirne. Wolf hat wohl 1575 den Mathematiker und Arzt Georg Henisch (1549–1618) an die Schule bei St. Anna berufen lassen[34]. Noch löste sich der Kreis der Augsburger Astronomen nicht von dem traditionellen geozentrischen Weltbild, aber die neuen Erkenntnisse des Kopernikus wurden diskutiert. Der Streit um die Einführung des neuen Kalenders belebte noch das Interesse an der Astronomie. Henisch hatte ein selbstverfaßtes Lehrbuch dieser Wissenschaft nach Augsburg mitgebracht, in den folgenden Jahren gab er mehrere Kometenflugschriften heraus und veröffentlichte jährlich einen Kalender, in den seine neuesten Beobachtungen eingingen. Er regte vermutlich auch an, gleichzeitig mit Elias Holls Neubau für die Schule 1614 bei dem benachbarten Bibliotheksgebäude den südlichen Turm zu erhöhen und dort eine Sternwarte einzurichten.

Johannes Keplers *Dioptrice* erschien 1611 als Erstdruck in Augsburg. Nach ihren Berechnungen baute sich der Jesuit Christoph Scheiner in Dillingen ein neues Fernrohr und entdeckte mit ihm die Sonnenflecken. Diese Beobachtungen und ihre graphische Darstellung wurden sofort in Augsburg publiziert. Einen Höhepunkt dieser Forschungen bilden auch die 51 zweckmäßig geordneten Himmelskarten mit fest umrissenen Sternbildern, die der Jurist Johann Bayer 1603 herausgab. Seine neuen Buchstabenbezeichnungen für Größe und Leuchtkraft einzelner Sterne sind bis heute gültig geblieben[35].

So wie die Gründung der Lateinschule bei St. Anna prägend gewirkt hatte, so entscheidend waren auch ein neuer Anstoß und eine Anregung des geistigen Lebens durch die Niederlassung von Jesuiten und die Eröffnung ihrer Lateinschule St. Salvator 1582[36]. Von militanten gegenreformatorischen Aktivitäten hielten sich die neuen Ordensleute nun frei. Sie stellten zwar bewußt ein Gegengewicht zu den zahlenmäßig dominierenden Evangelischen dar, aber über die Vermittlung von Wissen hinaus richtete sich ihr Ehrgeiz ganz auf die Vertiefung christlich-humanistischer Bildung, die Erneuerung alter Glaubensinhalte, auf die Interpretation von antiken und patristischen Schriften und auf eine neu aufblühende lateinische Dichtung. Hervorragende Gelehrte und Schriftsteller, Jacobus Pontanus (Spanmüller, 1542–1626), vorübergehend Matthäus Rader und Jacob Bidermann, gaben der Anstalt, der sehr bald auch ein Lyzeum und ein theologisches Seminar hinzugefügt wurden, von Anfang an ein hohes Niveau. Die Studienordnung von 1599 regelte endgültig die Einteilung des Unterrichtsstoffes nach drei Stufen: Grammatik, Humanität oder Poetik und Rhetorik. An ihr hatte vor allem Pontanus mitgewirkt, dessen lateinisches Übungs- und Lesebuch *Progymnastica Latinitatis* bis ins 18. Jahrhundert hinein über ganz Europa verbreitet war. Das schnelle Wachstum der Schule ist nicht zuletzt auf das angeschlossene Kolleg zurückzuführen, in dem die Schüler wohnen konnten. Dies wiederum veranlaßte evangelische Bürger, auch für die Lateinschule bei St. Anna ein solches Internat zu stiften. Die beiden Anstalten neben den Schulen entwickelten sich schnell zu wirkungsvollen Bildungsstätten.

Verdienstvoll sind bei St. Salvator die Aufführungen von geistlichen Dramen, die bei St. Anna einer strengeren pädagogischen Auffassung zum Opfer gefallen waren. Zur Erweiterung des geistigen Lebens trugen sicher auch die engen Beziehungen zu den benachbarten Niederlassungen der Jesuiten bei, insbesondere in München und an den Universitäten Dillingen und Ingolstadt. Daß die der Gründung der Schule vorausgegangenen Versuche, in Augsburg eine Ordensuniversität zu errichten, gescheitert waren, bleibt bedauerlich, wenn dadurch auch größere Konflikte zwischen den Konfessionen verhindert wurden. Ohne Hochschule waren die Möglichkeiten einer freien Reichsstadt, sich neben den aufstrebenden Residenzen der Territorialherren geistig zu entfalten, doch begrenzt.

An respektablen Bemühungen, bei den philologischen Forschungen Schritt zu halten, hat es hingegen nicht gefehlt. Die griechischen Handschriften der Stadtbibliothek bildeten auch nach dem Verlust der besten Fuggerschen Sammlungen noch eine solide Grundlage für Editionen und lockten Gelehrte aus der ganzen Welt an. Der Gräzist Hieronymus Wolf fand in seinem Schüler David Höschel (1556–1617) einen tüchtigen Nachfolger[37]. Neben ihm wirkte noch Georg Henisch bei St. Anna. Höschel begann sein schriftstellerisches Wirken 1587 mit einer Ausgabe

des Philo und ließ bald eine Sammlung von Homilien griechischer Kirchenväter folgen, ein Druck in griechischen Lettern, wie es ihn 40 Jahre in Augsburg nicht gegeben hatte. Diese Editionen und alle künftigen Planungen stießen sicher bei den finanzschwachen Augsburger Druckern und Verlegern auf große Schwierigkeiten, zumal die Werkstätten wahrscheinlich keine Korrektoren hatten. Aus der Verlegenheit half der Patrizier, Großkaufmann und spätere Stadtpfleger Marcus Welser (1558–1614), indem er 1594 den Verlag »Ad insigne pinus« gründete und ihm mit eigenem Kapital und Stiftungen finanzkräftiger Mitbürger ein sicheres Fundament gab[38]. Das einzigartige Unternehmen erhielt als Signet einen Pinien- oder Fichtenbaum mit dem Schriftband *Honos erit huic quoque pomo* (Auch dieser Frucht wird einmal Ehre widerfahren), womit bisherige Versäumnisse und zukünftige Erwartungen ausgedrückt waren. Ausgeführt wurden die Drucke von den Offizinen Michael Manger, Johann Praetorius, Christoph Mang und David Frank, die damit ihre Leistungsfähigkeit ganz erheblich steigerten und an den großen Aufgaben wuchsen.

Marcus Welser hatte die in der Augsburger Wirtschaftsnobilität übliche glänzende Ausbildung auf allen Wissenschaftsgebieten genossen und war viele Jahre in Frankreich und Italien gereist[39]. Die Verbin-

Signet des Verlags »Ad insigne pinus«.

dungen zu den bedeutendsten Philologen seiner Zeit pflegte er auch nach seiner Rückkehr in Augsburg weiter, zumal er für die Einrichtung einer großen Bibliothek ihren Rat benötigte. Befreundet war er mit den gebürtigen Augsburgern Marquard Freher am kurpfälzischen Hof und dem in Nürnberg als Ratskonsulent ansässigen Georg Rehm. Er korrespondierte mit dem Gräzisten Isaak Casaubonus in Paris, dem niederländischen Botaniker Carolus Clusius, dem Historiker Janus Gruter in Heidelberg, den Altphilologen Justus Lipsius und Joseph Scaliger in Leyden. Verbindungen gab es zu dem gelehrten Nürnberger Arzt Joachim Camerarius und zu dem Juristen Melchior Goldast in Gießen. Nicht zuletzt stand er auch in Beziehungen zu den schriftstellernden Jesuiten Heinrich Canisius, Christoph Scheiner, Christoph Clavius, Jacob Gretser und Andreas Schott, von denen jeder eine andere Disziplin vertrat und an einem anderen Ort saß. Außerdem hatte er das Vertrauen des Münchner Hofs. Seine streng katholische Auffassung hinderte ihn nicht, mit den evangelischen Gelehrten bei St. Anna freundschaftlich zu verkehren, wie er überhaupt jedem Konfessionsstreit fernstand, weil es ihm nur um wissenschaftliche Studien und gegenseitige Auskünfte ging.

Auf der Edition Peutingers aufbauend publizierte Marcus Welser erneut die römischen Denkmäler und Inschriften in Augsburg, schrieb eine Frühgeschichte seiner Vaterstadt, eine Darstellung des Afra-Martyriums in seinen Überlieferungen und publizierte erstmals die von ihm aufgefundene *Tabula Peutingeriana*. Für diese Veröffentlichung hatte er sich der berühmten venezianischen Druckerei des Aldus Manutius bedient, weil er dort die besten Aussichten für eine Beachtung und Verbreitung erwartete. Es bestand wohl die Absicht, griechische Handschriften der Stadtbibliothek zu edieren, aber dazu kam es nur partiell. Werke, die ihm wichtiger erschienen, wurden jedenfalls vorgezogen. Dabei stützte man sich auf Handschriften aus Bibliotheken in München, Heidelberg, Polling, Regensburg und Rom, aber auch aus den privaten Sammlungen einiger schon erwähnter Briefpartner. Andererseits wurden Augsburger Manuskripte den Jesuiten für Editionen in Ingolstadt und München überlassen, und man verglich gegenseitig Parallel-Handschriften, um zu einer authentischen Textfassung zu kommen. So gingen für kritische Ausgaben Bücher durch viele Hände, in einem Austausch, wie er heute kaum noch vorstellbar ist. An ein einheitliches Verlagsprogramm war wohl nicht gedacht, auch wenn der Schwerpunkt bei griechischen patristischen Texten und Werken aus dem byzantinischen Kulturbereich lag. Der Bestand der Augsburger Bibliothek, der keine klassischen Schriftsteller enthielt, war hier bestimmend. An Autoren sind zu nennen die Kirchenväter Johannes Damascenus, Gregor von Nyssa und Gregor von Nazianz, die Patriarchen Photius und Origines, der sogenannte Horapollo und der Lexikograph Phrynichios; hinzu kommen die *Illyrike* des Appian, eine Sammlung kleinerer Geographen und die Biographie Alexios I. von seiner Tochter Anna Comnena. Sie alle stammen von Höschel. Größtenteils sind es Erstausgaben, häufiger Schriften, die nur in dieser Überlieferung bekannt sind. Die lateinische Übersetzung ist für »Halbgebildete« meist beigegeben.

Auffällig schwach ist dagegen die lateinische Philologie vertreten. An Umfang gewaltig präsentiert sich allerdings eine Sammlung aller nachweisbaren Kommentare zu Virgil von Pontanus. Sonst sind nur noch zwei Erläuterungsschriften zu dem römischen Architekturtheoretiker Vitruv aus der Feder des Italieners Bernardino Baldi zu erwähnen. Er lieferte auch noch Kommentare zu einer gerade aufgefundenen altitalischen Schrifttafel. Die enzyklopädische Denkweise des Gelehrtenkreises um den früchtetragenden Baum zeigt sich an der Publikation von Scheiners Entdeckung der Sonnenflecken, Bayers Himmelsatlas und zwei mathematischen Abhandlungen Henischs, aber auch an seiner griechisch-lateinischen Ausgabe der medizinischen Schriften des Aretaeus. Von Welser selbst ist bemerkenswert die Editio princeps des berühmten Falkenbuchs Friedrichs II. Seine Fähigkeiten als Historiker beweist er nochmals bei einer lateinisch geschriebenen Geschichte Bayerns bis zum Zeitalter Karls des Großen. Der herzogliche Hof hatte ihm dafür alle archivalischen Quellen geliefert und hätte gern noch eine Fortsetzung erlebt. Aber es kam nur noch zu einer deutschen Übersetzung von seinem Bruder Paul. Die übrigen Publikationen Welsers haben einen leicht bekenntnishaften Charakter und zeigen, wie stark er neben seiner

Weltoffenheit und religiösen Toleranz doch auch an der alten Glaubensform und Kirche hing: die Viten des hl. Severinus und des hl. Ulrich, ferner eine Sammlung aus den Werken des Mystikers David von Augsburg.

Nach der Jahrhundertwende machte sich bei »Ad insigne pinus« geltend, daß die katholische Kirche in den letzten zwanzig Jahren durch die Tätigkeit der Jesuiten und durch eine Konsolidierung des klösterlichen Lebens bei St. Ulrich und Afra an Boden gewonnen hatte. Bei der nun stark betonten Hagiographie konnte sich die Niederlegung eines christlichen Tugendideals mit historischer Forschung und Paläographie verbinden. Der Benediktiner Karl Stengel (1581–1663) edierte eine Vita des Wilhelm von Hirsau und eine Lebensbeschreibung des Wilhelm von Aquitanien, ein Kupferstichwerk mit Erläuterungen zum Leben von Augsburger Heiligen, Augustinus' Schrift *De gestis Pelagii* und eine Übersetzung von Arnold Wions Benediktinergeschichte[40]. Ganz theologischen Charakter haben eine Christologie und eine Mariologie. Ähnlicher Art sind die Schriften der Jesuiten Matthäus Rader und Georg Mayer. Aus einem ursprünglich rein wissenschaftlich philologischen Programm war man stärker ins Theologische hinübergewechselt, doch ohne im geringsten polemisch zu werden. An der Ernsthaftigkeit des Unternehmens war nicht zu zweifeln. Allerdings geriet der Verlag offensichtlich zunehmend in Finanzschwierigkeiten. Nach dem Tode Marcus Welsers 1614 brach er zusammen. Die Welsersche Handelsgesellschaft wurde für bankrott erklärt, eine Maßnahme, die bis dahin nur das große Ansehen des gelehrten Familienmitglieds verhindert hatte. Es wird sicher zu Recht vermutet, für den Verlag sei zuviel Geld aus dem Geschäft gezogen worden. Tatsächlich ist nicht gut denkbar, daß er auch nur mit einem bescheidenen Gewinn gearbeitet hat. Als drei Jahre später auch Höschel starb, brachen die Beziehungen zu den Gelehrten im Umkreis des Unternehmens ebenfalls ab. Henisch konnte 1617 noch das erste deutsche Wörterbuch mit etymologischen Erklärungsversuchen und polyglotten Hinweisen auf fünf andere Sprachen herausgeben. Er kam jedoch nur bis zum Buchstaben G.

Dem lobenswerten Versuch, sich mit Editionen aus vielen Wissenschaftsgebieten, mit historischen Darstellungen und mit der Bekanntmachung neuentdeckter Dokumente des Altertums und des Mittelalters den Forschungsstätten an Universitäten und Höfen ebenbürtig zu zeigen, war nur ein kurzer Erfolg beschieden. Immerhin hat der Verlag »Ad insigne pinus« in knapp zwanzig Jahren rund 70 Werke herausgebracht. Seine Tätigkeit bedeutete für Augsburg eine Wiederbelebung des Humanismus, eines Forschungseifers, wie ihn Peutinger mit seiner Sodalitas angestrebt hatte, und eine Regeneration für das Druckergewerbe. Bis in den Dreißigjährigen Krieg hielten sich die Werkstätten vor allem mit Publikationen theologisch-kirchlichen Charakters auf einem beachtlichen Niveau. Sie lebten auch von der Herstellung »Neuer Zeitungen« und »Relationen« über politische und militärische Tagesereignisse. Die Nachrichten flossen der noch in voller wirtschaftlicher Blüte stehenden Stadt von allen Seiten zu. Davon profitierten auch Formschneider und Briefmaler für ihre derbe Veranschaulichung sensationeller Vorgänge.

Wichtig für die Weiterentwicklung des Verlagswesens ist die Einführung des Kupferstichs als Illustrationsmittel seit ungefähr 1580[41]. Es ergaben sich nun ganz andere Möglichkeiten der Buchillustration durch die Verwendung von Tafelbildern, die den Text meist ganzseitig begleiteten oder ihm als Titelblatt und Zwischentitel beigegeben wurden. Der Verlag »Ad insigne pinus« hatte sich insbesondere für die hagiographischen und theologischen Schriften der üppigen, mit Architekturaufbau und Allegorien versehenen plakativ wirkenden Titelblätter bedient. Andererseits benötigten die Kupferstecher – es sind im wesentlichen Dominikus Custos und seine Stiefsöhne Lukas und Wolfgang Kilian – typographisch gesetzte Kommentare für die von ihnen herausgegebenen Porträtfolgen europäischer Herrscherhäuser, der Familie Fugger, der Stadtpfleger oder etwa für die Wiedergabe von Gemälden mit fingierten Porträts griechischer Kirchenväter, die in der Stadtbibliothek liegen. Textliche Erklärungen, vielleicht sogar in gereimter Form, benötigten sie auch für ihre Einblattdrucke im Kupferstich, die sie den Flugblättern der Formschneider nachbildeten. Sie waren jedoch vornehmer in der Form und bevorzugten die didaktische oder religiös-moralische Belehrung und Ermahnung. Die genannten Stecher richteten die ersten Kunstverlage in Augsburg ein, Unternehmungsformen, die nach dem Dreißigjährigen Krieg größte Bedeutung erlangten.

Mit dem Ausbruch des Krieges wurden der Entfaltung geistigen Lebens neue Fesseln angelegt, auch wenn es in Augsburg bis 1629 keine Konfessionsstreitigkeiten gab und die Stadt bis 1632 von Kriegshandlungen verschont blieb. Die weiterhin gepflegte Chronistik beschränkte sich zunehmend kleinlich auf stadtgeschichtliche Vorgänge. So verdienstvoll auch die Aufzeichnungen aus der Feder einiger Bürger des Mittelstands sein mögen, für eine kritische Beurteilung selbst lokaler Ereignisse fehlte ihnen jeder Weitblick[42]. Hervorzuheben ist allenfalls der Benediktiner Reginbald Möhner, dessen Chronik zur Zeitgeschichte und Genealogien am ehesten als wichtige Quellen anzusehen sind. Mit dem Restitutionsedikt wurde 1629 das bisher erträgliche und teilweise fruchtbare Zusammenleben der beiden Konfessionen gegen den Willen der Bevölkerung zerstört. Der lebhafte Briefwechsel des neuen Rektors bei St. Anna, Elias Ehinger (1573–1653), mit einigen Jesuiten kam zum Erliegen[43]. Ehinger fühlte sich bei aller universalen Bildung in erster Linie als Theologe. Unter seinen zahlreichen Werken aus den verschiedensten Wissensgebieten ist jedoch keines von bleibendem Wert. Am wichtigsten erscheint sein noch 1633 gedruckter Gesamtkatalog der Stadtbibliothek.

Das Gymnasium bei St. Anna befaßte sich während der schwedischen Besetzung 1632–1634 mit einer Reform und der stärkeren Betonung des Unterrichts in der deutschen Sprache nach der Methodenlehre des Wolfgang Ratichius, aber dies kam wohl erst nach dem Kriege zur Wirkung[44]. Als 1631 im Zuge der radikalen Unterbindung des protestantischen Kultus die Lehrer bei St. Anna sich weigerten, ihrem evangelischen Bekenntnis abzuschwören, wurde die Schule den Jesuiten überlassen. Das Bibliothekariat blieb von 1635 bis zum Kriegsende unbesetzt. Die Stadt konnte keinen Gulden mehr für ihre vor kurzer Zeit noch so hochgeschätzte Bildungsstätte aufwenden. Nach dreißig Jahren Elend, völliger Verarmung und infolge der neu aufgerissenen Kluft zwischen den Konfessionsparteien gab es nicht viele Anknüpfungspunkte an die Zeit vor dem Krieg. Die Welt hatte sich verändert, und geistiges Leben mußte sich erst neu entwickeln.

Ältere Literatur wurde im allgemeinen nicht berücksichtigt. Wo sie zitiert wird, handelt es sich um grundlegende Darstellungen, die noch nicht überholt, allenfalls ergänzt sind. Aus der neueren Literatur sind nur die Werke ausgewählt, die ein Thema erschöpfend behandeln und alle Quellen sowie das dazugehörige Schrifttum angeben.

1 Für die Epoche fehlt eine ausführliche Darstellung, obwohl sie unter den verschiedensten Gesichtspunkten ausreichend erschlossen ist. Einen Überblick gibt Norbert Lieb: Augsburgs Anteil an der Kunst der Maximilianszeit. In: Jacob Fugger, Kaiser Maximilian und Augsburg, Augsburg 1959, S. 59–76.

2 Eine alle Tätigkeiten umfassende Biographie Peutingers steht noch aus, auch wenn es bereits zahlreiche gründliche Untersuchungen über sein Wirken gibt. Am ausführlichsten sind Erich König: Peutingerstudien, Freiburg 1914 (Studien und Darstellungen aus dem Gebiet der Geschichte 9,1 u. 2); ders., Konrad Peutingers Briefwechsel, ges., hrsg. u. erläutert von Erich König, München 1923 (Veröffentlichungen der Kommission für Erforschung der Reformation und Gegenreformation. Humanisten-Briefe 1); Rudolf Pfeiffer: Conrad Peutinger und die humanistische Welt. In: Augusta, S. 179–186; Heinrich Lutz: Conrad Peutinger. Beiträge zu einer politischen Biographie, Augsburg 1958 (Abhandlungen zur Geschichte der Stadt Augsburg 9).

3 Lieb, passim; Josef Bellot: Konrad Peutinger und die literarisch-künstlerischen Unternehmungen Kaiser Maximilians. In: Philobiblon 11 (1967), S. 171–190.

4 Alfred Schröder: Der Humanist Veit Bild, Mönch bei St. Ulrich. In: ZHVS 20 (1893), S. 173–227; Andreas Bigelmaier, in: NDB 2 (1955), S. 235.

5 Ludwig Geiger, in: ADB 3 (1876), S. 184–186; zuletzt Wolfgang Meretz (Hrsg.): Nachdruck des Rechenbuches »Ain neugeordnet Rechenbüchlein«, 3. Aufl., Augsburg 1518, Berlin 1983.

6 Hier kann nur verwiesen werden auf Franz Anton Veith: Bibliotheca Augustana [...], Bd. 1, Augsburg 1785, S. 139–148.

7 Über die Anfänge des Schulwesens siehe Paul Joachimsen: Augsburger Schulmeister und Augsburger Schulwesen in vier Jahrhunderten. In: ZHVS 23 (1896), S. 177–247; Karl Köberlin: Geschichte des humanistischen Gymnasiums bei St. Anna in Augsburg 1531–1931, Augsburg 1931.

8 Ludwig Geiger, in: ADB 19 (1884), S. 655–657; zuletzt Klaus Wolfgang Niemöller: Otmar Luscinius, Musiker und Humanist. In: Archiv für Musikwissenschaft 15 (1958), S. 41–59.

9 Ratdolt ist zuletzt und am gründlichsten dargestellt bei Paul Geissler: Erhard Ratdolt. In: Lebensbilder Schw. 9 (1966), S. 97–153.

10 Eine Zusammenstellung aller Drucker bei Josef Benzing: Die Buchdrucker des 16. und 17. Jahrhunderts im deutschen Sprachgebiet, 2. verb. u. erg. Aufl., Wiesbaden 1982 (Beiträge zum Buch- und Bibliothekswesen 12), S. 12–17. Eine neuere Augsburger Druck- und Verlagsgeschichte fehlt. Einen Überblick vermittelt Josef Bellot: Augsburg – Porträt einer Druckerstadt. In: Zeitschrift für Bibliothekswesen und Bibliographie 17 (1970), S. 247–264; ausführlicher für den Frühdruck ders., Augsburger volkssprachliches humanistisches Schrifttum und seine Illustration 1520–1550. In: Amtsblatt der Stadt Augsburg Jg. 1982, S. 137f., 141f., 146 (Sonderdruck 1982).

11 Über Leonhard Wagner und die Proba s. Alfred Schröder: Leonhard Wagners Proba centum Scripturarum. In: AGHA 1 (1909–11), S. 372–385; Carl Wehmer: Leonhard Wagners Proba centum Scripturarum. Begleittext zur Faksimileausgabe, Leipzig 1965; Walther Pötzl: Der Kalligraph Leonhard Wagner aus Schwabmünchen. In: Jahresbericht des Heimatvereins für den Landkreis Augsburg 1973, S. 106–133.

12 Von den rund 3700 Ausgaben lutherischer Schriften, die zu seinen Lebzeiten erschienen, gehören 530 nach Augsburg, 375 nach Nürnberg und 288 nach Straßburg. Gezählt nach Josef Benzing: Lutherbibliographie, Baden-Baden 1966 (Bibliotheca Bibliographica Aureliana 10, 16, 19).

13 Für das folgende s. Bellot, Augsburger volkssprachliches humanistisches Schrifttum. Eine eingehende Bibliographie der Steinerschen Drucke und eine Würdigung seiner Tätigkeit stehen noch aus.

14 Ingrid Eiden und Dietlind Müller: Der Buchdrucker Alexander Weißenhorn in Augsburg 1528–1540. In: Archiv für Geschichte des Buchwesens 11 (1971), Sp. 527–592.

15 Für die Anfänge der Schule s. Joachimsen und Köberlin; ferner zuletzt: 450 Jahre Gymnasium bei St. Anna in Augsburg, Augsburg 1981.

16 Ernst Messerschmid: Sixtus Birk, ein Augsburger Humanist und Schulmeister zur Zeit der Reformation, Diss. phil. Erlangen 1923; Helene Levinger: Augsburger Schultheater unter Sixt Birk, Diss. phil. Erlangen 1930; Richard Schmidbauer: Die Augsburger Stadtbibliothekare durch vier Jahrhunderte, Augsburg 1963 (Abhandlungen zur Geschichte der Stadt Augsburg 10); eine kritische Ausgabe der sämtlichen Dramen Birks erscheint seit 1969.

17 Georg Caspar Mezger: Geschichte der vereinigten königlichen Kreis- und Stadt-Bibliothek in Augsburg; Augsburg 1842. Ein Gründungsstatut oder andere urkundliche Dokumente existieren nicht. Die einzigen Zeugnisse für die Frühgeschichte der Bibliothek liefern Achilles Pirminus Gassers »Annales Augustani«, eine handschriftlich überlieferte Chronik, von der 1595 in Frankfurt eine deutsche Ausgabe gedruckt wurde; zuletzt Josef Bellot: Die literarisch-philologische Tätigkeit der ersten Rektoren bei St. Anna und der Humanismus in Augsburg. In: 450 Jahre Gymnasium bei St. Anna, S. 34–38.

18 Zu Wolf s. Schmidbauer, S. 58–75; Hans-Georg Beck, in: Lebensbilder Schw. 9 (1966), S. 169–193; zuletzt Bellot, Die literarisch-philologische Tätigkeit, S. 38–42.

19 Catalogus graecorum librorum manuscriptorum Augustanae bibliothecae [. . .], Augsburg 1575. Es ist eigentlich nur ein Verzeichnis der Titel aller in den Handschriften nachgewiesenen Texte. Die zweite, wesentlich erweiterte Ausgabe veröffentlichte David Höschel bereits 1595. Die Handschriften wurden bei der Mediatisierung der Stadt 1806 an die damalige Hofbibliothek in München abgegeben.

20 Mezger, S. 10f.

21 Norbert Lieb: Die Fugger und die Kunst im Zeitalter der hohen Renaissance, München 1958 (Studien zur Fuggergeschichte 14); Paul Lehmann: Eine Geschichte der alten Fugger-Bibliotheken. Bd. 1 u. 2, Tübingen 1956–1960 (Studien zur Fuggergeschichte 12, 15); Hermann Kellenbenz: Augsburger Sammlungen. In: Welt im Umbruch (Ausstellungskatalog). Bd. 1, Augsburg 1980, S. 76–88.

22 Georg Lutz: Marx Fugger (1529–1597) und die Annales ecclesiastici des Baronius. In: Baronio storico e la controriforma. Atti del convegno internazionale di studi Sora, 6.–10. ottobre 1979, Sora 1982, S. 423–545.

23 Zum Medizinalwesen siehe Gerhard Gensthaler: Das Medizinalwesen der Freien Reichsstadt Augsburg bis zum 16. Jahrhundert. Mit Berücksichtigung der ersten Pharmakopöe von 1564 und ihrer weiteren Ausgaben, Augsburg 1973 (Abhandlungen zur Geschichte der Stadt Augsburg 21). Die frühere Literatur enthält viele Irrtümer. Die genannten Werke sind beschrieben in: Welt im Umbruch, Bd. 1, Nr. 334–337.

24 Fritz Schnell: Zur Geschichte der Augsburger Meistersingerschule, Augsburg 1959 (Abhandlungen zur Geschichte der Stadt Augsburg 11).

25 Dieser und die folgenden Abschnitte sind zusammenfassend dargestellt bei Leonhard Lenk: Augsburger Bürgertum im Späthumanismus und Frühbarock, Augsburg 1968 (Abhandlungen zur Geschichte der Stadt Augsburg 17). Zu Schwartzenbach siehe Bernd-Friedemann Schultze: Der Augsburger Meistersinger Onoferus Schwartzenbach. Texte und Untersuchungen, Göppingen 1982 (Göppinger Arbeiten zur Germanistik 336). Zu Spreng siehe Rudolf Pfeiffer: Die Meistersingerschule in Augsburg und der Homerübersetzer Johann Spreng, München 1919 (Schwäbische Geschichtsquellen und Forschungen 2).

26 1568 gab es 38 deutsche Schulen in Augsburg. Ihre Zahl sank bis 1623 auf 24; vgl. Lenk, S. 124. Über diese Schulen und ihre Wirksamkeit siehe L. Greiff: Beiträge zur Geschichte der deutschen Schulen Augsburgs, Augsburg 1838; Max Radlkofer: Die schriftstellerische Tätigkeit der Augsburger Volksschullehrer im Jahrhundert der Reformation, Augsburg 1903; Lenk, S. 121–126.

27 Die Zeit von 1550 bis 1590 ist für das Druck- und Verlagswesen noch nicht erforscht.

28 K. Steiff, in: ADB 433 (1898), S. 368f.; Heinrich Grimm: Die Buchführer des deutschen Kulturbereichs [. . .] In: Archiv für Geschichte des Buchwesens 7 (1967), Sp. 1301–1306.

29 F. Frensdorf, in: DStChr 4, S. XXXV–XLV; Carla Kramer-Schlette: Vier Augsburger Chronisten der Reformationszeit, Lübeck und Hamburg 1970 (Historische Studien 421). Die

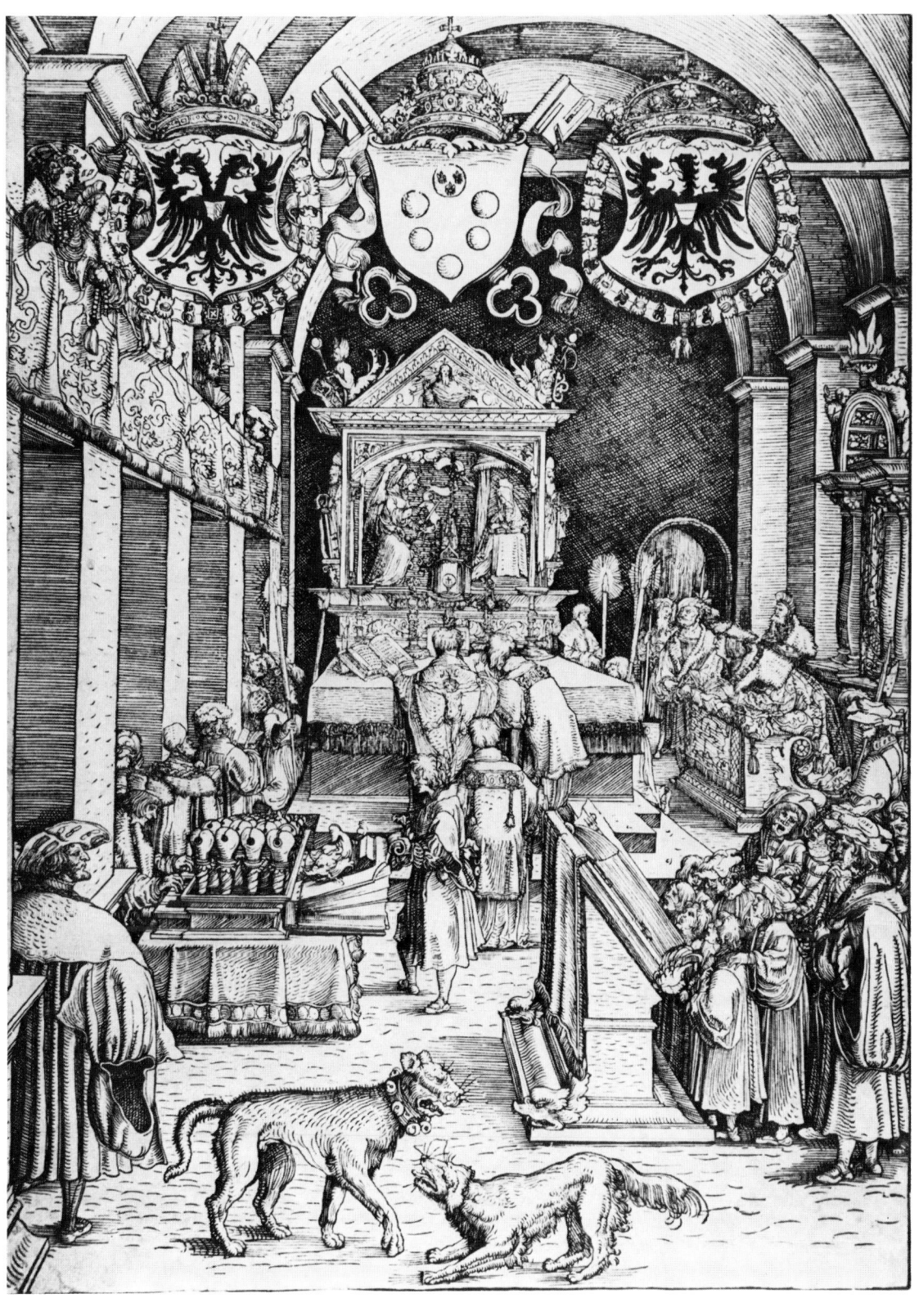

Abb. 58 Kaiser Maximilian I. hört bei seinem letzten Augs-
burger Aufenthalt 1518 in der Kapelle des Kardinals
Matthäus Lang von Wellenburg die Messe. Holzschnitt des
Petrarca-Meisters, 1519. Im Vordergrund links: Paul Hof-
haimer am Tasteninstrument, einem »Apfelregal«

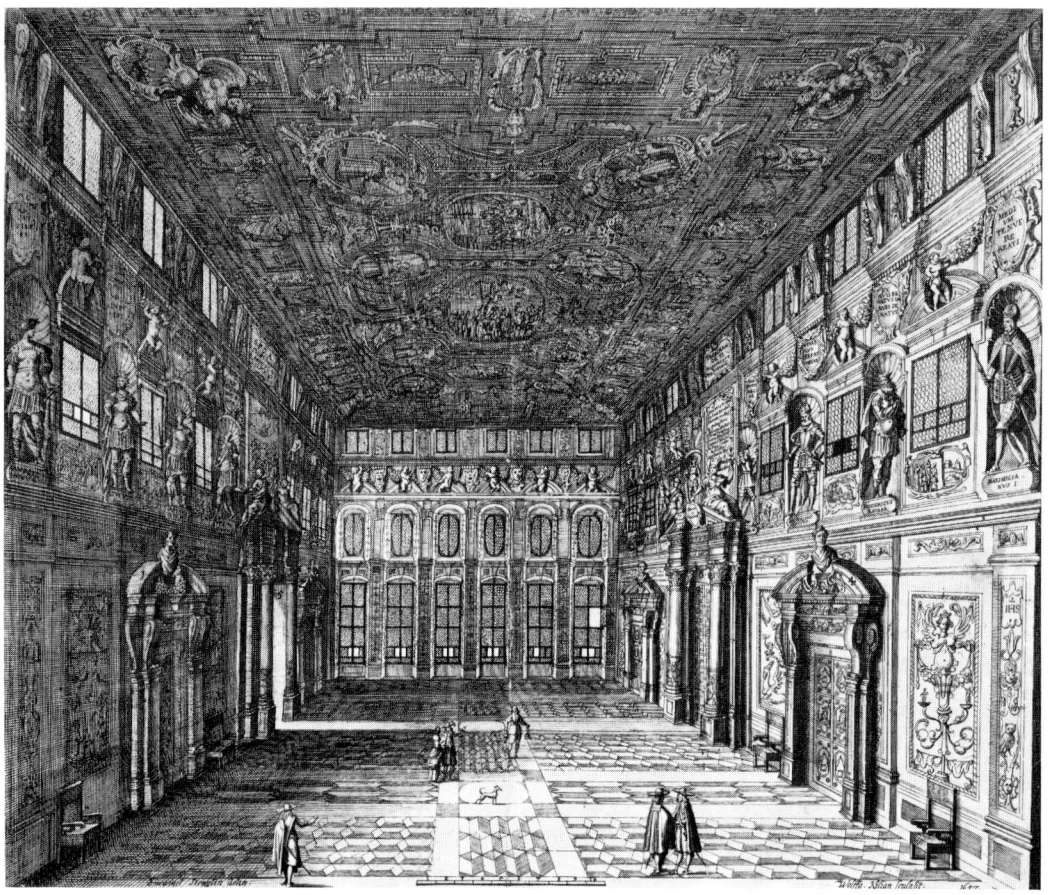

Abb. 59 Ansicht des Rathauses (rechts) und des Perlachtur-
mes. Kupferstich von Lukas Kilian, 1619, gezeichnet von
Matthias Kager

Abb. 60 Ansicht des Goldenen Saals im Rathaus von Westen. Kupferstich von Wolfgang Kilian, 1657, gezeichnet von
Emanuel Stenglin

wichtigsten Chroniken sind veröffentlicht in: DStChr 4, 5, 22, 23, 25, 29, 32, 33, 34.

30 Lenk, S. 188–192; Stammbücher in: Welt im Umbruch, Bd. 1, Nr. 375–381.

31 Karl Heinz Burmeister: Achilles Pirmin Gasser. 1505–1575. Arzt und Naturforscher, Historiker und Humanist, Bd. 1–3, Wiesbaden 1970–1975; Zur Editionsgeschichte der Annalen siehe Günter Richter: Christian Egenolffs Erben 1555–1667. In: Archiv für Geschichte des Buchwesens 7 (1967), Sp. 793–799.

32 Für die Astronomie siehe Lenk, S. 175 f.; Inge und Karl-August Keil: Astronomie am Gymnasium bei St. Anna. In: 450 Jahre Gymnasium bei St. Anna, S. 12–14.

33 Über den Aufenthalt Tycho Brahes in Augsburg 1569/70 und 1575 s. Inge und Karl-August Keil, S. 12. Die autobiographischen Aufzeichnungen Wolfs sind publiziert in: Oratores graeci. Hrsg. v. J. J. Reiske, Leipzig 1773, S. 772–876.

34 Lenk, S. 176–182; Siegfried Spring: Georg Henisch, Prof. bei St. Anna. In: 450 Jahre Gymnasium bei St. Anna, S. 47–62.

35 Johann Bayer: Uronometria, Augsburg 1603. Eine 2. erw. Aufl. gab Jakob Bartsch, der Schwiegersohn Keplers, heraus. Von Julius Schiller stammt eine veränderte Ausgabe mit christianisierten, nach Heiligen benannten Sternbildern, 1627. Vgl. Welt im Umbruch, Bd. 1, Nr. 353.

36 Lenk, S. 135–139; Die Jesuiten und ihre Schule St. Salvator in Augsburg 1582 (Ausstellungskatalog), Augsburg 1982.

37 Schmidbauer, S. 101–112; Lenk, S. 170–172; Lenk, in: NDB 9 (1972), S. 368 f.

38 Georg Wilhelm Zapf: Vorläufige Nachricht von der ehemaligen berühmten Privatbuchdruckerey Ad insigne pinus [...]. Augsburg 1804; Lenk, S. 160–175; ein Verzeichnis der Verlagserzeugnisse bei Lenk, S. 221–223; Josef Bellot: »Ad insigne pinus«. In: Börsenblatt für den deutschen Buchhandel. Frankfurter Ausgabe. Beil. Buchhandelsgeschichte, S. B 697–709.

39 Friedrich Roth, in: ADB 41 (1896), S. 687–790; Paul Joachimsen: Marx Welser als bayerischer Geschichtsschreiber, München 1905 (Programm des Kgl. Wilhelmgymnasiums in München 1904/1905).

40 Ambrosius Kienle, in: Wetzer und Welte's Kirchenlexikon. Bd. 11, 2. Aufl., Freiburg 1899, Sp. 756 f.

41 Albert Haemmerle: Die Augsburger Künstlerfamilie Kilian, Augsburg 1922; Maria Lanckoronska: Die Augsburger Druckgraphik des 17. und 18. Jahrhunderts. In: Augusta, S. 347–362.

42 Lenk, S. 188–199.

43 Halm, in: ADB 5 (1877), S. 697 f.; Schmidbauer, S. 112–126.

44 Köberlin, S. 155–166; Lenk, S. 128–130.

Augsburger Schreibsprache

von Elvira Glaser

Der folgende Beitrag behandelt den Verlauf der sprachlichen Entwicklung im spätmittelalterlichen und frühneuzeitlichen Augsburg. Ich beschränke mich dabei auf die Schreibsprachentwicklung, da diese bei der Beschäftigung mit Epochen, aus denen nur schriftliche Zeugnisse überliefert sind, zunächst im Vordergrund stehen muß, bevor lauthistorische Interpretationen über die Entwicklung der Mundart folgen können. Darüber hinaus liegt die Bedeutung der Stadt Augsburg gerade in ihrem speziellen Beitrag zur Herausbildung der neuhochdeutschen (nhd.) Schriftsprache. Das wird von der Forschung seit langem betont[1], wobei besondere Aufmerksamkeit für die Schreibsprache des 14. bis 16. Jahrhunderts gefordert wird, da die »Augsburger Subvariante der oberdeutschen Literatursprache« im 16. Jahrhundert sogar als Hauptrivalin der ostmitteldeutschen Variante und somit auch der Bibelsprache Luthers angesehen werden kann[2]. Augsburg hat als eines der wichtigsten Zentren der oberdeutschen Gemeinsprache, des »Gemeinen Deutsch«, wie der der kaiserlichen Kanzlei nahestehende südöstliche Sprachtyp seit Ende des 15. Jahrhunderts genannt wurde[3], zu gelten. Obwohl damit allgemein die Notwendigkeit der Erforschung der Augsburger Schriftlichkeit anerkannt wird, hat sie dennoch in der sprachhistorischen Forschung bislang nicht genügend Beachtung gefunden, so daß der Gang der Sprachentwicklung bis zum Durchdringen der nhd. Schriftsprache nicht ohne Lücken nachgezeichnet werden kann. Einige umfassendere sprachgeschichtliche Abhandlungen und historische Grammatiken haben Augsburger Quellen regelmäßig miteinbezogen und machen mehr oder weniger ausführliche Angaben dazu[4]. Der Ansatz zu einer Geschichte der Augsburger Schreibsprachentwicklung, den die schon früh entstandene Arbeit von Scholz[5] darstellt, ist bedauerlicherweise bis heute noch nicht weitergeführt worden. Die wenig später erschienene Skizze Mosers[6], die immerhin bis ins 17. Jahrhundert reicht, ist dagegen zu grob, zumal sie kaum auf entsprechende Sekundärliteratur oder eigene Untersuchungen zurückgreifen konnte. Inzwischen liegt nun eine Reihe von Arbeiten vor, die die Augsburger Verhältnisse thematisieren oder doch zumindest miteinbeziehen. Seit einigen Jahren ist an der Universität Augsburg ein Projekt mit der sprachwissenschaftlichen Erforschung der Augsburger Schriftlichkeit befaßt[7]. Die vorliegenden Untersuchungen sind für diesen Abriß herangezogen worden, der infolgedessen deren thematische Begrenzung wie auch methodische Heterogenität widerspiegelt. So ist bislang vornehmlich der graphemisch-phonologische Bereich, also das eng begrenzte Inventar der Schriftzeichen und Laute, Gegenstand der Forschung gewesen. Im einzelnen bestehen aber auch hier Differenzen in der Auswahl der Phänomene und der Genauigkeit der mitgeteilten Fakten, was die Gesamtschau erschwert. Ein Großteil der vorliegenden Untersuchungen gilt verständlicherweise der Zeit des frühen deutschsprachigen Buchdrucks, in der Augsburg ein Druckzentrum ersten Ranges war[8]. Die berühmte und gerühmte[9] Augsburger Drucksprache dieser Zeit ist aber nicht ohne lokale Tradition. Sie knüpft an die zeitgenössische Kanzleisprache an, deren Wurzeln ihrerseits wiederum bis ins 13. Jahrhundert zurückreichen, ohne daß eine direkte Verbindung zur mittelhochdeutschen (mhd.) Literatursprache festgestellt wäre[10].

In der zweiten Hälfte des 13. Jahrhunderts dringt die deutsche Sprache in Oberdeutschland allmählich in die Urkunden ein[11]. In Augsburg liegt die erste deutschsprachige Urkunde aus dem Jahre 1272 vor[12]. »Im ganzen deutschen Sprachgebiet gehört Augsburg zu den Stätten, an denen im 13. Jh. die meisten volkssprachigen Urkunden entstanden sind«[13]. Überhaupt war Augsburg Ende des 13. Jahrhunderts besonders durch das Wirken der Minoriten an der Schaffung mhd. Prosa maßgeblich beteiligt[14]. Nach Ausweis der bisherigen Untersuchungen zur Sprache dieser frühen Texte[15] kann man bestimmte, auch für die spätere Zeit wichtige Charakteristiken festhalten, die in den einzelnen Zeugnissen aber unterschiedlich stark ausgeprägt sind. Allgemein gilt, daß in der Augsburger Schreibsprache südwestliche und südöstliche Kennzeichen vertreten sind. Einerseits erscheinen bis ins frühe 14. Jahrhundert als Entsprechungen der mhd. Langvokale *î, û, iu* noch kaum Diphthonggraphien, für mhd. *ou* wird jedoch bereits überwiegend *au* geschrieben *(raub)*, *ai* für mhd. *ei* ist bekannt *(zaichen)*. Auch die Verwendung der Graphien *p, ch* für anlautendes mhd. *b (præchen)* bzw. *k (chomen)* stimmt zur Schreibpraxis der bairisch-österreichischen Kanzleien. Während sich auch bei der Flexion des Verbs *haben* Übereinstimmungen mit dem bairischen Gebrauch zeigen, ist überwiegende Verwendung des *a*-Vokalismus im Präsensparadigma der Verben *gehen* und *stehen* typisch schwäbisch *(gat, stat)*. Dazu stimmt auch die gelegentliche graphische Dokumentation nicht abgeschwächter unbetonter Vokale *(geschadegot)*. Wie erwähnt können die Schreibsysteme der frühen Handschriften bezüglich dieser Charakteristiken teilweise aber beträchtlich divergieren, soweit das in Ermangelung genauer Frequenzangaben schon absehbar ist. Deutliche Diskrepanzen sind etwa in der Schreibung von mhd. *î, û, iu* sichtbar zwischen dem Schreibsystem des Ende des 13. Jahrhunderts amtierenden Stadtschreibers Rudolf und den Schreibsystemen der übrigen Handschriften und Urkunden, die eher wie das der Tertiarenregel als »systematische und konsequente Realisierung des nur in wenigen Punkten weiterentwickelten ›normalmittelhochdeutschen‹ Phonemsystems schwäbischer Prägung«[16] gelten können. Während der Großteil der Texte kaum Diphthonggraphien kennt *(drei, auz, leut)*, weisen die Zeugnisse Rudolfs aus den achtziger Jahren für mhd. *û* bereits ca. 75

Prozent auf, woran die Sonderstellung des wohl ortsfremden Schreibers deutlich wird[17]. Es gibt aber auch Unterschiede innerhalb der übrigen Denkmäler, wie die Wiedergabe von mhd. *ei* als *ai* zeigt (ca. 15 Prozent Stadtbuch, 60 Prozent St. Maria Stern).

Nach den bisherigen Erkenntnissen setzt im zweiten Viertel des 14. Jahrhunderts[18] in der Augsburger Urkundensprache, möglicherweise unter Einfluß der kaiserlichen Kanzleisprache, eine stärkere Mischung diphthongischer und monophthongischer Graphien für mhd. *î, û, iu* ein. Gleichzeitig erscheinen deutlich ins Schwäbische weisende Diphthonggraphien für mhd. *â* (*strauzze*), die im Laufe des Jahrhunderts weiter zunehmen. Seit der Jahrhundertmitte tritt aber in einigen Punkten erneut ein Umschwung ein, der teilweise mit der Kanzleisprache Karls IV. in Zusammenhang gebracht wird. Die Graphien *p* und *ch* für mhd. *b* und *k*, die Diphthonggraphien für mhd. *î, û, iu* und die Graphie *ai* für mhd. *ei* gehen wieder zurück. Insgesamt fallen in das 14. Jahrhundert der kontinuierliche Rückgang der graphischen Bezeichnung der Auslautverhärtung bei den mhd. Okklusiven *-p, -t, -c* (*stab, mord, slag*), die positionell beschränkte Zunahme graphischer Überschneidungen zwischen den mhd. Dentalspiranten *s* und *ȥ* (*us, hus* statt *ûȥ* vs. *hûs*) und das verstärkte Auftreten der Apokope (*red*). Der genaue Entwicklungsverlauf besonders in der zweiten Jahrhunderthälfte ist, auch was eventuelle Unterschiede zwischen der Kanzlei- und Literatursprache angeht, momentan noch nicht zu überschauen.

Im 15. Jahrhundert setzen sich im großen und ganzen die zum Teil im späten 14. Jahrhundert gebremsten Tendenzen fort[19]. Die Diphthonggraphien für mhd. *î, û, iu* breiten sich immer stärker aus und werden – von einzelnen Ausnahmen, insbesondere für *iu*, abgesehen – im letzten Viertel des Jahrhunderts fest.

Nach Einführung des Buchdrucks muß die Dichotomie Handschrift/Druck systematisch berücksichtigt werden, da die jeweiligen Schreibsysteme mehr oder weniger stark divergieren können, wobei sich im Hinblick auf die Herausbildung der nhd. Schriftsprache die Handschriften zumindest seit dem zweiten Viertel des 16. Jahrhunderts im allgemeinen als konservativer erweisen. Der Untersuchung des beiden Überlieferungsformen vorausliegenden Schreib-

sprachsystems kommt gerade deshalb besondere Bedeutung zu. Aber auch in dieser Zeit können wie in den Jahrhunderten zuvor die Unterschiede zwischen den einzelnen Handschriften durchaus noch erheblich sein. Während weitgehende Übereinstimmung in der Schreibung von mhd. *î, û, iu* herrscht, wird in einigen Texten die Opposition von mhd. *î* und *ei* gewahrt (*sein* vs. *kain*), in anderen wird auch mhd. *ei* vorwiegend als *ei* wiedergegeben. Eindeutiger scheinen die Verhältnisse bei mhd. *ou* zu sein, für das von einigen frühen Texten abgesehen durchweg *au*-Graphie gilt, ebenso bei mhd. *ie*, für das *ie* gilt. Die Verwendung einer Diphthonggraphie für mhd. *â* ist in verschiedenen Texten grundsätzlich nachgewiesen, jedoch wohl ganz unterschiedlich häufig. Entsprechendes gilt für Rundungs- und Entrundungsschreibungen (*mör* ›Meer‹, *fieren* ›führen‹). Mhd. *uo, üe* sind zwar gemäß der lokalen Schreibtradition – und in Übereinstimmung mit der Mundart – überwiegend von *u, ü* graphisch unterschieden, in einigen Texten finden sich jedoch häufigere Überschneidungen.

Die Bereiche außerhalb der Tonvokalschreibungen sind noch wenig erforscht. Die Durchführung der Anlautgraphien *p* und *ch* für mhd. *b* und *k* ist in den Texten durchaus unterschiedlich, wobei die Urkundensprache jedenfalls *b* bevorzugt und *ch* allgemein hauptsächlich wortgebunden vorkommt (z. B. *chomen*). Im späten 15. Jahrhundert scheint die Graphie *sch* für mhd. *s* vor *l, m, w* weitgehend durchgedrungen zu sein (*schlag*). Mhd. *s* und *ȥ* sind im Auslaut und in der Gemination zwar zusammengefallen, intervokalisch werden sie jedoch überwiegend getrennt[20]. Typisch ist weiterhin die allerdings in unterschiedlichem Ausmaß begegnende Wiedergabe nicht abgeschwächter Nebentonvokale. Die Verben *gehen* und *stehen* weisen im ganzen 15. Jahrhundert erst zu einem geringen Teil *e*-Vokalismus auf. Allmählich dringen in die Verbalendung der 3. Person Plural Präsens auch Formen ohne *-t* ein (*haben*). In den Bereichen Morphologie und Syntax liegen jedoch noch zu wenig Untersuchungen für eine weitere Charakterisierung vor[21].

Die Sprache der Augsburger Frühdrucke unterscheidet sich trotz der teils ortsfremden Drucker nicht prinzipiell von dem skizzierten allgemeinen Schreibsprachstand des 15. Jahrhunderts. Erfreulicherweise liegt für das späte 15. und frühe 16. Jahrhundert eine ganze Reihe von, wenn auch im einzelnen sehr heterogenen, Untersuchungen vor, die dem Augsburger Buchdruck gewidmet sind oder ihn jedenfalls miteinbeziehen[22]. Die dringend notwendige Auswertung der in dieser Form vorliegenden Informationen kann hier natürlich nicht erfolgen. Es können wiederum nur einige ausgewählte Punkte angesprochen werden.

In den Frühdrucken bis 1500 sind die Diphthonggraphien für mhd. *î, û, iu,* von gelegentlichen Ausnahmen abgesehen, durchgeführt, die *ai*-Graphie für mhd. *ei* wird zwar meist verwendet, aber nicht regelmäßig, für mhd. *ou* steht außer in einigen der ersten Drucke jedoch regelmäßig *au*-Graphie, und die mhd. Diphthonge *ie, uo, üe* sind graphisch von mhd. *i, u, ü* getrennt. Die schwäbischen Merkmale wie *au* für mhd. *â,* nichthauptton ige *o*-Graphie und verschiedene Rundungs- und Entrundungsschreibungen sind weiterhin, jedoch in insgesamt geringem Umfang, belegt. Die Apokope ist mit gewissen Unterschieden bei den einzelnen grammatischen Kategorien weitgehend durchgeführt. Im Bereich des Konsonantismus wird im Verhältnis zu den Handschriften die *ch*-Graphie für mhd. *k* noch seltener verwendet. Die Verwendung von *p* für mhd. *b* ist unterschiedlich häufig. Die Auslautverhärtung der Okklusive ist graphisch weitestgehend unbezeichnet. Auch in den Drucken bleiben mhd. *s* und *ʒ* intervokalisch deutlich graphisch getrennt. Die erwähnte Schreibung *sch* für mhd. *s* ist im allgemeinen durchgeführt. Bezüglich des Präsensstammvokalismus der Verben *gehen* und *stehen* ist bemerkenswert, daß bei den meisten Drucken im Unterschied zu den Handschriften von Anfang an *e*-Vokalismus überwiegt. Die Verbalendung der 3. Person Plural Präsens erscheint teilweise noch als *-end,* gegen Ende des Jahrhunderts aber bereits häufiger als *-en.*

Für die Drucksprache des frühen 16. Jahrhunderts sind nun folgende Punkte charakteristisch: Wiedereinführung der regelmäßigen *ai-ei*-Distinktion, dagegen völlige Verdrängung der *au*-Graphie für mhd. *â,* nur noch seltene Verwendung der Verbalendung *-end.* Entgegen den Annahmen der früheren Forschung hatte das Auftreten Luthers und seiner Schriften keine durchgreifende Wirkung auf die Drucksprache des 16. Jahrhunderts. Das zeigen auch deutlich die zahlreichen Nachdrucke Lutherscher Schriften, die zunächst wie Nachdrucke generell vom Drucker in die ortsübliche Sprache umgesetzt wurden. Dabei wurden nach den bisherigen Erkenntnissen vorwiegend im lautlich-graphischen und morphologischen Bereich Umsetzungen vorgenommen, wohingegen die ursprüngliche Wortwahl eher gewahrt blieb. Da die sprachliche Umsetzung aber nie vollständig war, kam es so allmählich durch die Aufnahme fremder Varianten zu einer gewissen Vermischung der lokalen Drucksprachen. Auf dieser Basis konnten nun die »Ausgleichstendenzen« einsetzen, die schließlich zur »Herauslösung eines festen Kerns aus der Vielfalt der verschiedenen Varianten«[23] führten. Neben den ostmitteldeutschen Städten war »der Südosten mit Augsburg als Zentrum«[24] entscheidend an diesen Ausgleichsprozessen beteiligt.

Um die Jahrhundertmitte scheint Augsburgs Ansehen als Druckort zu schwinden. Wenn sich auch der Charakter der Schreibsprache nicht prinzipiell ändert, so sind jetzt doch die Tendenzen zur Aufgabe der lokalen Drucktradition, die von einem Rückgang der Anzahl der Drucker begleitet wird[25], unverkennbar. Die Verwendung der *ai*-Graphie geht zurück, die mhd. Diphthonge *ie, uo, üe* werden graphisch nicht mehr konsequent von den Monophthongen *i, u, ü* getrennt. Apokopiertes *-e* wird in Verbalformen zunehmend wieder restituiert. Die Vermischung gerundeter Vokale mit ungerundeten nimmt ab. Gleichzeitig dringt die Verwendung von *h* als Längezeichen ein. In der Verbalendung der 3. Person Plural Präsens setzt sich bis Ende des Jahrhunderts die *-en*-Form durch. Bei den Verben *gehen* und *stehen* steigt der Anteil mit *e*-Vokalismus weiter an. Neben diesen Veränderungen, die sich in die Entwicklungslinie zum Nhd. hin einreihen, sind jedoch auch Phänomene zu beobachten, die in der zweiten Jahrhunderthälfte einen Rückgang an nhd. Formen aufweisen, wie etwa die Schreibung von mhd. *welch* als *welich*[26]. Der genaue Verlauf und die Gründe solcher diskontinuierlichen Entwicklungen sind noch nicht untersucht. Ebenso ist über die Sprache der Handschriften des 16. Jahrhunderts noch zu wenig bekannt, als daß man Genaueres zu ihrer vermutlich größeren Nähe zur lokalen Schreibtradition sagen könnte. Die bisher vorliegenden Untersuchungen zu Augsburg deuten aber in die Richtung, daß Handschriften unökonomischere Graphemsysteme aufweisen und mehr lautgeschichtliche Regionalismen, wie etwa Rundung und Entrundung, reflektieren als die zeitgenössischen Drucke[27]. Dazu stimmt auch, daß in Handschriften des 16. Jahrhunderts im Unterschied zu den Drucken bei *gehen* und *stehen* noch der traditionelle *a*-Vokalismus überwiegt.

Im 17. Jahrhundert dringen die Charakteristiken der nhd. Schriftsprache allmählich immer stärker durch, wie das die wenigen vorliegenden Untersuchungen zeigen. Die Verwendung von *ai* wird im ersten Viertel des Jahrhunderts auf etwa zehn Prozent reduziert, verschwindet aber nicht ganz. Die graphische Trennung von mhd. *uo, üe* und *u, ü* wird bereits zu Beginn des Jahrhunderts ganz aufgegeben, bezüglich mhd. *ie* und *i* wird der nhd. Stand der Schreibung erst nach der Jahrhundertmitte erreicht. Bei *gehen* und *stehen* steigt der Anteil der Formen mit *e*-Vokalismus weiter an, bis Ende des Jahrhunderts das nhd. Präsensparadigma gilt. Außerdem schließen sich die Phänomene, die in der zweiten Hälfte des 16. Jahrhunderts einen zeitweisen Rückgang an nhd. Formen aufwiesen, wieder der allgemeinen Entwicklung an. Im zweiten Viertel des Jahrhunderts sind die Hauptcharakteristiken der älteren Schreibsprache verschwunden. Das Diminutivsuffix erscheint jedoch im 17. Jahrhundert noch überwiegend als *-lein*, der Typ *-chen/-gen* erscheint erst im 18. Jahrhundert. Ebenso weist das Suffix *-nist* erst ab 1760 überwiegend *i*-Graphie gegenüber früherem *u* auf. Auch bei der Wiedereinführung des ursprünglich apokopierten *-e* in der Substantivflexion, etwa im Plural, ändern sich die Verhältnisse radikal um 1760. Wenn auch im einzelnen über die Entwicklung der Schreibsprache seit dem ausgehenden 16. Jahrhundert noch kaum Ergebnisse vorliegen, so läßt sich doch so viel sagen, daß die Durchsetzung der nhd. Norm bei den einzelnen Phänomenen ganz unterschiedlich verläuft. In einzelnen Fällen liegt eine allmähliche Entwicklung vor, in anderen ändern sich die Verhältnisse in kurzer Zeit, teilweise ist der nhd. Sprachstand bereits um 1600 erreicht (Verbalendung 3. Person Plural Präsens, Endungs-*e* der Verben), teilweise wird er erst in nachfrühneuhochdeutscher Zeit erreicht (Diminutivsuffix, *-nis*, Endungs-*e* der Substantive).

1 Vgl. etwa Karl v. Bahder: Grundlagen des neuhochdeutschen Lautsystems, Straßburg 1890, S. 17; M[irra] M. Guchmann: Der Weg zur deutschen Nationalsprache. Deutsch bearbeitet von Günter Feudel. I, 2. Aufl., Berlin 1970; II, Berlin 1969 (Bausteine zur Sprachgeschichte des Neuhochdeutschen 40), hier II, S. 53; Hugo Stopp: Das in Augsburg gedruckte Hochdeutsch. Notwendigkeit, Stand und Aufgaben seiner Erforschung. In: Aus der Werkstatt deutscher Literatur- und Sprachwissenschaft. Festgabe für Hugo Moser. Sonderheft ZdPh 98 (1979), S. 151–172, bes. S. 151 f.

2 Guchmann, Nationalsprache II, S. 53; vgl. auch S. 57; Adolf Bach: Geschichte der deutschen Sprache, 9. Aufl., Heidelberg 1970, S. 255.

3 Vgl. ebd. S. 250 f.; Guchmann, Nationalsprache II, S. 73 f.

4 Es handelt sich dabei in erster Linie um Friedrich Kauffmann: Geschichte der schwäbischen Mundart im Mittelalter und in der Neuzeit, Straßburg 1890, Ndr. Berlin 1978; Guchmann, Nationalsprache I; dies., Nationalsprache II; Karl Weinhold: Alemannische Grammatik, Berlin 1863 (Grammatik der deutschen Mundarten I. Das alemannische Gebiet), Ndr. Amsterdam 1967; Virgil Moser: Frühneuhochdeutsche Grammatik I. 1, I. 3, Heidelberg 1929, 1951 (GB. 1. Reihe); Ulrike Gießmann: Die Flexion von *gehen* und *stehen* im Frühneuhochdeutschen, Heidelberg 1981 (GB. NF. 3. Reihe).

5 Friedrich Scholz: Geschichte der Deutschen Schriftsprache in Augsburg bis zum Jahre 1374, Berlin 1898.

6 Virgil Moser: Historisch-grammatische Einführung in die frühneuhochdeutschen Schriftdialekte, Halle 1909, Ndr. Hildesheim 1971, S. 16–18, 28, 31 f., 65.

7 Zu dem Projekt »Augsburger Schreib- und Drucksprache des ausgehenden Mittelalters und der frühen Neuzeit« vgl. Stopp, Augsburg, S. 160–164. Im Zusammenhang damit sind verschiedene maschinenschriftliche Examensarbeiten verfaßt worden, deren Ergebnisse im folgenden mitberücksichtigt sind: Sabine Freund: Zur Graphematik handschriftlicher Überlieferung des 16. Jahrhunderts. Das vokalische Schreibsystem im Augsburger Kochbuch der Sabina Welserin vom Jahre 1553, 1979; Renate Allnach: Zur Graphematik Augsburger Urkunden des 13. Jahrhunderts. Das System der Tonvokalschreibungen in 23 Urkunden von a. 1280(?) bis a. 1291, 1980; Irmgard Leitenstern: Vergleich der Abweichungen der Tonvokalschreibungen vom Neuhochdeutschen in Wittenberger und Augsburger Drucken der Lutherbibel, 1980; Martha Otto: Die Satzungen von St. Maria Stern in Augsburg aus der ersten Hälfte des 14. Jahrhunderts, 1980; Solveig Puhle: Zur Geschichte einer graphemischen Opposition. Die Reflexe von mhd. /i/ und /ei/ in Augsburger Drucken von der 2. Hälfte des 15. bis zum Beginn des 19. Jahrhunderts, 1980; Jutta Schmauß: Das ›lutherische -e‹ in Augsburger Drucken des 15. bis 18. Jahrhunderts, 1980; Berit Basch: Die Entwicklung der Plural-Präsens-Flexive in Augsburger Quellen von a. 1400 bis 1600, 1982; Susanne Häckel: Untersuchungen zur neuhochdeutschen Monophthongierung in Drucken des 15. bis 17. Jahrhunderts, 1982; Angelika Schmitt: Graphematische Untersuchungen zu vier Auflagen eines in Augsburg gedruck-

ten Kochbuchtextes des 16. Jahrhunderts, 1982; vgl. auch Elvira Glaser: Graphische Studien zum Schreibsprachwandel vom 13.–16. Jahrhundert. Vergleich verschiedener Handschriften des Augsburger Stadtbuches, Diss. phil. (Masch.) Augsburg 1983.

8 Vgl. Hugo Stopp: Verbreitung und Zentren des Buchdrucks auf hochdeutschem Sprachgebiet im 16. und 17. Jahrhundert. Fakten und Daten zum ›organischen Werdegang der Entwicklungsgeschichte der neuhochdeutschen Schriftsprache‹. In: Sprachwissenschaft 3 (1978), S. 237–261, bes. S. 244 f., 249; ders., Augsburg, S. 151–154.

9 Das Augsburger Deutsch wurde auch von Zeitgenossen als vorbildhaft gerühmt. Vgl. Edward Schröder: Rez. v. F. Kluge, Von Luther bis Lessing. In: Göttingische Gelehrte Anzeigen 7 (1888), S. 249–286, hier S. 263 f.

10 Vgl. hierzu allgemein Moser, Einführung, S. 11–18; Rudolf Schützeichel: Zur Entstehung der neuhochdeutschen Schriftsprache. In: Nassauische Annalen 78 (1967), S. 75–92, hier S. 75 f.

11 Vgl. hierzu Felix Merkel: Das Aufkommen der deutschen Sprache in den städtischen Kanzleien des ausgehenden Mittelalters, Leipzig und Berlin 1930, Ndr. Hildesheim 1973, S. 17 bis 83.

12 Vgl. Scholz, S. 29.

13 Ursula Schulze: Studien zur Orthographie und Lautung der Dentalspiranten *s* und *z* im späten 13. und frühen 14. Jh., durchgeführt auf Grund der ältesten deutschsprachigen Urkunden im nordbairisch-ostfränkischen und thüringisch-obersächsischen Sprachgebiet, Tübingen 1967 (Hermaea NF. 19), S. 29.

14 Kurt Ruh: David von Augsburg und die Entstehung eines franziskanischen Schrifttums in deutscher Sprache. In: Augusta, S. 71–82, hier S. 72.

15 Die Angaben zur Sprache des späten 13. und frühen 14. Jahrhunderts basieren auf den im folgenden genannten Untersuchungen, wobei aus Platzgründen auf genaue Nachweise verzichtet wird: Scholz; Peter Kliemann: Studien zur deutschen Urkunde in Bayern und Österreich im 13. Jahrhundert (Diphthongierung von *î, û, iu*), Diss. phil. (Masch.) Berlin 1958; Helga Unger: Geistlicher Herzen Bavngart. Ein mittelhochdeutsches Buch religiöser Unterweisung aus dem Augsburger Franziskanerkreis des 13. Jahrhunderts, München 1969 (Münchener Texte und Untersuchungen zur deutschen Literatur des Mittelalters 24); Guchmann, Nationalsprache I; Helmut de Boor: Die Flexionsformen von *haben* in den deutschen Urkunden des 13. Jahrhunderts. In: Sprachwissenschaft 1 (1976), S. 119–143; Allnach; Otto; Gießmann, *gehen* und *stehen*; Glaser. Die beigefügten Beispiele stammen i. allg. aus dem Augsburger Stadtbuch von 1276 bzw. späteren Abschriften.

16 Hugo Stopp: Die Augsburger Handschrift der deutschen Tertiarenregel. In: Studien zur deutschen Literatur des Mittelalters. In Verbindung mit Ulrich Fellmann hrsg. von Rudolf Schützeichel, Bonn 1979, S. 575–588, hier S. 576.

17 Vgl. Allnach, Urkunden, S. 10–13, 37–42.

18 Zum folgenden sind außer den bereits genannten Untersuchungen auch Hans-Josef Dreckmann: Das »Buch von Troja« von Hans Mair. Kritische Textausgabe und Untersuchung, München 1970; Kaj B. Lindgren: Die Apokope des mhd. *-e* in seinen verschiedenen Funktionen, Helsinki 1953; ders., Die Ausbreitung der nhd. Diphthongierung bis 1500, Helsinki 1961 (Annales Academiae Scientiarum Fennicae, B, 78.2 und 123.2) berücksichtigt.

19 Zu den folgenden Angaben vgl. außer der bereits genannten Literatur Karl Bohnenberger: Zur Geschichte der schwäbischen Mundart im XV. Jahrhundert, Tübingen 1892, Ndr. Niederwalluf 1971; Dirk Gerardus Noordijk: Untersuchungen auf dem Gebiete der kaiserlichen Kanzleisprache im XV. Jahrhundert, Diss. Amsterdam, Gouda 1925; Elke Ukena: Das Augsburger (ostschwäbische) »Spil von Sant Jöringen vnd des küngs von Libia tochter vnd wie sy erlöst ward«. In: dies., Die deutschen Mirakelspiele des Spätmittelalters. Texte III, Bern 1975 (Europäische Hochschulschriften. Reihe I, 115), S. 359 bis 451; Ulrike Gießmann: Zum Präsensparadigma von *gehen* und *stehen* in Augsburger Texten in frühneuhochdeutscher Zeit. In: Sprachwissenschaft 8 (1983), S. 16–47.

20 Vgl. Hugo Stopp: Schreibsprachwandel. Zur großräumigen Untersuchung frühneuhochdeutscher Schriftlichkeit, München 1976 (Schriften der Philosophischen Fachbereiche der Universität Augsburg 6), S. 39–41, wo die verbreitete Vorstellung einer völligen Vermischung zurückgewiesen wird.

21 Vgl. etwa Werner Alberts: Einfache Verbformen und verbale Gefüge in zwei Augsburger Chroniken des 15. Jahrhunderts. Ein Beitrag zur frühneuhochdeutschen Morphosyntax, Göttingen 1977 (Palaestra 264).

22 Vgl. die bibliographische Zusammenstellung in Stopp, Augsburg, S. 157, 159 f., die für die folgende Charakterisierung mit herangezogen wurde. Vgl. darüber hinaus M. A. van den Broek: Der Spiegel des Sünders. Ein katechetischer Traktat des fünfzehnten Jahrhunderts. Textausgabe und Beobachtungen zum Sprachgebrauch, Amsterdam 1976; Gerardus Johannes Jaspers: Stephan von Landskron. Die Hymelstrasz. Mit einer Einleitung von vergleichenden Betrachtungen zum Sprachgebrauch in den Frühdrucken (Augsburg 1484, 1501 und 1510), Amsterdam 1979.

23 M[irra] M. Guchmann: Die Sprache der deutschen politischen Literatur in der Zeit der Reformation und des Bauernkrieges, Berlin 1974 (Bausteine zur Sprachgeschichte des Neuhochdeutschen 54), S. 172.

24 Ebd. S. 173.

25 Vgl. Stopp, Augsburg, S. 152–154.

26 Vgl. ebd. S. 166 f.

27 Vgl. Hugo Stopp: Schreibsysteme in Handschrift und Druck. Zu graphemischen Differenzen der beiden Überlieferungsformen am Beispiel zweier Zeugen derselben Textart. In: Sprachwissenschaft 5 (1980), S. 43–52; ders., Sabine Freund und Angelika Schmitt: Graphemische Reflexe lautgeschichtlicher Regionalismen in Handschrift und Druck. In: ebd. S. 266–275.

Kunst und Stadtbild

von Bruno Bushart

Kunst der Maximilianszeit (1490–1530)

Es steht außer Zweifel, daß der Aufschwung der Künste seit dem Ende des 15. Jahrhunderts weniger aus dem Bedürfnis einer wohlhabenden reichsstädtischen Gesellschaft heraus zu erklären ist als durch die neue Rolle Augsburgs innerhalb der Reichspolitik, des Frühkapitalismus und des Humanismus. Der damit verbundene, doch keineswegs zwangsläufige Wandel der Auftraggeber und ihrer Wünsche bot den Augsburger Künstlern Möglichkeiten und Aufgaben, die zuvor unbekannt gewesen waren. Die hohen Anforderungen kamen zugleich den traditionellen Schaffensbereichen der Kirche und der Bürgerschaft zugute und verhinderten so die Ausbildung einer exklusiven Kunst.

Nicht der Rat, die Patrizier, die Zünfte oder die Kirche waren die großen Mäzene, sondern der Kaiser, sein Berater und sein Finanzier. Es wäre nutzlos zu fragen, wer in diesem Kreise den Ton angab. Die Kunst jedenfalls verdankt ihre Expansion in erster Linie dem Zusammenwirken von Kaiser Maximilian I. mit dem Augsburger Ratsschreiber, kaiserlichen Rat und Humanisten Conrad Peutinger (Abb. 52), und den Fuggern, besonders Jakob Fugger dem Reichen (Taf. 6). Der Kaiser, der Augsburg seit seiner Knabenzeit kannte, verbrachte in der ihm ergebenen Stadt mehr Zeit seines Lebens als anderswo. 1492 trat er der Klostergemeinschaft von St. Ulrich und Afra bei, 1500 legte er den Grundstein zum Chor der Kirche, 1501 erwarb er für sich das Meutingsche Haus nahe Hl. Kreuz. 1500, 1510 und 1518 hielt er glanzvolle Reichstage in Augsburg ab. Er interessierte sich für die Geschützgießerei im neuen Büchsenstadel am Wertachbrucker Tor, für die Rüstungen der Plattner, für die Werkstätten der Buchdrucker. Lorenz Helmschmied war seit 1491 sein Hofplattner, der Buchdrucker Hans Schönsperger wurde 1508

kaiserlicher Diener, Gregor Erhart hieß »des Kaisers Bildhauer«, Hans Holbein erhielt von ihm einen Freiheitsbrief, Hans Burgkmair 1516 ein Wappen. Daniel Hopfer wurde noch 1524 in die ehrbare Wappengenossenschaft »Für treu geleistete Dienste für Kaiser und Reich« aufgenommen. Maximilians Bildnis konnte man hier in Stein gemeißelt, in Holz geschnitzt, in Bronze gegossen, gemalt, gezeichnet oder im Holzschnitt verbreitet sehen. Der Kaiser beteiligte sich 1491 an den Kosten für Georg Selds silberne Simpertusbüste in St. Ulrich und Afra, am Neubau der Dominikanerkirche, wo er eine Hochschule für Latein, Griechisch und Hebräisch einrichten wollte, an den dortigen »Vier Gülden Stein«, dem einzigen Kaiserdenkmal, das zu seinen Lebzeiten und kurz danach vollendet wurde, sowie an dem geplanten Reiterstandbild bei St. Ulrich und Afra.

An den propagandistischen Unternehmen des Kaisers, den Holzschnittillustrationen zum *Theuerdank*, *Weißkunig*, den *Heiligen des Hauses Habsburg*, der *Genealogie* und an dem großen *Triumphzug* erhielten Burgkmair, Beck und Breu den Hauptanteil zugewiesen. Als Berater des Kaisers in historischen und genealogischen Fragen konnte Conrad Peutinger bei der Vergabe der umfangreichen Aufträge entscheidend zugunsten der Augsburger wirken. Er verteilte die Randzeichnungen für das persönliche Exemplar des kaiserlichen *Gebetbuchs*. Den Druck des Gebetbuchs sowie des *Theuerdank* führte Hans Schönsperger in Augsburg aus. Peutinger dürfte auch der Auftraggeber des freilich nie erschienenen *Kaiserbuches* von 1505 sowie der imperialen Farbholzschnitte mit St. Georg und dem Kaiser als Ritter von 1508 gewesen sein. Für das *Kaiserbuch* waren über 100 Holzschnittporträts Burgkmairs nach Münzbildern der Herrscher von Julius Cäsar bis Maximilian bereits fertiggestellt, nur 20 haben sich erhalten.

Ebenso wichtig wie seine Rolle als »historisches Orakel Maximilians« (Tilman Falk), als Koordinator der Künstler und Korrektor ihrer Arbeiten, sind Peutingers Verdienste um die Erforschung der römischen Vergangenheit seiner Heimatstadt. Er gab 1505 das früheste Verzeichnis der römischen Altertümer Augsburgs, die *Romanae vetustatis fragmenta in Augusta Vindelicorum et eius diocese* heraus und legte sich eine bedeutende Sammlung römischer Antiquitäten, teils aus Augsburg und Schwaben, teils aus Italien zu. Sein Name bleibt unlösbar mit dem Erwerb der ältesten römischen Weltkarte, der *Tabula Peutingeriana*, verbunden.

Schwerer zu fassen und unterschiedlicher motiviert ist der Anteil Jakob Fuggers (Taf. 6) und seiner Brüder. Daß sie als erste die vielseitigen Möglichkeiten und Wirkungen der Kunst erkannten und nutzten, steht außer Zweifel. Sie stifteten Altäre und Kapellen zum Heil ihrer Seele, wie andere vor ihnen, mehr, reichlicher und anspruchsvoller oft als diese, doch nicht außerhalb der Tradition. Daß sie ihre Gestalt in Bildern, Zeichnungen, Holzschnitten, Büsten und Medaillen dem Gedächtnis der Nachwelt bewahren ließen, ist ebensowenig ungewöhnlich. Bemerkenswert ist allenfalls die hohe Zahl der Bildnisse – nur der Kaiser und der Kurfürst von Sachsen wurden häufiger porträtiert – und die Auswahl ihrer Künstler. Bei den Fuggern kamen weitere Funktionen hinzu: Kunst als Mittel der Politik, als Kapitalanlage, als soziale Verpflichtung, als Ausweis der Zugehörigkeit zur gesellschaftlichen Elite Europas, als Ruhmestitel ihrer Persönlichkeit und ihrer Familie. Sie beschäftigten Jacopo Bellini in Venedig und Giulio Romano in Rom, Albrecht Dürer und Peter Vischer in Nürnberg, Burgkmair, Holbein, Breu, Daucher, Erhart, Loscher und Schwarz in Augsburg. Die Finanzierung der kaiserlichen Aufträge an die Künstler lief großenteils über sie. Auch die Kirchenbauten der Benediktiner, Dominikaner, Dominikanerinnen oder Karmeliten in Augsburg waren auf ihr Wohlwollen und ihr Geld angewiesen.

Ihre Grabkapelle bei St. Anna (Abb. 42) ist das früheste Baudenkmal der Renaissance auf deutschem Boden, entstanden aufgrund einer mehr als zwanzigjährigen Auseinandersetzung mit der italienischen Kunst. Der Italiener Antonio de Beatis bescheinigt den Marmorskulpturen 1517 viel Ähnlichkeit mit der Antike, den Büsten des Chorgestühls Würde und der Orgel Größe und Schönheit. Auch Jakob Fuggers Stadthaus am Weinmarkt wurde keine Kopie eines venezianischen Palazzo, sondern trotz des Damenhofs, welscher Hauben und der *appartamenti all'italianità* ein eigenständiges Architekturwerk neuen Typs. Die Wände des Damenhofs waren mit illusionistischen Malereien und Szenen aus der Geschichte des Kaiserhauses geschmückt, das Thema der Fassadenmalereien gegen den Weinmarkt zu ist unbekannt. Die Fuggerei (Abb. 43) verrät niederländische Provenienz, aber ihre Zweckmäßigkeit, Bequemlichkeit, Regelmäßigkeit, Geräumigkeit und Behäbigkeit zeugen von demselben Gefühl für die Würde des Menschen wie das Stadtpalais ihres Erbauers.

Kaiserlicher, humanistischer und weltoffener Geist bestimmen auch die anderen Bauunternehmen dieser Jahrzehnte. Im großen Saal des Rathauses, in dem die Reichstage stattfanden, wurden 1515/1516 rote Marmorsäulen eingebaut, die Fensteröffnungen erweitert. Burgkmair entwarf die Malereien der Scheiben, Jörg Muskat schnitzte die »welschen Kindlein« für die Ratsstube, Peutinger lieferte das Bildprogramm für die Außenbemalung, die der »Kaiserlichen Majestät Geschlecht von den Römischen Kaisern und Königen, auch Königen von Hispanien und Sizilien« darstellte. Seit 1508 wurden Zierbrunnen aus Marmor und anderem Stein, mit bemalten Skulpturen oder Vergoldung an den wichtigsten Plätzen der Stadt aufgestellt. Einige Holzmodelle im Maximilianmuseum zeugen von ehrgeizigen Projekten für den Neubau des Perlachturms ab 1518 in einer Mischung von sakralen und profanen Architekturformen (Abb. 63). Ausgeführt wurde eine bescheidenere Lösung. Die schmucklosen Obergeschosse erhielten 1529 und 1531 durch Bemalung ein ansehnliches Äußeres, nachdem zuvor auch der steinerne Glockenturm des Rathauses in spätgotischer Form erhöht worden war (Abb. 46). Der Obstmarkt und die »Lichte Gräbt« vor dem Dom wurden 1509, der Perlachberg 1518, erweitert. Nach dem Vorbild der Fuggerei legte der Rat 1529 auf dem Gartengelände der Stiftsherren von St. Georg eine Handwerkersiedlung von zwei Reihen zu je neun zweigeschossigen Traufhäusern an. Diese »Herrnhäuser« sollten vor

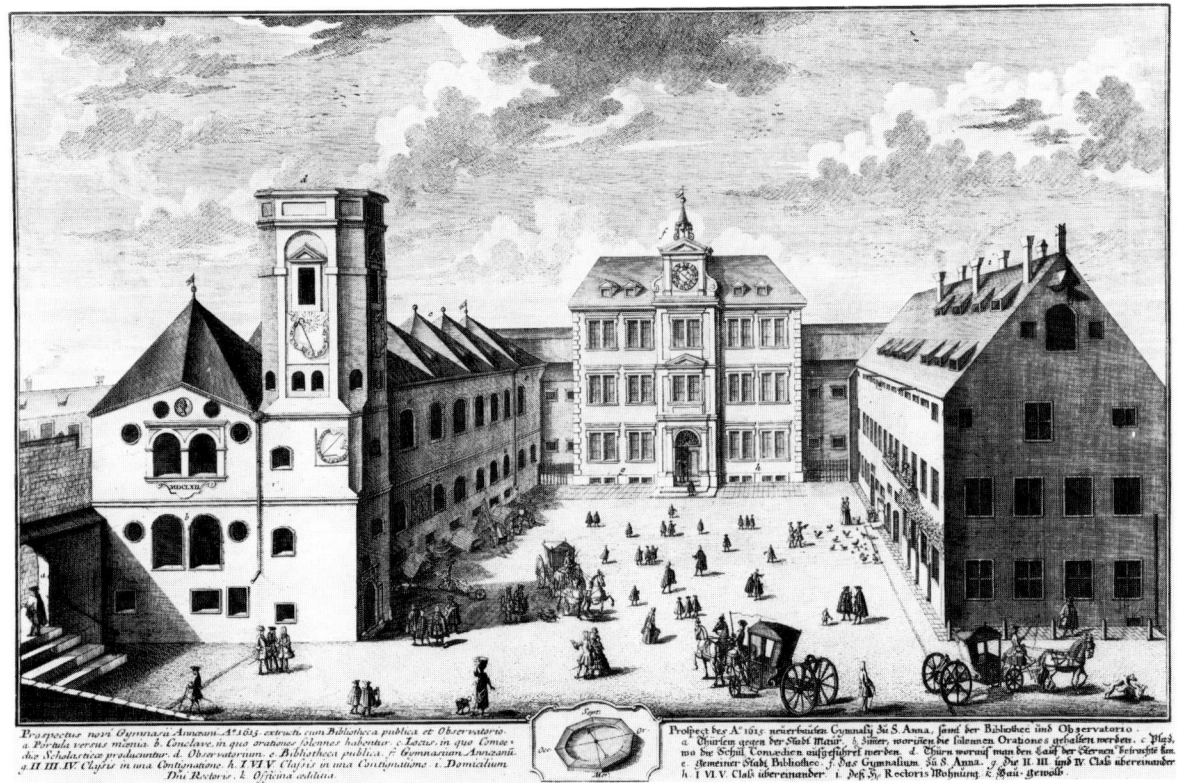

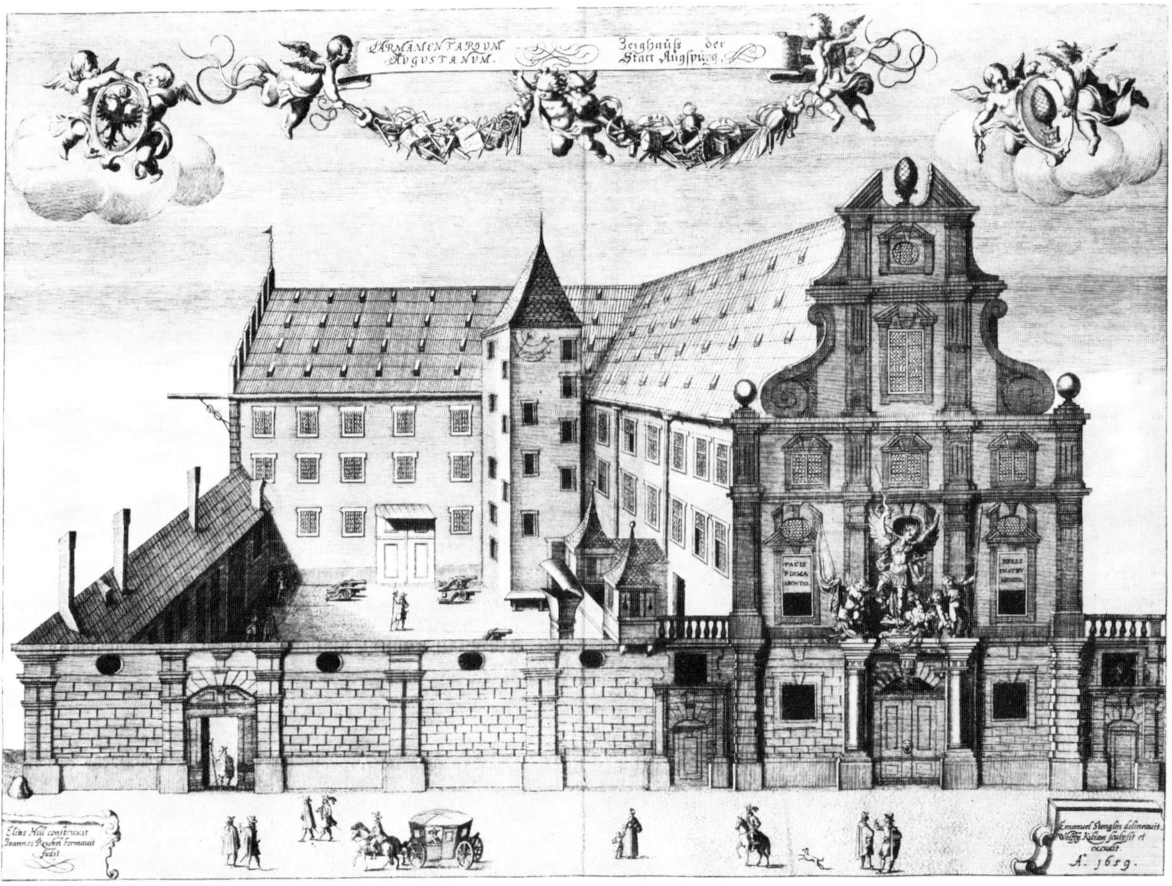

Prospectus novi Gymnasii A° 1615 extructi cum Bibliotheca publica et Observatorio.
a Porticus versus platea. b Conclave in quo orationes solennes habentur. c Locus in quo Come-
dia Scholastica producuntur. d Observatorium. e Bibliotheca publica. f Gymnasium Annanü.
g II III IV Classis in una Contignatione. h I V IV Classis in una Contignatione. i. Domicilium
Dñi Rectoris. k Officina ædilium.

Prospect des A° 1615 neüerbaüten Gymnasÿ zü S. Anna. samt der Bibliothec ünd Observatorio.
a Thüren gegen der Stadt Maur. b Zimer, worinen die solennen Orationes gehalten werden. c Plaß,
wo die Schul Comœdien aüfgeführet werden. d Thürn woraüf man den Laüf der Sternen betrachtet ist.
e Gemeiner Stadt Bibliothec. f Das Gymnasium zü S. Anna. g Die II. III. ünd IV. Class übereinander
h I VI V. Class übereinander i. Deß Hr. Rectoris Wohnüng. k Haüs gewölb.

ARMAMENTARIUM
AUGUSTANUM
Zeughaüs der
Statt Augspürg

Elias Holl construxit
Joannes Rechlin formavit
fecit

Emanuel Stenglin delineavit
Wolffg. Kilian sculpsit et
excudit
A° 1659.

Abb. 61   *Der Annahof. Rechts das Rektoratshaus, in der Mitte das von Elias Holl 1613 errichtete Schulgebäude, links die 1562 von Bernhard Zwitzel erbaute Stadtbibliothek. Kupferstich von Johann August Corvinus, um 1725*

Abb. 62   *Ansicht des Zeughauses von Osten. Kupferstich von Wolfgang Kilian, 1659, gezeichnet von Emanuel Stenglin*

Abb. 63 Holzmodell für den Perlachturm. Nach einem Visier von Hans Hieber, 1519 (nicht ausgeführt)

Abb. 64 Loggia auf dem Perlachplatz. Holzmodell von Joseph Heinz d. Ä., 1609, für den nicht ausgeführten Markt- und Saalbau an der Nordseite des Perlachplatzes

Abb. 65 Neptun mit Dreizack und Delphin. Die Bronzefigur des um 1537 auf dem Perlachplatz errichteten Brunnens, wahrscheinlich nach einem Modell von Hans Daucher, schmückt heute den Brunnen am Jakobsplatz

Abb. 66 Augustus. Bronzefigur des Augustusbrunnens. Modell von Hubert Gerhard, gegossen von Peter Wagner, 1588 – 1594. Augsburg, Rathausplatz

*Abb. 67 Zimmer im Fuggerhaus am Zeugplatz, das
1569 – 1573 unter Leitung von Friedrich Sustris als Samm-
lungs- und Bibliotheksraum für Hans Fugger-Kirchheim erbaut wurde. Zustand vor 1944*

allem verarmten Webern Schutz und Unterkommen innerhalb der Stadtmauern bieten. Am »Einlaß«, einer bis ins 19. Jahrhundert mit Stolz vorgeführten Toranlage für Maximilian mit kunstvollem Schließmechanismus (1513/14), wurde 1519 ein zweites siebenstöckiges Kornhaus mit mächtigem Giebeldach errichtet. Am südwestlichen Stadtrand beim Katzenstadel entstand 1501 ein Zeughaus samt Gießhaus für die Kanonen, hinter St. Stephan 1503 ein fester Pulverturm. Die Friedhöfe wurden vor und an die Mauer der Stadt verlegt, die Befestigungen verstärkt. Für den Neubau des Luginsland, der strategisch empfindlichsten Stelle im Nordosten der Stadt, honorierte der Rat mehrere Entwurfsmodelle. Ein Vogelschauplan von 1521 (Abb. 51) gibt in minuziöser Genauigkeit das Bild der damaligen Stadt von Westen wieder. Deutlich sind die großen Straßenzüge, die neuen Plätze und Steinhäuser, die jüngsten Kirchenbauten und der dichte Kranz der Türme mit ihren Spitzhelmen zu erkennen. Auch dieses Denkmal reichsstädtischen Selbstbewußtseins, von Jörg Seld *ob singularem in patriam pietatem* aufgemessen und gezeichnet, von dem anonymen »Petrarca-Meister« auf zwölf Holzstöcke geschnitten und von den *cives Augustanes* Sigismund Grimm und Markus Wirsung herausgegeben, schließt sich an das Vorbild italienischer Stadtprospekte an. In einer Inschrift widmen die Herausgeber dieses Stadtbild allen Trefflichen, die sich in der Ferne von Sehnsucht nach Augsburg ergriffen oder vom Ruhm der Stadt angezogen fühlen.

Der private Hausbau folgte damals schon der Sitte, die Fassaden mit Malereien und Skulpturen meist profaner Thematik zu schmücken. Hans Burgkmair hatte 1513 am Anwesen des Handelsherrn Endris Grander, des Schwiegervaters Bartholomäus Welsers, die verschiedenen Handwerke und Künste, vom Schiffsbau bis zur Kochkunst, dargestellt. Ambrosius Höchstätter ließ durch Gregor Erhart um 1505/06 die Wappen von Kaiser und Reich sowie die Figuren des heiliggesprochenen Burgunderkönigs Sigismund und des hl. Andreas als Patrone des habsburgischen Hausordens vom Goldenen Vlies in den Erker seines Hauses (heute am Senioratsgebäude der Fuggerei) einmeißeln.

Der Wohlstand der Bürgerschaft kam vor allem der kirchlichen Kunst zugute. Noch während die Chormauern von St. Ulrich und Afra emporwuchsen, erbauten sich die Augustiner von Hl. Kreuz (ab 1492), die Dominikaner von St. Magdalena (1513–1515), die Dominikanerinnen von St. Katharina (1515/16, Abb. 44) geräumige Kirchen vom Typus einer drei- oder zweischiffigen Halle. Die Karmelitenkirche St. Anna erhielt nach 1509 durch die Fuggerkapelle einen zweiten Chor im Westen. Jörg Regel d. J. hatte dort schon vor 1508 eine Grabkapelle gestiftet mit einer Nachbildung des Heiligen Grabes in Jerusalem. Die Herwarth ließen sich 1506 bei St. Georg, der Dompropst und spätere Kardinal Matthäus Lang 1512/13 auf dem Fronhof eine Grabkapelle errichten. Keine Stadt in Deutschland kann eine ähnliche Blüte der kirchlichen Baukunst am Vorabend der Reformation vorweisen wie Augsburg. Die Mittel stammten zum größten Teil aus Spenden der Bürgerschaft oder aus Einnahmen durch Ablässe. Prior Dr. Johannes Faber ehrte die Guttäter seines Neubaus, indem er ihre Namen und Wappen auf einer steinernen Gedächtnistafel am Eingang der Dominikanerkirche verewigte.

Den Malern und Bildhauern brachte die Ausstattung der neuen wie auch der bestehenden Kirchen zahlreiche Aufträge. Die zwischen 1490 und 1520 gestifteten oder ersetzten Altäre, Orgelflügel, Votivtafeln, Sakramentshäuschen, Kruzifixe, Heiligenstatuen, Totenschilde, Epitaphien nehmen den größten Teil ihres Schaffens ein. Für die kleineren und mittelgroßen Altäre wurden seit dem Ende des 15. Jahrhunderts einteilige oder dreiflügelige Tafelgemälde in rechteckigen oder halbrund schließenden Rahmen (Taf. 8) bevorzugt. Holbein (Taf. 7), Apt, Burgkmair, Beck und Breu schufen so ihre schönsten Werke, während sich das profane Individualporträt noch immer mit dem zweiten Platz begnügen mußte. Patrizier, Bürger, Zünfte und Geistliche teilten sich in die Kosten. Die aus den Patriziergeschlechtern stammenden Nonnen von St. Katharina vergaben zwischen 1499 und 1508 an Holbein, Burgkmair und einen Monogrammisten LF sechs große Spitzbogentafeln für ihr Kapitelhaus, auf denen die sieben Basiliken Roms dargestellt waren. Die Kreuzgänge, Grab- und Hauskapellen füllten sich mit wappengeschmückten Andachts- oder vielfigurigen Votivbildern, die den Stifter mit seiner Familie dem Schutz des Himmels empfahlen (Abb. 45). Auch die Ausschmückung kostbarer Gebetbücher nahm die Dienste der Maler in Anspruch. Die Bildhauer schufen Steinaltäre als hohe, mehrstöckige Gehäuse für die Skulpturen, Nischenretabel venezianischer Art, freistehende Figurengruppen oder Schreine mit beweglichen Flügeln. Die meisten sind zerstört; von ihrem Aussehen zeugen vereinzelte Fragmente (Abb. 56), Berichte oder Daniel Hopfers Kupferstiche (Abb. 44). Edle Schrift, ornamentale Rahmung und verschiedenfarbige Steine zeichnen die Epitaphien aus. Ein weiteres Schaffensgebiet der Bildhauer waren die kleinformatigen Reliefs in Solnhofener Marmor oder in Holz, die teils religiöse oder allegorische Motive, teils Porträts darstellen. Ihre ziselierte Feinheit und Bildhaftigkeit machte sie vor allem begehrt als Ehrengeschenke oder als Kunstkammerstücke. Hans Daucher war ein Meister solcher Kleinkunstwerke, während sich Hans Schwarz als erster anläßlich des Reichstags 1518 auf Bildnismedaillen (Abb. 52) spezialisierte. Es zeugt für die Selbsteinschätzung der Beteiligten, daß nicht nur die Fürsten, Patrizier oder Humanisten ihr Bildnis durch die Medaillen verbreiten ließen, sondern auch die Künstler wie Dürer, Burgkmair, Murmann, Helmschmied oder Schwarz selbst.

Eine ähnliche Erweiterung der Aufgaben brachten die Holzschnittillustrationen für die Maler und Zeichner. Sie erschlossen bisher wenig populäre Themenbereiche, Mythologie, Geschichte, Allegorie, auch Schilderungen aus dem Alltagsleben oder festlicher Gegenwartsereignisse einem größeren Interessentenkreis. Dem »Petrarca-Meister«, der nach den Holzschnitten zu Petrarcas Buch *Von der Arznei beider Glück* benannt ist, verdanken wir die anschaulichen Berichte der Freuden und Leiden aller Stände einschließlich der Bauern. Burgkmair, sein Lehrer, hatte aufgrund der Reisebeschreibung Balthasar Springers und anhand unbekannter Vorlagen die Augsburger Ostindienexpedition von 1506 in sechs Holzschnitten afrikanischer und indischer Völkerschaften dargestellt, die nicht zuletzt über die vielen Nachstiche in Antwerpen, Nürnberg und Italien das Aufsehen bezeugen, das diese »Erstlinge ethnographischer Dokumente in Deutschland« (Tilman Falk)

damals erregten. Ob die Erfindung der Radierung aus der Technik der Waffenätzung heraus tatsächlich auf Daniel Hopfer zurückgeht, bleibe dahingestellt. Wichtiger ist, daß Hopfers graphisches Œuvre ein zwar nicht immer zuverlässiges, aber überraschend vielseitiges Kompendium zeitgenössischer Kunst in Italien wie Augsburg bildet, das sich vortrefflich als Vorlage für andere Künstler verwenden ließ.

Obgleich der hohe Stand der Augsburger Goldschmiedekunst dieses Zeitraums durch zahlreiche Nachrichten belegt ist, vermitteln die erhaltenen Werke keine ausreichende Vorstellung. Die weltlichen Arbeiten scheinen zerstört zu sein, von den kirchlichen haben nur wenige überlebt. Gefragt waren Reliquiare, Hausaltärchen, Monstranzen und sonstiges liturgisches Gerät, im profanen Bereich Kleinodien, Herrschaftsinsignien oder Trinkgefäße. Die berühmteste Werkstatt unterhielt Jörg Seld mit seinem Bruder Nikolaus.

Besser erging es den Werken der Plattnerkunst Lorenz und Kolman Helmschmieds, von denen einige Prunkexemplare in den Waffenkammern von Wien und Madrid erhalten blieben. Ihre Besteller waren ausschließlich Mitglieder der turnierfähigen internationalen Oberschicht, vom Kaiser bis zu den Bürgern. Manche Rüstungen, so die verlorene für Maximilian, waren mit Silber überzogen, mit Treibarbeit oder geätzten Ornamenten geschmückt. Wie in Italien sollten die phantastisch geformten Harnische mit den Prunkrüstungen der Antike wetteifern.

War es der günstigen Auftragssituation oder einer latenten Bereitschaft der weltoffenen Reichsstadt gegenüber den Vorgängen im nahen Italien zu verdanken, jedenfalls wußten sich die Künstler rasch auf die neuen Aufgaben und Möglichkeiten einzurichten. Schon vor dem letzten Jahrzehnt des 15. Jahrhunderts setzte ein Zuzug frischer Kräfte ein. Neben den ansässigen Malerwerkstätten der Giltlinger, Mauermüller, Apt und Burgkmair gründeten der Gerbersohn Hans Holbein und der wohl einer Weberfamilie entstammende Jörg Breu leistungsfähige Werkstattdynastien. Leonhard Beck ist der Sohn eines 1490 aus Giengen zugewanderten Illuministen, der Ätzmaler und Radierer Daniel Hopfer kam 1493 aus Kaufbeuren, der gewandte Formschneider Jost de Negker um 1508 aus Antwerpen, ebenso die Holzschneider Willem und Cornelius I. Liefrinck. Burkhard Engelberg stammt aus Hornberg im Schwarzwald, Jakob Murmann aus Giengen. Adolf Daucher übersiedelte 1491, sein Schwager Gregor Erhart, dessen Vater Michel bereits zahlreiche Aufträge für Augsburg ausgeführt hatte (Abb. 55), 1494 von Ulm nach Augsburg.

Holbein, Daucher und Erhart – »die besten drei Meister zu Augsburg« – schufen 1501 den Hochaltar der Zisterzienserkirche Kaisheim und 1503 nach einem Entwurf von Seld den Frühmeßaltar in St. Moritz. Holbein zeichnete für Glasmalereien, Goldschmiedewerke, Grabmäler, Holzschnitte und Buchillustrationen. Israel von Meckenem in Bocholt, Martin Schaffner in Ulm, Hans Schäufelein in Nördlingen, Grünewald in Aschaffenburg, Ratgeb in Stuttgart stehen zeitweise unter dem Einfluß seiner Kunst. Leonhard Beck, der Bruder Sigmund und die Söhne Ambrosius und Hans Holbein gehören zu seinen Gehilfen. Burgkmair arbeitete mit Gregor Erhart, Sebastian Loscher und Lorenz Helmschmied zusammen, lieferte Vorlagen für Holzschnitte, Glasmalereien, Münzen, Medaillen und Skulpturen. Jörg Breu entwarf Holzschnitte, Glasmalereien und Altäre, leitete die Neuausstattung des Rathauses und verfaßte eine Stadtchronik von 1512 bis 1537. Adolf Daucher machte das Visier für den Luginslandturm, Jörg Seld für den Perlachturm, für das Sakramentshaus in St. Moritz, für das »Bollwerk zu Straßburg«, für den Vogelschauplan von 1521. Hopfer ätzte Waffen, schuf Radierungen und Entwürfe für Holzschnitte und Wandmalereien. Enge, oftmals auch verwandtschaftliche Beziehungen verbanden die Werkstätten untereinander und begünstigten die schnelle Verbreitung der neuen Ideen.

Gleichzeitig wurden die Augsburger zu ehrenvollen Aufträgen nach auswärts berufen, so Burkhard Engelberg 1493–1507 nach Ulm zum Münsterbau, 1508 nach Heilbronn an die Kilianskirche, außerdem nach Bozen, Nördlingen, Konstanz, Heidenheim. Hans Hieber, sein Schüler, arbeitete in Lauingen und Regensburg, wo er den Neubau der Wallfahrtskirche zur Schönen Maria leitete. Holbein war von Ulm aus für Weingarten und von Augsburg aus in Frankfurt, Kaisheim, Hirsau, im Elsaß und in der Schweiz tätig. Burgkmair lieferte Altäre nach Wittenberg, Nürn-

berg, Rauris in Tirol. Breu, der schon vor seiner Niederlassung als Meister drei Altäre für Zwettl, Aggsbach und Melk geschaffen hatte, erhielt Aufträge vom sächsischen Kurfürsten, von Kaiser Maximilian und – mit Burgkmair – von Herzog Wilhelm IV. in München. 1522 wurde er als Sachverständiger nach Baden und Straßburg gerufen. Gregor Erhart arbeitete für Eichstätt, Frauenstein und Innsbruck. Adolf Daucher und sein Sohn sind in Annaberg, Meißen und Zabern, Ingolstadt, Wien und Portugal vertreten. Die Werke der Goldschmiede, Medailleure oder Plattner waren von vornherein zum großen Teil für den Export bestimmt, ebenso die meisten Illustrationsfolgen und Einzelblätter der Holzschnitte und Radierungen.

Die Expansion der Künste schlägt sich in den Zahlen nieder. Über 50 Maler sind jetzt in der Stadt tätig. Ihre sozialen Verhältnisse sind großen Unterschieden und Schwankungen unterworfen. Eine breite Mittelschicht und die wenigen besser Verdienenden setzen sich deutlich ab von den leistungsschwachen und wahrscheinlich für die neuen Aufgaben nicht zu gebrauchenden Kleinbetrieben. Die höchsten Steuern entrichteten Ulrich Apt (1504: 6 Gulden, 2½ Pfund) und Jörg Breu (1528: 5 Gulden 30 Kreuzer), während Burgkmair 1528 2½ Gulden zahlte und Holbein in seiner besten Zeit 1504 nur auf 1 Gulden und 36 Kreuzer kam. Ein Versuch der Maler, Bildhauer, Goldschlager und Glaser von 1522, die Berufsausübung fortan nur noch in einem dieser vier Teilhandwerke zuzulassen, scheiterte am Einspruch des Rats, sicher zum Wohl der Antragsteller, deren berufsübergreifende Tätigkeit dadurch unterbunden, mindestens erschwert worden wäre.

Die Goldschmiede zählten 1529 56 Meister. Die Zuweisung der erhaltenen Arbeiten zwischen 1490 und 1530 an einen von ihnen – der archivalisch gut bezeugte Seld bildet eine Ausnahme – ist nicht zuletzt deshalb so schwierig, weil eine Beschauordnung, die die Pflicht zur Vorlage der Werke, zur Prüfung des Feingehalts an Silber und zur Kennzeichnung durch die Marken von Stadt und Meister festschrieb, erstmalig 1529 beschlossen, aber frühestens ab 1549 streng befolgt wurde. Ausgenommen von dieser Anordnung blieben die hofbefreiten Arbeiten sowie die Goldarbeiten. Damit entziehen sich gerade die kostbarsten und bedeutenden Werke oftmals der genauen Bestimmung. Bis zum zweiten Drittel des 16. Jahrhunderts durften die Goldschmiede gelegentlich auch Gefäße aus Kupfer treiben, besonders wenn sie stark vergoldet waren. Erst die wachsende Zahl von Meistern beider Handwerke machte eine strenge Arbeitsteilung nötig.

Mit dem Tode Kaiser Maximilians und der unaufhaltsamen Hinwendung der Bevölkerung zur Lehre Luthers und Zwinglis fiel der erste Reif auf die junge Prosperität der Augsburger Kunst. Die kaiserlichen Aufträge blieben aus, die begonnenen oder projektierten Vorhaben unvollendet. Die Reformation machte sich zunächst nur passiv bemerkbar, indem sie den Stiftungen für Kirchenbau und Kirchenausstattung die religiöse Begründung entzog. Der Bedarf an Altären, Votivbildern, kultischem Gerät oder Ornaten ging nach 1520 selbst bei den Altgläubigen schlagartig zurück und versiegte fast völlig. Der Weiterbau von St. Ulrich und Afra wurde eingestellt. Schon 1523 hatte sich der vormalige Domprediger Johann Oecoclampadius gegen den Bau prächtiger Gotteshäuser ausgesprochen. 1525 zog der zwinglianisch gesinnte Prädikant Michael Keller bei den Barfüßern scharf gegen die Stiftung von Kapellen, Sakramentshäuschen, Kirchen und Klöstern zu Felde. Zwar versuchte der Rat, die Bilderstürmerei zu verbieten, dennoch mehrten sich die Fälle von Bilderschändungen und provokativen Zerstörungen.

Von der Reformation betroffen wurden vor allem die Maler und Bildhauer. Ihr Einkommen sinkt von Jahr zu Jahr. Der Schwerpunkt der Aufträge verlagert sich auf die Kleinkunst oder das Kunsthandwerk. Die spärlichen Bestellungen profanen Themas, die Porträts, Historien- und Genrebilder bieten geringen Ersatz, ebenso die üppig ins Kraut schießende, künstlerisch aber meist anspruchslose Druckgraphik für religiöse Streitschriften und Flugblätter. Jörg Breu und Daniel Hopfer bekennen sich offen zur Reformation. Hans Daucher, dessen Frau 1528 als Wiedertäuferin der Stadt verwiesen worden ist, tritt in herzoglich württembergische Dienste. Burgkmairs Schüler Laux Furtenagel, der 1529 das erschütternde Altersbildnis seines Meisters und dessen Frau gemalt hatte, scheint nach Sachsen und Thüringen ausgewandert zu sein. 1546 kehrt er nach Augsburg zurück.

Dennoch übersteht die Kunst die Krise. Kunstkammerstücke in Bronze, Stein und Holz, wahrscheinlich auch dekorative Arbeiten wie Kamineinfassungen, Türen, kunstvolle Fensterstöcke, geschnitzte und bemalte Decken, Wand- und Fassadenmalereien eröffnen neue Verdienstmöglichkeiten. Zeichner und Bildhauer finden dabei ihr Brot. Andernfalls wäre nicht zu verstehen, daß zwischen 1520 und 1529 immerhin 16 Meister gegenüber 29 in der Zeit von 1499 bis 1519 die Gerechtigkeit der Maler, Bildhauer, Glaser und Goldschlager erhalten, um zwischen 1530 und 1548 sogar auf 48 Neuzulassungen zu steigen. Nach bedeutenden Namen freilich darf man dabei, von Ausnahmen abgesehen, nicht suchen.

Kunst im Zeichen der Konfessionsspaltung und der Reichstage (1530–1590)

Die schwierigsten Probleme stellte die Zeit zwischen 1530 und 1590. Obgleich der Wohlstand, nicht nur der Patrizier und Kaufleute, sondern vor allem der Mittelschicht, die Spitze erreichte, nahm das künstlerische Leben einen anderen Verlauf, der keine eindeutige Zielsetzung erkennen läßt und mehr von der Zerrissenheit der politischen, konfessionellen und sozialen Verhältnisse verrät als die günstigeren wirtschaftlichen Voraussetzungen.

Die Stadtgestalt wird in den Außenbereichen und an den Rändern den Anforderungen der modernen Verteidigungstechnik und erhöhten Kriegsgefahr entsprechend korrigiert. Die mittelalterlichen Befestigungsanlagen müssen erneuert, die Mauerringe und Bastionen verstärkt, die hohen Türme mit ihren Spitzdächern abgetragen, die Gräben vertieft, die draußen liegenden Kirchen und Kapellen abgetragen werden. Die Stadt versinkt hinter mächtigen Erdwällen, deren Horizontale für den Fernblick wie ein flacher Reif wirkt, auf den die Zacken der Giebel und Kirchtürme aufgesteckt sind.

Zwischen 1560 und 1563 läßt der Rat 57 kleine Zinshäuser für Handwerker und Arme an der inneren Stadtmauer anbauen. An der äußeren Stadtmauer zwischen Rotem Tor und Einlaß entstehen einstöckige Soldatenhäuser in langer Reihe, in der Jakobervorstadt ein Stall für 1500 Pferde. Für die bessere Versorgung in Notfällen werden die Korn- und Zeughäuser erweitert oder neue erbaut. Der Abbruch profanierter Kirchen und Kapellen in der Innenstadt, die Verlegung der Friedhöfe oder gewerblicher Betriebe ermöglicht die Anlage größerer Plätze und breiterer Straßen. Bei St. Anna bildet sich ein evangelisches »Zentrum von Lehre und Forschung« (Jürgen Zimmer) durch die Nachbarschaft von Kirche, Stadtbibliothek und Gymnasium. Um St. Moritz, dessen Turm noch 1533 erhöht worden war, gruppieren sich eine Kornschranne, das Tanzhaus, das Weberhaus und zunächst auch die Kaufleutestube. Der Heumarkt erhält durch das erkergeschmückte Haus des Lienhart von Böckenstein (Maximilianmuseum, 1544/46), dem sich das behäbige Hainhoferhaus (1578) an der Stirnfront des Platzes zugesellt, einen großbürgerlichen Akzent. Am Roten Tor bekennt das durch schwere Rustikaquaderung und das Wappen Karls V. dräuende Vortor die Zugehörigkeit der Stadt zu dem Reich, in dessen Grenzen die Sonne nicht unterging. Der Fronhof wurde nach Auflassung des Friedhofs gepflastert, der Straßenzug vom Klinkertor zum Einlaß, die »Via Regia«, verbreitert.

Wohlstandswachstum und Bevölkerungszunahme begünstigen die Um- und Neubauten privater Häuser. Der größere Teil lag in der südlichen Oberstadt, aber auch in den Vorstädten wurden Gebäude aufgestockt oder Gartengrundstücke für Neubauten aufgelassen. An der Spitze der Auftraggeber standen die Fugger, die sich mehrere Anwesen zu repräsentativen Stadtresidenzen ausbauen ließen. Das Areal zwischen St. Moritz und St. Katharina nahm immer mehr den Charakter einer Fuggerstadt an. Christoph, Octavianus Secundus, Hans und Hans Jakob Fugger führten die Tradition von Raymund und Anton Fugger fort, indem sie ihre unauffällig vornehmen Häuser im Innern ebenso komfortabel wie reich ausstatteten, mit vielbewunderten Sammlungen füllten, und mit kunstvoll angelegten Gartenanlagen verbanden. Anton Fugger hatte 1531 im Haus am Weinmarkt ein »kaiserliches Palatium« als Wohnräume für Karl V. einrichten lassen. Hans Fuggers Stadtpalast am (späteren) Zeughausplatz war mit turmartigen, kuppelgedeckten Erkern an den Ecken besetzt und wohl mit Malereien geschmückt. Innen verband er die Ansprüche einer herrschaftlichen Wohnung mit der glanzvollen Darbietung der Kunst- und Raritäten-

sammlungen in den italienisch dekorierten Erdgeschoßräumen (Abb. 67) und einem festlichen »Goldenen Saal« in beiden Obergeschossen. Das Eckhaus Bartholomäus Welsers (1539) an der Weismalergasse (Abb. 49) und das Haus Bimmel am Hafnerberg (um 1545/50) schlossen sich mit ihren gestaffelten Kuben und Flachdachterrassen italienischen Vorbildern an. Die berühmten innerstädtischen Gärten – nicht nur der Fugger – bargen in ihren Bosketten, Grotten, Wasserspielen und Lusthäusern erlesene Kunstwerke der Gegenwart und der Antike. Von den sicherlich zahlreichen Fassadenmalereien, zu denen Meister wie Christoph Amberger, Giulio Licinio, Hans Bocksberger oder Georg Pecham herangezogen wurden, blieb so gut wie nichts erhalten. Die vielleicht ebenfalls nur als Malerei ausgeführte klassische Säulenordnung an der 1563 bis 1566 errichteten Herrentrinkstube am Perlachplatz erhielt durch die Bronzeskulptur eines heiligen Georg an der Ecke wieder einen plastischen Schmuck.

Die bescheidensten Leistungen hatte der Kirchenbau aufzuweisen. Weder die Predigthäuser und Kapellen der Evangelischen noch die Kirchen der Katholiken setzten städtebauliche Akzente. Bezeichnend für die zurückhaltende Baugesinnung ist die Spitzgiebelgruppe von Kloster und Kirche Maria Stern, deren kirchlicher Charakter nur in dem zierlichen Zwiebelturm des Johannes Holl (um 1573) zum Ausdruck kommt. Selbst die Jesuitenkirche (ab 1580) fügte sich mit ihrer turmlosen, schlichten Giebelfassade in die Flucht und Höhendimensionen der benachbarten Bürgerhäuser ein. Die karitativen Einrichtungen, Spitäler, Siechen-, Waisen-, Findel- oder Pilgerhäuser, waren aus kirchlichem Besitz in die Fürsorge der Stadt oder privater Stiftungen übergegangen. Einzig die Jakobspfründe auf dem Gelände des ehemaligen Barfüßerklosters erhielt 1532 einen Neubau. Ein kleines, doch minuziös durchgearbeitetes Stadtmodell des »teutschen Schuelhalters«, Zeichners, Formschneiders und Verlegers Hans Rogel von 1560/63 vermittelt, zumal in Verbindung mit seinem gleichzeitigen Vogelschauplan, eine plastische Vorstellung der damaligen baulichen Gestalt der Stadt. Wehrhaft und geschlossen nach außen, innerhalb der Mauern übersichtlich und zweckmäßig geordnet, wohlversorgt mit Wasser, Gärten, Plätzen und Vorratshäusern, bekannt durch soziale Einrichtungen und Reinlichkeit, wurde Augsburg von den Reisenden als »die schönste Stadt Deutschlands« (Montaigne) gepriesen.

Dennoch bedeuteten diese Jahrzehnte für die bildhaften wie bildlosen Künste eine harte Zeit. Der Bildersturm, vom Rat 1537 halbherzig und keineswegs überraschend angeordnet, nachdem der katholische Klerus zum größten Teil die Stadt verlassen hatte, wurde zwar nicht radikal, aber verhängnisvoll genug durchgeführt. Manches konnte zuvor in Sicherheit gebracht werden, so der Silberaltar des Doms nach Dillingen, oder einige Bildwerke in die Domkrypta, anderes wurde in »unsichtigen Winkeln« verborgen. Verschont blieben die Fuggerkapelle bei St. Anna, die Kirchen der Dominikaner bei St. Magdalena und der Dominikanerinnen bei St. Katharina, vielleicht weil sie als Familienstiftungen der Oberschicht respektiert werden mußten und Schadensersatzforderungen zu erwarten waren. Die übrigen Kirchen wurden fast aller Altäre, Bilder und Statuen beraubt, die Wandmalereien zerkratzt oder überstrichen, die Epitaphien verstümmelt. Das Zerstörungswerk begann am 18. Januar 1537 im Dom und in St. Ulrich und Afra, am 22. Januar folgte Hl. Kreuz, am 24. St. Moritz und St. Georg. Die den bürgerlichen Zechpflegern unterstehenden Frühmeßaltäre im Dom, in St. Ulrich und Afra und St. Johann hatte der Rat zuvor schon abräumen lassen. Die Aktion erfolgte unter dem bewaffneten Schutz des Stadthauptmanns Schertlin von Burtenbach. Über die Anzahl und die künstlerische Qualität der zerstörten Werke lassen sich nur Vermutungen anstellen. Allein im Dom fielen 30 Altäre der »Abtuhung der Bilder« zum Opfer.

Die tiefgehende konfessionelle Spaltung führte nach der Wiederkehr des Klerus und der Restitution der Kirchen 1548 zu überraschenden Folgerungen für die Kunst. Einige der neuangefertigten Altäre griffen auf Typen der Zeit vor dem Bildersturm zurück, so Christoph Ambergers Verschlußtafel für den wiederaufgestellten Silberaltar des Doms, der 1552 Form und Bildprogramm der zerstörten Vorgängerin von Hans Holbein d. Ä. übernahm, oder der Hochaltar von 1571 für St. Ulrich und Afra im Stil eines nahezu täuschend nachgeahmten spätgotischen Flügelaltars mit Figurenschrein, Gesprenge und bemalten Flü-

geln. Der bevorzugte Altartypus indessen bestand aus mehreren übereinander angeordneten und von schlichter Rahmenarchitektur im Stil der Renaissance eingefaßten Bildertafeln oder Reliefs überwiegend christologischer Thematik, manchmal unter Einschluß entsprechender Szenen aus dem Alten Testament.

Sollten die einen Altäre das Faktum des Bildersturms gleichsam ungeschehen erscheinen lassen, indem sie den vorreformatorischen Zustand vortäuschten, so suchten die anderen die Vorwürfe der Reformatoren dadurch gegenstandslos zu machen, daß sie deren Bibelverständnis möglichst nahe kamen. Mariologische oder hagiographische Themen wurden nach Möglichkeit vermieden. Wo Heilige auftraten, wurden sie durch historische Bezüge legitimiert. Auf Anklagen gegen die Bilderstürmer oder auf provokativ katholische Bildprogramme wurde verzichtet. Die Darstellungen hätten ebensogut für protestantische Epitaphien oder Bildaltäre verwendet werden können.

Eine ähnlich vermittelnde Haltung bewies der Rat, als er unter dem Druck der Bilderstürmer zwar die Figur des hl. Ulrich vom Brunnen am Perlachberg abnehmen ließ, dafür aber einen wohl nach einem Modell von Hans Daucher um 1536 in Bronze gegossenen Neptun mit Dreizack und Delphin besorgte (Abb. 65), der als konfessionsneutrales Motiv die überzeitliche Verbundenheit der Stadt mit der Antike und dem Humanismus dokumentierte. Eine einseitige Förderung protestantisch ausgerichteter Kunst verbot sich jedoch allein schon deshalb, weil eine solche angesichts der erklärten Bilderfeindlichkeit der zwinglianisch gesinnten Majorität nicht zur Diskussion stand. Immerhin ließ der Rest durch Christoph Epfenhauser 1536 für drei der protestantischen Kirchen zwiefache Abendmahlskelche und verdeckte Becher anfertigen. Anders als die katholischen Kultgeräte hielten sie sich von jedem Dekor fern und beschränkten sich auf die reine Rundform unter Hervorhebung der Worte des Evangeliums.

Erst nach der Wiedervereinigung der Zwinglianer mit den Lutheranern und der Garantie der konfessionellen Freiheit begann die Kunst allmählich auch in die protestantischen Kirchen einzuziehen, zunächst freilich beschränkt auf Epitaphien. Für die Kunstgeschichte sind sie weniger durch ihre bescheidene

Qualität interessant als durch die protestantische Ikonographie, die entweder – wie Ambergers »Gleichnis von den klugen und törichten Jungfrauen« in St. Anna (1560) – zur Wachsamkeit im rechten Glauben auffordert oder – wie de Hels Gegenüberstellung der Mannalese und Christi unter den Schriftgelehrten ebendort (1563) – Gottes Wort als das wahre Brot des Lebens preist.

Den Archivalien zufolge müßten die Jahrzehnte zwischen 1530 und 1590 ein Eldorado der Kunst in Augsburg gewesen sein. Die Zahl der Meister und ihrer Lehrknaben ist unverändert hoch. Allein gegen 25 bis 30 Malernamen sind in der zweiten Hälfte des 16. Jahrhunderts registriert. Zu- und Abwanderungen halten sich die Waage. Alteingeführte Namen wie Breu, Burgkmair, Loscher verschwinden oder gehen in anderen Sippenzusammenhängen auf. Hans Burgkmair d. J. muß 1559 Rat und Kaiser um finanzielle Unterstützung bitten, Hans Fugger um 1580 vergeblich nach einem brauchbaren Augsburger Porträtisten Ausschau halten. Der größere und anspruchsvollere Teil der Aufträge wird an fremde Kräfte vergeben, jedenfalls auf den Gebieten der Malerei und Bildhauerkunst, während die einheimischen Meister mit untergeordneten Arbeiten, farbigen oder goldenen Fassungen, mittelmäßigen Porträts oder Epitaphien, Allerweltsgraphik, dekorativen Malereien oder Kopien beschäftigt sind.

Freilich darf man gerade diesen Bereich nicht unterschätzen. Wieviel von den berühmten Ätzmalereien der Harnische, den Modellen für Bronzeskulpturen oder figürliche Goldschmiedearbeiten, den Intarsienbildern der Türen und Möbel, dem Schmuck der Uhrengehäuse, den Treibarbeiten der Rüstungen, den Malereien auf Musikinstrumenten, den Silberreliefs der Hausaltäre auf Entwürfe dieser Meister zurückgeht, ist nur selten belegbar. Dem Maler Jörg Sorg d. J. verdankt die Augsburger Plattnerkunst zahlreiche der besten und selbst in England als vorbildlich empfundenen Harnischverzierungen. Lorenz Stoer aus Nürnberg, der 1559 in Augsburg Meister wird, zeichnete Vorlagen für Möbelintarsien und Holzschnittfolgen mit geometrisch-perspektivischen Motiven, die durch Musterbücher verbreitet wurden. Der aus Kaufbeuren zugewanderte Hans Kels schnitzte Modelle für Bildnismedaillen und Goldschmiedereliefs,

sein Bruder Veit für das Zifferblatt einer Planetenuhr (1547). Christoph Weiditz und Joachim Forster arbeiten sowohl als Bildhauer wie als Goldschmiede. Christoph Amberger lieferte Visierungen für Bronzestandbilder des Innsbrucker Maximiliangrabes, Kartographien, Glasgemälde, Fassadenmalereien, Medaillen und Epitaphien, ungeachtet seiner Haupttätigkeit als Porträtist (Abb. 75).

Ähnlich schwierig ist eine eindeutige Aussage über den Einfluß der politischen und gesellschaftlichen Ereignisse auf das Gedeihen der Kunst. Gewiß zogen die Reichstage oder die Fuggerhochzeiten fremde Künstler nach Augsburg: 1530 kamen der Medailleur Matthes Gebel aus Nürnberg, die Hofmaler Jakob Seisenegger aus Wien, Jan Vermeyen aus Brüssel und wohl Hans Sebald Beham aus München. Das glanzvollste Aufgebot an Künstlern sahen die Reichstage von 1548/49 und 1550/51: Tizian, der zweimal von Venedig anreiste, sein Mitarbeiter Lambert Sustris, der darüber hinaus einige Zeit in Augsburg blieb, der alte Lukas Cranach aus Weimar und wieder Jakob Seisenegger, wahrscheinlich Paulus Mor aus Brüssel und im Gefolge Philipps II. der Bildhauer Pier Leone aus Florenz. Seisenegger und vielleicht Paris Bordone aus Venedig und Georg Penz aus Nürnberg hielten sich hier während der Fuggerhochzeiten 1540/41 auf. Auch die Nobilitierung von Augsburger Bürgern, ihre pompösen Eheschließungen oder die Geschlechtervermehrung von 1538 brachten zahlreiche repräsentative Bildnisaufträge ein. Daß die Gewerbe der Plattner, Medailleure, Goldschmiede, der Holzschnitt und die Kleinplastik von diesen Ereignissen profitierten, versteht sich von selbst. Ein Zeichen dafür mag die Zunahme der Goldschmiede um ein Drittel zwischen 1546 und 1551 sein. Die Rückkehr Joachim Forsters und Philipp Holbeins dürfte mit solch günstigen Verdienstaussichten zusammenhängen.

Als die Reichstage und Reichsversammlungen nach der Jahrhundertmitte immer seltener und farbloser wurden, bewährten sich die Fugger erneut als Mäzene. Die Kontinuität der einheimischen Kunst war zwar vor 1550 bereits abgebrochen, die Schaffenskraft zahlreicher Werkstätten erschöpft, die Bedürfnisse und Anforderungen der Auftraggeber dagegen verfeinerten und vermehrten sich zusehends. Es bleibt das Verdienst der Fugger, ihre künstlerischen Ansprüche nicht den lokalen Möglichkeiten angepaßt, sondern nach neuen Begabungen Ausschau gehalten zu haben, die für die Ausstattung ihrer Schlösser und Wohnungen, für die Erweiterung ihrer Sammlungen oder für ihre kirchlichen Stiftungen in Betracht kamen.

Hans Fugger berief 1568 Friedrich Sustris, den Sohn des Lambert, aus Florenz. Sustris leitete bis 1573 die Außen- und Innendekoration des Hauses am Zeugplatz (Abb. 67), entwarf die Malereien und Stukkaturen sowie eine vielbeachtete Tropfsteingrotte samt Brunnen. Unterstützt wurde er von Antonio Ponzano und Alessandro Scalzi, seinem Schwager. Seit 1569 arbeitete der Florentiner Bildhauer und Stukkator Carlo Pallago mit ihm zusammen. 1581 schuf der aus Italien kommende Niederländer Hubert Gerhard im Kirchheimer Fuggerschloß einen monumentalen Bronzebrunnen florentinischen Typus, den ersten nördlich der Alpen. 1569/70 ließ Hans Fugger am Gögginger Tor eine eigene Gießhütte errichten für die Niederländer Pietro de Neve und Cornelius Antonius Man. Hans von Aachen erhielt 1587 die ersten Bildnisaufträge der Fugger, Nicolas Juvenel wurde 1581 von Nürnberg aus als Porträtist engagiert. In Venedig führte Paolo Fiamingo, in Treviso Ludovico Pozzoserrato, in Cremona Vinzenzo Campi großformatige Gemälde für Hans Fugger aus. Vielleicht gehörte auch Tintorettos einstiges Altarblatt der Dominikanerkirche zu einem solchen Auftrag.

Damit setzt ein lebhafter Austausch mit Italien, den Niederlanden und dem Kurfürstlichen Hof in München ein, wobei die Fugger und Augsburg nicht nur der nehmende Teil waren. Viele der von den Fuggern gerufenen Künstler, Sustris und Gerhard, gingen in den Dienst des Münchner Hofes. Der von den Fuggern geförderte Kistlerarchitekt Wendel Dietrich, Meister der Decke und Türen im Zedernsaal des Kirchheimer Schlosses, erhielt entscheidenden Einfluß auf den Bau und die Ausstattung der Münchner Jesuitenkirche. An Plan und Ausführung des Antiquariums in München war neben Hans Fugger, seinen Kunstagenten Stoppio und Strada, der Augsburger Wilhelm Egckl beteiligt. Johannes Holl, dem »täglichen Maur- und Werkmeister« der Fugger, wird, obgleich Protestant, die Markuskirche in der

Fuggerei, die Jesuitenkirche in Landsberg, das Maria-Stern-Kloster in Augsburg übertragen, der Plan der Augsburger Jesuitenkirche dürfte von ihm stammen. Gerhard und Holl führten auch städtische Aufträge aus, Sustris malte für katholische wie protestantische Kirchen. Wenngleich zunächst noch zurückhaltend und gleichsam unter Ausschluß der Allgemeinheit, öffnete sich Augsburg vergleichsweise früh, vielleicht sogar als erste deutsche Stadt den zukunftweisenden Formen und Ideen der internationalen Hofkunst.

Höheres und weiteres Ansehen genoß die Stadt durch ihre kunstvollen Uhren und wissenschaftlichen Instrumente, ihre Lauten und Musikautomaten, ihre Prunkwaffen und Eisenschnittarbeiten, ihre Kunstmöbel und Intarsienarbeiten, ihre Brunnengüsse und Goldschmiedewerke. Der Wert dieser meist für den Export und den Kenner bestimmten Erzeugnisse lag weniger auf dem Gebiet der Wissenschaft oder der Zweckmäßigkeit als in der geschmackvollen Kombination kostbarer Materialien mit unterschiedlichen Herstellungsverfahren, komplizierten Techniken und Mechaniken und betont schlichter oder reicher Form. Beliebt waren die Augsburger Tisch- und Lustbrunnen aus Bronze mit ihren überraschenden Wasserspielen. In den Gärten von Wien, Kassel, München, Stuttgart oder Schloß Hessen (Kreis Wolfenbüttel, früher Schöppenstedt) agierten Venus und die Planetengötter, Diana und Aktaeon, Paris und die Schönheitsrivalinnen, die Vertreter der Tierwelt oder allegorische Figuren als Wasserspender. In die großen Aufträge teilten sich die Werkstätten Max Labenwolf d. J. und Hans Reisinger.

Daß die europäische Möbelkunst in Augsburg eines ihrer tonangebenden Zentren besaß, ist kaum noch bekannt. Selbstbewußt erinnert die Augsburger Kistlerzunft 1569 den Rat, »das Kistlerhandwerckh mit ihrer Arbeit in dieser Stadt (habe) ohne Ruhm zu melden, dermaßen für alle Statt, nit allein im heil. Reich, sondern auch bei nahen und fernen Nationen, in Ehren und Ansehen gestanden, daß ihnen die Gesellen von andern Orten und Erfahrung ihrer Kunst zuziehen«. Hauptabnehmer der komplizierten Kunstschränke, Schreibtische, Türen und Intarsienplatten waren der spanische und österreichische Hof, aber auch der Münchner oder die norddeutschen Hö-

Abb. 68 Vierung und Chor von St. Ulrich und Afra, erbaut 1500 – 1604. Choraltäre von Hans Degler, Kreuzaltar von Hans Reichle. Zustand vor 1970

Abb. 69   Christus als Salvator. Holzskulptur für den 1652 errichteten Pfarraltar in St. Moritz, gestiftet von Ottheinrich, Hans Ernst und Hans d. J. Fugger. Von Georg Petel, um 1631/32

fe gehörten zu den Bestellern. Lienhart Stromair war mit Aufträgen aus Deutschland, Frankreich, Italien, Spanien und den Niederlanden so überladen, daß er 1548, 1551 und 1554 um Zuweisung weiterer Gesellen einkam. Da er viele der benötigten Zulieferungen selbst anfertigte und 1563 einen niederländischen Bildhauer beschäftigte, geriet er wiederholt in Kompetenzstreitigkeiten mit den anderen Zünften. Bartholomäus Weishaupt arbeitete 1562 und 1568 »sehr künstliche Schränke« für Philipp II. von Spanien. Die meisten der in den Quellen genannten Meister und Werke lassen sich nicht mehr nachweisen. Immerhin gab es 1558 137 selbständige Schreinermeister in Augsburg.

Ähnlichen Ruhm konnten die Uhrmacher einschließlich der Kompaßmacher und Hersteller wissenschaftlicher Instrumente beanspruchen. Christoph Schissler, der 1553 Meister im Gürtlerhandwerk wurde, zahlte 1568–1570 die höchste Steuer, seine kostspieligen Werke erwarben die Höfe in Dresden, Wien und Prag. Auch er mußte sich mit den Goldschmieden und Uhrmachern streiten, weil er ihre Privilegien zu durchbrechen bereit war. Seine astronomischen Taschenbestecke, Geschützaufsätze, Quadranten, Armillarsphären, Sonnenuhren, Zirkel, Kompasse und Globen sind ebenso präzis wie einfallsreich und vielseitig verwendbar.

Andere Meister spezialisierten sich auf Automaten, deren Figuren sich beim Viertel- oder Stundenschlag bewegten, spielten oder lärmten, auf astronomische Uhren mit dem Informationsangebot eines kleinen Computers, auf Himmelsgloben, die per Uhrwerk und Hand angetrieben wurden, auf Kleinodien, in deren Innern eine tickende Uhr an die Eitelkeit des Irdischen und das Ende des Lebens mahnte. Sosehr die Zünfte die Nachfrage der Besteller nach immer mehr umfassenden Beweisen der »Welt als Uhr« zu reglementieren trachteten, so wenig gelang es ihnen, die in Augsburg vorgegebenen Leistungskombinationen zu bürokratisieren. Daß Georg Roll als Uhrchergeselle zeitweise bis zu 25 Mitgesellen aus den verschiedensten Handwerken beschäftigen konnte, spricht nicht nur für die Einsicht des Rats, sondern auch für den Einfluß der Auftraggeber.

Die Automatisierungslust der Augsburger Handwerker machte auch vor den Musikinstrumenten nicht halt. Automatische Orgeln, Orgelklaviere und Virginale mit Federantrieb und Stiftwalze gehörten seit der zweiten Hälfte des 16. Jahrhunderts zu den begehrtesten Exportartikeln. Der Höhepunkt ihrer Produktion freilich liegt im frühen 17. Jahrhundert (Abb. 73). Die Instrumente waren in Kunstschränken, Nähkästen oder Brettspielen versteckt oder in figürlichen, oft sich bewegenden Automaten untergebracht, mit Ebenholz verkleidet oder furniert, mit Elfenbein, Email, Silberdrähten oder Goldplatten eingelegt, mit kolorierten Stichen oder ornamentalen Malereien verziert. Weniger bekannt ist die Herstellung großer Zupfklaviere und Orgeln nicht nur für Augsburger, sondern auch für auswärtige Besteller. Erhalten blieb wenig, ebenso von den Meisterwerken der Augsburger Lautenmacher, die öfters in enger Verbindung mit Allgäuer Werkstätten arbeiteten. Zu Beginn des 17. Jahrhunderts und mit dem Vordringen des Streichinstrumentenbaus hörte dieser seit dem 15. Jahrhundert nachweisbare Gewerbezweig zu blühen auf.

Die Plattnerkunst, seit dem 15. Jahrhundert einer der beständigsten Ruhmestitel Augsburgs, neigte sich mit dem 16. Jahrhundert dem Ende zu. Zur Zeit des »Geharnischten Reichstags« 1548/49 diente der Harnisch bereits mehr als Standeskleidung oder Turnierrüstung denn als Schutz in offener Feldschlacht (Abb. 70). Nach dem Vorbild des Kaisers bevorzugten der katholische Adel und die Höfe den blanken Harnisch mit geschwärztem oder vergoldetem Dekor, die Protestanten dagegen die einfacheren schwarzweißen Rüstungen, die hauptsächlich in Sachsen, Braunschweig und Nürnberg hergestellt wurden. Neben den geätzten Verzierungen, den Tauschierungen mit Silber und Gold, der farbigen Tönung oder der Ziselierung der Prunkharnische stellten die getriebenen Arbeiten Jörg Sigmanns den Höhepunkt der Augsburger Plattnerei dar. Sturmhauben, Rundschübe, Harnische, Roßstirn, Sattel und Schwert wurden mit erhabenem, meist figürlichem Dekor überzogen, die Themen der Mythologie oder der römischen Geschichte entnommen.

Durch Jörg Sorgs Harnischmusterbuch erfahren wir die Namen der bedeutendsten Augsburger Plattner zwischen 1548 und 1563, Desiderius Helmschmied, Matthäus Frauenpreiß, Hans Lutzenberger, Konrad

Richter, Anton Peffenhauser, Wilhelm Seusenhofer. Wir überblicken auch den Kreis der adeligen Auftraggeber aus Spanien, Italien, den Niederlanden, Österreich, Böhmen, Ungarn und ganz Deutschland. Die Augsburger Erzeugnisse waren, ähnlich den Goldschmiedewerken oder den Ebenholzarbeiten, durch die Stadtmarke des Pinienzapfens gekennzeichnet, ferner durch die Meistermarke und an der Innenseite durch das Augsburger A im Perlrand.

War die Augsburger Totenfeier für Karl V. 1559 ein letzter Anlaß gewesen, die Weltbedeutung der Plattnerkunst in den vergoldeten Funeralwaffen Anton Peffenhausers zu demonstrieren – eine Zweitfassung davon wurde offenbar ein halbes Jahr danach für die Totenfeier in Mexiko angefertigt –, so begann die Nachfrage nach Prunkharnischen schon unter seinen Nachfolgern zu sinken. Einige Plattner bewarben sich um auswärtige Anstellungen oder verließen die Stadt, andere gerieten in finanzielle Schwierigkeiten oder stellten sich auf Massenproduktion um. Dennoch lieferten die Augsburger Meister bis ins 17. Jahrhundert hinein »subtile« Arbeiten für die Höfe von Sachsen, Bayern und Österreich, darunter sieben große Garnituren für den St. Georgsritter und seine sechs Knechte zur Fronleichnamsprozession 1579 in München. Einträglicher war die Ausstattung ganzer Kompanien mit Rüstungen. Hatten noch 1562 22 Meister dem Plattnerstand angehört, so wurden zehn Jahre später nur noch neun, 1643 noch zwei gezählt, und selbst diese waren verarmt. Der Dreißigjährige Krieg benötigte keine Prunkharnische mehr.

Es wäre verwunderlich, wenn nicht auch die Augsburger Waffenschmiede ihre Produkte in Kunstwerke zu verwandeln versucht hätten. Daß die Klingen der Schwerter mit Ätzmalereien verziert oder die Degengefäße durch Medailloneinlagen, Tauschierungen oder Eisenschnitzereien bereichert wurden, stand bei der Fülle der verfügbaren Spezialhandwerker zu erwarten. Wenn aber ein Stock aus Ebenholz und Bein mit einem vergoldeten Kupferknauf, den ein römischer Krieger schmückt, im Innern einen Degen mit geätzter, vergoldeter und gebläuter Klinge birgt, die mit einer ähnlich verzierten Radschloßpistole kombiniert ist, so darf mit Sicherheit angenommen werden, daß eine solche Konstruktion weniger der Verteidi-

gung ihres Besitzers dienen sollte als dem Ansehen seiner Waffenkammer. Auch die als Anhänger zu tragenden Radschloßpistolenpaare, die trotz ihres Miniaturformats funktionsfähig waren, zählen eher zu den Schmuckstücken als zu den Waffen. Andere Pistolen waren mit Juwelen besetzt, die Schäfte mit Silber und transluzidem Email überzogen. Freilich ist mangels Beschaumarken und angesichts der Verwendung vorfabrizierter Einzelteile die Bestimmung der Werkstatt oft unmöglich.

Aus der Waffenkunst hervorgegangen ist das Unikum eines eisernen Thronsessels, den der Messerschmied Thomas Rucker 1574 vermutlich als ein Repräsentationsgeschenk der Stadt zugedacht hatte. Das aufwendige Prunkstück ist an Beinen, Armstützen und Gestell mit nahezu 130 aus Eisen geschnittenen Darstellungen, teils freiplastisch, teils im Relief, geschmückt. Später gelangte es in die Prager Kunstkammer Rudolfs II. Eine ähnliche Technik weist der Reisealtar in Form eines Kabinettschranks mit getriebenen Eisenreliefs auf, der um 1570 für Kardinal Otto von Waldburg in einer anonymen Augsburger Werkstatt hergestellt wurde.

Die positivste Bilanz konnten die Goldschmiede verzeichnen. Ihr Gewerbe profitierte ebenso von dem allgemeinen Wohlstand der Stadt wie auch von den auswärtigen Bestellungen. An der Spitze der Auftraggeber standen die Höfe. Ihr Interesse galt vor allem der Anfertigung von Herrschaftsinsignien, Hausaltären, Kleinodien, Prunkgeschirren, Gesandtschaftsgeschenken und Tischschmuck (Abb. 71). Daß der Adel mit ihnen zu wetteifern suchte, ist verständlich und führte manchmal zu Schulden oder Zahlungsunfähigkeit, die sich letztlich auf die ausführenden Goldschmiede und ihre Verleger auswirkten. Die Städte benötigten Goldschmiedearbeiten als Ehrengeschenke, als Willkommbecher bei Fürstenbesuchen, als Tafelgeschirr für Bankette. Zum Augsburger Ratssilber gehörten 1569 50 Teller, über 100 große und kleine Schüsseln, 61 Salzgefäße, 6 Leuchter, über 100 Becher und anderes, dazu zahlreiche vergoldete Pokale, zum Teil in Kopfform, Kredenzen und Flaschen. Auch die Zünfte horteten Goldschmiedewerke als Ehrengeschenke oder Zunftpokale. Die Kirchen bestellten Altäre, Reliquiare und Reliquienschreine, Monstranzen, Altargeräte, liturgische Gefäße, Bischofs- und Abtsstäbe. Am wenigsten unterrichtet sind wir über den Silberbesitz bürgerlicher Familien, da er den größten Schwankungen unterworfen war.

Wie bei den anderen Zünften hatte sich die von Karl V. 1548 verordnete Änderung des Stadtregiments kaum auf die Goldschmiedekunst ausgewirkt. Die Unterstellung unter den patrizischen Rat verhinderte sogar manche Fehlentscheidung der Zunft, so die Absicht, »nur noch die Meistersöhne und die im Handwerk heiratenden Gesellen zu befördern«. Um der wachsenden Konkurrenz durch überlegene Leistungen und künstlerische Qualität standhalten zu können, wurden komplizierte Verordnungen und Bestimmungen erlassen, ohne die Fluktuation der Künstler und die Zusammenarbeit mit anderen Handwerkern zu unterbinden. Die Zahl der selbständigen Meister stieg von etwa 60 im Jahre 1546 auf über 100 im Jahre 1582.

Die vielen Goldschmiede, ihre kostspieligen und umfangreichen Aufträge und die damit verbundenen Risiken führten zur Einrichtung finanzkräftiger und vertrauenswürdiger Silberhandlungen und offener Läden, was den Widerstand anderer Goldschmiede herausforderte. Als erfolgreiche Händler bewährten sich Bartholome und Hans Christoph Fesenmair, Matthäus Holzapfel, Philipp Holbein und vor allem Adolf Schanternell d. Ä., der 1570 als Goldschmied, später als Juwelier bezeichnet ist und 1575 in die Kaufleutestube eintritt. 1582 beruft er sich darauf, daß er allein im Auftrag der Augsburger Goldschmiede Waren im Wert von 100 000 Gulden umgesetzt habe. Freilich war mit dem Erfolg auch ein hoher Einsatz verbunden. Höfe und Adel waren wegen ihrer säumigen Zahlungen gefürchtet. Philipp Holbein schuldete der Kaiser 40 000 Gulden, der Goldschmied Hans Reiser mußte ab 1570 zwei Jahre lang auf seine 12 000 Gulden von Kaiser Maximilian II. warten.

Die Stärke der Augsburger Goldschmiedekunst bestand weniger im Erfinden neuer Typen und Formen als in der dem Geschmack des fortgeschrittenen 16. Jahrhunderts entgegenkommenden Fähigkeit zur Kombination verschiedener Techniken und in der Solidität der Ausführung. Eine der Voraussetzungen wurde schon genannt: die Vielfalt und das Zusammenwirken zahlreicher Spezialwerkstätten am Ort, die selbst den ausgefallensten Wünschen der Auftraggeber rasch gerecht zu werden vermochten. Eine andere Voraussetzung bildeten die traditionellen Großhandelsverbindungen Augsburgs, die den Goldschmieden die bevorzugte Versorgung mit Rohsilber garantierten. Das dichte Netz der Handelsagenturen kam dem Vertrieb der Goldschmiedewaren auf den Messen und im Ausland zugute. Die Wege des Geldes und des Goldes deckten sich. In dem Maße, wie der internationale Handel der Augsburger Kaufleute zurückging, übernahmen die Goldschmiede und ihre Verleger, die Silberkrämer, die Rolle des Handels. Die Kunst begann ein Faktor der Stadtpolitik zu werden.

Das neue Gesicht der Stadt (1590–1630)

Als ob sich Geschichte wiederholte, setzt hundert Jahre nach ihrem ersten Frühling die Augsburger Kunst zu neuer Blüte an, um ebenfalls nach knapp vier Jahrzehnten wieder abzusterben, diesmal aber im Sturm des Dreißigjährigen Krieges und unter der Geißel der Pest. Daß diese Zeit zu Recht als der Höhepunkt der Augsburger Kunstgeschichte angesehen wird, hat seinen Grund nicht zuletzt in der unvergänglichen Spur, die sie im Erscheinungsbild der Stadt hinterlassen hat.

Erstmalig steht der Rat, nicht mehr der Bischof oder die Kirche, die Zünfte oder die Geschlechter, an der Spitze der Auftraggeber. In einem Willensakt sondersgleichen gibt er der Stadtgestalt ein neues Gesicht. Voraussetzung dafür bildeten die günstige finanzielle Situation einerseits, andererseits die Notwendigkeit zur Arbeitsbeschaffung für die jetzt etwa 44 000 Einwohner zählende Reichsstadt. Ein Großteil der Maßnahmen diente den wachsenden Anforderungen des Handwerks und des Handels, der Verteidigung und Versorgung, der Sozialpflege und Hygiene, der Schulbildung oder der umfangreicher und komplizierter gewordenen Verwaltung. Andere wurden durch den überalteten oder baufälligen Zustand bestehender Einrichtungen bedingt. Dennoch stellen weder die Aufwendungen für die Stadtbefestigung noch die Ausgaben für den Wohnungsbau den Hauptteil des Finanzhaushalts. Die Verkehrsverhältnisse wurden wenig gebessert, die Straßen kaum verändert oder neu angelegt. Der Schwerpunkt lag in dem gewaltigen künstlerischen – und finanziellen – Aufwand für die Erneuerung der Stadtgestalt, der die Repräsentationsbedürfnisse jeder vergleichbaren Stadt in Deutschland weit übertraf.

Den Auftakt gaben die Bildwerke aus Bronze und Stein. 1588 spätestens wurde an Hubert Gerhard in München der Auftrag für den 1594 in Betrieb genommenen Augustusbrunnen auf dem Perlachplatz (Abb. 66) erteilt. Der überflüssig gewordene ältere Neptunbrunnen des nahen Fischmarktes (Abb. 65) erhielt 1595 einen neuen Standort in der Weismalergasse zwischen Dom und Perlach. Zwischen Weberhaus und Schranne, »über die Kaufmannsgewerbe und Straßen gesetzt«, wurde 1596 bis 1599 der Brunnen des Merkur mit dem Amorknaben nach Modellen des Adriaen de Vries errichtet. Im gleichen Jahr begonnen, doch erst 1602 vollendet, entstand auf dem Weinmarkt der Herkulesbrunnen desselben Meisters. Auf den vergoldeten Reliefs des Pfeilers, der den Halbgott im Kampf mit der Wasserschlange trägt, sind die Gründung, Auszeichnung und der Triumph der Tochterstadt Roms dargestellt.

Den mächtigen, teilweise vergoldeten Bronzeadler für den Giebel des Siegelhauses hinter dem Brunnen schuf Hans Reichle 1605/06 anstelle eines ursprünglich vorgesehenen Pinienzapfens. Derselbe Künstler erhielt am 30. Dezember 1603 den Auftrag, für die Schauwand des Zeughauses die dreiteilige Gruppe des »Erzfeldherrn« Michael als Sieger über den Satan und der Putti mit den Trophäen des Krieges (Abb. 62) anzufertigen. 1605 hatte Reichle eine verlorene Muttergottesfigur für das Wertachbrucker Tor geliefert, 1606 den Wappenschild mit dem Pyr für die neue Metzig. Während dieser Arbeiten wohnte er, wie schon Adriaen de Vries, zumeist in Augsburg. Nichts erhalten blieb von den »etlichen Bildern und Einfassungen«, die Hubert Gerhard 1592 für das Kornhaus am Katzenstadel gemacht hatte. Adriaen de Vries ist auch 1602 für die Bronzefigur eines sitzenden Jünglings mit einer Muschel als Wasserspender bezeugt, die im obersten Geschoß des Wasserturms am Roten Tor aufgestellt war. Den Guß dieser anspruchsvollen Bronzebildwerke besorgten Peter Wagner und Wolfgang Neidhart, deren Werkstätten

zu den besten ihrer Zeit gehörten. Die Feinausarbeitung, Ziselierung und Vergoldung war den Goldschmieden übertragen.

Die 1607 von Joseph Heintz entworfene »Steinerne Stadt-Pier« oder »Colonna« vor der evangelischen Ulrichskirche wurde von Christoph Murmann ausgeführt und von Elias Holl 1610 aufgerichtet. Murmann modellierte 1619 den vergoldeten einstigen Bronzeadler für den Westgiebel des Rathauses und schnitzte das Holzmodell für das 1620 eingesetzte Bronzegitter des Hauptportals, auf dem zwei Greifen den Stadtpyr halten. Für die Kaiserbüsten und die Portalfiguren des Goldenen Saals sind die Augsburger Bildhauer Caspar Meneler, Hans Leonhard Gemelich, Gottlieb Georg Dannböck sowie Christoph Angermeyer aus München bezeugt, für die Gipsmodelle der gegossenen Kaiserbüsten in den Gängen und Fletzen Ulrich Fischer.

Die reichsstädtische Bautätigkeit steht nicht zufällig über weite Strecken hinweg in engem Zusammenhang mit den bildhauerischen Unternehmungen. Mit der Entscheidung von 1593, den Augustusbrunnen auf dem Perlachplatz statt auf dem Fischmarkt aufzustellen, wurde der seit langem geforderte Abbruch der übelriechenden Metzig und damit die Neugestaltung des gesamten Platzes ausgelöst. Im gleichen Jahr erweiterte die Stadt ihr Kanzleigebäude, womit eine wichtige Voraussetzung für die Entlastung des Rathauses von den Aufgaben der Verwaltung erfüllt war. Elias Holls erster städtischer Auftrag, das Gießhaus und der Kanonenbohrturm am Katzenstadel (1601), war ein reiner Zweckbau. Mit dem Neubau des einsturzgefährdeten Zunfthauses der Bäcker (1602) meldete die Stadt künstlerische Ansprüche an. Die Fassade des Siegelhauses am Weinmarkt, die Holl 1604 bis 1606 nach eigenen oder nach Entwürfen von Matthäus Welser und Joseph Heintz errichtete, erhielt eine kunstvolle Gliederung durch breite ionische Pilaster mit massigem Gebälk, die den gemächlich hochschwingenden Giebel tragen. Dem durch die »Kolossalordnung« implizierten Bezug auf die römische Baukunst entspricht das in die Balustrade des Balkons übertragene Relief aus der Römerzeit mit der Darstellung eines Weintransports, das Holl 1605 unter den Fundamenten der Barfüßerkirche ausgegraben hatte. Die Uhr unterhalb des Bronzeadlers ist in diesem Zusammenhang nicht nur als Herrschaftssymbol der alles regelnden Obrigkeit zu verstehen, sondern auch als Zeichen der alles verbindenden Zeit.

Die 1602 begonnene Zeughausfassade (Abb. 62) unterstreicht durch die gestraffte Vertikalisierung, die Rustikarahmung der Pilaster und Fenster, die Bronzestandbilder in der Mitte und die Inschriften der seitlichen Bronzetafeln den wehrhaften Charakter des Gebäudes. Die 1606 endlich an den Vorderen Lech hinunter verlegte Metzig benutzte den unterirdisch hindurchgeleiteten Lechkanal zur Kühlung der Fleischkeller und zur Beseitigung der Abfälle. Im Untergeschoß lagen zwei Verkaufsgänge mit vier Reihen Fleischbänken, was den Zugang durch zwei Portale nötig machte. Die Obergeschosse dienten als Zunft- und Amtsräume. Die Bukranien zu seiten der Portale, die an die Tieropfer der Antike erinnerten, zeigen zugleich die Bestimmung des Gebäudes an. Der dahinterliegende Bau ist wie beim Siegel- und Zeughaus eine schlichte Zweckkonstruktion.

Die anstelle der aufgelassenen Metzig auf dem Perlach geplante zweigeschossige Loggia wäre ein für den Norden singuläres Beispiel venezianischer Architektur geworden, hätte nicht der Neubau des Rathauses die Ausführung überflüssig gemacht. Heintz hatte dafür 1608 ein elegantes Holzmodell nach dem Vorbild von Sansovinos Libreria di San Marco in Venedig (Abb. 64) geschickt. Das früher dem Stadtmaler Johann Matthias Kager, neuerdings ebenfalls Heintz zugeschriebene zweite Modell, das sich mehr an Palladios Formenschatz anlehnt, ist pompöser und schwerfälliger. Das Untergeschoß der Loggia sollte wohl als offene Verkaufshalle dienen, das Obergeschoß als Festsaal. Für das Deckengemälde hatten der Stadtpfleger Rembold und Bürgermeister Welser bereits den 1606 aus Venedig übersiedelten Maler Hans Rottenhammer bestimmt. Anstelle der Loggia errichtete Holl den »Neuen Bau«, der gleich einer barocken Kulisse den Perlachplatz gegen die dahinterliegenden Nachbarhäuser abzuschirmen hatte.

Auch die weniger anspruchsvollen städtischen Bauten erhielten durch Holls wachsende Meisterschaft ein würdiges Aussehen. Der Um- und Neubau der Tore samt Wachhäusern, Brücken und Bastionen verband die fortifikatorischen Anforderungen mit re-

präsentativer Form. Das Wertachbrucker Tor wurde 1605, das Klinkertor 1608, das Fischertor 1609, das Steffinger Törlein 1619, das Rote Tor als die reifste Lösung 1622 errichtet. Schon Jakob Eschays Obergeschoß des Wasserturms am Heiliggeistspital (1599), mehr noch Holls zierliche Wassertürme von 1609 beim Jakobertor und am Gänsbühl sind nicht nur Zweck-, sondern Kunstbauten. Als 1611 die Barfüßerbrücke neu zu errichten war, plante Holl nach dem Vorbild der Rialtobrücke in Venedig inmitten der je sechs Kramläden am Brückenrand eine Aussichtskanzel, »das man im Fischgraben sehen kann, das Ganze auf ›welsche Manier‹«. Wie der neue Bau mit seinen sechs Kramläden am Perlachplatz sollte auch das Reichsstädtische Kaufhaus von 1611/12 an der Ecke Weinmarkt–Heiliggrabgasse zugleich platzbetonende und zweckentsprechende Funktionen ausüben. Das wohl von Kager entworfene langgestreckte Gebäude enthielt im Untergeschoß offene Verkaufsgewölbe.

1602 errichtete Holl im Auftrag des Rates den Turm der Annakirche. Im Bau des Gymnasiums bei St. Anna (1613–1616) gelang es ihm, der ruhigen Reihung der Doppelfenster durch die Vertikalkraft des giebelbekrönten Mittelrisalits entgegenzuwirken und die Fassade bei sparsamster Gliederung im Sinne des Barock zu dynamisieren. Gleichzeitig erhöhte er den Turm der Stadtbibliothek zu einem Observatorium. Als die Reichsstadt das katholische Dorf Oberhausen erwerben konnte, gab er der Kirche 1619 einen stattlichen Turm mit Zwiebelhaube ähnlich den Rathaustürmen. Sein letztes großes Werk, die Vierflügelanlage des Heiliggeistspitals samt Kirche (1625 bis 1630) konnte er selbst nicht mehr vollenden.

Kein Neubau der Reichsstadt wurde so genau diskutiert, überlegt, korrigiert und so eifrig propagiert wie das Rathaus. Die ersten Pläne um 1609 sahen noch einen Umbau des erst hundert Jahre zuvor mit großem Aufwand erneuerten Dreigiebelhauses vor. Das Rathaus wäre auf diese Weise modernisiert worden, ohne die Bindung an die Tradition aufzugeben. Nachdem 1614 der Beschluß gefaßt worden war, das alte Gebäude abzubrechen und ein neues, ohne Turm und Erker, von Grund auf zu errichten, erbot sich Holl, zunächst den Perlachturm um ein offenes Glockengeschoß mit Kuppel und Laterne zur Aufnahme des Rathausgeläuts zu erhöhen. Dadurch erhielt der mittelalterliche Stadtturm 1614/15 das Aussehen eines beherrschenden Campanile. Zahlreiche Zeichnungen und Modelle berichten über die unterschiedlichen Stadien der Planung bis zur Grundsteinlegung des Rathauses am 15. August 1615.

Das aus dem Abhang des Perlachberges aufsteigende Gebäude (Abb. 59) ist eine ebenso selbstverständlich anmutende wie genial durchdachte Meisterleistung der Profanarchitektur. Die vier Seiten des freistehenden, würfelähnlichen Baukörpers wurden durch flache Mittelrisalite und sich kreuzende Giebelaufbauten in hochgereckte Fassaden verwandelt, deren westliche sich durch Lage, Portale und Schmuck als die Schauseite zu erkennen gibt. Um dem Bau »sowohl inner als außer der Stadt ein heroisches Ansehen« zu verleihen, führte Holl 1618 anstelle der schmaleren Quergiebel zwei Türme mit achteckigen Obergeschossen und Zwiebelhauben aus. Im durchgehenden Mitteltrakt lagen die dreischiffigen Hallen des Unteren und Oberen Fletzes, darüber der drei Geschosse einnehmende Goldene Saal, zuoberst die niedrige Modellkammer. Quer dazu verbanden die gewölbten Treppenhäuser die Geschosse. In den Eckräumen zu ebener Erde waren die Wachen und verschiedene Gerätschaften untergebracht, zu seiten des Oberen Fletzes die Stuben der Steuer-, Gerichts- und Bauherren, des Pflegamts und des Rates, darüber die vier Fürstenzimmer. Die Türme dienten als Archiv.

Damit war den verschiedenen Anforderungen an ein neues Rathaus in großzügiger Weise Rechnung getragen. Der Untere Fletz, im Kostenvoranschlag von 1614 »Logien« genannt, konnte die Funktion der Halle des Loggiaprojekts übernehmen. Der Obere Fletz ist der Sammel- und Begegnungsraum der Bürger, die die anschließenden Amtsräume aufsuchen oder mit dem Rat zu tun haben. Die Unterbringung der eigentlichen Verwaltung im Kanzleigebäude erlaubte es, den vier »Stuben« den Charakter repräsentativer Sitzungssäle ihrer Amtsherren zu verleihen. Der zwei Geschosse einnehmende Saal für die offiziellen Empfänge, die Reichshandlungen und die Sitzungen des Großen Rats liegt, wie die Sala del Maggior Consilio des Dogenpalastes in Venedig, im zweiten Stockwerk, umgeben von den Fürstenzim-

mern. Ihr Name deutet darauf hin, daß sie als Beratungs- und Versammlungsräume der Fürsten bei Reichstagen dienen sollten, gab es doch auch im alten Rathaus eine »Fürstenstube«, die den Hauptraum des zweiten Obergeschosses bildete. Den höchsten Rang nahm der Goldene Saal in ihrer Mitte ein (Abb. 60). Er ist nicht nur die endlich verwirklichte »Gute Stube« der Stadt und der Festsaal des Rats, sondern der Ort des Kaisers und des Reiches. Matthäus Sendel nennt ihn daher 1657 in der ersten offiziellen Beschreibung des Rathauses ausdrücklich den »Reichssaal«.

In der Abfolge der Räume von unten nach oben spricht sich die hierarchische Ordnung des Stadtwesens aus. Durch die Einbeziehung der römischen Vergangenheit, die sich in dem Zeigegestus des Augustus auf dem Brunnen vor dem Rathaus und in den Imperatorenbüsten der Fletze und Treppenhäuser ausdrückt, kommt die historische Dimension zur Geltung. Jürgen Zimmer und andere haben darauf aufmerksam gemacht, daß auch die formale Grundkonzeption für das Augsburger Rathaus von einem »im höchsten Maße authentischen Bauwerk der Antike«, der Basilica Julia Aquiliana bei Vitruvius, abgegeben wurde. Trifft dieser Zusammenhang zu, so hätte Holl – aus eigenem Antrieb oder von seinem Auftraggeber veranlaßt – bewußt auf antike oder für antik gehaltene Vorbilder zurückgegriffen. Schon Marcus Welser (Abb. 53) hatte 1594 das Rathaus die Stelle des römischen *praetorium* einnehmen lassen. Ein Rathausbau vom Typus einer römischen *basilica* bzw. *curia* aus der Gründungszeit Augsburgs, dazu auf eben der Stelle, auf der angeblich in römischer Zeit der Amtssitz des Statthalters gestanden hatte, mußte aber nicht nur als frühes Beispiel einer »historischen Architektur« gewertet werden, sondern als unmißverständlicher Anspruch auf eine imperiale Funktion in der Gegenwart.

Zu den Bildwerken und der Architektur tritt als drittes Medium reichsstädtischer Aktivitäten die Malerei hinzu. Am Anfang stehen die Fassadenmalereien des restaurierten Weberhauses, das wie die anderen Großzunfthäuser seit 1548 der Stadt gehörte. Der spätere Stadtmaler Johann Matthias Kager überzog 1605/07 nach vorgegebenem Bildprogramm die drei Wände mit Fresken, die teils in Resten übernommen, teils durch Beschreibungen oder Kopien mehr schlecht als recht überliefert sind. Sie stellten den Alltag, die Geschichte und Sinnbilder dieses wichtigsten Handwerks der Stadt dar und gipfelten auf der Ostseite zur Reichsstraße hin in einer Huldigung der Zunft an Rat, Kaiser und Stadtpatrone.

1610/11 erhielten Kager und Johann Freiberger den Auftrag, die drei inneren Stadttore zu bemalen. Die mittelalterlichen Türme, die schon lange nicht mehr zu Verteidigungszwecken dienten, wurden von Holl, soweit möglich, zu großen Bildwänden umgebaut. Ein aufsatzartig gemaltes Architekturgerüst rahmte das Bildfeld für die jeweilige Haupthistorie und die Allegorien darüber. Im unteren Teil täuschten biblische Szenen en grisaille Reliefs vor. Gemeinsames Thema waren die Verdienste Augsburgs um Kaiser und Reich. Die Tore erhielten dadurch die Funktion von Geschichtsdenkmälern ähnlich den Triumphbögen der Antike. Wer auch immer durch sie hindurch in die Stadt einzog oder diese verließ, sah sich der ruhmreichen Vergangenheit Augsburgs vergegenwärtigt und der Loyalität der Bürgerschaft gegenüber Kaiser und Reich versichert. Die christologischen Themen im Untergeschoß der Türme betonten das christliche Fundament dieser Haltung, die Allegorien in den Giebeln ihre zeitlose Gültigkeit. Offener als in der symbolisch verschlüsselten Sprache der Bildwerke wurde hier Lokalgeschichte in den Dienst einer handfesten politischen Absichtserklärung gestellt.

Kagers umfangreichster Auftrag war die Oberleitung bei der Ausgestaltung des Rathauses ab 1619. Für die Dauer von rund zehn Jahren war er mit Anweisungen für die verschiedenen Handwerker und mit der Herstellung zahlreicher Leinwandbilder und Wandfresken beschäftigt. Neben ihm malten Matthäus Gundelach, Hans Freiberger, Johann König, Thomas Maurer und ihre Gesellen über fünfzig Leinwandbilder für die Fürstenzimmer und Amtsräume. Alle diese Malereien fügen sich zusammen mit dem Skulpturenschmuck Menelers, Gemelichs, Danböcks und Angermeyers dem durch die Architektur vorgegebenen Programm ein.

Die Ausstattung des Goldenen Saals (Abb. 60), der seinen Namen von der reich vergoldeten Kassettendecke erhielt, und der vier Fürstenzimmer stand unter dem Generalthema der Weisheit, die die weltliche Herrschaft christlicher Prägung regiert. Das Bildprogramm des Oberen Fletzes bezog sich auf den Aufgabenbereich der dort untergebrachten Ämter. Am Hintergebäude des Rathauses, »an der Mauer ob der Altana«, am alten Gefängnis malte Kager 1621 den Besuch der Königin von Saba bei Salomon.

Typus, Ausmaße, Einteilung, Einrichtung und Bildprogramm des Rathauses legen, zusammen mit den Aussagen der Schriftquellen, den Schluß nahe, daß dieser größte Neubau der Stadt nicht nur die Bedürfnisse eines repräsentationsbedachten Rates abdecken sollte, sondern als Versammlungs- und Zeremonialort des Kaisers, der Fürsten und der Vertreter des Reichs vorgesehen war. Er spiegelt die Vorstellung einer politischen Ordnung wider, die wenige Jahre später in den Umwälzungen des Dreißigjährigen Krieges untergehen sollte.

Die Einmaligkeit und Entschiedenheit des Vorgangs ist faszinierend: In drei Wellen dicht hintereinander, in den Bildwerken aus Bronze und Stein zuerst, dann in einer überwältigenden Zahl teilweise demonstrativ anspruchsvoller Um- und Neubauten und zuletzt mittels der Malerei, vollzieht sich innerhalb von vier Jahrzehnten ein umfassender Regenerationsprozeß, der einer weitgehenden Neuinterpretation der Stadtgestalt gleichkommt. Die Einzelmaßnahmen greifen ineinander, so daß sich der Charakter ganzer Straßenzüge und Plätze ändert. Die Schwerpunkte liegen entlang der Reichsstraße vom Roten Tor über den Predigerberg und Perlachberg zum Dom und über das Frauentor bis zum Wertachbrucker Tor. Hier fanden die protokollarisch festgeschriebenen Zeremonien der feierlichen Ein- und Auszüge statt, die Belehnungen und die Huldigungen. Der kirchliche Bereich um St. Anna und der gewerbliche um die Metzig und die Barfüßerkirche werden in diesen Prozeß einbezogen. Die Schauwände der inneren Stadttore und die »Columna« im Süden markieren den innerstädtischen Denkmälerbezirk, dessen Mitte von jetzt an die Perlachplatz im Schnittpunkt der Neubauachsen mit der dreitürmigen Gruppe von Rathaus und Glockenturm bildet.

Obgleich die Stadt auch den Sektor des Gewerbes durch gezielte Investitionen für den Neubau der Eisen-, Schmiede- und Kupferhammer, der Papier-, Schleif-, Polier- und Sägemühlen, der Schmelzhütte und Kupferschmiedegewölbe, der Kramläden und der Heuwaage tatkräftig unterstützte und durch das neue Leih- und Pfandhaus, die Brechhäuser bei St. Stephan, das Findelhaus, das Schulhaus bei St. Martin die Situation vor allem der ärmeren Bevölkerungsschichten zu verbessern suchte, nahmen doch die Ausgaben für die Kunst den Hauptanteil des Haushalts ein. Die genauen Kosten sind selten zu errechnen, immerhin lassen sich für die an den drei Brunnen beteiligten Bildhauer, Gießer, Goldschmiede und Schlosser Zahlungen in Höhe von mindestens 16 000 Gulden nachweisen. Der Voranschlag von 1614 für das Rathaus belief sich auf 72 442 Gulden und 50 Kreuzer, angeblich mehr als ein Drittel des damaligen Jahreshaushalts der Stadt. Die tatsächlichen Ausgaben lagen weit darüber. Die Decke des Goldenen Saals samt Portalen war mit 4000 Gulden angesetzt, ausgegeben wurden dafür 9743 Gulden. Im Voranschlag nicht enthalten waren die Türme, für die Holl 1618 6000 Gulden Mehrkosten schätzte, das teure Kupferdach, die Malereien und die Vergoldung mit etwa 3000 Gulden. Allein von der Stadt nahm Kager zwischen 1612 und 1629 17 860 Gulden, 46 Kreuzer und 5 Heller ein. Waren für die Fürstenzimmer 1614 gegossene eiserne Öfen für 320 Gulden vorgesehen, so kamen 1620 die Hafneröfen Lotts und Vogts auf 1116 Gulden. Kein Wunder, daß Paul von Stetten d. Ä. noch 1743 kritisiert, das »gemeine Wesen« sei durch die kostbaren Gebäude und den Unterhalt des Kriegsvolks im ersten Viertel des 17. Jahrhunderts ganz erschöpft gewesen.

In die Konkretisierung der Projekte teilten sich Auftraggeber, Berater, Künstler und Handwerker, ohne daß die Entscheidungsvorgänge im einzelnen rekonstruiert werden könnten. Sicherlich kam den »Geordneten der Baumeister« eine führende Rolle zu. Die Bücher der Baumeister, die Protokolle ihrer Montagssitzungen oder ihrer Berichte an die Stadtpfleger und Geheimen Räte geben über die Ziele und Motive der Maßnahmen selten Auskunft. Elias Holls Aussage, er habe dem Stadtpfleger Johann Jakob Rembold anläßlich eines Mittagessens 1614 den Neubau des Rathauses vorgeschlagen, ist in dieser Form mindestens ungenau, doch mögen Rembold und Holl die treibenden Kräfte gewesen sein. Der gelehrte Stadtpfleger Marcus Welser (Abb. 53) hatte nicht nur

ein Visier zur Fassade des Siegelhauses verfertigt, sondern auch die Vorlagen für die Reliefs des Herkulesbrunnens geliefert. Das erste Programm des Goldenen Saals scheint von Hans Bartholome Welser zusammengestellt worden zu sein. Für die ikonographischen Fragen wurde der früher in Augsburg tätige Jesuit P. Matthäus Rader in München konsultiert. Dieser ließ seine Vorstellungen durch den dortigen Maler Peter Candid skizzieren und leitete sie nach Augsburg, wo sie Kager im Gemälde ausführte. Der protestantische Praeceptor Daniel Prasch verfaßte die Inschriften für die Zeughausfassade und die »Columna«. Besonders für die Fassaden des Siegel- und Zeughauses, der Metzig, des neuen Baues des Reichsstädtischen Kaufhauses ist die Zusammenarbeit mehrerer Künstler und Instanzen anzunehmen.

Während die ersten Großaufträge an auswärtige, allenfalls für kurze Zeit in Augsburg wohnende Künstler vergeben wurden, scheint sich der Rat zusehends darum bemüht zu haben, namhafte Künstler zur dauernden Niederlassung zu bewegen, fast immer gegen den Protest der Zünfte. Damit erleichterte und sicherte er sich nicht nur den planmäßigen Fortgang der Arbeiten, sondern behielt das Geld in der Stadt, von dem Gewinn abgesehen, den das Bauwesen und das Kunsthandwerk aus der Anwesenheit fähiger Entwerfer ziehen konnte. Joseph Heintz d. Ä. aus Basel, der als Kammermaler Rudolfs II. seit 1597 abwechselnd in Augsburg und Prag tätig war, erheiratete sich 1598 das Bürgerrecht. Hans Freyberger aus Wolfsberg war seit 1599 in Augsburg und gelangte wohl auf vorgeschriebenem Wege 1604 zu Meister- und Bürgerrecht. Matthias Kager aus München erhielt 1603 in kürzester Frist das Bürger- und Handwerksrecht. 1607 folgte Johann Rottenhammer samt Frau aus Venedig, 1611 Matthäus Gundelach (Abb. 81) aus Prag, 1614 Hans König aus Rom. »Aus Bewilligung meiner Herren des ganzen Rats aus Gnaden« empfing Christian Steinmiller 1616 die Malergerechtigkeit, nachdem ihn die Zunft wegen unerlaubter Arbeit gestraft hatte, als er 1615 nach langen Jahren in Italien zurückgekehrt war. 1625 wurde mit Georg Petel aus Weilheim einer der größten deutschen »Sculptoren und Bossierer« als Meister zugelassen (Abb. 69), weil »dergleichen Künstler zue vnd nit von der Stadt zue promovieren sein«. Einzig in Elias Holl besaß Augsburg einen einheimischen Künstler, der als Stadtwerkmeister nicht nur dem vielfältigen Bedarf an Zweckbauten gerecht wurde, sondern in kritischer Auseinandersetzung mit der Architektur der Zeit eigene und überragende Schöpfungen von bleibender Gültigkeit hervorbrachte.

Fragt man nach Konzept und Ziel dieses jahrzehntelangen Umgestaltungsprozesses, so empfiehlt es sich, die gleichzeitige politische, wirtschaftliche und konfessionelle Situation der Stadt ins Auge zu fassen. Obgleich noch immer wohlhabend, zehrte Augsburg seit der Wirtschaftskrise um 1570 zunehmend von seinem Kapital. Eine weitschauende Vorsorge mußte nicht nur zu verhindern trachten, daß die Reichsstadt im Sog der sich zuspitzenden Konfrontation der großen Mächte zugrunde ging, sondern rechtzeitig nach neuen Aktionsräumen für Politik und Wirtschaft Ausschau halten, ohne die bestehenden Strukturen zu gefährden oder gar zu verändern. Dazu bot sich am besten die Funktion an, die Augsburg im 16. Jahrhundert – mehr gezwungen als freiwillig – als Zeremonial- und Tagungsort des Kaisers und der Reichsstände ausgeübt hatte.

Unter den deutschen Städten von Rang erfüllte allein das neue Augsburg die Bedingungen, die hierfür bei der damaligen Struktur des Reiches zu beachten waren. Als bikonfessionelle Reichsstadt mit protestantischer Majorität und als Bischofssitz war sie für Katholiken wie Protestanten annehmbar. Dom, Rathaus und Reichsstraße gewährten würdigen Rahmen, ausreichenden Raum und Sicherheit für die Reichstagszeremonien mit prunkvollem Einzug, Eröffnungsgottesdienst, feierlichen Prozessionen, Beratungen, Huldigungen, Wahlen und Belehnungen. Das Bildprogramm der Brunnen, Denkmale, Gebäude und Fassaden beteuerte den kaiserlichen Ursprung der Stadt, die Kontinuität von Imperium Romanum und Heiligem Römischem Reich Deutscher Nation und die Loyalität der Stadt gegenüber Kaiser und Reich. Die günstige Verkehrslage erleichterte die Teilnahme fremder Gäste. »Ihre Größe, Offenheit allen Neuerungen gegenüber, ihre manchmal unbegrenzt scheinenden Möglichkeiten, besonders ihre wirtschaftlichen und kulturellen Beziehungen konnten keine besseren Voraussetzungen für einen Reichstag bieten« (Rosemarie Aulinger).

Von dieser Erwartung her wird die Vorausleistung verständlich, die die Stadt unter enormem finanziellem und künstlerischem Einsatz und unter Hintansetzung anderer Aufgaben erbracht hatte. Nur so bestand Aussicht, das weit geschneiderte Staatsgewand der Stadtgestalt mit Leben zu füllen, und nur so konnte Augsburg in seine alte Position unter den Städten des Reiches zurückkehren. Die Vorteile für die Zukunft lagen auf der Hand: Garantie des inneren und äußeren Friedens, internationales Ansehen, Belebung von Handel und Wirtschaft. Wohl nicht zufällig hatten, vom Rat honoriert, Medaillen, Kupferstiche und gereimte Beschreibungen in Deutsch und Latein die neuen Monumente und Manifestationen reichsstädtischen Selbstbewußtseins gepriesen, von dem der mit acht Kupferplatten gedruckte, modellgetreue Vogelschauplan Lukas Kilians das eindrucksvollste Zeugnis ablegt (Abb. 51).

Die Kunst der katholischen Restauration (1590–1650)

Gleichzeitig mit der Reichsstadt wußte sich die nach 1590 zum Gegenangriff übergehende katholische Restauration des Dienstes der Kunst zu versichern. Ihre stärkste Stütze hatte sie wiederum in dem Mäzenatentum der Fugger. Die von ihr beschäftigten Künstler gehörten meist zu dem buntgewürfelten Kreis der Bildhauer und Maler, die in München für den bayerischen Hof und die Kirche tätig waren. Später kamen mit Kager, Rottenhammer, Petel mehr ortsansässige Kräfte zum Zuge. Eine wichtige Gruppe bildeten die Schongauer und Weilheimer Künstler mit Hans Degler, Hans Krumpper und Elias Greither, auch Reichle, Angermeyer und Petel stammen von dort.

Jetzt schlagen die Altarstiftungen der Fugger schärfere Töne an. Zentrale Themen sind nicht mehr die Geschichte der Erlösung, sondern Glorie, Verehrung und Anrufung Gottes, Mariä und der Heiligen. Auf den Altarblättern von Schwarz, Candid, Hans von Aachen, Kager oder Rottenhammer schwebt die Muttergottes, in himmlische Sphären entrückt, von der Dreifaltigkeit gekrönt oder von Heiligen verehrt, über der Stadt Augsburg oder hoch in den Wolken. In der Himmelfahrt Mariä auf Giovanni Lanfrancos riesigem Hochaltarblatt von 1625 für die Dominikanerkirche und dem 1627 bei Peter Paul Rubens bestellten Altarbild in Hl. Kreuz verdrängen erregtes Pathos und stürmische Bewegung das fromme Schauen und bestimmen damit den Typus des Hauptaltarbildes für fast eineinhalb Jahrhunderte. Marienszenen schmückten die ebenfalls von den Fuggern in Auftrag gegebenen Flügel der Orgeln in der Dominikanerkirche (1614) und St. Ulrich und Afra (1608). Noch zu Ende des Jahrhunderts begann die erste Erneuerung des Dominnern, das nach der Rückgabe an die Katholiken 1547/48 nur notdürftig instand gesetzt worden war. Der Raum wurde mit heller, fast weißer Farbe einheitlich getüncht. Veit Eschay aus München lieferte Tonstatuen der vier Evangelisten und zweier Kirchenväter für den Ostchor. Die Wände wurden 1597 mit Tapisserien aus Frankenthal verkleidet, auf denen – wohl in Anspielung an die Situation der katholischen Kirche in Augsburg – die Geschichte Davids dargestellt war. Der silberne Hochaltar erhielt 1597 ein Gehäuse aus Ebenholz, 1603 einen Tabernakel, wie es das Tridentiner Konzil verlangte. Aus Anlaß der Diözesansynode 1610 wurde in der Domkirche alles beseitigt, was dem römischen Ritus und den Zeremonien entgegenstand.

Das Musterbeispiel einer Neugestaltung des Kirchenraums im Sinne des Tridentinum erbrachten die Benediktiner von St. Ulrich und Afra. Die Bauarbeiten waren um 1560 wiederaufgenommen worden, um 1594 wurden der 93 Meter hohe Turm mit seiner Zwiebelhaube vollendet, 1601 Sakristei und Marienkapelle mit kassettierten Tonnengewölben geschlossen, um 1603 Querschiffe und Chor, im wesentlichen nach dem alten Plan, fertiggestellt. Durch den Einbau der Orgelempore im Westjoch 1606/07 wurde der Lettner überflüssig und konnte durch ein Gitter ersetzt werden, das den Blick in den Altarraum freigab. Dieser wurde durch die helle Tünche der Wände und des Gewölbes, den weißen Marmorbelag des Fußbodens sowie die Buntverglasung einiger Fenster gegenüber dem sparsamer ausgestatteten und mit einem roten Tonfußboden versehenen Kirchenschiff hervorgehoben. Ein schlichtes Gestühl aus dunklem Eichenholz (1604) umzog den heiligen Bezirk gleich einem niedrigen Wandsockel. In die Wände von Chor und Querschiff wurden 32 Nischen für die Hans

Reichle zugeschriebenen überlebensgroßen Terrakottafiguren jener Heiligen eingetieft, von denen die Kirche Reliquien besaß.

Den Blickfang bildet das bühnenwirksam komponierte Altarensemble (Abb. 68). Unter dem letzten Mittelschiffjoch oder zwischen dessen westlichen Pfeilern ragte die monumentale Bronzegruppe des Kreuzaltars von Hans Reichle (1605) empor. Über die bewegte Silhouette ihrer dunkelglänzenden Gestalten hinweg traf der Blick auf die drei Riesenaltäre Hans Deglers, deren höchster in der Mitte das meiste Licht auf sich versammelte. Die Seitenaltäre (1607) sind den dort bestatteten Kirchenpatronen Ulrich und Afra geweiht, der Hochaltar mit dem Tabernakel (1604) der Dreifaltigkeit. In dem triumphbogenartigen Mittelfeld erscheinen die wichtigsten Heilsereignisse als nahezu vollplastische Figurengruppen: Christi Geburt, die Auferstehung und die Aussendung des Heiligen Geistes, entsprechend den kirchlichen Hauptfesten Weihnachten, Ostern, Pfingsten.

So entstand im Chorbereich ein vielszeniges Theatrum Sacrum in Art einer kolossalen Simultanbühne, deren Mittelpunkt der Tabernakel bildete. Der Altarraum gab sich als Haus Gottes unter den Menschen zu erkennen, zumal wenn bei festlichen Gottesdiensten das kirchliche Zeremoniell seine ganze Pracht entfaltete. Typisch für Augsburg ist die volkstümliche Charakteristik dieser demonstrativen Zurschaustellung des wiedererstandenen Katholizismus, der in seiner Selbstgewißheit auf konfessionelle Polemik verzichtet.

Ähnliche Neuausstattungen sind für Hl. Kreuz (1627) und St. Moritz (1630) bezeugt. Auf dem katholischen Friedhof erbaute Elias Holl 1603/05 über ovalem Grundriß die Michaelskapelle, die Fugger ließen 1611–1613 in der Jakobervorstadt die Franziskanerkirche zum Heiligen Grab nach einem Entwurf Jakob Dietrichs errichten. Um 1630 waren angeblich alle katholischen Kirchen in wenigen Jahren zum Teil ganz neu erbaut oder ansehnlich renoviert und zierlich zugerichtet.

Neben der Malerei kam hierbei der Skulptur wachsende Bedeutung zu. Der Hauptanteil fiel an Georg Petel, der, nach Joachim von Sandrart, durch den »Kunstliebenden Herrn Graf Fugger«, das heißt Ottheinrich Fugger, »merklich befördert worden« war.

In den Themen seiner Augsburger Großplastiken, den Kruzifixen, Kreuzigungsgruppen, Sebastiansdarstellungen, äußert sich die Not der Kriegszeit und der Pestepidemien. Sein machtvoll ausgreifender Christus Salvator von 1632/33 (Abb. 69) für den nicht mehr ausgeführten Pfarraltar in St. Moritz erinnert in Standmotiv und Gebärde zu sehr an den Imperator des Augustusbrunnens (Abb. 66), um nicht als katholische Proklamation des wahren Herrn der Stadt verstanden worden zu sein.

Welchen Anteil das Kunsthandwerk an der gegenreformatorischen Erneuerung hatte, ist schwer zu bestimmen, da die meisten der archivalisch gesicherten Ausstattungsstücke dem Dreißigjährigen Krieg zum Opfer fielen. Der Bedarf reichte von ganzen Silberaltären bis zum einfachen Kelch. Der Verherrlichung des Altarsakraments dienten silberne Monstranzen und Ziborien, seiner Aufbewahrung goldglänzende oder aus Ebenholz mit Silberauflagen verzierte Tabernakel. Perlen- und steinbesetzte Mitren, silberne Bischofs- und Abtsstäbe, silbergestickte oder geblümte Ornate in den verschiedenen Kirchenfarben beschäftigten die heimischen Seidensticker, Bortenwirker, Juweliere, Goldschmiede, Zeichner und Bildhauer. Obgleich sich im Zuge der Wiedererstarkung der Kirche die katholischen Maler, Stecher, Bildhauer, Goldschmiede und Kistler schon 1600 um Zulassung als Bruderschaft beim Dom bemüht hatten, erging bemerkenswerterweise ein großer Teil der kirchlichen Aufträge nach wie vor an protestantische Künstler, wie denn andererseits die Katholischen unbedenklich für protestantische Besteller arbeiteten.

Kunst für Kenner und Krieger (1590–1650)

Neben Reichsstadt und Kirche gehörten die Fürsten und vornehmen Herren, die Kenner und Sammler weiterhin zu den wichtigsten Käufern Augsburger Kunst. Selbst der Krieg konnte die steigende Nachfrage nicht unterbrechen, manches rasch erworbene oder durch Waffengewalt erpreßte Geld wurde gezielt in Kunstwerken und Pretiosen angelegt. Ein anschauliches Bild der damaligen Produktivität zeichnen die umfangreichen Reiseberichte und Korrespondenzen des Augsburger Patriziers, Diplomaten, Kunstagenten und Sammlers Philipp Hainhofer

(1578–1647). Er stand nicht nur mit zahlreichen europäischen Höfen, mit Prag, Wien, Paris, Warschau, Kopenhagen, Braunschweig, München, als Berater und Vermittler in engem Kontakt, sondern besorgte, vergab und überwachte die großen Aufträge an die Augsburger Künstler. Seine kaufmännische Begabung, seine weltmännische Bildung und sein künstlerischer Sachverstand befähigten ihn, die Wünsche der auswärtigen Besteller zu befriedigen und darüber hinaus in eigener Initiative und auf eigenes Risiko arbeiten zu lassen. Die kaiserlichen »Verehrungen« an die Türkische Pforte liefen zumeist über die Reichspfennigmeister, die oft genug Mühe hatten, den säumigen Besteller zur Zahlung zu bewegen. Zacharias Geizkofler (1560–1617) in Haunsheim brachte als Reichspfennigmeister beträchtliche Aufträge für Goldschmiedearbeiten, Uhren und wissenschaftliche Instrumente nach Augsburg. Ähnliche Funktionen übten die immer unentbehrlicher werdenden Silberhändler und Silberkrämer, Arnold d. Ä. und Christoph Schanternell, Philipp Holbein, Hans Pfleger oder Philipp Warmberger aus. Ein großer Teil der Aufträge ging nach wie vor unmittelbar an die Künstler.

Höhepunkte der Gemeinschaftsleistung von Augsburger Künstlern bilden die vielbewunderten Kunstschränke. 24 Meister hatten an dem nach siebenjähriger Arbeit 1617 fertiggestellten Pommerschen Kunstschrank gearbeitet, dessen prunkvolles Gehäuse im letzten Krieg zerstört wurde. Konzipiert hatte ihn Philipp Hainhofer, die Entwürfe stammten von Rottenhammer, Kager und Christoph Lencker, den Schrank selbst schuf der Kistler Ulrich Baumgartner. Auf einer Holztafel, die mit anderen Teilen der mehr als 200 Gegenstände umfassenden Ausstattung erhalten geblieben ist, stellt Anton Mozart die symbolische Übergabe des Wunderwerks an Herzog Philipp II. von Pommern-Stettin und seine Gemahlin vor der Stadt Augsburg dar (Abb. 72). In Gegenwart gleichsam der stolzesten Monumente ihrer Stadt, des Augustus- und Herkulesbrunnens und der Michaelsgruppe des Zeughauses, treten die beteiligten Maler, Kupferstecher, Bildhauer, Goldschmiede, Uhrmacher, Kunstschreiner, Instrumentenmacher, Buchbinder usw. samt dem Lakaien und dem Boten, die den Transport durchführten, in selbstbewußter Haltung neben den geöffneten Schrank, dreizehn Handwerke repräsentierend.

Diese Kunst- und Wunderkammern en miniature, für deren Betrachtung mehrere Tage benötigt wurden, manifestierten mit ihrer Fülle humanistisch-allegorischer Anspielungen und ihrer Hochschätzung der handwerklichen Arbeit das gesamte Weltbild der damaligen Zeit. Die Möbel ließen sich auf allen Seiten öffnen, im Inneren verbargen sich zahllose Laden, Fächer, Züge und Klappen, alle wie der Schrein aus kostbaren Materialien gearbeitet und aufs reichste verziert. Ein automatisches Uhrwerk, Toilettenartikel, eine Apotheke, Werkzeuge verschiedener Gewerbe, astronomische und mathematische Instrumente, Spiele, Schreibzeug, Amulette, Eß- und Trinkgeschirre bildeten den Inhalt. Über den praktischen Zweck herausgehoben, sollten die Schränke und ihre Gegenstände zu geistreichen Gesprächen und Einsichten über das menschliche Tun anleiten.

Nicht weniger beliebt waren die sogenannten »Meierhöfe«, Modelle von Gutshöfen mit mechanischen Effekten und eingebauten Automaten. Einen davon erwarb der Herzog von Pommern, einen zweiten der Erzbischof von Köln, einen dritten die Kaiserin. Kaiser Matthias erhielt von Hainhofer einen Markt mit allerlei Geflügel. Hainhofer entwarf Verwandlungsmöbel, Tische, in die Stühle, Uhren, Spiegel, Musikinstrumente oder Reisebetten einzuschieben waren. Der Kurfürstin Magdalena Sibylla von Sachsen besorgte er einen in Dresden erhaltenen Tisch, dessen Fächer Toilettengerät, Nähzeug, Schreibgerät, Farben, mathematische Instrumente, Bestecke, Spiele, Handwerkszeug, ein Tasteninstrument, eine Apotheke und sogar eine Drehbank enthielten, während im Sockel ein aufklappbarer Stuhl, auch als Sänfte zu verwenden, versteckt war. Noch 1646, in der schlimmsten Zeit des Krieges, lieferte der Kunsttischler Melchior Baumgartner ein solches Gemeinschaftswerk, einen großen Elfenbeinschrank mit Lapislazulifüllungen, an den Münchner Hof.

Die Mehrzahl der Kunstmöbel bestand aus Ebenholz. Dasselbe teure Material wurde für Hausaltäre, Kreuze, Sockel oder Uhrengehäuse verwendet. Um Mißbrauch und Fälschungen zu verhindern, schrieb der Rat 1625 vor, daß echtes Ebenholz mit »der Stattbir und Eben« zu bezeichnen sei. Nachdem die Geschaumeister die Arbeit überprüft hatten, wurden an sichtbarer Stelle, ähnlich wie bei den Silberarbeiten, zwei Stempel, der eine mit dem Stadtwappen, der andere mit dem Wort EBEN eingeschlagen. Hainhofer führt daher 1610 neben »schöne gold und silberschmidt auch Kistler arbeit« auf, die »Augspurg für [vor] allen andern Stätten in Teuschland den ruem« eintrage.

Die Zusammenarbeit der Handwerke bewährte sich bei den Uhren und Automaten, oft genug zum Verdruß und unter Protest der Zünfte, aber ebensooft dank des Eingreifens des Rates. Hans Schlottheim verfertigte Schiffe als Tafelaufsätze, in denen die Bootsleute die Stunden und Viertelstunden in den Mastkörben anschlagen, andere den Horizont beobachten, die Musiker zum Spiel einer verborgenen Orgel die Trompeten an die Lippen setzen und die Kurfürsten samt Herolden am Kaiser vorbeiziehen, während die Kanonen Salut schießen und das Schiff in wellenförmiger Bewegung über den Tisch fährt. Auch mechanische Krippen mit musizierenden Engeln, singendem Josef und anbetenden Hirten und Königen waren beliebt. Matthäus Rungel ließ in einem Ebenholzkasten vom Typus eines Kunstschrankes Europäer und »Hottentotten« vor dem Spiegel kreisen und sich drehen zum Klang eines automatischen Virginals und einer Orgel, die beim Uhrenschlag ausgelöst wurden. Johannes Kepler berichtet von einer Augsburger Uhr im Wert von 4000 Gulden, die 1598 dem König von Polen gesandt worden war und Bacchen, Silene, 24 Trompeter und einen Heerpauker samt einem klappernden Storch zur Musik bewegte.

Zu Hainhofers Zeiten gab es 1615 in Augsburg 185 Goldschmiede, 122 Kistler, 50 Schlosser, 48 Bortenwirker, 44 Uhrmacher, 34 Maler. Zu den Goldschmieden kamen 106 Gesellen hinzu, ferner 22 Wappen-, Siegel- und Stempelschneider mit 9 Gesellen. 1594 sind sogar 200 Goldschmiede mit 100 einheimischen, 24 auswärtigen Gesellen, etwa 100 Lehrlingen und etwa 300 auf Wanderschaft befindlichen Augsburger Gesellen tätig. 1619 werden 184 Goldschmiede mit 108 Gesellen, 11 Steinschneider, 3 Diamantschneider, 6 Rubinschneider, 29 Maler und 38 Briefmaler gezählt. Nach den Webern und Schneidern waren die Goldschmiede der größte Berufszweig in Augsburg, noch vor den Bäckern. Dem Vermögen nach standen sie an der Spitze der Gewerbetreibenden, aber auch Elias Holl gehörte mit 70 Gulden, Matthias Kager mit 61 Gulden 30 Kreuzer zu den wohlhabenden Künstlern. Im gleichen Jahre 1626 zahlte Petel 6 Gulden, Murmann und Meneler 2 Gulden, Gemelich sogar nur 1 Gulden 27 Kreuzer Vermögenssteuer. Während bei den Bildhauern zwischen 1600 und 1680 insgesamt nur 17 Meister die Zulassung erhielten, waren es bei den Malern zwischen 1600 und 1650 59 Meister.

Kein Wunder, wenn sich soviel Erfolg auch in öffentlicher Anerkennung niederschlug. Holl und Kager wurden als Gutachter und Entwerfer wiederholt zu ehrenvollen Aufträgen nach auswärts gerufen. Rottenhammer und Petel, aber auch Gundelach und Steinmüller wirkten über die Stadtgrenzen hinaus. Die Maler Kager, König, Maurer, Strauß, die Bildhauer Gemelich, Mair, Petel, die Kupferstecher Lucas und Wolfgang Kilian, ferner etwa 40 Goldschmiede meist protestantischer Konfession waren Mitglieder des Großen oder Kleinen Rats, die Goldschmiede David Zorer, Christoph Lencker, Hans Christoph Fesenmair sowie Kager zeitweilig Bürgermeister, ohne daß diese Ehrungen überzubewerten wären. Ähnlich wenig zählten die Titel eines Kaiserlichen Hofkammermalers, Kammeruhrmachers, Hofjuweliers oder Hofgoldschmiedes, aber sie zeugen für den überlokalen Ruf der Künstler. Sogar die Gesellen fühlten sich diesem Ansehen verpflichtet. Als 1632 der wegen Diebstahls ausgeschlossene Goldschmiedegeselle David Geiger die Wiederzulassung beantragte, verwahrten sich sämtliche Zunftgesellen dagegen, »weil fast alle Reichsstätt und Länder in unserem Handwerckh auf dise Statt Augspurg in dergleichen und andern Fällen sehen und nach unser Ordnung sich maistentails richten«.

Spätestens mit der Verteidigung Augsburgs im Frühjahr 1632 gegen die heranrückenden Schweden unter Gustav Adolf (Abb. 81), im Grunde aber schon mit der Verkündigung und Durchführung des Restitutionsedikts endeten die goldenen Jahre der Augsburger Kunstgeschichte. Holl wurde am 20. Januar 1631 aus Glaubensgründen ehrenvoll aus dem Dienst der Stadt entlassen, 1632–1634 unter den Schweden wieder berufen und 1635 endgültig entlassen. Kager

verlor 1632 sämtliche Ämter und wurde mit anderen katholischen Ratsmitgliedern der Konspiration verdächtigt. Sein protestantischer Vorgänger, der Goldschmied Christoph Lencker, erhielt unter den Schweden sein Amt zurück, um es 1635 erneut zu verlieren. Kager und Petel starben 1634 an der Pest, der mehr Einwohner Augsburgs erlagen als der unmittelbaren Kriegseinwirkung. Tobias Treffler, König, Steinmüller, der jüngere Josef Heintz verließen Augsburg. Die Bimmelsche Kunstkammer mit mehr als 100 Uhren und Automaten fiel der Plünderung, die Hainhofersche Kunstkammer der finanziellen Not des 1635 seiner Ämter entsetzten Sammlers zum Opfer. Auch die Kunstsammlungen Hans Steiningers, Matthias Hopfers, Hans Manlichs und die Buroner Kunstkabinette gingen im Krieg unter. Um Getreide für die katholischen Untertanen verkaufte das Domkapitel 1635 in Salzburg den spätgotischen Silberaltar, das silberne Altarkreuz samt den Silberleuchtern des Hochaltars von 1615, die Prunkampel von 1606 und die Frankenthaler Teppiche. 1644 lebten nach Hainhofers Zeugnis noch sechs bis sieben geschickte Goldschmiede in Augsburg, 1645 sind etwa 20 Uhrmachermeister »gestorben und verdorben«.

Trotzdem hatte die Goldschmiedezunft 1644 noch so viele Aufträge, daß »die kunstreichen Meister, dergleichen nit bald in anderen Städten zu finden sein, nit wissen, wie sie in Hosen stecken« und sich – wieder nach Hainhofer – »wie die Herren halten«. An Bestellern und Käufern herrschte kein Mangel, eher an Handwerkern und Material. 1638 übersiedelte der »guet katholische« Maler und Radierer Hans Ulrich Frank von Kaufbeuren unter dem Protest der Zunft und der Protektion des nunmehr ausschließlich katholischen Rates nach Augsburg. Seine zwischen 1643 und 1653 datierte Stichfolge der Schrecken des Dreißigjährigen Krieges (Abb. 80) trug ihm den Beinamen eines »Grimmelshausen der bildenden Kunst« ein. Während keiner der neu zugelassenen Maler, Zeichner, Bildhauer das Mittelmaß zu überschreiten vermag – einzig Franks Radierungen nehmen durch ihre Thematik und die skizzierende Stichelführung eine Sonderstellung ein –, verstehen es die Goldschmiede, Uhrmacher, Kistler, Instrumentenbauer trotz aller Rückschläge und Einschränkungen, das bisherige Qualitätsniveau zu halten.

Musik der Blütezeit

von Franz Krautwurst

Die ausgesprochene Vorliebe Maximilians I. für seine *Augusta aurea* und das Mäzenatentum der Fugger führten die höchste Blüte der Musik in der Geschichte Augsburgs herauf. Für den König und Kaiser gehörte die Tonkunst nicht nur zum äußeren Glanz höfischer Repräsentation, sondern sie war ihm ein elementares Lebensbedürfnis. So hob er seine Bildung beständig auch im Gedankenaustausch mit seinen Musikern, von denen die bedeutendsten, wie sein Hofkomponist Heinrich Isaac, sein Organist Paul Hofhaimer und sein Sänger (der spätere Hofkomponist) Ludwig Senfl, vorübergehend oder längere Zeit in der Stadt wirkten. Öfters ließ Maximilian sich mit Angehörigen seiner Hofmusik abbilden. Der »Petrarca-Meister« stellte ihn dar, wie er – wahrscheinlich in einer Kapelle des Doms – einem von Hofhaimer und der Hofkantorei (vielleicht unter Isaac) musikalisch ausgeschmückten Gottesdienst beiwohnte. Hans Burgkmair konterfeite nicht nur im *Weißkunig* den Kaiser im Kreise spielender Musiker verschiedener Instrumente, er gestaltete auch in seinem berühmten *Triumphzug* die Hofmusik auf mehreren Prachtwagen, deren einer Paul Hofhaimer am Positiv neben einem Orgel-Klaviziterium zeigt, wogegen andere Holzschnitte der Serie die große Schar des Hofmusikkollegiums in wohldurchdachter Folge als Lautenisten, Streicher, Bomhart-, Krummhorn- und Posaunenbläser wie auch als Sänger mit dem Kapellmeister Georg Slatkonia und dem jungen Senfl wiedergeben[1]. Letzterem oblag auf dem großen Reichstag 1518 die musikalische Gestaltung aller Gottesdienste, an denen die kaiserliche Kapelle mitwirkte, und er redigierte nach Maximilians Tod den 1520 von den Buchdruckern Sigismund Grimm und Marx Wirsung herausgegebenen und dem aus Augsburg gebürtigen Salzburger Kardinal und Fürsterzbischof Matthäus Lang von Wellenburg gewidmeten *Liber selectarum cantionum*, zu dem der Humanist Conrad Peutinger ein Nachwort beisteuerte. Dieses überhaupt erste gedruckte Folio-Chorbuch enthält wichtige Teile des Repertoires der kaiserlichen Kapelle und darf – trotz des Fehlens der berühmten Trauermotette *Quis dabit oculis nostris* von Constanzo Festa in Senfls Umänderung auf den Tod Maximilians – als ein postumes Denkmal für den Kaiser angesehen werden[2]. Musikgeschichtlich bedeutsam ist sein Inhalt darüber hinaus als gedruckte deutsche Erstausgabe von Werken des hierin sehr stark vertretenen epochalen Niederländers Josquin Desprez (gest. 1521), dessen 1537 von Nürnbergs musikalischem Druck- und Verlagswesen aus einsetzender »Renaissance«[3] hier entscheidend vorgearbeitet wurde.

1512 stiftete Jakob Fugger der Reiche in die sogenannte Fuggerkapelle von St. Anna, der Kirche des Karmeliterklosters, wo schon seit 1491 ein Organist besoldet wurde, ein neues Orgelwerk, das der später in Innsbruck und Kuttenberg nachweisbare böhmische Meister Jan Behaim von Dubrau erstellte und dessen Schrankflügel Jörg Breu d. J. bemalte. Erster »Fuggerorganist« wurde der aus einer der einflußreichsten Kaufmannsfamilien der Stadt stammende Hans Rem, dem 1518 bis zu seinem Wegzug nach Salzburg 1521 Paul Hofhaimer folgte. Seine Stelle nahm dann Bernhart Rem, wahrscheinlich ein Bruder des Hans, ein, der erste Augsburger Musiker, der – und zwar schon 1523 – publizistisch auf die Seite der neuen Lehre trat[4]. Sein Amtsnachfolger wurde schließlich Peter Paix (gest. 1567), der Vater des Komponisten Jakob Paix. Von der Frühzeit des liturgischen Orgelspiels an St. Anna zeugen fünf aus dem Nachlaß des Bischofs Johann Egolph von Knöringen an die Universität Ingolstadt und dann nach München gelangte Codices, deren erster 1510/11 von Hans Rem, die übrigen 1514–1519 von Bernhart Rem geschrieben wurden[5]; ihre einzigartige musikgeschichtliche Stellung liegt darin, daß sie aus dem

Cantus gregorianus karmelitischer Ordenstradition in choraler Einstimmigkeit diejenigen Teile aus Messe und Offizium überliefern, die dem Organisten zufielen, und damit die streng monodische Alternatimpraxis noch am Vorabend der Reformation dokumentieren.

Das Eindringen der neuen Lehre führte zunächst zu einem merklichen Rückgang kirchlicher und institutioneller Musikausübung in der Reichsstadt. Nachdem der Prior des Karmeliterklosters, Johann Frosch (Rana), bei dem Luther 1518 wohnte (und der nicht mit dem gleichnamigen Komponisten und Musiktheoretiker verwechselt werden darf[6]), von 1522 an die reformatorischen Ideen verbreitet, 1524 das Salve Regina auf Christus umgedichtet und an Weihnachten 1525 erstmals das Abendmahl in beiderlei Gestalt gespendet hatte, wurde St. Anna nicht zuletzt unter seinem Einfluß zum Hauptzentrum frühevangelischer Musikpflege. Auch an der Herausgabe des ersten reformatorischen Gesangbuchs der Stadt, *Form und Ordnung gaystlicher Gesang und Psalmen* (1529), dem bis 1539 weitere folgten, dürfte Frosch entscheidenden Anteil gehabt haben. Mit der Gründung des evangelischen Gymnasiums 1531 entstand dort in Anlehnung an Wittenberg allmählich eine leistungsfähige Kantorei; von etwa 1538 an ließ der Rektor Sixtus Birk (Xystus Betuleius, 1501–1554) seine Schuldramen, in denen dem Chor eine wichtige Rolle zufiel, mit Melodien erscheinen, und 1552 führte der Prediger Wilhelm Hausmann das Kurrendesingen ein. Einen wichtigen Beitrag zum frühprotestantischen Gemeindegesang leistete insbesondere der einstige Franziskanermönch und Wiedertäufer, von 1537 an als deutscher Schulmeister und Stadtpfeifer tätige Musiksammler Sigmund Salminger (gest. 1553/54) mit seiner Psalterausgabe von 1537/38, der ersten vollständigen in deutschen Versen mit Melodieangaben[7]. Nicht geringere Bedeutung erlangte Salminger als Herausgeber mehrerer bei Melchior Kriesstein und Philipp Ulhart d. Ä. gedruckter, viele Kompositionen primär oder singulär überliefernder Musiksammelwerke. In ihnen wird einerseits außer weltlichem Musiziergut den Bedürfnissen der katholischen und evangelischen Liturgie gleichermaßen Rechnung getragen; andererseits vermitteln sie neben älteren franko-flämischen Meistern der Gene-

ration von Josquin bis Mouton und jener deutschen Komponistengruppe um Senfl und den in Konstanz und St. Gallen wirkenden Augsburger Sixtus Dietrich, bei welcher sich mit deutscher Cantus-firmus-Tradition das niederländische Ideal einer ausdruckshaften, humanisierten Musik verbindet, bereits die Schöpfungen einer jüngeren niederländischen Komponistenschicht mit Nicolaus Gombert, Adrian Willaert und Clemens non Papa, die den Geschmackswandel hin zu pausenlos strömendem Voll- und Schönklang ankündigt. Auch in typographischer Hinsicht gehören die Musikdrucke Kriessteins und Ulharts zu den besten deutschen ihrer Zeit. Neben Sixt Dietrich und dem Stuttgarter Hoforganisten Jörg Scharpff ist ein dritter bedeutender Augsburger Meister der Reformationszeit außerhalb der ostschwäbischen Heimat in protestantischem Geiste tätig geworden: Hans Kugelmann amtierte nach Diensten in der kaiserlichen Kapelle und im Hause Fugger seit 1524 als Hofkomponist, oberster Trompeter und Kapellmeister Herzog Albrechts von Preußen in Königsberg, wo er schon 1542 starb. Seine 1540 ebenfalls bei Kriesstein gedruckten und von dem Augsburger Stadtschreiber Georg Frölich mit einer Abhandlung *Vom Preis, Lob und Nutzbarkeit der Musica* ausgeschmückten *Concentus novi* enthalten ausschließlich geistliche, überwiegend deutsch textierte Kompositionen und wurden so zu einem wichtigen Dokument frühevangelischer Kirchenmusik[8].

Auf katholischer Seite gewann die *Musica sacra* erst nach dem Religionsfrieden (1555) allmählich wieder ihre qualitätvolle Höhe zurück, wenngleich Augsburg inzwischen seine dominierende Stellung unter den süddeutschen Musikstätten für immer eingebüßt hatte. Bischof Otto Truchseß von Waldburg, dem Henricus Glareanus sein Hauptwerk *Dodekachordon* (1547) widmete und der als Kardinal maßgeblich an der Kirchenmusikreform des Tridentinum beteiligt war, berief 1552 Anton Span zu seinem Kapellmeister, 1560 Servatius Roriff aus Lüttich zum Domorganisten und erließ 1561 eine *Ordnung der Singerei oder Musik im Dom* für die neugegründete Kantorei, der sich von 1572 an eine Reihe namhafter Instrumentalisten verbanden, unter ihnen der Pfeifer und Zinkenist Jakob Paumann. Von 1568 bis 1575 wirkte der aus Ypern stammende Komponist Jacobus de

Kerle als Chorvikar und Organist am Dom. Mit seinen Werken zog ein neuer, spätniederländische Polyphonie mit italienischer Klarheit verbindender, auf Textverständlichkeit abzielender Stil in die Augsburger Kirchenmusik ein, der jedoch bald von der Ausdruckskunst Orlando di Lassos und seiner Schule überstrahlt werden sollte. Der Münchener Hofkapellmeister widmete zwischen 1564 und 1594 nicht weniger als acht Individualdrucke seiner Kompositionen Augsburger oder mit der Stadt indirekt zusammenhängenden Gönnern und Freunden, darunter drei verschiedenen Mitgliedern des Hauses Fugger[9], und besuchte selbst mindestens dreimal die Stadt. Einer der tatkräftigsten Wegbereiter Lassos war hier seit 1564 der mit dem Komponisten eng befreundete Konventuale von St. Ulrich und Afra Johannes Dreher (Treer, Tornarius), von dessen hoher Notenschreibkunst noch heute die große Anzahl von 18 aus seinem Kloster stammenden, zwischen 1568 und 1614 angelegten Foliobänden mit geistlicher Figuralmusik in der Staats- und Stadtbibliothek zeugen[10]. Die in einem dieser Chorbücher enthaltenen Kompositionen Johannes Eccards legen die Vermutung nahe, daß dieser später an den Hohenzollernhöfen in Königsberg und Berlin wirkende Hauptmeister evangelischer Kirchenmusik der Generation Lechners und Haßlers während seiner Augsburger Jahre im Dienste Jakob Fuggers 1577/78 auch für die Benediktinerabtei arbeitete[11].

Daß sich die Institutionen der Stadtpfeiferei und des Stadttrompeterkollegiums schon in den ersten Jahrzehnten nach dem Ausbruch des konfessionellen Konflikts rasch konsolidierten und ihren ausgezeichneten, bis über die Grenzen des Reiches dringenden Ruf als Ensembles hochqualifizierter, vielseitig verwendbarer Instrumentalisten erhalten konnten, verdankten sie einerseits verstärkter Fürsorge des auf seine Repräsentationspflichten bedachten Stadtregiments während der Zeit der großen Reichstage, andererseits, wie etwa bei den Hurlacher, Rauch, Ganß und Drechsel (Trexel), der Vererbung des Berufs in derselben Familie durch mehrere Generationen hindurch. Auch erhöhte sich die Anzahl der Stadtpfeifer im Reformationsjahrhundert von anfangs drei über die angestammte Regelbesetzung fünf bis zu sieben im Jahr 1599. So nimmt es nicht wunder, daß die

stadteigenen Bläser gelegentlich zu auswärtigen Festlichkeiten des Adels verpflichtet wurden, wie beispielsweise 1538 nach Weißenhorn zur Hochzeit Regina Fuggers oder 1575 und 1578 zu Familienfesten Herzog Philipp Ludwigs von Pfalz-Neuburg in dessen Residenzstadt Neuburg an der Donau. Bedeutende süddeutsche Musikkollegien schickten junge Musiker zur Ausbildung nach Augsburg: 1539 nahm der Posauner Wolfgang Ganß zwei Kantoreiknaben der Stuttgarter Hofkapelle in die Lehre, die Reichsstadt Nürnberg entsandte 1585 den erst sechzehnjährigen Jakob Haßler, den jüngeren Bruder Hans Leos, in die Stadtpfeiferlehre an den Lech. Der hohe Stand städtischer Instrumentalmusik wird nicht zuletzt an den erfolgreichen Abwerbungen von Augsburger Bläsern sichtbar. 1573 ging Wolfgang Ganß d. J. an den Stuttgarter Hof, Hans Jakob Drechsel wurde 1585 Zinkenist der Münchener Hofkapelle. In engerer Beziehung zu den Stadtmusikkollegien standen schon vom Mittelalter her die Instrumentenbauer, unter denen in der zweiten Hälfte des 16. Jahrhunderts als Lauten- und Geigenmacher Laux Boß, Paul Sturm und die noch im Frühbarock arbeitenden Meister Sixt Rauwolff sowie Rudolf Bossard und dessen Sohn Jakob hervorragen. Bedeutende Orgelbauer waren Eusebius Ammerbach (Sohn des Wittenberger Humanisten Veit Ammerbach), durch den Werke im Dom (1577/78) und in der Fuggerkapelle bei St. Ulrich und Afra (1580) geschaffen wurden, Samuel Bidermann d. Ä. und in den ersten Jahrzehnten des 17. Jahrhunderts insbesondere der aus Stuttgart stammende Marx Güntzer, der nicht nur fast alle Instrumente der Stadt reparierte, sondern auch Orgelneubauten in der Barfüßerkirche (1609) und in Evangelisch Hl. Kreuz (1612) erstellte. Güntzer war in Zusammenarbeit mit Achilles Langenbucher der Schöpfer des mechanischen Musikwerks in dem damals weltberühmten sogenannten Pommerschen Kunstschrank (1617), den der musikliebende und Musikalien sammelnde, als Diplomat weitgereiste Patrizier Philipp Hainhofer an den Fürstenhof in Pommern vermittelte[12]. Solche automatischen Orgeln, Spinette, Regale und auch kombinierte Instrumente entstanden damals in großer Zahl durch Anton Meitting, Hans Schlotheim und in mehreren Generationen durch Glieder der Familie Bidermann,

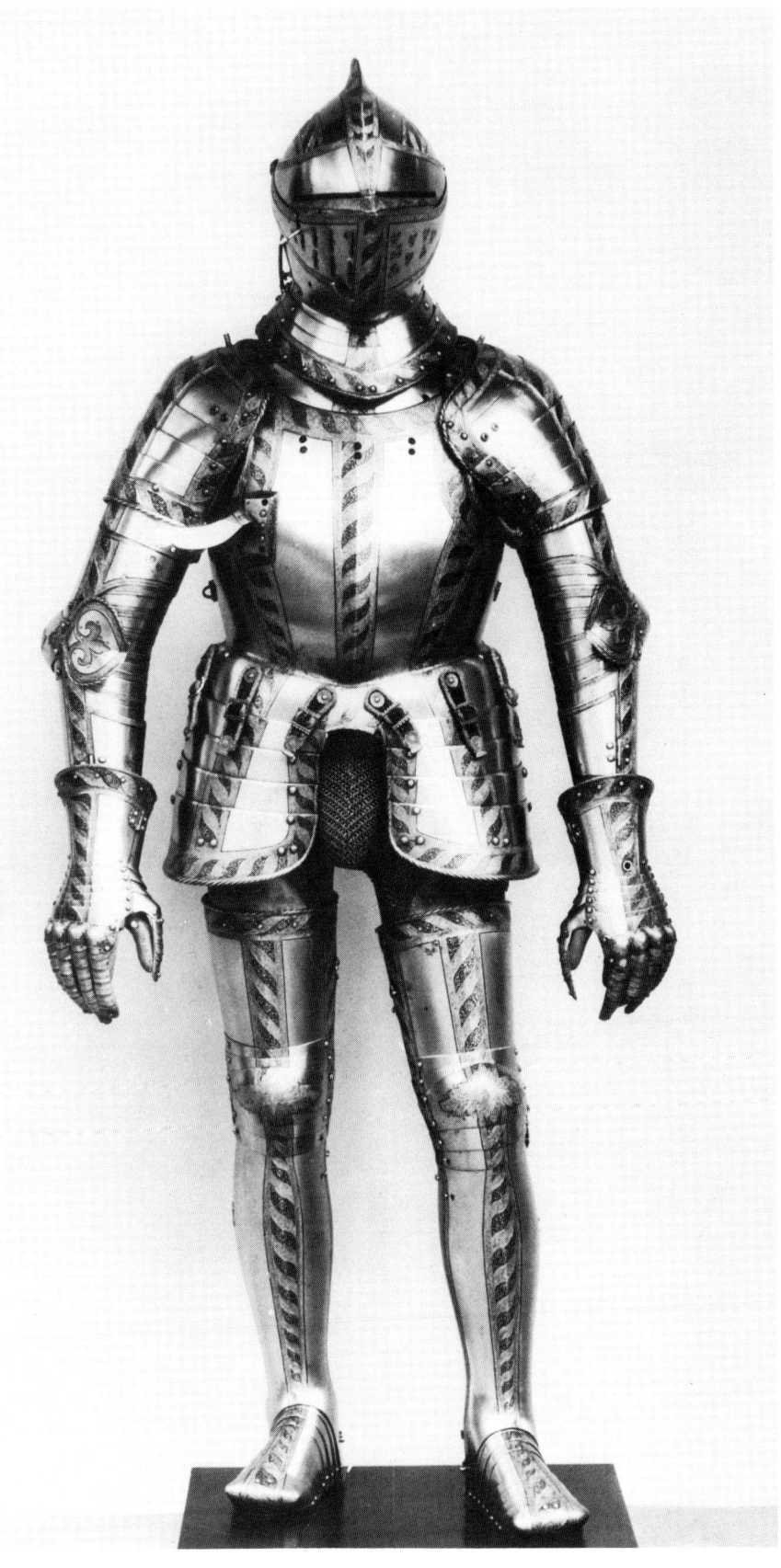

Abb. 70   Ganzer Harnisch für Johann Wilhelm Herzog von Sachsen-Weimar, 1567 von dem Plattner Anton Peffenhauser, mit Ätzmalereien von Jörg Sorg d. J. (?), angefertigt

*Abb. 71 Diana auf dem Hirsch. Silbernes Trinkspiel von
Joachim Fries, um 1620*

nachdem der Domorganist Erasmus Mayr – einer der ersten Deutschen, die ihre musikalische Ausbildung in Italien fanden – 1576 im römischen Tivoli eine mechanische Wasserorgel untersucht und die Fertigkeit des Walzenbesteckens nach Schwaben mitgebracht hatte[13]. So entstand mit der Herstellung von Musikautomaten ein schnell aufstrebender kunsthandwerklicher Berufszweig, dessen deutsche Ursprünge in Augsburg liegen, wie denn die Stadt sich in der ausklingenden Renaissance auch zu einem noch in späteren Jahrhunderten (und zum Teil bis in die Gegenwart) florierenden Haupthandelszentrum für Musikinstrumente verschiedener Art entwickelte. Das musikalische Druck- und Verlagswesen hat in den Jahrzehnten vor 1600 und noch kurz danach dank der leistungsfähigen Offizinen eines Valentin Schönigk und seines Sohnes Johann Ulrich, eines Johannes Schultes (Praetorius) oder Sebastian Müller (Mylius), dank der umsichtigen Herausgebertätigkeit von Kaspar Flurschütz und der Rührigkeit des Musikalienhändlers Georg Willer den hohen Stand der Anfangszeit einigermaßen zu halten und sich immer noch gegen die Konkurrenten aus Nürnberg und neuerdings München erfolgreich zu behaupten vermocht. Neben musiktheoretischen Traktaten, Gesangbüchern, geistlichen Kompositionen beider Konfessionen und einigen Tabulaturen für Laute erschienen von verschiedenen Autoren Liedersammlungen, die den vollzogenen Wandel vom Cantus-firmus-Lied zum cantus-firmus-freien, durchkomponierten Satz und den Einfluß italienischer Klanglichkeit sinnfällig widerspiegeln.

Die auch in anderen Bereichen der Stadtkultur zu beobachtende, dem wirtschaftlichen Rückgang entgegenstrebende und ganz nach innen gerichtete Konzentration der geistigen Kräfte, an der die katholische Erneuerungsbewegung, vor allem nach Errichtung des Jesuitenkollegs St. Salvator 1582, wesenseigenen Anteil hatte, führte im letzten Viertel des 16. Jahrhunderts nochmals eine kurze, aber kräftige Nachblüte des kirchlichen, städtischen und privaten Musiklebens herbei. Durch eine Reihe bedeutender schöpferischer Persönlichkeiten erreichte die Stadt ein letztes Mal für wenige Jahrzehnte den Anschluß an die Musikpflege süddeutscher Fürstenhöfe. Der schon in den fünfziger Jahren ansässig gewordene

Lautenist Melchior Neusidler (gest. 1590/91)[14], der mit seiner *Intabolatura di Liuto* (1566) der italienischen Lautentabulatur in Deutschland die Bahn gebrochen hatte, wirkte noch bis um 1585, zuerst von wohlhabenden Bürgern gefördert, schließlich in kümmerlichen wirtschaftlichen Verhältnissen lebend, als bedeutendster Vertreter seiner Kunst in der Stadt, ohne jemals eine dauerhafte Anstellung erlangt zu haben. Domkapellmeister war seit dem 1. Juli 1574 Bernhard Klingenstein[15] aus Peiting bei Schongau, der seit 1584 auch das Kapellmeisteramt an der Jesuitenkirche St. Salvator versah und sich durch mustergültige Erziehung der Chorknaben und umsichtige Organisation der Domkantorei große Verdienste erwarb. Sein 1607 in München veröffentlichter *Liber primus sacrarum symphoniarum* enthält neben Motetten im Palestrina-Stil und solchen in venezianischer Doppelchörigkeit auch ein Geistliches Konzert für Baß und Continuo im Stil Lodovico Viadanas, das erste in Deutschland gedruckte überhaupt. Mit der Herausgabe des *Rosetum Marianum*, eines 1604 in Dillingen erschienenen Sammelwerks, in dem 33 führende Komponisten der Zeit je eine Strophe des Liedes »Maria zart« fünfstimmig bearbeiten, zeigte Klingenstein sich dem Marienkult der Marianischen Kongregation besonders verpflichtet.

Der führende evangelische Musiker Augsburgs in den Jahrzehnten um 1600 war Adam Gumpelzhaimer aus Trostberg (Oberbayern)[16]. Obwohl von Haus aus Protestant, besuchte er die Klosterschule von St. Ulrich und Afra, wo Jodokus Entzenmüller und Johannes Dreher seine musikalischen Lehrer waren. 1581 übernahm der erst Zweiundzwanzigjährige als Nachfolger Leonhard Baiers das Kantorat an Kirche und Gymnasium von St. Anna, das er mit beispielhafter Hingabe und Treue über vier Jahrzehnte lang bekleidete. Reste der in diesem Amt handschriftlich angelegten, reichhaltigen Musiksammlung haben sich in Berlin und Regensburg erhalten. Als Komponist folgte Gumpelzhaimer in seinen fast ausschließlich geistlichen Kompositionen teils modischen Zügen der italienischen Villanelle und Canzone, teils alten Cantus-firmus-Techniken, ohne dabei auf Stilmittel der spätniederländischen Ausdruckspolyphonie zu verzichten. In den beiden Büchern der achtstimmigen *Sacrorum concentuum*

(1601–1614) wußte er die Klangkraft venezianischer Doppelchörigkeit voll zu entfalten. Der größte Erfolg war ihm als Musiktheoretiker beschieden: Sein *Compendium Musicae* (1591), das Heinrich Fabers *Compendiolum* und dessen deutsche Übersetzung von Christoph Rid überarbeitete und durch eigene Kapitel ergänzte, wurde aufgrund seiner großen Anschaulichkeit und der Trefflichkeit der Beispielauswahl eines der am weitesten verbreiteten musikalischen Elementarlehrbücher seiner Epoche und erschien noch 1681 in 13. Auflage bei Johann Enderlin.

Musikliebe und Kunstbedürfnis der Fugger, mit denen er erstmals an der Universität Ingolstadt, dem geistigen Zentrum der süddeutschen Gegenreformation, zusammentraf, führten in Gregor Aichinger[17] einen der fruchtbarsten und vielseitigsten Komponisten seiner Zeit nach Augsburg. Den gebürtigen Protestanten aus Regensburg, der als Kapellknabe unter Lasso in München sang, bestellte Jakob I. Fugger 1584 zu seinem Organisten bei St. Ulrich und Afra und ließ ihn später noch in Italien, vor allem bei Giovanni Gabrieli in Venedig, studieren. Unter Bischof Heinrich von Knöringen konvertierte er, erhielt die Priesterweihe und war seit 1600 Chorvikar am Dom. Als Komponist trat er schon mit 20 Jahren 1585 erstmals hervor und hat dann nahezu alle geistlichen und weltlichen Musikgattungen in den verschiedenen Stilen der Zeit befruchtet. Durch seine *Cantiones ecclesiasticae* von 1607, in denen er sich der Generalbaßpraxis des italienischen Geistlichen Konzerts zuwandte, und durch die meisten seiner weiteren Werke wurde Augsburg zum deutschen Haupteinfallstor der Monodie. Den bedeutsamsten Zuzug von auswärts erhielt die Reichsstadt aber in der Gestalt des jungen Hans Leo Haßler[18]. Nachdem er knapp eineinhalb Jahre bei Andrea Gabrieli in Venedig studiert hatte, wurde Haßler im Januar 1586 Kammerorganist von Octavian II. Fugger. In Augsburg dürfte der schnell berühmt gewordene und 1595 von Kaiser Rudolf II. geadelte Meister, der bald nach seinem Auftreten in Schwaben auch das Amt an der von Jakob I. Fugger in St. Moritz gestifteten Orgel übertragen erhielt, die meisten seiner vor der Jahrhundertwende entstandenen Werke komponiert haben. Sein bekanntestes und am meisten in die Zukunft

weisendes Opus, der *Lustgarten neuer teutscher Gesänge, Balletti, Galliarden und Intraden* (1601), hat in der Geschichte des mehrstimmigen deutschen Gesellschaftsliedes, die vom Tenorlied (bis um 1560) über das cantus-firmus-freie Lied der Lasso-Zeit zum homophonen Tanzlied führt, insofern bahnbrechend gewirkt, als es im letzten, entscheidenden Schritt zu einem eigenständigen Typus knappster melodisch-rhythmischer Formen auf schlicht akkordischer Grundlage vorstieß. Die Melodie des Liedes *Mein Gmüt ist mir verwirret* (Lustgarten, Nr. 24), schon bald in *Herzlich tut mich verlangen* parodiert, lebt bis heute als Kirchenliedweise zu *O Haupt voll Blut und Wunden* weiter. Haßler wurde 1600, nach dem Tod Octavian Fuggers, mit der Leitung der Stadtpfeiferei und des gesamten städtischen Musikwesens betraut; doch schon im folgenden Jahr verließ er Augsburg, um vorübergehend in die Dienste seiner Vaterstadt Nürnberg zu treten. Sein Nachfolger sowohl in den städtischen Ämtern als auch an St. Moritz wurde Christian Erbach[19], der letzte überragende Musiker Augsburgs in dieser Epoche. Er stammte aus Gau-Algesheim in Rheinhessen, war um 1596 bis 1614 Organist der Kapelle von Marcus Fugger d. J., danach Hilfsorganist am Dom und schließlich von 1625 an endgültig Domorganist. Als Vokalkomponist war er Haßler und den beiden Gabrieli verpflichtet und folgte ebenso in seinen zahlreichen Orgelwerken venezianischen Vorbildern, wie er denn auch zusammen mit Aichinger die Praxis der *Cori spezzati* erst eigentlich in Augsburg heimisch gemacht hat. Ein großer Kreis von Schülern in Komposition und Orgelspiel, den Erbach aus nah und fern an sich zog, bezeugt die musikalische Strahlkraft der schwäbischen Reichsstadt über Süd- und Mitteldeutschland hinaus noch zu Beginn des Dreißigjährigen Krieges.

Am Dom machten sich indessen nach 1600, trotz einer 1616 erlassenen, den liturgischen Rang der Feste differenziert abstufenden Chorordnung[20], verschiedentlich Ordnungsmängel und institutionelle Unregelmäßigkeiten bemerkbar. Auch das übrige kirchliche Musikleben beider Konfessionen und nicht minder die städtische Musikpflege litten bald unter finanziellen Schwierigkeiten. Vollends traf dann der große Krieg den musikalischen Lebensnerv des Gemeinwesens. 1614 starb Bernhard Klingenstein, 1625 verschied Adam Gumpelzhaimer in bitterer Armut, im Frühjahr 1628 raffte die Pest Gregor Aichinger dahin. Als am 9. Juni 1635 das Domkapitel Christian Erbach, der wenige Wochen darauf verstarb, aus Mangel an Mitteln entlassen mußte, war ein großer Abschnitt der Augsburger Musikgeschichte zu Ende gegangen.

1 Richard Schaal: Habsburg. In: MGG 5, Sp. 1199–1210, besonders Sp. 1202 f.; Adolf Layer: Die evangelischen Reichsstädte Frankens und Schwabens in der Renaissance. In: Musik in Bayern Bd. 1, S. 133 f.

2 Martin Bente, Neue Wege der Quellenkritik und die Biographie Ludwig Senfls. Wiesbaden 1968, S. 295–303.

3 Franz Krautwurst: Musik des 15. und der ersten Hälfte des 16. Jahrhunderts. In: Gerhard Pfeiffer (Hrsg.): Nürnberg – Geschichte einer europäischen Stadt, 2. Aufl., München 1982, S. 218.

4 Norbert Lieb: Die Fugger und die Kunst im Zeitalter der Spätgotik und frühen Renaissance, München 1952, S. 138.

5 Universitäts-Bibliothek München, 2° Cod. ms. 153, 4° Cod. 168–171; vgl. Clytus Gottwald: Die Handschriften der UB München. II: Die Musikhandschriften, Wiesbaden 1968, S. 6 f., 45–48.

6 Gunther Franz: Johannes Frosch – Theologe und Musiker in einer Person? In: Die Musikforschung 28 (1975), S. 71–75.

7 Franz Krautwurst: Salminger, Sigmund. In: MGG 11, Sp. 1308 f.; Marie Louise Göllner: Salminger, Sigmund. In: The New Grove 16, S. 425 f.

8 Franz Krautwurst: Kriesstein, Melchior. In: MGG 7, Sp. 1806 f.

9 Helmut Hell und Horst Leuchtmann (Bearb.): Orlando di Lasso. Bayerische Staatsbibliothek, Ausstellungskatalog Nr. 26, Wiesbaden 1982, S. 180–182.

10 Gottwald, Musikhandschriften, S. 56–99, 102–157, 163 f.

11 Layer, Fuggerzeit, S. 41.

12 Hermann Fischer und Theodor Wohnhaas: Historische Orgeln in Schwaben, München und Zürich 1982, S. 289, 301; Albert Protz: Mechanische Musikinstrumente, Kassel 1943, passim.

13 Ernst Fritz Schmid: Hans Leo Haßler und seine Brüder. In: JHVS 54 (1941), S. 60–212, besonders S. 135 f.

14 Adolf Layer: Melchior Neusidler. In: Lebensbilder Schw. 5, S. 180–197.

15 Richard Schaal: Klingenstein, Bernhard. In: MGG 7, Sp. 1230–1234; Layer, Fuggerzeit, S. 34, 36 f., 74 f.

16 Franz Krautwurst: Gumpel(t)zhaimer, Adam. In: NDB 7, S. 304–306 (dort die ältere Literatur); Werner Braun: Kompositionen von Adam Gumpelzhaimer im Florilegium Portense. In: Die Musikforschung 33 (1980), S. 131–135.

17 William E. Hettrick: Aichinger, Gregor. In: The New Grove 1, S. 177 f.

18 Schmid, Haßler, S. 125–166; Walter Blankenburg: Haßler. German family of musicians. In: The New Grove 8, S. 294–298.

19 Ernst Fritz Schmid: Erbach, Christian. In: MGG 3, Sp. 1465–1471; William E. Hettrick: Erbach, Christian. In: The New Grove 6, S. 223 f.

20 Otto Ursprung: Die Chorordnung von 1616 am Dom zu Augsburg. In: Studien zur Musikgeschichte. Festschrift für Guido Adler zum 75. Geburtstag, Wien 1930, S. 137–142.

Kirche zwischen Reformation und Parität

von Herbert Immenkötter

Die Reformation in der Reichsstadt (1517–1547)

Im Juli desselben Jahres, da im fernen Wittenberg der entscheidende Anstoß zur Auslösung der reformatorischen Bewegung erfolgen sollte, übernahm in Dillingen der schwäbische Adelige Christoph von Stadion die Leitung eines Bistums, dessen Hauptstadt Augsburg alle kirchlichen Gegensätze der Zeit auf engstem Raume vereinigte: ständige Spannungen zwischen Domkapitel und Bischof, der im übrigen längst nicht mehr auf der Domimmunität residierte, sondern in das vergleichsweise friedliche Dillingen ausgewichen war; scharfes Konkurrenzdenken zwischen der Pfarrgeistlichkeit und dem Ordensklerus, der in nicht weniger als 17 zumeist exemten Klöstern innerhalb der Stadt lebte; strenges Standesbewußtsein im adeligen Damenstift St. Stephan sowie vor allem im Domkapitel, das sich gegen die Aufnahme Augsburger Bürger erfolgreich zu wehren vermochte; wachsender Druck des Stadtregiments, das durch Zugriff auf kirchliches Pfründenvermögen und Klostergut und über eine Ausweitung seines kirchlichen Stellenbesetzungsrechtes den Einfluß auf das Kirchenwesen innerhalb der eigenen Mauern gegen die Jurisdiktion von Bischof, Domkapitel und Reichsabt von St. Ulrich und Afra auszudehnen suchte.

Verschärfend kamen hinzu die bekannten Mißstände in der Lebensführung bei Klerus und Volk, in der Frömmigkeitspraxis, in der Glaubenslehre. In dieser Situation empfahl der neue Bischof in seiner ersten programmatischen Synodalrede am 20. Oktober 1517[1] eine Rückbesinnung auf ein schlichtes, vornehmlich biblisch bestimmtes Christentum und stellte dem versammelten Klerus seines Bistums als einziges Vorbild den Salvator Jesus Christus vor Augen, der bei Überwindung vielfacher Fehlhaltungen und gefährlichen Aberglaubens die Frömmigkeit der Christen ausschließlich prägen müsse. Die Gedanken dieser vielbeachteten Rede sind dem *Handbüchlein* des Erasmus von Rotterdam[2] entnommen. Erasmus sollte auch fortan mit seiner auf Ausgleich zwischen den Religionsparteien bedachten Grundtendenz die kirchenpolitischen Entscheidungen Christophs von Stadion bestimmen.

Das sollte sich schon sehr bald bei der Behandlung der Luthersache erweisen, die mit der Verkündigung des Peters-Ablasses eine Angriffsfläche bot, die in Augsburg mehr als anderswo umstritten war. Hier richtete sich nämlich der Unmut der Zunftbürger und Armen nicht nur gegen die vermeintliche Geldgier Roms und der Kirche, sondern auch gegen die großen Bankhäuser der Stadt. Bischof Stadion bewies zwar einerseits eindrucksvoll sein Unbehagen über die mißliche Verquickung von Gnadenspendung und Gelderwerb, indem er beim Papst einen Ablaß erwirkte, der nicht für Geld, sondern ausschließlich durch Gebet und Empfang des Bußsakraments erworben werden konnte[3]. Andererseits war er aber als

Bischof von Augsburg dem Metropoliten des Mainzer Erzstuhls Kurfürst Albrecht von Brandenburg, dem päpstlichen Kommissar des Peters-Ablasses im Reich, unterstellt; und es galt in Augsburg als sicher, daß Stadion seine Wahl der finanziellen Förderung Jakob Fuggers, des zweiten Vertragspartners des römischen Ablaßgeschäfts, verdankte. Beide Verbindungen schufen langfristige Abhängigkeiten, die mit der erasmianisch-irenischen Grundhaltung des Augsburger Bischofs häufig kollidierten.

Einen unmittelbaren Eindruck von jenem Mann, der durch seine Thesen gegen den Ablaß im ganzen Reich innerhalb von wenigen Wochen hochberühmt geworden war, konnten die Augsburger gewinnen, als Luther ein Jahr später persönlich in ihrer Stadt weilte. Mißmutig und ängstlich wegen der bevorstehenden Ungewißheit, dazu noch mit einer Magenverstimmung, rollte der Wittenberger Mönch und Professor am 7. Oktober 1518 auf einem kleinen Mietwägelchen in Augsburg ein und stellte zu seiner großen Überraschung fest, daß die ganze Stadt bereits voller Erwartung von ihm sprach, daß viele Menschen die Straßen säumten, um den Herostratos zu sehen, der einen solchen Brand im Reich entzündet hatte. Die Kanzlei des sächsischen Kurfürsten, wohl auch dieser selber, hatten den Aufenthalt Luthers in der Stadt sorgfältig vorbereitet und gegen befürchtete Übergriffe seiner Gegner abgesichert. So war sein Quartier schon im vorhinein im Karmeliterkloster St. Anna vereinbart. Dem dortigen Prior Johann Frosch, der in Erfurt und Wittenberg studiert hatte, war für die unentgeltliche Unterbringung seines Wittenberger Lehrers die Übernahme der Kosten für seine bevorstehende Doktorpromotion zugesagt worden. Empfehlungsschreiben waren an einflußreiche Augsburger Bürger gerichtet worden, die dann auch dem Wittenberger Bettelmönch Fürsorge und Gastfreundschaft gewährten: so die Domherren Christoph Langenmantel, Bernhard und Konrad Adelmann von Adelmannsfelden, der Benediktiner Veit Bild, vor allem aber der Augsburger Humanist, Stadtschreiber und kaiserliche Rat Conrad Peutinger.

So viel Wohlwollen bestärkte Luthers mutiges Auftreten vor dem päpstlichen Reichstagslegaten Kardinal Cajetan[4], der bereits seit dem 7. Juli in der Augsburger Stadtresidenz der Fugger wohnte. Cajetan erwartete nichts weniger als einen bedingungslosen Widerruf des Wittenbergers. Dieser aber beharrte auf seiner Forderung einer vorhergehenden Diskussion über die ihm vorgehaltenen Irrtümer und Widerlegung seiner Auffassung durch Belegstellen aus der Heiligen Schrift. Aber eben dies, eine Disputation, suchte Cajetan unbedingt zu verhindern. Er hatte sich gewissenhaft auf die Begegnung mit Luther vorbereitet und ahnte wohl, daß er die Hauptthemen der anstehenden Kontroverse allein aus der Heiligen Schrift nicht würde überzeugend begründen können. So zog er sich zurück auf die Würde und den unbestreitbaren Machtanspruch seines Amtes und behandelte Luther anfänglich väterlich-milde, mit wachsendem Widerstand des vermeintlich kleinen, aufmüpfigen Mönches aber zunehmend herablassend und autoritär-fordernd. Luther aber verweigerte in einer schriftlichen Stellungnahme der Behauptung Cajetans, daß der Papst den durch die Verdienste Jesu Christi und der Heiligen erworbenen Schatz der Kirche zum Nachlaß zeitlicher Sündenstrafen verwenden dürfe, seine Zustimmung. In gleicher Weise beharrte er auf seiner Überzeugung, daß Gott dem Menschen erst durch die glaubende Gewißheit der Rechtfertigung die Gnade des Sakraments mitteile. Dem drohenden Häresievorwurf, verbunden mit der Forderung auf bedingungslose Unterwerfung, kam Luther auf Betreiben seiner Rechtsberater zuvor mit einer vor Notar und Zeugen förmlich erklärten Appellation von dem schlecht unterrichteten Papst Leo an den besser zu informierenden Papst Leo, von dem er ein gerechtes Urteil erwarte. Diese Appellation blieb einstweilen geheim. Nachdem Luther aber aus der Fuggerschen Residenz des Kardinallegaten drei Tage lang keine weitere Nachricht erhalten hatte, fürchteten seine Freunde um seine Sicherheit und rieten ihm zur sofortigen Abreise. In der Nacht vom 20. auf den 21. Oktober 1518 führte ihn Christoph Langenmantel zu einer kleinen Pforte der nördlichen Stadtmauer und ermöglichte ihm die heimliche Flucht. Ein Pferd und ein begleitender Reiter standen außerhalb bereit.

In der Stadt war der beauftragte Notar angewiesen, nunmehr Luthers Appellation öffentlich am Dom anzuschlagen. Als einer von Luthers engsten Augsbur-

ger Freunden dies in letzter Minute zu verhindern suchte, setzte sich der Karmeliterprior Johann Frosch, Luthers Augsburger Gastgeber, durch und veranlaßte die formelle Publizierung.

Es ist nicht leicht, für die Frühzeit der Reformation den Anteil der Anhänger Luthers unter der Augsburger Bevölkerung anzugeben. Wenn Luthers Schilderung eine starke Bewegung in allen Schichten des Volkes zu seinen Gunsten vermuten läßt, dann wird diese Tendenz eindrucksvoll bestätigt durch die Produktion der Augsburger Buchdrucker im ersten Viertel des 16. Jahrhunderts. Keine der großen lutherischen Kampfschriften und nur wenige der kleineren Gelegenheitsschriften, die nicht unmittelbar nach Erscheinen in Augsburg nachgedruckt worden wären! Dasselbe gilt auch für Schriften anderer Reformatoren, vor allem solche aus Humanistenkreisen. Weit geringer nimmt sich dagegen die Anzahl der Werke aus der Feder altgläubiger Gegner der Reformation aus. Der Augsburger Markt entschied eindeutig zugunsten der Neuerer.

Unter den Buchdruckern der Stadt seien namentlich erwähnt: Silvan Otmar, Jörg Nadler, Hans Froschauer, Sigmund Grimm und Marx Wirsung, Heinrich Steiner, Johann Schönsperger, Philipp Ulhart, Melchior Ramminger, Semprecht Ruff, Hans von Erfurt, Erhart Öglin und Johann Miller. Auch aus auswärtigen Offizinen wurde religiöse Flugschriftenliteratur, kistenweise zumeist auf der Frankfurter Buchmesse erworben, in der Stadt verhökert.

Der literarische Streit heizte die Stimmung in der Bevölkerung schließlich so sehr an, daß sich der Rat veranlaßt sah, zur Zurückhaltung zu mahnen. Am 28. August 1520 traten Jakob Fugger und Conrad Peutinger gemeinsam vor die ortsansässigen Drucker und befahlen ihnen, künftig ohne Wissen und Willen des Rates nichts mehr zu drucken, was sich auf die »Irrungen zwischen den Geistlichen und Doktoren der Heiligen Schrift« beziehe oder jemanden persönlich in seiner Ehre verletzen könne[5]. Das Mandat konnte freilich der offenbar lukrativen Produktion keinen Einhalt gebieten.

Daß eine Mehrheit der Augsburger deutlich Sympathien für die religiöse Neuerung hegte, bewies sie bei der Verkündigung der päpstlichen Bullen gegen Martin Luther. Mitte Oktober 1520 hatte Bischof Stadion von Johannes Eck ein Exemplar der Bannandrohungsbulle *Exsurge Domine* erhalten mit der Aufforderung, diese im ganzen Bistum zu verkündigen. Als einer der zwei vom Papst eigens beauftragten Legaten besaß Eck die Vollmacht, besonders bekannte Anhänger Luthers als gleichfalls von der Bannandrohung Betroffene namentlich zu nennen. Dazu zählte er überraschend auch den Augsburger Domherrn Bernhard Adelmann. Dies empfand man in Augsburg als Privatrache Ecks an Adelmann, der im Jahr zuvor den Augsburger Domprediger Johann Oekolampad zu dessen Schrift *Canonici indocti Lutherani* mit ihrem beißenden Spott gegen Eck angestiftet hatte.

Der zunächst zögernde Stadion mußte sich von Eck vorhalten lassen, daß die Abwehr von Irrlehren zu den vornehmsten Pflichten eines Bischofs gehöre. Daraufhin wies er seinen Generalvikar Dr. Jakob Heinrichmann an, dem Domkapitel und dem Rat der Stadt die bevorstehende Publikation der Bulle anzukündigen. Der Rat empfahl ausweichend, zunächst die Meinung des Kaisers und des Erzbischofs von Mainz einzuholen; das Domkapitel riet, die Verantwortung Eck selber zu überlassen. Schließlich weigerten sich alle Augsburger Drucker mit Verweis auf das Mandat des Rates, den bischöflichen Druckauftrag der Bulle zu übernehmen; und außerhalb der Stadt gab es im ganzen Bistum keinen Verlag. Eck selbst veranlaßte deshalb die Vervielfältigung des Textes bei einem gänzlich unerfahrenen Ingolstädter Drucker, der nie zuvor einen lateinischen Text gesetzt hatte. So kam es, daß die Bannandrohungsbulle in der Reichsstadt erst am 30. Dezember von dem neuen Domprediger Urban Rhegius bekanntgemacht wurde[6].

Gefordert wurde die Ablieferung aller lutherischen Schriften; eine öffentliche Verbrennung wagte man in der Stadt nicht zu verlangen, um nicht den Unmut des Volkes zu erregen. Als aber auch eine nennenswerte Sammlung von Lutherschriften trotz mehrmaliger Aufforderung nicht zustande kam, verweigerten die Pfarrgeistlichen den Betroffenen bei der Osterbeichte im Frühjahr 1521 die Absolution. Die Verantwortung für die daraus resultierende Unruhe vor allem unter den Handwerkern schoben sich Domkapitel, Rat, Generalvikar und Bischof gegenseitig zu.

Schließlich lehnte der Rat eine Garantie für den leiblichen Schutz der Beichtväter ab, empfahl vielmehr allen Priestern, nicht mehr dorthin zu gehen, wo man lutherische Bücher verkaufe, und im übrigen Ruhe und Ordnung zu bewahren.

Darin lag zweifellos eine versteckte Begünstigung der religiösen Neuerer durch den Rat. Das änderte sich auch nicht mit der neuen Rechtslage, die der Wormser Reichstag schuf. Wohl wurde das Wormser Edikt am 14. September in Gegenwart einer großen Menschenmenge förmlich verlesen und an die Tür des Rathauses gegenüber von St. Peter angeschlagen[7]. Die verlangte Ächtung aller Anhänger Luthers und Verbot seiner Schriften erfolgten aber nicht. Es konnte vielmehr kein Geringerer als der Domprediger Urban Rhegius mit einer bei Sigmund Grimm erschienenen pseudonymen Flugschrift *Anzeigung, daß die römische Bulle merklichen Schaden im Gewissen mancher Menschen gebracht hat, und nicht Dr. Luthers Lehre* offen für die Lehre des Reformators eintreten[8]. Daran vermochten auch zwei wohl auf Betreiben Ecks stilisierte päpstliche Breven an Stadion und sein Domkapitel mit der Mahnung, den Domprediger zum Widerruf seiner in Predigten und Schriften verbreiteten Lehren aufzufordern, nichts zu ändern. Erst als Rhegius an Fronleichnam (30. Mai) 1521 mit scharfen Worten gegen die übliche Form der Ablaßverkündigung polemisierte, mahnte ihn das Domkapitel, das damit die Einkünfte der eigenen Kirchenfabrik gefährdet sah, zur Mäßigung. Weitere Unstimmigkeiten führten dann zunächst zu einem Urlaubsgesuch, das vom Kapitel abschlägig beschieden wurde, und schließlich im Oktober zum förmlichen Verzicht des Rhegius auf die Domprädikatur.

Die Anhänger der neuen Lehre blieben vorübergehend auf Johann Speiser, den Prediger an St. Moritz, und auf Johann Frosch verwiesen. Vor allem der Karmeliterprior, in der Zwischenzeit in Wittenberg zum Doktor der Theologie promoviert, machte sich um die Einführung der Reformation in der Stadt verdient. Er resignierte 1523 als Prior, blieb aber bis 1530 Prediger in St. Anna. Mit ihm gaben die meisten Mönche des Konventes das Klosterleben auf. Frosch war dann auch der erste Augsburger Kleriker, der in feierlicher Form und unter Beteiligung einer staunenden Gemeinde in St. Anna »eine ehrbare, züchtige Jungfrau« heiratete – in der Fastenzeit des Jahres 1525[9]. Selbst der übermächtige Jakob Fugger, der eben für sich und seine Brüder im Westchor von St. Anna eine prachtvolle Grabkapelle hatte anlegen lassen – eingeweiht am 17. Januar 1518[10] –, konnte nicht verhindern, daß St. Anna zum Zentrum der neuen Lehre in der Stadt wurde.

Zur selben Zeit verfiel auch das Barfüßerkloster, dessen Guardian 1526 »ein weltlicher Pfaff« wurde, nachdem alle anderen Mönche den Orden bereits verlassen, zum Teil geheiratet hatten[11].

Auch aus den Frauenklöstern wurden zahlreiche Austritte bekannt, vor allem aus St. Nikolaus, aus den Klöstern Horbruck und Maria Stern, auch aus St. Katharina, wo das Ausscheiden der Patriziertöchter Felicitas Peutinger und Brigitta Rehlinger eine gewisse Sogwirkung bedeutete.

Der Rat der Stadt stand diesen Entwicklungen beobachtend und abwartend gegenüber. Er suchte extreme Forderungen oder Aktivitäten auf beiden Seiten zu unterbinden, die innere Ruhe gegebenenfalls durch Zugeständnisse an die evangelische Bevölkerungsmehrheit zu wahren, ließ im übrigen aber den Dingen ihren Lauf. Nach außen konnte so weiterhin der Anschein erweckt werden, als stehe die Reichsstadt fest auf dem Boden der geltenden Reichsgesetze, die jede religiöse Neuerung untersagten. Gegen eine mehrheitlich neugläubige Bevölkerung hätte aber eine strenge Durchführung des Wormser Edikts inneren Aufruhr heraufbeschworen. So steuerte das Stadtregiment einen vorsichtigen Mittelweg zwischen den sich täglich unversöhnlicher gebenden religiösen Fronten. Es war dies sicher die Politik Peutingers[12]. Es entsprach dies aber auch dem Kräfteverhältnis im Rat, wie dies etwa am Zusammenwirken des Bürgermeisterpaares Ulrich Arzt und Ulrich Rehlinger – bedingungsloser Verteidiger der alten Lehre der eine und Vorkämpfer unter den Anhängern Luthers der andere – beobachtet werden kann. Bezeichnend für die religiöse Situation in der Stadt war die Bekanntmachung des kaiserlichen Mandats, das »allen Doktoren und Predigern in Klöstern und Pfarreien« verbot, irgend etwas anderes zu predigen als »das heilige Evangelium und Gottes Wort«[13]. Damit war dem Recht Genüge getan. Daß Altgläubige, Lutheraner, Zwinglianer, Täufer oder radikal-religiöse Sozialre-

former darunter je Verschiedenes verstanden, entlarvt die Einschärfung dieses Mandats als Scheinkompromiß.

Denn bald standen sich in der Stadt unerbittlich nicht mehr nur Alt- und Neugläubige gegenüber. Im Sommer 1524 erwirkte der Rat auf der Linie seiner bewährten Politik die Abberufung des beim einfachen Volk überaus beliebten Lesemeisters (d. h. Predigers) Johannes Schilling, nachdem offenkundig war, daß Schilling der geistige Urheber eines Komplotts gegen die in der Barfüßerkirche übliche Weihwasserweihe gewesen war[14]. Als dessen heimliche Abreise bekannt wurde, rottete sich eine weit über tausendköpfige lärmende Menge[15] vor dem Rathaus zusammen und forderte drohend von dem dort tagenden Kleinen Rat die Rückberufung des Franziskaners. Peutinger selbst suchte mit dem Anerbieten, Rhegius zurückzuholen, zu beruhigen, drang aber nicht durch. Die zum Teil bewaffneten Handwerker machten vielmehr Anstalten, »alle die im Rat zu erstechen ... und danach das Zeughaus einzunehmen«, wie einer der Rädelsführer später gestand. Der von langer Hand vorbereitete, aber schlecht organisierte Aufstand zielte auf soziale und religiöse Reformen: auf Verbot der Monopolien (d. h. der großen Handelsgesellschaften), auf Abschaffung des Zehnten und Besteuerung des Klerus ebenso wie auf Ausweisung der streng altgläubigen Prediger Matthias Kretz und Johann Faber[16]. Stundenlang war das Rathaus förmlich belagert, bis es den Bürgermeisterpaaren des laufenden und des Vorjahres doch noch gelang, durch Versprechungen vorübergehend Beruhigung zu stiften, damit Zeit zu gewinnen, die sie dann zum Aufbau einer eigenen Schutztruppe zu nutzen verstanden. Und um jedermann deutlich zu machen, daß die innere Ordnung und Sicherheit mit allen Mitteln aufrechterhalten werden müsse, erwirkte der Rat für die vermeintlich Hauptschuldigen zwei Todesurteile, die in der Frühe des folgenden Morgens auch vollstreckt wurden. Von neuerlichen Umsturzversuchen blieb Augsburg dann selbst während der Bauernunruhen verschont.

Unmut innerhalb der Stadtmauern konnte der Rat dämpfen, als er dem Verlangen der Neugläubigen um Anstellung eigener Prediger und Bereitstellung eigener Gotteshäuser nachgab. Unter den ersten aus städtischen Mitteln dotierten Prädikanten waren Johann Frosch, Stephan Agricola und Urban Rhegius an St. Anna sowie Michael Keller in der Barfüßerkirche. Zudem gestattete der Rat den Neugläubigen der Kreuzpfarrei die Anstellung des vom Propst entlassenen Johann Schneid, der als Pfarrkirche die wenig genutzte Othmarskapelle neben Hl. Kreuz übernahm. Ähnliches geschah in der Georgspfarrei, wo »das Pfarrvolk« Johann Seyfried aus Gundelfingen als Seelsorger wählte; als Gotteshaus wurde ihnen die Johanneskapelle, die zur Pfarrei gehörte, zugewiesen[17]. Wenn man in diesen Maßnahmen auch eine Begünstigung der Neugläubigen erblicken mag, so bleibt doch festzuhalten, daß sich der Rat in diffizile theologische Streitigkeiten grundsätzlich nicht einmischte. So erlebte er scheinbar unbeeindruckt, daß sich eine Mehrheit der neugläubigen Bevölkerung im Laufe der zwanziger Jahre allmählich von Luther und seiner Doktrin abwandte; namentlich in der Abendmahlslehre und im Ritus des Gottesdienstes schloß sie sich der Praxis oberdeutscher Städte, im ganzen schließlich der neuen Theologie des eidgenössischen Reformators Huldrych Zwingli an.

Zur selben Zeit konnten auch Täufer, die in St. Gallen, Zürich, Waldshut, Straßburg und anderswo gewaltsam vertrieben worden waren, in Augsburg unbehelligt einreisen, gegen die Kindertaufe predigen, die Gläubigentaufe spenden und eigene Gemeinden gründen[18]. Die Taufgesinnten konnten um so mehr auf Neutralität des Augsburger Rates vertrauen, als sie fest auf dem Boden der evangelischen Partei zu lehren vorgaben. Es stand nämlich am Anfang der städtischen Täufergemeinde der aus der Schweiz stammende ehemalige Kaplan Ludwig Hätzer, der als Korrektor bei dem Buchdrucker Silvan Otmar untergekommen war und in der hauseigenen Offizin 1525 seinen Traktat *Von den evangelischen Zechen* herausgab. Hier verhöhnte er als radikaler Spiritualist das Treiben gewisser evangelischer Kreise, deren neue Religiosität sich in Trinkgelagen und wilden Beschimpfungen der Papisten erschöpfe. Ihnen stellte er das Ideal wahrhaft christlicher Gemeinden, der »Brüder und Schwestern« gegenüber. Da trete jedermann für die Belange des Nächsten ein; der Wohlhabende teile selbstverständlich seinen Reichtum mit den Armen.

Eine solchermaßen von Hätzer geprägte Gemeinschaft ernsthafter evangelischer Christen sollte zur Keimzelle der Augsburger Täufergemeinde werden. Entscheidend war dann der Zuzug von Hans Denck, Balthasar Hubmaier und Hans Hut. Wohl auf Betreiben Hubmaiers kam es im Mai 1526 zur »Wiedertaufe« Dencks, der dann Hans Hut und viele andere, darunter Mitglieder reicher Augsburger Familien, taufte. Es folgte die förmliche Gründung eigener Gemeinden, die sich in verschiedenen Häusern Augsburger Getaufter oder auch in Gärten im Schutz der Stadtmauer, später zumeist in den Lech- und Wertachauen zu Schriftlesung, Predigt und eigenen Abendmahlsfeiern traf. Die nach ihren Versammlungsorten auch »Gartenbrüder« Genannten gaben sich im Frühjahr 1527 ihre letzte, endgültige Organisation. Der ehemalige Barfüßermönch Sigmund Salminger aus München, eben erst zum Täufertum bekehrt, wurde durch Los zum Vorsteher der Gemeinde bestimmt. Sein Stellvertreter für Taufe und Lehre wurde Jakob Dachser aus Ingolstadt, auch er ein ehemaliger Priester. Dann begründeten die Neugetauften eine eigene »Armenbüchse«, um hilfsbedürftige Brüder und Schwestern unterstützen zu können. Es war dies der entscheidende Schritt auf dem Wege zu der unter den frühen Taufgesinnten geforderten Gütergemeinschaft. Dies vor allem anderen erregte den Argwohn der Außenstehenden, nicht zuletzt des Rates, der darin den Beginn eines Umsturzes der bestehenden Sozialordnung sah. Auch die nahe Endzeiterwartung der Täufer ließ sich sozial-revolutionär interpretieren.

Die Täufer selber, deren Zahl von einem zeitgenössischen Chronisten mit 1100 angegeben wird[19], ahnten offenbar, in welcher Gefahr sie schwebten. Darauf deutet jedenfalls die Tatsache, daß ihr »Säckelmeister« (d. h. Armenpfleger), der als vermeintlicher Unruhestifter als besonders gefährdet galt, im Sommer 1527 innerhalb von nur wenigen Monaten mehrere Male neu bestellt wurde. Unmittelbar drohendes Unheil, die Befürchtung einer baldigen radikalen Veränderung der elementaren Lebensverhältnisse, ja die Erwartung des nahen Weltendes verraten die Quellen auch über die bedeutendste Augsburger Täuferversammlung. Sie fand am 24. August 1527 im Hause des Metzgers Matheis Finder statt, wo etwa 60 führende Täufer aus ganz Süddeutschland und der Schweiz zusammengekommen waren, um strittige Fragen der Lehre zu diskutieren und das weitere Vorgehen zu koordinieren. Wichtige Themen waren die Erwartung des nahen Weltendes, das Hans Hut für 1528 vorausgesagt hatte, außerdem das Verhältnis der Täufer zur Obrigkeit, zum Eid und zum Kriegsdienst. Nach Abschluß der Beratungen schickte die Versammlung je zwei Sendboten als Missionare nach Bayern, in die Markgrafschaften Burgau und Brandenburg-Ansbach, nach Hessen und Österreich, nach Zürich und Basel sowie in die Kurpfalz. Alle Gemeindeapostel trugen Abschriften eines Briefes bei sich, in dem die Vorgehensweise und die wichtigsten Augsburger Übereinkünfte zusammengefaßt waren. Weil die unmittelbar nach ihrer Aussendung einsetzende unbarmherzig grausame Verfolgung aller Täufer im Reich die meisten Sendboten erfaßte, trägt die Augsburger Versammlung in der mennonitischen Literatur zu Recht die Bezeichnung »Märtyrersynode«[20].

In Augsburg selbst schritt die Obrigkeit im September energisch gegen die zurückgebliebenen »Rottierer« ein. Eine große Anzahl wurde während einer Predigtversammlung überrascht und gefangengenommen – unter ihnen Gall Fischer und Hans Hut. Gefaßt wurden auch Dachser, Salminger und Eitelhans Langenmantel. Der Rat ließ die Fremden nach durch die Folter erpreßtem Widerruf ausweisen und belegte die Einheimischen nach öffentlicher Eidesleistung mit Geldbußen. Allein die »Vorgeher« der Gemeinde ließ er über längere Zeit »in Eisen legen«. Den Gefangenen schickte er die evangelischen Prediger – lutherische und zwinglianische – Johann Frosch, Stephan Agricola, Urban Rhegius und Michael Keller zu Disputationen, die jedoch ergebnislos verliefen. Er verordnete dann Urban Rhegius, ihnen in einem »Sermon oder Predigt« aus der Heiligen Schrift anzuzeigen, »daß sie irrten und die Kindertauf recht wäre« – auch dies ohne die erhoffte Wirkung. Es erging dann schließlich an die Bürger der Stadt – unter ihnen Langenmantel, Kißling und Fischer – nach unzähligen »peinlichen« Verhören (d. h. unter Anwendung verschärfter Folter) das Urteil der Ausweisung auf nicht absehbare Zeit. Die »Vorgeher« Groß, Dachser und Salminger aber wurden in

jahrelanger Kerkerhaft gehalten, »auf daß sie bekehrt würden«. Dachser und Salminger traten ab 1531 wieder in städtische Dienste. Ihnen verdanken die evangelischen Christen Augsburgs die ersten deutschen Vertonungen geistlicher Gesänge und Psalmen, die nach mehrfacher Neuauflage bis in die zweite Hälfte des Jahrhunderts in Gebrauch blieben[21].

Allein Hans Hut fand unter nicht ganz geklärten Umständen den Tod. Sein Kerkermeister fand eines Morgens das Strohlager und die Holzbank, an der Hut angekettet war, brennend, und als er den Gefangenen befreien konnte, hatte dieser bereits eine starke Rauchvergiftung erlitten, an der er acht Tage später starb. Noch nachträglich verurteilte ihn der Rat zum Tode, ließ seinen Leichnam auf dem Scheiterhaufen verbrennen und die Asche in die Wertach streuen[22].

Im Jahr darauf wurde noch ein zweiter Täufer in Augsburg hingerichtet: der Schneider Hans Leupold aus Kleinaitingen, der sein Handwerk jahrelang in der Stadt ausgeübt hatte, von Dachser 1527 getauft, nach seiner Ausweisung heimlich zurückgekehrt war und als Leiter jener 88 Täufer galt, die man am Ostersonntag 1528 aufgrund einer Denunziation im Hause des bekannten Bildhauers Adolf Daucher gefangengenommen hatte. Eine zweite Massenverhaftung im selben Jahr und sorgfältige Kontrollen aller Einreisenden an den Stadttoren vermochten die Stoßkraft, welche die süddeutsche Täuferbewegung aus Augsburg erhalten hatte, zu brechen. Es gelang aber nicht, das Täufertum in der Stadt vollständig zu unterdrücken. Mehr als ein halbes Jahrhundert lang hören wir immer wieder von einzelnen verhafteten Täufern, die man einem standardisierten, zumeist »peinlichen« Verhör aussetzte, schließlich mit Rutenhieben, Geldbuße oder Ausweisung bestrafte, nachdem ihnen auf der Rathausstiege ein öffentlicher Widerruf ihrer Glaubensüberzeugung abgetrotzt worden war. In dieser trotz allem vergleichsweise milden Praxis ließ sich der Rat weder durch die hanebüchenen Berichte aus dem sogenannten »Wiedertäuferreich in Münster« 1534/35 noch durch die unbarmherzig grausame Vorgehensweise in allen Nachbarterritorien beirren.

Bezeichnend für die zurückhaltende Taktik war etwa die Tatsache, daß der für seine täuferischen Sympathien einschlägig bekannte Pilgram Marbeck 1544 Brunnenmeister in Augsburg und schließlich verantwortlicher Werkmann für den Bau der neuen städtischen Wasserleitung werden konnte. In dieser hochgeachteten Position hat er dann volle zwölf Jahre lang heimlich die kleine Augsburger Täufergemeinde und die in ganz Oberdeutschland versprengten Täufer leiten können, vom Rat darin trotz Kenntnis der Vorgänge nicht ernsthaft behindert[23].

Im ganzen war die Täuferbewegung in Augsburg kaum als religiöses Phänomen begriffen, sondern als »Rottierung«, als Aufruhr, beurteilt und geahndet worden. Eine Entscheidung in der Religionsfrage sah das Stadtregiment dadurch nicht gefordert. Ein Ende dieses vorsichtigen Taktierens erzwang erst der Religionsabschied des großen in den eigenen Mauern beherbergten Reichstages im Jahre 1530. Nachdem der Kaiser selbst gleich nach seiner Ankunft den »Predigtkampf«[24] zwischen Zwinglianern, Lutheranern und Altgläubigen unterbunden hatte, zogen es die evangelischen Prädikanten noch während der Religionsverhandlungen vor, die Stadt zu verlassen. Die evangelische Partei aber war inzwischen auch im Rat so beherrschend, daß sie trotz starker Pressionen des Kaiserhofes das im Abschied geforderte Verbot aller kirchlichen Neuerungen mutig ablehnte. Und gleich nach dem Abzug des Kaisers aus der Stadt holte man einige der evangelischen Prediger zurück, unter ihnen die Lutheranhänger Frosch und Agricola, aber auch den Zwinglianer Keller, der sich bei den Zünften größter Beliebtheit erfreute. Als Maß aller theologischen Dinge wünschte man dem Vorbild Straßburgs nachzueifern. Entsprechend berief man statt der des Täufertums verdächtigen Schneid und Seyfried die Straßburger Wolfgang Musculus und Bonifacius Wolfart, die die Sache Zwinglis in Augsburg vollends zum Siege führten; Frosch und Agricola verließen schon wenige Monate nach ihrer Rückkehr im Sommer 1531 die Stadt endgültig. Daran vermochte auch die persönliche Intervention Luthers beim Rat nichts zu ändern – wie Luther überhaupt die Religionspolitik der Reichsstadt in den entscheidenden dreißiger Jahren weder auf direktem Wege noch über eine Vermittlung Dritter maßgebend zu beeinflussen vermochte[25].

Dem Drängen der zwinglianischen Prädikanten war

es zu verdanken, daß der Rat Ende 1531 in dem zum größten Teil leerstehenden Karmeliterkloster St. Anna, der »Wiege der Augsburger Reformation«, eine städtische Gelehrtenschule einrichtete, die den Humanismus pflegen und auf ein Studium an der Universität systematisch vorbereiten sollte[26].

Weiteres Drängen derselben Prädikanten zielte dann auf völlige Unterdrückung der katholischen Religion in der Stadt. Im Januar 1533 forderten sie in einer gemeinsamen Eingabe den Rat auf, »alle widerwärtige Lehre und Predigt, die im Dom, in Pfarreien und Klöstern noch immer vorhanden«, endlich abzuschaffen[27]. Der Zeitpunkt für diese Initiative hätte nicht günstiger gewählt werden können. Nicht nur waren die neuen Bürgermeister der schweizerischen Reformation wohlgesonnen; außenpolitisch zeichnete sich ein Ende des altkirchlich verfaßten Schwäbischen Bundes, dafür eine Festigung des protestantischen Dreistädtebündnisses zwischen Nürnberg, Ulm und Augsburg ab. Nach sorgfältiger Prüfung möglicher Konsequenzen[28] wagte also der Rat den ersten Vorstoß beim Bischof, dem er ein Verzeichnis der von den Prädikanten bezeichneten Irrtümer vorlegen ließ[29]: darunter die Fürbitte der Heiligen, die Bilderverehrung, die Ohrenbeichte, das Fegfeuer, den Gebrauch von Weihrauch und Opferkerzen, die Spendung des Abendmahls unter nur einer Gestalt, die Fasten- und Abstinenzpraxis, die päpstliche Messe (»ein Greuel vor Gott«), Prozessionen, Taufzeremonien und Klostergelübde. Dem Argument des Bischofs, es seien all diese Einzelheiten durch Konzilien und Reichstage als rechtmäßig erkannt, begegnete der Rat mit dem Anspruch, als christliche, nach Gottes Wort regierende und reformierende Obrigkeit für die Ordnung des Kirchenwesens in der Stadt verantwortlich zu sein. Mit der Ausnahme eines sofortigen Verbots aller Umgänge, Wallfahrten und Prozessionen zögerte der Rat gleichwohl die Entscheidung in der Hauptsache noch ein weiteres Jahr hinaus, bevor er am 22. Juli 1534, als auch Württemberg evangelisch geworden war, ein Verbot jeder papistischen Predigt in der Stadt beschloß und eine weitere Duldung des katholischen Gottesdienstes auf jene acht Kirchen beschränkte, die dem Bischof bzw. seinem Domkapitel unterstanden. Es waren dies, außer dem Dom, St. Moritz, St. Ulrich, St. Peter, St. Georg, Hl.

Kreuz, St. Stephan und St. Ursula[30]. Außerdem mußten aus allen Kirchen solche Schmuckstücke, die nach Meinung des Rates dem Pfarrvolk gehörten, entfernt werden, um aus deren Erlös die Armen zu unterstützen.

In den folgenden Monaten verfielen zunächst das Dominikanerkloster, dessen letzte Insassen noch 1534 nach Freiburg im Breisgau zogen, dann das Karmeliterkloster, dessen Prior für sich und seine letzten Mönche als Preis für ihren Austritt ein »Leibgedinge« erwirkte, und schließlich das Franziskanerkloster, das Karl V. erst 1530 mit Mönchen neu besetzt hatte. Aufgehoben oder doch entscheidend geschwächt wurden auch einige Frauenklöster, allen voran jenes an der Horbruck, aber auch St. Margaretha, Maria Stern und St. Martin[31].

Zur Vereinheitlichung und Neuordnung des protestantischen Kirchenwesens gewannen die Augsburger die Unterstützung Martin Bucers aus Straßburg, der am 6. November 1534 persönlich in der Stadt eintraf und auch in den folgenden Jahren jeweils mehrere Wochen lang in Augsburg weilte[32]. Seinem großen Einfluß beim Rat – weniger bei den Prädikanten – ist eine vorsichtige Wiederannäherung Augsburgs an die Wittenberger Reformation zuzuschreiben, die dem politischen Schutzbedürfnis der Stadt entsprach. So einigte man sich bald auf einen einfachen Ritus für Taufe und Eheschließung[33] und bestimmte nach Straßburger Vorbild die Gründung eines »geistlichen Ministeriums«, das aus fünf weltlichen »Kirchenpröpsten« bestand. Die von der Stadt besoldeten Prädikanten erhielten das Bürgerrecht, wurden der städtischen Gerichtsbarkeit unterstellt und konnten künftig zu allen bürgerlichen Lasten herangezogen werden. Erstmals nach vier Jahren durchbrach der Rat dann seinen Grundsatz, nur Prediger ein und derselben theologischen Richtung anzustellen, und berief 1535 den aus Augsburg gebürtigen Johann Forster, der lange Jahre in der engsten Umgebung Luthers in Wittenberg gewirkt hatte, und übertrug ihm die altehrwürdige St. Johanneskirche neben dem Dom, damit gewissermaßen die Superintendentenrolle in der Stadt[34]. Der größte Erfolg Bucers aber war die Zustimmung der Augsburger zu einer in Stuttgart zwischen sächsischen und oberdeutschen Theologen vereinbarten Einigungsformel

in der Abendmahlsfrage. Beide Seiten bekannten darin, »daß der Leib und das Blut des Herrn im Abendmahl wahrhaftig, das ist substantive et essentialiter, nicht aber quantitative oder localiter, gegenwärtig sei«[35]. Damit – so schien es – war ein entscheidender Schritt in Richtung auf eine Anerkennung des sächsischen Bekenntnisses, eben jener 1530 in Augsburg vorgestellten Confessio Augustana, vollzogen.

In der Umgebung Luthers aber mochte man dem Sinneswandel in der reichen Stadt am Lech nicht trauen. Schließlich war man über die internen Spannungen der Augsburger Prädikanten bestens informiert. Wenn auch die Täuferlehre dem Vernehmen nach nicht mehr nennenswert vertreten wurde, so wußte man doch von den heimlichen Neigungen besonders Wolfarts zur Lehre des in Wittenberg nicht minder verhaßten Caspar Schwenckfeld[36]. Letzterer hatte doch selbst 1533/34 ein knappes Jahr in Augsburg gewirkt und durch sein begeisterndes Auftreten und seine schwärmerische Beredsamkeit besonders unter den einflußreichen Patriziern viele Freunde gewonnen. Seitdem galt das von ihm gepriesene »innere, gotterfüllte Christentum«, das jede äußere Form und Ordnung, auch die Sakramente, ablehnte, als Haupthindernis gegen die Einführung einer umfassenden Kirchenordnung in der Stadt. Noch die erste evangelische Kirchenordnung Augsburgs von 1537 ist deutlich durch Einfachheit und Armut an Zeremonien geprägt[37].

Und ausgerechnet Wolfart, der heimliche Sympathisant Schwenckfelds, war nun Mitglied jener Augsburger Delegation geworden, die am 23. Mai 1536 in Wittenberg die dort ausgehandelte neue Konkordie unterzeichnete. Es kann nicht verwundern, daß die Anhänger der Confessio Augustana im Hinblick auf die Augsburger Religionspolitik weiterhin skeptisch blieben.

Die Augsburger aber hatten ihren wenige Monate zuvor förmlich besiegelten Beitritt zum Schmalkaldischen Bund, der sich jahrelang gegen eine Aufnahme der religionspolitisch unzuverlässigen Stadt gesträubt hatte, nachträglich gerechtfertigt. Sie festigten damit ihren politischen Rückhalt im Hinblick auf eine völlige Eliminierung der katholischen Religion in der Stadt, wie von den Prädikanten gefordert: »O, ihr lieben Herren«, mahnte Wolfart Bürgermeister und Rat, »habt ihr so wohl und selig angefangen, werdet nicht faul noch träge, seid nicht verzagt, fürchtet Euch vor Gott und sonst keinem Menschen! Habt ihr den Päpstlern das Größere genommen, nämlich den Predigtstuhl, so nehmet und tut noch das Kleinere, das ist die Meß, hinweg!«[38]

Zu Beginn des neuen Jahres, unmittelbar nach der Bürgermeisterwahl, war es soweit. Am 17. Januar 1537 beschloß der Große Rat, »die papistische Abgötterei« endgültig aus der Stadt zu verbannen. Die katholischen Geistlichen und Nonnen wurden vor die Wahl gestellt, sich entweder der städtischen Obrigkeit zu unterwerfen und das Bürgerrecht anzunehmen oder auszuwandern. Ihre Kirchen wurden den Protestanten übergeben.

Das Domkapitel wählte geschlossen das Exil in Dillingen. Dorthin zogen auch die Dominikanerinnen von St. Ursula und die Chorherren von Hl. Kreuz. Die Mehrheit der Benediktiner von St. Ulrich ging in ihr Haus nach Unterwittelsbach, die Stiftsherren von St. Moritz nach Landsberg, die Chorherren von St. Georg nach Schloß Guggenberg (bei Schwabmünchen) und die Stiftsfrauen von St. Stephan nach Höchstädt.

Unmittelbar nach dem Ratsbeschluß ging man daran, die Bilder aus den bis dahin noch katholischen Kirchen zu entfernen[39]. Der Auftrag an die Werkleute unter dem Stadtvogt Alexander Bestler ging dahin, »alle und jede mißgebrauchte geschnitzte, gegossene und gemalte Bilder auf den Altären und sonstwo . . . ordentlich und unzerbrochen noch heutigentags abheben, hinwegtun und doch fleißig verwahren und aufheben zu lassen bis zu einem künftigen Konzil oder Nationalversammlung«. Es geschah dies hinter verschlossenen Türen zunächst je zwei Tage im Dom und in St. Ulrich, dann in Hl. Kreuz, St. Moritz und St. Georg. Dem Zerstörungswerk fielen die meisten Altartafeln, so das Gemälde Hans Holbeins vom Hochaltar des Doms, alle steinernen Figuren aus dem Inneren der Kirchen, fast alle Holzskulpturen und viele Epitaphe zum Opfer. Nur Reste der spätmittelalterlichen Ausstattung wurden heil beiseite geschafft, so zum Beispiel in die Krypta des Doms, aus der sie bei der Restitution wieder hervorgeholt wurden[40]. Ein ganzes Dutzend kleinerer Kirchen und Kapellen wurde zunächst geschlossen und in der Folgezeit abgerissen[41].

Die endgültige Reformation in der Reichsstadt hatte mit der »Abtuhung der Bilder« wiederum eine Richtung eingeschlagen, die nicht die genuin lutherische war. Diese Tendenz setzte sich fort in der Abendmahlspraxis, in der betont schmucklosen Feier der Sonntagsgottesdienste, im Verbot des reichen und beliebten volkstümlichen Brauchtums, das sich um viele Feste des Kirchenjahres gerankt hatte[42], schließlich in der Kündigung des treuesten Wittenbergers Johann Forster Ende 1538 und der Berufung des Ambrosius Blarer aus Konstanz im darauffolgenden Jahr.

Erheblichen Zuwachs an Macht, Einfluß und Einkünften vermochte sich der Rat im Zuge der endgültigen Durchsetzung der Reformation zu sichern. Die neue »Kirchenordnung« wie auch die aus ihr erwachsene »Zucht- und Polizeiordnung« erhoben den Rat zur letztentscheidenden Instanz in allen Zweifelsfällen. Sowohl in Personal- als auch in Lehrfragen, in der Ehegerichtsbarkeit wie in der Bücherzensur, in der Schulaufsicht und Armenpflege sowie in der Kontrolle über fast alle Bereiche des öffentlichen und privaten Lebens gewann der Rat alleinige Entscheidungsbefugnis. Einmütigkeit in der Lehre freilich vermochte der Rat gleichwohl nicht zu erzwingen. Man hütete sich denn auch wohlweislich, regelmäßige Kirchenvisitationen anzuordnen; hätte sich doch die unterschwellig fortdauernde Unausgeglichenheit allzuleicht in einen offenen Konflikt auswachsen können. An der Uneinigkeit der festangestellten Prädikanten scheiterte letztlich auch die Berufung eines »Superattendenten«. Nach zahlreichen Absagen bekannter Prediger gewann man in dem hochbegabten, aber für die Führungsaufgabe wohl noch zu unerfahrenen Johann Haller aus Zürich oder in dem gleichermaßen gelehrten wie beredten Sieneser Prediger Bernardino Ochino, der allerdings vorerst die deutsche Sprache nicht angemessen beherrschte, nur zweitrangige Theologen, die im übrigen in die ihnen zugedachte Rolle nicht mehr hineinwachsen konnten, weil die Reformation in der Reichsstadt mit dem Sieg Karls V. gegen den Schmalkaldischen Bund praktisch zusammenbrach.

Gegenreformation (1547–1555)

Daß sich eine kleine altgläubige Minderheit in der Stadt auch in der ersten Hälfte des 16. Jahrhunderts gegen eine zunächst allgemein antirömische, dann dezidiert protestantische Bevölkerungsmehrheit trotz des Verbots der »papistischen Abgötterei« behaupten konnte, verdankt sie sowohl der machtvollen Präsenz einiger Patrizier, der Fugger, der Welser, der Rehlinger, der Baumgartner und einer kleinen Anzahl »kaiserlich« gesinnter Kaufleute, als auch dem Wirken einzelner romtreuer Kleriker wie des Dompredigers Matthias Kretz und des Dominikaners Johann Faber. Rückhalt fand die altgläubige Minderheit auch unmittelbar außerhalb der Stadtmauern durch die wichtigsten politischen Stützen der alten Kirche: Im Osten, auf der anderen Seite des Lechs, hielten die Herzöge von Bayern ebenso am alten Glauben fest wie die Habsburger, die im Westen der Stadt die Markgrafschaft Burgau verwalten ließen. Darüber hinaus waren der Bischof bzw. sein Domkapitel Inhaber der Vogteien über die Dörfer Göggingen, Inningen, Bobingen u. a., die entsprechend dem alten Glauben erhalten blieben. Schließlich waren auch Pfersee und Haunstetten vor den Toren der Stadt als Besitzungen von St. Ulrich und Afra in der Mehrheit altgläubig geblieben.

Denn die Stadt hatte in keinem der Dörfer, die ihr bzw. den von ihr vereinnahmten Klöstern unterstanden, auf Dauer evangelische Geistliche einsetzen können[43]. So blieb dem Rat nur, »das Auslaufen« altgläubig gesonnener Bürger, die »in Lechhausen, Oberhausen und Friedberg etc.« die Messe besuchten oder gar dort ihre Kinder taufen ließen, unter Strafe zu stellen[44]; er konnte aber die Mißachtung des Gebots trotz verschärfter Wachen an den Stadttoren nicht völlig unterbinden.

Unerwarteten Widerstand von altgläubiger Seite hatte der Rat auch durch die Nonnen von St. Katharina und St. Nikolaus sowie durch die Mehrheit der Benediktiner hinnehmen müssen. Die Nonnen, die von alters her das Bürgerrecht besaßen, konnten 1537 nicht einfach aus der Stadt ausgewiesen werden. Es war aber der Rat fest entschlossen, das außerhalb der Mauern gelegene Nikolauskloster aus strategischen Gründen zu schleifen. So beauftragte er einige Werk-

leute, die Nonnen gewaltsam aus ihrem Haus zu vertreiben, sie in das Katharinenkloster und schließlich in das leerstehende Ursula-Haus zu verbringen, was unter heftiger Gegenwehr der Betroffenen auch geschah[45]. Jeder Kontakt zu ihren Seelsorgern wurde ihnen untersagt, ihre Häuser wurden versperrt; nur die vom Rat beauftragten Prädikanten erhielten Zugang. Unter ihrer Priorin Margaretha Herwart widerstanden die Nonnen aber dem städtischen Angebot, das ihnen im Falle ihres Austritts eine hohe Pension oder eine angemessene Heiratsgabe aus Mitteln der beschlagnahmten Klostergüter zusicherte. Auch ein Verbot des Breviergebets und sonstiger papistischer Zusammenkünfte, weiterhin die Verpflichtung, weltliche Kleidung zu tragen, und eine Beschlagnahmung ihrer Urkunden und Siegel vermochten die Benediktinerinnen nicht zur Aufgabe zu zwingen. Auch die Dominikanerinnen von St. Katharina weigerten sich unter ihrer Priorin Felicitas Endorferin, »vom päpstlichen Irrtum abzulassen«.

Außenpolitischen Prestigeverlust und finanzielle Einbußen handelte sich der Rat bei seinem Vorgehen gegen die Benediktiner von St. Ulrich ein[46]. Nachdem dort 1537 zunächst noch sechs Mönche lebten, dann nur ein einziger Mönch verblieben war und den Bürgereid geleistet hatte, gestand der Rat diesem alle Einkünfte aus dem Klostervermögen innerhalb der Stadtmauern zu. Auf das auswärtige Vermögen aber hatte der rechtmäßige Abt von Unterwittelsbach aus mit Unterstützung des Königs erfolgreich seine Hand gelegt. Als der Rat dem letzten in St. Ulrich verbliebenen Mönch Joachim Gabhold mit Gewalt auch die Abgaben aus Haunstetten sichern wollte, gewann der Abt die Unterstützung des Königs. Die Weigerung des Schmalkaldischen Bundes, den bedrängten Augsburgern militärisch beizustehen, und der Druck der Stände auf dem Regensburger Reichstag 1541 zwang die Stadt, einem Vertrag zuzustimmen, der die Ausweisung des letzten Mönchs aus St. Ulrich und die Übergabe des Klosters mit all seinen Einkünften an einen vom Abt zu ernennenden Verwalter vorsah. Damit war die erhoffte Übernahme des Hauses durch die Stadt reichsrechtlich verwehrt.

So war zwar jede katholische Religionsausübung in der Stadt volle zehn Jahre unterbunden worden; eine kleine Anzahl von Anhängern aber war der alten

Kirche geblieben, als der neue Bischof Kardinal Otto Truchseß von Waldburg, gestützt durch den siegreichen Kaiser, im Sommer 1547 die erneute Zulassung des katholischen Kultus in der Stadt und die Rückgabe einiger Kirchen forderte. Der Rat glaubte vorübergehend, mit der Wiedereröffnung der seit 1534 geschlossenen Dominikanerkirche und Bereitstellung der zur Zeit unbesetzten Annakirche dem Ansinnen der Katholiken genügen zu können, mußte sich aber sagen lassen, daß der Kaiser und in seinem Namen Otto Truchseß von Waldburg als erstes den Dom beanspruche. Aber auch damit sollten sich die Sieger nicht begnügen.

Genau ein Jahr nachdem der Rat dem Kaiser die Domschlüssel ausgehändigt hatte, erzwang der Kaiserhof am 2. August 1548 einen Vertrag zwischen dem Bischof, dem Augsburger Domkapitel und der katholischen Geistlichkeit auf der einen Seite und dem Rat der Stadt auf der anderen Seite. Unter dem drohenden Verlust der Reichsfreiheit sah sich der Rat genötigt, den Repräsentanten der alten Kirche die ihnen angestammten Rechte wieder zuzugestehen[47]. Zähe Verhandlungen führten schließlich zur Rückgabe aller 1534 und 1537 beschlagnahmten Kirchen. Damit blieben der Stadt zur Durchführung des Interims für eine zu ca. 90 Prozent evangelische Bevölkerung nur die Annakirche und die Barfüßerkirche mit ihrer Nebenkirche St. Jakob sowie die Predigthäuser von St. Ulrich, St. Georg und Hl. Kreuz.

Weil der bestehende Rat nach Meinung der kaiserlichen Räte und der katholischen Patrizier für die Durchsetzung des Interims und einen wirkungsvollen Schutz der katholischen Geistlichkeit keine Gewähr bot, stützte der Kaiser die Neuordnung der kirchlichen Verhältnisse nur einen Tag später mit einem einschneidenden Eingriff in die städtische Verfassung. Mit einem Federstrich beseitigte er das 180 Jahre alte Zunftregiment und setzte an die Spitze seiner Reichsstadt zwei Pfleger, einen Katholiken und einen Protestanten; ihnen zur Seite trat der Geheime Rat mit fünf Mitgliedern, von denen nur einer protestantisch war; der Kleine Rat wurde auf 41 Angehörige verringert, unter ihnen 19 bzw. 20 Protestanten. Die Befugnisse der künftig dreimal jährlich wechselnden Bürgermeister wurden erheblich einge-

schränkt[48]. Mit dieser neuen Ratsverfassung war die Basis für eine dauerhafte Parität katholischen und lutherischen Christentums in der Stadt gelegt. Als dann noch die evangelischen Prädikanten am 12. August eidlich auf das Interim verpflichtet waren, am selben Tag in den nunmehr wieder katholisch gewordenen Pfarrkirchen mit einem feierlichen Hochamt zu Ehren der hl. Hilaria, der legendären Mutter der Bistumspatronin St. Afra, der tägliche katholische Gottesdienst wieder eingeführt worden war, verließ Karl V. die Stadt, in der er länger als ein Jahr residiert hatte.

Auf eine rigorose Durchführung des Interims in der Stadt drang in den folgenden Monaten vor allen anderen Kardinal Otto, der sich in vielbeachteten Predigten auch selbst in die innerstädtische Diskussion einschaltete[49]. In dem Dominikaner Johann Fabri wie besonders in dem Mainzer Weihbischof Michael Helding gewann er vorübergehend auch ebenso wortgewaltige wie theologisch geschulte Domprediger. Interimsfreundlich agierte der neue Rat, der mit einem Ausgleich der innerstädtischen Gegensätze eine Festigung der eigenen Macht erhoffen durfte. Die evangelischen Prädikanten aber, deren führender theologischer Kopf Wolfgang Musculus unmittelbar nach Verkündigung des Interims seinen Abschied eingereicht hatte, sträubten sich aus Gewissensgründen, wurden aber unter starkem Druck des Kaiserhofes eidlich auf das Interim verpflichtet[50]. Zur Vermeidung öffentlichen Aufruhrs bestimmte eine Ratskommission, daß die neuen Religionsgesetze schrittweise in St. Anna und in der Barfüßerkirche eingeführt, in den Predigthäusern aber vorerst das alte Herkommen bewahrt werden solle. Da man nicht wagte, die alten Prädikanten auf die neue Form von Taufe und Abendmahl zu verpflichten, berief der Rat für die Spendung der Sakramente zwei neue Geistliche, die er auf Vermittlung Melanchthons in Sachsen gewinnen konnte. Mit den oberdeutsch-zwinglianischen Predigern widersetzte sich trotzdem die überwiegende Mehrheit der evangelischen Bevölkerung dem Interim, das in ihren Augen nicht nur religiös als »Ausnahmegesetz für Protestanten« (St. Skalweit), sondern in verfassungsrechtlicher Hinsicht auch als Zerstörer des alten Zunftregiments und Rückhalt des ungeliebten »Hasenrates« belastet war.

Dem vorsichtigen Lavieren des Rates in der Mitte zwischen dem mehrheitlich noch immer zwinglianisch geprägten Protestantismus, einzelnen Befürwortern des Interims und dem vornehmlich von Kaiser, Bischof und mehreren Patrizierfamilien gestützten Katholizismus machte der Kaiserhof ein vorläufiges Ende, als er im August 1551 alle Prädikanten und insgesamt 14 Gymnasialprofessoren aus Augsburg verbannte, anschließend die evangelischen Zechpfleger absetzte, um sie durch interimskonforme Kandidaten ersetzen zu lassen[51]. Dem Interim oder gar der katholischen Religion vermochten aber auch diese Gewaltmaßnahmen keinen nennenswerten Zugewinn zu verschaffen. Wie die Augsburger in ihrer überwältigenden Mehrheit empfanden, bewiesen sie im Frühjahr 1552, als sie den Rat zu einem Anschluß an den protestantischen Fürstenaufstand zwangen. Der förmliche Übergabevertrag vom 4. April verlangte eine Wiederherstellung der politischen und kirchlichen Verhältnisse aus der Zeit vor 1548. Entsprechend den neuen Machtverhältnissen wurden die ausgewiesenen evangelischen Prediger und Professoren zurückgerufen, im Mai dann der öffentliche katholische Gottesdienst in der Stadt nochmals verboten. Noch bevor sich diese neue Konstellation jedoch nachhaltig auswirken konnte, zog Karl V. erneut siegreich in die Stadt ein und verfügte die Wiederherstellung der Ordnungen von 1548 – im Effekt ein machtvoller Eingriff zur endgültigen Stabilisierung der katholischen Minderheit, die mit Ausnahme der Jahre 1632–1635 bis zum Westfälischen Frieden einen bestimmenden Einfluß auf die Politik der Stadt behalten sollte.

Eine Rückkehr zur gewaltsamen Unterdrückung der protestantischen Religion verstellte der Passauer Vertrag, dessen entscheidende Bestimmungen im Augsburger Religionsfrieden von 1555 Reichsgesetz wurden und die Bikonfessionalität wie in anderen Territorien so auch in Augsburg für nahezu hundert Jahre begründete. Für die Stadt bedeutete dies den endgültigen Verzicht auf die Einheit von bürgerlicher und kirchlicher Gemeinde, statt dessen Hinwendung zur rechtlichen Parität von katholischer und lutherischer Konfession. Das bescherte den wenigen Katholiken der Stadt eine knappe Mehrheit im Kleinen Rat[52]; das zwang die Evangelischen nunmehr

endgültig zur Abkehr von Zwingli und Anlehnung an die Reformation Martin Luthers.

Vorstufen der Parität (1555–1618)

Eine knappe katholische Ratsmehrheit steuerte nach 1555 unter dem Druck der stets wachsamen evangelischen Bevölkerungsmehrheit einen vorsichtigen Mittelkurs, der nach außen jede deutliche Anlehnung an eine der beiden Religionsparteien tunlichst mied: den Anschluß an ein evangelisches Städtebündnis ebenso wie die offizielle Beschickung des Trienter Konzils, nach der Jahrhundertwende den Beitritt zur Protestantischen Union wie zur Katholischen Liga. Maxime des städtischen Handelns blieb auf Jahrzehnte eine kaisertreue, aber konfessionsneutrale Politik.

Im Innern zielte der Rat auf ein möglichst ungestörtes Nebeneinander von Katholiken und Protestanten. Als besonders anfällig erwies sich dabei die unmittelbare Nachbarschaft von katholischem Kloster und evangelischem Predigthaus bei St. Ulrich, Hl. Kreuz und St. Georg. Anlaß zu wiederholten Streitigkeiten bot die jeweils gemeinsame Benutzung der Kirchturmuhr, des Glockengeläuts, gegebenenfalls auch des angrenzenden Grund und Bodens. In St. Ulrich hatten Katholiken und Protestanten sogar denselben Eingang zu benutzen, da das den Evangelischen zugewiesene Predigthaus nur durch einen Gang innerhalb der katholischen Klosterkirche erreichbar war. Konfliktträchtig waren auch die Beschäftigung Andersgläubiger im Haushalt oder Handwerk, die Arbeitsleistung für Andersgläubige und die Konsultation andersgläubiger Ärzte und Advokaten. Der Rat suchte in Streitfällen vermittelnd auf die Kontrahenten einzuwirken. Dabei waren seit Wiederherstellung der bischöflichen Jurisdiktion im Jahre 1548 seine direkten Einflußmöglichkeiten auf das katholische Kirchenwesen weit geringer als auf das evangelische. Während sich auf katholischer Seite die seit dem Mittelalter bekannten Rangstreitigkeiten zwischen Bischof, Domkapitel und Klöstern fortsetzten, konnte der Rat auf evangelischer Seite die seit 1537 beanspruchten kirchlichen Hoheitsrechte zunächst unangefochten behaupten. Es gelang ihm dies über die von ihm bestellten Kirchenpfleger, die zusammen mit dem Ministerium (d. h. der Gesamtheit der evangelischen Prediger) freiwerdende Seelsorgstellen vergaben. Vorrangig drang der Rat auf Annahme der Augsburger Konfession als verbindliche Richtschnur in dogmatischen Fragen; dies zunächst gegen weitverbreitete zwinglianisch-reformierte Tendenzen, dann auch gegen den Flacianismus und schließlich immer noch und wieder in Abwehr von schwärmerisch-sektiererischen Ideen, die bis zum Ende des Jahrhunderts unter Täufern und Anhängern Schwenckfelds verbreitet waren. Nachdem auf Betreiben des Rates schon 1559 Luthers Großer Katechismus zur Norm der Verkündigung erhoben worden war, sollte es jedoch bis zum gewaltsamen Eingreifen der Schweden dauern, bis erst 1632 Luthers Kleiner Katechismus anstelle des beliebten Lehrbuches des Augsburgers Johann Meckart, der 1559 als Pfarrer von St. Anna gestorben war, für den Elementarunterricht und die religiöse Kindererziehung eingeführt werden konnte[53].

Als oberstem Wächter über die öffentliche Sittenzucht war dem Rat seit der Polizeiordnung von 1553 aufgegeben, Gotteslästerung und leichtfertiges Schwören sowie öffentliche Schmähreden und Beleidigungen in Lied und Gesang zu ahnden und die Bücherzensur – unabhängig von der Religionszugehörigkeit – zu überwachen. Die für diese Aufgabe eigens bestellten Strafherren veröffentlichten in regelmäßigen Abständen obrigkeitliche Sittenmandate mit einer langen Liste von diesbezüglichen Vergehen, die sie mit Geldbußen, Gefängnis, ja sogar mit dem Tode zu bestrafen androhten. Im Rahmen dieser behördlichen Überwachung wurden »stille Kundschafter« auch in die konfliktträchtigen Zonen beider Religionsparteien geschickt. Es gelang dem Rat auf diese Weise, die religiösen Auseinandersetzungen immerhin lange Zeit in Grenzen zu halten[54].

Den Katholiken Augsburgs wieder größere Achtung, Zulauf und Anhang zu verschaffen, war über Jahrzehnte das Ziel einzelner katholischer Patrizierfamilien, katholischer Reichsfürsten, vor allem der bayerischen Herzöge, und des für die Stadt zuständigen Bischofs, bis 1573 des Kardinals Otto Truchseß von Waldburg. Der letztere gewann 1559 einen der ersten Weggefährten des Ignatius, den Jesuiten Petrus Canisius, für die Augsburger Domkanzel[55]. Canisius hatte damals schon mehr als ein Jahrzehnt lang entscheidenden Anteil am Wiedererstarken der katholischen Kirche in Oberdeutschland gehabt. Er war Ratgeber Kaiser Ferdinands I., der bayerischen Herzöge wie auch Kardinal Ottos gewesen, den er auf dem Trienter Konzil vertreten und bei der Gründung der Universität Dillingen beraten hatte. In Augsburg, das er zum Zentrum der oberdeutschen Provinz seines Ordens zu machen gedachte, lag seine nachhaltigste Wirkung in seinen Predigten, seinem schriftstellerischen Wirken und dem Vorbild seiner persönlichen Lebensführung. In rund sechs Jahren gewann er Tausende lauer oder übergetretener Katholiken für die alte Kirche zurück und festigte durch sein Auftreten das Selbstbewußtsein der konfessionellen Minderheit in der Stadt. Exerzitienkurse, mit denen er sich speziell an die Führungsschicht wandte, bescherten ihm schon frühzeitig mehrere spektakuläre Konversionserfolge. So traten drei Ehefrauen aus der weitverzweigten Fuggerfamilie zum katholischen Glauben über und setzten damit den Anfang für ein überaus enges Bündnis der Fugger mit dem Jesuitenorden, das auch durch den wieder aufflammenden Streit um die Erlaubtheit des Zinsnehmens in den siebziger Jahren des Jahrhunderts nicht ernsthaft gefährdet werden konnte[56].

Auf energisches Betreiben der Jesuiten, die auch nach dem Weggang des Canisius weiterhin die Prediger am Dom, später auch an St. Peter und St. Moritz stellten, gewannen die Katholiken allmählich wieder Mut zu öffentlichem Auftreten in der Stadt. Kreuzgänge, Wallfahrten und prunkvolle Prozessionen, die seit 1534 zuerst verboten, dann verpönt waren, prägten bald wieder das Stadtbild. Es waren zunächst diese äußeren Zeremonien, später erst eine bessere Kenntnis der Glaubensunterschiede, die eine schärfere Abgrenzung der beiden Konfessionen erbrachte – jener langsame Prozeß der Konfessionsbildung, nachdem die Übergänge in den ersten beiden Jahrzehnten nach dem Religionsfrieden noch recht fließend gewesen waren. Die Jesuiten selbst drangen nunmehr auf Einhaltung des tridentinischen Mischehenverbots und auf katholische Kindererziehung, auf Einschärfung der Fasten- und Abstinenzgebote. Im Zuge dieser schärferen Abgrenzung konnte auch die literarische Auseinandersetzung wieder pole-

Abb. 72 Philipp Hainhofer übergibt Herzog Philipp II. von Pommern-Stettin einen Kunstschrank. Holztafelgemälde aus dem 1944 zerstörten Pommerschen Kunstschrank, von Anton Mozart, 1617, auf dem sämtliche an dem Werk beteiligten Personen dargestellt sind

Abb. 73 Virginal in Form eines Nähkästchens, von Daniel Bidermann, um 1640

Abb. 74   Tischuhr. Von David Buschmann (für den außer-
europäischen Markt?) um 1670/80 angefertigt

misch werden. Es gibt aber auch Beispiele für durchaus ernsthaft und in persönlichem Ton geführten Disput, so die auf beachtlichem literarischem Niveau stehende Diskussion zwischen dem Rektor von St. Anna Elias Ehinger und mehreren Jesuitenpatres um die Frage der Glaubensgewißheit[57].

Verschärfte Polarisierung bedeutete dann die nach mehrmaligen vergeblichen Anläufen gelungene Gründung eines Jesuitenkollegs mit Gymnasium und Internat in den Jahren 1579–1582[58]. Dabei entzündete sich der Streit nicht so sehr an der Tatsache der Errichtung einer katholischen Bildungsanstalt in Konkurrenz zu dem evangelischen Gymnasium bei St. Anna, sondern zuvorderst an der Bestimmung des Rates, daß Kolleg und Schule St. Salvator allen Augsburger Bürgern, ob reich oder arm, ohne Bezahlung eines Schulgeldes offenzustehen habe. Die Schulgeldfreiheit, die es in St. Anna nicht gab, verleitete nämlich auch viele evangelische Eltern, ihre Kinder in das katholische Gymnasium zu schicken. Entsprechend waren die Schülerzahlen des Jesuitengymnasiums von Anfang an erheblich, bedingt auch durch starken Andrang aus dem katholischen Umland der Reichsstadt. Während die Jesuiten in den ersten Jahren auch ihre evangelischen Schüler zur regelmäßigen Teilnahme an der Messe, den Predigten und dem Katechismusunterricht zwangen, erfolgte 1596 vom Ordensgeneral Aquaviva selbst die Anweisung, allen evangelischen Schülern fortan den Meßbesuch und das übliche Katechismuslernen freizustellen, um die Augsburger Jesuiten nicht dem Vorwurf einer Einengung der Religionsfreiheit auszusetzen[59]. Nach der Jahrhundertwende jedenfalls bot das konfessionell getrennte höhere Schulwesen in der Reichsstadt durchaus Chancen zu einem friedlichen Nebeneinander und gab dann auch Anstoß zu wissenschaftlichem Wetteifer in irenischem Geist.

Konfliktreicher gestaltete sich die Einführung und Durchsetzung der Bikonfessionalität auf niedrigerem Bildungsniveau. Zumal in Zeiten, da fremde Söldner in der Stadt lagen, kam es des öfteren auch zu gewalttätigen Angriffen auf Personen und Eigentum der jeweils anderen Religionspartei. Nach der Jahrhundertwende sorgten die für die Seelsorge unter der einfachen Bevölkerung gegründeten Klöster für neuen Zündstoff. 1601 sicherten zunächst die inzwischen in den Adelsstand erhobenen Grafen Fugger die Errichtung eines Klosters und der Kirche St. Sebastian für die von Bischof Heinrich V. von Knöringen in der Schweiz gewonnenen Kapuziner[60]. Die ersten Mönche fielen in Augsburg durch strengste Beachtung der Armutsregeln und durch intensive Beicht- und Predigttätigkeit auf. Sie wandten sich in großen Volksmissionen vornehmlich an die sozial Schwachen. Die Versinnbildlichung religiöser Inhalte durch Betonung äußerer Frömmigkeitsformen erregte vielfach Argwohn und Spott der Evangelischen, und die tägliche Bettelei der Kapuziner weckte Erinnerungen an die verhaßte vorreformatorische Möncherei. Auf der anderen Seite nötigte ihre aufopferungsvolle Betreuung der Pestkranken des Jahres 1607 und während des Dreißigjährigen Krieges auch den Evangelischen ungeteilte Anerkennung ab. Für diese ihre Tätigkeit bauten die Kapuziner neben dem Pesthaus außerhalb der Stadtmauern bei St. Servatius ein eigenes Kirchlein und Kloster.

Der Seelsorge unter der einfachen Bevölkerung widmeten sich auch die Franziskaner, deren Klosterbau in der nördlichen Jakobervorstadt gleichfalls durch eine Schenkung der Fugger 1609 ermöglicht wurde. Sie errichteten an der heutigen St. Maximilianskirche auch eine Ordensausbildungsstätte[61]. – Die letzte Klostergründung der frühen Neuzeit betraf die Unbeschuhten Karmeliter, die 1629 nach Augsburg kamen.

Daß die städtische Konfessionspolitik trotz mancher Beschwichtigungserfolge des Rates auch in der zweiten Hälfte des 16. Jahrhunderts auf einem Pulverfaß agieren mußte, beweist der Verlauf des Kalenderstreits, der in den Jahren 1582–1591 kaum irgendwo sonst so erbittert wie in Augsburg ausgefochten wurde. Es berührten sich hier kirchlich-konfessionelle Belange mit verfassungspolitisch-ständischen Interessen und wirtschaftspolitisch-sozialen Erwartungen, ohne daß man die einen von den anderen scheiden könnte – ein unentwirrbares Geflecht, das den »Augsburger Kalenderstreit«[62] zum schwersten Konflikt in den nahezu hundert Jahren zwischen den Reformationswirren und den Umwälzungen im Dreißigjährigen Krieg werden ließ.

Die langen Diskussionen um eine Reform des Julianischen Kalenders, dessen Ungenauigkeit seit dem

Mittelalter erkannt worden war, hatte Papst Gregor XIII. aufgrund zahlreicher Gelehrtengutachten Anfang 1582 abgeschlossen und entsprechend den kurialen Gepflogenheiten in einer Bulle bestimmt, den Gleichlauf von astronomischem und kalendarischem Jahr durch den Ausfall der Tage vom 5. bis zum 14. Oktober 1582 sowie neue Schaltjahrregeln wiederherzustellen[63]. Obwohl es sich dabei um eine unbestritten überfällige, dazu erstaunlich genaue Anweisung und eigentlich nur um eine administrative Maßnahme handelte, war die Einführung dieses sogenannten Gregorianischen Kalenders doch mit dem Namen des Papstes belastet und sollte in der Folgezeit zum Gradmesser für die Geltung der päpstlichen Autorität in der Welt werden.

In Augsburg beschloß der Rat in den ersten Tagen des Jahres 1583 fast einstimmig, den neuen Kalender einzuführen, nachdem sämtliche Nachbarterritorien, vor allem Bayern und das Hochstift, denselben Schritt vollzogen hatten. Für die Annahme des Kalenders stimmten auch 16 der insgesamt 20 evangelischen Ratsmitglieder. Sie meinten, daß es sich hier um eine rein »politische« Angelegenheit handele, die das Gewissen des einzelnen nicht berühre. Schließlich gelte es lediglich, im Einklang mit den Nachbarn, die an festgesetzten Markttagen die Zulieferung von Lebensmitteln sicherstellten, und in Übereinstimmung mit den romanischen Ländern, den Hauptabsatzmärkten der Augsburger Großhandelshäuser, eine einvernehmliche Feiertagsregelung zu treffen, die im übrigen in der Apologie der Augsburger Konfession (Art. 7 und 15) ausdrücklich als eine für die Christen belanglose Frage bezeichnet worden sei. Dieser Argumentation widersprachen vier Ratsmitglieder, unter ihnen die drei evangelischen Kirchenpfleger. Sie sahen in dem Ratsbeschluß eine »Beschwerung ihrer Gewissen«, einen Bruch des Religionsfriedens und forderten, »die evangelische Bürgerschaft mit diesem unter der Autorität des Papstes ergangenen Kalender zu verschonen; denn sie seien dem Papst nicht untertan«. Die Ratsmehrheit aber setzte sich über diese Bedenken hinweg und verfügte die Kalenderumstellung für den Februar 1583. Dagegen erwirkten die vier protestierenden Räte im März ein Mandat des Reichskammergerichts, das die Rücknahme der Kalenderreform zumindest bis zu einer einheitlichen Reichsregelung verlangte, weil eine Änderung der Feste Gewissenssache sei. Trotzdem hielt die Ratsmehrheit am einmal gefaßten Beschluß fest, mußte dann aber erleben, daß in der Folgezeit zwei um zehn Tage differierende Kalender mit einer Verdoppelung aller Sonn- und Feiertage zu absurden Konsequenzen in der Stadt führten. Allmählich spaltete sich die evangelische Ratsminderheit, von der fünf Mitglieder auf die Seite der Katholiken traten, elf aber die Fraktion der vier Abweichler verstärkten und künftig »als Partei gegenüber dem Rat« von weiteren Beratungen in der Sache ausgeschlossen wurde.

Keinesfalls beruhigend wirkten im Herbst 1583 das kaiserliche Rundschreiben, das die allgemeine Einführung des neuen Kalenders im Reich verfügte, und das neue Reichskammergerichtsmandat im Frühjahr 1584, das das Urteil vom Vorjahr aufhob und den neuen Kalender nunmehr als Rechtens bezeichnete. In Augsburg erklärten die evangelischen Prediger von den Kanzeln herab, daß die Streitfrage eine Gewissenssache bleibe, weil der Papst sich anmaße, Autorität auch in den evangelischen Kirchen zu beanspruchen. Ein Gutachten der Universität Tübingen gab ihnen recht und meinte grundsätzlich, daß in Religionsangelegenheiten jede der beiden Parteien eine Stimme haben müsse, daß also die Ratsmehrheit nicht die Minderheit majorisieren dürfe. Evangelische und katholische Räte seien unabhängig von ihrer Anzahl absolut gleichberechtigt. Damit erhoben die Evangelischen einen förmlichen Anspruch auf Parität, wie sie im alltäglichen Umgang schon vielfach praktiziert, rechtlich aber erst im Westfälischen Frieden verankert wurde. Den Paritätsanspruch unterstützten der Kurfürst von der Pfalz, der Herzog von Württemberg und die Reichsstadt Ulm.

Das bestärkte die evangelischen Prädikanten unter Führung des Pfarrers von St. Anna, Dr. Georg Müller (Mylius), der die Feier des bevorstehenden Himmelfahrtsfestes nach dem alten Kalender zur Gewissenspflicht jedes evangelischen Christen erklärte. Als »Rottierer« und Verleumder der Obrigkeit sollte er daraufhin auf Beschluß des Rates aus der Stadt verwiesen werden, was eine aufgebrachte Menge gerade noch verhindern konnte. Es fielen Schüsse, offener Aufruhr brach aus, zunächst in den äußeren Wohnvierteln, so in der Jakobervorstadt, von wo aus eine lärmende Menge vor das Jesuitenkolleg zog. Verrat öffnete ihnen das Barfüßertor, durch das sie in die Innenstadt gelangten. Sie plünderten das Zeughaus und drohten, das Rathaus einzunehmen. Die verängstigten Ratsherren riefen die Prädikanten zu Hilfe, um mit diesen Maßnahmen zur Beschwichtigung der Menge zu beraten. Es sollten trotzdem Tage vergehen, bis wenigstens die äußere Ruhe hergestellt war. Inzwischen hatten Hunderte wohlhabender Familien sich selbst und ihre bewegliche Habe ins Umland gerettet, unter ihnen auch unerkannt Dr. Georg Müller, der über verschiedene Zwischenstationen schließlich in Wittenberg Aufnahme fand.

Die Tumulte hatten jedermann deutlich gemacht, daß der Kalenderstreit von einem anfänglich religiös motivierten längst zu einem politischen und sozialen Konflikt ausgeweitet war. Die ganze reichsstädtische Regiments- und Rechtsordnung schien auf dem Spiel zu stehen. Vermittlungskommissionen, die im Sommer 1584 auf Betreiben protestantischer und kaiserlich-katholischer Nachbarn gebildet wurden, befragten weit über hundert Beteiligte und erfuhren, daß sich die evangelische Bevölkerung – vornehmlich diejenige aus mittleren und unteren Schichten – von der katholischen Ratsmehrheit in ihren Rechten beschnitten, von den Jesuiten im Gewissen bedrängt und von den reichen patrizischen Kaufleuten steuerlich übervorteilt sah. Die einfachen Bürger und die Masse der armen Unterschicht drängten auf Veränderung der geltenden Machtverhältnisse, auf Rückkehr zum alten – evangelischen – Zunftregiment. Es kann nicht verwundern, daß angesichts solcher Gefahr die Patrizierherrschaft – und damit die Vormachtstellung der Katholiken – nicht nur von den katholischen, sondern auch von der Mehrheit der evangelischen Räte verteidigt wurde.

Es kam im Juni 1584 zu einem Vergleich, der den Evangelischen noch die Feier des Pfingstfestes, das sonst ausgefallen wäre, nach dem alten Kalender gestattete, dann aber die Kalenderreform für alle verpflichtend machte. Den Prädikanten wurde zugestanden, in einer feierlichen Erklärung von den Kanzeln zu verdeutlichen, daß sie mit der Annahme des neuen Kalenders keineswegs auch den Papst als Haupt der christlichen Kirchen akzeptierten.

Damit war der Kalenderstreit formell beendet. Der weitere Vertragstext bestätigte das Recht der Stadtpfleger auf Berufung und Vereidigung neuer Prediger, wie seit 1537 üblich – und gab damit Anlaß zu einem neuen Konflikt. Es stand nämlich zu befürchten, daß die Ratsmehrheit künftig nur noch absolut obrigkeitstreue Prediger, die sie ja seit jeher auch aus dem Stadtsäckel besoldete, anstellen würde; im übrigen waren die Stadtpfleger seit 30 Jahren stets katholisch gewesen, daher unfähig, die Vereidigung auf das Augsburger Glaubensbekenntnis weiterhin vorzunehmen oder gar zu überwachen. Angestiftet von ihren seit langem angestellten Predigern übte die evangelische Bevölkerung passiven Widerstand. Sie mied die neuen vom Rat bestellten Prädikanten, feierte das Weihnachtsfest erneut nach alter Zeitrechnung und wehrte sich mit polemischen Verunglimpfungen schriftlich und mündlich gegen den vermeintlichen Bruch des Religionsfriedens. Zweimal, 1584 und 1585, weilten kaiserliche Kommissare in der Stadt, um in »peinlichen« Verhören die Durchsetzung des Vertrages einzuschärfen. Schließlich wurden mehr als ein Dutzend Bürger, die sich trotz aller Pressionen mit Berufung auf ihr Gewissen dem Ansinnen widersetzten, aus der Stadt ausgewiesen. Dasselbe Schicksal ereilte im Juli 1586 elf Prediger mit ihren Familien, die im evangelischen Ulm und in Kursachsen Unterschlupf fanden und von dort jahrelang gegen das Augsburger Stadtregiment agitierten, bevor ihnen erst 1595 die Rückkehr gestattet wurde. Die statt ihrer neu angestellten Prediger hatten in Augsburg einen schweren Start, waren wohl auch nach Vorbildung und Fähigkeiten für die schwere Aufgabe wenig geeignet. Die meisten Augsburger jedenfalls blieben den Gottesdiensten fern, so daß sich der Rat vorübergehend genötigt glaubte, den Kirchenbesuch zu erzwingen. Auch Verstöße gegen die Kalenderreform wurden jetzt hart bestraft. Erst Mitte 1591 beendete ein Kompromiß zwischen Rat und evangelischer Bürgerschaft die offenen Feindseligkeiten. Danach sollte die Zahl der Kirchenpfleger auf sechs verdoppelt werden, von denen der Rat und die Gemeinde je drei bestimmen durften. Die Kirchenpfleger erhielten das Recht der Präsentation und zusammen mit dem Predigerkollegium das der Prüfung neuer Prädikanten. Die Prediger wählten aus ihrer Mitte einen Senior, der den regelmäßig in St. Anna tagenden Konvent zu leiten hatte.

Der über nahezu zehn Jahre geführte Konflikt um Kalender und Vokation machte beiden religiösen Lagern deutlich, daß Augsburg den inneren Frieden letztlich nur in der Parität finden konnte – anders als zum Beispiel das benachbarte Ulm, das zur selben Zeit den Frieden durch Verbot der katholischen Religionsausübung suchte.

Augsburgs Kirchen im Dreißigjährigen Krieg

Kriegsgefahr durch strenge Einhaltung konfessionspolitischer Neutralität von der Stadt fernzuhalten, war die erklärte Absicht des Rates[64]. Erstmals im November 1618 und dann in unregelmäßigen Abständen mahnte er die Bürgerschaft zur strikten Wahrung des 1555 in Augsburg vereinbarten Religionsfriedens und stellte jede schriftliche oder mündliche Verunglimpfung Andersgläubiger unter rigorose Strafandrohung. Ein Defensivbündnis mit Herzog Maximilian I. von Bayern sollte gegenseitige Hilfe im Angriffsfall sichern. Wenn Augsburg dann ein ganzes Jahrzehnt lang von Kriegsgewalt verschont blieb, so war dies trotzdem nicht ein Erfolg städtischer Ratspolitik, sondern Ergebnis von Reichskämpfen, die in Böhmen und Norddeutschland, d. h. weitab von Augsburg, ausgefochten wurden.

Mittelbare Folge der Kriegswirren war eine kaiserliche Kommission, die im Frühjahr 1627 die Lage der katholischen Kirche in der Stadt untersuchen sollte. Es hatte nämlich der Bischof von Augsburg Heinrich V. von Knöringen[65] am Kaiserhof Beschwerde darüber geführt, es seien die Katholiken der Stadt von den Augsburger Konfessionsverwandten unrechtmäßig benachteiligt worden. Die Behauptung entsprang dem fanatischen Glaubenseifer des Bischofs, der den Religionsfrieden von 1555 als für Augsburg nicht bindend betrachtete. Er berief sich auf Kardinal Otto Truchseß von Waldburg, der sich im Restitutionsvertrag mit der Stadt im Jahre 1548 die Jurisdiktion über alle Kirchengüter ausdrücklich vorbehalten und gegen den späteren Religionsfrieden feierlich protestiert habe. Demnach gelte für Augsburg der Vertrag von 1548, und mit den Siegen der kaiserlich-katholischen Heere und der Unterstützung Kaiser Ferdi-

nands II. sah Knöringen die Gelegenheit gekommen, seiner Rechtsauffassung Geltung zu verschaffen.

Die kaiserliche Kommission aber mußte sich vom Rat der Stadt umständlich erklären lassen, daß die Vorwürfe zu Unrecht erhoben würden, daß die Ratspersonen und Ratsämter vielmehr seit langem stets mehrheitlich mit Katholiken besetzt worden seien, daß demnach eher die Evangelischen Grund zur Klage hätten. Insbesondere auch die beiden katholischen Stadtpfleger weigerten sich, in irgendeiner Weise gegen die Protestanten in der Stadt vorzugehen. Sie seien eidlich verpflichtet, beide Konfessionen gleichermaßen zu schützen. Die Kommission verließ schließlich die Stadt, ohne ihren Auftrag erfüllt zu haben.

In den darauffolgenden Jahren aber griff der Kaiser erneut massiv in die Religionsverhältnisse der Stadt ein. Zunächst erhob er am 11. Juni 1628 ohne vorherige Befragung des Rates elf katholische Familien zu neuen Augsburger Geschlechtern, die bei der bevorstehenden Ratswahl bevorzugt zu berücksichtigen seien. Dann sollte die Stadt im Zuge der Durchsetzung des Restitutionsedikts vom 6. März 1629 auf kaiserliches Betreiben zum Modellfall für mehrere süddeutsche Reichsstädte werden. Genaugenommen betraf das Restitutionsedikt, das die Rückgabe aller seit dem Passauer Vertrag von 1552 säkularisierten oder von Protestanten vereinnahmten Kirchengüter anordnete, die Religionsverhältnisse in Augsburg gar nicht. Entsprechend unterband der Rat sofort jede Maßnahme in dieser Sache. Der Kaiser aber machte sich die Argumentation Knöringens zu eigen, verlangte durch einen Kommissar die volle Wiederherstellung der geistlichen Jurisdiktion in der Stadt und forderte den Bischof auf, entsprechend dem Vertrag von 1548 die Erneuerung der Kirche Augsburgs in Angriff zu nehmen. Da wagten auch die katholischen Stadtpfleger keinen Widerstand mehr. Am 8. August luden sie die 14 evangelischen Prediger vor, eröffneten ihnen in Gegenwart des Reichskommissars den kaiserlichen Befehl und untersagten ihnen fortan jede weitere Amtshandlung. Die evangelischen Geistlichen, die das Bürgerrecht nicht besaßen, mußten innerhalb von drei Tagen die Stadt verlassen, nachdem man ihnen zur Überbrückung das Gehalt für fünf Quartale im voraus ausbezahlt hatte. Abgesetzt wurden auch die Kirchenpfleger, ebenso die evangelischen Ratsherren und Ratsbeamten; die evangelischen Kirchen und Predigthäuser wurden versperrt oder den Katholiken übergeben. Die Pröpste von St. Georg und Heilig Kreuz ließen wenig später die ihnen zugefallenen ehemals evangelischen Predigthäuser abreißen. Das Zentrum des Augsburger Protestantismus, die Kirche und das ehemalige Kloster St. Anna, wurde im Oktober 1631 an die Jesuiten von St. Salvator übergeben, die ihr Gymnasium noch im selben Monat in die alten Klostergebäude verlegten. Damit waren die Katholiken wieder im Besitz aller Kirchen, Stiftungen und Einkünfte, die ihnen nach einer Untersuchung der eigens hierzu bestellten Kommission im Jahre 1548 gehört hatten. Den Evangelischen blieben nur diejenigen Stiftungen, welche nach 1548 erfolgt waren, so vor allem das St.-Anna-Kolleg aus dem Jahre 1582. Jede evangelische Religionsausübung in der Stadt wurde verboten, der Besuch auswärtiger Gottesdienste, etwa in Ulm oder Öttingen, durch Schließung der Stadttore an Sonn- und Feiertagen unterbunden. Die evangelischen Christen waren gehalten, katholische Gottesdienste und Predigten innerhalb der Stadtmauern zu besuchen. Zur Warnung für alle, die sich den Anordnungen etwa widersetzen wollten, wurde – wie auch sonst vielfach üblich – auf dem Fischmarkt ein großer Galgen errichtet.

Eine Fortdauer dieses auch von Katholiken als unwürdig und ungerecht empfundenen Zustandes verhinderte das Eingreifen der Schweden in das Kriegsgeschehen auf dem Kontinent. Am Abend des 20. April 1632 fiel die Stadt kampflos an die Regimenter Gustav Adolfs[66]. In höchster Not hatte der rein katholische Rat noch vergeblich versucht, die abgesetzten evangelischen Ratsherren für eine Intervention bei den Schweden zu gewinnen. Erst als die schwedischen Gesandten es ablehnten, in Abwesenheit von Vertretern der evangelischen Bevölkerung Augsburgs zu verhandeln, wurde ein Ausschuß der Evangelischen gebildet, der vor dem Wertachbruckertor die Übergabebedingungen entgegennahm. Danach waren der katholische Rat und die katholischen Ratsbediensteten sofort abzusetzen und ausnahmslos durch evangelische Bürger zu ersetzen; die lutherische Kirche sollte vollständig restituiert und in

ihre früheren Rechte wiedereingesetzt werden. Katholische Orden, die in der Vergangenheit in irgendeiner Weise Anstoß erregt hatten, waren auszuweisen. Der Stadt wurde eine hohe Kriegskontribution abgepreßt, die Bürger mit der Einquartierung und Verköstigung von fünf schwedischen Regimentern beschwert. Vier Tage später hielt König Gustav Adolf feierlichen Einzug in die Stadt, um zunächst in der St.-Anna-Kirche durch seinen Hofprediger Fabricius festlichen Dankgottesdienst halten zu lassen. Vom Fenster des Fuggerhauses aus, das der Rat in aller Eile für den königlichen Besatzer hatte herrichten lassen, nahm Gustav Adolf im Anschluß daran die Huldigung der Bürgerschaft entgegen. Die für diese Gelegenheit vorgeschriebene Eidesformel verlangte in reichsrechtlich bedenklicher Weise einen Treueid und Unterwerfung unter die schwedische Krone, was den Augsburgern wenig später auch von protestantischen Nachbarn als leichtfertige Gefährdung der Reichsunmittelbarkeit ausgelegt wurde. Gustav Adolf verließ die Stadt schon zwei Tage später, nachdem er seinen Günstling, Graf Benedikt Oxenstierna, einen Sohn des schwedischen Reichskanzlers, zum Gouverneur und königlichen Statthalter für den schwäbischen Reichskreis mit Sitz in Augsburg bestellt hatte. Oxenstierna verfügte alsbald im Auftrag Gustav Adolfs die zusätzliche Aufnahme von 13 evangelischen Kaufleute- und Mehrerfamilien unter die Augsburger Geschlechter. Diese sogenannten »schwedischen Geschlechter« konnten dann schon bei der neuen Ratswahl am 29./30. April berücksichtigt werden. Die evangelische Bürgerschaft drang mit ihrer Bitte, den Katholiken einige Ratsämter zu belassen, nicht durch. Immerhin beweist dieses Verhalten der Evangelischen, daß in Augsburg der Wunsch zum Ausgleich zwischen den Konfessionen, der Wille zur Friedensstiftung durch Einführung der Parität trotz der für die Protestanten unwürdigen Bedingungen des Restitutionsedikts weiterhin vorhanden war. Auch das weitere Schicksal der Augsburger Bevölkerung unter der schwedischen Besatzung hat diesen Hoffnungsschimmer nicht getrübt. Aber zunächst wurde den katholischen Bürgern die Ausübung ihrer Religion erheblich erschwert, schließlich fast unmöglich gemacht. Der schwedische Statthalter verlangte von der katholischen Geistlichkeit die Ableistung des Treueides auf die schwedische Krone. Mit dem Hinweis, ohne vorherige Rücksprache mit dem zuständigen Bischof, der sich vor den Schweden nach Tirol in Sicherheit gebracht hatte, den Eid nicht leisten zu können, wiesen die Geistlichen, auch das Domkapitel, das Ansinnen zurück. Allein im exempten und reichsunmittelbaren St. Ulrich verfing diese Ausrede nicht; die Benediktiner wurden unter Druck gesetzt und leisteten den Eid, allerdings unter dem Vorbehalt, daß der König ihre Rechte und Privilegien nicht antaste, ihre Religionsausübung nicht hindere und den der geistlichen Obrigkeit schuldigen Gehorsam nicht unmöglich mache.

Das Vorgehen der Schweden gegen die Katholiken verschärfte sich, als Gustav Adolf in der Schlacht bei Lützen den Tod gefunden hatte. Im Mai 1633 mußten alle Geistlichen, die den Eid verweigert hatten, die Stadt verlassen. Das Domkapitel wandte sich erneut nach Dillingen, der Generalvikar nach Schongau, der Klerus zumeist nach Füssen. Allein die Benediktiner durften in der Stadt bleiben; ihre Kirche blieb fortan als einzige für den katholischen Gottesdienst geöffnet. Ein großer Teil des Kirchenbesitzes wurde 1634 der Stadt übereignet, die sich der Geschenke aber nur wenige Monate erfreuen konnte.

Die Wende kündigte sich mit der schweren Niederlage der Schweden bei Nördlingen im September 1634 an. Vier Wochen später stand eine bayerisch-katholische Belagerungsarmee vor den Stadtmauern, und da die schwedischen Besatzungsregimenter im Inneren eine kampflose Übergabe der Stadt ablehnten, wurde der Belagerungsring vollends verriegelt, was eine grauenhafte Hungersnot der Eingeschlossenen im Winter 1634/35 zur Folge hatte. Zum Nahrungsnotstand kam noch eine beispiellose Pestkatastrophe, die die Bevölkerung erheblich dezimierte. Eine vom Rat wenige Monate später angeordnete Volkszählung ergab eine Einwohnerzahl von 16 432, unter ihnen 12 017 Evangelische und 4415 Katholiken[67]. Damit war die Bevölkerung auf etwa ein Drittel zurückgegangen. Völlig entkräftet gab der »Schwedenrat« seine Zustimmung zur freiwilligen Aufgabe, was am 28. März 1635 in ein hartes Übergabediktat der Bayerisch-Kaiserlichen mündete. Die Sieger schrieben in kirchlicher Hinsicht die Rücknahme aller durch die Schweden erzwungenen Neuerungen und

Wiedereinsetzung der kirchlichen Restitution nach den Vereinbarungen von 1629 vor. So kehrten die katholischen Geistlichen, auch die vertriebenen Orden, in die Stadt zurück; alle Kirchen wurden erneut den Katholiken übergeben. Einziges Entgegenkommen war das Zugeständnis an die protestantische Bevölkerungsmehrheit, aus eigenen Mitteln eine eigene Kirche neu zu bauen und einen eigenen Prediger anstellen zu dürfen. Damit blieb die evangelische Religionsausübung zwar grundsätzlich erlaubt, die Religionsfreiheit unter erschwerten Bedingungen prinzipiell gewahrt, was prompt den energischen Protest des Fürstbischofs von Knöringen hervorrief. Angesichts der gleichzeitigen horrenden Kontributionsforderungen der Sieger und der unbeschreiblichen Not und Armut aller Bevölkerungsschichten war aber an den Neubau einer Kirche überhaupt nicht zu denken. Statt dessen versammelten sich die Evangelischen künftig unter freiem Himmel im Hof des Kollegiums von St. Anna zu Gebet und Gottesdienst. Der Prediger sprach aus einem offenen Fenster des Nachbarhauses zu seiner häufig vieltausendköpfigen Gemeinde.

Unter der Aufsicht von zumeist bayerischen Besatzungsregimentern erlangte ein ganzes Jahrzehnt lang kein einziger Protestant eine leitende Position in der Reichsstadt. Statt dessen blieben aus Mangel an geeigneten katholischen Persönlichkeiten viele Ratsstellen, vor allem im Großen Rat, unbesetzt. Es lag auf der Linie dieser Personalpolitik, daß als offizieller Vertreter der Stadt bei den Friedensverhandlungen, die ab 1636 in Köln, Hamburg, dann in Münster und Osnabrück geführt wurden, einzig ein katholischer Abgeordneter fungierte. Die Protestanten, die nach 1635 mehrmals mit hohen Strafgeldforderungen katholischer Mächte konfrontiert worden waren, hatten frühzeitig einen »Ausschuß der evangelischen Bürgerschaft« konstituiert und damit ein quasi repräsentatives Gremium geschaffen, das unter der Leitung des ehemaligen Stadtpflegers Johann David Herwart ein ernst zu nehmendes Gegengewicht zum katholischen Rat werden konnte. Vor allem Herwart gelang es, auswärtige Unterhändler zu gewinnen, die die Interessen der Augsburger Evangelischen auf den verschiedenen Friedenskongressen mit Geschick wahrnahmen. Nürnberger und Frankfurter Gesandte, in den entscheidenden Jahren dann der Friedensunterhändler der Reichsstadt Lindau, Dr. Valentin Heider, sorgten in Zusammenarbeit mit schwedischen und norddeutschen Abgeordneten dafür, daß die evangelische Kirche in der Stadt, die dem lutherischen Glaubensbekenntnis den Namen gegeben hatte, erhalten blieb. Im März 1648 wurde die volle Gleichberechtigung der evangelischen Kirche Augsburgs und die paritätische Besetzung aller Ratsämter der Reichsstadt vereinbart[68].

1 Vgl. Zoepfl, Bischöfe 2, S. 12f.

2 Enchiridion militis christiani von 1501/03. Vgl. dazu Alfons Auer: Die vollkommene Frömmigkeit des Christen. Nach dem Enchiridion militis christiani des Erasmus von Rotterdam, Düsseldorf 1954.

3 DStChr 25, S. 83.

4 Zum folgenden zuletzt Jared Wicks: Cajetan und die Anfänge der Reformation, Münster 1983.

5 Heinrich Lutz: Conrad Peutinger, Augsburg o.J., S. 379, Anm. 130.

6 Im einzelnen vgl. Maximilian Liebmann: Urbanus Rhegius und die Anfänge der Reformation, Münster 1980, bes. S. 132–152.

7 Roth 1, S. 66f.

8 Ebd. Gegen Liebmann, S. 147–152.

9 Vgl. die Hochzeitsrede des Urban Rhegius: Ain Sermon vom eelichen stand, wie nutz, not, gut vnd frey er jederman sey, Augsburg: S. Grimm und S. Ruff 1525. – Die erste Augsburger Priesterheirat hatte 1523 noch in einem Wirtshaus stattfinden müssen, nachdem der Rat die kirchliche Hochzeitsfeier verboten hatte.

10 Wilhelm Schiller: Die St. Annakirche in Augsburg, 2. Aufl., Augsburg 1939, S. 33–46.

11 DStChr 23, S. 180.

12 Lutz, bes. S. 222–228.

13 DStChr 25, S. 200f.

14 Wilhelm Vogt: Johann Schilling der Barfüßer-Mönch und der Aufstand in Augsburg im Jahre 1524. In: ZHVS 6 (1879), S. 1–32.

15 Zeitgenössische Angaben schwanken zwischen 1000 und 1800. Vgl. Friedwart Uhland: Täufertum und Obrigkeit in Augsburg im 16. Jh., Diss. phil. Tübingen 1972, S. 45f. Zum folgenden ebd. 46–52.

16 Roth 1, S. 167f., 190–196.

17 DStChr 23, S. 179. Roth 1, S. 296.

18 Zum folgenden Uhland, S. 65–80; Roth 1, S. 218–271; Roth 4, S. 612–618.

19 Clemens Sender. In: DStChr 23, S. 186.

20 Vgl. Albrecht Hege: Art. »Märtyrersynode«. In: Mennonitisches Lexikon, Bd. 3, Frankfurt a. M. 1958, S. 53–56.

21 Vgl. Katalog der Ausstellung »Martin Luther und die Reformation in Deutschland« Nr. 407; Roth 3, S. 145; Max Radlkofer: Jakob Dachser und Sigmund Salminger. In: Beiträge zur Bayerischen Kirchengeschichte 6 (1900), S. 1–30.

22 Gottfried Seebaß: Müntzers Erbe. Werk, Leben und Theologie des Hans Hut († 1527), Habil. (Masch.) Erlangen 1972; ders., Hans Hut. In: H.-J. Goertz (Hrsg.), Radikale Reformatoren, München 1978, S. 44–50.

23 Zu Einzelheiten vgl. Roth 3, S. 248f.; Uhland, S. 261–269.

24 Herbert Immenkötter, Der Reichstag zu Augsburg und die Confutatio, 2. Aufl., Münster 1980, S. 18–24.

25 Eine detaillierte Untersuchung zu dieser Frage steht noch aus.

26 Karl Köberlin: Geschichte des Humanistischen Gymnasiums bei St. Anna in Augsburg von 1531–1931, Augsburg 1931, S. 9ff.; Josef Bellot: Die literarisch-philologische Tätigkeit der ersten Rektoren bei St. Anna und der Humanismus in Augsburg. In: 450 Jahre Gymnasium bei St. Anna in Augsburg, Augsburg 1981, S. 33–46.

27 Karl Wolfart: Die Augsburger Reformation in den Jahren 1533/34, Leipzig 1901, Ndr. Aalen 1972, S. 127–130.

28 Vgl. W. Hans: Gutachten und Streitschriften über das jus reformandi des Rates vor und während der Einführung der offiziellen Kirchenreform in Augsburg, 1534–1537, Augsburg 1901.

29 DStChr 23, S. 346–351. Vgl. Wolfart, S. 38f.; Roth 2, S. 113f.; Zoepfl, Bischöfe 2, S. 108.

30 DStChr 23, S. 389–391; Wolfart, S. 106f.; Roth 2, S. 175f.; Zoepfl, Bischöfe 2, S. 112. Text des Mandats vom 29. Juli 1534: Katalog der Ausstellung »Martin Luther und die Reformation in Deutschland« Nr. 521.

31 Roth 2, S. 186–192.

32 Wolfart, S. 116, 119–122; Roth 2, S. 289, Anm. 28; Roth 3, S. 539.

33 W. Hans: Die ältesten evangelischen Agenden Augsburgs. In: Beiträge zur Bayerischen Kirchengeschichte 1 (1895), S. 145–171.

34 Roth 2, S. 253.

35 WA Br, Bd. 12, Nr. 4261, Beilage I.

36 Zum folgenden Karl Wolfart: Caspar Schwenckfeld und Bonifacius Wolfart. In: Beiträge zur Bayerischen Kirchengeschichte 8 (1902), S. 97–114, 145–161; H. Wiedemann: Augsburger Pfarrerbuch und die evangelischen Geistlichen der Reichsstadt Augsburg 1524–1806, Nürnberg 1962, S. 46; Roth 2, S. 412–415 u. ö.

37 Vgl. Roth 2, S. 323–337. Selbst nach 1548 ist der Einfluß Schwenckfelds in Augsburg noch spürbar. Vgl. Roth 4, S. 618–639.

38 Zit. nach Roth 2, S. 295.

39 Jörg Rasmussen: Bildersturm und Restauratio. In: Welt im Umbruch. Augsburg zwischen Renaissance und Barock, Bd. 3, Augsburg 1981, S. 95–114; Jörg Breu d. Ä.: DStChr 29, S. 76f.

40 Hildebrand Dussler: Die Restaurierung des Augsburger Domes von 1547/48. In: JVAB 5 (1971), S. 95–110 (hier S. 98).

41 Roth 2, S. 319; Roth 3, S. 250–253; Jürgen Zimmer: Die Ver-

änderungen im Augsburger Stadtbild zwischen 1530 und 1630. In: Welt im Umbruch, Bd. 3, Augsburg 1981, S. 25–65, bes. S. 26–28.

42 Roth 3, S. 147 f.

43 Vgl. Roth 3, S. 140–143.

44 Roth 2, S. 343 f., Anm. 30.

45 Jörg Breu d. Ä.: DStChr 29, S. 75; Roth 2, S. 362 f., Beilage.

46 Roth 3, S. 136–139.

47 Zum Restitutionsvertrag vgl. Roth 4, S. 170–175; Katalog der Ausstellung »Welt im Umbruch«, Bd. 1, Nr. 121; Paul Warmbrunn, Zwei Konfessionen in einer Stadt. Das Zusammenleben von Katholiken und Protestanten in den paritätischen Reichsstädten Augsburg, Biberach, Ravensburg und Dinkelsbühl von 1548–1648, Diss. phil. (Masch.) Freiburg i. Br. 1982, S. 151–160.

48 Roth 4, S. 178–199; Zorn, Augsburg, S. 190 f.; Warmbrunn, S. 165–173.

49 So z. B. am 30. Dezember 1548 und am 1. Januar 1549, vgl. DStChr 32, S. 55–57; Schärfer am 7. August 1550: Roth 4, S. 304.

50 Warmbrunn, S. 114–118.

51 Roth 4, S. 342–359; Warmbrunn, S. 128–133.

52 Im Zeitraum von genau 100 Jahren besaßen die »Augsburger Konfessionsverwandten« im Kleinen Rat nur 1558, 1570 und 1571 sowie 1632–1635 die Mehrheit. Vgl. Übersicht bei Warmbrunn, S. 194. Der Anteil der Katholiken in der Stadt stieg zwischen 1548 und 1648 von ca. zehn Prozent (so Petrus Canisius) auf etwa ein Drittel (vgl. Zorn, Augsburg, S. 219). Vgl. im einzelnen Warmbrunn, S. 192–199.

53 Warmbrunn, S. 287, 411.

54 Eberhard Naujoks: Vorstufen der Parität in der Verfassungsgeschichte der schwäbischen Reichsstädte (1555–1648). Das Beispiel Augsburgs. In: Bürgerschaft und Kirche, hrsg. von Jürgen Sydow, Sigmaringen 1980 (Stadt in der Geschichte 7), S. 38–66, hier S. 43–55. – Zum Vorstehenden vgl. auch Leonhard Lenk: Augsburger Bürgertum im Späthumanismus und Frühbarock (1580–1700), Augsburg 1968 (Schriftenreihe des Stadtarchivs Augsburg 17).

55 Götz Frhr. v. Pölnitz: Petrus Canisius und das Bistum Augsburg. In: ZBLG 18 (1955), S. 352–394.

56 Einzelheiten zuletzt Georg Lutz: Marx Fugger (1529–1597) und die Annales Ecclesiastici des Baronius. In: Baronio storico e la controriforma, Sora 1982, S. 431–515, bes. S. 475–494.

57 Vgl. Köberlin, S. 152 f.

58 Wolfram Baer: Die Gründung des Jesuitenkollegs St. Salvator. In: Die Jesuiten und ihre Schule St. Salvator in Augsburg

1582, Ausstellung Augsburg 1982, S. 17–22.

59 Bernhard Duhr: Geschichte der Jesuiten in den Ländern deutscher Zunge, Bd. 1, Freiburg i. Br. 1907, S. 203 f.

60 Joseph Spindler: Heinrich V. von Knöringen, Fürstbischof von Augsburg (1598–1646). Seine innerkirchliche Restaurationstätigkeit in der Diözese Augsburg. In: Jb. d. Historischen Vereins von Dillingen 24 (1911), S. 1–138, hier S. 85 f.; Warmbrunn, S. 357–362.

61 Zorn, Augsburg, S. 205.

62 Ferdinand Kaltenbrunner: Der Augsburger Kalenderstreit. In: MIÖG 1 (1880), S. 497–540; Felix Stieve: Zur Geschichte des Augsburger Kalenderstreites und des Reichstages von 1594. In: ZHVS 7 (1880), S. 157–163; Max Radlkofer: Die volkstümliche und besonders dichterische Literatur zum Augsburger Kalenderstreit. In: Beiträge zur Bayerischen Kirchengeschichte 7 (1901), S. 1–32, S. 49–71. Zusammenfassend zuletzt Georg Lutz, S. 494–508; Warmbrunn, S. 511–533.

63 Ludwig Frhr. v. Pastor: Geschichte der Päpste seit dem Ausgang des Mittelalters, Bd. 9, 8.–10. Aufl., Freiburg i. Br. 1928, S. 205–215.

64 Zum folgenden vgl. Ludwig Simmet: Die Reichsstadt Augsburg in der ersten Hälfte des Dreißigjährigen Krieges, Augsburg 1901; Lotte Schiller: Das gegenseitige Verhältnis der Konfessionen in Augsburg im Zeitalter der Gegenreformation, masch., München 1933, S. 53–88. Zusammenfassend Warmbrunn, S. 235–253; Zorn, Augsburg, S. 214–219. Grundlegend Konrad Repgen: Die römische Kurie und der Westfälische Friede. Idee und Wirklichkeit des Papsttums im 16. und 17. Jahrhundert, Bd. 1, 1. Teil: Papst, Kaiser und Reich 1521–1644, Tübingen 1962.

65 Spindler, Heinrich V. von Knöringen.

66 Zur Augsburger »Schwedenzeit« 1632–1635 vgl. W. Roos (Hrsg.): Die Chronik des Jakob Wagner über die schwedische Zeit der Okkupation in Augsburg vom 20. April 1632 bis 28. März 1635, Augsburg 1902 (Jahresberichte des Königlichen Realgymnasiums in Augsburg 1901/02); Stetten, Augspurg 2, S. 160–338; Hans Oskar Laber: Die Schweden in Augsburg. In: Münchener Historische Abhandlungen 2, 1, hrsg. von Eugen von Frauenholz, München 1932, S. 17–39; Friedrich Westermayer: Kurze chronologische Zusammenfassung über das Thema »Gustav Adolf in Augsburg«, Augsburg 1932.

67 Nach Laber, S. 37; vgl. Zorn, Augsburg, S. 218.

68 Hermann Vogel: Der Kampf auf dem Westfälischen Friedenskongreß um die Einführung der Parität in der Stadt Augsburg, München 1900.

Augsburg und seine politische Umwelt 1490–1555

von Heinrich Lutz

Augsburg in der Aetas Maximilianea (1490–1519)

Die Einbettung der reichsfreien Stadt Augsburg in die politische Landschaft Oberdeutschlands war im allgemeinen vom Mittelalter her vorgegeben. Gegen Ende des 15. Jahrhunderts ergaben sich aber einige neue Entwicklungen, die für die weitere Konstellation und das regionale wie das überregionale Kräftespiel, mit dem die Stadt zu rechnen hatte, große Bedeutung gewannen. Der Bereich des ehemaligen Herzogtums Schwaben war seit dem Ende der Staufer durch eine mosaikartig zusammengesetzte Kleinwelt adeliger und geistlicher Besitzungen gekennzeichnet[1]. Es gab eine erhebliche Anzahl von Reichsstädten, die aber nach Größe und politisch-ökonomischer Interessenlage sehr differierten. Augsburg nahm sowohl von der geographischen Lage – unmittelbar an der Grenze des mächtigen bayerischen Territoriums – wie von der Bevölkerungszahl und Wirtschaftskraft her eine Sonderstellung innerhalb der schwäbischen Reichsstädte ein. Hinsichtlich der Größenordnung konnte sich nur Ulm mit ihm messen. Der steile ökonomische Aufstieg der Lechstadt in den Jahrzehnten um 1500 akzentuierte diese Sonderstellung weiter. Die Folgen, die sich aus der frühkapitalistischen Sonderentwicklung (Steigerung des versteuerten Bürgervermögens von 1470 bis 1500 um das Vierfache, bis zur Mitte des 16. Jahrhunderts um das Dreizehnfache) für die auswärtige Politik Augsburgs ergaben, werden im folgenden stets zu beachten sein.

Kaiser Friedrich III. betonte 1487, als er die Initiative zur Gründung des Schwäbischen Bundes ergriff, daß es in Schwaben keine Fürsten gebe und daß Schwaben insgesamt reichsunmittelbar sei[2]. Immerhin ragte unter den weltlichen Herrschaften die Grafschaft Württemberg hervor. Graf Eberhard wurde 1495 in den Herzogstand erhoben. Die städtefeind-liche Politik Württembergs war ein langfristiges Problem für die schwäbischen Reichsstädte und für Augsburg. So hat dann 1519 der Augsburger Rat nach der Vertreibung Herzog Ulrichs die habsburgische Herrschaft in Württemberg befürwortet und begrüßt.

Von den geistlichen Territorien Schwabens waren für die Lechstadt vor allem die Besitzungen des Augsburger Hochstiftes von Bedeutung[3]. Sie lagen zum Teil im unmittelbaren Umkreis der Stadt und hinderten so die Ausbildung eines städtischen Territorialbesitzes. Während es anderswo – etwa in Nürnberg und Ulm – großen Kommunen gelungen war, einen Gürtel eigenen Territorialbesitzes zu schaffen, scheiterte dies im Falle Augsburgs infolge der Eingegrenztheit zwischen hochstiftischem Besitz einerseits und bayerischem Gebiet andererseits. Dabei ist weiterhin die Doppelstellung des Bischofs als Territorialherr und als Inhaber der geistlichen Jurisdiktion (und, mit dem Domkapitel, umfassender Besitzungen und Patronats- und Sonderrechte) in der Stadt zu beachten. Die langfristige Konfliktsituation zwischen Bischof und Stadt verschärfte sich gegen Ende des 15. Jahrhunderts. Der Rechtsstreit um die Zulassung von Augsburger Bürgersöhnen in das Domkapitel, den die Stadt 1491 vor der römischen Rota in letzter Instanz verlor, war nur ein Symptom steigender Spannungen zwischen dem bürgerlichen Selbstbewußtsein der Stadt und der geistlich-weltlichen Macht des Bischofs[4]. Der Augsburger Bischofssitz war einerseits ein kräftiger Pfosten im System der deutschen Adelskirche; andererseits kam ihm angesichts der Verschärfung der territorialen Gegensätze zeitweilig eine Schlüsselrolle im Ringen zwischen dem bayerischen und dem habsburgischen Einfluß in Schwaben zu. Die strukturellen Konflikte sind im Falle Augsburgs auch durch Tendenzen zur kirchlichen Reform, die zeitweilig sowohl auf bischöflicher wie auf städtischer

Seite wirkten, nicht ausgeglichen worden. Als 1486 Graf Friedrich von Zollern, der mit dem Straßburger Reformkreis um Geiler von Kaisersberg verbunden war, zum Bischof von Augsburg gewählt wurde, schrieb ihm Geiler nachdrücklich, er möge nun den Adeligen über dem Christen vergessen. Die Chancen dafür waren unter den damaligen Bedingungen wohl nicht groß; Zollern trat sogleich in den Kampf um die Ausschließung von Augsburger Bürgersöhnen aus dem Domkapitel ein. Und als 1517 der neue Bischof Christoph von Stadion, ein Freund des Erasmus, seiner ersten Diözesansynode ein ernsthaftes Reformprogramm vortrug, ergab sich daraus keine kirchenpolitische Zusammenarbeit zwischen dem Bischof und der Stadt.

Was Bayern[5] anging, so waren dessen Expansionstendenzen nach Schwaben ebenso offenkundig wie für Augsburg gefährlich. Herzog Georg von Landshut erwarb Kirchberg und die Markgrafschaft Burgau und bedrohte Nördlingen und Ulm. Herzog Albrecht (Bayern-München) trieb die Expansionspolitik so weit, daß er sich von dem in Innsbruck regierenden Erzherzog Sigmund im Mai 1487 die Verwaltung über alle vorderösterreichischen Gebiete übertragen ließ. Kurz darauf trat der Erzherzog all diese Gebiete an die Herzöge Albrecht und Georg ab. Das hätte eine weitgehende Umwälzung der Herrschaftsverhältnisse in Südwestdeutschland bedeutet. Doch scheiterte der bayerische Zugriff am geschlossenen Widerstand der kleineren schwäbischen Reichsstände, Kaiser Friedrichs III. und seines – nun erstmals erfolgreich in Oberdeutschland eingreifenden – Sohnes König Maximilian I.

Aus der Abwehr der bayerischen Expansion ging in den Jahren 1488–1490 eine neue Stabilisierung der politischen Verhältnisse im Südwesten des Reiches hervor, die für Augsburgs politische Stellung und Bewegungsfreiheit positive Folgen hatte. 1488 kam es durch das energische Vorgehen Friedrichs III. zur Gründung des *Schwäbischen Bundes*, der aus dem Zusammenschluß schwäbischer Adeliger, Prälaten und Reichsstädte entstand und bald durch den Beitritt mächtiger Fürsten auch über Schwaben hinaus zu einem starken Element föderativer Friedenssicherung und habsburgischen Einflusses wurde[6]. Augsburg trat dem Schwäbischen Bund im November

1488 bei. Der Bund ist nicht nur in seiner Bedeutung für den Zusammenschluß der zahlreichen schwäbischen Reichsstädte – und damit für die Stärkung ihres politischen Einflusses – zu sehen. Er ist im Hinblick auf Augsburg auch in seiner reichspolitischen Dimension und in seiner Verknüpfung mit den Fragen der Reichsreform und der Steigerung der Macht Habsburgs zu würdigen.

Die Reichsreformbewegung, die 1495 auf dem Wormser Reichstag zu wesentlichen Errungenschaften im Bereich von Landfrieden und Rechtssicherung führte, betraf nicht nur das Verhältnis zwischen Reichsoberhaupt und Reichsständen; sie kam auch der verfassungsrechtlichen Stellung der Reichsstädte und ihrer Teilhabe an den politischen Entscheidungsprozessen zugute[7]. Dies wieder hing mit den Entwicklungen im Schwäbischen Bund zusammen und mit der deutschen und europäischen Politik König Maximilians I., der seit dem Tode Friedrichs III. 1493 das Zepter des Reiches führte. Ohne auf die komplizierten Verläufe im letzten Jahrzehnt des 15. Jahrhunderts näher einzugehen, soll vom Jahre 1500 her in einer querschnittartigen Bestandsaufnahme das politische Umfeld Augsburgs beschrieben werden[8].

Für Maximilian I.[9], der nach dem Ende der Kämpfe um das burgundische Erbe seiner Frau aus den Niederlanden ins Reich zurückkehrte, gewann die Stadt Augsburg in geographischer, politischer, finanzieller und kultureller Hinsicht dauerhaft eine herausragende Bedeutung. Dadurch, daß er als Nachfolger Erzherzog Sigmunds seit 1490 Tirol und Vorderösterreich wieder mit den östlichen Teilen der Erblande vereinigte, wurde die Stadt am Lech mit ihren guten Verkehrs- und Postverbindungen für Jahrzehnte zum bevorzugten »Umschlagplatz« habsburgischer Politik. Maximilian fand hier die Finanziers für seine deutsche und europäische Politik und ebenso eine kaiserfreundliche Plattform für sein Mäzenatentum und seine propagandistische Zusammenarbeit mit den Künstlern und Humanisten. Die Stadt, die in der Zeit Maximilians einen später nie wieder erreichten Höhepunkt wirtschaftlicher und kultureller Blüte erlebte, wußte diese Konstellation in vielfacher Hinsicht zu nutzen. In offiziellen Bahnen und hinter den Kulissen der großen Politik, in engstem Kontakt mit dem Herrscher und seinem Hof, häufig auch durch die Vermittlung des von Maximilian hochgeschätzten Stadtschreibers Conrad Peutinger verfestigte sich ein Zusammenspiel von augsburgischen und maximilianeischen Interessen, das im Reich ohne Beispiel war[10]. Ausländische Beobachter nannten Maximilian den »Augsburger Bürgermeister«. Für die Stadt selbst begann damit eine Epoche als zentraler Ort der Reichspolitik; daraus ließ sich bis in die Bild- und Bauprogramme der Stadterneuerung zu Anfang des 17. Jahrhunderts der Anspruch ableiten, die eigentliche Hauptstadt des Reiches zu sein: »Roma et Augusta – das Bündnis der beiden kaiserlichen Städte und der dadurch begründete Anspruch der Tochterstadt auf eine Stellung im Reich ähnlich der der Mutterstadt in der Antike. Die Augusta Vindelicorum ist würdig, die Hauptstadt des neuen Römischen Kaiserreiches Deutscher Nation zu sein«[11].

In der konkreten politischen Lage war es damals für Augsburg keineswegs einfach, den Interessenausgleich mit dem Reichsoberhaupt herzustellen. Denn die vom Mainzer Kurfürst Berthold von Henneberg angeführte Richtung der Reichsreform kam zwar den verfassungspolitischen Wünschen der Reichsstädte und Augsburgs auf eine Verankerung ihres Mitspracherechts am Reichstag und in der Reichsverfassung entgegen. Aber die föderative Konzeption des Mainzers stand im Konflikt mit der monarchischen Idee Maximilians. Die Reichsstädte haben von diesem Konflikt verfassungspolitisch profitiert. Seit dem Frankfurter Reichstag 1489 traten sie gegenüber Kurfürsten und Fürsten als ein geschlossenes Kollegium auf. Und im Jahr 1500 wurden sie in der vom Augsburger Reichstag gegen Maximilians Willen beschlossenen »Regimentsordnung« formell den übrigen Reichsständen gleichgestellt: Von den zwanzig Personen, die zu diesem ständischen »Regiment« (einem zentralen Regierungsorgan des Reiches) delegiert wurden, sollten zwei die Reichsstädte stellen[12]. Während angesichts der lehensrechtlich-feudalen Grundstruktur des Reichstages für die Städte in diesem Rahmen kein Gleichgewicht von Rechten und Pflichten zu erwarten war, richtete sich Augsburgs Interesse gleichzeitig auf die Verfassungsreform des Schwäbischen Bundes. Hier zeigte die Reichsstadt, wie erfolgreich sie die Gegensätze zwi-

schen dem König und der föderativen Zielsetzung der Reichsreform-Gruppe auszunutzen imstande war.

Die Stadt war nämlich 1496 aus dem Bund ausgetreten, weil die damalige Umgestaltung der Bundesverfassung einseitig zugunsten der Fürsten und zu ungunsten der Städte ausgefallen war. Nun bemühte sich der Mainzer Kurfürst um einen Wiedereintritt Augsburgs und der mit ihm gehenden Gruppe kleinerer schwäbischer Reichsstädte. Auch Maximilian trat nachhaltig dafür ein. Doch erst als 1499 der König infolge des negativen Verlaufes seines Feldzuges gegen die Schweiz in eine sehr schwierige Lage geriet, erachtete die Stadt den richtigen Zeitpunkt für gekommen. In komplizierten Verhandlungen gelang es 1499/1500 Augsburg, an der Spitze der städtischen Oppositionsgruppe eine Modifikation der Bundesverfassung im städtefreundlichen Sinne durchzusetzen[13]. Der Sieg dieser Verhandlungslinie, die sich auf den Mainzer Kurfürsten und auf Maximilian stützen konnte, wurde auch sichtbar in der Neuwahl des Hauptmanns der Bundesstädte; an die Stelle des Ulmer Bürgermeisters, dem man Nachgiebigkeit gegen Fürsten und Adel vorwarf, trat der Augsburger Bürgermeister Hans Langenmantel. Die neue Zusammensetzung der Zentralorgane des Bundes entsprach nun den städtischen Interessen innerhalb eines föderativen Zusammenschlusses, der in der Folgezeit geradezu *halbstaatlichen* Charakter annahm. Jede der drei Gruppen – Städte, Adel und Fürsten – stellte je einen Hauptmann, sieben Räte und einen Richter. Auch die Finanzgebarung und die Militär- und Gerichtsverfassung des Bundes hatten nun Formen gefunden, mit denen die Städte zufrieden waren. Später wurde von bayerischer Seite – Herzog Albrecht war nun beigetreten – kritisiert, daß es den Städten meistens gelinge, im Bundesrat die Stimmen des Adels für sich zu gewinnen und damit die Fürsten zu majorisieren. Angesichts der generellen Tendenz der Epoche zur Stärkung der Fürstenmacht auf Kosten städtischer Autonomie gewinnt diese Verfassung des Schwäbischen Bundes, der bis zu seiner Auflösung 1533/34 die beherrschende Kraft in Oberdeutschland war, ihren gerade für Augsburg so wichtigen Stellenwert.

Neben Langenmantel hatte diese Verhandlungen

Conrad Peutinger geführt. Er war 1497 auf Lebenszeit als Stadtschreiber in den Dienst seiner Heimatstadt getreten. Der bedeutende Humanist, Jurist und Städtepolitiker hatte in den folgenden Jahrzehnten wesentlichen Einfluß auf die vorsichtige, habsburgfreundliche und an den Interessen des Großkapitals orientierte Politik Augsburgs. Gegenüber dem Schwäbischen Bund spielte der *schwäbische Reichskreis* (seit 1512) für die regionalen Außenbeziehungen der Stadt zunächst eine geringere Rolle, auch wenn er (angesichts der konfessionellen Spaltung) in den vierziger Jahren an Bedeutung gewann[14].

Im größeren Zusammenhang haben wir die politische Sonderstellung Augsburgs im Reich, die den Rahmen für das »goldene Zeitalter« der schwäbischen Metropole im 16. Jahrhundert abgab, aus dem Zusammenwirken verschiedener Entwicklungen zu erklären. Bei der Analyse der auswärtigen Politik Augsburgs in den folgenden Jahrzehnten ist gerade diese weit über die »normalen« verfassungsrechtlichen und politischen Bedingungen reichsstädtischen Lebens hinausreichende Bündelung einzigartiger Faktoren zu beachten. Seit den neunziger Jahren kam durch Großanleihen, Bankgeschäft und Bergwerksverpfändungen ein ständig enger werdender Konnex zwischen dem Augsburger Großkapital und einigen Fürsten, insbesondere dem Haus Habsburg, zustande. Die ökonomische Expansion der Augsburger Handelsgesellschaften lief weitgehend parallel mit der politischen Expansion Habsburgs: nach Ungarn, Italien, Spanien und schließlich über den Atlantik. Unter den damaligen Umständen entfaltete sich diese Wirtschaftskraft nicht nur als eine individuelle Leistung und Bereicherung einzelner Kaufleute oder Handelsgesellschaften, sondern sie war aufs engste mit der politisch-rechtlichen Struktur und Stellung der reichsunmittelbaren Stadtgemeinde verbunden und wurde fortgesetzt in dem Kräftespiel des Reiches zugunsten der Sicherung dieser Plattform und Autonomie zur Geltung gebracht. Andererseits führte die rasche frühkapitalistische Entwicklung zu einer erheblichen Verschärfung der sozialen Spannungen innerhalb der Stadt. Die Erfordernisse einer vorsichtigen innerstädtischen Konsenspolitik wirkten auch auf die Gestaltung der Außenbeziehungen der Stadt. Zu diesen Faktoren trat dann seit 1518/19 das

neue, reformatorische Konfliktpotential in der Stadt selbst und in ihrer Reichspolitik.

1499 hatte sich Augsburg mit einem stattlichen Kontingent an dem Kriegszug Maximilians gegen die Eidgenossen beteiligt. Der Feldzug endete erfolglos, er bedeutete das Ende der habsburgischen Expansionspolitik in dieser Richtung und zugleich eine wesentliche Etappe in der Entfremdung der Eidgenossenschaft vom Reich. Viel unmittelbarer war die Stadt von dem bayerischen Erbfolgekrieg betroffen, der 1504/5 zu einer Neuordnung der Grenzen und Kräfteverhältnisse östlich des Lechs führte, die für Maximilian große Vorteile und für Augsburg gewiß keine Nachteile brachte[15]. In diesem Krieg ging es um das Erbe Herzog Georgs des Reichen von Bayern-Landshut, das dieser seinem Schwiegersohn, Pfalzgraf Ruprecht von Heidelberg, vermacht hatte. Da das Testament mit älteren Erbansprüchen der beiden oberbayerischen Herzöge Albrecht und Wolfgang unvereinbar war und prinzipiell gegen die lehensrechtliche Prärogative des Königs verstieß, griff Maximilian zugunsten der oberbayerischen Linie ein. Der Schwäbische Bund folgte ihm dabei. Augsburg leistete ohne Zögern seinen militärischen Beitrag; Herzog Albrecht konnte ja als Mitglied des Bundes dessen Hilfe in Anspruch nehmen.

Der Sieg Maximilians und des Bundes war das eine. Das andere war die Verteilung der Gewinne. Für Augsburg eröffnete sich allerdings nicht die Chance eines territorialen Zuwachses (wie ihn sich damals Nürnberg sichern konnte). Immerhin bedeutete der Schiedsspruch Maximilians auf dem Kölner Reichstag 1505, der von Bayern die »kleine Pfalz« um Neuburg abtrennte und als Preis für den Heimfall Niederbayerns an Herzog Albrecht Kufstein, Rattenberg und Kitzbühel zu Tirol schlug, für Augsburg eine erhebliche politische Entlastung an seiner östlichen Flanke. An die Stelle des bayerischen Expansionsdruckes trat nun für zwei Jahrzehnte eine zurückhaltende und weitgehend von Habsburg abhängige Politik des Münchner Hofes.

In ganz andere Richtung wies in den gleichen Jahren der Versuch der städtischen Obrigkeit, die Beteiligung von Augsburger Firmen am portugiesischen Indienhandel politisch zu unterstützen[16]. 1501 und 1502 gingen die ersten portugiesischen Handelsflot-

ten von Lissabon auf der neuentdeckten Afrikaroute nach Indien ab. Für die oberdeutschen Kaufleute lag es nahe, für Gewürze und andere Indienwaren nun statt des traditionellen venezianischen Zwischenhandels den direkten Seeweg zu benutzen. Die Firma Welser-Vöhlin schloß 1503 als erste einen Vertrag mit König Manuel und errichtete eine Niederlassung in Lissabon. Der nächste Schritt ging dahin, sich mit eigenen Augsburger Schiffen an der Indienfahrt zu beteiligen. Hier setzte die politische Aktion der Stadt ein. Durch Peutinger, der mit einer Tochter Anton Welsers verheiratet war, intervenierte die Firma bei Maximilian für die Freigabe der Silberausfuhr von den Niederlanden nach Lissabon. Dann ging es um eine politische Rückendeckung für die Augsburger Indienfahrt sowohl gegenüber den portugiesischen Behörden wie gegenüber den »indianischen kunegen«. Wieder war es Peutinger, der im Januar 1505 die Ausfertigung entsprechender Schreiben seitens König Maximilians betrieb und auch gleich schon die Textentwürfe an den Königshof übersandte: »Und uns Augspirgern ains groß lob ist, als für die ersten Teutschen, die India suchen. Und Ku. Mt. zu eren hab ich in die brief gesetzt, wie er als der erst Romisch kunig die schickt . . .«[17]
Bekanntlich blieb es bei dieser einmaligen Beteiligung von Augsburger Kaufleuten am direkten Indienhandel. Die portugiesische Krone organisierte nach 1505 die Indienfahrten im Zeichen staatlicher Monopolwirtschaft. Auf diese Schranke, die in Venedig schon seit jeher dem weiteren Ausgreifen des Handels der Augsburger Häuser entgegenstand, stieß man nun auch in Lissabon. Desto wichtiger wurde in den folgenden Jahren der Kampf um die Freihaltung des Handels mit Venedig, der durch Maximilians italienische Kriegspolitik seit 1508 bedroht wurde.
Die Jahre 1507/8 bedeuteten für Augsburg und die anderen deutschen Fernhandelsstädte einen Einschnitt hinsichtlich ihrer südlichen Handelswege. Die Romzugpläne Maximilians bedeuteten Kriegsgefahr in Italien, insbesondere mit der Markusrepublik, die dem König das Recht des bewaffneten Durchzugs zur Kaiserkrönung in die Ewige Stadt bestritt. Bevor der von Augsburg befürchtete Angriffskrieg gegen Venedig begann, ergab sich aus Maximilians Plänen eine

andere Gefährdung der ökonomischen Interessen der Stadt. Der König verfolgte im Herbst 1507 mit Nachdruck das Projekt einer Zwangsanleihe bei den großen oberdeutschen Handelsgesellschaften[18]. Augsburg setzte dagegen sogleich den Mechanismus des Schwäbischen Bundes in Bewegung. Der Bund machte sich das Interesse Augsburgs und der anderen Handelsstädte zu eigen, und Maximilian mußte schließlich auf einen Kompromiß eingehen. Die damals entstandenen Denkschriften Jakob Fuggers und Conrad Peutingers zeigen aufs deutlichste die enge Verflechtung der neuen Wirtschaftsformen und -interessen mit der städtischen Politik.
1508 begann Maximilians Krieg gegen Venedig[19]. In Augsburg konzentrierten sich Jahr um Jahr die Bemühungen der oberdeutschen Kaufleute darauf, trotz des Kriegszustandes und der über Venedig verhängten Reichsacht den Handel mit der Signorie aufrechtzuerhalten. Immer wieder wird der Schwäbische Bund mobilisiert, das Interesse Tirols ins Feld geführt und beim Kaiser – seit 1508 trägt Maximilian mit päpstlicher Genehmigung diesen Titel – persönlich interveniert. Maximilian schwankt. Je nach der wechselnden Lage auf dem oberitalienischen Kriegsschauplatz und im europäischen Bündnissystem gestattet oder untersagt er den Handel. Als schließlich im Februar 1517 der Waffenstillstand zwischen Kaiser und Signorie den Südhandel wieder sicherstellt, sind in erster Linie die Augsburger an dem Fest beteiligt, das im Fondaco dei Tedeschi am Rialto stattfindet: Stierkämpfe und Lanzenstechen, Ballette und Pantomimen bis in die tiefe Nacht.
In Italien war der Kaiser gescheitert; es war ihm nicht gelungen, den Festlandsbesitz Venedigs zu erobern. Dagegen war es den Augsburgern fast ununterbrochen gelungen, ihre vitalen Handelsbeziehungen mit der Signorie aufrechtzuerhalten. Je deutlicher in dieser Hinsicht die Unterschiede der Interessenlage zwischen Monarch und Reichsstadt hervortraten, desto wichtiger mußten für beide Seiten die Verhandlungen über die Verlängerung des Schwäbischen Bundes werden, die 1512 fällig waren[20]. Ein Plan Maximilians, im Hinblick auf den Krieg in Oberitalien einen föderativen Zusammenschluß zwischen den oberdeutschen Reichsstädten und den habsburgischen Erblanden herbeizuführen, war schon früher geschei-

tert. Nun ging es für Augsburg und den Bund vor allem um die Neuverteilung der finanziellen und militärischen Lasten und – gegenüber dem Kaiser – um eine Verstärkung der Bundeskompetenzen in der Landfriedensexekution (was eine Verstärkung des halbstaatlichen Charakters des Bundes bedeutete). In der ersten Frage spiegelt sich das rasante Ansteigen der Augsburger Finanzkraft seit 1500. Die Stadt kämpfte gegen eine Erhöhung ihres Kontingents wie um die strengste Geheimhaltung der erforderlichen Angaben über die eigene Finanzlage. Im ersten Punkt einigte man sich schließlich auf eine Erhöhung des Augsburger Betrags auf das Eineinhalbfache von 1500; die Geheimhaltung der Angaben wurde lebenslänglich beschworen. Was die Landfriedensexekution anging, so leistete der Kaiser einer Ausweitung der »Hoheitsrechte« des Bundes schließlich keinen prinzipiellen Widerstand. Im Hintergrund stand bereits das Problem der städtefeindlichen und antihabsburgischen Politik Württembergs. Herzog Ulrich trat der Verlängerung von 1512 nicht bei, sondern bildete mit Pfalz, Baden und dem Bischof von Würzburg einen fürstlichen Kontrabund.

Äußerlich gesehen bieten die letzten Jahre Maximilians für Augsburg glänzende Szenen. 1517 wird in Augsburg unter der Regie Peutingers Ulrich von Hutten durch den Kaiser zum Dichter gekrönt. Die künstlerischen Unternehmungen Maximilians, zu denen er die besten Kupferstecher, Drucker, Bildhauer und Maler der Zeit gewinnt, haben ihren Mittelpunkt in Augsburg, wo der Kaiser auch seinen letzten Reichstag 1518 abhält. Aber im Hintergrund kündigen sich politische und kirchliche Konflikte an, die weit über die Epoche Maximilians hinausreichen. In den Verhandlungen von 1518 gelingt es trotz der Augsburger Kapitalhilfe nicht, die Wahl des Kaiserenkels Karl von Spanien zum Nachfolger Maximilians zu sichern. Und die denkwürdige Begegnung zwischen dem römischen Kardinal Cajetan und Luther während des Reichstages endet mit einem offenen Konflikt zwischen der religiösen Unbedingtheit des Wittenbergers und der Kirchentheologie und Autorität Roms.

Augsburg im Zeitalter Karls V.
Von der Kaiserwahl zur Reformation (1519–1537)

Der unerwartete Tod des alten Kaisers im Januar 1519, ohne daß die Frage der Nachfolge geregelt war, schuf ein politisches Vakuum. In Augsburg versammelten sich die habsburgischen Wahlkommissare, die in weitreichenden diplomatischen und finanziellen Verhandlungen die Voraussetzungen für den einstimmigen Wahlakt der Kurfürsten zu Frankfurt am 28. Juni schufen. Gegen die Werbungen König Franz' I. von Frankreich entschied für Karl von Spanien nicht nur die überlegene Finanzkraft des Augsburger Großkapitals, sondern auch eine starke Welle prohabsburgischer, reichspatriotischer Stimmung, die auch von Augsburg aus gesteuert wurde und durch die Erfolge des Schwäbischen Bundes im Krieg um Württemberg weiter verstärkt wurde[21].

Der geächtete Herzog Ulrich, der im Januar 1519 die Reichsstadt Reutlingen überfiel, galt nicht nur als Erzfeind der Städte, sondern auch als Exponent der französischen Wahlpolitik. So wurde von Augsburg und vom Schwäbischen Bund der Feldzug gegen Württemberg nicht nur mit dem Ziel der Vertreibung Ulrichs begonnen. Der Gefahr, daß aus dem Zusammengehen Württembergs mit den Schweizern eine allgemeine Umwälzung im Südwesten folgen könne – »das man uns hinden nach gen Schweiz tringen werd« –, setzten die Augsburger Städtepolitiker ein reichspatriotisches Aktionsprogramm entgegen. Der erhoffte Sieg des Bundesheers über Württemberg sollte die Vorentscheidung für den Wahlerfolg Karls in Frankfurt bedeuten. Der Augsburger Ulrich Arzt, Städtehauptmann des Bundes, schrieb an Peutinger: »Gott well, das der kunig von Hyspanien zu land wer, wir wollten nit sorgen, wie wir ain romischen Kunig auss im machten«[22]. In der Tat gelang dem Bund (auch mit Hilfe von Augsburger Darlehen) der rasche Sieg über Herzog Ulrich. Das Schicksal des eroberten Landes entschied sich, als die bündischen Finanzexperten, darunter Peutinger, das enorme Ausmaß der langfristigen Verschuldung des Herzogtums feststellten[23]. Augsburg war, mit den anderen Städten, durchaus einverstanden, daß das Land vom Bund in habsburgische Verwaltung übergeben wurde. Damit war eine Stabilisierung in Oberdeutschland erreicht, die den prohabsburgischen Interessen Augsburgs entsprach und eine Stärkung der reichsstädtischen Position und Solidarität bedeutete.

Die Wahl Karls V. zum Oberhaupt des Reiches wurde in Augsburg mit Jubel, Freudenfeuern und Böllerschüssen begrüßt. Als der junge Herrscher 1520 aus Spanien in den Niederlanden eintraf, sandte ihm die Stadt eine Begrüßungsdelegation entgegen, an ihrer Spitze der Altbürgermeister Georg Langenmantel und Conrad Peutinger. Die lateinische Ansprache des Stadtschreibers, die alsbald gedruckt wurde, feierte den Kaiser als Garanten einer neuen Friedensepoche: »Die Versammlung der Kurfürsten hat Deiner Majestät einstimmig die Herrschaft über das Reich übertragen ... und Dich zum Herrn der ganzen Welt bestimmt ... Daher erhoffen wir den friedvollsten Zustand für unsere Zeit, besser gesagt ein goldenes Zeitalter«[24]. Die neoghibellinische Idee des Welt- und Friedenskaisers entsprach durchaus den Interessen der Augsburger Oberschicht. Es dauerte aber nur wenige Jahre, bis den Zeitgenossen das volle Ausmaß der kirchlichen wie der politisch-sozialen Konflikte deutlich wurde, die entgegen diesen Hoffnungen Augsburgs Stellung im Reich und das Zusammenleben seiner Bürger tief und irreversibel veränderten.

Ein Vorspiel kommender Konflikte bot schon der Wormser Reichstag 1521[25]. Neben anderen Problemen, die Augsburg unmittelbar und bedrohlich betrafen (Reichskammergericht, Zollprojekt, Vorschlag eines restriktiven Reichsgesetzes gegen die Handelsgesellschaften), ging es in Worms auch um die Lutherfrage. Was Augsburg, Luther und die Reformationsbewegung angeht, so ist im vorliegenden Zusammenhang die »außenpolitische« Dimension der Augsburg betreffenden Vorgänge zu beachten. Schon im Herbst 1520 hatte der Rat der Stadt in der Luthersache auf auswärtige Initiativen zu reagieren[26]. Dr. Johann Eck forderte die Stadt auf, Luthers Publikationen zu beschlagnahmen (Augsburg gehörte zu den wichtigsten Druckorten des reformatorischen Schrifttums). Der Generalvikar des Augsburger Bischofs verhandelte mit Peutinger über die Publikation der päpstlichen Bannandrohungsbulle gegen Luther. Die Stadt verlegte sich in beiden Fällen auf eine Verzögerungstaktik und reagierte auf das Ansuchen des Generalvikars um die Druckerlaubnis für die Bulle in Augsburg überhaupt nicht.

In Worms ging es nun um weit mehr, für Luther, das Reich und Augsburg. Die Reichsstände hatten die Berufung des Wittenbergers vor den Reichstag durchgesetzt, nicht zu einer eigentlichen Disputation, sondern nur zu einem Verhör, das dem Mönch Gelegenheit zum Widerruf geben sollte. Der Augsburger Delegierte in Worms war Peutinger, der Luther von seiner Begegnung mit Cajetan (1518) her kannte und schätzte. Peutinger berichtete über Luthers Auftreten vor Kaiser und Reich nach Augsburg[27]. Dieser Bericht liegt einigen der frühesten Drucken zugrunde, die das Wormser Ereignis – Luthers Verweigerung des Widerrufes – in Deutschland publik machten. Als nach der entschiedenen Stellungnahme des Kaisers nochmals eine ständische Kommission gebildet wurde, um mit Luther weiterzuverhandeln, gehörte ihr der Augsburger an. Als auch diese Verhandlungen nicht zu einem Kompromiß mit Luther führten, ergriff bekanntlich Peutinger – einer an ihn ergangenen Aufforderung des Erasmus entsprechend – eine letzte Vermittlungsinitiative. Sie scheiterte ebenso, aber sie war bezeichnend für die damalige Räson humanistisch gebildeter Politiker, die theologisch das Urteil Roms nicht anerkannten, doch den fundamentalen Autoritätskonflikt fürchteten, wenn nun über Luther und seine Anhänger zum Kirchenbann die Reichsacht verhängt werden sollte.

Augsburg hat im eigensten Interessenbereich und im allgemeinen städtischen Interesse in Worms vieles erreicht[28]. Es brachte in die neue Kammergerichtsordnung eine Sonderbestimmung, die die Kaufleute vor den Gefahren eines indirekten Achtvollzugs sicherte. Es erwirkte die Bestätigung aller Privilegien der Stadt durch den Kaiser und neuerdings das Recht, Gold- und Silbermünzen zu prägen. Es beteiligte sich erfolgreich an der Zurückweisung des für alle Fernhandelsstädte bedrohlichen Reichszollprojekts und wies – für jetzt – die im Rahmen der Beratungen über eine »Polizeiordnung« vorgebrachten Angriffe gegen Preistreiberei und Monopolbildung der Handelsgesellschaften zurück. Aber in der »tragoedia Lutherana« hatte Peutinger mit all dem Ansehen, das er als »guter stettmann« und Vertreter Augsburgs unter den Ständen verfügte, nichts ausrichten können. Die Bewegung, die von Luther und der Unbedingtheit seiner theologischen Botschaft ausging, nahm nun weiter ihren die Welt verwandelnden Weg. Andere Konfliktfelder, die Augsburgs politische Umwelt betrafen, traten gleichfalls auf dem Wormser Reichstag ans Licht: der kriegerische Konflikt, der den Kaiser und Frankreich betraf, ihn für viele Jahre vom Reich fernhielt und damit ein neues politisches Vakuum schuf; die vielfachen Gegensätze zwischen den Fürsten und den Städten, die beide beim Kaiser Rückhalt suchten; schließlich die Unruhe und Bewegung beim Adel und beim »gemeinen Mann« in Stadt und Land, wo sich die Aktualisierung latenter sozialer und politischer Spannungen im Zeichen des zündenden Gedankens von der »Freiheit eines Christenmenschen« vorbereitete. Vor allem akzentuierte der Ausfall der kaiserlichen Zentralgewalt für die nächsten Jahre das für die Reichsstadt Augsburg wie für die anderen Reichsstädte zentrale Problem der »unteren politischen Autorität« in neuartiger Weise: Wie weit war die reichsstädtische (wie die landesfürstliche) Autorität befugt, willens und imstande, ohne oder gegen den Kaiser Schritte zur Neugestaltung der kirchlichen Verhältnisse zu unternehmen?

Schon das Ringen um die 1522 fällige Verlängerung des Schwäbischen Bundes zeigte die Schärfe der politischen Gegensätze, die seit dem Weggang des Kaisers im Reich aufeinanderstießen, bevor noch die volle Dynamik der Reformationsbewegung in alle Verhältnisse der Reichsstände eingriff[29]. Erbittert widersetzte sich Augsburg an der Spitze der Städte- wie der Adelsbank bei den Ulmer Verhandlungen dem Bestreben der fürstlichen Bundesmitglieder, durch sogenannte »Ausnehmungen« (von ihrer Hilfspflicht) die bisherige militärische Schlagkraft des Bundes auszuhöhlen und das Gleichmaß von Pflichten und Rechten aufzulösen. Nur mühsam und unter Rückgriff auf die Autorität des Kaisers gelang es, gegen die fürstlichen Interessen noch einmal für die nächste, elfjährige Laufzeit die traditionelle, den Städten günstige Struktur des Bundes zu sichern. Unmittelbar prekärer war die an Augsburg gerichtete Forderung aus dem Kreis der kleineren Städte, seine Beiträge zum Bund entsprechend dem ersichtlich gestiegenen Reichtum der Stadt zu erhöhen. Man verlangte die Einbeziehung auch aller gemünzten oder ungemünzten Edelmetalle, nicht nur der liegenden Güter und der in Kaufmannsgeschäften angelegten Gelder. Augsburg fand sich in diesem Streit rasch ganz isoliert. Doch auch hier gelang schließlich mit Hilfe der kaiserlichen Kommissare ein Kompromiß: Gegen Sonderleistungen blieb Augsburg von der Pflicht des »Einlegens«, also der vermögenssteuerlichen Selbstdeklaration vor den anderen Bundesstädten, befreit. Das war ein bündisches Vorspiel zur Monopolklage des Reichskammergerichts von 1523. Und auch auf dem Nürnberger Reichstag 1524 wurde Augsburg in der Frage der großen Handelsgesellschaften und der Monopole nicht nur von den fürstlichen Ständen, sondern von der Gesamtheit der Reichsstädte angegriffen und blieb ohne den bisherigen Schutz städtischer Solidarität.

Ein weiteres Konfliktfeld entstand zwischen der Landfriedensaktion des Schwäbischen Bundes, die sich jetzt gegen fränkische Raubritter richtete, und dem in Nürnberg residierenden Reichsregiment[30]. Diese oberste Reichsbehörde war 1521 für die Dauer der Abwesenheit des Kaisers neu eingerichtet worden. An ihrer Spitze stand als Statthalter Karls V. Bruder Ferdinand (der seit 1521 von Wien aus über die habsburgischen Erblande herrschte). Das Reichsregiment bestritt dem Bund das Recht zur militärischen Landfriedensexekution in Franken. Aber der Bund besaß militärische Macht, das Regiment war ohne Exekutive. In diesen Konflikt versuchte Augsburg, insbesondere durch die Entsendung Peutingers zum Regiment nach Nürnberg, vermittelnd einzugreifen. Es zeigte sich bald, warum gerade der Lechstadt besonders daran lag, einen staatsrechtlichen Konkurrenzkampf zwischen Bund und Regiment zu verhindern.

Als neuer, beunruhigender Faktor in der deutschen Politik wirkte seit dem Sommer 1522 der Aufstand Franz von Sickingens, der, mit Teilen des rheinischen und fränkischen Adels verbündet und von der Feder Ulrichs von Hutten unterstützt, für seinen »Pfaffenkrieg« gegen den Trierer Erzbischof um die Sympathien der evangelischen Bewegung warb[31]. Die tatsächlichen Chancen und Dimensionen dieser ritterschaftlichen Bewegung waren wohl zunächst nicht leicht einzuschätzen. Das zeigte sich, als Ende 1522 Vertreter der fränkischen Ritterschaft in Augsburg

Abb. 75 Kaiser Karl V. Vermutlich die Wiederholung eines, anläßlich des Augsburger Reichstags, 1530 entstandenen Bildnisses, gemalt von Christoph Amberger, 1532

Abb. 76   Belehnung Augusts von Sachsen mit der Kurwürde
durch Kaiser Maximilian II. anläßlich des Augsburger
Reichstags von 1566. Die Zeremonie findet auf dem Weinmarkt statt; der Thron des Kaisers, vor dem August mit Gefolge kniet, lehnt sich an die Rückseite des Tanzhauses an

ein großes Projekt vortrugen: Ein umfassender Bund des Adels mit den Städten sollte zur Sicherung gegen die Fürsten dienen. In dauerndem Meinungsaustausch mit Nürnberg und Ulm hielt die Stadt die Verbindung mit der ritterschaftlichen Bewegung bis zum Frühjahr 1523 aufrecht. Nach Sickingens Niederlage sank das Interesse der Städte an diesen Kontakten, um so mehr, als das Ende 1522 veröffentlichte sozial- und wirtschaftspolitische Programm des Adels einen unverhüllten Angriff auf die kapitalistischen Wirtschaftsformen darstellte. Man zog die Unterhandlungen mit dem Adel so lange hin, bis im Mai 1523 der Bund das Signal zum Kriegszug nach Franken gab. Ein Teil der vom Bund angegriffenen Ritter kapitulierte sogleich. Der Rest wurde von der überlegenen Macht des Bundes niedergeworfen.

Nachdem zwanzig Burgen gebrochen waren, schlug der siegreiche Bund, zum Ärger des Reichsregiments, in Nürnberg sein Hauptquartier auf. Genau zu diesem Zeitpunkt erhob im Namen des Regiments der Reichsfiskal Klage gegen sechs der bedeutendsten Augsburger Handelshäuser: gegen die Fugger, Welser, Herwart, Höchstetter, Rem und Grander, teils wegen Ausübung von Monopolen, teils wegen monopolähnlicher Kauf- und Verkaufsverträge[32]. Diese Monopolklage gilt – wohl zutreffenderweise – als Gegenschlag des durch das Vorgehen des Bundes brüskierten Reichsregiments. Ihre Bedeutung und die Folgen reichen aber weit darüber hinaus. Die Stadt Augsburg und die betroffenen Kaufleute setzten sogleich alle Hebel in Bewegung. Doch das Regiment hatte einen verletzlichen Punkt in der gegnerischen Gruppe getroffen. Augsburg, das mit großem Nachdruck den Feldzug gegen die fränkischen Raubritter betrieben hatte, konnte jetzt für die Verteidigung seiner besonderen, kapitalistischen Wirtschaftsform kaum auf die Solidarität aller Bundesstädte rechnen. Insgesamt ergab sich jedoch durch die Verbindung des sofortigen Rekurses an den Kaiserhof in Spanien mit einer weiterreichenden Aktion der Reichsstädte, die beim Kaiser gegen das erneuerte Zollprojekt des Reichstags vorstellig wurden, eine für Augsburg überraschend günstige Lösung. Hinter dem Rücken der in Spanien mit Karl V. verhandelnden reichsstädtischen Delegation vertrat der Augsburger Gesandte Simon Seitz die besonderen Anliegen seiner Stadt. Von Burgos aus befahl der Kaiser im September 1523 dem Reichsfiskal die Einstellung des Verfahrens. Nachdem der Nürnberger Reichstag 1524 den Gesamtbereich der Monopolfrage und der großen Handelsgesellschaften der Entscheidung des Kaisers anheimgestellt hatte, erließ Karl V. am 10. März 1525 ein »Handelsgesetz«, das ganz im Sinne des Schutzes der Augsburger Gesellschaften gehalten war. Es wurde ergänzt durch die am 13. Mai 1525 verfügte Suspension der reichsgesetzlichen Bestimmungen über Monopole und »Fürkäufe« für Erze und Metalle.

Während es der städtischen Obrigkeit in dieser zentralen Frage der handelsrechtlichen Absicherung noch gelungen war, als Treuhänderin der Interessen der Großfirmen ohne sichtbaren innerstädtischen Dissens und trotz der Isolierung innerhalb der Reichsstände mit Hilfe des Kaisers optimale Ergebnisse zu erringen, brachte die reformatorische Bewegung gleichzeitig nach innen und außen ganz neue Probleme. Das Lob, das der kaiserliche Sonderbeauftragte Jean Hannart im Frühjahr 1524 in seinem Deutschland-Bericht an den Kaiser der Stadt Augsburg erteilte, enthielt eine starke Einschränkung: »Die Stadt hat sich in allem als die gehorsamste gezeigt [. . .], ausgenommen in der Luthersache, wo sie alle einer Meinung und ganz festgelegt sind«[33]. Schon im Herbst 1522 war Augsburg in Rom wegen lutherischer Neigungen der Bevölkerung denunziert worden. Peutinger hatte dies bestritten und dem Nuntius Chieregati ausdrücklich erklärt: »Zu Augspurg were ain christenlich, gehorsam und from volk [. . .]«[34]. Es fragt sich freilich, ob der Augsburger und der römische Diplomat noch das gleiche verstanden, wenn von »christlich« und »fromm« gesprochen wurde. Zur gleichen Zeit schätzte ein Prediger die Zahl der »Ketzer« schon auf die Hälfte der Stadtbevölkerung. Doch nicht von den Bedingungen und Formen des Umsichgreifens der reformatorischen Bewegung in Augsburg, des katholischen Widerstandes und auch der Versuche, einen »mittleren Weg« (zwischen Rom und der reformatorischen Lehre) zu gehen, ist nun zu berichten. Es geht darum, in knapper Weise zu verfolgen, wie sich in diesen Jahren die Außenbeziehungen der Stadt infolge der Reformationsbewegung und der damit verbundenen politisch-sozialen

Veränderungen wandelten. Dabei sind die regionalen Veränderungsprozesse ebenso zu berücksichtigen wie die reichspolitischen und europäischen Entscheidungen.

Viele deutsche Reichsstädte, vor allem im Südwesten, spielten in der Frühgeschichte der Reformation eine führende Rolle[35]. Unter den damaligen Bedingungen konnte nur in der Stadt »die reformatorische Bewegung zur Massenbewegung werden« (B. Moeller). Verfolgt man die Linie der Augsburger Politik von 1524 bis 1529 gegenüber der wachsenden Zahl von Städten, die sich der Reformation zuwandten, so fällt die große Zurückhaltung auf. Augsburg rückte in den Beratungen der Reichsstädte wie im Schwäbischen Bund zwar durchaus vom Wormser Edikt ab, es verfolgte jedoch einen Kurs, der einerseits von der Rücksicht auf den Kaiser und Ferdinand geleitet war, andererseits auf die möglichst weitgehende Erhaltung des religionspolitischen Konsenses unter den Ständen gerichtet war. Auf dem Nürnberger Reichstag 1524 hatten die Stände insgesamt beschlossen, dem Wormser Edikt »sovil inen muglich« nachzukommen. Die folgenden Reichsstädtetage in Speyer (Juli 1524) und Ulm (Dezember 1524) brachten differenzierte Stellungnahmen und weitere Vorstöße von seiten jener Städte, in denen sich die evangelische Bewegung bereits durchzusetzen begann. Augsburg plädierte in Speyer für eine Wiederholung der Reichstagsformel »sovil inen muglich«, befand sich in Ulm aber anscheinend schon auf der Seite einer konservativen Minderheitsgruppe (Eßlingen, Donauwörth, Dinkelsbühl und Überlingen) und weigerte sich Ende des Jahres, einer gemeinsamen Aktion anderer Städte gegen das Wormser Edikt beizutreten. Das hieß aber keineswegs, daß die Stadt an eine antievangelische Politik dachte. Peutinger, der das Wormser Edikt stets ablehnte, unterstützte 1524 nachhaltig die Stadt Memmingen, die vom Augsburger Bischof beim Schwäbischen Bund wegen kirchlicher Neuerungen beklagt wurde. In einer internen Sitzung des Dreizehnerrates, wo der ähnliche Konflikt zwischen dem Bund und Reutlingen zur Sprache kam, gab er eine dezidierte Stellungnahme für eine vermittelnde Religionspolitik zwischen Rom und Luther ab: »Nach dem mitlern weg zu suchen wöll er beschlossen haben«[36].

Der große Bauernkrieg 1525 traf Augsburg mittelbar und unmittelbar[37]. Gruppen schwäbischer Bauern suchten Kontakt mit der städtischen Unterschicht; dagegen gelang es dem Rat, mit dem Hinweis auf seine Pflichten gegenüber dem Bund die innerstädtische Situation zu stabilisieren. Vermittlungsversuche zwischen den Aufständischen und ihren Obrigkeiten, die Augsburg mit anderen Städten unternahm, blieben ohne Erfolg. Teile der Kaufmannschaft schienen zeitweilig bereit, sich zur Sicherung ihrer Warentransporte mit den Bauern zu arrangieren. Schließlich mußte sich die Stadt nolens volens an der Niederwerfungsstrategie des Bundesheeres beteiligen, das von Jörg Truchseß von Waldburg geführt wurde. Die Städte waren in den Augen der siegreichen Kriegspartei durch ihr teils vermittelndes, teils konniventes Verhalten schwer belastet. Der Ausgang des Bauernkrieges verschob die Machtverhältnisse im Schwäbischen Bund zugunsten der Fürsten. Insbesondere Bayern begann seit 1525/26 mit einerseits streng katholischer, andererseits antihabsburgischer Politik als starker Nachbar Augsburgs eine ebenso erhebliche wie unberechenbare Rolle zu spielen.

Nach dem Bauernkrieg standen sich die Tendenzen zur rigorosen Durchführung des Wormser Edikts (Luther als Urheber des Bauernaufstandes!) und zur Freigabe der kirchlichen Neuerungen (geistliche Mißstände als Ursache des Aufstandes!) scharf gegenüber. Auf dem kurzen Augsburger Reichstag Ende 1525 saß Peutinger als Städtevertreter in dem Ausschuß, der den Religionsartikel des Reichsabschieds formulierte. Die milde Fassung mit dem Verweis auf eine erhoffte Konzilsentscheidung kann auf die Mitarbeit des Augsburgers zurückgehen.

Der nächste Reichstag fand 1526 in Speyer statt. Augsburg hatte eine vorausgehende Initiative Straßburgs für einen Reichsstädtetag zur Koordinierung des Vorgehens der Städte in den großen Fragen der Reichs- und Kirchenpolitik nicht unterstützt. Statt dessen kam es jetzt zu ernsthaften Verhandlungen über ein Sonderbündnis zwischen den drei Städten Augsburg, Nürnberg und Ulm.

Der Dreistädtebund wurde abgeschlossen und bildete zeitweilig ein wichtiges Element städtischer Macht in Oberdeutschland, vor allem, nachdem alle drei Teilnehmer sich der Reformation zugewandt hatten.

Auf dem Reichstag selbst trat als neue Kraft die entschieden evangelische Politik des sächsischen Kurfürsten und des Landgrafen Philipp von Hessen in Erscheinung. Hessen wandte sich mit einem Bündnisangebot an Nürnberg, Straßburg, Ulm, Frankfurt und Augsburg, also an die stärksten Kommunen, von denen man eine proevangelische Bündnispolitik erwartete[38]. Augsburg reagierte zurückhaltend, und auch die weiteren Bündnisverhandlungen 1527/1528 führten zu keinem Ergebnis[39]. Noch nicht die konfessionelle Parteibildung, sondern die Erhaltung eines überkonfessionellen Konsenses bestimmte die Ergebnisse des Reichstages. In der zentralen Frage des Wormser Edikts einigten sich alle Fürsten und Städte auf die Kompromißformel: Bis zu einem Konzil solle sich jeder so verhalten, »wie ein jeder solches gegen Gott und kaiserliche Majestät hoffe und vertraue zu verantworten«.

Bis zum nächsten Speyrer Reichstag von 1529 veränderte sich die politische und kirchliche Lage im Reich und in Europa. Der Kaiser machte seinen Frieden mit Frankreich und dem Papst. Er bereitete sich zur Rückkehr nach Deutschland vor, um seine europäische Macht für die Wiederherstellung der kirchlichen Einheit einzusetzen[40]. So sah sich Augsburg 1529 inmitten der anderen Städte und Fürsten erstmals eindeutig vor die Wahl gestellt, einen katholischen Mehrheitsbeschluß im Sinne des Wormser Edikts und der Aufrechterhaltung des alten kirchlichen Systems mitzutragen oder die Protestation einer Gruppe evangelischer Fürsten und Städte gegen die Verbindlichkeit dieses Religionsartikels zu unterzeichnen. Die offene Spaltung der Reichsstände in zwei »Religionsparteien« war nun da, die Augsburg stets zu vermeiden getrachtet hatte. Nach längerem Her und Hin entschied sich Augsburg, den Reichsabschied anzunehmen. Es trennte sich somit kirchenpolitisch von der Majoritätsgruppe evangelischer Städte.

Überblickt man die weitere Augsburger Stadtgeschichte vom Reichstag 1530 bis zum Beitritt zum Schmalkaldischen Bund (1536) und zur vollen Durchsetzung der reformatorischen Umgestaltung des Kirchenwesens (1537), so ist auf Schritt und Tritt der engste Zusammenhang zwischen den innerstädtischen Vorgängen und den Problemen und Entscheidungen der auswärtigen Politik zu beobachten. Dies

gilt schon für die Weichenstellung vom Oktober 1530 und für ihre Voraussetzungen, die in den Jahren seit 1526 entstanden. Teile der städtischen Führungsschicht hatten versucht, die prohabsburgische Interessenrichtung, die ökonomisch und politisch begründet war, mit einer evolutionären Änderung der kirchlichen Mißstände und einer Teilrezeption der reformatorischen Anliegen zu vereinbaren. Dieses Viamedia-Programm wurde am deutlichsten von Peutinger formuliert. Auch Anton Fuggers Versuch, Erasmus zu bleibendem Aufenthalt nach Augsburg zu holen, kann in der gleichen Richtung interpretiert werden[41]. In diesem Sinne waren die Vertreter der Stadt beim Schwäbischen Bund und auf den Reichstagen für eine Linie des Ausgleichs und die Vermeidung der konfessionellen Konfrontation eingetreten. Diese Politik war 1529 in Speyer in einen Engpaß geraten. Auf das neue Entweder-Oder hatte die städtische Führungsschicht zunächst noch mit dem Anschluß an die altkirchliche Majorität des Reichstags geantwortet.

Auf dem Augsburger Reichstag 1530 liefen die Dinge anders[42]. Nach der Überreichung der Confessio Augustana, nach dem Scheitern der Ausgleichsverhandlungen und nach der Vorlage eines streng altkirchlichen Reichstagsabschiedes durch den Kaiser und die katholische Majorität mußte sich die Stadt entscheiden. Am 25. Oktober fiel die Entscheidung unter Einbeziehung des Großen Rates. Die Mehrheit lehnte den Religionsartikel des Reichstagsabschiedes ab: Man wolle in allen weltlichen Dingen dem Kaiser gehorsam sein; da aber diese Sache den heiligen Glauben und das Gewissen der Menschen betreffe, könne man den ganz beschwerlichen Abschied nicht annehmen. Damit schloß sich die Stadt der evangelischen Partei unter den Reichsständen an. Daß es gleichwohl dem Rat gelang, durch ein alsbaldiges Anleiheangebot sich den stets geldbedürftigen Kaiser gnädig zu stimmen, war mehr als eine vereinzelte Episode. Dieses Vorgehen wurde bezeichnend für Augsburgs »Doppelstrategie« in den Jahren bis zum Schmalkaldischen Krieg: Einerseits wurde die Solidarität zu den evangelischen Reichsständen gesucht und gepflegt, andererseits ließ man die politischen, kommerziellen und personellen Bindungen zum Kaiserhof und zu König Ferdinand nicht abreißen.

Die Jahre bis 1536/1537 haben Übergangscharakter. Nicht auf einmal, sondern Schritt um Schritt vollzog Augsburg den Weg in den Schmalkaldischen Bund, also zum vollen Anschluß an die politisch-militärische Organisation des deutschen Protestantismus[43]. Die neue Situation seit 1530 ist auch gekennzeichnet durch einen Wechsel in den städtischen Führungspositionen. Conrad Peutinger quittierte zwar erst 1534 offiziell den Dienst, aber schon Ende 1530, als es um die Berufung neuer Prediger ging, waren andere, jüngere Kräfte federführend.

Den Verhandlungen zur Gründung des Schmalkaldischen Bundes im Winter 1530/31 blieb Augsburg fern, obwohl es durch Ulm zur Teilnahme aufgefordert wurde. Dementsprechend war die Stadt von der pfälzisch-mainzischen Vermittlungspolitik, die 1532 zum Nürnberger »Anstand« – einem ersten Religionsfrieden zwischen dem Kaiser und den Schmalkaldern – führte, nicht direkt berührt. Dafür boten die Augsburger auf dem Regensburger Reichstag (1532), wo vor allem über die Hilfe für den Türkenkrieg verhandelt wurde, König Ferdinand zusätzliche Leistungen an. Dafür sprach ihnen Pfalzgraf Friedrich, als Sprecher des Kaisers, die Anerkennung aus, »daß die von Augsburg allweg und je gut österreichisch und vor andern einem Reich gehorsam gewesen«[44].

Diese Formen der Balance bildeten einen festen Bestandteil der Augsburger Politik. Dagegen kam es in zwei Bereichen, die für die Außenbeziehungen der Stadt grundlegende Bedeutung hatten, in den nächsten Jahren zu einschneidenden Veränderungen. Dabei ging es um das Schicksal des Schwäbischen Bundes und um die bündnispolitischen Folgen der kirchlichen Orientierung Augsburgs zwischen der Schweizer und der Wittenberger Reformation. Beide Entscheidungsprozesse standen in Zusammenhang: Wenn sich der Schwäbische Bund auflöste, wurde für die Stadt die Herausforderung zu einer neuen, definitiven kirchlich-politischen Orientierung um so dringlicher.

Die letzte, 1522 vereinbarte Verlängerung des Schwäbischen Bundes lief im Februar 1534 aus. Der Kaiser und Ferdinand wünschten die Erhaltung als Garantie des konfessionellen und politischen Status quo in Oberdeutschland. Die kirchlichen Spannungen hatten den Zusammenhalt des Bundes schon gelockert. Entscheidend für seine Auflösung waren aber spezifische politische Gegensätze. Eine von Hessen und Pfalz geführte Fürstengruppe bekämpfte strikt die Verlängerung. Schließlich trat auch Bayern, aufgrund seiner antihabsburgischen Bindungen an Hessen, Sachsen und auch Frankreich, für die Auflösung ein[45]. Dagegen waren die Städte machtlos. Die Folgen blieben nicht aus. In das Vakuum nach dem Ende des Bundes stieß Hessen vor, besiegte in einem kurzen Feldzug die Österreicher in Württemberg und restituierte Herzog Ulrich. Bald folgte die Einführung der Reformation im ganzen Herzogtum. Diese Wendungen führten Bayern wieder näher an Habsburg heran. Der Linzer Vertrag (September 1534) beendete die antihabsburgische Bündnispolitik Bayerns, aber nicht seine Verbindungen mit der protestantischen Fürstengruppe[46]. Was Augsburg anging, so bekam es diese Veränderung des politischen Umfeldes rasch zu spüren. Der größere Spielraum, den es 1534 gewonnen hatte und den es zu einer energischen Fortsetzung der innerstädtischen Reformation benutzte, war das eine. Die scharfen Reaktionen des Bischofs, des Domkapitels und vor allem Bayerns waren das andere. Bayern ging nun so weit, Augsburg gegenüber dem Kaiser als in die Reichsacht gefallen zu denunzieren. Gleichzeitig erboten sich die Herzöge Wilhelm und Ludwig, im Auftrag des Kaisers die Achtexekution gegen Augsburg vorzunehmen, falls die Stadt die kirchlichen Neuerungen nicht rückgängig mache[47].

Diese bedrohliche Entwicklung wurde dadurch entschärft, daß der Kaiser fern war und Ferdinand weiter an guten Beziehungen zu Augsburg gelegen war. Vor allem bildete die Stadt einen Angelpunkt in den verschiedenen neuen Bundesplänen, die seit 1534/1535 von Wien und auch vom Kaiserhof verfolgt wurden[48]. Insgesamt setzte sich jedoch in der nun entschieden reformatorischen Führungsschicht Augsburgs die Meinung durch, daß der Ausweg aus der Isolierung der Stadt im Anschluß an den Schmalkaldischen Bund zu suchen sei. Voraussetzung dafür war die Beilegung der komplizierten kirchlichen Konfliktsituation in der Stadt. Die Gegensätze zwischen der zwinglianischen und der lutherischen Richtung wurden, vor allem mit Hilfe des von Straßburg her eingreifenden Martin Bucer, so weit beigelegt, daß im Mai 1536 zu Eisenach die kirchliche Einigung mit den Wittenbergern abgeschlossen werden konnte. Schon kurz zuvor waren die Einwände des sächsischen Kurfürsten gegen den Beitritt Augsburgs zum Schmalkaldischen Bund überwunden. Es wurde anerkannt, daß die Stadt sich jetzt zur Confessio Augustana bekenne. Am 20. Januar 1536 wurde die Urkunde über die Aufnahme der Stadt in den Bund ausgestellt[49].

Entsprechend seiner Zugehörigkeit zum Bund wies Augsburg die Konzilswerbung ab, die der Nuntius Vorst im Auftrag Papst Pauls III. überbrachte. Es folgten zu Anfang 1537 die letzten, radikalen Maßnahmen des Rates, die alle Reste katholischen Kirchenlebens in Augsburg beseitigten. Die Stadt veröffentlichte eine feierliche Rechtfertigung gegenüber dem Kaiser, Ferdinand und den Ständen und ließ durch eigene Gesandtschaften nach Spanien, Wien, München und zu den Dreibundstädten Nürnberg und Ulm ihr Vorgehen erläutern[50]. Man betonte die obrigkeitliche Pflicht zum Eintreten für das Wort Gottes und die Rücksicht auf die »Gemeinde«. Feierlich versicherte der Rat die Unterwerfung unter die Entscheidung eines künftigen, rechtmäßigen Konzils. Was freilich die Augsburger Stadtväter damals unter einem »rechtmäßigen« Konzil verstanden, konnte eigentlich für niemand, der die Konzilspolitik der Schmalkaldener verfolgte, strittig sein. Einstweilen kam es weder in dieser Frage noch in den anderen Konfliktfällen, die durch den radikalen Schritt der Stadt von 1537 ausgelöst wurden, zu eklatanten Folgen. Die Stadt war nun in den Schutz des Schmalkaldischen Bundes aufgenommen. Die volle politisch-kirchliche Solidarität zur großen Mehrzahl der oberdeutschen Reichsstädte war hergestellt. Handel und Wandel der Kaufleute, mit und ohne habsburgische Partnerschaft, schienen weiter ungestört zu florieren.

Augsburg im Zeitalter Karls V.
Von der Reformation zum Religionsfrieden (1537–1555)

Für die Zeitgenossen gab es Ende der dreißiger Jahre, als der Schmalkaldische Bund sich weiter kräftigte, unterschiedliche Perspektiven der Zukunft

Deutschlands und der Reformation. Die überzeugt evangelischen Gruppen, die nun auch in Augsburg die Führung übernommen hatten, hofften darauf, ganz Deutschland für die Reformation zu gewinnen – was immer das für die Reichsverfassung und das Kaisertum bedeutet hätte. Eine weitere Alternative richtete sich auf ein gesichertes Zusammenleben der Reichsstände mit unterschiedlicher Konfession im Rahmen der Landfriedensordnung. Die dritte Perspektive ging dahin, mit Hilfe des Konzils und der Macht des Kaisers, mit oder ohne militärische Gewalt, das Reich doch noch in die Einheit der traditionellen Kirche und in das Hegemonialsystem des Kaisers einfügen zu können. Übergänge und Schwankungen zwischen diesen drei Perspektiven fehlten nicht. Es wäre der Mühe wert, die Haltung der Reichsstädte und ihrer führenden Vertreter insgesamt und einzeln auf diese Perspektiven hin zu untersuchen, wobei insbesondere die Konzilspolitik der Städte und ihre Stellung zum Schmalkaldischen Bund Beachtung verdiente. Solche zusammenfassenden Studien könnten auch eine genauere Einordnung und Bewertung der Politik Augsburgs bis zum Kriegsausbruch von 1546 ermöglichen. Deutlicher als von der Basis her lassen sich die Abläufe von oben, vom Kaiser her, verfolgen.

Als Karl V. mit dem Waffenstillstand von Nizza 1538 den dritten seiner Hegemoniekriege gegen Frankreich beendete, wandte er sich neuerdings dem Reich und der Kirchenfrage zu[51]. Das Stichwort des Kaiserhofs »la pacification de l'Allemagne« war ganz ambivalent, wie man auch in Augsburg feststellen konnte. Es gab 1538/39 im Reich geradezu zwei divergierende politische Systeme, die sich beide auf den Kaiser beriefen: ein System der »weichen Hand« gegenüber den Protestanten, verknüpft mit dem Namen des Erzbischofs von Lund, eines skandinavischen Diplomaten im Dienste Karls V., der im April 1539 mit den evangelischen Ständen ein neues Abkommen, den Frankfurter Anstand, abschloß. Die parallele Politik der »harten Hand«, vertreten durch den Reichsvizekanzler Matthias Held, hatte schon im Juni 1538 in Nürnberg zu der Gründung der sogenannten »christlichen Einung« geführt, eines katholischen Gegenstücks zum Schmalkaldischen Bund. Hier dominierten die bayerischen Herzöge[52]. Und während der Kaiser angesichts der Verzögerung des Konzils 1540/41 mit Zustimmung des Papstes eine außerkonziliare Lösung der deutschen Kirchenfrage durch Religionsgespräche in Angriff nahm, versteifte sich Bayern auf ein intransigentes, wenn nötig militärisches Vorgehen zur Wiederherstellung der kirchlichen Einheit. Das war eine neue Gefahr für Augsburg. Demgegenüber setzten nun neue Sondierungen, vor allem von hessischer Seite, ein, an denen der Augsburger Stadtarzt Gereon Sailer über Jahre hinweg führend beteiligt war: Sollte es nicht gelingen, in eine »kaiserfreie« Verständigung auch Bayern einzubeziehen, das dann eine Schutzfunktion zugunsten Augsburgs übernehmen würde?[53] Die doppelbödige Diplomatie Leonhard von Ecks hielt solche Kombinationen lange offen; wie weit und wie lange man in Augsburg mit der Möglichkeit eines Einverständnisses mit dem mächtigen bayerischen Nachbarn – und der Gewinnung Bayerns für die Reformation – rechnete, ist umstritten. Der starke Ausbau der Augsburger Befestigungsanlagen seit 1538 – also gleichlaufend mit dem Ausbau Ingolstadts auf bayerischer Seite – demonstriert jedenfalls die veränderte, spannungsgeladene Situation.

Die Haltung Augsburgs gegenüber den Concordia-Verhandlungen auf dem Regensburger Reichstag 1541 war uneinheitlich und gespalten[54]. Die Reichstagsdelegierten der Stadt, Wolfgang Rehlinger, Simprecht Hoser und Dr. Konrad Hel, traten für den kirchlichen Ausgleich ein. In Augsburg selbst, wo vor allem der Theologe Wolfgang Musculus im Sinne der Wittenberger und gegen Bucer die Kompromißversuche kritisierte, war man anderer Meinung. Die innerstädtischen Auseinandersetzungen für und wider die Regensburger Unionsversuche endeten, als das Scheitern der kaiserlichen Ausgleichspolitik in Regensburg deutlich wurde. Bald traten andere Probleme in den Vordergrund.

Im Zusammenhang des Feldzuges der Hessen und Sachsen zur Vertreibung des katholischen Herzogs Heinrich von Braunschweig aus seinem Lande geriet das ohnehin nicht einfache Verhältnis zwischen Städten und Fürsten im Schmalkaldischen Bund in eine offene Krise[55]. Die Städte fühlten sich durch das eigenmächtige Vorgehen der Bundesfürsten brüskiert. Augsburg hatte nicht nur über die finanziellen La-

sten, sondern auch über die reichsrechtlichen Hypotheken zu klagen, die sich durch den Braunschweigischen Krieg auch für die städtischen Glieder des Bundes ergaben. Andererseits war das frühere Vertrauen der Stadt in Landgraf Philipp durch die Nachrichten über seine Bigamie und seine dadurch bedingte Abhängigkeit vom Kaiser erheblich reduziert. Eine weitere Schwächung des Zusammenhalts und der Politik des Bundes ergab sich aus dem Verhalten zum Geldern-Konflikt zwischen dem Herzog von Jülich und dem Kaiser. Die Häupter des Bundes lehnten die Unterstützung des Herzogs ab. Die Städte waren zwar aufgrund ihrer Interessenlage im allgemeinen skeptisch gegen weitreichende, auch europäische Allianzkombinationen. Im Falle Jülichs waren sie dafür eingetreten, dem Herzog zu helfen, wenn er sich der evangelischen Lehre zuwenden wolle.

Die habsburgische Diplomatie hatte schon länger auf eine Trennung der oberdeutschen Städte, vor allem des reichen Augsburg, vom Schmalkaldischen Bund hingearbeitet. Sie verstärkte seit 1542/43 diese Bemühungen, sowohl im Hinblick auf die Krisensymptome im Bund, wie vor allem im Zuge jenes »großen Planes«, den der Kaiser nun offenbar im Reich verfolgte. Granvelle, der leitende Minister des Kaisers, sprach 1543 zweimal in Augsburg vor. Es ging ihm dabei nicht nur um Augsburgs Leistungen zur Türkenhilfe, sondern auch um die Unterstützung des Kaisers gegen den Herzog von Jülich in dem wieder begonnenen Krieg mit Frankreich[56]. Diese Versuche, Augsburg (mit oder ohne andere Städte des Schmalkaldischen Bundes) auf die Seite des Kaisers zu bringen, ziehen sich wie ein roter Faden durch die folgenden Jahre bis zum Beginn des Krieges im Sommer 1546. Eine wichtige Etappe bildete dabei der Reichstag in Speyer 1544, wo der Kaiser den protestantischen Ständen so weitgehende religionspolitische Zugeständnisse machte, daß sie den Feldzug gegen Frankreich unterstützten, der nach einem Offensiverfolg zum Frieden von Crépy führte. Während nun 1545 der Kaiser bei Papst Paul III. die Konzilseröffnung erwirkte und sich zugleich die militärische Hilfe des Papstes im Sinne der Kombination von Ketzerkrieg und Konzilsbeschickung (auch durch die Protestanten) sicherte, gingen die Versuche weiter, Augsburg aus der zu erwartenden Widerstandsfront herauszulösen. Der Reichsvizekanzler Johann von Naves und Kardinal Otto Truchseß von Waldburg, der neue Bischof von Augsburg, wandten sich mit Bündniswerbungen an die Stadt[57]. Demgegenüber verschärfte sich der protestantische Widerstandswille in der Stadt. Der Stadtschreiber Georg Frölich war schon länger Vertreter einer unbedingten evangelischen Politik. Seit den Wahlen von 1545 trat Jakob Herbrot, von den Zünften zum Bürgermeister gewählt, ganz in den Vordergrund.

Die Argumente, die im Kreise dieser Männer damals zur Ablehnung der kaiserlichen Angebote geltend gemacht wurden, blieben auch für den Entschluß zum Kriegseintritt mit dem Schmalkaldischen Bund gegen den Kaiser 1546 maßgebend: Der Eintritt Augsburgs (und anderer Städte) in ein Bündnis mit dem Kaiser – auch mit religionspolitischen Zusicherungen – würde langfristig den Rückhalt der Stadt bei den evangelischen Ständen zerstören; man müßte sich »durch solche bundtnus in des antichrists reich offenlich bekennen ... Wie möchten die erbern stett bas [besser] verdruckt und nit allain von irer freihait sonder auch vom wort Gottis gedrungen werden?«[58] Die »Päpstler« erscheinen in dieser Argumentation als prinzipielle Feinde der Städte. Die politische Freiheit der Städte und der Schutz der evangelischen Wahrheit werden identisch gesetzt. Probleme der ökonomischen Existenzsicherung, der Reichsverfassung, der künftigen Stellung des Kaisertums kommen nicht zur Sprache. So war es eine konsequente Entwicklung, daß die Versuche einer ausgleichswilligen Gruppe, auf dem Regensburger Reichstag 1546 eine Art von Neutralitätsabkommen für Augsburg vom Kaiserhof zu erwirken, von der Ratsmajorität zwar zunächst geduldet, dann aber entschieden dementiert wurden. Im Hin und Her der Täuschungsmanöver (vor allem von bayerischer Seite) und der Kriegs- und Friedensgerüchte unmittelbar vor Beginn der Feindseligkeiten blieb Augsburg auf der klaren Linie einer aktiven Solidarität mit dem Schmalkaldischen Bund, gleichbedeutend mit dem Kampf für die städtische Freiheit. So führten die Augsburger Truppen, die unter Schertlin von Burtenbach alsbald erfolgreich den Präventivkrieg begannen, auf ihren Fahnen die Inschriften: »Verbum domini manet in aeternum« und »Pugna pro patria«.

Als der Kaiser im Juni 1546 seiner Schwester Maria den endgültigen Entschluß zum Kriege mitteilte, erläuterte er auch die propagandistische Seite: »[...] entschloß ich mich, den Krieg gegen Hessen und Sachsen als Landfriedensbrecher an dem Herzog von Braunschweig zu beginnen. Und obwohl dieser Vorwand nicht lange darüber täuschen wird, daß es um die Religion geht, so dient er doch zunächst, die Abgewichenen zu trennen«[59]. Im Falle Augsburgs und der anderen schwäbischen Städte war dieses Trennmanöver mißlungen. Im Gegenteil: Während eine beträchtliche Gruppe der kaisertreuen Kaufleute noch vor Beginn der Kämpfe Augsburg verlassen hatte – sämtliche Fugger, die meisten Welser, die Baumgartner, vier Rehlinger und viele andere –, und während aus dem Kreis dieser Exulanten die Habsburger sehr hohe Kriegskredite erhielten, ergriff das schwäbische Aufgebot des Schmalkaldischen Bundes rasch und erfolgreich die Offensive[60]. Unter Sebastian Schertlin von Burtenbach eroberte das Heer der oberländischen Städte am 9. Juli Füssen und stieß weiter bis zur Ehrenberger Klause vor. Am 23. Juli fiel Dillingen, die Residenz des Augsburger Bischofs. Höchst aufschlußreich ist die sofort einsetzende, systematische Okkupations- und Säkularisierungspolitik des Augsburger Rates. Im Einverständnis mit dem Bund wurden überall die besetzten bischöflichen Territorien, auch sonstiger geistlicher Besitz und die burgauisch-österreichischen Gebiete, zur Huldigung veranlaßt. Klöster wurden beschlagnahmt und der evangelische Gottesdienst eingeführt. Angesichts der überraschenden Anfangserfolge sah die Stadt nun endlich die Chance gekommen, sich in Schwaben ein eigenes Territorium zu schaffen.

Rasch kam es anders. Nicht nur daß das Zögern des bündischen Oberkommandos die Fortsetzung der offensiven Kriegsführung ausschloß, ohne andererseits die Vereinigung der aus den Niederlanden anrückenden kaiserlichen Truppen mit der Hauptarmee Karls V. hindern zu können. Schon Mitte September begann sich das Kriegsglück zu wenden. Die einheitliche Führung und der gewaltige Einsatz der außerdeutschen Hilfsquellen sicherte dem Kaiser die Oberhand über die unentschlossenen Schmalkaldener. Der Abzug Hessens und Kursachsens nach dem Norden (im November 1546) gab die oberländischen

Städte dem an der Donau nach Westen vorrückenden Kaiser preis. Nun griff Augsburg das Vermittlungsangebot Anton Fuggers auf[61]. Karl stellte – wie in den gleichzeitigen Kapitulationsverhandlungen mit anderen Städten und Fürsten – harte finanzielle und militärische Bedingungen, sagte aber in kirchlicher Hinsicht Schonung zu; politische Zukunftsfragen blieben ausgespart. Nachdem der Kleine und Große Rat zugestimmt hatten, taten am 29. Januar 1547 die Delegierten der Stadt in Ulm den Fußfall vor dem Kaiser. Im Februar rückte eine kaiserliche Besatzung in die Stadt ein, der Kommandant erhielt die Schlüssel der Stadt. Hohe Kriegsentschädigungen waren an den Kaiser, König Ferdinand, den Herzog von Bayern und an Kardinal Otto Truchseß von Waldburg zu zahlen. Der Frühjahrsfeldzug 1547 vollendete die Niederlage der Schmalkaldener. Der Bund löste sich auf, der sächsische Kurfürst und Landgraf Philipp kamen in Gefangenschaft.

Der Kaiser stand auf der Höhe seiner Macht. Augsburg wurde in den nächsten Jahren zu seiner Residenz und zum Ort zweier langdauernder Reichstage (1547/48, 1550/51), auf denen es um die Umsetzung des gewaltigen militärischen Erfolges in dauerhafte politische Regelungen ging[62]. Niemand konnte voraussehen, daß es sich nur um einen Scheinsieg des Kaisers und der katholischen Sache handelte. Augsburg, nun zugleich Schauplatz und exemplarisches Objekt dieses Ringens um eine Neugestaltung des Reiches im monarchisch-katholischen Sinne, wurde in dreifacher Hinsicht unmittelbar betroffen. Das erste war das sogleich nach den kaiserlichen Siegen einsetzende Drängen auf eine neue bündische Zusammenfassung der Reichsstände im Sinne einer Stützung der habsburgischen »Monarchia« unter äußerlicher Schonung der Reichsverfassung[63]. Hier erhoben sich alsbald so starke Widerstände von fürstlicher Seite, daß den Augsburgern die Abwägung zwischen Vorteil und Nachteil einer solchen Konstruktion, die wohl eine Erneuerung und Erweiterung des Schwäbischen Bundes mit verstärkter monarchischer Spitze bedeutet hätte, erspart blieb. Tiefer griff die kirchenpolitische Neuordnung ein. Abgesehen von einer Reihe von Sofortmaßnahmen in Augsburg zur Restitution des katholischen Gottesdienstes, ging es um eine umfassende kirchliche Rahmenordnung, die bis

zum Wiederbeginn des Trienter Konzils und bis zu seinen Entscheidungen gelten sollten. Aufgrund des Widerstrebens der katholischen Stände wurde dieses sogenannte »Interim« als ein kaiserliches Religionsgesetz nur für die protestantischen Reichsstände in Kraft gesetzt. Die Versuche der Stadt Augsburg, die Auswirkungen dieses Gesetzes, das im wesentlichen auf eine Wiederherstellung präreformatorischer Zustände hinauslief (mit den Zugeständnissen von Priesterehe und Laienkelch), zu mildern, waren das eine[64]. Das andere war die allgemeine und unaufhaltsam *gegen* die kaiserlichen Pläne wirkende Problematik der kirchlich-politischen Lage im Reich: Wie sollten – im Reich und in Augsburg – aus Protestanten Katholiken werden, ohne daß gute Seelsorger, eindeutige Reformleistungen und innere Bereitschaft vorhanden waren?

Diese Problematik von Zwang und Überzeugung wurde in Augsburg wie anderwärts verschärft durch tiefe Eingriffe des Kaisers in die traditionelle Stadtverfassung[65]. Im August 1548 dekretierte Karl V. eine fundamentale Änderung der seit dem 14. Jahrhundert bestehenden Verfassung Augsburgs: Ende der Zünfte und Zunftherrschaft, Einsetzung eines neuen, überwiegend aus den patrizischen Familien rekrutierten Rates. Auch dieses Vorgehen, das sich ähnlich in zahlreichen Reichsstädten wiederholte, ist in größerem Zusammenhang zu sehen: Ohne eine offene konfessionspolitische Zielsetzung sollten doch in all diesen Städten die konservativen, zum Teil noch (oder wieder) katholischen Oberschichten privilegiert und die Dynamik der Zünfte abgeschnitten werden. Das war ein Vorgehen, das offenbar durchgehend der Räson habsburgischer Herrschaft entsprach. Die republikanischen Gegner des Kaisers in Italien warfen ihm dementsprechend vor, daß er überall auf Kosten der Freiheit »governi stretti e tirannici« bevorzuge[66].

Das langsame, unaufhaltsame Anwachsen der Opposition gegen die »Monarchia« des Kaisers macht den wesentlichen Inhalt der deutschen Geschichte der Jahre von 1547 bis 1552 aus. Was Augsburg angeht, so war es kein Einzelfall, daß diese Opposition im innerstädtischen Bereich wie in den Kontakten der Reichsstädte untereinander keine aktive politische Form annahm. Magdeburgs Widerstand gegen die

Macht des Kaisers wurde zwar zu einem Symbol städtischen Kampfes für das Evangelium und die Freiheit. Doch die wirksamen Zentren der organisierten Gegenwehr gegen Karl V. entstanden 1550/52 ausschließlich auf der Ebene fürstlicher Konspiration. Auch dieser Vorgang zeigt den Rückgang der Bedeutung städtischer Macht und Politik im Gesamtrahmen der Reichsgeschichte.

Der Aufstand einer Gruppe protestantischer Fürsten unter Führung des Kurfürsten Moritz von Sachsen, die mit Frankreich verbündet waren[67], führte nochmals zu einer tiefgreifenden Veränderung der äußeren und inneren Lage Augsburgs. Das siegreiche Heer der Aufständischen stieß rasch nach Süden vor und stand am 1. April 1552 vor den Toren Augsburgs, das nur durch eine schwache kaiserliche Garnison gesichert war. Nun zeigte sich, wie wenig stabil die durch das Eingreifen des Kaisers seit 1548 geschaffene Verfassungs- und Kirchenordnung war[68]. Gegenüber der militärischen Übermacht der »Kriegsfürsten« und unter dem Druck der protestantischen Mehrheit der Bevölkerung wie der starken zünftischen Gruppierungen brach das System von 1548 zusammen. Unter führender Beteiligung Jakob Herbrots kam eine Vereinbarung zustande, die am 4. April die Stadt den Aufständischen übergab und zugleich das Interim beseitigte und die alte zünftische Verfassung wiederherstellte. Die Stadt hatte noch Ende März den Bürgermeister Konrad Meyr nach Innsbruck entsandt, um vom Kaiser Hilfe gegen das heranrückende protestantische Heer zu erbitten. Nun konnte man sich u. a. auf die ausgebliebene Hilfeleistung berufen. In der Tat war im April/Mai 1552 die Autorität Karls V. im Reich an einem Tiefpunkt angelangt. Es fragte sich allerdings, welche dauerhafte politische Neuordnung aus den Anfangserfolgen der Aufständischen hervorgehen werde, denn die Zeit arbeitete für den Kaiser, und Moritz hatte sehr bald Verbindung mit König Ferdinand aufgenommen, um durch dessen Vermittlung – wenn möglich – zu einer Kompromißlösung auf mittlerer Linie zu kommen.

Die sinkende Bedeutung der Reichsstädte in den reichspolitischen Peripetien zeigte sich auch darin, daß zu den nun folgenden Ausgleichsverhandlungen in Passau weder von Kurfürst Moritz noch von Karl oder Ferdinand Städtevertreter eingeladen wurden. Da Augsburg (wie andere oberländische Städte) von den Kriegsfürsten die Zusage hatte, in alle Vertragsverhandlungen »mit dem Gegenteil« einbezogen zu werden, regte die Stadt eine gemeinsame städtische Aktion zur Beteiligung an der Passauer Tagung an[69]. Dies hatte keinen Erfolg, und der Vertreter, den Augsburg dann von sich aus dorthin schickte, hatte nur den Status eines Beobachters. In der wichtigsten Frage für die Zukunft der Stadt – der Sicherung der zünftisch-protestantischen Neuordnung vom April – enthielt der Passauer Vertrag nur vage Formulierungen: Die mit den Kriegsfürsten verbündeten Reichsstädte sollten »bei ihren . . . Freiheiten« gelassen werden. Die ursprüngliche Formulierung, die Kurfürst Moritz aber nicht durchgesetzt hatte, war dahin gegangen, daß die Städte »bei ihrem itz geordneten Rat« gelassen werden. Die Folgen blieben nicht aus. Als der Kaiser neuerdings ein mächtiges Heer versammelte, das nach der Ratifikation des Passauer Vertrages vor allem gegen Frankreich bestimmt war, mußte Augsburg am 19. August Herzog Alba die Tore öffnen[70]. Am Tag darauf zog der Kaiser selbst in die Stadt ein, und am 25. August wurde die 1548 geschaffene patrizische Verfassung wiederhergestellt. Hinsichtlich der Neuordnung der kirchlichen Verhältnisse trat ein ausführliches Gutachten Hans Jakob Fuggers dafür ein, beide Konfessionen in einer noch näher zu bestimmenden Form nebeneinander zuzulassen. Dementsprechend ging die kaiserliche Regierung differenziert vor: Drei evangelische Prediger wurden als »aufrührerisch« ausgewiesen, den anderen wurde, gemäß dem Passauer Vertrag, die strikte Beachtung der Augsburger Konfession vorgeschrieben.

Die endgültige Neuordnung der politisch-kirchlichen Verhältnisse im Reich war von Passau auf den kommenden Reichstag verschoben worden. Dieser Reichstag, der erst 1555 in Augsburg stattfand, brachte mit dem Religionsfrieden und der erstmaligen reichsrechtlichen Sicherung des paritätischen konfessionellen Status in den betreffenden Reichsstädten auch für die Stellung der Lechstadt im Reich eine dauerhafte Stabilisierung. Die entscheidenden reichspolitischen Etappen auf dem Weg zu diesem Ergebnis wurden in den Jahren 1553 und 1554 durchmessen: das Scheitern der kaiserlichen Politik, die nach einem Sieg über Frankreich nochmals die Entscheidungen im Reich im monarchisch-katholischen Sinne zu revidieren gehofft hatte; die nur teilweise erfolgreichen Versuche einer u. a. im »Heidelberger Bund« zusammengeschlossenen Mittelgruppe (der auch Augsburg angehörte), zwischen dem Kaiser und Ferdinand den reichsständischen Konsens zu organisieren; schließlich Ferdinands Bemühungen, nach der tiefen Autoritätskrise im Reich eine neue Plattform für ein Zusammenwirken habsburgischen Kaisertums mit dem Corpus der deutschen Fürsten und Städte zu sichern[71]. Von Augsburg her gesehen entsprach diese ferdinandeische Reichspolitik den Interessen der herrschenden Schichten, die einerseits in so vielfachen Beziehungen zum habsburgischen Machtbereich standen, andererseits eine föderative und bikonfessionelle Absicherung gegenüber den auswärtigen und internen Risiken von Konflikt und Bürgerkrieg wünschten.

Der Reichstag, der in Augsburg durch Ferdinand am 5. Februar 1555 eröffnet und am 25. September beendet wurde, hat durch den hier zustande gekommenen Religionsfrieden nochmals den Namen der Stadt – wie im Fall der Confessio Augustana – aufs engste mit zentralen Entscheidungen der Reformationsgeschichte verbunden[72]. Die wesentlichen Auseinandersetzungen wurden zwischen Ferdinand und den Fürsten der evangelischen und katholischen Seite geführt. Die Mitwirkung der Reichsstädte und der Augsburger Vertreter war nicht ohne Bedeutung. In der Frage der Regelung des Zusammenlebens der beiden Konfessionen auf reichsstädtischem Boden läßt sich eine unmittelbare und starke Einflußnahme der Augsburger auf die dann im Religionsfrieden kodifizierte Verfassungsregel feststellen[73]. Die Reichsstädte waren noch im September unter sich nicht einig. Ferdinand trat für eine gemischtkonfessionelle Rahmenlösung ein (die wesentlich den Katholiken zugute kommen sollte). Er führte dafür ein aufschlußreiches verfassungsrechtliches Argument an: Die Stadträte würden von der Bürgerschaft gewählt und besetzt, daher hätten »vermög der Rechten gleich über seines gleichen in wichtigen Glaubens sachen, so die gewissen und seligkeit belangen, kein gebott und verbot zu setzen«[74]. Zunächst gab es eine

protestantische Mehrheit der Städte gegen den Artikel. Es waren vor allem Straßburg, Ulm, Eßlingen und Frankfurt, die den bikonfessionellen Status ihrer Städte zugunsten eines einheitlich protestantischen Kirchenwesens zu beseitigen wünschten. Schließlich erklärte Augsburg ausdrücklich sein Einverständnis mit der gemischtkonfessionellen Lösung, Regensburg schloß sich an. Das war der Anfang vom Ende des protestantischen Widerstandes. Als auch seitens der Kurfürsten- und der Fürstenkurie keine Intervention erfolgte, war die Annahme des Städteartikels in jener Form entschieden, die bis zum Ende des Alten Reiches das Zusammenleben von Protestanten und Katholiken in einer Anzahl von Reichsstädten sicherte. Man kann also sagen, daß gerade das Eintreten Augsburgs – auf der Linie des Gutachtens von Hans Jakob Fugger (1552) – erheblich zum Zustandekommen dieser reichsrechtlichen Lösung beigetragen hat: angesichts des damals herrschenden Prinzips konfessioneller Ausschließlichkeit ein beachtenswerter Schritt in eine tolerantere Zukunft.

1 Siehe den Überblick von Adolf Layer in: HdbBayG III, 2, S. 903–927; dazu auch die Anfangskapitel von Adolf Laufs: Der Schwäbische Kreis. Studien über Einungswesen und Reichsverfassung im deutschen Südwesten zu Beginn der Neuzeit, Aalen 1971; instruktiv die Einleitungsabschnitte von Volker Press: Schwaben zwischen Bayern, Österreich und dem Reich. In: Pankraz Fried (Hrsg.): Probleme der Integration Ostschwabens in den bayerischen Staat, Sigmaringen 1982, S. 17–79.

2 Helmo Hesslinger: Die Anfänge des Schwäbischen Bundes und seine verfassungspolitische Bedeutung bis 1492, Diss. phil. Tübingen 1969, S. 79.

3 Siehe Adolf Layer: Hochstift und Domkapitel Augsburg. In: HdbBayG III, 2, S. 949–962.

4 Siehe Heinrich Lutz: Conrad Peutinger. Beiträge zu einer politischen Biographie, Augsburg 1958 (Abhandlungen zur Geschichte der Stadt Augsburg 9), S. 11–14.

5 Siehe das Kapitel von Andreas Kraus: Das süddeutsche Reich der Wittelsbacher. In: HdbBayG II, S. 287–291.

6 Ernst Bock: Der Schwäbische Bund und seine Verfassungen (1488–1534), Breslau 1927 (Untersuchungen zur deutschen Staats- und Rechtsgeschichte 137); Hesslinger; weitreichende Orientierung bei Volker Press: Die Bundespläne Kaiser Karls V. und die Reichsverfassung. In: Heinrich Lutz (Hrsg.): Das römisch-deutsche Reich im politischen System Karls V., Mün-

chen 1982 (Schriften des Historischen Kollegs, Colloquien 1), S. 55–106.

7 Die neuere Literatur bei Peter Moraw: Versuch über die Entstehung des Reichstags. In: Hermann Weber: Politische Ordnungen und soziale Kräfte im alten Reich, Wiesbaden 1980 (Veröffentlichungen des Instituts für Europäische Geschichte Mainz, Abt. Universalgeschichte, Beiheft 8), S. 1–42, bes. S. 12, Anm. 53. Wichtig die Arbeiten von Heinz Angermeier, zuletzt: Reichsreform und Reformation. In: HZ 235 (1983), S. 529–604. Für die damalige Stellung der Reichsstädte in der Reichsverfassung siehe jetzt – mit Verarbeitung der älteren Literatur – Georg Schmidt: Der Städtetag in der Reichsverfassung. Eine Untersuchung zur korporativen Politik der Freien und Reichsstädte in der ersten Hälfte des 16. Jahrhunderts, Diss. phil. Tübingen 1981, demnächst in Druck.

8 Querschnittartige Überblicke zur politischen und kulturellen Situation des Reiches vor der Reformation zuletzt bei Bernd Moeller: Deutschland im Zeitalter der Reformation, 2. Aufl., Göttingen 1981 (Deutsche Geschichte, hrsg. von Joachim Leuschner, Bd. 4); bei Heinrich Lutz: Das Ringen um deutsche Einheit und kirchliche Erneuerung (1490–1648), Berlin 1983 (Propyläen Geschichte Deutschlands, Bd. 4).

9 Grundlegend die auf fünf Bände angelegte Biographie Heinrich Wiesfleckers: Kaiser Maximilian I., Bd. 1–4, Wien 1971–1981.

10 Zusammenfassend Lutz, Peutinger.

11 Bruno Bushart: Die Augsburger Brunnen und Denkmale um 1600. In: Welt im Umbruch. Augsburg zwischen Renaissance und Barock, Bd. 3, Augsburg 1981, S. 89 f.

12 Rudolf Reuter: Der Kampf um die Reichsstandschaft der Städte auf dem Augsburger Reichstag 1582, München 1919 (Schwäbische Geschichtsquellen und Forschungen 3), S. 15; Schmidt, S. 407 f.

13 Detailliert bei Lutz, Peutinger, S. 25–38.

14 Siehe Laufs, S. 166–168 und passim.

15 Lutz, Peutinger, S. 45–47; von Andreas Kraus das Kapitel: Um die Einheit Altbayerns. In: HdbBayG II, S. 291–294.

16 F. Hümmerich: Die erste deutsche Handelsfahrt nach Indien 1505/06, München 1922; Lutz, Peutinger, S. 54–64.

17 Konrad Peutingers Briefwechsel, hrsg. von Erich König, München 1923, S. 50.

18 Lutz, Peutinger, S. 70–77.

19 Heinrich Ulmann: Kaiser Maximilian I., Bd. 2, Stuttgart 1891, S. 333–358; Henry Simonsfeld: Der Fondaco dei Tedeschi und die deutsch-venezianischen Handelsbeziehungen, Bd. 1, Stuttgart 1887, S. 358 f.; Lutz, Peutinger, S. 65–96; Götz Frhr. von Pölnitz: Jakob Fugger. Kaiser, Kirche und Kapital in der oberdeutschen Renaissance, Bd. 1, Tübingen 1949, S. 213–215. – Für die Vorgeschichte siehe Heinrich Lutz: Vincenzo Querini in Augsburg 1507. In: Ders., Politik, Kultur und Religion im Werdeprozeß der frühen Neuzeit. Aufsätze und Vorträge, Klagenfurt 1982, S. 30–32.

20 Bock, S. 143–145; Lutz, Peutinger, S. 112–116.

21 Für die politische Situation 1519 vgl. zuletzt Lutz, Das Ringen, S. 198–200.

22 StAA Lit 1519, 3. März.

23 Lutz, Peutinger, S. 154; ebd. S. 145–160 die Augsburger Politik im Krieg gegen Württemberg. Für die städtefeindliche Politik Herzog Ulrichs vgl. zuletzt Schmidt, S. 292–294.

24 Oratio Chuonradi Peutingeri Augustani ... apud Caesarem Karolum Augustum Quintum ... habita, Boxstege 1521 (in der Augsburger Stadtbibliothek das Handexemplar Peutingers). Für die damaligen neoghibellinischen Strömungen siehe u. a. John M. Headly: Germany, the Empire and 'Monarchia' in the Thought and Policy of Gattinara. In: Lutz, Das römisch-deutsche Reich, S. 15–34.

25 Grundlegend Fritz Reuter (Hrsg.): Der Reichstag zu Worms von 1521. Reichspolitik und Luthersache, Worms 1971; Heinrich Lutz: Das Reich, Karl V. und der Beginn der Reformation. In: Ders., Politik, Kultur und Religion, S. 53–66.

26 Roth 1, S. 63–71.

27 Peutingers Briefwechsel S. 333–339; auch in: RTAJR, Bd. 2, hrsg. von Adolf Wrede, Gotha 1896, S. 856–862; vgl. Lutz, Peutinger, S. 186.

28 Ebd. S. 168–197.

29 Bock, S. 161–163; Lutz, Peutinger, S. 199–202.

30 Vgl. die umfassende Dokumentation bei Karl Klüpfel (Hrsg.): Urkunden zur Geschichte des Schwäbischen Bundes, Bd. 2, Stuttgart 1852 (Bibliothek des literarischen Vereins, Bd. 31), S. 235–237; dazu RTAJR, Bd. 3, S. 821–823; Lutz, Peutinger, S. 207–214.

31 Martin Brecht: Die deutsche Ritterschaft und die Reformation. In: Ebernburg-Hefte 3 (1969), S. 27–37; William R. Hitchcock: The Background of the Knights' Revolt 1522–23, Berkeley 1958 (University of California Publications in History 61).

32 Jakob Strieder: Studien zur Geschichte kapitalistischer Organisationsformen, 2. Aufl., München 1925, S. 70–88; Pölnitz, Jakob Fugger, Bd. 1, S. 503; Lutz, Peutinger, S. 214–221; Clemens Bauer: Conrad Peutingers Gutachten zur Monopolfrage. In: ARG 45 (1954), S. 1–43, 145–196; Wolfgang Zorn: Moralische und soziale Probleme des »Frühkapitalismus«. In: Hermann Aubin und Wolfgang Zorn (Hrsg.): Handbuch der deutschen Wirtschafts- und Sozialgeschichte, Bd. 1, Stuttgart 1971, S. 486–490; Fritz Blaich: Die Reichsmonopolgesetzgebung im Zeitalter Karls V., Stuttgart 1967. – Der Zusammenhang zwischen Monopolklage und der durch den Bund erfolgten Brüskierung des Reichsregiments wird schon in der Beschwerde der Stadt Augsburg betont (16. Febr. 1524): RTAJR, Bd. 4, S. 229.

33 Karl Lanz (Hrsg.): Korrespondenz des Kaisers Karl V., Bd. 1, Leipzig 1844, S. 121. – Zum folgenden siehe Roth 1, S. 113–136; Lutz, Peutinger, S. 222–228; Martin Brecht, Die gemeinsame Politik der Reichsstädte und die Reformation. In: ZRG KA 63 (1977), S. 180–263.

34 Peutingers Briefwechsel, S. 371–374.

35 Zum Forschungsstand zum Thema »Stadt und Reformation« siehe Bernd Moeller: Reichsstadt und Reformation. Gütersloh 1962; ders. (Hrsg.), Stadt und Kirche im 16. Jahrhundert. Gütersloh 1978; Heinrich Lutz: Reformation und Gegenreforma-

tion, 2. Aufl., München 1982 (Oldenbourg Grundriß der Geschichte 10), S. 138–141; Gerhard Müller: Reformation und Stadt. Zur Rezeption der evangelischen Verkündigung, Mainz 1981.

36 Lutz, Peutinger, S. 237.

37 Siehe Roth 1, S. 170–182; Lutz, Peutinger, S. 238–253; Christian Greiner: Die Politik des Schwäbischen Bundes während des Bauernkrieges 1524/25 bis zum Vertrag von Weingarten. In: ZHVS 68 (1974), S. 7–94.

38 Roth 1, S. 274–284.

39 Grundlegend für Augsburgs Reichspolitik ist die Dokumentation in: RTAJR, Bd. 7, hrsg. von Johannes Kühn, Stuttgart 1935; Darstellung bei Lutz, Peutinger, S. 283–286. – Für die Verhandlungen des Speyrer Reichstages 1529 über die Monopolfrage und die zweite Monopolklage des Reichsfiskals gegen Augsburger Kaufleute (Dezember 1529) siehe Strieder, Studien, S. 381–383; Lutz, Peutinger, S. 300 f.

40 Die Politik Karls V. gegenüber Augsburg ist noch nicht untersucht, auch nicht sein Verhalten gegenüber den Reichsstädten insgesamt. Einen Querschnitt heutiger Forschungen zur deutschen Politik des Kaisers bietet der in Anm. 6 zitierte Sammelband Lutz (Hrsg.): Das römisch-deutsche Reich im politischen System Karls V.; vgl. ebd. meine Schlußbemerkungen: Zusammenhänge und Perspektiven.

41 Götz Frhr. von Pölnitz: Anton Fugger, Bd. 1, Tübingen 1958, S. 157, S. 496, Anm. 128 (1529).

42 Die heutige Forschungslage übersichtlich bei Helmut Neuhaus: Der Augsburger Reichstag des Jahres 1530. Ein Forschungsbericht. In: ZHF 9 (1982), S. 167–211. Vgl. auch die einschlägigen Abschnitte in: Rosemarie Aulinger: Das Bild des Reichstags im 16. Jahrhundert. Beitrag zu einer typologischen Analyse schriftlicher und bildlicher Quellen, Göttingen 1980 (Schriftenreihe der Historischen Kommission bei der Bayer. Akademie der Wissenschaften 18); dies., Augsburg und die Reichstage des 16. Jahrhunderts. In: Welt im Umbruch, Bd. 3, S. 9–24. – Zur Augsburger Politik 1530 siehe Roth 1, S. 328–354; Lutz, Peutinger, S. 307–315.

43 Roth 2 hat ein umfangreiches Quellenmaterial auch für Augsburgs Außenbeziehungen erschlossen, das aber zum Teil einer erneuten Durcharbeitung und Interpretation bedürfte. Es existiert weder eine Untersuchung reichsstädtischer Konzilspolitik (ergänzend zu den summarischen Angaben bei Hubert Jedin: Geschichte des Konzils von Trient, 4 Bde., Freiburg 1949/75) noch eine Analyse der städtischen Sonderprobleme im Schmalkaldischen Bund. Zu letzterem Problemkreis vgl. jetzt Schmidt, Der Städtetag, S. 236–238; Otto Winckelmann: Der Schmalkaldische Bund 1530–1532 und der Nürnberger Religionsfriede, Straßburg 1892; Ekkehart Fabian: Die Entstehung des Schmalkaldischen Bundes und seiner Verfassung, 2. Aufl., Tübingen 1961. – Als Seitenstück zu Augsburg anregend: Sigrid Jahns: Frankfurt, Reformation und Schmalkaldischer Bund, Frankfurt 1976 (Studien zur Frankfurter Geschichte 9).

44 Roth 2, S. 42. – Auch der offenkundige Tatbestand, daß Augsburg durch »Sonderbewilligungen« zum Teil hinter dem Rük-

ken der anderen Städte und Stände die Beziehungen zu den Habsburgern pflegte, ist noch nicht im Zusammenhang untersucht.

45 Siehe Heinrich Lutz: Karl V. und Bayern. In: Politik, Kultur und Religion (s. Anm. 25), S. 112.

46 Umfassende Darstellung bei Alfred Kohler: Antihabsburgische Politik in der Epoche Karls V. Die reichsständische Opposition gegen die Wahl Ferdinands zum römischen König und gegen die Anerkennung seines römischen Königtums (1524–1534), Göttingen 1982, S. 321–337.

47 Roth 2, S. 238.

48 Vgl. Rudolf Endres: Der Kayserliche neunjährige Bund vom Jahr 1535–1544. In: Bauer, Reich und Reformation. Festschrift für Günther Franz, hrsg. von Peter Blickle, Stuttgart 1982, S. 89: Da Augsburg und Ulm sich weigerten, den Stillstand des Nürnberger Anstandes anzunehmen, wurden sie 1535 nicht in den kaiserlichen Bund aufgenommen.

49 Roth 2, S. 241–281.

50 Ebd. S. 372 f.

51 Zum folgenden der Überblick bei Lutz, Das Ringen, S. 264–266. Wichtige neue Gesichtspunkte bietet Albrecht P. Luttenberger: Glaubenseinheit und Reichsfriede. Konzeptionen und Wege konfessionsneutraler Reichspolitik (1530–1552), Göttingen 1982.

52 Siehe Heinrich Lutz: Das konfessionelle Zeitalter. In: HdbBayG II, S. 325–332.

53 Für diese Zusammenhänge sowie die Persönlichkeit und Politik Gereon Sailers vgl. das reiche und im Hinblick auf Augsburg noch nicht entsprechend ausgeschöpfte Quellenmaterial in: Max Lenz (Hrsg.): Briefwechsel Landgraf Philipps des Großmüthigen von Hessen mit Bucer, 3 Bde., Leipzig 1880/91. Insbes. Bd. 1 (S. 392–489) und Bd. 3 (S. 4–15, 71–534) enthalten viel Korrespondenz G. Sailers. Siehe auch Joachim Lauchs: Bayern und die deutschen Protestanten 1534–1546. Deutsche Fürstenpolitik zwischen Konfession und Libertät, Neustadt/Aisch 1978.

54 Roth 3, S. 31–46. Die Augsburger Reichstagskorrespondenz ist ediert von Friedrich Roth in den Bänden 2 bis 4 des ARG (1904/05–1906/07).

55 Roth 3, S. 69–83.

56 Siehe die Quellenstücke und Hinweise ebd. S. 91–100, insbes. S. 112 f. Zum »großen Plan« Karls V. vgl. Lutz, Reformation, S. 52 f., 142–147. Zur Augsburger Politik 1544 und zur Rolle Gereon Sailers vgl. Friedrich Roth: Aus dem Briefwechsel Gereon Sailers mit den Augsburger Bürgermeistern Georg Herwart und Simprecht Hoser (April bis Juni 1544). In: ARG 1 (1903/04), S. 101–171.

57 Roth 3, S. 318–333; Ferdinand Siebert: Zwischen Kaiser und Papst. Kardinal Truchseß von Waldburg und die Anfänge der Gegenreformation in Deutschland, Berlin 1943, S. 72.

58 Roth 3, S. 383. – Für die damalige Augsburger Konzilspolitik siehe die Instruktion der Gesandten zum Regensburger Reichstag 1546 (StAA Lit März 15): Eintreten für ein freies christliches Konzil gemäß den früheren Zusagen des Kaisers und Reichstagsbeschlüssen; »aber das bapstisch Trientisch par-

teiisch und vermainte concilium fur unbequem unrechtmessig und hiezu ganz undienlich erkennt und gehalten werden«.

59 9. Juni 1546, bei Lanz (Hrsg.), Korrespondenz, Bd. 2, S. 486; siehe Karl Brandi: Kaiser Karl V. Werden und Schicksal einer Persönlichkeit und eines Weltreiches. Bd. 1, München 1937, S. 470 f.

60 Roth 3, S. 384–411; Siebert, S. 88–92.

61 Paul Hecker: Die Correspondenz der Stadt Augsburg mit Karl V. im Ausgang des Schmalkaldischen Krieges. In: ZHVS 1 (1874), S. 257–259; Roth 3, S. 440–446.

62 Siehe Moeller, Deutschland, S. 147–160; Lutz, Das Ringen, S. 279–281.

63 Horst Rabe: Reichsbund und Interim. Die Verfassungs- und Religionspolitik Karls V. und der Reichstag von Augsburg 1547/48, Köln 1971; Press, Die Bundespläne, S. 71 f.

64 Siehe Roth 4, S. 111–147.

65 Ebd. S. 178 f.

66 Eine Formulierung von Bartolomeo Cavalcanti; siehe Heinrich Lutz: Christianitas afflicta. Europa, das Reich und die päpstliche Politik im Niedergang der Hegemonie Kaiser Karls V. (1552–1556), Göttingen 1964, S. 157 f.

67 Karl Erich Born: Moritz von Sachsen und die Fürstenverschwörung gegen Karl V. In: HZ 191 (1960), S. 18–67; Lutz, Christianitas, S. 62 f.

68 Roth 4, S. 413–452.

69 Ebd. S. 474 f.

70 Ebd. S. 508–510. Zu der wichtigen Denkschrift Hans Jakob Fuggers siehe S. 501 f.

71 Siehe zur Reichspolitik 1552/54 außer den betreffenden Kapiteln von Lutz, Christianitas, jetzt: Bernhard Sicken: Der Heidelberger Verein (1553–1556). Zugleich ein Beitrag zur Reichspolitik Herzog Christophs von Württemberg... In: ZWürttLG 32 (1973), S. 320–435; Albrecht Luttenberger: Landfriedensbund und Reichsexekution. Erster Teil: Friedenssicherung und Bündnispolitik 1552/53. In: Mitteilungen des Österreichischen Staatsarchivs 35 (1982), S. 1–34.

72 Außer den Abschnitten über den Augsburger Reichstag bei Lutz, Christianitas (mit der älteren Literatur) siehe jetzt die tiefreichenden Interpretationen zum Augsburger Religionsfrieden bei Martin Heckel: Deutschland im konfessionellen Zeitalter, Göttingen 1983 (Deutsche Geschichte, hrsg. von Joachim Leuschner, Bd. 5), S. 33–66.

73 Wichtig Gerhard Pfeiffer: Der Augsburger Religionsfrieden und die Reichsstädte. In: ZHVS 61 (1955), S. 213–321, bes. S. 261–271.

74 Bei Christoph Lehenmann: De pace religionis acta publica. Frankfurt a. M. 1631, S. 95, Sp. 2. Vgl. Heinrich Lutz und Alfred Kohler (Hrsg.): Das Reichstagsprotokoll des kaiserlichen Kommissars Felix Hornung vom Augsburger Reichstag 1555, Wien 1971 (Denkschriften der Österreichischen Akademie der Wissenschaften, Philos.-Histor. Klasse, Bd. 103), S. 124.

Augsburg 1555–1648: Eine Stadt im Heiligen Römischen Reich

von Winfried Schulze

In der Stadtgeschichte Augsburgs stellt die Zeit zwischen dem Religionsfrieden von 1555 und dem das Ende des Dreißigjährigen Krieges markierenden Abzug der bayerischen Besatzung Ende August 1649 eine Phase eigenartiger Unentschiedenheit dar. Auf der einen Seite der Eindruck einer glanzvollen Epoche städtischer Machtentfaltung im 15. und frühen 16. Jahrhundert, die europäische Dimensionen füllende Handelspolitik der Stadt, die kulturelle Zentralfunktion, auf der anderen Seite der endgültige Verlust der »welt- und reichspolitischen Bedeutung«

seit dem Dreißigjährigen Krieg. Dazwischen schiebt sich eine Phase der scheinbar noch offenen Entwicklung, der sich überlagernden Entwicklungsstränge städtischer Blüte, reichspolitischer Bedeutung einerseits und der Abschnürung reichsstädtischen Lebens im Verlauf des großen Krieges andererseits. Diese Widersprüchlichkeit – als solche zumindest noch bis zum Beginn des Krieges spürbar – hat Wolfgang Zorn in seiner Stadtgeschichte in der Formel vom »glanzvollen Niedergang« verdichtet[1], während Leonhard Lenk in dieser Phase »sinkende Macht nach außen« und »Ausbau und Erstarrung im Inneren« nebeneinander feststellte[2]. Es kommt hinzu, daß die deutsche Geschichte zwischen dem Augsburger Religionsfrieden und dem Beginn des Dreißigjährigen Krieges als Periode relativer Ruhe gilt, die bestehenden Verhältnisse werden noch einmal vorübergehend stabilisiert, dabei finden sich allenthalben erste Anzeichen des beginnenden Konflikts[3]. Für einen Historiker des Westfälischen Friedens wie Fritz Dickmann lassen sich die Kraftlinien des großen europäischen Krieges bis nach Augsburg zurückverfolgen[4]. Damit folgt diese Interpretation nur den Leitlinien der Reichsgeschichte, die durch Kategorien wie »Auflösung der Reichsverfassung«, konfessionelle Parteibildung, Herausbildung konfessioneller Bünde und wachsende Zwietracht vorgegeben waren. Bernard Vogler hat kürzlich diese Zeit als »glanzloses Zwischenspiel« bezeichnet und damit im Grunde die gleichlautenden älteren Urteile über die Reichspolitik treffend zusammengefaßt[5].

Die Aufgabe, die in diesem Abschnitt der Stadtgeschichte angegangen werden soll, kann nicht darin bestehen, die hier skizzierten Urteile lediglich ins Gegenteil zu verkehren. Dieser Abschnitt will sich vielmehr die Vorteile dieser Rahmenbedingungen und der »ereignisarmen Zeit« – von der schon Paul von Stetten 1743 sprach[6] – zunutze machen. Die relative Ereignislosigkeit dieser Zeit – und dies gilt sicher nur für die Zeit bis zum Ausbruch des großen Krieges – legt es nahe, die Normalität der städtischen Existenz zu thematisieren und die Stadt Augsburg als eine vielfältig in ihre politische Umwelt verknüpfte Größe zu betrachten. Folglich soll die Stadt in ihren politischen Außenbeziehungen gesehen werden, d. h. ihren Beziehungen zu Kaiser und Reich, ihrer Rolle auf den Reichstagen der Zeit, in der Städtekurie der Reichstage, in der Schwäbischen Bank dieser Städtekurie, als Mitglied des Landsberger Bundes bis 1598. Sie soll gesehen werden als Stand des Schwäbischen Kreises, als Nachbar von Fürsten und Städten, als Legstadt des Heiligen Römischen Reiches und als Sitz des Reichspfennigmeisteramts. Daneben soll aber auch die Rolle der Stadt als Opfer der großen Politik beleuchtet werden, die im Grunde nur aus den Verflechtungen der Epoche heraus zu erklären ist. Die Geschichte der »Regimentsänderungen«

nach dem Restitutionsedikt, nach der schwedischen Machtübernahme, ihre Vertretung auf dem Westfälischen Friedenskongreß soll eingeordnet werden in das allgemeine Verhältnis von reichsstädtischen Selbstbehauptungsversuchen und fürstlich-konfessioneller Dynamik.

Eine eigene Untersuchung dieser Rolle der Stadt Augsburg fehlt bislang. Für die andere große süddeutsche Reichsstadt, Nürnberg, liegt eine solche Untersuchung schon seit langem vor. Es ist für unsere Aufgabe vor dem oben beschriebenen allgemeinen reichspolitischen Hintergrund nicht ohne Interesse, wenn hier die Zeit zwischen Religionsfrieden und der Gründung der Union als »Nachblüte« beschrieben wurde und insgesamt »wankende Grundlagen einer selbständigen reichsstädtischen Außenpolitik« analysiert wurden[7].

Die Stellung Augsburgs im Reich war zunächst vom kaiserlichen Stadtherrn abhängig, dem die Stadt den Huldigungseid schuldete, dem sie Städtesteuer zahlte, dem sie bei einem Besuch die Stadtschlüssel überreichte und der neben diesen äußeren Zeichen des unmittelbaren Herrschaftsverhältnisses durch seine mehrfachen Eingriffe in die Ratsverfassung durch die Entsendung von Kommissionen zur Beilegung von stadtinternen Konflikten auch von direkter politischer Bedeutung für die Stadt war. Der Kaiser übte durch seine Kontrollrechte über das städtische Regiment und die Finanzverfassung einen relativ starken Einfluß auf die Stadt aus, dessen Auswirkungen wir in unserer Epoche mehrfach feststellen können[8].

Der andere Bestimmungsfaktor der Stellung Augsburgs im Reich war seine Zugehörigkeit zur Städtekurie des Reichstages. Hier ist nun festzuhalten, daß die Reichsstädte im Lauf der ersten Hälfte des 16. Jahrhunderts immer wieder versucht hatten, »Stimme, Stand und Session« auf den Reichstagen zu sichern, d. h. die tatsächliche Hinzuziehung zu den Reichstagen als Kurie seit dem Ende des 15. Jahrhunderts auch zu einer politisch wirkungsvollen Mitsprache gegenüber den beiden übrigen Kurien werden zu lassen. Die kaiserliche Resolution, die auf dem Augsburger Reichstag von 1547 gegeben worden war, sicherte zwar die formalen Mitberatungsmöglichkeiten der Städte im Rahmen der Reichstagsverfassung, beließ sie jedoch in der entscheidenden

Frage der Mitsprache bei Entscheidungen als *nudi auditores* gegenüber Fürsten und Kurfürsten[9]. Das wenig befriedigende Ergebnis der Bemühungen von 1547/48 mußte für die Reichsstadt angesichts der evidenten Bedeutung für Finanzwesen, Wirtschaft und Kultur im Reich besonders enttäuschend wirken. Wenn auch die in Augsburg 1555 verabschiedete Exekutionsordnung in § 65 den Städten zwei Sitze im Deputationstag zusicherte[10], so änderte dies nichts daran, daß von einer wirklichen Mitentscheidungsbefugnis der Städte im Reichstagsverfahren keine Rede sein konnte. Auch wenn die Städtekurie auf den Reichstagen in ihren Beschlüssen von den beiden anderen Kurien abwich, folgte sie doch generell der im Traktat über den Reichstag von 1569 festgehaltenen Beobachtung: »Doch ist im Reich wenig gehört, daß die Stat, ob sie wohl ein ander Bedencken haben, der zweyen andern Räth Bedencken disputieren, sondern lassens gemeinlich dabei bleiben.«[11] Diese Feststellung der untergeordneten Position der Städte auf dem Reichstag korrespondiert in gewisser Weise mit der offensichtlichen Unfähigkeit der Reichsstädte in dieser Epoche, eine einheitliche und zielgerichtete Politik zu verfolgen. Zu oft erwiesen sich die Städte als nicht hinreichend instruiert und zu wenig auf ein gemeinsames Ziel orientiert, wie dies noch gezeigt werden soll. Diese Zurücksetzung der Städte auf den Reichstagen fand ihre Entsprechung auch in den konfessionellen Sonderbünden bzw. den Landfriedenseinungen des Reichs. Auf der anderen Seite erreichten sie, daß sie auf dem Augsburger Reichstag 1559 zu den Beratungen der protestantischen Fürsten hinzugezogen wurden[12], und in diesem Zusammenhang ist es von besonderem Interesse, daß von protestantischer Seite (Württemberg) nach dem Reichstag von 1582 der Vorschlag gemacht wurde, durch ein Zusammenfügen von Fürsten- und Städtekurie eine Ausschaltung der katholischen Fürstenratsmehrheit zu erreichen: Dieser Vorschlag – der einzige, der die reichsrechtliche Stellung der Städte erheblich verändert hätte – soll hier wegen seiner Bedeutung vollständig zitiert werden: »Ferner ist dahin zu thrachten, das der Stett bedenckhen in Achtung genommen und pro numero Civitatum ihre vota gerechnet werden, damit sie in Religions- und Contributions sachen das mehrer machen und als die

mehrer thails der Augsburgischen Confession zugethan sein der Chur und Fürsten und Stende derselben Religion sententias oder suffragia mit ihren votis und ihrem Beyfall durchthrucken mögen.«[13]

In dieser hier berührten Politik der Reichsstädte spielte Augsburg naturgemäß eine führende Rolle, wenn auch die Sonderstellung als paritätische Stadt besondere Rücksichtsmaßnahmen gegenüber dem Kaiserhof erforderlich machte. Augsburgs Rolle in der Städtekurie des Reichstags legt es nahe, auch die Rolle der Stadt als Tagungsort für die Reichstage zu beleuchten, eine Rolle, die jedoch schon 1582 ihr Ende findet, nachdem die Stadt im Reformationszeitalter die bedeutendsten Reichstage beherbergt hatte. Hans Fugger kommentierte diesen letzten Reichstag in den Mauern seiner Vaterstadt mit den sarkastischen Worten: »Es ist in summa alles in Abnehmung und erzeigen sich leider alle Sachen mehr zur Böserung als zur Besserung.«[14]

Die zwölf Reichstage zwischen 1556 und 1613 zeigten auch durch die Wahl der Tagungsorte, daß die Reichspolitik – jedenfalls als sie auf den Reichstagen überhaupt noch konsensfähig war – immer stärker durch die kriegerischen Ereignisse an der Südostgrenze bestimmt wurde[15]. Nur mehr 1558/59, 1566 und 1582 tagten die Reichstage in Augsburg. Das günstig zu Prag und zur Grenze gelegene Regensburg beherbergte dagegen acht Reichstage und überspielte damit sogar Nürnbergs altes Privileg, in seinen Mauern den jeweils ersten Reichstag eines neuen Kaisers aufnehmen zu dürfen. Die eben genannten drei Reichstage sind wie alle anderen Brennpunkte der Reichspolitik im Bemühen, einen Ausgleich zwischen kaiserlich-ständischen und katholisch-protestantischen Forderungen zu erreichen, ohne daß damit schon alle Konfliktlagen erfaßt wären. Allein die Reichstage und eben nicht die Deputationstage bildeten im Bewußtsein aller Stände das kompetente Forum, das über Veränderungen der rechtlichen oder konfessionellen Ordnung des Reiches und Steuern für die kriegerischen Unternehmungen entscheiden konnte, obwohl es an Versuchen zur Substitution des komplizierten und fragilen Gremiums nicht fehlte[16].

Der Augsburger Reichstag von 1559, Kaiser Ferdinands letzter Reichstag, fällt in eine Phase der Reichspolitik, die durch die Herausbildung und Festigung der protestantischen Ständepartei, zugleich aber durch den sich verschärfenden Gegensatz zwischen Kursachsen und Kurpfalz geprägt ist[17]. Zwar verfolgen beide Fürsten das Ziel der »Freistellung«, d. h. die Aufhebung des geistlichen Vorbehalts, den Zugang der Protestanten zu den Stiftern und die Forderung nach Anerkennung der declaratio Ferdinandea[18], aber in der Frage der Durchsetzung dieser Forderung, eventuell sogar mit der Waffe der Steuerverweigerung, ergibt sich ein Gegensatz zwischen beiden Richtungen, der in den folgenden Jahrzehnten den Protestantismus schwächen sollte. Sachsens Zurückhaltung bewirkte, daß man zwar die »Freistellung« forderte, zugleich aber einer Bewilligung von 500 000 fl nach dem Kammergerichtsanschlag zum Aufbau der Grenzverteidigung gegen die Türken zustimmte.

Der Augsburger Reichstag von 1566, Kaiser Maximilians II. erster Reichstag, wurde notwendig, nachdem der immer schwelende Konflikt zwischen dem Hause Habsburg und Johann Zapolya von Siebenbürgen sich verschärft und zu einem neuen Krieg geführt hatte. Da die Pforte Zapolya unterstützte, geriet damit auch der 1562 erneuerte Friede mit den Türken in Gefahr. Wieder gelang es dem Kaiser – vor allem dank der Unterstützung des sächsischen Kurfürsten August –, eine Hilfe von insgesamt 48 Römermonaten zu erhalten.

Doch in diesem für die Reichsgeschichte des 16. Jahrhunderts relativ normalen Vorgang erschöpft sich die Bedeutung dieser Versammlung nicht, die ebenfalls zur »Steuerung der immer mehr einreißenden Sekten« einberufen worden war. Der gleiche Kurfürst August, der sich in der Frage der Türkenhilfe als eifriger Helfer des Kaisers erwiesen hatte und der dieser Unterstützung zuliebe auch die protestantische Forderung auf »Freistellung« opferte, stellte sich der Absicht des Kaisers in den Weg, dem pfälzischen Calvinismus durch einen Beschluß des Reichstags ein Ende zu machen. Der pfälzische Kurfürst Friedrich III. hatte sich vor dem Kaiser und den Reichsfürsten in einer beeindruckenden Rede gegen den Vorwurf des Calvinismus und seiner angeblichen Entfernung von den Grundlagen der Augsburger Konfession verwahrt. Bei protestantischen und altgläubigen Ständen hatte er damit so großen Eindruck

gemacht, daß der Vorsatz zur Ausrottung der »calvinischen Sekte« zerbrach. Dieser Augsburger Reichstag bedeutet deshalb de facto den Beginn der politischen Duldung des Calvinismus im Reich, wenn damit auch der Augsburger Religionsfriede schon überdehnt wurde[19].

Der Reichstag von 1582, der erste von Kaiser Rudolf einberufene Reichstag, sollte zugleich der letzte in der langen Kette der Augsburger Reichstage sein. Trotz der wiederum mehrheitlich bewilligten Türkenhilfe von 40 Römermonaten wird dieser Reichstag zum Beginn einer neuen Konfliktphase in der Reichspolitik. Die politische Nachbereitung dieser Versammlung durch die Protestanten zeigte, daß man sich erstmals der Überstimmung durch die katholische Majorität bewußt wurde und auf Abhilfe sann. Das politische Klima des Reichstags war schärfer und machtpolitisch bewußter geworden. Ein deutliches Zeichen dieser Verschärfung war, daß die Frage der Bistumsadministratoren in den Vordergrund trat und sich auf dem Reichstag ein Eklat ergab, als der magdeburgische Gesandte seine Session im Fürstenrat wahrnehmen wollte. Die katholischen Gesandten wußten dies durch die massive Drohung ihres Fernbleibens von den Verhandlungen zu verhindern. Magdeburgs Vorstoß war gescheitert, und der brandenburgische Administrator ließ sich auch in Zukunft mit kaiserlichen Erklärungen abspeisen und zum Verzicht auf Wahrnehmung der Session bewegen. Für die Protestanten wurde diese Lösung der Administratorenfrage zum unübersehbaren Hinweis auf ihre Minorität und mußte zu einer Verweigerungsstrategie gegenüber der festgefügten Majorität führen[20].

Schließlich kam es auf diesem Reichstag nicht nur zur Auseinandersetzung zwischen dem Augsburger Rat und dem Reichserbmarschall um dessen Kompetenzen in der Stadt während des Reichstags. Wichtiger noch als diese für alle Städte verletzenden Eingriffe in die städtische Autonomie war freilich der erheblich weiterreichende Konflikt zwischen dem Kaiser und den Reichsstädten, der sich an den Vorgängen in der Reichsstadt Aachen entzündet hatte. Hier hatte der stärker gewordene protestantische Teil der Bürgerschaft auch die Mehrheit im Großen Rat erzwungen, war aber durch zwei kaiserliche Mandate im

Jahre 1581 gezwungen worden, alle Protestanten aus Rat und Ämtern zu entfernen[21]. Der Konflikt, der im Stadtartikel des Augsburger Religionsfriedens angelegt war, war da: Durfte eine Reichsstadt ihr Bekenntnis wie jeder fürstliche Reichsstand ändern? Die Erbitterung der Städtekurie war so groß, daß man dem Kaiser gegenüber in bemerkenswerter Deutlichkeit formulierte: »Sofern aber ire [der Städte] beschwerden nit abgeholfen werden solte, so sollen und wollen die erbaren stett zu kainer contribution sich bewilligt haben noch verbunden sein.« Unter den formalen Aspekten der Reichstagsordnung war dies ein Testfall für die Fähigkeit der Städte, sich dem Mehrheitsbeschluß von Kurfürsten und Fürsten zu entziehen, doch deutete sich mit dieser Auseinandersetzung bereits ein Streitpunkt an, der die Reichstage des späten 16. und frühen 17. Jahrhunderts bestimmen sollte, nämlich das von den Protestanten in Anspruch genommene Recht einer dissentierenden Minderheit, die Erfüllung des von der Mehrheit gefaßten Beschlusses zu verweigern. Denn obwohl die Vertreter der Stadt Augsburg ermächtigt wurden, den Reichsabschied zu siegeln, geschah dies doch nur unter dem wichtigen Vorbehalt, nicht dem Beschluß über die Höhe der Reichssteuern zuzustimmen. Diese Verweigerung der Reichsstädte ließ den Kaiserhof wegen der möglichen Konsequenzen nicht ruhen. Der Kaiser ernannte die Herzöge von Bayern und Württemberg zu Kommissaren, die eine nachträgliche Zustimmung der Städte zum Reichstagsbeschluß erreichen sollten. Auf mehreren eigens zu diesem Zweck anberaumten Städtetagen in Dinkelsbühl und Speyer versuchten die beiden Kommissare, die Städte unter Druck zu setzen und zu spalten[22]. Es war nicht zuletzt Augsburgs furchtsame Haltung in diesem Streit (wenn man einmal von dem ohnehin kaiserfreundlichen Köln absieht), die den Widerstand der Städte relativ rasch zusammenbrechen ließ. Der Rat dachte an die Beziehungen zu seinen mächtigen Nachbarn Bayern und Österreich und sorgte für eine nachgiebige Haltung der Städte. Schon auf dem Heilbronner Städtetag, der kurz vor dem Reichstag abgehalten worden war, hatte Augsburg von einer eigenen militärischen Hilfe der Städte abgeraten, wie es von Straßburg vorgeschlagen worden war[23]. Der Stadtpfleger Anton Christoph Rehlinger, der führen-

de Mann des Augsburger Rates in jenen Tagen, legte 1583 dem bayerischen Herzog gegenüber die Gründe für Augsburgs vorsichtig taktierende Politik dar, wenn er schrieb, daß der patrizisch-katholische Rat zwar dem Kaiser willfährig sein wolle, doch könne man sich aus Rücksicht auf die protestantische Mehrheit der Bürger nicht von der Städtesache absondern[24]. Augsburg verfolgte, nachdem die Unterstützung für den eigenen Streit mit dem Reichserbmarschall gesichert war, »eine zwar die eigenen Interessen wahrende Politik, aber auch eine Politik, welche der Sache der Städte kühl bis ans Herz gegenüberstand«, wie es der Augsburger Historiker Johannes Müller 1895 beschrieb. Nichts charakterisiert die Beweggründe für diese Politik besser als der Hinweis des schon erwähnten Rehlinger auf die hautenge Nachbarschaft zu Bayern und Österreich: »Unsere Stadt ist mit Landgütern nicht versehen, sondern mit dem Haus Österreich und dem Fürstentum Baiern allenthalben umringt, damit die burger guten Teils täglich ihre Commertien und Nahrung suchen, auch der Zufuhr von allerlei Proviant gewarten müssen, also dass der K[aiserlichen] M[ajestät] Ungnade halber diese Stadt von andern Stätten viel grössere Gefahr zu gewörtigen.«[25] Gerade Augsburg und Nürnberg, die beiden führenden Städte Oberdeutschlands, entwickelten in der hier diskutierten Zeit eine beachtliche Reserve gegenüber einer korporativen Städtepolitik und glaubten ihre Interessen besser in einer kaiserfreundlichen Haltung aufgehoben zu sehen. Es ist dies alles auch ein Beweis für die Bedeutung des Kaiserhofs, realen Einfluß auf die innere Verfassung der Städte nehmen und diesen Schutz gegen die Territorialfürsten bieten zu können. Die Angst vor der Unruhe der eigenen Bürgerschaft und den Ansprüchen der großen Territorien ließen die Städte beim Kaiser Schutz suchen und damit ihre eigene Stellung aushöhlen. Wenn Augsburg also die Forderung der anderen Städte, vom Kaiserhof durch Mandate und Kommissionen nicht belästigt zu werden, ablehnte, dann vor allem deshalb, weil Augsburg genau diese kaiserlichen Mandate und Kommissionen brauchte, »welche mandata den Stätten vielmals zu guten geschehen«. So verwundert es nicht, wenn auf einem Städtetag 1585 in Dinkelsbühl der Schlußstrich unter die geprobte Verweigerung von

Augsburg gezogen wurde. Man bewilligte den Rest der Türkensteuern. Auch wenn man dies feststellt, muß doch die langfristige Konsequenz dieser Verweigerung von Augsburg gesehen werden. Sie sollte ab 1594 der Partei der protestantischen Stände zum Präzedenzfall für ihre eigene Verweigerung dienen[26]. Insofern bedeutet 1582 – wie schon oben durch den Hinweis auf die Administratorenfrage gezeigt – den Beginn einer schärferen Tonart in der Reichspolitik. Für den Speyerer Deputationstag von 1583 war eine Auswahl unter den Reichsständen getroffen worden, die allen protestantischen Befürchtungen über eine dauernde Majorisierung recht geben mußte: 14 katholischen Ständen standen nur sieben protestantische gegenüber.

Ein Überblick über die Augsburger Reichstage des späten 16. Jahrhunderts kann nicht deren Funktion als Manifestation jenes Herrschaftssystems übersehen, das wir mit dem Begriff von »Kaiser und Reich« ansprechen. Nirgendwo zeigte sich die Einheit von »Kaiser und Reich« deutlicher als auf den Reichstagen, die keinesfalls nur Verhandlungen in den Rathäusern der Reichsstädte, nicht nur fürstliche Gastmähler in den Häusern der Patrizier waren. Die Augsburger Reichstage, von denen hier zu sprechen ist, waren auch öffentliche Veranstaltungen, die kaiserliche Herrschaft und ständische Beratung darstellen wollten. Insofern kam dem Zeremoniell dieser Tage besonderes Gewicht zu, vom Einzug des Kaisers in die Reichstagsstadt, der Huldigung der städtischen Bürgerschaft, über die feierliche Eröffnung, die öffentlichen Auftritte des Kaisers und der Fürsten bis hin zur Besiegelung des Reichsabschieds und den Auszug der Reichstagsgesandtschaften. Wenn auch einzelne Reichstage dieser Epoche durchaus geschäftsmäßig durchgeführt wurden (d. h. ohne persönliche Beteiligung des Kaisers und der Fürsten), so versuchten gerade Reichstage wie die von 1566 und 1582 im gemeinsamen Auftreten von Kaiser und Ständen die Vorstellung eines einheitlich handelnden Reichsverbands aufrechtzuerhalten. Besonders bemerkenswert ist dabei, daß gerade die Augsburger Reichstage von 1566 und 1582 auch publizistisch besonderes Interesse gefunden haben und insofern ihre zeitgenössische Bedeutung unterstrichen wurde[27]. Die *Reichstagsbeschreibungen* bleiben zwar in der detailgetreu-

en und hierarchiebewußten Beschreibung der anwesenden Personen und der »öffentlichen acta« stecken, unterstützen damit aber genau jene Wirkung, die vom Kaiserhof und den Fürsten intendiert war. Veröffentlichungen auch über die verhandelten politischen Inhalte dieser Reichstage (so 1582) müssen noch als Ausnahme angesehen werden.

Angesichts hoher Steuerbelastungen durch die Reichstage und allenthalben sichtbarer religiöser Zwietracht mußte ein Vorgang wie die unter freiem Himmel durchgeführte kaiserliche Belehnung des Kurfürsten August von Sachsen 1566, die auch in zeitgenössischen Drucken, dieser spezifischen Form der öffentlichen Berichterstattung, überliefert ist, das Vertrauen in Kaiser und Reich als einen funktionsfähigen Schutzverband demonstrieren. Auch die während des Augsburger Reichstags gebotene Möglichkeit, jedermann Zutritt zum Kaiser zu gewähren, hatte, ebenso wie ein 1570 erschienener Druck, der den Kaiser in einer allgemeinen Audienz zeigt[28], die Aufgabe, den Kaiser als jenen obersten Herrn hinzustellen, der er aufgrund der Territorialisierung des Reiches gar nicht mehr sein konnte. Freilich bewies die Tatsache, daß Kaiser Rudolf II. von Augsburg aus 1582 in die Revolte der Untertanen von Böhmenkirch, die sich in Innsbruck und Prag über ihren Herrn beschwert hatten, eingreifen mußte, daß diese Funktion des Kaisers den Untertanen gerade der oberdeutschen Kleinterritorien vertraut geblieben war. Die Augsburger Reichstage des späten 16. Jahrhunderts, mehr widerstrebend und ängstlich von Bürgerschaft und Rat angenommen, können uns den gegenüber der Reformationsepoche veränderten Zug der Reichspolitik aufzeigen. Das im Religionsfrieden erreichte labile Gleichgewicht zwischen den Konfessionen mußte den Zug zur Bewahrung des Status quo verstärken, mußte politische Initiativen erschweren. Die beiden Augsburger Reichstage von 1566 und 1582 markieren Wendepunkte insofern, als hier mit der Durchsetzung des Calvinismus einerseits und der Ausschließung der Stiftsadministratoren vom Reichstag andererseits Entscheidungen von weitreichender Bedeutung getroffen wurden. Die Stadt selber konnte in diesen Jahren freilich kaum mehr als »die Kulisse für die Reichsgeschichte« abgeben. Sicher waren diese Reichstage in Augsburg glänzende Versammlungen, Treffpunkt nicht nur der aufwendigen Gesandtschaften der Fürsten und des Kaisers, auch gesellschaftliche Ereignisse, die fahrende Händler, Musiker und Wappenmaler anzogen. Sie brachten der Reichsstadt neben der Bestätigung ihrer führenden Rolle im oberdeutschen Reich vielfältige Beschwerden, wenn der Reichserbmarschall die Preise für Beherbergung und Speisen festsetzte und Einquartierungen in die Bürgerhäuser vornahm. Gleichwohl wäre es verfehlt, nur von dieser Ebene der Reichstage her Augsburgs politische Außenbeziehungen bewerten zu wollen. Wir wollen im folgenden die schon gegebenen Anregungen aufgreifen und Augsburgs Rolle im Finanzsystem des Reiches untersuchen.

Zunächst einmal war die Stadt Augsburg selbst in der Reichsmatrikel von 1521, dem für das 16./17. Jahrhundert geltenden Leistungsverzeichnis der Reichsstände (das jedoch mehrfach zwischen 1545 und 1571 moderiert worden war[29]), mit einem erheblichen Betrag angeschlagen, nämlich mit 25 Reitern und 150 Fußsoldaten[30]. Dieser Anschlag bedeutete eine Gesamtsumme von 900 fl und ließ die Stadt den 14. Teil des gesamten Kreisanschlags tragen, nur noch Ulm und der Herzog von Württemberg zahlten mehr im Schwäbischen Kreis, und nur Köln, Nürnberg und Lübeck waren unter den Städten des Reiches höhere Steuerzahler. Zwar war bei der Matrikelmoderation von 1545 der Versuch gemacht worden[31], Augsburgs Anteil auf 1160 fl heraufzusetzen, doch wurde diese Erhöhung von der Stadt nicht anerkannt. Andererseits war mehrfachen Versuchen der Stadt, im späten 16. Jahrhundert eine Verminderung des Anschlags zu erreichen, kein Erfolg beschieden. Dies muß freilich vor dem Hintergrund einer 1545 von den Städten erzielten allgemeinen Reduktion ihres Anteils an der Reichsmatrikel gesehen werden[32], an der etwa die Städte des Schwäbischen Kreises mit 32,8 Prozent partizipierten. Gleichwohl blieb es dabei – und es wurde auch durch die folgenden Moderationen nicht aus der Welt geschafft, daß die Städte einen unverhältnismäßig hohen Anteil an der Reichsmatrikel trugen, der prozentual erheblich höher lag als der der Flächenstaaten. Augsburg stellte in diesem Hergang durchaus einen Sonderfall dar, weil dieser Stadt – wie erwähnt – als einziger eine

Anschlagserhöhung zugewiesen wurde, sicherlich ein Reflex auf Augsburgs bedeutende wirtschaftliche Stellung im Schwäbischen Kreis. Wie fast alle Städte im Reich gehörte auch Augsburg zu den pünktlichen Steuerzahlern. Oft genug war die Stadt sogar bereit, ihre normalerweise auf mehrere Jahre verteilte Steuerschuld vorab zu begleichen, um damit den Kaiser bei der Vorfinanzierung der Reichshilfen zu unterstützen. Die gleiche Bereitwilligkeit zeigte die Stadt, wenn von ihr Lieferungen militärischer Ausrüstungen aus dem Zeughaus erbeten wurden. 1593 gab die Stadt aus ihrem Zeughaus 600 Harnische, 300 Musketen, 800 Handrohre und 450 Schützenhauben an den Reichspfennigmeister Geizkofler ab[33].

Diese hier kurz beleuchtete Hilfsbereitschaft für Kaiser und Reich fand auch in der formellen Rolle Augsburgs als Legstadt des Reiches ihren Ausdruck. Als Legstadt fungierten neben Augsburg noch Frankfurt, Regensburg, Leipzig und Nürnberg. Diese Funktion Augsburgs wurde sogar von Jean Bodin in seinen *Six livres de la République* vermerkt, wenn er schrieb: »Et quand il est question de leuer deniers pour les affaires de l'Empire, ils ne font pas portés à l'espargne de l'Empereur, ains ils font mis en depost és villes de Strasbourg, de Lubec, & d'Augsbourg & n'est pas au pouvoir de l'Empereur d'en leuer un seul denier sans la permission des estats.«[34] Von diesen Legstädten war Augsburg zweifelsohne die führende; die von der Stadt eingenommenen Teilsummen überstiegen die der anderen Städte. Diese Beträge waren erheblich, wie sich an der Reichshilfe von 1594 zeigen läßt. In Augsburg wurden für diese Reichshilfe von 80 Römermonaten (die neue 1598 beginnende Reichshilfe ist hier nicht berücksichtigt) zwischen 1594 und 1602 folgende Beiträge eingenommen:

1594	60 240 fl
1595	44 179 fl
1596	233 555 fl
1597	112 335 fl
1598	142 118 fl
1599	112 872 fl
1600	84 667 fl
1601	20 237 fl
1602	464 fl

Gegenüber diesen sich auf 810 667 fl summierenden Beträgen nahm Nürnberg ca. 709 000 fl ein[35]. Normalerweise wurde diese Summe von den städtischen Zahlämtern eingenommen, wobei sich jedoch bald bestimmte Verantwortlichkeiten herausbildeten, so daß man von »Einnehmern« in den betreffenden Legstädten sprechen kann, die auch vom Reichspfennigmeisteramt besoldet wurden. Für das Jahr 1600 fungiert in Augsburg Steffen Daniel als »Einnehmer«, vermutlich von mehreren Gehilfen unterstützt[36]. Aus dem umfangreichen Schriftverkehr des Reichspfennigmeisteramts ist zu ersehen, daß diese Aufgabe nicht immer ohne Probleme bewältigt werden konnte. Die Städte sollten 14tägige »Designationes« über die eingezahlten Gelder an den Reichspfennigmeister schicken, um möglichst schnell säumige Zahler mahnen oder gegebenenfalls verklagen zu können. Zacharias Geizkofler, der zwischen 1589 und 1604 das Reichspfennigmeisteramt versah, forderte darüber hinaus, daß die Legstädte verpflichtet werden sollten, jederzeit seinem Amt gegenüber mit Geld einzuspringen, da sie ohnehin sicher sein könnten, ihr Geld wiedererstattet zu bekommen[37]. Man erkennt an dieser Forderung des besten Kenners des Reichsfinanzwesens, daß die Legstädte, die ja zugleich auch die jeweiligen Finanzzentren waren, längst über die Rolle einer bloßen Geldeinnahme hinausgingen. Sie fungierten oft genug als Kreditgeber und waren damit neben ihrer beschriebenen Einnehmerrolle Garanten des Reichsfinanzwesens. So war es auch nicht erstaunlich, daß während des Reichstags von 1597/98 bei der Diskussion über die Neuorganisation der Reichshilfe von bayerischer Seite der Vorschlag gemacht wurde, die Städte Augsburg und Nürnberg direkt mit dem Amt des Reichspfennigmeisters zu betrauen. Diese beiden Städte nahmen die höchsten Summen ein, verfügten am ehesten über die Kapitalkraft, um Teile der Reichssteuern vorzufinanzieren und konnten vor allem weitere Kreditgeber gewinnen. Die Reaktion beider Städte war freilich einhellig ablehnend: »Solliches hochbeschwerliches, untregliches und zuvor ungewohnliches begeren« wollte man sich nicht zumuten lassen. Sie befürchteten neue Konflikte und fremde Schulden, sahen sich auch schon als Treffpunkt entlassener Soldaten und lehnten dieses *officium damnorum* ohne langes Zögern ab[38]. Gleichwohl ist der Antrag als Vertrauensbeweis für die Rolle der beiden Städte im Finanzsystem des

Reiches zu sehen, zugleich auch ein Beweis für die tiefe Diskrepanz zwischen der realen Bedeutung der Städte und ihrer politischen Bedeutung auf den Reichstagen, wo sie nur den Beschlüssen der oberen Stände zustimmen, nicht aber die Entscheidung durch ihr *votum decisivum* herbeiführen konnten.

Augsburg war über seine Rolle als Legstadt und Kreditgeber besonders eng mit dem Reichsfinanzwesen verbunden. Die Stadt fungierte als Sitz des Reichspfennigmeisteramtes, einer freilich kleinen Behörde unter der Leitung des erwähnten Reichspfennigmeisters Zacharias Geizkofler (von 1589 bis 1604) bzw. seines wenig erfolgreichen Nachfolgers Matthäus Welser (bis 1609). Schon die Auswahl der Reichspfennigmeister in unserer Epoche zeigt, wie sehr der Kaiserhof in dieser Frage Augsburger Fachleuten vertraute. Sowohl der Geizkofler vorausgehende Ilsung als auch Geizkofler und Welser kamen aus Augsburg bzw. wurden – wie Geizkofler – von der Familie Fugger für dieses Amt empfohlen. Für Geizkofler, der in Haunsheim begütert und mit einer Rehlinger verheiratet war, bot Augsburg mannigfache Vorteile für sein Amt, auch wenn er selbst relativ selten in der Reichsstadt weilte und eher zwischen Prag, Wien und den Grenzgebieten bzw. im oberen Teil des Reiches auf Kreis- und Reichstagen zu finden war.

Kaiser und Reich stellten sicherlich die wichtigsten Faktoren in den politischen Außenbeziehungen der Stadt dar – wie dies auch noch für die inneren Verhältnisse gezeigt werden soll –, doch müssen auch der Schwäbische Kreis, die Gruppe der schwäbischen Reichsstädte und der Landsberger Schirmverein betrachtet werden, weil sie ebenfalls von erheblicher Bedeutung für die Stadt waren. Seit 1531 hatte sich der Kreis durch die zunehmende Dichte von Kompetenzen, Aufgaben und Versammlungen einen festen Platz im politischen Leben verschafft[39], bis 1555 die Reichsexekutionsordnung den Kreis und die Kreisorganisation auf eine neue Grundlage stellte, 1559 kam die Aufsicht über das Reichsmünzwesen hinzu. Eine eigene Exekutionsordnung regelte im Schwäbischen Kreis 1563 alle die Schritte, die für die Erfüllung seiner vielfältigen Aufgaben notwendig waren[40]. Da die Beiträge zu den Kreissteuern ebenfalls nach der schon erwähnten Reichsmatrikel berechnet wurden, war auch hier die Belastung der Städte erheblich. Trotzdem läßt sich hier, wie bei den Zahlungen für das Reich, eine weitgehende Bereitschaft zur Vorfinanzierung der Steuersummen erkennen[41]. Wenn hier auch zuweilen die noch zu behandelnde Rivalität zwischen Augsburg und Ulm durchschlug und die eine Stadt in der Höhe des Kredits nicht hinter der anderen zurückstehen wollte, so lag dem doch die grundlegende Einsicht in die Notwendigkeit der Aufgabe des Kreises zugrunde. Im Unterschied freilich zur Reichsfinanzverwaltung lief in der Kreisfinanzverwaltung die Stadt Ulm Augsburg schon früh den Rang ab. So wie sie ausschreibende Stadt wurde und das Direktorium der Städtebank im Kreis ausübte, später auch der normale Tagungsort der Kreisversammlungen war, wurde sie auch Aufbewahrungsort für die Kreistruhe und spielte zweifelsohne die führende Rolle in der Kreisfinanzverwaltung. Dagegen war Augsburg allein bei der Aufstellung von Polizeistreifen vertreten, die seit 1559 das Kreisgebiet sichern sollten[42]. Insgesamt wird man die Beziehung zwischen der Reichsstadt und dem Schwäbischen Kreis vor allem als eine auf der Bewältigung praktischer Probleme beruhende charakterisieren können. Die Stadt Augsburg konnte mit ihren weitreichenden Handelsbeziehungen, ihrem finanziellen Hintergrund, ihrem Potential an politisch versierten Juristen die Kreisarbeit vielfältig unterstützen, dafür forderte man freilich immer wieder vom Kreis die Erfüllung der notwendigen Ordnungsaufgaben ein.

Es ist in diesem Zusammenhang schon mehrfach auf das Verhältnis der beiden führenden Städte Ulm und Augsburg hingewiesen worden. Beide Städte nahmen wichtige Funktionen im Kreis bzw. im Reich wahr, waren freilich in ihrer konfessionellen Interessenlage gespalten. Ulm war eine rein protestantische Stadt und führte auf den Kreistagen meistens viele protestantische Städtestimmen, während Augsburg die bei weitem größte der paritätischen Reichsstädte war (zusammen mit Dinkelsbühl, Biberach, Ravensburg, Kaufbeuren und Leutkirch). Wenn auch schon vorher immer wieder Spannungen zwischen beiden Städten aufgetreten waren, so waren doch tiefgreichende Konflikte vermieden worden. Ein solcher trat erst 1583 mit dem sogenannten Augsburger Kalenderstreit auf, den Vorgängen also, die mit der Einfüh-

rung des Gregorianischen Kalenders in der Reichsstadt und den Reaktionen der protestantischen Prediger und Bürger zusammenhingen[43]. Erst im Verlauf dieses Streits bzw. der Ulmer Reaktionen ereignete sich der Bruch zwischen Augsburg und »unserem lieben freund zu Ulm«. Parallel dazu ergab sich eine Differenz über die Augsburg zustehende Kriegsratsstelle im Schwäbischen Kreis, die bislang immer mit einem Protestanten besetzt worden war[44]. 1584 aber schickte Augsburg einen Katholiken und erregte damit den Widerspruch der protestantischen Städte. Diese Differenz war freilich weniger für die Beziehung zu Ulm von Bedeutung als für den langsamen Vertrauensverlust Augsburgs in der Kreisorganisation, der noch weitgehende Konsequenzen haben sollte[45].

Die Vorgänge um den Kalenderstreit sind weitgehend bekannt und brauchen hier nicht noch einmal ausführlich aufgerollt zu werden. Der Rat der Stadt hatte sich der Einführung des neuen Kalenders vor allem deshalb angeschlossen, weil die wirtschaftlichen Beziehungen zu den umliegenden bayerischen und österreichischen Gebieten dies nahelegten. Die Termine von Märkten mußten koordiniert werden, und so beanspruchte der Rat, mit der Kalenderreform eine politische Maßnahme ergriffen, keinesfalls aber damit eine konfessionell bedingte Entscheidung getroffen zu haben. Wie sehr man sich jedoch auf seiten des Rates in Argumentationszwang gegenüber den protestantischen Städten sah, belegt eine Passage aus der Instruktion zum Städtetag 1583 in Heilbronn. Man trug den Gesandten auf: »Letstlich wofern des neuen calenders halben etwas erregt wurde, so sollen die gesandten den e. stetten ausführlich anzeigen, daß ein e. rat weder auf des papstes bevelch oder suchen noch aus ainichen andern sed mere politicis causis von der commercien und not wegen die neue correctur angenomen, kains wegs der Augsburgischen Confession lehr dadurch bey diser statt den wenigsten abbruch zu tun oder zuzufügen oder dem papst über sollicher lehr noch vil weniger uber gemaine statt auch die geringest subiection oder superioritet einzuraumen ... sondern allain daß ain rat in disem des gewissens halber indifferent puncten politische societet und gleichhait mit der statt benachbarten fürsten und stenden ... zu erhalten.«[46]

Entgegen dieser »politischen« Interpretation des Rates erhob sich in der Stadt selbst heftiger Widerspruch, und es wurde allenthalben der Verdacht einer antiprotestantischen Maßnahme geäußert. Dieser Interpretation wurde vor allem durch ein Gutachten der Tübinger Juristenfakultät Nahrung gegeben, die die rhetorische Frage stellte: »Dann wer hat jemals gesehen oder gelesen, daß ein Herrschaft in irer politisches Landtsordnung einverleibet habe, welche tag oder zu welcher zeit man feyren und Festa in der Kirchen halten soll?« Die Fakultät sah vielmehr im neuen Kalender »nicht ein Politisch Werckh (weder mere noch mixtim) sondern ein Geistlich werckh«[47]. Der Führer des Widerstands gegen die Kalenderreform, die auch von protestantischen Ratsmitgliedern bis ans Reichskammergericht getragen wurde, war der Superintendent Georg Müller (Mylius). Mit Müller verband sich der eben erwähnte protestantische Kreiskriegsrat Stammler. Der Rat reagierte auf die Fronde protestantischer Bürger und Geistlicher mit der Ausweisung Müllers, eine Maßnahme, die sich freilich nur unter tumultuösen Umständen durchsetzen ließ.

Ausgerechnet Ulm bot dem ausgewiesenen Dr. Müller und seinem Anhang Zuflucht, ließ ihn eine Schrift gegen den Rat von Augsburg publizieren und verschärfte damit den Konflikt, was Augsburg bei der schwierigen Lage in der Stadt besonders ungelegen sein mußte. Angesichts der württembergischen Förderung dieser Parteinahme Ulms für die Vertriebenen ergab sich für Augsburg der Verdacht einer protestantischen Koalition gegen die Stadt, zumal dies parallel lief mit dem Versuch, Augsburg die Kriegsratsstelle zu entziehen und die Registratur der Städte der oberländischen Bank von Augsburg nach Ulm zu verlegen. Erst 1587 wurde diese Maßnahme definitiv beschlossen, zugleich mit der Festlegung, daß Kreistage in Zukunft abwechselnd in Speyer und Ulm stattfinden sollten. Der Abzug dieser Registratur der oberländischen Städte zeigte die Entfremdung zwischen den Reichsstädten der Region und Augsburg an. Dieses Archiv – selbst Ausdruck des im 16. Jahrhundert geführten Kampfes um »Stand, Stimme und Session« auf den Reichstagen – war 1551 auf dem Augsburger Reichstag beschlossen worden und seitdem vom Augsburger Rat bzw. eigens angestellten

Sekretären betreut worden[48]. Diese Arbeiten wurden jeweils auf den Städtetagen zum Gegenstand von Berichten und Kommissionen gemacht, ab 1580 wurde den Registratoren in Speyer und Augsburg ein eigener Diensteid abgenommen und eine Besoldung fest vereinbart, nachdem nun die Sammlung älterer Akten abgeschlossen war und das »Corpus« nur mehr weitergeführt werden brauchte. Der Verbleib des Archivs in Augsburg wurde erst zu dem Zeitpunkt Gegenstand neuer Diskussion, als nach dem erwähnten Kalenderstreit und dem dadurch ausgelösten Streit mit Ulm im Verlauf des Städtetags von 1585 in Ulm das Archiv der schwäbischen Städte nach Ulm erbeten wurde, um den Bericht des Augsburger Registrators Hans Lutzenberger überprüfen zu können. In Augsburg sah man darin den Versuch, der Stadt das Archiv fortzunehmen, und willigte lediglich darin ein, es 1586 nach Speyer zu senden. Zwar ergab die dort vorgenommene Prüfung keine Mängel, doch wurde dann schon in Speyer beschlossen, das Archiv der schwäbischen Bank nach Ulm zu verlegen, um damit – wie erwähnt – die Arbeit der dort in Zukunft regelmäßig tagenden Städtetage zu unterstützen. Nur weil Ulm – vermutlich aus Rücksicht gegen Augsburg – nicht sofort die Übernahme des Archivs zusagte, wurde der Streit noch einmal bis auf den 1587 in Speyer tagenden Städtetag verschoben, wo der Beschluß, ebenso wie 1588, noch einmal bestätigt wurde. Obwohl die anderen Städte versuchten, die Augsburger Verstimmung auszuräumen, war man dort nicht bereit, die Verletzung hinzunehmen, und blieb den Städtetagen aus Protest fern. Noch bei den Reichstagen 1594, 1598 und 1603 bildete der Abzug des Archivs den Grund für das Fernbleiben der Augsburger Gesandten von den Beratungen der Städtekurie in Städteangelegenheiten. Noch 1603 forderten die Augsburger Gesandten die Rückgabe des Archivs, doch konnte auch dies keine Änderung der Entscheidung herbeiführen. Man wird neben dem offiziell angeführten Grund der Nähe des Archivs zum ständigen Tagungsort vermuten dürfen, daß die Städtebank mit dem Entzug des Archivs auch einer verbreiteten Kritik am Augsburger Rat und seiner bayern- und österreichfreundlichen Politik Tribut zollte.

Dieser Kalenderstreit ist auch in besonderer Weise

geeignet, die Einwirkungsmöglichkeiten von Kaiser und Kreis auf die Stadt zu zeigen. Die Stadt war in diesem Streit auf die Urteile des Kammergerichts und das Eingreifen des Kaisers angewiesen, der Kreis mischte sich mit einer Schlichtungskommission ungebeten ein und bewies so, in welch vielfältigen Kraftlinien eine Reichsstadt wie Augsburg – trotz ihrer patrizischen Verfassung von 1548 – stand. Obwohl an sich dem Kreis keine Eingriffsrechte in die inneren Verhältnisse zustanden, hatte Augsburg eine aus württembergischen und Ulmer Gesandten gebildete Kommission zugelassen und sogar einige Führer des protestantischen Widerstands gegen die Kalenderreform freigelassen[49]. Praktisch parallel zu dieser Kreiskommission wurde auch eine kaiserliche Kommission berufen, die den konfessionellen Frieden in der Stadt wiederherstellen und die Ratswahl beobachten sollte. Diese kaiserliche Kommission war von seiten der Stadt vor allem deshalb erwünscht, weil im Verlauf des Kalenderstreits auch Forderungen vertreten worden waren, die die Ratsverfassung von 1548 in Frage stellten. Dr. Müller vertrat die Auffassung, daß die Gemeinde den Rat zu wählen habe, und eine Flugschrift drohte in diesem Zusammenhang, daß »würdt er [der neue Kalender] nit abgeschafft, so wollen wir von der Gemein starckh genug sein und in Werckh thun. Deß geben wir meinen Herren zu bedenckhen, daß sie sich selbst vor Schaden wöllen behüeten, damit wir noch lenger in Frieden bey einander mochten hausen«[50]. Folglich waren die Teilnehmer am Augsburger Aufruhr für den bayerischen Herzog Wilhelm lediglich »Landfridenbrecher und aufrührerische Seditiosus«, die mit aller Strenge zu bestrafen waren. Der Wortführer des Augsburger Widerstands gegen die Kalenderreform verstummte auch nach der Ausweisung nicht. 1586 publizierte er in Wittenberg einen *Send- und Trostbrieff Georg Müllers ... an seine liebe Landtsleut und Pfarrkinder, die Evangelische Burgerschafft in Augsburg*. Müller entwickelte in diesem gedruckten Schreiben eine differenzierte Strategie, die jedoch eher für die Entwicklung des protestantischen Widerstandsrechts als für die reale Geschichte Augsburgs von Bedeutung ist. Er empfahl nämlich, daß »ihr euch mit einigem unrechtmessigen gewalt oder widerstand aus obliegender servitut und verfolgung zu

wircken, nicht gelüsten lasset, viel weniger mit der that unterstehet« und nahm damit die Augsburger Gemeinde gegen den erwähnten Vorwurf der »Rebellion« in Schutz. Für den Fall aber, daß der Augsburger Rat Prediger einstellen werde, die nicht die Billigung der Gemeinde fänden, empfiehlt er, »das ihr die Predigten und Kirchen eine zeitlang bis zum austrag der sachen euch gentzlich enthaltet«. Eheschließungen sollten von der Gemeinde vorgenommen werden. Inwieweit diese Empfehlungen Müllers Wirkung zeigten, ist schwer festzustellen, doch ist angesichts des erwähnten Eingehens des Rats auf die Vorschläge der Schlichtungskommission und seines flexiblen Vorgehens wenig wahrscheinlich, daß es zum allgemeinen Boykott der neuen Prediger kam[51]. Der Rat wahrte sein Vorschlagsrecht, unterwarf die neuen Prediger freilich einem Examen durch unverdächtige protestantische Gelehrte aus Leipzig und Straßburg und legte so die *seditio periculosa* behutsam aber erfolgreich bei.

Schon früher wurde Augsburgs Mitgliedschaft im Landsberger Bund von 1556 erwähnt. Dieser Bund, von Bayern gegründet, die Kooperation mit dem Haus Habsburg suchend, auf den Ausgleich zwischen den konfessionellen Parteien bedacht und insofern den spezifischen Interessen Augsburgs entgegenkommend, griff ältere Landfriedenspläne wieder auf und richtete sich zunächst gegen den ansbachischen Markgrafen, vor allem angesichts des gescheiterten Heidelberger Bundes[52]. Augsburgs Interesse an diesem Bund lag vor allem darin, ihn überkonfessionell zu halten und ihn trotzdem als Versicherung für Notfälle betrachten zu können. Der Rat der Stadt hatte in diesen Jahren nach 1555, als die Ratswahl unter kaiserlicher Aufsicht durchgeführt worden war, ein leichtes katholisches Übergewicht; erst 1558 gewannen die Protestanten eine Stimme Mehrheit. Angesichts dieser schwankenden Mehrheitsverhältnisse mußte der Rat Anlehnung beim Bund suchen und auch deshalb am Eindruck eines überkonfessionellen Bundes interessiert sein, um unliebsame Rückwirkungen in der Stadt zu verhindern. Ein 1565 in Nürnberg entstandener Pokal, der Kaiser Maximilian 1570 bei seinem Besuch in Nürnberg überreicht wurde, zeigt den Kaiser umgeben von vier Fürsten und den vier Städten Augsburg, Nürnberg, Weißenburg und Windsheim. Der Pokal symbolisierte damit einen paritätischen Bund in einer Zeit, als sich der Bund längst auf dem Weg zum katholischen Bündnis befand[53]. Als 1584 das protestantische Nürnberg austrat, wurde auch für Augsburg das Verbleiben im Bund schwieriger, wenn man auch in der eben erwähnten Situation des Kalenderstreits gerne den Bund im Rücken haben wollte und keine Einwände gegen eine Sicherheitsgarantie des Bundes hatte. Gleichwohl bemühte man sich um den Wiedereintritt Nürnbergs, um nicht den Eindruck des »Pfaffenbundes« zu erwecken. Doch solche Pläne fanden letztlich nicht die Zustimmung des bayerischen Herzogs Maximilian, so daß der Bund 1598 aufgelöst wurde. Insgesamt hatte die Bundesversammlung dreimal in Augsburg getagt, wohl auch ein Zeichen der wenig aktiven Rolle, die die Stadt in diesem Bündnis gespielt hatte, dessen Andenken wieder geweckt wurde, als man seit 1606 die Gründung der Liga betrieb[54].

Neben den bislang erwähnten Beziehungen Augsburgs zu Kaiser und Reich, zu Kreis und Landsberger Bund muß jetzt noch ein Blick auf die Eingriffe geworfen werden, die ab 1628 die konfessionellen Verhältnisse in der Stadt gewaltsam veränderten. Der Rat der Stadt hatte es verstanden, Augsburg in relativ enger Anlehnung an Bayern durch die sich verschärfenden konfessionellen Gegensätze und die sich entwickelnden Parteibildungen von Union und Liga hindurchzusteuern, ohne sich selbst in eines dieser Bündnisse einzulassen. Ein Versuch Nürnbergs, die Union um »gemischte« Städte wie Augsburg zu erweitern, hatte offensichtlich keinen Erfolg. Ein 1619 mit Herzog Maximilian abgeschlossenes Schutzbündnis stellte eine Versicherung gegen den militärischen Einfall dar. Daher sollte die Stadt die Kosten tragen[55]. Die Möglichkeit eines tiefen Eingriffs in die bislang paritätische Struktur der Stadt – bei allerdings katholischer Ratsmehrheit[56] – ergab sich erst mit dem Erlaß des Restitutionsedikts vom 6. März 1629. Allerdings hatte Bischof Heinrich von Knöringen vorher schon mehrfach den Kaiser an die Beseitigung der angeblichen Ungleichheit zwischen Katholiken und Protestanten erinnert und bereits im Januar 1628 eine kaiserliche Kommission erwirkt, die im Mai dieses Jahres ihre Arbeit aufnahm[57]. Der Bericht

dieser Kommission (Erzherzog Leopold von Tirol und der Bischof von Eichstätt) war ein Angriff auf die gemischt-konfessionelle Struktur der Stadt, weil er den Zustand von vor 1537 postulierte. Die Realisierung dieser Forderungen überschnitt sich freilich mit dem allgemeinen Restitutionsedikt, das in Augsburg von Kommissaren des Schwäbischen Kreises durchgesetzt wurde. Der Erfolg dieser Bemühungen war eine gewaltsame Rekatholisierung der Stadt, die für die Ausübung des protestantischen Bekenntnisses nicht mehr den geringsten Raum ließ. Lediglich das St.-Anna-Kolleg blieb den protestantischen Bürgern noch zur Verfügung, da sich gegen diese neue Stiftung kein Rechtstitel ausfindig machen ließ. Dieses alles geschah gegen die kaiserliche Billigung der konfessionellen Verhältnisse in Augsburg, wie sie der Kaiser noch 1619 in seiner Huldigungserklärung ausgesprochen hatte. Es geschah auch gegen den Protest der beiden Stadtpfleger, die warnend auf mögliche Konsequenzen dieser »neuen Reformation« verwiesen[58].

Diese Situation der vollständigen Unterdrückung der protestantischen Bürgerschaft wurde erst wieder durch den Eintritt des Schwedenkönigs in den großen Krieg und seinen siegreichen Vormarsch nach Süddeutschland verändert. Schon vor der Übergabe der Stadt an die Schweden im April 1632 waren zumindest protestantische Eheschließungen und Hausandachten wieder erlaubt worden. Dieser Machtwechsel wurde wiederum in aller Radikalität durchgeführt, und warnende Stimmen der Bürgerschaft, die zur Wiederherstellung paritätischer Verhältnisse rieten, fanden keine Beachtung.

Wieder war es eine Wende im Krieg, die den Umschwung in der Stadt herbeiführte. Nach der Niederlage der Schweden bei Nördlingen sah sich der protestantische Rat gezwungen, im sogenannten Leonberger Akkord, der im wesentlichen die Verhältnisse nach dem Restitutionsedikt restaurierte, den Protestanten die Möglichkeit einzuräumen, auf eigene Kosten eine Kirche zu bauen, Prediger zu besolden und ihre Stiftungen zu behalten[59]. Bischof Heinrich von Knöringen protestierte freilich noch gegen diese minimale Möglichkeit zur Ausübung des protestantischen Bekenntnisses. Der Prager Friede brachte für Augsburg keine Erleichterung, weil für die Städte,

Abb. 77   Titelblatt einer Flugschrift gegen den St.-Peter-Ab-
laßhandel. Augsburg, Melchior Ramminger, 1520

Abb. 78   Titelblatt der vom Kaiser als Stadtherrn erlassenen
Ordnung für den letzten Augsburger Reichstag 1582

Abb. 79   Einzug Kaiser Ferdinands II. in Augsburg im September 1619. Die Wittelsbacher Herzöge ziehen dem Kaiser
voran, gefolgt vom Marschall mit dem Reichsschwert. Zwölf
Augsburger Ratsherren tragen abwechselnd den Himmel. Es
folgen die Bischöfe von Augsburg und Eichstätt

*Abb. 80   Überfall auf ein Dorf. Aus der Radierungsfolge
über den Dreißigjährigen Krieg von Hans Ulrich Frank,
27. Mai 1656*

Abb. 81 König Gustav II. Adolf von Schweden. Gemalt von Matthäus Gundelach anläßlich des zweiten Aufenthalts des Königs in Augsburg vom 27. Mai bis 2. Juni 1632

Die betrangte Stadt Augspurg.

WAnn der günstige Leser wissen wil/was diese zwey ungehewre Thier bedeuten/so kan er das 13. Cap. der offenbarung Johannis fleissig besehen: darinn durch das sibenköpffichte Thier die beschaffenheit deß Papsts zu Rom vnd seiner München vnd Pfaffen abgebildet: durch das ander Thier aber insonderheit/die in disem seculo erst ersprungene Sect vñ gesellschafft bezeichnet worden/welche sich von dem Namen deß Lambs (JESv) benennet/ vnd alle Macht thut deß ersten Thiers/das ist/sich richtet nach der weise deß Antichrists/vnd demselben die Wunden heilet/verstehe durch allerley Griff das Papsthumb/ so viel müglich/bestärcket/wie auch grosse streich von Zeichen vnnd Wundern fürgibt/als ob sie das Fewer vom Himmel bringen/vnd Berg versetzen köndten/gestalt man in den Lügenden von den Wunderzeichen Lojolæ, Francisci Xaverij vnd anderer der lenge nach liset.

Nun haben sich diese zwey Thier/nach dem sie vieler anderer Particular Kirchen im Teutschland sich bemächtiget/auch gemacht an die Evangelische Gemeine zu Aug-

spurg/vnd endlichen im Monat Augusto deß 1629. Jahrs/das verhängnuß bekommen/die Evangelische Kirchen vnd Schuldiener abzusetzen/vnd an derselben Stelle ihre Brut hinein zuspeyen.

Dannenhero diese/so bald sie in der Stadt auff die Füsse kommen/sich der Kirchen vnd Schulen der Evangelischen angemasset/die Bibliothecam occupirt, vnnd allgemach die daselbst der reinen Religion zugethane Burger grossen theils biß zum Exilio vnnd Elend tribuliret vnd gepresset/ꝛc. vnnd hätte man von der lieben Stadt Augspurg billich sagen können: ihre Widersacher schweben empor/vnd ihren Feinden gehets wol. Thren. J. vers. 5. die Widerwertigen brüllen in den Häusern Gottes vnd setzen ihre Götzen darein. Psal. 74. vers. 4. Sie reissen den Grund vmb/was soll der Gerechte außrichten/Pf. 11. vers. 3. Sie sagen/onsere Zung soll überhand haben/ons gebüret zu reden. Psal. 12. vers. 5.

Gedruckt im Jahr 1632.

Abb. 82 Die bedrängte Stadt Augsburg. Ein Flugblatt in Kupferstich von unbekannter Herkunft aus dem Jahr 1632, das die Lage Augsburgs nach dem von kaiserlicher Seite gewaltsam vollzogenen Restitutionsedikt 1629 darstellen will.

Evangelische müssen die Stadt verlassen, während zwei Untiere, der Papst (links) und der Jesuitengeneral (rechts), Mönche und Jesuiten über die Stadt ausspeien

die mit dem Kaiser bereits Separatverträge abgeschlossen hatten, nur das Restitutionsedikt gelten sollte. Noch 1640/41 wurde die Beseitigung dieser Sonderregelung vom sächsischen Kurfürsten seinem Reichstagsgesandten aufgetragen[60], und auch der Augsburger Gesandte am Reichstag, Johann David Herwart, versuchte hier eine Änderung zu erreichen. Der Endpunkt der hier zu verfolgenden Entwicklung besteht in der Festlegung der konfessionellen Parität in Augsburg durch den Westfälischen Frieden. Dieser Erfolg konnte nur errungen werden, weil die Lösung der allgemeinen Konfessionsfrage bereits erreicht worden war[61]. Die paritätische Besetzung der Reichsgerichte, die Spaltung des Reichstags in die beiden Corpora konnten so schon den Rahmen für die Realisierung der Parität in der Stadt abgeben, deren Durchsetzung freilich nur deshalb gelang, weil sowohl von schwedischer als auch von protestantischer Seite heftiger Druck ausgeübt wurde. Oxenstierna selbst sagte, er wolle Augsburgs Advokat sein, wenn dessen Protestanten keinen Gesandten schicken könnten. Diese Festlegung der Parität als Organisationsprinzip der städtischen konfessionellen Verhältnisse (»die unverhoffte Aufdringung der Parität«) erfolgte zudem gegen alle Erwartung der katholischen Bürger, die lediglich eine Wiederherstellung der Verhältnisse vor 1624 erwartet hatten. Die Vertretung der Augsburger Protestanten lag zunächst bei dem aus Augsburg gebürtigen Zacharias Stenglin, der eigentlich Frankfurt vertrat, sodann bei dem Wortführer der Augsburger Protestanten, Johann David Herwart, der schon 1645 eine »Historische kurze Relation über den betrübten Zustand der evangelischen Bürgerschaft von anno 1628 bis 1643« verfaßt hatte und in Augsburg die Fäden in der Hand hielt. Vor allem aber war es der Lindauer Gesandte Dr. Valentin Heider, der sich der Forderungen der Augsburger Protestanten annahm und damit den heftigen Widerspruch des offiziellen Augsburger (katholischen) Vertreters provozierte.

Die Verhandlungen entwickelten sich in einer für Augsburg zunächst wenig günstigen Weise, zumal die Augsburger Vorstellungen mit den Positionen anderer protestantischer Fürsten und Städte nicht harmonierten[62]. Erst nach hartnäckigen Verhandlungen, nach der Beilegung von Streitigkeiten zwischen

Stenglin und Heider gelang am 27. März 1647 die Einigung auf die paritätische Formel[63], die in Augsburg ungeheure Freude auslöste. Ein unerwarteter Erfolg war errungen worden, wenn man auch bei den Augsburger Katholiken von der »seelverderblichen Parität« und von der »in keiner respublica totius Europae jemalen herkommenden Parität«[64] sprach. Nach langen Verzögerungsversuchen des katholischen Rats gegen die Exekution der Paritätsbestimmungen durch die kreisausschreibenden Fürsten des Schwäbischen Kreises wurde am 8. März 1649 die erste paritätische Ratswahl durchgeführt. Damit wurde der schwierigen Realität des 17. Jahrhunderts jenes Prinzip ausgesetzt, das in der Mitte des 16. Jahrhunderts noch unbestimmt und vage vorformuliert worden war: das geregelte und friedliche Nebeneinander zweier Konfessionen in einem Gemeinwesen. Insofern sind die Daten von 1555 und 1648 in der Tat die Ereignisse, die diese ganze hier kurz behandelte Epoche geprägt haben und ihre innere Einheit bewirken. Man wird sagen können, daß Augsburg auf diesem Weg zwischen Religionsfrieden und Westfälischem Frieden eine Auseinandersetzung vorweggenommen hat, die in exemplarischer Weise das Grundproblem des konfessionellen Zeitalters vor Augen führt. Von daher kann die Rolle Augsburgs in dieser Phase der deutschen Geschichte kaum unterschätzt werden.

Diese Rolle Augsburgs kann freilich nicht übersehen lassen, daß die Reichsstädte trotz des Gewinns ihres votum decisivum[65] insgesamt auf der Verliererstraße waren. Die Herausbildung konfessioneller Parteien im Reich, ja in Europa hatte diese Gruppe ihrer Existenzgrundlage beraubt. Insofern ist die Analyse der politischen Außenbeziehungen der Stadt vielleicht in der Lage, uns einen Einblick in die vielfältigen Verflechtungen Augsburgs zu geben, die zugleich Einfallstore für Einflüsse von außen waren.

1 Zorn, Augsburg, S. 198 (Kapitelüberschrift für die Zeit 1555–1648).

2 Leonhard Lenk: Augsburger Bürgertum im Späthumanismus und Frühbarock (1580–1700), Augsburg 1968 (Schriftenreihe des Stadtarchivs Augsburg 17), S. 15, 27.

3 Grundlegender Überblick über diese Epoche bei Moriz Ritter: Deutsche Geschichte im Zeitalter der Gegenreformation und

des Dreißigjährigen Krieges, 3 Bde., Stuttgart 1889–1908.

4 Fritz Dickmann: Der Westfälische Frieden, 2. Aufl., Münster 1965, S. 9–17.

5 Bernard Vogler: Le monde germanique et helvétique à l'époque des réformes 1517–1618, Bd. 2, Paris 1981, S. 251.

6 Stetten, Augspurg, Bd. 1, S. 759. Auf diese grundlegende ereignisgeschichtliche Kompilation soll hier generell verwiesen werden.

7 Eugen Franz: Nürnberg, Kaiser und Reich. Studien zur reichsstädtischen Außenpolitik, München 1930, S. 198.

8 Grundlegend dazu die Ausführungen bei Schröder, Augsburg, S. 61–8O; Ingrid Bátori: Die Reichsstadt Augsburg im 18. Jahrhundert. Verfassung, Finanzen und Reformversuche, Göttingen 1969, S. 30–34. Einen guten Überblick über die Regimentsveränderungen bietet David Langenmantel: Historie des Regiments in des Heiligen Reichs Stadt Augsburg ... bis auf unsere Zeit, Frankfurt und Leipzig 1725.

9 Vgl. dazu den Überblick bei Günter Buchstab: Reichsstädte, Städtekurie und Westfälischer Friedenskongreß. Zusammenhänge von Sozialstruktur, Rechtsstatus und Wirtschaftskraft, Münster 1976, S. 34–49. Für 1547/48 vgl. die ältere Arbeit von Harry Gerber: Die Bedeutung des Augsburger Reichstages von 1547/48 für das Ringen der Reichsstädte um Stimme, Stand und Session. Ein Beitrag zur deutschen Verfassungsgeschichte in der ersten Hälfte des 16. Jahrhunderts. In: Elsaß-Lothringisches Jahrbuch 9 (1930), S. 168–208. Für die Reichspolitik aus der Sicht der Reichsstädte auch wichtig Franz, Nürnberg, bes. S. 198–238. Zuletzt zum Reichstag von 1547/48 Horst Rabe: Reichsbund und Interim. Die Verfassungs- und Religionspolitik Karls V. und der Reichstag von 1547/48, Köln und Wien 1971; E. Isenmann: Reichsstadt und Reich an der Wende vom späten Mittelalter zur frühen Neuzeit. In: Josef Engel (Hrsg.): Mittel und Wege früher Verfassungspolitik, Stuttgart 1979, S. 9–223, hier bes. S. 162 ff. zu den wichtigen Städtetagen von 1557 und 1559 und zum Zusammenhang zwischen dem Städtestimmenrecht und der Majoritätsdiskussion des späten 16. und 17. Jahrhunderts.

10 Neue und vollständigere Sammlung der Reichs-Abschiede III, Frankfurt 1747, Neudruck Osnabrück 1967, S. 27.

11 Karl Rauch (Hrsg.): Traktat über den Reichstag im 16. Jahrhundert. Eine offiziöse Darstellung aus der Kurmainzischen Kanzlei, Weimar 1905, S. 87.

12 Gustav Wolf: Zur Geschichte der deutschen Protestanten von 1555–1559, Zwickau 1888, S. 186 f.

13 Christian Friderich Sattler: Geschichte des Herzogthums Württemberg unter der Regierung der Herzogen, Bd. 5, Stettin und Stuttgart 1772, Beylagen S. 49.

14 Zitiert nach Lenk, Augsburger Bürgertum, S. 15.

15 Zur Geschichte dieser Reichstage immer noch heranzuziehen Franz Dominikus Häberlin: Neueste teutsche Reichsgeschichte vom Anfang des Schmalkaldischen Krieges bis auf unsere Zeiten, 28 Bde., Halle und Frankfurt/M. 1774–1804, ab Bd. 21 fortgesetzt von Renatus Karl Freiherr von Senkenberg, hier bes. Bde. 4, 6, 12. Als erste Skizze der Reichstage nach 1555 vgl. Leopold von Ranke: Zur deutschen Geschichte. Vom Re-

ligionsfrieden bis zum Dreißigjährigen Krieg. In: Sämtliche Werke, Bd. 7, Leipzig 1868, S. 104 zur Funktion der Reichstage. Für die Beschäftigung der Reichstage mit der Türkengefahr verweise ich auf Winfried Schulze: Reich und Türkengefahr im späten 16. Jahrhundert. Studien zu den politischen und gesellschaftlichen Auswirkungen einer äußeren Bedrohung, München 1978, bes. S. 67–191.

16 Vgl. dazu jetzt Helmut Neuhaus: Reichsständische Repräsentationsformen im 16. Jahrhundert. Reichstag, Reichskreistag, Reichsdeputationstag, Berlin 1982. Ähnlich schon Schulze, Reich und Türkengefahr, S. 198–222.

17 Zum Verlauf Wolf, Protestanten, als wichtige Quelle August Kluckhohn: Briefe Friedrichs des Frommen, Kurfürsten von der Pfalz, Bd. 1 (1559–66), Braunschweig 1868; neuerdings Gudrun Westphal: Der Kampf um die Freistellung auf den Reichstagen zwischen 1556 und 1576, Diss. phil. Marburg 1975, S. 74–99, bes. zum Problem der Freistellung.

18 Ich folge hier der Interpretation von Westphal, Freistellung, S. 6 f., S. 301 f.

19 Walter Hollweg: Der Augsburger Reichstag von 1566 und seine Bedeutung für die Entstehung der Reformierten Kirche und ihres Bekenntnisses, Neukirchen-Vluyn 1964; A. Gillet: Kurfürst Friedrich III. von der Pfalz und der Reichstag von Augsburg 1566. In: HZ 19 (1968), S. 38–102; Westphal, Freistellung, S. 100–145.

20 Max Lossen: Der Magdeburger Sessionsstreit auf dem Augsburger Reichstag von 1582. In: Abhandlungen der Historischen Classe der königlichen bayerischen Akademie der Wissenschaften, Bd. 20, III. Abteilung 1893, S. 621–660; H. Foerster: Der Magdeburger Sessionsstreit, Diss. phil. Breslau 1890; Rudolf Reuter: Der Kampf um die Reichsstandschaft der Städte auf dem Augsburger Reichstag 1582, München und Leipzig 1919.

21 Zur Vorgeschichte siehe Ritter, Deutsche Geschichte, Bd. 1, S. 577 ff.

22 Ich stütze mich hier vor allem auf den Überblick bei Johannes Müller: Der Konflikt Kaiser Rudolfs mit den deutschen Reichsstädten. In: Westdeutsche Zeitschrift für Geschichte und Kunst 14 (1895), S. 257–293; die einschlägigen Akten im Hauptstaatsarchiv Stuttgart C 10, Büschel 1154; StAA, Rep. 326 I, fol. 67 b ff.

23 Müller, Konflikt Kaiser Rudolfs, S. 220.

24 Ebd. S. 280 f.

25 Ebd. S. 291.

26 Vgl. Schulze, Reich und Türkengefahr, S. 158 f.

27 Gemeint sind hier die »Reichstagsbeschreibungen« der Reichsherolde Mameranus und Fleischmann: Nikolaus Mameranus: Verzeichnis der Römischen Kaiserlichen Majestät und ihrer Majestät Gemahls Hofstaat und allen anwesenden Churfürsten, Fürsten, geistlichen und weltlichen, so auf dem Reichstag zu Augsburg im Jahr 1566 daselbst erschienen sind, Augsburg 1566 und Peter Fleischmann zu Franckendorff: Description des allerdurchlauchtigsten Fürsten, Herrn Rudolf des andern, erwählten Römischen Kaisers, erstgehaltenen Reichstag zu Augsburg, der den 3. Juli anno 1582 angefangen,

Augsburg 1582. Fleischmann erbat vom Rat der Stadt Augsburg für seine »Beschreibung« ein Nachdruckverbot für ein Jahr (StAA, Augsburger Reichstagsakten, Bd. 50, 25. August 1582).

28 Audientz Des aller Großmechtigsten . . . Römischen Keysers Maximilian/des andern/ . . . zu Speyr auff dem Reichstag gehalten worden im Jar MDLXX. Getruckt zu Straßburg durch Bernhardt Jobin Formschneider Anno MDLXXI (Einblattdruck): »Arm und Reich die wurden gehört/Ir keinem ward die Thür versperrt.«

29 Zu den Matrikelmoderationen des 16. Jahrhunderts vgl. Schulze, Reich und Türkengefahr, S. 337–348. Moderationen erfolgten 1545, 1551, 1557, 1567, 1571 und 1577.

30 Vgl. Neue und vollständigere Sammlung der Reichsabschiede, II, S. 227. Siehe dazu auch die Angaben über Augsburg im Matrikelkommentar Zacharias Geizkoflers von 1602 (Staatsarchiv Ludwigsburg, B 90, Büschel 67, Bl. 250).

31 Vgl. dazu Herbert Jäger: Reichsstadt und Schwäbischer Kreis. Korporative Städtepolitik im 16. Jahrhundert unter der Führung von Ulm und Augsburg, Göppingen 1975, S. 78–146; Jürgen Kraus: Das Militärwesen der Reichsstadt Augsburg 1548–1806. Vergleichende Untersuchungen über städtische Militäreinrichtungen in Deutschland vom 16.–18. Jahrhundert, Augsburg 1980, S. 256–262.

32 Allgemein dazu Johannes Müller: Veränderungen im Reichsmatrikelwesen in der Mitte des 16. Jahrhunderts. In: ZHVS 23 (1896), S. 115–176, hier S. 156.

33 StAA, Lit (24. Mai 1593).

34 Jean Bodin: Les six livres de la République, Paris 1583, Ndr. Aalen 1961, S. 324. Zur Stellung der Reichsstädte im Rahmen der Interpretation der Reichsverfassung bei Bodin vgl. Friedrich Hermann Schubert: Die deutschen Reichstage in der Staatslehre der frühen Neuzeit, Göttingen 1966, S. 360–382.

35 Ich stütze mich hier auf Angaben des Bestandes »Legstadt Augsburg« im Augsburger Stadtarchiv und auf einschlägiges Material im Hofkammerarchiv Wien sowie die Raitungen des Reichspfennigmeisters Zacharias Geizkofler (Staatsarchiv Ludwigsburg, B 90, Büschel 86 und 87).

36 Ebd. Büschel 202.

37 Allgemein zum Reichspfennigmeisteramt vgl. Schulze, Reich und Türkengefahr, S. 329–336. Zur Person Geizkoflers siehe Johannes Müller: Zacharias Geizkofler. Des heiligen römischen Reichs Pfennigmeister und oberster Proviantmeister im Königreich Ungarn, Baden b. Wien 1938; Friedrich Blendinger: Zacharias Geizkofler. In: Lebensbilder Schw. 8, München 1961, S. 163–197.

38 Nach Haus-, Hof- und Staatsarchiv Wien, Reichstagsakten der Reichskanzlei, Fasz. 71, fol. 207 f.; StAA, Reichstagsakten, Bd. 60, fol. 448 ff. Zur Reaktion der beiden Städte ebd. fol. 501 ff., 516 ff., 525 ff.

39 Adolf Laufs: Der Schwäbische Kreis. Studien über Einungswesen und Reichsverfassung im deutschen Südwesten zu Beginn der Neuzeit, Aalen 1971, S. 210–212.

40 Ebd. S. 271–348.

41 Jäger, Reichsstadt und Schwäbischer Kreis, S. 97 f.

42 Ebd. S. 191.

43 Allgemein zum Kalenderstreit Lenk, Augsburger Bürgertum, S. 60–65; Eberhard Naujoks: Vorstufen der Parität in der Verfassungsgeschichte der schwäbischen Reichsstädte (1555–1648). Das Beispiel Augsburgs. In: Jürgen Sydow (Hrsg.): Bürgerschaft und Kirche, Sigmaringen 1980, S. 38–66, hier S. 43–52; Zorn, Augsburg, S. 204.

44 Adolf Laufs: Zur verfassungsgeschichtlichen Einheit und korporativen Politik der schwäbischen Reichsstädte in der Früheren Neuzeit. In: Jahrbuch für Geschichte der oberdeutschen Reichsstädte 15 (1969), S. 49–74, hier S. 72 f.

45 Jäger, Reichsstadt und Schwäbischer Kreis, S. 292.

46 StAA, Städtetagsakten, Fasz. 4.

47 Sattler, Geschichte des Herzogtums Württemberg, Bd. 5, Beylage, S. 51.

48 Die folgenden Ausführungen nach Max Huber: Städtearchiv und Reichsstandschaft der Städte im 16. Jahrhundert. In: Ulm und Oberschwaben 35 (1958), S. 94–112.

49 Jäger, Reichsstadt und Schwäbischer Kreis, S. 302.

50 Lenk, Augsburger Bürgertum, S. 62 f.

51 Doch sind dazu auch die Bemerkungen von Naujoks, Vorstufen der Parität, S. 56, zu berücksichtigen.

52 Winfried Mogge: Nürnberg und der Landsberger Bund (1556–1598). Ein Beitrag zur Geschichte des Konfessionellen Zeitalters, Nürnberg 1976, S. 45–52.

53 Ebd. S. 275–279.

54 Franziska Neuer-Landfried: Die Katholische Liga. Gründung, Neugründung und Organisation eines Sonderbundes 1608–1620, Kallmünz 1968, S. 25 ff.

55 Zorn, Augsburg, S. 213.

56 Vgl. die Zusammenstellung der Mehrheitsverhältnisse im Rat bei Naujoks, Vorstufen der Parität, S. 48, Anm. 35. Danach betrug bei der Ratswahl von 1583 das Verhältnis von katholischen zu evangelischen Ratsherren 26:19 (1570 lautete das Verhältnis noch 22:23).

57 J. Spindler: Fürstbischof Heinrich V. von Knöringen. In: Jahrbuch des Historischen Vereins Dillingen 24 (1911), S. 24 f.

58 Lenk, Augsburger Bürgertum, S. 67. Zu den Einzelheiten Spindler, Knöringen, S. 34–40.

59 Ebd. S. 57; Lenk, Augsburger Bürgertum, S. 74.

60 Kathrin Bierther: Der Regensburger Reichstag von 1640/1641, Kallmünz 1971, S. 122, Anm. 192, S. 163.

61 Dazu Naujoks, Vorstufen der Parität. Grundlegend für die Friedensverhandlungen Buchstab, Westfälischer Friedenskongreß; speziell für Augsburg die ältere Arbeit von Hermann Vogel: Der Kampf auf dem Westfälischen Friedenskongreß um die Einführung der Parität in der Stadt Augsburg, Diss. phil. München 1900; Stetten, Augspurg, Bd. 2, S. 745 ff. Ein Überblick mit den einschlägigen Dokumenten findet sich bei Langenmantel, Historie, S. 229 ff.

62 Vogel, Westfälischer Friedenskongreß, S. 17 ff.

63 Die Bestimmungen im einzelnen bei Langenmantel, Historie, S. 253.

64 Lenk, Augsburger Bürgertum, S. 76 f.

65 Buchstab, Westfälischer Friedenskongreß, S. 141, 177–181.

Teil IV

Augsburg in der frühen Neuzeit
Die paritätische Reichsstadt 1649–1806

Herausgegeben
von Josef Bellot

Politische Ereignisse und Festlichkeiten

von Josef Bellot

Der Dreißigjährige Krieg hatte die wirtschaftliche und politische Bedeutung Augsburgs nahezu ausgelöscht. Eine angemessene Stellung als Freie Stadt in einem Reich wiederzuerlangen, das durch seine föderalistische Struktur und die rechtlich-politisch weitgehende Selbständigkeit seiner Glieder kein festes Gefüge hatte, war nur durch diplomatisches Geschick, Treue zum Kaiserhaus und Einigkeit im Innern zu erreichen[1]. Die erste Sorge mußte der Konsolidierung des neuen städtischen Regiments gelten. Dem Herzog von Württemberg und dem Bischof von Konstanz war innerhalb des Schwäbischen Kreises die Erfüllung des Friedensvertrages anvertraut. Die dazu abgeordneten Kommissare begannen Ende Januar 1649 die Vollzugsverhandlungen, mußten jedoch gegen den Widerstand des noch regierenden Magistrats und der katholischen Geistlichkeit die Hilfe des Kaisers und des Kurfürsten von Bayern anrufen. Doch im Februar 1649 konnten die Evangelischen die ihnen zugesprochenen Kirchen bereits wieder in Besitz nehmen. Im März wurden vier lutherische Familien ins Patriziat erhoben, und dann fand die Ratswahl nach den neuen paritätischen Bestimmungen statt. Ein prächtiges Gastmahl war das erste Zeichen gemeinsamen Wirkens der Konfessionen für das Wohl der Stadt. Die Kommission hielt bis in den April 1649 ihre Aufgabe im wesentlichen für erfüllt, einige schwierige juristische Entscheidungen

wurden den Exekutionsverhandlungen in Nürnberg überlassen[2].

So waren denn sehr schnell Voraussetzungen geschaffen, als kaiserliche Stadt politische Funktionen zu übernehmen, zumindest den Schauplatz für Staatsakte abzugeben. Noch vor dem für Juni 1653 nach Regensburg einberufenen Reichstag sollte in Augsburg die Wahl Ferdinands IV. zum römischen König vorgenommen werden. Nach dem bisher üblichen Ritual wurde der Kaiser mit seinem Hofstaat vom Magistrat an der Lechbrücke empfangen und unter dem Schall von Glocken und Kanonenschüssen durch das Spalier der jubelnden Bevölkerung zu seiner Wohnung in den Fuggerhäusern geleitet. Am 31. Mai wählten die Kurfürsten in der Sakristei von St. Ulrich und Afra den Kaisersohn zum römischen König. Der Neugewählte und sein Vater wurden nun in feierlichem Zug zur Kirche geführt, um dort das Ergebnis der Wahl zu erfahren und sich dem Volk vorzustellen. Die Krönung fand dann allerdings am 18. Juni in Regensburg statt[3].

Aber die Hoffnung, auch künftig Schauplatz von Reichshandlungen zu werden und in regelmäßigen Abständen die geistlichen und weltlichen Fürsten oder gar ausländische hochgestellte Persönlichkeiten als Gäste in der Stadt zu sehen, erfüllte sich nicht in dem Maße, wie es der selbstbewußte Magistrat und das langsam wieder aufblühende Kunstgewerbe, das stets davon profitiert hatte, erwarteten. Die Etablierung des Immerwährenden Reichstags als einer ständigen Versammlung der Gesandten der Reichsstände in Regensburg machte viele Hoffnungen zunichte. Ganz vergessen blieb Augsburg als Tagungsort allerdings nicht.

Nach dem Tode des in Augsburg gewählten Ferdinand IV., der die kaiserliche Würde nie erlangt hatte, wurde zwar sein Bruder, Leopold I., wieder in Frankfurt gewählt und gekrönt, aber er weilte dann auf der Rückreise 1658 für einige Tage in Augsburg, ließ sich hier die üblichen Geschenke des Magistrats überreichen und nahm die Huldigung der Bevölkerung entgegen[4]. Die Stadt leistete in dem 1663 ausbrechenden Türkenkrieg die angesetzten Beträge der Reichsmatrikel und schickte im darauffolgenden Jahr noch 232 weitere angeworbene Soldaten zum Reichsheer. Auch bei der 1683 durch die Belagerung Wiens so bedrohlichen Lage versagte Augsburg seine Hilfe nicht. Seine Fußtruppen und Reiter vereinigten sich mit den Kontingenten des Schwäbischen Kreises und stießen nach dem Entsatz von Wien weit nach Ungarn vor. Alle Verluste seiner Truppen glich Augsburg durch neuangeworbene Söldner aus. Mit Spannung verfolgte man die siegreichen Kämpfe gegen den mohammedanischen Erbfeind. Alle Siegesmeldungen der nächsten Jahre wurden durch dreimaliges Feuer aus den Kanonen auf den Wällen der Stadt angekündigt und in Dankgottesdiensten beider Konfessionen gefeiert.

In Augsburg fanden 1686 die Allianzverhandlungen zwischen den westlichen und südlichen Reichskreisen, dem Kaiser, dem Kurfürsten von Bayern, einigen weiteren Territorialfürsten, ferner mit Schweden und Spanien für ihre deutschen Reichsteile und den Niederlanden statt[5]. Die Verhandlungen wurden einzeln zwischen den Partnern geführt. Es gab keine Plenarsitzungen. Immerhin war die Stadt einige Monate von diplomatischer Geschäftigkeit erfüllt. Bei den Konferenzen ging es darum, festzulegen, in welcher Form und mit welchen Mitteln ein Verteidigungszustand gegen die französische Invasionsgefahr schon jetzt herbeigeführt werden könne. Für die Maßnahmen, zu denen sich die Partner verpflichteten, fehlten allerdings wegen der Belastungen durch den Türkenkrieg überall die Finanzen. Dennoch

blieb das Bündnis im 1688 ausbrechenden Pfälzischen Erbfolgekrieg in Kraft.

Die Kriegsereignisse verhinderten in den nächsten Jahren eine Wahl und Krönung in Frankfurt. So wurde Augsburg wieder Schauplatz einer Reichshandlung, die 1689 und 1690 mit großem Gepränge begangen wurde, nämlich der Krönung der dritten Gemahlin Leopolds I. zur Kaiserin und der Wahl und Krönung Josephs I. zum römischen König. Seine Geburt 1678 war in Augsburg schon durch kirchliche Feiern und viele gedruckte Huldigungspredigten von beiden Konfessionen dankbar begrüßt worden. Die kaiserliche Familie traf am 31. August 1689 mit ihrem Gefolge in der Stadt ein und wurde nach dem Empfang an der Stadtgrenze unter Jubel, Glockengeläut und Kanonensalven zum Dom geleitet, wo gleich ein Tedeum angestimmt wurde. Die üblichen Geschenke an die einzelnen Familienmitglieder übergab der Magistrat jeweils an verschiedenen Tagen, nicht nur, um das Zeremoniell möglichst korrekt einzuhalten, sondern auch, um durch Aufzüge auf sich selbst und die hohen Gäste aufmerksam zu machen und zu vielen Staatsakten Veranlassung zu haben. Im November erschienen nacheinander die geistlichen Kurfürsten, der Kurfürst von der Pfalz und die Gesandten aus Sachsen und Brandenburg. Erst Mitte Dezember begannen die Verhandlungen. Auf den 19. Januar 1690 wurde die Krönung der Kaiserin festgelegt. Gesandte der Stadt Nürnberg brachten die Reichsinsignien. Schauplatz der Krönungen war der Dom. Der Kurfürst von Mainz las das Hochamt und krönte im Auftrag des Kaisers dessen Gemahlin. Unter einem von städtischen Patriziern getragenen Baldachin gingen Kaiser und Kaiserin, gefolgt von den Fürsten, auf gold-schwarz-weiß gefärbtem Tuch zum Rathaus, wo im großen Saal die Mittagstafel gedeckt war. Am 24. Januar wählten die Kurfürsten einstimmig Joseph I. in der Sakristei von St. Ulrich und Afra zum römischen König. Auf die übliche Weise wurde er zwei Tage später im Dom gekrönt. Abermals gab es ein großes Festessen im Rathaus. Das Zeremoniell nach altem Brauch wurde vom neugierigen und begeisterten Volk mit Jubel aufgenommen. Der Reichserzmarschall ritt in einen vor dem Rathaus aufgehäuften Berg Hafer, füllte ein Gefäß, strich es glatt und schüttete es wieder aus. Dann schnitt der Erz-

Abb. 83 Belagerung Augsburgs durch bayerische Truppen 1704. Kupferstich von Johann August Corvinus nach einer Vorzeichnung von Georg Philipp Rugendas. Aus: »Representatio belli ob successionem in regno Hispanico [. . .] Der Spanische Successionskrieg [. . .]«, Augsburg, nach 1724

*Abb. 84   Zug der Salzburger Emigranten durch Schwaben
mit den evangelischen Hauptorten und den Rastplätzen vor
den Toren Augsburgs. Idealisierte und allegorisierte Kupfer-
stichdarstellung von Elias Baek, 1732*

truchseß aus einem am Spieß gebratenen Ochsen ein Stück heraus und brachte es der Festversammlung. Der Erzkämmerer nahm von dem daneben stehenden Tisch Gießkanne, Handbecken und Handtuch, um es in den Festsaal zu bringen. Schließlich ritt der Erzschatzmeister durch die Menge des Volkes und warf goldene und silberne Münzen. Aus einem Brunnen floß roter und weißer Wein[6].

War Augsburg seit dem Dreißigjährigen Krieg von militärischen Erschütterungen in Europa verschont geblieben, so erhoben sich doch große Befürchtungen, als im Spanischen Erbfolgekrieg das Kurfürstentum Bayern sich mit Frankreich verbündete und damit zwangsläufig den Krieg auch nach Süddeutschland zog[7]. Augsburg erklärte angesichts seiner Lage strikte Neutralität, blickte aber im Herbst 1702 bereits ängstlich auf die Eroberungen des bayerischen Heeres im östlichen Schwaben. Um seine Neutralität zu bestätigen, schickte der Magistrat im Juli 1703 Geiseln nach München. Diese Vorsichtsmaßnahme blieb freilich ohne Wirkung. Zweimal konnte Augsburg dem bayerischen Feldherrn, Graf Arco, noch den Eintritt in die Stadt verwehren. Aber kaiserliche Truppen erzwangen sich ohne Rücksicht auf Augsburgs Neutralität gegen den Protest des Magistrats Eingang in die Stadt. Damit mußte sie zwangsläufig zum Kriegsschauplatz werden. Die kaiserlichen Truppen kämpften im Nordwesten von Augsburg glücklos gegen Bayern und Franzosen, die bereits das ganze östliche Schwaben besetzt hatten. Im Dezember richtete sich deren Angriff auch auf Augsburg. Ein von den Geiseln überbrachtes Schreiben forderte die Stadt auf, die kaiserlichen Truppen zum Abzug zu zwingen. Die Forderung mußte als unerfüllbar abgewiesen werden, und so begann die Belagerung Augsburgs von der westlichen Seite her. Eine Kanonade währte vom 7. bis 15. Dezember. Sie traf vor allem die nordwestlichen Stadtteile, deren Bevölkerung großenteils in andere Wohngebiete flüchtete. Mehr als 100 Häuser gingen in Flammen auf, die Befestigungsanlagen erlitten große Schäden. Gegen die Übermacht hätte sich die Stadt sicher nicht lange zur Wehr setzen können. Deshalb verhandelte die kaiserliche Besatzung schon bald über einen freien Abzug, ohne daß sie den Magistrat einer Verständigung darüber gewürdigt hätte. Sie gab das Gögginger Tor den

Franzosen frei und rückte selbst am 16. Dezember nach Norden aus der Stadt ab. 11 500 französische Soldaten unter Marschall Marsin besetzten daraufhin Augsburg und entwaffneten die Bürgerschaft. In ihrem Gefolge befand sich auch Kurfürst Max Emanuel, der im Dom sogleich ein Tedeum anstimmen ließ. Die Augsburg sofort aufgebürdeten Kosten für die Belagerung und den gesamten Unterhalt der Besatzungstruppen betrugen bis zum 24. Februar 1704 bereits 917 000 fl. Die Bayern ließen das Zeughaus ausräumen und brachten 128 Kanonen und allen Vorrat an Granaten und Munition nach München. Einquartierung der Truppen und die zwangsweise eingerichteten Pferdeställe machten die Stadt zu einem wahren Heerlager. Im Februar begann die Demolierung der Wälle und Befestigungen im Westen, wobei die Bevölkerung mitzuhelfen hatte. Im März wurden schließlich die Verfassung geändert, der Rat reduziert, einige Ämter aufgelöst und zu bayerischen Behörden gemacht. Die Bevölkerung mußte einen Eid auf den Kurfürsten ablegen, oberste Rechtsbehörde wurde der Hofrat in München. Damit war Augsburg eine bayerische Stadt. Trotzdem mußte sie weiter für die Besatzungskosten aufkommen. Die abgelieferten Edelmetalle verarbeitete die Augsburger Münze sofort zu bayerischem Geld.

Als im Sommer 1704 die kaiserliche Armee gegen das westlich von Augsburg lagernde französische Heer anrückte und von Norden her die britischen Truppen im Anmarsch waren, versuchte die Besatzung in aller Eile, die gerade zerstörten Festungsanlagen wieder in Ordnung zu bringen. Die Franzosen rückten Ende Juni zur Donau ab. Am 2. Juli entwickelte sich am Schellenberg bei Donauwörth ein Gefecht, bei dem Franzosen und Bayern von den britischen Truppen schnell in die Flucht geschlagen wurden. Die Besiegten drängten nach Süden und lagerten im Norden von Augsburg. Die Besatzung kehrte zurück, und die Not in der Stadt wurde durch die Einrichtung von Lazaretten noch größer. Kurfürst Max Emanuel bezog Quartier im Kloster St. Ulrich und Afra.

Truppenbewegungen um die Stadt deuteten darauf hin, daß es bald zu einer entscheidenden Schlacht kommen müsse. Sie fand am 13. August bei Höchstädt statt, wobei Franzosen und Bayern so vernichtend geschlagen wurden, daß nur noch versprengte Heeresteile die Flucht ergreifen konnten. Aus Augsburg rückte die zurückgebliebene Besatzung der Franzosen mit vier Magistratsmitgliedern als Geiseln ab. Die Bayern zogen sich sofort nach München zurück. So konnte die alte Verwaltungsordnung wieder eingeführt und der dem Kurfürsten geleistete Eid für ungültig erklärt werden. Der Schaden, den die Stadt allein durch Abgaben erlitten hatte, betrug 4 075 600 fl. Um Augsburg wenigstens etwas zu entlasten, wurde es nun für die Dauer des Krieges von Reichsleistungen befreit. Als Ausgleich erhielt es ferner Lechhausen und die Meringer Au zugesprochen, was im Friedensvertrag 1714 wieder rückgängig gemacht wurde.

Die Politik blieb auch in Zukunft nicht vor den Toren der Stadt stehen. Das Reich und der Kaiser waren mit ihrer Würde und ihren Hoheitsansprüchen stets präsent. Am 13. August 1705 huldigten die Bürger dem neuen Kaiser Joseph I., der hier durch einen Kommissar vertreten war. Der nach Josephs Tod 1711 gewählte Karl VI. blieb im Dezember auf dem Weg nach Frankfurt zur Krönung zwei Tage in Augsburg und wurde mit allen militärischen und bürgerlichen Ehren empfangen. 1713 tagte der Reichstag einige Wochen im Augsburger Rathaus, weil in Regensburg eine Seuche ausgebrochen war.

Nach einigen Jahren ruhiger Entwicklung und ohne drohende Kriegsgefahren gab der Durchzug der Salzburger Exulanten 1731/32 Anlaß zu großer Aufregung. Die fremdartig gekleideten, nur mit der notdürftigsten Habe versehenen Flüchtlinge erregten das Mitleid der gesamten Augsburger Bevölkerung. Namentlich ihre protestantischen Glaubensgenossen boten alles auf, um sie mit Kleidung, Nahrung und Geld zu versorgen. Der Eifer der Geistlichen, sie in Gottesdiensten mit den Tröstungen des Glaubens zu versehen und zu stärken, schien unerschöpflich zu sein[8].

Zehn Jahre später, 1741, tagte nach dem Tode Karls VI. die Reichsvikariatsbehörde für die südlichen Reichsteile in Augsburg. Zeremoniell und Aufwand an öffentlichen Auftritten gehörten schon bald ins Erscheinungsbild der Stadt. »Feierliche Belehnungen mehrerer Reichsstände mit ihren Ländern und Gerechtsamen, glänzende Feste, Gastmahle, Beleuch-

tungen etc. trugen das ihre dazu bei, den fast zweijährigen Aufenthalt des Reichsverwesungshofgerichtes in Augsburg zu verherrlichen, und eine Menge Fremder herbeizuführen, durch die nicht nur die Stadt an Lebhaftigkeit gewann, sondern auch der Handel, die Gewerbe und übrigen Nahrungszweige bedeutende Vorteile zogen.«[9]

Die Befürchtungen, das Bündnis Frankreichs mit Bayern im Österreichischen Erbfolgekrieg könne erneut Unheil über Augsburg bringen, belasteten mehrere Jahre die Stadt[10]. Der Schwäbische Kreis hatte sich zwar durch Verträge mit Frankreich und Bayern seiner Neutralität versichert, aber aus Erfahrung wußte man, daß die Kriegsparteien sich letztlich doch nicht daran halten würden. Die Anfangserfolge der Verbündeten bannten zunächst die Gefahren. So wurde die Wahl des bayerischen Kurfürsten zum Kaiser noch auf die übliche Weise in Augsburg gefeiert, als die Österreicher schon über den Inn vorgedrungen waren. Kaiser Karl VII. empfing im April 1743 die Huldigung Augsburgs noch in seiner Residenzstadt München, aber wenige Tage später vertrieben ihn bereits die österreichischen Truppen, und im Juni ließ er sich mit seiner Familie und dem gesamten Hofstaat im neutralen Augsburg nieder. Der Trubel war groß, wie jedesmal beim Besuch eines Kaisers. Tagelang verteilte der Magistrat, wie es vorgeschrieben war, an die einzelnen Mitglieder der kaiserlichen Familie Ehrengeschenke. Bei der Fronleichnamsprozession hatte das Volk Gelegenheit, alle anwesenden Reichspersonen zu sehen und zu bewundern. Aber die österreichischen Truppen waren bereits bis nach Friedberg und Lechhausen vorgerückt, privat besuchten sogar einzelne Soldaten die Stadt Augsburg. So mußte der Kaiser erneut fliehen und sich nach Frankfurt begeben. Als sich das Kriegsglück im Laufe des Sommers gewendet hatte, berührte er im Oktober auf dem Weg nach München nochmals Augsburg, und die Kanonen auf den Wällen, die nicht für Kriegshandlungen benötigt worden waren, schossen ihm den gebührenden Salut. Unerwartet starb Kaiser Karl VII. dann im Januar 1745. Dem vordringenden österreichischen Heer konnte der neue bayerische Kurfürst Maximilian Joseph keinen Widerstand entgegensetzen. Er floh nach Augsburg und ließ Friedensverhandlungen mit Österreich einleiten. Die

Präliminarien wurden in Augsburg ausgehandelt und festgelegt, der Vertrag selbst am 22. April in Füssen geschlossen. Während dieser Aprilwochen strömten die zurückflutenden französischen, hessischen und bayerischen Truppen an Augsburg vorbei und lagerten vorübergehend vor den Toren der Stadt. Immerhin hatte dieser Erbfolgekrieg nur Befürchtungen und Erregung ausgelöst und nicht zu einer Bedrohung der Existenz geführt.

Der Siebenjährige Krieg (1756–1763) ließ Augsburg unberührt. Es hatte zwar sein Kontingent an die Truppen des Schwäbischen Kreises zu stellen, aber der Reichskrieg verlief sehr glimpflich und kostete eigentlich nur Geld. Der Kongreß zur Beendigung des Krieges hätte beinahe in Augsburg stattgefunden. Die Kaiserin Maria Theresia fand dazu die Zustimmung in Paris, London und Berlin. Alle Vorkehrungen waren getroffen, sogar die Quartiere bestellt und vorbereitet, damit am 15. Juli 1761 die Gesandten eintreffen konnten[11]. Aber dann stellte der Preußenkönig nochmals Bedingungen, auf die die Kaiserin nicht ohne weiteres eingehen wollte, und so wurde der Kongreß wieder abgesagt und Augsburg um ein wichtiges Ereignis in seiner Geschichte betrogen.

Die nächsten Jahrzehnte boten wenig an politischen Geschehnissen und auch wenige Spectacula, wenn man von den üblichen Jubel- und Trauerfeierlichkeiten für Mitglieder des Habsburgischen Kaiserhauses, den regelmäßig wiederkehrenden Feiern zur neuen Ratswahl und den Schwörtagen absieht. Die Durchreise der Kaisertochter Maria Antonia im Jahr 1770 zu ihrem künftigen Gemahl, dem französischen Dauphin, war freilich etwas Außergewöhnliches und setzte wieder einmal alle eingeübten Huldigungsformen in Gang[12].

Zwölf Jahre später zeichnete ein Ereignis ganz anderer Art Augsburg aus: der Besuch des Papstes Pius VI. auf der Rückreise aus Wien[13]. Er galt dem Fürstbischof Clemens Wenzeslaus, nicht dem Magistrat. Am 2. Mai 1782 traf Pius VI. von München kommend ein und wurde an der Hochzoller Lechbrücke vom Bischof empfangen. Am Roten Tor standen die Geistlichkeit und die katholischen Ratsmitglieder bereit, den Gast zum Dom zu geleiten. Nach dem Tedeum gab der Papst seinen Segen von einem künstlich errichteten Balkon des fürstbischöflichen Palais.

Der Fronhof faßte kaum die Menschen, die zu dem Ereignis auch aus der näheren Umgebung herbeigeeilt waren. Im Anschluß daran gab es eine Audienz für Standespersonen. Eine Ratsdeputation empfing der Papst am folgenden Tag. Sie brachte als Ehrengeschenke Wein, Hafer und Fische. Anschließend besichtigte Pius VI. den berühmten Rathaussaal. Der dritte Tag galt dem Besuch des Benediktinerklosters St. Ulrich und Afra, wo sich Prälaten aus einem weiten Umkreis eingefunden hatten, sowie dem Dominikanerkloster und der Stadtbibliothek. Der Ratsdeputierte und der Bibliothekar hielten ihm eine lateinische Begrüßungsrede und legten ihm, dem gelehrten Kenner der Kirchenväter, die berühmten griechischen Handschriften vor. Am folgenden Sonntag, dem Patrozinium des hl. Pius, wohnte der Papst in vollem Pontifikalornat mit der Tiara dem Festgottesdienst bei. 60 000 Menschen sollen sich dann auf dem Fronhof versammelt haben, um den apostolischen Segen zu empfangen und die Verkündigung eines vollkommenen Ablasses entgegenzunehmen. Der Nachmittag war mit einer dreistündigen allgemeinen Audienz und der üblichen Huldigung durch Handkuß ausgefüllt. Bei einer Privataudienz am Abend waren auch gelehrte Augsburger Bürger zugelassen. Der Fürstbischof geleitete den Papst am 6. Mai bis Füssen.

Noch einmal kehrte der Glanz kaiserlichen Empfangszeremoniells zurück, als 1792 Franz II. nach der Wahl und Krönung in Frankfurt mit seiner Familie zwei Tage in Augsburg weilte[14]. Alles lief fast so ab, als habe sich nichts geändert. Nur wohnten die hohen Herrschaften jetzt im Hotel Drei Mohren, und zum Programm des Besuchs gehörte auch eine genaue Besichtigung des Rathauses, des Brunnenturms beim Roten Tor und der Schüleschen Kattunfabrik. Und doch waren die Zeiten anders geworden. Zwei Jahre später brachen die wegen des Imports ausländischer Kattune und der eigenen Absatzschwierigkeiten unter den Webern lang schwelenden Unruhen in einem Aufstand gegen den Magistrat offen aus[15]. Dessen Autorität genügte nun nicht mehr, die Forderungen nach einem Einfuhrverbot, einer Kontrolle der Fabriken und einer Änderung der Verfassung zurückzuweisen. Es bedurfte kaiserlicher Anordnung und der militärischen Hilfe des Schwäbischen Kreises, die alten Verhältnisse wiederherzustellen. Doch durch die Revolutionskriege drückten schon bald ganz andere Sorgen die inzwischen in eine schwere Finanzkrise geratene Stadt.

Hinter den geschilderten vordergründigen Ereignissen zwischen 1749 und 1800 spielte sich das innere Leben der Stadt ab, agierte eine schwerfällige Verwaltung, bemühten sich zwei Konfessionen trotz vieler Streitigkeiten, nebeneinander zu leben und im Interesse des Gemeinwohls miteinander auszukommen, entfalteten sich Wirtschaft und Handel und entwickelte sich ein Kunsthandwerk, dessen Erzeugnisse in die ganze Welt gingen. Wie keine andere Reichsstadt hat Augsburg den Verlust an politischer Bedeutung nach dem Dreißigjährigen Krieg überwunden und sich mit anderen Mitteln Geltung verschafft. Seine reichs- und kaisertreue Gesinnung ist nie in Frage gestellt worden. So hat Augsburg bis zuletzt seinen Anteil an der glanzvollen Repräsentation eines schwach gewordenen Staates, dessen Existenz trotzdem noch einen Sinn hatte, und es bezog seine Lebenskräfte aus dem Bewußtsein, ein freier Reichsstand zu sein.

1 Am ausführlichsten berichten über die Epoche die Augsburger Historiker Anfang des 19. Jahrhunderts. Die Mediatisierung der freien Reichsstadt hat sie wohl veranlaßt, deren Geschichte abschließend zu behandeln. Zeitgenössische literarische Darstellungen standen ihnen im reichen Maße zur Verfügung. Auf sie wird nur vereinzelt eingegangen. Friedrich Karl Gullmann: Geschichte der Stadt Augsburg seit ihrer Entstehung bis zum Jahre 1806, Bd. 3–6, Augsburg [um 1815–1822]; Christian Jacob Wagenseil: Versuch einer Geschichte der Stadt Augsburg, Bd. 3 und 4, Augsburg 1821/22; Franz Eugen von Seida und Landensberg: Augsburgs Geschichte von Erbauung der Stadt bis zum Tode Maximilian Josephs, ersten Königs von Bayern, 1825, Bd. 2, Augsburg 1826; für eine kurze Unter-

richtung und Würdigung ausreichend Zorn, Augsburg, S. 224–242.

2 Seida, S. 556–559.

3 Gullmann, Bd. 3, S. 221 f.; Seida, S. 561–564.

4 Seida, S. 565 f.

5 Gullmann, Bd. 4, S. 237 f.; Wagenseil, Bd. 3, S. 237–239; Seida, S. 570 f.; Hans von Zwiedineck-Südenhorst: Die Augsburger Allianz von 1686, Wien 1890 (Separatabdruck aus Archiv für Österreichische Geschichte 74,1); Richard Fester: Die Augsburger Allianz von 1686, München 1893.

6 Es gibt eine Reihe genauer Beschreibungen dieser Vorgänge. Als Beispiel sei die umfangreichste und am besten mit Kupferstichen illustrierte angeführt: Das Hochgeehrte Augspurg oder wahrgründliche Vorstellung der [...] Handlung- und Verrichtungen So bei [...] Einzug Beyder Röm. Kayserl. Majestäten [...] Krönung der [...] Eleonorae Magdalenae Theresiae [...] Römischen Königs-Wahl und, gloriosen und Herrlichen Krönung [...] Josephi [...] vorgegangen [...], Augsburg 1690; Wagenseil, Bd. 3, S. 239–248; Seida, S. 571–578.

7 Philipp Jacob Grophius: Das mit Krieges-Last gedrückte und durch Wunder-Hülff erquickte Augspurg oder [...] Erzehlung, was sich vor, in und nach der Belagerung und Bombardierung [...] zugetragen [...], Augsburg 1710; Gullmann, Bd. 4, S. 15–376; Wagenseil, Bd. 4.1, S. 9–69, mit einer genauen Aufstellung der Kriegsschäden S. 70–72; Seida, S. 580–592.

8 Gullmann, Bd. 5, S. 38–51; Wagenseil, Bd. 4.1, S. 119–122; Karl Friedrich Dobel: Kurze Geschichte der Auswanderung der evangelischen Salzburger, Kempten 1832; eine bildhafte Wiedergabe der Vorgänge in Augsburg bei Angelika Marsch: Die Salzburger Emigranten in Bildern, Weißenhorn 1977.

9 Gullmann, Bd. 5, S. 133–145; Seida, S. 605–607, 609 f., Zitat S. 606 f.

10 Seida, S. 608–623.

11 Ebd. S. 626.

12 Ebd. S. 630.

13 Georg Wilhelm Zapf: Geschichte aller Feyerlichkeiten und Handlungen, welche bey höchster Gegenwart Sr. Päpstlichen Heiligkeit Pius dem VI. [...] vorgefallen, Augsburg 1782; Wagenseil, Bd. 4.1, S. 256–262; Seida, S. 643–652.

14 Wagenseil, Bd. 4.1, S. 262–264, Seida, S. 660–669.

15 Wagenseil, Bd. 4.1, S. 265–285; Seida, S. 679–689; Volker Haertel: Die Augsburger Weberunruhen 1784 und 1794 und die Struktur der Weberschaft Ende des 18. Jahrhunderts. In: ZHVS 64/65 (1971), S. 161–169.

Reichsstädtisches Regiment, Finanzen und bürgerliche Opposition

von Ingrid Bátori

Augsburg in den letzten anderthalb Jahrhunderten des Alten Reichs wird immer wieder beschrieben als eine Stadt, deren große Zeit vergangen, deren Glanz erloschen ist. Von Bildern der Beschaulichkeit ist die Rede, von »stiller Leistung«, »unpolitischem Berufsleben«, Stillstand in der Entwicklung der Stadtverfassung, immerhin auch von Solidarität, Sauberkeit, Fleiß und Beharrungskraft[1]. Man kann diese Ansichten weit zurückverfolgen. 1909 sah Pius Dirr »Ohnmacht nach außen, Verknöcherung und Unfruchtbarkeit des inneren Staatsbetriebs [. . .] als [. . .] das Loos der Stadtrepublik«, der Rest der Selbstherrlichkeit und politischen Kraft des Bürgertums sei im Dreißigjährigen Krieg vollends gebrochen worden[2]. Im 19. Jahrhundert war es Wilhelm Heinrich Riehl[3], der die Stadt in die Nähe einer Spitzwegidylle rückte, und Hugo Steiger[4] hat dann 1941 das 18. Jahrhundert in Augsburg gar eine »geschichtslose Zeit« genannt.

Alle diese Urteile fußen auf der polemischen und satirischen Literatur des 18. Jahrhunderts[5]. Am rabiatesten hat sich Wilhelm Ludwig Wekhrlin 1778 über Augsburg geäußert. Er hatte als »Anselmus Rabiosus« Oberdeutschland bereist und die Stadt als heruntergekommenes Troja beweint, in dem »die vornehmen Geschlechter [. . .] mehrenteils in einer melancholischen Armuth [. . .] kriechen und der Rest des Publici ein Haufen Bettler ist, welcher um eine Kanne Bier herumtanzt«[6].

Schon 1961 hat Wolfgang Zorn Zweifel an der »Verfallsthese« zur Augsburger Geschichte nach 1648 angemeldet und eine neue Blüte des Augsburger Wirtschaftslebens nach dem Dreißigjährigen Krieg aufgezeigt[7]. Es ist angebracht, das bisherige düstere Bild auch für das reichsstädtische Staatswesen zu überprüfen.

Der Krieg hatte die Stadt ausgelaugt. In der Jahresbilanz der städtischen Einnehmer wurde noch bis ins zweite Jahrzehnt des 18. Jahrhunderts unverändert ein Betrag von 1 377 493 fl 20 kr 4 hl »allein in memoriam« geführt[8], der auf die »in Anno 1633 biß 1649 darauf erfolgten Schwedischen Kriegszeiten erlittenen übergroßen Schaden und unkosten« zurückging. Das war aber nur die sozusagen à fonds perdu geschriebene Summe. Das Einnehmerbuch von 1650/51 zeigt, welche finanziellen Belastungen außerdem noch vom Krieg übriggeblieben waren. Mehrmals hatte die Stadt große Summen aufnehmen müssen, die noch nicht zurückgezahlt werden konnten. Vom 7. September 1633, »als die Stadt schwedisch gewesen«, restierten noch 29 550 fl von 34 verschiedenen Kreditoren, vor allem Augsburger Patriziern und Kaufleuten. Ein Jahr später hatten weitere 35 Kreditgeber Gelder zusammengelegt, die noch mit 12 803 fl zu Buche standen. Von den Handwerkern waren Korngelder gesammelt worden (9048 fl), einzelne Bürger hatten beträchtliche Summen vorgestreckt, so Bürgermeister Otto Lauginger fast 15 000 fl. Dazu kamen die verzinslichen Kapitalien, die sich am 1. August 1650 auf rund 1 560 000 fl beliefen. Damit nicht genug, hatte die Stadt vielfach Gelder selbst verliehen oder vorgestreckt, auf deren baldigen Rücklauf wenig Hoffnung zu setzen war. Auf knapp 153 000 fl lautete das Schuldenkonto des Kaisers, davon gingen 100 000 fl auf Verpflichtungen vor dem Krieg zurück: 40 000 fl hatte die Stadt 1606 und 1608 an Reichskontributionen vorausgezahlt, und über 59 575 fl lag eine Obligation des Kaisers vom 6. Juni 1615 vor. 1621 hatte Augsburg für 21 000 fl Harnische, Waffen und Munition geliefert, die Bezahlung stand 1650 noch aus. Von 1615 datierte ein Darlehen über 12 000 fl an Pfalzgraf Wolf Wilhelm, das 1619 prolongiert und 1621 von der Pfalz-Neuburgischen Landschaft übernommen worden war. Der Kurfürst in Bayern war der Stadt noch 98 600 fl schuldig, als Rest zweier Darlehen, die

1624 und 1626 fällig gewesen wären. Dafür war das jährliche Einkommen des Rent- und Kammeramts zu München verpfändet worden. Zur Ehre des Kurfürsten sei gesagt, daß dieses Darlehen von 1667 an recht zügig zurückgezahlt wurde. Der Kurfürst zu Sachsen war und blieb 15 000 fl für Pulver- und Luntenlieferungen im Jahr 1621 schuldig. Die größte Einzelsumme schließlich schuldeten die Grafen Fugger zu Kirchberg und Weißenhorn: 163 250 fl seit 1623. Kleinere Beträge zwischen 900 und 1500 Gulden hatte die Stadt noch vom Fürstabt zu Kempten und von den Städten Kempten, Füssen und Ulm zu erwarten.

Der Rat bemühte sich nach Kräften, die Einnahmen der Stadt zu erhöhen. Im Februar 1648 hatte der Geheime Rat eine Verdoppelung des Getreide-, des Pferde- und des Ochsenaufschlags angeordnet. Auch das Wein- und Bierungeld – diese Verbrauchssteuer war die Haupteinnahme der Stadt – sollte doppelt eingezogen werden.

Die Kriegsanlage wurde dreifach eingefordert und das Quartieramt gemahnt, Beitragsrückstände der in der Stadt wohnenden Juden notfalls durch militärische Exekution einzufordern[9]. Der Stadtgarde wurde der Sold gekürzt[10]. Die Ergebnisse blieben trotzdem bescheiden. Das Steueraufkommen von 1651 in Höhe von 16 852 fl reichte nicht einmal aus, um die Zins- und Teilrückzahlungen dieses Jahres abzudecken, sie beliefen sich auf 17 049 fl. Das Wein- und Bierungeld erbrachte 67 450 fl, aber allein das Bauamt, über dessen Konto der Großteil der städtischen Ausgaben lief, verbrauchte 66 068 fl. Die gesamten Einnahmen an Steuern, Abgaben und Zöllen in Höhe von insgesamt rund 210 000 fl machten in diesem Jahr nur rund zehn Prozent der Bilanzsumme aus, Kriegs- und sonstige politische Kosten hatten den Stadthaushalt unverhältnismäßig aufgebläht. Dabei kamen noch weitere Kriegskosten auf die Stadt zu. Rund 71 000 fl wurden laut Einnehmerbuch 1650/51 für Abmarsch und Auflösung der schwedischen Truppen bereitgestellt. Diese Last ging nun endgültig an die Substanz der Stadt. Im Januar 1650 ließ der Geheime Rat vorsorglich feststellen, was eine Extrajahrsteuer erbringen würde. Die Stiftungspfleger wurden angewiesen, die monatlichen Kontributionsbeiträge der stiftischen Untertanen pünktlich zu zahlen, die Bürgerschaft könne die Last nicht allein tragen[11]. An die geistlichen Institutionen in der Stadt erging eine »nachbarliche und wohlmeinende Erinnerung«, den ungeldfreien Ausschank von Wein und Bier einzuschränken[12], und Ende März drang das Quartier- und Kontributionsamt auf schnelle Eintreibung der Rückstände, man befürchtete eine kaiserliche Exekution »gegen den comerciem«, also wohl Beschlagnahmung von Geldern augsburgischer Handelshäuser außerhalb von Augsburg[13]. Am 14. Mai ließ der Rat seinerseits den säumigen »Herren und Frauen« mit Exekution drohen, falls sie nicht binnen acht Tagen ihre fälligen Extrasteuern und Kontributionsbeiträge bezahlten, es sollte dies jedoch nicht ohne »nochmhalige anfragen vnnd bericht, was die erkhlerungen gewesen« geschehen[14]. Aus der Bürgerschaft war aber kaum noch etwas zu holen. Immerhin stellten die Pfleger der unmündigen Lauginger-Kinder aus deren Vermögen ein Darlehen von 12 000 fl zu sechs Prozent zur Verfügung[15]. Am 19. Mai aber blieb dem Rat nichts anderes mehr übrig, als »instehender noth und gefahr halben« gegen bares Geld Stadtgüter zu verkaufen[16]. Man fürchtete jetzt die militärische Exekution durch den Kaiser[17]. Im Juli 1650 verkaufte die Stadt zehn »Zinsgemäch« an der unteren und 40 an der oberen Schlossermauer, die ersten zehn für 2100 fl offensichtlich weit unter der Preisvorstellung der Stadt. Weitere Verkäufe folgten. Im September lieh Dr. Erhard Schreiber, der der Stadt bereits fast 22 600 fl vorgestreckt hatte, weitere 7000 fl gegen Sicherheit der Neumühle und der davor gelegenen Sägmühle sowie verschiedener Grundstücke. Im Dezember folgten nochmals 1800 fl, schließlich »komplettierte« er, zur großen Erleichterung des Geheimen Rats, die schwedischen Satisfaktionsgelder mit 3000 fl Darlehen zu sechs Prozent[18]. Schreiber war Ratskonsulent, stand also als Jurist im Dienste der Stadt. Von seiner Besoldung[19] hat er solche Summen kaum bestreiten können. Es liegt vielmehr der Verdacht nahe, er habe sich bei der Besorgung der Quartiere für die Soldaten und beim Einzug der Quartiersgelder, womit er seit 1636 beauftragt war, »wie vorhero also auch insbesondere jezo [...] wohl zu bereichern gewußt«[20]. Schreiber war nicht der einzige, der dem Rat mit außerordentlichen Diensten bei der Abwicklung der

Kriegslasten zur Verfügung stand. Simon Grimm, geschworener »Wechsel Unterkäuffel« (Vermittler), wurde am 3. November 1650 »wegen seiner gehabten Bemühung und interponirten Credit zu Aufbringung unterschiedlicher Geldmittel vor gemeine Stadt eine Bierschenken-Gerechtigkeit nebst zwei Häusern an der oberen Schlossermauer verehrt«, wenige Tage später erhielt er noch 600 fl geschenkt. Aus dem gleichen Grund erhielt der Barbier Simon Priegel für sein Haus auf dem Weinmarkt Befreiung vom Wasserzins[21].

Die Stimmung in der Bürgerschaft war jetzt äußerst gereizt. Am 2. März 1651 wurden die »verordneten (Rats-)Herren« vom Quartier- und Kontributionsamt aufgefordert, ihre Untergebenen dringend anzuweisen, in Einforderung der Kontributionen gegenüber der »ohne dis hochbedrangten burgerschaft [...] guete beschaidenhait« zu gebrauchen und ferneren Klagen keine Ursache zu geben[22]. Vorausgegangen war eine Beschwerde namens der gesamten Bürgerschaft. Andererseits mußte der Rat seine zahlreichen Gläubiger beschwichtigen. Die Korrespondenz des Rats in den nun folgenden Jahren ist voll von drängenden Anfragen auswärtiger Kapitalgeber, die vergeblich auf Rückzahlungen warten, oft sind es schon die Erben der ursprünglichen Gläubiger. Der Rat beschied im allgemeinen, daß er des »erschöpften aerarii« halber nicht zahlen könne und wolle, weil unter den Kreditoren »billiche gleichhait« gehalten werden müsse[23]. Auch mit den Zinsen war die Stadt im Rückstand. Im Dezember 1656 beschloß der Rat, den »allhiesigen Herren Geistlichen, Stiftungen, milten Orthen und [...] fremden Stadtkreditoren« nur noch den halben Zins auf ihre Obligationen zu zahlen[24]. Geistliche Institutionen waren neben den Augsburger Geschlechtern und ihren Stiftungen die wichtigsten Kreditgeber der Stadt. Die meisten Gelder hatte damals die St.-Jakobs-Pfründe bei der Stadt angelegt. Von den auswärtigen Kreditoren waren es die ungarischen Jesuiten: das Pázmányische Kolleg in Wien mit 45 000 fl und das Jesuitenkolleg in Tyrnau (Nagyszombat, Trnava) mit 60 000 fl. Die Stadt versuchte auch, eingefrorene Konten in Bewegung zu bringen. Offensichtlich anstelle der seit 1623 restierenden Schuld der Grafen Fugger übernahm der Rat 1656 Forderungen dieses

Hauses an den Kaiser aus den Jahren 1594 und 1603, die sich einschließlich Zinsen inzwischen auf über 350 000 fl beliefen, und an die Grafen Öttingen über 40 000 fl von 1593. Ihrerseits verrechnete die Stadt das Pfalz-Neuburgische Darlehen gegen entsprechende Forderungen mit dem Reichsstift St. Ulrich und Afra. 1660/61 zahlte die Stadt 28 435 fl an Zinsen, 67 Prozent mehr als zehn Jahre zuvor.

Im übrigen zeigte die Bilanz vom 1. August 1561 doch sehr erfreuliche Aspekte. An Ungeld nahm die Stadt knapp 180 000 fl ein, 62 Prozent mehr als 1650/51, davon über die Hälfte an Wein- und Bierungeld. Die Steuereinnahmen lagen mit 20 602 fl um 22 Prozent höher als 1650, auf eine außerordentliche Vermögenssteuer hatte der Rat jetzt verzichtet. Die Summe der verzinslichen Kapitalien war um 8,5 Prozent niedriger als zehn Jahre zuvor und blieb auch in den nächsten hundert Jahren unter dem Stand von 1650. Dem widerspricht nicht, daß die Stadt Augsburg spätestens um 1670 wieder ein begehrter Platz zur sicheren Anlage von Geldern war. Neben den oben bereits erwähnten Summen ungarischer Jesuiten hat jetzt auch das Kollegium von Patakin (Sárospatak) und Teltsch in Mähren 18 000 bzw. 20 000 fl angelegt. Unter den auswärtigen Anlegern findet sich mit größeren Summen auch das Deutschordenshaus Ellingen (15 000 fl), eine Gräfin Slavata (20 000 fl) und weitere adelige Damen, die dem städtischen Ärar ihr Vermögen oder Teile davon anvertrauten. Hier wird deutlich, welche bedeutende Funktion dem städtischen Ärar als Geldinstitut zukam. 1751 enthält das Kapitalienkonto nur noch Gelder aus der Stadt selbst[25]. Die größte Summe, 201 445 fl, kam von den katholischen frommen Stiftungen und Klöstern, 75 000 fl davon waren nur zu 2,5 Prozent verzinst, während die meisten Gelder nach dieser Aufstellung zu 4,5 Prozent verzinst waren. Unter den Klöstern waren es jetzt wie auch schon 1670 vor allem die Frauenklöster, die ihre Gelder bei der Stadt angelegt hatten. An zweiter Stelle folgten die konfessionell gemischten Stiftungen mit 189 010 fl, während die evangelischen Stiftungen nur 75 325 fl bei der Stadt liegen hatten. An dritter Stelle standen die »Privati« Augsburger Konfession mit 172 850 fl, gefolgt von den Witwen und Waisen dieser Konfession mit 129 535 fl. Demgegenüber fallen die katholischen »Privati« mit 79 416 fl und die katholischen Witwen und Waisen mit 51 495 fl weit zurück. Die Finanzkraft der Katholiken in Augsburg lag zu dieser Zeit also bei ihren Institutionen, die der Evangelischen im privaten Bereich. Dabei ist zu bedenken, daß Mitte des 18. Jahrhunderts die Katholiken in Augsburg bereits in der Mehrheit waren[26]. Die überlegene Finanzkraft der evangelischen Bürgerschaft zeigt auch eine Aufstellung der Kapitalien, welche die Stadt 1746 aufnahm, um dem bayerischen Kurfürsten ein Anlehen von 150 000 fl geben zu können[27]. 49 evangelische Privatpersonen und zwei Stiftungen gaben 86 250 fl, während 15 katholische, darunter ebenfalls zwei Stiftungen, nur 16 200 fl aufbrachten. Weitere »Mixtierte Capitalien« in Höhe von 20 750 fl kamen hauptsächlich aus dem Oberpflegamt der Stadt, das Mündelgelder beider Konfessionen verwaltete[28].

Als weiteres Indiz der schnellen Erholung des städtischen Ärars nach dem Dreißigjährigen Krieg kann gelten, daß es der Stadt schon bald möglich war, einen Teil der damals veräußerten Stadtgüter wieder zurückzukaufen[29]. Spätestens um 1670 dürfte die Stadt die finanziellen Lasten des Krieges verkraftet haben[30]. Neue Beanspruchungen ließen allerdings nicht lange auf sich warten. Als die Türkengefahr in den siebziger Jahren erneut aktuell wurde, erhob der Rat auch wieder eine »Kriegsanlage«, die sich zu einer ordentlichen Vermögenssteuer entwickelte. Der Pfälzische Erbfolgekrieg 1688–1697 schlägt sich in der Bilanz von 1691 mit Mehrausgaben von über 100 000 fl nieder. Sie wurden hauptsächlich durch Quartierbeiträge der Landbegüterten aufgefangen.

So hinterließen die kriegerischen Auseinandersetzungen des 17. Jahrhunderts zwar ihre Spuren im städtischen Haushalt, aber sie brachten ihn nicht aus dem Gleichgewicht, auch spätere Belastungen nicht. Hundert Jahre lang, bis 1770, blieb der Stadthaushalt gesund und ausgeglichen.

In den Jahren 1770/71 wurde ganz Mitteleuropa von schweren Mißernten betroffen. Die Folge waren Teuerung und Hungersnot, von der auch Augsburg nicht verschont blieb[31]. Der Magistrat bemühte sich, die Versorgung der Stadt mit Brotgetreide sicherzustellen. Noch vor Ende 1770 waren Transporte aus Ungarn, Italien und Sachsen nach Augsburg unterwegs, aber sie wurden aufgehalten. Ein Ratskonsulent und zwei Augsburger Bankiers reisten daraufhin nach Wien, um die Transporte freizubekommen. Das alles war mit hohen Kosten verbunden, die sich deutlich im Stadthaushalt niederschlugen. Einschließlich der Verluste durch Ausfall an Ungeld, die sich allein für 1770/71 auf rund 110 000 fl beliefen, entstand dem Ärar 1770–1772 ein Schaden von rund 400 000 fl. Diese Summe nimmt sich bescheiden aus neben den Millionenverlusten durch den Dreißigjährigen Krieg, die die Stadt in gut zwei Jahrzehnten wieder aufgeholt hatte. Aber diesmal setzte eine Entwicklung ein, die den Finanzhaushalt der Stadt aus den Fugen geraten ließ: Während es in den 30 Jahren zwischen 1650 und 1670 gelang, die geschuldeten Kapitalien von 1 552 047 fl auf 1 246 404 fl, also um 20 Prozent zu reduzieren, nahmen im gleich langen Zeitraum zwischen 1770 und 1790 die Schulden um 88 Prozent zu, von 854 390 fl auf 1 606 578 fl, obwohl der Stadt in diesem Zeitraum keinerlei gravierende außerordentliche Kosten erwachsen waren. Erst seit 1796 datieren die Einquartierungen und Requisitionen der Revolutionskriege. Bei der Suche nach dem Loch in der Staatskasse zeigt sich, daß eine Reihe von Ämtern die Ausgaben so gesteigert hatte, daß selbst die jährlichen Überschüsse von rund 20 000 fl, die der Stadt auch nach 1770 zuflossen, zur Deckung der Mehrausgaben nicht ausreichten. Der Rat nahm neue Kapitalien auf, und dadurch geriet das Interesse-(Zinsen-)Konto außer Kontrolle. 1804 zahlte Augsburg 91 345 fl Zinsen bei einer Verschuldung von 2 276 543 fl. Als die Belastungen der Revolutionskriege einsetzten, hatte die Stadt schon über zwei Jahrzehnte lang Jahr für Jahr mehr ausgegeben als eingenommen, darunter nicht unwesentliche Beträge zu sozialen Zwecken: Proviantamt wie Zucht- und Arbeitshaus erhielten regelmäßig doppelt soviel Zuschuß wie vor 1770, die 1781 auf Basis privater Spenden gegründete neue Armenanstalt wurde 1790 mit 10 800 fl, 1800 mit 12 700 fl unterstützt.

Wie konnte es so weit kommen? War vom reichsstädtischen Magistrat nichts Besseres mehr zu erwarten gewesen? Bis ans Ende der reichsstädtischen Zeit galt die Regimentsordnung Karls V. von 1548, die den Ratsherren aus den Geschlechterfamilien die Mehrheit – 31 von 45 Sitzen – sicherte und die Bestellung der Stadtpfleger und Geheimen Räte vorbehielt. 1649 war die konfessionelle Parität im Rat festgeschrieben worden, auch daran hat sich bis zum Ende der reichsstädtischen Zeit nichts geändert. 1649 waren von 28 Geschlechterfamilien 13 evangelisch, vier waren neu in das Patriziat aufgenommen worden, um die konfessionelle Ausgewogenheit zu gewährleisten[32]. In den folgenden anderthalb Jahrhunderten sind 16 dieser 28 Geschlechterfamilien erloschen, oder sie haben Augsburg verlassen. 23 Familien wurden vom Kaiser noch neu zu Geschlechtern ernannt. Mehr als 27 bis 28 Familien zählten aber seit 1650 nie gleichzeitig zu den Geschlechtern. Von ihnen mußten 31 Ratssitze besetzt werden, dazu noch das Stadtgericht, das heißt, daß theoretisch jede Geschlechterfamilie mindestens einen Sitz im Rat hatte. In der Praxis sah dies freilich anders aus. 1715 zeigte der kaiserliche Resident in Augsburg, Jacob Emanuel von Garb, dem Kaiser an, es sei in der Stadt zu »allerhand Exzessen undt unordtnung durch praepotenz einiger Familien mittelst Ihrer nahen anverwandtschaft undt Schwagerschaft« gekommen[33]. Die daraufhin angeordnete Untersuchung ergab, daß von 15 katholischen patrizischen Ratsherren – eine Stelle war eben vakant – bis auf einen alle mindestens im dritten Grad miteinander verwandt oder verschwägert waren. Neben dem Stadtpfleger Ignatius Langenmantel saß sein Schwager als erster Geheimer, dazu fünf leibliche Neffen, drei davon Brüder. Im evangelischen Ratsteil verhielt es sich nicht anders. Der Halbbruder des Stadtpflegers Paul von Stetten, Johann von Stetten, war alternierender Einnehmer und Bauherr, sein Schwager Ungeldherr, dessen Sohn, der ebenfalls im Rat saß, war auch als Schwiegersohn und Neffe mit anderen Ratsherren verbunden. Von der Familie Amman saßen fünf im Rat, darunter zwei Brüderpaare, die ebenfalls noch mit weiteren Ratsmitgliedern verschwägert waren. Diese und andere Mißstände bescherten der Stadt eine Kaiserliche Untersuchungskommission, die von 1718 bis 1720 in der Stadt tätig war, ihr gut und gern 20 000 fl an Kosten verursachte, aber auch eine neue Regimentsordnung, einen Ämterrezeß und eine Reform des Finanzwesens erarbeitete[34].

Vielleicht ist in Augsburg nie bekannt geworden, daß schon vor dem kaiserlichen Residenten in Wien »ei-

ner mit nahmen Koch von Gailenbach verschiedene Beschwerdten gegen den Magistrat gedachter Statt übergeben« hatte[35]. Die (evangelische) Familie Koch von Gailenbach war 1645 in das Patriziat aufgenommen worden[36]. Von 1701 bis 1710 war Johann Matthias Koch von Gailenbach Mitglied des Geheimen Rats gewesen, er starb 1713[37]. Möglicherweise war der Ärger darüber, daß nach ihm keiner aus seiner Familie kooptiert wurde, der Anlaß für die Anzeige beim Kaiser.

Die neue Regimentsordnung von 1719 ist bis in jüngste Zeit als Ausdruck eines gesteigerten Einflusses des Kaisers interpretiert worden, der die Patriziatsherrschaft gegenüber den breiteren bürgerlichen Bevölkerungsschichten begünstigt habe[38], indem die Wahl zu Stadtämtern auf Lebenszeit ausgedehnt wurde. Lebenslänglich waren die Ratsämter aber schon seit 1548[39], und der Einfluß der nichtpatrizischen Bürgerschaft wurde 1719 überhaupt nicht berührt. Die Regimentsordnung verrät im Gegenteil die deutliche Tendenz, die Befugnisse von Stadtpflegern und Geheimen gegenüber dem Ratsplenum zu beschränken. Verwandtschaftsbeschränkungen, die schon die Verfassung von 1548 enthalten hatte, wurden präzisiert. Dem Vorstoß der Familie Koch von Gailenbach wurde somit voll Rechnung getragen, und dies zahlte sich für die Familie auch aus: Der 1699 geborene Marx Christoph Koch wurde 1729 in den Rat gewählt und amtierte von 1751 bis zu seinem Tod 1768 als evangelischer Stadtpfleger[40]. Mit ihm starb diese Familie allerdings in Augsburg aus[41].

Den »präpotenten« Familien selbst erschienen die Verwandtschaftsbeschränkungen verständlicherweise in einem anderen Licht. Paul von Stetten d. J., letzter evangelischer Stadtpfleger der Reichsstadt und Verfasser der *Geschichte der adelichen Geschlechter in der freyen Reichs-Stadt Augsburg*, machte geltend, daß durch die strengen Verwandtschaftsbeschränkungen »die meiste zumal starke Geschlechter-Familien, gezwungen worden wären, die Stadt zu verlassen, und anderer Orten ihr Glück zu suchen, oder ihren gänzlichen Ruin vor Augen zu sehen«[42]. Eine andere Tätigkeit als im Stadtregiment war also nicht mehr vorstellbar. Man versuchte offensichtlich zunächst, das kaiserliche Gebot zu ignorieren[43]. So kamen die verwandtschaftlichen Bindungen auch sehr bald wieder sehr deutlich zum Vorschein. Als 1725 der katholische Stadtpfleger Ignatius Langenmantel starb, wurde sein Neffe Franz Oktavian in den Geheimen Rat und noch im selben Jahr zu seinem Nachfolger gewählt[44]. Ein Jahr später trat zwei Tage vor dem ordentlichen Wahltag der 82jährige evangelische Stadtpfleger Paul von Stetten zurück und ermöglichte so die Wahl seines um 15 Jahre jüngeren Halbbruders Johann von Stetten zum Stadtpfleger, der bisher ebenfalls noch nicht dem Geheimen Rat angehört hatte, was ja auch nach Maßgabe der Verwandtschaftsbestimmungen nicht zulässig gewesen wäre[45]. Prompt liefen beim Kaiserlichen Residenten von Garb vier verschiedene Beschwerden gegen die Familien Langenmantel und Stetten ein. Verdienstvolle Ratsherren seien zurückgesetzt worden, alle einträgliche Ämter fest in der Hand dieser beiden Familien[46]. Es folgten darauf kaiserliche Reskripte, die zum Teil in recht scharfem Ton gehalten sind[47]. Stetten stellt die weitere Entwicklung aber merkwürdigerweise so dar, als sei die Verwandtschaftsbeschränkung wieder zurückgenommen worden[48]. 1732 ging aber noch einmal eine höchst erregte Beschwerde des Patriziers Johann Thomas von Rauner d. Ä. an den Kaiser: »Stadtpfleger von Stetten und seine Bande [haben] sich abermals erkühnt und unterfangen, eine fast zur Gewohnheit gewordene, so oft schon bei Ew. Kaiserl. Mjt. eingeklagte Präpotenz auszuüben und durch Einwählung seines Sohnes Gottfried von Stetten (als eines der jüngsten Kompetenten) das Komplott zu verstärken, so daß nun sechs Stadtpfleger von Stettische Kreaturen, nur die man öffentlich zählen kann, wirklich zu Rat sitzen, und wo hernach noch mehrere verborgenerweise darunter stecken oder aufs wenigste von der Bande sogar publice angekettet und durch allerhand böse Griffe eingelockt und in Obligation gezogen werden«[49]. Das darauf ergangene kaiserliche Reskript erinnerte an die Bestimmungen von 1719.

Die Vorherrschaft der beiden führenden Familien blieb trotzdem ungebrochen. Von insgesamt sieben evangelischen Stadtpflegern nach 1725 waren fünf Stetten, Stetten-Neffen oder -Schwiegersöhne, von sieben katholischen Stadtpflegern dieser Periode bis 1806 gehörten entsprechend vier der Familie Langenmantel an. Gegenüber der Zeit zwischen 1650

und 1725 hatte die Beteiligung dieser beiden Familien an den Spitzenpositionen des Magistrats sogar noch zugenommen[50]. Es fällt allerdings auf, daß das Antrittsalter der Stettenschen Stadtpfleger, die nach 1725 amtierten, mit 65 Jahren erheblich über dem aller evangelischen Stadtpfleger liegt (58 Jahre). Es könnte also durchaus sein, daß gerade bei den Stetten die Ämterkarrieren durch die Verwandtschaftsbeschränkungen verzögert wurden. Paul von Stetten d. J. zum Beispiel kam 1770 erst mit 39 Jahren in den Rat (Durchschnittsalter aller Stadtpfleger seit 1725: 30 Jahre). Weitere 19 Jahre dauerte es dann noch, ehe er in den Geheimen Rat aufstieg, drei Jahre später wurde er Stadtpfleger[51].

Aber auch auf weniger prominenten Rängen wartete man geduldig, bis die Karriere möglich war. Am 31. Juli 1738, drei Tage vor der jährlichen Ratswahl, wandte sich Hieronymus Felix Welser an den Rat mit der Bitte, ihn zwar noch nicht dieses Mal, aber doch bei einer der kommenden Vakanzen für den Rat zu berücksichtigen. Er diene jetzt sieben Jahre als Stadtgerichtsassessor »fleißig und getreulich« und stamme aus einem der ältesten Patriziatsgeschlechter. Ein Jahr später, am 24. Juli 1739, wiederholte er seine Bewerbung mit dem Hinweis, daß er jetzt der älteste Assessor sei. Und auch noch eine dritte Bewerbung liegt vor, vom 4. Juli 1746. Jetzt ist er 15 Jahre Assessor. Nun führt seine Kandidatur endlich zum Erfolg: Mit neun gegen drei Stimmen wird er in den Rat gewählt. Er erwähnt das »Wohlwollen« seines »agnatischen Gönners« und »hohen Patrons« im Rat, (Marx Christoph?) Welser, der ihn schon zur Zeit seiner akademischen Studien an der Universität Altdorf gefördert habe[52].

In ihren Zielen waren sich die führenden wie die einflußlosen Patrizier also gleich: Wollten die Stetten und Langenmantel die politische Macht in der Stadt und die Besetzung der höchsten Ämter möglichst den eigenen Familienmitgliedern vorbehalten, so hatten die weniger bedeutenden Geschlechterfamilien ebenso in erster Linie die eigene und die Versorgung ihrer Söhne im Auge. Die hohen Ratsämter waren einträglich. Ein Stadtpfleger bezog im 18. Jahrhundert jährlich 3000 fl, dazu noch ein »gewisses honorarium« als Oberstiftungspfleger aus den »vornemern«, also den bedeutenderen gemeinnützigen Stiftungen[53]. Auch die Geheimen bezogen, einschließlich der nicht genau einschätzbaren Nutzung städtischer Güter, alle über 1500 fl, womit damals eine gutbürgerliche Lebensführung durchaus zu finanzieren war. Bedenkt man, daß die meisten Ratsherren unter gewissen Einschränkungen jeweils mehrere Ämter gleichzeitig verwalteten und verschiedene Ämter eigene Einnahmen hatten, die nicht weitergeleitet wurden, so zum Beispiel die Strafgeldeinnahmen der Bürgermeister, so leuchtet ein, daß das Stadtregiment vom Patriziat als eine Art Versorgungsinstitut angesehen wurde. Folgerichtig votierte noch 1804 Wolfgang Ignaz Langenmantel im Rat: »[...] um die mehreren Söhne der Herren Patricier nicht mit Gewalt von hier abzutreiben, und bey ihren schwachen Hoffnungen auf ihren väterlichen Stand und Rechte endlich allen patriotismus auszulöschen, [...] ist meine unmaßgebliche Meinung, daß so lange und so viele Herren Patricier vorhanden, welche das Regiment mit einem oder zwey Individuen [...] bestellen könne [...] noch ein drittes taugliches Subject einer Familie [...] billigst zu acceptiren seye, ehevor man wieder eine fremde herbeyziehet, um sich mit derselben privat und staatsnachtheilig zu übersetzen«[54].

Die Regimentsordnung von 1719 wurde 1740 noch einmal revidiert und ergänzt. Offensichtlich hatte sich das Ratsplenum in seinen ihm 1719 zugesicherten Rechten beschnitten gefühlt. Man monierte ungenügende Unterrichtung über wichtige Angelegenheiten, zum Beispiel des Schwäbischen Reichskreises, und das eigenmächtige Entscheiden von Stadtpflegern und Geheimen über Materien, die unter die Kompetenz des gesamten Rates fielen[55]. In den folgenden Jahrzehnten ist nichts mehr von einer Opposition im oder gegen den Rat zu hören. Auch die 1770/71 einsetzende schwere Verschuldung blieb lange selbst dem Ratsplenum verborgen, denn kurioserweise durfte der Geheime Rat zwar Gelder nur mit »Vorwissen und Verwilligung« aufnehmen, die Rechnungskontrolle war ihm aber allein vorbehalten, so daß der Rat über Darlehensaufnahmen entscheiden mußte, ohne Einsicht in die Stadtrechnungen zu haben[56]. 1771 wurde eine Ratsdeputation niedergesetzt, die Sparmaßnahmen bei den Ämtern durchführen sollte. Als dabei Schwierigkeiten auftraten, stell-

te sie ihre Tätigkeit ein, in der Hoffnung, »daß sich bey dem hiesigen Stadtwesen alles nach und nach von selbst reformieren und erwünscht verbeßern werde...«[57]. Wo selbst der Rat nicht den Ernst der Lage erkannte, sickerte natürlich auch nichts nach außen. 1786/87 schrieb Friedrich Nicolai über Augsburg, es habe »fast gar keine Schulden« und hebe sich bemerkenswert von den benachbarten Reichsstädten Ulm und Nürnberg ab: In Augsburg aber »klagt [der Bürger] nicht, sondern ist mit seinem Rathe zufrieden so wie derselbe mit ihm«[58]. In Wirklichkeit beliefen sich die Schulden inzwischen auf anderthalb Millionen Gulden.

Erst 1789 drangen erste Gerüchte über zerrüttete Finanzen an die Öffentlichkeit. Am 29. August berichtete der bayerische Agent in Augsburg, Hofrat Johann Baptist Staudinger, nach München: »[...] nach Aussagen des hiesigen Staatskanzelisten, komt Augsburg wegen zu vielen Schulden nimmer auf ein grünes Zweig, wenn es gleich ein ganzes Jahr in die hiesige Staatskasse Geld schneyen sollte«[59]. Die hohen Kosten des Lechhochwassers im Juli hätten die Schuldenlast aufgedeckt. Zu Beginn des Jahres 1794 schienen die Dinge dann außer Kontrolle zu geraten. Seit Jahrzehnten versuchten die Augsburger Weber schon ein Einfuhrverbot für Rohkattune zu erreichen, da sie der auswärtigen, vor allem ostindischen Konkurrenz, die von den ansässigen Kattundruckereien bevorzugt wurde, nicht gewachsen waren. Im Januar und Februar 1794 kam es zu tumultuarischen Auftritten, in deren Folge dem Magistrat ein Dekret abgepreßt wurde, das die »Abschaffung« aller fremden Ware zusagte[60]. Wenig später forderten einige Bürger, der Rat solle städtische Ämter und Dienste nur an Augsburger Bürger vergeben. Die Antwort des Rats, man würde dies gerne tun, sofern sich Bürger und Bürgerskinder durch »gute Sitten, Kenntnisse, Erfahrung, Treue, Fleiß und Rechtschaffenheit vor Fremden [...] auszuzeichnen wetteifern mögen«, verursachte beinahe einen neuen Aufruhr.

Diese Vorgänge müssen den Rat sehr verunsichert haben. Nur so ist zu erklären, daß die Mehrheit dem Vorschlag des Ratskonsulenten von Schaden zustimmte, der einen Bürgerausschuß und damit eine direkte Beteiligung der Bürgerschaft am Stadtregiment vorsah, was bisher noch niemand gefordert hatte. Von Schaden war seit 1786 in Augsburger Diensten und wurde 1797 nach erheblichen Spannungen entlassen. Er galt manchen als »Illuminat und Jacobiner«, woran zumindest so viel wahr ist, daß er demokratische, für diese Zeit also revolutionäre Ideen vertrat[61]. Sein Plan, der mit Dekret vom 15. März 1794 verwirklicht wurde, sah vor, eine Deputation aus sechs Ratsherren und 16 Bürgern zu bilden, die je zwei nach den Achteln der Stadt von der Bürgerschaft direkt gewählt werden sollten. Sie sollten die bürgerlichen Beschwerden anhören und untersuchen, gegenüber dem Rat aber nur beratende Funktion haben. So gut gemeint diese Idee war, zwischen dem Magistrat und der unruhig gewordenen Bürgerschaft einen Puffer zu schaffen, so sicher verstieß der Plan gegen die geltende Regimentsordnung. Entsprechend alarmiert reagierte Graf Königsegg, kaiserlicher Minister am Schwäbischen Kreis in Ulm. Am 18. März berichtete er über die »großen Fehltritte« des Magistrats, »Beweise seiner gänzlichen Unberathenheit oder Niederlage«. Für die weitere Entwicklung hegte er die schlimmsten Befürchtungen.

Wie zu erwarten, wurde die Bürgerdeputation vom Reichshofrat nicht bestätigt, sondern aufgehoben. Gewählt worden waren übrigens keineswegs irgendwelche Hitzköpfe, sondern »größtenteils unbescholtene und bei guten Mitteln stehende Leute«[62]. Sie forderten Rechnungslegung des Einnehmeramts und aller Stiftungen.

Der Magistrat wies das mit der Begründung zurück, er sei nur dem Kaiser Rechenschaft schuldig, und verscherzte sich weitere Sympathien, als er zu Weihnachten 1794 aus Ängstlichkeit Kreismilitär in die Stadt legen ließ. Die bürgerliche Opposition wurde nun von sich aus aktiv und nutzte dazu die Möglichkeiten, die ihr die Verfassung bot. Am 23. Januar 1795 wandte sich die Kaufleutestube »an der Spitze unserer guten Mitbürger, als ein constitutionsmäßiges Collegium« an den Rat mit der dringenden Bitte, das Militär so schnell wie möglich aus der Stadt zu entfernen: Es belaste nicht nur die Bürgerschaft durch Einquartierung, sondern schädige auch die Geschäfte, denn auswärtige Gelder würden von der Stadt abgeschreckt. Außerdem forderten die Kaufleute die Einberufung des Großen Rats. Der Große oder Äußere Rat umfaßte 300 Mitglieder, die von

den Stadtpflegern ernannt wurden, und sollte außer am Wahltag »in schweren und unfriedlichen Zeiten bey erforderter Noth« berufen werden[63]. Als Repräsentant der gesamten Bürgerschaft war seine Funktion außer einer symbolischen Beteiligung an der Ratswahl darauf beschränkt, den »Vortrag des Magistrats anzuhören«. Ein Ausschuß dieses Großen Rats erreichte durch Neuordnung des Bürgermilitärs zum 1. Mai 1795 den Abzug des Kreismilitärs. Nach diesem ersten Erfolg begann der Ausschuß nun, wie schon im Januar gefordert, über die »Gebrechen« des Stadtregiments zu beraten. Am 15. Februar hielt Johann Christoph von Zabuesnig, Vorsteher der Kaufleutestube und Mitglied des Ausschusses, einen »Vortrag über öffentliche Administrationsgebrechen« und ließ ihn in Nürnberg drucken. Er gipfelte in kritischen Worten über die städtischen Finanzen, die geheimgehalten würden, obwohl stadtbekannt sei, daß in einem Zeitraum von etwa drei Jahren 300 000 fl aufgenommen worden und eine weitere Anleihe von 100 000 fl ins Auge gefaßt sei. Graf Königsegg übersandte diesen Vortrag an die Reichshofkanzlei nach Wien. Er gab dabei seinem Bedauern Ausdruck, daß die »in Frankreich vorgelegten fürchterlichsten Revolutions- und Empörungsfolgen« die »Dominien« noch nicht genug aufmerksam gemacht hätten, »den billigen Forderungen der Untergebenen mit Würde und Anstand in gehöriger Zeit nachzugeben, ehe sie ihnen von den Untergebenen abgetrotzt werden. So erscheinen in Augsburg die [...] beigehenden nicht ganz ungegründeten Beschwerden gegen die dortige Regierungsverwaltung«. Der Ausschuß wurde vom Reichshofrat im Januar 1797 aufgelöst, nicht zuletzt weil er »zu leidenschaftlich und zu anmaslich« vorgegangen sei. Der Koreferent beim Reichshofrat sprach allerdings den Wunsch aus, »daß Magistratus soviel guten Willen habe, um ohne Prozeß mit seiner Bürgerschaft aus der Sache zu kommen«[64]. Bei aller Sorge um die Einhaltung der Verfassung zeigte sich bei den Reichsorganen doch viel Verständnis für die bürgerliche Opposition.

Inzwischen waren auch im Rat wieder kritische Stimmen laut geworden. Im September 1794 forderte der Steuerherr von Herwart Rechnungslegung und die Beantragung einer »bürgerlichen Kontrolle« beim Kaiser. Eine solche war vom Reichshofrat 1732 in

Frankfurt eingeführt worden[65]. Nach ihm forderte der Oberpfleger Franz Sebastian von Seida Rechnungslegung vor dem Ratsplenum, aber er äußerte sich wiederholt so heftig, daß er im Mai 1796 von Rat und Ämtern suspendiert wurde. Der Fall ging an den Reichshofrat, und Seida mußte widerrufen, um in seine Ämter wiedereingesetzt zu werden. Noch einmal hatten Stadtpfleger und Geheimer Rat ihre Autorität wahren können, aber sie beruhte zusehends auf immer schmalerer Basis.

An der Spitze der Stadt stand damals als katholischer Stadtpfleger Johann Baptist Christoph von Rehlingen (1790–1797), aber er war 1794 schon »seit einiger Zeit durch einen Schlagfluß an Leib und Seele gelähmt«[66], ihn vertrat der Geheime und Einnehmer von Carl. Zwischen ihm und dem Ratskonsulenten von Schaden müssen gravierende Spannungen bestanden haben[67]. Auf Rehlingen folgte Joseph Adrian von Imhof, mit 41 Jahren überaus jung im Amt des Stadtpflegers. Als evangelischer Stadtpfleger amtierte seit 1792 Paul von Stetten d. J. Er hatte wie kein anderer den miserablen und gefährlichen Zustand des Stadthaushalts erkannt. Seit mindestens zwanzig Jahren sei man »abscheulich mit dem Aerario publico umgegangen«, schrieb er in seinen privaten Notizen, nachdem er 1789 in das Einnehmeramt gewählt worden war und somit Zugang zu den Akten hatte. Für seine Ratskollegen schrieb er: »Anmerkungen zu der Einnehmer-Amts-Jahrs- das ist gemeiner Stadt Haupt-Rechnung von 1787–1788«, »Bedenken über die vorhabende, höchst notwendige Verbesserung des Ökonomie- und Finanzwesens« (1790), »Gedanken über einige Gebrechen unserer Regimentsverwaltung und derselben Abstellung« (1791). 1801 hielt er vor dem Geheimen Rat einen »Patriotischen Vortrag ... das zerrüttete Finanz-, Ökonomie- und Polizeiwesen und dessen unumgängliche Verbesserung betreffend«[68]. Wie aus dem Protokoll der Sitzung des Geheimen Rats vom 24. Januar 1803 zu schließen ist, verhielt er sich auch gegenüber der Idee einer bürgerlichen Kontrolle des Rats aufgeschlossen[69]. Stetten war vermögend, er gehörte der einflußreichsten evangelischen Familie der Stadt an; durch seine gelehrten und schöngeistigen Schriften war er weit über Augsburg bekannt und geachtet, und selbst die rebellierenden Weber hatten ihn »der

Stadt lieben Vater« genannt[70]. Aber die verhängnisvolle Entwicklung, die fast in den Staatsbankrott führte, konnte auch er nicht aufhalten. Als er im Rat in eine Stellung aufrückte, in der er auf die Finanzen der Stadt Einfluß nehmen konnte, waren bereits zwei Jahrzehnte wirtschaftlicher Prosperität verstrichen, ohne daß sie zur nötigen Sanierung der Staatsfinanzen genutzt worden wären. Bis seine Reformansätze vom Beginn der neunziger Jahre greifen konnten, war die Stadt von den Ausläufern der Französischen Revolution und damit neuen schweren Lasten erreicht worden. Sein neuer Anstoß zu Reformen von 1801 kam zu spät. Er selbst war damals 70 Jahre alt, viele Reformvorschläge, die eine 1802 offensichtlich auf seine Initiative hin neu eingesetzte Ökonomiedeputation ausgearbeitet hatte, waren so vorsichtig geplant, daß sie nur zögernd Einsparungen erbracht hätten. Ein 336 Seiten starkes »Gutachten zur Verbesserung des hiesigen Finanz- und Oeconomiewesens auch zur Vereinfachung des Geschäftsganges« wurde im April 1804 abgeschlossen und dem Reichshofrat vorgelegt. Entschieden wurde darüber nicht mehr, 1806 nahm Bayern von der Stadt Besitz.

Bevor es aber so weit war, kam es noch zu einem furiosen Kapitel zwischen Magistrat und bürgerlicher Opposition. Als 1796 die Franzosen die Stadt besetzten, traten alle Fragen nach Rechnungslegung, Finanzreform und bürgerlichem Mitspracherecht in den Hintergrund. Binnen sieben Jahren wurden von der Bürgerschaft 1 400 000 Gulden direkt eingezogen, nur ca. 400 000 fl steuerte das Ärar bei[71]. Nach Abzug der französischen Besatzung im April 1801 hielt der Finanzbedarf des Ärars aber weiterhin an, und das alte Mißtrauen stieg wieder auf. Es war inzwischen zum offenen Geheimnis geworden, daß der ordentliche Stadthaushalt ein »immerwährendes« Defizit enthielt. Im Spätsommer 1802 kam es zu ersten Annäherungsversuchen zwischen dem Geheimen Rat und den Kaufleuten. Die beiden Vorsteher der Kaufleutestube, Johann Christoph von Zabuesnig und Ernst Friedrich Körber, wurden zu den Sitzungen der neu eingesetzten Ökonomiedeputation zugelassen. Am 4. September gab der Geheime Rat sein besonderes Wohlgefallen zum Ausdruck, daß sie sich «zu Berathung und Mitarbeitung [...] bereitwillig erkläret« hatten. Am 24. Dezember desselben

Jahres eröffnete die Deputation einem Ausschuß der Kaufmannschaft, zu dem neben Zabuesnig und Körber auch der Bankier von Halder gehörte, daß man erneut ein Darlehen von 200 000 fl benötige. Als Sicherheit wurden die jüngst von der Stadt erworbenen ehemaligen geistlichen Besitzungen im Stadtgebiet angeboten. Die Kaufleute reagierten sehr zurückhaltend. Am 8. Januar 1803 aber reichten sie eine förmliche »Protestation« nach, in der sie nicht nur weitere Darlehen verweigerten, sondern auch Einspruch gegen jede Geldaufnahme außerhalb Augsburgs erhoben, solange nicht die gesamte Bürgerschaft über den Nutzen und die Notwendigkeit der neuen Aufnahme vergewissert sei[72]. Außerdem arbeiteten sie eine umfangreiche »Vorstellung um radicale Verbesserung der Finanzen und Einführung einer bürgerlichen Controle« aus, die dem Rat übergeben wurde.

Dem Rat blieb nun kaum noch Spielraum, um ein Darlehen zu annehmbaren Bedingungen zu erhalten. So verfiel er auf den Plan, jüdischen Bankiers, die sich nur tagsüber in der Stadt aufhalten durften, gegen Gewährung eines ansehnlichen Darlehens für sich und ihre Familien das Wohnrecht in der Stadt zu erteilen. Unter starken Protesten der Kaufmannschaft nahm der Geheime Rat Verhandlungen mit drei vermögenden jüdischen Häusern auf. Der Rat hatte dabei allen Grund zur Eile. Noch vor Ablauf des Jahres 1803 waren Wechsel und Zinsen in Höhe von fast 150 000 fl fällig, unter anderem bei Jakob Obermayr, einem der drei jüdischen Bankiers. Eine Zeitlang schien es, daß allein die Androhung der Judenaufnahme genüge, um die Kaufmannschaft doch noch zu bewegen, das gewünschte Darlehen aufzubringen. Sie forderte aber eine verbindliche Zusage, daß mit diesem Darlehen alle »Verlegenheiten völlig gehoben« seien, die Verhandlungen mit den jüdischen Handelshäusern abgebrochen würden und die Rückzahlung in wenigen Wochen zum voraus festgesetzt und mit voller Sicherheit ausgewiesen werde. Diese Sicherheit konnte der Magistrat nicht geben. Am 12. November 1803 wurde daraufhin der Vertrag mit den jüdischen Bankhäusern geschlossen.

Die Kaufmannschaft, und mit ihr der Kramerstand, reagierte mit einem »Recurs an Allerhöchste Kayserliche Majestät«, den sie durch einen Notar dem Rat überreichen ließ. Dieser wies ihn zurück, »da in dem-

selben der schuldige Respekt gänzlich außer Augen gesetzt worden« sei. Wenige Wochen später kam es zu einem neuen Eklat, als der Magistrat Gelder, die ausdrücklich für die Rückzahlung der Kriegsschulden vorgesehen waren, zur Abdeckung des regelmäßigen Defizits von jährlich ca. 40 000 fl abzweigte. Jetzt entschloß sich die Kaufmannschaft zum letzten Schritt: Sie klagte beim Reichshofrat gegen den Magistrat. Am 6. März 1804 lag die Klageschrift in Wien vor. Sie ist unerledigt in den Akten des Reichshofrats verblieben.

Es ist müßig zu spekulieren, ob und wie der Reichshofrat eine Neuordnung der Augsburger Regimentsverfassung verfügt hätte. Prinzipiell galt die von einem Kaiser verfügte Ordnung als unantastbar. Der Reichshofrat verstand sich nur als rechtsprechendes Organ, das die Rechtmäßigkeit von Maßnahmen des Magistrats zu untersuchen hatte – legislative Entscheidungen standen ihm nicht zu. Vom Reichshofrat wäre also nur eine Modifizierung der Verfassung zu erwarten gewesen, eventuell eine bessere Beteiligung der Bürgerschaft am Stadtregiment und Rechnungskontrolle durch den gesamten Rat. Damit wären die beiden großen Forderungen der bürgerlichen Opposition im 18. Jahrhundert erfüllt gewesen. Die Nutzung des Stadtregiments als Pfründe für einige wenige Familien war unter Beibehaltung der Patriziatsherrschaft nicht zu beseitigen. Es wäre aber falsch, in ihr allein die Ursache für die Zerrüttung der Finanzen zu sehen. Hätte Paul von Stetten früher Verantwortung übernehmen oder sie länger ausüben können, hätte er die Sanierung vielleicht ebenso erreicht, wie sie nach ihm unter bayerischer Führung abgewikkelt wurde. Beängstigend bleibt, wie dieses reichsstädtische Staatswesen zweimal in anderthalb Jahrhunderten ungeheure Kriegslasten relativ schnell verkraftet hat, aber durch ein in zwanzig »fetten« Jahren angesammeltes Defizit beinahe in einen Staatsbankrott geglitten wäre.

1 Zorn, Augsburg, S. 225.

2 Pius Dirr: Augsburg, Leipzig 1909 (Stätten der Kultur 20), S. 239 f.

3 Wilhelm Heinrich Riehl: Augsburger Studien. In: ders., Culturstudien aus drei Jahrhunderten, Stuttgart 1858, zuletzt 7.

Aufl. Stuttgart 1910.

4 Hugo Steiger: Geschichte der Stadt Augsburg, München 1941, S. 235.

5 Nicht zuletzt auf Christoph Martin Wielands Geschichte der Abderiten, zuerst erschienen 1774/80.

6 Anselmus Rabiosus [d. i. Wilhelm Ludwig Wekhrlin]: Reise durch Ober-Deutschland. 1. Teil, Salzburg und Leipzig [vielmehr Nördlingen] 1778, S. 37 f.

7 Wolfgang Zorn: Handels- und Industriegeschichte Bayerisch Schwabens 1648–1870, Augsburg 1961 (Veröffentl. der Schwäb. Forschungsgemeinschaft b. d. Kommission für Bayerische Landesgeschichte Reihe 1, Studien zur Geschichte Bayerisch Schwabens 6), S. 7, S. 12–70.

8 StAA, Einnehmerbücher. Im folgenden werden Einzelangaben zum Stadthaushalt nur nachgewiesen, wenn sie nicht aus den Einnehmerbüchern stammen. Das Haushaltsjahr lief jeweils vom 1. August bis 31. Juli.

9 StAA, Bestand Reichsstadt, Geheime Ratsbücher 11, S. 231 f., 10. Februar 1648.

10 Ebd. S. 238, 27. Februar 1648.

11 Ebd. S. 620, 622, 633, 25. und 27. Januar, 17. Februar 1650.

12 Ebd. S. 656, 17. März 1650.

13 Ebd. S. 673, 29. März 1650.

14 Ebd. S. 708, 14. Mai 1650.

15 StAA, Einnehmerbuch 1650/51, fol. 135.

16 StAA, Bestand Reichsstadt, Geheime Ratsbücher 11, S. 709, 19. Mai 1650.

17 David Langenmantel: Historie des Regiments in des Heil. Röm. Reichs Stadt Augsburg [...] nunmehr mit wichtigen Urkunden vermehrt von Jacob Brucker, Augsburg 1734, handschriftlicher Nachtrag des 18. Jahrhunderts nach S. 280 im Exemplar des Histor. Vereins, StStBA, 4° H. V. 250.

18 StAA, Einnehmerbuch 1650/51, fol. 132.

19 Im 18. Jahrhundert lagen die Einkünfte der Ratskonsulenten bei 1200 fl im Jahr; vgl. Ingrid Bátori: Die Reichsstadt Augsburg im 18. Jahrhundert, Göttingen 1969 (Veröffentl. des Max-Planck-Instituts für Geschichte 22), S. 74.

20 Stetten, Augspurg 2, S. 481, 522.

21 Langenmantel, vor S. 281.

22 StAA, Bestand Reichsstadt, Geheime Ratsbücher 12, S. 114.

23 StAA, Lit. 1603–1661, Bd. 7 passim, entsprechende Korrespondenz hauptsächlich 1655–1659.

24 StAA, Bestand Reichsstadt, Geheime Ratsbücher 12, S. 927, 23. Dez. 1656.

25 StStBA, 4° Cod S 85a, Extractus Samtlicher bey allhießig Wohllöbl. Gemeiner Stadt Augspurg anliegender verzinßlichen Capitalien auf S. Michaelis 1751; StAA, Einnehmerbuch 1750/51.

26 Alois Schreiber: Die Entwicklung der Augsburger Bevölkerung vom Ende des 14. Jahrhunderts bis zu Beginn des 19. Jahrhunderts, Diss. phil. Erlangen 1922, S. 84–87.

27 StStBA, 2° Cod S 163, Bl. 1, »Specification derer zu dem Churbayr. Anlehen [...] aufgenommenen Capitalien«. Das Anlehen ergänzte ein bereits gewährtes in gleicher Höhe. Während die ersten 150 000 fl über einen »Salzkontrakt« mit

jährlicher Lieferung von 6000 Scheiben Salz abgegolten wurden, zahlte der Kurfürst für die zweite Summe 6 Prozent Zinsen bei jährlicher Rückzahlung von 15 000 fl aus den Einkünften des Möhringer Bräuhauses.

28 Zu den Verpflichtungen der Stadt als »Geldinstitut« s. auch Bátori, S. 83–90.

29 StAA, Grundbuchauszüge.

30 Nach Wilhelm Treue, in: Gebhardt, Handbuch der Deutschen Geschichte, Bd. 2, 9. Aufl., Stuttgart 1970, S. 501, war um diese Zeit auch allgemein wieder der Vorkriegsproduktionsstand erreicht.

31 Belege für das folgende soweit nicht anders angegeben bei Bátori, S. 90–105.

32 Stetten, Geschlechter, S. 321–352.

33 Bátori, S. 34–40; Sammlung einiger merkwürdigen Kaiserl. Rescripten und Conclusen an den Magistrat zu Augspurg, o. O. nach 1768, S. 3 f.

34 Juristisches Magazin für die deutschen Reichsstädte, Hrsg. von Tobias Ludwig Ulrich Jäger, Ulm 1790–1797, Bd. 3, 1793, S. 1–74 und Bd. 4, 1794, S. 292–371.

35 Österreichisches Staatsarchiv, Abt.: Haus-, Hof- und Staatsarchiv Wien, Reichshofrat Judicialia, Vota Fasz. 1, Gutachten vom 16. Aug. 1720.

36 Stetten, Geschlechter, S. 322 f.

37 StAA, Benedict v. Paris: Besetzung aller Ämter in der Reichsstadt Augsburg angefangen A° 1548 und beendigt... A° 1806, S. 233.

38 So noch Zorn, Augsburg, S. 228; zur »Geschichte« dieser Fehlinterpretation s. Bátori, S. 38.

39 Bátori, S. 39; Langenmantel, S. 104.

40 Franz Eugen v. Seida: Augsburgs Geschichte von Erbauung der Stadt bis... 1825, Augsburg 1826, S. 867.

41 Stetten, Geschlechter, S. 323; ders., Beschreibung der Reichs-Stadt Augsburg, Augsburg 1788, S. 36.

42 Stetten, Geschlechter, S. 336.

43 Ebd. S. 337 f.

44 Seida, S. 866.

45 Bátori, S. 47; Siegfried Merath: Paul von Stetten der Jüngere, Augsburg 1961 (Abhandlungen zur Geschichte der Stadt Augsburg 14), S. 18.

46 Ebd.

47 Druck s. Sammlung einiger ... Rescripten.

48 Stetten, Geschlechter, S. 340.

49 StAA, EWA, Fasz. 1566, hier zitiert nach Merath, S. 17.

50 S. die Liste der Stadtpfleger bei Seida, S. 861–868, und Paris, S. 216–229.

51 Seida, S. 868.

52 StStBA, 2° Cod Aug. 196.

53 Bátori, S. 71–75.

54 Vollständiges Zitat und Nachweis bei Bátori, S. 20.

55 Bátori, S. 39 f.

56 Ebd. S. 45, 53.

57 Zur Tätigkeit der Deputation sowie Zitatnachweis ebd. S. 111–115.

58 Friedrich Nicolai: Beschreibung einer Reise durch Deutsch-

land und die Schweiz im Jahre 1781. Bd. 7, Berlin und Stettin 1786, S. 60 f.

59 Bayerisches Geheimes Staatsarchiv München, Kasten schwarz 16125.

60 Ausführliche Wiedergabe der Vorgänge bei Bátori, S. 135 bis 151.

61 StStBA, 2° Cod S 189, Nachrichten von den Lebensumständen, Arbeiten und Verrichtungen [...] der Ratskonsulenten der Stadt Augsburg.

62 Österreichisches Staatsarchiv, Haus-, Hof- und Staatsarchiv Wien, Reichskanzlei, Berichte aus dem Reich, Fasz. 159, Bericht des Kaiserl. Legationssekretärs Schrant, München, 15.

April 1794.

63 Bátori, S. 55.

64 Ebd. S. 161.

65 Ebd. S. 153–161.

66 Wie Anm. 62.

67 Wie Anm. 61.

68 Alle StAA oder StStBA; s. Bátori, S. 132, Anm. 76 und 81.

69 StAA Oeconomie-Reformations-Acta Pars Va.

70 Bátori, S. 136.

71 Ebd. S. 119.

72 Ausführliche Darstellung und Quellennachweise: ebd. S. 161 bis 169.

Wirtschaft, Handel und Sozialstruktur 1648–1806

*von Peter Fassl**

Das Zeitalter des »reichen, goldenen« Augsburg, als die Reichsstadt zu den wirtschaftlichen, kulturellen und politischen Zentren des deutschen Reichs zählte, war mit dem Dreißigjährigen Krieg zu Ende gegangen. Die Bevölkerung sank von etwa 40 000 Personen 1618 auf 19 960 im Jahre 1645 (13 790 Protestanten, 6170 Katholiken) herab[1]. Im Jahre 1635, das den Tiefpunkt der Bevölkerungsentwicklung markierte (16 422 Einwohner), standen 2216 »Gemächer« und 9 Häuser leer[2]. Die Namen der bedeutendsten Handelshäuser verschwanden in dieser Zeit aus dem Augsburger Wirtschaftsleben. Die Welser wurden schon 1614 zahlungsunfähig, die Fugger zogen sich nach dem Dreißigjährigen Krieg mit Außenständen von 4 Millionen Dukaten (Spanien) und 2 615 000 fl (Niederlande, Habsburg) auf ihre Güter zurück, die Rehlinger und Österreicher verloren in den dreißiger Jahren, vor allem wegen der Unterstützung der Schweden, den größten Teil ihres Kapitals.

Das Gesamtvermögen der Einwohner schrumpfte von 1618 bis 1648 um 75,3 Prozent[3]. Eine auf Dekret des Rats verfaßte »Spezification der Nachtheile, Schäden, Verluste« der Reichsstadt von 1618 bis 1653 ergab die nahezu unvorstellbare Summe von 9 330 248 fl[4]. Der Schuldenstand der Stadt war von ca. 200 000 fl 1610 auf 1 624 959 fl 1633 und 1 828 000 fl 1650 gestiegen[5].

Die stärksten wirtschaftlichen Verluste hatte der Handel erlitten, der *nervus rei publicae*[6]. Das Vermögen der kapitalkräftigsten Schicht (über 20 000 fl), die sich fast ausschließlich aus Großhändlern und Bankiers zusammensetzte (1688: 88,6 Prozent; 1715: 93,9 Prozent), hatte sich während des Krieges um 91,1 Prozent vermindert. Nur mehr 18 Personen zahlten 1648 eine Steuer von über 100 fl (1618: 142), neun von ihnen waren zugewandert oder zählten 1618 noch nicht zu den Reichen[7]. Die Ursachen hierfür waren nicht nur in den kriegsbedingten Ein-

---

* Der Beitrag beruht auf Vorarbeiten und einer Materialsammlung von Leonhard Hillenbrand.

Les FUNERAILLES des LUTHERIENS d'AUGSBOURG.

Benedictio Omnipotentis Dei Patris ✝ et Filii ✝ et Spiritus Sancti ✝ Veniat supervos, et maneat semper vobiscum, Amen.

Der Seegen des Allmächtigen Gottes des Vatters ✝ und des Sohnes ✝ und des Heiligen Geistes ✝ kome über euch, und bleibe bey euch allezeit ehren.

Abb. 85 Evangelisches Leichenbegräbnis um 1720. Kupferstich von David Herrliberger nach Bernard Picard. Aus: »Gottesdienstliche Ceremonien [. . .] der Christen [. . .]«, Zürich 1746–1751

Abb. 86 Papst Pius VI. segnet am 5. Mai 1782 von einer künstlich errichteten Balustrade der Fürstbischöflichen Residenz aus die versammelten Gläubigen. Kupferstich von Johann Martin Will

Abb. 87 (oben links)   Jakob Brucker (1696–1770), evangelischer Pfarrer bei Hl. Kreuz und Philosophie-Historiker. Kupferstich von Jakob Andreas Friedrich

Abb. 88 (oben rechts)   Johann Heinrich von Schüle (1720–1811), Kattunfabrikant. Kupferstich von Martin Gottfried Eichler nach Johann Lorenz Rugendas

Abb. 89 (unten links)   Paul von Stetten d. J. (1731–1808), Stadtpfleger, Historiker und Schriftsteller. Kupferstich von Carl Schleich nach Johannes Walch

wirkungen auf Handel und Verkehr, sondern auch in der allmählichen Verlagerung der Handelswege vom Mittelmeerraum an die Nordseeküsten und nach Nord- und Mitteldeutschland und in der Verdrängung des Augsburger Kapitals aus dem Bergbau und Erzhandel zu suchen. Ein Gutachten des Handelsstandes von 1645 erwähnte die Unsicherheit der Handelsstraßen, die Auswanderung vieler evangelischer Künstler nach dem Restitutionsedikt von 1629 und die ungeheuren Kontributionen[8].

Bei Handwerk und Gewerbe hatte die exportorientierte Textilbranche den größten Rückgang. Augsburg war vor dem Dreißigjährigen Krieg mit einer jährlichen Produktion von über 400 000 gebleichten, gefärbten und rohen Barchenttüchern das führende Textilzentrum Süddeutschlands. 1610 waren 20,5 Prozent aller Steuerzahler bzw. 43 Prozent der Handwerker Weber. Bis 1653 sank ihre Zahl von 2184 (1618) auf ca. 500, also um 77 Prozent, während die Gesamtzahl der Handwerksmeister und Gewerbeausübenden von 4999 auf 2634, also um mehr als die Hälfte, zurückging[9]. 1662 wurden nur noch 60 508 Stücke zur Geschau gebracht, knapp 14 Prozent des Vorkriegsbestandes. Der Rückgang im Handwerk ging somit vornehmlich zu Lasten des Textilgewerbes.

Erstaunlich krisenfest erwies sich dagegen das Kunsthandwerk (Goldschmiede, Maler, Bildhauer, Uhrmacher, Kupferstecher), das im Vergleich zum Bevölkerungsrückgang sogar leicht anstieg[10].

Schichtenspezifisch betrachtet wirkte der Krieg nivellierend: Die alte Oberschicht ging zum größten Teil unter bzw. verschwand in der Mittelschicht, die damit stark anstieg; die Unterschicht dagegen verminderte sich, vermutlich durch Tod, um ein Viertel – für den wirtschaftlichen Neubeginn, so zynisch dies auch klingen mag, keine schlechte Voraussetzung[11].

Jahr	Unterschicht (ohne Steuer) Anzahl	Mittelschicht (bis 4000 fl) Anzahl	Vermögen	Oberschicht (über 4000 fl) Anzahl	Vermögen
1618	43,2 %	53,7 %	16,6 %	3,1 %	83,4 %
1646	32,1 %	66,4 %	43,5 %	1,3 %	56,5 %
1688	24,3 %	74,6 %	38,8 %	1,2 %	61,2 %
1712	27,3 %	70,2 %	45,7 %	1,4 %	54,3 %

Auf drei Säulen ruhte im 17. und 18. Jahrhundert das städtische Wirtschaftsleben: auf dem Silberhandel in Verbindung mit dem Bank- und Wechselgeschäft als finanzieller Basis, dem Kunsthandwerk mit Schwerpunkt bei Gold- und Silberschmieden und dem etwa 1690 eingeführten Kattundruck. Bei aller Verschiedenheit dieser Gewerbearten war ihnen eine Verbindung von künstlerisch anspruchsvoller, technisch perfektionierter Gestaltung mit hohem Kapitaleinsatz und der Ausnutzung der Handelsverbindungen gemeinsam. Die politische Bedeutungslosigkeit, in welche die Reichsstadt nach dem Dreißigjährigen Krieg gefallen war, scheint zu einer Konzentration der Kräfte im merkantilen Bereich geführt zu haben. Pragmatismus, Geschäftssinn und eine zähe, bürgerstolze Bindung an die reichsstädtische Selbständigkeit waren Kennzeichen der führenden Kreise in Wirtschaft und Politik. Was der Patrizier, Schriftsteller und spätere Stadtpfleger Paul von Stetten d. J. (1731–1808) als Maxime städtischer Ratspolitik aufstellte, »alles getan zu haben, was nur irgend dazu beitragen konnte, den [...] anvertrauten Staat bei Ehre, Flor und Kräften zu erhalten«[12], hätten auch die Herren von der Kaufleutestube ohne Zögern unterschrieben, wobei in ihrer Sicht die Wohlfahrt der Stadt vom guten und ungestörten Fortgang des Handels nicht zu trennen war. Der von den Zeitgenossen oft angesprochene »Patriotismus« hatte fast durchgehend einen kommerziellen Zug. Von einer im protestantischen Bereich auf praktische Lebensbewährung ausgerichteten Religiosität und einer dort zunehmenden Betonung der Realienfächer im Schulwesen, über die Gründung und Erneuerung der Kunstakademie als Agens des Kunstgewerbes bis zur kühlen Kalkulation bei der Frage der Bewahrung der reichsstädtischen Selbständigkeit – sie wurde zuletzt von der Kaufmannschaft als zu teuer abgelehnt – beherrschte der Wirtschaftsgeist das städtische Leben.

Das Jahr 1648 brachte der leidgeprüften Stadt mit dem ersehnten Frieden eine neue Ordnung, die Parität, das heißt, die konfessionell gleichmäßige Besetzung der städtischen Ämter und Dienste unter Beibehaltung der ständischen Gliederung. Die Parität wurde in der Folgezeit in allen öffentlich-rechtlichen Bereichen genauestens durchgeführt und entwickelte sich von einer Verfassungsnorm zu einer Lebens- und

Denkform[13]. Alle Handwerks- und Gewerbeorganisationen waren in ihrer Führung paritätisch besetzt, das gesellschaftliche, kulturelle und wirtschaftliche Leben teilte sich, trotz mannigfaltiger Querverbindungen, in eine katholische und eine evangelische Infrastruktur[14]. Wirtschaftlich gesehen befestigte die Parität die konfessionelle Abschließung und damit das kommerzielle Übergewicht des protestantischen Bürgertums. Die Verschiebung des Konfessionsverhältnisses zugunsten der Katholiken (1645: 30,9 Prozent; 1807: 59,3 Prozent) änderte daran nichts, im Gegenteil[15]. Infolge des Sterbeüberhangs beider Konfessionen resultierte das Bevölkerungswachstum nach dem Dreißigjährigen Krieg aus Wandergewinnen, auf katholischer Seite aus der ländlichen Umgebung (Nahwanderung), auf evangelischer Seite aus den Reichsstädten und den weiter entfernten protestantischen Territorien (Fernwanderung). Tendenziell bedeutete dies bei den Katholiken eine Vermehrung der Unterschichten (Knechte, Mägde, Dienstboten) und des Textilgewerbes, bei den Protestanten eine Ergänzung in Handel und Handwerk[16]. Die folgende Handwerks- und Gewerbestatistik zeigt ein Übergewicht der Protestanten bei den einträglicheren Gewerben, während sie sich aus dem am Existenzminimum lebenden Weberhandwerk zurückzogen[17].

Jahr	Goldschmiede	Kupferstecher	Maler	Brauer	Metzger	Kattunfabrikanten	Weber	Summe
1653	94,7 %	100 %	73,7 %	85,2 %	94,6 %		66,6 %	75,8 %
1679	93,9 %	100 %	64,2 %	78,4 %	92,0 %		77,6 %	73,1 %
1701	86,7 %	96 %	51,5 %	72,7 %	90,3 %		53,8 %	61,8 %
1720	86,9 %		47,2 %	68,6 %	88,3 %	100 %*	43,3 %	
1755	81,7 %		49,5 %	68,3 %	85,8 %			
1780	83,5 %		47,9 %	84,8 %	88,4 %	100 %	16,2 %**	

* 1734
** 1785

In den im 18. Jahrhundert aufblühenden Wirtschaftszweigen Silberhandel und Bankwesen, Gold- und Silberschmiede, Kattunmanufaktur dominierten die Protestanten eindeutig[18]. 1717 waren von den 30 reichsten Augsburgern nur zwei Katholiken, und zwar der Patrizier Langenmantel an 26. und der aus Tirol stammende Seidenhändler Brentano an 30. Stelle[19]. Erst mit dem 1727 aus Tremezzo am Comer See eingewanderten Carli und den Obwexer aus Klausen (1747) gelangten Katholiken in die wirtschaftliche Führungsschicht[20]. 1790 waren 105 Protestanten und 86 Katholiken Mitglieder der Kaufleutestube[21]. Dem Patriziat gehörten am Ende der reichsstädtischen Zeit noch elf zum Teil verarmte katholische und 16 evangelische Geschlechter an. Zu letzteren zählten mit die reichsten Leute der Stadt: Stetten, Hößlin, Rauner, Schnurbein, Münch, Liebert, Rad, Halder[22].
Sozialstruktur, Mentalität und Wirtschaftsgesinnung des aufgeklärten Protestantismus und die unter dem Einfluß der Jesuiten streng kirchliche Gesinnung der Katholiken standen in einem dialektischen Verhältnis zueinander. Ein Zeitgenosse drückte dies vereinfachend so aus: »Da eifert die große Zahl der Einwohner wider die kleinere und beneidet sie, indessen die kleinere sich immer bemüht, reicher zu werden. Sie ist fleißig, währenddem die katholische Anzahl betet und beneidet«[23].
Sicher ist, daß die Bemühungen der Konfessionen um Identitäts- und Bestandsbewahrung alle äußeren Schwerpunkte der Religiosität – bei den Evangelischen praktische Lebensbewährung und Berufsethos, bei den Katholischen die Pflege des religiösen Brauchtums, der Heiligen- und Marienverehrung – wechselseitig verstärkt und damit direkt (etwa durch die Anzahl der Feiertage) und indirekt die wirtschaftliche Imparität gefördert haben[24].
Ganz unterbrochen waren die Handelsbeziehungen

während des Dreißigjährigen Krieges nie. Daß auch damals gewinnbringende Geschäfte möglich waren, beweisen die Stetten, die durch Seidenhandel und Kapitalanlage bei der niederländischen Seeschiffahrt, trotz umfangreicher Kontributionen während der kaiserlichen Besatzung, ihr Vermögen mehren konnten, und die Hosenestel, welche mit dem Handel französischer Bijouterie-, Mode- und Galanteriewaren zu Reichtum gelangten. Nach dem Krieg kauften sie ganze leerstehende Häuserblocks und wurden die reichsten Leute Augsburgs[25].

	1618	1632	1646	1653	1667
Stetten	58 250 fl	42 400 fl	45 000 fl	97 500 fl	110 000 fl
Hosenestel	2 550 fl	20 500 fl	20 800 fl	49 350 fl	122 600 fl

Schon kurz nach dem Krieg sind Augsburger Kaufleute wieder auf den Märkten von Linz und Wien (1649/50), Leipzig, Naumburg und Frankfurt (1651/52) vertreten, lebt der Frankreich-Handel mit Lyon und Marseille auf, werden die alten Verbindungen nach Italien (Bozen, Mailand, Venedig) wiederaufgenommen. Nach Frankfurt etablierte sich Augsburg als zweiter Geld- und Wechselplatz Süddeutschlands[26].

Ein Gutachten des Handelsstandes von 1677 hebt die Wechselkommissionen aus den Niederlanden, der Schweiz und Italien hervor; allein mit Lyon betrugen sie 1676/77 über 350 000 fl. Kaiserliche Versuche, den Wechselhandel mit Frankreich wegen der Eroberungsfeldzüge Ludwigs XIV. zu unterbinden, hatten keinen Erfolg. Selbst während des Spanischen Erbfolgekrieges, als man dem Kaiser Darlehen gewährte und Armeelieferungen besorgte, scheinen die Rauner Gelder an französische Truppen vermittelt zu haben[27].

Die Wechsel- und Geldgeschäfte blieben dank des »sehr festen Kredits« der Augsburger Häuser und der für den Ost-West- wie Nord-Süd-Handel und die Nachrichtenübermittlung verkehrstechnisch günstigen Lage wichtigste Quelle wirtschaftlicher Prosperität[28]. Augsburg »tut im kleinen, was Holland im großen tut«, schrieb der Berliner Verleger Friedrich Nicolai 1781: »Es macht Kasse für die benachbarten Länder, besonders für Österreich, Schwaben und für

einen Teil der Schweiz und Italiens«[29]. Man wechselte auf die Messen von Lyon, Bozen, Frankfurt und Leipzig, nach Amsterdam, Hamburg, Wien, Venedig, Nürnberg, Paris und London. Die Zahl der Bankhäuser betrug 1788 wie schon 1677 elf[30]. Der Ausbruch der französischen Revolutionskriege und der Übergang der Reichsstadt an das Königreich Bayern beeinträchtigten Augsburgs Bedeutung als Bankplatz zunächst nicht. Die für die wirtschaftliche und industrielle Entwicklung wichtigsten Bankhäuser wurden gerade in dieser Zeit gegründet. J. L. Schaezler (1800), Erzberger & Schmidt (1804), später Erzberger & Söhne, Friedrich Schmidt & Co., J. G. Süßkind (1806), Arnold Seligmann, später Baron von Eichthal (1808), Wohnlich & Froelich (1812); Jakob Obermayer hatte sich 1803 mit zwei anderen jüdischen Häusern aus Kriegshaber und Pfersee durch die Gewährung eines Darlehens von 200 000 fl eingekauft[31]. Schaezler, Carli, Wohnlich, Froelich, Süßkind und Obermayer wurden Finanziers des bayerischen Königs, handelten und spekulierten mit bayerischen und österreichischen Staatspapieren, Obligationen, Wechselkursen und Effekten und gelangten zu beträchtlichem Reichtum. Während Schwarz (1799), Obwexer (1805) und Münch (1808) schloß, stiegen die neuen Häuser zu den bedeutendsten bayerischen Banken auf.

Im Warenhandel, den die Bankiers gewöhnlich neben dem Wechselgeschäft betrieben, gewann in der zweiten Hälfte des 17. Jahrhunderts der Silberhandel die führende Stellung. Edelmetallhandel (Gold, Silber, Kupfer), Münzgeschäfte und der Vertrieb der heimischen Goldschmiedeerzeugnisse gingen hierbei Hand in Hand. 1677 zählte Augsburg neun Silberhändler und Juweliere, 1730 mindestens 15, 1750 zwölf, und 1788 waren es noch acht[32].

Die Berühmtheit und die Wertschätzung der Augsburger Goldschmiedeerzeugnisse, auch als Wertanlage, eröffneten den Kaufleuten und Juwelieren in ganz Europa Märkte, die durch ihre Kapitalkraft und ihre Handelsverbindungen erschlossen werden konnten. Christian Rad (1628–1710) und sein Kompagnon Bartholomäus Hößlin hatten in Wien eine eigene Filiale, unterhielten in Warschau ein Kontor und waren Hofjuweliere des Kaisers und des Königs von Polen. Auch Rauner und Münch errichteten in Wien ein Geschäft (1716). Balthasar Schnurbein (1645–1711) gründete in Leipzig ein eigenes Handelshaus, sein Sohn Markus 1724 eine Gold- und Silberwarenfabrik in Köthen[33]. 1692 war die Stellung der Augsburger Silberhändler auf den Messen in Frankfurt und Leipzig bereits so stark, daß sich sechs Firmen zu einem Preiskartell zusammenschließen konnten[34]. Die Breite und Leistungsfähigkeit des Kunsthandwerks und die Kapitalkraft der Silberhändler waren die Voraussetzung, um bei einer Reihe von Großaufträgen »eine geradezu monopolartige Stellung« zu erlangen[35]. Es dürfte kaum einen bedeutenderen deutschen Fürstenhof gegeben haben, der nicht Augsburger Silber bestellte. Die Kirchen standen dem Adel nicht nach. Die Produktionspalette war unbegrenzt. Die größten Bestellungen kamen von Kurfürst Max Emanuel (ca. 400 000 fl), Friedrich Wilhelm I. von Preußen (1730–1733: 782 361 fl), Württemberg (1706–1737: 300 000 fl) und in den achtziger Jahren vom Zarenhof (560 000 fl)[36]. Auch kleinere Dynasten, wie der Berleburger Graf Casimir zu Sayn-Wittgenstein, bemühten sich, den großen in repräsentativer Prachtentfaltung nachzueifern[37]. Die Zahl der Goldschmiede, die zum größten Teil im Verlag arbeiteten, stieg von 154 (1653), 187 (1673), 203 (1709), bis auf einen Höchststand von 255 in den Jahren 1738 bis 1740. Augsburg war damals nach Paris das zweite Goldschmiedezentrum Europas[38]. Die wichtigsten Märkte für den Vertrieb der Silberwaren und den Handel mit Ost- und Nordeuropa waren die Messen in Frankfurt und Leipzig. Der Italien- und Levantehandel tritt dagegen zurück, auch wenn Bozen für die Einfuhr von Seide und Baumwolle (Zypern, Ägypten) seine Bedeutung behält. 33 Augsburger Kaufleute besuchten um die Mitte des 18. Jahrhunderts die Leipziger Messe[39]. Erst in dieser Zeit und endgültig seit dem Ausbruch der französischen Revolutionskriege ging der Goldschmiedehandel rapide zurück. Die wichtigsten äußeren Ursachen waren das Ausbleiben der Großaufträge – die Fürsten bevorzugten im Geiste des Merkantilismus ihre einheimischen Gewerbe –, die Kriegszeiten, der Wegfall der geistlichen Käuferschicht durch die Säkularisation und, wie Paul von Stetten schrieb, »der veränderte Geschmack der Großen und Reichen, der sich lieber an zerbrech-

lichem Porzellan als an dauerhaftem Metalle vergnüget«[40].

Der andere Zweig des Silbergeschäfts war der Edelmetall- und Münzhandel. Hosenestel lieferte 1674 an die Neuburger Münze, Schnurbein beteiligte sich 1727 am sächsischen Kupfer- und Silberbergbau (bis 1776), Münch 1733 am ungarischen Kupferbergbau, Caspar und Halder übernahmen von 1731 bis 1736 die Gold- und Silberlieferungen nach Württemberg für jährlich 786 000 fl. Einen Höhepunkt im Silbergeschäft brachte mit der österreichisch-bayerischen Münzkonvention von 1753 der Verkauf von Maria-Theresia-Talern in den Orient. Obwexer, Carli, Liebert und Köpf lieferten von 1759 bis Anfang 1766 an die Münzen von Hall und Günzburg für 4 312 878 fl Silber. 1769 erhielten sie ein Münzmonopol für zwölf Jahre, wobei sie sich zur jährlichen Ausprägung von vier Millionen fl verpflichteten. Nach dem Konkurs von Köpf und Absatzschwierigkeiten mußten sie 1776 vorzeitig aus dem Geschäft aussteigen[41]. Die Silberhändler und Juweliere hatten unstreitig die Führung im städtischen Wirtschaftsleben inne. Von 1674 bis 1717 wurde die »reiche Steuer« (750 fl) allein von ihren Vertretern bezahlt (Hosenestel, Schnurbein, Rauner, Rad); 1688 waren 52,3 Prozent und 1715 68,2 Prozent des Großkapitals bzw. 9,0 Prozent und 21,7 Prozent des Gesamtvermögens der Einwohnerschaft in ihren Händen[42].

Der übrige Warenhandel spielte sich in kleineren Dimensionen ab. Zu erwähnen sind der Seidenhandel über Bozen, Lyon und die Schweiz, der Gewürz- und Spezereihandel und der Weinvertrieb. In Augsburg war bis zum Ende des 18. Jahrhunderts eine Hauptniederlage für Neckar-, Tiroler- und italienischen Wein[43]. Seit Beginn des 18. Jahrhunderts läßt sich ein umfangreicher Kaffeehandel nachweisen, 1710 wurde das erste Kaffeehaus in Augsburg eröffnet[44]. Auch im bayerischen Salzgeschäft konnten Augsburger Kaufleute unter Führung von Rauner seit 1708 Fuß fassen[45]. Seit dem Zeitalter der Gegenreformation entwickelte sich Augsburg zu einem Verlagsort für katholische Traktat-, Andachts- und Gebetbuchliteratur. Nicolai nannte die Stadt 1781 »Stapelstadt des katholischen Buchhandels in Deutschland«, die Verleger Veith und Wolf »wahre Großisten« und reichste Buchhändler Deutschlands[46].

Auf dem kunstgewerblichen Sektor wurde das Angebot ergänzt durch einen ausgedehnten Handel mit Kupferstichen und den Vertrieb hochwertiger Stoffdrucke. Die Tradition des Überseehandels nahmen 1777 die Obwexer wieder auf. Mit eigenen Schiffen und unter holländischer Flagge waren sie nach anfänglichen Erfolgen später den Engländern eine willkommene Kaperbeute. Der Curaçao-Handel endete 1807 mit Verlusten von 2 095 457 fl[47].

Mit Beginn der französischen Revolutionskriege unterlag der Warenhandel immer stärkeren Einschränkungen und kam mit Verlust des italienischen und französischen Marktes fast ganz zum Erliegen. Die Berichte des Handelsstandes sind beredt, bis 1814 wiederholen sich kontinuierlich »die alten Klagen über Hemmung und Geschäftslosigkeit«[48].

Nur zum geringen Teil ist dieser wirtschaftliche Aufstieg nach dem Dreißigjährigen Krieg der einheimischen Bevölkerung zu verdanken. Nahezu die gesamte wirtschaftliche Führungsschicht war erst im 17. und 18. Jahrhundert eingewandert. Die meisten kamen aus den Reichsstädten Lindau (Rad, Hößlin, Köpf, Renz, Falck, Halder), Frankfurt (Greiff, Münch), Nürnberg (Gullmann, Loschge), dann aus Genf (Garb, Gignoux), Basel (Erzberger), Württemberg (Liebert, Schüle, Süßkind, Schmid), Norditalien und Tirol (Schnurbein, Brentano, Carli, Obwexer)[49]. Zu Recht hieß es in einer zeitgenössischen Schrift: »Der Geschickte hat in Augsburg das wahre Indignatrecht, er komme woher er wolle«[50]. Die bedeutenderen Familien waren in den Adel aufgestiegen

(Schnurbein, Rad, Hößlin, Greiff, Garb, Rauner, Gutermann, Münch, Liebert, Obwexer) und mit dem städtischen Patriziat vielfach verschwägert[51].

Obwohl der Augsburger Finanzplatz im 18. Jahrhundert nicht mehr die Bedeutung der Blütezeit des 16. Jahrhunderts unter den Fugger, Welser, Rehlinger und Oesterreicher hatte, man sich auch sichtlich aus der internationalen Großfinanz mit ihren politischen Unwägbarkeiten heraushielt, war Augsburg nach dem Dreißigjährigen Krieg wieder zu einer wohlhabenden Stadt geworden. Die Tätigkeit des heimischen Kunstgewerbes gibt davon das auch heute noch eindrucksvollste Zeugnis.

Paul von Stetten[52] wies 1779 in seiner Denkschrift für die Erweiterung der Kunstakademie darauf hin, daß auf dem Kunsthandwerk »ein großer Theil des Flores [. . .] der Handlung« beruhe[53]. Sorgten die Silberhändler und Kunstverleger für den Absatzmarkt, so zog die erhebliche Nachfrage geschickte Meister an, führte zur Spezialisierung der Werkstätten und Arbeitsteilung wie zum »Zusammenfluß [. . .] in den Künsten«[54]. Zu dieser kunsthandwerklichen Infrastruktur gehörten bei den Silberarbeitern Treiber, Schlager, Vergolder, Galanterie- und Filigranarbeiter, Feuermaler (Emaillemaler), Uhrgehäusemacher und Siegelschneider, bei den Goldarbeitern Goldgalanterie- und Filigranarbeiter, Golduhrgehäusemacher und Siegelschneider. Hinzu kamen Silberstecher, Silberdreher, Silberkistler, Schmiede – zum Ausformen großer Gefäße –, ferner Porzellanmaler und Kupferstecher sowie Maler als Entwerfer[55]. Die

Das Augsburger Kunsthandwerk von 1635 bis 1806

	1635 abs.	%	1668 abs.	%	1701 abs.	1734 abs.	%	1755 abs.	1780 abs.	1806 abs.	%
Goldschmiede und verwandte Berufe	154		183		224	343		268	196	132	
Maler, Briefmaler, Illuministen	61		87		97	81		107	44	27	
Kupferstecher und Kunstverlage	6		7		25	71		ca. 50	25	20	
Bildhauer	4		4		11	10		12	7	7	
Uhrmacher	37		27		22	18		26	30	45	
Summe	262	9,9	308	10,2	379	523	15,8	463	302	231	9,0

Produktionspalette umfaßte alles, was aus Gold und Silber hergestellt werden konnte, von der Haarnadel bis zum Goldservice und von der Porzellan- und Glasfassung bis zum Reliquienschrein.

Den Ruf als süddeutsche Kunststadt begründeten weiterhin die Kupferstecher, Maler, Bildhauer und Uhrmacher. Noch 1788 bestanden in Augsburg 23 Kunstverlage, die »in nahezu alle europäischen Länder« Reproduktionsstiche exportierten[56]. Die größeren Verlage waren wie bei den Goldschmieden oft über mehrere Generationen in Händen einer Stecherfamilie (Eichler, Engelbrecht, Haid, Herz, Kilian, Klauber, Ridinger, Rugendas, Thelott, Wolffgang), ihre Produktion dürfte etwa 250 Stiche im Jahr betragen haben[57]. Die wirtschaftliche Bedeutung des Kunsthandwerks für die Stadt verdeutlicht die Handwerksstatistik[58] (s. Seite 473).

1740, am Höhepunkt der Entwicklung, waren ungefähr 2000 Personen »mit Künsten« beschäftigt[59]. Der Vergleich mit anderen deutschen Gewerbe- und Handelszentren zeigt, daß Augsburgs Stellung in diesem Bereich unangefochten war[60].

| | | Goldschmiede, Maler, Kupferstecher, Bildhauer, Uhrmacher | | |
		absol.	Prozent	Einwohnerzahl
Nürnberg	1680	117	3,9	ca. 30 000
	1720	117	3,9	ca. 30 000
	1785	117	4,0	ca. 25 000
Leipzig	1783	73		ca. 30 000
	1788	76		ca. 30 000
Frankfurt	1777	93		ca. 30 500

Kommunikatives Zentrum des Kunstbetriebes war die aus einer evangelischen Künstlergesellschaft (1684) hervorgegangene städtische Kunstakademie (1710), in der Künstler, Ratsherren, Patrizier und Kaufleute zusammenzukommen pflegten[61]. Die Künstler gehörten verfassungsmäßig zur Gemeinde, doch wurden »die Angesehensten von Künstlern [...] denen von beyden Stuben«, das heißt dem Patriziat und den Kaufleuten, »gleich geachtet«[62]. Die Goldschmiede stellten seit dem Dreißigjährigen Krieg vier Bürgermeister und sechs Mitglieder des inneren Rats; einige wenige konnten sich zu reichen

Juwelieren emporarbeiten (C. von Rad, W. M. Rauner, J. G. Hillenbrand)[63]. Bei den Kupferstechern hatten die bedeutenderen Künstler ihre eigenen Verlage[64].

Um dem seit der zweiten Hälfte des 18. Jahrhunderts einsetzenden Niedergang des Kunsthandwerks entgegenzuwirken, wurde 1789 auf Anregung von Paul von Stetten die Kunstakademie reorganisiert und der Lehrbetrieb in Richtung auf eine engere Verbindung von Kunst, Handwerk, Manufaktur und moderner Technik ausgeweitet. Nach dem Vorbild von London (1754), Bern (1761), Leipzig (1764) und Hamburg (1765)[65] bildete sich 1780 in Augsburg eine Gesellschaft zur Beförderung der Künste, die in erster Linie für den Unterhalt der Akademie, die Erweiterung der Sammlungen und die jährlichen Preisverleihungen finanziell aufkam[66]. Die Kunstschule erlebte mit Schülerzahlen von 54 (1783) bis 155 (1805) eine Spätblüte, die alljährliche Preisverleihung und Kunstausstellung bildete ein gesellschaftliches Ereignis und war eine Leistungsschau des gesamten Kunstgewerbes. Die prämierten »Cottonzeichnungen« fanden Aufnahme in Produktionsprogramme der Kattunmanufakturen; Johann Friedrich Heinles 1787 und 1791 ausgezeichnete mechanische Spinnmaschinen liefen im Arbeitshaus[67].

Trotzdem konnte der Niedergang nicht aufgehalten werden. Bei den Kupferstechern fanden die großen Meister wie Rugendas, Ridinger und Nilson keine entsprechenden Nachfolger, die bedeutenderen gingen nach Petersburg (J. S. Klauber), Mannheim (E. Verhelst), Düsseldorf (E. Ch. Thelott) und Basel (B. Hübner), der Stahlstich und die Lithographie begannen den Kupferstich zu verdrängen[68]; bei den Goldschmieden beschleunigten die wirtschaftlichen Rahmenbedingungen und vielleicht auch ein »Mangel an schöpferischen Impulsen« den Niedergang (1806: 119; 1826: 63; 1868: 28)[69]. Der Übergang zur fabrikmäßigen Produktion wie in Hanau, Pforzheim und Esslingen gelang wohl aus mangelnder Unterstützung der kapitalkräftigen Kreise nicht. Vermutlich standen die glanzvolle Vergangenheit, die handwerkliche Tradition und Kunstfertigkeit dieser Entwicklung hindernd im Wege[70].

Das Weberhandwerk bildete trotz des Rückgangs während des Dreißigjährigen Kriegs bis zum Ende des 18. Jahrhunderts die stärkste, wirtschaftlich aber anfälligste Gewerbegruppe in der Stadt[71].

	absolut	Prozent
1610	2114	42,8
1653	ca. 500	18,9
1661	599	19,8
1668	584	19,4
1672	575	18,2
1687	520	17,2
1701	458	
1720	468	18,8
1734	499	15,1
1785	739	
1806	671	26,1

Die Hauptursache des Niedergangs war der Verlust des italienischen Absatzmarktes, der nach einem Gutachten des Handelsstandes vom Jahre 1677 auch nicht zurückzugewinnen war. Eine Möglichkeit, dem Weberhandwerk »wieder auf die Beine« zu helfen, sah man damals nicht[72]. Wirtschaftlich gesehen zählten die Weber zu den armen Gewerben, ja ihre Lage verschlechterte sich kontinuierlich. Während ein Weber 1612 noch 195,8 Barchent und andere Tuche im Jahr produzierte, waren es 1662 100,6 und 1713 nur noch 74[73]. Einen Aufschwung des Textilgewerbes brachte erst die Einführung des Kattundrucks am Ende des 17. Jahrhunderts. Die Erfindung des Bedruckens feiner Baumwollgewebe stammt aus Indien. In der zweiten Hälfte des 17. Jahrhunderts wurden in England und Holland die ersten erfolgreichen Versuche gemacht, sich diese Technik anzueignen. Dem Augsburger Goldschmied Georg Neuhofer gelang es 1688/89 durch zwei Erkundungsreisen nach Holland und England, hinter die Geheimnisse des Druckens, der Vorbereitung der Kattune und der chemischen Zusammensetzung der Farben zu gelangen und zusammen mit seinem Bruder Jeremias und einem Färber einen Betrieb nach »englisch-holländischer Manier« aufzunehmen. Der Kattundruck dehnte sich rasch aus. 1693 setzte der Rat die Zahl der Gewerbeberechtigten auf 16 fest – acht katholische und acht evangelische[74]. Im 18. Jahrhundert bewegte sich die Zahl der Manufakturen zwischen sie-

ben und neun, Katholiken scheinen jedoch, vielleicht aus Kapitalmangel, den Kattundruck nicht ausgeübt zu haben[75]. Die wirtschaftliche Entwicklung zeigt sich am deutlichsten in der bis 1795 steigenden Zahl der in Augsburg hergestellten und zum Druck eingeführten Tuche[76].

	Augsburger Ware	fremde Ware
1661	60 508	
1713	34 078	
1727	67 406	
1740	72 934	
1760	95 166	
1780	82 238	25 039
1791	108 053	40 906
1795/96	126 518	56 330
1800/01	85 753	35 513
1805/06	69 535	19 045

1737 gelang es den Druckern, sich aus den zünftischen Fesseln zu lösen. Sie erhielten das Recht, »ihre eigenen Waren gleich Kaufleuten zu verlegen und im Großhandel zu vertreiben, sowie die für ihre Fabriken nötigen Rohstoffe und Farbmaterialien [...] frei zu beziehen«[77]. Die Unternehmer hatten ihre eigenen Färbhäuser, Scheggenbleichen und Mangmaschinen, sämtliche Arbeitsgänge waren an einem Ort zusammengefaßt. Die Neuhofersche Manufaktur beschäftigte 1739 100 Arbeiter und hatte einen »Verschleiß« von 35 000 fl (1735)[78].

Den Durchbruch zu deutscher, ja europäischer Bedeutung verschaffte dem Augsburger Kattundruck der Unternehmer, Erfinder, Techniker und Chemiker Johann Heinrich Schüle (1720–1811)[79]. Schüle stammte aus Künzelsau in Hohenlohe, erhielt seine kaufmännische Ausbildung in Straßburg und Kaufbeuren und begann 1745 in Augsburg mit dem Kattunhandel. Durch Anwendung und Weiterentwicklung moderner chemischer Verfahren, technischer Neuerungen und einen Sinn für künstlerisch hochwertige Muster und der Mode entsprechende Farben wurde seine Ware, die er nach genauen Anweisungen bei Gignoux in Augsburg und Rachusen in Hamburg drucken ließ, zu einem Begriff in ganz Deutschland. Bereits 1755 hatte er, dank der finanziellen Unterstützung des Bankiers Obwexer, einen Umsatz von über 17 500 fl im Jahr. 1759 errichtete er seine eigene Manufaktur, führte 1771 als erster in Deutschland den Druck mit Kupferplatten ein und exportierte seine Ware nach Frankreich, Rußland, Polen, Portugal, Spanien, Italien, Holland, England und nach Übersee[80]. Eine seiner Spezialitäten war die Ausmalung der Muster mit Gold und Silber. Nach eigenen Berechnungen verschaffte Schüle der Augsburger Wirtschaft von 1745 bis 1766 einen Umsatz von 3 754 824 fl. In seiner erfolgreichsten Zeit, den siebziger Jahren, beschäftigte er 3500 Personen, hatte einen Rohstoffverbrauch von 805 604 fl (1771) und einen Umsatz von über 3 Millionen fl[81]. 1770/71 errichtete er einen schloßartigen Fabrikpalast für nahezu 500 000 fl[82]. Im Sog von Schüles Musterbetrieb begann der Kattundruck in Augsburg aufzublühen. Über die Hälfte der Augsburger Drucker war bei ihm ausgebildet worden[83]. Die größten Manufakturen nächst Schüle hatten Georg Abraham Neuhofer (1767: 217 600 fl Vermögen), Matthäus Schüle (1791: 600 Arbeiter), Anna Barbara Gignoux (1791: 500 Arbeiter) und Schöppler & Hartmann (gegr. 1783), die allein ihren Umsatz im Lohndruck von 62 423 fl 1784 auf 121 464 fl 1791 steigern konnten[84].

Die Ausweitung der Produktion und der hohe Kapitaleinsatz durch Einlagen Augsburger Bankiers führte einerseits zu einem verschärften Konkurrenzkampf, andererseits zu einer erhöhten Abhängigkeit vom Großhandel[85]. Die Frankfurter Handlungen von Löw Götz Haas und Isaak Lehmann Hanau, dessen Teilhaber Anselm Goldschmid von Kriegshaber aus die Geschäfte abwickelte, beherrschten alle kleineren Unternehmen, die über kein eigenes Vertriebsnetz verfügten und unzureichende Handelsverbindungen besaßen. Der Bankrott der Druckereien von Neuhofer, Bayersdorf, Gleich und Harder Ende der siebziger Jahre wurde Goldschmids Geschäftsmethoden – Zahlung durch Waren statt Bargeld – zur Last gelegt, vermutlich deshalb, weil die christliche Kaufmannschaft den lästigen jüdischen Konkurrenten loswerden wollte[86]. Den Niedergang der Kattunmanufakturen brachten seit 1795 die französischen Revolutionskriege. Der Export nach Frankreich, Italien, Österreich, England und Übersee kam zum Erliegen,

die Zahl der Manufakturarbeiter sank von 3700 im Jahre 1793/94 auf 649 im Januar 1812, die Weberschaft stürzte in bitterste Armut[87].

Angesichts des seit 1770 nachweisbaren Wiederauflebens des Weberhandwerks erscheint der über dreißig Jahre mit Erbitterung geführte Kampf zwischen den Webern und den Kattunfabrikanten zunächst unverständlich. Was war der Grund[88]? Die Weber protestierten gegen die Einfuhr fremder Waren, verlangten gesicherten und regelmäßigen Absatz und wehrten sich gegen die Versuche, sie in ein Verlags- und Trucksystem zu pressen. Für die Unternehmer dagegen war die Freiheit des Handels, insbesondere die unbeschränkte Einfuhr sächsischer, Schweizer und der hochwertigen ostindischen Baumwollwaren, die in Deutschland nicht produziert werden konnten, eine Vorbedingung ihrer Konkurrenzfähigkeit, die Preise durch die Einfuhr zu drücken, ein Nebeneffekt. Protagonist der Drucker war Schüle, der sich skrupellos über sämtliche Gebote, Verbote und gütlichen Einigungsversuche hinwegsetzte. Die Mehrzahl der Weber geriet innerhalb weniger Jahre in völlige Abhängigkeit einiger weniger Großhändler, Drucker und Webermeister, die sich selbst als Kleinunternehmer betätigten. Das Ende des Streits brachte nicht die vernünftige, beiden Seiten Rechnung tragende Verordnung des Rats von 1785 – freie Einfuhr fremder Ware gegen gesicherte Abnahme der Augsburger Ware im Verhältnis 1:2 –, da sich die Lage der Weber subjektiv und wohl auch objektiv weiter verschlechterte[89], sondern nach 1795 der Rückgang des Handels selbst. So verständlich die Forderungen der Weber innerhalb des protektionistisch geschützten Wirtschaftsraums der Reichsstadt mit ihren Zunftorganisationen waren, so unwirksam blieben sie im Bezugssystem des Fernhandels unter den Bedingungen des freien Marktes. Die Weberunruhen von 1766, 1784/85 und 1794 waren erste Reaktionen auf die Veränderungen im Wirtschafts- und Sozialgefüge der Stadt[90]. Die riesigen Manufakturen mit ihrer großen Zahl meist eingewanderter, lohnabhängiger Arbeiter, waren ein bisher nicht gekanntes Phänomen, das die sozialen Probleme der Industrialisierung vorwegnahm[91].

Trotz des Niedergangs des Kunsthandwerks und des Textilgewerbes, zu dem am Ende der reichsstädtischen

Zeit noch die Belastungen durch die französischen Revolutionskriege (1792–1806: 9 582 583 fl) und der Wegfall des geistlichen Konsums durch die Säkularisation (500 000 fl/Jahr) kamen, schloß die Gesamtbilanz der Reichsstadt mit einem Vermögen von 11 476 893 fl bei 3 113 383 fl Schulden günstig ab. In München wußte man um das blühende Leben der Stadt.

1 Claus-Peter Clasen: Die Augsburger Weber. Leistungen und Krisen des Textilgewerbes um 1600, Augsburg 1981 (Abhandlungen zur Geschichte der Stadt Augsburg 27), S. 21; Zorn, Augsburg, S. 40; Anton Mayr: Die großen Augsburger Vermögen in der Zeit von 1618 bis 1717, Augsburg 1931 (Abhandlungen zur Geschichte der Stadt Augsburg 4), S. 15; J. Hartung: Die direkten Steuern und die Vermögensentwicklung in Augsburg von der Mitte des 16. bis zum 18. Jahrhundert. In: Jahrbuch für Gesetzgebung, Verwaltung und Volkswirtschaft im Deutschen Reich 22 (1898), S. 1276; Blendinger, Mittelschichten, S. 40; C. J. Wagenseil: Versuch einer Geschichte der Stadt Augsburg Bd. 3, Augsburg 1821, S. 152; StAA, EWA 448/II, Bestand Statistik.

2 StAA, EWA 448/II.

3 Zorn, Handelsgeschichte, S. 12 f.; Mayr, S. 13, 28–31, 57–61; Hartung, S. 1264 f. Der Steuerfuß betrug bis zum Ende der reichsstädtischen Zeit 0,5 Prozent auf bewegliche Habe und Barvermögen, 0,25 Prozent auf Immobilien. Da in den Steuerbüchern (1346–1717) jeweils nur die Gesamtsteuer verzeichnet ist, läßt sich das wirkliche Vermögen nicht sicher ermitteln. Nach einem Bericht des Steueramts von 1698 betrug der Immobilienwert 2 864 000 fl (64 Prozent) und der Mobilienwert 1 600 000 fl (36 Prozent). Legt man hier wie im Folgenden einen Zinsfuß von 0,25 Prozent zugrunde, so sank das Gesamtvermögen der Stadt von 13 242 000 fl (1618) auf 3 265 000 fl (1648).

4 StAA, HV 98, IIR: Ludwig Greiff: Historica Augustana, handschriftliche Aufzeichnungen 1850–1870, S. 18.

5 StAA, Einnehmerbuch 1649/50; Zorn, Augsburg, S. 216, Wagenseil, Bd. 3, S. 53. Die Angabe für 1610 verdanke ich einer freundlichen Auskunft von Herrn Dr. B. Roeck.

6 Vgl. Mayr, S. 21.

7 Ebd. S. 12–15, 115–120.

8 Wagenseil, Bd. 3, S. 54 f., 60.

9 StAA, Weberakten, Auszüge aus Akten des Weberhauses, 15.–19. Jahrhundert; Clasen, S. 20 f., 437; Blendinger, Mittelschichten, S. 72–78.

10 StAA, Bestand Statistik; Blendinger, Mittelschichten, Tabelle IV. Die Zahl der Goldschmiede, Maler, Bildhauer, Uhrmacher und Kupferstecher sank von 335 im Jahre 1618 auf 262 1653, also auf 78,2 Prozent des Vorkriegsstandes, während der Bevölkerungsverlust 50 Prozent betrug.

11 Blendinger, Mittelschichten, S. 51, Tabelle III; Hartung, Tabelle VI.

12 Paul von Stetten: Gedanken über Erweckung des schlafenden Kunsttriebes, des Fleißes und der Gewerbigkeit unter der hiesigen Bürgerschaft (Denkschrift vom 30. 3. 1779), zitiert nach Elisabeth Bäuml: Geschichte der alten reichsstädtischen Kunstakademie von Augsburg, Diss. phil. München 1951, S. 37–39.

13 Eine kleine Anekdote aus dem Reisebericht des bayerischen Majors Karl Roger von Ribaupierre vom Jahre 1802 kennzeichnet die Situation treffend: »Beide Parteien haben eine und dieselbe charakteristische Gegenfrage. Man erkundige sich nach dem Stadtpfleger oder nach dem Zeitungsschreiber, so lautet solche: meinen Sie den katholischen oder den lutherischen?« Zitiert nach H. H. Hofmann (Hrsg.): . . . sollen bayerisch werden. Die politische Erkundung des Majors von Ribaupierre durch Franken und Schwaben im Frühjahr 1802, Kallmünz 1954, S. 42; vgl. demnächst Peter Fassl: Kirche, Arbeiterschaft und bürgerliche Gesellschaft in Augsburg im 19. und beginnenden 20. Jahrhundert.

14 Gemischte Ehen waren bis 1840 in Augsburg selten. Beide Konfessionen hatten ihr eigenes schulisches Bildungs- und Wohlfahrtssystem, in Handel und Gewerbe kaufte man soweit möglich bei den Konfessionsverwandten. Ein Gastwirt oder Geschäftsmann, der sein Marien- oder Heiligenbild als Aushängeschild entfernte, mußte mit dem Verlust der katholischen Kundschaft rechnen. Vgl. Sylvia Rathke-Köhl: Geschichte des Augsburger Goldschmiedegewerbes vom Ende des 17. bis zum Ende des 18. Jahrhunderts, Augsburg 1964 (Schwäbische Geschichtsquellen und Forschungen 6), S. 71; Karl Hermann Hemmerde: Briefe von und über Augsburg, Hof 1789, S. 56 f.; BayHStA, MInn 45026.

15 Hans Rost: Die Bevölkerungszahl der Stadt Augsburg bis zum Jahre 1900. In: Der schwäbische Postbote 1905, Nr. 119 vom 29. 5. u. Nr. 122 vom 6. 10.; StAA, Bestand Statistik.

16 StAA, Bestand Statistik; StStBA, 2° Aug 356, 4° Aug 1563 (beides sind jährlich gedruckte Geburts- und Sterbestatistiken); Volker Haertel: Die Augsburger Weberunruhen 1784 und 1794 und die Struktur der Weberschaft Ende des 18. Jahrhunderts. In: ZHVS 64/65 (1971), S. 186–196. In den Jahren 1703, 1706–1709 und 1719–1806 starben 16 386 Katholiken (29,4 Prozent) und 8542 Protestanten (22,3 Prozent) mehr, als geboren wurden. Das Bevölkerungswachstum zwischen 1645 und 1807 muß aufgrund der Sterbe- und Geburtsliste geschätzt werden. Vgl. Rost, Bevölkerungszahl; A. Schreiber: Die Entwicklung der Bevölkerung Augsburgs vom Ende des 14. bis zum Beginn des 19. Jahrhunderts, Diss. phil. Erlangen 1922. 1645: 19 960 Einwohner; 1700: ca. 26 000 Einwohner; 1750: ca. 31 000 Einwohner; 1770: ca. 33 000 Einwohner; 1807: 28 534 Einwohner.

17 StAA, Bestand Statistik; Greiff, S. 56; StStBA 2° Cod. Aug 147, 2° Cod. S 234; Haertel, S. 183.

18 Im Wechsel- und Silberhandel waren 1788 elf protestantische und drei katholische Bankiers tätig, während die Kattunfabrikanten alle Protestanten waren. Vgl. Paul von Stetten: Beschreibung der Reichsstadt Augsburg [. . .], Augsburg 1788, S. 130, 138.

19 Mayr, S. 123; welcher Konfession der Seidenhändler Wolf angehörte, konnte nicht ermittelt werden.

20 Zorn, Handelsgeschichte, S. 34, 43.

21 Sendbote 1860, Nr. 22 vom 4. 11.

22 StAA, HV 98, H. P. 360. Das wirtschaftliche Ungleichgewicht bei Mittelstand und Oberschicht wird umgekehrt bestätigt durch die konfessionelle Armenstatistik. Vgl. Jahresberichte der Neuen Armenanstalt, Augsburg 1787 ff.

	Armenzahl			
---	Katholisch		Protestantisch	
	abs.	%	abs.	%
1786/87	1054	75,8	338	24,2
1789/90	1006	76,3	314	23,7
1794/95	989	74,9	332	25,1
1799/1800	905	70,8	375	29,2
1804/05	900	78,3	250	21,7

23 Hemmerde, S. 77.

24 Vgl. Max Weber: Die protestantische Ethik und der Geist des Kapitalismus. In: Archiv für Sozialwissenschaft und Sozialpolitik 20 (1904) und 21 (1905), wiederholt in Weber: Gesammelte Aufsätze zur Religionssoziologie, Bd. 1, Tübingen 1920, S. 17–205, zuletzt in Weber: Die protestantische Ethik, Bd. 1, 6. Aufl., Gütersloh 1981 (GBT Siebenstern 53), S. 27–278; demnächst Fassl, Kirche.

25 Mayr, S. 47–56, 92–98; Wagenseil, Bd. 3, S. 102, 147. Die Hosenestel hatten 1677 auf dem Höhepunkt ihrer Geschäftsentwicklung ein Vermögen von 346 200 fl.

26 Zorn, Handelsgeschichte, S. 14–18.

27 Ebd. S. 18–21, 27–30, 70, 127. Ein ähnlicher Vorfall ereignete sich 1805, als Napoleon den Augsburger Bankiers vorwarf, englische Subsidien an Österreich vermittelt zu haben.

28 Der Stellenwert schneller Nachrichtenübermittlung ist im einzelnen noch nicht näher untersucht; daß sie für die Augsburger Bankiers, die mit Kursbewegungen und Wechselhandel ihre Geschäfte machten, von grundlegender Bedeutung war, ist kaum zu bezweifeln. Untersuchungen zum Augsburger Pressewesen weisen nun darauf hin, daß »keine Stadt Europas [...] damals für den Nachrichtenbedarf [...] so zentral und günstig« lag, wie Augsburg. Für die Allgemeine Zeitung war dies 1810 ein Grund, von Ulm nach Augsburg überzusiedeln. Eduard Heyck: Die allgemeine Zeitung 1798–1898, München 1898, S. 84–86; Hermann Hart: Die Geschichte der Augsburger Postzeitung bis zum Jahre 1838, Augsburg 1935 (Zeitung und Leben 10), S. 45 f.

29 Friedrich Nicolai: Beschreibung einer Reise durch Deutschland und die Schweiz im Jahre 1781, Bd. 8, Berlin und Stettin 1787, S. 12.

30 Stetten, Beschreibung, S. 120 f., 130; Zorn, Handelsgeschichte, S. 19, 59.

31 Ebd. S. 69 f., 119; Richard Hipper: Die Reichsstadt Augsburg und die Judenschaft vom Beginn des 18. Jahrhunderts bis zur Aufhebung der reichsstädtischen Verfassung (1806), Diss. phil. Erlangen 1923, S. 180–189, 258–261; Joseph Reinertshofer: Die Steuern und Abgaben der Juden in Augsburg, Diss. phil. Würzburg, S. 59–62.

32 Zorn, Handelsgeschichte, S. 19; Stetten, Beschreibung, S. 130; Rathke-Köhl, S. 145–171.

33 Zorn, Handelsgeschichte, S. 31; Mayr, S. 61–91.

34 Ebd. S. 44 f.

35 Helmut Seling: Die Kunst der Augsburger Goldschmiede 1529–1868. Meister, Marken, Werke, Bd. 1, München 1980, S. 140.

36 Ebd. S. 140–143; Rathke-Köhl, S. 76–97; Zorn, Handelsgeschichte, S. 59; Anton Werner: Augsburger Goldschmiede. Verzeichnis der Augsburger Goldschmiede, Silberarbeiter, Juweliere und Steinschneider von 1346–1803, Augsburg 1913, S. VII. Für den Auftrag von Friedrich Wilhelm I. wurden 8934 kg Silber im Wert von 605 165 fl verarbeitet; die Gesamtkosten der Herstellung betrugen beim Kurs 7:12 (fl : Taler) 782 361 fl. Daraus läßt sich ein Arbeitslohn von 5 fl/1 Mark Silber (236 gr.) errechnen. Die Aufträge des Zarenhofs, die von Johann Gottlieb Klaucke (1720–1805) besorgt wurden, sollen nach Werner einen Umfang von »ein paar Millionen Gulden« gehabt haben, was durchaus möglich erscheint, da Klaucke 1761 erst im Besitze eines Vermögens von 152 000 fl war und bei seinem Tod Stiftungen für 512 685 fl hinterließ. Vgl. Franz Eugen von Seida und Landensberg: Historisch-statistische Beschreibung aller Kirchen-, Schul-, Erziehungs- und Wohltätigkeitsanstalten in Augsburg [...], Augsburg und Leipzig 1812, S. 871–874.

37 Herbert Koch: Augsburger Silberhandel mit Berleburg im 18. Jahrhundert. In: ZHVS 64/65 (1971), S. 107–120. Die gräfliche Familie kaufte von 1722–1767 bei Greiff und Rauner für 5390 fl Silberservices. Der Umfang der Aufträge von Kleinadel und Bürgertum ist bisher noch nicht erforscht.

38 Rathke-Köhl, S. 38, 144; StAA, Bestand Statistik.

39 Zorn, Handelsgeschichte, S. 41.

40 Paul von Stetten: Kunst-, Gewerbe- und Handwerksgeschichte der Reichsstadt Augsburg, Augsburg 1779, S. 484.

41 Zorn, Handelsgeschichte, S. 18, 34, 37, 39, 41, 48–51, 62.

42 Mayr, S. 13, 25. Die »reiche Steuer« mit 750 fl im Jahr war die höchste Steuer in der Stadt.

43 Ebd. S. 25; Stetten, Beschreibung, S. 121. Die Seidenhändler hatten 1688 vom Großkapital (20 000 fl) einen Vermögensanteil von 6,3 Prozent, 1715 von 1,9 Prozent, bei den Gewürzhändlern waren es 1715 1,4 Prozent.

44 Konstantin Bertele: Augsburger Kaffeehandel im 18. Jahrhundert. In: Augsburger Rundschau 1922, Nr. 20 vom 11. 2.

45 Zorn, Handelsgeschichte, S. 30–32, 38–40.

46 Nicolai, Bd. 8, S. 53.

47 Zorn, Handelsgeschichte, S. 61 f., 66 f., 68.

48 BayHStA, MInn 15255/I: Bericht des Handelsstandes vom 17. 4. 1812.

49 Zorn, Handelsgeschichte, S. 30, 34, 38, 40 f.; Mayr, S. 35–46, 61–91; Friedrich Blendinger: Historische und soziologische Voraussetzungen des Augsburger Barocks 1620–1720. In: Augsburger Barock (Ausstellungskatalog), Augsburg 1968, S. 12–24.

50 Ueber Augsburg. Gegen die unwahre Darstellung dieser Reichsstadt in dem geographisch statistisch topographischen Lexikon von Schwaben, Augsburg 1791, S. 35.

51 Blendinger, Augsburger Barock, S. 20; Zorn, Handelsgeschichte, S. 53, 77.

52 Der schon öfters erwähnte Paul von Stetten (1731–1808), der letzte evangelische Stadtpfleger der Reichsstadt (1792–1806), stammte aus einem alten Augsburger Patriziergeschlecht (seit 1538), das seit Jahrhunderten an führender Stelle die städtische Politik gestaltet hatte (6 Stadtpfleger). Vgl. Ingrid Bátori: Die Reichsstadt Augsburg im 18. Jahrhundert. Verfassung, Finanzen, Reformen, Göttingen 1969 (Veröffentlichungen d. Max-Planck-Instituts f. Geschichte 22), S. 131–134; Siegfried Merath: Paul von Stetten der Jüngere. Ein Augsburger Patrizier am Ende der Reichsstädtischen Zeit, Augsburg 1961 (Abhandlungen zur Geschichte der Stadt Augsburg 14).

53 Vgl. Anmerkung 12, zitiert nach Bäuml, S. 37 f.

54 Stetten, Kunst-, Gewerbe- und Handwerks-Geschichte, S. 15; vgl. Bruno Bushart: Augsburger Barock. In: Augsburger Barock (Ausstellungskatalog), S. 5–12, sowie den Katalog allgemein, der einen Überblick über das Kunstschaffen von 1620 bis 1720 gibt.

55 Seling, Bd. 1, S. 10 f.; Rathke-Köhl, S. 42–72.

56 Rolf Biedermann: Augsburger Handzeichnungen und Druckgraphik 1620–1720. In: Augsburger Barock (Ausstellungskatalog), S. 163; vgl. Olgerd Grosswald: Der Kupferstich des 18. Jahrhunderts in Augsburg und Nürnberg, Diss. phil. München 1912.

57 Ebd. S. 64–67; Friedrich Schott: Der Augsburger Kupferstecher und Kunstverleger Martin Engelbrecht und seine Nachfolger. Ein Beitrag zur Geschichte des Augsburger Kunst- und Buchhandels von 1719 bis 1896, Augsburg 1924 (Nachdruck: 1972), S. 50.

58 StAA, EWA 448/II, Bestand Statistik; StStBA 2° Cod S 234, 2° Cod Aug 147, Goldschmiedeverzeichnisse; Roland Bettger: Das Handwerk in Augsburg beim Übergang der Stadt an das Königreich Bayern. Städtisches Gewerbe unter dem Einfluß politischer Veränderungen (Abhandlungen zur Geschichte der Stadt Augsburg 25), Augsburg 1979, S. 182; Grosswald, S. 64–66; Stetten, Beschreibung, S. 136 f. Die Handwerksverzeichnisse von 1755, 1780 und 1788 sind nicht vollständig.

59 Grosswald, S. 11.

60 Hans Mauersberg: Wirtschafts- und Sozialgeschichte zentraleuropäischer Städte in neuerer Zeit [...], Göttingen 1960, S. 54; Helmut Arndt (Hrsg.): Leipzig in acht Jahrhunderten, Leipzig 1965, S. 50, 147; Ekkehard Wiest: Die Entwicklung des Nürnberger Gewerbes zwischen 1648 und 1806 (Forschungen zur Sozial- und Wirtschaftsgeschichte 12), Stuttgart 1968, S. 15, 30, 112; Christoph Wilhelm Jakob Gatterer's [...] Technologisches Magazin, Memmingen 1790–1792, Bd. 1, 1. Stück, S. 181–194, 3. Stück, S. 740–749, Bd. 2, S. 276–288; Rathke-Köhl, S. 27.

61 Bäuml, S. 1–9.

62 Stetten, Beschreibung, S. 35; vgl. Bettger, S. 35 f.

63 StStBA, Goldschmiedeverzeichnis von 1806; Mayr, S. 61–75;

64 Stetten, Beschreibung, S. 136 f.; Grosswald, S. 14–16; Schott, S. 7–9.

65 Otto Dann: Die Anfänge der politischen Vereinsbildung in Deutschland. In: Ulrich Engelhardt (Hrsg.): Soziale Bewegung und politische Verfassung (Industrielle Welt, Sonderbd.), Stuttgart 1976, S. 203 f.; Arndt, S. 32; Wiest, S. 163 f.

66 Bäuml, S. 58–60.

67 Städtische Kunstsammlungen Augsburg, Graphische Sammlung, Kattunzeichnungen; NAK-Archiv, Musterbücher; Bäuml, Anhang C; Zorn, Handels- und Industriegeschichte, S. 66.

68 Max von Stetten: Ueber den gegenwärtigen Zustand der Künste in Augsburg. In: Der Neue Teutsche Merkur 1804, S. 15 f.; Grosswald, S. 53–55.

69 So Seling, Bd. 1, S. 204, ohne dies allerdings anhand des vorgelegten Materials (Nr. 1092–1099) belegen zu können; StStBA, Goldschmiedeverzeichnisse. Max von Stetten, S. 19, sah den Rückgang der Goldschmiedezahl allein in der nachlassenden Nachfrage.

70 Die bestehende Handwerksordnung wäre kein Hindernis gewesen (vgl. Seling, S. 204), wie die Verleihung des Fabrikprivilegs an die Silberhandlung J. A. Seethaler & Sohn im Jahre 1814 zeigt.

71 Clasen, S. 22; Haertel, S. 183; Bettger, S. 177–182; StAA, Bestand Statistik; EWA 448/II; Weberakten: Faszikel, Auszüge aus Weberakten 15.–19. Jahrhundert.

72 Zorn, Handels- und Industriegeschichte, S. 19 f.

73 StAA, Weberakten: Faszikel, Auszüge aus Weberakten 15. bis 19. Jahrhundert; Bleichakten, Tom. II 1662–1669/Bleichumgeld 1750–1799.

74 Pius Dirr: Augsburger Textilindustrie im 18. Jahrhundert. In: ZHVS 37 (1911), S. 28–31; vgl. Robert Forrer: Die Kunst des Zeugdrucks vom Mittelalter bis zur Empirezeit, Straßburg 1898, S. 30–35.

75 Vgl. Anm. 17; Zorn, Handels- und Industriegeschichte, S. 43, 65, 69; Franz Eugen von Seida und Landensberg: Johann Heinrich Edler von Schüle [...] Ein biographisches Denkmal, Leipzig [1805], S. 67 f. Schuhmacher und Schüle erhielten 1740 bzw. 1759 durch eine Sondergenehmigung eine katholische Kattundruckkonzession.

76 StStBA, 2° Cod S. 235; Wagenseil, Bd. 4, S. 448 f.; Seida, Schüle, Tab. E, H; StAA, Weberakten: Faszikel, Auszüge aus Weberakten 15.–19. Jahrhundert; Bleichakten: Tom. II 1662 bis 1699/Bleichumgeld 1750–1799, Bleichumgeld 1550–1662, Visitationen; Acta Schüle Nr. 477. Amtliche Aufzeichnungen über die eingeführten Kattune liegen erst seit 1777 vor. J. H. Schüle verarbeitete 1759–1764 insgesamt 75 936 und in den Jahren 1775/76 11 963 fremde Kattune.

77 Dirr, Textilindustrie, S. 33 f.

78 Forrer, S. 36; Evangelisches Kirchenarchiv Kaufbeuren Nr. 154.

79 Vgl. Seida, Schüle; Armin Seidl: Johann Heinrich von Schüle und sein Prozeß mit der Augsburger Weberschaft (1764 bis

1785), München 1894 (Historische Abhandlungen 5); Jacques Waitzfelder: Der Augsburger Johann Heinrich von Schüle, ein Pionier der Textilwirtschaft im 18. Jahrhundert, Leipzig 1929.

80 StAA, Acta Schüle Nr. 436; Seida, Schüle, S. 74 f., 111 f.; Beleuchtung der in dem Ulmer geographischen Lexikon von Schwaben enthaltenen sehr anzüglichen Stellen, die löbliche Reichsstadt Augsburg betreffend [. . .], Augsburg 1791, S. 40; Zorn, Handels- und Industriegeschichte, S. 52.

81 Seida, Schüle, S. 87, 112 f.; Forrer, S. 41. Der Reingewinn von 1769 bis 1781 belief sich auf 888 927 fl. Vgl. Zorn, Handels- und Industriegeschichte, S. 55.

82 Forrer, S. 41. Schüle wird 1772 in den Adelsstand erhoben. Er erhielt Angebote zur Niederlassung von Maria Theresia, Friedrich II. und später dem König von Württemberg. Das grundlegende Werk von W. H. v. Kurrer und K. J. Kreutzberg: Geschichte der Zeugdruckerei [. . .], Nürnberg 1840, S. 6, bezeichnet ihn als den »große(n) Nestor aller deutschen, ja [. . .] europäischen Kattundruckereien«.

83 Seida, Schüle, S. 75, 112; Forrer, S. 42; Zorn, Handels- und Industriegeschichte, S. 44, 55 f.: Sein Neffe Matthäus, Bayersdorf, Harder, Schwarz, Wagenseil, Doebler, Fröhlich. Direkt oder indirekt gehen auf ihn zurück die Fabriken in Heidenheim, Friedau, Rouen, Loggelbach und Josefsthal.

84 Forrer, S. 35 f.; Beleuchtung des Ulmer Lexikon, S. 40–42; NAK-Archiv, Geheimbuch 1783–1792.

85 StAA, Weberakten: Faszikel, Streit der Weber, Cottondrukker, Fabrikanten 1794, Nr. 14.

86 Zorn, Handels- und Industriegeschichte, S. 45, 50, 54.

87 Hipper, S. 231–233. Goldschmid lieferte von 1769 bis 1774 an die Druckereien für 900 284 fl Farbmaterial und Kattune.

88 StAA, Weberakten: Faszikel, Streit der Weber, Cottondrukker, Fabrikanten 1794, Nr. 14; BayHStA, MInn 46076.

89 Zum Folgenden siehe die Beiträge von Dirr, Seidl, Haertel, Waitzfelder sowie Seida, Schüle.

90 Die detaillierte Studie zur Lage der Weber von Haertel kommt zu dem Ergebnis, daß in den neunziger Jahren der durchschnittliche Verdienst eines Webermeisters mit seiner Frau nicht mehr ausgereicht habe, um eine vierköpfige Familie zu ernähren (vgl. S. 200–204). Ob allerdings die Situation der Weber vor dem Entstehen der großen Kattunmanufakturen besser war, bleibt offen. Geht man von der jährlichen Tuchproduktion eines Webers aus, so hätte sich die Lage bedeutend gebessert (1734/36: 114,5; 1785: 154). Vgl. Anm. 69 und 74 sowie Zorn, Handels- und Industriegeschichte, S. 42. Sicher ist jedenfalls nur, daß sie mit dem Niedergang der Manufakturen noch schlechter wurde.

91 Die Unruhe dieser Zeit zeigte sich auch in der Erhebung der katholischen Webergesellen 1784 und der Schneidergesellen 1798. Vgl. Haertel, S. 137–143; Wagenseil, Bd. 4, S. 102 f., 321 f.

Geistiges Leben 1650–1800

von Bernd Roeck

Das »geistige Leben« einer Stadt ist ein soziales Phänomen: Es findet statt im Diskurs, in der Kommunikation, bis zu einem gewissen Grade in der Öffentlichkeit. Die Darstellung dieses geschichtlichen Bereichs wird sich auf das Herausarbeiten einiger charakteristischer Strukturen beschränken müssen, sie kann und will sich nicht in der Aneinanderreihung von Geistesgrößen erschöpfen; wichtig erscheinen vielmehr die verfassungsrechtlichen und gesellschaftlichen Rahmenbedingungen, innerhalb derer sich das Augsburger Geistesleben entfaltet hat. Auf diese Weise kann am ehesten eine Vorstellung von den kulturellen Zuständen in der »Provinz« während der letzten eineinhalb Jahrhunderte des Alten Reiches gewonnen werden. Die Eigenart der Augsburger Situation ist dabei bestimmt durch die paritätische Verfassung, jedoch auch durch die unverkennbare äußere Schwäche der Reichsstadt, die den Rat nötigte, ständig die Interessen der umliegenden Territorien – vor allem Bayerns – zu berücksichtigen; immer wieder sah er sich Pressionen ausgesetzt, durch die er veranlaßt werden sollte, mißliebige Schriften zu unterdrücken[1]. Einem freieren geistigen Austausch stand in den Augen der Zeitgenossen indessen als schlimmstes Hindernis die besondere konfessionelle Situation Augsburgs entgegen: »Hier, wo das Unthier Parität, das zwei widerwärtige Köpfe hat, der wohltätigen wahren, nicht falschen Aufklärung so viele Hindernisse in den Weg legt, wacht auch die Zensur mit ungewöhnlicher Schärfe über jede Schrift, die ins Leben kreucht oder fleucht . . .«, urteilte der Publizist und Dichter Christian Friedrich Daniel Schubart am Ende des 18. Jahrhunderts[2], eine Sicht der Dinge, die nicht nur von aufklärerischem Unverständnis für Sachen der Religion geprägt war, sondern auch von mangelnder Vertrautheit mit den Augsburger Verhältnissen. Nur wer nicht wußte, unter welch ungeheuren Opfern die Parität in Augsburg erreicht worden war, konnte erstaunt darüber sein, wie entschieden sich der Rat um ein Ausbalancieren der konfessionellen Gegensätze bemühte. Auf einem anderen Blatt steht, daß sich im Zusammenleben der Konfessionen ein dialektischer Prozeß entfaltet hatte, der seinen Ausdruck in ständiger wechselseitiger Beeinflussung und Steigerung fand und so spezifische kulturelle Formen hervorbringen konnte[3]. Das gilt nicht weniger für die theologische Kontroversliteratur als für soziale Verhaltensweisen.

Im Laufe der Zeit ist für das Zensuramt die vordergründig konfessionelle Problematik zurückgetreten, wenn es Schriften mit religiösen Inhalten unterdrückte. Ganz hat sie natürlich ihre Bedeutung nie verloren, zumal es unter den Zensoren selbst immer wieder der Auseinandersetzungen über das richtige Vorgehen gegen bestimmte Druckwerke gab, Streitigkeiten, die wiederum deutlich von konfessionell geprägten Spannungen überlagert wurden[4]. Allerdings beweisen die gelegentlichen Kontroversen um aufgeklärte oder religionskritische Schriften (wie etwa Werke Voltaires oder Wekhrlins *Das Graue Ungeheuer*), daß diese beanstandeten Bücher durchaus in die Stadt gelangten, unter dem Ladentisch verkauft und gelesen wurden, wenn auch nur von der gebildeten Elite[5]. Man ging gewöhnlich nicht allzu streng gegen die Buchhändler vor, die solche Druckwerke vertrieben, was den Zensoren die Kritik katholischer wie protestantischer Bürger eintragen konnte[6].

So hatte es das Zensuramt mit einer für Fragen der Religion äußerst sensibilisierten Öffentlichkeit zu tun. Das stets labile Gleichgewicht zwischen den Parteien wirkte als Katalysator einer »konservativen« Haltung des Rates, die auf die Bewahrung des verfassungsrechtlichen Status quo zielte und so über Zensureingriffe den freieren geistigen Austausch mehr behinderte, als es dem Geist der Zeit schließlich entsprach[7]. Die Obrigkeit konnte sich dabei der Indifferenz des größten Teils der Bürgerschaft und des Wohlwollens einer Mehrheit der Oberschicht sicher sein.

Charakteristisch ist der Fall des Aufklärers Schubart. Namentlich wegen seiner kritischen Schriften gegen den Aberglauben und die Jesuiten, daneben durch fortschrittliche politische Äußerungen und einen unsoliden, jedenfalls genialisch-unbürgerlichen Lebenswandel machte er sich in Augsburg unmöglich und mußte nach nur wenige Monate während Aufenthalt Ende Januar 1775 fluchtartig die Stadt verlassen[8]. Auch die Protektion einiger »aufgeklärter« Bürger konnte ihn vor diesem Schicksal nicht bewahren; immerhin sind noch die ersten Ausgaben seiner *Deutschen Chronik* in Augsburg erschienen. Genauso charakteristisch ist es, daß Schubart während seines Aufenthaltes mit Vorleseabenden im Musiksaal auf dem Bäckerhaus Triumphe feierte, wo er Klopstocks *Oden* oder dessen *Messias* zu Tränen gerührte Anhänger gewann – »unter Katholiken und Lutheranern, Edlen und Unedlen, Männern und Weibern«[9] –, und das noch 1774.

Während am Ende des Dreißigjährigen Krieges noch 70 Prozent der Bevölkerung evangelisch waren, stieg der Anteil der Katholiken nach dem Friedensschluß ständig an. Die ungeheuren Kriegsverluste durch Hungersnöte und Seuchen sind nämlich vor allem durch Zuwanderung aus dem katholischen Umland ausgeglichen worden. Um 1700 waren die beiden Konfessionen etwa gleich stark, 20 Jahre später bildeten die Protestanten mit nur 40 Prozent bereits die Minderheit.

Die gewandelte Konfessionsstruktur schlug sich bald in den erwähnten Erfolgen der katholischen Buchhandlung nieder. Es waren vor allem die »kulturtragenden« bürgerlichen Schichten, die von dem kriegsbedingten Umschichtungsprozeß betroffen wurden. Die mehrfachen, von außen oktroyierten Konfessionswechsel zwangen viele zur Auswanderung – und sicher nicht die schlechtesten. Natürlich vermochten die vorwiegend aus dem ländlichen oder kleinstädtischen Bereich stammenden Neubürger die Lücken nicht ohne weiteres auszufüllen. Es scheint, daß es dem Geistesleben der Stadt nach dem großen Krieg an Substanz, vor allem aber an Kristallisationskernen fehlte. Augsburg war keine Residenzstadt, wo ein Fürstenhof das kulturelle Leben zwar an sich gezogen, zugleich aber den finanziellen und institutionellen Rahmen dafür geboten hätte. Die Stadt, selbst »Staat«, war aufgrund ihrer desolaten Finanzlage zu einer entschiedenen Förderung kultureller Belange nicht mehr in der Lage, was sich etwa in dem stark gesunkenen Etat der Bibliothek äußerte[10]. Schließlich gab es in der Reichsstadt zwar höhere Schulen von hervorragender Bedeutung – das protestantische Gymnasium bei St. Anna und das Jesuitenkolleg St. Salvator[11] –, indessen keine Universität, in deren Umkreis ein größeres Reservoir von Gebildeten hätte entstehen können. Das Fehlen gewissermaßen »natürlicher« Zentren des geistigen Lebens mußte nun nicht a priori ein Nachteil sein, wurde aber offenbar zunehmend als Mangel empfunden. Jedenfalls versuchte man im Verlauf des 18. Jahrhunderts, den Diskurs in wissenschaftlichen Gesellschaften und Lesezirkeln zu institutionalisieren[12]. Alle diese Unternehmen scheiterten jedoch. Dem Versuch Jakob Bruckers, zusammen mit dem älteren Paul von Stetten, Elias Herwarth und anderen eine gelehrte Gesellschaft »Ad insigne pinus« zu begründen, die sich vor allem der Erforschung der vaterländischen Geschichte hätte widmen sollen[13], war kein Erfolg beschieden. Schon kurz nach der Gründung (1746) scheint der Zirkel wieder eingegangen zu sein. Noch 1789 mußte die Buchhandlung Eberhard Kletts Witwe und Franck das Fehlschlagen ihres Versuches, eine Buchhändlerzeitung samt einem »raisonnierenden« Bücherverzeichnis herauszugeben, eingestehen, da es an Publikum ebenso fehle wie an der Unterstützung durch eine gelehrte Gesellschaft[14]. So fand der geistige Austausch innerhalb der bürgerlich-aristokratischen Oberschicht in intimerem privatem Rahmen statt, etwa in den Gartenhäusern vor dem Mauerring; zeitweilig tagte im Haus der Witwe Gignoux ein Lesezirkel[15]. Natürlich bediente man sich der tra-

ditionellen Kommunikationszentren, etwa der Kaufleutestube oder traf sich in Gasthäusern, wie etwa der »Traube«, wo Karten und Billard gespielt wurde, aber auch Zeitungen auflagen[16]. Doch ist es namentlich die Privatheit, die eigentlich immer charakteristisch geblieben ist für das geistige Leben der Stadt, damit auch ein für die Zeit ungewöhnliches Zurückbleiben des aufklärerischen pädagogischen Impetus. Jedenfalls hat es auch im 18. Jahrhundert, als überall Lesekabinette und Gelehrte Gesellschaften entstanden – 36 allein in Bremen[17] – und sich Vorformen einer bürgerlichen, ständische Schranken überschreitenden Öffentlichkeit konstituierten, in Augsburg keine vergleichbaren Einrichtungen gegeben. Man wird allenfalls in der Neuorganisation der Kunstakademie[18] in den letzten Dekaden des 18. Jahrhunderts einen erfolgreichen Ansatz sehen können, dem kulturellen Leben Augsburgs einen gewissen Mittelpunkt zu geben (seit 1779). Einem Kreis um Paul von Stetten, den berühmten Mechaniker Georg Friedrich Brander und den ebenfalls über die Stadt hinaus bedeutenden Naturforscher Joseph Paul von Cobres gelang es damals, den Akademiebetrieb auf eine neue organisatorische und finanzielle Grundlage zu stellen. In den Listen der Förderer dieser Institution finden sich viele Vertreter der finanzkräftigen Oberschicht, der Künstler und Gelehrten der Stadt[19]. Die Akademie diente nicht nur der Ausbildung angehender Künstler und der Vermittlung praktischer Fähigkeiten, sondern war zugleich eine Stätte der Reflexion über Kunst und Kunstgeschichte[20].

Sonst stand die intellektuelle Elite der Reichsstadt in mehr oder weniger formellen Beziehungen zu anderen gelehrten Sozietäten oder war, wie üblich, durch Briefwechsel mit der europäischen *societas litterarum* verbunden. Im 17. Jahrhundert noch begegnet uns der Naturforscher Hieronymus Ambrosius Langenmantel als Mitglied der vom Fürsten Ludwig von Anhalt gegründeten »Fruchtbringenden Gesellschaft«[21]; der Polyhistor Georg Hieronymus Welsch, der sich als Sammler und Beschreiber von Naturalien und als Bibliophiler einen Namen machte[22], war Mitglied der Wiener »Societas naturae curiosorum«. Gottlieb Spizel, Prediger bei St. Jakob und als Kirchen- und Religionshistoriker eine Gestalt von überregionalem Rang[23], stand mit Gottfried Wilhelm

Leibniz und anderen Gelehrten in Briefverbindung. Den ersten Rang unter den Augsburger Gelehrten des 18. Jahrhunderts nimmt indessen Jakob Brucker (1696–1770) ein[24]. Brucker kann als einer der Begründer der Geschichte der Philosophie gelten; die Gedanken seines fünfbändigen Hauptwerkes – der *Historia critica philosophiae a mundi incunabilis ad nostram usque aetatem deducta*[25] – wurden vor allem durch eine Reihe von Auszügen und Kurzfassungen bekannt. Außerdem finden wir den Professor als Autor einer Sammlung von wissenschaftlichen Biographien zeitgenössischer Gelehrter, die der Augsburger Kupferstecher Johann Jacob Haid mit prächtigen Schabkunstblatt-Porträts illustriert hat[26].

Als Hauptvertreter der Geschichtsschreibung begegnet uns in der Epoche nach dem Dreißigjährigen Krieg der ältere Paul von Stetten (1705–1786). Seine monumentale zweibändige Stadtgeschichte fand damals in Deutschland nicht ihresgleichen[27]. Zwar wird der heutige Leser die chronikalische unkritische Art der Darstellung bemängeln; andererseits kennzeichnet nichts den Rang des Werkes besser als die Tatsache, daß Stettens Darstellung bis heute für die frühneuzeitliche Stadtgeschichtsschreibung unentbehrlich und auch noch durch keine neuere Arbeit überholt ist. Der besondere Wert der beiden Bände – sie schildern die Augsburger Historie von den Anfängen bis in die Zeit der Exekution des Westfälischen Friedens – liegt in der Fülle des darin verarbeiteten Quellenmaterials. Vieles davon ist überhaupt nur durch Stettens Archivarbeit überliefert worden.

Orte des geistigen Austausches waren schließlich naturgemäß die Bibliotheken, stets auch gerne besuchte Ziele durchreisender Gelehrter. Allerdings waren diese Institutionen einschließlich der Stadtbibliothek mit ihren berühmten griechischen Handschriften alles andere als öffentlich. Friedrich Hirsching fand in seinem Führer durch Deutschlands Bibliotheken für den Augsburger Stadtbibliothekar jedenfalls wenig freundliche Worte. »Daß die Augspurgische Stadtbibliothek ein verschlossnes Heiligthum ist, ist, fast möchte ich sagen, weltbekannt«[28]. Die berühmte Büchersammlung der katholischen Buchhandlung Gebrüder Veith (von denen Franz Anton selbst als Autor tätig war[29]) blieb ihm ebenso verschlossen wie die bedeutende Sulzersche Bibliothek. Indes genossen

die Privatbibliotheken wie die städtischen Bestände einen hervorragenden wissenschaftlichen Ruf[30], letztere mehr wegen ihrer älteren Bücherschätze. Unter den Bibliotheken der geistlichen Institutionen waren die von Hl. Kreuz und von St. Ulrich und Afra besonders bekannt, letztere allein schon durch ihre wertvollen Handschriftenbestände. Die Peutingersche Privatbibliothek – sie wurde 1716 den Jesuiten vermacht[31] – oder die Bibliotheken der Domherren Johann Christoph Adelmann von Adelmannsfelden und Otto Graf von Schallenberg zählten zu den bedeutenden Büchersammlungen des ausgehenden 17. und frühen 18. Jahrhunderts, daneben die Bibliothek Spizels. Die Haldersche und die Stettensche Bibliothek, die Bücherbestände Jakob Bruckers, Johann Conrad Mezgers und des Ratskonsulenten und Zensors Prieser ragten außerdem hervor. Georg Wilhelm Zapf, in der Gelehrtenwelt zu seiner Zeit freilich nicht ganz unumstritten, besaß mit 6000 Bänden zu seiner Zeit eine der größten Augsburger Privatbibliotheken; dadurch war er nicht weniger bekannt als durch seine umfangreiche Korrespondenz mit verschiedenen Zelebritäten, von der sich noch einige tausend Briefe erhalten haben[32]. Eine bedeutende naturwissenschaftliche Bibliothek nannte Paul Joseph von Cobres sein eigen; Hirsching erschien sie als die bedeutendste dieser Art in Deutschland[33].

Durch Kataloge und Auktionsanzeigen kann man sich noch heute einen Überblick über die ehedem in Augsburger Bibliotheken vorhandenen Bücher verschaffen[34]. Ihre Besitzer waren mit ihren literarischen Interessen durchaus auf der Höhe der Zeit. Eine genauere Analyse – die für diese Darstellung nicht durchgeführt werden konnte – würde wahrscheinlich einen allgemeinen Rückgang der theologischen und erbaulichen Literatur gegenüber naturwissenschaftlich-technischen, historischen und belletristischen Werken erweisen.

Wo nun stillten jene Augsburger Bürger, die das Geld, sich teuere Bücher zu erwerben, nicht besaßen, vielleicht gar nicht lesen konnten, ihre kulturellen Bedürfnisse? In erster Linie wird man hier an Theateraufführungen denken, wie sie die Schulen der Stadt, die Meistersinger und wandernde Schauspielertruppen boten. Seit Primarius Sixt Birk (1501–1554) wurde am Gymnasium bei St. Anna das Schultheater gepflegt[35]. Es mag an der gewandelten konfessionellen Struktur der Stadt gelegen haben, daß das protestantische Schultheater im 17. und 18. Jahrhundert an Breitenwirkung von der Schulkomödie der Jesuiten übertroffen wurde. Ihre alljährlichen *ludi autumnales* – seit 1739 fanden sie in einem auf städtische Kosten errichteten Schauspielhaus statt – hatten über die Aufhebung des Ordens hinaus beträchtlichen Zulauf[36]. Volkstümlich war dieses geistliche Theater allerdings nur insofern, als es mit prächtigen Kostümen, dramatischen Aktionen und oft musikalischer Umrahmung die Sinne faszinierte. Die Texte der Theaterstücke blieben bis in die letzten Jahrzehnte des 18. Jahrhunderts lateinisch.

Während das Jesuitenschauspiel, mit festem Publikumsstamm und vom Geist der Zeit offenbar seltsam unberührt, seinen Platz behaupten konnte, vollzog sich in anderen Bereichen des reichsstädtischen Theaterlebens ein bedeutsamer Umbruch: Bis in die ersten Dezennien des 18. Jahrhunderts nämlich behaupteten die Meistersinger die Szene; sie waren zünftisch organisiert und gegenüber fremden Komödianten privilegiert[37].

Diesen »Theaterhandwerkern« erwuchs freilich in wandernden Theatertruppen eine immer stärkere Konkurrenz. Die »Actiones und Comödien« der Meistersinger beschäftigten sich zusehends nur noch mit geistlichen Stoffen, die an hohen kirchlichen Festtagen und in der Fastenzeit im »Meistersingerstadel« zur Aufführung gebracht wurden. Erst um 1770, nach langer Agonie, hörten die »Verhungerten Komödianten und Meistersänger«, wie sie sich selbst nannten, mit ihrem Spiel auf[38]. Die freien Theatertruppen versuchten das Monopol der Meistersinger anfänglich dadurch zu brechen, daß sie Possen und blutrünstige Dramen auf die Bühnenbretter brachten. Durch sie aber drangen in der zweiten Hälfte des 18. Jahrhunderts die moderne deutsche Literatur und die großen Klassiker, namentlich Shakespeare, nach Augsburg vor[39]. Goethes *Clavigo* gelangte zum Beispiel bereits drei Jahre nach der Erstaufführung auf die Bühne des neuerrichteten Komödienstadels in der Jakobervorstadt; die Schopfische Theatergesellschaft spielte hier in der gleichen Saison 1776/77 unter anderem Lessings *Emilia Galotti* und *Minna von Barnhelm*.

Der Erfolg der Wandertruppen, damit der modernen Literatur, und die Säkularisierung der dargebotenen Themen signalisieren ein gewandeltes Publikumsinteresse, eine geistige Beweglichkeit, die durchaus emanzipatorischen Charakter hatte. Man rezipierte Unterhaltung, die ihren Nutzen nicht allein in der Vermittlung der vom religiös-kirchlichen System vorgegebenen Moralvorstellungen und Wahrheiten fand, sondern beispielsweise psychologische oder soziale Probleme aufgriff. So richtete sich zunächst der Kampf der Obrigkeit und der Geistlichkeit beider Konfessionen auch in Augsburg vordergründig gegen das Theater als solches, gewann seine subjektive Berechtigung aber aus der Überzeugung oder Ahnung, daß die neuen Inhalte der Theaterstücke und die Tatsache ihrer Öffentlichkeit fundamentale gesellschaftliche Konventionen in Frage stellten. Die äußere Stellung der »freien« Theater-»Künstler«, die außerhalb und gegen die zünftisch gebundenen Meistersinger standen und so gewissermaßen »asozial« waren, mußte nur den Argwohn gegenüber ihrer Tätigkeit bestärken. So sahen sich die Schauspieler auch veranlaßt, den Magistrat um »Toleranz« gegenüber ihrem Stand zu bitten[40].

Wohl war man noch weit davon entfernt, etwa in den Schauspielern Vertreter eines Künstlertums zu sehen, dessen Qualifikation ihm einen Rang »über« oder »jenseits« der Schichten der Ständegesellschaft gewann. Der merkwürdige Versuch Paul von Stettens, besonders begabten Ökonomen und Handwerkern, die er »Künstler« nennt, einen besonderen Stand zwischen Gemeinen und Kaufleuten einzurichten[41], zeigt allerdings, daß man um die gesellschaftlichen Folgen des gewandelten Verhältnisses des Publikums zur besonderen Kulturleistung wußte. In der Zeit zwischen 1783 und 1786 erlebte ein staunendes Augsburg, daß eine Patriziergesellschaft im Stadttheater öffentlich moderne Theaterstücke zur Aufführung brachte, bezeichnenderweise wiederum mit einer erklärenden Erinnerung an die Zuschauer, diesmal wegen des hohen Ranges der »Akteurs«[42]. Ganz im Sinne der Ideen Stettens, aus dessen Familie einige der Laienspieler stammten, stellte hier der »alte Adel« sozusagen seine Berechtigung unter Beweis, auch dem Stand des »kulturellen Leistungsadels« anzugehören.

Abb. 90   Theater am Lauterlech. Erbaut 1776 anstelle des ehemaligen Komödienstadels der Meistersinger. Kolorierte Federzeichnung, 1822

Abb. 91   Schülesche Kattunfabrik, erbaut 1770−1772 von Christian Mayr. Kupferstich von Johann Michael Probst aus: »Prospekt der fürnehmsten Gebäude in- und außerhalb der Freyen Reichs-Stadt Augsburg«, Augsburg 1779

Abb. 92   Barfüßerkirche mit Orgel von Marx Günzer, heute in der katholischen Kirche in Gabelbach. Kupferstich von Gottfried Pfauntz, nach Johann Thomas Kraus, um 1730

Abb. 93   Prospekt der 1755/56 von Johann Georg Andreas Stein errichteten neuen Orgel der Barfüßerkirche. Kupferstich von Emanuel Eichel, um 1755

Daß hierbei stillschweigend eigentlich ein neues gesellschaftliches Prinzip gutgeheißen wurde und man zugleich die herkömmliche Legitimation der Ständegesellschaft in Frage stellte, dürfte freilich den wenigsten Zuschauern klargewesen sein. Die Haltung der Oberschicht zum Theater war seit jeher geprägt von Argwohn; wenn man dennoch niemals mit aller Konsequenz durchgriff, dann hatte das seine Ursache sowohl in der Befürchtung, daß die Leute sich sonst zu allerlei »unehrbarem Wesen«, zum Spielen und Trinken, »zusammen rottieren« könnten[43], als auch in dem Umstand, daß viele Patrizier – etwa Stetten – selbst aufgeschlossen für die modernen literarischen Strömungen waren. Eine ganze Reihe dieser liberalen Bürger sah sich allerdings schnell dem Vorwurf ausgesetzt, sie seien Freimaurer oder Illuminaten[44], der zum üblichen Repertoire gerade auch der ultramontanen Presse – wie der »Kritik über gewisse Kritiker« – gehörte[45].

Es war den Zeitgenossen bewußt, daß Theater oder Literatur nicht unbedingt politisch, antikirchlich oder antireligiös sein mußten, um gesellschaftlich »zersetzend« zu wirken. Zu einer Eingabe, die 106 Bürger 1785 an den Rat richteten, um ein schärferes Vorgehen gegen unchristliche oder sittenwidrige Schriften zu erwirken, meinte der Zensor Dr. Prieser, es seien weniger solche Schriften, welche die Sitten verdürben, sondern »weit mehr die stromweis tägl. einstürzende Broschüren, von Comödien, Romanen u. Romanzen, so viel tändelnden und empfindelnden Schriften«[46]. Gerade diese Schriften aber könnten nicht verboten werden, denn die »Censur würde sich lächerlich dabey machen«. Angesichts des *genius saeculi* sei es illusorisch, sich gegen Druckwerke zu wehren, die außerhalb der Stadt gedruckt und dann in Augsburg verkauft würden.

Wenn in Dr. Priesers Stellungnahme von »stromweis« in die Stadt gelangender Literatur die Rede ist, wird hieran ein völliger Wandel der bisherigen Lesegewohnheiten deutlich, der wiederum eine tiefgreifende Veränderung der gesellschaftlichen Verhältnisse ahnen läßt. In Augsburg ist diese Revolution des Lesestils – die als erster Rolf Engelsing überzeugend diagnostiziert hat[47] – nicht so deutlich zu fassen wie anderswo: der Übergang von der »intensiven« Lektüre weniger zum »extensiven« Konsum vieler Bü-

cher um die Mitte des 18. Jahrhunderts. Im Prinzip aber ist die Entwicklung in der Reichsstadt nicht untypisch verlaufen. Ein Hinweis auf eine Änderung der Lesegewohnheiten, vielleicht auch auf einen weiteren Rückgang des Analphabetentums, mag in der Konjunkturkrise der Kupferstecher gesehen werden, die ebenfalls um die Jahrhundertmitte wahrnehmbar ist[48]: Man kaufte weniger Heiligenbildchen, Thesenblätter oder Friedensgemälde – Produkte, die von aufgeklärten Zeitgenossen mit galligem Spott bedacht wurden[49] –, sondern Bücher.

In Augsburg waren es freilich lange Zeit noch vorwiegend Bücher religiösen oder erbaulichen Inhalts. ». . . daß wir noch zur Zeit unsere beste Nahrung u. Stücklein Brod von Geistl. Büchern haben«, bekannten die Augsburger Buchdrucker 1726 in einer an den Rat gerichteten Petition[50]; sie »müsten in 4 Wochen aufhören zu drucken, weñ [sie] nur die weltlichen Sachen [. . .] zu drucken hätten«.

Die meisten Augsburger Buchhandlungen, im 18. Jahrhundert sechs von neun, waren katholisch. Die drei protestantischen Unternehmen, von denen nach Nicolais Urteil nur das Klettsche einige Bedeutung besaß, hatten durchaus ihre Schwierigkeiten, aufklärerische und fremdsprachige Literatur abzusetzen[51]. Immerhin brachte das sonst auf naturwissenschaftlich-technische Werke spezialisierte Haus Konrad Heinrich Stage 1771 eine Edition der *Encyclopedie* heraus, die allerdings allein Paul von Stetten erworben haben soll[52].

Zahlreiche wichtige Werke der Aufklärung und der modernen deutschen Literatur finden sich allerdings auch in den Katalogen katholischer Buchhändler[53]; das »große Geschäft« aber machten diese Firmen doch mit theologischen und erbaulichen Schriften aller Art. Die Buchhandlungen Gebrüder Veith und Joseph Wolf zählten deshalb nach Nicolais Einschätzung »zu den größten und reichsten in Deutschland, wenn nicht in Europa«[54]. Natürlich reflektieren diese Verlagsprogramme nicht nur die Interessen eines überregionalen Käuferkreises, sondern auch die Lesewünsche der Einheimischen.

Dennoch hatte die abendliche Bibellektüre, »das erbauende Lesen am Sonnabend und Sonntage« im Familienkreis[55], ihre Bedeutung keineswegs verloren. Doch schoben sich bis zum Ende des 18. Jahrhunderts schließlich »stromweis« Bücher und Zeitschriften anderen Inhalts neben den allein religiös ausgerichteten Lesestoff. Um die Kosten für den Erwerb dieser Druckwerke zu senken, versuchte man, »In Compagnie« einige »Liebhabere« für gemeinsame Abonnements historischer und anderer gelehrter Zeitschriften zu gewinnen; mit diesem Angebot jedenfalls meldete sich ein Inserent in der Januar-Ausgabe des »Augspurgischen Intelligenz-Zettels« von 1746 zu Wort. Die Insertionen dieses Nachrichtenblattes belegen ziemlich differenzierte Leserinteressen und können Wandlungen dieser Interessen vor Augen führen – besser noch als das Studium der Verlagsprogramme, die gewisse Schwerpunkte und die Erwartungen eines oft überregionalen Käuferkreises spiegeln. Der kursorische Versuch einer Orientierung bestätigt den Befund, der sich aus der Interpretation der erzählenden Quellen ergibt[56].

Im Augspurgischen Intelligenz-Zettel inserierte Literatur, Anzahl der Titel nach Literaturgattungen

	1746	1760	1770	1780	1790
Theologie, erbauliche Literatur	44	94	20	11	13
Geschichte	28	43	2	4	5
Politik, Recht	17	13	4	7	26
Naturwissensch., Geographie	16	63	9	7	10
Lexika, Wörterb.	10	24	–	–	–
Belletristik	8	29	–	15	43
Ökonomie	7	18	2	22	5
Sonstiges	16	7	4	10	4

Insgesamt ist ein allmählicher Rückgang der theologischen Bücher und der Erbauungsliteratur festzustellen: von ca. 30 Prozent der angebotenen Titel 1746 auf 12 Prozent im Jahre 1790. Zugleich gewinnt die Belletristik – hier vor allem Theaterstücke, Romane und Gedichte – deutlich an Boden: Zählen wir 1746 etwa fünf Prozent der Kategorie der »tändelnden und empfindelnden« Schriften zu, waren es am Ende des Untersuchungszeitraumes über 40 Prozent. Naturwissenschaftlich-technische und geographische Bücher können nach einem Höhepunkt in den Jahren 1760 und 1770 ihren Anteil von ca. zehn Prozent der angebotenen Bücher jeweils behaupten.

Bemerkenswert ist ferner, daß wohl der Anteil der historischen Literatur insgesamt deutlich abnimmt, die Krise der Reichsverfassung und die politischen Ereignisse in Frankreich indessen offenbar ein zunehmendes Interesse an staatsrechtlicher und politischer Literatur bedingt haben. Darunter sind auch eine ganze Reihe anläßlich des Todes von Kaiser Joseph II. erschienene Abhandlungen, die panegyrischen Charakter haben und auch der Belletristik zugeordnet werden könnten: Daraus wird weniger auf die Popularität des Kaisers geschlossen werden können als auf einen reichsstädtischen Patriotismus. Leider läßt sich – wie so oft – nicht viel über die jeweils tatsächlich verkaufte Anzahl der Schriften aussagen. In den politisch erregten Zeiten um 1795 konnte eine billige »Zeitung« oder ein Flugblatt schon einmal eine Auflage von 1500 Stück erreichen[57]; ein profranzösisches Flugblatt, das etwa 5 kr kostete, wurde 1798 250mal gedruckt: Von dieser Auflage wurden allerdings nur 24 Stück verkauft[58]. Diese Zahlen sagen natürlich nicht viel aus; man wird unter Berücksichtigung anderer Forschungsergebnisse sagen können, daß eine verkaufte Auflage von 1000 Stück innerhalb einer Stadt selbst für Flugblätter höchst ungewöhnlich, für Bücher praktisch unerreichbar gewesen sein dürfte. Die »Augspurgische Bibliothek« Zapfs – eine Art Quellenkunde zur Stadtgeschichte – kam laut einem der ersten Auflage vorgebundenen Verzeichnis auf 87 Subskribenten, darunter wenige Patrizier, viele städtische Beamte, Geistliche, Kaufleute und sogar eine ganze Reihe von Handwerkern. Selbst wenn man davon ausgeht, daß jedes Exemplar eines Buches oder einer Zeitschrift durch die Hände vieler Leser ging, war der Anteil der Bürger, die wirklich mit Gedrucktem in Kontakt kamen, sehr gering. Die Begegnung mit Schriftlichem vollzog sich im 17. wie im 18. Jahrhundert für die große Mehrheit der Bevölkerung nach wie vor hauptsächlich in der Kirche, also über die Vermittlung des Pfarrers oder Predigers. Schon der hohe Preis, der für Bücher bezahlt werden mußte, setzte ihrer Verbreitung enge Grenzen. Die von Beaumarchais veranstaltete Ausgabe der Werke Voltaires etwa – »jener abscheulichen Waffenrüstung aller Religionsstürmer« – war nach Ansicht des Zensors Dr. Prieser viel zu teuer, als daß sie sich nur ein Augsburger Bürger kaufen könne; im übrigen, tröstete Prieser die argwöhnische Obrigkeit, seien Voltaires Werke »kein Buch, das der gemeine Mañ lesen wird und kan«[59].

Der »gemeine Mann« mag Voltaire nicht gelesen haben. Sonst aber fanden sich unter den Lesern Bürger, die wohl noch nicht politisch, aber wirtschaftlich und intellektuell zu den führenden Schichten des kommenden Jahrhunderts zählen sollten: ein Personenkreis, dessen Umrisse in der Subskriptionsliste zu Zapfs Buch erkennbar werden. Es war ein nicht antireligiöses, jedoch in religiösen Fragen weniger engagiertes Publikum als die Leser noch zwei Generationen früher; politisch wachere, praktisch wirtschaftende, an wissenschaftlichen Fragen interessierte Leute, die zum Ärger der traditionellen Eliten ihren Trost über die Malaise der Welt weniger im Erbauungstraktat als im empfindsamen Gedicht fanden. Dabei erhofften sie sich eine Verbesserung der Umstände nicht von einer gesellschaftlichen Umschichtung – nach der Französischen Revolution schon gar nicht –, sondern von einer seelischen Wandlung der Individuen[60], eben so, wie sie ihnen in den edlen Menschen ihrer schönen Literatur vorgeführt wurde. Ein Streben nach politischer und gesellschaftlicher Emanzipation, nach Gewinn eines neuen Selbstbewußtseins und einer inneren Disposition für die Zukunftsaufgaben in der Öffentlichkeit[61] wird bei genauem Hinsehen wahrnehmbar, auch wenn sich diese Entwicklung nur im gestiegenen Konsum einer bestimmten Literaturgattung äußert. Dürfen wir einem anonymen Pasquill von 1787 glauben, dann hat es auch in Augsburg eine Loge der Illuminaten gegeben[62]; als Ordensbrüder denunzierte ein Anonymus einen Personenkreis, der uns die künftige gesellschaftliche Elite zu repräsentieren scheint: Beamte der reichsstädtischen Verwaltung, Ärzte, Kaufleute. Eine Untersuchung, die der Rat durchführen ließ, erregte viel Aufsehen, zeitigte aber kein Ergebnis.

Allerdings bestimmten nicht diese wirklichen oder angeblichen Illuminaten, nicht die Anhänger der Französischen Revolution oder »Jakobiner«, die wenigstens auf einem anonymen Zettel einen Teil des Rates an den Galgen knüpften[63], das Bild des geistigen Lebens im letzten Jahrzehnt der reichsstädtischen Epoche Augsburgs. Die meisten Bürger konnten sich keine andere politische Ordnung vorstellen

als die des Heiligen Römischen Reiches, die allein auch die politische Existenz der Reichsstadt gewährleistete. So kennzeichnet die literarische Produktion der letzten Frist reichsstädtischen Daseins ein warmer, manchmal religiös gespeister Patriotismus[64], der gegen Gleichmacherei, Umsturz und Kosmopolitismus seine Spitze hatte. Diese »reichspatriotische« Haltung war im übrigen durchaus bereit, die Notwendigkeit gesellschaftlicher Reformen zu akzeptieren, gerade auch, um einer befürchteten deutschen Revolution entgegenzuwirken; wußte man doch um »empörende Gesiñungen [die] unter der Asche glimen«[65], oder fürchtete, »das der gemeine Mann in heimlicher Gährung lebt, die [. . .] leicht in Thätigkeit aus brechen kann [. . .]«[66].

Der von bayerischer Seite gehegte Verdacht, Augsburg sei eine Art Vertriebszentrum für aufrührerische Pamphlete, entbehrte jedenfalls der Grundlage[67]. In den Akten finden sich auch keinerlei Hinweise darauf, daß die Ansicht noch der neueren (ost-)deutschen Forschung zutrifft, die in Augsburg zirkulierenden Flugschriften seien von besonderer Bedeutung für die sozialen Bewegungen im letzten Jahrzehnt des 18. Jahrhunderts gewesen[68]. Die meisten Skribenten befleißigten sich ohnedies einer tapfer antirevolutionären Gesinnung – und hierin waren sich Protestanten und Katholiken einig.

Mit dem Verlust der reichsstädtischen Selbständigkeit hat man sich schnell abgefunden. Das Jahr 1806 markiert indessen auch in der Geschichte des Augsburger Geisteslebens einen tiefen Einschnitt: Die bayerische Provinzstadt geriet immer mehr in den Schatten der Hauptstadt des neuen Königreiches, des »Isar-Athens« des 19. Jahrhunderts. Für die Augsburger war es an der Zeit, die Tradition Marx Welsers und des älteren Stetten wiederaufzunehmen und Bilanz über eine nahezu 2000jährige Geschichte zu ziehen. Es ist das Wiederaufblühen der Augsburger Stadthistoriographie, das am Beginn einer neuen Epoche auch der heimischen Geistesgeschichte steht.

1 Vgl. z. B. StAA, Reichsstadt, Censuramt I 1762–1765 (unfoliert), zu 1772: Intervention der Krone Dänemark wegen Schriften über die Hinrichtung des Ministers Struensee; 1781: Streit um die Schrift »Hanswurst Curbaiern«; im Bestand

»Censuramt 1771–1797« Interventionen Karl Theodors wegen aus Augsburg stammenden Schriften mit rousseauschem Gedankengut (Februar 1795). Über das Zensuramt der Reichsstadt vgl. G. Costa: Die Rechtseinrichtung der Zensur in der Reichsstadt Augsburg. In: ZHVS 42 (1916), S. 1–82.

2 Christian Friedrich Daniel Schubart: Deutsche Chronik vom 23. März 1790; vgl. auch Carl Hermann Hemmerde: Briefe von und über Augsburg 1789, Hof 1789, S. 29.

3 In diesem Sinne Etienne François: Das System der Parität, in diesem Band. Ich danke Herrn François, daß er mir Einsicht in das Typoskript seines Beitrags gewährt hat.

4 Vgl. Costa sowie StAA, Reichsstadt, Censuramt, Calender 1560–1801, z.B. 1791: Streit Paul v. Stettens mit einem katholischen Bücherzensor über die dem Ratskalender auf dieses Jahr beigebundene Schrift »Über die Quellen der Vorurtheile [...]«. – Auf protestantischer Seite wurde eigentlich stets der Verdacht gehegt, daß die katholischen Zensoren protestantische Schriften unterdrückten, während sie katholische Lästerschriften – »was nur ärgerliches genug wieder die A:C: Verwandten und Protestanten« – passieren ließen. Vermutlich hatte die Gegenseite ähnliche Befürchtungen.

5 Vgl. StAA, Reichsstadt, Censuramt I 1762–1785, Bericht des Zensors Dr. Prieser vom 7. Mai 1785.

6 Ebd.

7 In diesem Sinn Horst Rieber: Liberaler Gedanke und französische Revolution im Spiegel der Publizistik der Reichsstädte Augsburg und Ulm, Diss. phil. Tübingen 1969, S. 34.

8 Über Schubarts Aufenthalt in Augsburg s. Ludwig Simmet: Der Dichter, Publizist und Musiker Chr. Fr. D. Schubart in Augsburg. 1774–1775, Augsburg 1893.

9 Christian Friedrich Daniel Schubart: Schubarts Leben und Gesinnungen. Von ihm selbst, im Kerker aufgesetzt, hrsg. von Ludwig Schubart, 2. Teil, Stuttgart 1793, S. 41.

10 Vgl. Leonhard Lenk: Augsburger Bürgertum im Späthumanismus und Frühbarock (1580–1700), Augsburg 1968 (Abhandlungen zur Geschichte der Stadt Augsburg 17), S. 157 f. Zur Situation des reichsstädtischen Haushalts vgl. Ingrid Bátori: Die Reichsstadt Augsburg im 18. Jahrhundert. Verfassung, Finanzen und Reformversuche, Göttingen 1969 (Veröffentlichungen des Max-Planck-Instituts für Geschichte 22).

11 Über das Gymnasium bei St. Anna grundlegend Karl Köberlin: Geschichte des Hum. Gymnasiums bei St. Anna in Augsburg von 1531–1931, Augsburg 1931 sowie 450 Jahre Gymnasium bei St. Anna in Augsburg, Augsburg 1981. Literatur über das Jesuitenkolleg: Wolfram Baer und Hans-Joachim Hecker (Hrsg.): Die Jesuiten und ihre Schule St. Salvator in Augsburg. Katalog zur Ausstellung im Augsburger Domkreuzgang, München 1982.

12 Den wohl letzten Versuch im 18. Jahrhundert unternahm der Leiter der kaiserlich-französischen Akademie, Johann Daniel Herz von Herzberg, der am 18.11.1782 eine Eingabe an den Rat wegen Begründung einer »Seh-, Lese- und Hörgesellschaft« richtete. Das Gesuch wurde abgelehnt. Vgl. StAA, Reichsstadt, Privilegia hiesiger Bürger item Kunstakademie 1738–1807, Tom. III b.

13 Vgl. Franz Anton Veith: Bibliotheca Augustana, complectens notitias varias de vita et scriptis eruditorum [...]. Bd. 1–12, Augsburg 1785–1796, hier Bd. 8, S. 15.

14 Vgl. Hildegard Mahler: Das Geistesleben Augsburgs im 18. Jahrhundert im Spiegel der Augsburger Zeitschriften, Augsburg 1934 (Zeitung und Leben 11), S. 99.

15 Franz Herre: Das Augsburger Bürgertum im Zeitalter der Aufklärung, Augsburg 1951 (Abhandlungen zur Geschichte der Stadt Augsburg 6), S. 20.

16 Vgl. Eduard Gebele: Augsburg im Urteil der Vergangenheit. In: ZHVS 48 (1928/29), S. 154–156.

17 Rolf Engelsing: Der Bürger als Leser. Lesergeschichte in Deutschland 1500–1800, Stuttgart 1974, S. 225. Über Lesegesellschaften grundlegend Marlies Prüsener: Lesegesellschaften im 18. Jahrhundert. Ein Beitrag zur Lesergeschichte. In: Archiv für Geschichte des Buchwesens Bd. 13 (1973), Sp. 369–594; Otto Dann (Hrsg.): Lesegesellschaften und bürgerliche Emanzipation. Ein europäischer Vergleich, München 1981. Prüsener weist Sp. 395 darauf hin, daß an der Gründung von Lesegesellschaften häufig »Männer aus dem gehobenen Beamtentum maßgeblich beteiligt [waren], die auch die [...] Bildungsbestrebungen aktiv förderten [...]«. Daß der auch pädagogisch engagierte Stetten zu den Neubegründern der Kunstakademie zählt, ist demnach durchaus typisch; umgekehrt weist das Fehlen von Lesekabinetten darauf hin, daß es in Augsburg eben nur eine sehr dünne aufgeklärt-pädagogisch orientierte Bürgerschicht gab.

18 Die Gründung erfolgte als »Augspurgische Privat-Gesellschaft zu Beförderung der Künste und des Kunstfleißes«. Vgl. Paul von Stetten: Nachricht an das Augspurgische Publikum von der zu errichtenden Privatgesellschaft zu Ermunterung der Künste, Augsburg 1780; hierzu Siegfried Merath: Paul von Stetten der Jüngere. Ein Augsburger Patrizier am Ende der reichsstädtischen Zeit, Augsburg 1961 (Abhandlungen zur Geschichte der Stadt Augsburg 14), S. 45 f., 51 f. Stettens Unternehmen ist nicht zu verwechseln mit der von dem Kupferstecher Herz gegründeten Kunstakademie. Über dieses abenteuerliche Unternehmen vgl. Felix Freude: Die Kaiserlich-Franciscische Akademie der freien Künste und Wissenschaften in Augsburg. In: ZHVS 34 (1908), S. 1–132.

19 Die Liste befindet sich im StAA, Kunstakademie Nr. 23: Vierte Nachricht an das Augspurgische Publikum, von der öffentlichen Ausstellung verschiedener Kunstarbeiten [...], 1783.

20 Ebd.: Unter den Kosten wird z.B. das Honorar für einen Vorleser erwähnt. Vgl. weiterhin Paul von Stetten: Nachtrag zur Gewerb- und Handwerks-Geschichte der Reichs-Stadt Augsburg, Augsburg 1788, S. 303–305, wo u.a. öffentliche Vorträge als Aufgaben der Akademie erwähnt werden. Über Zeitschriften, die von der (Herzschen) Kunstakademie ausgingen: Mahler, S. 24–31. Mit der »Pallas« erschien übrigens in Augsburg die erste deutsche Kunstzeitung; sie ging allerdings kurz nach der Gründung im Jahr 1755 wieder ein.

21 Vgl. Lenk, S. 184.

22 Ebd., passim.

23 Vgl. Dietrich Blaufuss: Gottlieb Spizel (1639–1691), ein An-
hänger Speners in Augsburg, Diss. phil. Erlangen 1971; ders.,
Reichsstadt und Pietismus. Philipp Jacob Spener und Gottlieb
Spizel aus Augsburg, Nürnberg 1977 (Einzelarbeiten aus der
Kirchengeschichte Bayerns 53).

24 Über Brucker: Herre, S. 144 ff. und passim.

25 Leipzig 1742–1744, 5 Bände, 2. Aufl. 1766/67. Ein Bd. 6 erschien 1769.

26 Jakob Brucker: Pinacotheca scriptorum nostra aetate literis
illustrium, Augsburg 1741–1755.

27 Paul von Stetten: Geschichte der Heil. Röm. Reichs Freyen
Stadt Augspurg [...]. Bd. 1 u. 2, Frankfurt und Leipzig 1743
und 1758.

28 Friedrich Karl Gottlob Hirsching: Versuch einer Beschreibung
sehenswürdiger Bibliotheken Teutschlands [...]. Bd. 2.1, Erlangen 1787, S. 63. Lebendige Schilderung eines Besuchs in
der Augsburger Stadtbibliothek im späten 18. Jahrhundert bei
Johann Nepomuk Hauntinger: Reise durch Schwaben und
Altbayern im Jahre 1784. Neu hrsg. und eingel. von Gebhard
Spahr, Weißenhorn 1964, S. 100–102.

29 Sein wichtigstes Werk ist eine noch in lateinischer Sprache
verfaßte zwölfbändige Augsburger Gelehrtengeschichte, in der
die Schriftsteller in alphabetischer Reihenfolge dargestellt
werden. Bibliographische Beschreibung s. Anm. 13.

30 Vgl. Hirsching, passim. Übersicht bei Eduard Gebele, Augsburger Bibliophilen. In: ZHVS 52 (1936), S. 9–52.

31 Lenk, S. 159.

32 Herre, S. 137 f.

33 Hirsching, S. 172. Cobres war außerdem ein bedeutender
Sammler von Naturalien. Über Sammlungen und Sammler in
Augsburg – eigentlich ein eigenes Kapitel Geistesgeschichte –
vgl. Lenk, passim, sowie Paul von Stetten, Kunst-, Gewerbs-
und Handwerksgeschichte der Reichsstadt Augsburg, Augsburg 1779, S. 218.

34 Vgl. Gebele, Bibliophilen. Bibliothekskataloge nachgewiesen
in StStBA, Augustana-Katalog.

35 Vgl. Helene Levinger: Augsburger Schultheater unter Sixt
Birk, 1536–1554, Diss. phil. Erlangen 1931; Josef Bellot: Die
literarisch-philologische Tätigkeit der ersten Rektoren bei
St. Anna und der Humanismus in Augsburg. In: 450 Jahre
Gymnasium bei St. Anna, mit weiterer Literatur.

36 Herre, S. 96; vgl. noch StStBA 8° Aug 880 und 4° Aug 524:
Dissertationen, Schulcomoedien, Sing- und Fastnachtsspiele
1604–1794.

37 Zusammenfassend Herre, S. 97 f. Wichtig immer noch Friedrich August Witz: Versuch einer Geschichte der theatralischen
Vorstellungen in Augsburg, Augsburg 1876. Weitere Literatur
bei Fritz Schnell: Die Meistersinger von Augsburg, Augsburg
1958 (Abhandlungen zur Geschichte der Stadt Augsburg
Bd. 11).

38 Herre, S. 98.

39 Ebd., S. 98 f.; ferner Friedrich Nicolai: Beschreibung einer
Reise durch Deutschland und die Schweiz im Jahre 1781,
Bd. 8, Berlin und Stettin 1787, S. 151.

40 Herre, S. 100.

41 Vgl. StAA, Reichsstadt, Akten der Kunstakademie 1–12,
Denkschrift Paul von Stettens v. 30. März 1779; hierzu Merath, S. 51 f.

42 Herre, S. 104.

43 Vgl. Lenk, S. 142.

44 Vgl. z. B. die Auseinandersetzung um verschiedene »unmora-
lische« Theaterstücke am Ende des 18. Jahrhunderts, wo man
sich prophylaktisch gegen den »Illuminaten-Vorwurf« verwahrt: Herre, S. 103; ähnlich die Argumentation Stettens im
Streit um den Ratskalender von 1791 (vgl. Anm. 8).

45 Über diese Zeitschrift Mahler, S. 127–139.

46 StAA, Reichsstadt, Censuramt I, 1762–1785, zum 7. Mai
1785.

47 Rolf Engelsing: Die Perioden der Lesergeschichte in der Neuzeit. Das statistische Ausmaß und die sozio-kulturelle Bedeutung der Lektüre. In: Archiv für Geschichte des Buchwesens
10 (1970), Sp. 959.

48 Diese möglichen Zusammenhänge sind m. W. bisher nicht untersucht worden. Die Gründung der Franziscischen Akademie
durch Herz etwa war bedingt durch Absatzschwierigkeiten seines Verlags und anderer Augsburger Stecher: Vgl. Freude, S. 3.

49 Vgl. etwa Nicolai, S. 79.

50 Vgl. StAA, Reichsstadt, Censuramt 1, fol. 630.

51 Nicolai, S. 45–49; Herre, S. 134–136.

52 Merath, S. 24.

53 Herre, S. 136.

54 Nicolai, S. 53.

55 Mahler, S. 113.

56 Es muß betont werden, daß im Rahmen dieser Darstellung
natürlich keine eingehende Analyse durchgeführt werden
konnte; die Interpretation vermag nur einige allgemeine Linien anzudeuten, die im übrigen mit bekannten Forschungsergebnissen durchaus übereinstimmen. Zum Rückgang der »erbaulichen Literatur« seit 1740 s. Engelsing, Bürger, S. 183.

57 Vgl. StAA, Reichsstadt, Censuramt 1794/95, Nr. 55, S. 135.

58 Ebd. 1771–1797, zu 1798.

59 Ebd. I, 1762–1785, zu 1785, Mai 7.

60 Sinngemäß Rieber, S. 28.

61 Prüsener, Sp. 469 f. Zum Zusammenhang vgl. Reinhart Kosel-
leck: Kritik und Krise. Eine Studie zur Pathogenese der bürgerlichen Welt, Freiburg und München 1959.

62 Vgl. Adolf Buff: Ein Augsburger Illuminatenprozeß. 1787. In:
ZHVS 6 (1879), S. 70–82.

63 Abbildung bei Rieber, nach S. 194.

64 Rieber, z. B. S. 63.

65 Vgl. StAA, Reichsstadt, Censuramt 1552–1795, zu 1795
(Stellungnahme J. B. v. Carls).

66 StAA, Reichsstadt, Censuramt II, 1785–1793, zu 1798,
Sept. 19.

67 Entsprechende Anspielungen namentlich in den Akten StAA,
Censuramt I, 1762–65 und Censuramt 1771–97.

68 So Heinrich Scheel, Süddeutsche Jakobiner. Klassenkämpfe
und republikanische Bestrebungen im deutschen Süden am
Ende des 18. Jahrhunderts. 3. Aufl. Berlin 1979; eine fundierte Auseinandersetzung mit ihm bei Rieber, S. 91 f.

Kunst und Stadtbild

von Bruno Bushart

Augsburger Barock (1650–1730)

Daß sich Augsburg trotz der verheerenden Folgen des Dreißigjährigen Kriegs als einzige Reichsstadt binnen kurzem wieder unter die ersten Kunstzentren Deutschlands einreihen konnte, ist dem Zusammenwirken mehrerer Faktoren zu verdanken. Nach Paul von Stetten d. J. hatten sich besonders die beiden Stadtpfleger Leonhard Weiss – der Ältere starb 1653, der Jüngere 1701 – große Mühe gegeben, die Künste wieder emporzubringen und Künstler nach Augsburg zu ziehen. Auch Gelehrte, wie Thoman von Hagelstein und Spizel, und reiche Bürger – Stetten führt ihre Namen auf – seien sehr große Liebhaber und Förderer der Kunst gewesen. Wir wissen zwar nicht, wie diese Bemerkungen im Einzelfall zu bewerten sind, von wem die Initiativen ausgingen, welchen Einfluß die Künstler selbst und die Verleger auf den Erneuerungsprozeß hatten, insgesamt aber scheinen Rat, Handelsherren, Künstler und Zünfte, durch gemeinsame Interessen verbunden, einander zugearbeitet zu haben.

Wie früher schon förderte der Rat die Einbürgerung auswärtiger Künstler, wenn es sein mußte, auch gegen den Einspruch der Zünfte. Im Falle Johann Heinrich Schönfelds aus Biberach, der 1652 mit Bewilligung der Stadtpfleger bereits ein halbes Jahr in Augsburg gearbeitet und das Bürgerrecht zugesichert bekommen hatte, konnten die Zünfte nur noch »untertänig ac mentualiter protestando« darum bitten, durch die erteilte Vergünstigung die Zulassungsordnungen künftig nicht außer Kraft zu setzen. Auch die Bildhauer Bernhard Strauss aus Markdorf, Abraham Zürn aus Wasserburg, Ehrgott Bernhard Bendel aus Pfarrkirchen verdankten die Meistergerechtigkeit dem Eingreifen des Rats. Als sich Johann Georg Bergmüller aus Türkheim am 17. Dezember 1712 um Bürger- und Meisterrecht bewarb, ebenfalls ohne die vorgeschriebenen Ersitz- oder Lehrjahre erstanden zu haben, befürworteten sogar die »Ordnungsherrn der Maler« umgehend sein Gesuch mit der aufschlußreichen Begründung, daß an Historienmalern derzeit Mangel herrsche und andere Handwerker wie Kistler, Goldschlager und Bildhauer durch Bergmüllers Niederlassung Arbeit erhalten könnten.

Noch erstaunlicher ist die Tatsache, daß um 1670 eine Reihe gerade der namhaftesten Künstler in Augsburg praktizieren konnte, ohne, wie Sandrart, Werner, Spillenberger, das Bürger- und Meisterrecht zu erwerben oder wie Johann Heiss und Bernhard Strauss wenigstens als »Beisitzer« zugelassen zu sein. Das alles deutet darauf hin, daß der Rat die Ansiedlung fähiger Künstler in Augsburg aktiv betrieb und dabei vor der Umgehung der von ihm selbst erlassenen Zunftbestimmungen nicht zurückschreckte.

Allerdings konnten die Künstler oft genug aufgrund ihres Herkommens, verwandtschaftlicher Beziehungen oder hochvermöglicher Empfehlungen dem Rat und den Zünften gegenüber selbstbewußter auftreten als in früheren Zeiten. Es fällt auf, wie viele von ihnen großbürgerlichen Familien entstammen, sogar Adelige und Patrizier scheuten sich nicht, als »Virtuosi« zu glänzen. Der Patriziersohn Johann Ferdinand Hainzel hatte nach seiner langjährigen Auslandstätigkeit keine Lust, 1663 der Zunft beizutreten, deren Mitglieder seiner Meinung nach schlechte Arbeit machten. Darauf erhielt er die Genehmigung, »perspectivische Mahler Arbeit« für auswärtige Kunden herzustellen. Leider kennen wir, außer einem Stammbuchblatt, kein Werk seiner Hand, um zu prüfen, ob darunter bereits Deckenmalereien zu verstehen seien. Sandrart war Fürstlich Pfalz-Neuburgischer Rat und Herr auf Stockau. Schönfeld betonte stets seine »edle« Herkunft als Sohn eines Biberacher Bürgermeisters und ließ sich als Adelsperson titulieren. Johann Spillenberger kam aus ungarischem Adel und wurde 1669 in den Reichsadelsstand erhoben. Johann Heiss war der Sohn eines Kaiserlichen Notars in Memmingen, der Goldschmied Georg Christoph Wieland, Großonkel des Dichters Christoph Martin Wieland, der Sohn eines Bürgermeisters und Doktors der Rechte in Biberach, der Maler Ernst Philipp Thoman von Hagelstein der Sohn eines Augsburger Juristen und Rats. Aus vermöglichen Augsburger Handelshäusern kamen die Maler Johann Ulrich Mayr, Bartholomäus Hopfer, Johann Sigmund Müller, der Goldschmied Jeremias Pfeffenhauser oder die Kupferstecher und Verleger Johann Stridbeck d. J. und Jeremias Wolf. Die Kupferstecher Steudner und Pfeffel stammten aus evangelischen Pfarrfamilien.

Geändert hatte sich auch der gesellschaftliche Status der Künstler. Gewiß zählte der größere Teil nach wie vor zu den schlecht oder wenig verdienenden Handwerkern, aber Künstler zu sein bedeutete mehr denn je Aussicht auf öffentliche Anerkennung und finanziellen Erfolg. Als Joachim von Sandrart 1671 innerhalb von sieben Monaten das sechseinhalb Meter hohe Altarblatt der Himmlischen Glorie für die Wiener Schottenstiftskirche gemalt hatte, stellte er es auf Anraten der Kunstverständigen vor der Absendung im Goldenen Saal des Augsburger Rathauses aus, wo es von vielen tausend Personen besichtigt und vom Magistrat, auch anderen vornehmen geistlichen Herren und Prälaten, bewundert wurde. 1667 besuchte Großherzog Cosimo III. von Toskana den »berühmten Porträtisten« Johann Ulrich Mayr in seiner Augsburger Werkstatt, 1712 Herzog Anton Ulrich von Braunschweig den Schlachtenmaler Johann Philipp Rugendas »in seinem Zimmer«, um sechs große Stücke von ihm zu erwerben. Sandrarts Standardwerk, die 1675 veröffentlichte *Teutsche Akademie*, enthält die Viten von Schönfeld, Werner, Mayr, Spillenberger, Heiss und anderen Augsburger Künstlern, manche mit ihrem Porträt. Noch zu Lebzeiten des Künstlers (1758) erschien in Zürich die Biographie des Georg Philipp Rugendas, geschrieben von seinem Freund Johann Conrad Füssli.

Bergmüller war »Capitain de la Ville«, also Hauptmann der Bürgergarde, und führte den Titel eines »Hochfürstl. Augspurgischen Cabinett- und Hofmalers«. Jonas Umbach war Fürstbischöflicher Kam-

mermaler und gehörte wie Caspar Strauss, Johann Georg Knappich und Johann Sigmund Müller oder die Goldschmiede Abraham Drentwett, Hans Jörg Lang und Wolfgang Caspar Kolb zum Großen Rat. Der Maler, Kupferstecher und Verleger Elias Christoph Heiss, ein Großneffe des Johann Heiss, erwarb sich durch seine Schabkunstblätter ein solches Vermögen, daß er sich eine bedeutende Gemäldesammlung anlegen und seine Wohnung im vormaligen Böckensteinhaus als Galerie umbauen und ausmalen lassen konnte. Die aus dem Goldschmiedestand hervorgegangenen Silberhändler Jacob Emanuel Garb, Gerhard Greiff d. J., Bartholome (I) Hösslin, Christoph (I) Rad, Wilhelm Michael Rauner, Balthasar (III) Schnurbein, wurden 1697, Jacob Friedrich Gutermann, Johann Köpf 1701 in den erblichen Adelsstand erhoben. 1706 wurden sie zusammen mit Christoph (II) Schanternell, Balthasar (IV) und Marcus Schnurbein durch Leopold I. auch in das Patriziat aufgenommen. Der kaiserliche Hofjuwelier Jacob Emanuel von Garb, Edler von Gibelli, wurde von ihm 1712 sogar zu seinem »Residenten«, das heißt Geschäftsträger, in Augsburg eingesetzt.

Eine der wichtigsten Voraussetzungen für die Prosperität der Künste war die Gründung einer Kunstakademie in Augsburg, der zweiten in Deutschland. Die Initiative geht wieder auf Joachim von Sandrart zurück, der 1662 bereits die Nürnberger Akademie, ebenfalls zunächst als private Institution, ins Leben gerufen hatte. Einer Notiz in der lateinischen Ausgabe seiner *Teutschen Akademie* von 1683 ist zu entnehmen, daß die zunächst private Einrichtung der lernbegierigen Jugend zugute kommen sollte. Näheres erfahren wir nicht, wahrscheinlich diente die Akademie vor allem der Fortbildung der Künstler in Verbindung mit dem gemeinsamen Zeichnen nach lebenden Modellen und nach Vorlagen. 1684 wurde sie in den Schutz des evangelischen Ratsteils übernommen, der einen Deputierten ernannte, zur Finanzierung beitrug und die Maler Johann Sigmund Müller und Johann Ulrich Mayr als Direktoren einsetzte. Paul von Stetten d. J. berichtet 1765, »daß diese Schule um diese Zeit nicht nur von Künstlern besucht worden, sondern daß sich auch Ratsherrn, Geschlechter, Kaufleute kein Bedenken gemacht, teils selbst darein zu gehen, teils ihre Söhne darein zu schicken«. Der Unterricht fand in den Häusern der Künstler statt.

1710 wurde die Akademie zu einer öffentlichen Anstalt gemacht unter der Leitung je eines katholischen und eines protestantischen Direktors. Sie erhielt zwei Räume in Elias Holls Metzig zugewiesen, außerdem Holz zum Heizen. Der Unterricht dauerte von sechs beziehungsweise halb sechs bis acht Uhr jeden Abend während des Winterhalbjahrs und kostete drei Gulden. Der Direktor, der in jährlichem Wechsel das Modell zu besorgen hatte, erhielt 50 Gulden. Wie Leonhard Weiss bei der Privatakademie Sandrarts, so war bei der Reichsstädtischen Akademie der amtierende Stadtpfleger Gottfried Amman eine der treibenden Kräfte gewesen. Wenngleich zeitgenössische Berichte über Besuch und Effizienz der Institution fehlen – nur Bergmüller ist für 1713/14 als Schüler der Akademie ausgewiesen –, so äußerte sich doch in ihrer Errichtung der Wille des Rates, die Wettbewerbsfähigkeit der Augsburger Künstler zu steigern und zu sichern.

Ähnliche Ziele, vielleicht im Zusammenwirken mit den Akademiebestrebungen, standen hinter den Aktivitäten der Augsburger Verlegerstecher. Die von ihnen seit etwa 1670 herausgegebenen Emblembücher, Bilderbibeln, Reiß- und Vorlagenbücher, Architekturwerke und Kunstbücher vermittelten die Kenntnis der aktuellen Kunst der Niederlande, Frankreichs, Italiens und Deutschlands. Für den Gebrauch der Künstler und Liebhaber bestimmt, machten sie neue Ornamentstiche, Architekturformen, Gemälde und Plastiken bekannt. Ihre Nutznießer waren gleicherweise die Maler und Bildhauer wie die Goldschmiede, Möbelschreiner, Stukkatoren und andere Kunsthandwerker. Der Anteil der Augsburger beschränkte sich zwar auf den – meist verkleinerten – Nachdruck oder die Erstausgabe fremder Werke. Nur wenige, Rugendas, Bergmüller, Abraham (II) Drentwett, Albrecht Biller und Johann Andreas Thelott, haben eigene Erfindungen beigetragen. Dennoch bildete die Tätigkeit der Verlage Melchior Küsell, Jeremias Wolff, Johann Ulrich Kraus, Christoph Weigel oder Bartholomäus Kilian eine unersetzliche flankierende Maßnahme für die Konkurrenzfähigkeit der Augsburger Kunst, von dem Gewinn der Verleger und der zahlreichen Stecher ganz abgesehen.

Von Schönfeld berichtet Sandrart, er habe »viele inventiones« für die Goldschmiede aufgesetzt, »welche sich dan fleißig um dieses Kunstlicht halten und seiner Gesellschaft genießen«. Während eindeutige Belege für diese Zusammenarbeit bisher ausstehen, war die Wirkung des Malers, Zeichners und Stechers Hans Ulrich Frank auf die Goldschmiede überraschend groß und nachhaltig (Abb. 102). Der Maler Jonas Umbach hatte nach Paul von Stetten »sehr viel für Kupferstecher, Goldschmiede, besonders Treiber und andere Künstler, gearbeitet, Bergmüller ist als Entwerfer für Goldschmiedereliefs, Marx Christoph Steudner sogar als Maler, Radierer, Bildhauer und Bossierer bezeugt. Johann Georg Knappich war nicht nur Maler und Freskant, sondern zeichnete Entwürfe für Stukkaturen. Als Stukkator ist der Bildhauer Ehrgott Bernhard Bendel dokumentiert, der außerdem für die Goldschmiede Modelle schnitzte, so 1714/15 für die große silberne Sebastiansstatue in Neuburg an der Donau oder die einst weltberühmte Prunkampel der Abteikirche in Füssen. Auch das Modell für die Kolossalstatue des blitzeschleudernden Jupiter auf dem Giebel des Schlosses in Rastatt, die der Goldschmied Johann Jakob Vogelhund 1721 in Kupfer getrieben und vergoldet hatte, könnte von Bendel stammen.

Unter den Goldschmieden gab es ähnlich vielseitige Meister. Für Albrecht Billers Silberrelief mit der »Taufe Christi«, das 1694 der Kirchengemeinde Ev. St. Ulrich in Augsburg vermacht wurde, hatte Abraham (II) Drentwett den gezeichneten wie auch den (in Wachs?) bossierten Entwurf geliefert. Drentwett arbeitete als Goldschmied, Zeichner für Stiche und Buchillustrationen und schuf plastische Bilder aus buntem Wachs. Bernhard Strauss war Bildhauer und Goldschmied in einem, Joachim von Sandrart nannte ihn 1675 einen »guten Bildkünstler in Helfenbein, Edelgestein, Buxbäumen, Holz und Silber«. Albrecht Biller und der nach Paul von Stetten »berühmteste Augsburger Künstler in getriebener Arbeit«, Johann Andreas Thelott, zeichneten Vorlagen für den Kupferstich.

Es versteht sich von selbst, daß das wichtigste Ziel der Augsburger Künstler mehr denn je die Steigerung des Exports sein mußte. Das Ansehen, das sich die Maler durch ihre Ausbildung im Ausland erworben hatten, setzte sie instand, sich die meisten einträglichen Großaufträge der Kirchen und Höfe während der Wiederaufbauzeit nach dem Kriege zu sichern, wobei es offenbar keine Rolle spielte, daß die bedeutendsten unter ihnen, Schönfeld, Sandrart, Spillenberger, Heiss, Lutheraner oder Calvinisten waren. Schönfeld, der sich nach 18 Jahren in Italien 1652 in Augsburg niederließ, lieferte Altarblätter für die Dome und Klosterkirchen in Salzburg, Leoben, Reichersberg, Bamberg, Würzburg, Ochsenhausen, Eichstätt, München, Innsbruck, Großkomburg, der Literatur zufolge auch Münsterschwarzach und Dijon. Er malte die Deckenbilder für den Goldenen Saal der Münchner Residenz (Abb. 100) und das Schloß in Öttingen, Historienbilder und Porträts für den kaiserlichen Hof in Wien, für die Kölner Sammler Imstenraedt, für die Fürstbischöfe von Salzburg und Passau. Seine Arbeiten gelangten schon zu seinen Lebzeiten in den Kunsthandel, viele von ihnen wurden in Stichen reproduziert.

Sandrart, der die Kriegsjahre in Italien und den Niederlanden verbracht hatte, beteiligte sich mit Schönfeld an der Ausstattung der Dome in Bamberg, Würzburg, Salzburg und Eichstätt und führte in Augsburg zwischen 1670 und 1674 die Riesenformate der »Glorie des hl. Cajetan« für die Münchner Theatinerkirche und der »Himmlischen Glorie« für die Wiener Schottenstiftskirche aus. Johann Heiss lieferte Altarblätter in zahlreiche katholische, auch einige protestantische Kirchen Süddeutschlands und Österreichs. Seine mythologischen und historischen Darstellungen scheinen von den Sammlern bis nach Norddeutschland, Österreich und Italien geschätzt gewesen zu sein. Spillenberger kam um 1664 aus München und betätigte sich von Augsburg aus hauptsächlich als reisender Künstler. 1670 zog er nach Wien, von wo er 1679 auf der Reise nach Augsburg von der Pest ereilt wurde. Josef Werner d. J. aus Bern lebte von 1666/67 bis 1682 als Bürger und Schwager Johann Ulrich Mayers in Augsburg, wo er für die Höfe in München, Wien und Innsbruck arbeitete. 1682 gründete er nach Sandrarts Vorbild eine Privatakademie in Bern, 1697 wurde er als Direktor der neuen Maler- und Bildhauerakademie nach Berlin berufen. 1660 erhielt der aus Lechbruck stammende Johann Georg Knappich, der in Schönfelds letzten

Lebensjahren offenbar öfters mit diesem zusammengearbeitet hatte, das Bürgerrecht. Er scheint der erste Augsburger Maler gewesen zu sein, der sich um 1680 in Wettenhausen und Öttingen mit der Technik der Freskomalerei versucht hat.

Auch die in Augsburg gebürtigen Maler bemühten sich um ihre Weiterbildung im Ausland. Georg Melchior Schmittner kehrte nach 15 Jahren Italien um 1660 zurück. Isaak Fisches (Fischer) d. Ä. war 24 Jahre in Friaul tätig, ehe er sich 1676 die Malergerechtigkeit in Augsburg erkaufte. Franz Friedrich Frank malte nach der Rückkehr aus Italien und der Niederlassung in Augsburg 1665 vornehmlich kirchliche Historienbilder, Porträts und Stilleben. Der im gleichen Jahre zurückgekehrte Johann Ulrich Mayr, dessen Mutter ebenfalls Malerin war, lernte bei Rembrandt und Jordaens, danach in England und Italien. Seinen zeitgenössischen Ruhm als Porträtist bestätigen die ehrenvollen Bildnisaufträge, die ihm von den Höfen in Wien, München, Durlach und Heidelberg zukamen. Als Maler bisher nur sporadisch zu fassen sind Johann Sigmund Müller (gest. 1694), der bei Sandrart in Amsterdam studiert und seine Stärke, Paul von Stetten zufolge, »in architektonischen Vorstellungen« hatte, und der in Italien ausgebildete Johann Ferdinand Hainzel (gest. 1671) oder der 1652 aus den Niederlanden und Italien zurückgekehrte Jonas Umbach (gest. 1693).

Dennoch begann sich nach 1680 die Auftragslage und die Reputation der Augsburger Maler rasch zu verschlechtern. Wohl hatten sich 1696 mit Johann Rieger aus Dinkelscherben und 1697 mit Georg Philipp (I) Rugendas zwei bedeutende Maler, beide in Italien ausgebildet, niedergelassen, die 1710 zum katholischen und evangelischen Direktor der Reichsstädtischen Akademie ernannt wurden. Rugendas hatte sich auf Schlachten-, Reiter- und Lagerszenen spezialisiert und arbeitete, zuletzt im eigenen Verlag, auch für Kupferstich und Schabkunst. Rieger malte Altarblätter und Landschaftsbilder und führte gelegentlich kleinere Fresken aus. Seit 1700 vermutlich stand Karl Wilhelm de Hamilton aus Brüssel als Maler von Stilleben und Tierbildern im Dienste der Augsburger Fürstbischöfe, auch Johann Falch arbeitete seit 1709 als Tier- und Pflanzenmaler in Augsburg. 1713 erhielt Augsburg mit Gottfried Eichler

d. Ä. aus Liebstadt (Sachsen) wieder einen in Italien und bei Johann Kupetzky geschulten Porträtisten. Christoph Beyschlag (gest. 1712) hatte sich als Porträtist, Philipp Ernst Thoman von Hagelstein als Historienmaler einen Namen gemacht, 1723 wurde der Tiermaler Johann Elias Ridinger aus Ulm Meister. Inzwischen aber war in München, Wien, Innsbruck, Konstanz eine übermächtige Konkurrenz herangewachsen, die vor allem die zukunftsträchtigen Aufträge auf dem Gebiet der Altarbild- und Freskomalerei in den bisher von Augsburg versorgten Gebieten an sich zu reißen und die überwiegend spezialisierten Augsburger Werkstätten auszuschalten drohte. Noch die ersten größeren Freskoaufträge in Augsburg, die Deckenbilder im Hause des Elias Christoph Heiss (1700) und in der umgebauten St.-Moritz-Kirche (um 1715), wurden nicht an Einheimische, sondern an Melchior Steidl aus München vergeben.

In dieser Situation bedeutete die bevorzugte Zulassung des jungen Johann Georg Bergmüller aus Türkheim, der sich als Freskant in Düsseldorf bereits einen Namen gemacht hatte, im Winter 1712/13 ein Glück für Augsburg. Sein rascher Erfolg als Maler von Altarblättern, Freskant (Abb. 92) und Zeichner für den Kupferstich, als Mittelpunkt eines sich ständig vergrößernden Stammes fähiger Mitarbeiter und als Mitglied der Kunstakademie bestätigte die in ihn gesetzten Erwartungen. Der Kreis seiner Auftraggeber reichte von Salzburg und vom niederösterreichischen Zwettl bis Rheinau am Oberrhein und Stuttgart, von Münsterschwarzach, Banz oder Staffelstein bis nach Fulpmes in Tirol. Der dadurch zur rechten Zeit für Augsburg gesicherte »Markt« erwies sich als so ertragreich, daß sich ab 1728 auch der von den Jesuiten protegierte Asam-Schüler Christoph Thomas Scheffler aus Mainburg und ab 1729 der aus Burgau eingebürgerte Johann Georg Wolker daran beteiligen konnten.

Nicht minder belebend wirkte sich die unmittelbar nach dem Kriege einsetzende Kunsttätigkeit beider Konfessionen aus. Der Hauptanteil entfiel auf die Malerei, aber auch die Bildhauer, Kistler oder Stukkatoren kamen zum Zuge, während sich die Architektur entweder mit örtlichen Maurermeistern der Holl-Nachfolge begnügen oder auswärtige Kräfte in Anspruch nehmen mußte.

Die 1629 abgebrochene evangelische Hl.-Kreuz-Kirche wurde 1652/53 mit Hilfe schwedischer Spenden nach den Plänen des Kistlers Johann Jakob Kraus d. Ä. in Form eines Predigthauses mit vorgeblendeter Fassade und Türmchen neu errichtet. Im Innern übernahmen die Gemälde von Schönfeld, Heiss, Mayr, Spillenberger, Werner und Gundelach die Aufgabe, die wichtigsten Ereignisse im Leben Christi zu vergegenwärtigen und mit Szenen aus dem Alten Testament zusammenzustellen (Abb. 96). Der Wiederaufbau der evangelischen St.-Georgs-Kirche kam nicht zur Ausführung. Dem erhaltenen Modell zufolge war eine hohe Halle im Stil der Spätgotik beabsichtigt. Die 1680 als Saalraum umgebaute, 1709/10 durch ein stuckiertes Tonnengewölbe und eine Turmfassade bereicherte St.-Ulrichs-Kirche erhielt ebenfalls ein heilsgeschichtliches Bildprogramm, an dem sich Frank, Fischer, Thoman von Hagelstein und Heiss beteiligten. Als 1723/24 die Barfüßerkirche barockisiert wurde (1944 zerstört), malte Bergmüller ein gelehrtes Freskenprogramm, das in zahlreichen Einzelbildern die Heilswahrheiten des christlichen Glaubens, die Vorstufen im Alten Testament und den Weg der christlichen Gemeinde durch die Zeit vergegenwärtigte, während Matthäus Lotter die Stukkaturen ausführte. Nach 1730 wurde auch der Altarraum von Ev. Hl. Kreuz mit Fresken Bergmüllers geschmückt. 1748 erhielt das Mittelschiff von St. Anna, wo Spillenberger und Fisches 1684/86 bereits die Passion Christi an den Emporen gemalt hatten, eine festliche Verkleidung durch Gewölbe, Stukkaturen und Bergmüllers christologischen Freskenzyklus. Nachdem auch St. Jakob im 18. Jahrhundert umgebaut war, präsentierten sich sämtliche protestantischen Kirchen Augsburgs in neuem Gewand mit prächtigen Altären, Kanzeln, Emporen und Orgeln. Zusammen mit den im Laufe der Zeit hinzugestifteten biblischen Gemälden oder Pastorenporträts entstanden überreich ausgestattete Bildersäle, die sich von den katholischen Kirchenräumen fast nur noch durch die einfachere Architektur und den lehrhaften Charakter der gemalten Heilsgeschichten unterschieden.

Bei den Katholiken eröffnete ab 1655 der Dom die Reihe der barocken Kirchenerneuerungen. In hierarchischer Stufung wurden an den Mittelschiffpfeilern

Altäre mit Blättern von Schönfeld, Umbach, Strauss und Storer so aufgestellt, daß sich für den Blick von Westen eine zum Hochaltar hin gesteigerte Folge paarweise angeordneter großer Bilder einzelner Heiliger, der Bistumspatrone, der Göttlichen Personen und der Kirchenpatronin ergab. Im Gegensatz zum Dom wie auch zu den protestantischen Kirchen, erhielt bei den späteren Um- und Neubauten der katholischen Kirchen die Architektur das erste Wort, selbstverständlich wieder im Zusammenwirken mit den Malern, Bildhauern und Stukkatoren. Der Neubau der Karmelitenkirche (1666–1676, abgerissen 1821) lag in den Händen des erzbischöflich Mainzischen Baumeisters Johann Baptist von der Driesken aus Brüssel, der 1667 auch die Klostergebäude von St. Ulrich und Afra (mit Stukkaturen von Matthäus Schmuzer) errichtete. Die Augustinerchorherren von St. Georg holten sich 1677 und 1683–1687 den Vorarlberger Baumeister Peter Thumb, der 1677 den Turm von Kath. Hl. Kreuz erhöht hatte. Den Umbau der Jesuitenkirche 1700–1702 (abgebrochen 1872) leitete der Münchner Hofbaumeister Antonio Viscardi, den Stuck schuf Matthias Lotter, die Fresken Johann Georg Knappich.

St. Moritz wurde 1714–1717 (zerstört 1944), Hl. Kreuz 1716–1719 (zerstört 1944) von dem bischöflich Augsburgischen Baumeister Johann Jakob Herkommer aus Füssen im Stil venezianischer Kuppelkirchen barockisiert. Die Fresken in St. Moritz malte Melchior Steidl, die Skulpturen schuf – wie in St. Georg (Abb. 99) – Bernhard Bendel, während Hl. Kreuz erst 1732 von Bergmüller freskiert wurde. Der bischöflich Eichstättische Hofbaumeister Gabriele de Gabrielis errichtete 1721 die Marienkapelle am Dom mit Fresken von Bergmüller und 1733 den Pfalzhofbau der bischöflichen Residenz. Für die Umgestaltung der Dominikanerinnenkirche St. Katharina wurden um 1720 Bergmüller und Dominikus Zimmermann verpflichtet, bei der Dominikanerkirche St. Magdalena (1716/24) arbeiteten Bergmüller, sein Schüler Alois Mack und die Stukkatorenbrüder Anton, Franz Xaver d. Ä. und Johann Michael Feichtmayr zusammen. Verglichen mit der Bautätigkeit in anderen geistlichen und weltlichen Residenzen hält sich der Anteil des Barock an der architektonischen Neugestaltung der Kirchen wie auch der Stadt – trotz

der zahlreichen Unternehmen – in bescheidenem Rahmen, wobei freilich die längst vergangene oder zerstörte Bilderpracht der Fassadenfresken bürgerlicher Häuser (Abb. 97) in Anschlag gebracht werden muß.

61 Kupferstecher und 23 Kupferstichverleger sind für das Jahr 1730 in Augsburg bezeugt, die Zahl der Zeichner dürfte kaum geringer gewesen sein. Ihre zentrale Rolle als Vermittler zeitgenössischer Ornamentik und Bilderfindungen des europäischen Barock für die verschiedenen Sparten der Augsburger Kunst wurde schon erwähnt. Sie bedarf der steten Vergegenwärtigung, wo immer von den Leistungen der Tischler, Kistler, Schlosser, Schmiede, Glaser, Büchsenmacher, Uhrmacher, Goldschmiede, Stukkatoren, selbst der Freskanten die Rede ist. Aber auch auswärtige Künstler bezogen daraus Anregungen oder Vorbilder, so der Bildhauer Matthias Bernhard Braun für seine grandiosen Statuen der Tugenden und Laster im Park von Kukus in Böhmen. Daneben darf aber die fast unüberschaubare Breite graphischer Arbeiten anderer Bestimmung nicht übersehen werden, die Malerradierungen Schönfelds, Umbachs, Spillenbergers, Bergmüllers, die Kupferstich- und Schabkunstbildnisse Georg Kilians, Georg Andreas Wolfgangs oder des Elias Christoph Heiss, die exemplarischen Stichfolgen der Verlagswerksätten Probst, Hertel, Pfeffel oder Engelbrecht, die großformatigen Thesenblätter für die katholischen Universitäten Dillingen, Ingolstadt, Salzburg, Prag oder die ungezählten, oft in Heimarbeit hergestellten Wallfahrts- und Heiligenbilder, die von den »Better- und Bilderkramern« vertrieben wurden und einen florierenden Handel auslösten. In ihrer technischen Perfektion, in der vielseitigen Anwendbarkeit, in der Breite ihrer Thematik und dank ihres Reichtums an eigenen oder fremden Inventionen bildete die Druckgraphik einen unersetzlichen und wirtschaftlich ergiebigen Faktor innerhalb der Augsburger Kunst des Barock, dessen Produktivität und Expansion vom »Ausland« mit wachsender Besorgnis beobachtet wurde.

Eng verbunden mit den graphischen Erzeugnissen, an Ansehen und Ertrag diese jedoch weit überflügelnd, blühten diejenigen Kunstzweige auf, die dem Prunk- und Repräsentationsbedürfnis der Höfe zu dienen vermochten. Waren auf dem Gebiet des Möbels die Kunstschreine und Kabinettschränke unmodern geworden, so ergaben sich neue Arbeitsmöglichkeiten durch die Herstellung gravitätischer Ausstattungs- und Parademöbel. Man ahmte die französischen Boullemöbel mit ihren Einlagen aus Schildpatt, Perlmutt, weißem oder gefärbtem Elfenbein und Metall nach, stellte Lackmöbel mit Ornamenten oder Malereien im ostasiatischen Stil her und konzentrierte sich immer mehr auf die verschwenderisch gleißenden Silbermöbel. Als Staatsschatz in Zeiten der Not eingeschmolzen, haben nur wenige dieser teuren Schaustücke, Garnituren oder Zimmereinrichtungen die Zeiten überdauert. Das Angebot reichte vom silbernen Thronsessel wie dem um 1650 für Königin Christine von Schweden gelieferten, bis zu Silbermöbelgruppen aus Tisch, Spiegel und Gueridons oder zu ganzen Saalausstattungen einschließlich Lüster, Kaminböcken, Ofenschirmen, Konsolen, Leuchtern oder Stühlen aus Silber. Die Aufträge kamen großenteils von den Höfen in Berlin, Stockholm, Kopenhagen und Moskau, aber auch Braunschweig, Düsseldorf, Baden-Durlach, Ludwigsburg, Ansbach und München gehörten zu den Bestellern. Typen und Formen wurden von den durch Stiche verbreiteten französischen Möbeln des Spätbarock übernommen. Den hölzernen Kern schufen die Kistler, die Goldschmiede den silbernen Überzug mit seinem Dekor und den figürlichen Reliefs.

Der Verbindung mit der Goldschmiedekunst verdankt der Uhrenbau in Augsburg einen – freilich letzten – Aufschwung. Zwar wurden die Uhren immer weniger als Zeitmeßgeräte weiterentwickelt, sondern dienten vor allem als Indikations- und Demonstrationsinstrumente. Einem wissenschaftlich gebildeten Uhrenbauer wie Johann Philipp Treffler wurde 1677 trotz kaiserlicher Privilegien und Fürsprache von der Uhrmacherzunft das Arbeiten untersagt, weil er die Voraussetzungen eines zünftischen Meisters nicht erfülle. Als Prunkstück oder Kunstmöbel dagegen eroberten sich die Uhren noch einmal den Markt (Abb. 74), vor allem bei höfischen Bestellern. Uhr- und Spielwerke wurden in silberne, teilweise vergoldete Gehäuse, Kabinettschränke oder altarförmige Möbel mit Einlagen aus Edelsteinen, Glasflüssen oder Schildpatt eingebaut, mit silbernen

oder versilberten Figuren, Reliefs und üppigen Ornamenten geziert oder von tellerartigen Silberrahmen eingefaßt. Daneben produzierten die Augsburger Uhrmacher bis ins 18. Jahrhundert die meist für den bürgerlichen Gebrauch bestimmten Sonnenuhren, auch Trinkspiele und Tischautomaten, die auf den Messen angeboten wurden und in Rußland oder im Orient beliebt waren. In dem Maße aber, wie die Uhr ihre Funktion als isoliertes Prunk- und Schaustück zugunsten der moderneren, exakten Pendule und der Bodenstanduhr einbüßte, verlor auch das metallverarbeitende und zahlreiche spezialisierte Werkstätten einbeziehende Augsburger Uhrmacherhandwerk seine jahrhundertealte Spitzenstellung.

Den größten Ruhmestitel nach dem Dreißigjährigen Krieg erwarb sich die Goldschmiedekunst selbst. Auch wenn verständlicherweise nur ein Teil ihrer Erzeugnisse das Prädikat Kunst für sich beanspruchen kann, so unterschritt sie doch niemals ein durchschnittliches Qualitätsniveau, um in ihren besten Leistungen neben den europäischen Zentren ihres Metiers ehrenvoll bestehen zu können. Der Aufschwung des Goldschmiedehandwerks dokumentiert sich am deutlichsten in den Zahlen der zugelassenen Meister: 1673 sind bereits wieder 187 Meister bezeugt, 1716 230, 1727 258, um 1738 und 1740 mit 275 Meistern den höchsten Stand zu erreichen. Die meisten waren Silberarbeiter, dann folgten die Goldarbeiter, die Galanteriearbeiter in Gold und Silber und zahlreiche Spezialarbeiter wie Silber- und Messingarbeiter, Kleinsilberarbeiter, Silbertreiber, Silbergulder, Silberschlager, Silbergießer, Filigranarbeiter, Siegelschneider, Uhrgehäusemacher in Gold oder Silber, Gold- und Silberscheider oder Feuermaler. Die Gründe für die anhaltende Blüte des Gewerbes sind bekannt: die lange Ausbildungszeit der Zunftmitglieder, die strenge Überwachung der Waren, die fortschrittlichen Arbeitsmethoden, die Spezialisierung auf der einen und die Zusammenarbeit mit anderen Gewerben auf der anderen Seite, die enorme Leistungskapazität der Werkstätten selbst bei Großaufträgen, die rasche Einstellung auf die jeweilige Marktsituation, die straffe Absatzorganisation durch die Silberhändler und Juweliere. Hinzu kam die enge Verbindung zu den Malern, Zeichnern, Bildhauern und Stechern, die belebende Wirkung der Akademie und der Kunstbuchverlage und das Interesse des Rates an der Entfaltung von Handel und Gewerbe.

Dennoch hätte die Augsburger Goldschmiedekunst diese beherrschende Position nicht erringen können, wäre ihr nicht das gesteigerte Bedürfnis der Auftraggeber nach Repräsentation, Prachtentfaltung und Überhöhung der Persönlichkeit entgegengekommen. Von den Silbermöbeln und den Prunkuhren unterschiedlichen Typus abgesehen, wünschten die Fürsten vor allem vielteilige Tafelservices von unvorstellbarem Wert, manche aus purem Gold, luxuriöse Kaffee-, Tee- und Schokoladeservices, zum Teil mit bunten Emailmalereien bereichert, oder reichhaltige und reichgestaltete »Reiseservices« in großen Koffern, die indessen eher für das fürstliche Zeremoniell der Morgenaudienz bestimmt gewesen sein dürften als für den Gebrauch auf Reisen. Daneben waren noch immer die aus verschiedenen kostbaren Materialien gefertigten Prunkplatten, Kannen und Becken, Trinkgefäße und Flaschen – darunter solche aus tiefrotem Rubinglas – als Einzelstücke oder Kombinationen begehrt. Auch die kleineren Toilettengarnituren und Reiseapotheken gaben Anlaß zu raffinierten Material- und Typenzusammenstellungen, wobei den Goldschmieden oft nur die Fassung der Gegenstände verblieb, besonders seitdem sich die Augsburger Email-, Feuer- und Hausmaler mit der Dekoration von Meissener Porzellanen (Abb. 105) ein neues Arbeitsfeld eröffnet hatten. Nicht zu vergessen sind die Prunkwaffen, die den Goldschmieden Gelegenheit zu kunstvollen Einlagen an Lauf oder Schaft der Gewehre boten, oder Zeremonialwaffen wie das silberne »Pfälzer Schwert« von 1653. Selbst silberne Schach- und Kartenspiele wurden für die vornehmen Auftraggeber ausgeführt.

Der Anteil der bürgerlichen und großbürgerlichen Besteller läßt sich aus verständlichen Gründen nicht mehr bestimmen, war doch das Familiensilber am meisten der finanziellen Fluktuation unterworfen. Wir dürfen aber annehmen, daß silberne Dosen, Becher, Teller, Schalen oder Schüsseln – die beliebten »Wöchnerinnenschüsseln« vor allem – in vielen vermögenden Familien vorhanden waren. Auch die bürgerlichen Zünfte trachteten danach, ihr Ansehen durch silberne Willkommbecher oder Pokale zu erhöhen. Manche ihrer Trinkgefäße sind als Silberfigu

ren mit abnehmbaren Köpfen gebildet, wie sie in aristokratischen Kreisen beliebt waren.

Die zahlenmäßig größte Auftraggebergruppe stellte die katholische Kirche dar. Ihre Schatzkammern und Sakristeien waren von Zerstörung, Plünderung oder Verkauf schwer getroffen worden, ihr Nachholbedarf um so größer, als der pompöse Stil der barocken Gotteshäuser wie auch des Gottesdienstes zu immer prunkvolleren Anschaffungen führte. Monstranzen, Ziborien, Kelche, Lavabogarnituren, Altarleuchter, Kruzifixe, Vasen, Kanontafeln, Antependien, Weihwasserkessel, Rauchfässer, Ampeln, Meßbucheinbände, aus Silber oder vergoldet, mit Steinen, Kristallen, Emails besetzt, forderten das Können der Goldschmiede und ihrer Mitarbeiter zu stets originelleren Erfindungen und Formen auf. Gemeinsam mit den Malern und Bildhauern schufen sie vollplastische Heiligenfiguren bis zu Überlebensgröße, bilderähnliche Reliefplatten, vielfigurige Weihnachtskrippen oder sarkophagartige Reliquienschreine. Auch protestantische Gemeinden gaben Goldschmiedearbeiten in Auftrag, Tauf- und Abendmahlsgarnituren, Hostiengefäße, Leuchter, Altarvasen oder figürliche Silberreliefs, doch steht ihr Anteil, mehr noch der der jüdischen Gemeinden, hinter dem fast grenzenlosen Bedarf der katholischen Kirche weit zurück. Der Absatzmarkt für die kirchlichen Aufträge reichte von Skandinavien – hauptsächlich für protestantisches Kirchensilber – bis in die Schweiz und nach Oberitalien, von Lothringen bis nach Böhmen.

Augsburger Rokoko (1730–1770)

Das Augsburger Rokoko, von den Zeitgenossen zutreffender als »Augsburger Geschmack« bezeichnet, stellt nicht nur eine Stilphase in der Kunstgeschichte der Stadt dar. Die Jahrzehnte zwischen 1730 und 1770 lösten vielmehr frische künstlerische Aktivitäten aus, die neue Interessenten- und Bestellerkreise anzusprechen vermochten. Die Augsburger Kunst wurde bürgerlich, volkstümlich und unterhaltsam, ihre Produktion rationalisiert und ihr Preis den Käuferschichten angepaßt.

Noch immer stand das Goldschmiedegewerbe an der Spitze des künstlerischen Angebots, aber die Kluft zwischen den Silberhändlern und den Goldschmie den war tiefer geworden. Nur noch wenige Händler, so Georg Ignaz Bauer oder Franz Thaddäus Lang, kamen aus dem Handwerk. Die meisten, vor allem die erfolgreichen, geadelten oder ins Patriziat aufgenommenen, waren als Kaufleute oder Bankiers ausgebildet. Sie traten den Bestellern gegenüber als die verantwortlichen Lieferanten auf, sie empfingen in ihren »Silbermagazinen« den Besuch der fürstlichen Klienten oder deren Agenten, sie unterhielten Filialen in Wien oder Leipzig und boten ihre Ware auf der Frankfurter oder Leipziger Messe an. Die Zahl der Goldschmiedemeister dagegen sank von Jahr zu Jahr. Anstelle der 275 Meister von 1738 und 1740 sind 250 für 1751, 201 für 1766 und 185 für 1769 berichtet. 1739 bereits klagten die Handwerksverordneten, daß es allhier mit der Profession nicht mehr so wohl beschaffen sei wie vordem, weil in Wien, Dresden, Berlin und anderen Orten nunmehr solche Waren nicht allein selbst verfertigt, sondern auch von anderen Orten dorthin Bestellungen gemacht würden.

Ebenso folgenreich war der Wechsel im Geschmack der Auftraggeber. Für das gravitätische Staatsmöbel bestand in den Schlössern des Rokoko so wenig Bedarf wie für das jetzt als überladen und schwerfällig empfundene Schaustück aus prunkvollem Material. Immer mehr wurden zierliche und schlichte Formen gefragt, die Erzeugnisse der landesherrlichen Fayence- und Porzellanmanufakturen drohten die teuren Importe der Goldschmiede zu verdrängen. Die Augsburger stellten sich zwar rasch um – ihre Tafelaufsätze in Gestalt von luftigen Lauben mit Schäfer-, Musik- oder Jagdszenen (Abb. 103) und ihre phantasiereichen Deckelterrinen gehören zu den Meisterwerken des Rokoko –, aber der Markt wurde zusehends enger und die Konkurrenz schärfer. Weniger betroffen war die kirchliche Goldschmiedekunst. Hier konnte durch die vielteiligen Silberaltäre oder silbernen Altaraufsätze sogar ein neues Absatzgebiet erschlossen werden. Kirchliches Gebrauchssilber blieb bis in die dörflichen Gemeinden hinein begehrt. Auch die zwischen den Goldschmieden, Kupferstechern und Malern stehende »Hausmalerei«, die Verzierung von Meissener Porzellanen durch kleine, kupferstichähnliche szenische Malereien, insbesondere die im Stil der Chinamode in Gold, auch in Sil-

ber ausgeführten »Goldchinesen« (Abb. 105) erfreuten sich weiterhin großer Beliebtheit.

Merkantilistische Überlegungen führten zur Gründung der Fayencemanufakturen. Eine Fabrik des Apothekers und Chemikers Johann Caspar Schaur, die schon 1736 arbeitete, scheint bald wieder eingegangen zu sein. 1748 gründete der Augsburger Fürstbischof Joseph von Hessen eine Fayencemanufaktur im nahe gelegenen Göggingen, deren Erzeugnisse sowohl für die Bedürfnisse des bischöflichen Hofes als auch zum Verkauf in der Reichsstadt bestimmt waren. Hergestellt wurden Krüge, Schüsseln, Platten, Teller, Vasen, Leuchter, Dosen, auch Öfen, Figuren, Kreuze oder Tafelaufsätze (Abb. 104), die meisten mit Blau-, Scharffeuer- oder Muffelbemalung, einige weiß glasiert. Für das fürstliche Tafelgeschirr diente silbernes Gerät als Vorbild, für Tafelaufsätze Stiche von Ridinger, für Heiligenfiguren konnten geschnitzte Modelle nachgewiesen werden. 1752 bereits ordnete der Bischof die Aufhebung der »Majolika Fabrique« an. Inzwischen hatte der Augsburger Silberhändler und Bankier Christian von Köpf eine neue »Porzellanfabrik« im Schaurschen Gartengut gegründet, die sich ebenfalls nur kurze Zeit halten konnte.

In welchem Umfang die aufstrebenden Augsburger Kattunfabriken auf die Mithilfe von Bildhauern, Formschneidern und Zeichnern angewiesen waren, läßt sich aus Mangel an gesichertem Material nicht sagen. Die Erfolge der Kattundruckerei führten zu Versuchen, die Model für den Druck mit Farben und sogar Gold und Silber auf »türkischem« Papier zu verwenden. Die auf diese Weise gewonnenen »Buntpapiere«, für die allmählich eigene Model aus Holz, Messing oder Kupfer hergestellt wurden, eroberten sich binnen kurzem den Markt, zumal ihr phantasievoller Motivreichtum dem Geschmack des Rokoko entgegenkam.

Das Rokoko verhalf der Hinterglasmalerei in Augsburg zu überlokaler Bedeutung. Schon an den Kunst- und Kabinettschränken des 17. Jahrhunderts waren die Hinterglasmaler mit Einlagen an Türen, Schubladenfronten und Innenfächern beteiligt gewesen. Sie waren mit den Ölmalern, Bildhauern, Goldschlägern, Gold- und Silberdrahtziehern zusammen zünftisch organisiert. Spätestens um 1730 verselbständigt sich ihre auch zum Schmuck von Spiegelrahmen, Wandleuchtern und kleinen Kästchen gebrauchte Technik zum gerahmten Hinterglasbild, das in seinen besten Beispielen, etwa von Johann Wolfgang Baumgartner, den Rang eines vollwertigen Kunstwerks erreicht. Obgleich die Zahl der erhaltenen Arbeiten wegen der Zerbrechlichkeit des Materials gering ist, läßt sich doch aus den Archivalien eine rasche Zunahme der Meister und ihrer Werkstätten erkennen. Die »Augsburger Hinterglasbilder werden zur Mengenware, die für den Weltexport bestimmt ist« (Gislind M. Ritz).

Selbst die traditionsreiche Instrumentenmacherkunst erreichte unter dem Mathematiker und Mechaniker Georg Friedrich Brander (1713–1783) nochmals einen Höhepunkt. Seine mathematischen und optischen Geräte, seine physikalischen, geodätischen und mathematischen Instrumente waren in England, Rußland, Polen, Österreich und der Schweiz ebenso hochgeschätzt wie in den deutschen Akademien und wissenschaftlichen Kabinetten. Sie vereinen technische Präzision und zuverlässiges Funktionieren mit oftmals gefälliger oder edler künstlerischer Form.

Für Architektur und Plastik hingegen hatte sich die Situation eher verschlechtert. Der frischgeadelte Silberhändler und Bankier Benedikt Adam Freiherr Liebert von Liebertshofen ließ sich sein Stadtpalais 1765 (Taf. 9) durch den Münchner Hofbaumeister Karl Albert von Lespillez, einen Cuvilliés-Schüler, entwerfen, nachdem sich der Plan des einheimischen »bürgerlichen Maurermeisters« Johann Gottfried Stumpe als unbrauchbar erwiesen hatte. Schon mit dem palastartigen Bau des Gasthofs zu den Drei Mohren war 1723 ein Münchner, der bürgerliche Meister Johann Baptist Gunetzrainer, beauftragt worden, der auch die Entwürfe für die Häuser des Kaufmanns Brentano und des Dekans Bassi lieferte. Für den Weiterbau der Residenz wird 1743 der bischöflich Eichstättische Hofbaumeister Benedikt Ettl gerufen, für das Hofzahlamt 1739/40 der Deutschordensbaumeister Johann Kaspar Bagnato. Die architektonischen Leistungen des Augsburger Hofbaumeisters Franz Xaver Kleinhans beim Kirchenbau von St. Stephan (1755) oder des bürgerlichen Maurermeisters Johann Andreas Schneidmann beim Umbau der St.-Anna-Kirche (1747–1749) und des Hau-

ses für den Bankier und Silberhändler Christian Georg von Köpf hingegen sind bescheiden und wenig originell.

Als Bernhard Bendel 1738 gestorben war, überredete Bergmüller den Antwerpener Bildhauer Egidius Verhelst, von München nach Augsburg zu übersiedeln, wo sich ihm und seinen Söhnen günstigere Verdienstmöglichkeiten boten. Verhelst arbeitete mit Bergmüller in Ochsenhausen, Dießen und Haimhausen zusammen, den Augsburger Goldschmieden lieferte er plastische Modelle, seine Gipsarbeiten und die seines Sohnes Alois scheinen auch an den Akademien als Vorbildmaterial für Bildhauer und Goldschmiede verwendet worden zu sein. Plazidus Verhelst war nach Paul von Stetten für »die ganze Anlage und reiche Verzierung in dem berühmten von Liebertischen Saale«, dem Festsaal des späteren Schaezler-Palais (Taf. 9), verantwortlich und entwarf den silbernen Schrein des hl. Ulrich in St. Ulrich und Afra (1763–1765). Ignaz Wilhelm Verhelst brachte es zum Mitglied des inneren Rates und Verordneten zum Kunst-, Gewerb- und Handwerksgericht.

Ähnlich vielseitig waren die Aufgabengebiete der Stukkatoren. Johann Michael Feichtmayr schuf in Dießen, Amorbach (Abb. 99), Zwiefalten, Bruchsal, Ottobeuren, Vierzehnheiligen, nicht nur die Stukkaturen der Gewölbe und Wände, sondern auch Altäre und Einzelfiguren aus Stuck. In Dießen, Grafrath und in der Augsburger St.-Anna-Kirche arbeitete er mit Bergmüller, in Amorbach, Druisheim, im Kongregationssaal der Jesuiten (Taf. 10) und in der St.-Antonius-Kapelle in Augsburg mit Matthäus Günther zusammen. Die Wessobrunner Stukkatoren Ignaz Finsterwalder und Jakob Rauch ließen sich in Augsburg nieder, ihre bevorzugten Freskanten waren die Augsburger Maler Günther, Lederer, Scheffler und Wolker.

Das ausgedehnteste Betätigungsfeld eroberten sich die Freskanten, obgleich die Gründe dafür nicht eindeutig bestimmbar sind. Tatsache ist, daß neben Bergmüller, Scheffler und Wolker ab 1730 eine niemals zuvor so hohe Zahl junger Maler nach Augsburg gezogen ist, Meister- und Bürgerrecht erlangt hat, um recht oder schlecht zu Verdienst zu kommen, obgleich die nahe Konkurrenz von München, aber auch von kleineren Zentren wie Dillingen, Donauwörth, Kempten, Konstanz, Landsberg, Lauingen, Riedlingen oder Weißenhorn zu höchster Kraftanspannung und schärfster Kalkulation zwang. Die Kunstakademie und die Persönlichkeit ihres Direktors Bergmüller mögen dabei mitgewirkt haben, die Querverbindungen unter den Künsten und die Beziehungen zu den ortsansässigen oder benachbarten Wessobrunner Stukkatoren ebenfalls. Eine weitere Erklärung bieten die Empfehlungen durch die Jesuiten, deren Einfluß über Augsburg hinaus reichte, der Benediktiner von St. Ulrich und Afra für die Klöster der schwäbischen und der benachbarten Benediktinerkongregationen oder die Zugehörigkeit der auftragerteilenden Pfarrherren zur Augsburger Diözese. Dennoch bleibt es erstaunlich, wie weit der Radius Augsburger Freskanten ausgreift und welch hohes Niveau ihre Werke erreichten. In Düsseldorf, Trier, Mainz, Würzburg, Neiße, Regensburg, Innsbruck, Stuttgart, in Südtirol, der deutschen Schweiz, im Elsaß, selbst in München mit seinem Überfluß an eigenen Künstlern waren sie präsent.

1730 traf Johann Evangelist Holzer, »jung und arm, unbeachtet, doch frohen Sinnes trotz seiner zerschlissenen Kleider« (Oefele) aus Burgeis in Südtirol ein, nach dem Zeugnis Martin Knollers »ohne Zweifel« der erste unter den Freskomalern Deutschlands. Noch bevor er das Augsburger Bürgerrecht erhielt, ernannte ihn der Bischof von Eichstätt 1737 zum Hofmaler und starb er im Dienste des in Düsseldorf residierenden Kurfürsten von der Pfalz 1740 in Clemenswerth. Im gleichen Jahre 1730 zog Gottfried Bernhard Goez aus dem mährischen Wehlerad nach Augsburg, 1731 erheiratete sich der Asam-Schüler Matthäus Günther aus Tritschengreith die Meistergerechtigkeit, 1732 wurde Johann Wolfgang Baumgartner aus Kufstein (Abb. 101) als Beisitzer zugelassen, zunächst mit der Auflage, sich nur als Hinterglasmaler und Zeichner für den Kupferstich zu betätigen. Alle drei werden als Schüler der Akademie genannt, ebenso der spätere Akademiedirektor Josef Anton Huber und der Mitbegründer der Münchner Zeichenschule und künftigen Kunstakademie, Thomas Christian Wink. 1741 erwarb Josef Hartmann aus Thiengen im Schwarzwald das Meisterrecht, 1747 Franz Josef Degle, der Fürstlich Kemptische Hofmaler wurde, 1751 Josef Mages aus Imst, 1754 Johann Georg Dieffenbrunner aus Mittenwald. Gleichzeitig arbeitete Franz Sigrist aus Alt-Breisach bis 1762 in Augsburg als bischöflicher Hofmaler, Zeichner und Freskant. 1756 folgte Josef Anton Huber, 1759 Josef Christ aus Winterstetten, 1760 Johann Baptist Enzensberger aus Sonthofen, 1761 Vitus Felix Rigl aus Augsburg, 1768 Jakob Fröschle aus Krumbach und 1774 als letzter in der – keineswegs vollständigen – Reihe der Augsburger Freskanten der Günther-Schüler Franz Josef Maucher aus Waldsee. Inzwischen war die Grazie des Rokoko längst dem farblosen »Andachtsstil« einer aufgeklärten Reformkunst gewichen, doch die Freskomalerei blieb bis über die Jahrhundertwende hinaus in und um Augsburg in Übung. Gelegentlich kamen sogar auswärtige Maler in Augsburg zum Zuge, so 1756 der Zeiller-Schüler Balthasar Riepp in St. Stefan oder 1766/67 der Römer Gregorio Guglielmi im Treppenhaus und Festsaal des Schaezler-Palais, wo er, ähnlich Goez schon 1739 im Köpfhaus, eine zeitgemäße Allegorie auf die Macht des Handels und des Geldes malte. Auch sein zerstörtes Fresko von 1768 über der Treppe im Hause des Georg Jakob von Köpf scheint mit seiner Allegorie des Handels und der Landwirtschaft neue Themenbereiche eröffnet zu haben.

Als Bildnismaler waren vorübergehend, wie schon 1728–1730 der Schwede George Desmarées aus München, von 1756 mit Unterbrechungen bis 1765 Anton Graff aus Winterthur, danach bis 1772 Sophonias de Derichs aus Stockholm in Augsburg tätig. Jakob Christoph Weyermann aus St. Gallen, ein Schüler Joachim Franz Beichs in München, arbeitete seit 1730 als Landschaftsmaler, Zeichner für den Kupferstich und Entwerfer für Goldschmiede in der Reichsstadt. Sosehr die Tätigkeit dieser und anderer Künstler für das Ansehen und die Verdienstmöglichkeiten in Augsburg spricht, so deutlich beweist sie, daß die Stadt kein Boden mehr für das Gedeihen einer profanen Staffeleibildmalerei war, sei es als Historienbild oder Porträt, sei es als Genre, Landschaft oder Stilleben.

Während die Freskomalerei durch die katholischen Direktoren Bergmüller und ab 1762 Günther in der Reichsstädtischen Kunstakademie präsent und repräsentiert war, vertraten Person und Ansehen der

Die Weber in Augsburg setzen
sich in Aufstand gegen den
Magistrat, den 25ten Februar
1794.

N°9

Die Reichsstadt Augsburg wird von Seite
der Krone Bayerns in Besitz genommen.
den 4ten März 1806.

Abb. 94   Ansammlung aufständischer Weber vor dem Rathaus am 25. Februar 1794. Radierung von Franz Thomas Weber, um 1810

Abb. 95   Offizielle Proklamation der Übernahme der Stadt durch das Königreich Bayern im Fronhof am 4. März 1806. Radierung von Franz Thomas Weber, um 1810

Abb. 96 Inneres der evangelischen Hl.-Kreuz-Kir-
che. Erbaut 1652/53 nach Plänen von Johann Jakob
Kraus d. Ä. Kupferstich von Johann Ulrich Kraus

Abb. 97 Fassadenfresken am Haus des Handels-
herrn Johann Baptist Schger in der Heilig-Grab-
Gasse, gemalt von Johann Georg Bergmiller 1735.
Kupferstich bei Martin Engelbrecht, um 1740

Abb. 98 Der Evangelist Lukas. Lindenholzskulptur von
Ehrgott Bernhard Bendl, 1697. Zum ehemaligen Figuren-
zyklus in St. Georg gehörig, verkauft 1921

Abb. 99 Puttengruppe vom Aufsatz eines Altars im Langhaus der ehemaligen Abteikirche Amorbach. Stuckmarmor-
arbeiten von Johann Michael Feichtmayr und Johann Georg
Üblherr, um 1750

Abb. 100 Die Gerechtigkeit des Trajan. Mittleres Decken-
bild auf Leinwand im ehemaligen Goldenen Saal der Münchener Residenz, gemalt 1666/67 von Johann Heinrich
Schönfeld

Abb. 101 Amerika, zu einer Serie von Erdteil-Allegorien
gehörig, wahrscheinlich Vorlage für ein Schabkunstblatt, gemalt von Johann Wolfgang Baumgartner, um 1750/60

protestantischen Direktoren Ridinger (seit 1759) und Nilson (seit 1767) das weite Feld der graphischen Künste. Der Ausstoß an Druckgraphik, an Einzelblättern, Folgen, Büchern, an Vorlage-, Porträt-, Reproduktions- und Ornamentstichen, an Allegorien, topographischen Ansichten, Landkarten, Jagdszenen, Guckkasten- und Heiligenbildern während des Rokoko ist unvorstellbar groß, ebenso ihre Auswirkung auf die zeitgenössische Freskomalerei, Plastik, Keramik, Möbel-, Textil- oder Goldschmiedekunst. Wenn Ridingers Pferde-, Jagd- und Tierfolgen auf wissenschaftlichen Studien beruhten, die Porträt- und Reproduktionsstiche zumeist auf eingesandte Vorlagen zurückgingen oder – wie die Nachstiche der Fresken Bergmüllers (Abb. 97) und Holzers – Skizzen und Originale wiedergaben, so entfaltete sich in den biblischen Darstellungen, den Allegorien, Heiligenbildern oder in den Ornamentstichen eines Baumgartner (Abb. 101), Goez, Habermann, Nilson, Eichler ein solcher Reichtum an überschäumender Phantasie und unbefangener Erzählfreude, daß ihr Stil mit dem Augsburger Geschmack gleichgesetzt wurde. Goez, der es wie Bergmüller zum bürgerlichen Hauptmann brachte, erfand eine besondere Art von Farbstich und erhielt den Titel eines Kaiserlichen Hofmalers und Hofkupferstechers, Nilson durfte sich Kurpfälzischer Hofmaler titulieren lassen.

Dennoch war selbst für den Fremden nicht zu übersehen, daß sich die Situation des Augsburger Kupferstichs unaufhaltsam verschlechterte. Die Massenproduktion ging oftmals auf Kosten der zeichnerischen oder druckgraphischen Qualität, der Absatzmarkt war seit 1746 durch das Einfuhrverbot fremder Kupferstiche in die gesamten Habsburger Erblande eingeschränkt, die auswärtige Konkurrenz bemächtigte sich der aufblühenden Buch- und Almanachillustration, zahlreiche Zeichner und Stecher hatten unter der schlechten Bezahlung durch die Verleger zu leiden. Vor diesem Hintergrund ist die Gründung der »Societas Artium liberalium« durch den Kupferstecher und Verleger Daniel Hertz d. Ä. 1753 und ihre spektakuläre Umwandlung zur »Caesareo-Franciscae Artium liberalium Academia« 1755 durch seinen gleichnamigen Sohn zu verstehen. Sie sollte das handwerkliche und künstlerische Niveau der Augsburger Kupferstecher heben, junge talentierte und lernbegierige Leute fördern, eine Kunstzeitschrift – die erste in Deutschland – mit dem Titel *Die reisend und correspondierende Pallas* herausgeben, einen »Akademischen Kunstsaal« als Vorbildersammlung und Übungsstätte einrichten, Kunstpreise aussetzen und öffentliche Vorträge veranstalten. Der Plan fand außerhalb Augsburgs ein ungleich günstigeres Echo als bei den teils gleichgültigen, teils ablehnenden und unter sich verfeindeten Künstlern und Gelehrten der Stadt. Johann Joachim Winckelmann, der mit Christian Ludwig von Hagedorn in Dresden, Johann Georg Wille in Paris, Anton Raphael Mengs in Rom, Johann Heinrich Tischbein in Kassel und – als einzigem Augsburger – Matthäus Günther zu den Räten und Ehrenmitgliedern der vom Kaiser mit verlockenden Privilegien ausgestatteten »Kaiserlich Franciscischen Akademie der freien Künste und Wissenschaften« gehörte, erhoffte sich von der Stiftung sogar, »einen Tag Augspurg eben so blühend in den Künsten zu sehen, in Deutschland, wie sich vor Alters ein Athen in Griechenland hervor gethan«. Das Projekt zerschlug sich innerhalb weniger Jahre. Außer einigen zumeist ohnedies dem Hertzschen Verlag gehörigen graphischen Neuausgaben im Stil des Augsburger Rokoko, zwei Jahrgängen der 1764 noch einmal kurz zum Leben erweckten Kunstzeitschrift, einer umstrittenen Preisvergabe an Januarius Zick und Balthasar Albrecht sowie einer aufgeregten Geschäftigkeit, deren Wogen bis in die Korrespondenz von Winckelmann, Füssli, Wille, Gottsched oder Mengs hineinschlugen, scheint nichts zustande gekommen zu sein. Immerhin sandte Mengs 1758 sieben Kisten mit Gipsabgüssen wahrscheinlich antiker Statuen und zwei mit modernen Gemälden an die Akademie, und zeigte er, wie auch Winckelmann, Interesse daran, seine Schriften in Augsburg zu veröffentlichen. Beide setzten große Erwartungen in die Neugründung und versprachen sich einen fortschrittlichen Akademiebetrieb im Sinne ihrer Reformbestrebungen, wozu in Augsburg freilich und bei Hertz im besonderen alle Voraussetzungen fehlten.

Reformversuche (1770–1806)

Daß der Stern der Augsburger Kunst zu sinken begann, war schon um 1770 allen Einsichtigen bewußt.

»Es sind manche äußerliche Ursachen schuld daran«, schreibt Paul von Stetten d. J. 1779, »das ist wahr; Abgang und Sperrung der Handlung, Abgang der Liebhaber und der Aufmunterung, Mangel der Nahrung, welcher daraus entsteht, Tod und Abzug der besten Künstler; aber sehr viele innerliche, vom Künstler selbst herrührende, können ebenfalls zum Vorwurf dienen«. Den 275 Goldschmiedemeistern von 1738 stehen 1802 noch 119 gegenüber. Christ, Guglielmi, de Derichs, Johann Stenglin, Johann Jakob Mettenleitner suchten ihr Glück in St. Petersburg, Plazidus Verhelst in Moskau, Egid Verhelst d. J. in Mannheim, Graff in Dresden. Gutgemeinte Reformversuche blieben in den Anfängen stecken, da die Mittel fehlten und die Stadt außerstande war, der Anziehungskraft der neuen Kunstzentren in München, Stuttgart, Mannheim, Berlin, Dresden oder Wien gleichwertige Ausbildungs- und Arbeitsmöglichkeiten entgegenzusetzen.

1778 endlich entschloß sich der Rat auf Drängen der amtierenden Direktoren Günther und Nilson, der alten Stadtakademie einen zusätzlichen Saal in der Stadtmetzig einzuräumen. Der Patrizier Paul von Stetten d. J. (Abb. 89) veröffentlichte daraufhin unter dem 30. März 1779 ein Memorandum unter dem Titel *Gedanken zur Erweckung des schlafenden Kunstbetriebs, des Fleißes und der Gewerbigkeit unter der hiesigen Bürgerschaft*, in dem er die Gründe für den Niedergang der Künste in Augsburg darlegte und weitgehende Vorschläge zur Verbesserung machte. Die Stadt habe es versäumt, die soziale Stellung des Künstlers zu heben, ihren Geist zu mehrerer Tätigkeit und Erfindsamkeit anzuspornen, wie dies schon die francische Akademie beabsichtigt hatte, und die Voraussetzung für eine bessere Ausbildung und Förderung zu schaffen. Aber auch die Künstler, auf deren Gewerbe ein großer Teil der Blüte des Handels beruhte, seien träge und schläfrig geworden. Die Verleger hätten nur ihren Verdienst gesucht und den Künstler zu immer mehr Arbeit gezwungen, statt auf Hebung der Qualität zu sehen. Durch seine schlechte soziale Stellung sei der Künstler dazu verführt worden, Ruhm, Ehre und Verdienst in anderen Staaten zu suchen oder durch seltsame Manipulationen Titel zu erwerben.

Stetten schlug vor, innerhalb der Gemeinde einen eigenen Stand für die Künstlerschaft zu errichten, zwischen dem Stand der Hauptleute und dem der Gemeinen, doch solle es dem Künstler freigestellt sein, seiner alten Zunft weiterhin anzugehören. Zwar waren die drei politischen Stände der Stadt schon 1735 aufgrund der Kleiderordnung in fünf Klassen eingeteilt worden, wobei »diejenigen Goldschmiede, Kupferstecher, Maler, Uhrmacher, Glockengießer und andere dergleichen, die in der Stadt notorie in ihren Künsten excellieren und sonderbar berühmt sind«, mit den Offizieren der Bürgermiliz zusammen zur dritten Klasse zwischen den Kaufleuten und den Kramern und Handwerkern gehörten, aber an der tatsächlichen Stellung der Künstler hatte sich wenig geändert, wie auch die Anweisungen des Kaisers von 1770 und 1771, die Augsburger Mitglieder der francischen Akademie als »Honoratioren« gleich den Kaufleuten »stubenmäßig« zu behandeln und ihnen den Titel »Herr« zuzugestehen, auf taube Ohren gestoßen waren.

Es zeugt für die verfahrene Situation der Augsburger Kunst, daß der Rat nach einem umständlichen Briefwechsel mit Paul von Stetten schließlich beschloß, das Unterrichtsangebot und Unterrichtsmaterial der Akademie zu verbessern, die Heizungskosten im Winter zu übernehmen, den beiden Direktoren eine »Ergötzlichkeit« von jährlich 100 Gulden auszusetzen und zu Ende der Winterübung den dafür vorgeschlagenen Akademisten verschiedene Prämien auszuteilen, wobei sie von einer Ratsdeputation zu unterstützen und zu fördern seien. Von den übrigen Vorschlägen Stettens war keine Rede mehr, dafür gab die erste feierliche Preisverteilung am 2. März 1780 Gelegenheit zur Zelebration des ganzen traditionellen Reichsstadtpompes. Im gleichen Jahr fand die erste öffentliche Kunstausstellung im »inneren akademischen Zimmer« statt mit Originalzeichnungen der verstorbenen und lebenden Augsburger Künstler von Schönfeld bis zur Gegenwart. Um seine Bemühungen um die Belebung der Akademie nicht von vorneherein zum Scheitern verurteilt zu sehen, rief Paul von Stetten 1780 die »Privatgesellschaft zur Ermunterung der Künste« ins Leben. Mit ihren Mitteln sollten Neuanschaffungen für die Akademie und die Kosten der alljährlichen Prämierung bestritten, ferner eine Zeichenschule für Handwerker errichtet werden. Die Schule erhielt zwei Räume neben der Akademie zugewiesen, ihre Tätigkeit begann am 6. Januar 1781.

1784 schied Matthäus Günther auf eigenen Wunsch aus dem Amt als katholischer Direktor aus, sein protestantischer Kollege Johann Esaias Nilson starb 1788. Ihre Nachfolger wurden der Historienmaler und Freskant Johann Josef Anton Huber und der Kupferstecher Johann Elias Haid. Huber malte 1784 an die Decke des großen akademischen Saals, in dem die jährlichen Preisverteilungen stattfanden, ein Fresko mit dem optimistischen Thema: »Die Zeit erhebt die Hülle der Finsternis. In vollem Licht erscheint die Göttin der Künste, von Genien, die Waffen tragen, begleitet. Der Gott der Handlung erwartet ihre Ankunft in zufriedener Ruhe. Von ihrem Glanze geblendet und von ihren Genien verfolgt, stürzen Neid und Dummheit in den Abgrund.« Insgesamt nahmen Akademie und Zeichenschule 1804 fünf Zimmer ein. Die Zahl der Akademiebesucher schwankt 1781 zwischen 35 und 54, 1800 zwischen 80 und 101, 1805 sogar zwischen 101 und 155 Schülern.

Schon in der akademischen Rede zum Jahre 1787 wird darüber geklagt, daß die Schüler die Anstalt so wenig zu ihrem Vorteil zu benützen sich bemühen und daß man auch nicht nur einen oder zwei junge Künstler benennen könnte, die sich durch das Verlangen auszeichneten, sich dieser kostbaren Hilfsmittel zu bedienen. 1805 heißt es, die Statuen dienten anstatt zum wirklichen und nützlichen Gebrauch dem akademischen Saal leider nur als eine bloße Zierde. In der langen Liste der Akademieschüler findet sich außer Albrecht Adam, Franz Schwanthaler oder Josef Voltz kein Name, der in der Kunstgeschichte Bedeutung erlangen sollte. Nach wie vor blieb die Tätigkeit auswärtiger Künstler von der Genehmigung durch die Zunft bzw. das 1721 auf kaiserlichen Befehl eingerichtete Kunst-, Gewerb- und Handwerks-Gericht abhängig. Damit wurde Augsburg als überlokale Ausbildungsstätte für Künstler uninteressant, die lokalen merkantilistischen Interessen erstickten die Freiheit der Kunst bereits im Keim.

Innerhalb dieser freilich immer enger werdenden Grenzen hielt sich das Schaffen der Augsburger Meister dennoch bis zum Ende der reichsstädtischen Souveränität auf einem beachtlichen Niveau. Am raschesten vermochte sich die Goldschmiedekunst auf die strengeren Formen und das zopfige Dekor des Klassizismus umzustellen. Silbernes Tischgerät, Leuchter, Kasserollen mit Rechaud, Samoware, Kannen, Weinkühler stellten das Hauptkontingent. Die privilegierte Fabrik des Goldschmiedemeisters Johann Alois Seethaler konnte sogar noch 1814 42 Silberarbeiter beschäftigen. Das Wachsporträt und die Porträtmedaille fand in Franz Martin Bückle einen über Augsburg hinaus beanspruchten Künstler. Ebenso wurde Ignaz Ingerl als Steinbildhauer nach auswärts berufen, was ihm die Titel eines Kurfürstlich Trierer und Fürstlich Öttingisch-Wallensteinischen Hofbildhauers einbrachte. Auch für kirchliche Fresken und Altarblätter wurden in und um Augsburg noch Aufträge, zumeist an J. J. A. Huber, vergeben, doch ging die Bedeutung der Kirche für die Kunst unter dem Einfluß der Aufklärung merklich zurück.

Den einzigen Neubau von Rang verdankt Augsburg nicht mehr den Bedürfnissen der Stadt oder der Kirche, sondern der für diese Zeit charakteristischen Verbindung von künstlerischem, handwerklichem und industriellem Unternehmergeist. In dem Betrieb des Johann Heinrich Edler von Schüle (Abb. 88) wurden die Kattune mit Kupferplatten, ähnlich dem Kupferstich, bedruckt und »vermittelst besonders hiezu verfertigter Pressen auch diese Art zu einem sehr hohen Grad der Schönheit und Vollkommenheit gebracht. Gold und Silber in die Kottone zu malen und sie zu besonderem Glanze zu erheben, ist gleichfalls eine Kunst, die seiner Fabrik ganz eigen ist« (Paul von Stetten d. J.). Der wegen seiner Erfindung geadelte, zum kaiserlichen Rat ernannte und durch kaiserliches Privileg geschützte Fabrikherr ließ sich dafür 1770–1772 bezeichnenderweise außerhalb der Stadt nahe des Roten Tors ein stattliches Fabrikgebäude (Abb. 91) als Dreiflügelanlage in den vereinfachten Formen eines Barockschlosses errichten und den Innenhof durch ein monumentales schmiedeeisernes Gitter abschließen.

Die bleibende Frucht der Bemühungen Paul von Stettens d. J. sind hingegen seine Bücher zur Augsburger Kunstgeschichte. Schon 1765 hatte er in seinen *Erläuterungen der in Kupfer gestochenen Vorstel-*

lungen aus der Geschichte der Reichsstadt Augsburg
In historischen Briefen an ein Frauenzimmer der
Kunst den gebührenden Platz eingeräumt. 1779 und
1788 erscheint in zwei Bänden sein Hauptwerk, die
*Kunst-, Gewerb- und Handwerks-Geschichte der
Reichs-Stadt Augsburg*, 1788 die *Beschreibung der
Reichsstadt Augsburg*. Veranlaßt von der »Begierde,

Künste aller Arten zu ermuntern und durch Beispiele
unter unseren Mitbürgern zu befördern«, vermitteln
diese Werke bis heute trotz aller zeitbedingten Ein-
seitigkeiten des Urteils die vollständigste Übersicht
über die Augsburger Kunst und Künstler vom Mittelalter bis zum Ende des 18. Jahrhunderts.

Musik nach dem Dreißigjährigen Krieg bis zum Ende der reichsstädtischen Zeit

von Franz Krautwurst

Die Nöte des Dreißigjährigen Krieges und der Nachkriegszeit hatten durch Seuchen und Hungersnöte,
durch Schrumpfen der verarmten Bevölkerung auf
ein Drittel des Standes von 1618, nicht zuletzt aber
durch die dem Gemeinwesen aufgezwungene Finanzlast und die inneren Glaubenskämpfe das kirchliche,
städtische und private Musikleben Augsburgs schwerer getroffen als das anderer süddeutscher Reichsstädte. Infolge der Vermögensverluste und Konkurse
der großen Handelsgesellschaften konnte ein besonders die Musik förderndes patrizisches Mäzenatentum im Stil und Umfang der Fuggerzeit fortan nicht
mehr aufkommen. Mehrere gebürtige Augsburger
Komponisten und Instrumentalisten suchten sich im
17. Jahrhundert andernorts eine Wirkungsstätte, unter ihnen die Gebrüder Wolfgang (1612–1665) und
Markus Ebner (1612–1681) in Wien, Johann Philipp
Rothe (geb. um 1630) in Wolfenbüttel, Thomas
Eisenhuet (1644–1702) in Kempten, Georg Motz
(1653–1733) in Tilsit. Aus der langen Reihe einheimischer Lauten- und Geigenmacher, die sich in Rom
niederließen, ragt David Teckler (geb. um 1665) heraus. Selbst der Stadtpfeiferssohn Johann Fischer
(1646–1713), »der bedeutendste Augsburger Musi-

ker seines Jahrhunderts« (E. F. Schmid), konnte auf
die Dauer in der Heimat nicht gehalten werden.
Gleichwohl haben nach Festlegung der konfessionellen Parität im Friedensjahr 1648 die nach wie vor
günstige Verkehrslage, der schwäbische Gewerbe-
fleiß vor allem einer neuen Schicht von Goldschmieden und anderen Kunsthandwerkern sowie das noch-
malige Erstarken bürgerlich-reichsstädtischer Gesinnung einen wirtschaftlichen Aufschwung herbeigeführt, der dem allmählichen Wiederanstieg des Augsburger Musiklebens[1] den Boden bereitet hat.
Am frühesten trat die Rückgewinnung und Festigung
eines anspruchsvolleren Leistungsstandes der Musik
im kirchlichen Bereich ein, und zwar auf katholischer
Seite in der Kathedralmusik. Der bei Giacomo Caris-
simi in Rom als Musiker und Komponist ausgebildete
Füssener Philipp Jakob Baudrexel (1627–1691)[2], der
1651–1654 als einer der »Vierherren« *(quadrumviri)*
am Domstift wirkte und als Mainzer Hofkapellmeister starb, namentlich der aus Premgarten (Schweiz)
gebürtige Domkapellmeister (seit 1654) Johann
Melchior Gletle (1626–1683)[3] und sein Amtsnachfolger, der vorher in Würzburg und Breslau tätige
Elsässer Johann Melchior Caesar (1648–1692)[4],

pflegten den schon von Aichinger und Erbach vorbereiteten *stile concertato* mit Instrumenten. Gletle und Caesar komponierten außerdem neben reinen Instrumentalwerken auch weltliche, besonders in Studentenkreisen gepflegte Sing- und Spielmusik nach meist moralisierender Barockdichtung und schlichtere volkstümliche Gesellschaftslieder, beides in der Art »lustiger und kurzweiliger teutscher Concerten« für ein bis fünf Singstimmen und Instrumente, die zu einem beachtlichen Vorläufer des »Augsburger Tafel-Confect« (1733–1746) wurden. Als katholische Komponisten sind vor 1700 ferner Caesars Nachfolger Johann Michael Galley (um 1650–1696), der unter anderem Musik zu Jesuitendramen schrieb, dann mit einem Werk für Tasteninstrumente der Domorganist (seit 1692) Johannes Speth (1664 bis um 1720) und schließlich die Augustinerchorherren bei Hl. Kreuz Vitalis (Johann) Mozart (um 1595–1668), Schüler Erbachs, und Ludwig Hoezl (Hötzl, Hölzl) hervorgetreten.

Auf evangelischer Seite konnte erst mit Gumpelzhaimers viertem Nachfolger im Kantorat bei St. Anna, Tobias Kriegsdorffer (1607–1686) – er waltete seines Amtes von 1649 bis 1676 –, eine Persönlichkeit von einiger musikalischer Aktivität und Ausstrahlung gewonnen werden[5]. Ihm befahl der Rat, »nichts andres, dann nur die gewohnliche Motetten, und absonderlich [diejenigen] des Herren Adami Gumpelzhaimeri zu musizieren«. So scheint er selbst kaum etwas komponiert zu haben. Er leitete am 8. August 1650 bei der ersten Feier des Friedensfestes, das die evangelische Bevölkerung Augsburgs seitdem bis heute alljährlich als Feiertag begeht, die aus 27 auf zwei Chöre aufgeteilten Sängern, Orgel, Regal und fünf Instrumentalisten bestehende Festmusik. Kriegsdorffer war der Lehrer des ihn am 28. Januar 1677 im Amt ablösenden Georg Schmetzer (1642–1697), der seine weitere musikalische Ausbildung laut Selbstzeugnis in verschiedenen »berühmten Hofkapellen« erhalten hatte und 1664–1666 als Kapellmeister und Organist des Grafen Magnus Gabriel de la Gardie in Schweden wirkte[6]. Schmetzer hinterließ neben zwei das Gumpelzhaimersche *Compendium Musicae* verdrängenden theoretischen Werken eine größere Anzahl beachtenswerter, gedruckter und handschriftlicher deutscher und lateinischer Kirchenkantaten,

von denen einige noch zur Zeit des jüngeren Paul von Stetten (um 1780) in Ansehen standen; auch betätigte er sich als vielbeschäftigter Gelegenheitskomponist hauptsächlich von Trauermusiken. Schon unter seinem Einfluß war 1677 eine fortschrittliche Kantorei- und Kurrendeordnung erlassen worden. Ebenso dürfte das neue, von Leonhard Zacharias gedruckte und bei Gottlieb Göbel verlegte *Augsburger Gesangbuch* von 1680, das sich ungleich lutherischer gab als der unmittelbare Vorläufer, unter seiner Mitarbeit entstanden sein. Besonderen Beifall fand 1690 eine dem anläßlich der Krönung seines Sohnes Joseph I. zum Römischen König in Augsburg anwesenden Kaiser Leopold I. überreichte Komposition Schmetzers, die leider verschollen ist. Bei diesem festlichen Ereignis weilte außer der gesamten kaiserlichen Hofkapelle mit dem Organisten Ferdinand Tobias Richter auch Georg Muffat in der Stadt. Schmetzers Nachfolger, ebenfalls ein Schüler Kriegsdorffers, war Daniel Merck (um 1650–1713), vorher Instrumentallehrer und Chorregent an der Barfüßerkirche. Er schrieb Begräbnisgesänge und ein kurzes *Compendium musicae instrumentalis Chelicae* (1695), das erste deutsche Lehrbuch des Streichinstrumentenspiels überhaupt. Neben St. Anna ist auf evangelischer Seite nur noch die Barfüßerkirche stärker und eigenständiger musikalisch hervorgetreten. Ihr Chorregent war seit 1697 der Augsburger Fischerssohn Jakob Scheiffelhut (1647–1709)[7], ein weiterer Schüler Kriegsdorffers, in dessen Kantorei er ein Jahrzehnt gesungen hatte, bis er als »gemeiner Spielmann«, bestallter Stadtpfeifer, Musiklehrer, Instrumentalist bei St. Anna und dort seit 1694 für drei Jahre als *regens chori secundi* tätig wurde. Scheiffelhuts vielseitiges und gediegenes kompositorisches Schaffen ist bemerkenswert und trug ihm den Ruf ein, zu »denen berühmtesten Musicis, so in dem siebenzehnten Seculo . . . bekannt worden«, zu gehören. Obwohl er niemals aus seiner Vaterstadt herausgekommen zu sein scheint, vertreten seine überwiegend für zwei Violinen und Generalbaß geschriebenen Suiten den neuen französischen Stil; diesen dürfte nicht zuletzt der bereits erwähnte Johann Fischer[8], ein Schüler von Samuel Capricornus in Stuttgart und vor allem von Jean-Baptiste Lully in Paris, seiner Heimatstadt vermittelt haben, wo er – einst Mitglied der großen Kantorei Tobias Kriegsdorffers – von 1664 bis 1683 einer der vier festangestellten Musiker der Barfüßerkirche war; danach wirkte er in Ansbach, im Baltikum, in Schweden und an norddeutschen Höfen. Fischer zeichnete sich bei seinen Zeitgenossen in erster Linie als Violinvirtuose, der von der Skordatur und Doppelgrifftechnik reichen Gebrauch machte, und als Schrittmacher für die Einführung der Bratsche ins Orchester aus. Ohne Zweifel gehört er jedoch auch zu den besten deutschen Suitenkomponisten um 1700. Hochentwickelte Geigenkunst bekundete schon vorher der Schongauer Matthias Kelz (1635–1695)[9], der am Augsburger Jesuitengymnasium studierte und später als Händler und reichsstädtischer Kanzleibediensteter sein Brot verdiente. Von seinen acht zwischen 1658 und 1669 in Augsburg erschienenen Werken haben sich nur zwei Suitendrucke für Streichinstrumente erhalten, die ihn eher italienisch beeinflußt erscheinen lassen. Den Werktiteln der übrigen Kompositionen nach muß er im Rahmen der schwäbischen Liederschule einen nicht unbedeutenden Platz in der Geschichte des deutschen Gesellschaftsliedes eingenommen haben. Außerhalb eines kirchlichen Amtes stand neben Kelz auch der Direktor der Fuggerschen Stiftung, Johann Abraham Schmierer (Schmicorer; 1661–1719)[10]. Nach seiner Entlassung als Diskantist der Augsburger Domkapelle studierte er an den Universitäten Dillingen und Salzburg Philosophie und Jurisprudenz, 1683 bewarb er sich erfolglos um die Nachfolge seines Musiklehrers Gletle als Domkapellmeister. Das einzige von ihm erhaltene Werk, sechs in Augsburg 1698 gedruckte Orchestersuiten, zeigt ihn wie Scheiffelhut und Fischer im französischen Fahrwasser Lullys.

In enger Wechselbeziehung zu jenem Aufblühen des Violinspiels und der Komposition für Streichinstrumente stand der Werdegang des Instrumentenbaus einerseits, des Notendrucks und Musikverlags andererseits. Auch in diesen beiden mehr kunsthandwerklichen, musikgewerblichen Bereichen konnte man den drohenden Fährnissen des Absinkens verhältnismäßig früh wirksam begegnen[11]. Im 17. und vereinzelt im frühen 18. Jahrhundert wurden in Augsburg noch Lauten gebaut, aber ihre Verfertiger wandten sich immer stärker dem Streichinstrumen-

tenbau zu. Neben Instrumenten der Violenfamilie, neben Violinen und Violoncelli entstanden in großer Zahl Tanzmeistergeigen (Pochettes), für deren Herstellung Augsburg sich zu einem wichtigen süddeutschen Zentrum entwickelte. Wie im Orgelbau waren hier Werkstatttraditionen eine wesentliche Voraussetzung für die Einhaltung des hohen Leistungsniveaus. Zu den besten Lauten- und Pochettenmachern gehörte Matthias Hummel (ca. 1607–1670), dessen Schwiegersohn und Nachfolger der 1656 aus Kärnten zugezogene Thomas Edlinger d. Ä. (um 1630–1690) wurde. Während Edlingers ältester Sohn Thomas d. J. (1662–1729) sich in Prag niederließ, verblieb der jüngere, Hans Georg (1666–1696), in der Stadt; seine Witwe wurde 1696 die Frau des aus Füssen stammenden Jakob Fichtl (1669–1701) und heiratete nach dessen frühem Tod den aus Wien eingewanderten, aber wie der ältere Edlinger einer Allgäuer Familie entsprossenen Gregor Ferdinand Wenger (um 1679–1767), den hervorragendsten und vielseitigsten Augsburger Meister seiner Zeit. Wengers Modell weist in Einzelheiten Berührungspunkte mit demjenigen Jakob Stainers oder Matthias Albans auf, entbehrt aber nicht eigengeprägter Züge. 1647 erwarb Georg Wörle (um 1620–1675) aus Vils (Tirol) das Augsburger Bürgerrecht, mußte jedoch wegen Streitigkeiten mit der Kistlerzunft den Geigenbau vorübergehend in Oberhausen betreiben. Ein naher Verwandter war sicher der seit 1676 in der Stadt ansässige Matthias Wörle (um 1650–1694), dessen Witwe sich 1695 mit dem ebenfalls aus Vils gebürtigen Georg Aman (1671 – nach 1731) verheiratete, einem Meister des Violenbaus, zu dessen ständigem Kundenkreis die Jesuiten des Seminars St. Joseph gehörten. Weitere Augsburger Geigenmacher waren Rudolf Höß (um 1640–1728) und im späteren 18. Jahrhundert Matthias Riedele (gest. nach 1792), der wahrscheinlich bei Wenger lernte, sowie Johann Friedrich Stork und Joseph Hiebler, doch war mit dem Tode Gregor Ferdinand Wengers die Blütezeit des Augsburger Geigenbaus zu Ende gegangen.

Im Gegensatz zu Nürnberg oder selbst Memmingen hat Augsburg in der Fertigung von Blasinstrumenten keinerlei Bedeutung erlangt. Um so wichtiger wurde die Stadt als Mittelpunkt des Baus von Tasteninstrumenten. An die Tradition des Orgelbaus der Spätrenaissance knüpften zunächst Samuel Biedermanns Söhne Samuel d. J. (1600 – nach 1653) und Daniel (1603–1663) an; sie bauten jedoch meist Virginale, aber auch mechanische Tasteninstrumente. Noch im Kriegsjahr 1641 wurde Andreas Menhofer (gest. 1667) aus Friedberg in die Augsburger Kistlerzunft aufgenommen. Er baute eine Orgel für Schrobenhausen und wurde zu Reparaturen des Werks von Eusebius Amerbach im Dom (1577) herangezogen, das bis 1656 auf dem Lettner stand und dann, mehrfach tiefgreifend umgearbeitet, auf der Nordseite des Hochchors als Evangelienorgel seinen Dienst tat, bis es 1742 durch einen Neubau des Betz-Schülers Johann Baptist Kronthaler aus Kaufbeuren ersetzt wurde[12]. Der in den Jahrzehnten nach dem Krieg in Schwaben allenthalben aufgetretene Mangel an qualifizierten einheimischen Meistern zog zahlreiche Orgelbauer aus dem Norden und Osten ins Land. So stellte in Augsburg 1661 Christian Egedacher aus München, der Stammvater einer der berühmtesten süddeutsch-österreichischen Orgelmacherfamilien, ein größeres Werk auf den Lettner der Kirche des Augustinerchorherrenstifts Hl. Kreuz. Im selben Jahr ließ sich (Johann) Christoph Leo (d. Ä.; gest. um 1710) aus Clausthal (Harz) in der Stadt nieder; er hatte anfangs den Widerstand Menhofers und Biedermanns zu spüren bekommen und baute vorwiegend im südlichen Oberschwaben. Sein Sohn Johann Christoph (d. J. 1675–1749), der auch im Bambergischen und in der Schweiz arbeitete, errichtete die Orgel der evangelischen St.-Ulrichs-Kirche, deren Prospekt erhalten ist. Eine zweite Augsburger Werkstatt begründete 1680 Jakob David Weidner (um 1655–1704) aus St. Joachimsthal, dessen Schwiegersohn und Nachfolger Johann Betz (um 1665–1728) aus Bronnen bei Buchloe 1718 gegenüber der alten eine neue Domorgel (Epistelorgel) auf der Südseite des Hochchores schuf. Erst mehrere Jahre nach Betz' und ein Jahr nach des jüngeren Leo Tod erhielt Augsburg wieder den Zuzug eines Orgelbauers. 1750 kam Johann Andreas Stein (1728–1792)[13] aus Heidelsheim bei Bruchsal, ein Schüler Johann Andreas Silbermanns in Straßburg und Franz Jakob Späths in Regensburg, zum erstenmal nach Augsburg, wo er 1751 seinen ständigen Wohnsitz nahm und 1757 das Bürgerrecht erwarb; er sollte bald über sein Kunst-

handwerk hinaus eine wichtige Rolle im Musikleben der ausgehenden Reichsstadtzeit übernehmen, nicht nur als führendes Mitglied der rührigen »Musikliebenden und -übenden Gesellschaft«, sondern auch durch seine engen Beziehungen zur Familie Mozart und zu vielen anderen bedeutenden Musikern halb Europas. Stein, der nach und nach die Orgeln aller evangelischer Kirchen der Stadt betreute, baute 1755–1757 ein neues Werk mit 35 Registern für die Barfüßerkirche, als deren Organist er überdies fortan wirkte, und erstellte 1766 ein weiteres in der katholischen Hl.-Kreuz-Kirche: außer dem Neubau im Dom von Eichstätt seine einzigen größeren Orgeln. Eine kleinere in Welden ist erhalten geblieben. Bahnbrechendes leistete er auf dem Gebiet des Klavierbaues. Seine Erfindung der »Auslösung«, einer besonderen Vorrichtung, durch die der Hammer beim Anschlag sofort zurückfällt und die Saite zu ungehindertem Ausschwingen freigibt, schuf die Grundlage für die »deutsche Pianofortemechanik«, später auch »Wiener Mechanik« genannt: Steins Kinder Nanette (1769–1833), die 1794 den Pianisten und Freund Schillers, Johann Andreas Streicher, heiratete, eine treue Helferin Beethovens, und Matthäus Andreas (1776–1842) übertrugen die Errungenschaften des Augsburger Klavierbaus in die Kaiserstadt an der Donau und vervollkommneten sie dort in jeweils eigenen, größeren Betrieben.

Das im 16. und frühen 17. Jahrhundert in hoher Blüte stehende musikalische Publikationswesen Augsburgs wurde durch den Dreißigjährigen Krieg für mehrere Jahrzehnte weitgehend lahmgelegt. Mit dem Druck der 11. Auflage von Gumpelzhaimers *Compendium* durch den aus Thüringen stammenden Andreas Erfurt war jedoch 1655 ein Neuanfang geschaffen. Aus Erfurts Offizin kamen neben Kirchenmusik und Instrumentalkompositionen führender Augsburger Meister auch Werke vieler süddeutscher Klosterkomponisten. Ein ähnliches Bild zeigen die Musikalien anderer Drucker der Stadt, namentlich diejenigen von Erfurts Schwiegersohn Johann Jakob Schönigk, von Johann Christoph Wagner und Peter Detleffsen. Die Tradition der katholischen Druckerei von Johannes Schultes d. Ä. und d. J. führten Jakob Koppmayer und sein Schwiegersohn Andreas Maschenbauer ins 18. Jahrhundert weiter. Ihnen erwuchs eine starke Konkurrenz zum einen durch die Offizin des Nördlingers August Sturm, fortgeführt von Matthias Meta, zum anderen durch die Aperger-Utzschneidersche und die fürstbischöfliche des Johann Michael Labhart. Es spricht für die Augsburger Notendrucker, daß neben den einheimischen viele bedeutende auswärtige Komponisten ihnen ihre geistliche und weltliche Vokalmusik, ihre Instrumentalwerke und Theoretica anvertrauten, unter ihnen die Kapellmeister und Hofmusiker Georg Muffat in Passau, Giuseppe Torelli in Ansbach, Rupert Ignaz Mayr in München und Freising, Johann Christoph Pez in Stuttgart, Joseph Anton Bernabei in München und Johann Caspar Ferdinand Fischer in Schlackenwerth. Zwar vertrieben viele Augsburger Notendrucker der Barockzeit ihre Musikalien gelegentlich selbst, aber sie überließen ihre Erzeugnisse doch meist ansässigen oder auswärtigen Buchhändlern und Verlegern. In der Stadt standen ihnen hierfür viele tatkräftige Persönlichkeiten zur Seite, aus denen Gottlieb Göbel, Lorenz Kroniger, Daniel Walter, Georg Schlüter und Martin Happach herausragen. Schon vor dem Tod Maschenbauers (1727), um 1710, wurde ein Unternehmen ins Leben gerufen, das nicht nur den Augsburger Notendruck und Musikverlag in einzigartiger Weise konzentrierte und bis zu einem gewissen Grad auch monopolisierte, sondern sich zu einem der führenden deutschen Musikverlagshäuser des 18. Jahrhunderts überhaupt entwickelte und dessen Erzeugnisse noch bis weit in die bayerische Zeit hinein den Musikalienmarkt Süddeutschlands beherrschten: der Verlag Lotter. Er wurde als Familienbetrieb von dem aus alter Augsburger Kunsthandwerkerfamilie stammenden Johann Jakob Lotter d. Ä. (1683–1738) gegründet; nach dessen Tod und kurzem Interregnum baute sein gleichnamiger Sohn (1726–1804) Notendruckerei und Musikalienverlagsgeschäft systematisch aus, und es gelang noch dem Enkel Esaias Daniel (1759–1820), die Firma in den napoleonischen Jahren, wenn auch nicht ohne Schwierigkeiten, aufrechtzuerhalten[14]. Johann Jakob d. J. unterhielt enge Beziehungen geschäftlicher und freundschaftlicher Art zur Familie Mozart in Salzburg; ihm hat Leopold Mozart als erstem 1756 die Geburt seines großen Sohnes angezeigt. Im selben Jahr erschien als eines der eindrucksvollsten Dokumente seines Wirkens die erste Auflage der Mozartschen Violinschule, der bis 1800 noch drei weitere Ausgaben folgten. Obwohl die Familie zum evangelischen Bevölkerungsteil der Stadt gehörte, hat das Unternehmen schon unter dem älteren Lotter vorwiegend katholische Kirchenmusik herausgebracht und diesen Bereich in der zweiten Jahrhunderthälfte in einer Weise erweitert, daß die Firma zum bedeutendsten Messenverlag des deutschen Sprachraums emporstieg und Johann Jakob d. J. einmal äußern konnte, er verdanke dem ungemein fruchtbaren Prüfeninger Klosterkomponisten Marianus Königsperger »die Grundlage seines Wohlstandes«. Zu den wichtigsten älteren Druck- und Verlagsobjekten gehörte das in vier »Trachten« 1733–1746 erschienene *Ohren-vergnügende und Gemüth-ergötzende Tafel-Confect*, dessen erste drei Teile der zeitweilig in Augsburg lebende Benediktinerpater Valentin Rathgeber[15] bis 1737 komponierte oder zusammenstellte, während die vierte Tracht von Johann Caspar Seyfert »nachgeliefert« wurde. Als Denkmal echt volkstümlichen, häuslich-geselligen Musizierens im Spätbarock wurzelt das »Tafelkonfekt« teilweise in der Augsburger Lied- und Quodlibettradition eines Gletle, Caesar und Kelz, wie es andererseits in seiner bunten Fülle kleinster bis großangelegter Formen nicht ohne Nachwirkung vor allem auf Volks- und Kunstlied, Singspiel und Instrumentalmusik bis hin zu W. A. Mozarts kirchenmusikalischen Jugendwerken und seiner *Zauberflöte* geblieben ist.

Solche Dokumente der Liedpflege wie auch jene Suitenkompositionen der Augsburger Barockmeister standen im engen Zusammenhang mit der verstärkten musikalischen Aktivität des gehobenen Bürgertums, das schon vom Beginn des Generalbaßzeitalters an die repräsentativen Aufgaben früherer Hierarchien weitgehend abgelöst hatte. Die Veränderungen der Gesellschaftsstruktur und der um 1600 eingetretene Stilwandel, der nicht zuletzt immer mehr auch den Fähigkeiten und Neigungen des »Amateurs« entgegenkam, ließ die Zahl der bürgerlichen Liebhaber, die sich in Musikkränzchen und musikalischen Kollegien zusammenfanden, schnell anwachsen. Der Grund für diese Entwicklung war im 17. Jahrhundert besonders durch die intensive

Musikübung am Gymnasium bei St. Anna und am Jesuitenkolleg bei St. Salvator gelegt worden, an denen viele Augsburger der höheren und mittleren Bürgerschicht schon in ihrer Jugend bei den Festmusiken und Schulkomödien als Sänger oder Instrumentalisten mitgewirkt haben dürften. Als die große Zeit der privaten, aber doch halb institutionalisierten und meist auch konfessionell getrennten Musikpflege sollte sich das 18. Jahrhundert erweisen, in welchem sich ein gänzlich emanzipiertes Bürgertum eigene Formen des Musizierens schuf und damit auch den Grund für Augsburgs öffentliches Konzertwesen legte. 1713 gründete Philipp David Kräuter nach dem Leipziger Vorbild Georg Philipp Telemanns ein hauptsächlich von evangelischer Seite gefördertes *Collegium musicum*, in dem neben Liebhabern auch Berufsmusiker wie die Stadtpfeifer mitwirkten. Aus ihm ging 1752 die »Musikliebende Gesellschaft« hervor, zu deren tatkräftigen Mitgliedern neben Johann Andreas Stein der Textilfabrikant und Amateurkontrabassist Anton Christoph Gignoux, ebenfalls ein Freund der Familie Mozart, gehörte. In den dreißiger Jahren gab es daneben zwei weitere Collegia musica, beide erwachsen aus dem gescheiterten Opernunternehmen des wegen seiner Verschuldung berüchtigten Prinzipals Antonio Maria Peruzzi; das eine, in dem der junge, später an den Höfen zu Braunschweig und Bayreuth als Kapellmeister und Komponist zu Ehren gekommene Tartini-Schüler Giuseppe Antonio Paganelli als Cembalist mitwirkte, leitete Peruzzi selbst, das andere sein ihm abtrünnig gewordener Konzertmeister Antonio Madoni.

Der Oper[16] wurde in Augsburg schon durch die Pflege der Schuldramen ein fruchtbarer Boden bereitet. Nicht weniger zeigte sich die Lust am Theaterspiel überhaupt bei den seit 1650 in einer »Privilegierten Schauspielergesellschaft« vereinigten Meistersingern. Zwar waren die während der Krönungsfeierlichkeiten für Ferdinand Maria von Habsburg (1653), Leopold I. (1658) und Joseph I. (1690) dargebotenen *opere e balletti* eine höfisch-exklusive Angelegenheit, an der breitere Bevölkerungsschichten keinen Anteil nehmen konnten, doch wurden in der Folgezeit nahezu alle gewöhnlich durch Gastspiele bestrittenen Opernaufführungen von privater Bürgerinitiative getragen. 1697/98 gab der vorher in

Hamburg wirkende Johann Sigismund Kusser (1660–1727), ein Schüler Lullys, der sich auch italienischen Einflüssen nicht verschloß, mit einer eigenen Truppe im Komödienstadel der Meistersinger und unter deren Mitwirkung seine deutschen Opern *Julia* und *Erindo* (»Die unsträfliche Liebe«) sowie *Medea in Athen* von Antonio Giannettini und *Herzog Heinrich der Löwe* von Agostino Steffani[17]. Letzteres Werk ging 1701 nochmals in Szene. 1711 führte die »Operisten-Bande« des Philipp Jacob Seerieder mehrere Stücke mit Musik auf, 1716 brachte der einheimische Organist Johann Georg Mayr seine *Jacob und Lea* sowie *Die vergnügte Flora* heraus. 1723 schließlich gab der Organist bei den Dominikanern, Johann Georg Widmann, »mit saurer Mühe und Kosten eine kleine Opera [. . .] von dem alt Vatter Jacob und seinen zwölf Söhnen«: Zeugnisse genug dafür, daß man in der Stadt mit der Pflege des deutschen Musiktheaters dem zeitgenössischen Italianismus in der Oper wirkungsvoll entgegengetreten war. Dieser forderte freilich auch seinen Tribut, nicht nur durch den Prinzipal Heinrich Purmann – der zwar um 1724 Passionen und andere Sakralspiele darbot, 1733 aber mit einer italienischen Operngesellschaft zusammenarbeitete –, sondern auch durch den vorerwähnten Antonio Peruzzi. Bewegten sich 1742 die »geistlichen Moral-Stückh« des Stadtmusikus Valentin Wagner noch im Vorfeld der Klassik, so kam der neue Musikstil dann 1768 in den Opern des fürstbischöflichen Hofkapellmeisters Pietro Pompeo Sales und in Schuldramen des Domorganisten Johann Michael Demmler zum Durchbruch. Mit dem Umbau des sogenannten Komödienstadels der Meistersinger zum Schauspielhaus (1776) wurden die Voraussetzungen und Möglichkeiten der Opernaufführungen wesentlich verbessert. Neben zahlreichen Singspielen Johann Adam Hillers, neben *Opere buffe* und *Opéras comiques* von Piccinni, Grétry, Gluck, Philidor und anderen lernte die Augsburger Bürgerschaft schon 1777 Mozarts *Bastien und Bastienne*, 1780 dessen Opera buffa *La finta giardiniera* in der deutschen Singspielfassung als »Die verstellte Gärtnerin« kennen. 1793 ging erstmals die *Zauberflöte* über die Bühne. Deren Librettist, der Theaterdirektor Emanuel Schikaneder, gastierte 1776, 1778 und 1786/87 in der Stadt. Als im März 1803 der sechzehnjährige

Carl Maria von Weber, der schon 1794 in einem Kammerkonzert des Fürstbischofs und Kurfürsten Clemens Wenzeslaus als Klavierist aufgetreten war, die Uraufführung seines *Peter Schmoll* erlebte[18], standen die Säkularisation der Augsburger Klöster und das Ende reichsstädtischer Herrlichkeit unmittelbar bevor.

Augsburgs Kirchenmusik des 18. Jahrhunderts ist gekennzeichnet durch frühe Aufgeschlossenheit und schnelle Anpassungsfähigkeit gegenüber dem Stilwandel. Während in der katholischen Musica sacra am stärksten der neue italienische Gusto vorherrschte, ließ die geistliche Musikpflege auf evangelischer Seite deutliche Einflüsse von Nord- und Mitteldeutschland verspüren. Mercks Nachfolger im Kantorat bei St. Anna, der oben genannte Philipp David Kräuter (1690–1741), studierte 1712/13, unmittelbar vor seinem Amtsantritt, in Weimar auf Kosten des Scholarchats bei Johann Sebastian Bach, dessen Werke er sammelte. In seiner Vaterstadt wurde er zum Wegbereiter der Kunst Telemanns, insonderheit seiner Kantaten, und war, wie alle seine Amtsnachfolger, ein tatkräftiger Förderer des öffentlichen Konzerts. Unter ihm hielt die Kantate ihren Einzug in den evangelischen Gottesdienst; auch verbesserte er den Gemeindegesang aufgrund einer beifällig aufgenommenen Denkschrift[19]. Von seinen eigenen Kirchenkantaten-Jahrgängen haben sich nur spärliche Reste erhalten. Ihn löste sein Schüler Johann Caspar Seyfert (1697–1767)[20] ab, der mit einem Stipendium des Scholarchats bei Johann Georg Pisendel in Dresden seine musikalische Ausbildung vervollkommnet hatte. Seyfert und sämtliche folgenden Kantoren waren – ein bezeichnender Zug der Aufklärung – vom Schuldienst weitgehend befreit und führten zum Zeichen dessen, daß ihnen die Oberaufsicht über die Musik auch der anderen evangelischen Kirchen oblag, fortan den Titel »Musikdirektor«. In hohem Ansehen stand sein Sohn, Schüler und Nachfolger Johann Gottfried Seyfert (1731–1772), ein fruchtbarer Komponist des galanten Stils, dessen Ruf nach Aussage des einige Monate in Augsburg lebenden Christian Friedrich Daniel Schubart »durch ganz Europa scholl«. Als Sechzehnjähriger schrieb er bereits ein Passionsoratorium und reiste daraufhin mit Unterstützung des Scholarchats nach Bayreuth, Leipzig,

Dresden, Berlin, Venedig und Wien. So nimmt es nicht wunder, daß sich in seinem Schaffen Züge der Berliner Schule Carl Philipp Emanuel Bachs und des Wiener Stils Georg Christoph Wagenseils vereinen. Das Orchester des Collegium musicum brachte er zu beachtlicher Höhe. Alle weiteren Musikdirektoren, auch die der bayerischen Ära, waren keine gebürtigen Augsburger mehr: Der Oratorien- und Kantenkomponist Friedrich Hartmann Graf (1727–1795), ein musikalischer Kosmopolit, der als Flötenvirtuose ganz Europa bereiste, den die königlich schwedische Akademie der Musik in Stockholm zum Mitglied ernannte und dem die Universität Oxford den Grad eines Doktors der Musik (Mus.D.) verlieh, kam aus Rudolstadt; Ernst Häußler (1761–1837), der letzte reichsstädtische und erste königlich bayerische Musikdirektor, aus Stuttgart. Als Liedmeister keineswegs unbedeutend – er vertonte als erster in Augsburg Gedichte Goethes –, entging Häußler nicht immer der Gefahr der Vielschreiberei, doch gebührt ihm das Verdienst, die Liebhaberkonzerte als Institution in die bayerische Zeit hinübergerettet zu haben, und auch die erst 1873 erfolgte Gründung der Musikschule, aus der 1925 das Konservatorium erwuchs, geht letztlich auf seine Ideen und Anregungen zurück.

Ein wesentlich anderes Bild zeigte Augsburgs katholische Kirchenmusik in den letzten hundert Jahren vor der Säkularisation und Mediatisierung. Aus der langen Reihe der Domkapellmeister, die auf Johann Melchior Caesar und Johann Michael Galley folgten, sind als Komponisten nur wenige bemerkenswert hervorgetreten. Der Niederbayer Anton Praelisauer (1692–1746)[21] war seit 1725 Kathedralorganist, bevor er 1736 das Amt von Johann Paul Weiß übernahm, und schrieb Antiphonen, Hymnen, Responsorien und die Musik zu zwölf lateinischen Schuldramen für die Jesuiten von St. Salvator; doch ist (außer Texten) nichts davon erhalten geblieben. Bedeutender war sicher der gebürtige Augsburger Johann Andreas Joseph Giulini (1723–1772)[22], in dessen nur handschriftlich überkommenen geistlichen Werken spätbarocke Kontrapunktik mit bisweilen schon frühklassischer Melodik und Harmonik zu organischer Einheit verschmilzt. Im Schaffen des 1801 als letztem vor der Säkularisation des Domstifts ernannten Kapellmeisters, des Exbenediktiners Franz Gregor Bühler (1760–1824)[23], eines vielschreibenden Modekomponisten, der »ganz Süddeutschland mit seiner musikalischen Manufaktur überschüttete« (E. F. Schmid), zeigen sich bereits deutlich die stilistischen Verflachungserscheinungen der Kirchenmusik, die auch vor den Mauern Augsburgs nicht haltmachten. Liturgiegeschichtliches Interesse können Bühlers im Zuge der Josephinischen Reformen entstandene deutsche Messen beanspruchen. Unter den Domorganisten war nach Johann Xaver Nauß (um 1690–1764)[24], dem Verfasser einer 1751 und nochmals 1769 bei Lotter erschienenen Generalbaßschule und Autor lehrhafter oder galanter Klaviermusik, der beachtlichste Komponist ohne Zweifel der frühvollendete Giulini-Schüler Johann Michael Demmler (1748–1785)[25]. Er galt bei seinen Zeitgenossen auch über Augsburg hinaus als hervorragender Virtuose auf der Geige und dem Klavier. In jenem denkwürdigen Konzert, das W. A. Mozart während seines dritten Augsburger Aufenthalts am 22. Oktober 1777 in dem »Hochgräflich Fuggerschen Conzertsaal« gab, spielte Demmler in Mozarts Konzert für drei Klaviere KV 242 das erste, der Komponist das zweite und Johann Andreas Stein das dritte Soloinstrument. Mozart hatte schon als Wunderkind 1763 und 1766 die Geburtsstadt seines Vaters besucht und weilte danach 1781 und 1790 nochmals kurz in Augsburg.

Zu den Höhepunkten der Dommusik gehörten fraglos jene feierlichen Gottesdienste, bei denen auch die fürstbischöfliche Hofkapelle mitwirkte. Sie hielt sich im Jahrhundert der Aufklärung zwar vorwiegend in Dillingen, der bevorzugten Residenz der Augsburger Bischöfe, auf, doch haben ihre Kapellmeister und Hofmusiker auch das Musikleben der Reichsstadt belebt und befruchtet[26]. Unter der Regierung der letzten drei Fürstbischöfe, Johann Franz Schenk von Stauffenberg (1737–1740), Joseph Landgraf von Hessen-Darmstadt (1740–1768) und Clemens Wenzeslaus Prinz von Sachsen (1768–1802), wirkten als tüchtige Hofkapellmeister bis 1740 Franz Anton Maichelbeck (1702–1750), gleichzeitig auch Hofmaler, Johann Michael Schmid (1720–1792), später kurmainzischer Kapellmeister, und Pietro Pompeo Sales (um 1729–1797), unter dem die Hofmusik einen großen Aufschwung nahm und der später, da

Clemens Wenzeslaus zugleich Kurfürst von Trier war, hauptsächlich in Ehrenbreitstein lebte. Zu den hervorragenden Kapellmitgliedern jener Zeit gehörte der aus Böhmen stammende Konzertmeister Johann Georg Lang (1722–1798), »welcher auf der Violine und dem Flügel gleiche Stärke hatte« und ein beliebter Komponist von Konzerten und Sinfonien war.

Neben dem Dom trat im 18. Jahrhundert besonders das Augustinerchorherrenstift Hl. Kreuz musikalisch hervor. Nicht wenige seiner Patres spielten im Leben und im Briefwechsel W. A. Mozarts eine Rolle[27]. Aus vornehmer Augsburger Familie stammte der hochgelehrte Theologieprofessor und spätere freiresignierte Dechant seines Stiftes, Octavian Panzau (1685–1761), von dem sich ein bei Johann Christian Leopold erschienenes, von Johann Fux und Gottlieb Muffat beeinflußtes Orgelwerk *Octo-tonium ecclesiastico-organicum* (um 1745) erhalten hat. Der Prälat Bartholomäus Christa (1740–1778), dem Mozart 1777 zum Dank für die gute Aufnahme im Stift einige geistliche Kompositionen schenkte, war einer der Anreger und Förderer des Baus der neuen, 1766 von Andreas Stein erstellten Orgel in der Hl.-Kreuz-Kirche. Auch sein Nachfolger, der letzte Prälat des Stiftes, Ludwig Zöschinger (1731–1806)[28], zur Zeit des Orgelneubaus und des Mozart-Besuches Organist der Ordensgemeinschaft, trat in engere Beziehung zu Vater und Sohn Mozart. Unter dem anagrammatischen Pseudonym Reschnezgi hatte er 1760 bei Lotter als Galanteriestücke für Klavier und Begleitinstrumente ad libitum »XII Menuet und Trio« herausgebracht, denen er noch drei weitere Drucke sauber gearbeiteter Klavierwerke folgen ließ. Einige seiner geistlichen Kompositionen sind handschriftlich in süddeutschen Kirchen- und Klosterbibliotheken auf uns gekommen. Nach seiner Wahl zum Prälaten wurde Zöschinger 1784 als Organist abgelöst von Matthäus Fischer (1763–1840)[29], einem Schulmeisterssohn aus Ried bei Zusmarshausen, dessen langer Lebensweg nach der Säkularisation seines Stifts – er bezog seit 1804 als Exkonventuale eine jährliche bayerische Staatspension von 400 Gulden – ihn nacheinander die Chordirektorstelle bei Hl. Kreuz, 1810 bei St. Georg, 1820 wieder bei Hl. Kreuz und gleichzeitig bei St. Ulrich übernehmen ließ; er starb als Jubelpriester und Musikdirektor an St. Moritz.

Neben weitverbreiteter Kirchenmusik süddeutscher Tradition im Stil der Wiener Klassik schrieb er, vorwiegend für die ehemalige Jesuitenbühne bei St. Salvator, zahlreiche Singspiele und Fastnachtsmusiken, in denen sein köstlicher schwäbischer Humor zum Tragen kam. Als letzter Regens chori seines Stiftes führte er die Mozart-Überlieferung von Hl. Kreuz ins 19. Jahrhundert hinüber und ließ es sich angelegen sein, das reiche kirchenmusikalische Erbe Mozarts, dem er erstmals 1777 als 14jähriger Singknabe begegnet war, auch an den anderen katholischen Kirchen der nunmehr bayerisch gewordenen Kreishauptstadt zu pflegen.

Unter den nicht wenigen gebürtigen Augsburger Komponisten des 18. Jahrhunderts, die – wie etwa Franz Carl Thomas Cröner (1724–1787)[30] als Münchener Hofmusiker – fern der Heimat ihr Glück machten, haben zwei überragende musikgeschichtliche Bedeutung erlangt: Leopold Mozart und Johann Gottfried Eckard. Der Vater des größten Musikers seiner Zeit wurde am frühen Morgen des 14. November 1719 als ältestes von neun Kindern des Buchbindermeisters Johann Georg Mozart und seiner Frau Anna Maria Sulzer im Hause Frauentorstraße 30, dem heute als Gedenkstätte eingerichteten »Mozarthaus«, geboren und in der nahegelegenen Kirche St. Georg getauft. Seine gediegene humanistische und musikalische Bildung verdankte Leopold Mozart zum größten Teil dem Gymnasium und Lyzeum der Jesuiten von St. Salvator, wo er, wie auch auf den Kirchenchören von St. Ulrich und Hl. Kreuz, früh als Sänger hervortrat. Nach dem Tod des Vaters bezog er im November 1737 die Benediktiner-Universität in Salzburg, an der er 1738 den Grad eines *Baccalaureus philosophiae* erwarb, 1739 aber ausschied, um sich fortan ganz der Musik zu widmen. 1743 wurde er als 4. Violinist in die Salzburger Hofkapelle aufgenommen und rückte dort nach und nach zum 2. Violinisten, 1757 zum Hof- und Kammerkomponisten und schließlich 1763 zum Vizekapellmeister auf. In der kirchenmusikalischen Tradition seiner Vaterstadt aufgewachsen, komponierte er auch in Salzburg vorwiegend Kantaten, Oratorien, Messen und andere geistliche Musik, daneben Sinfonien, Divertimenti, Konzerte, Klavier- und Kammermusikwerke, in denen sich barocke und frühklassische, Mannheimer

und Wiener, süd- und norddeutsche, empfindsame und sturm-und-dranghafte Stilelemente mischen. Einige seiner Programmsinfonien sind für das Augsburger Collegium musicum geschrieben. Mehr aber als alle diese Kompositionen hat seine Violinschule, die erste umfassende deutsche überhaupt, in deutschen, holländischen, französischen und russischen Ausgaben seinen Namen in die musikalische Welt getragen. Er starb am 28. Mai 1787 im Salzburger Geburtshaus seines großen Sohnes, Getreidegasse 9[31].

Johann Gottfried Eckard (1735–1809)[32] bildete sich in Augsburg zum Maler und Kupferstecher aus; in der Musik war er Autodidakt. 1758 nahm ihn Johann Andreas Stein nach Paris mit, wo sein Klavierspiel so großes Aufsehen erregte, daß er sogleich beschloß, dort als Musiker zu leben. In den Salons der französischen Hauptstadt galt er als der bedeutendste Klavierspieler neben dem Schlesier Johann Schobert. Eckards Klaviersonaten waren die ersten ausdrücklich für das Fortepiano bestimmten in Paris und sind zu Marksteinen in der Entwicklung sowohl dieser Gattung als auch derjenigen der Violinsonate geworden.

Zwischen Mozart und Carl Maria von Weber hat am Ende der Reichsstadtzeit noch ein dritter Großmeister der Musik Augsburg berührt: Ludwig van Beethoven. Auf seiner ersten Reise von Bonn nach Wien hatte er im März 1787 die damals weithin berühmte Hofmusik in Wallerstein besucht und war dann mit dem Augsburger Ratskonsulenten und Fürstlich Oettingen-Wallersteinschen Hofrat Joseph Freiherrn von Schaden (1752–1813) und dessen Gattin Nanette (1763–1834), einer glänzenden Pianistin, über Augsburg nach München weitergereist, wo die drei am 1. April eintrafen. Auf der Rückreise von Wien nach Bonn muß sich Beethoven dann kurz nach dem 25. April 1787 etwas länger in der schwäbischen Reichsstadt aufgehalten und hier Johann Andreas Stein und seine Tochter Nanette kennengelernt haben. Dabei spielte er auf Steinschen Klavieren und gab – wo, ist nicht bekannt – ein Orgelkonzert. Beethovens frühest erhaltener eigenhändiger Brief datiert vom 15. September 1787 aus Bonn und ist an Baron Schaden in Augsburg gerichtet. Aus ihm erhellt nicht nur die Notlage der Familie des Meisters nach dem Tod der Mutter am 17. Juli, sondern auch, daß Schaden ein Wohltäter des jungen Beethoven gewesen ist. Ob dieser die Verbindung mit dem Augsburger Ehepaar nach 1787 aufrechterhielt, bleibt ungewiß[33].

1 Ernst Fritz Schmid: Augsburg. In: MGG 1, Sp. 825–840, bes. Sp. 833–837; Adolf Layer: Augsburger Musik im Barock. In: Augsburger Barock, Augsburg 1968, S. 453–468; Erich Valentin: Augsburger Musik zwischen dem Dreißigjährigen Krieg und dem Ende der Reichsstadt. In: Ludwig Wegele (Hrsg.): Musik in der Reichsstadt Augsburg, Augsburg 1965, S. 103–148; Hans Schmid: Musik. In: HdbBayG III, S. 1236–1248, bes. 1242 f.; Folker Göthel: Das reichsstädtische Musikleben Augsburgs im 17. und 18. Jahrhundert. In: Musik in Bayern. I. Bayerische Musikgeschichte, Tutzing 1972, S. 221–232; Adolf Layer: Augsburg. In: The New Grove 1, S. 692–695.

2 Ernst Fritz Schmid: Philipp Jakob Baudrexel. In: Festschrift zum 1200jährigen Jubiläum des Hl. Magnus, Füssen 1950, S. 89–99.

3 Adolf Layer: Johann Melchior Gletles Leben und Wirken. In: Hans Peter Schanzlin (Hrsg.): J. M. Gletle (1626–1683). Ausgewählte Kirchenmusik, Basel 1959 (Schweizerische Musikdenkmäler 2), S. VII–XIV.

4 Adolf Layer: Caesar, Johann Melchior. In: The New Grove 3, S. 594.

5 Karl Pittroff: Aus vier Jahrhunderten evangelischer Kirchenmusik in Augsburg. In: Zeitschrift für Evangelische Kirchenmusik 9 (1931), Nr. 2, 3, 5–8, bes. S. 139 f.

6 Friedhelm Krummacher: Die Überlieferung der Choralbearbeitungen in der frühen evangelischen Kantate, Berlin 1965, S. 109 f., 344.

7 Ludwig Gerheuser: Jacob Scheiffelhut und seine Instrumentalmusik. In: JHVS 49 (1933), S. 1–92.

8 Bronislawa Wójcikówna: Johann Fischer von Augsburg als Suitenkomponist. In: Zeitschrift für Musikwissenschaft 5 (1922/23), S. 129–156; Ernst Fritz Schmid: Fischer, Johann III. In: MGG 4, Sp. 261–264.

9 Adolf Layer: Kelz, Matthäus. In: The New Grove 9, S. 858.

10 Adolf Layer: Schmierer, Johann Abraham. In: The New Grove 16, S. 676.

11 John Henry van der Meer: Musikinstrumentenbau in Bayern bis 1800. In: Musik in Bayern, Bd. 2, Tutzing 1972, S. 17–38, bes. S. 27–30; Adolf Layer: Die Allgäuer Lauten- und Geigenmacher, Augsburg 1978; Hermann Fischer und Theodor Wohnhaas: Der bayerische Orgelbau. In: Musik in Bayern 2, S. 39–65, bes. S. 49–52; dies., Historische Orgeln in Schwaben, München und Zürich 1982 (dort Reg. und weitere Lit.); Adolf Layer: Augsburger Notendrucker und Musikverleger der Barockzeit. In: Gutenberg-Jb. 44 (1969), S. 150–153.

12 Hermann Fischer und Theodor Wohnhaas: Zur Geschichte der Augsburger Domorgeln – ein Rückblick auf vier Jahrhunderte. In: Kirchenmusikalisches Jb. 63/64 (1979/80), S. 45–58 (mit weiterer Lit.).

13 Folker Göthel: Stein, Familie. In: MGG 12, Sp. 1230–1234.

14 Adolf Layer: Lotter (Familie). In: MGG 8, Sp. 1223–1225; ders., Die Augsburger Musikaliendrucker Lotter. In: Gutenberg-Jb. 39 (1964), S. 258–263; ders., Lotter. In: The New Grove 11, S. 248 f.

15 Franz Krautwurst: Rathgeber, Johann Valentin OSB. In: MGG 11, Sp. 19–22; Wilfried Dotzauer: Die kirchenmusikalischen Werke Johann Valentin Rathgebers, Diss. phil. Erlangen 1976.

16 Max Herre: Aus der Geschichte der Oper. In: Das Stadttheater Augsburg, Augsburg 1927, S. 99–150.

17 Willibald Nagel: Mitteilungen zur Musikgeschichte aus Augsburger Akten. In: Sammelbde. der Internat. Musikgesellschaft 9 (1907/8), S. 145–154; Gustav Friedrich Schmidt: Zur Geschichte, Dramaturgie und Statistik der frühdeutschen Oper. In: Zeitschrift für Musikwissenschaft 5 (1922/23), S. 582–597, 642–665, bes. S. 654; Herre, Oper, S. 100–109; Elisabeth Jeannette Luin: Antonio Giannettini und seine Beziehungen zur Augsburger Oper im 17. Jahrhundert. In: Neue Augsburger Postzeitung 80 (1931), Nr. 87 (17. April 1931), S. 1.

18 Herre, Oper, S. 110–113; ders., Carl Maria von Weber und Augsburg. In: ZHVS 47 (1927), S. 217–234.

19 Pittroff, Kirchenmusik, S. 170–174.

20 Adolf Layer: Seyfert, Johann Kaspar und Johann Gottfried. In: MGG 12, Sp. 601 f.

21 Adolf Layer: Praelisauer. Family. In: The New Grove 16, S. 183 f.

22 Adolf Layer: Giulini, Johann Andreas Joseph. In: MGG 16, Sp. 478 f.

23 Theodor Wohnhaas: Über Leben und Werk des Augsburger Domkapellmeisters Franz Bühler (1760–1823). In: JVAB 4 (1970), S. 93–102; Wolfgang Matthäus: Bihler (Bühler), Franz (Klostername Gregor). In: MGG 15, Sp. 795–797.

24 Adolf Layer: Nauss, Johann Xaver. In: The New Grove 13, S. 81.

25 Adolf Layer: Demmler, Johann Michael. In: The New Grove 5, S. 361 f.

26 Adolf Layer: Musikpflege am Hofe der Fürstbischöfe von Augsburg in der Barockzeit. In: JVAB 11 (1977), S. 123–147, bes. S. 144–147; ders., Musikpflege am Hofe des Augsburger Fürstbischofs Joseph I. von Hessen-Darmstadt (1740–1768). In: JVAB 13 (1979), S. 128–159; Gustav Bereths: Die Musikpflege am kurtrierischen Hofe zu Koblenz-Ehrenbreitstein, Mainz 1964, passim.

27 Ernst Fritz Schmid: Mozart und das geistliche Augsburg, insonderheit das Chorherrnstift Heilig Kreuz. In: ZHVS 55/56 (1942/43), S. 40–202.

28 Adolf Layer: Zöschinger (Zeschinger), Ludwig (Taufnamen Johann Georg). In: MGG 14, Sp. 1385 f.

29 Ernst Fritz Schmid: Fischer, P. Matthäus (Karl Konrad). In: MGG 4, Sp. 273 f.

30 Robert Münster: Cröner (Familie). In: MGG 15, Sp. 1650–1652.

31 Ernst Fritz Schmid: Mozart, Johann Georg Leopold. In: MGG 9, Sp. 692–698; Ludwig Wegele (Hrsg.): Leopold Mo-

zart 1719–1787. Bild einer Persönlichkeit. Mit Beiträgen von Werner Egk, Adolf Layer, Géza Rech, Hans Schurich, Erich und Hans E. Valentin, Ludwig Wegele, Augsburg 1969; Wolfgang Plath: (Johann Georg) Leopold Mozart. In: The New Grove 12, S. 676–679; Adolf Layer: Musik und Theater in St. Salvator. In: Wolfram Baer und Hans Joachim Hecker (Hrsg.): Die Jesuiten und ihre Schule St. Salvator in Augsburg 1582, Augsburg 1982, S. 67–75, bes. S. 69.

32 Herbert C. Turrentine: Eckard, Johann Gottfried. In: The New Grove 5, S. 824 f.; Ludwig Wolf: Johann Gottfried Eckhard (1735–1809), Maler, Virtuose und Komponist, »le premier maître de Paris«. In: Musik in Bayern 27 (1983), S. 81–86.
33 Martin Staehelin: Beethovens Brief an den Freiherrn von Schaden von 1787. Bonn 1982 (Jahresgabe des Vereins Beethoven-Haus 1).

Das System der Parität

*von Etienne François**

Der in Osnabrück für die Reichsstände ausgehandelte und am 24. Oktober 1648 unterschriebene Friede beendete einen Krieg, der Augsburg die schlimmsten Verluste in seiner Geschichte zugefügt und den Gegensatz der beiden Konfessionen erneut verschärft hatte. In Artikel V, § 3–6 enthielt der Vertrag Bestimmungen über das Zusammenleben der gemischtkonfessionellen Bevölkerung in Augsburg und in drei anderen Reichsstädten. Gegen den Willen und den Einfluß des Fürstbischofs und des katholischen Magistrats hatten die in einem Ausschuß unter der Führung des früheren Stadtvogts Johann David Herwarth zusammengeschlossenen evangelischen Bürger ihre Wünsche auf Gleichberechtigung durchgesetzt. Da der offizielle Vertreter der Stadt bei den Friedensverhandlungen ein Katholik war, hatten sie ihre Interessen dem Lindauer Ratskonsulenten Valentin Heider anvertraut. Seinem taktischen Geschick und dem Festhalten Schwedens an dem Versprechen, in der Stadt der Confessio Augustana die Anhänger dieses Bekenntnisses zu schützen, verdankten die Evangelischen ihre Rehabilitierung.

Vertraglich festgelegt wurde die Wiederherstellung aller Rechte und Besitztümer der Protestanten, die im sogenannten Normaljahr 1624 bestanden hatten und ihnen durch das Restitutionsedikt 1629 und den Leonberger Vertrag 1635 genommen worden waren. Ferner garantierte die Friedensakte eine gleichheitliche Teilung aller städtischen Ämter unter den Konfessionen. Sie griff also bestimmend in die Organisation der städtischen Verwaltung ein und schuf Verhältnisse, die zwar personell aufwendig, im allgemeinen aber klar und einfach waren. Trotz einiger Verzögerungsmanöver der Katholiken kam es zwischen den Religionsparteien zu einer schnellen Regelung. Künftig sollte einer der Stadtpfleger katholisch, der andere evangelisch sein. Ihnen zur Seite standen drei katholische und zwei evangelische Geheime. Im Kleinen Rat teilten sich bei den Mitgliedern aus den Geschlechtern und den Mehrern beide Konfessionen die Sitze, bei den Kaufleuten war das Verhältnis 1:2, bei der Gemein 4:3. Auch alle Ämter erhielten eine solche paritätische Besetzung. Wo man es bei einer ungeraden Zahl beließ, wurde alternierend besetzt.

* Herrn Dr. Hans-Erich Boedeker (Max-Planck-Institut für Geschichte, Göttingen) danke ich sehr herzlich für die Übersetzung.

Die städtischen Hospitäler und Stiftungen mußten sich demselben Prinzip unterwerfen. Bis in die letzte und geringste Position herrschte entweder Teilung oder Wechsel[1].

Diese Bestimmungen haben für anderthalb Jahrhunderte den beiden Konfessionen rechtlich, aber auch weitgehend im täglichen Zusammenleben einen Zustand vollkommener Gleichberechtigung garantiert. Augsburg hob sich durch diesen Status der Parität scharf von der nahezu überall vorherrschenden konfessionellen Exklusivität ab, so daß in fast allen Reiseberichten der nächsten 150 Jahre diese »Augsburger Merkwürdigkeit« betont wurde[2].

Was bedeutete nun im konkreten dieses auf paritätischer Basis institutionalisierte Nebeneinander der Konfessionen, und wieweit kann dies als ein spezifisches Modell sozialen Lebens betrachtet werden? Das Prinzip gleichberechtigten Zusammenlebens von Bürgern mit einander ablehnenden theologisch-konfessionellen Anschauungen und einer rechtlich-politischen Egalisierung von ungleich großen Bevölkerungsgruppen war und blieb widerspruchsvoll. Es vermochte Spannungen nur mühsam zu überbrükken. Bewähren konnte es sich allenfalls, wenn es sich präzisierte und im stadtpolitischen Alltag als nützlich erwies. Was am Anfang nur ein »juristischer Pakt« war[3], entwickelte sich zunehmend zum allgemeinen und beherrschenden Prinzip für alle Dimensionen des sozialen Lebens und wucherte so, daß es die Probleme, die aus der konfessionellen Spaltung erwuchsen, unüberwindlich machte, anstatt sie aufzulösen. Auf der einen Seite steht die auffällige Erscheinung der Immobilität, nämlich eine bis zur Absurdität getriebene Paritätsmanie, die der Kritik der Aufklärer eine willkommene Zielscheibe bot[4]. Andererseits aber gab diese soziale Immobilität, weil sie jede Modifikation des politischen Kräfteverhältnisses unmöglich machte, dem Zusammenspiel der gesellschaftlichen Kräfte auch eine gewisse innere Dynamik. Nicht zuletzt war die Parität für beide Konfessionen nacheinander ein Schutz.

Es kehrte sich nämlich zwischen 1648 und 1806 die numerische Relation zwischen Katholiken und Lutheranern völlig um. Denn die Protestanten, die beim Zensus des Jahres 1645 noch 69 Prozent der städtischen Bevölkerung ausmachten, repräsentierten bei

den Volkszählungen des ersten Jahrzehnts des 19. Jahrhunderts nur noch 40 Prozent der Bevölkerung. Nach den Angaben der Kirchenbücher hatten die Lutheraner ihre Mehrheit bereits zwischen 1700 und 1720 eingebüßt. Die Umkehrung der Konfessionsverteilung rief keine scharfen sozialen Spannungen hervor und vollzog sich beinahe unbemerkt. So vorteilhaft die Parität zunächst für die zahlenmäßig unterlegenen Katholiken war, so sehr erwies sie sich dann als günstig für die Evangelischen. Sie verhinderte, daß die größere soziale Dynamik der Katholiken, deren Anwachsen vor allem auf einem ständigen Zuzug aus dem Umland beruhte, der protestantischen Minderheit zum Nachteil wurde. In vielerlei Hinsicht scheinen sich in der Tat die demographischen Charakteristika der beiden Religionsparteien zu unterscheiden. Die Anzahl der Katholiken verdreifachte sich zwischen der Mitte des 17. und dem Ende des 18. Jahrhunderts, während die Zahl der Lutheraner insgesamt stabil bei etwa 12 000 bis 13 000 Personen blieb. Das ist, jedenfalls am Anfang der Epoche, durch die Zuwanderungen bedingt. Aus einem Vergleich der lutherischen und katholischen Heiraten zwischen 1684 und 1686 ist dies klar erkennbar. Von den evangelischen Brautleuten sind 23 Prozent Einwanderer. Sie kommen zu 53 Prozent aus Ortschaften, die mehr als 100 km von Augsburg entfernt sind, aus Franken, Württemberg, aber auch aus Mittel- und Norddeutschland. Zu 79 Prozent sind sie städtischer Herkunft. Bei den katholischen Brautleuten sind dagegen 56 Prozent eingewandert. Von ihnen stammen mehr als die Hälfte aus der näheren Umgebung von Augsburg, die bayerischen und habsburgischen Gebiete eingeschlossen. Sie sind zu 72 Prozent ländlicher Herkunft[5].

Auffällig ist ferner, daß zwischen 1650 und 1800 die Geburtenrate bei den Lutheranern fällt, bei den Katholiken dagegen stabil bleibt[6]. Während der katholische Bevölkerungsanteil in der zweiten Hälfte des 17. Jahrhunderts ständig zunimmt, verlangsamt sich dann dieses Wachstum von 1700 bis 1750 immer mehr und bleibt dann gering, aber konstant. Die Einwanderungen durch Heirat gehen bei beiden Konfessionen im 18. Jahrhundert gleichmäßig zurück. Das ist sicher auf die angestiegene Bevölkerungszahl in der Stadt zurückzuführen, aber auch auf eine Verlangsamung der wirtschaftlichen Dynamik. Bei den Eheschließungen selbst fällt auf, daß, im Gegensatz zu anderen Städten, die Protestanten sich in Augsburg dem katholischen Kirchenrecht, das Heiraten in der Fasten- und Adventszeit ausschließt, weitgehend angeglichen haben.

Wenn auch die Lutheraner im Durchschnitt begüterter waren als die Katholiken, erlaubt dieser Unterschied jedoch nicht, von zwei sich scharf voneinander abgrenzenden Gruppen zu sprechen. Nach und nach wußten die Katholiken – dank ihres demographischen Wachstums, aber auch dank der durch die Paritätsbestimmungen verbesserten sozialen Beziehungen – ihre Stellung im städtischen Wirtschaftsleben zu erweitern. Sie kamen auch in Berufe, die ihnen bis dahin verschlossen waren. Bei den Handwerksmeistern, die etwa 60 bis 70 Prozent der Haushaltsvorstände ausmachten, zeigt ein erstes Verzeichnis von 1661, daß nur 21 Prozent unter ihnen katholisch waren. In 32 anderen Berufen gab es, wie der protestantische Redakteur dieser Statistik mit Genugtuung feststellt, keinen einzigen Katholiken[7]. In einem Verzeichnis von 1780 waren dagegen 55 Prozent der Handwerksmeister katholisch. Schon zu Beginn des 18. Jahrhunderts hatte es kaum einen Beruf gegeben, in dem die Katholiken nicht vertreten waren[8]. Im wirtschaftlichen Leben scheint die Konfessionszugehörigkeit keine große Rolle gespielt zu haben, wenn man einmal davon absieht, daß die meisten Bürger wohl bevorzugt bei Kaufleuten ihrer Konfession Kunde waren. In der Erklärung einer vor dem Amtsbürgermeister anläßlich ihres Übertritts zur Augsburgischen Konfession erschienenen Dienstbotin heißt es zum Beispiel auf die Frage, ob sie zu den Religionsveränderungen gezwungen worden sei, »sie könne dies von ihrem Meister und den Seinigen mit Wahrheit nicht sagen, sondern sie haben ihr das Kirchengehen jederzeit freigelassen«[9].

Aber in dem Maße, in dem die Katholiken in den Gewerben zahlenmäßig zunahmen, verbreitete sich in der Mehrheit der Zünfte, vor allem in denen, wo der Andrang der Katholiken am stärksten war, unter den Gesellen zunächst, dann aber auch bei den Meistern, die Gewohnheit, sich nach Konfessionen zu trennen und sich in verschiedenen Herbergen zu treffen[10]. In diesem Zusammenhang ist auch beeindruk-

kend, mit welcher Hartnäckigkeit die Lutheraner ihre Positionen in den Gewerbezweigen, in denen sie am stärksten waren (und das heißt zugleich in den reichsten Berufen), abzusichern und zu verteidigen wußten, als ob sie ihre demographische Unterlegenheit durch wirtschaftliche Potenz auszugleichen versucht hätten. 1737 zählte man unter den 258 Meistern der Goldschmiedezunft nur 33 Katholiken[11], und in den Listen der durch A. Mayr veröffentlichten reicheren Steuerzahler für die Jahre 1646, 1660, 1674, 1702 und 1717 überwiegen die Lutheraner mit etwa 90 Prozent[12]; umgekehrt waren vier Fünftel der Tagewerker und zwei Drittel der Gesellen, die zwischen 1784 und 1786 heirateten, Katholiken.

Nie scheint das Streben beider »Religionsverwandtschaften« nach gegenseitiger Abgrenzung stärker gewesen zu sein, als nach dem Westfälischen Frieden. Noch um 1780 bemerkt der Berliner Aufklärer Friedrich Nicolai, ein scharfsichtiger, kritischer Beobachter, daß die »Katholiken in Augsburg [...] doppelt und dreifach katholisch« sind[13]. Zweifellos hat der Gegensatz zu den Evangelischen ihr religiöses Leben gesteigert. Zeugnisse dafür sind die Prozessionen, die Wallfahrten nach Biberbach, Andechs oder zum Lechfeld, die Heiligenverehrung, etwa das Fest der Überführung der Reliquien St. Ulrichs im Jahre 1762[14], die Überhöhung des eucharistischen Mysteriums in der Verehrung des »Wunderbarlichen Guts« in Hl. Kreuz und die Entstehung vieler neuer Bruderschaften. Aber auch die protestantische Seite entfaltete viel Eifer, um ihre Eigenständigkeit zu behaupten, sie vor jeder möglichen »Ansteckung« zu bewahren und sie zukünftigen Generationen zu überliefern. Das tritt deutlich hervor bei den Schulen, aber auch bei Festen, Jubiläen und Jahrestagen der Reformation, wie sie mit großem Aufwand begangen wurden. Seit 1650 bot das jährlich am 8. August gefeierte »Friedensfest« – das heißt der Jahrestag des kaiserlichen Eingriffs von 1629 – den Pfarrern und den Verantwortlichen der lutherischen Gemeinschaft die Möglichkeit, das »Augsburgische Israel« besonders den Kindern nahezubringen, sie auf die Treue zum »reinen Wort Gottes« zu verpflichten, die Erinnerung an die Verfolgungen in der Vergangenheit wachzuhalten, den »theuren Wundermann Luther« mit Moses oder Paulus zu vergleichen und schließlich

Abb. 102 Silberplatte mit Darstellung der Begegnung von Jakob und Esau. Geschenk der Königin Christine von Schweden an Zar Alexej Michailowitsch von Rußland, 1647. Nach einem Entwurf von Hans Ulrich Frank ausgeführt von dem Augsburger Goldschmiedemeister HB

Abb. 103 Silberner Tafelaufsatz mit Jagddarstellungen von Salomon Dreyer, 1761/62

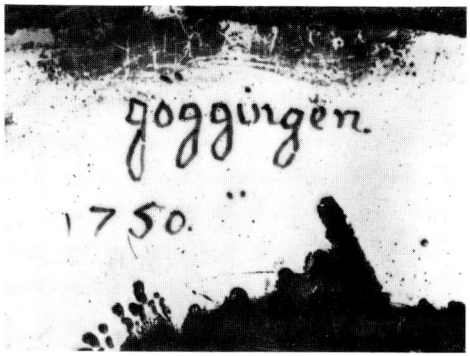

Abb. 104   Bären schlagen ein Reh. Gögginger Fayence, datiert 1750. Modell wahrscheinlich von Josef Hackl nach einem Entwurf von Johann Elias Ridinger

Abb. 105   Meißner Teekanne mit Augsburger Hausmalerei. Farbige Chinesenszenen und goldenes Ornament von Anna Elisabeth Auffenwerth, um 1730

Gott für den »wunderbaren Schutz« zu danken, den er »seinem Zion, das er sich in Augsburg ausersehen«, unaufhörlich angedeihen ließ[15].

Diese Abgrenzungsdynamik, die durch die Familie und die Schule und überhaupt durch alle Instanzen sozialer Kontrolle vermittelt wurde, bestimmte den Alltag. Bereits die Wahl des Vornamens war ein erster Hinweis auf die Zugehörigkeit zu dieser oder jener »Religionsverwandtschaft«. Gleiches galt etwa für die weibliche Kleidung, für die Art und Weise, die Wohnungen zu schmücken oder die Familienfeste zu begehen, galt schließlich auch für das Sterben. Die Katholiken und die Protestanten hatten nicht nur getrennte Friedhöfe, es gab gleicherweise ein spezifisch »katholisches Sterben« und ein entsprechend anderes, evangelisches. Das dokumentieren unter anderem auch die lutherischen Leichenpredigten, wie sie für hochstehende bürgerliche Persönlichkeiten publiziert wurden, die sich diesen Luxus zum Andenken an ihr Leben und Wirken leisten konnten. Fügt man schließlich noch die unzähligen Episoden der andauernden konfessionellen Rivalität hinzu, insbesondere die heftigen Kontroverspredigten, so gewinnt man den Eindruck, die zwischen 1650 und 1800 beide Konfessionsgemeinschaften trennende Kluft sei unüberwindlich gewesen. Das belegt auch die Heiratsstatistik. Mehr als ein Jahrhundert nach der Einführung der Parität kamen zwischen 1774 und 1779 auf insgesamt 7775 Eheschließungen nur 77 gemischtkonfessionelle Ehen, also nur 1 Prozent.

Andererseits nahmen die konfessionellen Zusammenstöße, mit Ausnahme eines Tumults von 1718, der mehrere Tote forderte und in einen Aufruhr auszuarten drohte, niemals ernsthafte Formen an. Die Nichtigkeiten ihrer Anlässe sind ein Zeichen ihrer relativen Harmlosigkeit. Analysiert man diese Konflikte, so überrascht ihr ausgesprochen ritualisierter Charakter. Es handelt sich meist um Streitereien beim Vorbeigehen einer Prozession, um Auseinandersetzungen nach dem Zutrinken auf den Glauben oder die guten Werke, um Diskussionen über Luther, Papst, Fegefeuer oder Ablaß. Die Konflikte hielten sich in Grenzen, um den städtischen Frieden nicht zu gefährden[16]. Katholiken und Protestanten waren, selbst wenn sie untereinander nicht heirateten, doch Nachbarn, lebten zusammen in denselben Stadtteilen

und Straßen, häufig sogar in denselben Häusern. Das trotz aller Kontroversen friedliche Nebeneinander der Konfessionen ist zwar auch auf den schnellen und resoluten Zugriff des Stadtrats zurückzuführen, der jeden tatsächlichen oder vermeintlichen konfessionellen Streit unterdrückte, aber sicher auch auf den festen Willen der Mehrheit der Bevölkerung, jeden offenen Konflikt zu vermeiden. Das erträgliche Zusammenleben war im wesentlichen dem System der Parität zuzuschreiben. Durch die völlige Gleichberechtigung beider Konfessionen war eine Politisierung der Gegensätze unmöglich.

Auch die ständigen, meist sogar noch nachträglich gedruckten Kontroverspredigten änderten daran nichts. Sie waren weniger nach außen als nach innen gerichtet. Trotz ihrer aggressiven Form blieben sie eher defensiv als offensiv und sollten vornehmlich das Selbstverständnis jeder Konfessionsgemeinschaft aufrechterhalten oder stabilisieren, sollten es vor möglichen internen Auflösungserscheinungen als Folge des konfessionellen Zusammenlebens schützen. Wenn also die evangelischen Pfarrer unermüdlich den einerseits äußerlichen, andererseits irrationalen Charakter der katholischen Frömmigkeit anprangerten, so geschah das weniger, um einen eventuellen katholischen Zuhörer zu bekehren, als vielmehr, um die protestantischen Gemeindeangehörigen gegen die möglichen Verführungen der katholischen Liturgie zu beschützen[17]. Und umgekehrt, wenn die katholischen Geistlichen gegen die allein auf das Bibelwort gestützte protestantische Frömmigkeit ins Feld zogen, so wollten sie ihre Gläubigen davor bewahren, sich theologischen Spekulationen hinzugeben. Der Stil dieser zum eigenen Schutz entfachten Polemiken, die gerade wegen ihrer Ritualisierung von den Zeitgenossen fast als rhetorischer Selbstzweck angesehen wurden, war auf beiden Seiten derselbe. Jeder Prediger folgte Schritt für Schritt der Argumentation seines Gegners, um ihn zu widerlegen. So wurden die katholischen und die protestantischen Predigten in ihrer Thematik voneinander abhängig. Der Jesuit Josef Glückenbach gab dies in einer Ansprache am 11. August 1715 auch offen zu: »Es möchten einige sagen von unseren Leuten: was nützen die Kontrovers-Predigten, man macht die Lutheraner doch nimmer anders, sie bleiben doch wie sie seien? Es geschieht auch darum nicht, sondern wenn wir schweigen, so möchten einige Predikanten auftreten und sagen: Jetzt haben wir ihnen die Wahrheit gesagt, nun müssen sie schweigen«[18]. Der Zwang, sich keine Blöße zu geben, wirkte sich auf allen Gebieten aus. So richteten zum Beispiel die Katholiken 1710 ein Armenkinderhaus ein, nachdem die Protestanten dies acht Jahre zuvor schon getan hatten. Andererseits schmückten die Lutheraner in einer von katholischer Ästhetik bestimmten Umwelt ihre Kirchen in dem üblichen barocken Stil aus, um nicht als rückständig zu gelten. Diese Haltung gegenseitiger Anziehung und Abweisung zeigt sich auch bei dem relativ häufigen Konfessionswechsel. Zehn bis zwanzig Konversionen pro Jahr verteilen sich gleichmäßig auf beide Konfessionen. Aber mindestens ein Viertel, in manchen Jahren sogar ein Drittel der männlichen, mehr noch der weiblichen Konvertiten, die – um sich zu verheiraten, in der Hoffnung auf einen sozialen Aufstieg oder aus religiöser Überzeugung – gewagt hatten, die konfessionelle Kluft zu überschreiten, kehrten früher oder später zu ihrer ursprünglichen Konfession zurück.

Angesichts einer solchen kontrastreichen gesellschaftlichen Realität ist man versucht, den einen oder anderen Aspekt besonders hervorzuheben, entweder die konfessionellen Unterschiede zwischen Katholiken und Protestanten zu betonen oder das insgesamt friedfertige Zusammenleben beider Parteien, ihr kompromißbereites alltägliches Leben und den wechselseitigen Einfluß, den sie aufeinander ausübten, hervorzuheben. Dabei reduziert man jedoch die zugrunde liegende dialektische gesellschaftliche Realität: die strikte Gleichberechtigung, die beiden Konfessionen durch die Parität zugesichert war, die Tatsache, daß ein jeder Bürger von Kindheit an wußte, welcher »Religionsverwandtschaft« und welcher kulturellen Welt er angehörte, und noch allgemeiner das Bewußtsein, daß Katholiken wie Lutheraner ständig aufeinander angewiesen waren. Dies alles schuf die vorteilhaften Bedingungen für eine alltägliche Praxis des Kompromisses und der Toleranz. Umgekehrt verpflichtete die andauernde Gefahr, die das gezwungene Zusammenleben der Konfessionen für die Aufrechterhaltung ihrer eigenen Identität mit sich brachte, die Katholiken und Lutheraner immer wie-

der, an ihre Eigenheit und ihre Unterschiedlichkeit zu erinnern, und das um so mehr, als die ideologische Legitimität jeder Konfessionsgemeinschaft auf der Negation der anderen beruhte. In seinen *Augsburger Studien* von 1857 brachte Wilhelm Heinrich Riehl diese doppelte Dimension der Parität präzis auf den Begriff: »Indem die Konfessionen ihren Gegensatz recht tapfer wahren wollten, suchte eine der anderen die Alleinherrschaft ihres eigensten Gebietes streitig zu machen – und indem sie solcher Gestalt einander zu überbieten wähnten, ahmten sie einander nach [. . .] So widerspruchsvoll diese Sätze scheinen, so beleuchten sie doch das frühere Augsburgische Kirchentum recht ins Herz hinein«[19]. So war das System der Parität heilsam und wirksam, weil es den städtischen Frieden sicherte, ein soziales Zusammenleben regelte und Konflikte in Grenzen hielt. Es hat auch die künstlerischen, kulturellen und wirtschaftlichen Kräfte gestützt und getragen, zumindest konnten sie sich frei entfalten. Die starke Prägung des öffentlichen Lebens durch theologisch-konfessionelle Bindungen hat allerdings die geistigen Strömungen, die von der Aufklärung ausgingen, lange zurückgehalten. Überlegungen, ob sich das System der Parität auch für andere Territorien geeignet hätte, schließen die besonderen Bedingungen aus, die zu seiner Entstehung geführt hatten. In den Augen mancher Zeitgenossen stellte die Parität eine ausgefallene Kuriosität dar, eine der Verirrungen, die die Reichsverfassung ermöglichte und erhielt, ähnlich etwa der zwischen einem katholischen und einem lutherischen Bischof alternierenden Wechselfolge im fürstlichen Stift Osnabrück. Das System war seiner Natur und Intension nach statisch. Aber es förderte auch die innere Dynamik der beiden Konfessionsparteien. Es war nicht aufzuheben, und damit verhinderte es vielfach religiöse Indifferenz. Dies wiederum bewirkte eine uneingestandene Gemeinsamkeit der beiden Konfessionen gegen alle ganz anders Denkenden, etwa gegen die Aufklärer, die nicht fähig waren, dieses System realistisch und gerecht zu beurteilen.

---

1 Über die Einführung der Parität s. Hermann Vogel: Der Kampf um die Einführung der Parität in Augsburg, München 1900.

2 Zahlreiche Beispiele bei Hildebrand Dussler: Reisen und Reisende in Bayerisch Schwaben, Band 1–2, Weißenhorn 1968, 1978.

3 Wilhelm Heinrich Riehl: Augsburger Studien. In: Riehl, Culturstudien aus drei Jahrhunderten, Stuttgart 1862, S. 324. Vgl. auch die Bemerkung S. 318: »Man mag Sitte und Herkommen fassen, wo man will: überall reckt die ›Parität‹, Gegensatz und Gleichberechtigung der Confessionen, den Kopf hervor.«

4 Z. B. Geographisch-Statistisch-Topographisches Lexikon von Schwaben, Bd. 1, Ulm 1791, S. 73: »Die Parität läuft hier ins Unglaublich-Lächerliche hinein.«

5 StAA, Hochzeitsamtsprotokolle. Die Prozentsätze sind errechnet aufgrund der Daten für die Jahre 1684–1686.

6 Quotient der Taufen und Heiraten zwischen 1651 und 1700: 3,63 bei den Katholiken, 3,58 bei den Lutheranern; zwischen 1751 und 1800: 3,54 bei den Katholiken und 3,30 bei den Lutheranern. Durchschnittswerte errechnet aufgrund der Tauf- und Eheregister in den Evangelischen und Katholischen Kirchenbuchämtern.

7 StAA EWA, Handwerkerverzeichnis Nr. 1496.

8 StStBA, 2⁰ Cod Aug 147, S. 1–4: Specification der sämtlichen Augsburger Professionisten und Handwerker von beyden Religionen, 1780.

9 Aussage der Beisitztochter Maria Müller bei ihrer Konversion zum evangelischen Bekenntnis am 25. 8. 1663. StAA, Bürgermeister-Amtsprotokoll des Bürgermeisters Anton Langenmantel für die Jahre 1662–1663.

10 StAA EWA, Nr. 1493, Bericht der Handwerksdeputierten wegen der unter den Handwerkern ratione der Herbergen entstandenen Differenzien, 27. 9. 1721.

11 StAA EWA, Acta über die Handwerker, Bd. 9, Gedrucktes Verzeichnis der Mitglieder der Goldschmiedezunft für das Jahr 1738.

12 Anton Mayr: Die großen Augsburger Vermögen in der Zeit von 1618–1717, Augsburg 1931 (Abhandlungen zur Geschichte der Stadt Augsburg 4).

13 Friedrich Nicolai: Beschreibungen einer Reise durch Deutschland und die Schweiz im Jahre 1781, Bd. 7, Berlin und Stettin 1786, S. 101.

14 Peter Rummel: Besondere Feiern zur Verehrung des heiligen Ulrich in Augsburg. In: JVAB 7 (1973), S. 249–274.

15 Horst Jesse (Hrsg.): Das Augsburger Bekenntnis in drei Jahrhunderten, Weißenhorn 1980; Angelika Marsch: Bilder zur Augsburger Konfession und ihren Jubiläen, Weißenhorn 1980; Horst Jesse: Friedensgemälde 1650–1789, Pfaffenhofen 1981.

16 StAA, zahlreiche Beispiele im Bestand Religionsakten.

17 Vgl. die Antwort von Samuel Urlsperger anläßlich der Jahrhundertfeier der Confessio Augustana (1730) auf die Frage, wie die Feier am würdigsten zu begehen sei: »Wenn man die schmähliche Gleichgültigkeit der Religionen und Confessionen vom Hertzen verabscheuet, von der wahren zur falschen sich nicht verleiten läßt und mithein Gottes Wohlthat nicht schmähet.« Samuel Urlsperger: Catechetische Unterweisung von der Historie und Inhalt der Augspurgischen Confession [. . .] Augsburg 1730, S. 104.

18 StStBA 2⁰ Cod Aug 311, Katholische Lästerpredigten und Pasquills, 1581–1762.

19 Riehl, S. 327–328.

Die evangelische Kirche zwischen Pietismus, Orthodoxie und Aufklärung

von Helmut Baier

Die evangelische Kirche Augsburgs hat die sie betreffenden Bestimmungen des Westfälischen Friedens dankbar und mit Genugtuung aufgenommen. Wenn sie auch nicht den ihrer zahlenmäßigen Stärke entsprechenden gerechten Anteil an der Führung der öffentlichen und amtlichen Geschäfte erreicht hatte, so war sie doch durch die Paritätsbestimmungen zur Hälfte beteiligt, und der internationale Friedensvertrag garantierte ihr die zukünftige Existenz. Analog den Landeskirchen in den Territorien übte auch der Augsburger Magistrat ein Aufsichtsrecht aus[1].

Daß der Friede zwischen den Konfessionsparteien sofort einkehren würde, war nicht zu erwarten. Die Wunden des Krieges waren noch frisch, und die Katholiken gaben ihre bisherige Vorrangstellung nur sehr ungern auf. Die Parität verhinderte wenigstens in Zukunft eine Majorisierung. Nach einer Zählung des Jahres 1645 gab es 69 Prozent Lutheraner. Das war eine sehr deutliche, aber keine erdrückende Mehrheit. Alte Zweifel der Katholiken an der Reichstreue der anderen Partei gehörten wohl zu den üblichen traditionellen Verdächtigungen. Sie hatten allenfalls zur Folge, daß sich die Protestanten um so eifriger der Huld des Kaisers versicherten. Bei den üblichen Freuden- und Trauergottesdiensten zu Ehren eines Mitglieds des Herrscherhauses standen sie nicht zurück. Letzten Endes hat die Parität ein erträgliches Zusammenleben der Religionsparteien bewirkt. Nicht zu unterschätzen ist dabei die heilsame Förderung des Eifers und des Bekenntniswillens, die wachsende Beobachtung des »Gegners« und das Bedürfnis nach theologischer Abgrenzung. Das religiöse Leben war trotz mancher Klagen sehr rege. Eine tätige Hilfe für den notleidenden Glaubensgenossen bezeugen die zahlreichen Stiftungen.

Die Evangelischen erhielten durch den Friedensvertrag die Kirchen St. Anna, St. Ulrich, St. Jakob, die Barfüßer- und die Hospital-Kirche. Außerdem wurde ihnen zugestanden, die zerstörten Predigerhäuser bei St. Georg und Hl. Kreuz wiederaufzubauen, deren gewaltsame Einebnung 1630 in der ganzen evangelischen Welt Empörung ausgelöst hatte. Bei der völligen Verarmung der Bevölkerung war es allerdings nicht möglich, die Kirche St. Georg wieder zu errichten[2]. Aber der 1649 nach Hl. Kreuz berufene Pfarrer Thomas Hopfer begab sich 1650 mit zwei angesehenen Bürgern auf eine Reise in evangelische Fürstentümer und predigte an vielen Höfen für den Neubau seiner Kirche. Die einjährige Reise führte ihn bis nach Stockholm und Uppsala. Tatsächlich konnte die Delegation so viel Geld zusammenbringen, daß 1652/53 die Kirche in der heute noch bestehenden Form aufgerichtet wurde[3].

1650 erschien die erste evangelische Gottesdienstordnung. In jeder Kirche gab es an Sonn- und Feiertagen zwei Gottesdienste am Vormittag und einen am Nachmittag; Lesungen und Predigt waren genau vorgeschrieben. An Werktagen fand wechselweise in einer oder zwei Kirchen Gottesdienst statt, den nicht der zuständige Prediger, sondern einer aus einem an-

deren Sprengel zu halten hatte. Samstags war für alle Pfarreien eine Betstunde angeordnet, außerdem fand mittwochs in drei Kirchen eine Katechismus-Lesung statt[4].

Die Oberaufsicht über alle evangelischen kirchlichen Angelegenheiten lag bei drei Oberkirchenpflegern aus dem Patriziat und drei Adjunkten. Der Präsident gehörte dem Geheimen Rat an. Untergeordnet waren die Gemeinschaft der Pfarrer, das sogenannte Ministerium, ferner die einzelnen Kirchen- und Zechpfleger. Dem Ministerium standen zwei Senioren vor, von denen der eine im Winter-, der andere im Sommerhalbjahr den Vorsitz führte. Sie verteilten im Predigerkonvent die anfallenden kirchlichen Arbeiten und ordneten Vertretungen an. Der jeweilige Senior trug gemeinsame Amtsgegenstände vor und verhandelte durch Berichte, Anträge und Bitten im Namen seiner Kollegen mit der Oberkirchenpflege. Zu seinem Amtsbereich gehörte ebenso die Präsentation der Pfarrer wie die Ordination zum Predigtamt. Beide Senioren waren die obersten Prüfer eines Kandidaten bei der Bewerbung für die Neubesetzung einer Predigerstelle. In ihrer Hand lagen die Zensur geistlicher Schriften und die Aufsicht über eine Ordnung in allen kirchlichen Angelegenheiten.

Die Wahl eines neuen Predigers richtete sich nach bestimmten Vorschriften. Nach seinem gewöhnlichen Konvent oder durch besondere Einberufung trat das Ministerium mit den Oberkirchenpflegern zu einem *Consilium fidei* zusammen. Durch eine Vorwahl wurde ermittelt, welche Kandidaten dem Ministerium genehm waren und wie viele Stimmen die einzelnen Bewerber erhielten. Das Ergebnis wurde den evangelischen Mitgliedern des Geheimen Rats mitgeteilt. Unmittelbar darauf trat die aus den evangelischen Mitgliedern des Geheimen Rats, drei Bürgermeistern und zwei Baumeistern bestehende *Deputatio ad Sacra* zusammen und nahm die eigentliche Wahl vor. Dabei war zwar nur wählbar, wer im *Consilium fidei* Stimmen erhalten hatte, aber auf die Zahl kam es nicht an. Falls der neugewählte Prediger schon in Augsburg amtierte, nahm er am nächsten Sonntag von seiner bisherigen Gemeinde Abschied und wurde am darauffolgenden Sonn- oder Feiertag in seine neue Gemeinde eingeführt. War die Wahl auf einen Nicht-Augsburger gefallen, oder hatte der neue Prediger bisher noch kein Amt, so mußte er sich zuerst einer theologischen Konversation unterziehen. Vom Tage der Präsentation an trat der Pfarrer in alle Rechte ein, die ihm durch die sogenannte Parochialfreiheit zustanden.

Die Kontroversen zwischen den Religionsparteien äußerten sich besonders heftig in den ersten Jahrzehnten nach dem Frieden. Sie spielten sich meist auf sehr niedriger Ebene ab. 1658 zum Beispiel zertrümmerten katholische Studenten einem evangelischen Pfarrer die Fensterscheiben. Sie wurden daraufhin von lutherischen Handwerksgesellen in einen Lechkanal geworfen. Evangelische belästigten 1661 eine aus Andechs zurückkehrende katholische Prozession. Die Stadtgarde mußte dabei angegriffene konvertierte Frauen in Schutz nehmen[5]. Um die Zulassung von Handwerkern und Angehörigen anderer Berufe feilschte man jahrzehntelang beim Magistrat, denn man wollte die Parität auf alle Lebensbereiche ausdehnen[6]. Der Rat mußte 1685 durch einen Erlaß die Verbreitung von Spottbildern, Schmähschriften und beleidigenden Redensarten unterbinden. Angriffsfläche für die Evangelischen war meist die Heiligenverehrung. Noch 1718 kam es in den Tagen vor Fronleichnam und während der Prozession zu schweren Tumulten, in denen mehrere Personen getötet und schwer verletzt wurden[7]. Polizeiverordnungen mahnten immer wieder zur Wahrung des Friedens zwischen den Religionsparteien. Beide Konfessionen überwachten einander ängstlich, wobei die Evangelischen sich schon bald einer stärker werdenden katholischen Bevölkerungsschicht und ihres stets in die Öffentlichkeit drängenden Kultus kräftig erwehren mußten. Die anfangs für die Lutheraner so nachteilig erscheinende Bestimmung der Parität erwies sich im Verlauf der Jahrzehnte als günstig. Um 1720 waren sie nämlich bereits in der Minderheit und stellten am Ende des Jahrhunderts nur noch 40 Prozent der Bevölkerung dar.

Zur seelsorgerischen Tätigkeit gehörte die Aufsicht über die Schulen. Seit 1764 war das sogenannte Scholarchat, die städtische Schulaufsichtsbehörde für die Evangelischen, auf vier Geistliche verteilt[8]. Sie hatten sich um die lutherischen Lehrer zu kümmern, die in ihren Häusern gegen Bezahlung Unterricht im Lesen, Schreiben und Rechnen erteilten. Nach einer

Schulordnung von 1683 bildete der Katechismus Luthers weiterhin die Grundlage, aber auch die Hauptlektüre des Unterrichts. Das Ziel bestand neben der Vermittlung von Kenntnissen darin, gute evangelische Christen heranzuziehen. Deshalb wurden die Kinder zum eifrigen Kirchgang angehalten. Die Aufsichtspersonen beobachteten und prüften Erfolg und Wirkung des Unterrichts. Weit konnte ein Lehrer von der erwarteten Norm nicht abweichen, solange er das Einverständnis der Eltern hatte und genügend Psalmen, Gebete und Bibelsprüche bei ihm auswendig gelernt wurden. Eine gewisse Form von Drill war sicher keine ideale Vorbereitung auf selbständiges Denken, aber eine andere Methode des Unterrichts war kaum entwickelt, so daß die Tüchtigen sich früher oder später mit dem erhaltenen ethisch-religiösen Rüstzeug selbst weiterhelfen mußten.

Die Kontrolle der Verhältnisse in der Lateinschule St. Anna bot gar keine Schwierigkeiten[9]. Da ein Teil der Lehrer theologisch ausgebildet war, konnte an der religiösen Erziehung nicht gezweifelt werden. Viel stärker als zu Anfang des Jahrhunderts waren wohl der Religionsunterricht und der ständige Bezug auf die Bibel bei anderen Unterrichtsfächern betont. Außerdem mußte man bei St. Anna darauf bedacht sein, möglichst viele Geistliche heranzubilden.

Wer nach Abschluß der Schule Theologe werden wollte, hatte zu versprechen, »in wahrer Gottesfurcht, mit höchstem Fleiß die Hl. Schrift und wahre Augsburgische Confession« zu studieren. Sofern er sich auf ein Stipendium stützte, mußte er vierteljährlich über Ausgaben und Studienverlauf berichten. Die Mehrzahl der Augsburger Theologen begann ihr Studium in Tübingen oder Altdorf und beendete es in Jena, das als orthodox galt[10]. Zum evangelischen Leben gehörte die Kantorei, die sich aus den Schülern von St. Anna zusammensetzte[11]. Sie bestritt die Kirchenmusik. Ihre Mitglieder hatten allerdings auch einige Freiheiten, öffentlich aufzutreten, sich durch Gesang in wohlhabenden Häusern eine kleine Geldeinnahme zu verschaffen. Solange es sich um die Verbreitung religiöser Lieder handelte, war dagegen nichts einzuwenden. Aber es muß wohl immer wieder auch zu Auftritten in Wirtshäusern gekommen sein, wo nicht nur erbauliche Lieder vorgetragen wurden. Die zugestandene Freiheit ist häufiger mißbraucht worden, wie aus den in regelmäßigen Abständen erlassenen Ermahnungen zu schließen ist.

Nach dem Vorbild der Jesuiten wurden nun auch wieder Aufführungen von Schuldramen üblich[12]. Ihr Inhalt mußte allerdings ein moralischer Gewinn sein. Die Spiele fanden im allgemeinen an einem Tag im Mai statt.

Mit der Anerkennung des lutherischen Bekenntnisses in Augsburg war keineswegs die ersehnte Ruhe in der evangelischen Kirche eingekehrt. Von einem dankbaren Genuß der Rehabilitation war sie weit entfernt. Neue rationalistische Strömungen aus den Niederlanden oder aus der Lehrmeinung des Leipziger Theologen Christian Thomasius traten neben die strenge Orthodoxie. Als Gegenströmung ist eine verinnerlichte Frömmigkeit mit rigorosen religiösen Forderungen anzusehen. Die ersten Zeichen einer endgültigen Säkularisierung der Wissenschaften beunruhigten die eifrigen Geistlichen. In jeder kritischen Befragung der Gültigkeit göttlicher Offenbarung sahen sie schon eine Form des Atheismus, und jede Indifferenz hielten sie bereits für ein Werk des Teufels. Nur in der Bußfertigkeit, in Gebetsübungen, Betrachtungen und in der Einhaltung aller kirchlichen Vorschriften erblickten sie Heil und Rettung.

1666 kam es zu einem Streit, als sich mit Billigung des Rats eine englische Schauspieltruppe vor den Toren der Stadt niederließ und die Bürger vom Besuch des Nachmittagsgottesdienstes weglockte. Der Pfarrer der Barfüßerkirche, Johann Jacob Bayr, wandte sich voller Empörung von der Kanzel gegen die Schändung des Sonntags[13]. Andere Amtskollegen billigten es, wenn die Veranstaltungen erst nach dem letzten Gottesdienst stattfänden, und wollten den Bürgern ein solches Vergnügen nicht verderben. So kam es zu regelrechten Kanzelduellen unter den Pfarrern, bis der Rat einschritt und weitere öffentliche Streitigkeiten verbot. Bayr eiferte ebenso gegen die sonntäglichen Übungen der Schützen und erst recht gegen das Fastnachtstreiben. Als er auch einige Ratsmitglieder angriff, spitzte sich der Streit so zu, daß er vom Magistrat ein Predigtverbot erhielt. Trotz der Fürsprache einiger Pfarrer wurde Bayr auf die Empfehlung eigens dafür bestellter auswärtiger Gutachter 1669 aus seinem Amt entfernt. Die Bindung der Kirche an die Obrigkeit hatte hier trotz aller Härte im einzelnen eine ordnungschaffende Wirkung. Das konnte allerdings auch dazu führen, daß ein verdienstvoller Geistlicher, wie der schon genannte Thomas Hopfer, 1661 die Stadt verlassen mußte, weil er der Aufforderung des Magistrats, einen Briefwechsel zur Einsicht vorzulegen, nicht gefolgt war[14].

Der Magistrat setzte sich auch durch, als der Pfarrer Christoph Ehinger 1681 einen protestantischen Index verlangte »da unnütz Bücher mehr als zuviel sind, geistliche Bücher dagegen nicht allemal ihre Liebhaber finden«[15]. Er erfüllte auch nicht die Forderungen einiger Geistlicher, den Besuch von Schauspieltruppen zu verbieten und die Aufführungen von Komödien bei den Meistersängern für 20 Jahre auszusetzen, weil die unheilvolle Wirkung eines damals auftauchenden Kometen angeblich so lang währe und nur durch strenge Bußhaltung zu umgehen sei[16]. Aberglaube und die Überzeugung von der realen Macht des Teufels beherrschten noch weitgehend die evangelische Geistlichkeit. Aber der Magistrat wehrte sich entschieden dagegen, Forderungen religiöser Art durch politische Entscheidungen zu erfüllen.

Ganz konnte er sich allerdings dem Drängen der eifernden Pfarrer doch nicht entziehen, wenn er als oberste Kirchenbehörde glaubhaft bleiben wollte. Nachdem der Diakon bei St. Jakob, Gottlieb Spizel, in seinem *Scrutinium Atheismi* gegen den wachsenden Unglauben und die Genußsucht zu Felde gezogen war, sah sich der Rat 1772 gezwungen, zu den Gefahren der Zeit ebenfalls Stellung zu nehmen: Es habe sich herausgestellt, »daß leider unter der evangelischen Bürgerschaft die Zahl der Atheisten und groben gottlosen mutwilligen Verächter Gottes Worts und der Hl. Sacrament je länger je mehr zunehme«. Um der Gefahr für das Seelenheil des einzelnen, aber auch einer Strafe Gottes, die sich gegen die ganze Gemeinde und die evangelische Bürgerschaft richten könne, vorzubeugen, seien alle Verdächtigen behutsam, aber mit theologischem Ernst auf den Besuch der Gottesdienste und den Empfang der Sakramente hinzuweisen. Bei Verstocktheit und Weigerung müsse ihnen Freiheitsentzug durch Haft und der Kirchenbann angedroht werden. Nach ihrem Tode seien diese Sünder ohne kirchliches Begräbnis in einem abseitigen Winkel des Friedhofs zu beerdigen[17].

Die Augsburger evangelische Kirchengeschichte in den 150 Jahren nach dem Dreißigjährigen Krieg ist eigentlich eine Geschichte des Pietismus in der Reichsstadt. Nur von ihm liegen Zeugnisse vor, sind Taten und Impulse ausgegangen. Im Vergleich zu den Neuerungen der agilen und geistig herausragenden Anhänger der Ideen Speners und Franckes sind die Orthodoxen wenig in Erscheinung getreten. Der Entfaltung des Pietismus waren allerdings durch die demokratische Kirchenverfassung, durch die Aufsicht des Magistrats, aber auch durch die notwendige Gemeinschaft aller evangelischen Richtungen und ihren Gegensatz zu den Katholiken enge Grenzen gesetzt. So wird die evangelische Kirchengeschichte durch einige Persönlichkeiten geprägt, auch wenn ihr Wirken nicht immer an Erfolgen zu messen ist und die hingebungsvolle Tätigkeit oft hinter der Absicht zurückbleibt.

Zu den Verfechtern einer strikten Sonntagsheiligung, wie sie Bayr gefordert hatte, gehörte vor allem Gottlieb (Theophil) Spizel, der den Spenerschen Pietismus konsequent gegen alle Lauheit vertrat[18]. Er war 1639 in Augsburg geboren, hatte in Leipzig Theologie studiert und sich in vielen Wissensgebieten umgesehen. Noch dort verfaßte er ein berühmtes Werk zur chinesischen Literatur und Sprache. Dem Studium konnte er eine Reise durch die Niederlande, nach Straßburg und Basel folgen lassen, auf der er mit vielen Persönlichkeiten des wissenschaftlichen Lebens zusammentraf, die später seine Briefpartner blieben. 1661 wurde Spizel Diakon bei St. Jakob, 1682 Pfarrer und 1690 bis zu seinem Tod 1691 Senior. Der Kampf gegen die Religionsfeindlichkeit war Spizels großes literarisches Thema. Für die Theologie nahm er ein Wächteramt in Anspruch. Ein dreiteiliges Werk gegen die Literaten warf ihnen alle Laster vor und rief sie zur Umkehr, zu Gottesfurcht und Glauben auf. Natürliche Religiosität, die Bindung an die lutherische Lehre, eine gefühlsbetonte Frömmigkeit und ein festeingewurzelter Teufelsglaube sind bei Spizel zu einer Einheit verwachsen. Sein geistiger Horizont erweiterte sich durch immer neue Briefpartner wie durch sein philosemitisches und polyhistorisches Interesse.

Seine Schriften brachten ihn in Verbindung zu Leibniz und dessen Idee der »Respublica Christiana«. In Augsburg stritten sich mit ihm auf theologischem Gebiet der Jesuit Lorenz Gerwig und der Kapuziner Juvenalis von Nonsberg; zu dem Kanoniker Hieronymus Ambrosius Langenmantel, mit dem ihn das Interesse an verschiedenen Wissensgebieten verband, bestanden persönliche und briefliche Kontakte.

Spizels wichtigster Briefpartner jedoch war seit 1769 Philipp Jacob Spener, in dessen pietistische Programmschrift *Pia desideria* (1775) auch Gedanken von ihm eingegangen sind, vor allem die heftige Kritik an der unzulänglichen Besetzung von Pfarrstellen und an unreligiösen Beweggründen für die Wahl des Theologiestudiums. Spizels Plan, in Augsburg ein *Collegium pietatis* aus Mitgliedern des Ministeriums zu gründen und damit ein religiöses Zentrum neben der Amtskirche zu schaffen, hielt Spener für riskant. Dieser Meinung fügte sich Spizel. Aber einen solchen Kreis aus Laien um sich zu sammeln, wie dies Spener in Frankfurt unternommen hatte, war wohl in Augsburg noch weniger möglich. Die Beziehungen Spizels zu Spener blieben nicht unbekannt und haben eine mißtrauische Aufmerksamkeit der Amtskollegen bewirkt. Von fünf Geistlichen kann man annehmen, sie hätten zumindest mit Spener sympathisiert und nach seinen Vorstellungen die Lehre verkündet. Einige Kaufleute standen der Idee, sich als Laien zu Frömmigkeitsübungen zusammenzufinden, nahe. Tatsächlich versammelte Marx Huber 1775 einen kleinen Kreis um sich, aber er starb schon nach wenigen Monaten, und damit war diese Bewegung zu Ende. Vorübergehend in Augsburg weilende pietistisch beeinflußte Prediger stärkten die Anhänger einer gesteigerten Religiosität. Spizels früher Tod 1791 hat vielleicht dazu beigetragen, daß der Pietismus in Augsburg keine schärferen Konturen erhielt. Es lag wohl auch nicht im Wesen der Bewegung, für Reformen wirklich zu kämpfen und sich Feindschaften zuzuziehen. Die Forderung nach einer christlichen Lebensführung und einer Verantwortung dem Nächsten gegenüber verhallte nicht ungehört. Ein 1680 neu eingeführtes Gesangbuch kann den Einfluß einer gefühlsbetonten Frömmigkeit nicht verbergen, zumal es »zur Fortsetzung und Beförderung wahrer Kirchen- und Hausandacht« dienen sollte. Es hatte allerdings keinen offiziellen Charakter[19].

Nach Spizels Tod vertraten sein Sohn Gabriel, Gottfried Lomer und Andreas Harder unter den Geistlichen am eindeutigsten die Spenerschen Ideen. Das evangelische Ministerium, das sich ihnen eher vorsichtig genähert hatte, blieb wachsam gegen alle gefährlichen und die Gemeinschaft gefährdenden Abweichungen. Als Anhänger des schlesischen Pfarrers Valentin Weigel, der einem kirchenfernen Individualismus huldigte, mußte zum Beispiel der Diakon Johann Friedrich Wieland 1686 sein Augsburger Predigtamt aufgeben. Bereits 1670 hatten die evangelischen Geistlichen vor den »Weigelischen Schleichern« gewarnt[20].

Die pietistische Begeisterung fand schließlich auch in der Sorge um in Not geratene Glaubensgenossen ihren Niederschlag. In den neunziger Jahren begann der Bortenmacher Bartholomäus Krauß, aus eigenem Antrieb für die Versorgung der Armen Geld zu sammeln. Nach seinem Tod 1699 setzte sein Freund Georg Friedrich Beckh das Werk fort. Geistliche Unterstützung erhielt er von Diakon Lomer, weltliche vom Ratsherrn Johannes von Stetten. Auf die Dauer war es schwierig, Arme und Kranke bereitwilligen Gemeindemitgliedern zur Aufnahme in ihr Haus anzuvertrauen. Deshalb wurde 1702 ein Miethaus bezogen. Dort hatten ein Jahr später bereits 76 Bewohner eine Bleibe. In Johann Christian Rende fand man einen theologisch examinierten Präzeptor für die zur täglichen Pflicht gemachte religiöse Unterweisung im Armenkinderhaus. Diese Katechisation war bald öffentlich und wurde auch von Bürgern besucht, zumal es 1706 gelungen war, ein eigenes Haus in der oberen Stadt zu beziehen. Zu den religiösen Übungen trat schon bald auch ein Unterricht für die Kinder, und es wurde nötig, noch einen Diakon einzustellen. 1705 brach jedoch schon ein Konflikt mit dem Ministerium aus, das eine etwas übertrieben erscheinende Frömmigkeit und vor allen Dingen Andachten während offizieller Gottesdienstzeiten mißbilligte. Der Versuch, das Armenhaus ihm direkt zu unterstellen, scheiterte zwar am Widerstand des Magistrats, aber eine Oberaufsicht wurde dem Ministerium doch zugestanden[21].

Inzwischen hatte sich unter den pietistischen Strömungen der evangelischen Kirche die Richtung August Hermann Franckes in Halle durchgesetzt und auch in Augsburg, nicht zuletzt durch Rende, einen

seiner Schüler, an Boden gewonnen. 1718 kam Francke nach Augsburg, predigte in der St.-Anna-Kirche und hielt hervorragend besuchte Katechisationen im Armenkinderhaus. Offiziell war man ihm gegenüber noch zurückhaltend. Aber schon 1722 wurde einer seiner Mitarbeiter und Freunde, Samuel Urlsperger, als Pfarrer nach St. Anna berufen.

Spielte Augsburg bisher innerhalb der gesamten lutherischen Kirche keine hervorragende Rolle, so änderte sich dies nun sehr bald infolge der weltweiten Beziehungen Urlspergers und seiner Teilnahme an Unternehmungen, die über die Grenzen Deutschlands hinausgingen[22].

Urlsperger wurde 1685 in Kirchheim unter Teck geboren. Im Stift Tübingen traf er auf einen unorthodoxen, einer lebensfrohen Frömmigkeit und tätigem Christentum aufgeschlossenen Kreis. Ein Stipendium für eine Studienreise führte ihn nach Halle zu Francke und seinen berühmten Stiftungen. Die Ostindische Missionsanstalt und die Bibelanstalt haben ihn wohl besonders beeindruckt und ihm ganz neue kirchliche Aufgaben vorgeführt. Über die Niederlande gelangte er nach London, wo er in der deutschen lutherischen Gemeinde zwei Jahre tätig war und mit Gesellschaften in Berührung kam, die sich ohne starre Bindung an die anglikanische Kirche um die Verbreitung von Religion und Bibelwort in den Kolonien kümmerten. Ein erneuter Aufenthalt bei Francke vertiefte seine früheren Eindrücke, bevor er 1713 eine Pfarrstelle in Stetten im Remstal erhielt. 1714 wurde er Prediger am württembergischen Hof und nahm sich nun durch erfolgreiche Sammlungen tatkräftig der von Halle ausgegangenen Ostindienmission an. 1718 jedoch entließ ihn Herzog Eberhard Ludwig, weil Urlsperger seine Doppelehe öffentlich anprangerte. Erst nach zwei Jahren gab man ihm eine neue Stelle in Herrenberg. Rendes Einfluß bei einigen Patriziern ist 1722 die Wahl Urlspergers zum Pfarrer bei St. Anna und gleich zum Senior zu verdanken. Aber er hatte zunächst einen sehr schweren Stand gegen eigene Amtsbrüder und mußte ein regelrechtes Ketzergerichtsverfahren mit Beschuldigungen, zum Katholizismus zu neigen und mystisch-theosophischen Richtungen anzugehören, über sich ergehen lassen. Seine besondere Förderung des Armenkinderhauses wurde mit Mißtrauen beobachtet. Dabei hat er dort von Anfang an gerade durch seine Autorität verhindert, daß sich ein antikirchlicher Affekt entwickeln konnte. Bis 1728 hatte er sich durchgesetzt und seine Stellung als Senior ausbauen können. Nun widmete er sich wieder stärker der Ostindienmission und nahm geheime Verbindungen mit versprengten protestantischen Restgruppen in den böhmischen und alpenländischen Gebieten auf. Geld und Bücher gingen von Augsburg aus an die verfolgten Glaubensbrüder. Urlspergers Einfluß in der Stadt wuchs von Jahr zu Jahr, seine Predigten und Katechisationen waren gut besucht und durch seine Sprachgewalt stets eindrucksvoll.

Seine heimliche Fürsorge um die evangelischen Minderheiten wurde öffentlich, als 1731/32 die Salzburger Emigranten[23] durch Augsburg zogen. Urlsperger organisierte ihre Versorgung vor den Toren der Stadt, solange ihnen der Eintritt verwehrt blieb. Er hielt ihnen Gottesdienste, mobilisierte ein Hilfswerk, um sie zu ernähren, zu kleiden und ihnen Unterkünfte und Geld zu verschaffen. Seine Beziehungen zu einflußreichen, begüterten Personen in ganz Deutschland, selbst in England, nutzte er aus, um das Schicksal der armen Vertriebenen bekanntzumachen und durch Spenden zu lindern. Über 6000 Exulanten, die im Laufe des Jahres 1732 in mehreren Gruppen nach Augsburg kamen, hat er geistige und materielle Hilfe zuteil werden lassen. Die evangelische Kirche Augsburgs unterstützte ihn dabei in bewundernswerter Einmütigkeit; die Opfer der Gemeindemitglieder können nicht hoch genug eingeschätzt werden.

Da die neugegründete englische Kolonie Georgia in Nordamerika evangelische Ansiedler brauchte, bot man Urlsperger an, Exulanten über den Ozean zu schicken. Er erbat sich eine Vollmacht für die Auswahl der Auswanderer und stellte die Bedingung, ihnen zwei Prediger mitzugeben und deren Nachfolger bestimmen zu können. Zwischen 1734 und 1741 gingen auf diese Weise vier Transporte nach Amerika. Nach einigen Anfangsschwierigkeiten entstand eine wohlgeplante Ansiedlung, die sich den hebräischen Namen Ebenezer (Stein der Hilfe) gab und als Tochtergemeinde der Augsburger Kirche anzusehen ist. Die Verbindung mit ihr durch tätige Hilfe riß nicht ab. Alle Berichte über die Entwicklung Ebenezers, die regelmäßig in Augsburg eintrafen, ließ Urlsper-

ger drucken und verschickte sie als Musterbeispiele der Kolonisation und der Verbreitung lutherischen Glaubens bei den Indianern an seine Gesinnungsgenossen[24].

Die ursprüngliche Hilfe für böhmisch-mährische Protestanten stellte Urlsperger allerdings ein, als sich aus ihnen unter Graf Nikolaus Ludwig von Zinzendorf im sächsischen Herrnhut eine schwärmerische Brüdergemeinde bildete, die schon bald eine Verbindung zu kirchlicher Aufsicht ablehnte. In Augsburg hielt Christian Dupp einige Jahre die Erbauungsstunden im privaten Kreise ab. 1731 kamen die ersten Sendboten aus Herrnhut, ab 1735 versuchte Georg Schmidt, allerdings vergeblich, der Gemeinde eine festere Form zu geben und ihre Mitglieder zu mehren. Der Rat schritt erstmals 1736 gegen die kleine Gruppe von schätzungsweise 30 Personen ein und ließ einige von ihnen vernehmen. Die Senioren hielten sich in der Verurteilung der Herrnhuter zwar etwas zurück, aber ihre Gegnerschaft war deutlich. 1744 ging der Magistrat unter einem katholischen Bürgermeister endgültig gegen sie vor, verhaftete 16 Brüder und verbot die Erbauungsstunden. Die meisten Herrnhuter verließen daraufhin die Stadt. Der kleine Rest war nicht mehr lebensfähig[25].

Der Einfluß Urlspergers wuchs durch die Berufung von Geistlichen seiner Wahl. Hervorzuheben sind Georg Michael Preu, der das Seniorat mit ihm teilte, ferner Johann Jakob Brucker, dessen wissenschaftliche Verbindungen und literarische Tätigkeit dem Ansehen der Augsburger Kirche zugute kam. Brucker, 1744 Prediger bei Hl. Kreuz und 1757–1770 Pfarrer bei St. Ulrich, verfaßte unter anderem die erste deutsche Geschichte der Philosophie, eine urkundliche Historie von Hl. Kreuz, eine Sammlung von Würdigungen der lebenden deutschen Gelehrten und vollendete zusammen mit Dietelmair aus Altdorf die deutsche Ausgabe des 19 Bände umfassenden Englischen Bibelwerks[26].

So bedeutet die Epoche Urlspergers, der bis 1764 im Amt war und 1772 starb, eine Stärkung und Stabilisierung der evangelischen Kirche in Augsburg. Meinungsverschiedenheiten und theologisch voneinander abweichende Ansichten wird es wohl gegeben haben. Aber insgesamt ist seine Amtszeit doch wenig von Streitigkeiten geprägt.

Mit unverminderter Begeisterung wurde seit 1650 das Friedensfest am 8. August, dem Tag, an dem 1629 die evangelischen Kirchen beschlagnahmt worden waren, gefeiert. Die Kirchen wurden mit Blumen und Teppichen geschmückt, der Hauptgottesdienst bei St. Anna von festlicher Musik umrahmt. Am darauffolgenden Mittwoch feierten die Kinder. Sie erhielten einen Wecken und ein sogenanntes Friedensgemälde. Es war ein Kupferstich, der eine biblische Szene darstellte oder einen Bezug zu einem aktuellen kirchenhistorischen oder politischen Ereignis hatte. Der dazugehörige gereimte Text galt der Erläuterung, Anwendung und Ermahnung. Von 1650 bis 1789 sind diese Friedensgemälde in ununterbrochener Folge an die Augsburger Künstler in Auftrag gegeben worden. Ihr ästhetischer Wert ist unterschiedlich, insgesamt stellen sie jedoch einen guten Querschnitt durch den Stil und die handwerklichen Fähigkeiten der Kupferstecher innerhalb von 150 Jahren dar[27].

Höhepunkte kirchlichen Lebens wurden auch die Gedenkjubiläen zum Thesenanschlag Luthers (1717), zur Verlesung der Confessio (1730) und zum Westfälischen Frieden (1748). Neben den kirchlichen Veranstaltungen und den vielen gedruckten Predigten wurden auch zu diesen Gedenktagen Kupferstiche mit kunstvollen Darstellungen der gefeierten Ereignisse, mit Gebeten, Dankbarkeitsbezeugungen und Bekenntnissen in großer Zahl verbreitet[28].

Der guten Position der evangelischen Kirche und ihren glanzvoll gefeierten Jubiläen steht das starke Anwachsen der katholischen Kontroversliteratur entgegen. Die Angriffe auf das Confessio-Jubiläum veranlaßten gar das Corpus Evangelicorum, die Vertretung der evangelischen Reichsstände auf dem Reichstag in Regensburg, eine Beschwerde beim Kaiser zu führen. Der Durchzug der Salzburger Exulanten wurde von katholischer Seite nicht weniger heftig mit Rechtfertigungsversuchen für die Ausweisung begleitet. Die Domprediger Franz Xaver Pfyffer, Haupttätigkeit zwischen 1724 und 1752, und Alois Merz, 1763 bis 1784 tätig, ließen keine Gelegenheit aus, den katholischen Standpunkt nachdrücklich zu formulieren und in rhetorischer Schärfe darzulegen. Die Lutheraner blieben ihnen keine Antwort schuldig. Urlsperger selbst ließ sich auf die Polemik nicht ein. Seine vielen gedruckten Predigten sind rein seelsorgerischer Natur.

Sichtbarer Ausdruck des evangelischen Kirchenlebens sind Pflege und künstlerische Gestaltung der Gotteshäuser. Bereits die Hl.-Kreuz-Kirche hatte als Triumph über alles Elend eine prächtige barocke Ausstattung erhalten. Wenn auch keineswegs so mit Stuck überhäuft wie die katholischen Kirchen im Umkreis, war sie doch reich an Gemälden mit biblischen Szenen. Dem Stil der Zeit und der katholisch geprägten Landschaft konnte sich auch die evangelische Kirche Augsburgs nicht ganz entziehen. Ihr Dekor blieb dezenter, zumal weitere Neubauten nicht erforderlich waren. Immerhin präsentierte sich St. Jakob 1686 im neuen zeitgemäßen Gewand, 1710 folgte St. Ulrich, 1723 die Barfüßerkirche und als letzte 1747/48 die St.-Anna-Kirche. In der Selbstdarstellung ihrer Kirche waren die evangelischen Pfarrer eher zurückhaltend. Das Seelsorgerische lag ihnen wohl mehr am Herzen. Das *Evangelische Ministerium* von Joseph Friedrich Rein (1748) enthält nur kurze Biographien aller seit der Reformation tätigen Geistlichen mit ihren Porträts. Johann Martin Christells *Augsburgische Kirchenhistorie* war im Teildruck 1733 fertiggestellt, ohne daß sie der Zensurbehörde vorgelegt hatte. Diese unterband daraufhin das Erscheinen. Christell hat sich im übrigen noch mit der Geschichte der Barfüßer- und Jakobskirche befaßt[29]. Die kirchliche Sakramentsspendung und die vorgeschriebenen ständigen Gebete wurden 1718 durch eine neue Agende festgelegt[30]. Zwischen 1706 und 1748 erschienen mindestens vier neue Gebetbücher. Erst das letzte war »mit Oberherrlicher Genehmigung zusammengetragen«, hatte also einen offiziellen Charakter[31]. Bei bestimmten kirchlichen Handlungen traten im Laufe der Zeit Änderungen ein. Die Taufen, die noch um 1700 ausschließlich im Anschluß an einen Gottesdienst und im Beisein der Gemeinde vorgenommen wurden, nahmen einen privaten Charakter an und waren schließlich nicht mehr Teil der allgemeinen kirchlichen Handlung. Dagegen entsprach die Privatbeichte, bei der Geistlicher und Beichtkind auf einer Bank nebeneinander gesessen hatten, im ausgehenden 18. Jahrhundert nicht mehr einer sachlicher gewordenen Religiosität. Die Beichte wurde zu einer öffentlichen Handlung ohne persönliches Sündenbekenntnis. In dieser Form war sie bis 1794 überall eingeführt. Die in den Landeskirchen sich anstelle des Chorhemds durchsetzende geistliche Amtstracht des sogenannten preußischen Talars mit dem Beffchen fand in Augsburg keine Nachahmung. Man beließ es bei der verkleinerten Halskrause. Auch die allgemein beliebt werdende feierliche Konfirmation war hier bis 1814 noch nicht eingeführt[32].

Aufsehen erregte bei durchreisenden Fremden immer wieder der große Aufwand an pompöser Kleidung der Gottesdienstbesucher. Es gab hier seit langem Normen und selbstentwickelte Gepflogenheiten. Die vorherrschende Farbe war schwarz. Je nach Stand und Vermögen gab es Abstufungen, welche Stoffe und welche Zuschnitte zu wählen waren, so daß Patrizier, Kaufleute, Handwerker und Dienstleute schon äußerlich zu unterscheiden waren. Die von alters her bestehenden Kleiderordnungen mußten immer wieder erneuert werden, um allzu viel zur Schau getragenen Luxus zu verhindern. Dieser Stil kennzeichnet eine selbstbewußte lutherische Kirche, allerdings auch ein sich selbst gern darstellendes Bürgertum. Dabei unterschied sich die Bekleidungsweise der Evangelischen von der der Katholiken. Auch für Beerdigungen gab es Normen, wie man sich zu kleiden hatte, wobei das Beste gerade gut genug war. Der Bestattungszug eines hochgestellten Lutheraners vom Trauerhaus zum Friedhof vor dem Roten Tor glich nicht selten einem Defilee kostbarer Roben, wobei die Patrizier in schwarzen Kutschen fuhren. Daß jede Konfession ihren eigenen Friedhof hatte, versteht sich bei den krassen theologischen Unterschieden schon fast von selbst. Eine Eigenart, vor allem in evangelischen großbürgerlichen Kreisen, war der Druck von sogenannten Leichenreden. Wer etwas auf sich hielt und entsprechend begütert war, ließ die für einen Verstorbenen gehaltene Rede des Geistlichen drucken und verteilte sie an Verwandte und Freunde. Der allgemeinen Würdigung eines christlichen Lebens, bürgerlicher Rechtschaffenheit und fürsorglicher Erfüllung der öffentlichen und privaten Pflichten folgten häufig noch Äußerungen der Freunde, Gedichte oder gar Trauerkompositionen. Die evangelische Kirchengeschichte Augsburgs ist nach dem Ausscheiden Samuel Urlspergers schwer

auf einen bestimmten Nenner zu bringen. Einerseits drängten aufklärerische Ansichten immer mehr in den Vordergrund, um das verstandesmäßig Erkennbare der Offenbarung herauszustellen. Andererseits steigerten die Pietisten ihre Abwehrkräfte und lebten um so eindringlicher ihrem Frömmigkeitsideal. Sie scharten sich um den jüngsten Sohn Samuel Urlspergers. Dieser Johann August Urlsperger war 1728 geboren[33]. In Tübingen ausgebildet, lernte er in Halle den Widerstand gegen die rationalistische Theologie kennen und reiste zu vielen pietistischen Stützpunkten, bevor er 1757 Diakon bei St. Anna wurde und später die geistliche Aufsicht über Ebenezer erhielt. Unter dem Einfluß Friedrich Christoph Oetingers steigerte er sich in eine christliche Theosophie hinein, die ihm als Pfarrer bei Hl. Kreuz, ab 1770, eine Anzeige wegen Irrlehre einbrachte. Zwar rechtfertigte ihn ein Gutachten der Universität Tübingen, aber 1776 gab er sein Amt auf. Um alle Kräfte gegen den Einfluß der Aufklärungsphilosophie auf die Theologie zu sammeln, begab er sich 1779 auf Reisen. Vergeblich versuchte er, die pietistischen Richtungen in der Schweiz, im Rheinland und in London zusammenzubringen. Er mußte erleben, daß Ebenezer im Verlauf des amerikanischen Unabhängigkeitskrieges zerstört und nicht wiederaufgebaut werden konnte[34]. Urlspergers Vorstellungen entspach dann wenigstens in etwa eine 1880 in Basel gegründete Gesellschaft zur Abwehr der Gefahren des Rationalismus, der Lutheraner und Reformierte angehören sollten. Doch alle weitverstreuten schwachen örtlichen Gruppen zusammenzubringen, war organisatorisch unmöglich. 1783 vermochte Urlsperger sich noch an die Spitze dieser nun kurz »Deutsche Christentumsgesellschaft« genannten losen Vereinigung aller konservativen Zirkel in Deutschland zu setzen. Die französischen Revolutionskriege machten dann der Bewegung sehr schnell ein Ende. Urlsperger selbst zog sich nach Oettingen zurück und starb 1806 auf einer Reise im Dienste seiner Idee in Hamburg.

Es ist schwer zu ermessen, welche Wirkung Urlspergers Bemühungen um einen weltweiten Frömmigkeitszusammenschluß unter den Evangelischen aller Richtungen auf Augsburg selbst hatten. Die Zahl seiner Anhänger ist unbekannt. Sie haben sich wohl zu häuslichen Erbauungsstunden zusammengefunden, um sich neben den Gottesdiensten noch eigenen Betrachtungen und Gebeten zu widmen. Das Armenkinderhaus stand allerdings der Amtskirche näher. Die meisten Anhänger der Christentumsgesellschaft sind wohl nur einem mystischen Frömmigkeitsbedürfnis gefolgt. Immerhin hat nach 1809 der Mangmeister Johann Gottfried Richter noch ein beträchtliches Kapital für den Bau eines Versammlungsraums gestiftet[35].

Ebenso schwer ist abzuschätzen, wieweit ein rationalistischer Geist die Religiosität beeinträchtigte. Es hat nicht den Anschein, als sei die Einheit des Ministeriums oder die Gemeinschaft der Gläubigen ernsthaft gefährdet gewesen. Theologische Meinungsverschiedenheiten blieben gewiß nicht aus, aber von Auseinandersetzungen ist nichts bekannt. Das Auftreten des Züricher Waisenhauspfarrers Johann Caspar Lavater, der eine pietistische Richtung eigener Prägung vertrat, fand 1778 ein gutes Echo[36]. Beim Besuch Papst Pius' VI., 1782, enthielt sich die lutherische Kirche jeder Polemik. Selbst als der Rektor von St. Anna wegen einer als allzu devot empfundenen Haltung beim Besuch des Papstes in der Bibliothek aus ganz Deutschland angegriffen wurde, schwieg die Augsburger Geistlichkeit offiziell dazu und ließ ihn im Amt[37]. Man war vorsichtig und klug genug, sich auf keinen neuen Streit einzulassen.

Für die weitgehende Einigkeit, für eine Solidarität gegenüber den Katholiken, aber auch für eine wirkungsvolle Seelsorge über viele Jahrzehnte legen die Stiftungen wohl das eindrucksvollste Zeugnis ab. 1808 gab es 18 solcher Stiftungen für den evangelischen Kultus und ebenso viele für das Schulwesen, 98 gar für wohltätige Einrichtungen[38]. Noch 1805 hinterließ der Juwelier Johann Gottlieb Klaucke fast eine halbe Million Gulden für das Armenhaus und die Pfarrbesoldung. Im selben Jahr vermachte Anna Barbara von Stetten fast 300000 Gulden zur Aufstockung von acht bestehenden Stiftungen und zur Gründung eines Mädchenbildungs-Instituts[39].

Das evangelische Schulwesen blieb fest in der Hand der Kirche und änderte weder seinen Unterrichtsstoff, noch entwickelte es neue didaktische Methoden. Ein ausführliches *Schulbüchlein* von 1740 ist nichts anderes als eine evangelische Religionslehre, und eine *Ordnung* von 1773 gibt zwar allgemeine

Anweisungen über Unterrichtsmethoden und Behandlung der Kinder, aber der Stoff für das Erlernen von Lesen und Schreiben ist immer noch ausschließlich dem biblischen und kirchlichen Bereich entnommen[40]. Als Augsburg 1806 Bayern eingegliedert wurde, kam das Schulwesen zunächst in staatliche Hand und wurde einer Generallandschafts-Schuldirektion unterstellt. 1815 wurden die Schulen jedoch wieder nach Konfessionen getrennt, und die evangelische Kirche gewann das Aufsichtsrecht zurück[41]. Die lutherische Kirche behielt nach 1806 zunächst noch eine gewisse Selbständigkeit, bis die kirchliche Neuordnung 1817 eine ganz andersgeartete Organisation schuf.

1 Die Geschichte der evangelischen Kirche Augsburgs ist für diese Epoche noch nicht befriedigend untersucht und dargestellt. Innerhalb der Kirchengeschichte Bayerns ist Augsburg an vielen Stellen behandelt, aber sie sind nur knapp und allenfalls im Zusammenhang mit anderen Orten und der Gesamtentwicklung aufschlußreich. Vgl. Matthias Simon: Evangelische Kirchengeschichte Bayerns, 2. Aufl., Nürnberg 1952; für die Zeit von 1650 bis 1700 siehe Leonhard Lenk: Augsburger Bürgertum in Späthumanismus und Frühbarock (1580–1700), Augsburg 1968 (Abhandlungen zur Geschichte der Stadt Augsburg 17).

2 Die Übernahme der evangelischen Kirchen ist an vielen Stellen geschildert. Hier nur als Beispiel, Franz Eugen Seida von Landensberg: Augsburgs Geschichte [...], Bd. 2, Augsburg 1826, S. 557 f.

3 Die evangelische Heilig-Kreuz-Kirche in Augsburg. Eine Lutherstätte. Augsburg 1981, S. 1–14; Welt im Umbruch. Augsburg zwischen Renaissance und Barock [Ausstellungskatalog], Bd. 1, Augsburg 1980, Nr. 405, 406, 436, 437, 438.

4 Welt im Umbruch, Nr. 440.

5 Lenk, Augsburger Bürgertum, S. 42.

6 Ebd. S. 80 f.

7 Christian Jakob Wagenseil: Versuch einer Geschichte der Stadt Augsburg, Bd. 4, 1, Augsburg 1822, S. 88–94; weitere Beispiele für Zwistigkeiten bei Franz Herre: Das Augsburger Bürgertum im Zeitalter der Aufklärung, Augsburg 1951 (Abhandlungen zur Geschichte der Stadt Augsburg 6), S. 36.

8 Lenk, S. 122–125.

9 Ebd. S. 127–134; Karl Köberlein: Geschichte des humanistischen Gymnasiums Sankt Anna von 1531–1931, Augsburg 1931, S. 171–282.

10 Lenk, S. 134.

11 Ebd. S. 133.

12 Ebd. S. 144 f.

13 Ebd. S. 141 f.; Dietrich Blaufuß: Reichsstadt und Pietismus –

Philipp Jacob Spener und Gottlieb Spizel aus Augsburg, Neustadt a. d. Aisch 1977 (Einzelarbeiten aus der Kirchengeschichte Bayerns 53), S. 190–208.

14 Dietrich Blaufuß: Gottlieb Spizel (1639–1691), ein Anhänger Speners in Augsburg, Diss. phil. Erlangen 1971, S. 168–172.

15 Lenk, S. 141.

16 Es handelt sich um einen vielbeschriebenen und häufig dargestellten Kometen, der im Dezember 1680 zu sehen war. Er zeichnete sich durch seine Größe und Schnelligkeit aus.

17 Lenk, S. 56; das Schriftstück vom 27. 10. 1672 hat den Titel »Bestimmung eines Begräbnisplatzes für offenbare Naturalisten«, StAA EWA, Acta 613.

18 Für das folgende s. Blaufuß, Reichsstadt, passim. Die detaillierte Gliederung des Werks erspart weitere Hinweise. Auf S. 332–334 eine Aufstellung der Werke Spizels.

19 Augspurger Gesangbuch. Von auserlesenen sowohl alter als neuer Authoren geistreichen Liedern [...], Augsburg 1680; Julius Hans: Die evangelischen Gesangbücher Augsburgs von der Reformationszeit an bis zur Gegenwart. In: Ders., Aus Augsburgs kirchlicher Vergangenheit, Augsburg 1930, S. 29.

20 Blaufuß, S. 30 f., 187, 209.

21 Über das Armenkinderhaus s. Julius Hans: Geschichte des evangelischen Armenkinderhauses in Augsburg [...], Augsburg 1902. Das Miethaus stand am Märzenbad; das erste eigene Haus am Kitzenmarkt wurde bei der Belagerung 1703 zerstört; 1710 erwarb man das Anwesen, in dem sich heute das Maximilian-Museum befindet. Dort blieb die Anstalt bis 1853. Alle Niederlassungen sind übrigens zunächst vom Protest der Bevölkerung begleitet gewesen, die hygienische Gefahren befürchtete.

22 Über Urlsperger siehe Eduard Jacobs. In: ADB 39 (1895), S. 361–364; Wolfgang Zorn: Samuel und Johann August Urlsperger. In: Lebensbilder Schw. 1 (1952), S. 322–334.

23 Über die Salzburger Emigranten siehe zuletzt Gerhard Florey: Geschichte der Salzburger Protestanten und ihrer Emigration 1731/32, Wien, Köln und Graz 1977; die Augsburger Vorgänge immer noch am besten beschrieben bei Karl Friedrich Dobel: Kurze Geschichte der Auswanderung der evangelischen Salzburger, Kempten 1832; eine bildhafte Wiedergabe der Vorgänge in Augsburg bei Angelika Marsch: Die Salzburger Emigration in Bildern, Weißenhorn, 1977.

24 Ausführliche Nachrichten von den salzburgischen Emigranten, die sich in Amerika niedergelassen haben, 3 Bde., Halle 1738/52; Amerikanisches Ackerwerk Gottes oder zuverlässige Nachrichten den Zustand der [...] Pflanzstadt Ebenezer in Georgia betreffend [...], 3 Bde., Augsburg 1752/60.

25 Theodor Wotschke: Herrenhuter in Augsburg. In: Zeitschrift für Bayerische Kirchengeschichte 11 (1936), S. 169–185.

26 Franz Herre: Jakob Brucker. In: Lebensbilder Schw. 6 (1958), S. 372–387; Gertrud Kahl-Furthmann: Jakob Brucker. In: NDB 2 (1955), S. 647.

27 Horst Jesse: Friedensgemälde 1650–1789, Pfaffenhofen 1981; Ulrike Albrecht: Die Augsburger Friedensgemälde, 1651–1789, Diss phil. München 1983.

28 Für die Feiern 1730 siehe Angelika Marsch: Bilder zur Augsburger Konfession und ihren Jubiläen, Weißenhorn 1980, S. 70–100.

29 Georg Wilhelm Zapf: Augsburgische Bibliothek [...] Bd. 2, Augsburg 1795, S. 598, 698; das »Religionsmemorial« von Spizel, eine Religions- und Kirchengeschichte Augsburgs, ist nie gedruckt worden: StStBA, 2° Cod Aug 308; Lenk, S. 214–216.

30 Agenda ecclesiastica. Oder: Forma der Handlung der H. Sacramenten, Ehe-Einsegnung und öffentliche Gebet [...], Augsburg 1718. Zum »Gebrauch vor krancke und schwache Personen in Privat-Häusern« kam eine eigene, durch »Trostsprüche« vermehrte Ausgabe heraus.

31 Hans, Die evangelischen Gesangbücher, S. 31 f.

32 Simon, Evangelische Kirchengeschichte, S. 528 f.

33 Eduard Jacobs, Johann August Urlsperger. In: ADB Bd. 39 (1895), S. 355–361; Zorn, Urlsperger, S. 334–342.

34 Johann August Urlsperger: Kurze vorläuffige Nachricht von dem leidigen Zustande, in welchen Eben-Ezer [...] angetroffen [...], Augsburg 1787.

35 Simon, S. 536, 539.

36 Zum Andenken über Herrn Johann Caspar Lavaters Aufenthalt in Augspurg, den 15. Junii 1778 [Augsburg 1778].

37 Zusammenfassend bei Herre, Augsburger Bürgertum, S. 37 f.

38 Franz Eugen von Seida und Landensberg: Historisch-Statistische Beschreibung aller Kirchen-, Schul-, Erziehungs- und Wohltätigkeitsanstalten in Augsburg, Augsburg 1812, S. 327–427, 430–507, 606–717, 721–824.

39 Simon, S. 534.

40 Schul-Büchlein, Auf Obrigkeitl. Verordnung, fürnemlich für die Evangelische Jugend der Teutschen Schule [...], Augsburg 1740; Ordnung für die evangelische deutsche Schule zu Augsburg, Augsburg 1773.

41 Simon, S. 545.

Fürstbischöflicher Hof und katholisches kirchliches Leben

von Peter Rummel

Für eine Darstellung der katholischen Kirche in Augsburg zwischen 1650 und 1806 sind mehrere miteinander verquickte, aber sich doch auch klar gegenseitig abgrenzende Bereiche zu unterscheiden: der Fürstbischöfliche Hof als Sitz des Oberhirten und Reichsfürsten, das Domkapitel als eigenständige Institution, die Bistumskurie, schließlich das kirchliche Leben in den Pfarreien und Klöstern der Stadt. Bei den kaum erschlossenen Quellen und dem Mangel an neueren Untersuchungen empfiehlt sich eine Beschränkung auf die Tätigkeit und Wirksamkeit der Bischöfe und auf das kirchliche Leben[1].

Die Augsburger Bischöfe

Wenn auch die Fürstbischöfe in der Barockzeit keinen direkten Einfluß mehr auf die große Politik auszuüben vermochten, so nahmen sie dennoch als Reichsfürsten innerhalb des reichsstädtischen Gefüges eine Sonderstellung ein. Sie unterstanden nicht der Hoheit des Magistrats, ihre Residenz war exterritorial, und die verwandtschaftlichen Bindungen zu den höchsten Adelskreisen bis hin zum Kaiser konnten von der Stadt nicht ignoriert werden. Der Einfluß der Bischöfe auf das religiöse Leben ist jedoch differenzierter zu beurteilen, er hängt von der Persönlichkeit des einzelnen Oberhirten ab.

Sigismund Franz (1646–1665)[2]

Noch vor Beendigung des Dreißigjährigen Krieges bestieg am 25. Juni 1646 der 15jährige Erzherzog Sigismund Franz von Österreich, der nie die Priesterweihe empfing, den Augsburger Bischofsstuhl. Er war am 18. November 1630 als Sohn des Erzherzogs Leopold V. und der Claudia von Medici geboren worden. Nach dem frühen Tod des Vaters wuchs Sigismund Franz unter der Vormundschaft der Mutter

und seines Onkels, Kaiser Ferdinands II., heran und wurde schon frühzeitig auf den geistlichen Beruf vorbereitet. 1639 erhielt er ein Augsburger Kanonikat. Wenig später drängte seine Mutter, unterstützt von Kaiser Ferdinand III., den greisen Bischof Heinrich von Knöringen, den jungen Domherrn zum Koadjutor mit dem Recht der Nachfolge zu bestellen. Heinrich empfahl dem Kapitel die Wahl: »Weil durch einen Prinzen des sehr religiösen Hauses Habsburg viel Ersprießliches zur Ehre Gottes geschehen und das Stift vor drohendem Verfall gerettet werden könne«. Damals belasteten 300 000 fl das bischöfliche Herrschaftsgebiet. Nur zögernd bestätigte Papst Urban VIII. am 27. November 1641 die Wahl des Kapitels. In der Folgezeit versuchten die Habsburger, weitere Bistümer für Sigismund Franz zu erlangen, um dadurch ihre politische Einflußsphäre auszudehnen. 1653 erhielt er Gurk und 1659 Trient übertragen. Da Sigismund Franz nach kanonischem Recht vor Vollendung des 25. Lebensjahres weder die Leitung der Hochstifte noch vor dem 30. Lebensjahr die der Bistümer übernehmen konnte, blieb er zunächst von der Residenzpflicht befreit. Nach bisheriger Kenntnis hielt er sich nur gelegentlich in der Augsburger Diözese auf, nachweislich 1652, 1656–1661 mehrfach in Dillingen, im Juli und August 1664 während einer Rundreise im Bistum[3]. Zeitgenossen schildern Sigismund Franz als einen tiefreligiösen jungen Mann; sein Einfluß auf die geistliche Führung des Augsburger Bistums aber blieb gering. Diese lag in den Händen des vom Kapitel gewählten Augsburger Domherrn Johann Rudolf von Rechberg auf Hohenrechberg[4]. Der Administrator nahm seinen Amtssitz in Augsburg, wo auch das Domkapitel und der Weihbischof und Generalvikar Kaspar Zeiler residierten. Anläßlich der Wahl Rudolfs von Rechberg 1654 zum Fürstpropst von Ellwangen übernahm Sigismund Franz zwar offiziell die Leitung des Hochstifts Augsburg, doch bestellte er Rudolf von Rechberg, der weiterhin Administrator des Bistums blieb, zum Statthalter des weltlichen Herrschaftsgebietes mit Sitz in Dillingen. Nach dessen Tod 1660 übertrug Sigismund Franz Administration und Statthalterschaft an den neuen Fürstpropst Johann Christoph von Freiberg. Nachdem Ende 1662 Erzherzog Ferdinand Karl ohne männliche Erben gestorben war, ging die Regierung der Grafschaft Tirol, der Markgrafschaft Burgau und der österreichischen Lande im Elsaß an Sigismund Franz über. Um die Tiroler Linie des Hauses Habsburg vor dem Aussterben zu bewahren, resignierte dieser auf die Bistümer und strebte eine Heirat mit Hedwig Augusta von Sulzbach an. Dies war möglich, da Sigismund Franz nie die höheren Weihen empfangen hatte. Die Eheschließung erfolgte am 3. Juni 1665 in Sulzbach mit dem Bevollmächtigten des Erzherzogs. Sigismund Franz aber starb überraschend am 15. Juni 1665 vor dem Eintreffen seiner Gemahlin in Innsbruck. Dort fand er seine Ruhestätte in der Jesuitenkirche, wo heute noch ein Denkmal an ihn erinnert.

Johann Christoph von Freiberg (1665–1690)

Nach der Resignation des österreichischen Erzherzogs wählten die 19 anwesenden Kapitulare am 18. August 1665 in Augsburg mit Mehrheit den Fürstpropst Johann Christoph von Freiberg zum neuen Bischof[5]. Dieser war am 28. September 1616 in Altheim bei Ehingen geboren worden. Er hatte in Dillingen und Ingolstadt studiert und besaß bei seiner Priesterweihe 1642 bereits Kanonikate in Ellwangen und Augsburg. 1646 zum Hofratspräsidenten in Dillingen ernannt, erhielt er 1655 die Würde des Domdekans. Als solcher setzte er sich kraftvoll für die Domrestauration ein. 1660 wurde er zum Dompropst, Fürstpropst von Ellwangen und Bistumsadministrator bestellt. Die bischöfliche Weihe empfing Freiberg durch Kaspar Zeiler am 17. April 1667 im Augsburger Dom. Obwohl der neue Oberhirte bis 1674 die Ellwanger Propstwürde beibehielt, bemühte er sich eifrig um das Bistum. Der Benediktinergelehrte Jean Mabillon schrieb 1683 in Augsburg: »Der hiesige Bischof ist zum wenigsten ebenso eifrig, exakt, kirchlich gesinnt und tätig wie die eifrigsten Bischöfe von Frankreich«[6]. Freiberg verlangte die strikte Beobachtung der Trienter Konzilsdekrete und der Beschlüsse der Diözesansynode von 1610. Er ordnete eine Generalvisitation aller Pfarreien an, besuchte selbst Klöster und Pfarreien, gab zahlreiche Anordnungen heraus und approbierte 1688 ein neues Rituale[7], das bis 1764 Geltung besaß. In Augsburg fanden die Englischen Fräulein im Bischof einen großzügigen Gönner, der ihnen 1680 den Aufbau eines Instituts ermöglichte[8]. 1685 initiierte Freiberg die Gründung der Augsburger Benediktinerkongregation, in der sich die meisten Bistumsklöster – mit Ausnahme von St. Ulrich und Afra – zusammenschlossen. Freiberg galt nicht nur als vorbildlicher Oberhirte, sondern auch als guter Verwalter der Temporalien. 1665 betrugen die Schulden etwa 600 000 fl, er konnte sie bis zu seinem Tod fast um die Hälfte reduzieren. Außerdem vermehrte er den Domschatz, ließ die Residenzgebäude in Augsburg und Dillingen renovieren, vollendete die Domrestaurierung. Trotz allem wies die Kameralrechnung bei seinem Tod einen Aktivposten von 78 000 fl aus. Durch geschickte Verhandlungen und Verträge mit der Stadt Augsburg (1670) und den bayerischen Kurfürsten (1669, 1681) konnte er kostspielige Auseinandersetzungen vermeiden. Seine Residenzpflicht nahm er sehr ernst. Nach der Resignation auf Ellwangen widmete er sich ausschließlich dem Bistum. Anfangs residierte er meistens in Dillingen, nach 1675 aber weilte er immer öfter in Augsburg. Da Freiberg seit etwa 1680 häufiger unter Gichtanfällen litt, hielt er die Bestellung eines Koadjutors für notwendig. Er schlug dem Kapitel den 17jährigen Prinzen Alexander Sigmund von Pfalz-Neuburg vor. Wie Heinrich von Knöringen wünschte er sich einen Nachfolger, der durch seine Verbindungen zu den höchsten Adelshäusern die Rechte des Hochstifts wahren und mehren konnte. Papst Innozenz XI. bestätigte 1681 diese Wahl. Am 1. April 1690 starb Freiberg in Dillingen. Seine Gebeine wurden nach Augsburg überführt und in der Wolfgangskapelle im Dom bestattet.

Alexander Sigmund (1690–1737)[9]

Mit 27 Jahren übernahm er die Leitung des Bistums und Hochstifts, dazu bedurfte er einer päpstlichen

Dispens, die er im Mai 1690 erhielt. Geboren wurde er am 16. April 1663 als fünfter Sohn des Pfalzgrafen und Herzogs Philipp Wilhelm von Neuburg, Jülich und Berg und der Elisabeth Amalie, Landgräfin von Hessen-Darmstadt in Neuburg. Wie seine acht Brüder und acht Schwestern erhielt er die geistige und religiöse Ausbildung in Neuburg und Düsseldorf vor allem durch die Jesuiten. Bereits 1670 erlangte Alexander die Anwartschaft auf ein Augsburger Kanonikat, 1673 und 1675 bekam er weitere Domherren-pfründen in Eichstätt und Regensburg. 1685 unternahm er unter Obhut eines Jesuiten eine mehrjährige Bildungsreise nach Italien und empfing am 26. Juli 1689 in Dillingen die Priesterweihe. Die Primiz feierte er am 28. Juli in Anwesenheit seiner kaiserlichen und königlichen Verwandten in der Hofkirche zu Neuburg. Bald übernahm Alexander Sigmund anstelle des Bischofs zahlreiche Repräsentationspflichten. Am 31. August 1689 empfing er Kaiser Leopold I. vor dem Augsburger Dom und zelebrierte während dessen Anwesenheit in der Reichsstadt zahlreiche Festgottesdienste, unter anderem bei der Krönung seiner Schwester Eleonore zur Kaiserin am 19. Januar 1690. Die Bischofsweihe empfing er am 14. Januar 1691 durch den Konstanzer Oberhirten Marquard Rudolf von Rodt. In jesuitischem Geist erzogen, feierte er fast täglich die Eucharistie, spendete gelegentlich selbst das Firmsakrament – zum Beispiel am Karsamstag 1707 an 1500 Gläubige im Augsburger Dom – und wallfahrtete öfter zu Fuß nach Andechs und Klosterlechfeld. Am 12. Oktober 1698 nahm er an der Translation der Gebeine der einstigen Bischöfe Wikterp, Thosso, Nidger und Adalbero teil und 1699 an der Fünfhundertjahrfeier der Bluthostie von Hl. Kreuz. Als 1702 Kurfürst Max Emmanuel von Bayern Teile Schwabens besetzte, ordnete Alexander in Augsburg im Herbst Bittgottesdienste zur Abwendung der Kriegsgefahr an. Anfang Februar 1703 begab sich der Fürstbischof nach der Besetzung Neuburgs durch Max Emmanuel nach Innsbruck und von dort nach Judenburg, wo er bis 1705 blieb. Nach seiner Rückkehr unternahm er am 15. April 1705 zum Dank für die Rettung Augsburgs mit dem Domkapitel eine Fußwallfahrt nach Klosterlechfeld. Überhaupt spiegelten sich die Siege und Niederlagen der kaiserlichen Truppen in vielen außerordentlichen

Bitt- und Dankgottesdiensten der Katholiken in der Reichsstadt wider. Wohl erstmals im Januar 1708 erkrankte der Bischof schwer[10], er erhielt die Sterbesakramente, seine Mutter kam nach Augsburg. Mitte März wurde er wieder gesund, und am 20. Mai 1708 konnte er seinem künftigen Weihbischof Johann Casimir Röls die Konsekration erteilen. Doch brach ein Jahr später die tückische Krankheit wieder aus. Sie sollte seine Amtsführung bis zum Lebensende beeinträchtigen, dennoch kam eine Resignation für ihn und die Familie nicht in Frage. Am 27. Februar 1709 betete man wieder um die Genesung des Fürstbischofs, und ein halbes Jahr später zog das Domkapitel »wegen fürwehrender Unpäßlichkeit und Inhabilität« des Bischofs die Verwaltung *in Spiritualibus et Saecularibus* an sich[11]. 1714 wählte es den Konstanzer Oberhirten Johann Franz Schenk von Stauffenberg zum Koadjutor mit dem Recht der Nachfolge. Rom erteilte am 20. August 1714 die Konfirmation. Wider Erwarten besserte sich der Gesundheitszustand Alexanders. Im Februar 1717 weihte er St. Mang in Füssen und am 23. Februar 1718 übernahm er wieder die alleinige Leitung des Bistums und Hochstifts. Zeitgenössische Berichterstatter sagen nichts über einen erneuten Ausbruch der Krankheit – möglicherweise handelte es sich um Melancholia –, aber 1735 versuchte Domdekan Gerhard Wilhelm von Dolberg, unterstützt vom Kaiser, dem Koadjutor Johann Franz größere Vollmachten bei der Regierung des Bistums zu beschaffen. Zwar protestierten Alexander Sigmund und dessen Bruder Karl Philipp: Es könne der Eindruck entstehen, als ob der Bischof völlig unfähig wäre, dennoch mußten sie dem Koadjutor wider Willen stärkeren Einfluß auf die Bistumsleitung einräumen. In Augsburg selbst erregte die starre Haltung des Bischofs bei der Besetzung der drei Propsteien St. Moritz, St. Peter, St. Gertrud und der Domherrenpfründen großen Unmut. Nur widerwillig nahm er das päpstliche Reskript von 1733 zur Kenntnis, das die Besetzung der Propsteien im Wechsel zwischen Domherren und gebürtigen Augsburgern vorsah. Den Ausschluß der städtischen Patrizier vom Domkapitel aber vermochte er 1735 durchzusetzen. Alexander Sigmund bevorzugte die bischöfliche Pfalz in Augsburg als Wohnsitz. Weilte er vor 1703 noch öfter in Dillingen, so residierte er später

Tafel IX   Der Festsaal im Schaezler-Palais. Erbaut ab 1765 im Auftrag des Bankiers Benedikt Adam Freiherr Liebert von Liebenhofen nach dem Entwurf von Karl Albert von Lespilliez. Fresko von Gregorio Guglielmi 1767, Stuck von Franz Xaver d. J. und Simpert Feichtmayr, Schnitzarbeiten von Plazidus Verhelst.

Tafel X   Deckenfresko im Kongregationssaal des ehema-
ligen Jesuitenkollegs von Matthäus Günther. Stuck von
Johann Michael Feichtmayr

vor allem in der Reichsstadt. Dort hielt er sich nicht nur ein angesehenes Hoforchester, sondern er nahm auch gelegentlich an gesellschaftlichen Veranstaltungen teil und empfing Besucher des hohen Adels. Anfang 1737 erkrankte der Bischof erneut und starb am 24. Januar. Auf einem Prunkbett wurde der einbalsamierte Leichnam im Dom ausgestellt und am 7. 2. nach einem Pontifikalrequiem und einer Prozession, die bis zum Augustusbrunnen zog, vor dem Kreuzaltar in der Kathedrale bestattet[12].

Johann Franz Schenk von Stauffenberg (1737–1740)

Im Alter von 79 Jahren trat er die Nachfolge an[13] und zog erstmals als Bischof am 8. August 1737 in Augsburg ein, wo er vier Tage lang blieb. Dieser Aufenthalt gehört zu den wenigen Besuchen seiner Amtszeit in der Reichsstadt[14]. Zwar hatte er in der Wahlkapitulation versprochen, seiner Residenzpflicht nachzukommen, doch hielt er sich dann meistens in Dillingen auf. Johann Franz war am 18. Februar 1658 als Sohn des Wolfgang Friedrich Schenk von Stauffenberg und der Anna Barbara von Wernau in Lautlingen geboren worden. 1675 begann er seine theologischen Studien in Dillingen[15] und erhielt in der Folgezeit Domherrenpfründen in Konstanz, Augsburg und Würzburg. In Konstanz 1694 zum Koadjutor gewählt, übernahm er 1704 die Leitung des zwar großen Bistums, aber doch bescheidenen Hochstifts[16]. Seine Wahl verdankte er dem Einfluß des Hauses Habsburg, das ihn als treuen Diener schätzte, und den Domherren, die – im Gegensatz zu Augsburg – keinen Kandidaten aus dem Hochadel wünschten. Johann Franz erfüllte seine geistlichen Pflichten in Konstanz und später in Augsburg gewissenhaft und mit Hingabe. In der Reichsstadt selbst nahm er die Verschönerung und Modernisierung der Residenz in Angriff. Hatte schon sein Vorgänger 1733 mit der Errichtung des nördlichen Pfalzhofbaus begonnen, so ließ Johann Franz 1739/40 das Hofzahlamt und Marstallgebäude errichten und den Hofgarten anlegen[17]. Er starb am 12. Juni 1740 in Messkirch und fand seine Ruhestätte im Konstanzer Dom. Nur sein Herz brachte man nach Augsburg. Ein Bischof aus dem Hochadel, aber ohne persönliche Hausmacht, vor allem gestützt auf päpstliches Wohl-

wollen und kaiserliche Gunst, folgte dem Verstorbenen auf den Augsburger Bischofsstuhl.

Joseph Ignaz Philipp, Landgraf von Hessen-Darmstadt, Fürst von Hirschfeld usw. (1740–1768)[18]

Er war ein Sohn des Philipp von Hessen-Darmstadt und der Maria Theresia von Croy, geboren am 22. Januar 1699 in Brüssel. Von Kindheit an in den schönen Künsten gebildet, ergriff er zunächst die militärische Laufbahn. Doch gelobte er, nachdem er beide Beine gebrochen hatte, in den geistlichen Stand zu treten. Noch vor seiner Priesterweihe am 13. März 1729 in Mantua (?) erhielt er eine Domherrenstelle in Lüttich, nach der Ordination weitere Pfründen in Augsburg, Köln und Konstanz. Im Herbst 1729 reiste er nach Augsburg. Dort wählte ihn das Kapitel am 17. Dezember 1739 zum Dompropst und am 18. August 1740 zum Bischof[19]. Als solcher zog er am 22. November gleichen Jahres offiziell in der Reichsstadt ein. Die Konsekration erteilte ihm am 12. Februar 1741 Weihbischof Jakob von Mayr unter Assistenz der Weihbischöfe von Eichstätt und Freising. Möglicherweise als Zeichen des Dankes verschaffte er 1743 dem Domkapitel das Privileg, die Cappa Magna und die Mitra zu tragen. Weitere Ambitionen um die Bischofsstühle in Köln, Münster, Lüttich, Freising und Regensburg zerschlugen sich. Fürstbischof Joseph vereinigte gleichsam zwei Seelen in seiner Brust. Auf der einen Seite liebte er die schönen Künste, vor allem Musik und Theater, aber andererseits trug er einen Bußgürtel, geißelte sich im geheimen und nahm seine geistlichen Pflichten sehr ernst[20]. Als Reichsfürst legte er großen Wert auf Repräsentation und ließ die Augsburger Residenz zwischen 1743 und 1754 ausbauen und prächtig ausstatten[21]. Als Musikmäzen kümmerte er sich um ein qualifiziertes Orchester, das in Dillingen und Augsburg konzertierte, wobei der Fürstbischof gelegentlich als Ariensänger auftrat. Desgleichen erfreuten ihn Theateraufführungen bei Hofe und bei den Jesuiten. Überhaupt entwickelte sich die Augsburger Residenz immer mehr zu einem Zentrum kulturellen Lebens, obwohl Joseph I. oft monatelang nicht anwesend war. Zeitweilig hielt er sich in Dillingen, öfter in Marktoberdorf auf, oder er weilte in Mannheim, Schwetzingen, Stuttgart und München. Regelmäßig machte er Badekuren in Aachen, Spa, Karlsbad und Plombières, um seine schwächliche Konstitution zu kräftigen[22]. Weilte er in Augsburg, so empfing er hohe Gäste, zum Beispiel den Kölner Kurfürsten Clemens August von Wittelsbach (12. März 1751), den Kurfürsten Karl Theodor von der Pfalz (29. April 1752), den Kurfürsten Maximilian III. Joseph von Bayern und den sächsischen Prinzen Clemens Wenzeslaus (1761), mit dem er möglicherweise erste Gespräche über eine künftige Koadjutorie führte[23]. Als Oberhirte des Bistums nahm Bischof Joseph seine Pflichten sehr ernst, wie die vielen Reformdekrete zeigen. Auch verehrte er besonders das Herz-Jesu und den hl. Ulrich, dessen Translation in die neugestaltete Krypta bei St. Ulrich und Afra er vom 13. bis 20. Mai 1762 feierlich begehen ließ[24]. Inwieweit er hierzu persönliche Initiativen ergriff oder nur in Abhängigkeit seiner vertrautesten Berater, Johann Baptist de Bassi und Eusebius Amort, handelte[25], ist noch nicht hinreichend geklärt. Obwohl zeitlebens kränklich, starb der Fürstbischof überraschend am 20. August 1768 auf der Rückreise von Plombières an einem Schlaganfall in Schwetzingen[26]. Bei den Trauerfeierlichkeiten vom 29. bis 31. August im Augsburger Dom hielt P. Alois Merz SJ die Leichenpredigt, die er in drei Abschnitte gliederte: der allergottseligste Herr für sich – der allereifrigste Bischof für seine Herde – der allergnädigste und liebreichste Fürst für alle[27]. Aber nicht nur der Prediger pries in barockem Überschwang die Vorzüge des Verstorbenen, auch angesehene Zeitgenossen zollten ihm hohes Lob. Insgesamt kann seine Amtszeit für Augsburg trotz mancher Einschränkungen als segensreich gelten.

Clemens Wenzeslaus (1768–1812)[28]

Da er schon 1764 zum Koadjutor mit dem Recht der Nachfolge bestellt worden war, erfolgte keine Wahl. Seine Amtsübernahme ist vor dem Hintergrund habsburgischer Hausinteressen und eines österreichisch-bayerischen Ausgleichs zu sehen, seelsorgerliche Aspekte spielten kaum eine Rolle. Clemens Wenzeslaus wurde am 28. September 1739 als 13. Kind des Königs von Polen und Kurfürsten von Sachsen, August III., und der Kaisertochter Maria Josepha auf Schloß Hubertusburg geboren und wuchs unter Obhut der Jesuiten auf. Zunächst ergriff er die militärische Laufbahn, trat aber 1761 in den geistlichen Stand. Noch nicht zum Priester geweiht, bewarb er sich mit kaiserlicher Unterstützung zwar vergeblich um das Bistum Lüttich, doch mit Erfolg um Freising und Regensburg. Nach der Priesterweihe durch Fürstbischof Joseph am 29. April 1764 in München fand am 5. November 1764 in Augsburg seine Wahl zum Koadjutor statt, die Papst Clemens XIII. am 27. März 1765 konfirmierte. In den folgenden Jahren besuchte der Koadjutor mehrfach Augsburg (Januar 1765, März 1766, Januar 1767)[29]. Inzwischen hatte er am 10. August 1766 in Freising die Bischofsweihe empfangen. Am 10. Februar 1768 wählte ihn das Trierer Kapitel nach manchen Querelen zum Erzbischof und Kurfürsten von Trier, während Clemens Wenzeslaus gemäß päpstlicher Anweisung auf Freising und Regensburg resignierte. Am 20. August 1768 übernahm er die Leitung des Bistums und Hochstifts Augsburg. Offiziell wurde er hier am 25. April 1769 empfangen. Zwar residierte Clemens Wenzeslaus bis 1793 hauptsächlich in den kurtrierischen Schlössern Ehrenbreitstein und Koblenz, dennoch nahm er immer wieder Aufenthalt in Augsburg: zum Beispiel am 28. April 1770 (Empfang der durchreisenden Prinzessin Marie Antoinette), 1771 und 1773. Am 14. Februar 1777 kam er zur Visitation der Stadtpfarreien[30], und am 6. April desselben Jahres empfing er Kaiser Joseph II. in seiner Residenz. Am 11. April 1782 begab sich Clemens Wenzeslaus mit seiner Schwester Maria Anna erneut nach Augsburg, um den bevorstehenden Papstbesuch vorzubereiten. Am 2. Mai konnte er dann mit dem Klerus, dem Magistrat und Abertausenden schwäbischer Landsleute Pius VI. begrüßen, der bis zum 6. Mai in der Residenz wohnte und anschließend in Begleitung des Kurfürsten nach Füssen fuhr[31]. Zur Vorfeier seines 50. Geburtstages veranstaltete die Stadt Augsburg am 25. Juni 1789 zu Ehren des Fürstbischofs ein Scheibenschießen in der Rosenau, an dem sich der Ehrengast mit vielen Honoratioren beteiligte[32]. Nach einem zweimonatigen Aufenthalt vom 6. Mai bis zum 9. Juli 1789 fuhr der Kurfürst nach Ellwangen und anschließend nach Dillingen. Den Sommer 1793 verbrachte Clemens Wenzeslaus in Oberdorf und Hindelang und kehrte dann nach Koblenz zurück. Doch mußte er endgültig vor den französischen Revolutionstruppen nach Augsburg flüchten. Als die Franzosen im Sommer 1796 nach Süddeutschland vorrückten, ließ der Kurfürst seine Galawagen nach Stams in Tirol in Sicherheit bringen und fuhr selbst nach Dresden[33]. Im August 1797 war er wieder in seinem Bistum und residierte nun im Winter in Augsburg, im Sommer aber in Oberdorf. Nach der Schließung der Münchner Nuntiatur im Februar 1799 galt Augsburg als Verbindungsstelle nach Rom. Nuntius Bartolomeo Pacca und der Uditore Graf Troni waren von Köln in die Reichsstadt am Lech geflohen, wo auch Nuntius Della Genga, ein Freund des Fürstbischofs, seinen Aufenthalt nahm[34]. Als die Franzosen erneut in Süddeutschland vorrückten, begab sich Clemens Wenzeslaus am 14. Mai 1800 wieder nach Dresden. Seine Rückkehr erfolgte am 8. Mai 1801. Bei der nachfolgenden Säkularisation sicherte der bayerische Kurfürst Clemens Wenzeslaus den Besitz von Schloß Oberdorf[35] und eine Jahrespension von 50 000 fl, der Magistrat ihm aber die Überlassung der Augsburger Residenz auf Lebenszeit zu. So konnte der Bischof im bisher gewohnten Stil seinen Lebensabend verbringen. Er empfing in Augsburg mehrfach Kaiser Napoleon allein oder mit dessen Gemahlin (10. Oktober, 22. Oktober, 4. Dezember 1805, 16. Januar 1806, 22. Oktober 1809)[36]. Nach Übergabe der Reichsstadt an das neue Königreich Bayern bildete die Residenz nochmals für einige Jahre den gesellschaftlichen Mittelpunkt. Hier trafen sich bayerische und französische Generäle und jüngere Offiziere, um dem »Duc d'Augsbourg« ihre Aufwartung zu machen. Zu den erlauchten Gästen zählten unter anderen Maria Luisa von Österreich, Königin Caroline (Bonaparte) von Neapel, Kronprinz Wilhelm von Württemberg und der bayerische General von Wrede. Im Sommer 1812 erkrankte Clemens Wenzeslaus in Schloß Oberdorf und starb dort am 27. Juli. Seine Ruhestätte an der Außenwand der Oberdorfer Pfarrkirche sollte schlicht sein. Sein Herz aber wurde am 20. August nach St. Ulrich und Afra in Augsburg gebracht. Es war der Tag, an dem er 44 Jahre zuvor den Augsburger Bischofsthron bestiegen hatte. Das Testament, in dem der Verstorbene vor allem die Dienerschaft bedachte und für sich ein bescheidenes

Begräbnis verordnete, zeigt ihn nicht als Barockfürsten aus königlichem Haus, sondern als Hirten und Bischof[37]. Allerdings hat er – wie auch sein Vorgänger – es nicht vermocht, zu Lebzeiten der Doppelaufgabe als Reichsfürst und Oberhirte gerecht zu werden. Dennoch versuchte er, seine geistlichen Pflichten voll zu erfüllen. Persönlich fromm, wollte er auch seinen Klerus zu einer vertieften Frömmigkeit anleiten. Dazu dienten unter anderem seine Verordnungen über das priesterliche Leben, die Visitationen, die Hirtenschreiben, die wegen ihrer Fortschrittlichkeit in Deutschland Aufsehen erregten[38]. Überhaupt förderte er anfangs viele Neuerungen im Erziehungswesen, in der Priesterausbildung und allgemein im kirchlichen Leben. Später allerdings widerrief er – wohl aus leidvoller Erfahrung und aus Sorge vor der zerstörenden Kraft radikaler aufklärerischer Ideen – einen Teil seiner Reformen. Trotz allem aber liebte ihn das Volk wegen seiner Herzensgüte, Bescheidenheit und seines leutseligen Wesens. Bei seinem Tod sollen viele geklagt haben: »Wir haben unseren Vater verloren«[39]. Die Ära der Augsburger Fürstbischöfe war zu Ende, mit der Säkularisation aber auch ein bedeutsamer Abschnitt der Augsburger Pfarr- und Klostergeschichte.

Kirchliches Leben in der Reichsstadt

Seit alters her bestanden innerhalb des reichsstädtischen Gebiets sechs Pfarreien: Unsere Liebe Frau am Dom, St. Ulrich und Afra, St. Moritz, Hl. Kreuz, St. Georg und St. Stephan, die zum Teil auch eigene Pfarrschulen besaßen[40]. Während 1663 von den rund 22 000 bis 25 000 Einwohnern der Reichsstadt etwa 4500 der katholischen Konfession angehörten, veränderte sich der Prozentsatz bis 1806 stark zugunsten des katholischen Bevölkerungsanteils, so daß die Zahl der Katholiken schließlich 17 000 betrug, die der evangelischen Bürger 11 500[41]. Genauere Angaben sind für die Dompfarrei aus den Seelenbeschrieben von 1781 bis 1803 zu entnehmen. Danach gehörten zu dieser Pfarrei 1781 insgesamt 6490 Gläubige, ausgenommen 200 sogenannte kapitlische Personen, die eine Sonderstellung besaßen. Für 1803 gab der *status animarum* 6959 Katholiken an[42]. Allerdings war die Dompfarrei die weitaus größte sowohl der Seelenzahl als auch der Ausdehnung nach. Sie erstreckte sich über das Gebiet der alten Bischofsstadt, umfaßte Teile der Frauenvorstadt, dehnte sich im Süden in die Nähe des Perlachberges und im Osten über die ganze Jakobervorstadt aus. Doch gab es bis 1809 nur sehr ungenaue Abgrenzungen. Unsere Liebe Frau war dem Domkapitel inkorporiert, das aus den eigenen Reihen den Pfarrer bestellte. Die Seelsorge aber versah der Dompfarrhelfer mit einem oder zwei Kuraten. Das Predigtamt besorgte der Domprediger mit einem Substituten, während ein Franziskaner als Beichtvater bestellt war. Als eigentliche Pfarrkirche galt ursprünglich St. Johann. Zwar hatte man 1689 dieses Gotteshaus restaurieren lassen, dennoch wurde es nur noch zur Taufspendung, zu Trauungen und Totengottesdiensten verwendet. Die eigentlichen Pfarrgottesdienste fanden im Dom statt[43]. Hier zelebrierten die Domkleriker täglich mehr als 30 Messen. An den Sonntagen feierte der Dompfarrhelfer um sieben Uhr für die Gemeinde das Frühamt am Kreuzaltar. Um acht Uhr folgte die Predigt, der sich ein zweites Amt anschloß. Dazu kamen eine Vielzahl von Festgottesdiensten und Betstunden[44]. Großer Beliebtheit erfreuten sich auch die elf Bruderschaften, unter ihnen die Herz-Jesu- und die Johann-Nepomuk-Bruderschaft[45]. Zur Dompfarrei gehörten im 18. Jahrhundert zwei Schulen für Knaben am Dom und in der Fuggerei und drei für Mädchen: bei den Englischen Fräulein, in der Fuggerei und zeitweise am Schmidberg[46].

Als zweitgrößte Pfarrei galt St. Ulrich und Afra, die dem Reichskloster inkorporiert war[47]. Der Sprengel umfaßte den südlichen Teil der Stadt, die Seelenzahl betrug um 1806 etwa 2650. Das Pfarramt lag in den Händen der jeweiligen Äbte, die seit 1613 einen Pater zum Vikar bestellten, während Kapuziner die sonntäglichen Gemeindepredigten zu halten hatten. Ihnen oblag auch die Betreuung der Kranken. Die Taufspendung erfolgte in der St.-Jakobs-Kapelle, die nur einen Zugang durch die evangelische Kirche besaß. Im Gegensatz zum Domkapitel begannen die Benediktiner das Stundengebet um Mitternacht und feierten das Konventamt um 8 Uhr 30. Die Gemeinde hatte zwischen sechs und zehn Uhr Gelegenheit zum täglichen Meßbesuch, und am Sonntag hielt ein Pater gegen Mittag Christenlehre. Drei Bruderschaf-

ten bestanden an dieser Kirche. Hatte sich 1683 Jean Mabillon lobend über dieses Kloster ausgesprochen, so beklagte man 1784 den mißlichen Zustand der Gebäude und den unguten Geist im Konvent[48]. Am 12. Dezember 1802 wurde das einst berühmte Benediktinerkloster aufgehoben, nur die Grabeskirche der Bistumspatrone Ulrich, Afra und Simpert und die 1809 neuorganisierte Pfarrei blieben bis zur Gegenwart erhalten.

Schon 1129 wird die Stiftspfarrei St. Moritz erwähnt, die im Zentrum der Stadt liegt[49] und 1782 etwa 2000 und 1807 noch 1719 Seelen zählte. Die Seelsorge oblag einem Kollegiatstift unter der Leitung eines Propstes. Im 18. Jahrhundert aber lag die Verantwortung für Stift und Pfarrei vor allem bei dem Dekan, während der Propst nur noch eine Ehrenstellung besaß. Dem Kapitel gehörten elf Kanoniker an, außerdem Provisoren und acht Chorvikare. Ein Kanoniker, seit 1518 von den Fuggern präsentiert, betreute die Pfarrei. Die Gemeindemessen wurden am Sonntag um sechs Uhr und nach der Predigt um acht Uhr am Kreuzaltar zelebriert, während zur selben Zeit ein Stiftsherr am Hauptaltar das Amt feierte. Für die Predigt und die Christenlehre war ein Jesuitenpater zuständig. Insgesamt gab es bei St. Moritz vier Bruderschaften.

Als Zentrum der eucharistischen Verehrung galt das Augustinerchorherrenstift Hl. Kreuz[50], das seit 1199 Pfarrechte besaß. Hier wird bis zum heutigen Tag das »Wunderbarliche Gut« aufbewahrt. Ihm zu Ehren errichtete man die Corporis-Christi-Bruderschaft. Alljährlich wallfahrteten in der Barockzeit Abertausende aus dem ganzen Bistumsgebiet am 11. Mai nach Hl. Kreuz. In der Festwoche 1699 – anläßlich des 500jährigen Jubiläums – sollen 1800 Priester zelebriert und 30 000 Gläubige die Kommunion empfangen haben[51]. In der Mitte des 18. Jahrhunderts entstanden Zweifel an der Echtheit der Bluthostie, die aber der Verehrung keinen Abbruch taten. Dem Stift, das seit Beginn des 17. Jahrhunderts eine Hochblüte erlebte, gehörten unter der Leitung eines infulierten Propstes durchschnittlich 21 Religiosen an, die zum Teil in der Pfarrseelsorge tätig waren. Die Pfarrei selbst, die um 1800 etwa 1100 Seelen zählte, wurde 1809 aufgehoben, nachdem das Stift bereits 1803 aufgelöst worden war.

Auch die Stiftskirche der Augustinerchorherren bei St. Georg besaß seit dem Mittelalter pfarrliche Rechte[52]. Als eigentlicher Pfarrer galt der Propst, doch versah einer der Chorherren die Seelsorge. Die Zahl der Religiosen betrug 1774 18 und reduzierte sich bis 1803 auf 13. Damals gehörten etwa 2370 Gläubige zur Pfarrei. Der Vertiefung des religiösen Lebens dienten drei Bruderschaften. Die Sonntagsmesse wurde um acht Uhr als Segensmesse vor ausgesetztem Allerheiligsten auf dem Kreuzaltar gefeiert, während ein anderer Chorherr am Hochaltar das Amt zelebrierte. Um 13 Uhr hielt der Pfarrvikar die Christenlehre. Während 1802 die Auflösung des Stiftes und später die Umwandlung in ein Militärspital erfolgten, blieb die Pfarrei erhalten und wurde im Zuge der Reorganisation 1809 vergrößert.

Die innerhalb der Stadtmauern räumlich wie auch der Seelenzahl nach kleinste Pfarrei war St. Stephan, seit 1349 dem adeligen Damenstift inkorporiert[53]. Schon im 17. Jahrhundert waren die Stiftsdamen nicht mehr in der Lage, einen eigenen Pfarrer zu unterhalten. 1650 gehörten noch zwei Frauen dem Stift an. Später vergrößerte sich die Gemeinschaft wieder, auch besserten sich die wirtschaftlichen und disziplinären Verhältnisse. Die Pastoration der Pfarrei, die nie mehr als 800, bei der Säkularisation noch 300 Seelen zählte, lag in den Händen des jeweiligen Dompfarrhelfers. Doch besuchten die Gläubigen die Gottesdienste im Dom; nur Taufen, Trauungen und Totenmessen wurden noch in St. Stephan abgehalten. Bei der Neuorganisation verteilte man den Sprengel an die Dom- und Georgspfarrei, während das Vermögen auf die neue Pfarrei St. Max übertragen wurde.

Einen nicht hoch genug einzuschätzenden Einfluß auf das religiöse Leben in der Reichsstadt besaßen die Jesuiten, Dominikaner, Franziskaner, Kapuziner und Karmeliten, während das Kollegiatstift St. Peter am Perlach[54] kaum noch in Erscheinung trat. 1762 zählte das Stift vier Kanoniker, die täglich noch eine Messe zelebrierten. Gleiches galt für St. Gertrud, das keine eigene Kirche besaß, sondern nur eine Kapelle im Dom[55]. Seit der Gründung 1580 bis zur Auflösung 1773 und darüber hinaus prägten die Jesuiten[56] entscheidend das katholische Leben der Stadt durch ihre Predigttätigkeit im Dom und in anderen Kirchen, durch die Christenlehre, die Marianischen Kongregationen und ihre Lehranstalt bei St. Salvator, an der fast alle gebildeten katholischen Augsburger studierten und ihre religiöse Formung erhielten. 1768 betrug die Schülerzahl 734, während zum Jesuitenkolleg 36 Patres gehörten. St. Salvator galt als ein Mittelpunkt geistlichen Lebens in der Stadt. 1773 erfolgte die Auflösung des Ordens, Clemens Wenzeslaus ließ sie erst 1776 verkünden und wandelte St. Salvator in ein Weltpriesterhaus um. Die Exjesuiten führten das Gymnasium weiter. Ihre Tätigkeit blieb allerdings nicht ohne Widerspruch. Vor allem die Kontroverspredigten im 18. Jahrhundert erregten den Unwillen gerade der aufgeklärten Kreise[57]. Diese Predigten dienten ursprünglich dazu, die katholischen Glaubenswahrheiten gegenüber der evangelischen Lehre abzusetzen. In diesem Sinn predigten in Augsburg unter anderen die Dominikaner P. Eustachius Eisenhut und P. Johannes Ferler. Später aber änderten sich Ton und Inhalt. Die Jesuiten, vor allem die Domprediger Franz Xaver Pfyffer, Kaspar Mändl, Franz Götzenberger, Franz Neumair und Alois Merz griffen die Angehörigen der Augsburger Konfession und auch die Freidenker scharf und beleidigend an. Diese Kontroverspredigten im Dom, in St. Ulrich und St. Moritz hatten größten Zulauf. Die Namen der Prediger aber kannte man weithin in Deutschland, von den einen geschätzt, von den anderen gehaßt[58]. Um 1782 verbot der Fürstbischof diese Verkündigungsart.

Für das Dominikanerkloster St. Magdalena folgte nach 1648 eine Blütezeit[59]. Es wurde zum theologischen Studienzentrum für Süddeutschland und seit 1709 Sitz des Provinzials der neuen sächsischen Provinz. 1746 richtete der Orden bei St. Magdalena das Generalstudium ein, 1753 zählte der Konvent 46 Mitglieder, dazu kamen 20 Ordensstudenten. Die endgültige Schließung erfolgte am 22. März 1808, vier Jahre später wurde die Kirche in ein Salpetermagazin umgewandelt. 1609 konnten auch die Franziskaner mit Unterstützung der Fugger eine neue Niederlassung gründen[60]. Kirche und Kloster der Fratres minores von der strengen Observanz erhielten zur Erinnerung an die alte, 1611 abgetragene Grabkapelle am Weinmarkt den Namen *Ad sanctum Sepulchrum*. Der Konvent zählte im Durchschnitt 50 Mitglieder. Diese Niederlassung war das Hauptkloster der Straßburger Rekollektenprovinz, Tagungsort aller Provinzkapitel und Studienort für Ordensangehörige. Nach der Auflösung am 5. Dezember 1807 wurde das Gotteshaus zur Kirche der neuen Pfarrei St. Max bestimmt. Ebenfalls den Fuggern verdankten die Kapuziner eine Niederlassung in der Schönauer Gasse[61]. Grundsteinlegung und Weihe der Kirche zu Ehren des hl. Franziskus und des sel. Gualfardus erfolgten 1602. Der Konvent zählte im 18. Jahrhundert 40 Mitglieder, dazu kamen seit 1668 die Novizen der Tiroler Provinz. Die Kapuziner erfreuten sich in der Stadt großer Beliebtheit. 1802 mußte das Kloster seine Pforten schließen, es wurde abgerissen. Heute erinnert nur noch ein Straßenname an den ehemaligen Standort. Nachdem die unbeschuhten Karmeliten[62] bereits 1631 vor dem Roten Tor eine Niederlassung errichtet hatten, die in der Schwedenzeit abbrannte, erbauten sie mit Hilfe Kaiser Ferdinands II. Kirche und Kloster am Frauentor. Im 18. Jahrhundert gehörten etwa 35 Mitglieder unter Leitung eines Priors zum Konvent. 1802 wurde der Augsburger Karmel geschlossen, verkauft und dem Erdboden gleichgemacht. Auch hier erinnert nur noch ein Straßenname an das ehemalige Kloster.

Auch vier weibliche Ordensniederlassungen prägten nach dem Dreißigjährigen Krieg bis zu einem gewissen Grad das geistige und geistliche Leben der Stadt. Die Englischen Fräulein, 1662 nach Augsburg gekommen, fanden bald Unterstützung bei Bischof und Magistrat und erhielten 1690 das Bürgerrecht[63]. Sie förderten vor allem die Herz-Jesu-Verehrung. In besonderer Weise aber machten sie sich um die Erziehung der weiblichen Jugend verdient und konnten ihre Unterrichtätigkeit auch nach der Säkularisation bis zur Gegenwart fortsetzen. Im Gegensatz dazu schlossen sich 1802 für immer die Pforten des Dominikanerinnenklosters St. Katharina. Es galt als eines der angesehensten Frauenklöster[64]. Hier lebten etwa 45 Chorfrauen nach der Augustinusregel. Die geistliche Betreuung oblag den Dominikanern, die auf strenge Klausur Wert legten. 1807 mußten die Schwestern das Kloster räumen, das man als Weinlager verwendete, 1835 aber in eine Galerie umwandelte. Die zweite weibliche Klostergemeinschaft, die nach der Augustinusregel und Satzung des Prediger-

ordens lebte, war St. Ursula[65], doch stand sie nicht unter der Jurisdiktion des Dominikanergenerals. Die offizielle Klausur wurde erst 1696 eingeführt. Ihren Lebensunterhalt verdienten sie durch Stickereien und Krankenpflege, auch unterrichteten sie kostenlos Mädchen. 1762 zählte der Konvent 24 Mitglieder. 1802 wurde St. Ursula geschlossen, 1828 aber wiedereröffnet. Damit war der Fortbestand bis in die Gegenwart gesichert. Gleiches gilt für das Franziskanerinnenkloster Maria Stern, das im 18. Jahrhundert ebenfalls in bestem Ruf stand[66]. Der Konvent, der 1762 insgesamt 22 Schwestern zählte, war unter der Aufsicht eines städtischen Klosterpflegers, der in Rechts- und Finanzfragen beratend zur Seite stand. In den Kriegsjahren 1799/1800 hatten die Ordensfrauen stark zu leiden. Nach der Säkularisation durfte der Konvent wohl weiter im Haus wohnen, doch wurden Kloster und Kirche enteignet. 1828 erfolgte die Wiedererrichtung von Maria Stern.

Religiöses Brauchtum

In diesen Pfarr- und Klosterkirchen wurde die Liturgie gefeiert und ein vielfältiges religiöses Brauchtum gepflegt, das nur andeutungsweise im Ablauf des Kirchenjahres skizziert werden kann[67]. In der Adventszeit kamen die Gläubigen zu den Roratemessen. Vor Weihnachten stellte man die Kirchenkrippen auf, zum Beispiel 1677 bei den Franziskanern. In St. Georg bestand der Brauch des Christkindelwiegens. Am Sebastianitag zogen die Gemeinden Oberhausen und Lechhausen nach St. Sebastian, in der Oktav die Mitglieder verschiedener Stifte. Am Palmsonntag war im Dom nach dem Frühamt Predigt, Palmenweihe und Prozession, und am Nachmittag durften in verschiedenen Kirchen kleine Kinder auf dem Palmesel reiten. Nach der »Pompermetten« am Karmittwoch fand am Gründonnerstag um sechs Uhr im Dom die Kommunionmesse statt und um 8 Uhr 30 das bischöfliche Amt mit Weihe der heiligen Öle. Die Fußwaschung nahm der Weihbischof mittags im hinteren Chor vor. Die Karfreitagsliturgie im Dom begann ebenfalls früh um sechs Uhr, und am Abend zogen zwei große Bußprozessionen von Hl. Kreuz und St. Salvator durch die Stadt. Sie bildeten den eigentlichen Höhepunkt des Trauertages. Am Karsamstag in der Frühe weihte der Bischof die Diakone zu Neupriestern, anschließend zelebrierte er die Osterliturgie. Untertags beteten die Gläubigen vor den vielen Heiligen Gräbern der Stadt, die kunstvoll aufgebaut und mit Glaskugeln geschmückt waren. Die Auferstehungsfeiern fanden zwischen 18 und 24 Uhr statt.

Am 10. und 11. Mai pilgerten Umlandpfarreien nach Hl. Kreuz, während in der Bittwoche die Augsburger Gemeinden nach einem bestimmten Plan zu Nachbarkirchen zogen. In dieser »Kreuzwoche« wallfahrteten die Mitglieder der Fronleichnamsbruderschaft nach Andechs, andere zogen am Pfingstmontag zur Afrakirche im Feld. Mit großem Gepränge beging man das Fronleichnamsfest. Um sechs Uhr hielt der Bischof das Pontifikalamt, während ein anderer Priester am Kreuzaltar eine Segensmesse zelebrierte. Die Prozession nahm ihren Weg zu den vier Altären am Ilsungschen Haus, an den Fuggerhäusern, in der Kreuzgasse und beim Jesuitenkolleg. Am Oktavsonntag fanden kleinere Umzüge bei St. Ulrich und den Karmeliten statt. Am Samstag vor Peter und Paul pilgerten die Mitglieder der Rosenkranzbruderschaft nach Violau. Das Ulrichsfest wurde mit zehnstündigem Gebet, Predigt, Amt und Prozession gefeiert. Am Laurentiustag zog die katholische Jugend von St. Moritz nach St. Salvator. Den Rosenkranzmonat eröffneten die Dominikaner mit großer Feierlichkeit am ersten Oktobersonntag mit vier Predigten und einer Prozession nach St. Ulrich und Afra, und am Allerheiligentag gedachte man im Dom mit einer Nachmittagspredigt der leidenden Seelen im Fegfeuer. Am Allerseelentag aber wurde in der Friedhofskapelle St. Michael um neun Uhr ein Requiem für alle Toten zelebriert.

Zahlreiche Bruderschaftsfeste und die Kirchweihfeste in den einzelnen Gotteshäusern, außerordentliche Bitt- und Dankgottesdienste, das reiche Angebot der Betstunden und viele Möglichkeiten zur Ablaßgewinnung hielten die Gläubigen zu Gebet und Kirchenbesuch an. Zugleich aber mehrten sich gegen Ende des 18. Jahrhunderts die Klagen, daß durch die beginnende Industrialisierung immer mehr Arbeiter vom Besuch der Sonntagsmesse abgehalten wurden und gerade Jugendliche dem Gottesdienst fernblieben, um statt dessen an Sonn- und Feiertagen auch am Vormittag an Tanzveranstaltungen teilzunehmen. Eine neue Epoche bahnte sich nicht nur im politischen Bereich an, auch im kirchlichen Raum der alten Reichsstadt Augsburg ging die Ära barocker Frömmigkeitshaltung zu Ende. Das beginnende 19. Jahrhundert erforderte neue Wege der Seelsorge. Man beschritt sie zunächst zögernd, dann aber mit Tatkraft und Glaubensmut.

1 Weil eine ausführliche Geschichte der Augsburger Bischöfe und des katholischen Lebens für diese Zeit fehlt, bleibt für die Bistumsgeschichte noch maßgebend Placidus Braun: Geschichte der Bischöfe von Augsburg. Bd. 4, Augsburg 1815. Für das katholische Leben siehe Peter Rummel: Katholisches Leben in der Reichsstadt Augsburg (1650–1806). In: JVAB 18 (1984).

2 Corbinian Khamm: Hierarchia Augustana chronologica tripartita [...]., Pars 1–3, Augsburg 1709–1719, Pars 1, S. 440–445; Braun, Bischöfe. Bd. 4, S. 293–343; Hierarchia Catholica medii et recentioris aevi., Bd. 4, Münster 1935, S. 101; Adolf Layer: Musikpflege am Hofe der Fürstbischöfe von Augsburg in der Barockzeit. In: JVAB 11 (1977), S. 123 f.

3 Studienbibliothek Dillingen, Bistumsgeschichtliche Bibliothek, Kasten 13.

4 Albert Haemmerle: Die Canoniker des Hohen Domstifts zu Augsburg bis zur Säkularisation, Augsburg 1935, Nr. 643.

5 Peter Rummel: Wahl und päpstliche Konfirmation des Augsburger Bischofs Johann Christoph von Freyberg. In: JVAB 2 (1968), S. 69–81; Khamm, Pars 1, S. 445–455; Braun, Bischöfe, Bd. 4, S. 344–388; Layer, Musikpflege, S. 124–130.

6 Suitbert Bäumer: Johannes Mabillon, ein Lebens- und Literaturbild, Augsburg 1892, S. 143.

7 Friedrich A. Hoenyck: Geschichte der kirchlichen Liturgie des Bisthums Augsburg, Augsburg 1889, S. 349.

8 Dreihundert Jahre Institut der allerseligsten Jungfrau Maria Augsburg 1662–1962, Augsburg 1962.

9 AdBA, Bo 19, 5077; Khamm, Pars 1, S. 455–490, Pars 3, S. 558–566; Braun, Bischöfe, Bd. 4, S. 389–448; Bernhard Duhr: Geschichte der Jesuiten in den Ländern deutscher Zunge. Bd. 3, München und Regensburg 1921, S. 889–896; Haemmerle, Domstift, Nr. 63; Hierarchia Catholica. Bd. 5, Passau 1952, S. 105.

10 Josef Anton Steiner: Acta selecta ecclesiae Augustanae, Augsburg 1785, S. 274.

11 AdBA, Bo 36.

12 Leich-Conduct des Selig-verstorbenen Herrn Alexandri Sigismundi Bischoffen zu Augspurg, Augsburg 1737.

13 Braun, Bischöfe, Bd. 4, S. 436–448; Layer, Musikpflege, S. 145–147.

14 Friedrich Karl Gullmann: Geschichte der Stadt Augsburg [...]. Bd. 1–6, Augsburg 1808–1822, Bd. 5, S. 103 f.

15 Thomas Specht: Die Matrikel der Universität Dillingen, Dillingen 1909–1915, Jahrg. 1675, Nr. 47.

16 Haemmerle, Domstift, Nr. 832; Hermann Tüchle: Von der Reformation bis zur Säkularisation, Stuttgart 1981, S. 198, 225 f., 229–231.

17 Tilmann Breuer: Die Stadt Augsburg, München 1958 (Bayerische Kunstdenkmale, Kurzinventar 1), S. 75.

18 Braun, Bischöfe, Bd. 4, S. 449–497; Adolf Layer: Musikpflege am Hof des Augsburger Fürstbischofs Joseph I., Landgraf von Hessen-Darmstadt. In: JVAB 13 (1979), S. 128, 159.

19 Hierarchia Catholica. Bd. 6, Passau 1958, S. 106.

20 Aloys Merz: Trauerrede auf den Todfall des Hochwürdigsten und Durchlauchtigsten Fürsten Josephs des Ersten, Weyland Bischofens zu Augsburg, Augsburg 1768.

21 Breuer, Augsburg, S. 73.

22 Gullmann, Augsburg, Bd. 5, S. 242, 455, 462; Duhr, Jesuiten, Bd. 4. 2, S. 128.

23 Gullmann, Bd. 5, S. 438, 447, 475.

24 Peter Rummel: Besondere Feiern zur Verehrung des heiligen Ulrich in Augsburg. In: JVAB 7 (1973), S. 249–274.

25 Albert Haemmerle: Die Canoniker der Chorherrenstifte St. Moritz, St. Peter und St. Gertrud in Augsburg bis zur Säkularisation, Augsburg 1938, Nr. 35; Georg Rückert: Eusebius Amort und das bayerische Geistesleben im 18. Jahrhundert, München 1956 (Beiträge zur altbayerischen Kirchengeschichte 20. 2).

26 Dorothea Wachter: Degen und Krummstab, Kempten 1978, S. 164.

27 Merz, Trauerrede.

28 Braun, Bischöfe, Bd. 4, S. 498–602; Prinz Adalbert von Bayern: Metternichs Pate erzählt. Aus den Briefen des Prinzen Clemens Wenzeslaus von Sachsen [. . .]. In: Festgabe für Kronprinz Rupprecht von Bayern, München-Pasing 1953, S. 1–61; Adolf Layer: Musikpflege am Hof des letzten Augsburger Fürstbischofs, des Kurfürsten Clemens Wenzeslaus. In: JVAB 17 (1983), S. 155–169; Erwin Gatz: Klemens Wenzeslaus. In: Die Bischöfe der deutschsprachigen Länder 1785/1803 bis 1945, Berlin 1983, S. 388–391.

29 Gullmann, Augsburg, Bd. 6, S. 65, 77, 107.

30 Gullmann, Bd. 6, S. 156; Peter Rummel: Zur Geschichte der Augsburger Dompfarrei im letzten Viertel des 18. Jahrhunderts. In: JVAB 17 (1983), S. 21.

31 Georg Wilhelm Zapf: Geschichte aller Feyerlichkeiten und Handlungen, welche bey höchster Gegenwart Sr. Päpstlichen Heiligkeit Pius dem VI. [. . .] vorgefallen, Augsburg 1782; Elisabeth Kovács: Der Papst in Teutschland, Wien 1983, S. 118–125.

32 Gullmann, Augsburg, Bd. 6, S. 303–307.

33 Hildebrand Dussler: Die Allgäuer Unruhen von 1796/97, eine neue Auflage der Trierer Unruhen. In: Kurtrierisches Jahrbuch 8 (1968), S. 228–240.

34 Beda Bastgen: Bayern und der Heilige Stuhl in der ersten Hälfte des 19. Jahrhunderts. Teil 1, München 1940 (Beiträge z. Geschichte d. Erzbistums München u. Freising 17), S. 1 f.

35 Ludwig Fischer: Die Hofhaltung des Kurfürsten Clemens Wenzeslaus im Schloß Oberdorf. In: Allgäuer Geschichtsfreund 10 (1897), S. 31–39.

36 Gullmann, Augsburg, Bd. 6, S. 771, 775, 789.

37 Abschrift des Testaments in Studienbibliothek Dillingen, Bistumsgeschichtliche Bibliothek, Kasten 13.

38 Anton Gulielminetti: Klemens Wenzeslaus, der letzte Fürstbischof von Augsburg, und die religiöse Reformbewegung. In: AGHA, Bd. 1, S. 493–598.

39 Fischer, Hofhaltung, S. 37.

40 Johann Leonhard Mayr: Moderna Ecclesia Augustensis, Augsburg 1762, S. 65–81; [Leonhard Bayrer]: Kurzgefaßte Geschichte von Augsburg, Augsburg 1785, S. 512; Franz Eugen von Seida und Landensberg: Historisch Statistische Beschreibung aller Kirchen- Schul- Erziehungs- und Wohltätigkeitsanstalten in Augsburg. Bd. 1, Augsburg und Leipzig 1813, S. 97–119.

41 Aloys Schreiber: Die Entwicklung der Augsburger Bevölkerung vom Ende des 14. Jahrhunderts bis zum Beginn des 19. Jahrhunderts. In: Archiv für Hygiene und Bakteriologie 123 (1939), S. 90–177; Wolfgang Zorn: Vor 175 Jahren wurde Augsburg bayerisch. Sonderdruck aus dem Amtsblatt der Stadt Augsburg, Augsburg 1981.

42 AdBA, Bo 2218, 2946.

43 Placidus Braun: Die Domkirche in Augsburg, Augsburg 1829, S. 50–53.

44 AdBA, Bo 2979; Andachts- und Festkalender, Daß ist Heil. Tag-Ordnung und ordentliche Verzeichnuß aller [. . .] durch das Jahr haltenden Gottsdienste und Andachten, Augsburg 1718.

45 Khamm, Bd. 1, S. 489; Augsburger Fest- und Andachtskalender des Jahres 1730, Augsburg 1730, S. 29 f.; Seida, Beschreibung, Bd. 1, S. 166–170, 183.

46 Rummel, Dompfarrei, S. 33 f.

47 Placidus Braun: Geschichte der Kirche und des Stiftes der Heiligen Ulrich und Afra in Augsburg, Augsburg 1817; Wilhelm Liebhart: Die Reichsabtei Sankt Ulrich und Afra zu Augsburg, München 1982 (Historischer Atlas von Bayern, Teil Schwaben 2. 2).

48 Hildebrand Dussler: Reisen und Reisende in Bayerisch Schwaben, Bd. 1, 2. Aufl., Weißenhorn 1980, S. 195, 298.

49 Seida, Beschreibung, Bd. 1, S. 173–176; Haemmerle, Chorherrenstifte, Nr. 139, Norbert Backmund: Die Kollegiat- und Kanonistenstifte in Bayern, Windberg 1973, S. 40–43.

50 Seida, Beschreibung, Bd. 1, S. 172 f.; Augsburger Fest- und Andachtskalender 1730, S. 29; Norbert Backmund: Die Chorherrenorden und ihre Stifte in Bayern, Passau 1966, S. 49–52.

51 Jubiläum Vindelico Eucharisticum oder Jubel-Fest zu Ehren deß Wunderbahrlichen und Wunderthätigen H. Sacraments, München 1699; Thomas Dillis: Das wunderbarliche Gut bei Hl. Kreuz in Augsburg, München 1949.

52 Seida, Beschreibung, Bd. 1, S. 170–172; Georg Lindermayr: Pfarrkirche und Pfarrei St. Georg in Augsburg, Augsburg 1935.

53 Thomas Muchall-Viebrook: Über die St. Stephanskirche zu Augsburg. In: AGHA, Bd. 4, S. 476–487; Ad Sanctum Stephanum 969–1969, Augsburg 1969.

54 Placidus Braun: Geschichte des Collegiatstiftes St. Peter auf dem Perlach in Augsburg. In: Conferenzarbeiten der Augsburger Diözesangeistlichkeit. Bd. 4. 1 (1837); Kurze Geschichte des Stiftes und der Kirche St. Peter in Augsburg, Augsburg 1895.

55 Backmund, Kollegiatstifte, S. 39.

56 Duhr, Jesuiten, Bd. 3, S. 125 f.; Die Jesuiten und ihre Schule St. Salvator in Augsburg 1582, Augsburg 1982.

57 Hans-Joachim Hecker: Die Augsburger Jesuiten und das Colleg St. Salvator von 1773 bis 1807. In: Die Jesuiten, S. 77–81.

58 Duhr, Jesuiten, Bd. 4. 2, S. 177–184.

59 Polykarp Siemer: Geschichte des Dominikanerklosters St. Magdalena in Augsburg, Vechta 1936.

60 Karl Haupt: Ehemalige franziskanische Niederlassungen in Augsburg, Landshut 1961 (Sonderdruck aus Bavaria Franciscana Antiqua 5).

61 Khamm, Bd. 1, S. 396; Stetten, Augspurg, Bd. 1, S. 774; Agapit Hohenegger: Geschichte der Tirolischen Kapuziner-Ordensprovinz, Bd. 1, Innsbruck 1913, S. 31 f.

62 AdBA, Hs. K 59a; Stetten, Augspurg, Bd. 2, Register.

63 Dreihundert Jahre Institut der allerseligsten Jungfrau Maria, Augsburg 1662–1962, Augsburg 1962.

64 Studienbibliothek Dillingen, Bistumsgeschichtliche Bibliothek, Kasten 68; AdBA, Hs. K 59a; Siemer, St. Magdalena, S. 53–55; Hanneliese Haffner: Das Dominikanerinnenkloster St. Katharina in Augsburg im 18. Jahrhundert, Augsburg 1938.

65 Festschrift St. Ursula, Augsburg 1928; Siemer, St. Magdalena, S. 59–61, 150 f.

66 Irmengard Baumann: Geschichte des Sternklosters Maria Stern, München 1958 (Sonderdruck aus Bavaria Franciscana Antiqua 4).

67 Rummel, Katholisches Leben.

Die Mediatisierung der Reichsstadt

von Volker Dotterweich

Die Friedensschlüsse von Basel (1795) und Campo Formio (1797), in denen Preußen und Österreich unter Preisgabe des linken Rheinufers aus der Koalition gegen das revolutionäre Frankreich ausschieden, sowie der folgende Friedenskongreß zu Rastatt bereiteten die Mediatisierung der geistlichen Fürstentümer (»Säkularisation«) und zahlreicher kleinerer weltlicher Herrschaften zugunsten der linksrheinisch geschädigten Reichsstände vor und leiteten zugleich die Auflösung des Alten Reiches ein. Damit stand auch die Reichsstadt Augsburg vor einem Wendepunkt ihrer Geschichte. Freilich lebte sie schon lange in der Vorahnung von dem unabwendbaren Umsturz der gegebenen Verhältnisse. »Die Bürger«, erinnerte sich Friedrich Christian Daniel Schubart, »scheinen eine solche Katastrophe zu vermuten und leben meist wie Leute, die alles aufzehren, damit der Feind nichts mehr bei ihnen finde«[1]. Nicht weniger war sich die Reichsstadt ihrer politischen Ohnmacht bewußt. Am klarsten sprach dies Wilhelm Ludwig Wekhrlin aus. »Der Kurfürst von Bayern«, stellte er schon 1778 fest, »welcher der Stadt Luft und Wasser versagen kann, beherrscht sie unumschränkt. Er betrachtet die Stadt wie einen Wechselbrief, auf den er ziehen kann, so oft ihm beliebt«[2]. Innerhalb weniger Jahrzehnte sollten sich die pessimistischen Erwartungen erfüllen[3].

Von französischen Emigranten, durchmarschierenden kaiserlichen Truppen, der Aushebung des schwäbischen Kreiskontingents, Behinderungen im Handelsverkehr und einer zunehmenden Teuerung abgesehen, bekam Augsburg von den Revolutionskriegen zunächst wenig zu spüren. Dies änderte sich schlagartig im Sommer 1796, als General Moreau im Rahmen einer großangelegten französischen Offensive an der Spitze der Rheinarmee die Donau überschritt und ohne alle Rücksicht auf den Waffenstillstand, den er mit dem Schwäbischen Kreis geschlossen hatte, in die militärisch geräumte Stadt einrückte. Zu keinem späteren Zeitpunkt war die Reichsstadt der Gefahr so nahe, zum unmittelbaren Schauplatz der Kampfhandlungen zu werden wie in jenen Augusttagen, in denen die Revolutionstruppen die österreichische Armee über den Lech trieben, das rechte Flußufer erstürmten und Friedberg plünderten. Allerdings sah sich die hilflose Stadt von nun an drückendsten Einquartierungen und härtesten Requisitions- und Kontributionsforderungen ausgesetzt[4]. Allein Moreau erhob für mehr als 300 000 fl Requisitionen. Als vier Wochen später kaiserliche Verbände unter Erzherzog Karl die Stadt überzogen, stiegen die Kriegslasten ins Unermeßliche. Der Geheime Rat war gezwungen, bei vermögenden Bürgern und städtischen Stiftungen eine Anleihe von einer halben Million fl aufzunehmen, zu deren Rückzahlung er Steuern, Vermögensabgaben und Ungeld drastisch erhöhte. Die Durchführung der Finanzoperation legte er in die Hände einer »Sublevations-Deputation« aus Ratsmitgliedern aller Stände. Damals ließ auch das Reichsstift St. Ulrich alles entbehrliche Gold- und Silbergerät einschmelzen, um seine zerstörte Lechbrücke wiederaufbauen und die ihm abgepreßten Kontributionen zahlen zu können.

Der Stadt blieb kaum Zeit, sich von diesen Schlägen zu erholen. Denn nach dem enttäuschenden Verlauf des Rastatter Friedenskongresses erneuerten sich im März 1799 die Kriegswirren. Die kaiserliche Armee behandelte die Reichsstände, die in ihrem Aufmarschgebiet lagen, wie feindliches Gebiet. Als wichtiger Etappenort war Augsburg bald Lazarett, bald Gefangenenlager und Militärdepot, bald alles in einem. Nach österreichischen und russischen Truppendurchmärschen folgten im Mai 1800 französische Kontingente unter Generalleutnant Lacourbe. Noch im selben Monat mußte der Rat eine fünffache Steuer beschließen, um eine Brandschatzung von 900 000 Francs, die der Stadt und der Geistlichkeit zu gleichen Teilen auferlegt wurde, sowie eine Sonderzahlung von 4000 Louisdor in Gold und umfangreiche Naturallieferungen an die französische Armee aufzubringen, unter anderem 50 000 Portionen Brot, 5000 Pfund Fleisch, 30 000 Maß Bier, 500 Maß Wein,

1000 Maß Branntwein, 1000 Ellen Blautuch, 6000 Paar Schuhe und 600 Paar Offiziersstiefel. Von den Kriegslasten und wiederholten Erpressungen der Jahre 1796 bis 1801 hat sich der reichsstädtische Haushalt nie mehr erholt.

Im Frieden von Lunéville (9. Februar 1801) erkannte Kaiser Franz II. nicht nur den Rhein als Westgrenze des Reiches und die Säkularisation als Entschädigungsprinzip für die linksrheinischen Verluste der Reichsstände an, er räumte Frankreich auch das Recht ein, sich an den Entschädigungsverhandlungen zu beteiligen. Letztlich bildete ein französisch-russischer Entschädigungsplan (3./4. Juli 1802) die Grundlage für die Verhandlungen der Reichsdeputation, die in Regensburg von Reichs wegen über die Entschädigungsquoten beriet. Der Gedanke, deutsche Fürsten für Gebietsabtretungen nicht nur durch säkularisierte geistliche Herrschaften, sondern auch durch reichsstädtische Territorien schadlos zu halten, war nicht neu. Er spielte bereits bei den Friedensverhandlungen zu Nimwegen (1678/79) eine Rolle. Damals konnte der Kaiser alle derartigen Pläne vereiteln. Nun aber war kein Zweifel, daß auch die deutschen Stadtstaaten zur Entschädigungsmasse zählten. Fassungslos, dann abwartend und zaudernd stand der Augsburger Magistrat dem Umsturz der Reichsverfassung gegenüber. In dem Gerücht, daß große Handelsstädte als Plätze des internationalen Verkehrs von der Mediatisierung verschont blieben, konnte er keine Garantie für die Fortdauer der reichsstädtischen Selbständigkeit erblicken. Denn Augsburg war nach Lage und Größe von Österreich und Bayern gleichermaßen begehrt. Erst auf die Nachricht hin, daß sich Nürnberg und Frankfurt durch Verhandlungen mit der französischen Regierung die Reichsunmittelbarkeit gesichert hätten, baten die beiden Stadtpfleger den französischen Außenminister Talleyrand um den Schutz der Stadt, beauftragten im April 1802 den Pariser Gesandten des Landgrafen von Hessen-Kassel, Freiherrn von Steube, mit der Verhandlungsführung und entsandten die beiden Ratsmitglieder von Pflummern und Schelhaß in geheimer Mission nach Paris, freilich nur um zu erfahren, daß »ohne Geld nichts«, mit Geld aber »alles« zu erreichen sei[5]. Gleichzeitig begaben sich Albrecht von Stetten und Ratskonsulent Steinkühl nach Regensburg, um mit den französischen Gesandten und kaiserlichen Räten bei der Reichsdeputation zu verhandeln.

Als Steube nach wenigen Wochen berichtete, daß die Säkularisation des Fürstbistums Augsburg und des Reichsstifts St. Ulrich durch Bayern gewiß sei, beauftragte ihn der Magistrat, der Stadt nicht nur die Reichsfreiheit, sondern nach Vorbild der Hansestädte auch alle Rechte und Besitzungen der geistlichen Herrschaften sowie aller Stifte und Klöster zu sichern, die innerhalb des Stadtgebiets *(intra muros)* lagen, obgleich man keinerlei begründete Ansprüche auf Entschädigung hatte. Denn der Magistrat fürchtete, nicht mehr Herr im eigenen Hause zu sein, sobald das Kurfürstentum auf reichsstädtischem Boden erst einmal Fuß gefaßt hatte. Schließlich ging der Magistrat noch einen Schritt weiter und forderte auch den auswärtigen Besitz der Augsburger Mediatklöster und Stifte. Denn diese Besitzungen, die im Fürstbistum, im Bayerischen und in den vorderösterreichischen Landen verstreut lagen, stellten insofern die materielle Grundlage des katholischen Kirchenwesens der Stadt dar, als die sechs Augsburger Pfarreien von den Klöstern und Stiften der Stadt bislang unentgeltlich betreut wurden. Darüber hinaus fürchtete man, daß nach der Säkularisation die Mehrzahl der Klosterinsassen – überwiegend Augsburger Bürgersöhne – der Stadt zur Last fallen würde.

Die Wünsche des Augsburger Magistrats waren wegen des bayerischen Interesses, die mediatisierten Territorien und Herrschaften Schwabens so weit wie möglich zu arrondieren, wie auch im Hinblick auf die finanziellen Möglichkeiten der nahezu bankrotten Reichsstadt unerfüllbar. Zudem erwies sich Steube, der für den Erhalt der Reichsfreiheit 200 000 Gulden und für die Vermittlung auch nur des *innerhalb* der Stadt gelegenen Kirchenguts weitere 400 000 fl als angebliche französische Geldforderung einzutreiben versuchte, als Handlanger der Pariser Makler und Subalternbeamten im Kreise um Talleyrand. Daraufhin übergab die Stadt die Verhandlungsführung dem früheren württembergischen Legationsrat und Landschaftskonsulenten Konrad von Abel, der als *Député des villes libres et impériales* auch die deutschen Reichsstädte in Paris vertrat. Als sich indes die Augsburger Kaufleute weigerten, der Stadt auf eine Spe-

zialhypothek auf den säkularisierten Kirchenbesitz eine Anleihe zu geben und auch keine auswärtige Bank bereit war, das Kirchengut als Sicherheit zu akzeptieren, blieb Abel nichts anderes übrig, als seinen französischen Unterhändlern die Zahlungsunfähigkeit der Reichsstadt zu offenbaren. Gleichwohl versäumte es der Magistrat nicht, an seine französischen Helfer in Paris und Regensburg ansehnliche Vermittlungs- und Bestechungsgelder – insgesamt 50 000 bis 60 000 fl – zu zahlen.

So gelang es Augsburg mehr durch die Umstände als durch Verhandlungsgeschick und mit vergleichsweise bescheidenen Mitteln, seinen Status als Reichsstadt ein letztes Mal zu behaupten und zusammen mit Bremen, Hamburg, Lübeck, Frankfurt und Nürnberg sein Kollegialrecht beim Reichstag, ja sogar mit Aussicht auf den Vorsitz im reichsstädtischen Kollegium, zu erhalten. Darüber hinaus sprach der Reichsdeputationshauptschluß der Stadt die volle Landeshoheit, das Verfügungsrecht über die Fortexistenz ihrer Mediatklöster und geistlichen Stiftungen sowie den gesamten säkularisierten Kirchenbesitz innerhalb der Stadtmauern als Kriegsentschädigung zu. Dazu gehörten unter anderem die Residenz, die Beamtenhäuser und Kornspeicher, das Waaghaus und der Stierhof des Fürstbischofs, die Domherrenhöfe, die Chorvikar- und Benefizienhäuser sowie der Weinkeller des Domkapitels, nicht zuletzt das – allerdings bedeutungslos gewordene – Burggrafenamt. Am 26. November 1802 verkündete der Rat dem Reichsstift St. Ulrich die Zivilbesitznahme durch die Reichsstadt; dem Fürstbischof Clemens Wenzeslaus, der auch nach der Säkularisation Diözesanbischof blieb, räumte er seine Augsburger Residenz auf Lebenszeit ein.

Aufs Ganze gesehen erwies sich die Säkularisation für die Stadt als höchst zweifelhaftes »Geschäft«. Denn die auswärtigen Vermögenswerte der Augsburger Stifte und Klöster fielen an Bayern, das im übrigen nahezu den gesamten geistlichen Besitz in Ostschwaben säkularisierte[6]. Die Stadt befand sich damit in einer einzigartigen Lage. Denn nirgendwo sonst sprach der Reichsdeputationshauptschluß dem einen Erwerber nur die wenig einträglichen Gebäude, einem zweiten aber den gewinnbringenden Herrschafts- und Gutsbesitz ein und desselben Klosters zu. Da die Reichsdeputation die Rechtsnachfolger der geistlichen Institute verpflichtete, für die Dotation der Pfarrstellen, die Pensionen der Geistlichen und Klosterinsassen sowie für alle Schulden aufzukommen, die auf den Säkularisationsgütern lasteten, hatten die Reichsstadt und das Kurfürstentum die Folgelasten der gemeinsamen Säkularisation anteilig zu tragen. Die Verhandlungen hierüber waren äußerst langwierig[7]. Während der bayerische Säkularisationskommissär, der frühere Dillinger Kanzler von Epplen, die Reichsstadt wiederholt ihre Machtlosigkeit spüren ließ und seinen Rechtsstandpunkt rigoros durchzusetzen versuchte, reklamierte der Magistrat in einer nicht minder einseitigen Auslegung des Reichsdeputationshauptschlusses für die Stadt alle Mobilien, Kirchenschätze, Bibliotheken und Vorräte, ja sogar alle Aktivkapitalien der Augsburger Klöster, ohne diese Vermögenswerte auch auf die Schulden- und Pensionsquote der Stadt anrechnen lassen zu wollen. Am unerfreulichsten entwickelten sich die Auseinandersetzungen über die Ausstattung der Augsburger Pfarreien. Selbst als die Stadt den Nachweis erbrachte, daß sie für den katholischen Kultus jährlich wenigstens 38 000 fl aufzuwenden, aus dem säkularisierten Kirchenbesitz aber günstigstenfalls eine Einnahme von 8000 fl zu erwarten habe, lehnte Bayern jede Beteiligung am Augsburger Pfarrfonds – etwa durch Rückgabe der für fromme Stiftungen, Benefizien und Bruderschaften bestimmten Kapitalien – kategorisch ab. So machte die Stadt die schmerzliche Erfahrung, daß die Neuerwerbungen die neuen Mehrbelastungen bei weitem nicht aufwogen[8]. »Man ging«, wie Ratskonsulent Hoscher das Säkularisationsgeschäft skeptisch beurteilte, »nach der Wolle und kömmt geschoren nachhaus«[9].

Die Tatsache, daß sich Augsburg als einzige der ostschwäbischen Reichsstädte der Mediatisierung durch Bayern entziehen konnte, durchkreuzte das außenpolitische Konzept des Münchner Ministerpräsidenten Graf Montgelas[10]. Schon im Vorfeld des Friedens von Campo Formio hatte Montgelas die Umformung der heterogenen pfalz-bayerischen Ländermasse zu einem kompakten Mittelstaat gefordert, und zwar mit Hilfe von weitgreifenden territorialen Arrondierungen namentlich in Franken und Schwaben. Die Säkularisation und Mediatisierung des Jahres 1803 brachte ihn diesem Ziel erheblich näher. Aber noch stellte die alte Reichsstadt eine Insel des überkommenen Reichswesens inmitten des neubayerischen Territoriums dar. Mehr denn je war daher, wie der bayerische Gesandte in Regensburg, Freiherr von Rechberg, betonte, der Besitz von Augsburg für das Kurfürstentum von höchstem Interesse. Rechberg wußte aber auch, daß die Zeit für Bayern arbeiten würde. Es sei daher notwendig, »die Absichten auf Augsburg verborgen« zu halten und seine Regierung »einzuschläfern«. Der günstige Augenblick werde kommen, um Paris davon zu überzeugen, daß die Erhaltung des bayerischen Staates wichtiger sei als die einer »selbstsüchtigen, von Oligarchen regierten verschuldeten Reichsstadt, die in Hinsicht der Handelsverbindungen sowohl als der politischen Vorteile nie imstande sein wird, ihren Beschützern die Mühe zu lohnen, welche sie auf dieselbe verwendet haben«[11].

Hinter der französischen Parteinahme für die süddeutschen Reichsstädte verbarg sich vor allem die Absicht, sich einige neutrale, politisch aber machtlose und ganz von Frankreich abhängige Stützpunkte zu sichern, über die man in Zukunft nach Opportunität verfügen konnte. Als im Herbst 1805 der Krieg mit Österreich erneut ausbrach, diente Augsburg der napoleonischen Armee als Hauptdepotplatz. Ohne alle Rücksicht auf die Neutralitätserklärung des Magistrats drangen mehr als 30 000 Franzosen in die Stadt ein, die unter Quartierlasten und Requisitionen erneut schwer zu leiden hatte. Nach Abschluß der Kampfhandlungen sah Napoleon I. in Augsburg nur mehr ein willkommenes Entschädigungsobjekt für den bayerischen Kurfürsten, seinen treuesten Bundesgenossen, dem er die Reichsstadt zusammen mit der vorderösterreichischen Markgrafschaft Burgau bereits in geheimen Bündnisverhandlungen zu Beginn des Dritten Koalitionskrieges (Würzburger Allianz, 23. September 1805) zugesprochen hatte. Bei zwei Besuchen in Augsburg (10. und 22. Oktober), zuletzt nach der Kapitulation der österreichischen Donauarmee in Ulm, sodann bei der Audienz einer Augsburger Abordnung in seinem Hauptquartier in Mühldorf am Inn (30. Oktober) eröffnete der französische Kaiser der Reichsstadt ihr künftiges Schicksal.

Den folgenden Ereignissen bis zum endgültigen Übergang der Stadt an Bayern durch den Brünner Vertrag (9. Dezember) und den Frieden zu Preßburg (26. Dezember) stand der Augsburger Rat nur noch resignierend gegenüber. Zwar stimmte er rein formal einer Entsendung Konrad von Abels zu erneuten Unterhandlungen ins französische Hauptquartier zu, jedes finanzielle Engagement zugunsten der reichsstädtischen Unabhängigkeit lehnte er jedoch ab. Die Einschätzung der Lage der Reichsstadt kam selten so bündig zum Ausdruck wie in dem Gutachten des Ratskonsulenten Schmid: »Wenn es in der Politik des französischen Kaisers gelegen ist, dem deutschen Reichskörper noch eine äußere Form einer Selbständigkeit zu lassen, so zweifle ich nicht an der Erhaltung der Reichsstädte als solcher. Wenn sich aber die ganze Reichsform in einige Souveränitäten auflöst, so können sich die Reichsstädte kein anderes Schicksal vorbilden und erwarten als die Reichsritterschaft, deren Grab bereits geöffnet und die Schiedungsglocke angezogen ist«[12].

Bayerische Staatsräson, aber auch die Einsicht in die Schwäche des Alten Reiches, das, unfähig, die Sicherheit seiner Glieder zu gewährleisten, zum Spielball der europäischen Mächte geworden war, beseitigten die momentanen Skrupel, die Montgelas über die Ungesetzlichkeit der Mediatisierung Augsburgs empfand[13]. Am 21. Dezember 1805, mehrere Tage vor der Ratifikation des Preßburger Friedens, ergriff das Kurfürstentum von der Reichsstadt militärisch Besitz. Diese fügte sich gelassen in ihr Geschick. Während sich ihre Bürger jeder offenen Kundgebung enthielten, erschöpfte sich die Aktivität des Magistrats in einer Ergebenheitsadresse an den Kurfürsten. Am 4. März 1806 übergab der französische Kommandant General René die Stadt einer bayerischen Übernahmekommission. Zur selben Stunde versammelten sich sämtliche Mitglieder des Magistrats, des Stadtgerichts und die höheren Beamten auf dem Rathaus zur Vereidigung auf den neuen Souverän.

Mit der Stadt Augsburg mußten auch die von ihr als Lehen besessene Reichslandvogtei mit den Dörfern Gersthofen, Langweid und dem Weiler Stettenhofen, ebenso die umliegenden Besitzungen ihrer Stiftungen und Patrizier an Bayern übergeben werden: Ober-

hausen, Neusäß, Teile von Pfersee und Kriegshaber, das Langenmantelsche Westheim, das Schnurbeinsche Deuringen und das von Stettensche Hammel. Ohne Umstände wurden wenig später auch der ritterschaftliche Besitz der Freiherrn von Rehlingen in Kriegshaber sowie das Fuggerische Wellenburg-Bergheim und Leitershofen eingezogen und die noch 1803 gefürstete Babenhausen-Wellenburger Linie des Hauses Fugger ihrer reichsunmittelbaren Herrschaftsgewalt enthoben[14].

Nicht nur die äußeren, auch die inneren Verhältnisse der Reichsstadt, ihre problematische geographische Lage, politische Gegensätze innerhalb der Bürgerschaft, schwindender Patriotismus, schließlich offenkundige Defekte ihres Finanz- und Verwaltungssystems zeigen an, daß sich der Augsburger Stadtstaat gegen Ende des 18. Jahrhunderts überlebt hatte.

Die Reichsstadt verfügte über keinerlei Hinterland. Sie war daher im Hinblick auf die Versorgung der Bevölkerung und die Bedürfnisse ihrer Wirtschaft in hohem Maße von ihren Nachbarn abhängig – vor allem von Bayern. Denn durch bayerisches Territorium führten die wichtigsten Handelswege, und darüber hinaus war es dem Kurfürstentum als Lech-Anrainer ein leichtes, der reichsstädtischen Industrie die lebensnotwendige Wasserkraft zu entziehen. Aus dieser Sicht fiel Augsburg letztlich dem »meistberechtigten Erben« zu.

Innerhalb der Bevölkerung stieß die Mediatisierung der Reichsstadt keineswegs nur auf Ablehnung. Lange bevor sich der Magistrat infolge der Revolutionskriege gezwungen sah, die Steuerkraft der Bürger bis an die Grenzen des Möglichen auszuschöpfen, und die Kriegswirren den Reichsstädtern ihre Hilflosigkeit, ja die Ausweglosigkeit ihrer Lage bewußt machte, gab es in Augsburg Stimmen, die für eine freiwillige Aufgabe der Reichsunmittelbarkeit eintraten. Nach der Jahrhundertwende griff dann die Überzeugung um sich, daß Augsburgs Status als Reichsstadt auf Dauer nicht zu halten sei. Während jedoch das Patriziat und der stärker traditionsgebundene katholische Bevölkerungsteil mehrheitlich an der Bewahrung der reichsstädtischen Freiheit festhielten, neigten Kaufleute und Protestanten einer Vereinigung der Stadt mit Bayern zu. Bekanntlich verweigerten die Kaufleute dem Magistrat während der zähen Verhandlungen über die Ablösesumme, die Frankreich für die Sicherung der Reichsunmittelbarkeit und des säkularisierten Kirchenguts erhalten sollte, nicht nur die gewünschte Anleihe, sie ließen den Kurfürsten von Bayern zur gleichen Zeit wissen, daß sie »lieber bayerisch als immediat« wären[15]. Indes, nicht nur in der Kaufleutestube, auch innerhalb des Geheimen Rats bildete sich eine probayerische Gruppierung. Ihr Wortführer, Ratskonsulent Hoscher, widersetzte sich entschieden dem Pariser Entschädigungsgeschäft und bot, als er kein Gehör fand, der Münchner Regierung an, den Übergang der Reichsstadt an Bayern auf publizistischem Wege vorzubereiten. Montgelas ließ ihm damals mitteilen, daß der Kurfürst zwar nicht autorisieren könne, »was von einem städtischen Diener [. . .] gegen die derzeitige Verfassung der Reichsstadt« geschrieben sei, daß er es aber nicht ungern sähe, »wenn das Publikum [. . .] von der Notwendigkeit der Mediatisierung überzeugt werde«[16]. Die offenkundige Absicht wenigstens eines Teils der Bürgerschaft, auf die politische Selbständigkeit der Reichsstadt freiwillig zu verzichten, hatte verschiedene Ursachen. Ohne Zweifel spielte die Hoffnung der bürgerlichen Oberschicht, in einem größeren Staat mehr Sicherheit, überhaupt stabilere Verhältnisse zu finden, die entscheidende Rolle. Auch Sympathien für das aufgeklärte Bayern und konfessionelle Motive lassen sich ausmachen. Nicht zuletzt aber brachte das Mißbehagen der Bürger über das undurchsichtige und ineffektive Finanz- und Verwaltungssystem der Stadt, dessen schwerwiegende Mängel sich in einer Schuldenlast von 3 Millionen fl und einem jährlichen Haushaltsdefizit von durchschnittlich 38 000 fl niederschlugen, den alten reichsstädtischen Patriotismus zum Erliegen. Hinzu kamen soziale Spannungen, vor allem die wachsende Unzufriedenheit der Unterschichten, wie sie in den Weberunruhen von 1794 zutage trat, hauptsächlich aber der politische Konflikt zwischen Patriziat und Kaufmannschaft über die Reform der reichsstädtischen Verfassung, namentlich über die Forderung nach bürgerlicher Mitbestimmung und Finanzkontrolle[17]. 1803, als die Kaufmannschaft jede weitere Anleihe von Fortschritten in der Verfassungsreform abhängig machte und gegen jede fremde Kreditaufnahme durch den Magistrat Einspruch erhob, erreichten die Auseinandersetzungen ihren Höhepunkt. Denn als der Magistrat im Hinblick auf die drohende Zahlungsunfähigkeit der Reichsstadt keinen anderen Ausweg mehr sah, als sich von drei auswärtigen jüdischen Bankhäusern das erforderliche Darlehen zu besorgen, und diesen als Gegenleistung das Recht einräumte, sich mit ihren Familien in Augsburg niederzulassen, entschlossen sich Kaufmannschaft und Kramerstand zum letzten ihnen noch verbleibenden legalen Schritt: Sie erhoben Klage gegen den Magistrat beim Reichshofrat in Wien (6. März 1804). Zu einer Entscheidung des Reichshofrats kam es freilich nicht mehr.

Am 1. Juli 1806 entsagte Augsburgs letztes reichsstädtisches Regiment der Verwaltung der Stadt, um einem provisorischen königlich-bayerischen Stadtmagistrat Platz zu machen. Als man den bronzenen Reichsadler aus dem Westgiebel des Rathauses herausbrach, waren auch die Tage des Alten Reiches gezählt. Keine sechs Wochen später legte Franz II. die römisch-deutsche Kaiserkrone nieder.

1 Christian Friedrich Daniel Schubart: Leben und Gesinnungen. Zweiter Teil, Stuttgart 1793, Reprint Leipzig 1980, S. 33.
2 Wilhelm Ludwig Wekhrlin: Schriften 1772–1789. Hrsg. von Alfred Estermann, Bd. 1, Nendeln-Liechtenstein 1978, S. 68.
3 Zum Folgenden s. Christian Meyer: Die letzten Zeiten der freien Reichsstadt Augsburg und der Übergang derselben an die Krone Bayern. In: ZHVS 1 (1874), S. 1–33; Adolf Buff: Des reichsstädtischen Augsburgs Ende. In: Der Sammler 42–44, 58–60, 103–109 (1882) und 105–119 (1885); Karl Haupt: Die Vereinigung der Reichsstadt Augsburg mit Bayern, München und Freising 1923 (Historische Forschungen und Quellen 6); Hildegund Dietrich: Die Angliederung Augsburgs an Bayern und die Augsburger öffentliche Meinung, Diss. phil. München 1944; Zorn, Augsburg, S. 224–242; Friedrich Blendinger: Die Mediatisierung der schwäbischen Reichsstädte. In: Hubert Glaser (Hrsg.), Wittelsbach und Bayern. Bd. III/1: Krone und Verfassung, München und Zürich 1980, S. 101–113.
4 Michael Steidle: Die Reichsstadt Augsburg und die Lasten der Koalitionskriege. 1790–1805, Diss. TH München 1923.
5 Bericht der Abgeordneten aus Paris, 15. 7. 1802, Haupt, Vereinigung, S. 24; zum Folgenden ebd. S. 17–19.
6 Volker Dotterweich: Herrschafts- und Vermögenssäkularisation in Bayerisch-Schwaben. Politische, soziale und wirtschaftliche Aspekte. In: Pankraz Fried (Hrsg.): Probleme der Integration Ostschwabens in den bayerischen Staat. Bayern und Wittelsbach in Ostschwaben, Sigmaringen 1982, S. 114–153

(Augsburger Beiträge zur Landesgeschichte Bayerisch-Schwabens 2).

7 Haupt, S. 61–74.

8 Spätere, aktenmäßige Berechnungen gingen davon aus, daß die Gesamteinkünfte der Stadt aus der Säkularisationsmasse 14 000 fl, die Ausgaben für die Pensionen der Geistlichen, Pfarrfonds und Schulden der Klöster mehr als 37 000 fl im Jahr betrügen; dazu Gutachten der Ratskonsulenten vom 30. 8./ 11. 9. 1803, Haupt, S. 77.

9 Ebd. S. 74.

10 Eberhard Weis: Montgelas. 1759–1799. Zwischen Revolution und Reform, München 1971; Dotterweich, Herrschafts- und Vermögenssäkularisation, S. 115–117.

11 Denkschrift vom 26. 3. 1803, Haupt, S. 67.

12 Ebd. S. 94.

13 Denkwürdigkeiten des bayerischen Staatsministers Maximilian Grafen von Montgelas (1799–1817). Übersetzt von Max Freiherr von Freyberg-Eisenberg, hrsg. von Ludwig Graf von Montgelas, Stuttgart 1887, S. 135–142.

14 Zorn, S. 239–241; Blendinger, S. 109.

15 Tagebuch Stetten-Steinkühls, 16. 10. 1802, Haupt, S. 84.

16 Akt, betr. die Verhältnisse der Reichsstadt Augsburg, Januar 1804, Haupt, S. 82; Blendinger, S. 105 f.

17 Ingrid Bátori: Die Reichsstadt Augsburg im 18. Jahrhundert. Verfassung, Finanzen und Reformversuche, Göttingen 1969 (VMPIG 22), S. 161–169.

Teil V

Augsburg im 19. und 20. Jahrhundert

Herausgegeben
von Josef Becker und Karl Filser

Die bayerische Ära 1806–1870

von Volker Dotterweich

Das Jahr 1806 bedeutet eine tiefe Zäsur in der politischen Geschichte Augsburgs. Es markiert das Ende des selbständigen Stadtstaates, die Eingliederung der Stadt in das Königreich Bayern, die Neuordnung der kommunalen Verwaltung und die Auflösung der ständischen Gliederung der stadtbürgerlichen Gesellschaft durch die Reformgesetzgebung der Ära Montgelas. Grundlegende Veränderungen der Bevölkerungs-, Sozial- und Wirtschaftsstruktur der Stadt vollzogen sich hingegen erst seit Anfang der vierziger Jahre des 19. Jahrhunderts, als Augsburg, durch seinen Reichtum an natürlichen Energiequellen, seine Verkehrslage und das zur Anlage drängende Kapital seiner Bankhäuser begünstigt, mit der Gründung von mechanischen Baumwollspinnereien und Webereien (zuerst 1837), der Errichtung von Maschinenfabriken und dem Bau der Eisenbahnlinien nach München (1840), Kaufbeuren (1847), Nürnberg (1849) und Ulm (1853) kraftvoll ins industrielle Zeitalter aufbrach. Der Nationalökonom Friedrich List, der in Augsburg sein *Nationales System der Ökonomie* (1841) schrieb, sah voraus, daß die Zukunft der Stadt in der Industrie lag. Tatsächlich gelang es dem Augsburger Unternehmertum scheinbar mühelos, sich an die Spitze der Industrialisierung in Bayern zu stellen und im Bereich der Textilerzeugung und des Maschinenbaus eine historische Pionierrolle zu spielen. Ungleich schwerer mußte die Stadt, die 1817 den Sitz der Regierung des Oberdonaukreises erhielt, um die Anerkennung ihrer Funktion als Zentralort Bayerisch-Schwabens ringen[1]. In diesem Zusammenhang wirkte es sich für Augsburg hinderlich aus, daß es – im Unterschied zu Nürnberg, das als Reichsstadt ein ausgedehntes Territorium besaß – keinerlei Tradition als Gebietshauptstadt hatte. Auch für die Untertanen des ehemaligen Fürstbistums war bekanntlich ja nicht Augsburg, sondern Dillingen Regierungssitz gewesen. Im übrigen stellte die Kreisregierung kein gewähltes Selbstverwaltungsorgan dar, das geeignet gewesen wäre, das politische Interesse größerer Bevölkerungskreise auf sich zu ziehen, sondern lediglich eine nachgeordnete Verwaltungsbehörde des straff zentralisierten bayerischen Staates. So blieben die Impulse, die von der Stadt im 19. Jahrhundert auf die überörtliche politische Geschichte ausgingen, im großen und ganzen auf ihren Beitrag zur politischen Willensbildung im Rahmen der Wahlen zum bayerischen Landtag, zur deutschen Nationalversammlung und später zum Reichstag beschränkt. Die Voraussetzungen hierfür schuf das lokale Parteiwesen, das sich, wie überall im Deutschen Bund, während der Revolution von 1848/49 ausbildete.

Die Neuordnung

Erstes Anliegen des bayerischen Staates war die administrative Integration seiner nach Verfassungsformen, Institutionen und Konfessionen sehr heterogenen Neuerwerbungen[2]. Auf diese ließ Montgelas die Prinzipien moderner, rationaler Staatsverwaltung nach französischem Muster, aber auch nach Vorbild der aufgeklärten Monarchien des ausgehenden 18. Jahrhunderts mit derselben Konsequenz und ohne Rücksicht auf das historisch Gewordene anwenden wie auf die bayerischen Kernlande selbst. Über Augsburgs künftige Stellung als bayerische Munizipalstadt entschied ein königliches Reskript vom 31. Januar 1806[3]. Es regelte die Formalitäten der Zivilbesitzergreifung und verfügte, daß der Organisation der Stadt jene von Ulm[4] zugrunde zu legen sei. Damit machte es für Augsburg zugleich das ältere kurfürstliche Organisationsedikt für die Mediatisierung der schwäbischen Reichsstädte (10. August 1803) verbindlich, das die neuerworbenen den altbayerischen Munizipalstädten gleichstellte, den künftigen Wirkungskreis der kommunalen Verwaltung auf den Umfang der Stadtmauern beschränkte, das Vermögen der Städte von dem des Staates trennte und den Schutz des Privateigentums sowie die Sicherung der bürgerlichen Freiheiten durch eine unabhängige Rechtspflege in Aussicht stellte[5]. Grundsätzlich war die Stadtverfassung auf eine neue, durch strikte Aufgabentrennung zwischen Administration, Justiz und Polizeiwesen gekennzeichnete Grundlage zu stellen.

Alle praktischen Maßnahmen, die unter Berücksichtigung der lokalen Verhältnisse für eine Übergangszeit zunächst nur provisorisch, sodann aber auch für die endgültige Neuordnung des städtischen Verwaltungsapparats getroffen wurden, beruhten auf Vorschlägen, die Landesdirektionsrat Peter Freiherr von Widmann, ein einfühlsamer, gleichwohl zielbewußter und rational denkender Verwaltungsfachmann, als Organisationskommissär der Stadt Augsburg der Ulmer Landesdirektion unterbreitete. Seine Voruntersuchungen haben sich in umfangreichen Berichten niedergeschlagen[6]. Widmann fand die Stadtverwaltung in einem chaotischen Zustand vor. Vor allem bemängelte er die Unübersichtlichkeit und Kompetenzüberschneidungen der Ämter, die fehlende Kooperation innerhalb der reichsstädtischen Regierung, die »Unwissenheit, Ignoranz und Nachlässigkeit der Regierungsglieder« sowie die »zerquetschte Influenz der katholischen Religionslehrer«. Für den Fall einer konstitutionellen Beteiligung der Bürgerschaft bei der Besetzung des Magistrats befürchtete er konfessionelle Spannungen. Aber er war zuversichtlich, daß sich die äußerst zerrütteten Finanzen der Stadt durch Verwaltungsvereinfachung und Sparsamkeit in Ordnung bringen lassen würden. Die Ulmer Landesdirektion schloß sich seinem provisorischen wie auch seinem definitiven Organisationsplan, der sich in allen grundsätzlichen Fragen an den in Ulm gesammelten Erfahrungen orientierte, bis auf geringfügige Änderungen an.

Am 1. Juli 1806 trat die provisorische Stadtverfassung in Kraft. Die beiden Stadtpfleger wurden wegen ihres hohen Alters in den Ruhestand versetzt, 25 Ämter und Deputationen der ehemaligen Reichsstadt aufgelöst und die alte Stadtobrigkeit, der Geheime Rat, durch einen provisorischen Stadtmagistrat – zwei Bürgermeister, 21 Magistratsräte und zwei Kanzleidirektoren – ersetzt[7]. Seine Kompetenzen erstreckten sich auf die Besorgung der »allgemeinen bürgerlichen Angelegenheiten«. Dazu zählten unter anderem die Verwaltung der städtischen Einnahmen und Ausgaben, die Oberaufsicht über das Kirchen-, Schul- und Stiftungsvermögen, das Vorschlagsrecht für die Besetzung erledigter Pfarr- und Schulmeisterstellen, das Recht der Bürger- und Beisassenaufnahme, schließlich auch die Aufsicht über die städtischen Kanzleien und die Führung des Stadtsiegels. Nach einer Übergangszeit von sechs Monaten erhielt der Magistrat die Bezeichnung Verwaltungsrat[8]. Anstelle der bisherigen Magistratsräte wurden sieben hauptamtliche und, übergangsweise, drei »überzählige«, das heißt pensionierte, Stadträte ernannt. Jedes Mitglied des Verwaltungsrats, einschließlich der beiden Bürgermeister, die sich alle drei Monate in der Direktion abwechselten, stand einem eigenen, fest umrissenen Geschäftsbereich der Stadtverwaltung vor, einem sogenannten »Bureau«, über dessen Angelegenheiten im Kollegium mündlich Vortrag zu halten war. Schwerer als diese personellen und administrativen Änderungen, die die Augsburger Stadtverfassung derjenigen der bayerischen Munizipalstädte anglichen, fiel ins Gewicht, daß die städtischen Verwaltungsorgane in ihrer Handlungsfreiheit noch stärker beschränkt wurden. Denn künftig bedurften ungewöhnliche Ausgaben,

Erwerb und Verkauf von Grund und Boden, aufwendige Baumaßnahmen oder neue Gemeindeumlagen der Zustimmung durch die Landesdirektion. Selbst das gesamte Stiftungsvermögen, das der Stadt weiterhin gewidmet blieb, kam unter staatliche Aufsicht[9]. So stellte der Verwaltungsrat in seiner doppelten Eigenschaft als »Regierungs-Beamter«, der die »Verordnungen und Weisungen der unmittelbar vorgesetzten Landesstelle« zu befolgen hatte, und als »Beamter der Bürgergemeinde«, der der Landesdirektion insofern verantwortlich war, »als die ganze bürgerliche Gemeinde unter dem landesherrlichen Schutze und Hoheit stehet«[10], in allererster Linie eine Unterbehörde der staatlichen Zentralverwaltung dar und nur in höchst bescheidenem Maße ein Organ der kommunalen Selbstverwaltung. Dies kam äußerlich am deutlichsten darin zum Ausdruck, daß der Gemeindeverwaltung ein Stadtkommissär beigegeben wurde, der den städtischen Beamten dem Range nach vorging und als landesherrlicher Aufsichtsbeamter das Recht hatte, an den Sitzungen des Verwaltungsrats teilzunehmen und gegen die Beschlüsse aller städtischen Organe sein Veto einzulegen[11].

Eine der wirkungsvollsten Reformmaßnahmen der Montgelas-Zeit war die Trennung des Justiz- und Polizeiwesens von der Verwaltung. So ging bereits mit der Einsetzung des provisorischen Stadtmagistrats die Errichtung eines unabhängigen Stadtgerichts und einer eigenen Polizeidirektion Hand in Hand. Dem Stadtgericht unterstanden alle Bereiche des Justizwesens, die bis dahin der reichsstädtische Magistrat in corpore oder durch untergeordnete Ämter versehen hatte, namentlich die Zivil- und Strafgerichtsbarkeit, die Haltung von Grund- und Hypothekenbüchern, das Depositenwesen, die Aufsicht über Pfleg- und Vormundschaften und, unter Zuziehung eines Stadtgeistlichen, auch die protestantische Ehegerichtsbarkeit[12]. Während für Bayern 1813 ein einheitliches Strafrecht verkündet wurde, blieb für alle Zivilsachen das alte Augsburger Stadtrecht noch bis zur Einführung des Bürgerlichen Gesetzbuches im Jahre 1900 in Kraft. Als Untergericht war das Stadtgericht für alle Stadtbewohner in erster Instanz zuständig, sofern sie nicht, wie die ehemaligen Patrizier und die Magistratsräte, der Stadtkommissär, der Stadtoberrichter und die Stadtgerichtsräte selbst sowie die Stadtgeistlichen und Gymnasiallehrer, zum »gefreiten Gerichtsstand« gehörten und dem Königlichen Hofgericht in Memmingen unterstanden, das im übrigen für das Augsburger Stadtgericht vorgesetzte Dienststelle und für die gesamte Provinz Schwaben Berufungsinstanz war. Der Polizeidirektion wurde die örtliche Polizeigewalt unterstellt und darüber hinaus der Auftrag erteilt, eine Feuerlösch- und Beleuchtungsanstalt zu errichten, die bürgerlichen Baumaßnahmen zu kontrollieren und die städtische Armenanstalt zu beaufsichtigen[13]. Lediglich die Wasser- und Landbauinspektion wurde dem städtischen Bauamt übertragen, dessen sehr heterogene und weitläufige Befugnisse im Zuge der Neuordnung ansonsten drastisch verringert wurden. Eine besondere Aufwertung der Handelsstadt Augsburg stellte die Errichtung eines Königlichen Wechselgerichts erster Instanz dar, dessen Funktion bislang einer der Bürgermeister wahrgenommen hatte. Zugleich wurde der Handelsstand, der Initiator des Gerichts, für seine probayerische Einstellung mit der Verleihung des Titels »Börse der Kaufleute« für die auf der Kaufleutestube getätigten Wechselgeschäfte ausgezeichnet. Darüber hinaus erhielt die Stadt im Jahre 1820 ein Wechselgericht zweiter und letzter Instanz, das »Wechselappellationsgericht«[14].

Eine der schwierigsten Aufgaben bestand in der Reform der städtischen Finanzverwaltung. Die Münchner Regierung hatte vor allem ein Interesse daran, zwischen den staatlichen und den kommunalen Einnahmen, Ausgaben und Vermögen zu trennen. Unverzüglich sollten alle staatlichen Einnahmen der vormaligen Reichsstadt, namentlich Steuern, Ungelder und Zölle, über ein Königliches Rentamt nur mehr der Landeskasse, alle städtischen Umlagen und Gebühren der Stadtkämmerei (Stadtkassieramt) zufließen (1. Oktober 1806). Sodann war der städtische Haushalt in Ordnung zu bringen. Widnmann stellte nach mühevoller Kleinarbeit ein Defizit von 3 113 383 fl fest, dem nach Zusammenfassung aller Kassen, Außenstände, Materialvorräte und entbehrlichen Gebäude der Stadt ein Aktivkapital von 2 282 346 fl gegenüberstand[15]. Von den Schulden übernahm die Provinzialschuldentilgungskasse im Jahre 1808 2 023 324 fl, während das verbleibende Defizit über eine städtische Schuldentilgungskasse mit Hilfe außerordentlicher Steuern und staatlicher Zuschüsse innerhalb eines Zeitraums von 20 Jahren getilgt werden sollte. Gleichwohl hat es den Anschein, als habe Bayern in Augsburg »fetten Gewinn« gemacht. Im Rahmen von Finanzausgleichsverhandlungen mit dem bayerischen Innenministerium im Jahre 1835 bezifferte der Augsburger Bürgermeister Carron du Val die vom Staat übernommenen Vermögenswerte auf über 11 Millionen fl[16].

Daß Augsburg am Ende der reichsstädtischen Zeit noch über erhebliche, wenn auch zweckgebundene finanzielle Reserven verfügte, veranschaulicht die Tatsache, daß das Stiftungsvermögen der Stadt auf über sechs Millionen fl veranschlagt wurde. Im einzelnen handelte es sich um 105 katholische und 15 evangelische Kultusvermögen (Pfarr-, Kapellen-, Benefizien-, Meß- und Bruderschaftsstiftungen), je 18 Vermögen der Erziehungs- und Unterrichtsanstalten beider Konfessionen, 24 Vermögen der paritätischen Wohlfahrtspflege, aus denen die Hospitalstiftung mit über 900 000 fl herausragte, sowie um 26 ausschließlich katholische und 98 nur evangelische Wohltätigkeitsstiftungen. Die Verwaltung dieser über 300 Sondervermögen übernahmen vier staatliche Administratoren[17].

Nach einem Jahr durchgreifender Reformen traten auch in Augsburg zeitgemäße Verwaltungsverhältnisse ein. Über das rigorose Vorgehen des Montgelas-Staates wurde oft geklagt. Doch in einer Zeit, die schnelles und konsequentes Handeln erforderte, waren Widersprüche, Härten und auch Ungerechtigkeiten kaum zu vermeiden. Daß sich der Erfolg trotz schwieriger Zeitumstände so rasch einstellte, war der Übernahme wenigstens eines Teils der reichsstädtischen Führungsschicht in den bayerischen Staatsdienst zu verdanken, nicht zuletzt aber auch der Kooperationsbereitschaft der ehemaligen Amtsinhaber[18]. Freilich war die Regierung auch im Hinblick auf die Pensionsansprüche der Stadtbeamten an der Weiterverwendung möglichst vieler Personen interessiert. Zum Stadtkommissär wurde der bisherige Geheime Rat Franz Xaver von Pflummern berufen, ein nach dem Urteil Widmanns »ausgezeichnet fähiger und jedem Geschäft gewachsener Mann«. An die Stelle der beiden Stadtpfleger traten als Bürgermeister Albrecht von Stetten und Johann Baptist Peter

von Carl. Beide hatten als Mitglieder des Inneren Rates bereits dem reichsstädtischen Magistrat angehört. Und auch der neue Magistrat setzte sich ausschließlich aus ehemaligen Senatoren zusammen[19]. Die Leitung des Stadtgerichts übernahm der vormalige rechtskundige Bürgermeister Christian Michael Fischer. Unter den zehn Stadtgerichtsräten, die ihm zugeteilt wurden, befanden sich nahezu alle Ratskonsulenten der Reichsstadt. Mit der Baudirektion wurde der frühere Oberbaupfleger Balthasar von Hößlin betraut[20]. Lediglich die Polizeidirektion wurde mit einem auswärtigen Beamten, dem bisherigen Landkommissär in Mindelheim, Ferdinand Freiherr von Andrian, besetzt. Bezeichnenderweise erhoben sich gegen seine Amtsführung die meisten Klagen. Und auch die definitive Organisation des Jahres 1807 beließ nahezu alle Ratsstellen in den Händen der bisherigen politischen Oberschicht. Allein fünf der sieben Stadträte – Franz Xaver Leonhard von Seida, Philipp Christoph von Stetten, Philipp Christoph von Rad, Philipp Albrecht Balthasar von Hößlin und Joseph Anton von Precht – gehörten patrizischen Familien an. Die beiden bürgerlichen Verwaltungsräte hatten bereits vor der Mediatisierung der Stadt wichtige Funktionen inne. Der Jurist Johann Christian Neunhöfer war Kanzleidirektor gewesen, Johann Nepomuk Waldmann hatte das Amt des Obervogtes in dem zur St.-Martins-Stiftung gehörigen Oberhausen versehen[21]. Die Neubesetzung der beiden Bürgermeisterstellen brachte indes einen richtungweisenden Wechsel. Denn neben dem Patrizier und ehemaligen Geheimen Rat Johann Jakob Besserer von Thalfingen wurde mit Johann Christoph von Zabuesnig der katholische Vorsteher der Kaufleutestube und führende Kopf des einst oppositionellen Handelsstandes mit der ersten Würde der Stadt betraut.

Im Jahre 1808 wurden die bayerischen Stadt- und Landgerichtsbezirke in 15 Kreise zusammengefaßt, an deren Spitze Generalkreiskommissariate und Finanzdirektionen als staatliche Mittelbehörden standen. Augsburg wurde Hauptstadt des Lechkreises. Zugleich wurde das Amt des Stadtkommissärs aufgehoben und im September 1809 der Polizeidirektion übertragen. Als man 1810 im Zuge einer weitergehenden Zentralisation die Zahl der Kreise auf neun reduzierte und den Lechkreis auflöste, erhielt die

Stadt erneut einen Lokalkommissär. Erst 1817, als die Behörden des neugebildeten Oberdonaukreises, der im großen und ganzen dem heutigen Regierungsbezirk Schwaben entsprach, in die ehemalige fürstbischöfliche Residenz am Dom einzogen, wurde Augsburg endgültig Provinzhauptstadt.

Die wiederholte Umorganisation der staatlichen Mittelbehörden sollte die Effizienz des zentralistischen Verwaltungssystems erhöhen, die neugewonnenen Landesteile mit den altbayerischen Kernlanden besser verschmelzen und da und dort noch bestehende Sonderregelungen zugunsten strenger Verwaltungseinheit beseitigen. Spürbarer noch griff Montgelas' Gemeindeedikt (24. September 1808)[22] in die Augsburger Verhältnisse ein. Kaum eine andere Regierungsmaßnahme wurde in den einst autonomen Stadtrepubliken drückender empfunden als dieses Edikt, das die Gemeinden unter Polizeiaufsicht stellte und ihnen die noch verbliebenen Selbstverwaltungsrechte so gut wie ganz entzog. Gleichwohl wollte das Edikt wenigstens den Schein bürgerlicher Mitbestimmung wahren. Es ersetzte in Städten mit mehr als 5000 Einwohnern den bisherigen Verwaltungsrat durch einen »gewählten« fünfköpfigen Munizipalrat. Das »Wahlverfahren« verschleierte indes nur mühsam die Tatsache, daß die Munizipalräte de facto durch das Generalkreiskommissariat und die örtliche Polizeidirektion ernannt wurden: »In den Städten über 5000 Seelen geschieht die Wahl durch eigene Wahl-Männer, welche von dem General-Kreis-Kommissariate, auf den Vorschlag des Polizei-Direktors, und nach Vernehmung des Munizipal-Rates, für jede besondere Wahl benannt werden. Die Zahl der Wahlmänner ist noch einmal so groß als die Zahl der Munizipal-Räte.« Darüber hinaus konnte der Munizipalrat »nur auf Berufung und unter Leitung der Polizei-Stelle« zusammentreten und auch ohne deren »Wissen und Genehmigung« nichts beschließen[23]. In Augsburg fand die Wahl zum Munizipalrat am 4. Mai 1809 statt. Doch im Hinblick auf die noch nicht abgeschlossene Reorganisation der städtischen Finanzen blieb der bisherige Verwaltungsrat noch bis zum 1. Mai 1813 im Amt.

Die personelle Kontinuität an der Spitze der Augsburger Stadtverwaltung darf nicht unterschätzt werden. Sie trug in jener schwierigen Übergangsphase

erheblich dazu bei, daß die Sanierung der Stadt, aber auch ihre administrative Eingliederung in den neuen Staat, den fortgesetzten Verwaltungsexperimenten und der obrigkeitlichen Bevormundung der Bürgerschaft zum Trotz, noch in den ersten Jahren der bayerischen Ära gelang.

Aufs Ganze gesehen nahm die Augsburger Bevölkerung die wiederholten Neuerungen ohne nennenswerten Widerspruch hin. Gleichwohl fehlte es nicht an Reibungsflächen zwischen Regierung und Bürgerschaft, blieb die Stimmung breiter Kreise im Hinblick auf die Ansprüche und Maßnahmen der aufgeklärtabsolutistischen Bürokratie noch lange zwiespältig. Auch die bayerische Konstitution von 1808, von Montgelas nicht zuletzt in der Absicht entworfen, ein gesamtbayerisches Staatsbewußtsein zu wecken, konnte die bestehenden Vorbehalte nicht überwinden. Zwar lagen die Konstitution und die sie ergänzenden organischen Edikte, durch die alle ständischen Privilegien abgeschafft wurden, im Sinne der Mehrheit der Bürger, ebenso die Gleichmäßigkeit der Besteuerung, das Prinzip der Rechtsgleichheit, der gleiche Zugang aller zu öffentlichen Ämtern und die in Aussicht genommene, gleichwohl nie realisierte bayerische Nationalrepräsentation, doch begünstigte das Zensuswahlrecht das grundbesitzende und vermögende Bürgertum. Der Mittelstand und die »kleinen Leute« sahen sich von der politischen Vertretung so gut wie ausgeschlossen.

In erster Linie waren es jedoch praktische, ins tägliche Leben unmittelbar eingreifende, Recht und Gewohnheit verletzende Maßnahmen, die den Unwillen der Bevölkerung hervorriefen. So erregte man sich heftig über die Durchführung der allgemeinen Wehrpflicht. Namentlich die scharfen Rekrutierungen zur Feldarmee erfüllten die Bürgerschaft, die in reichsstädtischer Zeit vom auswärtigen Militärdienst verschont geblieben war, mit Sorge, und dies um so mehr, als die Wiederbefestigung der Stadt im Frühjahr 1809 sowie die militärische Sicherung ihrer drei Hauptbrücken und des Hochablasses erneut Krieg befürchten ließen.

Nach Ausbruch des Tiroler Volksaufstandes (9. April 1809) wurde auch über Augsburg – freilich ohne allen Grund – der Belagerungszustand verhängt. Während Napoleons Rußlandfeldzug erlebte die Stadt

1813 ein letztes Mal Truppendurchzüge und Einquartierungen. Wenig später, zur Zeit der Völkerschlacht bei Leipzig (16.–19. Oktober 1813), stand Bayern bereits im Lager der Alliierten. Damals, als die junge Generation in Deutschland gegen Frankreich freiwillig zu den Waffen eilte, formierte sich in Augsburg unter dem Fürsten von Oettingen-Wallerstein ein Landwehr-Aufgebot von 2000 Mann[24]. Ansonsten haben die Befreiungskriege das Leben der Stadt nur wenig berührt.

Die patriotischen Empfindungen jener Monate überlagerten indes nur vorübergehend den seit langem aufgestauten Unmut des katholischen Bevölkerungsteils über die aufgeklärte Kirchenpolitik und die klosterfeindlichen Säkularisationen des bayerischen Staates. Schon 1806 berichtete Widnmann nach Ulm, die Augsburger Katholiken sähen »aus dem neuen Zustand der Dinge die noch bestehenden Klöster aufgeben, die Kirchen zu Kasernen oder Theatern verwenden, die Litaneien, Rosenkränze und Bruderschaften bei Tag und Nacht verschwinden und endlich gar die Exjesuiten nach Rußland auswandern und Glück und Segen von hiesiger Stadt hinwegziehen«[25]. Wenngleich »Glück und Segen« der Stadt auch unter bayerischer Kuratel erhalten blieben, die Sorgen von Geistlichkeit und Kirchenvolk waren nicht unbegründet. Denn München ließ die Säkularisation der Augsburger Mediatklöster, deren Aufhebung der reichsstädtische Magistrat mit Rücksicht auf die *opinion publique* nicht gewagt hatte[26], konsequent zu Ende führen.

Im Juli 1807 mußten die ehemaligen Jesuiten von St. Salvator ihr Kolleg verlassen[27]. Das katholische Gymnasium wurde mit dem evangelischen bei St. Anna zu einer paritätischen Studienanstalt zusammengelegt. Wenig später zog das Generalkommando in Schwaben in das verödete Damenstift St. Stephan ein. Die größeren Klosteranlagen von St. Ulrich und St. Salvator dienten den Garnisontruppen als Kasernen. Die Prälatur von Hl. Kreuz besetzten vier Kompanien Artillerie, St. Georg wurde Militärlazarett, das Hauptgebäude von St. Georg Monturmagazin. Sodann wurden sämtliche Kapellen und die meisten Klosterkirchen geschlossen, die Wallfahrten verboten, den Bruderschaften das Vermögen entzogen, das »überflüssige« Kirchensilber – übrigens beider Konfessionen – zugunsten des Fiskus eingeschmolzen, die klösterlichen Archive und die bedeutenderen Kunstwerke aus den Kirchen deportiert, desgleichen die wertvolleren Bestände der Klosterbibliotheken und der Augsburger Stadtbibliothek. Die St.-Johannis-Kirche wurde zugunsten eines Paradeplatzes niedergelegt, der innerhalb der Stadt gelegene Friedhof bei St. Stephan aufgelassen. Auch die Pfarrseelsorge litt unter der Säkularisation. Einzelne Pfarreien blieben nach der Entfernung der Klostergeistlichkeit jahrelang verwaist. Die Zahl der protestantischen Pfarrstellen – der Fiskus verfuhr hier durchaus »paritätisch« – wurde von 14 auf neun verringert. Nur mühsam brachte man aus Klosterkapitalien und Bruderschaftsvermögen einen städtischen Kulturfonds zusammen. 1813 schickte sich die Regierung schließlich an, die ihr auferlegten Verpflichtungen zu erfüllen. Das Augsburger Bistum aber blieb nach dem Tode von Clemens Wenzeslaus (1812) noch bis zur endgültigen Regelung der bayerischen Kirchenverhältnisse durch ein Konkordat vakant. Erst 1821 konnte ein neues Domkapitel eingesetzt und wenige Tage später Joseph Maria Freiherr von Fraunberg vom Münchner Nuntius geweiht werden[28].

So warf das Licht der Aufklärung auf Augsburg lange Schatten. Der hohe und niedere Klerus beklagte den Verlust seines Einflusses auf die Bürokratie, die Bevölkerung war erbittert über die Verletzung ihres religiösen Gefühls. Man träumte von der verlorenen reichsstädtischen Freiheit. 1812 forderte Augsburg ebenso wie Nürnberg die Wiederherstellung der städtischen Selbstverwaltung. Als drei Jahre später Kaiser Franz durch Augsburg reiste, empfing ihn die Stadt mit Jubel[29]. Im Freudentaumel der Menge kamen noch einmal der alte Reichspatriotismus und die Anhänglichkeit der Stadt an das habsburgische Kaiserhaus zum Durchbruch. Damals wandte sich die ehemalige Klostergeistlichkeit um Placidus Braun, den langjährigen Großkeller und letzten Archivar des Reichsklosters St. Ulrich, mit der Bitte um Wiederherstellung der Klöster nach Wien[30], forderten katholisch-konservative Köpfe die »Freiheit der Kirche« und war Christoph David von Stetten, der Sohn des letzten Stadtpflegers, bereit, die Stadt auf dem Wiener Kongreß zu vertreten. Der Bericht des Augsburger Polizeidirektors Ludwig Wirschinger, man habe in Augsburg *allgemein* die Hoffnung, wieder »Reichsstadt«, ja »Bundesstadt« zu werden, übertrieb zwar, doch machte er die Illusionen deutlich, denen sich Patriziat, katholische Geistlichkeit und katholische Handelskreise nach wie vor hingaben[31]. Immerhin tat König Ludwig I. aus praktischen Gründen, aber auch aus romantischer Veranlagung und christlich-konservativer Gesinnung Ende der zwanziger, Anfang der dreißiger Jahre einiges, um das katholische Bevölkerungselement zu beruhigen[32]. Er förderte die Wiederherstellung des Franziskanerinnenklosters Maria Stern mit einem katholischen Mädcheninstitut und des Dominikanerinnenklosters St. Ursula, ließ das Augsburger Königliche Gymnasium bekenntnismäßig trennen und übertrug der erneuerten Benediktinerabtei Ottobeuren die katholische Studienanstalt St. Stephan. Dieser wurde später eine philosophisch-theologische Hochschule angegliedert. 1843 erfolgte die Neubegründung eines Kapuzinerhospizes. Tatsächlich trug die katholische Restauration erheblich dazu bei, das katholische Augsburg mit dem bayerischen Staat zu versöhnen. Für die politische Integration des Bürgertums aber schuf die Gemeindeordnung von 1818 die Voraussetzungen.

Gemeindeverfassung und Sozialstruktur

Als sich nach wenigen Jahren die praktische Undurchführbarkeit von Montgelas' Gemeindeedikten herausstellte, gab die bayerische Bürokratie die Verstaatlichung der Gemeindeverwaltung sowie des Gemeinde- und Stiftungsvermögens zugunsten des kommunalen Selbstverwaltungsgedankens auf, wie er damals der Städtereform des Freiherrn vom Stein zugrunde lag. Montgelas' Sturz machte den Weg für eine gründliche Revision des bayerischen Gemeinderechts frei. »Ohne eine dem Geist der Zeit und der Kultur des Volkes entsprechende Gemeinde-Verfassung«, führte Georg Friedrich Freiherr von Zentner, Montgelas' Mitarbeiter und Gegenspieler in der Gemeindepolitik, ein knappes Jahr nach dem Rücktritt des Ministers vor dem versammelten bayerischen Staatsrat aus, »ist eine allgemeine Staats-Verfassung nicht denkbar; sie ist die Grundlage aller politischen Institutionen im Staate.« Denn erst dann werde »ein

Sinn für das Öffentliche, ein Gemein-Sinn wieder entstehen«, wenn es den Bürgern gestattet sei, »mit eigener Kraft für ihr eigenes gemeinsames Interesse zu sorgen«[33].

Die Erziehung des Bürgers zur Mitverantwortung am Staatsganzen war neben praktischen Erwägungen eines der wesentlichen Motive für die Einführung der neuen Gemeindeordnung (17. Mai 1818), die nun für ein Jahrhundert die Grundlage auch der Augsburger Stadtverfassung bildete[34]. Sie verfügte die freie Wahl der Gemeindebevollmächtigten und gab der Stadt, freilich ohne auf das Aufsichtsrecht des Staates zu verzichten, einen fest umrissenen Wirkungskreis (Verwaltung des Gemeinde- und Stiftungsvermögens, Erhebung von Gemeindeumlagen, Erteilung des Bürgerrechts und Gewerbebewilligung, Einfluß auf das Volksschulwesen, Leitung und Beaufsichtigung der Ortspolizei) und damit eine gewisse Selbständigkeit zurück. Schaltstelle der städtischen Verwaltung war der Magistrat, der aus zwei Bürgermeistern, vier rechtskundigen Räten, einem technischen Baurat, zwölf bürgerlichen Räten und einem Stadtkämmerer bestand. Ihm gegenüber übte das Kollegium der Gemeindebevollmächtigten, das sich aus 36 Vertretern der Bürgerschaft zusammensetzte, die Kontrolle aus. Für die Wahl zum Ersten Bürgermeister und zum rechtskundigen Rat waren ein abgeschlossenes akademisches Studium und die bayerische Staatsprüfung, für die zum Zweiten Bürgermeister der Besuch des Gymnasiums Voraussetzung. Erster Bürgermeister und rechtskundige Räte traten, sofern sie nach dreijähriger Amtszeit durch Wiederwahl bestätigt wurden, in ein den Staatsbeamten analoges Dienstverhältnis. Der Zweite Bürgermeister und die bürgerlichen Magistratsräte hingegen wurden auf sechs Jahre gewählt[35]. An der Spitze der Stadtverwaltung stand somit ein aus Berufs- und Zeitbeamten gemischtes, grundsätzlich aber unter maßgeblicher Mitwirkung der Bürgerschaft gebildetes Gremium. Aufs Ganze gesehen verfügten die Augsburger Bürger damit über ein höheres Maß an Selbstbestimmung als jemals zuvor in der Geschichte der Stadt seit Einführung der Karolinischen Regimentsordnung.

Gleichwohl war das Gemeindewahlrecht des 19. Jahrhunderts von modernen, demokratischen

Grundsätzen noch weit entfernt. Denn nur diejenigen Bürger hatten Stimmrecht, die in der Stadt mit steuerbarem Haus- und Grundbesitz oder einem besteuerten Gewerbe ansässig waren – zwischen 1818 und 1830 durchschnittlich nur etwa 3320 Einwohner[36]. Darüber hinaus wurde der Magistrat in mehreren Schritten auf indirektem Wege gewählt. Die Urwähler bestimmten etwa 80 Wahlmänner (den 40. Teil aller Stimmberechtigten), diese wählten das Kollegium der Gemeindebevollmächtigten, dieses wiederum den Magistrat. Da sowohl die Gemeindebevollmächtigten als auch die Mitglieder des Magistrats dem höchstbesteuerten Drittel der Bürgerschaft angehören mußten, wirkte sich das passive Wahlrecht eindeutig zugunsten des besitzenden Bürgertums aus. An die Stelle des reichsstädtischen Patriziats, das in Augsburg im Unterschied zu Nürnberg im 19. Jahrhundert keine politische Rolle mehr spielte, trat somit eine neue besitzbürgerliche Führungsschicht, die überwiegend dem Handel, den freien Berufen und dem Gewerbe entstammte. Während Industrie und Banken nur wenige, gleichwohl einflußreiche Vertreter ihrer Interessen in die Gemeindegremien entsandten, zeichnete sich die politische Aufwertung des Handwerkerstandes besonders deutlich ab. 1818 befanden sich zehn, 1836 bereits 20 Handwerker unter den Gemeindebevollmächtigten[37]. Entgegengesetzt verlief die Entwicklung innerhalb des Magistrats. Von ursprünglich drei, vorübergehend (1823–1828) auch vier bürgerlichen Magistratsräten aus der gewerbetreibenden Schicht war seit 1834 keiner mehr im Amt. Hier behaupteten Kaufleute, Bankiers und Privatiers unangefochten die Oberhand.

Eine exakte, nach Besitz und Einkommen differenzierte Analyse des Drittels der stimmberechtigten Bürger, das zugleich die Bedingungen für die Ausübung des passiven Wahlrechts erfüllte, läßt der derzeitige Forschungsstand nicht zu. Denn es haben sich weder die entsprechenden Wählerverzeichnisse noch die Gewerbesteuerkataster erhalten, die hierüber Auskunft geben könnten. Allerdings lassen einige Wahllisten zur Zweiten Kammer der bayerischen Ständeversammlung Rückschlüsse auch auf die Struktur der in den Augsburger Magistrat und das Kollegium der Gemeindebevollmächtigten wählbaren Schicht zu[38].

Tab. 1: Gemeindewahlrecht und soziale Schichtung 1830 (auf der Basis von 3320 Stimmberechtigten)

Einfacher Steuersatz in fl	Passiv Wahlberechtigte	In % aller Stimmberechtigten	Schichtung
über 100	16	0,48	*Oberschicht:*
50–100	52	1,56	Bankiers, Kaufleute, Fabrikanten, Gewerbetreibende
10–50	175	5,27	*Obere Mittelschicht:* Fabrikanten, Kaufleute, Gewerbetreibende
unter 10 bzw. 30	863	25,99	*Mittelschicht:* Gewerbetreibende, höhere und mittlere Beamte, Akademiker

Die für die Wahlfähigkeit zur Ständeversammlung erforderliche Steuerquote (Haus- und Grundbesitz 10 fl, Gewerbe 30–40 fl)[39] wurde in Augsburg 1824/25 von 230, 1830 von 243 und 1839 von 301 Bürgern erbracht. Unter diesen befanden sich im Jahre 1830 lediglich 68 mit einem Steuersimplum von mehr als 50 fl, 175 Bürger erbrachten zwischen 10 und 50 fl. Im Hinblick auf das Gemeindewahlrecht läßt sich hieraus schließen, daß nicht weniger als drei Viertel (78 Prozent) der in die Gemeindegremien wählbaren Bürger und 92 Prozent aller Urwähler der breiten bürgerlichen Mittelschicht angehörten, deren einfacher Steuersatz aus Hausbesitz und Grundvermögen unter 10 fl und aus Gewerbetätigkeit unter 30 bis 40 fl lag. Insofern konnte sich im Vormärz das Bürgertum in seiner ganzen Breite an der Selbstverwaltung der Stadt beteiligt sehen.

Nach der amtlichen *Statistik des Königreichs Bayern* hatte Augsburg zwischen 1811 und 1830 im Durchschnitt 29 000 bis 30 000 Einwohner[40]. Bei rund 3320 wahlberechtigten »selbständigen Haushaltsvorständen« und einer durchschnittlichen Familiengröße von 4,5 Personen war die Hälfte der Augsburger Bevölkerung von der Teilnahme an den Gemeindewahlen ausgeschlossen. Zu den Nichtberechtigten gehörten alle »Mietbewohner und Inleute«, alle Unterstützungsbedürftigen und Beschäftigungslosen (1808 gab es in der Stadt nicht weniger als 1200 Familien, die selbst bei »strengster Auswahl«[41] von der Armenpflege nicht ausgeschlossen werden durften), die Masse der Taglöhner, Knechte, Mägde und Bedienten, aber auch die Manufakturarbeiter, die Fabrikarbeiter und die Handwerksgesellen.

Die politische Deklassierung der Unterschicht fiel um so stärker ins Gewicht, als sich in Augsburg im Gefolge der Industrialisierung seit der Jahrhundertmitte ein grundlegender sozialer und ökonomischer Wandel vollzog, der die kleinen Handwerker (Alleinmeister), die Gesellen und Fabrikarbeiter als mögliche Träger politischer Bewegungen in den Vordergrund rückte.

Tab. 2: Bevölkerungswachstum im 19. Jahrhundert

	männlich	weiblich	zusammen	Wachstum 1807 = 100
1811	13 817	15 652	29 469	106,4
1830			29 019	104,8
1852	20 444	18 896	39 340	142,1
1871	24 897	26 323	51 220	185,0
1890	36 522	39 107	75 629	273,1
1910	49 264	53 223	102 487	370,1

Zunächst sprengte das rapide Wachstum der Bevölkerung die vorindustriellen Verhältnisse. Hatten sich um die Jahrhundertwende noch Truppendurchmärsche und Einquartierungen (und in ihrem Gefolge Nahrungsmittelknappheit und schlechte hygienische Verhältnisse), sodann eine durch Mißernten, Lebensmittelteuerung und Getreidespekulation verursachte Hungerkrise (1816/18), schließlich die wirtschaftliche Depression nach der Aufhebung der Kontinentalsperre und die ökonomischen Krisen der zwanziger Jahre hemmend auf das Bevölkerungswachstum der Stadt ausgewirkt, so glichen in der Folgezeit hohe Wanderungsgewinne die noch immer beträchtlichen Sterbeverluste in der Augsburger Bevölkerungsbilanz aus. Im Jahre 1867 verzeichnete die Stadt mit knapp über 50 000 Einwohnern erstmals wieder jenen Bevölkerungsstand, den sie bereits in ihrer Blütezeit zu Beginn des 16. Jahrhunderts erreicht hatte. Die Zuwanderungswellen standen mit der Erholung der Wirtschaft in den dreißiger Jahren und der Entwicklung der Augsburger Industrie in engem Zusammenhang. In der Frühphase der Industrialisierung, die mehrere Fabrikgründungen und eine rege Baukonjunktur mit sich brachte, suchten zahlreiche Handwerker aus dem Umland in der Stadt verbesserte Erwerbschancen. Auch Textilfacharbeiter aus dem Elsaß wurden angeworben. Später, namentlich in den »Gründerjahren« und in der Phase der Hochindustrialisierung, zog der wachsende Arbeitskräftebedarf der Industrie Zuwanderer hauptsächlich aus Schwaben, den angrenzenden Regierungsbezirken Oberbayern und Mittelfranken sowie aus dem benachbarten Württemberg an. Zugleich setzte sich seit 1870 ein bleibender Geburtenüberschuß durch. So hat sich die Bevölkerung der Stadt innerhalb eines Jahrhunderts mehr als verdreifacht.

Tab. 3: Erwerbsstruktur der Augsburger Bevölkerung 1840/1852

Es lebten	1840 abs.	1840 %	1852 abs.	1852 %
I. von der Landwirtschaft				
1. Gutsbesitzer, Landwirte	68	0,2	75	0,2
2. von Landwirtschaft und gewerbl. Arbeit	2224	6,0	216	0,6
3. Taglöhner	84	0,2	137	0,3
4. Gesinde	600	1,6	137	0,3
II. von Gewerbe, Industrie und Handel				
1. Selbständige mit Haus- und Grundbesitz	5276	14,3	5714	14,5
2. Selbständige ohne Haus- und Grundbesitz	7847	21,3	14 246	36,2
3. Gehilfen, Gesellen, Dienstboten	5899	16,0	5384	13,7
4. Taglöhner	36	0,1	173	0,4
III. von Renten, höheren Diensten, Wissenschaft und Kunst	9211	25,0	7204	18,4
IV. Militär	4094	11,1	5129	13,0
V. Konskribierte Arme	1530	4,2	925	2,4

Sodann vermehrte der Übergang von der agrarischen und gewerblichen zur industriell geprägten Wirtschaftsweise die Zahl der im Produktionsbereich und in den Dienstleistungsberufen Beschäftigten und da-

mit die Zahl derer, die in abhängigen Dienstverhält-
nissen standen[42]. Allein zwischen 1840 und 1852
nahm die von Industrie, Gewerbe und Handel lebende Bevölkerung um 6500 Personen oder 33 Prozent
zu. Ihr Anteil an der Gesamtbevölkerung stieg von
51,7 auf 64,8 Prozent an. Statistisch ausschlaggebend
war jedoch die Zunahme der »Selbständigen ohne
Haus- und Grundbesitz«. In dieser auf den ersten
Blick überraschenden Entwicklung spiegelte sich die
Krise des Handwerks wider, die um die Jahrhundertmitte in Augsburg ihren Höhepunkt erreichte.

Seit dem Durchbruch der Industrialisierung hingegen
stieg die Zahl der unselbständig Erwerbstätigen
kontinuierlich an. Im Jahre 1871 belief sich ihr Anteil an den im Produktions- und Verteilungsbereich
(Landwirtschaft, Industrie und Handwerk, Handel
und Verkehr) Beschäftigten auf nahezu zwei Drittel,
ihr Anteil an der Gesamtbevölkerung auf über 23
Prozent; oder, um einige absolute Zahlen zu nennen: 1875 hatte die in Augsburg führende Textilindustrie über 7500 (1847: 4500), der Bereich »Bekleidung und Reinigung« über 2800 (1847: 1000)
und der Maschinenbau über 2000 (1847: 207) Beschäftigte[43].

Die Revision der bayerischen Gemeindeordnung im
Jahre 1869 trug der so veränderten Bevölkerungs-
und Erwerbsstruktur nur bedingt Rechnung[44]. Sie
gab das indirekte zugunsten des direkten Wahlrechts
nach dem Grundsatz der Verhältniswahl sowie den
Zensus für die Wahlfähigkeit der Gemeindebevollmächtigten auf und ließ künftig auch Gesellen und
Fabrikarbeiter zur Gemeindewahl zu, sofern sie das
Bürgerrecht erwarben. Dieses setzte die Zahlung einer direkten Steuer und selbständige Haushaltsfüh-
rung, nicht aber Haus- und Grundbesitz voraus. Obgleich ein nicht geringer Teil auch der Lohnarbeiter
diese Bedingungen erfüllte, blieb ihre Mehrzahl noch
auf Jahrzehnte hinaus von der Gemeindewahl ausgeschlossen. Denn der Erwerb des Bürgerrechts war
eine kostspielige Angelegenheit. Für die Verleihung
desselben wurden in Augsburg 1869 Gebühren zwischen 50 und 100 fl erhoben, was im Durchschnitt
dem doppelten Monatsverdienst eines Fabrikarbei-
ters entsprach. Gleichwohl wurde die politische Kultur, die sich von der Jahrhundertmitte an in Augsburg entfaltete, seit Ende der sechziger Jahre nicht

mehr ausschließlich von der bildungs- und besitzbür-
gerlichen Mittelschicht geprägt.

Die Revolution von 1848/49.
Anfänge des örtlichen Parteiwesens

Wie vielenorts in Deutschland, so gab auch in Augsburg erst die Revolution von 1848/49 den Anstoß für
die Ausbildung eines organisierten politischen Parteiwesens[45]. Die zahlreichen »Vereine«, die das Bürgertum der Stadt nach der Auflösung der ständischen
Gesellschaftsordnung ins Leben rief, hatten keinerlei
politische Tendenz[46]. Wie schon ihre klangvollen Namen »Frohsinn«, »Erheiterung« oder »Tivoli« zeigen, waren sie rein geselliger Natur. Lediglich auf
soziale Homogenität und ein bestimmtes Bildungsniveau wurde geachtet. Die vornehmeren Gesellschaften, wie die »Erholung« oder die »Harmonie« (jährlicher Mitgliedsbeitrag 22 fl!), blieben in strenger Exklusivität der Augsburger Oberschicht vorbehalten,
die »Ressource« galt als Mittelpunkt des Handwerkerstandes. Soziale Gegensätze oder gar Konflikte
brachen hierüber nicht auf. Im Gegenteil, in den
zahlreichen Biergärten und Wirtsschänken vor den
Toren der Stadt, in Göggingen, in Oberhausen und
im Siebentischwald, suchte das Bürgertum ohne
Standesdünkel sein Sonntagsvergnügen. Schon in
reichsstädtischer Zeit war es dem Freiherrn von
Schaezler aufgefallen, daß »hier der Bankier und sein
Kutscher, die gnädige Frau und ihr Friseur, der Patrizier und der Handwerks-Bursch auf den Bier-Bän-
ken so traulich untereinander säßen«, daß man das
Dekret der französischen Nationalversammlung von
der Gleichheit der Stände anschaulich in Augen-
schein nehmen könne[47]. Aber nicht nur im bürgerlichen Vereinswesen, auch in den meist kurzlebigen
Unterhaltungsblättern, die in Augsburg Anfang der
dreißiger Jahre wie Pilze aus dem Boden schossen,
spiegelte sich die politikferne Welt des Biedermeiers.
Das Spektrum der Journale reichte vom »Ahasverus,
der ewige Jude« (1830), der von »Begebenheiten der
Geschichte des Tages« und »Ereignissen, welche sich
außer den Ringmauern der Vaterstadt begeben«, berichten wollte, über das »Augsburger Magazin für
Unterhaltung und Belehrung« (1830) oder »Die Jahreszeiten«, ein »Familienblatt, vorzüglich für gebil-

dete Frauen, Erwachsene, Söhne und Töchter« (1831) bis hin zum »Musikalischen Pavillon« (1841) und den katholischen Sonntagsblättern »Der christliche Familientempel« (1838) und »Der Friedensbote« (1844). Lediglich »Der Pulvermann«, ein »Unterhaltungsblatt für alle Stände«, trat 1833 mutig für die Pressefreiheit ein[48]. Relativ spät, erst am Vorabend der Revolution, gründeten junge Augsburger im Geiste Friedrich Ludwig Jahns einen Turnverein, den TSV 1847 Schwaben, der für sein Banner die Farben der Nationalbewegung Schwarz-Rot-Gold wählte.

Im allgemeinen bestimmte politische Abstinenz den Augsburger Alltag, zumal die Regierung seit der französischen Julirevolution ängstlich bemüht war, jeder politischen, und das hieß nahezu schon »verschwörerischen«, Tätigkeit sofort auf die Spur zu kommen. 1832 genügte es, daß einige hundert Bürger in der »Goldenen Traube« nicht allein den Jahrestag der bayerischen Verfassung (1. Juni), sondern zugleich auch einen der oppositionellen Abgeordneten des bayerischen Landtags hochleben ließen, um den Stadtkommissär zu einem entsetzten Bericht an die Regierung zu veranlassen[49]. Sodann kam aus Augsburg eines der ersten Opfer der Polizeimaßnahmen, die das konservative Ministerium Oettingen-Wallerstein unter dem Eindruck des Hambacher Festes ergriff. Als der Vorsitzende der »Ressource«, der Drucker und spätere Magistratsrat Albrecht Volkhart, im Vormärz einer der wenigen profilierten Anhänger der liberalen Bewegung in Augsburg, eine radikale Flugschrift des oppositionellen Journalisten Ernst Grosse und wenig später den *Bürger-Katechismus* des »Hambachers« Daniel Ludwig Pistor zum Druck brachte, wurde er vom Landshuter Appellationsgericht, dem sogenannten Blutsenat, wegen Majestätsbeleidigung und Hochverrats zu einer Zuchthausstrafe auf unbestimmte Zeit verurteilt. Nach Verfolgung und Haft kehrte Volkhart 1838 nach Augsburg zurück, wo er, nun Drucker, Verleger und Redakteur in einer Person, die Lokalzeitung »Augsburger Anzeigblatt« herausbrachte[50].

Trotz strenger Zensur stellte die Nachrichtenübermittlung der Presse für eine breitere Öffentlichkeit das wirksamste Mittel politischer Meinungsbildung dar. In Augsburg, dem Knotenpunkt der Postlinien,

erschienen nicht weniger als drei bedeutende politische Blätter: Cottas liberal-konservative, im Grunde großdeutsche »Allgemeine Zeitung«[51], mit über 11 000 Abonnenten das führende Organ in Süddeutschland, ihre Konkurrentin, die von Moritz Wirth verlegte, protestantisch-fortschrittliche »Augsburger Abendzeitung«[52], die unter der Redaktion Karl Braters und Gustav Widenmanns zur Stütze des gemäßigten Liberalismus wurde, und die katholisch-konservative »Augsburger Postzeitung«. Noch vor Beginn des Jahres 1848 kündigten drei weitere Zeitungen ihr Erscheinen an: Die »Deutsche Konstitutionelle Zeitung«, bald das politische Sprachrohr des Fürsten Ludwig von Wallerstein (sie siedelte im Herbst 1848 nach München über), der »Lechbote«, der sich zum katholischen Kampfblatt entwickelte, und die »Volkshalle« des Republikaners Emanuel Schatz[53].

Auf die lokalen Verhältnisse schlugen die politischen Grundauffassungen der in Augsburg erscheinenden Zeitungen zunächst nicht durch. Die beiden alteingesessenen Blätter, die »Augsburger Postzeitung« und die »Augsburger Abendzeitung«, verzichteten lange auf konfessionelle Polemik gegeneinander. Indes, in einer Stadt, in der die »Parität« der Konfessionen auch die alltäglichsten Lebensbereiche durchdrang, wo es üblich war, daß Ärzte und Hebammen, Gastwirte und Handwerksmeister je nach Konfession ausschließlich von katholischem oder protestantischem Publikum frequentiert wurden, ließ der Gegensatz der Konfessionen am ehesten den Verlauf künftiger Parteifronten erahnen[54]. Als nach der Neuordnung der gemeindlichen Selbstverwaltung den Katholiken in beiden Gemeindegremien die Mehrheit zufiel und sich im Jahre 1842 unter den neugewählten Gemeindebevollmächtigten kein einziger Protestant mehr befand, entzündeten sich an den Gemeindewahlen, an der Führung der Gemeindegeschäfte und der städtischen Stiftungsverwaltung wiederholt heftige, konfessionell gefärbte Konflikte. Sie sollten sich in den Revolutionsjahren zum erstenmal zu parteipolitischer Konfrontation verdichten.

Die revolutionäre Bewegung des Jahres 1848 fand in Augsburg nur schwachen Widerhall. Im Unterschied zu den kleineren Städten in Schwaben wie Kempten, Immenstadt oder Nördlingen, in denen der demokra-

tische Liberalismus der »radikalen Linken« Fuß faßte, entwickelte sich Augsburg unter dem Einfluß seines Ersten Bürgermeisters Georg Forndran zu einem
Hauptstützpunkt des liberal-konservativen Lagers.
Aus einer Volksversammlung vor dem Rathaus ging
am 4. März eine Adresse an den König hervor, die
2000 Unterschriften trug und die üblichen »Märzfor-
derungen« des Bürgertums enthielt: »Revision der
Bundesgesetze zur Kräftigung des Deutschen Bundes«, Pressefreiheit, Vereins- und Versammlungs-
recht, öffentliche Gerichtsverfahren und Geschwo-
renengerichte, Aufhebung der Verbrauchssteuern,
Ministerverantwortlichkeit sowie Änderung des
Landtags- und Gemeindewahlrechts »in dem Um-
fange, daß sich in der Wahl auch der allgemeine
Volkswille erkennen lasse«[55]. Am 5. März fanden
Einschreibungen für die Bildung einer freiwilligen
Bürgerwehr statt. Einen Tag später gab Bürgermeister Forndran die historisch gewordene Märzprokla-
mation König Ludwigs I. mit der Zusicherung der
liberalen Forderungen bekannt. Dies bedeutete für
Augsburg bereits das Ende der »revolutionären Ak-
tion«. Sichtlich erleichtert erstrahlte die Stadt in Fah-
nenschmuck und Festbeleuchtung, hefteten sich die
Bürger weißblaue Bänder und schwarzrotgoldene
Kokarden an und ließ die Liedertafel »festliche Gesänge« erschallen. Am 25./28. April wurde der groß-
deutsch gesonnene, gemäßigt liberale Rechtsanwalt
Dr. Adolf Paur mit überwältigender Mehrheit als
Abgeordneter der Stadt in die Frankfurter Nationalversammlung gewählt, deren Eröffnung am 18. Mai
Anlaß zu einem erneuten Freudenfest auf dem Kobel
gab[56]. Als Ludwig I. einen Tag später abdankte, vermutete die bestürzte »Augsburger Abendzeitung«
hinter allem eine Palastrevolution der Ultramontanen unter Führung Carl von Abels, des 1847 gestürz-
ten Ministers[57]. Ausschreitungen wie in den ersten
Märztagen, als aufgebrachte Bürger mehrere katholische Magistratsräte wegen konfessioneller Voreinge-
nommenheit angriffen, oder wie Anfang April, als
man einen Redakteur der »Deutschen Konstitutionellen Zeitung« wegen Mißachtung des Reichsbanners vom Rathausplatz jagte, blieben die Ausnahme[58]. Allenthalben hielt die Begeisterung des Bürgertums über das scheinbar so mühelos Erreichte
länger an als sein »revolutionärer« Wille.

Die politische Initiative lag im Frühjahr und Sommer
des Revolutionsjahres eindeutig bei einem Kreis gemäßigt liberaler Männer aus dem Bildungsbürger-
tum. Zu ihnen gehörten neben Volkhart und Paur der
Herausgeber von Cottas Zeitschrift »Das Ausland«,
Dr. Eduard Widenmann, der einst während seines
Studiums in die Demagogenverfolgung verstrickt
worden war, sodann Dr. von Kerstorf und Rechtsanwalt Dr. Ludwig Fischer, der spätere Bürgermeister
von Augsburg. Sie hielten die konstitutionelle Monarchie für die beste Regierungsform, erklärten sich
gegen jede demokratische Wahlrechtsordnung, die
auf Kosten der Intelligenz nur »Hände und Füße«
zählte, und wollten, wie Kerstorf bekannte, »Gut und
Blut« daransetzen, um die Republik zu verhindern[59].
Adolf Paur, der noch im Frankfurter Vorparlament
für den Antrag der Demokraten auf Permanenz der
Versammlung gestimmt hatte, schloß sich in der
Paulskirche zunächst dem linken Zentrum (»Württemberger Hof«) an, wechselte dann aber zur erbkai-
serlich-kleindeutschen Abspaltung dieser in ihrer
Mehrheit föderalistisch-großdeutschen Fraktion
über, die sich im Dezember 1848 als »Augsburger
Hof« konstituierte[60].
Die Teuerung und die Hungerkrise des Jahres 1847
beeinflußten die politische Bewegung in Augsburg
nur am Rande. In diesem Zusammenhang wirkte sich
aus, daß Stadtverwaltung und Fabrikherren durch öffentliche Armenpflege und betriebliche Unterstützungskassen schon frühzeitig ein zwar bescheidenes,
aber funktionierendes System der Sozialhilfe geschaffen hatten. Indes trat die Krise, in der sich der
gewerbliche Mittelstand befand, im Revolutionsjahr
offen hervor. Als im April 1848 die Einführung der
Gewerbefreiheit zur Debatte stand, riefen die Augsburger Handwerker einen »Gewerbeverein« ins Leben, der sich entschieden gegen die liberalen Wirt-
schaftsprinzipien, namentlich gegen Gewerbefreiheit
und Freihandel, aussprach und statt dessen die
Selbstverwaltung des Handwerks durch obligatori-
sche Innungen mit Aufsichtsrecht über die Gesellen
sowie Produktionsbeschränkungen für die Fabriken
forderte. Die restaurativen Absichten der zünftigen
Meister stießen zuerst im Handwerk selbst auf Widerspruch. Denn unter Führung von Kerstorfs lehnten
die Augsburger Gesellen jede Reglementierung

durch die Innungen und alle gegen die Industrie gerichteten Maßnahmen ab, da »viele schon als Fabrikarbeiter im Gesellenstande ansässig gewordene Handwerker« durch derartige Restriktionen »aufs Äußerste verletzt und in ihrem Fortkommen gefährdet würden«[61].

Standen an der Spitze des Gewerbevereins gemäßigt liberale und konservative Männer wie Volkhart und Forndran noch Seite an Seite, so polarisierte der Fortgang der Verfassungsdiskussion in der Paulskirche die politischen Kräfte auch auf örtlicher Ebene. Als erste parteiähnliche Organisation bildete sich in Augsburg im November 1848 ein »konstitutionell-monarchistischer Verein«. Dem Gründungsausschuß gehörten der Redakteur der »Augsburger Postzeitung« Dr. Schönchen sowie die Freiherren von Brentano und von Linden an. Vom Klerus wirksam unterstützt, fand der Verein im katholisch-konservativen Bürgertum und vor allem unter der Landbevölkerung zahlreiche Anhänger. Sein Programm war den Statuten der monarchistischen Vereine in Nürnberg und München entnommen. Es trat entschieden für die großdeutsche Lösung der nationalen Frage, das monarchische Prinzip, die Interessen des (adeligen) Grundbesitzes und gegen die Einführung der Gewerbefreiheit ein. Bald stellten die Konservativen mit über 3000 Mitgliedern die stärkste politische Kraft des Augsburger Wahlbezirks dar. Daran änderte sich auch nichts, als sich im Januar 1849 zur Vertretung speziell katholischer Interessen – strenge Erfüllung des bayerischen Konkordats, Trennung von Kirche und Staat – ein »Pius-Verein« konstituierte, der dem »Katholischen Verein Deutschlands« als Dachverband unterstand.

Der konservativen Bewegung gegenüber gründeten die Anhänger der liberalen Paulskirchenmajorität – Volkhart, Fischer, Widenmann – einen »Deutschen Verein«, der sich nachdrücklich für die Annahme der Frankfurter Reichsverfassung durch Bayern einsetzte, angesichts der erstarkenden Reaktion aber auf verlorenem Posten stand. Noch schlechter sah es am Lech mit der demokratischen Linken aus. Zwar hatte auch Augsburg in der republikanischen »Volkshalle« sein »subversives Blatt«[62], das bedingungslos für Pressefreiheit, Trennung von Schule und Kirche, allgemeine Wehrpflicht, direkte Wahlen und Volkssou-

veränität eintrat, doch erst im April 1849, als der Bamberger Rechtsanwalt Dr. Kronacher zusammen mit dem praktischen Arzt Dr. Johann Emanuel Nusser einen »Märzverein« mit dem Ziel ins Leben rief, die Bevölkerung für die freiheitlichen Errungenschaften der Revolution und die unveränderte Annahme der Reichsverfassung durch König Max II. zu mobilisieren, erlebten die Augsburger Demokraten einen gewissen Aufschwung. Eine in der Stadt geplante große Versammlung der schwäbischen »Märzvereine« kam indes nicht mehr zustande. Kronacher wurde verhaftet, der zweite Vorstand des Vereins zur Flucht gezwungen.

Am 23. April 1849 lehnte Max II. die Reichsverfassung und die Frankfurter Grundrechte offiziell ab. Wenig später zogen an den wichtigsten Punkten der Stadt Polizeitrupps auf. Indes, nicht allein polizeiliche Verfolgung und Überwachung dämpften die politische Aktivität der radikalen wie der gemäßigten Opposition, auch die Wahlen zum bayerischen Landtag (20. Juli 1849) verliefen für die Augsburger Liberalen äußerst entmutigend. Denn obgleich sie in der Stadt über die Mehrheit der Wahlmänner verfügten, gelang der katholisch-konservativen Richtung mit Hilfe der ländlichen Stimmbezirke des Augsburger Wahlkreises ein vollständiger Sieg. Lediglich Adolf Paur war als Kompromißkandidat durchzubringen, ansonsten wurden mit Bürgermeister Forndran, dem Augsburger Dompropst Dr. Allioli und dem Krumbacher Badinhaber Grasser Konservative gewählt[63]. Seit August 1849 resignierten die Liberalen. Der »Deutsche Verein« vertagte sich, der »Märzverein« löste sich auf, die »Volkshalle«, die zuletzt noch 200 Exemplare absetzte, stellte ihr Erscheinen ein.

Die Schwäche der liberalen und demokratischen Bewegung in Augsburg hatte nicht zuletzt in der Distanz sowohl zur wirtschaftlich führenden Oberschicht der Stadt als auch zur Arbeiterschaft ihre Ursache. Ein Untersuchungsbericht der Regierung über Persönlichkeiten, »welche sich 1848/49 für den allerhöchsten Thron und die Regierung hervorgetan haben«, enthielt die Namen nahezu aller großen Augsburger Kaufleute, Bankiers und Fabrikanten[64]. Die Augsburger Arbeiter aber erwiesen sich »ihrer konservativen und loyalen Haltung wegen [als] eine wahre Stütze für die Ruhe und Ordnung in der

Stadt«[65]. Zwar bestand seit September 1848 ein »Arbeiterbildungsverein«, doch sein Vorsitzender, der Schriftsteller und Naturforscher Dr. Ferdinand August Oldenburg, schloß jegliche politische Betätigung aus[66]. Voll Mißtrauen, die Vereinsführung könnte eines Tages in demokratische Hände gelangen, löste die Regierung im Juni 1850 auch diesen Verein auf. Zugleich erloschen in Augsburg die letzten Reste politisch-organisatorischer Aktivität. Nicht ohne Zynismus konnte der Stadtkommissär noch im August an die Regierung berichten: »Der Verlauf der deutschen Verfassungsangelegenheit wird von der Mehrzahl der Bevölkerung mit auffallender Teilnahmslosigkeit betrachtet«[67].

Die Reaktionsphase unterbrach für mehr als ein Jahrzehnt die organisatorische Fortentwicklung des Augsburger Parteiwesens. Politische Konflikte wurden nun, wie schon vor 1848, hauptsächlich unter konfessionellen Vorzeichen ausgetragen. Sie führten zu einer hohen Wahlbeteiligung bei den Gemeindewahlen, verlagerten sich aber überwiegend in die Arbeit der Gemeindegremien. Hier entzündeten sie sich in der Regel an konkreten Entscheidungen und reichten vom Kampf der liberalen »Protestanten« gegen die konfessionelle Trennung der Patienten im städtischen Krankenhaus über den Widerstand der katholisch-konservativen »Ultramontanen« gegen die Niederlassung jüdischer Familien in der Stadt bis hin zur Auseinandersetzung über das Programm des deutschen Nationalvereins[68].

Mitte der fünfziger Jahre zeichnete sich dann auf kommunaler Ebene eine politische Wende zugunsten des Liberalismus ab. Denn mit dem Durchbruch der Industrialisierung lockerten sich nicht allein die rein konfessionellen Fronten, es setzte sich innerhalb des Bürgertums auch die Überzeugung durch, daß einer liberalen Wirtschaftspolitik die Zukunft gehöre. Durch ihr Eintreten für die Gewerbefreiheit aber gelang es der Volkhart-Partei, die Wahlmännerstimmen der einflußreichen Augsburger Unternehmer für sich zu gewinnen. Bei den Gemeindewahlen 1854 erlangte sie erstmals die Mehrheit, 1857 stellte sie alle neu zu wählenden Gemeindebevollmächtigten, 1860 schließlich konnte ihr nur durch einen Wahlboykott seitens der katholisch-konservativen Wahlmänner ein Kompromiß abgerungen werden. Vergeblich be-

mühte sich Patrozinus Wittmann, der führende Kopf der katholischen Partei, die Regierung zu einer Änderung der kommunalen Wahlkreiseinteilung zu veranlassen. 1866 erlangten die Liberalen, die sich nach dem Tode Volkharts durch Gründung eines »Bürgervereins« (1864) eine lokale Organisation gegeben hatten, mit 100 von 108 Wahlmännern einen überwältigenden Sieg. Noch im selben Jahr löste Ludwig Fischer den langjährigen, nun aber politisch isolierten Ersten Bürgermeister Georg Forndran ab. In der Folgezeit erwies sich Fischer als »typischer Repräsentant des neuen Augsburger Industriebürgertums«[69]. Doch er verstand es geschickt, den Anschein plumper Interessenpolitik zu vermeiden, sich gegenüber dem »Rathausliberalismus« eine gewisse Unabhängigkeit zu sichern und auch bei den Arbeitern Sympathien zu wecken, so daß er durch sein Amt und durch seine Person wie kaum ein anderer dazu beitrug, dem Liberalismus in Augsburg auf Jahre hinaus seine Integrationsfähigkeit zu erhalten.

Ohne Zweifel befanden sich die bayerischen Liberalen seit der Gründung der Fortschrittspartei (1863) im Aufwind. Gleichwohl gelang es ihnen zunächst nicht, sich bei den Landtagswahlen durchzusetzen. Denn obgleich sie in den Wahlbezirken der Stadt 1863 nicht weniger als 66 von 92 Wahlmännern stellten, mußten sie sich der katholisch-konservativen Mehrheit der Landgemeinden des Augsburger Wahlkreises beugen. Erst die Wahlkreiskorrekturen des liberalen Ministeriums Hohenlohe verhalfen ihnen im Jahre 1869 auch hier zum Erfolg[70].

Im Jahrzehnt der Reichsgründung zeigte sich erneut, daß das demokratische Element innerhalb der Führungsgruppe der Augsburger Liberalen wesentlich schwächer ausgeprägt war als das nationalstaatliche Denken. Mit dem Anwalt Dr. Joseph Völk, dem Bankier Hans von Stetten und Bürgermeister Fischer befanden sich 1864 nicht weniger als drei Augsburger im Ausschuß der bayerischen Fortschrittspartei, die in der nationalen Frage entschieden für die »kleindeutsche Lösung« eintraten. »Wir liebäugeln nicht mit Bismarck«, schrieb 1866 Bürgermeister Fischer, »wenn uns aber keine Wahl mehr bleibt, [...] dann lieber mit dem Teufel als mit Habsburg im Bunde!«[71] Nach Königgrätz verflogen alle Vorbehalte gegen das konservative, »absolutistische« Preußen.

*Tafel XI   Die Maximilianstraße mit Rathaus und Perlach.
Kolorierte Radierung von I. Owen nach Robert Batty, um
1835*

*Tafel XII   Oben: Ansicht des Wirtshauses am Bach, an der
Straße nach München. Kolorierter Kupferstich von Friedrich
Thomas Weber, 1818
Unten: Ansicht des Pfarrdorfes Pfersee. Kolorierter Kupfer-
stich von Friedrich Thomas Weber, 1818*

Denn, so erklärte Völk auf einer Augsburger Volksversammlung (28. Juli 1866), sei erst einmal ein »deutscher Staat« errichtet, dann werde man auch »über Junkertum und Absolutismus zu siegen vermögen«[72].

Die Zollvereinswahlen im Februar 1868 veranlaßten auch das katholisch-konservative Lager, sich eine Parteiorganisation zu geben. Mit der Parole »Handelspolitische Einigung mit dem Norden, aber kein Eintritt in das preußische Reich des Nordbundes!«[73] schickte das Augsburger Wahlkomitee den Anwalt Karl Barth gegen die »Verpreußungspartei« und ihren Kandidaten, Bürgermeister Fischer, in den Wahlkampf. Obgleich Fischer im Stadtbezirk mit über 68 Prozent aller abgegebenen Stimmen gewählt wurde, konnte Barth mit Hilfe der ländlichen Wähler ins Zollparlament einziehen, wo er sich der äußersten Rechten anschloß. Zwei Monate später, als sich die bayerischen Konservativen in der Patriotenpartei formierten, bildete sich in Augsburg ein katholisch-konservativer Verein, das »Casino«. Mit Dr. Max Huttler stand die führende Persönlichkeit der Patriotenpartei in Schwaben an seiner Spitze. Denn Huttler, der 1855 das Benediktinerstift zu St. Stephan mit päpstlicher Dispens verlassen hatte, hatte mit Unterstützung der Kirche die »Augsburger Postzeitung« übernommen, die »Neue Augsburger Zeitung« gegründet, schließlich den »Bayerischen Kurier« erworben und so eine Pressemacht errichtet, die ihm und dem politischen Katholizismus weit über die Stadtgrenzen hinaus zu großem Einfluß verhalf[74].

Im Unterschied zur Patriotenpartei, die wegen ihrer engen Bindung an die Landbevölkerung, den Großgrundbesitz und die Kirche bei den politisch interessierten Arbeitern kaum Resonanz fand, besaßen die Liberalen bis weit in die sechziger Jahre das Vertrauen der Arbeiterschaft. Selbst als der Mechaniker Friedrich Dürr im Auftrag Ferdinand Lassalles in Augsburg am 29. März 1864 eine erste Mitgliedschaft des Allgemeinen Deutschen Arbeitervereins (ADAV) ins Leben rief (der Tag ging als Gründungsdatum in die Geschichte der bayerischen Sozialdemokratie ein), kam es zwischen der Arbeiterbewegung, von der die Öffentlichkeit noch kaum Notiz nahm, und den bürgerlichen Liberalen nicht zum Bruch. Im Gegenteil, noch während des Deutschen

Krieges konstituierte sich aus Mitgliedern des 1862 gegründeten liberalen »Arbeiterfortbildungsvereins« und des ADAV ein »Arbeiter-Central-Ausschuß«, der in der Hoffnung auf ein demokratisch gewähltes deutsches Parlament gemeinsam mit der Fortschrittspartei den Anschluß Süddeutschlands an Preußen betrieb[75].

Seit indes der aus Regensburg stammende Schriftsetzer Leonhard Tauscher, die bedeutendste Persönlichkeit in der Frühgeschichte der örtlichen Arbeiterbewegung, im Jahre 1867 die Führung des Augsburger ADAV übernahm, geriet der Verein in ein radikaleres, klassenkämpferisches Fahrwasser. Anhänger gewann er damit freilich nicht. Bei den Zollvereinswahlen erhielt er ganze 152 Stimmen. Im Sommer desselben Jahres führten heftige überörtliche Auseinandersetzungen über den autoritären Führungsstil des ADAV-Präsidenten Jean-Baptiste von Schweitzer auch in Augsburg zu einer Zersplitterung der Lassalleaner. Am kühnsten war zweifellos Tauschers Versuch, gemeinsam mit Münchner und Würzburger Parteifreunden eine eigene Arbeiterpartei mit Sitz in Augsburg zu gründen, den Allgemeinen Deutschen Sozialdemokratischen Arbeiter-Verein, der sich indes im Mai 1870 der Eisenacher Sozialdemokratischen Arbeiterpartei (SDAP) anschloß. Für diesen Schritt gaben sowohl die geringen Erfolgsaussichten der neuen Partei als auch das eindeutige Bekenntnis der Eisenacher Parteiführer zu den Beschlüssen der Internationalen Arbeiterassoziation von 1869 den Ausschlag, die für die Gesellschaft das Recht in Anspruch nahm, das Privateigentum an Grund und Boden abzuschaffen.

Wie die erste sozialdemokratische Parteiorganisation, so ging auch die Gewerkschaftsbewegung in Augsburg ausschließlich von ADAV-Mitgliedern aus[76]. 1868 entstanden in rascher Folge die Gewerkschaften der Metallarbeiter, der Schuhmacher, Schneider, Maler und Lackierer, Holzarbeiter und Zimmerleute, der Manufakturarbeiter und der Hand- und Fabrikarbeiter, ein Jahr später eine Mitgliedschaft des Allgemeinen deutschen Maurer- und Steinhauer-Bundes und die Sattlergewerkschaft. Etwa zur selben Zeit führte eine in der Arbeiterschaft bereits vorhandene Unruhe über die drückenden Arbeitsbedingungen in mehreren Augsburger Betrieben zu einer ersten Kraftprobe mit den Fabrikherren. Im September 1868 brach ein Streik in der Buntweberei Riedinger aus, im April 1869 traten sämtliche Eisengießer der Maschinenfabrik Augsburg in den Ausstand, im August desselben Jahres legten schließlich 343 von 400 Arbeitern der Spinnerei und Weberei Krauss & Sohn in Pfersee die Arbeit nieder und forderten höhere Löhne, Abschaffung von willkürlichen Strafabzügen, Verkürzung der Kündigungsfrist und die Entfernung von mißliebigen Meistern. Als daraufhin mehrere Augsburger Unternehmer einen Hilfsfonds für den Fabrikanten Krauss errichteten, bei der Bezirksregierung aber ein Verbot von Geldsammlungen zur Unterstützung der Streikenden erwirkten, schließlich auf Ersuchen des Stadtmagistrats im Fabrikhof von Krauss & Sohn Militär aufzog, brach der Streik in sich zusammen.

Weder der liberale Bürgerverein noch das katholisch-konservative Casino stellten als lockere Vereinigungen von politisch Gleichgesinnten in dem Sinne organisatorische Einheiten der Fortschritts- bzw. Patriotenpartei dar, wie der sozialdemokratische Ortsverein in seinem Verhältnis zur straff gegliederten Sozialdemokratischen Arbeiterpartei. Aufs Ganze gesehen hatten sich jedoch am Vorabend der Bismarckschen Reichsgründung die wichtigsten politischen Kräfte gesammelt, die in den folgenden Jahrzehnten die politische Auseinandersetzung in Augsburg beherrschten. Zugleich ließen die sozialen Konflikte des Jahres 1869 erkennen, daß die volle politische und gesellschaftliche Eingliederung der rapide wachsenden Arbeiterklasse ein vordringliches Problem des werdenden deutschen Nationalstaats war.

1 Wolfgang Zorn: Vor 175 Jahren wurde Augsburg bayerisch. Sonderdruck aus dem Amtsblatt der Stadt Augsburg, Augsburg o. J. [1981].

2 Zu den bayerischen Reformen unter Montgelas siehe Eberhard Weis: Die Begründung des modernen bayerischen Staates unter König Max I. (1799–1817). In: HdbBayG IV, S. 38–60; Wolfgang Zorn: Die Eingliederung Ostschwabens in den bayerischen Staat unter den ersten Königen Max I. und Ludwig I. In: Pankraz Fried (Hrsg.), Probleme der Integration Ostschwabens in den bayerischen Staat. Bayern und Wittelsbach in Ostschwaben, Sigmaringen 1982 (ABLG Schw 2), S. 79–

92; Andreas Kraus: Geschichte Bayerns. Von den Anfängen bis zur Gegenwart, München 1983, S. 408–423.

3 Friedrich Blendinger: Die Mediatisierung der schwäbischen Reichsstädte. In: Hubert Glaser (Hrsg.), Wittelsbach und Bayern. Bd. III/1: Krone und Verfassung, München und Zürich 1980, S. 109. Zur Neuorganisation der Augsburger Stadtverfassung siehe Karl Haupt: Die Vereinigung der Reichsstadt Augsburg mit Bayern, München und Freising 1923, S. 98–107; Hildegund Dietrich: Die Angliederung Augsburgs an Bayern und die Augsburger öffentliche Meinung, Diss. phil. München 1944, S. 30–36; Zorn, Augsburg, S. 243–251; Roland Bettger: Das Handwerk in Augsburg beim Übergang der Stadt an das Königreich Bayern. Städtisches Gewerbe unter dem Einfluß politischer Veränderungen, Augsburg 1979, S. 25–31.

4 Zur Reorganisation der Ulmer Stadtverfassung siehe Hans Eugen Specker: Ulm. Stadtgeschichte, Ulm 1977, S. 217–229.

5 Hauptentschließung betreffend »die Grundsätze der Organisation« für die Mediatisierung der Reichsstädte, 10. 8. 1803, Blendinger, Mediatisierung, S. 108.

6 Vortrag über die provisorische Organisation der Stadt Augsburg (BayHStA, Abt. II: Geheimes Staatsarchiv, MA 39021, 71–166) und Akt, Die definitive Organisation der ehem. Reichsstadt Augsburg 1806, mit 75 Beilagen (StAA). Zu Widnmanns Hauptbericht mit einem Umfang von mehr als 1000 Seiten siehe Blendinger, S. 110.

7 Die provisorische Organisation der Stadt Augsburg, 28. 6. 1806. In: Königlich-Baierisches Regierungsblatt, 1806, S. 240–243.

8 Die Organisation des Verwaltungs-Rathes in Augsburg, 12. 1. 1807. In: Regierungsblatt, 1807, Sp. 150–161.

9 Die Organisation der Verwaltung des Stiftungs-Vermögens in Augsburg, 9. 2. 1807. In: Regierungsblatt, 1807, Sp. 307–321.

10 Regierungsblatt, 1807, Sp. 150.

11 Ferner wurde festgesetzt, daß die beiden Bürgermeister und wenigstens drei der Stadträte künftig ein akademisches Studium nachzuweisen hatten. Alle Mitglieder des Verwaltungsrates wurden in der Besoldung den Staatsbeamten gleichgestellt. Es bezogen der Stadtkommissär 2000 fl, die beiden Bürgermeister je 1500 fl, die Stadträte je 1000 fl. Zum Vergleich: Der Stadtoberrichter erhielt 1500 fl, der am höchsten dotierte Polizeidirektor – auch dies ist bezeichnend für die neue Verwaltungshierarchie – regelmäßig 2500 fl sowie eine persönliche Zulage von 500 fl.

12 Das Stadtgericht in Augsburg, 22. 12. 1806. In: Regierungsblatt, 1807, Sp. 28–38.

13 Die Polizeidirektion in Augsburg, 29. 12. 1806. In: Regierungsblatt, 1807, Sp. 61–73.

14 Das Wechselgericht in Augsburg, 26. 1. 1807. In: Regierungsblatt, 1807, Sp. 219 f.; Ludwig Lieb: Die Entwicklung der Augsburger Effektenbörse (1816–1896), Augsburg 1930 (Abhandlungen zur Geschichte der Stadt Augsburg, H. 3), S. 21.

15 Franz Eugen Freiherr von Seida und Landensberg: Augsburgs Geschichte von der Erbauung der Stadt bis zum Tode Maximi-

lian Josephs. Zweite Hälfte, Augsburg 1826, S. 856; Haupt, Vereinigung, S. 104 f.; Blendinger, Mediatisierung, S. 111.

16 Dazu neuerdings Peter Fassl: Augsburg – Von der Reichsstadt zur Industriestadt. In: AB 38 vom 23. 9. 1983, S. 138.

17 Franz Eugen Freiherr von Seida und Landensberg: Historisch-Statistische Beschreibung aller Kirchen-, Schul-, Erziehungs- und Wohltätigkeitsanstalten in Augsburg, 2 Bde., Augsburg o. J. [1812]; Zorn, Augsburg, S. 246.

18 Zur Zusammensetzung des provisorischen Magistrats siehe Regierungsblatt, 1806, S. 242.

19 Bericht vom 9. 3. 1806, Haupt, S. 103.

20 Über Hößlins Amtstätigkeit (1806–1832) siehe den Ausstellungskatalog von Matthias Arnold: Architektur des 19. Jahrhunderts in Augsburg. Ausstellung der Städt. Kunstsammlungen 10. März bis 27. Mai 1979, Augsburg 1979, S. 14 f.

21 Bettger, Handwerk, S. 26. Das Organisationsreskript der Regierung vom 12. 1. 1807 teilt anstelle von Philipp Christoph von Rad die Ernennung des ehemaligen Obervogts Johann Martin Rieber mit; siehe Regierungsblatt, 1807, S. 159.

22 Edikt über das Gemeinde-Wesen, 24. 9. 1809. In: Regierungsblatt, 1808, Sp. 2397–2452.

23 Ebd. Sp. 2417.

24 Tagesbefehl des Kreiskommandanten vom 15. 12. 1813, Seida, Augsburg, S. 973 f.

25 Bericht an das Generallandeskommissariat, 23. 9. 1806, Haupt, S. 99.

26 Ebd. S. 57.

27 Hans-Joachim Hecker: Die Augsburger Jesuiten und das Kolleg St. Salvator von 1773 bis 1807. In: Wolfram Baer und Hans-Joachim Hecker (Hrsg.), Die Jesuiten und ihre Schule St. Salvator in Augsburg 1582, München 1982, S. 77–81, hier S. 79 f.; Peter Fassl: Die Errichtung der Arbeiterpfarrei St. Josef in Augsburg. In: JVAB 16 (1982), S. 230 f.

28 Zu den Folgen der Säkularisation in Augsburg siehe P. Barnabas Schroeder: Die Aufhebung des Benediktiner-Reichsstiftes St. Ulrich und Afra in Augsburg 1802–1806. Ein Beitrag zur Säkularisationsgeschichte im Kurfürstentum Bayern und in der Reichsstadt Augsburg, München 1929 (Studien und Mitteilungen zur Geschichte des Benediktiner-Ordens, 3. Ergänzungsheft); Zorn, Augsburg, S. 246 f.; Fassl, Augsburg, S. 138.

29 Ausführliche Schilderung bei Seida, Augsburg, S. 990–992.

30 Friedrich Zoepfl: P. Placidus Braun. In: Lebensbilder Schw 8, S. 349–376, hier S. 361.

31 Fassl, Augsburg, S. 138.

32 Max Spindler: Die Regierungszeit Ludwigs I. (1825–1848). In: HdbBayG IV, S. 129 f.; Zorn, Augsburg, S. 251.

33 Einleitung zur Verordnung über die künftige Verfassung und Verwaltung der Gemeinden im Königreiche, 29. 1. 1818, referiert bei Franz Dobmann: Georg Friedrich Freiherr von Zentner als bayerischer Staatsmann in den Jahren 1799–1821, Kallmünz 1962 (Münchener Historische Studien, Abteilung bayerische Geschichte, Bd. 6), S. 103.

34 Text: Gesetzblatt für das Königreich Baiern, 1818, Sp. 50–96.

35 Text: Gesetzblatt, 1818, Sp. 477–556.

36 Bettger, S. 29.

37 Ebd. S. 30.

38 »Individuen, welche für die Wahlfähigkeit zur Ständeversammlung [. . .] erforderliche Steuerquoten entrichten« (StAA). Die folgenden Daten, allerdings in anderem Interpretationszusammenhang, bei Bettger, S. 29, 37.

39 Wurde das Steuersimplum aus Haus- und Grundvermögen mit der Gewerbesteuer kombiniert, betrug der erforderliche Mindeststeuersatz 30–40 fl.

40 Zur Bevölkerungsentwicklung siehe die für die Sozialgeschichte Augsburgs grundlegende Untersuchung von Ilse Fischer: Industrialisierung, sozialer Konflikt und politische Willensbildung in der Stadtgemeinde. Ein Beitrag zur Sozialgeschichte Augsburgs 1840–1914, Augsburg 1977 (Abhandlungen zur Geschichte der Stadt Augsburg, Bd. 24), S. 62–87.

41 Bericht des Verwaltungsrates vom 13. 4. 1808, Bettger, S. 38. Zum Armenwesen der Stadt siehe Max Bisle: Die öffentliche Armenpflege der Reichsstadt Augsburg, Paderborn 1904; August Hessel: Das öffentliche Armenwesen in Augsburg und den später eingemeindeten Vororten. 1800–1870, Diss. rer. pol. München 1920.

42 Zum Folgenden Fischer, Industrialisierung, S. 88 f.

43 Ebd. S. 53 f., 97 f.

44 Text: Gesetzblatt, 1869, S. 865 ff.

45 Zur Revolution von 1848/49 in Augsburg und Schwaben siehe Karl Bachmann: Die Volksbewegung 1848/49 im Allgäu und ihre Vorläufer, Erlangen 1954 (Erlanger Abhandlungen zur mittleren und neueren Geschichte, N. F. Bd. 6); Dietmar Nikkel: Die Revolution 1848/49 in Augsburg und Bayerisch-Schwaben, Augsburg 1965 (Schwäbische Geschichtsquellen und Forschungen, Bd. 8); Fischer, S. 225–231.

46 Richard Thoma: Gesellschaft und Geistesleben im vormärzlichen Augsburg, Diss. phil. München 1953, S. 83–89.

47 Zorn, Handelsgeschichte, S. 281.

48 Karl d'Ester: Augsburg und die deutsche Presse. In: Augusta, S. 393–402, hier S. 400 f.

49 Nickel, Revolution, S. 38.

50 [Pius Dirr:] Albrecht Volkhart, Augsburg 1904, S. 7 f.

51 Ed. Heyck: Die Allgemeine Zeitung 1798–1898, München 1898; Werner Funk: Die Verfassungsfrage im Spiegel der Augsburger »Allgemeinen Zeitung« von 1818–1848, Berlin 1977.

52 Hans Traub: Die Augsburger Abendzeitung und die Revolution im Jahre 1848, Diss. phil. München 1925.

53 D'Ester, Presse, S. 397–399; Nickel, S. 23–35.

54 Siehe das Kapitel »Die kirchliche Parität« bei Wilhelm Heinrich Riehl: Culturstudien aus drei Jahrhunderten, Stuttgart ²1859, S. 317–330.

55 Adresse Augsburger Bürger, 4. 3. 1848 (StAA), sowie Allgemeine Zeitung, 5.3.1848, Fischer, S. 225.

56 Mit 120 von 123 Wahlmännerstimmen. Ersatzmann wurde Ludwig Fischer, zweiter Ersatzmann Eduard Widenmann, Nickel, S. 75 f.

57 Traub, Augsburger Abendzeitung, S. 63.

58 Fischer, S. 225; Nickel, S. 56.

59 Worte eines Wahlkandidaten an die Wahlmänner, 20. 4. 1848

(StStBA), Fischer, S. 226; Traub, S. 31 f.; Nickel, S. 71.

60 Auch bei den Landtagswahlen (7. Dezember 1848) setzten sich die Liberalen durch. Die beiden Bierbrauer J. Beer (Augsburg) und L. Schaflitzl (Zusamaltheim) zählten zur »linksliberalen«, Bürgermeister Forndran zur liberal-konservativen Richtung. Mit dem Stadtpfarrer von Oettingen, J. Messerschmid, wurde im Augsburger Wahlkreis lediglich ein Konservativer gewählt. Dazu Carl Mailer: Die Wahlbewegungen im Jahre 1848 in Bayern, Diss. phil. München 1931, S. 43.

61 Augsburger Anzeigblatt, 30. 7. 1848, Fischer, S. 227; Alfred Bacher: Geschichte der Augsburger Gewerbehalle 1855–1905, Augsburg 1905.

62 Hierzu und zum Folgenden Nickel, S. 27, 180–182; Fischer, S. 228.

63 Nickel, S. 207–211.

64 Ebd. S. 222 f. Ferner stellte die Regierung auch eine »schwarze Liste« mit oppositionellen Personen auf, ebd. S. 230 f.

65 Schreiben der Direktion der Mechanischen Spinnerei und Weberei Augsburg, 29. 11. 1852, Fischer, S. 229.

66 Frolinde Balser: Sozial-Demokratie 1848/49–1863, Stuttgart 1962 (Industrielle Welt, Bd. 2), S. 116 f.

67 Fischer, S. 230.

68 Hierzu und zum Folgenden Fischer, S. 231–237. Die jüdische Gemeinde zählte in Augsburg 1814/15 13 Familien, 1868 67 ordentliche und 31 außerordentliche Mitglieder sowie 10 Witwen; dazu Richard Grünfeld: Ein Gang durch die Geschichte der Juden in Augsburg, Augsburg 1917, S. 54, 58. Zur Parteiengeschichte Dieter Albrecht: Von der Reichsgründung bis zum Ende des Ersten Weltkriegs (1871–1918). In: HdbBayG IV, S. 283–320, hier S. 293–295, 298–303.

69 Fischer, S. 233.

70 Zur Fortschrittspartei grundlegend Theodor Schieder: Die kleindeutsche Partei in Bayern in den Kämpfen um die nationale Einheit 1863–1871, München 1936 (Münchener Historische Studien, Erste Reihe, Bd. 12).

71 An Marquardsen, 2. 5. 1866, Schieder, S. 103.

72 Wochenschrift der Fortschrittspartei, 4. 8. 1866, ebd. S. 122.

73 Neue Augsburger Zeitung, 21. 1. 1868, Fischer, S. 236.

74 Huttler (»Wo der König ist, da gehören die wahren Patrioten hin«, 18. 1. 1871, HbdBayG IV, S. 281), von 1869 bis 1875 Landtagsabgeordneter, stellte sich mit an die Spitze der Minderheit innerhalb der Patriotenpartei, die in der deutschen Frage eine vermittelnde Haltung einnahm und für den Eintritt Bayerns in Bismarcks »Deutschen Bund« (»Novemberverträge«) stimmte.

75 Zur Frühgeschichte der Augsburger Arbeiterbewegung ausführlich Heinrich Hirschfelder: Die bayerische Sozialdemokratie 1864–1914, 2 Bde., Erlangen 1979 (Erlanger Studien, Bd. 22); Hugo Eckert: Liberal- oder Sozialdemokratie. Frühgeschichte der Nürnberger Arbeiterbewegung, Stuttgart 1968 (Industrielle Welt, Bd. 9), S. 156–161; Fischer, S. 245–254. Ferner Festbericht zur Jubelfeier des 25jährigen Bestehens des Arbeiter-Fortbildungsvereins Augsburg 1862–1887, Augsburg 1887.

76 Als erste gewerkschaftliche Organisation bildete sich bereits 1867 ein Buchdruckerverein, dessen Vorstand Tauscher angehörte; dazu Franz Rotter: Zur Geschichte der Industrie-Gewerkschaft Druck und Papier in Augsburg und die Gründung des Bezirks Schwaben, Augsburg 1967, S. 17 f.

Von der Reichsgründung bis zum Ende der Weimarer Republik 1871–1933

von Gerhard Hetzer

Im Jahre 1871, als mit dem Eintritt des Königreichs Bayern in das Deutsche Reich eine neue Seite in der Geschichte Augsburgs aufgeschlagen wurde, zählte die Stadt rund 51 200 Einwohner und nahm damit hinter München (169 700) und Nürnberg (83 200) und vor Würzburg (40 000) den dritten Rang unter den bayerischen Städten ein. Als Sitz von Kreisregierung, Appellationsgericht, Mittelbehörden von Bahn und Post, einer starken Garnison und eines gut ausgebauten weiterführenden Schulwesens war die Zentralfunktion der Stadt in Schwaben unbestritten, ihre Bedeutung als Wirtschaftsmittelpunkt durch die Linienführung des Eisenbahnbaus unterstrichen. Das großbetriebliche Wiederaufleben des Textilgewerbes seit den dreißiger Jahren hatte die Stadt zum industriellen Vorort in Süddeutschland, zum »deutschen Manchester« werden lassen. Die Symbiose der »zwei Augsburg«, der Stadt der Allgegenwart von Zeugnissen einer ebenso stolzen wie leidvollen Vergangenheit und der Stadt der Arbeiter und Unternehmer mit einer über die Grenzen des Zollvereins hinaus geschätzten Industriefertigung, mochte eine notwendige Perspektive für den künftigen Rang der Stadt in Süddeutschland sein. War die Weiterentwicklung der wirtschaftspolitischen Bindungen mit dem nun Nord- und Mitteldeutschland beherrschenden Preußen seit 1866 bei den wichtigsten Parteiungen in der Stadt nicht mehr umstritten, so führte erst der Krieg mit Frankreich von 1870/71 zur Lösung des Problems einer kleindeutschen Nationalstaatsbildung.

Der Deutsch-Französische Krieg von 1870/71. Die Reichsgründung

Mobilmachung und Kriegsausbruch brachten im Juli 1870 Erscheinungen, wie sie sich 44 Jahre später bei Beginn des Ersten Weltkriegs wiederholen sollten: Bittgottesdienste aller Konfessionen für einen deutschen Sieg, karitative Aktionen zugunsten der Angehörigen von Einberufenen, Bildung einer freiwilligen Bürgerwehr, die nach schleppendem Anlauf seit den Siegen im Elsaß regen Zuspruch erfuhr, aber auch Andrang an den Sparkassenschaltern, Kurzarbeit in den meisten Fabriken, Furcht vor Spionen und Suche nach Franzosenfreunden.

Angesichts des ungewissen Ausgangs des Kampfes gegen das noch immer im Ruf besonderer Tüchtigkeit stehende französische Heer verhielten sich große Teile der Bevölkerung abwartend und sparten mit Begeisterungskundgebungen. Anders als jener Kriegsbeginn von 1914 trug dieser Krieg zunächst weit eher den Charakter einer Parteisache. In ländlichen Gebieten verursachte die Mobilmachung in der Erntezeit große Verbitterung. Die Nachrichten über den verlustreichen Loire-Feldzug der bayerischen Armee bewirkten, zumal in katholischen Gegenden, seit Herbst 1870 eine wachsende Kriegsmüdigkeit. Diese Bevölkerungsteile nahmen die erfolgreiche Beendigung des Krieges im Frühjahr 1871 mit Erleichterung, doch ohne überschwengliche Freude auf.

Die Schlacht bei Sedan mit dem Sturz des Napoleonischen Kaisertums (September 1870) stellte auch die innenpolitischen Weichen endgültig in Richtung auf die Gründung eines neuen Reiches. Die Reaktionen in den verschiedenen politischen Lagern deuteten dabei freilich bereits künftige partei- und kulturpolitische Auseinandersetzungen an.

Die an der bayerischen Eigenstaatlichkeit orientierte Patriotenpartei, die bisher eher aus Loyalität zum König wohl oder übel dem Gang der Dinge zugestimmt hatte, begann, beflügelt von der Furcht vor einer künftigen Übermacht der Liberalen, ihre nationale Haltung unter Beweis zu stellen. Die wichtigsten Repräsentanten der Fortschrittspartei in Augsburg hingegen, Bürgermeister Ludwig Fischer und der Landtagsabgeordnete Joseph Völk, erhielten nach dem Sieg bei Sedan vor ihren Wohnungen durch ihre Parteigänger Ovationen. Das demonstrative Unterlassen öffentlichen Beflaggung der städtischen Gebäude beim Namensfest des bayerischen Königs[1], das Wehen schwarzrotgoldener und schwarzweißroter Fahnen in den ehemaligen Reichsstädten Kempten, Memmingen und Nördlingen, nach Zögern auch in Augsburg, Angriffe gegen Bischof von Dinkel im »Augsburger Anzeigblatt«, dem einstigen Organ des propreußischen Liberalen Albrecht Volkhart, alles das mochte den Anhängern der Patriotenpartei zeigen, daß die Erfolge auf dem Schlachtfeld als innenpolitischer Sieg über die Feinde des Reiches angesehen wurden.

Die Haltung der Augsburger Sozialdemokraten unterschied sich wenig von der sozialistischer Gruppen in anderen Städten: Am Beginn des Krieges stand, ungeachtet soeben verhängter Strafmaßnahmen gegen örtliche Führer, das maßvolle Bekenntnis zur nationalen Pflicht[2], seit Sedan überwog aus Sympathie zur französischen Republik und Ablehnung eines von Dynasten unter Gebietsforderungen diktierten Friedens in geläufigem antipreußischem Sentiment die Opposition zur Gründung des Reiches und zu dessen neuen Institutionen – eine Politik, die das ärmliche Ergebnis des sozialistischen Kandidaten bei den ersten Reichstagswahlen und die Bedeutungslosigkeit der Partei bis 1874 mitbedingte. Einen Tag bevor die Nachricht von der Kapitulation von Paris und dem Abschluß eines Waffenstillstandes eintraf, am

28. Januar 1871, löste die Polizei eine sozialdemokratische Versammlung auf, nachdem der Reichstagskandidat angedeutet hatte, daß der König die Abstimmung über die Versailler Bündnisverträge zur Reichsgründung in der Abgeordnetenkammer in verfassungswidriger Weise beeinflußt habe. Die Anhänger des Redners entfernten sich unter Anstimmen der Arbeitermarseillaise[3]. Dagegen schwand die Zurückhaltung gegenüber dem Eintritt Bayerns in das Reich in der Patriotenpartei. Für die Annahme der Verträge, die den Beitritt in die neue Föderation bedeuteten, hatte sich mit Max Huttler, dem Verleger der katholischen Presse in Augsburg, nun auch der wichtigste Politiker der Patrioten in Schwaben eingesetzt.

Die Aussicht auf ein baldiges siegreiches Ende des Krieges löste in Augsburg Jubel aus, öffentliche Gebäude und viele Privathäuser wurden beflaggt, Feuerwerke abgebrannt. Eine fundamentale Opposition gegen die bevorstehende Gründung des Reiches unter preußischer Vorherrschaft war in diesen Tagen durchaus unpopulär. Erst die wirtschaftlichen Schwierigkeiten der nächsten Jahre – etwa im Gefolge des Konkurrenzdrucks der oberelsässischen Textilindustrie auf die Augsburger Textilbranche – sollten den Sozialdemokraten wieder breitere Resonanz verschaffen. Die Möglichkeit, Augsburg zum Zentrum der sozialistischen Bewegung in Bayern zu machen, wie sie sich nach den Erfolgen Leonhard Tauschers Ende der sechziger Jahre abgezeichnet hatte, war bis zum Erlaß des Sozialistengesetzes 1878 wohl noch gegeben, nach dessen Aufhebung jedoch offenbar entschwunden. Trotz der zum Teil sprunghaften Zunahme sozialdemokratischer Stimmenzahlen in Augsburg seit den Reichstagswahlen von 1884 wurden ab 1890 Nürnberg und München als Sitze modernerer, entwicklungsfähigerer Industrien zu den Kraftzentren der Arbeiterbewegung in Bayern.

Der Wiederaufbau der Gewerkschaften in Augsburg stieß auf wirtschaftsstrukturelle Schwierigkeiten, auf die zwischenzeitlich etablierte Konkurrenz katholischer und liberaler (Hirsch-Dunckerscher) Arbeiterverbände und schließlich auf eine in dieser Stärke in anderen süddeutschen Städten unbekannte wirtschaftsfriedliche, streikgegnerische Bewegung in den Betrieben. Sie formierte sich 1893 im »Verband ord-

nungsliebender Arbeiter«, nach einer Aussperrung in der Metallindustrie 1905 in den »gelben« Werkvereinen[4]. Als sich im Zeichen des Sozialistengesetzes die sozialdemokratischen Vereinigungen vor dem drohenden polizeilichen Einschreiten selbst auflösten und in die Illegalität und Halblegalität von abgelegenen Treffpunkten, Gasthaushinterzimmern und Tarnvereinen begaben, war eine Auseinandersetzung im Abflauen begriffen, die den 1870/71 mühsam erreichten Konsens zur Gründung eines kleindeutschen Reiches auf eine schwere Belastungsprobe gestellt hatte.

Die politische Kräfteverteilung in Augsburg seit 1871

Im Frühjahr 1871 brach auch in Bayern der Konflikt zwischen liberal regiertem Staat und katholischer Kirche aus. Er war seit der Initiative des Ministerratsvorsitzenden Chlodwig Fürst zu Hohenlohe-Schillingsfürst bei den europäischen Staaten gegen eine Verkündung des Dogmas der päpstlichen Unfehlbarkeit durch das I. Vaticanum und seit den Landtagswahlen von 1869 vorgezeichnet. Im bayerischen Kabinett war mit Johann Lutz ein scharfer Gegner des »Ultramontanismus« für Kirchen- und Schulangelegenheiten zuständig. Langfristig wichtigstes Konfliktfeld, zumal in konfessionell gemischten Gebieten, sollte denn auch das Schulwesen werden. Die Einsetzung eines weltlichen Stadtschulrates in die Lokalschulkommission und die Vorbereitungen zur Errichtung einer ersten Simultanschule in der Hettenbachvorstadt führten auch die konservativen Protestanten in die Opposition zum Rathausregiment, was Zerwürfnisse in das liberale Lager, die traditionelle protestantische Wahlpartei, trug. Die zunächst wenigen kirchlich gesonnenen Lehrer fanden sich mit geistlichen Schulinspektoren im »katholisch-paedagogischen Verein« (Erziehungsverein) zusammen, der nach dem freilich nicht erfüllten Willen Bischof Dinkels 1872 seine bayerische Zentrale in Augsburg nehmen sollte. Katholische Presse und Vereine – das »Patriotische Casino« Augsburgs änderte im Juli 1871 programmatisch seinen Namen in »Katholisches Casino« um – mobilisierten die Eltern gegen die Festlegung von Sprengeln für neu errichtete Schulen, die auf die Pfarreigrenzen keine Rücksicht mehr nahmen. Überall in Schwaben entstanden katholische Vereine. Der Appell an die Solidarität mit der »Kirche in Not«, die von Protestanten oder zynischen, mit Freimaurern und Juden liierten katholischen Apostaten verfolgt werde, war auch in und um Augsburg erfolgreich. In Verbindung mit korporativ orientierten Lösungsvorschlägen für die Probleme der vom Industrialismus bedrängten Kleingewerbetreibenden und Arbeiter entwickelten sich die beständigsten Stränge der katholischen Sozialbewegung: die Arbeitervereine (erste Gründungen im Februar 1874 in Augsburg und Haunstetten) und – basierend auf dem bereits seit 1851 bestehenden Augsburger Stammverein – die Gesellenvereine. Maßgeblich waren Einfluß und Aktivität volksverbundener Geistlicher, wie des »Papa« Anton Hauser, Benefiziat bei den Englischen Fräulein (»Lant it luck«), oder des Kaplans Franz Xaver Gutbrod bei St. Georg. Der Vorstand des Augsburger Bezirksamtes schritt gegen im Umland aktive katholische Vereine mit förmlichen Verboten ein.

Bischof Pankratius von Dinkel, auf dem Vaticanum ein Gegner des Unfehlbarkeitsdogmas, sah sich im Zuge des Meringer Kirchenstreits um den (altkatholischen) Pfarrer Josef Renftle als Angehöriger der Kammer der Reichsräte politischen und persönlichen Angriffen ausgesetzt. In Augsburg fanden sich bereits im April 1871 katholische Gegner der Infallibilität zu einer Zustimmungsadresse für den geistigen Vorkämpfer der Altkatholiken, den Münchener Kirchenhistoriker Ignaz Döllinger, zusammen, um im folgenden September Delegierte zum I. Altkatholikenkongreß nach München zu entsenden. Wie bei den meisten altkatholischen Gruppen führte dieser Ausdruck entschieden »antirömischer« Strömungen im katholischen Bürgertum in das Dasein einer Sekte, die schließlich in der Goldschmiedekapelle der protestantischen St.-Anna-Kirche ein Unterkommen fand. Die Überwachung der politischen Äußerungen von Geistlichen und Lehrern, das Einschreiten gegen nicht herkömmliche kirchliche Veranstaltungen wie auch der in der liberalen Presse angeschlagene Ton ließen die »Ultramontanen« bis Ende der siebziger Jahre als die klassische Oppositionspartei in Augsburg erscheinen. Demgegenüber waren die Sozialdemokraten, die nur im Zuge von Lohn- und Teuerungsprotestbewegungen unbeständigen Breiteneinfluß gewannen oder bei gelegentlichen Auftritten eines interessanten Redners wie Johann Most, Sohn eines Augsburger Kanzlisten[5], Massenzulauf zu ihren Versammlungen hatten, ein sekundärer Gegner, dem das eher routinemäßige Augenmerk der Polizei galt. Kirchliche Feiern nahmen in dieser Situation manchmal demonstrativen Charakter an – die Fronleichnamsprozession 1872, die St.-Ulrichs-Jubiläumsfeier 1873 –, während die als Kundgebung der Anhänger des Bismarck-Reiches genützten Gedenkfeiern zur Schlacht bei Sedan (2. September) von gelegentlichen Zwischenfällen mit Geistlichen begleitet waren. Selbst die Rückkehr der als Besatzung in Frankreich verbliebenen Truppenteile im August 1873 war von konfessionellen Streitigkeiten überschattet.

Während die Liberalen bei den Reichstagswahlen vom März 1871 in allen städtischen Stimmbezirken mit Quoten von 51,6 bis 87,5 Prozent gesiegt, auch in Kriegshaber, Haunstetten und Pfersee (nicht in Oberhausen und Göggingen) eine Mehrheit der Wähler angezogen und in Schwaben fünf von sechs zu vergebenden Mandaten errungen hatten, brachten die Wahlen vom Januar 1874 geradezu einen Erdrutsch zugunsten der patriotischen Kandidaten: Ihnen fielen nun fünf schwäbische Reichstagssitze zu, darunter jener für den Wahlkreis Augsburg, wo Ludwig Fischer einem der härtesten Verfechter katholischer Belange und bayerischer Sonderinteressen, Edmund Jörg, weichen mußte. Der schwäbische Regierungspräsident sah in dem Wahlresultat »eine Protestation gegen die dermaligen auf das kirchliche Gebiet bezüglichen Verwaltungsmaximen und ein Mißtrauensvotum gegen das Deutsche Reich«[6].

Bis 1918 wurde Augsburg im Reichstag nunmehr ausschließlich von Anhängern der katholischen Partei vertreten, während die Liberalen, durch das geltende Wahlrecht begünstigt (von einer Zäsur zwischen 1881 und 1887 abgesehen), die beiden Augsburger Landtagswahlkreise bis 1905 zu behaupten vermochten. Der Landtagswahlkreis II (Altstadtgebiete und Arbeitervorstädte) fiel erstmals in diesem Jahr vorübergehend an einen sozialdemokratischen Kandidaten. Die letzte Landtagswahl vor dem Weltkrieg ergab im Februar 1912 ein für die politische

Kräfteverteilung in Augsburg kennzeichnendes Ergebnis: Der Wahlkreis I (Teile der Altstadt, bürgerlicher Erweiterungsbereich) ging an einen Liberalen, der Kreis Augsburg II (Altstadtgebiete, Vorstädte) an einen Sozialdemokraten und der Kreis Augsburg III (Umland mit Oberhausen, Pfersee, Göggingen und Haunstetten) – Lechhausen, Hochzoll und Siebenbrunn gehörten bis 1919 zum Wahlkreis Friedberg – an einen Zentrumskandidaten. Der von gelegentlichen Rückschlägen unterbrochene Aufstieg der Sozialdemokratie zu einer Partei mit Massenwählerbasis (Ergebnisse im Reichstagswahlkreis 1871: 2,4 Prozent, 1890: 21,8 Prozent, 1912: 29,8 Prozent) hatte die politische Landschaft entscheidend verändert. Bereits 1890, nach Wiedererlangung der unter dem Sozialistengesetz über zwölf Jahre hinweg gedrosselten Betätigungsfreiheit, hatten im Viertel rechts der Wertach 59, in einem Pferseer Stimmsprengel 60 und in Altstadtbezirken mit starker Arbeiterbevölkerung bis zu 43 Prozent der Wähler für den Führer der SPD in Bayern, Georg von Vollmar, votiert. Bis 1912 wurde die SPD auch in Göggingen und Kriegshaber zur stimmstärksten Partei.

Die Erstarkung derjenigen politischen Kräfte, die der Reichsgründung reserviert oder opponierend gegenübergestanden hatten, fiel jedoch in eine Zeit, in der sowohl der politische Katholizismus (Anschluß der Patriotenpartei an die gesamtdeutsche Zentrumspartei 1887) als auch die Sozialdemokratie bereits in den vom Reich abgesteckten politischen Betätigungsrahmen hineinwuchsen. Der nationale Burgfriede des Jahres 1914 war somit unumstrittener als jener von 1870.

Majorisierungsängste angesichts ihrer gegenüber Zentrum und Sozialdemokraten stagnierenden, ja rückläufigen Wählerbasis führten die Liberalen bei den Reichstagswahlen von 1893 zum erfolglosen Bündnis mit der neuen kleinbäuerlichen Protestbewegung des Bauernbundes, 1912 dann in den Stichwahlen zur Absprache mit den Sozialdemokraten. Am längsten, nämlich bis 1918, hielt sich die liberale Vorherrschaft im kommunalen Bereich – trotz des bereits 1908 angewandten Verhältniswahlrechtes. 1869 hatte eine Neuwahl des gesamten Kollegiums der Gemeindebevollmächtigten mit einem Sieg der liberalen Liste geendet. Bei den turnusmäßigen Er-

gänzungswahlen von jeweils einem Drittel des 42 Bevollmächtigte umfassenden Vertretungskörpers in den Jahren 1872 und 1875 hatten die »Ultramontanen« den Liberalen durch Wahlenthaltung das Feld überlassen, die Wahlbeteiligung war radikal zurückgegangen (1869: 73,6 Prozent, 1872: 40,4 Prozent)[7]. Erst 1878 wurde mit dem kurz zuvor aus vordergründig kommunalpolitischem Anlaß, jedoch auf dem Hintergrund lange schwelender Unzufriedenheit im kleingewerblichen Mittelstand gegründeten »Neuen Bürgerverein« eine organisierte Opposition bei den Wahlen bemerkbar.

Die mittelständische Protestbewegung, politisch und weltanschaulich heterogen, sollte ein Kontinuum in der Augsburger Kommunalpolitik bis zum Ersten Weltkrieg bleiben und, obwohl in den parteipolitisch zusammengesetzten Kollegien seit 1908 nicht als Gruppe vertreten, während der Weimarer Republik neue Repräsentanten in den Stadtrat entsenden.

Nach der liberalen Niederlage gegen die verbündeten »Ultramontanen« und Konservativen (der »orthodoxen« Gruppe von Protestanten um die »Süddeutsche Reichspost«) bei den Landtagswahlen vom Juli 1881 gingen im November des gleichen Jahres die Vorschläge des Gewerbe- und Bürgervereins zu den Gemeindebevollmächtigtenwahlen gegen eine überwiegend aus Neulingen bestehende liberale Liste durch. Neben »Ultramontanen« und Konservativen hatten auch zahlreiche liberale Protestanten, die sich gegen Pläne zur Anlage eines simultanen Friedhofes unter langfristiger Auflassung der konfessionellen Begräbnisstätten wandten, für die oppositionelle Liste votiert. 1884 freilich wetzten die Liberalen trotz einer für das Handwerk wenig attraktiven Kandidatenliste diese Scharte aus. Sie schlugen eine vom Gewerbeverein in Kontakt mit dem katholischen Casino aufgestellte Liste, auf der Oppositionelle aller Schattierungen, darunter auch ein Vertreter der im Kollegium seit 1875 ausgeschalteten linksliberalen Volkspartei-Richtung, aufgestellt waren. Bei den folgenden Wahlen siegten Listen, die die liberalen Bürgervereine gemeinsam mit dem Gewerbeverein unter teilweiser Aufnahme auch einiger »Ultramontaner« präsentierten.

Dabei richtete sich der Stoß nunmehr gegen Bestrebungen der Augsburger Großindustrie, die Kandidatenlisten in ihrem Sinne zusammenzusetzen, um dadurch Einfluß auf die städtischen Steuerausschüsse zu gewinnen. Die auf Distriktsversammlungen der liberalen Wähler vor den Wahlen von 1890 ausgegebene Parole »Keine vorwiegende Vertretung des Großkapitals und der Großindustrie« verfolgte das Ziel, Mehrbelastungen der Kleinbesitzer bei Gemeindeumlagen zugunsten der durch staatliche Steuernachlässe begünstigten Großbetriebe abzuwehren, und sicherte Bürgermeister Fischer eine neue breite Unterstützung im Gemeindekollegium[8]. Fischer war bereits anläßlich der Streikbewegungen in der Textilindustrie vom Sommer 1882 als scharfer Kritiker der Behandlung der Arbeiter in verschiedenen Betrieben, zumal in der Spinnerei und Weberei Augsburg und in der Buntweberei Riedinger, aufgetreten[9]. Als Kommunalpolitiker wurde er immer mehr zum Gegner von Sonderinteressen der Großindustrie. Ihr wurde vorgeworfen, daß sie mit ihrer Haltung das Anwachsen der Sozialdemokratie förmlich provoziere. So ging Fischers Politik auch zunehmend in Richtung auf eine kommunale Kontrolle von Versorgungsbetrieben und sozialen Dienstleistungen. Die ersten Ergänzungswahlen zum Gemeindekollegium nach dem Verhältniswahlrecht führten im November 1908 zum Einzug von fünf Zentrumsanhängern und zwei Sozialdemokraten (neben sieben Liberalen) in das Rathaus. Die Zuwahl von Oberhausener und Pferseer Vertretern im Januar 1911 brachte den Liberalen zwei, dem Zentrum drei Sitze und der SPD ein weiteres Mandat. Nach den Kommunalwahlen vom November 1911 saßen sechs, nach der Eingemeindung von Lechhausen 1913 schließlich neun Sozialdemokraten im Kollegium. Sie konnten damit auch einen Magistratsrat in der Person des späteren Reichstagsabgeordneten Georg Simon stellen.

Mittlerweile war die markanteste Figur der politischen Bühne Augsburgs abgetreten. Fischer, im Zuge seines durchkämpften Lebens immer mehr zum Menschenverächter und zum Freund einsamer Entschlüsse geworden, verbittert durch die oft kleingeistigen Auseinandersetzungen in seiner Partei und durch die mit persönlichen Feindbildern (August Riedinger, Wilhelm Ammon, Georg Hermann Trenkle u. a.) besetzte Konfrontation mit den Vertretern »großkapitalistischer«, »orthodox-protestanti-

scher« oder »ultramontaner« Interessen, verstarb nach 34jähriger Amtszeit im Januar 1900 im 68. Lebensjahr. Mit ihm war einer der bedeutendsten Köpfe des süddeutschen Liberalismus dahingegangen, dessen Begabung und Energie die Verbindung des reichs- und landespolitischen Engagements mit dem Amt des Kommunalpolitikers trotz aller Schwierigkeiten hatte gelingen lassen. Augsburg war unter seinem Regiment zu einer modernen Großstadt geworden, die im Vergleich mit München und Nürnberg noch selbstbewußt auf ihre Stellung verweisen konnte. Fischers Amtszeit war bezeichnenderweise mit der Tätigkeit kommunaler Beamter einhergegangen, die eine über Augsburg hinausreichende Bedeutung besaßen, etwa des Stadtbaurats Ludwig Leybold (1866 bis 1891) oder des Stadtschulrats Ludwig Coelestin Bauer (1872–1901).

Wenige Wochen nach Fischers Tod trat dessen seit 1866 amtierender Stellvertreter, der kränkelnde 2. Bürgermeister Nikodemus Frisch, zurück. Ein Dissens im Gemeindekollegium, ob nunmehr ein Politiker mit parlamentarischem Einfluß oder ein Verwaltungsfachmann zu berufen sei, führte zur öffentlichen Ausschreibung der Stelle des 1. Bürgermeisters. Im März 1900 wurden der Münchener Rechtsrat Georg Wolfram und der langjährige Kommunalreferent in der Stadtverwaltung, Rechtsrat Franz Gentner, jeweils einstimmig vom Kollegium zum 1. und 2. Bürgermeister gewählt.

Kennzeichnend für die verbleibenden Jahre bis zum Weltkrieg war die wachsende Aktivität von Zentrum und SPD in der Mitwirkung bei gemeindlichen Angelegenheiten. Bis zur Jahrhundertwende war deren Tätigkeit durch das Fehlen direkter Einwirkungsmöglichkeiten im kommunalen Sektor und gemäß ihrer bereits über Jahrzehnte gewachsenen Tradition von weltanschaulichen, allgemein-politischen Akzenten geprägt. Bis dahin waren die Bürgervereine die eigentlichen Vermittler zwischen Stadtverwaltung und Bevölkerung in den einzelnen Stadtteilen. Ihre Initiativen leiteten vor allem Verbesserungen bei der Verkehrserschließung, den hygienischen Verhältnissen und im Schulwesen in die Wege, wobei in den neuen Stadtgebieten die Vereine häufig mit ihren Forderungen in Kontroversen mit dem Magistrat eintraten. Der Bürgerverein der inneren Stadt als ursprünglicher Träger der liberalen Partei, der noch deutlich den Charakter eines Honoratiorenkomitees aus der Frühzeit des Parteienwesens trug, orientierte sich in seinen nur vor Wahlen dichteren Aktivitäten vor allem an der Pflege reichstreuer und kaiserlich-dynastischer Gesinnung und an der positiven Selbstdarstellung Augsburgs in seinen reichsstädtischen Traditionen und als Stadt der modernen Technik. Auf seine Anregungen gingen die Verleihung der Ehrenbürgerwürde an Bismarck (1890) und die ersten Ansätze zu einer Fremdenverkehrswerbung für Augsburg in der benachbarten Landeshauptstadt zurück[10]. Die Bürgervereine in den neuen Stadtteilen waren zwar mehrheitlich von prinzipiellen Parteigängern der Liberalen geleitet, sie konnten jedoch durchaus ihren Mitgliedern die Wahl freistellen oder auch, wie der Verein im Nordend, sich für eine tendenziell opponierende Gruppe wie die Interessenvertreter von Kleinhandel und Handwerk entscheiden.

Die ersten Jahre nach 1900 brachten über die Einführung des Verhältniswahlrechts auch die politische Blockbildung in den Vertretungskörpern von Einrichtungen des sozialpolitisch aktiv gewordenen Staates, der Kommunen oder der Wirtschaft, also bei Krankenkassen, Versicherungsämtern und Handelskammern. Die Sitze der Arbeitnehmervertreter an dem durch Magistratsbeschluß Ende 1892 konstituierten Gewerbegericht waren in den Wahlen von 1893 bis 1902 bei partiellen Erfolgen des »Verbandes ordnungsliebender Arbeiter« über das herkömmliche Mehrheitswahlrecht den freien Gewerkschaften zugefallen. Das Verhältniswahlrecht stellte hier im Dezember 1907 den 13 Sitzen der freien Gewerkschaften eine gleiche Vertreterzahl der »gelben«, christlichen und Hirsch-Dunckerschen Verbände zur Seite. 1912 erreichten die Gewerkschaften freilich mit einem Zugewinn auf 16 Sitze zu Lasten der Werkvereine wieder eine Mehrheit, während ein sozialdemokratischer Vorschlag für die Arbeitgeberbeisitzer bei beiden Wahlen gegen Gemeinschaftslisten von Industrie- und Innungsvereinen immerhin jeweils vier von 26 Mandaten gewann[11]. Zuvor hatte auch bei den Gewerbegerichtswahlen die aus der Kommunalpolitik bekannte Konfrontation von Großindustrie und Handwerk geherrscht.

Der »Verband ordnungsliebender Arbeiter« oder die »gelben« Werkvereine waren organisierter Ausdruck breiter wirtschaftsfriedlicher Tendenzen in der Arbeiterschaft, auf die auch die Gewerkschaften trotz aller kämpferischen Stellungnahmen in ihrer praktischen Politik gegenüber ihren eigenen Mitgliedern Rücksicht nehmen mußten. In der »gelben« Bewegung flossen neben weiterwirkenden paternalistisch-ständestaatlichen Strömungen und liberalen Selbsthilfeidealen aus der Frühzeit der Industrialisierung hochmoderne, selbst aus revisionistischen Bewegungen in der Sozialdemokratie gespeiste Tendenzen zusammen: das Bestreben qualifizierter, gutdotierter Arbeiter zur sichtbaren Integration in eine bürgerliche Gesellschaft, deren an persönlicher Leistung orientierte Werte man oft vehementer als die »Stehkragenproletarier« in Angestellten- und Beamtenschaft verfocht. Deutlich wurde ein Harmoniestreben, dem jeder Sozialkonflikt primär als Störung des eigenen Fortkommens wie der Kraftentfaltung des Staates und des Unternehmens galt.

Die Gründe für die Stärke dieser Bewegung in Augsburg waren vielgestaltig. Zum einen wirkten hier die alte Tradition der betrieblichen Sozialpolitik und der dem »Radikalismus« jeder Art abholde katholische Hintergrund des überwiegenden Teils der Arbeiter fort. Zum anderen spielte sicher das seit den neunziger Jahren erreichte Gleichgewicht von »alter« und »neuer« Arbeiterschaft eine Rolle: das Nebeneinander von Textilarbeitern mehrheitlich weiblichen Geschlechts, die in überkommenen Betriebsstrukturen unter Rationalisierungsdruck standen, und von sich mit ihrem Betrieb identifizierenden Facharbeitern der spezialisierten Metallbranche. War der »Verband ordnungsliebender Arbeiter« eine Blockbildung liberaler und konfessionell gebundener Arbeitergruppen gegen die freien Gewerkschaften, so steuerte der »Arbeiterverein vom Werk Augsburg« (AVA) – selten erreichtes Muster für viele andere Werkvereine in und außerhalb Augsburgs – politisch im Kurs der Nationalliberalen, dann der freikonservativen Reichspartei, während des Krieges schließlich im Fahrwasser der nationalistischen Vaterlandspartei. Die Werkvereinsbewegung vermochte die älteren Arbeiterverbände vorübergehend in ihrer Mitgliederentwicklung zurückzuwerfen oder abzubremsen. Das Zentrum ihrer Aktivitäten im Genossenschaftsbau und im Konsumvereinswesen, wo sie dem sozialdemokratisch orientierten Allgemeinen Konsumverein zahlreiche Mitglieder abgewann, lag am rechten Lechufer gegenüber von Stadtbachspinnerei und MAN. Bevor ihr die Burgfriedenspolitik seit 1914 den entscheidenden Schlag versetzte, begann der Abstieg der Bewegung mit der Distanzierung der wichtigsten Parteigruppen in der Stadt, zunächst der nationalsozialen Richtung in der liberalen Partei, dann auch des Zentrums. Der als Nachfolger Anton Hausers seit 1907 als Diözesanpräses der katholischen Arbeitervereine amtierende Georg Lindermayr setzte sich als Gegner der Werkvereine auf dem Diözesantag in Memmingen 1909 entschieden für die noch umstrittenen christlichen Gewerkschaften ein. Diese, seit 1897 aus Verbänden der Textil- und der Eisenbahnarbeiter entstanden, erlebten denn auch, zum Teil in Trennung von sozialistisch orientierten Verbänden (Öffentlicher Dienst!), vor dem Weltkrieg gleichfalls eine günstige Entwicklung. Im Zuge einer von den Textilarbeiterverbänden aller Richtungen getragenen Lohnbewegung fand im Juni 1912 auf dem Kleinen Exerzierplatz die größte Arbeiterdemonstration statt, die Augsburg bislang gesehen hatte.

Die Tage, als die Vorstädter im Bewußtsein ihrer Kraft unter den Fenstern und Balkonen der Bürgerhäuser der Innenstadt vorbeimarschierten, sollten freilich erst 1918 anbrechen. Noch befanden sich die Viertel jenseits von Senkelbach, Wertach und Lech im gärenden stetigen Wachstum, in der Unrast des Zu-, Weg- und Umziehens, im Aufbau einer eigenen Innenwelt mit Oben und Unten und neuen Fronten, im Ausbrüten unverwechselbarer Milieus und Nachbarschaften in den zum Verwechseln ähnlichen, unausgebauten Straßenzügen zwischen rasch abgewohnten, wimmelnden Häusern und lärmenden Wirtschaften. Kinder, im täglichen Anblick alles Menschlichen schnell reifend, Jugendliche, ungebärdig im Drang, für Augenblicke ein Stück besseres Leben zu erhaschen, Erwachsene, früh verbraucht in einer nie endenden Kette immer neuer Sorgen. Mochten in der Statistik negative Wohnungsindizes, Sterbeziffern oder Kriminalität in anderen Städten höhere Werte aufweisen, so fanden sich doch auch in Augsburg, bei aller Balance durch längst beruhigte

kleinbürgerliche, ja manchmal fast ländlich anmutende Quartiere, alle ungünstigen Erscheinungen eines rasch gewachsenen Industriezentrums. Die einst gepredigten Selbsthilfekonzepte blieben trotz der Erfolge im Baugenossenschafts- und Konsumvereinswesen letztlich ebenso unzureichend wie die von den Großunternehmen gebotenen Lebenshilfen für ihre Belegschaften. Eine aktive Sozialpolitik von Staat und Kommune erwies sich als unumgänglich. Die Zusammenarbeit zwischen staatlichen, militärischen und gemeindlichen Stellen mit den Gewerkschaften sollte im Zeichen der verschärften Kriegsnöte durch das Kriegshilfsdienstgesetz im November 1916 eine solide Grundlage finden und damit die »gelbe« Bewegung auch in Augsburg endgültig an die Wand drücken. Erst die ökonomische Krise in der Endphase der Weimarer Republik gab den wirtschaftsfriedlichen Tendenzen im einstigen »gelben« Schlüsselbetrieb, der MAN, einen gegenüber dem »Arbeiterverein vom Werk Augsburg« freilich schwachen, neuen organisatorischen Ausdruck.

Augsburg auf dem Weg zur Großstadt

Bis 1910 hatte sich die Bevölkerungszahl innerhalb des Stadtgebiets gegenüber 1871 verdoppelt; die Zahl der Wohngebäude war allerdings nur um 29 Prozent gestiegen, was einen flüchtigen Eindruck der urbanistischen Tendenz zu höherer Wohndichte und Großblockbauweise gibt. Seit 1880 war die Einwohnerschaft im Nordend, Ostend, rechts der Wertach und im Westend um 97 bis 156 Prozent angewachsen, im Viertel links der Wertach um das Zweieinhalbfache, im Südend um mehr als das Siebenfache. Die Altstadt hatte sich demgegenüber quantitativ wenig verändert; nur das südliche Lechviertel und die Jakobervorstadt hatten eine beachtliche Bevölkerungsvermehrung erfahren; im zentralstädtischen Bereich hatte der Verlust an Wohnfunktionen zugunsten der Entwicklung zur modernen Geschäftszone dagegen bereits eine negative Einwohnerbilanz bewirkt. In den Jahren von 1904 bis 1906 erfolgte nach Straßendurchbrüchen und -aufweitungen an Hallstraße und Grottenau ein massiver Eingriff in das Gefüge der Altstadt: Zwischen dem Königsplatz, dem Schnittpunkt der Verkehrsströme des jenseits der niederge-

legten Westflanke der Stadtmauer gewachsenen
großbürgerlichen Wohn- und Dienstleistungsviertels
des Westends, und dem Moritzplatz auf der reichsstädtischen Lebensader zwischen Dom und St. Ulrich
wurde die Bürgermeister-Fischer-Straße angelegt[12].
Noch immer verschwanden vertraute Tore und Türme, ja ganze Gäßchen. 1913 fiel selbst das alters-
graue Zunfthaus der Weber unter der Spitzhacke.
Doch das Bewußtsein für die Erhaltungswürdigkeit
der von Dichtern und Schriftstellern in ganz
Deutschland gepriesenen Denkmäler der alten
reichsunmittelbaren Augsburger Republik leistete
zunehmenden Widerstand. Romantik und klassisches
Bildungsideal hatten neues Interesse an der vater-
städtischen Geschichte geweckt. Nach der Niederlegung von Häusern im nördlichen Lechviertel unterhalb des Rathauses im Jahre 1882 bildete sich ein
Komitee von Bürgern, das schließlich mit Erfolg vom
Magistrat forderte, die neuerliche Verbauung der
mächtigen und nunmehr weit sichtbaren Ostfassade
des Rathauses zu unterlassen. 1907/08 erfolgten
Umbau und Neugestaltung des 1854 gegründeten
Maximilian-Museums.

Augsburg hatte freilich seit 1866 auch eine moderne
Visitenkarte erhalten, die den meisten zeitgenössischen Besuchern viel freundlicher erscheinen mochte
als die dumpfigen Gassen der ehemaligen Handwer-
ker-, Taglöhner- und Dienstbotenviertel der Reichsstadt: die Avenuen im Westen der Stadt mit Bauten
wie dem Justizgebäude (1872–1875) oder dem neu-
en Theater, das in den Jahren 1876 und 1877 nach
Entwürfen von Wiener Architekten errichtet wurde,
nachdem zuvor über Jahrzehnte hinweg über Ersatz
oder Ausbau des alten, 1776 bei St. Jakob gebauten
und brandgefährdeten Bühnenhauses debattiert worden war. Anläßlich der Industrieausstellung von
1886 wurde der Stadtgarten im Südwesten eröffnet.
Straßenbahnen und Eisenbahnstationen erschlossen
seit der Jahrhundertwende immer mehr die Naherholungsgebiete um die Stadt.

Die letzten Friedensjahre brachten schließlich auch
die Eingliederung der in eine enge Verflechtung mit
Augsburg hineingewachsenen Stadtrandkommunen:
1910 machte die kleine Meringerau jenseits des Sie-
bentischwaldes den Anfang, zu Neujahr 1911 folgten
Pfersee und Oberhausen, 1913 schließlich das 1900

noch zur Stadt erhobene Lechhausen und die Friedbergerau. Als Wohnorte für Arbeiter und als Stand-
orte großer Betriebe (so zum Beispiel Pfersee) hatte
die Schnelligkeit ihrer Bevölkerungsentwicklung die
von Augsburg übertroffen. Somit zählte die in ihrer
Fläche nun gewaltig vergrößerte Stadt im Sommer
1914 rund 152 000 Einwohner. Wichtigstes kommu-
nalpolitisches Ziel der kommenden Jahre mußte die
Verbesserung von Straßen- und Schulverhältnissen
sowie der Wohnsituation in den eingemeindeten Vororten sein. Dafür hätte es allerdings besserer Zeiten
bedurft, als jener, die nun kamen.

Der Weltkrieg von 1914/18.
Der Sturz der alten Staatsordnung

Der Ausbruch des Krieges brachte auch für die
Stadtgeschichte den im ganzen Reich wirksamen
Einschnitt, der den Zeitgenossen als Ende einer Epoche erschien. Der Krieg war in Hinsicht auf die un-
günstige gesamtwirtschaftliche Struktur Augsburgs
ein Warnzeichen; seine Konsequenzen brachten deren Nachteile trotz der Scheinblüte der Jahre 1924
bis 1928 zum Vorschein. Erstmals geriet die Textilindustrie in eine existentielle, mit den Rationalisie-
rungszwängen nach 1871 nicht vergleichbare Krise,
die die Ansiedlung auswärtiger Konzerne begünstigte, während die Metallindustrie nach überhitzter
Kriegskonjunktur nur vorübergehend wieder Tritt
faßte. Die wirtschaftliche Mobilisierung des Krieges
hinterließ ein potentielles Überangebot an industriellen Arbeitskräften, das nur zeitweilig abgeglichen
werden konnte. Die Abhängigkeit der Kommune
vom Schicksal einer Industrie mit problematischen
Entwicklungsperspektiven wurde bei Stagnation des
an sich ausbaufähigen Dienstleistungsbereiches be-
drückend deutlich, wenn auch die volkswirtschaftliche Krise von 1929 bis 1934 vergleichsweise gemildert verlief. Die kommunalen Dienstleistungen wurden ausgebaut. Dafür verlor die Stadt überregional
an Bedeutung: Im April 1932 wurde das Oberlandesgericht Augsburg aufgehoben; im Zuge der Diskussionen um die Reichsreform erschienen auch
Oberpostdirektion und Reichsbahndirektion, ja
selbst die Kreisregierung bedroht. Im Oktober 1928
ging das einst heftig umkämpfte städtische Arbeits-

amt nach 28jähriger Tätigkeit an die Reichsanstalt für Arbeitsvermittlung und Arbeitslosenversicherung über, im April 1929 wurde die kommunale Sicherheitspolizei verstaatlicht. 1919 zählte Augsburg rund 154 600 Einwohner (München 630 700, Nürnberg 352 700), im Sommer 1933 – ortsanwesende Bevölkerung – 168 150 (München 726 100, Nürnberg 406 200). Die Zeiten des stürmischen Wachstums waren vorbei, weit eher als vor dem Kriege schien die Stadt bei zweifelndem Selbstverständnis im Kampf um die Behauptung ihrer Gerechtsame zu stehen.

Die aufgewühlte Atmosphäre der Tage vor Kriegsausbruch glich der in anderen deutschen Städten – Gedränge vor Anschlagtafeln mit den Texten der zuletzt eingetroffenen Nachrichten, Menschenmengen, die eine innere Unruhe auf die Straßen getrieben hatte, patriotische Gesänge in überfüllten Gaststätten, Parademusik des Militärs. Nach Bekanntwerden der Erklärung des drohenden Kriegszustandes und der Mobilmachungsorder am 31. Juli und 1. August zogen Scharen junger Leute begeistert zu den Kasernen, zum Hauptbahnhof und zum Denkmal für die Gefallenen des Krieges von 1870/71 auf dem Fronhof. Am Morgen des 2. August waren die Kasernentore dicht umlagert von Menschen, die das Einrücken der Reservisten und den Ausmarsch der noch nicht auf Kriegsstärke ergänzten Bataillone des 3. Infanterie-Regiments beobachten wollten. In den freigewordenen Unterkünften wurden die ersten der herbeiströmenden Kriegsfreiwilligen untergebracht.

Trotz Ausbrüchen einer unbedarft zuversichtlichen, auch aggressiven Hurra-Stimmung (am 3. August kam es nach einer Fehlmeldung in einer Tageszeitung in Augsburger Straßen zu einer förmlichen Spionenjagd, bei der »Verdächtigen« vereinzelt unter Drohungen und Schlägen die Kleider vom Leibe gerissen wurden) herrschte zumindest bei der im vorgerückten Alter stehenden Bevölkerung, ungeachtet der seit den letzten Kriegserfahrungen verflossenen langen Zeit, ein ernster Grundton vor. Von tiefer Besorgnis zeugte der Ansturm »zumeist kleiner und kleinster Sparer« auf die Geldinstitute zur Abhebung von Guthaben, nachdem am 27. Juli der Abbruch der diplomatischen Beziehungen zwischen Österreich-Ungarn und Serbien bekanntgeworden war[13]. In den letzten Julitagen setzten Hamsterkäufe von Hausfrauen bei lagerungsfähigen Grundnahrungsmitteln und Konserven ein. Ein städtisches Kriegsfürsorgeamt und eine Arbeitsgemeinschaft karitativer Vereinigungen bemühten sich um die Linderung erster Härten für die durch Einberufungen vor einem plötzlichen materiellen Nichts stehenden Familien. Am Abend des 20. August rollte ein erster größerer Verwundetentransport durch Augsburg, wo rund 150 Verwundete untergebracht wurden. Anfang September veröffentlichten die Zeitungen die erste einer langen Reihe von Verlustlisten eines Augsburger Truppenteils, was den damaligen Realgymnasiasten Bertolt Brecht zu einem seiner frühesten Gedichte – *Die Toten vom 3. Regiment* – anregte.

Das Ausbleiben des erhofften raschen Erfolges gegen Frankreich und die anhaltend schweren Kämpfe an West- und Ostfront ließen im Spätherbst 1914 jene zunehmend verbissene und schließlich resignierte Durchhaltestimmung aufkommen, die einen Großteil der Bevölkerung befähigte, trotz aller Entbehrungen loyal auszuharren. Die bis ins Frühjahr 1918 zu verzeichnenden Teilerfolge des deutschen Heeres hielten die Hoffnung auf einen günstigen Ausgang des Kampfes wach. Nach der Schlacht am Wytschaete-Bogen seit Ende Oktober 1914, in der eine Reservedivision mit vielen Augsburger Kriegsfreiwilligen eingesetzt wurde, liefen beunruhigende Gerüchte über die Erschütterung in den nach einer Kurzausbildung gegen Einheiten des englischen Berufsheers geworfenen Verbänden in der Stadt um[14]. Eine frühzeitige Stimmungstrübung war im ländlichen Umland zu verzeichnen, wo der Tod vieler Hoferben, Leutenot und Reglementierungen in der Ernährungswirtschaft in althergebrachte Lebensrhythmen eingriffen. Anfang 1915 stellte der Vorstand des Bezirksamtes Augsburg fest: »In der allgemeinen Volksstimmung ist eine Wendung zum Schlimmeren nicht zu verzeichnen, obwohl sich in den einzelnen Gemeinden die Zahl der Verwundeten, Gefallenen und Vermißten von Tag zu Tag mehrt . . . Solange die Großbetriebe durchhalten können, ist eine allgemeine Not wohl nicht zu befürchten«[15].

Anläßlich der Werbung für die vierte Kriegsanleihe im Frühjahr 1916 sickerte durch, daß Soldaten in Feldpostbriefen ihre Angehörigen aufgefordert hatten, nichts zu geben, um den Krieg nicht zu verlängern. In den Stadtrandgemeinden Haunstetten, Göggingen und Gersthofen wurde unter Großbauern ein Zeichnungsboykott festgestellt, während die dortige Arbeiterschaft die Anleihe offenbar unverdrossen unterstützte[16]. Bei Beginn der Werbung für die fünfte Anleihe war im September 1916 ein fast durchgängiges Desinteresse in ländlichen Bezirken festzustellen, das durch Einsatz von militärischen Werbern und Multiplikatoren aus Geistlichkeit und Lehrerschaft, zum Teil durch Vorsprache von Haus zu Haus, überwunden wurde.

Rasch hatte sich enthüllt, daß das Reich in wirtschaftlicher Hinsicht auf einen längeren Krieg nicht vorbereitet gewesen war. Die ersten Kriegswochen hatten in Augsburg umfangreiche Betriebseinschränkungen in der Industrie mit rund 4000 Entlassungen überwiegend weiblicher Arbeitskräfte gebracht. Diese Unterbeschäftigung hatte bis Jahresende 1914 weitgehend abgebaut werden können. Seit April 1915 mehrten sich die Anzeichen für eine Rohstoffkrise der Textilindustrie. Im folgenden Spätsommer traten mit den ersten Bestimmungen über Materialeinschränkung in der Augsburger Baumwollindustrie Arbeitsverkürzungen ein. Im Winter 1915/16 gestaltete sich die Lage im Textilbereich immer ernster, während andere Industrien, wie die Maschinenfabriken, wo stellenweise bereits Kriegsgefangene zum Einsatz kamen, Arbeitskräfte suchten. Man zählte im März 1916 über 7800 völlig erwerbslose Textilarbeiter, eine Quote, die sich durch Weitervermittlung unter Verbleiben eines hohen Sockels allmählich reduzierte. Deswegen wurde seit Spätherbst 1916 die gezielte Überleitung von der Textilerzeugung zur Munitionsproduktion unter Konzentrierung der Baumwollverarbeitung auf Hochleistungsbetriebe (1917 befanden sich alle drei in Südbayern noch Baumwolle verspinnenden Fabriken in Augsburg), Einsatz von Papiergarnen und Stillegung veralteter Anlagen aufgenommen. Waren bei Kriegsbeginn noch über 14 000 Personen in der Augsburger Textilindustrie beschäftigt, so arbeiteten in dieser Branche im Oktober 1917 nurmehr rund 6800. Zur selben Zeit war die Zahl der Arbeiter in den Rüstungsbetrieben auf über 13 500 gestiegen. Sie hatte binnen eines Jahres um rund 73 Prozent zugenommen und sollte bis März 1918 nochmals um 1000 Beschäftigte

steigen. Als Standort renommierter Maschinenfabriken mit Produktion für Heeresartillerie wie Marine und Betrieben für die Luftwaffe war Augsburg zu einem der wichtigsten süddeutschen Rüstungszentren geworden. Bei MAN waren 1917/18 durchschnittlich knapp 9500 Arbeitskräfte tätig[17] – in den neu angesiedelten Rumpler-Werken und der Ballonfabrik Riedinger jeweils bis zu 1000 Arbeiter und Angestellte.

Damit erhielten die Ernährungsverhältnisse in der Stadt gleichsam kriegswichtige Bedeutung. Die Versorgung der Bevölkerung mit Lebensmitteln und sonstigen notwendigen Verbrauchsgütern nahm trotz administrativer Maßnahmen zur Sicherung des unerläßlichen Bedarfs und vorübergehender Besserungen eine trostlose, Gesundheit und Arbeitskraft weiter Schichten auszehrende Entwicklung. Gegensätze zwischen Stadt und Land, sozialen Gruppen und vermeintlich unterschiedlich behandelten Städten und Regionen wuchsen ebenso wie das Mißtrauen gegen die neue Kriegsbürokratie in den Versorgungs- und Verteilungsstellen. Ein erster Schritt zur zentralen Bewirtschaftung der wichtigsten Nahrungsmittel war die Beschlagnahme von Brotgetreide und Mehl aufgrund eines Bundesratsbeschlusses (Januar 1915) unter Übertragung örtlicher Versorgungsaufgaben auf neu errichtete Kommunalverbände, im Falle Augsburgs also der kreisunmittelbaren Stadt. Preistreibereien führten seit Anfang 1915 zu Höchstpreisfestsetzungen und Markenbewirtschaftung für Kartoffeln und Brot. Seit März 1916 wurden im Stadtgebiet Buttermarken, im Mai 1916 erstmals Fleischmarken ausgegeben. Die bei bewirtschafteten Lebensmitteln durch Warenzurückhaltung, Schleichhandel und Transportprobleme eintretenden Lieferungsstockungen bewirkten jene Erscheinungen, die deutlicher als militärische Lageberichte den Ernst der Situation aufzeigten. Im Mai 1916 blieben erstmals zahlreiche Metzgerläden wegen Warenmangels geschlossen. Im September 1916 stieß der Magistrat Kartoffelvorräte nicht nur über den städtischen Wochenmarkt, sondern auch über Läden im gesamten Stadtgebiet ab, um Ansammlungen und stundenlanges Schlangestehen von Hausfrauen zu vermeiden. Im Herbst 1916 mehrten sich Berichte über Unruhe in der Fabrikarbeiterschaft angesichts der durch den

Kartoffelmangel ausgelösten unzureichenden Versorgung, wobei offenbar Arbeitsniederlegungen angedroht wurden[18]. Tatsächlich konnte ein erheblicher Teil der Bevölkerung, zumal Frauen und Kinder, in der Stadt, wo um diese Zeit rund 30 000 Personen Schwer- und Schwerstarbeiterzulagen an Lebensmitteln bezogen, als unterernährt gelten. Allerdings blieben Ansätze zu Hungerunruhen, wie sie in Füssen im Mai 1916 und August 1917 sowie in Sonthofen im August 1916 festzustellen waren, aus. Anfang März 1917 wurde in Augsburg das Backen von Semmeln verboten, zwei Monate später erfolgte die Herabsetzung der täglichen Brotration – übrigens eines stark ausgemahlenen Kriegsbrotes – von 200 auf 170 Gramm, eine Maßnahme, die beim Fehlen der zur Streckung vorgesehenen Kartoffeln freilich nur zeitweilig angewendet wurde. Noch im August 1918 wurde, nachdem der vorherige Winter mit verminderten Fett- und Zuckerrationen sowie mit Kohlenmangel neue Elendserfahrungen gebracht hatte, die allen Personen über 14 Jahren zustehende Tagesmenge von einem Viertelliter Milch auf die Hälfte reduziert.

Bemerkenswert ist allerdings, daß es in Augsburg an nennenswerten Kräften, die bewußt auf eine politische Umwälzung hinarbeiteten, fehlte. Erst die Verschlechterung der militärischen Lage an der Westfront im Sommer 1918 schuf bei allgemeiner Kriegsmüdigkeit das Klima für verschärfte innenpolitische Auseinandersetzungen. Im Zeichen des nationalen Burgfriedens hatten die politischen Parteien in Augsburg zu den Kommunalwahlen im Dezember 1914 eine in ihrer Besetzung an den bisherigen Kräfteverhältnissen orientierte gemeinsame Liste – zehn Liberale, neun Zentrumsanhänger, fünf Sozialdemokraten – für den Stadtrat aufgestellt, die bei allerdings niedriger Wahlbeteiligung geschlossen angenommen worden war[19]. Hingegen hatten etwa in Memmingen und Füssen regelrechte Wahlkämpfe stattgefunden. Die Initiativen der Gewerkschaften zu Lohnerhöhungen und zur Stärkung der Arbeiterausschüsse waren ohne nennenswerte Störungen des Arbeitsprozesses verlaufen. Die wenigen nachweisbaren Ausstände während des Krieges – Streiks von etwa 600 Arbeitern in der Zahnräderfabrik Renk im Dezember 1917 und von 25 Arbeitern des Zieh- und Stanz-

werks Deuter im Januar 1918 – fanden im Rahmen einer Bewegung zur Herabsetzung der Arbeitszeit auf 54 Stunden pro Woche nach Einführung von Sonntagsarbeit statt und wurden rasch friedlich beendet[20]. Allerdings konnte die örtliche Gewerkschaftsführung gegenüber den aus Nord- und Mitteldeutschland stammenden Rüstungsarbeitern, die vielfach aus der kämpfenden Truppe zur Arbeit nach Augsburg geschickt worden waren, ihre Autorität im Sinne des Burgfriedens weit schwerer geltend machen als gegenüber der einheimischen Arbeiterschaft.

Die Spaltungen in der SPD-Reichstagsfraktion und die Gründung der USPD im Frühjahr 1917 hatten keine konkrete Auswirkung auf die Organisation der Augsburger Sozialdemokratie, deren Leitung der Stimmung unter den Mitgliedern durch Kundgebungen des Friedenswillens und seit Frühjahr 1918 durch eine Aktivierungskampagne entgegenzukommen suchte. Die USPD wurde in Augsburg eigentlich erst nach der Niederwerfung der Rätebewegung zu einer gegliederten Partei mit Massenanhang. Noch Mitte August 1918 verurteilte eine Vollversammlung der Vertrauensleute und Funktionäre der SPD einstimmig oppositionelle Bestrebungen von USPD-Anhängern, die unter Nürnberger Einfluß auf Sektionsversammlungen der vergangenen Wochen deutlich geworden waren[21].

Aktivitäten von Anhängern des annexionistischen Alldeutschen Verbandes und der nationalistischen Vaterlandspartei, die innerhalb des politischen Augsburger Spektrums überwiegend aus nationalliberalen Kreisen stammten, stießen nicht nur bei Zentrum und SPD, sondern wegen ihrer Attacken gegen die Reichsregierung auch beim schwäbischen Regierungspräsidenten auf Ablehnung[22]. Ihre vom Garnisonskommando zumindest geduldeten Werbeaktionen unter den Ersatztruppenteilen trugen wohl dazu bei, die, wie einzelne Vorfälle zeigten[23], zunehmend gereizte Stimmung in Teilen der städtischen Bevölkerung gegen das Offizierskorps zu verstärken. Als die desolate militärische Lage durch die Friedensnoten der Reichsregierung im Oktober 1918 endgültig enthüllt wurde, lösten Gerüchte über Vorbereitungen zur Weiterführung des Kampfes in Form einer Volkserhebung erste ernsthafte Unruhen in Schwaben aus:

so am 27./28. Oktober und am 2. November bei der Verladung von Ersatztruppen in Lindau und Donauwörth, dann am Morgen des 8. November, bereits unter dem Eindruck der revolutionären Vorgänge in München, fast gleichzeitig in der MAN (ausgelöst durch ein aufreizendes Flugblatt des Organs der »gelben« Werkvereine) und im Ersatztruppenteil des 3. Infanterie-Regiments, wo trotz Eingreifen des Garnisonsältesten ein Soldatenrat gewählt wurde. Daß unter den mittleren und einfachen Rängen des Standortmilitärs die Tendenz zu einer (wenngleich maßvoll-friedlichen) Umwälzung der politischen Verhältnisse dominierte, sollten die Ergebnisse der Landtagswahlen vom Januar 1919 in den Kasernenbezirken zeigen[24].

Seit Ende November kehrten die Feldtruppenteile, unter denen sich zumindest bei der Infanterie nurmehr wenige von jenen befanden, die 1914 ausgerückt waren, zur Entlassung zurück. Statistischen Aufstellungen gemäß[25] forderten Krieg und Kriegsfolgen bis 1919 das Leben von 3577 Augsburgern, von denen rund 3300 im Felde fielen oder in Kriegslazaretten ihren Wunden und Krankheiten erlagen, während die anderen in der Heimat oder in Gefangenschaft starben. Nicht weniger als 321 waren jünger als 20 Jahre gewesen – darunter zwei 16jährige –, 30 waren 45 Jahre und älter, fast ein Drittel der Toten war verheiratet gewesen. Die Augsburger Truppenteile hatten auf den verschiedensten Kriegsschauplätzen gekämpft, darunter an einigen Brennpunkten, so 1914 in Lothringen, an der Somme und vor Arras, 1915 auf den Vimy-Höhen und in Galizien, wo die »Dreier« beim Durchbruch bei Gorlice und Tarnow am 2. Mai 1915 unter schwersten Verlusten die Zameczysko-Höhe bei Sekowa genommen hatten, 1916 am Thiaumont-Rücken vor Verdun und am Toten Mann bei Malancourt, an der Somme, in Wolhynien, Siebenbürgen und Rumänien, 1917 am Chemin des Dames, 1918 vor Amiens und am Kemmel sowie seit Juli bei den Abwehrkämpfen an der Westfront.

Diese Jahre hatten so tiefe Spuren im Bewußtsein der miterlebenden Generation hinterlassen, daß bei aller im politischen Spektrum der zwanziger Jahre feststellbaren Lust an paramilitärischem Gepränge und Beschwörung soldatischer Tugenden als Heilmittel für innere Mißstände das theoretische Zündeln mit dem Krieg als politisches Durchsetzungsmittel weithin Verbitterung und Protest auslöste. Große Teile der Augsburger Bevölkerung empfanden in der ersten Nachkriegszeit alle Formen des Kriegsgedenkens, die nicht als Hauptakzent die Trauer trugen, als anstößig.

Die revolutionären Unruhen von 1918/19

Kennzeichnend für die Tage des Umsturzes der alten Ordnung waren die Bemühungen von seiten der Vertreter der staatlichen und kommunalen Behörden wie des Arbeiter- und Soldatenrats, die Lage unter Kontrolle zu behalten. Bereits am Nachmittag des 8. November 1918 ersuchte der Oberbürgermeister den Soldatenrat um Aufrechterhaltung von Ruhe und Ordnung, wobei er Polizei und Bürgerwehr offenbar anwies, gegen die revolutionäre Entwicklung nicht vorzugehen. Am 9. November wurde am Rathaus die rote Fahne aufgezogen. Einige vom Vollzugsausschuß des am Abend des gleichen Tages konstituierten Arbeiter- und Soldatenrats zur Sicherung seiner Position angeordnete Maßnahmen (Verhängung einer Vorzensur über die Presse, Besetzung von Telegraphenamt und Telephonzentrale, Hausarrest für den Garnisonsältesten, Kontrolle der Sitzungen der Gemeindekollegien) wurden rasch wieder aufgehoben, da sich für den Erhalt der Monarchie keine Hand rührte. Zentrum, christliche Gewerkschaften und Vertreter der Mitte November gegründeten Deutschen Demokratischen Partei (DDP) beteuerten ihren Willen zur Mitarbeit und ersuchten um Sitze im Arbeiter- und Soldatenrat, ernteten damit jedoch abschätzige Ironie. Der zunächst 27 Mitglieder umfassende Arbeiterrat war aus Funktionären von SPD, freien Gewerkschaften und Konsumverein sowie Vertretern der Arbeiterausschüsse wichtiger Betriebe wie Maschinenfabrik Augsburg und Spinnerei und Weberei Augsburg gebildet worden. Erst nachträglich wurden drei USPD-Mitglieder in ihn aufgenommen. Stammte der Vorsitzende des Divisions-Soldatenrates, der Unteroffizier Valentin Baur, aus der Augsburger Metallarbeiterbewegung, so hatte sich der Arbeiterratsvorsitzende Ernst Niekisch, vormals Lehrer an der Wittelsbacher-Schule, erst seit

Abb. 106 (oben) Volksfest im Schießgraben aus Anlaß eines Stadtbesuchs von König Max I. und Königin Karoline von Bayern am 1. August 1824. Vorbeimarsch der Landwehr. Aquatintaradierung von Johann Lorenz Rugendas

Abb. 107 (unten links) Dr. jur. Ludwig Fischer, 1866–1899 Erster Bürgermeister von Augsburg, 1865 Mitglied der bayerischen Abgeordnetenkammer, 1871 des Deutschen Reichstags. Gemälde von Anton Escher, 1900

Abb. 108 (unten rechts) Dr. jur. Heinrich Anton Nikolaus Carron du Val, 1834–1846 Erster Bürgermeister von Augsburg, in schwarzer Amtstracht. Lithographie von Michael Fröschle, 1840

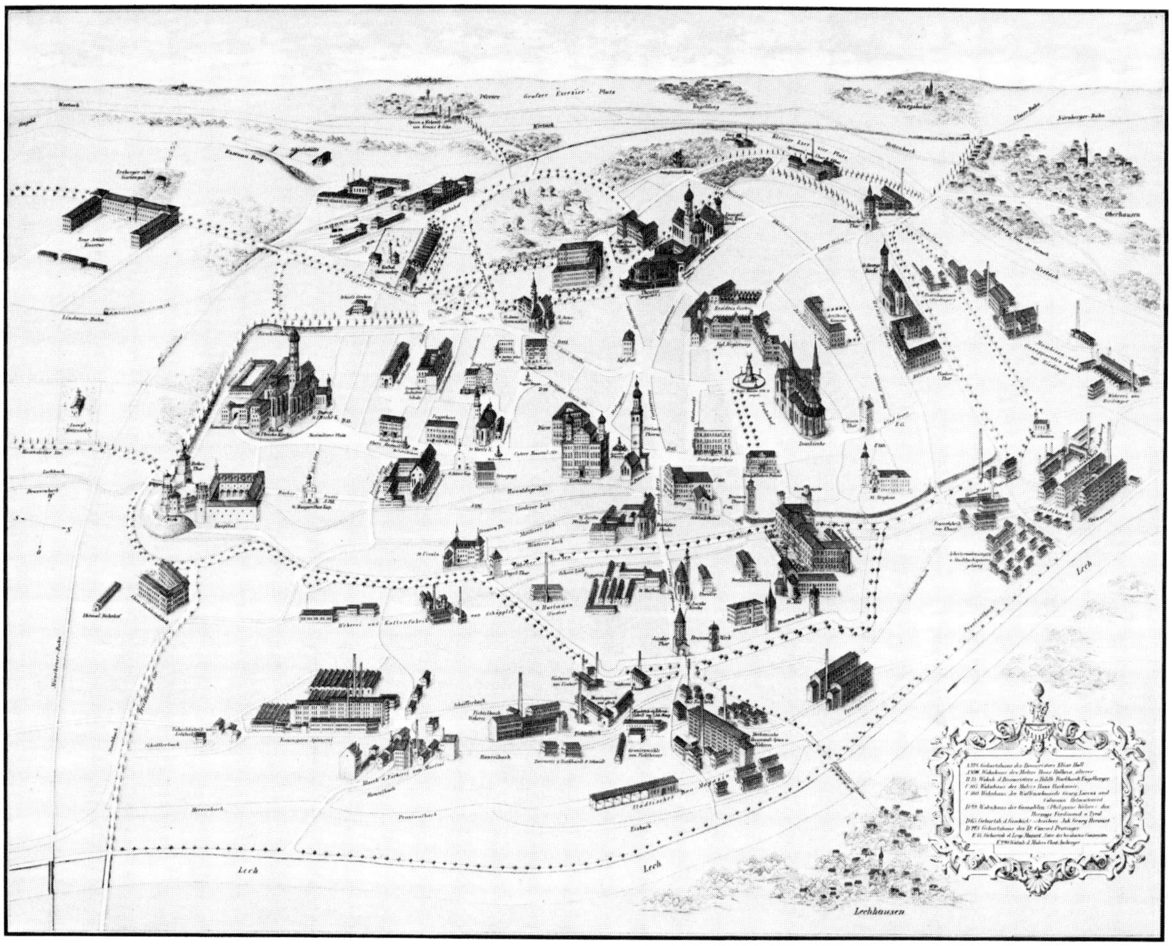

Abb. 109 Blick über Augsburg von Nordwesten. Noch sind Wall und Graben, Klinkertor (bis 1862, vorn rechts), Gögginger Tor, Schwibbogentor (bis 1867) und Frauentor (bis 1885, ganz links) zu erkennen. Anonymer Stahlstich, um 1840

Abb. 110 Gebäudestadtplan mit Darstellung architektonischer Sehenswürdigkeiten und Fabrikanlagen, entworfen von Ludwig Leybold, Lithographie, 1873

den Kriegsjahren politisch betätigt. Als Redakteur bei der »Schwäbischen Volkszeitung« war er im Sommer 1918 in der Parteiorganisation der SPD als Leiter von Bildungskursen hervorgetreten. Er wurde Vorsitzender des Zentralrates in München, nach der Niederwerfung der Rätebewegung zu Festungshaft verurteilt und war nach dem vergeblichen Versuch, in den Jahren 1921/22 die zerfallende Augsburger USPD neu zu kräftigen, seit der Mitte der zwanziger Jahre eine Schlüsselfigur nationalrevolutionärer Bestrebungen in Berlin. In die Reichshauptstadt sollte auch der Weg Bert Brechts führen, der in der Novemberrevolution Soldatenrat in einem Augsburger Lazarett wurde und in den politisch stürmischen Frühjahrswochen 1919 eine Nebenrolle in der Augsburger Rätebewegung spielte, ehe er 1920 nach München übersiedelte[26].

Die örtliche SPD- und Gewerkschaftsführung wurde allerdings durch die Häufung wirtschaftlicher Schwierigkeiten, die im Zusammenhang mit der Demobilmachung auftraten – bis Ende Februar 1919 stieg die Zahl der Vollerwerbslosen in der Stadt auf über 7400 –, und die bedrohliche Versorgungslage überrollt. Im Zuge der Kampagne zu den Landtags- und Nationalversammlungswahlen im Januar 1919 ereigneten sich mit der Sprengung von Kundgebungen der Bayerischen Volkspartei (BVP) und der Deutschen Demokratischen Partei (DDP) sowie mit dem Eindringen in die Druckereien nichtsozialistischer Zeitungen zur Vernichtung von Propagandamaterial Gewaltakte, wie sie bislang in der politischen Auseinandersetzung in Augsburg unbekannt gewesen waren. Teile der Garnison, Matrosen und eine entschieden gegen die Gewerkschaftsführung agierende Erwerbslosenbewegung, in der für heimgekehrte Kriegsteilnehmer entlassene Angestellte den Kern bildeten, waren Träger einer Radikalisierung, die eine eigene Dynamik entwickelte.

Eigenständig, jedoch von diesen Vorgängen in der atmosphärischen Hochspannung der Wochen nach der Landtagswahl nicht zu trennen, verliefen die gewerkschaftlichen Aktionen zur endgültigen Durchsetzung des Tarifvertragssystems in der Metall- und Textilindustrie. Als letzter Anstoß für das Nachgeben des süddeutschen Textilarbeitgeberverbandes kann die Demonstration von rund 5000 Arbeitern am 11.

März 1919 vor der Augsburger Handelskammer gewertet werden. Einen Höhepunkt erreichten in den folgenden Wochen die im Januar 1919 einsetzenden Versuche freigewerkschaftlicher Betriebsräte und Vertrauensleute, den anders orientierten Arbeiterverbänden, vor allem im Textilbereich der christlichen Organisation, notfalls gewaltsam über das Abschalten von Maschinen und Entlassungen die betriebliche Basis zu entziehen. Das Eingreifen des USPD-geführten Münchener Sozialministeriums beendete zwar diese massive Ausübung des Koalitionszwangs; doch waren bis ins Jahr 1921 immer wieder Aktionen von Funktionären der freien Gewerkschaften zur Aufsaugung »gegnerischer« Verbände in den Betrieben zu verzeichnen. Gegenüber den Organisationen des Allgemeinen Deutschen Gewerkschaftsbundes (ADGB), deren Mitgliederzahl in Augsburg von etwa 9600 bei Kriegsausbruch auf rund 36 000 in den Jahren 1920/21 gewachsen war, spielten die nichtsozialistischen Gewerkschaften außer in der Angestelltenschaft und im öffentlichen Dienst vorläufig tatsächlich nur Außenseiterrollen.

Die folgenden Jahre zählten zu den stürmischsten in der Geschichte der Gewerkschaften. Die Mitgliederzahl der freien Verbände schmolz bis 1924 auf wenig mehr als die Hälfte des Standes der ersten Nachkriegszeit zusammen. Neben dem Substanzverlust der gewerkschaftlichen Unterstützungsmittel in der Inflation lagen die Hauptgründe dieses Verfalls in dem in Arbeitskämpfen eingetretenen Autoritätsschaden der Führung der für Augsburg wichtigsten Arbeiterverbände, des Deutschen Metallarbeiterverbandes (DMV) und des Textilarbeiterverbandes. Seit dem enttäuschenden Verlauf der Streikbewegung gegen die Einführung der 48-Stunden-Woche im Frühjahr 1922 fand die gärende Basisopposition immer stärker ihr politisches Ausdrucksmittel bei der KPD, was sie freilich bei punktuellen Aktionserfolgen in den Betrieben oder bei Notstandsarbeitern der Mehrheitsfähigkeit beraubte. Kommunistische Verbände waren brüchig; sie vermochten trotz ihres Wiederauflebens seit 1930 keine Tradition eigenständiger Gewerkschaftsarbeit neben den älteren Massenorganisationen zu begründen. Das politische Druck- und Demonstrationsmittel des Generalstreiks, 1919 anläßlich der Beisetzung Kurt Eisners nach dessen Ermordung am 21. Februar sowie am 4. und 7. April desselben Jahres unmittelbar vor und nach Ausrufung der Räterepublik eingesetzt, wurde seit einer von den Betrieben aus gegen die Gewerkschaftsführung getragenen Streikwelle beim Einmarsch der »weißen« Truppen im April 1919 immer sparsamer, dann nicht mehr angewandt. Bei späteren Anlässen (zum Beispiel nach der Erschießung von Teilnehmern einer Hungerdemonstration vor dem Rathaus im September 1920 und nach Ermordung des Münchener USPD-Landtagsabgeordneten Gareis im Juni 1921) ließ sich der Massenstreik selbst in der Industriearbeiterschaft nur noch zum Teil durchsetzen. Während anläßlich des Kapp-Putsches im März 1920 in Memmingen und Füssen kurzfristig allgemeine Streikaktionen durchgeführt wurden, verhinderte in Augsburg »das besonnene Vorgehen des guten Stammes der Arbeiterschaft« einen Arbeitsausfall, obwohl die USPD eine große Saalkundgebung durchführte, deretwegen Stadtwehr, Schutzmannschaft und Reichswehr alarmiert wurden[27]. Ein Blick in die folgenden Jahre zeigt, daß nach der Konsolidierung von 1924/25 die Gewerkschaftsmacht in der Wirtschaftskrise seit 1929 bei bröckelnden Mitgliederzahlen und schwindenden Geldmitteln erneut zurückging. Das Arbeitslosenheer schränkte die Bewegungsfreiheit der Arbeitnehmerverbände als Verhandlungspartner der Unternehmer ein. Während in den personell ausgezehrten Metallbetrieben Furcht und Resignation um sich griffen (im Kernbetrieb des Deutschen Metallarbeiterverbandes, der MAN, sank die Beteiligung an den Feierstreiks am 1. Mai von über 42 Prozent im Jahre 1928 auf 1,2 Prozent 1931), wurden die trotz zeitweiliger Massenentlassungen die Krise gut meisternden Textilbetriebe mit ihren vom Lohnabbau betroffenen Belegschaften ebenso wie das Baugewerbe zum Zentrum kommunistisch beeinflußter Protestströmungen.

Ursachen für das zeitweilige Erstarken einer linkssozialistischen Opposition gegen die in der Regierungsverantwortung auf Reichs- und Landesebene gebundene Sozialdemokratie lagen in den Vorgängen während der Niederwerfung der Rätebewegung im Frühjahr 1919. Seit den Ausschreitungen nach der Ermordung des Ministerpräsidenten Eisner (Verwüstungen in Justizgebäude, Bischöflichem Palais und Redaktionen bürgerlicher Zeitungen, Plünderungen in Geschäften der Innenstadt und in Militärdepots) am 21./22. Februar 1919 herrschte in Augsburg offizieller Belagerungszustand. Militär, Polizei und Gewerkschaftler hatten die Ausschreitungen, bei denen zwei Marodeure und ein Soldat getötet worden waren, eingedämmt. Der wachsende Gegensatz zur parlamentarischen Landesregierung unter Ministerpräsident Johannes Hoffmann (SPD) ließ im Zeichen interner Differenzen und aufkommender Gegenbewegungen (Sammeln von Freikorps) die Spitzen der Rätebewegung die Zuflucht zum Aktionismus nehmen: Der Resolution der Arbeiterversammlung im Ludwigsbau am 3. April 1919, die die unverzügliche Ausrufung der Räterepublik forderte, schlossen sich die örtlichen SPD- und Gewerkschaftsführer nur widerwillig an. Sie wurden von den revolutionären Kräften im »Arbeiter-, Bauern- und Soldatenrat« unter Druck gesetzt und stellten ohne Vorwissen des Münchener Zentralrates unter Vermittlung des Landtagsabgeordneten Ulrich eine Verbindung zu der nach Bamberg geflüchteten Regierung Hoffmann her. Nach der Rückkehr einer vom Stadtkommandanten unter Beteiligung eines USPD-Vertreters und zweier (BVP- bzw. DDP-)Magistratsräte geleiteten Delegation aus Bamberg wurde am 12. April 1919 mit Mehrheit im Rat eine Rücknahme der bei der Ausrufung der Räterepublik getroffenen Maßnahmen durchgesetzt. Der drohende Zusammenbruch der Lebensmittel- und Kohlezufuhr führte auf einer am 13. April von den Gewerkschaften einberufenen Massenversammlung zur Billigung der Abmachungen, die von einer angeblichen Zusage des Ministerpräsidenten, Augsburgs »Neutralität« im Falle eines Vorgehens gegen München zu respektieren, begleitet waren. Die Räterepublik währte somit in Augsburg sieben Tage.

In diesen Tagen gewannen auch in anderen schwäbischen Städten, wie Memmingen und Günzburg, die Gegner der Rätebewegung die Oberhand. Die Landbevölkerung, auch des Augsburger Umlandes, stellte sich fast durchweg gegen eine Erscheinung, in der sie einen Anschlag städtischen Pöbels auf eine unverrückbare Moral- und Besitzordnung vermutete. In Lindau dagegen wurde der Arbeiterrat unter dem Eindruck der Waffen der vor der Stadt erschienenen württembergischen Truppen am 18. April 1919 zum Nachgeben gezwungen.

Der konzentrische Angriff württembergischer und bayerischer Detachements auf Augsburg zur Sicherung der Verkehrslinien bei der Operation gegen München setzte am Morgen des 20. April 1919 ein. Die Lage in der Stadt war verworren, die Atmosphäre von Gerüchten, Angst und eisiger Frontstellung zwischen Parteien und Sozialgruppen aufgeladen. Die stellenweise heftigen Kämpfe mit Verbänden des Arbeiter- und Soldatenrats wie mit hastig bewaffneten Arbeitern (Nähfadenfabrik Schürer, Pulvermagazin, Infanteriekaserne, Friedberger Straße, Wertachbrücke) forderten, von Akten individueller Grausamkeit ebenso begleitet wie von lokalen Skurrilitäten, 44 Todesopfer. Die Arbeiterviertel links der Wertach und Oberhausen waren bis zum 22. April Zentrum der Gegenwehr.

Nachdem auch seine Wohnung im Verlauf der Unruhen vom 21. Februar Ziel des Mobs geworden war, hatte Bürgermeister Georg Ritter von Wolfram Anfang März einen Krankheitsurlaub angetreten. Am 7. April hatte dann die Vollversammlung des Arbeiter- und Soldatenrats die Suspendierung der Bürgermeister und der Gemeindekollegien beschlossen und am nächsten Tag die Übertragung der Zeichnungsberechtigung auf den Stadtkommandanten Edelmann und die Einsetzung eines vorläufigen Vollzugsausschusses vorgenommen. Zwei städtische Bedienstete waren als Kontrollräte für die Kommunalverwaltung eingesetzt worden. Der 2. Bürgermeister Gentner und die meisten Magistratsräte waren nur unter Protest dieser Maßnahme gewichen. Nachdem Ministerpräsident Hoffmann gegenüber der Augsburger Delegation die Restituierung der Kollegien gefordert hatte, konnte sich der Magistrat nach fünftägiger Zwangspause am 15. April wieder versammeln. Bereits am 12. April hatte sich eine Zusammenkunft der Gemeindebeamten unter einstimmiger Ablehnung der Räterepublik loyal zur Regierung Hoffmann und solidarisch mit der von Auflösung und Entwaffnung bedrohten städtischen Schutzmannschaft erklärt, der im Zusammenhang mit den Unruhen nach dem Eisner-Mord Versagen vorgeworfen worden war. Eine politische Nachwirkung der Rätezeit war übrigens im Frühjahr 1920 die Verbeamtung

des Fahrpersonals der Straßenbahn, das sich am Generalstreik vom 4. April 1919 beteiligt hatte.

Augsburger Kommunalpolitik in den Jahren der Weimarer Republik

Das Selbstverwaltungsgesetz vom Mai 1919, ein Schritt zur Reform der Gemeindeordnung von 1869, zu der 1918 ein Gesetzentwurf noch dem alten Landtag vorgelegen hatte, brachte den Fall des Zweikammersystems unter Einführung eines einheitlichen kommunalen Vertretungskörpers nach pfälzischem Vorbild. Die Bürgermeisterwahl vom 15. Juni 1919 ergab eine Entscheidung für den von der BVP nominierten, seit 1892 in städtischen Diensten stehenden Rechtsrat Kaspar Deutschenbaur, einen ausgezeichneten Verwaltungsfachmann, der sich trotz einer Reihe auch weltanschauliche Züge annehmender Konflikte die Achtung der anderen Rathausfraktionen erwerben konnte. Zwischen Deutschenbaur und dem von der SPD gestellten 2. Bürgermeister, dem aus der Pfalz stammenden Rechtsanwalt Friedrich Akkermann, entwickelte sich eine gute Zusammenarbeit. Die vom neuen Stadtrat kurz vor Weihnachten 1924 vorgenommene Wahl der Bürgermeister zeugte von der gegenseitigen Anerkennung des Proporzes zwischen BVP, SPD und (mit der erneuten Berufung des Rechtsrats Dr. Ludwig Maurer zum nunmehr 3. Bürgermeister) bürgerlich-liberalen Gruppen protestantischer Prägung in der Kommunalpolitik, in der nur die Kommunisten dauerhaft opponierten.

Kontrovers verlief erst die Wahl eines Nachfolgers für den in den Ruhestand tretenden Deutschenbaur im September 1929. Die BVP präsentierte nach internen Konflikten einen auswärtigen Kandidaten, den Oberregierungsrat im bayerischen Innenministerium Dr. Otto Bohl, dem die SPD ihre Zustimmung verweigerte. Hierauf versagten BVP, DNVP und Wirtschaftspartei dem 2. Bürgermeister Ackermann ihre Stimmen. Trotz dieser parteipolitischen Differenzen fanden Bohl und Ackermann nach ihrer Wahl zu einer Kooperation. Nachdem bei der Vorbereitung der Kommunalwahlen vom Dezember 1929 die Erneuerung einer Listenverbindung von bürgerlichen Parteien, wie sie 1924 BVP, DNVP und Liberale Vereinigung praktiziert hatten, gescheitert war, konnte sich der deutschnationale Fabrikant August Pfaff, ehemaliger Kommandant der Stadtwehr, im Januar 1930 nur knapp gegen den von der »Demokratisch-wirtschaftlichen Vereinigung« (DDP, liberale Gewerkschaftsliste, Mieterliste) vorgeschlagenen und von der SPD unterstützten Rechtsrat Friedrich Seufert durchsetzen. Bürgermeister Bohl erwies sich freilich nicht, wie vor seiner Wahl geargwöhnt, als Willensvollstrecker staatlicher Aufsichtsbehörden, sondern als Sachwalter kommunaler Eigeninteressen, soweit dies angesichts des finanziellen Notstandes der Stadt möglich war.

Die Rathauspolitik seit 1919 war durch eine Polarisierung zwischen den Fraktionen der bürgerlichen und der sozialistischen Parteien gekennzeichnet. Die Stadtverwaltung wurde jedoch in ihrer Handlungsfähigkeit durch Kompromisse der großen Gruppen in den von parteipolitischen Aspekten weitgehend freien Fragen, vor allem der gemeindlichen Finanzwirtschaft, von innen nicht wesentlich bedroht.

Sitzverteilung im Stadtrat (Wahlergebnisse in %)[28]

	BVP	SPD	DDP	USPD	DNVP	KPD
1919	21 (41,1)	14 (27,5)	8 (16,6)	7 (14,8)	–	–
1924	14 (25,8)	17 (31,9)			4 (8,1)	3 (6,3)
1929	17 (32,8)	14 (27,4)	2 (4,6)	–	3 (6,4)	4 (8,0)

	Liberale Vereinigung	Wirtschaftl. Vereinigung der Arbeiter, Angestellten u. Beamten	Wirtschaftsgem. v. Handwerk, Gewerbe u. Kleinhandel
1919	–	–	–
1924	2 (5,1)	1 (3,2)	4 (8,4)
1929	–	2 (3,4)	3 (5,8)

	Mieterliste	Völkischer Block	NSDAP
1919	–	–	–
1924	4 (7,6)	1 (2,3)	–
1929	2 (5,2)	–	3 (6,4)

Der Zerfall der Wählerbasis der alten liberalen Rathauspartei und das Auftreten wirtschaftlicher und sozialer Interessengemeinschaften – Spiegelbild konkreter örtlicher Probleme wie auch der Abneigung gegen zu starke parteipolitische Akzente im kommunalen Bereich, zumal durch Zurückdrängung des Prinzips der Persönlichkeitswahl über das neue Wahlsystem – führten 1924 ein zunächst schwerer berechenbares Element ein. Um eine angemessene Verteilung der Ausschußsitze zu erreichen, bildeten DNVP, Liberale Vereinigung (ein Zusammenschluß aus Mitgliedern von DDP und DVP) und Wirtschaftsgruppen eine »Arbeitsgemeinschaft der Mitte«. Diese löste sich um die Jahreswende 1926/27 zugunsten einer Blockbildung BVP–DNVP–Liberale Vereinigung und SPD–Mieterliste–Wirtschaftsgruppen auf. Isoliert blieb die KPD, die nach der Spaltung der USPD-Fraktion im Herbst 1920 bereits mit drei Stadträten im vorherigen Gremium vertreten gewesen war. Der Stadtrat des Völkischen Blocks hospitierte bei den Deutschnationalen. Mit dem Anschluß von drei Mandataren der Wirtschaftsgemeinschaft an die Reichspartei des deutschen Mittelstandes im April 1928 veränderte sich das numerische Verhältnis eher zugunsten des rechten Blocks, was die strittigen Bürgermeisterwahlen von 1929 ankündigte. Die Gemeindewahlen von 1929 brachten eine wenn auch maßvolle Stärkung der Flügelparteien. Die KPD büßte mit dem Ausschluß einer seitdem fraktionslosen Stadträtin bereits im April 1930 ihren Sitz für den Unterbezirksleiter Beimler im Verwaltungssenat ein. Die Vertreter der NSDAP, Gallus Schneider, Josef Mayr und Hans Rehm, die während des Dritten Reiches wichtige öffentliche Funktionen bekleiden sollten, suchten zunächst eine Vertretung in allen Ausschüssen zu erreichen, die ihnen angesichts ihrer Fraktionsstärke verwehrt blieb. Nach den Wahlerfolgen ihrer Partei auf Reichs- und Länderebene erhoben sie wiederholt die Forderung nach Selbstauflösung des Stadtrats und Ausschreibung von Neuwahlen, da das Gremium »in seiner jetzigen Zusammensetzung in keiner Weise dem Willen der Bevölkerung« entspreche. »Die [. . .] Bevölkerung wird sich in Bälde andere Verhältnisse schaffen.«[29] Zwar wirkte die Fraktion, wohl unter dem Einfluß Mayrs als Obersekretär in der Stadtkämmerei, an einigen sachgerechten Entscheidungen, wie der Einführung der unpopulären Bürgersteuer, mit, doch überwog schließlich bei ihr eine Politik mit propagandistischen Vorzeichen im Vertrauen auf eine baldige fundamentale Umwälzung.

Die allgemeine finanzielle Misere der Kommunen seit 1930 ließ tatsächlich allenthalben die Hoffnung auf eine Gesundung des städtischen Haushalts aus eigener Kraft schwinden. Das gemeindliche Vermögen hatte Kriegszeit und Geldentwertung letztlich ohne tiefere Einbrüche überstanden, war im Immobilienbereich zwischen 1914 und 1924 sogar beachtlich vermehrt worden. Beim monetären Vermögen, bei Aktienbesitz und Hypothekenkapitalien waren dagegen starke Verluste eingetreten, wobei freilich auch die städtischen Schulden von der Inflation aufgezehrt worden waren. Unter den kommunalen Betrieben hatten die Stadtsparkasse und die Straßenbahn – die Zahl der monatlich beförderten Personen war von rund 2190000 im Januar 1920 auf etwa 380000 im September 1923 gesunken – schwere Krisen überstanden. Das Kapitalvermögen der Stiftungen – 1923 hatte die Stadt 183 paritätische, katholische und protestantische Stiftungen verwaltet – war zusammengeschmolzen, wobei die protestantischen Legate am härtesten betroffen worden waren. Unter den privaten Kapitalrentenempfängern hatten die Krisenjahre durch überdurchschnittliche Einbußen der großen Vermögen zu einer weiteren Stärkung des Anteils der in Augsburg bereits vor dem Kriege überwiegenden Kleinvermögensbesitzer geführt.

Mit der Eingemeindung von Kriegshaber im April 1916 war die Ausweitung des städtischen Territoriums durch Aufnahme von Stadtrandkommunen vorläufig abgeschlossen. Die seit 1904 mit Unterbrechungen geführten Verhandlungen mit Göggingen wurden im Sommer 1919 wiederaufgenommen. Inzwischen war die Stadtgemeinde Verwalterin der Hessingschen Stiftung geworden, die für die überregionale Bedeutung Göggingens entscheidend war. Der Gögginger Gemeinderat wollte jedoch von der strikten Terminierung einer Reihe von Maßnahmen, die die Stadt nach dem Anschluß durchführen sollte, nur unwesentlich abrücken. Es handelte sich vor allem um Kanalisierung und Pflasterung respektive Beschotterung der wichtigeren Straßen ohne Kostenbeteiligung der Anlieger beim Straßenausbau, um die Verlängerung der Straßenbahnlinie bis in die Wellenburger Straße und einige weitere Forderungen. Im Frühjahr 1925 gab der Stadtrat sein Desinteresse an einer Eingemeindung zu den gegebenen Konditionen bekannt. Trotz weiterer Verhandlungen in den folgenden Jahren hat sich die Frage einer Eingemeindung Göggingens wie auch anderer Nachbarorte erst seit 1935 neu gestellt.

Schwerpunkte der Kommunalpolitik seit 1919 waren in Fortsetzung der bis 1914 angelaufenen Bemühungen: Sicherung und Ausbau der Gas-, Elektrizitäts- und Wasserversorgung, Erweiterung der Schwemmkanalisation und Verbesserung der Straßenverhältnisse unter Einbeziehung der eingemeindeten Vororte, dann die Linderung der Wohnungsnot durch Förderung von Baumaßnahmen der Genossenschaften über Vergabe von Baudarlehen und Grundstücken im Erbbaurecht, daneben auch durch Wohnungsbau in eigener Regie. 1919 setzten umfangreiche Kanal- und Straßenbaumaßnahmen auf der Basis von Notstandsarbeiten für Erwerbslose ein. Hierbei wurde der Wertachkanal bis zum Senkelbach verlängert, der Senkelbach selbst reguliert. Außer einer Erweiterung der Straßenbrücke nach Hochzoll erfolgte ein Neubau der Luitpold-Brücke zur Verbesserung der Verbindung nach Pfersee. Ein wichtiger Schritt zur öffentlichen Kontrolle der Energieversorgung war im Sommer 1928 nach langen Verhandlungen die Übernahme des Elektrizitätsleitungsnetzes durch die Stadt.

Der Schulhausbau im Grundschulbereich, vor 1914 im Zentrum des kommunalen Hochbaus und während des Krieges konsequent weitergeführt (Fertigstellung der Kapellenschule 1915, der Schule in Hochzoll 1916, der Adalbertschule 1917), trat angesichts der gesunkenen Geburtenzahlen zurück. Neu errichtet wurden Schulen in Kriegshaber und in der Firnhaberau. Verbesserungen ergaben sich unter Weiterführung von bereits vor dem Kriege entwickelten pädagogischen Programmen in der sozialen Betreuung der Kinder und bei generell stärkerer Förderung des Sports (Bildung des städtischen Beirates für Leibesübungen 1921) im Turnunterricht. Ein stärkerer Akzent lag auf dem Ausbau weiterführender Schulen. 1918 wurde an der Höheren Mädchenschule ein Realgymnasium eingerichtet. Die Kunstschule wurde 1921 an die gewerblichen Fachschulen angegliedert. 1924 erfolgte die Umwandlung der Maschinenbauschule in eine Höhere Technische Lehranstalt für die Ingenieurausbildung. Eine Reihe bisher privater Schuleinrichtungen ging an die Stadt über, so 1921 die Frauenarbeitsschule, 1922 die Höhere Handelsschule und 1924 die Musikschule, die 1926 zum städtischen Konservatorium erhoben wurde. 1919 erfolgte die Eröffnung der städtischen Volkshochschule; Bestrebungen dazu reichten bis 1904 zurück.

Im Bereich der Kulturpflege sind der Aufbau einer Barock- und Rokoko-Galerie aus der Sammlung des Hofrates Röhrer, die Einführung einer wissenschaftlichen Leitung für das Maximilian-Museum sowie ein Innenumbau des Stadttheaters in Hinblick auf die Feier zu seinem 50jährigen Bestehen (1927) zu nennen. 1929 wurde die Freilichtbühne am Roten Tor eingerichtet. In einer Zeit wachsender sozialer Nöte stießen die Aufwendungen zur Kulturpflege ebenso wie an sich zweckmäßige Bauprojekte, etwa die Einrichtung eines neuen Marktes (Fertigstellung der Markthalle 1930), auf heftige Kritik in der Öffentlichkeit. Maßnahmen, wie der Bau eines neuen Krankenhauses zur Entlastung der alten, aus den Jahren 1854–1859 stammenden Anstalt und die Trassierung weiterer Durchgangsstraßen im Altstadtbereich, wurden als notwendig erkannt, kamen jedoch nicht über das Planungsstadium hinaus.

Die reichsweite Wohnungszählung von 1925[30] hatte die aus früheren Erhebungen bekannten unbefriedigenden, auch nach zeitgenössischen Kriterien im sanitären Bereich teilweise katastrophalen Wohnverhältnisse, vor allem in den östlichen Altstadtvierteln, in der Vorstadt links der Wertach und in den Vororten Lechhausen, Oberhausen und Kriegshaber, neu-

erlich festgestellt. Die Notwendigkeit eines stärkeren Engagements der öffentlichen Hand für die Wohnraumbeschaffung der wenig bemittelten Bevölkerung ließ den Stadtrat umfangreiche Wohnungsbauprogramme beschließen, beginnend 1926 mit einem Aufwand von zwei Millionen Reichsmark, die zu gleichen Teilen aus Mitteln der Kommune und des Landes stammten. Neben der Vergabe von Darlehen an Genossenschaften und den Mieterverein wurde im Frühjahr 1927 mit dem Bau von fünf Wohnhöfen unter städtischer Leitung (Richard-Wagner-, Zeppelin-, Richard-Strauß-, Birken- und Eschenhof) für Wohnungssuchende begonnen, die nicht in der Lage waren, Genossenschaftsanteile zu erwerben. Im gleichen Jahr erfolgte auf Anregung Friedrich Ackermanns die Gründung einer privaten Wohnungsbaugesellschaft mit nahezu hundertprozentiger Kapitalbeteiligung der Stadt. In deren Regie wurden von 1928 bis 1931 der Schubert-, Ulmen- und Lessinghof sowie Blöcke in der Buchenau, Weidenau und Lindenau errichtet. War der Reinzuwachs an Wohnungen in Augsburg von 565 im Jahre 1913 auf 179 im Jahr 1924 gesunken, so stieg die Quote 1928 auf 1106 und im folgenden Jahr, das bisherige Rekordjahr 1911 überbietend, auf 1420. Das war ein Höchststand, der nicht mehr überboten wurde; 1932 kamen nur noch 236 neue Wohnungen hinzu.

Die finanzielle Situation der Stadt trieb in der Endphase der Republik in eine faktische Aufhebung der kommunalen Selbstverwaltung. Dieser Zustand zeichnete sich bereits Ende 1930 bei der nur unter Druck der Kreisregierung erfolgten Festsetzung der Bürgersteuer ab. Schier unaufhaltsam anwachsende Ausgaben für die Wohlfahrtsunterstützung – im Oktober 1932 standen rund 9300 ausgesteuerte Arbeitslose in der Betreuung des Bezirksfürsorgeverbandes – und rückläufige Einnahmen an Steuern und Abgaben hatten trotz Sparmaßnahmen und finanztechnischer Operationen für 1932/33 zu einem Haushaltsentwurf mit einem Fehlbetrag von rund 2,8 Millionen Reichsmark geführt. Als angesichts einer weiteren Verschlechterung der Lage Vorschläge der Bürgermeister für Abgabenerhöhungen erwartungsgemäß am 14. Oktober 1932 vom Stadtrat abgelehnt worden waren, erließ die Regierung sechs Tage später staatsaufsichtliche Anordnungen zur Verminderung des Haushaltsfehlbetrages[31]. Das Äußerste freilich, die Bestellung eines staatlichen Kommissars, trat nicht ein: Als die Kommune nach Vorlage von Empfehlungen einer Kommission der Hauptgläubiger (so zu radikalen Kürzungen im Kulturetat und zur Wiedereinführung der Bürgersteuer) selbst um Entsendung eines Bevollmächtigten ersuchte, lehnte die Kreisregierung dies im Februar 1933 angesichts der ausweglosen Lage ab.

Die Auswirkungen der Weltwirtschaftskrise seit 1929. Veränderungen in der politischen Landschaft

Die Zahl der im Februar 1933 amtlich erfaßten Arbeitslosen lag im Stadtgebiet bei über 17 900 und hatte damit fast wieder den im März 1932 registrierten Höchststand (18 160) erreicht. Die Mehrzahl von ihnen hatte den Anspruch auf Arbeitslosen- oder Krisenfürsorgeunterstützung durch langwährende Beschäftigungslosigkeit verloren und drängte sich an den Schaltern der Wohlfahrtsämter. Selbst in den Herbstmonaten des Jahres 1923 hatte man kein ähnliches Ausmaß an wirtschaftlichem Elend gesehen. Der allgemeine Kaufkraftverlust hatte kleine, aber stolze Selbständige zu verschämten Leistungsempfängern werden lassen. Sozialrentner und Kriegsbeschädigte fühlten sich bei gekürzten Bezügen ebenso vom »System« betrogen wie die vom Gehaltsabbau der Notverordnungen betroffenen Beamten. In den metallverarbeitenden Großbetrieben standen ganze Fabrikhallen leer, die verbliebenen Belegschaften arbeiteten häufig kurz, schon länger kränkelnde Unternehmen (Epple und Buxbaum) waren gescheitert, andere standen vor dem Zusammenbruch. In der lange daniederliegenden Schuhindustrie begann sich im Sommer 1932 neues Leben zu regen. Trostlos war die Lage des Bau- und Baunebengewerbes.

In dieser Situation waren radikale Alternativen zu einem scheinbar seit Jahren hilflos an den Krisensymptomen kurierenden Verfassungsstaat, den, so wie er sich nun darbot, kaum mehr jemand voll unterstützen wollte, gefragt. Allerdings fand eine Umwälzung der Wählerorientierung an den traditionellen politisch-weltanschaulichen »Familien« in Augsburg im Grunde nicht statt. Erhalten blieb auch hier der katholische »Turm« der BVP, erhalten blieb der

Wählerblock der marxistischen Arbeiterparteien. Kennzeichnend war allerdings deren Verlust an zeitweilig erreichter Pluralität, ihr Schrumpfen auf eine Stammwählerschaft. Wie auf dem Lande die Wähler des Bauernbundes, so gingen in der Stadt die Anhänger der meist kleingewerblichen Interessengruppen bis auf Reste in der großen Protestsammelbewegung der NSDAP auf. Ein wichtiger Faktor war hierbei das Absinken des Liberalismus in die Bedeutungslosigkeit unter Freiwerden eines Wählerpotentials, das bis 1918 die bestimmenden politischen Kräfte in der Stadt getragen hatte. Hinzu kam, daß die BVP ihre Anfänge als überkonfessionelle, antirevolutionäre Ordnungskraft in den Jahren 1919/20 nicht durchhalten konnte und spätestens seit dem Protestvotum bei den Frühjahrswahlen von 1924, mit der durch ihre Rolle beim Hitlerputsch angeschlagenen Landesregierung identifiziert, auf die traditionelle Rolle des Zentrums verwiesen wurde. Die Deutschnationale Volkspartei (DNVP) wiederum konnte nur die im Konservatismus erstarrten Kräfte im Spektrum des Vorkriegsliberalismus auf Dauer binden, wenngleich sie zeitweilig zum Ausweichvotum für völkische Wähler diente.

Die SPD büßte einen Teil der ihr als Motor eines »Fortschritts in Ordnung« durch Einführung des Frauenwahlrechts und Zuspruch linksliberaler Kreise bei den Januarwahlen 1919 über die Arbeiterbezirke hinaus zugewachsenen Wähler ein. Die Polarisierung zwischen bürgerlichen und sozialistischen Parteien in den ersten Nachkriegsjahren wurde im Verlauf einer beruhigteren innenpolitischen Entwicklung allerdings gemildert. Ein Zeichen hierfür war die Stichwahlentscheidung in dem noch einmal von konfessionellen Faktoren stark gekennzeichneten Reichspräsidentenwahlkampf von 1925. Bei beiden entscheidenden Wahlgängen zur Präsidentschaft siegte in Augsburg der, wenn man so will, jeweilige »Weimarer« Kandidat: 1925 Wilhelm Marx mit 52,1 Prozent (Hindenburg 45,4, Thälmann 3,3 Prozent), 1932 Paul von Hindenburg mit 65,9 Prozent (Hitler 26,3, Thälmann 7,6 Prozent).

Deutlicher noch als bei Wahlen wurden in der Mobilisierung der Anhängerschaften bei Volksbegehren und Volksentscheiden (für die Landtagsauflösung oder die Verfassungsumgestaltung im Februar 1924, für die Fürstenenteignung im Juni 1926, gegen den Panzerkreuzerbau im September 1928, gegen den Youngplan im Oktober 1929) die tradierten politischen Gewichte in den Stadtteilen sichtbar. Wenn auch wirtschaftliche und konfessionelle Strukturen, nämlich das Zusammentreffen von überwiegendem katholischem Bekenntnis und starkem Industriearbeiteranteil, in Augsburg einen Erdrutsch zugunsten der NSDAP verhinderten (Stimmenanteile in Prozent bei den Reichstagswahlen vom 5. März 1933: NSDAP 32,3, BVP 27,1, SPD 23,0, KPD 10,2, Kampffront Schwarz-Weiß-Rot 5,6), so hatte diese Bewegung doch auf das Potential aller politischen Parteien Anziehungskraft ausgeübt, die disponiblen Gruppen der Wechsel-, Jung- und zeitweiligen Nichtwähler angesogen und als Regierungskraft auf Reichsebene schließlich über eine vor allem bei Frauen deutlich gestiegene Wahlbeteiligung im März 1933 einen Vertrauensvorschuß erhalten.

Anfänge und Aufstieg des Nationalsozialismus in Augsburg

Seit den ersten Jahren der Republik hatten sich völkische Gruppierungen in Augsburg, zunächst diffus und bei mancherlei Rückschlägen, jedoch zählebig entwickelt.

Schon in den letzten Jahren des Ersten Weltkriegs waren antisemitische Stimmungen auf der Basis der allenthalben gereizten und gedrückten Gemütslage angewachsen. Im Januar 1918 war es notwendig gewesen, der in verschiedenen Zeitungen verbreiteten Meldung, das für die Eindeckung der neuen Augsburger Synagoge verwandte Kupfer sei durch die Militärbehörden von der Beschlagnahme ausgenommen worden, entgegenzutreten[32]. Wenige Wochen nach der am 1. März 1917 angeordneten Enteignung der Kirchenglocken und Orgelpfeifen für Heereszwecke hatte König Ludwig III. den Synagogen-Neubau besichtigt. In den Jahren 1919 und 1920, als die nach Lockerung der Zwangsbewirtschaftung eintretenden Preissteigerungen bei Lebensmitteln, Textilien und Schuhen zeitweise zu schlimmeren Versorgungsnotständen als während des Krieges führten, fand das Aufzeigen eines personifizierten Feindbildes im schachernden Juden auch in Augsburg dankbaren

Widerhall. Die Aufdeckung von Wucherhandel in einem Wäschegeschäft ließ im Oktober 1919 einige Tage lang eine Art von Pogromstimmung aufkommen. Etwa um die gleiche Zeit meldeten die Behörden erste Aktivitäten betont antisemitischer Verbände, wie des Deutsch-Völkischen Schutz- und Trutzbundes[33]. Die Reichsregierung und die seit den Kriegsjahren in ihrer Autorität angeschlagenen Landesbehörden wurden nicht nur als schwächlich gegenüber den triumphierenden Feindmächten dargestellt, sondern auch als Handlanger von Kräften, deren Daseinszweck die Ausbeutung und Knechtung des »kleinen Mannes« zu sein schien: »Man kann überall sagen hören, ›wir werden von unserer Regierung den Juden ausgeliefert‹«[34]. Vergessen war, daß jenseits des sichtbaren wirtschaftlichen Erfolges jüdischer Bankiers, Kaufhausbesitzer, Einzelhändler und Anwälte und der vielen »Judenwohnungen« im vornehmen Westend sich die seit der Zugehörigkeit Augsburgs zu Bayern zugewanderten Juden gerade in Notzeiten insgesamt als ein integrierter Teil der Bevölkerung erwiesen hatten, der sie in ihrer großen Mehrheit auch zu sein wünschten.

Etwa 1920 nahmen örtliche völkische Grüppchen mit der Deutsch-Sozialistischen Partei in Nürnberg Verbindung auf. Die Deutsche Arbeiterpartei in München fand in Dr. Gottfried Grandel, Besitzer einer Ölmühle in der Altstadt, einen Förderer. Er stellte Beziehungen und Geld in den Dienst der Münchener Bewegung, für die er auch eine Bürgschaft beim Ankauf des »Völkischen Beobachters« leistete. Anläßlich des Kapp-Putsches 1920 flogen Adolf Hitler und Dietrich Eckart mit einer Rumpler-Taube von Augsburg zur Kontaktaufnahme mit Berliner völkischen Gruppen in die Reichshauptstadt. Seinen ersten öffentlichen Auftritt in Augsburg hatte Hitler am 12. Januar 1921: Er sprach in einem Café an der Maximilianstraße zum Thema »Der Arbeiter im Deutschland der Zukunft«.

Hitler vermochte in Augsburg zunächst allerdings nicht Fuß zu fassen, da ihm hier in dem Gymnasiallehrer Dr. Otto Dickel ein nicht nur lokal bedeutsamer Rivale erwuchs, der über seine »Deutsche Werkgemeinschaft« die Führung der Münchener NSDAP zu übernehmen trachtete und auch nach Nord- und Mitteldeutschland erfolgreich Fühler ausstreckte.

Dickel, über das Engagement in DDP und Landsiedlungsbewegung zum Promotor der völkischen Gruppen in Augsburg geworden, Verfasser des laut Hitler »einem ägyptischen Traumbuche ähnlichen«[35] Werkes *Die Auferstehung des Abendlandes*, einer Art Anti-Spengler, unterlag jedoch dem späteren Reichskanzler, seitdem er sich im Sommer 1922 mit der Gruppe um Julius Streicher in Nürnberg überworfen hatte. Den Höhepunkt seiner Bedeutung hatte Dickel im Frühjahr 1922 während des Metallarbeiterstreiks erreicht, als seine Werkgemeinschaft zu einer populistischen Sammlungsbewegung von Völkischen und ehemaligen Anhängern von Mittelpartei, USPD und KPD zu werden schien, ein Vorgang, der übrigens zwei Jahre später unter dem Vorzeichen des Völkischen Blocks mit dessen Unterstützung durch ehemals führende Räterepublikaner eine Parallele fand. Das Entstehen einer hitlertreuen NSDAP-Ortsgruppe in Augsburg auf Initiative des Stadtamtmannes Dr. Adolf Frank – als offizieller Gründungstag galt künftig der 27. Oktober 1922 – war ein Vorzeichen für den Weg der Werkgemeinschaft zu einer der vielen völkischen Sekten, die als Rinnsale neben dem anschwellenden Strom der Hitler-Bewegung versickerten[36].

Der erste öffentliche Auftritt der NSDAP in Augsburg war von einer Reihe von Zwischenfällen begleitet. Zur Deckung einer Versammlung im »Stockhauskeller« waren 50 bis 60 SA-Männer aus München, zumeist blutjunge Burschen, angereist, die bei Umzügen mit Hakenkreuzfahne und -armbinden in den Straßen, beim Fußballspiel und bei Zechereien in Lokalen Raufereien auslösten, bei denen auch Schlagwerkzeuge verwendet wurden. Vor ihrer Heimfahrt versäumten sie nicht, mehrmals zwischen »Schnapperbräu« und Rathaus auf- und abzumarschieren, bevor sie sich, ein antisemitisches Lied auf den Lippen, dem Bahnhof zuwandten. Nachdem Sozialdemokraten und Freigewerkschafter, die sich durch diese Vorkommnisse besonders herausgefordert fühlten, der nächsten NSDAP-Kundgebung eine nicht programmgemäße Wendung gegeben hatten und die Stadtverwaltung die örtliche NSDAP hatte wissen lassen, sie werde einen erneuten Auftritt bewaffneter Sturmtruppler von auswärts zu verhindern wissen, begann in Augsburg die Aufstellung eines eigenen NS-Saalschutzes. Anfang März 1923 wurde eine NSDAP-Kundgebung im Ludwigsbau nach Schlägereien mit Kommunisten von der Polizei aufgelöst. Am 29. Mai 1923 sprach Hitler auf einer »deutschen Maifeier« in der Sängerhalle. Kennzeichnend für den populistischen Charakter der Bewegung waren ihre Versuche einer eigenständigen Pressearbeit in Verbindung mit Blättern wie dem »Deutschen Michel« und der »Bayerischen Gerichtszeitung«, die ihre zahlreiche, verbitterte Leserschaft mit der Darstellung von Skandalen und Kriminalfällen erregten. Der seit 1899 mit Vorläufern als satirisches Wochenblatt erscheinende »Michel« war im Januar 1915 von den Militärbehörden verboten worden. Unter der Redaktion des ehemaligen Maurers Franz Xaver Weixler in zahlreiche Verleumdungsprozesse verwickelt, bot diese Zeitschrift der NSDAP bis zum Erscheinen eines offiziellen Tagesorgans im Februar 1931, der »Neuen Nationalzeitung«, eine Art Gastrecht für ihre publizistischen Angriffe.

Im November 1923 zählte die Partei in Augsburg rund 200 Mitglieder. Die Sturmabteilung, damals etwa 90 Mann stark, war am Münchener Putschversuch vom 8./9. November 1923 ebenso wie örtliche Wehrverbände nur indirekt beteiligt, da sie in ihrer Bereitstellung keinen Einsatzbefehl erhielt. Die Zeit des Betätigungsverbotes bis zur Neugründung einer NSDAP-Ortsgruppe im März 1925 überstand ein Teil der Mitglieder in Nachfolge- und Tarnverbänden, etwa dem »Kampfbund zur Brechung der Zinsknechtschaft«, im Völkischen Block, in der Großdeutschen Volksgemeinschaft, im »Schützen- und Wanderbund« (Bund Oberland), in der »Altreichsflagge« (Reichskriegsflagge) oder auch in illegal arbeitenden Bünden wie dem Freikorps Roßbach.

Die polizeiliche Überwachung dieser Gruppen war, ähnlich wie während der kurzfristigen Verbotszeit von SA und SS im Jahre 1932, milde. Durch den Zerfall des Völkischen Blocks und die riesige Schuldenlast entstanden zwischen den Führern der einzelnen Teilgruppen Streitereien, die den Neuanfang der Partei bis ins Jahr 1926 lähmten. Der städtische Kanzleiassistent Karl Wahl, seit Oktober 1925 Ortsgruppenleiter, avancierte 1928 zum Leiter des neuen NSDAP-Gaues Schwaben, mußte aber im Sommer 1929 nach Formierung einer Opposition aus alten

Kämpfern sowie SA- und HJ-Führern, die ihn unter dem Vorwurf des Intrigantentums und der Cliquenwirtschaft persönlich befehdeten, die Ortsgruppenleitung niederlegen. Neuer Chef der Augsburger NSDAP wurde der damals 32jährige Bauführer Gallus Schneider, der im Oktober 1932 zum Kreisleiter der nunmehr in elf Ortsgruppen eingeteilten Parteiorganisation der Stadt ernannt wurde. Die zahlenmäßig stärkste Ortsgruppe hatte damals der Stadtbezirk Südend, die relativ wenigsten Parteigenossen fanden sich in Lechhausen. Von Frühjahr 1930 bis Ende 1932 hatte sich die Zahl der NSDAP-Mitglieder in Augsburg auf rund 1800 verdreifacht. Damit war sie hier nach der SPD zur zweitstärksten Mitgliedspartei geworden, außerdem von einem Ring von Sonderverbänden umgeben, die allerdings erst ab 1933 zu Massenorganisationen ausgebaut wurden und sich jetzt noch in rudimentärem Zustand befanden.

Die Augsburger SA, 1927 im Rahmen der Standarte 3 in zwei Stürme geteilt, war bis 1930 auf etwa 100 Mitglieder angewachsen. Die Schutzstaffel (SS), 1929 mit etwa zehn Mann neu gegründet, hatte im Dezember des gleichen Jahres bei Schlägereien während und nach einer NSDAP-Wahlversammlung im Viertel rechts der Wertach ihre »Feuertaufe« erlebt. 1931 zu einem Sturm der SS-Standarte 29 formiert, entwickelte sie sich in den letzten Jahren vor der Machtübernahme zu einer Konkurrenz für die SA. Eine Reihe handgreiflicher Zusammenstöße in den Jahren 1926 bis 1930 lieferten einen Vorgeschmack auf die Auseinandersetzungen der nun folgenden Krisenjahre, als sich während der kurz aufeinanderfolgenden Wahlkämpfe des Jahres 1932, verstärkt durch die Beschäftigungslosigkeit vieler jüngerer Männer, ein Klima der Gewalttätigkeit entwickelte. Nationalsozialisten schlugen sich nun mit Angehörigen des Kampfbundes gegen den Faschismus der KPD, des Reichsbanners, der Bayernwacht, ja selbst des Stahlhelms.

Hatte die NSDAP in den Jahren bis 1929 in Augsburg überwiegend die Züge einer radikaleren Mittelstandsbewegung mit Arbeiteranhang getragen, so erhielt sie seit 1929 Zulauf aus allen sozialen Großgruppen, wobei die Bewegung freilich schon vor dem Hitler-Putsch im Kern volksparteilichen Charakter getragen hatte[37]. Die Kampagne gegen den Young-plan hatte Anhänger aus dem Einflußbereich der Deutschnationalen eingebracht. Seit der Notverordnung vom 5. Juni 1931 verstärkte sich bei den von Gehalts- und Rentenabbau betroffenen Beamten und Kriegsopfern der Zug zur NSDAP. Im gleichen Jahr gelangen den Nationalsozialisten erste größere Organisierungserfolge im Bereich des Bezirksamts Augsburg, und zwar nicht nur bei städtisch orientierten Bevölkerungsgruppen wie Beamten und Angestellten, sondern auch bei den alten ländlichen Oberschichten wie Grundbesitzern und einflußreichen Großbauern. Der Halbmonatsbericht des Regierungspräsidenten klagte Anfang Februar 1932: »Kritiklos laufen alle Schichten der Bevölkerung den Kündern besserer Zeiten für alle Stände nach«[38]. Seit Herbst 1931 stand die NSDAP in Erwartung einer baldigen Machtübernahme. Die Behörden zeigten sich nicht in der Lage, über Beobachtungen hinaus konkrete Staatsstreichabsichten, die anläßlich des ersten Wahlgangs für das Reichspräsidentenamt im März 1932 angeblich bis zur internen Verteilung öffentlicher Ämter gediehen sein sollten, nachzuweisen. Immerhin sah sich die Partei auch nach dem 30. Januar 1933 in Augsburg noch im Kampf um die Macht.

Die staatlichen Behörden ließen dies spüren: Der Fackelzug, den NSDAP und Stahlhelm am 4. Februar 1933 anläßlich der Machtübernahme im Reich vom Kleinen Exerzierplatz zur Sängerhalle veranstalteten, wurde von der Polizei eskortiert und am Rande der Wertachvorstadt umgeleitet, da die Wertachbrücke und die einmündenden Straßen von Anhängern der Linksparteien besetzt waren. Beim häufigen Absingen des Deutschlandlieds waren die Polizisten freilich genötigt, jeweils vor den NS-Demonstrationen Haltung anzunehmen und zu salutieren[39]. In den letzten Tagen vor der Reichstagswahl vom 5. März 1933 hatte sich bei den Einsichtsvolleren des gesamten politischen Spektrums die Erkenntnis durchgesetzt, daß der Machtwechsel vom Januar keine Kabinettsneubildung wie andere vor ihr gewesen war, sondern daß sich eine innenpolitische Umwälzung ankündigte, in der Bayern kein Reservat bleiben konnte. Die KPD hatte seit dem 1. März Versammlungsverbot. Die Gummiknüppel, die die Polizeidirektion auf das Ansuchen Bürgermeister Bohls zum Schutz für das Rathaus für einige städtische Bedienstete abtrat, waren Zeichen für das Eingeständnis, daß die Träger legitimer staatlicher Gewalt, Polizei und Reichswehr, nicht willens waren, einer Aktion der Parteiformationen zur Gleichschaltung Augsburgs entgegenzutreten. Die Reichswehrmannschaft erhielt am 9. März 1933 dienstfrei[40].

1 Wochenbericht Regierungspräsident (von Schwaben und Neuburg) vom 30. 8. 1870; StA Neuburg, Regierung 9605; s. auch Augsburger Anzeigblatt 233 vom 25. 8. 1870.

2 Robert Neff auf einer allgemeinen Arbeiterversammlung am 18. 7. 1870: »... daß der ausgebrochene Krieg ein Nationalkrieg sei und daß die deutschen Sozialdemokraten jetzt vor allem als Deutsche sich zu fühlen hätten«; Wochenbericht Regierungspräsident vom 27. 7. 1870; StA Neuburg, Regierung 9605.

3 Ein von Jakob Audorf stammender, der Melodie der Marseillaise unterlegter Liedtext.

4 Zur Gewerkschaftsbewegung in Augsburg vor dem Ersten Weltkrieg s. Ilse Fischer: Industrialisierung, sozialer Konflikt und politische Willensbildung in der Stadtgemeinde. Ein Beitrag zur Sozialgeschichte Augsburgs 1840–1914, Augsburg 1977; s. auch Max Hengge: Die Gewerkschaftsbewegung in Augsburg, Diss. phil. München 1913.

5 Mosts Erinnerungen in: Ein Sozialdemokrat in Deutschland, hrsg. v. Dieter Kühn, München 1974.

6 Wochenbericht Regierungspräsident vom 20. 1. 1874; StA Neuburg, Regierung 9609.

7 Ergebnisse der Kommunalwahlen in: Intelligenzblatt Stadt Augsburg 69 vom 5. 12. 1869, 78 vom 24. 11. 1872.

8 Wochenbericht Magistrat Augsburg vom 23. 11. 1890; StA Neuburg, Regierung 9737.

9 S. Wochenberichte Magistrat Augsburg vom 4. 6., 18. 6., 2. 7. 1882; StA Neuburg, Regierung 9736.

10 Wochenbericht Magistrat Augsburg vom 10. 2. 1889; StA Neuburg, Regierung 9736.

11 Ergebnisse der Gewerbegerichtswahlen in: Amtsblatt Stadt Augsburg 107 vom 22. 12. 1907, 106 vom 22. 12. 1912; s. auch Fischer, S. 380–383.

12 Zu dieser baulichen Maßnahme s. Hermann Kießling: Der Durchbruch der Bürgermeister-Fischer-Straße in Augsburg, Beispiel einer städtebaulichen Konzeption um die Jahrhundertwende – Durchführung und Auswirkung auf das Stadtgefüge, Augsburg 1975 (Abhandlungen zur Geschichte der Stadt Augsburg – Neue Schriftenreihe des StAA, Bd. 1); zur Baupolitik wie zu einzelnen Bauwerken s. Norbert Lieb: Augsburgs bauliche Entwicklung als Ausdruck städtischen Kulturschicksals seit 1800. In: ZHVS 58 (1951), S. 10–77; Matthias Ar-

nold: Architektur des 19. Jahrhunderts in Augsburg. Zeichnungen vom Klassizismus bis zum Jugendstil, Augsburg 1979 (Ausstellungskatalog).

13 NAZ 172 vom 28. 7. 1914.

14 Generallltn. Rösch an stv. Kommandeur k.b. I. Armeekorps am 7. 11. 1914; BayHStA, Stv. Generalkommando I. Armeekorps 1723.

15 Wochenbericht Bezirksamt Augsburg vom 2. 1. 1915; StA Neuburg, Regierung 9762.

16 Wochenberichte Bezirksamt Augsburg vom 19. 3., 19. 8., 2. 12. 1916; StA Neuburg, Regierung 9763.

17 Werner Foth: Soziale Chronik aus 100 Jahren M.A.N. (Manuskript) 1943, Anlage 8; Archiv Maschinenfabrik Augsburg-Nürnberg.

18 Wochenberichte Magistrat Augsburg vom 28. 10. 1916, Bezirksamt Augsburg vom 29. 10. 1916; Regierungspräsident vom 13. 11. 1916; StA Neuburg, Regierung 9634, 9763.

19 58,2 Prozent Beteiligung; Stimmenverhältnis bei den Ersatzleuten: Liberale 40,6, Zentrum 34,4, Sozialdemokraten 24,9 Prozent.

20 Zu diesen Streiks s. die Vorgänge im Akt StA Neuburg, Regierung 10022.

21 Schwäbische Volkszeitung 189 vom 16. 8. 1918.

22 Wochenberichte Regierungspräsident vom 21. 8. 1916: »Der einfache Mann, dem der freie Blick noch nicht vom Goldglanz des Kriegsgewinnes getrübt ist, sagt sich, daß es sich darum handelt, vor allem zu siegen, bevor über den Siegespreis gesprochen werden kann, und daß wir keinen Eroberungskrieg, sondern einen Existenzkampf führen«; vom 28. 8., 30. 10. 1916, 22. 1. 1917; StA Neuburg, Regierung 9634, 9635.

23 Am 11. 5. 1918 entstand auf das Gerücht hin, ein Offizier habe einen Soldaten geohrfeigt, nachdem ihn jener nicht gegrüßt hatte, ein Menschenauflauf – Schwäbische Volkszeitung 110, 114 vom 13. 5., 17. 5. 1918.

24 Chevaulegers-Kaserne: Deutsche Volkspartei (DVP, liberal) 1,2, BVP 14,0, SPD 83,0, USPD 1,8 Prozent; Infanterie-Kaserne: DVP 4,4, BVP 10,1, SPD 79,5, USPD 6,1 Prozent; Artillerie-Kaserne: DVP 10,2, BVP 11,9, SPD 74,0, USPD 3,7 Prozent.

25 Kommunale Mitteilungen, hrsg. vom Statistischen Amt und Presseamt Stadt Augsburg (1925), S. 185 f.

26 S. Niekischs Lebenserinnerungen in: Gewagtes Leben. Begegnungen und Erlebnisse, Köln und Berlin 1958; Albrecht Weber: Brecht – Der Augsburger. In: Helmut Koopmann und Theo Stammen (Hrsg.), Bertolt Brecht – Aspekte seines Werkes, Spuren seiner Wirkung, München 1983 (Schriften der Philosophischen Fakultäten der Universität Augsburg 25), S. 239–275.

27 Wochenbericht Regierungspräsident vom 23. 3. 1920; StA Neuburg, Regierung 9638.

28 Ergebnisse der Gemeindewahlen in: Amtsblatt Stadt Augsburg 57 vom 30. 6. 1919, 51 vom 20. 12. 1924, 51 vom 21. 12. 1929; s. auch Akt StAA 42/101.

29 Neue Nationalzeitung 2 vom 23. 2. 1931; nach dem Stadtrats-

beschluß, die Eintrittskarten für öffentliche Sitzungen nach Fraktionsstärke zu kontingentieren.

30 Die Augsburger Resultate in: Ergebnisse der Wohnungszählung 1925. Arbeiten des Statistischen Amtes der Stadt Augsburg, Heft 2, Augsburg 1926.

31 S. hierzu die Haushaltszahlen in: Kommunale Mitteilungen (1932), S. 929 f.

32 Schwäbische Volkszeitung 13 vom 16. 1. 1918.

33 Wochenberichte Schutzmannschaft Augsburg vom 29. 8., 18. 10. 1919; StAA, 10/3746 II; Wochenbericht Regierungspräsident vom 16. 9. 1919; StA Neuburg, Regierung 9637.

34 Wochenbericht Regierungspräsident vom 9. 3. 1920; StA Neuburg, Regierung 9638.

35 Mitteilungsblatt für NSDAP-Mitglieder (München) 9 vom 19. 12. 1921; Institut für Zeitgeschichte München (IfZ), Fa 88/III/95.

36 Dickel wurde im Oktober 1934 unter dem Verdacht der Unterstützung für einen flüchtigen Funktionär der »Schwarzen Front« Otto Strassers mit anderen Angehörigen verschiedener völkischer und nationalrevolutionärer Bünde verhaftet, allerdings außer Verfolgung gesetzt, während ein Augsburger Rechtsanwalt zu einem Jahr Gefängnis verurteilt wurde. Dickel beging 1944 Selbstmord.

37 S. die Mitgliederliste vom Spätherbst 1923 in: Bundesarchiv Koblenz, NS 26/215.

38 Halbmonatsbericht Regierungspräsident vom 5. 2. 1932; BayHStA, MA 102 149.

39 S. die Klage des Polizeidirektors Eichner im Bericht über einen Demonstrationszug von SA, SS und HJ zur Reichsgründungsfeier vom Kleinen Exerzierplatz zur Oberen Maximilianstraße am 22. 1. 1933; Polizeidirektion Augsburg an Innenministerium am 23. 1. 1933; StA Neuburg, Regierung 10013; dieser Bericht brachte Eichner in seiner späteren Dienststellung im Innenministerium zu Fall; s. den Vorgang im Akt BayHStA, MA 107 588; Neue Nationalzeitung 279 vom 3. 12. 1934.

40 Zu den Verhandlungen zwischen SA-Brigade Schwaben und Leitern der Schutzpolizei bzw. Reichswehroffizieren vor dem 9. 3. 1933 s. Gestapo-Vernehmungsprotokoll von Hermann Ritter von Schöpf vom 20. 11. 1939; StA München, Staatsanwaltschaft 9855.

Wirtschaftsgeschichte 1800–1914

*von Peter Fassl**

So folgenreich 1806 der politische und verfassungsmäßige Einschnitt für die Stadt war, so wenig änderte sich zunächst in wirtschaftlicher Beziehung. Aus den Zünften wurden Gewerbevereine, die Kaufleutestube nannte sich Handelsstand, die paritätische Besetzung der wirtschaftlichen Führungspositionen wurde »gewohnheitsmäßig« bis zur Einführung der Gewerbefreiheit 1868 beibehalten, und die Stadt bemühte sich weiterhin, das heimische Gewerbe vor fremder Konkurrenz zu schützen, obwohl die Schlagbäume gefallen waren. Die Bedeutung als Bank- und Wechselplatz konnte behauptet, ja ausgebaut werden. Der Handel war durch die Kriegsereignisse bis etwa 1814 zwar weiterhin eingeschränkt, hatte aber immerhin einen freien gesamtbayerischen Binnenmarkt gewonnen. Und doch waren die Vorentscheidungen für eine Verengung im gewerblichen Sektor und eine Verödung des kulturellen und geistigen Lebens, einschließlich ihrer wirtschaftlichen Implikationen, bereits gefallen.

Die Säkularisation hatte die Stadt der gesamten katholischen geistigen Potenz beraubt, dem Kunsthandwerk eine wesentliche Käuferschicht entzogen. Seit der Gründung der Münchner Kunstakademie

---

* Der Beitrag beruht auf Vorarbeiten und einer Materialsammlung von Leonhard Hillenbrand.

1808 sank die städtische Akademie mangels Unterstützung der bayerischen Verwaltungsbehörden zu einer Handwerkerzeichenschule herab. Das Kunsthandwerk hatte im 19. Jahrhundert keine gesamtwirtschaftliche Bedeutung mehr, im Kattundruck konnte sich langfristig nur das Unternehmen von Schöppler & Hartmann halten. Buchhandel und Verlagswesen mußten ihre führende Stellung an München abgeben. Die Stadt der Musen und schönen Künste, der Bildung und Wissenschaft wurde München. Augsburgs gewerbliche Entwicklung blieb der Weg zur Industriestadt.

Nachdem die Textiltechnik einen erprobten Standard erreicht hatte, das Fallen der innerdeutschen Zollschranken (1833) einen gesicherten Absatzmarkt garantierte und zudem die Bank- und Wechselgeschäfte sich rückläufig entwickelten, gründete die Augsburger Finanzwelt unter Führung der Bankhäuser Johann Lorenz Schaezler und Friedrich Schmid & Co. große Spinnereien und Webereien auf Aktienbasis. Ende der fünfziger Jahre war die Gründungswelle in der Textilindustrie bereits vorüber. Augsburg stand damals an der Spitze der Industrialisierung in Bayern. In der Folgezeit stagnierte die Entwicklung, erst in den neunziger Jahren setzten die größeren Unternehmen den Ausbau ihrer Kapazitäten fort. Das wirtschaftliche Wachstum wurde seit der Gründung des Deutschen Reiches vom Maschinenbau und von der metallverarbeitenden Industrie getragen. Deutlich zurück fiel Augsburg erst gegen Ende des Jahrhunderts bei der Ansiedlung neuer moderner Industriezweige. Die Elektro- und chemische Industrie, die Feinmechanik und der Werkzeugmaschinenbau sowie leistungs- und anpassungsfähige mittelständische Unternehmen fehlten fast völlig. Ein Grund dafür mag die Verkümmerung des technischen und gewerblichen Bildungswesens gewesen sein. Die polytechnische Schule (gegründet 1833) wurde 1864 nach München verlegt. Der Aufbau gewerblicher Fach- und Fortbildungsschulen unterblieb lange Zeit wegen des fehlenden Interesses der Großindustrie und kam erst 1905 auf Initiative der Handwerkskammer zustande.

Sowohl in der Handels- und Gewerbekammer als auch im Kollegium der Gemeindebevollmächtigten und der die Gemeindepolitik seit den fünfziger Jah-

ren bestimmenden liberalen Partei standen die Vertreter von Großindustrie und Banken an führender Stelle. Die Verbindung von Politik und Industrie war auch auf Magistratsebene eng. Während die Industrie im Handelsstand, später (1868) im Handelsverein, im technischen Verein (gegründet 1845) und im Industrieverein (gegründet 1893) eigene Standesvertretungen besaß, hatten Handwerk und Gewerbe erst seit der Gründung der Handwerkskammer (1900) einen organisatorischen Mittelpunkt.

Der Einfluß des Großkapitals resultierte nicht nur aus der objektiven wirtschaftlichen Macht, die sich in der Hand einiger weniger, zum Teil alteingesessener reichsstädtischer Familien befand, sondern gründete sich auch auf das allgemeine Ansehen, das sich Fabrikanten und Bankiers durch uneigennützigen Einsatz für das Wohl der Stadt und ihrer Einwohner, großzügige Stiftungen und vor allem die Arbeiterwohltätigkeitseinrichtungen beim bürgerlichen Mittelstand und großen Teilen der Arbeiterschaft erworben hatten. Die Homogenität und Stadtverbundenheit der wirtschaftlichen Führungsschicht schlug sich nieder in einer kontinuierlichen, von Spekulationen wie von großen Neuerungen freien industriellen Entwicklung. Eine weitsichtige, auf den Erfahrungen der Kattunmanufakturarbeit beruhende betriebliche Sozialpolitik, die patriarchalischer Gesinnung und betriebswirtschaftlichen Überlegungen entsprang und bei den großen Betrieben die gesetzlichen Leistungen bei weitem übertraf, milderte die sozialen Spannungen und gab der Industriestadt ein eigenartig behäbig konservatives Gepräge.

Die Banken

Unbeschadet der Kriegsereignisse, die Augsburg mit Einquartierungen, Handelsbehinderungen und dem beschleunigten Untergang des Kunstgewerbes in Mitleidenschaft zogen, florierten die Bank- und Wechselgeschäfte. Die Vermögensumschichtungen durch Säkularisation und Mediatisierung, der Geldbedarf der kriegführenden Parteien und der Handel mit Staatspapieren boten dem geschickten Bankier ungewöhnliche Möglichkeiten. Zudem hatte sich Augsburg nach einem Bericht des Handelsstandes (1809) als Wechselplatz behaupten können: »Die

Briefe von Osten nach Westen, von der Türkey, Ungarn und Österreich nach der Schweiz, Frankreich und Spanien, von Norden nach Süden, von England, Holland, Dänemark und Rußland nach ganz Italien gehen über hier [. . .] Hierdurch wird es den Bankiers der andern Wechselplätze fast unmöglich, mit den Augsburger Bankiers in Arbitragegeschäften gleiche Konkurrenz zu halten«[1]. Im Gegensatz zu Gewerbe und Handel hatten die Wechselgeschäfte »eher zu als abgenommen, weil der Druck, der so schwer in anderen Staaten auf der Handlung liegt, sie nöthigt, da eine Frey-Stätte zu suchen, wo noch eine zu finden ist«[2]. Grundlage dieser Blüte war und blieb die Solidität und Liquidität der Augsburger Häuser. In Wien und Triest wurden »fast alle bedeutenden Warenposten«[3] gegen Augsburger Wechsel verkauft. Das Ende dieser »Glanzperiode des Augsburger Wechselhandels«[4] brachte der Beginn der Friedenszeit, als deutsche und italienische Plätze wieder »mit der Arbeit« begannen und Augsburg dadurch ein »großer Theil«[5] der Wechselgeschäfte entzogen wurde.

Wie schnell man in dieser Zeit zu Vermögen gelangen konnte, zeigt das Beispiel von Johann Lorenz Schaezler, der im Jahr 1800 mit 52 686 fl Vermögen sein Bankhaus eröffnete, Ende 1802 bereits über 300 000 fl besaß und 1807 bis 1809 zusammen mit Carli dem Münchner Hof ca. 1 920 000 fl Darlehen gewähren konnte[6]. 1812 beteiligten sich Schaezler, Carli, C. Wohnlich & J. Chr. Froelich mit 900 000 fl an der Diskontokasse, die zur Stabilisierung der bayerischen Staatspapiere gegründet worden war. Seit der Niederlassung von Arnold Seligmann (1808) begannen die jüdischen Häuser zum Verdruß des Handelsstandes in Augsburg stärker Fuß zu fassen. Seligmann und Jakob Obermayer leisteten Bayern bis 1814 insgesamt 633 000 fl an Vorschüssen und Darlehen. 1815 besorgte der inzwischen zum Christentum übergetretene und geadelte Arnold von Eichthal die Übermittlung der englischen Subsidien nach München.

Die größten Gewinnmöglichkeiten boten sich bei der Spekulation mit Staatspapieren, privaten und städtischen Obligationen und sonstigen Wertpapieren, die seit 1808 an der Börse gehandelt und notiert wurden. Der Frieden brachte eine Verfestigung der Kurse und bis 1817 eine Wertsteigerung von 100 Prozent. Da-

mals dürften die größten Vermögen entstanden sein. Auf dem Höhepunkt der Effektenspekulation mit österreichischen Staatsanleihen 1820 bis 1824 beschäftigte die Börse sechs Sensale, von denen, wie berichtet wird, einer den Jahresumsatz von über 36 Millionen Gulden zu bewältigen hatte, was einem wöchentlichen Geldverkehr von knapp 4,2 Millionen Gulden entspräche[7].

Nicht alle Augsburger Häuser waren in dieser Zeit erfolgreich. H. E. Ullmann, eines der ersten jüdischen Geschäfte, machte 1816 bankrott, A. Heymann, P. Laire & Co., Fr. Diez und 1826 Carli, die letzte bedeutende katholische Bank, folgten[8].

Banken und Wechselhandlungen

	katholisch	protestantisch	jüdisch	Summe
1810	4	12	1	19*
1816	2	10	2	15**
1829/30	15		4	19
1846/47	19		3	22
1855	-	12	3	15

* Bei zwei Bankiers konnte die Konfession nicht ermittelt werden.
** Bei einem Bankier konnte die Konfession nicht ermittelt werden.

Die wirtschaftliche Unterlegenheit der Katholiken wurde bei steigender Bevölkerungszahl (1807: 59,3 Prozent, 1819: 61,3 Prozent, 1840: 60,6 Prozent, 1875: 67,2 Prozent, 1910: 73,6 Prozent) immer krasser. Auch bei den Neugründungen in der zweiten Hälfte des 19. Jahrhunderts befand sich kein einziges bedeutenderes katholisches Bankgeschäft.

Nach der Wirtschaftskrise von 1825/26 verloren der Effektenhandel, die Wechselgeschäfte und der Silberhandel ihre Bedeutung. Als Finanzplatz trat mit der Gründung der Börse 1830 und der Bayerischen Hypotheken- und Wechselbank 1834 erstmals München in den Vordergrund. Die Augsburger Bankiers hatten »die Geldanlage in Hypotheken [. . .] wenig verlockend«[9] gefunden und sich bei der Subskription zurückgehalten. Im Gründungsausschuß waren die Münchner Geschäftsleute mit Simon von Eichthal, der allein mehr als die gesamte Augsburger Finanzwelt gezeichnet hatte (3 357 500 fl : 2 335 000 fl), in der Mehrheit und wählten gegen den verspäteten Protest der Augsburger München als Sitz der Bank. Augsburg erhielt 1837 eine Filiale, die allerdings den Geldbedürfnissen der Industrialisierung zunächst nicht genügen konnte.

Bis in die dreißiger Jahre interessierten sich die Augsburger Bankiers wenig für die Industrie, ja der Augsburger Handelsstand äußerte sich seit 1813 mehrfach in Gutachten und Stellungnahmen im Sinne einer mittelständischen Gewerbepolitik kritisch gegen das »Fabrikwesen«. Ähnlich wie Rudhart sah man in ihm mit Blick auf England den »Grund der Brotlosigkeit so vieler Tausende der niederen Volksklassen«, wobei »zwar mehrere Individuen zu Reichtum gelangen, Tausende dagegen allmählich in Armuth und Dürftigkeit versinken«[10]. Inwieweit diese Einstellung auf der traditionellen Abneigung der Kaufleute gegenüber den Kattunfabrikanten oder auf Unkenntnis der wirtschaftlichen Möglichkeiten beruhte, bleibt offen. Auf jeden Fall wurden verschiedene Versuche kleinerer Unternehmer, moderne Textiltechnik in Augsburg einzuführen, nicht unterstützt. Dies änderte sich mit dem Fallen der innerdeutschen Zollschranken (1834) und dem Rückgang der Börsengeschäfte.

Der Bau der Eisenbahn zwischen Nürnberg und Fürth regte 1835 Augsburger Wirtschaftskreise in Anlehnung an Friedrich List zur Planung eines Eisenbahnnetzes an. An der München-Augsburger Eisenbahngesellschaft beteiligten sich die Bankhäuser Schaezler, Erzberger & Schmid, Froelich, Stetten und Hoesslin mit je 145 000 fl, gefolgt von S. Frommel (75 000 fl), L. v. Heinzelmann (30 000 fl) und Wagenseil (20 000 fl)[11].

Die eigentliche industrielle Gründungswelle begann mit der Verlegung der Kammgarnspinnerei des Kaufmanns J. F. Merz 1836 von Nürnberg nach Augsburg – vermutlich auf Initiative von Ferdinand Benedikt von Schaezler, dessen Schwester mit dem Teilhaber von Merz verheiratet war. Merz dürfte das Augsburger Kapital und die Wasserkraft der Lechkanäle, die erst 1833 aufgrund von Messungen Kollmanns genau berechnet worden war, angezogen haben. Ein Jahr später legte das Bankhaus Schaezler den von der Maschinenfabrik A. Koechlin in Mühlhausen ausgearbeiteten Plan für eine mechanische Spinnerei und

Weberei vor. Innerhalb von 18 Tagen war das Aktienkapital von 1,2 Millionen Gulden gezeichnet, über 60 Prozent von Bankkreisen. Den Vorsitzenden im Aufsichtsrat stellten bis 1928 ausnahmslos Bankiers. 1845 wurde, wiederum unter Führung von Schaezler, die Kammgarnspinnerei in eine Aktiengesellschaft mit 700 000 fl Kapital umgewandelt. Die Familie Schaezler hielt 175 000 fl, Ferdinand Benedikt von Schaezler wurde erster Aufsichtsratsvorsitzender (1845–1852)[12].

Nachdem die Anfangsschwierigkeiten beider Großbetriebe überwunden waren und die Rentabilität sich in steigenden Dividenden zeigte, folgten die Neugründungen Schlag auf Schlag: 1857 bestanden bereits zehn Aktiengesellschaften mit einem Kapital von 7 250 000 fl. Neben Schaezler, dessen Bank 1861 in das Geschäft von Robert Froelich & Co. überging, traten als Firmengründer und Kapitalgeber Erzberger & Söhne, Obermayer, Froelich, Stetten, P. C. Bonnet und vor allem Friedrich Schmid & Co. Das Münchner und Augsburger Bankhaus Froelich war beteiligt an der SWA, der Kammgarnspinnerei, der Mechanischen Weberei Kempten (gegründet 1852) und der Augsburger Bank (gegründet 1871). Das Bankgeschäft Erzberger & Söhne hatte Aktienpakete bei der SWA, der Augsburger (gegründet 1848), der Münchner (gegründet 1850) und der Riedingerschen Gasgesellschaft (gegründet 1863), der Baumwollspinnerei am Stadtbach und der Augsburger Bank. 1862 wurde unter seiner Führung die Mechanische Weberei Zöschlingsweiler in eine AG (250 000 fl) umgewandelt; 1882 machte das Haus Konkurs[13]. Obermayer gehörte zu den Hauptaktionären der SWA, der Baumwollfeinspinnerei (gegründet 1853), der Mechanischen Weberei Haunstetten (gegründet 1856), der MAN (gegründet 1857) und der Riedingerschen Gasgesellschaft; Stetten gründete 1851 die Mechanische Baumwollspinnerei und Weberei Kempten (700 000 fl), 1853 die Augsburger Kunstmühle (600 000 fl) und führte 1880–1885 die Umwandlung der Kattunfabrik von Schöppler & Hartmann in eine AG durch (1 500 000 RM). 1907 ging die Firma in die Dresdner Bank ein[14]. Max Schwarz, Teilhaber des Bankhauses P. C. Bonnet, gehörte zu den vielseitigsten Augsburger Bankiers und stand mit zwölf Aufsichtsratsmandaten, deren wichtigste der Vorsitz bei der MAN (1900–1917) und der Bayerischen Diskonto- und Wechselbank waren, an zweiter Stelle in Bayern. In Augsburg war das Haus beteiligt an der MAN, der AG für Bleicherei, Färberei und Appretur, der Maschinenfabrik Epple & Buxbaum, bei deren Umwandlung in eine AG das Haus mitgewirkt hatte, der Zahnräderfabrik Augsburg, der Spinnerei und Weberei Haunstetten, der SWA und der Hasenbrauerei. Seinen Aufstieg verdankte das Bankhaus in erster Linie der engen Verbindung zur MAN, das heißt der Freundschaft zwischen Max Schwarz und Heinrich Buz, deren Hausbank es bis zu seinem Übergang an die Bayerische Diskonto- und Wechselbank (ca. 1907) war[15].

Die wichtigste und für die Industrialisierung einflußreichste Privatbank wurde das Institut von Friedrich Schmid & Co., das bei seiner Gründung 1849 einen Teil der Kunden und Angestellten des damals aufgelösten Hauses von Gottlob Süßkind übernommen hatte. Friedrich Schmid, bereits seit 1843 Aufsichtsratsvorsitzender der SWA, errichtete 1851 die Baumwollspinnerei am Stadtbach (900 000 fl), die nach einer Kapitalerhöhung (2 000 000 fl) und Erweiterung 1857 die größte Spinnerei des Zollvereins war. Fast 90 Jahre waren Mitglieder der Familie im Aufsichtsrat vertreten. 1872 führte das Haus die Umwandlung der Zwirnerei und Nähfadenfabrik von Eusebius Schiffmacher & Co. in eine AG durch (300 000 Taler). 1881/82 gelang die schwierige Zusammenlegung der Maschinenfabriken von Karl Epple, Magnus Epple und E. Buxbaum zu den Vereinigten Fabriken landwirtschaftlicher Maschinen (2 000 000 RM) und die Fusion von vier kleineren Unternehmen zur AG Union Vereinigte Zündholz- und Wichsefabriken (1 500 000 RM). 1898 folgte die Umwandlung der Weberei am Mühlbach (gegründet 1887) in eine AG (800 000 RM), 1892–1904 bzw. 1900 die Sanierung der Neuen Augsburger Kattunfabrik und der Augsburger Buntweberei. Die letzte große Aktion des Bankhauses war 1907 die Umwandlung der Brauerei von L. Stötter in eine AG (1 500 000 RM)[16]. Zusammen mit ein paar Privatiers bestimmten diese Banken in den Aufsichtsräten die Unternehmenspolitik in der Augsburger Industrie.

Die neuen, seit 1855 entstehenden Privatbanken wie Euringer (gegründet 1859), Bühler & Heymann (ge-

gründet 1873), S. Rosenbusch und Gebr. Klopfer errangen nicht mehr die Bedeutung der alten Bankhäuser. Bis zum Ersten Weltkrieg gelang es der Augsburger Finanzwelt, das Aktienkapital weitgehend in einheimischen Händen zu halten. Die Aktienemissionen der MAN (1912, 1914), der Baumwollspinnerei am Stadtbach (1913) und der Zwirnerei und Nähfadenfabrik Göggingen (1911) lassen vermuten, daß man bewußt auf einen möglichen höheren Kursgewinn verzichtete, um den alten Aktionärsstamm (Vorkaufsrecht) nicht zu überfordern[17].

Ungenügend blieben allerdings die Mittel der Privatbanken für den kurz- und mittelfristigen Geldbedarf der Industrie. Die Klagen über Kapitalmangel reichen von den vierziger bis in die sechziger Jahre. Die 1871 von Erzberger & Söhne, Gebr. Frommel, Chr. Froelich & Co., Fr. Schmid & Co. und P. v. Stetten mit 3,5 Millionen Gulden gegründete Augsburger Bank hatte wegen der Wirtschaftskrise nach 1873, trotz steigender Umsätze (1872: 160 894 794 fl, 1875: 319 723 484 fl), wenig Erfolg. Sie wurde Ende der siebziger Jahre liquidiert[18].

Auf dem Kapitalmarkt machte sich im letzten Jahrzehnt vor dem Ersten Weltkrieg eine Konzentrationsbewegung bemerkbar, der eine Reihe von Privatbanken zum Opfer fiel. Die Deutsche Bank übernahm 1906 Bühler & Heymann, die Dresdner Bank 1907 P. v. Stetten, die Bayerische Diskonto- und Wechselbank P. C. Bonnet (1907?); Leyher & Co., F. S. Euringer, Keck & Sohn und Heymann & Sohn gingen 1908/09 in die Bayerische Vereinsbank über, die Gebr. Klopfer in die Mitteldeutsche Kreditbank[19].

Die starke Stellung der Banken gab der Industrialisierung Stetigkeit und einen Zug von Solidität. Die Aktien waren für die führenden Wirtschaftsleute keine Spekulations-, sondern Anlagewerte. Die Unternehmenspolitik war vorsichtig und auf langfristigen Nutzen angelegt. Vor dem Ersten Weltkrieg machte im Gegensatz zu Privatunternehmen keine einzige AG Konkurs. Im Krisenfall entschloß man sich lieber zur Aktienzusammenlegung und Neudotation als zur Stillegung[20]. Wirtschaftliche Überlegung, soziale Verantwortung und emotionale Bindung an den Betrieb flossen hier zusammen. Mit dem Vordringen fremden Kapitals und auswärtiger Konzerne in der

Der Afrathurm.

Gruss aus Augsburg.

O Afrathurm! O Afrathurm!
Wie schön sind deine Formen!
Es waren selber hochentzückt
Die Münchner, als sie dich erblickt.
O Afrathurm! O Afrathurm!
Wie schön sind deine Formen!

O Afrathurm! O Afrathurm!
Du kannst mir sehr gefallen!
Wie warst du doch seit langer Zeit
Gar einem edlen Zweck geweiht.
O Afrathurm! O Afrathurm!
Du kannst mir sehr gefallen!

O Afrathurm! O Afrathurm!
O lasse dich was lehren!
Ich mein', es wird das Beste sein,
Du legst dich um und fällst schön ein
O Afrathurm! O Afrathurm!
O lasse das dich lehren!

Besten Dank u. herzliche Grüße
Christof & Laura Eckhardt
14. 1900

Abb. 111 Der Palmengarten (Zuschauerraum) des Kurhaustheaters in Göggingen, erbaut 1885/86 von Jean Keller. Zeichnung aus der Leipziger Illustrierten Zeitung, 1886

Abb. 112 Der Afra-Turm, Rest einer Wehr-Wohnanlage des 13. Jahrhunderts, wurde 1900 beim Neubau des städtischen Verwaltungsgebäudes an der Maximilianstraße abgebrochen. Postkarte, 1900

Abb. 113 Festpostkarte anläßlich der Feierlichkeiten zur Einreihung Augsburgs in den Kreis der Großstädte (nach Überschreitung der Einwohnerzahl von 100 000), 1911

Abb. 114 Textilarbeiter und -arbeiterinnen vor dem Werk Proviantbach der Mechanischen Baumwollspinnerei und -weberei, um 1912

Weimarer Republik sollte sich dies allerdings ändern.

Von ihrer Genese her gesehen, erscheint die Industrialisierung in Anknüpfung an die Bankpolitik des 18. Jahrhunderts (Kattundruck) als der letzte große Wurf Augsburger Kapitals.

Die Industrialisierung

Wie in anderen Regionen dem Bergbau oder der Eisenbahn, so kam in Augsburg der Textilindustrie die Pilotfunktion für die Industrialisierung zu. Ihre Anfänge liegen im Kattundruck und der Maschinenspinnerei des 18. Jahrhunderts. Der Übergang von der Manufaktur zur Fabrik mit der Mechanisierung der Arbeit und dem Einsatz zentraler Antriebskräfte (Turbinen, Dampfmaschinen) geschah fließend[21]. Die bahnbrechenden Erfindungen in der Textilindustrie waren in der zweiten Hälfte des 18. Jahrhunderts in England gemacht worden: die Spinnmaschine von Richard Arkwright (1769), James Hargreaves (1766/70), Samuel Crompton (1779) und der mechanische Webstuhl von Edmond Cartwright (1785). In den achtziger Jahren gelang dem Kaufmann Johann Friedrich Heinle aus Öhringen und dem Maler Anton Mandelmair unabhängig voneinander »mit Hilfe hiesiger Künstler« der Nachbau englischer Spinnmaschinen. Heinle konnte eine Spinnerei im Zucht- und Arbeitshaus einrichten. Er benutzte damals für die Zubereitung der Baumwolle bereits ein Wasserrad als Antriebskraft. Seine ständig verbesserten Spinnmaschinen wurden 1787 und 1791 von der Kunstakademie ausgezeichnet. In den Jahren 1791/92 arbeitete er mit 10 bis 20 Spinnmaschinen und soll 1200 Spindeln in Betrieb gehabt haben[22].
Nach der Stillegung der Spinnerei in der Kriegszeit eröffneten die Gebrüder Heinle mit dem Tuchhändler Matulka eine Baumwollspinnerei »nach englischer Art« mit 3000 Spindeln. Die Fabrik beschäftigte von 1812 bis 1825 zwischen 100 und 120 Arbeiter und hatte einen Absatz von 30 000 fl im Jahr (1812). In den zwanziger Jahren entstanden zwei Schafwollspinnereien (Kraus & Söhne, Vanoni & Vollmuth), zwei Baumwollspinnereien (v. Paris, Fichtner) und mehrere kleinere kurzlebige Betriebe. Die Spinnerei von Vanoni, eine der größten und modernsten Spin-

nereien und Textilmaschinenfabriken in Europa, war 1825 von Cockerill in Searing (Belgien) eingerichtet worden[23]. Dauerhaften Erfolg hatte keines der Unternehmen, da wegen der englischen Konkurrenz und des geringen Zollschutzes die finanzielle Unterstützung »von Seite[n] der Kauf- und Handelsleute« unterblieb[24].
Die entscheidenden Impulse zur Einführung industrieller Großbetriebe in Augsburg kamen vom Kattundruck. Während der napoleonischen Kriege waren die Kattunmanufakturen durch den Verlust der italienischen, englischen und überseeischen Absatzmärkte auf einen kümmerlichen Stand gesunken[25]. Nach der Aufhebung der Kontinentalsperre überschwemmte England die Frankfurter Messe mit »gedruckte[r] und weiße[r] Ware [. . .] zu so niedrigen Preisen [. . .], daß eine Conkurrenz der deutschen Fabrikanten fast an Unmöglichkeit grenzt[e]«[26]. 1795 beschäftigten neun Augsburger Kattunmanufakturen 3700 Arbeiter, 1825 nur noch vier Betriebe ca. 500 Arbeiter. Die kleineren Druckereien gingen unter, 1827 machte J. M. Schüle & Co., die letzte der großen Firmen des 18. Jahrhunderts, mit einem Defizit von 24 900 fl Konkurs. Allein die Unternehmen von Schoeppler & Hartmann, seit 1807 unter der Leitung von Karl Forster, und Wohnlich & Froelich zeigten sich den schwierigen Verhältnissen dieser Jahre gewachsen[27].
Wesentlichen Anteil an dem Erfolg Forsters hatten die beiden Chemiker und Techniker J. G. Dingler und W. H. Kurrer. Dingler aus Zweibrücken hatte sich im Jahre 1800 in Augsburg als Apotheker niedergelassen. Er gründete 1806 eine chemische und 1822 eine Kattunfabrik. Zusammen mit Forster eröffnete er 1822 eine Schnellbleiche, die den Bleichprozeß von mehreren Monaten auf acht Tage verkürzte, und 1823 eine Schwefelsäurefabrik. 1808–1816 gab er zusammen mit Kurrer, der eine Zeitlang das Fabriklabor von Forster leitete, die erste deutsche Zeitschrift für den Kattundruck heraus. 1818 besorgte er die Übersetzung von Bancrofts englischem Färbebuch, dem Standardwerk der Färberei und Bleicherei der damaligen Zeit. Sein »Polytechnisches Journal« (gegründet 1820) war die führende technologische Zeitschrift Deutschlands[28]. Der für den Kattundruck entscheidende hohe Stand des tech-

nischen und chemischen Wissens sicherte Forster einen Informations- und damit einen Konkurrenzvorsprung. Forster führte Anfang der zwanziger Jahre den Walzendruck aus England ein, Sennefelder baute ihm 1823 eine Steindruckpresse, 1839 lieferte der befreundete französische Ingenieur B. Fourneyron die erste Turbine. Die Firma nahm einen ständigen Aufschwung und hatte 1835 einen Wert von 536 000 fl[29].

Nun begannen sich auch die Finanzkreise für die Textilindustrie zu interessieren. Die Untersuchung des Kanalsystems 1833 hatte ergeben, daß nur kanpp 20 Prozent der Wasserkraft gewerblich genutzt waren. Die praktisch kostenlose Antriebskraft dürfte neben dem Kapital der Bankiers die wichtigste Voraussetzung der Industrialisierung gewesen sein. Sämtliche Textilbetriebe Augsburgs ließen sich entlang der Lech- und Wertachkanäle nieder, die Wasserkraft blieb für die Textilindustrie bis in die Weimarer Republik von zentraler Bedeutung[30].

Friedrich Merz, der erste erfolgreiche Gründer[31], kaufte 1836 die Rehsche Sägmühle mit einer Wasserkraftleistung von 83 PS (später 145 PS) und eröffnete 1838 eine Kammgarnspinnerei mit 3000 Spindeln. Zwei Jahre später folgte die SWA, die bei ihrer Inbetriebnahme bereits 752 Arbeiter beschäftigte. Die Fabrikeinrichtung lieferte, wie später auch bei der Kammgarnspinnerei, die Maschinenfabrik André Koechlin & Cie. in Mülhausen. Die leitenden technischen Angestellten und die Mehrzahl der Facharbeiter und Meister beider Firmen waren Franzosen, Elsässer und Schweizer. 1848 beschäftigte die SWA 120 ausländische Arbeitnehmer[32].

Bis 1868 wurden in Augsburg und näherer Umgebung 13 Spinnereien und Webereien, drei Zwirnereien und Nähfadenfabriken, drei Bleichereien und drei wollverarbeitende Betriebe gegründet[33]. Die meisten Unternehmen waren Aktiengesellschaften oder gingen nach kurzer Zeit in Aktiengesellschaften über. Von den Privatunternehmen konnten sich nur die Bleicherei, Färberei und Appreturanstalt Martini (gegründet 1832), die Weberei Nagler (gegründet 1863) und die Spinnerei-Weberei, später Papierhülsenfabrik Rugendas (gegründet 1847) halten. 1873/74 zählten zu den 30 bayerischen Großbetrieben (über 500 Arbeiter) fünf Augsburger Spinnereien und Webereien[34]. Die Textilindustrie war seit den vierziger Jahren zum größten Arbeitgeber der Stadt geworden. Weit langsamer vollzog sich, wie die Statistik zeigt, das Wachstum in den anderen Gewerbegruppen[35].

Vor Einführung der Tabaksteuer 1811 bestanden in Augsburg acht Tabakfabriken mit einem Jahresumsatz von 246 612 fl (300 Arbeiter). Während die älteren Firmen nun verschwanden, errichtete der Lahrer Tabakfabrikant Carl Ludwig von Lotzbeck 1812 in der Schüleschen Fabrik eine Niederlassung. Die Leitung übernahm 1813 sein Schwiegersohn Ludwig Sander. 1825 beschäftigte die Fabrik 60 bis 100, 1840 98 und 1873 94 Arbeiter[36].

Zahl der Beschäftigten nach Gewerbegruppen

	Landwirtschaft		Handel u. Verkehr		Industrie u. Handwerk insgesamt		Textilindustrie		Bedeutendste Industriezweige. Metallverarbeitung, Maschinenbau		Papier Leder		Chemische Industrie	
	abs.	%	abs.	%	abs.	%	abs.	%	abs.	%	abs.	%	abs.	%
1840							2 230		129		32		14	
1847	157	1,4	1 324	12,4	9 147	86,1	4 545	42,7	998	9,3	263	2,4	117	1,1
1861	144	1,0	1 305	9,1	12 835	89,8	5 648	39,5	1 901	13,3	327	2,2	189	1,3
1875	153	0,7	3 019	14,1	18 195	85,1	7 061	33,0	3 316	15,5	534	2,4	304	1,4
1882	84	0,3	3 760	27,7	17 429	81,9	6 783	31,8	3 052	14,3	613	2,8	450	2,1
1895	361	1,0	5 899	17,0	28 241	81,8	9 499	27,5	6 045	17,5	909	2,6	854	2,4
1907	328	0,7	7 878	18,2	34 857	80,9	11 213	26,0	8 030	18,06	1 186	2,7	689	1,5

In der Metallverarbeitung wurde der erste größere Betrieb 1818 durch den Kanonengießer F. J. Reiser errichtet. Mit finanzieller Unterstützung der ehemaligen Tabakfabrikanten Ducrue und Schmid und des aus Savoyen stammenden Kaufmanns Josef Anton Beck wurde die Fabrik planmäßig ausgebaut (Schmelzöfen, Walzwerke, Drahtzüge). Ihr Wachstum verdankte sie unter anderem der königlichen Kanonengießereiwerkstätte in Augsburg. Die Arbeiterzahl stieg von 1831 bis 1873 von 150 auf 261. Im Jahre 1894 wurde das Unternehmen von den Freiherren von Beck aufgegeben. Ingolstadt war seit den siebziger Jahren die Waffenschmiede Bayerns geworden[37].

Das bedeutendste Unternehmen Augsburgs wurde die 1840 von Ludwig Sander gegründete Maschinenfabrik Augsburg, die spätere MAN. Ausgangspunkt seiner Überlegung war, die Antriebsmaschinen für die Textilindustrie, die bisher aus dem Elsaß und Frankreich bezogen wurden, selbst zu bauen. Er hatte das Geld, die technischen Kenntnisse kamen von Gaspard Dollfus, der für Koechlin die Maschinen in der SWA aufgestellt hatte. 1844 verpachtete er die Fabrik an Carl August Reichenbach, den Neffen des Erfinders der Schnellpresse F. König, und an Carl Buz, Reichenbachs Schwager, der einen Teil der Eisenbahnstrecke Augsburg–München gebaut hatte. Die Hauptprodukte der Firma, die 1857 in eine AG mit 600 000 fl Kapital umgewandelt wurde, waren Schnellpressen für den Zeitungsdruck, Wasserturbinen und Dampfmaschinen. Ihren Aufstieg verdankte sie, wie Sander richtig kalkuliert hatte, der Textilindustrie. Von den zwischen 1853 und 1893 in Augsburg aufgestellten 324 Dampfkesseln und -maschinen lieferte die MAN allein 175. Die Arbeiterzahl stieg von 44 (1840), 340 (1860) auf 592 (1873)[38].

Die zweite große Maschinenfabrik wurde 1857 von Ludwig August Riedinger (1809–1879), einem der wenigen Augsburger Unternehmer, der sich aus kleinen Verhältnissen hochgearbeitet hatte, gegründet. Als Sohn eines armen Schneiders kam er, früh verwaist, nach einer Schreinerlehre Ende der zwanziger Jahre als Modellschreiner in die Baumwollspinnerei Heidenheim. Die SWA stellte ihn 1839 als Spinnmeister ein und übertrug ihm 1843 die technische Leitung. 1851 gründete er mit Professor Max Pettenko-fer eine Holzgasgesellschaft und richtete in zahlreichen deutschen und ausländischen Städten die Gasbeleuchtung ein. Als die Gesellschaft 1863 in eine AG umgewandelt wurde, verpflichtete sie sich, alle Apparate und Maschinen von Riedinger zu beziehen. Riedinger beschäftigte damals (1865) bereits 350 Arbeiter (1873: 560 Arbeiter).

Neben diesen mit hohem Kapitaleinsatz gegründeten Großbetrieben entwickelte sich eine Reihe später bedeutender Firmen aus handwerklichen Anfängen: Die Laubsägen- und Uhrfederfabrik von J. N. Eberle (gegründet 1836), die Heizungs- und Röhrenfabrik von Joh. Haag (gegründet 1845), die Fabriken für landwirtschaftliche Maschinen von Engelbert Buxbaum (gegründet 1859) und Karl Epple (gegründet um 1865), das Eisenwerk Gebr. Frisch (gegründet 1867) und die Zahnräderfabrik J. Renk (gegründet 1870). 1873 bestanden einschließlich Beck zehn solcher mittelständischer Unternehmen mit 980 Arbeitern. Die übrigen Gewerbezweige, abgesehen von der 1849 gegründeten Haindlschen Papierfabrik und der Zündholzfabrik Gebr. Buz, blieben bedeutungslos[39].

Für den handwerklichen Bereich brachte die Industrialisierung den Untergang des Weberhandwerks. Bei der Errichtung der SWA konnten die geschickteren Meister noch auf besonders grobe bzw. feine Ware ausweichen, da die ersten mechanischen Webstühle nur mittlere glatte Stoffe liefern konnten. Als die SWA 1845 aber eine Handweberei (1850: 400 Webstühle) und die Haunstetter Weberei 1856 eine Buntweberei einrichtete, war die Zeit des selbstandigen Handwebers vorbei – 1861 löste sich die Zunft auf[40]: Die Zahl der Webermeister war von 440 (1806) auf 101 geschrumpft, von denen nur mehr die wenigsten in ihrem Beruf arbeiteten.

Ganz anders sah die Lage bei den übrigen Handwerkszweigen aus. Hier hatte nicht der Druck der Industrie, sondern eine restriktive städtische Gewerbepolitik aus Eigeninteresse der in den städtischen Kollegien überwiegenden Handwerkskreise die Niederlassung neuer Handwerksmeister erschwert, ja vielfach zu verhindern gewußt. Im Gegensatz zu den freien Gewerben und dem Kleinhandel sank die Zahl der zu Handwerksorganisationen zählenden Meister von 1417 im Jahr 1810 (29 961 Einwohner) auf 1123 im Jahr 1847 (38 206 Einwohner) und schließlich auf 1229 im Jahr 1861 (45 389 Einwohner). Erst die Einführung der Gewerbefreiheit half, den Handwerkerstau abzubauen[41].

Nach der Gründung des Deutschen Reiches hatte die Textilindustrie eine langjährige Krise durchzustehen. Die Annexion Elsaß-Lothringens hatte die Zahl der Spindeln, Webstühle und Kattundruckmaschinen fast verdoppelt, die bis 1878 dauernde Periode des Freihandels der immer noch überlegenen englischen Konkurrenz die Türen geöffnet. Die Spinnerei von J. F. Chur und die Spinnerei-Weberei von J. G. Kraus machten 1877/78 Konkurs. Bei der SWA, die es 30 Jahre lang versäumt hatte, den Betrieb grundlegend zu modernisieren, mußten die Aktionäre 1880/81 auf ihre Dividende verzichten. Die führenden Augsburger Textilindustriellen Albert Frommel (SWA) und Theodor Hassler (Stadtbachspinnerei) bemühten

sich daher seit Beginn der siebziger Jahre, die am Schutzzoll interessierten Kreise zu sammeln, und waren maßgeblich an der Gründung des Centralverbandes Deutscher Industrieller beteiligt[42].

Seit den achtziger Jahren lief die Konjunktur wieder an. Bis zum Ersten Weltkrieg ließen sich fünf Webereien und drei Unternehmen der Bekleidungsindustrie in Augsburg nieder[43]. Die älteren Unternehmen begannen gegen Ende der achtziger Jahre mit dem Ausbau ihrer Kapazitäten, der jährliche Baumwollverbrauch stieg von 1873 bis 1914 auf das Dreifache[44].

Die im Augsburger Raum führenden vier Textilbetriebe – SWA, Stadtbachspinnerei, Kammgarnspinnerei und Zwirnerei Göggingen –, in denen etwa 50 Prozent aller Textilarbeiter beschäftigt waren, erfreuten sich fast durchgehend bester Resultate. Dank einer vorsichtigen Dividendenausschüttung und vor-

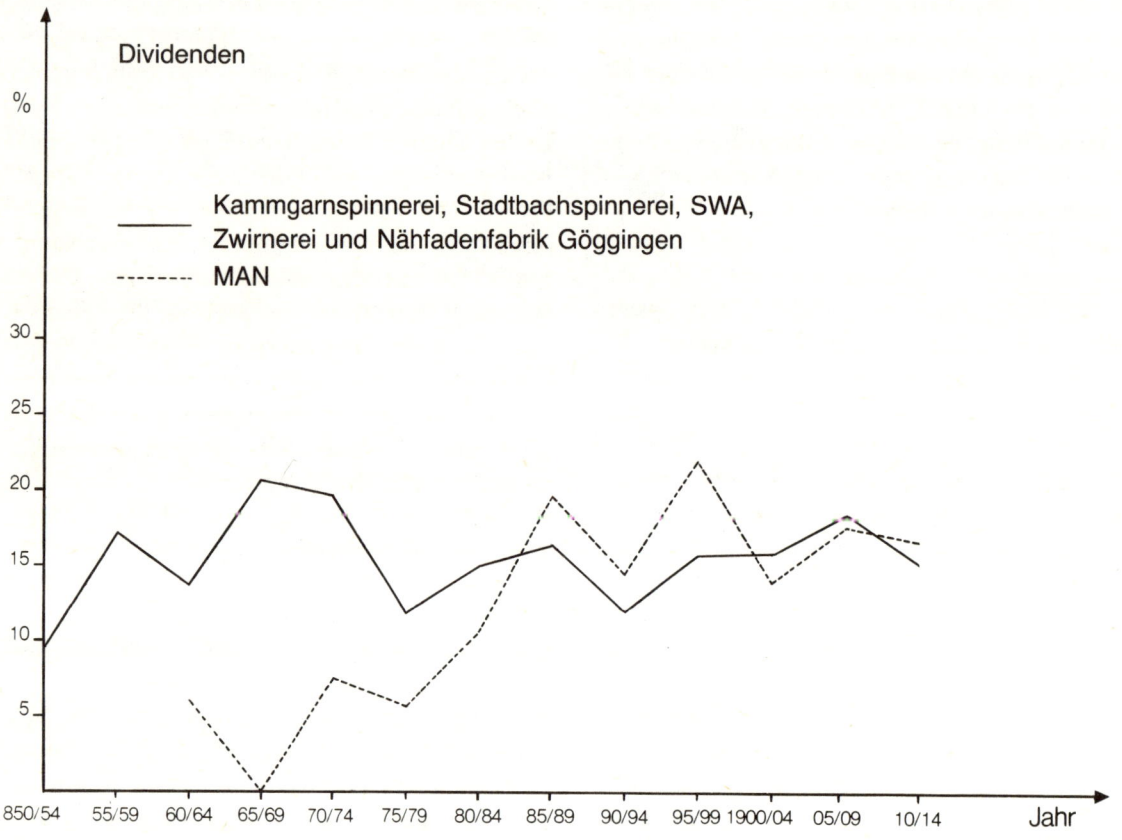

Die Dividendenentwicklung führender Textilbetriebe im Augsburger Raum von 1850 bis 1914

bildlicher innerbetrieblicher Sozialeinrichtungen, die den Firmen, von den kleineren Spinnereien und Webereien nur mit Neid betrachtet, einen hochqualifizierten Arbeiterstamm sicherten, konnten der Arbeitsfrieden und beständige Gewinne gesichert werden[45].

Den größten Sprung nach vorn machte nach 1870 die Metallindustrie. Epple & Buxbaum (1882), Riedinger (1887), Renk (1897) und Haag (1898) erweiterten ihre Kapitalbasis und wurden in Aktiengesellschaften umgewandelt. Bei Eberle trat 1871 der kapitalkräftige Kaufmann W. Ammon als Teilhaber ein[46]. Die MAN hatte sich unter der Leitung von Heinrich Buz (1864–1913) zum größten Unternehmen in Augsburg entwickelt, das seit den achtziger Jahren erhebliche Gewinne vorweisen konnte[47]. 1873 baute es die ersten Rotationsmaschinen, 1876 begann die Produktion von Linde-Kühlmaschinen. Rudolf Diesel konstruierte und erprobte bei Buz von 1893 bis 1895 seinen ersten Motor, zwei Jahre später lief die Fertigung an. 1898 übernahm Augsburg die Cramer-Klettsche Maschinenfabrik Nürnberg. Die MAN besaß 1914 mit 27 Millionen RM das höchste Aktienkapital im deutschen Maschinenbau. Das Wachstum in der Augsburger Metallindustrie war in erster Linie ihr zu verdanken[48].

	Aktienkapital (in 1000 RM)		Schuldverschreibungen (in 1000 RM)	
	Textilindustrie	Metallindustrie	Textilindustrie	Metallindustrie
1865	12 012	1 028		
1872/73	14 620	1 028		
1890	14 368	9 414	5 600	1 850
1900	28 842	21 385	7 755	10 618
1913	26 622	27 600	10 343	32 849

Die oben angeführten sechs Unternehmen beschäftigten 1895 66 Prozent aller Erwerbstätigen in Metallverarbeitung und Maschinenbau. Bis 1907 dürfte ihr Anteil auf 70 Prozent gestiegen sein, eine im Vergleich zu anderen Städten ungewöhnliche Konzentration, welche die Schwäche mittelständischer Unternehmen auch in dieser Branche belegt[49].

Beschäftigte in Maschinenbau und Metallverarbeitung

	Betriebsgröße in Personen		
	bis 5	6–50	über 50
Jahr 1895:			
Augsburg	647	895	4 503
München	3 186	4 694	6 779
Nürnberg	1 809	4 377	9 480
Jahr 1907:			
Augsburg	593	1 175	6 262
München	3 511	6 330	10 775
Nürnberg	2 434	8 315	30 732

Die Fabrikation beschränkte sich auf einige wenige Gebiete – wichtige moderne, ausbaufähige Branchen wie Feinmechanik, Werkzeug- und Werkzeugmaschinenbau und die Elektroindustrie fehlten.

In den anderen Gewerbezweigen zeigt sich nach der Reichsgründung die Tendenz zur Konzentration. Die Papierfabrik Haindl kaufte 1880 die Ehnersche Fabrik, ihren letzten Augsburger Konkurrenten, begann 1888 mit dem Aufbau eines Zweigwerks in Schongau, errichtete von 1907 bis 1911 einen Neubau am Lueginsland und war 1913/14 mit einer Jahresproduktion von 31 095 t der größte Papierhersteller Bayerns. Im Brauereigewerbe entstanden bis 1907 fünf Aktiengesellschaften mit einem Kapital von 8,6 Mio. RM, die meisten kleineren Brauereien verschwanden (75 [1869], 11 [1925])[50]. Mehrere Zündholzfabriken schlossen sich 1882 zur AG Union, Vereinigte Zündholz- und Wichsefabriken zusammen.

Von den neuen Industrieansiedlungen sind zu nennen die Schuhfabrik Wessels in Oberhausen (gegründet 1895), die 1910 in eine AG mit 650 000 RM Kapital umgewandelt wurde (1903: 125 Arbeiter, 1913: 940 Arbeiter) und das Chemiewerk Farbwerke Hoechst, vormals Meister Lucius & Brüning in Gersthofen (gegründet 1902) mit 554 Arbeitern und 32 Angestellten im Jahre 1914[51]. Damit waren die industriellen Gründungen vor dem Ersten Weltkrieg abgeschlossen.

Die wirtschaftliche Führungsschicht beschränkte sich auf einen kleinen, vielfach miteinander verwandten Kreis von Direktoren, Bankiers und reichen Privatiers. Die meisten Fabrikanten, fast ausnahmslos Protestanten, waren im 19. Jahrhundert eingewandert und hatten in die einheimischen Handelskreise eingeheiratet[52]. Die Homogenität der Unternehmer und die aus der Verbundenheit mit der Gemeinde resultierende soziale Verantwortung führten zu einer in anderen bayerischen Städten in diesem Ausmaß unbekannten betrieblichen Sozialpolitik.

Die Arbeiterschaft

Seit der Einführung des Kattundrucks Ende des 17. Jahrhunderts gab es in Augsburg eine unselbständige, lohnabhängige, nicht zur Zunftorganisation gehörige Arbeiterschaft, die, wie der reichsstädtische Rat 1794 feststellte, in das überkommene Sozialgefüge nicht recht paßte: »Fabrikarbeit ist des größeren Theils kein Dienst, kein Handwerk, kein Gewerb, einzig der Wille des Fabrikanten bestimmt ihre Dauer, und der Wille hängt von der Laune, vom Geschäftsgang, von Zeit und Umständen ab [. . .]«[53]. An der Unsicherheit des Arbeitsplatzes und damit der wirtschaftlichen Existenz der Arbeiterschaft änderte sich im 19. Jahrhundert im Prinzip nichts, auch wenn die Unternehmer sich im eigenen Interesse bemühten, einen festen Arbeiterstamm heranzubilden und diesen auch in Krisenzeiten zu halten. Die ebenfalls bereits damals angesprochene Frage nach der sozialen Integration dieser neuen Klasse ist genausowenig eindeutig zu beantworten, wie sich die Arbeiterschaft nach Herkunft, Verdienst, Branche und durch den fließenden Übergang zum Handwerk und später zu den Angestellten uneinheitlich darstellte. Die im 18. und beginnenden 19. Jahrhundert zeitweilig von den städtischen Behörden und sogar vom Handelsstand befürchtete Verarmung breiter Bevölkerungsschichten trat nicht ein, im Gegenteil. Durch das »Stocken« der Kattunfabriken waren Anfang des 19. Jahrhunderts »Hunderte« Fabrikarbeiter entlassen worden und »in bittere Armuth und tiefe Noth versunken«[54]. Die beginnende Industrialisierung verringerte die

Armenzahlen und verschaffte der wachsenden, in Landwirtschaft und Handwerk allein nicht mehr unterkommenden Bevölkerung einen Lebensunterhalt[55]. Die Fabrikarbeit bot den Unterschichten (Taglöhner, Dienstboten, Mägde) erstmals die Möglichkeit, einen eigenen Hausstand zu gründen, sich von der Verfügungsgewalt der Herrschaft (Dienstbotenordnung) zu lösen und zu heiraten. Unterstützt von weitsichtigen Unternehmern sah der Stadtmagistrat in der Fabrikarbeit die gesetzliche Voraussetzung für den Ehekonsens, einen »vollständig und nachhaltig gesicherten Nahrungsstand«, gegeben[56]. Für städtische und ländliche Unterschichten bedeutete die Fabrikarbeit eine Erweiterung der persönlichen Freiheit und einen wirtschaftlichen und sozialen Aufstieg.

Die Mehrzahl der seit den siebziger Jahren zugewanderten Einwohner (1871–1907) stammte aus Schwaben (ca. 50 Prozent) und dem übrigen Bayern (32–33 Prozent); von den Fernwanderern kamen die meisten aus Württemberg (8–9 Prozent).

Im Verhältnis zur Gesamtzahl der Erwerbstätigen stieg der Anteil der Fabrikarbeiter von 44,4 Prozent 1847 (51,4 Prozent 1861) auf 48,3 Prozent 1907/8. Bemerkenswert hoch ist hierbei der Anteil der Frauenarbeit (38 Prozent), der etwa 20 Prozent über dem Reichsdurchschnitt (1882–1907) lag[57]. Der Hauptgrund hierfür lag in den niedrigeren Löhnen der Arbeiterinnen. Der Gründungsplan der SWA von 1837 sah 635 Arbeiterinnen und Kinder mit einem Durchschnittslohn von 100 fl und 117 Arbeiter mit 260 fl im Jahr vor. Im Laufe des 19. Jahrhunderts, vor allem nach der Abschaffung des Prämiensystems (1900), das den guten Arbeiter begünstigte und den schlechten druckte, verringerten sich zwar die Abstände, und Frauen gelangten auch in die höchsten Lohnklassen, die Unterschiede aber blieben bestehen[58].

Durchschnittslöhne der SWA 1911/12

Jugendliche unter 16 Jahren	510 RM
Arbeiterinnen	817 RM
Arbeiter	1031 RM

Im Vergleich zur Metallindustrie, in der fast nur Arbeiter beschäftigt waren, blieben die Löhne in der Textilindustrie, wie das Beispiel der beiden branchenführenden Unternehmen zeigt, deutlich zurück.

	MAN	SWA
1849	363 RM	331 RM
1869/79	826 RM	523 RM
1889/90	1333 RM	669 RM
1911	1385 RM	795/870 RM*

* Durchschnittslöhne in der Spinnerei und Weberei

Dennoch zählten die Löhne der Augsburger Textilindustrie zu den höchsten im ganzen Deutschen Reich[59]. Die relative Armut der Augsburger Arbeiterschaft war also branchenbedingt bzw. lag an der einseitigen Entwicklung der Industrie.

Die Kinderarbeit ging seit den fünfziger Jahren zurück, als die städtischen Behörden begannen, die Einhaltung des Kinderschutzgesetzes von 1840/54 – Beschränkung der Arbeitszeit für 9–12/10–12jährige auf 10/9 Stunden – zu überwachen. 1874 durften Kinder nur mehr sechs Stunden, 14- bis 16jährige zehn Stunden beschäftigt werden. Die reguläre Arbeitszeit betrug in der Textilindustrie bis 1869 13 Stunden; 1869, 1889 und 1905 wurde sie um je eine Stunde verkürzt. Die Augsburger Unternehmer gingen dabei dem größten Teil der deutschen Textilindustrie voran, 1905 sogar gegen den Widerstand des Centralverbands deutscher Industrieller[60].

In der Maschinenbau- und metallverarbeitenden Industrie war die Arbeitszeit durchschnittlich eine Stunde kürzer. Überstunden und Nachtarbeit konnten von den Arbeitern jederzeit verlangt werden, wichtige und zeitaufwendige Reparatur- und Wartungsarbeiten wurden sonntags erledigt. Bei den Feiertagen gelang es den überwiegend protestantischen Unternehmern gegen die Widerstände des bischöflichen Ordinariats, die für die Augsburger Protestanten gültige Feiertagsordnung, verkürzt um weitere vier Tage, durchzusetzen. Dies bedeutete einen Gewinn von elf Arbeitstagen im Jahr[61].

Wie sich die überlangen Arbeitszeiten auf die Arbeiterschaft und insbesondere die Jugendlichen auswirkten, zeigt ein Pfarramtsbericht von 1838 und 1854: »[. . .] Wenn es Nacht wird, kommen sie müde und hungrig nach Hause, denn Mittag haben sie nichts zu essen als ein Stück Brot oder eine Nudel,

die sie morgens von zu Hause mitnehmen, und [sie] müssen die Arbeit stehend verrichten [. . .], so viel darf als gewiß angenommen werden, daß [durch] eine derartige Beschäftigung [Nachtarbeit] Mädchen von 13 bis 18 Jahren – also in der schwebenden Zeit ihrer Entwicklung [. . .] – an Körper und Geist verkrüppeln müssen [. . .] Sollten hiegegen keine Verordnungen und Vorschriften bestehen, so mögen wenigstens die gegen Tierquälerei in Anwendung gebracht werden«[62]. An dem »großen« gesundheitlichen Schaden für die Jugendlichen gab es nach einem Gutachten des Bezirksarztes (1865) keinen Zweifel: »Es zeigt sich dies bereits bei den Neugeborenen der Fabrikmädchen: schon bei der Geburt sind diese Kinder klein, mager und widerstandsunfähiger«[63]. Die Mortalitätsstatistik, in der gewissermaßen sämtliche Lebens-, Wohn- und Arbeitsverhältnisse gebündelt erscheinen, zeichnet einen erschreckenden Befund. In der Arbeitervorstadt Hettenbach herrschten Anfang der siebziger Jahre mit einer Kindersterblichkeit (erstes Lebensjahr) von 80 Prozent seuchenartige Zustände (1880: 47 Prozent, 1890: 45 Prozent, 1910: 26 Prozent), während sie in den bürgerlichen Vierteln der Innenstadt ständig unter 20 Prozent lag. Nur 18 Prozent aller Arbeiterinnen erreichten in dieser Zeit (1872–1874) ein Alter von 50 Jahren. Bei den übrigen Frauen waren es 62 Prozent. Der fehlende Wöchnerinnenschutz, der niedrige Lohn in der Textilindustrie, der die Frauen zum Mitverdienst für den Unterhalt der Familie zwang, und die ungenügenden sanitären und sozialen Einrichtungen in den Arbeitervorstädten waren die Ursachen der geringeren Überlebenschancen[64].

Die Lage der Arbeiterschaft wurde wesentlich mitbestimmt durch den jeweiligen Stand der betrieblichen Sozialeinrichtungen, der sogenannten »Wohltätigkeitseinrichtungen«[65]. Die ersten Krankenkassen wurden von Kattunmanufakturarbeitern bereits im 18. Jahrhundert gegründet. 1819 sprach sich der Handelsstand für die Errichtung obligatorischer Kranken- und Pensionskassen in Fabriken aus, 1826 errichtete die Messingfabrik Beck und 1833 die Kattunfabrik Schöppler & Hartmann Betriebskrankenkassen; die MAN und sämtliche größeren Textilunternehmen folgten in den vierziger und fünfziger Jahren. Der Umfang der Einrichtungen, die von Sparkassen (höherer Zinsfuß), Wohnungsbau, Kranken-, später auch Pensions-, Witwen- und Waisenkassen bis zu Dienstalterprämien reichten, richtete sich nach der wirtschaftlichen Lage des Unternehmens. Die führenden Betriebe hatten bereits vor 1883 den Leistungsstand der Sozialgesetzgebung erreicht, ja überschritten. Auch in der Folgezeit übertrafen bei der Stadtbachspinnerei, der SWA, der Nähfadenfabrik Göggingen und der MAN – für die Kammgarnspinnerei fehlen die Daten – die freiwilligen Aufwendungen die gesetzlichen Leistungen, teilweise fast um das Doppelte. Bis zum Ersten Weltkrieg wurden von elf Unternehmen 1194 Wohnungen errichtet, die Großbetriebe hatten eigene Arbeiterquartiere (billige Miete), in denen bis zu ein Drittel der Belegschaft wohnte. Durch diese Einrichtungen sicherten sich die Betriebe einerseits einen festen und hochqualifizierten Arbeiterstamm und hatten andererseits, da die Mehrzahl der Leistungen jederzeit entzogen werden konnte, eine gewisse Sicherheit für das Wohlverhalten der Arbeiter in der Hand. Zudem wurde dadurch eine einheitliche Ausrichtung der Arbeiterschaft erschwert. Kleinere und mittlere Unternehmen bzw. Betriebe mit schlechter Rendite, die sich diesen Aufwand nicht leisten konnten, klagten dagegen über den »fortlaufend[en] Mangel« an »brauchbaren« Arbeitskräften: »Naturgemäß wenden sich die besseren Arbeitskräfte in verstärktem Maße denjenigen Fabriken zu, in denen durch Pensions- und Unterstützungskassen etc. mehr geboten ist als bei uns«[66].

Die betriebswirtschaftlich wie sozial weitsichtigen Einrichtungen galten im 19. Jahrhundert in Deutschland als vorbildlich, verschafften den Unternehmen bei der Mehrzahl der Arbeiter ein hohes Ansehen und sicherten den Betrieben bis 1914 einen nahezu ununterbrochenen Arbeitsfrieden. Die Anzahl der Streiks war unbedeutend und auf einzelne innerbetriebliche Mißstände und Belange ausgerichtet. Augsburg war seit 1905, ausgehend von der MAN, deren Arbeiterschaft durch die Höhe der Löhne und das Ansehen des Betriebs eine Art Arbeiteraristokratie im Augsburger Raum bildete, ein Zentrum der von Unternehmern gegründeten antigewerkschaftlichen Werkvereine. Zusammen mit den eher auf Ausgleich bedachten Christlichen (3029 Mitglieder) und Hirsch-Dunckerschen Gewerkschaften (1551 Mit-

glieder) übertrafen sie noch 1912 die freien Gewerkschaften (10 805 Mitglieder) in der Mitgliederzahl (11 463)[67]. Die stärkste Stütze dieser konservativen Arbeiterbewegung bildeten die konfessionellen Arbeitervereine, die bis gegen Ende des 19. Jahrhunderts die größte Arbeiterorganisation waren.

Obwohl die freiwilligen Leistungen der Unternehmer die Lage der Arbeiterschaft verbesserten, kann das insgesamt friedliche, an reichsstädtische Behäbigkeit erinnernde, für ein Industriezentrum untypische Gepräge der Stadt über die sozialen Gegensätze und Unterschiede auch innerhalb der Arbeiterschaft nicht hinwegtäuschen. Schwäbisch-augsburgische Mentalität und die feste Verankerung in der Religion als Erbe der paritätischen Tradition mögen sie gemildert und die wirtschaftliche Not eines Teils der Arbeiterschaft dadurch erträglicher gemacht haben. Die branchenspezifische und innerbetriebliche Differenzierung der Arbeiterschaft erschwert ein einheitliches Urteil über ihre Gesamtlage, das Bild bleibt zwiespältig.

1 Zitiert nach Ludwig Lieb: Die Entwicklung der Augsburger Effektenbörse 1818–1896, Augsburg 1930 (Abhandlungen zur Geschichte der Stadt Augsburg 3), S. 6. Zum Folgenden siehe Zorn: Handelsgeschichte, S. 119–175 (grundlegend).

2 BayHStA, MInn 15 255/I: Bericht des Handelsstandes vom 17. 4. 1812.

3 Ebd.: Bericht des Handelsstandes vom 6. 5. 1815.

4 Denkschrift des Handelsstandes vom 10. 11. 1840, zitiert nach Zorn, Handelsgeschichte, S. 123.

5 BayHStA, MInn 15 255/I: Bericht des Handelsstandes vom 17. 10. 1814.

6 Wolfgang Zorn: Johann Lorenz und Benedikt von Schaezler. In: Lebensbilder Schw. 3, S. 372–375.

7 Lieb, Augsburger Effektenbörse, S. 30–47.

8 Adressbücher der Stadt Augsburg 1810, 1816; Neuestes Taschenbuch von Augsburg [...], Augsburg 1830, S. 233 f., 279; Johann Carl Wirth: Augsburg wie es ist! [...], Augsburg 1846, S. 143; Jahresbericht der Handels- und Gewerbekammer 1855, S. 3; Ilse Fischer: Industrialisierung, sozialer Konflikt und politische Willensbildung in der Stadtgemeinde. Ein Beitrag zur Sozialgeschichte Augsburgs 1840–1914, Augsburg 1977 (Abhandlungen zur Geschichte der Stadt Augsburg 24), S. 86.

9 Zorn, Handelsgeschichte, S. 136; vgl. Die Bayerische Hypotheken- und Wechselbank. Festschrift zur Feier ihres fünfzigjährigen Bestehens [...], München 1885, S. 11–17, 24 f., 31–33.

Abb. 115 Werbung für Spenden und Kriegsanleihen während des Ersten Weltkrieges: Das Augsburger Rathaus im Dekor anläßlich des Opfertages 1918

Abb. 116 Bertolt Brecht, 1916 in Augsburg

Abb. 117 Das Augsburger Rathaus als Sitz des Arbeiter-
und Soldatenrats beim Empfang heimkehrenden Militärs,
Spätherbst 1918

Abb. 118 Feldgeschütz der »weißen« Truppen vor dem
Stadttheater nach der Niederwerfung der Rätebewegung,
Ostern 1919

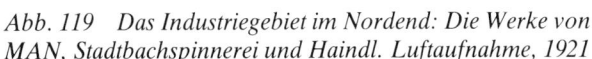

*Abb. 119   Das Industriegebiet im Nordend: Die Werke von
MAN, Stadtbachspinnerei und Haindl. Luftaufnahme, 1921*

*Abb. 120   Friedrich Ackermann, Zweiter Bürgermeister
von Augsburg (1919 – 1933), Initiator der Städtischen Wohnungsbaugesellschaft*

Abb. 121 Angehörige der Augsburger SA auf dem NSDAP-Parteitag in Weimar, 1926

Abb. 122 Die erste Gaugeschäftsstelle der schwäbischen NSDAP im Färbergäßchen (Oktober 1928 bis Januar 1930)

10 Ignatz Rudhart: Über den Zustand des Königreichs Bayern nach amtlichen Quellen, Bd. 2, Erlangen 1827, S. 26–30; Gutachten des Handelsstandes vom 7. 3. 1826, zitiert nach Wolfgang Zorn: Zur Nürnberger Handels- und Unternehmergeschichte des 19. Jahrhunderts. In: Beiträge zur Wirtschaftsgeschichte Nürnbergs, Nürnberg 1967, S. 853 f.

11 Anton J. Liebl: Die Privateisenbahn München–Augsburg (1835–1844). Entstehung, Bau und Betrieb. Ein Beitrag zur Strukturanalyse der frühen Industrialisierung Bayerns, München 1982 (Miscellanea Bavarica Monacensia 103), S. 71–100.

12 Anton Werner: Die Wasserkräfte der Stadt Augsburg im Dienste von Industrie und Gewerbe, Augsburg 1905, S. 18; SWA-Archiv, Protokolle der Generalversammlungen; Friedrich Hassler: Hundert Jahre Mechanische Baumwollspinnerei und Weberei Augsburg [= SWA], Augsburg 1937, S. 21–67, Anhang; Josef Schmid: Die Augsburger Kammgarn-Spinnerei und ihre Stellung in der deutschen Woll-Industrie, Diss. phil. München 1923, S. 52–70; Werner Genzmer: Hundert Jahre Augsburger Kammgarnspinnerei 1836–1936. Ein Beitrag zur Geschichte des deutschen Wollgewerbes, Augsburg 1936, S. 109.

13 100 Jahre Spinnerei und Weberei Kempten 1852–1952, Kempten 1952; Zorn, Handelsgeschichte, S. 145–165; Franz Steffan: Bayerische Vereinsbank 1869–1969: Eine Regionalbank im Wandel eines Jahrhunderts, München 1969, S. 11; Baumwollspinnerei am Stadtbach in Augsburg [...] (1853–1903), Augsburg 1903, S. 3, 18; L. Reh: Zur Geschichte der Baumwoll-Weberei Zöschlingsweiler, Zöschlingsweiler 1913, S. 8–10.

14 Festbericht anläßlich des 50jährigen Bestehens der Mechanischen Baumwoll-Spinnerei und Weberei Kempten, Kempten 1902, S. 3–11, [K. A. Metzger]: 150 Jahre Neue Augsburger Kattunfabrik [NAK] vorm. Schöppler & Hartmann, Augsburg 1931, S. 37. Die Stetten waren ferner im Aufsichtsrat der SWA, der Weberei Zöschlingsweiler und der Baumwollspinnerei am Stadtbach vertreten und hatten sich 1871 an der Augsburger Bank beteiligt.

15 MAN-Archiv, XIII 2 f.; Nachlaß Friedrich Schmid im Besitz der Familie Schubert, Augsburg; vgl. Steffan, Bayerische Vereinsbank, S. 90, 193; Walter Gerlach (Hrsg.): Das Buch der alten Firmen der Stadt und des Industriebezirkes Augsburg im Jahre 1930, Leipzig 1930; Hans Eberlein: 350 Jahre Hasenbrauerei Augsburg 1589–1939, Augsburg 1939, S. 264–268, 286; Friedrich Hassler: Geschichte der L. A. Riedinger Maschinen- und Bronzewaren-Fabrik, Aktien-Gesellschaft Augsburg, Augsburg [1928], S. 150; Handbuch der Süddeutschen Aktiengesellschaften, Berlin, Leipzig und Hamburg 1912.

16 Nachlaß Friedrich Schmid; Friedrich Schmid, Jakob Friedrich und Paul Schmid. In: Lebensbilder Schw. 4, S. 360–380; SWA-Archiv, Varia: Programm zur Gründung einer Baumwollspinnerei 1851; Hermann Seebauer: Die Vereinigten Fabriken landwirtschaftlicher Maschinen vorm. Epple & Buxbaum AG Augsburg, Diss. phil. Würzburg 1924, S. 28–30; NAK-Archiv [K. A. Metzger]: Chronik der Neuen Augsbur-

ger Kattunfabrik 1781–1960, S. 89–107, 237 f. (im Folgenden NAK-Archiv, Chronik). Die Schmids waren außerdem Aufsichtsratsmitglieder folgender Unternehmen: SWA, Mechanische Weberei am Fichtelbach, Augsburger Buntweberei, Ballonfabrik Augsburg, Hotel Drei Mohren, Wohnungsbau GmbH, Augsburger Lokalbahn, Hasenbrauerei, Lech-Elektrizitätswerke, Spinnerei Weberei Kaufbeuren, Augsburger Bank und Bayerische Vereinsbank.

17 S. Rosenbusch: Industriebilanzen, Augsburg 1914; vgl. demnächst Peter Fassl, Kirche Arbeiterschaft und bürgerliche Gesellschaft in Augsburg im 19. und beginnenden 20. Jahrhundert.

18 SWA-Archiv, Varia, Aufsichtsratsprotokoll vom 25. 1. 1843; Hassler, SWA, S. 79–81; Jahresberichte der Handels- und Gewerbekammer 1857, S. 4; 1862, S. 8; 1865, S. 4; 1908, S. 152 f.; Heinrich von Poschinger: Bankgeschichte des Königreichs Bayern 1498–1876, Bd. 4, Erlangen 1876, S. 46 f.

19 Steffan, Bayerische Vereinsbank, S. 90, 93; Nachlaß Friedrich Schmid; Lieb, Augsburger Effektenbank, S. 6. 1875 war die Bank von Heinzelmann & Co. (gegründet 1726) in der Augsburger Bank aufgegangen.

20 BayHStA, MH 5682; Hassler, Maschinenfabrik, S. 62–64; Augsburger Industriebilanzen 1921, hrsg. von der Dresdner Bank, Filiale Augsburg. Aktienzusammenlegungen wurden vorgenommen bei der Baumwollspinnerei am Senkelbach (1871), der Baumwollfeinspinnerei (1887), der NAK (1904), der Maschinenfabrik Riedinger (1906), der Mechanischen Weberei am Fichtelbach (1910) und der Nähfadenfabrik Augsburg vorm. Julius Schürer (1913).

21 Bereits im 18. Jahrhundert benutzten einzelne Kattunfabriken die Wasserkraft zum Antrieb der Druckmaschinen, die erste Dampfmaschine wurde 1824 in der Druckerei der Allgemeinen Zeitung bei der Aufstellung der Schnellpresse eingeführt; vgl. Werner, S. 18; Theodor Goebel: Friedrich Koenig und die Erfindung der Schnellpresse, 2. Aufl. Stuttgart 1906, S. 300–313.

22 Paul von Stetten: Beschreibung der Reichs-Stadt Augsburg [...], Augsburg 1788, S. 122; ders., Kunst-, Gewerb- und Handelsgeschichte der Reichs-Stadt Augsburg, Bd. 2, Augsburg 1788, S. 75 f.; [Anonym]: Ueber Augsburg. Gegen die unwahre Darstellung dieser Reichsstadt in dem geographisch statistisch topographischen Lexikon von Schwaben, Augsburg 1791, S. 69 f.; [Anonym]: Beleuchtung der in dem Ulmer geographischen Lexikon von Schwaben enthaltenen sehr anzüglichen Stellen die löbliche Reichsstadt Augsburg betreffend [...], Augsburg 1791, S. 45; Elisabeth Bäuml: Geschichte der alten reichsstädtischen Kunstakademie von Augsburg, Diss. phil. München 1951, Anhang C; Zorn, Handelsgeschichte, S. 66.

23 BayHStA, MInn 15 255/I; StAA, Weberakten: Faszikel, Auszüge aus Weberakten 15.–19. Jahrhundert; Ferdinand August Oldenburg: Die Fabriken von Augsburg und Blicke auf die europäischen Industrie- und Gewerbeausstellungen, Augsburg 1850, S. 21; Josef Grassmann: Die Entwicklung der Augsburger Industrie im 19. Jahrhundert. Eine gewerbliche Studie,

Augsburg 1894, S. 5, 18 f.; Rudhart, Königreich Bayern, Bd. 2, S. 52, 57; M. Mayer: Übersichtliche Darstellung der Statistik des Oberdonaukreises [...], Augsburg 1832, S. 14; Neuestes Taschenbuch von Augsburg [...], S. 280–282.

24 StAA, Weberakten, Faszikel, Auszüge Weberakten 15.–19. Jahrhundert; BayHStA, MH 5521. Wie wenig Interesse kapitalkräftige Kreise am Textilgewerbe hatten, zeigt die Geschichte des Mechanikers Rief, der 1820 eine Spinnmaschine mit 18 Spindeln konstruierte, die nach Gutachten Sachverständiger »sehr gute« Garnqualität lieferte. Rief, der sein ganzes Vermögen in die Konstruktion der Maschine gesteckt hatte, fand weder private noch öffentliche Geldgeber zur Errichtung einer Spinnerei; er starb wenige Jahre später völlig verarmt.

25 BayHStA, MInn 15 255/I; StAA, AK 2, Nr. 1126 (freundlicher Hinweis von Frau Ulrike Laufer); Weberakten: Faszikel, Streit der Weber, Cottondrucker, Fabrikanten 1794, Nr. 14; Pius Dirr: Augsburger Textilindustrie im 18. Jahrhundert. In: ZHVS 37 (1911), S. 101; Mayer, S. 14; Rudhart, Königreich Bayern, Bd. 2, S. 52, 67; Oldenburg, Fabriken von Augsburg, S. 12 f.; NAK-Archiv, Chronik, S. 65–67. Die Angaben von 1813/1815 sind Durchschnittszahlen; der Arbeiterstand schwankte zwischen 438 und 634 bzw. 650 und 841.

26 BayHStA, MInn 15 255/I: Bericht des Handelsstandes vom 16. 10. 1815.

27 Siehe Anm. 25; Skizze eines merkwürdigen Momentes aus der Insolvenz-Geschichte des Hauses J. M. Schüle und Comp. in Augsburg, Augsburg 1827. Ende der zwanziger Jahre bestanden nur noch die Firmen von Schöppler & Hartmann (gegründet 1883), Wohnlich & Froelich (gegründet 1786) und J. G. Dingler (gegründet 1822).

28 Vgl. Polytechnisches Journal 138 (1855), S. 396–400.

29 NAK-Archiv, Chronik, S. 19 f., 52–60; Wilhelm Heinrich von Kurrer und K. J. Kreutzberg: Geschichte der Zeugdruckerei [...], Nürnberg 1849, S. 112, 120 f., 126, 128 f., 132.

30 Wolfgang Freyer: Die Standortverhältnisse des Industriegebietes von Augsburg unter besonderer Berücksichtigung eines Wasserstraßenanschlusses, Diss. phil. München 1939, S. 37 f.

31 Grassmann, Augsburger Industrie, S. 25 f. Zwischen 1835 und 1840 wurden sieben Spinnereien und eine Weberei ohne nennenswerten Erfolg gegründet.

32 BayHStA, MH 5678; SWA-Archiv, Aufsichtsratsprotokoll vom 13. 3. 1848; Die Mechanische Baumwoll-Spinnerei und Weberei [1840–1890], Augsburg 1890, S. 5–8; Schmid, Kammgarnspinnerei, S. 78, 80, 84.

33 Wolfgang Dey: Die Entstehung und Entwicklung der Augsburger Textilindustrie unter besonderer Berücksichtigung der weltwirtschaftlichen Beziehungen (1633–1914), Diss. phil. München 1947, S. 49 a/b; Fritz. R. Dietz: Hundert Jahre Lembert, Stuttgart [1961].

34 Ergebnisse einer Erhebung über die in bayerischen Fabriken und größeren Gewerbebetrieben zum Besten der Arbeiter getroffenen Einrichtungen, München 1874, S. 7, 82 (im Folgenden: Ergebnisse). Die größten Betriebe waren damals die Baumwollspinnerei am Stadtbach (1073 Arbeiter), die Kammgarnspinnerei (899 Arbeiter), die SWA (929 Arbeiter), die Baumwollfeinspinnerei (545 Arbeiter), die Weberei von L. A. Riedinger (790 Arbeiter) und Schöppler & Hartmann (426 Arbeiter).

35 StAA, AK 2, Nr. 1126; Die Mechanische Baumwoll-Spinnerei und Weberei 1840–1890, Anhang; Fischer, S. 53.

36 BayHStA, MInn 15 255/I; StAA, AK 2, Nr. 1126; AK 4, Nr. St 32; Richard Ledermann: Zur Geschichte des Tabakwesens in Augsburg. In: ZHVS 37 (1911), S. 119–138; Zorn, Handelsgeschichte, S. 126; Rudhart, Königreich Bayern, Bd. 2, S. 86.

Zahl der Tabakarbeiter

1810	ca. 300	1816	180
1812	148	1820	ca. 70
1814	132	1852	120–140

37 StAA, AK 4, Nr. A 159; AK 11, Nr. 350; Zorn, Handelsgeschichte, S. 135; Ergebnisse, S. 80.

38 Hermann-Josef Rupieper: Arbeiter und Angestellte im Zeitalter der Industrialisierung: Eine sozialgeschichtliche Studie am Beispiel der Maschinenfabriken Augsburg und Nürnberg (MAN) 1837–1914, Frankfurt und New York 1982, S. 18–36, 257; Otto Bitterauf: Die Maschinenfabrik Augsburg-Nürnberg (M.A.N). Ihre Begründung und Entwicklung bis zum Anschluß an den Konzern der Gutehoffnungshütte, Nürnberg 1924, S. 63 ff.; Freyer, Standortverhältnisse, S. 37.

39 Hassler, Maschinenfabrik, S. 9 ff.; Zorn, Handelsgeschichte, S. 168 f.; ders., Ludwig August und August Riedinger. In: Lebensbilder Schw. 4, S. 381–394; Ergebnisse, S. 78–82. 125 Jahre Johannes Haag 1743–1868, Augsburg 1868.

40 StAA, Weberakten. Nr. 82, 93, 94 a, 94 b, 876; Dirr, S. 102–106, Zorn, Handelsgeschichte, S. 128 f., 162 f.; Rudhart, Bd. 2, 567.

41 Georg Mayr: Ueber die Grenzen der Vergleichbarkeit statistischer Erhebungen mit einer Skizze der Entwicklung des Handwerks in den Bayerischen Städten diesseits des Rheins, München 1866, S. 15, 34, 39; StAA, AK 4, Nr. G 204. Die Frage nach der Gesamtlage des Handwerks läßt sich wegen der unterschiedlichen Entwicklung der einzelnen Branchen und fehlender Vorarbeiten noch nicht beantworten.

42 Friedrich Hassler: Theodor Ritter von Hassler 1828–1901. In: Lebensbilder Schw., Bd. 9, München 1966, S. 352–383; Grassmann, S. 78–85. Nach einer Aufstellung der Société Industrielle in Mühlhausen waren 1868 in Elsaß-Lothringen 2 131 744 Spindeln, 48 536 Webstühle und 100 Druckmaschinen aufgestellt. Den Bestand des Zollvereins schätzte man auf 3 250 000 Spindeln, 37 000 Webstühle und 100 Druckmaschinen.

43 Weberei M. S. Landauer (1876), Mechanische Weberei am Mühlbach (1887); Buntweberei M. Triepke (1888), seit 1897 Bemberg; Trikotwarenfabrik (1889), seit 1896 Raff & Söhne; Weberei Wilhelm Buz & Söhne (1895); Herren- und Damenwäschefabrik von Friedmann & Dannenbaum (1872) und Lammfromm und Biedermann (1880); Herrenkleiderfabrik Pflaunlacher und Schwab (1876).

44 Freyer, Standortverhältnisse, S. 71.

45 SWA-Archiv, Aufsichtsratsprotokolle, Bilanzen; Rupieper,

Arbeiter und Angestellte, S. 257; Firmenarchiv Ackermann, K. 17; Baumwollspinnerei am Stadtbach (1853–1903), Anhang; Schmid, Kammgarnspinnerei, S. 194 f.; Augsburger Industriebilanzen 1921; Jahresbilanzen (1891–1896), zusammengestellt vom Bankgeschäft Gebr. Bühler in Augsburg, Augsburg 1897. Die Graphik enthält die Dividenden der SWA (1850–1914), der Baumwollspinnerei am Stadtbach (1854–1903; 1905/1906; 1908; 1910–1914), der Kammgarnspinnerei (1891–1907; 1910–1914), der Zwirnerei und Nähfadenfabrik Göggingen (1882; 1884–1896; 1899/1900; 1903/1904; 1905–1914) und der MAN (1861; 1865/1866; 1872/1873; 1875–1878; 1881–1914).

46 S. Rosenbusch, Industriebilanzen; J. N. Eberle & Cie., Fabrik von Laubsägen und Uhrfedern in Augsburg-Pfersee 1836–1906, Augsburg 1906.

47 Rupieper, Arbeiter und Angestellte, S. 257; Louis Feßmann: Die sozialen Einrichtungen der Mech. Baumwollspinnerei und Weberei in Augsburg, Augsburg 1911; SWA-Archiv, Varia; Die Mechanische Baumwoll-Spinnerei und Weberei (1840–1890), Anhang.

48 Wilfried Feldenkirchen: Zur Kapitalbeschaffung und Kapitalverwendung bei Aktiengesellschaften des deutschen Maschinenbaus im 19. und beginnenden 20. Jahrhundert. In: VSWG 69 (1982), S. 48; Jahresberichte der Handels- und Gewerbekammer 1865, Anhang; 1872/1873, S. 78 f.; 1901, Anhang II; S. Rosenbusch, Industriebilanzen; Augsburger Industriebilanzen 1921.

49 Fischer, Industrialisierung – sozialer Konflikt, S. 53; IHK-Archiv, Kassenbuch des Industrievereins; Rupieper, Arbeiter und Angestellte, S. 257; Seebauer, Die Vereinigten Fabriken, Anhang; 125 Jahre Johannes Haag; J. N. Eberle & Cie. 1836–1906; Führer durch Augsburgs Industrie und Handel, hrsg. vom Verkehrsverein Augsburg, Augsburg 1925, S. 46 f.; Hassler, Maschinenfabrik, Anhang; Beiträge zur Statistik des Königreichs Bayern, Bd. 80, S. 4 f., 32 f., 182 f.

50 Karl Alexander von Müller: Hundert Jahre G. Haindl'sche Papierfabriken Augsburg, Augsburg 1949; Klopfer, S. 175, 193–203, Tafel 1.

51 25 Jahre Wessels, Augsburg 1920; Werkarchiv Höchst-Gersthofen, Chronik; Führer durch Augsburgs Industrie, S. 3.

52 Die einzigen katholischen Unternehmer waren die Familien Haindl aus der Oberpfalz, Martini aus Württemberg und der Allgäuer Engelbert Buxbaum.

53 StAA, Weberakten: Faszikel, Streit der Weber, Cottondrucker, Fabrikanten 1794, Nr. 14: Gutachten der Deputation in Webersachen v. 21. 2. 1794.

54 BayHStA, MK 23751; BiAA, BO 1976.

55 BayHStA, MInn 15255/I; StAA, AK 17, Nr. 664; Verwaltungsberichte des Stadtmagistrats 1868–1910; August Hessel, Das öffentliche Armenwesen in Augsburg und den später eingemeindeten Vororten 1800–1870, Diss. phil. München 1920, Tab. IV.

Jahr	Armenstatistik	
	Arme*	% der Bevölkerung
1811	2109	7,1
1813	2620	8,8
1816	2707	9,1
1820	2314	7,7
1830	2228	7,6
1840	1831	4,9
1850	1635	4,2
1870	1567	3,0
1890	1970	2,6
1910	3793	3,7

* Dauernd und vorübergehend Unterstützte

56 Gesetz über Ansässigmachung und Verehelichung vom 11. 9. 1825/1. 7. 1834 § 2/IV; StAA, AK 3, Nr. 705, AK 10, Nr. 1611. Die Verehelichung wurde erst 1868 (weitgehend) freigegeben.

57 Siehe Anm. 35; Gerd Hohorst u. a.: Sozialgeschichtliches Arbeitsbuch, Bd. 2, 2. Aufl., München 1978, S. 66.

58 SWA-Archiv, Varia. Das maximale Lohngefälle unter den Arbeitern verringerte sich von 1:10 (1837) auf 1:4 (1912).

59 Die Mechanische Baumwoll-Spinnerei und Weberei Augsburg, Anhang; Werner Foth: Soziale Chronik aus 100 Jahren M.A.N., Nürnberg 1943, Anhang 1, 8, 10; Rupieper, Arbeiter und Angestellte, S. 277 f.; Grassmann, Augsburger Industrie, S. 163–170; Freyer, Standortverhältnisse, S. 48 f.

60 Axel Schnorbus: Arbeit und Sozialordnung in Bayern vor dem Ersten Weltkrieg (1890–1914), München 1969 (Miscellanea Bavarica Monacensia 19), S. 66.

61 Vgl. demnächst Peter Fassl, Kirche, Arbeiterschaft und bürgerliche Gesellschaft in Augsburg im 19. und beginnenden 20. Jahrhundert.

62 PfarrA Lechhausen-St. Pankratius, Akt: Pfarrer; StAA, AK 10, Nr. 1677.

63 StAA, AK 5, Nr. 674.

64 Peter Fassl: Die Errichtung der Arbeiterpfarrei St. Josef in Augsburg, in: JVABG 16 (1982), S. 241; StAA, AK 4, Nr. A 153; Fischer, Industrialisierung – sozialer Konflikt, S. 139–141.

65 Zum Folgenden s. Grassmann, Augsburger Industrie, S. 187–222; Fischer, Industrialisierung – sozialer Konflikt, S. 192–219; demnächst Fassl, Kirche, Arbeiterschaft und bürgerliche Gesellschaft.

66 Archiv der Spinnerei und Weberei Pfersee: Bericht des Direktors Weirater an den Aufsichtsrat v. Februar 1903.

67 StAA, AK 10, Nr. 1664; Fischer, Industrialisierung – sozialer Konflikt, S. 357–361.

Musik im 19. Jahrhundert

von Franz Krautwurst

Die Wirren der Koalitionskriege, die Säkularisation des Fürstbistums und der Klöster (1803), nicht zuletzt aber das Ende der reichsstädtischen Herrlichkeit (1806) führten auch im musikalischen Leben Augsburgs zu fühlbarer Abnahme der vielschichtigen Aktivitäten und empfindlichem Absinken des Kunstniveaus. Indessen erwiesen sich die ungünstigen Auswirkungen der politischen Ereignisse auf die Musikpraxis der Stadt als eine nur vorübergehende Erscheinung und betrafen im Gegensatz zur musikalischen Kultur auf dem Lande lediglich mehr die wirtschaftliche Lage der Bevölkerung und ihres Gemeinwesens. Noch war das Stadtbürgertum stark genug, in angespannter Zusammenfassung der Kräfte beeindruckende Leistungen zu zeitigen, neue Formen der Musikpflege zu finden, den im Zuge des romantischen Historismus aufkommenden Restaurationsbestrebungen ein Tor zu öffnen und auch dem Wandel der Sozialstruktur im Zeitalter der Industrialisierung musikalisch Rechnung zu tragen. Vor allem aber vermochte die sich neu ordnende, nunmehrige Kreishauptstadt dem kulturellen Sog der Landesmetropole München weitgehend zu widerstehen und damit einem Absinken in reinen Provinzialismus bis zu einem gewissen Grade Einhalt zu gebieten[1].

Eine Brucke aus der vorausgehenden Epoche in die neue Zeit schlugen die seit 1795 unter Hofkapellmeister Friedrich Anton Ploedterl (1769 – nach 1812) abgehaltenen Konzerte in der bischöflichen Residenz, die bis zum Tode des Kurfürsten Clemens Wenzeslaus (1812) stattfanden und in denen neben übriggebliebenen Instrumentalisten der einstigen kurtrierischen Hofkapelle und Augsburger Berufsmusikern auch Dilettanten, vorwiegend aus Adelskreisen, mitwirkten[2]. Konnte in der Kirchenmusik beider Konfessionen die Kontinuität in der vollen Höhe aufführungspraktischer Möglichkeiten und künstlerischen Anspruchs auch durch jene Männer nicht ganz gewahrt werden, die wie Franz Bühler, Ernst Häußler und Matthäus Fischer zwar in der Spätklassik wurzelten, aber noch weit ins neue Jahrhundert hineinwirkten, so erwuchs der Musikpflege ein um so stärkeres Rückzugsgebiet im Bereich des Amateurmusizierens. Den von Häußler seit 1803 geleiteten Liebhaberkonzerten folgten 1812–1829 solche des Chorregenten von St. Moritz und späteren Domkapellmeisters Carl Bonaventura Witzka (1768–1848). 1816 wurde die »Harmoniegesellschaft«, 1839 der »Musikliebhaberverein« gegründet. Abonnementskonzerte, deren Orchester nicht immer ganz befriedigten und die bisweilen nur mäßig besucht waren, leitete seit 1830 der als Kapellmeister an das Theater berufene Georg Valentin (Vinzent) Röder (1780–1848), von 1834 bis 1837 sein Nachfolger Hippolyte André Chelard (1789–1861), ein Schüler Cherubinis, der dann als Weimarer Hofkapellmeister der Vorgänger Franz Liszts wurde. Zeitgenössische Kantaten und Oratorien mit frühromantischem Einschlag standen im Mittelpunkt dieser Konzerte. Immerhin zog die Stadt auch eine größere Anzahl reisender Virtuosen an, unter ihnen vor allem so bedeutende Geiger wie Josef Labitzky (1824), Charles Philippe Lafont (1831), Bernhard Molique[3], Ole Bull (1839)[4] und Henri Vieuxtemps; im November 1830 gab sogar Niccolò Paganini mehrere Konzerte[5]. Selbst der bedeutendste Klarinettist der Romantik, Heinrich Baermann, gastierte mit seinem Sohn Carl Ende 1839 in Augsburg[6], und im zweiten Jahrhundertdrittel ließen sich nahezu alle großen Pianisten der Zeit in der Stadt hören, angefangen bei Friedrich Kalkbrenner (1838)[7] und Ignaz Moscheles über Franz Liszt (1843)[8] bis zu Sigismund Thalberg und Clara Schumann. Neue Eindrücke anderer Art vermittelte um 1840 die bekannte Militärkapelle des später neben Johann Strauß als Tanzkapellmeister zu Weltruhm gelangten Josef Gungl (1810–1889)[9].

In enger, belebender Verbindung mit dem öffentlichen Musikbetrieb des Vormärz stand 1830–1833 der als jugendlicher Klaviervirtuose nach Augsburg verschlagene Komponist Stephen Heller (1813–1888)[10]. Er genoß die großzügige Förderung des Grafen Friedrich Fugger-Kirchheim-Hoheneck und wurde von Chelard musikalisch unterwiesen. Mit Robert Schumann, in dessen »Neuer Zeitschrift für Musik« er 1836/37 unter dem Davidsbündler-Decknamen *Jeanquirit* in sehr kritischer Haltung über die Augsburger Konzerte berichtete[11], pflegte er damals eindringlichen Gedankenaustausch, bis er sich 1838, nach dem Tod seines Gönners Fugger, für immer in Paris niederließ. Auch die führenden Kirchenmusiker der Stadt waren mit unterschiedlichem Anteil in das öffentliche Musikleben integriert. Häußlers Nachfolger als evangelischer Musikdirektor wurde 1837 Carl Ludwig Drobisch (1803–1854)[12], der neben seinem Kirchenamt fortan mit wechselndem Erfolg Symphoniekonzerte und größere Oratorienaufführungen leitete, wie sich denn Augsburg überhaupt – und zwar mehr der Quantität als der Qualität nach – im 19. Jahrhundert als eine süddeutsche Hochburg der Oratorienpflege erwies[13]. Drobisch war hier gleichfalls der letzte Vertreter der Kirchenkantate; nach der Verbannung der Instrumente (außer der Orgel) aus den evangelischen Gotteshäusern der Stadt durch puristische Synodalbeschlüsse legte er seine Stelle nieder und widmete sich nur noch der Komposition. Als einstiger Münchener Schüler Caspar Etts, des Wiedererweckers der Vokalpolyphonie des 15./16. Jahrhunderts, stand er den kirchenmusikalischen Restaurationsbestrebungen des Cäcilianismus nahe und suchte in seinen über 200 geistlichen Kompositionen eine Synthese des strengen *stile antico* mit dem symphonischen Kirchenstil der Zeit. Obwohl er dabei der Gefahr der Langatmigkeit und Monotonie oder des Eklektizismus nicht immer entging, waren besonders seine katholischen Kirchenwerke damals in Süddeutschland und Österreich, namentlich in der Benediktinerabtei Kremsmünster[14], beliebt und verbreitet.

Die Domkapellmeister nach Witzka sind zu ihrer Zeit ebenfalls geschätzte, in einem Drobisch verwandten Geiste wirkende Komponisten gewesen. Johann Michael Keller (1800–1865)[15], ein Schüler Bühlers und als Organist, Chorregent und Musiklehrer an St. Georg, St. Ulrich und St. Stephan tätig, bevor er 1839 das hohe Amt antrat, erlangte Berühmtheit durch sein erst 1881 gedrucktes, im Volksmund schlicht »Kontrapunkt« genanntes *Canticum Zachariae* für Doppelchor und Soloquartett, das alljährlich am Karfreitag ausschließlich im Dom aufgeführt wurde und Kunstfreunde aus nah und fern anzog. Ihn löste sein Schüler Carl Kempter (1819–1871)[16] ab, der auch für einfachere Verhältnisse zu komponieren verstand und wegen seiner Hinneigung zu einer volkstümlicheren Linie, der er ebenso als Herausgeber deutscher Kirchenlieder für die Diözese Augsburg verbunden blieb, später von den strengen Cäcilianern bekämpft wurde. Seine *Pastoralmesse* mit Orchester gehört noch heute, besonders zur Weihnachtszeit, in Stadt und Land zu den meistaufgeführten Werken der Gattung. Kempters Nachfolger als Domkapellmeister wurde 1871 sein Schüler Carl Kammerlander (1828–1892)[17]. Er war seit 1843 Organist und Chordirigent an St. Maximilian, seit 1867 in gleichem Amt an St. Moritz gewesen und schrieb melodiöse Kirchenmusik, die in den katholischen Gebieten Bayerns, vor allem auf dem Lande, sehr geschätzt war. Sein besonderes Interesse wandte er dem Laienchorwesen zu. Als Bundeschormeister des Schwäbisch-Bayerischen Sängerbundes schuf er eine stattliche Anzahl von Werken für Männerchor, von denen viele Gemeingut der schwäbischen Sängerschaft wurden. Ein in breite Schichten der Bevölkerung wirkender Komponist war auch Donat Müller (1804–1879)[18] aus Biburg, den der Unterricht bei Franz Bühler in Gesang und Komposition, bei Matthäus Fischer im Orgelspiel und bei Georg Valentin Röder in Komposition und Dirigieren geprägt hatte. Seit 1816 Chorknabe am Dom, wurde er schon 1820 Organist bei St. Georg, wirkte als solcher 1825–1835 an St. Maximilian und dann als Chorregent wieder an St. Georg, bis er 1839 zum Musikdirektor bei St. Ulrich und Afra aufrückte. Seine sauber gearbeiteten und viel gesungenen, zum Teil bis nach Amerika verbreiteten Messen und kleineren Kirchenstücke zeichnen sich nicht gerade immer durch besondere Tiefe aus; doch schrieb er beachtenswerte Passionsoratorien, von denen die beiden gedruckten, *Der Tod Jesu* op. 126 und *Christus am Ölberg* op. 129, in vielen

Städten zur Aufführung kamen, während die nur handschriftlich überlieferte *Musik zu der Leidens- und Todesgeschichte Jesu* 1837 und später sogar in dem kleinen Pfarrdorf Thaining bei Landsberg gespielt wurde. Neben seinem kompositorischen Wirken, das auch Männerchöre und die Musik zu Volksschauspielen Christoph von Schmids einschloß, trat Müller als Autor und Herausgeber von Orgelwerken, deutschen Volksgesangbüchern und musiktheoretischen, vor allem für den Lehrerstand bestimmten Schriften hervor.

Die meisten Werke der genannten Komponisten erschienen in dem 1803 durch Andreas Böhm gegründeten, noch heute bestehenden Augsburger Musikverlag Anton Böhm & Sohn[19], der das nach 1795 am Ort führende Verlagshaus Johann Carl Gombart[20] – das noch zahlreiche frühe Kompositionen Carl Maria von Webers herausgebracht hatte – bald überrundete und als der weltweit bedeutendste Kirchenmusikverlag des 19. Jahrhunderts in gewisser Weise das Erbe des Unternehmens Lotter antrat.

Wesentliche Voraussetzungen der wiederaufblühenden urbanen Musikkultur Augsburgs nach 1800 waren ein neuer Repräsentationsanspruch und ein ständig gesteigertes Bildungsideal des gehobenen Bürgertums, aber nicht minder auch die allgemeine Aufgeschlossenheit breiter Schichten der Bevölkerung für Musik überhaupt. Vom Beginn der bayerischen Zeit an kam daher nicht nur dem privaten, sondern insbesondere dem im Rationalismus des 18. Jahrhunderts zurückgedrängten Musikunterricht in der Schule erneute Bedeutung zu, namentlich, seit eine planmäßig aufgebaute Lehrerbildung[21] die Grundlage für den Gesangsunterricht schon in der Volksschule schuf. An dem »vereinigten Gymnasium St. Anna« (1807–1828)[22] und dann – nach wiedereingeführter konfessioneller Trennung – an den Gymnasien St. Anna und St. Stephan war Musik zwar nur Wahlfach, doch wurde hier dem Unterricht im Singen und in ersten Ansätzen auch bereits dem Instrumentalunterricht besondere Förderung zuteil, zumal seit 1815 ein »Musikverein für die Studienanstalt« bestand. Eine führende Rolle in der Schulmusik und darüber hinaus in der musikalischen Volksbildung im allgemeinen spielte der Schulreferent für Schwaben und Neuburg Joseph Carl von Ahorner (1791–1875)[23],

der »schwäbische Studenten- und Lehrervater«. Als Sohn eines Arztes aus Tiroler Adel in Wien geboren, kam er mit seiner Familie 1793 nach Augsburg, durchlief seit 1803 die Klassen des katholischen Gymnasiums St. Salvator und die letzte im vereinigten Gymnasium St. Anna, studierte seit 1808 in Innsbruck, Landshut und Erlangen, wo er zum Dr. juris utriusque promovierte, und war dann an verschiedenen Stellen im höheren Verwaltungsdienst tätig, bis er ab 1827 bei der Regierung von Augsburg 42 Jahre lang das Referat für Studien- und Schulangelegenheiten betreute. Er beteiligte sich schon als Schüler und Student aktiv am Musikleben, trat dreizehnjährig bereits als Klavierist und Spieler aller Streichinstrumente in der Hofmusik des Kurfürsten Clemens Wenzeslaus auf und wirkte danach in leitender Funktion bei der Gründung und Organisation der verschiedenen Liebhaberkonzerte und der sich später bildenden Gesangvereine. Überhaupt fand sich »seit dem zweiten Decennium dieses Jahrhunderts nicht leicht ein Musikunternehmen in Augsburg, dem er nicht anregend und fördernd nahegestanden wäre«. Sein Hauptverdienst lag in der Leitung der Kirchenmusik an der damaligen Studienkirche St. Peter und seit 1829 an der Stifts- und Studienkirche bei St. Stephan, ein Ehrenamt, das er bis zu seinem Tode beibehielt und in dem er fast ein halbes Jahrhundert lang bei beständigem Wechsel der Schüler- und Studentenschaft in Chor und Orchester beispielhaft bemüht war, neben den Meisterwerken altklassischer Vokalpolyphonie stets die besten der zeitgenössischen geistlichen Kompositionen aufzuführen und so den Sinn für die Würde und Angemessenheit der *Musica sacra* zu schärfen. Der Forderung Ahorners, die Musik über die fachlich-praktische Ausbildung hinaus in den allgemeinen Bildungsgang einzubeziehen, hatte schon 1826 der Militärmusikdirektor Wilhelm Stössel in seinem Plan zu einer öffentlichen Musikschule mit organisiertem Instrumentalunterricht entsprochen, doch war damals die Zeit dafür noch nicht reif. Auch die bereits 1835 geplante und vom Stadtmagistrat unterstützte, aber erst gegen 1849 voll zur Entfaltung gekommene »Öffentliche Singschule« Donat Müllers, an der um 1859 täglich bis zu 50 Zöglinge unterrichtet wurden, stand in erster Linie im Dienste einer allgemeinen musikalischen Volksbildung.

Am stärksten und nachhaltigsten sprach sich jener Repräsentations- und Bildungsanspruch des Bürgertums in einem Bereich aus, der sich erst im frühen Vormärz allmählich entwickelte, um dann zu einer der wesentlichsten musikalischen Lebensäußerungen des 19. Jahrhunderts schlechthin zu werden und eine volkstümliche Breitenwirkung von ungeahnten Ausmaßen zu erlangen, die bisweilen alle Zeichen einer politisch inspirierten Massenbewegung an sich trug: im Laienchorwesen[24]. Ursprünglich reiner Männergesang, lagen die Wurzeln des Chorwesens auch in Augsburg einerseits in Johann Heinrich Pestalozzis und Hans Georg Nägelis Ideen von der Musik als Mittel der Volksbildung, andererseits in der von Zunftgeist, Geselligkeit, Liberalität, Vaterlandsliebe und, mehr am Rande, vom »Lob des Königs« getragenen Berliner Liedertafel Carl Friedrich Zelters, wozu sich das mit dem Patriotismus nach den Freiheitskriegen wiedererwachte, nunmehr romantisch geprägte Ideal der gemeinschaftbildenden Kraft der Musik gesellte. Nachdem 1825 in Nördlingen ein »Musik- und Gesangverein«, 1829 in Kempten der »Liederkranz« ins Leben getreten war, entstand 1830 unter der Leitung C. B. Witzkas und J. C. von Ahorners in Augsburg ebenfalls ein »Liederkranz«, in dem »katholische Geistliche und Lehrer beider Confessionen die Soloquartette bildeten«, der sich indessen schon 1832 wieder in mehrere kleine »Privat-Gesangsgesellschaften« auflöste. Wie dieser Vereinigung gehörten auch der 1843 gegründeten und bis in unser Jahrhundert im Philharmonischen Chor weiterbestehenden »Augsburger Liedertafel« Mitglieder aller Stände und Berufe an. Einen neuen »Liederkranz« riefen 1833 ausschließlich Handwerker ins Leben. 1848 konstituierte sich der Männergesangverein »Amicitia«[25], 1849 die »Concordia«, 1858 ferner die Sänger- und Musikgesellschaft »Cäcilia«. Nach dem »Sängerbund Augsburg-Oberhausen« von 1863 erfolgten die Gesangvereinsgründungen Schlag auf Schlag, so daß es am Ende des Jahrhunderts in der Stadt und ihren Vororten über 30 Männerchöre[26] mit rund 1500 aktiven Sängern und nahezu ebenso vielen passiven Mitgliedern gab. Die zunehmende Industrialisierung Augsburgs kündigte sich dabei in der Bildung mehrerer ausgesprochener Arbeitergesangvereine an, von denen als die wichtig-

sten der »Sängerbund des Evangelischen Handwerker- und Arbeitervereins« (1860), das »Sängerkränzchen des Arbeiterfortbildungsvereins« (1861) und der »Sängerbund der Mechanischen Baumwoll-Spinn- und Weberei« (1885) zu nennen sind. Die treibende Kraft und Schlüsselfigur des gesamten Augsburger und darüber hinaus bayerisch-schwäbischen Männerchorwesens war Johannes Rösle (1813–1891)[27], der »schwäbische Sängervater«, eine lebensvolle Musikernatur und vielseitig gebildete Persönlichkeit von ungemeiner Ausstrahlungskraft, die in weite Bereiche der Tonkunst hineinzuwirken vermochte. Als Sohn eines Lehrers und Chorregenten in Weißenhorn absolvierte Rösle das Lehrerseminar in Dillingen, wandte sich aber in Augsburg dem Kaufmannsstand zu und brachte es darin zu großem Wohlstand. Von 1836 an trat er in Konzerten als Tenor auf und leitete 37 Jahre lang als Vorsitzender und Dirigent die von ihm 1843 ins Leben gerufene »Augsburger Liedertafel«, die sich zum bedeutendsten bayerisch-schwäbischen Männerchor entwickelte und für die er eine große Anzahl Chorkompositionen schrieb. Seiner Initiative und seinem Organisationstalent war 1862 auch die Gründung des Schwäbisch-Bayerischen Sängerbundes, in dem sich sofort 38 Gesangvereine zusammenfanden, und die Durchführung zahlreicher Sängerfeste zu verdanken. Gerade bei letzteren zeichnete sich am deutlichsten der volle Umfang der süddeutschen Chorbewegung ab, die nach 1871, wie allenthalben, auch zwischen Wertach und Lech nochmals neuen Auftrieb erhielt.

Augsburgs Oper[28] litt in den ersten Dezennien des 19. Jahrhunderts unter Geldmangel ebenso wie unter dem damit zusammenhängenden häufigen Wechsel der Theaterdirektoren. Die sieben Singspiele, acht Melodramen, vier Ballette, zahlreichen Festspiele und Schauspielmusiken, die der von 1814 bis 1830 mit Unterbrechungen tätige Kapellmeister Michael Maurer aufführte, sind heute nicht zu Unrecht vergessen. Unter der Direktion des berühmten Prinzipals Joseph Schemenauer wurde seit 1817 gewöhnlich einmal in der Woche Oper gespielt. Schemenauer brachte meist Neuheiten heraus und versetzte auch Augsburg in einen Rossini-Taumel. Er sicherte sich schon wenige Monate nach München, am 30. August 1822, die Erstaufführung von Webers *Freischütz*, der noch im selben Jahr elfmal, im darauffolgenden neunmal wiederholt werden mußte. Bedeutende Theaterereignisse der nachfolgenden Direktionsperioden waren 1834 Meyerbeers *Robert der Teufel*, 1837 Marschners *Hans Heiling*, 1839 Conradin Kreutzers *Nachtlager von Granada*, 1841 Spohrs *Jessonda*. 1842 gab das Personal des Münchener Hoftheaters u. a. Donizettis *Liebestrank*, und 1852 erschien Lortzings *Undine*. Nach einigen Talfahrten der Oper kam 1853/54 mit der Berufung des neuen Direktors Friedrich Engelken wieder frischer Wind auf die Augsburger Bühne. Engelken sorgte für eine vollwertige Besetzung des Orchesters, brachte als erster Musikdramen Richard Wagners heraus und ebnete auch dem Opernschaffen Verdis den Weg. 1854 ging, noch vor München, Wagners *Tannhäuser* in Szene, dem ein Jahr danach *Lohengrin* folgte, wie denn später 1871 auch sein *Rienzi* in Augsburg vor der Landeshauptstadt seine Erstaufführung erlebte[29]. Der langsame, aber stetige Anstieg des Niveaus in der Oper bis hin zu ausgesprochenen Spitzenleistungen wurde nach der Jahrhundertmitte durch die rasche Zunahme der Stadtbevölkerung und den konjunkturellen Auftrieb im Zuge der Industrialisierung, aber auch durch die mit dem Ausbau des Eisenbahnnetzes verbesserten Verkehrsverhältnisse eingeleitet. Entscheidend für eine erste Blüte des Musiktheaters war 1865 die Errichtung eines mit der Bühne fest verbundenen Berufsorchesters und vor allem – als der wirtschaftliche Fortschritt nach dem Kriege von 1870/71 eine allgemeine Hebung des Lebensstandards herbeiführte – 1877 der Bau des Stadttheaters, an dem 1890, 14 Jahre nach Bayreuth und 11 Jahre nach München, gleichzeitig mit Nürnberg erstmals Richard Wagners Ring-Tetralogie vollständig aufgeführt werden konnte.

Neben Städtischem Orchester und Stadttheater verdankten in der zweiten Jahrhunderthälfte noch zwei weitere musikalische Institutionen der wirtschaftlichen, insbesondere industriellen Expansion und dem kulturellen Selbstbewußtsein des Bürgertums ihr Entstehen, Institutionen, die gleich jenen ihre gedeihliche Wirksamkeit bis in unsere Tage fortzusetzen vermochten: der 1866 gegründete Oratorienverein und die 1873 errichtete Musikschule, aus der 1925 das städtische, seit einiger Zeit nach Leopold Mozart benannte und zur Fachakademie erhobene Konservatorium hervorging. Initiator beider Einrichtungen wie auch schon des Berufsorchesters war Hans Michel (Johann Michael) Schletterer (1824 bis 1893)[30], eine außerordentlich dynamische und vielseitige Persönlichkeit, die dem Augsburger Musikleben für viele Jahrzehnte das Gepräge gab. Schletterer erhielt den ersten Musikunterricht bei den Kirchenmusikern seiner Vaterstadt Ansbach, besuchte 1840–1843 das Lehrerseminar in Kaiserslautern und vervollkommnete dann seine musikalische Ausbildung bei Louis Spohr und Otto Kraushaar in Kassel sowie bei Ferdinand David und Ernst Friedrich Richter in Leipzig. Über Anstellungen in Fenestrange (Lothringen), Zweibrücken und Heidelberg kam er 1858 als Musikdirektor der evangelischen Kirchen nach Augsburg. Sein vielgestaltiges, bedeutungsvolles Wirken erstreckte sich nicht nur auf sein kirchliches Amt, auf Wiedereinführung und Leitung der Abonnementskonzerte einschließlich der neuen Kammermusiksoireen und die Direktion des Oratorienvereins, der Musikschule und anderer Institutionen, sondern umfaßte auch die Tätigkeiten als Komponist, als gesuchter Preisrichter und Dirigent auf Musikfesten, als Herausgeber von Kirchenmusik und billigen »Volks-Klavierauszügen«, als Autor musiktheoretischer Schriften und instrumentaler Lehrwerke. Darüber hinaus schrieb Schletterer mehrere musikhistorische, freilich nicht immer klar disponierte und eigenständige Bücher, katalogisierte die in der Stadt verbliebenen Musikalienbestände früherer Jahrhunderte und bemühte sich als erster um die Erhellung der örtlichen Musikgeschichte. Es dürfte kaum einen Bereich des Musiklebens gegeben haben, in dem nicht spätere Generationen auf seiner Arbeit aufbauen konnten. Auch als lokaler Musikhistoriker fand er einen unmittelbaren Nachfolger in dem Stadtarchivar Adolf Buff, der 1891 Augsburg als Mozartstadt wiederentdeckte[31]. So wäre vieles, was in unserer Zeit zu einer Selbstverständlichkeit augsburgischer Musikkultur geworden ist, ohne jene im 19. Jahrhundert geschaffenen Grundlagen und Voraussetzungen schlechthin unvorstellbar.

*Abb. 123   Die Untere Maximilianstraße am »Tag der Natio-
nalen Arbeit« (1. Mai 1934)*

Abb. 124 (oben links)   Synagoge an der Halder-straße, erbaut 1914–1917. In der Nacht zum 10. November 1938 wurde in der Synagoge Feuer gelegt, das Gebäude selbst blieb unbeschädigt

Abb. 125 (unten links)   NS-Demonstration vor einem jüdischen Schuhgeschäft am 1. April 1933. Text auf dem Transparent: »Deutsche meidet die-ses jüdische Geschäft! Unterstützt die Regierung im Abwehrkampf gegen die Lügenpropaganda des Judentums!«

Abb. 126 (unten rechts)   Zu Ehren des italieni-schen Diktators wird der Kaiserplatz zum Benito-Mussolini-Platz umbenannt; heute Theodor-Heuss-Platz

1 Ernst Fritz Schmid: Augsburg. In: MGG 1, Sp. 825–840, bes. Sp. 838 f.; Folker Göthel: Das Musikleben im 19. Jahrhundert außerhalb der Residenzstadt München. In: Musik in Bayern. I. Bayerische Musikgeschichte, Tutzing 1972, S. 285–300; Adolf Layer: Augsburg. 19th and 20th Centuries. In: The New Grove 1, Sp. 694 f.

2 Joseph von Ahorner: Augsburger Musikzustände seit dem Ende des vorigen Jahrhunderts. In: JHVS 1 (1874), S. 342–355; Gustav Bereths: Die Musikpflege am kurtrierischen Hofe zu Koblenz-Ehrenbreitstein, Mainz 1964 (Beiträge zur mittelrheinischen Musikgeschichte 5), S. 22, 105 f.

3 Auch zum folgenden vgl. Reminiscenzen über die Augsburger Musikzustände seit dem Ende des vorigen Jahrhunderts. In: Johann Baptist Heindl (Hrsg.): Repertorium der Pädagogik 29 (1875), S. 204–207.

4 Neue Zeitschrift für Musik 11 (1839/II), S. 192.

5 Max Herre: Aus der Geschichte der Oper. In: Das Stadttheater Augsburg, Augsburg 1927, S. 99–150, bes. S. 117.

6 Neue Zeitschrift für Musik 12 (1840/I), S. 8.

7 Rudolf Schütz: Stephen Heller. Ein Künstlerleben, Leipzig 1911, S. 35 f.

8 Herre, S. 120.

9 Heinz Becker: Gungl, Joseph. In: MGG 5, Sp. 1121 f.

10 Arnold Niggli: Stephen Heller. In: Schweizerische Musikzeitung und Sängerblatt 28 (1888), S. 140–198, bes. S. 141, 149 f.; Schütz, S. 19–37.

11 Davidsbündlerbriefe. Augsburg. In: Neue Zeitschrift für Musik 4 (1836/I), S. 119 f., 124, 126–128; 7 (1837/II), S. 42–44, 50 f.

12 Wilhelm Heinrich Riehl: Musikalische Charakterköpfe. Bd. III, Stuttgart 1878, S. 217–240; Karl Pittroff: Aus vier Jahrhunderten evangelischer Kirchenmusik in Augsburg. In: Zeitschrift für evangelische Kirchenmusik 9 (1931), S. 192 f.

13 Arnold Schering: Geschichte des Oratoriums, Leipzig 1911, S. 456 u. ö.

14 Altmann Kellner: Musikgeschichte des Stiftes Kremsmünster, Kassel und Basel 1956, S. 657, 697, 730 f.

15 Josef Lautenbacher: Keller, Johann Michael Claudius. In: ADB 51 (1906), S. 105 f.

16 Johann Baptist Heindl: Galerie berühmter Pädagogen . . . und Componisten, Bd. 1, München 1879, S. 342–345; Utto Kornmüller, Lexikon der kirchlichen Tonkunst, 2. Aufl., Bd. 2, Regensburg 1895, S. 150; Josef Lautenbacher: Kempter, Karl. In: ADB 51 (1906), S. 112–114.

17 Heindl, S. 335 f.; Kornmüller, S. 148; Adam Rauh, Geschichte des Schwäbisch-bayerischen Sängerbundes 1862–1912, Augsburg 1913, S. 48 f., 100.

18 Heindl, Galerie, Bd. 2, München 1859, S. 41–45; Kornmüller, S. 188; Schering, S. 408, 456; Adolf Layer: Musikschöpferische Kräfte im Ursprungsland Mozarts. In: Heimatverein für den Landkreis Augsburg 1971, Augsburg 1972, S. 28–38, bes. S. 34, 37 f.

19 Heinz Friedrich Deininger: Anton Böhm & Sohn. In: MGG 15, Sp 833 f.

20 Albert Haemmerle: Die Lithographie in Augsburg. In: Das Schwäbische Museum 3 (1927), S. 184–196, bes. S. 185–188, 196; H. Edmund Poole und Donald W. Krummel: Printing and Publishing of Music. In: The New Grove 15, S. 232–274, bes. S. 254 f., 268.

21 Johann Stephan Rauschmayr: Hundert Jahre Schwäbische Lehrerbildungsanstalt, Lauingen 1925.

22 Johann Georg Hertel: Album für die Zeitgenossen des vereinigten Gymnasiums zu St. Anna in Augsburg aus den Jahren 1807–1828, Augsburg 1862, S. 3, 23–25, 39 f., 56 f., 61.

23 Dr. Joseph Carl von Ahorner. Nekrolog. In: Johann Baptist Heindl (Hrsg.): Repertorium der Pädagogik 30 (1876), S. 113–123; Alphons Kellner: Geschichte der katholischen Studienanstalt St. Stephan in Augsburg 1928, S. 49 f.

24 Franz Krautwurst und Friedhelm Brusniak: Das Laienchorwesen des 19. Jahrhunderts in Bayerisch-Schwaben. In: Jahrbuch der Universität Augsburg 1982, Augsburg 1983, S. 51 f.

25 Eduard Kral, Taschenbuch für Deutsche Sänger, Wien 1864, S. 9.

26 Rauh, S. 77–126; dazu Stadtarchiv Augsburg, »Verzeichnis der nichtpolitischen Vereine in der Stadt Augsburg (1855 ff.)«, ohne Signatur.

27 Stephen Heller: Davidsbündlerbriefe. In: Neue Zeitschrift für Musik 4 (1836/I), S. 119–128, bes. S. 120, 124; Ferdinand August Oldenburg: Nachrichten. Augsburg. In: Allgemeine musikalische Zeitung 48 (1846), Sp. 259 f.; Heindl, Galerie, Bd. 1, S. 336; Otto Elben: Der volkstümliche deutsche Männergesang, 2. Aufl., Tübingen 1887, S. 70, 313–315; Ludwig Simmet: Festschrift zur Goldenen Jubel-Feier der Augsburger Liedertafel, Augsburg 1893, passim; Rauh, S. 47 f., 95–103.

28 Friedrich August Witz: Versuch einer Geschichte der theatralischen Vorstellungen in Augsburg von den frühesten Zeiten bis 1876, Augsburg 1876; Herre, S. 114–139.

29 Der Sammler 40 (1871), S. 32.

30 Heindl, Galerie, Bd. 2, S. 314 f.; Ahorner, S. 341; Pius Wittmann: Schletterer, Hans Michael. In: ADB 54 (1908), S. 41–43; Pittroff, S. 193 f.; Eberhard Stiefel: Schletterer, Hans Michael. In: MGG 11, Sp. 1815–1817; Walter Scheidler: Hundert Jahre Oratorien-Verein Augsburg. In: Festschrift 100 Jahre Oratorien-Verein Augsburgs 1866–1966, Augsburg 1966, S. 11–34.

31 Adolf Buff: Mozarts Augsburger Vorfahren. In: JHVS 18 (1891), S. 1–36.

Augsburg im Dritten Reich

von Karl Filser und Peter Sobczyk*

Machtergreifung im Rathaus[1]

Wie im Reich, so eroberten die Nationalsozialisten auch in den Kommunen die politische Macht in Etappen[2]. In Augsburg begann die erste Phase am 9. März 1933, vier Tage nach der Reichstagswahl mit der letztmaligen Beteiligung nicht-nationalsozialistischer Parteien. Nachdem in der Nacht der Sturmbannführer Hans Loritz mit seinen SS-Männern auf dem Perlachturm die Hakenkreuzfahne aufgezogen hatte, besetzte in den Morgenstunden Gauleiter Karl Wahl mit SA-Kameraden das Rathaus, in dem er selbst als städtischer Kanzleisekretär beschäftigt war. Er ließ ebenfalls die Parteifahne hissen. Oberbürgermeister und Ältestenrat erhoben zwar energischen Protest, doch konnte dieser den großen Prestige- und Popularitätsgewinn nicht schmälern, den die Besetzer mit ihrer illegalen Aktion erzielten. Damit hatten die Augsburger Nationalsozialisten nicht nur eine Mutprobe, sondern auch eine Machtprobe mit dem »alten System« bestanden, das durch die Hinnahme dieses Gewaltakts einmal mehr seine Schwäche demonstrierte. Auch wenn der Gauleiter die bestehenden politischen Macht- und Personalverhältnisse im Rathaus nicht antastete, ließ er bei der abendlichen Massenveranstaltung doch keinen Zweifel daran, daß für ihn Besetzung und Flaggenhissung mehr waren als eine »symbolische Machtergreifung«. Zunächst sollte mit dieser Aktion ein Beitrag zur Gleichschaltung Bayerns mit dem Reich geleistet werden. Man störte gezielt die »öffentliche Sicherheit und Ordnung« und lieferte so dem Reichsinnenminister die Möglichkeit, »die Befugnisse der Obersten Landesbehörden wahrzunehmen«, wozu er nach der sogenannten Reichstagsbrandverordnung berechtigt war. Als am Abend

desselben Tages Ritter von Epp zum Staatskommissar für Bayern eingesetzt wurde, verbuchten die Augsburger Nationalsozialisten in Verkennung ihrer tatsächlichen Bedeutung dies auch als ihr Verdienst.

In den nachfolgenden Jahren verzerrte die lokale NS-Propaganda die Augsburger Ereignisse des 9. März in geradezu absurder Weise. Bereits 1934 hieß es, daß Augsburg den »nationalen Aufbruch« in Bayern begonnen habe. Drei Jahre später wurde der Anspruch erhoben, die »nationale Revolution« habe in Augsburg ihren Ausgang genommen und auch den übrigen Gauen (!) das Signal zur Erhebung gegeben. Die Mythisierung des Ereignisses und die damit verbundene Heroisierung Karl Wahls hatten den Zweck, die Bedeutung des Gaues und des Gauleiters für den Erfolg der nationalsozialistischen Bewegung hervorzuheben und damit die immer wieder drohende Angliederung des »Reichsgaues Schwaben« an den Gau Oberbayern abzuwehren. 1937 entschied sich Adolf Hitler endgültig, den Gau Schwaben bestehen und Augsburg zur glanzvollen Hauptstadt ausbauen zu lassen.

Die für die Zeitgeschichte Augsburgs letztlich wichtige und bleibende Bedeutung des 9. März besteht jedoch darin, daß an diesem Tag der nationalsozialistische Terror in der Stadt begann. Der Gauleiter gab dazu den Auftakt, als er am Abend vom Rathausbalkon herab mit den politischen Gegnern, insbesondere mit denen, die am 8. November 1918 von derselben Stelle aus die Republik ausgerufen hatten, vehement abrechnete: »Hier sind sie gestanden, diese Schurken, und haben alles in den Kot gezogen. Die heutige Kundgebung wird den Herren zum Ausdruck bringen, daß ihre Zeit ein für allemal vorbei ist und daß ihr System mit Stumpf und Stiel ausgerottet wird.

---

* Peter Sobzcyk ist Verfasser des Abschnitts »Industrie und Arbeiterschaft« und von Teilen des Abschnitts »Die Stadt im Krieg«.

Die Idee des Marxismus und die elenden verbrecherischen Führer müssen weggefegt werden [. . .]«[3].
Die zweite Phase der Machtübernahme der Nationalsozialisten im Augsburger Rathaus begann Anfang April 1933, als aufgrund des Gleichschaltungsgesetzes der 1929 gewählte Stadtrat aufgelöst wurde. Der neue »gleichgeschaltete« oder, wie ihn die Nationalsozialisten nannten, der »nationale« Stadtrat sollte nach den lokalen Ergebnissen der Reichstagswahl vom 5. März zusammengesetzt werden. Da die Sitze der KPD, die trotz ihres zehnprozentigen Stimmenanteils ausgeschaltet blieb, auf die übrigen Parteien aufgeteilt wurden, konnte die NSDAP ihren Stimmenanteil von 32 auf nahezu 39 Prozent steigern und 14 Stadträte stellen. Sie wurde damit zwar stärkste Fraktion, erreichte aber weder allein noch in Koalition mit den beiden deutschnationalen Vertretern die absolute Mehrheit. Die Bayerische Volkspartei (BVP) erhielt elf und die SPD neun Stadtratssitze. Rein zahlenmäßig gerechnet, wären die beiden Parteien der früheren Weimarer Koalition durchaus in der Lage gewesen, eine wirksame Opposition gegen die NS-Fraktion zu betreiben, doch davon konnte in der Realität keine Rede sein. Die Nationalsozialisten sicherten sich ihre Mehrheit, soweit eine solche überhaupt noch von Bedeutung war, durch Inhaftierung von Mitgliedern der neuen SPD-Fraktion. Aber auch zwischen BVP und SPD war angesichts der politischen Wunden, die man sich während der letzten Jahre beigebracht hatte, keine wirksame Zusammenarbeit möglich. Wie tief die Kluft zwischen ihnen war, wurde am 25. April auf der ersten Sitzung des »gleichgeschalteten« Stadtrats deutlich, als der Oberbürgermeister Dr. Otto Bohl (BVP) seinen Dank an ausgeschiedene Mitglieder des vorherigen Stadtrats richtete und dabei den deutschnationalen dritten Bürgermeister August Pfaff namentlich nannte, nicht aber den langjährigen sozialdemokratischen zweiten Bürgermeister Friedrich Ackermann, der am 17. März die Amtsgeschäfte niedergelegt hatte, um seiner bevorstehenden Suspendierung zuvorzukommen, und seither im Gefängnis saß. Bohl unterließ es auch, auf jene ehemaligen Stadträte aus der KPD und SPD hinzuweisen, die seit Wochen inhaftiert waren. Indessen begründete der Oberbürgermeister die »Gleichschaltung« des Stadtparlaments mit dem

Hinweis, daß es in Zielsetzung und Gesinnung ein Spiegelbild der nationalen Regierung sein müsse, und er verhehlte nicht seine Sympathie für eine unpolitische kommunale Selbstverwaltung[4]. Seine Auffassung, ein Bürgermeister müsse mehr ein Verwaltungsfachmann als ein engagierter Parteipolitiker sein, brachte ihn in die Nähe unkritischer Willfährigkeit der neuen Reichs- und Landesregierung gegenüber, sie bewahrte ihn jedoch auch vor einer völligen Anpassung an die Nationalsozialisten.
In der zweiten Sitzung wurde der seit dem Ausscheiden Friedrich Ackermanns kommissarisch amtierende zweite Bürgermeister Josef Mayr (NSDAP) zum berufsmäßigen Bürgermeister gewählt. Die Sozialdemokraten enthielten sich dabei ebenso ihrer Stimme wie beim Dringlichkeitsantrag der NS-Fraktion auf Boykott jüdischer Warenhäuser durch die Stadtverwaltung. Auf die Beschwerde des SPD-Fraktionsvorsitzenden Georg Simon über die Ausschaltung der Sozialdemokraten aus nahezu allen Schulpflegschaften und Ausschüssen antwortete der NS-Fraktionsführer Matthias Kellner: »Sie, meine Herren der SPD, geben hier nur eine Gastrolle und müssen uns stündlich danken, daß Sie überhaupt noch hier sitzen [. . .]. Wir dulden Sie auch nur, weil wir wissen, daß Sie uns nicht mehr schaden können«[5].
Die Geduld der Nationalsozialisten im Stadtrat war am 12. Mai 1933 zu Ende. Nachdem sie die SPD-Vertreter bereits vor Sitzungsbeginn aufgefordert hatten, den Saal zu verlassen, diese aber geblieben waren, drohte ihnen Stadtrat Hans Rehm an, sie gewaltsam zu entfernen, falls sie nicht freiwillig gingen. Er begründete seine Drohung mit dem angeblichen Mißbrauch von Gewerkschaftsgeldern durch die Augsburger SPD und mit dem alleinigen Anspruch der Nationalsozialisten auf die Führung der deutschen Arbeiterschaft. Den Angriffen der NS-Fraktion ohne Hilfe ausgesetzt, verließen die anwesenden Stadträte Georg Simon, Friedrich Eichleiter, Fritz Kraus, Johann Kramer und August Stransky das Rathaus. Im Juni folgte ihnen die BVP-Fraktion nach. Ihre Mitglieder wurden zusammen mit SPD-Stadträten und anderen Partei- und Gewerkschaftsfunktionären am 26. und 27. Juni in »Schutzhaft« genommen, darunter einige schon zum zweitenmal. Unter den Stadträten der BVP befanden sich der Unterneh-

mer Georg Haindl und die Arbeitersekretäre Hans Adlhoch und Hans Imler. Außer ihnen wurde auch der BVP-Ortsvorsitzende und Landtagsabgeordnete Dr. Heinrich Helfrich verhaftet. Unter den Schutzhäftlingen aus der SPD waren die Stadträte Simon, Eichleiter und Stransky, aber auch Xaver Sennefelder, Mitglied des aufgelösten Stadtrats[6].

Am 4. Juli kamen die meisten der Inhaftierten wieder frei, nachdem sie auf ihr Stadtratsmandat verzichtet hatten. Mittlerweile hatte auch der Oberbürgermeister einen Dienstenthebungsvertrag mit der Stadt ausgehandelt, die ihm eine leitende Stellung in der Bäderverwaltung in Bad Kissingen vermittelte.

Als am 3. August der Stadtrat wieder zusammentrat, um den Rechtsanwalt und Bürgermeister von Lindenberg im Allgäu, Dr. Edmund Stoeckle, zum Oberbürgermeister zu wählen, hatten die Nationalsozialisten die freigewordenen Ratssitze aus ihren Reihen ersetzt. Mit Ausnahme zweier Hospitanten aus der DNVP, die im September ausschieden, waren sie nun unter sich. »Die Revolution ist beendet«, verkündete Bürgermeister Mayr, »der politische Machtkampf ist abgeschlossen. Der Sieg ist vollkommen: Erobert ist das Reich, erobert das Land, erobert auch die Stadt«[7]. Mayr löste im Dezember 1934 Stoeckle ab, der offensichtlich nicht das Vertrauen der Parteiführung hatte erringen können. Die Reichsgemeindeordnung vom Januar 1935 schrieb auch in der Kommunalverwaltung das Führerprinzip fest und durchlöcherte die Selbstverwaltung der Städte beträchtlich. Die Stadträte, deren Zahl man auf 30 reduzierte, wurden nun zu »Ratsherren«, die kaum mehr politische Mitbestimmungsrechte besaßen. Sie durften ihren Führer, den Oberbürgermeister, und seinen Beamtenstab lediglich noch beraten. Zu »Ratsherren« wurden bevorzugt verdienstvolle Parteimitglieder ernannt, Träger des Blutordens und des goldenen Ehrenzeichens der Partei sowie Ortsgruppenleiter[8].

Für die NS-Verwaltung wurde in den nächsten Jahren die Überwindung der krisenhaften Finanzlage der Stadt zum größten Problem. Niedrige Steuereinkünfte, riesige Fürsorgelasten als Folge der Wirtschaftskrise und teure kurzfristige Kredite hatten einen Schuldenberg von nahezu 60 Millionen RM verursacht. Allein die Unterstützung der Wohlfahrts-

erwerbslosen und Krisenfürsorgeempfänger, Anfang 1933 etwa 13 000 Personen, hatte in den vorangegangenen Jahren bis zu 40 Prozent des städtischen Haushalts verschlungen. Die Oberbürgermeister Stoeckle und Mayr sowie ihre Beamten können als große Leistung beanspruchen, innerhalb weniger Jahre die finanzielle Handlungsfähigkeit der Stadt wiederhergestellt zu haben. Energische Sparpolitik und allmählich sinkende Erwerbslosenzahlen, aber auch die Begrenzung der Wohlfahrtsausgaben und eine Umschuldungsaktion durch das Reich entlasteten bald die Ausgabenseite, während die sich anbahnende Erholung einiger Industriezweige die Steuereinnahmen und die Einkünfte der städtischen Betriebe erhöhte. Die Steuerreform von 1936, eine der positivsten kommunalpolitischen Entscheidungen des Reiches, entzog den Ländern die bisherigen Anteile an der Grund- und Gewerbesteuer zugunsten der Gemeinden. Doch kaum war deren Finanzvolumen gestiegen, griff das Reich kräftig in ihre Haushaltskassen. Mehrere Gesetze zur Änderung des Finanzausgleichs schöpften ab 1935 beträchtliche Teile der Mehreinnahmen ab. Ein Kriegs- und Familienunterhaltsbeitrag ab September 1939 entzog den Kommunen noch einmal ein Drittel ihrer Einnahmen[9]. Kein Wunder, daß Augsburg, nach 1935 eines der Rüstungszentren des Reiches mit hohem Steueraufkommen, den dringenden Erfordernissen, vor allem im Bereich des Wohnungsbaus, der Stadtsanierung und des Verkehrs, nicht gerecht werden konnte. Natürlich war die Stadt dabei nicht völlig untätig. Sie führte zum Beispiel Sanierungsmaßnahmen im Gebiet Milchberg–Margaretenstraße durch, erwarb Land für den Bau des Autobahnzubringers Augsburg-West, leistete Zuschüsse zur Anlage von Siedlungen in der Hammerschmiede, beim Bärenkeller, an der Kleestraße und an der Haunstetter Straße (Karl-Wahl-Siedlung); sie baute in Zusammenarbeit mit der städtischen Wohnungsbau-Gesellschaft mehrere hundert Wohnungen[10]. Aber alle Maßnahmen blieben weit hinter den tatsächlichen Bedürfnissen zurück.

Nicht wenige Augsburger Bürger waren nach der Machtübernahme der Nationalsozialisten im Rathaus davon überzeugt, daß sie am 5. März die richtige Partei gewählt hatten. Zehntausende strömten zu den Massenkundgebungen und Aufmärschen am 1.

Mai, dem »Tag der Nationalen Arbeit«, zur Einweihung des Adolf-Hitler-Platzes, zum Erntedankfest und zu anderen neuen NS-Feiertagen und Veranstaltungen, zu denen die Partei sie immer wieder aufrief. Die internen Berichte allerdings, in denen verschiedene Dienststellen die Stimmung in der Bevölkerung seismographisch registrierten, führten von Anfang an Klage über eine verbreitete Immunität und Passivität, die der Durchsetzung der NS-Herrschaft durchaus Grenzen setzten. Deshalb hatte der Gauleiter oft Veranlassung, wortstark über »Nörgler und Miesmacher« herzuziehen und vehemente Drohungen auszustoßen, wie am Vorabend der Volksabstimmung und Reichstagswahl am 12. November 1933: »Wer am Sonntag seine Wahlpflicht nicht erfüllt, wer sie aus Faulheit oder Böswilligkeit versäumt, ist ein Landesverräter übelster Sorte, der nicht wert ist, in dieser Zeit zu leben und den der Fluch des Volkes [. . .] treffen muß«[11]. Während das Regime mit Lockungen und Drohungen Passive und Nonkonforme zu aktivieren suchte, verfolgte es identifizierbare politische Gegner mit allen Mitteln des Zwangsstaats. Entgegen einer weitverbreiteten Meinung, in der Fuggerstadt sei alles nicht so schlimm gewesen, begleiteten Verhaftungswellen und Polizeiterror auch in Augsburg die Machtübernahme und -sicherung der Nationalsozialisten. Mehrere tausend Augsburger Bürger waren persönlich, als Familienangehörige oder politische Freunde unmittelbar davon betroffen.

Abrechnung mit den politischen Gegnern

Wie der Gauleiter am Abend des 9. März 1933 angekündigt hatte, begannen massive Verfolgungen, zunächst zur »Ausrottung der Marxisten«, in der darauffolgenden Nacht[12]. Bereits diese erste größere Verhaftungswelle erfaßte 63 Personen. Am nächsten Tag veröffentlichte die Neue Nationalzeitung (NNZ) unter der Überschrift »Wer in Augsburg stellt sich gegen das Hitler-Deutschland?« die Namen, Geburtsdaten und Adressen von 203 kommunistischen und 64 sozialdemokratischen Funktionären und Mitgliedern, verbunden mit der Warnung, sich vor der rücksichtslosen und groben Faust der »deutschen Revolutionäre« in acht zu nehmen. Nach dem Lage-

bericht des Regierungspräsidenten bekamen sie bis Ende März 1933 insgesamt 315 Verhaftete in und um Augsburg, in ganz Schwaben 584, zu spüren. Unter den Schlagzeilen »Roter Parteitag im Katzenstadel« und »Hochkonjunktur im Katzenstadel. Der Wallfahrtsort der Linken« veröffentlichte die Neue Nationalzeitung, begleitet von gehässigen Kommentaren, lange Listen von Namen inhaftierter Personen. Zum erstenmal tauchten Ende März in den Verhaftungslisten auch BVP-Politiker und Juden auf. Als die Aufnahmekapazität der Augsburger Gefängnisse erschöpft war, wurden Häftlinge in die Strafanstalten von Aichach, Donauwörth, Eichstätt, Kaisheim, Landsberg und Neuburg gebracht. Kaum waren in Augsburg wieder Zellen frei, sorgte die seit Mitte März um SA, SS und Stahlhelm verstärkte Polizei durch neue Verhaftungsaktionen schnell für Nachschub, so am 10. April, als vier Hundertschaften Polizei neun Stunden lang die Vorstadt links der Wertach, in den Augen der Nationalsozialisten Augsburgs »bolschewistisches Hauptquartier«, durchkämmten. Mitte April, zu Ostern, wurden 54 und zum »Tag der Nationalen Arbeit« weitere 80 Inhaftierte auf freien Fuß gesetzt. Für Ersatz war jedoch bald wieder gesorgt. In der Nacht zum 21. April wurden erneut 50 Kommunisten und Personen, die »die öffentliche Ordnung seit langem gefährdet haben«, eingesperrt. Die Zerschlagung der Gewerkschaften am 2. Mai und der Ausschluß der SPD und BVP aus dem Rathaus lösten neue Verhaftungswellen aus; sie setzten sich im Spätsommer und Herbst fort.
Als Ende April 1933 das Konzentrationslager Dachau auch für schwäbische Schutzhäftlinge aufnahmebereit war, schafften drei Transporte die ersten 160 Augsburger Häftlinge dorthin. Etwa ebenso viele folgten ihnen bis Ende des Jahres nach.
Von 1936 bis 1939 war ein Augsburger, der ehemalige städtische Beamte und SS-Sturmbannführer Hans Loritz, Kommandant im KZ Dachau, später im KZ Sachsenhausen. In beiden Lagern wurde er abgelöst, weil er nach den Aussagen des Auschwitz-Kommandanten Höß zu grausam zu den Häftlingen gewesen sei und die Lagerleitung vernachlässigt habe. Er beging 1946 Selbstmord[13].
Die Gesamtzahl der bis 1945 verhafteten Augsburger läßt sich nicht angeben, weil die archivalischen

Angaben nicht vollständig sind und die Presse nach 1933 nicht mehr regelmäßig über Verhaftungen berichtete.

Die Augsburger Reichstagswahlergebnisse des Jahres 1932, auch noch die vom 5. März 1933, signalisierten den Nationalsozialisten unmißverständlich, daß sie im katholischen, sozialdemokratischen und kommunistischen Milieu der Stadt mit einem nicht geringen Resistenzpotential zu rechnen hatten. Diese nach den prozentualen Stimmenanteilen in den Wahlen vorgenommene Reihung kehrt sich um, wenn man einen Blick auf die Zahl der von den Nationalsozialisten Verfolgten wirft: Eindeutig steht hier die KPD an der Spitze. Von den 579 Personen[14], die im Laufe des Jahres 1933 in Augsburg verhaftet worden sind, waren 350 bis 400 Mitglieder der KPD und der ihr angeschlossenen Verbände. Die Zahl der kommunistischen Opfer ist deshalb so hoch, weil die Verfolgung nicht auf Funktionäre und Mandatsträger, wie bei SPD, BVP oder bei den Gewerkschaften, beschränkt blieb, sondern von Anfang an auch einfache Parteimitglieder erfaßte.

Das massive Vorgehen der Polizei gegen die KPD zerschlug deren Parteiorganisation bereits in den ersten Verhaftungsaktionen. Die beiden Spitzenfunktionäre, der Stadtrat Leonhard Hausmann und der Landtagsabgeordnete und Stadtrat Josef Wagner, konnten nur für kurze Zeit untertauchen. Leonhard Hausmann wurde Mitte Mai im KZ Dachau »auf der Flucht« erschossen. Da der SS-Wachmann ein Augsburger war, der seinen Schuß aus einer Entfernung von 30 Zentimetern abgegeben hatte, wie eine Gerichtskommission feststellte, kann als gesichert gelten, daß Hausmann einem möglicherweise in Augsburg geplanten Mordanschlag zum Opfer gefallen ist[15].

Kurz vor Hausmanns Tod gelang dem ehemaligen Augsburger KPD-Unterbezirkssekretär und Stadtrat Hans Beimler als einem der ersten Häftlinge die Flucht aus dem KZ Dachau. Sein veröffentlichter Bericht über das »Mörderlager« Dachau strafte alle Reportagen in der Augsburger Presse Lügen, die das Konzentrationslager als erträgliche Arbeits- und Erziehungsstätte schilderten[16].

Josef Wagner versuchte vor seiner Verhaftung mit der Wiederherstellung der Parteiorganisation und

der öffentlichen Agitation gegen das Hitlerregime die beiden wichtigsten Ziele der illegalen Arbeit der KPD in die Tat umzusetzen. Weil er in Flugblattaktionen die Augsburger zum Sturz der Regierung aufgefordert hatte, wurde er zusammen mit zwei Helfern im Juli 1933 wegen Vorbereitung zum Hochverrat zu zweieinhalb Jahren Gefängnis verurteilt und dann nach Dachau gebracht[17].

Auch der kommunistische Jugendverband versuchte immer wieder seine Reorganisation im Untergrund und eine Massenaufklärung durch Flugschriften, Klebezettel und Schmieraktionen. Besondere Initiativen gingen dabei von der 17jährigen Anna Nolan aus, die 1935 mit acht Freunden und ihrem Vater zu insgesamt zwölfeinhalb Jahren Gefängnis verurteilt und danach ins KZ Dachau überstellt wurde[18].

Die mit 60 bis 80 Mitgliedern größte Untergrundgruppe, die Rote Hilfe, kümmerte sich vor allem um die Unterstützung der Familien verhafteter Freunde. Ihre politische Aktivität beschränkte sich auf eine einmalige Plakataktion zum 1. Mai 1935. Die Polizei unterwanderte die Rote Hilfe durch Spitzel aus dem kommunistischen Milieu, so daß sie im Herbst 1935 nahezu aller Mitglieder habhaft werden konnte. Das Oberlandesgericht München verhängte 37 Jahre und sechs Monate Zuchthaus und 18 Jahre und sieben Monate Gefängnis gegen 26 Hauptangeklagte, von denen die meisten nach Haftverbüßung in Konzentrationslager gebracht wurden. Sieben von ihnen kamen dort oder im Zuchthaus ums Leben. Die jugendliche Leiterin der Gruppe, Anna Weichenberger, starb 1942 im KZ Ravensbrück. Ein besonders trauriges Schicksal erlitt der Mechaniker Fritz Pröll, der mit 19 Jahren zur Roten Hilfe gestoßen war. Er nahm sich im November 1944 im KZ Sangerhausen das Leben, nachdem er seit seiner Haftentlassung von Lager zu Lager geschleppt worden war. Sein Bruder Josef saß ebensolange in Dachau und Buchenwald, sein anderer Bruder Alois starb im Alter von 29 Jahren infolge einer »Sonderbehandlung« durch die Gestapo[19].

Die Verhaftungswelle vom 9./10. März 1933, die bereits die ersten 15 bis 20 sozialdemokratischen Funktionäre erfaßte, intensivierte innerhalb der SPD die Diskussion um das weitere Verhalten der Partei gegenüber dem sich etablierenden Regime. Der Kampf

»Schulter an Schulter mit den kommunistischen Arbeitern«[20], wie ihn der Augsburger Reichstagsabgeordnete Josef Felder noch im Februar propagiert hatte, kam nach der Zerschlagung der Parteiorganisation der KPD und der ablehnenden Haltung vieler Parteigenossen nicht mehr in Frage. Er eignete sich lediglich noch als Stoff für feindselige Auseinandersetzungen zwischen den sozialdemokratischen und kommunistischen Inhaftierten im Katzenstadel und für verzweifelte Aufrufe von illegalen Einzelkämpfern beider Parteien. Die Frage, ob die Partei einen Anpassungskurs steuern solle, um ihre Legalität erhalten zu können, war spätestens mit dem Verbot der Partei erledigt; übrig blieb noch die Entscheidung zwischen Illegalität und Emigration.

Für die Emigration entschieden sich drei bedeutende Augsburger SPD-Mitglieder, Josef Felder, Valentin Baur und Clemens Högg.

Josef Felder, seit Januar 1933 Vorsitzender der Augsburger SPD und Reichstagsabgeordneter, konnte sich der Verhaftung dadurch entziehen, daß er mit seiner Familie in München untertauchte. Am 22. März nahm er als einer der noch freien 94 SPD-Abgeordneten an der Abstimmung über das Ermächtigungsgesetz teil. Nach dem Verbot seiner Partei flüchtete er nach Wien, dann nach Prag. 1934 entschied er sich für die Rückkehr zu seiner Familie nach München, wo ihn die Gestapo aufgriff und für zwei Jahre nach Dachau schickte.

Der Landtagsabgeordnete Clemens Högg, die profilierteste Persönlichkeit in der Augsburger SPD in der Weimarer Zeit, wurde im Juni 1933 von zwei SS-Uniformierten angeschossen. Er entkam einen Monat später der drohenden Schutzhaft durch seine Flucht aus dem Garnisonslazarett, aber die Politische Polizei faßte ihn tags darauf. Nach einjähriger KZ-Haft betätigte sich Högg als Vertreter einer Seifenwarenfabrik, was ihm die Verbindung zu seinen Parteigenossen im Untergrund erleichterte und deren finanzielle Unterstützung ermöglichte. 1939 kam er erneut in Schutzhaft, diesmal ins KZ Sachsenhausen, wo er während einer zweijährigen Einzelhaft in einem Betonbunker erblindete. Clemens Högg starb 1945 im KZ Bergen-Belsen an Hungertyphus[21].

Der Stadtrat Valentin Baur, Ende Mai 1933 aus seiner ersten Schutzhaft entlassen, floh vor einer erneuten Verhaftung über das Saarland in die Schweiz, wo er in einem Grenzsekretariat der Sopade mitarbeitete und die illegale Arbeit seiner Freunde in der Heimat unterstützte, bis er 1940 dort interniert wurde[22].

Für die Illegalität entschied sich eine Gruppe, die sich im Sommer 1933 aus Mitgliedern ehemaliger sozialistischer Organisationen um den Schriftsetzer Eugen Nerdinger und den Eisendreher Josef Wager bildete[23]. Im Gegensatz zur Sopade rechneten diese beiden nicht mit einem schnellen Zusammenbruch des Hitlerregimes. Sie hielten daher nichts von einer Wiederherstellung der alten Parteiorganisation in der Illegalität, auch nichts von der unkontrollierten Zusendung immer neuen Propagandamaterials, das die Empfänger nur gefährdete. Dagegen wollten Nerdinger und Wager nach den Vorstellungen der »Neu Beginnen«-Gruppen Untergrundkader aufbauen, die lose miteinander Kontakt hielten, qualifizierte Nachrichten zusammentrugen und öffentliche Aktionen unterließen. Der Streit um die Strategie, nicht zuletzt auch die Aussichtslosigkeit der Bemühungen angesichts der außenpolitischen Stabilisierung des Regimes bewirkten den allmählichen Zerfall der Gruppe. Wager und einige Freunde arbeiteten jedoch weiter. 1937 fanden sie über Hermann Frieb in München Kontakt zu den Revolutionären Sozialisten in Österreich.

Als sich im Winter 1941/42 eine Wende im Krieg abzeichnete, intensivierten sie ihre Vorbereitungen für die Übernahme der politischen Verantwortung im Falle einer militärischen Niederlage Deutschlands und zogen so die Aufmerksamkeit der Gestapo auf sich.

Der Volksgerichtshof verurteilte Wager und Frieb, den man an der Front verhaftet hatte, sowie acht österreichische Mitverschwörer zum Tode. Josef Wager wurde am 12. August 1943 in München enthauptet. Von den 27 übrigen Angeklagten, darunter Wagers Frau und Eugen Nerdinger, wurden neun zu Zuchthaus- und Gefängnisstrafen verurteilt, die übrigen wurden freigesprochen oder ihr Verfahren bis nach Kriegsende zurückgestellt.

In fester Überzeugung, eine von den Revolutionären Sozialisten geführte SPD-Regierung sei in der Lage, durch ihre Kontakte zu den Westmächten Deutschland vor dem völligen militärischen Zusammenbruch und innenpolitischem Chaos bewahren zu können, schlugen Frieb und Wager vor ihrer Hinrichtung in einem 22 Artikel umfassenden Vertragsentwurf der Reichsregierung vor, ihnen die Macht zu übertragen[24]. Auch wenn die Verpflichtungen und Zusagen, die dafür geboten wurden, manch Weltfremdes enthalten, so zeugt das Dokument insgesamt von hohem staatspolitischem Verantwortungsbewußtsein.

Die Bayerische Volkspartei opponierte bis zu den Märzwahlen 1933 noch entschieden gegen die Nationalsozialisten. Nach dem 9. März und nach der Kursänderung der deutschen Bischöfe bildete sich jedoch ein Verhaltensspektrum aus, das von Verweigerung und Widerstand bis zu Anpassungs- und Kooperationsbereitschaft reichte.

Den Typus des kooperationsbereiten Politikers vertritt in Augsburg Oberbürgermeister Otto Bohl. Andere kommunale BVP-Politiker, wie Franziska Wittmann und Hans Adlhoch, wurden ohne Nachsicht verfolgt, weil sie aus ihrer Gegnerschaft zur Hitlerbewegung kein Hehl machten.

Franziska Wittmann gehörte dem Augsburger Stadtrat von 1919 bis zur Auflösung durch das Gleichschaltungsgesetz an. Die Nationalsozialisten sahen sie »wegen ihres giftigen Hasses gegen Adolf Hitler« als den »bösen Geist« des alten Stadtrats an[25]. Mit der Begründung, durch ihre Gegnerschaft in national eingestellten Kreisen eine gereizte Stimmung hervorgerufen zu haben, wurde sie am 29. März 1933 für vier Wochen in Haft genommen[26]. Frau Wittmann war nicht nur BVP-Politikerin, sondern als Berufsschuldirektorin auch Beamtin der Stadt. Nach ihrer Haftentlassung bot das Berufsbeamtengesetz Gelegenheit, ihre Zwangspensionierung zu betreiben. Wie viele andere zog sie sich in die Gesinnungsopposition zurück, blieb als »bekannter Funktionär der ehemaligen Oppositionsparteien«[27] jedoch unter Gestapo-Aufsicht.

Hans Adlhoch vertrat die BVP von 1924 bis Juli 1933 im Augsburger Rathaus. Gleichzeitig war er Leiter der katholischen Arbeiter- und Arbeiterinnenvereine der Diözese. Bei der Aktion gegen die BVP am 26. Juni 1933 zum erstenmal verhaftet, kam Adlhoch im August erneut in Schutzhaft, weil man ihm Veruntreuung von Geldern der Ortskrankenkasse, deren Vorsitzender er war, vorwarf. Nach dem Abschluß des Reichskonkordats, das den Arbeitervereinen jede politische und gewerkschaftliche Betätigung entzog, wehrte sich Adlhoch gegen ein Abgedrängtwerden in den rein seelsorglichen Bereich. Er stellte sich damit auch gegen jene Geistlichen, die sich über die Ausschaltung der Politik aus der Vereinsarbeit befriedigt geäußert hatten. 1935 wurde Adlhoch verhaftet, weil er immer wieder in Monatsversammlungen der Arbeitervereine außerhalb der polizeilich genehmigten Tagesordnung sprach und dabei offen bekannte, daß die wiederholten Festnahmen eine Ehre für ihn bedeuteten. Die Augsburger Polizeidirektion überstellte ihn für ein halbes Jahr dem KZ Dachau, wo man ihn brutal mißhandelte. Zum neunten- und letztenmal verhaftet, wurde Hans Adlhoch abermals in das KZ Dachau eingeliefert, als er von der Menschenjagd im Anschluß an den 20. Juli 1944 erfaßt wurde. Seine Verbindung zu Franz Reisert und Alfred Delp hatten den renitenten Arbeiterführer verdächtig gemacht. Hans Adlhoch verließ das KZ Dachau am 26. April 1945 zusammen mit Tausenden von Häftlingen, um auf Anordnung Himmlers nach Tirol zu marschieren. Wie für viele von ihnen wurde der Fußmarsch auch für ihn zum Todesmarsch. Vier Tage lang schleppte er sich, an Lungentuberkulose leidend und von den Schlägen der Wachmannschaften angetrieben, vorwärts, bis er zwischen Bad Tölz und Tegernsee zusammenbrach. Die einrückenden Amerikaner brachten Adlhoch in ein Lazarett nach München, wo er am 21. Mai 1945 den Verletzungen und seiner Krankheit erlag[28].

Mehrere Augsburger wirkten in Widerstandsgruppen mit, die nicht parteipolitisch gebunden waren. Zu ihnen gehörten der Rechtsanwalt Dr. Franz Reisert, Joseph Ernst Fugger von Glött und der aus der Augsburger Patrizierfamilie stammende Offizier Roland von Hößlin. Alle drei wurden nach dem 20. Juli 1944 verhaftet und verurteilt.

Reisert und Fürst Fugger von Glött wirkten in dem christlich-monarchistisch geprägten Widerstandskreis um den Münchner Franz Sperr mit. Als ehemaliger Offizier und bayerischer Diplomat beim Reich fand Sperr bei erfahrenen Politikern und Beamten aus der Weimarer Zeit und in der Wehrmacht eine Reihe Gleichgesinnter, die an der Seite des als Staatsoberhaupt vorgesehenen populären bayerischen Kronprinzen Ruprecht im Falle eines Zusammenbruchs des NS-Regimes mitarbeiten wollten, um die dann erwartete Anarchie zu verhindern. Nach dem Kriegsausbruch stellte der Jesuitenpater Alfred Delp über Franz Reisert, mit dem er befreundet war, Verbindung mit dem Kreisauer Kreis her. Reisert und Fugger von Glött nahmen an mehreren Besprechungen mit Helmuth James Graf von Moltke teil, in denen intensiv Pläne für eine politische Neuordnung Deutschlands diskutiert wurden. Als im Herbst 1943 die Frage akut wurde, ob die Sperr-Gruppe eine geplante militärische Kapitulation im Westen durch eine gewaltsame Beseitigung der NS-Herrschaft in Bayern unterstützen würde, mußten Sperr und Reisert ablehnen, nicht nur weil sie die Erfolgsaussichten als äußerst gering einschätzten, sondern grundsätzlich gegen gewaltsame Lösungen eingestellt waren. Zusammen mit Moltke, Delp und Sperr standen Reisert und Fugger von Glött im Januar 1945 in Berlin vor dem Volksgerichtshof Roland Freislers. Moltke, Delp und Sperr wurden zum Tode verurteilt, Reisert und Fugger von Glött kamen mit Zuchthausstrafen davon, die der Zusammenbruch beendete[29].

Roland von Hößlin schloß sich 1942 dem Verschwörerkreis Stauffenbergs an, den er aus seiner militärischen Ausbildungszeit kannte. Als Major und Kommandant einer Panzeraufklärungseinheit in Ostpreußen übernahm Hößlin im Rahmen des »Walküre-Plans« die Aufgabe, am 20. Juli 1944 den Gauleiter von Königsberg gefangenzunehmen. Er kehrte jedoch mit seiner Abteilung um, nachdem er vom Scheitern des Attentats auf Hitler erfahren hatte. Erst als man seinen Namen auf einer bei Carl Goerdeler gefundenen Liste entdeckte und sein Unternehmen in Verbindung mit dem 20. Juli bringen konnte, wurde er zum Tod verurteilt und im Oktober 1944 hingerichtet[30].

Industrie und Arbeiterschaft

Im März 1933 waren 16 000 Augsburger arbeitslos. Das entspricht nahezu einem Viertel aller Beschäftigten. Den größten Anteil an Arbeitslosen registrierten das Baugewerbe und die Metallbranche. Sie hatten ihre Belegschaft fast um die Hälfte reduzieren müs-

sen. Besser stellte sich die Textilindustrie, die die Talsohle ihrer Krise bereits 1930/31 durchlaufen hatte. Schon um ihren hohen Fürsorgeetat zu senken, versuchte die Stadt mit großer Anstrengung, die Zahl der Erwerbslosen durch Notstandsarbeiten, den Freiwilligen Arbeitsdienst oder die Vermittlung zur Arbeit auf dem Land herunterzudrücken. Obwohl die Reichs- und Landesmittel 1933 noch spärlich flossen, konnten bis zum Jahresende 2750 vorwiegend Wohlfahrtserwerbslose beschäftigt werden. Auch in den nächsten beiden Jahren mußten öffentliche Arbeitsbeschaffungsmaßnahmen, jetzt mit größerer Unterstützung durch Reich und Land, durchgeführt werden. Erst 1936 wurden sie bedeutungslos. Spürbar verringerte sich die Arbeitslosigkeit aber erst, als sich die Wirtschaft durch die abflauende Krise allmählich erholte.

Beschäftigte in Augsburg 1933–1943

Jahresdurch-schnitt	Beschäftigte insgesamt	davon weiblich	im Baugewerbe	in der Metallindustrie	in der Textilindustrie
1933	50 049	23 398	–	5 992	15 432
1934	58 848	25 415	3 617	10 038	18 193
1935*	65 352	26 683	5 144	12 833	18 007
1936	71 094	27 876	6 375	15 669	17 839
1939	80 147	32 393	8 112	22 078	15 812
1940	72 603	31 536	7 912	25 190	12 408
1941	71 649	31 713	7 584	27 459	11 014
1942	66 020	29 994	8 254	28 266	9 092
1943 (April)	62 699	29 153	8 264	31 600	8 783

* Höhere Zahlen auch infolge Einbeziehung der AOK Augsburg-Land ab Juli 1934 und infolge Neuberechnung.
Quelle: Augsburger Wirtschaftsbilder 1935/36; Olaf Kapfenberger: Die Textilindustrie des Gaues Schwaben und ihre wirtschaftliche und sozialpolitische Entwicklung seit 1933, München 1937, S. 62.

In der Textilindustrie ging die Hauptbelebung 1933 vom Inlandsmarkt aus. Die Baumwollspinnereien und -webereien, auch die Veredelungs- und Kammgarnindustrie konnten 1933/34 Neueinstellungen vornehmen. Ab Mitte 1934 wurde dieser leichte

Aufschwung durch die staatlich verordnete Devisen- und Rohstoffbewirtschaftung jedoch erheblich gehemmt. Die Faserstoffverordnung vom 19. Juli 1934 reduzierte die regelmäßige Arbeitszeit an Hauptproduktionsmaschinen um 30 Prozent gegenüber dem Durchschnitt des ersten Halbjahres 1934. Mit dem »Neuen Plan« des Reichsbankpräsidenten Schacht ging das Reich zu einer totalen Bewirtschaftung des Devisenverkehrs über. Nach festgesetzten Dringlichkeitsstufen wurden nun die Verarbeitungsmengen von Baumwolle und Wolle eingeschränkt. Die Kürzungen mußten durch eine stärkere Verwendung von Zellwolle ausgeglichen werden, bis auch diese kontingentiert wurde.

Die Zwangsbewirtschaftung der Rohstoffe zog in der Textilindustrie die der Arbeitskräfte nach sich. Staatliche Verordnungen paßten die Arbeitszeiten an die reduzierten Rohstoffmengen an, so daß bis Ende 1934 in den meisten Augsburger Textilbetrieben die Wochenarbeitszeit von 48 auf 36 Stunden, in manchen Abteilungen der Kammgarnspinnerei vorübergehend sogar auf 24 Stunden sank. Die Situation in den einzelnen Betrieben änderte sich je nach Rohstoffzufuhr jedoch oft rasch. 1936 schwankte der Anteil der Kurzarbeiter mit einer wöchentlichen Arbeitszeit von 40 bis 48 Wochenstunden zwischen 70 und 80 Prozent[31].

In der zweiten Hälfte des Jahres 1936 begannen dann die Beschäftigtenzahlen in der Textilindustrie zu sinken. Der Grund dafür liegt weniger in einer weiteren Verschlechterung der kontingentierten Rohstoffzulieferung als vielmehr in der durch die Behörden nun nicht mehr behinderten Abwanderung vor allem qualifizierter Arbeiter in Branchen mit besseren Verdienstmöglichkeiten, besonders in die verschiedenen Zweige der metallverarbeitenden Industrie.

Auch in diesen Betrieben war die Hauptbelebung vom Inlandsmarkt ausgegangen. Soweit sie öffentliche Aufträge, in der Regel im Bereich der Aufrüstung, erhielten oder durch Exporte Devisen einbrachten, unterlagen sie zunächst kaum den staatlichen Rohstoffbeschränkungen und konnten deshalb ihren Aufschwung fast ungehemmt fortsetzen. Der größte metallverarbeitende Betrieb in Augsburg, die MAN, erreichte bereits 1934, von einigen Unterabteilungen abgesehen, Vollbeschäftigung. 1934/35 konnte das Werk ein Drittel der produzierten Dieselmotoren exportieren[32]. Denselben Ausfuhranteil erzielten 1937 die Lastkraftwagen. Noch höhere Prozentpunkte errangen im gleichen Jahr Rotationsmaschinen für das graphische Gewerbe. Das Unternehmen, das nunmehr zu zwei Dritteln mit Wehrmachtsaufträgen für Dieselmotoren, Lkw, Flakgeschütze und andere Waffen ausgelastet war, klagte vor allem im Laufe des Jahres 1936 darüber, daß die Lieferfristen immer länger wurden, da verschiedene Rohmaterialien oft zu knapp und verspätet zugeteilt wurden. Als eine erhebliche Belastung erwies sich in diesem Zeitraum auch die zunehmende antijüdische Propaganda. Die Industrie- und Handelskammer Augsburg meldete wirtschaftliche Bedenken beim Bayerischen Staatsministerium für Wirtschaft an, da auch nichtjüdische Kunden ihretwegen Geschäftsverbindungen abgebrochen hatten.

Den deutlichsten wirtschaftlichen Aufschwung erlebte nach 1933 das Baugewerbe, da es am meisten von den öffentlichen Arbeitsbeschaffungsmaßnahmen profitierte. Als diese ausliefen, traten ausreichend private Bauaufträge, darunter solche zur Errichtung von Werks- und Siedlungswohnungen, und seit 1935 Wehrmachtsneubauten an ihre Stelle. Der Aufschwung der Bauindustrie hatte, wie in einigen Bereichen der metallverarbeitenden Industrie, belebend auf andere Wirtschaftszweige gewirkt. Bereits 1936 verursachte die Hochkonjunktur einen Mangel an Facharbeitern, gelegentlich auch schon an Hilfsarbeitern. Die Rohstoffversorgung war 1936 in einigen Bereichen bereits ungenügend.

Infolge der erreichten Vollbeschäftigung und der gestiegenen Massenkaufkraft häuften sich 1936 die Widersprüche zwischen den Erfordernissen der Rüstung und der zivilen Sektoren derart, daß eine Neuregelung unumgänglich wurde, wollte das Regime die gesetzten Prioritäten nicht revidieren. Der im Oktober 1936 verkündete Vierjahresplan verlagerte das Schwergewicht auf den wehrwirtschaftlichen Bereich. Die neue Wirtschaftspolitik bewirkte eine zunehmende Abwanderung von Arbeitern aus der Textilindustrie und führte damit zu einem »förmlichen Kriegszustand zwischen den Arbeitskräfte suchenden Industriebetrieben«[33].

Auch die metallverarbeitende Industrie bekam jetzt Schwierigkeiten bei der Arbeitskräftebeschaffung, vor allem von Facharbeitern. Rohstoffprobleme traten in der Vorkriegsphase fast nur noch bei Firmen auf, die nicht exportierten oder über keine Heeres- und sonstigen öffentlichen Aufträge verfügten.

Ähnlich war die Situation in der Bauindustrie, wo auch ein Ausgleich zwischen einzelnen Bezirken den Arbeitskräftemangel nicht mehr decken konnte. Zahlreiche Augsburger Firmen wirkten beim Bau der Queralpenstraße, der Flugplätze Penzing, Lagerlechfeld und Gablingen sowie der Reichsautobahn mit, deren Streckenabschnitt München–Augsburg–Limbach bei Ulm im Dezember 1938 eröffnet wurde. Der Bau des Westwalls 1938/39 band schließlich einen erheblichen Teil der noch verfügbaren Kapazitäten. Bis zum August 1938 wurden 1800 Arbeitskräfte aus Augsburg für diese Schanzarbeiten abgeordnet.

Ein außergewöhnliches Beispiel für die Bedeutung der Wehrwirtschaft und den raschen Aufstieg eines Rüstungsbetriebes bieten die Bayerischen Flugzeugwerke. Anfang 1933 noch um ihr Überleben kämpfend, setzte sie ein Auftrag des Reichsluftfahrtministeriums bereits in der zweiten Jahreshälfte instand, die Produktionsstätten zu erweitern und die Belegschaft von 82 auf 500 Beschäftigte zu erhöhen. In den nächsten vier Jahren verzehnfachte sie sich. 1935 erprobte Willy Messerschmitt, seit 1927 in Augsburg tätig, erstmals seine Bf 109, deren Serienproduktion dann die Voraussetzung dafür schuf, daß die nun nicht mehr auf Augsburg beschränkten Werke ausschließlich eigene Fabrikate herstellten.

Am 1. Mai 1939 ernannte Hitler die Messerschmitt-Werke zum »Nationalsozialistischen Musterbetrieb«. Sie waren mittlerweile zum größten Arbeitgeber Augsburgs aufgestiegen. Ihre Arbeiter gehörten zu den bestbezahlten der ganzen Region.

Die seit 1933 erfolgte Schwerpunktverlagerung zur Rüstung hin veränderte die Gewichtung der einzelnen Industriezweige in Augsburg bis 1939 erheblich. Das Baugewerbe erhöhte seinen Anteil an der Gesamtzahl der Beschäftigten von 5 auf 10 Prozent, die Metallindustrie von 12 auf 28 Prozent, während er sich in der Textilindustrie von 30 auf 20 Prozent verringerte. Aus der ursprünglich vor allem durch die Textilindustrie geprägten Großstadt Augsburg war nach sechs Jahren nationalsozialistischer Herrschaft ein Industriezentrum geworden, in der nun Rüstungsindustrien, allen voran die Messerschmitt-Werke und die MAN, dominierten[34].

Es ist unbestritten, daß die rasche Überwindung der Arbeitslosigkeit dem NS-Regime zunächst Anerkennung und Prestigegewinn einbrachte, auch bei vielen Arbeitern. An den Augsburger Verhältnissen läßt sich jedoch anschaulich demonstrieren, daß insbesondere die Arbeiterschaft einen sehr hohen Preis dafür bezahlen mußte. Zunächst verlor sie mit der Zerschlagung ihrer Gewerkschaften und Parteien die selbstgewählten Vertreter in Wirtschaft und Politik. Dann mußte sie sich mit einem Lohnniveau abfinden, das bei vielen lange Jahre unter dem von 1931 lag. Am meisten betroffen waren in Augsburg etwa 17 000 Textilarbeiter[35], die ein Drittel (1934) bis ein Viertel (1937) der Augsburger Arbeiter ausmachten. Staatlich verordnete Hindernisse und jahrelange Kurzarbeit hatten zur Folge, daß sich ihr Einkommen 1934 den Unterstützungssätzen der Fürsorge näherte oder, wie bei Familien mit mehreren Kindern, noch tiefer absank. In den Herbst- und Wintermonaten 1934/35 verteilte das Winterhilfswerk in 17 Augsburger Textilbetrieben täglich kostenlos 1900 Portionen warmes Essen an schlecht verdienende Arbeiter und Arbeiterinnen, um ihre Stimmung zu heben, wie der interne Bericht des Regierungspräsidenten erwähnt[36]. Aber auch die Beschäftigten der vom Aufschwung begünstigten Branchen, die mehr als die Textilarbeiter verdienten, hatten Anlaß zu Kritik und Unzufriedenheit. In der MAN zum Beispiel sank der durchschnittliche Stundenverdienst von Facharbeitern, der im Oktober 1931 noch 1,12 RM betragen hatte, bis zum Juli 1935 auf 89 Pfennige. 1936, in Zeiten der Hochkonjunktur also, stieg er auf ganze 92 Pfennige. Bei den ungelernten Arbeitern erreichte er erst Mitte 1939 das Lohnniveau von 1931[37].

Den unzureichenden Lohnverhältnissen standen teilweise erhebliche Preissteigerungen und gelegentliche Versorgungslücken bei Lebensmitteln gegenüber. Verglichen mit 1933, stiegen die Fleischpreise bis 1935 um ein Drittel. Und kurz vor Weihnachten desselben Jahres wurden Butter, Fett und Schweinefleisch vorübergehend derart knapp, daß der Verkauf

auf dem Wochenmarkt nur mit Hilfe eines großen Polizeiaufgebots durchzuführen war[38]. Die städtischen Behörden verschärften ihre Preisüberwachung und verhängten zahlreiche Geldstrafen wegen Überschreitungen, doch nun häuften sich die Klagen über mangelnde Qualität der Lebensmittel. Wie weit verbreitet die Not drei Jahre nach der Machtübernahme in Augsburg noch war, belegt der Rechenschaftsbericht des Winterhilfswerks. Demnach wurden im Winter 1935/36 über 44 000 Bedürftige unterstützt; das war nahezu ein Viertel der Bevölkerung[39].

Die Arbeiter reagierten mit zunehmender Mißstimmung auf die niedrigen Löhne und das ständige Hinausschieben von Erhöhungen. Ihr Unmut richtete sich gegen gutverdienende Betriebsführer und diejenigen örtlichen Repräsentanten der Partei, die öffentlich großen Aufwand betrieben oder in Unterschlagungsaffären verwickelt waren[40]. Diese antworteten ihrerseits mit verstärkten Kontrollen, Bespitzelungen und Verhaftungen auf den Vertrauensverlust. Im November 1936 registrierte der Sopade-Berichterstatter, daß in Augsburg der Druck des Polizei- und Militärapparats spürbarer sei als in München[41]. Innerhalb der Betriebe wirkte sich der zunehmende Druck in einem wachsenden gegenseitigen Mißtrauen aus. Die Zahl der »Heimtückefälle«, in die Augsburger Betriebsangehörige verwickelt waren, stieg seit 1936 beträchtlich an[42]. Zum Jahreswechsel hob sich die Stimmung etwas, da sich nicht nur die Nahrungsmittelversorgung besserte, sondern auch die Bekämpfung der Preissteigerungen Erfolg zeitigte. Zur Beruhigung der Arbeiterschaft trugen nach Verkündung des Vierjahresplans vor allem Lohnsteigerungen bei, die florierende Rüstungsbetriebe außerhalb der von den Behörden festgesetzten Tarife vornahmen. Allerdings erhöhten sich auch die Leistungsanforderungen in den Vorkriegsjahren erheblich. Der Großteil der Arbeiterschaft scheint, wenn auch resignierend, mit wachsender Kriegsgefahr ein Betriebsklima hingenommen zu haben, das immer stärker dem im militärischen Bereich ähnelte.

In der Vorkriegszeit wurde in Augsburg die schon chronisch gewordene Wohnungsnot zum größten sozialen Problem. Bereits 1933 hatten 4000 Wohnungen gefehlt. Bis 1939 verdoppelte sich infolge des Zuzugs von Facharbeitern und Wehrmachtsangehöri-

gen das Defizit[43]. Statt dem Oberbürgermeister die Möglichkeit zu geben, die beschränkten finanziellen Mittel der Stadt für den dringend notwendigen Wohnungsbau zu verwenden, betrieb Hitler einen kostspieligen Umbau des Augsburger Stadttheaters. Schon vor der Neueröffnung im Mai 1939 wurden der Öffentlichkeit die Pläne für den Bau eines gigantischen Gauforums für insgesamt 120 Millionen RM präsentiert. Hitler hatte bei seinem ersten offiziellen Besuch im November 1937 diesen städtebaulichen Großeingriff angeregt. Während der Gauleiter, auch nach 1945 noch, die geplanten Bauten als »ewige Denkmäler der Volksgemeinschaft« pries[44], kritisierte sie der Kreisleiter, indem er mit Nachdruck auf die große Wohnungsnot hinwies, die durch die erforderlichen Abbruchmaßnahmen noch vergrößert worden wäre. Als nach dem Kriegsausbruch immer mehr Facharbeiter und Dienstverpflichtete nach Augsburg zogen, nahm sie noch erheblich zu[45].

Zwischen Anpassung und Resistenz: Die Kirchen

Während die Nationalsozialisten schon vor der »Machtergreifung« über die Deutschen Christen einen breiten Einbruch in die evangelische Kirche hatten erzielen können, war ihnen dies bei der katholischen Kirche nicht im gleichen Ausmaß gelungen, da die Bischöfe, unterstützt von der katholischen Presse, unmißverständlich verkündet hatten, daß ein Katholik nicht zugleich Nationalsozialist sein könne. »In unnötiger Eile« nahm dann der deutsche und bayerische Episkopat Ende März 1933, auf die Zusage Hitlers hin, er werde die Rechte der Kirchen nicht antasten, frühere Verbote und Warnungen zurück[46].

In beiden Kirchen kündigte sich am 14. Juli 1933 eine entscheidende Wende in der Auseinandersetzung mit dem Nationalsozialismus an. An diesem Tag verabschiedete das Reichskabinett die neue Verfassung der Deutschen Evangelischen Kirche und das Konkordat mit der katholischen Kirche. Mit der Reichskirchenverfassung sollten die evangelischen Landeskirchen »gleichgeschaltet« werden. Mit dem Reichskonkordat wollte der NS-Staat die katholische Kirche vollends aus der Politik verdrängen. Als sich herausstellte, daß es ihm nicht um eine von beiderseitigem Kompromiß getragene Koexistenz zwischen

Staat und Kirchen ging, sondern um deren vollkommene Unterordnung oder Zerschlagung, begann in beiden Kirchen ein zäher, aber nicht ganz erfolgloser Abwehrkampf.

Für alle Stadien und Formen der Auseinandersetzung zwischen den Kirchen und dem Nationalsozialismus gibt es in Augsburg eindrucksvolle Beispiele, von denen nur einige wenige angeführt werden können.

Ein erstes Beispiel liefert die Augsburger katholische Presse, vertreten durch die Augsburger Postzeitung (APZ), eine der ältesten und profiliertesten Zeitungen des politischen Katholizismus, und die der BVP nahestehende Neue Augsburger Zeitung. Die Postzeitung bot ihren Lesern fundierte Analysen der NS-Ideologie und warnte noch nach dem 30. Januar 1933 in eindringlichen Aufrufen vor Hitler. Einen Höhepunkt erreichte ihr Kampf gegen den Nationalsozialismus in der Artikelserie »Christus! – nicht Hitler« im Dezember 1932, in der der Westheimer Dr. Hans Rost anhand von Rosenbergs *Mythus des 20. Jahrhunderts* und Hitlers *Mein Kampf* das christentumsfeindliche Fundament des Nationalsozialismus aufdeckte. Rosts weitblickendes Resümee war: »Christus ermahnt uns zur Liebe. Hitler predigt den Haß und er wird damit Deutschland zerstören [. . .] Kein Katholik kann sonach schon aus diesen Gründen Anhänger Hitlers sein, weil der Haß das Grundgesetz seines Wollens ist«[47]. Als Broschüre gedruckt, fand die Artikelserie weite Verbreitung in ganz Deutschland. Anfang Februar 1933 wurde sie auf Anordnung des bayerischen Innenministeriums beschlagnahmt, Rost mußte eine vierwöchige Schutzhaft über sich ergehen lassen. Mit zynischer Aggressivität antwortete die NNZ im Januar und Februar 1933 unter derselben Überschrift, indem sie Rosenbergs Angriff auf das Alte Testament rechtfertigte, Rost die Schonung des Marxismus vorwarf und den Nationalsozialismus als Beschützer des Christentums herausstellte.

Als die Bischöfe im März 1933 ihre oppositionelle Haltung revidierten, beschritten die APZ und auch die im selben Verlag erscheinende NAZ immer mehr den Weg der Selbstgleichschaltung[48]. Anläßlich der bevorstehenden Auflösung der katholischen Parteien schrieb die APZ: »Wir können nur wiederholen, daß wir loyal und aufrichtig die Regierung unterstützen und willens sind, dem neuen Staat die katholischen Kräfte zuzuführen. Im übrigen wünschen wir, daß die Auflösung der Zentrumspartei sich reibungslos und für alle Teile befriedigend vollzieht, damit sich die vielen Millionen kirchentreuer Katholiken freudig und hundertprozentig der Gefolgschaft Hitlers als des Führers der deutschen Nation anschließen. Für dieses Ziel hat unsere Zeitung seit dem Sieg der nationalsozialistischen Idee gearbeitet und geworben«[49]. Offensichtlich waren die katholischen Leser standhafter als ihre kapitulierende Zeitung, denn sie reagierten mit starker Abwanderung. 1935 mußte das Blatt auch aus diesem Grunde eingestellt werden.

Die NAZ verweigerte noch Ende März 1933 renommierten Augsburger Geschäften den Abdruck von Inseraten, die den Hinweis »christliches Geschäft« enthielten. Sie mußte sich dafür als »Judenblatt« beschimpfen lassen und ein mehrtägiges Erscheinungsverbot hinnehmen[50]. Doch es dauerte nicht allzu lange, dann erweckte sie beim Leser den Eindruck, sie wolle das nationalsozialistische Konkurrenzblatt in ihrer Hitlertreue überflügeln. Die NAZ blieb auflagenstärkste Zeitung der Stadt, bis Papiermangel sie 1944 zur Aufgabe zwang.

Ein anderes Beispiel bieten die katholischen Jugendverbände. Ihr sich über Jahre hinziehender Kleinkrieg mit der Hitlerjugend gehört durchaus zu den Augsburger Besonderheiten dieser Zeit. Die HJ fühlte sich durch die blühende konfessionelle Jugendorganisation ständig provoziert; diese war zwar willens, sich in die »nationale Front« einzureihen, wie ihre Beteiligung an den Aufmärschen zum 1. Mai 1933 belegt, aber sie wollte dies nur mit dem »Christusbanner« tun[51]. Für sie setzte sich Bischof Joseph Kumpfmüller ein, der seit 1930 die Diözese Augsburg leitete, indem er sich bereits im November 1933 beim Reichsinnenminister darüber beschwerte, daß in seinem Bistum die katholischen Vereine lahmgelegt und wie Staatsfeinde behandelt würden[52]. Die andere Seite unterstützten Gauleiter und Polizeipräsident auf ihre Weise. Sie verboten den konfessionellen Gruppen im Mai 1934, ein Jahr vor einem entsprechenden Reichserlaß, jegliche sportliche Betätigung, selbst Geländespiele, und das Tragen von Uniform oder Kluft[53].

Die in die Kirchenräume zurückgedrängten Jugendgruppen reagierten mit verstärkter Mitgliederwerbung, sogar innerhalb der HJ und SA. Sie waren damit so erfolgreich, daß die Monatsberichte des Regierungspräsidenten bis zum endgültigen Verbot aller konfessionellen Verbände im Jahr 1938 wiederholt mit Sorge auf die steigenden Mitgliederzahlen in der katholischen Jugend aufmerksam machten.

In der evangelischen Kirche erzwang die neue Reichskirchenverfassung im Juli 1933 Neuwahlen zu den Kirchenvertretungen. Sie hatten zur Folge, daß die überwiegende Mehrzahl der Landeskirchen den Deutschen Christen ausgeliefert wurde. Lediglich in Hannover, Württemberg und Bayern konnte sich die oppositionelle Liste »Evangelium und Kirche« durchsetzen. Die evangelische Kirche verdankt es auch den Augsburger Gemeinden, daß die »Machtergreifung« der Deutschen Christen in Bayern mißlang.

Auch in Augsburg bekannten sich einige Pfarrer und ein Teil der Gemeindemitglieder zu einem »evangelischen Nationalsozialismus«. Sie glaubten an die Übereinstimmung der sittlichen Forderungen Hitlers und des Christentums, wollten den entschlossenen Kampf um die »Reinheit deutschen Blutes« aufnehmen und die SA ihrer Kirche sein, wie es ihr Gauobmann, Pfarrer Heinrich Schulz, in einer gutbesuchten ersten Versammlung im Oktober 1933 formulierte[54]. Schulz ging allerdings nicht so weit wie sein Amtsbruder, der Gauobmann von Groß-Berlin, der in der Sportpalastveranstaltung vom 13. November 1933 die »Sünden- und Minderwertigkeitstheologie« des Paulus ebenso ablehnte wie das Kruzifix, der die Beseitigung des Alten Testaments verlangte und eine Volkskirche forderte, in der »Nichtarier« weder auf noch unter der Kanzel etwas zu suchen hätten[55]. Die Augsburger Gesamtgemeinde veranstaltete Protestversammlungen, an denen etwa 4000 Gläubige teilnahmen. Sie stimmten dabei einer von Dekan Wilhelm Schiller formulierten Resolution zu, in der er sich von den Männern seiner Kirche distanzierte, die »öffentlich Irrlehren verkünden«[56], und in der er dem seit Mai 1933 amtierenden bayerischen Landesbischof D. Hans Meiser Unterstützung in seinem Kampf gegen die drohende »Gleichschaltung« seiner Landeskirche zusagte. Schillers Resolution fand

ebenfalls Zustimmung bei Gauobmann Schulz sowie anderen Pfarrern und Gläubigen, die mit den Deutschen Christen sympathisierten. Bald nach dem Sportpalast-Spektakel traten die bayerischen Deutschen Christen aus der Reichsbewegung aus und lösten sich auf, ohne jedoch ganz von der Bildfläche zu verschwinden.

Der Versuch von Reichsbischof Ludwig Müller, die bayerische Landeskirche im Herbst 1934 gewaltsam dem Reichskirchenregiment unterzuordnen, scheiterte nicht zuletzt dank des entschiedenen Einsatzes der Augsburger Gemeinden. Sie stärkten mit Resolutionen den Abwehrwillen der Landessynode, schickten Vertrauensadressen an Meiser, strömten zu seinen Augsburger Predigten und veranstalteten, als sich der Kampf im September zuspitzte, besondere Bittgottesdienste für ihn[57]. Am Abend des 11. Oktober 1934, an dem Meiser abgesetzt und unter Hausarrest gestellt wurde, hielt der Gögginger Pfarrer Helmut Kern einen Bußgottesdienst, nach dem an die 300 Gläubige ein Treuebekenntnis für ihren Bischof unterzeichneten, das wie andere Protestschreiben aus Augsburg dem bayerischen Ministerpräsidenten zugeleitet wurde. Ungewollt legt die Politische Polizei in ihrem Bericht vom September 1934 Zeugnis von der erfolgreichen Resistenz der evangelischen Gemeinden ab: »Die Lage im evangelischen Kirchenstreit hat Formen angenommen, daß geradezu von ›offener Rebellion‹ gesprochen werden kann«[58]. Die Erregung legte sich erst, als Meiser wieder in sein Amt als Landesbischof eingesetzt war.

Zu einer wichtigen Stütze der evangelischen Gemeinden wurde die dritte Bekenntnissynode, die im Juni 1935 in der Stadt der Confessio Augustana stattfand. Sie demonstrierte die Entschlossenheit der Bekennenden Kirche in der weiteren Abwehr gewaltsamer Eingriffe durch die Reichskirchenregierung und in der Bekämpfung deutschchristlicher Irrlehren: »Quelle der Kirche ist nicht Volkstum und Rasse, sondern das Evangelium. Der Herr der Kirche ist Jesus Christus; unsere Predigt ist nie und nimmer Propaganda«[59]. Und sie protestierte gegen den zunehmenden Druck von Gestapo und SD auf die sich zu Bekenntnisgemeinschaften zusammenschließenden Gemeinden. Auf die Synode reagierten die Augsburger Reste der Deutschen Christen mit verstärkten Aktivitäten. Sie forderten Kirchenräume und Pfarrerstellen, scheiterten aber jeweils an der Opposition der Gemeinden.

Wie verhielten sich die katholischen Geistlichen gegenüber dem Nationalsozialismus? Aus der Zeit vor 1933 sind in Augsburg keine ausgesprochen »braunen« Pfarrer bekannt. Hätte einer seine pronazistische Einstellung offen gezeigt, ist anzunehmen, daß ihm Bischof Kumpfmüller ebenso entschieden entgegengetreten wäre wie dem Pfarrer von Straßberg, Dr. Philipp Haeuser, der sich in NSDAP-Versammlungen in Augsburg öffentlich zum Nationalsozialismus bekannte. Haeuser, dem der Bischof ein Redeverbot auferlegte, lieferte den bayerischen Bischöfen den konkreten Anlaß, ihren Priestern jede Betätigung für die NSDAP zu untersagen[60].

Der im März 1933 von den Bischöfen eingeschlagene Versöhnungskurs verunsicherte auch viele Geistliche, er bewirkte jedoch keine nennenswerte oder nachhaltige Hinwendung zum Nationalsozialismus bei ihnen. Dafür sorgten schon Polizei und Partei durch die Fortsetzung, ja Verstärkung ihrer vielfältigen Schikanen nach dem Konkordatsabschluß. Die internen Berichte und die Gerichtsakten dokumentieren einerseits, wie dicht das Netz der Kontrolle geknüpft war, andererseits, wie verbreitet Verweigerung und Protest im Klerus waren. Gottesdienstüberwachung, Bespitzelung der Privatsphäre, Kontrolle von nichtangemeldeten Zusammenkünften und andere Maßnahmen des Zwangsstaates mußten katholische Geistliche in gleicher Weise erdulden wie evangelische.

Eine Durchsicht einschlägigen Aktenmaterials ergibt, daß zwischen 1933 und 1945 in der Diözese Augsburg jeder zwanzigste, in Augsburg jeder zehnte Priester vor das Sondergericht München kam, das schwerere politische »Delikte« bearbeitete. Vor Amts- und Landgerichten hatten sich 130 Mitglieder des Diözesanklerus zu verantworten. Nahezu gegen jeden zweiten der in der Seelsorge tätigen Geistlichen der Diözese wurden, hauptsächlich wegen politischer Äußerungen in Predigten und privaten Gesprächen sowie wegen verbotener Jugendarbeit, polizeiliche Maßnahmen ergriffen[61]. Sie reichten von Verwarnung und Geldstrafe über Verbote der Erteilung des Religionsunterrichts in Schulen bis hin zu Gefängnis- und KZ-Haft.

Beispiele aus dem Kreis des katholischen Klerus liefern der Domprediger Dr. Adam Birner, der Diözesanjugendseelsorger Alfons Satzger und der Kaplan der Dompfarrei, Walter Romberg. Birner stand anfangs dem Nationalsozialismus nicht unaufgeschlossen gegenüber. 1933 hielt er bei einer »Deutschen Weihnacht« der NSDAP sogar eine Festrede. Als jedoch die wahren Ziele des Regimes immer deutlicher zum Vorschein traten, schlug seine Aufgeschlossenheit in erbitterte Gegnerschaft um. Nach seiner ersten Verhaftung wegen staatsfeindlicher Äußerungen übernahm er die Stadtpfarrei Günzburg, wo er seine Abneigung gegen das Regime auch weiterhin nicht verhehlte. Nachdem ihn die Gestapo im April 1941 erneut festgenommen und verhört hatte, kam er auf nicht geklärte Weise ums Leben; wahrscheinlich hat ihn die Gestapo in den Selbstmord getrieben[62]. Alfons Satzger, nach dem Zweiten Weltkrieg Wallfahrtspriester in der Wies, wurde 1939 aus Bayern, Österreich und dem Sudetenland ausgewiesen. Die »staatszersetzende Tätigkeit«, die man ihm vorwarf, bestand in fortwährenden regimekritischen Äußerungen, hauptsächlich aber in seiner erfolgreichen Arbeit im Bereich der Jugendseelsorge[63]. Walter Romberg wurde angezeigt, weil er sich, wie viele katholische und evangelische Geistliche, kritisch mit Rosenberg auseinandersetzte und dabei die Kirchenfeindlichkeit in Deutschland mit der in der Sowjetunion verglich[64].

Für den evangelischen Klerus sind keine Gesamtzahlen bekannt, wohl aber zahlreiche Einzelfälle. Genannt seien der Dekan Wilhelm Bogner, seit 1938 Nachfolger Schillers, Pfarrer Helmut Kern und sein Vikar Peter Stoll, der als erster evangelischer Geistlicher Augsburgs im Herbst 1934 in Schutzhaft genommen wurde, weil er während einer Predigt den Versuch der »Gleichschaltung« fränkischer Dekanate durch das Reichskirchenregiment anprangerte[65]. Kern kam wiederholt mit der Politischen Polizei in Konflikt, zum Beispiel als er das Verbot einer Kanzelabkündigung bekanntgab, die die Aufforderung enthielt, dem zum Besuch angesagten Reichsbischof nicht die Kirchen zu öffnen; oder als er kurz darauf im Gottesdienst erwähnte, daß hessische Amtsbrüder in das KZ Dachau eingeliefert worden seien. Kern erhielt 1937 Redeverbot für das ganze Reichsgebiet[66]. Dekan Bogner wurde zweimal verhaftet, weil die Gestapo bei Haussuchungen ihr nicht genehmes Schriftmaterial gefunden hatte[67].

Ein recht unterschiedliches Bild bieten die beiden höchsten Geistlichen der Diözese[68]. Auf dem Bischofsstuhl des hl. Ulrich saß mit Joseph Kumpfmüller kein heroischer und selbstsicherer politischer Streiter, sondern ein tief religiöser Seelsorger, der den hereinbrechenden Ungeist mit seinen Mitteln zu bekämpfen suchte. Auf die massiven Anfechtungen von seiten des NS-Staates reagierte er eher unsicher und zurückhaltend. Deshalb wandte er sich des öfteren auch rat- und hilfesuchend an Kardinal Faulhaber, zum Beispiel als er ersucht wurde, sich für den im März 1933 inhaftierten BVP-Stadtrat und Leiter eines katholischen Arbeitervereins, Josef Jaser, zu verwenden, oder in der Frage, wie den getauften Juden geholfen werden könne. Kumpfmüller war jedoch in politischen Dingen nicht hilflos und auch nicht untätig. Das belegen seine Schreiben an den Innenminister Frick, in denen er eine klare Sprache redete. Seine Hirtenbriefe enthalten keine flammenden Proteste gegen die Bedrückung der Kirche, sie beziehen aber durchaus entschieden Stellung zu nationalsozialistischen Angriffen auf christliche Glaubensinhalte und Sittengesetze. Der Regierungspräsident und Gauleiter registrierte gelegentlich auch »versteckte Angriffe gegen den nationalsozialistischen Staat« in ihnen.

Mehr als der Bischof fühlte sich der Generalvikar Franz Xaver Eberle, seit 1934 Weihbischof, zu politischer Betätigung berufen. Er war es auch, der die Kontakte zu wichtigen örtlichen Parteistellen, vor allem zu Gauleiter Wahl, pflegte. Seinem Einfluß verdanken nicht wenige verhaftete Priester und Politiker eine Verkürzung ihrer Haft. Mit Argwohn und Unwillen allerdings verfolgten Kumpfmüller und Faulhaber Eberles Ausflug in die große Politik. Im Dezember 1937 traf er sich mit dem Reichskanzler, um mit ihm über Verbesserungen in den Beziehungen zwischen Kirche und Staat zu verhandeln. Ein ungewöhnlicher Vorgang, der einigen diplomatischen Wirbel in der Amtskirche auslöste, denn Eberle verhandelte aus privater Initiative, und Hitler widmete sich eingehend einem inoffiziellen Vertreter der Kirche! Jedenfalls erreichte der eigenwillige Weihbi-

schof, daß der Vatikan einen Verhandlungsvorschlag an die Reichsregierung richtete. Aber Kardinal Faulhaber sah in Eberle eher einen Wichtigtuer als einen ernsthaften Vermittler; auch sah er seine Politik der deutlichen Distanzierung vom Regime unterlaufen. Doch dem Weihbischof ging es gerade darum, in der Zeit der größten Entfremdung Kirche und Staat wieder zum Gespräch zusammenzuführen. Mag sein, daß seine Haltung – »eine fanatische Liebe« zu seiner Kirche und »eine fanatische Liebe« zu seinem »Vaterland« – ihn dabei von einer realistischeren Einstellung abhielt[69].

Neben den Großkirchen existierten in Augsburg religiöse Minderheiten. Von ihnen seien nur die Ernsten Bibelforscher kurz erwähnt, die unter den Nationalsozialisten besonders zu leiden hatten. Weil sie aus religiösen Gründen die staatliche Macht und den Wehrdienst ablehnten, wurden sie als »Staatsfeinde« von Anfang an verfolgt. Zwischen 1933 und 1937 wurden von den etwa 150 in Augsburg ansässigen Bibelforschern 67 vor Gericht gestellt und viele von ihnen nach Verbüßung der Gefängnisstrafen in Konzentrationslager gesperrt[70].

Die jüdischen Mitbürger

»Man kann sich kaum mehr vorstellen, welches behagliche Leben die Juden Augsburgs geführt haben.« Dieses Resümee über die Zeit vor 1933 zieht der ehemalige Augsburger Synagogenkommissar Albert Dann 1944, im fünften Jahr nach seiner Emigration nach Palästina[71]. Als »behaglich« kennzeichnet er in erster Linie das blühende jüdische Gemeindeleben und das weitgehend konfliktfreie Zusammenleben der jüdischen und nichtjüdischen Augsburger Bevölkerung. Sicher trifft Danns Feststellung weitgehend auch auf die gesellschaftliche und materielle Position eines Großteils der Augsburger jüdischen Mitbürger zu. Vier Fünftel der 1933 1030 Personen umfassenden jüdischen Gemeinde (0,6 Prozent der Augsburger Gesamtbevölkerung) gehörten der Mittel- und Oberschicht an. Ihren Lebensunterhalt fanden die meisten Juden im Produktionsbereich und im Handel. »Besonders in der Textil- und Schuhproduktion sowie in der chemischen Industrie leisteten sie Pionierarbeit, und in ihren Händen lag der Hauptteil des

Abb. 127 Besuch des »Führers« am 21./22. November 1937 anläßlich der Fünfzehnjahrfeier der Augsburger NSDAP

Abb. 128 Festlicher Empfang Hitlers vor dem Augsburger Bahnhof am 21. November 1937

Abb. 129 Eröffnung der Autobahnteilstrecke München – Augsburg – Limbach am 9. Dezember 1938; Augsburg erhält Anschluß an die »Straßen des Führers«

Der britische Terrorangriff auf Augsburg in der Nacht vom 25. zum 26. Februar 1944 hat viele Familien in tiefe Trauer versetzt. Bis heute konnten die nachstehend aufgeführten Gefallenen geborgen werden:

Anzenhofer Josef (Kind)	Hartfelder (Frau)	Lang Josef	Schwark Erich
Bartlmeß Anna	Hartmann Eugenie	Lehner Georg	Schweizer Martin
Bauer Anna	Hartwig Karolina	Liebl Anna	Scherer Elfriede
Bauer Katharina	Hartwig Emma	Link Josef	Scherer Theresia
Bauer Werner (Kind)	Hase Paul	Lorenz Karl	Schmalzholz Elisabeth
Becker Berta	Haupeltshofer Ingeborg	Lurz Lorenz	Schmid Johanna
Becker Kurt	Heidenblut Georg	Maischak Paul	Schmid Josefa
Becker Margarete	Heider Josef	Mayer Alois	Schmid Hedwig
Berghammer Anton	Heider Walburga	Mayr Basilius	Schmitt Sabine
Blank Rosa	Heimisch Anna	Mayr Wally	Schmiedberger Lina
Blatt Walter Alfred	Heinrich Anton	Melber Heinrich	Schnabl Franz
Bold Andreas	Heinfelder Sebastian	Membert Johann	Schreitz Martin
Bradl Hugo (Kind)	Hermann Alfred	Miller Christine	Schuler Kunigunde
Brausenwein Anna	Hermann Anna	Miller Heinrich	Schwarz Manfred
Brausenwein Elisabeth	Hermann Nikolaus	Miller Hilde	Stöckl Martin
Brausenwein Karl	Hönle Johann	Miller Rosalie	Stöckl Leonhard
Brausenwein Peter (Kind)	Hoffmann Elisabeth	Müller Alois	Stoiber Viktoria
Bruckner Maria	Holzner Anton	Münch Hans	Stümmer Josef
Bruckner Otto	Hornung Josef	Neubauer Hannelore (Kind)	Tessaina Johann
Buchfelder Heinrich	Huber Anton	Neubauer Gerda (Kind)	Thot Maria
Burger Matthäus	Huber Paula	Neubauer Maria	Treffer Johann
Busch Johann	Huber Viktoria	Neusser Berta	Terino Vinzenzo
Busch Thea	Hübel Eduard	Neusser Günther (Kind)	Ummenhofer Magdalena
Christ Wilhelm	Jung Anna	Neumeyer Friderike	Vogel Josef
Criscuolo Ciro	Kaps Adolf	Nusser Hans	Vondran Paul
Dailer Alois	Kapfer Georg	Otto Gerit	Waibel Michael
Dreßler Alfred	Kempf Auguste	Ottavi Francois	Wahler Georg
Dürr Anneliese (Kind)	Kempf Brigitte (Kind)	Pfäffle Anna	Wahler Maria
Dürr Johann	Klammbauer Leo	Passan Vera	Waldmann Wilhelm
Dürr Luise	Klopp Arthur	Passan Eleonore	Wallershauser
Eckert Max	Kienle Johanna	Passan Franziska	Wallishauser Maria
Eckert Therese	Kohle Erich (Kind)	Poppen Julie	Wallishauser Sebastian
Egloff Friedrich	Kohnle Babette	Rammertshammer Leonhard	Wanner Josef
Eisele Josef	Kohnle Josefa	Raps Adolf	Weindl Hans
Eisele Creszenz	Kohnle Irene	Reiher Eduard	Weißenberger Anna
Eizenhammer Josef	Kohnle Luise	Reitmayer (Kind)	Wiedemann Ernst
Enders Babette	Kolland Josef	Rötzer Xaver	Windegger Otto
Färber Franziska	Krafka Josef	Rimbeck Annemarie	Winkler Dagmar (Kind)
Fischer Fanny (Kind)	Kranner Robert	Sebald Franz Xaver	Winkler Walter
Fischer Franziska	Kraus Egon	Seefried Georg	Winkler Olga
Fischer Maria	Kraus Ewald (Kind)	Seefried Josef	Winkler Margot
Fröhlich Rosa	Kraus Ottilie	Seefried Sofie	Würsching Anna
Gentner Wolfgang (Kind)	Kroher Leonhard	Seefried	Ziegelmeier Josef
Gentner Franziska	Kroher Maria	Seibold Jakobine	Zimmermann Franziska
Gentner Rosmarie (Kind)	Krollmann Maria	Seidl Xaver	Zimmermann Gertraud
Goudreau Julian	Krollmann Ursula (Kind)	Schreiber (Frau)	Zuleg Amalie
Groß Fritz	Krum	Schregle Maria	Zuleg Ingeborg (Kind)
Hartfelder Heinrich (Kind)	Lang Georg	Sulzberger Josef	Zechmeier Hermine

Die schmerzgebeugten Hinterbliebenen sind in ihrem namenlosen Leid nicht allein. Ganz Augsburg bekennt sich zu ihnen in aufrichtigem Mitgefühl und treuer Kameradschaft und verneigt sich in tiefer Ehrfurcht vor ihren Toten.

AUCH SIE GABEN IHR LEBEN FÜR GROSSDEUTSCHLAND!

Karl Wahl, Gauleiter

Josef Mayr, Oberbürgermeister

Abb. 130 *Eine Flüchtlingsfamilie in ihrer Augsburger Barackenunterkunft*

Abb. 131 *Eine der Todesanzeigen aus der Augsburger Nationalzeitung nach dem schweren Luftangriff am 25./26. Februar 1944*

Groß- und Einzelhandels [. . .]. Bemerkenswert war auch der Anteil der Juden von Augsburg an den freien Berufen«[72].

Je weiter die »Machtergreifung« der Nationalsozialisten fortschritt, desto schneller schlug die von Dann apostrophierte »Behaglichkeit« in ihr Gegenteil um. Schon die Terrorwelle im März 1933 erfaßte die ersten Augsburger Juden, den Geschäftsführer des Kaufhauses Landauer[73], den Obersekretär des Stadttheaters und drei Rechtsanwälte, darunter Dr. Ludwig Dreifuß, einen der Nachkriegsoberbürgermeister Augsburgs. Mit einer antisemitischen Hetzkampagne gegen jüdische Ärzte und Rechtsanwälte bereitete die Neue Nationalzeitung die Boykottmaßnahmen des 1. April vor.

Für die Aktionskomitees seines Gaues ordnete Karl Wahl am Vorabend an: »In altbewährter Disziplin und in dem uns eigenen Angriffsgeist werden wir auch diese hinterhältigen jüdischen Mächte zu Boden zwingen«[74]. In einem Flugblatt wurde die Bevölkerung aufgerufen, keines der 43 namentlich aufgeführten Kaufhäuser, Fachgeschäfte und Cafés mehr zu betreten, solange die »Lügen- und Greuelpropaganda« gegen Deutschland im Ausland anhalte[75]. Der Boykott war mehr als spektakuläre Propagandamaßnahme und weniger als ernsthafter Wirtschaftsboykott geplant, denn das Reich konnte 1933 weder auf das jüdische Wirtschaftspotential noch auf den Absatz deutscher Waren im Ausland verzichten. Trotzdem blieben April-Boykott und nachfolgende Propagandaaktionen der Partei wirtschaftlich nicht folgenlos. Schon Anfang 1934 entließ das Warenhaus der Gebrüder Landauer, das größte jüdische Geschäft der Stadt, 114 Mitarbeiter, da sein Umsatz stark zurückgegangen war. Mitte des Jahres ging es in »arische« Hände über. 1935 lief eine neue antisemitische Welle an, die im September in den Nürnberger Gesetzen ihren vorläufigen Höhepunkt fand. In Augsburg zertrümmerten fanatische Nationalsozialisten in diesem Jahr immer wieder Schaufenster jüdischer Geschäfte und pinselten Parolen wie »Wer bei Juden einkauft, ist ein Volksverräter« an die Auslagen. Tafeln mit der Aufschrift »Juden sind hier unerwünscht«, wie sie an den Ortsschildern im schwäbischen Umland zu finden waren, tauchten auch in der Stadt auf. Mitten in der Badesaison verbot die Stadt-

verwaltung den Juden das Betreten der städtischen Bäder. Die jüdische Gemeinde mußte eine mehrtägige Durchsuchung der Amtsräume und der Wohnung ihres Rabbiners Dr. Jacob über sich ergehen lassen. Aus der Augsburger Ärzteschaft kam die Forderung, den noch tätigen jüdischen Kollegen endlich die Kassenzulassung zu entziehen. Zu Ende des Jahres verbot der Standortälteste den Angehörigen der Garnison Augsburg, in jüdischen Geschäften einzukaufen[76].

Das Nürnberger »Reichsbürgergesetz« trennte die nichtjüdische Bevölkerung rechtlich von der jüdischen und isolierte diese vollends. Die jüdische Gemeinde reagierte auf die zunehmende Entrechtung mit einer relativ geringen Auswanderung – bis Anfang 1938 hatten 180 Juden Augsburg verlassen –, sie bereitete jedoch in einer neu errichteten Ausbildungsstätte jüngere Gemeindemitglieder auf die Emigration nach Palästina vor. Eine größere Auswanderungswelle setzte erst 1938 ein, als nach der wirtschaftlichen Konsolidierung des Reiches die Ausschaltung der Juden aus allen Wirtschaftszweigen offen betrieben wurde.

Nach einer Bilanz der Augsburger Nationalzeitung gab es 1933 in Augsburg 126 Betriebe in jüdischem Besitz, darunter 20 Industriefirmen, 55 Großhandelsunternehmen, Vertretungen und Banken sowie 51 Einzelhandelsgeschäfte. Bis Anfang 1938 waren sie bereits auf 79 zurückgegangen[77]. Während des Jahres 1938 sollte eine Welle von Maßnahmen den »freiwilligen« Arisierungsprozeß beschleunigen. Steuerliche Erschwernisse, Senkung der Rohstoffkontingente, Entzug öffentlicher Aufträge, Registrierung des jüdischen Vermögens und Kennzeichnung jüdischer Geschäfte, begleitet von Prozessen über angebliche Devisenverbrechen und Steuerhinterziehungen, sollten auch in Augsburg der geplanten Endphase den Weg bereiten. Bei den akademischen Berufen war die Ausschaltung im Herbst bereits abgeschlossen: Unter den »Denkwürdigkeiten« des Jahres 1938 findet sich am 30. September der Eintrag: »Augsburg frei von jüdischen Ärzten«[78], wenige Tage später meldete die Augsburger Nationalzeitung: »Gau Schwaben frei von jüdischen Ärzten«. Dasselbe gilt für die jüdischen Rechtsanwälte. Propagandistische Unterstützung erhielten die antijüdischen Kampagnen von 1938 durch das Doppelheft der vom Gauverband für Schwäbische Kultur und Heimatpflege herausgegebenen Zeitschrift »Schwabenland« über *Die Juden in Schwaben*. Unter der Devise »Die Entscheidung, die unsere Väter lange ersehnten, ist spät, dafür aber endgültig gefallen«, lieferte der Oberbibliothekar der Kreis-, Staats- und Stadtbibliothek eine bis in die Römerzeit zurückreichende Kriminal- und Skandalgeschichte der schwäbischen Juden, die nach den Geleitworten des Gauleiters über das »verbrecherische Treiben« der »unverbesserlichen Volksschädlinge« aufklären sollte[79]. Daß es die Nationalsozialisten nicht bei der »Arisierung« jüdischen Besitzes belassen wollten, signalisierten die überraschende Verhaftung aller Augsburger Juden polnischer Herkunft am 28. Oktober 1938 und der Versuch, sie über die polnische Grenze abzuschieben. Nachdem ihnen dort die Einreise verweigert worden war, kehrten sie erschöpft nach Augsburg zurück. Dieselbe Aktion, die Deportation seiner Eltern nach Polen, war für den jungen Juden Herschel Grünspan der Anlaß zu seinem Attentat auf den deutschen Botschaftsrat Ernst vom Rath in Paris. Dessen Tod gab auch in Augsburg den verordneten Auftakt zu antijüdischen Ausschreitungen. In der Nacht zum 10. November 1938 demolierten überwiegend jugendliche Nationalsozialisten Auslagen jüdischer Geschäfte und drangen in die Synagoge ein. Sie zerstörten sakrales Gerät, rissen wertvolle Thoraschrein-Vorhänge herunter und verschleppten die Thorarollen. Schließlich zündeten sie das Gestühl und die Garderobe an. Nur dem Umstand, daß die Feuerwehr rechtzeitig eingriff, ist es zu verdanken, daß eine der prächtigsten Synagogen Deutschlands wenigstens in ihrem äußeren Baubestand erhalten blieb. Noch in der Nacht wurde eine heute nicht mehr bekannte Anzahl von Augsburger Juden – in ganz Schwaben waren es 319 – verhaftet und, soweit sie nicht über 70 Jahre alt waren, acht Tage später in das KZ Dachau verbracht. Unter ihnen befand sich auch der Rabbiner Jacob[80]. Entsprechend den Anweisungen des Propagandaministeriums schob die Augsburger Nationalzeitung am 11. November die Verantwortung für die Brandstiftung den Juden in die Schuhe[81].

Die »Reichskristallnacht« gab Gelegenheit, die Ju-

den durch weitere Vorschriften zur Entrechtung und Enteignung schneller als geplant aus dem wirtschaftlichen und kulturellen Leben zu vertreiben. Wie und in welchem Zeitraum die zwangsweise »Arisierung« des restlichen jüdischen Besitzes in Augsburg vorgenommen wurde, ist unbekannt. Ein Artikel der ANZ »Wer kann die freien Judenläden kaufen?« vom Februar 1939 deutet darauf hin, daß die Aktion zu dieser Zeit abgeschlossen bzw. voll im Gange war[82]. In welchem Ausmaß die Stadtverwaltung die ihr gegebenen Möglichkeiten verwirklichte, den »Judenbann« für öffentliche Plätze und Gebäude auszusprechen oder Juden in Häusern und Wohnvierteln zu konzentrieren, dafür gibt es nur einige zufällige Belege: 1941 wurde den Juden der Einkauf auf dem Wochenmarkt untersagt[83]. Im gleichen Jahr äußerte der Gauleiter seine Absicht, in einem der zur Auflösung vorgesehenen Klöster ein Asyl für die noch in Augsburg wohnenden Juden zu errichten und dadurch 100 Wohnungen für anderweitigen Bedarf zu gewinnen; wobei er bemerkte, daß die Betroffenen »bisher schon in diesen Augsburger Wohnungen buchstäblich zusammengepfercht wurden«[84]. Die Errichtung eines Asyls war zu diesem Zeitpunkt kaum mehr nötig: Bis Ende 1941 hatte bereits mehr als die Hälfte der Augsburger jüdischen Gemeinde die Stadt verlassen. Die überwiegende Mehrheit war ausgewandert, vor allem nach Süd- und Nordamerika, nur wenige nach Palästina. Wer Augsburg nicht mehr rechtzeitig verlassen konnte, weil er zu arm oder zu alt war oder kein Aufnahmeland fand, wurde das Opfer der nationalsozialistischen »Endlösung der Judenfrage«. In mehreren größeren Transporten wurden die noch verbliebenen Juden zwischen November 1941 und Februar 1945 in Konzentrations- und Vernichtungslager deportiert. Nur wenige von ihnen überlebten. Der größte Transport mit 430 Juden aus Schwaben, darunter 131 aus Augsburg, ging im April 1942 nach Polen ab[85]. Im April 1943 zog der Regierungspräsident eine Schlußbilanz: »Die wenigen in den Städten noch vorhandenen Juden sind nun abgeschoben oder wenigstens aus den Städten entfernt. In Augsburg hat sich bei der letzten Maßnahme wieder eine Anzahl von Juden der Wegbeförderung durch Freitod entzogen«[86].

Über die Zahl der Opfer gibt es differierende Angaben: Während Ophir/Wiesemann (1979) 186 deportierte Juden angeben[87], rechnet der Geschäftsführer der jüdischen Gemeinde (1954) mit 600[88]. In den Listen des Internationalen Suchdienstes des Roten Kreuzes stehen die Namen von 325 Augsburger Juden, die in Auschwitz und Piasti (Polen), Riga, Theresienstadt, Mauthausen, Buchenwald und Dachau umgebracht wurden oder starben[89].

Noch nicht geschrieben ist die Geschichte derjenigen Augsburger, die sich für ihre jüdischen Mitbürger eingesetzt, sie vor Deportation oder Tod gerettet haben. Bekannt ist das Schicksal des Organisten und Komponisten Arthur Piechler, im Sinne der Nürnberger Gesetze kein »Volljude«, sondern ein »Mischling«, da er mütterlicherseits von jüdischer Abstammung war. Couragierte Beamte der Stadt rangen mehrere Jahre lang mit der Reichskulturkammer, die ihn 1938 ausgeschlossen hatte, um seinen Verbleib am Konservatorium. Als die Kammer mit der Gestapo drohte, beurlaubte ihn die Stadt ab 1941, stellte ihn aber nicht aus. Piechler dankte es ihr nach 1945 durch seinen Verbleib in der Stadt und durch sein reiches künstlerisches Schaffen[90].

Die Stadt im Krieg

Der Kriegsbeginn am 1. September 1939 erzwang auch bei den Augsburgern erhebliche Einschränkungen in ihren Lebensverhältnissen und -gewohnheiten. Schon in der ersten Kriegsnacht traten mit der Verdunklung der Stadt die Bestimmungen des zivilen Luftschutzes in Kraft, auf die die Bevölkerung seit langem vorbereitet worden war. Am 2. September wurde ein städtisches Ernährungs- und Wirtschaftsamt eröffnet, das die notwendigen kriegswirtschaftlichen Maßnahmen einleitete. Der Verdacht, daß hinter der Rationierung von Nahrungsmitteln und anderen wichtigen Gütern des täglichen Bedarfs durch Lebensmittelkarten und Bezugsscheine eine ungenügende Rohstoffversorgung stecke, verleitete in den ersten Kriegswochen viele Augsburger zu Vorratskäufen, so daß manche Geschäfte schnell ausverkauft waren. Solche Angstkäufe trugen bereits im September 1939 zu ersten Versorgungsproblemen bei, die aber noch nicht so sehr ins Gewicht fielen, da der Kriegsverlauf zunächst keine gesamtwirtschaftliche

Mobilmachung erforderte und die Verbrauchsgüterproduktion noch relativ hoch war.

Erst im Laufe des Jahres 1941 verschlechterte sich die Versorgungslage merklich. Die Fleischrationen sanken von 500 auf 400 Gramm pro Kopf und Woche, auch die Brotzuteilungen wurden reduziert und das Bier kontingentiert[91]. Der Regierungspräsident stellte »ein nicht unerhebliches Absinken in der Stimmung der Bevölkerung« fest. »Den schwersten Einbruch in der Stimmung« registrierte er allerdings im Zusammenhang mit dem »Fall Heß«. Der Stellvertreter des Führers war am 10. Mai 1941 vom Gelände der Messerschmitt-Werke aus zu seinem aufsehenerregenden Flug nach Schottland gestartet. In Augsburg glaubte kaum jemand an die regierungsamtliche Erklärung, Rudolf Heß sei geisteskrank, zumal er hier zehn Tage zuvor im Auftrag Hitlers die offizielle Rede zum 1. Mai gehalten hatte.

Der Angriff auf die Sowjetunion und der Kriegseintritt der USA zerschlugen die Hoffnungen auf ein baldiges Kriegsende. Sie lösten eine größere Vertrauenskrise auch in den Bevölkerungsteilen aus, die bisher dem Nationalsozialismus positiv gegenübergestanden hatten. Im April 1942 wurden die Rationen wichtiger Grundnahrungsmittel wie Brot, Fleisch und Fett noch einmal verringert. Den Kürzungen standen jedoch steigende Anforderungen an die Arbeitsleistung in den Betrieben gegenüber. Im Herbst wurden die Kürzungen wieder zurückgenommen, doch dies änderte nichts mehr an der weitverbreiteten Auffassung, daß die Zeit für die Gegner arbeite. Neben dem öffentlichen Versorgungssystem gewann nun der schwarze Markt eine immer größere Bedeutung. Die Zuteilungen von Lebensmitteln und Gebrauchsgütern gestaltete sich um so schwieriger, je zahlreicher Bombengeschädigte und Umquartierte aus anderen Reichsgebieten nach Schwaben strömten.

Schon seit Kriegsbeginn überlagerte die Sorge um die zur Wehrmacht eingezogenen Angehörigen die Alltagsprobleme und die Siegesnachrichten. Vom dritten Kriegswinter an, als die Siege allmählich durch Propagandameldungen ersetzt wurden, nahmen die kleinformatigen Todesanzeigen für gefallene Söhne, Ehemänner und Väter in den Augsburger Zeitungen erheblich zu. Sie füllten an manchen Tagen ganze Seiten.

Nachdem sich zum Jahresende 1941 die Angriffskraft der Wehrmacht erschöpft hatte und die Blitzkriegstrategie aufgegeben werden mußte, wurde auch die Wirtschaft auf die Anforderungen eines länger dauernden Krieges, der alle Kräfte beanspruchte, umgestellt. Die nun eingeleitete Zentralisierung und Rationalisierung der Wehrwirtschaft führte zu einer noch stärkeren Differenzierung zwischen Betrieben, die für die Rüstung, und solchen, die für den Zivilbedarf produzierten. Die Zahl der Augsburger Rüstungsunternehmen war zwischen 1939 und 1941 von 15 auf 31 gestiegen, die der Unterlieferanten im Bereich des Rüstungskommandos Augsburg von 91 auf 625. Anfang 1940 betreute dieses Amt 25700 Menschen, zum Jahreswechsel bereits 33200[92]. In Augsburg wurde der steigende Arbeitskräftebedarf der Rüstungsbetriebe zunächst fast ausschließlich von der Textilindustrie gedeckt. Sie blieb von größeren Betriebsstillegungen anfangs zwar verschont, doch mußte sie bei wiederkehrenden Auskämmaktionen empfindliche Verluste an Mitarbeitern hinnehmen. In den Baumwollspinnereien und -webereien sank in der Zeit zwischen August 1939 und Dezember 1941 die Zahl der männlichen Belegschaft von 4800 auf 3200, die der weiblichen von 7400 auf 3700. Die Wehrmacht zog 1200 Beschäftigte ein, 2800 wurden dienstverpflichtet[93]. Manche Unternehmen verloren in diesem Zeitraum mehr als die Hälfte ihres Personals, zum Beispiel die Mechanische Baumwollspinnerei und Weberei, die Stadtbach-Spinnerei und Nagler & Sohn.

Nach der Proklamation des totalen Kriegs mobilisierte das Regime alle verfügbaren Menschen- und Materialreserven für den Kriegseinsatz. In den Rüstungsbetrieben trat bald ein empfindlicher Mangel an Facharbeitern ein, da nun auch dieser Personenkreis von Einberufungen zur Wehrmacht nicht mehr verschont blieb. Jetzt waren auch Betriebsstillegungen nicht mehr zu vermeiden. Anfang 1944 wurden die Stadtbach-Spinnerei für die MAN, neben Wessels Schuhfabrik die Spinnerei und Weberei Haunstetten für die Messerschmitt-Werke stillgelegt. Auch im Bereich des Handwerks und Einzelhandels führten Dienstverpflichtungen und Einberufungen zur Schließung zahlreicher Betriebe.

Die Meldepflicht für Personen, die bisher noch nicht für den Arbeitseinsatz erfaßt waren, lieferte die Voraussetzung, nichtberufstätige Frauen der Kriegswirtschaft zuzuführen. Bis Ende März 1943 wurden in Augsburg auf diese Weise 570 weibliche Ganztags- und 1275 Halbtagskräfte verpflichtet.

Der größte Teil des Ausfalls an Arbeitskräften wurde jedoch durch den vermehrten Einsatz von ausländischen Zivilarbeitern und Kriegsgefangenen kompensiert. Bis Oktober 1944 stieg die Zahl auf 11 600 an, was 6,5 Prozent der ständigen Bevölkerung Augsburgs entsprach. Bei den Beschäftigten in den Fliegerhorsten und den in der Endfertigung tätigen Betrieben des Rüstungskommandos Augsburg betrug der Anteil der Ausländer nahezu ein Drittel, der der Kriegsgefangenen etwa 4 Prozent der Belegschaft. In den Messerschmitt-Werken arbeiteten 1944 8700 Ausländer; das war nahezu die Hälfte der dort Beschäftigten[94].

Zwischen 1942 und 1945 wurden in und um Augsburg mehrere Nebenlager des KZ Dachau errichtet, das größte in Haunstetten. Die 2600 Häftlinge, die dort untergebracht waren, arbeiteten in den Messerschmitt-Werken. Das Lager wurde durch einen Fliegerangriff im Frühjahr 1944 weitgehend zerstört.

Der Luftkrieg erreichte Augsburg erstmals im April 1942, als eine kleine Zahl britischer Bomber die MAN als Ziel ansteuerte, um die wichtigste Produktionsstätte von Dieselmotoren für U-Boote zu zerstören, die 1941/42 mehr britische Schiffe versenkten, als nachgebaut werden konnten. Dieser Angriff wurde sowohl in England als auch in Deutschland als Sensation gewertet: Hier wurde es als beschämend empfunden, daß die »Geburtsstadt« des besten Jagdflugzeugs, umgeben von mehreren Flugplätzen, den feindlichen Bombenabwürfen wehrlos ausgeliefert war.

In England registrierte man mit Stolz und Genugtuung, daß es der Royal Air Force gelungen war, mit ihren schwerfälligen Lancaster-Langstreckenbombern weit in Feindesland einzudringen, um dort kriegswichtige Industrieanlagen zu zerstören. Und dies am hellichten Tag! Daß der Einsatz der Briten in keinem Verhältnis zum tatsächlichen Erfolg stand, spielte angesichts der großen propagandistischen Wirkung eine weniger große Rolle. Die britische Luftwaffe verlor sieben der zwölf gestarteten Maschinen und mehr Menschen, als die Bomben in Augsburg töteten. Die MAN produzierte schon einige Wochen danach ebenso viele U-Boot-Motoren wie zuvor. Die Stadt beklagte zwölf Todesopfer. Sie hatte eine kleine Probe von dem erhalten, was ihr in den Bombennächten von 1944 und 1945 noch bevorstand[95].

Den schwersten Luftangriff gegen Augsburg flogen amerikanische und britische Luftstreitkräfte am 25./26. Februar 1944, zum Ende ihrer »Big Week«, während der sie in massierten Einsätzen süddeutsche Rüstungszentren zerstören und durch die Bombardierung der Städte die Bevölkerung demoralisieren wollten. Am Freitag, dem 25. Februar, einem wolkenlosen und kalten Wintertag, erschienen gegen 14 Uhr 200 US-Bomber und griffen die Messerschmitt-Werke an. 110 Menschen fanden dabei den Tod, darunter ganze Familien in den benachbarten Siedlungshäusern und etwa 50 KZ-Häftlinge. Das Werk selbst wurde bis zu 60 Prozent zerstört.

Acht Stunden später kündigten die Sirenen die zweite Angriffswelle an. Diesmal suchten 248 britische Bomber, von Süden her kommend, die Innenstadt heim, die sich trotz intensiver Verdunklung in der klaren Nacht leicht ausmachen ließ. Kurz nach 22 Uhr 30 lösten sie ein vierzigminütiges Inferno aus, als sie ihre speziell für Wohnstädte zusammengestellte Bombenlast abwarfen, zuerst Luftminen, dann »Häuser-Knacker« und Brandbomben, die das Trümmerfeld in ein Flammenmeer verwandelten.

Eine Stunde später erreichte die dritte Angriffswelle die Stadt. 290 weitere britische Bomber schütteten eine Dreiviertelstunde lang abermals ihre tödliche Fracht in das bereits herrschende Chaos. Die Briten trafen diesmal hauptsächlich die Jakobervorstadt, Lechhausen und wieder die Innenstadt[96]. Ein Augenzeuge, der die beiden Nachtangriffe miterlebt hat, berichtet: »Welch ein Bild des Grauens bot sich uns, als wir aus dem Keller in die Häuser und auf die Straßen gingen! In dämonischem Lichte erglühte die brennende Stadt, Haus an Haus flammte und brannte wie Fackeln, wieder und verstärkt zog der Elendszug der Flüchtlinge den Fluchtweg entlang, und die Gemüter wurden grimmig gewürgt von der beginnenden Erkenntnis, daß tausendfaches Elend über die Bewohner der Stadt gekommen sei und dem Weg so

vieler für ihre ganze Lebenszeit eine bittere Wende gegeben, vor allem aber, daß das ganze ehrwürdige Augsburger Gemeinwesen einen tödlichen Stoß erlitten haben müsse«[97].

Die Tod und Zerstörung bringende Fracht, die die Feindflugzeuge über der Stadt abluden, bestand aus 460 Luftminen, 680 Spreng-, 500 Markierungs- und 300 000 Brandbomben. Sie töteten 730 Menschen, darunter 285 Frauen und 78 Kinder. Zu den Opfern gehörten auch jene 27 Personen, die in einem verschütteten Keller ertranken, als ihn das Wasser eines Lechkanals überflutete. Rechnet man die 145 ums Leben gekommenen alliierten Flieger und die Toten vom Nachmittag hinzu, so steigt die Bilanz der Todesopfer auf nahezu 1000. Die Zahl der schwerer Verletzten wird mit etwa 1300 registriert. Über 80 000 Augsburger wurden obdachlos. Die meisten von ihnen flohen in der Nacht oder am nächsten Tag aus ihren brennenden Stadtvierteln.

Feuerwehren aus ganz Süddeutschland halfen den Augsburger Löschmannschaften, deren Gerät bei der herrschenden Kälte von minus 18 Grad teilweise eingefroren war, bei der Bekämpfung von über 4000 Brandstellen. Noch tagelang suchten Rettungskolonnen nach überlebenden Verschütteten.

90 Prozent der gesamten durch den Krieg verursachten Gebäudeschäden in Augsburg entstanden in dieser einen Nacht. 3000 Häuser wurden total zerstört, 4600 schwer beschädigt, darunter einige Krankenhäuser. In manchen Stadtteilen vernichteten die Bomben bis zu 50 Prozent der Wohngebäude, wie im Pfärrle oder im Lechviertel, nur etwas weniger im Georgs-, Hl.-Kreuz-Viertel und in Lechhausen. Unersetzbare Baudenkmäler waren nur mehr Ruinen: das Rathaus, der Perlachturm, der Fuggerpalast, das Weberhaus, zahlreiche alte Patrizierhäuser, auch 16 Kirchen, darunter St. Jakob, St. Max, St. Stephan und die beiden Hl.-Kreuz-Kirchen[98].

38 Fabriken wurden beschädigt, die Papierfabrik Haindl zu 100 Prozent, die MAN zu 60 Prozent und Keller und Knappich zu 50 Prozent. Der Regierungspräsident schätzte im März den Ausfall der Augsburger Industrie auf 65–70 Prozent, den der Handwerksbetriebe auf 30–50 Prozent[99].

Knapp drei Wochen später mußte die leidgeprüfte Stadt erneut einen schweren Luftangriff über sich ergehen lassen, der über 200 Menschenleben forderte. Bis zum Kriegsende stieg die Zahl der Bombardierungen auf zwanzig an, die der Bombenopfer auf 1500[100]. Außerdem kamen nahezu 10 000 Augsburger ums Leben; die Hälfte fiel an der Front, die anderen starben in Gefangenschaft oder sind vermißt.

Den Kriegswinter 1944/45 mußten die Augsburger bei empfindlichem Kohlenmangel überstehen. In den ersten Monaten des Jahres 1945 brach schließlich die öffentliche Versorgung nahezu vollständig zusammen.

Das ersehnte Kriegsende kündigte sich in den letzten Apriltagen an, als sich die 7. US-Infanterie-Division vom Westen her Augsburg näherte. Daß es die Stadt nicht in eine Katastrophe stürzte, dazu trugen die Aktionen einer Augsburger Widerstandsgruppe und die Besonnenheit des Gauleiters sowie des Oberbürgermeisters, aber auch der Amerikaner bei. Diese forderten am 27. April die Bevölkerung in Flugblättern auf, »als Zeichen der Übergabe« weiße Flaggen zu hissen. Sie sicherten Schonung zu, wenn alle deutschen Soldaten die Stadt verließen, und sie appellierten an die Verantwortlichen: »Erspart Eurer alten Stadt und ihren Bewohnern den Regen von Stahl, der Augsburg zu vernichten droht.« Der Stadtkommandant, General Fehn, dem nur mehr etwa 800 Mann zur Verfügung standen, hatte Befehl, die Stadt zu verteidigen. Auf ihn geht wohl auch die Anordnung zurück, die Brücken und Bahnunterführungen mit Straßenbahn- und Eisenbahnwagen zu verbarrikadieren. Das Stadtoberhaupt hatte als Kommandant des Volkssturms die Aufgabe, die Wertach- und Lechbrücken zu sprengen. Die Augsburger Freiheitsbewegung, eine Gruppe von Bürgern unter Leitung des Oberarztes am städtischen Hauptkrankenhaus, Dr. Rudolf Lang, hatte sich seit längerem auf die kampflose Übergabe der Stadt vorbereitet. Gleichzeitig verhandelte sie mit dem Stadtkommandanten, dem Gauleiter und dem Oberbürgermeister. Da Wahl und Mayr gegen eine kampflose Übergabe nicht opponierten, Fehn jedoch ablehnte, verlief das Gespräch kurz vor Ablauf eines amerikanischen Ultimatums ergebnislos. Wahl sah keine Veranlassung, aktiv zu werden, er blieb jedoch in der Stadt. Mayr überließ die Entscheidung dem Stadtkommandanten; er gab keine Befehle zur vorbereiteten Brücken-

sprengung mehr und schickte den Volkssturm nach Hause. Fehn löste kurz nach Mitternacht noch einmal Feindalarm aus. Während die Augsburger zum letztenmal ihre Luftschutzräume aufsuchten, hatte Franz Hesse, ein Mitglied der Freiheitsaktion, mit den Amerikanern die Modalitäten der Besetzung und Übergabe bereits abgesprochen. Er war es auch, der in der zweiten Nachthälfte einige amerikanische Panzer und Jeeps ungehindert in die Stadt führte. Am Befehlsbunker wurden die Amerikaner von weiteren Widerstandskämpfern erwartet. Gemeinsam drangen sie in den Bunker ein und forderten General Fehn zur Kapitulation auf. In der Zwischenzeit erschoß sich der stellvertretende Gauleiter im Nebenraum. Mit der Verhaftung Fehns war für Augsburg der Krieg zu Ende[101].

Später hat Wahl die Männer der Freiheitsaktion als »wilde Parlamentäre« bezeichnet, denen es schlecht ergangen wäre, wenn ernsthafte Absichten oder Vorbereitungen zur Verteidigung der Stadt getroffen worden wären. Dafür nahm er für sich in Anspruch, durch »monatelanges Sabotieren strikter Anordnungen des Führerhauptquartiers« die Voraussetzungen dafür geschaffen zu haben, daß die Stadt nicht mehr verteidigt wurde[102]. Wie verdienstvoll die Initiativen der Augsburger Freiheitsaktion gewesen sind, würdigt eindrucksvoll der amerikanische Kampfbericht jener Tage: »Augsburg wurde von der völligen Zerstörung, wie sie über Aschaffenburg, Würzburg, Heilbronn, Nürnberg und Ulm kam, weitgehend dank einer einzigartigen revolutionären Bewegung bewahrt, die den Einmarsch der amerikanischen Truppen wesentlich erleichterte«[103].

---

1 Die Geschichte Augsburgs unter der NS-Herrschaft ist nicht in allen Bereichen erforscht. Deshalb kann der folgende Beitrag keinen vollständigen Überblick bieten. Weitgehend erschöpfend bearbeitet sind die wirtschaftliche Entwicklung zwischen 1933 und 1945 sowie die Reaktion der Arbeiterschaft auf die NS-Herrschaft durch die Münchener Dissertation von Gerhard Hetzer (Die Industriestadt Augsburg. Eine Sozialgeschichte der Arbeiteropposition. In: Bayern in der NS-Zeit III, S. 1–234) und durch die Augsburger Dissertation von Peter L. Sobczyk (Partei, Industrie und Arbeiterschaft in Augsburg 1933–1945, Manuskript 1983). Eine weitere Münchener Dissertation von Wolfgang Domarus (Nationalsozialismus, Krieg und Bevölkerung. Untersuchungen zur Lage, Volksstimmung und Struktur in Augsburg während des Dritten Reiches, Mün-

chen 1977) hat die Stimmung in der Augsburger Bevölkerung während des Kriegs zum Gegenstand. Sie wertet neben anderen Quellen hauptsächlich die zahlreich vorhandenen internen Berichte der NSDAP, der Regierung von Schwaben und Neuburg und des Oberbürgermeisters von Augsburg aus. Einen guten Einblick in die Stimmung der Bevölkerung vermittelt auch Bernhard Zittel (Die Volksstimmung im Dritten Reich im Spiegel der Geheimberichte der Regierung von Schwaben. In: ZHVS 66/67 (1972/73), S. 1–58). Aus demselben Quellenbestand hat Helmut Witetschek jene Berichte ediert, die die katholische und evangelische Kirche betreffen (Die kirchliche Lage in Bayern nach den Regierungspräsidentenberichten 1933–1943, Bd. III: Regierungsbezirk Schwaben, Mainz 1971; Erg.-Bd. VII, 1943–1945, Mainz 1981). Die Auseinandersetzung des NS-Regimes mit den beiden Großkirchen und die Verfolgung der Ernsten Bibelforscher hat Gerhard Hetzer (Kulturkampf in Augsburg 1933–1945, Augsburg 1982; Ernste Bibelforscher in Augsburg. In: Bayern in der NS-Zeit IV, S. 621–648) dargestellt. Weitgehend unerforscht ist der kulturelle Bereich (Theaterleben, Musikschaffen, Ausstellungen, Museen, Denkmalpflege); deshalb muß er hier ausgespart werden. Auch über einige Hauptakteure der Zeit in Stadt und Region lassen sich noch keine endgültigen Aussagen treffen, solange nicht alles verfügbare Quellenmaterial zugänglich oder bearbeitet ist. An erster Stelle steht dabei der Gauleiter Karl Wahl. Ohne Zweifel rangiert er, was Radikalität und Brutalität der Amtsführung betrifft, weit hinter seinem fränkischen Nachbarn. Ob er jedoch der »gute« Nationalsozialist gewesen ist, für den ihn Edward N. Peterson (The Limits of Hitler's Power, New Jersey 1969) hält, oder ob er gar das Opfer der »bösen« Parteigenossen, der »Parteipäpste« (Wahl) und Verführer seines »guten« Hitler war, wie er sich selbst in seinen Rechtfertigungsbüchern (». . . es ist das deutsche Herz«, Augsburg 1954; Patrioten oder Verbrecher, Heusenstamm 1973) hinstellt, darf bezweifelt werden. Führende Nationalsozialisten, darunter Albert Speer (Spandauer Tagebücher, Frankf./ M. 1975), und die zeitgeschichtliche Forschung (Peter Hüttenberger: Die Gauleiter, Stuttgart 1969) hielten bzw. halten Wahl für einen politisch schwachen Gauleiter. War es eine Folge dieser Schwäche oder war es Berechnung, daß er die schmutzige Arbeit der Ausschaltung politischer Gegner anderen überließ? In seinen Reden jedenfalls war er alles andere als harmlos.

2 Vgl. zum Folgenden Karl Filser: Augsburgs Weg in das »Dritte Reich«. In: Josef Becker (Hrsg.): 1933 – Fünfzig Jahre danach. Die nationalsozialistische Machtergreifung in historischer Perspektive, München 1983 (Schriften der Philosophischen Fakultäten der Universität Augsburg 27), S. 195–207; Hetzer, Industriestadt, S. 76–81.
3 NNZ v. 10. 3. 1933, S. 2.
4 NAZ v. 26. 4. 1933, S. 6.
5 NAZ v. 29. 4. 1933, S. 5.
6 Hetzer, Industriestadt, S. 80.
7 NNZ v. 4. 8. 1933, S. 4.
8 Vgl. die Vorstellung der Ratsherren im Vorspann zu: Fünf

Jahre Aufbau der Stadt Augsburg. Ein Rechenschaftsbericht über die Jahre 1933–1937. Textband, hrsg. v. Oberbürgermeister der Gauhauptstadt, Augsburg 1938.
9 Horst Matzerat: Nationalsozialismus und kommunale Selbstverwaltung, Stuttgart 1970, S. 350 ff.
10 Fünf Jahre Aufbau, S. 93 ff.
11 NAZ v. 11. 11. 1933, S. 5.
12 Vgl. zum Folgenden Karl Filser, Augsburgs Weg, S. 208–214.
13 Günther Kimmel: Das Konzentrationslager Dachau. Eine Studie zu den nationalsozialistischen Gewaltverbrechen. In: Bayern in der NS-Zeit II, S. 369.
14 NNZ v. 29. 1. 1934, S. 5.
15 Lothar Gruchmann: Die bayerische Justiz im politischen Machtkampf 1933/34. Ihr Scheitern bei der Strafverfolgung von Mordfällen in Dachau. In: Bayern in der NS-Zeit II, S. 417.
16 Hans Beimler: Im Mörderlager Dachau. 4 Wochen in den Händen der braunen Banditen, Berlin (Ost) 1980.
17 Hetzer, Industriestadt, S. 155.
18 Ebd. S. 168.
19 Ebd. S. 168–173.
20 Ebd. S. 179.
21 Eugen Nerdinger: Flamme unter Asche, Augsburg 1979, S. 215; Hetzer, Industriestadt, S. 182.
22 Hetzer, Industriestadt, S. 188 f.
23 Zum Folgenden: Ebd. S. 191–205; Eugen Nerdinger: Die unterliegen nicht, die für eine große Sache sterben! 1965; Eugen Nerdinger, Flamme unter Asche; Hartmut Mehringer: Die bayerische Sozialdemokratie bis zum Ende des NS-Regimes. Vorgeschichte, Verfolgung und Widerstand. In: Bayern in der NS-Zeit V, S. 405 ff.
24 Hartmut Mehringer. In: Bayern in der NS-Zeit V, S. 411.
25 NNZ v. 4. 4. 1933.
26 Schutzhaftbefehl vgl. Karl Filser und Hans Thieme: Hakenkreuz und Zirbelnuß. Quellen zur Geschichte Bayerisch-Schwabens für den historisch-politischen Unterricht, Augsburg 1983, S. 47.
27 NNZ v. 3. 5. 1934, S. 5.
28 Hetzer, Industriestadt, S. 231; Marianne Möhring: Hundert Jahre unterwegs 1874–1974. Arbeiterverein Augsburg, Augsburg 1974, S. 103.
29 Heike Bretschneider: Der Widerstand gegen den Nationalsozialismus in München 1933 bis 1945. Neue Schriftenreihe des Stadtarchivs München, 1968, S. 154 ff.; Domarus, Nationalsozialismus, S. 175–178; Joseph Ernst Fürst Fugger von Glött: Der Weg in den inneren Widerstand. In: Otto Kopp (Hrsg.): Widerstand und Erneuerung. Neue Berichte und Dokumente vom inneren Kampf gegen das Hitler-Regime, Stuttgart 1966, S. 76–93.
30 Filser und Thieme, Hakenkreuz und Zirbelnuß, S. 53.
31 Olaf Kapfenberger: Die Textilindustrie des Gaues Schwaben und ihre wirtschaftliche und sozialpolitische Entwicklung seit 1933, München 1937, S. 62.
32 Fritz Blaich: Die bayerische Industrie 1933–1939. Elemente von Gleichschaltung, Konformismus und Selbstbehauptung.

In: Bayern in der NS-Zeit II, S. 266 f.

33 StAA 44/21: Bezirksgruppe Südbayern der Wirtschaftsgruppe Textilindustrie an Oberbürgermeister Mayr v. 1. 8. 1938.

34 Statistik des Deutschen Reichs, Bd. 446/12, S. 132; Bd. 577/ 22, S. 212 ff.

35 StAA 34/130: IHK Augsburg an Regierung von Schwaben und Neuburg, Kammer des Innern, v. 8. 10. 1934.

36 BayHStA MA 106 682: Lagebericht v. 7. 12. 1934.

37 Michael Foth: Soziale Chronik aus 100 Jahren MAN (ungedrucktes Manuskript), Anlage 10, S. 24, Werkarchiv MAN.

38 BayHStA 106 682: Lagebericht v. 7. 1. 1936.

39 BayHStA 106 682: Lagebericht v. 7. 2. 1936.

40 BayHStA 106 686: Monatsbericht v. 1. 11. 1935 und 1. 7. 1936.

41 Deutschland-Berichte der Sozialdemokratischen Partei Deutschlands (Sopade) 1934–1940, 1980, Bd. 1936, S. 1380.

42 Peter Hüttenberger: Heimtückefälle vor dem Sondergericht München. In: Bayern in der NS-Zeit IV, S. 452.

43 Stimmungsbericht der NSDAP-Kreispropagandaleitung Augsburg Süd für Januar 1939. In: Bayern in der NS-Zeit I, S. 279 f.

44 ANZ v. 9. 3. 1939, S. 1; Wahl spricht 1954 noch von einem »erhabenen Gemeinschaftsdenkmal für die Augsburger«, einer »Bereicherung unserer schönen Stadt«, in: Karl Wahl: ». . . es ist das deutsche Herz.« Erlebnisse und Erkenntnisse eines ehemaligen Gauleiters, Augsburg 1954, S. 228.

45 Domarus, S. 85.

46 Rudolf Lill: Katholische Kirche und Nationalsozialismus. In: Christ und Bildung, Zeitschrift der Katholischen Erziehergemeinschaft Deutschlands 29 (1983), H. 1, S. 6.

47 APZ v. 6. 12. 1932, S. 4.

48 Hetzer, Kulturkampf, S. 45.

49 APZ v. 1. 7. 1933, S. 3.

50 NNZ v. 30. 3. 1933, S. 7; 1. 4. 1933, S. 3.

51 NAZ v. 6. 5. 1933, S. 4; Anfang März 1934 trat der Kaplan von St. Moritz von seinem Amt als Bezirkspräses der katholischen Jungmännervereine zurück, weil er mit seinem Vorhaben, sie mit der HJ zusammenzuschließen, nicht durchdringen konnte, Monatsbericht v. 19. 3. 1934.

52 Bernhard Stasiewski: Akten der deutschen Bischöfe über die Lage der Kirche 1933 bis 1945, Bd. I, 1933–1934, Mainz 1968, S. 431.

53 Das Uniform- und Abzeichenverbot für katholische Jugendverbände erfolgte in Augsburg am 25. April 1934 (NNZ v. 26. 4. 1934, S. 8), das Verbot der Sportausübung am 2. Mai 1934 (NNZ v. 4. 5. 1934, S. 5).

54 NAZ v. 10. 10. 1933, S. 33.

55 Evang. Gemeindeblatt für Augsburg und Umgebung v. 26. 11. 1933, S. 393 f.

56 Zit. bei Horst Jesse: Die Geschichte der Evangelischen Kirche in Augsburg, Pfaffenhofen 1983, S. 379.

57 Hetzer, Kulturkampf, S. 103 f.

58 Zit. ebd. S. 103.

59 Wilhelm Niemöller (Hrsg.): Die dritte Bekenntnissynode der Deutschen Evangelischen Kirche zu Augsburg. Text – Dokumente – Berichte, Göttingen 1969 (Arbeiten zur Geschichte des Kirchenkampfes 20), S. 108.

60 Hetzer, Kulturkampf, S. 34 f.

61 Georg Wörishofer: Die Lage des Bistums Augsburg 1933–1945. Bd. 1: Polizeiliche Maßnahmen gegen Weltpriester, Augsburg (in Vorbereitung).

62 Nach einem Hinweis des Bischöflichen Seelsorgeamts Augsburg (Dr. Josef Fuchs).

63 Filser und Thieme, S. 50.

64 Witetschek, Die kirchliche Lage in Bayern III, S. 61.

65 Hetzer, Kulturkampf, S. 105.

66 Witetschek, Die kirchliche Lage in Bayern III, S. 57, 62, 64; Hetzer, Kulturkampf, S. 102.

67 Ebd. S. 120.

68 Zu Kumpfmüller und Eberle vgl. Hetzer, Kulturkampf, S. 41 ff.

69 Ebd. S. 63.

70 Gerhard Hetzer: Ernste Bibelforscher in Augsburg. In: Bayern in der NS-Zeit IV, S. 621–643.

71 Albert Dann. In: Gernot Römer: Der Leidensweg der Juden in Schwaben, Augsburg 1983, S. 31.

72 Baruch Z. Ophir und Falk Wiesemann (Hrsg.): Die jüdischen Gemeinden in Bayern 1918–1945. Geschichte und Zerstörung, München und Wien 1979, S. 453.

73 Es handelte sich um Max Gift, den Bruder von Therese Giehse. Von ihr wissen wir, daß er nach der Haftentlassung nach Südamerika flüchtete, wo er 1939 starb, vgl. Therese Giehse: Ich hab nichts zum Sagen. Gespräche mit Monika Sperr, Reinbek 1983, S. 22.

74 NNZ v. 31. 3. 1933, S. 1.

75 Filser und Thieme, S. 42.

76 BayHStA MA 106 683: Lagebericht v. 7. 12. 1935.

77 ANZ v. 17. 12. 1938, S. 7.

78 ANZ v. 12. 10. 1938, S. 4.

79 Eduard Gebele: Die Juden in Schwaben. In: Schwabenland, Kulturpolitische Zeitschrift des Gaues Schwaben 1938, H. 2/ 3, S. 53.

80 Ophir und Wiesemann, S. 458 f.

81 ANZ v. 11. 11. 1938, S. 1.

82 ANZ v. 16. 2. 1939, S. 5.

83 Domarus, S. 150.

84 Ebd.

85 BayHStA MA 106 684: Lagebericht v. 9. 5. 1942.

86 Zit. bei Bernhard Zittel: Die Volksstimmung im Dritten Reich im Spiegel der Geheimberichte der Regierung von Schwaben. In: ZHVS 66/67 (1972/73), S. 47.

87 Vgl. Ophir und Wiesemann, S. 458.

88 Bernhard Bezen: Die Juden in Augsburg (1954), Manuskript; vgl. Domarus, S. 148, 152.

89 Römer, S. 161–171.

90 Thea Lethmair und Karl-Robert Danler: Arthur Piechler. 1896–1974. Bayer – Komponist – Organist, Augsburg 1976, S. 30 f.

91 BayHStA MA 106 684: Monatsbericht v. 8. 7. 1941.

92 BA/MA RW 21–1/4, RW 21–1/938: Aus den Unterlagen des

Abb. 132   Von dem berühmten Höchstetterhaus am Kessel-markt blieb lediglich ein Erker übrig, der heute ein wiederauf-gebautes Gebäude der Fuggerei ziert

Abb. 133   Das zerstörte Augsburg: Blick vom Perlachturm nach Norden (1946)

Abb. 134 Am 28. April 1945 war für die Augsburger der Krieg zu Ende: Ein amerikanischer Militärkonvoi in der Karolinenstraße

Abb. 135 Die Augsburger Schuttbahn: 25 Millionen Kubikmeter Trümmerschutt waren fortzuräumen

Abb. 136 Die wiederaufgebaute Innenstadt Ende der fünfziger Jahre: Blick in die Karolinenstraße mit Perlach und Rathaus (vgl. Abb. 134)

Abb. 137 Die Universität Augsburg und das Universitätsviertel auf dem Alten Flugplatz, dahinter bedeutende Industriebetriebe, die Fachoberschule und die Berufsschule

Abb. 138 Walter Oehmichen, der Gründer der »Augsburger Puppenkiste«, mit der Puppe des kleinen Prinzen in der Erstinszenierung als Marionettenspiel Anfang der fünfziger Jahre

Abb. 139 Mädchen, Plastik von Giacomo Manzú, für einen Brunnen auf dem Königsplatz, gestiftet von der bayerisch-schwäbischen Industrie- und Handelskammer und der Augsburger Wirtschaft anläßlich der 2000-Jahr-Feier der Stadt

Rüstungskommandos Augsburg für 1940.

93 StAA GWK Schwaben/Az 32006: Textilfragebogen Baumwollspinnereien und Webereien (Augsburg).

94 BA NS 26/1410: Beilage zum Monatsbericht des Oberbürgermeisters von Augsburg an den Regierungspräsidenten für Oktober 1944; BA/MA RW 21–1/16: Übersicht v. 30. 9. 1944.

95 Hans Grimminger: Vor 40 Jahren. 17. 4. 1942. Tiefangriff auf die MAN. In: Augsburger Blätter 8 (1982), H. 2, S. 56–70.

96 Hans Grimminger: Bomben über Augsburg am 25./26. Februar 1944. In: Augsburger Blätter 8 (1982), H. 1, S. 27–39.

97 Aus einem Bericht des evangelischen Pfarrers Heinrich Schmid bei St. Ulrich. In: Hetzer, Kulturkampf, S. 198–208.

98 Hans Grimminger, Bomben über Augsburg, S. 37.

99 BA MA RW 12–1/12: Bericht v. 27. 2. 1944; BayHStA MA

106 695: Monatsbericht v. 15. 3 1944.

100 Domarus, S. 128.

101 Hildebrand Troll: Aktionen zur Kriegsbeendigung im Frühjahr 1945. In: Bayern in der NS-Zeit IV, S. 670; ausführlichere Berichte in der AZ v. 28. 4. 1965 u. 25. 4. 1970.

102 Karl Wahl, ». . . es ist das deutsche Herz«, S. 429. 1975 äußerte sich Wahl noch einmal zu den Vorgängen in der Nacht vom 27./28. April 1945: »Die Leute dieser Gruppen waren Bürger, die es gut meinten mit der Stadt. Ich habe ihnen ja selbst geraten, die Amerikaner in die Stadt zu holen. Ich wollte am Schluß nicht noch einen Saustall anrichten« (AZ v. 28. 4. 1975).

103 AZ v. 25. 4. 1970, S. XXXI.

Der Weg zum Augsburg von heute.
Politik und Sozialentwicklung nach 1945

von Hans Thieme

Vom äußeren historischen Geschehen wie von der Quellenlage her weist ein Abriß zur jüngsten Augsburger Geschichte eine heterogene Struktur auf. Die Geschichte der Nachkriegsjahre war vielgestaltig und ereignisreich und findet – in verharmlosender Ferne zur heutigen Normalität – leicht dankbare Leser. Seit dieser Zeit sind Stadt und Bürger vor umwälzenden Eingriffen und Auswirkungen der Weltpolitik verschont geblieben. Es geht »nur« noch darum, ganz alltägliche Probleme zu bewältigen. Diese erscheinen oft wenig spektakulär und geben ihre historische Bedeutung nur schwer zu erkennen.

Das verfügbare Material spiegelt diesen amorphen Charakter deutlich wider. Für die Zeit vom Kriegsende bis zum Beginn der fünfziger Jahre liegen – trotz Überlieferungsstörungen – reichhaltige archivalische Quellenbestände vor. Viele von ihnen sind auf regionaler wie lokaler Ebene ausgewertet[1]. Die kommunalgeschichtlichen Vorgänge der Gegenwart werden hingegen vielfach dokumentiert in amtlich gesammelten und gewichteten Fakten und Zahlen. Zumeist sind sie Grundlage sozial- und wirtschaftsgeographischer Untersuchungen[2].

Nach der bedingungslosen Kapitulation übernahmen die vier Siegermächte die oberste Regierungsgewalt im besiegten und in Zonen aufgeteilten Deutschland. Örtliche Militärregierungen wurden zuständig für alle Versorgungs- und Verwaltungsaufgaben und nahmen sich der demokratischen Erziehung der deutschen Bevölkerung an. Politische Fragen erschienen jedoch zunächst zweitrangig. Allzu übermächtig bedrohten Lebensmittelmangel und Wohnungsnot, Flüchtlingselend und Krankheiten die Menschen in ihrer Existenz. Für die Verhältnisse in den deutschen Großstädten jener Jahre war die Lage in Augsburg kennzeichnend; nur langsam vermochten Bürgerschaft und Kommune wieder ihre unverwechselbare Individualität zu entfalten.

Bei Kriegsende bot die Stadt einen bedrückenden Anblick. Neunzehn größere Bombenangriffe hatten bis zum Einmarsch der 7. US-Armee weite Teile der Stadt, vor allem das Zentrum und die Industriebezirke, in Schutt und Trümmer gelegt. Augsburgs Altstadt war, wie in vielen vergleichbaren Städten, zu 95 Prozent zerstört[3]. Von 3268 Wohn-, Geschäfts- und Industriegebäuden standen nur noch Ruinen. 12 423 Wohnungen, ein Viertel des Wohnungsbestandes, waren völlig vernichtet, 32 000 andere mehr oder weniger beschädigt. Überall türmten sich Berge von Trümmerschutt, insgesamt 2,5 Millionen Kubikmeter, nur von mühsam freigeschaufelten Straßen und Wegen unterbrochen. Eine zeitgenössische Schätzung ging von Kriegsschäden in Höhe von 800 Millionen Reichsmark aus[4]. Immer mehr Augsburger hatten infolge der Zerstörungen gegen Kriegsende ihre Stadt verlassen und ins Umland evakuiert werden müssen. Schließlich besaßen nicht einmal mehr 100 000 Einwohner ein Dach über dem Kopf. Diese Wohnungsnot wurde zunächst vor allem von zurückströmenden Ausgebombten und entlassenen ehemaligen Wehrmachtsangehörigen verschärft. Das Wohnungs- und Quartieramt durchsuchte Straße für Straße nach zusätzlich nutzbarem Wohnraum, den es beschlagnahmte und neu verteilte. Die Unterbringung wohnungsloser Ausländer schuf weitere Härten; eine Zwangsräumung von Wohnblocks im Hochfeld stellte das schlimmste Beispiel damaliger Notmaßnahmen dar[5].

Vordringlicher Gesichtspunkt beim Aufbau der Stadt war begreiflicherweise zunächst die Wiederherstellung oder Schaffung von Wohnraum, Fertigungsstätten und wichtigen kulturellen Einrichtungen. Mangel an Baumaterial und Maschinen sowie der Zusammenbruch des Transportwesens zwangen zu weitgehender Aufarbeitung und Verwendung von Abbruchmaterial, vorwiegend durch weibliche Arbeitskräfte und frühere Angehörige von NS-Organisationen. Unverwertbaren Schutt schaffte die »Trümmerbahn« vom Königsplatz aus an den Hang der Wertach. Dieser Abraum bildete die Grundlage für das 1951 eingeweihte Rosenaustadion[6].

Von Herbst 1945 an deutete sich mit der Wiederaufnahme des Schulunterrichts sowie der Gas- und Strombelieferung der zaghafte Beginn einer Normalisierung an, wenngleich gerade die Energieversorgung noch lange zahlreichen Unterbrechungen ausgesetzt war[7]. Knappheit an Nahrungsmitteln sowie Gegenständen des täglichen Bedarfs gehörte noch auf Jahre zu den Kennzeichen des Nachkriegsalltags. Die Lebensmittelzuteilungen verringerten sich nach Kriegsende drastisch; wenig über 50 kg wog der erwachsene Augsburger im Durchschnitt[8]. Infolge der ständigen Unterernährung und der katastrophalen hygienischen Verhältnisse traten Tuberkulose und Typhus in besorgniserregender Häufigkeit auf[9]. Der existenzbedrohende Lebensmittelmangel zog vielerlei Behelfs- und Fürsorgemaßnahmen nach sich. Man nutzte nicht nur jedes verfügbare Stückchen Land für den Gemüseanbau, sondern schuf auch Ersatznahrungsmittel[10]. Ausländische, vor allem amerikanische Hilfsorganisationen, nahmen sich besonders der Jugend an; Schulkinderspeisung und die Zusendung von Carepaketen blieben in der allgemeinen Erinnerung am nachhaltigsten haften[11].

Als augenfälligste Begleiterscheinung der Warenknappheit entstand ein umfangreicher Schwarzmarkt, auf dem – mit der Zigarettenwährung als Basis – nahezu alles zu haben war. Er spielte sich hauptsächlich am Königsplatz ab[12].

Eine erhebliche Verschärfung der geschilderten Schwierigkeiten brachte seit Anfang 1946 die Zuweisung von Vertriebenen aus den deutschen Ostgebieten, vor allem dem Sudetenland, mit sich. Für die Ankommenden, zeitweilig jeden Tag 1200 Menschen[13], mußten bald große Durchgangslager geschaffen werden. »Regierungslager A« befand sich am Oblatterwall, »Regierungslager B« an der Friedberger Straße. Bis für die Ausgewiesenen Wohnraum zur Verfügung stand, lebten sie in diesen Sammelunterkünften unter bedrückenden Verhältnissen. Zu den Vertriebenen kamen in größerem Umfang Flüchtlinge, die mit den zurückflutenden deutschen Truppen ihre Heimat verlassen hatten, oder Menschen, die in den Wirren dieser Zeit nach Augsburg verschlagen worden waren und infolge der Beschränkung und Kontrolle des Reiseverkehrs nicht heimkehren konnten[14]. Viele während des Krieges verschleppte Ausländer gehörten zu ihnen. Ein Gedenkkreuz vor dem Protestantischen Friedhof, errichtet von litauischen »Displaced persons« (D. P.), erinnert an Augsburg als ein Zentrum der osteuropäischen Emigrantenbewegung. Nach einer Übersicht aus dem Jahr 1950 war nur noch die Hälfte der Einwohner in Augsburg geboren, über zehn Prozent stammten aus Gebieten östlich des Eisernen Vorhangs[15].

Unmittelbar nach dem Einmarsch der US-Streitkräfte übernahm in der Stadt ein amerikanischer Militärkommandant die vollziehende Gewalt. Er entließ alle NS-Funktionäre und -Amtsträger sofort aus dem Dienst und setzte Dr. Wilhelm Ott, einen politisch unbelasteten Verwaltungsfachmann, als Oberbürgermeister ein[16]. Dessen Aufgabe bestand anfangs darin, das Weiterarbeiten der Stadtverwaltung sicherzustellen.

Der zunächst pragmatisch-moderate Kurs der im Reichsbahngebäude in der Prinzregentenstraße untergebrachten Militärregierung verschärfte sich aus allgemein-politischen wie persönlich-psychologischen Gründen Mitte 1945, als Major Coffran zum Stadtkommandanten von Augsburg ernannt wurde. Vorschnell ordnete dieser eine kompromißlose politische Säuberung der städtischen Verwaltung an, der er durch seine offen gezeigte Abneigung gegen die Deutschen zusätzliche Härte verlieh[17]. Das Ausscheiden einer großen Zahl qualifizierter Mitarbeiter stellte die Effektivität der kommunalen Behörden in Frage und führte letztlich – nach Auseinandersetzungen mit Ott – zu dessen Ablösung durch Dr. Ludwig Dreifuß, einen aus der Deportation zurückgekehrten jüdischen Rechtsanwalt. Coffran nötigte darüber hinaus den Dienststellen der Stadt eine vielfach als schikanös empfundene Kontrolle auf. Als sich die Haltung der Westmächte gegenüber Deutschland zu wandeln begann, wurde er im August 1945 abberufen; wenige Wochen später übernahm Oberst Norton das Amt, dessen korrektes Verhalten Augsburgs Besatzungszeit prägte.

Schrittweise erhielten die Deutschen wieder demokratische Freiheiten und Rechte. Vom 30. Oktober 1945 an erschien zunächst zweimal in der Woche und infolge Papiermangels in stets unzureichender Auflage die »Schwäbische Landeszeitung«. Sie löste das Nachrichtenblatt der US-Streitkräfte für die Augsburger Bevölkerung ab. Das für die zahllosen behördlichen Mitteilungen unentbehrliche Amtsblatt war fast ohne Unterbrechung erschienen. Freilich

unterlagen alle Publikationsorgane einer nur langsam nachlassenden Zensur.

Vergleichsweise rasch lebten die Parteien wieder auf. Bereits im Frühsommer 1945 reorganisierte sich in Augsburg die Sozialdemokratische Partei, die am 2. Oktober von der Militärregierung für den Stadt- und Landkreis zugelassen wurde[18]. Im selben Monat fand eine erste Kundgebung der KPD statt, die von ehemaligen Funktionären wieder ins Leben gerufen worden war. Aus einer Gruppe überwiegend katholischer NS-Gegner und Mitgliedern des früheren linken BVP-Flügels entwickelte sich die CSU, die am 10. November 1945 ihre konstituierende Sitzung in Augsburg abhielt[19]. Als Vorläufer der FDP trat im Januar 1946 die Liberaldemokratische Partei an die Öffentlichkeit. Von kleineren Gruppierungen aus der Anfangsphase des politischen Neubeginns ist vor allem die Wirtschaftliche Aufbauvereinigung (WAV) zu nennen, die Ende April 1946 ihre Lizenz erhielt, im Laufe des folgenden Jahres jedoch wieder zerfiel[20]. Mitte Oktober 1945 genehmigte die örtliche Militärregierung die Allgemeine Freie Augsburger Gewerkschaft (AFAG), die als Dachorganisation zehn Berufsgruppen umfassen sollte. Am 20. November beging die AFAG im großen Saal des Ludwigsbaus feierlich ihre Gründung[21]. Einen Teil ihrer Aufgaben sah sie darin, bei der Entnazifizierung und der Kontrolle des Wirtschaftswesens mitzuwirken sowie die Bemühungen des Wohnungsamts zu unterstützen.

Zur Selbstverwaltung der Kommune und als Übergangslösung bis zur Wahl eines demokratisch legitimierten Gremiums bestimmte die Militärregierung Anfang Oktober 1945 einen vorläufigen Stadtrat aus 15 Personen. Dieser bestand durchweg aus Bürgern, die schon in der Weimarer Zeit politisch hervorgetreten waren und sich als Gegner des Nationalsozialismus erwiesen hatten. Unter ihnen befanden sich so bekannte Augsburger wie Karl Wernthaler, Franziska Wittmann und Franz Adlhoch[22]. Am 15. Oktober trat die neue Bürgervertretung, die sich zunächst vor allem um die Bewältigung von Alltagsproblemen kümmern mußte, erstmals zusammen. Nach den Gemeindewahlen vom 26. Mai 1946 löste ein 41köpfiger Stadtrat, in dem die Christlich-Sozialen mit 22 Sitzen über die absolute Mehrheit der darin vertretenen fünf Parteien verfügten, dieses Gremium ab. Die

CSU stellte daher den Oberbürgermeister, zunächst mit Dr. Heinz Hohner, dem im Jahr darauf sein Parteifreund Dr. Klaus Müller folgte. Auch bei den 1946 stattfindenden überregionalen Abstimmungen ging die Mehrzahl der Stimmen an die CSU, wenngleich ihre Wahlsiege weniger überwältigend ausfielen. Für die bayerische Verfassunggebende Landesversammlung errang sie örtlich 47 Prozent, für den Landtag 40 Prozent der Stimmen.

Schon im Juni 1945 ging man daran, jede äußere Erinnerung an die NS-Zeit in der Stadt zu tilgen. So hieß der Adolf-Hitler-Platz jetzt – wie vor 1933 – wieder Königsplatz, die Horst-Wessel-Schule wurde in Hammerschmiedschule umbenannt[23]. Als nächsten Schritt der Vergangenheitsbewältigung zog man die politisch Verantwortlichen zur Rechenschaft. Führende Funktionäre waren sofort interniert und nach längerer Haft abgeurteilt worden. Der ehemalige Gauleiter Karl Wahl beispielsweise erhielt 1948 eine Strafe von dreieinhalb Jahren Arbeitslager. Beamte, in erster Linie Richter und Lehrer, die der NSDAP oder einer ihrer Gliederungen angehört hatten, wurden ihres Dienstes enthoben. Zeitweise gab es für verschiedene Augsburger Gymnasien kaum noch Lehrkräfte[24]. Wenig später leitete die Militärverwaltung der amerikanischen Zone als begleitende Maßnahme der Redemokratisierung eine umfassende Überprüfung und gerichtliche Würdigung des politischen Vorlebens aller Deutschen ein.

Unter Leitung des städtischen Personalreferenten Xaver Sennefelder, eines während der NS-Zeit verfolgten sozialdemokratischen Funktionärs, hatten die Kammern rund 117 000 Fragebogen zu bearbeiten. Die Zahl der Nichtbetroffenen und Mitläufer schätzte man auf etwa die Hälfte. Um für diese Fälle eine rasche Erledigung, von der die Arbeitsgenehmigung abhing, zu erreichen, wurde in Tag- und Nachtschicht gearbeitet[25]. Gegen die große Masse der Minderbelasteten verhängten ab Juli 1946 die vier, später fünf für Augsburg festgesetzten Spruchkammern zumeist Geldstrafen. Die Tätigkeit dieser gerichtsähnlichen Organe zog sich bis ins Jahr 1949 hin.

Einer ersten materiellen Entschädigung der zurückgekehrten verschleppten jüdischen Mitbürger galten die Bemühungen der Stadtverwaltung, deren beschlagnahmten und teilweise an Ausgebombte wei-

tergegebenen Hausrat wiederzubeschaffen oder finanziell abgelten zu lassen[26].

In den Augsburger Industriebetrieben fanden zunächst umfangreiche Aufräumungsarbeiten statt. Wenig später lief bereits wieder eine bescheidene Notproduktion an, wenngleich unter unglaublich widrigen Bedingungen. So brannten in vielen dach- und fensterlosen Fabrikhallen offene Feuer als notdürftige Beheizung[27]. Gefertigt wurden vor allem technisch unkomplizierte Geräte des täglichen Bedarfs, für die rege Nachfrage bestand. Vielfach verarbeitete man auch militärische Halbfertigfabrikate weiter und führte sie einer zivilen Verwendung zu[28]. Die Textilindustrie erhielt mit der Lieferung mehrerer Waggons amerikanischer Baumwolle im April 1946 einen ersten Impuls zur Wiederaufnahme ihrer Produktion[29].

Demontagen von Industrieanlagen zu Reparationszwecken liefen in der US-Zone Mitte 1946 an. Sie bedeuteten sachlich wie psychologisch auch in Augsburg eine schwere Belastung für das Bemühen, die dringendsten Bedürfnisse der Bevölkerung zu decken. Eine in der Tagespresse publizierte Liste zur Demontage vorgesehener Betriebe umfaßte auch bedeutende Augsburger Firmen, wurde jedoch bald modifiziert. Schließlich blieb der Abbau von Fertigungsanlagen auf die Forschungsabteilung der MAN und Teile der Messerschmitt-Werke beschränkt[30].

Durch den entschiedenen Aufbauwillen und die Hilfestellung des Auslands gelang es schrittweise, das Chaos der Nachkriegszeit zu beseitigen. Ein erstes Zeichen hierfür war das Auftreten des Turamichele 1946 als ein Symbol des wiedererstehenden Augsburg[31]. In der Währungsreform vom 21. Juni 1948 fand der Prozeß zunehmender Normalisierung des Alltagslebens, schrittweiser Demokratisierung und langsamen wirtschaftlichen Aufbaus dann seinen Abschluß. Viele Erscheinungen der Zeit, vor allem Lebensmittelknappheit, Bezugsscheinsystem und Schwarzmarkt, verschwanden, zum Teil über Nacht. Die Neuordnung des Geldwesens ermöglichte eine umfassende, über behelfsmäßige Wiederherstellung hinausgehende Bautätigkeit. Der planvolle Aufbau des zerstörten Augsburg wurde nun zur zentralen Aufgabe der ersten Kommunalparlamente der Nachkriegszeit. Durch das Auftreten der regionalpolitisch bedeutsamen Bayernpartei änderten sich allerdings vorübergehend die Kräfteverhältnisse. Im jetzt 42 Sitze umfassenden Stadtrat von 1948 besaß die CSU nicht mehr die beherrschende Stellung. Mit 13 Mandaten war sie etwa gleich stark vertreten wie die SPD, die BP verfügte über neun Sitze. Im Zusammengehen mit dieser vermochte sie dennoch die Wiederwahl des amtierenden Oberbürgermeisters Müller durchzusetzen. Nach dem Bedeutungsverlust der BP bestimmten im Stadtrat von 1952 und im nunmehr auf 50 Mitglieder erweiterten von 1956 wieder Sozialdemokraten und Christlich-Soziale als stärkste Fraktionen das Geschehen. Da sich die CSU bei Abstimmungen häufig auf die zahlreichen liberalen oder konservativen Splitterparteien stützen konnte, setzte sie ihre kommunalpolitischen Vorstellungen in der Regel durch.

Das Überwiegen des christlich-konservativen Elements und die zunehmende Reduzierung des politischen Spektrums auf die beiden großen Parteien kamen in den lokalen Ergebnissen der Landtagswahlen und bei der Abstimmung zum ersten deutschen Parlament 1949 (CSU 29 Prozent, BP 14 Prozent, SPD 27 Prozent, KPD 7 Prozent, FDP 9 Prozent, WAV 15 Prozent) zum Ausdruck. Auch bei den Bundestagswahlen von 1953 (CSU 49 Prozent, SPD 30 Prozent, FDP 7 Prozent) und 1957 (CSU 52 Prozent, SPD 34 Prozent, FDP 6 Prozent) blieb die CSU infolge der Kanzlerpersönlichkeit Konrad Adenauers dominierend. Bekannte Vertreter Augsburgs in Bonn waren in jener Zeit der Stadtrechtsrat Dr. Josef Ferdinand Kleindinst (CSU), der schon im Parlamentarischen Rat bei der Beratung und Beschließung des Grundgesetzes mitgewirkt hatte, und der städtische Amtsleiter Valentin Baur (SPD).

Im Bewußtsein gemeinsamer Verantwortung für die Zukunft bemühte man sich im Stadtrat, in Fragen von Bedeutung ein die Parteigrenzen überschreitendes Einvernehmen zu erzielen und brachte dies auch durch Personalentscheidungen zum Ausdruck. Sowohl Bürgermeisterämter als auch Referentenstellen gingen aufgrund interfraktioneller Absprachen nicht nur an die stärkste Partei, sondern auch an Vertreter anderer in das Gemeindeparlament gewählter politischer Gruppierungen. Dieses Zusammenwirken war vor allem der integrierenden Persönlichkeit von Oberbürgermeister Müller zu verdanken. Ursprünglich leitend in der Augsburger Textilindustrie tätig, verstand er es, in den Jahren der Not und des Elends bei seinen Mitbürgern wieder Mut und Lebenswillen zu wecken. Das ihm entgegengebrachte Vertrauen ließ sich an den Ergebnissen der inzwischen direkten Wahl des Stadtoberhaupts 1952 und 1958 ablesen, als er mit großer Mehrheit (52 und 65 Prozent) im Amt bestätigt wurde.

Mit dem Wiederaufbau der Stadt war Müller ein schweres Erbe zugefallen. 1949 stand die Stadt finanziell vor dem Nichts. Das gemeindliche Geld- und Kapitalvermögen war der Währungsreform zum Opfer gefallen. Erstmals für ein volles Jahr auf Deutsche Mark lautend, betrugen die Einnahmen nach ordentlichem und außerordentlichem Haushaltsplan 51 Millionen DM. Personalausgaben machten fast die Hälfte des Etats aus. Mittel für Baumaßnahmen mußten zum erheblichen Teil auf dem Kreditweg beschafft werden und führten zu einer ständig wachsenden Schuldenlast. Als Folge gesteigerter Bedürfnisse auf nahezu allen Verwaltungsgebieten und eines weiteren beträchtlichen Anstiegs beim Personalaufwand nahm das Gesamtvolumen des städtischen Haushalts in den folgenden Jahren meist um zweistellige Prozentbeträge zu. 1955 erreichte es 93 Millionen DM, 1960 schließlich 218 Millionen DM. Nun erwies es sich als erforderlich, die weitere Neuverschuldung der Stadt entscheidend einzuschränken[32].

Die Stadtväter hatten sich bald auf ein zukunftweisendes städtebauliches Konzept für den Wiederaufbau Augsburgs geeinigt. Es sah den Erhalt des gewachsenen Gefüges der Altstadt und seine behutsame Weiterentwicklung vor. Der im Jahr 1951 zum Stadtbaurat berufene Walther Schmidt versuchte, diese kommunalpolitisch entscheidende Weichenstellung in die Tat umzusetzen; die Nachkriegsgestalt der Stadt trägt seine Handschrift. Grundlage seiner Arbeit war der kurz zuvor entstandene Entwurf eines Flächennutzungsplans. Vorarbeiten des Theodor-Fischer-Plans von 1931 und des Wirtschaftsplans von 1941 weiterentwickelnd, sah er nur wenige bedeutsame Eingriffe in die Struktur der Altstadt vor, beispielsweise eine große Durchbruchsstraße von der Jakobervorstadt in Richtung Theater oder das neue

Verwaltungsgebäude der Stadtwerke am Hohen Weg[33].

Um alle Maßnahmen des Wiederaufbaus gab es heftige Auseinandersetzungen zwischen den Anhängern einer traditionsnahen und jenen einer zweckmäßig-modernen Architektur. Am meisten bewegte die Bürgerschaft wohl der Streit um die Gestaltung des Platzes vor dem Rathaus. Dieser, zum Teil Standort der völlig zerstörten Börse, blieb unbebaut und erhielt 1963 sein heutiges Aussehen. Weitere Höhepunkte des Wiederaufbaus stellten die Neueröffnung des Stadttheaters 1956 und der Abschluß der Restaurierungsarbeiten am Rathaus dar[34].

Zur Tausendjahrfeier der Schlacht auf dem Lechfeld, im Ulrichsjahr 1955, nur zehn Jahre nach Kriegsende, waren die größten Kriegsschäden beseitigt. Stolz präsentierte die Stadt das Ergebnis zehnjähriger Arbeit auf politischem, wirtschaftlichem und kulturellem Gebiet und nutzte die internationale Aufmerksamkeit dieses Ereignisses dazu, den Wiederaufbau der Fuggerstadt als abgeschlossen zu erklären[35].

Der nach der Währungsreform einsetzende wirtschaftliche Aufschwung, allgemein als »Wunder« angesprochen, führte auch in Augsburg zu einer sprunghaften Steigerung der industriellen Produktion. Die überkommene wirtschaftliche Struktur mit Schwerpunkt auf dem Textil- und Metallsektor blieb dabei zunächst erhalten; neugegründete oder zuziehende Betriebe gehörten durchweg einem dieser beiden Industriezweige an. Dementsprechend fand 1950 fast jeder zweite Beschäftigte einen Arbeitsplatz im Textilgewerbe (29 Prozent) oder im Maschinenbau (19 Prozent). Auch im folgenden Jahrzehnt blieben diese beiden Wirtschaftsbereiche die klassischen Säulen der Augsburger Industrie. 1961 waren 27 Prozent der dort arbeitenden Bevölkerung bei Textil-, 32 Prozent bei Maschinenbaufirmen beschäftigt[36].

Die florierende Wirtschaft bewirkte den Zuzug zahlreicher Neubürger nach Augsburg; bereits 1950 hatte die Stadt mit rund 185 000 Einwohnern ihren Vorkriegsstand wieder erreicht. Bis 1954 stieg die Bevölkerungszahl über 200 000; dieses Wachstum hielt in der Folgezeit an.

In den fünfziger und sechziger Jahren baute man vor allem außerhalb des Stadtkerns zahlreiche neue Wohnungen. Mit ausreichendem und – im Rahmen der damaligen Möglichkeiten – komfortablem Wohnraum hoffte man bei den Bewohnern Heimatgefühl neu zu vermitteln oder zu vertiefen. Angesichts der traumatischen Erlebnisse in Kriegs- und Nachkriegszeit wurde damit eine politische Forderung ersten Ranges erfüllt. Neue Siedlungen entstanden beispielsweise auf dem südlichen Hochfeld (Kriegergedächtnissiedlung) und am südöstlichen Stadtrand (Herrenbachviertel und Hochzoll-Nord). Diese äußeren Wohnbezirke waren als in sich gegliederte Lebensbereiche mit Kirche, Schule, Kindergarten und den nötigen Läden gedacht. Vielfach wurde ihnen eine formale Gestaltung zugestanden, die von herkömmlichen Auffassungen abwich. Bekannt wurde die Stadtpfarrkirche Don Bosco, erbaut von dem Augsburger Architekten Thomas Wechs, durch die eigenwillige Bauweise ihrer Türme. Die Stadtrandsiedlungen übten starke Anziehungskraft aus, schon 1955 wohnte mehr als die Hälfte der Einwohnerschaft Augsburgs in den Vororten. Diese Verlagerung der Wohnschwerpunkte und großenteils auch der Arbeitsplätze von der Innenstadt auf Vororte und Randgemeinden ließ einen wirtschaftlichen Großraum Augsburg entstehen, für den sich der Begriff der Stadtregion einbürgerte[37].

Von 1949 an wurden jährlich im Durchschnitt über 2000 Wohnungen beziehbar, wobei die Zahl der neugebauten die der wiederhergestellten rasch übertraf[38]. Zu den wichtigsten Bauträgern gehörte neben der öffentlichen Hand – mehr als die Hälfte der Vorhaben wurde im sozialen Wohnungsbau gefördert – die Diözese Augsburg; ihr Familienhilfswerk und andere Organisationen, heute zusammengeschlossen im St.-Ulrichs-Werk, errichteten bis 1960 fast 2000 Wohneinheiten[39]. Eine Gebäudezählung des Jahres 1961 ergab, daß nahezu 40 Prozent der Wohnungen in Augsburg nach der Währungsreform entstanden waren; drei Jahre später konnte die Bewirtschaftung von Wohnraum aufgehoben werden.

Für die Augsburger endete 1964 die »Ära Müller«. Die Wahl des neuen Oberbürgermeisters stand lange im Blickpunkt der Öffentlichkeit. Der Abstimmung ging ein ungewöhnlich heftiger Wahlkampf voraus, der die Stimmbeteiligung gegenüber der Wahl sechs

Jahre zuvor um zehn Prozent ansteigen ließ. Da sich der bisherige Amtsinhaber nicht mehr zur Verfügung stellte, bewarb sich für die SPD der Zweite Bürgermeister Wolfgang Pepper um seine Nachfolge. Das Ansehen des seit den Kriegsjahren in Augsburg ansässigen Journalisten und langjährigen Kommunalpolitikers verhalf ihm zu einem überlegenen Wahlsieg (62 Prozent). 1970 wurde Pepper mit knapper Mehrheit im Amt bestätigt.

Die Entscheidung der Augsburger für einen sozialdemokratischen Oberbürgermeister, den ersten in der Stadtgeschichte, war Teil einer politischen Entwicklung, die der SPD in den sechziger Jahren bei den meisten Wahlen Stimmengewinne einbrachte. Schon im Stadtrat von 1960 hatte sie die stärkste Fraktion gestellt und ihren Anteil 1966 nochmals um zwei Sitze auf 24 erhöhen können; auch bei den Landtagswahlen holte sie am Ort in der Gunst der Wähler auf. 1961 errangen die Sozialdemokraten für das Parlament in Bonn 41 Prozent der Stimmen (CSU 43 Prozent, FDP 10 Prozent), 1965 überrundeten sie mit 45 Prozent Stimmanteil erstmals ihre christlich-sozialen Mitbewerber (CSU 44 Prozent, FDP 7 Prozent) und vermochten auch 1969 (CSU 46 Prozent, SPD 43 Prozent, FDP 4 Prozent) und 1972 (CSU 46 Prozent, SPD 47 Prozent, FDP 6 Prozent) ihre Position zu behaupten. Die Direktmandate für Bonn fielen in dieser Zeit an den Wirtschaftsprüfer Anton Ott, Gründungsmitglied der Augsburger CSU, und an Max Amling, einen Gewerkschaftsfunktionär (SPD). Bei der 1972 wegen der Gebietsreform notwendig gewordenen Neuwahl des Oberbürgermeisters verzichtete Pepper auf eine weitere Kandidatur. Sein Nachfolger wurde Hans Breuer, ein gebürtiger Sudetendeutscher, der bis dahin als Dritter Bürgermeister amtiert hatte. Er setzte sich zwar erst nach einer Stichwahl knapp gegen seinen Mitbewerber durch, verbesserte aber in den Wahlgängen für die zweite und dritte Amtsperiode 1978 und 1984 sein Ergebnis deutlich (53 und 56 Prozent). Im Augsburger Kommunalparlament von 1972, von nun an aus 60 Stadträten bestehend, verfügte die regierende SPD mit 29 Sitzen zwar über die stärkste Fraktion, allerdings nur mit einer Stimme Vorsprung vor der CSU. 1978 kehrten sich diese Mehrheitsverhältnisse um. Im Bestreben, mehr Einfluß auf die Geschicke der Stadt zu

gewinnen, kündigte daraufhin 1981 Augsburgs CSU den Sozialdemokraten die bisherige Zusammenarbeit in der Bürgervertretung auf. Eine Gruppe von zwölf ihrer Stadträte spaltete sich jedoch ab, hielt als Christlich-Soziale Mitte (CSM) an den Abmachungen mit der SPD fest[40] und beteiligte sich als eigene politische Gruppierung mit Erfolg an der Kommunalwahl 1984. Diese brachte keine wesentliche Änderung der Mehrheitsverhältnisse, 28 Sozialdemokraten und zwei Grünen stehen 20 CSU- und 10 CSM-Vertreter gegenüber. Die Spaltung des bürgerlichen Lagers ermöglicht der SPD, die Koalition mit der Christlich-Sozialen Mitte weiterzuführen.

Die Trendwende zurück zur CSU wirkte sich auf Landtags- wie Bundestagswahlen gleichermaßen aus. Bei letzteren entschied sich 1976 (CSU 51 Prozent, SPD 41 Prozent, FDP 6 Prozent), 1980 (CSU 50 Prozent, SPD 40 Prozent, FDP 8 Prozent) und 1983 (CSU 53 Prozent, SPD 35 Prozent, FDP 5 Prozent) etwa jeder zweite Augsburger für die Christlich-Sozialen, deren Bundestagskandidat Stefan Höpfinger dabei sein Direktmandat überlegen gewann.

Tab. 1: Der Augsburger Stadtrat 1946–1984[41]

	26.5. 1946	30.5. 1948	30.3. 1952	18.3. 1956	27.3. 1960	13.3. 1966	11.6. 1972	5.3. 1978	18.3. 1984
CSU	22	13	15	20	18	19	28	29	20
CSM	–	–	–	–	–	–	–	–	10
SPD	15	12	16	20	22	24	29	28	28
FDP	1	2	3	3	3	3	1	1	–
KPD	2	5	1	1	–	–	–	–	–
BP	–	9	4	3	2	1	–	–	–
Sonst.	1	1	3	3	5	3	2	2	2

In die Amtszeiten Peppers und Breuers fielen Ereignisse, die der Stadt zwar Bevölkerungs- und Gebietszuwachs sowie Renommee einbrachten, gleichzeitig jedoch ihre Aufgaben erheblich ausweiteten.

Mit der Gebietsreform, die am 1. Juli 1972 in Kraft trat, wurden die Landgemeinden Inningen und Bergheim sowie die Städte Göggingen und Haunstetten in das Stadtgebiet eingegliedert. Hierdurch erhöhte sich die Zahl der Einwohner um über 43 000 auf fast 257 000. Die Fläche des Stadtgebiets nahm auf 14 685 ha zu, also um über 70 Prozent[42].

Die zunehmend engere Verflechtung Augsburgs mit seinem Umland machte bald eine intensive Zusammenarbeit notwendig. Dazu wurden zahlreiche Planungsgremien und Arbeitsgemeinschaften gebildet, die in den Bereichen Wirtschaft, Abwasserbeseitigung, Naherholungsgebiete und Kultur Absprachen und gemeinsames Handeln gewährleisteten. Das bedeutendste Vorhaben von Stadt und Landkreis Augsburg stellte der Bau des Zentralklinikums dar. Dieses, am Kobelfeld an der Stadtgrenze zu Neusäß gelegen und 1982 seiner Bestimmung übergeben, gehört mit 1405 Betten in zwölf medizinischen Abteilungen zu den derzeit größten und modernsten bayerischen Krankenhäusern[43]. Weitere neue städtische Einrichtungen, die dem Umland gleichermaßen zugute kommen und Augsburgs regionalpolitische Verantwortungsbereitschaft unterstreichen, waren beispielsweise die Einweihung der Kongreßhalle 1972, der Neubau der Hauptfeuerwache in der Berliner Allee 1975 sowie Sanierung und Umbau des Zeughauses zum Bildungs- und Begegnungszentrum 1980.

Entsprechend seiner traditionellen Weltoffenheit verstand es Augsburg schon bald nach dem Krieg, wieder Kontakte über die nationalen Grenzen hinaus zu knüpfen. Die Stadt hatte bereits 1955 die Patenschaft über die Deutschen des ehemaligen Stadt- und Landkreises Reichenberg im Sudetenland übernommen. Im Zeichen der Völkerverständigung wurden in den folgenden Jahren Städtefreundschaften geschlossen mit Inverness in Schottland (1956), Amagasaki und Nagahama in Japan (1959), Dayton in den USA (1964) und Bourges in Frankreich (1967)[44].

Aufgeschlossenheit und Gastfreundschaft bewiesen die Augsburger auch 1972, als ihre Stadt Austragungsort sportlicher Wettkämpfe der XX. Olympischen Spiele war. Zu den bedeutendsten sportlichen Ereignissen gehörten die Kanu-Slalom-Wettbewerbe im neuerbauten Kanustadion am Augsburger Eiskanal, der einzigen künstlichen Wildwasserstrecke der Welt[45].

Mit unterschiedlichem Erfolg bemühte sich das Kommunalparlament, Institutionen von Land und Bund für die Stadt zu gewinnen. Nach langjährigen Vorbereitungen wurde Augsburg am 1. Januar 1970 Universitätsstadt. Eng mit dem Bau der Neuen Universität am Alten Postweg verbunden war die Entste-hung des Stadtteils Universitätsviertel, der einen Schwerpunkt der Stadtentwicklung bildet. Die Zahl seiner Bewohner, im Jahr 1982 fast 4000, darunter viele Spätaussiedler aus Osteuropa, soll auf 10 000 im Jahr 1990 steigen.

Für Institutionen des Bundes spielte Augsburg keine nennenswerte Rolle. Seine einstige Bedeutung als Garnisonsstadt erlangte es beim Aufbau der Bundeswehr nicht wieder. Nur noch zwei Dienststellen des Territorialheeres, ein Verteidigungsbezirks- und ein Verteidigungskreiskommando sowie ein Kreiswehrersatzamt mit den zugehörigen Dienststellen befinden sich in der Prinz-Karl-Kaserne. Andere frühere Militäranlagen verfallen (Luftwaffenkaserne Gablingen), werden anderweitig, beispielsweise als Asylantenquartier, genutzt (Hindenburgkaserne) oder sind von Truppenteilen der US-Streitkräfte belegt (Flakkaserne Kriegshaber und Anlagen in Pfersee). Diese unterhalten in Augsburg bis heute eine starke Garnison, die derzeit aus einem höheren Artilleriestab und Nachrichteneinheiten besteht. Die während der fünfziger Jahre in den westlichen Vorstädten entstandenen Militärsiedlungen Centerville, Cramerton und Sullivan Heights werden von rund 20 000 US-Soldaten und ihren Angehörigen bewohnt. Trotz langjähriger Versuche blieben alle Bemühungen um eine Auflockerung ihrer selbstgewählten Isolierung unbefriedigend[46].

Das Gebiet der Stadtregion Augsburg umfaßte 1984 rund 1100 qkm mit rund 460 000 Einwohnern. Davon entfielen etwas mehr als die Hälfte, 248 000, auf die Kernstadt[47]. Deren stetige Bevölkerungszunahme brach wie in allen deutschen Großstädten Mitte der siebziger Jahre ab. Hauptursachen waren die Verringerung der Geburtenrate, besonders bei den Einheimischen, sowie die Abwanderung vor allem kinderreicher Familien in das Umland. Für Augsburg wurde dieser Vorgang durch einen zunächst noch wachsenden Ausländeranteil verzögert. Ende 1974 erreichte er mit rund 29 000 Personen, darunter ein Drittel Türken, einen Höchststand[48]. Bis 1990 wird allerdings ein Rückgang der Bevölkerungszahl Augsburgs um über vier Prozent prognostiziert[49]. Weitere Probleme, die in nächster Zeit auf die Bürger zukommen werden, läßt eine Betrachtung des Altersaufbaus der Augsburger Bevölkerung erkennen. Er spiegelt die Auswirkungen der weltpolitischen Geschehnisse auf das städtische Gemeinwesen wider. Deutlich sind die Verluste des Zweiten Weltkriegs, der Geburtenrückgang während dieser Jahre und der Frauenüberschuß, vor allem aber die Überalterung und die Verringerung der Geburtenrate in jüngster Zeit zu erkennen[50].

Insbesondere aus finanziellen Gründen bemüht sich Augsburg, Stadtflucht und Geburtenrückgang aufzuhalten, beispielsweise durch Bereitstellung familienfreundlicher Wohnungen. Ein erheblicher Teil der Altbausubstanz der Innenstadt – der Entwurf einer Denkmalliste umfaßt etwa 1200 Baudenkmäler, darunter 900 Wohngebäude – fiel in den siebziger Jahren dem Bauboom zum Opfer. Ein rückläufiges Angebot billigen Wohnraums für sozial Schwache und Kinderreiche und somit eine empfindliche Wohnungsnot für diese Bevölkerungsschicht waren die Folge. Zu ihrer Bekämpfung lief in der Altstadt, in der Jakobervorstadt-Süd sowie im Lech- und Ulrichsviertel ein langfristig angelegtes Sanierungsvorhaben an[51].

Die Verwirklichung solcher Pläne stößt mittlerweile auf zunehmende Schwierigkeiten. In Augsburg zeichneten sich 1970 – der Haushaltsplan nannte inzwischen Gesamtausgaben von 298 Millionen DM – wie bei vergleichbaren Kommunen die Grenzen des fiskalischen Handlungsspielraums ab. Unerläßliche öffentliche Investitionen konnten nur noch durch immer höhere Kreditaufnahmen finanziert werden, zumal die von der örtlichen Wirtschaft abgeführten Steuern und Abgaben stark abnahmen.

Bei ihr hatten innerbetriebliche Rationalisierung, Produktionsumstellung und -verlagerungen zusammen mit dem konjunkturellen Einbruch seit dem Ende der sechziger Jahre zu einer erheblichen Verminderung der Arbeitsplätze geführt, deren Zahl bis Ende 1976 von 156 000 auf 123 000 zurückging. Die einzelnen Wirtschaftssektoren waren davon unterschiedlich stark betroffen. Das produzierende Gewerbe reduzierte in diesem Zeitraum die Zahl seiner Beschäftigten um rund ein Viertel. Textil und Metall büßten ihre Eigenschaft als Haupttriebkräfte lokalen wirtschaftlichen Wachstums ein; kunststoffverarbeitende Industrie, Luft- und Raumfahrttechnik sowie Elektronik und Datenverarbeitung traten an ihre

Stelle. Dieser Strukturwandel, der sich schon seit den sechziger Jahren abzeichnete, fand auch in der Erwerbsgliederung der Augsburger Bevölkerung seinen Niederschlag. Im Jahr 1950 zählte mehr als die Hälfte der Wohnbevölkerung – arbeitende Erwachsene und ihre Familien – zu den Arbeitern, etwa ein Viertel waren Angestellte. Der Rest verteilte sich auf Selbständige (12 Prozent) und Beamte. Entsprechend den sozioökonomischen Veränderungen der Folgezeit, unter denen bessere schulische und berufliche Ausbildung, anspruchsvollere industrielle Arbeitsplätze und Verdrängung des selbständigen Kleinhandels besonders hervorzuheben sind, stieg der Anteil von Angestellten an der Augsburger Wohnbevölkerung bis 1970 auf 39 Prozent. Die Zahl der Selbständigen ging auf 7 Prozent, der Anteil von Arbeitern auf 43 Prozent zurück. Trotzdem besaß Augsburg im Vergleich mit anderen bayerischen Großstädten noch den höchsten Arbeiter- und den geringsten Beamtenanteil in der Erwerbsbevölkerung[52].

Von 1976 an meldete die Augsburger Industrie wieder steigende Beschäftigtenzahlen, wobei das Dienstleistungsgewerbe deutlich stärker expandierte als die Betriebe des produzierenden Sektors[53]. Die Zahl der Arbeitslosen erreichte jedoch mit fast 10 000 für die Region 1976 einen vorläufigen Höhepunkt.

Diese Entwicklung zog für die Finanzen der Stadt rasch verhängnisvolle Konsequenzen nach sich. Die Steuermindereinnahmen erwiesen sich als derart drastisch, daß es 1975 schon nicht mehr möglich war, einen wirtschaftlich vertretbaren Haushaltsabgleich zu erreichen. Auch einschneidende Sparmaßnahmen bei Sach- und Personalausgaben sowie Gebührenerhöhungen in fast allen Bereichen kommunaler Dienstleistungen vermochten die finanziellen Ausfälle nicht zu ersetzen. Die Finanzlage der Stadt – der Haushaltsansatz 1984 weist ein Gesamtvolumen von 787 Millionen DM auf – ist unverändert kritisch. Ihre Leistungsfähigkeit gilt als gefährdet, vor allem infolge der erheblich über dem Landesdurchschnitt liegenden Verschuldung.

Die nachhaltige Sanierung der städtischen Finanzen setzt eine verbesserte Ertragslage der Wirtschaft voraus. Der Stadtrat beschloß daher Maßnahmen zur Förderung der industriellen Entwicklung und wies

Tab. 2: Die städtischen Finanzen 1975–1985 (in Mill. DM)[54]

	1975	1976	1977	1978	1979	1980	1981	1982	1983	1984	1985
Haushaltsvolumen	596	597	656	684	791	778	792	832	850	787	(830)
Investitionen	140	133	131	128	165	129	107	112	97	109	(128)
Personalausgaben	206	209	216	226	247	260	280	285	258	248	(256)
Schulden	338	413	455	487	500	526	570	603	597	627	(635)
Steuereinnahmen	223	216	246	259	284	290	290	287	278	287	(301)

beispielsweise gewerbliches Bauland in Lechhausen-Ost, Oberhausen-Nord und Haunstetten-West aus. Eine konjunkturelle Belebung zeichnete sich aber vorerst nicht ab. Der starke Rückgang der Arbeitslosenzahl zwischen 1976 und 1979 blieb eine vorübergehende Erscheinung; bis 1983 stieg sie auf eine Rekordhöhe von 14 000[55].

Trotz der schwierigen Haushaltslage müssen vor allem in den Bereichen Verkehr und Entsorgung langfristige Lösungskonzepte gefunden und aufwendige Zukunftsinvestitionen getätigt werden. So sollen von 1984 an die Westumgehung um ein weiteres Teilstück fortgeführt, Bismarckbrücke und Hochzoller Lechbrücke durch Neubauten ersetzt werden. Noch nicht über das Stadium öffentlicher Diskussion hinaus gediehen sind Pläne, der Parkplatznot in der Innenstadt durch eine Tiefgarage in der südlichen Maximilianstraße abzuhelfen. Immerhin waren 1980 rund 100 000 Kraftfahrzeuge in Augsburg zugelassen[56]. Ebenfalls noch keine endgültigen Vorstellungen bestehen hinsichtlich einer in Augsburg-Ost geplanten Müllreduktionsanlage.

Solche weitreichenden kommunalpolitischen Pläne und Entscheidungen zeichnen nicht nur die nähere Zukunft der Stadt Augsburg vor, sondern lassen auch erkennen, daß ihre Historie mit der Geschichte der Region eng verflochten ist, in ihr mehr und mehr aufgeht. In das dritte Jahrtausend der Stadtgeschichte wird das historische Augsburg somit vor allem als »nachleuchtender Mittelpunkt« und als »Kraft der lebendigen Gegenwart«[57] weiterwirken.

1 Als Beispiele seien genannt: Eberhard Riegele: Parteienentwicklung und Wiederaufbau. Die lokale Neugründung und Politik der SPD in den Jahren 1945–1949 am Beispiel der Stadt Augsburg, Augsburg 1977; Ines Thieme: Augsburg 1945/1946. Kleine Leute – große Geschichte. Masch., Augsburg 1984; Hans Thieme und Hermann Lamprecht (Hrsg.): Mein Augsburg. Zeitgeschichte miterlebt – Stadtentwicklung mitgestaltet. Ausstellungskatalog, Augsburg 1983; Wolfgang Zorn: Schwaben und Augsburg in der ersten Hälfte des 20. Jahrhunderts, München 1976 (Schriften der Philosophischen Fachbereiche der Universität Augsburg, Nr. 15).

2 Hervorzuheben sind vor allem: Statistisches Amt und Wahlamt der Stadt Augsburg (Hrsg.): Augsburg in Zahlen. B-Sonderbeiträge; Amt für Statistik und Stadtforschung der Stadt Augsburg (Hrsg.): Beiträge zur Statistik und Stadtforschung; Amt für Stadtentwicklung und Statistik der Stadt Augsburg (Hrsg.): Beiträge zur Stadtentwicklung, Stadtforschung und Statistik.

3 Vgl. H. Götzger: Augsburg. Ein Beitrag zum Wiederaufbau zerstörter Altstädte. München 1948, S. 9.

4 Augsburg in Zahlen. B-Sonderbeiträge 1955, Nr. 2: Der Augsburger Wiederaufbau im Spiegel der Baustatistik, S. 3.

5 AB vom 12. 6. 1945, S. 9.

6 Friedrich Blendinger und Wolfgang Zorn: Augsburg. Geschichte in Bilddokumenten, München 1976, S. 123.

7 StAA, Jahresberichte 1946, 1947, 1948 der Stadtwerke Augsburg.

8 SLZ vom 8. 11. 1946, S. 7.

9 AB vom 3. 10. 1945, S. 70.

10 Hier sei auf Molke verwiesen, die zu zahlreichen markenfreien Produkten weiterverarbeitet wurde, vgl. SLZ vom 24. 5. 1946, S. 4.

11 Johannes Nar: Kleine Geschichte der Caritas im Bistum Augsburg 1920–1960, Augsburg 1960, S. 70.

12 SLZ vom 27. 8. 1946, S. 4.

13 SLZ vom 17. 5. 1946, S. 4.

14 Vier zeittypische Schicksale in: Thieme und Lamprecht: Mein Augsburg, S. 122.

15 Augsburg in Zahlen. B-Sonderbeiträge 1952, Nr. 4: »Einheimische« und »Zugewanderte« unter der Augsburger Bevölkerung, S. 31.

16 Riegele, Parteienentwicklung, S. 71.

17 StAA, AZS, Dok. 825. Alfred Kiss: Der Neubeginn in Augsburg; danach hing in Coffrans Büro der Satz an der Wand: »Ich hasse alle Deutschen.«

18 SLZ vom 4. 12. 1945, S. 4.

19 Stefan Höpfinger: So begannen wir vor 30 Jahren. In: Ulrichs-blatt. Kirchenzeitung für die Diözese Augsburg vom 5. 9. 1976, S. 17.

20 Riegele, Parteienentwicklung, S. 293 f.

21 SLZ vom 20. 11. 1945, S. 3.

22 StAA, Slg. Thieme. Einladungsschreiben zur Teilnahme an der ersten Stadtratssitzung vom 15. 10. 1945.

23 AB vom 1. 6. 1945, S. 1.

24 Lutz Niethammer: Entnazifizierung in Bayern. Säuberung und Rehabilitierung unter amerikanischer Besatzung, Frankfurt am Main 1972, S. 187.

25 SLZ vom 23. 7. 1946, S. 4.

26 StAA, Beschlagnahme jüdischen Besitzes während des Welt-krieges.

27 MAN-Werkarchiv Augsburg, Aktengruppe 1.1.8.

28 Aus dem Leichtmetall der Flugzeugindustrie wurden beispiels-weise Lockenwickler und Schuhlöffel gefertigt, aus den Trag-bändern von Gasmasken entstanden Hosenträger, vgl. SLZ vom 15. 2. 1946, S. 5.

29 SLZ vom 2. 4. 1946, S. 5.

30 Zorn, Augsburg, S. 275.

31 SLZ vom 1. 10. 1946, S. 5.

32 Haushaltspläne der Stadt Augsburg für die Jahre 1949–1955.

33 Walther Schmidt: Aufbau nach der Zerstörung. In: Augusta, S. 439 f.; vgl. dazu auch Schmidts Ausführungen in: Bauwelt 48 (1981), bes. S. 359 f.

34 Die Jahresrückblicke des Stadtarchivs in den Adreßbüchern enthalten u. a. eine Auflistung wiederhergestellter Gebäude.

35 Vgl. Augsburg, ein Weg durch 1000 Jahre. 955–1955. Sonder-beilage der SLZ zur Jahrtausendfeier der Lechfeldschlacht vom 13./14./15. 8. 1955.

36 Statistische Jahrbücher der Stadt Augsburg. Berichtsjahre 1950–1961. Augsburg in Zahlen. B-Sonderbeiträge 1951, Nr. 3: Augsburgs wirtschaftliche Struktur im Jahre 1950, S. 12; ebd. 1963, Nr. 1: Arbeitsstätten und Beschäftigte in Augsburg, S. 13.

37 Ebd. 1955, Nr. 2: Der Augsburger Wiederaufbau im Spiegel der Baustatistik, S. 21.

38 Nar, Caritas, S. 81 f.

39 Zorn, Augsburg, S. 277.

40 AZ vom 20. 11. 1981, S. 34.

41 Amt für Stadtentwicklung und Statistik, Wahlstatistik.

42 Statistisches Jahrbuch. Berichtsjahr 1972.

43 AZ vom 20. 5. 1982, S. 44.

44 Friedrich Blendinger: Städtefreundschaft mit anderen Städten. In: Stadtbuch Augsburg. Informationen, Augsburg 1973, S. 46.

45 Willi Egger: Die Olympischen Spiele 1972. In: Stadtbuch Augsburg, S. 118 f.

46 Pressestellen Bundeswehr und US-Army. Mündliche Aus-künfte.

47 Beiträge zur Stadtentwicklung, Stadtforschung und Statistik 1979, Nr. 3: Die Bevölkerungsentwicklung im Raum Augs-burg nach 1970, S. 81.

48 Ebd. 1979, Nr. 1: Die ausländische Bevölkerung in Augsburg 1978, S. 9.

49 Ebd. 1980, Nr. 5: Bevölkerungsprognose für Augsburg nach Planungsräumen 1979–1990, S. 9.

50 Beiträge zur Statistik und Stadtforschung 1975, Nr. 1: Voraus-schätzung der Bevölkerungsentwicklung in Augsburg 1974–1990, S. 36a.

51 Stadtplanungsamt. Mündliche Auskunft.

52 Beiträge zur Statistik und Stadtforschung 1978, Nr. 2: Zur Struktur und Entwicklung der Augsburger Wirtschaft, S. 16; Augsburg in Zahlen. B-Sonderbeiträge 1952, Nr. 2: Das Er-werbsleben der Augsburger Bevölkerung, S. 23; Beiträge zur Statistik und Stadtforschung 1974, Nr. 3: Sozioökonomische Schichtung der erwerbstätigen deutschen Einwohner im Städ-tevergleich, S. 108.

53 Beiträge zur Stadtentwicklung, Stadtforschung und Statistik 1979, Nr. 3: Die Beschäftigtenentwicklung in Augsburg Ende 1976–September 1978, S. 52–54.

54 Haushaltspläne für die Jahre 1975–1982; Stadtkämmereiamt, Haushaltsunterlagen 1983, 1984.

55 Amt für Stadtentwicklung und Statistik, Arbeitslosenstatistik.

56 Statistisches Jahrbuch. Berichtsjahre 1977–1980, S. 123.

57 Zorn, Augsburg, S. 284.

Raumstruktur und Bevölkerung.
Aspekte der Stadt- und Siedlungsentwicklung von Augsburg*

von Franz Schaffer

Das Wachstum der Stadt

Mit der Industrialisierung kamen besonders seit der Mitte des 19. Jahrhunderts neue Wachstumskräfte in die Stadt. Die bauliche Gestalt und die Bevölkerungszahlen von Augsburg begannen sich in dynamischer Weise zu verändern. Neue Verkehrs- und Wirtschaftsbedingungen verursachten nicht selten den Abbruch städtischer Versorgungs- und Repräsentationsbauten und erforderten den Ausbau einer zeitgerechten Infrastruktur. Als 1840 die Eisenbahnverbindung München–Augsburg hergestellt und 1844 bis 1846 der Kernbau des Hauptbahnhofes westlich vor der Stadt errichtet worden war, boten sich für die Industrialisierung die allergünstigsten Voraussetzungen. Zahlreiche Textilfabriken begannen sich an den Wasserläufen von Lech und Wertach anzusiedeln. Mit dem Bedarf an Webstühlen und Turbinen erhielt auch der Maschinenbau in Augsburg starken Auftrieb. Mit der Schleifung der Mauer und der Einebnung der Gräben an ihrem Westende begann die Stadt seit 1860 ihren jahrhundertealten Befestigungsring zu sprengen. Die neue Bautätigkeit entwickelte sich vor allem in dem Raum zwischen Altstadt und Bahnhof, auch im Gebiet um die neu gegründeten Industrieanlagen[1]. Östlich und nördlich der Altstadt wurden Fabriken gebaut, in deren Nachbarschaft zwei große Arbeitervorstädte »Links und Rechts der Wertach« heranwuchsen. Die Entwicklung dieser Viertel war sehr rasch bis an die damalige Stadtgrenze vorgedrungen. Die allgemeine Wohnungsnot mußte vor allem durch die großen Industriewerke und einige Baugenossenschaften gelöst werden. In dieser Zeit entstanden viele der für Augsburg typischen »Arbeiterquartiere«. Der starke Zustrom der Arbeiterbevölkerung wurde nicht nur in die Stadt selbst, sondern auch in die Vororte von Oberhausen, Pfersee, Lechhausen und Kriegshaber gelenkt. Entlang einzelnen Straßen und in breiter gegliederten Bauflächen begannen diese Dörfer stadtwärts zu wachsen, um im zweiten Jahrzent dieses Jahrhunderts nach Augsburg eingemeindet zu werden. Im damals ebenfalls eingemeindeten Hochzoll (Friedbergerau) setzte die Hauptbautätigkeit erst in den fünfziger Jahren ein. Im Westen der Stadt, wo seit der Barockzeit die Gartengüter der Patrizier lagen, entstand zwischen Bahnhof und Gögginger Tor ein gehobenes Wohngebiet. Auf den ehemaligen Wallanlagen formierte sich ein Boulevard mit repräsentativen Bauten. An den abzweigenden Straßen in Richtung Süden und Norden wuchsen die bürgerlichen Wohnviertel heran. Mit dem Durchbruch der Bürgermeister-Fischer-Straße (um 1906) erhielt die moderne Geschäftsentwicklung zwischen Bahnhof und Altstadt wichtige Impulse und der heutige Königsplatz die Aufgabe einer Verkehrsdrehscheibe. Westlich der Bahn entstand aus einer Privatinitiative (1907) eine sehr individualistisch geprägte Gartenstadt, das »Thelottviertel«. Um die Jahrhundertwende, gut 100 Jahre nach dem Verlust der Reichsfrei-

---

* Mit sechs Karten (Abb. 141–146). Die Angaben zur baulichen Entwicklung der Stadt Augsburg beziehen sich auf folgende Unterlagen: Franz Schaffer und Mitarbeiter: Stadt Augsburg – Flächennutzung, Bevölkerung, Siedlungsentwicklung. Kartenprojekt der Universität Augsburg zum 16. Deutschen Schulgeographentag 1978 in Augsburg; Teilabschnitt bauliche Entwicklung und Industrieansiedlung, Maßstab 1:50 000, Bearbeiter: Astrid Debold-Kritter, Hans Frei, Ursula Böhme. Beilage zur Geographischen Rundschau, 1978; Hilde Demmler-Mosetter: Bericht anläßlich der Wiedervorlage des Wirtschaftsplans der Stadt Augsburg, Stadtplanungsamt im März 1958, S. 15.

heit, war die Einwohnerschaft Augsburgs durch die Industrialisierung um mehr als das Dreifache, auf etwa 90 000 Menschen, angewachsen.

In der wesentlich größer gewordenen Stadtgemarkung kam es nach dem Ersten Weltkrieg zur Gründung neuer Stadtteile. Diese lagen meist an der Peripherie und wiesen mit dem Kern der Stadt keine direkte Verbindung auf. In der nach wie vor wachsenden Stadt war die Wohnversorgung für die breiten Schichten zum größten sozialen Problem geworden, das nicht allein auf privatwirtschaftlicher Grundlage gelöst werden konnte. Wichtige staatliche Wohnungs- und Sozialgesetze kamen damals den kommunalen Initiativen bei der Bekämpfung der Wohnungsnot sehr entgegen. Die Stadt Augsburg verfügte über ausgedehnten Grundbesitz und konnte mit sehr billigem städtischem Bauland dämpfend auf die Bodenpreise einwirken. So gelang es ihr, dem Wohnungbau unter sozial sehr günstigen Bedingungen auch in Krisenzeiten kräftige Impulse zu geben[2]. Richtungweisend für die Augsburger Wohnungspolitik wurde damals die Konzeption des Stadtbaurats Holzer, der verschiedene, sehr konkrete Wohnungsprogramme unterbreiten konnte[3]. Sehr rasch begannen sich neue Aktivitäten im Heimstättenbau und in Selbsthilfeaktionen vorwiegend in den weitläufig angelegten Siedlungen am Rande der Stadt zu regen (z.B. Firnhaberau, Hammerschmiede, Bärenkeller). Die Gründung zahlreicher Siedlungsgenossenschaften erfolgte in der damaligen Zeit. Mit einigem Stolz konnte die Stadt darauf verweisen, daß sie und ihre Wohnungsbaugesellschaft nahezu die Hälfte aller in Augsburg zwischen 1925 und 1937 gebauten Wohnungen erstellt hatte. Zweifellos führte die Siedlungsgründung an der Peripherie auch zu einer Zersplitterung der Bautätigkeit. Die Verwaltung erkannte diese Problematik und begann vermehrt stadtnahe Baugebiete auszuweisen. Besonders im Umfeld der Industrieviertel, in günstiger Lage zu den Straßenbahnen (beispielsweise im Hochfeld, Lechhausen), wurde der Wohnungsbau neu gefördert. Das dynamische Bevölkerungs- und Siedlungswachstum der Stadt forderte insbesondere nach den Eingemeindungen eine umfassende Ordnung der Raumstruktur heraus. Mit der Denkschrift des Architekturprofessors Theodor Fischer wurde 1930 der Entwurf eines Generalbebau-

ungs- und Besiedlungsplanes für Augsburg und Umgebung vorgelegt[4]. Dieses Konzept war auf Wachstumsoptimismus begründet und sah eine Einwohnerkapazität von 300 000 bis 400 000 Menschen vor, also mehr als das Doppelte der damaligen Bevölkerungszahl der Stadt. Siedlungs-, Gewerbe- und Grünflächen ordneten sich einem großzügigen Verkehrsnetz ein. Periphere Umgehungsstraßen lagen weit außerhalb der bebauten Gebiete. Auch die Altstadt sollte durch eine Umgehung in ihrer historischen Gestalt weitgehend unangetastet bleiben. Die Idee einer West- und Ostumgehung war bereits vorhanden. Alle peripheren Stadtteile und die heute ausgedehnten Wohngebiete in den benachbarten Randgemeinden gewannen erste Konturen. Im innenstadtnahen Bereich zeichnete sich jedoch eine recht schematische Aufteilung neuer Bauflächen ab, die sich an schon bestehende Wohnquartiere anfügen sollten. Ein neues Wohnsiedlungsgesetz, das die Nutzung von Grund und Boden regelte, führte am Anfang der vierziger Jahre zur Aufstellung eines »Wirtschaftsplans«, der sich auf den Generalplan von Fischer stützte und sehr viel konkreter die Probleme einzelner Stadtteile behandeln konnte. Die Behebung der Wohnungsnot blieb jedoch die aktuellste Aufgabe. Zur Wahrung luftschutztechnischer Belange sollte die Industrie an den Stadtrand verlagert werden. Vor allem das massierte Industriegebiet im Osten von Lechhausen geht auf diese Bestrebungen zurück. Die Planungsvorstellungen des Dritten Reichs waren auf überdimensionierte Platz- und Straßenräume ausgelegt, die den Bedürfnissen und Traditionen der Stadt in keiner Weise angemessen sein konnten[5].

Die Zerstörungen des Zweiten Weltkrieges, vor allem die Luftangriffe im Februar 1944, forderten den ganzen Selbstbehauptungswillen der Stadt heraus. Der Wiederaufbau- und Sanierungsplan von Postbaurat Götzger aus dem Jahre 1947 konzentrierte alle Energien darauf, die schlimmsten Schäden des Krieges zu beheben und die brachgelegten Entwicklungskräfte der Stadt neu zu mobilisieren[6]. In nur wenigen Jahren war bis 1950 die Einwohnerzahl um 25 000 wieder auf den Stand der Vorkriegszeit von 185 000 Menschen herangewachsen. Diesem beschleunigten Wiederanstieg der Bevölkerung entsprach bereits 1949 ein neuer Entwurf des Wirtschaftsplans, der sich vor allem durch eine nüchterne Einschätzung der dringendsten Erfordernisse des Wohnungsbaus und der anstehenden Verkehrsprobleme auszeichnete[7]. Im Lechviertel und in Oberhausen wurden bereits Sanierungsvorhaben empfohlen. Für weiträumigere Bebauungen wurden Wohnsiedlungsflächen auch in den damaligen Randgemeinden vorgeschlagen. In verkehrsgünstigen Lagen zum Stadtkern, zu den wichtigsten Industrien und Erholungsgebieten sollte dagegen die stärker verdichtete Geschoß- und Zeilenbauweise verwirklicht werden. Bis in die Gegenwart hinein ist die bauliche Gestalt von Augsburg in fast allen wesentlichen Elementen von der Konzeption des Wirtschaftsplans geprägt worden. Sehr konkrete Angaben für die Ordnung des Verkehrswesens gehen auf dieses Planwerk zurück. Augsburgs Zentrum sollte vor allem von jenem Verkehr entlastet werden, der die Innenstadt nicht erreichen muß. Diese Aufgabe sollte die sogenannte Schleifenstraße übernehmen, die hauptsächlich die Verbindung zu den Autobahnanschlußstellen Ost und West gewährleisten sollte. Ein Durchbruch entlang der Achse Karlstraße–Pilgerhausstraße–Leonhardsberg sollte einen neuen Zugang quer in die City eröffnen. Begünstigt durch die Möglichkeiten des Wiederaufbaus der weitgehend zerstörten Altstadt, konnte dieser seit Jahrzehnten geplante West-Ost-Weg durch den Augsburger Stadtkern tatsächlich auch verwirklicht werden. Als 1958 der Wirtschaftsplan dem Stadtrat wieder vorgelegt werden mußte, war die Bevölkerung Augsburgs deutlich über die 200 000-Grenze gestiegen. Der Entwurf der Raumstruktur von 1949 hatte sich als so flexibel erwiesen, daß, mit Ausnahme einer Verlegung des Landeplatzes auf ein Gelände nördlich der Autobahn in Mühlhausen, keine wesentlichen Änderungen vorgenommen werden mußten. Im Gebiet um den Alten Flugplatz waren so die Voraussetzungen entstanden, die eine spätere Entwicklung des neuen Stadtteils Universitätsviertel ermöglichten.

Besonders verdienstvoll war der Versuch des Wirtschaftsplans, die Siedlungsentwicklung der Stadt im engen Zusammenhang mit den Wachstumskräften der Region zu sehen und die Flächennutzung im Stadtgebiet mit den Entwicklungen in den Nachbar-

gemeinden auf der Basis der Zusammenarbeit abzustimmen[8]. Das stetige Anwachsen der Bevölkerung führte zur allmählichen Auffüllung fast aller im Stadtgebiet ausgewiesenen Bauflächen. Die typischen Gebiete des sozialen Wohnungsbaus entwickelten sich vor allem in Oberhausen, Lechhausen und Hochzoll. Gemischte Einfamilienhausformen entstanden auf der Spickelwiese, Hochhausformen im Schwaben Center und in Hochzoll-Süd, moderne Wohnhöfe und Blockbebauungen am Alten Flugplatz. Mit der Gebietsreform konnte die Stadtfläche von Augsburg ganz erheblich erweitert werden. Göggingen, Bergheim, Inningen, Haunstetten kamen hinzu, und 1972 betrug die Bevölkerungszahl von Augsburg immerhin 257 000 Menschen. In Stadt und Region begann man sich mit neuen planerischen Konzeptionen auf die veränderte Situation einzustellen, die im engen Zusammenhang mit der umgebenden Region gesehen werden muß. In der sogenannten Stadtregion werden Sozialstruktur und Wirtschaftsleben maßgeblich von der Kernstadt Augsburg bestimmt. Um Augsburg als Zentrum haben sich Zonen mit unterschiedlich starker Bindung an die Stadt herausgebildet. Zum »Ergänzungsgebiet« gehören Gersthofen, Aystetten, Neusäß, Stadtbergen und Königsbrunn. Diese Gemeinden grenzen unmittelbar an die Kernstadt und sind ihr in der Struktur sehr ähnlich. Die »verstädterte Zone« umfaßt die näheren Umlandgemeinden, ihre Bevölkerung hat eine gewerbliche Erwerbsstruktur und arbeitet zu einem erheblichen Teil in Augsburg und seinem Ergänzungsgebiet. Zu den Gemeinden der »verstädterten Zone« gehören Meitingen, Langweid, Gablingen, Diedorf, Bobingen, Mering, Kissing, Friedberg und Dasing. Zur »Randzone« zählen insgesamt 33 Umlandgemeinden mit starken Pendlerbeziehungen in das Kerngebiet von Augsburg. Wichtige Anstöße für raumordnerische Überlegungen brachte ein Gutachten zur Stadtentwicklung, das 1974 von dem Münchner TU-Professor Gottfried Müller vorgelegt wurde[9]. Am Beispiel des Raumes Augsburg wurden modellhaft verschiedene Ordnungsvorstellungen untersucht, die auch für ähnlich strukturierte Verdichtungsräume gelten sollten. In der allgemeinen Wachstumserwartung Anfang der siebziger Jahre wurde dem Wirtschaftsraum Augsburg eine bedeutende Entwicklungsmöglichkeit zugestanden. Die Nähe zu München, eine hohe eigene Bevölkerungszahl, ein breitgefächertes Angebot bei Geschäften und Dienstleistungen und die Nachbarschaft zum attraktiven Alpenraum bestimmen die besondere Standortgunst der Stadt. Diese Vorteile sollten es ermöglichen, einen Teil des Wachstums von München nach Augsburg zu lenken.

Bevölkerungsentwicklung in der Stadtregion Augsburg 1939–1980

Gebiet (Zone)	Einwohner				
	1939	1950	1961	1970	1980
Kernstadt	199 800	208 500	244 200	254 200	248 300
Ergänzungs-gebiet	18 700	28 500	41 900	57 700	67 100
Verstädterte Zone	30 600	47 200	55 600	69 400	84 100
Randzone	41 800	65 100	57 800	63 900	70 500
Stadtregion	290 900	349 300	399 500	445 200	470 000

Quelle: Statistisches Jahrbuch der Stadt Augsburg 1982, S. 275–276. Beim Vergleich der Angaben ist zu berücksichtigen, daß die Bevölkerungszahlen auf den Gebietsstand vom 31. Dezember 1980 umgerechnet worden sind. Zu Beginn 1984 betrug die fortgeschriebene Einwohnerzahl der Kernstadt Augsburg 246 000.

Neue Anpassungs- und Strukturprobleme

Bis Anfang der siebziger Jahre war die Entwicklung der Bevölkerungszahl der Stadt Augsburg durch eine stetige Zunahme gekennzeichnet. In der vorindustriellen Zeit, etwa bis 1860, dauerte es fast sieben Jahrzehnte, bis sich die Einwohnerzahl verdoppelt hatte. Danach jedoch begann sich das Wachstum deutlich zu beschleunigen. Nur im Zweiten Weltkrieg trat eine vorübergehende Einbuße ein, während andererseits die Eingemeindungen um 1915 und die Gebietsreform 1972 zu den charakteristischen Sprüngen der Einwohnerzahlen führten. Seit Beginn der siebziger Jahre verzeichneten die Großstädte in der Bundesrepublik besonders bei der deutschen Bevölkerung empfindliche Einwohnerrückgänge. Etwa die eine Hälfte dieses Schwundes rührte vom Gebur-

tenrückgang, die andere hauptsächlich von der Abwanderung von Menschen und Betrieben in das nahe Umland her. Gleiche Tendenzen setzten sich auch in Augsburg durch. Zu Beginn der wirtschaftlichen Abschwächung konnte die Stadt Augsburg in der Zeit von 1970 bis 1973 durch hohe Ausländerzuwanderungen noch einen Bevölkerungszuwachs verbuchen. Von 1973 bis 1977, einer von der Rezession eingeleiteten Umbruchphase, nahm die Bevölkerung um immerhin 12 200 Personen ab und erreichte den Stand von 245 500 Einwohnern[10]. Nach neuen Prognosen soll die Wohnbevölkerung in Augsburg von 1979 bis 1990 wahrscheinlich um weitere 10 500 Personen auf etwa 235 000 Einwohner zurückgehen. Für die deutsche Bevölkerung wird wegen der weit über den Geburten liegenden Sterbefälle im gleichen Zeitraum ein Rückgang von rund 14 300 auf etwa 205 000 Personen erwartet. Infolge einer günstigeren Altersstruktur und weit höherer Geburtenzahlen wird dagegen die Zahl der Ausländer noch ansteigen. 1990 dürfte jeder achte Einwohner Augsburgs ein ausländischer Mitbürger sein[11]. Bei einer kritischen Beurteilung von Wachstum und Konjunktur in der Wirtschaftsregion Augsburg sind einige wesentliche Unterschiede zu den benachbarten Verdichtungsräumen nicht zu übersehen. Die wirtschaftliche Entwicklung Augsburgs ist speziell in den siebziger Jahren ungünstiger verlaufen, weniger konjunkturell als strukturell bedingt[12]. Besonders gravierend für Augsburg ist ein überdurchschnittlich hoher Anteil wachstumsschwacher, zum Teil auch schrumpfender Gewerbe- und Industriezweige. Die Entwicklung der Arbeitsplätze im Dienstleistungssektor kann zudem den Wegfall von industriellen Arbeitsplätzen nicht entsprechend ausgleichen. Gelegentlich wird dafür auch der recht begrenzte Aktionsraum Augsburgs als Oberzentrum verantwortlich gemacht, dem hauptsächlich eine angemessene Erschließung im Nahverkehr, aber auch in der überregionalen Nord-Süd-Anbindung fehle. Nach optimistischen Schätzungen gesteht die Landesentwicklung deshalb dem Wirtschaftsraum Augsburg für das kommende Jahrzehnt höchstens einen Zuwachs von einem Zehntel der optimistischen Erwartungen des Müller-Gutachtens zu. Angesichts solcher rückläufiger Tendenzen von Bevölkerung und Wirtschaft mußten die Eckwerte für die Stadtentwicklung in Augsburg überprüft und ein sehr differenziertes Konzept für die Strukturverbesserung entwickelt werden. Unter diesen Voraussetzungen beschloß der Augsburger Stadtrat die Zielvorstellungen für ein neues Stadtentwicklungsprogramm. Für die Bereiche Stadtgestalt, Wirtschaft, Bevölkerung und Wohnungswesen, Bildung, Freizeit, Umweltschutz und Verkehr wurden allgemein verbindliche Ziele festgelegt, begründet und auch Möglichkeiten einer Beteiligung der Bürger bei der Verwirklichung einzelner Planungskonzepte aufgezeigt[13]. In überschaubaren Stadtteilen, den sogenannten Planungsräumen, sollen die Wohn- und Arbeitsstätten, die Erholungs- und Bildungseinrichtungen gut aufeinander abgestimmt und Fragen des Umweltschutzes besonders beachtet werden. Den Problemen eines beschleunigten Bevölkerungsanstiegs und der quantitativen Ausweitung des bebauten Gebiets in der Vergangenheit stehen heute und in naher Zukunft die erhöhten Ansprüche der Bürger auf qualitative Verbesserungen der Raumstruktur in den gewachsenen Stadtvierteln gegenüber. Angesichts der sehr begrenzten kommunalen Finanzen, hoher Bau- und Bodenpreise und vor allem von Anpassungsproblemen einiger wichtiger Augsburger Wirtschaftszweige steht die Stadt heute vor sehr schwierigen Aufgaben.

Dualismus von Stadt und Region

Eine besondere Herausforderung für die Stadtentwicklung stellen die Folgen der immer noch anhaltenden Abwanderung der deutschen Bevölkerung in das Umland dar. Durch Umfragen bei Personen, die aus Augsburg in die nähere Umgebung gezogen sind, konnten die wichtigsten Motive dieser »Stadtflucht« ermittelt werden[14]. Die Beweggründe waren vor allem negative Merkmale der Stadtwohnung; hoher Freizeitwert und Umweltvorteile im Bereich der neuen Wohnung in der Region; Lärm, Umweltbeeinträchtigung am Herkunftsort in der Stadt; Erwerb eines Eigenheims bzw. Eigentumswohnung draußen in der Region. Durch die Stadtflucht verliert Augsburg in spürbarem Maß Familien mit Kindern an das Umland. Neben dem allgemeinen Steuerausfall durch den Rückgang der Bevölkerungszahl führt die

Abwanderung auch zu Mindereinnahmen wegen des Wegzugs höherer Einkommensschichten, die in der Region bessere Wohnungen und vor allem Eigenheime suchen. Verständlicherweise ist die Stadtverwaltung bemüht, diesen Bevölkerungsrückgang zu verlangsamen. Möglichkeiten zu einer Gegensteuerung bieten sich vor allem durch neue Anreize über den Wohnungsbau, der auf die besondere Lage einzelner Stadtteile bzw. Wohngebiete abgestimmt ist. Die Möglichkeiten zur Verbesserung der Wohnsituation in Augsburg bilden deshalb einen besonderen Schwerpunkt der Stadtentwicklung[15]. Für den Zeitraum von 1982 bis 1990 wird ein Bedarf von etwa 9000 Wohnungen angenommen. Es ist in den letzten Jahren ein gerade für Großstädte typischer Wohnungsmangel entstanden, mit dem man angesichts rückläufiger Bevölkerungszahlen nicht mehr gerechnet hatte. Diese sogenannte »neue Wohnungsnot« betrifft hauptsächlich zwei sehr verschiedene Bevölkerungsgruppen, die »Niedrigverdienenden« und die »Besserverdienenden«. Die vielfältig zusammengesetzte Bevölkerungsschicht mit sehr niedrigem Einkommen ist auf billige Wohnungen angewiesen, die meist in schlechtem Zustand oder in nicht ausreichender Zahl vorhanden sind. Durch Abriß und Modernisierung geht die vorhandene Zahl der preisgünstigen Altbauwohnungen ständig zurück. Die neugebauten, meist zu teuer gewordenen Wohnungen bieten diesem Personenkreis keinen geeigneten Ersatz. Die Wohnungsversorgung ist hier zu einem neuen Sozialproblem geworden. Anders die Gruppe der »Besserverdienenden«; es sind meist junge Familien mit mittlerem Einkommen, die ein Eigenheim oder eine Eigentumswohnung anstreben. Ihre Absichten lassen sich bei den hohen Wohnbau- und Bodenpreisen innerhalb der Stadt jedoch kaum mehr verwirklichen. Die Abwanderung in die Region wird vielfach zum einzigen Ausweg. Aus Befragungen von Familien, die aus der Stadt fortzuziehen beabsichtigen, weiß man, daß sie ihre Ansprüche gegenüber der angestrebten Wohnung zunächst möglichst innerhalb der näheren Umgebung des vertrauten Viertels verwirklichen möchten. Es liegt daher nahe, möglichen Abwanderern die gewünschten Wohnungen in einer akzeptablen Wohnumgebung anzubieten. In der Innenstadt von Augsburg konnte der Wohnbereich von

Abb. 140   Blick von Süden über die Augsburger Innenstadt und angrenzende Stadtviertel: In der Bildmitte ist der charakteristische Grundriß der Altstadt und die östlich anschließende Jakobervorstadt zu erkennen. Die Altstadt hat sich auf einem schmalen Höhenrücken entwickelt, der ungefähr in Richtung der Linie St. Ulrich, Rathaus, Dom verläuft. Östlich des Lech erstrecken sich das 1913 eingemeindete Lechhausen und die in den zwanziger und dreißiger Jahren entstandenen Wohnvororte Firnhaberau und Hammerschmiede. Im Nordwesten, an der Wertach, dehnt sich das Wohn- und Gewerbeviertel von Oberhausen aus, das bereits 1911 zu Augsburg kam. Zwischen den ehemaligen Wallanlagen der Altstadt und dem Bahnkörper, in der unteren Bildhälfte, liegen Wohnviertel und Industriegebiete, die bereits im 19. Jahrhundert entstanden sind. In der Mitte am oberen Bildrand, etwa im Mündungszwickel zwischen Lech und Wertach, ist ein weiträumiges Industriegebiet, z. B. die MAN, zu erkennen.

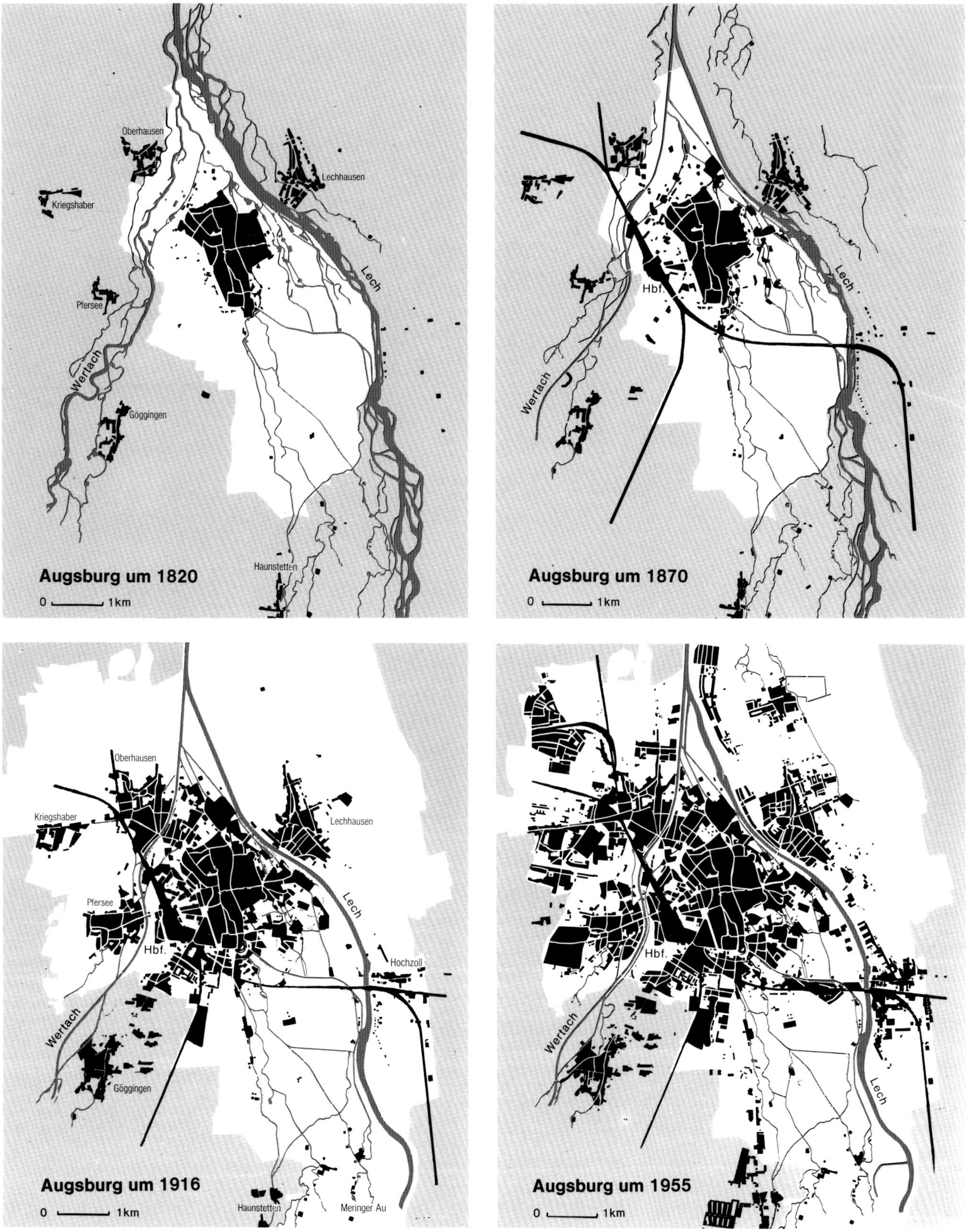
Oberhausen
Kriegshaber
Lechhausen
Lech
Pfersee
Wertach
Göggingen
Haunstetten
Augsburg um 1820
0 1km
Hbf.
Lech
Wertach
Augsburg um 1870
0 1km
Oberhausen
Kriegshaber
Lechhausen
Pfersee
Lech
Hbf.
Hochzoll
Wertach
Göggingen
Augsburg um 1916
0 1km
Haunstetten
Meringer Au
Hbf.
Wertach
Lech
Augsburg um 1955
0 1km

Siebenbrunn/Meringer Au (1910), Oberhausen (1911), Pfersee (1911), Lechhausen (1913), Hochzoll/Friedberger Au (1913), Kriegshaber (1916) sind eingemeindet.

Abb. 141–144 Bauliche Entwicklung Augsburgs zwischen 1820 und 1955

Stadtgrenze und bauliche Entwicklung

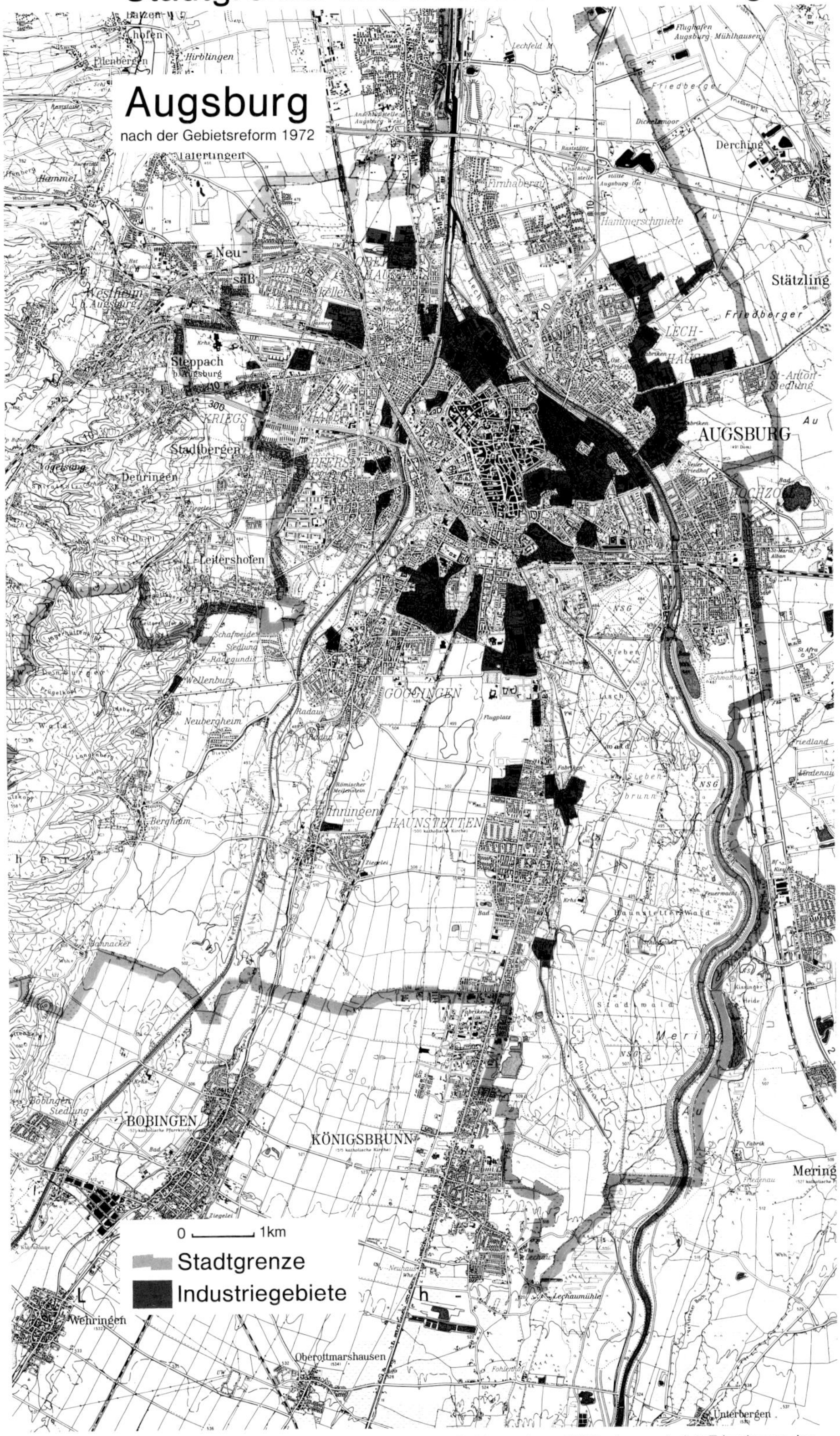

Augsburg
nach der Gebietsreform 1972

0 ⊢———⊣ 1km

■ Stadtgrenze
■ Industriegebiete

Bergheim, Göggingen, Haunstetten und Inningen sind seit der Gebietsreform 1972 eingemeindet. Zuordnung der St.–Anton–Siedlung 1978. Flächentausch mit der Stadt Gersthofen 1979. Ende 1980 umfaßt das Stadtgebiet rund 14 715 ha. Entwurf und Rechte: Lehrstuhl für Sozial– und Wirtschaftsgeographie UNIVERSITÄT AUGSBURG

Die **Augsburger Stadtteile** lassen in ihrer Anordnung wichtige Abschnitte in der Entwicklung der Siedlungsstruktur erkennen. In Gestalt der Planungsräume bilden sie die Gliederungselemente im Konzept der Stadtentwicklung. Im einzelnen werden 17 Planungsräume und Stadtteile unterschieden:

Innenstadt (41 700 Einwohner), historischer Stadtkern mit den anschließenden gründerzeitlichen Wohnquartieren und dem Textilviertel.

Oberhausen (26 200 E.), dichtbebautes Wohn- und Gewerbeviertel nördlich der Altstadt.

Bärenkeller (7900 E.), in den 30er Jahren entstandene Wohnsiedlung, am nördlichen Stadtrand.

Firnhaberau (5800 E.), in den 20er Jahren entstandene Wohnsiedlung, am nördlichen Stadtrand.

Hammerschmiede (5400 E.), in den 30er Jahren entstandener Wohnvorort, am nördlichen Stadtrand.

Lechhausen (31 600 E.), Stadtteil östlich des Lech mit ausgedehnten Gewerbegebieten.

Kriegshaber (10 100 E.), Stadtteil im Nordwesten, mit Kasernen und Wohnvierteln amerikanischer Familien, Standort des neuen Zentralklinikums.

Pfersee (18 400 E.), Stadtteil im Westen, mit ausgedehnten Kasernengebieten und dazugehörigen Wohnbauflächen, baulich mit Leitershofen und Stadtbergen verbunden.

Hochfeld (8000 E.), Wohn- und Gewerbeviertel, am südlichen Innenstadtrand.

Antonsviertel (5400 E.), Wohn- und Gewerbegebiet am südwestlichen Innenstadtrand.

Spickel - Herrenbach (13 300 E.), Wohngebiet mit dem Einkaufszentrum Schwabencenter, Gartenstadt Spickel ist in den 20er Jahren entstanden.

Hochzoll (21 100 E.), reiner Wohnstadtteil östlich des Lech, ist mit Friedberg West baulich zusammengewachsen.

Haunstetten - Siebenbrunn (24 700 E.), Wohnvorort am südlichen Stadtrand mit angelagerten Gewerbe- und Industriegebieten, ausgedehnte Natur- und Wasserschutzgebiete im Siebentisch- und Haunstetter Wald.

Göggingen (17 400 E.), Wohnvorort im Süden, baulich mit dem Antonsviertel zusammengewachsen.

Inningen (3500 E.), Wohnvorort am südlichen Stadtrand.

Bergheim (1900 E.), Wohnvorort am südwestlichen Stadtrand, mit ausgedehnten Forstgebieten, die zum Naturpark Westliche Wälder gehören.

Universitätsviertel (4600 E.), neuer Stadtteil auf dem Alten Flugplatz im Süden, eng mit dem Bau der Universität verbunden.

Die fortgeschriebenen Einwohnerzahlen beziehen sich auf das Jahresende 1983.

Abb. 145   Augsburg 1983 mit seinen Stadtteilen

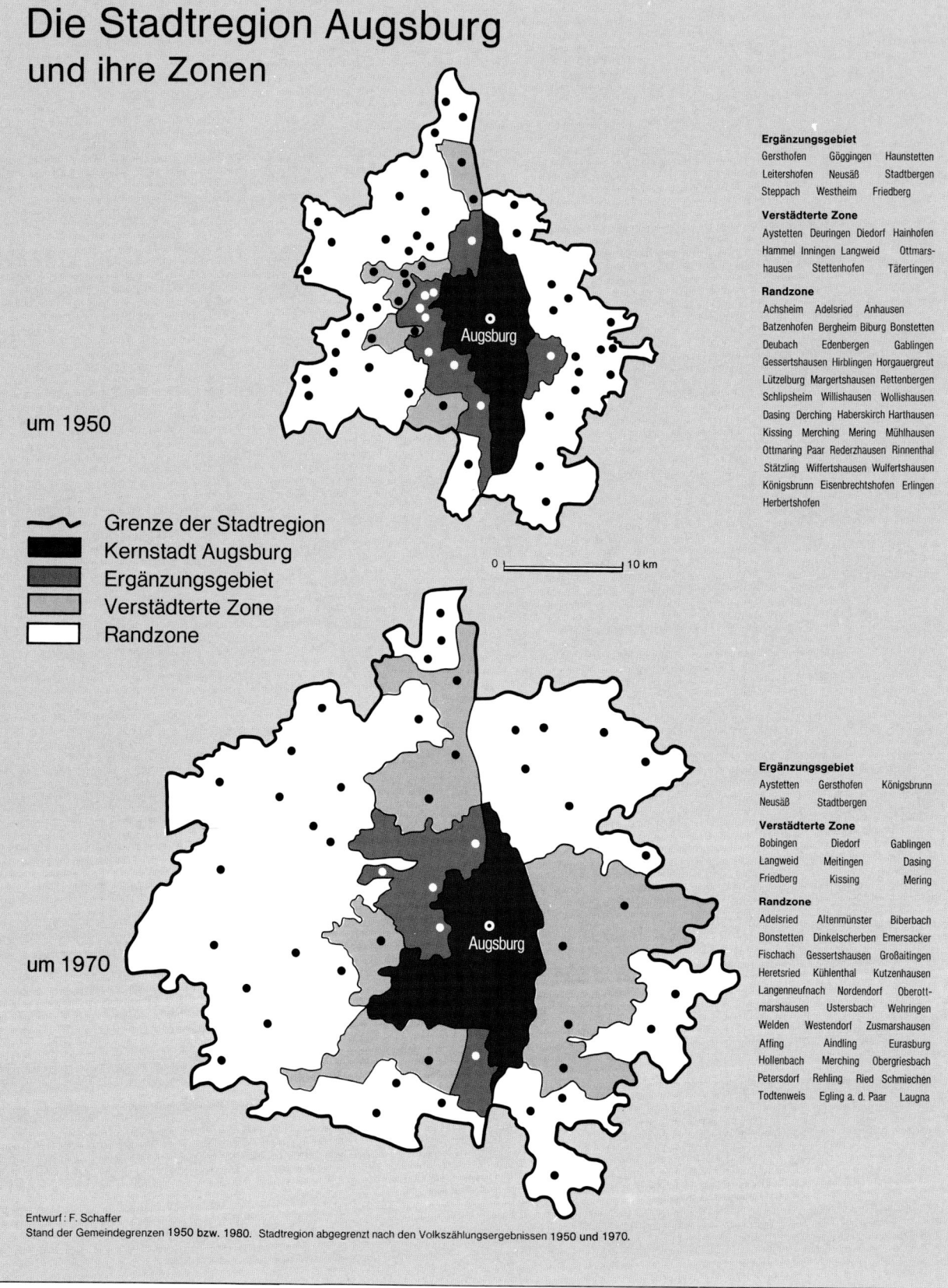

Die Stadtregion Augsburg
und ihre Zonen

um 1950

Ergänzungsgebiet

Gersthofen   Göggingen   Haunstetten
Leitershofen   Neusäß   Stadtbergen
Steppach   Westheim   Friedberg

Verstädterte Zone

Aystetten Deuringen Diedorf Hainhofen
Hammel Inningen Langweid Ottmars-
hausen   Stettenhofen   Täfertingen

Randzone

Achsheim Adelsried Anhausen
Batzenhofen Bergheim Biburg Bonstetten
Deubach   Edenbergen   Gablingen
Gessertshausen Hirblingen Horgauergreut
Lützelburg Margertshausen Rettenbergen
Schlipsheim Willishausen Wollishausen
Dasing Derching Haberskirch Harthausen
Kissing Merching Mering Mühlhausen
Ottmaring Paar Rederzhausen Rinnenthal
Stätzling Wiffertshausen Wulfertshausen
Königsbrunn Eisenbrechtshofen Erlingen
Herbertshofen

Grenze der Stadtregion
Kernstadt Augsburg
Ergänzungsgebiet
Verstädterte Zone
Randzone

0 |_____| 10 km

um 1970

Ergänzungsgebiet

Aystetten   Gersthofen   Königsbrunn
Neusäß   Stadtbergen

Verstädterte Zone

Bobingen   Diedorf   Gablingen
Langweid   Meitingen   Dasing
Friedberg   Kissing   Mering

Randzone

Adelsried   Altenmünster   Biberbach
Bonstetten Dinkelscherben Emersacker
Fischach Gessertshausen Großaitingen
Heretsried Kühlenthal Kutzenhausen
Langenneufnach Nordendorf Oberott-
marshausen   Ustersbach   Wehringen
Welden   Westendorf   Zusmarshausen
Affing   Aindling   Eurasburg
Hollenbach Merching Obergriesbach
Petersdorf Rehling Ried Schmiechen
Todtenweis   Egling a. d. Paar   Laugna

Entwurf : F. Schaffer
Stand der Gemeindegrenzen 1950 bzw. 1980.   Stadtregion abgegrenzt nach den Volkszählungsergebnissen 1950 und 1970.

*Abb. 146   Die Stadtregion Augsburg und ihre Zonen um
1950 und um 1970*

Familien, insbesondere aus neu errichteten Wohnungen, sehr genau untersucht werden[16]. Dabei offenbaren sich besondere Vorzüge, aber auch Mängel der verschiedenen Wohnviertel im Stadtkern. Bei der Gestaltung wieder attraktiv gewordener Wohnlagen in der Innenstadt sollte vor allem auf eine Durchmischung mit verschiedenen sozialen Schichten durch den Ausbau von Wohnungen unterschiedlicher Größe und Ausstattung geachtet werden. Ausgestaltung und Erhaltung von Grünflächen und Freizeiteinrichtungen sowie Maßnahmen der Verkehrsberuhigung spielen dabei eine außerordentlich wichtige Rolle.

Beim Wegzug von der Stadt ins Umland wird in der Regel der Arbeitsplatz im Zentrum beibehalten. Die neuen Umlandbewohner benutzen dann aber weit häufiger das eigene Auto als Verkehrsmittel zwischen Wohnung und Arbeitsplatz. Das Zentrum wird von Wegzug zu Wegzug mehr und mehr in das »Parkhaus der Region« umgewandelt. Die Innenstadt ist bereits heute nicht mehr in der Lage, ausreichenden Verkehrs- und Parkraum für die Regionsbevölkerung bereitzustellen. In den letzten Jahrzehnten vollzog sich das starke Bevölkerungs- und Siedlungswachstum im Umland von Augsburg weitgehend unabhängig vom Ausbau öffentlicher Nahverkehrslinien. Die sich daraus ergebenden Belastungen für das Zentrum haben deshalb 1978 den Augsburger Stadtrat beim Beschluß des Gesamtverkehrsplans darin bestärkt, einen möglichst hohen Anteil des Nahverkehrs auf öffentliche Beförderungsmittel zu lenken[17]. Die Schienenäste der Deutschen Bundesbahn, die radial auf die Stadt Augsburg zulaufen, sollen die Magistralen des Netzes bilden. Ihnen fällt die vorrangige Aufgabe zu, die Verkehrsströme aus dem Umland zu bündeln und entlang den Hauptachsen schnell in die Kernstadt Augsburg zu leiten. Die Buslinien sollen im Umland bevorzugt die Fläche erschließen und darüber hinaus das Schienensystem dort ergänzen, wo eine Omnibuserschließung wirksamer und wirtschaftlicher gestaltet werden kann. Neuerdings besteht die Möglichkeit, dieses Konzept über die Neuregelung des regionalen Nahverkehrs schrittweise zu verwirklichen. Dadurch könnte es gelingen, die Siedlungsentwicklung in Stadt und Region künftig sehr positiv zu beeinflussen[18].

1 Detlev Schröder: Stadt Augsburg. In: Historischer Atlas von Bayern, Teil Schwaben, Heft 10, Kommission für Bayerische Landesgeschichte, München 1975, S. 209 f.

2 Friedrich Koch: Augsburg – Flächennutzungsplanung und Stadtentwicklung 1918–1978, Stadt Augsburg 1979.

3 Otto Holzer: Denkschrift über die Verhältnisse auf dem Wohnungsmarkt der Stadt Augsburg im Kriegsjahre 1918 nebst Vorschlägen zu einer rechtzeitigen Bekämpfung der drohenden Wohnungsknappheit, Augsburg 1918.

4 Theodor Fischer: Denkschrift zum Generalbebauungs- und Siedlungsplan für Augsburg und Umgebung. Mit sechs Plänen, StAA 1930.

5 G. Sametschek: Die bauliche Neugestaltung von Augsburg. 1939.

6 H. Götzger: Erläuterungen zum Wiederaufbau- und Sanierungsplan für Augsburg. Masch. mit 7 Plänen, Augsburg 1947.

7 Vico Eisinger und Hilde Demmler-Mosetter: Auszug aus der Denkschrift zum Wirtschaftsplanentwurf 1949 der Stadt Augsburg und seiner Randgemeinden, Augsburg 1950.

8 Hilde Demmler-Mosetter: Anmerkungen zum Wirtschaftsplan der Stadt Augsburg. Ein Bericht anläßlich der Wiedervorlage des Wirtschaftsplanes 1958. Stadtplanungsamt Augsburg, März 1958.

9 Gottfried Müller: Gutachten zur Stadtentwicklung von Augsburg, Textband – Anhang – Kurzfassung, Technische Universität München 1974.

10 Karl König: Die Bevölkerungsentwicklung im Raum Augsburg seit 1970. In: Beiträge zur Stadtentwicklung, Stadtforschung und Statistik, Stadt Augsburg 1979, S. 77–87.

11 Heinrich Glöckner: Bevölkerungsprognose für Augsburg nach Planungsräumen 1979–1990. In: Beiträge zur Stadtentwicklung, Stadtforschung und Statistik, Augsburg 1980.

12 Heinz Lampert: Wachstum und Konjunktur in der Wirtschaftsregion Augsburg, Augsburg 1979 (Volkswirtschaftliche Diskussionsreihe 11, Universität Augsburg).

13 Kommission für Stadtentwicklung der Stadt Augsburg: Bericht zur Stadtentwicklungsplanung der Stadt Augsburg, 1983.

14 Franz Schaffer: Die Stadtflucht. In: Politische Studien, München 1979, S. 122–146.

15 Kommission für Stadtentwicklung: Fachprogramm Wohnen der Stadt Augsburg, Augsburg 1983.

16 Wolfgang Poschwatta: Wohnen in der Innenstadt. Strukturen, neue Entwicklungen, Verhaltensweisen – dargestellt am Beispiel der Stadt Augsburg. Augsburger Sozialgeographische Hefte, Nr. 1, Universität Augsburg 1977.

17 Endbericht zum Gesamtverkehrsplan Augsburg, Stadt Augsburg 1978; Franz Schaffer, Jürgen Schiffler, Gerd Peyke: Ergänzende Untersuchungen zur Erstellung des Regionalen Nahverkehrsplanes für den Nahverkehrsraum Augsburg, Universität Augsburg 1980.

18 Arbeitsgruppe Regionaler Nahverkehrsplan – Erster und Zweiter Zwischenbericht, Augsburg 1980, 1982.

Augsburger Industriebetriebe in der Nachkriegszeit

von Leonhard Hillenbrand

Der Neubeginn 1945–1948

Nach dem Ende des Krieges und der Einrichtung der Militärregierung kam die Wirtschaft nur langsam wieder in Gang.

Auf Anordnung der Besatzungsmacht wurden zahlreiche Betriebe unter Treuhandschaft gestellt. Der Beginn neuen wirtschaftlichen Lebens lag naturgemäß bei der Landwirtschaft und ihrem Transportwesen. Erst im Laufe der Monate fanden sich die örtlichen Militärregierungen in die für sie neue Rolle, nicht mehr nur Verbotseinrichtungen zu sein, sondern auch für eine Aufrechterhaltung des täglichen Lebens sorgen zu müssen.

Der erste Augsburger Industriebetrieb, der nach der Erinnerung des Verfassers eine Produktionserlaubnis für die ihm wesensfremde Herstellung von Säcken für die Landwirtschaft bekam, war die Firma Nagler & Sohn. Die gesamte Wirtschaft bemühte sich selbstverständlich, soweit es die verbliebenen Produktionsanlagen zuließen, ihre Betriebe so schnell wie möglich wieder in Gang zu setzen. So begann die Schuhfabrik Wessels unmittelbar nach dem Krieg wieder zu arbeiten. Zahlreiche andere Firmen besorgten Aufräumungsarbeiten.

So verworren die Verhältnisse des Jahres 1945 auch waren, so wurde doch in diesem Jahr schon der Grundstock für die heutige Firma Böhler & Weber (Böwe) gelegt. Die Inhaber des Unternehmens waren, wie auch die Gründer manch anderer, später namhaft gewordener schwäbischer Betriebe der Nachkriegszeit, ehemals bei der Firma Messerschmitt beschäftigt.

Die seit 1880 in Cottbus bestehende Kammgarnweberei von Wilhelm Grovermann entstand wieder in Räumen der Firma Martini. Sie wurde die erste reine Kammgarnweberei in Bayern für feine Damen- und Herrenstoffe. Die 1889 gegründete Firma Elbeo kam aus Oberlungwitz/Sachsen nach Augsburg und nahm unter der Bezeichnung »Süddeutsche Wirkerei und Strickerei« die Herstellung von Socken auf. Diese früher größte deutsche Strumpfwarenfabrik konnte mit noch rechtzeitig während des Krieges verlagerten Maschinen auf dem Gelände von Deuter mit 56 Beschäftigten beginnen. Trotz solcher neuer Ansiedlungen in der Stadt konnte die Textilindustrie ihre traditionell führende Rolle nicht behaupten.

Ende 1946 hatte die Militärregierung die Einmietung der amerikanischen Firma National Registrier Kassen (NCR) in Räumen der Michel-Werke genehmigt. Die Buntweberei Riedinger gründete als Tochterunternehmen die Schwäbische Damenkleiderfabrik zur Weiterverarbeitung ihrer Buntgewebe. 1947 setzten sich die Firmenneugründungen fort. So begann Oskar Dietzel seine 1933 in Lodz gegründete Trikotagen- und Wäschefabrik als Firma Osdilo fortzuführen. In einem ehemaligen Zweigwerk der Messerschmitt AG entstand mit 200 Beschäftigten und unter einer zunächst vorsorglich als Tarnbezeichnung gewählten Firma Schweda & Tröger ein Nachfolgebetrieb des ehemals schlesischen Industriekonzerns der Grafen Ballestrem.

Ein neuer Abschnitt beim Wiederaufstieg der Augsburger Wirtschaft begann 1948 mit der Währungsreform. Erst ein verläßliches Tauschmittel für den Warenverkehr gab eine solide Grundlage für die notwendigen Entscheidungen. Der Marshallplan und die bald nach der Währungsreform praktizierte soziale Marktwirtschaft gaben notwendige Hilfen zur Bewältigung der schweren wirtschaftlichen Probleme. 1961 traten die Verträge über die Europäische Wirtschaftsgemeinschaft (EWG) in Kraft, die zusätzlich Freiräume für wirtschaftliche Betätigung brachten. Schon Ende Juni 1948 lag die Textilindustrie nach der Beschäftigtenzahl erstmals knapp hinter dem Maschinenbau zurück (s. Tabelle 1).

Tab. 1: Entwicklung der Zahl der Beschäftigten in der Industrie Augsburgs seit der Währungsreform im Jahresdurchschnitt

	1948[1]	1956	1964[2]	1972[3]	1980
Steine, Erden	197	474	804	1336	317
Stahlbau	605	152	370	268	313
Maschinenbau[4]	10023	16855	20844	16796	14663
Feinmechanik u. Optik, Glasindustrie[5]	632	163	698	–	482
Elektrotechnik[4]	–	1389	4690	8380	3775
Chemie	495	723	720	827	1163
Druckerei- u. Vervielfältigungsindustrie	919	1414	1558	1814	1595
Papiererzeugung und -verarbeitung	618	877	1024	*	*
Lederverarbeitende u. Schuhindustrie	903	2356	2288	1380	1006
Textilindustrie	9228	17434	15570	13762	9740
Bekleidungsindustrie	1226	1687	1502	1337	954
Übrige Gruppen	2852	5255	7337	14984	19190
insgesamt[6]	27698	48779	57405	60884	53198
Zahl der in der bayerischen Industrie Beschäftigten[6]	505316	1017581	1288305	1355086	1385651

1 Stand Ende Juni 1948
2 Stand Jahresende
3 ganzjährig nach dem Gebietsstand vom 1. 7. 1972
4 Größere Veränderungen gegenüber Vergleichsjahren sind durch Umsetzung von Betrieben in einen anderen Industriezweig infolge Verlagerung des Produktionsschwerpunktes oder durch Neubildung von Industriegruppen bedingt
5 Feinmechanik, Optik, Glasindustrie 1972 zugeordnet Übrige Gruppen
6 ohne Molkereien und Käsereien
Nach Statistisches Jahrbuch, Augsburg 1983, S. 97
* Papiererzeugende Industrie nach geltendem Recht nicht mehr berücksichtigt, da nur ein Betrieb

Die Textilindustrie

Die Mechanische Baumwoll-Spinnerei und Weberei Augsburg erzielte 1950 in ihren Werken mit rund 4500 Beschäftigten Umsätze von 53,8 Millionen DM, die Augsburger Kammgarnspinnerei mit 1356 Beschäftigten von über 40 Millionen DM. Die Neue Augsburger Kattunfabrik hatte mehr als 920 Mitarbeiter und Umsätze von ca. 30 Millionen DM. Die Buntweberei Riedinger arbeitete mit 1130 Mitarbeitern, die beiden Martini-Firmen in Augsburg und Haunstetten mit 964. Als Hersteller von Vliesstoffen aus Kunststoff erschien 1949 das »Fremawerk« Martini KG, an dem die Firmen Martini & Cie., Augs-

burg, und Carl Freudenberg KG, Weinheim/Bergstraße, beteiligt waren.

Nach drei Krisen des neuen marktwirtschaftlichen Systems setzte 1951 ein anhaltendes Industriewachstum mit einem Absatzschwergewicht infolge der »Bekleidungswelle« ein. Dierig schuf 1951 mit der Zusammenlegung der Webereien am Mühlbach, Fichtelbach und Senkelbach, der Spinnereien an der Wertach und am Stadtbach, eine Spinnweberei mit 3200 Beschäftigten. Bei der Mechanischen Spinnerei und Weberei Augsburg wurde die vorangegangene Verlustperiode überwunden. 1955 konnte sie mit 3350 Beschäftigten, 80000 Spindeln und 2400 Webstühlen ca. 69 Millionen DM Umsatz erzielen. Die

Buntweberei Riedinger erhöhte die Zahl ihrer Mitarbeiter auf 1836. In dieser Höhe bewegte sie sich auch in den nächsten Jahren. Die Textilindustrie insgesamt erreichte 1956 mit fast 17 500 Beschäftigten einen Höchststand.

1957 fand die Fusion der Zwirnerei und Nähfadenfabrik Göggingen mit der Zwirnerei Ackermann AG in Heilbronn statt. Die neue Firma wurde der größte Nähmittelhersteller des Kontinents. Die Firma Hans Deuter hatte im Durchschnitt des Jahres 1956 noch 542 Arbeitskräfte. Zum 1. 1. 1957 wurde als Nachfolgeunternehmen die Deuter Industriewerke AG gegründet. Maßgeblich waren an der neuen Aktiengesellschaft Berliner Unternehmen beteiligt, insbesondere die Firma Becker & Kries OHG, deren Tochter Deuter wurde.

1961 wurde die Gesamtentwicklung der Industrie wesentlich durch die ab 1. Januar herabgesetzten EWG-Zölle und eine DM-Aufwertung beeinflußt. Für die Textildruckereien im besonderen bedeutete dies eine eindeutige Verschlechterung ihrer Wettbewerbsfähigkeit. Dennoch stieg 1962 bei der Kammgarn-Spinnerei die Zahl der Beschäftigten auf 1669. Sie war im Umsatz die größte Kammgarnspinnerei der Bundesrepublik.

Verknappung und Verteuerung der Arbeitskraft und härterer Auslandswettbewerb setzten nun aber die Textilindustrie unter zunehmenden Druck. Konzentration und Modernisierung der Fertigung, aber auch Werkstillegungen waren die Folge. Die Mechanische Spinnerei und Weberei Augsburg mußte 1966 einen Rückgang ihrer Umsätze um 9 Prozent auf 65 Millionen DM hinnehmen. Sie konzentrierte ihre Erzeugung auf die Werke Aumühle, den sogenannten »Glaspalast«, und Proviantbach. Das Werk Rosenau wurde anderweitig verwendet. Die Zahl der Beschäftigten sank auf 2200.

Die Christian Dierig AG erreichte 1960/61 einen Umsatz von rund 120 Millionen DM. Sie allein hatte 2500, der Organkreis ca. 4500 Beschäftigte. Die Weberei am Mühlbach des Dierig-Konzerns, der seit der Währungsreform ca. 235 Millionen DM investiert hatte, war 1966 zur modernsten Jacquardweberei für Bett- und Tischwäsche in Europa geworden.

Andere Betriebe erloschen oder schränkten die Produktion ein. Die qualifizierte Mehrheit am Grundkapital der schwer um ihren Bestand kämpfenden Baumwoll-Feinspinnerei, die ihren Namen längst nicht mehr rechtfertigte, ging im Februar 1968 auf die SWA über. 1969 wurde die Gesellschaft aufgelöst. 1968 gab die Firma Martini ihre Lohndruckerei auf, die auf Prinz überging; Martini beschränkte sich auf Ausrüstung. Die Firma blieb mit 850 Beschäftigten ein Familienunternehmen und war mit 50 Prozent am Fremawerk Martini & Co. KG beteiligt, das 350 Mitarbeiter hatte. Ende 1969 wurde die Spinnerei und Weberei am Sparrenlech geschlossen. Das Vermögen der ehemaligen Aura-Weberei wurde 1969 zur Gänze auf die Buntweberei Riedinger übertragen.

Der Dierig-Konzern besaß zu dieser Zeit in Augsburg noch vier Betriebsstätten: die Dierig AG selbst mit ihrem Werk am Mühlbach, die 1963 auf Jerseystrickerei umgestellte Buntweberei Riedinger, die Textilausrüstung und Druckerei Prinz AG und die Spinnerei und Weberei Haunstetten.

In der Augsburger Niederlassung der J. P. Bemberg AG war 1907 mit der Produktion der sogenannten Bemberg-Seide, einem Kunstseideprodukt, begonnen worden; in den sechziger Jahren ging die Firma auf Perlon über, 1970 wurde das Augsburger Werk geschlossen. Der Exportanteil des Augsburger Textilproduktionswerts betrug 16,6 Prozent. Der Schrumpfungs- und Konzentrationsprozeß verstärkte sich in den siebziger Jahren.

Die Mechanische Spinnerei und Weberei konzentrierte 1971/72 ihre Erzeugung auf Markenbettwäsche, Rohware und Garne. Sie verfügte über 1000 moderne Webautomaten und eine Spinnerei mit 48 000 Spindeln. 1971 sank die Zahl der Beschäftigten von 1920 auf 1600.

Ende 1972 wurde das Vermögen der Nähfadenfabrik Julius Schürer, die die Produktion im Herbst 1970 eingestellt hatte, auf die Firma Ackermann-Göggingen übertragen. Der Konzern, den der 1945 als Baustoffhändler zugezogene Hans Glöggler in wenigen Jahren errichtet hatte, brach Ende 1975 zusammen. Die SWA, die Glöggler 1972 erworben und die 1975 1250 Beschäftigte hatte, mußte Anfang 1976 ein gerichtliches Vergleichsverfahren anmelden, das schon im März in ein Konkursverfahren mündete. Der Konkursverwalter führte den Betrieb weiter. 1973 war auch die Augsburger Kammgarn-Spinnerei zum Firmenverband von Glöggler gekommen. Sie hatte 1975 900 Beschäftigte.

Die Firma Deuter hatte 1964 750 Arbeitskräfte beschäftigt; das traditionelle Produktionsprogramm war auch auf Koffer und Lederwaren ausgedehnt worden. Im Geschäftsjahr 1977/78 erzielte sie mit ca. 500 Beschäftigten einen Umsatz von 43,7 Millionen DM.

Von den 24 Industriebetrieben mit 500 und mehr Beschäftigten im Stadtgebiet zählten im September 1980 noch acht zur Textilindustrie, sieben zum Maschinenbau. Bis 1981 war jedoch die Beschäftigtenzahl der Textilindustrie im vergrößerten Augsburg auf rund 9800 gesunken: Das war ein Arbeitsplatzverlust seit 1952 von etwa 9000.

Die Buntweberei Riedinger wandte sich vergeblich von ihrer einseitigen Ausrichtung auf Jerseyproduktion ab und ging von Standardware zur Herstellung höherwertiger Erzeugnisse über. Dierig gab den Betrieb auf und verkaufte das Restvermögen 1981 an die Verwaltungsgesellschaft Erag. Im Sommer 1981 dementierte Dierig Gerüchte von einer Stillegung der Firma Haunstetten Textil. Im Januar 1982 wurde der Betrieb stillgelegt.

Die Ballonfabrik nahm 1951 ihr herkömmliches Produktionsprogramm mit Werbe-, Sport- und Forschungsballons wieder auf, außerdem stellte sie Schlauchboote her. Zum erstenmal seit langen Jahren baute die Ballonfabrik 1956 wieder ein nichtstarres Luftschiff für Reklameflüge. Sie hatte damals 55 Mitarbeiter und wurde als Ballonfabrik, See- und Luftausrüstung GmbH fortgeführt.

Maschinen- und Flugzeugbau

Diese Investitionsgüter erzeugenden Industriezweige haben bei starker Innovationskraft und Spezialisierung nach Umsatz, Exportanteil und Beschäftigtenzahl die Textilindustrie immer weiter überholt.

Die M.A.N. baute im Jahr 1949 ihre erste Hochleistungs-Reihenrotationsdruckmaschine seit Kriegsende. Zum erstenmal nach dem Krieg konnte die M.A.N. 1950 wieder einen Großdieselmotor ausliefern, nachdem Gesetze der Militärregierung ihren Bau zunächst versperrt hatten. 1953 stand in der

Metallindustrie bei der Zahl der Beschäftigten unverändert die M.A.N. mit 8300 Arbeitskräften im Werk Augsburg an der Spitze. Der Exportanteil belief sich auf nahezu 60 Prozent. Im Jahr 1956 erreichte die M.A.N. erneut ihre frühere Spitzenstellung unter allen Großdieselmotoren herstellenden Firmen in der Welt und beschäftigte in Augsburg rund 9500 Menschen.

Die Alpine Maschinenfabrik wurde 1949 an die Familie Sachs zurückerstattet, von der später der Augsburger Kurt Bösch, lange Jahre Schweizer Vertreter der Farbwerke Gersthofen, die Aktienmehrheit erwarb.

Von Keller & Knappich, 1950 mit über 800 Beschäftigten völlig im Besitz der Familie Quandt, wurde zusätzlich die Produktion von Rundstrickmaschinen, von Bogenanlegern für Schnellpressen und Buchdruckmaschinen sowie Kleinschreibmaschinen aufgenommen. Die Zahl der Beschäftigten wuchs 1957 auf 1200 an. Die Firma erstellte ein neues Werk in Lechhausen. Ein Drittel ihres Gesamtumsatzes machten KUKA-Kommunalfahrzeuge aus. Sie bediente etwa 70 Prozent des deutschen Marktes. Ein weiteres Drittel entfiel auf Elektroschweißmaschinen und das letzte auf Reiseschreibmaschinen.

Die Zahl der Beschäftigten bei J. N. Eberle stieg 1953 auf 880 an. Schon seit Jahrzehnten bestanden Verbindungen zu dem schwedischen Konzern Svenska Kullagerfabriken. 1953 wurde die Firma in diesen Konzern eingegliedert. Renk hatte sich in den frühen fünfziger Jahren besonders der Produktion von Sondergetrieben zugewandt und entwickelte neue Turbogetriebe mit außerordentlich hohen Umlaufgeschwindigkeiten.

Die Messerschmitt AG hatte nach eigenen Angaben durch Demontagen Schäden in Höhe von 36 Millionen DM erlitten und war erst im November 1949 aus der Vermögenskontrolle entlassen worden. Versuche von Gläubigern, und hier insbesondere des Industriefinanziers Münemann, für ihre Forderungen volle Befriedigung zu erlangen, veranlaßten sie, zur Bereinigung ihrer Verbindlichkeiten aus der Kriegszeit Vertragshilfe nach dem Währungsgesetz bei Gericht zu beantragen. Das Unternehmen versuchte nach der Währungsreform mit einer Nähmaschinenproduktion einen neuen Anfang; es hatte Mitte 1951 in Augsburg nur noch 200 Beschäftigte. Um 1955 wurden von der Messerschmitt AG Kabinenroller gebaut. Die Zahl der Arbeitskräfte war auf 1200 gestiegen. Alsbald wandte sie sich wieder ganz dem Flugzeugbau zu.

Die 1951 in Augsburg gegründete Firma Böhler & Weber stellte 1952 ihre erste vollständige Chemisch-Reinigungsmaschine auf einer Fachmesse in Paris aus. Sie widmete sich mehr und mehr dem später wichtigsten Produktionszweig, mit dem die Firma Weltbedeutung erlangen sollte: der Herstellung von Chemisch-Reinigungsanlagen. Die Firma Leonhard Schmid KG ist 1960 als Hersteller von Betonmischapparaten zum größten einschlägigen Produzenten Europas geworden. Lescha beschäftigte nun 440 Personen.

Das westdeutsche »Wirtschaftswunder« führte nach der Sättigung des Verbrauchsgüterbedarfs die Investitionsgutindustrien zu immer neuen Erfolgen. Die M.A.N. hatte im Jubiläumsjahr 1965 aus dem Werk Augsburg seit 1950 bereits mehr als 750 Großmotoren für Schiffsantriebe und ortsfeste Anlagen abgeliefert. Ihr Augsburger Druckmaschinenbau wurde 1979 in einem Werk der M.A.N.-Roland-Druckmaschinen-AG betrieblich verselbständigt. Ende 1981 arbeiteten 5300 Mitarbeiter bei M.A.N., 1140 bei M.A.N.-Roland. Die Arbeitsteilung mit der 1980 erworbenen Tochtergesellschaft B. & W. Diesel Kopenhagen beließ nur den Viertakt-Motorenbau in Augsburg. 1983/84 zwang namentlich der Auftragsrückgang im Schiffbau und im Export zu einer Reduzierung der Mitarbeiterzahl.

Renk lieferte 1964/65 Anlagen für Radioteleskope nach Kanada und Australien sowie Satellitenantennen der Bundespost für deren Anlage in Raisting bei Weilheim. Die Firma, deren Grundkapital mit 60 Prozent beim Aktienverein GHH (Gutehoffnungshütte) und 25 Prozent bei der MAN lag, gehörte in ihrer Art zu den größten und führenden Werken Europas. Die Auslieferung von Seriengetrieben für öffentliche Aufträge ließ 1966 bei der Zahnräderfabrik Renk die Umsätze von 32 auf 62 Millionen DM ansteigen.

Die Alpine AG ist im Geschäftsjahr 1965/66 mit 613 Beschäftigten und Umsätzen von 21,35 Millionen DM das größte Unternehmen der Welt auf dem Gebiet der Zerkleinerungs- und Sichtungstechnik für Feinstaufbereitungen geworden. Als neuer Produktionszweig wurde die Extrudertechnik gepflegt. 1971 hatte die Alpine 600 Beschäftigte.

Keller & Knappich konnte den Bau von Kommunalfahrzeugen bei einem Export von 27 bis 30 Prozent ausweiten. 1977 produzierte das Unternehmen 700 Kommunalfahrzeuge, davon 500 Müllwagen. Auch Autowaschanlagen wurden seit 1965 hergestellt. Die Firma zählte 1978 ca. 2000 Mitarbeiter. Sie war seit 1970/71 Zweigniederlassung der Industrie-Werke Karlsruhe-Augsburg AG (IWKA) und erreichte 1981 auf dem Gebiet der Industrie-Roboter einen führenden Platz in der Welt.

J. N. Eberle beschäftigte 1970 777 Mitarbeiter. Die Firma hatte Umsätze von 30 Millionen DM erzielt; davon entfielen 46 Prozent auf Edelbandstahl, 34 Prozent auf Form- und Triebfedern und 21 Prozent auf Sägen. Das Vormaterial für Sägen und Federn kam aus dem eigenen Walzwerk. Im Jahr 1981 schied die Firma J. N. Eberle aus dem SKF-Verband wieder aus. Das Unternehmen war von Heinz Greiffenberger erworben worden. Die Zahl der Beschäftigten wurde auf 320 reduziert, der Absatz auf 33,5 Millionen DM gesteigert, von denen 52 Prozent auf den Export fielen. Die Firma Kleindienst erlangte 1968 mit ihren vollautomatischen Dreibürsten-Waschanlagen für PKW einen beherrschenden Marktanteil. Sie hatte jetzt 600 Beschäftigte. 1981 sah sich die Firma mit 1028 Beschäftigten als Marktführer bei der Autowaschtechnik in Europa.

In Haunstetten befindet sich heute der Gesamtbetrieb der Firma Gotthilf Bauer mit ihren 400 Mitarbeitern; sie hat sich auf Hebemaschinen und Aufzugbau spezialisiert.

Zum zweitgrößten Arbeitgeber des Maschinenbaus in Augsburg stieg die Firma Böhler & Weber auf. 1970 wurde Böwe als seit Jahren größter Hersteller von Chemisch-Reinigungsmaschinen genannt. Mit 1400 Beschäftigten erzielte die Firma in Augsburg einen Umsatz von 80 Millionen DM, davon ca. 70 Prozent im Export. Auch Auto-Schnellwaschstraßen gehörten zum Programm. Im selben Jahr fand der Umzug in das 1968 erworbene ehemalige Messerschmitt-Verwaltungsgebäude und die angrenzenden Betriebsflächen statt.

Hingegen konnte Augsburg seine frühere Rolle als Standort des Flugzeugbaus nicht zurückgewinnen. Im November 1968 wurde die Firma Messerschmitt mit der Firma Bölkow zu einer neuen Firma Messerschmitt-Bölkow, München-Ottobrunn, fusioniert. Die neue Firma, an der unter anderem auch die Boeing Company Seattle und Nord Aviation Paris beteiligt waren, wurde das größte deutsche Unternehmen der Luft- und Raumfahrtindustrie. Die Firma Messerschmitt-Bölkow-Blohm richtete ihre Erwartungen auf den Bau des angekündigten MRCA-Flugzeugs. 1975 hatte sie in Augsburg ca. 2000 Beschäftigte.

Elektroindustrie

Drittgrößte Augsburger Industriegruppe wurde seit den späten fünfziger Jahren die Elektrotechnik.
Die neu gegründeten Michel-Werke KG als Verwaltungsgesellschaft für das Vermögen der alten Michel-Werke verpachteten den Betrieb in Kriegshaber weiterhin an die National Registrier Kassen GmbH und das Werk an der Rehmstraße an die 1948 gegründete Gesellschaft für elektrische Geräte (GefeG), deren alleiniger Gesellschafter sie wurden. Die GefeG wurde als Produktionsbetrieb die eigentliche Nachfolgefirma. Sie stellte elektrische Kleinmotoren mit Leistungen bis 500 Watt her und gehörte 1964 mit ca. 400 Mitarbeitern zur Spitzengruppe ihrer Branche.
Die alte Firma der Wolfram Lampen AG, die im Jahr 1950 412 Arbeitskräfte hatte, wurde seit 1951 als Zweigniederlassung von Osram weitergeführt. Die Kapazität war gegenüber 1922 verzehnfacht worden. Die Firma Osram baute 1962 ein Leuchtstofflampenwerk, das nach der Berliner Niederlassung zum zweitgrößten Schwerpunkt der Lampenherstellung in Deutschland wurde. Das Unternehmen hatte in Augsburg rund 2000 Beschäftigte.
1960 meldete die Firma Siemens & Halske einen Produktionsbetrieb in Augsburg an, in dem zunächst Relais hergestellt wurden. Schon 1961 wurden 500 vornehmlich weibliche Arbeitskräfte beschäftigt. Das Werk erreichte Ende des Jahres 1966 die Zahl von 2230 Beschäftigten; 80 Prozent der Produktion entfielen noch auf den Relaisbau, der Rest auf die Herstellung von Geräten für die Übertragungstechnik. Auch der Bau von Fernschreibern und Lichtrufanla-

gen war aufgenommen worden. 1970 wurden Prozeßrechner zur Steuerung und Messung des Fertigungsablaufs ebenso hergestellt wie kommerzielle Computer für die Bürotechnik. Im Februar 1976 übernahm die Siemens AG die Mehrheit, 1978 100 Prozent des Kapitals von Osram. Dort war bereits in den vorausgegangenen Jahren eine durchgreifende Typenbereinigung vorgenommen worden.
Die Wachstumsindustrie elektronische Datentechnik beschäftigte im Frühjahr 1980 vor allem bei den Firmen Siemens, Böwe, Kleindienst und National Registrier Kassen in Augsburg bereits rund 6500 Mitarbeiter und stellte mit einem Umsatz von 1,4 Milliarden DM etwa ein Fünftel des gesamten Augsburger Industrieumsatzes. In der Folge hielt der Aufschwung besonders des Personalcomputerbaus und -exports an. Die 1919 gegründete Firma Erhardt & Leimer war aus der Generalvertretung einer großen Uhrenfabrik entstanden. Der Ingenieur Manfred Erhardt entwickelte daraus ein Unternehmen zum Vertrieb von Industrieuhrenanlagen mit angeschlossener Reparaturwerkstätte. Seit 1933 führte A. Leimer den Betrieb. 1969 waren 350 Beschäftigte zu zählen. Hergestellt wurden elektromechanische und elektronische Warenprüfgeräte, Steuer- und Regelanlagen, Prüfgeräte und Maschinen für die Textilveredelung.

Übrige Industriezweige

Die G. Haindlschen Papierfabriken bauten den gänzlich zerstörten Augsburger Betrieb voll wieder auf. 1969 stand das Familienunternehmen unter den Papierherstellern der Bundesrepublik an zweiter Stelle.
Die August Wessels Schuhfabrik ist 1954 mit 1600 Beschäftigten in die Gruppe der größten deutschen Schuhfabriken vorgestoßen. Sie hatte 1968 bei einer Tagesproduktion von 5000 Paar Schuhen 1000 Beschäftigte. Ihr Kapital ging im Herbst zu 100 Prozent auf den Inhaber der Industriewerke Lemm & Co. GmbH Romika, einer Schuhfabrik in Trier, über. Am Ende des Jahres 1975 hatte das Augsburger Werk Wessels der Romika-Gruppe 522 Mitarbeiter. 1979 wurden dort noch täglich 4000–4500 Paar modische Schuhe hergestellt, die erst 1956 in das bislang konservative Produktionsprogramm aufgenommen worden waren. Dann kam ein rasches Ende. Zu Beginn

Tab. 2: Entwicklung der Beschäftigtenzahl fünf wichtiger Branchen der Augsburger Industrie

	1960	1982	1960=100%	1982
Maschinenbau, Stahlbau	19 234	16 608	100	86,3
Textilindustrie, Bekleidungsindustrie	19 314	8 953	100	46,3
Elektrotechnik, Optik, Feinmechanik	2 655	2 832	100	106,6
Druckerei, Vervielfältigung	1 340	1 587	100	118,6
Chemie	754	1 157	100	153,4
Gesamtzahl der Beschäftigten	54 841	48 855	100	89,1

Zahlen 1960 nach Statistisches Jahrbuch, Augsburg 1983
Zahlen 1982 nach einer Aufstellung der Industrie- und Handelskammer für Augsburg und Schwaben v. 25. 4. 1983

des Jahres 1982 wurde das Augsburger Werk Wessels geschlossen und die dort noch beschäftigten 425 Arbeitskräfte entlassen.

1949 kehrte die Familie Bernheim in die Chemische Fabrik Pfersee zurück, die damals 117 Beschäftigte zählte. 1933 waren die Brüder Willy und Kurt Bernheim, denen zu Unrecht Steuerhinterziehungen und Devisenschiebungen vorgeworfen worden waren, verhaftet worden. Für den Betrieb war eine Auffanggesellschaft gegründet worden, deren Teilhaber aus den Reihen der Betriebsangehörigen kamen. Durch 1970 beschlossene Umschichtungen ist die Fabrik eine Beteiligungsgesellschaft der Vereinigten Ciba Geigy AG geworden. Schon seit etwa fünf Jahren war die J. R. Geigy AG mit 49 Prozent an Pfersee beteiligt. Anteilig nach ihr war die Familie Bernheim Hauptgesellschafter und stellte die Geschäftsführung. Seit 1974 hat die Chemische Fabrik Pfersee, weil sie an ihrem alten Standort keine Ausdehnungsmöglichkeiten mehr hatte, einen Neubau ihrer Betriebsanlagen in Langweid errichtet.

Das Gesamtbild der Entwicklung seit 1948 zeigt eine langfristige Strukturveränderung, in der Arbeitsplätze verlorengingen, sich aber auch die von der Textilindustrie bestimmte Einseitigkeit der Wirtschaftsstruktur lockerte. Die konjunkturelle Erholung von 1984 wirkte sich auf die Umsätze günstig aus und

weckte neue Aufschwungshoffnungen für das Jubiläumsjahr 1985[1].

Tab. 3: Die zehn größten Augsburger Betriebe 1982

	Beschäftigte rund
M.A.N. AG und M.A.N.-Roland AG (Werk Augsburg)	7300
Siemens AG CDV-Werk für Systeme und Osram	5100
Dierig Konzern	4100
MBB	2500
Industriewerk Karlsruhe-Augsburg AG	2200
NCR	1800
Lech Elektrizitätswerke	1800
Stadtwerke Augsburg (Versorgung u. Verkehrsbetriebe)	1800
Renk AG	1700
Dierig GmbH (Tochtergesellschaft)	1560

Zahlen nach: Augsburg. 2000 Jahre lebendige Stadt. Hrsg. v. Amt für Stadtentwicklung und Statistik, Augsburg 1982

1 Zum Vorstehenden vgl. Wolfgang Zorn und Leonhard Hillenbrand: Sechs Jahrhunderte Schwäbische Wirtschaft, Augsburg 1969. Mitteilungen der Industrie- und Handelskammer für Augsburg und Schwaben ab 1945–1982. Berichte über die Wirtschaft in der Augsburger Tagespresse. Statistische Jahrbücher, Augsburg 1956, 1963/64, 1983 und Statistisches Jahrbuch Augsburg, Berichtsjahre 1977–1980 (1982).

Augsburger Kultur nach 1945

von Elisabeth Emmerich

Augsburg hatte »von oben gemachte« Kultur nie geschätzt; Augsburger Kultur war meist aus sehr persönlichen Impulsen gewachsen, hatte da einen begabten Kopf, dort einen Mäzen und hier einen großzügigen Magistratsherrn angezogen. Die republikanische Tradition der alten freien Reichsstadt, tief eingewurzelt in Lebensstil und Atmosphäre Augsburgs, war auch die Basis für den kulturpolitischen Neuanfang im Frühsommer 1945. Das kulturelle Profil Augsburgs konnte, wie nach allen Katastrophen in der Geschichte der kunstsinnigen Reichsstadt, wieder als etwas durchaus Individuelles wachsen. Es behielt jenen Kontakt mit dem Bürger der Stadt, der zu den Glanzzeiten der Patrizier und Fürstbischöfe der Augsburger Kultur schon besondere »bürgerliche« Farbe und Kontur gegeben hatte. Bereits zu Beginn der sechziger Jahre, früher als anderswo, waren dann Bürgerinitiativen am Werk. Eine solche setzte schließlich auch das Jahrhundertereignis im Augsburger Geistesleben, die Errichtung der Universität Augsburg, in Gang.

Die Theaterstadt registrierte als augenfälligstes Kriegsopfer den Verlust ihres Theaterhauses. Unverdrossen theaterbegeistert, organisierte sie bereits im Herbst 1945 wieder einen regelmäßigen Opernspielbetrieb im Ludwigsbau, dem größten Konzertsaal der Stadt. Fast elf Jahre währte dieses von seiten der Künstler wie des Publikums mit Liebe und Leidenschaft gemeisterte Provisorium. Am 10. November 1956 öffnete das wiederaufgebaute Stadttheater mit Mozarts *Figaros Hochzeit* seine Pforten. Die Neurenaissance des alten Interieurs, 1876/77 nach Entwürfen von Eduard Helmer und Ferdinand Fellner gestaltet, wurde nicht rekonstruiert. Die problematischen Beziehungen Augsburgs zu seinem berühmtesten und schwierigsten Sohn in diesem Jahrhundert, zu Bert Brecht, wurden durch viele beispielhafte Inszenierungen seiner Stücke an den Städtischen Bühnen nach dem Krieg allmählich verbessert.

Den Saal des alten Gignoux-Hauses am Vorderen Lech hatten einige Schauspieler bald nach Kriegsende auf eigene Rechnung fürs Theater entdeckt. Unter dem Etikett »Komödie« wurde er als kleines Schauspielhaus für modernes Drama trotz periodisch wiederkehrender Finanzierungsschwierigkeiten in städtische Regie übernommen und ist dort auch verblieben. Hingegen blieb bislang ein eigenes Schauspielhaus unmittelbar neben dem Stadttheater Zukunftsmusik. Verdi, die Veristen, Wagner und die klassische Operette trugen die 1929 von Otto Falckenberg entdeckte Freilichtbühne am Roten Tor von der ersten Nachkriegsspielzeit im Sommer 1946 an sicher über die Jahre des Neuanfangs. »Italienische Festwochen« füllten in den fünfziger Jahren die Rote-Tor-Bühne mit dem Zauber südlicher Stagione-Atmosphäre. Obwohl eine einschlägig erfahrene Regie auch eindrucksvolles großes Schauspiel in den Bastionen der südöstlichen Stadtwallumgrenzung realisieren konnte, ist die Bühne als einziges Musiktheater unter freiem Himmel nördlich der Alpen auch in Jahren ernsthafter Finanzierungs- und Witterungsprobleme im Stadtrat letztlich nie wirklich gefährdet gewesen, weil der Bürger sie förderte. Als Dreispartentheater (Oper, Operette, Schauspiel) sind die Städtischen Bühnen Augsburg auch im Bildschirmzeitalter Sprungbrett für junge Begabungen, wobei die Nähe Münchens sich positiv auswirkt. Seit den fünfziger Jahren spricht die Fachwelt vom »Augsburger Dirigentenwunder«. Ihren Weg nahmen von hier aus Wolfgang Sawallisch, Heinz Wallberg, Istvan Kertész, Hans Zanotelli, Gabor Ötvös, Bruno Weil.

Am 26. Februar 1948 ging ein außerordentlicher Stern am Augsburger Theaterhimmel auf. Die »Augsburger Puppenkiste« klappte erstmals für das

Märchen vom »Gestiefelten Kater« ihre inzwischen längst fernsehberühmten Flügeltürchen auf. Der vormalige Oberspielleiter der Städtischen Bühnen, Walter Oehmichen, hatte den Vorläufer der »Puppenkiste« für seine beiden kleinen Töchter gebaut. Und während die Augsburger Kinder ein hübsches Märchen nach dem anderen vorgesetzt bekamen, ließen sich die Erwachsenen von Puppenspielinszenierungen großer Literatur und dem alljährlichen Silvesterkabarett verzaubern. Der internationale Durchbruch kam mit Oehmichens eigener Adaption von Saint-Exupérys *Der kleine Prinz*, der Widerhall bis hinüber zum großen alten Mann des sowjetischen Puppentheaters, Obraszov, fand. In der zweiten Generation ist der Charakter des Familientheaters geblieben.

An der Stelle des obengenannten Ludwigsbaues, von dem die Augsburger Theater- und Musikwelt ungern Abschied nahm, wurde im Juni 1971 nach acht Jahren Planung und drei Jahren Bauzeit an städtebaulich sensibler Stelle im Wittelsbacher Park die neue Kongreßhalle eröffnet. Als großer Konzertsaal setzte sie für das lokale Musikleben wie für den Gastspielkalender erhöhte Maßstäbe. Der Titel »Philharmonisches Orchester Augsburg« für das bisherige städtische Orchester war eine verdiente Reverenz vor der Qualität dieses Klangkörpers. Zum Kleinen Goldenen Saal, der Rokoko-Aula des ansonsten verschwundenen Jesuitenkollegs St. Salvator, und dem Mozartsaal der Kongreßhalle gesellten sich kleinere und kleinste Konzertpodien privateren Charakters für ein üppig aufblühendes kammermusikantisches Leben. Als »dritte Mozartstadt« – neben Wien und Salzburg – entwickelte Augsburg in der Ära des dritten Bürgermeisters und nachmaligen Kulturreferenten Dr. Ludwig Wegele eine systematische Mozartpflege. Es war unter dem zu früh verstorbenen Dr. Ernst Fritz Schmid bereits 1951 Sitz der Deutschen Mozart-Gesellschaft geworden. Seit 1948 trägt das – damals 75 Jahre alt gewordene – städtische Konservatorium den Namen Leopold Mozarts; inzwischen ist es Fachakademie. Leopolds Geburtshaus wurde ein intimes Museum. In Arthur Piechler, dem Komponisten und Musikpädagogen, hatte Augsburg nach 1945 einen »Aufbaumusiker« von Rang; eine schwäbische Komponistenschule ist ihm zu danken.

Seit Mitte der sechziger Jahre erlebte Augsburg im Bereich seiner Kunstsammlungen einen Durchbruch zur Museumsstadt und zu einem international beachteten Ausstellungsplatz, wie er im Vergleichsmaßstab der mittleren Großstädte seinesgleichen sucht. Die Berufung von Bruno Bushart an die Spitze der Sammlungen bedeutete Zustimmung zu einem ehrgeizigen und kommunalpolitisch außerordentlich fordernden Gesamtkonzept. In diesem Rahmen entstanden das Römische Museum in der ehemaligen Dominikanerkirche St. Magdalena, die Deutsche Barockgalerie und das Graphische Kabinett im Schaezler-Palais, das der letzte Privatbesitzer Wolfgang Freiherr von Schaezler 1958 der Stadt als Schenkung übereignet hatte, sowie eine erst jetzt räumlich mögliche Neuorganisation des Maximilian-Museums mit den Schwerpunkten Plastik, Goldschmiedekunst und Kunsthandwerk. Ein stadtgeschichtliches Museum mußte noch zurückgestellt werden. Wohl aber hat der Freistaat Bayern zu der nach dem Krieg schwerpunktmäßig auf Augsburger und schwäbische Exponate konzentrierten Staatsgalerie altdeutscher Meister zur 2000-Jahr-Feier Augsburgs eine zweite Staatsgalerie des 19. und 20. Jahrhunderts mit Schwerpunkt klassische Moderne beigesteuert. Das große Ausstellungsprogramm (»Hans Holbein der Ältere und die Kunst der Spätgotik«, »Augsburger Barock«, »Suevia sacra«, »Jan Liss«, »Welt im Umbruch«) setzte Maßstäbe für eine Kunstpolitik, die weitergeführt werden muß, wenn der wiederhergestellte Goldene Saal des Rathauses neben der Toskanischen Säulenhalle des Zeughauses und dem intimen Holbeinhaus wieder als Ausstellungsraum verfügbar ist. Aus dieser Trias sollte kein Stück ausgebrochen werden. Dieser Imperativ gilt auch im Blick auf die Ausstellungsprogramme des Kunstvereins Augsburg, der seit seiner Wiedergründung 1963 anspruchsvoll die Moderne der lebenden Generationen ins Gespräch bringt, wie für das Präsentationsinteresse der Künstlervereinigungen. Der zu Beginn der siebziger Jahre ausbrechende Boom in Privatgalerien (samt Kellergalerie als städtischer Beitrag und Traditionsgalerie der »Ecke«) deutet auf veränderte Publikumsinteressen. Ein Grund dafür liegt wohl in soziologischen Umschichtungen genau zu diesem Zeitpunkt. Die Errichtung der Universität Augsburg bringt eine vorzugsweise den jüngeren Jahrgängen zugehörige Mantelbevölkerung in die Stadt und die Region. Sie läßt, mit zeitlicher Verzögerung, Impulse der Studentenbewegung wirksam werden.

Ihre eigenen wissenschaftlichen Vermögenswerte hat die Stadt unversehrt gerettet und rechtzeitig auf neuesten technologischen Stand gebracht. Das gilt für die Staats- und Stadtbibliothek wie für das Stadtarchiv, die beide ihrer Kapazität nach Spitzenpositionen unter vergleichbaren Einrichtungen deutscher Städte halten.

Wie außerordentlich frühzeitig sich in Augsburg Bürger für kulturelle Lebensqualität ihrer Stadt engagiert haben, ist eingangs angedeutet worden. Sie vertraten, ohne es am Anfang schon zu ahnen, übergreifende Interessen der gesamten Stadt. Das gilt für die 1959 an die Öffentlichkeit getretene »Gesellschaft zur Erhaltung Alt-Augsburger Kulturdenkmale«, einen ganz frühen Vorläufer des Denkmal- und Ensembleschutzgedankens. Sie half, Altes sinnvoll neu zu nutzen, zum Beispiel eine seltene zweischiffige Hallenkirche mit barocker Ausstattung für ein Römisches Museum. Sie half, kulturelle Identität durch planvolle Ankaufspolitik der Kunstsammlungen wie der Staats- und Stadtbibliothek am speziellen Augustana-Markt zurückzugewinnen. Das Zeughaus des Elias Holl, zuletzt Hauptfeuerwache, zwischenzeitlich fast schon Kaufhausdependance, wurde Ende der siebziger Jahre Bildungs- und Begegnungszentrum in kommunaler Trägerschaft nur dank der Hartnäckigkeit, mit der zehn Jahre früher Bürger und Denkmalexperten gemeinsam dem Stadtrat eine Entscheidung in ihrem Sinne abgetrotzt hatten. Für den Neubau eines Naturwissenschaftlichen Museums, das die nach Kriegszerstörung mietweise im Fuggerhaus neu begonnenen Sammlungen aufnehmen soll, sind Bürger ebenfalls aktiv.

Die Bestrebungen, die schließlich zur Gründung einer Universität Augsburg führen sollten, setzten 1960 ein. Ziel war zunächst die Errichtung einer Medizinischen Akademie. Vom Landtag bereits beschlossen, wurde sie schließlich als Fakultät der Technischen Universität München am Münchner Klinikum Rechts der Isar eingerichtet. Am 20. Mai 1966 konstituierte sich in Augsburg ein »Schwäbisches Hochschulkuratorium« unter dem Fürsten Joseph Ernst Fugger von Glött. Gesamtschwäbische Bürger-

aktivitäten in dieser Vereinigung zusammen mit politischen Initiativen ebenfalls aus dem ganzen Regierungsbezirk erzwangen noch im gleichen Sommer einen Landtagsbeschluß zur Errichtung eines »wirtschafts- und sozialwissenschaftlichen Studiums im Rahmen einer Hochschule« in Augsburg. Das aus zwei Sätzen bestehende Gründungsgesetz für diese Hochschule änderte der Kulturpolitische Landtagsausschuß im Herbst 1969 in ein Gründungsgesetz für eine Universität um, das am 1. Januar 1970 in Kraft trat. Im Mai 1969 war der Ordinarius für Betriebswirtschaftslehre an der Ludwig-Maximilians-Universität München, Louis Perridon, zum Gründungsbeauftragten zunächst der Wirtschafts- und Sozialwissenschaftlichen Hochschule bestellt worden. Im August 1970 wurde Perridon Gründungspräsident der Universität Augsburg, die Kultusminister Ludwig Huber am 16. Oktober 1970 mit einem Festakt im Stadttheater feierlich eröffnete. Der akademische Betrieb begann in gemieteten Räumlichkeiten an der Memminger Straße.

Die erste Aufbauphase dauerte bis Ende 1973. Zur Wirtschafts- und Sozialwissenschaftlichen Fakultät, deren erste Mannschaft ein für deutsche Verhältnisse neues Konzept von Managementhochschule entwickeln wollte, kam schon im Frühjahr aufgrund eines Staatsvertrags zwischen dem Freistaat Bayern und dem Heiligen Stuhl der Restbestand der aufgelösten Philosophisch-Theologischen Hochschule Dillingen als neue Katholisch-Theologische Fakultät. Ziemlich zeitgleich liefen Pläne des Freistaates an, im Rahmen eines von Bund und Ländern getragenen Versuchszeitraums zur Reform der juristischen Ausbildung ein einphasiges Ausbildungsmodell zu übernehmen, Kernstück einer Juristischen Fakultät. Und mit Blick auf Augsburg wurde zunächst im Raum der Lehrerbildung sowie der interessierten Verbände immer entschiedener nach einer Vollintegration der Pädagogischen Hochschule in die Universität gerufen, weil sich hier erstmals für Bayern eine Möglichkeit abzeichnete, ohne uferlose Standeskonflikte die Volksschullehrerausbildung mit dem Lehrangebot klassischer Philosophischer Fakultäten zusammenzubringen. Es folgte in der zweiten Jahreshälfte 1972 die Eingliederung der bisherigen Pädagogischen Hochschule Augsburg der Universität München als Erziehungswissenschaftlicher Fachbereich in die Universität Augsburg sowie die Errichtung der Philosophischen Fakultäten, die 1977 die Erziehungswissenschaften dann voll integrierten.

Erst Ende Oktober 1977 konnte der erste Neubau auf dem künftigen Universitätscampus am Alten Flugplatz von einem Teil der Geisteswissenschaften bezogen werden. Die Entscheidung für eine stadtnahe Campus-Universität war erst nach kontroversen Standortdiskussionen gefallen, die bis in die sechziger Jahre zurückreichen. Eine echte Alternative, wenigstens mit Teilen der Universität in der Innenstadt zu siedeln, war indes mangels geeigneter Grundstücke zum Zeitpunkt des Planungsbeginns nicht in Sicht. Doch entwickelte die Neue Universität, wie die Baulichkeiten am Alten Postweg im Unterschied zu den im Bereich Memminger Straße–Eichleitnerstraße verbliebenen Unterkünften für Wirtschafts- und Sozialwissenschaften, Jurisprudenz und Naturwissenschaften (Alte Universität) inzwischen heißen, nach einigen Anlaufschwierigkeiten auch städtebaulich Profil als Kernstück eines Universitätsviertels. Weitergebaut wurde dort mit Mensa, Zentralgebäude und Zentralbibliothek. Durch den Ankauf der Oettingen-Wallersteinschen Bibliothek für die Universitätsbibliothek Augsburg seitens des Freistaates Bayern bekam diese auch das historisch-bibliophile Gewicht, das einer Universitätsbibliothek von Rang gebührt.

1979 hat der Wissenschaftsrat grünes Licht für eine Naturwissenschaftliche Fakultät in Augsburg gegeben. Sie ist zum Wintersemester 1982/83 mit der Fachrichtung Mathematik angelaufen. Bei der Präsidentenwahlentscheidung im Sommer 1983 waren sich die beiden Kandidaten einig in der Beurteilung des Ausbaues dieser Fakultät als der vorrangigen Aufgabe der Augsburger Universitätspolitik bis zur Mitte der achtziger Jahre. Es bestand zu diesem Zeitpunkt auch Übereinstimmung mit der Wirtschaft der Region und der politischen Öffentlichkeit, daß das vom Wissenschaftsrat 1979 mit großem Beifall genehmigte Augsburger Studienkonzept einer anwendungsorientierten Verbindung von Mathematik, Physik und Wirtschaftswissenschaften unter arbeitsmarktpolitischen und innovativen Gesichtspunkten vordringlich realisiert werden sollte. Ebenso war zu

diesem Zeitpunkt einsichtig, daß die drängende Aufgabe der Umstrukturierung von Lehramtsstudienkapazitäten im Blick auf neue Berufsfelder und »Marktnischen« im pädagogischen Bereich an der Universität Augsburg vergleichsweise leichter zu leisten sein wird als an den alten Massenuniversitäten. Die Alma Mater Augustana hatte sich bis dahin als ein außerordentliches innovationsfähiges Unternehmen einen Ruf gemacht.

Beim ersten öffentlichen Forschungsforum im Wintersemester 1982/83 gelang eine zukunftweisende Bestandsaufnahme der Forschungsmöglichkeiten an der Hochschule. Nach siebenjähriger Erprobung als Bund–Länder-Modellversuch nahm die Universität Augsburg das »Kontaktstudium Management« in eigene Regie – ein bundesweit beachteter Schritt, um ihre inzwischen gewonnene Vorrangstellung beim weiterbildenden Studium zu untermauern. Ebenfalls bundesweite Beachtung fand im Frühjahr 1980 die Denkschrift eines unabhängigen Gutachterbeirats für eine Klinische Akademie beim neuen Augsburger Zentralklinikum. Ob dieses Denkmodell für eine verbesserte klinische Ausbildungsstruktur im kostensparenden Verbund mit kommunalen Krankenhäusern realisiert werden kann, ist Sache der Entscheidungsfreudigkeit des bayerischen Kabinetts. Immerhin hat sich auch hier gezeigt, daß die Universität Augsburg fähig und willens ist, sich um die Interessen von Stadt und Region zu kümmern, so wie die Gründergeneration der sechziger Jahre sich das gewünscht hat. Das gilt uneingeschränkt für die so unterschiedlichen Persönlichkeiten, die bis jetzt die Präsidentschaft innehatten: Louis Perridon (1970–1973), Franz Knöpfle (1973–1979), Karl Matthias Meessen (1979–1983) und Josef Becker (seit 1983). In der »Gesellschaft der Freunde der Universität Augsburg e. V.«, der Nachfolgerin des »Schwäbischen Hochschulkuratoriums«, stand ihnen gleichzeitig ein Partner zur Verfügung, der nicht nur wie andere Fördergesellschaften Geld sammelt (von rund 800 gesamtschwäbischen Mitgliedern und Förderern), sondern vor allem in den ersten Aufbauphasen wertvolle Integrationshilfe in Stadt und Region geleistet hat.

Augsburg hat akademisches Leben außerordentlich spät erhalten. Es führt sein Selbstverständnis nicht wie andere alte Städte historisch auf das Attribut

»Universitätsstadt« zurück. Um 1970 kam zu einer gewachsenen großstädtischen und traditionsstädtischen Struktur mit den Hochschulgründungsjahren lediglich ein weiterer Akzent hinzu. Es ist ein Gebot der Fairneß, das im Auge zu behalten, wenn man den Einfluß auf das Augsburger Milieu recht gewichten will, den die Universität und die fast gleichzeitig gestartete Fachhochschule Augsburg in kaum mehr als einem Dutzend Jahren gewonnen haben.

Die Fachhochschule Augsburg fügte bei ihrem Start 1971 zwei alteingesessene Augsburger Institute zusammen, das Rudolf-Diesel-Polytechnikum und die Werkkunstschule. Im Laufe des ersten Jahrzehnts kamen die Fachrichtungen Wirtschaft und Informatik hinzu. Im gleichen Zeitraum gelang unter den Präsidenten Friedrich Dworschak und Wolfgang Heidekker die Integration so verschiedener Bausteine zu einer neuen Einheit, die den Qualitätsstandard dieses anwendungsorientierten Hochschultyps unterstreicht, sie unterstreicht mit dem, was ihr die größten Sorgen macht: Überfüllung. Für den Fachbereich Gestaltung – den Nachfolger der alten Werkkunstschule – glückte nach langer Verhandlungsmühsal 1983/84 eine Neuunterbringung im Westflügel des ehemaligen Hauptkrankenhauses unter der Präsidentschaft Rudolf Bretzels. Eine Lösung, die diesen aus denkmalpflegerischen Gründen erhaltenswerten Baukomplex der Neoromantik sinnvollen neuen Verwendungszwecken auch im musischen Bereich, vom Kindertheater bis zur Künstlerkolonie, zugeführt hat.

Es gibt in Augsburg mittlerweile auch eine Fülle von Beispielen, die den kreativen Einfluß der Studenten, der jungen Wissenschaftler, der Mantelbevölkerung aus dem Hochschulbereich spüren lassen: Bürgerzentrum Kreßlesmühle, Brechthaussanierung, Kleinkunstbühnen, alternative Kinos (Erinnerung an die Nachkriegszeit, als in Augsburg die Spitze der deutschen Film-Clubs saß!), Studententheater – mehr Mut zum Unbürgerlichen.

Die konfessionelle Zusammensetzung in Augsburg hat sich auch durch die Zuwanderung aus dem Osten nach Kriegsende und durch die Eingemeindungen in den frühen siebziger Jahren nicht entscheidend verändert. Nach wie vor ist die Bevölkerung zu rund drei Vierteln katholisch, so wie es sich im 19. Jahrhundert durch die auf Arbeitssuche einströmende Landbevöl-

kerung nach dem Ende der mehrheitlich evangelischen Reichsstadt ergeben hatte. Und ebenso ist, auch da schlägt das Gewicht geschichtsbildender Kräfte in dieser Stadt ganz typisch durch, das Gesicht Augsburgs noch im ausgehenden 20. Jahrhundert geprägt durch die Parität, das nunmehr einigermaßen zahlenunabhängige gleichberechtigte Nebeneinander der beiden großen christlichen Kirchen. Seit dem Zweiten Vatikanischen Konzil hat es einem vorsichtigen Miteinander Platz gemacht. Die Ökumene in der Stadt gewinnt manchen Anstoß davon, daß die Arbeitsgemeinschaft christlicher Kirchen in Bayern ihren Sitz in Augsburg hat und häufig einfallsreiche Hilfe leistet. Auch das Ökumenische Lebenszentrum in Ottmaring vor den östlichen Stadttoren, eine Gemeinschaftsleistung der katholischen Focolare-Bewegung und mehrerer evangelischer Bruderschaften, zieht ökumenisch Interessierte aus Gemeinden und Basisgruppen der Stadt an. 1971 fand in Augsburg das Ökumenische Pfingsttreffen statt, die einzige bisher gemeinsame Großveranstaltung des Zentralkomitees der deutschen Katholiken und des Deutschen Evangelischen Kirchentages. Die Veranstaltung stand unter der damals starken Polarisierung bei der Suche nach Möglichkeiten der Interkommunion oder eucharistischen Gastfreundschaft. Sie fand keinen Nachfolger.

Nach Kriegsende hatten beide Kirchen die Aufgaben wahrgenommen, die auf sie zukamen, weil es außer ihnen zunächst kaum völlig intakt gebliebene Strukturen gab. Es ging um intensive soziale Hilfsdienste, um Wohnungsbau, später um Kirchenbau. Über die Kirchenbauleistungen während der fünfziger und sechziger Jahre vor allem in den neuen Stadtteilen wird unter Umständen erst eine spätere Generation ein endgültiges Urteil fällen können. Das Prädikat »herausragend« mag etwa für die späten Bauten von Thomas Wechs sen. bei Don Bosco am Herrenbach sowie beim Exerzitienhaus St. Paulus in Leitershofen am westlichen Stadtrand gelten. Die Liturgiereform des Zweiten Vatikanischen Konzils hat in den alten Innenstadtkirchen, einschließlich des Doms, kaum irgendwo voll überzeugende Lösungen des Volksaltars gebracht. Als wesentlicher Gewinn für die gesamte Stadt darf die Errichtung des Augustana-Hauses durch die evangelisch-lutherische Gesamtkirchengemeinde sowie des Hauses St. Ulrich, Katholische Akademie und Bildungszentrum, durch die Diözese Augsburg gelten. Das kirchliche Schulwesen in der Stadt erlebt wellenförmig Phasen des Zulaufs und der strukturellen Beschwernis. Gelegentlich wandeln sich Elterninteressen: Das evangelische Stetten-Institut für Mädchen, gegründet 1805, wird zunehmend von katholischen Eltern gewählt. Mit der Gründung eines Katholischen Schulwerks für ihren Bereich wird die Diözese Augsburg beispielgebend im Bemühen, das Überleben auch kleiner klösterlicher Schulen auf anspruchsvollem Qualitätsniveau zu sichern. Im Bischofspalais am Hohen Weg zog, nach dem Tode von Joseph Kumpfmüller 1949 Joseph Freundorfer ein (gest. 1963); ihm folgte Josef Stimpfle. 1972 bekam das flächenmäßig größte bayerische Bistum erstmals – statt wie bisher einen – zwei Weihbischöfe. 1971 wurde Augsburg Sitz eines evangelisch-lutherischen Kreisdekans in der Funktion eines kirchenleitenden Mitglieds des Landeskirchenrats und Regionalbischofs für den neuerrichteten Kirchenkreis Schwaben, der bis dahin Teil des Kirchenkreises München gewesen war. Der erste Amtsinhaber, Oberkirchenrat Walter Rupprecht, entwickelte für die neue Struktur des schwäbischen Protestantismus Profil und an seinem Amtssitz das bis dahin fehlende Gleichgewicht zum katholischen Ordinarius. 1983 folgte ihm Oberkirchenrat Johannes Merz.

Die Identität des christlichen Bekenntnisses an einem der ältesten Plätze des Christentums nördlich der Alpen – sinnfällig dokumentiert durch mehrere Phasen fündiger Ausgrabungen bei St. Ulrich und Afra – wird durch eine Kette von Festen gestärkt. Es begann 1955 mit doppeltem Anlaß: mit der Tausendjahrfeier der Schlacht auf dem Lechfeld und der 400-Jahr-Feier des Augsburger Religionsfriedens, beides mit europäischer Besetzung. 1980 wurde mit Gästen aus dem Weltluthertum und Papstbotschaft der 450. Wiederkehr der Übergabe der »Confessio Augustana« in Augsburg gedacht; 1983 stand im Mittelpunkt des Augsburger Lutherjahres ein anspruchsvolles Veranstaltungskonzept in Erinnerung an die Begegnung Luthers mit dem päpstlichen Legaten Cajetan in Augsburg 1518. Aus diesem Anlaß ist Augsburg um ein kleines informatives Museum, die Lutherstiege bei St. Anna, reicher geworden.

Die Entscheidung von Bischof Josef Stimpfle, im Gegenzug für die Auflösung der Philosophisch-Theologischen Hochschule Dillingen Ende der sechziger Jahre die Errichtung einer Theologischen Fakultät an der geplanten Universität Augsburg beim Heiligen Stuhl zu forcieren – es gab zu diesem Zeitpunkt vor allem in der Bonner Apostolischen Nuntiatur mehr Sympathien für die Zusammenführung der noch vorhandenen Philosophisch-Theologischen Hochschulen in Bayern zu einer kirchlichen Hochschule –, verstärkte nachhaltig das Gewicht der Bistumshauptstadt Augsburg. Sie ist zwar einer der älteren Bischofssitze in Deutschland, aber Bürgertum und Hochstift entwickelten sich seit dem hohen Mittelalter auseinander, und vor der rasch ausgreifenden Reformation in der Stadt zogen sich Bischof und Domkapitel nach Dillingen zurück, wo 1551 eine Universität gegründet wurde, die wenig später die Jesuiten übernahmen. Als Augsburg endlich mit mehr als 400 Jahren Verzögerung die seinerzeitige Entwicklung korrigieren konnte, mußte innerhalb der neuen Fakultät erst Klarheit darüber geschaffen werden, daß die Gründung von 1970 eine staatliche und keine kirchliche Universität ist. Die kleine Augsburger Fakultät hat ebenso wie die großen alten Fakultäten, aber ohne deren gewachsene Stabilität, mit einer studentischen Besetzung fertig zu werden, die nur zu einem sehr kleinen Bruchteil aus Priesteramtskandidaten besteht und den übrigen Studenten auch nur sehr beschränkt Arbeitsplätze als Laientheologen im Kirchendienst bieten kann. Ein Priesterseminar wird in Augsburg trotzdem neu gebaut. Drei evangelische Lehrstühle an der Philosophischen Fakultät I sind, außer für die schwäbische Religionslehrerausbildung, vor allem als ökumenischer Partner gerade in Augsburg wertvoll. Das Denkmodell einer Ökumenischen Fakultät mit Besetzungsrecht für beide kirchlichen Vertragspartner, zum Gründungszeitpunkt der Universität ernsthaft diskutiert, scheiterte schon bald an kirchenpolitischen Realitäten.

Auch ein gedrängter Überblick über das Augsburger Kultur- und Geistesleben nach 1945 muß das Pressewesen wenigstens stichwortartig berücksichtigen. Bereits am 30. Oktober 1945 startete unter Lizenznummer 7 der Militärregierung die »Schwäbische Landeszeitung«, Lizenzträger waren Curt Frenzel und

Johann Wilhelm Naumann. Die ab 1948 von Curt Frenzel (gest. 1970) allein herausgegebene Zeitung wurde am 1. November 1959 in »Augsburger Allgemeine« umbenannt, eine sinnfällige Dokumentation des Bemühens, an die vom Dritten Reich brutal unterbrochene große Augsburger Zeitungstradition anzuknüpfen. Verlegerisch war bereits 1948 ein damals bahnbrechendes Konzept mit einem Pool von Heimatzeitungen in Schwaben realisiert worden; nach 1960 kam auch das Allgäu noch hinzu.

Brecht, der Augsburger[1]

von Albrecht Weber

»Der Augsburger geht mit Dante durch die Hölle der Abgeschiedenen. Er spricht die Untröstlichen an und berichtet ihnen, daß auf der Erde nunmehr manches geändert ist«[2].

Dieser Vorspruch zu dem, vermutlich 1938 entstandenen, *Sonett zu Dantes »Hölle der Abgeschiedenen«* ist meines Wissens die einzige Stelle im gesamten Werk, wo Brecht sich als »der Augsburger« bekannte, 40 Jahre nach seiner Geburt in Augsburg (10. Februar 1898). In dem kritisch-herausfordernden Sonett und dem Ebenbürtigkeit beanspruchenden Vergleich mit jener großen, nun 600jährigen Gestalt der Literatur und in der Deckung einer fast zweitausendjährigen Geschichte durch die selbstbewußte Berufung Augsburgs stellte sich Brecht in die Traditionen: ein Akt historischen Bewußtwerdens an historischen Phänomenen. Augsburg ist eine historisch geprägte Lebensform.

Brechts Familie gehörte nicht zum eingesessenen Augsburger Bürgertum. Seine Eltern entstammten meist handwerklichen Kleinbürgern und kamen aus dem Schwarzwald, »aus den schwarzen Wäldern«[3], wie Brecht mehrdeutig poetisierte. Sein Vater, Berthold Friedrich Brecht, war 1893 als kaufmännischer Angestellter in der Firma Haindl zugezogen; er stieg zum kaufmännischen Direktor dieser Papierfabrik auf, erhielt 1902 Heimatrecht, 1911 Bürgerrecht. Die Bindung der zweiten Generation an Augsburg durch Geburt und Sozialisation war gegeben, ohne schon Fessel zu sein. (Brechts Bruder Walter, geb. 1900, später Professor für Papiertechnologie in Darmstadt, verließ dann ebenfalls Augsburg.) Auf dem Rain 7, zwischen Vorderem und Mittlerem Lech, geboren, wuchs Eugen Berthold Friedrich Brecht am Oblatterwall in der Bleichstraße 2 auf, wo (seit 1900) die Direktorenfamilie, mit Hausdame und Dienstmädchen, in der Arbeiter-, Rentner- und Invalidensiedlung des Werkes wohnte, charakteristisch für die soziale Zwischenstellung der Aufsteigerfamilie.

Als leitender Angestellter gehörte der Vater zum sogenannten »neuen Mittelstand«[4] und dürfte weniger wilhelminisch als eher national-liberal im Sinne eines prosperitätsstrebigen, nationalstolzen Wirtschaftsliberalismus, wie ihn Bismarck gefördert hatte, eingestellt gewesen sein. Durchaus patriarchalisches Familienoberhaupt, für den die Bediensteten »gerne arbeiteten«[5], verhielt er sich für jene Zeit außerordentlich liberal: ging, obwohl Katholik, die Ehe mit der evangelischen Sophie Brezing ein (1897), ließ sich evangelisch trauen, die Kinder (in der Barfüßerkirche) evangelisch taufen und konfirmieren und überließ der Mutter die Erziehung; er schenkte dem Sechzehnjährigen eine Wedekind-Ausgabe (1914), tolerierte das Bohème-Treiben in der sturmfreien

Mansarde, unterstützte den »Dichter« finanziell[6] und durch Manuskripttippen seiner Sekretärinnen[7], wenn er auch von den Dichtungen selbst nichts hielt[8]. Vielleicht war er ein schwacher Vater, der seinem älteren Sohn zu wenig Gegengewicht gegen die Mutterdominanz bot, zu wenig Widerstand und Rückhalt zur Stabilisierung des Über-Ichs[9]. Immerhin verzeichnen Brechts Tagebücher nur einmal eine Auseinandersetzung (15. September 1920)[10]; Brecht schrieb nie eines der im Expressionismus häufigen Vatermorddramen. Die Lösung von der väterlichen Autorität war noch zu Lebzeiten der Mutter geschehen, und mit dem Zusammenbruch des nationalen Glaubens (1916) war auch der Glaube an die patriarchalischen Gestirne Vater–Lehrer–Kaiser–Gott getroffen, in Frage gestellt, erschüttert[11].

Die Lösung der Bindung zur Mutter, jener ein Jahrzehnt hinsiechenden, schließlich an den Rollstuhl gefesselten Frau, war für Brecht sehr schmerzhaft. Sie hatte ihn verzärtelt, verwöhnt und zum Sonderling verzogen[12]. Sie hatte aber, selbst belesen[13], nicht nur sein Wesen verstanden[14], sondern auch an seine Zukunft als Schriftsteller geglaubt, allerdings eher in Gestalt eines neuen Ganghofer[15]. Ihr Tod (am 1. Mai 1920) wühlte seine unter Zynik versteckte tiefe Verletzlichkeit auf. Er schrieb einen bitteren, bekennenden Psalm, das *Lied von meiner Mutter*[16]:

»[...] 6. Oh, warum sagen wir das Wichtige nicht [...]

7. Jetzt ist meine Mutter gestorben, gestern, auf den Abend, am 1. Mai. Man kann sie mit den Fingernägeln nicht mehr auskratzen.«

Brecht besorgte den Grabstein[17], besuchte später den Friedhof[18], erinnerte sich des Jahrestages ihres Todes.[19] Er sublimierte die Mutterbindung in »einer Reihe von Muttergedichten und den großen Mutterrollen«[20] seiner Stücke, aber eben diese Bindung zwischen Einheits- und Vereinigungssehnsucht und Trennungsangst und -schmerz[21] mochte auch die Ursache sein, daß er zu keiner der zahlreichen Frauen, denen er begegnete, eine ausschließliche und dauernde Beziehung einging. Am längsten währte wohl die innere Verbindung zu Bi, seiner Augsburger ersten Geliebten und Mutter seines Sohnes Frank, zu Paula Banholzer[22]. »Brecht hat viele Frauen gehabt, aber geliebt hat er nur die Bi«[23].

Die Mutter hatte die Kindheit umhegt, das Elternhaus eine schöne, leichte, bürgerliche Jugend gesichert. Eugen, so wurde Brecht nach seinem ersten Vornamen gerufen, gab unter seinen Spielkameraden den Ton an, kommandierte sie, bestimmte den Spielplan seines Puppentheaters[24]. In der Schule lernte er problemlos und erhielt gute Noten[25]. Wenn er später nie gut über die Schule sprach, betraf das die höheren Klassen des Realgymnasiums An der Blauen Kappe; dort war er mit nationalistischem Feier-Pathos[26] überzogen worden, dem er sich dann, seit 1916, widersetzte. Aber die Vorliebe[27] für Latein schon in der Schule und das Römische, etwa bei der Aufnahme des Caesar-[28] oder des Lukullus-Stoffes[29], beim Lesen des Lukrez[30] in Santa Monica oder des Horaz[31] in Buckow, diese Vorliebe könnte doch auch von der Jugend in der alten Römerstadt Augsburg ausgegangen sein. Nicht begegnete Brecht auf der Schule der griechischen Antike im Original, der Humanismus der deutschen Klassik widerfuhr ihm epigonal, im Pathos des 19. Jahrhunderts. Schiller und Aristoteles lehnte er, zumindest theoretisch, beharrlich ab.

Nahm die Familie Brecht eine soziale Zwischenstellung zwischen Arbeiter- sowie Kleinbürgertum und Großbürgertum ein, so brachte die Mischehe der Eltern auch eine konfessionelle Zwischenstellung für die Kinder. Diese Zwischenstellungen kennzeichnen das Entstehen einer neuen Schicht, die keine traditionellen Bindungen in und zu Augsburg besaß. An der Familie Brecht wird das Augsburg der Jahrhundertwende als aufstrebende Industriestadt sichtbar (z. B. Papierfabrik Haindl ca. 300 Beschäftigte), die durch Zuzug auf rund 100 000 Einwohner (1867: 50 000) angestiegen und unter die Großstädte Deutschlands aufgestiegen war. Diese Entwicklung hatte sich vollzogen auf dem Boden althergebrachter schwäbischer Tüchtigkeit, wie Fleiß, Sparsamkeit, Nüchternheit, Schläue, vor allem auch auf dem Boden politisch-konfessioneller Vernunftkompromisse von Paritäten seit dem Augsburger Religionsfrieden (1555) und dem Exekutionsrezeß des Westfälischen Friedens (1648/49).

Mag die konfessionelle Mischehe in Augsburg damals leichter möglich gewesen sein als noch anderswo, so machte einerseits die Erziehung im konservativen Augsburger Luthertum Brecht bibelfest[32], was nicht nur seine Kontrafakturen, sondern viele nicht gekennzeichnete wie gekennzeichnete Bibelzitate im Werk ausweisen, ließ ihn andererseits aber die konsequentere katholische Zucht und Zeremonie[33] bewundern, wohl weil ohne persönliche Verpflichtung. Das trug zu Relativierung und Skepsis bei, gab aber dem jungen Brecht, wie die soziale Stellung, auch mehr Spiel- und Freiheitsraum.

War Bertolt Brecht dem Familienherkommen nach kein Augsburger, so war er es durch Geburt, Sozialisation, Erziehung, Gewohnheiten und Sprache. Er war fleißig, sparsam[34], nüchtern, spartanisch[35], werkbesessen, schlau[36], hielt überall an seinen Augsburger Essensgewohnheiten[37] fest, nahm das Dienstmädchen Mari Hold mit nach Berlin und Dänemark[38]; sein Schneider[39] in Berlin war ein Augsburger; Caspar Neher[40], den Jugendfreund, und Bi[41], die erste Geliebte, wollte er in Berlin haben. So versuchte er Augsburg mitzunehmen.

Weil Sprache für Brecht die mundartliche Umgangssprache[42] des Volkes war, hatte er zu ihr ein ungebrochenes Verhältnis. Aus einer stilisierten, gehobenen Augsburger Umgangssprache heraus erneuerte[43] er die Literatur, wie seinerzeit Luther, »dem Volk aufs Maul schauend«. Das Werk steckt voller Dialektizismen, er selbst sprach zeitlebens unbeirrt und ungeniert Augsburger Dialekt, was Nicht-Augsburgern besonders auffiel[44]. Aus dem Exil zurückgekehrt, sprach er in Berlin weiter unverkennbar Augsburgisch[45]; als Regisseur setzte er Dialekt bewußt als Therapie zur Entkrampfung der Schauspieler und zur Herstellung natürlichen Sprechens ein[46]. Die Dialektbindung hinderte Brecht, trotz der langen Jahre im fremdsprachlichen Exil, wirklich bilingual oder polylingual zu werden oder gar in eine andere Sprache überzuwechseln. Als Schriftsteller lebte Brecht in und aus der Sprache. Wenn er Augsburger war oder blieb, dann durch die Sprache.

Brecht schuf sich seine Öffentlichkeiten zuerst in Augsburg. Nach der Familienöffentlichkeit beim Puppenspiel gewann er Schulöffentlichkeit mit der Schülerzeitung »Die Ernte« (1913/14), die er mit zwölf Beiträgen füllen half, darunter das Gedicht *Der brennende Baum* (1913)[47], das Dramolett *Die Bibel* (1914)[48], die Kurzprosa *Balkankrieg* oder *Märchen* (1913/14)[49]. Vom Kriegsbeginn, August 1914, bis

Anfang 1916 gewann er auch Stadtöffentlichkeit durch Kriegsgedichte und Kriegsfeuilletons[50] in den »Augsburger Neuesten Nachrichten« und in der »München-Augsburger Abendzeitung« (mehr als 25 Beiträge). Er zeichnete sie mit Berthold Eugen, den beiden Vornamen, tarnte sich, wohl weil er das Veröffentlichte noch nicht als das Eigene ansah. Immerhin, der Sechzehn- bis Achtzehnjährige sprach zu Augsburg, aber er sagte das, was der Kriegspatriotismus sagen hieß und was die Zeitgenossen hören wollten. »Größe« und »groß« gehörten zu seinen Schlüsselworten[51], das Heroisch-Stoische zur Grundhaltung. Die Opfer der Krieger und der Mütter erhielten den Charakter der Passion. Das berühmte Gedicht *Moderne Legende* (1914)[52] wies auf die Opfer der Sieger wie der Besiegten; es endete:

»Nur die Mütter weinten

Hüben – und drüben.«

Der Umschwung in Brechts Haltung setzte Ende 1915 ein, ablesbar am Gedicht *Der Tsingtausoldat*[53], der entsetzt erkennt, »[. . .] Daß er von Gott und dem Teufel verraten sei« und er starrt »Irr und geschüttelt vor Angst«.

1916 erschien der Krieg sinnlos[54], der Achtzehnjährige wollte nicht mehr an die Front[55], nahm 1917 pro forma ein Medizinstudium in München auf, wurde zuletzt noch (1. Oktober 1918 bis 9. Januar 1919) Sanitätssoldat in der Seuchenabteilung (Geschlechtskrankheiten) eines Augsburger Reservelazaretts in den Baracken im Schulhof an der Hallstraße. Damals entstand die *Legende vom toten Soldaten*[56], den man wieder in den Krieg schickt.

Brecht lehnte den Krieg ab, kritisierte 1916 die nationalistische Ideologie des Wilhelminismus in einem Schulaufsatz über jenes *dulce et decorum est pro patria mori* des Horaz[57], blickte nach Amerika als dem großen freien Land der Pioniere, literarisch erstmals thematisiert mit *Das Lied der Eisenbahntruppe von Fort Donald*[58]; er signierte von da an mit Bert Brecht.

Gefühle desillusionierten Patriotismus, verlorener Autoritätsgläubigkeit, existentieller Verlorenheit und unentrinnbarer Vergänglichkeit schlugen in »anarchischen Nihilismus«[59] aus, in »anarchischen Vitalismus«[60] um, der sich aggressiv, zynisch, kontrareligiös, erotisch und sexuell entfesselt, egoistisch und autoritär gab. Carpe diem, der Genuß des diesseitigen Lebens, seine Steigerung durch Eros und Kunst, galten als das höchste. Brecht raffte an: Freunde, Frauen, Literatur, von Wedekind zu Goethe, Villon, Verlaine, Kipling, dazu Massen von Kriminalliteratur. Die Lektüre Nietzsches[61] schlug durch, dann ging es um Spinoza, Schopenhauer, Laotse, Spengler[62]. Er schuf sich eine neue Öffentlichkeit in einem Kreis, den er beseelte, zusammenhielt, beherrschte[63]. Alle ordnete er seinem Werk ein oder unter – George Pfanzelt, Otto Müllereisert, Hans Otto Münsterer, Otto Bezold, Heiner Hagg, Caspar Neher, Paula Banholzer –, hielt sie fest, zumal Frauen, die er umwarb, erkämpfte, eroberte, eifersüchtig überwachte[64].

Brecht entfesselte mit seiner Clique ein romantisch-jugendbewegtes Genietreiben: im Grase liegend, kletternd, schwimmend, an Lagerfeuern, am Stadtgraben, in Gablers Taverne, auf dem Plärrer, vor allem in seiner Mansarde, wo er zur Klampfe seine Lieder und Balladen vortrug. Er schien unerschöpflich in einer erotisch potenzierten literarischen Produktivität. »Mit der Lyrik jener Zeit löste er sich von den Normen und ganz allgemein von dem Verhalten des bürgerlichen Mittelstandes ab, dem er entstammte und dem er bis in die letzte Faser verhaftet war. Er trennte sich von seiner Klasse, erneuerte also seine Trennungserfahrung [von der Mutter] und suchte Sicherheit in der Kälte der Welt.«[65] Eine völlig un-, ja antiaugsburgische Sub- oder Gegenkultur sammelte sich für einige Jahre um Brecht, intellektuell und kritisch, er selbst mit amoralischem Gestus und polygamer Neigung. Auch diese blieb ihm.

Es war ein fruchtbares Chaos, »erfüllt von Baalischem Weltgefühl«[66], aus dem Brechts Frühwerk entstand: die große Mehrzahl der erst 1927 in der *Hauspostille* veröffentlichten Gedichte und Balladen, die frühen Dramen in unablässiger Umformung, so *Baal* (1918/19), *Trommeln in der Nacht* (1919), *Im Dickicht der Städte* (1921/22); noch *Mann ist Mann* (1925) geht auf die Augsburger Zeit zurück. Die Schiffs-, Seeräuber- und Amerika-Romantik der Balladen schlug sich auch in Prosa nieder, in einer Folge von Bargan-Geschichten. 1919/20 kritisierte Brecht im »Volkswillen«, Zeitung der USPD, das Augsburger Stadttheater und seine Aufführungen

scharf. Brecht hatte sich in Augsburg von vorneherein in einer – in der Literatur seltenen – umfassenden Weise entwickelt: als Lyriker, Dramatiker, Prosaist, auch Theaterkritiker.

Literarisch gesehen war das frühe Augsburger Werk fundamental. Später[67] kritisierte Brecht, vom marxistischen Standpunkt aus, dieses Frühwerk als planlose Gelegenheitsarbeiten, gestempelt von bürgerlicher Dekadenz, sprachlich salopp, auch als »die große Sintflut über die bürgerliche Welt«[68], als Poesie des Untergangs. »Aber kraftlos ist das nicht«, endete 1940 eine Notiz[69]. Mit der Kraft des jugendlichen Lebens- und Schaffensrausches bekannte er sich zu seiner Augsburger Zeit, zumal er sich in jenen Jahren als »der Augsburger« postulierte.

Das frühe Chaos indes drohte Zustand[70] zu werden, wenn es sich nicht nach außen richtete. Die Mutter war tot. Die Clique fiel auseinander: »[. . .] ich hatte keine Macht. Ich bin nichts. Ich schäme mich«[71]. Brecht war aus Augsburg herausgewachsen. Er brauchte Verlage, Theater, Publikum, Kritik. Er brauchte Erfolge. »Das Chaos ist aufgebracht. Es war die beste Zeit«, lautet Gargas Schlußwort *Im Dickicht der Städte*[72].

Brecht, seit 1920 in München gemeldet, heiratete 1922 die am Augsburger Stadttheater tätige Opernsängerin Marianne Zoff und bezog mit ihr eine Wohnung in München. Bi Banholzer mit dem Sohn Frank (geboren 1919) ließ er zurück. Aber die Ehe mit Marianne war schon zerrüttet, als 1923 die Tochter Hanne geboren wurde.

In München befreundete sich Brecht mit Lion Feuchtwanger, Karl Valentin, kollidierte über Johsts Roman *Der Anfang* mit Arthur Kutscher, begegnete Carl Zuckmayer an den Kammerspielen. Dort schaffte er mit der Uraufführung von *Trommeln in der Nacht* (23. September 1922), die ihm den Kleist-Preis einbrachte, den Durchbruch.

München war Sprungbrett. Brecht mußte Berlin, die Reichshauptstadt, erobern, die deutsche Weltstadt mit damals 4,5 Millionen Einwohnern (gegenüber den rund 500 000 Münchens), mit Dutzenden von Theatern, Verlagen, Zeitungen. Erstmals war Brecht Anfang 1920 für drei Wochen in Berlin gewesen und hatte an Caspar Neher geschrieben: »Jetzt gehe ich aufs Ganze los«[73]. Zu Arnolt Bronnen sagte er damals: »Hinaufkommen muß man, sich durchsetzen muß man, ein Theater haben muß man, seine eigenen Stücke aufführen muß man«[74]. Fünfmal stürzte sich Brecht »in das kalte Chicago«[75] – einmal (1922) mußte er wegen Unterernährung und Harnblutungen in die Charité –, bis er 1924 nach Berlin zog, zu Helene Weigel.

Schon 1920 hatten Verse vom Abschied von der Jugend[76] gesprochen, das berühmte Gedicht *Erinnerung an die Marie A.*[77] war im selben Jahr auf der Fahrt nach Berlin entstanden. 1922 erschien in »Aus verblichenen Jugendbriefen« jene virulente Zeit distanziert[78], 1930 die »Geliebte meiner Jugend [...] heute in der Erinnerung wie eine Gestalt aus einem Buch«. Und doch behielt Brecht die mit Möbeln seiner Mutter ausgestattete Mansarde in der Bleichstraße 2, kaufte 1932, nach dem weltweiten Erfolg der *Dreigroschenoper* (1928 in Berlin uraufgeführt), ein Grundstück mit Haus in Utting am Ammersee. Jährlich weilte er in den Sommerferien in seiner Heimat, um, entzogen dem Trubel Berlins, in der Stille arbeiten zu können. »In Augsburg liegt es anders. Hier kenne ich wenige Leute«, sagte er zu Fritz Sternberg. »So schreibe ich hier meine Stücke und komme zur Saison nach Berlin immer mit einem neuen Stück«[79]. Die Mansarde und Augsburg waren Refugium geworden, noch und wieder inspirierende Stätten der Produktivität. So gesehen, war Brecht, obwohl in Berlin agierend, noch immer Augsburger.

Am 28. Februar 1933 flüchtete Brecht aus Deutschland. Die Verbindungen waren erschwert, aber zunächst nicht gerissen. Am Skovbostrand bei Svendborg in Dänemark besuchte ihn 1934 sein Vater, dann Pfanzelt und Müllereisert, noch 1940 in Lidingö in Schweden sein Bruder. Dennoch schwand die unmittelbare Bindung. Aber gerade in den Jahren der größten Machtentfaltung Hitlers, zwischen 1938 und 1940, als die Aussicht auf baldige Rückkehr gering wurde, drängte sich das Bild Augsburgs vor, setzte sich Brecht damit auseinander, löste es ab, indem er es literarisch gestaltete. *Die ärmeren Mitschüler aus den Vorstädten*[80], so ein Gedichttitel, kamen in Erinnerung, in zwei *Naturgedichten*[81] wurde Svendborg und Augsburg – Abend in der Klauckevorstadt – gegenübergestellt, *Die türkische Musik*[82] oder der jährliche Beginn der Schulzeit[83] wurden ihm lebendig. Noch ließ sich Augsburg, als Idyll beinahe, beschwören, als Zeichen für Heimat.

Aber der Machtanstieg Hitlers brachte Brechts Verhältnis zu Augsburg in die Krise. Denn auch Augsburg wurde ihm zu einem Teil Deutschlands, das die Erfolge des Diktators mit ermöglichte. 1938 setzte er sich in *Geständnis*[84] und *Verjagt mit gutem Grund*[85] mit seiner bürgerlichen Herkunft auseinander. Bitter berief er die Exilierten der Weltliteratur, schon in *Besuch bei den exilierten Dichtern*[86], dann in der *Legende von der Entstehung des Buches Taote-king auf dem Weg des Laotse in die Emigration*[87]. Als »der Augsburger« stellte er sich Dante an die Seite[88]. Er fühlte sich schwerer getroffen als der Florentiner, den zwar sein heimatlicher Stadtstaat vertrieben hatte, der aber noch in Italien und in der Welt seiner Sprache leben und schreiben durfte, während er, fast ohne Schüler[89], in der fremdsprachigen Umwelt für die Schublade arbeiten mußte. Dem Stückeschreiber und Theatermann ging es an die Existenz. Walter Benjamin, der ihn im Sommer 1938 besuchte, notierte unter dem 25. Juli 1938 den bitteren Ausbruch Brechts:

»Die Deutschen sind ein Scheißvolk. Das ist nicht wahr, daß man von Hitler keine Schlüsse auf die Deutschen ziehen darf. Auch an mir ist alles schlecht, was deutsch ist. Das Unerträgliche an den Deutschen ist ihre borniert Selbständigkeit. So etwas wie die freien Reichsstädte, z. B. diese Scheißstadt Augsburg, gab es nirgends [...] Die selbständigen Städte der Renaissance waren Stadtstaaten.«[90]

Brecht tadelte, daß es in Deutschland nicht bei dem System von Territorien und Stadtstaaten geblieben sei, dank dessen übrigens Martin Luther überlebt hatte. Er tadelte die eingebildete Selbständigkeit der ehemaligen freien Reichsstädte als »borniert«, tadelte im Grunde die nationale Einigung Deutschlands, damit die Geschichte Augsburgs, zumindest die seit 1806. Dennoch nannte er sich gerade damals »der Augsburger« und korrigierte dies später nicht.

Seine Kreidekreis-Version, die Kalendergeschichte und Kurznovelle *Der Augsburger Kreidekreis*[91] (1940 in Finnland geschrieben), verlegte er in das Augsburg des Dreißigjährigen Krieges, topographisch genau, dicht geschildert, so der Goldene Saal im Rathaus als der Stätte des Urteils des Richters

Dollinger, des Veränderers, der übrigens über Folgen einer konfessionellen Mischehe zu richten hat.

In den USA (seit 1941) wurde Augsburg für Brecht zur Chiffre für Deutschland. Das Gedicht *Rückkehr*[92] entstand am 9. August 1943, noch vor der vernichtenden Bombardierung Augsburgs (24. Februar 1944): Hinter den Bombern und Feuersbrünsten erscheint der rächende Sohn, der die verlorene Stadt des Vaters heim-sucht in fast biblischer Weise. Auch *Die Epistel an die Augsburger*[93] vom Mai 1945 richtete sich an die Deutschen, adressiert an die Augsburger.

Brecht kehrte nicht nach Augsburg zurück, nicht in den westlichen Teil Deutschlands. Am 3. September 1949 kam er für einen halben Tag nach Augsburg, traf Georg Pfanzelt und besuchte die Bleichstraße. Er notierte lakonisch: »Augsburg etwas zertrümmert, fremd, läßt mich ziemlich kalt«[94].

Und dennoch waren die Bilder der Jugend nicht gelöscht. In Buckow mahnten ihn 1953 Tannen an die, die er »mit jungen Augen«[95] gesehen hatte, *Bei Durchsicht meiner ersten Stücke* (1954) wurden Züge Augsburgs wieder deutlich, »stehend an meinem Schreibpult« erinnerte er 1955 sich seiner »Kindheit in Augsburg«[96], seine letzte Freundin erinnerte ihn an seine erste, der sie sehr gleiche[97] und die er über Zeit und Raum grüßte in dem Kurzgedicht *Gleichklang*[98].

Im Dezember 1954 bedankte sich Brecht bei Ernst Schumacher für Paulaner-Bier aus München: »Die Orgien, die ich in Grenzen zu halten versuche, bringen es mir zu Gedächtnis, daß ich ja eigentlich im Exil lebe, wenn auch in einem sehr freiwilligen.«[99] Brecht lebte jetzt zwar, wie ehedem Dante, in einem Staat der eigenen Sprache, in einem Staat sozialistischen Anspruchs. Und doch: »eigentlich im Exil«? Was war ihm fremd? Wo war seine Heimat?

Brecht starb am 14. August 1956 in Berlin und liegt in der Dorotheenstadt auf dem alten, stillgelegten Friedhof der Hugenotten – auch sie einst Exilierte – begraben.

1 Dieser Beitrag ist eine stark gekürzte, umgearbeitete Fassung des Vortrags »Brecht – der Augsburger« vom 20. 11. 1981, abgedruckt in: Jahrbuch der Universität Augsburg 1981,

Augsburg 1982, S. 193–218, und in: Helmut Koopmann und Theo Stammen (Hrsg.): Bertolt Brecht – Aspekte seines Werkes, Spuren seiner Wirkung, München 1983 (Schriften der Philosophischen Fakultäten der Universität Augsburg 25), S. 239–275.

2 Bertolt Brecht: Gesammelte Werke in 20 Bänden, Frankfurt/M. 1967 (werkausgabe edition suhrkamp = wa), hier Bd. 9, S. 613.

3 wa 8, S. 261.

4 Carl Pietzcker: Die Lyrik des jungen Brecht. Vom anarchischen Nihilismus zum Marxismus, Frankfurt/M. 1974, S. 38.

5 Maria Ohm, geb. Hold, zu Bjarne Jørgensen. In: Ernst-Ulrich Pinkert: Svendborger Reminiszenzen. Vater Brecht und seine Kinder. In: Text und Kontext 10, 1982, S. 147.

6 Ebd. S. 147.

7 Paula Banholzer: Soviel wie eine Liebe. Der junge Brecht. Erinnerungen und Gespräche. Hrsg. von Axel Poldner und Willibald Eser, München 1981, S. 133.

8 Bertolt Brecht: Tagebücher 1920–1922. Autobiographische Aufzeichnungen 1920–1952. Hrsg. von Herta Ramthun, Frankfurt/M. 1975, S. 65; Hans Otto Münsterer: Bert Brecht. Gespräche aus den Jahren 1917–1922, Zürich 1963, S. 31.

9 Carl Pietzcker: Gleichklang. Psychoanalytische Überlegungen zu Brechts später Lyrik. In: Der Deutschunterricht 1982, Heft 5, S. 57.

10 Brecht, Tagebücher, S. 65.

11 Pietzcker, Lyrik, S. 112, 130, 143.

12 Georg Pschierer. In: Werner Frisch und K. W. Obermeier (Hrsg.): Brecht in Augsburg. Erinnerungen, Texte, Fotos, Berlin und Weimar 1975; Frankfurt 1976, S. 28; Franz Kroher, ebd. S. 31.

13 Fanny Brecht, ebd. S. 23.

14 Münsterer, Bert Brecht, S. 31.

15 Ebd. S. 37; Marianne Zoff. In: Banholzer, Soviel wie eine Liebe, S. 159.

16 wa 8, S. 79.

17 Brecht, Tagebücher, S. 45.

18 Ebd. S. 39.

19 Ebd. S. 115.

20 Frisch und Obermeier, Brecht in Augsburg, S. 22.

21 Pietzcker, Gleichklang, S. 56; Hans A. Hartmann: Von der Freundlichkeit der Weiten oder Auf der Suche nach der verlorenen Mutter. Der junge Brecht. In: Koopmann und Stammen, Bertolt Brecht, S. 38 f.

22 Brecht, Tagebücher, S. 237; wa 10, S. 1023.

23 Helene Weigel. In: Banholzer, Soviel wie eine Liebe, S. 123.

24 Belege in: Frisch und Obermeier, Brecht in Augsburg, S. 29, 31, 51 f.

25 Ebd. S. 34.

26 Ebd. S. 75 f.

27 Ebd. S. 89.

28 »Die Geschäfte des Herrn Julius Cäsar«. Romanfragment 1938/39: wa 14, S. 1167–1379.

29 »Das Verhör des Lukullus«. Hörspiel 1939: wa 4, S. 1445–1485.

30 Bertolt Brecht: Arbeitsjournal. Zweiter Band 1942–1955. Hrsg. von Werner Hecht, Frankfurt/M. 1973, S. 513.
31 »Beim Lesen des Horaz«: wa 10, S. 1014.
32 Frisch und Obermeier, S. 46.
33 Ebd. S. 125; Banholzer, S. 114.
34 Ebd. S. 145.
35 Maria Ohm. In: Pinkert, Svendborger Reminiszenzen, S. 150.
36 Hanns Eisler: Gespräche mit Hans Bunge. Fragen Sie mehr über Brecht, München 1976, S. 136.
37 Max Högel: Bertolt Brecht. Ein Porträt, Augsburg 1962, S. 40.
38 Pinkert, S. 148.
39 Klaus Völker: Bertolt Brecht. Eine Biographie, München 1978, S. 100.
40 Bertolt Brecht: Briefe. Hrsg. und kommentiert von Günter Glaeser, Bd. 1, Frankfurt/M. 1981, S. 60, 72.
41 Banholzer, S. 97.
42 Högel, Bertolt Brecht, S. 23; Frisch und Obermeier, S. 103.
43 Eisler, Gespräche, S. 57, 140.
44 Marianne Zoff. In: Banholzer, S. 157, 181; Lion Feuchtwanger. In: Frisch und Obermeier, S. 153 f.; Arnolt Bronnen: Tage mit Bertolt Brecht. Geschichte einer unvollendeten Freundschaft, Darmstadt und Neuwied 1976, S. 21; Carl Zuckmayer: Als wär's ein Stück von mir. Erinnerungen, Frankfurt/M. 1977, S. 319.
45 Karl Lieffen. In: Banholzer, S. 237; Ernst und Renate Schumacher: Leben Brechts in Wort und Bild, Berlin 1979, S. 244.
46 Angelika Hurwicz und Erwin Strittmatter. In: Hubert Witt (Hrsg.): Erinnerungen an Brecht, Leipzig 1964, S. 175, 245, 265.
47 wa 8, S. 3.
48 wa 7, S. 3031–3038.
49 wa 11, S. 3, 7.
50 Frisch und Obermeier, S. 225–274.
51 Ronald C. Speirs: Brecht from the Beginning. In: German Life and Letters 35 (1981/82), S. 38 f.; Reinhold Grimm: Brechts Anfänge. In: Wolfgang Paulsen (Hrsg.): Aspekte des Expressionismus. Periodisierung. Stil. Gedankenwelt, Heidelberg 1968, S. 133–152.
52 wa 8, S. 4.
53 wa 8, S. 11.
54 Heiner Hagg. In: Frisch und Obermeier, S. 105.
55 Ebd. S. 137; Hedda Kuhn, ebd. S. 160; Banholzer, S. 47, 128, 130.
56 wa 8, S. 256–259.
57 Otto Müllereisert. In: Frisch und Obermeier, S. 86.
58 wa 8, S. 13 f.
59 Pietzcker, Lyrik, S. 98.
60 Zuckmayer, Als wär's ein Stück von mir, S. 321.

61 Brecht, Tagebücher, S. 197; Reinhold Grimm: Brecht und Nietzsche oder Geständnisse eines Dichters. Fünf Essays und ein Bruchstück, Frankfurt/M. 1979; Hans-Thies Lehmann und Helmut Lethen: Verworfenes Denken. Zu Reinhold Grimms Essay »Brecht und Nietzsche oder Geständnisse eines Dichters«. In: Brecht-Jahrbuch 1980. Hrsg. von Reinhold Grimm und Jost Hermand, Frankfurt/M. 1981, S. 149–171.
62 Brecht, Tagebücher, S. 67.
63 Münsterer, S. 26 f.; Banholzer, S. 39, 73, 123, 142.
64 Banholzer, S. 121.
65 Pietzcker, Gleichklang, S. 58.
66 Münsterer, S. 109.
67 Brecht, Tagebücher, S. 207 (Ende Juli 1926); Brecht, Arbeitsjournal, S. 28 (1938); wa 17, S. 948.
68 wa 17, S. 952.
69 Brecht, Arbeitsjournal, S. 131.
70 Brecht, Tagebücher, S. 63, 178.
71 Ebd. S. 70 (24. 9. 1920).
72 wa 1, S. 193 (geschrieben 1921/22).
73 Brecht, Briefe, S. 60.
74 Bronnen, Tage mit Bertolt Brecht, S. 123.
75 Brecht, Tagebücher, S. 172, 185.
76 wa 8, S. 49.
77 wa 8, S. 232.
78 wa 8, S. 95.
79 Fritz Sternberg: Der Dichter und die Ratio. Erinnerungen an Bertolt Brecht, Göttingen 1963, S. 20.
80 wa 9, S. 581 f.
81 wa 9, S. 580.
82 wa 9, S. 580.
83 wa 9, S. 581.
84 wa 9, S. 601.
85 wa 9, S. 621.
86 wa 9, S. 660.
87 Geschrieben 7. 5. 1938: wa 9, S. 663 f.
88 Albrecht Weber 1982, S. 242 f.
89 wa 9, S. 556.
90 Walter Benjamin: Versuche über Brecht. Hrsg. von Rolf Tiedemann, 3. Aufl., Frankfurt/M. 1971, S. 132 f.
91 wa 11, S. 321–336.
92 wa 10, S. 858.
93 wa 10, S. 933.
94 Brecht, Arbeitsjournal, S. 908.
95 wa 10, S. 1012.
96 »Schwierige Zeiten«: wa 10, S. 1029.
97 Brecht, Tagebücher, S. 237.
98 wa 10, S. 1023.
99 Brecht, Briefe, S. 727.

Kunst und Stadtbild

von Bruno Bushart

Stadtgestalt (1806–1945)

Den Begriff »Stadtgestalt« als Ergebnis einer Stadtgestaltung auf das Erscheinungsbild Augsburgs im 19. und in der ersten Hälfte des 20. Jahrhunderts anzuwenden, ist nicht möglich. Die Folgen der Zerstörung, Verstümmelung und Entstellung der alten Stadtgestalt waren zu schwer, die städtebaulichen Versäumnisse und Fehlleistungen zu groß, als daß sie durch die – keineswegs spärlichen – Zeugnisse architekturgerechter Planung ausgeglichen werden konnten. Die meisten Bausünden gehen auf einen Mangel an vorausschauender Konzeption, planerischem Einfallsreichtum und – durch die Provinzialität Augsburgs mitbestimmt – finanziellen Mitteln zurück. So kommt es, daß die teilweise überraschend qualitätvollen Projekte eines Johann Michael und August Voit, Joseph Kollmann, Fritz Steinhäuser, Johann Nepomuk und Joseph Pertsch, Friedrich Bürklein, Gottfried von Neureuther, Franz Joseph Kollmann, Ludwig von Leybold, Friedrich von Thiersch, Gabriel von Seidl, Karl Albert Gollwitzer, Jean Keller, Fritz Landauer, Michael Kurz oder Thomas Wechs nicht oder nur in reduzierter Form realisiert werden konnten. Geschmackswandel, Zweckentfremdung, Vernachlässigung oder Kriegseinwirkung haben das Ihrige getan, daß selbst von den ausgeführten Bauten und Anlagen nur wenig überdauert hat, zumal 1944 und 1945 ein Viertel des Wohnraums und zahlreiche unersetzliche Bau- und Kunstdenkmäler dem Wahnsinn des Krieges zum Opfer fielen.

Bis etwa 1840 hatte die Stadtgestalt ihre geschlossene, sinnvolle und sinnfällige Form bewahrt, allenfalls aufgelockert durch kleinere Gewerbebetriebe, Bleichen, Gartengüter und Alleen vor den Mauern. Längs des oberen und unteren Grabens war 1807/08 und 1818 eine baumbestandene Promenade für die Städter angelegt worden. Auch der Gesundbrunnen, Hochablaß und Siebentischwald, ferner das vordem fürstbischöfliche Dorf Göggingen mit seinen schlößchenähnlichen Landvillen zählten zum unmittelbaren Erholungsbereich der Stadt. Im Innern entstand durch den Abbruch der Kapellen, Kirchen und der »Gräbde« auf dem Fronhof ein öder Paradeplatz, der sich bis heute einer überzeugenden architektonischen Gestaltung entzieht. Leichter verschmerzt wurde der Abriß des Siegelhauses samt Wein- und Salzstadel und der steinernen »Columna« vor St. Ulrich, dem Augsburg seine schon 1771 so genannte »Königliche Straße« (H. A. Mertens) verdankt. Als Folge der Mediatisierung und Säkularisation wurden mehrere Kirchen und Kapellen niedergerissen, andere sowie die meisten Klostergebäude in Magazine oder militärische Einrichtungen umgewandelt, reichsstädtische und kirchliche Amtsgebäude für staatliche Dienststellen verwendet und die reichsstädtischen Hoheitszeichen beseitigt. Die Funktionen des Siegelhauses und der Stadel übernahm das 1807/08 in der Hallstraße errichtete Zollamtsgebäude, das mit der 1828–1830 von Johann Nepomuk Pertsch erbauten Börse die einzigen repräsentativen Beiträge des Klassizismus auf dem Gebiet des öffentlichen Bauwesens darstellt. Die Börse sollte als ein dem Rathaus gleichrangiges Baudenkmal der neuen Zeit zugleich den als zu eng empfundenen Ludwigsplatz mit dem Augustusbrunnen erweitern. Andere Pläne des frühen 19. Jahrhunderts, der klassizistische Umbau des Äußeren der Barfüßerkirche oder das Leichenhaus für den Katholischen Friedhof, blieben unausgeführt. Das 1819–1820 errichtete Polizeigebäude in der Maximilianstraße (1899 abgerissen) war ein schlichter Zweckbau mit drei wohlproportionierten Geschossen. Auch die durch den Abbruch des Barfüßertorturms 1826 notwendig gewordene Neugestaltung der Ladenreihen auf der Barfüßerbrücke (1944 großenteils zerstört) gehörte zu den respektablen Leistungen dieser Zeit.

Die folgenschwersten Eingriffe verursachte die sprunghafte Industrialisierung zwischen 1840 und 1900. Schon 1806/07 war das Heiligkreuztor, 1825/26 das Barfüßertor abgerissen worden. Da aber Augsburg trotz des ruinösen Zustands seiner Mauern zur Festung erklärt war, unterlagen sämtliche Bauten außerhalb der Stadt der »Reverspflicht«, um im Falle einer Belagerung ersatzlos abgerissen zu werden. Seit den dreißiger Jahren waren durch den Bau der Eisenbahn (1840), des Hauptbahnhofs (Neubau 1843 bis 1846) und die Ansiedlung von Spinnereien, Webereien und Maschinenfabriken an den Lechkanälen längst vollendete Tatsachen geschaffen worden. Die Aufhebung der Festungseigenschaft, die Genehmigung zum Abbruch der Befestigungen und zur Einebnung der Wälle und Gräben erfolgte ab 1860. 1862 fiel der Göggingertorturm, der die Anbindung des Bahnhofsgebietes an die Altstadt behinderte, 1867 das Schwibbogen- und das Oblatertor, 1874 das Klinker- und das Stephingertor und noch 1885, trotz des Protestes der Bürgerschaft, das Frauentor. Damit war der Weg frei für die Erweiterung der Altstadt und die Eingliederung der neuen Stadtteile.

1863 wurden neun bis zehn Baulinienpläne für die Stettenstraße, Bahnhofstraße, den Bereich von Klinkertor und Pfannenstiel und den Mittleren Graben erstellt, 1863 ein »Generalplan« verabschiedet, der die Verbindung der neu eröffneten Baugebiete untereinander regeln sollte. Parallel zur Altstadt entstand eine breite Nordsüdachse mit dem Königsplatz als Ausgangspunkt der zum Bahnhof führenden Querachse. Die bäumebestandene Prachtstraße, an der die Neubauten für Archiv, Bibliothek, Schulen, Verwaltung, Theater, Justiz sowie Hotels angesiedelt werden sollten, setzte sich gegen Ende der siebziger Jahre nach Norden bis über die Volkhartstraße, nach Süden bis zum Kaiserplatz (Theodor-Heuss-Platz) fort. Für die zwischen und an den Straßenzügen liegenden Grundstücke waren großbürgerliche Wohngebäude oder stattliche Mietshäuser vorgesehen.

Im Süden der Stadt setzten sich die Artillerie 1868 und die Infanterie 1882 in zwei weitläufigen Kasernenkomplexen fest. Zwischen Gögginger Straße und Rosenau entstand auf dem Gelände der »Schwäbischen Kreisausstellung« (1886) der Stadtgarten mit Teichen, Pavillons, Konzerthalle und Kaffeehaus.

Westlich daran schloß sich der »Wittelsbacher Park« in Art eines Stadtwaldes an. Auch im Südosten wurden in den siebziger Jahren die Siebentischanlagen als freier Landschaftsgarten zur Verbindung von Altstadt und Siebentischwald gestaltet, während das östliche und vor allem das nördliche Vorgelände mit seinen Kanälen und Bächen vor allem von der Industrie belegt wurde. Seit 1854 bereits wurden für die Arbeiter Wohnkolonien mit gemeinsamen Einrichtungen erstellt. Bert Brecht ist in einem solchen Stiftungshaus der Firma Haindl aufgewachsen. Im Gegensatz zu dem Neubaugebiet südlich und westlich der Altstadt bestand für die Industriequartiere kein Gesamtbauplan. Charakteristisch für die Augsburger Industriegründungen des späten 19. Jahrhunderts ist die Schüles Feudalbau nachempfundene Kombination von schloßartigem Fabrikgebäude mit gitterumzäuntem Hof und Villa.

Obgleich dank der Stadterweiterung die Altstadt von schwereren Substanzverlusten und überdimensionalen Prachtbauten verschont blieb, änderte sich auch ihr Gesicht unter dem Druck der Bevölkerungszunahme, des Großhandels und des Verkehrs. Zahlreiche Häuser wurden aufgestockt, erweitert oder durch meist historisierende Neubauten ersetzt. In der Jakobervorstadt ragte seit 1854 der monumentale Baukörper des Städtischen Krankenhauses mit einer Hauptfront von 157,4 m Länge empor, ein frühes Beispiel neugotischer Architektur mit Backsteinmauern und glasiertem Ziegeldach. An der Stelle des mittelalterlichen Imhofhauses in der Karolinenstraße ließ sich der Industrielle Ludwig August Riedinger 1863–1865 nach den Plänen Gottfried Neureuthers einen luxuriösen Geschäfts- und Wohnpalast im Stil eines Renaissancepalazzo, jedoch aus Sandsteinquadern und mit modernen Schaufenstern errichten (zerstört 1944). Die durch An- und Nebenbauten verdeckte Rückseite des Rathauses wurde 1882 freigeräumt und auf der Nordseite des so gewonnenen Elias-Holl-Platzes ab 1884 ein der Rathausarchitektur nachempfundenes Verwaltungsgebäude hochgeführt. Um den Neubau des Polizei- und späteren zweiten Verwaltungsgebäudes gegenüber dem Rathaus bewarben sich 1899 neben dem Stadtbaumeister Fritz Steinhäuser auch Gabriel von Seidl und Fritz von Thiersch aus München. Der von Thiersch als feingegliedertes Zweigiebelhaus mit hohem Turm hinter einem reich skulptierten Mittelerker geplante Baublock wurde von Steinhäuser 1902 in vereinfachter und zugleich schwerfälligerer Gestalt ausgeführt und vermag, nach dem Krieg seines Mittelgiebels beraubt, die durch den Abbruch der Börse und der Freilegung des Rathausplatzes übertragene städtebauliche Funktion nicht zu bewältigen. Fremdkörper im Altstadtgefüge bildeten die Lotzbecksche Tabakfabrik, die 1929/30 dem Stadtmarkt weichen mußte, oder die großen Brauereien. Die Erweiterung und der Umbau des Gasthofes zu den Drei Mohren als weltstädtisches Palasthotel mit glasüberdachtem Innenhof erhöhte im Verein mit der Neubemalung der Fuggerhäuser von 1860–1863 den vornehmen Rang der alten Hauptstraße, entwertete aber die Barockarchitektur Gunetzrainers zur Fassadendekoration (1944 zerstört).

An den Gelenkpunkten zwischen Altstadt und Neubaugebieten besetzten stattliche Neubauten, meist im Stil der Renaissance, später auch des Barock, die Straßenkreuzungen: im Norden das Justizgebäude (1871–1875), die Stadtpflegerangerschule (1872/73), das Stadttheater (1876) und die Stadtbibliothek (1892/93), im Süden die Bebauung des Kaiserplatzes mit großen Hausblöcken, im Südosten die Schule vor dem Roten Tor. Dennoch gelang es weder die neuen Straßen zu einem großzügigen Ring um die Altstadt zusammenzuschließen, noch den Plätzen eine repräsentative Form zu geben. In den Vorstädten vollends, denen die ausufernden Dörfer der Umgebung entgegenwuchsen, fehlte es an weitschauender Planung und ausreichender Versorgung durch Schulen, Krankenhäuser, Bäder. In der Volkhart-, Herwart- und Alpenstraße errichtete Karl Albert Gollwitzer zwischen 1885 und 1895 Mietshausgruppen von originellem, halb orientalisch, halb burg- oder landhausartigem Aussehen, die mit ihren bizarren Türmen und Aufbauten an Spielzeugstädte erinnern. Einem ähnlich explosiven Stilpluralismus huldigte Jean Keller beim Ausbau des »Hessingschen Kuretablissements« (ab 1885) mit Kliniken, Wandelgängen, Speisesälen, Kirche für die Riten mehrerer Konfessionen, Wintergarten, Theater – »ganz aus Eisen und Glas« – (Abb. 111), Ökonomiegebäuden und Werkstätten. Den zugehörigen Gästebau entwarf Gollwitzer vor

1899 im Typus einer mittelalterlichen Burg. Kriegseinwirkung, Modernisierung, Zweckentfremdung und Rentabilitätsdenken haben den größeren Teil der phantasievollen Werke beider Architekten vernichtet.

Das 20. Jahrhundert brachte neben einer verdichteten Bebauung von Innenstadt und Außenbezirken schwierige Verkehrsprobleme mit sich. Um Maximilian- und Karolinenstraße samt Ludwigsplatz an Königsplatz und Bahnhofstraße anzubinden, wurde 1904–1913 in überlegter Kurvenführung die Bürgermeister-Fischer-Straße durchgebrochen, an der sich erstmalig Großkaufhäuser festsetzten. Zwischen Bahnhof- und Frölichstraße entstand um den gärtnerisch gestalteten Prinzregentenplatz ab 1900 ein neues Behördenviertel. Ein weiterer Straßendurchbruch wurde 1915 bei St. Margareth begonnen. Für die bisher auf verschiedenen Plätzen und Straßen abgehaltenen Märkte konnte 1929/30 ein zentraler, funktionsgerechter Stadtmarkt angelegt werden. Der größere Teil der zahlreichen Baumaßnahmen zur Verkehrserleichterung wurde jetzt behutsamer geplant und in Abstimmung mit der umgebenden Architektur ausgeführt, so der Abschluß der Frauentorstraße durch das Fischertor, die Einmündung der Hallstraße in die Maximilianstraße durch die – freilich zu massige – Hallschule (1904/05) oder die Einfassung des Königsplatzes durch den Königsbau (1913/14) und das Restaurant Riegele (1912).

Der Wunsch nach menschenwürdigeren Wohnungen anstelle der Mietskasernen oder der Arbeiterquartiere führte zum Bau von weitflächigen, aufgelockerten Einfamilienhaussiedlungen wie dem »Thelottviertel« (ab 1907), der »Gartenstadt Spickel« (ab 1918), der Hammerschmiede (ab 1933) und Firnhaberau (1936) oder dem Bärenkeller (ab 1932/33). Die meisten von ihnen erhielten durch eigene Kirchen, Schulen und Läden den Charakter von geschlossenen Wohnzentren. Wo der Wunsch nach dem Einzelhaus unerfüllbar war, boten die seit 1900 entstandenen Baugenossenschaften »gute und billige Wohnungen in angemessener Lage und unter Beachtung aller sanitären Erfordernisse« an, die teils in der Nähe der Industriebetriebe, teils an den Ausfallstraßen der Stadt errichtet wurden.

Vor allem im kirchlichen Bausektor setzten sich seit

dem Jahrhundertbeginn moderne Architekturtendenzen durch, oft gegen den Widerstand der Bevölkerung. Michael Kurz fügte den äußerlich zurückhaltenden Bau der 1907 begonnenen Herz-Jesu-Kirche in Pfersee in die umgebenden Straßenzüge ein, um den Nachdruck auf die reiche Innenausstattung zu legen. »Die einheitliche Jugendstildekoration stellt heute eines der bedeutendsten Sakralraum-Beispiele in Deutschland dar« (Matthias Arnold). Die 1914 bis 1917 von Fritz Landauer errichtete Synagoge (Abb. 124) folgte mit den Flügelbauten der Fluchtlinie der Halderstraße. Der durch die Gittertore über einen Innenhof zugängliche Zentralbau verbindet Elemente des Jugendstils mit Raumvorstellungen orientalischer Moscheen. Die Bautengruppe der katholischen St.-Josephs- und der evangelischen St.-Johannes-Kirche (von Oswald Bieber und Michael Kurz sowie Hans Döllgast) akzentuierte 1927–1930 den Beginn der Donauwörther Straße. Ziegel- und Klinkersteine, Stahlbetonkonstruktion mit weiten Fensterflächen, kubische Formen, flächige Wandgestaltung kennzeichnen die Kirchenbauten der dreißiger Jahre.

1926–1930 stellte Theodor Fischer einen neuen Generalbebauungsplan auf, der für die Entwicklung der Wohngebiete, Industrieansiedlung und Verkehrsbedürfnisse verbindlich sein sollte. Mit dem Bewußtsein für die Notwendigkeit eines organischeren Wachstums der Stadtgestalt verstärkten sich auch die Bemühungen, die überkommene Bausubstanz zu erhalten. Schon 1913/14 war die profanierte Dominikanerkirche auf Initiative und Kosten des Industriellen Hugo von Forster vor dem Verfall gerettet und zu Museumszwecken restauriert worden. 1929 entstand im Graben des Roten Tors eine amphitheatralisch angelegte Freilichtbühne unter Einbeziehung der Befestigungsanlage als Bühnenaufbauten. Im Dom, der Dreifaltigkeitskirche und dem aus dem einstigen Fuggerhaus am Rindermarkt hervorgegangenen Geschäftshaus Kröll und Nill wurden die als schablonenhafte Mißgriffe empfundenen Zeugnisse der Neugotik beseitigt, im Dom durch die Freilegung von Wandmalereien und originaler Farbigkeit der historische Raumeindruck wiederzugewinnen versucht. Das 1913 in alter Gestalt erbaute Weberhaus erhielt 1935 anstelle der kopierten ursprünglichen Fassadenfresken eine Bemalung im Sinne einer bewußten Neu-

schöpfung. Das ebenso hybride wie phantasielose Projekt einer Umgestaltung des Gebietes zwischen Kaiserplatz, Stadttheater, Bahnhof und Hermannstraße für Großbauten, Aufmarschplätze und Siegesparaden in der »Gauhauptstadt des Großdeutschen Reiches« unterblieb wegen desselben Krieges, der wenige Jahre später die Stadt in Trümmer legte.

Bildende Künste (1806–1945)

» Ich liebe die Kunst und sehe gern was schön ist. ich finde es aber nicht mehr, und warum? weil der Sinn dieser gegenwärtigen Menschen keinen Theil daran nehmen mithin auch keine Gelegenheit geben, mir und anderes verstecktes Subjekt aufzuhelfen. Dann ist Geldmangel, und die Säcularisierung hat der Bildente Kunst ein vollen Stoss gegeben«, schrieb der letzte evangelische Akademiedirektor Johann Elias Haid am 20. Oktober 1807 aus Augsburg an Anton Graff, den ehemaligen Schüler seines Vaters, in Dresden. Dennoch kamen die bildenden Künste so wenig wie die Architektur in Augsburg zum Erliegen, wenngleich sie sich von dem »Stoss« der Säkularisation nicht mehr erholen sollten.

Die Reichsstädtische Kunstakademie wurde 1810 zunächst der Verwaltung der »Kgl. besonderen Stiftungsadministration des kath. Kirchen- und Schulfonds« unterstellt. 1813 wurde sie zur »Kgl. Special-Kunstschule« unter unmittelbarer Leitung der Kgl. Kunstakademie in München bestimmt, 1820 zur Kgl. Kunstschule, 1829 zur Kgl. Höheren Kunstschule. 1835 der Polytechnischen Schule angegliedert, entstand sie 1881 in städtischer Regie wieder als »Städt. Höhere Kunstschule«. Die bis dahin weiterlebende städtische Kunstschule wurde aufgelöst. Die Namen mehrerer ihrer ersten Lehrer, Johann Lorenz Rugendas, Johann Andreas Thelott, Johann Georg Laminit, Matthias Gottfried Eichler, Johann Jakob und Christoph Andreas Nilson sprechen für den langwährenden Einfluß der reichsstädtischen Tradition. 1834 bis 1864 findet der Unterricht im Gebäude des ehemaligen Dominikanerinnenklosters St. Katharina statt, 1877–1906 wieder in der Stadtmetzig, von da an in den dafür eingerichteten Räumen und Ateliers der neuen Hallschule. Wie die Schule zunächst den Interessen des Gewerbes untergeordnet war, so diente sie ab 1835 vor allem der Ausbildung von Kräften für Industrie und Technik. Die »Städtische höhere Kunstschule« pflegte die »angewandten Künste« und bewährte sich als Vorbereitung der meisten Augsburger Künstler zum Besuch der Münchner Kunstakademie.

Eng verbunden mit der Kunstschule ist die Geschichte der Augsburger Kunstsammlungen. Schon den beiden Akademien des 18. Jahrhunderts waren Vorbildersammlungen, bestehend aus Originalen und Kopien alter und moderner Kunst, Kupferstichen, kunsttheoretischer und kunsthistorischer Literatur angeschlossen gewesen, die »für theoretische Kenntnisse und Anleitung zu gutem Geschmack der Augsburger Künstler« (Paul von Stetten d. J.) Sorge tragen sollten. Nachdem der Goldene Saal des Rathauses unmittelbar nach der Besetzung Augsburgs 1806 zur Deponierung des gewaltig angestiegenen Bilderbesitzes des Staates bestimmt worden war, bat der nunmehr Königliche Stadtmagistrat am 22. September 1807 König Maximilian I. Joseph »um Verlegung einer Gemäldegalerie nach Augsburg«. Dadurch solle der Kunstfleiß wieder gehoben und der Geist der Nachahmung erweckt und gefördert werden. Die noch in den säkularisierten Augsburger Kirchen und Klöstern befindlichen Gemälde wolle man hier selbst gesammelt lassen.

Wegen der Kriegswirren konnte die Schausammlung, die älteste unter den staatlichen Gemäldesammlungen Bayerns, im Goldenen Saal und zweien der Fürstenzimmer erst 1810 eröffnet werden. 1833 wurden die säkularisierte Kirche und das anschließende Kreuzgangobergeschoß des Katharinenklosters zur »K. Gemälde-Galerie« umgebaut und am 12. Oktober 1835 feierlich eröffnet. Gemäldegalerie und die in die Polytechnische Schule aufgegangene Kunstschule waren damit, den Ausbildungsidealen der Romantik und des Historismus entsprechend, unter einem Dach vereinigt. Der Bilderbestand war einem ständigen Wechsel unterworfen und mußte sich mit dem begnügen, was in München nicht benötigt wurde.

1820 bereits hatte »der Magistrat der den Kunstsinn bewahrenden Stadt Augsburg« bei der Kgl. Kreisregierung den Plan für ein »Römisches Antiquarium« eingereicht, das vornehmlich römische Altertümer aus Augsburg und Bayerisch Schwaben, daneben Münzen und Waffen zeigen sollte. Die Genehmigung traf am 5. Dezember 1822 ein, die Gründung des Antiquariums erfolgte 1823. 1835 übernahm der 1834 gegründete »Historische Verein für den Oberdonaukreis« Pflege und Ausbau der Bestände. Gemäldegalerie und Antiquarium erhielten den Rang von Provinzialmuseen für den bayerisch-schwäbischen Kreis bzw. Regierungsbezirk.

1853–1855 ließ die Stadt das Evangelische Armenkinderhaus zwischen Anna- und Philippine-Welser-Straße zum Museum umbauen. Das nach dem regierenden König Maximilian II. benannte Gebäude hatte außer den Sammlungen des Historischen Vereins die Bestände des 1845 gegründeten Naturhistorischen Vereins sowie die »Gewerbehalle« des Technischen Vereins aufzunehmen. Auch dieses Stadtmuseum sollte nicht nur zur Aufbewahrung von »Denkmalen vaterländischer Kunst«, sondern durch »Förderung der industriellen Bildung« (Theodor Herberger) der Zukunft Augsburgs dienen.

Nachdem die Gewerbehalle 1884 in das Gebäude der Börse verlegt, die Naturwissenschaftliche Sammlung 1902 im Stettenhaus am Obstmarkt eingerichtet und 1894/95 sogar ein stadteigenes »Rathausmuseum« in den Fürstenzimmern im Plüschgeschmack arrangiert worden war, erfolgte 1907–1909 die Neuorganisation des Maximilianmuseums, das nunmehr ausschließlich der Augsburger Kultur- und Kunstgeschichte diente und seit 1910 auch die wertvollen Bestände der bischöflichen Diözesansammlung als Dauerleihgaben aufnahm. Die wiederhergestellte Dominikanerkirche St. Magdalena erhielt 1917 die Aufgabe einer Gemäldegalerie des Barock mit Bildern aus staatlichem Besitz, zu denen 1924 die reichen Bestände der Barocksammlung hinzukamen, die Hofrat Sigmund Röhrer der Stadt vermacht hatte. 1933 wurden Maximilianmuseum und die »Hofrat-Röhrersche Gemäldesammlung« in der Dominikanerkirche zu den »Städtischen Kunstsammlungen« vereinigt. Dank der rechtzeitigen Verlagerung der Bestände blieben größere Kriegsverluste erspart, während das Maximilianmuseum 1944 Brand- und Sprengschäden erlitt.

Der Pflege der Gegenwartskunst verschrieb sich der 1833 gegründete Kunstverein, der zunächst in den damals irrtümlich als »Tiziansäle« oder »Badstuben« bezeichneten Sammlungsräumen des Fuggerhauses am Zeugplatz sein Ausstellungslokal einrichtete, um 1907 in ein eigenes Gebäude in dem ehemaligen Pfeffelschen Gartenpavillon an der Hallstraße (1944 zerstört) umzuziehen. Im gleichen Jahre schlossen sich die bildenden Künstler in Augsburg zur Künstlervereinigung »Die Ecke« zusammen. Die Kunst des eigenen Jahrhunderts zu sammeln oder ihr gar eine bleibende Heimstätte im Museum zu geben, kam niemand in den Sinn und wurde bereitwillig der Landeshauptstadt überlassen.

Der Erfolg dieser Anstrengungen blieb demgemäß bescheiden. Die Malerei fand geringes Interesse sowohl in der Kunstschule als auch bei der Bevölkerung. Talentierte Künstler wie der Schlachtenmaler Albrecht Adam, der durch seine Bildschilderungen Ibero-Amerikas berühmt gewordene Moritz Rugendas, der junge Franz Lenbach aus Schrobenhausen und viele andere verließen Augsburg nach kurzer Zeit oder hielten sich nur vorübergehend hier auf. Bedeutung erlangte allein die frühe Lithographie, deren Pflege an der Kunstschule großen Raum einnahm. Inwieweit die Augsburger Industrie und Wirtschaft, etwa die Bronzewarenfabrik August Riedingers, von der Kunstschule und ihren Absolventen Nutzen zog, bedarf noch der Untersuchung. Das Goldschmiedehandwerk, das 1806 noch 119, 1825 noch 55 Meister zählte, war 1868 auf 28 Meister zurückgegangen. In diesem Jahre wurden sämtliche Handwerksinnungen aufgelöst und die Gewerbefreiheit in Bayern eingeführt.

Auch ohne in den Verdacht einer nostalgischen Vergangenheitsverbrämung zu geraten, läßt es sich nicht abstreiten, daß die Kunst in Augsburg seit dem Ende der Reichsstadtzeit trotz zahlreicher Versuche zur Wiederbelebung ihre vormalige Stellung verloren hat. Impulse, die von ihr noch ausgingen, kamen nicht mehr der Stadt zugute. Einzig auf dem Gebiet der Architektur gelangen einige beachtliche Leistungen, die besten Projekte blieben indessen unausgeführt. Die neue Industrie und Wirtschaft benötigte die Kunst nicht mehr, die künstlerischen Entscheidungen fielen außerhalb Augsburgs. Im gleichen Maße wie der merkantilistische Nutzen der Kunst schwand das Interesse an ihr. Die Kunst hatte aufgehört, ein ernstzunehmender oder gar entscheidender Faktor der Stadtgeschichte zu sein.

Literatur

Die Auswahl dient sowohl dem Nachweis der Zitate im Text als auch der detaillierteren Information über die Stellung der Kunst in der Geschichte der Stadt. Bevorzugt wurden zusammenfassende Veröffentlichungen, in denen weiterführende Spezialliteratur angegeben ist, sowie neuere Einzeluntersuchungen. Vollständigkeit war weder angestrebt noch möglich, Künstlermonographien sind nur in Ausnahmefällen zitiert. Die ausgiebigsten Literaturangaben bieten die Ausstellungskataloge zur Augsburger Kunstgeschichte.

Albrecht, Ingeborg: Elias Holl. Stil und Werk des »Maurmaisters« und der Augsburger Malerarchitekten Heinz und Kager. In: Münchner Jahrbuch der bildenden Kunst, NF München 1937, Bd. XII, S. 101 ff.

Arnold, Matthias: Architektur des 19. Jahrhunderts in Augsburg. Ausstellungskatalog der Städtischen Kunstsammlungen Augsburg, Augsburg 1979

Augsburg. Geschichte in Bilddokumenten. Hrsg. von Friedrich Blendinger und Wolfgang Zorn. München 1976

Aulinger, Rosemarie: Augsburg und die Reichstage des 16. Jahrhunderts. In: Welt im Umbruch. Augsburg zwischen Renaissance und Barock, Bd. III (Beiträge), Augsburg 1981, S. 9 ff.

Bäuml, Elisabeth: Geschichte der alten reichsstädtischen Kunstakademie von Augsburg, Diss. phil. (Masch.) München 1951

Bobinger, Maximilian: Alt-Augsburger Kompaßmacher, Sonnen-, Mond- und Sternenuhrenmacher, Augsburg 1966

Breuer, Tilmann: Die Stadt Augsburg. Bayerische Kunstdenkmale. Bd. I, München 1958

–: Augsburg, München und Berlin 1966

Buchner-Suchland, Irmgard: Hans Hieber, München und Berlin 1962

Buff, Adolf: Der Bau des Augsburger Rathauses mit besonderer Rücksichtnahme auf die dekorative Ausstattung des Innern. In: Zeitschrift des Historischen Vereins für Schwaben und Neuburg 14, Augsburg 1887, S. 221 ff.

–: Augsburg in der Renaissancezeit, Bamberg 1893

Busch, Renate von: Studien zu deutschen Antikensammlungen des 16. Jahrhunderts, Diss. phil. Tübingen 1973

Bushart, Bruno: Augsburg und die Wende der deutschen Kunst um 1750. In: Amici Amico. Festschrift für Werner Gross, München 1968, S. 261 ff.

–: Die Barockisierung des Augsburger Domes. In: Jahrbuch des Vereins für Augsburger Bistumsgeschichte 3, Augsburg 1969, S. 109 ff.

–: »Die junge Heidenschaft« oder die Rezeption der Antike in der Augsburger Kunst. In: Nachrichtenblatt der Societas Annensis e. V., Jg. 25, Augsburg 1977, S. 3 ff.

–: Die Augsburger Brunnen und Denkmale um 1600. In: Welt im Umbruch. Augsburg zwischen Renaissance und Barock, Bd. III (Beiträge), Augsburg 1981, S. 82 ff.

Debold-Kritter, Astrid: Augsburg in frühen Photographien, München 1979

Dischinger, Gabriele: Das ehemalige Karmeliterkloster in Augsburg. In: Heimat Schwaben 1, München 1977, S. 57 ff.

Droste, Theodor: Die Broncetür des Augsburger Domes. In: Jahrbuch des Vereins für Augsburger Bistumsgeschichte 14, Augsburg 1980, S. 7 ff.; 15, Augsburg 1981, S. 169 ff.

Ducret, Siegfried: Meissner Porzellan bemalt in Augsburg 1728 bis um 1750. 2 Bde., Braunschweig 1971/72

Falk, Tilman: Hans Burgkmair. Studien zu Leben und Werk des Augsburger Malers, München 1968

–: Notizen zur Augsburger Malerwerkstätte des Älteren Holbein. In: Zeitschrift des Deutschen Vereins für Kunstwissenschaft XXX, Berlin 1976, S. 3 ff.

Feuchtmayr, Karl, und Alfred Schädler: Georg Petel. Mit Beiträgen von Norbert Lieb und Theodor Müller, Berlin 1973

Fink, August: Das Augsburger Kunsthandwerk und der Dreißigjährige Krieg. In: Augusta 955–1955, Augsburg 1955, S. 323 ff.

Foster, Michael: Der Meister der Ulrichslegende und die Malerei in Augsburg im 15. Jahrhundert. Magisterarbeit München 1979 (Masch.)

Friedel, Helmut: Broncebildmonumente in Augsburg 1589–1606, Augsburg 1974 (Abhandlungen zur Geschichte der Stadt Augsburg 22)

Gamber, Ortwin: Besteller, Erzeuger und Liefernormen des Augsburger Harnisches. In: Welt im Umbruch. Augsburg zwischen Renaissance und Barock, Bd. III (Beiträge), Augsburg 1981, S. 171 ff.

Gebessler, August: Der profane Saal des 16. Jahrhunderts in Süddeutschland und den Alpenländern, Diss. phil. München 1958, S. 63 ff.

Haas, Walter: Die alten Obergadenfenster des Augsburger Domes. In: Jahrbuch der Bayerischen Denkmalpflege 28, München und Berlin 1973, S. 101 ff.

–: Die Vorgängerbauten der Klosterkirche St. Ulrich und Afra. In: Die Ausgrabungen in St. Ulrich und Afra in Augsburg 1961–1968. Hrsg. von Joachim Werner, Bd. I, S. 51 ff.

Hämmerle, Albert: Die Lithographie in Augsburg. Schriften des Maximilianmuseums Augsburg, Augsburg 1927

–: Buntpapier, München 1961

Halm, Peter: Die »Fier Gulden Stain« in der Dominikanerkirche zu Augsburg. In: Studien zur Geschichte der europäischen Plastik. Festschrift für Theodor Müller, München 1965, S. 195 ff.

Hartig, Michael: Das Benediktiner-Reichsstift Sankt Ulrich und Afra in Augsburg. 1012–1802 (Germania sacra BIA), Augsburg 1923

Herre, Franz: Das Augsburger Bürgertum im Zeitalter der Aufklärung. Augsburg 1951 (Abhandlungen zur Geschichte der Stadt Augsburg 6)

Herzog, Erich: Werden und Form der mittelalterlichen Stadt. Ihre Bauten und Kunstwerke. In: Augusta 955–1955, Augsburg 1955, S. 83 ff.

Hilbich, Eberhard P.: Das Augsburger spätgotische Rathaus und seine Stellung unter den süddeutschen Rathausbauten, Diss. phil. München 1968

Himmelheber, Georg: Der Ostchor des Augsburger Doms, Augsburg 1963 (Abhandlungen zur Geschichte der Stadt Augsburg 15)

Kaiser, Ute-Nortrud: Der skulptierte Altar der Frührenaissance in Deutschland, 2 Bde., Diss. phil. Frankfurt/M. 1978

Klinge, Ekkart: Studien zur Bildnerei der ersten Hälfte des 15. Jahrhunderts in Ostschwaben, Diss. phil. Freiburg i. Br. 1964

Knorre, Eckhard von: Anton Graff in Augsburg. In: Zeitschrift des Historischen Vereins für Schwaben 66, Augsburg 1972, S. 59 ff.

–: Material zur Geschichte der evangelischen Ulrichskirche in Augsburg. In: Zeitschrift des Historischen Vereins für Schwaben 69, Augsburg 1975, S. 31 ff.

Kobler, Friedrich: Augsburg. In: Die Parler und der Schöne Stil 1350–1400. Handbuch zur Ausstellung, Köln 1978, S. 543 ff.

Krämer, Gode: Die Kirche des Jesuitenkollegs St. Salvator in Augsburg. In: Die Jesuiten und ihre Schule St. Salvator in Augsburg. Hrsg. von H. Baer und H. J. Hecker, München 1982, S. 35 ff.

Kreisel, Heinrich, und Georg Himmelheber: Die Kunst des deutschen Möbels. 3 Bände, München 1968, 1970, 1973

Laun, Rainer: Studien zur Altarbaukunst in Süddeutschland 1560–1650, Diss. phil. München 1982

Lenk, Leonhard: Augsburger Bürgertum im Späthumanismus und Frühbarock (1580–1700), Augsburg 1968 (Abhandlungen zur Geschichte der Stadt Augsburg 17)

Lieb, Norbert: Der Augsburger Dom als bauliche Gestalt. In: Schwabenland, Jg. 1, Augsburg 1934, S. 1 ff.

–: Augsburgs bauliche Entwicklung als Ausdruck städtischen Kulturschicksals seit 1800. In: Zeitschrift des Historischen Vereins für Schwaben 58, Augsburg 1951, S. 1 ff.

–: Kunst- und Kulturgeschichtliches aus Augsburger Baumeisterbüchern der Renaissancezeit. In: Schwäbische Blätter 3, Augsburg 1952, S. 261 ff.

–: Die Fugger und die Kunst im Zeitalter der Spätgotik und der frühen Renaissance, München 1952 (Studien zur Fuggergeschichte 10)

–: Augsburger Baukunst der Renaissancezeit. In: Augusta 955 bis 1955, Augsburg 1955, S. 229 ff.

–: Die Fugger und die Kunst im Zeitalter der hohen Renaissance, München 1958 (Studien zur Fuggergeschichte 14)

–: Oktavianus Secundus Fugger (1549–1600) und die Kunst, Tübingen 1980

Liedke, Volker: Die Augsburger Sepulkralskulptur der Spätgotik. Teil I: Zum Leben und Werk des Meisters Ulrich Wolfhartshauser. In: Heimat Schwaben, Bd. III, München 1979

Lill, Georg: Hans Fugger (1531–1598) und die Kunst, Leipzig 1908

Löcher, Kurt: Christoph Amberger. In: Welt im Umbruch. Augsburg zwischen Renaissance und Barock, Bd. III (Beiträge), Augsburg 1981, S. 134 ff.

Lymant, Brigitte: Thron-Salomonisfenster des Augsburger Doms. In: Die Parler und der Schöne Stil 1350–1400. Handbuch zur Ausstellung, Köln 1978, S. 534

Maurice, Klaus: Die Deutsche Räderuhr. 2 Bde., München 1976

Mayr, Anton: Die großen Augsburger Vermögen in der Zeit von

1618–1717, Augsburg 1931 (Abhandlungen zur Geschichte der Stadt Augsburg 4)

Müller, Hannelore: Augsburger Fayencemanufakturen. In: Keramos 53/54, 1971, S. 57 ff.

Müller-Christensen, Sigrid: Liturgische Gewänder mit dem Namen des Heiligen Ulrich. In: Augusta 955–1955, Augsburg 1955, S. 53 ff.

Netzer, Susanne: Johann Matthias Kager, Stadtmaler von Augsburg (1575–1634), München 1980 (Miscellanea Bavarica Monacensia 92)

Ottomeyer, Hans, und Lorenz Seelig: Das Silber- und Vermeille-Service König Jeromes von Westfalen in der Münchner Residenz. In: Münchner Jahrbuch der bildenden Kunst, 3. Folge, Bd. XXXIV, 1983, S. 147 ff.

Pazaurek, Gustav E.: Deutsche Fayence- und Porzellan-Hausmaler. 2 Bde., Leipzig 1925

Pfaud, Robert: Das Bürgerhaus in Augsburg, Tübingen 1976

Puchta, Hans: Zur Baugeschichte des Ostchors des Augsburger Domes. In: Jahrbuch des Vereins für Augsburger Bistumsgeschichte 14, Augsburg 1980, S. 77 ff.

Rasmussen, Jörg: Bildersturm und Restauratio. In: Welt im Umbruch. Augsburg zwischen Renaissance und Barock, Bd. III (Beiträge), Augsburg 1981, S. 95 ff.

Rathke-Köhl, Sylvia: Geschichte des Augsburger Goldschmiedegewerbes vom Ende des 17. bis zum Ende des 18. Jahrhunderts. Augsburg 1964 (Schwäbische Geschichtsquellen und Forschungen 6)

Reindl, Peter: Loy Hering. Zur Rezeption der Renaissance in Süddeutschland, Diss. phil. Basel 1977

Ritz, Gislind M.: Hinterglasmalerei, München 1972

Roeck, Bernd: Anmerkungen zum Werk des Elias Holl. Über den Entstehungsprozeß von Architektur im frühen 17. Jahrhundert. In: Pantheon XLI, 1983, S. 221 ff.

Röhlig, Ursula: Eine Stichvorlage für die Allegorien der Tugenden und Laster von Matthias Bernhard Braun in Kukus. In: Alte und Moderne Kunst 10, 1965, S. 20 ff.

Röttgen, Steffi: Zum Antikenbesitz des Anton Raphael Mengs und zur Geschichte und Wirkung seiner Abguß- und Formensammlung. In: Antikensammlungen im 18. Jahrhundert. Hrsg. von H. Beck u. a., Berlin 1981, S. 129 ff.

Joachim von Sandrarts Academie der Bau-, Bild- und Mahlerey-Künste von 1675. Hrsg. von R. A. Peltzer, München 1925

Schädler, Alfred: Das Eichstätter Willibalddenkmal und Gregor Erhart. In: Münchner Jahrbuch der bildenden Kunst, 3. Folge, Bd. XXVI, 1975, S. 65 ff.

–: Peter Parler und die Skulptur des Weichen Stils. In: Die Parler und der Schöne Stil. Handbuch zur Ausstellung, Köln 1978, S. 19

Seling, Helmut: Die Kunst der Augsburger Goldschmiede 1529–1868. 3 Bde, München 1980

Steingräber, Erich: Die Augsburger Buchmalerei in ihrer Blütezeit. In: Augusta 955–1955, Augsburg 1955, S. 173 ff.

Stetten, Paul von, d. J.: Erläuterungen der in Kupfer gestochenen Vorstellungen aus der Geschichte der Reichsstadt Augsburg, Augsburg 1765

–: Kunst-, Gewerb- und Handwerks-Geschichte der Reichs-Stadt Augsburg. 2 Bde., Augsburg 1779, 1788

Theuerkauff, Christian: »Ein künstlicher Bildschnitzer im kleinen . . .« Auf den Spuren von Johann Leonhard Baur (1682–1760). In: Kunst und Antiquitäten III, 1981, S. 32 ff.

Volkert, Wilhelm: Schriftquellen zur Baugeschichte von St. Ulrich und Afra vom 8. Jahrhundert bis zum Jahre 1467. In: Die Ausgrabungen bei St. Ulrich und Afra in Augsburg 1961–1968. Hrsg. von Joachim Werner, Bd. I, München 1977, S. 91 ff.

Walter, Renate von: Das Augsburger Rathaus. Architektur und Bildgehalt, Augsburg 1972 (Abhandlungen zur Geschichte der Stadt Augsburg 20)

Wehmer, Carl: NE ITALO CEDERE VIDEAMUR. Augsburger Buchdrucker und Schreiber um 1500. In: Augusta 955–1955, Augsburg 1955, S. 145 ff.

Weiss, August: Das Handwerk der Goldschmiede in Augsburg bis 1681. Leipzig 1897 (Beiträge zur Kunstgeschichte, NF XXIV)

Welisch, Ernst: Augsburger Maler im 18. Jahrhundert. Ein Beitrag zur Geschichte des Barock und Rokoko, Augsburg 1901

Wilhelm, Johannes: Augsburger Wandmalerei 1368 bis 1530. Künstler, Handwerker und Zunft (Abhandlungen zur Geschichte der Stadt Augsburg 29), Augsburg 1983

Wortmann, Reinhard: Ein hypothetischer Kathedralchorplan des Augsburger Domostchors. In: Kunstgeschichtliche Studien für Kurt Bauch, München und Berlin 1967, S. 43 ff.

–: Die Heiligkreuzkirche zu Gmünd und die Parlerarchitektur in Schwaben. In: Die Parler und der Schöne Stil 1350–1400. Handbuch zur Ausstellung Köln, 1978, S. 315 ff.

Zimmer, Jürgen: Das Augsburger Rathaus und die Tradition. In: Münchner Jahrbuch der bildenden Kunst, III. Folge, Bd. XXVIII, München 1977, S. 191 ff.

–: Die Veränderungen im Augsburger Stadtbild zwischen 1530 und 1630. In: Welt im Umbruch. Augsburg zwischen Renaissance und Barock, Bd. III (Beiträge), Augsburg 1981, S. 25 ff.

Ausstellungskataloge mit Textbeiträgen

Augsburger Rokoko, Augsburg 1947

Fugger und Welser, Augsburg 1950

Augsburger Renaissance, Augsburg 1955

Augsburger Rokoko. Begleitheft zur Ausstellung 1956

Hans Holbein der Ältere und die Kunst der Spätgotik, Augsburg 1965

Augsburger Barock, Augsburg 1968

Suevia Sacra. Frühe Kunst in Schwaben, Augsburg 1973

Hans Burgkmair. Das Graphische Werk, Augsburg und Stuttgart 1973

Architektur des 19. Jahrhunderts in Augsburg. Zeichnungen vom Klassizismus bis zum Jugendstil, Augsburg 1979

Klassizismus in Bayern, Schwaben und Franken. Architekturzeichnungen 1775–1825, München 1980

Die Welt als Uhr. Deutsche Uhren und Automaten 1550–1650, München und Washington 1980/81

Welt im Umbruch. Augsburg zwischen Renaissance und Barock. 3 Bde., Augsburg 1980, 1981

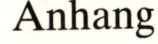

Anhang

Abkürzungsverzeichnis

AB	Amtsblatt der Stadt Augsburg
ABAug	Archiv für die Geschichte des Bisthums Augsburg, hrsg. von Anton Steichele. 3 Bde., Augsburg 1856–1860
ABLG Schw	Augsburger Beiträge zur Landesgeschichte Bayerisch-Schwabens
ADB	Allgemeine Deutsche Biographie
AdBA	Archiv des Bistums Augsburg
AGHA	Archiv für die Geschichte des Hochstifts Augsburg. 6 Bde., Augsburg 1909–1929
Ammann, Anfänge	Hektor Ammann: Die Anfänge der Leinenindustrie des Bodenseegebietes. In: Alemannisches Jahrbuch 1953, S. 251–313
Ammann, Messen	Hektor Ammann: Deutschland und die Messen der Champagne. In: Heinz Stoob (Hrsg.): Altständisches Bürgertum, Bd. 2, Darmstadt 1978, S. 51–95
Ammann, Tuchindustrie	Hektor Ammann: Deutschland und die Tuchindustrie Nordwesteuropas im Mittelalter. In: Carl Haase (Hrsg.): Die Stadt des Mittelalters, Bd. 3, 2. Aufl., Darmstadt 1976, S. 55–136
Anonymus I	Paul Joachimsohn: Zur städtischen und klösterlichen Geschichtsschreibung Augsburgs im fünfzehnten Jahrhundert. In: Alemannia 22 (1894), S. 139–155
Anonymus II	DStChr 4, Leipzig 1865, S. 21–125
Anonymus III	Ebd., S. 279–332
Anonymus IV	DStChr 22, Leipzig 1892, S. 453–529
Anonymus V	StAA Reichstadt Chroniken Nr. 55 (ehemals Schätze Nr. 126 und Chronik Nr. 3)
ANRW	Aufstieg und Niedergang der römischen Welt, Festschrift für Josef Vogt, hrsg. von H. Temporini und W. Haase, Berlin und New York 1972 ff.
ANZ	Augsburger Nationalzeitung, vormals NNZ
ARG	Archiv für Reformationsgeschichte
A. T. 2/1	Hans von Voltelini: Die Südtiroler Notariats-Imbreviaturen des 13. Jahrhunderts, Teil 1 (Acta Tirolensia 2/1), Innsbruck 1899. Nachdruck Aalen 1973
A. T. 2/2	Hans von Voltelini und Franz Huter: Die Südtiroler Notariats-Imbreviaturen des 13. Jahrhunderts, Teil 2 (Acta Tirolensia 2/2), Innsbruck 1951
AUB	Christian Meyer (Hrsg.): Urkundenbuch der Stadt Augsburg. 2 Bde., Augsburg 1874/78
Augusta	Augusta 955–1955. Forschungen und Studien zur Kultur- und Wirtschaftsgeschichte Augsburgs, hrsg. von Hermann Rinn, Augsburg 1955
AZ	Augsburger Allgemeine Zeitung
BA	Bundesarchiv Koblenz
BA/MA	Bundesarchiv /Militärarchiv Freiburg
Bastian, Kaufleute	Franz Bastian: Oberdeutsche Kaufleute in den ältesten Tiroler Raitbüchern (1288–1370). (Schriftenreihe zur Bayerischen Landesgeschichte 10), München 1931. Nachdruck Aalen 1973
Bastian, Runtingerbuch	Franz Bastian: Das Runtingerbuch 1383–1407 und verwandtes Material zum Regensburger-südostdeutschen Handel und Münzwesen (Deutsche Handelsakten des Mittelalters und der Neuzeit 6–8), Regensburg 1935–1954
Bayern in der NS-Zeit	Bayern in der NS-Zeit Bd. I: Soziale Lage und politisches Verhalten der Bevölkerung im Spiegel vertraulicher Berichte, hrsg. von Martin Broszat, Elke Fröhlich und Falk Wiesemann, München und Wien 1977
	Bd. II: Herrschaft und Gesellschaft im Konflikt. Teil A, hrsg. von Martin Broszat und Elke Fröhlich, München und Wien 1979
	Bd. III: Herrschaft und Gesellschaft im Konflikt, Teil B, hrsg. von Martin Broszat, Elke Fröhlich und Anton Grossmann, München und Wien 1981
	Bd. IV: Herrschaft und Gesellschaft im Konflikt, Teil C, hrsg. von Martin Broszat, Elke Fröhlich und Anton Grossmann, München und Wien 1981
	Bd. V: Die Parteien KPD, SPD, BVP in Verfolgung und Widerstand, hrsg. von Martin Broszat und Hartmut Mehringer, München und Wien 1983
BayHStA	Bayerisches Hauptstaatsarchiv München
HochStA NA	Hochstift Augsburg Neuburger Abgabe
KU	Klosterurkunden
RStA Lit.	Reichsstadt Augsburg Literalien
RStA UK	Reichsstadt Augsburg Urkunden

UK	Urkunden
BayStB	Bayerische Staatsbibliothek München
Blendinger, Führungsschichten	Friedrich Blendinger: Die wirtschaftlichen Führungsschichten in Augsburg 1430–1740. In: Herbert Helbig (Hrsg.): Führungskräfte der Wirtschaft in Mittelalter und Neuzeit 1350–1850, Teil I (Deutsche Führungsschichten in der Neuzeit 6), Limburg/Lahn 1973, S. 51–86
Blendinger, Mittelschichten	Friedrich Blendinger: Versuch einer Bestimmung der Mittelschicht in der Reichsstadt Augsburg vom Ende des 14. bis zum Anfang des 18. Jahrhunderts. In: Erich Maschke und Jürgen Sydow (Hrsg.): Städtische Mittelschichten. Protokoll der 8. Arbeitstagung des Arbeitskreises für südwestdeutsche Stadtgeschichtsforschung, Stuttgart 1972, S. 32–78
Bosl, Augsburger Bürgertum	Karl Bosl: Die wirtschaftliche und gesellschaftliche Entwicklung des Augsburger Bürgertums vom 10. bis zum 14. Jahrhundert, München 1969 (Bayerische Akademie der Wissenschaften, Philosophisch-Historische Klasse. Sitzungsberichte 1969, 3)
BRGK	Berichte der Römisch-Germanischen Kommission
BVBl	Bayerische Vorgeschichtsblätter
Cgm	Staatsbibliothek München. Codex germanicus Monacensis
Cim	Ebd., Cimelia
Clm	Ebd., Codex latinus Monacensis
CIL	Corpus Inscriptionum Latinarum
Cod	Codex
DA	Deutsches Archiv für Geschichte (bzw.: Erforschung) des Mittelalters
Dirr	Pius Dirr: Zur Geschichte der Augsburger Zunftverfassung 1368–1548. In: ZHVS 39 (1913), S. 144–243
Domarus	Wolfgang Domarus: Nationalsozialismus, Krieg und Bevölkerung. Untersuchungen zur Lage, Volksstimmung und Struktur in Augsburg während des Dritten Reiches, München 1977
DStChr	Die Chroniken der deutschen Städte vom 14. bis in's 16. Jahrhundert, 1862 ff.
fl	Gulden
FMRD	Die Fundmünzen der römischen Zeit in Deutschland, Berlin 1960 ff.
Frank	Johannes Franks Augsburger Annalen. In: DStChr 25, Leipzig 1896, S. 295–340
GB	Germanische Bibliothek
h	Heller
HdbBayG I–IV	Handbuch der Bayerischen Geschichte, hrsg. von Max Spindler. 4 Bde., München 1967–1975
Hetzer, Industriestadt	Gerhard Hetzer: Die Industriestadt Augsburg. Eine Sozialgeschichte der Arbeiteropposition. In: Bayern in der NS-Zeit III, S. 1–234
Hetzer, Kulturkampf	Gerhard Hetzer: Kulturkampf in Augsburg 1933–1945. Konflikt zwischen Staat, Einheitspartei und christlichen Kirchen, dargestellt am Beispiel einer deutschen Stadt, Augsburg 1982
Hipper	Richard Hipper: Die Urkunden des Reichsstiftes St. Ulrich und Afra in Augsburg 1023–1440, Augsburg 1950 (Schwäbische Forschungsgemeinschaft bei der Kommission für Bayerische Landesgeschichte, Reihe 2a, Bd. 4)
HJb	Historisches Jahrbuch
HZ	Historische Zeitschrift
IHK	Industrie und Handelskammer Augsburg
IPO	Instrumentum Pacis Osnabrugense
Jahresber. Bayer. Bodendenkmalpflege	Jahresberichte der Bayerischen Bodendenkmalpflege
Jb	Jahrbuch
JHVS	Jahresberichte des historischen Kreisvereins im Regierungsbezirk von Schwaben und Neuburg
JNG	Jahrbuch für Numismatik und Geldgeschichte
JRGZM	Jahrbuch des Römisch-Germanischen Zentralmuseums Mainz
JVAB	Jahrbuch des Vereins für Augsburger Bistumsgeschichte
Kießling	Rolf Kießling: Bürgerliche Gesellschaft und Kirche in Augsburg im Spätmittelalter, Augsburg 1971 (Abhandlungen zur Geschichte der Stadt Augsburg 19)
kr	Kreuzer
Lagebericht	Lage-, Monats- und Halbmonatsberichte des Regierungspräsidenten von Schwaben und Neuburg (BayHStA)
Lebensbilder Schw	Lebensbilder aus dem Bayerischen Schwaben, München 1952 ff.
LitBaySchw	Literatur in Bayerisch Schwaben. Von der althochdeutschen Zeit bis zur Gegenwart, Weißenhorn 1979 (Beiträge zur Landeskunde von Schwaben 6)
LThK	Lexikon für Theologie und Kirche
MB	Monumenta Boica, 1763 ff.
MBV	Münchner Beiträge zur Vor- und Frühgeschichte
MG	Monumenta Germaniae Historica, 1826 ff.
Auct ant	Auctores antiquissimi
Capit	Capitularia
Conc	Concilia
Const	Constitutiones et acta publica
DD F I	Diplomata Friedrich I.

K II	Konrad II.	Schw FG	Schwäbische Forschungsgemeinschaft
O I	Otto I.	Schw VZ	Schwäbische Volkszeitung
H IV	Heinrich IV.	SJ	Saalburg-Jahrbuch
Necr.	Necrologia	SLZ	Schwäbische Landeszeitung
SS	Scriptores	StAA	Stadtarchiv Augsburg
SS rer. Germ.	Scriptores rerum Germanicarum in usum scholarum separatim editi	AK	Aktenbestand
		AZS	Allgemeine zeitgeschichtliche Sammlungen
MGG	Musik in Geschichte und Gegenwart, Kassel 1949–1979	EWA	Evangelisches Wesensarchiv
		HA	Hochstift Augsburg
mhd	mittelhochdeutsch	HV	Bestand des Historischen Vereins für Schwaben
MIÖG	Mitteilungen des Instituts für Österreichische Geschichtsforschung	KWA	Katholisches Wesensarchiv
Monatsbericht	Monatsberichte der Polizeidirektion Augsburg (BayHStA)	Lit	Literaliensammlung
		RB	Ratsbücher
Mülich	Die Chronik des Hector Mülich. In: DStChr 22, Leipzig 1892, S. 1–273	RP	Ratsprotokolle
		US	Urkundensammlung
MzbV	Materialhefte zur bayerischen Vorgeschichte	Stadtbuch	Christian Meyer: Das Stadtrecht von Augsburg, insbesondere das Stadtrecht vom Jahre 1276, Augsburg 1872
NAK	Neue Augsburger Kattunfabrik		
NAZ	Neue Augsburger Zeitung	Steichele-Schröder	Anton von Steichele, Alfred Schröder und Friedrich Zoepfl: Das Bistum Augsburg. Historisch und statistisch beschrieben. 9 Bde., Augsburg 1864–1940
NDB	Neue Deutsche Biographie		
Ndr.	Nachdruck		
NF	Neue Folge		
nhd	neuhochdeutsch	Stetten, Augspurg	Paul von Stetten: Geschichte der Heil. Röm. Reichs Freyen Stadt Augspurg. 2 Bde., Frankfurt 1743–1758
NNZ	Neue Nationalzeitung		
Oefele	Freiherr Edmund von Oefele: Rechnungsbuch des oberen Vicedomamtes Herzog Ludwig des Strengen 1291/1294. In: Oberbayerisches Archiv für Vaterländische Geschichte 26 (1865/66), S. 272–344	Stetten, Geschlechter	Paul von Stetten: Geschichte der adelichen Geschlechter in der freyen Reichsstadt Augsburg. Augsburg 1762
		StMBO	Studien und Mitteilungen zur Geschichte des Benediktinerordens
RB	Regesta Boica, München 1822–1854	Strieder, Genesis	Jakob Strieder: Zur Genesis des modernen Kapitalismus. Forschungen zur Entstehung der großen bürgerlichen Kapitalvermögen am Ausgange des Mittelalters und zu Beginn der Neuzeit, zunächst in Augsburg, 2. Auflage, München und Leipzig 1935
RE	Realencyclopädie der classischen Altertumswissenschaft, hrsg. von G. Wissowa u. a., Stuttgart 1890–1978		
Reg. Augsb.	Wilhelm Volkert und Friedrich Zöpfel (Hrsg.): Die Regesten der Bischöfe und des Domkapitels von Augsburg. Bd. I, 1–3., Augsburg 1955 ff.		
		StStBA	Staats- und Stadtbibliothek Augsburg
RGF	Römisch-Germanische Forschungen	The New Grove	The New Grove Dictionary of Music and Musicians, London 1980
RI	Regesta Imperii, 1898 ff.		
Roth 1–4	Friedrich Roth: Augsburger Reformationsgeschichte. 4 Bde., München 1901–1911	VMPIG	Veröffentlichungen des Max-Planck-Instituts für Geschichte, Göttingen
RTA	Deutsche Reichstagsakten. Ältere Reihe (1376–1493), 1867 ff.	Vock	Walter Emil Vock: Die Urkunden des Hochstifts Augsburg 769–1420, Augsburg 1959 (Schwäbische Forschungsgemeinschaft bei der Kommission für Bayerische Landesgeschichte, Reihe 2a, Bd. 7)
RTAJR	Deutsche Reichstagsakten. Jüngere Reihe (1519–1806), 1893 ff.		
RU	Reichsstadt Urkunden		
SB	Sitzungsberichte	Vollmer	Friedrich Vollmer: Inscriptiones Baivariae Romanae, München 1915
Schillinger-Häfele	Ute Schillinger-Häfele: Vierter Nachtrag zu CIL XIII und zweiter Nachtrag zu Fr. Vollmer, Inscriptiones Baivariae Romanae. In: BRGK 58 (1977), S. 447–603	vs.	versus (ungleich)
		VSWG	Vierteljahrschrift für Sozial- und Wirtschaftsgeschichte
Schröder, Augsburg	Detlev Schröder: Stadt Augsburg, München 1975 (Hist. Atlas von Bayern, Schwaben I 10)	WA Br	Martin Luther: Briefwechsel Bd. 1–14 (= M. Luther: Kritische Gesamtausgabe [Weimarer Ausgabe] Bd. 4), Weimar 1930–1970

Wagner	Friedrich Wagner: Neue Inschriften aus Raetien. In: BRGK 37/38 (1956/57), S. 215–264	ZKR	Zeitschrift für Kirchenrecht
Wahraus	Die Chronik des Ehrhard Wahraus. In: DStChr 4, Leipzig 1865, S. 216–241	Zoepfl, Bischöfe 1	Friedrich Zoepfl: Das Bistum Augsburg und seine Bischöfe im Mittelalter, Augsburg 1955
Witetschek	Helmut Witetschek: Die kirchliche Lage in Bayern nach den Regierungspräsidentenberichten 1933–1943. III, Regierungsbezirk Schwaben, Mainz 1971; VII, Ergänzungsband 1943–1945, Mainz 1981	Zoepfl, Bischöfe 2	Ders.: Das Bistum Augsburg und seine Bischöfe im Reformationsjahrhundert, Augsburg und München 1969
Wittwer	Fr. Wilhelmi Wittwer Catalogus Abbatum monasterii SS. Udalrici et Afrae Augustensis. In: ABAug 3 (1860), S. 10–437	Zorn, Augsburg	Wolfgang Zorn: Augsburg. Geschichte einer deutschen Stadt, 2. Aufl., Augsburg 1972
ZBLG	Zeitschrift für Bayerische Landesgeschichte	Zorn, Handelsgeschichte	Wolfgang Zorn: Handels - und Industriegeschichte Bayerisch-Schwabens 1648–1970. Wirtschafts-, Sozial- und Kulturgeschichte des schwäbischen Unternehmertums, Augsburg 1961
ZdPH	Zeitschrift für deutsche Philologie		
ZHF	Zeitschrift für Historische Forschung	ZRG	Zeitschrift der Savigny-Stiftung für Rechtsgeschichte
ZHVS	Zeitschrift des Historischen Vereins für Schwaben und Neuburg	GA	Germanistische Abteilung
		KA	Kanonistische Abteilung
Zink	Die Chronik des Burkard Zink. In: DStChr 5, Leipzig 1866, S. 1–330	ZWürttLG	Zeitschrift für Württembergische Landesgeschichte

Bildnachweis

Augsburger Allgemeine, Archiv: 138

Basel, Privatbesitz: 71

Bayerisches Hauptstaatsarchiv München: 35, 39, 119

Bayerisches Landesamt für Denkmalpflege, München: 24, 25

Bayerisches Landesamt für Denkmalpflege, Abt. Vor- und Frühgeschichte, München: 13

Bayerisches Landesamt für Denkmalpflege, Abt. Vor- und Frühgeschichte, Außenstelle Augsburg: 1

Bayerisches Nationalmuseum München: 28, 55

Bayerische Staatsbibliothek München: Taf. III, IV

Bayerische Staatsgemäldesammlungen, München: Taf. VI

A. Beißer, Augsburg: 26

Bertolt-Brecht-Erben, Berlin: 116

The British Museum London: 44

Diözese Augsburg: 130

Germanisches Nationalmuseum Nürnberg: Taf. VIII, 98

Heinz Glässel, Augsburg: 134

Institut f. Vor- u. Frühgeschichte, Universität Bonn: Textabb. S. 90, 92, 93, 95

Dr. Rolf Kießling: Textabb. S. 243

Dr. Wolfgang Kuhoff, Augsburg: 9, 10, 17, 42

Lehrstuhl f. Archäologie d. Mittelalters u. d. Neuzeit, Universität Bamberg: Textabb. S. 107

Lehrstuhl f. Bayer. Landesgeschichte, Universität Augsburg: Textabb. S. 116, 194

Leipziger Illustrierte Zeitung 1886: 111

Luftbilder: 5, 6 (Bayerisches Landesamt für Denkmalpflege, Luftbildarchäologie, Otto Braasch; freigeg. von der Regierung von Oberbayern Nr. GS 300/9156–82 und GS 300/9573–83), 43, 137, 140 (Edwin Eberhardinger, Augsburg: freigeg. vom Bayerischen Staatsministerium für Wirtschaft und Verkehr, München Nr. P 30/110 und vom Luftamt Südbayern Nr. G 26/1354)

Foto Marburg: 67

The Metropolitan Museum of Art, New York: 70

Studio Müller, Neusäss: 98

Museu Nacional de Arte Antiga, Lissabon: Taf. VII

Prähistorische Staatssammlung München: Taf. I, 2, 3

Residenzmuseum München: 100

Sepp Rostra, Augsburg: 99

Rüstkammer des Kreml, Moskau: 102

Konrad Schlosser, Gersthofen: 128

Fred Schöllhorn, Augsburg: 139

Staatliche Museen Preußischer Kulturbesitz, Kunstgewerbemuseum, Berlin: 72

Staatliche Museen Preußischer Kulturbesitz, Gemäldegalerie, Berlin: 75

Staats- und Stadtbibliothek Augsburg: Taf. XI, XII, 36, 48, 53, 54, 57, 62, 77–79, 82–89, 91–96, 109, 110, 131; Textabb. S. 352

Stadtarchiv Augsburg: 37, 38, 112–115, 117, 118, 120, 121; 123, 125 (Sammlung Thieme)

Stadtbildstelle Augsburg: 27, 29, 33, 40, 60, 124, 126, 127, 129, 132, 133, 135, 136

Städtische Kunstsammlungen, Augsburg: Taf. II, 4, 7, 8, 11, 12, 14–16, 18, 19, 21–23 (Römisches Museum); 30–32, 34, 41, 45–47, 49, 51, 52, 56, 58, 59, 61, 64, 65, 66, 68, 69, 73, 74, 76, 80, 81, 90, 101, 103, 104–108; Textabb. S. 24, 26–29, 35–37, 42, 44–47, 68, 69, 74, 81–83

Georg Steinle, Augsburg: 50, 97

Inge Vogel, Augsburg: 63

Welt im Umbruch, Augsburg 1980, Bd. 1, S. 58/59, 60: Textabb. S. 273, 279

Personen- und Ortsregister

bearbeitet von Heinrich Letzing

Das Orts- und Personennamenregister verwendet die Namen in der jeweils üblichen und gängigen Form. Wo das erforderlich ist, stehen der volle Name oder Varianten in Klammern wie z. B. Simpert (Sintpert) und im Falle römischer Eigennamen. Außerdem enthält das Register in Einzelfällen Querverweise. Orte, die nur in Teil I (Frühgeschichte) vorkommen, finden sich unter ihren lateinischen und deutschen Ortsnamen, in allen anderen Fällen steht der heutige Ortsname. Nicht berücksichtigt sind Dynastienamen, Firmennamen, Mönchsorden und Kirchen.

(Abkürzungen: Bf. = Bischof; Bgf. = Burggraf; byz. = byzantinisch; dt. = deutsch; Eb. = Erzbischof; Ehz. = Erzherzog; Ehzin. = Erzherzogin; fr. = fränkisch; Fst. = Fürst; Fstin. = Fürstin; Fsttm. = Fürstentum; Gde. = Gemeinde; Gf. = Graf; Gfin. = Gräfin; Gfscht. = Grafschaft; Hz. = Herzog; Hzin. = Herzogin; Kard. = Kardinal; Kf. = Kurfürst; Kfin. = Kurfürstin; Kg. = König; Kgin. = Königin; Ks. = Kaiser; Ksin. = Kaiserin; Lgf. = Landgraf; Lgfin. = Landgräfin; Lkr. = Landkreis; Mgf. = Markgraf; Mgsch. = Markgrafschaft; P. = Papst; Pfgf. = Pfalzgraf; röm. = römisch)

–, Gall 397
–, Johann 504 f.
–, Johann Caspar Ferdinand 508
–, Ludwig 562, 565, 569, 573
–, Lukas 271
–, Matthäus 511, 608 f.
–, Theodor 649, 677
–, Ulrich 376
Fisches (Fischer), Isaak d. Ä. 493 f.
Fleckhammer (Fam.) 287
Florenz 271, 281, 371 f.
Florus (L. Annaeus Florus) 14
Flurschütz, Kaspar 389
Fourneyron (franz. Ingenieur) 598
Fornari, Tomaso 274
Forndran, Georg 562 ff.
Forster, Hugo v. 677
–, Joachim 371
–, Johann 399 f.
–, Karl 597
Fräundorfer, Joseph, Bf. v. Augsburg 666
Franck, Sebastian 346
Francke, August Hermann 523 f.
Frank, Adolf 589
–, Franz Friedrich 493
–, Hans Ulrich 385, 492
–, J. (Historiker) 195
–, Johannes 218
Frankenthal 382
Frankfurt a. Main 171 f., 265, 274, 276 f.,
    281 f., 347, 367, 430, 439, 445, 452,
    454, 465, 471 ff., 476, 523, 542 f.
Franz v. Assisi 198, 200
Franz II., Ks. v. Österreich 546, 556
Franz I., Kg. v. Frankreich 286, 418
Frauenpreiß, Matthäus 373
Frauenstein 367
Fraunberg, Joseph Maria v. 556
Freher, Marquard 353
Freialdenhoven, Arnold 277
Freiberg, Johann Christoph v., Bf. v.
    Augsburg 511
Freiberger, Johann 379
Freiburg im Breisgau 230, 236, 266, 399
Freiburg im Üechtland 171
Freising 267, 508, 533 f.
Freisler, Roland 621
Frenzel, Curt 666 f.
Freyberg (Fam.) 196
Freyberger, Hans 380
Frick, Wilhelm 628
Frickinger (Fam.) 177
Frieb, Hermann 619 f.
Friedberg 5, 7, 10, 63, 130, 168, 199, 269,
    294, 401, 454, 507, 542, 572, 650

Friedberg-»Fladerlach« 84
Friedbergerau 576, 648
Friedrich I. Barbarossa, Ks. 115, 128 f.,
    132, 137, 343
Friedrich II., Ks. 129 f., 353
Friedrich III., Ks. 161 ff., 246, 414, 436
Friedrich (III.) der Schöne, Kg., Hz. v.
    Österreich 145
Friedrich II., Kf. v. d. Pfalz 424
Friedrich III., Kf. v. d. Pfalz 436
Friedrich, Hz. v. Bayern 156 f.
Friedrich V., Hz. v. Schwaben 137
Friedrich I. Spät v. Faimingen, Bf. v.
    Augsburg 199
Friedrich v. Zollern, Bf. v. Augsburg 236,
    241, 247, 414
Friedrich v. Grafeneck, Bf. v. Augsburg
    159
Friedrich Wilhelm I. Kg. v. Preußen 472
Frieß, Heinrich 222 f.
Frisch, Nikodemus 573
Froelich (Fam.) 471
Frölich, Georg 387, 427
Fröschle, Jakob 500
Frommel, Albert 600
Fronhofen (Fam.) 199
Frosch (Rana), Johann 387, 392, 394,
    396 ff.
–, Johannes 200
Froschauer, Hans 393
Froumund v. Tegernsee 214
Frutolf v. Michelsberg 234
Fürstenfeldbruck 4
Fürth 595
Füssen 172, 265 f., 270, 410, 455, 458,
    492, 495, 506, 534, 579, 582
Füssli, Johann Conrad 491, 501
Fugger (Fam.) 163, 177 f., 190, 195, 199,
    230, 246, 248 f., 255, 259, 264, 267,
    270, 272, 275, 278 f., 283, 285 f., 288,
    297 f., 302 ff., 307 f., 314, 316, 319,
    334, 337, 348 ff., 354, 364, 372, 381 f.,
    386 f., 390, 393, 401, 404 f., 421, 427,
    440, 459, 468, 473, 536 ff.
–, Andreas 178
–, Anton 263, 265, 271 f., 274 ff., 279 f.,
    283 f., 286, 291, 303 f., 307, 348, 369,
    423, 428
–, Christoph 369
–, Georg 178, 270, 273, 275 f., 282, 292
–, Hans 178, 271, 369, 371 f., 435
–, Hans Jakob 15, 271, 282, 304, 348,
    369, 429 f.
–, Hieronymus 291 f., 303
–, Jakob d. Ä. 178, 390

–, Jakob d. J. 178, 388
–, Jakob, gen. d. Reiche 14, 177, 196, 200,
    210, 247, 264, 268, 270 ff., 276, 282 f.,
    285 f., 307, 363 f., 386, 392 f., 395, 417
–, Johann 256
–, Lukas 178
–, Marcus d. J. 390
–, Markus 178, 282, 288
–, Marx 304, 349
–, Oktavian Secundus 277, 280, 288, 304,
    369, 390
–, Ottheinrich 382
–, Philipp Eduard 277, 280, 288
–, Raymund 271, 291 f., 369
–, Regina 388
–, Stephan 269
–, Ulrich 178, 200, 270 ff., 277, 282, 348 f.
–, Ulrich d. Ä. 236
Fugger von Glött, Josef Ernst, Fst. 620 f.,
    663
Fugger v. Kirchheim-Hoheneck, Friedrich
    609
Fugger zu Kirchberg u. Weißenhorn, Gf.
    458
Fuggerau 271, 275
Fulpmes (Tirol) 494
Furtenagel, Laux 368
Furtenbach, Christoph 274
Fux, Johann 511

Gabhold, Joachim 401
Gablingen 7, 644
Gabrieli, Andrea 390
–, Giovanni 390
Gabrielis, Gabriele de 495
Galley, Johann Michael 505, 510
Gallienus (P. Licinius Egnatius Gallienus),
    röm. Ks. 13, 79
Gallus, hl. 195
Ganß (Fam.) 388
–, Wolfgang d. J. 388
Garb, (Fam.) 473
–, Anton 277
–, Immanuel 276
–, Jacob 277
–, Jacob Emanuel v. 461 f., 491
Gardie, Magnus Gabriel de la 505
Gareis (Landtagsabgeordneter) 582
Gasser, Achilles Pirminus 351
Gaßner (Fam.) 306
–, Jakob 242
Gastein 275
Gaualgesheim 390
Gauting (Bratananium) 20, 30, 36, 63, 67
Gebel, Matthes 371